刑法应用一本通

（第十版）

江海昌 编著

最高人民检察院《法律手册》编委会 审定

中国检察出版社

图书在版编目（CIP）数据

刑法应用一本通／江海昌编著．— 10 版．—北京：
中国检察出版社，2024.1
ISBN 978 - 7 - 5102 - 2966 - 4

Ⅰ.①刑… Ⅱ.①江… Ⅲ.①刑法 - 汇编 - 中国
Ⅳ.①D924.09

中国国家版本馆 CIP 数据核字（2024）第 011414 号

刑法应用一本通（第十版）

江海昌　编著

责任编辑：李冬青
技术编辑：王英英
美术编辑：徐嘉武

出版发行：中国检察出版社
社　　址：北京市石景山区香山南路 109 号（100144）
网　　址：中国检察出版社（www.zgjccbs.com）
编辑电话：(010) 86423786
发行电话：(010) 86423726　86423727　86423728　86423730　86423732
经　　销：新华书店
印　　刷：北京联兴盛业印刷股份有限公司
开　　本：787 mm×1092 mm　16 开
印　　张：61.25
字　　数：1882 千字
版　　次：2024 年 1 月第十版
　　　　　2021 年 6 月第九版　　2019 年 7 月第八版　　2018 年 1 月第七版
　　　　　2015 年 5 月第六版　　2014 年 1 月第五版　　2012 年 6 月第四版
　　　　　2009 年 3 月第三版　　2007 年 5 月第二版　　2006 年 5 月第一版
印　　次：2024 年 1 月第二十次印刷
书　　号：ISBN 978 - 7 - 5102 - 2966 - 4
定　　价：168.00 元

顾　问

苏惠渔 （华东政法大学功勋教授；中国法学会刑法学研究会顾问）

郑　伟 （华东政法大学教授，博士生导师；国际刑法协会中国分会理
事，中国比较法协会理事；刑法学博士）

刘建国 （浙江省人民检察院原副检察长；宁波大学法学院兼职教授）

张利兆 （宁波市人民检察院原副检察长；华东政法大学兼职教授；刑法
学博士）

吴武忠 （余姚市人民检察院原检察长）

第十版说明

2023 年 12 月 29 日第十四届全国人民代表大会常务委员会第七次会议通过并公布、2024 年 3 月 1 日施行的《中华人民共和国刑法修正案（十二）》，对刑法分则部分条文作了修改。其主要内容为：一是进一步修改完善行贿犯罪的相关规定，加大对行贿犯罪行为的惩治力度；二是增加惩治民营企业内部人员腐败相关犯罪的条款，加强对民营企业的平等保护。同时，过去的两年多时间，"两高"出台并废止了一批司法解释等法律文件。据此，编者对本书再次修订。现说明如下：

一、修改规范性文件名称的引用方式

之前版本的引文，在颁发机关与文件名称之间采用"《》"分隔，此次修订，除说明性文字外，删除了"《》"。

二、对刑法分则部分条文进行置换

根据《中华人民共和国刑法修正案（十二）》，对修正的刑法分则条文进行置换。

三、对个别罪名进行修改

根据《刑法修正案（十二）》第三条，"两高"公布了《最高人民法院、最高人民检察院关于执行〈中华人民共和国刑法〉确定罪名的补充规定（八）》（法释〔2024〕3 号），将刑法第169 条的罪名由"徇私舞弊低价折股、出售国有资产罪"修改为"徇私舞弊低价折股、出售公司、企业资产罪"。据此，编者对涉及该罪名的相关内容作了修改。

四、增补新颁发的司法解释、部委规范等规范性文件

（一）司法解释

1. 最高人民法院、最高人民检察院关于办理非法利用信息网络、帮助信息网络犯罪活动等刑事案件适用法律若干问题的解释（2019 年 10 月 21 日公布　2019 年 11 月 1 日施行　法释〔2019〕15 号）；

2. 最高人民法院、最高人民检察院关于办理窝藏、包庇刑事案件适用法律若干问题的解释（2021 年 8 月 9 日公布　2021 年 8 月 11 日施行　法释〔2021〕16 号）；

3. 最高人民法院关于办理人身安全保护令案件适用法律若干问题的规定（2022 年 7 月 14 日公布　2022 年 8 月 1 日施行　法释〔2022〕17 号）；

4. 最高人民法院、最高人民检察院关于办理危害生产安全刑事案件适用法律若干问题的解释（二）（2022 年 12 月 15 日公布　2022 年 12 月 19 日施行　法释〔2022〕19 号）；

5. 最高人民法院、最高人民检察院关于办理强奸、猥亵未成年人刑事案件适用法律若干问题的解释（2023 年 5 月 24 日公布　2023 年 6 月 1 日施行　法释〔2023〕3 号）。

（二）司法解释性质文件

1. 最高人民法院、最高人民检察院、公安部关于敦促跨境赌博相关犯罪嫌疑人投案自首的通告（2021 年 1 月 26 日公布施行）；

2. 最高人民法院、最高人民检察院、公安部关于办理电信网络诈骗等刑事案件适用法律若干问题的意见（二）（2021 年 6 月 17 日公布施行　法发〔2021〕22 号）；

3. 最高人民法院关于深入开展虚假诉讼整治工作的意见（2021 年 11 月 4 日公布 2021 年 11 月 10 日施行　法〔2021〕281 号）；

4. 最高人民法院、最高人民检察院、公安部、司法部关于加强减刑、假释案件实质化审理的意见（2021 年 12 月 1 日公布施行　法发〔2021〕31 号）；

5. 最高人民法院、最高人民检察院、海关总署、公安部、中国海警局关于打击粤港澳海上跨境走私犯罪适用法律若干问题的指导意见（2021 年 12 月 14 日公布施行 署缉发〔2021〕141 号）；

6. 最高人民法院、最高人民检察院、公安部、工业和信息化部、住房和城乡建设部、交通运输部、应急管理部、国家铁路局、中国民用航空局、国家邮政局关于依法惩治涉枪支、弹药、爆炸物、易燃易爆危险物品犯罪的意见（2021 年 12 月 28 日公布 2021 年 12 月 31 日施行　法发〔2021〕35 号）；

7. 最高人民法院、最高人民检察院、公安部关于依法惩治侵害英雄烈士名誉、荣誉违法犯罪的意见（2022 年 1 月 11 日公布施行　公通字〔2022〕5 号）；

8. 最高人民法院关于进一步加强涉种子刑事审判工作的指导意见（2022 年 3 月 2 日公布施行　法〔2022〕66 号）；

9. 最高人民法院、最高人民检察院、公安部关于敦促拐卖妇女儿童相关犯罪嫌疑人投案自首的通告（2022 年 4 月 24 日公布施行）；

10. 最高人民法院、最高人民检察院、公安部、司法部关于未成年人犯罪记录封存的实施办法（2022 年 5 月 24 日公布　2022 年 5 月 30 日施行）；

11. 最高人民法院、最高人民检察院、公安部、国家移民管理局关于依法惩治妨害国（边）境管理违法犯罪的意见（2022 年 6 月 29 日公布施行　法发〔2022〕18 号）；

12. 最高人民法院、最高人民检察院、公安部关于敦促电信网络诈骗犯罪集团头目和骨干自首的通告（2022 年 8 月 1 日公布施行）；

13. 最高人民法院、最高人民检察院、公安部、国家文物局关于办理妨害文物管理等刑事案件若干问题的意见（2022 年 8 月 16 日公布施行　公通字〔2022〕18 号）；

14. 最高人民法院、最高人民检察院、教育部关于落实从业禁止制度的意见（2022 年 11 月 10 日公布　2022 年 11 月 15 日施行　法发〔2022〕32 号）；

15. 最高人民检察院、公安部关于依法妥善办理轻伤害案件的指导意见（2022 年 12 月 22 日公布施行　高检发办字〔2022〕167 号）；

16. 最高人民法院、最高人民检察院、公安部关于依法收缴非法枪爆等物品严厉打击涉枪涉爆等违法犯罪的通告（2023 年 6 月 13 日公布施行）。

（三）部委规范

1. 公安部、国家卫生健康委员会、国家药品监督管理局关于将合成大麻素类物质和氟胺酮等 18 种物质列入《非药用类麻醉药品和精神药品管制品种增补目录》的公告（2021 年 3 月 15 日公布　2021 年 7 月 1 日施行）；

2. 公安部、商务部、国家卫生健康委员会、应急管理部、海关总署、国家药品监督管理局关于将 3－氧－2－苯基丁酸甲酯、3－氧－2－苯基丁酰胺、2－甲基－3－〔3，4－（亚甲二氧基）苯基〕缩水甘油酸、2－甲基－3－〔3，4－（亚甲二氧基）苯基〕缩水甘油酸甲酯、苯乙腈和 γ－丁内酯 6 种物质列入易制毒化学品管理的公告（2021 年 8 月 16 日公布　2021 年 9 月 20 日施行）；

3. 公安机关办理犯罪记录查询工作规定（2021 年 12 月 3 日公布　2021 年 12 月 31 日施行　公通字〔2021〕19 号）；

4. 公安机关反有组织犯罪工作规定（2022 年 8 月 26 日公布　2022 年 10 月 1 日施行　公安部令第 165 号）。

五、以修订后的司法解释等规范性法律文件替换已废止的内容

1. 以 2021 年 12 月 30 日公布、2022 年 1 月 1 日施行的最高人民法院、最高人民检察院关于办理危害食品安全刑事案件适用法律若干问题的解释（法释〔2021〕24 号）替换最高人民法院、最高人民检察院关于办理危害食品安全刑事案件适用法律若干问题的解释（法释〔2013〕12 号）；

2. 根据 2022 年 2 月 23 日公布、同年 3 月 1 日施行的最高人民法院关于修改《最高人民法院关于审理非法集资刑事案件具体应用法律若干问题的解释》的决定（法释〔2022〕5 号），对最高人民法院关于审理非法集资刑事案件具体应用法律若干问题的解释（法释〔2010〕18 号）相关条文进行置换；

3. 以 2022 年 3 月 3 日公布、同月 6 日施行的最高人民法院、最高人民检察院关于办理危害药品安全刑事案件适用法律若干问题的解释（高检发释字〔2022〕1 号）替换最高人民法院、最高人民检察院关于办理危害药品安全刑事案件适用法律若干问题的解释（法释〔2014〕14 号），最高人民法院、最高人民检察院关于办理药品、医疗器械注册申请材料造假刑事案件适用法律若干问题的解释（法释〔2017〕15 号）；

4. 以 2022 年 4 月 6 日公布、同月 9 日施行的最高人民法院、最高人民检察院关于办理破坏野生动物资源刑事案件适用法律若干问题的解释（法释〔2022〕12 号）替换最高人民法院关于审理破坏野生动物资源刑事案件具体应用法律若干问题的解释（法释〔2000〕37 号）；

5. 以 2022 年 4 月 6 日公布、同年 5 月 15 日施行的最高人民检察院、公安部关于公安机关管辖的刑事案件立案追诉标准的规定（二）（公通字〔2022〕12 号）替换最高人民检察院、公安部关于公安机关管辖的刑事案件立案追诉标准的规定（二）（公通字〔2010〕23 号）和最高人民检察院、公安部关于公安机关管辖的刑事案件立案追诉标准的规定（二）的补充规定（公通字〔2011〕47 号）；

6. 以 2022 年 8 月 26 日公布、同年 9 月 1 日公布施行的最高人民法院、最高人民检察院、公安部关于办理信息网络犯罪案件适用刑事诉讼程序若干问题的意见（法发〔2022〕23 号）替换最高人民法院、最高人民检察院、公安部关于办理网络犯罪案件适用刑事诉讼程序若干问题的意见（公通字〔2014〕10 号）；

7. 以 2023 年 5 月 24 日公布、同年 6 月 1 日施行的最高人民法院、最高人民检察院、公安部、司法部关于办理性侵害未成年人刑事案件的意见（高检发〔2023〕4 号）替换最高人民法院、最高人民检察院、公安部、司法部关于依法惩治性侵害未成年人犯罪的意见（法发〔2013〕12 号）；

8. 以 2023 年 12 月 13 日公布、同年 12 月 28 日公布施行的最高人民法院、最高人民检察院、司法部、公安部关于办理醉酒危险驾驶刑事案件的意见（高检发办字〔2023〕187 号）替换最高人民法院、最高人民检察院、公安部关于办理醉酒驾驶机动车刑事案件适用法律若干问题的意见（法发〔2013〕15 号）。

六、删除相关法律文件

本版删除了最高人民法院关于在经济犯罪审判中参照适用《最高人民检察院、公安部关于公安机关管辖的刑事案件立案追诉标准的规定（二）》的通知（法发〔2010〕22 号）。

此外，根据法律法规的立改废情况，对引用的法律条文内容及其序号作了修改。

本书引用资料截至 2024 年 1 月。

编　者

2024 年 1 月

序

苏惠渔

　　刑法是关于犯罪、刑事责任和刑罚的法律规范，是国家的基本法律之一。它是立法者为维护既定的统治关系和管理秩序，根据社会现实生活中违法犯罪的情形，预先作出的禁止性和惩罚性规定。当社会现实生活中出现刑法规定的犯罪情形，刑事司法就根据预先存在的刑法规定，对犯罪行为作出定性评价和刑罚处罚。在整个刑事司法实践活动中，正确定罪是恰当处罚的前提和基础。然而，刑法规范总是原则、抽象而简洁的，无论立法者在刑事法律中设置多少个犯罪条文，也无论设定怎样的犯罪构成要件，总是无法穷尽整个社会现实生活中复杂多样的犯罪情形，从而给司法实践带来一定的操作困难。同时，随着刑事法律理论研究的纵深发展、犯罪形态的变化情况、社会政治经济发展状况、社会公众的法律意识以及立法程序、立法技术的影响，使得无论如何完备的刑事法律都不可避免地存在瑕疵、模糊、滞后等问题。正因为如此，成文法国家几乎毫无例外地都对刑事法律适用问题作出解释，以弥补刑事立法之不足，使刑事法律能够适应变化了的新情况。我国也不例外。依据我国法律的规定，刑事立法解释权由全国人民代表大会常务委员会行使，刑事司法解释权由最高人民法院和最高人民检察院行使。这些解释是上述有权解释主体对立法者贯注在法律中的内容的阐明，其目的在于揭示法律文本中用法律语言所表现的立法者的意志，其一经颁行，就具有法律效力，适用于司法机关依据法律正在处理和尚未处理的所有案件。此外，在我国的刑法理论和司法实践中，立法解释和司法解释还被赋予了特定的含义。作为一种重要的法律渊源，立法解释和司法解释在调整各种社会关系、保障社会主义现代化建设方面发挥了巨大的作用。它们事实上肩负着弥补立法工作粗略和滞后的任务。应当说，最高立法机关和最高司法机关的法律解释工作在一定程度上解决了司法机关在实际工作中无法可依的状况，缓解了由于法律规定过于原则而带来的难以适用的问题。

　　然而，必须指出的是，虽然我国司法解释的法定主体只能是最高司法机关，但事实上，法律解释的主体不仅限于此，众多的不具备司法解释主体资格的机关团体也参与了司法解释的制定。其中，既有立法机关的下属工作机构如全国人大常委会法制工作委员会，也有行政机关如公安部、司法部等部门，还有党的中央机关如中央纪律检查委员会、中央政法委员会以及群众团体如全国妇联，等等。这类解释一般是应上述机关团体的要求而作，或是为了得到这些机关的认同而作，因而带有明显的协调性质，在解释的内容上难免带有部门利益的痕迹或倾向性观点，彼此之间难免存在冲突和矛盾。所以对其进行比较分析就变得尤其必要。显然，本书的作者意识到了这一点。因而在编纂时，作者借助了法律汇编这一技术手段，遵循法律汇编的思路，摒弃了以往将刑法典、刑事立法文件与刑事司法文件单纯按照时间或主题孤立地进行堆砌的传统编排方法，而是从体例化、系统化的角度，借鉴我国古代唐宋时期刑律的编排体例，将与刑法条文密切相关的法律文件进行整理分类后，采取置换、分解、重述等手段，将刑法、单行刑法①、刑法修正案以及其他立法、司法等规范性法律文件进行重新整合，以刑法典条文为经线，以其他与之相关的规范性法律文件为纬线，勾勒出了一幅崭新的刑法图谱。具体而言，本书具有如下显著特点：

1. 体例新颖独特，体系严谨完善

作者将与刑法条文相关的规范性法律文件进行梳理并予以分门别类后，附列于刑法条文之后，从而向读者揭示了各个刑法条款和相关法律文件之间的内在联系，使读者在法律法规、立法解释、司法解释、部门规章等各类法律信息之间融会贯通，拓宽了其获取信息的深度和广度，便于读者对各类规范性法律文件进行对比分析。这种排列方式，既是对刑法进行汇编的一种很好的尝试，也是对刑法编排体例的创新。

2. 内容泾渭分明，脉络清晰，浑然一体

在内容编排方面，本书用现行有效的规范性法律文件对刑法条文进行注解，这样既保持了刑法典条文的中心地位，又能够概览刑法典的真实全貌，使读者一目了然地把握刑法典与其他刑事立法文件、司法解释等规范性法律文件之间的关系。同时克服了刑法典、单行刑法、刑法修正案、刑法立法解释、司法解释及其他规范性法律文件在文本上的孤立与分散，真正实现了刑法典与相关规范性法律条文的和谐统一，达到了两者在文本上的浑然一体。这样既易于直观地把握彼此之间的关系，尤其是明了刑事立法的变迁与司法解释的得失，又全面展示了我国刑法的最新面貌。

在编排形式上，本书突出了刑法典的中心地位，摆正了刑法典与立法解释、司法解释等规范性法律文件之间的主从关系，从而将一部活生生的、系统化了的刑法典呈现在我们面前。本书将刑法典、单行刑法、刑法修正案、立法解释、司法解释等规范性法律文件融为一体，但这一切的一切，都是围绕着刑法典而展开的，其他规范性法律文件统统都成了刑法典的注脚。此外，本书还保留了继续进行修正补充的空间。因此，只要这种整理工作持续进行，不论世事如何变迁，法律解释如何层见迭出，刑法典将依然屹立在国人面前。如此一来，既不会动摇刑法典的中心地位，也避免了刑法典被虚置、架空的危险。

3. 资料翔实全面，具有极强的实用价值

作者立足于司法实践，以司法流程为主线，将所有密切相关的规范性法律文件分类整理后置于刑法条文之下。其中既包括立法解释、司法解释，也包括虽非立法解释或司法解释，但却是司法机关在处理案件时必须遵循的规范性法律文件。作者收录的这些资料，内容翔实、全面、准确，因而具有极强的实用价值。既能满足司法实践的需要，便于司法人员查阅、引用相关刑法条文及相关解释，也为刑法理论工作者从事教学与科研提供了便利。同时也弥补了刑法教科书中司法实务内容相对滞后的缺陷，对法科学生全面学习和掌握我国刑法甚有帮助。另外，本书还借鉴了工具书的编排体例，将刑法修正后的所有刑事法律文件、刑法罪名等内容采用索引、列表等形式分类编排，因而十分方便查阅。

---

① 目前生效的单行刑法仅指全国人大常委会于 1998 年 12 月 29 日颁布的《关于惩治骗购外汇、逃汇和非法买卖外汇犯罪的决定》，下同。

4. 具有较高的理论参考价值

本书还对我国刑法条文和罪名的历史沿革进行了全面追溯。这样就使读者对新中国刑法的发展变化轨迹有了一个全面系统的了解，对研究新中国刑法史甚有帮助，因而具有较高的理论价值。

总之，经过作者精心整理后，使得本因刑法修正而显得有些凌乱的刑法典重新又回归到井然有序、浑然一体之原始状态。本书事实上也就成了一本实用、全面而系统的刑法学工具书。我相信它的出版将会受到理论界和司法实务界的关注。

江海昌同学系我校 2003 届刑法学专业硕士研究生，毕业后即进入实务部门从事司法实践工作，在繁忙的工作暇余，仍能潜心钻研，勤于笔耕，并取得了一定的成果，对此我甚感欣慰。作为他的老师，我有幸得以在本书出版前先睹为快。在阅览全书后，我认为该书的编排体例确实很有创意，值得一读。在此特向江海昌同学表示祝贺，期盼将来会有更多的刑法学著作出版。

是为序。

二〇〇六年一月一日
于华东政法学院东风楼

编写说明

笔者自法学院毕业后，即进入检察院公诉部门从事刑事司法实务工作。在办案过程中，深感法律法规应用之纷繁复杂。因为在我国刑事司法实践中，不仅要依据法律法规，更多的还要依赖于司法解释、司法意见以及众多的部门规定。这些繁杂的法律、法规、司法解释及意见、规定，以不同的形式存在于不同的规范性法律文件中，分散而凌乱，查找十分不便，且彼此之间亦不无冲突，加之法律的变迁，因而常令人无所适从。鉴于此，为节省查找时间，也便于将与刑法条文相关的规范性法律文件进行对照分析，特编写此书，以飨读者。

一、编辑动机

与人闲聊，每每提起我国刑法，有一种现象总让人感到茫然：将某个刑法条文读完之后，却昏昏然不知其罪名是什么。究其原因，主要是因为我国并未就罪名进行立法，而是以司法解释的形式确定罪名，于是造成罪名与刑法条文相脱节的现象。由此，笔者不禁想起我国唐代《唐律·疏议》和宋代《刑律统类》的编排体例：前者采用条标的形式，以立法的形式确定罪名；后者则将相关的法律文件予以分门别类，附列其后。唐宋刑律的上述编排体例，为司法应用提供了极大方便。为此，笔者萌生了这样一种想法：借鉴我国唐宋刑法典的编排体例，将我国刑法条文和司法解释确定的罪名合编于一体，使罪名与罪状相互对应；同时将有关的规范性法律文件予以分门别类，排列在相应的刑法条文之后，以便司法实务之用。此乃笔者编写此书的最初动机。

二、编排体例

1. 刑法总则的编排

为便于读者对我国刑法总则条文的渊源有个直观的了解，编者在每个刑法总则条文下面，设置了法条渊源栏目，将1997年刑法、1979年刑法及单行刑法条文进行对比分析；同时采用条标的形式，对每个刑法条文的主旨进行了归纳。

2. 刑法分则的编排

对于罪名的标注，本书借鉴了唐宋刑律的编排体例，采用罪名和法条合体的编排体例，在刑法分则条文序号与罪状之间，用黑体方括号（【　】）标出该条文的罪名，罪名的确定依据是"两高"有关罪名的司法解释。

在刑法分则条文下面，编者设置了罪名渊源栏目，将1997年刑法、1979年刑法及单行刑法进行对比分析，对个罪的历史渊源及构成要件的变化进行了比较。对于司法解释曾确定过不同罪名的分则条文，则标出现行有效的罪名，同时在罪名渊源栏目中对因取消而失效的罪名进行了说明。如刑法分则不同条款均涉及同一罪名，则仅在该罪名的主罪状法条下设置罪名渊源栏目。如条文已被修正，则将修正后有效的条文作为主体法条列出，而把因刑法修正而失效的法条收录于刑法修正说明栏目中，并标出原罪名。对于刑法修正案增设的条文，也采用此种方式进行说明。其目的是既保留刑法条文的原貌，又忠实地反映刑法条文的发展变迁，便于读者了解刑法条文及个罪的历史渊源。

3. 刑法修正案和单行刑法的编排

出于体系化的考虑，本书将刑法修正案的条文进行拆分后，以"第××条之×"的形式排列在相应的刑法条文之后（但如系对刑法典进行修正的条文，则直接列出）。对于单行刑法，则将其逐条拆分后，排列在与之紧密相关的刑法条文之后。

4. 相关规范性法律文件的分类

本书以国家法律数据库、中国审判法律应用支持系统、北大法宝等为基础，为每个刑法条文逐条、全面地找出了相关的规范性法律文件条文，包括刑法修正前后颁发的现行有效的法律法规、司法解释等规范性法律文件，需说明的是，刑法修订前的规范性法律文件（主要是司法解释），虽非针对修订刑法条文而作出的，但在司法实践中依然具有参考价值。对某些犯罪而言，在新的规范性法律文件出台前，司法实务中也是将其作为定罪量刑的标准来对待的。因此，对这部分内容，本书也予以收录。并将这些规范性法律文件进行拆分并予以分门别类后，排列于相应的条文之下，以期为读者提供一种直观、快捷、全面的阅读方式。具体而言，就是将与某个刑法条文相关的所有规范性法律文件，依照与司法实务的关联程度、颁布机关及其法律效力等级的不同，分为立法解释、立法文件、立案标准、罪刑标准、证据标准、司法解释、司法文件、部委规范和法律法规九大类，并用黑体方括号（【　】）列出该类别的名称，再按此顺序依次排列于每个刑法条文之后（对于同一类别中的内容，则按实施日期之先后排列）。现说明如下：

（1）立法解释。主要包括全国人大常委会对刑法条文作出的解释。

（2）立法文件。主要包括全国人大常委会法制工作委员会对最高人民法院、最高人民检察院（以下简称"两高"）请示的关于刑法适用问题作出的答复或复函。

（3）立案标准。包括公安机关、检察院、监狱、军队等具有侦查权的部门出台的关于立案标准的规范性文件。

（4）罪刑标准。包括司法解释、司法解释性文件等规范性文件中有关定罪量刑等方面的内容。凡涉及该内容的条文，均归入本类别，不再列入其他类别中。

（5）证据标准。包括司法机关出台的有关构成犯罪的证明标准。

（6）司法解释。包括"两高"以"解释""规定""批复""决定"形式发布的规范性法律文件。① 对于"两高"与其他部委等单位联合颁布的上述法律文件，亦归入本栏目中，不再纳入其他类别。

（7）司法文件。主要包括"两高"及其内设机构（如研究室）发布的不具有正式

① 对此，"两高"有不同的解释：《最高人民法院关于司法解释工作的若干规定》（2007年3月23日公布，同年4月1日起施行）第6条规定，司法解释的形式包括解释、规定、批复和决定；《最高人民检察院司法解释工作规定》（2019年5月13日公布施行　高检发办〔2019〕55号）第6条规定，司法解释文件包括解释、规定、规则、意见、批复等形式。本书主要采用最高人民法院的观点。

法律效力，但却具有指导意义的规范性法律文件（包括会议纪要）。

（8）部委规范。包括以国务院各部委及其内设职能机构或以其下属机关名义发布的规章、规定等规范性法律文件。该内容在司法中参照适用，并无法定适用之效力。

（9）法律法规。包括全国人大及其常委会通过的法律和国务院颁布的行政法规。

需说明的是，由于不同机关及相同机关不同时期颁发的规范性法律文件之间难免存在冲突，或者有些规范性法律文件虽未明示废止，但却因其与上位法、新法或新的法律解释相抵触而失效。因此，读者适用时应加以对照甄别，有所选择。此外，本书还对少量现行司法解释有意进行了重复，其目的是方便读者，使之更具有实用性。

5. 与刑法章节相关的规范性法律文件的编排

对于与某章或某节相关的规范性法律文件，本书将其列于该章或该节之下，以起统领整个章节之效。

6. 引文基本体例

引文以刑法条文为基本单元，对与该刑法条文有关的所有规范性法律文件进行统一排序。下面举例说明：

第一百四十条　【生产、销售伪劣产品罪】生产者、销售者在产品中掺杂、掺假，以假充真，以次充好或者以不合格产品冒充合格产品，销售金额五万元以上不满二十万元的，处二年以下有期徒刑或者拘役，并处或者单处销售金额百分之五十以上二倍以下罚金；销售金额二十万元以上不满五十万元的，处二年以上七年以下有期徒刑，并处销售金额百分之五十以上二倍以下罚金；销售金额五十万元以上不满二百万元的，处七年以上有期徒刑，并处销售金额百分之五十以上二倍以下罚金；销售金额二百万元以上的，处十五年有期徒刑或者无期徒刑，并处销售金额百分之五十以上二倍以下罚金或者没收财产。

140.8最高人民法院、最高人民检察院关于办理危害药品安全刑事案件适用法律若干问题的解释（2022年3月6日　高检发释字〔2022〕1号）（节录）

第十一条　以提供给他人生产、销售、提供药品为目的，违反国家规定，生产、销售不符合药用要求的原料、辅料，符合刑法第一百四十条规定的，以生产、销售伪劣产品罪从重处罚；同时构成其他犯罪的，依照处罚较重的规定定罪处罚。

引文序号
主体法条　　实施日期　　　　　　引文文号　　　　　引文内容
　　　发布机关　　　　　　引文标题
　　主体法条罪名

其意思为：

——刑法第一百四十条的罪名是生产、销售伪劣产品罪；

——该引文是与刑法第一百四十条相关的规范性法律文件；

——该相关规范性法律文件排在第八位；

——发布机关为最高人民法院、最高人民检察院（发布机关如为全国人大及其常委会、国务院的，一般不予标注）；

——实施日期为2022年3月6日；

——引文发布文号为高检发释字〔2022〕1号。

又如：

120-1.2 最高人民法院关于审理洗钱等刑事案件具体应用法律若干问题的解释
（2009 年 11 月 11 日　法释〔2009〕15 号）（节录）

第五条　刑法第一百二十条之一规定的"资助"，是指为恐怖活动组织或者实施恐怖活动的个人筹集、提供经费、物资或者提供场所以及其他物质便利的行为。

刑法第一百二十条之一规定的"实施恐怖活动的个人"，包括预谋实施、准备实施和实际实施恐怖活动的个人。

其意思为：

该引文是与刑法第一百二十条之一（"第××条之×"系刑法修正案增设的条文序号）相关的规范性法律文件（其他含义同上）。

7. 参见

如果刑法不同条款出现重复引用相同的规范性法律文件时，则采取"参见"形式。例如：

105.1 参见 103.1 最高人民法院关于审理非法出版物刑事案件具体应用法律若干问题的解释（1998 年 12 月 23 日　法释〔1998〕30 号）

——其意思为：

本书第 105 条第一顺位引文内容与第 103 条第一顺位引文内容相同。

三、附录

为使读者更好地了解我国刑法修订后颁发的规范性法律文件及我国刑法罪名的变迁，在本书附录部分，编者设置了如下内容：

（1）中华人民共和国刑法分则罪名索引。本索引以刑法分则条文为主线，将刑法典、刑法修正案及单行刑法中的罪名悉数收录，并注明各罪的渊源，以便于读者对照检索。

（2）刑法修正案、单行法律新增罪名一览表。本表收录了 1997 年刑法修订后立法机关颁布的刑法修正案及单行刑法增设的罪名。

（3）最高人民法院、最高人民检察院取消罪名一览表（1997 年刑法）。1997 年刑法实施后，我国颁布的刑法修正案对刑法典部分条文作了修改，因而罪名相应发生了变化。同时，"两高"颁布的司法解释亦取消了某些罪名，代之以新罪名。本书将这些罪名悉数列出，收录于本列表中。

（4）废除罪名一览表（1979 年刑法）。本表收录了 1979 年刑法作了规定而被 1997 年刑法废除的罪名。

（5）刑事法律文件分类目录索引。本索引包括本书修订出版时的所有刑法立法、司法解释及已通过施行的单行刑法、刑法修正案。通知、纪要、答复、复函、部门规章等法律文件虽非正式的司法解释，但对涉及罪刑适用的，本书也予以收录。

（6）中华人民共和国刑法（1979 年）。以便于读者对照查阅。

总 目 录

分　目　录

第二编　分　则（第 102—451 条）

中华人民共和国刑法

1979 年 7 月 1 日第五届全国人民代表大会第二次会议通过

1997 年 3 月 14 日第八届全国人民代表大会第五次会议修订　1997 年 3 月 14 日中华人民共和国主席令第 83 号公布　自 1997 年 10 月 1 日起施行

1998 年 12 月 29 日第九届全国人民代表大会常务委员会第六次会议通过、公布并施行的《关于惩治骗购外汇、逃汇和非法买卖外汇犯罪的决定》对本法部分条款进行修正

1999 年 12 月 25 日第九届全国人民代表大会常务委员会第十三次会议通过、公布并施行的《中华人民共和国刑法修正案》对本法部分条款进行修正

2001 年 8 月 31 日第九届全国人民代表大会常务委员会第二十三次会议通过、公布并施行的《中华人民共和国刑法修正案（二）》对本法部分条款进行修正

2001 年 12 月 29 日第九届全国人民代表大会常务委员会第二十五次会议通过、公布并施行的《中华人民共和国刑法修正案（三）》对本法部分条款进行修正

2002 年 12 月 28 日第九届全国人民代表大会常务委员会第三十一次会议通过、公布并施行的《中华人民共和国刑法修正案（四）》对本法部分条款进行修正

2005 年 2 月 28 日第十届全国人民代表大会常务委员会第十四次会议通过、公布并施行的《中华人民共和国刑法修正案（五）》对本法部分条款进行修正

2006 年 6 月 29 日第十届全国人民代表大会常务委员会第二十二次会议通过、公布并施行的《中华人民共和国刑法修正案（六）》对本法部分条款进行修正

2009 年 2 月 28 日第十一届全国人民代表大会常务委员会第七次会议通过、公布并施行的《中华人民共和国刑法修正案（七）》对本法部分条款进行修正

2009 年 8 月 27 日第十一届全国人民代表大会常务委员会第十次会议通过、公布并施行的《关于修改部分法律的决定》对本法部分条款进行修正

2011 年 2 月 25 日第十一届全国人民代表大会常务委员会第十九次会议通过并公布、同年 5 月 1 日起施行的《中华人民共和国刑法修正案（八）》对本法部分条款进行修正

2015 年 8 月 29 日第十二届全国人民代表大会常务委员会第十六次会议通过并公布、同年 11 月 1 日起施行的《中华人民共和国刑法修正案（九）》对本法部分条款进行修正

2017 年 11 月 4 日第十二届全国人民代表大会常务委员会第三十次会议通过、公布并施行的《中华人民共和国刑法修正案（十）》对本法部分条款进行修正

2020 年 12 月 26 日第十三届全国人民代表大会常务委员会第二十四次会议通过、2021 年 3 月 1 日起施行的《中华人民共和国刑法修正案（十一）》对本法部分条款进行修正

2023 年 12 月 29 日第十四届全国人民代表大会常务委员会第七次会议通过并公布、2024 年 3 月 1 日起施行的《中华人民共和国刑法修正案（十二）》对本法部分条文进行修正

【司法解释】

【注 1】 **最高人民法院关于裁判文书引用法律、法规等规范性法律文件的规定**（2009 年 11 月 4 日　法释〔2009〕14 号）（节录）

第一条　人民法院的裁判文书应当依法引用相关法律、法规等规范性法律文件作为裁判依

据。引用时应当准确完整写明规范性法律文件的名称、条款序号，需要引用具体条文的，应当整条引用。

第二条　并列引用多个规范性法律文件的，引用顺序如下：法律及法律解释、行政法规、地方性法规、自治条例或者单行条例、司法解释。同时引用两部以上法律的，应当先引用基本法律，后引用其他法律。引用包括实体法和程序法的，先引用实体法，后引用程序法。

第三条　刑事裁判文书应当引用法律、法律解释或者司法解释。刑事附带民事诉讼裁判文书引用规范性法律文件，同时适用本规定第四条规定。

第四条　民事裁判文书应当引用法律、法律解释或者司法解释。对于应当适用的行政法规、地方性法规或者自治条例和单行条例，可以直接引用。

第六条　对于本规定第三条、第四条、第五条规定之外的规范性文件，根据审理案件的需要，经审查认定为合法有效的，可以作为裁判说理的依据。

第七条　人民法院制作裁判文书确需引用的规范性法律文件之间存在冲突，根据立法法等有关法律规定无法选择适用的，应当依法提请有决定权的机关做出裁决，不得自行在裁判文书中认定相关规范性法律文件的效力。

【注2】 最高人民法院关于在裁判文书中如何表述修正前后刑法条文的批复（2012年6月1日　法释〔2012〕7号）

各省、自治区、直辖市高级人民法院，解放军军事法院，新疆维吾尔自治区高级人民法院生产建设兵团分院：

近来，一些法院就在裁判文书中引用修正前后刑法条文如何具体表述问题请示我院。经研究，批复如下：

一、根据案件情况，裁判文书引用1997年3月14日第八届全国人民代表大会第五次会议修订的刑法条文，应当根据具体情况分别表述：

（一）有关刑法条文在修订的刑法施行后未经修正，或者经过修正，但引用的是现行有效条文，表述为"《中华人民共和国刑法》第××条"。

（二）有关刑法条文经过修正，引用修正前的条文，表述为"1997年修订的《中华人民共和国刑法》第××条"。

（三）有关刑法条文经两次以上修正，引用经修正且为最后一次修正前的条文，表述为"经××××年《中华人民共和国刑法修正案（×）》修正的《中华人民共和国刑法》第××条"。

二、根据案件情况，裁判文书引用1997年3月14日第八届全国人民代表大会第五次会议修订前的刑法条文，应当表述为"1979年《中华人民共和国刑法》第××条"。

三、根据案件情况，裁判文书引用有关单行刑法条文，应当直接引用相应该条例、补充规定或者决定的具体条款。

四、《最高人民法院关于在裁判文书中如何引用修订前、后刑法名称的通知》（法〔1997〕192号）、《最高人民法院关于在裁判文书中如何引用刑法修正案的批复》（法释〔2007〕7号）不再适用。

第一编　总　则

第一章　刑法的任务、基本原则和适用范围

第一条【刑法的目的及制定依据】[①] 为了惩罚犯罪，保护人民，根据宪法，结合我国同犯罪作斗争的具体经验及实际情况，制定本法。

【法条渊源】 本条系由 1979 年刑法（以下简称"79 刑法"）第 1 条修改而来，1997 年刑法（以下简称"刑法"）将原法条中的无产阶级、工农联盟等政治色彩较浓的内容删减后，吸收改为具体规定。

第二条【刑法的任务】 中华人民共和国刑法的任务，是用刑罚同一切犯罪行为作斗争，以保卫国家安全，保卫人民民主专政的政权和社会主义制度，保护国有财产和劳动群众集体所有的财产，保护公民私人所有的财产，保护公民的人身权利、民主权利和其他权利，维护社会秩序、经济秩序，保障社会主义建设事业的顺利进行。

【法条渊源】 本条系由 79 刑法第 2 条修改调整而来，刑法删除了反革命、无产阶级专政等政治色彩较浓的词语，代之以国家安全、人民民主专政等字样。

第三条【罪刑法定】 法律明文规定为犯罪行为的，依照法律定罪处刑；法律没有明文规定为犯罪行为的，不得定罪处刑。

【法条渊源】 本条系刑法增设的内容，79 刑法没有规定。本条规定的罪刑法定原则是刑法明文规定的基本原则之一，该原则是在废除 79 刑法规定的类推制度的基础上增设的。

第四条【法律面前人人平等】 对任何人犯罪，在适用法律上一律平等。不允许任何人有超越法律的特权。

【法条渊源】 本条系刑法增设的条文，79 刑法对此没有明确规定。本条规定的法律面前人人平等原则是刑法明文规定的基本原则之一。

第五条【罪刑相适应】 刑罚的轻重，应当与犯罪分子所犯罪行和承担的刑事责任相适应。

【法条渊源】 本条系刑法增设的条文，79 刑法对此没有明确规定。本条规定的罪刑相适应原则是刑法明文规定的基本原则之一。

【司法文件】

5.1 人民检察院办理认罪认罚案件开展量刑建议工作的指导意见（最高人民检察院 2021 年 12 月 3 日印发　高检发办字〔2021〕120 号）（节录）

第二条　人民检察院对认罪认罚案件提出量刑建议，应当坚持以下原则：

（四）罪责刑相适应。提出量刑建议既要体现认罪认罚从宽，又要考虑犯罪嫌疑人、被告人所犯罪行的轻重、应负的刑事责任和社会危险性的大小，确保罚当其罪，避免罪责刑失衡。

第六条【属地管辖权】 凡在中华人民共和国领域内犯罪的，除法律有特别规定的以外，都适用本法。

凡在中华人民共和国船舶或者航空器内犯罪的，也适用本法。

[①] 条文主旨系编者所归纳，下同。——编者注

犯罪的行为或者结果有一项发生在中华人民共和国领域内的，就认为是在中华人民共和国领域内犯罪。

【法条渊源】 79刑法第3条对此作了规定，刑法将其吸纳为具体规定。

【司法解释】

6.1 最高人民法院关于铁路运输法院案件管辖范围的若干规定（2012年8月1日　法释〔2012〕10号）（节录）

第一条　铁路运输法院受理同级铁路运输检察院依法提起公诉的刑事案件。

下列刑事公诉案件，由犯罪地的铁路运输法院管辖：

（一）车站、货场、运输指挥机构等铁路工作区域发生的犯罪；

（二）针对铁路线路、机车车辆、通讯、电力等铁路设备、设施的犯罪；

（三）铁路运输企业职工在执行职务中发生的犯罪。

在列车上的犯罪，由犯罪发生后该列车最初停靠的车站所在地或者目的地的铁路运输法院管辖；但在国际列车上的犯罪，按照我国与相关国家签订的有关管辖协定确定管辖，没有协定的，由犯罪发生后该列车最初停靠的中国车站所在地或者目的地的铁路运输法院管辖。

第二条　本规定第一条第二、三款范围内发生的刑事自诉案件，自诉人向铁路运输法院提起自诉的，铁路运输法院应当受理。

第四条　铁路运输基层法院就本规定第一条至第三条所列案件作出的判决、裁定，当事人提起上诉或铁路运输检察院提起抗诉的二审案件，由相应的铁路运输中级法院受理。

第六条　各高级人民法院指定铁路运输法院受理案件的范围，报最高人民法院批准后实施。

第七条　本院以前作出的有关规定与本规定不一致的，以本规定为准。

本规定施行前，各铁路运输法院依照此前的规定已经受理的案件，不再调整。

6.2 最高人民法院关于审理发生在我国管辖海域相关案件若干问题的规定（一）（2016年8月2日　法释〔2016〕16号）（节录）

第一条　本规定所称我国管辖海域，是指中华人民共和国内水、领海、毗连区、专属经济区、大陆架，以及中华人民共和国管辖的其他海域。

第二条　中国公民或组织在我国与有关国家缔结的协定确定的共同管理的渔区或公海从事捕捞等作业的，适用本规定。

6.3 参见第二编分则第三章【注1】最高人民检察院、公安部关于公安机关办理经济犯罪案件的若干规定（2018年1月1日　公通字〔2017〕25号）（第8—11条）

【司法文件】

6.4 最高人民法院、最高人民检察院、公安部关于旅客列车上发生的刑事案件管辖问题的通知（2001年8月23日　公通字〔2001〕70号）（节录）

一、旅客列车上发生的刑事案件，由负责该车乘务的乘警队所属的铁路公安机关立案，列车乘警应及时收集案件证据，填写有关法律文书。对于已经查获犯罪嫌疑人的，列车乘警应对犯罪嫌疑人认真盘查，制作盘查笔录。对被害人、证人要进行询问，制作询问笔录，或者由被害人、证人书写被害经过、证言。取证结束后，列车乘警应当将犯罪嫌疑人及盘查笔录、被害人、证人的证明材料以及其他与案件有关证据一并移交前方停车站铁路公安机关。对于未查获犯罪嫌疑人的案件，列车乘警应当及时收集案件线索及证据，并由负责该车乘务的乘警队所属的铁路公安机关继续侦查。

二、车站铁路公安机关对于法律手续齐全并附有相关证据材料的交站处理案件应当受理。经审查和进一步侦查，认为需要逮捕犯罪嫌疑人或者移送审查起诉的，应当依法向同级铁路运输检察院提请批准逮捕或者移送审查起诉。

三、铁路运输检察院对同级公安机关提请批准逮捕或者移送审查起诉的交站处理案件应当受理。经审查符合逮捕条件的，应当依法批准逮捕；符合起诉条件的，应当依法提起公诉或者将案件移送有管辖权的铁路运输检察院审查起诉。

四、铁路运输法院对铁路运输检察院提起公诉的交站处理案件，经审查认为符合受理条件的，应当受理并依法审判。

6.5 最高人民法院、最高人民检察院、公安部关于办理海上发生的违法犯罪案件有关问题的通知（2007年9月17日 公通字〔2007〕60号）（节录）

一、公安机关海上执法任务由沿海省、自治区、直辖市公安边防总队及其所属的海警支队、海警大队承担。在办理海上治安行政案件和刑事案件时，公安边防总队行使地（市）级人民政府公安机关的职权，海警支队行使县级人民政府公安机关的职权，海警大队行使公安派出所的职权，分别以自己名义作出决定和制作法律文书。

二、对省、自治区、直辖市公安边防总队及其下设的海警支队管辖海域的划分，应当充分考虑执法办案工作的需要，可以不受行政区划海域划分的限制。

海警支队的管辖海域由其隶属的省、自治区、直辖市公安边防总队划定，报公安部边防管理局和所在省、自治区、直辖市公安厅、局备案，并抄送所在地省、自治区、直辖市高级人民法院、人民检察院。

沿海省、自治区、直辖市公安边防总队的管辖海域由公安部边防管理局划定，并抄送最高人民法院、最高人民检察院。

三、（第二款）海上发生的刑事案件，由犯罪行为发生海域海警支队管辖；如果由犯罪嫌疑人居住地或者主要犯罪行为发生地公安机关管辖更为适宜的，可以由犯罪嫌疑人居住地或者主要犯罪行为发生地的公安机关管辖；对管辖有争议或者情况特殊的刑事案件，可报请上级公安机关指定管辖。

（第三款）同一省、自治区、直辖市内跨海警支队管辖海域的行政案件和刑事案件，由违法犯罪行为发生海域海警支队协商确定管辖；协商不成的，由省、自治区、直辖市公安边防总队指定管辖。

（第四款）跨省、自治区、直辖市管辖海域的行政案件和刑事案件，由违法犯罪行为发生海域省、自治区、直辖市公安边防总队协商确定管辖；协商不成的，由公安部边防管理局指定管辖。

四、（第一款）海警支队办理刑事案件，需要提请批准逮捕或者移送审查起诉的，依法向所在地人民检察院提请或者移送，人民检察院应当依法进行审查并作出决定。

八、（第一款）对海上违法犯罪案件的调查处理、侦查、提起公诉和审判，分别依照《刑事诉讼法》《治安管理处罚法》等相关法律、法规、规章和司法解释的规定办理。

6.6 最高人民法院、最高人民检察院、中国海警局关于海上刑事案件管辖等有关问题的通知（2020年2月20日 海警〔2020〕1号）（节录）

一、对海上发生的刑事案件，按照下列原则确定管辖：

（一）在中华人民共和国内水、领海发生的犯罪，由犯罪地或者被告人登陆地的人民法院管辖，如果由被告人居住地的人民法院审判更为适宜的，可以由被告人居住地的人民法院管辖；

（二）在中华人民共和国领域外的中国船舶内的犯罪，由该船舶最初停泊的中国口岸所在地或者被告人登陆地、入境地的人民法院管辖；

……

前款第一项规定的犯罪地包括犯罪行为发生地和犯罪结果发生地。前款第二项至第五项规定的入境地，包括进入我国陆地边境、领海以及航空器降落在我国境内的地点。

二、海上发生的刑事案件的立案侦查，由海警机构根据本通知第一条规定的管辖原则进行。

依据第一条规定确定的管辖地未设置海警机构的，由有关海警局商同级人民检察院、人民法院指定管辖。

三、沿海省、自治区、直辖市海警局办理刑事案件，需要提请批准逮捕或者移送起诉的，依法向所在地省级人民检察院提请或者移送。

沿海省、自治区、直辖市海警局下属海警局，中国海警局各分局、直属局办理刑事案件，需要提请批准逮捕或者移送起诉的，依法向所在地设区的市级人民检察院提请或者移送。

海警工作站办理刑事案件，需要提请批准逮捕或者移送起诉的，依法向所在地基层人民检察院提请或者移送。

四、人民检察院对于海警机构移送起诉的海上刑事案件，按照刑事诉讼法、司法解释以及本通知的有关规定进行审查后，认为应当由其他人民检察院起诉的，应当将案件移送有管辖权的人民检察院。

需要按照刑事诉讼法、司法解释以及本通知的有关规定指定审判管辖的，海警机构应当在移送起诉前向人民检察院通报，由人民检察院协商同级人民法院办理指定管辖有关事宜。

五、对人民检察院提起公诉的海上刑事案件，人民法院经审查认为符合刑事诉讼法、司法解释以及本通知有关规定的，应当依法受理。

六、海警机构办理刑事案件应当主动接受检察机关监督，与检察机关建立信息共享平台，定期向检察机关通报行政执法与刑事司法衔接，刑事立案、破案，采取强制措施等情况。

海警机构所在地的人民检察院依法对海警机构的刑事立案、侦查活动实行监督。

海警机构办理重大、疑难、复杂的刑事案件，可以商请人民检察院介入侦查活动，并听取人民检察院的意见和建议。人民检察院认为确有必要时，可以派员介入海警机构的侦查活动，对收集证据、适用法律提出意见，监督侦查活动是否合法，海警机构应当予以配合。

【法律法规】

6.7 中华人民共和国刑事诉讼法（1980 年 1 月 1 日　2018 年修正）（第 19—28 条）

6.8 中华人民共和国领海及毗连区法（1992 年 2 月 25 日）（第 2 条）

6.9 中华人民共和国香港特别行政区驻军法（1997 年 7 月 1 日）（第 20—22 条、第 26 条、第 28 条）

6.10 中华人民共和国专属经济区和大陆架法（1998 年 6 月 26 日）（第 2—4 条）

6.11 中华人民共和国澳门特别行政区驻军法（1999 年 12 月 2 日）（第 20—22 条、第 26 条、第 28 条）

第七条【属人管辖权】 中华人民共和国公民在中华人民共和国领域外犯本法规定之罪的，适用本法，但是按本法规定的最高刑为三年以下有期徒刑的，可以不予追究。

中华人民共和国国家工作人员和军人在中华人民共和国领域外犯本法规定之罪的，适用本法。

【法条渊源】79 刑法第 4 条、第 5 条规定了属人管辖权的内容，刑法将其修改合并，同时扩大了属人管辖权的范围。

【司法文件】

7.1 最高人民法院、最高人民检察院、中国海警局关于海上刑事案件管辖等有关问题的通知（2020 年 2 月 20 日　海警〔2020〕1 号）（节录）

一、对海上发生的刑事案件，按照下列原则确定管辖：

（三）中国公民在中华人民共和国领海以外的海域犯罪，由其登陆地、入境地、离境前居住地或者现居住地的人民法院管辖；被害人是中国公民的，也可以由被害人离境前居住地或者现居住地的人民法院管辖。

……前款第二项至第五项规定的入境地，包括进入我国陆地边境、领海以及航空器降落在我国境内的地点。

> **【说明】**立案侦查、批捕、起诉等内容，参见 6.6 本通知第 2—6 条。

【法律法规】

7.2 中华人民共和国国籍法（1980 年 9 月 10 日）（第 3—12 条）

第八条【保护管辖权】 外国人在中华人民共和国领域外对中华人民共和国国家或者公民犯罪，而按本法规定的最低刑为三年以上有期徒刑的，可以适用本法，但是按照犯罪地的法律不受处罚的除外。

【法条渊源】79 刑法第 6 条规定了保护管辖权的内容，刑法将其吸纳为具体规定。

【司法文件】

8.1 最高人民法院、最高人民检察院、中国海警局关于海上刑事案件管辖等有关问题的通知（2020 年 2 月 20 日 海警〔2020〕1 号）（节录）

一、对海上发生的刑事案件，按照下列原则确定管辖：

（四）外国人在中华人民共和国领海以外的海域对中华人民共和国国家或者公民犯罪，根据《中华人民共和国刑法》应当受到处罚的，由该外国人登陆地、入境地、入境后居住地的人民法院管辖，也可以由被害人离境前居住地或者现居住地的人民法院管辖。

……前款第二项至第五项规定的入境地，包括进入我国陆地边境、领海以及航空器降落在我国境内的地点。

> 【说明】立案侦查、批捕、起诉等内容，参见 6.6 本通知第 2—6 条。

第九条【普遍管辖权】 对于中华人民共和国缔结或者参加的国际条约所规定的罪行，中华人民共和国在所承担条约义务的范围内行使刑事管辖权的，适用本法。

【法条渊源】本条是关于普遍管辖权的内容，79 刑法没有规定。全国人大常委会《关于禁毒的决定》（1990 年 12 月 28 日起施行）第 13 条、《关于对中华人民共和国缔结或者参加的国际条约所规定的罪行行使刑事管辖权的决定》（1987 年 6 月 23 日起施行）对 79 刑法空间效力的范围作了补充，刑法将其吸收纳入。

【司法文件】

9.1 最高人民法院、最高人民检察院、中国海警局关于海上刑事案件管辖等有关问题的通知（2020 年 2 月 20 日 海警〔2020〕1 号）（节录）

一、对海上发生的刑事案件，按照下列原则确定管辖：

（五）对中华人民共和国缔结或者参加的国际条约所规定的罪行，中华人民共和国在所承担的条约义务的范围内行使刑事管辖权的，由被告人被抓获地、登陆地或者入境地的人民法院管辖。

……前款第二项至第五项规定的入境地，包括进入我国陆地边境、领海以及航空器降落在我国境内的地点。

> 【说明】立案侦查、批捕、起诉等内容，参见 6.6 本通知第 2—6 条。

【法律法规】

9.2 全国人民代表大会常务委员会关于对中华人民共和国缔结或者参加的国际条约所规定的罪行行使刑事管辖权的决定（1987 年 6 月 23 日）

9.3 中华人民共和国反恐怖主义法（2016 年 1 月 1 日 2018 年修正）（第 11 条）

第十条【外国刑事判决的效力】 凡在中华人民共和国领域外犯罪，依照本法应当负刑事责任的，虽然经过外国审判，仍然可以依照本法追究，但是在外国已经受过刑罚处罚的，可以免除或者减轻处罚。

【法条渊源】79 刑法第 7 条规定了本条内容，刑法将其吸纳为具体规定。

第十一条【外交豁免】 享有外交特权和豁免权的外国人的刑事责任，通过外交途径解决。

【法条渊源】79 刑法第 8 条规定了本条内容，刑法将其吸纳为具体规定。

【法律法规】

11.1 中华人民共和国刑事诉讼法（1980 年 1 月 1 日 2018 年修正）（第 17 条）

11.2 中华人民共和国外交特权与豁免条例（1986 年 9 月 5 日）（第 11—12 条、第 14 条第 1 款、

第 20—24 条、第 26—27 条)

11.3 全国人民代表大会常务委员会关于我国加入《关于防止和惩处侵害应受国际保护人员包括外交代表的罪行的公约》的决定 (1987 年 6 月 23 日)

11.4 中华人民共和国领事特权与豁免条例 (1990 年 10 月 30 日) (第 11—12 条、第 14 条第 1 款、第 21—23 条、第 26—27 条)

第十二条【刑法的时间效力】 中华人民共和国成立以后本法施行以前的行为，如果当时的法律不认为是犯罪的，适用当时的法律；如果当时的法律认为是犯罪的，依照本法总则第四章第八节的规定应当追诉的，按照当时的法律追究刑事责任，但是如果本法不认为是犯罪或者处刑较轻的，适用本法。

本法施行以前，依照当时的法律已经作出的生效判决，继续有效。

【法条渊源】 79 刑法第 9 条对本条第 1 款内容作了规定，其后立法机关颁布的一些单行刑事法律对 79 刑法规定的从旧兼从轻原则作了修改补充，刑法继承了 79 刑法的规定，再次在刑法典中统一规定了从旧兼从轻原则。79 刑法没有规定本条第 2 款，系刑法增设。

【司法解释】

12.1 最高人民法院关于适用刑法时间效力规定若干问题的解释 (1997 年 10 月 1 日　法释〔1997〕5 号)

为正确适用刑法，现就人民法院 1997 年 10 月 1 日以后审理的刑事案件，具体适用修订前的刑法或者修订后的刑法的有关问题规定如下：

第一条 对于行为人 1997 年 9 月 30 日以前实施的犯罪行为，在人民检察院、公安机关、国家安全机关立案侦查或者在人民法院受理案件以后，行为人逃避侦查或者审判，超过追诉期限或者被害人在追诉期限内提出控告，人民法院、人民检察院、公安机关应当立案而不予立案，超过追诉期限的，是否追究行为人的刑事责任，适用修订前的刑法第七十七条的规定。

第二条 犯罪分子 1997 年 9 月 30 日以前犯罪，不具有法定减轻处罚情节，但是根据案件的具体情况需要在法定刑以下判处刑罚的，适用修订前的刑法第五十九条第二款的规定。

第三条 前罪判处的刑罚已经执行完毕或者赦免，在 1997 年 9 月 30 日以前又犯应当判处有期徒刑以上刑罚之罪，是否构成累犯，适用修订前的刑法第六十一条的规定；1997 年 10 月 1 日以后又犯应当判处有期徒刑以上刑罚之罪的，是否构成累犯，适用刑法第六十五条的规定。

第四条 1997 年 9 月 30 日以前被采取强制措施的犯罪嫌疑人、被告人或者 1997 年 9 月 30 日以前犯罪，1997 年 10 月 1 日以后仍在服刑的罪犯，如实供述司法机关还未掌握的本人其他罪行的，适用刑法第六十七条第二款的规定。

第五条 1997 年 9 月 30 日以前犯罪的犯罪分子，有揭发他人犯罪行为，或者提供重要线索，从而得以侦破其他案件等立功表现的，适用刑法第六十八条的规定。

第六条 1997 年 9 月 30 日以前犯罪被宣告缓刑的犯罪分子，在 1997 年 10 月 1 日以后的缓刑考验期间又犯新罪、被发现漏罪或者违反法律、行政法规或者国务院公安部门有关缓刑的监督管理规定，情节严重的，适用刑法第七十七条的规定，撤销缓刑。

第七条 1997 年 9 月 30 日以前犯罪，1997 年 10 月 1 日以后仍在服刑的犯罪分子，因特殊情况，需要不受执行刑期限制假释的，适用刑法第八十一条第一款的规定，报经最高人民法院核准。

第八条 1997 年 9 月 30 日以前犯罪，1997 年 10 月 1 日以后仍在服刑的累犯以及因杀人、爆炸、抢劫、强奸、绑架等暴力性犯罪被判处十年以上有期徒刑、无期徒刑的犯罪分子，适用修订前的刑法第七十三条的规定，可以假释。

第九条 1997 年 9 月 30 日以前被假释的犯罪分子，在 1997 年 10 月 1 日以后的假释考验期内，又犯新罪、被发现漏罪或者违反法律、行政法规或者国务院公安部门有关假释的监督管理规定的，适用刑法第八十六条的规定，撤销假释。

第十条 按照审判监督程序重新审判的案件，适用行为时的法律。

12.2 最高人民法院关于适用刑法第十二条几个问题的解释（1998 年 1 月 13 日 法释〔1997〕12 号）

修订后的《中华人民共和国刑法》1997 年 10 月 1 日施行以来，一些地方法院就刑法第十二条适用中的几个具体问题向我院请示。现解释如下：

第一条 刑法第十二条规定的"处刑较轻"，是指刑法对某种犯罪规定的刑罚即法定刑比修订前刑法轻。法定刑较轻是指法定最高刑较轻；如果法定最高刑相同，则指法定最低刑较轻。

第二条 如果刑法规定的某一犯罪只有一个法定刑幅度，法定最高刑或者最低刑是指该法定刑幅度的最高刑或者最低刑；如果刑法规定的某一犯罪有两个以上的法定刑幅度，法定最高刑或者最低刑是指具体犯罪行为应当适用的法定刑幅度的最高刑或者最低刑。

第三条 1997 年 10 月 1 日以后审理 1997 年 9 月 30 日以前发生的刑事案件，如果刑法规定的定罪处刑标准、法定刑与修订前刑法相同的，应当适用修订前的刑法。

12.3 最高人民检察院关于对跨越修订刑法施行日期的继续犯罪、连续犯罪以及其他同种数罪应如何具体适用刑法问题的批复（1998 年 12 月 2 日 高检发释字〔1998〕6 号）

四川省人民检察院：

你院川检发研〔1998〕10 号《关于对连续犯罪、继续犯罪如何具体适用刑法第十二条的有关问题的请示》收悉，经研究，批复如下：

对于开始于 1997 年 9 月 30 日以前，继续或者连续到 1997 年 10 月 1 日以后的行为，以及在 1997 年 10 月 1 日前后分别实施的同种类数罪，如果原刑法和修订刑法都认为是犯罪并且应当追诉，按照下列原则决定如何适用法律：

一、对于开始于 1997 年 9 月 30 日以前，继续到 1997 年 10 月 1 日以后终了的继续犯罪，应当适用修订刑法一并进行追诉。

二、对于开始于 1997 年 9 月 30 日以前，连续到 1997 年 10 月 1 日以后的连续犯罪，或者在 1997 年 10 月 1 日前后分别实施的同种类数罪，其中罪名、构成要件、情节以及法定刑均没有变化的，应当适用修订刑法，一并进行追诉；罪名、构成要件、情节以及法定刑已经变化的，也应当适用修订刑法，一并进行追诉，但是修订刑法比原刑法所规定的构成要件和情节较为严格，或者法定刑较重的，在提起公诉时应当提出酌情从轻处理意见。

12.4 最高人民法院、最高人民检察院关于适用刑事司法解释时间效力问题的规定（2001 年 12 月 17 日 高检发释字〔2001〕5 号）

为正确适用司法解释办理案件，现对适用刑事司法解释时间效力问题提出如下意见：

一、司法解释是最高人民法院对审判工作中具体应用法律问题和最高人民检察院对检察工作中具体应用法律问题所作的具有法律效力的解释，自发布或者规定之日起施行，效力适用于法律的施行期间。

二、对于司法解释实施前发生的行为，行为时没有相关司法解释，司法解释施行后尚未处理或者正在处理的案件，依照司法解释的规定办理。

三、对于新的司法解释实施前发生的行为，行为时已有相关司法解释，依照行为时的司法解释办理，但适用新的司法解释对犯罪嫌疑人、被告人有利的，适用新的司法解释。

四、对于在司法解释施行前已办结的案件，按照当时的法律和司法解释，认定事实和适用法律没有错误的，不再变动。

【司法文件】

12.5 最高人民法院关于认真学习宣传贯彻修订的《中华人民共和国刑法》的通知（1997 年 3 月 25 日 法发〔1997〕3 号）（节录）

三、修订的刑法实施后，各级人民法院必须坚决贯彻执行。对于修订的刑法实施前发生的行为，10 月 1 日实施后尚未处理或者正在处理的案件，依照修订的刑法第十二条的规定办理；对于修订的刑法实施前，人民法院已审结的案件，实施后人民法院按照审判监督程序重新审理的，适用原审结时的有关法律规定。

四、修订的刑法实施前，人民法院审判刑事案件仍然应当依照现行刑法和人大常委会修改、补充刑法的有关决定、补充规定及最高人民法院的有关司法解释，并应遵守中华人民共和国刑事诉讼法有关程序和期限的规定。

五、修订的刑法实施后，对已明令废止的全国人大常委会有关决定和补充规定，最高人民法院原作出的有关司法解释不再适用。但是如果修订的刑法有关条文实质内容没有变化的，人民法院在刑事审判工作中，在没有新的司法解释前，可参照执行。其他对于与修订的刑法规定相抵触的司法解释，不再适用。

12.6 最高人民检察院关于检察工作中具体适用修订刑法第十二条若干问题的通知（1997 年 10 月 6 日　高检发释字〔1997〕4 号）

地方各级人民检察院、各级军事检察院：

根据修订刑法第十二条的规定，现对发生在 1997 年 9 月 30 日以前，1997 年 10 月 1 日后尚未处理或者正在处理的行为如何适用法律的若干问题通知如下：

一、如果当时的法律（包括 1979 年刑法，中华人民共和国惩治军人违反职责罪暂行条例，全国人大常委会关于刑事法律的决定、补充规定，民事、经济、行政法律中"依照"、"比照"刑法有关条款追究刑事责任的法律条文，下同）、司法解释认为是犯罪，修订刑法不认为是犯罪的，依法不再追究刑事责任。已经立案、侦查的，撤销案件；已批准逮捕的，撤销批准逮捕决定，并建议公安机关撤销案件；审查起诉的，作出不起诉决定；已经起诉的，建议人民法院退回案件，予以撤销；已经抗诉的，撤回抗诉。

二、如果当时的法律、司法解释认为是犯罪，修订刑法也认为是犯罪的，按从旧兼从轻的原则依法追究刑事责任：

1. 罪名、构成要件、情节以及法定刑没有变化的，适用当时的法律追究刑事责任。

2. 罪名、构成要件、情节以及法定刑已经变化的，根据从轻原则，确定适用当时的法律或者修订刑法追究刑事责任。

三、如果当时的法律不认为是犯罪，修订刑法认为是犯罪的，适用当时的法律；但行为连续或者继续到 1997 年 10 月 1 日以后的，对 10 月 1 日以后构成犯罪的行为适用修订刑法追究刑事责任。

第二章　犯　　罪

第一节　犯罪和刑事责任

第十三条【犯罪的概念】 一切危害国家主权、领土完整和安全，分裂国家、颠覆人民民主专政的政权和推翻社会主义制度，破坏社会秩序和经济秩序，侵犯国有财产或者劳动群众集体所有的财产，侵犯公民私人所有的财产，侵犯公民的人身权利、民主权利和其他权利，以及其他危害社会的行为，依照法律应当受刑罚处罚的，都是犯罪，但是情节显著轻微危害不大的，不认为是犯罪。

【法条渊源】 79 刑法第 10 条规定了本条内容，刑法将原条文中带有浓厚政治色彩的无产阶级专政等字样删除，代之以人民民主专政字样。

【司法文件】

13.1 最高人民法院、最高人民检察院、司法部、公安部关于办理醉酒危险驾驶刑事案件的意见（2023 年 12 月 28 日　高检发办字〔2023〕187 号）（节录）

第十二条（第一款）　醉驾具有下列情形之一，且不具有本意见第十条规定情形的，可以认定为情节显著轻微、危害不大，依照刑法第十三条、刑事诉讼法第十六条的规定处理：

（一）血液酒精含量不满 150 毫克/100 毫升的；

（二）出于急救伤病人员等紧急情况驾驶机动车，且不构成紧急避险的；

（三）在居民小区、停车场等场所因挪车、停车入位等短距离驾驶机动车的；

（四）由他人驾驶至居民小区、停车场等场所短距离接替驾驶停放机动车的，或者为了交由他人驾驶，自居民小区、停车场等场所短距离驶出的；

（五）其他情节显著轻微的情形。

【部委规范】

13.2 公安机关办理伤害案件规定（2006 年 2 月 1 日 公通字〔2005〕98 号）（节录）

第二十九条 根据《中华人民共和国刑法》第十三条及《中华人民共和国刑事诉讼法》第十五条第一项规定，对故意伤害他人致轻伤，情节显著轻微、危害不大，不认为是犯罪的，以及被害人伤情达不到轻伤的，应当依法予以治安管理处罚。

【法律法规】

13.3 中华人民共和国治安管理处罚法（2006 年 3 月 1 日 2012 年修正）（第 2 条）

13.4 中华人民共和国主席特赦令（2015 年 8 月 29 日）

为纪念中国人民抗日战争暨世界反法西斯战争胜利 70 周年，体现依法治国理念和人道主义精神，根据第十二届全国人民代表大会常务委员会第十六次会议的决定，对依据 2015 年 1 月 1 日前人民法院作出的生效判决正在服刑，释放后不具有现实社会危险性的下列罪犯实行特赦：

一、参加过中国人民抗日战争、中国人民解放战争的；

二、中华人民共和国成立以后，参加过保卫国家主权、安全和领土完整对外作战的，但犯贪污受贿犯罪，故意杀人、强奸、抢劫、绑架、放火、爆炸、投放危险物质或者有组织的暴力性犯罪，黑社会性质的组织犯罪，危害国家安全犯罪，恐怖活动犯罪的，有组织犯罪的主犯以及累犯除外；

三、年满七十五周岁、身体严重残疾且生活不能自理的；

四、犯罪的时候不满十八周岁，被判处三年以下有期徒刑或者剩余刑期在一年以下的，但犯故意杀人、强奸等严重暴力性犯罪，恐怖活动犯罪，贩卖毒品犯罪的除外。

对 2015 年 8 月 29 日符合上述条件的服刑罪犯，经人民法院依法作出裁定后，予以释放。

第十四条【故意犯罪】明知自己的行为会发生危害社会的结果，并且希望或者放任这种结果发生，因而构成犯罪的，是故意犯罪。

故意犯罪，应当负刑事责任。

【法条渊源】79 刑法第 11 条规定了本条内容，刑法将其纳入。

第十五条【过失犯罪】应当预见自己的行为可能发生危害社会的结果，因为疏忽大意而没有预见，或者已经预见而轻信能够避免，以致发生这种结果的，是过失犯罪。

过失犯罪，法律有规定的才负刑事责任。

【法条渊源】79 刑法第 12 条规定了本条内容，刑法将其纳入。

第十六条【不可抗力及意外事件】行为在客观上虽然造成了损害结果，但是不是出于故意或者过失，而是由于不能抗拒或者不能预见的原因所引起的，不是犯罪。

【法条渊源】79 刑法第 13 条规定了本条内容，刑法将其纳入。

第十七条【完全刑事责任年龄】已满十六周岁的人犯罪，应当负刑事责任。

【相对刑事责任年龄】已满十四周岁不满十六周岁的人，犯故意杀人、故意伤害致人重伤或者死亡、强奸、抢劫、贩卖毒品、放火、爆炸、投放危险物质罪的，应当负刑事责任。

【核准追诉刑事责任年龄】已满十二周岁不满十四周岁的人，犯故意杀人、故意伤害罪，致人死亡或者以特别残忍手段致人重伤造成严重残疾，情节恶劣，经最高人民检察院核准追诉的，应当负刑事责任。

【从宽刑事责任年龄】对依照前三款规定追究刑事责任的不满十八周岁的人，应当从轻或者减轻处罚。

【管教与矫治】因不满十六周岁不予刑事处罚的，责令其父母或者其他监护人加以管教；在必要的时候，依法进行专门矫治教育。

> **【刑法修正说明】**
>
> 本条为全国人大常委会 2020 年 12 月 26 日通过并公布、2021 年 3 月 1 日施行的《刑法修正案（十一）》第 1 条所修正。原第 17 条为：
>
> **【完全刑事责任年龄】** 已满十六周岁的人犯罪，应当负刑事责任。
>
> **【相对刑事责任年龄】** 已满十四周岁不满十六周岁的人，犯故意杀人、故意伤害致人重伤或者死亡、强奸、抢劫、贩卖毒品、放火、爆炸、投毒罪的，应当负刑事责任。
>
> **【从宽刑事责任年龄】** 已满十四周岁不满十八周岁的人犯罪，应当从轻或者减轻处罚。
>
> **【管教与教养】** 因不满十六周岁不予刑事处罚的，责令他的家长或者监护人加以管教；在必要的时候，也可以由政府收容教养。

【法条渊源】79 刑法第 14 条规定了本条内容，刑法对原法条第 2 款内容作了修改，其他三款予以保留并纳入法典。《刑法修正案（十一）》第 1 条改第 2 款的"投毒"为"投放危险物质"，改原第 4 款（现第 5 款）的"收容教养"为"矫治教育"，并增设第 3 款。

【司法解释】

17.1 最高人民检察院关于"骨龄鉴定"能否作为确定刑事责任年龄证据使用的批复（2000年 2 月 21 日　高检发研字〔2000〕6 号）

宁夏回族自治区人民检察院：

你院《关于"骨龄鉴定"能否作为证据使用的请示》收悉，经研究批复如下：

犯罪嫌疑人不讲真实姓名、住址，年龄不明的，可以委托进行骨龄鉴定或其他科学鉴定，经审查，鉴定结论能够准确确定犯罪嫌疑人实施犯罪行为时的年龄的，可以作为判断犯罪嫌疑人年龄的证据使用。如果鉴定结论不能准确确定犯罪嫌疑人实施犯罪行为时的年龄，而且鉴定结论又表明犯罪嫌疑人年龄在刑法规定的应负刑事责任年龄上下的，应当依法慎重处理。

17.2 最高人民法院关于审理未成年人刑事案件具体应用法律若干问题的解释（2006 年 1 月23 日　法释〔2006〕1 号）

为正确审理未成年人刑事案件，贯彻"教育为主，惩罚为辅"的原则，根据刑法等有关法律的规定，现就审理未成年人刑事案件具体应用法律的若干问题解释如下：

第一条 本解释所称未成年人刑事案件，是指被告人实施被指控的犯罪时已满十四周岁不满十八周岁的案件。

第二条 刑法第十七条规定的"周岁"，按照公历的年、月、日计算，从周岁生日的第二天起算。

第三条 审理未成年人刑事案件，应当查明被告人实施被指控的犯罪时的年龄。裁判文书中应当写明被告人出生的年、月、日。

第四条 对于没有充分证据证明被告人实施被指控的犯罪时已经达到法定刑事责任年龄且确实无法查明的，应当推定其没有达到相应法定刑事责任年龄。

相关证据足以证明被告人实施被指控的犯罪时已经达到法定刑事责任年龄，但是无法准确查明被告人具体出生日期的，应当认定其达到相应法定刑事责任年龄。

第五条 已满十四周岁不满十六周岁的人实施刑法第十七条第二款规定以外的行为，如果同时触犯了刑法第十七条第二款规定的，应当依照刑法第十七条第二款的规定确定罪名，定罪处罚。

第六条 已满十四周岁不满十六周岁的人偶尔与幼女发生性行为，情节轻微、未造成严重后果的，不认为是犯罪。

第七条　已满十四周岁不满十六周岁的人使用轻微暴力或者威胁，强行索要其他未成年人随身携带的生活、学习用品或者钱财数量不大，且未造成被害人轻微伤以上或者不敢正常到校学习、生活等危害后果的，不认为是犯罪。

已满十六周岁不满十八周岁的人具有前款规定情形的，一般也不认为是犯罪。

第八条　已满十六周岁不满十八周岁的人出于以大欺小、以强凌弱或者寻求精神刺激，随意殴打其他未成年人、多次对其他未成年人强拿硬要或者任意损毁公私财物，扰乱学校及其他公共场所秩序，情节严重的，以寻衅滋事罪定罪处罚。

第九条　已满十六周岁不满十八周岁的人实施盗窃行为未超过三次，盗窃数额虽已达到"数额较大"标准，但案发后能如实供述全部盗窃事实并积极退赃，且具有下列情形之一的，可以认定为"情节显著轻微危害不大"，不认为是犯罪：

（一）系又聋又哑的人或者盲人；

（二）在共同盗窃中起次要或者辅助作用，或者被胁迫；

（三）具有其他轻微情节的。

已满十六周岁不满十八周岁的人盗窃未遂或者中止的，可不认为是犯罪。

已满十六周岁不满十八周岁的人盗窃自己家庭或者近亲属财物，或者盗窃其他亲属财物但其他亲属要求不予追究的，可不按犯罪处理。

第十条　已满十四周岁不满十六周岁的人盗窃、诈骗、抢夺他人财物，为窝藏赃物、抗拒抓捕或者毁灭罪证，当场使用暴力，故意伤害致人重伤或者死亡，或者故意杀人的，应当分别以故意伤害罪或者故意杀人罪定罪处罚。

已满十六周岁不满十八周岁的人犯盗窃、诈骗、抢夺罪，为窝藏赃物、抗拒抓捕或者毁灭罪证而当场使用暴力或者以暴力相威胁的，应当依照刑法第二百六十九条的规定定罪处罚；情节轻微的，可不以抢劫罪定罪处罚。

第十一条　对未成年罪犯适用刑罚，应当充分考虑是否有利于未成年罪犯的教育和矫正。

对未成年罪犯量刑应当依照刑法第六十一条的规定，并充分考虑未成年人实施犯罪行为的动机和目的、犯罪时的年龄、是否初次犯罪、犯罪后的悔罪表现、个人成长经历和一贯表现等因素。对符合管制、缓刑、单处罚金或者免予刑事处罚适用条件的未成年罪犯，应当依法适用管制、缓刑、单处罚金或者免予刑事处罚。

第十二条　行为人在达到法定刑事责任年龄前后均实施了犯罪行为，只能依法追究其达到法定刑事责任年龄后实施的犯罪行为的刑事责任。

行为人在年满十八周岁前后实施了不同种犯罪行为，对其年满十八周岁以前实施的犯罪应当依法从轻或者减轻处罚。行为人在年满十八周岁前后实施了同种犯罪行为，在量刑时应当考虑对年满十八周岁以前实施的犯罪，适当给予从轻或者减轻处罚。

第十三条　未成年人犯罪只有罪行极其严重的，才可以适用无期徒刑。对已满十四周岁不满十六周岁的人犯罪一般不判处无期徒刑。

第十四条　除刑法规定"应当"附加剥夺政治权利外，对未成年罪犯一般不判处附加剥夺政治权利。

如果对未成年罪犯判处附加剥夺政治权利的，应当依法从轻判处。

对实施被指控犯罪时未成年、审判时已成年的罪犯判处附加剥夺政治权利，适用前款的规定。

第十五条　对未成年罪犯实施刑法规定的"并处"没收财产或者罚金的犯罪，应当依法判处相应的财产刑；对未成年罪犯实施刑法规定的"可以并处"没收财产或者罚金的犯罪，一般不判处财产刑。

对未成年罪犯判处罚金刑时，应当依法从轻或者减轻判处，并根据犯罪情节，综合考虑其缴纳罚金的能力，确定罚金数额。但罚金的最低数额不得少于五百元人民币。

对被判处罚金刑的未成年罪犯，其监护人或者其他人自愿代为垫付罚金的，人民法院应当允许。

第十六条　对未成年罪犯符合刑法第七十二条第一款规定的，可以宣告缓刑。如果同时具有下列情形之一，对其适用缓刑确实不致再危害社会的，应当宣告缓刑：

（一）初次犯罪；

（二）积极退赃或赔偿被害人经济损失；

（三）具备监护、帮教条件。

第十七条　未成年罪犯根据其所犯罪行，可能被判处拘役、三年以下有期徒刑，如果悔罪表现好，并具有下列情形之一的，应当依照刑法第三十七条的规定免予刑事处罚：

（一）系又聋又哑的人或者盲人；

（二）防卫过当或者避险过当；

（三）犯罪预备、中止或者未遂；

（四）共同犯罪中从犯、胁从犯；

（五）犯罪后自首或者有立功表现；

（六）其他犯罪情节轻微不需要判处刑罚的。

第十八条　对未成年罪犯的减刑、假释，在掌握标准上可以比照成年罪犯依法适度放宽。

未成年罪犯能认罪服法，遵守监规，积极参加学习、劳动的，即可视为"确有悔改表现"予以减刑，其减刑的幅度可以适当放宽，间隔的时间可以相应缩短。符合刑法第八十一条第一款规定的，可以假释。

未成年罪犯在服刑期间已经成年的，对其减刑、假释可以适用上述规定。

第十九条　刑事附带民事案件的未成年被告人有个人财产的，应当由本人承担民事赔偿责任，不足部分由监护人予以赔偿，但单位担任监护人的除外。

被告人对被害人物质损失的赔偿情况，可以作为量刑情节予以考虑。

第二十条　本解释自公布之日起施行。

《最高人民法院关于办理未成年人刑事案件适用法律的若干问题的解释》（法发〔1995〕9 号）自本解释公布之日起不再执行。

17.3 最高人民检察院关于对涉嫌盗窃的不满 16 周岁未成年人采取刑事拘留强制措施是否违法问题的批复（2011 年 1 月 25 日　高检发释字〔2011〕1 号）

北京市人民检察院：

你院京检字〔2010〕107 号《关于对涉嫌盗窃的不满 16 周岁未成年人采取刑事拘留强制措施是否违法的请示》收悉。经研究，批复如下：

根据刑法、刑事诉讼法、未成年人保护法等有关法律规定，对于实施犯罪时未满 16 周岁的未成年人，且未犯刑法第十七条第二款规定之罪的，公安机关查明犯罪嫌疑人实施犯罪时年龄确系未满 16 周岁依法不负刑事责任后仍予以刑事拘留的，检察机关应当及时提出纠正意见。

17.4 人民检察院办理未成年人刑事案件的规定（2013 年 12 月 27 日　高检发研字〔2013〕7 号）（节录）

第二十六条　对于犯罪情节轻微，具有下列情形之一，依照刑法规定不需要判处刑罚或者免除刑罚的未成年犯罪嫌疑人，一般应当依法作出不起诉决定：

（一）被胁迫参与犯罪的；

（二）犯罪预备、中止、未遂的；

（三）在共同犯罪中起次要或者辅助作用的；

（四）系又聋又哑的人或者盲人的；

（五）因防卫过当或者紧急避险过当构成犯罪的；

（六）有自首或者立功表现的；

（七）其他依照刑法规定不需要判处刑罚或者免除刑罚的情形。

第二十七条　对于未成年人实施的轻伤害案件、初次犯罪、过失犯罪、犯罪未遂的案件以及被诱骗或者被教唆实施的犯罪案件等，情节轻微，犯罪嫌疑人确有悔罪表现，当事人双方自愿就民事赔偿达成协议并切实履行或者经被害人同意并提供有效担保，符合刑法第三十七条规定的，人民检察院可以依照刑事诉讼法第一百七十三条第二款的规定作出不起诉决定，并可以根据案件的不同情况，予以训诫或者责令具结悔过、赔礼道歉、赔偿损失，或者由主管部门予以行政处罚。

第二十九条　对于犯罪时已满十四周岁不满十八周岁的未成年人，同时符合下列条件的，人民检察院可以作出附条件不起诉决定：

（一）涉嫌刑法分则第四章、第五章、第六章规定的犯罪；

（二）根据具体犯罪事实、情节，可能被判处一年有期徒刑以下刑罚；

（三）犯罪事实清楚，证据确实、充分，符合起诉条件；

（四）具有悔罪表现。

第八十条　实施犯罪行为的年龄，一律按公历的年、月、日计算。从周岁生日的第二天起，为已满××周岁。

【司法文件】

17.5 最高人民检察院关于已满十四周岁不满十六周岁的人承担刑事责任范围问题的复函（2002 年 8 月 9 日　检发研字〔2002〕17 号）

四川省人民检察院：

你院《关于已满十四周岁不满十六周岁的人承担刑事责任范围问题的请示》（川检发研〔2001〕13 号）收悉。我们就此问题询问了全国人民代表大会常务委员会法制工作委员会，现将全国人民代表大会常务委员会法制工作委员会的答复意见转发你院，请遵照执行。

> **附：全国人民代表大会常务委员会法制工作委员会关于已满十四周岁不满十六周岁的人承担刑事责任范围问题的答复意见**（2002 年 7 月 24 日　法工委复字〔2002〕12 号）
>
> 最高人民检察院：
>
> 关于你单位 4 月 8 日来函收悉，经研究，现答复如下：
>
> 刑法第十七条第二款规定的八种犯罪，是指具体犯罪行为而不是具体罪名。对于刑法第十七条中规定的"犯故意杀人、故意伤害致人重伤或者死亡"，是指只要故意实施了杀人、伤害行为并且造成了致人重伤、死亡后果的，都应负刑事责任。而不是指只有犯故意杀人罪、故意伤害罪的，才负刑事责任，绑架撕票的，不负刑事责任。对司法实践中出现的已满十四周岁不满十六周岁的人绑架人质后杀害被绑架人、拐卖妇女、儿童而故意造成被拐卖妇女、儿童重伤或死亡的行为，依据刑法是应当追究其刑事责任的。

17.6 最高人民检察院法律政策研究室关于相对刑事责任年龄的人承担刑事责任范围有关问题的答复（2003 年 4 月 18 日　〔2003〕高检研发第 13 号）（节录）

四川省人民检察院研究室：

你院关于相对刑事责任年龄的人承担刑事责任范围问题的请示（川检发办〔2002〕47 号）收阅。经研究，答复如下：

一、相对刑事责任年龄的人实施了刑法第十七条第二款规定的行为，应当追究刑事责任的，其罪名应当根据所触犯的刑法分则具体条文认定。对于绑架后杀害被绑架人的，其罪名应认定为绑架罪。

二、相对刑事责任年龄的人实施了刑法第二百六十九条规定的行为的，应当依照刑法第二百六十三条的规定，以抢劫罪追究刑事责任。但对情节显著轻微，危害不大的，可根据刑法第十三条的规定，不予追究刑事责任。

17.7 最高人民法院关于贯彻宽严相济刑事政策的若干意见（2010 年 2 月 8 日　法发〔2010〕9 号）（节录）

20. 对于未成年人犯罪，在具体考虑其实施犯罪的动机和目的、犯罪性质、情节和社会危害程度的同时，还要充分考虑其是否属于初犯，归案后是否悔罪，以及个人成长经历和一贯表现等因素，坚持"教育为主、惩罚为辅"的原则和"教育、感化、挽救"的方针进行处理。对于偶尔盗窃、抢夺、诈骗，数额刚达到较大的标准，案发后能如实交代并积极退赃的，可以认定为情节显著轻微，不作为犯罪处理。对于罪行较轻的，可以依法适当多适用缓刑或者判处管制、单处罚金等非监禁刑；依法可免予刑事处罚的，应当免予刑事处罚。对于犯罪情节严重的未成年人，也应当依照刑法第十七条第三款的规定予以从轻或者减轻处罚。对于已满十四周岁不满十六周岁的未成年犯罪人，一般不判处无期徒刑。

39. 要建立健全符合未成年人特点的刑事案件审理机制，寓教于审，惩教结合，通过科学、人性化的审理方式，更好地实现"教育、感化、挽救"的目的，促使未成年犯罪人早日回归社会。要积极推动有利于未成年犯罪人改造和管理的各项制度建设。对公安部门针对未成年人在缓刑、假释期间违法犯罪情况报送的拟撤销未成年犯罪人的缓刑或假释的报告，要及时审查，并在法定期限内及时做出决定，以真正形成合力，共同做好未成年人犯罪的惩戒和预防工作。

17.8 最高人民检察院关于办理当事人达成和解的轻微刑事案件的若干意见（2011 年 1 月 29 日 高检发研字〔2011〕2 号）（节录）

四、关于当事人达成和解的途径与检调对接

（第三款）人民检察院对于符合本意见适用范围和条件的下列案件，可以建议当事人进行和解，并告知相应的权利义务，必要时可以提供法律咨询：

2. 未成年人、在校学生犯罪的轻微刑事案件。

17.9 最高人民法院、最高人民检察院、公安部、司法部关于未成年人犯罪记录封存的实施办法（2022 年 5 月 30 日）（节录）

第四条 犯罪的时候不满十八周岁，被判处五年有期徒刑以下刑罚以及免予刑事处罚的未成年人犯罪记录，应当依法予以封存。

对在年满十八周岁前后实施数个行为，构成一罪或者一并处理的数罪，主要犯罪行为是在年满十八岁周岁前实施的，被判处或者决定执行五年有期徒刑以下刑罚以及免予刑事处罚的未成年人犯罪记录，应当对全案依法予以封存。

第十一条 人民法院依法对犯罪时不满十八周岁的被告人判处五年有期徒刑以下刑罚以及免予刑事处罚的，判决生效后，应当将刑事裁判文书、《犯罪记录封存通知书》及时送达被告人，并同时送达同级人民检察院、公安机关，同级人民检察院、公安机关在收到上述文书后应当在三日内统筹相关各级检察机关、公安机关将涉案未成年人的犯罪记录整体封存。

第十二条 人民检察院依法对犯罪时不满十八周岁的犯罪嫌疑人决定不起诉后，应当将《不起诉决定书》、《犯罪记录封存通知书》及时送达被不起诉人，并同时送达同级公安机关，同级公安机关收到上述文书后应当在三日内将涉案未成年人的犯罪记录封存。

【法律法规】

17.10 参见 13.4 中华人民共和国主席特赦令（2015 年 8 月 29 日）（第 4 条）

17.11 中华人民共和国社区矫正法（2020 年 7 月 1 日）（第 52—58 条）

17.12 中华人民共和国未成年人保护法（2021 年 6 月 1 日）（第 7 条、第 16 条第 9 项）

17.13 中华人民共和国预防未成年人犯罪法（2021 年 6 月 1 日）（第 38 条、第 40—51 条第 1 款）

第十七条之一【从宽刑事责任年龄】已满七十五周岁的人故意犯罪的，可以从轻或者减轻处罚；过失犯罪的，应当从轻或者减轻处罚。

【刑法修正说明】

本条为全国人大常委会 **2011 年 2 月 25 日**通过并公布、同年 **5 月 1 日**施行的《刑法修正案（八）》第 **1** 条所增设。

【法条渊源】 本条系《刑法修正案（八）》第 1 条增设。

【司法文件】

17 – 1.1 最高人民法院关于贯彻宽严相济刑事政策的若干意见（2010 年 2 月 8 日　法发〔2010〕9 号）（节录）

21. 对于老年人犯罪，要充分考虑其犯罪的动机、目的、情节、后果以及悔罪表现等，并结合其人身危险性和再犯可能性，酌情予以从宽处罚。

17 – 1.2 最高人民检察院关于办理当事人达成和解的轻微刑事案件的若干意见（2011 年 1 月 29 日　高检发研字〔2011〕2 号）（节录）

四、关于当事人达成和解的途径与检调对接

（第三款）人民检察院对于符合本意见适用范围和条件的下列案件，可以建议当事人进行和解，并告知相应的权利义务，必要时可以提供法律咨询：

3. 七十周岁以上老年人犯罪的轻微刑事案件。

【法律法规】

17 – 1.3 参见 13.4 中华人民共和国主席特赦令（2015 年 8 月 29 日）

第十八条【精神病人的刑事责任能力】 精神病人在不能辨认或者不能控制自己行为的时候造成危害结果，经法定程序鉴定确认的，不负刑事责任，但是应当责令他的家属或者监护人严加看管和医疗；在必要的时候，由政府强制医疗。

间歇性的精神病人在精神正常的时候犯罪，应当负刑事责任。

尚未完全丧失辨认或者控制自己行为能力的精神病人犯罪的，应当负刑事责任，但是可以从轻或者减轻处罚。

【醉酒人的刑事责任能力】 醉酒的人犯罪，应当负刑事责任。

【法条渊源】 79 刑法第 15 条规定了本条内容，刑法对其进行了修改，增加了精神病人不负刑事责任需要经过鉴定程序确认和由政府强制医疗的规定，同时增设了对限制行为能力人犯罪的处罚原则的内容。

【司法解释】

18.1 最高人民法院、最高人民检察院、公安部、司法部、卫生部精神疾病司法鉴定暂行规定（1989 年 8 月 1 日　卫医字〔89〕第 17 号）（节录）

第七条　对可能患有精神疾病的下列人员应当进行鉴定：

（一）刑事案件的被告人、被害人。

第九条　刑事案件中，精神疾病司法鉴定包括：

（一）确定被鉴定人是否患有精神疾病，患何种精神疾病，实施危害行为时的精神状态，精神疾病和所实施的危害行为之间的关系，以及有无刑事责任能力。

第十九条　刑事案件被鉴定人责任能力的评定：

被鉴定人实施危害行为时，经鉴定患有精神疾病，由于严重的精神活动障碍，致使不能辨认或者不能控制自己行为的，为无刑事责任能力。

被鉴定人实施危害行为时，经鉴定属于下列情况之一的，为具有责任能力：

1. 具有精神疾病的既往史，但实施危害行为时并无精神异常；

2. 精神疾病的间歇期，精神症状已经完全消失。

第十九条【聋哑人及盲人犯罪的处罚】 又聋又哑的人或者盲人犯罪，可以从轻、减轻或者免除处罚。

【法条渊源】 79 刑法第 16 条规定了本条内容，刑法将其吸收纳入。

【司法文件】

19.1 最高人民检察院、中国残疾人联合会关于在检察工作中切实维护残疾人合法权益的意见（2015 年 11 月 30 日　高检会〔2015〕11 号）（节录）

十二、对于残疾人犯罪案件，符合《人民检察院刑事诉讼规则（试行）》规定的条件，双方当事人达成和解协议的，人民检察院应当依法从宽处理。符合法律规定的不起诉条件的，应当决定不起诉；依法必须提起公诉的，应当向人民法院提出从轻、减轻或者免除处罚的量刑建议。

十三、对于残疾被告人认罪并积极赔偿损失、被害人谅解的案件，未成年残疾人犯罪案件以及残疾人实施的具有法定从轻、减轻处罚情节的案件，人民法院量刑偏轻的，人民检察院一般不提出抗诉。

二十四、本意见中的残疾人，是指符合《中华人民共和国残疾人保障法》和《残疾人残疾分类和分级》（GB/T　26341—2010）规定的残疾人。

19.2 最高人民法院、中国残疾人联合会关于在审判执行工作中切实维护残疾人合法权益的意见（2018 年 7 月 13 日　法发〔2018〕15 号）（节录）

13. 依法对残疾被告人从宽量刑。刑事案件中的残疾被告人，犯罪情节轻微依法不需要判处刑罚的，可以免予刑事处罚；尚未完全丧失辨认或者控制自己行为能力的精神病人犯罪的，可以从轻或者减轻处罚；又聋又哑的人或者盲人犯罪的，可以从轻、减轻或者免除处罚。

第二十条【正当防卫】为了使国家、公共利益、本人或者他人的人身、财产和其他权利免受正在进行的不法侵害，而采取的制止不法侵害的行为，对不法侵害人造成损害的，属于正当防卫，不负刑事责任。

【防卫过当】正当防卫明显超过必要限度造成重大损害的，应当负刑事责任，但是应当减轻或者免除处罚。

【无限防卫】对正在进行行凶、杀人、抢劫、强奸、绑架以及其他严重危及人身安全的暴力犯罪，采取防卫行为，造成不法侵害人伤亡的，不属于防卫过当，不负刑事责任。

【法条渊源】79 刑法第 17 条规定了本条内容，刑法对正当防卫的限度标准进行了修改，将原条文的"超过必要限度"改为"明显超过必要限度造成重大损害"，并增设了第 3 款关于无限防卫权的内容。

【司法解释】

20.1 最高人民法院、最高人民检察院、公安部、国家安全部、司法部关于人民警察执行职务中实行正当防卫的具体规定〔1983 年 9 月 14 日　公发（研）〔1983〕109 号〕

《中华人民共和国刑法》第十七条①关于对不法侵害采取正当防卫行为的规定，适用于全体公民。鉴于人民警察是武装性质的国家治安行政力量，在打击和制止犯罪、维护社会治安、保护公共利益和公民合法权益、保卫国家政权和社会主义现代化建设方面，负有特定责任，现对人民警察执行任务中实行正当防卫问题，做如下具体规定。

一、遇有下列情形之一，人民警察必须采取正当防卫行为，使正在进行不法侵害行为的人丧失侵害能力或者中止侵害行为：

（一）暴力劫持或控制飞机、船舰、火车、电车、汽车等交通工具，危害公共安全时；

（二）驾驶交通工具蓄意危害公共安全时；

（三）正在实施纵火、爆炸、凶杀、抢劫以及其他严重危害公共安全、人身安全和财产安全的行为时；

（四）人民警察保卫的特定对象、目标受到暴力侵袭或者有受到暴力侵袭的紧迫危险时；

（五）执行收容、拘留、逮捕、审讯、押解人犯和追捕逃犯，遇有以暴力抗拒、抢夺武器、行凶等非常情况时；

（六）聚众劫狱或看守所、拘役所、拘留所、监狱和劳改、劳教场所的被监管人员暴动、行凶、抢夺武器时；

（七）人民警察遭到暴力侵袭，或佩带的枪支、警械被抢夺时。

---

① 指 79 刑法条文，对应刑法第 20 条。——编者注

二、人民警察执行职务中实行正当防卫，可以按照 1980 年 7 月 5 日国务院批准的《人民警察使用武器和警械的规定》，使用警械直至开枪射击。

三、遇有下列情形之一时，应当停止防卫行为：

（一）不法侵害行为已经结束；

（二）不法侵害行为确已自动中止；

（三）不法侵害人已经被制服，或者已经丧失侵害能力。

四、人民警察在必须实行正当防卫行为的时候，放弃职守，致使公共财产、国家和人民利益遭受严重损失的，依法追究刑事责任；后果轻微的，由主管部门酌情给予行政处分。

五、人民警察采取的正当防卫行为，不负刑事责任。

防卫超过必要限度造成不应有的危害的，应当负刑事责任，但是应当酌情减轻或者免除处罚。

六、人民警察在使用武器或者其他警械实施防卫时，必须注意避免伤害其他人。

七、本规定也适用于国家审判机关、检察机关、公安机关、国家安全机关和司法行政机关其他依法执行职务的人员。

【司法文件】

20.2 最高人民法院、最高人民检察院、公安部、司法部关于依法办理家庭暴力犯罪案件的意见（2015 年 3 月 2 日 法发〔2015〕4 号）（节录）

19. 准确认定对家庭暴力的正当防卫。为了使本人或者他人的人身权利免受不法侵害，对正在进行的家庭暴力采取制止行为，只要符合刑法规定的条件，就应当依法认定为正当防卫，不负刑事责任。防卫行为造成施暴人重伤、死亡，且明显超过必要限度，属于防卫过当，应当负刑事责任，但是应当减轻或者免除处罚。

认定防卫行为是否"明显超过必要限度"，应当以足以制止并使防卫人免受家庭暴力不法侵害的需要为标准，根据施暴人正在实施家庭暴力的严重程度、手段的残忍程度，防卫人所处的环境、面临的危险程度、采取的制止暴力的手段、造成施暴人重大损害的程度，以及既往家庭暴力的严重程度等进行综合判断。

20. 充分考虑案件中的防卫因素和过错责任。对于长期遭受家庭暴力后，在激愤、恐惧状态下为了防止再次遭受家庭暴力，或者为了摆脱家庭暴力而故意杀害、伤害施暴人，被告人的行为具有防卫因素，施暴人在案件起因上具有明显过错或者直接责任的，可以酌情从宽处罚。对于因遭受严重家庭暴力，身体、精神受到重大损害而故意杀害施暴人；或者因不堪忍受长期家庭暴力而故意杀害施暴人，犯罪情节不是特别恶劣，手段不是特别残忍的，可以认定为刑法第二百三十二条规定的故意杀人"情节较轻"。在服刑期间确有悔改表现的，可以根据其家庭情况，依法放宽减刑的幅度，缩短减刑的起始时间与间隔时间；符合假释条件的，应当假释。被杀害施暴人的近亲属表示谅解的，在量刑、减刑、假释时应当予以充分考虑。

> 【说明】证据收集、宽严相济刑事政策、禁止令和社区矫正等，参见 260.3 本意见。

20.3 最高人民法院、最高人民检察院、公安部关于依法适用正当防卫制度的指导意见（2020 年 8 月 28 日 法发〔2020〕31 号）（节录）

一、总体要求

1. 把握立法精神，严格公正办案。正当防卫是法律赋予公民的权利。要准确理解和把握正当防卫的法律规定和立法精神，对于符合正当防卫成立条件的，坚决依法认定。要切实防止"谁能闹谁有理""谁死伤谁有理"的错误做法，坚决捍卫"法不能向不法让步"的法治精神。

2. 立足具体案情，依法准确认定。要立足防卫人防卫时的具体情境，综合考虑案件发生的整体经过，结合一般人在类似情境下的可能反应，依法准确把握防卫的时间、限度等条件。要充分考虑防卫人面临不法侵害时的紧迫状态和紧张心理，防止在事后以正常情况下冷静理性、客观精确的标准去评判防卫人。

3. 坚持法理情统一，维护公平正义。认定是否构成正当防卫、是否防卫过当以及对防卫过当裁量刑罚时，要注重查明前因后果，分清是非曲直，确保案件处理于法有据、于理应当、于情相容，符合人民群众的公平正义观念，实现法律效果与社会效果的有机统一。

4. 准确把握界限，防止不当认定。对于以防卫为名行不法侵害之实的违法犯罪行为，要坚决避免认定为正当防卫或者防卫过当。对于虽具有防卫性质，但防卫行为明显超过必要限度造成重大损害的，应当依法认定为防卫过当。

二、正当防卫的具体适用

5. 准确把握正当防卫的起因条件。正当防卫的前提是存在不法侵害。不法侵害既包括侵犯生命、健康权利的行为，也包括侵犯人身自由、公私财产等权利的行为；既包括犯罪行为，也包括违法行为。不应将不法侵害不当限缩为暴力侵害或者犯罪行为。对于非法限制他人人身自由、非法侵入他人住宅等不法侵害，可以实行防卫。不法侵害既包括针对本人的不法侵害，也包括危害国家、公共利益或者针对他人的不法侵害。对于正在进行的拉拽方向盘、殴打司机等妨害安全驾驶、危害公共安全的违法犯罪行为，可以实行防卫。成年人对于未成年人正在实施的针对其他未成年人的不法侵害，应当劝阻、制止；劝阻、制止无效的，可以实行防卫。

6. 准确把握正当防卫的时间条件。正当防卫必须是针对正在进行的不法侵害。对于不法侵害已经形成现实、紧迫危险的，应当认定为不法侵害已经开始；对于不法侵害虽然暂时中断或者被暂时制止，但不法侵害人仍有继续实施侵害的现实可能性的，应当认定为不法侵害仍在进行；在财产犯罪中，不法侵害人虽已取得财物，但通过追赶、阻击等措施能够追回财物的，可以视为不法侵害仍在进行；对于不法侵害人确已失去侵害能力或者确已放弃侵害的，应当认定为不法侵害已经结束。对于不法侵害是否已经开始或者结束，应当立足防卫人在防卫时所处情境，按照社会公众的一般认知，依法作出合乎情理的判断，不能苛求防卫人。对于防卫人因为恐慌、紧张等心理，对不法侵害是否已经开始或者结束产生错误认识的，应当根据主客观相统一原则，依法作出妥当处理。

7. 准确把握正当防卫的对象条件。正当防卫必须针对不法侵害人进行。对于多人共同实施不法侵害的，既可以针对直接实施不法侵害的人进行防卫，也可以针对在现场共同实施不法侵害的人进行防卫。明知侵害人是无刑事责任能力人或者限制刑事责任能力人的，应当尽量使用其他方式避免或者制止侵害；没有其他方式可以避免、制止不法侵害，或者不法侵害严重危及人身安全的，可以进行反击。

8. 准确把握正当防卫的意图条件。正当防卫必须是为了使国家、公共利益、本人或者他人的人身、财产和其他权利免受不法侵害。对于故意以语言、行为等挑动对方侵害自己再予以反击的防卫挑拨，不应认定为防卫行为。

9. 准确界分防卫行为与相互斗殴。防卫行为与相互斗殴具有外观上的相似性，准确区分两者要坚持主客观相统一原则，通过综合考量案发起因、对冲突升级是否有过错、是否使用或者准备使用凶器、是否采用明显不相当的暴力、是否纠集他人参与打斗等客观情节，准确判断行为人的主观意图和行为性质。

因琐事发生争执，双方均不能保持克制而引发打斗，对于有过错的一方先动手且手段明显过激，或者一方先动手，在对方努力避免冲突的情况下仍继续侵害的，还击一方的行为一般应当认定为防卫行为。

双方因琐事发生冲突，冲突结束后，一方又实施不法侵害，对方还击，包括使用工具还击的，一般应当认定为防卫行为。不能仅因行为人事先进行防卫准备，就影响对其防卫意图的认定。

10. 防止将滥用防卫权的行为认定为防卫行为。对于显著轻微的不法侵害，行为人在可以辨识的情况下，直接使用足以致人重伤或者死亡的方式进行制止的，不应认定为防卫行为。不法侵害系因行为人的重大过错引发，行为人在可以使用其他手段避免侵害的情况下，仍故意使用足以致人重伤或者死亡的方式还击的，不应认定为防卫行为。

三、防卫过当的具体适用

11. 准确把握防卫过当的认定条件。根据刑法第二十条第二款的规定，认定防卫过当应当同时具备"明显超过必要限度"和"造成重大损害"两个条件，缺一不可。

12. 准确认定"明显超过必要限度"。防卫是否"明显超过必要限度"，应当综合不法侵害的性质、手段、强度、危害程度和防卫的时机、手段、强度、损害后果等情节，考虑双方力量对比，立足防卫人防卫时所处情境，结合社会公众的一般认知作出判断。在判断不法侵害的危害程度时，不仅要考虑已经造成的损害，还要考虑造成进一步损害的紧迫危险性和现实可能性。不应当苛求防卫人必须采取与不法侵害基本相当的反击方式和强度。通过综合考量，对于防卫行为与不法侵害相差悬殊、明显过激的，应当认定防卫明显超过必要限度。

13. 准确认定"造成重大损害"。"造成重大损害"是指造成不法侵害人重伤、死亡。造成轻伤及以下损害的，不属于重大损害。防卫行为虽然明显超过必要限度但没有造成重大损害的，不应认定为防卫过当。

14. 准确把握防卫过当的刑罚裁量。防卫过当应当负刑事责任，但是应当减轻或者免除处罚。要综合考虑案件情况，特别是不法侵害人的过错程度、不法侵害的严重程度以及防卫人面对不法侵害的恐慌、紧张等心理，确保刑罚裁量适当、公正。对于因侵害人实施严重贬损他人人格尊严、严重违反伦理道德的不法侵害，或者多次、长期实施不法侵害所引发的防卫过当行为，在量刑时应当充分考虑，以确保案件处理既经得起法律检验，又符合社会公平正义观念。

四、特殊防卫的具体适用

15. 准确理解和把握"行凶"。根据刑法第二十条第三款的规定，下列行为应当认定为"行凶"：（1）使用致命性凶器，严重危及他人人身安全的；（2）未使用凶器或者未使用致命性凶器，但是根据不法侵害的人数、打击部位和力度等情况，确已严重危及他人人身安全的。虽然尚未造成实际损害，但已对人身安全造成严重、紧迫危险的，可以认定为"行凶"。

16. 准确理解和把握"杀人、抢劫、强奸、绑架"。刑法第二十条第三款规定的"杀人、抢劫、强奸、绑架"，是指具体犯罪行为而不是具体罪名。在实施不法侵害过程中存在杀人、抢劫、强奸、绑架等严重危及人身安全的暴力犯罪行为的，如以暴力手段抢劫枪支、弹药、爆炸物或者以绑架手段拐卖妇女、儿童的，可以实行特殊防卫。有关行为没有严重危及人身安全的，应当适用一般防卫的法律规定。

17. 准确理解和把握"其他严重危及人身安全的暴力犯罪"。刑法第二十条第三款规定的"其他严重危及人身安全的暴力犯罪"，应当是与杀人、抢劫、强奸、绑架行为相当，并具有致人重伤或者死亡的紧迫危险和现实可能的暴力犯罪。

18. 准确把握一般防卫与特殊防卫的关系。对于不符合特殊防卫起因条件的防卫行为，致不法侵害人伤亡的，如果没有明显超过必要限度，也应当认定为正当防卫，不负刑事责任。

五、工作要求

19. 做好侦查取证工作。公安机关在办理涉正当防卫案件时，要依法及时、全面收集与案件相关的各类证据，为案件的依法公正处理奠定事实根基。取证工作要及时，对冲突现场有视听资料、电子数据等证据材料的，应当第一时间调取；对冲突过程的目击证人，要第一时间询问。取证工作要全面，对证明案件事实有价值的各类证据都应当依法及时收集，特别是涉及判断是否属于防卫行为、是正当防卫还是防卫过当以及有关案件前因后果等的证据。

20. 依法公正处理案件。要全面审查事实证据，认真听取各方意见，高度重视犯罪嫌疑人、被告人及其辩护人提出的正当防卫或者防卫过当的辩解、辩护意见，并及时核查，以准确认定事实、正确适用法律。要及时披露办案进展等工作信息，回应社会关切。对于依法认定为正当防卫的案件，根据刑事诉讼法的规定，及时作出不予立案、撤销案件、不批准逮捕、不起诉的决定或者被告人无罪的判决。对于防卫过当案件，应当依法适用认罪认罚从宽制度；对于犯罪情节轻微，依法不需要判处刑罚或者免除刑罚的，人民检察院可以作出不起诉决定。对于不法侵害人涉嫌犯罪的，应当依法及时追诉。人民法院审理第一审的涉正当防卫案件，社会影响较大或者案情复杂的，由人民陪审员和法官组成合议庭进行审理；社会影响重大的，由人民陪审员和法官组成七人合议庭进行审理。

21. 强化释法析理工作。要围绕案件争议焦点和社会关切，以事实为根据、以法律为准绳，准确、细致地阐明案件处理的依据和理由，强化法律文书的释法析理……

【部委规范】

20.4 海关工作人员使用武器和警械的规定（1989年6月19日　海关总署、公安部令第7号　2011年修订）（第2—6条）

【法律法规】

20.5 中华人民共和国看守所条例（1990年3月17日）（第18条）

20.6 中华人民共和国军事设施保护法（1990年8月1日　2014年修正）（第41—42条）

20.7 中华人民共和国监狱法（1994年12月29日　2012年修正）（第46条）

20.8 中华人民共和国人民警察法（1995年2月28日　2012年修正）（第10—13条）

20.9 人民警察使用警械和武器条例（1996年1月16日）（第2—4条、第7—16条）

20.10 中华人民共和国戒严法（1996年3月1日）（第28条、第30条）

20.11 中华人民共和国民法典（2021年1月1日）（第181条）

第二十一条【紧急避险】 为了使国家、公共利益、本人或者他人的人身、财产和其他权利免受正在发生的危险，不得已采取的紧急避险行为，造成损害的，不负刑事责任。

【避险过当】 紧急避险超过必要限度造成不应有的损害的，应当负刑事责任，但是应当减轻或者免除处罚。

【避险之禁例】 第一款中关于避免本人危险的规定，不适用于职务上、业务上负有特定责任的人。

【法条渊源】 79刑法第18条规定了本条内容，刑法将其修改吸收纳入。

【司法文件】

21.1 最高人民法院、最高人民检察院、司法部、公安部关于办理醉酒危险驾驶刑事案件的意见（2023年12月28日　高检发办字〔2023〕187号）（节录）

第十二条（第二款）　醉酒后出于急救伤病人员等紧急情况，不得已驾驶机动车，构成紧急避险的，依照刑法第二十一条的规定处理。

【法律法规】

21.2 中华人民共和国民法典（2021年1月1日）（第182条）

第二节　犯罪的预备、未遂和中止

第二十二条【犯罪预备】 为了犯罪，准备工具、制造条件的，是犯罪预备。

【预备犯的处罚】 对于预备犯，可以比照既遂犯从轻、减轻处罚或者免除处罚。

【法条渊源】 79刑法第19条规定了本条内容，刑法将其吸收纳入。

第二十三条【犯罪未遂】 已经着手实行犯罪，由于犯罪分子意志以外的原因而未得逞的，是犯罪未遂。

【未遂犯的处罚】 对于未遂犯，可以比照既遂犯从轻或者减轻处罚。

【法条渊源】 79刑法第20条规定了本条内容，刑法将其吸收纳入。

【司法文件】

23.1 最高人民法院、最高人民检察院、公安部、司法部关于办理"套路贷"刑事案件若干问题的意见（2019年4月9日　法发〔2019〕11号）（节录）

6.（第三款）　已经着手实施"套路贷"，但因意志以外原因而未得逞的，可以根据相关罪名所涉及的刑法、司法解释规定，按照已着手非法占有的财物数额认定犯罪未遂。既有既遂，又有未遂，犯罪既遂部分与未遂部分分别对应不同法定刑幅度的，应当先决定对未遂部分是否减轻处罚，确定未遂部分对应的法定刑幅度，再与既遂部分对应的法定刑幅度进行比较，选择处罚较重的法定刑幅度，并酌情从重处罚；二者在同一量刑幅度的，以犯罪既遂酌情从重处罚。

第二十四条【犯罪中止】 在犯罪过程中，自动放弃犯罪或者自动有效地防止犯罪结果发生的，是犯罪中止。

【中止犯的处罚】 对于中止犯，没有造成损害的，应当免除处罚；造成损害的，应当减轻处罚。

【法条渊源】 79 刑法第 21 条规定了本条内容，刑法予以修改后纳入。

第三节　共同犯罪

第二十五条【共同犯罪】 共同犯罪是指二人以上共同故意犯罪。

二人以上共同过失犯罪，不以共同犯罪论处；应当负刑事责任的，按照他们所犯的罪分别处罚。

【法条渊源】 79 刑法第 22 条规定了本条内容，刑法将其吸收纳入。

【司法文件】

25.1 最高人民法院关于贯彻宽严相济刑事政策的若干意见（2010 年 2 月 8 日　法发〔2010〕9 号）（节录）

31. 对于一般共同犯罪案件，应当充分考虑各被告人在共同犯罪中的地位和作用，以及在主观恶性和人身危险性方面的不同，根据事实和证据能分清主从犯的，都应当认定主从犯。有多名主犯的，应在主犯中进一步区分出罪行最为严重者。对于多名被告人共同致死一名被害人的案件，要进一步分清各被告人的作用，准确确定各被告人的罪责，以做到区别对待；不能以分不清主次为由，简单地一律判处重刑。

32. 对于过失犯罪，如安全责任事故犯罪等，主要应当根据犯罪造成危害后果的严重程度、被告人主观罪过的大小以及被告人案发后的表现等，综合掌握处罚的宽严尺度。对于过失犯罪后积极抢救、挽回损失或者有效防止损失进一步扩大的，要依法从宽。对于造成的危害后果虽然不是特别严重，但情节特别恶劣或案发后故意隐瞒案情，甚至逃逸，给及时查明事故原因和迅速组织抢救造成贻误的，则要依法从重处罚。

33. 在共同犯罪案件中，对于主犯或首要分子检举、揭发同案地位、作用较次犯罪分子构成立功的，从轻或者减轻处罚应当从严掌握，如果从轻处罚可能导致全案量刑失衡的，一般不予从轻处罚；如果检举、揭发的是其他犯罪案件中罪行同样严重的犯罪分子，或者协助抓获的是同案中的其他主犯、首要分子的，原则上应予依法从轻或者减轻处罚。对于从犯或犯罪集团中的一般成员立功，特别是协助抓获主犯、首要分子的，应当充分体现政策，依法从轻、减轻或者免除处罚。

25.2 人民检察院办理认罪认罚案件开展量刑建议工作的指导意见（最高人民检察院 2021 年 12 月 3 日印发　高检发办字〔2021〕120 号）（节录）

第十八条 对于共同犯罪案件，人民检察院应当根据各犯罪嫌疑人在共同犯罪中的地位、作用以及应当承担的刑事责任分别提出量刑建议。提出量刑建议时应当注意各犯罪嫌疑人之间的量刑平衡。

第二十六条【主犯】 组织、领导犯罪集团进行犯罪活动的或者在共同犯罪中起主要作用的，是主犯。

【犯罪集团】 三人以上为共同实施犯罪而组成的较为固定的犯罪组织，是犯罪集团。

【犯罪集团的首要分子的处罚】 对组织、领导犯罪集团的首要分子，按照集团所犯的全部罪行处罚。

【犯罪集团其他主犯的处罚】 对于第三款规定以外的主犯，应当按照其所参与的或者组织、指挥的全部犯罪处罚。

【法条渊源】 79 刑法第 23 条规定了本条第 1 款内容，刑法增设了本条第 2、3 款内容，并修改了原法条中对主犯从重处罚的原则。

【司法文件】

26.1 最高人民法院、最高人民检察院、公安部关于当前办理集团犯罪案件中具体应用法律的若干问题的解答（1984 年 6 月 15 日　〔1984〕法研字第 9 号）

一、怎样办理团伙犯罪的案件？

办理团伙犯罪的重大案件，应当在党的方针政策指导下，依照刑法和《全国人民代表大会常务委员会关于严惩严重危害社会治安的犯罪分子的决定》的有关规定执行。鉴于在刑法和全国人大常委会的有关决定中，只有共同犯罪和犯罪集团的规定，在法律文书中，应当统一使用法律规定的提法。即：

办理团伙犯罪案件，凡其中符合刑事犯罪集团基本特征的，应按犯罪集团处理；不符合犯罪集团基本特征的，就按一般共同犯罪处理，并根据其共同犯罪的事实和情节，该重判的重判，该轻判的轻判。

对犯罪团伙既要坚决打击，又必须打准。不要把三人以上共同犯罪，但罪行较轻、危害较小的案件当作犯罪团伙，进而当作"犯罪集团"来严厉打击。

二、在办案实践中怎样认定刑事犯罪集团？

刑事犯罪集团一般应具备下列基本特征：（1）人数较多（三人以上），重要成员固定或基本固定。（2）经常纠集一起进行一种或数种严重的刑事犯罪活动。（3）有明显的首要分子。有的首要分子是在纠集过程中形成的，有的首要分子在纠集开始时就是组织者和领导者。（4）有预谋地实施犯罪活动。（5）不论作案次数多少，对社会造成的危害或其具有的危险性都很严重。

刑事犯罪集团的首要分子，是指在该集团中起组织、策划、指挥作用的犯罪分子（见刑法第二十三条、第八十六条①）。首要分子可以是一名，也可以不只一名。首要分子应对该集团经过预谋、有共同故意的全部罪行负责。集团的其他成员，应按其地位和作用，分别对其参与实施的具体罪行负责。如果某个成员实施了该集团共同故意犯罪范围以外的其他犯罪，则应由他个人负责。

对单一的犯罪集团，应按其所犯的罪定性；对一个犯罪集团犯多种罪的，应按其主罪定性；犯罪集团成员或一般共同犯罪的共犯，犯数罪的，分别按数罪并罚的原则处罚。

三、为什么对共同犯罪的案件必须坚持全案审判？

办理共同犯罪案件特别是集团犯罪案件，除对其中已逃跑的成员可以另案处理外，一定要把全案的事实查清，然后对应当追究刑事责任的同案人，全案起诉，全案判处。切不要全案事实还没有查清，就急于杀掉首要分子或主犯，或者把案件拆散，分开处理。这样做，不仅可能造成定罪不准，量刑失当，而且会造成死无对证，很容易漏掉同案成员的罪行，甚至漏掉罪犯，难以做到依法"从重从快，一网打尽"。

四、办理犯罪集团和一般共同犯罪中的重大案件，怎样执行党的政策，做到区别对待？

办理上述两类案件，应根据犯罪分子在犯罪活动中的地位、作用及危害大小，依照党的政策和刑法、全国人大常委会有关决定的规定，实行区别对待。

对犯罪集团的首要分子和其他主犯，一般共同犯罪中的重大案件的主犯，应依法从重严惩，其中罪行特别严重、不杀不足以平民愤的，应依法判处死刑。

上述两类案件的从犯，应根据其不同的犯罪情节，比照主犯依法从轻、减轻或者免除刑罚。对于胁从犯，应比照从犯依法减轻处罚或免除处罚。犯罪情节轻微，不需要追究刑事责任的，可以免予起诉或由公安部门作其他处理。

对于同犯罪集团成员有一般来往，而无犯罪行为的人，不要株连。

---

① 指 79 刑法条文，分别对应刑法第 26 条、第 97 条。——编者注

五、有些犯罪分子参加几起共同犯罪活动，应如何办理这些案件？

对这类案件，应分案判处，不能凑合成一案处理。某罪犯主要参加哪个案件的共同犯罪活动，就列入哪个案件去处理（在该犯参加的其他案件中可注明该犯已另案处理）。

26.2 公安部、最高人民法院、最高人民检察院、司法部关于办理流窜犯罪案件中一些问题的意见的通知（1989 年 12 月 13 日 公发〔1989〕27 号）（节录）

一、关于流窜犯的认定

流窜犯是指跨市、县管辖范围作案的犯罪分子。

凡构成犯罪且符合下列条件之一的，属于流窜犯罪分子：

1. 跨市、县管辖范围连续作案的；

2. 在居住地作案后，逃跑到外省、市、县继续作案的。

有下列情形之一的，不视为流窜犯罪分子：

1. 确属到外市、县旅游、经商、做工等，在当地偶尔犯罪的；

2. 在其居住地与外市、县的交界处边沿结合部进行犯罪的。

二、关于流窜犯罪团伙案件的认定和处理

凡三人以上经常纠结在一起进行流窜犯罪活动的，为流窜犯罪团伙。对流窜犯罪团伙案件，只要符合犯罪集团基本特征的按犯罪集团处理，不符合犯罪集团特征的按共同犯罪处理，对于只抓获了流窜犯罪团伙的一部分案犯，短期内不能将全部案犯抓获归案的案件，可根据已查清的犯罪事实、证据，分清责任，对已抓获的该逮捕、起诉、判刑的案犯，要先行批捕、起诉、审判。对在逃的案犯，待抓获后再依法另行处理。

三、关于流窜犯罪案件的定案处理

1. 对流窜犯罪事实和证据材料，公安机关要认真调查核实，对其主要犯罪事实应做到证据充分、确凿。在人民检察院批捕、起诉，人民法院审判以及律师辩护过程中，均应考虑到流窜犯罪分子异地作案，查证十分困难的实际情况，只有基本事实清楚和基本证据确凿，应及时批捕、起诉、审判。对抓获的案犯，如有个别犯罪事实一时难以查清的，可暂不认定，就已经查证核实的事实，依法及时作出处理。对于共同犯罪案件，原则上应一案处理。如果有的案犯在短期内不能追捕归案的，可对已抓获的案犯就已查清的犯罪事实依法处理，不能久拖不决。

2. 涉及刑事责任年龄界限的案件，必须查清核实被告人的出生年月日。经调查，确实无法查清的，可先按被告人交代的年龄收审、批捕，但是需要定罪量刑的，必须查证清楚。

3. 流窜犯因盗窃或扒窃被抓获后，赃款赃物虽未查获，但其供述的事实、情节与被害人的陈述（包括报案登记）、同案人的供述相一致的，或者其供述与被害人的陈述（包括报案登记）和其他间接证据相一致的，应予认定。

4. 被查获的流窜犯供述的盗窃或扒窃事实、情节与缴获的赃款赃物、同案人的供述相一致，或者被告人的供述与缴获的赃款赃物和其他间接证据相一致，如果找不到被害人和报案登记的，也应予以认定。

5. 流窜犯在盗窃或扒窃时被当场抓获，除缴获当次作案的赃款赃物外，还从其身上或其临时落脚点搜获的其他数额较大的款物，被告人否认系作案所得，但不能说明其合法来源的，只要这些款物在名称、品种、特征、数量等方面均与被害人的陈述或报案登记、同案人的供述相吻合，亦应认定为赃款赃物。

6. 流窜犯作案虽未被当场抓获，但同案人的供述，被害人的陈述、其他间接证据能相互吻合，确能证实其作案的时间、地点、情节、手段、次数和作案所得的赃款赃物数额的，也应予以认定。

7. 对于需要判处死刑的罪犯，在查证核实时，应当特别慎重，务必把事实和证据搞清、搞准、搞扎实。

四、关于认定流窜犯罪赃款赃物的数额起点

在办理流窜盗窃或者扒窃案件时，既要看其作案所得的数额，又应看其作案的手段、情节及社会危害程度。对那些抓获时作案所得的款物数额虽略低于当地非流窜犯罪的同类案件的数额标准，但情节恶劣、构成犯罪的，也要依法定罪判刑；对多次作案，属惯犯、累犯的，亦应依法从重惩处。

五、关于流窜犯罪案件的管辖范围

根据《中华人民共和国刑事诉讼法》①有关规定，对罪该逮捕、判刑的流窜犯罪分子，原则上由抓获地处理。流出地和其他犯罪地公安机关应负责向抓获地公安机关提供有关违法犯罪证据材料。在逃劳改犯、劳教人员流窜多处进行犯罪被抓获后，可由主罪地公安、司法机关处理，处理后原则上仍送回原劳改、劳教单位执行。抓获的在逃未决犯、通缉案犯，已批准逮捕、刑事拘留和收容审查潜逃的案犯，除重新犯罪罪行特别严重者由抓获地处理外，原则上由原办案单位公安机关提回处理。案件管辖不明的，由最先发现的公安机关或上级指定的公安机关办理。

26.3 参见 25.1 最高人民法院关于贯彻宽严相济刑事政策的若干意见（2010 年 2 月 8 日　法发〔2010〕9 号）（第 33 条）

26.4 参见 30.4 全国法院审理金融犯罪案件工作座谈会纪要（最高人民法院 2001 年 1 月 21 日印发　法〔2001〕8 号）（第 2 条、第 4 条）

26.5 最高人民法院、最高人民检察院、公安部、司法部关于办理黑恶势力犯罪案件若干问题的指导意见（2018 年 1 月 16 日　法发〔2018〕1 号）（节录）

15. 恶势力犯罪集团是符合犯罪集团法定条件的恶势力犯罪组织，其特征表现为：有三名以上的组织成员，有明显的首要分子，重要成员较为固定，组织成员经常纠集在一起，共同故意实施三次以上恶势力惯常实施的犯罪活动或者其他犯罪活动。

16. 公安机关、人民检察院、人民法院在办理恶势力犯罪案件时，应当依照上述规定，区别于普通刑事案件，充分运用《刑法》总则关于共同犯罪和犯罪集团的规定，依法从严惩处。

26.6 检察机关办理电信网络诈骗案件指引（2018 年 11 月 9 日　高检发侦监字〔2018〕12 号）（节录）

二、需要特别注意的问题

（四）共同犯罪及主从犯责任的认定

1. 对于三人以上为实施电信网络诈骗而组成的较为固定的犯罪组织，应当依法认定为犯罪集团。对于犯罪集团的首要分子，按照集团所犯全部罪处罚，并且对犯罪集团中组织、指挥、策划者和骨干分子依法从严惩处。

2. 对于其余主犯，按照其所参与或者组织、指挥的全部犯罪处罚。多人共同实施电信网络诈骗，犯罪嫌疑人、被告人应对其参与期间该诈骗团伙实施的全部诈骗行为承担责任。

26.7 最高人民法院、最高人民检察院、公安部、司法部关于办理"套路贷"刑事案件若干问题的意见（2019 年 4 月 9 日　法发〔2019〕11 号）（节录）

5.（第一款）多人共同实施"套路贷"犯罪，犯罪嫌疑人、被告人在所参与的犯罪中起主要作用的，应当认定为主犯，对其参与或组织、指挥的全部犯罪承担刑事责任；起次要或辅助作用的，应当认定为从犯。

10. 三人以上为实施"套路贷"而组成的较为固定的犯罪组织，应当认定为犯罪集团。对首要分子应按照集团所犯全部罪行处罚。

符合黑恶势力认定标准的，应当按照黑社会性质组织、恶势力或者恶势力犯罪集团侦查、起诉、审判。

26.8 最高人民法院、最高人民检察院、公安部、司法部关于办理恶势力刑事案件若干问题的意见（2019 年 4 月 9 日　法发〔2019〕10 号）（节录）

一、办理恶势力刑事案件的总体要求

1. 人民法院、人民检察院、公安机关和司法行政机关要深刻认识恶势力违法犯罪的严重社会

---

① 指 79 刑事诉讼法。——编者注

危害，毫不动摇地坚持依法严惩方针，在侦查、起诉、审判、执行各阶段，运用多种法律手段全面体现依法从严惩处精神，有力震慑恶势力违法犯罪分子，有效打击和预防恶势力违法犯罪。

2. 人民法院、人民检察院、公安机关和司法行政机关要严格坚持依法办案，确保在案件事实清楚、证据确实、充分的基础上，准确认定恶势力和恶势力犯罪集团，坚决防止人为拔高或者降低认定标准。要坚持贯彻落实宽严相济刑事政策，根据犯罪嫌疑人、被告人的主观恶性、人身危险性、在恶势力、恶势力犯罪集团中的地位、作用以及在具体犯罪中的罪责，切实做到宽严有据，罚当其罪，实现政治效果、法律效果和社会效果的统一。

3. 人民法院、人民检察院、公安机关和司法行政机关要充分发挥各自职能，分工负责，互相配合，互相制约，坚持以审判为中心的刑事诉讼制度改革要求，严格执行"三项规程"，不断强化程序意识和证据意识，有效加强法律监督，确保严格执法、公正司法，充分保障当事人、诉讼参与人的各项诉讼权利。

二、恶势力、恶势力犯罪集团的认定标准

4. 恶势力，是指经常纠集在一起，以暴力、威胁或者其他手段，在一定区域或者行业内多次实施违法犯罪活动，为非作恶，欺压百姓，扰乱经济、社会生活秩序，造成较为恶劣的社会影响，但尚未形成黑社会性质组织的违法犯罪组织。

5. 单纯为牟取不法经济利益而实施的"黄、赌、毒、盗、抢、骗"等违法犯罪活动，不具有为非作恶、欺压百姓特征的，或者因本人及近亲属的婚恋纠纷、家庭纠纷、邻里纠纷、劳动纠纷、合法债务纠纷而引发以及其他确属事出有因的违法犯罪活动，不应作为恶势力案件处理。

6. 恶势力一般为3人以上，纠集者相对固定。纠集者，是指在恶势力实施的违法犯罪活动中起组织、策划、指挥作用的违法犯罪分子。成员较为固定且符合恶势力其他认定条件，但多次实施违法犯罪活动是由不同的成员组织、策划、指挥，也可以认定为恶势力，有前述行为的成员均可以认定为纠集者。

恶势力的其他成员，是指知道或应当知道与他人经常纠集在一起是为了共同实施违法犯罪，仍按照纠集者的组织、策划、指挥参与违法犯罪活动的违法犯罪分子，包括已有充分证据证明但尚未归案的人员，以及因法定情形不予追究法律责任，或者因参与实施恶势力违法犯罪活动已受到行政或刑事处罚的人员。仅因临时雇佣或被雇佣、利用或被利用以及受蒙蔽参与少量恶势力违法犯罪活动的，一般不应认定为恶势力成员。

7. "经常纠集在一起，以暴力、威胁或者其他手段，在一定区域或者行业内多次实施违法犯罪活动"，是指犯罪嫌疑人、被告人于2年之内，以暴力、威胁或者其他手段，在一定区域或者行业内多次实施违法犯罪活动，且包括纠集者在内，至少应有2名相同的成员多次参与实施违法犯罪活动。对于"纠集在一起"时间明显较短，实施违法犯罪活动刚刚达到"多次"标准，且尚不足以造成较为恶劣影响的，一般不应认定为恶势力。

8. 恶势力实施的违法犯罪活动，主要为强迫交易、故意伤害、非法拘禁、敲诈勒索、故意毁坏财物、聚众斗殴、寻衅滋事，但也包括具有为非作恶、欺压百姓特征，主要以暴力、威胁为手段的其他违法犯罪活动。

恶势力还可能伴随实施开设赌场、组织卖淫、强迫卖淫、贩卖毒品、运输毒品、制造毒品、抢劫、抢夺、聚众扰乱社会秩序、聚众扰乱公共场所秩序、交通秩序以及聚众"打砸抢"等违法犯罪活动，但仅有前述伴随实施的违法犯罪活动，且不能认定具有为非作恶、欺压百姓特征的，一般不应认定为恶势力。

9. 办理恶势力刑事案件，"多次实施违法犯罪活动"至少应包括1次犯罪活动。对于反复实施强迫交易、非法拘禁、敲诈勒索、寻衅滋事等单一性质的违法行为，单次情节、数额尚不构成犯罪，但按照刑法或者有关司法解释、规范性文件的规定累加后应作为犯罪处理的，在认定是否属于"多次实施违法犯罪活动"时，可将已用于累加的违法行为计为1次犯罪活动，其他违法行为单独计算违法活动的次数。

已被处理或者已作为民间纠纷调处，后经查证确属恶势力违法犯罪活动的，均可以作为认定恶势力的事实依据，但不符合法定情形的，不得重新追究法律责任。

10. 认定"扰乱经济、社会生活秩序，造成较为恶劣的社会影响"，应当结合侵害对象及其数量、违法犯罪次数、手段、规模、人身损害后果、经济损失数额、违法所得数额、引起社会秩序混乱的程度以及对人民群众安全感的影响程度等因素综合把握。

11. 恶势力犯罪集团，是指符合恶势力全部认定条件，同时又符合犯罪集团法定条件的犯罪组织。

恶势力犯罪集团的首要分子，是指在恶势力犯罪集团中起组织、策划、指挥作用的犯罪分子。恶势力犯罪集团的其他成员，是指知道或者应当知道是为共同实施犯罪而组成的较为固定的犯罪组织，仍接受首要分子领导、管理、指挥，并参与该组织犯罪活动的犯罪分子。

恶势力犯罪集团应当有组织地实施多次犯罪活动，同时还可能伴随实施违法活动。恶势力犯罪集团所实施的违法犯罪活动，参照《指导意见》① 第十条第二款的规定认定。

12. 全部成员或者首要分子、纠集者以及其他重要成员均为未成年人、老年人、残疾人的，认定恶势力、恶势力犯罪集团时应当特别慎重。

三、正确运用宽严相济刑事政策的有关要求

13. 对于恶势力的纠集者、恶势力犯罪集团的首要分子、重要成员以及恶势力、恶势力犯罪集团共同犯罪中罪责严重的主犯，要正确运用法律规定加大惩处力度，对依法应当判处重刑或死刑的，坚决判处重刑或死刑。同时要严格掌握取保候审，严格掌握不起诉，严格掌握缓刑、减刑、假释，严格掌握保外就医适用条件，充分利用资格刑、财产刑等法律手段全方位从严惩处。对于符合刑法第三十七条之一规定的，可以依法禁止其从事相关职业。

对于恶势力、恶势力犯罪集团的其他成员，在共同犯罪中罪责相对较小、人身危险性、主观恶性相对不大的，具有自首、立功、坦白、初犯等法定或酌定从宽处罚情节，可以依法从轻、减轻或免除处罚。认罪认罚或者仅参与实施少量的犯罪活动且只起次要、辅助作用，符合缓刑条件的，可以适用缓刑。

14. 恶势力犯罪集团的首要分子检举揭发与该犯罪集团及其违法犯罪活动有关联的其他犯罪线索，如果在认定立功的问题上存在事实、证据或法律适用方面的争议，应当严格把握。依法应认定为立功或者重大立功的，在决定是否从宽处罚、如何从宽处罚时，应当根据罪责刑相一致原则从严掌握。可能导致全案量刑明显失衡的，不予从宽处罚。

恶势力犯罪集团的其他成员如果能够配合司法机关查办案件，有提供线索、帮助收集证据或者其他协助行为，并在侦破恶势力犯罪集团案件、查处"保护伞"等方面起到较大作用的，即使依法不能认定立功，一般也应酌情对其从轻处罚。

15. 犯罪嫌疑人、被告人同时具有法定、酌定从严和法定、酌定从宽处罚情节的，量刑时要根据所犯具体罪行的严重程度，结合被告人在恶势力、恶势力犯罪集团中的地位、作用、主观恶性、人身危险性等因素整体把握。对于恶势力的纠集者、恶势力犯罪集团的首要分子、重要成员，量刑时要体现总体从严。对于在共同犯罪中罪责相对较小、人身危险性、主观恶性相对不大，且能够真诚认罪悔罪的其他成员，量刑时要体现总体从宽。

16. 恶势力刑事案件的犯罪嫌疑人、被告人自愿如实供述自己的罪行，承认指控的犯罪事实，愿意接受处罚的，可以依法从宽处理，并适用认罪认罚从宽制度。对于犯罪性质恶劣、犯罪手段残忍、社会危害严重的犯罪嫌疑人、被告人，虽然认罪认罚，但不足以从轻处罚的，不适用该制度。

四、办理恶势力刑事案件的其他问题

17. 人民法院、人民检察院、公安机关经审查认为案件符合恶势力认定标准的，应当在起诉意见书、起诉书、判决书、裁定书等法律文书中的案件事实部分明确表述，列明恶势力的纠集

---

① 指最高人民法院、最高人民检察院、公安部、司法部《关于办理黑恶势力犯罪案件若干问题的指导意见》（法发〔2018〕1 号）。——编者注

者、其他成员、违法犯罪事实以及据以认定的证据；符合恶势力犯罪集团认定标准的，应当在上述法律文书中明确定性，列明首要分子、其他成员、违法犯罪事实以及据以认定的证据，并引用刑法总则关于犯罪集团的相关规定。被告人及其辩护人对恶势力定性提出辩解和辩护意见，人民法院可以在裁判文书中予以评析回应。

恶势力刑事案件的起诉意见书、起诉书、判决书、裁定书等法律文书，可以在案件事实部分先概述恶势力、恶势力犯罪集团的概括事实，再分述具体的恶势力违法犯罪事实。

18. 对于公安机关未在起诉意见书中明确认定，人民检察院在审查起诉期间发现构成恶势力或者恶势力犯罪集团，且相关违法犯罪事实已经查清，证据确实、充分，依法应追究刑事责任的，应当作出起诉决定，根据查明的事实向人民法院提起公诉，并在起诉书中明确认定为恶势力或者恶势力犯罪集团。人民检察院认为恶势力相关违法犯罪事实不清、证据不足，或者存在遗漏恶势力违法犯罪事实、遗漏同案犯罪嫌疑人等情形需要补充侦查的，应当提出具体的书面意见，连同案卷材料一并退回公安机关补充侦查；人民检察院也可以自行侦查，必要时可以要求公安机关提供协助。

对于人民检察院未在起诉书中明确认定，人民法院在审判期间发现构成恶势力或恶势力犯罪集团的，可以建议人民检察院补充或者变更起诉；人民检察院不同意或者在七日内未回复意见的，人民法院不应主动认定，可仅就起诉指控的犯罪事实依照相关规定作出判决、裁定。

审理被告人或者被告人的法定代理人、辩护人、近亲属上诉的案件时，一审判决认定黑社会性质组织有误的，二审法院应当纠正，符合恶势力、恶势力犯罪集团认定标准，应当作出相应认定；一审判决认定恶势力或恶势力犯罪集团有误的，应当纠正，但不得升格认定；一审判决未认定恶势力或恶势力犯罪集团的，不得增加认定。

19. 公安机关、人民检察院、人民法院应当分别以起诉意见书、起诉书、裁判文书所明确的恶势力、恶势力犯罪集团，作为相关数据的统计依据。

26.9 最高人民法院、最高人民检察院、公安部关于依法办理"碰瓷"违法犯罪案件的指导意见（2020 年 9 月 22 日 公通字〔2020〕12 号）（节录）

九、共同故意实施"碰瓷"犯罪，起主要作用的，应当认定为主犯，对其参与或者组织、指挥的全部犯罪承担刑事责任；起次要或者辅助作用的，应当认定为从犯，依法予以从轻、减轻处罚或者免除处罚。

三人以上为共同故意实施"碰瓷"犯罪而组成的较为固定的犯罪组织，应当认定为犯罪集团。对首要分子应当按照集团所犯全部罪行处罚。

符合黑恶势力认定标准的，应当按照黑社会性质组织、恶势力或者恶势力犯罪集团侦查、起诉、审判。

26.10 人民检察院办理认罪认罚案件开展量刑建议工作的指导意见（最高人民检察院 2021 年 12 月 3 日印发 高检发办字〔2021〕120 号）（节录）

第十五条 犯罪嫌疑人虽然认罪认罚，但所犯罪行具有下列情形之一的，提出量刑建议应当从严把握从宽幅度或者依法不予从宽：

（一）危害国家安全犯罪、恐怖活动犯罪、黑社会性质组织犯罪的首要分子、主犯；

第二十七条【从犯】在共同犯罪中起次要或者辅助作用的，是从犯。

【从犯的处罚】对于从犯，应当从轻、减轻处罚或者免除处罚。

【法条渊源】79 刑法第 24 条规定了本条内容，刑法删除了原法条中对从犯比照主犯处罚的规定。

【司法文件】

27.1 参见 30.4 全国法院审理金融犯罪案件工作座谈会纪要（最高人民法院 2001 年 1 月 21 日印发 法〔2001〕8 号）（第 2 条、第 4 条）

27.2 检察机关办理电信网络诈骗案件指引（2018 年 11 月 9 日 高检发侦监字〔2018〕12 号）（节录）

二、需要特别注意的问题

（四）共同犯罪及主从犯责任的认定

3. 对于部分被招募发送信息、拨打电话的犯罪嫌疑人，应当对其参与期间整个诈骗团伙的诈骗行为承担刑事责任，但可以考虑参与时间较短、诈骗数额较低、发送信息、拨打电话较少，认定为从犯，从宽处理。

4. 对于专门取款人，由于其可在短时间内将被骗款项异地转移，对诈骗既遂起到了至关重要的作用，也大大增加了侦查和追赃难度，因此应按其在共同犯罪中的具体作用进行认定，不宜一律认定为从犯。

27.3 参见 26.7 最高人民法院、最高人民检察院、公安部、司法部关于办理"套路贷"刑事案件若干问题的意见（2019 年 4 月 9 日 法发〔2019〕11 号）

第二十八条【胁从犯】 对于被胁迫参加犯罪的，应当按照他的犯罪情节减轻处罚或者免除处罚。

【法条渊源】 79 刑法第 25 条规定了本条内容，刑法删除了原法条中被诱骗参加犯罪的规定，并对胁从犯的处罚原则作了修改。

【法律法规】

28.1 中华人民共和国反恐怖主义法（2016 年 1 月 1 日 2018 年修正）（第 29 条第 1 款）

第二十九条【教唆犯】 教唆他人犯罪的，应当按照他在共同犯罪中所起的作用处罚。教唆不满十八周岁的人犯罪的，应当从重处罚。

【教唆犯的从宽处罚】 如果被教唆的人没有犯被教唆的罪，对于教唆犯，可以从轻或者减轻处罚。

【法条渊源】 79 刑法第 26 条规定了本条内容，刑法将其吸收纳入。

【法律法规】

29.1 中华人民共和国反恐怖主义法（2016 年 1 月 1 日 2018 年修正）（第 29 条第 1 款）

第四节 单位犯罪

第三十条【单位刑事责任的范围】 公司、企业、事业单位、机关、团体实施的危害社会的行为，法律规定为单位犯罪的，应当负刑事责任。

【法条渊源】 79 刑法没有规定单位犯罪，《海关法》（1987 年 7 月 1 日起施行）第 47 条首次确立了单位可以成为犯罪主体，《关于惩治走私罪的补充规定》对此再次予以确认，其后颁布的一系列单行刑法也规定了单位可以成为犯罪主体。刑法在吸收这些规定的基础上，采用总分则相结合的立法模式，对单位犯罪作了统一、明确的规定。

【立法解释】

30.1 全国人民代表大会常务委员会关于《中华人民共和国刑法》第三十条的解释（2014 年 4 月 24 日）

全国人民代表大会常务委员会根据司法实践中遇到的情况，讨论了刑法第三十条的含义及公司、企业、事业单位、机关、团体等单位实施刑法规定的危害社会的行为，法律未规定追究单位的刑事责任的，如何适用刑法有关规定的问题，解释如下：

公司、企业、事业单位、机关、团体等单位实施刑法规定的危害社会的行为，刑法分则和其他法律未规定追究单位的刑事责任的，对组织、策划、实施该危害社会行为的人依法追究刑事责任。

【司法解释】

30.2 最高人民法院关于审理单位犯罪案件具体应用法律有关问题的解释（1999 年 7 月 3 日 法释〔1999〕14 号）

为依法惩治单位犯罪活动，根据刑法的有关规定，现对审理单位犯罪案件具体应用法律的有关问题解释如下：

第一条　刑法第三十条规定的"公司、企业、事业单位"，既包括国有、集体所有的公司、企业、事业单位，也包括依法设立的合资经营、合作经营企业和具有法人资格的独资、私营等公司、企业、事业单位。

第二条　个人为进行违法犯罪活动而设立的公司、企业、事业单位实施犯罪的，或者公司、企业、事业单位设立后，以实施犯罪为主要活动的，不以单位犯罪论处。

第三条　盗用单位名义实施犯罪，违法所得由实施犯罪的个人私分的，依照刑法有关自然人犯罪的规定定罪处罚。

【司法文件】

30.3 最高人民法院研究室关于外国公司、企业、事业单位在我国领域内犯罪如何适用法律问题的答复（2003 年 10 月 15 日　法研〔2003〕153 号）（节录）

天津市高级人民法院：

符合我国法人资格条件的外国公司、企业、事业单位，在我国领域内实施危害社会的行为，符合我国《刑法》构成犯罪的，应当依照我国《刑法》关于单位犯罪的规定追究刑事责任。

个人在我国领域内进行违法犯罪活动而设立的外国公司、企业、事业单位实施犯罪的，或者外国公司、企业、事业单位设立后在我国领域内以实施违法犯罪为主要活动的，不以单位犯罪论处。

30.4 全国法院审理金融犯罪案件工作座谈会纪要（最高人民法院 2001 年 1 月 21 日印发　法〔2001〕8 号）（节录）

二

（一）关于单位犯罪问题

根据刑法和《最高人民法院关于审理单位犯罪案件具体应用法律有关问题的解释》的规定，以单位名义实施犯罪，违法所得归单位所得的，是单位犯罪。

1. 单位的分支机构或者内设机构、部门实施犯罪行为的处理。以单位的分支机构或者内设机构、部门的名义实施犯罪，违法所得亦归分支机构或者内设机构、部门所有的，应认定为单位犯罪。不能因为单位的分支机构或者内设机构、部门没有可供执行罚金的财产，就不将其认定为单位犯罪，而按照个人犯罪处理。

2. 单位犯罪直接负责的主管人员和其他直接责任人员的认定。直接负责的主管人员，是在单位实施的犯罪中起决定、批准、授意、纵容、指挥等作用的人员，一般是单位的主管负责人，包括法定代表人。其他直接责任人员，是在单位犯罪中具体实施犯罪并起较大作用的人员，既可以是单位的经营管理人员，也可以是单位的职工，包括聘任、雇佣的人员。应当注意的是，在单位犯罪中，对于受单位领导指派或奉命而参与实施了一定犯罪行为的人员，一般不宜作为直接责任人员追究刑事责任。对单位犯罪中的直接负责的主管人员和其他直接责任人员，应根据其在单位犯罪中的地位、作用和犯罪情节，分别处以相应的刑罚，主管人员与直接责任人员，在个案中，不是当然的主、从犯关系，有的案件，主管人员与直接责任人员在实施犯罪行为的主从关系不明显，可不分主、从犯。但具体案件可以分清主、从犯，且不分清主、从犯，在同一法定刑档次、幅度内量刑无法做到罪刑相适应的，应当分清主、从犯，依法处罚。

3. 对未作为单位犯罪起诉的单位犯罪案件的处理。对于应当认定为单位犯罪的案件，检察机关只作为自然人犯罪案件起诉的，人民法院应及时与检察机关协商，建议检察机关对犯罪单位补充起诉。如检察机关不补充起诉的，人民法院仍应依法审理，对被起诉的自然人根据指控的犯罪事实、证据及庭审查明的事实，依法按单位犯罪中的直接负责的主管人员或者其他直接责任人员追究刑事责任，并应引用刑法分则关于单位犯罪追究直接负责的主管人员和其他直接责任人员刑事责任的有关条款。

4. 单位共同犯罪的处理。两个以上单位以共同故意实施的犯罪，应根据各单位在共同犯罪中的地位、作用大小，确定犯罪单位的主、从犯。

【部委规范】

30.5 公安部关于村民委员会可否构成单位犯罪主体问题的批复（2007 年 3 月 1 日 公复字〔2007〕1 号）

内蒙古自治区公安厅：

你厅《关于村支书、村主任以村委会的名义实施犯罪可否构成单位犯罪的请示》（内公字〔2006〕164 号）收悉。现批复如下：

根据《刑法》第三十条的规定，单位犯罪主体包括公司、企业、事业单位、机关、团体。按照《村民委员会组织法》第二条的规定，村民委员会是村民自我管理、自我教育、自我服务的基层群众性自治组织，不属于《刑法》第三十条列举的范围。因此，对以村民委员会名义实施犯罪的，不应以单位犯罪论，可以依法追究直接负责的主管人员和其他直接责任人员的刑事责任。

第三十一条【单位犯罪的处罚】 单位犯罪的，对单位判处罚金，并对其直接负责的主管人员和其他直接责任人员判处刑罚，本法分则和其他法律另有规定的，依照规定。

【法条渊源】 79 刑法没有规定本条内容，1987 年《海关法》第 47 条首次确立了对单位犯罪的两罚制处罚原则，《关于惩治走私罪的补充规定》对此再次予以确认，其后颁布的一系列单行刑法也对该原则加以确认。刑法在吸收这些规定的基础上，在刑法总则中确立了以两罚制为主、单罚制为例外的处罚原则，从而采用总分则相结合的立法模式，对单位犯罪的处罚原则作了统一、明确的规定。

【司法解释】

31.1 最高人民法院关于审理单位犯罪案件对其直接负责的主管人员和其他直接责任人员是否区分主犯、从犯问题的批复（2000 年 10 月 10 日 法释〔2000〕31 号）

湖北省高级人民法院：

你院鄂高法〔1999〕374 号《关于单位犯信用证诈骗罪案件中对其"直接负责的主管人员"和"其他直接责任人员"是否划分主从犯问题的请示》收悉。经研究，答复如下：

在审理单位故意犯罪案件时，对其直接负责的主管人员和其他直接责任人员，可不区分主犯、从犯，按照其在单位犯罪中所起的作用判处刑罚。

31.2 最高人民检察院关于涉嫌犯罪单位被撤销、注销、吊销营业执照或者宣告破产的应如何进行追诉问题的批复（2002 年 7 月 15 日 高检发释字〔2002〕4 号）

四川省人民检察院：

你院《关于对已注销的单位原犯罪行为是否应当追诉的请示》（川检发研〔2001〕25 号）收悉。经研究，批复如下：

涉嫌犯罪的单位被撤销、注销、吊销营业执照或者宣告破产的，应当根据刑法关于单位犯罪的相关规定，对实施犯罪行为的该单位直接负责的主管人员和其他直接责任人员追究刑事责任，对该单位不再追诉。

31.3 最高人民法院、最高人民检察院关于适用犯罪嫌疑人、被告人逃匿、死亡案件违法所得没收程序若干问题的规定（2017 年 1 月 5 日 法释〔2017〕1 号）（节录）

第四条 犯罪嫌疑人、被告人死亡，依照刑法规定应当追缴其违法所得及其他涉案财产的，人民检察院可以向人民法院提出没收违法所得的申请。

第二十四条 单位实施本规定第一条规定的犯罪后被撤销、注销，单位直接负责的主管人员和其他直接责任人员逃匿、死亡，导致案件无法适用刑事诉讼普通程序进行审理的，依照本规定第四条的规定处理。

31.4 最高人民检察院、公安部关于公安机关办理经济犯罪案件的若干规定（2018 年 1 月 1 日 公通字〔2017〕25 号）（节录）

第八条 （第四款） 单位涉嫌经济犯罪的，由犯罪地或者所在地公安机关管辖。所在地是指单位登记的住所地。主要营业地或者主要办事机构所在地与登记的住所地不一致的，主要营业地或者主要办事机构所在地为其所在地。

第五十五条（第一款）具有下列情形之一，依照刑法规定应当追缴其违法所得及其他涉案财物的，经县级以上公安机关负责人批准，公安机关应当出具没收违法所得意见书，连同相关证据材料一并移送同级人民检察院：

（三）涉嫌重大走私、金融诈骗、洗钱犯罪的单位被撤销、注销，直接负责的主管人员和其他直接责任人员逃匿、死亡，导致案件无法适用普通刑事诉讼程序审理的。

【司法文件】

31.5 最高人民法院研究室关于如何理解"直接负责的主管人员"和"直接责任人员"问题的复函（1994 年 1 月 27 日）

公安部法制司：

你司《关于如何理解"直接负责的主管人员"和"直接责任人员"的批复》收悉，经研究，提出以下意见供参考：

所谓"直接负责的主管人员"，是指在企业事业单位、机关、团体中，对本单位实施走私犯罪起决定作用的、负有组织、决策、指挥责任的领导人员。单位的领导人如果没有参与单位走私的组织、决策、指挥，或者仅是一般参与，并不起决定作用的，则不应对单位的走私罪负刑事责任。

所谓"直接责任人员"，是指直接实施本单位走私犯罪行为或者虽对单位走私犯罪负有部分组织责任，但对本单位走私犯罪行为不起决定作用，只是具体执行、积极参与的该单位的部门负责人或者一般工作人员。

31.6 最高人民法院研究室关于企业犯罪后被合并应当如何追究刑事责任问题的答复（1998 年 11 月 18 日）

人民检察院起诉时该犯罪企业已被合并到一个新企业的，仍应依法追究原犯罪企业及其直接负责的主管人员和其他直接人员的刑事责任。人民法院审判时，对被告单位应列原犯罪企业名称，但注明已被并入新的企业，对被告单位所判处的罚金数额以其并入新的企业的财产及收益为限。

31.7 人民检察院公诉人出庭举证质证工作指引（最高人民检察院 2018 年 7 月 3 日印发）（节录）

第二十九条 对于单位犯罪案件，应当先出示证明单位构成犯罪的证据，再出示对其负责的单位主管人员或者其他直接责任人员构成犯罪的证据。对于指控被告单位犯罪与指控单位主管人员或者其他直接责任人员犯罪的同一份证据可以重复出示，但重复出示时仅予以说明即可。

第三章　刑　罚

第一节　刑罚的种类

第三十二条【刑罚的种类】 刑罚分为主刑和附加刑。

【法条渊源】 79 刑法第 27 条规定了本条内容，刑法将其吸收纳入。

【司法文件】

32.1 人民检察院办理认罪认罚案件开展量刑建议工作的指导意见（最高人民检察院 2021 年 12 月 3 日印发　高检发办字〔2021〕120 号）（节录）

第一条（第一款）犯罪嫌疑人认罪认罚的，人民检察院应当就主刑、附加刑、是否适用缓刑等提出量刑建议。

第十二条 提出确定刑量刑建议应当明确主刑适用刑种、刑期和是否适用缓刑。

建议判处拘役的，一般应当提出确定刑量刑建议。

建议判处附加刑的，应当提出附加刑的类型。

建议判处罚金刑的，应当以犯罪情节为根据，综合考虑犯罪嫌疑人缴纳罚金的能力提出确定的数额。

建议适用缓刑的，应当明确提出。

第十三条（第一款）　除有减轻处罚情节外，幅度刑量刑建议应当在法定量刑幅度内提出，不得兼跨两种以上主刑。

第三十三条【主刑的种类】主刑的种类如下：

（一）管制；

（二）拘役；

（三）有期徒刑；

（四）无期徒刑；

（五）死刑。

【法条渊源】79 刑法第 28 条规定了本条内容，刑法将其吸收纳入。

第三十四条【附加刑的种类】附加刑的种类如下：

（一）罚金；

（二）剥夺政治权利；

（三）没收财产。

【附加刑的适用】附加刑也可以独立适用。

【法条渊源】79 刑法第 29 条规定了本条内容，刑法将其吸收纳入法典。

第三十五条【驱逐出境】对于犯罪的外国人，可以独立适用或者附加适用驱逐出境。

【法条渊源】79 刑法第 30 条规定了本条内容，刑法将其吸收纳入法典。

【司法解释】

35.1 最高人民法院、最高人民检察院、公安部、外交部、司法部、财政部关于强制外国人出境的执行办法的规定（1992 年 7 月 31 日　公发〔1992〕18 号）（节录）

一、适用范围

有下列情形之一需要强制出境的外国人，均按本规定执行：

（一）依据我国刑法的规定，由人民法院对犯罪的外国人判处独立适用或者附加适用驱逐出境刑罚的。

二、执行机关

执行和监视强制外国人出境的工作，由公安机关依据有关法律文书或者公文进行：

（一）对判处独立适用驱逐出境刑罚的外国人，人民法院应当自该判决生效之日起 15 日内，将对该犯的刑事判决书、执行通知书的副本送交所在地省级公安机关，由省级公安机关指定的公安机关执行。

（二）被判处徒刑的外国人，其主刑执行期满后应执行驱逐出境附加刑的，应在主刑刑期届满的 1 个月前，由原羁押监狱的主管部门将该犯的原判决书、执行通知书副本或者复印本送交所在地省级公安机关，由省级公安机关指定的公安机关执行。

【部委规范】

35.2 公安机关办理刑事案件程序规定（2013 年 1 月 1 日　公安部令第 127 号　2020 年修正）（节录）

第三百七十一条　对判处独立适用驱逐出境刑罚的外国人，省级公安机关在收到人民法院的刑事判决书、执行通知书的副本后，应当指定该外国人所在地的设区的市一级公安机关执行。

被判处徒刑的外国人，主刑执行期满后应当执行驱逐出境附加刑的，省级公安机关在收到执行监狱的上级主管部门转交的刑事判决书、执行通知书副本或者复印件后，应当通知该外国人所在地的设区的市一级公安机关或者指定有关公安机关执行。

我国政府已按照国际条约或者《中华人民共和国外交特权与豁免条例》的规定，对实施犯罪，但享有外交或者领事特权和豁免权的外国人宣布为不受欢迎的人，或者不可接受并拒绝承认其外交或者领事人员身份，责令限期出境的人，无正当理由逾期不自动出境的，由公安部凭外交部公文指定该外国人所在地的省级公安机关负责执行或者监督执行。

第三十六条【赔偿经济损失】 由于犯罪行为而使被害人遭受经济损失的，对犯罪分子除依法给予刑事处罚外，并应根据情况判处赔偿经济损失。

【民事赔偿优先】 承担民事赔偿责任的犯罪分子，同时被判处罚金，其财产不足以全部支付的，或者被判处没收财产的，应当先承担对被害人的民事赔偿责任。

【法条渊源】 79刑法第31条规定了本条第1款内容，刑法将其吸收纳入。第2款系刑法增设，在我国刑事法律中首次确立了民事赔偿优先原则。

【司法解释】

36.1 最高人民法院关于行政机关工作人员执行职务致人伤亡构成犯罪的赔偿诉讼程序问题的批复（2002年8月30日 法释〔2002〕28号）

山东省高级人民法院：

你院鲁高法函〔1998〕132号《关于对行政机关工作人员执行职务时致人伤、亡，法院以刑事附带民事判决赔偿损失后，受害人或其亲属能否再提起行政赔偿诉讼的请示》收悉。经研究，答复如下：

一、行政机关工作人员在执行职务中致人伤、亡已构成犯罪，受害人或其亲属提起刑事附带民事赔偿诉讼的，人民法院对民事赔偿诉讼请求不予受理。但应当告知其可以依据《中华人民共和国国家赔偿法》的有关规定向人民法院提起行政赔偿诉讼。

二、本批复公布以前发生的此类案件，人民法院已作刑事附带民事赔偿处理，受害人或其亲属再提起行政赔偿诉讼的，人民法院不予受理。

36.2 最高人民法院关于刑事裁判涉财产部分执行的若干规定（2014年11月6日 法释〔2014〕13号）（节录）

第四条 人民法院刑事审判中可能判处被告人财产刑、责令退赔的，刑事审判部门应当依法对被告人的财产状况进行调查；发现可能隐匿、转移财产的，应当及时查封、扣押、冻结其相应财产。

第六条（第三款） 判处追缴或者责令退赔的，应当明确追缴或者退赔的金额或财物的名称、数量等相关情况。

第十条（第四款） 对于被害人的损失，应当按照刑事裁判认定的实际损失予以发还或者赔偿。

第十三条 被执行人在执行中同时承担刑事责任、民事责任，其财产不足以支付的，按照下列顺序执行：

（一）人身损害赔偿中的医疗费用；

（二）退赔被害人的损失；

（三）其他民事债务；

（四）罚金；

（五）没收财产。

债权人对执行标的依法享有优先受偿权，其主张优先受偿的，人民法院应当在前款第（一）项规定的医疗费用受偿后，予以支持。

【司法文件】

36.3 全国法院维护农村稳定刑事审判工作座谈会纪要（最高人民法院1999年10月27日印发 法〔1999〕217号）（节录）

三

（五）关于刑事附带民事诉讼问题

人民法院审理附带民事诉讼案件的受案范围，应只限于被害人因人身权利受到犯罪行为侵犯和财物被犯罪行为损毁而遭受的物质损失，不包括因犯罪分子非法占有、处置被害人财产而使其遭受的物质损失。对因犯罪分子非法占有、处置被害人财产而使其遭受的物质损失，应当根据刑法第六十四条的规定处理，即应通过追缴赃款赃物、责令退赔的途径解决。如赃款赃物尚在的，应一律追缴；已被用掉、毁坏或挥霍的，应责令退赔。无法退赔的，在决定刑罚时，应作为酌定从重处罚的情节予以考虑。

关于附带民事诉讼的赔偿范围，在没有司法解释规定之前，应注意把握以下原则：一是要充分运用现有法律规定，在法律许可的范围内最大限度地补偿被害人因被告人的犯罪行为而遭受的物质损失。物质损失应包括已造成的损失，也包括将来必然遭受的损失。二是赔偿只限于犯罪行为直接造成的物质损失，不包括精神损失和间接造成的物质损失。三是要适当考虑被告人的赔偿能力。被告人的赔偿能力包括现在的赔偿能力和将来的赔偿能力，对未成年被告人还应考虑到其监护人的赔偿能力，以避免数额过大的空判引起的负面效应，被告人的民事赔偿情况可作为量刑的酌定情节。四是要切实维护被害人的合法权益。附带民事原告人提出起诉的，对于没有构成犯罪的共同致害人，也要追究其民事赔偿责任。未成年致害人由其法定代表人或者监护人承担赔偿责任。但是，在逃的同案犯不应列为附带民事诉讼的被告人。关于赔偿责任的分担：共同致害人应当承担连带赔偿责任；在学校等单位内部发生犯罪造成受害人损失，在管理上有过错责任的学校等单位有赔偿责任，但不承担连带赔偿责任；交通肇事犯罪的车辆所有人（单位）在犯罪分子无赔偿能力的情况下，承担代为赔偿或者垫付的责任。

【法律法规】

36.4 中华人民共和国刑事诉讼法（1980 年 1 月 1 日 2018 年修正）（第 101—104 条）

36.5 中华人民共和国公司法（2006 年 1 月 1 日 2018 年修正）（第 214 条）

36.6 中华人民共和国证券法（2020 年 3 月 1 日）（第 220 条）

36.7 中华人民共和国民法典（2021 年 1 月 1 日）（第 187 条）

第三十七条【非刑罚处罚措施】 对于犯罪情节轻微不需要判处刑罚的，可以免予刑事处罚，但是可以根据案件的不同情况，予以训诫或者责令具结悔过、赔礼道歉、赔偿损失，或者由主管部门予以行政处罚或者行政处分。

【法条渊源】 79 刑法第 32 条规定了本条内容，刑法对原条文作了修改，增加了行政处罚的规定。

【司法解释】

37.1 最高人民法院关于审理未成年人刑事案件具体应用法律若干问题的解释（2006 年 1 月 23 日 法释〔2006〕1 号）（节录）

第十七条 未成年罪犯根据其所犯罪行，可能被判处拘役、三年以下有期徒刑，如果悔罪表现好，并具有下列情形之一的，应当依照刑法第三十七条的规定免予刑事处罚：

（一）系又聋又哑的人或者盲人；

（二）防卫过当或者避险过当；

（三）犯罪预备、中止或者未遂；

（四）共同犯罪中从犯、胁从犯；

（五）犯罪后自首或者有立功表现；

（六）其他犯罪情节轻微不需要判处刑罚的。

37.2 参见 36.2 最高人民法院关于刑事裁判涉财产部分执行的若干规定（2014 年 11 月 6 日 法释〔2014〕13 号）

37.3 人民检察院刑事诉讼规则（2019 年 12 月 30 日 高检发释字〔2019〕4 号）（节录）

第三百七十条 人民检察院对于犯罪情节轻微，依照刑法规定不需要判处刑罚或者免除刑罚的，经检察长批准，可以作出不起诉决定。

第三百七十一条 人民检察院直接受理侦查的案件，以及监察机关移送起诉的案件，拟作不起诉决定的，应当报请上一级人民检察院批准。

第三百七十三条　人民检察院决定不起诉的案件，可以根据案件的不同情况，对被不起诉人予以训诫或者责令具结悔过、赔礼道歉、赔偿损失。

对被不起诉人需要给予行政处罚、政务处分或者其他处分的，经检察长批准，人民检察院应当提出检察意见，连同不起诉决定书一并移送有关主管机关处理，并要求有关主管机关及时通报处理情况。

【司法文件】

37.4 最高人民法院关于贯彻宽严相济刑事政策的若干意见（2010 年 2 月 8 日　法发〔2010〕9 号）（节录）

14. 宽严相济刑事政策中的从"宽"，主要是指对于情节较轻、社会危害性较小的犯罪，或者罪行虽然严重，但具有法定、酌定从宽处罚情节，以及主观恶性相对较小、人身危险性不大的被告人，可以依法从轻、减轻或者免除处罚；对于具有一定社会危害性，但情节显著轻微危害不大的行为，不作为犯罪处理；对于依法可不监禁的，尽量适用缓刑或者判处管制、单处罚金等非监禁刑。

15. 被告人的行为已经构成犯罪，但犯罪情节轻微，或者未成年人、在校学生实施的较轻犯罪，或者被告人具有犯罪预备、犯罪中止、从犯、胁从犯、防卫过当、避险过当等情节，依法不需要判处刑罚的，可以免予刑事处罚。对免予刑事处罚的，应当根据刑法第三十七条规定，做好善后、帮教工作或者交由有关部门进行处理，争取更好的社会效果。

19. 对于较轻犯罪的初犯、偶犯，应当综合考虑其犯罪的动机、手段、情节、后果和犯罪时的主观状态，酌情予以从宽处罚。对于犯罪情节轻微的初犯、偶犯，可以免予刑事处罚；依法应当予以刑事处罚的，也应当尽量适用缓刑或者判处管制、单处罚金等非监禁刑。

23. 被告人案发后对被害人积极进行赔偿，并认罪、悔罪的，依法可以作为酌定量刑情节予以考虑。因婚姻家庭等民间纠纷激化引发的犯罪，被害人及其家属对被告人表示谅解的，应当作为酌定量刑情节予以考虑。犯罪情节轻微，取得被害人谅解的，可以依法从宽处理，不需判处刑罚的，可以免予刑事处罚。

40. 对于刑事自诉案件，要尽可能多做化解矛盾的调解工作，促进双方自行和解。对于经过司法机关做工作，被告人认罪悔过，愿意赔偿被害人损失，取得被害人谅解，从而达成和解协议的，可以由自诉人撤回起诉，或者对被告人依法从轻或免予刑事处罚。对于可公诉、也可自诉的刑事案件，检察机关提起公诉的，人民法院应当依法进行审理，依法定罪处罚。对民间纠纷引发的轻伤害等轻微刑事案件，诉至法院后当事人自行和解的，应当予以准许并记录在案。人民法院也可以在不违反法律规定的前提下，对此类案件尝试做一些促进和解的工作。

37.5 参见 62.1 最高人民法院、最高人民检察院、公安部、司法部关于依法办理家庭暴力犯罪案件的意见（2015 年 3 月 2 日　法发〔2015〕4 号）

37.6 最高人民法院、最高人民检察院、司法部、公安部关于办理醉酒危险驾驶刑事案件的意见（2023 年 12 月 28 日　高检发办字〔2023〕187 号）（节录）

第十三条　对公安机关移送审查起诉的醉驾案件，人民检察院综合考虑犯罪嫌疑人驾驶的动机和目的、醉酒程度、机动车类型、道路情况、行驶时间、速度、距离以及认罪悔罪表现等因素，认为属于犯罪情节轻微的，依照刑法第三十七条、刑事诉讼法第一百七十七条第二款的规定处理。

【法律法规】

37.7 中华人民共和国刑事诉讼法（1980 年 1 月 1 日　2018 年修正）（第 177 条）

第三十七条之一【从业禁止】因利用职业便利实施犯罪，或者实施违背职业要求的特定义务的犯罪被判处刑罚的，人民法院可以根据犯罪情况和预防再犯罪的需要，禁止其自刑罚执行完毕之日或者假释之日起从事相关职业，期限为三年至五年。

【拒不执行判决、裁定罪】被禁止从事相关职业的人违反人民法院依照前款规定作出的决定的，由公安机关依法给予处罚；情节严重的，依照本法第三百一十三条的规定定罪处罚。

其他法律、行政法规对其从事相关职业另有禁止或者限制性规定的，从其规定。

> **【刑法修正说明】**
>
> 本条为全国人大常委会 2015 年 8 月 29 日通过并公布、同年 11 月 1 日施行的《刑法修正案（九）》第 1 条所增设。

【法条渊源】 本条系《刑法修正案（九）》第 1 条增设。

【司法解释】

37-1.1 最高人民法院关于《中华人民共和国刑法修正案（九）》时间效力问题的解释（2015 年 11 月 1 日 法释〔2015〕19 号）（节录）

第一条 对于 2015 年 10 月 31 日以前因利用职业便利实施犯罪，或者实施违背职业要求的特定义务的犯罪的，不适用修正后刑法第三十七条之一第一款的规定。其他法律、行政法规另有规定的，从其规定。

【司法文件】

37-1.2 参见 56.6 最高人民法院、最高人民检察院、公安部、司法部关于办理黑恶势力犯罪案件若干问题的指导意见（2018 年 1 月 16 日 法发〔2018〕1 号）

37-1.3 最高人民法院、最高人民检察院、公安部、司法部关于办理恶势力刑事案件若干问题的意见（2019 年 4 月 9 日 法发〔2019〕10 号）（节录）

13.（第一款）对于恶势力的纠集者、恶势力犯罪集团的首要分子、重要成员以及恶势力、恶势力犯罪集团共同犯罪中罪责严重的主犯，要正确运用法律规定加大惩处力度，对依法应当判处重刑或死刑的，坚决判处重刑或死刑。同时要严格掌握取保候审，严格掌握不起诉，严格掌握缓刑、减刑、假释，严格掌握保外就医适用条件，充分利用资格刑、财产刑等法律手段全方位从严惩处。对于符合刑法第三十七条之一规定的，可以依法禁止其从事相关职业。

37-1.4 最高人民法院、最高人民检察院、公安部、司法部关于办理"套路贷"刑事案件若干问题的意见（2019 年 4 月 9 日 法发〔2019〕11 号）（节录）

9. 对于"套路贷"犯罪分子，应当根据其所触犯的具体罪名，依法加大财产刑适用力度。符合刑法第三十七条之一规定的，可以依法禁止从事相关职业。

37-1.5 最高人民法院、最高人民检察院、教育部关于落实从业禁止制度的意见（2022 年 11 月 15 日 法发〔2022〕32 号）（节录）

一、依照刑法第三十七条之一的规定，教职员工利用职业便利实施犯罪，或者实施违背职业要求的特定义务的犯罪被判处刑罚的，人民法院可以根据犯罪情况和预防再犯罪的需要，禁止其在一定期限内从事相关职业。其他法律、行政法规对其从事相关职业另有禁止或者限制性规定的，从其规定。

未成年人保护法、教师法属于前款规定的法律，《教师资格条例》属于前款规定的行政法规。

二、依照未成年人保护法第六十二条的规定，实施性侵害、虐待、拐卖、暴力伤害等违法犯罪的人员，禁止从事密切接触未成年人的工作。

依照教师法第十四条、《教师资格条例》第十八条规定，受到剥夺政治权利或者故意犯罪受到有期徒刑以上刑罚的，不能取得教师资格；已经取得教师资格的，丧失教师资格，且不能重新取得教师资格。

三、教职员工实施性侵害、虐待、拐卖、暴力伤害等犯罪的，人民法院应当依照未成年人保护法第六十二条的规定，判决禁止其从事密切接触未成年人的工作。

教职员工实施前款规定以外的其他犯罪，人民法院可以根据犯罪情况和预防再犯罪的需要，依照刑法第三十七条之一第一款的规定，判决禁止其自刑罚执行完毕之日或者假释之日起从事相关职业，期限为三年至五年；或者依照刑法第三十八条第二款、第七十二条第二款的规定，对其适用禁止令。

四、对有必要禁止教职员工从事相关职业或者适用禁止令的，人民检察院在提起公诉时，应当提出相应建议。

五、教职员工犯罪的刑事案件，判决生效后，人民法院应当在三十日内将裁判文书送达被告人单位所在地的教育行政部门；必要时，教育行政部门应当将裁判文书转送有关主管部门。

因涉及未成年人隐私等原因，不宜送达裁判文书的，可以送达载明被告人的自然情况、罪名及刑期的相关证明材料。

六、教职员工犯罪，人民法院作出的判决生效后，所在单位、教育行政部门或者有关主管部门可以依照未成年人保护法、教师法、《教师资格条例》等法律法规给予相应处理、处分和处罚。

符合丧失教师资格或者撤销教师资格情形的，教育行政部门应当及时收缴其教师资格证书。

七、人民检察院应当对从业禁止和禁止令执行落实情况进行监督。

八、人民法院、人民检察院发现有关单位未履行犯罪记录查询制度、从业禁止制度的，应当向该单位提出建议。

九、本意见所称教职员工，是指在学校、幼儿园等教育机构工作的教师、教育教学辅助人员、行政人员、勤杂人员、安保人员，以及校外培训机构的相关工作人员。

学校、幼儿园等教育机构、校外培训机构的举办者、实际控制人犯罪，参照本意见执行。

【法律法规】

37－1.6 中华人民共和国教师法（1994 年 1 月 1 日 2009 年修正）（第 14 条）

37－1.7 中华人民共和国注册会计师法（1994 年 1 月 1 日 2014 年修正）（第 10 条第 2 项、第 13 条第 1 款第 2 项）

37－1.8 中华人民共和国人民警察法（1995 年 2 月 28 日 2012 年修正）（第 26 条第 2 款）

37－1.9 中华人民共和国执业医师法（1999 年 5 月 1 日 2009 年修正）（第 15 条第 1 款第 2 项）

37－1.10 中华人民共和国公司法（2006 年 1 月 1 日 2018 年修正）（第 146 条第 2 项）

37－1.11 娱乐场所管理条例（2006 年 3 月 1 日 2020 年修订）（第 5 条第 1—2 项）

37－1.12 中华人民共和国律师法（2008 年 6 月 1 日 2017 年修正）（第 7 条第 2 项）

37－1.13 中华人民共和国商业银行法（2015 年 10 月 1 日）（第 27 条第 1 项）

37－1.14 中华人民共和国法官法（2019 年 10 月 1 日）（第 20 条第 8 项）

37－1.15 中华人民共和国检察官法（2019 年 10 月 1 日）（第 20 条第 8 项）

37－1.16 中华人民共和国证券法（2020 年 3 月 1 日）（第 221 条）

第二节 管 制

第三十八条【管制的期限】 管制的期限，为三个月以上二年以下。

【禁止令的适用】 判处管制，可以根据犯罪情况，同时禁止犯罪分子在执行期间从事特定活动，进入特定区域、场所，接触特定的人。

【社区矫正】 对判处管制的犯罪分子，依法实行社区矫正。

【治安处罚】 违反第二款规定的禁止令的，由公安机关依照《中华人民共和国治安管理处罚法》的规定处罚。

【刑法修正说明】

本条为全国人大常委会 2011 年 2 月 25 日通过并公布、同年 5 月 1 日施行的《刑法修正案（八）》第 2 条所修正。原第 38 条为：

【管制的期限】 管制的期限，为三个月以上二年以下。

【管制的执行机关】 被判处管制的犯罪分子，由公安机关执行。

【法条渊源】 79刑法第33条规定了本条内容，刑法将其修改后纳入。《刑法修正案（八）》第2条增设了第2、4款内容，原第2款调整为现第3款，并改管制"由公安机关执行"为"依法实行社区矫正"。

【司法解释】

38.1 最高人民法院关于《中华人民共和国刑法修正案（八）》时间效力问题的解释（2011年5月1日　法释〔2011〕9号）（节录）

第一条　对于2011年4月30日以前犯罪，依法应当判处管制或者宣告缓刑的，人民法院根据犯罪情况，认为确有必要同时禁止犯罪分子在管制期间或者缓刑考验期内从事特定活动，进入特定区域、场所，接触特定人的，适用修正后刑法第三十八条第二款或者第七十二条第二款的规定。

犯罪分子在管制期间或者缓刑考验期内，违反人民法院判决中的禁止令的，适用修正后刑法第三十八条第四款或者第七十七条第二款的规定。

38.2 最高人民法院、最高人民检察院、公安部、司法部关于对判处管制、宣告缓刑的犯罪分子适用禁止令有关问题的规定（试行）（2011年5月1日　法发〔2011〕9号）

为正确适用《中华人民共和国刑法修正案（八）》，确保管制和缓刑的执行效果，根据刑法和刑事诉讼法的有关规定，现就判处管制、宣告缓刑的犯罪分子适用禁止令的有关问题规定如下：

第一条　对判处管制、宣告缓刑的犯罪分子，人民法院根据犯罪情况，认为从促进犯罪分子教育矫正、有效维护社会秩序的需要出发，确有必要禁止其在管制执行期间、缓刑考验期限内从事特定活动，进入特定区域、场所，接触特定人的，可以根据刑法第三十八条第二款、第七十二条第二款的规定，同时宣告禁止令。

第二条　人民法院宣告禁止令，应当根据犯罪分子的犯罪原因、犯罪性质、犯罪手段、犯罪后的悔罪表现、个人一贯表现等情况，充分考虑与犯罪分子所犯罪行的关联程度，有针对性地决定禁止其在管制执行期间、缓刑考验期限内"从事特定活动，进入特定区域、场所，接触特定的人"的一项或者几项内容。

第三条　人民法院可以根据犯罪情况，禁止判处管制、宣告缓刑的犯罪分子在管制执行期间、缓刑考验期限内从事以下一项或者几项活动：

（一）个人为进行违法犯罪活动而设立公司、企业、事业单位或者在设立公司、企业、事业单位后以实施犯罪为主要活动的，禁止设立公司、企业、事业单位；

（二）实施证券犯罪、贷款犯罪、票据犯罪、信用卡犯罪等金融犯罪的，禁止从事证券交易、申领贷款、使用票据或者申领、使用信用卡等金融活动；

（三）利用从事特定生产经营活动实施犯罪的，禁止从事相关生产经营活动；

（四）附带民事赔偿义务未履行完毕，违法所得未追缴、退赔到位，或者罚金尚未足额缴纳的，禁止从事高消费活动；

（五）其他确有必要禁止从事的活动。

第四条　人民法院可以根据犯罪情况，禁止判处管制、宣告缓刑的犯罪分子在管制执行期间、缓刑考验期限内进入以下一类或者几类区域、场所：

（一）禁止进入夜总会、酒吧、迪厅、网吧等娱乐场所；

（二）未经执行机关批准，禁止进入举办大型群众性活动的场所；

（三）禁止进入中小学校区、幼儿园园区及周边地区，确因本人就学、居住等原因，经执行机关批准的除外；

（四）其他确有必要禁止进入的区域、场所。

第五条　人民法院可以根据犯罪情况，禁止判处管制、宣告缓刑的犯罪分子在管制执行期间、缓刑考验期限内接触以下一类或者几类人员：

（一）未经对方同意，禁止接触被害人及其法定代理人、近亲属；

（二）未经对方同意，禁止接触证人及其法定代理人、近亲属；

（三）未经对方同意，禁止接触控告人、批评人、举报人及其法定代理人、近亲属；

（四）禁止接触同案犯；

（五）禁止接触其他可能遭受其侵害、滋扰的人或者可能诱发其再次危害社会的人。

第六条 禁止令的期限，既可以与管制执行、缓刑考验的期限相同，也可以短于管制执行、缓刑考验的期限，但判处管制的，禁止令的期限不得少于三个月，宣告缓刑的，禁止令的期限不得少于二个月。

判处管制的犯罪分子在判决执行以前先行羁押以致管制执行的期限少于三个月的，禁止令的期限不受前款规定的最短期限的限制。

禁止令的执行期限，从管制、缓刑执行之日起计算。

第七条 人民检察院在提起公诉时，对可能判处管制、宣告缓刑的被告人可以提出宣告禁止令的建议。当事人、辩护人、诉讼代理人可以就应否对被告人宣告禁止令提出意见，并说明理由。

公安机关在移送审查起诉时，可以根据犯罪嫌疑人涉嫌犯罪的情况，就应否宣告禁止令及宣告何种禁止令，向人民检察院提出意见。

第八条 人民法院对判处管制、宣告缓刑的被告人宣告禁止令的，应当在裁判文书主文部分单独作为一项予以宣告。

第九条 禁止令由司法行政机关指导管理的社区矫正机构负责执行。

第十条 人民检察院对社区矫正机构执行禁止令的活动实行监督。发现有违反法律规定的情况，应当通知社区矫正机构纠正。

第十一条 判处管制的犯罪分子违反禁止令，或者被宣告缓刑的犯罪分子违反禁止令尚不属情节严重的，由负责执行禁止令的社区矫正机构所在地的公安机关依照《中华人民共和国治安管理处罚法》第六十条的规定处罚。

第十二条 被宣告缓刑的犯罪分子违反禁止令，情节严重的，应当撤销缓刑，执行原判刑罚。原作出缓刑裁判的人民法院应当自收到当地社区矫正机构提出的撤销缓刑建议书之日起一个月内依法作出裁定。人民法院撤销缓刑的裁定一经作出，立即生效。

违反禁止令，具有下列情形之一的，应当认定为"情节严重"：

（一）三次以上违反禁止令的；

（二）因违反禁止令被治安管理处罚后，再次违反禁止令的；

（三）违反禁止令，发生较为严重危害后果的；

（四）其他情节严重的情形。

第十三条 被宣告禁止令的犯罪分子被依法减刑时，禁止令的期限可以相应缩短，由人民法院在减刑裁定中确定新的禁止令期限。

【司法文件】

38.3 最高人民法院、公安部、司法部关于宣布管制的一般刑事罪犯有无选举权问题的联合通知（1956 年 5 月 10 日）（节录）

各省、市、自治区高级人民法院、公安、司法厅、局：

最近接到湖北省高级人民法院请示关于由公安机关宣布管制的一般刑事罪犯，在管制期间，有无选举权问题，我们认为，如果未经法院判处剥夺其政治权利的，应认为有选举权。如果公安机关认为其中有不应有选举权的，应当依法起诉后，由人民法院依法判处剥夺政治权利。被依法判处剥夺政治权利的分子，没有选举权。

38.4 最高人民法院关于贯彻宽严相济刑事政策的若干意见（2010 年 2 月 8 日 法发〔2010〕9 号）（节录）

16. 对于所犯罪行不重、主观恶性不深、人身危险性较小、有悔改表现、不致再危害社会的犯罪分子，要依法从宽处理。对于其中具备条件的，应当依法适用缓刑或者管制、单处罚金等非监禁刑。同时配合做好社区矫正，加强教育、感化、帮教、挽救工作。

38.5 最高人民法院、最高人民检察院、公安部、司法部社区矫正实施办法（2012 年 3 月 1 日）（第 2—37 条）

38.6 最高人民法院、最高人民检察院、公安部、司法部关于依法办理家庭暴力犯罪案件的意见（2015 年 3 月 2 日 法发〔2015〕4 号）（节录）

21. 充分运用禁止令措施。人民法院对实施家庭暴力构成犯罪被判处管制或者宣告缓刑的犯罪分子，为了确保被害人及其子女和特定亲属的人身安全，可以依照刑法第三十八条第二款、第七十二条第二款的规定，同时禁止犯罪分子再次实施家庭暴力，侵扰被害人的生活、工作、学习，进行酗酒、赌博等活动；经被害人申请且有必要的，禁止接近被害人及其未成年子女。

24. 充分运用社区矫正措施。社区矫正机构对因实施家庭暴力构成犯罪被判处管制、宣告缓刑、假释或者暂予监外执行的犯罪分子，应当依法开展家庭暴力行为矫治，通过制定有针对性的监管、教育和帮助措施，矫正犯罪分子的施暴心理和行为恶习。

【说明】证据收集、宽严相济刑事政策、正当防卫的认定等，参见260.3 本意见。

38.7 人民检察院办理认罪认罚案件开展量刑建议工作的指导意见（最高人民检察院 2021 年 12 月 3 日印发 高检发办字〔2021〕120 号）（节录）

第十三条（第三款） 建议判处管制的，幅度一般不超过三个月。

38.8 最高人民法院、最高人民检察院、公安部、司法部关于未成年人犯罪记录封存的实施办法（2022 年 5 月 30 日）（节录）

第十三条 对于被判处管制、宣告缓刑、假释或者暂予监外执行的未成年罪犯，依法实行社区矫正，执行地社区矫正机构应当在刑事执行完毕后三日内将涉案未成年人的犯罪记录封存。

38.9 参见 37-1.5 最高人民法院、最高人民检察院、教育部关于落实从业禁止制度的意见（2022 年 11 月 15 日 法发〔2022〕32 号）（第 3 条）

【法律法规】

38.10 中华人民共和国刑事诉讼法（1980 年 1 月 1 日 2018 年修正）（第 269 条）

38.11 中华人民共和国社区矫正法（2020 年 7 月 1 日）（第 2—4 条、第 17—34 条）

第三十九条【被管制罪犯的义务】被判处管制的犯罪分子，在执行期间，应当遵守下列规定：

（一）遵守法律、行政法规，服从监督；

（二）未经执行机关批准，不得行使言论、出版、集会、结社、游行、示威自由的权利；

（三）按照执行机关规定报告自己的活动情况；

（四）遵守执行机关关于会客的规定；

（五）离开所居住的市、县或者迁居，应当报经执行机关批准。

【被管制罪犯的权利】对于被判处管制的犯罪分子，在劳动中应当同工同酬。

【法条渊源】79 刑法第 34 条规定了本条内容，刑法作了修改。

【部委规范】

39.1 公安机关办理刑事案件程序规定（2013 年 1 月 1 日 公安部令第 127 号 2020 年修正）（节录）

第三百零二条（第一款） 对被判处管制、宣告缓刑、假释或者暂予监外执行的罪犯，已被羁押的，由看守所将其交付社区矫正机构执行。

第四十条【管制的解除】被判处管制的犯罪分子，管制期满，执行机关应即向本人和其所在单位或者居住地的群众宣布解除管制。

【法条渊源】79 刑法第 35 条规定了本条内容，刑法作了修改。

第四十一条【管制的刑期起算及折抵】 管制的刑期，从判决执行之日起计算；判决执行以前先行羁押的，羁押一日折抵刑期二日。

【法条渊源】 79 刑法第 36 条规定了本条内容，刑法作了修改。

【司法解释】

41.1 最高人民法院关于刑事裁判文书中刑期起止日期如何表述问题的批复（2000 年 3 月 4 日 法释〔2000〕7 号）

江西省高级人民法院：

你院赣高法〔1999〕第 151 号《关于裁判文书中刑期起止时间如何表述的请示》收悉。经研究，答复如下：

根据刑法第四十一条、第四十四条、第四十七条和《法院刑事诉讼文书样式（样本）》的规定，判处管制、拘役、有期徒刑的，应当在刑事裁判文书中写明刑种、刑期和主刑刑期的起止日期及折抵办法。刑期从判决执行之日起计算。判决执行以前先行羁押的，羁押一日折抵刑期一日（判处管制刑的，羁押一日折抵刑期二日），即自×××年××月××日（羁押之日）起至×××年××月××日止。羁押期间取保候审的，刑期的终止日顺延。

第三节 拘 役

第四十二条【拘役的期限】 拘役的期限，为一个月以上六个月以下。

【法条渊源】 79 刑法第 37 条规定了本条内容，刑法将拘役最低期限由 15 日提高至 1 个月。

【司法文件】

42.1 人民检察院办理认罪认罚案件开展量刑建议工作的指导意见（最高人民检察院 2021 年 12 月 3 日印发　高检发办字〔2021〕120 号）（节录）

第十二条（第二款） 建议判处拘役的，一般应当提出确定刑量刑建议。

第四十三条【拘役的执行】 被判处拘役的犯罪分子，由公安机关就近执行。

【拘役犯的权利】 在执行期间，被判处拘役的犯罪分子每月可以回家一天至两天；参加劳动的，可以酌量发给报酬。

【法条渊源】 79 刑法第 38 条规定了本条内容，刑法将其吸收纳入。

【部委规范】

43.1 公安部关于对被判处拘役的罪犯在执行期间回家问题的批复（2001 年 1 月 31 日　公复字〔2001〕2 号）

北京市公安局：

你局《关于加拿大籍罪犯秦典华在拘役期间回家问题的请示》（京公法字〔2001〕24 号）收悉。现批复如下：

《刑法》第四十三条第二款规定，"在执行期间，被判处拘役的犯罪分子每月可以回家一至两天[①]"。根据上述规定，是否准许被判处拘役的罪犯回家，应当根据其在服刑期间表现以及准许其回家是否会影响剩余刑期的继续执行等情况综合考虑，由负责执行的拘役所、看守所提出建议，报其所属的县级以上公安机关决定。被判处拘役的外国籍罪犯提出回家申请的，由地市级以上公安机关决定，并由决定机关将有关情况报上级公安机关备案。对于准许回家的，应当发给国家证明，告知其应当按时返回监管场所和不按时返回将要承担的法律责任，并将准许回家的决定送同级人民检察院。被判处拘役的罪犯在决定机关辖区内有固定住处的，可允许其回固定住处，没有固定住处的，可在决定机关为其指定的居所每月与其家人团聚一天至两天。拘役所、看守所根据被判处拘役的罪犯在服刑及回家

---

① 应为"一天至两天"，这是该批复引用刑法条款出现的一个失误。——编者注

期间表现，认为不宜继续准许其回家的，应当提出建议，报原决定机关决定。对于被判处拘役的罪犯在回家期间逃跑的，应当按照《刑法》第三百一十六条的规定，以脱逃罪追究其刑事责任。

43.2 公安机关办理刑事案件程序规定（2013 年 1 月 1 日　公安部令第 127 号　2020 年修正）（节录）

第三百零三条　对被判处有期徒刑由看守所代为执行和被判处拘役的罪犯，执行期间如果没有再犯新罪，执行期满，看守所应当发给刑满释放证明书。

【法律法规】

43.3 中华人民共和国刑事诉讼法（1980 年 1 月 1 日　2018 年修正）（第 264—265 条、第 273 条）

第四十四条【拘役的刑期起算及折抵】 拘役的刑期，从判决执行之日起计算；判决执行以前先行羁押的，羁押一日折抵刑期一日。

【法条渊源】79 刑法第 39 条规定了本条内容，刑法将其吸收纳入。

【司法文件】

44.1 最高人民法院、最高人民检察院、公安部关于办理电信网络诈骗等刑事案件适用法律若干问题的意见（二）（2021 年 6 月 17 日　法发〔2021〕22 号）（节录）

十五、对境外司法机关抓获并羁押的电信网络诈骗犯罪嫌疑人，在境内接受审判的，境外的羁押期限可以折抵刑期。

【部委规范】

44.2 公安机关办理刑事案件程序规定（2013 年 1 月 1 日　公安部令第 127 号　2020 年修正）（节录）

第三百零一条（第二款）　对被判处拘役的罪犯，由看守所执行。

第四节　有期徒刑、无期徒刑

第四十五条【有期徒刑的期限】 有期徒刑的期限，除本法第五十条、第六十九条规定外，为六个月以上十五年以下。

【法条渊源】79 刑法第 40 条规定了本条内容，刑法作了修改。

【司法文件】

45.1 人民检察院办理认罪认罚案件开展量刑建议工作的指导意见（最高人民检察院 2021 年 12 月 3 日印发　高检发办字〔2021〕120 号）（节录）

第十三条（第二款）　建议判处有期徒刑的，一般应当提出相对明确的量刑幅度。建议判处六个月以上不满一年有期徒刑的，幅度一般不超过二个月；建议判处一年以上不满三年有期徒刑的，幅度一般不超过六个月；建议判处三年以上不满十年有期徒刑的，幅度一般不超过一年；建议判处十年以上有期徒刑的，幅度一般不超过二年。

第四十六条【有期徒刑、无期徒刑的执行】 被判处有期徒刑、无期徒刑的犯罪分子，在监狱或者其他执行场所执行；凡有劳动能力的，都应当参加劳动，接受教育和改造。

【法条渊源】79 刑法第 41 条规定了本条内容，刑法将其修改纳入。

【司法解释】

46.1 最高人民法院关于审理未成年人刑事案件具体应用法律若干问题的解释（2006 年 1 月 23 日　法释〔2006〕1 号）（节录）

第十三条　未成年人犯罪只有罪行极其严重的，才可以适用无期徒刑。对已满十四周岁不满十六周岁的人犯罪一般不判处无期徒刑。

【部委规范】

46.2 公安机关办理刑事案件程序规定（2013 年 1 月 1 日　公安部令第 127 号　2020 年修正）（节录）

第三百零一条（第一款） 对被判处有期徒刑的罪犯，在被交付执行刑罚前，剩余刑期在三个月以下的，由看守所根据人民法院的判决代为执行。

【法律法规】

46.3 中华人民共和国刑事诉讼法（1980年1月1日　2018年修正）（第264—268条、第273—276条）

46.4 中华人民共和国监狱法（1994年12月29日　2012年修正）（第2条、第5—6条、第15—17条、第25—28条、第69条、第74—76条）

第四十七条【有期徒刑的刑期起算及折抵】 有期徒刑的刑期，从判决执行之日起计算；判决执行以前先行羁押的，羁押一日折抵刑期一日。

【法条渊源】 79刑法第42条规定了本条内容，刑法将其吸收纳入。

【司法解释】

47.1 最高人民法院、公安部关于在押未决犯保外就医期间是否折抵刑期问题的联合批复 ［1964年5月3日　（64）法研字第38号　（64）公发字第284号］

湖南省高级人民法院：

你院（63）法办研字第121号关于在押未决犯保外就医期间是否折抵刑期问题的请示已收阅。经我们研究后认为，根据《中华人民共和国劳动改造条例》①第六十条第二项的规定，对于在押的未决犯（罪大恶极的除外），因病势严重需要保外就医的，经报请送押机关批准，可以保外就医，但应通知居住地人民公安机关加以监督。未决犯在保外就医期间，可以折抵刑期②。

【司法文件】

47.2 最高人民法院关于罪犯在逮捕前被"隔离审查"的日期可否折抵刑期的复函（1979年4月27日　〔79〕法办研字第14号）

中国人民解放军军事法院：

你院四月十六日函收到。关于罪犯在逮捕、判刑前被"行政看管"、"隔离审查"的日期可否折抵刑期和是否需追回在"看管"和"隔离"期间已发工资的问题，我们同意你们的意见。折抵办法以"看管"、"隔离"一日折抵刑期一日。至于已经判处有期徒刑的罪犯，"看管"或"隔离"日期没有折抵刑期的问题，我们意见，现仍在服刑的，可补行折抵；已服刑期满的，即不必再作变动。

47.3 参见316.1 最高人民法院研究室关于因错判在服刑期"脱逃"后确有犯罪其错判服刑期限可否与后判刑期折抵问题的电话答复（1983年8月31日）

47.4 最高人民法院研究室关于对刑罚已执行完毕，由于发现新的证据，又因同一事实被以新的罪名重新起诉的案件，应适用何种程序进行审理等问题的答复（2002年7月31日）

安徽省高级人民法院：

你院〔2001〕皖刑终字第610号《关于对刑罚已执行完毕的罪犯，又因同一案件被以新的罪名重新起诉，应适用何种程序进行审理及原服完的刑期在新的刑罚中如何计算的请示》（以下简称《请示》）收悉。经研究，答复如下：

你院《请示》中涉及的案件是共同犯罪案件，因此，对于先行判决且刑罚已经执行完毕，由于同案犯归案发现新的证据，又因同一事实被以新的罪名重新起诉的被告人，原判人民法院应当按照审判监督程序撤销原判决、裁定，并将案件移送有管辖权的人民法院，按照第一审程序与其他同案被告人并案审理。

---

① 该条例已于2001年10月6日废止，其内容被1994年12月29日全国人大常委会通过的监狱法、1990年3月17日国务院发布的《看守所条例》所代替。——编者注

② 保外就医折抵刑期，参照现行刑事诉讼法的有关规定执行。——编者注

该被告人已经执行完毕的刑罚，由收案的人民法院在对被指控的新罪作出判决时依法折抵，被判处有期徒刑的，原执行完毕的刑期可以折抵刑期。

47.5 参见 44.1 最高人民法院、最高人民检察院、公安部关于办理电信网络诈骗等刑事案件适用法律若干问题的意见（二）（2021 年 6 月 17 日　法发〔2021〕22 号）

【法律法规】

47.6 中华人民共和国行政处罚法（1996 年 10 月 1 日　2017 年修正）（第 28 条）

第五节　死　　刑

第四十八条【死刑、死缓的适用】 死刑只适用于罪行极其严重的犯罪分子。对于应当判处死刑的犯罪分子，如果不是必须立即执行的，可以判处死刑同时宣告缓期二年执行。

【死刑、死缓的核准程序】 死刑除依法由最高人民法院判决的以外，都应当报请最高人民法院核准。死刑缓期执行的，可以由高级人民法院判决或者核准。

【法条渊源】 79 刑法第 43 条规定了本条内容，刑法作了修改。

【司法解释】

48.1 最高人民法院关于统一行使死刑案件核准权有关问题的决定（2007 年 1 月 1 日　法释〔2006〕12 号）

48.2 最高人民法院关于对被判处死刑的被告人未提出上诉、共同犯罪的部分被告人或者附带民事诉讼原告人提出上诉的案件应适用何种程序审理的批复（2010 年 3 月 17 日　法释〔2010〕6 号）

【司法文件】

48.3 最高人民法院关于贯彻宽严相济刑事政策的若干意见（2010 年 2 月 8 日　法发〔2010〕9 号）（节录）

29. 要准确理解和严格执行"保留死刑，严格控制和慎重适用死刑"的政策。对于罪行极其严重的犯罪分子，论罪应当判处死刑的，要坚决依法判处死刑。要依法严格控制死刑的适用，统一死刑案件的裁判标准，确保死刑只适用于极少数罪行极其严重的犯罪分子。拟判处死刑的具体案件定罪或者量刑的证据必须确实、充分，得出唯一结论。对于罪行极其严重，但只要是依法可不立即执行的，就不应当判处死刑立即执行。

【部委规范】

48.4 公安机关办理刑事案件程序规定（2013 年 1 月 1 日　公安部令第 127 号　2020 年修正）（节录）

第二百九十九条　对被判处死刑的罪犯，公安机关应当依据人民法院执行死刑的命令，将罪犯交由人民法院执行。

第三百条（第一款）　公安机关接到人民法院生效的判处死刑缓期二年执行、无期徒刑、有期徒刑的判决书、裁定书以及执行通知书后，应当在一个月以内将罪犯送交监狱执行。

【法律法规】

48.5 中华人民共和国刑事诉讼法（1980 年 1 月 1 日　2018 年修正）（第 246—251 条、第 261—264 条）

第四十九条【死刑适用之禁例及除外】 犯罪的时候不满十八周岁的人和审判的时候怀孕的妇女，不适用死刑。

审判的时候已满七十五周岁的人，不适用死刑，但以特别残忍手段致人死亡的除外。

【刑法修正说明】

本条第 2 款为全国人大常委会 **2011 年 2 月 25 日**通过并公布、同年 **5 月 1 日**施行的《刑法修正案（八）》第 **3** 条所增设。

【法条渊源】 79刑法第44条规定了本条第1款内容，刑法作了修改。《刑法修正案（八）》第3条增设了第2款内容。

【司法解释】

49.1 最高人民法院关于对怀孕妇女在羁押期间自然流产审判时是否可以适用死刑问题的批复（1998年8月13日 法释〔1998〕18号）

河北省高级人民法院：

你院冀高法〔1998〕40号《关于审判时对怀孕妇女在公安预审羁押期间自然流产，是否适用死刑的请示》收悉。经研究，答复如下：

怀孕妇女因涉嫌犯罪在羁押期间自然流产后，又因同一事实被起诉、交付审判的，应当视为"审判的时候怀孕的妇女"，依法不适用死刑。

【司法文件】

49.2 最高人民法院研究室关于第一审判处被告人有期徒刑后第二审法院发现被告人已怀孕应如何处理问题的电话答复（1989年2月15日）

云南省高级人民法院：

你院《关于第一审判处被告人有期徒刑后第二审法院发现被告人已怀孕应如何处理的请示》收悉。经研究，同意你院意见，在被告人王××上诉审期间，可对被告人采取取保候审的措施。如果终审判决仍判处被告人有期徒刑以上刑罚，可根据刑事诉讼法第一百五十七条第二项①的规定，暂予监外执行，待监外执行的条件消除后再行收监执行。

49.3 最高人民法院研究室关于如何理解"审判的时候怀孕的妇女不适用死刑"问题的电话答复（1991年3月18日）

广东省高级人民法院：

你院〔1990〕粤法刑一文字第16号《关于如何理解"审判的时候怀孕的妇女不适用死刑"问题的请示》已收悉。经研究，现答复如下：

在羁押期间已是孕妇的被告人，无论其怀孕是否属于违反国家计划生育政策，也不论其是否自然流产或者经人工流产以及流产后移送起诉或审判期间的长短，仍应执行我院〔83〕法研字第18号《关于人民法院审判严重刑事犯罪案件中具体应用法律的若干问题的答复》② 中对第三个问题的答复："对于这类案件，应当按照刑法第四十四条③和中华人民共和国刑事诉讼法第一百五十四条④的规定办理，即：人民法院对'审判的时候怀孕的妇女，不适用死刑'。如果人民法院在审判时发现，在羁押受审时已是孕妇的，仍应依照上述法律规定，不适用死刑。"

第五十条【死缓的法律后果】 判处死刑缓期执行的，在死刑缓期执行期间，如果没有故意犯罪，二年期满以后，减为无期徒刑；如果确有重大立功表现，二年期满以后，减为二十五年有期徒刑；如果故意犯罪，情节恶劣的，报请最高人民法院核准后执行死刑；对于故意犯罪未执行死刑的，死刑缓期执行的期间重新计算，并报最高人民法院备案。

【限制减刑的适用】 对被判处死刑缓期执行的累犯以及因故意杀人、强奸、抢劫、绑架、放火、爆炸、投放危险物质或者有组织的暴力性犯罪被判处死刑缓期执行的犯罪分子，人民法院根据犯罪情节等情况可以同时决定对其限制减刑。

---

① 指79刑事诉讼法条文。——编者注

② 该答复已被《最高人民法院关于废止1980年1月1日至1997年6月30日期间发布的部分司法解释和司法解释性质文件（第九批）的决定》废止。——编者注

③ 指79刑法条文，对应刑法第49条。——编者注

④ 指79刑事诉讼法条文，对应2018年修正刑事诉讼法第262条。——编者注

【刑法第一次修正说明】

本条为全国人大常委会 2011 年 2 月 25 日通过并公布、同年 5 月 1 日施行的《刑法修正案（八）》第 4 条所修正。原第 50 条为：

【死缓的法律后果】 判处死刑缓期执行的，在死刑缓期执行期间，如果没有故意犯罪，二年期满以后，减为无期徒刑；如果确有重大立功表现，二年期满以后，减为十五年以上二十年以下有期徒刑；如果故意犯罪，查证属实的，由最高人民法院核准，执行死刑。

【刑法第二次修正说明】

全国人大常委会 2015 年 8 月 29 日通过并公布、同年 11 月 1 日施行的《刑法修正案（九）》第 2 条对本条第 1 款作了第二次修正。《刑法修正案（八）》第 4 条第 1 款为：

【死缓的法律后果】 判处死刑缓期执行的，在死刑缓期执行期间，如果没有故意犯罪，二年期满以后，减为无期徒刑；如果确有重大立功表现，二年期满以后，减为二十五年有期徒刑；如果故意犯罪，查证属实的，由最高人民法院核准，执行死刑。

【法条渊源】 79 刑法第 46 条规定了本条第 1 款内容，刑法将死缓减为无期徒刑、有期徒刑及执行死刑的条件予以修改。《刑法修正案（八）》第 4 条将死缓减为有期徒刑的期限由"十五年以上二十年以下"改为"二十五年"，并增设第 2 款内容。《刑法修正案（九）》第 2 条对本条第 1 款作了修改，即核准死刑增加了"情节恶劣"的条件，增设了"对于故意犯罪未执行死刑……备案"的规定。

【司法解释】

50.1 最高人民法院关于死刑缓期执行限制减刑案件审理程序若干问题的规定（2011 年 5 月 1 日　法释〔2011〕8 号）

为正确适用《中华人民共和国刑法修正案（八）》关于死刑缓期执行限制减刑的规定，根据刑事诉讼法的有关规定，结合审判实践，现就相关案件审理程序的若干问题规定如下：

第一条　根据刑法第五十条第二款的规定，对被判处死刑缓期执行的累犯以及因故意杀人、强奸、抢劫、绑架、放火、爆炸、投放危险物质或者有组织的暴力性犯罪被判处死刑缓期执行的犯罪分子，人民法院根据犯罪情节、人身危险性等情况，可以在作出裁判的同时决定对其限制减刑。

第二条　被告人对第一审人民法院作出的限制减刑判决不服的，可以提出上诉。被告人的辩护人和近亲属，经被告人同意，也可以提出上诉。

第三条　高级人民法院审理或者复核判处死刑缓期执行并限制减刑的案件，认为原判对被告人判处死刑缓期执行适当，但判决限制减刑不当的，应当改判，撤销限制减刑。

第四条　高级人民法院审理判处死刑缓期执行没有限制减刑的上诉案件，认为原判事实清楚、证据充分，但应当限制减刑的，不得直接改判，也不得发回重新审判。确有必要限制减刑的，应当在第二审判决、裁定生效后，按照审判监督程序重新审判。

高级人民法院复核判处死刑缓期执行没有限制减刑的案件，认为应当限制减刑的，不得以提高审级等方式对被告人限制减刑。

第五条　高级人民法院审理判处死刑的第二审案件，对被告人改判死刑缓期执行的，如果符合刑法第五十条第二款的规定，可以同时决定对其限制减刑。

高级人民法院复核判处死刑后没有上诉、抗诉的案件，认为应当改判死刑缓期执行并限制减刑的，可以提审或者发回重新审判。

第六条　最高人民法院复核死刑案件，认为对被告人可以判处死刑缓期执行并限制减刑的，应当裁定不予核准，并撤销原判，发回重新审判。

一案中两名以上被告人被判处死刑，最高人民法院复核后，对其中部分被告人改判死刑缓期执行的，如果符合刑法第五十条第二款的规定，可以同时决定对其限制减刑。

第七条 人民法院对被判处死刑缓期执行的被告人所作的限制减刑决定，应当在判决书主文部分单独作为一项予以宣告。

第八条 死刑缓期执行限制减刑案件审理程序的其他事项，依照刑事诉讼法和有关司法解释的规定执行。

50.2 最高人民法院关于《中华人民共和国刑法修正案（八）》时间效力问题的解释（2011 年 5 月 1 日 法释〔2011〕9 号）（节录）

第二条 2011 年 4 月 30 日以前犯罪，判处死刑缓期执行的，适用修正前刑法第五十条的规定。

被告人具有累犯情节，或者所犯之罪是故意杀人、强奸、抢劫、绑架、放火、爆炸、投放危险物质或者有组织的暴力性犯罪，罪行极其严重，根据修正前刑法判处死刑缓期执行不能体现罪刑相适应原则，而根据修正后刑法判处死刑缓期执行同时决定限制减刑可以罚当其罪的，适用修正后刑法第五十条第二款的规定。

50.3 最高人民法院关于办理减刑、假释案件具体应用法律若干问题的规定（2012 年 7 月 1 日 法释〔2012〕2 号）（节录）

第九条 死刑缓期执行罪犯减为无期徒刑后，确有悔改表现，或者有立功表现的，服刑二年以后可以减为二十五年有期徒刑；有重大立功表现的，服刑二年以后可以减为二十三年有期徒刑。

死刑缓期执行罪犯经过一次或几次减刑后，其实际执行的刑期不能少于十五年，死刑缓期执行期间不包括在内。

死刑缓期执行罪犯在缓期执行期间抗拒改造，尚未构成犯罪的，此后减刑时可以适当从严。

第十条 被限制减刑的死刑缓期执行罪犯，缓期执行期满后依法被减为无期徒刑的，或者因有重大立功表现被减为二十五年有期徒刑的，应当比照未被限制减刑的死刑缓期执行罪犯在减刑的起始时间、间隔时间和减刑幅度上从严掌握。

第二十一条 对死刑缓期执行罪犯减为无期徒刑或者有期徒刑后，符合刑法第八十一条第一款和本规定第九条第二款、第十八条规定的，可以假释。

50.4 最高人民法院关于减刑、假释案件审理程序的规定（2014 年 6 月 1 日 法释〔2014〕5 号）（节录）

第一条 （第一款）对减刑、假释案件，应当按照下列情形分别处理：

（一）对被判处死刑缓期执行的罪犯的减刑，由罪犯服刑地的高级人民法院在收到同级监狱管理机关审核同意的减刑建议书后一个月内作出裁定。

50.5 最高人民法院关于《中华人民共和国刑法修正案（九）》时间效力问题的解释（2015 年 11 月 1 日 法释〔2015〕19 号）（节录）

第二条 对于被判处死刑缓期执行的犯罪分子，在死刑缓期执行期间，且在 2015 年 10 月 31 日以前故意犯罪的，适用修正后刑法第五十条第一款的规定。

【司法文件】

50.6 最高人民法院关于审理死刑缓期执行期间故意犯罪的一审案件制作裁判文书的有关问题的通知（1999 年 11 月 18 日）

各省、自治区、直辖市高级人民法院，解放军军事法院，新疆维吾尔自治区高级人民法院生产建设兵团分院：

为进一步规范审理死刑缓期执行期间故意犯罪的一审案件制作裁判文书的问题，根据刑事诉讼法第二百一十条第二款①的规定，特作如下规定：

被判处死刑缓期二年执行的罪犯，在缓期执行期间，故意犯罪的，中级人民法院在对新罪作出一审判决时，应当在判决书的尾部交代上诉事项后写明："依据刑法第五十条、刑事诉讼法第二百一十条第二款和最高人民法院《关于执行〈中华人民共和国刑事诉讼法〉若干问题的解释》第三百三十九条第二款的规定，本判决生效以后，经最高人民法院（或者依授权有死刑核准权的

---

① 指 96 刑事诉讼法条文，下同。——编者注

高级人民法院和解放军军事法院）核准，对被告人×××应当执行死刑。"

50.7 最高人民法院、最高人民检察院、公安部、司法部关于办理黑恶势力犯罪案件若干问题的指导意见（2018 年 1 月 16 日　法发〔2018〕1 号）（节录）

12.（第二款）对于因有组织的暴力性犯罪被判处死刑缓期执行的黑社会性质组织犯罪分子，可以根据《刑法》第五十条第二款的规定同时决定对其限制减刑。对于因有组织的暴力性犯罪被判处十年以上有期徒刑、无期徒刑的黑社会性质组织犯罪分子，应当根据《刑法》第八十一条第二款规定，不得假释。

第五十一条【死缓期间及死缓犯减刑的刑期起算】 死刑缓期执行的期间，从判决确定之日起计算。死刑缓期执行减为有期徒刑的刑期，从死刑缓期执行期满之日起计算。

【法条渊源】 79 刑法第 47 条规定了本条内容，刑法将其吸收纳入。

【司法解释】

51.1 参见 78.4 最高人民法院关于办理减刑、假释案件具体应用法律的规定（2017 年 1 月 1 日　法释〔2016〕23 号）（第 35—36 条）

第六节　罚　　金

第五十二条【罚金的适用】 判处罚金，应当根据犯罪情节决定罚金数额。

【法条渊源】 79 刑法第 48 条规定了本条内容，刑法将其吸收纳入。

【司法解释】

52.1 最高人民法院关于审理未成年人刑事案件具体应用法律若干问题的解释（2006 年 1 月 23 日　法释〔2006〕1 号）（节录）

第十五条　对未成年罪犯实施刑法规定的"并处"没收财产或者罚金的犯罪，应当依法判处相应的财产刑；对未成年罪犯实施刑法规定的"可以并处"没收财产或者罚金的犯罪，一般不判处财产刑。

对未成年罪犯判处罚金刑时，应当依法从轻或者减轻判处，并根据犯罪情节，综合考虑其缴纳罚金的能力，确定罚金数额。但罚金的最低数额不得少于五百元人民币。

对被判处罚金刑的未成年罪犯，其监护人或者其他人自愿代为垫付罚金的，人民法院应当允许。

【司法文件】

52.2 人民检察院办理认罪认罚案件开展量刑建议工作的指导意见（最高人民检察院 2021 年 12 月 3 日印发　高检发办字〔2021〕120 号）（节录）

第十二条（第四款）　建议判处罚金刑的，应当以犯罪情节为根据，综合考虑犯罪嫌疑人缴纳罚金的能力提出确定的数额。

第五十三条【罚金的缴纳】 罚金在判决指定的期限内一次或者分期缴纳。期满不缴纳的，强制缴纳。对于不能全部缴纳罚金的，人民法院在任何时候发现被执行人有可以执行的财产，应当随时追缴。

由于遭遇不能抗拒的灾祸等原因缴纳确实有困难的，经人民法院裁定，可以延期缴纳、酌情减少或者免除。

【刑法修正说明】

本条为全国人大常委会 2015 年 8 月 29 日通过并公布、同年 11 月 1 日施行的《刑法修正案（九）》第 3 条所修正。原第 53 条为：

【罚金的缴纳】 罚金在判决指定的期限内一次或者分期缴纳。期满不缴纳的，强制缴纳。对于不能全部缴纳罚金的，人民法院在任何时候发现被执行人有可以执行的财产，应当随时追缴。如果由于遭遇不能抗拒的灾祸缴纳确实有困难的，可以酌情减少或者免除。

【法条渊源】79刑法第49条规定了本条第1款内容，刑法增设了随时追缴罚金的规定。《刑法修正案（九）》第3条将缴纳罚金有困难的情形单列为一款，增加经人民法院裁定的程序和延期缴纳的规定。

【司法解释】

53.1 最高人民法院关于适用财产刑若干问题的规定（2000年12月19日　法释〔2000〕45号）

为正确理解和执行刑法有关财产刑的规定，现就适用财产刑的若干问题规定如下：

第一条　刑法规定"并处"没收财产或者罚金的犯罪，人民法院在对犯罪分子判处主刑的同时，必须依法判处相应的财产刑；刑法规定"可以并处"没收财产或者罚金的犯罪，人民法院应当根据案件具体情况及犯罪分子的财产状况，决定是否适用财产刑。

第二条　人民法院应当根据犯罪情节，如违法所得数额、造成损失的大小等，并综合考虑犯罪分子缴纳罚金的能力，依法判处罚金。刑法没有明确规定罚金数额标准的，罚金的最低数额不能少于一千元。

对未成年人犯罪应当从轻或者减轻判处罚金，但罚金的最低数额不能少于五百元。

第三条　依法对犯罪分子所犯数罪分别判处罚金的，应当实行并罚，将所判处的罚金数额相加，执行总和数额。

一人犯数罪依法同时并处罚金和没收财产的，应当合并执行；但并处没收全部财产的，只执行没收财产刑。

第四条　犯罪情节较轻，适用单处罚金不致再危害社会并具有下列情形之一的，可以依法单处罚金：

（一）偶犯或者初犯；

（二）自首或者有立功表现的；

（三）犯罪时不满十八周岁的；

（四）犯罪预备、中止或者未遂的；

（五）被胁迫参加犯罪的；

（六）全部退赃并有悔罪表现的；

（七）其他可以依法单处罚金的情形。

第五条　刑法第五十三条规定的"判决指定的期限"应当在判决书中予以确定；"判决指定的期限"应为从判决发生法律效力第二日起最长不超过三个月。

第六条　刑法第五十三条规定的"由于遭遇不能抗拒的灾祸缴纳确实有困难的"，主要是指因遭受火灾、水灾、地震等灾祸而丧失财产，罪犯因重病、伤残等而丧失劳动能力，或者需要罪犯抚养的近亲属患有重病，需支付巨额医药费等，确实没有财产可供执行的情形。

具有刑法第五十三条规定"可以酌情减少或者免除"事由的，由罪犯本人、亲属或者犯罪单位向负责执行的人民法院提出书面申请，并提供相应的证明材料。人民法院审查以后，根据实际情况，裁定减少或者免除应当缴纳的罚金数额。

第七条　刑法第六十条规定的"没收财产以前犯罪分子所负的正当债务"，是指犯罪分子在判决生效前所负他人的合法债务。

第八条　罚金刑的数额应当以人民币为计算单位。

第九条　人民法院认为依法应当判处被告人财产刑的，可以在案件审理过程中，决定扣押或者冻结被告人的财产。

第十条　财产刑由第一审人民法院执行。

犯罪分子的财产在异地的，第一审人民法院可以委托财产所在地人民法院代为执行。

第十一条　自判决指定的期限届满第二日起，人民法院对于没有法定减免事由不缴纳罚金的，应当强制其缴纳。

对于隐藏、转移、变卖、损毁已被扣押、冻结财产情节严重的，依照刑法第三百一十四条的规定追究刑事责任。

53.2 最高人民法院关于刑事裁判涉财产部分执行的若干规定（2014 年 11 月 6 日　法释〔2014〕13 号）（节录）

第九条（第一款）　执行没收财产或罚金刑，应当参照被扶养人住所地政府公布的上年度当地居民最低生活费标准，保留被执行人及其所扶养家属的生活必需费用。

【司法文件】

53.3 全国法院维护农村稳定刑事审判工作座谈会纪要（最高人民法院 1999 年 10 月 27 日印发　法〔1999〕217 号）（节录）

三

（四）关于财产刑问题

凡法律规定并处罚金或者没收财产的，均应当依法并处，被告人的执行能力不能作为是否判处财产刑的依据。确实无法执行或不能执行的，可以依法执行终结或者减免。对法律规定主刑有死刑、无期徒刑和有期徒刑，同时并处没收财产或罚金的，如决定判处死刑，只能并处没收财产；判处无期徒刑的，可以并处没收财产，也可以并处罚金；判处有期徒刑的，只能并处罚金。

对于法律规定有罚金刑的犯罪，罚金的具体数额应根据犯罪的情节确定。刑法和司法解释有明确规定的，按规定判处；没有规定的，各地可依照法律规定的原则和具体情况，在总结审判经验的基础上统一规定参照执行的数额标准。

对自由刑与罚金刑均可选择适用的案件，如盗窃罪，在决定刑罚时，既要避免以罚金刑代替自由刑，又要克服机械执法只判处自由刑的倾向。对于可执行财产刑且罪行又不严重的初犯、偶犯、从犯等，可单处罚金刑。对于应当并处罚金刑的犯罪，如被告人能积极缴纳罚金，认罪态度较好，且判处的罚金数量较大，自由刑可适当从轻，或考虑宣告缓刑。这符合罪刑相适应原则，因为罚金刑也是刑罚。

被告人犯数罪的，应避免判处罚金刑的同时，判处没收部分财产。对于判处没收全部财产，同时判处罚金刑的，应决定执行没收全部财产，不再执行罚金刑。

【法律法规】

53.4 中华人民共和国刑事诉讼法（1980 年 1 月 1 日　2018 年修正）（第 271 条）

53.5 中华人民共和国行政处罚法（1996 年 10 月 1 日　2017 年修正）（第 28 条第 2 款）

第七节　剥夺政治权利

第五十四条【剥夺政治权利的内容】 剥夺政治权利是剥夺下列权利：

（一）选举权和被选举权；

（二）言论、出版、集会、结社、游行、示威自由的权利；

（三）担任国家机关职务的权利；

（四）担任国有公司、企业、事业单位和人民团体领导职务的权利。

【法条渊源】79 刑法第 50 条规定了本条内容，刑法将其修改吸收纳入。

【立法解释】

54.1 全国人民代表大会常务委员会关于被剥夺政治权利的人可否充当辩护人的决定（1956 年 5 月 8 日）

全国人民代表大会常务委员会于一九五六年五月八日第三十九次会议讨论了最高人民法院提出的关于被剥夺政治权利的人可否充当辩护人的问题，决定：被剥夺政治权利的人在被剥夺政治权利期间，不得充当辩护人。但是，被剥夺政治权利的人如果是被告人的近亲属或者监护人，可以充当辩护人。

【司法文件】

54.2 最高人民法院关于剥夺选举权利问题的电话答复（1963 年 5 月 22 日）（节录）

宁夏回族自治区高级人民法院：

你院〔64〕法刑字第29号关于适用剥夺政治权利刑罚问题的请示已收阅。现答复如下：

二、关于剥夺选举权是否同时剥夺被选举权的问题。人民法院根据选举法受理的选民资格案件，判决剥夺选举权利的，当然是既剥夺选举权也剥夺被选举权；在判决书中应写明剥夺选举权和被选举权。

三、关于剥夺选举权利是否应当写明剥夺多长时间的问题。人民法院根据选举法受理的选民资格案件，判决剥夺选举权利的，应须定出剥夺的期限。

四、来文中对受理选民资格的案件，判决剥夺选举权利的，提到用裁定书，是不适当的，应当用判决书。

54.3 最高人民法院、最高人民检察院、公安部、劳动人事部关于被判处管制、剥夺政治权利和宣告缓刑、假释的犯罪分子能否外出经商等问题的通知（1986年11月8日 〔86〕高检会（三）字第2号）（节录）

一、对被判处管制、剥夺政治权利和宣告缓刑、假释的犯罪分子，公安机关和有关单位要依法对其实行经常性的监督改造或考察。被管制、假释的犯罪分子，不能外出经商；被剥夺政治权利和宣告缓刑的犯罪分子，按现行规定，属于允许经商范围之内的，如外出经商，需事先经公安机关允许。

二、犯罪分子在被管制、剥夺政治权利、缓刑、假释期间，若原所在单位确有特殊情况不能安排工作的，在不影响对其实行监督考察的情况下，经工商管理部门批准，可以在常住户口所在地自谋生计；家在农村的，亦可就地从事或承包一些农副业生产。

三、犯罪分子在被管制、剥夺政治权利、缓刑、假释期间，不能担任国有或集体企事业单位的领导职务。

54.4 最高人民法院研究室关于剥夺政治权利期间是否可以获准出国定居的电话答复（1987年12月1日）

公安部出入境管理局：

你局来电话询问关于某人被判徒刑六年，剥夺政治权利二年，现刑满出狱，正在执行剥夺政治权利二年期间，申请出国定居，可否批准的问题。经研究，我们的意见是：依照《中华人民共和国公民出境入境管理法》第八条的规定，被判处刑罚正在服刑的，不批准出境。剥夺政治权利虽属附加刑，仍是我国刑法规定的一种刑罚。该人虽已服完主刑，现对他开始执行附加刑，即执行剥夺政治权利二年的刑罚。因此，该人仍在服刑。请你们依照上述法律规定办理。

54.5 最高人民检察院关于被判处管制、剥夺政治权利和宣告缓刑、假释的犯罪分子能否担任中外合资、合作经营企业领导职务问题的答复（1991年9月25日 高检发研字〔1991〕4号）

四川省人民检察院：

你院川检研〔1991〕18号《关于犯罪分子在被管制、剥夺政治权利、缓刑、假释期间能否担任中外合资经营企业经理、副经理的请示》收悉。经研究，并征求有关部门意见，现答复如下：

最高人民法院、最高人民检察院、公安部、劳动人事部〔86〕高检会（三）字第2号《关于被判处管制、剥夺政治权利和宣告缓刑、假释的犯罪分子能否外出经商等问题的通知》第三条所规定的不能担任领导职务的原则，可适用于中外合资、中外合作企业（包括我方与港、澳、台客商合资、合作企业）。

【部委规范】

54.6 企业法人法定代表人登记管理规定（1998年4月7日 国家工商行政管理局令第90号 1999年修订）（节录）

第四条 有下列情形之一的，不得担任法定代表人，企业登记机关不予核准登记：

（四）因犯有贪污贿赂罪、侵犯财产罪或者破坏社会主义市场经济秩序罪，被判处刑罚，执行期满未逾五年的；因犯有其他罪，被判处刑罚，执行期满未逾三年的；或者因犯罪被判处剥夺政治权利，执行期满未逾五年的。

54.7 公安机关办理刑事案件程序规定（2013 年 1 月 1 日　公安部令第 127 号　2020 年修正）（节录）

第三百零二条（第二款）　对被判处剥夺政治权利的罪犯，由罪犯居住地的派出所负责执行。

54.8 证券交易所管理办法（2018 年 1 月 1 日　证券监督管理委员会令第 136 号）（节录）

第三十四条（第二款）　有下列情形之一的，不得招聘为证券交易所从业人员，不得担任证券交易所理事、监事、高级管理人员：

（一）犯有贪污、贿赂、侵占财产、挪用财产罪或者破坏社会经济秩序罪，或者因犯罪被剥夺政治权利。

【法律法规】

54.9 中华人民共和国刑事诉讼法（1980 年 1 月 1 日　2018 年修正）（第 270 条）

54.10 全国人民代表大会和地方各级人民代表大会选举法（1980 年 1 月 1 日　2020 年修正）（第 4 条）

54.11 中华人民共和国兵役法（1984 年 10 月 1 日　2011 年修正）（第 3 条第 3 款）

54.12 全国人民代表大会和地方各级人民代表大会代表法（1992 年 4 月 3 日　2015 年修正）（第 48 条、第 49 条第 6 项）

54.13 中华人民共和国教师法（1994 年 1 月 1 日　2009 年修正）（第 14 条）

54.14 中华人民共和国村民委员会组织法（1998 年 11 月 4 日　2010 年修订）（第 13 条第 1 款）

54.15 军人抚恤优待条例（2004 年 10 月 1 日　2011 年修订）（第 50 条）

54.16 中华人民共和国公司法（2006 年 1 月 1 日　2018 年修正）（第 146 条第 2 项）

54.17 中华人民共和国商业银行法（2015 年 10 月 1 日）（第 27 条第 1 项）

第五十五条【剥夺政治权利的期限】 剥夺政治权利的期限，除本法第五十七条规定外，为一年以上五年以下。

判处管制附加剥夺政治权利的，剥夺政治权利的期限与管制的期限相等，同时执行。

【法条渊源】79 刑法第 51 条规定了本条内容，刑法将其吸收纳入。

第五十六条【剥夺政治权利的适用】 对于危害国家安全的犯罪分子应当附加剥夺政治权利；对于故意杀人、强奸、放火、爆炸、投毒①、抢劫等严重破坏社会秩序的犯罪分子，可以附加剥夺政治权利。

独立适用剥夺政治权利的，依照本法分则的规定。

【法条渊源】79 刑法第 52 条规定了本条内容，刑法取消"反革命分子"这一政治性极强的词语，代之以"危害国家安全的犯罪分子"字样，从而与刑法分则相呼应，同时对可以附加剥夺政治权利的犯罪行为改用列举与概括相结合的立法体例。

【司法解释】

56.1 参见 234.3 最高人民法院关于对故意伤害、盗窃等严重破坏社会秩序的犯罪分子能否附加剥夺政治权利问题的批复（1998 年 1 月 13 日　法释〔1997〕11 号）

56.2 最高人民法院关于审理未成年人刑事案件具体应用法律若干问题的解释（2006 年 1 月 23 日　法释〔2006〕1 号）（节录）

第十四条　除刑法规定"应当"附加剥夺政治权利外，对未成年罪犯一般不判处附加剥夺政治权利。

---

①　由于《刑法修正案（十一）》已将刑法第 17 条的投毒罪修改为投放危险物质罪，故此处的"投毒"应指"投放危险物质"。——编者注

如果对未成年罪犯判处附加剥夺政治权利的，应当依法从轻判处。

对实施被指控犯罪时未成年、审判时已成年的罪犯判处附加剥夺政治权利，适用前款的规定。

56.3 最高人民法院、最高人民检察院关于办理组织、利用邪教组织破坏法律实施等刑事案件适用法律若干问题的解释（2017 年 2 月 1 日　法释〔2017〕3 号）（节录）

第十四条　对于犯组织、利用邪教组织破坏法律实施罪、组织、利用邪教组织致人重伤、死亡罪，严重破坏社会秩序的犯罪分子，根据刑法第五十六条的规定，可以附加剥夺政治权利。

【司法文件】

56.4 全国人民代表大会常务委员会法制工作委员会、最高人民法院、最高人民检察院、公安部、司法部、民政部关于正在服刑的罪犯和被羁押的人的选举权问题的联合通知（1984 年 3 月 24日　法工委联字〔84〕1 号）

各省、自治区、直辖市高级法院、检察院，公安、司法、民政厅（局）：

全国县、乡两级人民代表大会代表的选举工作，正在逐步展开。在当前严厉打击严重危害社会治安的刑事犯罪活动的情况下，对于过去已判刑、但没有附加剥夺政治权利的严重刑事罪犯和被羁押正在受侦查、起诉、审判的人是否准许行使选举权问题，有些地方提出一些问题和意见，经研究后，现做如下通知，望遵照执行：

一、1983 年 3 月全国人大常委会通过的《关于县级以下人民代表大会代表直接选举的若干规定》，对于已被判刑的罪犯和被羁押正在受侦查、起诉、审判的人的选举权问题已经作了规定。这一规定是根据宪法关于公民的选举权、被选举权的规定的原则确定的，是适当的，在这次县、乡直接选举工作中，仍应贯彻执行。

二、对这次严厉打击严重危害社会治安的刑事犯罪活动中因反革命①案或者严重破坏社会秩序案被羁押正在受侦查、起诉、审判的人，应当依照法律规定经人民检察院或者人民法院决定，在被羁押期间停止行使选举权利；其他未经人民检察院或者人民法院决定停止行使选举权利的，应准予行使选举权利。

三、对正在服刑的反革命罪犯和被判处死刑、无期徒刑的其他罪犯，凡是没有附加剥夺政治权利的，应当由人民法院依照审判监督程序，判处附加剥夺政治权利；被判处有期徒刑（包括原判死缓、无期徒刑后减为有期徒刑的）、现正在服刑的故意杀人、强奸、放火、爆炸、投毒②、抢劫、流氓③、盗窃（重大）等严重破坏社会秩序的罪犯，凡是需要剥夺选举权利的，也可由人民法院依照审判监督程序，判处附加剥夺政治权利。如果原来是第一审生效的案件，应当由上一级人民法院提审；如果原来是第二审生效的案件，应当由第二审人民法院再审。根据中华人民共和国刑事诉讼法第一百五十条④的规定，依照上述程序所做的判决、裁定，是终审的判决、裁定，不得上诉。

四、今后对于反革命罪犯和判处死刑、无期徒刑的其他罪犯，各级人民法院在审判时，应当依照刑法第五十二条、第五十三条⑤的规定，一律同时判处附加剥夺政治权利；对于严重破坏社

---

①　刑法改 79 刑法"反革命罪"为"危害国家安全罪"，故此处的"反革命"应为"危害国家安全"，下同。——编者注

②　由于《刑法修正案（十一）》已将刑法第 17 条的投毒罪修改为投放危险物质罪，故此处的"投毒"应指"投放危险物质"。——编者注

③　刑法已将 79 刑法的"流氓罪"分解为"寻衅滋事罪""聚众斗殴罪"等罪名，此处应在此基础上理解。——编者注

④　指 79 刑事诉讼法条文。——编者注

⑤　指 79 刑法条文，分别对应刑法第 56 条、第 57 条。——编者注

会秩序的罪犯，需要剥夺政治权利的，也应依照刑法第五十二条①的规定，同时判处附加剥夺政治权利。

五、对准予行使选举权利的被羁押的人和正在服刑的罪犯，经选举委员会和执行羁押、监禁的机关共同决定，可以在原户口所在地参加选举，也可以在劳改②场所参加选举；可以在流动票箱投票，也可以委托有选举权的亲属或者其他选民代为投票。

56.5 全国部分法院审理黑社会性质组织犯罪案件工作座谈会纪要（最高人民法院 2015 年 10 月 13 日印发　法〔2015〕291 号）（节录）

三、关于刑事责任和刑罚适用

（三）附加剥夺政治权利的适用问题

对于黑社会性质组织的组织者、领导者，可以适用《刑法》第五十六条第一款的规定附加剥夺政治权利。对于因犯参加黑社会性质组织罪被判处 5 年以上有期徒刑的积极参加者，也可以适用该规定附加剥夺政治权利。

56.6 最高人民法院、最高人民检察院、公安部、司法部关于办理黑恶势力犯罪案件若干问题的指导意见（2018 年 1 月 16 日　法发〔2018〕1 号）（节录）

12.（第一款）对于组织者、领导者和因犯参加黑社会性质组织罪被判处五年以上有期徒刑的积极参加者，可根据《刑法》第五十六条第一款的规定适用附加剥夺政治权利。对于符合《刑法》第三十七条之一规定的组织成员，应当依法禁止其从事相关职业。符合《刑法》第六十六条规定的组织成员，应当认定为罪犯，依法从重处罚。

第五十七条【死刑、无期徒刑罪犯剥夺政治权利的适用】 对于被判处死刑、无期徒刑的犯罪分子，应当剥夺政治权利终身。

在死刑缓期执行减为有期徒刑或者无期徒刑减为有期徒刑的时候，应当把附加剥夺政治权利的期限改为三年以上十年以下。

【法条渊源】 79 刑法第 53 条规定了本条内容，刑法将其吸收纳入。

第五十八条【剥夺政治权利的刑期起算及效力】 附加剥夺政治权利的刑期，从徒刑、拘役执行完毕之日或者从假释之日起计算；剥夺政治权利的效力当然施用于主刑执行期间。

【被剥夺政治权利罪犯的义务】 被剥夺政治权利的犯罪分子，在执行期间，应当遵守法律、行政法规和国务院公安部门有关监督管理的规定，服从监督；不得行使本法第五十四条规定的各项权利。

【法条渊源】 79 刑法第 54 条规定了本条第 1 款内容，刑法将其吸收纳入。第 2 款 79 刑法没有规定，系刑法增设。

【司法解释】

58.1 最高人民法院关于在执行附加刑剥夺政治权利期间犯新罪应如何处理的批复（2009 年 6 月 10 日　法释〔2009〕10 号）（节录）

二、前罪尚未执行完毕的附加刑剥夺政治权利的刑期从新罪的主刑有期徒刑执行之日起停止计算，并依照刑法第五十八条规定从新罪的主刑有期徒刑执行完毕之日或者假释之日起继续计算；附加刑剥夺政治权利的效力施用于新罪的主刑执行期间。

【部委规范】

58.2 参见 39.1 公安机关办理刑事案件程序规定（2013 年 1 月 1 日　公安部令 127 号　2020 年修正）

---

① 指 79 刑法条文，对应刑法第 56 条。——编者注
② 劳动教养制度现已废止，此处应为监狱或看守所。——编者注

第八节 没收财产

第五十九条【没收财产的范围】 没收财产是没收犯罪分子个人所有财产的一部或者全部。没收全部财产的，应当对犯罪分子个人及其扶养的家属保留必需的生活费用。

在判处没收财产的时候，不得没收属于犯罪分子家属所有或者应有的财产。

【法条渊源】 79 刑法第 55 条规定了本条内容，刑法作了修改。

【司法解释】

59.1 最高人民法院关于适用财产刑若干问题的规定（2000 年 12 月 19 日 法释〔2000〕45 号）（节录）

第一条 刑法规定"并处"没收财产或者罚金的犯罪，人民法院在对犯罪分子判处主刑的同时，必须依法判处相应的财产刑；刑法规定"可以并处"没收财产或者罚金的犯罪，人民法院应当根据案件具体情况及犯罪分子的财产状况，决定是否适用财产刑。

第九条 人民法院认为依法应当判处被告人财产刑的，可以在案件审理过程中，决定扣押或者冻结被告人的财产。

第十条 财产刑由第一审人民法院执行。

犯罪分子的财产在异地的，第一审人民法院可以委托财产所在地人民法院代为执行。

59.2 最高人民法院关于审理未成年人刑事案件具体应用法律若干问题的解释（2006 年 1 月 23 日 法释〔2006〕1 号）（节录）

第十五条（第一款） 对未成年罪犯实施刑法规定的"并处"没收财产或者罚金的犯罪，应当依法判处相应的财产刑；对未成年罪犯实施刑法规定的"可以并处"没收财产或者罚金的犯罪，一般不判处财产刑。

59.3 最高人民法院关于刑事裁判涉财产部分执行的若干规定（2014 年 11 月 6 日 法释〔2014〕13 号）（节录）

第六条（第二款） 判处没收部分财产的，应当明确没收的具体财物或者金额。

第九条 判处没收财产的，应当执行刑事裁判生效时被执行人合法所有的财产。

执行没收财产或罚金刑，应当参照被扶养人住所地政府公布的上年度当地居民最低生活费标准，保留被执行人及其所扶养家属的生活必需费用。

【法律法规】

59.4 中华人民共和国刑事诉讼法（1980 年 1 月 1 日 2018 年修正）（第 272 条）

第六十条【正当债务的偿还】 没收财产以前犯罪分子所负的正当债务，需要以没收的财产偿还的，经债权人请求，应当偿还。

【法条渊源】 79 刑法第 56 条规定了本条内容，刑法将正当债务的偿还须由"法院裁定"改为"应当偿还"。

【司法解释】

60.1 最高人民法院关于适用财产刑若干问题的规定（2000 年 12 月 19 日 法释〔2000〕45 号）（节录）

第七条 刑法第六十条规定的"没收财产以前犯罪分子所负的正当债务"，是指犯罪分子在判决生效前所负他人的合法债务。

60.2 最高人民法院关于刑事裁判涉财产部分执行的若干规定（2014 年 11 月 6 日 法释〔2014〕13 号）（节录）

第十三条 被执行人在执行中同时承担刑事责任、民事责任，其财产不足以支付的，按照下列顺序执行：

（一）人身损害赔偿中的医疗费用；

（二）退赔被害人的损失；

（三）其他民事债务；

（四）罚金；

（五）没收财产。

债权人对执行标的依法享有优先受偿权，其主张优先受偿的，人民法院应当在前款第（一）项规定的医疗费用受偿后，予以支持。

第四章　刑罚的具体运用

第一节　量　刑

第六十一条【量刑根据】 对于犯罪分子决定刑罚的时候，应当根据犯罪的事实、犯罪的性质、情节和对于社会的危害程度，依照本法的有关规定判处。

【法条渊源】 79 刑法第 57 条规定了本条内容，刑法将其吸收纳入。

【司法解释】

61.1 最高人民法院关于审理未成年人刑事案件具体应用法律若干问题的解释（2006 年 1 月23 日　法释〔2006〕1 号）（节录）

第十一条　对未成年罪犯适用刑罚，应当充分考虑是否有利于未成年罪犯的教育和矫正。

对未成年罪犯量刑应当依照刑法第六十一条的规定，并充分考虑未成年人实施犯罪行为的动机和目的、犯罪时的年龄、是否初次犯罪、犯罪后的悔罪表现、个人成长经历和一贯表现等因素。对符合管制、缓刑、单处罚金或者免予刑事处罚适用条件的未成年罪犯，应当依法适用管制、缓刑、单处罚金或者免予刑事处罚。

【司法文件】

61.2 最高人民法院关于常见犯罪的量刑指导意见（2017 年 4 月 1 日　法发〔2017〕7 号）（节录）

一、量刑的指导原则

1. 量刑应当以事实为根据，以法律为准绳，根据犯罪的事实、性质、情节和对于社会的危害程度，决定判处的刑罚。

2. 量刑既要考虑被告人所犯罪行的轻重，又要考虑被告人应负刑事责任的大小，做到罪责刑相适应，实现惩罚和预防犯罪的目的。

3. 量刑应当贯彻宽严相济的刑事政策，做到该宽则宽，当严则严，宽严相济，罚当其罪，确保裁判法律效果和社会效果的统一。

4. 量刑要客观、全面把握不同时期不同地区的经济社会发展和治安形势的变化，确保刑法任务的实现；对于同一地区同一时期、案情相似的案件，所判处的刑罚应当基本均衡。

二、量刑的基本方法

量刑时，应以定性分析为主，定量分析为辅，依次确定量刑起点、基准刑和宣告刑。

1. 量刑步骤

（1）根据基本犯罪构成事实在相应的法定刑幅度内确定量刑起点。

（2）根据其他影响犯罪构成的犯罪数额、犯罪次数、犯罪后果等犯罪事实，在量刑起点的基础上增加刑罚量确定基准刑。

（3）根据量刑情节调节基准刑，并综合考虑全案情况，依法确定宣告刑。

2. 调节基准刑的方法

（1）具有单个量刑情节的，根据量刑情节的调节比例直接调节基准刑。

（2）具有多个量刑情节的，一般根据各个量刑情节的调节比例，采用同向相加、逆向相减的方法调节基准刑；具有未成年人犯罪、老年人犯罪、限制行为能力的精神病人犯罪、又聋又哑的人或者盲人犯罪，防卫过当、避险过当、犯罪预备、犯罪未遂、犯罪中止，从犯、胁从犯和教唆犯等量刑情节的，先适用该量刑情节对基准刑进行调节，在此基础上，再适用其他量刑情节进行调节。

（3）被告人犯数罪，同时具有适用于各个罪的立功、累犯等量刑情节的，先适用该量刑情节调节个罪的基准刑，确定个罪所应判处的刑罚，再依法实行数罪并罚，决定执行的刑罚。

3. 确定宣告刑的方法

（1）量刑情节对基准刑的调节结果在法定刑幅度内，且罪责刑相适应的，可以直接确定为宣告刑；如果具有应当减轻处罚情节的，应依法在法定最低刑以下确定宣告刑。

（2）量刑情节对基准刑的调节结果在法定最低刑以下，具有法定减轻处罚情节，且罪责刑相适应的，可以直接确定为宣告刑；只有从轻处罚情节的，可以依法确定法定最低刑为宣告刑；但是根据案件的特殊情况，经最高人民法院核准，也可以在法定刑以下判处刑罚。

（3）量刑情节对基准刑的调节结果在法定最高刑以上的，可以依法确定法定最高刑为宣告刑。

（4）综合考虑全案情况，独任审判员或合议庭可以在20%的幅度内对调节结果进行调整，确定宣告刑。当调节后的结果仍不符合罪责刑相适应原则的，应提交审判委员会讨论，依法确定宣告刑。

（5）综合全案犯罪事实和量刑情节，依法应当判处无期徒刑以上刑罚、管制或者单处附加刑、缓刑、免刑的，应当依法适用。

三、常见量刑情节的适用

量刑时要充分考虑各种法定和酌定量刑情节，根据案件的全部犯罪事实以及量刑情节的不同情形，依法确定量刑情节的适用及其调节比例。对严重暴力犯罪、毒品犯罪等严重危害社会治安犯罪，在确定从宽的幅度时，应当从严掌握；对犯罪情节较轻的犯罪，应当充分体现从宽。具体确定各个量刑情节的调节比例时，应当综合平衡调节幅度与实际增减刑罚量的关系，确保罪责刑相适应。

1. 对于未成年人犯罪，应当综合考虑未成年人对犯罪的认识能力、实施犯罪行为的动机和目的、犯罪时的年龄、是否初犯、偶犯、悔罪表现、个人成长经历和一贯表现等情况，予以从宽处罚。

（1）已满十四周岁不满十六周岁的未成年人犯罪，减少基准刑的30%—60%；

（2）已满十六周岁不满十八周岁的未成年人犯罪，减少基准刑的10%—50%。

2. 对于未遂犯，综合考虑犯罪行为的实行程度、造成损害的大小、犯罪未得逞的原因等情况，可以比照既遂犯减少基准刑的50%以下。

3. 对于从犯，应当综合考虑其在共同犯罪中的地位、作用等情况，予以从宽处罚，减少基准刑的20%—50%；犯罪较轻的，减少基准刑的50%以上或者依法免除处罚。

4. 对于自首情节，综合考虑自首的动机、时间、方式、罪行轻重、如实供述罪行的程度以及悔罪表现等情况，可以减少基准刑的40%以下；犯罪较轻的，可以减少基准刑的40%以上或者依法免除处罚。恶意利用自首规避法律制裁等不足以从宽处罚的除外。

5. 对于坦白情节，综合考虑如实供述罪行的阶段、程度、罪行轻重以及悔罪程度等情况，确定从宽的幅度。

（1）如实供述自己罪行的，可以减少基准刑的20%以下；

（2）如实供述司法机关尚未掌握的同种较重罪行的，可以减少基准刑的10%—30%；

（3）因如实供述自己罪行，避免特别严重后果发生的，可以减少基准刑的30%—50%。

6. 对于当庭自愿认罪的，根据犯罪的性质、罪行的轻重、认罪程度以及悔罪表现等情况，可以减少基准刑的10%以下。依法认定自首、坦白的除外。

7. 对于立功情节，综合考虑立功的大小、次数、内容、来源、效果以及罪行轻重等情况，确定从宽的幅度。

（1）一般立功的，可以减少基准刑的20%以下。

（2）重大立功的，可以减少基准刑的20%—50%；犯罪较轻的，减少基准刑的50%以上或者依法免除处罚。

8. 对于退赃、退赔的，综合考虑犯罪性质，退赃、退赔行为对损害结果所能弥补的程度，退赃、退赔的数额及主动程度等情况，可以减少基准刑的30%以下。其中抢劫等严重危害社会治安犯罪的应从严掌握。

9. 对于积极赔偿被害人经济损失并取得谅解的，综合考虑犯罪性质、赔偿数额、赔偿能力以及认罪、悔罪程度等情况，可以减少基准刑的 40% 以下；积极赔偿但没有取得谅解的，可以减少基准刑的 30% 以下；尽管没有赔偿，但取得谅解的，可以减少基准刑的 20% 以下。其中抢劫、强奸等严重危害社会治安犯罪的应从严掌握。

10. 对于当事人根据刑事诉讼法第二百七十七条达成刑事和解协议的，综合考虑犯罪性质、赔偿数额、赔礼道歉以及真诚悔罪等情况，可以减少基准刑的 50% 以下；犯罪较轻的，可以减少基准刑的 50% 以上或者依法免除处罚。

11. 对于累犯，应当综合考虑前后罪的性质、刑罚执行完毕或赦免以后至再犯罪时间的长短以及前后罪行轻重等情况，增加基准刑的 10%—40%，一般不少于 3 个月。

12. 对于有前科的，综合考虑前科的性质、时间间隔长短、次数、处罚轻重等情况，可以增加基准刑的 10% 以下。前科犯罪为过失犯罪和未成年人犯罪的除外。

13. 对于犯罪对象为未成年人、老年人、残疾人、孕妇等弱势人员的，综合考虑犯罪的性质、犯罪的严重程度等情况，可以增加基准刑的 20% 以下。

14. 对于在重大自然灾害、预防、控制突发传染病疫情等灾害期间故意犯罪的，根据案件的具体情况，可以增加基准刑的 20% 以下。

五、附则

1. 本指导意见规范上列十五种犯罪判处有期徒刑、拘役的案件。其他判处有期徒刑、拘役的案件，可以参照量刑的指导原则、基本方法和常见量刑情节的适用规范量刑。

2. 各高级人民法院应当结合当地实际制定实施细则。

3. 本指导意见自 2017 年 4 月 1 日起实施。《最高人民法院关于实施量刑规范化工作的通知》（法发〔2013〕14 号）同时废止。

61.3 人民检察院公诉人出庭举证质证工作指引（最高人民检察院 2018 年 7 月 3 日印发）（节录）

第十四条　公诉人举证，一般应当遵循下列要求：

（四）对于控辩双方无异议的非关键性证据，举证时可以仅就证据的名称及所证明的事项作出说明；对于可能影响定罪量刑的关键证据和控辩双方存在争议的证据，以及法庭认为有必要调查核实的证据，应当详细出示。

第十五条　公诉人举证，应当主要围绕下列事实，重点围绕控辩双方争议的内容进行：

（一）被告人的身份；

（二）指控的犯罪事实是否存在，是否为被告人所实施；

（三）实施犯罪行为的时间、地点、方法、手段、结果，被告人犯罪后的表现等；

（四）犯罪集团或者其他共同犯罪案件中参与犯罪人员的各自地位和应负的责任；

（五）被告人有无刑事责任能力，有无故意或者过失，行为的动机、目的；

（六）有无依法不应当追究刑事责任的情形，有无法定从重或者从轻、减轻以及免除处罚的情节；

（七）犯罪对象、作案工具的主要特征，与犯罪有关的财物的来源、数量以及去向；

（八）被告人全部或者部分否认起诉书指控的犯罪事实的，否认的根据和理由能否成立；

（九）与定罪、量刑有关的其他事实。

第十九条　举证一般应当一罪名一举证、一事实一举证，做到条理清楚、层次分明。

第二十条（第一款）　举证顺序应当以有利于证明公诉主张为目的，公诉人可以根据案件的不同种类、特点和庭审实际情况，合理安排和调整举证顺序。一般先出示定罪证据，后出示量刑证据；先出示主要证据，后出示次要证据。

第二十二条　对于可能影响定罪量刑的关键证据和控辩双方存在争议的证据，应当单独举证。

被告人认罪的案件，对控辩双方无异议的定罪证据，可以简化出示，主要围绕量刑和其他有争议的问题出示证据。

第二十五条　对于一名被告人有一起犯罪事实或者案情比较简单的案件，可以根据案件证据情况按照法律规定的证据种类举证。

第二十六条　对于一名被告人有数起犯罪事实的案件，可以以每一起犯罪事实为单元，将证明犯罪事实成立的证据分组举证或者逐一举证。其中，涉及每起犯罪事实中量刑情节的证据，应当在对该起犯罪事实举证中出示；涉及全案综合量刑情节的证据，应当在全案的最后出示。

第二十七条　对于数名被告人有一起犯罪事实的案件，根据各被告人在共同犯罪中的地位、作用及情节，一般先出示证明主犯犯罪事实的证据，再出示证明从犯犯罪事实的证据。

第二十八条　对于数名被告人有数起犯罪事实的案件，可以采用不同的分组方法和举证顺序，或者按照作案时间的先后顺序，或者以主犯参与的犯罪事实为主线，或者以参与人数的多少为标准，并注意区分犯罪集团的犯罪行为、一般共同犯罪行为和个别成员的犯罪行为，分别进行举证。

第三十六条　被告人作无罪辩解或者当庭供述与庭前供述内容不一致，足以影响定罪量刑的，公诉人可以有针对性地宣读被告人庭前供述笔录，并针对笔录中被告人的供述内容对被告人进行讯问，或者出示其他证据进行证明，予以反驳，并提请法庭对其当庭供述不予采信。对翻供内容需要调查核实的，可以建议法庭休庭或者延期审理。

第四十一条（第一款）　对影响定罪量刑的关键证据和控辩双方存在争议的证据，一般应当单独质证。

（第三款）　对于被告人认罪案件，主要围绕量刑和其他有争议的问题质证，对控辩双方无异议的定罪证据，可以不再质证。

第六十四条（第三款）　对被告人的定罪、量刑有重大影响的证据，当庭难以判断的，公诉人可以建议法庭休庭或者延期审理。

第六十六条（第一款）　辩护方证人未出庭的，公诉人认为其证言对案件的定罪量刑有重大影响的，可以提请法庭通知其出庭。

61.4 最高人民法院、最高人民检察院、公安部、国家安全部、司法部关于规范量刑程序若干问题的意见（2020年11月6日　法发〔2020〕38号）（节录）

第一条　人民法院审理刑事案件，在法庭审理中应当保障量刑程序的相对独立性。

人民检察院在审查起诉中应当规范量刑建议。

第二条　侦查机关、人民检察院应当依照法定程序，全面收集、审查、移送证明犯罪嫌疑人、被告人犯罪事实、量刑情节的证据。

对于法律规定并处或者单处财产刑的案件，侦查机关应当根据案件情况对被告人的财产状况进行调查，并向人民检察院移送相关证据材料。人民检察院应当审查并向人民法院移送相关证据材料。

人民检察院在审查起诉时发现侦查机关应当收集而未收集量刑证据的，可以退回侦查机关补充侦查，也可以自行侦查。人民检察院退回补充侦查的，侦查机关应当按照人民检察院退回补充侦查提纲的要求及时收集相关证据。

第三条　对于可能判处管制、缓刑的案件，侦查机关、人民检察院、人民法院可以委托社区矫正机构或者有关社会组织进行调查评估，提出意见，供判处管制、缓刑时参考。

社区矫正机构或者有关社会组织收到侦查机关、人民检察院或者人民法院调查评估的委托后，应当根据委托机关的要求依法进行调查，形成评估意见，并及时提交委托机关。

对于没有委托进行调查评估或者判决前没有收到调查评估报告的，人民法院经审理认为被告人符合管制、缓刑适用条件的，可以依法判处管制、宣告缓刑。

第四条　侦查机关在移送审查起诉时，可以根据犯罪嫌疑人涉嫌犯罪的情况，就宣告禁止令和从业禁止向人民检察院提出意见。

人民检察院在提起公诉时，可以提出宣告禁止令和从业禁止的建议。被告人及其辩护人、被害人及其诉讼代理人可以就是否对被告人宣告禁止令和从业禁止提出意见，并说明理由。

人民法院宣告禁止令和从业禁止，应当根据被告人的犯罪原因、犯罪性质、犯罪手段、悔罪表现、个人一贯表现等，充分考虑与被告人所犯罪行的关联程度，有针对性地决定禁止从事特定的职业、活动，进入特定区域、场所，接触特定的人等。

第五条　符合下列条件的案件，人民检察院提起公诉时可以提出量刑建议；被告人认罪认罚的，人民检察院应当提出量刑建议：

（一）犯罪事实清楚，证据确实、充分；

（二）提出量刑建议所依据的法定从重、从轻、减轻或者免除处罚等量刑情节已查清；

（三）提出量刑建议所依据的酌定从重、从轻处罚等量刑情节已查清。

第六条　量刑建议包括主刑、附加刑、是否适用缓刑等。主刑可以具有一定的幅度，也可以根据案件具体情况，提出确定刑期的量刑建议。建议判处财产刑的，可以提出确定的数额。

第七条　对常见犯罪案件，人民检察院应当按照量刑指导意见提出量刑建议。对新类型、不常见犯罪案件，可以参照相关量刑规范提出量刑建议。提出量刑建议，应当说明理由和依据。

第八条　人民检察院指控被告人犯有数罪的，应当对指控的个罪分别提出量刑建议，并依法提出数罪并罚后决定执行的刑罚的量刑建议。

对于共同犯罪案件，人民检察院应当根据各被告人在共同犯罪中的地位、作用以及应当承担的刑事责任分别提出量刑建议。

第九条　人民检察院提出量刑建议，可以制作量刑建议书，与起诉书一并移送人民法院；对于案情简单、量刑情节简单的适用速裁程序的案件，也可以在起诉书中写明量刑建议。

量刑建议书中应当写明人民检察院建议对被告人处以的主刑、附加刑、是否适用缓刑等及其理由和依据。

人民检察院以量刑建议书方式提出量刑建议的，人民法院在送达起诉书副本时，应当将量刑建议书一并送达被告人。

第十条　在刑事诉讼中，自诉人、被告人及其辩护人、被害人及其诉讼代理人可以提出量刑意见，并说明理由，人民检察院、人民法院应当记录在案并附卷。

第十一条　人民法院、人民检察院、侦查机关应当告知犯罪嫌疑人、被告人申请法律援助的权利，对符合法律援助条件的，依法通知法律援助机构指派律师为其提供辩护或者法律帮助。

第十二条　适用速裁程序审理的案件，在确认被告人认罪认罚的自愿性和认罪认罚具结书内容的真实性、合法性后，一般不再进行法庭调查、法庭辩论，但在判决宣告前应当听取辩护人的意见和被告人的最后陈述意见。

适用速裁程序审理的案件，应当当庭宣判。

第十三条　适用简易程序审理的案件，在确认被告人对起诉书指控的犯罪事实和罪名没有异议，自愿认罪且知悉认罪的法律后果后，法庭审理可以直接围绕量刑进行，不再区分法庭调查、法庭辩论，但在判决宣告前应当听取被告人的最后陈述意见。

适用简易程序审理的案件，一般应当当庭宣判。

第十四条　适用普通程序审理的被告人认罪案件，在确认被告人了解起诉书指控的犯罪事实和罪名，自愿认罪且知悉认罪的法律后果后，法庭审理主要围绕量刑和其他有争议的问题进行，可以适当简化法庭调查、法庭辩论程序。

第十五条　对于被告人不认罪或者辩护人做无罪辩护的案件，法庭调查和法庭辩论分别进行。

在法庭调查阶段，应当在查明定罪事实的基础上，查明有关量刑事实，被告人及其辩护人可以出示证明被告人无罪或者罪轻的证据，当庭发表质证意见。

在法庭辩论阶段，审判人员引导控辩双方先辩论定罪问题。在定罪辩论结束后，审判人员告知控辩双方可以围绕量刑问题进行辩论，发表量刑建议或者意见，并说明依据和理由。被告人及其辩护人参加量刑问题的调查的，不影响作无罪辩解或者辩护。

第十六条　在法庭调查中，公诉人可以根据案件的不同种类、特点和庭审的实际情况，合理安排和调整举证顺序。定罪证据和量刑证据分开出示的，应当先出示定罪证据，后出示量刑证据。

对于有数起犯罪事实的案件的量刑证据，可以在对每起犯罪事实举证时分别出示，也可以对同类犯罪事实一并出示；涉及全案综合量刑情节的证据，一般应当在举证阶段最后出示。

第十七条 在法庭调查中，人民法院应当查明对被告人适用具体法定刑幅度的犯罪事实以及法定或者酌定量刑情节。

第十八条 人民法院、人民检察院、侦查机关或者辩护人委托有关方面制作涉及未成年人的社会调查报告的，调查报告应当在法庭上宣读，并进行质证。

第十九条 在法庭审理中，审判人员对量刑证据有疑问的，可以宣布休庭，对证据进行调查核实，必要时也可以要求人民检察院补充调查核实。人民检察院补充调查核实有关证据，必要时可以要求侦查机关提供协助。

对于控辩双方补充的证据，应当经过庭审质证才能作为定案的根据。但是，对于有利于被告人的量刑证据，经庭外征求意见，控辩双方没有异议的除外。

第二十条 被告人及其辩护人、被害人及其诉讼代理人申请人民法院调取在侦查、审查起诉阶段收集的量刑证据材料，人民法院认为确有必要的，应当依法调取；人民法院认为不需要调取的，应当说明理由。

第二十一条 在法庭辩论中，量刑辩论按照以下顺序进行：

（一）公诉人发表量刑建议，或者自诉人及其诉讼代理人发表量刑意见；

（二）被害人及其诉讼代理人发表量刑意见；

（三）被告人及其辩护人发表量刑意见。

第二十二条 在法庭辩论中，出现新的量刑事实，需要进一步调查的，应当恢复法庭调查，待事实查清后继续法庭辩论。

第二十三条 对于人民检察院提出的量刑建议，人民法院应当依法审查。对于事实清楚，证据确实、充分，指控的罪名准确，量刑建议适当的，人民法院应当采纳。

人民法院经审理认为，人民检察院的量刑建议不当的，可以告知人民检察院。人民检察院调整量刑建议的，应当在法庭审理结束前提出。人民法院认为人民检察院调整后的量刑建议适当的，应当予以采纳；人民检察院不调整量刑建议或者调整量刑建议后仍不当的，人民法院应当依法作出判决。

第二十四条 有下列情形之一，被告人当庭认罪，愿意接受处罚的，人民法院应当根据审理查明的事实，就定罪和量刑听取控辩双方意见，依法作出裁判：

（一）被告人在侦查、审查起诉阶段认罪认罚，但人民检察院没有提出量刑建议的；

（二）被告人在侦查、审查起诉阶段没有认罪认罚的；

（三）被告人在第一审程序中没有认罪认罚，在第二审程序中认罪认罚的；

（四）被告人在庭审过程中不同意量刑建议的。

第二十五条 人民法院应当在刑事裁判文书中说明量刑理由。量刑说理主要包括：

（一）已经查明的量刑事实及其对量刑的影响；

（二）是否采纳公诉人、自诉人、被告人及其辩护人、被害人及其诉讼代理人发表的量刑建议、意见及理由；

（三）人民法院判处刑罚的理由和法律依据。

对于适用速裁程序审理的案件，可以简化量刑说理。

第二十六条 开庭审理的二审、再审案件的量刑程序，依照有关法律规定进行。法律没有规定的，参照本意见进行。

对于不开庭审理的二审、再审案件，审判人员在阅卷、讯问被告人、听取自诉人、辩护人、被害人及其诉讼代理人的意见时，应当注意审查量刑事实和证据。

第二十七条 对于认罪认罚案件量刑建议的提出、采纳与调整等，适用最高人民法院、最高人民检察院、公安部、国家安全部、司法部《关于适用认罪认罚从宽制度的指导意见》的有关规定。

第二十八条 本意见自2020年11月6日起施行。2010年9月13日最高人民法院、最高人民检察院、公安部、国家安全部、司法部《印发〈关于规范量刑程序若干问题的意见（试行）〉的通知》（法发〔2010〕35号）同时废止。

61.5 人民检察院办理认罪认罚案件开展量刑建议工作的指导意见（最高人民检察院 2021 年 12 月 3 日印发　高检发办字〔2021〕120 号）（节录）

第一章　一般规定

第一条　犯罪嫌疑人认罪认罚的，人民检察院应当就主刑、附加刑、是否适用缓刑等提出量刑建议。

对认罪认罚案件，人民检察院应当在全面审查证据、查明事实、准确认定犯罪的基础上提出量刑建议。

第二条　人民检察院对认罪认罚案件提出量刑建议，应当坚持以下原则：

（一）宽严相济。应当根据犯罪的具体情况，综合考虑从重、从轻、减轻或者免除处罚等各种量刑情节提出量刑建议，做到该宽则宽，当严则严，宽严相济，轻重有度。

（二）依法建议。应当根据犯罪的事实、性质、情节和对于社会的危害程度等，依照刑法、刑事诉讼法以及相关司法解释的规定提出量刑建议。

（三）客观公正。应当全面收集、审查有罪、无罪、罪轻、罪重、从宽、从严等证据，依法听取犯罪嫌疑人、被告人、辩护人或者值班律师、被害人及其诉讼代理人的意见，客观公正提出量刑建议。

（四）罪责刑相适应。提出量刑建议既要体现认罪认罚从宽，又要考虑犯罪嫌疑人、被告人所犯罪行的轻重、应负的刑事责任和社会危险性的大小，确保罚当其罪，避免罪责刑失衡。

（五）量刑均衡。涉嫌犯罪的事实、情节基本相同的案件，提出的量刑建议应当保持基本均衡。

第三条　人民检察院对认罪认罚案件提出量刑建议，应当符合以下条件：

（一）犯罪事实清楚，证据确实、充分；

（二）提出量刑建议所依据的法定从重、从轻、减轻或者免除处罚等量刑情节已查清；

（三）提出量刑建议所依据的酌定从重、从轻处罚等量刑情节已查清。

第四条　办理认罪认罚案件，人民检察院一般应当提出确定刑量刑建议。对新类型、不常见犯罪案件，量刑情节复杂的重罪案件等，也可以提出幅度刑量刑建议，但应当严格控制所提量刑建议的幅度。

第五条　人民检察院办理认罪认罚案件提出量刑建议，应当按照有关规定对听取意见情况进行同步录音录像。

第二章　量刑证据的审查

第六条　影响量刑的基本事实和各量刑情节均应有相应的证据加以证明。

对侦查机关移送审查起诉的案件，人民检察院应当审查犯罪嫌疑人有罪和无罪、罪重和罪轻、从宽和从严的证据是否全部随案移送，未随案移送的，应当通知侦查机关在指定时间内移送。侦查机关应当收集而未收集量刑证据的，人民检察院可以通知侦查机关补充相关证据或者退回侦查机关补充侦查，也可以自行补充侦查。

对于依法需要判处财产刑的案件，人民检察院应当要求侦查机关收集并随案移送涉及犯罪嫌疑人财产状况的证据材料。

第七条　对于自首情节，应当重点审查投案的主动性、供述的真实性和稳定性等情况。

对于立功情节，应当重点审查揭发罪行的轻重、提供的线索对侦破案件或者协助抓捕其他犯罪嫌疑人所起的作用、被检举揭发的人可能或者已经被判处的刑罚等情况。犯罪嫌疑人提出检举、揭发犯罪立功线索的，应当审查犯罪嫌疑人掌握线索的来源、有无移送侦查机关、侦查机关是否开展调查核实等。

对于累犯、惯犯以及前科、劣迹等情节，应当调取相关的判决、裁定、释放证明等材料，并重点审查前后行为的性质、间隔长短、次数、罪行轻重等情况。

第八条　人民检察院应当根据案件情况对犯罪嫌疑人犯罪手段、犯罪动机、主观恶性、是否和解谅解、是否退赃退赔、有无前科劣迹等酌定量刑情节进行审查，并结合犯罪嫌疑人的家庭状况、成长环境、心理健康情况等进行审查，综合判断。

有关个人品格方面的证据材料不得作为定罪证据，但与犯罪相关的个人品格情况可以作为酌定量刑情节予以综合考虑。

第九条　人民检察院办理认罪认罚案件提出量刑建议，应当听取被害人及其诉讼代理人的意见，并将犯罪嫌疑人是否与被害方达成调解协议、和解协议或者赔偿被害方损失，取得被害方谅解，是否自愿承担公益损害修复及赔偿责任等，作为从宽处罚的重要考虑因素。

犯罪嫌疑人自愿认罪并且有赔偿意愿，但被害方拒绝接受赔偿或者赔偿请求明显不合理，未能达成调解或者和解协议的，可以综合考量赔偿情况及全案情节对犯罪嫌疑人予以适当从宽，但罪行极其严重、情节极其恶劣的除外。

必要时，人民检察院可以听取侦查机关、相关行政执法机关、案发地或者居住地基层组织和群众的意见。

第十条　人民检察院应当认真审查侦查机关移送的关于犯罪嫌疑人社会危险性和案件对所居住社区影响的调查评估意见。侦查机关未委托调查评估，人民检察院拟提出判处管制、缓刑量刑建议的，一般应当委托犯罪嫌疑人居住地的社区矫正机构或者有关组织进行调查评估，必要时，也可以自行调查评估。

调查评估意见是人民检察院提出判处管制、缓刑量刑建议的重要参考。人民检察院提起公诉时，已收到调查评估材料的，应当一并移送人民法院，已经委托调查评估但尚未收到调查评估材料的，人民检察院经审查全案情况认为犯罪嫌疑人符合管制、缓刑适用条件的，可以提出判处管制、缓刑的量刑建议，同时将委托文书随案移送人民法院。

第三章　量刑建议的提出

第十一条　人民检察院应当按照有关量刑指导意见规定的量刑基本方法，依次确定量刑起点、基准刑和拟宣告刑，提出量刑建议。对新类型、不常见犯罪案件，可以参照相关量刑规范和相似案件的判决提出量刑建议。

第十二条　提出确定刑量刑建议应当明确主刑适用刑种、刑期和是否适用缓刑。

建议判处拘役的，一般应当提出确定刑量刑建议。

建议判处附加刑的，应当提出附加刑的类型。

建议判处罚金刑的，应当以犯罪情节为根据，综合考虑犯罪嫌疑人缴纳罚金的能力提出确定的数额。

建议适用缓刑的，应当明确提出。

第十三条　除有减轻处罚情节外，幅度刑量刑建议应当在法定量刑幅度内提出，不得兼跨两种以上主刑。

建议判处有期徒刑的，一般应当提出相对明确的量刑幅度。建议判处六个月以上不满一年有期徒刑的，幅度一般不超过二个月；建议判处一年以上不满三年有期徒刑的，幅度一般不超过六个月；建议判处三年以上不满十年有期徒刑的，幅度一般不超过一年；建议判处十年以上有期徒刑的，幅度一般不超过二年。

建议判处管制的，幅度一般不超过三个月。

第十四条　人民检察院提出量刑建议应当区别认罪认罚的不同诉讼阶段、对查明案件事实的价值和意义、是否确有悔罪表现，以及罪行严重程度等，综合考量确定从宽的限度和幅度。在从宽幅度上，主动认罪认罚优于被动认罪认罚，早认罪认罚优于晚认罪认罚，彻底认罪认罚优于不彻底认罪认罚，稳定认罪认罚优于不稳定认罪认罚。

认罪认罚的从宽幅度一般应当大于仅有坦白，或者虽认罪但不认罚的从宽幅度。对犯罪嫌疑人具有自首、坦白情节，同时认罪认罚的，应当在法定刑幅度内给予相对更大的从宽幅度。

第十五条　犯罪嫌疑人虽然认罪认罚，但所犯罪行具有下列情形之一的，提出量刑建议应当从严把握从宽幅度或者依法不予从宽：

（一）危害国家安全犯罪、恐怖活动犯罪、黑社会性质组织犯罪的首要分子、主犯；

（二）犯罪性质和危害后果特别严重、犯罪手段特别残忍、社会影响特别恶劣的；

（三）虽然罪行较轻但具有累犯、惯犯等恶劣情节的；

（四）性侵等严重侵害未成年人的；

（五）其他应当从严把握从宽幅度或者不宜从宽的情形。

第十六条　犯罪嫌疑人既有从重又有从轻、减轻处罚情节，应当全面考虑各情节的调节幅度，综合分析提出量刑建议，不能仅根据某一情节一律从轻或者从重。

犯罪嫌疑人具有减轻处罚情节的，应当在法定刑以下提出量刑建议，有数个量刑幅度的，应当在法定量刑幅度的下一个量刑幅度内提出量刑建议。

第十七条　犯罪嫌疑人犯数罪，同时具有立功、累犯等量刑情节的，先适用该量刑情节调节个罪基准刑，分别提出量刑建议，再依法提出数罪并罚后决定执行的刑罚的量刑建议。人民检察院提出量刑建议时应当分别列明个罪量刑建议和数罪并罚后决定执行的刑罚的量刑建议。

第十八条　对于共同犯罪案件，人民检察院应当根据各犯罪嫌疑人在共同犯罪中的地位、作用以及应当承担的刑事责任分别提出量刑建议。提出量刑建议时应当注意各犯罪嫌疑人之间的量刑平衡。

第十九条　人民检察院可以根据案件实际情况，充分考虑提起公诉后可能出现的退赃退赔、刑事和解、修复损害等量刑情节变化，提出满足相应条件情况下的量刑建议。

第二十条　人民检察院可以借助量刑智能辅助系统分析案件、计算量刑，在参考相关结论的基础上，结合案件具体情况，依法提出量刑建议。

第二十一条　检察官应当全面审查事实证据，准确认定案件性质，根据量刑情节拟定初步的量刑建议，并组织听取意见。

案件具有下列情形之一的，检察官应当向部门负责人报告或者建议召开检察官联席会议讨论，确定量刑建议范围后再组织听取意见：

（一）新类型、不常见犯罪；

（二）案情重大、疑难、复杂的；

（三）涉案犯罪嫌疑人人数众多的；

（四）性侵未成年人的；

（五）与同类案件或者关联案件处理结果明显不一致的；

（六）其他认为有必要报告或讨论的。

检察官应当按照有关规定在权限范围内提出量刑建议。案情重大、疑难、复杂的，量刑建议应当由检察长或者检察委员会讨论决定。

第四章　听取意见

第二十二条　办理认罪认罚案件，人民检察院应当依法保障犯罪嫌疑人获得有效法律帮助。犯罪嫌疑人要求委托辩护人的，应当充分保障其辩护权，严禁要求犯罪嫌疑人解除委托。

对没有委托辩护人的，应当及时通知值班律师为犯罪嫌疑人提供法律咨询、程序选择建议、申请变更强制措施等法律帮助。对符合通知辩护条件的，应当通知法律援助机构指派律师为其提供辩护。

人民检察院应当为辩护人、值班律师会见、阅卷等提供便利。

第二十三条　对法律援助机构指派律师为犯罪嫌疑人提供辩护，犯罪嫌疑人的监护人、近亲属又代为委托辩护人的，应当听取犯罪嫌疑人的意见，由其确定辩护人人选。犯罪嫌疑人是未成年人的，应当听取其监护人意见。

第二十四条　人民检察院在听取意见时，应当将犯罪嫌疑人享有的诉讼权利和认罪认罚从宽的法律规定，拟认定的犯罪事实、涉嫌罪名、量刑情节，拟提出的量刑建议及法律依据告知犯罪嫌疑人及其辩护人或者值班律师。

人民检察院听取意见可以采取当面、远程视频等方式进行。

第二十五条　人民检察院应当充分说明量刑建议的理由和依据，听取犯罪嫌疑人及其辩护人或者值班律师对量刑建议的意见。

犯罪嫌疑人及其辩护人或者值班律师对量刑建议提出不同意见，或者提交影响量刑的证据材料，人民检察院经审查认为犯罪嫌疑人及其辩护人或者值班律师意见合理的，应当采纳，相应调整量刑建议，审查认为意见不合理的，应当结合法律规定、全案情节、相似案件判决等作出解释、说明。

第二十六条 人民检察院在听取意见的过程中，必要时可以通过出示、宣读、播放等方式向犯罪嫌疑人开示或部分开示影响定罪量刑的主要证据材料，说明证据证明的内容，促使犯罪嫌疑人认罪认罚。

言词证据确需开示的，应注意合理选择开示内容及方式，避免妨碍诉讼、影响庭审。

第二十七条 听取意见后，达成一致意见的，犯罪嫌疑人应当签署认罪认罚具结书。有刑事诉讼法第一百七十四条第二款不需要签署具结书情形的，不影响对其提出从宽的量刑建议。

犯罪嫌疑人有辩护人的，应当由辩护人在场见证具结并签字，不得绕开辩护人安排值班律师代为见证具结。辩护人确因客观原因无法到场的，可以通过远程视频方式见证具结。

犯罪嫌疑人自愿认罪认罚，没有委托辩护人，拒绝值班律师帮助的，签署具结书时，应当通知值班律师到场见证，并在具结书上注明。值班律师对人民检察院量刑建议、程序适用有异议的，检察官应当听取其意见，告知其确认犯罪嫌疑人认罪认罚的自愿性后应当在具结书上签字。

未成年犯罪嫌疑人签署具结书时，其法定代理人应当到场并签字确认。法定代理人无法到场的，合适成年人应当到场签字确认。法定代理人、辩护人对未成年人认罪认罚有异议的，未成年犯罪嫌疑人不需要签署具结书。

第二十八条 听取意见过程中，犯罪嫌疑人及其辩护人或者值班律师提供可能影响量刑的新的证据材料或者提出不同意见，需要审查、核实的，可以中止听取意见。人民检察院经审查、核实并充分准备后可以继续听取意见。

第二十九条 人民检察院提起公诉后开庭前，被告人自愿认罪认罚的，人民检察院可以组织听取意见。达成一致的，被告人应当在辩护人或者值班律师在场的情况下签署认罪认罚具结书。

第三十条 对于认罪认罚案件，犯罪嫌疑人签署具结书后，没有新的事实和证据，且犯罪嫌疑人未反悔的，人民检察院不得撤销具结书、变更量刑建议。除发现犯罪嫌疑人认罪悔罪不真实、认罪认罚后又反悔或者不履行具结书中需要履行的赔偿损失、退赃退赔等情形外，不得提出加重犯罪嫌疑人刑罚的量刑建议。

第三十一条 人民检察院提出量刑建议，一般应当制作量刑建议书，与起诉书一并移送人民法院。对于案情简单、量刑情节简单，适用速裁程序的案件，也可以在起诉书中载明量刑建议。

量刑建议书中应当写明建议对犯罪嫌疑人科处的主刑、附加刑、是否适用缓刑等及其理由和依据，必要时可以单独出具量刑建议理由说明书。适用速裁程序审理的案件，通过起诉书载明量刑建议的，可以在起诉书中简化说理。

第五章 量刑建议的调整

第三十二条 人民法院经审理，认为量刑建议明显不当或者认为被告人、辩护人对量刑建议的异议合理，建议人民检察院调整量刑建议的，人民检察院应当认真审查，认为人民法院建议合理的，应当调整量刑建议，认为人民法院建议不当的，应当说明理由和依据。

人民检察院调整量刑建议，可以制作量刑建议调整书移送人民法院。

第三十三条 开庭审理前或者休庭期间调整量刑建议的，应当重新听取被告人及其辩护人或者值班律师的意见。

庭审中调整量刑建议，被告人及其辩护人没有异议的，人民检察院可以当庭调整量刑建议并记录在案。当庭无法达成一致或者调整量刑建议需要履行相应报告、决定程序的，可以建议法庭休庭，按照本意见第二十四条、第二十五条的规定组织听取意见，履行相应程序后决定是否调整。

适用速裁程序审理认罪认罚案件，需要调整量刑建议的，应当在庭前或者当庭作出调整。

第三十四条 被告人签署认罪认罚具结书后，庭审中反悔不再认罪认罚的，人民检察院应当了解反悔的原因，被告人明确不再认罪认罚的，人民检察院应当建议人民法院不再适用认罪认罚从宽制度，撤回从宽量刑建议，并建议法院在量刑时考虑相应情况。依法需要转为普通程序或者简易程序审理的，人民检察院应当向人民法院提出建议。

第三十五条　被告人认罪认罚而庭审中辩护人作无罪辩护的，人民检察院应当核实被告人认罪认罚的真实性、自愿性。被告人仍然认罪认罚的，可以继续适用认罪认罚从宽制度，被告人反悔不再认罪认罚的，按照本意见第三十四条的规定处理。

第三十六条　检察官应当在职责权限范围内调整量刑建议。根据本意见第二十一条规定，属于检察官职责权限范围内的，可以由检察官调整量刑建议并向部门负责人报告备案；属于检察长或者检察委员会职责权限范围内的，应当由检察长或者检察委员会决定调整。

第六章　量刑监督

第三十七条　人民法院违反刑事诉讼法第二百零一条第二款规定，未告知人民检察院调整量刑建议而直接作出判决的，人民检察院一般应当以违反法定程序为由依法提出抗诉。

第三十八条　认罪认罚案件审理中，人民法院认为量刑建议明显不当建议人民检察院调整，人民检察院不予调整或者调整后人民法院不予采纳，人民检察院认为判决、裁定量刑确有错误的，应当依法提出抗诉，或者根据案件情况，通过提出检察建议或者发出纠正违法通知书等进行监督。

第三十九条　认罪认罚案件中，人民法院采纳人民检察院提出的量刑建议作出判决、裁定，被告人仅以量刑过重为由提出上诉，因被告人反悔不再认罪认罚致从宽量刑明显不当的，人民检察院应当依法提出抗诉。

第七章　附　则

第四十条　人民检察院办理认罪认罚二审、再审案件，参照本意见提出量刑建议。

第六十二条【从重、从轻处罚】犯罪分子具有本法规定的从重处罚、从轻处罚情节的，应当在法定刑的限度以内判处刑罚。

【法条渊源】79 刑法第 58 条规定了本条内容，刑法将其吸收纳入。

【司法文件】

62.1 最高人民法院、最高人民检察院、公安部、司法部关于依法办理家庭暴力犯罪案件的意见（2015 年 3 月 2 日　法发〔2015〕4 号）（节录）

18. 切实贯彻宽严相济刑事政策。对于实施家庭暴力构成犯罪的，应当根据罪刑法定、罪刑相适应原则，兼顾维护家庭稳定、尊重被害人意愿等因素综合考虑，宽严并用，区别对待。根据司法实践，对于实施家庭暴力手段残忍或者造成严重后果；出于恶意侵占财产等卑劣动机实施家庭暴力；因酗酒、吸毒、赌博等恶习而长期或者多次实施家庭暴力；曾因实施家庭暴力受到刑事处罚、行政处罚；或者具有其他恶劣情形的，可以酌情从重处罚。对于实施家庭暴力犯罪情节较轻，或者被告人真诚悔罪，获得被害人谅解，从轻处罚有利于被扶养人的，可以酌情从轻处罚；对于情节轻微不需要判处刑罚的，人民检察院可以不起诉，人民法院可以判处免予刑事处罚。

对于实施家庭暴力情节显著轻微危害不大不构成犯罪的，应当撤销案件、不起诉，或者宣告无罪。

人民法院、人民检察院、公安机关应当充分运用训诫，责令施暴人保证不再实施家庭暴力，或者向被害人赔礼道歉、赔偿损失等非刑罚处罚措施，加强对施暴人的教育与惩戒。

> 【说明】证据收集、正当防卫的认定、禁止令和社区矫正等，参见 260.3 本意见。

62.2 参见 61.2 最高人民法院关于常见犯罪的量刑指导意见（2017 年 4 月 1 日　法发〔2017〕7 号）（三、常见量刑情节的适用）

62.3 人民检察院办理认罪认罚案件开展量刑建议工作的指导意见（最高人民检察院 2021 年 12 月 3 日印发　高检发办字〔2021〕120 号）（节录）

第二条　人民检察院对认罪认罚案件提出量刑建议，应当坚持以下原则：

（一）宽严相济。应当根据犯罪的具体情况，综合考虑从重、从轻、减轻或者免除处罚等各种量刑情节提出量刑建议，做到该宽则宽，当严则严，宽严相济，轻重有度。

第十六条（第一款）　犯罪嫌疑人既有从重又有从轻、减轻处罚情节，应当全面考虑各情节的调节幅度，综合分析提出量刑建议，不能仅根据某一情节一律从轻或者从重。

【法律法规】

62.4 中华人民共和国监狱法（1994 年 12 月 29 日　2012 年修正）（第 59 条）

第六十三条【减轻处罚】 犯罪分子具有本法规定的减轻处罚情节的，应当在法定刑以下判处刑罚；本法规定有数个量刑幅度的，应当在法定量刑幅度的下一个量刑幅度内判处刑罚。

【特殊减轻处罚的程序】 犯罪分子虽然不具有本法规定的减轻处罚情节，但是根据案件的特殊情况，经最高人民法院核准，也可以在法定刑以下判处刑罚。

> **【刑法修正说明】**
> 本条第 1 款为全国人大常委会 2011 年 2 月 25 日通过并公布、同年 5 月 1 日施行的《刑法修正案（八）》第 5 条所修正。原该款为：
> **【减轻处罚】** 犯罪分子具有本法规定的减轻处罚情节的，应当在法定刑以下判处刑罚。

【法条渊源】 79 刑法第 59 条规定了本条内容，刑法对原法条作了修改，将减轻处罚的程序由"经人民法院审判委员会决定"改为"经最高人民法院核准"。《刑法修正案（八）》第 5 条增设了具有数个量刑幅度时减轻处罚的原则。

【司法文件】

63.1 最高人民法院关于贯彻宽严相济刑事政策的若干意见（2010 年 2 月 8 日　法发〔2010〕9 号）（节录）

8.（第四款）要严格掌握职务犯罪法定减轻处罚情节的认定标准与减轻处罚的幅度，严格控制依法减轻处罚后判处三年以下有期徒刑适用缓刑的范围，切实规范职务犯罪缓刑、免予刑事处罚的适用。

14. 宽严相济刑事政策中的从"宽"，主要是指对于情节较轻、社会危害性较小的犯罪，或者罪行虽然严重，但具有法定、酌定从宽处罚情节，以及主观恶性相对较小、人身危险性不大的被告人，可以依法从轻、减轻或者免除处罚；对于具有一定社会危害性，但情节显著轻微危害不大的行为，不作为犯罪处理；对于依法可不监禁的，尽量适用缓刑或者判处管制、单处罚金等非监禁刑。

63.2 最高人民法院研究室关于如何理解"在法定刑以下判处刑罚"问题的答复（2012 年 5 月 30 日　法研〔2012〕67 号）

广东省高级人民法院：

你院粤高法〔2012〕120 号《关于对具有减轻处罚情节的案件在法定刑以下判处刑罚问题的请示》收悉。经研究，答复如下：

刑法第六十三条第一款规定的"在法定刑以下判处刑罚"，是指在法定量刑幅度的最低刑以下判处刑罚。刑法分则中规定的"处十年以上有期徒刑、无期徒刑或者死刑"，是一个量刑幅度，而不是"十年以上有期徒刑"、"无期徒刑"和"死刑"三个量刑幅度。

63.3 人民检察院办理认罪认罚案件开展量刑建议工作的指导意见（最高人民检察院 2021 年 12 月 3 日印发　高检发办字〔2021〕120 号）（节录）

第二条　人民检察院对认罪认罚案件提出量刑建议，应当坚持以下原则：

（一）宽严相济。应当根据犯罪的具体情况，综合考虑从重、从轻、减轻或者免除处罚等各种量刑情节提出量刑建议，做到该宽则宽，当严则严，宽严相济，轻重有度。

第十三条（第一款）　除有减轻处罚情节外，幅度刑量刑建议应当在法定量刑幅度内提出，不得兼跨两种以上主刑。

第十六条　犯罪嫌疑人既有从重又有从轻、减轻处罚情节，应当全面考虑各情节的调节幅度，综合分析提出量刑建议，不能仅根据某一情节一律从轻或者从重。

犯罪嫌疑人具有减轻处罚情节的，应当在法定刑以下提出量刑建议，有数个量刑幅度的，应当在法定量刑幅度的下一个量刑幅度内提出量刑建议。

第六十四条【犯罪物品的处理】犯罪分子违法所得的一切财物，应当予以追缴或者责令退赔；对被害人的合法财产，应当及时返还；违禁品和供犯罪所用的本人财物，应当予以没收。没收的财物和罚金，一律上缴国库，不得挪用和自行处理。

【法条渊源】本条系沿袭 79 刑法第 60 条的内容，刑法增加了对被害人的财产予以返还及没收的财物和罚金上缴国库的规定。

【司法解释】

64.1 最高人民法院关于被告人亲属主动为被告人退缴赃款应如何处理的批复（1987 年 8 月 26 日　法（研）复〔1987〕32 号）

广东省高级人民法院：

你院〔1986〕粤法刑经文字第 42 号《关于被告人亲属主动为被告人退缴赃款法院应如何处理的请示报告》收悉。经研究，答复如下：

一、被告人是成年人，其违法所得都由自己挥霍，无法追缴的，应责令被告人退赔，其家属没有代为退赔的义务。

被告人在家庭共同财产中有其个人应有部分的，只能在其个人应有部分的范围内，责令被告人退赔。

二、如果被告人的违法所得有一部分用于家庭日常生活，对这部分违法所得，被告人和家属均有退赔义务。

三、如果被告人对责令本人退赔的违法所得已无实际上的退赔能力，但其亲属应被告人的请求，或者主动提出并征得被告人的同意，自愿代被告人退赔部分或者全部违法所得的，法院也可考虑其具体情况，收下其亲属自愿代被告人退赔的款项，并视为被告人主动退赔的款项。

四、属于以上三种情况，已作了退赔的，均可视为被告人退赃较好，可以依法适当从宽处罚。

五、如果被告人的罪行应当判处死刑，并必须执行，属于以上第一、二两种情况的，法院可以接收退赔的款项；属于以上第三种情况的，其亲属自愿代为退赔的款项，法院不应接收。

64.2 最高人民法院、最高人民检察院、公安部、国家工商行政管理局关于依法查处盗窃、抢劫机动车案件的规定（1998 年 5 月 8 日　公通字〔1998〕31 号）（节录）

十一、对犯罪分子盗窃、抢劫所得的机动车辆及其变卖价款，应当依照《刑法》第六十四条的规定予以追缴。

64.3 最高人民法院关于审理骗购外汇、非法买卖外汇刑事案件具体应用法律若干问题的解释（1998 年 9 月 1 日　法释〔1998〕20 号）（节录）

第七条　根据刑法第六十四条规定，骗购外汇、非法买卖外汇的，其违法所得予以追缴，用于骗购外汇、非法买卖外汇的资金予以没收，上缴国库。

64.4 最高人民法院、最高人民检察院、公安部、国家安全部、司法部、全国人大常委会法制工作委员会关于实施刑事诉讼法若干问题的规定（2013 年 1 月 1 日）（节录）

十、涉案财产的处理

36. 对于依照刑法规定应当追缴的违法所得及其他涉案财产，除依法返还被害人的财物以及依法销毁的违禁品外，必须一律上缴国库。查封、扣押的涉案财产，依法不移送的，待人民法院作出生效判决、裁定后，由人民法院通知查封、扣押机关上缴国库，查封、扣押机关应当向人民法院送交执行回单；冻结在金融机构的违法所得及其他涉案财产，待人民法院作出生效判决、裁定后，由人民法院通知有关金融机构上缴国库，有关金融机构应当向人民法院送交执行回单。

对于被扣押、冻结的债券、股票、基金份额等财产，在扣押、冻结期间权利人申请出售，经扣押、冻结机关审查，不损害国家利益、被害人利益，不影响诉讼正常进行的，以及扣押、冻结的汇票、本票、支票的有效期即将届满的，可以在判决生效前依法出售或者变现，所得价款由扣押、冻结机关保管，并及时告知当事人或者其近亲属。

37. 刑事诉讼法第一百四十二条第一款中规定："人民检察院、公安机关根据侦查犯罪的需要，可以依照规定查询、冻结犯罪嫌疑人的存款、汇款、债券、股票、基金份额等财产。"根据上述规定，人民检察院、公安机关不能扣划存款、汇款、债券、股票、基金份额等财产。对于犯罪嫌疑人、被告人死亡，依照刑法规定应当追缴其违法所得及其他涉案财产的，适用刑事诉讼法第五编第三章规定的程序，由人民检察院向人民法院提出没收违法所得的申请。

38. 犯罪嫌疑人、被告人死亡，现有证据证明存在违法所得及其他涉案财产应当予以没收的，公安机关、人民检察院可以进行调查。公安机关、人民检察院进行调查，可以依法进行查封、扣押、查询、冻结。

人民法院在审理案件过程中，被告人死亡的，应当裁定终止审理；被告人脱逃的，应当裁定中止审理。人民检察院可以依法另行向人民法院提出没收违法所得的申请。

39. 对于人民法院依法作出的没收违法所得的裁定，犯罪嫌疑人、被告人的近亲属和其他利害关系人或者人民检察院可以在五日内提出上诉、抗诉。

64.5 最高人民法院、最高人民检察院关于办理行贿刑事案件具体应用法律若干问题的解释（2013 年 1 月 1 日　法释〔2012〕22 号）（节录）

第十一条　行贿犯罪取得的不正当财产性利益应当依照刑法第六十四条的规定予以追缴、责令退赔或者返还被害人。

因行贿犯罪取得财产性利益以外的经营资格、资质或者职务晋升等其他不正当利益，建议有关部门依照相关规定予以处理。

64.6 最高人民法院关于适用刑法第六十四条有关问题的批复（2013 年 10 月 21 日　法〔2013〕229 号）

河南省高级人民法院：

你院关于刑法第六十四条法律适用问题的请示收悉。经研究，批复如下：

根据刑法第六十四条和《最高人民法院关于适用〈中华人民共和国刑事诉讼法〉的解释》第一百三十八条、第一百三十九条的规定，被告人非法占有、处置被害人财产的，应当依法予以追缴或者责令退赔。据此，追缴或者责令退赔的具体内容，应当在判决主文中写明；其中，判决前已经发还被害人的财产，应当注明。被害人提起附带民事诉讼，或者另行提起民事诉讼请求返还被非法占有、处置的财产的，人民法院不予受理。

64.7 最高人民法院关于刑事裁判涉财产部分执行的若干规定（2014 年 11 月 6 日　法释〔2014〕13 号）（第 1—17 条）

64.8 人民检察院刑事诉讼涉案财物管理规定（最高人民检察院 2015 年 3 月 6 日印发　高检发〔2015〕6 号）（节录）

第二条　本规定所称人民检察院刑事诉讼涉案财物，是指人民检察院在刑事诉讼过程中查封、扣押、冻结的与案件有关的财物及其孳息以及从其他办案机关接收的财物及其孳息，包括犯罪嫌疑人的违法所得及其孳息、供犯罪所用的财物、非法持有的违禁品以及其他与案件有关的财物及其孳息。

第三条　违法所得的一切财物，应当予以追缴或者责令退赔。对被害人的合法财产，应当依照有关规定返还。违禁品和供犯罪所用的财物，应当予以查封、扣押、冻结，并依法处理。

第十二条　人民检察院办案部门查封、扣押的下列涉案财物不移送案件管理部门保管，由办案部门拍照或者录像后妥善管理或者及时按照有关规定处理：

（一）查封的不动产和置于该不动产上不宜移动的设施等财物，以及涉案的车辆、船舶、航空器和大型机械、设备等财物，及时按照《人民检察院刑事诉讼规则（试行）》① 有关查封、扣押的规定扣押相关权利证书，将查封决定书副本送达有关登记、管理部门，并告知其在查封期间

---

① 该规则于 2019 年 12 月 20 日废止，代之以《人民检察院刑事诉讼规则》，下同。——编者注

禁止办理抵押、转让、出售等权属关系变更、转移登记手续；

（二）珍贵文物、珍贵动物及其制品、珍稀植物及其制品，按照国家有关规定移送主管机关；

（三）毒品、淫秽物品等违禁品，及时移送有关主管机关，或者根据办案需要严格封存，不得擅自使用或者扩散；

（四）爆炸性、易燃性、放射性、毒害性、腐蚀性等危险品，及时移送有关部门或者根据办案需要委托有关主管机关妥善保管；

（五）易损毁、灭失、变质等不宜长期保存的物品，易贬值的汽车、船艇等物品，经权利人同意或者申请，并经检察长批准，可以及时委托有关部门先行变卖、拍卖，所得款项存入唯一合规账户。先行变卖、拍卖应当做到公开、公平。

人民检察院办案部门依照前款规定不将涉案财物移送案件管理部门保管的，应当将查封、扣押清单以及相关权利证书、支付凭证等依照本规定第十条第一款①的规定送案件管理部门登记、保管。

第二十三条 人民检察院作出撤销案件决定、不起诉决定或者收到人民法院作出的生效判决、裁定后，应当在三十日以内对涉案财物作出处理。情况特殊的，经检察长批准，可以延长三十日。

前款规定的对涉案财物的处理工作，人民检察院决定撤销案件的，由侦查部门负责办理；人民检察院决定不起诉或者人民法院作出判决、裁定的案件，由公诉部门负责办理；对人民检察院直接立案侦查的案件，公诉部门可以要求侦查部门协助配合。

人民检察院按照本规定第五条第二款②的规定先行接收涉案财物，如果决定不予立案的，侦查部门应当按照本条第一款规定的期限对先行接收的财物作出处理。

第二十五条（第一款） 对涉案财物，应当严格依照有关规定，区分不同情形，及时作出相应处理：

（一）因犯罪嫌疑人死亡而撤销案件、决定不起诉，依照刑法规定应当追缴其违法所得及其他涉案财产的，应当按照《人民检察院刑事诉讼规则（试行）》有关犯罪嫌疑人逃匿、死亡案件违法所得的没收程序的规定办理；对于不需要追缴的涉案财物，应当依照本规定第二十三条规定的期限及时返还犯罪嫌疑人、被不起诉人的合法继承人；

（二）因其他原因撤销案件、决定不起诉，对于查封、扣押、冻结的犯罪嫌疑人违法所得及其他涉案财产需要没收的，应当依照《人民检察院刑事诉讼规则（试行）》有关撤销案件时处理犯罪嫌疑人违法所得的规定提出检察建议或者依照刑事诉讼法第一百七十三条第三款的规定提出检察意见，移送有关主管机关处理；未认定为需要没收并移送有关主管机关处理的涉案财物，应当依照本规定第二十三条规定的期限及时返还犯罪嫌疑人、被不起诉人；

（三）提起公诉的案件，在人民法院作出生效判决、裁定后，对于冻结在金融机构的涉案财产，由人民法院通知该金融机构上缴国库；对于查封、扣押且依法未随案移送人民法院的涉案财物，人民检察院根据人民法院的判决、裁定上缴国库；

（四）人民检察院侦查部门移送审查起诉的案件，起诉意见书中未认定为与犯罪有关的涉案财物；提起公诉的案件，起诉书中未认定或者起诉书认定但人民法院生效判决、裁定中未认定为

---

① 该款规定："人民检察院办案部门查封、扣押、冻结涉案财物及其孳息后，应当及时按照下列情形分别办理，至迟不得超过三日，法律和有关规定另有规定的除外：（一）将扣押的款项存入唯一合规账户；（二）将扣押的物品和相关权利证书、支付凭证以及具有一定特征能够证明案情的现金等，送案件管理部门入库保管；（三）将查封、扣押、冻结涉案财物的清单和扣押款项存入唯一合规账户的存款凭证等，送案件管理部门登记；案件管理部门应当对存款凭证复印保存，并将原件送计划财务装备部门。"——编者注

② 该款规定："个人或者单位在立案之前向人民检察院自首时携带涉案财物的，人民检察院可以根据管辖规定先行接收，并向自首人开具接收凭证，根据立案和侦查情况决定是否查封、扣押、冻结。"——编者注

与犯罪有关的涉案财物，应当依照本条第二项的规定移送有关主管机关处理或者及时返还犯罪嫌疑人、被不起诉人、被告人；

（五）对于需要返还被害人的查封、扣押、冻结涉案财物，应当按照有关规定予以返还。

第二十七条　对于贪污、挪用公款等侵犯国有资产犯罪案件中查封、扣押、冻结的涉案财物，除人民法院判决上缴国库的以外，应当归还原单位或者原单位的权利义务继受单位。犯罪金额已经作为损失核销或者原单位已不存在且无权利义务继受单位的，应当上缴国库。

第三十七条　本规定所称犯罪嫌疑人、被告人、被害人，包括自然人、单位。

64.9 最高人民法院、最高人民检察院关于办理贪污贿赂刑事案件适用法律若干问题的解释（2016 年 4 月 18 日　法释〔2016〕9 号）（节录）

第十八条　贪污贿赂犯罪分子违法所得的一切财物，应当依照刑法第六十四条的规定予以追缴或者责令退赔，对被害人的合法财产应当及时返还。对尚未追缴到案或者尚未足额退赔的违法所得，应当继续追缴或者责令退赔。

64.10 最高人民法院、最高人民检察院关于适用犯罪嫌疑人、被告人逃匿、死亡案件违法所得没收程序若干问题的规定（2017 年 1 月 5 日　法释〔2017〕1 号）（节录）

第四条　犯罪嫌疑人、被告人死亡，依照刑法规定应当追缴其违法所得及其他涉案财产的，人民检察院可以向人民法院提出没收违法所得的申请。

第十六条　人民法院经审理认为，申请没收的财产属于违法所得及其他涉案财产的，除依法应当返还被害人的以外，应当予以没收；申请没收的财产不属于违法所得或者其他涉案财产的，应当裁定驳回申请，解除查封、扣押、冻结措施。

第十七条（第一款）　申请没收的财产具有高度可能属于违法所得及其他涉案财产的，应当认定为本规定第十六条规定的"申请没收的财产属于违法所得及其他涉案财产"。

【司法文件】

64.11 全国法院维护农村稳定刑事审判工作座谈会纪要（最高人民法院 1999 年 10 月 27 日印发　法〔1999〕217 号）（节录）

三

（五）关于刑事附带民事诉讼问题

人民法院审理附带民事诉讼案件的受案范围，应只限于被害人因人身权利受到犯罪行为侵犯和财物被犯罪行为损毁而遭受的物质损失，不包括因犯罪分子非法占有、处置被害人财产而使其遭受的物质损失。对因犯罪分子非法占有、处置被害人财产而使其遭受的物质损失，应当根据刑法第六十四条的规定处理，即应通过追缴赃款赃物、责令退赔的途径解决。如赃款赃物尚在的，应一律追缴；已被用掉、毁坏或挥霍的，应责令退赔。无法退赔的，在决定刑罚时，应作为酌定从重处罚的情节予以考虑。

64.12 参见 294.8 最高人民法院、最高人民检察院、公安部、司法部关于办理黑恶势力犯罪案件若干问题的指导意见（2018 年 1 月 16 日　法发〔2018〕1 号）（第 27—31 条）

64.13 最高人民法院、最高人民检察院、公安部、司法部关于办理"套路贷"刑事案件若干问题的意见（2019 年 4 月 9 日　法发〔2019〕11 号）（节录）

7. 犯罪嫌疑人、被告人实施"套路贷"违法所得的一切财物，应当予以追缴或者责令退赔；对被害人的合法财产，应当及时返还。有证据证明是犯罪嫌疑人、被告人为实施"套路贷"而交付给被害人的本金，赔偿被害人损失后如有剩余，应依法予以没收。

犯罪嫌疑人、被告人已将违法所得的财物用于清偿债务、转让或者设置其他权利负担，具有下列情形之一的，应当依法追缴：

（1）第三人明知是违法所得财物而接受的；

（2）第三人无偿取得或者以明显低于市场的价格取得违法所得财物的；

（3）第三人通过非法债务清偿或者违法犯罪活动取得违法所得财物的；

（4）其他应当依法追缴的情形。

64.14 最高人民法院、最高人民检察院、公安部、司法部关于办理黑恶势力刑事案件中财产处置若干问题的意见（2019年4月9日）（节录）

一、总体工作要求

1. 公安机关、人民检察院、人民法院在办理黑恶势力犯罪案件时，在查明黑恶势力组织违法犯罪事实并对黑恶势力成员依法定罪量刑的同时，要全面调查黑恶势力组织及其成员的财产状况，依法对涉案财产采取查询、查封、扣押、冻结等措施，并根据查明的情况，依法作出处理。

前款所称处理既包括对涉案财产中犯罪分子违法所得、违禁品、供犯罪所用的本人财物以及其他等值财产等依法追缴、没收，也包括对被害人的合法财产等依法返还。

2. 对涉案财产采取措施，应当严格依照法定条件和程序进行。严禁在立案之前查封、扣押、冻结财物。凡查封、扣押、冻结的财物，都应当及时进行审查，防止因程序违法、工作瑕疵等影响案件审理以及涉案财产处置。

3. 对涉案财产采取措施，应当为犯罪嫌疑人、被告人及其所扶养的亲属保留必需的生活费用和物品。

根据案件具体情况，在保证诉讼活动正常进行的同时，可以允许有关人员继续合理使用有关涉案财产，并采取必要的保值保管措施，以减少案件办理对正常办公和合法生产经营的影响。

4. 要彻底摧毁黑社会性质组织的经济基础，防止其死灰复燃。对于组织者、领导者一般应当并处没收个人全部财产。对于确属骨干成员或者为该组织转移、隐匿资产的积极参加者，可以并处没收个人全部财产。对于其他组织成员，应当根据所参与实施违法犯罪活动的次数、性质、地位、作用、违法所得数额以及造成损失的数额等情节，依法决定财产刑的适用。

5. 要深挖细查并依法打击黑恶势力组织进行的洗钱以及掩饰、隐瞒犯罪所得、犯罪所得收益等转变涉案财产性质的关联犯罪。

二、依法采取措施全面收集证据

6. 公安机关侦查期间，要根据《公安机关办理刑事案件适用查封、冻结措施相关规定》（公通字〔2013〕30号）等有关规定，会同有关部门全面调查黑恶势力及其成员的财产状况，并可以根据诉讼需要，先行依法对下列财产采取查询、查封、扣押、冻结等措施：

（1）黑恶势力组织的财产；

（2）犯罪嫌疑人个人所有的财产；

（3）犯罪嫌疑人实际控制的财产；

（4）犯罪嫌疑人出资购买的财产；

（5）犯罪嫌疑人转移至他人名下的财产；

（6）犯罪嫌疑人涉嫌洗钱以及掩饰、隐瞒犯罪所得、犯罪所得收益等犯罪涉及的财产；

（7）其他与黑恶势力组织及其违法犯罪活动有关的财产。

7. 查封、扣押、冻结已登记的不动产、特定动产及其他财产，应当通知有关登记机关，在查封、扣押、冻结期间禁止被查封、扣押、冻结的财产流转，不得办理被查封、扣押、冻结财产权属变更、抵押等手续。必要时可以提取有关权证照。

8. 公安机关对于采取措施的涉案财产，应当全面收集证明其来源、性质、用途、权属及价值的有关证据，审查判断是否应当依法追缴、没收。

证明涉案财产来源、性质、用途、权属及价值的有关证据一般包括：

（1）犯罪嫌疑人、被告人关于财产来源、性质、用途、权属、价值的供述；

（2）被害人、证人关于财产来源、性质、用途、权属、价值的陈述、证言；

（3）财产购买凭证、银行往来凭据、资金注入凭据、权属证明等书证；

（4）财产价格鉴定、评估意见；

（5）可以证明财产来源、性质、用途、权属、价值的其他证据。

9. 公安机关对应当依法追缴、没收的财产中黑恶势力组织及其成员聚敛的财产及其孳息、收益的数额，可以委托专门机构评估；确实无法准确计算的，可以根据有关法律规定及查明的事实、证据合理估算。

人民检察院、人民法院对于公安机关委托评估、估算的数额有不同意见的，可以重新委托评估、估算。

10. 人民检察院、人民法院根据案件诉讼的需要，可以依法采取上述相关措施。

三、准确处置涉案财产

11. 公安机关、人民检察院应当加强对在案财产审查甄别。在移送审查起诉、提起公诉时，一般应当对采取措施的涉案财产提出处理意见建议，并将采取措施的涉案财产及其清单随案移送。

人民检察院经审查，除对随案移送的涉案财产提出处理意见外，还需要对继续追缴的尚未被足额查封、扣押的其他违法所得提出处理意见建议。

涉案财产不宜随案移送的，应当按照相关法律、司法解释的规定，提供相应的清单、照片、录像、封存手续、存放地点说明、鉴定、评估意见、变价处理凭证等材料。

12. 对于不宜查封、扣押、冻结的经营性财产，公安机关、人民检察院、人民法院可以申请当地政府指定有关部门或者委托有关机构代管或者托管。

对易损毁、灭失、变质等不宜长期保存的物品，易贬值的汽车、船艇等物品，或者市场价格波动大的债券、股票、基金等财产，有效期即将届满的汇票、本票、支票等，经权利人同意或者申请，并经县级以上公安机关、人民检察院或者人民法院主要负责人批准，可以依法出售、变现或者先行变卖、拍卖，所得价款由扣押、冻结机关保管，并及时告知当事人或者其近亲属。

13. 人民检察院在法庭审理时应当对证明黑恶势力犯罪涉案财产情况进行举证质证，对于既能证明具体个罪又能证明经济特征的涉案财产情况相关证据在具体个罪中出示后，在经济特征中可以简要说明，不再重复出示。

14. 人民法院作出的判决，除应当对随案移送的涉案财产作出处理外，还应当在判决书中写明需要继续追缴尚未被足额查封、扣押的其他违法所得；对随案移送财产进行处理时，应当列明相关财产的具体名称、数量、金额、处置情况等。涉案财产或者有关当事人人数较多，不宜在判决书正文中详细列明的，可以概括叙述并另附清单。

15. 涉案财产符合下列情形之一的，应当依法追缴、没收：

（1）黑恶势力组织及其成员通过违法犯罪活动或者其他不正当手段聚敛的财产及其孳息、收益；

（2）黑恶势力组织成员通过个人实施违法犯罪活动聚敛的财产及其孳息、收益；

（3）其他单位、组织、个人为支持该黑恶势力组织活动资助或者主动提供的财产；

（4）黑恶势力组织及其成员通过合法的生产、经营活动获取的财产或者组织成员个人、家庭合法财产中，实际用于支持该组织活动的部分；

（5）黑恶势力组织成员非法持有的违禁品以及供犯罪所用的本人财物；

（6）其他单位、组织、个人利用黑恶势力组织及其成员违法犯罪活动获取的财产及其孳息、收益；

（7）其他应当追缴、没收的财产。

16. 应当追缴、没收的财产已用于清偿债务或者转让、或者设置其他权利负担，具有下列情形之一的，应当依法追缴：

（1）第三人明知是违法犯罪所得而接受的；

（2）第三人无偿或者以明显低于市场的价格取得涉案财物的；

（3）第三人通过非法债务清偿或者违法犯罪活动取得涉案财物的；

（4）第三人通过其他方式恶意取得涉案财物的。

17. 涉案财产符合下列情形之一的，应当依法返还：

（1）有证据证明确属被害人合法财产；

（2）有证据证明与黑恶势力及其违法犯罪活动无关。

18. 有关违法犯罪事实查证属实后，对于有证据证明权属明确且无争议的被害人、善意第三人或者其他人员合法财产及其孳息，凡返还不损害其他利害关系人的利益，不影响案件正常办理的，应当在登记、拍照或者录像后，依法及时返还。

四、依法追缴、没收其他等值财产

19. 有证据证明依法应当追缴、没收的涉案财产无法找到、被他人善意取得、价值灭失或者与其他合法财产混合且不可分割的，可以追缴、没收其他等值财产。

对于证明前款各种情形的证据，公安机关或者人民检察院应当及时调取。

20. 本意见第 19 条所称"财产无法找到"，是指有证据证明存在依法应当追缴、没收的财产，但无法查证财产去向、下落的。被告人有不同意见的，应当出示相关证据。

21. 追缴、没收的其他等值财产的数额，应当与无法直接追缴、没收的具体财产的数额相对应。

五、其他

22. 本意见所称孳息，包括天然孳息和法定孳息。

本意见所称收益，包括但不限于以下情形：

（1）聚敛、获取的财产直接产生的收益，如使用聚敛、获取的财产购买彩票中奖所得收益等；

（2）聚敛、获取的财产用于违法犯罪活动产生的收益，如使用聚敛、获取的财产赌博赢利所得收益、非法放贷所得收益、购买并贩卖毒品所得收益等；

（3）聚敛、获取的财产投资、置业形成的财产及其收益；

（4）聚敛、获取的财产和其他合法财产共同投资或者置业形成的财产中，与聚敛、获取的财产对应的份额及其收益；

（5）应当认定为收益的其他情形。

23. 本意见未规定的黑恶势力刑事案件财产处置工作其他事宜，根据相关法律法规、司法解释等规定办理。

【部委规范】

64.15 罚没财物和追回赃款赃物管理办法（1987 年 1 月 1 日　〔86〕财预字第 228 号）（第 2—3 条、第 7 条、第 9 条）

【法律法规】

64.16 中华人民共和国刑事诉讼法（1980 年 1 月 1 日　2018 年修正）（第 141—145 条、第 245 条）

64.17 中华人民共和国海关法（1987 年 7 月 1 日　2017 年修正）（第 92 条）

64.18 全国人民代表大会常务委员会关于惩治骗购外汇、逃汇和非法买卖外汇犯罪的决定（1998 年 12 月 29 日）（第 8 条）

64.19 中华人民共和国税收征收管理法（2001 年 5 月 1 日　2015 年修正）（第 75 条）

第二节　累　犯

第六十五条【一般累犯】被判处有期徒刑以上刑罚的犯罪分子，刑罚执行完毕或者赦免以后，在五年以内再犯应当判处有期徒刑以上刑罚之罪的，是累犯，应当从重处罚，但是过失犯罪和不满十八周岁的人犯罪的除外。

前款规定的期限，对于被假释的犯罪分子，从假释期满之日起计算。

【刑法修正说明】

本条第 1 款为全国人大常委会 2011 年 2 月 25 日通过并公布、同年 5 月 1 日施行的《刑法修正案（八）》第 6 条所修正。原该款为：

【一般累犯】被判处有期徒刑以上刑罚的犯罪分子，刑罚执行完毕或者赦免以后，在五年以内再犯应当判处有期徒刑以上刑罚之罪的，是累犯，应当从重处罚，但是过失犯罪除外。

【法条渊源】 79刑法第61条规定了本条内容，刑法对累犯制度作了修改，将构成累犯的时间条件由3年改为5年。《刑法修正案（八）》在第1款增设了犯罪时不满18周岁的人不构成累犯的规定。

【司法解释】

65.1 最高人民法院关于适用刑法时间效力规定若干问题的解释（1997年10月1日 法释〔1997〕5号）（节录）

第三条 前罪判处的刑罚已经执行完毕或者赦免，在1997年9月30日以前又犯应当判处有期徒刑以上刑罚之罪，是否构成累犯，适用修订前的刑法第六十一条①的规定；1997年10月1日以后又犯应当判处有期徒刑以上刑罚之罪的，是否构成累犯，适用刑法第六十五条的规定。

65.2 最高人民法院关于《中华人民共和国刑法修正案（八）》时间效力问题的解释（2011年5月1日 法释〔2011〕9号）（节录）

第三条 被判处有期徒刑以上刑罚，刑罚执行完毕或者赦免以后，在2011年4月30日以前再犯应当判处有期徒刑以上刑罚之罪的，是否构成累犯，适用修正前刑法第六十五条的规定；但是，前罪实施时不满十八周岁的，是否构成累犯，适用修正后刑法第六十五条的规定。

曾犯危害国家安全犯罪，刑罚执行完毕或者赦免以后，在2011年4月30日以前再犯危害国家安全犯罪的，是否构成累犯，适用修正前刑法第六十六条的规定。

曾被判处有期徒刑以上刑罚，或者曾犯危害国家安全犯罪、恐怖活动犯罪、黑社会性质的组织犯罪，在2011年5月1日以后再犯罪的，是否构成累犯，适用修正后刑法第六十五条、第六十六条的规定。

65.3 最高人民检察院关于认定累犯如何确定刑罚执行完毕以后"五年以内"起始日期的批复（2018年12月30日 高检发释字〔2018〕2号）

北京市人民检察院：

你院《关于认定累犯如何确定刑罚执行完毕以后五年以内起始日期的请示》收悉。经研究，批复如下：

刑法第六十五条第一款规定的"刑罚执行完毕"，是指刑罚执行到期应予释放之日。认定累犯，确定刑罚执行完毕以后"五年以内"的起始日期，应当从刑满释放之日起计算。

【司法文件】

65.4 最高人民法院关于贯彻宽严相济刑事政策的若干意见（2010年2月8日 法发〔2010〕9号）（节录）

11. 要依法从严惩处累犯和毒品再犯。凡是依法构成累犯和毒品再犯的，即使犯罪情节较轻，也要体现从严惩处的精神。尤其是对于前罪为暴力犯罪或被判处重刑的累犯，更要依法从严惩处。

65.5 最高人民法院关于审理抢劫刑事案件适用法律若干问题的指导意见（2016年1月6日 法发〔2016〕2号）（节录）

六、累犯等情节的适用

根据刑法第六十五条第一款的规定，对累犯应当从重处罚。抢劫犯罪被告人具有累犯情节的，适用刑罚时要综合考虑犯罪的情节和后果，所犯前后罪的性质、间隔时间及判刑轻重等情况，决定从重处罚的力度。对于前罪系抢劫等严重暴力犯罪的累犯，应当依法加大从重处罚的力度。对于虽不构成累犯，但具有抢劫犯罪前科的，一般不适用减轻处罚和缓刑。对于可能判处死刑的罪犯具有累犯情节的也应慎重，不能只要是累犯就一律判处死刑立即执行；被告人同时具有累犯和法定从宽处罚情节的，判处死刑立即执行应当综合考虑，从严掌握。

---

① 指79刑法条文，对应刑法第65条。——编者注

65.6 人民检察院办理认罪认罚案件开展量刑建议工作的指导意见（最高人民检察院 2021 年 12 月 3 日印发　高检发办字〔2021〕120 号）（节录）

第七条（第三款）　对于累犯、惯犯以及前科、劣迹等情节，应当调取相关的判决、裁定、释放证明等材料，并重点审查前后行为的性质、间隔长短、次数、罪行轻重等情况。

第十五条　犯罪嫌疑人虽然认罪认罚，但所犯罪行具有下列情形之一的，提出量刑建议应当从严把握从宽幅度或者依法不予从宽：

（三）虽然罪行较轻但具有累犯、惯犯等恶劣情节的；

第十七条　犯罪嫌疑人犯数罪，同时具有立功、累犯等量刑情节的，先适用该量刑情节调节个罪基准刑，分别提出量刑建议，再依法提出数罪并罚后决定执行的刑罚的量刑建议。人民检察院提出量刑建议时应当分别列明个罪量刑建议和数罪并罚后决定执行的刑罚的量刑建议。

第六十六条【特殊累犯】 危害国家安全犯罪、恐怖活动犯罪、黑社会性质的组织犯罪的犯罪分子，在刑罚执行完毕或者赦免以后，在任何时候再犯上述任一类罪的，都以累犯论处。

> **【刑法修正说明】**
> 本条为全国人大常委会 2011 年 2 月 25 日通过并公布、同年 5 月 1 日施行的《刑法修正案（八）》第 7 条所修正。原该款为：
> **【特殊累犯】** 危害国家安全的犯罪分子在刑罚执行完毕或者赦免以后，在任何时候再犯危害国家安全罪的，都以累犯论处。

【法条渊源】 79 刑法第 62 条规定了本条内容，刑法将特殊累犯的名称由反革命累犯改为危害国家安全累犯。《刑法修正案（八）》第 7 条将恐怖活动犯罪、黑社会性质的组织犯罪纳入特殊累犯的对象范围。

【司法解释】

66.1 参见 65.2 最高人民法院关于《中华人民共和国刑法修正案（八）》时间效力问题的解释（2011 年 5 月 1 日　法释〔2011〕9 号）

【司法文件】

66.2 参见 56.6 最高人民法院、最高人民检察院、公安部、司法部关于办理黑恶势力犯罪案件若干问题的指导意见（2018 年 1 月 16 日　法发〔2018〕1 号）

第三节　自首和立功

第六十七条【自首】 犯罪以后自动投案，如实供述自己的罪行的，是自首。对于自首的犯罪分子，可以从轻或者减轻处罚。其中，犯罪较轻的，可以免除处罚。

【准自首】 被采取强制措施的犯罪嫌疑人、被告人和正在服刑的罪犯，如实供述司法机关还未掌握的本人其他罪行的，以自首论。

【坦白从宽】 犯罪嫌疑人虽不具有前两款规定的自首情节，但是如实供述自己罪行的，可以从轻处罚；因其如实供述自己罪行，避免特别严重后果发生的，可以减轻处罚。

> **【刑法修正说明】**
> 本条第 3 款为全国人大常委会 2011 年 2 月 25 日通过并公布、同年 5 月 1 日施行的《刑法修正案（八）》第 8 条所增设。

【法条渊源】 79 刑法第 63 条规定了自首的处罚原则，刑法将其吸收纳入，并对自首和准自首的概念作了明确规定。《刑法修正案（八）》第 8 条增设了第 3 款内容，规定了坦白从宽的处罚原则。

【司法解释】

67.1 最高人民法院关于适用刑法时间效力规定若干问题的解释（1997 年 10 月 1 日 法释〔1997〕5 号）（节录）

第四条 1997 年 9 月 30 日以前被采取强制措施的犯罪嫌疑人、被告人或者 1997 年 9 月 30 日以前犯罪，1997 年 10 月 1 日以后仍在服刑的罪犯，如实供述司法机关还未掌握的本人其他罪行①的，适用刑法第六十七条第二款的规定。

67.2 最高人民法院关于处理自首和立功具体应用法律若干问题的解释（1998 年 5 月 9 日 法释〔1998〕8 号）（节录）

第一条 根据刑法第六十七条第一款的规定，犯罪以后自动投案，如实供述自己的罪行的，是自首②。

（一）自动投案③，是指犯罪事实或者犯罪嫌疑人未被司法机关发觉，或者虽被发觉，但犯罪嫌疑人尚未受到讯问、未被采取强制措施时，主动、直接向公安机关、人民检察院或者人民法院投案。

犯罪嫌疑人向其所在单位、城乡基层组织或者其他有关负责人员投案的；犯罪嫌疑人因病、伤或者为了减轻犯罪后果，委托他人先代为投案，或者先以信电投案的；罪行未被司法机关发觉，仅因形迹可疑，被有关组织或者司法机关盘问、教育后，主动交代自己的罪行的；犯罪后逃跑，在被通缉、追捕过程中，主动投案的；经查实确已准备去投案，或者正在投案途中，被公安机关捕获的，应当视为自动投案。

并非出于犯罪嫌疑人主动，而是经亲友规劝、陪同投案的；公安机关通知犯罪嫌疑人的亲友，或者亲友主动报案后，将犯罪嫌疑人送去投案的，也应当视为自动投案。

犯罪嫌疑人自动投案后又逃跑的，不能认定为自首。

（二）如实供述自己的罪行④，是指犯罪嫌疑人自动投案后，如实交代自己的主要犯罪事实。

犯有数罪的犯罪嫌疑人仅如实供述所犯数罪中部分犯罪的，只对如实供述部分犯罪的行为，认定为自首。

共同犯罪案件中的犯罪嫌疑人，除如实供述自己的罪行，还应当供述所知的同案犯，主犯则应当供述所知其他同案犯的共同犯罪事实，才能认定为自首。

犯罪嫌疑人自动投案并如实供述自己的罪行后又翻供的，不能认定为自首；但在一审判决前又能如实供述的，应当认定为自首。

第二条 根据刑法第六十七条第二款的规定，被采取强制措施的犯罪嫌疑人、被告人和已宣判的罪犯，如实供述司法机关尚未掌握的罪行，与司法机关已掌握的或者判决确定的罪行属不同种罪行的，以自首论。

第三条 根据刑法第六十七条第一款的规定，对于自首的犯罪分子，可以从轻或者减轻处罚；对于犯罪较轻的，可以免除处罚。具体确定从轻、减轻还是免除处罚，应当根据犯罪轻重，并考虑自首的具体情节。

---

① 具体认定详见 67.8 最高人民法院《关于处理自首和立功若干具体问题的意见》第 3 条。——编者注

② 最高人民法院、最高人民检察院《关于办理职务犯罪案件认定自首、立功等量刑情节若干问题的意见》对办理贪污贿赂、渎职等职务犯罪中自首的认定作了补充规定，详见 67.6 本意见第 1条。——编者注

③ 具体认定详见 67.8 最高人民法院《关于处理自首和立功若干具体问题的意见》第 1 条。——编者注

④ 具体认定详见 67.8 最高人民法院《关于处理自首和立功若干具体问题的意见》第 2 条。——编者注

第四条 被采取强制措施的犯罪嫌疑人、被告人和已宣判的罪犯，如实供述司法机关尚未掌握的罪行，与司法机关已掌握的或者判决确定的罪行属同种罪行的，可以酌情从轻处罚；如实供述的同种罪行较重的，一般应当从轻处罚。

67.3 最高人民法院关于被告人对行为性质的辩解是否影响自首成立问题的批复（2004 年 4 月 1 日　法释〔2004〕2 号）

广西壮族自治区高级人民法院：

你院 2003 年 6 月 10 日《关于被告人对事实性质的辩解是否影响投案自首的成立的请示》收悉。经研究，答复如下：

根据刑法第六十七条第一款和最高人民法院《关于处理自首和立功具体应用法律若干问题的解释》第一条的规定，犯罪以后自动投案，如实供述自己的罪行的，是自首。被告人对行为性质的辩解不影响自首的成立。

67.4 最高人民法院关于《中华人民共和国刑法修正案（八）》时间效力问题的解释（2011 年 5 月 1 日　法释〔2011〕9 号）（节录）

第四条 2011 年 4 月 30 日以前犯罪，虽不具有自首情节，但是如实供述自己罪行的，适用修正后刑法第六十七条第三款的规定。

67.5 最高人民法院、最高人民检察院关于办理行贿刑事案件具体应用法律若干问题的解释（2013 年 1 月 1 日　法释〔2012〕22 号）（节录）

第八条 行贿人被追诉后如实供述自己罪行的，依照刑法第六十七条第三款的规定，可以从轻处罚；因其如实供述自己罪行，避免特别严重后果发生的，可以减轻处罚。

【司法文件】

67.6 参见第二编分则第八章【注 2】最高人民法院、最高人民检察院关于办理职务犯罪案件认定自首、立功等量刑情节若干问题的意见（2009 年 3 月 12 日　法发〔2009〕13 号）（第 1 条、第 3 条）

67.7 最高人民法院关于贯彻宽严相济刑事政策的若干意见（2010 年 2 月 8 日　法发〔2010〕9 号）（节录）

17. 对于自首的被告人，除了罪行极其严重、主观恶性极深、人身危险性极大，或者恶意地利用自首规避法律制裁者以外，一般均应当依法从宽处罚。

对于亲属以不同形式送被告人归案或协助司法机关抓获被告人而认定为自首的，原则上都应当依法从宽处罚；有的虽然不能认定为自首，但考虑到被告人亲属支持司法机关工作，促使被告人到案、认罪、悔罪，在决定对被告人具体处罚时，也应当予以充分考虑。

67.8 最高人民法院关于处理自首和立功若干具体问题的意见（2010 年 12 月 22 日　法发〔2010〕60 号）（节录）

为规范司法实践中对自首和立功制度的运用，更好地贯彻落实宽严相济刑事政策，根据刑法、刑事诉讼法和《最高人民法院关于处理自首和立功具体应用法律若干问题的解释》（以下简称《解释》）等规定，对自首和立功若干具体问题提出如下处理意见：

一、关于"自动投案"的具体认定

《解释》第一条第（一）项规定七种应当视为自动投案的情形，体现了犯罪嫌疑人投案的主动性和自愿性。根据《解释》第一条第（一）项的规定，犯罪嫌疑人具有以下情形之一的，也应当视为自动投案：（1）犯罪后主动报案，虽未表明自己是作案人，但没有逃离现场，在司法机关询问时交代自己罪行的；（2）明知他人报案而在现场等待，抓捕时无拒捕行为，供认犯罪事实的；（3）在司法机关未确定犯罪嫌疑人，尚在一般性排查询问时主动交代自己罪行的；（4）因特定违法行为被采取劳动教养、行政拘留、司法拘留、强制隔离戒毒等行政、司法强制措施期间，主动向执行机关交代尚未被掌握的犯罪行为的；（5）其他符合立法本意，应当视为自动投案的情形。

罪行未被有关部门、司法机关发觉，仅因形迹可疑被盘问、教育后，主动交代了犯罪事实的，应当视为自动投案，但有关部门、司法机关在其身上、随身携带的物品、驾乘的交通工具等处发现与犯罪有关的物品的，不能认定为自动投案。

交通肇事后保护现场、抢救伤者，并向公安机关报告的，应认定为自动投案，构成自首的，因上述行为同时系犯罪嫌疑人的法定义务，对其是否从宽、从宽幅度要适当从严掌握。交通肇事逃逸后自动投案，如实供述自己罪行的，应认定为自首，但应依法以较重法定刑为基准，视情决定对其是否从宽处罚以及从宽处罚的幅度。

犯罪嫌疑人被亲友采用捆绑等手段送到司法机关，或者在亲友带领侦查人员前来抓捕时无拒捕行为，并如实供认犯罪事实的，虽然不能认定为自动投案，但可以参照法律对自首的有关规定酌情从轻处罚。

二、关于"如实供述自己的罪行"的具体认定

《解释》第一条第（二）项规定如实供述自己的罪行，除供述自己的主要犯罪事实外，还应包括姓名、年龄、职业、住址、前科等情况。犯罪嫌疑人供述的身份等情况与真实情况虽有差别，但不影响定罪量刑的，应认定为如实供述自己的罪行。犯罪嫌疑人自动投案后隐瞒自己的真实身份等情况，影响对其定罪量刑的，不能认定为如实供述自己的罪行。

犯罪嫌疑人多次实施同种罪行的，应当综合考虑已交代的犯罪事实与未交代的犯罪事实的危害程度，决定是否认定为如实供述主要犯罪事实。虽然投案后没有交代全部犯罪事实，但如实交代的犯罪情节重于未交代的犯罪情节，或者如实交代的犯罪数额多于未交代的犯罪数额，一般应认定为如实供述自己的主要犯罪事实。无法区分已交代的与未交代的犯罪情节的严重程度，或者已交代的犯罪数额与未交代的犯罪数额相当，一般不认定为如实供述自己的主要犯罪事实。

犯罪嫌疑人自动投案时虽然没有交代自己的主要犯罪事实，但在司法机关掌握其主要犯罪事实之前主动交代的，应认定为如实供述自己的罪行。

三、关于"司法机关还未掌握的本人其他罪行"和"不同种罪行"的具体认定

犯罪嫌疑人、被告人在被采取强制措施期间，向司法机关主动如实供述本人的其他罪行，该罪行能否认定为司法机关已掌握，应根据不同情形区别对待。如果该罪行已被通缉，一般应以该司法机关是否在通缉令发布范围内作出判断，不在通缉令发布范围内的，应认定为还未掌握，在通缉令发布范围内的，应视为已掌握；如果该罪行已录入全国公安信息网络在逃人员信息数据库，应视为已掌握。如果该罪行未被通缉、也未录入全国公安信息网络在逃人员信息数据库，应以该司法机关是否已实际掌握该罪行为标准。

犯罪嫌疑人、被告人在被采取强制措施期间如实供述本人其他罪行，该罪行与司法机关已掌握的罪行属同种罪行还是不同种罪行，一般应以罪名区分。虽然如实供述的其他罪行的罪名与司法机关已掌握犯罪的罪名不同，但如实供述的其他犯罪与司法机关已掌握的犯罪属选择性罪名或者在法律、事实上密切关联，如因受贿被采取强制措施后，又交代因受贿为他人谋取利益行为，构成滥用职权罪的，应认定为同种罪行。

> 【说明】 对自首证据材料的审查及被告人的处分，参见68.7本意见第7—8条。

67.9 最高人民法院、最高人民检察院、公安部、司法部关于敦促在逃犯罪人员投案自首的通告（2011年9月21日 公法〔2011〕672号）

为贯彻落实宽严相济刑事政策，依法惩处犯罪行为，维护社会治安稳定，保护人民群众生命财产安全，同时给犯罪嫌疑人、被告人、罪犯（以下统称"犯罪人员"）改过自新、争取宽大处理的机会，根据刑法、刑事诉讼法的有关规定，特通告如下：

一、在逃犯罪人员自本通告发布之日起至2011年12月1日前向公安机关、人民检察院、人民法院、监狱或者所在单位、城乡基层组织等有关单位、组织投案自首，如实供述自己罪行的，可以依法从轻或者减轻处罚；犯罪较轻的，可以免除处罚。

二、犯罪人员委托他人先代为投案或者先以信函、电报、电话等方式投案，本人随后到案的，或者仅因形迹可疑被司法机关或者有关组织盘问、教育后，主动交代自己尚未被司法机关发觉的罪行的，视为自动投案。

三、在逃犯罪人员的亲友应当积极规劝其尽快投案自首。经亲友规劝、陪同投案的，或者亲友主动报案后将犯罪人员送去投案的，视为自动投案。

四、犯罪人员有检举、揭发他人犯罪行为，经查证属实的，以及提供重要线索，从而得以侦破其他案件，或者积极协助司法机关抓获其他犯罪人员等立功表现的，可以依法从轻或者减轻处罚；有重大立功表现的，可以依法减轻或者免除处罚。

五、在规定期限内拒不投案自首的，司法机关将依法从严惩处。窝藏、包庇犯罪分子，帮助犯罪分子毁灭、伪造证据的，将依法追究刑事责任。

六、鼓励、保护广大人民群众积极举报在逃犯罪人员，动员、规劝在逃犯罪人员投案自首。对威胁、报复举报人、控告人，构成犯罪的，依法追究刑事责任。

七、本通告自发布之日起施行。

67.10 最高人民法院、最高人民检察院、公安部、司法部关于办理恶势力刑事案件若干问题的意见（2019 年 4 月 9 日   法发〔2019〕10 号）（节录）

16. 恶势力刑事案件的犯罪嫌疑人、被告人自愿如实供述自己的罪行，承认指控的犯罪事实，愿意接受处罚的，可以依法从宽处理，并适用认罪认罚从宽制度。对于犯罪性质恶劣、犯罪手段残忍、社会危害严重的犯罪嫌疑人、被告人，虽然认罪认罚，但不足以从轻处罚的，不适用该制度。

67.11 最高人民法院、最高人民检察院、公安部、司法部关于办理"套路贷"刑事案件若干问题的意见（2019 年 4 月 9 日   法发〔2019〕11 号）（节录）

8.（第二款）在坚持依法从严惩处的同时，对于认罪认罚、积极退赃、真诚悔罪或者具有其他法定、酌定从轻处罚情节的被告人，可以依法从宽处罚。

67.12 人民检察院办理认罪认罚案件开展量刑建议工作的指导意见（最高人民检察院 2021 年12 月 3 日印发   高检发办字〔2021〕120 号）（节录）

第七条（第一款）   对于自首情节，应当重点审查投案的主动性、供述的真实性和稳定性等情况。

【法律法规】

67.13 中华人民共和国反间谍法（2014 年 11 月 1 日）（第 27 条第 2 款）

第六十八条【立功】犯罪分子有揭发他人犯罪行为，查证属实的，或者提供重要线索，从而得以侦破其他案件等立功表现的，可以从轻或者减轻处罚；有重大立功表现的，可以减轻或者免除处罚。

【刑法修正说明】

本条原第 2 款为全国人大常委会 2011 年 2 月 25 日通过并公布、同年 5 月 1 日施行的《刑法修正案（八）》第 9 条所删除。原该款为：

【自首且立功从宽】犯罪后自首又有重大立功表现的，应当减轻或者免除处罚。

【法条渊源】 本条系刑法增设的条款。79 刑法第 63 条只对立功的处罚原则作了概括性规定，刑法在吸收司法解释相关内容的基础上，在刑法中增设了立功的概念，并将处罚原则予以细化。《刑法修正案（八）》第 9 条删除了原第 2 款内容。

【司法解释】

68.1 最高人民法院关于适用刑法时间效力规定若干问题的解释（1997 年 10 月 1 日   法释〔1997〕5 号）（节录）

第五条   1997 年 9 月 30 日以前犯罪的犯罪分子，有揭发他人犯罪行为，或者提供重要线索，从而得以侦破其他案件等立功表现的，适用刑法第六十八条的规定。

68.2 最高人民法院关于处理自首和立功具体应用法律若干问题的解释（1998 年 5 月 9 日   法释〔1998〕8 号）（节录）

第五条 根据刑法第六十八条第一款①的规定，犯罪分子到案后有检举、揭发他人犯罪行为，包括共同犯罪案件中的犯罪分子揭发同案犯共同犯罪以外的其他犯罪，经查证属实；提供侦破其他案件的重要线索，经查证属实；阻止他人犯罪活动；协助司法机关抓捕其他犯罪嫌疑人②（包括同案犯）；具有其他有利于国家和社会的突出表现的，应当认定为有立功表现③。

第六条 共同犯罪案件的犯罪分子到案后，揭发同案犯共同犯罪事实的，可以酌情予以从轻处罚。

第七条 根据刑法第六十八条第一款的规定，犯罪分子有检举、揭发他人重大犯罪行为，经查证属实；提供侦破其他重大案件的重要线索，经查证属实；阻止他人重大犯罪活动；协助司法机关抓捕其他重大犯罪嫌疑人（包括同案犯）；对国家和社会有其他重大贡献等表现的，应当认定为有重大立功表现。

前款所称"重大犯罪"、"重大案件"、"重大犯罪嫌疑人"的标准，一般是指犯罪嫌疑人、被告人可能被判处无期徒刑以上刑罚或者案件在本省、自治区、直辖市或者全国范围内有较大影响等情形。

68.3 最高人民法院关于《中华人民共和国刑法修正案（八）》时间效力问题的解释（2011年5月1日 法释〔2011〕9号）（节录）

第五条 2011年4月30日以前犯罪，犯罪后自首又有重大立功表现的，适用修正前刑法第六十八条第二款的规定。

68.4 最高人民法院、最高人民检察院关于办理行贿刑事案件具体应用法律若干问题的解释（2013年1月1日 法释〔2012〕22号）（节录）

第七条（第一款） 因行贿人在被追诉前主动交待行贿行为而破获相关受贿案件的，对行贿人不适用刑法第六十八条关于立功的规定，依照刑法第三百九十条第二款的规定，可以减轻或者免除处罚。

第九条 行贿人揭发受贿人与其行贿无关的其他犯罪行为，查证属实的，依照刑法第六十八条关于立功的规定，可以从轻、减轻或者免除处罚。

【司法文件】

68.5 参见第二编分则第八章【注2】最高人民法院、最高人民检察院关于办理职务犯罪案件认定自首、立功等量刑情节若干问题的意见（2009年3月12日 法发〔2009〕13号）（第2条）

68.6 最高人民法院关于贯彻宽严相济刑事政策的若干意见（2010年2月8日 法发〔2010〕9号）（节录）

18. 对于被告人检举揭发他人犯罪构成立功的，一般均应当依法从宽处罚。对于犯罪情节不是十分恶劣，犯罪后果不是十分严重的被告人立功，从宽处罚的幅度应当更大。

68.7 最高人民法院关于处理自首和立功若干具体问题的意见（2010年12月22日 法发〔2010〕60号）（节录）

四、关于立功线索来源的具体认定

犯罪分子通过贿买、暴力、胁迫等非法手段，或者被羁押后与律师、亲友会见过程中违反监管规定，获取他人犯罪线索并"检举揭发"的，不能认定为有立功表现。

犯罪分子将本人以往查办犯罪职务活动中掌握的，或者从负有查办犯罪、监管职责的国家工作人员处获取的他人犯罪线索予以检举揭发的，不能认定为有立功表现。

犯罪分子亲友为使犯罪分子"立功"，向司法机关提供他人犯罪线索、协助抓捕犯罪嫌疑人的，不能认定为犯罪分子有立功表现。

---

① 《刑法修正案（八）》（2011年5月1日施行）第9条删除了刑法原第68条第2款，故此处应指"刑法第六十八条"，下同。——编者注

② 具体认定详见68.7最高人民法院《关于处理自首和立功若干具体问题的意见》第5条。——编者注

③ 最高人民法院、最高人民检察院《关于办理职务犯罪案件认定自首、立功等量刑情节若干问题的意见》对办理贪污贿赂、渎职等职务犯罪中立功的认定作了补充规定，详见68.5本意见第2条。——编者注

五、关于"协助抓捕其他犯罪嫌疑人"的具体认定

犯罪分子具有下列行为之一，使司法机关抓获其他犯罪嫌疑人的，属于《解释》① 第五条规定的"协助司法机关抓捕其他犯罪嫌疑人"：（1）按照司法机关的安排，以打电话、发信息等方式将其他犯罪嫌疑人（包括同案犯）约至指定地点的；（2）按照司法机关的安排，当场指认、辨认其他犯罪嫌疑人（包括同案犯）的；（3）带领侦查人员抓获其他犯罪嫌疑人（包括同案犯）的；（4）提供司法机关尚未掌握的其他案件犯罪嫌疑人的联络方式、藏匿地址的，等等。

犯罪分子提供同案犯姓名、住址、体貌特征等基本情况，或者提供犯罪前、犯罪中掌握、使用的同案犯联络方式、藏匿地址，司法机关据此抓捕同案犯的，不能认定为协助司法机关抓捕同案犯。

六、关于立功线索的查证程序和具体认定

被告人在一、二审审理期间检举揭发他人犯罪行为或者提供侦破其他案件的重要线索，人民法院经审查认为该线索内容具体、指向明确的，应及时移交有关人民检察院或者公安机关依法处理。

侦查机关出具材料，表明在三个月内还不能查证并抓获被检举揭发的人，或者不能查实的，人民法院审理案件可不再等待查证结果。

被告人检举揭发他人犯罪行为或者提供侦破其他案件的重要线索经查证不属实，又重复提供同一线索，且没有提出新的证据材料的，可以不再查证。

根据被告人检举揭发破获的他人犯罪案件，如果已有审判结果，应当依据判决确认的事实认定是否查证属实；如果被检举揭发的他人犯罪案件尚未进入审判程序，可以依据侦查机关提供的书面查证情况认定是否查证属实。检举揭发的线索经查确有犯罪发生，或者确定了犯罪嫌疑人，可能构成重大立功，只是未能将犯罪嫌疑人抓获归案的，对可能判处死刑的被告人一般要留有余地，对其他被告人原则上应酌情从轻处罚。

被告人检举揭发或者协助抓获的人的行为构成犯罪，但因法定事由不追究刑事责任、不起诉、终止审理的，不影响对被告人立功表现的认定；被告人检举揭发或者协助抓获的人的行为应判处无期徒刑以上刑罚，但因具有法定、酌定从宽情节，宣告刑为有期徒刑或者更轻刑罚的，不影响对被告人重大立功表现的认定。

七、关于自首、立功证据材料的审查

人民法院审查的自首证据材料，应当包括被告人投案经过、有罪供述以及能够证明其投案情况的其他材料。投案经过的内容一般应包括被告人投案时间、地点、方式等。证据材料应加盖接受被告人投案的单位的印章，并有接受人员签名。

人民法院审查的立功证据材料，一般应包括被告人检举揭发材料及证明其来源的材料、司法机关的调查核实材料、被检举揭发人的供述等。被检举揭发案件已立案、侦破，被检举揭发人被采取强制措施、公诉或者审判的，还应审查相关的法律文书。证据材料应加盖接收被告人检举揭发材料的单位的印章，并有接收人员签名。

人民法院经审查认为证明被告人自首、立功的材料不规范、不全面的，应当由检察机关、侦查机关予以完善或者提供补充材料。

上述证据材料在被告人被指控的犯罪一、二审审理时已形成的，应当经庭审质证。

八、关于对自首、立功的被告人的处罚

对具有自首、立功情节的被告人是否从宽处罚、从宽处罚的幅度，应当考虑其犯罪事实、犯罪性质、犯罪情节、危害后果、社会影响、被告人的主观恶性和人身危险性等。自首的还应考虑投案的主动性、供述的及时性和稳定性等。立功的还应考虑检举揭发罪行的轻重、被检举揭发的人可能或者已经被判处的刑罚、提供的线索对侦破案件或者协助抓捕其他犯罪嫌疑人所起作用的大小等。

具有自首或者立功情节的，一般应依法从轻、减轻处罚；犯罪情节较轻的，可以免除处罚。类似情况下，对具有自首情节的被告人的从宽幅度要适当宽于具有立功情节的被告人。

---

① 指最高人民法院《关于处理自首和立功具体应用法律若干问题的解释》（法释〔1998〕8号）。——编者注

虽然具有自首或者立功情节，但犯罪情节特别恶劣、犯罪后果特别严重、被告人主观恶性深、人身危险性大，或者在犯罪前即为规避法律、逃避处罚而准备自首、立功的，可以不从宽处罚。

对于被告人具有自首、立功情节，同时又有累犯、毒品再犯等法定从重处罚情节的，既要考虑自首、立功的具体情节，又要考虑被告人的主观恶性、人身危险性等因素，综合分析判断，确定从宽或者从严处罚。累犯的前罪为非暴力犯罪的，一般可以从宽处罚，前罪为暴力犯罪或者前、后罪为同类犯罪的，可以不从宽处罚。

在共同犯罪案件中，对具有自首、立功情节的被告人的处罚，应注意共同犯罪人以及首要分子、主犯、从犯之间的量刑平衡。犯罪集团的首要分子、共同犯罪的主犯检举揭发或者协助司法机关抓捕同案地位、作用较次的犯罪分子的，从宽处罚与否应当从严掌握，如果从轻处罚可能导致全案量刑失衡的，一般不从轻处罚；如果检举揭发或者协助司法机关抓捕的是其他案件中罪行同样严重的犯罪分子，一般可依法从宽处罚。对于犯罪集团的一般成员、共同犯罪的从犯立功的，特别是协助抓捕首要分子、主犯的，应当充分体现政策，依法从宽处罚。

68.8 人民检察院办理认罪认罚案件开展量刑建议工作的指导意见（最高人民检察院 2021 年 12 月 3 日印发　高检发办字〔2021〕120 号）（节录）

第七条（第二款）　对于立功情节，应当重点审查揭发罪行的轻重、提供的线索对侦破案件或者协助抓捕其他犯罪嫌疑人所起的作用、被检举揭发的人可能或者已经被判处的刑罚等情况。犯罪嫌疑人提出检举、揭发犯罪立功线索的，应当审查犯罪嫌疑人掌握线索的来源、有无移送侦查机关、侦查机关是否开展调查核实等。

第十七条　犯罪嫌疑人犯数罪，同时具有立功、累犯等量刑情节的，先适用该量刑情节调节个罪基准刑，分别提出量刑建议，再依法提出数罪并罚后决定执行的刑罚的量刑建议。人民检察院提出量刑建议时应当分别列明个罪量刑建议和数罪并罚后决定执行的刑罚的量刑建议。

【法律法规】

68.9 中华人民共和国反间谍法（2014 年 11 月 1 日）（第 27 条第 2 款）

68.10 中华人民共和国反间谍法实施细则（2017 年 11 月 22 日）（第 20 条）

第四节　数罪并罚

第六十九条【数罪并罚】判决宣告以前一人犯数罪的，除判处死刑和无期徒刑的以外，应当在总和刑期以下、数刑中最高刑期以上，酌情决定执行的刑期，但是管制最高不能超过三年，拘役最高不能超过一年，有期徒刑总和刑期不满三十五年的，最高不能超过二十年，总和刑期在三十五年以上的，最高不能超过二十五年。

数罪中有判处有期徒刑和拘役的，执行有期徒刑。　数罪中有判处有期徒刑和管制，或者拘役和管制的，有期徒刑、拘役执行完毕后，管制仍须执行。

数罪中有判处附加刑的，附加刑仍须执行，其中附加刑种类相同的，合并执行，种类不同的，分别执行。

【刑法第一次修正说明】

本条为全国人大常委会 2011 年 2 月 25 日通过并公布、同年 5 月 1 日施行的《刑法修正案（八）》第 10 条所修正。原第 69 条为：

【数罪并罚】判决宣告以前一人犯数罪的，除判处死刑和无期徒刑的以外，应当在总和刑期以下、数刑中最高刑期以上，酌情决定执行的刑期，但是管制最高不能超过三年，拘役最高不能超过一年，有期徒刑最高不能超过二十年。

如果数罪中有判处附加刑的，附加刑仍须执行。

【刑法第二次修正说明】

本条第 2 款为全国人大常委会 2015 年 8 月 29 日通过并公布、同年 11 月 1 日施行的《刑法修正案（九）》第 4 条所增设。

【法条渊源】79 刑法第 64 条规定了本条内容，刑法将其吸收纳入。《刑法修正案（八）》第 10 条对刑法条文作了修正，将有期徒刑数罪并罚的最高刑期由 20 年调整为 25 年，并详细规定了附加刑的执行原则。《刑法修正案（九）》第 4 条增设了第 2 款内容，原第 2 款作为第 3 款。

【司法解释】

69.1 最高人民法院关于适用财产刑若干问题的规定（2000 年 12 月 19 日　法释〔2000〕45 号）（节录）

第三条　依法对犯罪分子所犯数罪分别判处罚金的，应当实行并罚，将所判处的罚金数额相加，执行总和数额。

一人犯数罪依法同时并处罚金和没收财产的，应当合并执行；但并处没收全部财产的，只执行没收财产刑。

69.2 最高人民法院关于《中华人民共和国刑法修正案（八）》时间效力问题的解释（2011 年 5 月 1 日　法释〔2011〕9 号）（节录）

第六条　2011 年 4 月 30 日以前一人犯数罪，应当数罪并罚的，适用修正前刑法第六十九条的规定；2011 年 4 月 30 日前后一人犯数罪，其中一罪发生在 2011 年 5 月 1 日以后的，适用修正后刑法第六十九条的规定。

69.3 最高人民法院关于《中华人民共和国刑法修正案（九）》时间效力问题的解释（2015 年 11 月 1 日　法释〔2015〕19 号）（节录）

第三条　对于 2015 年 10 月 31 日以前一人犯数罪，数罪中有判处有期徒刑和拘役，有期徒刑和管制，或者拘役和管制，予以数罪并罚的，适用修正后刑法第六十九条第二款的规定。

【司法文件】

69.4 人民检察院办理认罪认罚案件开展量刑建议工作的指导意见（最高人民检察院 2021 年 12 月 3 日印发　高检发办字〔2021〕120 号）（节录）

第十七条　犯罪嫌疑人犯数罪，同时具有立功、累犯等量刑情节的，先适用该量刑情节调节个罪基准刑，分别提出量刑建议，再依法提出数罪并罚后决定执行的刑罚的量刑建议。人民检察院提出量刑建议时应当分别列明个罪量刑建议和数罪并罚后决定执行的刑罚的量刑建议。

第七十条【宣判后发现漏罪的并罚】 判决宣告以后，刑罚执行完毕以前，发现被判刑的犯罪分子在判决宣告以前还有其他罪没有判决的，应当对新发现的罪作出判决，把前后两个判决所判处的刑罚，依照本法第六十九条的规定，决定执行的刑罚。已经执行的刑期，应当计算在新判决决定的刑期以内。

【法条渊源】79 刑法第 65 条规定了本条内容，刑法将其吸收纳入。

【司法解释】

70.1 最高人民法院关于判决宣告后又发现被判刑的犯罪分子的同种漏罪是否实行数罪并罚问题的批复（1993 年 4 月 16 日　法复〔1993〕3 号）

江西省高级人民法院：

你院赣高法〔1992〕39 号《关于判决宣告后又发现被判刑的犯罪分子的同种漏罪是否按数罪并罚处理的请示》收悉。经研究，答复如下：

人民法院的判决宣告并已发生法律效力以后，刑罚还没有执行完毕以前，发现被判刑的犯罪分子在判决宣告以前还有其他罪没有判决的，不论新发现的罪与原判决的罪是否属于同种罪，都应当依照刑法第六十五条①的规定实行数罪并罚。但如果在第一审人民法院的判决宣告以后，被告人提出上诉或者人民检察院提出抗诉，判决尚未发生法律效力的，第二审人民法院在审理期间，发现原

---

① 指 79 刑法条文，对应刑法第 70 条。——编者注

审被告人在第一审判决宣告以前还有同种漏罪没有判决的，第二审人民法院应当依照中华人民共和国刑事诉讼法第一百三十六条①第（三）项的规定，裁定撤销原判，发回原审人民法院重新审判，第一审人民法院重新审判时，不适用刑法关于数罪并罚的规定。

70.2 参见78.4 最高人民法院关于办理减刑、假释案件具体应用法律的规定（2017年1月1日 法释〔2016〕23号）（第35—37条）

【司法文件】

70.3 最高人民法院研究室关于对刑罚已执行完毕，由于发现新的证据，又因同一事实被以新的罪名重新起诉的案件，应适用何种程序进行审理等问题的答复（2002年7月31日）

安徽省高级人民法院：

你院〔2001〕皖刑终字第610号《关于对刑罚已执行完毕的罪犯，又因同一案件被以新的罪名重新起诉，应适用何种程序进行审理及原服完的刑期在新刑罚中如何计算的请示》（以下简称《请示》）收悉。经研究，答复如下：

你院《请示》中涉及的案件是共同犯罪案件，因此，对于先行判决且刑罚已经执行完毕，由于同案犯归案发现新的证据，又因同一事实被以新的罪名重新起诉的被告人，原判人民法院应当按照审判监督程序撤销原判决、裁定，并将案件移送有管辖权的人民法院，按照第一审程序与其他同案被告人并案审理。

该被告人已经执行完毕的刑罚，由收案的人民法院在对被指控的新罪作出判决时依法折抵，被判处有期徒刑的，原执行完毕的刑期可以折抵刑期。

70.4 参见80.2 最高人民法院关于刘文占减刑一案的答复（2007年8月11日 〔2006〕刑监他字第7号）

70.5 参见79.3 最高人民法院关于罪犯因漏罪、新罪数罪并罚时原减刑裁定应如何处理的意见（2012年1月18日 法〔2012〕44号）

70.6 最高人民法院、最高人民检察院、公安部、司法部关于未成年人犯罪记录封存的实施办法（2022年5月30日）（节录）

第十八条（第一款） 对被封存犯罪记录的未成年人，符合下列条件之一的，封存机关应当对其犯罪记录解除封存：

（二）发现未成年时实施的漏罪，且漏罪与封存记录之罪数罪并罚后被决定执行刑罚超过五年有期徒刑的；

第七十一条【宣判后犯新罪的并罚】判决宣告以后，刑罚执行完毕以前，被判刑的犯罪分子又犯罪的，应当对新犯的罪作出判决，把前罪没有执行的刑罚和后罪所判处的刑罚，依照本法第六十九条的规定，决定执行的刑罚。

【法条渊源】79刑法第66条规定了本条内容，刑法将其吸收纳入。

【立法文件】

71.1 全国人民代表大会常务委员会法制工作委员会办公室关于对被告人在罚金刑执行完毕前又犯新罪的罚金应否与未执行完毕的罚金适用数罪并罚问题的答复意见（2017年11月26日 法工办复〔2017〕2号）

最高人民检察院办公厅：

你厅《关于对被告人在罚金刑执行完毕前又犯新罪的罚金应否与未执行完毕的罚金适用数罪并罚问题征求意见的函》（高检办字〔2017〕281号）收悉。经研究，答复如下：

刑法第七十一条中的"刑罚执行完毕以前"应是指主刑执行完毕以前。如果被告人主刑已执行完毕，只是罚金尚未执行完毕的，根据刑法第五十三条的规定，人民法院在任何时候发现有可以执行的财产，应当随时追缴。因此，被告人前罪主刑已执行完毕，罚金尚未执行完毕的，应当

---

① 指79刑事诉讼法条文。——编者注

由人民法院继续执行尚未执行完毕的罚金，不必与新罪判处的罚金数罪并罚。

【司法解释】

71.2 最高人民法院关于在执行附加刑剥夺政治权利期间犯新罪应如何处理的批复（2009 年 6 月 10 日　法释〔2009〕10 号）

上海市高级人民法院：

你院《关于被告人在执行附加刑剥夺政治权利期间重新犯罪适用法律问题的请示》（沪高法〔2008〕24 号）收悉。经研究，批复如下：

一、对判处有期徒刑并处剥夺政治权利的罪犯，主刑已执行完毕，在执行附加刑剥夺政治权利期间又犯新罪，如果所犯新罪无须附加剥夺政治权利的，依照刑法第七十一条的规定数罪并罚。

二、前罪尚未执行完毕的附加刑剥夺政治权利的刑期从新罪的主刑有期徒刑执行之日起停止计算，并依照刑法第五十八条规定从新罪的主刑有期徒刑执行完毕之日或者假释之日起继续计算；附加刑剥夺政治权利的效力施用于新罪的主刑执行期间。

三、对判处有期徒刑的罪犯，主刑已执行完毕，在执行附加刑剥夺政治权利期间又犯新罪，如果所犯新罪也剥夺政治权利的，依照刑法第五十五条、第五十七条、第七十一条的规定并罚。

【司法文件】

71.3 最高人民法院研究室关于对再审改判前因犯新罪被加刑的罪犯再审时如何确定执行的刑罚问题的电话答复（1989 年 5 月 24 日）

湖北省高级人民法院：

你院鄂法研（1988）33 号《关于对再审改判前因犯新罪被加刑的罪犯再审时应如何确定执行的刑罚问题的请示报告》收悉。经研究，答复如下：

原则上同意你院意见，即对于再审改判前因犯新罪被加刑的罪犯，在对其前罪再审时，应当将罪犯犯新罪时的判决中关于前罪与新罪并罚的内容撤销，并把经再审改判后的前罪没有执行完的刑罚和新罪已判处的刑罚，按照刑法第六十六条①的规定依法数罪并罚。关于原前罪与新罪并罚的判决由哪个法院撤销，应视具体情况确定：如果再审法院是对新罪作出判决的法院的上级法院，或者是对新罪作出判决的同一法院，可以由再审法院撤销；否则，应由对新罪作出判决的法院撤销。对于前罪经再审改判为无罪或者免予刑事处分的，其已执行的刑期可以折抵新罪的刑期。执行本答复中遇有新的情况或问题，请及时报告我们。

71.4 最高人民法院研究室关于罪犯在服刑期间又犯罪被服刑地法院以数罪并罚论处的现前罪改判应当由哪一个法院决定执行刑罚问题的电话答复（1991 年 6 月 18 日）

福建省高级人民法院：

你院〔1991〕闽法刑二字第 79 号《关于罪犯在服刑期间又犯罪被服刑地法院以数罪并罚论处的，现前罪改判应当由哪一个法院决定执行刑罚问题的请示》收悉。经研究，答复如下：

这类问题，我们曾于 1989 年答复过湖北省高级人民法院，答复意见是：对于再审改判前因犯新罪被加刑的罪犯，在对其前罪再审时，应当将罪犯犯后罪时判决中关于前罪与后罪并罚的内容撤销，并把经再审改判后的前罪没有执行完的刑罚和后罪已判处的刑罚，按照刑法第六十六条②的规定实行数罪并罚。关于原前罪与后罪并罚的判决由哪个法院撤销，应当视具体情况确定：如果再审法院是对后罪作出判决的法院的上级法院，或者是对后罪作出判决的同一法院，可以由再审法院撤销，否则，应当由对后罪作出判决的法院撤销。

请你们按照上述意见办理。

71.5 最高人民法院研究室关于罪犯在保外就医期间又犯罪，事隔一段时间后被抓获，对前罪的余刑，应当如何计算的请示的答复（1993 年 1 月 28 日）

---

① 指 79 刑法条文，对应刑法第 71 条。——编者注
② 指 79 刑法条文，对应刑法第 71 条。——编者注

北京市高级人民法院：

你院京高法（1992）244号《关于罪犯在保外就医期间又犯罪，事隔一段时间后被抓获，对前罪的余刑，应当如何计算的请示》收悉。经研究，我们认为：罪犯在保外就医期间又犯罪，应当依照刑法第六十六条①的规定，对前罪没有执行完的刑罚和后罪判处的刑罚，按刑法第六十四条②规定，决定执行的刑罚，对于前罪余刑的计算应从新罪判决确定之日计算。

71.6 参见 79.3 最高人民法院关于罪犯因漏罪、新罪数罪并罚时原减刑裁定应如何处理的意见（2012年1月18日 法发〔2012〕44号）

71.7 最高人民法院、最高人民检察院、公安部、司法部关于未成年人犯罪记录封存的实施办法（2022年5月30日）（节录）

第十八条 对被封存犯罪记录的未成年人，符合下列条件之一的，封存机关应当对其犯罪记录解除封存：

（一）在未成年时实施新的犯罪，且新罪与封存记录之罪数罪并罚后被决定执行刑罚超过五年有期徒刑的；

被封存犯罪记录的未成年人，成年后又故意犯罪的，人民法院应当在裁判文书中载明其之前的犯罪记录。

第五节　缓　　刑

第七十二条【缓刑的适用条件】 对于被判处拘役、三年以下有期徒刑的犯罪分子，同时符合下列条件的，可以宣告缓刑，对其中不满十八周岁的人、怀孕的妇女和已满七十五周岁的人，应当宣告缓刑：

（一）犯罪情节较轻；

（二）有悔罪表现；

（三）没有再犯罪的危险；

（四）宣告缓刑对所居住社区没有重大不良影响。

【禁止令的适用】 宣告缓刑，可以根据犯罪情况，同时禁止犯罪分子在缓刑考验期限内从事特定活动，进入特定区域、场所，接触特定的人。

【附加刑的执行】 被宣告缓刑的犯罪分子，如果被判处附加刑，附加刑仍须执行。

【刑法修正说明】

本条为全国人大常委会2011年2月25日通过并公布、同年5月1日施行的《刑法修正案（八）》第11条所修正。原第72条为：

【缓刑的适用条件】 对于被判处拘役、三年以下有期徒刑的犯罪分子，根据犯罪分子的犯罪情节和悔罪表现，适用缓刑确实不致再危害社会的，可以宣告缓刑。

【附加刑的执行】 被宣告缓刑的犯罪分子，如果被判处附加刑，附加刑仍须执行。

【法条渊源】 79刑法第67条规定了本条内容，刑法将其吸收纳入。《刑法修正案（八）》第11条作了如下修改：（1）将宣告缓刑分为可以和应当两种情形，并细化了适用条件；（2）增设了第2款适用禁止令的规定，原第2款相应改为现第3款。

【司法解释】

72.1 最高人民法院关于审理未成年人刑事案件具体应用法律若干问题的解释（2006年1月23日 法释〔2006〕1号）（节录）

---

① 指79刑法条文，对应刑法第71条。——编者注

② 指79刑法条文，对应刑法第69条。——编者注

第十六条　对未成年罪犯符合刑法第七十二条第一款规定的，可以宣告缓刑。如果同时具有下列情形之一，对其适用缓刑确实不致再危害社会的，应当宣告缓刑：

（一）初次犯罪；

（二）积极退赃或赔偿被害人经济损失；

（三）具备监护、帮教条件。

72.2 最高人民法院关于《中华人民共和国刑法修正案（八）》时间效力问题的解释（2011 年 5 月 1 日　法释〔2011〕9 号）（节录）

第一条（第一款）　对于 2011 年 4 月 30 日以前犯罪，依法应当判处管制或者宣告缓刑的，人民法院根据犯罪情况，认为确有必要同时禁止犯罪分子在管制期间或者缓刑考验期内从事特定活动，进入特定区域、场所，接触特定人的，适用修正后刑法第三十八条第二款或者第七十二条第二款的规定。

72.3 参见 38.2 最高人民法院、最高人民检察院、公安部、司法部关于对判处管制、宣告缓刑的犯罪分子适用禁止令有关问题的规定（试行）（2011 年 5 月 1 日　法发〔2011〕9 号）

【司法文件】

72.4 最高人民检察院法律政策研究室关于对数罪并罚决定执行刑期为三年以下有期徒刑的犯罪分子能否适用缓刑问题的复函（1998 年 9 月 17 日　〔1998〕高检研发第 16 号）

山东省人民检察院研究室：

你院鲁检法研字〔1998〕第 10 号《关于对数罪并罚决定执行刑期三年以下的犯罪分子能否适用缓刑的请示》收悉。经研究，答复如下：

根据刑法第七十二条的规定，可以适用缓刑的对象是被判处拘役、三年以下有期徒刑的犯罪分子；条件是根据犯罪分子的犯罪情节和悔罪表现，适用缓刑确实不致再危害社会。对于判决宣告以前犯数罪的犯罪分子，只要判决执行的刑罚为拘役、三年以下有期徒刑，且符合根据犯罪分子的犯罪情节和悔罪表现，适用缓刑确实不致再危害社会的案件，依法可以适用缓刑。

72.5 全国法院维护农村稳定刑事审判工作座谈会纪要（最高人民法院 1999 年 10 月 27 日印发　法〔1999〕217 号）（节录）

三

（二）关于对农民被告人依法判处缓刑、管制、免予刑事处罚问题

对农民被告人适用刑罚，既要严格遵循罪刑相适应的原则，又要充分考虑到农民犯罪主体的特殊性。要依靠当地党委做好相关部门的工作，依法适当多适用非监禁刑罚。对于已经构成犯罪，但不需要判处刑罚的，或者法律规定有管制刑的，应当依法免予刑事处罚或判处管制刑。对于罪行较轻且认罪态度好，符合宣告缓刑条件的，应当依法适用缓刑。

要努力配合有关部门落实非监禁刑的监管措施。在监管措施落实问题上可以探索多种有效的方式，如在城市应加强与适用缓刑的犯罪人原籍的政府和基层组织联系落实帮教措施；在农村应通过基层组织和被告人亲属、家属、好友做好帮教工作等等。

72.6 最高人民法院、最高人民检察院、公安部、司法部关于对因犯罪在大陆受审的台湾居民依法适用缓刑实行社区矫正有关问题的意见（2017 年 1 月 1 日　法发〔2016〕33 号）（节录）

第一条　对因犯罪被判处拘役、三年以下有期徒刑的台湾居民，如果其犯罪情节较轻、有悔罪表现、没有再犯罪的危险且宣告缓刑对所居住社区没有重大不良影响的，人民法院可以宣告缓刑，对其中不满十八周岁的人、怀孕的妇女和已满七十五周岁的人，应当宣告缓刑。

72.7 人民检察院办理认罪认罚案件开展量刑建议工作的指导意见（最高人民检察院 2021 年 12 月 3 日印发　高检发办字〔2021〕120 号）（节录）

第一条（第一款）　犯罪嫌疑人认罪认罚的，人民检察院应当就主刑、附加刑、是否适用缓刑等提出量刑建议。

第十二条（第一款）　提出确定刑量刑建议应当明确主刑适用刑种、刑期和是否适用缓刑。

（第五款）　建议适用缓刑的，应当明确提出。

72.8 参见 37－1.5 最高人民法院、最高人民检察院、教育部关于落实从业禁止制度的意见

（2022 年 11 月 15 日 法发〔2022〕32 号）第 3 条

72.9 最高人民法院、最高人民检察院、司法部、公安部关于办理醉酒危险驾驶刑事案件的意见

（2023 年 12 月 28 日 高检发办字〔2023〕187 号）（节录）

第十四条 对符合刑法第七十二条规定的醉驾被告人，依法宣告缓刑。具有下列情形之一的，一般不适用缓刑：

（一）造成交通事故致他人轻微伤或者轻伤，且负事故全部或者主要责任的；

（二）造成交通事故且负事故全部或者主要责任，未赔偿损失的；

（三）造成交通事故后逃逸的；

（四）未取得机动车驾驶证驾驶汽车的；

（五）血液酒精含量超过 180 毫克/100 毫升的；

（六）服用国家规定管制的精神药品或者麻醉药品后驾驶的；

（七）采取暴力手段抗拒公安机关依法检查，或者实施妨害司法行为的；

（八）五年内曾因饮酒后驾驶机动车被查获或者受过行政处罚的；

（九）曾因危险驾驶行为被判决有罪或者作相对不起诉的；

（十）其他情节恶劣的情形。

【部委规范】

72.10 公安机关办理刑事案件程序规定（2013 年 1 月 1 日 公安部令第 127 号 2020 年修正）（节录）

第三百零二条（第一款） 对被判处管制、宣告缓刑、假释或者暂予监外执行的罪犯，已被羁押的，由看守所将其交付社区矫正机构执行。

第七十三条【缓刑的考验期限】 拘役的缓刑考验期限为原判刑期以上一年以下，但是不能少于二个月。

有期徒刑的缓刑考验期限为原判刑期以上五年以下，但是不能少于一年。

【缓刑考验期限的起算】 缓刑考验期限，从判决确定之日起计算。

【法条渊源】 79 刑法第 68 条规定了本条内容，刑法对拘役缓刑考验期作了修改，将最低期限由原来的 1 个月提高为 2 个月。

第七十四条【缓刑适用之禁例】 对于累犯和犯罪集团的首要分子，不适用缓刑。

【刑法修正说明】

本条为全国人大常委会 2011 年 2 月 25 日通过并公布、同年 5 月 1 日施行的《刑法修正案（八）》第 12 条所修正。原第 74 条为：

【缓刑适用之禁例】 对于累犯，不适用缓刑。

【法条渊源】 79 刑法第 69 条规定了本条内容，刑法将其吸收纳入。《刑法修正案（八）》第 12 条增设了对犯罪集团的首要分子禁止适用缓刑的规定。

第七十五条【缓刑犯的义务】 被宣告缓刑的犯罪分子，应当遵守下列规定：

（一）遵守法律、行政法规，服从监督；

（二）按照考察机关的规定报告自己的活动情况；

（三）遵守考察机关关于会客的规定；

（四）离开所居住的市、县或者迁居，应当报经考察机关批准。

【法条渊源】 79 刑法对本条内容没有规定，系刑法新增设的条款。

【司法文件】

75.1 参见 54.3 最高人民法院、最高人民检察院、公安部、劳动人事部关于被判处管制、剥夺

政治权利和宣告缓刑、假释的犯罪分子能否外出经商等问题的通知（1986 年 11 月 8 日　〔86〕高检会（三）字第 2 号）

第七十六条【**缓刑的考验及法律后果**】对宣告缓刑的犯罪分子，在缓刑考验期限内，依法实行社区矫正，如果没有本法第七十七条规定的情形，缓刑考验期满，原判的刑罚就不再执行，并公开予以宣告。

> 【**刑法修正说明**】
> 　　本条为全国人大常委会 2011 年 2 月 25 日通过并公布、同年 5 月 1 日施行的《刑法修正案（八）》第 13 条所修正。原第 76 条为：
> 　　【**缓刑的考验及法律后果**】被宣告缓刑的犯罪分子，在缓刑考验期限内，由公安机关考察，所在单位或者基层组织予以配合，如果没有本法第七十七条规定的情形，缓刑考验期满，原判的刑罚就不再执行，并公开予以宣告。

【**法条渊源**】79 刑法第 70 条规定了本条内容，刑法将考察机关由原规定的"由公安机关交所在单位或者基层组织予以考察"修改为"由公安机关考察，所在单位或者基层组织配合"。《刑法修正案（八）》第 13 条将缓刑"由公安机关考察"修改为"依法实行社区矫正"。

【**法律法规**】
　　76.1 中华人民共和国社区矫正法（2020 年 7 月 1 日）（第 44—51 条）

第七十七条【**缓刑的撤销**】被宣告缓刑的犯罪分子，在缓刑考验期限内犯新罪或者发现判决宣告以前还有其他罪没有判决的，应当撤销缓刑，对新犯的罪或者新发现的罪作出判决，把前罪和后罪所判处的刑罚，依照本法第六十九条的规定，决定执行的刑罚。

被宣告缓刑的犯罪分子，在缓刑考验期限内，违反法律、行政法规或者国务院有关部门关于缓刑的监督管理规定，或者违反人民法院判决中的禁止令，情节严重的，应当撤销缓刑，执行原判刑罚。

> 【**刑法修正说明**】
> 　　本条第 2 款为全国人大常委会 2011 年 2 月 25 日通过并公布、同年 5 月 1 日施行的《刑法修正案（八）》第 14 条所修正。原该款为：
> 　　【**缓刑的撤销**】被宣告缓刑的犯罪分子，在缓刑考验期限内，违反法律、行政法规或者国务院公安部门有关缓刑的监督管理规定，情节严重的，应当撤销缓刑，执行原判刑罚。

【**法条渊源**】79 刑法第 70 条规定了本条内容，刑法增设了撤销缓刑的两种情形：发现漏罪和违反法律法规及部门规章。《刑法修正案（八）》第 14 条改"国务院公安部门"为"国务院有关部门"，并增加了"或者违反人民法院判决中的禁止令"字样。

【**司法解释**】
　　77.1 最高人民法院关于适用刑法时间效力规定若干问题的解释（1997 年 9 月 25 日　法释〔1997〕5 号）（节录）
　　第六条　1997 年 9 月 30 日以前犯罪被宣告缓刑的犯罪分子，在 1997 年 10 月 1 日以后的缓刑考验期间又犯新罪、被发现漏罪或者违反法律、行政法规或者国务院公安部门有关缓刑的监督管理规定，情节严重的，适用刑法第七十七条的规定，撤销缓刑。
　　77.2 最高人民法院关于撤销缓刑时罪犯在宣告缓刑前羁押的时间能否折抵刑期问题的批复（2002 年 4 月 18 日　法释〔2002〕11 号）

各省、自治区、直辖市高级人民法院，解放军军事法院，新疆维吾尔自治区高级人民法院生产建设兵团分院：

最近，有的法院反映，关于在撤销缓刑时罪犯在宣告缓刑前羁押的时间能否折抵刑期的问题不明确。经研究，批复如下：

根据刑法第七十七条的规定，对被宣告缓刑的犯罪分子撤销缓刑执行原判刑罚的，对其在宣告缓刑前羁押的时间应当折抵刑期。

77.3 最高人民法院关于《中华人民共和国刑法修正案（八）》时间效力问题的解释（2011 年 5 月 1 日　法释〔2011〕9 号）（节录）

第一条（第二款）　犯罪分子在管制期间或者缓刑考验期内，违反人民法院判决中的禁止令的，适用修正后刑法第三十八条第四款或者第七十七条第二款的规定。

【部委规范】

77.4 公安机关办理刑事案件程序规定（2013 年 1 月 1 日　公安部令第 127 号　2020 年修正）（节录）

第三百一十六条（第一款）　被剥夺政治权利、管制、宣告缓刑和假释的罪犯在执行期间又犯新罪的，由犯罪地公安机关立案侦查。

第六节　减　刑

第七十八条【减刑的适用条件】 被判处管制、拘役、有期徒刑、无期徒刑的犯罪分子，在执行期间，如果认真遵守监规，接受教育改造，确有悔改表现的，或者有立功表现的，可以减刑；有下列重大立功表现之一的，应当减刑：

（一）阻止他人重大犯罪活动的；

（二）检举监狱内外重大犯罪活动，经查证属实的；

（三）有发明创造或者重大技术革新的；

（四）在日常生产、生活中舍己救人的；

（五）在抗御自然灾害或者排除重大事故中，有突出表现的；

（六）对国家和社会有其他重大贡献的。

减刑以后实际执行的刑期不能少于下列期限：

（一）判处管制、拘役、有期徒刑的，不能少于原判刑期的二分之一；

（二）判处无期徒刑的，不能少于十三年；

（三）人民法院依照本法第五十条第二款规定限制减刑的死刑缓期执行的犯罪分子，缓期执行期满后依法减为无期徒刑的，不能少于二十五年，缓期执行期满后依法减为二十五年有期徒刑的，不能少于二十年。

> **【刑法修正说明】**
>
> 本条第 2 款为全国人大常委会 2011 年 2 月 25 日通过并公布、同年 5 月 1 日施行的《刑法修正案（八）》第 15 条所修正。原该款为：
>
> **【减刑的限制】** 减刑以后实际执行的刑期，判处管制、拘役、有期徒刑的，不能少于原判刑期的二分之一；判处无期徒刑的，不能少于十年。

【法条渊源】 79 刑法第 71 条规定了本条内容，刑法对原法条作了修改，采用列举方式增设了应当减刑的几种情形。《刑法修正案（八）》第 15 条对第 2 款作了修正，修改了无期徒刑、死缓犯减刑后实际执行的最低刑期。

【司法解释】

78.1 最高人民法院关于《中华人民共和国刑法修正案（八）》时间效力问题的解释（2011 年

5月1日　法释〔2011〕9号）（节录）

第七条　2011年4月30日以前犯罪，被判处无期徒刑的罪犯，减刑以后或者假释前实际执行的刑期，适用修正前刑法第七十八条第二款、第八十一条第一款的规定。

78.2　最高人民法院关于减刑、假释案件审理程序的规定（2014年6月1日　法释〔2014〕5号）（第1—22条）

78.3　人民检察院办理减刑、假释案件规定（2014年8月1日　高检发监字〔2014〕8号）（第2—25条）

78.4　最高人民法院关于办理减刑、假释案件具体应用法律的规定（2017年1月1日　法释〔2016〕23号）（节录）

第一条　减刑、假释是激励罪犯改造的刑罚制度，减刑、假释的适用应当贯彻宽严相济刑事政策，最大限度地发挥刑罚的功能，实现刑罚的目的。

第二条　对于罪犯符合刑法第七十八条第一款规定"可以减刑"条件的案件，在办理时应当综合考察罪犯犯罪的性质和具体情节、社会危害程度、原判刑罚及生效裁判中财产性判项的履行情况、交付执行后的一贯表现等因素。

第三条　"确有悔改表现"是指同时具备以下条件：

（一）认罪悔罪；

（二）遵守法律法规及监规，接受教育改造；

（三）积极参加思想、文化、职业技术教育；

（四）积极参加劳动，努力完成劳动任务。

对职务犯罪、破坏金融管理秩序和金融诈骗犯罪、组织（领导、参加、包庇、纵容）黑社会性质组织犯罪等罪犯，不积极退赃、协助追缴赃款赃物、赔偿损失，或者服刑期间利用个人影响力和社会关系等不正当手段意图获得减刑、假释的，不认定其"确有悔改表现"。

罪犯在刑罚执行期间的申诉权利应当依法保护，对其正当申诉不能不加分析地认为是不认罪悔罪。

第四条　具有下列情形之一的，可以认定为有"立功表现"：

（一）阻止他人实施犯罪活动的；

（二）检举、揭发监狱内外犯罪活动，或者提供重要的破案线索，经查证属实的；

（三）协助司法机关抓捕其他犯罪嫌疑人的；

（四）在生产、科研中进行技术革新，成绩突出的；

（五）在抗御自然灾害或者排除重大事故中，表现积极的；

（六）对国家和社会有其他较大贡献的。

第（四）项、第（六）项中的技术革新或者其他较大贡献应当由罪犯在刑罚执行期间独立或者为主完成，并经省级主管部门确认。

第五条　具有下列情形之一的，应当认定为有"重大立功表现"：

（一）阻止他人实施重大犯罪活动的；

（二）检举监狱内外重大犯罪活动，经查证属实的；

（三）协助司法机关抓捕其他重大犯罪嫌疑人的；

（四）有发明创造或者重大技术革新的；

（五）在日常生产、生活中舍己救人的；

（六）在抗御自然灾害或者排除重大事故中，有突出表现的；

（七）对国家和社会有其他重大贡献的。

第（四）项中的发明创造或者重大技术革新应当是罪犯在刑罚执行期间独立或者为主完成并经国家主管部门确认的发明专利，且不包括实用新型专利和外观设计专利；第（七）项中的其他重大贡献应当由罪犯在刑罚执行期间独立或者为主完成，并经国家主管部门确认。

第六条　被判处有期徒刑的罪犯减刑起始时间为：不满五年有期徒刑的，应当执行一年以上方可减刑；五年以上不满十年有期徒刑的，应当执行一年六个月以上方可减刑；十年以上有期徒刑的，应当执行二年以上方可减刑。有期徒刑减刑的起始时间自判决执行之日起计算。

确有悔改表现或者有立功表现的，一次减刑不超过九个月有期徒刑；确有悔改表现并有立功表现的，一次减刑不超过一年有期徒刑；有重大立功表现的，一次减刑不超过一年六个月有期徒刑；确有悔改表现并有重大立功表现的，一次减刑不超过二年有期徒刑。

被判处不满十年有期徒刑的罪犯，两次减刑间隔时间不得少于一年；被判处十年以上有期徒刑的罪犯，两次减刑间隔时间不得少于一年六个月。减刑间隔时间不得低于上次减刑减去的刑期。

罪犯有重大立功表现的，可以不受上述减刑起始时间和间隔时间的限制。

第七条 对符合减刑条件的职务犯罪罪犯，破坏金融管理秩序和金融诈骗犯罪罪犯，组织、领导、参加、包庇、纵容黑社会性质组织犯罪罪犯，危害国家安全犯罪罪犯，恐怖活动犯罪罪犯，毒品犯罪集团的首要分子及毒品再犯，累犯，确有履行能力而不履行或者不全部履行生效裁判中财产性判项的罪犯，被判处十年以下有期徒刑的，执行二年以上方可减刑，减刑幅度应当比照本规定第六条从严掌握，一次减刑不超过一年有期徒刑，两次减刑之间应当间隔一年以上。

对被判处十年以上有期徒刑的前款罪犯，以及因故意杀人、强奸、抢劫、绑架、放火、爆炸、投放危险物质或者有组织的暴力性犯罪被判处十年以上有期徒刑的罪犯，数罪并罚且其中两罪以上被判处十年以上有期徒刑的罪犯，执行二年以上方可减刑，减刑幅度应当比照本规定第六条从严掌握，一次减刑不超过一年有期徒刑，两次减刑之间应当间隔一年六个月以上。

罪犯有重大立功表现的，可以不受上述减刑起始时间和间隔时间的限制。

第八条 被判处无期徒刑的罪犯在刑罚执行期间，符合减刑条件的，执行二年以上，可以减刑。减刑幅度为：确有悔改表现或者有立功表现的，可以减为二十二年有期徒刑；确有悔改表现并有立功表现的，可以减为二十一年以上二十二年以下有期徒刑；有重大立功表现的，可以减为二十年以上二十一年以下有期徒刑；确有悔改表现并有重大立功表现的，可以减为十九年以上二十年以下有期徒刑。无期徒刑罪犯减为有期徒刑后再减刑时，减刑幅度依照本规定第六条的规定执行。两次减刑间隔时间不得少于二年。

罪犯有重大立功表现的，可以不受上述减刑起始时间和间隔时间的限制。

第九条 对被判处无期徒刑的职务犯罪罪犯，破坏金融管理秩序和金融诈骗犯罪罪犯，组织、领导、参加、包庇、纵容黑社会性质组织犯罪罪犯，危害国家安全犯罪罪犯，恐怖活动犯罪罪犯，毒品犯罪集团的首要分子及毒品再犯，累犯以及因故意杀人、强奸、抢劫、绑架、放火、爆炸、投放危险物质或者有组织的暴力性犯罪的罪犯，确有履行能力而不履行或者不全部履行生效裁判中财产性判项的罪犯，数罪并罚被判处无期徒刑的罪犯，符合减刑条件的，执行三年以上方可减刑，减刑幅度应当比照本规定第八条从严掌握，减刑后的刑期最低不得少于二十年有期徒刑；减为有期徒刑后再减刑时，减刑幅度比照本规定第六条从严掌握，一次不超过一年有期徒刑，两次减刑之间应当间隔二年以上。

罪犯有重大立功表现的，可以不受上述减刑起始时间和间隔时间的限制。

第十条 被判处死刑缓期执行的罪犯减为无期徒刑后，符合减刑条件的，执行三年以上方可减刑。减刑幅度为：确有悔改表现或者有立功表现的，可以减为二十五年有期徒刑；确有悔改表现并有立功表现的，可以减为二十四年以上二十五年以下有期徒刑；有重大立功表现的，可以减为二十三年以上二十四年以下有期徒刑；确有悔改表现并有重大立功表现的，可以减为二十二年以上二十三年以下有期徒刑。

被判处死刑缓期执行的罪犯减为有期徒刑后再减刑时，比照本规定第八条的规定办理。

第十一条 对被判处死刑缓期执行的职务犯罪罪犯，破坏金融管理秩序和金融诈骗犯罪罪犯，组织、领导、参加、包庇、纵容黑社会性质组织犯罪罪犯，危害国家安全犯罪罪犯，恐怖活动犯罪罪犯，毒品犯罪集团的首要分子及毒品再犯，累犯以及因故意杀人、强奸、抢劫、绑架、放火、爆炸、投放危险物质或者有组织的暴力性犯罪的罪犯，确有履行能力而不履行或者不全部履行生效裁判中财产性判项的罪犯，数罪并罚被判处死刑缓期执行的罪犯，减为无期徒刑后，符合减刑条件的，执行三年以上方可减刑，一般减为二十五年有期徒刑，有立功表现或者重大立功表现的，可以比照本规定第十条减为二十三年以上二十五年以下有期徒刑；减为有期徒刑后再减刑时，减刑幅度比照本规定第六条从严掌握，一次不超过一年有期徒刑，两次减刑之间应当间隔二年以上。

　　第十二条　被判处死刑缓期执行的罪犯经过一次或者几次减刑后，其实际执行的刑期不得少于十五年，死刑缓期执行期间不包括在内。

　　死刑缓期执行罪犯在缓期执行期间不服从监管、抗拒改造，尚未构成犯罪的，在减为无期徒刑后再减刑时应当适当从严。

　　第十三条　被限制减刑的死刑缓期执行罪犯，减为无期徒刑后，符合减刑条件的，执行五年以上方可减刑。减刑间隔时间和减刑幅度依照本规定第九条的规定执行。

　　第十四条　被限制减刑的死刑缓期执行罪犯，减为有期徒刑后再减刑时，一次减刑不超过六个月有期徒刑，两次减刑间隔时间不得少于二年。有重大立功表现的，间隔时间可以适当缩短，但一次减刑不超过一年有期徒刑。

　　第十五条　对被判处终身监禁的罪犯，在死刑缓期执行期满依法减为无期徒刑的裁定中，应当明确终身监禁，不得再减刑或者假释。

　　第十六条　被判处管制、拘役的罪犯，以及判决生效后剩余刑期不满二年有期徒刑的罪犯，符合减刑条件的，可以酌情减刑，减刑起始时间可以适当缩短，但实际执行的刑期不得少于原判刑期的二分之一。

　　第十七条　被判处有期徒刑罪犯减刑时，对附加剥夺政治权利的期限可以酌减。酌减后剥夺政治权利的期限，不得少于一年。

　　被判处死刑缓期执行、无期徒刑的罪犯减为有期徒刑时，应当将附加剥夺政治权利的期限减为七年以上十年以下，经过一次或者几次减刑后，最终剥夺政治权利的期限不得少于三年。

　　第十八条　被判处拘役或者三年以下有期徒刑，并宣告缓刑的罪犯，一般不适用减刑。

　　前款规定的罪犯在缓刑考验期内有重大立功表现的，可以参照刑法第七十八条的规定予以减刑，同时应当依法缩减其缓刑考验期。缩减后，拘役的缓刑考验期限不得少于二个月，有期徒刑的缓刑考验期限不得少于一年。

　　第十九条　对在报请减刑前的服刑期间不满十八周岁，且所犯罪行不属于刑法第八十一条第二款规定情形的罪犯，认罪悔罪，遵守法律法规及监规，积极参加学习、劳动，应当视为确有悔改表现。

　　对上述罪犯减刑时，减刑幅度可以适当放宽，或者减刑起始时间、间隔时间可以适当缩短，但放宽的幅度和缩短的时间不得超过本规定中相应幅度、时间的三分之一。

　　第二十条　老年罪犯、患严重疾病罪犯或者身体残疾罪犯减刑时，应当主要考察其认罪悔罪的实际表现。

　　对基本丧失劳动能力，生活难以自理的上述罪犯减刑时，减刑幅度可以适当放宽，或者减刑起始时间、间隔时间可以适当缩短，但放宽的幅度和缩短的时间不得超过本规定中相应幅度、时间的三分之一。

　　第二十一条　被判处有期徒刑、无期徒刑的罪犯在刑罚执行期间又故意犯罪，新罪被判处有期徒刑的，自新罪判决确定之日起三年内不予减刑；新罪被判处无期徒刑的，自新罪判决确定之日起四年内不予减刑。

　　罪犯在死刑缓期执行期间又故意犯罪，未被执行死刑的，死刑缓期执行的期间重新计算，减为无期徒刑后，五年内不予减刑。

　　被判处死刑缓期执行罪犯减刑后，在刑罚执行期间又故意犯罪的，依照第一款规定处理。

　　第二十八条　罪犯减刑后又假释的，间隔时间不得少于一年；对一次减去一年以上有期徒刑后，决定假释的，间隔时间不得少于一年六个月。

　　罪犯减刑后余刑不足二年，决定假释的，可以适当缩短间隔时间。

　　第三十条（第二款）　被撤销假释的罪犯，收监后符合减刑条件的，可以减刑，但减刑起始时间自收监之日起计算。

　　第三十一条　年满八十周岁、身患疾病或者生活难以自理、没有再犯罪危险的罪犯，既符合减刑条件，又符合假释条件的，优先适用假释；不符合假释条件的，参照本规定第二十条有关的规定从宽处理。

第三十二条　人民法院按照审判监督程序重新审理的案件，裁定维持原判决、裁定的，原减刑、假释裁定继续有效。

再审裁判改变原判决、裁定的，原减刑、假释裁定自动失效，执行机关应当及时报请有管辖权的人民法院重新作出是否减刑、假释的裁定。重新作出减刑裁定时，不受本规定有关减刑起始时间、间隔时间和减刑幅度的限制。重新裁定时应综合考虑各方面因素，减刑幅度不得超过原裁定减去的刑期总和。

再审改判为死刑缓期执行或者无期徒刑的，在新判决减为有期徒刑之时，原判决已经实际执行的刑期一并扣减。

再审裁判宣告无罪的，原减刑、假释裁定自动失效。

第三十三条　罪犯被裁定减刑后，刑罚执行期间因故意犯罪而数罪并罚时，经减刑裁定减去的刑期不计入已经执行的刑期。原判死刑缓期执行减为无期徒刑、有期徒刑，或者无期徒刑减为有期徒刑的裁定继续有效。

第三十四条　罪犯被裁定减刑后，刑罚执行期间因发现漏罪而数罪并罚的，原减刑裁定自动失效。如漏罪系罪犯主动交代的，对其原减去的刑期，由执行机关报请有管辖权的人民法院重新作出减刑裁定，予以确认；如漏罪系有关机关发现或者他人检举揭发的，由执行机关报请有管辖权的人民法院，在原减刑裁定减去的刑期总和之内，酌情重新裁定。

第三十五条　被判处死刑缓期执行的罪犯，在死刑缓期执行期内被发现漏罪，依据刑法第七十条规定数罪并罚，决定执行死刑缓期执行的，死刑缓期执行期间自新判决确定之日起计算，已经执行的死刑缓期执行期间计入新判决的死刑缓期执行期间内，但漏罪被判处死刑缓期执行的除外。

第三十六条　被判处死刑缓期执行的罪犯，在死刑缓期执行期满后被发现漏罪，依据刑法第七十条规定数罪并罚，决定执行死刑缓期执行的，交付执行时对罪犯实际执行无期徒刑，死缓考验期不再执行，但漏罪被判处死刑缓期执行的除外。

在无期徒刑减为有期徒刑时，前罪死刑缓期执行减为无期徒刑之日起至新判决生效之日止已经实际执行的刑期，应当计算在减刑裁定决定执行的刑期以内。

原减刑裁定减去的刑期依照本规定第三十四条处理。

第三十七条　被判处无期徒刑的罪犯在减为有期徒刑后因发现漏罪，依据刑法第七十条规定数罪并罚，决定执行无期徒刑的，前罪无期徒刑生效之日起至新判决生效之日止已经实际执行的刑期，应当在新判决的无期徒刑减为有期徒刑时，在减刑裁定决定执行的刑期内扣减。

无期徒刑罪犯减为有期徒刑后因发现漏罪判处三年有期徒刑以下刑罚，数罪并罚决定执行无期徒刑的，在新判决生效后执行一年以上，符合减刑条件的，可以减为有期徒刑，减刑幅度依照本规定第八条、第九条的规定执行。

原减刑裁定减去的刑期依照本规定第三十四条处理。

第三十八条　人民法院作出的刑事判决、裁定发生法律效力后，在依照刑事诉讼法第二百五十三条、第二百五十四条的规定将罪犯交付执行刑罚时，如果生效裁判中有财产性判项，人民法院应当将反映财产性判项执行、履行情况的有关材料一并随案移送刑罚执行机关。罪犯在服刑期间本人履行或者其亲属代为履行生效裁判中财产性判项的，应当及时向刑罚执行机关报告。刑罚执行机关报请减刑时应随案移送以上材料。

人民法院办理减刑、假释案件时，可以向原一审人民法院核实罪犯履行财产性判项的情况。原一审人民法院应当出具相关证明。

刑罚执行期间，负责办理减刑、假释案件的人民法院可以协助原一审人民法院执行生效裁判中的财产性判项。

第三十九条　本规定所称"老年罪犯"，是指报请减刑、假释时年满六十五周岁的罪犯。

本规定所称"患严重疾病罪犯"，是指因患有重病，久治不愈，而不能正常生活、学习、劳动的罪犯。

本规定所称"身体残疾罪犯"，是指因身体有肢体或者器官残缺、功能不全或者丧失功能，而基本丧失生活、学习、劳动能力的罪犯，但是罪犯犯罪后自伤致残的除外。

对刑罚执行机关提供的证明罪犯患有严重疾病或者有身体残疾的证明文件，人民法院应当审查，必要时可以委托有关单位重新诊断、鉴定。

第四十条 本规定所称"判决执行之日"，是指罪犯实际送交刑罚执行机关之日。

本规定所称"减刑间隔时间"，是指前一次减刑裁定送达之日起至本次减刑报请之日止的期间。

第四十一条 本规定所称"财产性判项"是指判决罪犯承担的附带民事赔偿义务判项，以及追缴、责令退赔、罚金、没收财产等判项。

【说明】最高人民法院就新旧减刑、假释规定的适用原则作了规定。

附：最高人民法院关于执行《关于办理减刑、假释案件具体应用法律若干问题的规定》有关问题的通知（2013年9月11日 法〔2013〕201号）

各省、自治区、直辖市高级人民法院，解放军军事法院，新疆维吾尔自治区高级人民法院生产建设兵团分院：

为正确适用《最高人民法院关于办理减刑、假释案件具体应用法律若干问题的规定》（法释〔2012〕2号，以下简称《规定》）办理减刑、假释案件，根据刑法有关规定，现将有关问题通知如下：

一、原生效裁判在《中华人民共和国刑法修正案（八）》生效后作出的，适用《规定》。

二、原生效裁判在《中华人民共和国刑法修正案（八）》生效前作出的，适用1997年《最高人民法院关于办理减刑、假释案件具体应用法律若干问题的规定》（以下简称《1997年规定》）。但适用《规定》对罪犯有利的，适用《规定》。

三、原生效裁判在《中华人民共和国刑法修正案（八）》生效后作出，但犯罪行为发生在《中华人民共和国刑法修正案（八）》生效前，且适用《中华人民共和国刑法修正案（八）》生效前刑法定罪量刑的，适用《1997年规定》。但适用《规定》对罪犯有利的，适用《规定》。

78.5 最高人民法院关于办理减刑、假释案件具体应用法律的补充规定（2019年6月1日 法释〔2019〕6号）

为准确把握宽严相济刑事政策，严格执行《最高人民法院关于办理减刑、假释案件具体应用法律的规定》，现对《中华人民共和国刑法修正案（九）》施行后，依照刑法分则第八章贪污贿赂罪判处刑罚的原具有国家工作人员身份的罪犯的减刑、假释补充规定如下：

第一条 对拒不认罪悔罪的，或者确有履行能力而不履行或者不全部履行生效裁判中财产性判项的，不予假释，一般不予减刑。

第二条 被判处十年以上有期徒刑，符合减刑条件的，执行三年以上方可减刑；被判处不满十年有期徒刑，符合减刑条件的，执行二年以上方可减刑。

确有悔改表现或者有立功表现的，一次减刑不超过六个月有期徒刑；确有悔改表现并有立功表现的，一次减刑不超过九个月有期徒刑；有重大立功表现的，一次减刑不超过一年有期徒刑。

被判处十年以上有期徒刑的，两次减刑之间应当间隔二年以上；被判处不满十年有期徒刑的，两次减刑之间应当间隔一年六个月以上。

第三条 被判处无期徒刑，符合减刑条件的，执行四年以上方可减刑。

确有悔改表现或者有立功表现的，可以减为二十三年有期徒刑；确有悔改表现并有立功表现的，可以减为二十二年以上二十三年以下有期徒刑；有重大立功表现的，可以减为二十一年以上二十二年以下有期徒刑。

无期徒刑减为有期徒刑后再减刑时，减刑幅度比照本规定第二条的规定执行。两次减刑之间应当间隔二年以上。

第四条 被判处死刑缓期执行的，减为无期徒刑后，符合减刑条件的，执行四年以上方可减刑。

确有悔改表现或者有立功表现的，可以减为二十五年有期徒刑；确有悔改表现并有立功表现的，可以减为二十四年六个月以上二十五年以下有期徒刑；有重大立功表现的，可以减为二十四年以上二十四年六个月以下有期徒刑。

减为有期徒刑后再减刑时，减刑幅度比照本规定第二条的规定执行。两次减刑之间应当间隔二年以上。

第五条 罪犯有重大立功表现的，减刑时可以不受上述起始时间和间隔时间的限制。

第六条 对本规定所指贪污贿赂罪犯适用假释时，应当从严掌握。

第七条 本规定自2019年6月1日起施行。此前发布的司法解释与本规定不一致的，以本规定为准。

78.6 最高人民法院关于人民法院办理接收在台湾地区服刑的大陆居民回大陆服刑案件的规定 （2016年5月1日 法释〔2016〕11号）（节录）

第九条 被判刑人回大陆服刑后，有关减刑、假释、暂予监外执行、赦免等事项，适用刑法、刑事诉讼法及相关司法解释的规定。

【司法文件】

78.7 最高人民法院关于贯彻宽严相济刑事政策的若干意见 （2010年2月8日 法发〔2010〕9号）（节录）

34. 对于危害国家安全犯罪、故意危害公共安全犯罪、严重暴力犯罪、涉众型经济犯罪等严重犯罪；恐怖组织犯罪、邪教组织犯罪、黑恶势力犯罪等有组织犯罪的领导者、组织者和骨干分子；毒品犯罪再犯的严重犯罪者；确有执行能力而拒不依法积极主动缴付财产执行财产刑或确有履行能力而不积极主动履行附带民事赔偿责任的，在依法减刑、假释时，应当从严掌握。对累犯减刑时，应当从严掌握。拒不交代真实身份或对减刑、假释材料弄虚作假，不符合减刑、假释条件的，不得减刑、假释。

对于因犯故意杀人、爆炸、抢劫、强奸、绑架等暴力犯罪，致人死亡或严重残疾而被判处死刑缓期二年执行或无期徒刑的罪犯，要严格控制减刑的频度和每次减刑的幅度，要保证其相对较长的实际服刑期限，维护公平正义，确保改造效果。

对于未成年犯、老年犯、残疾罪犯、过失犯、中止犯、胁从犯、积极主动缴付财产执行财产刑或履行民事赔偿责任的罪犯、因防卫过当或避险过当而判处徒刑的罪犯以及其他主观恶性不深、人身危险性不大的罪犯，在依法减刑、假释时，应当根据悔改表现予以从宽掌握。对认罪服法，遵守监规，积极参加学习、劳动，确有悔改表现的，依法予以减刑，减刑的幅度可以适当放宽，间隔的时间可以相应缩短。符合刑法第八十一条第一款规定的假释条件的，应当依法多适用假释。

43. 对减刑、假释案件，要采取开庭审理与书面审理相结合的方式。对于职务犯罪案件，尤其是原为县处级以上领导干部罪犯的减刑、假释案件，要一律开庭审理。对于故意杀人、抢劫、故意伤害等严重危害社会治安的暴力犯罪分子，有组织犯罪案件中的首要分子和其他主犯以及其他重大、有影响案件罪犯的减刑、假释，原则上也要开庭审理。书面审理的案件，拟裁定减刑、假释的，要在羁押场所公示拟减刑、假释人员名单，接受其他在押罪犯的广泛监督。

78.8 最高人民法院研究室关于罪犯在刑罚执行期间的发明创造能否按照重大立功表现作为对其漏罪审判时的量刑情节问题的答复 （2011年6月14日 法研〔2011〕79号）

青海省高级人民法院：

你院（2010）青刑终字第62号《关于被告人在刑罚执行期间的发明创造能否按照重大立功表现作为对其漏罪审判时的量刑情节问题的请示》收悉。经研究，答复如下：

罪犯在服刑期间的发明创造构成立功或者重大立功的，可以作为依法减刑的条件予以考虑，但不能作为追诉漏罪的法定量刑情节考虑。

78.9 参见134.4 最高人民法院关于进一步加强危害生产安全刑事案件审判工作的意见 （2011年12月30日 法发〔2011〕20号）

78.10 最高人民法院、最高人民检察院、公安部、司法部关于加强减刑、假释案件实质化审理的意见 （2021年12月1日 法发〔2021〕31号）（节录）

一、准确把握减刑、假释案件实质化审理的基本要求

1. 坚持全面依法审查。审理减刑、假释案件应当全面审查刑罚执行机关报送的材料，既要注重审查罪犯交付执行后的一贯表现，同时也要注重审查罪犯犯罪的性质、具体情节、社会危害程度、原判刑罚及生效裁判中财产性判项的履行情况等，依法作出公平、公正的裁定，切实防止将考核分数作为减刑、假释的唯一依据。

2. 坚持主客观改造表现并重。审理减刑、假释案件既要注重审查罪犯劳动改造、监管改造等客观方面的表现，也要注重审查罪犯思想改造等主观方面的表现，综合判断罪犯是否确有悔改表现。

3. 坚持严格审查证据材料。审理减刑、假释案件应当充分发挥审判职能作用，坚持以审判为中心，严格审查各项证据材料。认定罪犯是否符合减刑、假释法定条件，应当有相应证据予以证明；对于没有证据证实或者证据不确实、不充分的，不得裁定减刑、假释。

4. 坚持区别对待。审理减刑、假释案件应当切实贯彻宽严相济刑事政策，具体案件具体分析，区分不同情形，依法作出裁定，最大限度地发挥刑罚的功能，实现刑罚的目的。

二、严格审查减刑、假释案件的实体条件

5. 严格审查罪犯服刑期间改造表现的考核材料。对于罪犯的计分考核材料，应当认真审查考核分数的来源及其合理性等，如果存在考核分数与考核期不对应、加扣分与奖惩不对应、奖惩缺少相应事实和依据等情况，应当要求刑罚执行机关在规定期限内作出说明或者补充。对于在规定期限内不能作出合理解释的考核材料，不作为认定罪犯确有悔改表现的依据。

对于罪犯的认罪悔罪书、自我鉴定等自书材料，要结合罪犯的文化程度认真进行审查，对于无特殊原因非本人书写或者自书材料内容虚假的，不认定罪犯确有悔改表现。

对于罪犯存在违反监规纪律行为的，应当根据行为性质、情节等具体情况，综合分析判断罪犯的改造表现。罪犯服刑期间因违反监规纪律被处以警告、记过或者禁闭处罚的，可以根据案件具体情况，认定罪犯是否确有悔改表现。

6. 严格审查罪犯立功、重大立功的证据材料，准确把握认定条件。对于检举、揭发监狱内外犯罪活动，或者提供重要破案线索的，应当注重审查线索的来源。对于揭发线索来源存疑的，应当进一步核查，如果查明线索系通过贿买、暴力、威胁或者违反监规等非法手段获取的，不认定罪犯具有立功或者重大立功表现。

对于技术革新、发明创造，应当注重审查罪犯是否具备该技术革新、发明创造的专业能力和条件，对于罪犯明显不具备相应专业能力及条件、不能说明技术革新或者发明创造原理及过程的，不认定罪犯具有立功或者重大立功表现。

对于阻止他人实施犯罪活动，协助司法机关抓捕其他犯罪嫌疑人，在日常生产、生活中舍己救人，在抗御自然灾害或者排除重大事故中有积极或者突出表现的，除应当审查有关部门出具的证明材料外，还应当注重审查能够证明上述行为的其他证据材料，对于罪犯明显不具备实施上述行为能力和条件的，不认定罪犯具有立功或者重大立功表现。

严格把握"较大贡献"或者"重大贡献"的认定条件。该"较大贡献"或者"重大贡献"，是指对国家、社会具有积极影响，而非仅对个别人员、单位有贡献和帮助。对于罪犯在警示教育活动中现身说法的，不认定罪犯具有立功或者重大立功表现。

7. 严格审查罪犯履行财产性判项的能力。罪犯未履行或者未全部履行财产性判项，具有下列情形之一的，不认定罪犯确有悔改表现：

（1）拒不交代赃款、赃物去向；

（2）隐瞒、藏匿、转移财产；

（3）有可供履行的财产拒不履行。

对于前款罪犯，无特殊原因狱内消费明显超出规定额度标准的，一般不认定罪犯确有悔改表现。

8. 严格审查反映罪犯是否有再犯罪危险的材料。对于报请假释的罪犯，应当认真审查刑罚执行机关提供的反映罪犯服刑期间现实表现和生理、心理状况的材料，并认真审查司法行政机关或者有关社会组织出具的罪犯假释后对所居住社区影响的材料，同时结合罪犯犯罪的性质、具体情节、社会危害程度、原判刑罚及生效裁判中财产性判项的履行情况等，综合判断罪犯假释后是否具有再犯罪危险性。

9. 严格审查罪犯身份信息、患有严重疾病或者身体有残疾的证据材料。对于上述证据材料有疑问的，可以委托有关单位重新调查、诊断、鉴定。对原判适用《中华人民共和国刑事诉讼法》第一百六十条第二款规定判处刑罚的罪犯，在刑罚执行期间不真心悔罪，仍不讲真实姓名、住址，且无法调查核实清楚的，除具有重大立功表现等特殊情形外，一律不予减刑、假释。

10. 严格把握罪犯减刑后的实际服刑刑期。正确理解法律和司法解释规定的最低服刑期限，严格控制减刑起始时间、间隔时间及减刑幅度，并根据罪犯前期减刑情况和效果，对其后续减刑予以总体掌握。死刑缓期执行、无期徒刑罪犯减为有期徒刑后再减刑时，在减刑间隔时间及减刑幅度上，应当从严把握。

【法律法规】

78.11 中华人民共和国监狱法（1994 年 12 月 29 日　2012 年修正）（第 29—31 条、第 34 条）

第七十九条【减刑的程序】 对于犯罪分子的减刑，由执行机关向中级以上人民法院提出减刑建议书。人民法院应当组成合议庭进行审理，对确有悔改或者立功事实的，裁定予以减刑，非经法定程序不得减刑。

【法条渊源】 本条 79 刑法没有规定，系刑法增设。

【司法解释】

79.1 最高人民法院关于减刑、假释案件审理程序的规定（2014 年 6 月 1 日　法释〔2014〕5 号）（第 1 条第 1 款、第 4 条、第 16 条第 1 款）

【司法文件】

79.2 最高人民法院研究室关于对无期徒刑犯减刑后原审法院发现原判决确有错误予以改判，原减刑裁定应如何适用法律条款予以撤销问题的答复（1994 年 11 月 7 日）

江西省高级人民法院：

你院赣高法〔1994〕110 号《关于撤销减刑裁定应当如何适用法律条款的请示》收悉。经研究，答复如下：

被判处无期徒刑的罪犯由服刑地的高级人民法院依法裁定减刑后，原审人民法院发现原判决确有错误并依照审判监督程序改判为有期徒刑的，应当依照我院法（研）复〔1989〕2 号批复撤销原减刑裁定。鉴于原减刑裁定是在无期徒刑基础上的减刑，既然原判无期徒刑已被认定为错判，那么原减刑裁定在认定事实和适用法律上亦应视为确有错误。由此，由罪犯服刑地的高级人民法院根据刑事诉讼法第一百四十九条第一款①的规定，按照审判监督程序撤销原减刑裁定是适宜的。

79.3 最高人民法院关于罪犯因漏罪、新罪数罪并罚时原减刑裁定应如何处理的意见（2012 年 1 月 18 日　法〔2012〕44 号）

各省、自治区、直辖市高级人民法院，解放军军事法院，新疆维吾尔自治区高级人民法院生产建设兵团分院：

近期，我院接到一些地方高级人民法院关于判决宣告以后，刑罚执行完毕以前，罪犯因漏罪或者又犯新罪数罪并罚时，原减刑裁定应如何处理的请示。为统一法律适用，经研究，提出如下意见：

罪犯被裁定减刑后，因被发现漏罪或者又犯新罪而依法进行数罪并罚时，经减刑裁定减去的刑期不计入已经执行的刑期。

在此后对因漏罪数罪并罚的罪犯依法减刑，决定减刑的频次、幅度时，应当对其原经减刑裁定减去的刑期酌予考虑。

【部委规范】

79.4 公安机关办理刑事案件程序规定（2013 年 1 月 1 日　公安部令第 127 号　2020 年修正）（节录）

第三百零五条 对依法留看守所执行刑罚的罪犯，符合减刑条件的，由看守所制作减刑建议书，经设区的市一级以上公安机关审查同意后，报请所在地中级以上人民法院审核裁定。

79.5 监狱提请减刑假释工作程序规定（2014 年 12 月 1 日　司法部令第 130 号）（节录）

第三条 被判处有期徒刑和被减刑为有期徒刑的罪犯的减刑、假释，由监狱提出建议，提请罪犯服刑地的中级人民法院裁定。

①　指 79 刑事诉讼法条文。——编者注

第四条　被判处死刑缓期二年执行的罪犯的减刑，被判处无期徒刑的罪犯的减刑、假释，由监狱提出建议，经省、自治区、直辖市监狱管理局审核同意后，提请罪犯服刑地的高级人民法院裁定。

第八十条【无期徒刑减刑后的刑期起算】无期徒刑减为有期徒刑的刑期，从裁定减刑之日起计算。

【法条渊源】79 刑法第 72 条规定了本条内容，刑法将其吸收纳入。

【司法解释】

80.1 最高人民法院关于刑事案件终审判决和裁定何时发生法律效力问题的批复（2004 年 7 月 29 日　法释〔2004〕7 号）

各省、自治区、直辖市高级人民法院，解放军军事法院，新疆维吾尔自治区高级人民法院生产建设兵团分院：

近来，有的法院反映，关于刑事案件终审判决和裁定何时发生法律效力问题不明确。经研究，批复如下：

根据《中华人民共和国刑事诉讼法》第一百六十三条、第一百九十五条和第二百零八条规定的精神，终审的判决和裁定自宣告之日起发生法律效力。

【司法文件】

80.2 最高人民法院关于刘文占减刑一案的答复（2007 年 8 月 11 日　〔2006〕刑监他字第 7 号）

河北省高级人民法院：

你院〔1999〕冀刑执字第 486 号减刑裁定，没有法定程序、法定理由撤销。

罪犯刘文占犯盗窃罪被判处无期徒刑，减为有期徒刑十八年之后，发现其在判决宣告之前犯有强奸罪、抢劫罪。沧州市中级人民法院作出新的判决，对刘文占以强奸罪、抢劫罪分别定罪量刑，数罪并罚，决定对罪犯刘文占执行无期徒刑是正确的。

现监狱报请为罪犯刘文占减刑，你院在计算刑期时，应将罪犯刘文占第一次减为有期徒刑十八年之后至漏罪判决之间已经执行的刑期予以扣除。

第七节　假　释

第八十一条【假释的适用条件】被判处有期徒刑的犯罪分子，执行原判刑期二分之一以上，被判处无期徒刑的犯罪分子，实际执行十三年以上，如果认真遵守监规，接受教育改造，确有悔改表现，没有再犯罪的危险的，可以假释。如果有特殊情况，经最高人民法院核准，可以不受上述执行刑期的限制。

【假释适用之禁例】对累犯以及因故意杀人、强奸、抢劫、绑架、放火、爆炸、投放危险物质或者有组织的暴力性犯罪被判处十年以上有期徒刑、无期徒刑的犯罪分子，不得假释。

【假释考虑的因素】对犯罪分子决定假释时，应当考虑其假释后对所居住社区的影响。

【刑法修正说明】

本条为全国人大常委会 2011 年 2 月 25 日通过并公布、同年 5 月 1 日施行的《刑法修正案（八）》第 16 条所修正。原第 81 条为：

【假释的适用条件】被判处有期徒刑的犯罪分子，执行原判刑期二分之一以上，被判处无期徒刑的犯罪分子，实际执行十年以上，如果认真遵守监规，接受教育改造，确有悔改表现，假释后不致再危害社会的，可以假释。如果有特殊情况，经最高人民法院核准，可以不受上述执行刑期的限制。

【假释适用之禁例】对累犯以及因杀人、爆炸、抢劫、强奸、绑架等暴力性犯罪被判处十年以上有期徒刑、无期徒刑的犯罪分子，不得假释。

【法条渊源】79 刑法第 73 条对本条第 1 款作了规定，刑法作了修改。第 2 款 79 刑法没有规定，系刑法增设的禁止适用假释的条款。《刑法修正案（八）》第 16 条作了如下修改：（1）第 1 款中无期徒刑犯假释的实际执行最低期限由"十年"改为"十三年"；（2）扩大了第 2 款禁止假释的对象范围；（3）增设第 3 款内容。

【司法解释】

81.1 最高人民法院关于适用刑法时间效力规定若干问题的解释（1997 年 10 月 1 日 法释〔1997〕5 号）（节录）

第七条 1997 年 9 月 30 日以前犯罪，1997 年 10 月 1 日以后仍在服刑的犯罪分子，因特殊情况，需要不受执行刑期限制假释的，适用刑法第八十一条第一款的规定，报经最高人民法院核准。

第八条 1997 年 9 月 30 日以前犯罪，1997 年 10 月 1 日以后仍在服刑的累犯以及因杀人、爆炸、抢劫、强奸、绑架等暴力性犯罪被判处十年以上有期徒刑、无期徒刑的犯罪分子，适用修订前的刑法第七十三条的规定，可以假释。

81.2 最高人民法院关于审理未成年人刑事案件具体应用法律若干问题的解释（2006 年 1 月 23 日 法释〔2006〕1 号）（节录）

第十八条 对未成年罪犯的减刑、假释，在掌握标准上可以比照成年罪犯依法适度放宽。

未成年罪犯能认罪服法，遵守监规，积极参加学习、劳动的，即可视为"确有悔改表现"予以减刑，其减刑的幅度可以适当放宽，间隔的时间可以相应缩短。符合刑法第八十一条第一款规定的，可以假释。

未成年罪犯在服刑期间已经成年的，对其减刑、假释可以适用上述规定。

81.3 最高人民法院关于《中华人民共和国刑法修正案（八）》时间效力问题的解释（2011 年 5 月 1 日 法释〔2011〕9 号）（节录）

第七条 2011 年 4 月 30 日以前犯罪，被判处无期徒刑的罪犯，减刑以后或者假释前实际执行的刑期，适用修正前刑法第七十八条第二款、第八十一条第一款的规定。

第八条 2011 年 4 月 30 日以前犯罪，因具有累犯情节或者是故意杀人、强奸、抢劫、绑架、放火、爆炸、投放危险物质或者有组织的暴力性犯罪并被判处十年以上有期徒刑、无期徒刑的犯罪分子，2011 年 5 月 1 日以后仍在服刑的，能否假释，适用修正前刑法第八十一条第二款的规定；2011 年 4 月 30 日以前犯罪，因其他暴力性犯罪被判处十年以上有期徒刑、无期徒刑的犯罪分子，2011 年 5 月 1 日以后仍在服刑的，能否假释，适用修正后刑法第八十一条第二款、第三款的规定。

81.4 最高人民法院关于减刑、假释案件审理程序的规定（2014 年 6 月 1 日 法释〔2014〕5 号）（第 1—22 条）

81.5 最高人民法院关于办理减刑、假释案件具体应用法律的规定（2017 年 1 月 1 日 法释〔2016〕23 号）（节录）

第十五条 对被判处终身监禁的罪犯，在死刑缓期执行期满依法减为无期徒刑的裁定中，应当明确终身监禁，不得再减刑或者假释。

第二十二条 办理假释案件，认定"没有再犯罪的危险"，除符合刑法第八十一条规定的情形外，还应当根据犯罪的具体情节、原判刑罚情况，在刑罚执行中的一贯表现，罪犯的年龄、身体状况、性格特征，假释后生活来源以及监管条件等因素综合考虑。

第二十三条 被判处有期徒刑的罪犯假释时，执行原判刑期二分之一的时间，应当从判决执行之日起计算，判决执行以前先行羁押的，羁押一日折抵刑期一日。

被判处无期徒刑的罪犯假释时，刑法中关于实际执行刑期不得少于十三年的时间，应当从判决生效之日起计算。判决生效以前先行羁押的时间不予折抵。

被判处死刑缓期执行的罪犯减为无期徒刑或者有期徒刑后，实际执行十五年以上，方可假释，该实际执行时间应当从死刑缓期执行期满之日起计算。死刑缓期执行期间不包括在内，判决确定以前先行羁押的时间不予折抵。

第二十四条 刑法第八十一条第一款规定的"特殊情况"，是指有国家政治、国防、外交等方面特殊需要的情况。

第二十五条　对累犯以及因故意杀人、强奸、抢劫、绑架、放火、爆炸、投放危险物质或者有组织的暴力性犯罪被判处十年以上有期徒刑、无期徒刑的罪犯，不得假释。

因前款情形和犯罪被判处死刑缓期执行的罪犯，被减为无期徒刑、有期徒刑后，也不得假释。

第二十六条　对下列罪犯适用假释时可以依法从宽掌握：

（一）过失犯罪的罪犯、中止犯罪的罪犯、被胁迫参加犯罪的罪犯；

（二）因防卫过当或者紧急避险过当而被判处有期徒刑以上刑罚的罪犯；

（三）犯罪时未满十八周岁的罪犯；

（四）基本丧失劳动能力、生活难以自理，假释后生活确有着落的老年罪犯、患严重疾病罪犯或者身体残疾罪犯；

（五）服刑期间改造表现特别突出的罪犯；

（六）具有其他可以从宽假释情形的罪犯。

罪犯既符合法定减刑条件，又符合法定假释条件的，可以优先适用假释。

第二十七条　对于生效裁判中有财产性判项，罪犯确有履行能力而不履行或者不全部履行的，不予假释。

第二十八条　罪犯减刑后又假释的，间隔时间不得少于一年；对一次减去一年以上有期徒刑后，决定假释的，间隔时间不得少于一年六个月。

罪犯减刑后余刑不足二年，决定假释的，可以适当缩短间隔时间。

第二十九条　罪犯在假释考验期内违反法律、行政法规或者国务院有关部门关于假释的监督管理规定的，作出假释裁定的人民法院，应当在收到报请机关或者检察机关撤销假释建议书后及时审查，作出是否撤销假释的裁定，并送达报请机关，同时抄送人民检察院、公安机关和原刑罚执行机关。

罪犯在逃的，撤销假释裁定书可以作为对罪犯进行追捕的依据。

第三十条　依照刑法第八十六条规定被撤销假释的罪犯，一般不得再假释。但依照该条第二款被撤销假释的罪犯，如果罪犯对漏罪曾作如实供述但原判未予认定，或者漏罪系其自首，符合假释条件的，可以再假释。

被撤销假释的罪犯，收监后符合减刑条件的，可以减刑，但减刑起始时间自收监之日起计算。

第三十一条　年满八十周岁、身患疾病或者生活难以自理、没有再犯罪危险的罪犯，既符合减刑条件，又符合假释条件的，优先适用假释；不符合假释条件的，参照本规定第二十条有关的规定从宽处理。

第三十二条　人民法院按照审判监督程序重新审理的案件，裁定维持原判决、裁定的，原减刑、假释裁定继续有效。

再审裁判改变原判决、裁定的，原减刑、假释裁定自动失效，执行机关应当及时报请有管辖权的人民法院重新作出是否减刑、假释的裁定。重新作出减刑裁定时，不受本规定有关减刑起始时间、间隔时间和减刑幅度的限制。重新裁定时应综合考虑各方面因素，减刑幅度不得超过原裁定减去的刑期总和。

再审改判为死刑缓期执行或者无期徒刑的，在新判决减为有期徒刑之时，原判决已经实际执行的刑期一并扣减。

再审裁判宣告无罪的，原减刑、假释裁定自动失效。

> 【说明】生效裁判的交付执行程序、老年罪犯、判决执行之日、财产性判项等术语的含义，参见78.4本规定第38条以下。

81.6 参见78.5 最高人民法院关于办理减刑、假释案件具体应用法律的补充规定（2019年6月1日　法释〔2019〕6号）

【司法文件】

81.7 参见 **78.7** 最高人民法院关于贯彻宽严相济刑事政策的若干意见（2010 年 2 月 8 日　法发〔2010〕9 号）

81.8 参见 **50.7** 最高人民法院、最高人民检察院、公安部、司法部关于办理黑恶势力犯罪案件若干问题的指导意见（2018 年 1 月 16 日　法发〔2018〕1 号）

81.9 参见 **78.10** 最高人民法院、最高人民检察院、公安部、司法部关于加强减刑、假释案件实质化审理的意见（2021 年 12 月 1 日　法发〔2021〕31 号）（第 1—9 条）

【部委规范】

81.10 公安机关办理刑事案件程序规定（2013 年 1 月 1 日　公安部令第 127 号　2020 年修正）（节录）

第三百零六条　对依法留看守所执行刑罚的罪犯，符合假释条件的，由看守所制作假释建议书，经设区的市一级以上公安机关审查同意后，报请所在地中级以上人民法院审核裁定。

【法律法规】

81.11 中华人民共和国监狱法（1994 年 12 月 29 日　2012 年修正）（第 32—34 条）

第八十二条【假释的程序】 对于犯罪分子的假释，依照本法第七十九条规定的程序进行。非经法定程序不得假释。

【法条渊源】 79 刑法没有规定本条，系刑法增设。

【司法解释】

82.1 最高人民法院关于减刑、假释案件审理程序的规定（2014 年 6 月 1 日　法释〔2014〕5 号）（第 1 条第 1 款、第 4 条、第 16 条第 1 款）

【部委规范】

82.2 参见 **79.5** 监狱提请减刑假释工作程序规定（2014 年 12 月 1 日　司法部令第 130 号）

第八十三条【假释的考验期限】 有期徒刑的假释考验期限，为没有执行完毕的刑期；无期徒刑的假释考验期限为十年。

【假释考验期限的起算】 假释考验期限，从假释之日起计算。

【法条渊源】 79 刑法第 74 条规定了本条内容，刑法将其吸收纳入。

第八十四条【假释犯的义务】 被宣告假释的犯罪分子，应当遵守下列规定：

（一）遵守法律、行政法规，服从监督；

（二）按照监督机关的规定报告自己的活动情况；

（三）遵守监督机关关于会客的规定；

（四）离开所居住的市、县或者迁居，应当报经监督机关批准。

【法条渊源】 79 刑法没有规定本条，系刑法增设。

第八十五条【假释考验】 对假释的犯罪分子，在假释考验期限内，依法实行社区矫正，如果没有本法第八十六条规定的情形，假释考验期满，就认为原判刑罚已经执行完毕，并公开予以宣告。

【刑法修正说明】

本条为全国人大常委会 2011 年 2 月 25 日通过并公布、同年 5 月 1 日施行的《刑法修正案（八）》第 17 条所修正。原第 85 条为：

【假释考验】 被假释的犯罪分子，在假释考验期限内，由公安机关予以监督，如果没有本法第八十六条规定的情形，假释考验期满，就认为原判刑罚已经执行完毕，并公开予以宣告。

【法条渊源】本条源自 79 刑法第 75 条，刑法将其修改吸收纳入。《刑法修正案（八）》第 17 条改被假释的罪犯"由公安机关予以监督"为"依法实行社区矫正"。

【法律法规】

85.1 中华人民共和国社区矫正法（2020 年 7 月 1 日）（第 44—51 条）

第八十六条【假释的撤销】被假释的犯罪分子，在假释考验期限内犯新罪，应当撤销假释，依照本法第七十一条的规定实行数罪并罚。

在假释考验期限内，发现被假释的犯罪分子在判决宣告以前还有其他罪没有判决的，应当撤销假释，依照本法第七十条的规定实行数罪并罚。

被假释的犯罪分子，在假释考验期限内，有违反法律、行政法规或者国务院有关部门关于假释的监督管理规定的行为，尚未构成新的犯罪的，应当依照法定程序撤销假释，收监执行未执行完毕的刑罚。

> 【刑法修正说明】
>
> 本条第 3 款为全国人大常委会 2011 年 2 月 25 日通过并公布、同年 5 月 1 日施行的《刑法修正案（八）》第 18 条所修正。原该款为：
>
> 【假释的撤销】被假释的犯罪分子，在假释考验期限内，有违反法律、行政法规或者国务院公安部门有关假释的监督管理规定的行为，尚未构成新的犯罪的，应当依照法定程序撤销假释，收监执行未执行完毕的刑罚。

【法条渊源】79 刑法第 75 条规定了本条内容，刑法增设了撤销假释的两种情形。《刑法修正案（八）》第 18 条改第 3 款的"国务院公安部门"为"国务院有关部门"。

【司法解释】

86.1 最高人民法院关于适用刑法时间效力规定若干问题的解释（1997 年 10 月 1 日　法释〔1997〕5 号）（节录）

第九条　1997 年 9 月 30 日以前被假释的犯罪分子，在 1997 年 10 月 1 日以后的假释考验期内，又犯新罪、被发现漏罪或者违反法律、行政法规或者国务院公安部门有关假释的监督管理规定的，适用刑法第八十六条的规定，撤销假释。

86.2 最高人民法院关于办理减刑、假释案件具体应用法律的规定（2017 年 1 月 1 日　法释〔2016〕23 号）（节录）

第三十条　依照刑法第八十六条规定被撤销假释的罪犯，一般不得再假释。但依照该条第二款被撤销假释的罪犯，如果罪犯对漏罪曾作如实供述但原判未予认定，或者漏罪系其自首，符合假释条件的，可以再假释。

被撤销假释的罪犯，收监后符合减刑条件的，可以减刑，但减刑起始时间自收监之日起计算。

第八节　时　效

第八十七条【追诉时效】犯罪经过下列期限不再追诉：

（一）法定最高刑为不满五年有期徒刑的，经过五年；

（二）法定最高刑为五年以上不满十年有期徒刑的，经过十年；

（三）法定最高刑为十年以上有期徒刑的，经过十五年；

（四）法定最高刑为无期徒刑、死刑的，经过二十年。如果二十年以后认为必须追诉的，须报请最高人民检察院核准。

【法条渊源】79 刑法第 76 条规定了本条内容，刑法将其吸收纳入。

【司法解释】

87.1 最高人民检察院关于办理核准追诉案件若干问题的规定（2012 年 8 月 21 日　高检发侦监

〔2012〕21 号）（节录）

第二条 办理核准追诉案件应当严格依法、从严控制。

第三条 法定最高刑为无期徒刑、死刑的犯罪，已过二十年追诉期限的，不再追诉。如果认为必须追诉的，须报请最高人民检察院核准。

第四条 须报请最高人民检察院核准追诉的案件在核准之前，侦查机关可以依法对犯罪嫌疑人采取强制措施。

侦查机关报请核准追诉并提请逮捕犯罪嫌疑人，人民检察院经审查认为必须追诉而且符合法定逮捕条件的，可以依法批准逮捕，同时要求侦查机关在报请核准追诉期间不停止对案件的侦查。

未经最高人民检察院核准，不得对案件提起公诉。

第五条 报请核准追诉的案件应当同时符合下列条件：

（一）有证据证明存在犯罪事实，且犯罪事实是犯罪嫌疑人实施的；

（二）涉嫌犯罪的行为应当适用的法定量刑幅度的最高刑为无期徒刑或者死刑的；

（三）涉嫌犯罪的性质、情节和后果特别严重，虽然已过二十年追诉期限，但社会危害性和影响依然存在，不追诉会严重影响社会稳定或者产生其他严重后果，而必须追诉的；

（四）犯罪嫌疑人能够及时到案接受追诉的。

第六条 侦查机关报请核准追诉的案件，由同级人民检察院受理并层报最高人民检察院审查决定。

第七条 人民检察院对侦查机关移送的报请核准追诉的案件，应当审查是否移送下列材料：

（一）报请核准追诉案件意见书；

（二）证明犯罪事实的证据材料；

（三）关于发案、立案、侦查、采取强制措施和犯罪嫌疑人是否重新犯罪等有关情况的书面说明及相关法律文书；

（四）被害方、案发地群众、基层组织等的意见和反映。

材料齐备的，应当受理案件；材料不齐备的，应当要求侦查机关补充移送。

第八条 地方各级人民检察院对侦查机关报请核准追诉的案件，应当及时进行审查并开展必要的调查，经检察委员会审议提出是否同意核准追诉的意见，在受理案件后十日之内制作《报请核准追诉案件报告书》，连同案件材料一并层报最高人民检察院。

第九条 最高人民检察院收到省级人民检察院报送的《报请核准追诉案件报告书》及案件材料后，应当及时审查，必要时派人到案发地了解案件有关情况。经检察长批准或者检察委员会审议，应当在受理案件后一个月之内作出是否核准追诉的决定，特殊情况下可以延长十五日，并制作《核准追诉决定书》或者《不予核准追诉决定书》，逐级下达最初受理案件的人民检察院，送达报请核准追诉的侦查机关。

第十条 对已经批准逮捕的案件，侦查羁押期限届满不能做出是否核准追诉决定的，应当依法对犯罪嫌疑人变更强制措施或者延长侦查羁押期限。

第十一条 最高人民检察院决定核准追诉的案件，最初受理案件的人民检察院应当监督侦查机关及时开展侦查取证。

最高人民检察院决定不予核准追诉，侦查机关未及时撤销案件的，同级人民检察院应当予以监督纠正。犯罪嫌疑人在押的，应当立即释放。

第十二条 人民检察院直接立案侦查的案件报请最高人民检察院核准追诉的，参照本规定办理。

【司法文件】

87.2 最高人民法院、最高人民检察院关于不再追诉去台人员在中华人民共和国成立前的犯罪行为的公告（1988 年 3 月 14 日）

台湾同胞来祖国大陆探亲、旅游的日益增多。这对于促进海峡两岸的"三通"和实现祖国和平统一大业将起到积极的作用。为此，对去台人员在中华人民共和国成立前在大陆犯有罪行的，根据《中华人民共和国刑法》第七十六条①关于对犯罪追诉时效的规定的精神，决定对其当时所犯罪行不再追诉。

来祖国大陆的台湾同胞应遵守国家的法律，其探亲、旅游、贸易、投资等正当活动，均受法律保护。

87.3 最高人民法院、最高人民检察院关于不再追诉去台人员在中华人民共和国成立后当地人民政权建立前的犯罪行为的公告（1989 年 9 月 7 日 〔89〕高检会（研）字第 12 号）

最高人民法院、最高人民检察院 1988 年 3 月 14 日《关于不再追诉去台人员在中华人民共和国成立前的犯罪行为的公告》发布以后，引起各方面的积极反响。为了进一步发展祖国大陆与台湾地区的经济、文化交流和人员往来，促进祖国和平统一大业，现根据《中华人民共和国刑法》的规定，再次公告如下：

一、对去台人员在中华人民共和国成立后、犯罪地方人民政权建立前所犯罪行，不再追诉。

二、去台人员在中华人民共和国成立后、犯罪地地方人民政权建立前犯有罪行，并连续或继续到当地人民政权建立后的，追诉期限从犯罪行为终了之日起计算。凡符合《中华人民共和国刑法》第七十六条②规定的，不再追诉。其中法定最高刑为无期徒刑、死刑的，经过二十年，也不再追诉。如果认为必须追诉的，由最高人民检察院核准。

三、对于去台湾以外其他地区和国家的人员在中华人民共和国成立前，或者在中华人民共和国成立后、犯罪地地方人民政权建立前所犯的罪行，分别按照最高人民法院、最高人民检察院《关于不再追诉去台人员在中华人民共和国成立前的犯罪行为的公告》精神和本公告第一条、第二条的规定办理。

87.4 最高人民法院关于被告人林少钦受贿请示一案的答复（2017 年 2 月 13 日 〔2016〕最高法刑他 5934 号）

福建省高级人民法院：

你院闽高法〔2016〕250 号《关于立案追诉后因法律司法解释修改导致追诉时效发生变化的案件法律适用问题的请示》收悉。经研究，答复如下：

追诉时效是依照法律规定对犯罪分子追究刑事责任的期限，在追诉时效期限内，司法机关应当依法追究犯罪分子刑事责任。对于法院正在审理的贪污贿赂案件，应当依据司法机关立案侦查时的法律规定认定追诉时效。依据立案侦查时的法律规定未过时效，且已经进入诉讼程序的案件，在新的法律规定生效后应当继续审理。

第八十八条【时效延长】 在人民检察院、公安机关、国家安全机关立案侦查或者在人民法院受理案件以后，逃避侦查或者审判的，不受追诉期限的限制。

被害人在追诉期限内提出控告，人民法院、人民检察院、公安机关应当立案而不予立案的，不受追诉期限的限制。

【法条渊源】 79 刑法第 77 条对本条第 1 款作了规定，刑法作了修改，延长了追诉时效的起始时间，将原规定的"采取强制措施以后"修改为"立案侦查或者在人民法院受理案件以后"，并增设了第 2 款内容。

【部委规范】

88.1 公安部关于刑事追诉期限有关问题的批复（2000 年 10 月 25 日 公复字〔2000〕11 号）

陕西省公安厅：

你厅《关于刑事追诉期限有关问题的请示》（陕公法发〔2000〕29 号）收悉。现批复如下：

根据从旧兼从轻原则，对 1997 年 9 月 30 日以前实施的犯罪行为，追诉期限问题应当适用 1979 年刑法第七十七条的规定，即在人民法院、人民检察院、公安机关采取强制措施以后逃避侦

---

① 指 79 刑法条文，对应刑法第 87 条。——编者注
② 指 79 刑法条文，对应刑法第 87 条。——编者注

查或者审判的，不受追诉期限的限制。

第八十九条【追诉期限的起算】追诉期限从犯罪之日起计算；犯罪行为有连续或者继续状态的，从犯罪行为终了之日起计算。

【追诉时效中断】在追诉期限以内又犯罪的，前罪追诉的期限从犯后罪之日起计算。

【法条渊源】79 刑法第 78 条规定了本条内容，刑法将其吸收纳入。

【司法解释】

89.1 参见 **384.9** 最高人民法院关于挪用公款犯罪如何计算追诉期限问题的批复（2003 年 10 月 10 日　法释〔2003〕16 号）

89.2 参见 **12.3** 最高人民检察院关于对跨越修订刑法施行日期的继续犯罪、连续犯罪以及其他同种数罪应如何具体适用刑法问题的批复（1998 年 12 月 2 日　高检发释字〔1998〕6 号）

第五章　其他规定

第九十条【刑法的变通适用】民族自治地方不能全部适用本法规定的，可以由自治区或者省的人民代表大会根据当地民族的政治、经济、文化的特点和本法规定的基本原则，制定变通或者补充的规定，报请全国人民代表大会常务委员会批准施行。

【法条渊源】79 刑法第 80 条规定了本条内容，刑法将其吸收纳入。

第九十一条【公共财产之界定】本法所称公共财产，是指下列财产：

（一）国有财产；

（二）劳动群众集体所有的财产；

（三）用于扶贫和其他公益事业的社会捐助或者专项基金的财产。

在国家机关、国有公司、企业、集体企业和人民团体管理、使用或者运输中的私人财产，以公共财产论。

【法条渊源】本条系沿袭 79 刑法第 81 条的规定，刑法增设第 1 款第 3 项的内容，并对第 2 款"以公共财产论"的范围作了修改。

第九十二条【私有财产之界定】本法所称公民私人所有的财产，是指下列财产：

（一）公民的合法收入、储蓄、房屋和其他生活资料；

（二）依法归个人、家庭所有的生产资料；

（三）个体户和私营企业的合法财产；

（四）依法归个人所有的股份、股票、债券和其他财产。

【法条渊源】本条系沿袭 79 刑法第 82 条的规定，刑法增设本条第 3、4 项内容，将原"公民私人所有的合法财产"修改为"公民私人所有的财产"。

第九十三条【国家工作人员之界定】本法所称国家工作人员，是指国家机关中从事公务的人员。

【准国家工作人员之界定】国有公司、企业、事业单位、人民团体中从事公务的人员和国家机关、国有公司、企业、事业单位委派到非国有公司、企业、事业单位、社会团体从事公务的人员，以及其他依照法律从事公务的人员，以国家工作人员论。

【法条渊源】79 刑法第 83 条对本条第 1 款作了规定，刑法作了修改，并增设了第 2 款内容。

【立法解释】

93.1 全国人民代表大会常务委员会关于《中华人民共和国刑法》第九十三条第二款的解释（2000 年 4 月 29 日　2009 年修正）

全国人民代表大会常务委员会讨论了村民委员会等村基层组织人员在从事哪些工作时属于刑

法第九十三条第二款规定的"其他依照法律从事公务的人员"，解释如下：

村民委员会等村基层组织人员协助人民政府从事下列行政管理工作，属于刑法第九十三条第二款规定的"其他依照法律从事公务的人员"：

（一）救灾、抢险、防汛、优抚、移民、救济款物的管理；

（二）社会捐助公益事业款物的管理；

（三）国有土地的经营和管理；

（四）土地征收、征用补偿费用的管理；①

（五）代征、代缴税款；

（六）有关计划生育、户籍、征兵工作；

（七）协助人民政府从事的其他行政管理工作。

村民委员会等村基层组织人员在从事前款规定的公务，利用职务上的便利，非法占有公共财物、挪用公款、索取他人财物或者非法收受他人财物，构成犯罪的，适用刑法第三百八十二条和第三百八十三条贪污罪、第三百八十四条挪用公款罪、第三百八十五条和第三百八十六条受贿罪的规定。

【司法解释】

93.2 最高人民检察院关于镇财政所所长是否适用国家机关工作人员的批复（2000 年 5 月 4 日　高检发研字〔2000〕9 号）

上海市人民检察院：

你院沪检发〔2000〕30 号文收悉。经研究，批复如下：

对于属行政执法事业单位的镇财政所中按国家机关在编干部管理的工作人员，在履行政府行政公务活动中，滥用职权或玩忽职守构成犯罪的，应以国家机关工作人员论。

93.3 最高人民检察院关于《全国人民代表大会常务委员会关于〈中华人民共和国刑法〉第九十三条第二款的解释》的时间效力的批复（2000 年 6 月 29 日　高检发研字〔2000〕15 号）

天津市人民检察院：

你院"关于《全国人民代表大会常务委员会关于〈中华人民共和国刑法〉第九十三条第二款的解释》的实施时间问题的请示"收悉。经研究，批复如下：

《全国人民代表大会常务委员会关于〈中华人民共和国刑法〉第九十三条第二款的解释》是对刑法第九十三条第二款关于"其他依照法律从事公务的人员"规定的进一步明确，并不是对刑法的修改。因此，该《解释》的效力适用于修订刑法的施行日期，其溯及力适用修订刑法第十二条的规定。

【司法文件】

93.4 最高人民检察院对《关于中国证监会主体认定的请示》的答复函（2000 年 4 月 30 日　高检发法字〔2000〕7 号）

北京市人民检察院：

你院京检字〔2000〕41 号《关于中国证监会主体认定的请示》收悉，经我院发函向中央机构编制委员会办公室查询核定，中央机构编制委员会办公室已作出正式复函，答复如下："中国证券监督管理委员会为国务院直属事业单位，是全国证券期货市场的主管部门。其主要职责是统一管理证券期货市场，按规定对证券期货监管机构实行垂直领导，所以，它是具有行政职责的事业单位。据此，北京证券监督管理委员会干部应视同为国家机关工作人员。"请你们按中编办答复意见办。

---

① 该项原文为"（四）土地征用补偿费用的管理"，2009 年 8 月 27 日第十一届全国人大常委会第十次会议通过并公布施行的《关于修改部分法律的决定》增加"征收"字样。——编者注

> **附：关于中国证券监督管理委员会机构性质问题的复函**（2000 年 4 月 14 日　中编办函〔2000〕84 号）
>
> 最高人民检察院：
>
> 《关于中国证券监督管理委员会是否属于国家机关的函》（高检发法字〔2000〕5 号）收悉，现答复如下：
>
> 根据国办发〔1998〕131 号文件的规定，中国证券监督管理委员会为国务院直属事业单位，是全国证券期货市场的主管部门。其主要职责是统一管理证券期货市场，按规定对证券期货监管机构实行垂直领导，所以，它是具有行政职责的事业单位。据此，北京证券监督管理委员会干部应视同为国家机关工作人员。

93.5 最高人民检察院关于贯彻执行《全国人民代表大会常务委员会关于〈中华人民共和国刑法〉第九十三条第二款的解释》的通知（2000 年 6 月 5 日　高检发研字〔2000〕12 号）（节录）

二、根据《解释》①，检察机关对村民委员会等村基层组织人员协助人民政府从事《解释》所规定的行政管理工作中发生的利用职务上的便利，非法占有公共财物，挪用公款，索取他人财物或者非法收受他人财物，构成犯罪的案件，应直接受理，分别适用刑法第三百八十二条、第三百八十三条、第三百八十四条和第三百八十五条、第三百八十六条的规定，以涉嫌贪污罪、挪用公款罪、受贿罪立案侦查。

三、各级检察机关在依法查处村民委员会等村基层组织人员贪污、受贿、挪用公款犯罪案件过程中，要根据《解释》和其他有关法律的规定，严格把握界限，准确认定村民委员会等村基层组织人员的职务活动是否属于协助人民政府从事《解释》所规定的行政管理工作，并正确把握刑法第三百八十二条、第三百八十三条贪污罪、第三百八十四条挪用公款罪和第三百八十五条、第三百八十六条受贿罪的构成要件。对村民委员会等村基层组织人员从事属于村民自治范围的经营、管理活动不能适用《解释》的规定。

93.6 最高人民法院研究室关于国家工作人员在农村合作基金会兼职从事管理工作如何认定身份问题的答复（2000 年 6 月 29 日　法（研）明传〔2000〕12 号）

四川省高级人民法院：

你院川高法〔2000〕105 号《关于具有国家工作人员身份的人员在农村基金会兼职从事管理活动应如何认定犯罪主体身份问题的请示》收悉。经研究，答复如下：

国家工作人员自行到农村合作基金会兼职从事管理工作的，因其兼职工作与国家工作人员身份无关，应认定为农村合作基金会一般从业人员；国家机关、国有公司、企业、事业单位委派到农村合作基金会兼职从事管理工作的人员，以国家工作人员论。

93.7 参见 385.11 最高人民检察院研究室关于集体性质的乡镇卫生院院长利用职务之便收受他人财物的行为如何适用法律问题的答复（2003 年 4 月 2 日　〔2003〕高检研发第 9 号）

93.8 参见 397.23 全国法院审理经济犯罪案件工作座谈会纪要（最高人民法院 2003 年 11 月 13 日印发　法〔2003〕167 号）（第 1 条）

93.9 最高人民检察院法律政策研究室关于国家机关、国有公司、企业委派到非国有公司、企业从事公务但尚未依照规定程序获取该单位职务的人员是否适用刑法第九十三条第二款问题的答复（2004 年 11 月 3 日　〔2004〕高检研发第 17 号）

重庆市人民检察院法律政策研究室：

你院《关于受委派的国家工作人员未按法定程序取得非国有公司职务是否适用刑法第九十三条第二款以国家工作人员论的请示》（渝检（研）〔2003〕6 号）收悉。经研究，答复如下：

---

① 指全国人民代表大会常务委员会《关于〈中华人民共和国刑法〉第九十三条第二款的解释》，下同。——编者注

对于国家机关、国有公司、企业委派到非国有公司、企业从事公务但尚未依照规定程序获取该单位职务的人员，涉嫌职务犯罪的，可以依照刑法第九十三条第二款关于"国家机关、国有公司、企业委派到非国有公司、企业、事业单位、社会团体从事公务的人员"，"以国家工作人员论"的规定追究刑事责任。

93.10 最高人民法院、最高人民检察院关于办理国家出资企业中职务犯罪案件具体应用法律若干问题的意见（2010 年 11 月 26 日　法发〔2010〕49 号）（节录）

六、关于国家出资企业中国家工作人员的认定

经国家机关、国有公司、企业、事业单位提名、推荐、任命、批准等，在国有控股、参股公司及其分支机构中从事公务的人员，应当认定为国家工作人员。具体的任命机构和程序，不影响国家工作人员的认定。

经国家出资企业中负有管理、监督国有资产职责的组织批准或者研究决定，代表其在国有控股、参股公司及其分支机构中从事组织、领导、监督、经营、管理工作的人员，应当认定为国家工作人员。

国家出资企业中的国家工作人员，在国家出资企业中持有个人股份或者同时接受非国有股东委托的，不影响其国家工作人员身份的认定。

七、关于国家出资企业的界定

本意见所称"国家出资企业"，包括国家出资的国有独资公司、国有独资企业，以及国有资本控股公司、国有资本参股公司。

是否属于国家出资企业不清楚的，应遵循"谁投资、谁拥有产权"的原则进行界定。企业注册登记中的资金来源与实际出资不符的，应根据实际出资情况确定企业的性质。企业实际出资情况不清楚的，可以综合工商注册、分配形式、经营管理等因素确定企业的性质。

第九十四条【司法工作人员之界定】 本法所称司法工作人员，是指有侦查、检察、审判、监管职责的工作人员。

【法条渊源】 79 刑法第 84 条规定了本条内容，刑法将其吸收纳入。

第九十五条【重伤之界定】 本法所称重伤，是指有下列情形之一的伤害：

（一）使人肢体残废或者毁人容貌的；

（二）使人丧失听觉、视觉或者其他器官机能的；

（三）其他对于人身健康有重大伤害的。

【法条渊源】 79 刑法第 85 条规定了本条内容，刑法将其吸收纳入。

第九十六条【违反国家规定之界定】 本法所称违反国家规定，是指违反全国人民代表大会及其常务委员会制定的法律和决定，国务院制定的行政法规、规定的行政措施、发布的决定和命令。

【法条渊源】 本条系刑法增设，79 刑法对此没有规定。

【司法文件】

96.1 最高人民法院关于准确理解和适用刑法中"国家规定"的有关问题的通知（2011 年 4 月 8 日　法发〔2011〕155 号）（节录）

全国地方各级人民法院、各级军事法院、各铁路运输中级法院和基层法院，新疆生产建设兵团各级法院：

日前，国务院法制办就国务院办公厅文件的有关规定是否可以认定为刑法中的"国家规定"予以统一、规范。为切实做好相关刑事案件审判工作，准确把握刑法有关条文规定的"违反国家规定"的认定标准，依法惩治犯罪，统一法律适用，现就有关问题通知如下：

一、根据刑法第九十六条的规定，刑法中的"国家规定"，是指全国人民代表大会及其常务委员会制定的法律和决定，国务院制定的行政法规、规定的行政措施、发布的决定和命令。其中，"国务院规定的行政措施"应当由国务院决定，通常以行政法规或者国务院制发文件的形式

加以规定。以国务院办公厅名义制发的文件，符合以下条件的，亦应视为刑法中的"国家规定"：（1）有明确的法律依据或者同相关行政法规不相抵触；（2）经国务院常务会议讨论通过或者经国务院批准；（3）在国务院公报上公开发布。

二、各级人民法院在刑事审判工作中，对有关案件所涉及的"违反国家规定"的认定，要依照相关法律、行政法规及司法解释的规定准确把握。对于规定不明确的，要按照本通知的要求审慎认定。对于违反地方性法规、部门规章的行为，不得认定为"违反国家规定"。对被告人的行为是否"违反国家规定"存在争议的，应当作为法律适用问题，逐级向最高人民法院请示。

第九十七条【首要分子之界定】 本法所称首要分子，是指在犯罪集团或者聚众犯罪中起组织、策划、指挥作用的犯罪分子。

【法条渊源】 79 刑法第 86 条规定了本条内容，刑法将其吸收纳入。

第九十八条【告诉才处理之界定】 本法所称告诉才处理，是指被害人告诉才处理。如果被害人因受强制、威吓无法告诉的，人民检察院和被害人的近亲属也可以告诉。

【法条渊源】 79 刑法第 87 条规定了本条内容，刑法将其吸收纳入。

第九十九条【以上、以下、以内之界定】 本法所称以上、以下、以内，包括本数。

【法条渊源】 79 刑法第 88 条规定了本条内容，刑法将其吸收纳入。

第一百条【前科报告】 依法受过刑事处罚的人，在入伍、就业的时候，应当如实向有关单位报告自己曾受过刑事处罚，不得隐瞒。

【免除前科报告义务】 犯罪的时候不满十八周岁被判处五年有期徒刑以下刑罚的人，免除前款规定的报告义务。

【刑法修正说明】
本条第 2 款为全国人大常委会 2011 年 2 月 25 日通过并公布、同年 5 月 1 日施行的《刑法修正案（八）》第 19 条所增设。

【法条渊源】 79 刑法对本条没有规定，系刑法增设。《刑法修正案（八）》第 19 条增设了第 2 款内容。

【司法文件】

100.1 最高人民法院、最高人民检察院、公安部、司法部关于未成年人犯罪记录封存的实施办法（2022 年 5 月 30 日）（节录）

第二条 本办法所称未成年人犯罪记录，是指国家专门机关对未成年犯罪人员情况的客观记载。应当封存的未成年人犯罪记录，包括侦查、起诉、审判及刑事执行过程中形成的有关未成年人犯罪或者涉嫌犯罪的全部案卷材料与电子档案信息。

第三条 不予刑事处罚、不追究刑事责任、不起诉、采取刑事强制措施的记录，以及对涉罪未成年人进行社会调查、帮教考察、心理疏导、司法救助等工作的记录，按照本办法规定的内容和程序进行封存。

第四条 犯罪的时候不满十八周岁，被判处五年有期徒刑以下刑罚以及免予刑事处罚的未成年人犯罪记录，应当依法予以封存。

对在年满十八周岁前后实施数个行为，构成一罪或者一并处理的数罪，主要犯罪行为是在年满十八岁周岁前实施的，被判处或者决定执行五年有期徒刑以下刑罚以及免予刑事处罚的未成年人犯罪记录，应当对全案依法予以封存。

第五条 对于分案办理的未成年人与成年人共同犯罪案件，在封存未成年人案卷材料和信息的同时，应当在未封存的成年人卷宗封面标注"含犯罪记录封存信息"等明显标识，并对相关信息采取必要保密措施。对于未分案办理的未成年人与成年人共同犯罪案件，应当在全案卷宗封面标注"含犯罪记录封存信息"等明显标识，并对相关信息采取必要保密措施。

第六条　其他刑事、民事、行政及公益诉讼案件，因办案需要使用了被封存的未成年人犯罪记录信息的，应当在相关卷宗封面标明"含犯罪记录封存信息"，并对相关信息采取必要保密措施。

第七条　未成年人因事实不清、证据不足被宣告无罪的案件，应当对涉罪记录予以封存；但未成年被告人及其法定代理人申请不予封存或者解除封存的，经人民法院同意，可以不予封存或者解除封存。

第八条　犯罪记录封存决定机关在作出案件处理决定时，应当同时向案件被告人或犯罪嫌疑人及其法定代理人或近亲属释明未成年人犯罪记录封存制度，并告知其相关权利义务。

第九条　未成年人犯罪记录封存应当贯彻及时、有效的原则。对于犯罪记录被封存的未成年人，在入伍、就业时免除犯罪记录的报告义务。

被封存犯罪记录的未成年人因涉嫌再次犯罪接受司法机关调查时，应当主动、如实地供述其犯罪记录情况，不得回避、隐瞒。

第十条　对于需要封存的未成年人犯罪记录，应当遵循《中华人民共和国个人信息保护法》不予公开，并建立专门的未成年人犯罪档案库，执行严格的保管制度。

对于电子信息系统中需要封存的未成年人犯罪记录数据，应当加设封存标记，未经法定查询程序，不得进行信息查询、共享及复用。

封存的未成年人犯罪记录数据不得向外部平台提供或对接。

第十一条　人民法院依法对犯罪时不满十八周岁的被告人判处五年有期徒刑以下刑罚以及免予刑事处罚的，判决生效后，应当将刑事裁判文书、《犯罪记录封存通知书》及时送达被告人，并同时送达同级人民检察院、公安机关，同级人民检察院、公安机关在收到上述文书后应当在三日内统筹相关各级检察机关、公安机关将涉案未成年人的犯罪记录整体封存。

第十二条　人民检察院依法对犯罪时不满十八周岁的犯罪嫌疑人决定不起诉后，应当将《不起诉决定书》、《犯罪记录封存通知书》及时送达被不起诉人，并同时送达同级公安机关，同级公安机关收到上述文书后应当在三日内将涉案未成年人的犯罪记录封存。

第十三条　对于被判处管制、宣告缓刑、假释或者暂予监外执行的未成年罪犯，依法实行社区矫正，执行地社区矫正机构应当在刑事执行完毕后三日内将涉案未成年人的犯罪记录封存。

第十四条　公安机关、人民检察院、人民法院和司法行政机关分别负责受理、审核和处理各自职权范围内有关犯罪记录的封存、查询工作。

第十五条　被封存犯罪记录的未成年人本人或者其法定代理人申请为其出具无犯罪记录证明的，受理单位应当在三个工作日内出具无犯罪记录的证明。

第十六条　司法机关为办案需要或者有关单位根据国家规定查询犯罪记录的，应当向封存犯罪记录的司法机关提出书面申请，列明查询理由、依据和使用范围等，查询人员应当出示单位公函和身份证明等材料。

经审核符合查询条件的，受理单位应当在三个工作日内开具有／无犯罪记录证明。许可查询的，查询后，档案管理部门应当登记相关查询情况，并按照档案管理规定将有关申请、审批材料、保密承诺书等一同存入卷宗归档保存。依法不许可查询的，应当在三个工作日内向查询单位出具不许可查询决定书，并说明理由。

对司法机关为办理案件、开展重新犯罪预防工作需要申请查询的，封存机关可以依法允许其查阅、摘抄、复制相关案卷材料和电子信息。对司法机关以外的单位根据国家规定申请查询的，可以根据查询的用途、目的与实际需要告知被查询对象是否受过刑事处罚、被判处的罪名、刑期等信息，必要时，可以提供相关法律文书复印件。

第十七条　对于许可查询被封存的未成年人犯罪记录的，应当告知查询犯罪记录的单位及相关人员严格按照查询目的和使用范围使用有关信息，严格遵守保密义务，并要求其签署保密承诺书。不按规定使用所查询的犯罪记录或者违反规定泄露相关信息，情节严重或者造成严重后果的，应当依法追究相关人员的责任。

因工作原因获知未成年人封存信息的司法机关、教育行政部门、未成年人所在学校、社区等单位组织及其工作人员、诉讼参与人、社会调查员、合适成年人等，应当做好保密工作，不得泄露被封存的犯罪记录，不得向外界披露该未成年人的姓名、住所、照片，以及可能推断出该未成年人身份的其他资料。违反法律规定披露被封存信息的单位或个人，应当依法追究其法律责任。

第十八条　对被封存犯罪记录的未成年人，符合下列条件之一的，封存机关应当对其犯罪记录解除封存：

（一）在未成年时实施新的犯罪，且新罪与封存记录之罪数罪并罚后被决定执行刑罚超过五年有期徒刑的；

（二）发现未成年时实施的漏罪，且漏罪与封存记录之罪数罪并罚后被决定执行刑罚超过五年有期徒刑的；

（三）经审判监督程序改判五年有期徒刑以上刑罚的；

被封存犯罪记录的未成年人，成年后又故意犯罪的，人民法院应当在裁判文书中载明其之前的犯罪记录。

第十九条　符合解除封存条件的案件，自解除封存条件成立之日起，不再受未成年人犯罪记录封存相关规定的限制。

第二十条　承担犯罪记录封存以及保护未成年人隐私、信息工作的公职人员，不当泄露未成年人犯罪记录或者隐私、信息的，应当予以处分；造成严重后果，给国家、个人造成重大损失或者恶劣影响的，依法追究刑事责任。

第二十一条　涉案未成年人应当封存的信息被不当公开，造成未成年人在就学、就业、生活保障等方面未受到同等待遇的，未成年人及其法定代理人可以向相关机关、单位提出封存申请，或者向人民检察院申请监督。

第二十二条　人民检察院对犯罪记录封存工作进行法律监督。对犯罪记录应当封存而未封存，或者封存不当，或者未成年人及其法定代理人提出异议的，人民检察院应当进行审查，对确实存在错误的，应当及时通知有关单位予以纠正。

有关单位应当自收到人民检察院的纠正意见后及时审查处理。经审查无误的，应当向人民检察院说明理由；经审查确实有误的，应当及时纠正，并将纠正措施与结果告知人民检察院。

第二十三条　对于 2012 年 12 月 31 日以前办结的案件符合犯罪记录封存条件的，应当按照本办法的规定予以封存。

第二十四条　本办法所称"五年有期徒刑以下"含本数。

【部委规范】

100.2 公安机关办理犯罪记录查询工作规定（2021 年 12 月 31 日 公通字〔2021〕19 号）（第 2—14 条）

第一百零一条【总则的适用效力】 本法总则适用于其他有刑罚规定的法律，但是其他法律有特别规定的除外。

【法条渊源】 79 刑法第 89 条规定了本条内容，刑法将其吸收纳入。

第二编　分　　则

第一章　危害国家安全罪

【司法文件】

【注 1】最高人民检察院关于对危害国家安全案件批捕起诉和实行备案制度等有关事项的通知（1998 年 1 月 12 日　〔1998〕高检办发第 4 号）（节录）

一、根据刑事诉讼法第二十条①的规定，中级人民法院管辖第一审的危害国家安全案件。与之相应，危害国家安全案件的审查批捕、审查起诉一律由检察分（市）院或者省级检察院的批捕、起诉部门办理。基层人民检察院不办理危害国家安全案件的审查批捕和审查起诉。

二、各级检察机关要增强政治责任感和敏锐性，主动收集和密切注意敌对势力、敌对分子在本地区进行颠覆国家政权、间谍、窃密、民族分裂活动以及非法宗教活动等敌情、社情动态，有重要情况必须及时向最高人民检察院专报。

三、对本地区发生的重、特大危害国家安全犯罪案件、恐怖暴力活动以及影响大的突发性事件，要及时向最高人民检察院专报。

四、检察机关批准逮捕（包括不批捕）、提起公诉（包括不起诉）、抗诉的各种危害国家安全的案件，一律报上一级检察院备案，并由省级院及时报最高人民检察院备案。备案材料包括：提请批准逮捕书、批准逮捕决定书或不批准逮捕决定书（副本）；起诉意见书、起诉书或不起诉决定书（副本）；抗诉案件的起诉书、抗诉书和判决书（副本）。

五、修订后的刑法对危害国家安全犯罪的规定，与 1979 年刑法的有关规定相比有重大变化。各级检察机关在办理危害国家安全案件的过程中，要严格执行现行法律，并注意总结经验。对执法中遇到的问题，要认真研究，及时逐级上报最高人民检察院。每半年和全年，各省级院要对办理危害国家安全犯罪案件的情况以及敌、社情动态情况进行汇总分析，分别于 7 月底和下年的 1 月底前专报最高人民检察院刑事检察厅。

第一百零二条【背叛国家罪】② 勾结外国，危害中华人民共和国的主权、领土完整和安全的，处无期徒刑或者十年以上有期徒刑。

与境外机构、组织、个人相勾结，犯前款罪的，依照前款的规定处罚。

【罪名渊源】 本条系由 79 刑法第 91 条背叛祖国罪修改而来。刑法删除了原法条中的"阴谋"一词，将"祖国"改为"中华人民共和国"，并增加了第 2 款内容。最高人民法院《关于执行〈中华人民共和国刑法〉确定罪名的规定》（以下简称高法《罪名规定》）、最高人民检察院《关于适用刑法分则规定的犯罪的罪名的意见》（以下简称高检《罪名意见》）将其解释为背叛国家罪。

【法律法规】

102.1 中华人民共和国国家安全法（2015 年 7 月 1 日）（第 2 条、第 11 条、第 13 条第 2 款、第 15 条第 2 款、第 18 条、第 26 条、第 77 条）

102.2 中华人民共和国反间谍法实施细则（2017 年 11 月 22 日）（第 10 条、第 21 条）

---

①　指 96 刑事诉讼法条文，对应 2018 年修正刑事诉讼法第 21 条。——编者注

②　分则条文罪名系根据"两高"有关罪名的司法解释所确定，下同。——编者注

第一百零三条【分裂国家罪】 组织、策划、实施分裂国家、破坏国家统一的，对首要分子或者罪行重大的，处无期徒刑或者十年以上有期徒刑；对积极参加的，处三年以上十年以下有期徒刑；对其他参加的，处三年以下有期徒刑、拘役、管制或者剥夺政治权利。

【煽动分裂国家罪】 煽动分裂国家、破坏国家统一的，处五年以下有期徒刑、拘役、管制或者剥夺政治权利；首要分子或者罪行重大的，处五年以上有期徒刑。

【罪名渊源】 本条第 1 款系由 79 刑法第 92 条阴谋分裂国家罪修订而来。刑法将该行为独立成罪，删除原条文中的"阴谋"一词，并具体规定了组织、策划、实施三种行为方式，量刑幅度由一个增至三个。第 2 款系刑法增设，79 刑法第 102 条反革命宣传煽动罪中并未包括煽动分裂国家的行为。高法《罪名规定》、高检《罪名意见》将本条两款分别解释为分裂国家罪、煽动分裂国家罪。

【司法解释】

103.1 最高人民法院关于审理非法出版物刑事案件具体应用法律若干问题的解释（1998 年 12 月 23 日　法释〔1998〕30 号）（节录）

第一条　明知出版物中载有煽动分裂国家、破坏国家统一或者煽动颠覆国家政权、推翻社会主义制度的内容，而予以出版、印刷、复制、发行、传播的，依照刑法第一百零三条第二款或者第一百零五条第二款的规定，以煽动分裂国家罪或者煽动颠覆国家政权罪定罪处罚。

103.2 最高人民法院、最高人民检察院关于办理妨害预防、控制突发传染病疫情等灾害的刑事案件具体应用法律若干问题的解释（2003 年 5 月 15 日　法释〔2003〕8 号）（节录）

第十条　（第二款）利用突发传染病疫情等灾害，制造、传播谣言，煽动分裂国家、破坏国家统一，或者煽动颠覆国家政权、推翻社会主义制度的，依照刑法第一百零三条第二款、第一百零五条第二款的规定，以煽动分裂国家罪或者煽动颠覆国家政权罪定罪处罚。

103.3 最高人民法院、最高人民检察院关于办理组织、利用邪教组织破坏法律实施等刑事案件适用法律若干问题的解释（2017 年 2 月 1 日　法释〔2017〕3 号）（节录）

第十条　组织、利用邪教组织破坏国家法律、行政法规实施过程中，又有煽动分裂国家、煽动颠覆国家政权或者侮辱、诽谤他人等犯罪行为的，依照数罪并罚的规定定罪处罚。

【法律法规】

103.4 全国人民代表大会常务委员会关于维护互联网安全的决定（2000 年 12 月 28 日　2009 年修正）（第 2 条第 1 项）

103.5 中华人民共和国国家安全法（2015 年 7 月 1 日）（第 15 条第 2 款）

103.6 中华人民共和国反间谍法实施细则（2017 年 11 月 22 日）（第 8 条）

第一百零四条【武装叛乱、暴乱罪】 组织、策划、实施武装叛乱或者武装暴乱的，对首要分子或者罪行重大的，处无期徒刑或者十年以上有期徒刑；对积极参加的，处三年以上十年以下有期徒刑；对其他参加的，处三年以下有期徒刑、拘役、管制或者剥夺政治权利。

策动、胁迫、勾引、收买国家机关工作人员、武装部队人员、人民警察、民兵进行武装叛乱或者武装暴乱的，依照前款的规定从重处罚。

【罪名渊源】 本条系由 79 刑法第 93 条策动叛乱罪和第 95 条持械聚众叛乱罪修订而来。刑法将策动、实施行为规定在同一条中，增加了武装叛乱的规定，并将原第 95 条持械聚众叛乱罪的内容吸收改为武装暴乱罪。高法《罪名规定》、高检《罪名意见》将其解释为武装叛乱、暴乱罪。

第一百零五条【颠覆国家政权罪】 组织、策划、实施颠覆国家政权、推翻社会主义制度的，对首要分子或者罪行重大的，处无期徒刑或者十年以上有期徒刑；对积极参加的，处三年以上十年以下有期徒刑；对其他参加的，处三年以下有期徒刑、拘役、管制或者剥夺政治权利。

【煽动颠覆国家政权罪】以造谣、诽谤或者其他方式煽动颠覆国家政权、推翻社会主义制度的，处五年以下有期徒刑、拘役、管制或者剥夺政治权利；首要分子或者罪行重大的，处五年以上有期徒刑。

【罪名渊源】本条第 1 款系由 79 刑法第 92 条阴谋颠覆政府罪修订而来。刑法删去"阴谋"一词，将政府改为国家政权和社会主义制度，并改原空白罪状为叙明罪状，量刑档次由一个增至三个。第 2 款系由 79 刑法第 102 条反革命宣传煽动罪修改而来，刑法设立了两个量刑档次。高法《罪名规定》、高检《罪名意见》将本条两款分别解释为颠覆国家政权罪、煽动颠覆国家政权罪。

【司法解释】

105.1 参见 103.1 最高人民法院关于审理非法出版物刑事案件具体应用法律若干问题的解释（1998 年 12 月 23 日　法释〔1998〕30 号）

105.2 参见 103.2 最高人民法院、最高人民检察院关于办理妨害预防、控制突发传染病疫情等灾害的刑事案件具体应用法律若干问题的解释（2003 年 5 月 15 日　法释〔2003〕8 号）

105.3 参见 103.3 最高人民法院、最高人民检察院关于办理组织、利用邪教组织破坏法律实施等刑事案件适用法律若干问题的解释（2017 年 2 月 1 日　法释〔2017〕3 号）

【法律法规】

105.4 全国人民代表大会常务委员会关于维护互联网安全的决定（2000 年 12 月 28 日　2009 年修正）（第 2 条第 1 项）

105.5 中华人民共和国国家安全法（2015 年 7 月 1 日）（第 15 条第 2 款）

105.6 中华人民共和国反间谍法实施细则（2017 年 11 月 22 日）（第 8 条）

第一百零六条【从重处罚】与境外机构、组织、个人相勾结，实施本章第一百零三条、第一百零四条、第一百零五条规定之罪的，依照各该条的规定从重处罚。[1]

【法律法规】

106.1 中华人民共和国反间谍法（2014 年 11 月 1 日）（第 6 条、第 27 条第 1 款、第 38 条第 1 项和第 3 项）

106.2 中华人民共和国反间谍法实施细则（2017 年 11 月 22 日）（第 3 条、第 8 条）

第一百零七条【资助危害国家安全犯罪活动罪】境内外机构、组织或者个人资助实施本章第一百零二条、第一百零三条、第一百零四条、第一百零五条规定之罪的，对直接责任人员，处五年以下有期徒刑、拘役、管制或者剥夺政治权利；情节严重的，处五年以上有期徒刑。[2]

> 【刑法修正说明】
> 本条为全国人大常委会 2011 年 2 月 25 日通过并公布、同年 5 月 1 日施行的《刑法修正案（八）》第 20 条所修正。原第 107 条为：
> 【资助危害国家安全犯罪活动罪】境内外机构、组织或者个人资助境内组织或者个人实施本章第一百零二条、第一百零三条、第一百零四条、第一百零五条规定之罪的，对直接责任人员，处五年以下有期徒刑、拘役、管制或者剥夺政治权利；情节严重的，处五年以上有期徒刑。

---

①　本条涉及如下罪名：分裂国家罪，煽动分裂国家罪，武装叛乱、暴乱罪，颠覆国家政权罪，煽动颠覆国家政权罪。——编者注

②　本罪资助对象仅限于实施如下罪行的人：背叛国家罪，分裂国家罪，煽动分裂国家罪，武装叛乱、暴乱罪，颠覆国家政权罪，煽动颠覆国家政权罪。——编者注

【罪名渊源】本条系刑法增设，79刑法、单行刑法均未规定。《刑法修正案（八）》第20条删除"境内组织或者个人"字样，从而扩大了资助对象的范围。高法《罪名规定》、高检《罪名意见》将其解释为资助危害国家安全犯罪活动罪。

【法律法规】

107.1 中华人民共和国反间谍法（2014年11月1日）（第6条、第27条第1款、第38条第1项和第3项）

107.2 中华人民共和国国家安全法（2015年7月1日）（第77条第2款）

107.3 中华人民共和国反间谍法实施细则（2017年11月22日）（第3条、第8条）

第一百零八条【投敌叛变罪】投敌叛变的，处三年以上十年以下有期徒刑；情节严重或者带领武装部队人员、人民警察、民兵投敌叛变的，处十年以上有期徒刑或者无期徒刑。

【罪名渊源】本条由79刑法第94条投敌叛变罪修改而来，刑法对罪状作了调整，删除"率众投敌叛变"的规定，将原第2款并入第1款，作为"情节严重"的一种情形。高法《罪名规定》、高检《罪名意见》将其解释为投敌叛变罪。

第一百零九条【叛逃罪】国家机关工作人员在履行公务期间，擅离岗位，叛逃境外或者在境外叛逃的，处五年以下有期徒刑、拘役、管制或者剥夺政治权利；情节严重的，处五年以上十年以下有期徒刑。

掌握国家秘密的国家工作人员叛逃境外或者在境外叛逃的，依照前款的规定从重处罚。

> 【刑法修正说明】
>
> 本条为全国人大常委会2011年2月25日通过并公布、同年5月1日施行的《刑法修正案（八）》第21条所修改。原第109条为：
>
> 【叛逃罪】国家机关工作人员在履行公务期间，擅离岗位，叛逃境外或者在境外叛逃，危害中华人民共和国国家安全的，处五年以下有期徒刑、拘役、管制或者剥夺政治权利；情节严重的，处五年以上十年以下有期徒刑。
>
> 掌握国家秘密的国家工作人员犯前款罪的，依照前款的规定从重处罚。

【罪名渊源】本条系刑法增设，79刑法、单行刑法均未规定。《刑法修正案（八）》第21条删除"危害中华人民共和国国家安全的"字样。高法《罪名规定》、高检《罪名意见》将其解释为叛逃罪。

第一百一十条【间谍罪】有下列间谍行为之一，危害国家安全的，处十年以上有期徒刑或者无期徒刑；情节较轻的，处三年以上十年以下有期徒刑：

（一）参加间谍组织或者接受间谍组织及其代理人的任务的；

（二）为敌人指示轰击目标的。

【罪名渊源】本条系由79刑法第97条的间谍罪、特务罪、资敌罪和第100条的反革命破坏罪修改而来。刑法将原间谍罪和特务罪合并，并吸收79刑法第97条第3项和第100条第4项内容。高法《罪名规定》、高检《罪名意见》将其解释为间谍罪。

【法律法规】

110.1 中华人民共和国反间谍法（2014年11月1日）（第3—4条、第6条、第8—16条、第17条第2款、第19—25条、第27—29条、第31条、第34条、第36条、第38—40条）

110.2 中华人民共和国反间谍法实施细则（2017年11月22日）（第4条）

第一百一十一条【为境外窃取、刺探、收买、非法提供国家秘密、情报罪】为境外的机构、组织、人员窃取、刺探、收买、非法提供国家秘密或者情报的，处五年以上十年以下有期徒刑；情节特别严重的，处十年以上有期徒刑或者无期徒刑；情节较轻的，处五年以下有期徒刑、拘役、管制或者剥夺政治权利。

【罪名渊源】本条系由 79 刑法第 97 条第 1 项的间谍罪和全国人大常委会《关于惩治泄露国家秘密犯罪的补充规定》（1988 年 9 月 5 日起施行）规定的为境外机构、组织、人员窃取、刺探、收买、非法提供国家秘密罪修改而来。高法《罪名规定》、高检《罪名意见》将其解释为为境外窃取、刺探、收买、非法提供国家秘密、情报罪。

【罪刑标准】

111.1 最高人民法院关于审理为境外窃取、刺探、收买、非法提供国家秘密、情报案件具体应用法律若干问题的解释（2001 年 1 月 22 日　法释〔2001〕4 号）

第一条　刑法第一百一十一条规定的"国家秘密"，是指《中华人民共和国保守国家秘密法》第二条、第八条以及《中华人民共和国保守国家秘密法实施办法》第四条确定的事项。

刑法第一百一十一条规定的"情报"，是指关系国家安全和利益、尚未公开或者依照有关规定不应公开的事项。

对为境外机构、组织、人员窃取、刺探、收买、非法提供国家秘密之外的情报的行为，以为境外窃取、刺探、收买、非法提供情报罪定罪处罚。

第二条　为境外窃取、刺探、收买、非法提供国家秘密或者情报，具有下列情形之一的，属于"情节特别严重"，处十年以上有期徒刑、无期徒刑，可以并处没收财产：

（一）为境外窃取、刺探、收买、非法提供绝密级国家秘密的；

（二）为境外窃取、刺探、收买、非法提供三项以上机密级国家秘密的；

（三）为境外窃取、刺探、收买、非法提供国家秘密或者情报，对国家安全和利益造成其他特别严重损害的。

实施前款行为，对国家和人民危害特别严重、情节特别恶劣的，可以判处死刑，并处没收财产。

第三条　为境外窃取、刺探、收买、非法提供国家秘密或者情报，具有下列情形之一的，处五年以上十年以下有期徒刑，可以并处没收财产：

（一）为境外窃取、刺探、收买、非法提供机密级国家秘密的；

（二）为境外窃取、刺探、收买、非法提供三项以上秘密级国家秘密的；

（三）为境外窃取、刺探、收买、非法提供国家秘密或者情报，对国家安全和利益造成其他严重损害的。

第四条　为境外窃取、刺探、收买、非法提供秘密级国家秘密或者情报，属于"情节较轻"，处五年以下有期徒刑、拘役、管制或者剥夺政治权利，可以并处没收财产。

第五条　行为人知道或者应当知道没有标明密级的事项关系国家安全和利益，而为境外窃取、刺探、收买、非法提供的，依照刑法第一百一十一条的规定以为境外窃取、刺探、收买、非法提供国家秘密罪定罪处罚。

第六条　通过互联网将国家秘密或者情报非法发送给境外的机构、组织、个人的，依照刑法第一百一十一条的规定定罪处罚；将国家秘密通过互联网予以发布，情节严重的，依照刑法第三百九十八条的规定定罪处罚。

第七条　审理为境外窃取、刺探、收买、非法提供国家秘密案件，需要对有关事项是否属于国家秘密以及属于何种密级进行鉴定的，由国家保密工作部门或者省、自治区、直辖市保密工作部门鉴定。

【司法文件】

111.2 最高人民法院、国家保密局关于执行《关于审理为境外窃取、刺探、收买、非法提供国家秘密、情报案件具体应用法律若干问题的解释》有关问题的通知（2001 年 8 月 22 日　法发

〔2001〕117 号）

各省、自治区、直辖市高级人民法院，解放军军事法院，新疆维吾尔自治区高级人民法院生产建设兵团分院；各省、自治区、直辖市保密局：

为正确执行最高人民法院法释〔2001〕4 号《关于审理为境外窃取、刺探、收买、非法提供国家秘密、情报案件具体应用法律若干问题的解释》，审理好涉及情报的刑事案件，现就有关情报的鉴定问题通知如下：

人民法院审理为境外窃取、刺探、收买、非法提供情报案件，需要对有关事项是否属于情报进行鉴定的，由国家保密工作部门或者省、自治区、直辖市保密工作部门鉴定。

【部委规范】

111.3 劳动和社会保障工作中国家秘密及其密级具体范围的规定（2000 年 1 月 27 日　劳社部发〔2000〕4 号）（第 2—5 条）

111.4 科学技术保密规定（2015 年 11 月 16 日　科学技术部、国家保密局令第 16 号　2015 年修订）（第 2 条、第 9—12 条、第 22 条）

【法律法规】

111.5 全国人民代表大会常务委员会关于维护互联网安全的决定（2000 年 12 月 28 日　2009 年修正）（第 2 条第 2 项）

111.6 中华人民共和国保守国家秘密法（2010 年 10 月 1 日）（第 2 条、第 9—20 条）

111.7 保守国家秘密法实施条例（2014 年 3 月 1 日）（第 8 条、第 11 条）

111.8 中华人民共和国反间谍法（2014 年 11 月 1 日）（第 23 条）

111.9 中华人民共和国国家安全法（2015 年 7 月 1 日）（第 51—53 条、第 77 条第 1 款第 6 项）

第一百一十二条【资敌罪】 战时供给敌人武器装备、军用物资资敌的，处十年以上有期徒刑或者无期徒刑；情节较轻的，处三年以上十年以下有期徒刑。

【罪名渊源】 本条系由 79 刑法第 97 条第 2 项关于资敌罪的内容修改而来。刑法对罪状作了修改，增加"战时"字样，将"军火"改为"装备"。高法《罪名规定》、高检《罪名意见》将其解释为资敌罪。

第一百一十三条【本章死刑的适用】 本章上述危害国家安全罪行中，除第一百零三条第二款、第一百零五条、第一百零七条、第一百零九条外，对国家和人民危害特别严重、情节特别恶劣的，可以判处死刑。①

【本章财产刑的适用】 犯本章之罪的，可以并处没收财产。

第二章　危害公共安全罪

【司法文件】

【注1】 最高人民检察院关于认真贯彻执行《中华人民共和国刑法修正案（三）》的通知（2002 年 1 月 25 日　高检发研字〔2002〕2 号）（节录）

二、准确适用有关规定，充分发挥检察职能。各级人民检察院要全面把握和准确适用《刑法修正案（三）》的有关规定，在反恐怖斗争中充分发挥检察机关的职能作用。《刑法修正案（三）》对投放毒害性、放射性、传染病病原体等物质，资助恐怖活动组织或者实施恐怖活动的个人，非法制造、买卖、运输、储存毒害性、放射性、传染病病原体等物质，盗窃、抢夺、抢劫毒害性、放射

---

① 本款涉及如下罪名：背叛国家罪，分裂国家罪，武装叛乱、暴乱罪，投敌叛变罪，间谍罪，为境外窃取、刺探、收买、非法提供国家秘密、情报罪，资敌罪。——编者注

性、传染病病原体等物质，掩饰、隐瞒恐怖活动犯罪的违法所得及其产生的收益，投放虚假的爆炸性、毒害性、放射性、传染病病原体等物质，编造爆炸威胁、生化威胁、放射威胁等恐怖信息，明知是编造的恐怖信息而故意传播等行为的刑事责任问题作了明确规定，并加大了对组织、领导恐怖活动组织行为的处罚力度。各级人民检察院在办理相关案件时，应该依法及时审查批捕、审查起诉，贯彻依法从重从快精神，必要的时候，可以适时介入公安机关的侦查活动。

三、严格依法办案，正确掌握法律政策界限。各级检察机关在办理有关恐怖活动犯罪案件过程中，要严格掌握《刑法修正案（三）》规定的法律要件，准确认定犯罪嫌疑人行为的性质，正确适用有关法律规定。对于《刑法修正案（三）》公布实施前发生，正在办理或者尚未办理的案件，要依照刑法第十二条规定的原则正确适用法律。对于疑难、复杂案件以及社会影响大的案件，要及时向上级人民检察院请示汇报。

第一百一十四条【放火罪，决水罪，爆炸罪，投放危险物质罪，以危险方法危害公共安全罪】 放火、决水、爆炸以及投放毒害性、放射性、传染病病原体等物质或者以其他危险方法危害公共安全，尚未造成严重后果的，处三年以上十年以下有期徒刑。

> **【刑法修正说明】**
> 本条为全国人大常委会 2001 年 12 月 29 日通过并公布施行的《刑法修正案（三）》第 1 条所修正。原第 114 条为：
> **【放火罪，决水罪，爆炸罪，投毒罪，以危险方法危害公共安全罪】** 放火、决水、爆炸、投毒或者以其他危险方法破坏工厂、矿场、油田、港口、河流、水源、仓库、住宅、森林、农场、谷场、牧场、重要管道、公共建筑物或者其他公私财产，危害公共安全，尚未造成严重后果的，处三年以上十年以下有期徒刑。

【罪名渊源】 本条系沿用 79 刑法第 105 条、第 106 条第 1 款，刑法在原第 105 条中增加了"投毒"的行为方式，其他未作修改。高法《罪名规定》、高检《罪名意见》曾将其分别解释为放火罪、决水罪、爆炸罪、投毒罪、以危险方法危害公共安全罪。《刑法修正案（三）》第 1 条对本条内容作了修改，将"投毒"改为"投放毒害性、放射性、传染病病原体等物质"。据此，最高人民法院、最高人民检察院《关于执行〈中华人民共和国刑法〉确定罪名的补充规定》①（以下简称"两高"《罪名补充规定》）取消投毒罪罪名，代之以投放危险物质罪。

【立案标准】

114.1 国家林业局、公安部关于森林和陆生野生动物刑事案件管辖及立案标准（2001 年 5 月 9 日　林安字〔2001〕156 号）（节录）

一、森林公安机关管辖在其辖区内发生的刑法规定的下列森林和陆生野生动物刑事案件

（六）放火案件中，故意放火烧毁森林或者其他林木的案件（第一百四十一条、第一百一十五条第一款）。

二、森林和陆生野生动物刑事案件的立案标准

（六）放火案

凡故意放火造成森林或者其他林木火灾的都应当立案；过火有林地面积 2 公顷以上为重大案件；过火有林地面积 10 公顷以上，或者致人重伤、死亡的，为特别重大案件。

【司法解释】

114.2 最高人民法院、最高人民检察院关于办理妨害预防、控制突发传染病疫情等灾害的刑事

---

① 最高人民法院审判委员会第 1193 次会议、最高人民检察院第九届检察委员会第 100 次会议通过，2002 年 3 月 15 日公布，2002 年 3 月 26 日起施行。

案件具体应用法律若干问题的解释（2003 年 5 月 15 日　法释〔2003〕8 号）（节录）

第一条（第一款）故意传播突发传染病病原体，危害公共安全的，依照刑法第一百一十四条、第一百一十五条第一款的规定，按照以危险方法危害公共安全罪定罪处罚。

114.3 最高人民法院、最高人民检察院关于办理环境污染刑事案件适用法律若干问题的解释（2017 年 1 月 1 日　法释〔2016〕29 号）（节录）

第八条　违反国家规定，排放、倾倒、处置含有毒害性、放射性、传染病病原体等物质的污染物，同时构成污染环境罪、非法处置进口的固体废物罪、投放危险物质罪等犯罪的，依照处罚较重的规定定罪处罚。

114.4 最高人民法院、最高人民检察院关于办理组织、利用邪教组织破坏法律实施等刑事案件适用法律若干问题的解释（2017 年 2 月 1 日　法释〔2017〕3 号）（节录）

第十二条　邪教组织人员以自焚、自爆或者其他危险方法危害公共安全的，依照刑法第一百一十四条、第一百一十五条的规定，以放火罪、爆炸罪、以危险方法危害公共安全罪等定罪处罚。

【司法文件】

114.5 最高人民法院、最高人民检察院、公安部、司法部关于办理恐怖活动和极端主义犯罪案件适用法律若干问题的意见（2018 年 3 月 16 日　高检会〔2018〕1 号）（节录）

一、准确认定犯罪

（一）（第四款）犯刑法第一百二十条规定的犯罪，又实施杀人、放火、爆炸、绑架、抢劫等犯罪的，依照数罪并罚的规定定罪处罚。

114.6 最高人民法院、最高人民检察院、公安部关于依法惩治妨害公共交通工具安全驾驶违法犯罪行为的指导意见（2019 年 1 月 8 日　公通字〔2019〕1 号）（节录）

一、准确认定行为性质，依法从严惩处妨害安全驾驶犯罪

（一）乘客在公共交通工具行驶过程中，抢夺方向盘、变速杆等操纵装置，殴打、拉拽驾驶人员，或者有其他妨害安全驾驶行为，危害公共安全，尚未造成严重后果的，依照刑法第一百一十四条的规定，以以危险方法危害公共安全罪定罪处罚；致人重伤、死亡或者使公私财产遭受重大损失的，依照刑法第一百一十五条第一款的规定，以以危险方法危害公共安全罪定罪处罚。

实施前款规定的行为，具有以下情形之一的，从重处罚：

1. 在夜间行驶或者恶劣天气条件下行驶的公共交通工具上实施的；
2. 在临水、临崖、急弯、陡坡、高速公路、高架道路、桥隧路段及其他易发生危险的路段实施的；
3. 在人员、车辆密集路段实施的；
4. 在实际载客 10 人以上或者时速 60 公里以上的公共交通工具上实施的；
5. 经他人劝告、阻拦后仍然继续实施的；
6. 持械袭击驾驶人员的；
7. 其他严重妨害安全驾驶的行为。

实施上述行为，即使尚未造成严重后果，一般也不得适用缓刑。

（二）乘客在公共交通工具行驶过程中，随意殴打其他乘客，追逐、辱骂他人，或者起哄闹事，妨害公共交通工具运营秩序，符合刑法第二百九十三条规定的，以寻衅滋事罪定罪处罚；妨害公共交通工具安全行驶，危害公共安全的，依照刑法第一百一十四条、第一百一十五条第一款的规定，以以危险方法危害公共安全罪定罪处罚。

（三）驾驶人员在公共交通工具行驶过程中，与乘客发生纷争后违规操作或者擅离职守，与乘客厮打、互殴，危害公共安全，尚未造成严重后果的，依照刑法第一百一十四条的规定，以以危险方法危害公共安全罪定罪处罚；致人重伤、死亡或者使公私财产遭受重大损失的，依照刑法第一百一十五条第一款的规定，以以危险方法危害公共安全罪定罪处罚。

（四）对正在进行的妨害安全驾驶的违法犯罪行为，乘客等人员有权采取措施予以制止。制止行为造成违法犯罪行为人损害，符合法定条件的，应当认定为正当防卫。

（五）正在驾驶公共交通工具的驾驶人员遭到妨害安全驾驶行为侵害时，为避免公共交通工具倾覆或者人员伤亡等危害后果发生，采取紧急制动或者躲避措施，造成公共交通工具、交通设

施损坏或者人身损害，符合法定条件的，应当认定为紧急避险。

（七）本意见所称公共交通工具，是指公共汽车、公路客运车，大、中型出租车等车辆。

二、加强协作配合，有效维护公共交通安全秩序

妨害公共交通工具安全驾驶行为具有高度危险性，极易诱发重大交通事故，造成重大人身伤亡、财产损失，严重威胁公共安全。各级人民法院、人民检察院和公安机关要高度重视妨害安全驾驶行为的现实危害，深刻认识维护公共交通秩序对于保障人民群众生命财产安全与社会和谐稳定的重大意义，准确认定行为性质，依法从严惩处，充分发挥刑罚的震慑、教育作用，预防、减少妨害安全驾驶不法行为发生。

公安机关接到妨害安全驾驶相关警情后要及时处警，采取果断措施予以处置；要妥善保护事发现场，全面收集、提取证据，特别是注意收集行车记录仪、道路监控等视听资料。人民检察院应当对公安机关的立案、侦查活动进行监督；对于公安机关提请批准逮捕、移送审查起诉的案件，符合逮捕、起诉条件的，应当依法予以批捕、起诉。人民法院应当及时公开、公正审判。对于妨害安全驾驶行为构成犯罪的，严格依法追究刑事责任；尚不构成犯罪但构成违反治安管理行为的，依法给予治安管理处罚。

在办理案件过程中，人民法院、人民检察院和公安机关要综合考虑公共交通工具行驶速度、通行路段情况、载客情况、妨害安全驾驶行为的严重程度及对公共交通安全的危害大小、行为人认罪悔罪表现等因素，全面准确评判，充分彰显强化保障公共交通安全的价值导向。

114.7 最高人民法院、最高人民检察院、海关总署、公安部、中国海警局关于打击粤港澳海上跨境走私犯罪适用法律若干问题的指导意见（2021 年 12 月 14 日　署缉发〔2021〕141 号）（节录）

二、走私犯罪分子在实施走私犯罪或者逃避追缉过程中，实施碰撞、挤别、抛撒障碍物、超高速行驶、强光照射驾驶人员等危险行为，危害公共安全的，以走私罪和以危险方法危害公共安全罪数罪并罚。……

114.8 最高人民法院、最高人民检察院、公安部、工业和信息化部、住房和城乡建设部、交通运输部、应急管理部、国家铁路局、中国民用航空局、国家邮政局关于依法惩治涉枪支、弹药、爆炸物、易燃易爆危险物品犯罪的意见（2021 年 12 月 31 日　法发〔2021〕35 号）（节录）

8.（第一款）在水路、铁路、航空易燃易爆危险物品运输生产作业活动中违反有关安全管理的规定，有下列情形之一，明知存在重大事故隐患而不排除，足以危害公共安全的，依照刑法第一百一十四条的规定，以以危险方法危害公共安全罪定罪处罚；致人重伤、死亡或者使公私财产遭受重大损失的，依照刑法第一百一十五条第一款的规定处罚：

（1）未经依法批准或者许可，擅自从事易燃易爆危险物品运输的；

（2）委托无资质企业或者个人承运易燃易爆危险物品的；

（3）在托运的普通货物中夹带易燃易爆危险物品的；

（4）将易燃易爆危险物品谎报或者匿报为普通货物托运的；

（5）其他在水路、铁路、航空易燃易爆危险物品运输活动中违反有关安全管理规定的情形。

9. 通过邮件、快件夹带易燃易爆危险物品，或者将易燃易爆危险物品谎报为普通物品交寄，符合本意见第 5 条至第 8 条规定的，依照各该条的规定定罪处罚。

> **【说明】** 办理该类案件的刑事政策、行政执法与刑事司法衔接等内容，参见 136.4 本意见第 12 条以下。

【法律法规】

114.9 中华人民共和国水法（2002 年 10 月 1 日　2016 年修正）（第 72 条）

第一百一十五条【放火罪，决水罪，爆炸罪，投放危险物质罪，以危险方法危害公共安全罪】 放火、决水、爆炸以及投放毒害性、放射性、传染病病原体等物质或者以其他危险方法致人重伤、死亡或者使公私财产遭受重大损失的，处十年以上有期徒刑、无期徒刑或者死刑。

【失火罪，过失决水罪，过失爆炸罪，过失投放危险物质罪，过失以危险方法危害

公共安全罪】过失犯前款罪的，处三年以上七年以下有期徒刑；情节较轻的，处三年以下有期徒刑或者拘役。

> **【刑法修正说明】**
>
> 本条第 1 款为全国人大常委会 2001 年 12 月 29 日通过并公布施行的《刑法修正案（三）》第 2 条所修正。原第 115 条为：
>
> **【放火罪，决水罪，爆炸罪，投毒罪，以危险方法危害公共安全罪】**放火、决水、爆炸、投毒或者以其他危险方法致人重伤、死亡或者使公私财产遭受重大损失的，处十年以上有期徒刑、无期徒刑或者死刑。
>
> **【失火罪，过失决水罪，过失爆炸罪，过失投毒罪，过失以危险方法危害公共安全罪】**过失犯前款罪的，处三年以上七年以下有期徒刑；情节较轻的，处三年以下有期徒刑或者拘役。

【罪名渊源】本条第 1 款系沿用 79 刑法第 106 条第 1 款，第 2 款系沿用 79 刑法第 106 条第 2 款，刑法对罪状皆未作修改。高法《罪名规定》、高检《罪名意见》曾将本条第 1 款解释为放火罪、决水罪、爆炸罪、投毒罪、以危险方法危害公共安全罪，将第 2 款解释为失火罪、过失决水罪、过失爆炸罪、过失投毒罪、过失以危险方法危害公共安全罪。《刑法修正案（三）》第 2 条将本条第 1 款的"投毒"修改为"投放毒害性、放射性、传染病病原体等物质"，第 2 款过失投毒罪的罪状亦因此被修正。据此，"两高"《罪名补充规定》将本条的投毒罪、过失投毒罪罪名取消，分别代之以投放危险物质罪、过失投放危险物质罪，其他罪名保持不变。

【立案标准】

115.1 国家林业局、公安部关于森林和陆生野生动物刑事案件管辖及立案标准（2001 年 5 月 9 日　林安字〔2001〕156 号）（节录）

一、森林公安机关管辖在其辖区内发生的刑法规定的下列森林和陆生野生动物刑事案件

（七）失火案件中，过失烧毁森林或者其他林木的案件（第一百一十五条第二款）。

二、森林和陆生野生动物刑事案件的立案标准

（七）失火案

失火造成森林火灾，过火有林地面积 2 公顷以上，或者致人重伤、死亡的应当立案；过火有林地面积 10 公顷以上，或者致人死亡、重伤 5 人以上的为重大案件；过火有林地面积 50 公顷以上，或者死亡 2 人以上的为特别重大案件。

【司法解释】

115.2 最高人民法院、最高人民检察院关于办理妨害预防、控制突发传染病疫情等灾害的刑事案件具体应用法律若干问题的解释（2003 年 5 月 15 日　法释〔2003〕8 号）（节录）

第一条　（第二款）　患有突发传染病或者疑似突发传染病而拒绝接受检疫、强制隔离或者治疗，过失造成传染病传播，情节严重，危害公共安全的，依照刑法第一百一十五条第二款的规定，按照过失以危险方法危害公共安全罪定罪处罚。

115.3 参见 114.4 最高人民法院、最高人民检察院关于办理组织、利用邪教组织破坏法律实施等刑事案件适用法律若干问题的解释（2017 年 2 月 1 日　法释〔2017〕3 号）

【司法文件】

115.4 最高人民法院关于印发醉酒驾车犯罪法律适用问题指导意见及相关典型案例的通知（2009 年 9 月 11 日　法发〔2009〕47 号）（节录）

一、准确适用法律，依法严惩醉酒驾车犯罪

刑法规定，醉酒的人犯罪，应当负刑事责任。行为人明知酒后驾车违法、醉酒驾车会危害公

共安全，却无视法律醉酒驾车，特别是在肇事后继续驾车冲撞，造成重大伤亡，说明行为人主观上对持续发生的危害结果持放任态度，具有危害公共安全的故意。对此类醉酒驾车造成重大伤亡的，应依法以以危险方法危害公共安全罪定罪。

2009年9月8日公布的两起醉酒驾车犯罪案件中，被告人黎景全和被告人孙伟铭都是在严重醉酒状态下驾车肇事，连续冲撞，造成重大伤亡。其中，黎景全驾车肇事后，不顾伤者及劝阻他的众多村民的安危，继续驾车行驶，致2人死亡，1人轻伤；孙伟铭长期无证驾驶，多次违反交通法规，在醉酒驾车与其他车辆追尾后，为逃逸继续驾车超限速行驶，先后与4辆正常行驶的轿车相撞，造成4人死亡、1人重伤。被告人黎景全和被告人孙伟铭在醉酒驾车发生交通事故后，继续驾车冲撞行驶，其主观上对他人伤亡的危害结果明显持放任态度，具有危害公共安全的故意。二被告人的行为均已构成以危险方法危害公共安全罪。

二、贯彻宽严相济刑事政策，适当裁量刑罚

根据刑法第一百一十五条第一款的规定，醉酒驾车，放任危害结果发生，造成重大伤亡事故，构成以危险方法危害公共安全罪的，应处以十年以上有期徒刑、无期徒刑或者死刑。具体决定对被告人的刑罚时，要综合考虑此类犯罪的性质、被告人的犯罪情节、危害后果及其主观恶性、人身危险性。一般情况下，醉酒驾车构成本罪的，行为人在主观上并不希望、也不追求危害结果的发生，属于间接故意犯罪，行为的主观恶性与以制造事端为目的而恶意驾车撞人并造成重大伤亡后果的直接故意犯罪有所不同，因此，在决定刑罚时，也应当有所区别。此外，醉酒状态下驾车，行为人的辨认和控制能力实际有所减弱，量刑时也应酌情考虑。

被告人黎景全和被告人孙伟铭醉酒驾车犯罪案件，依法没有适用死刑，而是分别判处无期徒刑，主要考虑到二被告人均系间接故意犯罪，与直接故意犯罪相比，主观恶性不是很深，人身危险性不是很大；犯罪时驾驶车辆的控制能力有所减弱，归案后认罪、悔罪态度较好，积极赔偿被害方的经济损失，一定程度上获得了被害方的谅解。广东省高级人民法院和四川省高级人民法院的终审裁判对二被告人的量刑是适当的。

三、统一法律适用，充分发挥司法审判职能作用

为依法严肃处理醉酒驾车犯罪案件，遏制酒后和醉酒驾车对公共安全造成的严重危害，警示、教育潜在违规驾驶人员，今后，对醉酒驾车，放任危害结果的发生，造成重大伤亡的，一律按照本意见规定，并参照附发的典型案例，依法以以危险方法危害公共安全罪定罪量刑。

为维护生效裁判的既判力，稳定社会关系，对于此前已经处理过的将特定情形的醉酒驾车认定为交通肇事罪的案件，应维持终审裁判，不再变动。

115.5 参见114.5 最高人民法院、最高人民检察院、公安部、司法部关于办理恐怖活动和极端主义犯罪案件适用法律若干问题的意见（2018年3月16日　高检会〔2018〕1号）

115.6 参见114.6 最高人民法院、最高人民检察院、公安部关于依法惩治妨害公共交通工具安全驾驶违法犯罪行为的指导意见（2019年1月8日　公通字〔2019〕1号）

115.7 最高人民法院、最高人民检察院、公安部、司法部、生态环境部关于办理环境污染刑事案件有关问题座谈会纪要（2019年2月20日）（节录）

二

6. 关于投放危险物质罪的适用

会议强调，目前我国一些地方环境违法犯罪活动高发多发，刑事处罚威慑力不强的问题仍然突出，现阶段在办理环境污染犯罪案件时必须坚决贯彻落实中央领导同志关于重典治理污染的指示精神，把刑法和《环境解释》①的规定用足用好，形成对环境污染违法犯罪的强大震慑。

---

① 指最高人民法院、最高人民检察院《关于办理环境污染刑事案件适用法律若干问题的解释》（法释〔2016〕29号）。——编者注

会议认为，司法实践中对环境污染行为适用投放危险物质罪追究刑事责任时，应当重点审查判断行为人的主观恶性、污染行为恶劣程度、污染物的毒害性危险性、污染持续时间、污染结果是否可逆、是否对公共安全造成现实、具体、明确的危险或者危害等各方面因素。对于行为人明知其排放、倾倒、处置的污染物含有毒害性、放射性、传染病病原体等危险物质，仍实施环境污染行为放任其危害公共安全，造成重大人员伤亡、重大公私财产损失等严重后果，以污染环境罪论处明显不足以罚当其罪的，可以按投放危险物质罪定罪量刑。实践中，此类情形主要是向饮用水水源保护区，饮用水供水单位取水口和出水口，南水北调水库、干渠、涵洞等配套工程，重要渔业水体以及自然保护区核心区等特殊保护区域，排放、倾倒、处置毒害性极强的污染物，危害公共安全并造成严重后果的情形。

【说明】案件管辖、危险废物的认定、鉴定等内容，参见 338.4 本纪要。

115.8 参见 114.8 最高人民法院、最高人民检察院、公安部、工业和信息化部、住房和城乡建设部、交通运输部、应急管理部、国家铁路局、中国民用航空局、国家邮政局关于依法惩治涉枪支、弹药、爆炸物、易燃易爆危险物品犯罪的意见（2021 年 12 月 31 日 法发〔2021〕35 号）

115.9 最高人民法院、最高人民检察院、司法部、公安部关于办理醉酒危险驾驶刑事案件的意见（2023 年 12 月 28 日 高检发办字〔2023〕187 号）（节录）

第十六条（第一款） 醉驾同时构成交通肇事罪、过失以危险方法危害公共安全罪、以危险方法危害公共安全罪等其他犯罪的，依照处罚较重的规定定罪，依法从严追究刑事责任。

第一百一十六条【破坏交通工具罪】 破坏火车、汽车、电车、船只、航空器，足以使火车、汽车、电车、船只、航空器发生倾覆、毁坏危险，尚未造成严重后果的，处三年以上十年以下有期徒刑。

【罪名渊源】本条沿袭 79 刑法第 107 条和第 110 条第 1 款，刑法改原罪状中的"飞机"为"航空器"。高法《罪名规定》、高检《罪名意见》将其解释为破坏交通工具罪。

【法律法规】

116.1 民用航空安全保卫条例（1996 年 7 月 6 日 2011 年修订）（第 16 条、第 25 条）

116.2 铁路安全管理条例（2014 年 1 月 1 日）（第 7 条第 1 款、第 37 条第 1 款、第 38 条第 1 款、第 51—53 条、第 77 条）

第一百一十七条【破坏交通设施罪】 破坏轨道、桥梁、隧道、公路、机场、航道、灯塔、标志或者进行其他破坏活动，足以使火车、汽车、电车、船只、航空器发生倾覆、毁坏危险，尚未造成严重后果的，处三年以上十年以下有期徒刑。

【罪名渊源】本条沿袭 79 刑法第 108 条和第 110 条第 1 款，刑法将原"交通设备"改为"交通设施"，将"飞机"改为"航空器"。高法《罪名规定》、高检《罪名意见》将其解释为破坏交通设施罪。

【法律法规】

117.1 中华人民共和国铁路法（1991 年 5 月 1 日 2015 年修正）（第 61—62 条）

117.2 中华人民共和国民用航空法（1996 年 3 月 1 日 2017 年修正）（第 197 条）

117.3 铁路安全管理条例（2014 年 1 月 1 日）（第 7 条第 1 款、第 37 条第 1 款、第 38 条第 1 款、第 51—53 条、第 77 条）

第一百一十八条【破坏电力设备罪，破坏易燃易爆设备罪】 破坏电力、燃气或者其他易燃易爆设备，危害公共安全，尚未造成严重后果的，处三年以上十年以下有期徒刑。

【罪名渊源】本条沿袭 79 刑法第 109 条和第 110 条第 1 款。刑法将原法条中的"煤气"改为"燃气"，从而扩大了犯罪对象的范围。高法《罪名规定》、高检《罪名意见》将其解释为破坏电力设备罪和破坏易燃易爆设备罪。

【司法解释】

118.1 参见 119.1 最高人民法院、最高人民检察院关于办理盗窃油气、破坏油气设备等刑事案件具体应用法律若干问题的解释（2007 年 1 月 19 日　法释〔2007〕3 号）（第 1 条、第 8 条）

【司法文件】

118.2 最高人民法院、最高人民检察院、公安部关于办理盗窃油气、破坏油气设备等刑事案件适用法律若干问题的意见（2018 年 9 月 28 日　法发〔2018〕18 号）

为依法惩治盗窃油气、破坏油气设备等犯罪，维护公共安全、能源安全和生态安全，根据《中华人民共和国刑法》《中华人民共和国刑事诉讼法》和《最高人民法院、最高人民检察院关于办理盗窃油气、破坏油气设备等刑事案件具体应用法律若干问题的解释》等法律、司法解释的规定，结合工作实际，制定本意见。

一、关于危害公共安全的认定

在实施盗窃油气等行为过程中，破坏正在使用的油气设备，具有下列情形之一的，应当认定为刑法第一百一十八条规定的"危害公共安全"：

（一）采用切割、打孔、撬砸、拆卸手段的，但是明显未危害公共安全的除外；

（二）采用开、关等手段，足以引发火灾、爆炸等危险的。

二、关于盗窃油气未遂的刑事责任

着手实施盗窃油气行为，由于意志以外的原因未得逞，具有下列情形之一的，以盗窃罪（未遂）追究刑事责任：

（一）以数额巨大的油气为盗窃目标的；

（二）已将油气装入包装物或者运输工具，达到"数额较大"标准三倍以上的；

（三）携带盗油卡子、手摇钻、电钻、电焊枪等切割、打孔、撬砸、拆卸工具的；

（四）其他情节严重的情形。

三、关于共犯的认定

在共同盗窃油气、破坏油气设备等犯罪中，实际控制、为主出资或者组织、策划、纠集、雇佣、指使他人参与犯罪的，应当依法认定为主犯；对于其他人员，在共同犯罪中起主要作用的，也应当依法认定为主犯。

在输油输气管道投入使用前擅自安装阀门，在管道投入使用后将该阀门提供给他人盗窃油气的，以盗窃罪、破坏易燃易爆设备罪等有关犯罪的共同犯罪论处。

四、关于内外勾结盗窃油气行为的处理

行为人与油气企业人员勾结共同盗窃油气，没有利用油气企业人员职务便利，仅仅是利用其易于接近油气设备、熟悉环境等方便条件的，以盗窃罪的共同犯罪论处。

实施上述行为，同时构成破坏易燃易爆设备罪的，依照处罚较重的规定定罪处罚。

五、关于窝藏、转移、收购、加工、代为销售被盗油气行为的处理

明知是犯罪所得的油气而予以窝藏、转移、收购、加工、代为销售或者以其他方式掩饰、隐瞒，符合刑法第三百一十二条规定的，以掩饰、隐瞒犯罪所得罪追究刑事责任。

"明知"的认定，应当结合行为人的认知能力、所得报酬、运输工具、运输路线、收购价格、收购形式、加工方式、销售地点、仓储条件等因素综合考虑。

实施第一款规定的犯罪行为，事前通谋的，以盗窃罪、破坏易燃易爆设备罪等有关犯罪的共同犯罪论处。

六、关于直接经济损失的认定

《最高人民法院、最高人民检察院关于办理盗窃油气、破坏油气设备等刑事案件具体应用法律若干问题的解释》第二条第三项规定的"直接经济损失"包括因实施盗窃油气等行为直接造成的油气损失以及采取抢修堵漏等措施所产生的费用。

对于直接经济损失数额，综合油气企业提供的证据材料、犯罪嫌疑人、被告人及其辩护人所

提辩解、辩护意见等认定；难以确定的，依据价格认证机构出具的报告，结合其他证据认定。

油气企业提供的证据材料，应当有工作人员签名和企业公章。

七、关于专门性问题的认定

对于油气的质量、标准等专门性问题，综合油气企业提供的证据材料、犯罪嫌疑人、被告人及其辩护人所提辩解、辩护意见等认定；难以确定的，依据司法鉴定机构出具的鉴定意见或者国务院公安部门指定的机构出具的报告，结合其他证据认定。

油气企业提供的证据材料，应当有工作人员签名和企业公章。

【法律法规】

118.3 电力设施保护条例（1987年9月15日 2011年修订）（第8—9条、第13—18条）

118.4 中华人民共和国电力法（1996年4月1日 2015年修正）（第4条、第52—54条、第72条）

第一百一十九条【破坏交通工具罪，破坏交通设施罪，破坏电力设备罪，破坏易燃易爆设备罪】 破坏交通工具、交通设施、电力设备、燃气设备、易燃易爆设备，造成严重后果的，处十年以上有期徒刑、无期徒刑或者死刑。

【过失损坏交通工具罪，过失损坏交通设施罪，过失损坏电力设备罪，过失损坏易燃易爆设备罪】 过失犯前款罪的，处三年以上七年以下有期徒刑；情节较轻的，处三年以下有期徒刑或者拘役。

【罪名渊源】 本条沿袭79刑法第110条，刑法将原罪状中的"交通设备"改为"交通设施"，将"煤气设备"改为"燃气设备"。高法《罪名规定》、高检《罪名意见》将第1款解释为破坏交通工具罪、破坏交通设施罪、破坏电力设备罪、破坏易燃易爆设备罪；将第2款解释为过失损坏交通工具罪、过失损坏交通设施罪、过失损坏电力设备罪、过失损坏易燃易爆设备罪。

【罪刑标准】

119.1 最高人民法院、最高人民检察院关于办理盗窃油气、破坏油气设备等刑事案件具体应用法律若干问题的解释（2007年1月19日 法释〔2007〕3号）（节录）

第一条 在实施盗窃油气等行为过程中，采用切割、打孔、撬砸、拆卸、开关等手段破坏正在使用的油气设备的，属于刑法第一百一十八条规定的"破坏燃气或者其他易燃易爆设备"的行为；危害公共安全，尚未造成严重后果的，依照刑法第一百一十八条的规定定罪处罚。

第二条 实施本解释第一条规定的行为，具有下列情形之一的，属于刑法第一百一十九条第一款规定的"造成严重后果"，依照刑法第一百一十九条第一款的规定定罪处罚：

（一）造成一人以上死亡、三人以上重伤或者十人以上轻伤的；

（二）造成井喷或者重大环境污染事故的；

（三）造成直接经济损失数额在五十万元以上的；

（四）造成其他严重后果的。

第八条 本解释所称的"油气"，是指石油、天然气。其中，石油包括原油、成品油；天然气包括煤层气。

本解释所称"油气设备"，是指用于石油、天然气生产、储存、运输等易燃易爆设备。

119.2 最高人民法院关于审理破坏电力设备刑事案件具体应用法律若干问题的解释（2007年8月21日 法释〔2007〕15号）

为维护公共安全，依法惩治破坏电力设备等犯罪活动，根据刑法有关规定，现就审理这类刑事案件具体应用法律的若干问题解释如下：

第一条 破坏电力设备，具有下列情形之一的，属于刑法第一百一十九条第一款规定的"造成严重后果"，以破坏电力设备罪判处十年以上有期徒刑、无期徒刑或者死刑：

（一）造成一人以上死亡、三人以上重伤或者十人以上轻伤的；

（二）造成一万以上用户电力供应中断六小时以上，致使生产、生活受到严重影响的；

（三）造成直接经济损失一百万元以上的；

（四）造成其他危害公共安全严重后果的。

第二条　过失损坏电力设备，造成本解释第一条规定的严重后果的，依照刑法第一百一十九条第二款的规定，以过失损坏电力设备罪判处三年以上七年以下有期徒刑；情节较轻的，处三年以下有期徒刑或者拘役。

第三条　盗窃电力设备，危害公共安全，但不构成盗窃罪的，以破坏电力设备罪定罪处罚；同时构成盗窃罪和破坏电力设备罪的，依照刑法处罚较重的规定定罪处罚。

盗窃电力设备，没有危及公共安全，但应当追究刑事责任的，可以根据案件的不同情况，按照盗窃罪等犯罪处理。

第四条　本解释所称电力设备，是指处于运行、应急等使用中的电力设备；已经通电使用，只是由于枯水季节或电力不足等原因暂停使用的电力设备；已经交付使用但尚未通电的电力设备。不包括尚未安装完毕，或者已经安装完毕但尚未交付使用的电力设备。

本解释中直接经济损失的计算范围，包括电量损失金额，被毁损设备材料的购置、更换、修复费用，以及因停电给用户造成的直接经济损失等。

【法律法规】

119.3 中华人民共和国铁路法（1991年5月1日　2015年修正）（第61条）

119.4 中华人民共和国民用航空法（1996年3月1日　2017年修正）（第197条）

第一百二十条【组织、领导、参加恐怖组织罪】组织、领导恐怖活动组织的，处十年以上有期徒刑或者无期徒刑，并处没收财产；积极参加的，处三年以上十年以下有期徒刑，并处罚金；其他参加的，处三年以下有期徒刑、拘役、管制或者剥夺政治权利，可以并处罚金。

犯前款罪并实施杀人、爆炸、绑架等犯罪的，依照数罪并罚的规定处罚。

【刑法第一次修正说明】

本条第1款为全国人大常委会2001年12月29日通过并公布施行的《刑法修正案（三）》第3条所修正。原该款为：

【组织、领导、参加恐怖组织罪】组织、领导和积极参加恐怖活动组织的，处三年以上十年以下有期徒刑；其他参加的，处三年以下有期徒刑、拘役或者管制。

【刑法第二次修正说明】

全国人大常委会2015年8月29日通过并公布、同年11月1日施行的《刑法修正案（九）》第5条对本条第1款作了第二次修正。《刑法修正案（三）》第3条为：

【组织、领导、参加恐怖组织罪】组织、领导恐怖活动组织的，处十年以上有期徒刑或者无期徒刑；积极参加的，处三年以上十年以下有期徒刑；其他参加的，处三年以下有期徒刑、拘役、管制或者剥夺政治权利。

【罪名渊源】本条系刑法增设，79刑法、单行刑法均未规定。高法《罪名规定》、高检《罪名意见》将其解释为组织、领导、参加恐怖组织罪。《刑法修正案（三）》第3条对罪状进行了修改，增设了一个量刑档次。《刑法修正案（九）》第5条对本条第1款作了修改，在三档法定刑中分别增设了"并处没收财产""并处罚金""可以并处罚金"的内容。

【司法文件】

120.1 最高人民法院关于贯彻宽严相济刑事政策的若干意见（2010年2月8日　法发〔2010〕9号）（节录）

30.（第一款）对于恐怖组织犯罪、邪教组织犯罪、黑社会性质组织犯罪和进行走私、诈骗、贩毒等犯罪活动的犯罪集团，在处理时要分别情况，区别对待：对犯罪组织或集团中的为首组织、指挥、策划者和骨干分子，要依法从严惩处，该判处重刑或死刑的要坚决判处重刑或死刑；对受欺骗、胁迫参加犯罪组织、犯罪集团或只是一般参加者，在犯罪中起次要、辅助作用的从犯，依法应当从轻或减轻处罚，符合缓刑条件的，可以适用缓刑。

120.2 最高人民法院、最高人民检察院、公安部、司法部关于办理恐怖活动和极端主义犯罪案件适用法律若干问题的意见（2018年3月16日 高检会〔2018〕1号）（节录）

一、准确认定犯罪

（一）具有下列情形之一的，应当认定为刑法第一百二十条规定的"组织、领导恐怖活动组织"，以组织、领导恐怖组织罪定罪处罚：

1. 发起、建立恐怖活动组织的；

2. 恐怖活动组织成立后，对组织及其日常运行负责决策、指挥、管理的；

3. 恐怖活动组织成立后，组织、策划、指挥该组织成员进行恐怖活动的；

4. 其他组织、领导恐怖活动组织的情形。

具有下列情形之一的，应当认定为刑法第一百二十条规定的"积极参加"，以参加恐怖组织罪定罪处罚：

1. 纠集他人共同参加恐怖活动组织的；

2. 多次参加恐怖活动组织的；

3. 曾因参加恐怖活动组织、实施恐怖活动被追究刑事责任或者二年内受过行政处罚，又参加恐怖活动组织的；

4. 在恐怖活动组织中实施恐怖活动且作用突出的；

5. 在恐怖活动组织中积极协助组织、领导者实施组织、领导行为的；

6. 其他积极参加恐怖活动组织的情形。

参加恐怖活动组织，但不具有前两款规定情形的，应当认定为刑法第一百二十条规定的"其他参加"，以参加恐怖组织罪定罪处罚。

犯刑法第一百二十条规定的犯罪，又实施杀人、放火、爆炸、绑架、抢劫等犯罪的，依照数罪并罚的规定定罪处罚。

（八）犯刑法第一百二十条规定的犯罪，同时构成刑法第一百二十条之一至之六规定的犯罪的，依照处罚较重的规定定罪处罚。

犯刑法第一百二十条之一至之六规定的犯罪，同时构成其他犯罪的，依照处罚较重的规定定罪处罚。

（九）恐怖主义、极端主义，恐怖活动，恐怖活动组织，根据《中华人民共和国反恐怖主义法》等法律法规认定。

二、正确适用程序

（一）组织、领导、参加恐怖组织罪，帮助恐怖活动罪，准备实施恐怖活动罪，宣扬恐怖主义、煽动实施恐怖活动罪，强制穿戴宣扬恐怖主义服饰、标志罪，非法持有宣扬恐怖主义物品罪的第一审刑事案件由中级人民法院管辖；宣扬极端主义罪，利用极端主义破坏法律实施罪，强制穿戴宣扬极端主义服饰、标志罪，非法持有宣扬极端主义物品罪的第一审刑事案件由基层人民法院管辖。高级人民法院可以根据级别管辖的规定，结合本地区社会治安状况、案件数量等情况，决定实行相对集中管辖，指定辖区内特定的中级人民法院集中审理恐怖活动和极端主义犯罪第一审刑事案件，或者指定辖区内特定的基层人民法院集中审理极端主义犯罪第一审刑事案件，并将指定法院名单报最高人民法院备案。

（二）国家反恐怖主义工作领导机构对恐怖活动组织和恐怖活动人员作出认定并予以公告的，人民法院可以在办案中根据公告直接认定。国家反恐怖主义工作领导机构没有公告的，人民法院应当严格依照《中华人民共和国反恐怖主义法》有关恐怖活动组织和恐怖活动人员的定义认定，必要时，可以商地市级以上公安机关出具意见作为参考。

（三）宣扬恐怖主义、极端主义的图书、音频视频资料，服饰、标志或者其他物品的认定，应当根据《中华人民共和国反恐怖主义法》有关恐怖主义、极端主义的规定，从其记载的内容外观特征等分析判断。公安机关应当对涉案物品全面审查并逐一标注或者摘录，提出审读意见，与扣押、移交物品清单及涉案物品原件一并移送人民检察院审查。人民检察院、人民法院可以结合在案证据、案件情况、办案经验等综合审查判断。

（四）恐怖活动和极端主义犯罪案件初查过程中收集提取的电子数据，以及通过网络在线提取的电子数据，可以作为证据使用。对于原始存储介质位于境外或者远程计算机信息系统上的恐怖活动和极端主义犯罪电子数据，可以通过网络在线提取。必要时，可以对远程计算机信息系统进行网络远程勘验。立案后，经设区的市一级以上公安机关负责人批准，可以采取技术侦查措施。对于恐怖活动和极端主义犯罪电子数据量大或者提取时间长等需要冻结的，经县级以上公安机关负责人或者检察长批准，可以进行冻结。对于电子数据涉及的专门性问题难以确定的，由具备资格的司法鉴定机构出具鉴定意见，或者由公安部指定的机构出具报告。

三、完善工作机制

（一）人民法院、人民检察院和公安机关办理恐怖活动和极端主义犯罪案件，应当互相配合，互相制约，确保法律有效执行。对于主要犯罪事实、关键证据和法律适用等可能产生分歧或者重大、疑难、复杂的恐怖活动和极端主义犯罪案件，公安机关商请听取有管辖权的人民检察院意见和建议的，人民检察院可以提出意见和建议。

（二）恐怖活动和极端主义犯罪案件一般由犯罪地公安机关管辖，犯罪嫌疑人居住地公安机关管辖更为适宜的，也可以由犯罪嫌疑人居住地公安机关管辖。移送案件应当一案一卷，将案件卷宗、提取物证和扣押物品等全部随案移交。移送案件的公安机关应当指派专人配合接收案件的公安机关开展后续案件办理工作。

（三）人民法院、人民检察院和公安机关办理恐怖活动和极端主义犯罪案件，应当坚持对涉案人员区别对待，实行教育转化。对被教唆、胁迫、引诱参与恐怖活动、极端主义活动，或者参与恐怖活动、极端主义活动情节轻微，尚不构成犯罪的人员，公安机关应当组织有关部门、村民委员会、居民委员会、所在单位、就读学校、家庭和监护人对其进行帮教。对被判处有期徒刑以上刑罚的恐怖活动罪犯和极端主义罪犯，服刑地的中级人民法院应当根据其社会危险性评估结果和安置教育建议，在其刑满释放前作出是否安置教育的决定。人民检察院依法对安置教育进行监督，对于实施安置教育过程中存在违法行为的，应当及时提出纠正意见或者检察建议。

【部委规范】

120.3 中国人民银行、公安部、国家安全部涉及恐怖活动资产冻结管理办法（2014 年 1 月 10 日中国人民银行、公安部、国家安全部令 2014 年第 1 号）（第 2—20 条）

【法律法规】

120.4 中华人民共和国国家安全法（2015 年 7 月 1 日）（第 28 条）

120.5 中华人民共和国反恐怖主义法（2016 年 1 月 1 日　2018 年修正）（第 2 条第 1 款、第 3 条第 2 款、第 11—13 条、第 15 条第 1 款、第 16 条、第 37 条、第 79 条）

第一百二十条之一【帮助恐怖活动罪】 资助恐怖活动组织、实施恐怖活动的个人的，或者资助恐怖活动培训的，处五年以下有期徒刑、拘役、管制或者剥夺政治权利，并处罚金；情节严重的，处五年以上有期徒刑，并处罚金或者没收财产。

为恐怖活动组织、实施恐怖活动或者恐怖活动培训招募、运送人员的，依照前款的规定处罚。

单位犯前两款罪的，对单位判处罚金，并对其直接负责的主管人员和其他直接责任人员，依照第一款的规定处罚。

【刑法第一次修正说明】

本条为全国人大常委会 2001 年 12 月 29 日通过并公布施行的《刑法修正案（三）》第 4 条所增设。

【刑法第二次修正说明】

本条为全国人大常委会 2015 年 8 月 29 日通过并公布、同年 11 月 1 日施行的《刑法修正案（九）》第 6 条所修正。《刑法修正案（三）》第 4 条为：

【资助恐怖活动罪】 资助恐怖活动组织或者实施恐怖活动的个人的，处五年以下有期徒刑、拘役、管制或者剥夺政治权利，并处罚金；情节严重的，处五年以上有期徒刑，并处罚金或者没收财产。

单位犯前款罪的，对单位判处罚金，并对其直接负责的主管人员和其他直接责任人员，依照前款的规定处罚。

【罪名渊源】本条系《刑法修正案（三）》第 4 条增设。"两高"《罪名补充规定》将其解释为资助恐怖活动罪。《刑法修正案（九）》第 6 条对本条作了修改，在第 1 款增加"资助恐怖活动培训的"行为，并增设了第 2 款内容，原第 2 款作为第 3 款。据此，最高人民法院、最高人民检察院《关于执行〈中华人民共和国刑法〉确定罪名的补充规定（六）》（以下简称"两高"《罪名补充规定（六）》）取消资助恐怖活动罪罪名，代之以帮助恐怖活动罪。

【立案标准】

120 - 1.1 最高人民检察院、公安部关于公安机关管辖的刑事案件立案追诉标准的规定（二）（2022 年 5 月 15 日　公通字〔2022〕12 号）（节录）

第一条　〔帮助恐怖活动案（刑法第一百二十条之一第一款）〕资助恐怖活动组织、实施恐怖活动的个人的，或者资助恐怖活动培训的，应予立案追诉。

第八十二条　对于预备犯、未遂犯、中止犯，需要追究刑事责任的，应予立案追诉。

第八十三条　本规定中的立案追诉标准，除法律、司法解释、本规定中另有规定的以外，适用于相应的单位犯罪。

【司法解释】

120 - 1.2 最高人民法院关于审理洗钱等刑事案件具体应用法律若干问题的解释（2009 年 11 月 11 日　法释〔2009〕15 号）（节录）

第五条　刑法第一百二十条之一规定的"资助"，是指为恐怖活动组织或者实施恐怖活动的个人筹集、提供经费、物资或者提供场所以及其他物质便利的行为。

刑法第一百二十条之一规定的"实施恐怖活动的个人"，包括预谋实施、准备实施和实际实施恐怖活动的个人。

120 - 1.3 最高人民法院、最高人民检察院关于办理非法从事资金支付结算业务、非法买卖外汇刑事案件适用法律若干问题的解释（2019 年 2 月 1 日　法释〔2019〕1 号）（节录）

第五条　非法从事资金支付结算业务或者非法买卖外汇，构成非法经营罪，同时又构成刑法第一百二十条之一规定的帮助恐怖活动罪或者第一百九十一条规定的洗钱罪的，依照处罚较重的规定定罪处罚。

第九条　单位实施本解释第一条、第二条规定的非法从事资金支付结算业务、非法买卖外汇行为，依照本解释规定的定罪量刑标准，对单位判处罚金，并对其直接负责的主管人员和其他直接责任人员定罪处罚。

【司法文件】

120 - 1.4 最高人民法院、最高人民检察院、公安部、司法部关于办理恐怖活动和极端主义犯罪案件适用法律若干问题的意见（2018 年 3 月 16 日　高检会〔2018〕1 号）（节录）

一、准确认定犯罪

（二）具有下列情形之一的，依照刑法第一百二十条之一的规定，以帮助恐怖活动罪定罪处罚：

1. 以募捐、变卖房产、转移资金等方式为恐怖活动组织、实施恐怖活动的个人、恐怖活动培训筹集、提供经费，或者提供器材、设备、交通工具、武器装备等物资，或者提供其他物质便利的；

2. 以宣传、招收、介绍、输送等方式为恐怖活动组织、实施恐怖活动、恐怖活动培训招募人员的；

3. 以帮助非法出入境，或者为非法出入境提供中介服务、中转运送、停留住宿、伪造身份证明材料等便利，或者充当向导、帮助探查偷越国（边）境路线等方式，为恐怖活动组织、实施恐怖活动、恐怖活动培训运送人员的；

4. 其他资助恐怖活动组织、实施恐怖活动的个人、恐怖活动培训，或者为恐怖活动组织、实施恐怖活动、恐怖活动培训招募、运送人员的情形。

实施恐怖活动的个人，包括已经实施恐怖活动的个人，也包括准备实施、正在实施恐怖活动的个人。包括在我国领域内实施恐怖活动的个人，也包括在我国领域外实施恐怖活动的个人。包括我国公民，也包括外国公民和无国籍人。

帮助恐怖活动罪的主观故意，应当根据案件具体情况，结合行为人的具体行为、认知能力、一贯表现和职业等综合认定。

明知是恐怖活动犯罪所得及其产生的收益，为掩饰、隐瞒其来源和性质，而提供资金账户，协助将财产转换为现金、金融票据、有价证券，通过转账或者其他结算方式协助资金转移，协助将资金汇往境外的，以洗钱罪定罪处罚。事先通谋的，以相关恐怖活动犯罪的共同犯罪论处。

【说明】法条竞合的适用、立案和审判管辖及证据审查等，参见120.2本意见。

【法律法规】

120-1.5 中华人民共和国反恐怖主义法（2016年1月1日　2018年修正）（第29—30条、第79条）

第一百二十条之二【准备实施恐怖活动罪】 有下列情形之一的，处五年以下有期徒刑、拘役、管制或者剥夺政治权利，并处罚金；情节严重的，处五年以上有期徒刑，并处罚金或者没收财产：

（一）为实施恐怖活动准备凶器、危险物品或者其他工具的；

（二）组织恐怖活动培训或者积极参加恐怖活动培训的；

（三）为实施恐怖活动与境外恐怖活动组织或者人员联络的；

（四）为实施恐怖活动进行策划或者其他准备的。

有前款行为，同时构成其他犯罪的，依照处罚较重的规定定罪处罚。

【刑法修正说明】

本条为全国人大常委会2015年8月29日通过并公布、同年11月1日施行的《刑法修正案（九）》第7条所增设。

【罪名渊源】本条系《刑法修正案（九）》第7条增设。"两高"《罪名补充规定（六）》将其解释为准备实施恐怖活动罪。

【司法文件】

120-2.1 最高人民法院、最高人民检察院、公安部、司法部关于办理恐怖活动和极端主义犯罪案件适用法律若干问题的意见（2018年3月16日　高检会〔2018〕1号）（节录）

一、准确认定犯罪

（三）具有下列情形之一的，依照刑法第一百二十条之二的规定，以准备实施恐怖活动罪定罪处罚：

1. 为实施恐怖活动制造、购买、储存、运输凶器，易燃易爆易制爆品，腐蚀性、放射性、传染性、毒害性物品等危险物品，或者其他工具的；

2. 以当面传授、开办培训班、组建训练营、开办论坛、组织收听收看音频视频资料等方式，或者利用网站、网页、论坛、博客、微博客、网盘、即时通信、通讯群组、聊天室等网络平台、网络应用服务组织恐怖活动培训的，或者积极参加恐怖活动心理体能培训，传授、学习犯罪技能方法或者进行恐怖活动训练的；

3. 为实施恐怖活动，通过拨打电话、发送短信、电子邮件等方式，或者利用网站、网页、论坛、博客、微博客、网盘、即时通信、通讯群组、聊天室等网络平台、网络应用服务与境外恐活动组织、人员联络的；

4. 为实施恐怖活动出入境或者组织、策划、煽动、拉拢他人出入境的；

5. 为实施恐怖活动进行策划或者其他准备的情形。

> 【说明】法条竞合的适用、立案和审判管辖及证据审查等，参见120.2本意见。

【法律法规】

120 - 2.2 中华人民共和国反恐怖主义法（2016年1月1日　2018年修正）（第29—30条、第79条）

第一百二十条之三【宣扬恐怖主义、极端主义、煽动实施恐怖活动罪】以制作、散发宣扬恐怖主义、极端主义的图书、音频视频资料或者其他物品，或者通过讲授、发布信息等方式宣扬恐怖主义、极端主义的，或者煽动实施恐怖活动的，处五年以下有期徒刑、拘役、管制或者剥夺政治权利，并处罚金；情节严重的，处五年以上有期徒刑，并处罚金或者没收财产。

> **【刑法修正说明】**
> 本条为全国人大常委会2015年8月29日通过并公布、同年11月1日施行的《刑法修正案（九）》第7条所增设。

【罪名渊源】 本条系《刑法修正案（九）》第7条增设。"两高"《罪名补充规定（六）》将其解释为宣扬恐怖主义、极端主义、煽动实施恐怖活动罪。

【司法文件】

120 - 3.1 最高人民法院、最高人民检察院、公安部、司法部关于办理恐怖活动和极端主义犯罪案件适用法律若干问题的意见（2018年3月16日　高检会〔2018〕1号）（节录）

一、准确认定犯罪

（四）实施下列行为之一，宣扬恐怖主义、极端主义或者煽动实施恐怖活动的，依照刑法第一百二十条之三的规定，以宣扬恐怖主义、极端主义、煽动实施恐怖活动罪定罪处罚：

1. 编写、出版、印刷、复制、发行、散发、播放载有宣扬恐怖主义、极端主义内容的图书、报刊、文稿、图片或者音频视频资料的；

2. 设计、生产、制作、销售、租赁、运输、托运、寄递、散发、展示带有宣扬恐怖主义、极端主义内容的标识、标志、服饰、旗帜、徽章、器物、纪念品等物品的；

3. 利用网站、网页、论坛、博客、微博客、网盘、即时通信、通讯群组、聊天室等网络平台、网络应用服务等登载、张贴、复制、发送、播放、演示载有恐怖主义、极端主义内容的图书、报刊、文稿、图片或者音频视频资料的；

4. 网站、网页、论坛、博客、微博客、网盘、即时通信、通讯群组，聊天室等网络平台、网络应用服务的建立、开办、经营、管理者，明知他人利用网络平台、网络应用服务散布、宣扬恐怖主义、极端主义内容，经相关行政主管部门处罚后仍允许或者放任他人发布的；

5. 利用教经、讲经、解经、学经、婚礼、葬礼、纪念、聚会和文体活动等宣扬恐怖主义、极端主义、煽动实施恐怖活动的；

6. 其他宣扬恐怖主义、极端主义、煽动实施恐怖活动的行为。

> 【说明】法条竞合的适用、立案和审判管辖及证据审查等，参见120.2本意见。

【法律法规】

120 - 3.2 中华人民共和国反恐怖主义法（2016年1月1日　2018年修正）（第29—30条、第79条）

第一百二十条之四【利用极端主义破坏法律实施罪】利用极端主义煽动、胁迫群众破坏国家法律确立的婚姻、司法、教育、社会管理等制度实施的，处三年以下有期徒刑、拘役或者管制，并处罚金；情节严重的，处三年以上七年以下有期徒刑，并处罚金；情节特别严重的，处七年以上有期徒刑，并处罚金或者没收财产。

> **【刑法修正说明】**
>
> 本条为全国人大常委会 2015 年 8 月 29 日通过并公布、同年 11 月 1 日施行的《刑法修正案（九）》第 7 条所增设。

【罪名渊源】 本条系《刑法修正案（九）》第 7 条增设。"两高"《罪名补充规定（六）》将其解释为利用极端主义破坏法律实施罪。

【司法文件】

120 - 4.1 最高人民法院、最高人民检察院、公安部、司法部关于办理恐怖活动和极端主义犯罪案件适用法律若干问题的意见（2018 年 3 月 16 日　高检会〔2018〕1 号）（节录）

一、准确认定犯罪

（五）利用极端主义，实施下列行为之一的，依照刑法第一百二十条之四的规定，以利用极端主义破坏法律实施罪定罪处罚：

1. 煽动、胁迫群众以宗教仪式取代结婚、离婚登记，或者干涉婚姻自由的；

2. 煽动、胁迫群众破坏国家法律确立的司法制度实施的；

3. 煽动、胁迫群众干涉未成年人接受义务教育，或者破坏学校教育制度、国家教育考试制度等国家法律规定的教育制度的；

4. 煽动、胁迫群众抵制人民政府依法管理，或者阻碍国家机关工作人员依法执行职务的；

5. 煽动、胁迫群众损毁居民身份证、居民户口簿等国家法定证件以及人民币的；

6. 煽动、胁迫群众驱赶其他民族、有其他信仰的人员离开居住地，或者干涉他人生活和生产经营的；

7. 其他煽动、胁迫群众破坏国家法律制度实施的行为。

> **【说明】** 法条竞合的适用、立案和审判管辖及证据审查等，参见 120.2 本意见。

【法律法规】

120 - 4.2 中华人民共和国反恐怖主义法（2016 年 1 月 1 日　2018 年修正）（第 28 条第 1 款）

第一百二十条之五【强制穿戴宣扬恐怖主义、极端主义服饰、标志罪】以暴力、胁迫等方式强制他人在公共场所穿着、佩戴宣扬恐怖主义、极端主义服饰、标志的，处三年以下有期徒刑、拘役或者管制，并处罚金。

> **【刑法修正说明】**
>
> 本条为全国人大常委会 2015 年 8 月 29 日通过并公布、同年 11 月 1 日施行的《刑法修正案（九）》第 7 条所增设。

【罪名渊源】 本条系《刑法修正案（九）》第 7 条增设。"两高"《罪名补充规定（六）》将其解释为强制穿戴宣扬恐怖主义、极端主义服饰、标志罪。

【司法文件】

120 - 5.1 最高人民法院、最高人民检察院、公安部、司法部关于办理恐怖活动和极端主义犯罪案件适用法律若干问题的意见（2018 年 3 月 16 日　高检会〔2018〕1 号）（节录）

一、准确认定犯罪

（六）具有下列情形之一的，依照刑法第一百二十条之五的规定，以强制穿戴宣扬恐怖主义、极端主义服饰、标志罪定罪处罚：

1. 以暴力、胁迫等方式强制他人在公共场所穿着、佩戴宣扬恐怖主义、极端主义服饰的；

2. 以暴力、胁迫等方式强制他人在公共场所穿着、佩戴含有恐怖主义、极端主义的文字、符号、图形、口号、徽章的服饰标志的；

3. 其他强制他人穿戴宣扬恐怖主义、极端主义服饰、标志的情形。

> 【说明】法条竞合的适用、立案和审判管辖及证据审查等，参见 120.2 本意见。

【法律法规】

120 - 5.2 中华人民共和国反恐怖主义法（2016 年 1 月 1 日　2018 年修正）（第 29—30 条、第 79 条）

第一百二十条之六【非法持有宣扬恐怖主义、极端主义物品罪】明知是宣扬恐怖主义、极端主义的图书、音频视频资料或者其他物品而非法持有，情节严重的，处三年以下有期徒刑、拘役或者管制，并处或者单处罚金。

> 【刑法修正说明】
> 本条为全国人大常委会 2015 年 8 月 29 日通过并公布、同年 11 月 1 日施行的《刑法修正案（九）》第 7 条所增设。

【罪名渊源】本条系《刑法修正案（九）》第 7 条增设。"两高"《罪名补充规定（六）》将其解释为非法持有宣扬恐怖主义、极端主义物品罪。

【司法文件】

120 - 6.1 最高人民法院、最高人民检察院、公安部、司法部关于办理恐怖活动和极端主义犯罪案件适用法律若干问题的意见（2018 年 3 月 16 日　高检会〔2018〕1 号）（节录）

一、准确认定犯罪

（七）明知是载有宣扬恐怖主义、极端主义内容的图书、报刊、文稿、图片、音频视频资料、服饰、标志或者其他物品而非法持有，达到下列数量标准之一的，依照刑法第一百二十条之六的规定，以非法持有宣扬恐怖主义、极端主义物品罪定罪处罚：

1. 图书、刊物二十册以上，或者电子图书、刊物五册以上的；

2. 报纸一百份（张）以上，或者电子报纸二十份（张）以上的；

3. 文稿、图片一百篇（张）以上，或者电子文稿、图片十篇（张）以上，或者电子文档五十万字符以上的；

4. 录音带、录像带等音像制品二十个以上，或者电子音频视频资料五个以上，或者电子音频视频资料二十分钟以上的；

5. 服饰、标志二十件以上的。

非法持有宣扬恐怖主义、极端主义的物品，虽未达到前款规定的数量标准，但具有多次持有，持有多类物品，造成严重后果或者恶劣社会影响，曾因实施恐怖活动、极端主义违法犯罪被追究刑事责任或者二年内受过行政处罚等情形之一的，也可以定罪处罚。

多次非法持有宣扬恐怖主义、极端主义的物品，未经处理的数量应当累计计算。非法持有宣扬恐怖主义、极端主义的物品涉及不同种类或者形式的，可以根据本条规定的不同数量标准的相应比例折算后累计计算。

非法持有宣扬恐怖主义、极端主义物品罪主观故意中的"明知"，应当根据案件具体情况，以行为人实施的客观行为为基础，结合其一贯表现、具体行为、程度、手段、事后态度，以及年龄、认知和受教育程度、所从事的职业等综合审查判断。

具有下列情形之一，行为人不能做出合理解释的，可以认定其"明知"，但有证据证明确属被蒙骗的除外：

1. 曾因实施恐怖活动、极端主义违法犯罪被追究刑事责任，或者二年内受过行政处罚，或者被责令改正后又实施的；

2. 在执法人员检查时，有逃跑、丢弃携带物品或者逃避、抗拒检查等行为，在其携带、藏匿或者丢弃的物品中查获宣扬恐怖主义、极端主义的物品的；

3. 采用伪装、隐匿、暗语、手势、代号等隐蔽方式制作、散发、持有宣扬恐怖主义、极端主义的物品的；

4. 以虚假身份、地址或者其他虚假方式办理托运，寄递手续，在托运、寄递的物品中查获宣扬恐怖主义、极端主义的物品的；

5. 有其他证据足以证明行为人应当知道的情形。

> 【说明】法条竞合的适用、立案和审判管辖及证据审查等，参见120.2本意见。

【法律法规】

120-6.2 中华人民共和国反恐怖主义法（2016年1月1日　2018年修正）（第29—30条、第79条）

第一百二十一条【劫持航空器罪】 以暴力、胁迫或者其他方法劫持航空器的，处十年以上有期徒刑或者无期徒刑；致人重伤、死亡或者使航空器遭受严重破坏的，处死刑。

【罪名渊源】本条系沿袭全国人大常委会《关于惩治劫持航空器犯罪分子的决定》（1992年12月28日起施行）的规定，79刑法第100条反革命破坏罪第3项规定了劫持飞机等破坏活动的犯罪行为，但未规定本罪。高法《罪名规定》、高检《罪名意见》将其解释为劫持航空器罪。

【法律法规】

121.1 中华人民共和国民用航空法（1996年3月1日　2017年修正）（第191条）

第一百二十二条【劫持船只、汽车罪】 以暴力、胁迫或者其他方法劫持船只、汽车的，处五年以上十年以下有期徒刑；造成严重后果的，处十年以上有期徒刑或者无期徒刑。

【罪名渊源】本条系对79刑法第100条反革命破坏罪第3项内容进行修改后，将其独立成罪。高法《罪名规定》、高检《罪名意见》将其解释为劫持船只、汽车罪。

第一百二十三条【暴力危及飞行安全罪】 对飞行中的航空器上的人员使用暴力，危及飞行安全，尚未造成严重后果的，处五年以下有期徒刑或者拘役；造成严重后果的，处五年以上有期徒刑。

【罪名渊源】本条系刑法增设，79刑法、单行刑法对此均未规定。高法《罪名规定》、高检《罪名意见》将其解释为暴力危及飞行安全罪。

【法律法规】

123.1 中华人民共和国民用航空法（1996年3月1日　2017年修正）（第192条）

第一百二十四条【破坏广播电视设施、公用电信设施罪】 破坏广播电视设施、公用电信设施，危害公共安全的，处三年以上七年以下有期徒刑；造成严重后果的，处七年以上有期徒刑。

【过失损坏广播电视设施、公用电信设施罪】 过失犯前款罪的，处三年以上七年以下有期徒刑；情节较轻的，处三年以下有期徒刑或者拘役。

【罪名渊源】本条两款分别由79刑法第111条的破坏通讯设备罪、过失破坏通讯设备罪修改而来。刑法将原"设备"修改为"设施"，将"电话或者其他通讯设备"修改为"公用电信设施"。高法《罪名规定》、高检《罪名意见》将其分别解释为破坏广播电视设施、公用电信设施罪，过失损坏广播电视设施、公用电信设施罪。

【罪刑标准】

124.1 最高人民法院关于审理破坏公用电信设施刑事案件具体应用法律若干问题的解释

(2005年1月11日 法释〔2004〕21号)

第一条 采用截断通信线路、损毁通信设备或者删除、修改、增加电信网计算机信息系统中存储、处理或者传输的数据和应用程序等手段,故意破坏正在使用的公用电信设施,具有下列情形之一的,属于刑法第一百二十四条规定的"危害公共安全",依照刑法第一百二十四条第一款规定,以破坏公用电信设施罪处三年以上七年以下有期徒刑:

(一)造成火警、匪警、医疗急救、交通事故报警、救灾、抢险、防汛等通信中断或者严重障碍,并因此贻误救助、救治、救灾、抢险等,致使人员死亡一人、重伤三人以上或者造成财产损失三十万元以上的;

(二)造成二千以上不满一万用户通信中断一小时以上,或者一万以上用户通信中断不满一小时的;

(三)在一个本地网范围内,网间通信全阻、关口局至某一局向全部中断或网间某一业务全部中断不满二小时或者直接影响范围不满五万(用户×小时)的;

(四)造成网间通信严重障碍,一日内累计二小时以上不满十二小时的;

(五)其他危害公共安全的情形。

第二条 实施本解释第一条规定的行为,具有下列情形之一的,属于刑法第一百二十四条第一款规定的"严重后果",以破坏公用电信设施罪处七年以上有期徒刑:

(一)造成火警、匪警、医疗急救、交通事故报警、救灾、抢险、防汛等通信中断或者严重障碍,并因此贻误救助、救治、救灾、抢险等,致使人员死亡二人以上、重伤六人以上或者造成财产损失六十万元以上的;

(二)造成一万以上用户通信中断一小时以上的;

(三)在一个本地网范围内,网间通信全阻、关口局至某一局向全部中断或网间某一业务全部中断二小时以上或者直接影响范围五万(用户×小时)以上的;

(四)造成网间通信严重障碍,一日内累计十二小时以上的;

(五)造成其他严重后果的。

第三条 故意破坏正在使用的公用电信设施尚未危害公共安全,或者故意毁坏尚未投入使用的公用电信设施,造成财物损失,构成犯罪的,依照刑法第二百七十五条规定,以故意毁坏财物罪定罪处罚。

盗窃公用电信设施价值数额不大,但是构成危害公共安全犯罪的,依照刑法第一百二十四条的规定定罪处罚;盗窃公用电信设施同时构成盗窃罪和破坏公用电信设施罪的,依照处罚较重的规定定罪处罚。

第四条 指使、组织、教唆他人实施本解释规定的故意犯罪行为的,按照共犯定罪处罚。

第五条 本解释中规定的公用电信设施的范围、用户数、通信中断和严重障碍的标准和时间长度,依据国家电信行业主管部门的有关规定确定。

124.2 最高人民法院关于审理破坏广播电视设施等刑事案件具体应用法律若干问题的解释

(2011年6月13日 法释〔2011〕13号)

为依法惩治破坏广播电视设施等犯罪活动,维护广播电视设施运行安全,根据刑法有关规定,现就审理这类刑事案件具体应用法律的若干问题解释如下:

第一条 采取拆卸、毁坏设备,剪割缆线,删除、修改、增加广播电视设备系统中存储、处理、传输的数据和应用程序,非法占用频率等手段,破坏正在使用的广播电视设施,具有下列情形之一的,依照刑法第一百二十四条第一款的规定,以破坏广播电视设施罪处三年以上七年以下有期徒刑:

(一)造成救灾、抢险、防汛和灾害预警等重大公共信息无法发布的;

(二)造成县级、地市(设区的市)级广播电视台中直接关系节目播出的设施无法使用,信号无法播出的；

（三）造成省级以上广播电视传输网内的设施无法使用，地市（设区的市）级广播电视传输网内的设施无法使用三小时以上，县级广播电视传输网内的设施无法使用十二小时以上，信号无法传输的；

（四）其他危害公共安全的情形。

第二条 实施本解释第一条规定的行为，具有下列情形之一的，应当认定为刑法第一百二十四条第一款规定的"造成严重后果"，以破坏广播电视设施罪处七年以上有期徒刑：

（一）造成救灾、抢险、防汛和灾害预警等重大公共信息无法发布，因此贻误排除险情或者疏导群众，致使一人以上死亡、三人以上重伤或者财产损失五十万元以上，或者引起严重社会恐慌、社会秩序混乱的；

（二）造成省级以上广播电视台中直接关系节目播出的设施无法使用，信号无法播出的；

（三）造成省级以上广播电视传输网内的设施无法使用三小时以上，地市（设区的市）级广播电视传输网内的设施无法使用十二小时以上，县级广播电视传输网内的设施无法使用四十八小时以上，信号无法传输的；

（四）造成其他严重后果的。

第三条 过失损坏正在使用的广播电视设施，造成本解释第二条规定的严重后果的，依照刑法第一百二十四条第二款的规定，以过失损坏广播电视设施罪处三年以上七年以下有期徒刑；情节较轻的，处三年以下有期徒刑或者拘役。

过失损坏广播电视设施构成犯罪，但能主动向有关部门报告，积极赔偿损失或者修复被损坏设施的，可以酌情从宽处罚。

第四条 建设、施工单位的管理人员、施工人员，在建设、施工过程中，违反广播电视设施保护规定，故意或者过失损毁正在使用的广播电视设施，构成犯罪的，以破坏广播电视设施罪或者过失损坏广播电视设施罪定罪处罚。其定罪量刑标准适用本解释第一至三条的规定。

第五条 盗窃正在使用的广播电视设施，尚未构成盗窃罪，但具有本解释第一条、第二条规定情形的，以破坏广播电视设施罪定罪处罚；同时构成盗窃罪和破坏广播电视设施罪的，依照处罚较重的规定定罪处罚。

第六条 破坏正在使用的广播电视设施未危及公共安全，或者故意毁坏尚未投入使用的广播电视设施，造成财物损失数额较大或者有其他严重情节的，以故意毁坏财物罪定罪处罚。

第七条 实施破坏广播电视设施犯罪，并利用广播电视设施实施煽动分裂国家、煽动颠覆国家政权、煽动民族仇恨、民族歧视或者宣扬邪教等行为，同时构成其他犯罪的，依照处罚较重的规定定罪处罚。

第八条 本解释所称广播电视台中直接关系节目播出的设施、广播电视传输网内的设施，参照国家广播电视行政主管部门和其他相关部门的有关规定确定。

【部委规范】

124.3 信息产业部关于依法查处中断电信网间通信行为的通告（2002年4月18日）（第2—3条）

【法律法规】

124.4 广播电视设施保护条例（2000年11月5日）（第2条、第6—9条、第20—21条）

第一百二十五条【非法制造、买卖、运输、邮寄、储存枪支、弹药、爆炸物罪】 非法制造、买卖、运输、邮寄、储存枪支、弹药、爆炸物的，处三年以上十年以下有期徒刑；情节严重的，处十年以上有期徒刑、无期徒刑或者死刑。

【非法制造、买卖、运输、储存危险物质罪】 非法制造、买卖、运输、储存毒害性、放射性、传染病病原体等物质，危害公共安全的，依照前款的规定处罚。

单位犯前两款罪的，对单位判处罚金，并对其直接负责的主管人员和其他直接责任人员，依照第一款的规定处罚。

【刑法修正说明】

本条第2款为全国人大常委会2001年12月29日通过并公布施行的《刑法修正案（三）》第5条所修正。原该款为：

【非法买卖、运输核材料罪】非法买卖、运输核材料的，依照前款的规定处罚。

【罪名渊源】本条第1款源自79刑法第112条非法制造、买卖、运输枪支、弹药罪。刑法对该罪状作了修改补充，增设了"邮寄、储存"的行为方式，增加了"爆炸物"这一犯罪对象。高法《罪名规定》、高检《罪名意见》将其解释为非法制造、买卖、运输、邮寄、储存枪支、弹药、爆炸物罪。

本条第2款系刑法增设，79刑法和单行刑法均未规定。高法《罪名规定》、高检《罪名意见》将其解释为非法买卖、运输核材料罪。《刑法修正案（三）》第5条对本款罪状作了修正，"两高"《罪名补充规定》将其解释为非法制造、买卖、运输、储存危险物质罪。

【罪刑标准】

125.1 最高人民法院关于审理非法制造、买卖、运输枪支、弹药、爆炸物等刑事案件具体应用法律若干问题的解释（2001年5月16日　法释〔2001〕15号　2009年修正）（节录）

第一条　个人或者单位非法制造、买卖、运输、邮寄、储存枪支、弹药、爆炸物，具有下列情形之一的，依照刑法第一百二十五条第一款的规定，以非法制造、买卖、运输、邮寄、储存枪支、弹药、爆炸物罪定罪处罚：

（一）非法制造、买卖、运输、邮寄、储存军用枪支一支以上的；

（二）非法制造、买卖、运输、邮寄、储存以火药为动力发射枪弹的非军用枪支一支以上或者以压缩气体等为动力的其他非军用枪支二支以上的；

（三）非法制造、买卖、运输、邮寄、储存军用子弹十发以上、气枪铅弹五百发以上或者其他非军用子弹一百发以上的；

（四）非法制造、买卖、运输、邮寄、储存手榴弹一枚以上的；

（五）非法制造、买卖、运输、邮寄、储存爆炸装置的；

（六）非法制造、买卖、运输、邮寄、储存炸药、发射药、黑火药一千克以上或者烟火药三千克以上、雷管三十枚以上或者导火索、导爆索三十米以上的；

（七）具有生产爆炸物品资格的单位不按照规定的品种制造，或者具有销售、使用爆炸物品资格的单位超过限额买卖炸药、发射药、黑火药十千克以上或者烟火药三十千克以上、雷管三百枚以上或者导火索、导爆索三百米以上的；

（八）多次非法制造、买卖、运输、邮寄、储存弹药、爆炸物的；

（九）虽未达到上述最低数量标准，但具有造成严重后果等其他恶劣情节的。

介绍买卖枪支、弹药、爆炸物的，以买卖枪支、弹药、爆炸物罪的共犯论处。

第二条　非法制造、买卖、运输、邮寄、储存枪支、弹药、爆炸物，具有下列情形之一的，属于刑法第一百二十五条第一款规定的"情节严重"：

（一）非法制造、买卖、运输、邮寄、储存枪支、弹药、爆炸物的数量达到本解释第一条第（一）、（二）、（三）、（六）、（七）项规定的最低数量标准五倍以上的；

（二）非法制造、买卖、运输、邮寄、储存手榴弹三枚以上的；

（三）非法制造、买卖、运输、邮寄、储存爆炸装置，危害严重的；

（四）达到本解释第一条规定的最低数量标准，并具有造成严重后果等其他恶劣情节的。

第七条　非法制造、买卖、运输、邮寄、储存、盗窃、抢夺、持有、私藏、携带成套枪支散件的，以相应数量的枪支计；非成套枪支散件以每三十件为一成套枪支散件计。

第八条（第一款）刑法第一百二十五条第一款规定的"非法储存"，是指明知是他人非法制造、买卖、运输、邮寄的枪支、弹药而为其存放的行为，或者非法存放爆炸物的行为。

第九条 因筑路、建房、打井、整修宅基地和土地等正常生产、生活需要，以及因从事合法的生产经营活动而非法制造、买卖、运输、邮寄、储存爆炸物，数量达到本解释第一条规定标准，没有造成严重社会危害，并确有悔改表现的，可依法从轻处罚；情节轻微的，可以免除处罚。

具有前款情形，数量虽达到本解释第二条规定标准的，也可以不认定为刑法第一百二十五条第一款规定的"情节严重"。

在公共场所、居民区等人员集中区域非法制造、买卖、运输、邮寄、储存爆炸物，或者因非法制造、买卖、运输、邮寄、储存爆炸物三年内受到两次以上行政处罚又实施上述行为，数量达到本解释规定标准的，不适用前两款量刑的规定。

第十条 实施非法制造、买卖、运输、邮寄、储存、盗窃、抢夺、持有、私藏其他弹药、爆炸物品等行为，参照本解释有关条文规定的定罪量刑标准处罚。

125.2 最高人民法院、最高人民检察院关于办理非法制造、买卖、运输、储存毒鼠强等禁用剧毒化学品刑事案件具体应用法律若干问题的解释（2003 年 10 月 1 日　法释〔2003〕14 号）（节录）

第一条 非法制造、买卖、运输、储存毒鼠强等禁用剧毒化学品，危害公共安全，具有下列情形之一的，依照刑法第一百二十五条的规定，以非法制造、买卖、运输、储存危险物质罪，处三年以上十年以下有期徒刑：

（一）非法制造、买卖、运输、储存原粉、原液、制剂 50 克以上，或者饵料 2 千克以上的；

（二）在非法制造、买卖、运输、储存过程中致人重伤、死亡或者造成公私财产损失 10 万元以上的。

第二条 非法制造、买卖、运输、储存毒鼠强等禁用剧毒化学品，具有下列情形之一的，属于刑法第一百二十五条规定的"情节严重"，处十年以上有期徒刑、无期徒刑或者死刑：

（一）非法制造、买卖、运输、储存原粉、原液、制剂 500 克以上，或者饵料 20 千克以上的；

（二）在非法制造、买卖、运输、储存过程中致 3 人以上重伤、死亡，或者造成公私财产损失 20 万元以上的；

（三）非法制造、买卖、运输、储存原粉、原药、制剂 50 克以上不满 500 克，或者饵料 2 千克以上不满 20 千克，并具有其他严重情节的。

第三条 单位非法制造、买卖、运输、储存毒鼠强等禁用剧毒化学品的，依照本解释第一条、第二条规定的定罪量刑标准执行。

第五条 本解释施行以前，确因生产、生活需要而非法制造、买卖、运输、储存毒鼠强等禁用剧毒化学品饵料自用，没有造成严重社会危害的，可以依照刑法第十三条的规定，不作为犯罪处理。

本解释施行以后，确因生产、生活需要而非法制造、买卖、运输、储存毒鼠强等禁用剧毒化学品饵料自用，构成犯罪，但没有造成严重社会危害，经教育确有悔改表现的，可以依法从轻、减轻或者免除处罚。

第六条 本解释所称"毒鼠强等禁用剧毒化学品"，是指国家明令禁止的毒鼠强、氟乙酰胺、氟乙酸钠、毒鼠硅、甘氟（见附表）。

序号	通用名称	中文名称		英文名称		分子式	CAS 号
		化学名	别名	化学名（英文）	别名（英文）		
1	毒鼠强	2,6 - 二硫 - 1,3,5,7 - 四氮三环（3,3,1,1,3,7）癸烷 - 2,6,6 - 四氧化物	四亚甲基二砜四胺	2,6 - dithia - 1,3,5,7 - tetr - azatricyclo（3,3,1,1,3,7）decane - 2,2,6,6 - tetraoxide	tetramine	$C_4H_9N_4O_4S_2$	80 - 12 - 6

续表

序号	通用名称	中文名称		英文名称		分子式	CAS 号
		化学名	别名	化学名(英文)	别名(英文)		
2	氟乙酰胺	氟乙酰胺	敌蚜胺	Fluoroacet-amide	Fluorakil 100	C_2H_4FNO	640 – 19 – 7
3	氟乙酸钠	氟乙酸钠	一氟乙酸钠	Sodium monofluo fluoroacetate	Compound 1080	$C_2H_2FNaO_2$	62 – 74 – 8
4	毒鼠硅	1 – (对氯苯基) – 2,8,9 – 三氧 – 5 氮 – 1 – 硅双环 (3,3,3) 十二烷	氯硅宁、硅灭鼠	1 – (p – chloropenyl) – 2,8,9 – trioxo – 5 – nitrigen – 1 – silicon – dicyclo (3,3,3) undencane	RS – 150, silatrane	$C_{12}H_6ClNO_3Si$	29025 – 67 – 0
5	甘氟	1,3 – 二氟内醇 – 2 和 1 – 氯 – 3 氟丙醇 – 2 混合物	伏鼠酸钠、鼠甘伏	1,3 – difluoirhydrine of glycerin and 2 – chloroflurohydrine of glycerin	Glyfuor Gliftor	$C_3H_6F_2O$, C_3H_6ClFO	

【司法解释】

125.3 最高人民法院、最高人民检察院关于涉以压缩气体为动力的枪支、气枪铅弹刑事案件定罪量刑问题的批复（2018 年 3 月 30 日 法释〔2018〕8 号）

各省、自治区、直辖市高级人民法院、人民检察院，解放军军事法院、军事检察院，新疆维吾尔自治区高级人民法院生产建设兵团分院、新疆生产建设兵团人民检察院：

近来，部分高级人民法院、省级人民检察院就如何对非法制造、买卖、运输、邮寄、储存、持有、私藏、走私以压缩气体为动力的枪支、气枪铅弹（用铅、铅合金或者其他金属加工的气枪弹）行为定罪量刑的问题提出请示。经研究，批复如下：

一、对于非法制造、买卖、运输、邮寄、储存、持有、私藏、走私以压缩气体为动力且枪口比动能较低的枪支的行为，在决定是否追究刑事责任以及如何裁量刑罚时，不仅应当考虑涉案枪支的数量，而且应当充分考虑涉案枪支的外观、材质、发射物、购买场所和渠道、价格、用途、致伤力大小、是否易于通过改制提升致伤力，以及行为人的主观认知、动机目的、一贯表现、违法所得、是否规避调查等情节，综合评估社会危害性，坚持主客观相统一，确保罪责刑相适应。

二、对于非法制造、买卖、运输、邮寄、储存、持有、私藏、走私气枪铅弹的行为，在决定是否追究刑事责任以及如何裁量刑罚时，应当综合考虑气枪铅弹的数量、用途以及行为人的动机目的、一贯表现、违法所得、是否规避调查等情节，综合评估社会危害性，确保罪责刑相适应。

【司法文件】

125.4 最高人民法院关于处理涉枪、涉爆申诉案件有关问题的通知（2003 年 1 月 15 日 法〔2003〕8 号）

各省、自治区、直辖市高级人民法院，解放军军事法院，新疆维吾尔自治区高级人民法院生产建设兵团分院：

我院于 2001 年 9 月 17 日发出《对执行〈关于审理非法制造、买卖、运输枪支、弹药、爆炸物等刑事案件具体应用法律若干问题的解释》有关问题的通知》（以下简称《通知》）①后，一些高级人民法院向我院请示，对于符合《通知》的要求，但是已经依照我院于 2001 年 5 月 16 日公布的《关于审理非法制造、买卖、运输枪支、弹药、爆炸物等刑事案件具体应用法律若干问题的解释》（以下简称《解释》）②作出生效裁判的案件，当事人提出申诉的，人民法院能否根据《通知》精神再审改判等问题。为准确适用法律和司法解释，现就有关问题通知如下：

《解释》公布后，人民法院经审理并已作出生效裁判的非法制造、买卖、运输枪支、弹药、爆炸物等刑事案件，当事人依法提出申诉，经审查认为生效裁判不符合《通知》规定的，人民法院可以根据案件的具体情况，按照审判监督程序重新审理，并依照《通知》规定的精神予以改判。

125.5 最高人民法院关于九七刑法实施后发生的非法买卖枪支案件，审理时新的司法解释尚未作出，是否可以参照 1995 年 9 月 20 日最高人民法院《关于办理非法制造、买卖、运输非军用枪支、弹药刑事案件适用法律问题的解释》的规定审理案件请示的复函（2003 年 7 月 29 日〔2003〕刑立他字第 8 号）

安徽省高级人民法院：

你院〔2003〕皖刑监字第 1 号《关于九七刑法实施后发生的非法买卖枪支案件，审理时新的司法解释尚未作出，是否可以参照 1995 年 9 月 20 日最高人民法院〈关于办理非法制造、买卖、运输非军用枪支、弹药刑事案件适用法律问题的解释〉的规定审理案件的请示报告》收悉。经研究，答复如下：

原审被告人侯磊非法买卖枪支的行为发生在修订后的《刑法》实施以后，而该案审理时《最高人民法院关于审理非法制造、买卖、运输枪支、弹药、爆炸物等刑事案件具体应用法律若干问题的解释》尚未颁布，因此，依照我院法发〔1997〕3 号《关于认真学习宣传贯彻修订的〈中华人民共和国刑法〉的通知》的精神，该案应参照 1995 年 9 月 20 日最高人民法院法发〔1995〕20 号《关于办理非法制造、买卖、运输非军用枪支、弹药刑事案件适用法律问题的解释》的规定办理。

125.6 最高人民法院、最高人民检察院、公安部关于依法收缴非法枪爆等物品严厉打击涉枪涉爆等违法犯罪的通告（2023 年 6 月 13 日）

为全面收缴各类非法枪支、弹药、爆炸物品、仿真枪、弩、管制刀具等物品，依法严厉打击涉枪涉爆涉弩涉刀等违法犯罪活动，全力保护人民群众生命财产安全，维护国家安全和社会大局持续稳定，根据《中华人民共和国刑法》《中华人 民共和国枪支管理法》《中华人民共和国治安管理处罚法》和《民用爆炸物品安全管理条例》等有关规定，特通告如下：

一、严禁非法制造、买卖、运输、邮寄、储存枪支、弹药、爆炸物品、弩；严禁非法持有、私藏枪支、弹药；严禁非法使用、私藏爆炸物品；严禁盗窃、抢夺、抢劫、走私枪支、弹药、爆炸物品、弩；严禁非法携带枪支、弹药、爆炸物品、弩、管制刀具进入公共场所或者公共交通工具；严禁通过互联网等渠道违法违规制作、复制、发布、传播含有枪支、弹药、爆炸物品、弩、管制刀具的信息；严禁制造、销售仿真枪。

二、凡违反上述规定的，必须立即停止违法犯罪行为并投案自首，将非法枪支、弹药、爆炸物品、仿真枪、弩、管制刀具上交当地公安机关。凡在本通告公布之日起至 2023 年 10 月 31 日前投案自首或者主动交出上述非法物品，构成犯罪的，可以依法从轻、减轻处罚或者免除处罚；构成违反治安管理行为的，依法减轻处罚或者不予处罚。逾期不投案自首、不交出非法物品的，依法从严惩处。

---

① 该通知已失效，其内容被 2009 年修改后的最高人民法院《关于审理非法制造、买卖、运输枪支、弹药、爆炸物等刑事案件具体应用法律若干问题的解释》所吸纳。——编者注

② 该解释已于 2009 年修改，2010 年 1 月 1 日施行。——编者注

三、犯罪人员有检举、揭发他人涉枪涉爆涉刀等犯罪行为，经查证属实的，或者提供重要线索，从而得以侦破其他涉枪涉爆涉刀等案件等立功表现的，可以依法从轻或者减轻处罚；有重大立功表现的，可以依法减轻或者免除处罚。违法人员检举、揭发他人涉枪涉爆涉刀等违法犯罪行为，有立功表现的，依法减轻处罚或者不予处罚。

四、凡枪支、弹药、爆炸物品、弩被抢、被盗或者丢失的，应当及时报告当地公安机关；不及时报告的，依法追究有关责任单位和人员法律责任。公民发现遗弃的枪支、弹药、仿真枪、弩、管制刀具、爆炸物品或者疑似爆炸物品的，应当立即报告当地公安机关。

五、鼓励、保护广大人民群众积极举报涉枪支、弹药、爆炸物品、仿真枪、弩、管制刀具等违法犯罪活动，提供违法犯罪活动线索，动员、规劝在逃涉枪涉爆涉弩涉刀等案件犯罪人员投案自首。凡举报有功的，按有关规定给予奖励，公安机关将依法保护举报人的个人信息及安全。对窝藏、包庇涉枪涉爆涉弩涉刀等违法犯罪人员，帮助违法犯罪人员毁灭、伪造证据的，依法追究法律责任。对威胁、报复举报人、控告人的，依法从严追究法律责任。

六、本通告所称枪支包括：军用枪、猎枪、射击运动枪、麻醉注射枪、气枪、彩弹枪、火药枪、电磁枪等各类制式枪支、非制式枪支及枪支零部件。弹药包括：以上各类枪支使用的制式、非制式弹丸、弹片。弩是指以机械外力助推箭的发射装置。管制刀具包括：匕首、刺刀、佩刀、三棱刮刀、猎刀、加长弹簧折叠刀等专用刀具，加长砍骨刀、加长西瓜刀、加长分刀、剔骨刀、屠宰刀、多用刀等特殊厨用刀具，开刃的武术、工艺礼品刀具，以及其他管制刀具。本通告所称爆炸物品包括：炸药、雷管、导火索、导爆索、震源弹、黑火药、烟火药、手榴弹、地雷等各类爆炸物品以及列入易制爆危险化学品名录，可用于制造爆炸物品的危险化学品。

本通告自发布之日起实施。

125.7 最高人民法院、最高人民检察院、公安部、工业和信息化部、住房和城乡建设部、交通运输部、应急管理部、国家铁路局、中国民用航空局、国家邮政局关于依法惩治涉枪支、弹药、爆炸物、易燃易爆危险物品犯罪的意见（2021年12月31日　法发〔2021〕35号）（节录）

二、正确认定犯罪

4. 非法制造、买卖、运输、邮寄、储存、盗窃、抢夺、抢劫、持有、私藏、走私枪支、弹药、爆炸物，并利用该枪支、弹药、爆炸物实施故意杀人、故意伤害、抢劫、绑架等犯罪的，依照数罪并罚的规定处罚。

三、准确把握刑事政策

10. 对于非法制造、买卖、运输、邮寄、储存、持有、私藏、走私枪支、弹药，以及非法制造、买卖、运输、邮寄、储存爆炸物的行为，应当依照刑法和《最高人民法院关于审理非法制造、买卖、运输枪支、弹药、爆炸物等刑事案件具体应用法律若干问题的解释》《最高人民法院、最高人民检察院关于办理走私刑事案件适用法律若干问题的解释》等规定，从严追究刑事责任。

11. 对于非法制造、买卖、运输、邮寄、储存、持有、私藏、走私以压缩气体为动力且枪口比动能较低的枪支以及气枪铅弹的行为，应当依照刑法和《最高人民法院、最高人民检察院关于涉以压缩气体为动力的枪支、气枪铅弹刑事案件定罪量刑问题的批复》的规定，综合考虑案件情节，综合评估社会危害性，坚持主客观相统一，决定是否追究刑事责任以及如何裁量刑罚，确保罪责刑相适应。

12. 利用信息网络非法买卖枪支、弹药、爆炸物、易燃易爆危险物品，或者利用寄递渠道非法运输枪支、弹药、爆炸物、易燃易爆危险物品，依法构成犯罪的，从严追究刑事责任。

13. 确因正常生产、生活需要，以及因从事合法的生产经营活动而非法生产、储存、使用、经营、运输易燃易爆危险物品，依法构成犯罪，没有造成严重社会危害，并确有悔改表现的，可以从轻处罚。

14. 将非法枪支、弹药、爆炸物主动上交公安机关，或者将未经依法批准或者许可生产、储存、使用、经营、运输的易燃易爆危险物品主动上交行政执法机关处置的，可以从轻处罚；未造成实际危害后果，犯罪情节轻微不需要判处刑罚的，可以依法不起诉或者免予刑事处罚；成立自首的，可以依法从轻、减轻或者免除处罚。

有揭发他人涉枪支、弹药、爆炸物、易燃易爆危险物品犯罪行为，查证属实的，或者提供重要线索，从而得以侦破其他涉枪支、弹药、爆炸物、易燃易爆危险物品案件等立功表现的，可以依法从轻或者减轻处罚；有重大立功表现的，可以依法减轻或者免除处罚。

四、加强行政执法与刑事司法衔接

15. 有关行政执法机关在查处违法行为过程中发现涉嫌枪支、弹药、爆炸物、易燃易爆危险物品犯罪的，应当立即指定2名或者2名以上行政执法人员组成专案组专门负责，核实情况后提出移送涉嫌犯罪案件的书面报告，报本机关正职负责人或者主持工作的负责人审批。

有关行政执法机关正职负责人或者主持工作的负责人应当自接到报告之日起3日内作出批准移送或者不批准移送的决定。决定批准移送的，应当在24小时内向同级公安机关移送，并将案件移送书抄送同级人民检察院；决定不批准移送的，应当将不予批准的理由记录在案。

16. 有关行政执法机关向公安机关移送涉嫌枪支、弹药、爆炸物、易燃易爆危险物品犯罪案件，应当附下列材料：

（1）涉嫌犯罪案件移送书，载明移送案件的行政执法机关名称、涉嫌犯罪的罪名、案件主办人和联系电话，并应当附移送材料清单和回执，加盖公章；

（2）涉嫌犯罪案件情况的调查报告，载明案件来源、查获枪支、弹药、爆炸物、易燃易爆危险物品情况、犯罪嫌疑人基本情况、涉嫌犯罪的主要事实、证据和法律依据、处理建议等；

（3）涉案物品清单，载明涉案枪支、弹药、爆炸物、易燃易爆危险物品的具体类别和名称、数量、特征、存放地点等，并附采取行政强制措施、现场笔录等表明涉案枪支、弹药、爆炸物、易燃易爆危险物品来源的材料；

（4）有关检验报告或者鉴定意见，并附鉴定机构和鉴定人资质证明；没有资质证明的，应当附其他证明文件；

（5）现场照片、询问笔录、视听资料、电子数据、责令整改通知书等其他与案件有关的证据材料。

有关行政执法机关对违法行为已经作出行政处罚决定的，还应当附行政处罚决定书及执行情况说明。

17. 公安机关对有关行政执法机关移送的涉嫌枪支、弹药、爆炸物、易燃易爆危险物品犯罪案件，应当在案件移送书的回执上签字或者出具接受案件回执，并依照有关规定及时进行审查处理。不得以材料不全为由不接受移送案件。

18. 人民检察院应当依照《行政执法机关移送涉嫌犯罪案件的规定》《最高人民检察院关于推进行政执法与刑事司法衔接工作的规定》《安全生产行政执法与刑事司法衔接工作办法》等规定，对有关行政执法机关移送涉嫌枪支、弹药、爆炸物、易燃易爆危险物品犯罪案件，以及公安机关的立案活动，依法进行法律监督。

有关行政执法机关对公安机关的不予立案决定有异议的，可以建议人民检察院进行立案监督。

19. 公安机关、有关行政执法机关在办理涉枪支、弹药、爆炸物、易燃易爆危险物品违法犯罪案件过程中，发现公职人员有贪污贿赂、失职渎职或者利用职权侵犯公民人身权利和民主权利等违法行为，涉嫌构成职务犯罪的，应当依法及时移送监察机关或者人民检察院处理。

20. 有关行政执法机关在行政执法和查办涉枪支、弹药、爆炸物、易燃易爆危险物品案件过程中收集的物证、书证、视听资料、电子数据以及对事故进行调查形成的报告，在刑事诉讼中可以作为证据使用。

21. 有关行政执法机关对应当向公安机关移送的涉嫌枪支、弹药、爆炸物、易燃易爆危险物品犯罪案件，不得以行政处罚代替案件移送。

有关行政执法机关向公安机关移送涉嫌枪支、弹药、爆炸物、易燃易爆危险物品犯罪案件的，已经作出的警告、责令停产停业、暂扣或者吊销许可证、暂扣或者吊销执照的行政处罚决定，不停止执行。

22. 人民法院对涉枪支、弹药、爆炸物、易燃易爆危险物品犯罪案件被告人判处罚金、有期徒刑或者拘役的，有关行政执法机关已经依法给予的罚款、行政拘留，应当依法折抵相应罚金或者刑期。有关行政执法机关尚未给予罚款的，不再给予罚款。

对于人民检察院依法决定不起诉或者人民法院依法免予刑事处罚的案件，需要给予行政处罚的，由有关行政执法机关依法给予行政处罚。

五、其他问题

23. 本意见所称易燃易爆危险物品，是指具有爆炸、易燃性质的危险化学品、危险货物等，具体范围依照相关法律、行政法规、部门规章和国家标准确定。依照有关规定属于爆炸物的除外。

24. 本意见所称有关行政执法机关，包括民用爆炸物品行业主管部门、燃气管理部门、交通运输主管部门、应急管理部门、铁路监管部门、民用航空主管部门和邮政管理部门等。

【部委规范】

125.8 公安部关于印发爆炸物品名称的通知 ［1984年2月13日 〔84〕公发（治）23号］

各省、市、自治区公安厅、局：

根据最近国务院发布的《中华人民共和国民用爆炸物品管理条例》第二条规定，经与兵器工业部研究确定，现将爆炸物品名称公布，望遵照执行。

附表1 爆炸物品名称

序号	名称	英文名词
一、	炸药	
（1）	硝基化合物类炸药	
1	硝基胍	Nitroguanidine，NQ
2	硝基脲	Nitrourea
3	二硝基苯	Dinitrobenzene，DNB
4	二硝基萘	Dinitronaphthalene
5	二硝基甲苯	Dinitrotoluene，DNT
6	三硝基苯	Trinitrobenzene，TNB
7	三硝基甲苯（梯恩梯）	Trinitrotoluene，TNT
8	三硝基苯酚（苦味酸）	Picric acib
9	三硝基苯甲醚	Trinitroanisole
10	三硝基二甲苯（克西里尔）	Trinitroxylene，TNX
11	1－羟基－2.4.6－三－N－硝基三氮杂环己烷（662炸药）	
12	其它硝基化合物类炸药	
（2）	硝基胺类炸药	
1	三硝基苯甲硝胺（持屈儿）	Tetryl，CE
2	四硝基苯胺	Tetranitroaniline，TNA
3	六硝基二苯胺（海西尔）	Hexyl，HNDP
4	环三亚甲基四硝胺（黑索金，硝宇）	Hexogen，RDX
5	环四亚甲基四硝胺（奥克托金）	Octogen，HMX
6	其它硝基胺类炸药	
（3）	硝酸酯类炸药	

续表

序号	名称	英文名词
1	硝化甘油（丙三醇三硝酸酯）	Nitroglycerine，NG
2	二硝化乙二醇（乙二醇二硝酸酯）	Ethyleneglycol dinirate，ECDN
3	季戊四醇四硝酸酯（泰安，喷特儿）	Pentaerythrol tetranirate，PETN
4	硝化纤维素（含氮量在 12.5% 以上的）	Nitrocellulose，NC
5	其它硝酸酯类炸药	
(4)	硝化甘油类和二硝化乙二醇类混合炸药	
1	胶质炸药（代那买特）	Dynamites
2	光面爆破专用炸药	Smooth blasting explosives
3	当量型煤矿炸药	
4	离子交换型煤矿炸药	
5	其它	
(5)	硝酸铵类混合炸药	
1	铵梯炸药	Ammonium nitrate explosives
2	浆状炸药	Slurries explosives
3	水胶炸药	Water，GEL explosives
4	乳化炸药（乳胶炸药）	Emulsion explosives
5	铵沥蜡炸药	
6	铵松蜡炸药	
7	铵油炸药	Ammoium nitrate fuel oil，ANFO
8	其它（如铵煤、铵木、铵磺、铵邻、铵萘、铵胍炸药等）	
(6)	氯酸盐类和过氯酸盐类混合炸药	
(7)	高能混合炸药	
1	太乳炸药	
2	塑性炸药	Plastic explosives
3	橡皮炸药	Rubber explosives
4	黑梯起爆药柱（块、包）	
5	石油射孔弹	Perforation of oil wells shell
6	震源药柱	
7	矿山排漏弹	
8	其它高能混合炸药	
(8)	岩石、混凝土爆破剂	

续表

序号	名称	英文名词
二、	雷管	
1	火雷管	（Blasting cap），Plaill detonator
2	瞬发电雷管	Instantaneous electric detonator
3	秒延期电雷管	Delay detonator
4	毫秒延期电雷管	Millisecond delay detonator
5	其它专用雷管	
三、	继爆管	
四、	导火索	Safety fuse
五、	导爆索	Detonating cord
六、	非电导爆系统	
1	非电导爆管	
2	各种非电雷管	
七、	起爆药	
1	雷汞	Mercury fulminate
2	雷银	Silver fulminate
3	迭氮化铅	Lead azide
4	三硝基间苯二酚铅（斯蒂芬酸铅）	Lead styphnate
5	二硝基重氮酚	Diazodinitrophenol，DDNP
6	脒基亚硝胺脒基四氮烯(基特拉辛,泽四氮烯)	Tetrazene
7	共晶氮化铅	
八、	岩石、混凝土爆破剂	
九、	黑色火药、烟火剂、民用信号弹和烟花爆竹	
十、	其它公安部认为需要管理的爆炸物品	

附表 2　性质相抵触的爆破器材名称表

爆破器材名称	黑索金	梯恩梯	硝铵类炸药	胶质炸药	水胶炸药	浆状炸药	乳化炸药	苦味酸	黑火药	二硝基重氮酚	导爆索	电雷管	火雷管	导火索	非电导爆系统
黑索金	+	+	+	−	+	+	−	−	−	−	+	−	−	+	−
梯恩梯	+	+	+	−	+	+	−	−	−	−	+	−	−	+	−
硝铵类炸药	+	+	+	−	+	+	+	−	−	−	+	−	−	+	−
胶质炸药	−	−	−	+	−	−	−	−	−	−	−	−	−	−	−

续表

爆破器材名称	黑索金	梯恩梯	硝铵类炸药	胶质炸药	水胶炸药	浆状炸药	乳化炸药	苦味酸	黑火药	二硝基重氮酚	导爆索	电雷管	火雷管	导火索	非电导爆系统
水胶炸药	+	+	+	-	+	+	-	-	-	-	+	-	+	-	+
浆状炸药	+	+	+	-	+	+	-	-	-	-	+	-	+	-	-
乳化炸药	-	-	-	-	-	-	+	-	-	-	-	-	-	-	-
苦味酸	-	-	-	-	-	-	-	+	-	-	-	-	-	-	-
黑火药	-	-	-	-	-	-	-	-	+	-	-	-	-	-	-
二硝基重氮酚	-	-	-	-	-	-	-	-	-	+	-	-	-	-	-
导爆索	+	+	-	+	+	-	-	-	-	-	+	-	+	-	+
电雷管	-	-	-	-	-	-	-	-	-	-	-	+	-	-	-
火雷管	-	-	-	-	-	-	-	-	-	-	-	-	+	-	-
导火索	+	+	-	+	+	-	-	-	-	-	+	-	+	+	-
非电导爆系统	-	-	-	-	-	-	-	-	-	-	-	-	-	-	+

注：1. "－"表示不可同库存放，"＋"表示可同库存放。

2. 硝铵类炸药包括硝铵炸药、铵油炸药、铵松蜡炸药、铵沥蜡炸药、多孔粒状铵油炸药、铵梯黑炸药。

125.9 公安部关于对彩弹枪按照枪支进行管理的通知（2002年6月7日　公治〔2002〕82号）

各省、自治区、直辖市公安厅、局，新疆生产建设兵团公安局：

彩弹枪射击运动，是一项利用彩弹枪进行对抗射击的娱乐活动。目前彩弹枪正逐步向小口径化方向发展，所发射的彩弹也由软质向硬质转化，且初速越来越快，威力越来越大，近距离射击可对人体构成伤害。为加强对彩弹枪的管理，特通知如下：

彩弹枪的结构符合《中华人民共和国枪支管理法》第四十六条有关枪支定义规定的要件，且其发射彩弹时枪口动能平均值达到93焦耳，已超过国家军用标准规定的对人体致伤动能的标准（78焦耳）。各地要按照《中华人民共和国枪支管理法》的有关规定对彩弹枪进行管理，以维护社会治安秩序，保障公共安全。

125.10 公安部关于涉弩违法犯罪行为的处理及性能鉴定问题的批复（2006年5月25日　公复字〔2006〕2号）

天津市公安局：

你局《关于对弩的法律适用及性能鉴定问题的请示》（津公法指〔2006〕14号）收悉。现批复如下：

一、弩是一种具有一定杀伤能力的运动器材，但其结构和性能不符合《中华人民共和国枪支管理法》对枪支的定义，不属于枪支范畴。因此，不能按照《最高人民法院关于审理非法制造、买卖、运输枪支、弹药、爆炸物等刑事案件具体应用法律若干问题的解释》（法释〔2001〕15号）①追究刑事责任，仍应按照《公安部、国家工商行政管理局关于加强弩管理的通知》（公治〔1999〕1646号）的规定，对非法制造、销售、运输、持有弩的登记收缴，消除社会治安隐患。

---

① 该解释已于2009年修改，2010年1月1日施行。——编者注

二、对弩的鉴定工作，不能参照公安部《公安机关涉案枪支弹药性能鉴定工作规定》（公通字〔2001〕68 号）进行。鉴于目前社会上非法制造、销售、运输、持有的弩均为制式产品，不存在非制式弩的情况，因此不需要进行技术鉴定。

125.11 公安部关于对以气体等为动力发射金属弹丸或者其他物质的仿真枪认定问题的批复
（2006 年 10 月 11 日 公复字〔2006〕5 号）

天津市公安局：

你局《关于将以气体为动力发射金属弹丸仿真枪纳入制式枪支管理的请示》（津公治〔2006〕382 号）收悉。现批复如下：

依据《中华人民共和国枪支管理法》第四十六条的规定，利用气瓶、弹簧、电机等形成压缩气体为动力、发射金属弹丸或者其他物质并具有杀伤力的"仿真枪"，具备制式气枪的本质特征，应认定为枪支，并按气枪进行管制处理。对非法制造、买卖、运输、储存、邮寄、持有、携带和走私此类枪支的，应当依照《中华人民共和国枪支管理法》、《中华人民共和国刑法》、《中华人民共和国治安管理处罚法》的有关规定，追究当事人的法律责任。对不具有杀伤力但符合仿真枪认定规定的，应认定为仿真枪；对非法制造、销售此类仿真枪的，应当依照《中华人民共和国枪支管理法》的有关规定，予以处罚。

125.12 公安部关于印发《仿真枪认定标准》的通知（2008 年 2 月 19 日 公通字〔2008〕8 号）

各省、自治区、直辖市公安厅、局，新疆生产建设兵团公安局：

为切实加强对仿真枪的管理，根据《中华人民共和国枪支管理法》和《枪支致伤力的法庭科学鉴定判据》（GA/T 718—2007）以及《国家玩具安全技术规范》（GB 6675—2003）的有关规定，公安部制定了《仿真枪认定标准》，现印发给你们，请遵照执行。

仿真枪的认定工作由县级或者县级以上公安机关负责，对能够发射弹丸需要进行鉴定的，由县级以上公安机关刑事技术部门负责按照《枪支致伤力的法庭科学鉴定判据》，参照《公安机关涉案枪支弹药性能鉴定工作规定》（公通字〔2001〕68 号），从其所发射弹丸的能量进行鉴定是否属于枪支。当事人或办案机关对仿真枪的认定提出异议的，由上一级公安机关重新认定。

2001 年 12 月《公安部关于认定仿真枪有关问题的通知》（公通字〔2001〕90 号）同时废止。

仿真枪认定标准

一、凡符合以下条件之一的，可以认定为仿真枪：

1. 符合《中华人民共和国枪支管理法》规定的枪支构成要件，所发射金属弹丸或其他物质的枪口比动能小于 1.8 焦耳/平方厘米（不含本数）、大于 0.16 焦耳/平方厘米（不含本数）的；

2. 具备枪支外形特征，并且具有与制式枪支材质和功能相似的枪管、枪机、机匣或者击发等机构之一的；

3. 外形、颜色与制式枪支相同或者近似，并且外形长度尺寸介于相应制式枪支全枪长度尺寸的二分之一与一倍之间的。

二、枪口比动能的计算，按照《枪支致伤力的法庭科学鉴定判据》规定的计算方法执行。

三、术语解释

1. 制式枪支：国内制造的制式枪支是指已完成定型试验，并且经军队或国家有关主管部门批准投入装备、使用（含外贸出口）的各类枪支。国外制造的制式枪支是指制造商已完成定型试验，并且装备、使用或投入市场销售的各类枪支。

2. 全枪长：是指从枪管口部至枪托或枪机框（适用于无枪托的枪支）底部的长度。

125.13 公安机关涉案枪支弹药性能鉴定工作规定（公安部 2010 年 12 月 7 日印发 公通字〔2010〕67 号）

为规范对涉案枪支、弹药的鉴定工作，确保鉴定合法、准确、公正，特制定本规定。

一、鉴定范围。公安机关在办理涉枪刑事案件中需要鉴定涉案枪支、弹药性能的，适用本规定。

本规定所称制式枪支、弹药，是指按照国家标准或公安部、军队下达的战术技术指标要求，经国家有关部门或军队批准定型，由合法企业生产的各类枪支、弹药，包括国外制造和历史遗留的各类旧杂式枪支、弹药。

本规定所称非制式枪支、弹药，是指未经有关部门批准定型或不符合国家标准的各类枪支、弹药，包括自制、改制的枪支、弹药和枪支弹药生产企业研制工作中的中间产品。

二、鉴定机关。涉案枪支、弹药的鉴定由地（市）级公安机关负责，当事人或者办案机关有异议的，由省级公安机关复检一次。各地可委托公安机关现有刑事技术鉴定部门开展枪支、弹药的鉴定工作。

三、鉴定标准。

（一）凡是制式枪支、弹药，无论是否能够完成击发动作，一律认定为枪支、弹药。

（二）凡是能发射制式弹药的非制式枪支（包括自制、改制枪支），一律认定为枪支。对能够装填制式弹药，但因缺少个别零件或锈蚀不能完成击发，经加装相关零件或除锈后能够发射制式弹药的非制式枪支，一律认定为枪支。

（三）对不能发射制式弹药的非制式枪支，按照《枪支致伤力的法庭科学鉴定判据》（GA/T 718—2007）的规定，当所发射弹丸的枪口比动能大于等于1.8焦耳/平方厘米时，一律认定为枪支。

（四）对制式枪支、弹药专用散件（零部件），能够由制造厂家提供相关零部件图样（复印件）和件号的，一律认定为枪支、弹药散件（零部件）。

（五）对非制式枪支、弹药散件（零部件），如具备与制式枪支、弹药专用散件（零部件）相同功能的，一律认定为枪支、弹药散件（零部件）。

四、鉴定程序。对枪支弹药的鉴定需经过鉴定、复核两个步骤，并应当由不同的人员分别进行。复核人应当按照鉴定操作流程的全过程进行复核，防止发生错误鉴定。鉴定完成后，应当制作《枪支、弹药鉴定书》。《枪支、弹药鉴定书》中的鉴定结论应当准确、简明，同时应当标明鉴定人、复核人身份并附有本人签名，加盖鉴定单位印章。《枪支、弹药鉴定书》应附检材、样本照片等附件。

五、鉴定时限。一般的鉴定和复检应当在十五日内完成。疑难复杂的，应当在三十日内完成。

125.14 射击竞技体育运动枪支管理办法（2011年1月1日 国家体育总局、公安部令第12号）（第3—41条）

125.15 公安部关于仿真枪认定标准有关问题的批复（2011年1月8日 公复字〔2011〕1号）

北京市公安局：

你局《关于仿真枪认定标准有关问题的请示》（京公治字〔2010〕）收悉。现批复如下：

一、关于仿真枪与制式枪支的比例问题

公安部《仿真枪认定标准》第一条第三项规定的"外形长度尺寸介于相应制式枪支全枪长度尺寸的二分之一与一倍之间"，其中的"一倍"是指比相应制式枪支全枪长度尺寸长出一倍；其中的二分之一与一倍均不包含本数。

二、关于仿真枪仿制式枪支年代问题

鉴于转轮手枪等一些手动、半自动枪械均属于第一次世界大战以前就已问世的产品。因此，制式枪支的概念不能以第一次世界大战来划定，仍应当按照《仿真枪认定标准》的有关规定执行。但绳枪、燧发枪等古代前装枪不属于制式枪支的范畴。

125.16 公安部关于对空包弹管理有关问题的批复（2011年9月22日 公复字〔2011〕3号）

北京市公安局：

你局《关于将空包弹纳入治安管理的请示》（京公治字〔2011〕235号）收悉。现批复如下：

空包弹是一种能够被枪支击发的无弹头特种枪弹。鉴于空包弹易被犯罪分子改制成枪弹，并且发射时其枪口冲击波在一定距离内，仍能够对人员造成伤害。因此，应当依据《中华人民共和国枪支管理法》将空包弹纳入枪支弹药管理范畴。其中，对中国人民解放军、武装警察部队需要

4

4

配备使用的各类空包弹，纳入军队、武警部队装备枪支弹药管理范畴予以管理；对公务用枪配备单位需要使用的各类空包弹，纳入公务用枪管理范畴予以管理；对民用枪支配置、影视制作等单位需要配置使用的各类空包弹，纳入民用枪支弹药管理范畴予以管理。

对于射钉弹、发令弹的口径与制式枪支口径相同的，应当作为民用枪支弹药进行管理；口径与制式枪支口径不同的，对制造企业应当作为民用爆炸物品使用单位进行管理，其销售、购买应当实行实名登记管理。

125.17 民用爆炸物品生产许可实施办法（2019年1月1日　2018年修订）（第2—29条）

【法律法规】

125.18 民兵武器装备管理条例（1995年6月3日　2011年修订）（第2条、第17—18条、第23条、第27—30条、第34条、第43条）

125.19 中华人民共和国枪支管理法（1996年10月1日　2015年修正）（第3条、第13—15条、第22条、第26条、第30条、第32条、第39条、第44条第1款）

125.20 中华人民共和国安全生产法（2002年11月1日　2021年修正）（第100条）

125.21 娱乐场所管理条例（2006年3月1日　2020年修订）（第2条、第22条、第54条第1款）

125.22 民用爆炸物品安全管理条例（2006年9月1日　2014年修订）（第2—3条、第6条第1款、第14条、第17条、第19条第2款、第20条、第22条、第27条、第32条第2款、第34条、第40—42条、第44条第1—2款）

第一百二十六条【违规制造、销售枪支罪】 依法被指定、确定的枪支制造企业、销售企业，违反枪支管理规定，有下列行为之一的，对单位判处罚金，并对其直接负责的主管人员和其他直接责任人员，处五年以下有期徒刑；情节严重的，处五年以上十年以下有期徒刑；情节特别严重的，处十年以上有期徒刑或者无期徒刑：

（一）以非法销售为目的，超过限额或者不按照规定的品种制造、配售枪支的；

（二）以非法销售为目的，制造无号、重号、假号的枪支的；

（三）非法销售枪支或者在境内销售为出口制造的枪支的。

【罪名渊源】 本条系刑法在吸收1996年《枪支管理法》第40条内容的基础上增设，79刑法、单行刑法均未规定。高法《罪名规定》、高检《罪名意见》将其解释为违规制造、销售枪支罪。

【立案标准】

126.1 最高人民检察院、公安部关于公安机关管辖的刑事案件立案追诉标准的规定（一）（2008年6月25日　公通字〔2008〕36号）（节录）

第三条 ［违规制造、销售枪支案（刑法第一百二十六条）］依法被指定、确定的枪支制造企业、销售企业，违反枪支管理规定，以非法销售为目的，超过限额或者不按照规定的品种制造、配售枪支，或者以非法销售为目的，制造无号、重号、假号的枪支，或者非法销售枪支或者在境内销售为出口制造的枪支，涉嫌下列情形之一的，应予立案追诉：

（一）违规制造枪支五支以上的；

（二）违规销售枪支二支以上的；

（三）虽未达到上述数量标准，但具有造成严重后果等其他恶劣情节的。

本条和本规定第四条、第七条规定的"枪支"，包括枪支散件。成套枪支散件，以相应数量的枪支计；非成套枪支散件，以每三十件为一成套枪支散件计。

【罪刑标准】

126.2 最高人民法院关于审理非法制造、买卖、运输枪支、弹药、爆炸物等刑事案件具体应用法律若干问题的解释（2001年5月16日　法释〔2001〕15号　2009年修正）（节录）

第三条 依法被指定或者确定的枪支制造、销售企业，实施刑法第一百二十六条规定的行为，具有下列情形之一的，以违规制造、销售枪支罪定罪处罚：

（一）违规制造枪支五支以上的；

（二）违规销售枪支二支以上的；

（三）虽未达到上述最低数量标准，但具有造成严重后果等其他恶劣情节的。

具有下列情形之一的，属于刑法第一百二十六条规定的"情节严重"：

（一）违规制造枪支二十支以上的；

（二）违规销售枪支十支以上的；

（三）达到本条第一款规定的最低数量标准，并具有造成严重后果等其他恶劣情节的。

具有下列情形之一的，属于刑法第一百二十六条规定的"情节特别严重"：

（一）违规制造枪支五十支以上的；

（二）违规销售枪支三十支以上的；

（三）达到本条第二款规定的最低数量标准，并具有造成严重后果等其他恶劣情节的。

【法律法规】

126.3 中华人民共和国枪支管理法（1996 年 10 月 1 日　2015 年修正）（第 16—19 条、第 40 条）

第一百二十七条【盗窃、抢夺枪支、弹药、爆炸物、危险物质罪】 盗窃、抢夺枪支、弹药、爆炸物的，或者盗窃、抢夺毒害性、放射性、传染病病原体等物质，危害公共安全的，处三年以上十年以下有期徒刑；情节严重的，处十年以上有期徒刑、无期徒刑或者死刑。

【抢劫枪支、弹药、爆炸物、危险物质罪，盗窃、抢夺枪支、弹药、爆炸物、危险物质罪】 抢劫枪支、弹药、爆炸物的，或者抢劫毒害性、放射性、传染病病原体等物质，危害公共安全的，或者盗窃、抢夺国家机关、军警人员、民兵的枪支、弹药、爆炸物的，处十年以上有期徒刑、无期徒刑或者死刑。

【刑法修正说明】

本条为全国人大常委会 2001 年 12 月 29 日通过并公布施行的《刑法修正案（三）》第 6 条所修正。原第 127 条为：

【盗窃、抢夺枪支、弹药、爆炸物罪】 盗窃、抢夺枪支、弹药、爆炸物的，处三年以上十年以下有期徒刑；情节严重的，处十年以上有期徒刑、无期徒刑或者死刑。

【抢劫枪支、弹药、爆炸物罪，盗窃、抢夺枪支、弹药、爆炸物罪】 抢劫枪支、弹药、爆炸物或者盗窃、抢夺国家机关、军警人员、民兵的枪支、弹药、爆炸物的，处十年以上有期徒刑、无期徒刑或者死刑。

【罪名渊源】 本条第 1 款系由 79 刑法第 112 条盗窃、抢夺枪支、弹药罪修改而来，但原犯罪对象仅限于国家机关、军警、民兵的枪支、弹药。全国人大常委会《关于严惩严重危害社会治安的犯罪分子的决定》取消了该限制，增加"爆炸物"的规定，提高了法定刑。刑法吸收上述内容，并对盗窃、抢夺国家机关、军警人员、民兵的枪支、弹药、爆炸物的行为规定了更为严厉的刑罚。高法《罪名规定》、高检《罪名意见》曾将其解释为盗窃、抢夺枪支、弹药、爆炸物罪。《刑法修正案（三）》第 6 条第 1 款对本款罪状进行了修正，增加了"危险物质"这一犯罪对象。"两高"《罪名补充规定》据此将其解释为盗窃、抢夺枪支、弹药、爆炸物、危险物质罪。

第 2 款罪系刑法增设，79 刑法、单行刑法均未规定。高法《罪名规定》、高检《罪名意见》曾将其解释为抢劫枪支、弹药、爆炸物罪，盗窃、抢夺枪支、弹药、爆炸物罪。《刑法修正案（三）》第 6 条第 2 款对罪状作了修改，增加了"危险物质"这一抢劫对象。据此,"两高"《罪名补充规定》将其解释为抢劫枪支、弹药、爆炸物、危险物质罪,盗窃、抢夺枪支、弹药、爆炸物、危险物质罪。

【罪刑标准】

127.1 最高人民法院关于审理非法制造、买卖、运输枪支、弹药、爆炸物等刑事案件具体应用法律若干问题的解释(2001年5月16日 法释〔2001〕15号 2009年修正)(节录)

第四条 盗窃、抢夺枪支、弹药、爆炸物,具有下列情形之一的,依照刑法第一百二十七条第一款的规定,以盗窃、抢夺枪支、弹药、爆炸物罪定罪处罚:

(一)盗窃、抢夺以火药为动力的发射枪弹非军用枪支一支以上或者以压缩气体等为动力的其他非军用枪支二支以上的;

(二)盗窃、抢夺军用子弹十发以上、气枪铅弹五百发以上或者其他非军用子弹一百发以上的;

(三)盗窃、抢夺爆炸装置的;

(四)盗窃、抢夺炸药、发射药、黑火药一千克以上或者烟火药三千克以上、雷管三十枚以上或者导火索、导爆索三十米以上的;

(五)虽未达到上述最低数量标准,但具有造成严重后果等其他恶劣情节的。

具有下列情形之一的,属于刑法第一百二十七条第一款规定的"情节严重":

(一)盗窃、抢夺枪支、弹药、爆炸物的数量达到本条第一款规定的最低数量标准五倍以上的;

(二)盗窃、抢夺军用枪支的;

(三)盗窃、抢夺手榴弹的;

(四)盗窃、抢夺爆炸装置,危害严重的;

(五)达到本条第一款规定的最低数量标准,并具有造成严重后果等其他恶劣情节的。

第七条 非法制造、买卖、运输、邮寄、储存、盗窃、抢夺、持有、私藏、携带成套枪支散件的,以相应数量的枪支计;非成套枪支散件以每三十件为一成套枪支散件计。

第十条 实施非法制造、买卖、运输、邮寄、储存、盗窃、抢夺、持有、私藏其他弹药、爆炸物品等行为,参照本解释有关条文规定的定罪量刑标准处罚。

【司法文件】

127.2 参见125.6 最高人民法院、最高人民检察院、公安部关于依法收缴非法枪爆等物品严厉打击涉枪涉爆等违法犯罪的通告(2023年6月13日)

127.3 参见125.7 最高人民法院、最高人民检察院、公安部、工业和信息化部、住房和城乡建设部、交通运输部、应急管理部、国家铁路局、中国民用航空局、国家邮政局关于依法惩治涉枪支、弹药、爆炸物、易燃易爆危险物品犯罪的意见(2021年12月31日 法发〔2021〕35号)

第一百二十八条【非法持有、私藏枪支、弹药罪】违反枪支管理规定,非法持有、私藏枪支、弹药的,处三年以下有期徒刑、拘役或者管制;情节严重的,处三年以上七年以下有期徒刑。

【非法出租、出借枪支罪】依法配备公务用枪的人员,非法出租、出借枪支的,依照前款的规定处罚。

【非法出租、出借枪支罪】依法配置枪支的人员,非法出租、出借枪支,造成严重后果的,依照第一款的规定处罚。

单位犯第二款、第三款罪的,对单位判处罚金,并对其直接负责的主管人员和其他直接责任人员,依照第一款的规定处罚。

【罪名渊源】本条第1款的私藏枪支、弹药罪系承袭79刑法第163条的罪名。刑法对原罪状作了修改:增设了非法持有枪支罪,取消原罪状中"拒不交出"的条件限制,并加重了处罚。第2款、第3款系吸收1996年《枪支管理法》第43条内容而增设,79

刑法、单行刑法均未规定。高法《罪名规定》、高检《罪名意见》将其分别解释为非法持有、私藏枪支、弹药罪，非法出租、出借枪支罪。

【立案标准】

128.1 最高人民检察院、公安部关于公安机关管辖的刑事案件立案追诉标准的规定（一） （2008年6月25日　公通字〔2008〕36号）（节录）

第四条　［非法持有、私藏枪支、弹药案（刑法第一百二十八条第一款）］违反枪支管理规定，非法持有、私藏枪支、弹药，涉嫌下列情形之一的，应予立案追诉：

（一）非法持有、私藏军用枪支一支以上的；

（二）非法持有、私藏以火药为动力发射枪弹的非军用枪支一支以上，或者以压缩气体等为动力的其他非军用枪支二支以上的；

（三）非法持有、私藏军用子弹二十发以上、气枪铅弹一千发以上或者其他非军用子弹二百发以上的；

（四）非法持有、私藏手榴弹、炸弹、地雷、手雷等具有杀伤性弹药一枚以上的；

（五）非法持有、私藏的弹药造成人员伤亡、财产损失的。

本条规定的"非法持有"，是指不符合配备、配置枪支、弹药条件的人员，擅自持有枪支、弹药的行为；"私藏"，是指依法配备、配置枪支、弹药的人员，在配备、配置枪支、弹药的条件消除后，私自藏匿所配备、配置的枪支、弹药且拒不交出的行为。

第五条　［非法出租、出借枪支案（刑法第一百二十八条第二、三、四款）］依法配备公务用枪的人员或者单位，非法将枪支出租、出借给未取得公务用枪配备资格的人员或者单位，或者将公务用枪用作借债质押物的，应予立案追诉。

依法配备公务用枪的人员或者单位，非法将枪支出租、出借给具有公务用枪配备资格的人员或者单位，以及依法配置民用枪支的人员或者单位，非法出租、出借民用枪支，涉嫌下列情形之一的，应予立案追诉：

（一）造成人员轻伤以上伤亡事故的；

（二）造成枪支丢失、被盗、被抢的；

（三）枪支被他人利用进行违法犯罪活动的；

（四）其他造成严重后果的情形。

第一百条　本规定中的立案追诉标准，除法律、司法解释另有规定的以外，适用于相关的单位犯罪。

第一百零一条　本规定中的"以上"，包括本数。

【罪刑标准】

128.2 最高人民法院关于审理非法制造、买卖、运输枪支、弹药、爆炸物等刑事案件具体应用法律若干问题的解释（2001年5月16日　法释〔2001〕15号　2009年修正）（节录）

第五条　具有下列情形之一的，依照刑法第一百二十八条第一款的规定，以非法持有、私藏枪支、弹药罪定罪处罚：

（一）非法持有、私藏军用枪支一支的；

（二）非法持有、私藏以火药为动力发射枪弹的非军用枪支一支或者以压缩气体等为动力的其他非军用枪支二支以上的；

（三）非法持有、私藏军用子弹二十发以上，气枪铅弹一千发以上或者其他非军用子弹二百发以上的；

（四）非法持有、私藏手榴弹一枚以上的；

（五）非法持有、私藏的弹药造成人员伤亡、财产损失的。

具有下列情形之一的，属于刑法第一百二十八条第一款规定的"情节严重"：

（一）非法持有、私藏军用枪支二支以上的；

（二）非法持有、私藏以火药为动力发射枪弹的非军用枪支二支以上或者以压缩气体等为动力的其他非军用枪支五支以上的；

（三）非法持有、私藏军用子弹一百发以上，气枪铅弹五千发以上或者其他非军用子弹一千发以上的；

（四）非法持有、私藏手榴弹三枚以上的；

（五）达到本条第一款规定的最低数量标准，并具有造成严重后果等其他恶劣情节的。

第八条（第二款） 刑法第一百二十八条第一款规定的"非法持有"，是指不符合配备、配置枪支、弹药条件的人员，违反枪支管理法律、法规的规定，擅自持有枪支、弹药的行为。

第三款 刑法第一百二十八条第一款规定的"私藏"，是指依法配备、配置枪支、弹药的人员，在配备、配置枪支、弹药的条件消除后，违反枪支管理法律、法规的规定，私自藏匿所配备、配置的枪支、弹药且拒不交出的行为。

第十条 实施非法制造、买卖、运输、邮寄、储存、盗窃、抢夺、持有、私藏其他弹药、爆炸物品等行为，参照本解释有关条文规定的定罪量刑标准处罚。

【司法解释】

128.3 最高人民检察院关于将公务用枪用作借债质押的行为如何适用法律问题的批复（1998年11月3日 高检发释字〔1998〕4号）

重庆市人民检察院：

你院渝检（研）〔1998〕8号《关于将公务用枪用作借债抵押的行为是否构成犯罪及适用法律的请示》收悉。经研究，批复如下：

依法配备公务用枪的人员，违反法律规定，将公务用枪用作借债质押物，使枪支处于非依法持枪人的控制、使用之下，严重危害公共安全，是刑法第一百二十八条第二款所规定的非法出借枪支行为的一种形式，应以非法出借枪支罪追究刑事责任；对接受枪支质押的人员，构成犯罪的，根据刑法第一百二十八条第一款的规定，应以非法持有枪支罪追究其刑事责任。

128.4 参见 125.3 最高人民法院、最高人民检察院关于涉以压缩气体为动力的枪支、气枪铅弹刑事案件定罪量刑问题的批复（2018年3月30日 法释〔2018〕8号）

【司法文件】

128.5 参见 125.6 最高人民法院、最高人民检察院、公安部关于依法收缴非法枪爆等物品严厉打击涉枪涉爆等违法犯罪的通告（2023年6月13日）

【法律法规】

128.6 中华人民共和国枪支管理法（1996年10月1日 2015年修正）（第3条、第5—12条、第23条、第25条、第41条、第43条、第45—46条）

第一百二十九条【丢失枪支不报罪】 依法配备公务用枪的人员，丢失枪支不及时报告，造成严重后果的，处三年以下有期徒刑或者拘役。

【罪名渊源】 本条系刑法吸收《枪支管理法》第44条内容增设，79刑法、单行刑法均未规定。高法《罪名规定》、高检《罪名意见》将其解释为丢失枪支不报罪。

【立案标准】

129.1 最高人民检察院、公安部关于公安机关管辖的刑事案件立案追诉标准的规定（一）（2008年6月25日 公通字〔2008〕36号）（节录）

第六条 ［丢失枪支不报案（刑法第一百二十九条）］依法配备公务用枪的人员，丢失枪支不及时报告，涉嫌下列情形之一的，应予立案追诉：

（一）丢失的枪支被他人使用造成人员轻伤以上伤亡事故的；

（二）丢失的枪支被他人利用进行违法犯罪活动的；

（三）其他造成严重后果的情形。

【法律法规】

129.2 中华人民共和国枪支管理法（1996年10月1日　2015年修正）（第23条、第25条第3项、第44条第1款第4项）

第一百三十条【非法携带枪支、弹药、管制刀具、危险物品危及公共安全罪】 非法携带枪支、弹药、管制刀具或者爆炸性、易燃性、放射性、毒害性、腐蚀性物品，进入公共场所或者公共交通工具，危及公共安全，情节严重的，处三年以下有期徒刑、拘役或者管制。

【罪名渊源】 本条系刑法在吸收原《铁路法》《集会游行示威法》《民用航空法》等法律有关内容的基础上增设，79刑法、单行刑法均未规定。高法《罪名规定》、高检《罪名意见》将其解释为非法携带枪支、弹药、管制刀具、危险物品危及公共安全罪。

【立案标准】

130.1 最高人民检察院、公安部关于公安机关管辖的刑事案件立案追诉标准的规定（一）（2008年6月25日　公通字〔2008〕36号）（节录）

第七条　[非法携带枪支、弹药、管制刀具、危险物品危及公共安全案（刑法第一百三十条）]非法携带枪支、弹药、管制刀具或者爆炸性、易燃性、放射性、毒害性、腐蚀性物品，进入公共场所或者公共交通工具，危及公共安全，涉嫌下列情形之一的，应予立案追诉：

（一）携带枪支一支以上或者手榴弹、炸弹、地雷、手雷等具有杀伤性弹药一枚以上的；

（二）携带爆炸装置一套以上的；

（三）携带炸药、发射药、黑火药五百克以上或者烟火药一千克以上、雷管二十枚以上或者导火索、导爆索二十米以上，或者虽未达到上述数量标准，但拒不交出的；

（四）携带的弹药、爆炸物在公共场所或者公共交通工具上发生爆炸或者燃烧，尚未造成严重后果的；

（五）携带管制刀具二十把以上，或者虽未达到上述数量标准，但拒不交出，或者用来进行违法活动尚未构成其他犯罪的；

（六）携带的爆炸性、易燃性、放射性、毒害性、腐蚀性物品在公共场所或者公共交通工具上发生泄漏、遗洒，尚未造成严重后果的；

（七）其他情节严重的情形。

【罪刑标准】

130.2 最高人民法院关于审理非法制造、买卖、运输枪支、弹药、爆炸物等刑事案件具体应用法律若干问题的解释（2001年5月16日　法释〔2001〕15号　2009年修正）（节录）

第六条　非法携带枪支、弹药、爆炸物进入公共场所或者公共交通工具，危及公共安全，具有下列情形之一的，属于刑法第一百三十条规定的"情节严重"：

（一）携带枪支或者手榴弹的；

（二）携带爆炸装置的；

（三）携带炸药、发射药、黑火药五百克以上或者烟火药一千克以上、雷管二十枚以上或者导火索、导爆索二十米以上的；

（四）携带的弹药、爆炸物在公共场所或者公共交通工具上发生爆炸或者燃烧，尚未造成严重后果的；

（五）具有其他严重情节的。

行为人非法携带本条第一款第（三）项规定的爆炸物进入公共场所或者公共交通工具，虽未达到上述数量标准，但拒不交出的，依照刑法第一百三十条的规定定罪处罚；携带的数量达到最低数量标准，能够主动、全部交出的，可不以犯罪论处。

第七条　非法制造、买卖、运输、邮寄、储存、盗窃、抢夺、持有、私藏、携带成套枪支散件的，以相应数量的枪支计；非成套枪支散件以每三十件为一成套枪支散件计。

【司法文件】

130.3 最高人民法院、最高人民检察院、公安部、司法部、国家卫生和计划生育委员会关于依法惩处涉医违法犯罪维护正常医疗秩序的意见（2014 年 4 月 22 日　法发〔2014〕5 号）（节录）

二、严格依法惩处涉医违法犯罪

（五）非法携带枪支、弹药、管制器具或者爆炸性、放射性、毒害性、腐蚀性物品进入医疗机构的，依照治安管理处罚法第三十条、第三十二条的规定处罚；危及公共安全情节严重，构成非法携带枪支、弹药、管制刀具、危险物品危及公共安全罪的，依照刑法的有关规定定罪处罚。

130.4 参见 125.6 最高人民法院、最高人民检察院、公安部关于依法收缴非法枪爆等物品严厉打击涉枪涉爆等违法犯罪的通告（2023 年 6 月 13 日）

130.5 最高人民法院、最高人民检察院、公安部、工业和信息化部、住房和城乡建设部、交通运输部、应急管理部、国家铁路局、中国民用航空局、国家邮政局关于依法惩治涉枪支、弹药、爆炸物、易燃易爆危险物品犯罪的意见（2021 年 12 月 31 日　法发〔2021〕35 号）（节录）

8.（第二款）非法携带易燃易爆危险物品进入水路、铁路、航空公共交通工具或者有关公共场所，危及公共安全，情节严重的，依照刑法第一百三十条的规定，以非法携带危险物品危及公共安全罪定罪处罚。

> **【说明】**从一从重、办理刑事政策、行政执法与刑事司法衔接等内容，参见 136.4 本意见第 5 条，第 9 条以下。

【部委规范】

130.6 公安部对部分刀具实行管制的暂行规定〔1983 年 3 月 12 日　公发（治）〔83〕31 号〕（第 2—12 条）

130.7 公安部关于对少数民族人员佩带刀具乘坐火车如何处理问题的批复（2001 年 4 月 28 日　公复字〔2001〕6 号）

四川省公安厅：

你厅《关于少数民族佩带刀具乘坐火车如何处理的请示》（川公明发〔2001〕323 号）收悉。现批复如下：

根据国务院批准、公安部发布的《对部分刀具实行管制的暂行规定》（〔83〕公发（治）31 号）的规定，管制刀具是指匕首、三棱刀（包括机械加工用的三棱刮刀）、带有自锁装置的弹簧刀（跳刀）以及其他相类似的单刃、双刃、三棱尖刀。任何人不得非法制造、销售、携带和私自保存管制刀具。少数民族人员只能在民族自治地区佩带、销售和使用藏刀、腰刀、靴刀等民族刀具；在非民族自治地区，只要少数民族人员所携带的刀具属于管制刀具范围，公安机关就应当严格按照相应规定予以管理。凡公安工作中涉及的此类有关少数民族的政策、法律规定，各级公安机关应当积极采取多种形式广泛宣传，特别是要加大在车站等人员稠密的公共场所及公共交通工具上的宣传力度。

少数民族人员违反《中华人民共和国铁路法》和《铁路运输安全保护条例》携带管制刀具进入车站、乘坐火车的，由公安机关依法予以没收，但在本少数民族自治地区携带具有特别纪念意义或者比较珍贵的民族刀具进入车站的，可以由携带人交其亲友带回或者交由车站派出所暂时保存并出具相应手续，携带人返回时领回；对不服从管理，构成违反治安管理行为的，依法予以治安处罚；构成犯罪的，依法追究其刑事责任。

130.8 管制刀具认定标准（公安部 2007 年 1 月 14 日印发　公通字〔2007〕2 号）（节录）

一、凡符合下列标准之一的，可以认定为管制刀具：

1. 匕首：带有刀柄、刀格和血槽，刀尖角度小于 60 度的单刃、双刃或多刃尖刀（图一略）。

2. 三棱刮刀：具有三个刀刃的机械加工用刀具（图二略）。

3. 带有自锁装置的弹簧刀（跳刀）：刀身展开或弹出后，可被刀柄内的弹簧或卡锁固定自锁的折叠刀具（图三略）。

　　4. 其他相类似的单刃、双刃、三棱尖刀：刀尖角度小于 60 度，刀身长度超过 150 毫米的各类单刃、双刃和多刃刀具（图四略）。

　　5. 其他刀尖角度大于 60 度，刀身长度超过 220 毫米的各类单刃、双刃和多刃刀具（图五略）。

　　二、未开刀刃且刀尖倒角半径 R 大于 2.5 毫米的各类武术、工艺、礼品等刀具不属于管制刀具范畴。

　　三、少数民族使用的藏刀、腰刀、靴刀、马刀等刀具的管制范围认定标准，由少数民族自治区（自治州、自治县）人民政府公安机关参照本标准制定。

　　四、述语说明：

　　1. 刀柄：是指刀上被用来握持的部分（图六略）。

　　2. 刀格（挡手）：是指刀上用来隔离刀柄与刀身的部分（图六略）。

　　3. 刀身：是指刀上用来完成切、削、刺等功能的部分（图六略）。

　　4. 血槽：是指刀身上的专用刻槽（图六略）。

　　5. 刀尖角度：是指刀刃与刀背（或另一侧刀刃）上距离刀尖顶点 10 毫米的点与刀尖顶点形成的角度（图六略）。

　　6. 刀刃（刃口）：是指刀身上用来切、削、砍的一边，一般情况下刃口厚度小于 0.5 毫米（图六略）。

　　7. 刀尖倒角：是指刀尖部所具有的圆弧度（图七略）。

　　130.9 公安部关于将陶瓷类刀具纳入管制刀具管理问题的批复（2010 年 4 月 7 日　公复字〔2010〕1 号）

北京市公安局：

　　你局《关于将陶瓷类刀具纳入管制刀具管理范围的请示》（京公治字〔2010〕282 号）收悉。现批复如下：

　　陶瓷类刀具具有超高硬度、超高耐磨、刃口锋利等特点，其技术特性已达到或超过了部分金属刀具的性能，对符合《管制刀具认定标准》（公通字〔2007〕2 号）规定的刀具类型、刀刃长度和刀尖角度等条件的陶瓷类刀具，应当作为管制刀具管理。

　　130.10 公安部关于海关缉私部门认定管制刀具问题的批复（2011 年 9 月 16 日　公治〔2011〕550 号）

海关总署缉私局：

　　你局《关于鉴定管制刀具有关问题的请示》（缉私〔2011〕197 号）收悉。现批复如下：

　　经研究，同意海关缉私部门对海关监管区内查获的管制刀具进行认定，由隶属海关缉私分局以上缉私部门依据公安部制定的《管制刀具认定标准》（公通字〔2007〕2 号）组织实施。对难以做出准确认定或有争议的，由上一级海关缉私部门会同当地公安机关治安管理部门认定。海关缉私分局以上缉私部门应确定两名以上具有良好政治、业务素质，责任心强、有一定工作经验的民警负责认定工作。对送检认定和收缴的管制刀具，由隶属海关缉私分局以上缉私部门登记造册，妥善保管，适时集中销毁。

【法律法规】

　　130.11 中华人民共和国铁路法（1991 年 5 月 1 日　2015 年修正）（第 60 条第 2 款）

　　130.12 中华人民共和国民用航空法（1996 年 3 月 1 日　2017 年修正）（第 193—195 条）

第一百三十一条【重大飞行事故罪】 航空人员违反规章制度，致使发生重大飞行事故，造成严重后果的，处三年以下有期徒刑或者拘役；造成飞机坠毁或者人员死亡的，处三年以上七年以下有期徒刑。

【罪名渊源】 本条系刑法吸收 1996 年《民用航空法》第 199 条内容增设，79 刑法、单行刑法均未规定。高法《罪名规定》、高检《罪名意见》将其解释为重大飞行事故罪。

【法律法规】

131.1 中华人民共和国民用航空法（1996 年 3 月 1 日　2017 年修正）（第 199 条）

第一百三十二条【铁路运营安全事故罪】 铁路职工违反规章制度，致使发生铁路运营安全事故，造成严重后果的，处三年以下有期徒刑或者拘役；造成特别严重后果的，处三年以上七年以下有期徒刑。

【罪名渊源】 本条系刑法吸收 1991 年《铁路法》第 71 条内容增设，79 刑法、单行刑法均未规定。高法《罪名规定》、高检《罪名意见》将其解释为铁路运营安全事故罪。

【罪刑标准】

132.1 参见 134.2 最高人民法院、最高人民检察院关于办理危害生产安全刑事案件适用法律若干问题的解释（2015 年 12 月 16 日　法释〔2015〕22 号）（第 6—7 条、第 12—14 条、第 16 条）

【法律法规】

132.2 中华人民共和国铁路法（1991 年 5 月 1 日　2015 年修正）（第 71 条）

第一百三十三条【交通肇事罪】 违反交通运输管理法规，因而发生重大事故，致人重伤、死亡或者使公私财产遭受重大损失的，处三年以下有期徒刑或者拘役；交通运输肇事后逃逸或者有其他特别恶劣情节的，处三年以上七年以下有期徒刑；因逃逸致人死亡的，处七年以上有期徒刑。

【罪名渊源】 本条系由 79 刑法第 113 条交通肇事罪修改而来，刑法将原第 1 款的特殊主体改为一般主体，并增加了逃逸致人死亡的规定，增设了管制刑种。高法《罪名规定》、高检《罪名意见》将其解释为交通肇事罪。

【罪刑标准】

133.1 最高人民法院关于审理交通肇事刑事案件具体应用法律若干问题的解释（2000 年 11 月 21 日　法释〔2000〕33 号）

第一条 从事交通运输人员或者非交通运输人员，违反交通运输管理法规发生重大交通事故，在分清事故责任的基础上，对于构成犯罪的，依照刑法第一百三十三条的规定定罪处罚。

第二条 交通肇事具有下列情形之一的，处三年以下有期徒刑或者拘役：

（一）死亡一人或者重伤三人以上，负事故全部或者主要责任的；

（二）死亡三人以上，负事故同等责任的；

（三）造成公共财产或者他人财产直接损失，负事故全部或者主要责任，无能力赔偿数额在三十万元以上的。

交通肇事致一人以上重伤，负事故全部或者主要责任，并具有下列情形之一的，以交通肇事罪定罪处罚：

（一）酒后、吸食毒品后驾驶机动车辆的；

（二）无驾驶资格驾驶机动车辆的；

（三）明知是安全装置不全或者安全机件失灵的机动车辆而驾驶的；

（四）明知是无牌证或者已报废的机动车辆而驾驶的；

（五）严重超载驾驶的；

（六）为逃避法律追究逃离事故现场的。

第三条 "交通运输肇事后逃逸"，是指行为人具有本解释第二条第一款规定和第二款第（一）至（五）项规定的情形之一，在发生交通事故后，为逃避法律追究而逃跑的行为。

第四条 交通肇事具有下列情形之一的，属于"有其他特别恶劣情节"，处三年以上七年以下有期徒刑：

（一）死亡二人以上或者重伤五人以上，负事故全部或者主要责任的；

（二）死亡六人以上，负事故同等责任的；

（三）造成公共财产或者他人财产直接损失，负事故全部或者主要责任，无能力赔偿数额在六十万元以上的。

第五条　"因逃逸致人死亡"，是指行为人在交通肇事后为逃避法律追究而逃跑，致使被害人因得不到救助而死亡的情形。

交通肇事后，单位主管人员、机动车辆所有人、承包人或者乘车人指使肇事人逃逸，致使被害人因得不到救助而死亡的，以交通肇事罪的共犯论处。

第六条　行为人在交通肇事后为逃避法律追究，将被害人带离事故现场后隐藏或者遗弃，致使被害人无法得到救助而死亡或者严重残疾的，应当分别依照刑法第二百三十二条、第二百三十四条第二款的规定，以故意杀人罪或者故意伤害罪定罪处罚。

第七条　单位主管人员、机动车辆所有人或者机动车辆承包人指使、强令他人违章驾驶造成重大交通事故，具有本解释第二条规定情形之一的，以交通肇事罪定罪处罚。

第八条　在实行公共交通管理的范围内发生重大交通事故的，依照刑法第一百三十三条和本解释的有关规定办理。

在公共交通管理的范围外，驾驶机动车辆或者使用其他交通工具致人伤亡或者致使公共财产或者他人财产遭受重大损失，构成犯罪的，分别依照刑法第一百三十四条、第一百三十五条、第二百三十三条等规定定罪处罚。

第九条　各省、自治区、直辖市高级人民法院可以根据本地实际情况，在三十万元至六十万元、六十万元至一百万元的幅度内，确定本地区执行本解释第二条第一款第（三）项、第四条第（三）项的起点数额标准，并报最高人民法院备案。

【证据标准】

133.2 最高人民检察院关于印发部分罪案《审查逮捕证据参考标准（试行）》的通知（2003年11月27日　高检侦监发〔2003〕107号）（节录）

一、审查逮捕通用证据参考标准（参见232.1本通知）

十、交通肇事罪案审查逮捕证据参考标准

交通肇事罪，是指触犯《刑法》第133条的规定，违反交通运输管理法规，因而发生重大事故，致人重伤、死亡或者造成公私财产遭受重大损失的行为。其他以交通肇事罪定罪处罚的有：（1）交通肇事后，单位主管人员、机动车辆所有人、承包人或者乘车人指使肇事人逃逸，致使被害人因得不到救助而死亡的；（2）单位主管人员、机动车辆所有人或者机动车辆承包人指使、强令他人违章驾驶造成重大交通事故的。

对提请批捕的交通肇事案件，应当注意从以下几个方面审查证据：

（一）有证据证明发生了交通肇事犯罪事实。

重点审查：

1. 生效的交通事故认定责任书、现场照片、现场勘查笔录、肇事车辆检验报告等证明发生触犯交通运输管理法规，因而发生重大事故的行为的证据。

2. 被害人伤情照片、伤情鉴定、尸体检验报告、损失财产照片及估价证明等证明交通肇事行为造成了如下严重后果之一的证据：死亡1人或者重伤3人以上，负事故全部或者主要责任的；死亡3人以上，负事故同等责任的；造成公共财产或者他人财产直接损失，负事故全部或者主要责任，无能力赔偿数额在30万元以上的；对事故负全部责任或者主要责任的，造成重伤1人以上，情节恶劣，后果严重的；致1人以上重伤，负事故全部或者主要责任，情节严重的。

3. 证明在交通肇事后逃逸的证据。

4. 证明交通肇事的行为出于过失的证据。

5. 证明交通肇事犯罪事实发生的被害人陈述、证人证言、同案犯和犯罪嫌疑人供述等。

（二）有证据证明交通肇事犯罪事实系犯罪嫌疑人实施的。

重点审查：

1. 交通事故发生后，现场抓获犯罪嫌疑人的证据。

2. 显示犯罪嫌疑人实施交通肇事犯罪的视听资料。

3. 被害人的指认。

4. 同案犯罪嫌疑人的供述。

5. 犯罪嫌疑人的供认。

6. 证人证言。

7. 交通肇事后具有逃逸情节的证据材料。

8. 证明犯罪嫌疑人所驾车辆为肇事车辆的技术鉴定结论及性能检测报告。

9. 其他能够证明犯罪嫌疑人实施交通肇事犯罪的证据。

（三）证明犯罪嫌疑人实施交通肇事犯罪行为的证据已有查证属实的。

重点审查：

1. 现场抓获犯罪嫌疑人的，现场照片、现场勘查笔录、交通事故认定责任书等证据。

2. 能够排除合理怀疑的视听资料。

3. 其他证据能够印证的被害人的指认。

4. 其他证据能够印证的犯罪嫌疑人的供述。

5. 能够相互印证的证人证言。

6. 能够与其他证据相互印证的证人证言。

7. 其他查证属实的证明犯罪嫌疑人实施交通肇事犯罪的证据。

【司法解释】

133.3 最高人民法院关于被盗机动车辆肇事后由谁承担损害赔偿责任问题的批复（1999 年 7 月 3 日 法释〔1999〕13 号）

河南省高级人民法院：

你院《关于被盗机动车辆肇事后肇事人逃跑由谁承担损害赔偿责任的请示》收悉。经研究，答复如下：

使用盗窃的机动车辆肇事，造成被害人物质损失的，肇事人应当依法承担损害赔偿责任，被盗机动车辆的所有人不承担损害赔偿责任。

【司法文件】

133.4 最高人民法院研究室关于遇害者下落不明的水上交通肇事案件应如何适用法律问题的电话答复（1992 年 10 月 30 日）

四川省高级人民法院：

你院川高法研〔1992〕15 号《关于遇害者下落不明的水上交通肇事案件应如何适用法律的请示》收悉。经研究，同意你院的倾向性意见，即在水上交通肇事案件中，如有遇害者下落不明的，不能推定其已经死亡，而应根据被告人的行为造成被害人下落不明的案件事实，依照刑法定罪处刑，民事诉讼应另行提起，并经过宣告失踪人死亡程序后，根据法律和事实处理赔偿等民事纠纷。

133.5 全国法院维护农村稳定刑事审判工作座谈会纪要（最高人民法院 1999 年 10 月 27 日印发 法〔1999〕217 号）（节录）

三

（五）关于刑事附带民事诉讼问题

……交通肇事犯罪的车辆所有人（单位）在犯罪分子无赔偿能力的情况下，承担代为赔偿或者垫付的责任。

133.6 最高人民法院研究室关于交通肇事刑事案件附带民事赔偿范围问题的答复（2014 年 2 月 24 日　法研〔2014〕30 号）

湖北省高级人民法院：

你院鄂高法〔2013〕280 号《关于交通肇事刑事案件附带民事赔偿范围的请示》收悉，经研究，答复如下：

根据刑事诉讼法第九十九条、第一百零一条①和《最高人民法院关于适用〈中华人民共和国刑事诉讼法〉的解释》第一百五十五条的规定，交通肇事刑事案件的附带民事诉讼当事人未能就民事赔偿问题达成调解、和解协议的，无论附带民事诉讼被告人是否投保机动车第三者强制责任保险，均可将死亡赔偿金、残疾赔偿金纳入判决赔偿的范围。

133.7 最高人民法院关于常见犯罪的量刑指导意见（2017 年 4 月 1 日　法发〔2017〕7 号）（节录）

四、常见犯罪的量刑

（一）交通肇事罪

1. 构成交通肇事罪的，可以根据下列不同情形在相应的幅度内确定量刑起点：

（1）致人重伤、死亡或者使公私财产遭受重大损失的，可以在二年以下有期徒刑、拘役幅度内确定量刑起点。

（2）交通运输肇事后逃逸或者有其他特别恶劣情节的，可以在三年至五年有期徒刑幅度内确定量刑起点。

（3）因逃逸致一人死亡的，可以在七年至十年有期徒刑幅度内确定量刑起点。

2. 在量刑起点的基础上，可以根据事故责任、致人重伤、死亡的人数或者财产损失的数额以及逃逸等其他影响犯罪构成的犯罪事实增加刑罚量，确定基准刑。

> 【说明】量刑基本原则、基本方法和常见量刑情节的适用，参见 61.2 本意见。

133.8 最高人民法院、最高人民检察院、公安部关于依法办理"碰瓷"违法犯罪案件的指导意见（2020 年 9 月 22 日　公通字〔2020〕12 号）（节录）

六、实施"碰瓷"，驾驶机动车对其他机动车进行追逐、冲撞、挤别、拦截或者突然加减速、急刹车等可能影响交通安全的行为，因而发生重大事故，致人重伤、死亡或者使公私财物遭受重大损失，符合刑法第一百三十三条规定的，以交通肇事罪定罪处罚。

> 【说明】主从犯、犯罪集团认定和侦查、起诉、审判等，参见 274.12 本意见第 9—10 条。

133.9 最高人民法院、最高人民检察院、司法部、公安部关于办理醉酒危险驾驶刑事案件的意见（2023 年 12 月 28 日　高检发办字〔2023〕187 号）（节录）

第十六条（第一款）　醉驾同时构成交通肇事罪、过失以危险方法危害公共安全罪、以危险方法危害公共安全罪等其他犯罪的，依照处罚较重的规定定罪，依法从严追究刑事责任。

【法律法规】

133.10 中华人民共和国道路交通安全法（2004 年 5 月 1 日　2011 年修正）（第 70 条、第 74—77 条、第 101 条）

133.11 中华人民共和国道路交通安全法实施条例（2004 年 5 月 1 日　2017 年修订）（第 92 条）

第一百三十三条之一【危险驾驶罪】**在道路上驾驶机动车，有下列情形之一的，处拘役，并处罚金：**

（一）追逐竞驶，情节恶劣的；

（二）醉酒驾驶机动车的；

---

① 指 2012 年刑事诉讼法条文。——编者注

（三）从事校车业务或者旅客运输，严重超过额定乘员载客，或者严重超过规定时速行驶的；

（四）违反危险化学品安全管理规定运输危险化学品，危及公共安全的。

机动车所有人、管理人对前款第三项、第四项行为负有直接责任的，依照前款的规定处罚。

有前两款行为，同时构成其他犯罪的，依照处罚较重的规定定罪处罚。

> 【刑法第一次修正说明】
>
> 本条为全国人大常委会 2011 年 2 月 25 日通过并公布、同年 5 月 1 日施行的《刑法修正案（八）》第 22 条所增设。
>
> 【刑法第二次修正说明】
>
> 本条为全国人大常委会 2015 年 8 月 29 日通过并公布、同年 11 月 1 日施行的《刑法修正案（九）》第 8 条所修正。《刑法修正案（八）》第 22 条为：
>
> 【危险驾驶罪】在道路上驾驶机动车追逐竞驶，情节恶劣的，或者在道路上醉酒驾驶机动车的，处拘役，并处罚金。
>
> 有前款行为，同时构成其他犯罪的，依照处罚较重的规定定罪处罚。

【罪名渊源】本条系《刑法修正案（八）》第 22 条增设。最高人民法院、最高人民检察院《关于执行〈中华人民共和国刑法〉确定罪名的补充规定（五）》（以下简称"两高"《罪名补充规定（五）》）将其解释为危险驾驶罪。《刑法修正案（九）》第 8 条增设了第 1 款第 3、4 项及第 2 款内容。

【罪刑标准】

133-1.1 最高人民法院、最高人民检察院、司法部、公安部关于办理醉酒危险驾驶刑事案件的意见（2023 年 12 月 28 日 高检发办字〔2023〕187 号）（节录）

一、总体要求

第二条 人民法院、人民检察院、公安机关办理醉驾案件，应当全面准确贯彻宽严相济刑事政策，根据案件的具体情节，实行区别对待，做到该宽则宽，当严则严，罚当其罪。

二、立案与侦查

第四条 在道路上驾驶机动车，经呼气酒精含量检测，显示血液酒精含量达到 80 毫克/100 毫升以上的，公安机关应当依照刑事诉讼法和本意见的规定决定是否立案。对情节显著轻微、危害不大，不认为是犯罪的，不予立案。

公安机关应当及时提取犯罪嫌疑人血液样本送检。认定犯罪嫌疑人是否醉酒，主要以血液酒精含量鉴定意见作为依据。

犯罪嫌疑人经呼气酒精含量检测，显示血液酒精含量达到 80 毫克/100 毫升以上，在提取血液样本前脱逃或者找人顶替的，可以以呼气酒精含量检测结果作为认定其醉酒的依据。

犯罪嫌疑人在公安机关依法检查时或者发生道路交通事故后，为逃避法律追究，在呼气酒精含量检测或者提取血液样本前故意饮酒的，可以以查获后血液酒精含量鉴定意见作为认定其醉酒的依据。

第五条 醉驾案件中"道路""机动车"的认定适用道路交通安全法有关"道路""机动车"的规定。①

对机关、企事业单位、厂矿、校园、居民小区等单位管辖范围内的路段是否认定为"道路"，应当以其是否具有"公共性"，是否"允许社会机动车通行"作为判断标准。只允许单位内部机

---

① 道路交通安全法第 119 条对"道路""机动车"的含义作了界定。——编者注

动车、特定来访机动车通行的，可以不认定为"道路"。

第六条 对醉驾犯罪嫌疑人、被告人，根据案件具体情况，可以依法予以拘留或者取保候审。具有下列情形之一的，一般予以取保候审：

（一）因本人受伤需要救治的；

（二）患有严重疾病，不适宜羁押的；

（三）系怀孕或者正在哺乳自己婴儿的妇女；

（四）系生活不能自理的人的唯一扶养人；

（五）其他需要取保候审的情形。

对符合取保候审条件，但犯罪嫌疑人、被告人不能提出保证人，也不交纳保证金的，可以监视居住。对违反取保候审、监视居住规定的犯罪嫌疑人、被告人，情节严重的，可以予以逮捕。

第七条 办理醉驾案件，应当收集以下证据：

（一）证明犯罪嫌疑人情况的证据材料，主要包括人口信息查询记录或者户籍证明等身份证明；驾驶证、驾驶人信息查询记录；犯罪前科记录、曾因饮酒后驾驶机动车被查获或者行政处罚记录、本次交通违法行政处罚决定书等；

（二）证明醉酒检测鉴定情况的证据材料，主要包括呼气酒精含量检测结果、呼气酒精含量检测仪标定证书、血液样本提取笔录、鉴定委托书或者鉴定机构接收检材登记材料、血液酒精含量鉴定意见、鉴定意见通知书等；

（三）证明机动车情况的证据材料，主要包括机动车行驶证、机动车信息查询记录、机动车照片等；

（四）证明现场执法情况的照片，主要包括现场检查机动车、呼气酒精含量检测、提取与封装血液样本等环节的照片，并应当保存相关环节的录音录像资料；

（五）犯罪嫌疑人供述和辩解。

根据案件具体情况，还应当收集以下证据：

（一）犯罪嫌疑人是否饮酒、驾驶机动车有争议的，应当收集同车人员、现场目击证人或者共同饮酒人员等证人证言、饮酒场所及行驶路段监控记录等；

（二）道路属性有争议的，应当收集相关管理人员、业主等知情人员证言、管理单位或者有关部门出具的证明等；

（三）发生交通事故的，应当收集交通事故认定书、事故路段监控记录、人体损伤程度等鉴定意见、被害人陈述等；

（四）可能构成自首的，应当收集犯罪嫌疑人到案经过等材料；

（五）其他确有必要收集的证据材料。

第八条 对犯罪嫌疑人血液样本提取、封装、保管、送检、鉴定等程序，按照公安部、司法部有关道路交通安全违法行为处理程序、鉴定规则等规定执行。

公安机关提取、封装血液样本过程应当全程录音录像。血液样本提取、封装应当做好标记和编号，由提取人、封装人、犯罪嫌疑人在血液样本提取笔录上签字。犯罪嫌疑人拒绝签字的，应当注明。提取的血液样本应当及时送往鉴定机构进行血液酒精含量鉴定。因特殊原因不能及时送检的，应当按照有关规范和技术标准保管检材并在五个工作日内送检。

鉴定机构应当对血液样品制备和仪器检测过程进行录音录像。鉴定机构应当在收到送检血液样本后三个工作日内，按照有关规范和技术标准进行鉴定并出具血液酒精含量鉴定意见，通知或者送交委托单位。

血液酒精含量鉴定意见作为证据使用的，办案单位应当自收到血液酒精含量鉴定意见之日起五个工作日内，书面通知犯罪嫌疑人、被告人、被害人或者其法定代理人。

第九条 具有下列情形之一，经补正或者作出合理解释的，血液酒精含量鉴定意见可以作为定案的依据；不能补正或者作出合理解释的，应当予以排除：

（一）血液样本提取、封装、保管不规范的；

（二）未按规定的时间和程序送检、出具鉴定意见的；

（三）鉴定过程未按规定同步录音录像的；

（四）存在其他瑕疵或者不规范的取证行为的。

三、刑事追究

第十条 醉驾具有下列情形之一，尚不构成其他犯罪的，从重处理：

（一）造成交通事故且负事故全部或者主要责任的；

（二）造成交通事故后逃逸的；

（三）未取得机动车驾驶证驾驶汽车的；

（四）严重超员、超载、超速驾驶的；

（五）服用国家规定管制的精神药品或者麻醉药品后驾驶的；

（六）驾驶机动车从事客运活动且载有乘客的；

（七）驾驶机动车从事校车业务且载有师生的；

（八）在高速公路上驾驶的；

（九）驾驶重型载货汽车的；

（十）运输危险化学品、危险货物的；

（十一）逃避、阻碍公安机关依法检查的；

（十二）实施威胁、打击报复、引诱、贿买证人、鉴定人等人员或者毁灭、伪造证据等妨害司法行为的；

（十三）二年内曾因饮酒后驾驶机动车被查获或者受过行政处罚的；

（十四）五年内曾因危险驾驶行为被判决有罪或者作相对不起诉的；

（十五）其他需要从重处理的情形。

第十一条 醉驾具有下列情形之一的，从宽处理：

（一）自首、坦白、立功的；

（二）自愿认罪认罚的；

（三）造成交通事故，赔偿损失或者取得谅解的；

（四）其他需要从宽处理的情形。

第十二条 醉驾具有下列情形之一，且不具有本意见第十条规定情形的，可以认定为情节显著轻微、危害不大，依照刑法第十三条、刑事诉讼法第十六条的规定处理：

（一）血液酒精含量不满 150 毫克/100 毫升的；

（二）出于急救伤病人员等紧急情况驾驶机动车，且不构成紧急避险的；

（三）在居民小区、停车场等场所因挪车、停车入位等短距离驾驶机动车的；

（四）由他人驾驶至居民小区、停车场等场所短距离接替驾驶停放机动车的，或者为了交由他人驾驶，自居民小区、停车场等场所短距离驶出的；

（五）其他情节显著轻微的情形。

醉酒后出于急救伤病人员等紧急情况，不得已驾驶机动车，构成紧急避险的，依照刑法第二十一条的规定处理。

第十三条 对公安机关移送审查起诉的醉驾案件，人民检察院综合考虑犯罪嫌疑人驾驶的动机和目的、醉酒程度、机动车类型、道路情况、行驶时间、速度、距离以及认罪悔罪表现等因素，认为属于犯罪情节轻微的，依照刑法第三十七条、刑事诉讼法第一百七十七条第二款的规定处理。

第十四条 对符合刑法第七十二条规定的醉驾被告人，依法宣告缓刑。具有下列情形之一的，一般不适用缓刑：

（一）造成交通事故致他人轻微伤或者轻伤，且负事故全部或者主要责任的；

（二）造成交通事故且负事故全部或者主要责任，未赔偿损失的；

（三）造成交通事故后逃逸的；

（四）未取得机动车驾驶证驾驶汽车的；

（五）血液酒精含量超过 180 毫克/100 毫升的；

（六）服用国家规定管制的精神药品或者麻醉药品后驾驶的；

（七）采取暴力手段抗拒公安机关依法检查，或者实施妨害司法行为的；

（八）五年内曾因饮酒后驾驶机动车被查获或者受过行政处罚的；

（九）曾因危险驾驶行为被判决有罪或者作相对不起诉的；

（十）其他情节恶劣的情形。

第十五条　对被告人判处罚金，应当根据醉驾行为、实际损害后果等犯罪情节，综合考虑被告人缴纳罚金的能力，确定与主刑相适应的罚金数额。起刑点一般不应低于道路交通安全法规定的饮酒后驾驶机动车相应情形的罚款数额；每增加一个月拘役，增加一千元至五千元罚金。

第十六条　醉驾同时构成交通肇事罪、过失以危险方法危害公共安全罪、以危险方法危害公共安全罪等其他犯罪的，依照处罚较重的规定定罪，依法从严追究刑事责任。

醉酒驾驶机动车，以暴力、威胁方法阻碍公安机关依法检查，又构成妨害公务罪、袭警罪等其他犯罪的，依照数罪并罚的规定处罚。

第十七条　犯罪嫌疑人醉驾被现场查获后，经允许离开，再经公安机关通知到案或者主动到案，不认定为自动投案；造成交通事故后保护现场、抢救伤者，向公安机关报告并配合调查的，应当认定为自动投案。

第十八条　根据本意见第十二条第一款、第十三条、第十四条处理的案件，可以将犯罪嫌疑人、被告人自愿接受安全驾驶教育、从事交通志愿服务、社区公益服务等情况作为作出相关处理的考量因素。

第十九条　对犯罪嫌疑人、被告人决定不起诉或者免予刑事处罚的，可以根据案件的不同情况，予以训诫或者责令具结悔过、赔礼道歉、赔偿损失，需要给予行政处罚、处分的，移送有关主管机关处理。

第二十条　醉驾属于严重的饮酒后驾驶机动车行为。血液酒精含量达到 80 毫克/100 毫升以上，公安机关应当在决定不予立案、撤销案件或者移送审查起诉前，给予行为人吊销机动车驾驶证行政处罚。根据本意见第十二条第一款处理的案件，公安机关还应当按照道路交通安全法规定的饮酒后驾驶机动车相应情形，给予行为人罚款、行政拘留的行政处罚。

人民法院、人民检察院依据本意见第十二条第一款、第十三条处理的案件，对被不起诉人、被告人需要予以行政处罚的，应当提出检察意见或者司法建议，移送公安机关依照前款规定处理。公安机关应当将处理情况通报人民法院、人民检察院。

四、快速办理

第二十一条　人民法院、人民检察院、公安机关和司法行政机关应当加强协作配合，在遵循法定程序、保障当事人权利的前提下，因地制宜建立健全醉驾案件快速办理机制，简化办案流程，缩短办案期限，实现醉驾案件优质高效办理。

第二十二条　符合下列条件的醉驾案件，一般应当适用快速办理机制：

（一）现场查获，未造成交通事故的；

（二）事实清楚，证据确实、充分，法律适用没有争议的；

（三）犯罪嫌疑人、被告人自愿认罪认罚的；

（四）不具有刑事诉讼法第二百二十三条规定情形的。

第二十三条　适用快速办理机制办理的醉驾案件，人民法院、人民检察院、公安机关一般应当在立案侦查之日起三十日内完成侦查、起诉、审判工作。

第二十四条　在侦查或者审查起诉阶段采取取保候审措施的，案件移送至审查起诉或者审判阶段时，取保候审期限尚未届满且符合取保候审条件的，受案机关可以不再重新作出取保候审决定，由公安机关继续执行原取保候审措施。

第二十五条　对醉驾被告人拟提出缓刑量刑建议或者宣告缓刑的，一般可以不进行调查评估。确有必要的，应当及时委托社区矫正机构或者有关社会组织进行调查评估。受委托方应当及时向委托机关提供调查评估结果。

第二十六条 适用简易程序、速裁程序的醉驾案件，人民法院、人民检察院、公安机关和司法行政机关可以采取合并式、要素式、表格式等方式简化文书。

具备条件的地区，可以通过一体化的网上办案平台流转、送达电子卷宗、法律文书等，实现案件线上办理。

六、附则

第三十条 本意见自 2023 年 12 月 28 日起施行。《最高人民法院、最高人民检察院、公安部关于办理醉酒驾驶机动车刑事案件适用法律若干问题的意见》（法发〔2013〕15 号）同时废止。

【司法文件】

133 - 1.2 最高人民法院关于常见犯罪的量刑指导意见（二）（试行）（2017 年 5 月 1 日 法〔2017〕74 号）（节录）

一、八种常见犯罪的量刑

（一）危险驾驶罪

1. 构成危险驾驶罪的，可以在一个月至两个月拘役幅度内确定量刑起点。

2. 在量刑起点的基础上，可以根据危险驾驶行为等其他影响犯罪过程的犯罪事实增加刑罚量，确定基准刑。

3. 对于醉酒驾驶机动的被告，应当综合考虑被告人的醉酒程度、机动车类型、车辆行驶道路、行车速度、是否造成实际损害以及认罪悔罪等情况，准确定罪量刑。对于情节轻微危害不大的，不与定罪处罚；犯罪情节轻微不需要判处刑罚的，可以免于刑事处罚。

二、附则

1. 本指导意见规范上列八种犯罪判处有期徒刑、拘役的案件。

2. 各高级人民法院应当结合当地实际制定实施细则。

133 - 1.3 最高人民法院、最高人民检察院、公安部、工业和信息化部、住房和城乡建设部、交通运输部、应急管理部、国家铁路局、中国民用航空局、国家邮政局关于依法惩治涉枪支、弹药、爆炸物、易燃易爆危险物品犯罪的意见（2021 年 12 月 31 日 法发〔2021〕35 号）（节录）

5.（第一款）违反危险化学品安全管理规定，未经依法批准或者许可擅自从事易燃易爆危险物品道路运输活动，或者实施其他违反危险化学品安全管理规定通过道路运输易燃易爆危险物品的行为，危及公共安全的，依照刑法第一百三十三条之一第一款第四项的规定，以危险驾驶罪定罪处罚。

（第三款）实施前两款行为，同时构成刑法第一百三十条规定之罪等其他犯罪的，依照处罚较重的规定定罪处罚；导致发生重大伤亡事故或者其他严重后果，符合刑法第一百三十四条、第一百三十五条、第一百三十六条等规定的，依照各该条的规定定罪从重处罚。

> **【说明】** 办理该类案件的刑事政策、行政执法与刑事司法衔接等内容，参见 136. 4 本意见第 9 条以下。

【部委规范】

133 - 1.4 公安部关于公安机关办理醉酒驾驶机动车犯罪案件的指导意见（2011 年 9 月 19 日公交管〔2011〕190 号）（节录）

一、进一步规范现场调查

1. 严格血样提取条件。交通民警要严格按照《交通警察道路执勤执法工作规范》的要求检查酒后驾驶机动车行为，检查中发现机动车驾驶人有酒后驾驶机动车嫌疑的，立即进行呼气酒精测试，对涉嫌醉酒驾驶机动车、当事人对呼气酒精测试结果有异议，或者拒绝配合呼气酒精测试等方法测试以及涉嫌饮酒后、醉酒驾驶机动车发生交通事故的，应当立即提取血样检验血液酒精含量。

2. 及时固定犯罪证据。对查获醉酒驾驶机动车嫌疑人的经过、呼气酒精测试和提取血样过程应当及时制作现场调查记录；有条件的，还应当通过拍照或者录音、录像等方式记录；现场有见证人的，应当及时收集证人证言。发现当事人涉嫌饮酒后或者醉酒驾驶机动车的，依法扣留机动车驾驶证，对当事人驾驶的机动车，需要作为证据的，可以依法扣押。

3. 完善醒酒约束措施。当事人在醉酒状态下，应当先采取保护性约束措施，并进行人身安全检查，由 2 名以上交通民警或者 1 名交通民警带领 2 名以上交通协管员将当事人带至醒酒约束场所，约束至酒醒。对行为举止失控的当事人，可以使用约束带或者警绳，但不得使用手铐、脚镣等警械。醒酒约束场所应当配备醒酒设施和安全防护设施。约束过程中，要加强监护，确认当事人酒醒后，要立即解除约束，并进行询问。

4. 改进执勤检查方式。交通民警在道路上检查酒后驾驶机动车时，应当采取有效措施科学组织疏导交通，根据车流量合理控制拦车数量。车流量较大时，应当采取减少检查车辆数量或者暂时停止拦截等方式，确保现场安全有序。要求驾驶人接受呼气酒精测试时，应当使用规范用语，严格按照工作规程操作，每测试一人更换一次新的吹嘴。当事人违反测试要求的，应当当场重新测试。

二、进一步规范办案期限

5. 规范血样提取送检。交通民警对当事人血样提取过程应当全程监控，保证收集证据合法、有效。提取的血样要当场登记封装，并立即送县级以上公安机关检验鉴定机构或者经公安机关认可的其他具备资格的检验鉴定机构进行血液酒精含量检验。因特殊原因不能立即送检的，应当按照规范低温保存，经上级公安机关交通管理部门负责人批准，可以在 3 日内送检。

6. 提高检验鉴定效率。要加快血液酒精检验鉴定机构建设，加强检验鉴定技术人员的培养。市、县公安机关尚未建立检验鉴定机构的，要尽快建立具有血液酒精检验职能的检验鉴定机构，并建立 24 小时值班制度。要切实提高血液酒精检验鉴定效率，对送检的血样，检验鉴定机构应当在 3 日内出具检验报告。当事人对检验结果有异议的，应当告知其在接到检验报告后 3 日内提出重新检验申请。

7. 严格办案时限。要建立醉酒驾驶机动车案件快侦快办工作制度，加强内部办案协作，严格办案时限要求。为提高办案效率，对现场发现的饮酒后或者醉酒驾驶机动车的嫌疑人，尚未立刑事案件的，可以口头传唤其到指定地点接受调查；有条件的，对当事人可以现场调查询问；对犯罪嫌疑人采取强制措施的，应当及时进行讯问。对案件事实清楚、证据确实充分的，应当在查获犯罪嫌疑人之日起 7 日内侦查终结案件并移送人民检察院审查起诉；情况特殊的，经县级公安机关负责人批准，可以适当延长办案时限。

三、进一步规范立案侦查

8. 从严掌握立案标准。经检验驾驶人血液酒精含量达到醉酒驾驶机动车标准的，一律以涉嫌危险驾驶罪立案侦查；未达到醉酒驾驶机动车标准的，按照道路交通安全法有关规定给予行政处罚。当事人被查获后，为逃避法律追究，在呼气酒精测试或者提取血样前又饮酒，经检验其血液酒精含量达到醉酒驾驶机动车标准的，应当立案侦查。当事人经呼气酒精测试达到醉酒驾驶机动车标准，在提取血样前脱逃的，应当以呼气酒精含量为依据立案侦查。

9. 全面客观收集证据。对已经立案的醉酒驾驶机动车案件，应当全面、客观地收集、调取犯罪证据材料，并严格审查、核实。要及时检查、核实车辆和人员基本情况及机动车驾驶人违法犯罪信息，详细记录现场查获醉酒驾驶机动车的过程、人员车辆基本特征以及现场采取呼气酒精测试、实施强制措施、提取血样、口头传唤、固定证据等情况。讯问犯罪嫌疑人时，应当对犯罪嫌疑人是否有罪以及情节轻重等情况作重点讯问，并听取无罪辩解。要及时收集能够证明犯罪嫌疑人是否醉酒驾驶机动车的证人证言、视听资料等其他证据材料。

10. 规范强制措施适用。要根据案件实际情况，对涉嫌醉酒驾驶机动车的犯罪嫌疑人依法合理适用拘传、取保候审、监视居住、拘留等强制措施，确保办案工作顺利进行。对犯罪嫌疑人企图自杀或者逃跑、在逃的，或者不讲真实姓名、住址，身份不明的，以及确需对犯罪嫌疑人实施羁押的，可以依法采取拘留措施。拘留期限内未能查清犯罪事实的，应当依法办理取保候审或者监视居住手续。发现不应当追究犯罪嫌疑人刑事责任或者强制措施期限届满的，应当及时解除强制措施。

11. 做好办案衔接。案件侦查终结后，对醉酒驾驶机动车犯罪事实清楚，证据确实、充分的，应当在案件移送人民检察院审查起诉前，依法吊销犯罪嫌疑人的机动车驾驶证。对其他道路交通违法行为应当依法给予行政处罚。案件移送审查起诉后，要及时了解掌握案件起诉和判决情况，收到法院的判决书或者有关的司法建议函后，应当及时归档。对检察机关决定不起诉或者法院判决无罪但醉酒驾驶机动车事实清楚，证据确实、充分的，应当依法给予行政处罚。

12. 加强执法办案管理。要进一步明确办案要求，细化呼气酒精测试、血样提取和保管、立案撤案、强制措施适用、物品扣押等重点环节的办案标准和办案流程。要严格落实案件审核制度，进一步规范案件审核范围、审核内容和审核标准，对与案件质量有关的事项必须经法制员和法制部门审核把关，确保案件质量。要提高办案工作信息化水平，大力推行网上办案，严格办案信息网上录入的标准和时限，逐步实现案件受理、立案、侦查、制作法律文书、法制审核、审批等全过程网上运行，加强网上监控和考核，杜绝"人情案"、"关系案"。

第一百三十三条之二【妨害安全驾驶罪】对行驶中的公共交通工具的驾驶人员使用暴力或者抢控驾驶操纵装置，干扰公共交通工具正常行驶，危及公共安全的，处一年以下有期徒刑、拘役或者管制，并处或者单处罚金。

前款规定的驾驶人员在行驶的公共交通工具上擅离职守，与他人互殴或者殴打他人，危及公共安全的，依照前款的规定处罚。

有前两款行为，同时构成其他犯罪的，依照处罚较重的规定定罪处罚。

> 【刑法修正说明】
> 本条为全国人大常委会 2020 年 12 月 26 日通过并公布、2021 年 3 月 1 日施行的《刑法修正案（十一）》第 2 条所增设。

【罪名渊源】本条系《刑法修正案（十一）》第 2 条增设。最高人民法院、最高人民检察院《关于执行〈中华人民共和国刑法〉确定罪名的补充规定（七）》（以下简称"两高"《罪名补充规定（七）》）将其解释为妨害安全驾驶罪。

第一百三十四条【重大责任事故罪】在生产、作业中违反有关安全管理的规定，因而发生重大伤亡事故或者造成其他严重后果的，处三年以下有期徒刑或者拘役；情节特别恶劣的，处三年以上七年以下有期徒刑。

【强令、组织他人违章冒险作业罪】强令他人违章冒险作业，或者明知存在重大事故隐患而不排除，仍冒险组织作业，因而发生重大伤亡事故或者造成其他严重后果的，处五年以下有期徒刑或者拘役；情节特别恶劣的，处五年以上有期徒刑。

> 【刑法第一次修正说明】
> 全国人大常委会 2006 年 6 月 29 日通过并公布施行的《刑法修正案（六）》第 1 条对本条作了第一次修正。原第 134 条为：
> 【重大责任事故罪】工厂、矿山、林场、建筑企业或者其他企业、事业单位的职工，由于不服管理、违反规章制度，或者强令工人违章冒险作业，因而发生重大伤亡事故或者造成其他严重后果的，处三年以下有期徒刑或者拘役；情节特别恶劣的，处三年以上七年以下有期徒刑。
>
> 【刑法第二次修正说明】
> 全国人大常委会 2020 年 12 月 26 日通过并公布、2021 年 3 月 1 日施行的《刑法修正案（十一）》第 3 条对第 2 款作了修正。《刑法修正案（六）》第 1 条为：
> 【重大责任事故罪】在生产、作业中违反有关安全管理的规定，因而发生重大伤亡事故或者造成其他严重后果的，处三年以下有期徒刑或者拘役；情节特别恶劣的，处三年以上七年以下有期徒刑。
>
> 【强令违章冒险作业罪】强令他人违章冒险作业，因而发生重大伤亡事故或者造成其他严重后果的，处五年以下有期徒刑或者拘役；情节特别恶劣的，处五年以上有期徒刑。

【罪名渊源】 本条系由 79 刑法第 114 条的重大责任事故罪修改而来。刑法将原犯罪构成要件中的"发生重大伤亡事故，造成严重后果"改为"发生重大伤亡事故或者造成其他严重后果"，其余内容予以保留。高法《罪名规定》、高检《罪名意见》将其解释为重大责任事故罪。《刑法修正案（六）》第 1 条又对本条内容作了如下修改：（1）扩大了犯罪主体范围，将特殊犯罪主体改为一般主体；（2）对重大责任事故罪的罪状作了修改，将"强令他人违章冒险作业"的行为分离出来独立成罪，作为第 2 款，同时规定了相应的法定刑。最高人民法院、最高人民检察院《关于执行〈中华人民共和国刑法〉确定罪名的补充规定（三）》（以下简称"两高"《罪名补充规定（三）》）将第 2 款解释为强令违章冒险作业罪。《刑法修正案（十一）》第 3 条又对第 2 款罪状作了修改，增设"明知……冒险组织作业"字样。"两高"《罪名补充规定（七）》将该款解释为强令、组织他人违章冒险作业罪，取消强令违章冒险作业罪罪名。

【立案标准】

134.1 最高人民检察院、公安部关于公安机关管辖的刑事案件立案追诉标准的规定（一）
（2008 年 6 月 25 日 公通字〔2008〕36 号）（节录）

第八条 ［重大责任事故案（刑法第一百三十四条第一款）］在生产、作业中违反有关安全管理的规定，涉嫌下列情形之一的，应予立案追诉：

（一）造成死亡一人以上，或者重伤三人以上的；

（二）造成直接经济损失五十万元以上的；

（三）发生矿山生产安全事故，造成直接经济损失一百万元以上的；

（四）其他造成严重后果的情形。

第九条 ［强令违章冒险作业案（刑法第一百三十四条第二款）］强令他人违章冒险作业，涉嫌下列情形之一的，应予立案追诉：

（一）造成死亡一人以上，或者重伤三人以上的；

（二）造成直接经济损失五十万元以上的；

（三）发生矿山生产安全事故，造成直接经济损失一百万元以上的；

（四）其他造成严重后果的情形。

【罪刑标准】

134.2 最高人民法院、最高人民检察院关于办理危害生产安全刑事案件适用法律若干问题的解释（2015 年 12 月 16 日 法释〔2015〕22 号）（节录）

第一条 刑法第一百三十四条第一款规定的犯罪主体，包括对生产、作业负有组织、指挥或者管理职责的负责人、管理人员、实际控制人、投资人等人员，以及直接从事生产、作业的人员。

第二条 刑法第一百三十四条第二款规定的犯罪主体，包括对生产、作业负有组织、指挥或者管理职责的负责人、管理人员、实际控制人、投资人等人员。

第五条 明知存在事故隐患、继续作业存在危险，仍然违反有关安全管理的规定，实施下列行为之一的，应当认定为刑法第一百三十四条第二款规定的"强令他人违章冒险作业"：

（一）利用组织、指挥、管理职权，强制他人违章作业的；

（二）采取威逼、胁迫、恐吓等手段，强制他人违章作业的；

（三）故意掩盖事故隐患，组织他人违章作业的；

（四）其他强令他人违章作业的行为。

第六条 实施刑法第一百三十二条、第一百三十四条第一款、第一百三十五条、第一百三十五条之一、第一百三十六条、第一百三十九条规定的行为，因而发生安全事故，具有下列情形之一的，应当认定为"造成严重后果"或者"发生重大伤亡事故或者造成其他严重后果"，对相关责任人员，处三年以下有期徒刑或者拘役：

　　（一）造成死亡一人以上，或者重伤三人以上的；

　　（二）造成直接经济损失一百万元以上的；

　　（三）其他造成严重后果或者重大安全事故的情形。

　　实施刑法第一百三十四条第二款规定的行为，因而发生安全事故，具有本条第一款规定情形的，应当认定为"发生重大伤亡事故或者造成其他严重后果"，对相关责任人员，处五年以下有期徒刑或者拘役。

　　实施刑法第一百三十七条规定的行为，因而发生安全事故，具有本条第一款规定情形的，应当认定为"造成重大安全事故"，对直接责任人员，处五年以下有期徒刑或者拘役，并处罚金。

　　实施刑法第一百三十八条规定的行为，因而发生安全事故，具有本条第一款第一项规定情形的，应当认定为"发生重大伤亡事故"，对直接责任人员，处三年以下有期徒刑或者拘役。

　　第七条　实施刑法第一百三十二条、第一百三十四条第一款、第一百三十五条、第一百三十五条之一、第一百三十六条、第一百三十九条规定的行为，因而发生安全事故，具有下列情形之一的，对相关责任人员，处三年以上七年以下有期徒刑：

　　（一）造成死亡三人以上或者重伤十人以上，负事故主要责任的；

　　（二）造成直接经济损失五百万元以上，负事故主要责任的；

　　（三）其他造成特别严重后果、情节特别恶劣或者后果特别严重的情形。

　　实施刑法第一百三十四条第二款规定的行为，因而发生安全事故，具有本条第一款规定情形的，对相关责任人员，处五年以上有期徒刑。

　　实施刑法第一百三十七条规定的行为，因而发生安全事故，具有本条第一款规定情形的，对直接责任人员，处五年以上十年以下有期徒刑，并处罚金。

　　实施刑法第一百三十八条规定的行为，因而发生安全事故，具有下列情形之一的，对直接责任人员，处三年以上七年以下有期徒刑：

　　（一）造成死亡三人以上或者重伤十人以上，负事故主要责任的；

　　（二）具有本解释第六条第一款第一项规定情形，同时造成直接经济损失五百万元以上并负事故主要责任的，或者同时造成恶劣社会影响的。

　　第十二条　实施刑法第一百三十二条、第一百三十四条至第一百三十九条之一规定的犯罪行为，具有下列情形之一的，从重处罚：

　　（一）未依法取得安全许可证件或者安全许可证件过期、被暂扣、吊销、注销后从事生产经营活动的；

　　（二）关闭、破坏必要的安全监控和报警设备的；

　　（三）已经发现事故隐患，经有关部门或者个人提出后，仍不采取措施的；

　　（四）一年内曾因危害生产安全违法犯罪活动受过行政处罚或者刑事处罚的；

　　（五）采取弄虚作假、行贿等手段，故意逃避、阻挠负有安全监督管理职责的部门实施监督检查的；

　　（六）安全事故发生后转移财产意图逃避承担责任的；

　　（七）其他从重处罚的情形。

　　实施前款第五项规定的行为，同时构成刑法第三百八十九条规定的犯罪的，依照数罪并罚的规定处罚。

　　第十三条　实施刑法第一百三十二条、第一百三十四条至第一百三十九条之一规定的犯罪行为，在安全事故发生后积极组织、参与事故抢救，或者积极配合调查、主动赔偿损失的，可以酌情从轻处罚。

　　第十四条　国家工作人员违反规定投资入股生产经营，构成本解释规定的有关犯罪的，或者国家工作人员的贪污、受贿犯罪行为与安全事故发生存在关联性的，从重处罚；同时构成贪污、受贿犯罪和危害生产安全犯罪的，依照数罪并罚的规定处罚。

　　第十六条　对于实施危害生产安全犯罪适用缓刑的犯罪分子，可以根据犯罪情况，禁止其在缓刑考验期限内从事与安全生产相关联的特定活动；对于被判处刑罚的犯罪分子，可以根据犯罪情况和预防再犯罪的需要，禁止其自刑罚执行完毕之日或者假释之日起三年至五年内从事与安全生产相关的职业。

第十七条　本解释自 2015 年 12 月 16 日起施行。本解释施行后，《最高人民法院、最高人民检察院关于办理危害矿山生产安全刑事案件具体应用法律若干问题的解释》（法释〔2007〕5 号）同时废止。最高人民法院、最高人民检察院此前发布的司法解释和规范性文件与本解释不一致的，以本解释为准。

【司法解释】

134.3 最高人民法院、最高人民检察院关于办理危害生产安全刑事案件适用法律若干问题的解释（二）（2022 年 12 月 19 日　法释〔2022〕19 号）（节录）

第一条　明知存在事故隐患，继续作业存在危险，仍然违反有关安全管理的规定，有下列情形之一的，属于刑法第一百三十四条第二款规定的"强令他人违章冒险作业"：

（一）以威逼、胁迫、恐吓等手段，强制他人违章作业的；

（二）利用组织、指挥、管理职权，强制他人违章作业的；

（三）其他强令他人违章冒险作业的情形。

明知存在重大事故隐患，仍然违反有关安全管理的规定，不排除或者故意掩盖重大事故隐患，组织他人作业的，属于刑法第一百三十四条第二款规定的"冒险组织作业"。

第四条（第一款）　刑法第一百三十四条第二款和第一百三十四条之一第二项规定的"重大事故隐患"，依照法律、行政法规、部门规章、强制性标准以及有关行政规范性文件进行认定。

第五条　在生产、作业中违反有关安全管理的规定，有刑法第一百三十四条之一规定情形之一，因而发生重大伤亡事故或者造成其他严重后果，构成刑法第一百三十四条、第一百三十五条至第一百三十九条等规定的重大责任事故罪、重大劳动安全事故罪、危险物品肇事罪、工程重大安全事故罪等犯罪的，依照该规定定罪处罚。

第十一条　有本解释规定的行为，被不起诉或者免予刑事处罚，需要给予行政处罚、政务处分或者其他处分的，依法移送有关主管机关处理。

【司法文件】

134.4 最高人民法院关于进一步加强危害生产安全刑事案件审判工作的意见（2011 年 12 月 30 日　法发〔2011〕20 号）（节录）

二、危害生产安全刑事案件审判工作的原则

3. 严格依法，从严惩处。对严重危害生产安全犯罪，尤其是相关职务犯罪，必须始终坚持严格依法、从严惩处。对于人民群众广泛关注、社会反映强烈的案件要及时审结，回应人民群众关切，维护社会和谐稳定。

4. 区分责任，均衡量刑。危害生产安全犯罪，往往涉案人员较多，犯罪主体复杂，既包括直接从事生产、作业的人员，也包括对生产、作业负有组织、指挥或者管理职责的负责人、管理人员、实际控制人、投资人等，有的还涉及国家机关工作人员渎职犯罪。对相关责任人的处理，要根据事故原因、危害后果、主体职责、过错大小等因素，综合考虑全案，正确划分责任，做到罪责刑相适应。

5. 主体平等，确保公正。审理危害生产安全刑事案件，对于所有责任主体，都必须严格落实法律面前人人平等的刑法原则，确保刑罚适用公正，确保裁判效果良好。

三、正确确定责任

6. 审理危害生产安全刑事案件，政府或相关职能部门依法对事故原因、损失大小、责任划分作出的调查认定，经庭审质证后，结合其他证据，可作为责任认定的依据。

7. 认定相关人员是否违反有关安全管理规定，应当根据相关法律、行政法规，参照地方性法规、规章及国家标准、行业标准，必要时可参考公认的惯例和生产经营单位制定的安全生产规章制度、操作规程。

8. 多个原因行为导致生产安全事故发生的，在区分直接原因与间接原因的同时，应当根据原因行为在引发事故中所具作用的大小，分清主要原因与次要原因，确认主要责任和次要责任，合理确定罪责。

一般情况下，对生产、作业负有组织、指挥或者管理职责的负责人、管理人员、实际控制人、投资人，违反有关安全生产管理规定，对重大生产安全事故的发生起决定性、关键性作用的，应当承担主要责任。

对于直接从事生产、作业的人员违反安全管理规定，发生重大生产安全事故的，要综合考虑行为人的从业资格、从业时间、接受安全生产教育培训情况、现场条件、是否受到他人强令作业、生产经营单位执行安全生产规章制度的情况等因素认定责任，不能将直接责任简单等同于主要责任。

对于负有安全生产管理、监督职责的工作人员，应根据其岗位职责、履职依据、履职时间等，综合考察工作职责、监管条件、履职能力、履职情况等，合理确定罪责。

四、准确适用法律

9. 严格把握危害生产安全犯罪与以其他危险方法危害公共安全罪的界限，不应将生产经营中违章违规的故意不加区别地视为对危害后果发生的故意。

10. 以行贿方式逃避安全生产监督管理，或者非法、违法生产、作业，导致发生重大生产安全事故，构成数罪的，依照数罪并罚的规定处罚。

违反安全生产管理规定，非法采矿、破坏性采矿或排放、倾倒、处置有害物质严重污染环境，造成重大伤亡事故或者其他严重后果，同时构成危害生产安全犯罪和破坏环境资源保护犯罪的，依照数罪并罚的规定处罚。

11. 安全事故发生后，负有报告职责的国家工作人员不报或者谎报事故情况，贻误事故抢救，情节严重，构成不报、谎报安全事故罪，同时构成职务犯罪或其他危害生产安全犯罪的，依照数罪并罚的规定处罚。

12. 非矿山生产安全事故中，认定"直接负责的主管人员和其他直接责任人员"、"负有报告职责的人员"的主体资格，认定构成"重大伤亡事故或者其他严重后果"、"情节特别恶劣"，不报、谎报事故情况，贻误事故抢救，"情节严重"、"情节特别严重"等，可参照最高人民法院、最高人民检察院《关于办理危害矿山生产安全刑事案件具体应用法律若干问题的解释》的相关规定。

五、准确把握宽严相济刑事政策

13. 审理危害生产安全刑事案件，应综合考虑生产安全事故所造成的伤亡人数、经济损失、环境污染、社会影响、事故原因与被告人职责的关联程度、被告人主观过错大小、事故发生后被告人的施救表现、履行赔偿责任情况等，正确适用刑罚，确保裁判法律效果和社会效果相统一。

14. 造成《关于办理危害矿山生产安全刑事案件具体应用法律若干问题的解释》第四条规定的"重大伤亡事故或者其他严重后果"，同时具有下列情形之一的，也可以认定为刑法第一百三十四条、第一百三十五条规定的"情节特别恶劣"：

（一）非法、违法生产的；

（二）无基本劳动安全设施或未向生产、作业人员提供必要的劳动防护用品，生产、作业人员劳动安全无保障的；

（三）曾因安全生产设施或者安全生产条件不符合国家规定，被监督管理部门处罚或责令改正，一年内再次违规生产致使发生重大生产安全事故的；

（四）关闭、故意破坏必要安全警示设备的；

（五）已发现事故隐患，未采取有效措施，导致发生重大事故的；

（六）事故发生后不积极抢救人员，或者毁灭、伪造、隐藏影响事故调查的证据，或者转移财产逃避责任的；

（七）其他特别恶劣的情节。

15. 相关犯罪中，具有以下情形之一的，依法从重处罚：

（一）国家工作人员违反规定投资入股生产经营企业，构成危害生产安全犯罪的；

（二）贪污贿赂行为与事故发生存在关联性的；

（三）国家工作人员的职务犯罪与事故存在直接因果关系的；

（四）以行贿方式逃避安全生产监督管理，或者非法、违法生产、作业的；

（五）生产安全事故发生后，负有报告职责的国家工作人员不报或者谎报事故情况，贻误事故抢救，尚未构成不报、谎报安全事故罪的；

（六）事故发生后，采取转移、藏匿、毁灭遇难人员尸体，或者毁灭、伪造、隐藏影响事故调查的证据，或者转移财产，逃避责任的；

（七）曾因安全生产设施或者安全生产条件不符合国家规定，被监督管理部门处罚或责令改正，一年内再次违规生产致使发生重大生产安全事故的。

16. 对于事故发生后，积极施救，努力挽回事故损失，有效避免损失扩大；积极配合调查，赔偿受害人损失的，可依法从宽处罚。

六、依法正确适用缓刑和减刑、假释

17. 对于危害后果较轻，在责任事故中不负主要责任，符合法律有关缓刑适用条件的，可以依法适用缓刑，但应注意根据案件具体情况，区别对待，严格控制，避免适用不当造成的负面影响。

18. 对于具有下列情形的被告人，原则上不适用缓刑：

（一）具有本意见第 14 条、第 15 条所规定的情形的；

（二）数罪并罚的。

19. 宣告缓刑，可以根据犯罪情况，同时禁止犯罪分子在缓刑考验期限内从事与安全生产有关的特定活动。

20. 办理与危害生产安全犯罪相关的减刑、假释案件，要严格执行刑法、刑事诉讼法和有关司法解释规定。是否决定减刑、假释，既要看罪犯服刑期间的悔改表现，还要充分考虑原判认定的犯罪事实、性质、情节、社会危害程度等情况。

七、加强组织领导，注意协调配合

21. 对于重大、敏感案件，合议庭成员要充分做好庭审前期准备工作，全面、客观掌握案情，确保案件开庭审理稳妥顺利、依法公正。

22. 审理危害生产安全刑事案件，涉及专业技术问题的，应有相关权威部门出具的咨询意见或者司法鉴定意见；可以依法邀请具有相关专业知识的人民陪审员参加合议庭。

23. 对于审判工作中发现的安全生产事故背后的渎职、贪污贿赂等违法犯罪线索，应当依法移送有关部门处理。对于情节轻微，免予刑事处罚的被告人，人民法院可建议有关部门依法给予行政处罚或纪律处分。

24. 被告人具有国家工作人员身份的，案件审结后，人民法院应当及时将生效的裁判文书送达行政监察机关和其他相关部门。

25. 对于造成重大伤亡后果的案件，要充分运用财产保全等法定措施，切实维护被害人依法获得赔偿的权利。对于被告人没有赔偿能力的案件，应当依靠地方党委和政府做好善后安抚工作。

134.5 参见 136.4 最高人民法院、最高人民检察院、公安部、工业和信息化部、住房和城乡建设部、交通运输部、应急管理部、国家铁路局、中国民用航空局、国家邮政局关于依法惩治涉枪支、弹药、爆炸物、易燃易爆危险物品犯罪的意见（2021 年 12 月 31 日　法发〔2021〕35 号）（第 5 条、第 9 条以下）

【法律法规】

134.6 中华人民共和国矿山安全法（1993 年 5 月 1 日　2009 年修正）（第 13—19 条、第 46—47 条）

134.7 中华人民共和国劳动法（1995 年 1 月 1 日　2018 年修正）（第 93 条）

134.8 中华人民共和国电力法（1996 年 4 月 1 日　2018 年修正）（第 74 条）

134.9 中华人民共和国煤炭法（1996 年 12 月 1 日　2016 年修正）（第 65—66 条）

134.10 中华人民共和国建筑法（1998 年 3 月 1 日　2019 年修正）（第 37—39 条、第 43—47 条、第 49—51 条、第 71 条）

134.11 使用有毒物品作业场所劳动保护条例（2002 年 5 月 12 日）（第 60—63 条）

134.12 中华人民共和国安全生产法（2002 年 11 月 1 日 2021 年修正）（第 90 条、第 93—94 条、第 96 条、第 98—99 条、第 101 条、第 105 条、第 107 条）

134.13 特种设备安全监察条例（2003 年 6 月 1 日 2009 年修订）（第 2—3 条、第 61—64 条、第 87 条）

134.14 中华人民共和国港口法（2004 年 1 月 1 日 2018 年修正）（第 32 条、第 52 条）

134.15 国务院关于预防煤矿生产安全事故的特别规定（2005 年 9 月 3 日 2013 年修订）（第 2 条、第 5 条、第 11 条第 3 款、第 13 条第 5 款、第 18 条、第 20 条）

134.16 生产安全事故报告和调查处理条例（2007 年 6 月 1 日）（第 2—3 条、第 16 条、第 19 条、第 45 条）

第一百三十四条之一【危险作业罪】 在生产、作业中违反有关安全管理的规定，有下列情形之一，具有发生重大伤亡事故或者其他严重后果的现实危险的，处一年以下有期徒刑、拘役或者管制：

（一）关闭、破坏直接关系生产安全的监控、报警、防护、救生设备、设施，或者篡改、隐瞒、销毁其相关数据、信息的；

（二）因存在重大事故隐患被依法责令停产停业、停止施工、停止使用有关设备、设施、场所或者立即采取排除危险的整改措施，而拒不执行的；

（三）涉及安全生产的事项未经依法批准或者许可，擅自从事矿山开采、金属冶炼、建筑施工，以及危险物品生产、经营、储存等高度危险的生产作业活动的。

> **【刑法修正说明】**
> 本条为全国人大常委会 **2020 年 12 月 26 日**通过并公布、**2021 年 3 月 1 日**施行的《**刑法修正案（十一）》第 4 条**所增设。

【罪名渊源】 本条系《刑法修正案（十一）》第 4 条增设，"两高"《罪名补充规定（七）》将其解释为危险作业罪。

【司法解释】

134 - 1.1 最高人民法院、最高人民检察院关于办理危害生产安全刑事案件适用法律若干问题的解释（二）（2022 年 12 月 19 日 法释〔2022〕19 号）（节录）

第二条 刑法第一百三十四条之一规定的犯罪主体，包括对生产、作业负有组织、指挥或者管理职责的负责人、管理人员、实际控制人、投资人等人员，以及直接从事生产、作业的人员。

第三条 因存在重大事故隐患被依法责令停产停业、停止施工、停止使用有关设备、设施、场所或者立即采取排除危险的整改措施，有下列情形之一的，属于刑法第一百三十四条之一第二项规定的"拒不执行"：

（一）无正当理由故意不执行各级人民政府或者负有安全生产监督管理职责的部门依法作出的上述行政决定、命令的；

（二）虚构重大事故隐患已经排除的事实，规避、干扰执行各级人民政府或者负有安全生产监督管理职责的部门依法作出的上述行政决定、命令的；

（三）以行贿等不正当手段，规避、干扰执行各级人民政府或者负有安全生产监督管理职责的部门依法作出的上述行政决定、命令的。

有前款第三项行为，同时构成刑法第三百八十九条行贿罪、第三百九十三条单位行贿罪等犯罪的，依照数罪并罚的规定处罚。

认定是否属于"拒不执行"，应当综合考虑行政决定、命令是否具有法律、行政法规等依据，行政决定、命令的内容和期限要求是否明确、合理，行为人是否具有按照要求执行的能力等因素进行判断。

第四条 刑法第一百三十四条第二款和第一百三十四条之一第二项规定的"重大事故隐患"，

依照法律、行政法规、部门规章、强制性标准以及有关行政规范性文件进行认定。

刑法第一百三十四条之一第三项规定的"危险物品",依照安全生产法第一百一十七条的规定确定。

对于是否属于"重大事故隐患"或者"危险物品"难以确定的,可以依据司法鉴定机构出具的鉴定意见、地市级以上负有安全生产监督管理职责的部门或者其指定的机构出具的意见,结合其他证据综合审查,依法作出认定。

第五条　在生产、作业中违反有关安全管理的规定,有刑法第一百三十四条之一规定情形之一,因而发生重大伤亡事故或者造成其他严重后果,构成刑法第一百三十四条、第一百三十五条至第一百三十九条等规定的重大责任事故罪、重大劳动安全事故罪、危险物品肇事罪、工程重大安全事故罪等犯罪的,依照该规定定罪处罚。

第十条　有刑法第一百三十四条之一行为,积极配合公安机关或者负有安全生产监督管理职责的部门采取措施排除事故隐患,确有悔改表现,认罪认罚的,可以依法从宽处罚;犯罪情节轻微不需要判处刑罚的,可以不起诉或者免予刑事处罚;情节显著轻微危害不大的,不作为犯罪处理。

第十一条　有本解释规定的行为,被不起诉或者免予刑事处罚,需要给予行政处罚、政务处分或者其他处分的,依法移送有关主管机关处理。

【司法文件】

134－1.2 最高人民法院、最高人民检察院、公安部、工业和信息化部、住房和城乡建设部、交通运输部、应急管理部、国家铁路局、中国民用航空局、国家邮政局关于依法惩治涉枪支、弹药、爆炸物、易燃易爆危险物品犯罪的意见(2021 年 12 月 31 日　法发〔2021〕35 号)(节录)

5.(第二款)在易燃易爆危险物品生产、经营、储存等高度危险的生产作业活动中违反有关安全管理的规定,有下列情形之一,具有发生重大伤亡事故或者其他严重后果的现实危险的,依照刑法第一百三十四条之一第三项的规定,以危险作业罪定罪处罚:

(1)委托无资质企业或者个人储存易燃易爆危险物品的;

(2)在储存的普通货物中夹带易燃易爆危险物品的;

(3)将易燃易爆危险物品谎报或者匿报为普通货物申报、储存的;

(4)其他涉及安全生产的事项未经依法批准或者许可,擅自从事易燃易爆危险物品生产、经营、储存等活动的情形。

(第三款)实施前两款行为,同时构成刑法第一百三十条规定之罪等其他犯罪的,依照处罚较重的规定定罪处罚;导致发生重大伤亡事故或者其他严重后果,符合刑法第一百三十四条、第一百三十五条、第一百三十六条等规定的,依照各该条的规定定罪从重处罚。

> 【说明】办理该类案件的刑事政策、行政执法与刑事司法衔接等内容,参见 136.4 本意见第 9 条以下。

第一百三十五条【重大劳动安全事故罪】安全生产设施或者安全生产条件不符合国家规定,因而发生重大伤亡事故或者造成其他严重后果的,对直接负责的主管人员和其他直接责任人员,处三年以下有期徒刑或者拘役;情节特别恶劣的,处三年以上七年以下有期徒刑。

> 【刑法修正说明】
> 本条为全国人大常委会 2006 年 6 月 29 日通过并公布施行的《刑法修正案(六)》第 2 条所修正。原第 135 条为:
> 【重大劳动安全事故罪】工厂、矿山、林场、建筑企业或者其他企业、事业单位的劳动安全设施不符合国家规定,经有关部门或者单位职工提出后,对事故隐患仍不采取措施,因而发生重大伤亡事故或者造成其他严重后果的,对直接责任人员,处三年以下有期徒刑或者拘役;情节特别恶劣的,处三年以上七年以下有期徒刑。

【罪名渊源】本条系吸收 1995 年《劳动法》第 92 条内容增设，79 刑法、单行刑法均未规定，实践中对该行为一般以玩忽职守罪来处理。《刑法修正案（六）》第 2 条对本条作了如下修改：（1）犯罪主体由原"直接责任人员"修改为"直接负责的主管人员和其他直接责任人员"；（2）删除了原罪状中"经有关部门或者单位职工提出后，对事故隐患仍不采取措施"的条件限制。高法《罪名规定》、高检《罪名意见》将本条解释为重大劳动安全事故罪。

【立案标准】

135.1 最高人民检察院、公安部关于公安机关管辖的刑事案件立案追诉标准的规定（一）（2008 年 6 月 25 日　公通字〔2008〕36 号）（节录）

第十条　［重大劳动安全事故案（刑法第一百三十五条）］安全生产设施或者安全生产条件不符合国家规定，涉嫌下列情形之一的，应予立案追诉：

（一）造成死亡一人以上，或者重伤三人以上的；

（二）造成直接经济损失五十万元以上的；

（三）发生矿山生产安全事故，造成直接经济损失一百万元以上的；

（四）其他造成严重后果的情形。

【罪刑标准】

135.2 最高人民法院、最高人民检察院关于办理危害生产安全刑事案件适用法律若干问题的解释（2015 年 12 月 16 日　法释〔2015〕22 号）（节录）

第三条　刑法第一百三十五条规定的"直接负责的主管人员和其他直接责任人员"，是指对安全生产设施或者安全生产条件不符合国家规定负有直接责任的生产经营单位负责人、管理人员、实际控制人、投资人，以及其他对安全生产设施或者安全生产条件负有管理、维护职责的人员。

第六条　实施刑法第一百三十二条、第一百三十四条第一款、第一百三十五条、第一百三十五条之一、第一百三十六条、第一百三十九条规定的行为，因而发生安全事故，具有下列情形之一的，应当认定为"造成严重后果"或者"发生重大伤亡事故或者造成其他严重后果"，对相关责任人员，处三年以下有期徒刑或者拘役：

（一）造成死亡一人以上，或者重伤三人以上的；

（二）造成直接经济损失一百万元以上的；

（三）其他造成严重后果或者重大安全事故的情形。

实施刑法第一百三十四条第二款规定的行为，因而发生安全事故，具有本条第一款规定情形的，应当认定为"发生重大伤亡事故或者造成其他严重后果"，对相关责任人员，处五年以下有期徒刑或者拘役。

实施刑法第一百三十七条规定的行为，因而发生安全事故，具有本条第一款规定情形的，应当认定为"造成重大安全事故"，对直接责任人员，处五年以下有期徒刑或者拘役，并处罚金。

实施刑法第一百三十八条规定的行为，因而发生安全事故，具有本条第一款第一项规定情形的，应当认定为"发生重大伤亡事故"，对直接责任人员，处三年以下有期徒刑或者拘役。

第七条（第一款）　实施刑法第一百三十二条、第一百三十四条第一款、第一百三十五条、第一百三十五条之一、第一百三十六条、第一百三十九条规定的行为，因而发生安全事故，具有下列情形之一的，对相关责任人员，处三年以上七年以下有期徒刑：

（一）造成死亡三人以上或者重伤十人以上，负事故主要责任的；

（二）造成直接经济损失五百万元以上，负事故主要责任的；

（三）其他造成特别严重后果、情节特别恶劣或者后果特别严重的情形。

【说明】从重、从轻和数罪并罚的情形，参见 134.2 本解释第 12—14 条、第 16 条。

【司法解释】

135.3 最高人民法院、最高人民检察院关于办理危害生产安全刑事案件适用法律若干问题的解释（二）（2022 年 12 月 19 日　法释〔2022〕19 号）（节录）

第五条　在生产、作业中违反有关安全管理的规定，有刑法第一百三十四条之一规定情形之一，因而发生重大伤亡事故或者造成其他严重后果，构成刑法第一百三十四条、第一百三十五条至第一百三十九条等规定的重大责任事故罪、重大劳动安全事故罪、危险物品肇事罪、工程重大安全事故罪等犯罪的，依照该规定定罪处罚。

第十一条　有本解释规定的行为，被不起诉或者免予刑事处罚，需要给予行政处罚、政务处分或者其他处分的，依法移送有关主管机关处理。

【司法文件】

135.4 最高人民法院研究室关于被告人阮某重大劳动安全事故案有关法律适用问题的答复（2009 年 12 月 25 日　法研〔2009〕228 号）

陕西省高级人民法院：

你院陕高法〔2009〕288 号《关于被告人阮某重大劳动安全事故案有关法律适用问题的请示》收悉。经研究，答复如下：

用人单位违反职业病防治法的规定，职业病危害预防设施不符合国家规定，因而发生重大伤亡事故或者造成其他严重后果的，对直接负责的主管人员和其他直接责任人员，可以依照刑法第一百三十五条的规定，以重大劳动安全事故罪定罪处罚。

135.5 参见 134.4 最高人民法院关于进一步加强危害生产安全刑事案件审判工作的意见（2011 年 12 月 30 日　法发〔2011〕20 号）

135.6 参见 136.4 最高人民法院、最高人民检察院、公安部、工业和信息化部、住房和城乡建设部、交通运输部、应急管理部、国家铁路局、中国民用航空局、国家邮政局关于依法惩治涉枪支、弹药、爆炸物、易燃易爆危险物品犯罪的意见（2021 年 12 月 31 日　法发〔2021〕35 号）（第 5 条、第 9 条以下）

【法律法规】

135.7 中华人民共和国劳动法（1995 年 1 月 1 日　2018 年修正）（第 92 条）

135.8 使用有毒物品作业场所劳动保护条例（2002 年 5 月 12 日）（第 58—60 条、第 66 条）

135.9 中华人民共和国安全生产法（2002 年 11 月 1 日　2021 年修正）（第 20 条、第 36 条、第 93—94 条、第 96 条、第 99 条）

135.10 国务院关于预防煤矿生产安全事故的特别规定（2005 年 9 月 3 日　2013 年修订）（第 8 条、第 9 条第 1 款、第 11 条第 1 款和第 3 款、第 20 条）

第一百三十五条之一【**大型群众性活动重大安全事故罪**】举办大型群众性活动违反安全管理规定，因而发生重大伤亡事故或者造成其他严重后果的，对直接负责的主管人员和其他直接责任人员，处三年以下有期徒刑或者拘役；情节特别恶劣的，处三年以上七年以下有期徒刑。

【刑法修正说明】

本条为全国人大常委会 2006 年 6 月 29 日通过并公布施行的《刑法修正案（六）》第 3 条所增设。

【罪名渊源】本条系《刑法修正案（六）》第 3 条增设，吸收了公安部《群众性文化体育活动治安管理办法》（1999 年 11 月 18 日公布施行）的相关内容，刑法、79 刑法及单行刑法均未规定。"两高"《罪名补充规定（三）》将其解释为大型群众性活动重大安全事故罪。

【立案标准】

135 - 1.1 最高人民检察院、公安部关于公安机关管辖的刑事案件立案追诉标准的规定（一）

(2008 年 6 月 25 日 公通字〔2008〕36 号)（节录）

第十一条 ［大型群众性活动重大安全事故案（刑法第一百三十五条之一）］举办大型群众性活动违反安全管理规定，涉嫌下列情形之一的，应予立案追诉：

（一）造成死亡一人以上，或者重伤三人以上的；

（二）造成直接经济损失五十万元以上的；

（三）其他造成严重后果的情形。

【罪刑标准】

135－1.2 参见 134.2 最高人民法院、最高人民检察院关于办理危害生产安全刑事案件适用法律若干问题的解释（2015 年 12 月 16 日 法释〔2015〕22 号）（第 6—7 条、第 12—14 条、第 16 条）

第一百三十六条【危险物品肇事罪】 违反爆炸性、易燃性、放射性、毒害性、腐蚀性物品的管理规定，在生产、储存、运输、使用中发生重大事故，造成严重后果的，处三年以下有期徒刑或者拘役；后果特别严重的，处三年以上七年以下有期徒刑。

【罪名渊源】 本条系由 79 刑法第 115 条违反危险物品管理规定肇事罪修改而来。高法《罪名规定》、高检《罪名意见》将其解释为危险物品肇事罪。

【立案标准】

136.1 最高人民检察院、公安部关于公安机关管辖的刑事案件立案追诉标准的规定（一） (2008 年 6 月 25 日 公通字〔2008〕36 号)（节录）

第十二条 ［危险物品肇事案（刑法第一百三十六条）］违反爆炸性、易燃性、放射性、毒害性、腐蚀性物品的管理规定，在生产、储存、运输、使用中发生重大事故，涉嫌下列情形之一的，应予立案追诉：

（一）造成死亡一人以上，或者重伤三人以上的；

（二）造成直接经济损失五十万元以上的；

（三）其他造成严重后果的情形。

【罪刑标准】

136.2 参见 134.2 最高人民法院、最高人民检察院关于办理危害生产安全刑事案件适用法律若干问题的解释（2015 年 12 月 16 日 法释〔2015〕22 号）（第 6—7 条、第 12—14 条、第 16 条）

【司法解释】

136.3 参见 135.3 最高人民法院、最高人民检察院关于办理危害生产安全刑事案件适用法律若干问题的解释（二）（2022 年 12 月 19 日 法释〔2022〕19 号）

【司法文件】

136.4 最高人民法院、最高人民检察院、公安部、工业和信息化部、住房和城乡建设部、交通运输部、应急管理部、国家铁路局、中国民用航空局、国家邮政局关于依法惩治涉枪支、弹药、爆炸物、易燃易爆危险物品犯罪的意见（2021 年 12 月 31 日 法发〔2021〕35 号）（节录）

5. 违反危险化学品安全管理规定，未经依法批准或者许可擅自从事易燃易爆危险物品道路运输活动，或者实施其他违反危险化学品安全管理规定通过道路运输易燃易爆危险物品的行为，危及公共安全的，依照刑法第一百三十三条之一第一款第四项的规定，以危险驾驶罪定罪处罚。

在易燃易爆危险物品生产、经营、储存等高度危险的生产作业活动中违反有关安全管理的规定，有下列情形之一，具有发生重大伤亡事故或者其他严重后果的现实危险的，依照刑法第一百三十四条之一第三项的规定，以危险作业罪定罪处罚：

（1）委托无资质企业或者个人储存易燃易爆危险物品的；

（2）在储存的普通货物中夹带易燃易爆危险物品的；

（3）将易燃易爆危险物品谎报或者匿报为普通货物申报、储存的；

（4）其他涉及安全生产的事项未经依法批准或者许可，擅自从事易燃易爆危险物品生产、经营、储存等活动的情形。

实施前两款行为，同时构成刑法第一百三十条规定之罪等其他犯罪的，依照处罚较重的规定定罪处罚；导致发生重大伤亡事故或者其他严重后果，符合刑法第一百三十四条、第一百三十五条、第一百三十六条等规定的，依照各该条的规定定罪从重处罚。

6. 在易燃易爆危险物品生产、储存、运输、使用中违反有关安全管理的规定，实施本意见第5条前两款规定以外的其他行为，导致发生重大事故，造成严重后果，符合刑法第一百三十六条等规定的，以危险物品肇事罪等罪名定罪处罚。

7. 实施刑法第一百三十六条规定等行为，向负有安全生产监督管理职责的部门不报、谎报或者迟报相关情况的，从重处罚；同时构成刑法第一百三十九条之一规定之罪的，依照数罪并罚的规定处罚。

9. 通过邮件、快件夹带易燃易爆危险物品，或者将易燃易爆危险物品谎报为普通物品交寄，符合本意见第5条至第8条规定的，依照各该条的规定定罪处罚。

12. 利用信息网络非法买卖枪支、弹药、爆炸物、易燃易爆危险物品，或者利用寄递渠道非法运输枪支、弹药、爆炸物、易燃易爆危险物品，依法构成犯罪的，从严追究刑事责任。

13. 确因正常生产、生活需要，以及因从事合法的生产经营活动而非法生产、储存、使用、经营、运输易燃易爆危险物品，依法构成犯罪，没有造成严重社会危害，并确有悔改表现的，可以从轻处罚。

14. 将非法枪支、弹药、爆炸物主动上交公安机关，或者将未经依法批准或者许可生产、储存、使用、经营、运输的易燃易爆危险物品主动上交行政执法机关处置的，可以从轻处罚；未造成实际危害后果，犯罪情节轻微不需要判处刑罚的，可以依法不起诉或者免予刑事处罚；成立自首的，可以依法从轻、减轻或者免除处罚。

有揭发他人涉枪支、弹药、爆炸物、易燃易爆危险物品犯罪行为，查证属实的，或者提供重要线索，从而得以侦破其他涉枪支、弹药、爆炸物、易燃易爆危险物品案件等立功表现的，可以依法从轻或者减轻处罚；有重大立功表现的，可以依法减轻或者免除处罚。

15. 有关行政执法机关在查处违法行为过程中发现涉嫌枪支、弹药、爆炸物、易燃易爆危险物品犯罪的，应当立即指定2名或者2名以上行政执法人员组成专案组专门负责，核实情况后提出移送涉嫌犯罪案件的书面报告，报本机关正职负责人或者主持工作的负责人审批。

有关行政执法机关正职负责人或者主持工作的负责人应当自接到报告之日起3日内作出批准移送或者不批准移送的决定。决定批准移送的，应当在24小时内向同级公安机关移送，并将案件移送书抄送同级人民检察院；决定不批准移送的，应当将不予批准的理由记录在案。

16. 有关行政执法机关向公安机关移送涉嫌枪支、弹药、爆炸物、易燃易爆危险物品犯罪案件，应当附下列材料：

（1）涉嫌犯罪案件移送书，载明移送案件的行政执法机关名称、涉嫌犯罪的罪名、案件主办人和联系电话，并应当附移送材料清单和回执，加盖公章；

（2）涉嫌犯罪案件情况的调查报告，载明案件来源、查获枪支、弹药、爆炸物、易燃易爆危险物品情况、犯罪嫌疑人基本情况、涉嫌犯罪的主要事实、证据和法律依据、处理建议等；

（3）涉案物品清单，载明涉案枪支、弹药、爆炸物、易燃易爆危险物品的具体类别和名称、数量、特征、存放地点等，并附采取行政强制措施、现场笔录等表明涉案枪支、弹药、爆炸物、易燃易爆危险物品来源的材料；

（4）有关检验报告或者鉴定意见，并附鉴定机构和鉴定人资质证明；没有资质证明的，应当附其他证明文件；

（5）现场照片、询问笔录、视听资料、电子数据、责令整改通知书等其他与案件有关的证据材料。

有关行政执法机关对违法行为已经作出行政处罚决定的，还应当附行政处罚决定书及执行情况说明。

17. 公安机关对有关行政执法机关移送的涉嫌枪支、弹药、爆炸物、易燃易爆危险物品犯罪案件，应当在案件移送书的回执上签字或者出具接受案件回执，并依照有关规定及时进行审查处理。不得以材料不全为由不接受移送案件。

18. 人民检察院应当依照《行政执法机关移送涉嫌犯罪案件的规定》《最高人民检察院关于推进行政执法与刑事司法衔接工作的规定》《安全生产行政执法与刑事司法衔接工作办法》等规定，对有关行政执法机关移送涉嫌枪支、弹药、爆炸物、易燃易爆危险物品犯罪案件，以及公安机关的立案活动，依法进行法律监督。

有关行政执法机关对公安机关的不予立案决定有异议的，可以建议人民检察院进行立案监督。

19. 公安机关、有关行政执法机关在办理涉枪支、弹药、爆炸物、易燃易爆危险物品违法犯罪案件过程中，发现公职人员有贪污贿赂、失职渎职或者利用职权侵犯公民人身权利和民主权利等违法行为，涉嫌构成职务犯罪的，应当依法及时移送监察机关或者人民检察院处理。

20. 有关行政执法机关在行政执法和查办涉枪支、弹药、爆炸物、易燃易爆危险物品案件过程中收集的物证、书证、视听资料、电子数据以及对事故进行调查形成的报告，在刑事诉讼中可以作为证据使用。

21. 有关行政执法机关对应当向公安机关移送的涉嫌枪支、弹药、爆炸物、易燃易爆危险物品犯罪案件，不得以行政处罚代替案件移送。

有关行政执法机关向公安机关移送涉嫌枪支、弹药、爆炸物、易燃易爆危险物品犯罪案件的，已经作出的警告、责令停产停业、暂扣或者吊销许可证、暂扣或者吊销执照的行政处罚决定，不停止执行。

22. 人民法院对涉枪支、弹药、爆炸物、易燃易爆危险物品犯罪案件被告人判处罚金、有期徒刑或者拘役的，有关行政执法机关已经依法给予的罚款、行政拘留，应当依法折抵相应罚金或者刑期。有关行政执法机关尚未给予罚款的，不再给予罚款。

对于人民检察院依法决定不起诉或者人民法院依法免予刑事处罚的案件，需要给予行政处罚的，由有关行政执法机关依法给予行政处罚。

23. 本意见所称易燃易爆危险物品，是指具有爆炸、易燃性质的危险化学品、危险货物等，具体范围依照相关法律、行政法规、部门规章和国家标准确定。依照有关规定属于爆炸物的除外。

24. 本意见所称有关行政执法机关，包括民用爆炸物品行业主管部门、燃气管理部门、交通运输主管部门、应急管理部门、铁路监管部门、民用航空主管部门和邮政管理部门等。

【法律法规】

136.5 中华人民共和国核材料管理条例（1987 年 6 月 15 日）（第 2—3 条、第 5 条、第 21 条）

136.6 放射性药品管理办法（1989 年 1 月 13 日　2017 年修订）（第 2—3 条、第 9—24 条）

136.7 中华人民共和国铁路法（1991 年 5 月 1 日　2015 年修正）（第 60 条第 1 款）

136.8 中华人民共和国民用航空法（1996 年 3 月 1 日　2018 年修正）（第 194 条）

136.9 危险化学品安全管理条例（2002 年 3 月 15 日　2013 年修订）（第 2—3 条、第 11—32 条、第 43—65 条、第 75 条、第 77 条第 3 款、第 80 条第 1 款、第 82 条第 1 款、第 86—88 条）

136.10 使用有毒物品作业场所劳动保护条例（2002 年 5 月 12 日）（第 62 条、第 64—66 条）

第一百三十七条【**工程重大安全事故罪**】建设单位、设计单位、施工单位、工程监理单位违反国家规定，降低工程质量标准，造成重大安全事故的，对直接责任人员，处五年以下有期徒刑或者拘役，并处罚金；后果特别严重的，处五年以上十年以下有期徒刑，并处罚金。

【罪名渊源】本条系由 79 刑法的重大责任事故罪分离出来而增设，高法《罪名规定》、高检《罪名意见》将其解释为工程重大安全事故罪。

【立案标准】

137.1 最高人民检察院、公安部关于公安机关管辖的刑事案件立案追诉标准的规定（一）（2008 年 6 月 25 日　公通字〔2008〕36 号）（节录）

第十三条　[工程重大安全事故案（刑法第一百三十七条）]建设单位、设计单位、施工单位、工程监理单位违反国家规定，降低工程质量标准，涉嫌下列情形之一的，应予立案追诉：

（一）造成死亡一人以上，或者重伤三人以上的；

（二）造成直接经济损失五十万元以上的；

（三）其他造成严重后果的情形。

【罪刑标准】

137.2 参见 134.2 最高人民法院、最高人民检察院关于办理危害生产安全刑事案件适用法律若干问题的解释（2015 年 12 月 16 日　法释〔2015〕22 号）（第 6—7 条、第 12—14 条、第 16 条）

【司法解释】

137.3 参见 135.3 最高人民法院、最高人民检察院关于办理危害生产安全刑事案件适用法律若干问题的解释（二）（2022 年 12 月 19 日　法释〔2022〕19 号）

【法律法规】

137.4 中华人民共和国建筑法（1998 年 3 月 1 日　2019 年修正）（第 2 条、第 54—56 条、第 58 条、第 69 条、第 72—74 条、第 79 条）

137.5 建设工程质量管理条例（2000 年 1 月 30 日　2019 年修订）（第 2—3 条、第 7—38 条、第 74 条）

137.6 建设工程安全生产管理条例（2004 年 2 月 1 日）（第 2 条、第 4 条、第 6—38 条、第 54—58 条、第 61—62 条、第 64—66 条）

第一百三十八条【教育设施重大安全事故罪】 明知校舍或者教育教学设施有危险，而不采取措施或者不及时报告，致使发生重大伤亡事故的，对直接责任人员，处三年以下有期徒刑或者拘役；后果特别严重的，处三年以上七年以下有期徒刑。

【罪名渊源】 本条系吸收 1995 年《教育法》第 73 条内容增设，79 刑法、单行刑法均未规定。高法《罪名规定》、高检《罪名意见》将其解释为教育设施重大安全事故罪。

【立案标准】

138.1 最高人民检察院、公安部关于公安机关管辖的刑事案件立案追诉标准的规定（一）（2008 年 6 月 25 日　公通字〔2008〕36 号）（节录）

第十四条　［教育设施重大安全事故案（刑法第一百三十八条）］明知校舍或者教育教学设施有危险，而不采取措施或者不及时报告，涉嫌下列情形之一的，应予立案追诉：

（一）造成死亡一人以上、重伤三人以上或者轻伤十人以上的；

（二）其他致使发生重大伤亡事故的情形。

【罪刑标准】

138.2 参见 134.2 最高人民法院、最高人民检察院关于办理危害生产安全刑事案件适用法律若干问题的解释（2015 年 12 月 16 日　法释〔2015〕22 号）（第 6—7 条、第 12—14 条、第 16 条）

【司法解释】

138.3 参见 135.3 最高人民法院、最高人民检察院关于办理危害生产安全刑事案件适用法律若干问题的解释（二）（2022 年 12 月 19 日　法释〔2022〕19 号）

【法律法规】

138.4 中华人民共和国教育法（1995 年 9 月 1 日　2021 年修正）（第 73 条）

138.5 中华人民共和国未成年人保护法（2021 年 6 月 1 日）（第 35 条）

第一百三十九条【消防责任事故罪】 违反消防管理法规，经消防监督机构通知采取改正措施而拒绝执行，造成严重后果的，对直接责任人员，处三年以下有期徒刑或者拘役；后果特别严重的，处三年以上七年以下有期徒刑。

【罪名渊源】 本条系刑法吸收《消防法》的有关内容增设，79 刑法、单行刑法均未规定。高法《罪名规定》、高检《罪名意见》将其解释为消防责任事故罪。

【立案标准】

139.1 最高人民检察院、公安部关于公安机关管辖的刑事案件立案追诉标准的规定 (一) (2008 年 6 月 25 日 公通字〔2008〕36 号)（节录）

第十五条 ［消防责任事故案（刑法第一百三十九条）］违反消防管理法规，经消防监督机构通知采取改正措施而拒绝执行，涉嫌下列情形之一的，应予立案追诉：

（一）造成死亡一人以上，或者重伤三人以上的；

（二）造成直接经济损失五十万元以上的；

（三）造成森林火灾，过火有林地面积二公顷以上，或者过火疏林地、灌木林地、未成林地、苗圃地面积四公顷以上的；

（四）其他造成严重后果的情形。

【罪刑标准】

139.2 参见 134.2 最高人民法院、最高人民检察院关于办理危害生产安全刑事案件适用法律若干问题的解释 (2015 年 12 月 16 日 法释〔2015〕22 号)（第 6—7 条、第 12—14 条、第 16 条）

139.3 参见 135.3 最高人民法院、最高人民检察院关于办理危害生产安全刑事案件适用法律若干问题的解释 (二) (2022 年 12 月 19 日 法释〔2022〕19 号)

【法律法规】

139.4 中华人民共和国消防法 (2009 年 5 月 1 日 2019 年修正)（第 5 条、第 9 条、第 16 条、第 23 条、第 34 条、第 54—55 条、第 72 条）

第一百三十九条之一 【不报、谎报安全事故罪】 在安全事故发生后，负有报告职责的人员不报或者谎报事故情况，贻误事故抢救，情节严重的，处三年以下有期徒刑或者拘役；情节特别严重的，处三年以上七年以下有期徒刑。

> 【刑法修正说明】
> 本条为全国人大常委会 2006 年 6 月 29 日通过并公布施行的《刑法修正案（六）》第 4 条所增设。

【罪名渊源】 本条系《刑法修正案（六）》增设。"两高"《罪名补充规定（三）》将其解释为不报、谎报安全事故罪。

【立案标准】

139 - 1.1 最高人民检察院、公安部关于公安机关管辖的刑事案件立案追诉标准的规定 (一) 的补充规定 (2017 年 4 月 27 日 公通字〔2017〕12 号)（节录）

一、…… ［不报、谎报安全事故案（刑法第一百三十九条之一）］在安全事故发生后，负有报告职责的人员不报或者谎报事故情况，贻误事故抢救，涉嫌下列情形之一的，应予以立案追诉：

（一）导致事故后果扩大，增加死亡一人以上，或者增加重伤三人以上，或者增加直接经济损失一百万元以上的；

（二）实施下列行为之一，致使不能及时有效开展事故抢救的：

1. 决定不报、迟报、谎报事故情况或者指使、串通有关人员不报、迟报、谎报事故情况的；

2. 在事故抢救期间擅离职守或者逃匿的；

3. 伪造、破坏事故现场，或者转移、藏匿、毁灭遇难人员尸体，或者转移、藏匿受伤人员的；

4. 毁灭、伪造、藏匿与事故有关的图纸、记录、计算机数据等资料以及其他证据的；

（三）其他不报、谎报安全事故情节严重的情形。

本条规定的"负有报告职责的人员"，是指负有组织、指挥或者管理职责的负责人、管理人员、实际控制人、投资人，以及其他负有报告职责的人员。

【罪刑标准】

139-1.2 最高人民法院、最高人民检察院关于办理危害生产安全刑事案件适用法律若干问题的解释（2015 年 12 月 16 日　法释〔2015〕22 号）（节录）

第四条　刑法第一百三十九条之一规定的"负有报告职责的人员"，是指负有组织、指挥或者管理职责的负责人、管理人员、实际控制人、投资人，以及其他负有报告职责的人员。

第八条　在安全事故发生后，负有报告职责的人员不报或者谎报事故情况，贻误事故抢救，具有下列情形之一的，应当认定为刑法第一百三十九条之一规定的"情节严重"：

（一）导致事故后果扩大，增加死亡一人以上，或者增加重伤三人以上，或者增加直接经济损失一百万元以上的；

（二）实施下列行为之一，致使不能及时有效开展事故抢救的：

1. 决定不报、迟报、谎报事故情况或者指使、串通有关人员不报、迟报、谎报事故情况的；

2. 在事故抢救期间擅离职守或者逃匿的；

3. 伪造、破坏事故现场，或者转移、藏匿、毁灭遇难人员尸体，或者转移、藏匿受伤人员的；

4. 毁灭、伪造、隐匿与事故有关的图纸、记录、计算机数据等资料以及其他证据的；

（三）其他情节严重的情形。

具有下列情形之一的，应当认定为刑法第一百三十九条之一规定的"情节特别严重"：

（一）导致事故后果扩大，增加死亡三人以上，或者增加重伤十人以上，或者增加直接经济损失五百万元以上的；

（二）采用暴力、胁迫、命令等方式阻止他人报告事故情况，导致事故后果扩大的；

（三）其他情节特别严重的情形。

第九条　在安全事故发生后，与负有报告职责的人员串通，不报或者谎报事故情况，贻误事故抢救，情节严重的，依照刑法第一百三十九条之一的规定，以共犯论处。

> **【说明】** 从重、从轻和数罪并罚的情形，参见 134.2 本解释第 12—14 条、第 16 条。

【司法文件】

139-1.3 最高人民法院关于进一步加强危害生产安全刑事案件审判工作的意见（2011 年 12 月 30 日　法发〔2011〕20 号）（节录）

12. 非矿山生产安全事故中，认定"直接负责的主管人员和其他直接责任人员"、"负有报告职责的人员"的主体资格，认定构成"重大伤亡事故或者其他严重后果"、"情节特别恶劣"，不报、谎报事故情况，贻误事故抢救，"情节严重"、"情节特别严重"等，可参照最高人民法院、最高人民检察院《关于办理危害矿山生产安全刑事案件具体应用法律若干问题的解释》的相关规定。

15. 相关犯罪中，具有以下情形之一的，依法从重处罚：

（五）生产安全事故发生后，负有报告职责的国家工作人员不报或者谎报事故情况，贻误事故抢救，尚未构成不报、谎报安全事故罪的。

139-1.4 参见 136.4 最高人民法院、最高人民检察院、公安部、工业和信息化部、住房和城乡建设部、交通运输部、应急管理部、国家铁路局、中国民用航空局、国家邮政局关于依法惩治涉枪支、弹药、爆炸物、易燃易爆危险物品犯罪的意见（2021 年 12 月 31 日　法发〔2021〕35 号）（第 7 条以下）

【法律法规】

139-1.5 中华人民共和国安全生产法（2002 年 11 月 1 日　2021 年修正）（第 59 条、第 74—75 条、第 83—84 条、第 110—111 条）

139-1.6 特种设备安全监察条例（2003 年 6 月 1 日　2009 年修订）（第 87 条）

第三章　破坏社会主义市场经济秩序罪

【司法解释】

【注1】最高人民检察院、公安部关于公安机关办理经济犯罪案件的若干规定（2018 年 1 月 1 日　公通字〔2017〕25 号）（节录）

第八条　经济犯罪案件由犯罪地的公安机关管辖。如果由犯罪嫌疑人居住地的公安机关管辖更为适宜的，可以由犯罪嫌疑人居住地的公安机关管辖。

犯罪地包括犯罪行为发生地和犯罪结果发生地。犯罪行为发生地，包括犯罪行为的实施地以及预备地、开始地、途经地、结束地等与犯罪行为有关的地点；犯罪行为有连续、持续或者继续状态的，犯罪行为连续、持续或者继续实施的地方都属于犯罪行为发生地。犯罪结果发生地，包括犯罪对象被侵害地、犯罪所得的实际取得地、藏匿地、转移地、使用地、销售地。

居住地包括户籍所在地、经常居住地。户籍所在地与经常居住地不一致的，由经常居住地的公安机关管辖。经常居住地是指公民离开户籍所在地最后连续居住一年以上的地方，但是住院就医的除外。

单位涉嫌经济犯罪的，由犯罪地或者所在地公安机关管辖。所在地是指单位登记的住所地。主要营业地或者主要办事机构所在地与登记的住所地不一致的，主要营业地或者主要办事机构所在地为其所在地。

法律、司法解释或者其他规范性文件对有关经济犯罪案件的管辖作出特别规定的，从其规定。

第九条　非国家工作人员利用职务上的便利实施经济犯罪的，由犯罪嫌疑人工作单位所在地公安机关管辖。如果由犯罪行为实施地或者犯罪嫌疑人居住地的公安机关管辖更为适宜的，也可以由犯罪行为实施地或者犯罪嫌疑人居住地的公安机关管辖。

第十条　上级公安机关必要时可以立案侦查或者组织、指挥、参与侦查下级公安机关管辖的经济犯罪案件。

对重大、疑难、复杂或者跨区域性经济犯罪案件，需要由上级公安机关立案侦查的，下级公安机关可以请求移送上一级公安机关立案侦查。

第十一条　几个公安机关都有权管辖的经济犯罪案件，由最初受理的公安机关管辖。必要时，可以由主要犯罪地的公安机关管辖。对管辖不明确或者有争议的，应当协商管辖；协商不成的，由共同的上级公安机关指定管辖。

主要利用通讯工具、互联网等技术手段实施的经济犯罪案件，由最初发现、受理的公安机关或者主要犯罪地的公安机关管辖。

第三十九条　公安机关办理生产、销售伪劣商品犯罪案件、走私犯罪案件、侵犯知识产权犯罪案件，对同一批次或者同一类型的涉案物品，确因实物数量较大，无法逐一勘验、鉴定、检测、评估的，可以委托或者商请有资格的鉴定机构、专业机构或者行政执法机关依照程序按照一定比例随机抽样勘验、鉴定、检测、评估，并由其制作取样记录和出具相关书面意见。有关抽样勘验、鉴定、检测、评估的结果可以作为该批次或者该类型全部涉案物品的勘验、鉴定、检测、评估结果，但是不符合法定程序，且不能补正或者作出合理解释，可能严重影响案件公正处理的除外。

法律、法规和规范性文件对鉴定机构或者抽样方法另有规定的，从其规定。

第四十条　公安机关办理经济犯罪案件应当与行政执法机关加强联系、密切配合，保证准确有效地执行法律。

公安机关应当根据案件事实、证据和法律规定依法认定案件性质，对案情复杂、疑难，涉及专业性、技术性问题的，可以参考有关行政执法机关的认定意见。

行政执法机关对经济犯罪案件中有关行为性质的认定，不是案件进入刑事诉讼程序的必经程序或者前置条件。法律、法规和规章另有规定的，从其规定。

第四十四条　对民事诉讼中的证据材料，公安机关在立案后应当依照刑事诉讼法以及相关司法解释的规定进行审查或者重新收集。未经查证核实的证据材料，不得作为刑事证据使用。

第五十五条　具有下列情形之一，依照刑法规定应当追缴其违法所得及其他涉案财物的，经县级以上公安机关负责人批准，公安机关应当出具没收违法所得意见书，连同相关证据材料一并移送同级人民检察院：

（一）重大的走私、金融诈骗、洗钱犯罪案件，犯罪嫌疑人逃匿，在通缉一年后不能到案的；

（二）犯罪嫌疑人死亡的；

（三）涉嫌重大走私、金融诈骗、洗钱犯罪的单位被撤销、注销，直接负责的主管人员和其他直接责任人员逃匿、死亡，导致案件无法适用普通刑事诉讼程序审理的。

犯罪嫌疑人死亡，现有证据证明其存在违法所得及其他涉案财物应当予以没收的，公安机关可以继续调查，并依法进行查封、扣押、冻结。

第七十六条　本规定所称的"经济犯罪案件"，主要是指公安机关经济犯罪侦查部门按照有关规定依法管辖的各种刑事案件，但以资助方式实施的帮助恐怖活动案件，不适用本规定。

公安机关其他办案部门依法管辖刑法分则第三章规定的破坏社会主义市场经济秩序犯罪有关案件的，适用本规定。

第七十九条　本规定所称的"跨区域性"，是指涉及两个以上县级行政区域。

第一节　生产、销售伪劣商品罪

第一百四十条【生产、销售伪劣产品罪】 生产者、销售者在产品中掺杂、掺假，以假充真，以次充好或者以不合格产品冒充合格产品，销售金额五万元以上不满二十万元的，处二年以下有期徒刑或者拘役，并处或者单处销售金额百分之五十以上二倍以下罚金；销售金额二十万元以上不满五十万元的，处二年以上七年以下有期徒刑，并处销售金额百分之五十以上二倍以下罚金；销售金额五十万元以上不满二百万元的，处七年以上有期徒刑，并处销售金额百分之五十以上二倍以下罚金；销售金额二百万元以上的，处十五年有期徒刑或者无期徒刑，并处销售金额百分之五十以上二倍以下罚金或者没收财产。

【罪名渊源】 本条系由79刑法第117条投机倒把罪分解而来，全国人大常委会《关于惩治生产、销售伪劣商品犯罪的决定》第1条将其独立成罪。刑法将该决定中的"违法所得数额"改为"销售金额"。高法《罪名规定》、高检《罪名意见》将其解释为生产、销售伪劣产品罪。

【立案标准】

140.1 最高人民检察院、公安部关于公安机关管辖的刑事案件立案追诉标准的规定（一）
（2008年6月25日　公通字〔2008〕36号）（节录）

第十六条　[生产、销售伪劣产品案（刑法第一百四十条）]　生产者、销售者在产品中掺杂、掺假，以假充真，以次充好或者以不合格产品冒充合格产品，涉嫌下列情形之一的，应予立案追诉：

（一）伪劣产品销售金额五万元以上的；

（二）伪劣产品尚未销售，货值金额十五万元以上的；

（三）伪劣产品销售金额不满五万元，但将已销售金额乘以三倍后，与尚未销售的伪劣产品货值金额合计十五万元以上的。

本条规定的"掺杂、掺假"，是指在产品中掺入杂质或者异物，致使产品质量不符合国家法律、法规或者产品明示质量标准规定的质量要求，降低、失去应有使用性能的行为；"以假充真",是指以不具有某种使用性能的产品冒充具有该种使用性能的产品的行为;"以次充好",是指以低等级、低档次产品冒充高等级、高档次产品,或者以残次、废旧零配件组合、拼装后冒充正品或者新产品的行为;"不合格产品",是指不符合《中华人民共和国产品质量法》规定的质量要求的产品。

对本条规定的上述行为难以确定的,应当委托法律、行政法规规定的产品质量检验机构进行鉴定。本条规定的"销售金额",是指生产者、销售者出售伪劣产品后所得和应得的全部违法收入;"货值金额",以违法生产、销售的伪劣产品的标价计算;没有标价的,按照同类合格产品的市场中间价格计算。货值金额难以确定的,按照《扣押、追缴、没收物品估价管理办法》的规定,委托估价机构进行确定。

第一百条 本规定中的立案追诉标准,除法律、司法解释另有规定的以外,适用于相关的单位犯罪。

第一百零一条 本规定中的"以上",包括本数。

【罪刑标准】

140.2 最高人民法院、最高人民检察院关于办理生产、销售伪劣商品刑事案件具体应用法律若干问题的解释(2001年4月10日 法释〔2001〕10号)(节录)

第一条 刑法第一百四十条规定的"在产品中掺杂、掺假",是指在产品中掺入杂质或者异物,致使产品质量不符合国家法律、法规或者产品明示质量标准规定的质量要求,降低、失去应有使用性能的行为。

刑法第一百四十条规定的"以假充真",是指以不具有某种使用性能的产品冒充具有该种使用性能的产品的行为。

刑法第一百四十条规定的"以次充好",是指以低等级、低档次产品冒充高等级、高档次产品,或者以残次、废旧零配件组合、拼装后冒充正品或者新产品的行为。

刑法第一百四十条规定的"不合格产品",是指不符合《中华人民共和国产品质量法》第二十六条第二款规定的质量要求的产品。

对本条规定的上述行为难以确定的,应当委托法律、行政法规规定的产品质量检验机构进行鉴定。

第二条 刑法第一百四十条、第一百四十九条规定的"销售金额",是指生产者、销售者出售伪劣产品后所得和应得的全部违法收入。

伪劣产品尚未销售,货值金额达到刑法第一百四十条规定的销售金额三倍以上的,以生产、销售伪劣产品罪(未遂)定罪处罚。

货值金额以违法生产、销售的伪劣产品的标价计算;没有标价的,按照同类合格产品的市场中间价格计算。货值金额难以确定的,按照国家计划委员会、最高人民法院、最高人民检察院、公安部1997年4月22日联合发布的《扣押、追缴、没收物品估价管理办法》的规定,委托指定的估价机构确定。

多次实施生产、销售伪劣产品行为,未经处理的,伪劣产品的销售金额或者货值金额累计计算。

140.3 最高人民法院、最高人民检察院关于办理非法生产、销售烟草专卖品等刑事案件具体应用法律若干问题的解释(2010年3月26日 法释〔2010〕7号)(节录)

第一条(第一款) 生产、销售伪劣卷烟、雪茄烟等烟草专卖品,销售金额在五万元以上的,依照刑法第一百四十条的规定,以生产、销售伪劣产品罪定罪处罚。

第二条 伪劣卷烟、雪茄烟等烟草专卖品尚未销售,货值金额达到刑法第一百四十条规定的销售金额定罪起点数额标准的三倍以上的,或者销售金额未达到五万元,但与未销售货值金额合计达到十五万元以上的,以生产、销售伪劣产品罪(未遂)定罪处罚。

销售金额和未销售货值金额分别达到不同的法定刑幅度或者均达到同一法定刑幅度的,在处罚较重的法定刑幅度内酌情从重处罚。

查获的未销售的伪劣卷烟、雪茄烟，能够查清销售价格的，按照实际销售价格计算。无法查清实际销售价格，有品牌的，按照该品牌卷烟、雪茄烟的查获地省级烟草专卖行政主管部门出具的零售价格计算；无品牌的，按照查获地省级烟草专卖行政主管部门出具的上年度卷烟平均零售价格计算。

第五条　行为人实施非法生产、销售烟草专卖品犯罪，同时构成生产、销售伪劣产品罪、侵犯知识产权犯罪、非法经营罪的，依照处罚较重的规定定罪处罚。

第六条　明知他人实施本解释第一条所列犯罪，而为其提供贷款、资金、账号、发票、证明、许可证件，或者提供生产、经营场所、设备、运输、仓储、保管、邮寄、代理进出口等便利条件，或者提供生产技术、卷烟配方的，应当按照共犯追究刑事责任。

第七条　办理非法生产、销售烟草专卖品等刑事案件，需要对伪劣烟草专卖品鉴定的，应当委托国务院产品质量监督管理部门和省、自治区、直辖市人民政府产品质量监督管理部门指定的烟草质量检测机构进行。

第九条（第一款）　本解释所称"烟草专卖品"，是指卷烟、雪茄烟、烟丝、复烤烟叶、烟叶、卷烟纸、滤嘴棒、烟用丝束、烟草专用机械。

第十条　以前发布的有关规定与本解释不一致的，以本解释为准。

【司法解释】

140.4 最高人民法院、最高人民检察院关于办理妨害预防、控制突发传染病疫情等灾害的刑事案件具体应用法律若干问题的解释（2003 年 5 月 15 日　法释〔2003〕8 号）（节录）

第二条　在预防、控制突发传染病疫情等灾害期间，生产、销售伪劣的防治、防护产品、物资，或者生产、销售用于防治传染病的假药、劣药，构成犯罪的，分别依照刑法第一百四十条、第一百四十一条、第一百四十二条的规定，以生产、销售伪劣产品罪，生产、销售假药罪或者生产、销售劣药罪定罪，依法从重处罚。

140.5 参见 225.23 最高人民法院、最高人民检察院关于办理环境污染刑事案件适用法律若干问题的解释（2017 年 1 月 1 日　法释〔2016〕29 号）

140.6 最高人民检察院关于废止《最高人民检察院关于办理非法经营食盐刑事案件具体应用法律若干问题的解释》的决定（2020 年 4 月 1 日　高检发释字〔2020〕2 号）

为适应盐业体制改革，保证国家法律统一正确适用，根据《食盐专营办法》（国务院令 696 号）的规定，结合检察工作实际，最高人民检察院决定废止《最高人民检察院关于办理非法经营食盐刑事案件具体应用法律若干问题的解释》（高检发释字〔2002〕6 号）。

该解释废止后，对以非碘盐充当碘盐或者以工业用盐等非食盐充当食盐等危害食盐安全的行为，人民检察院可以依据《最高人民法院、最高人民检察院关于办理生产、销售伪劣商品刑事案件具体应用法律若干问题的解释》（法释〔2001〕10 号）《最高人民法院、最高人民检察院关于办理危害食品安全刑事案件适用法律若干问题的解释》（法释〔2013〕12 号）①的规定，分别不同情况，以生产、销售伪劣产品罪，或者生产、销售不符合安全标准的食品罪，或者生产、销售有毒、有害食品罪追究刑事责任。

140.7 最高人民法院、最高人民检察院关于办理危害食品安全刑事案件适用法律若干问题的解释（2022 年 1 月 1 日　法释〔2021〕24 号）（节录）

第十三条（第二款）　生产、销售不符合食品安全标准的食品，无证据证明足以造成严重食物中毒事故或者其他严重食源性疾病，不构成生产、销售不符合安全标准的食品罪，但构成生产、销售伪劣产品罪，妨害动植物防疫、检疫罪等其他犯罪的，依照该其他犯罪定罪处罚。

---

① 该司法解释已废止，代之以《最高人民法院、最高人民检察院关于办理危害食品安全刑事案件适用法律若干问题的解释》（法释〔2021〕24 号）。——编者注

第十五条 生产、销售不符合食品安全标准的食品添加剂，用于食品的包装材料、容器、洗涤剂、消毒剂，或者用于食品生产经营的工具、设备等，符合刑法第一百四十条规定的，以生产、销售伪劣产品罪定罪处罚。

生产、销售用超过保质期的食品原料、超过保质期的食品、回收食品作为原料的食品，或者以更改生产日期、保质期、改换包装等方式销售超过保质期的食品、回收食品，适用前款的规定定罪处罚。

实施前两款行为，同时构成生产、销售不符合安全标准的食品罪，生产、销售不符合安全标准的产品罪等其他犯罪的，依照处罚较重的规定定罪处罚。

第十七条（第二款） 在畜禽屠宰相关环节，对畜禽使用食品动物中禁止使用的药品及其他化合物等有毒、有害的非食品原料，依照刑法第一百四十四条的规定以生产、销售有毒、有害食品罪定罪处罚；对畜禽注水或者注入其他物质，足以造成严重食物中毒事故或者其他严重食源性疾病的，依照刑法第一百四十三条的规定以生产、销售不符合安全标准的食品罪定罪处罚；虽不足以造成严重食物中毒事故或者其他严重食源性疾病，但符合刑法第一百四十条规定的，以生产、销售伪劣产品罪定罪处罚。

第十八条（第二款） 实施本解释规定的非法经营行为，同时构成生产、销售伪劣产品罪，生产、销售不符合安全标准的食品罪，生产、销售有毒、有害食品罪，生产、销售伪劣农药、兽药罪等其他犯罪的，依照处罚较重的规定定罪处罚。

第十九条 违反国家规定，利用广告对保健食品或者其他食品作虚假宣传，符合刑法第二百二十二条规定的，以虚假广告罪定罪处罚；以非法占有为目的，利用销售保健食品或者其他食品诈骗财物，符合刑法第二百六十六条规定的，以诈骗罪定罪处罚。同时构成生产、销售伪劣产品罪等其他犯罪的，依照处罚较重的规定定罪处罚。

第二十条（第三款） 负有食品安全监督管理职责的国家机关工作人员与他人共谋，利用其职务行为帮助他人实施危害食品安全犯罪行为，同时构成渎职犯罪和危害食品安全犯罪共犯的，依照处罚较重的规定定罪从重处罚。

第二十三条 单位实施本解释规定的犯罪的，对单位判处罚金，并对直接负责的主管人员和其他直接责任人员，依照本解释规定的定罪量刑标准处罚。

140.8 最高人民法院、最高人民检察院关于办理危害药品安全刑事案件适用法律若干问题的解释（2022年3月6日 高检发释字〔2022〕1号）（节录）

第十一条 以提供给他人生产、销售、提供药品为目的，违反国家规定，生产、销售不符合药用要求的原料、辅料，符合刑法第一百四十条规定的，以生产、销售伪劣产品罪从重处罚；同时构成其他犯罪的，依照处罚较重的规定定罪处罚。

【司法文件】

140.9 最高人民法院关于审理生产、销售伪劣商品刑事案件有关鉴定问题的通知（2001年5月21日 法〔2001〕70号）（节录）

各省、自治区、直辖市高级人民法院，解放军军事法院，新疆维吾尔自治区高级人民法院生产建设兵团分院：

生产、销售伪劣产品、假冒商标和非法经营等犯罪案件中涉及的生产、销售的产品，有的纯属伪劣产品，有的则只是侵犯知识产权的非伪劣产品。由于涉案产品是否"以假充真"、"以次充好"、"以不合格产品冒充合格产品"，直接影响到对被告人的定罪及处刑，为准确适用刑法和《最高人民法院、最高人民检察院关于办理生产、销售伪劣商品刑事案件具体应用法律若干问题的解释》（以下简称《解释》），严惩假冒伪劣商品犯罪，不放纵和轻纵犯罪分子，现就审理生产、销售伪劣商品、假冒商标和非法经营等严重破坏社会主义市场经济秩序的犯罪案件中可能涉及的假冒伪劣商品的有关鉴定问题通知如下：

一、对于提起公诉的生产、销售伪劣产品、假冒商标、非法经营等严重破坏社会主义市场经济秩序的犯罪案件，所涉生产、销售的产品是否属于"以假充真"、"以次充好"、"以不合格产品冒充合格产品"难以确定的，应当根据《解释》第一条第五款的规定，由公诉机关委托法律、行政法规规定的产品质量检验机构进行鉴定。

二、根据《解释》第三条和第四条的规定，人民法院受理的生产、销售假药犯罪案件和生产、销售不符合卫生标准的食品犯罪案件，均需有"省级以上药品监督管理部门设置或者确定的药品检验机构"和"省级以上卫生行政部门确定的机构"出具的鉴定结论。

三、经鉴定确系伪劣商品，被告人的行为既构成生产、销售伪劣产品罪，又构成生产、销售假药罪或者生产、销售不符合卫生标准的食品罪，或者同时构成侵犯知识产权、非法经营等其他犯罪的，根据刑法第一百四十九条第二款和《解释》第十条的规定，应当依照处罚较重的规定定罪处罚。

140.10 最高人民法院、最高人民检察院、公安部、国家烟草专卖局关于办理假冒伪劣烟草制品等刑事案件适用法律问题座谈会纪要（2003年12月23日　高检会〔2003〕4号）（节录）

一、关于生产、销售伪劣烟草制品行为适用法律问题

（一）关于生产伪劣烟草制品尚未销售或者尚未完全销售行为定罪量刑问题

根据刑法第一百四十条的规定，生产、销售伪劣烟草制品，销售金额在五万元以上的，构成生产、销售伪劣产品罪。

根据《最高人民法院、最高人民检察院关于办理生产、销售伪劣商品刑事案件具体应用法律若干问题的解释》的有关规定，销售金额是指生产者、销售者出售伪劣烟草制品后所得和应得的全部违法收入。伪劣烟草制品尚未销售，货值金额达到刑法第一百四十条规定的销售金额三倍（十五万元）以上的，以生产、销售伪劣产品罪（未遂）定罪处罚。货值金额以违法生产、销售的伪劣产品的标价计算；没有标价的，按照同类合格产品的市场中间价格计算。货值金额难以确定的，按照国家计划委员会、最高人民法院、最高人民检察院、公安部1997年4月22日联合发布的《扣押、追缴、没收物品估价管理办法》的规定，委托指定的估价机构确定。

伪劣烟草制品尚未销售，货值金额分别达到十五万元以上不满二十万元、二十万元以上不满五十万元、五十万元以上不满二百万元、二百万元以上的，分别依照刑法第一百四十条规定的各量刑档次定罪处罚。

伪劣烟草制品的销售金额不满五万元，但与尚未销售的伪劣烟草制品的货值金额合计达到十五万元以上的，以生产、销售伪劣产品罪（未遂）定罪处罚。

生产伪劣烟草制品尚未销售，无法计算货值金额，有下列情形之一的，以生产、销售伪劣产品罪（未遂）定罪处罚：

1. 生产伪劣烟用烟丝数量在1000公斤以上的；

2. 生产伪劣烟用烟叶数量在1500公斤以上的。

（二）关于非法生产、拼装、销售烟草专用机械行为定罪处罚问题

非法生产、拼装、销售烟草专用机械行为，依照刑法第一百四十条的规定，以生产、销售伪劣产品罪追究刑事责任。

四、关于共犯问题

知道或者应当知道他人实施本纪要第一条至第三条规定的犯罪行为，仍实施下列行为之一的，应认定为共犯，依法追究刑事责任：

1. 直接参与生产、销售假冒伪劣烟草制品或者销售假冒烟用注册商标的烟草制品或者直接参与非法经营烟草制品并在其中起主要作用的；

2. 提供房屋、场地、设备、车辆、贷款、资金、账号、发票、证明、技术等设施和条件，用于帮助生产、销售、储存、运输假冒伪劣烟草制品、非法经营烟草制品的；

3. 运输假冒伪劣烟草制品的。

上述人员中有检举他人犯罪经查证属实，或者提供重要线索，有立功表现的，可以从轻或减轻处罚；有重大立功表现的，可以减轻或者免除处罚。

五、国家机关工作人员参与实施本纪要第一条至第三条规定的犯罪行为的处罚问题

根据《最高人民法院、最高人民检察院关于办理生产、销售伪劣商品刑事案件具体应用法律若干问题的解释》的规定，国家机关工作人员参与实施本纪要第一条至第三条规定的犯罪行为的，从重处罚。

六、关于一罪与数罪问题

行为人的犯罪行为同时构成生产、销售伪劣产品罪，销售假冒注册商标的商品罪，非法经营罪等罪的，依照处罚较重的规定定罪处罚。

十、关于鉴定问题

假冒伪劣烟草制品的鉴定工作，由国家烟草专卖行政主管部门授权的省级以上烟草产品质量监督检验机构，按照国家烟草专卖局制定的假冒伪劣卷烟鉴别检验管理办法和假冒伪劣卷烟鉴别检验规程等有关规定进行。

假冒伪劣烟草专用机械的鉴定由国家质量监督部门，或其委托的国家烟草质量监督检验中心，根据烟草行业的有关技术标准进行。

十一、关于烟草制品、卷烟的范围

本纪要所称烟草制品指卷烟、雪茄烟、烟丝、复烤烟叶、烟叶、卷烟纸、滤嘴棒、烟用丝束。本纪要所称卷烟包括散支烟和成品烟。

140.11 参见 143.5 最高人民法院、最高人民检察院、公安部关于依法严惩"地沟油"犯罪活动的通知（2012 年 1 月 9 日）

140.12 参见 141.5 最高人民检察院法律政策研究室对《关于具有药品经营资质的企业通过非法渠道从私人手中购进药品后销售的如何适用法律问题的请示》的答复（2015 年 10 月 26 日高检研〔2015〕19 号）

140.13 最高人民法院关于进一步加强涉种子刑事审判工作的指导意见（2022 年 3 月 2 日　法〔2022〕66 号）（节录）

三（第二款）、对实施生产、销售伪劣种子行为，因无法认定使生产遭受较大损失等原因，不构成生产、销售伪劣种子罪，但是销售金额在五万元以上的，依照刑法第一百四十条的规定以生产、销售伪劣产品罪定罪处罚。同时构成假冒注册商标罪等其他犯罪的，依照处罚较重的规定定罪处罚。

> **【说明】**种子套牌侵权、伪劣种子的鉴定以及宽严相济刑事政策等内容，参见 147.5 本意见第 4 条以下。

【法律法规】

140.14 中华人民共和国产品质量法（1993 年 9 月 1 日　2018 年修正）（第 26 条、第 29—32 条、第 39 条、第 49—50 条）

140.15 中华人民共和国消费者权益保护法（1994 年 1 月 1 日　2013 年修正）（第 16 条第 1 款、第 18 条第 1 款、第 49—50 条、第 57 条）

140.16 全国人民代表大会常务委员会关于维护互联网安全的决定（2000 年 12 月 28 日　2009 年修正）（第 3 条第 1 项）

140.17 特种设备安全监察条例（2003 年 3 月 11 日　2009 年修订）（第 10 条、第 13 条、第 75 条、第 79 条）

140.18 中华人民共和国道路交通安全法（2004 年 5 月 1 日　2011 年修正）（第 103 条）

第一百四十一条【生产、销售、提供假药罪】生产、销售假药的，处三年以下有期徒刑或者拘役，并处罚金；对人体健康造成严重危害或者有其他严重情节的，处三年以上十年以下有期徒刑，并处罚金；致人死亡或者有其他特别严重情节的，处十年以上有期徒刑、无期徒刑或者死刑，并处罚金或者没收财产。

药品使用单位的人员明知是假药而提供给他人使用的，依照前款的规定处罚。

【刑法第一次修正说明】

全国人大常委会 2011 年 2 月 25 日通过并公布、同年 5 月 1 日施行的《刑法修正案（八）》第 23 条对本条第 1 款作了修正。原第 141 条为：

<u>【生产、销售假药罪】</u>生产、销售假药，足以严重危害人体健康的，处三年以下有期徒刑或者拘役，并处或者单处销售金额百分之五十以上二倍以下罚金；对人体健康造成严重危害的，处三年以上十年以下有期徒刑，并处销售金额百分之五十以上二倍以下罚金；致人死亡或者对人体健康造成特别严重危害的，处十年以上有期徒刑、无期徒刑或者死刑，并处销售金额百分之五十以上二倍以下罚金或者没收财产。

本条所称假药，是指依照《中华人民共和国药品管理法》的规定属于假药和按假药处理的药品、非药品。

【刑法第二次修正说明】

全国人大常委会 2020 年 12 月 26 日通过并公布、2021 年 3 月 1 日施行的《刑法修正案（十一）》第 5 条对本条作了第二次修正。《刑法修正案（八）》第 23 条为：

<u>【生产、销售假药罪】</u>生产、销售假药的，处三年以下有期徒刑或者拘役，并处罚金；对人体健康造成严重危害或者有其他严重情节的，处三年以上十年以下有期徒刑，并处罚金；致人死亡或者有其他特别严重情节的，处十年以上有期徒刑、无期徒刑或者死刑，并处罚金或者没收财产。

【罪名渊源】本条源自 79 刑法第 164 条制造、贩卖假药罪。全国人大常委会《关于惩治生产、销售伪劣商品犯罪的决定》第 2 条第 1 款修改为生产、销售假药罪，刑法将其修改后纳入。高法《罪名规定》、高检《罪名意见》将本条解释为生产、销售假药罪。《刑法修正案（八）》第 23 条对本条第 1 款作了修改：（1）删除了"足以严重危害人体健康的"字样；（2）修改了罚金刑的处罚原则。《刑法修正案（十一）》第 5 条对第 2 款作了修改，改假药的定义为现行规定。"两高"《罪名补充规定（七）》将其解释为生产、销售、提供假药罪，取消生产、销售假药罪罪名。

【立案标准】

141.1 最高人民检察院、公安部关于公安机关管辖的刑事案件立案追诉标准的规定（一）的补充规定（2017 年 4 月 27 日　公通字〔2017〕12 号）（节录）

二、将《立案追诉标准（一）》第十七条修改为：[生产、销售假药案（刑法第一百四十一条）] 生产、销售假药的，应予以立案追诉。但销售少量根据民间传统配方私自加工的药品，或者销售少量未经批准进口的国外、境外药品，没有造成他人伤害后果或者延误诊治，情节显著轻微危害不大的除外。

以生产、销售假药为目的，具有下列情形之一的，属于本条规定的"生产"：

（一）合成、精制、提炼、储存、加工炮制药品原料的；

（二）将药品原料、辅料、包装材料制成成品过程中，进行配料、混合、制剂、储存、包装的；

（三）印制包装材料、标签、说明书的。

医疗机构、医疗机构工作人员明知是假药而有偿提供给他人使用，或者为出售而购买、储存的行为，属于本条规定的"销售"。

本条规定的"假药"，是指《中华人民共和国药品管理法》的规定属于假药和按假药处理的药品、非药品。是否属于假药难以确定的，可根据地市级以上药品管理部门出具的认定意见等相关材料进行认定。必要时，可以委托省级以上药品监督管理部门设置或者确定的药品检验机构进行检验。

【罪刑标准】

141.2 最高人民法院、最高人民检察院关于办理生产、销售伪劣商品刑事案件具体应用法律若干问题的解释（2001年4月10日 法释〔2001〕10号）（节录）

第三条 经省级以上药品监督管理部门设置或者确定的药品检验机构鉴定，生产、销售的假药具有下列情形之一的，应认定为刑法第一百四十一条规定的"足以严重危害人体健康"：

（一）含有超标准的有毒有害物质的；

（二）不含所标明的有效成分，可能贻误诊治的；

（三）所标明的适应症或者功能主治超出规定范围，可能造成贻误诊治的；

（四）缺乏所标明的急救必需的有效成分的。

生产、销售的假药被使用后，造成轻伤、重伤或者其他严重后果的，应认定为"对人体健康造成严重危害"。

生产、销售的假药被使用后，致人严重残疾、二人以上重伤、十人以上轻伤或者造成其他特别严重后果的，应认定为"对人体健康造成特别严重危害"。

141.3 最高人民法院、最高人民检察院关于办理危害药品安全刑事案件适用法律若干问题的解释（2022年3月6日 高检发释字〔2022〕1号）（节录）

第一条 生产、销售、提供假药，具有下列情形之一的，应当酌情从重处罚：

（一）涉案药品以孕产妇、儿童或者危重病人为主要使用对象的；

（二）涉案药品属于麻醉药品、精神药品、医疗用毒性药品、放射性药品、生物制品，或者以药品类易制毒化学品冒充其他药品的；

（三）涉案药品属于注射剂药品、急救药品的；

（四）涉案药品系用于应对自然灾害、事故灾难、公共卫生事件、社会安全事件等突发事件的；

（五）药品使用单位及其工作人员生产、销售假药的；

（六）其他应当酌情从重处罚的情形。

第二条 生产、销售、提供假药，具有下列情形之一的，应当认定为刑法第一百四十一条规定的"对人体健康造成严重危害"：

（一）造成轻伤或者重伤的；

（二）造成轻度残疾或者中度残疾的；

（三）造成器官组织损伤导致一般功能障碍或者严重功能障碍的；

（四）其他对人体健康造成严重危害的情形。

第三条 生产、销售、提供假药，具有下列情形之一的，应当认定为刑法第一百四十一条规定的"其他严重情节"：

（一）引发较大突发公共卫生事件的；

（二）生产、销售、提供假药的金额二十万元以上不满五十万元的；

（三）生产、销售、提供假药的金额十万元以上不满二十万元，并具有本解释第一条规定情形之一的；

（四）根据生产、销售、提供的时间、数量、假药种类、对人体健康危害程度等，应当认定为情节严重的。

第四条 生产、销售、提供假药，具有下列情形之一的，应当认定为刑法第一百四十一条规定的"其他特别严重情节"：

（一）致人重度残疾以上的；

（二）造成三人以上重伤、中度残疾或者器官组织损伤导致严重功能障碍的；

（三）造成五人以上轻度残疾或者器官组织损伤导致一般功能障碍的；

（四）造成十人以上轻伤的；

（五）引发重大、特别重大突发公共卫生事件的；

（六）生产、销售、提供假药的金额五十万元以上的；

（七）生产、销售、提供假药的金额二十万元以上不满五十万元，并具有本解释第一条规定情形之一的；

（八）根据生产、销售、提供的时间、数量、假药种类、对人体健康危害程度等，应当认定为情节特别严重的。

第六条　以生产、销售、提供假药、劣药为目的，合成、精制、提取、储存、加工炮制药品原料，或者在将药品原料、辅料、包装材料制成成品过程中，进行配料、混合、制剂、储存、包装的，应当认定为刑法第一百四十一条、第一百四十二条规定的"生产"。

药品使用单位及其工作人员明知是假药、劣药而有偿提供给他人使用的，应当认定为刑法第一百四十一条、第一百四十二条规定的"销售"；无偿提供给他人使用的，应当认定为刑法第一百四十一条、第一百四十二条规定的"提供"。

第八条（第三款）　实施刑法第一百四十二条之一规定的行为，同时又构成生产、销售、提供假药罪、生产、销售、提供劣药罪或者其他犯罪的，依照处罚较重的规定定罪处罚。

第九条　明知他人实施危害药品安全犯罪，而有下列情形之一的，以共同犯罪论处：

（一）提供资金、贷款、账号、发票、证明、许可证件的；

（二）提供生产、经营场所、设备或者运输、储存、保管、邮寄、销售渠道等便利条件的；

（三）提供生产技术或者原料、辅料、包装材料、标签、说明书的；

（四）提供虚假药物非临床研究报告、药物临床试验报告及相关材料的；

（五）提供广告宣传的；

（六）提供其他帮助的。

第十条　办理生产、销售、提供假药、生产、销售、提供劣药、妨害药品管理等刑事案件，应当结合行为人的从业经历、认知能力、药品质量、进货渠道和价格、销售渠道和价格以及生产、销售方式等事实综合判断认定行为人的主观故意。具有下列情形之一的，可以认定行为人有实施相关犯罪的主观故意，但有证据证明确实不具有故意的除外：

（一）药品价格明显异于市场价格的；

（二）向不具有资质的生产者、销售者购买药品，且不能提供合法有效的来历证明的；

（三）逃避、抗拒监督检查的；

（四）转移、隐匿、销毁涉案药品、进销货记录的；

（五）曾因实施危害药品安全违法犯罪行为受过处罚，又实施同类行为的；

（六）其他足以认定行为人主观故意的情形。

第十一条　以提供给他人生产、销售、提供药品为目的，违反国家规定，生产、销售不符合药用要求的原料、辅料，符合刑法第一百四十条规定的，以生产、销售伪劣产品罪从重处罚；同时构成其他犯罪的，依照处罚较重的规定定罪处罚。

第十四条（第三款）　负有药品安全监督管理职责的国家机关工作人员与他人共谋，利用其职务便利帮助他人实施危害药品安全犯罪行为，同时构成渎职犯罪和危害药品安全犯罪共犯的，依照处罚较重的规定定罪从重处罚。

第十五条　对于犯生产、销售、提供假药罪、生产、销售、提供劣药罪、妨害药品管理罪的，应当结合被告人的犯罪数额、违法所得，综合考虑被告人缴纳罚金的能力，依法判处罚金。罚金一般应当在生产、销售、提供的药品金额二倍以上；共同犯罪的，对各共同犯罪人合计判处的罚金一般应当在生产、销售、提供的药品金额二倍以上。

第十六条　对于犯生产、销售、提供假药罪、生产、销售、提供劣药罪、妨害药品管理罪的，应当依照刑法规定的条件，严格缓刑、免予刑事处罚的适用。对于被判处刑罚的，可以根据犯罪情况和预防再犯罪的需要，依法宣告职业禁止或者禁止令。《中华人民共和国药品管理法》等法律、行政法规另有规定的，从其规定。

对于被不起诉或者免予刑事处罚的行为人，需要给予行政处罚、政务处分或者其他处分的，依法移送有关主管机关处理。

第十七条 单位犯生产、销售、提供假药罪、生产、销售、提供劣药罪、妨害药品管理罪的，对单位判处罚金，并对直接负责的主管人员和其他直接责任人员，依照本解释规定的自然人犯罪的定罪量刑标准处罚。

单位犯罪的，对被告单位及其直接负责的主管人员、其他直接责任人员合计判处的罚金一般应当在生产、销售、提供的药品金额二倍以上。

第十八条 根据民间传统配方私自加工药品或者销售上述药品，数量不大，且未造成他人伤害后果或者延误诊治的，或者不以营利为目的实施带有自救、互助性质的生产、进口、销售药品的行为，不应当认定为犯罪。

对于是否属于民间传统配方难以确定的，根据地市级以上药品监督管理部门或者有关部门出具的认定意见，结合其他证据作出认定。

第十九条 刑法第一百四十一条、第一百四十二条规定的"假药""劣药"，依照《中华人民共和国药品管理法》的规定认定。

对于《中华人民共和国药品管理法》第九十八条第二款第二项、第四项及第三款第三项至第六项规定的假药、劣药，能够根据现场查获的原料、包装，结合犯罪嫌疑人、被告人供述等证据材料作出判断的，可以由地市级以上药品监督管理部门出具认定意见。对于依据《中华人民共和国药品管理法》第九十八条第二款、第三款的其他规定认定假药、劣药，或者是否属于第九十八条第二款第二项、第三款第六项规定的假药、劣药存在争议的，应当由省级以上药品监督管理部门设置或者确定的药品检验机构进行检验，出具质量检验结论。司法机关根据认定意见、检验结论，结合其他证据作出认定。

第二十条 对于生产、提供药品的金额，以药品的货值金额计算；销售药品的金额，以所得和可得的全部违法收入计算。

第二十一条 本解释自2022年3月6日起施行。本解释公布施行后，《最高人民法院、最高人民检察院关于办理危害药品安全刑事案件适用法律若干问题的解释》（法释〔2014〕14号）、《最高人民法院、最高人民检察院关于办理药品、医疗器械注册申请材料造假刑事案件适用法律若干问题的解释》（法释〔2017〕15号）同时废止。

【司法解释】

141.4 参见140.4 最高人民法院、最高人民检察院关于办理妨害预防、控制突发传染病疫情等灾害的刑事案件具体应用法律若干问题的解释（2003年5月15日 法释〔2003〕8号）

【司法文件】

141.5 最高人民检察院法律政策研究室对《关于具有药品经营资质的企业通过非法渠道从私人手中购进药品后销售的如何适用法律问题的请示》的答复（2015年10月26日 高检研〔2015〕19号）

北京市人民检察院法律政策研究室：

你院《关于具有药品经营资质的企业通过非法渠道从私人手中购进药品后销售的如何适用法律问题的请示》（京检字〔2015〕76号）收悉。经研究，答复如下：

司法机关应当根据《中华人民共和国药品管理法》的有关规定，对具有药品经营资质的企业通过非法渠道从私人手中购销的药品的性质进行认定，区分不同情况，分别定性处理：一是对于经认定属于假药、劣药，且达到"两高"《关于办理危害药品安全刑事案件适用法律若干问题的解释》①（以下称《药品解释》）规定的销售假药罪、销售劣药罪的定罪量刑标准的，应当以销售假药罪、销售劣药罪依法追究刑事责任。二是对于经认定属于劣药，但尚未达到《药品解释》规定的销售劣药罪的定罪量刑标准的，可以依据刑法第一百四十九条、第一百四十条的规定，以销售伪劣产品罪追究刑事责任。三是对于无法认定属于假药、劣药的，可以由药品

---

① 该司法解释已废止，代之以《最高人民法院、最高人民检察院关于办理危害药品安全刑事案件适用法律若干问题的解释》（高检发释字〔2022〕1号）。——编者注

监督管理部门依照《中华人民共和国药品管理法》的规定给予行政处罚，不宜以非法经营罪追究刑事责任。

【法律法规】

　　141.6 中药品种保护条例（1993 年 1 月 1 日　2018 年修订）（第 2 条、第 23 条）

　　141.7 中华人民共和国药品管理法实施条例（2002 年 9 月 15 日　2019 年修订）（第 63 条、第 73 条）

　　141.8 中华人民共和国药品管理法（2019 年 12 月 1 日）（第 98 条、第 114 条）

　　第一百四十二条【生产、销售、提供劣药罪】 生产、销售劣药，对人体健康造成严重危害的，处三年以上十年以下有期徒刑，并处罚金；后果特别严重的，处十年以上有期徒刑或者无期徒刑，并处罚金或者没收财产。

　　药品使用单位的人员明知是劣药而提供给他人使用的，依照前款的规定处罚。

　　【刑法修正说明】

　　本条为全国人大常委会 2020 年 12 月 26 日通过并公布、2021 年 3 月 1 日施行的《刑法修正案（十一）》第 6 条所修正。原第 142 条为：

　　【生产、销售劣药罪】 生产、销售劣药，对人体健康造成严重危害的，处三年以上十年以下有期徒刑，并处销售金额百分之五十以上二倍以下罚金；后果特别严重的，处十年以上有期徒刑或者无期徒刑，并处销售金额百分之五十以上二倍以下罚金或者没收财产。

　　本条所称劣药，是指依照《中华人民共和国药品管理法》的规定属于劣药的药品。

　　【罪名渊源】 本条系由全国人大常委会《关于惩治生产、销售伪劣商品犯罪的决定》第 2 条第 2 款修改而来，79 刑法没有规定。刑法将该决定中的"并处罚金"改为确定的罚金幅度。高法《罪名规定》、高检《罪名意见》将其解释为生产、销售劣药罪。《刑法修正案（十一）》第 6 条对本条罚金刑的处罚原则作了修改，并改第 2 款劣药的定义为现行规定。"两高"《罪名补充规定（七）》将本条解释为生产、销售、提供劣药罪，取消生产、销售劣药罪罪名。

　　【立案标准】

　　142.1 最高人民检察院、公安部关于公安机关管辖的刑事案件立案追诉标准的规定（一）（2008 年 6 月 25 日　公通字〔2008〕36 号）（节录）

　　第十八条　[生产、销售劣药案（刑法第一百四十二条）] 生产（包括配制）、销售劣药，涉嫌下列情形之一的，应予立案追诉：

　　（一）造成人员轻伤、重伤或者死亡的；

　　（二）其他对人体健康造成严重危害的情形。

　　本条规定的"劣药"，是指依照《中华人民共和国药品管理法》的规定，药品成分的含量不符合国家药品标准的药品和按劣药论处的药品。

　　第一百条　本规定中的立案追诉标准，除法律、司法解释另有规定的以外，适用于相关的单位犯罪。

　　【罪刑标准】

　　142.2 最高人民法院、最高人民检察院关于办理危害药品安全刑事案件适用法律若干问题的解释（2022 年 3 月 6 日　高检发释字〔2022〕1 号）（节录）

　　第一条　生产、销售、提供假药，具有下列情形之一的，应当酌情从重处罚：

　　（一）涉案药品以孕产妇、儿童或者危重病人为主要使用对象的；

　　（二）涉案药品属于麻醉药品、精神药品、医疗用毒性药品、放射性药品、生物制品，或者

以药品类易制毒化学品冒充其他药品的;

（三）涉案药品属于注射剂药品、急救药品的;

（四）涉案药品系用于应对自然灾害、事故灾难、公共卫生事件、社会安全事件等突发事件的;

（五）药品使用单位及其工作人员生产、销售假药的;

（六）其他应当酌情从重处罚的情形。

第二条 生产、销售、提供假药，具有下列情形之一的，应当认定为刑法第一百四十一条规定的"对人体健康造成严重危害":

（一）造成轻伤或者重伤的;

（二）造成轻度残疾或者中度残疾的;

（三）造成器官组织损伤导致一般功能障碍或者严重功能障碍的;

（四）其他对人体健康造成严重危害的情形。

第四条 生产、销售、提供假药，具有下列情形之一的，应当认定为刑法第一百四十一条规定的"其他特别严重情节":

（一）致人重度残疾以上的;

（二）造成三人以上重伤、中度残疾或者器官组织损伤导致严重功能障碍的;

（三）造成五人以上轻度残疾或者器官组织损伤导致一般功能障碍的;

（四）造成十人以上轻伤的;

（五）引发重大、特别重大突发公共卫生事件的;

（六）生产、销售、提供假药的金额五十万元以上的;

（七）生产、销售、提供假药的金额二十万元以上不满五十万元，并具有本解释第一条规定情形之一的;

（八）根据生产、销售、提供的时间、数量、假药种类、对人体健康危害程度等，应当认定为情节特别严重的。

第五条 生产、销售、提供劣药，具有本解释第一条规定情形之一的，应当酌情从重处罚。

生产、销售、提供劣药，具有本解释第二条规定情形之一的，应当认定为刑法第一百四十二条规定的"对人体健康造成严重危害"。

生产、销售、提供劣药，致人死亡，或者具有本解释第四条第一项至第五项规定情形之一的，应当认定为刑法第一百四十二条规定的"后果特别严重"。

> 【说明】共犯和主观故意的认定、罚金的适用以及单位犯罪的罪刑标准等内容，参见 141.3 本解释第 6 条以下。

【司法解释】

142.3 参见 140.4 最高人民法院、最高人民检察院关于办理妨害预防、控制突发传染病疫情等灾害的刑事案件具体应用法律若干问题的解释（2003 年 5 月 15 日　法释〔2003〕8 号）

【司法文件】

142.4 参见 141.5 最高人民检察院法律政策研究室对《关于具有药品经营资质的企业通过非法渠道从私人手中购进药品后销售的如何适用法律问题的请示》的答复（2015 年 10 月 26 日高检研〔2015〕19 号）

【法律法规】

142.5 中华人民共和国药品管理法（2019 年 12 月 1 日）（第 98 条、第 114 条）

第一百四十二条之一【妨害药品管理罪】 违反药品管理法规，有下列情形之一，足以严重危害人体健康的，处三年以下有期徒刑或者拘役，并处或者单处罚金;对人体健康造成严重危害或者有其他严重情节的，处三年以上七年以下有期徒刑，并处罚金:

（一）生产、销售国务院药品监督管理部门禁止使用的药品的;

（二）未取得药品相关批准证明文件生产、进口药品或者明知是上述药品而销售的;

（三）药品申请注册中提供虚假的证明、数据、资料、样品或者采取其他欺骗手段的；

（四）编造生产、检验记录的。

有前款行为，同时又构成本法第一百四十一条、第一百四十二条规定之罪或者其他犯罪的，依照处罚较重的规定定罪处罚。

【刑法修正说明】

本条为全国人大常委会 2020 年 12 月 26 日通过并公布、2021 年 3 月 1 日施行的《刑法修正案（十一）》第 7 条所增设。

【罪名渊源】　本条系《刑法修正案（十一）》第 7 条增设，"两高"《罪名补充规定（七）》将其解释为妨害药品管理罪。

【罪刑标准】

142-1.1 最高人民法院、最高人民检察院关于办理危害药品安全刑事案件适用法律若干问题的解释（2022 年 3 月 6 日　高检发释字〔2022〕1 号）（节录）

第一条　生产、销售、提供假药，具有下列情形之一的，应当酌情从重处罚：

（一）涉案药品以孕产妇、儿童或者危重病人为主要使用对象的；

（二）涉案药品属于麻醉药品、精神药品、医疗用毒性药品、放射性药品、生物制品，或者以药品类易制毒化学品冒充其他药品的；

（三）涉案药品属于注射剂药品、急救药品的；

（四）涉案药品系用于应对自然灾害、事故灾难、公共卫生事件、社会安全事件等突发事件的；

（五）药品使用单位及其工作人员生产、销售假药的；

（六）其他应当酌情从重处罚的情形。

第二条　生产、销售、提供假药，具有下列情形之一的，应当认定为刑法第一百四十一条规定的"对人体健康造成严重危害"：

（一）造成轻伤或者重伤的；

（二）造成轻度残疾或者中度残疾的；

（三）造成器官组织损伤导致一般功能障碍或者严重功能障碍的；

（四）其他对人体健康造成严重危害的情形。

第七条　实施妨害药品管理的行为，具有下列情形之一的，应当认定为刑法第一百四十二条之一规定的"足以严重危害人体健康"：

（一）生产、销售国务院药品监督管理部门禁止使用的药品，综合生产、销售的时间、数量、禁止使用原因等情节，认为具有严重危害人体健康的现实危险的；

（二）未取得药品相关批准证明文件生产药品或者明知是上述药品而销售，涉案药品属于本解释第一条第一项至第三项规定情形的；

（三）未取得药品相关批准证明文件生产药品或者明知是上述药品而销售，涉案药品的适应症、功能主治或者成分不明的；

（四）未取得药品相关批准证明文件生产药品或者明知是上述药品而销售，涉案药品没有国家药品标准，且无核准的药品质量标准，但检出化学药成分的；

（五）未取得药品相关批准证明文件进口药品或者明知是上述药品而销售，涉案药品在境外也未合法上市的；

（六）在药物非临床研究或者药物临床试验过程中故意使用虚假试验用药品，或者瞒报与药物临床试验用药品相关的严重不良事件的；

（七）故意损毁原始药物非临床研究数据或者药物临床试验数据，或者编造受试动物信息、受试者信息、主要试验过程记录、研究数据、检测数据等药物非临床研究数据或者药物临床试验数据，影响药品的安全性、有效性和质量可控性的；

（八）编造生产、检验记录，影响药品的安全性、有效性和质量可控性的；

（九）其他足以严重危害人体健康的情形。

对于涉案药品是否在境外合法上市，应当根据境外药品监督管理部门或者权利人的证明等证据，结合犯罪嫌疑人、被告人及其辩护人提供的证据材料综合审查，依法作出认定。

对于"足以严重危害人体健康"难以确定的，根据地市级以上药品监督管理部门出具的认定意见，结合其他证据作出认定。

第八条　实施妨害药品管理的行为，具有本解释第二条规定情形之一的，应当认定为刑法第一百四十二条之一规定的"对人体健康造成严重危害"。

实施妨害药品管理的行为，足以严重危害人体健康，并具有下列情形之一的，应当认定为刑法第一百四十二条之一规定的"有其他严重情节"：

（一）生产、销售国务院药品监督管理部门禁止使用的药品，生产、销售的金额五十万元以上的；

（二）未取得药品相关批准证明文件生产、进口药品或者明知是上述药品而销售，生产、销售的金额五十万元以上的；

（三）药品申请注册中提供虚假的证明、数据、资料、样品或者采取其他欺骗手段，造成严重后果的；

（四）编造生产、检验记录，造成严重后果的；

（五）造成恶劣社会影响或者具有其他严重情节的情形。

实施刑法第一百四十二条之一规定的行为，同时又构成生产、销售、提供假药罪，生产、销售、提供劣药罪或者其他犯罪的，依照处罚较重的规定定罪处罚。

> 【说明】共犯和主观故意的认定、罚金的适用以及单位犯罪的罪刑标准等内容，参见 141.3 本解释第 9 条以下。

第一百四十三条【生产、销售不符合安全标准的食品罪】生产、销售不符合食品安全标准的食品，足以造成严重食物中毒事故或者其他严重食源性疾病的，处三年以下有期徒刑或者拘役，并处罚金；对人体健康造成严重危害或者有其他严重情节的，处三年以上七年以下有期徒刑，并处罚金；后果特别严重的，处七年以上有期徒刑或者无期徒刑，并处罚金或者没收财产。

> 【刑法修正说明】
> 本条为全国人大常委会 2011 年 2 月 25 日通过并公布、同年 5 月 1 日施行的《刑法修正案（八）》第 24 条所修正。原第 143 条为：
> 【生产、销售不符合卫生标准的食品罪】生产、销售不符合卫生标准的食品，足以造成严重食物中毒事故或者其他严重食源性疾患的，处三年以下有期徒刑或者拘役，并处或者单处销售金额百分之五十以上二倍以下罚金；对人体健康造成严重危害的，处三年以上七年以下有期徒刑，并处销售金额百分之五十以上二倍以下罚金；后果特别严重的，处七年以上有期徒刑或者无期徒刑，并处销售金额百分之五十以上二倍以下罚金或者没收财产。

【罪名渊源】本条系由全国人大常委会《关于惩治生产、销售伪劣商品犯罪的决定》第 3 条第 1 款修改而来，79 刑法没有规定。刑法增加了危险犯的规定，并相应调整了法定刑档次。高法《罪名规定》、高检《罪名意见》将其解释为生产、销售不符合卫生标准的食品罪。《刑法修正案（八）》第 24 条作了如下修改：（1）将"不符合卫生标准的食品"修改为"不符合食品安全标准的食品"；（2）修改了罚金刑的处罚原则。"两高"《罪名补充规定（五）》将其解释为生产、销售不符合安全标准的食品罪。

【立案标准】

143.1 最高人民检察院、公安部关于公安机关管辖的刑事案件立案追诉标准的规定（一）的补充规定（2017年4月27日 公通字〔2017〕12号）（节录）

三、将《立案追诉标准（一）》第十九条修改为：［生产、销售不符合安全标准的食品案（刑法第一百四十三条）〕生产、销售不符合安全标准的食品，涉嫌下列情形之一的，应予立案追诉：

（一）含有严重超出标准限量的致病性微生物、农药残留、兽药残留、重金属、污染物质以及其他危害人体健康的物质的；

（二）属于病死、死因不明或者检验检疫不合格的畜、禽、兽、水产动物及其肉类、肉类制品的；

（三）属于国家为防控疾病等特殊需要明令禁止生产、销售的；

（四）婴幼儿食品中生产发育所需营养成分严重不符合食品安全标准的；

（五）其他足以造成严重食物中毒事故或者严重食源性疾病的情形。

在食品加工、销售、运输、贮存等过程中，违反食品安全标准，超限量或者超范围滥用食品添加剂，足以造成严重食物中毒事故或者其他严重食源性疾病的，应予立案追诉。

在适用农产品种植、养殖、销售、运输、储存等过程中，违反食品安全标准，超限量或者超范围滥用添加剂、农药、兽药等，足以造成严重食物中毒事故或者其他严重食源性疾病的，应予立案追诉。

【罪刑标准】

143.2 最高人民法院、最高人民检察院关于办理生产、销售伪劣商品刑事案件具体应用法律若干问题的解释（2001年4月10日 法释〔2001〕10号）（节录）

第四条 经省级以上卫生行政部门确定的机构鉴定，食品中含有可能导致严重食物中毒事故或者其他严重食源性疾患的超标准的有害细菌或者其他污染物的，应认定为刑法第一百四十三条规定的"足以造成严重食物中毒事故或者其他严重食源性疾患"。

生产、销售不符合卫生标准的食品被食用后，造成轻伤、重伤或者其他严重后果的，应认定为"对人体健康造成严重危害"。

生产、销售不符合卫生标准的食品被食用后，致人死亡、严重残疾、三人以上重伤，十人以上轻伤或者造成其他特别严重后果的，应认定为"后果特别严重"。

143.3 最高人民法院、最高人民检察院关于办理危害食品安全刑事案件适用法律若干问题的解释（2022年1月1日 法释〔2021〕24号）（节录）

第一条 生产、销售不符合食品安全标准的食品，具有下列情形之一的，应当认定为刑法第一百四十三条规定的"足以造成严重食物中毒事故或者其他严重食源性疾病"：

（一）含有严重超出标准限量的致病性微生物、农药残留、兽药残留、生物毒素、重金属等污染物质以及其他严重危害人体健康的物质的；

（二）属于病死、死因不明或者检验检疫不合格的畜、禽、兽、水产动物肉类及其制品的；

（三）属于国家为防控疾病等特殊需要明令禁止生产、销售的；

（四）特殊医学用途配方食品、专供婴幼儿的主辅食品营养成分严重不符合食品安全标准的；

（五）其他足以造成严重食物中毒事故或者严重食源性疾病的情形。

第二条 生产、销售不符合食品安全标准的食品，具有下列情形之一的，应当认定为刑法第一百四十三条规定的"对人体健康造成严重危害"：

（一）造成轻伤以上伤害的；

（二）造成轻度残疾或者中度残疾的；

（三）造成器官组织损伤导致一般功能障碍或者严重功能障碍的；

（四）造成十人以上严重食物中毒或者其他严重食源性疾病的；

（五）其他对人体健康造成严重危害的情形。

第三条 生产、销售不符合食品安全标准的食品，具有下列情形之一的，应当认定为刑法第一百四十三条规定的"其他严重情节"：

（一）生产、销售金额二十万元以上的；

（二）生产、销售金额十万元以上不满二十万元，不符合食品安全标准的食品数量较大或者生产、销售持续时间六个月以上的；

（三）生产、销售金额十万元以上不满二十万元，属于特殊医学用途配方食品、专供婴幼儿的主辅食品的；

（四）生产、销售金额十万元以上不满二十万元，且在中小学校园、托幼机构、养老机构及周边面向未成年人、老年人销售的；

（五）生产、销售金额十万元以上不满二十万元，曾因危害食品安全犯罪受过刑事处罚或者二年内因危害食品安全违法行为受过行政处罚的；

（六）其他情节严重的情形。

第四条　生产、销售不符合食品安全标准的食品，具有下列情形之一的，应当认定为刑法第一百四十三条规定的"后果特别严重"：

（一）致人死亡的；

（二）造成重度残疾以上的；

（三）造成三人以上重伤、中度残疾或者器官组织损伤导致严重功能障碍的；

（四）造成十人以上轻伤、五人以上轻度残疾或者器官组织损伤导致一般功能障碍的；

（五）造成三十人以上严重食物中毒或者其他严重食源性疾病的；

（六）其他特别严重的后果。

第五条　在食品生产、销售、运输、贮存等过程中，违反食品安全标准，超限量或者超范围滥用食品添加剂，足以造成严重食物中毒事故或者其他严重食源性疾病的，依照刑法第一百四十三条的规定以生产、销售不符合安全标准的食品罪定罪处罚。

在食用农产品种植、养殖、销售、运输、贮存等过程中，违反食品安全标准，超限量或者超范围滥用添加剂、农药、兽药等，足以造成严重食物中毒事故或者其他严重食源性疾病的，适用前款的规定定罪处罚。

第十二条　在食品生产、销售、运输、贮存等过程中，使用不符合食品安全标准的食品包装材料、容器、洗涤剂、消毒剂，或者用于食品生产经营的工具、设备等，造成食品被污染，符合刑法第一百四十三条、第一百四十四条规定的，以生产、销售不符合安全标准的食品罪或者生产、销售有毒、有害食品罪定罪处罚。

第十三条　生产、销售不符合食品安全标准的食品，有毒、有害食品，符合刑法第一百四十三条、第一百四十四条规定的，以生产、销售不符合安全标准的食品罪或者生产、销售有毒、有害食品罪定罪处罚。同时构成其他犯罪的，依照处罚较重的规定定罪处罚。

生产、销售不符合食品安全标准的食品，无证据证明足以造成严重食物中毒事故或者其他严重食源性疾病，不构成生产、销售不符合安全标准的食品罪，但构成生产、销售伪劣产品罪，妨害动植物防疫、检疫罪等其他犯罪的，依照该其他犯罪定罪处罚。

第十四条　明知他人生产、销售不符合食品安全标准的食品，有毒、有害食品，具有下列情形之一的，以生产、销售不符合安全标准的食品罪或者生产、销售有毒、有害食品罪的共犯论处：

（一）提供资金、贷款、账号、发票、证明、许可证件的；

（二）提供生产、经营场所或者运输、贮存、保管、邮寄、销售渠道等便利条件的；

（三）提供生产技术或者食品原料、食品添加剂、食品相关产品或者有毒、有害的非食品原料的；

（四）提供广告宣传的；

（五）提供其他帮助行为的。

第十五条　生产、销售不符合食品安全标准的食品添加剂，用于食品的包装材料、容器、洗涤剂、消毒剂，或者用于食品生产经营的工具、设备等，符合刑法第一百四十条规定的，以生产、销售伪劣产品罪定罪处罚。

生产、销售用超过保质期的食品原料、超过保质期的食品、回收食品作为原料的食品，或者以更改生产日期、保质期、改换包装等方式销售超过保质期的食品、回收食品，适用前款的规定定罪处罚。

实施前两款行为，同时构成生产、销售不符合安全标准的食品罪，生产、销售不符合安全标准的产品罪等其他犯罪的，依照处罚较重的规定定罪处罚。

第十七条（第二款）　在畜禽屠宰相关环节，对畜禽使用食品动物中禁止使用的药品及其他化合物等有毒、有害的非食品原料，依照刑法第一百四十四条的规定以生产、销售有毒、有害食品罪定罪处罚；对畜禽注水或者注入其他物质，足以造成严重食物中毒事故或者其他严重食源性疾病的，依照刑法第一百四十三条的规定以生产、销售不符合安全标准的食品罪定罪处罚；虽不足以造成严重食物中毒事故或者其他严重食源性疾病，但符合刑法第一百四十条规定的，以生产、销售伪劣产品罪定罪处罚。

第十八条（第二款）　实施本解释规定的非法经营行为，同时构成生产、销售伪劣产品罪，生产、销售不符合安全标准的食品罪，生产、销售有毒、有害食品罪，生产、销售伪劣农药、兽药罪等其他犯罪的，依照处罚较重的规定定罪处罚。

第二十条（第三款）　负有食品安全监督管理职责的国家机关工作人员与他人共谋，利用其职务行为帮助他人实施危害食品安全犯罪行为，同时构成渎职犯罪和危害食品安全犯罪共犯的，依照处罚较重的规定定罪从重处罚。

第二十一条　犯生产、销售不符合安全标准的食品罪，生产、销售有毒、有害食品罪，一般应当依法判处生产、销售金额二倍以上的罚金。

共同犯罪的，对各共同犯罪人合计判处的罚金一般应当在生产、销售金额的二倍以上。

第二十二条　对实施本解释规定之犯罪的犯罪分子，应当依照刑法规定的条件，严格适用缓刑、免予刑事处罚。对于依法适用缓刑的，可以根据犯罪情况，同时宣告禁止令。

对于被不起诉或者免予刑事处罚的行为人，需要给予行政处罚、政务处分或者其他处分的，依法移送有关主管机关处理。

第二十三条　单位实施本解释规定的犯罪的，对单位判处罚金，并对直接负责的主管人员和其他直接责任人员，依照本解释规定的定罪量刑标准处罚。

第二十四条　"足以造成严重食物中毒事故或者其他严重食源性疾病""有毒、有害的非食品原料"等专门性问题难以确定的，司法机关可以依据鉴定意见、检验报告、地市级以上相关行政主管部门组织出具的书面意见，结合其他证据作出认定。必要时，专门性问题由省级以上相关行政主管部门组织出具书面意见。

第二十五条　本解释所称"二年内"，以第一次违法行为受到行政处罚的生效之日与又实施相应行为之日的时间间隔计算确定。

第二十六条　本解释自 2022 年 1 月 1 日起施行。本解释公布实施后，《最高人民法院、最高人民检察院关于办理危害食品安全刑事案件适用法律若干问题的解释》（法释〔2013〕12 号）同时废止；之前发布的司法解释与本解释不一致的，以本解释为准。

【司法解释】

143.4 参见 140.6 最高人民检察院关于废止《最高人民检察院关于办理非法经营食盐刑事案件具体应用法律若干问题的解释》的决定（2020 年 4 月 1 日　高检发释字〔2020〕2 号）

【司法文件】

143.5 最高人民法院、最高人民检察院、公安部关于依法严惩"地沟油"犯罪活动的通知（2012 年 1 月 9 日）（节录）

二、准确理解法律规定，严格区分犯罪界限

（四）虽无法查明"食用油"是否系利用"地沟油"生产、加工，但犯罪嫌疑人、被告人明知该"食用油"来源可疑而予以销售的，应分别情形处理：经鉴定，检出有毒、有害成分的，依照刑法第 144 条销售有毒、有害食品罪的规定追究刑事责任；属于不符合安全标准的食品的，依照刑法第 143 条销售不符合安全标准的食品罪追究刑事责任；属于以假充真、以次充好、以不合格产品冒充合格产品或者假冒注册商标，构成犯罪的，依照刑法第140条销售伪劣产品罪或者第213条假冒注册商标罪、第214条销售假冒注册商标的商品罪追究刑事责任。

【法律法规】

143.6 食盐加碘消除碘缺乏危害管理条例（1994年10月1日 2017年修订）（第26条）

143.7 食盐专营办法（2017年12月26日）（第19条、第33条）

143.8 中华人民共和国食品安全法（2015年10月1日 2018年修正）（第2条、第25—41条、第52—54条、第92—94条、第99条第1款、第149—150条）

第一百四十四条【生产、销售有毒、有害食品罪】 在生产、销售的食品中掺入有毒、有害的非食品原料的，或者销售明知掺有有毒、有害的非食品原料的食品的，处五年以下有期徒刑，并处罚金；对人体健康造成严重危害或者有其他严重情节的，处五年以上十年以下有期徒刑，并处罚金；致人死亡或者有其他特别严重情节的，依照本法第一百四十一条的规定处罚。

> **【刑法修正说明】**
>
> 本条为全国人大常委会2011年2月25日通过并公布、同年5月1日施行的《刑法修正案（八）》第25条所修正。原第144条为：
>
> **【生产、销售有毒、有害食品罪】** 在生产、销售的食品中掺入有毒、有害的非食品原料的，或者销售明知掺有有毒、有害的非食品原料的食品的，处五年以下有期徒刑或者拘役，并处或者单处销售金额百分之五十以上二倍以下罚金；造成严重食物中毒事故或者其他严重食源性疾患，对人体健康造成严重危害的，处五年以上十年以下有期徒刑，并处销售金额百分之五十以上二倍以下罚金；致人死亡或者对人体健康造成特别严重危害的，依照本法第一百四十一条的规定处罚。

【罪名渊源】 本条系由全国人大常委会《关于惩治生产、销售伪劣商品犯罪的决定》第3条第2款生产有毒、有害食品罪修改而来，79刑法没有规定。刑法增加了"销售明知掺有有毒、有害的非食品原料的食品的"行为。高法《罪名规定》、高检《罪名意见》将其解释为生产、销售有毒、有害食品罪。《刑法修正案（八）》第25条对罚金刑的处罚原则作了修改。

【立案标准】

144.1 最高人民检察院、公安部关于公安机关管辖的刑事案件立案追诉标准的规定（一）的补充规定（2017年4月27日 公通字〔2017〕12号）（节录）

四、将《立案追诉标准（一）》第二十条修改为：[生产、销售有毒、有害食品案（刑法第一百四十四条）] 在生产、销售的食品中掺入有毒、有害的非食品原料的，或者销售明知掺有有毒、有害的非食品原料的食品的，应予立案追诉。

在食品加工、销售、运输、贮存等过程中，掺入有毒、有害的非食品原料，或者使用有毒、有害的非食品原料加工食品的，应予立案追诉。

在食用农产品种植、养殖、销售、运输、贮存等过程中，使用禁用农药、兽药等禁用物质或者其他有毒、有害物质的，应予立案追诉。

在保健食品或者其他食品中非法添加国家禁用药物等有毒、有害物质的，应予立案追诉。

下列物质应当认定为本条规定的"有毒、有害的非食品原料"：

（一）法律、法规禁止在食品生产经营活动中添加、使用的物质；

（二）国务院有关部门公布的《食品中可能违法添加的非食用物质名单》《保健食品中可能非法添加的物质名单》中所列物质；

（三）国务院有关部门公告禁止使用的农药、兽药以及其他有毒、有害物质；

（四）其他危害人体健康的物质。

【罪刑标准】

144.2 最高人民法院、最高人民检察院关于办理生产、销售伪劣商品刑事案件具体应用法律若干问题的解释（2001 年 4 月 10 日　法释〔2001〕10 号）（节录）

第五条　生产、销售的有毒、有害食品被食用后，造成轻伤、重伤或者其他严重后果的，应认定为刑法第一百四十四条规定的"对人体健康造成严重危害"。

生产、销售的有毒、有害食品被食用后，致人严重残疾、三人以上重伤、十人以上轻伤或者造成其他特别严重后果的，应认定为"对人体健康造成特别严重危害"。

144.3 最高人民法院、最高人民检察院关于办理危害食品安全刑事案件适用法律若干问题的解释（2022 年 1 月 1 日　法释〔2021〕24 号）（节录）

第二条　生产、销售不符合食品安全标准的食品，具有下列情形之一的，应当认定为刑法第一百四十三条规定的"对人体健康造成严重危害"：

（一）造成轻伤以上伤害的；

（二）造成轻度残疾或者中度残疾的；

（三）造成器官组织损伤导致一般功能障碍或者严重功能障碍的；

（四）造成十人以上严重食物中毒或者其他严重食源性疾病的；

（五）其他对人体健康造成严重危害的情形。

第四条　生产、销售不符合食品安全标准的食品，具有下列情形之一的，应当认定为刑法第一百四十三条规定的"后果特别严重"：

（一）致人死亡的；

（二）造成重度残疾以上的；

（三）造成三人以上重伤、中度残疾或者器官组织损伤导致严重功能障碍的；

（四）造成十人以上轻伤、五人以上轻度残疾或者器官组织损伤导致一般功能障碍的；

（五）造成三十人以上严重食物中毒或者其他严重食源性疾病的；

（六）其他特别严重的后果。

第六条　生产、销售有毒、有害食品，具有本解释第二条规定情形之一的，应当认定为刑法第一百四十四条规定的"对人体健康造成严重危害"。

第七条　生产、销售有毒、有害食品，具有下列情形之一的，应当认定为刑法第一百四十四条规定的"其他严重情节"：

（一）生产、销售金额二十万元以上不满五十万元的；

（二）生产、销售金额十万元以上不满二十万元，有毒、有害食品数量较大或者生产、销售持续时间六个月以上的；

（三）生产、销售金额十万元以上不满二十万元，属于特殊医学用途配方食品、专供婴幼儿的主辅食品的；

（四）生产、销售金额十万元以上不满二十万元，且在中小学校园、托幼机构、养老机构及周边面向未成年人、老年人销售的；

（五）生产、销售金额十万元以上不满二十万元，曾因危害食品安全犯罪受过刑事处罚或者二年内因危害食品安全违法行为受过行政处罚的；

（六）有毒、有害的非食品原料毒害性强或者含量高的；

（七）其他情节严重的情形。

第八条　生产、销售有毒、有害食品，生产、销售金额五十万元以上，或者具有本解释第四条第二项至第六项规定的情形之一的，应当认定为刑法第一百四十四条规定的"其他特别严重情节"。

第九条　下列物质应当认定为刑法第一百四十四条规定的"有毒、有害的非食品原料"：

（一）因危害人体健康，被法律、法规禁止在食品生产经营活动中添加、使用的物质；

（二）因危害人体健康，被国务院有关部门列入《食品中可能违法添加的非食用物质名单》《保健食品中可能非法添加的物质名单》和国务院有关部门公告的禁用农药、《食品动物中禁止使用的药品及其他化合物清单》等名单上的物质；

（三）其他有毒、有害的物质。

第十条 刑法第一百四十四条规定的"明知"，应当综合行为人的认知能力、食品质量、进货或者销售的渠道及价格等主、客观因素进行认定。

具有下列情形之一的，可以认定为刑法第一百四十四条规定的"明知"，但存在相反证据并经查证属实的除外：

（一）长期从事相关食品、食用农产品生产、种植、养殖、销售、运输、贮存行业，不依法履行保障食品安全义务的；

（二）没有合法有效的购货凭证，且不能提供或者拒不提供销售的相关食品来源的；

（三）以明显低于市场价格进货或者销售且无合理原因的；

（四）在有关部门发出禁令或者食品安全预警的情况下继续销售的；

（五）因实施危害食品安全行为受过行政处罚或者刑事处罚，又实施同种行为的；

（六）其他足以认定行为人明知的情形。

第十一条 在食品生产、销售、运输、贮存等过程中，掺入有毒、有害的非食品原料，或者使用有毒、有害的非食品原料生产食品的，依照刑法第一百四十四条的规定以生产、销售有毒、有害食品罪定罪处罚。

在食用农产品种植、养殖、销售、运输、贮存等过程中，使用禁用农药、食品动物中禁止使用的药品及其他化合物等有毒、有害的非食品原料，适用前款的规定定罪处罚。

在保健食品或者其他食品中非法添加国家禁用药物等有毒、有害的非食品原料的，适用第一款的规定定罪处罚。

> **【说明】** 从一从重处罚、共犯的认定、单位犯罪的处罚等内容，参见143.3本解释第12条以下。

【司法解释】

144.4 最高人民法院、最高人民检察院关于办理非法生产、销售、使用禁止在饲料和动物饮用水中使用的药品等刑事案件具体应用法律若干问题的解释（2002年8月23日 法释〔2002〕26号）（节录）

第三条 使用盐酸克仑特罗等禁止在饲料和动物饮用水中使用的药品或者含有该类药品的饲料养殖供人食用的动物，或者销售明知是使用该类药品或者含有该类药品的饲料养殖的供人食用的动物的，依照刑法第一百四十四条的规定，以生产、销售有毒、有害食品罪追究刑事责任。

第四条 明知是使用盐酸克仑特罗等禁止在饲料和动物饮用水中使用的药品或者含有该类药品的饲料养殖的供人食用的动物，而提供屠宰等加工服务，或者销售其制品的，依照刑法第一百四十四条的规定，以生产、销售有毒、有害食品罪追究刑事责任。

第五条 实施本解释规定的行为，同时触犯刑法规定的两种以上犯罪的，依照处罚较重的规定追究刑事责任。

第六条 禁止在饲料和动物饮用水中使用的药品，依照国家有关部门公告的禁止在饲料和动物饮用水中使用的药物品种目录确定。

144.5 参见140.6 最高人民检察院关于废止《最高人民检察院关于办理非法经营食盐刑事案件具体应用法律若干问题的解释》的决定（2020年4月1日 高检发释字〔2020〕2号）

【司法文件】

144.6 最高人民法院、最高人民检察院、公安部关于依法严惩"地沟油"犯罪活动的通知（2012年1月9日）（节录）

一、依法严惩"地沟油"犯罪，切实维护人民群众食品安全

"地沟油"犯罪，是指用餐厨垃圾、废弃油脂、各类肉及肉制品加工废弃物等非食品原料，生产、加工"食用油"，以及明知是利用"地沟油"生产、加工的油脂而作为食用油销售的行

为。"地沟油"犯罪严重危害人民群众身体健康和生命安全，严重影响国家形象，损害党和政府的公信力。各级公安机关、检察机关、人民法院要认真贯彻《刑法修正案（八）》对危害食品安全犯罪从严打击的精神，依法严惩"地沟油"犯罪，坚决打击"地沟油"进入食用领域的各种犯罪行为，坚决保护人民群众切身利益。对于涉及多地区的"地沟油"犯罪案件，各地公安机关、检察机关、人民法院要在案件管辖、调查取证等方面通力合作，形成打击合力，切实维护人民群众食品安全。

二、准确理解法律规定，严格区分犯罪界限

（一）对于利用"地沟油"生产"食用油"的，依照刑法第144条生产有毒、有害食品罪的规定追究刑事责任。

（二）明知是利用"地沟油"生产的"食用油"而予以销售的，依照刑法第144条销售有毒、有害食品罪的规定追究刑事责任。认定是否"明知"，应当结合犯罪嫌疑人、被告人的认知能力，犯罪嫌疑人、被告人及其同案人的供述和辩解，证人证言，产品质量，进货渠道及进货价格、销售渠道及销售价格等主、客观因素予以综合判断。

（三）对于利用"地沟油"生产的"食用油"，已经销售出去没有实物，但是有证据证明系已被查实生产、销售有毒、有害食品犯罪事实的上线提供的，依照刑法第144条销售有毒、有害食品罪的规定追究刑事责任。

（四）虽无法查明"食用油"是否系利用"地沟油"生产、加工，但犯罪嫌疑人、被告人明知该"食用油"来源可疑而予以销售的，应分别情形处理：经鉴定，检出有毒、有害成分的，依照刑法第144条销售有毒、有害食品罪的规定追究刑事责任；属于不符合安全标准的食品的，依照刑法第143条销售不符合安全标准的食品罪追究刑事责任；属于以假充真、以次充好、以不合格产品冒充合格产品或者假冒注册商标，构成犯罪的，依照刑法第140条销售伪劣产品罪或者第213条假冒注册商标罪、第214条销售假冒注册商标的商品罪追究刑事责任。

（五）知道或应当知道他人实施以上第（一）、（二）、（三）款犯罪行为，而为其掏捞、加工、贩运"地沟油"，或者提供贷款、资金、账号、发票、证明、许可证件，或者提供技术、生产、经营场所、运输、仓储、保管等便利条件的，依照本条第（一）、（二）、（三）款犯罪的共犯论处。

（六）对违反有关规定，掏捞、加工、贩运"地沟油"，没有证据证明用于生产"食用油"的，交由行政部门处理。

（七）对于国家工作人员在食用油安全监管和查处"地沟油"违法犯罪活动中滥用职权、玩忽职守、徇私枉法，构成犯罪的，依照刑法有关规定追究刑事责任。

三、准确把握宽严相济刑事政策在食品安全领域的适用

在对"地沟油"犯罪定罪量刑时，要充分考虑犯罪数额、犯罪分子主观恶性及其犯罪手段、犯罪行为对人民群众生命安全和身体健康的危害、对市场经济秩序的破坏程度、恶劣影响等。对于具有累犯、前科、共同犯罪的主犯、集团犯罪的首要分子等情节，以及犯罪数额巨大、情节恶劣、危害严重，群众反映强烈，给国家和人民利益造成重大损失的犯罪分子，依法严惩，罪当判处死刑的，要坚决依法判处死刑。对在同一条生产销售链上的犯罪分子，要在法定刑幅度内体现严惩源头犯罪的精神，确保生产环节与销售环节量刑的整体平衡。对于明知是"地沟油"而非法销售的公司、企业，要依法从严追究有关单位和直接责任人员的责任。对于具有自首、立功、从犯等法定情节的犯罪分子，可以依法从宽处理。要严格把握适用缓刑、免予刑事处罚的条件。对依法必须适用缓刑的，一般同时宣告禁止令，禁止其在缓刑考验期内从事与食品生产、销售等有关的活动。

【法律法规】

144.7 中华人民共和国食品安全法（2015年10月1日　2018修正）（第34条第1项、第52条、第149条）

第一百四十五条【生产、销售不符合标准的医用器材罪】生产不符合保障人体健康的国家标准、行业标准的医疗器械、医用卫生材料，或者销售明知是不符合保障人体健康的国家标准、行业标准的医疗器械、医用卫生材料，足以严重危害人体健康的，

处三年以下有期徒刑或者拘役，并处销售金额百分之五十以上二倍以下罚金；对人体健康造成严重危害的，处三年以上十年以下有期徒刑，并处销售金额百分之五十以上二倍以下罚金；后果特别严重的，处十年以上有期徒刑或者无期徒刑，并处销售金额百分之五十以上二倍以下罚金或者没收财产。

> **【刑法修正说明】**
>
> 　　本条为全国人大常委会 2002 年 12 月 28 日通过并公布施行的《刑法修正案（四）》第 1 条所修正。原第 145 条为：
>
> 　　**【生产、销售不符合标准的医用器材罪】** 生产不符合保障人体健康的国家标准、行业标准的医疗器械、医用卫生材料，或者销售明知是不符合保障人体健康的国家标准、行业标准的医疗器械、医用卫生材料，对人体健康造成严重危害的，处五年以下有期徒刑，并处销售金额百分之五十以上二倍以下罚金；后果特别严重的，处五年以上十年以下有期徒刑，并处销售金额百分之五十以上二倍以下罚金，其中情节特别恶劣的，处十年以上有期徒刑或者无期徒刑，并处销售金额百分之五十以上二倍以下罚金或者没收财产。

　　【罪名渊源】 本条系由全国人大常委会《关于惩治生产、销售伪劣商品犯罪的决定》第 4 条修订而来，79 刑法没有规定。刑法将该决定中的"并处罚金"改为确定的罚金幅度。《刑法修正案（四）》第 1 条对罪状进行了修改，增加了危险犯的规定，并相应调整了法定刑。高法《罪名规定》、高检《罪名意见》将其解释为生产、销售不符合标准的医用器材罪。

　　【立案标准】

　　145.1 最高人民检察院、公安部关于公安机关管辖的刑事案件立案追诉标准的规定（一）（2008 年 6 月 25 日　公通字〔2008〕36 号）（节录）

　　第二十一条　[生产、销售不符合标准的医用器材案（刑法第一百四十五条）] 生产不符合保障人体健康的国家标准、行业标准的医疗器械、医用卫生材料，或者销售明知是不符合保障人体健康的国家标准、行业标准的医疗器械、医用卫生材料，涉嫌下列情形之一的，应予立案追诉：

　　（一）进入人体的医疗器械的材料中含有超过标准的有毒有害物质的；

　　（二）进入人体的医疗器械的有效性指标不符合标准要求，导致治疗、替代、调节、补偿功能部分或者全部丧失，可能造成贻误诊治或者人体严重损伤的；

　　（三）用于诊断、监护、治疗的有源医疗器械的安全指标不符合强制性标准要求，可能对人体构成伤害或者潜在危害的；

　　（四）用于诊断、监护、治疗的有源医疗器械的主要性能指标不合格，可能造成贻误诊治或者人体严重损伤的；

　　（五）未经批准，擅自增加功能或者适用范围，可能造成贻误诊治或者人体严重损伤的；

　　（六）其他足以严重危害人体健康或者对人体健康造成严重危害的情形。

　　医疗机构或者个人知道或者应当知道是不符合保障人体健康的国家标准、行业标准的医疗器械、医用卫生材料而购买并有偿使用的，视为本条规定的"销售"。

　　第一百条　本规定中的立案追诉标准，除法律、司法解释另有规定的以外，适用于相关的单位犯罪。

　　【罪刑标准】

　　145.2 最高人民法院、最高人民检察院关于办理生产、销售伪劣商品刑事案件具体应用法律若干问题的解释（2001 年 4 月 10 日　法释〔2001〕10 号）（节录）

　　第六条　生产、销售不符合标准的医疗器械、医用卫生材料，致人轻伤或者其他严重后果的，应认定为刑法第一百四十五条规定的"对人体健康造成严重危害"。

生产、销售不符合标准的医疗器械、医用卫生材料，造成感染病毒性肝炎等难以治愈的疾病、一人以上重伤、三人以上轻伤或者其他严重后果的，应认定为"后果特别严重"。

生产、销售不符合标准的医疗器械、医用卫生材料，致人死亡、严重残疾、感染艾滋病、三人以上重伤、十人以上轻伤或者造成其他特别严重后果的，应认定为"情节特别恶劣"。

医疗机构或者个人，知道或者应当知道是不符合保障人体健康的国家标准、行业标准的医疗器械、医用卫生材料而购买、使用，对人体健康造成严重危害的，以销售不符合标准的医用器材罪定罪处罚。

没有国家标准、行业标准的医疗器械，注册产品标准可视为"保障人体健康的行业标准"。

【司法解释】

145.3 最高人民法院、最高人民检察院关于办理妨害预防、控制突发传染病疫情等灾害的刑事案件具体应用法律若干问题的解释（2003 年 5 月 15 日　法释〔2003〕8 号）（节录）

第三条　在预防、控制突发传染病疫情等灾害期间，生产用于防治传染病的不符合保障人体健康的国家标准、行业标准的医疗器械、医用卫生材料，或者销售明知是用于防治传染病的不符合保障人体健康的国家标准、行业标准的医疗器械、医用卫生材料，不具有防护、救治功能，足以严重危害人体健康的，依照刑法第一百四十五条的规定，以生产、销售不符合标准的医用器材罪定罪，依法从重处罚。

医疗机构或者个人，知道或者应当知道系前款规定的不符合保障人体健康的国家标准、行业标准的医疗器械、医用卫生材料而购买并有偿使用的，以销售不符合标准的医用器材罪定罪，依法从重处罚。

【部委规范】

145.4 医疗器械管理暂行办法（1991 年 9 月 1 日　国家医药管理局令第 5 号）（第 4 条、第 7 条、第 14 条）

【法律法规】

145.5 医疗器械监督管理条例（2021 年 6 月 1 日）（第 6 条、第 103 条）

第一百四十六条【生产、销售不符合安全标准的产品罪】 生产不符合保障人身、财产安全的国家标准、行业标准的电器、压力容器、易燃易爆产品或者其他不符合保障人身、财产安全的国家标准、行业标准的产品，或者销售明知是以上不符合保障人身、财产安全的国家标准、行业标准的产品，造成严重后果的，处五年以下有期徒刑，并处销售金额百分之五十以上二倍以下罚金；后果特别严重的，处五年以上有期徒刑，并处销售金额百分之五十以上二倍以下罚金。

【罪名渊源】本条系由全国人大常委会《关于惩治生产、销售伪劣商品犯罪的决定》第 5 条修订而来，79 刑法没有规定。刑法修改了该决定中的法定刑，删除拘役刑，并明确规定了罚金刑幅度。高法《罪名规定》、高检《罪名意见》将其解释为生产、销售不符合安全标准的产品罪。

【立案标准】

146.1 最高人民检察院、公安部关于公安机关管辖的刑事案件立案追诉标准的规定（一）（2008 年 6 月 25 日　公通字〔2008〕36 号）（节录）

第二十二条　［生产、销售不符合安全标准的产品案（刑法第一百四十六条）］生产不符合保障人身、财产安全的国家标准、行业标准的电器、压力容器、易燃易爆产品或者其他不符合保障人身、财产安全的国家标准、行业标准的产品，或者销售明知是以上不符合保障人身、财产安全的国家标准、行业标准的产品，涉嫌下列情形之一的，应予立案追诉：

（一）造成人员重伤或者死亡的；

（二）造成直接经济损失十万元以上的；

（三）其他造成严重后果的情形。

第一百条 本规定中的立案追诉标准，除法律、司法解释另有规定的以外，适用于相关的单位犯罪。

【司法解释】

146.2 最高人民法院、最高人民检察院关于办理危害生产安全刑事案件适用法律若干问题的解释（2015年12月16日 法释〔2015〕22号）（节录）

第十一条 生产不符合保障人身、财产安全的国家标准、行业标准的安全设备，或者明知安全设备不符合保障人身、财产安全的国家标准、行业标准而进行销售，致使发生安全事故，造成严重后果的，依照刑法第一百四十六条的规定，以生产、销售不符合安全标准的产品罪定罪处罚。

【法律法规】

146.3 中华人民共和国标准化法实施条例（1990年4月6日）（第18条、第34条）

146.4 中华人民共和国标准化法（2018年1月1日）（第2条，第10条第1款、第4款、第5款，第15条，第25条，第37条）

第一百四十七条【生产、销售伪劣农药、兽药、化肥、种子罪】 生产假农药、假兽药、假化肥，销售明知是假的或者失去使用效能的农药、兽药、化肥、种子，或者生产者、销售者以不合格的农药、兽药、化肥、种子冒充合格的农药、兽药、化肥、种子，使生产遭受较大损失的，处三年以下有期徒刑或者拘役，并处或者单处销售金额百分之五十以上二倍以下罚金；使生产遭受重大损失的，处三年以上七年以下有期徒刑，并处销售金额百分之五十以上二倍以下罚金；使生产遭受特别重大损失的，处七年以上有期徒刑或者无期徒刑，并处销售金额百分之五十以上二倍以下罚金或者没收财产。

【罪名渊源】 本条沿袭了全国人大常委会《关于惩治生产、销售伪劣商品犯罪的决定》第6条的内容，79刑法没有规定。刑法对罚金刑作了修改。高法《罪名规定》、高检《罪名意见》将其解释为生产、销售伪劣农药、兽药、化肥、种子罪。

【立案标准】

147.1 最高人民检察院、公安部关于公安机关管辖的刑事案件立案追诉标准的规定（一）（2008年6月25日 公通字〔2008〕36号）（节录）

第二十三条 ［生产、销售伪劣农药、兽药、化肥、种子案（刑法第一百四十七条）］生产假农药、假兽药、假化肥，销售明知是假的或者失去使用效能的农药、兽药、化肥、种子，或者生产者、销售者以不合格的农药、兽药、化肥、种子冒充合格的农药、兽药、化肥、种子，涉嫌下列情形之一的，应予立案追诉：

（一）使生产遭受损失二万元以上的；

（二）其他使生产遭受较大损失的情形。

第一百条 本规定中的立案追诉标准，除法律、司法解释另有规定的以外，适用于相关的单位犯罪。

【罪刑标准】

147.2 最高人民法院、最高人民检察院关于办理生产、销售伪劣商品刑事案件具体应用法律若干问题的解释（2001年4月10日 法释〔2001〕10号）（节录）

第七条 刑法第一百四十七条规定的生产、销售伪劣农药、兽药、化肥、种子罪中"使生产遭受较大损失"，一般以二万元为起点；"重大损失"，一般以十万元为起点；"特别重大损失"，一般以五十万元为起点。

【司法解释】

147.3 最高人民法院、最高人民检察院关于办理危害食品安全刑事案件适用法律若干问题的

解释（2022年1月1日　法释〔2021〕24号）（节录）

第十八条（第二款）　实施本解释规定的非法经营行为，同时构成生产、销售伪劣产品罪，生产、销售不符合安全标准的食品罪，生产、销售有毒、有害食品罪，生产、销售伪劣农药、兽药罪等其他犯罪的，依照处罚较重的规定定罪处罚。

第二十三条　单位实施本解释规定的犯罪的，对单位判处罚金，并对直接负责的主管人员和其他直接责任人员，依照本解释规定的定罪量刑标准处罚。

【司法文件】

147.4　全国法院维护农村稳定刑事审判工作座谈会纪要（最高人民法院1999年10月27日　法〔1999〕217号）（节录）

二

（四）关于破坏农业生产坑农害农案件

对于起诉到法院的坑农害农案件，要及时依法处理。对犯罪分子判处刑罚时，要注意尽最大可能挽回农民群众的损失。被告人积极赔偿损失的，可以考虑适当从轻处罚。被害人提起刑事自诉的，要分别不同情况处理：受害群众较多的，应依靠当地党委，并与有关政法部门协调，尽量通过公诉程序处理；被害人直接向法院起诉并符合自诉案件立案规定的，应当立案并依法审理。对于生产、销售伪劣农药、兽药、化肥、种子罪所造成的损失数额标准，在最高人民法院作出司法解释前，各高级法院可结合本地具体情况制定参照执行的标准。①

147.5　最高人民法院关于进一步加强涉种子刑事审判工作的指导意见（2022年3月2日　法〔2022〕66号）（节录）

三、准确适用法律，依法严惩种子制假售假犯罪。对销售明知是假的或者失去使用效能的种子，或者生产者、销售者以不合格的种子冒充合格的种子，使生产遭受较大损失的，依照刑法第一百四十七条的规定以生产、销售伪劣种子罪定罪处罚。

对实施生产、销售伪劣种子行为，因无法认定使生产遭受较大损失等原因，不构成生产、销售伪劣种子罪，但是销售金额在五万元以上的，依照刑法第一百四十条的规定以生产、销售伪劣产品罪定罪处罚。同时构成假冒注册商标罪等其他犯罪的，依照处罚较重的规定定罪处罚。

四、立足现有罪名，依法严惩种子套牌侵权相关犯罪。假冒品种权以及未经许可或者超出委托规模生产、繁殖授权品种种子对外销售等种子套牌侵权行为，经常伴随假冒注册商标、侵犯商业秘密等其他犯罪行为。审理此类案件时要把握这一特点，立足刑法现有规定，通过依法适用与种子套牌侵权密切相关的假冒注册商标罪，销售假冒注册商标的商品罪，非法制造、销售非法制造的注册商标标识罪，侵犯商业秘密罪，为境外窃取、刺探、收买、非法提供商业秘密罪等罪名，实现对种子套牌侵权行为的依法惩处。同时，应当将种子套牌侵权行为作为从重处罚情节，加大对此类犯罪的惩处力度。

六、贯彻落实宽严相济的刑事政策，确保裁判效果。实施涉种子犯罪，具有下列情形之一的，应当酌情从重处罚：针对稻、小麦、玉米、棉花、大豆等主要农作物种子实施的，曾因涉种子犯罪受过刑事处罚的，二年内曾因涉种子违法行为受过行政处罚的，其他应当酌情从重处罚的情形。

对受雇佣或者受委托参与种子生产、繁殖的，要综合考虑社会危害程度、在共同犯罪中的地位作用、认罪悔罪表现等情节，准确适用刑罚。犯罪情节轻微的，可以依法免予刑事处罚；情节显著轻微危害不大的，不以犯罪论处。

七、依法解决鉴定难问题，准确认定伪劣种子。对是否属于假的、失去使用效能的或者不合格的种子，或者使生产遭受的损失难以确定的，可以依据具有法定资质的种子质量检验机构出具的鉴定意见、检验报告，农业农村、林业和草原主管部门出具的书面意见，农业农村主管部门所属的种子管理机构组织出具的田间现场鉴定书等，结合其他证据作出认定。

---

①　2001年4月10日施行的最高人民法院、最高人民检察院《关于办理生产、销售伪劣商品刑事案件具体应用法律若干问题的解释》（法释〔2001〕10号）对此作了规定。——编者注

【法律法规】

147.6 中华人民共和国种子法（2000 年 12 月 1 日 2021 年修正）（第 2 条第 2 款、第 40 条、第 48 条、第 89 条）

147.7 中华人民共和国农业法（2003 年 3 月 1 日 2012 年修正）（第 25 条、第 91 条）

147.8 兽药管理条例（2004 年 11 月 1 日 2020 年修订）（第 45—48 条）

第一百四十八条【生产、销售不符合卫生标准的化妆品罪】生产不符合卫生标准的化妆品，或者销售明知是不符合卫生标准的化妆品，造成严重后果的，处三年以下有期徒刑或者拘役，并处或者单处销售金额百分之五十以上二倍以下罚金。

【罪名渊源】本条沿袭了全国人大常委会《关于惩治生产、销售伪劣商品犯罪的决定》第 7 条的内容，79 刑法没有规定。刑法对罚金刑作了修改。高法《罪名规定》、高检《罪名意见》将其解释为生产、销售不符合卫生标准的化妆品罪。

【立案标准】

148.1 最高人民检察院、公安部关于公安机关管辖的刑事案件立案追诉标准的规定（一）（2008 年 6 月 25 日 公通字〔2008〕36 号）（节录）

第二十四条 ［生产、销售不符合卫生标准的化妆品案（刑法第一百四十八条）］生产不符合卫生标准的化妆品，或者销售明知是不符合卫生标准的化妆品，涉嫌下列情形之一的，应予立案追诉：

（一）造成他人容貌毁损或者皮肤严重损伤的；

（二）造成他人器官组织损伤导致严重功能障碍的；

（三）致使他人精神失常或者自杀、自残造成重伤、死亡的；

（四）其他造成严重后果的情形。

第一百条 本规定中的立案追诉标准，除法律、司法解释另有规定的以外，适用于相关的单位犯罪。

【法律法规】

148.2 化妆品监督管理条例（2021 年 1 月 1 日）（第 2—3 条、第 29—31 条、第 59 条第 3 项、第 60 条）

第一百四十九条【生产、销售伪劣产品罪】生产、销售本节第一百四十一条至第一百四十八条所列产品，不构成各该条规定的犯罪，但是销售金额在五万元以上的，依照本节第一百四十条的规定定罪处罚。

【法条竞合之适用】生产、销售本节第一百四十一条至第一百四十八条所列产品，构成各该条规定的犯罪①，同时又构成本节第一百四十条规定之罪的，依照处罚较重的规定定罪处罚。

【罪名渊源】本条沿袭了全国人大常委会《关于惩治生产、销售伪劣商品犯罪的决定》第 8 条的内容，79 刑法没有规定。

【司法解释】

149.1 最高人民法院、最高人民检察院关于办理生产、销售伪劣商品刑事案件具体应用法律若干问题的解释（2001 年 4 月 10 日 法释〔2001〕10 号）（节录）

第二条 刑法第一百四十条、第一百四十九条规定的"销售金额"，是指生产者、销售者出

---

① 涉及的罪名分别为：生产、销售、提供假药罪，生产、销售、提供劣药罪，妨害药品管理罪，生产、销售不符合安全标准的食品罪，生产、销售有毒、有害食品罪，生产、销售不符合标准的医用器材罪，生产、销售不符合安全标准的产品罪，生产、销售伪劣农药、兽药、化肥、种子罪，生产、销售不符合卫生标准的化妆品罪。

售伪劣产品后所得和应得的全部违法收入。

伪劣产品尚未销售，货值金额达到刑法第一百四十条规定的销售金额三倍以上的，以生产、销售伪劣产品罪（未遂）定罪处罚。

货值金额以违法生产、销售的伪劣产品的标价计算；没有标价的，按照同类合格产品的市场中间价格计算。货值金额难以确定的，按照国家计划委员会、最高人民法院、最高人民检察院、公安部1997年4月22日联合发布的《扣押、追缴、没收物品估价管理办法》的规定，委托指定的估价机构确定。

多次实施生产、销售伪劣产品行为，未经处理的，伪劣产品的销售金额或者货值金额累计计算。

第九条　知道或者应当知道他人实施生产、销售伪劣商品犯罪，而为其提供贷款、资金、账号、发票、证明、许可证件，或者提供生产、经营场所或者运输、仓储、保管、邮寄等便利条件，或者提供制假生产技术的，以生产、销售伪劣商品犯罪的共犯论处。

第十条　实施生产、销售伪劣商品犯罪，同时构成侵犯知识产权、非法经营等其他犯罪的，依照处罚较重的规定定罪处罚。

第十一条　实施刑法第一百四十条至第一百四十八条规定的犯罪，又以暴力、威胁方法抗拒查处，构成其他犯罪的，依照数罪并罚的规定处罚。

第十二条　国家机关工作人员参与生产、销售伪劣商品犯罪的，从重处罚。

【司法文件】

149.2 最高人民法院关于审理生产、销售伪劣商品刑事案件有关鉴定问题的通知（2001年5月21日）（节录）

三、经鉴定确系伪劣商品，被告人的行为既构成生产、销售伪劣产品罪，又构成生产、销售假药罪或者生产、销售不符合卫生标准的食品罪，或者同时构成侵犯知识产权、非法经营等其他犯罪的，根据刑法第一百四十九条第二款和《解释》[①]第十条的规定，应当依照处罚较重的规定定罪处罚。

149.3 参见141.5 最高人民检察院法律政策研究室对《关于具有药品经营资质的企业通过非法渠道从私人手中购进药品后销售的如何适用法律问题的请示》的答复（2015年10月26日高检研〔2015〕19号）

第一百五十条【单位犯本节各罪的处罚】单位犯本节第一百四十条至第一百四十八条规定之罪的，对单位判处罚金，并对其直接负责的主管人员和其他直接责任人员，依照各该条的规定处罚。[②]

【司法文件】

150.1 最高人民法院、最高人民检察院、公安部关于办理侵犯知识产权刑事案件适用法律若干问题的意见（2011年1月10日　法发〔2011〕3号）（节录）

十六、关于侵犯知识产权犯罪竞合的处理问题

行为人实施侵犯知识产权犯罪，同时构成生产、销售伪劣商品犯罪的，依照侵犯知识产权犯罪与生产、销售伪劣商品犯罪中处罚较重的规定定罪处罚。

---

① 指最高人民法院、最高人民检察院《关于办理生产、销售伪劣商品刑事案件具体应用法律若干问题的解释》。——编者注

② 本条涉及如下罪名：生产、销售伪劣产品罪，生产、销售、提供假药罪，生产、销售、提供劣药罪，妨害药品管理罪，生产、销售不符合卫生标准的食品罪，生产、销售有毒、有害食品罪，生产、销售不符合标准的医用器材罪，生产、销售不符合安全标准的产品罪，生产、销售伪劣农药、兽药、化肥、种子罪，生产、销售不符合卫生标准的化妆品罪。——编者注

第二节 走 私 罪

【司法解释】

【注1】 最高人民法院关于审理发生在我国管辖海域相关案件若干问题的规定（二）（2016年8月2日 法释〔2016〕17号）（节录）

第八条（第二款） 有破坏海洋资源犯罪行为，又实施走私、妨害公务等犯罪的，依照数罪并罚的规定处理。

【司法文件】

【注2】 最高人民法院、最高人民检察院、海关总署关于办理走私刑事案件适用法律若干问题的意见（2002年7月8日 法〔2002〕139号）（节录）

五、关于走私犯罪嫌疑人、被告人主观故意的认定问题

行为人明知自己的行为违反国家法律法规，逃避海关监管，偷逃进出境货物、物品的应缴税额，或者逃避国家有关进出境的禁止性管理，并且希望或者放任危害结果发生的，应认定为具有走私的主观故意。

走私主观故意中的"明知"是指行为人知道或者应当知道所从事的行为是走私行为。具有下列情形之一的，可以认定为"明知"，但有证据证明确属被蒙骗的除外：

（一）逃避海关监管，运输、携带、邮寄国家禁止进出境的货物、物品的；

（二）用特制的设备或者运输工具走私货物、物品的；

（三）未经海关同意，在非设关的码头、海（河）岸、陆路边境等地点，运输（驳载）、收购或者贩卖非法进出境货物、物品的；

（四）提供虚假的合同、发票、证明等商业单证委托他人办理通关手续的；

（五）以明显低于货物正常进（出）口的应缴税额委托他人代理进（出）口业务的；

（六）曾因同一种走私行为受过刑事处罚或者行政处罚的；

（七）其他有证据证明的情形。

六、关于行为人对其走私的具体对象不明确的案件的处理问题

走私犯罪嫌疑人主观上具有走私犯罪故意，但对其走私的具体对象不明确的，不影响走私犯罪构成，应当根据实际的走私对象定罪处罚。但是，确有证据证明行为人因受蒙骗而对走私对象发生认识错误的，可以从轻处罚。

十一、关于伪报价格走私犯罪案件中实际成交价格的认定问题

走私犯罪案件中的伪报价格行为，是指犯罪嫌疑人、被告人在进出口货物、物品时，向海关申报进口或者出口的货物、物品的价格低于或者高于进出口货物的实际成交价格。

对实际成交价格的认定，在无法提取真、伪两套合同、发票等单证的情况下，可以根据犯罪嫌疑人、被告人的付汇渠道、资金流向、会计账册、境内外收发货人的真实交易方式，以及其他能够证明进出口货物实际成交价格的证据材料综合认定。

十二、关于出售走私货物已缴纳的增值税应否从走私偷逃应缴税额中扣除的问题

走私犯罪嫌疑人为出售走私货物而开具增值税专用发票并缴纳增值税，是其走私行为既遂后在流通领域获违法所得的一种手段，属于非法开具增值税专用发票。对走私犯罪嫌疑人因出售走私货物而实际缴纳走私货物增值税的，在核定走私货物偷逃应缴税额时，不应当将其已缴纳的增值税额从其走私偷逃应缴税额中扣除。

十七、关于单位走私犯罪案件诉讼代表人的确定及其相关问题

单位走私犯罪案件的诉讼代表人，应当是单位的法定代表人或者主要负责人。单位的法定代表人或者主要负责人被依法追究刑事责任或者因其他原因无法参与刑事诉讼的，人民检察院应当另行确定被告单位的其他负责人作为诉讼代表人参加诉讼。

接到出庭通知的被告单位的诉讼代表人应当出庭应诉。拒不出庭的，人民法院在必要的时候，可以拘传到庭。

　　对直接负责的主管人员和其他直接责任人员均无法归案的单位走私犯罪案件，只要单位走私犯罪的事实清楚、证据确实充分，且能够确定诉讼代表人代表单位参与刑事诉讼活动的，可以先行追究该单位的刑事责任。

　　被告单位没有合适人选作为诉讼代表人出庭的，因不具备追究该单位刑事责任的诉讼条件，可按照单位犯罪的条款先行追究单位犯罪中直接负责的主管人员或者其他直接责任人员的刑事责任。人民法院在对单位犯罪中直接负责的主管人员或者直接责任人员进行判决时，对于扣押、冻结的走私货物、物品、违法所得以及属于犯罪单位所有的走私犯罪工具，应当一并判决予以追缴、没收。

　　十八、关于单位走私犯罪及其直接负责的主管人员和直接责任人员的认定问题

　　具备下列特征的，可以认定为单位走私犯罪：（1）以单位的名义实施走私犯罪，即由单位集体研究决定，或者由单位的负责人或者被授权的其他人员决定、同意；（2）为单位谋取不正当利益或者违法所得大部分归单位所有。

　　依照《最高人民法院关于审理单位犯罪案件具体应用法律有关问题的解释》第二条的规定，个人为进行违法犯罪活动而设立的公司、企业、事业单位实施犯罪的，或者个人设立公司、企业、事业单位后，以实施犯罪为主要活动的，不以单位犯罪论处。单位是否以实施犯罪为主要活动，应根据单位实施走私行为的次数、频度、持续时间、单位进行合法经营的状况等因素综合考虑认定。

　　根据单位人员在单位走私犯罪活动中所发挥的不同作用，对其直接负责的主管人员和其他直接责任人员，可以确定为一人或者数人。对于受单位领导指派而积极参与实施走私犯罪行为的人员，如果其行为在走私犯罪的主要环节起重要作用的，可以认定为单位犯罪的直接责任人员。

　　十九、关于单位走私犯罪后发生分立、合并或者其他资产重组情形以及单位被依法注销、宣告破产等情况下，如何追究刑事责任的问题

　　单位走私犯罪后，单位发生分立、合并或者其他资产重组等情况的，只要承受该单位权利义务的单位存在，应当追究单位走私犯罪的刑事责任。走私单位发生分立、合并或者其他资产重组后，原单位名称发生更改的，仍以原单位（名称）作为被告单位。承受原单位权利义务的单位法定代表人或者负责人为诉讼代表人。

　　单位走私犯罪后，发生分立、合并或者其他资产重组情形，以及被发生注销、宣告破产等情况的，无论承受该单位权利义务的单位是否存在，均应追究原单位直接负责的主管人员和其他直接责任人员的刑事责任。

　　人民法院对原走私单位判处罚金的，应当将承受原单位权利义务的单位作为被执行人。罚金超出新单位所承受的财产的，可在执行中予以减除。

　　二十、关于单位与个人共同走私普通货物、物品案件的处理问题

　　单位和个人（不包括单位直接负责的主管人员和其他直接责任人员）共同走私的，单位和个人均应对共同走私所偷逃应缴税额负责。

　　对单位和个人共同走私偷逃应缴税额为5万元以上不满25万元的，应当根据其在案件中所起的作用，区分不同情况做出处理。单位起主要作用的，对单位和个人均不追究刑事责任，由海关予以行政处理；个人起主要作用的，对个人依照刑法有关规定追究刑事责任，对单位由海关予以行政处理。无法认定单位或个人起主要作用的，对个人和单位分别按个人犯罪和单位犯罪的标准处理。

　　单位和个人共同走私偷逃应缴税额超过25万元且能区分主、从犯的，应当按照刑法关于主、从犯的有关规定，对从犯从轻、减轻处罚或者免除处罚。

　　二十一、关于单位走私犯罪案件自首的认定问题

　　在办理单位走私犯罪案件中，对单位集体决定自首的，或者单位直接负责的主管人员自首的，应当认定单位自首。认定单位自首后，如实交代主要犯罪事实的单位负责的其他主管人员和其他直接责任人员，可视为自首，但对拒不交代主要犯罪事实或逃避法律追究的人员，不以自首论。

　　二十二、关于共同走私犯罪案件如何判处罚金刑问题

　　审理共同走私犯罪案件时，对各共同犯罪人判处罚金的总额应掌握在共同走私行为偷逃应缴税额的一倍以上五倍以下。

二十三、关于走私货物、物品、走私违法所得以及走私犯罪工具的处理问题

在办理走私犯罪案件过程中，对发现的走私货物、物品、走私违法所得以及属于走私犯罪分子所有的犯罪工具，走私犯罪侦查机关应当及时追缴，依法予以查扣、冻结。在移送审查起诉时应当将扣押物品文件清单、冻结存款证明文件等材料随案移送，对于扣押的危险品或者鲜活、易腐、易失效、易贬值等不宜长期保存的货物、物品，已经依法先行变卖、拍卖的，应当随案移送变卖、拍卖物品清单及原物的照片或者录像资料；人民检察院在提起公诉时应当将上述扣押物品文件清单、冻结存款证明和变卖、拍卖物品清单一并移送；人民法院在判决走私罪案件时，应当对随案清单、证明文件中载明的款、物审查确认并依法判决予以追缴、没收；海关根据人民法院的判决和海关法的有关规定予以处理，上缴中央国库。

二十四、关于走私货物、物品无法扣押或者不便扣押情况下走私违法所得的追缴问题

在办理走私普通货物、物品犯罪案件中，对于走私货物、物品因流入国内市场或者投入使用，致使走私货物、物品无法扣押或者不便扣押的，应当按照走私货物、物品的进出口完税价格认定违法所得予以追缴；走私货物、物品实际销售价格高于进出口完税价格的，应当按照实际销售价格认定违法所得予以追缴。

【注3】全国部分法院审理毒品犯罪案件工作座谈会纪要（最高人民法院2008年12月1日印发　法〔2008〕324号）（节录）

一、毒品案件的罪名确定和数量认定问题

（第五款）盗窃、抢夺、抢劫毒品的，应当分别以盗窃罪、抢夺罪或者抢劫罪定罪，但不计犯罪数额，根据情节轻重予以定罪量刑。盗窃、抢夺、抢劫毒品后又实施其他毒品犯罪的，对盗窃罪、抢夺罪、抢劫罪和所犯的具体毒品犯罪分别定罪，依法数罪并罚。走私毒品，又走私其他物品构成犯罪的，以走私毒品罪和其所犯的其他走私罪分别定罪，依法数罪并罚。

第一百五十一条【走私武器、弹药罪，走私核材料罪，走私假币罪】走私武器、弹药、核材料或者伪造的货币的，处七年以上有期徒刑，并处罚金或者没收财产；情节特别严重的，处无期徒刑，并处没收财产；情节较轻的，处三年以上七年以下有期徒刑，并处罚金。

【走私文物罪，走私贵重金属罪，走私珍贵动物、珍贵动物制品罪】走私国家禁止出口的文物、黄金、白银和其他贵重金属或者国家禁止进出口的珍贵动物及其制品的，处五年以上十年以下有期徒刑，并处罚金；情节特别严重的，处十年以上有期徒刑或者无期徒刑，并处没收财产；情节较轻的，处五年以下有期徒刑，并处罚金。

【走私国家禁止进出口的货物、物品罪】走私珍稀植物及其制品等国家禁止进出口的其他货物、物品的，处五年以下有期徒刑或者拘役，并处或者单处罚金；情节严重的，处五年以上有期徒刑，并处罚金。

单位犯本条规定之罪的，对单位判处罚金，并对其直接负责的主管人员和其他直接责任人员，依照本条各款的规定处罚。

【刑法第一次修正说明】

本条第3款为全国人大常委会2009年2月28日通过并公布施行的《刑法修正案（七）》第1条所修正。原该款为：

【走私珍稀植物、珍稀植物制品罪】走私国家禁止进出口的珍稀植物及其制品的，处五年以下有期徒刑，并处或者单处罚金；情节严重的，处五年以上有期徒刑，并处罚金。

【刑法第二次修正说明】

全国人大常委会2011年2月25日通过并公布、同年5月1日施行的《刑法修正案（八）》第26条对本条作了第二次修正。《刑法修正案（七）》第1条为：

【走私国家禁止进出口的货物、物品罪】走私珍稀植物及其制品等国家禁止进出口的其他货物、物品的，处五年以下有期徒刑或者拘役，并处或者单处罚金；情节严重的，处五年以上有期徒刑，并处罚金。

【刑法第三次修正说明】

全国人大常委会 2015 年 8 月 29 日通过并公布、同年 11 月 1 日施行的《刑法修正案（九）》第 9 条对本条第 1 款作了修正。《刑法修正案（八）》第 26 条为：

【走私武器、弹药罪，走私核材料罪，走私假币罪】走私武器、弹药、核材料或者伪造的货币的，处七年以上有期徒刑，并处罚金或者没收财产；情节特别严重的，处无期徒刑或者死刑，并处没收财产；情节较轻的，处三年以上七年以下有期徒刑，并处罚金。

【走私文物罪，走私贵重金属罪，走私珍贵动物、珍贵动物制品罪】走私国家禁止出口的文物、黄金、白银和其他贵重金属或者国家禁止进出口的珍贵动物及其制品的，处五年以上十年以下有期徒刑，并处罚金；情节特别严重的，处十年以上有期徒刑或者无期徒刑，并处没收财产；情节较轻的，处五年以下有期徒刑，并处罚金。

【走私国家禁止进出口的货物、物品罪】走私珍稀植物及其制品等国家禁止进出口的其他货物、物品的，处五年以下有期徒刑或者拘役，并处或者单处罚金；情节严重的，处五年以上有期徒刑，并处罚金。

单位犯本条规定之罪的，对单位判处罚金，并对其直接负责的主管人员和其他直接责任人员，依照本条各款的规定处罚。

【罪名渊源】本条 3 款均由 79 刑法第 116 条走私罪分解而来。其中，走私武器、弹药罪和走私假币罪均系承袭全国人大常委会《关于惩治走私罪的补充规定》第 1 条的内容；走私核材料罪系刑法增设，79 刑法、单行刑法均未规定；走私文物罪由全国人大常委会《关于惩治走私罪的补充规定》第 2 条修改而来，79 刑法第 173 条只规定了盗运珍贵文物出口罪，刑法将该行为纳入走私文物罪中，相应删除了盗运珍贵文物出口罪；走私贵重金属罪和走私珍贵动物、珍贵动物制品罪亦由全国人大常委会《关于惩治走私罪的补充规定》第 2 条修改而来；走私珍稀植物、珍稀植物制品罪系刑法增设，79 刑法、单行刑法均未规定。高法《罪名规定》、高检《罪名意见》将本条罪名依次解释为：走私武器、弹药罪，走私核材料罪，走私假币罪，走私文物罪，走私贵重金属罪，走私珍贵动物、珍贵动物制品罪，走私珍稀植物、珍稀植物制品罪。《刑法修正案（七）》第 1 条对本条第 3 款作了修正。《刑法修正案（八）》第 26 条删除了原第 4 款内容，即废除了"走私文物罪""走私贵重金属罪""走私珍贵动物、珍贵动物制品罪""走私国家禁止进出口的货物、物品罪"的死刑。《刑法修正案（九）》第 9 条将本条第 1 款中的"死刑"字样删除，即废除了"走私武器、弹药罪""走私核材料罪""走私假币罪"的死刑。最高人民法院、最高人民检察院《关于执行〈中华人民共和国刑法〉确定罪名的补充规定（四）》（以下简称"两高"《罪名补充规定（四）》）将本条第 3 款解释为走私国家禁止进出口的货物、物品罪，取消走私珍稀植物、珍稀植物制品罪罪名。

【立案标准】

151.1 国家林业局、公安部关于森林和陆生野生动物刑事案件管辖及立案标准（2001 年 5 月 9 日　林安字〔2001〕156 号）（节录）

一、森林公安机关管辖在其辖区内发生的刑法规定的下列森林和陆生野生动物刑事案件

（五）走私珍稀植物、珍稀植物制品案件（第一百五十一条第三款）；

（十三）走私珍贵陆生野生动物、珍贵陆生野生动物制品案件（第一百五十一条第二款）。

二、森林和陆生野生动物刑事案件的立案标准

（五）走私珍稀植物、珍稀植物制品案件

走私国家禁止进出口的珍稀植物、珍稀植物制品的应当立案；走私珍稀植物 2 株以上、珍稀

植物制品价值在 2 万元以上的，为重大案件；走私珍稀植物 10 株以上、珍稀植物制品价值在 10 万元以上的，为特别重大案件。

（十一）走私珍贵动物、珍贵动物制品案

走私国家重点保护和《濒危野生动植物种国际贸易公约》附录一、附录二中的陆生野生动物及其制品的应当立案；走私国家重点保护的陆生野生动物重大案件和特别重大案件按附表的标准执行。

走私国家重点保护和《濒危野生动植物种国际贸易公约》附录一、附录二中的陆生野生动物制品价值在 10 万元以上的，应当立为重大案件；走私国家重点保护和《濒危野生动植物种国际贸易公约》附录一、附录二中的陆生野生动物制品价值在 20 万元以上的，应当立为特别重大案件。

151.2 最高人民检察院、公安部关于公安机关管辖的刑事案件立案追诉标准的规定（二）（2022 年 5 月 15 日　公通字〔2022〕12 号）（节录）

第二条　〔走私伪币案（刑法第一百五十一条第一款）〕走私伪造的货币，涉嫌下列情形之一的，应予立案追诉：

（一）总面额在一千元以上或者币量在一百张（枚）以上的；

（二）总面额在一千元以上或者币量在一百张（枚）以上，二年内因走私假币受过行政处罚，又走私假币的；

（三）其他走私假币应予追究刑事责任的情形。

第七十九条　本规定中的"货币"是指在境内外正在流通的以下货币：

（一）人民币（含普通纪念币、贵金属纪念币）、港元、澳门元、新台币；

（二）其他国家及地区的法定货币。

贵金属纪念币的面额以中国人民银行授权中国金币总公司的初始发售价格为准。

第八十二条　对于预备犯、未遂犯、中止犯，需要追究刑事责任的，应予立案追诉。

第八十三条　本规定中的立案追诉标准，除法律、司法解释、本规定中另有规定的以外，适用于相应的单位犯罪。

第八十四条　本规定中的"以上"，包括本数。

【罪刑标准】

151.3 最高人民法院、最高人民检察院、海关总署关于办理走私刑事案件适用法律若干问题的意见（2002 年 7 月 8 日　法〔2002〕139 号）（节录）

七、关于走私珍贵动物制品行为的处罚问题

走私珍贵动物制品的，应当根据刑法第一百五十一条第二、四、五款①和《最高人民法院关于审理走私刑事案件具体应用法律若干问题的解释》（以下简称《解释》）第四条的有关规定予以处罚，但同时具有下列情形，情节较轻的，一般不以犯罪论处：

（一）珍贵动物制品购买地允许交易；

（二）入境人员为留作纪念或者作为礼品而携带珍贵动物制品进境，不具有牟利目的的。

同时具有上述两种情形，达到《解释》第四条第三款规定的量刑标准的，一般处五年以下有期徒刑，并处罚金；达到《解释》第四条第四款规定的量刑标准的，一般处五年以上有期徒刑，并处罚金。

151.4 最高人民法院、最高人民检察院关于办理走私刑事案件适用法律若干问题的解释（2014 年 9 月 10 日　法释〔2014〕10 号）（节录）

第一条　走私武器、弹药，具有下列情形之一的，可以认定为刑法第一百五十一条第一款规定的"情节较轻"：

（一）走私以压缩气体等非火药为动力发射枪弹的枪支二支以上不满五支的；

（二）走私气枪铅弹五百发以上不满二千五百发，或者其他子弹十发以上不满五十发的；

---

① 《刑法修正案（八）》第 26 条删除了原第 4 款，故此处第 4、5 款应指修正后的刑法条文第 4 款。——编者注

（三）未达到上述数量标准，但属于犯罪集团的首要分子，使用特种车辆从事走私活动，或者走私的武器、弹药被用于实施犯罪等情形的；

（四）走私各种口径在六十毫米以下常规炮弹、手榴弹或者枪榴弹等分别或者合计不满五枚的。

具有下列情形之一的，依照刑法第一百五十一条第一款的规定处七年以上有期徒刑，并处罚金或者没收财产：

（一）走私以火药为动力发射枪弹的枪支一支，或者以压缩气体等非火药为动力发射枪弹的枪支五支以上不满十支的；

（二）走私第一款第二项规定的弹药，数量在该项规定的最高数量以上不满最高数量五倍的；

（三）走私各种口径在六十毫米以下常规炮弹、手榴弹或者枪榴弹等分别或者合计达到五枚以上不满十枚，或者各种口径超过六十毫米以上常规炮弹合计不满五枚的；

（四）达到第一款第一、二、四项规定的数量标准，且属于犯罪集团的首要分子，使用特种车辆从事走私活动，或者走私的武器、弹药被用于实施犯罪等情形的。

具有下列情形之一的，应当认定为刑法第一百五十一条第一款规定的"情节特别严重"：

（一）走私第二款第一项规定的枪支，数量超过该项规定的数量标准的；

（二）走私第一款第二项规定的弹药，数量在该项规定的最高数量标准五倍以上的；

（三）走私第二款第三项规定的弹药，数量超过该项规定的数量标准，或者走私具有巨大杀伤力的非常规炮弹一枚以上的；

（四）达到第二款第一项至第三项规定的数量标准，且属于犯罪集团的首要分子，使用特种车辆从事走私活动，或者走私的武器、弹药被用于实施犯罪等情形的。

走私其他武器、弹药，构成犯罪的，参照本条各款规定的标准处罚。

第二条　刑法第一百五十一条第一款规定的"武器、弹药"的种类，参照《中华人民共和国进口税则》及《中华人民共和国禁止进出境物品表》的有关规定确定。

第三条　走私枪支散件，构成犯罪的，依照刑法第一百五十一条第一款的规定，以走私武器罪定罪处罚。成套枪支散件以相应数量的枪支计，非成套枪支散件以每三十件为一套枪支散件计。

第四条　走私各种弹药的弹头、弹壳，构成犯罪的，依照刑法第一百五十一条第一款的规定，以走私弹药罪定罪处罚。具体的定罪量刑标准，按照本解释第一条规定的数量标准的五倍执行。

走私报废或者无法组装并使用的各种弹药的弹头、弹壳，构成犯罪的，依照刑法第一百五十三条的规定，以走私普通货物、物品罪定罪处罚；属于废物的，依照刑法第一百五十二条第二款的规定，以走私废物罪定罪处罚。

弹头、弹壳是否属于前款规定的"报废或者无法组装并使用"或者"废物"，由国家有关技术部门进行鉴定。

第五条　走私国家禁止或者限制进出口的仿真枪、管制刀具，构成犯罪的，依照刑法第一百五十一条第三款的规定，以走私国家禁止进出口的货物、物品罪定罪处罚。具体的定罪量刑标准，适用本解释第十一条第一款第六、七项和第二款的规定。

走私的仿真枪经鉴定为枪支，构成犯罪的，依照刑法第一百五十一条第一款的规定，以走私武器罪定罪处罚。不以牟利或者从事违法犯罪活动为目的，且无其他严重情节的，可以依法从轻处罚；情节轻微不需要判处刑罚的，可以免予刑事处罚。

第六条　走私伪造的货币，数额在二千元以上不满二万元，或者数量在二百张（枚）以上不满二千张（枚）的，可以认定为刑法第一百五十一条第一款规定的"情节较轻"。

具有下列情形之一的，依照刑法第一百五十一条第一款的规定处七年以上有期徒刑，并处罚金或者没收财产：

（一）走私数额在二万元以上不满二十万元，或者数量在二千张（枚）以上不满二万张（枚）的；

（二）走私数额或者数量达到第一款规定的标准，且具有走私的伪造货币流入市场等情节的。

具有下列情形之一的，应当认定为刑法第一百五十一条第一款规定的"情节特别严重"：

（一）走私数额在二十万元以上，或者数量在二万张（枚）以上的；

（二）走私数额或者数量达到第二款第一项规定的标准，且属于犯罪集团的首要分子，使用特种车辆从事走私活动，或者走私的伪造货币流入市场等情形的。

第七条　刑法第一百五十一条第一款规定的"货币"，包括正在流通的人民币和境外货币。伪造的境外货币数额，折合成人民币计算。

第八条　走私国家禁止出口的三级文物二件以下的，可以认定为刑法第一百五十一条第二款规定的"情节较轻"。

具有下列情形之一的，依照刑法第一百五十一条第二款的规定处五年以上十年以下有期徒刑，并处罚金：

（一）走私国家禁止出口的二级文物不满三件，或者三级文物三件以上不满九件的；

（二）走私国家禁止出口的三级文物不满三件，且具有造成文物严重毁损或者无法追回等情节的。

具有下列情形之一的，应当认定为刑法第一百五十一条第二款规定的"情节特别严重"：

（一）走私国家禁止出口的一级文物一件以上，或者二级文物三件以上，或者三级文物九件以上的；

（二）走私国家禁止出口的文物达到第二款第一项规定的数量标准，且属于犯罪集团的首要分子，使用特种车辆从事走私活动，或者造成文物严重毁损、无法追回等情形的。

第九条　走私国家一、二级保护动物未达到本解释附表中（一）规定的数量标准，或者走私珍贵动物制品数额不满二十万元的，可以认定为刑法第一百五十一条第二款规定的"情节较轻"。

具有下列情形之一的，依照刑法第一百五十一条第二款的规定处五年以上十年以下有期徒刑，并处罚金：

（一）走私国家一、二级保护动物达到本解释附表中（一）规定的数量标准的；

（二）走私珍贵动物制品数额在二十万元以上不满一百万元的；

（三）走私国家一、二级保护动物未达到本解释附表中（一）规定的数量标准，但具有造成该珍贵动物死亡或者无法追回等情节的。

具有下列情形之一的，应当认定为刑法第一百五十一条第二款规定的"情节特别严重"：

（一）走私国家一、二级保护动物达到本解释附表中（二）规定的数量标准的；

（二）走私珍贵动物制品数额在一百万元以上的；

（三）走私国家一、二级保护动物达到本解释附表中（一）规定的数量标准，且属于犯罪集团的首要分子，使用特种车辆从事走私活动，或者造成该珍贵动物死亡、无法追回等情形的。

不以牟利为目的，为留作纪念而走私珍贵动物制品进境，数额不满十万元的，可以免予刑事处罚；情节显著轻微的，不作为犯罪处理。

第十条　刑法第一百五十一条第二款规定的"珍贵动物"，包括列入《国家重点保护野生动物名录》中的国家一、二级保护野生动物，《濒危野生动植物种国际贸易公约》附录Ⅰ、附录Ⅱ中的野生动物，以及驯养繁殖的上述动物。

走私本解释附表中未规定的珍贵动物的，参照附表中规定的同属或者同科动物的数量标准执行。

走私本解释附表中未规定珍贵动物的制品的，按照《最高人民法院、最高人民检察院、国家林业局、公安部、海关总署关于破坏野生动物资源刑事案件中涉及的 CITES 附录Ⅰ和附录Ⅱ所列陆生野生动物制品价值核定问题的通知》（林濒发〔2012〕239 号）的有关规定核定价值。

第十一条　走私国家禁止进出口的货物、物品，具有下列情形之一的，依照刑法第一百五十一条第三款的规定处五年以下有期徒刑或者拘役，并处或者单处罚金：

（一）走私国家一级保护野生植物五株以上不满二十五株，国家二级保护野生植物十株以上不满五十株，或者珍稀植物、珍稀植物制品数额在二十万元以上不满一百万元的；

（二）走私重点保护古生物化石或者未命名的古生物化石不满十件，或者一般保护古生物化石十件以上不满五十件的；

（三）走私禁止进出口的有毒物质一吨以上不满五吨，或者数额在二万元以上不满十万元的；

（四）走私来自境外疫区的动植物及其产品五吨以上不满二十五吨，或者数额在五万元以上不满二十五万元的；

（五）走私木炭、硅砂等妨害环境、资源保护的货物、物品十吨以上不满五十吨，或者数额在十万元以上不满五十万元的；

（六）走私旧机动车、切割车、旧机电产品或者其他禁止进出口的货物、物品二十吨以上不满一百吨，或者数额在二十万元以上不满一百万元的；

（七）数量或者数额未达到本款第一项至第六项规定的标准，但属于犯罪集团的首要分子，使用特种车辆从事走私活动，造成环境严重污染，或者引起甲类传染病传播、重大动植物疫情等情形的。

具有下列情形之一的，应当认定为刑法第一百五十一条第三款规定的"情节严重"：

（一）走私数量或者数额超过前款第一项至第六项规定的标准的；

（二）达到前款第一项至第六项规定的标准，且属于犯罪集团的首要分子，使用特种车辆从事走私活动，造成环境严重污染，或者引起甲类传染病传播、重大动植物疫情等情形的。

第十二条　刑法第一百五十一条第三款规定的"珍稀植物"，包括列入《国家重点保护野生植物名录》《国家重点保护野生药材物种名录》《国家珍贵树种名录》中的国家一、二级保护野生植物、国家重点保护的野生药材、珍贵树木，《濒危野生动植物种国际贸易公约》附录Ⅰ、附录Ⅱ中的野生植物，以及人工培育的上述植物。

本解释规定的"古生物化石"，按照《古生物化石保护条例》的规定予以认定。走私具有科学价值的古脊椎动物化石、古人类化石，构成犯罪的，依照刑法第一百五十一条第二款的规定，以走私文物罪定罪处罚。

第二十条　直接向走私人非法收购走私进口的货物、物品，在内海、领海、界河、界湖运输、收购、贩卖国家禁止进出口的物品，或者没有合法证明，在内海、领海、界河、界湖运输、收购、贩卖国家限制进出口的货物、物品，构成犯罪的，应当按照走私货物、物品的种类，分别依照刑法第一百五十一条、第一百五十二条、第一百五十三条、第三百四十七条、第三百五十条的规定定罪处罚。

刑法第一百五十五条第二项规定的"内海"，包括内河的入海口水域。

第二十一条　未经许可进出口国家限制进出口的货物、物品，构成犯罪的，应当依照刑法第一百五十一条、第一百五十二条的规定，以走私国家禁止进出口的货物、物品罪等罪名定罪处罚；偷逃应缴税额，同时又构成走私普通货物、物品罪的，依照处罚较重的规定定罪处罚。

取得许可，但超过许可数量进出口国家限制进出口的货物、物品，构成犯罪的，依照刑法第一百五十三条的规定，以走私普通货物、物品罪定罪处罚。

租用、借用或者使用购买的他人许可证，进出口国家限制进出口的货物、物品的，适用本条第一款的规定定罪处罚。

第二十二条　在走私的货物、物品中藏匿刑法第一百五十一条、第一百五十二条、第三百四十七条、第三百五十条规定的货物、物品，构成犯罪的，以实际走私的货物、物品定罪处罚；构成数罪的，实行数罪并罚。

第二十三条　实施走私犯罪，具有下列情形之一的，应当认定为犯罪既遂：

（一）在海关监管现场被查获的；

（二）以虚假申报方式走私，申报行为实施完毕的；

（三）以保税货物或者特定减税、免税进口的货物、物品为对象走私，在境内销售的，或者申请核销行为实施完毕的。

第二十四条（第一款）　单位犯刑法第一百五十一条、第一百五十二条规定之罪，依照本解释规定的标准定罪处罚。

151.5 最高人民法院、最高人民检察院关于办理妨害文物管理等刑事案件适用法律若干问题的解释（2016年1月1日　法释〔2015〕23号）（节录）

第一条　刑法第一百五十一条规定的"国家禁止出口的文物"，依照《中华人民共和国文物保护法》规定的"国家禁止出境的文物"的范围认定。

走私国家禁止出口的二级文物的，应当依照刑法第一百五十一条第二款的规定，以走私文物罪处五年以上十年以下有期徒刑，并处罚金；走私国家禁止出口的一级文物的，应当认定为刑法第一百五十一条第二款规定的"情节特别严重"；走私国家禁止出口的三级文物的，应当认定为刑法第一百五十一条第二款规定的"情节较轻"。

走私国家禁止出口的文物，无法确定文物等级，或者按照文物等级定罪量刑明显过轻或者过重的，可以按照走私的文物价值定罪量刑。走私的文物价值在二十万元以上不满一百万元的，应当依照刑法第一百五十一条第二款的规定，以走私文物罪处五年以上十年以下有期徒刑，并处罚金；文物价值在一百万元以上的，应当认定为刑法第一百五十一条第二款规定的"情节特别严重"；文物价值在五万元以上不满二十万元的，应当认定为刑法第一百五十一条第二款规定的"情节较轻"。

第十一条（第一款）　单位实施走私文物、倒卖文物等行为，构成犯罪的，依照本解释规定的相应自然人犯罪的定罪量刑标准，对直接负责的主管人员和其他直接责任人员定罪处罚，并对单位判处罚金。

第十二条　针对不可移动文物整体实施走私、盗窃、倒卖等行为的，根据所属不可移动文物的等级，依照本解释第一条、第二条、第六条的规定定罪量刑：

（一）尚未被确定为文物保护单位的不可移动文物，适用一般文物的定罪量刑标准；

（二）市、县级文物保护单位，适用三级文物的定罪量刑标准；

（三）全国重点文物保护单位、省级文物保护单位，适用二级以上文物的定罪量刑标准。

针对不可移动文物中的建筑构件、壁画、雕塑、石刻等实施走私、盗窃、倒卖等行为的，根据建筑构件、壁画、雕塑、石刻等文物本身的等级或者价值，依照本解释第一条、第二条、第六条的规定定罪量刑。建筑构件、壁画、雕塑、石刻等所属不可移动文物的等级，应当作为量刑情节予以考虑。

> **【说明】** 文物的等级、鉴定、价值认定等内容，参见 324.2 本解释第 13—18 条。

151.6 最高人民法院、最高人民检察院关于办理破坏野生动物资源刑事案件适用法律若干问题的解释（2022 年 4 月 9 日　法释〔2022〕12 号）（节录）

第一条　具有下列情形之一的，应当认定为刑法第一百五十一条第二款规定的走私国家禁止进出口的珍贵动物及其制品：

（一）未经批准擅自进出口列入经国家濒危物种进出口管理机构公布的《濒危野生动植物种国际贸易公约》附录一、附录二的野生动物及其制品；

（二）未经批准擅自出口列入《国家重点保护野生动物名录》的野生动物及其制品。

第二条　走私国家禁止进出口的珍贵动物及其制品，价值二十万元以上不满二百万元的，应当依照刑法第一百五十一条第二款的规定，以走私珍贵动物、珍贵动物制品罪处五年以上十年以下有期徒刑，并处罚金；价值二百万元以上的，应当认定为"情节特别严重"，处十年以上有期徒刑或者无期徒刑，并处没收财产；价值二万元以上不满二十万元的，应当认定为"情节较轻"，处五年以下有期徒刑，并处罚金。

实施前款规定的行为，具有下列情形之一的，从重处罚：

（一）属于犯罪集团的首要分子的；

（二）为逃避监管，使用特种交通工具实施的；

（三）二年内曾因破坏野生动物资源受过行政处罚的。

实施第一款规定的行为，不具有第二款规定的情形，且未造成动物死亡或者动物、动物制品无法追回，行为人全部退赃退赔，确有悔罪表现的，按照下列规定处理：

（一）珍贵动物及其制品价值二百万元以上的，可以处五年以上十年以下有期徒刑，并处罚金；

（二）珍贵动物及其制品价值二十万元以上不满二百万元的，可以认定为"情节较轻"，处五年以下有期徒刑，并处罚金；

（三）珍贵动物及其制品价值二万元以上不满二十万元的，可以认定为犯罪情节轻微，不起诉或者免予刑事处罚；情节显著轻微危害不大的，不作为犯罪处理。

> 【说明】犯罪数额计算、定罪量刑情节、从宽、价值认定等内容，参见 341.4 本解释第 12 条以下。

【司法解释】

151.7 参见 125.3 最高人民法院、最高人民检察院关于涉以压缩气体为动力的枪支、气枪铅弹刑事案件定罪量刑问题的批复（2018 年 3 月 30 日　法释〔2018〕8 号）

【司法文件】

151.8 最高人民法院关于严格执行有关走私案件涉案财物处理规定的通知（2006 年 4 月 30 日　法〔2006〕114 号）

各省、自治区、直辖市高级人民法院，解放军军事法院，新疆维吾尔自治区高级人民法院生产建设兵团分院：

日前，据海关总署反映，有的地方法院在审理走私刑事案件中有不判或部分判决涉案赃款赃物的现象。对人民法院没有判决追缴、没收的涉案财物，海关多以行政处罚的方式予以没收或收缴，从而导致行政诉讼等不良后果。为严肃规范执法，现就有关规定重申如下：

关于刑事案件赃款赃物的处理问题，相关法律、司法解释已经规定的很明确。《海关法》第九十二条规定，"海关依法扣留的货物、物品、运输工具，在人民法院判决或者海关处罚决定作出之前，不得处理"；"人民法院判决没收或者海关决定没收的走私货物、物品、违法所得、走私运输工具、特制设备，由海关依法统一处理，所得价款和海关决定处以的罚款，全部上缴中央国库"。《最高人民法院、最高人民检察院、海关总署关于办理走私刑事案件适用法律若干问题的意见》第二十三条规定，"人民法院在判决走私罪案件时，应当对随案清单、证明文件中载明的款、物审查确认并依法判决予以追缴、没收；海关根据人民法院的判决和海关法的有关规定予以处理，上缴中央国库。"

据此，地方各级人民法院在审理走私犯罪案件时，对涉案的款、物等，应当严格遵循并切实执行上述法律、司法解释的规定，依法作出追缴、没收的判决。对于在审理走私犯罪案件中遇到的新情况、新问题，要加强与海关等相关部门的联系和协调，对于遇到的适用法律的新问题，应当及时报告最高人民法院。

151.9 参见 171.5 最高人民法院、最高人民检察院、公安部关于严厉打击假币犯罪活动的通知（2009 年 9 月 15 日　公通字〔2009〕45 号）

151.10 最高人民法院、最高人民检察院、公安部、司法部关于依法惩治非法野生动物交易犯罪的指导意见（2020 年 12 月 18 日　公通字〔2020〕19 号）（节录）

二、依法严厉打击非法收购、运输、出售、进出口野生动物及其制品的犯罪行为，切断非法野生动物交易的利益链条。

（第二款）走私国家禁止进出口的珍贵动物及其制品，符合刑法第一百五十一条第二款规定的，以走私珍贵动物、珍贵动物制品罪定罪处罚。

> 【说明】数量计算、共同犯罪、价值认定、证据使用等，参见 341.10 本意见第 4—9 条。

151.11 最高人民法院、最高人民检察院、海关总署、公安部、中国海警局关于打击粤港澳海上跨境走私犯罪适用法律若干问题的指导意见（2021 年 12 月 14 日　署缉发〔2021〕141 号）

近一时期来，粤港澳海上跨境走私冻品等犯罪频发，严重破坏海关监管秩序和正常贸易秩序。走私冻品存在疫情传播风险，严重危害公共卫生安全和食品安全。走私犯罪分子为实施犯罪或逃避追缉，采取暴力抗拒执法，驾驶改装船舶高速行驶冲撞等方式，严重威胁海上正常航行安全。为严厉打击粤港澳海上跨境走私，现就当前比较突出的法律适用问题提出以下指导意见：

一、非设关地走私进口未取得国家检验检疫准入证书的冻品，应认定为国家禁止进口的货物，构成犯罪的，按走私国家禁止进出口的货物罪定罪处罚。其中，对走私来自境外疫区的冻品，依据《最高人民法院、最高人民检察院关于办理走私刑事案件适用法律若干问题的解释》

（法释〔2014〕10号，以下简称《解释》）第十一条第一款第四项和第二款规定定罪处罚。对走私来自境外非疫区的冻品，或者无法查明是否来自境外疫区的冻品，依据《解释》第十一条第一款第六项和第二款规定定罪处罚。

二、走私犯罪分子在实施走私罪或者逃避追缉过程中，实施碰撞、挤别、抛撒障碍物、超高速行驶、强光照射驾驶人员等危险行为，危害公共安全的，以走私罪和以危险方法危害公共安全罪数罪并罚。以暴力、威胁方法抗拒缉私执法，以走私罪和袭警罪或者妨害公务罪数罪并罚。武装掩护走私的，依照刑法第一百五十一条第一款规定从重处罚。

三、犯罪嫌疑人真实姓名、住址无法查清的，按其绰号或者自报的姓名、住址认定，并在法律文书中注明。

犯罪嫌疑人的国籍、身份，根据其入境时的有效证件认定；拥有两国以上护照的，以其入境时所持的护照认定其国籍。

犯罪嫌疑人国籍不明的，可以通过出入境管理部门协助查明，或者以有关国家驻华使、领馆出具的证明认定；确实无法查明国籍的，以无国籍人员对待。

四、对用于运输走私冻品等货物的船舶、车辆，按照以下原则处置：

（一）对"三无"船舶，无法提供有效证书的船舶、车辆，依法予以没收、收缴或者移交主管机关依法处置；

（二）对走私犯罪分子自有的船舶、车辆或者假挂靠、长期不作登记、虚假登记等实为走私分子所有的船舶、车辆，作为犯罪工具依法没收；

（三）对所有人明知或者应当知道他人实施走私冻品等犯罪而出租、出借的船舶、车辆，依法予以没收。

具有下列情形之一的，可以认定船舶、车辆出租人、出借人明知或者应当知道他人实施违法犯罪，但有证据证明确属被蒙骗或者有其他相反证据的除外：

（一）出租人、出借人未经有关部门批准，擅自将船舶改装为可运载冻品等货物用的船舶，或者进行伪装的；

（二）出租人、出借人默许实际承运人将船舶改装为可运载冻品等物用船舶，或者进行伪装的；

（三）因出租、出借船舶、车辆用于走私受过行政处罚，又出租、出借给同一走私人或者同一走私团伙使用的；

（四）出租人、出借人拒不提供真实的实际承运人信息，或者提供虚假的实际承运人信息的；

（五）其他可以认定明知或者应当知道的情形。

是否属于"三无"船舶，按照《"三无"船舶联合认定办法》（署缉发〔2021〕88号印发）规定认定。

五、对查封、扣押的未取得国家检验检疫准入证书的冻品，走私犯罪事实已基本查清的，在做好拍照、录像、称量、勘验、检查等证据固定工作和保留样本后，依照《罚没走私冻品处置办法（试行）》（署缉发〔2015〕289号印发）和《海关总署　财政部关于查获走私冻品由地方归口处置的通知》（署财函〔2019〕300号）规定，先行移交有关部门作无害化处理。

六、办理粤港澳海上以外其他地区非设关地走私刑事案件，可以参照本意见的精神依法处理。

151.12 参见 125.7 最高人民法院、最高人民检察院、公安部、工业和信息化部、住房和城乡建设部、交通运输部、应急管理部、国家铁路局、中国民用航空局、国家邮政局关于依法惩治涉枪支、弹药、爆炸物、易燃易爆危险物品犯罪的意见（2021年12月31日　法发〔2021〕35号）

【部委规范】

151.13 公安部办公厅关于若干经济犯罪案件如何统计涉案总价值、挽回经济损失数额的批复（2008年11月5日　公经〔2008〕214号）（节录）

三、走私假币案、伪造货币案、出售、购买、运输假币案、金融工作人员购买假币、以假币换取货币案、持有、使用假币案、变造货币案，按照已经查证属实的伪造、变造的货币的面值统计涉案总价值。

伪造、变造的外国货币以及香港、澳门、台湾地区货币的面值，按照立案时国家外汇管理机关公布的外汇牌价折算成人民币后统计。

五、挽回经济损失额按照实际追缴的赃款以及赃物折价统计。

【法律法规】

151.14 中华人民共和国文物保护法（1982 年 11 月 19 日　2017 年修正）（第 60—64 条）

151.15 中华人民共和国金银管理条例（1983 年 6 月 15 日　2011 年修订）（第 25—29 条、第 32 条）

151.16 中华人民共和国海关法（1987 年 7 月 1 日　2017 年修正）（第 82—83 条）

151.17 野生药材资源保护管理条例（1987 年 12 月 1 日）（第 4 条、第 13—15 条、第 20 条）

151.18 国家重点保护野生动物名录（1989 年 1 月 14 日　林业部、农业部令第 1 号）

151.19 中华人民共和国野生植物保护条例（1997 年 1 月 1 日　2017 年修订）（第 10 条、第 20 条、第 25 条、第 28 条）

151.20 中华人民共和国核出口管制条例（1997 年 9 月 10 日　2006 年修订）（第 2 条、第 5—6 条、第 18 条）

151.21 国家重点保护野生植物名录（第一批）（1999 年 9 月 9 日　2001 年修正）

151.22 中华人民共和国出口管制法（2020 年 12 月 1 日）（第 2 条、第 8—17 条、第 43 条）

第一百五十二条【走私淫秽物品罪】 以牟利或者传播为目的，走私淫秽的影片、录像带、录音带、图片、书刊或者其他淫秽物品的，处三年以上十年以下有期徒刑，并处罚金；情节严重的，处十年以上有期徒刑或者无期徒刑，并处罚金或者没收财产；情节较轻的，处三年以下有期徒刑、拘役或者管制，并处罚金。

【走私废物罪】 逃避海关监管将境外固体废物、液态废物和气态废物运输进境，情节严重的，处五年以下有期徒刑，并处或者单处罚金；情节特别严重的，处五年以上有期徒刑，并处罚金。

单位犯前两款罪的，对单位判处罚金，并对其直接负责的主管人员和其他直接责任人员，依照前两款的规定处罚。

【刑法修正说明】

本条第 2 款为 2002 年 12 月 28 日通过并公布施行的《刑法修正案（四）》第 2 条所增设，并将原第 2 款改为第 3 款。原第 152 条为：

【走私淫秽物品罪】 以牟利或者传播为目的，走私淫秽的影片、录像带、录音带、图片、书刊或者其他淫秽物品的，处三年以上十年以下有期徒刑，并处罚金；情节严重的，处十年以上有期徒刑或者无期徒刑，并处罚金或者没收财产；情节较轻的，处三年以下有期徒刑、拘役或者管制，并处罚金。

单位犯前款罪的，对单位判处罚金，并对其直接负责的主管人员和其他直接责任人员，依照前款的规定处罚。

【罪名渊源】 本条第 1 款由全国人大常委会《关于惩治走私罪的补充规定》第 3 条修改而来，高法《罪名规定》、高检《罪名意见》将其解释为走私淫秽物品罪。第 2 款系《刑法修正案（四）》第 2 条增设，由刑法第 155 条第 3 项的走私固体废物罪修正而来。修正案增加了"液态废物和气态废物"两种犯罪对象。最高人民法院、最高人民检察院《关于执行〈中华人民共和国刑法〉确定罪名的补充规定（二）》（以下简称"两高"《罪名补充规定（二）》）将其解释为走私废物罪，取消刑法原第 155 条第 3

项的走私固体废物罪罪名。

【立案标准】

152.1 最高人民检察院、公安部关于公安机关管辖的刑事案件立案追诉标准的规定（一）

（2008 年 6 月 25 日　公通字〔2008〕36 号）（节录）

第二十五条　［走私淫秽物品案（刑法第一百五十二条第一款）］以牟利或者传播为目的，走私淫秽的影片、录像带、录音带、图片、书刊或者其他通过文字、声音、形象等形式表现淫秽内容的影碟、音碟、电子出版物等物品，涉嫌下列情形之一的，应予立案追诉：

（一）走私淫秽录像带、影碟五十盘（张）以上的；

（二）走私淫秽录音带、音碟一百盘（张）以上的；

（三）走私淫秽扑克、书刊、画册一百副（册）以上的；

（四）走私淫秽照片、图片五百张以上的；

（五）走私其他淫秽物品相当于上述数量的；

（六）走私淫秽物品数量虽未达到本条第（一）项至第（四）项规定标准，但分别达到其中两项以上标准的百分之五十以上的。

第一百条　本规定中的立案追诉标准，除法律、司法解释另有规定的以外，适用于相关的单位犯罪。

【罪刑标准】

152.2 最高人民法院、最高人民检察院关于办理走私刑事案件适用法律若干问题的解释

（2014 年 9 月 10 日　法释〔2014〕10 号）（节录）

第四条　走私各种弹药的弹头、弹壳，构成犯罪的，依照刑法第一百五十一条第一款的规定，以走私弹药罪定罪处罚。具体的定罪量刑标准，按照本解释第一条①规定的数量标准的五倍执行。

走私报废或者无法组装并使用的各种弹药的弹头、弹壳，构成犯罪的，依照刑法第一百五十三条的规定，以走私普通货物、物品罪定罪处罚；属于废物的，依照刑法第一百五十二条第二款的规定，以走私废物罪定罪处罚。

弹头、弹壳是否属于前款规定的"报废或者无法组装并使用"或者"废物"，由国家有关技术部门进行鉴定。

第十三条　以牟利或者传播为目的，走私淫秽物品，达到下列数量之一的，可以认定为刑法第一百五十二条第一款规定的"情节较轻"：

（一）走私淫秽录像带、影碟五十盘（张）以上不满一百盘（张）的；

（二）走私淫秽录音带、音碟一百盘（张）以上不满二百盘（张）的；

（三）走私淫秽扑克、书刊、画册一百副（册）以上不满二百副（册）的；

（四）走私淫秽照片、画片五百张以上不满一千张的；

（五）走私其他淫秽物品相当于上述数量的。

走私淫秽物品在前款规定的最高数量以上不满最高数量五倍的，依照刑法第一百五十二条第一款的规定处三年以上十年以下有期徒刑，并处罚金。

走私淫秽物品在第一款规定的最高数量五倍以上，或者在第一款规定的最高数量以上不满五倍，但属于犯罪集团的首要分子，使用特种车辆从事走私活动等情形的，应当认定为刑法第一百五十二条第一款规定的"情节严重"。

第十四条　走私国家禁止进口的废物或者国家限制进口的可用作原料的废物，具有下列情形之一的，应当认定为刑法第一百五十二条第二款规定的"情节严重"：

（一）走私国家禁止进口的危险性固体废物、液态废物分别或者合计达到一吨以上不满五吨的；

（二）走私国家禁止进口的非危险性固体废物、液态废物分别或者合计达到五吨以上不满二十五吨的；

（三）走私国家限制进口的可用作原料的固体废物、液态废物分别或者合计达到二十吨以上

---

①　本条内容详见 151.4 本解释。——编者注

不满一百吨的；

（四）未达到上述数量标准，但属于犯罪集团的首要分子，使用特种车辆从事走私活动，或者造成环境严重污染等情形的。

具有下列情形之一的，应当认定为刑法第一百五十二条第二款规定的"情节特别严重"：

（一）走私数量超过前款规定的标准的；

（二）达到前款规定的标准，且属于犯罪集团的首要分子，使用特种车辆从事走私活动，或者造成环境严重污染等情形的；

（三）未达到前款规定的标准，但造成环境严重污染且后果特别严重的。

走私置于容器中的气态废物，构成犯罪的，参照前两款规定的标准处罚。

第十五条　国家限制进口的可用作原料的废物的具体种类，参照国家有关部门的规定确定。

【说明】从一重处、数罪并罚、犯罪既遂、单位犯罪等，参见 151.4 本解释第 20 条以下。

【部委规范】

152.3 海关总署关于严格查禁淫秽物品进出口的实施办法（1985 年 6 月 5 日）（节录）

第二条　严格禁止任何单位和个人以任何方式进出口各种淫秽物品。

淫秽物品的范围是：具体描写性行为或露骨宣扬色情淫荡形象的音像制品（录像带、录音带、视盘、影片、电视片、幻灯片），印刷品（照片、图画、书籍、报刊、抄本），印有这类图照的玩具、用品，以及淫药、淫具。

夹杂淫秽内容的有艺术价值的文艺作品，表现人体美的美术作品，有关人体的生理、医学知识和其他自然科学作品，不属于淫秽物品的范围。

第一百五十三条【走私普通货物、物品罪】 走私本法第一百五十一条、第一百五十二条、第三百四十七条规定以外的货物、物品的，根据情节轻重，分别依照下列规定处罚：

（一）走私货物、物品偷逃应缴税额较大或者一年内曾因走私被给予二次行政处罚后又走私的，处三年以下有期徒刑或者拘役，并处偷逃应缴税额一倍以上五倍以下罚金。

（二）走私货物、物品偷逃应缴税额巨大或者有其他严重情节的，处三年以上十年以下有期徒刑，并处偷逃应缴税额一倍以上五倍以下罚金。

（三）走私货物、物品偷逃应缴税额特别巨大或者有其他特别严重情节的，处十年以上有期徒刑或者无期徒刑，并处偷逃应缴税额一倍以上五倍以下罚金或者没收财产。

单位犯前款罪的，对单位判处罚金，并对其直接负责的主管人员和其他直接责任人员，处三年以下有期徒刑或者拘役；情节严重的，处三年以上十年以下有期徒刑；情节特别严重的，处十年以上有期徒刑。

对多次走私未经处理的，按照累计走私货物、物品的偷逃应缴税额处罚。

【刑法修正说明】

本条第 1 款为全国人大常委会 2011 年 2 月 25 日通过并公布、同年 5 月 1 日施行的《刑法修正案（八）》第 27 条所修正。原该款为：

【走私普通货物、物品罪】走私本法第一百五十一条、第一百五十二条、第三百四十七条规定以外的货物、物品的，根据情节轻重，分别依照下列规定处罚：

（一）走私货物、物品偷逃应缴税额在五十万元以上的，处十年以上有期徒刑或者无期徒刑，并处偷逃应缴税额一倍以上五倍以下罚金或者没收财产；情节特别严重的，依照本法第一百五十一条第四款的规定处罚。

（二）走私货物、物品偷逃应缴税额在十五万元以上不满五十万元的，处三年以上十年以下有期徒刑，并处偷逃应缴税额一倍以上五倍以下罚金；情节特别严重的，处十年以上有期徒刑或者无期徒刑，并处偷逃应缴税额一倍以上五倍以下罚金或者没收财产。

（三）走私货物、物品偷逃应缴税额在五万元以上不满十五万元的，处三年以下有期徒刑或者拘役，并处偷逃应缴税额一倍以上五倍以下罚金。

【罪名渊源】 本条源自 79 刑法第 116 条走私罪，全国人大常委会《关于惩治走私罪的补充规定》第 4 条将其分离出来独立成罪，刑法将定罪量刑标准由原补充规定的"按照走私货物、物品的价额"改为"按照走私货物、物品的偷逃应缴税额"，删除了"走私货物、物品的价额在 2 万元以上 5 万元以下"的量刑标准。《刑法修正案（八）》第 27 条对第 1 款内容作了全面修改，将走私货物、物品偷逃应缴税额由确定数额修改为不确定额度的"较大或者一年内曾因走私被给予二次行政处罚后又走私""巨大或者有其他严重情节""特别巨大或者有其他特别严重情节"，并对文字作了相应修改。高法《罪名规定》、高检《罪名意见》解释为走私普通货物、物品罪。

【罪刑标准】

153.1 最高人民法院、最高人民检察院关于办理走私刑事案件适用法律若干问题的解释

（2014 年 9 月 10 日 法释〔2014〕10 号）（节录）

第十六条 走私普通货物、物品，偷逃应缴税额在十万元以上不满五十万元的，应当认定为刑法第一百五十三条第一款规定的"偷逃应缴税额较大"；偷逃应缴税额在五十万元以上不满二百五十万元的，应当认定为"偷逃应缴税额巨大"；偷逃应缴税额在二百五十万元以上的，应当认定为"偷逃应缴税额特别巨大"。

走私普通货物、物品，具有下列情形之一，偷逃应缴税额在三十万元以上不满五十万元的，应当认定为刑法第一百五十三条第一款规定的"其他严重情节"；偷逃应缴税额在一百五十万元以上不满二百五十万元的，应当认定为"其他特别严重情节"：

（一）犯罪集团的首要分子；

（二）使用特种车辆从事走私活动的；

（三）为实施走私犯罪，向国家机关工作人员行贿的；

（四）教唆、利用未成年人、孕妇等特殊人群走私的；

（五）聚众阻挠缉私的。

第十七条 刑法第一百五十三条第一款规定的"一年内曾因走私被给予二次行政处罚后又走私"中的"一年内"，以因走私第一次受到行政处罚的生效之日与"又走私"行为实施之日的时间间隔计算确定；"被给予二次行政处罚"的走私行为，包括走私普通货物、物品以及其他货物、物品；"又走私"行为仅指走私普通货物、物品。

第十八条 刑法第一百五十三条规定的"应缴税额"，包括进出口货物、物品应当缴纳的进出口关税和进口环节海关代征税的税额。应缴税额以走私行为实施时的税则、税率、汇率和完税价格计算；多次走私的，以每次走私行为实施时的税则、税率、汇率和完税价格逐票计算；走私行为实施时间不能确定的，以案发时的税则、税率、汇率和完税价格计算。

刑法第一百五十三条第三款规定的"多次走私未经处理"，包括未经行政处理和刑事处理。

第二十条 直接向走私人非法收购走私进口的货物、物品，在内海、领海、界河、界湖运输、收购、贩卖国家禁止进出口的物品，或者没有合法证明，在内海、领海、界河、界湖运输、收购、贩卖国家限制进出口的货物、物品，构成犯罪的，应当按照走私货物、物品的种类，分别依照刑法第一百五十一条、第一百五十二条、第一百五十三条、第三百四十七条、第三百五十条的规定定罪处罚。

刑法第一百五十五条第二项规定的"内海"，包括内河的入海口水域。

第二十一条 未经许可进出口国家限制进出口的货物、物品，构成犯罪的，应当依照刑法第一百五十一条、第一百五十二条的规定，以走私国家禁止进出口的货物、物品罪等罪名定罪处罚；偷逃应缴税额，同时又构成走私普通货物、物品罪的，依照处罚较重的规定定罪处罚。

取得许可，但超过许可数量进出口国家限制进出口的货物、物品，构成犯罪的，依照刑法第一百五十三条的规定，以走私普通货物、物品罪定罪处罚。

租用、借用或者使用购买的他人许可证，进出口国家限制进出口的货物、物品的，适用本条第一款的规定定罪处罚。

第二十二条　在走私的货物、物品中藏匿刑法第一百五十一条、第一百五十二条、第三百四十七条、第三百五十条规定的货物、物品，构成犯罪的，以实际走私的货物、物品定罪处罚；构成数罪的，实行数罪并罚。

第二十三条　实施走私犯罪，具有下列情形之一的，应当认定为犯罪既遂：

（一）在海关监管现场被查获的；

（二）以虚假申报方式走私，申报行为实施完毕的；

（三）以保税货物或者特定减税、免税进口的货物、物品为对象走私，在境内销售的，或者申请核销行为实施完毕的。

第二十四条（第二款）　单位犯走私普通货物、物品罪，偷逃应缴税额在二十万元以上不满一百万元的，应当依照刑法第一百五十三条第二款的规定，对单位判处罚金，并对其直接负责的主管人员和其他直接责任人员，处三年以下有期徒刑或者拘役；偷逃应缴税额在一百万元以上不满五百万元的，应当认定为"情节严重"；偷逃应缴税额在五百万元以上的，应当认定为"情节特别严重"。

【司法文件】

153.2 参见 **31.5** 最高人民法院研究室关于如何理解"直接负责的主管人员"和"直接责任人员"问题的复函（1994 年 1 月 27 日）

153.3 最高人民法院、最高人民检察院、海关总署关于办理走私刑事案件适用法律若干问题的意见（2002 年 7 月 8 日　法〔2002〕139 号）（节录）

三、关于办理走私普通货物、物品刑事案件偷逃应缴税额的核定问题

在办理走私普通货物、物品刑事案件中，对走私行为人涉嫌偷逃应缴税额的核定，应当由走私犯罪案件管辖地的海关出具《涉嫌走私的货物、物品偷逃税款海关核定证明书》（以下简称《核定证明书》）。海关出具的《核定证明书》，经走私犯罪侦查机关、人民检察院、人民法院审查确认，可以作为办案的依据和定罪量刑的证据。

走私犯罪侦查机关、人民检察院和人民法院对《核定证明书》提出异议或者因核定偷逃税额的事实发生变化，认为需要补充核定或者重新核定的，可以要求原出具《核定证明书》的海关补充核定或者重新核定。

走私犯罪嫌疑人、被告人或者辩护人对《核定证明书》有异议，向走私犯罪侦查机关、人民检察院或者人民法院提出重新核定申请的，经走私犯罪侦查机关、人民检察院或者人民法院同意，可以重新核定。

重新核定应当另行指派专人进行。

四、关于走私犯罪嫌疑人的逮捕条件

（二）可能判处有期徒刑以上的刑罚

是指根据刑法第一百五十一条、第一百五十二条、第一百五十三条、第三百四十七条、第三百五十条等规定和《最高人民法院关于审理走私刑事案件具体应用法律若干问题的解释》等有关司法解释的规定，结合已查明的走私犯罪事实，对走私犯罪嫌疑人可能判处有期徒刑以上的刑罚。

八、关于走私旧汽车、切割车等货物、物品的行为的定罪问题

走私刑法第一百五十一条、第一百五十二条、第三百四十七条、第三百五十条规定的货物、物品以外的，已被国家明令禁止进出口的货物、物品，例如旧汽车、切割车、侵犯知识产权的货物、来自疫区的动植物及其产品等，应当依照刑法第一百五十三条的规定，以走私普通货物、物品罪追究刑事责任。

九、关于利用购买的加工贸易登记手册、特定减免税批文等涉税单证进口货物行为的定性处理问题

加工贸易登记手册、特定减免税批文等涉税单证是海关根据国家法律法规以及有关政策性规定，给予特定企业用于保税货物经营管理和减免税优惠待遇的凭证。利用购买的加工贸易登记手

册、特定减免税批文等涉税单证进口货物，实质是将一般贸易货物伪报为加工贸易保税货物或者特定减免税货物进口，以达到偷逃应缴税款的目的，应当适用刑法第一百五十三条以走私普通货物、物品罪定罪处罚。如果行为人与走私分子通谋出售上述涉税单证，或者在出卖批文后又以提供印章、向海关伪报保税货物、特定减免税货物等方式帮助买方办理进口通关手续的，对卖方依照刑法第一百五十六条以走私罪共犯定罪处罚。买卖上述涉税单证情节严重尚未进口货物的，依照刑法第二百八十条的规定定罪处罚。

十、关于在加工贸易活动中骗取海关核销行为的认定问题

在加工贸易经营活动中，以假出口、假结转或者利用虚假单证等方式骗取海关核销，致使保税货物、物品脱离海关监管，造成国家税款流失，情节严重的，依照刑法第一百五十三条的规定，以走私普通货物、物品罪追究刑事责任。但有证据证明因不可抗力原因导致保税货物脱离海关监管，经营人无法办理正常手续而骗取海关核销的，不认定为走私犯罪。

153.4 最高人民法院关于审理走私犯罪案件适用法律有关问题的通知（2011 年 5 月 1 日　法释〔2011〕163 号）（节录）

一、《刑法修正案（八）》取消了走私普通货物、物品罪定罪量刑的数额标准，《刑法修正案（八）》施行后，新的司法解释出台前，各地人民法院在审理走私普通货物、物品犯罪案件时，可参照适用修正前的刑法及《最高人民法院关于审理走私刑事案件具体应用法律若干问题的解释》（法释〔2000〕30 号）规定的数额标准。

二、对于一年内曾因走私被给予二次行政处罚后又走私需要追究刑事责任的，具体的定罪量刑标准可由各地人民法院结合案件具体情况和本地实际确定。各地人民法院要依法审慎稳妥把握好案件的法律适用和政策适用，争取社会效果和法律效果的统一。

153.5 最高人民法院、最高人民检察院、公安部关于办理走私、非法买卖麻黄碱类复方制剂等刑事案件适用法律若干问题的意见（2012 年 6 月 18 日　法发〔2012〕12 号）（节录）

一、关于走私、非法买卖麻黄碱类复方制剂等行为的定性

以加工、提炼制毒物品制造毒品为目的，购买麻黄碱类复方制剂，或者运输、携带、寄递麻黄碱类复方制剂进出境的，依照刑法第三百四十七条的规定，以制造毒品罪定罪处罚。

以加工、提炼制毒物品为目的，购买麻黄碱类复方制剂，或者运输、携带、寄递麻黄碱类复方制剂进出境的，依照刑法第三百五十条第一款、第三款的规定，分别以非法买卖制毒物品罪、走私制毒物品罪定罪处罚。

将麻黄碱类复方制剂拆除包装、改变形态后进行走私或者非法买卖，或者明知是已拆除包装、改变形态的麻黄碱类复方制剂而进行走私或者非法买卖的，依照刑法第三百五十条第一款、第三款的规定，分别以走私制毒物品罪、非法买卖制毒物品罪定罪处罚。

非法买卖麻黄碱类复方制剂或者运输、携带、寄递麻黄碱类复方制剂进出境，没有证据证明系用于制造毒品或者走私、非法买卖制毒物品，或者未达到走私制毒物品罪、非法买卖制毒物品罪的定罪数量标准，构成非法经营、走私普通货物、物品罪等其他犯罪的，依法定罪处罚。

实施第一款、第二款规定的行为，同时构成其他犯罪的，依照处罚较重的规定定罪处罚。

【法律法规】

153.6 中华人民共和国海关法（1987 年 7 月 1 日　2017 年修正）（第 82—84 条）

153.7 中华人民共和国烟草专卖法（1992 年 1 月 1 日　2015 年修正）（第 37 条）

153.8 中华人民共和国对外贸易法（1994 年 7 月 1 日　2016 年修正）（第 61 条）

第一百五十四条【走私普通货物、物品罪的特殊形式】 下列走私行为，根据本节规定构成犯罪的，依照本法第一百五十三条的规定定罪处罚：

（一）未经海关许可并且未补缴应缴税额，擅自将批准进口的来料加工、来件装配、补偿贸易的原材料、零件、制成品、设备等保税货物，在境内销售牟利的；

（二）未经海关许可并且未补缴应缴税额，擅自将特定减税、免税进口的货物、物品，在境内销售牟利的。

【司法解释】

154.1 最高人民检察院关于擅自销售进料加工保税货物的行为法律适用问题的解释（2000 年 10 月 16 日　高检发释字〔2000〕3 号）

为依法办理走私犯罪案件，根据海关法等法律的有关规定，对擅自销售进料加工保税货物的行为法律适用问题解释如下：

保税货物是指经海关批准未办理纳税手续进境，在境内储存、加工、装配后复运出境的货物。经海关批准进口的进料加工的货物属于保税货物。未经海关许可并且未补缴应缴税额，擅自将批准进口的进料加工的原材料、零件、制成品、设备等保税货物，在境内销售牟利，偷逃应缴税额在五万元以上的，依照刑法第一百五十四条、第一百五十三条的规定，以走私普通货物、物品罪追究刑事责任。

154.2 最高人民法院、最高人民检察院关于办理走私刑事案件适用法律若干问题的解释（2014 年 9 月 10 日　法释〔2014〕10 号）（节录）

第十九条　刑法第一百五十四条规定的"保税货物"，是指经海关批准，未办理纳税手续进境，在境内储存、加工、装配后应予复运出境的货物，包括通过加工贸易、补偿贸易等方式进口的货物，以及在保税仓库、保税工厂、保税区或者免税商店内等储存、加工、寄售的货物。

【司法文件】

154.3 最高人民法院、最高人民检察院、海关总署关于办理走私刑事案件适用法律若干问题的意见（2002 年 7 月 8 日　法〔2002〕139 号）（节录）

十三、关于刑法第一百五十四条规定的"销售牟利"的理解问题

刑法第一百五十四条第（一）、（二）项规定的"销售牟利"，是指行为人主观上为了牟取非法利益而擅自销售海关监管的保税货物、特定减免税货物。该种行为是否构成犯罪，应当根据偷逃的应缴税额是否达到刑法第一百五十三条及相关司法解释规定的数额标准予以认定。实际获利与否或者获利多少并不影响其定罪。

第一百五十五条【间接走私的处罚】 下列行为，以走私罪论处，依照本节的有关规定处罚[①]：

（一）直接向走私人非法收购国家禁止进口物品的，或者直接向走私人非法收购走私进口的其他货物、物品，数额较大的；

（二）在内海、领海、界河、界湖运输、收购、贩卖国家禁止进出口物品的，或者运输、收购、贩卖国家限制进出口货物、物品，数额较大，没有合法证明的。

【刑法修正说明】

本条为全国人大常委会 2002 年 12 月 28 日通过并公布施行的《刑法修正案（四）》第 3 条所修正。原第 155 条为：

【走私武器、弹药罪，走私核材料罪，走私假币罪，走私文物罪，走私贵重金属罪，走私珍贵动物、珍贵动物制品罪，走私珍稀植物、珍稀植物制品罪，走私淫秽物品罪，走私普通货物、物品罪】 下列行为，以走私罪论处，依照本节的有关规定处罚：

（一）直接向走私人非法收购国家禁止进口物品的，或者直接向走私人非法收购走私进口的其他货物、物品，数额较大的；

（二）在内海、领海运输、收购、贩卖国家禁止进出口物品的，或者运输、收购、贩卖国家限制进出口货物、物品，数额较大，没有合法证明的；

（三）**【走私固体废物罪】** 逃避海关监管将境外固体废物运输进境的。

---

① 本条涉及如下罪名：走私武器、弹药罪，走私核材料罪，走私假币罪，走私文物罪，走私贵重金属罪，走私珍贵动物、珍贵动物制品罪，走私国家禁止进出口的货物、物品罪，走私淫秽物品罪，走私废物罪，走私普通货物、物品罪。——编者注

【罪名渊源】本条源自全国人大常委会《关于惩治走私罪的补充规定》第7条。《刑法修正案（四）》第3条对本条内容作了修正，在第2项中增加了"界河、界湖"两个犯罪地点，并删除第3项。

【司法解释】

155.1 最高人民法院、最高人民检察院关于办理走私刑事案件适用法律若干问题的解释（2014年9月10日 法释〔2014〕10号）（节录）

第二十条 直接向走私人非法收购走私进口的货物、物品，在内海、领海、界河、界湖运输、收购、贩卖国家禁止进出口的物品，或者没有合法证明，在内海、领海、界河、界湖运输、收购、贩卖国家限制进出口的货物、物品，构成犯罪的，应当按照走私货物、物品的种类，分别依照刑法第一百五十一条、第一百五十二条、第一百五十三条、第三百四十七条、第三百五十条的规定定罪处罚。

刑法第一百五十五条第二项规定的"内海"，包括内河的入海口水域。

【司法文件】

155.2 最高人民法院、最高人民检察院、海关总署关于办理走私刑事案件适用法律若干问题的意见（2002年7月8日 法〔2002〕139号）（节录）

十四、关于海上走私犯罪案件如何追究运输人的刑事责任问题

对刑法第一百五十五条第（二）项规定的实施海上走私犯罪行为的运输人、收购人或者贩卖人应当追究刑事责任。对运输人，一般追究运输工具的负责人或者主要责任人的刑事责任，但对于事先通谋的、集资走私的或者使用特殊的走私运输工具从事走私犯罪活动的，可以追究其他参与人员的刑事责任。

第一百五十六条【走私罪的共犯】 与走私罪犯通谋，为其提供贷款、资金、帐号、发票、证明，或者为其提供运输、保管、邮寄或者其他方便的，以走私罪的共犯论处。

【司法文件】

156.1 最高人民法院、最高人民检察院、海关总署关于办理走私刑事案件适用法律若干问题的意见（2002年7月8日 法〔2002〕139号）（节录）

十五、关于刑法第一百五十六条规定的"与走私罪犯通谋"的理解问题

通谋是指犯罪行为人之间事先或者事中形成的共同的走私故意。下列情形可以认定为通谋：

（一）对明知他人从事走私活动而同意为其提供贷款、资金、账号、发票、证明、海关单证，提供运输、保管、邮寄或者其他方便的；

（二）多次为同一走私犯罪分子的走私行为提供前项帮助的。

第一百五十七条【武装走私的处罚】 武装掩护走私的，依照本法第一百五十一条第一款的规定从重处罚。

【抗拒缉私的处罚】 以暴力、威胁方法抗拒缉私的，以走私罪①和本法第二百七十七条规定的阻碍国家机关工作人员依法执行职务罪②，依照数罪并罚的规定处罚。

---

① 本罪名属于类罪名，具体罪名包括10个：走私武器、弹药罪，走私核材料罪，走私假币罪，走私文物罪，走私贵重金属罪，走私珍贵动物、珍贵动物制品罪，走私国家禁止进出口的货物、物品罪，走私淫秽物品罪，走私普通货物、物品罪，走私废物罪。——编者注

② 依"两高"司法解释，刑法第277条的罪名为妨害公务罪。——编者注

【刑法修正说明】

本条第 1 款为全国人大常委会 2011 年 2 月 25 日通过并公布、同年 5 月 1 日施行的《刑法修正案（八）》第 28 条所修正。原该款为：

【武装走私的处罚】武装掩护走私的，依照本法第一百五十一条第一款、第四款的规定从重处罚。

第三节　妨害对公司、企业的管理秩序罪

【司法解释】

【注 1】最高人民法院关于如何认定国有控股、参股股份有限公司中的国有公司、企业人员的解释（2005 年 8 月 11 日　法释〔2005〕10 号）

为准确认定刑法分则第三章第三节中的国有公司、企业人员，现对国有控股、参股的股份有限公司中的国有公司、企业人员解释如下：

国有公司、企业委派到国有控股、参股公司从事公务的人员，以国有公司、企业人员论。

【注 2】最高人民法院、最高人民检察院关于办理贪污贿赂刑事案件适用法律若干问题的解释（2016 年 4 月 18 日　法释〔2016〕9 号）（节录）

第十七条　国家工作人员利用职务上的便利，收受他人财物，为他人谋取利益，同时构成受贿罪和刑法分则第三章第三节、第九章规定的渎职犯罪的，除刑法另有规定外，以受贿罪和渎职犯罪数罪并罚。

第一百五十八条【虚报注册资本罪】申请公司登记使用虚假证明文件或者采取其他欺诈手段虚报注册资本，欺骗公司登记主管部门，取得公司登记，虚报注册资本数额巨大、后果严重或者有其他严重情节的，处三年以下有期徒刑或者拘役，并处或者单处虚报注册资本金额百分之一以上百分之五以下罚金。

单位犯前款罪的，对单位判处罚金，并对其直接负责的主管人员和其他直接责任人员，处三年以下有期徒刑或者拘役。

【罪名渊源】本条由全国人大常委会《关于惩治违反公司法的犯罪的决定》第 1 条修订而来，79 刑法没有规定。刑法将该决定中的"申请公司登记的人"和"申请公司登记的单位"删除，增加罚金刑的下限规定，降低其上限规定，并改得并制为必并制。高法《罪名规定》、高检《罪名意见》将其解释为虚报注册资本罪。

【立法解释】

158.1 全国人民代表大会常务委员会关于《中华人民共和国刑法》第一百五十八条、第一百五十九条的解释（2014 年 4 月 24 日）

全国人民代表大会常务委员会讨论了公司法修改后刑法第一百五十八条、第一百五十九条对实行注册资本实缴登记制、认缴登记制的公司的适用范围问题，解释如下：

刑法第一百五十八条、第一百五十九条的规定，只适用于依法实行注册资本实缴登记制的公司。

【立案标准】

158.2 最高人民检察院、公安部关于公安机关管辖的刑事案件立案追诉标准的规定（二）（2022 年 5 月 15 日　公通字〔2022〕12 号）（节录）

第三条　〔虚报注册资本案（刑法第一百五十八条）〕申请公司登记使用虚假证明文件或者采取其他欺诈手段虚报注册资本，欺骗公司登记主管部门，取得公司登记，涉嫌下列情形之一的，应予立案追诉：

（一）法定注册资本最低限额在六百万元以下，虚报数额占其应缴出资数额百分之六十以上的；

（二）法定注册资本最低限额超过六百万元，虚报数额占其应缴出资数额百分之三十以上的；

（三）造成投资者或者其他债权人直接经济损失累计数额在五十万元以上的；

（四）虽未达到上述数额标准，但具有下列情形之一的：

1. 二年内因虚报注册资本受过二次以上行政处罚，又虚报注册资本的；

2. 向公司登记主管人员行贿的；

3. 为进行违法活动而注册的。

（五）其他后果严重或者有其他严重情节的情形。

本条只适用于依法实行注册资本实缴登记制的公司。

第八十一条　本规定中的"虽未达到上述数额标准"，是指接近上述数额标准且已达到该数额的百分之八十以上的。

第八十二条　对于预备犯、未遂犯、中止犯，需要追究刑事责任的，应予立案追诉。

第八十三条　本规定中的立案追诉标准，除法律、司法解释、本规定中另有规定的以外，适用于相应的单位犯罪。

第八十四条　本规定中的"以上"，包括本数。

【司法文件】

158.3 最高人民检察院、公安部关于严格依法办理虚报注册资本和虚假出资抽逃出资刑事案件的通知（2014 年 5 月 20 日　公经〔2014〕247 号）（节录）

二、严格把握罪与非罪的界限。根据新修改的公司法和全国人大常委会立法解释，自 2014 年 3 月 1 日起，除依法实行注册资本实缴登记制的公司［参见《国务院关于印发注册资本登记制度改革方案的通知》（国发〔2014〕7 号）］以外，对申请公司登记的单位和个人不得以虚报注册资本罪追究刑事责任；对公司股东、发起人不得以虚假出资、抽逃出资罪追究刑事责任。对依法实行注册资本实缴登记制的公司涉嫌虚报注册资本和虚假出资、抽逃出资犯罪的，各级公安机关、检察机关依照刑法和《立案追诉标准（二）》①的相关规定追究刑事责任时，应当认真研究行为性质和危害后果，确保执法办案的法律效果和社会效果。

三、依法妥善处理跨时限案件。各级公安机关、检察机关对发生在 2014 年 3 月 1 日以前尚未处理或者正在处理的虚报注册资本和虚假出资、抽逃出资刑事案件，应当按照刑法第十二条规定的精神处理：除依法实行注册资本实缴登记制的公司以外，依照新修改的公司法不再符合犯罪构成要件的案件，公安机关已经立案侦查的，应当撤销案件；检察机关已经批准逮捕的，应当撤销批准逮捕决定，并监督公安机关撤销案件；检察机关审查起诉的，应当作出不起诉决定；检察机关已经起诉的，应当撤回起诉并作出不起诉决定；检察机关已经抗诉的，应当撤回抗诉。

【部委规范】

158.4 公安部办公厅关于若干经济犯罪案件如何统计涉案总价值、挽回经济损失数额的批复（2008 年 11 月 5 日　公经〔2008〕214 号）（节录）

一、虚报注册资本案按照虚报数额统计涉案总价值；……

五、挽回经济损失额按照实际追缴的赃款以及赃物折价统计。

158.5 公司注册资本登记管理规定（2014 年 3 月 1 日　国家工商行政管理总局令第 64 号）（第 2—4 条、第 9 条、第 15 条）

【法律法规】

158.6 中华人民共和国公司登记管理条例（1994 年 7 月 1 日　2016 年修订）（第 63—64 条、第 80 条）

158.7 中华人民共和国公司法（2006 年 1 月 1 日　2018 年修正）（第 198 条、第 215 条）

---

① 指《最高人民检察院、公安部关于公安机关管辖的刑事案件立案追诉标准的规定（二）》，现已废止，代之以 2022 年 5 月 15 日施行的《最高人民检察院、公安部关于公安机关管辖的刑事案件立案追诉标准的规定（二）》。——编者注

第一百五十九条【虚假出资、抽逃出资罪】公司发起人、股东违反公司法的规定未交付货币、实物或者未转移财产权，虚假出资，或者在公司成立后又抽逃其出资，数额巨大、后果严重或者有其他严重情节的，处五年以下有期徒刑或者拘役，并处或者单处虚假出资金额或者抽逃出资金额百分之二以上百分之十以下罚金。

单位犯前款罪的，对单位判处罚金，并对其直接负责的主管人员和其他直接责任人员，处五年以下有期徒刑或者拘役。

【罪名渊源】本条由全国人大常委会《关于惩治违反公司法的犯罪的决定》第 2 条修订而来，79 刑法没有规定。刑法对罚金刑的下限作了规定，并将得并制改为必并制。高法《罪名规定》、高检《罪名意见》将其解释为虚假出资、抽逃出资罪。

【立法解释】

159.1 参见 158.1 全国人民代表大会常务委员会关于《中华人民共和国刑法》第一百五十八条、第一百五十九条的解释（2014 年 4 月 24 日）

【立案标准】

159.2 最高人民检察院、公安部关于公安机关管辖的刑事案件立案追诉标准的规定（二）（2022 年 5 月 15 日　公通字〔2022〕12 号）（节录）

第四条　〔虚假出资、抽逃出资案（刑法第一百五十九条）〕公司发起人、股东违反公司法的规定未交付货币、实物或者未转移财产权，虚假出资，或者在公司成立后又抽逃其出资，涉嫌下列情形之一的，应予立案追诉：

（一）法定注册资本最低限额在六百万元以下，虚假出资、抽逃出资数额占其应缴出资数额百分之六十以上的；

（二）法定注册资本最低限额超过六百万元，虚假出资、抽逃出资数额占其应缴出资数额百分之三十以上的；

（三）造成公司、股东、债权人的直接经济损失累计数额在五十万元以上的；

（四）虽未达到上述数额标准，但具有下列情形之一的：

1. 致使公司资不抵债或者无法正常经营的；

2. 公司发起人、股东合谋虚假出资、抽逃出资的；

3. 二年内因虚假出资、抽逃出资受过二次以上行政处罚，又虚假出资、抽逃出资的；

4. 利用虚假出资、抽逃出资所得资金进行违法活动的。

（五）其他后果严重或者有其他严重情节的情形。

本条只适用于依法实行注册资本实缴登记制的公司。

第八十一条　本规定中的"虽未达到上述数额标准"，是指接近上述数额标准且已达到该数额的百分之八十以上的。

第八十二条　对于预备犯、未遂犯、中止犯，需要追究刑事责任的，应予立案追诉。

第八十三条　本规定中的立案追诉标准，除法律、司法解释、本规定中另有规定的以外，适用于相应的单位犯罪。

第八十四条　本规定中的"以上"，包括本数。

【司法文件】

159.3 参见 158.3 最高人民检察院、公安部关于严格依法办理虚报注册资本和虚假出资抽逃出资刑事案件的通知（2014 年 5 月 20 日　公经〔2014〕247 号）

【部委规范】

159.4 公安部办公厅关于若干经济犯罪案件如何统计涉案总价值、挽回经济损失数额的批复（2008 年 11 月 5 日　公经〔2008〕214 号）（节录）

一、……虚假出资、抽逃出资案按照虚假或抽逃的出资数额统计涉案总价值。

五、挽回经济损失额按照实际追缴的赃款以及赃物折价统计。

【法律法规】

159.5 金融违法行为处罚办法 (1999 年 2 月 22 日)（第 2 条、第 8 条、第 30 条）

159.6 中华人民共和国公司法 (2006 年 1 月 1 日 2018 年修正)（第 199—200 条、第 215 条）

第一百六十条【欺诈发行证券罪】 在招股说明书、认股书、公司、企业债券募集办法等发行文件中隐瞒重要事实或者编造重大虚假内容，发行股票或者公司、企业债券、存托凭证或者国务院依法认定的其他证券，数额巨大、后果严重或者有其他严重情节的，处五年以下有期徒刑或者拘役，并处或者单处罚金；数额特别巨大、后果特别严重或者有其他特别严重情节的，处五年以上有期徒刑，并处罚金。

控股股东、实际控制人组织、指使实施前款行为的，处五年以下有期徒刑或者拘役，并处或者单处非法募集资金金额百分之二十以上一倍以下罚金；数额特别巨大、后果特别严重或者有其他特别严重情节的，处五年以上有期徒刑，并处非法募集资金金额百分之二十以上一倍以下罚金。

单位犯前两款罪的，对单位判处非法募集资金金额百分之二十以上一倍以下罚金，并对其直接负责的主管人员和其他直接责任人员，依照第一款的规定处罚。

【刑法修正说明】

本条为全国人大常委会 2020 年 12 月 26 日通过并公布、 2021 年 3 月 1 日施行的《刑法修正案（十一）》 第 8 条所修正。原第 160 条为：

【欺诈发行股票、债券罪】 在招股说明书、认股书、公司、企业债券募集办法中隐瞒重要事实或者编造重大虚假内容，发行股票或者公司、企业债券，数额巨大、后果严重或者有其他严重情节的，处五年以下有期徒刑或者拘役，并处或者单处非法募集资金金额百分之一以上百分之五以下罚金。

单位犯前款罪的，对单位判处罚金，并对其直接负责的主管人员和其他直接责任人员，处五年以下有期徒刑或者拘役。

【罪名渊源】 本条由全国人大常委会《关于惩治违反公司法的犯罪的决定》第 3 条修改而来，79 刑法没有规定。刑法在罪状中增加了企业债券的内容，对罚金刑的下限作了规定，并将得并制改为必并制。高法《罪名规定》、高检《罪名意见》将其解释为欺诈发行股票、债券罪。《刑法修正案（十一）》第 8 条在第 1 款增加"存托凭证""国务院依法认定的其他证券"作为犯罪对象，增设"数额特别巨大"一档的法定刑；增设第 2 款内容；修改了单位犯罪的处罚原则。"两高"《罪名补充规定（七）》将其解释为欺诈发行证券罪，取消欺诈发行股票、债券罪罪名。

【立案标准】

160.1 最高人民检察院、公安部关于公安机关管辖的刑事案件立案追诉标准的规定（二）(2022 年 5 月 15 日 公通字〔2022〕12 号)（节录）

第五条 〔欺诈发行证券案（刑法第一百六十条）〕在招股说明书、认股书、公司、企业债券募集办法等发行文件中隐瞒重要事实或者编造重大虚假内容，发行股票或者公司、企业债券、存托凭证或者国务院依法认定的其他证券，涉嫌下列情形之一的，应予立案追诉：

（一）非法募集资金金额在一千万元以上的；

（二）虚增或者虚减资产达到当期资产总额百分之三十以上的；

（三）虚增或者虚减营业收入达到当期营业收入总额百分之三十以上的；

（四）虚增或者虚减利润达到当期利润总额百分之三十以上的；

（五）隐瞒或者编造的重大诉讼、仲裁、担保、关联交易或者其他重大事项所涉及的数额或者连续十二个月的累计数额达到最近一期披露的净资产百分之五十以上的；

（六）造成投资者直接经济损失数额累计在一百万元以上的；

（七）为欺诈发行证券而伪造、变造国家机关公文、有效证明文件或者相关凭证、单据的；

（八）为欺诈发行证券向负有金融监督管理职责的单位或者人员行贿的；

（九）募集的资金全部或者主要用于违法犯罪活动的；

（十）其他后果严重或者有其他严重情节的情形。

第八十二条　对于预备犯、未遂犯、中止犯，需要追究刑事责任的，应予立案追诉。

第八十三条　本规定中的立案追诉标准，除法律、司法解释、本规定中另有规定的以外，适用于相应的单位犯罪。

第八十四条　本规定中的"以上"，包括本数。

【法律法规】

160.2 股票发行与交易管理暂行条例（1993 年 4 月 22 日）（第 70 条、第 78 条）

160.3 中华人民共和国证券法（2020 年 3 月 1 日）（第 181 条、第 219 条）

第一百六十一条【违规披露、不披露重要信息罪】依法负有信息披露义务的公司、企业向股东和社会公众提供虚假的或者隐瞒重要事实的财务会计报告，或者对依法应当披露的其他重要信息不按照规定披露，严重损害股东或者其他人利益，或者有其他严重情节的，对其直接负责的主管人员和其他直接责任人员，处五年以下有期徒刑或者拘役，并处或者单处罚金；情节特别严重的，处五年以上十年以下有期徒刑，并处罚金。

前款规定的公司、企业的控股股东、实际控制人实施或者组织、指使实施前款行为的，或者隐瞒相关事项导致前款规定的情形发生的，依照前款的规定处罚。

犯前款罪的控股股东、实际控制人是单位的，对单位判处罚金，并对其直接负责的主管人员和其他直接责任人员，依照第一款的规定处罚。

【刑法第一次修正说明】

全国人大常委会 2006 年 6 月 29 日通过并公布施行的《刑法修正案（六）》第 5 条对本条作了第一次修正。原第 161 条为：

【提供虚假财会报告罪】公司向股东和社会公众提供虚假的或者隐瞒重要事实的财务会计报告，严重损害股东或者其他人利益的，对其直接负责的主管人员和其他直接责任人员，处三年以下有期徒刑或者拘役，并处或者单处二万元以上二十万元以下罚金。

【刑法第二次修正说明】

全国人大常委会 2020 年 12 月 26 日通过并公布、2021 年 3 月 1 日施行的《刑法修正案（十一）》第 9 条对本条作了第二次修正。《刑法修正案（六）》第 5 条为：

【违规披露、不披露重要信息罪】依法负有信息披露义务的公司、企业向股东和社会公众提供虚假的或者隐瞒重要事实的财务会计报告，或者对依法应当披露的其他重要信息不按照规定披露，严重损害股东或者其他人利益，或者有其他严重情节的，对其直接负责的主管人员和其他直接责任人员，处三年以下有期徒刑或者拘役，并处或者单处二万元以上二十万元以下罚金。

【罪名渊源】本条 79 刑法没有规定，刑法对全国人大常委会《关于惩治违反公司法的犯罪的决定》第 4 条作了修改，增设了提供虚假财会报告罪，并对罚金刑的下限作了规定，将得并制改为必并制。《刑法修正案（六）》第 5 条对本条内容进行了修改：将提供虚假财会报告罪的犯罪主体由"公司"修改为"依法负有信息披露义务的公司、企业"，从而扩大了本罪犯罪主体的范围。"两高"《罪名补充规定（三）》将其解释为违规披露、不披露重要信息罪，取消提供虚假财会报告罪罪名。《刑法修正案（十一）》

第 9 条将第 1 款第一档法定最高刑由 3 年提高为 5 年，增设"情节特别严重"一档的法定刑；增设第 2—3 款内容。

【立案标准】

161.1 最高人民检察院、公安部关于公安机关管辖的刑事案件立案追诉标准的规定（二）（2022 年 5 月 15 日 公通字〔2022〕12 号）（节录）

第六条 〔违规披露、不披露重要信息案（刑法第一百六十一条）〕依法负有信息披露义务的公司、企业向股东和社会公众提供虚假的或者隐瞒重要事实的财务会计报告，或者对依法应当披露的其他重要信息不按照规定披露，涉嫌下列情形之一的，应予立案追诉：

（一）造成股东、债权人或者其他人直接经济损失数额累计在一百万元以上的；

（二）虚增或者虚减资产达到当期披露的资产总额百分之三十以上的；

（三）虚增或者虚减营业收入达到当期披露的营业收入总额百分之三十以上的；

（四）虚增或者虚减利润达到当期披露的利润总额百分之三十以上的；

（五）未按照规定披露的重大诉讼、仲裁、担保、关联交易或者其他重大事项所涉及的数额或者连续十二个月的累计数额达到最近一期披露的净资产百分之五十以上的；

（六）致使不符合发行条件的公司、企业骗取发行核准或者注册并且上市交易的；

（七）致使公司、企业发行的股票或者公司、企业债券、存托凭证或者国务院依法认定的其他证券被终止上市交易的；

（八）在公司财务会计报告中将亏损披露为盈利，或者将盈利披露为亏损的；

（九）多次提供虚假的或者隐瞒重要事实的财务会计报告，或者多次对依法应当披露的其他重要信息不按照规定披露的；

（十）其他严重损害股东、债权人或者其他人利益，或者有其他严重情节的情形。

第八十二条 对于预备犯、未遂犯、中止犯，需要追究刑事责任的，应予立案追诉。

第八十三条 本规定中的立案追诉标准，除法律、司法解释、本规定中另有规定的以外，适用于相应的单位犯罪。

第八十四条 本规定中的"以上"，包括本数。

【法律法规】

161.2 金融违法行为处罚办法（1999 年 2 月 22 日）（第 12 条）

161.3 中华人民共和国会计法（2000 年 7 月 1 日 2017 年修正）（第 13 条、第 43 条、第 45 条）

161.4 企业财务会计报告条例（2001 年 1 月 1 日）（第 2 条、第 40 条第 1 款）

161.5 中华人民共和国公司法（2006 年 1 月 1 日 2018 年修正）（第 202 条、第 215 条）

161.6 中华人民共和国证券法（2020 年 3 月 1 日）（第 197 条、第 219 条）

第一百六十二条【妨害清算罪】公司、企业进行清算时，隐匿财产，对资产负债表或者财产清单作虚伪记载或者在未清偿债务前分配公司、企业财产，严重损害债权人或者其他人利益的，对其直接负责的主管人员和其他直接责任人员，处五年以下有期徒刑或者拘役，并处或者单处二万元以上二十万元以下罚金。

【罪名渊源】本条由全国人大常委会《关于惩治违反公司法的犯罪的决定》第 5 条修改而来，79 刑法未规定。刑法增加了"企业"这一犯罪主体，确定了罚金刑的下限，并将得并制改为必并制。高法《罪名规定》、高检《罪名意见》将其解释为妨害清算罪。

【立案标准】

162.1 最高人民检察院、公安部关于公安机关管辖的刑事案件立案追诉标准的规定（二）（2022 年 5 月 15 日 公通字〔2022〕12 号）（节录）

第七条 〔妨害清算案（刑法第一百六十二条）〕公司、企业进行清算时，隐匿财产，对资产负债表或者财产清单作虚伪记载或者在未清偿债务前分配公司、企业财产，涉嫌下列情形之一的，应予立案追诉：

（一）隐匿财产价值在五十万元以上的；

（二）对资产负债表或者财产清单作虚伪记载涉及金额在五十万元以上的；

（三）在未清偿债务前分配公司、企业财产价值在五十万元以上的；

（四）造成债权人或者其他人直接经济损失数额累计在十万元以上的；

（五）虽未达到上述数额标准，但应清偿的职工的工资、社会保险费用和法定补偿金得不到及时清偿，造成恶劣社会影响的；

（六）其他严重损害债权人或者其他人利益的情形。

第八十一条　本规定中的"虽未达到上述数额标准"，是指接近上述数额标准且已达到该数额的百分之八十以上的。

第八十二条　对于预备犯、未遂犯、中止犯，需要追究刑事责任的，应予立案追诉。

第八十四条　本规定中的"以上"，包括本数。

【法律法规】

162.2 中华人民共和国公司法（2006 年 1 月 1 日　2018 年修正）（第 204 条第 2 款、第 215—216 条）

第一百六十二条之一【**隐匿、故意销毁会计凭证、会计账簿、财务会计报告罪**】隐匿或者故意销毁依法应当保存的会计凭证、会计帐簿、财务会计报告，情节严重的，处五年以下有期徒刑或者拘役，并处或者单处二万元以上二十万元以下罚金。

单位犯前款罪的，对单位判处罚金，并对其直接负责的主管人员和其他直接责任人员，依照前款的规定处罚。

【刑法修正说明】

本条为全国人大常委会 1999 年 12 月 25 日通过并公布施行的《刑法修正案》第 1 条所增设。

【罪名渊源】本条系《刑法修正案》第 1 条增设，"两高"《罪名补充规定》将其解释为隐匿、故意销毁会计凭证、会计账簿、财务会计报告罪。

【立法文件】

162−1.1 全国人大常委会法制工作委员会关于对"隐匿、销毁会计凭证、会计账簿、财务会计报告构成犯罪的主体范围"问题的答复意见（2002 年 1 月 14 日　法工委复字〔2002〕3 号）

审计署：

根据全国人大常委会 1999 年 12 月 25 日《刑法修正案》第一条的规定，任何单位和个人在办理会计事务时对依法应当保存的会计凭证、会计账簿、财务会计报告，进行隐匿、销毁，情节严重的，构成犯罪，应当依法追究其刑事责任。

根据刑事诉讼法第十八条关于刑事案件侦查管辖的规定，除法律规定的特定案件由人民检察院立案侦查以外，其他刑事案件的侦查应由公安机关管辖。隐匿、销毁会计凭证、会计账簿、财务会计报告，构成犯罪，应当由公安机关立案侦查。

【立案标准】

162−1.2 最高人民检察院、公安部关于公安机关管辖的刑事案件立案追诉标准的规定（二）（2022 年 5 月 15 日　公通字〔2022〕12 号）（节录）

第八条　〔隐匿、故意销毁会计凭证、会计帐簿、财务会计报告案（刑法第一百六十二条之一）〕隐匿或者故意销毁依法应当保存的会计凭证、会计帐簿、财务会计报告，涉嫌下列情形之一的，应予立案追诉：

（一）隐匿、故意销毁的会计凭证、会计帐簿、财务会计报告涉及金额在五十万元以上的；

（二）依法应当向监察机关、司法机关、行政机关、有关主管部门等提供而隐匿、故意销毁或者拒不交出会计凭证、会计帐簿、财务会计报告的；

（三）其他情节严重的情形。

第八十二条 对于预备犯、未遂犯、中止犯，需要追究刑事责任的，应予立案追诉。

第八十三条 本规定中的立案追诉标准，除法律、司法解释、本规定中另有规定的以外，适用于相应的单位犯罪。

第八十四条 本规定中的"以上"，包括本数。

【司法文件】

162 - 1.3 最高人民法院关于进一步加强金融审判工作的若干意见（2017 年 8 月 4 日 法发〔2017〕22 号）（节录）

13. 积极预防破产案件引发金融风险，维护社会稳定。依法审慎处理可能引发金融风险、影响社会稳定的破产案件，特别是涉及相互、连环担保以及民间融资、非法集资的企业破产案件，避免引发区域性风险和群体性事件。进一步完善上市公司、金融机构等特定主体的破产制度设计，预防个案引发系统性金融风险。严格审查破产程序中的恶意逃废债务行为。依法适用关联企业合并破产、行使破产撤销权和取回权等手段，查找和追回债务人财产。对于隐匿、故意销毁会计账册、会计凭证，拒不执行法院判决、裁定等犯罪行为，依法追究刑事责任。

17. 严厉打击各类"逃废债"行为，切实维护市场主体合法权益。严厉打击恶意逃废债务行为，依法适用破产程序中的关联企业合并破产、行使破产撤销权和取回权等手段，查找和追回债务人财产。加大对隐匿、故意销毁会计凭证、会计账簿、财务会计报告等犯罪行为的刑事处罚力度。

【部委规范】

162 - 1.4 会计档案管理办法（2016 年 1 月 1 日 财政部、国家档案局令第 79 号）（第 2—3 条、第 6—15 条）

【法律法规】

162 - 1.5 中华人民共和国会计法（2000 年 7 月 1 日 2017 年修正）（第 44 条、第 45 条）

第一百六十二条之二【虚假破产罪】 公司、企业通过隐匿财产、承担虚构的债务或者以其他方法转移、处分财产，实施虚假破产，严重损害债权人或者其他人利益的，对其直接负责的主管人员和其他直接责任人员，处五年以下有期徒刑或者拘役，并处或者单处二万元以上二十万元以下罚金。

【刑法修正说明】

本条为全国人大常委会 2006 年 6 月 29 日通过并公布施行的《刑法修正案（六）》第 6 条所增设。

【罪名渊源】 本条系《刑法修正案（六）》第 6 条增设，"两高"《罪名补充规定（三）》将其解释为虚假破产罪。

【立案标准】

162 - 2.1 最高人民检察院、公安部关于公安机关管辖的刑事案件立案追诉标准的规定（二）（2022 年 5 月 15 日 公通字〔2022〕12 号）（节录）

第九条 〔虚假破产案（刑法第一百六十二条之二）〕公司、企业通过隐匿财产、承担虚构的债务或者以其他方法转移、处分财产，实施虚假破产，涉嫌下列情形之一的，应予立案追诉：

（一）隐匿财产价值在五十万元以上的；

（二）承担虚构的债务涉及金额在五十万元以上的；

（三）以其他方法转移、处分财产价值在五十万元以上的；

（四）造成债权人或者其他人直接经济损失数额累计在十万元以上的；

（五）虽未达到上述数额标准，但应清偿的职工的工资、社会保险费用和法定补偿金得不到及时清偿，造成恶劣社会影响的；

（六）其他严重损害债权人或者其他人利益的情形。

第八十一条 本规定中的"虽未达到上述数额标准"，是指接近上述数额标准且已达到该数额的百分之八十以上的。

第八十二条 对于预备犯、未遂犯、中止犯，需要追究刑事责任的，应予立案追诉。

第八十四条 本规定中的"以上"，包括本数。

第一百六十三条【非国家工作人员受贿罪】公司、企业或者其他单位的工作人员，利用职务上的便利，索取他人财物或者非法收受他人财物，为他人谋取利益，数额较大的，处三年以下有期徒刑或者拘役，并处罚金；数额巨大或者有其他严重情节的，处三年以上十年以下有期徒刑，并处罚金；数额特别巨大或者有其他特别严重情节的，处十年以上有期徒刑或者无期徒刑，并处罚金。

公司、企业或者其他单位的工作人员在经济往来中，利用职务上的便利，违反国家规定，收受各种名义的回扣、手续费，归个人所有的，依照前款的规定处罚。

【受贿罪】国有公司、企业或者其他国有单位中从事公务的人员和国有公司、企业或者其他国有单位委派到非国有公司、企业以及其他单位从事公务的人员有前两款行为的，依照本法第三百八十五条、第三百八十六条的规定定罪处罚。

【刑法第一次修正说明】

全国人大常委会2006年6月29日通过并公布施行的《刑法修正案（六）》第7条对本条作了第一次修正。原第163条为：

【公司、企业人员受贿罪】公司、企业的工作人员利用职务上的便利，索取他人财物或者非法收受他人财物，为他人谋取利益，数额较大的，处五年以下有期徒刑或者拘役；数额巨大的，处五年以上有期徒刑，可以并处没收财产。

公司、企业的工作人员在经济往来中，违反国家规定，收受各种名义的回扣、手续费，归个人所有的，依照前款的规定处罚。

【受贿罪】国有公司、企业中从事公务的人员和国有公司、企业委派到非国有公司、企业从事公务的人员有前两款行为的，依照本法第三百八十五条、第三百八十六条的规定定罪处罚。

【刑法第二次修正说明】

全国人大常委会2020年12月26日通过并公布、2021年3月1日施行的《刑法修正案（十一）》第10条对本条第1款作了修正。《刑法修正案（六）》第7条为：

【非国家工作人员受贿罪】公司、企业或者其他单位的工作人员利用职务上的便利，索取他人财物或者非法收受他人财物，为他人谋取利益，数额较大的，处五年以下有期徒刑或者拘役；数额巨大的，处五年以上有期徒刑，可以并处没收财产。

公司、企业或者其他单位的工作人员在经济往来中，利用职务上的便利，违反国家规定，收受各种名义的回扣、手续费，归个人所有的，依照前款的规定处罚。

【受贿罪】国有公司、企业或者其他国有单位中从事公务的人员和国有公司、企业或者其他国有单位委派到非国有公司、企业以及其他单位从事公务的人员有前两款行为的，依照本法第三百八十五条、第三百八十六条的规定定罪处罚。

【罪名渊源】本条前两款由全国人大常委会《关于惩治违反公司法的犯罪的决定》第9条修改而来，79刑法没有规定。刑法主要作了如下修改：（1）将犯罪主体由"公司董事、监事或者是职工"改为"公司、企业的工作人员","贿赂"改为"财物";(2)增加了"为他人谋取利益"的构罪要件;(3)将实践中大量存在的公司、企业人员非法收受回扣、手续费的行为纳入本罪的处罚范围。高法《罪名规定》、高检《罪名意见》将其解释为公司、企业人员受贿罪。《刑法修正案(六)》第7条对条文作了修改:(1)将第1款、第2款的犯罪主体由"公司、企业的工作人员"修改为"公司、企业或者其他单位的工作人员";(2)将第3款规定的犯罪主体由"国有公司、企业"的工作人员扩大为"国有公司、企业或者其他国有单位"的工作人员。"两高"《罪名补充规定(三)》将本条解释为非国家工作人员受贿罪,取消公司、企业人员受贿罪罪名。《刑法修正案(十一)》第10条改第1款两档法定刑为三档法定刑。

【立案标准】

163.1 最高人民检察院、公安部关于公安机关管辖的刑事案件立案追诉标准的规定(二)(2022年5月15日 公通字〔2022〕12号)(节录)

第十条 〔非国家工作人员受贿案(刑法第一百六十三条)〕公司、企业或者其他单位的工作人员利用职务上的便利,索取他人财物或者非法收受他人财物,为他人谋取利益,或者在经济往来中,利用职务上的便利,违反国家规定,收受各种名义的回扣、手续费,归个人所有,数额在三万元以上的,应予立案追诉。

第八十二条 对于预备犯、未遂犯、中止犯,需要追究刑事责任的,应予立案追诉。

第八十四条 本规定中的"以上",包括本数。

【罪刑标准】

163.2 最高人民法院、最高人民检察院关于办理贪污贿赂刑事案件适用法律若干问题的解释(2016年4月18日 法释〔2016〕9号)(节录)

第十一条(第一款) 刑法第一百六十三条规定的非国家工作人员受贿罪、第二百七十一条规定的职务侵占罪中的"数额较大""数额巨大"的数额起点,按照本解释关于受贿罪、贪污罪相对应的数额标准规定的二倍、五倍执行。①

第十二条 贿赂犯罪中的"财物",包括货币、物品和财产性利益。财产性利益包括可以折算为货币的物质利益如房屋装修、债务免除等,以及需要支付货币的其他利益如会员服务、旅游等。后者的犯罪数额,以实际支付或者应当支付的数额计算。

第十三条(第一款) 具有下列情形之一的,应当认定为"为他人谋取利益",构成犯罪的,应当依照刑法关于受贿犯罪的规定定罪处罚:

(一)实际或者承诺为他人谋取利益的;

(二)明知他人有具体请托事项的;

(三)履职时未被请托,但事后基于该履职事由收受他人财物的。

第十五条(第一款) 对多次受贿未经处理的,累计计算受贿数额。

【司法解释】

163.3 最高人民检察院、公安部关于公安机关办理经济犯罪案件的若干规定(2018年1月1日 公通字〔2017〕25号)(节录)

第九条 非国家工作人员利用职务上的便利实施经济犯罪的,由犯罪嫌疑人工作单位所在地公安机关管辖。如果由犯罪行为实施地或者犯罪嫌疑人居住地的公安机关管辖更为适宜的,也可以由犯罪行为实施地或者犯罪嫌疑人居住地的公安机关管辖。

---

① 受贿罪、贪污罪的数额标准,参见383.1本解释第1—4条。——编者注

【司法文件】

163.4 最高人民检察院研究室关于非国家工作人员涉嫌职务犯罪案件管辖问题的意见（2001年4月10日）

公安部经济犯罪侦查局：

你局《关于征求对案件管辖权问题意见的函》（公经〔2001〕248号）收悉。经研究，提出以下意见，供参考：

鉴于职务犯罪案件的特殊性，对于非国家工作人员涉嫌职务犯罪案件的侦查管辖问题，原则上以犯罪嫌疑人工作单位所在地的公安机关管辖为宜，如果由犯罪行为实施地或者犯罪嫌疑人居住地的公安机关管辖更为适宜的，也可以由犯罪行为实施地或者犯罪嫌疑人居住地的公安机关管辖。

163.5 最高人民检察院研究室关于佛教协会工作人员能否构成受贿罪或者公司、企业人员受贿罪主体问题的答复（2003年1月13日　〔2003〕高检研发第2号）

浙江省人民检察院研究室：

你室《关于佛教协会工作人员能否构成受贿罪或公司、企业人员受贿罪主体的请示》（检研请〔2002〕9号）收悉。经研究，答复如下：

佛教协会属于社会团体，其工作人员除符合刑法第九十三条第二款的规定属于受委托从事公务的人员外，既不属于国家工作人员，也不属于公司、企业人员。根据刑法的规定，对非受委托从事公务的佛教协会的工作人员利用职务之便收受他人财物，为他人谋取利益的行为，不能按受贿罪或者公司、企业人员受贿罪追究刑事责任。

163.6 最高人民法院、最高人民检察院关于办理商业贿赂刑事案件适用法律若干问题的意见（2008年11月20日　法发〔2008〕33号）

为依法惩治商业贿赂犯罪，根据刑法有关规定，结合办案工作实际，现就办理商业贿赂刑事案件适用法律的若干问题，提出如下意见：

一、商业贿赂犯罪涉及刑法规定的以下八种罪名：（1）非国家工作人员受贿罪（刑法第一百六十三条）；（2）对非国家工作人员行贿罪（刑法第一百六十四条）；（3）受贿罪（刑法第三百八十五条）；（4）单位受贿罪（刑法第三百八十七条）；（5）行贿罪（刑法第三百八十九条）；（6）对单位行贿罪（刑法第三百九十一条）；（7）介绍贿赂罪（刑法第三百九十二条）；（8）单位行贿罪（刑法第三百九十三条）。

二、刑法第一百六十三条、第一百六十四条规定的"其他单位"，既包括事业单位、社会团体、村民委员会、居民委员会、村民小组等常设性的组织，也包括为组织体育赛事、文艺演出或者其他正当活动而成立的组委会、筹委会、工程承包队等非常设性的组织。

三、刑法第一百六十三条、第一百六十四条规定的"公司、企业或者其他单位的工作人员"，包括国有公司、企业以及其他国有单位中的非国家工作人员。

四、医疗机构中的国家工作人员，在药品、医疗器械、医用卫生材料等医药产品采购活动中，利用职务上的便利，索取销售方财物，或者非法收受销售方财物，为销售方谋取利益，构成犯罪的，依照刑法第三百八十五条的规定，以受贿罪定罪处罚。

医疗机构中的非国家工作人员，有前款行为，数额较大的，依照刑法第一百六十三条的规定，以非国家工作人员受贿罪定罪处罚。

医疗机构中的医务人员，利用开处方的职务便利，以各种名义非法收受药品、医疗器械、医用卫生材料等医药产品销售方财物，为医药产品销售方谋取利益，数额较大的，依照刑法第一百六十三条的规定，以非国家工作人员受贿罪定罪处罚。

五、学校及其他教育机构中的国家工作人员，在教材、教具、校服或者其他物品的采购等活动中，利用职务上的便利，索取销售方财物，或者非法收受销售方财物，为销售方谋取利益，构成犯罪的，依照刑法第三百八十五条的规定，以受贿罪定罪处罚。

学校及其他教育机构中的非国家工作人员，有前款行为，数额较大的，依照刑法第一百六十三条的规定，以非国家工作人员受贿罪定罪处罚。

学校及其他教育机构中的教师，利用教学活动的职务便利，以各种名义非法收受教材、教具、校服或者其他物品销售方财物，为教材、教具、校服或者其他物品销售方谋取利益，数额较大的，依照刑法第一百六十三条的规定，以非国家工作人员受贿罪定罪处罚。

六、依法组建的评标委员会、竞争性谈判采购中谈判小组、询价采购中询价小组的组成人员，在招标、政府采购等事项的评标或者采购活动中，索取他人财物或者非法收受他人财物，为他人谋取利益，数额较大的，依照刑法第一百六十三条的规定，以非国家工作人员受贿罪定罪处罚。

依法组建的评标委员会、竞争性谈判采购中谈判小组、询价采购中询价小组中国家机关或者其他国有单位的代表有前款行为的，依照刑法第三百八十五条的规定，以受贿罪定罪处罚。

七、商业贿赂中的财物，既包括金钱和实物，也包括可以用金钱计算数额的财产性利益，如提供房屋装修、含有金额的会员卡、代币卡（券）、旅游费用等。具体数额以实际支付的资费为准。

八、收受银行卡的，不论受贿人是否实际取出或者消费，卡内的存款数额一般应全额认定为受贿数额。使用银行卡透支的，如果由给予银行卡的一方承担还款责任，透支数额也应当认定为受贿数额。

九、在行贿犯罪中，"谋取不正当利益"，是指行贿人谋取违反法律、法规、规章或者政策规定的利益，或者要求对方违反法律、法规、规章、政策、行业规范的规定提供帮助或者方便条件。

在招标投标、政府采购等商业活动中，违背公平原则，给予相关人员财物以谋取竞争优势的，属于"谋取不正当利益"。

十、办理商业贿赂犯罪案件，要注意区分贿赂与馈赠的界限。主要应当结合以下因素全面分析、综合判断：（1）发生财物往来的背景，如双方是否存在亲友关系及历史上交往的情形和程度；（2）往来财物的价值；（3）财物往来的缘由、时机和方式，提供财物方对于接受方有无职务上的请托；（4）接受方是否利用职务上的便利为提供方谋取利益。

十一、非国家工作人员与国家工作人员通谋，共同收受他人财物，构成共同犯罪的，根据双方利用职务便利的具体情形分别定罪追究刑事责任：

（1）利用国家工作人员的职务便利为他人谋取利益的，以受贿罪追究刑事责任。

（2）利用非国家工作人员的职务便利为他人谋取利益的，以非国家工作人员受贿罪追究刑事责任。

（3）分别利用各自的职务便利为他人谋取利益的，按照主犯的犯罪性质追究刑事责任，不能分清主从犯的，可以受贿罪追究刑事责任。

【部委规范】

163.7 关于禁止商业贿赂行为的暂行规定（1996 年 11 月 15 日 国家工商行政管理局令第 60 号）（第 2—9 条）

163.8 公安部经济犯罪侦查局关于对非国家工作人员职务犯罪案件管辖权问题的意见（2003 年 4 月 21 日 公经〔2003〕436 号）

公安部经济犯罪侦查局：

你局《关于征求对案件管辖权问题意见的函》（公经〔2001〕248 号）收悉。经研究，提出以下意见，供参考：

近来，有多地公安机关就非国家工作人员涉嫌职务犯罪案件，犯罪嫌疑人工作单位所在地公安机关是否有管辖权问题请示部经侦局。对于该问题，部经侦局曾于 2001 年 3 月正式批复，此批复征求过最高人民检察院研究室的意见，最高人民检察院研究室同意部经侦局意见，即非国家工作人员涉嫌职务犯罪案件中，犯罪嫌疑人工作单位所在地公安机关具有管辖权。现予网上公布，请各地参照执行。

【法律法规】

163.9 中华人民共和国公司法（2006 年 1 月 1 日　2018 年修正）（第 147 条、第 215 条）

163.10 中华人民共和国商业银行法（2015 年 10 月 1 日）（第 84 条）

163.11 中华人民共和国反不正当竞争法（2018 年 1 月 1 日）（第 7 条、第 31 条）

第一百六十四条【对非国家工作人员行贿罪】 为谋取不正当利益，给予公司、企业或者其他单位的工作人员以财物，数额较大的，处三年以下有期徒刑或者拘役，并处罚金；数额巨大的，处三年以上十年以下有期徒刑，并处罚金。

【对外国公职人员、国际公共组织官员行贿罪】 为谋取不正当商业利益，给予外国公职人员或者国际公共组织官员以财物的，依照前款的规定处罚。

单位犯前两款罪的，对单位判处罚金，并对其直接负责的主管人员和其他直接责任人员，依照第一款的规定处罚。

行贿人在被追诉前主动交待行贿行为的，可以减轻处罚或者免除处罚。

【刑法第一次修正说明】

本条第 1 款为全国人大常委会 2006 年 6 月 29 日通过并公布施行的《刑法修正案（六）》第 8 条所修正。刑法原该款为：

【对公司、企业人员行贿罪】 为谋取不正当利益，给予公司、企业的工作人员以财物，数额较大的，处三年以下有期徒刑或者拘役；数额巨大的，处三年以上十年以下有期徒刑，并处罚金。

【刑法第二次修正说明】

全国人大常委会 2011 年 2 月 25 日通过并公布、同年 5 月 1 日施行的《刑法修正案（八）》第 29 条对本条作了第二次修正。《刑法修正案（六）》第 8 条为：

【对非国家工作人员行贿罪】 为谋取不正当利益，给予公司、企业或者其他单位的工作人员以财物，数额较大的，处三年以下有期徒刑或者拘役；数额巨大的，处三年以上十年以下有期徒刑，并处罚金。

【刑法第三次修正说明】

全国人大常委会 2015 年 8 月 29 日通过并公布、同年 11 月 1 日施行的《刑法修正案（九）》第 10 条对本条第 1 款作了修正。《刑法修正案（八）》第 29 条为：

【对非国家工作人员行贿罪】 为谋取不正当利益，给予公司、企业或者其他单位的工作人员以财物，数额较大的，处三年以下有期徒刑或者拘役；数额巨大的，处三年以上十年以下有期徒刑，并处罚金。

【对外国公职人员、国际公共组织官员行贿罪】 为谋取不正当商业利益，给予外国公职人员或者国际公共组织官员以财物的，依照前款的规定处罚。

单位犯前两款罪的，对单位判处罚金，并对其直接负责的主管人员和其他直接责任人员，依照第一款的规定处罚。

行贿人在被追诉前主动交待行贿行为的，可以减轻处罚或者免除处罚。

【罪名渊源】 本条系刑法增设，79 刑法、单行刑法均未规定。高法《罪名规定》、高检《罪名意见》将其解释为对公司、企业人员行贿罪。《刑法修正案（六）》第 8 条对本条作了修改，将犯罪主体由"公司、企业的工作人员"修改为"公司、企业或者其他单位的工作人员"，从而扩大了犯罪主体的范围。"两高"《罪名补充规定（三）》

将其解释为对非国家工作人员行贿罪，取消对公司、企业人员行贿罪罪名。《刑法修正案（八）》第29条增设第2款内容，"两高"《罪名补充规定（五）》将其解释为对外国公职人员、国际公共组织官员行贿罪。《刑法修正案（九）》第10条对第1款中"数额较大"的情形增设了罚金刑。

【立案标准】

164.1 最高人民检察院、公安部关于公安机关管辖的刑事案件立案追诉标准的规定（二）

（2022年5月15日 公通字〔2022〕12号）（节录）

第十一条 〔对非国家工作人员行贿案（刑法第一百六十四条第一款）〕为谋取不正当利益，给予公司、企业或者其他单位的工作人员以财物，个人行贿数额在三万元以上的，单位行贿数额在二十万元以上的，应予立案追诉。

第十二条 〔对外国公职人员、国际公共组织官员行贿案（刑法第一百六十四条第二款）〕为谋取不正当商业利益，给予外国公职人员或者国际公共组织官员以财物，个人行贿数额在三万元以上的，单位行贿数额在二十万元以上的，应予立案追诉。

第八十二条 对于预备犯、未遂犯、中止犯，需要追究刑事责任的，应予立案追诉。

第八十三条 本规定中的立案追诉标准，除法律、司法解释、本规定中另有规定的以外，适用于相应的单位犯罪。

第八十四条 本规定中的"以上"，包括本数。

【罪刑标准】

164.2 最高人民法院、最高人民检察院关于办理贪污贿赂刑事案件适用法律若干问题的解释

（2016年4月18日 法释〔2016〕9号）（节录）

第七条 为谋取不正当利益，向国家工作人员行贿，数额在三万元以上的，应当依照刑法第三百九十条的规定以行贿罪追究刑事责任。

行贿数额在一万元以上不满三万元，具有下列情形之一的，应当依照刑法第三百九十条的规定以行贿罪追究刑事责任：

（一）向三人以上行贿的；

（二）将违法所得用于行贿的；

（三）通过行贿谋取职务提拔、调整的；

（四）向负有食品、药品、安全生产、环境保护等监督管理职责的国家工作人员行贿，实施非法活动的；

（五）向司法工作人员行贿，影响司法公正的；

（六）造成经济损失数额在五十万元以上不满一百万元的。

第八条（第一款）犯行贿罪，具有下列情形之一的，应当认定为刑法第三百九十条第一款规定的"情节严重"：

（一）行贿数额在一百万元以上不满五百万元的；

（二）行贿数额在五十万元以上不满一百万元，并具有本解释第七条第二款第一项至第五项规定的情形之一的；

（三）其他严重的情节。

第十一条（第三款）刑法第一百六十四条第一款规定的对非国家工作人员行贿罪中的"数额较大""数额巨大"的数额起点，按照本解释第七条、第八条第一款关于行贿罪的数额标准规定的二倍执行。

第十二条 贿赂犯罪中的"财物"，包括货币、物品和财产性利益。财产性利益包括可以折算为货币的物质利益如房屋装修、债务免除等，以及需要支付货币的其他利益如会员服务、旅游等。后者的犯罪数额，以实际支付或者应当支付的数额计算。

【司法文件】

164.3 最高人民法院、最高人民检察院关于办理商业贿赂刑事案件适用法律若干问题的意见（2008 年 11 月 20 日　法发〔2008〕33 号）（节录）

二、刑法第一百六十三条、第一百六十四条规定的"其他单位"，既包括事业单位、社会团体、村民委员会、居民委员会、村民小组等常设性的组织，也包括为组织体育赛事、文艺演出或者其他正当活动而成立的组委会、筹委会、工程承包队等非常设性的组织。

三、刑法第一百六十三条、第一百六十四条规定的"公司、企业或者其他单位的工作人员"，包括国有公司、企业以及其他国有单位中的非国家工作人员。

七、商业贿赂中的财物，既包括金钱和实物，也包括可以用金钱计算数额的财产性利益，如提供房屋装修、含有金额的会员卡、代币卡（券）、旅游费用等。具体数额以实际支付的资费为准。

九、在行贿犯罪中，"谋取不正当利益"，是指行贿人谋取违反法律、法规、规章或者政策规定的利益，或者要求对方违反法律、法规、规章、政策、行业规范的规定提供帮助或者方便条件。

在招标投标、政府采购等商业活动中，违背公平原则，给予相关人员财物以谋取竞争优势的，属于"谋取不正当利益"。

十、办理商业贿赂犯罪案件，要注意区分贿赂与馈赠的界限。主要应当结合以下因素全面分析、综合判断：（1）发生财物往来的背景，如双方是否存在亲友关系及历史上交往的情形和程度；（2）往来财物的价值；（3）财物往来的缘由、时机和方式，提供财物方对于接受方有无职务上的请托；（4）接受方是否利用职务上的便利为提供方谋取利益。

第一百六十五条【非法经营同类营业罪】 国有公司、企业的董事、监事、高级管理人员，利用职务便利，自己经营或者为他人经营与其所任职公司、企业同类的营业，获取非法利益，数额巨大的，处三年以下有期徒刑或者拘役，并处或者单处罚金；数额特别巨大的，处三年以上七年以下有期徒刑，并处罚金。

其他公司、企业的董事、监事、高级管理人员违反法律、行政法规规定，实施前款行为，致使公司、企业利益遭受重大损失的，依照前款的规定处罚。

> **【刑法修正说明】**
> 本条为全国人大常委会 2023 年 12 月 29 日通过并公布、2024 年 3 月 1 日施行的《刑法修正案（十二）》第 1 条所修正。原刑法第 165 条为：
> **【非法经营同类营业罪】** 国有公司、企业的董事、经理利用职务便利，自己经营或者为他人经营与其所任职公司、企业同类的营业，获取非法利益，数额巨大的，处三年以下有期徒刑或者拘役，并处或者单处罚金；数额特别巨大的，处三年以上七年以下有期徒刑，并处罚金。

【罪名渊源】 本条系刑法增设，79 刑法、单行刑法均未规定。《刑法修正案（十二）》第 1 条对本条作了修改：（1）第 1 款（即刑法原第 165 条）的犯罪主体由"董事、经理"改为"董事、监事、高级管理人员"；（2）增设第 2 款内容，将非国有公司、企业纳入本罪的保护范围。高法《罪名规定》、高检《罪名意见》将其解释为非法经营同类营业罪。

【法律法规】

165.1 中华人民共和国公司法（2006 年 1 月 1 日　2018 年修正）（第 148 条第 5 项、第 215 条）

第一百六十六条【为亲友非法牟利罪】 国有公司、企业、事业单位的工作人员，利用职务便利，有下列情形之一，致使国家利益遭受重大损失的，处三年以下有期徒刑或者拘役，并处或者单处罚金；致使国家利益遭受特别重大损失的，处三年以上七年以下有期徒刑，并处罚金：

（一）将本单位的盈利业务交由自己的亲友进行经营的；

（二）以明显高于市场的价格从自己的亲友经营管理的单位采购商品、接受服务或者以明显低于市场的价格向自己的亲友经营管理的单位销售商品、提供服务的；

（三）从自己的亲友经营管理的单位采购、接受不合格商品、服务的。

其他公司、企业的工作人员违反法律、行政法规规定，实施前款行为，致使公司、企业利益遭受重大损失的，依照前款的规定处罚。

【刑法修正说明】

本条为全国人大常委会 2023 年 12 月 29 日通过并公布、2024 年 3 月 1 日施行的《刑法修正案（十二）》第 2 条所修正。　原刑法第 166 条为：

【为亲友非法牟利罪】 国有公司、企业、事业单位的工作人员，利用职务便利，有下列情形之一，使国家利益遭受重大损失的，处三年以下有期徒刑或者拘役，并处或者单处罚金；致使国家利益遭受特别重大损失的，处三年以上七年以下有期徒刑，并处罚金：

（一）将本单位的盈利业务交由自己的亲友进行经营的；

（二）以明显高于市场的价格向自己的亲友经营管理的单位采购商品或者以明显低于市场的价格向自己的亲友经营管理的单位销售商品的；

（三）向自己的亲友经营管理的单位采购不合格商品的。

【罪名渊源】 本条系刑法增设，79 刑法、单行刑法均未规定。《刑法修正案（十二）》第 2 条对本条作了修改：（1）第 1 款（即刑法原第 166 条）的犯罪对象由"商品"扩大至"商品、服务"；（2）增设第 2 款内容，将非国有公司、企业纳入本罪的保护范围。高法《罪名规定》、高检《罪名意见》将其解释为为亲友非法牟利罪。

第一百六十七条【签订、履行合同失职被骗罪】 国有公司、企业、事业单位直接负责的主管人员，在签订、履行合同过程中，因严重不负责任被诈骗，致使国家利益遭受重大损失的，处三年以下有期徒刑或者拘役；致使国家利益遭受特别重大损失的，处三年以上七年以下有期徒刑。

【说明】 1998 年 12 月 29 日通过并施行的全国人大常委会《关于惩治骗购外汇、逃汇和非法买卖外汇犯罪的决定》第 7 条对本条罪状作了补充。其内容为：

七、金融机构、从事对外贸易经营活动的公司、企业的工作人员严重不负责任，造成大量外汇被骗购或者逃汇，致使国家利益遭受重大损失的，依照刑法第一百六十七条的规定定罪处罚。

【罪名渊源】 本条系刑法增设，79 刑法、单行刑法均未规定。高法《罪名规定》、高检《罪名意见》将其解释为签订、履行合同失职被骗罪。全国人大常委会《关于惩治骗购外汇、逃汇和非法买卖外汇犯罪的决定》第 7 条对本条罪状作了补充。

【司法文件】

167.1 最高人民法院刑二庭审判长会议关于签订、履行合同失职被骗犯罪是否以对方当事人的行为构成诈骗罪为要件的意见（2001 年 4 月 1 日）（节录）

关于刑法第一百六十七条规定的"签订、履行合同失职被骗罪"和第四百零六条规定的"国家机关工作人员签订、履行合同失职罪"[①] 是否以对方构成诈骗犯罪为要件的问题，最高人民法

---

① 该罪名已为"两高"《罪名补充规定》所取消，代之以国家机关工作人员签订、履行合同失职被骗罪，下同。——编者注

院刑二庭审判长会议进行了研究，纪要如下：

认定签订、履行合同失职被骗罪和国家机关工作人员签订、履行合同失职罪应当以对方当事人涉嫌诈骗，行为构成犯罪为前提。但司法机关在办理或者审判行为人被指控犯有上述两罪的案件过程中，不能以对方当事人已经被人民法院判决构成诈骗犯罪作为认定本案当事人构成签订、履行合同失职被骗罪或者国家机关工作人员签订、履行合同失职罪的前提。也就是说，司法机关在办理案件过程中，只要认定对方当事人的行为已经涉嫌构成诈骗犯罪，就可依法认定行为人构成签订、履行合同失职被骗罪，或者国家机关工作人员签订、履行合同失职罪，而不需要搁置或者中止审理，直至对方当事人被人民法院审理并判决构成诈骗犯罪。

第一百六十八条【国有公司、企业人员失职罪，国有公司、企业人员滥用职权罪】 国有公司、企业的工作人员，由于严重不负责任或者滥用职权，造成国有公司、企业破产或者严重损失，致使国家利益遭受重大损失的，处三年以下有期徒刑或者拘役；致使国家利益遭受特别重大损失的，处三年以上七年以下有期徒刑。

【国有事业单位人员失职罪，国有事业单位人员滥用职权罪】 国有事业单位的工作人员有前款行为，致使国家利益遭受重大损失的，依照前款的规定处罚。

【国有公司、企业、事业单位人员失职罪，国有公司、企业、事业单位人员滥用职权罪】 国有公司、企业、事业单位的工作人员，徇私舞弊，犯前两款罪的，依照第一款的规定从重处罚。

【刑法修正说明】
本条为全国人大常委会 1999 年 12 月 25 日通过并公布施行的《刑法修正案》第 2 条所修正。原第 168 条为：
【徇私舞弊造成破产、亏损罪】 国有公司、企业直接负责的主管人员，徇私舞弊，造成国有公司、企业破产或者严重亏损，致使国家利益遭受重大损失的，处三年以下有期徒刑或者拘役。

【罪名渊源】 本条系刑法增设，79 刑法、单行刑法均未规定。高法《罪名规定》、高检《罪名意见》将其解释为徇私舞弊造成破产、亏损罪。《刑法修正案》第 2 条对罪状作了修正，增设了两个新罪名。"两高"《罪名补充规定》将其分别解释为国有公司、企业、事业单位人员失职罪和国有公司、企业、事业单位人员滥用职权罪，取消徇私舞弊造成破产、亏损罪罪名。

【司法解释】
168.1 最高人民法院关于审理扰乱电信市场管理秩序案件具体应用法律若干问题的解释 （2000 年 5 月 24 日　法释〔2000〕12 号）（节录）
第六条　国有电信企业的工作人员，由于严重不负责任或者滥用职权，造成国有电信企业破产或者严重损失，致使国家利益遭受重大损失的，依照刑法第一百六十八条的规定定罪处罚。

168.2 最高人民法院、最高人民检察院关于办理妨害预防、控制突发传染病疫情等灾害的刑事案件具体应用法律若干问题的解释 （2003 年 5 月 15 日　法释〔2003〕8 号）（节录）
第四条　国有公司、企业、事业单位的工作人员，在预防、控制突发传染病疫情等灾害的工作中，由于严重不负责任或者滥用职权，造成国有公司、企业破产或者严重损失，致使国家利益遭受重大损失的，依照刑法第一百六十八条的规定，以国有公司、企业、事业单位人员失职罪或者国有公司、企业、事业单位人员滥用职权罪定罪处罚。

【司法文件】
168.3 最高人民检察院研究室关于中国农业发展银行及其分支机构的工作人员法律适用问题的答复 （2002 年 9 月 23 日　〔2002〕高检研发第 16 号）

湖北省人民检察院研究室：

你院关于中国农业发展银行工作人员法律适用问题的请示（鄂检文〔2001〕50 号）收悉。经研究，答复如下：

中国农业发展银行及其分支机构的工作人员严重不负责任或者滥用职权，构成犯罪的，应当依照刑法第一百六十八条的规定追究刑事责任。

168.4 最高人民法院刑事审判第二庭关于国有公司人员滥用职权犯罪追溯期限等问题的答复（2005 年 1 月 13 日）

公安部经济犯罪侦查局：

你局公经〔2004〕1914 号《关于对一案件法律适用问题征求意见的函》收悉。经研究，答复如下：

一、对于本案行为人的行为应适用 1999 年 12 月 25 日《中华人民共和国刑法修正案》第二条的规定，以国有公司人员失职罪或滥用职权罪追究其刑事责任。

二、国有公司人员滥用职权罪或失职罪的追诉期限应从损失结果发生之日起计算。就本案而言，追诉期限应以法律意义上的损失发生为标准，即以人民法院民事终审判决之日起计算。

168.5 最高人民法院、最高人民检察院关于办理国家出资企业中职务犯罪案件具体应用法律若干问题的意见（2010 年 11 月 26 日 法发〔2010〕49 号）（节录）

一、关于国家出资企业工作人员在改制过程中隐匿公司、企业财产归个人持股的改制后公司、企业所有的行为的处理

第四款 在企业改制过程中未采取低估资产、隐瞒债权、虚设债务、虚构产权交易等方式故意隐匿公司、企业财产的，一般不应当认定为贪污；造成国有资产重大损失，依法构成刑法第一百六十八条或者第一百六十九条规定的犯罪的，依照该规定定罪处罚。

四、关于国家工作人员在企业改制过程中的渎职行为的处理

第一款 国家出资企业中的国家工作人员在公司、企业改制或者国有资产处置过程中严重不负责任或者滥用职权，致使国家利益遭受重大损失的，依照刑法第一百六十八条的规定，以国有公司、企业人员失职罪或者国有公司、企业人员滥用职权罪定罪处罚。

第一百六十九条【徇私舞弊低价折股、出售公司、企业资产罪】国有公司、企业或者其上级主管部门直接负责的主管人员，徇私舞弊，将国有资产低价折股或者低价出售，致使国家利益遭受重大损失的，处三年以下有期徒刑或者拘役；致使国家利益遭受特别重大损失的，处三年以上七年以下有期徒刑。

其他公司、企业直接负责的主管人员，徇私舞弊，将公司、企业资产低价折股或者低价出售，致使公司、企业利益遭受重大损失的，依照前款的规定处罚。

【刑法修正说明】
本条第 2 款为全国人大常委会 **2023 年 12 月 29 日**通过并公布、**2024 年 3 月 1 日**施行的《刑法修正案（十二）》第 3 条增设。

【罪名渊源】 本条第 1 款（即刑法原第 169 条）系刑法增设，79 刑法、单行刑法均未规定。高法《罪名规定》、高检《罪名意见》将其解释为徇私舞弊低价折股、出售国有资产罪。本条第 2 款系《刑法修正案（十二）》第 3 条增设。据此，《最高人民法院、最高人民检察院关于执行〈中华人民共和国刑法〉确定罪名的补充规定（八）》将本条罪名解释为徇私舞弊低价折股、出售公司、企业资产罪，取消徇私舞弊低价折股、出售国有资产罪罪名。

【司法文件】

169.1 最高人民法院、最高人民检察院关于办理国家出资企业中职务犯罪案件具体应用法律若干问题的意见（2010 年 11 月 26 日 法发〔2010〕49 号）（节录）

一、关于国家出资企业工作人员在改制过程中隐匿公司、企业财产归个人持股的改制后公司、企业所有的行为的处理

（第四款）在企业改制过程中未采取低估资产、隐瞒债权、虚设债务、虚构产权交易等方式故意隐匿公司、企业财产的，一般不应当认定为贪污；造成国有资产重大损失，依法构成刑法第一百六十八条或者第一百六十九条规定的犯罪的，依照该规定定罪处罚。

四、关于国家工作人员在企业改制过程中的渎职行为的处理

第二款　国家出资企业中的国家工作人员在公司、企业改制或者国有资产处置过程中徇私舞弊，将国有资产低价折股或者低价出售给其本人未持有股份的公司、企业或者其他个人，致使国家利益遭受重大损失的，依照刑法第一百六十九条的规定，以徇私舞弊低价折股、出售国有资产罪定罪处罚。

第一百六十九条之一【背信损害上市公司利益罪】 上市公司的董事、监事、高级管理人员违背对公司的忠实义务，利用职务便利，操纵上市公司从事下列行为之一，致使上市公司利益遭受重大损失的，处三年以下有期徒刑或者拘役，并处或者单处罚金；致使上市公司利益遭受特别重大损失的，处三年以上七年以下有期徒刑，并处罚金：

（一）无偿向其他单位或者个人提供资金、商品、服务或者其他资产的；

（二）以明显不公平的条件，提供或者接受资金、商品、服务或者其他资产的；

（三）向明显不具有清偿能力的单位或者个人提供资金、商品、服务或者其他资产的；

（四）为明显不具有清偿能力的单位或者个人提供担保，或者无正当理由为其他单位或者个人提供担保的；

（五）无正当理由放弃债权、承担债务的；

（六）采用其他方式损害上市公司利益的。

上市公司的控股股东或者实际控制人，指使上市公司董事、监事、高级管理人员实施前款行为的，依照前款的规定处罚。

犯前款罪的上市公司的控股股东或者实际控制人是单位的，对单位判处罚金，并对其直接负责的主管人员和其他直接责任人员，依照第一款的规定处罚。

【刑法修正说明】
本条为全国人大常委会 2006 年 6 月 29 日通过并公布施行的《刑法修正案（六）》第 9 条所增设。

【罪名渊源】 本条系《刑法修正案（六）》第 9 条增设，"两高"《罪名补充规定（三）》将其解释为背信损害上市公司利益罪。

【立案标准】
169-1.1 最高人民检察院、公安部关于公安机关管辖的刑事案件立案追诉标准的规定（二）（2022 年 5 月 15 日　公通字〔2022〕12 号）（节录）

第十三条　〔背信损害上市公司利益案（刑法第一百六十九条之一）〕上市公司的董事、监事、高级管理人员违背对公司的忠实义务，利用职务便利，操纵上市公司从事损害上市公司利益的行为，以及上市公司的控股股东或者实际控制人，指使上市公司董事、监事、高级管理人员实施损害上市公司利益的行为，涉嫌下列情形之一的，应予立案追诉：

（一）无偿向其他单位或者个人提供资金、商品、服务或者其他资产，致使上市公司直接经济损失数额在一百五十万元以上的；

（二）以明显不公平的条件，提供或者接受资金、商品、服务或者其他资产，致使上市公司直接经济损失数额在一百五十万元以上的；

（三）向明显不具有清偿能力的单位或者个人提供资金、商品、服务或者其他资产，致使上市公司直接经济损失数额在一百五十万元以上的；

（四）为明显不具有清偿能力的单位或者个人提供担保，或者无正当理由为其他单位或者个人提供担保，致使上市公司直接经济损失数额在一百五十万元以上的；

（五）无正当理由放弃债权、承担债务，致使上市公司直接经济损失数额在一百五十万元以上的；

（六）致使公司、企业发行的股票或者公司、企业债券、存托凭证或者国务院依法认定的其他证券被终止上市交易的；

（七）其他致使上市公司利益遭受重大损失的情形。

第八十二条　对于预备犯、未遂犯、中止犯，需要追究刑事责任的，应予立案追诉。

第八十三条　本规定中的立案追诉标准，除法律、司法解释、本规定中另有规定的以外，适用于相应的单位犯罪。

第八十四条　本规定中的"以上"，包括本数。

第四节　破坏金融管理秩序罪

【司法解释】

【注1】最高人民法院关于农村合作基金会从业人员犯罪如何定性问题的批复（2000年5月12日　法释〔2000〕10号）

四川省高级人民法院：

你院川高法〔1999〕376号《关于农村合作基金会从业人员犯罪如何定性的请示》收悉。经研究，答复如下：

农村合作基金会从业人员，除具有金融机构现职工作人员身份的以外，不属于金融机构工作人员，对其实施的犯罪行为，应当依照刑法的有关规定定罪处罚。

【司法文件】

【注2】全国法院审理金融犯罪案件工作座谈会纪要（最高人民法院2001年1月21日印发 法〔2001〕8号）（节录）

二

（二）关于破坏金融管理秩序罪

1. 非金融机构非法从事金融活动案件的处理

1998年7月13日，国务院发布了《非法金融机构和非法金融业务活动取缔办法》①。1998年8月11日，国务院办公厅转发了中国人民银行整顿乱集资、乱批设金融机构和乱办金融业务实施方案，对整顿金融"三乱"工作的政策措施等问题做出了规定。各地根据整顿金融"三乱"工作实施方案的规定，对于未经中国人民银行批准，但是根据地方政府或有关部门文件设立并从事或变相从事金融业务的各类基金会、互助会、储金会等机构和组织，由各地人民政府和各有关部门限期进行清理整顿。超过实施方案规定期限继续从事非法金融业务活动的，依法予以取缔；情节严重，构成犯罪的，依法追究刑事责任。因此，上述非法从事金融活动的机构和组织只要在实施方案规定期限之前停止非法金融业务活动的，对有关单位和责任人员，不应以擅自设立金融机构罪处理；对其以前从事的非法金融活动，一般也不作犯罪处理；这些机构和组织的人员利用职务实施的个人犯罪，如贪污罪、职务侵占罪、挪用公款罪、挪用资金罪等，应当根据具体案情分别依法定罪处罚。

（五）财产刑的适用

金融犯罪是图利型犯罪，惩罚和预防此类犯罪，应当注重同时从经济上制裁犯罪分子。刑法对金融犯罪都规定了财产刑，人民法院应当严格依法判处。罚金的数额，应当根据被告人的犯罪情节，在法律规定的数额幅度内确定。对于具有从轻、减轻或者免除处罚情节的被告人，对于本应并处的罚金刑原则上也应当从轻、减轻或者免除。

---

① 该办法已被《防范和处置非法集资条例》所废止。——编者注

　　单位金融犯罪中直接负责的主管人员和其他直接责任人员，是否适用罚金刑，应当根据刑法的具体规定。刑法分则条文规定有罚金刑，并规定对单位犯罪中直接负责的主管人员和其他直接责任人员依照自然人犯罪条款处罚的，应当判处罚金刑，但是对直接负责的主管人员和其他直接责任人员判处罚金的数额，应当低于对单位判处罚金的数额；刑法分则条文明确规定对单位犯罪中直接负责的主管人员和其他直接责任人员只判处自由刑的，不能附加判处罚金刑。

　　第一百七十条【伪造货币罪】 伪造货币的，处三年以上十年以下有期徒刑，并处罚金；有下列情形之一的，处十年以上有期徒刑或者无期徒刑，并处罚金或者没收财产：

　　（一）伪造货币集团的首要分子；

　　（二）伪造货币数额特别巨大的；

　　（三）有其他特别严重情节的。

　　【刑法修正说明】

　　本条为全国人大常委会 2015 年 8 月 29 日通过并公布、同年 11 月 1 日施行的《刑法修正案（九）》第 11 条所修正。原第 170 条为：

　　【伪造货币罪】 伪造货币的，处三年以上十年以下有期徒刑，并处五万元以上五十万元以下罚金；有下列情形之一的，处十年以上有期徒刑、无期徒刑或者死刑，并处五万元以上五十万元以下罚金或者没收财产：

　　（一）伪造货币集团的首要分子；

　　（二）伪造货币数额特别巨大的；

　　（三）有其他特别严重情节的。

　　【罪名渊源】 本条源自 79 刑法第 122 条伪造国家货币罪，全国人大常委会《关于惩治破坏金融秩序犯罪的决定》第 1 条将犯罪对象由"国家货币"改为"货币"，包括人民币和外币，刑法将其吸收纳入。《刑法修正案（九）》第 11 条改限额罚金制为无限额罚金制，并废除了死刑。高法《罪名规定》、高检《罪名意见》将其解释为伪造货币罪。

　　【立案标准】

　　170.1 最高人民检察院、公安部关于公安机关管辖的刑事案件立案追诉标准的规定（二）（2022 年 5 月 15 日　公通字〔2022〕12 号）（节录）

　　第十四条　〔伪造货币案（刑法第一百七十条）〕伪造货币，涉嫌下列情形之一的，应予立案追诉：

　　（一）总面额在二千元以上或者币量在二百张（枚）以上的；

　　（二）总面额在一千元以上或者币量在一百张（枚）以上，二年内因伪造货币受过行政处罚，又伪造货币的；

　　（三）制造货币版样或者为他人伪造货币提供版样的；

　　（四）其他伪造货币应予追究刑事责任的情形。

　　第七十九条　本规定中的"货币"是指在境内外正在流通的以下货币：

　　（一）人民币（含普通纪念币、贵金属纪念币）、港元、澳门元、新台币；

　　（二）其他国家及地区的法定货币。

　　贵金属纪念币的面额以中国人民银行授权中国金币总公司的初始发售价格为准。

　　第八十二条　对于预备犯、未遂犯、中止犯，需要追究刑事责任的，应予立案追诉。

　　第八十四条　本规定中的"以上"，包括本数。

　　【罪刑标准】

　　170.2 最高人民法院关于审理伪造货币等案件具体应用法律若干问题的解释（2000 年 9 月 14 日法释〔2000〕26 号）（节录）

第一条 伪造货币的总面额在二千元以上不满三万元或者币量在二百张（枚）以上不足三千张（枚）的，依照刑法第一百七十条的规定，处三年以上十年以下有期徒刑，并处五万元以上五十万元以下罚金。

伪造货币的总面额在三万元以上的，属于"伪造货币数额特别巨大"。

行为人制造货币版样或者与他人事前通谋，为他人伪造货币提供版样的，依照刑法第一百七十条的规定定罪处罚。

第七条 本解释所称"货币"是指可在国内市场流通或者兑换的人民币和境外货币。

货币面额应当以人民币计算，其他币种以案发时国家外汇管理机关公布的外汇牌价折算成人民币。

170.3 最高人民法院关于审理伪造货币等案件具体应用法律若干问题的解释（二）（2010 年 11 月 3 日 法释〔2010〕14 号）（节录）

第一条 （第一款） 仿照真货币的图案、形状、色彩等特征非法制造假币，冒充真币的行为，应当认定为刑法第一百七十条规定的"伪造货币"。

第二条 同时采用伪造和变造手段，制造真伪拼凑货币的行为，依照刑法第一百七十条的规定，以伪造货币罪定罪处罚。

第三条 以正在流通的境外货币为对象的假币犯罪，依照刑法第一百七十条至第一百七十三条的规定定罪处罚。

假境外货币犯罪的数额，按照案发当日中国外汇交易中心或者中国人民银行授权机构公布的人民币对该货币的中间价折合成人民币计算。中国外汇交易中心或者中国人民银行授权机构未公布汇率中间价的境外货币，按照案发当日境内银行人民币对该货币的中间价折算成人民币，或者该货币在境内银行、国际外汇市场对美元汇率，与人民币对美元汇率中间价进行套算。

第四条 以中国人民银行发行的普通纪念币和贵金属纪念币为对象的假币犯罪，依照刑法第一百七十条至第一百七十三条的规定定罪处罚。

假普通纪念币犯罪的数额，以面额计算；假贵金属纪念币犯罪的数额，以贵金属纪念币的初始发售价格计算。

【证据标准】

170.4 最高人民检察院关于印发部分罪案《审查逮捕证据参考标准（试行）》的通知（2003 年 11 月 27 日 高检侦监发〔2003〕107 号）（节录）

一、审查逮捕通用证据参考标准（参见 232.1 本通知）

九、伪造货币罪案审查逮捕证据参考标准

伪造货币罪，是指触犯《刑法》第 170 条的规定，仿照人民币或者外币的面额、图案、色彩、质地、式样、规格等，使用各种方法，非法制造假货币、冒充真货币的行为。其他以伪造货币罪定罪处罚的有：行为人销售、伪造货币版样或者与他人事前通谋、为他人伪造货币提供版样的。

对提请批捕的伪造货币案件，应当注意从以下几个方面审查证据：

（一）有证据证明发生了伪造货币犯罪事实。

重点审查：

1. 查获的伪造货币的实物或照片、收缴的犯罪工具或照片等证明发生伪造货币的行为的证据。

2. 证明伪造货币的总面额达到二千元以上，或者币量达到二百张（枚）以上的证据。

3. 证明伪造货币犯罪事实发生的证人证言、犯罪嫌疑人供述等。

4. 证明是假币的有关部门的鉴定。

（二）有证据证明伪造货币犯罪事实是否系犯罪嫌疑人实施的。

重点审查：

1. 现场查获犯罪嫌疑人实施伪造货币犯罪的证据。

2. 犯罪嫌疑人的供认。

3. 证人证言。

4. 同案犯罪嫌疑人的供述。

5. 其他能够证明犯罪嫌疑人实施伪造货币犯罪的证据。

（三）证明犯罪嫌疑人实施伪造货币犯罪行为的证据已有查证属实的。

重点审查：

1. 现场查获犯罪嫌疑人实施犯罪的，现场勘查笔录、收缴的假币、犯罪工具或照片等证据。

2. 其他证据能够印证的犯罪嫌疑人的供述。

3. 能够相互印证的证人证言。

4. 能够与其他证据相互印证的证人证言或者同案犯、被雇人员供述。

5. 其他已有查证属实的证明犯罪嫌疑人实施伪造货币犯罪的证据。

【司法文件】

170.5 全国法院审理金融犯罪案件工作座谈会纪要（最高人民法院2001年1月21日印发　法〔2001〕8号）（节录）

二

（二）关于破坏金融管理秩序罪

2. 关于假币犯罪

假币犯罪的认定。假币犯罪是一种严重破坏金融管理秩序的犯罪。只要有证据证明行为人实施了出售、购买、运输、使用假币行为，且数额较大，就构成犯罪。伪造货币的，只要实施了伪造行为，不论是否完成全部印制工序，即构成伪造货币罪；对于尚未制造出成品，无法计算伪造、销售假币面额的，或者制造、销售用于伪造货币的版样的，不认定犯罪数额，依据犯罪情节决定刑罚。明知是伪造的货币而持有，数额较大，根据现有证据不能认定行为人是为了进行其他假币犯罪的，以持有假币罪定罪处罚；如果有证据证明其持有的假币已构成其他假币犯罪的，应当以其他假币犯罪定罪处罚。

假币犯罪罪名的确定。假币犯罪案件中犯罪分子实施数个相关行为的，在确定罪名时应把握以下原则：对同一宗假币实施了法律规定为选择性罪名的行为，应根据行为人所实施的数个行为，按相关罪名刑法规定的排列顺序并列确定罪名，数额不累计计算，不实行数罪并罚。对不同宗假币实施法律规定为选择性罪名的行为，并列确定罪名，数额按全部假币面额累计计算，不实行数罪并罚。对同一宗假币实施了刑法没有规定为选择性罪名的数个犯罪行为，择一重罪从重处罚。如伪造货币或者购买假币后使用的，以伪造货币罪或购买假币罪定罪，从重处罚。对不同宗假币实施了刑法没有规定为选择性罪名的数个犯罪行为，分别定罪，数罪并罚。

出售假币被查获部分的处理。在出售假币时被抓获的，除现场查获的假币应认定为出售假币的犯罪数额外，现场之外在行为人住所或者其他藏匿地查获的假币，亦应认定为出售假币的犯罪数额。但有证据证实后者是行为人有实施其他假币犯罪的除外。

制造或者出售伪造的台币行为的处理。对于伪造台币的，应当以伪造货币罪定罪处罚；出售伪造的台币的，应当以出售假币罪定罪处罚。

170.6 参见171.5 最高人民法院、最高人民检察院、公安部关于严厉打击假币犯罪活动的通知（2009年9月15日　公通字〔2009〕45号）

【部委规范】

170.7 公安部办公厅关于若干经济犯罪案件如何统计涉案总价值、挽回经济损失数额的批复（2008年11月5日　公经〔2008〕214号）（节录）

三、走私假币案、伪造货币案、出售、购买、运输假币案、金融工作人员购买假币、以假币换取货币案、持有、使用假币案、变造货币案，按照已经查证属实的伪造、变造的货币的面值统计涉案总价值。

伪造、变造的外国货币以及香港、澳门、台湾地区货币的面值，按照立案时国家外汇管理机关公布的外汇牌价折算成人民币后统计。

五、挽回经济损失额按照实际追缴的赃款以及赃物折价统计。

【法律法规】

170.8 中华人民共和国中国人民银行法（1995 年 3 月 18 日 2003 年修正）（第 19 条、第 42 条）

第一百七十一条【出售、购买、运输假币罪】 出售、购买伪造的货币或者明知是伪造的货币而运输，数额较大的，处三年以下有期徒刑或者拘役，并处二万元以上二十万元以下罚金；数额巨大的，处三年以上十年以下有期徒刑，并处五万元以上五十万元以下罚金；数额特别巨大的，处十年以上有期徒刑或者无期徒刑，并处五万元以上五十万元以下罚金或者没收财产。

【金融工作人员购买假币、以假币换取货币罪】 银行或者其他金融机构的工作人员购买伪造的货币或者利用职务上的便利，以伪造的货币换取货币的，处三年以上十年以下有期徒刑，并处二万元以上二十万元以下罚金；数额巨大或者有其他严重情节的，处十年以上有期徒刑或者无期徒刑，并处二万元以上二十万元以下罚金或者没收财产；情节较轻的，处三年以下有期徒刑或者拘役，并处或者单处一万元以上十万元以下罚金。

【伪造货币罪】 伪造货币并出售或者运输伪造的货币的，依照本法第一百七十条的规定定罪从重处罚。

【罪名渊源】 本条第 1 款源自 79 刑法第 122 条贩运伪造的国家货币罪，全国人大常委会《关于惩治破坏金融秩序犯罪的决定》第 2 条第 1 款将其修改为出售、购买、运输假币罪，增加了出售、购买两种行为，并将外币纳入犯罪对象。刑法对该决定进行了修改，将"数额巨大"的附加刑由"并处没收财产"改为"并处五万元以上五十万元以下罚金或者没收财产"。第 2 款 79 刑法没有规定，系由《关于惩治破坏金融秩序犯罪的决定》第 2 条第 2 款修改而来。高法《罪名规定》、高检《罪名意见》将本条分别解释为出售、购买、运输假币罪，金融工作人员购买假币、以假币换取货币罪。

【立案标准】

171.1 最高人民检察院、公安部关于公安机关管辖的刑事案件立案追诉标准的规定（二）（2022 年 5 月 15 日 公通字〔2022〕12 号）（节录）

第十五条 〔出售、购买、运输假币案（刑法第一百七十一条第一款）〕出售、购买伪造的货币或者明知是伪造的货币而运输，涉嫌下列情形之一的，应予立案追诉：

（一）总面额在四千元以上或者币量在四百张（枚）以上的；

（二）总面额在二千元以上或者币量在二百张（枚）以上，二年内因出售、购买、运输假币受过行政处罚，又出售、购买、运输假币的；

（三）其他出售、购买、运输假币应予追究刑事责任的情形。

在出售假币时被抓获的，除现场查获的假币应认定为出售假币的数额外，现场之外在行为人住所或者其他藏匿地查获的假币，也应认定为出售假币的数额。

第十六条 〔金融工作人员购买假币、以假币换取货币案（刑法第一百七十一条第二款）〕银行或者其他金融机构的工作人员购买伪造的货币或者利用职务上的便利，以伪造的货币换取货币，总面额在二千元以上或者币量在二百张（枚）以上的，应予立案追诉。

第七十九条 本规定中的"货币"是指在境内外正在流通的以下货币：

（一）人民币（含普通纪念币、贵金属纪念币）、港元、澳门元、新台币；

（二）其他国家及地区的法定货币。

贵金属纪念币的面额以中国人民银行授权中国金币总公司的初始发售价格为准。

第八十二条 对于预备犯、未遂犯、中止犯，需要追究刑事责任的，应予立案追诉。

第八十四条 本规定中的"以上"，包括本数。

【罪刑标准】

171.2 最高人民法院关于审理伪造货币等案件具体应用法律若干问题的解释（2000 年 9 月 14 日

法释〔2000〕26号）（节录）

第二条（第二款）　行为人出售、运输假币构成犯罪，同时有使用假币行为的，依照刑法第一百七十一条、第一百七十二条的规定，实行数罪并罚。

第三条　出售、购买假币或者明知是假币而运输，总面额在四千元以上不满五万元的，属于"数额较大"；总面额在五万元以上不满二十万元的，属于"数额巨大"；总面额在二十万元以上的，属于"数额特别巨大"，依照刑法第一百七十一条第一款的规定定罪处罚。

第四条　银行或者其他金融机构的工作人员购买假币或者利用职务上的便利，以假币换取货币，总面额在四千元以上不满五万元或者币量在四百张（枚）以上不足五千张（枚）的，处三年以上十年以下有期徒刑，并处二万元以上二十万元以下罚金；总面额在五万元以上或者币量在五千张（枚）以上或者有其他严重情节的，处十年以上有期徒刑或者无期徒刑，并处二万元以上二十万元以下罚金或者没收财产；总面额不满人民币四千元或者币量不足四百张（枚）或者具有其他情节较轻情形的，处三年以下有期徒刑或者拘役，并处或者单处一万元以上十万元以下罚金。

第七条　本解释所称"货币"是指可在国内市场流通或者兑换的人民币和境外货币。

货币面额应当以人民币计算，其他币种以案发时国家外汇管理机关公布的外汇牌价折算成人民币。

【司法解释】

171.3 参见170.3 最高人民法院关于审理伪造货币等案件具体应用法律若干问题的解释（二）（2010年11月3日　法释〔2010〕14号）

【司法文件】

171.4 参见170.5 全国法院审理金融犯罪案件工作座谈会纪要（最高人民法院2001年1月21日印发　法〔2001〕8号）

171.5 最高人民法院、最高人民检察院、公安部关于严厉打击假币犯罪活动的通知（2009年9月15日　公通字〔2009〕45号）（节录）

二、密切配合，强化合力。在办理假币犯罪案件中，各地公安机关、人民检察院、人民法院要加强协调配合，及时沟通情况，形成打击合力，提高工作成效。公安机关要主动加强与检察机关的沟通，重大案件请检察机关提前介入；需要补充侦查的，要根据检察机关的要求尽快补充侦查。检察机关对公安机关立案侦查的假币犯罪案件，要及时介入，参加对重大案件的讨论，对案件的法律适用和证据的收集、固定等提出意见和建议。人民法院对于重大假币犯罪案件，要加强审理力量，依法快审快结。

根据刑事诉讼法的有关规定，假币犯罪案件的地域管辖应当遵循以犯罪地管辖为主，犯罪嫌疑人居住地管辖为辅的原则。假币犯罪案件中的犯罪地，既包括犯罪预谋地、行为发生地，也包括运输假币的途经地。假币犯罪案件中的犯罪嫌疑人居住地，不仅包括犯罪嫌疑人经常居住地和户籍所在地，也包括其临时居住地。几个公安机关都有权管辖的假币犯罪案件，由最初立案地或者主要犯罪地公安机关管辖；对管辖有争议或者情况特殊的，由共同的上级公安机关指定管辖。如需人民检察院、人民法院指定管辖的，公安机关要及时提出相关建议。经审查需要指定的，人民检察院、人民法院要依法指定管辖。

三、严格依法，从严惩处。各地公安司法机关办理假币犯罪案件要始终坚持依法严惩的原则，坚决杜绝以罚代刑、以拘代刑、重罪轻判、降格处理，充分发挥刑罚的震慑力。公安机关对于涉嫌假币犯罪的，必须依法立案，认真查证；对有证据证明有犯罪事实，可能判处徒刑以上刑罚的犯罪嫌疑人，要尽快提请批准逮捕并抓紧办理，及时移送审查起诉。检察机关对于公安机关提请批准逮捕、移送审查起诉的假币犯罪案件，符合批捕、起诉条件的，要依法尽快予以批捕、起诉。共同犯罪案件中虽然有同案犯在逃，但对于有证据证明有犯罪事实的已抓获的犯罪嫌疑人，要依法批捕、起诉；对于确实需要补充侦查的案件，要制作具体、详细的补充侦查提纲。人民法院对于假币犯罪要依法从严惩处，对于假币犯罪累犯、惯犯、涉案假币数额巨大或者全部流入社会的犯罪分子，要坚决重判；对于伪造货币集团的首要分子、骨干分子，伪造货币数额特巨大或有其他特别严重情节，罪行极其严重的犯罪分子，应当判处死刑的，要坚决依法判处死刑。① 上级法院要加强对下级法院审判工作的指导，保障依法及时正确审判假币犯罪案件。

【部委规范】

171.6 参见 170.7 公安部办公厅关于若干经济犯罪案件如何统计涉案总价值、挽回经济损失数额的批复（2008 年 11 月 5 日 公经〔2008〕214 号）

【法律法规】

171.7 中华人民共和国中国人民银行法（1995 年 3 月 18 日 2003 年修正）（第 43 条）

第一百七十二条【持有、使用假币罪】 明知是伪造的货币而持有、使用，数额较大的，处三年以下有期徒刑或者拘役，并处或者单处一万元以上十万元以下罚金；数额巨大的，处三年以上十年以下有期徒刑，并处二万元以上二十万元以下罚金；数额特别巨大的，处十年以上有期徒刑，并处五万元以上五十万元以下罚金或者没收财产。

【罪名渊源】 79 刑法没有规定本罪，最高人民法院《关于办理伪造国家货币、贩运伪造的国家货币、走私伪造的货币犯罪案件具体应用法律的若干问题的解释》（1994 年 9 月 8 日施行）曾规定"收取伪造的货币后，故意在市场上使用，数量较大构成犯罪的，以诈骗罪论处"。全国人大常委会《关于惩治破坏金融秩序犯罪的决定》第 4 条增设了本罪。刑法将该决定中持有、使用伪造的货币"数额较大"的附加刑由"并处"改为"并处或单处"，其余全部予以沿袭。高法《罪名规定》、高检《罪名意见》将其解释为持有、使用假币罪。

【立案标准】

172.1 最高人民检察院、公安部关于公安机关管辖的刑事案件立案追诉标准的规定（二）（2022 年 5 月 15 日）（节录）

第十七条 〔持有、使用假币案（刑法第一百七十二条）〕明知是伪造的货币而持有、使用，涉嫌下列情形之一的，应予立案追诉：

（一）总面额在四千元以上或者币量在四百张（枚）以上的；

（二）总面额在二千元以上或者币量在二百张（枚）以上，二年内因持有、使用假币受过行政处罚，又持有、使用假币的；

（三）其他持有、使用假币应予追究刑事责任的情形。

第七十九条 本规定中的"货币"是指在境内外正在流通的以下货币：

（一）人民币（含普通纪念币、贵金属纪念币）、港元、澳门元、新台币；

（二）其他国家及地区的法定货币。

贵金属纪念币的面额以中国人民银行授权中国金币总公司的初始发售价格为准。

第八十二条 对于预备犯、未遂犯、中止犯，需要追究刑事责任的，应予立案追诉。

第八十四条 本规定中的"以上"，包括本数。

【罪刑标准】

172.2 最高人民法院关于审理伪造货币等案件具体应用法律若干问题的解释（2000 年 9 月 14 日 法释〔2000〕26 号）（节录）

第二条（第二款） 行为人出售、运输假币构成犯罪，同时有使用假币行为的，依照刑法第一百七十一条、第一百七十二条的规定，实行数罪并罚。

第五条 明知是假币而持有、使用，总面额在四千元以上不满五万元的，属于"数额较大"；总面额在五万元以上不满二十万元的，属于"数额巨大"；总面额在二十万元以上的，属于"数额特别巨大"，依照刑法第一百七十二条的规定定罪处罚。

第七条 本解释所称"货币"是指可在国内市场流通或者兑换的人民币和境外货币。

---

① 《刑法修正案（九）》废除了伪造货币罪的死刑，故此处适用死刑部分的内容已失效。——编者注

货币面额应当以人民币计算，其他币种以案发时国家外汇管理机关公布的外汇牌价折算成人民币。

【司法解释】

172.3 参见 170.3 最高人民法院关于审理伪造货币等案件具体应用法律若干问题的解释（二） （2010 年 11 月 3 日　法释〔2010〕14 号）

【部委规范】

172.4 参见 170.7 公安部办公厅关于若干经济犯罪案件如何统计涉案总价值、挽回经济损失数额的批复（2008 年 11 月 5 日　公经〔2008〕214 号）

【法律法规】

172.5 中华人民共和国中国人民银行法（1995 年 3 月 18 日　2003 年修正）（第 43 条）

第一百七十三条【变造货币罪】 变造货币，数额较大的，处三年以下有期徒刑或者拘役，并处或者单处一万元以上十万元以下罚金；数额巨大的，处三年以上十年以下有期徒刑，并处二万元以上二十万元以下罚金。

【罪名渊源】 79 刑法没有规定本罪，最高人民法院《关于办理伪造国家货币、贩运伪造的国家货币、走私伪造的货币犯罪案件具体应用法律的若干问题的解释》曾规定对变造国家货币的，以伪造国家货币罪论处。全国人大常委会《关于惩治破坏金融秩序犯罪的决定》第 5 条增设了本罪，刑法将该决定中变造货币"数额较大"的附加刑由"并处"改为"并处或单处"，其余全部予以沿袭。高法《罪名规定》、高检《罪名意见》将其解释为变造货币罪。

【立案标准】

173.1 最高人民检察院、公安部关于公安机关管辖的刑事案件立案追诉标准的规定（二） （2022 年 5 月 15 日　公通字〔2022〕12 号）（节录）

第十八条　〔变造货币案（刑法第一百七十三条）〕变造货币，涉嫌下列情形之一的，应予立案追诉：

（一）总面额在二千元以上或者币量在二百张（枚）以上的；

（二）总面额在一千元以上或者币量在一百张（枚）以上，二年内因变造货币受过行政处罚，又变造货币的；

（三）其他变造货币应予追究刑事责任的情形。

第七十九条　本规定中的"货币"是指在境内外正在流通的以下货币：

（一）人民币（含普通纪念币、贵金属纪念币）、港元、澳门元、新台币；

（二）其他国家及地区的法定货币。

贵金属纪念币的面额以中国人民银行授权中国金币总公司的初始发售价格为准。

第八十二条　对于预备犯、未遂犯、中止犯，需要追究刑事责任的，应予立案追诉。

第八十四条　本规定中的"以上"，包括本数。

【罪刑标准】

173.2 最高人民法院关于审理伪造货币等案件具体应用法律若干问题的解释（2000 年 9 月 14 日　法释〔2000〕26 号）（节录）

第六条　变造货币的总面额在二千元以上不满三万元的，属于"数额较大"；总面额在三万元以上的，属于"数额巨大"，依照刑法第一百七十三条的规定定罪处罚。

第七条　本解释所称"货币"是指可在国内市场流通或者兑换的人民币和境外货币。

货币面额应当以人民币计算，其他币种以案发时国家外汇管理机关公布的外汇牌价折算成人民币。

【司法解释】

173.3 最高人民法院关于审理伪造货币等案件具体应用法律若干问题的解释（二）（2010 年 11 月 3 日　法释〔2010〕14 号）（节录）

第一条（第二款） 对真货币采用剪贴、挖补、揭层、涂改、移位、重印等方法加工处理，改变真币形态、价值的行为，应当认定为刑法第一百七十三条规定的"变造货币"。

第三条 以正在流通的境外货币为对象的假币犯罪，依照刑法第一百七十条至第一百七十三条的规定定罪处罚。

假境外货币犯罪的数额，按照案发当日中国外汇交易中心或者中国人民银行授权机构公布的人民币对该货币的中间价折合成人民币计算。中国外汇交易中心或者中国人民银行授权机构未公布汇率中间价的境外货币，按照案发当日境内银行人民币对该货币的中间价折算成人民币，或者该货币在境内银行、国际外汇市场对美元汇率，与人民币对美元汇率中间价进行套算。

第四条 以中国人民银行发行的普通纪念币和贵金属纪念币为对象的假币犯罪，依照刑法第一百七十条至第一百七十三条的规定定罪处罚。

假普通纪念币犯罪的数额，以面额计算；假贵金属纪念币犯罪的数额，以贵金属纪念币的初始发售价格计算。

【部委规范】

173.4 公安部经济犯罪侦查局关于马党权变造货币案中变造货币数额认定问题的批复（2003年 11 月 12 日 公经〔2003〕1329 号）

江西省公安厅经侦总队：

你总队《关于马党权变造货币一案有关司法解释的请示》（赣公传发〔2003〕569 号）收悉。经研究，现批复如下：

犯罪嫌疑人以货币为基本材料，采用挖补、撕揭、拼凑等方法，改变货币的外在形态，变造货币的数额应以实际变造出的货币的票面数额计算，包括被因挖补、撕揭而改变了外在形态的货币，但已灭失的货币除外。

173.5 参见 170.7 公安部办公厅关于若干经济犯罪案件如何统计涉案总价值、挽回经济损失数额的批复（2008 年 11 月 5 日 公经〔2008〕214 号）

第一百七十四条【擅自设立金融机构罪】 未经国家有关主管部门批准，擅自设立商业银行、证券交易所、期货交易所、证券公司、期货经纪公司、保险公司或者其他金融机构的，处三年以下有期徒刑或者拘役，并处或者单处二万元以上二十万元以下罚金；情节严重的，处三年以上十年以下有期徒刑，并处五万元以上五十万元以下罚金。

【伪造、变造、转让金融机构经营许可证、批准文件罪】 伪造、变造、转让商业银行、证券交易所、期货交易所、证券公司、期货经纪公司、保险公司或者其他金融机构的经营许可证或者批准文件的，依照前款的规定处罚。

单位犯前两款罪的，对单位判处罚金，并对其直接负责的主管人员和其他直接责任人员，依照第一款的规定处罚。

> **【刑法修正说明】**
> 本条为全国人大常委会 1999 年 12 月 25 日通过并公布施行的《刑法修正案》第 3 条所修正。原第 174 条为：
> **【擅自设立金融机构罪】** 未经中国人民银行批准，擅自设立商业银行或者其他金融机构的，处三年以下有期徒刑或者拘役，并处或者单处二万元以上二十万元以下罚金；情节严重的，处三年以上十年以下有期徒刑，并处五万元以上五十万元以下罚金。
> **【伪造、变造、转让金融机构经营许可证罪】** 伪造、变造、转让商业银行或者其他金融机构经营许可证的，依照前款的规定处罚。
> 单位犯前两款罪的，对单位判处罚金，并对其直接负责的主管人员和其他直接责任人员，依照第一款的规定处罚。

【罪名渊源】 本条第 1 款系沿袭全国人大常委会《关于惩治破坏金融秩序犯罪的决

定》第 6 条第 1 款内容，79 刑法没有规定。高法《罪名规定》、高检《罪名意见》将其解释为擅自设立金融机构罪。《刑法修正案》第 3 条第 1 款对本罪进行了修正，将"中国人民银行"改为"有关国家机关"，增加"证券交易所、期货交易所、证券公司、期货经纪公司、保险公司"作为犯罪对象。

本条第 2 款系沿袭全国人大常委会《关于惩治破坏金融秩序犯罪的决定》第 6 条第 2 款内容，79 刑法没有规定。高法《罪名规定》、高检《罪名意见》将其解释为伪造、变造、转让金融机构经营许可证罪。《刑法修正案》第 3 条第 2 款对罪状作了修正，增加"证券交易所、期货交易所、证券公司、期货经纪公司、保险公司"和"批准文件"作为犯罪对象。"两高"《罪名补充规定》将其解释为伪造、变造、转让金融机构经营许可证、批准文件罪。

【立案标准】

174.1 最高人民检察院、公安部关于公安机关管辖的刑事案件立案追诉标准的规定（二）（2022 年 5 月 15 日　公通字〔2022〕12 号）（节录）

第十九条　〔擅自设立金融机构案（刑法第一百七十四条第一款）〕未经国家有关主管部门批准，擅自设立金融机构，涉嫌下列情形之一的，应予立案追诉：

（一）擅自设立商业银行、证券交易所、期货交易所、证券公司、期货公司、保险公司或者其他金融机构的；

（二）擅自设立金融机构筹备组织的。

第二十条　〔伪造、变造、转让金融机构经营许可证、批准文件案（刑法第一百七十四条第二款）〕伪造、变造、转让商业银行、证券交易所、期货交易所、证券公司、期货公司、保险公司或者其他金融机构的经营许可证或者批准文件的，应予立案追诉。

第八十二条　对于预备犯、未遂犯、中止犯，需要追究刑事责任的，应予立案追诉。

第八十三条　本规定中的立案追诉标准，除法律、司法解释、本规定中另有规定的以外，适用于相应的单位犯罪。

第八十四条　本规定中的"以上"，包括本数。

【司法文件】

174.2 最高人民法院、最高人民检察院、公安部、司法部关于办理黑恶势力犯罪案件若干问题的指导意见（2018 年 1 月 16 日　法发〔2018〕1 号）（节录）

19. 在民间借贷活动中，如有擅自设立金融机构、非法吸收公众存款、骗取贷款、套取金融机构资金发放高利贷以及为强索债务而实施故意杀人、故意伤害、非法拘禁、故意毁坏财物等行为的，应当按照具体犯罪侦查、起诉、审判。依法符合数罪并罚条件的，应当并罚。

174.3 参见 225.14 最高人民法院、最高人民检察院、公安部、司法部关于办理非法放贷刑事案件若干问题的意见（2019 年 10 月 21 日　法发〔2019〕24 号）（第 6 条第 1 款、第 4 款）

【部委规范】

174.4 金融许可证管理办法（2003 年 7 月 1 日　银行业监督管理委员会令 2003 年第 2 号令 2007 年修正）（节录）

第二条　本办法所称金融许可证是指中国银行业监督管理委员会（以下简称银监会）依法颁发的特许金融机构经营金融业务的法律文件。

金融许可证的颁发、更换、吊销等由银监会依法行使，其他任何单位和个人不得行使上述职权。

【法律法规】

174.5 中华人民共和国保险法（1995 年 10 月 1 日　2015 年修正）（第 158 条、第 179 条）

174.6 中华人民共和国银行业监督管理法（2004 年 2 月 1 日　2006 年修正）（第 16 条、第 44—45 条第 1 项）

174.7 中华人民共和国证券投资基金法（2013 年 6 月 1 日　2015 年修正）（第 119 条第 1 款、第 149 条）

174.8 中华人民共和国商业银行法（2015 年 10 月 1 日）（第 11 条、第 26 条、第 74 条、第 81 条）

174.9 中华人民共和国证券法（2020 年 3 月 1 日）（第 202 条、第 219 条）

第一百七十五条【高利转贷罪】 以转贷牟利为目的，套取金融机构信贷资金高利转贷他人，违法所得数额较大的，处三年以下有期徒刑或者拘役，并处违法所得一倍以上五倍以下罚金；数额巨大的，处三年以上七年以下有期徒刑，并处违法所得一倍以上五倍以下罚金。

单位犯前款罪的，对单位判处罚金，并对其直接负责的主管人员和其他直接责任人员，处三年以下有期徒刑或者拘役。

【罪名渊源】本条系刑法增设，79 刑法、单行刑法均未规定。高法《罪名规定》、高检《罪名意见》将其解释为高利转贷罪。

【立案标准】

175.1 最高人民检察院、公安部关于公安机关管辖的刑事案件立案追诉标准的规定（二）（2022 年 5 月 15 日　公通字〔2022〕12 号）（节录）

第二十一条 〔高利转贷案（刑法第一百七十五条）〕以转贷牟利为目的，套取金融机构信贷资金高利转贷他人，违法所得数额在五十万元以上的，应予立案追诉。

第八十二条 对于预备犯、未遂犯、中止犯，需要追究刑事责任的，应予立案追诉。

第八十三条 本规定中的立案追诉标准，除法律、司法解释、本规定中另有规定的以外，适用于相应的单位犯罪。

第八十四条 本规定中的"以上"，包括本数。

【司法文件】

175.2 最高人民法院关于进一步加强金融审判工作的若干意见（2017 年 8 月 4 日　法发〔2017〕22 号）（节录）

10. 依法打击资金掮客和资金融通中的违法犯罪行为，有效规范金融秩序。对于民间借贷中涉及商业银行工作人员内外勾结进行高利转贷、利益输送，或者金融机构工作人员违法发放贷款，以及公司、企业在申请贷款过程中虚构事实、隐瞒真相骗取贷款、实施贷款诈骗构成犯罪的，依法追究刑事责任。

175.3 参见 174.2 最高人民法院、最高人民检察院、公安部、司法部关于办理黑恶势力犯罪案件若干问题的指导意见（2018 年 1 月 16 日　法发〔2018〕1 号）

175.4 参见 225.14 最高人民法院、最高人民检察院、公安部、司法部关于办理非法放贷刑事案件若干问题的意见（2019 年 10 月 21 日　法发〔2019〕24 号）（第 6 条第 1 款、第 4 款）

第一百七十五条之一【骗取贷款、票据承兑、金融票证罪】 以欺骗手段取得银行或者其他金融机构贷款、票据承兑、信用证、保函等，给银行或者其他金融机构造成重大损失的，处三年以下有期徒刑或者拘役，并处或者单处罚金；给银行或者其他金融机构造成特别重大损失或者有其他特别严重情节的，处三年以上七年以下有期徒刑，并处罚金。

单位犯前款罪的，对单位判处罚金，并对其直接负责的主管人员和其他直接责任人员，依照前款的规定处罚。

> 【刑法第一次修正说明】
> 本条为全国人大常委会 2006 年 6 月 29 日通过并公布施行的《刑法修正案（六）》第 10 条所增设。

【刑法第二次修正说明】

全国人大常委会 2020 年 12 月 26 日通过并公布、2021 年 3 月 1 日施行的《刑法修正案（十一）》第 11 条对本条第 1 款作了修正。原第 175 条之一第 1 款为：

【骗取贷款、票据承兑、金融票证罪】以欺骗手段取得银行或者其他金融机构贷款、票据承兑、信用证、保函等，给银行或者其他金融机构造成重大损失或者有其他严重情节的，处三年以下有期徒刑或者拘役，并处或者单处罚金；给银行或者其他金融机构造成特别重大损失或者有其他特别严重情节的，处三年以上七年以下有期徒刑，并处罚金。

【罪名渊源】本条系《刑法修正案（六）》第 10 条增设，"两高"《罪名补充规定（三）》将其解释为骗取贷款、票据承兑、金融票证罪。《刑法修正案（十一）》第 11 条将第 1 款第 1 档法定刑中的"或者有其他严重情节"删除。

【立案标准】

175－1.1 最高人民检察院、公安部关于公安机关管辖的刑事案件立案追诉标准的规定（二）（2022 年 5 月 15 日　公通字〔2022〕12 号）（节录）

第二十二条 〔骗取贷款、票据承兑、金融票证案（刑法第一百七十五条之一）〕以欺骗手段取得银行或者其他金融机构贷款、票据承兑、信用证、保函等，给银行或者其他金融机构造成直接经济损失数额在五十万元以上的，应予立案追诉。

第八十二条 对于预备犯、未遂犯、中止犯，需要追究刑事责任的，应予立案追诉。

第八十三条 本规定中的立案追诉标准，除法律、司法解释、本规定中另有规定的以外，适用于相应的单位犯罪。

第八十四条 本规定中的"以上"，包括本数。

【司法文件】

175－1.2 参见 175.2 最高人民法院关于进一步加强金融审判工作的若干意见（2017 年 8 月 4 日法发〔2017〕22 号）

175－1.3 参见 174.2 最高人民法院、最高人民检察院、公安部、司法部关于办理黑恶势力犯罪案件若干问题的指导意见（2018 年 1 月 16 日　法发〔2018〕1 号）

175－1.4 参见 225.14 最高人民法院、最高人民检察院、公安部、司法部关于办理非法放贷刑事案件若干问题的意见（2019 年 10 月 21 日　法发〔2019〕24 号）（第 6 条第 1 款、第 4 款）

第一百七十六条【非法吸收公众存款罪】非法吸收公众存款或者变相吸收公众存款，扰乱金融秩序的，处三年以下有期徒刑或者拘役，并处或者单处罚金；数额巨大或者有其他严重情节的，处三年以上十年以下有期徒刑，并处罚金；数额特别巨大或者有其他特别严重情节的，处十年以上有期徒刑，并处罚金。

单位犯前款罪的，对单位判处罚金，并对其直接负责的主管人员和其他直接责任人员，依照前款的规定处罚。

有前两款行为，在提起公诉前积极退赃退赔，减少损害结果发生的，可以从轻或者减轻处罚。

【刑法修正说明】

本条为全国人大常委会 2020 年 12 月 26 日通过并公布、2021 年 3 月 1 日施行的《刑法修正案（十一）》第 12 条所修正。原第 176 条为：

【非法吸收公众存款罪】非法吸收公众存款或者变相吸收公众存款，扰乱金融秩序的，处三年以下有期徒刑或者拘役，并处或者单处二万元以上二十万元以下罚金；数额巨大或者有其他严重情节的，处三年以上十年以下有期徒刑，并处五万元以上五十万元以下罚金。

单位犯前款罪的，对单位判处罚金，并对其直接负责的主管人员和其他直接责任人员，依照前款的规定处罚。

【罪名渊源】本罪 79 刑法没有规定，系全国人大常委会《关于惩治破坏金融秩序犯罪的决定》第 7 条增设，刑法将其纳入。高法《罪名规定》、高检《罪名意见》将其解释为非法吸收公众存款罪。《刑法修正案（十一）》第 12 条将法定刑由两档改为三档，增设第 3 款内容。

【立案标准】

176.1 最高人民检察院、公安部关于公安机关管辖的刑事案件立案追诉标准的规定（二）（2022 年 5 月 15 日 公通字〔2022〕12 号）（节录）

第二十三条 〔非法吸收公众存款案（刑法第一百七十六条）〕非法吸收公众存款或者变相吸收公众存款，扰乱金融秩序，涉嫌下列情形之一的，应予立案追诉：

（一）非法吸收或者变相吸收公众存款数额在一百万元以上的；

（二）非法吸收或者变相吸收公众存款对象一百五十人以上的；

（三）非法吸收或者变相吸收公众存款，给集资参与人造成直接经济损失数额在五十万元以上的；

非法吸收或者变相吸收公众存款数额在五十万元以上或者给集资参与人造成直接经济损失数额在二十五万元以上，同时涉嫌下列情形之一的，应予立案追诉：

（一）因非法集资受过刑事追究的；

（二）二年内因非法集资受过行政处罚的；

（三）造成恶劣社会影响或者其他严重后果的。

第八十二条 对于预备犯、未遂犯、中止犯，需要追究刑事责任的，应予立案追诉。

第八十三条 本规定中的立案追诉标准，除法律、司法解释、本规定中另有规定的以外，适用于相应的单位犯罪。

第八十四条 本规定中的"以上"，包括本数。

【罪刑标准】

176.2 全国法院审理金融犯罪案件工作座谈会纪要（最高人民法院 2001 年 1 月 21 日印发 法〔2001〕8 号）（节录）

二

（二）关于破坏金融管理秩序罪

4. 破坏金融管理秩序相关犯罪数额和情节的认定

最高人民法院先后颁行了《关于审理伪造货币等案件具体应用法律若干问题的解释》、《关于审理走私刑事案件具体应用法律若干问题的解释》，对伪造货币、走私、出售、购买、运输假币等犯罪的定罪处刑标准以及相关适用法律问题作出了明确规定。为正确执行刑法，在其他有关的司法解释出台之前，对假币以外的破坏金融管理秩序犯罪的数额和情节，可参照以下标准掌握：

关于非法吸收公众存款罪。非法吸收或者变相吸收公众存款的，要从非法吸收公众存款的数额、范围以及给存款人造成的损失等方面来判定扰乱金融秩序造成危害的程度。根据司法实践，具有下列情形之一的，可以按非法吸收公众存款罪定罪处罚：个人非法吸收或者变相吸收公众存款 20 万元以上的，单位非法吸收或者变相吸收公众存款 100 万元以上的；个人非法吸收或者变相吸收公众存款 30 户以上的，单位非法吸收或者变相吸收公众存款 150 户以上的；个人非法吸收或者变相吸收公众存款给存款人造成损失 10 万元以上的，单位非法吸收或者变相吸收公众存款给存款人造成损失 50 万元以上的，或者造成其他严重后果的。个人非法吸收或者变相吸收公众存款 100 万元以上，单位非法吸收或者变相吸收公众存款 500 万元以上的，可以认定为"数额巨大"。

176.3 最高人民法院关于审理非法集资刑事案件具体应用法律若干问题的解释（2011 年 1 月 4 日　法释〔2010〕18 号　2022 年修正）（节录）

第一条　违反国家金融管理法律规定，向社会公众（包括单位和个人）吸收资金的行为，同时具备下列四个条件的，除刑法另有规定的以外，应当认定为刑法第一百七十六条规定的"非法吸收公众存款或者变相吸收公众存款"：

（一）未经有关部门依法许可或者借用合法经营的形式吸收资金；

（二）通过网络、媒体、推介会、传单、手机信息等途径向社会公开宣传①；

（三）承诺在一定期限内以货币、实物、股权等方式还本付息或者给付回报；

（四）向社会公众②即社会不特定对象吸收资金。

未向社会公开宣传，在亲友或者单位内部针对特定对象吸收资金的，不属于非法吸收或者变相吸收公众存款。

第二条　实施下列行为之一，符合本解释第一条第一款规定的条件的，应当依照刑法第一百七十六条的规定，以非法吸收公众存款罪定罪处罚：

（一）不具有房产销售的真实内容或者不以房产销售为主要目的，以返本销售、售后包租、约定回购、销售房产份额等方式非法吸收资金的；

（二）以转让林权并代为管护等方式非法吸收资金的；

（三）以代种植（养殖）、租种植（养殖）、联合种植（养殖）等方式非法吸收资金的；

（四）不具有销售商品、提供服务的真实内容或者不以销售商品、提供服务为主要目的，以商品回购、寄存代售等方式非法吸收资金的；

（五）不具有发行股票、债券的真实内容，以虚假转让股权、发售虚构债券等方式非法吸收资金的；

（六）不具有募集基金的真实内容，以假借境外基金、发售虚构基金等方式非法吸收资金的；

（七）不具有销售保险的真实内容，以假冒保险公司、伪造保险单据等方式非法吸收资金的；

（八）以网络借贷、投资入股、虚拟币交易等方式非法吸收资金的；

（九）以委托理财、融资租赁等方式非法吸收资金的；

（十）以提供"养老服务"、投资"养老项目"、销售"老年产品"等方式非法吸收资金的；

（十一）利用民间"会""社"等组织非法吸收资金的；

（十二）其他非法吸收资金的行为。

第三条　非法吸收或者变相吸收公众存款，具有下列情形之一的，应当依法追究刑事责任：

（一）非法吸收或者变相吸收公众存款数额在 100 万元以上的；

（二）非法吸收或者变相吸收公众存款对象 150 人以上的；

（三）非法吸收或者变相吸收公众存款，给存款人造成直接经济损失数额在 50 万元以上的。

非法吸收或者变相吸收公众存款数额在 50 万元以上或者给存款人造成直接经济损失数额在 25 万元以上，同时具有下列情节之一的，应当依法追究刑事责任：

（一）曾因非法集资受过刑事追究的；

（二）二年内曾因非法集资受过行政处罚的；

（三）造成恶劣社会影响或者其他严重后果的。

第四条　非法吸收或者变相吸收公众存款，具有下列情形之一的，应当认定为刑法第一百七十六条规定的"数额巨大或者有其他严重情节"：

（一）非法吸收或者变相吸收公众存款数额在 500 万元以上的；

---

①　"向社会公开宣传"的认定，参见《最高人民法院、最高人民检察院、公安部关于办理非法集资刑事案件适用法律若干问题的意见》（公通字〔2014〕16 号）第 2 条。——编者注

②　"社会公众"的认定，参见《最高人民法院、最高人民检察院、公安部关于办理非法集资刑事案件适用法律若干问题的意见》（公通字〔2014〕16 号）第 3 条。——编者注

（二）非法吸收或者变相吸收公众存款对象 500 人以上的；

（三）非法吸收或者变相吸收公众存款，给存款人造成直接经济损失数额在 250 万元以上的。

非法吸收或者变相吸收公众存款数额在 250 万元以上或者给存款人造成直接经济损失数额在 150 万元以上，同时具有本解释第三条第二款第三项情节的，应当认定为"其他严重情节"。

第五条 非法吸收或者变相吸收公众存款，具有下列情形之一的，应当认定为刑法第一百七十六条规定的"数额特别巨大或者有其他特别严重情节"：

（一）非法吸收或者变相吸收公众存款数额在 5000 万元以上的；

（二）非法吸收或者变相吸收公众存款对象 5000 人以上的；

（三）非法吸收或者变相吸收公众存款，给存款人造成直接经济损失数额在 2500 万元以上的。

非法吸收或者变相吸收公众存款数额在 2500 万元以上或者给存款人造成直接经济损失数额在 1500 万元以上，同时具有本解释第三条第二款第三项情节的，应当认定为"其他特别严重情节"。

第六条 非法吸收或者变相吸收公众存款的数额，以行为人所吸收的资金全额计算。在提起公诉前积极退赃退赔，减少损害结果发生的，可以从轻或者减轻处罚；在提起公诉后退赃退赔的，可以作为量刑情节酌情考虑。

非法吸收或者变相吸收公众存款，主要用于正常的生产经营活动，能够在提起公诉前清退所吸收资金，可以免予刑事处罚；情节显著轻微危害不大的，不作为犯罪处理。

对依法不需要追究刑事责任或者免予刑事处罚的，应当依法将案件移送有关行政机关。

第九条（第一款） 犯非法吸收公众存款罪，判处三年以下有期徒刑或者拘役，并处或者单处罚金的，处五万元以上一百万元以下罚金；判处三年以上十年以下有期徒刑的，并处十万元以上五百万元以下罚金；判处十年以上有期徒刑的，并处五十万元以上罚金。

第十三条 通过传销手段向社会公众非法吸收资金，构成非法吸收公众存款罪或者集资诈骗罪，同时又构成组织、领导传销活动罪的，依照处罚较重的规定定罪处罚。

第十四条 单位实施非法吸收公众存款、集资诈骗犯罪的，依照本解释规定的相应自然人犯罪的定罪量刑标准，对单位判处罚金，并对其直接负责的主管人员和其他直接责任人员定罪处罚。

【司法文件】

176.4 最高人民法院关于非法集资刑事案件性质认定问题的通知（2011 年 8 月 18 日 法〔2011〕262 号）（节录）

一、行政部门对于非法集资的性质认定，不是非法集资案件进入刑事程序的必经程序。行政部门未对非法集资作出性质认定的，不影响非法集资刑事案件的审判。

二、人民法院应当依照刑法和《最高人民法院关于审理非法集资刑事案件具体应用法律若干问题的解释》等有关规定认定案件事实的性质，并认定相关行为是否构成犯罪。

三、对于案情复杂、性质认定疑难的案件，人民法院可以在有关部门关于是否符合行业技术标准的行政认定意见的基础上，根据案件事实和法律规定作出性质认定。

176.5 最高人民法院、最高人民检察院、公安部关于办理非法集资刑事案件适用法律若干问题的意见（2014 年 3 月 25 日 公通字〔2014〕16 号）（节录）

一、关于行政认定的问题

行政部门对于非法集资的性质认定，不是非法集资刑事案件进入刑事诉讼程序的必经程序。行政部门未对非法集资作出性质认定的，不影响非法集资刑事案件的侦查、起诉和审判。

公安机关、人民检察院、人民法院应当依法认定案件事实的性质，对于案情复杂、性质认定疑难案件，可参考有关部门的认定意见，根据案件事实和法律规定作出性质认定。

二、关于"向社会公开宣传"的认定问题

《最高人民法院关于审理非法集资刑事案件具体应用法律若干问题的解释》第一条第一款第

二项中的"向社会公开宣传",包括以各种途径向社会公众传播吸收资金的信息,以及明知吸收资金的信息向社会公众扩散而予以放任等情形。

三、关于"社会公众"的认定问题

下列情形不属于《最高人民法院关于审理非法集资刑事案件具体应用法律若干问题的解释》第一条第二款规定的"针对特定对象吸收资金"的行为,应当认定为向社会公众吸收资金:

(一)在向亲友或者单位内部人员吸收资金的过程中,明知亲友或者单位内部人员向不特定对象吸收资金而予以放任的;

(二)以吸收资金为目的,将社会人员吸收为单位内部人员,并向其吸收资金的。

四、关于共同犯罪的处理问题

为他人向社会公众非法吸收资金提供帮助,从中收取代理费、好处费、返点费、佣金、提成等费用,构成非法集资共同犯罪的,应当依法追究刑事责任。能够及时退缴上述费用的,可依法从轻处罚;其中情节轻微的,可以免除处罚;情节显著轻微、危害不大的,不作为犯罪处理。

五、关于涉案财物的追缴和处置问题

向社会公众非法吸收的资金属于违法所得。以吸收的资金向集资参与人支付的利息、分红等回报,以及向帮助吸收资金人员支付的代理费、好处费、返点费、佣金、提成等费用,应当依法追缴。集资参与人本金尚未归还的,所支付的回报可予折抵本金。

将非法吸收的资金及其转换财物用于清偿债务或者转让给他人,有下列情形之一的,应当依法追缴:

(一)他人明知是上述资金及财物而收取的;

(二)他人无偿取得上述资金及财物的;

(三)他人以明显低于市场的价格取得上述资金及财物的;

(四)他人取得上述资金及财物系源于非法债务或者违法犯罪活动的;

(五)其他依法应当追缴的情形。

查封、扣押、冻结的易贬值及保管、养护成本较高的涉案财物,可以在诉讼终结前依照有关规定变卖、拍卖。所得价款由查封、扣押、冻结机关予以保管,待诉讼终结后一并处置。

查封、扣押、冻结的涉案财物,一般应在诉讼终结后,返还集资参与人。涉案财物不足全部返还的,按照集资参与人的集资额比例返还。

六、关于证据的收集问题

办理非法集资刑事案件中,确因客观条件的限制无法逐一收集集资参与人的言词证据的,可结合已收集的集资参与人的言词证据和依法收集并查证属实的书面合同、银行账户交易记录、会计凭证及会计账簿、资金收付凭证、审计报告、互联网电子数据等证据,综合认定非法集资对象人数和吸收资金数额等犯罪事实。

七、关于涉及民事案件的处理问题

对于公安机关、人民检察院、人民法院正在侦查、起诉、审理的非法集资刑事案件,有关单位或者个人就同一事实向人民法院提起民事诉讼或者申请执行涉案财物的,人民法院应当不予受理,并将有关材料移送公安机关或者检察机关。

人民法院在审理民事案件或者执行过程中,发现有非法集资犯罪嫌疑的,应当裁定驳回起诉或者中止执行,并及时将有关材料移送公安机关或者检察机关。

公安机关、人民检察院、人民法院在侦查、起诉、审理非法集资刑事案件中,发现与人民法院正在审理的民事案件属同一事实,或者被申请执行的财物属于涉案财物的,应当及时通报相关人民法院。人民法院经审查认为确属涉嫌犯罪的,依照前款规定处理。

八、关于跨区域案件的处理问题

跨区域非法集资刑事案件,在查清犯罪事实的基础上,可以由不同地区的公安机关、人民检察院、人民法院分别处理。

对于分别处理的跨区域非法集资刑事案件,应当按照统一制定的方案处置涉案财物。

国家机关工作人员违反规定处置涉案财物,构成渎职等犯罪的,应当依法追究刑事责任。

176.6 参见 179.3 最高人民法院、最高人民检察院、公安部、中国证券监督管理委员会关于整治非法证券活动有关问题的通知（2008 年 1 月 2 日　证监发〔2008〕1 号）

176.7 最高人民法院关于常见犯罪的量刑指导意见（二）（试行）（2017 年 5 月 1 日　法〔2017〕74 号）（节录）

一、八种常见犯罪的量刑

（二）非法吸收公众存款罪

1. 构成非法吸收公众存款罪的，可以根据下列不同情形在相应的幅度内确定量刑起点：

（1）犯罪情节一般的，可以在一年以下有期徒刑、拘役幅度内确定量刑起点。

（2）达成数额巨大起点或者有其他严重情节的，可以在三年至四年有期徒刑幅度内确定量刑起点。

2. 在量刑起点的基础上，可以根据非法吸收存款数额等其他影响犯罪构成的犯罪事实增加刑罚量，确定基准刑。

二、附　则

1. 本指导意见规范上列八种犯罪判处有期徒刑、拘役的案件。

2. 各高级人民法院应当结合当地实际制定实施细则。

176.8 最高人民法院关于进一步加强金融审判工作的若干意见（2017 年 8 月 4 日　法发〔2017〕22 号）（节录）

1. 遵循金融规律，依法审理金融案件。以金融服务实体经济为价值本源，依法审理各类金融案件。对于能够实际降低交易成本，实现普惠金融，合法合规的金融交易模式依法予以保护。对以金融创新为名掩盖金融风险、规避金融监管、进行制度套利的金融违规行为，要以其实际构成的法律关系确定其效力和各方的权利义务。对于以金融创新名义非法吸收公众存款或者集资诈骗，构成犯罪的，依法追究刑事责任。

17. 持续保持对非法集资犯罪打击的高压态势，有效维护社会稳定。依法公正高效审理非法集资案件，严厉打击非法集资犯罪行为。针对非法集资犯罪案件参与人数多、涉案金额大、波及面广、行业和区域相对集中的特点，加强与职能机关、地方政府的信息沟通和协调配合，提升处置效果，切实保障被害人的合法权益，有效维护社会稳定。

176.9 参见 174.2 最高人民法院、最高人民检察院、公安部、司法部关于办理黑恶势力犯罪案件若干问题的指导意见（2018 年 1 月 16 日　法发〔2018〕1 号）

176.10 参见 274.7 最高人民法院、最高人民检察院、公安部关于办理非法集资刑事案件若干问题的意见（2019 年 1 月 30 日　高检会〔2019〕2 号）

176.11 参见 225.14 最高人民法院、最高人民检察院、公安部、司法部关于办理非法放贷刑事案件若干问题的意见（2019 年 10 月 21 日　法发〔2019〕24 号）（第 6 条第 1 款、第 4 款）

【法律法规】

176.12 金融违法行为处罚办法（1999 年 2 月 22 日）（第 27—28 条）

176.13 中华人民共和国商业银行法（2015 年 10 月 1 日）（第 81 条）

176.14 防范和处置非法集资条例（2021 年 5 月 1 日　国务院令第 737 号）（第 19 条）

第一百七十七条【伪造、变造金融票证罪】 有下列情形之一，伪造、变造金融票证的，处五年以下有期徒刑或者拘役，并处或者单处二万元以上二十万元以下罚金；情节严重的，处五年以上十年以下有期徒刑，并处五万元以上五十万元以下罚金；情节特别严重的，处十年以上有期徒刑或者无期徒刑，并处五万元以上五十万元以下罚金或者没收财产：

（一）伪造、变造汇票、本票、支票的；

（二）伪造、变造委托收款凭证、汇款凭证、银行存单等其他银行结算凭证的；

（三）伪造、变造信用证或者附随的单据、文件的；

（四）伪造信用卡的。

单位犯前款罪的，对单位判处罚金，并对其直接负责的主管人员和其他直接责任人员，依照前款的规定处罚。

【罪名渊源】本条第 1 款系由 79 刑法第 123 条伪造有价证券罪分解而来，但原罪名只包含伪造支票、汇票、银行存单等行为，全国人大常委会《关于惩治破坏金融秩序犯罪的决定》第 11 条将伪造对象扩大至本票、委托收款凭证、汇款凭证、信用证或者附随的单据、文件、信用卡，并将变造这些金融票证的行为予以犯罪化。刑法将该决定中伪造、变造金融票证罪的附加刑由"并处"改为"并处或者单处"。高法《罪名规定》、高检《罪名意见》将其解释为伪造、变造金融票证罪。

【立案标准】

177.1 最高人民检察院、公安部关于公安机关管辖的刑事案件立案追诉标准的规定（二）（2022 年 5 月 15 日　公通字〔2022〕12 号）（节录）

第二十四条　〔伪造、变造金融票证案（刑法第一百七十七条）〕伪造、变造金融票证，涉嫌下列情形之一的，应予立案追诉：

（一）伪造、变造汇票、本票、支票，或者伪造、变造委托收款凭证、汇款凭证、银行存单等其他银行结算凭证，或者伪造、变造信用证或者附随的单据、文件，总面额在一万元以上或者数量在十张以上的；

（二）伪造信用卡一张以上，或者伪造空白信用卡十张以上的。

第八十二条　对于预备犯、未遂犯、中止犯，需要追究刑事责任的，应予立案追诉。

第八十三条　本规定中的立案追诉标准，除法律、司法解释、本规定中另有规定的以外，适用于相应的单位犯罪。

第八十四条　本规定中的"以上"，包括本数。

【罪刑标准】

177.2 最高人民法院、最高人民检察院关于办理妨害信用卡管理刑事案件具体应用法律若干问题的解释（2009 年 12 月 16 日　法释〔2009〕19 号　2018 年修正）（节录）

第一条　复制他人信用卡、将他人信用卡信息资料写入磁条介质、芯片或者以其他方法伪造信用卡一张以上的，应当认定为刑法第一百七十七条第一款第（四）项规定的"伪造信用卡"，以伪造金融票证罪定罪处罚。

伪造空白信用卡十张以上的，应当认定为刑法第一百七十七条第一款第（四）项规定的"伪造信用卡"，以伪造金融票证罪定罪处罚。

伪造信用卡，有下列情形之一的，应当认定为刑法第一百七十七条规定的"情节严重"：

（一）伪造信用卡五张以上不满二十五张的；

（二）伪造的信用卡内存款余额、透支额度单独或者合计数额在二十万元以上不满一百万元的；

（三）伪造空白信用卡五十张以上不满二百五十张的；

（四）其他情节严重的情形。

伪造信用卡，有下列情形之一的，应当认定为刑法第一百七十七条规定的"情节特别严重"：

（一）伪造信用卡二十五张以上的；

（二）伪造的信用卡内存款余额、透支额度单独或者合计数额在一百万元以上的；

（三）伪造空白信用卡二百五十张以上的；

（四）其他情节特别严重的情形。

本条所称"信用卡内存款余额、透支额度"，以信用卡被伪造后发卡行记录的最高存款余额、可透支额度计算。

第十三条　单位实施本解释规定的行为，适用本解释规定的相应自然人犯罪的定罪量刑标准。

【部委规范】

177.3 公安部经济犯罪侦查局关于银行现金缴款单和进账单是否属于银行结算凭证的批复

（2009 年 3 月 31 日 公经金融〔2009〕96 号）

河南省公安厅经侦总队：

你总队《关于对银行现金缴款单和进账单性质认定的请示》（豫公经〔2009〕7 号）收悉。经研究，并根据中国人民银行前期就此问题的相关复函，银行现金缴款单、进账单均属于《刑法》第一百七十七条所指的银行结算凭证。

【法律法规】

177.4 中华人民共和国票据法（1996 年 1 月 1 日 2004 年修正）（第 14 条、第 102 条）

第一百七十七条之一【妨害信用卡管理罪】 有下列情形之一，妨害信用卡管理的，处三年以下有期徒刑或者拘役，并处或者单处一万元以上十万元以下罚金；数量巨大或者有其他严重情节的，处三年以上十年以下有期徒刑，并处二万元以上二十万元以下罚金：

（一）明知是伪造的信用卡而持有、运输的，或者明知是伪造的空白信用卡而持有、运输，数量较大的；

（二）非法持有他人信用卡，数量较大的；

（三）使用虚假的身份证明骗领信用卡的；

（四）出售、购买、为他人提供伪造的信用卡或者以虚假的身份证明骗领的信用卡的。

【窃取、收买、非法提供信用卡信息罪】 窃取、收买或者非法提供他人信用卡信息资料的，依照前款规定处罚。

银行或者其他金融机构的工作人员利用职务上的便利，犯第二款罪的，从重处罚。

【刑法修正说明】

本条为全国人大常委会 **2005 年 2 月 28 日**通过并公布施行的《**刑法修正案（五）**》第 **1** 条所增设。

【罪名渊源】 本条系《刑法修正案（五）》第 1 条增设，"两高"《罪名补充规定（三）》将前两款分别解释为妨害信用卡管理罪，窃取、收买、非法提供信用卡信息罪。

【立法解释】

177 - 1.1 全国人民代表大会常务委员会关于《中华人民共和国刑法》有关信用卡规定的解释（2004 年 12 月 29 日）

全国人民代表大会常务委员会根据司法实践中遇到的情况，讨论了刑法规定的"信用卡"的含义问题，解释如下：

刑法规定的"信用卡"，是指由商业银行或者其他金融机构发行的具有消费支付、信用贷款、转账结算、存取现金等全部功能或者部分功能的电子支付卡。

【立案标准】

177 - 1.2 最高人民检察院、公安部关于公安机关管辖的刑事案件立案追诉标准的规定（二）（2022 年 5 月 15 日 公通字〔2022〕12 号）（节录）

第二十五条 〔妨害信用卡管理案（刑法第一百七十七条之一第一款）〕妨害信用卡管理，涉嫌下列情形之一的，应予立案追诉：

（一）明知是伪造的信用卡而持有、运输的；

（二）明知是伪造的空白信用卡而持有、运输，数量累计在十张以上的；

（三）非法持有他人信用卡，数量累计在五张以上的；

（四）使用虚假的身份证明骗领信用卡的；

（五）出售、购买、为他人提供伪造的信用卡或者以虚假的身份证明骗领的信用卡的。

违背他人意愿，使用其居民身份证、军官证、士兵证、港澳居民往来内地通行证、台湾居民来往大陆通行证、护照等身份证明申领信用卡的，或者使用伪造、变造的身份证明申领信用卡的，应当认定为"使用虚假的身份证明骗领信用卡"。

第二十六条　〔窃取、收买、非法提供信用卡信息案（刑法第一百七十七条之一第二款）〕窃取、收买或者非法提供他人信用卡信息资料，足以伪造可进行交易的信用卡，或者足以使他人以信用卡持卡人名义进行交易，涉及信用卡一张以上的，应予立案追诉。

第八十二条　对于预备犯、未遂犯、中止犯，需要追究刑事责任的，应予立案追诉。

第八十四条　本规定中的"以上"，包括本数。

【罪刑标准】

177 - 1.3 最高人民法院、最高人民检察院关于办理妨害信用卡管理刑事案件具体应用法律若干问题的解释（2009 年 12 月 16 日　法释〔2009〕19 号　2018 年修正）（节录）

第二条　明知是伪造的空白信用卡而持有、运输十张以上不满一百张的，应当认定为刑法第一百七十七条之一第一款第一项规定的"数量较大"；非法持有他人信用卡五张以上不满五十张的，应当认定为刑法第一百七十七条之一第一款第二项规定的"数量较大"。

有下列情形之一的，应当认定为刑法第一百七十七条之一第一款规定的"数量巨大"：

（一）明知是伪造的信用卡而持有、运输十张以上的；

（二）明知是伪造的空白信用卡而持有、运输一百张以上的；

（三）非法持有他人信用卡五十张以上的；

（四）使用虚假的身份证明骗领信用卡十张以上的；

（五）出售、购买、为他人提供伪造的信用卡或者以虚假的身份证明骗领的信用卡十张以上的。

违背他人意愿，使用其居民身份证、军官证、士兵证、港澳居民往来内地通行证、台湾居民来往大陆通行证、护照等身份证明申领信用卡的，或者使用伪造、变造的身份证明申领信用卡的，应当认定为刑法第一百七十七条之一第一款第三项规定的"使用虚假的身份证明骗领信用卡"。

第三条　窃取、收买、非法提供他人信用卡信息资料，足以伪造可进行交易的信用卡，或者足以使他人以信用卡持卡人名义进行交易，涉及信用卡一张以上不满五张的，依照刑法第一百七十七条之一第二款的规定，以窃取、收买、非法提供信用卡信息罪定罪处罚；涉及信用卡五张以上的，应当认定为刑法第一百七十七条之一第一款规定的"数量巨大"。

【司法文件】

177 - 1.4 最高人民法院、最高人民检察院、公安部关于办理电信网络诈骗等刑事案件适用法律若干问题的意见（2016 年 12 月 19 日　法发〔2016〕32 号）（节录）

三、全面惩处关联犯罪

（四）非法持有他人信用卡，没有证据证明从事电信网络诈骗犯罪活动，符合刑法第一百七十七条之一第一款第（二）项规定的，以妨害信用卡管理罪追究刑事责任。

177 - 1.5 最高人民法院、最高人民检察院、公安部关于办理电信网络诈骗等刑事案件适用法律若干问题的意见（二）（2021 年 6 月 17 日　法发〔2021〕22 号）（节录）

四、无正当理由持有他人的单位结算卡的，属于刑法第一百七十七条之一第一款第（二）项规定的"非法持有他人信用卡"。

【部委规范】

177 - 1.6 银行卡业务管理办法（1999 年 3 月 1 日　银发〔1999〕17 号）（节录）

第二条（第一款）　本办法所称银行卡，是指由商业银行（含邮政金融机构，下同）向社会发行的具有消费信用、转账结算、存取现金等全部或部分功能的信用支付工具。

第五条（第一款）　银行卡包括信用卡和借记卡。

第六条　信用卡按是否向发卡银行交存备用金分为贷记卡、准贷记卡两类。

贷记卡是指发卡银行给予持卡人一定的信用额度，持卡人可在信用额度内先消费、后还款的信用卡。

准贷记卡是指持卡人须先按发卡银行要求交存一定金额的备用金，当备用金帐户余额不足支付时，可在发卡银行规定的信用额度内透支的信用卡。

第六十一条　任何单位和个人有下列情形之一的，根据《中华人民共和国刑法》及相关法规进行处理：

（一）骗领、冒用信用卡的；

（二）伪造、变造银行卡的；

（三）恶意透支的；

（四）利用银行卡及其机具欺诈银行资金的。

177－1.7 公安部经济犯罪侦查局关于对以虚假的工作单位证明及收入证明骗领信用卡是否可以认定为妨害信用卡管理罪请示的批复（2008年7月1日　公经金融〔2008〕107号）

山东省公安厅经侦总队：

你总队《关于以虚假的工作单位证明及收入证明骗领信用卡是否可以认定为妨害信用卡管理罪的请示》（鲁公经〔2008〕335号）收悉。经研究，并征求人民银行意见，以虚假的工作单位证明及收入证明骗领信用卡不能认定为妨害信用卡管理罪。

第一百七十八条【伪造、变造国家有价证券罪】伪造、变造国库券或者国家发行的其他有价证券，数额较大的，处三年以下有期徒刑或者拘役，并处或者单处二万元以上二十万元以下罚金；数额巨大的，处三年以上十年以下有期徒刑，并处五万元以上五十万元以下罚金；数额特别巨大的，处十年以上有期徒刑或者无期徒刑，并处五万元以上五十万元以下罚金或者没收财产。

【伪造、变造股票、公司、企业债券罪】伪造、变造股票或者公司、企业债券，数额较大的，处三年以下有期徒刑或者拘役，并处或者单处一万元以上十万元以下罚金；数额巨大的，处三年以上十年以下有期徒刑，并处二万元以上二十万元以下罚金。

单位犯前两款罪的，对单位判处罚金，并对其直接负责的主管人员和其他直接责任人员，依照前两款的规定处罚。

【罪名渊源】本条由79刑法第123条伪造有价证券罪分解而来，刑法将"伪造、变造国库券或者国家发行的其他有价证券""伪造、变造股票或者公司、企业债券"行为分别独立成罪。高法《罪名规定》、高检《罪名意见》将前两款分别解释为伪造、变造国家有价证券罪和伪造、变造股票、公司、企业债券罪。

【立案标准】

178.1 最高人民检察院、公安部关于公安机关管辖的刑事案件立案追诉标准的规定（二）（2022年5月15日　公通字〔2022〕12号）（节录）

第二十七条　〔伪造、变造国家有价证券案（刑法第一百七十八条第一款）〕伪造、变造国库券或者国家发行的其他有价证券，总面额在二千元以上的，应予立案追诉。

第二十八条　〔伪造、变造股票、公司、企业债券案（刑法第一百七十八条第二款）〕伪造、变造股票或者公司、企业债券，总面额在三万元以上的，应予立案追诉。

第八十二条　对于预备犯、未遂犯、中止犯，需要追究刑事责任的，应予立案追诉。

第八十三条　本规定中的立案追诉标准，除法律、司法解释、本规定中另有规定的以外，适用于相应的单位犯罪。

第八十四条　本规定中的"以上"，包括本数。

第一百七十九条【擅自发行股票、公司、企业债券罪】 未经国家有关主管部门批准，擅自发行股票或者公司、企业债券，数额巨大、后果严重或者有其他严重情节的，处五年以下有期徒刑或者拘役，并处或者单处非法募集资金金额百分之一以上百分之五以下罚金。

单位犯前款罪的，对单位判处罚金，并对其直接负责的主管人员和其他直接责任人员，处五年以下有期徒刑或者拘役。

【罪名渊源】 本条 79 刑法没有规定，系全国人大常委会《关于惩治违反公司法犯罪的决定》第 7 条增设。刑法对其作了修改，将原"公司法规定的有关主管部门"改为"国家有关主管部门"，增加了"企业证券"作为犯罪对象，将附加罚金刑由"可以并处"改为"并处或单处"，对单位犯罪的处罚由原"直接负责的主管人员"改为"其他直接责任人员"。高法《罪名规定》、高检《罪名意见》将其解释为擅自发行股票、公司、企业债券罪。

【立案标准】

179.1 最高人民检察院、公安部关于公安机关管辖的刑事案件立案追诉标准的规定（二）（2022 年 5 月 15 日　公通字〔2022〕12 号）（节录）

第二十九条 〔擅自发行股票、公司、企业债券案（刑法第一百七十九条）〕未经国家有关主管部门批准或者注册，擅自发行股票或者公司、企业债券，涉嫌下列情形之一的，应予立案追诉：

（一）非法募集资金金额在一百万元以上的；

（二）造成投资者直接经济损失数额累计在五十万元以上的；

（三）募集的资金全部或者主要用于违法犯罪活动的；

（四）其他后果严重或者有其他严重情节的情形。

本条规定的"擅自发行股票或者公司、企业债券"，是指向社会不特定对象发行、以转让股权等方式变相发行股票或者公司、企业债券，或者向特定对象发行、变相发行股票或者公司、企业债券累计超过二百人的行为。

第八十二条 对于预备犯、未遂犯、中止犯，需要追究刑事责任的，应予立案追诉。

第八十三条 本规定中的立案追诉标准，除法律、司法解释、本规定中另有规定的以外，适用于相应的单位犯罪。

第八十四条 本规定中的"以上"，包括本数。

【罪刑标准】

179.2 最高人民法院关于审理非法集资刑事案件具体应用法律若干问题的解释（2011 年 1 月 4 日　法释〔2010〕18 号　2022 年修正）（节录）

第十条 未经国家有关主管部门批准，向社会不特定对象发行、以转让股权等方式变相发行股票或者公司、企业债券，或者向特定对象发行、变相发行股票或者公司、企业债券累计超过 200 人的，应当认定为刑法第一百七十九条规定的"擅自发行股票或者公司、企业债券"。构成犯罪的，以擅自发行股票、公司、企业债券罪定罪处罚。

【司法文件】

179.3 最高人民法院、最高人民检察院、公安部、中国证券监督管理委员会关于整治非法证券活动有关问题的通知（2008 年 1 月 2 日　证监发〔2008〕1 号）（节录）

二、明确法律政策界限，依法打击非法证券活动

（二）关于擅自发行证券的责任追究。未经依法核准，擅自发行证券，涉嫌犯罪的，依照《刑法》第一百七十九条之规定，以擅自发行股票、公司、企业债券罪追究刑事责任。未经依法核准，以发行证券为幌子，实施非法证券活动，涉嫌犯罪的，依照《刑法》第一百七十六条、

第一百九十二条等规定，以非法吸收公众存款罪、集资诈骗罪等罪名追究刑事责任。未构成犯罪的，依照《证券法》和有关法律的规定给予行政处罚。

（三）关于非法经营证券业务的责任追究。任何单位和个人经营证券业务，必须经证监会批准。未经批准的，属于非法经营证券业务，应予以取缔；涉嫌犯罪的，依照《刑法》第二百二十五条之规定，以非法经营罪追究刑事责任。对于中介机构非法代理买卖非上市公司股票，涉嫌犯罪的，应当依照《刑法》第二百二十五条之规定，以非法经营罪追究刑事责任；所代理的非上市公司涉嫌擅自发行股票，构成犯罪的，应当依照《刑法》第一百七十九条之规定，以擅自发行股票罪追究刑事责任。非上市公司和中介机构共谋擅自发行股票，构成犯罪的，以擅自发行股票罪的共犯论处。未构成犯罪的，依照《证券法》和有关法律的规定给予行政处罚。

【法律法规】

179.4 金融违法行为处罚办法（1999 年 2 月 22 日）（第 27 条）

179.5 中华人民共和国公司法（2006 年 1 月 1 日　2018 年修正）（第 85 条、第 87—88 条、第 134 条）

179.6 中华人民共和国证券法（2020 年 3 月 1 日）（第 9—34 条、第 180—181 条、第 219 条）

第一百八十条【内幕交易、泄露内幕信息罪】 证券、期货交易内幕信息的知情人员或者非法获取证券、期货交易内幕信息的人员，在涉及证券的发行，证券、期货交易或者其他对证券、期货交易价格有重大影响的信息尚未公开前，买入或者卖出该证券，或者从事与该内幕信息有关的期货交易，或者泄露该信息，或者明示、暗示他人从事上述交易活动，情节严重的，处五年以下有期徒刑或者拘役，并处或者单处违法所得一倍以上五倍以下罚金；情节特别严重的，处五年以上十年以下有期徒刑，并处违法所得一倍以上五倍以下罚金。

单位犯前款罪的，对单位判处罚金，并对其直接负责的主管人员和其他直接责任人员，处五年以下有期徒刑或者拘役。

内幕信息、知情人员的范围，依照法律、行政法规的规定确定。

【利用未公开信息交易罪】 证券交易所、期货交易所、证券公司、期货经纪公司、基金管理公司、商业银行、保险公司等金融机构的从业人员以及有关监管部门或者行业协会的工作人员，利用因职务便利获取的内幕信息以外的其他未公开的信息，违反规定，从事与该信息相关的证券、期货交易活动，或者明示、暗示他人从事相关交易活动，情节严重的，依照第一款的规定处罚。

【刑法第一次修正说明】

全国人大常委会 1999 年 12 月 25 日通过并公布施行的《刑法修正案》第 4 条对本条作了第一次修正。原第 180 条为：

【内幕交易、泄露内幕信息罪】 证券交易内幕信息的知情人员或者非法获取证券交易内幕信息的人员，在涉及证券的发行、交易或者其他对证券的价格有重大影响的信息尚未公开前，买入或者卖出该证券，或者泄露该信息，情节严重的，处五年以下有期徒刑或者拘役，并处或者单处违法所得一倍以上五倍以下罚金；情节特别严重的，处五年以上十年以下有期徒刑，并处违法所得一倍以上五倍以下罚金。

单位犯前款罪的，对单位判处罚金，并对其直接负责的主管人员和其他直接责任人员，处五年以下有期徒刑或者拘役。

内幕信息的范围，依照法律、行政法规的规定确定。

知情人员的范围，依照法律、行政法规的规定确定。

【刑法第二次修正说明】

全国人大常委会 2009 年 2 月 28 日通过并公布施行的《刑法修正案（七）》第 2 条对本条作了第二次修正。《刑法修正案》第 4 条为：

【内幕交易、泄露内幕信息罪】证券、期货交易内幕信息的知情人员或者非法获取证券、期货交易内幕信息的人员，在涉及证券的发行，证券、期货交易或者其他对证券、期货交易价格有重大影响的信息尚未公开前，买入或者卖出该证券，或者从事与该内幕信息有关的期货交易，或者泄露该信息，情节严重的，处五年以下有期徒刑或者拘役，并处或者单处违法所得一倍以上五倍以下罚金；情节特别严重的，处五年以上十年以下有期徒刑，并处违法所得一倍以上五倍以下罚金。

单位犯前款罪的，对单位判处罚金，并对其直接负责的主管人员和其他直接责任人员，处五年以下有期徒刑或者拘役。

内幕信息、知情人员的范围，依照法律、行政法规的规定确定。

【罪名渊源】本条系刑法增设，79 刑法、单行刑法均未规定。高法《罪名规定》、高检《罪名意见》将其解释为内幕交易、泄露内幕信息罪。《刑法修正案》第 4 条对罪状作了修改，将期货交易行为予以犯罪化。《刑法修正案（七）》第 2 条又对本条第 1 款作了修改，增设了"明示、暗示他人从事相关交易活动"的规定，并增设了第 4 款内容。"两高"《罪名补充规定（四）》将第 4 款解释为利用未公开信息交易罪。

【立案标准】

180.1 最高人民检察院、公安部关于公安机关管辖的刑事案件立案追诉标准的规定（二）
（2022 年 5 月 15 日　公通字〔2022〕12 号）（节录）

第三十条　〔内幕交易、泄露内幕信息案（刑法第一百八十条第一款）〕证券、期货交易内幕信息的知情人员、单位或者非法获取证券、期货交易内幕信息的人员、单位，在涉及证券的发行，证券、期货交易或者其他对证券、期货交易价格有重大影响的信息尚未公开前，买入或者卖出该证券，或者从事与该内幕信息有关的期货交易，或者泄露该信息，或者明示、暗示他人从事上述交易活动，涉嫌下列情形之一的，应予立案追诉：

（一）获利或者避免损失数额在五十万元以上的；

（二）证券交易成交额在二百万元以上的；

（三）期货交易占用保证金数额在一百万元以上的；

（四）二年内三次以上实施内幕交易、泄露内幕信息行为的；

（五）明示、暗示三人以上从事与内幕信息相关的证券、期货交易活动的；

（六）具有其他严重情节的。

内幕交易获利或者避免损失数额在二十五万元以上，或者证券交易成交额在一百万元以上，或者期货交易占用保证金数额在五十万元以上，同时涉嫌下列情形之一的，应予立案追诉：

（一）证券法规定的证券交易内幕信息的知情人实施或者与他人共同实施内幕交易行为的；

（二）以出售或者变相出售内幕信息等方式，明示、暗示他人从事与该内幕信息相关的交易活动的；

（三）因证券、期货犯罪行为受过刑事追究的；

（四）二年内因证券、期货违法行为受过行政处罚的；

（五）造成其他严重后果的。

第三十一条　〔利用未公开信息交易案（刑法第一百八十条第四款）〕证券交易所、期货交易所、证券公司、期货公司、基金管理公司、商业银行、保险公司等金融机构的从业人员以及有关监管部门或者行业协会的工作人员，利用因职务便利获取的内幕信息以外的其他未公开的信息，违反规定，从事与该信息相关的证券、期货交易活动，或者明示、暗示他人从事相关交易活动，涉嫌下列情形之一的，应予立案追诉：

（一）获利或者避免损失数额在一百万元以上的；

（二）二年内三次以上利用未公开信息交易的；

（三）明示、暗示三人以上从事相关交易活动的；

（四）具有其他严重情节的。

利用未公开信息交易，获利或者避免损失数额在五十万元以上，或者证券交易成交额在五百万元以上，或者期货交易占用保证金数额在一百万元以上，同时涉嫌下列情形之一的，应予立案追诉：

（一）以出售或者变相出售未公开信息等方式，明示、暗示他人从事相关交易活动的；

（二）因证券、期货犯罪行为受过刑事追究的；

（三）二年内因证券、期货违法行为受过行政处罚的；

（四）造成其他严重后果的。

第八十二条　对于预备犯、未遂犯、中止犯，需要追究刑事责任的，应予立案追诉。

第八十三条　本规定中的立案追诉标准，除法律、司法解释、本规定中另有规定的以外，适用于相应的单位犯罪。

第八十四条　本规定中的"以上"，包括本数。

【罪刑标准】

180.2 最高人民法院、最高人民检察院关于办理内幕交易、泄露内幕信息刑事案件具体应用法律若干问题的解释（2012年6月1日　法释〔2012〕6号）

为维护证券、期货市场管理秩序，依法惩治证券、期货犯罪，根据刑法有关规定，现就办理内幕交易、泄露内幕信息刑事案件具体应用法律的若干问题解释如下：

第一条　下列人员应当认定为刑法第一百八十条第一款规定的"证券、期货交易内幕信息的知情人员"：

（一）证券法第七十四条①规定的人员；

（二）期货交易管理条例第八十五条第十二项②规定的人员。

第二条　具有下列行为的人员应当认定为刑法第一百八十条第一款规定的"非法获取证券、期货交易内幕信息的人员"：

（一）利用窃取、骗取、套取、窃听、利诱、刺探或者私下交易等手段获取内幕信息的；

（二）内幕信息知情人员的近亲属或者其他与内幕信息知情人员关系密切的人员，在内幕信息敏感期内，从事或者明示、暗示他人从事，或者泄露内幕信息导致他人从事与该内幕信息有关的证券、期货交易，相关交易行为明显异常，且无正当理由或者正当信息来源的；

（三）在内幕信息敏感期内，与内幕信息知情人员联络、接触，从事或者明示、暗示他人从事，或者泄露内幕信息导致他人从事与该内幕信息有关的证券、期货交易，相关交易行为明显异常，且无正当理由或者正当信息来源的。

第三条　本解释第二条第二项、第三项规定的"相关交易行为明显异常"，要综合以下情形，从时间吻合程度、交易背离程度和利益关联程度等方面予以认定：

（一）开户、销户、激活资金账户或者指定交易（托管）、撤销指定交易（转托管）的时间与该内幕信息形成、变化、公开时间基本一致的；

（二）资金变化与该内幕信息形成、变化、公开时间基本一致的；

（三）买入或者卖出与内幕信息有关的证券、期货合约时间与内幕信息的形成、变化和公开时间基本一致的；

---

① 指2005年证券法条文，对应2019年证券法第51条。——编者注

② 指2007年《期货交易管理条例》条文，对应2017年《期货交易管理条例》第81条第12项。——编者注

（四）买入或者卖出与内幕信息有关的证券、期货合约时间与获悉内幕信息的时间基本一致的；

（五）买入或者卖出证券、期货合约行为明显与平时交易习惯不同的；

（六）买入或者卖出证券、期货合约行为，或者集中持有证券、期货合约行为与该证券、期货公开信息反映的基本面明显背离的；

（七）账户交易资金进出与该内幕信息知情人员或者非法获取人员有关联或者利害关系的；

（八）其他交易行为明显异常情形。

第四条　具有下列情形之一的，不属于刑法第一百八十条第一款规定的从事与内幕信息有关的证券、期货交易：

（一）持有或者通过协议、其他安排与他人共同持有上市公司百分之五以上股份的自然人、法人或者其他组织收购该上市公司股份的；

（二）按照事先订立的书面合同、指令、计划从事相关证券、期货交易的；

（三）依据已被他人披露的信息而交易的；

（四）交易具有其他正当理由或者正当信息来源的。

第五条　本解释所称"内幕信息敏感期"是指内幕信息自形成至公开的期间。

证券法第六十七条第二款①所列"重大事件"的发生时间，第七十五条规定的"计划"、"方案"② 以及期货交易管理条例第八十五条第十一项③规定的"政策"、"决定"等的形成时间，应当认定为内幕信息的形成之时。

影响内幕信息形成的动议、筹划、决策或者执行人员，其动议、筹划、决策或者执行初始时间，应当认定为内幕信息的形成之时。

内幕信息的公开，是指内幕信息在国务院证券、期货监督管理机构指定的报刊、网站等媒体披露。

第六条　在内幕信息敏感期内从事或者明示、暗示他人从事或者泄露内幕信息导致他人从事与该内幕信息有关的证券、期货交易，具有下列情形之一的，应当认定为刑法第一百八十条第一款规定的"情节严重"：

（一）证券交易成交额在五十万元以上的；

（二）期货交易占用保证金数额在三十万元以上的；

（三）获利或者避免损失数额在十五万元以上的；

（四）三次以上的；

（五）具有其他严重情节的。

第七条　在内幕信息敏感期内从事或者明示、暗示他人从事或者泄露内幕信息导致他人从事与该内幕信息有关的证券、期货交易，具有下列情形之一的，应当认定为刑法第一百八十条第一款规定的"情节特别严重"：

（一）证券交易成交额在二百五十万元以上的；

（二）期货交易占用保证金数额在一百五十万元以上的；

（三）获利或者避免损失数额在七十五万元以上的；

（四）具有其他特别严重情节的。

第八条　二次以上实施内幕交易或者泄露内幕信息行为，未经行政处理或者刑事处理的，应当对相关交易数额依法累计计算。

---

① 指 2005 年证券法条文，对应 2019 年证券法第 80 条第 2 款。——编者注

② 指 2005 年证券法条文，其中的"计划"对应 2019 年证券法第 80 条第 2 款第 9 项，"方案"一词在 2019 年证券法中未出现。——编者注

③ 指 2007 年《期货交易管理条例》条文，对应 2017 年《期货交易管理条例》第 81 条第 11 项。——编者注

第九条　同一案件中，成交额、占用保证金额、获利或者避免损失额分别构成情节严重、情节特别严重的，按照处罚较重的数额定罪处罚。

构成共同犯罪的，按照共同犯罪行为人的成交总额、占用保证金总额、获利或者避免损失总额定罪处罚，但判处各被告人罚金的总额应掌握在获利或者避免损失总额的一倍以上五倍以下。

第十条　刑法第一百八十条第一款规定的"违法所得"，是指通过内幕交易行为所获利益或者避免的损失。

内幕信息的泄露人员或者内幕交易的明示、暗示人员未实际从事内幕交易的，其罚金数额按照因泄露而获悉内幕信息人员或者被明示、暗示人员从事内幕交易的违法所得计算。

第十一条　单位实施刑法第一百八十条第一款规定的行为，具有本解释第六条规定情形之一的，按照刑法第一百八十条第二款的规定定罪处罚。

180.3 最高人民法院、最高人民检察院关于办理利用未公开信息交易刑事案件适用法律若干问题的解释（2019年7月1日　法释〔2019〕10号）

为依法惩治证券、期货犯罪，维护证券、期货市场管理秩序，促进证券、期货市场稳定健康发展，保护投资者合法权益，根据《中华人民共和国刑法》《中华人民共和国刑事诉讼法》的规定，现就办理利用未公开信息交易刑事案件适用法律的若干问题解释如下：

第一条　刑法第一百八十条第四款规定的"内幕信息以外的其他未公开的信息"，包括下列信息：

（一）证券、期货的投资决策、交易执行信息；

（二）证券持仓数量及变化、资金数量及变化、交易动向信息；

（三）其他可能影响证券、期货交易活动的信息。

第二条　内幕信息以外的其他未公开的信息难以认定的，司法机关可以在有关行政主（监）管部门的认定意见的基础上，根据案件事实和法律规定作出认定。

第三条　刑法第一百八十条第四款规定的"违反规定"，是指违反法律、行政法规、部门规章、全国性行业规范有关证券、期货未公开信息保护的规定，以及行为人所在的金融机构有关信息保密、禁止交易、禁止利益输送等规定。

第四条　刑法第一百八十条第四款规定的行为人"明示、暗示他人从事相关交易活动"，应当综合以下方面进行认定：

（一）行为人具有获取未公开信息的职务便利；

（二）行为人获取未公开信息的初始时间与他人从事相关交易活动的初始时间具有关联性；

（三）行为人与他人之间具有亲友关系、利益关联、交易终端关联等关联关系；

（四）他人从事相关交易的证券、期货品种、交易时间与未公开信息所涉证券、期货品种、交易时间等方面基本一致；

（五）他人从事的相关交易活动明显不具有符合交易习惯、专业判断等正当理由；

（六）行为人对明示、暗示他人从事相关交易活动没有合理解释。

第五条　利用未公开信息交易，具有下列情形之一的，应当认定为刑法第一百八十条第四款规定的"情节严重"：

（一）违法所得数额在一百万元以上的；

（二）二年内三次以上利用未公开信息交易的；

（三）明示、暗示三人以上从事相关交易活动的。

第六条　利用未公开信息交易，违法所得数额在五十万元以上，或者证券交易成交额在五百万元以上，或者期货交易占用保证金数额在一百万元以上，具有下列情形之一的，应当认定为刑法第一百八十条第四款规定的"情节严重"：

（一）以出售或者变相出售未公开信息等方式，明示、暗示他人从事相关交易活动的；

（二）因证券、期货犯罪行为受过刑事追究的；

（三）二年内因证券、期货违法行为受过行政处罚的；

（四）造成恶劣社会影响或者其他严重后果的。

第七条　刑法第一百八十条第四款规定的"依照第一款的规定处罚"，包括该条第一款关于

"情节特别严重"的规定。

利用未公开信息交易,违法所得数额在一千万元以上的,应当认定为"情节特别严重"。

违法所得数额在五百万元以上,或者证券交易成交额在五千万元以上,或者期货交易占用保证金数额在一千万元以上,具有本解释第六条规定的四种情形之一的,应当认定为"情节特别严重"。

第八条　二次以上利用未公开信息交易,依法应予行政处理或者刑事处理而未经处理的,相关交易数额或者违法所得数额累计计算。

第九条　本解释所称"违法所得",是指行为人利用未公开信息从事与该信息相关的证券、期货交易活动所获利益或者避免的损失。

行为人明示、暗示他人利用未公开信息从事相关交易活动,被明示、暗示人员从事相关交易活动所获利益或者避免的损失,应当认定为"违法所得"。

第十条　行为人未实际从事与未公开信息相关的证券、期货交易活动的,其罚金数额按照被明示、暗示人员从事相关交易活动的违法所得计算。

第十一条　符合本解释第五条、第六条规定的标准,行为人如实供述犯罪事实,认罪悔罪,并积极配合调查,退缴违法所得的,可以从轻处罚;其中犯罪情节轻微的,可以依法不起诉或者免予刑事处罚。

符合刑事诉讼法规定的认罪认罚从宽适用范围和条件的,依照刑事诉讼法的规定处理。

第十二条　本解释自 2019 年 7 月 1 日起施行。

【司法文件】

180.4 最高人民法院关于进一步加强金融审判工作的若干意见（2017 年 8 月 4 日　法发〔2017〕22 号）（节录）

19. 依法严厉惩治证券犯罪行为,维护资本市场秩序。依法审理欺诈发行股票、债券案件,违规披露、不披露重要信息案件,内幕交易案件,利用未公开信息交易案件和操纵证券、期货市场案件,防范和化解资本市场的系统性风险,促进资本市场的持续健康发展。

【法律法规】

180.5 期货交易管理条例（2007 年 4 月 15 日　2017 年修订）（第 81 条第 11—12 项）

180.6 中华人民共和国证券法（2020 年 3 月 1 日）（第 50—57 条、第 80—81 条、第 219 条）

第一百八十一条【编造并传播证券、期货交易虚假信息罪】 编造并且传播影响证券、期货交易的虚假信息,扰乱证券、期货交易市场,造成严重后果的,处五年以下有期徒刑或者拘役,并处或者单处一万元以上十万元以下罚金。

【诱骗投资者买卖证券、期货合约罪】 证券交易所、期货交易所、证券公司、期货经纪公司的从业人员,证券业协会、期货业协会或者证券期货监督管理部门的工作人员,故意提供虚假信息或者伪造、变造、销毁交易记录,诱骗投资者买卖证券、期货合约,造成严重后果的,处五年以下有期徒刑或者拘役,并处或者单处一万元以上十万元以下罚金;情节特别恶劣的,处五年以上十年以下有期徒刑,并处二万元以上二十万元以下罚金。

单位犯前两款罪的,对单位判处罚金,并对其直接负责的主管人员和其他直接责任人员,处五年以下有期徒刑或者拘役。

【刑法修正说明】

本条为全国人大常委会 1999 年 12 月 25 日通过并公布施行的《刑法修正案》第 5 条所修正。原第 181 条为:

【编造并传播证券交易虚假信息罪】 编造并且传播影响证券交易的虚假信息,扰乱证券交易市场,造成严重后果的,处五年以下有期徒刑或者拘役,并处或者单处一万元以上十万元以下罚金。

【诱骗投资者买卖证券罪】证券交易所、证券公司的从业人员，证券业协会或者证券管理部门的工作人员，故意提供虚假信息或者伪造、变造、销毁交易记录，诱骗投资者买卖证券，造成严重后果的，处五年以下有期徒刑或者拘役，并处或者单处一万元以上十万元以下罚金；情节特别恶劣的，处五年以上十年以下有期徒刑，并处二万元以上二十万元以下罚金。

单位犯前两款罪的，对单位判处罚金，并对其直接负责的主管人员和其他直接责任人员，处五年以下有期徒刑或者拘役。

【罪名渊源】本条两款均系刑法增设，79 刑法、单行刑法均未规定。高法《罪名规定》、高检《罪名意见》将第 1 款解释为编造并传播证券交易虚假信息罪，《刑法修正案》第 5 条第 1 款对罪状进行了修改，将编造并传播期货交易虚假信息的行为予以犯罪化。"两高"《罪名补充规定》将其解释为编造并传播证券、期货交易虚假信息罪。高法《罪名规定》、高检《罪名意见》将第 2 款解释为诱骗投资者买卖证券罪。《刑法修正案》第 5 条第 2 款对罪状作了补充，增加了有关期货犯罪的内容。据此，"两高"《罪名补充规定》将其解释为诱骗投资者买卖证券、期货合约罪。

【立案标准】

181.1 最高人民检察院、公安部关于公安机关管辖的刑事案件立案追诉标准的规定（二）（2022 年 5 月 15 日　公通字〔2022〕12 号）（节录）

第三十二条 〔编造并传播证券、期货交易虚假信息案（刑法第一百八十一条第一款）〕编造并且传播影响证券、期货交易的虚假信息，扰乱证券、期货交易市场，涉嫌下列情形之一的，应予立案追诉：

（一）获利或者避免损失数额在五万元以上的；

（二）造成投资者直接经济损失数额在五十万元以上的；

（三）虽未达到上述数额标准，但多次编造并且传播影响证券、期货交易的虚假信息的；

（四）致使交易价格或者交易量异常波动的；

（五）造成其他严重后果的。

第三十三条 〔诱骗投资者买卖证券、期货合约案（刑法第一百八十一条第二款）〕证券交易所、期货交易所、证券公司、期货公司的从业人员，证券业协会、期货业协会或者证券期货监督管理部门的工作人员，故意提供虚假信息或者伪造、变造、销毁交易记录，诱骗投资者买卖证券、期货合约，涉嫌下列情形之一的，应予立案追诉：

（一）获利或者避免损失数额在五万元以上的；

（二）造成投资者直接经济损失数额在五十万元以上的；

（三）虽未达到上述数额标准，但多次诱骗投资者买卖证券、期货合约的；

（四）致使交易价格或者交易量异常波动的；

（五）造成其他严重后果的。

第八十条 本规定中的"多次"，是指三次以上。

第八十一条 本规定中的"虽未达到上述数额标准"，是指接近上述数额标准且已达到该数额的百分之八十以上的。

第八十二条 对于预备犯、未遂犯、中止犯，需要追究刑事责任的，应予立案追诉。

第八十三条 本规定中的立案追诉标准，除法律、司法解释、本规定另有规定的以外，适用于相应的单位犯罪。

第八十四条 本规定中的"以上"，包括本数。

【司法文件】

181.2 最高人民法院、最高人民检察院、公安部、中国证监会关于办理证券期货违法犯罪案件工作若干问题的意见（2011年4月27日　证监发〔2011〕30号）

为加强办理证券期货违法犯罪案件工作，完善行政执法与刑事司法的衔接机制，进一步依法有效惩治证券期货违法犯罪，提出如下意见：

一、证券监管机构依据行政机关移送涉嫌犯罪案件的有关规定，在办理可能移送公安机关查处的证券期货违法案件过程中，经履行批准程序，可商请公安机关协助查询、复制被调查对象的户籍、出入境信息等资料，对有关涉案人员按照相关规定采取边控、报备措施。证券监管机构向公安机关提出请求时，应当明确协助办理的具体事项，提供案件情况及相关材料。

二、证券监管机构办理证券期货违法案件，案情重大、复杂、疑难的，可商请公安机关就案件性质、证据等问题提出参考意见；对有证据表明可能涉嫌犯罪的行为人可能逃匿或者销毁证据的，证券监管机构应当及时通知公安机关；涉嫌犯罪的，公安机关应当及时立案侦查。

三、证券监管机构与公安机关建立和完善协调会商机制。证券监管机构依据行政机关移送涉嫌犯罪案件的有关规定，在向公安机关移送重大、复杂、疑难的涉嫌证券期货犯罪案件前，应当启动协调会商机制，就行为性质认定、案件罪名适用、案件管辖等问题进行会商。

四、公安机关、人民检察院和人民法院在办理涉嫌证券期货犯罪案件过程中，可商请证券监管机构指派专业人员配合开展工作，协助查阅、复制有关专业资料。证券监管机构可以根据司法机关办案需要，依法就案件涉及的证券期货专业问题向司法机关出具认定意见。

五、司法机关对证券监管机构随案移送的物证、书证、鉴定结论、视听资料、现场笔录等证据要及时审查，作出是否立案的决定；随案移送的证据，经法定程序查证属实的，可作为定案的根据。

六、证券监管机构依据行政机关移送涉嫌犯罪案件的有关规定向公安机关移交证据，应当制作证据移交清单，双方经办人员应当签字确认，加盖公章，相关证据随证据移交清单一并移交。

七、对涉众型证券期货犯罪案件，在已收集的证据能够充分证明基本犯罪事实的前提下，公安机关可在被调查对象范围内按一定比例收集和调取书证、被害人陈述、证人证言等相关证据。

八、以证券交易所、期货交易所、证券登记结算机构、期货保证金监控机构以及证券公司、期货公司留存的证券期货委托记录和交易记录、登记存管结算资料等电子数据作为证据的，数据提供单位应以电子光盘或者其他载体记录相关原始数据，并说明制作方法、制作时间及制作人等信息，并由复制件制作人和原始电子数据持有人签名或盖章。

九、发行人、上市公司或者其他信息披露义务人在证券监管机构指定的信息披露媒体、信息披露义务人或证券交易所网站发布的信息披露公告，其打印件或据此制作的电子光盘，经核对无误后，说明其来源、制作人、制作时间、制作地点等的，可作为刑事证据使用，但有其他证据证明打印件或光盘内容与公告信息不一致的除外。

十、涉嫌证券期货犯罪的第一审案件，由中级人民法院管辖，同级人民检察院负责提起公诉，地（市）级以上公安机关负责立案侦查。

> **【说明】**"两高"对本意见第十条作了进一步解释。
> 附：最高人民法院、最高人民检察院关于贯彻执行《关于办理证券期货违法犯罪案件工作若干问题的意见》有关问题的通知（2012年3月14日　法发〔2012〕8号）（节录）
> 一、《意见》① 第十条中的"证券期货犯罪"，是指刑法第一百六十条、第一百六十一条、第一百六十九条之一、第一百七十八条第二款、第一百七十九条、第一百八十条、第一百八十一条、第一百八十二条、第一百八十五条之一第一款规定的犯罪。

----

① 指最高人民法院、最高人民检察院、公安部、中国证监会《关于办理证券期货违法犯罪案件工作若干问题的意见》（证监发〔2011〕30号）。——编者注

　　二、2012 年 1 月 1 日以后，证券期货犯罪的第一审案件，适用《意见》第十条的规定，由中级人民法院管辖，同级人民检察院负责提起公诉。

　　三、2011 年 12 月 31 日以前已经提起公诉的证券期货犯罪案件，不适用《意见》第十条关于级别管辖的规定。

【法律法规】

　　181.3 股票发行与交易管理暂行条例（1993 年 4 月 22 日）（第 74 条、第 77—78 条）

　　181.4 全国人民代表大会常务委员会关于维护互联网安全的决定（2000 年 12 月 28 日　2009 年修正）（第 3 条第 4 项、第 6 条）

　　181.5 期货交易管理条例（2007 年 4 月 15 日　2017 年修订）（第 67 条第 1 款第 4—5 项、第 9 项和第 2—3 款，第 79 条，第 81 条第 1—2 项）

　　第一百八十二条【操纵证券、期货市场罪】有下列情形之一，操纵证券、期货市场，影响证券、期货交易价格或者证券、期货交易量，情节严重的，处五年以下有期徒刑或者拘役，并处或者单处罚金；情节特别严重的，处五年以上十年以下有期徒刑，并处罚金：

　　（一）单独或者合谋，集中资金优势、持股或者持仓优势或者利用信息优势联合或者连续买卖的；

　　（二）与他人串通，以事先约定的时间、价格和方式相互进行证券、期货交易的；

　　（三）在自己实际控制的帐户之间进行证券交易，或者以自己为交易对象，自买自卖期货合约的；

　　（四）不以成交为目的，频繁或者大量申报买入、卖出证券、期货合约并撤销申报的；

　　（五）利用虚假或者不确定的重大信息，诱导投资者进行证券、期货交易的；

　　（六）对证券、证券发行人、期货交易标的公开作出评价、预测或者投资建议，同时进行反向证券交易或者相关期货交易的；

　　（七）以其他方法操纵证券、期货市场的。

　　单位犯前款罪的，对单位判处罚金，并对其直接负责的主管人员和其他直接责任人员，依照前款的规定处罚。

【刑法第一次修正说明】

　　全国人大常委会 1999 年 12 月 25 日通过并公布施行的《刑法修正案》第 6 条对本条作了第一次修正。原第 182 条为：

　　【操纵证券交易价格罪】有下列情形之一，操纵证券交易价格，获取不正当利益或者转嫁风险，情节严重的，处五年以下有期徒刑或者拘役，并处或者单处违法所得一倍以上五倍以下罚金：

　　（一）单独或者合谋，集中资金优势、持股优势或者利用信息优势联合或者连续买卖，操纵证券交易价格的；

　　（二）与他人串通，以事先约定的时间、价格和方式相互进行证券交易或者相互买卖并不持有的证券，影响证券交易价格或者证券交易量的；

　　（三）以自己为交易对象，进行不转移证券所有权的自买自卖，影响证券交易价格或者证券交易量的；

　　（四）以其他方法操纵证券交易价格的。

　　单位犯前款罪的，对单位判处罚金，并对其直接负责的主管人员和其他直接责任人员，处五年以下有期徒刑或者拘役。

【刑法第二次修正说明】

全国人大常委会 2006 年 6 月 29 日通过并公布施行的《刑法修正案（六）》第 11 条对本条作了第二次修正。《刑法修正案》第 6 条为：

【操纵证券、期货交易价格罪】有下列情形之一，操纵证券、期货交易价格，获取不正当利益或者转嫁风险，情节严重的，处五年以下有期徒刑或者拘役，并处或者单处违法所得一倍以上五倍以下罚金：

（一）单独或者合谋，集中资金优势、持股或者持仓优势或者利用信息优势联合或者连续买卖，操纵证券、期货交易价格的；

（二）与他人串通，以事先约定的时间、价格和方式相互进行证券、期货交易，或者相互买卖并不持有的证券，影响证券、期货交易价格或者证券、期货交易量的；

（三）以自己为交易对象，进行不转移证券所有权的自买自卖，或者以自己为交易对象，自买自卖期货合约，影响证券、期货交易价格或者证券、期货交易量的；

（四）以其他方法操纵证券、期货交易价格的。

单位犯前款罪的，对单位判处罚金，并对其直接负责的主管人员和其他直接责任人员，处五年以下有期徒刑或者拘役。

【刑法第三次修正说明】

全国人大常委会 2020 年 12 月 26 日通过并公布、2021 年 3 月 1 日施行的《刑法修正案（十一）》第 13 条对第 1 款作了修正。《刑法修正案（六）》第 11 条为：

【操纵证券、期货市场罪】有下列情形之一，操纵证券、期货市场，情节严重的，处五年以下有期徒刑或者拘役，并处或者单处罚金；情节特别严重的，处五年以上十年以下有期徒刑，并处罚金：

（一）单独或者合谋，集中资金优势、持股或者持仓优势或者利用信息优势联合或者连续买卖，操纵证券、期货交易价格或者证券、期货交易量的；

（二）与他人串通，以事先约定的时间、价格和方式相互进行证券、期货交易，影响证券、期货交易价格或者证券、期货交易量的；

（三）在自己实际控制的账户之间进行证券交易，或者以自己为交易对象，自买自卖期货合约，影响证券、期货交易价格或者证券、期货交易量的；

（四）以其他方法操纵证券、期货市场的。

单位犯前款罪的，对单位判处罚金，并对其直接负责的主管人员和其他直接责任人员，依照前款的规定处罚。

【罪名渊源】本条系刑法增设，79 刑法、单行刑法均未规定。高法《罪名规定》、高检《罪名意见》将其解释为操纵证券交易价格罪。《刑法修正案》第 6 条对本条罪状作了补充，增加了有关期货犯罪的内容。据此，"两高"《罪名补充规定》将其解释为操纵证券、期货交易价格罪。《刑法修正案（六）》第 11 条又对本条作了修改：（1）将第 1 款中的"交易价格"修改为"市场"，并删除了"获取不正当利益或者转嫁风险"的行为要件；（2）根据修订后的证券法，对罪状表述作了相应修改。"两高"《罪名补充规定（三）》将其解释为操纵证券、期货市场罪，取消操纵证券、期货交易价格罪罪名。《刑法修正案（十一）》第 13 条对第 1 款罪状作了修改，增设第 4—6 项三类操纵证券、期货交易的情形。

【立案标准】

182.1 最高人民检察院、公安部关于公安机关管辖的刑事案件立案追诉标准的规定（二）
（2022 年 5 月 15 日）（节录）

第三十四条　〔操纵证券、期货市场案（刑法第一百八十二条）〕操纵证券、期货市场，影响证券、期货交易价格或者证券、期货交易量，涉嫌下列情形之一的，应予立案追诉：

（一）持有或者实际控制证券的流通股份数量达到该证券的实际流通股份总量百分之十以上，实施刑法第一百八十二条第一款第一项操纵证券市场行为，连续十个交易日的累计成交量达到同期该证券总成交量百分之二十以上的；

（二）实施刑法第一百八十二条第一款第二项、第三项操纵证券市场行为，连续十个交易日的累计成交量达到同期该证券总成交量百分之二十以上的；

（三）利用虚假或者不确定的重大信息，诱导投资者进行证券交易，行为人进行相关证券交易的成交额在一千万元以上的；

（四）对证券、证券发行人公开作出评价、预测或者投资建议，同时进行反向证券交易，证券交易成交额在一千万元以上的；

（五）通过策划、实施资产收购或者重组、投资新业务、股权转让、上市公司收购等虚假重大事项，误导投资者作出投资决策，并进行相关交易或者谋取相关利益，证券交易成交额在一千万元以上的；

（六）通过控制发行人、上市公司信息的生成或者控制信息披露的内容、时点、节奏，误导投资者作出投资决策，并进行相关交易或者谋取相关利益，证券交易成交额在一千万元以上的；

（七）实施刑法第一百八十二条第一款第一项操纵期货市场行为，实际控制的帐户合并持仓连续十个交易日的最高值超过期货交易所限仓标准的二倍，累计成交量达到同期该期货合约总成交量百分之二十以上，且期货交易占用保证金数额在五百万元以上的；

（八）通过囤积现货，影响特定期货品种市场行情，并进行相关期货交易，实际控制的帐户合并持仓连续十个交易日的最高值超过期货交易所限仓标准的二倍，累计成交量达到同期该期货合约总成交量百分之二十以上，且期货交易占用保证金数额在五百万元以上的；

（九）实施刑法第一百八十二条第一款第二项、第三项操纵期货市场行为，实际控制的帐户连续十个交易日的累计成交量达到同期该期货合约总成交量百分之二十以上，且期货交易占用保证金数额在五百万元以上的；

（十）利用虚假或者不确定的重大信息，诱导投资者进行期货交易，行为人进行相关期货交易，实际控制的帐户连续十个交易日的累计成交量达到同期该期货合约总成交量百分之二十以上，且期货交易占用保证金数额在五百万元以上的；

（十一）对期货交易标的公开作出评价、预测或者投资建议，同时进行相关期货交易，实际控制的帐户连续十个交易日的累计成交量达到同期该期货合约总成交量的百分之二十以上，且期货交易占用保证金数额在五百万元以上的；

（十二）不以成交为目的，频繁或者大量申报买入、卖出证券、期货合约并撤销申报，当日累计撤回申报量达到同期该证券、期货合约总申报量百分之五十以上，且证券撤回申报额在一千万元以上、撤回申报的期货合约占用保证金数额在五百万元以上的；

（十三）实施操纵证券、期货市场行为，获利或者避免损失数额在一百万元以上的。

操纵证券、期货市场，影响证券、期货交易价格或者证券、期货交易量，获利或者避免损失数额在五十万元以上，同时涉嫌下列情形之一的，应予立案追诉：

（一）发行人、上市公司及其董事、监事、高级管理人员、控股股东或者实际控制人实施操纵证券、期货市场行为的；

（二）收购人、重大资产重组的交易对方及其董事、监事、高级管理人员、控股股东或者实际控制人实施操纵证券、期货市场行为的；

（三）行为人明知操纵证券、期货市场行为被有关部门调查，仍继续实施的；

（四）因操纵证券、期货市场行为受过刑事追究的；

（五）二年内因操纵证券、期货市场行为受过行政处罚的；

（六）在市场出现重大异常波动等特定时段操纵证券、期货市场的；

（七）造成其他严重后果的。

对于在全国中小企业股份转让系统中实施操纵证券市场行为，社会危害性大，严重破坏公平公正的市场秩序的，比照本条的规定执行，但本条第一款第一项和第二项除外。

第八十二条　对于预备犯、未遂犯、中止犯，需要追究刑事责任的，应予立案追诉。

第八十三条　本规定中的立案追诉标准，除法律、司法解释、本规定中另有规定的以外，适用于相应的单位犯罪。

第八十四条　本规定中的"以上"，包括本数。

182.2 最高人民法院、最高人民检察院关于办理操纵证券、期货市场刑事案件适用法律若干问题的解释（2019年7月1日　法释〔2019〕9号）

为依法惩治证券、期货犯罪，维护证券、期货市场管理秩序，促进证券、期货市场稳定健康发展，保护投资者合法权益，根据《中华人民共和国刑法》《中华人民共和国刑事诉讼法》的规定，现就办理操纵证券、期货市场刑事案件适用法律的若干问题解释如下：

第一条　行为人具有下列情形之一的，可以认定为刑法第一百八十二条第一款第四项规定的"以其他方法操纵证券、期货市场"：

（一）利用虚假或者不确定的重大信息，诱导投资者作出投资决策，影响证券、期货交易价格或者证券、期货交易量，并进行相关交易或者谋取相关利益的；

（二）通过对证券及其发行人、上市公司、期货交易标的公开作出评价、预测或者投资建议，误导投资者作出投资决策，影响证券、期货交易价格或者证券、期货交易量，并进行与其评价、预测、投资建议方向相反的证券交易或者相关期货交易的；

（三）通过策划、实施资产收购或者重组、投资新业务、股权转让、上市公司收购等虚假重大事项，误导投资者作出投资决策，影响证券交易价格或者证券交易量，并进行相关交易或者谋取相关利益的；

（四）通过控制发行人、上市公司信息的生成或者控制信息披露的内容、时点、节奏，误导投资者作出投资决策，影响证券交易价格或者证券交易量，并进行相关交易或者谋取相关利益的；

（五）不以成交为目的，频繁申报、撤单或者大额申报、撤单，误导投资者作出投资决策，影响证券、期货交易价格或者证券、期货交易量，并进行与申报相反的交易或者谋取相关利益的；

（六）通过囤积现货，影响特定期货品种市场行情，并进行相关期货交易的；

（七）以其他方法操纵证券、期货市场的。

第二条　操纵证券、期货市场，具有下列情形之一的，应当认定为刑法第一百八十二条第一款规定的"情节严重"：

（一）持有或者实际控制证券的流通股份数量达到该证券的实际流通股份总量百分之十以上，实施刑法第一百八十二条第一款第一项操纵证券市场行为，连续十个交易日的累计成交量达到同期该证券总成交量百分之二十以上的；

（二）实施刑法第一百八十二条第一款第二项、第三项操纵证券市场行为，连续十个交易日的累计成交量达到同期该证券总成交量百分之二十以上的；

（三）实施本解释第一条第一项至第四项操纵证券市场行为，证券交易成交额在一千万元以上的；

（四）实施刑法第一百八十二条第一款第一项及本解释第一条第六项操纵期货市场行为，实际控制的账户合并持仓连续十个交易日的最高值超过期货交易所限仓标准的二倍，累计成交量达到同期该期货合约总成交量百分之二十以上，且期货交易占用保证金数额在五百万元以上的；

（五）实施刑法第一百八十二条第一款第二项、第三项及本解释第一条第一项、第二项操纵期货市场行为，实际控制的账户连续十个交易日的累计成交量达到同期该期货合约总成交量百分之二十以上，且期货交易占用保证金数额在五百万元以上的；

（六）实施本解释第一条第五项操纵证券、期货市场行为，当日累计撤回申报量达到同期该证券、期货合约总申报量百分之五十以上，且证券撤回申报额在一千万元以上、撤回申报的期货合约占用保证金数额在五百万元以上的；

（七）实施操纵证券、期货市场行为，违法所得数额在一百万元以上的。

第三条 操纵证券、期货市场，违法所得数额在五十万元以上，具有下列情形之一的，应当认定为刑法第一百八十二条第一款规定的"情节严重"：

（一）发行人、上市公司及其董事、监事、高级管理人员、控股股东或者实际控制人实施操纵证券、期货市场行为的；

（二）收购人、重大资产重组的交易对方及其董事、监事、高级管理人员、控股股东或者实际控制人实施操纵证券、期货市场行为的；

（三）行为人明知操纵证券、期货市场行为被有关部门调查，仍继续实施的；

（四）因操纵证券、期货市场行为受过刑事追究的；

（五）二年内因操纵证券、期货市场行为受过行政处罚的；

（六）在市场出现重大异常波动等特定时段操纵证券、期货市场的；

（七）造成恶劣社会影响或者其他严重后果的。

第四条 具有下列情形之一的，应当认定为刑法第一百八十二条第一款规定的"情节特别严重"：

（一）持有或者实际控制证券的流通股份数量达到该证券的实际流通股份总量百分之十以上，实施刑法第一百八十二条第一款第一项操纵证券市场行为，连续十个交易日的累计成交量达到同期该证券总成交量百分之五十以上的；

（二）实施刑法第一百八十二条第一款第二项、第三项操纵证券市场行为，连续十个交易日的累计成交量达到同期该证券总成交量百分之五十以上的；

（三）实施本解释第一条第一项至第四项操纵证券市场行为，证券交易成交额在五千万元以上的；

（四）实施刑法第一百八十二条第一款第一项及本解释第一条第六项操纵期货市场行为，实际控制的账户合并持仓连续十个交易日的最高值超过期货交易所限仓标准的五倍，累计成交量达到同期该期货合约总成交量百分之五十以上，且期货交易占用保证金数额在二千五百万元以上的；

（五）实施刑法第一百八十二条第一款第二项、第三项及本解释第一条第一项、第二项操纵期货市场行为，实际控制的账户连续十个交易日的累计成交量达到同期该期货合约总成交量百分之五十以上，且期货交易占用保证金数额在二千五百万元以上的；

（六）实施操纵证券、期货市场行为，违法所得数额在一千万元以上的。

实施操纵证券、期货市场行为，违法所得数额在五百万元以上，并具有本解释第三条规定的七种情形之一的，应当认定为"情节特别严重"。

第五条 下列账户应当认定为刑法第一百八十二条中规定的"自己实际控制的账户"：

（一）行为人以自己名义开户并使用的实名账户；

（二）行为人向账户转入或者从账户转出资金，并承担实际损益的他人账户；

（三）行为人通过第一项、第二项以外的方式管理、支配或者使用的他人账户；

（四）行为人通过投资关系、协议等方式对账户内资产行使交易决策权的他人账户；

（五）其他有证据证明行为人具有交易决策权的账户。

有证据证明行为人对前款第一项至第三项账户内资产没有交易决策权的除外。

第六条　二次以上实施操纵证券、期货市场行为，依法应予行政处理或者刑事处理而未经处理的，相关交易数额或者违法所得数额累计计算。

第七条　符合本解释第二条、第三条规定的标准，行为人如实供述犯罪事实，认罪悔罪，并积极配合调查，退缴违法所得的，可以从轻处罚；其中犯罪情节轻微的，可以依法不起诉或者免予刑事处罚。

符合刑事诉讼法规定的认罪认罚从宽适用范围和条件的，依照刑事诉讼法的规定处理。

第八条　单位实施刑法第一百八十二条第一款行为的，依照本解释规定的定罪量刑标准，对其直接负责的主管人员和其他直接责任人员定罪处罚，并对单位判处罚金。

第九条　本解释所称"违法所得"，是指通过操纵证券、期货市场所获利益或者避免的损失。

本解释所称"连续十个交易日"，是指证券、期货市场开市交易的连续十个交易日，并非指行为人连续交易的十个交易日。

第十条　对于在全国中小企业股份转让系统中实施操纵证券市场行为，社会危害性大，严重破坏公平公正的市场秩序的，比照本解释的规定执行，但本解释第二条第一项、第二项和第四条第一项、第二项除外。

第十一条　本解释自 2019 年 7 月 1 日起施行。

【司法文件】

182.3 参见 **181.2** 最高人民法院、最高人民检察院、公安部、中国证监会关于办理证券期货违法犯罪案件工作若干问题的意见（2011 年 4 月 27 日　证监发〔2011〕30 号）

182.4 参见 **180.4** 最高人民法院关于进一步加强金融审判工作的若干意见（2017 年 8 月 4 日法发〔2017〕22 号）

【法律法规】

182.5 股票发行与交易管理暂行条例（1993 年 4 月 22 日）（第 74 条、第 77—78 条）

182.6 期货交易管理条例（2007 年 4 月 15 日　2017 年修订）（第 70 条第 1 款、第 79 条）

第一百八十三条【职务侵占罪】保险公司的工作人员利用职务上的便利，故意编造未曾发生的保险事故进行虚假理赔，骗取保险金归自己所有的，依照本法第二百七十一条的规定定罪处罚。

【贪污罪】国有保险公司工作人员和国有保险公司委派到非国有保险公司从事公务的人员有前款行为的，依照本法第三百八十二条、第三百八十三条的规定定罪处罚。

第一百八十四条【非国家工作人员受贿罪】银行或者其他金融机构的工作人员在金融业务活动中索取他人财物或者非法收受他人财物，为他人谋取利益的，或者违反国家规定，收受各种名义的回扣、手续费，归个人所有的，依照本法第一百六十三条的规定定罪处罚。

【受贿罪】国有金融机构工作人员和国有金融机构委派到非国有金融机构从事公务的人员有前款行为的，依照本法第三百八十五条、第三百八十六条的规定定罪处罚。

第一百八十五条【挪用资金罪】商业银行、证券交易所、期货交易所、证券公司、期货经纪公司、保险公司或者其他金融机构的工作人员利用职务上的便利，挪用本单位或者客户资金的，依照本法第二百七十二条的规定定罪处罚。

【挪用公款罪】国有商业银行、证券交易所、期货交易所、证券公司、期货经纪公司、保险公司或者其他国有金融机构的工作人员和国有商业银行、证券交易所、期货交易所、证券公司、期货经纪公司、保险公司或者其他国有金融机构委派到前款规定中的非国有机构从事公务的人员有前款行为的，依照本法第三百八十四条的规定定罪处罚。

【刑法修正说明】

本条为全国人大常委会 1999 年 12 月 25 日通过并公布施行的《刑法修正案》第 7 条所修正。原第 185 条为：

【挪用资金罪】银行或者其他金融机构的工作人员利用职务上的便利，挪用本单位或者客户资金的，依照本法第二百七十二条的规定定罪处罚。

【挪用公款罪】国有金融机构工作人员和国有金融机构委派到非国有金融机构从事公务的人员有前款行为的，依照本法第三百八十四条的规定定罪处罚。

【罪名渊源】本条系刑法增设，79 刑法、单行刑法均未规定。《刑法修正案》第 7 条对罪状作了修改，扩大了犯罪主体的范围。

第一百八十五条之一【背信运用受托财产罪】商业银行、证券交易所、期货交易所、证券公司、期货经纪公司、保险公司或者其他金融机构，违背受托义务，擅自运用客户资金或者其他委托、信托的财产，情节严重的，对单位判处罚金，并对其直接负责的主管人员和其他直接责任人员，处三年以下有期徒刑或者拘役，并处三万元以上三十万元以下罚金；情节特别严重的，处三年以上十年以下有期徒刑，并处五万元以上五十万元以下罚金。

【违法运用资金罪】社会保障基金管理机构、住房公积金管理机构等公众资金管理机构，以及保险公司、保险资产管理公司、证券投资基金管理公司，违反国家规定运用资金的，对其直接负责的主管人员和其他直接责任人员，依照前款的规定处罚。

【刑法修正说明】

本条为全国人大常委会 2006 年 6 月 29 日通过并公布施行的《刑法修正案（六）》第 12 条所增设。

【罪名渊源】本条系《刑法修正案（六）》第 12 条增设，"两高"《罪名补充规定（三）》将本条两款分别解释为背信运用受托财产罪、违法运用资金罪。

【立案标准】

185 - 1.1 最高人民检察院、公安部关于公安机关管辖的刑事案件立案追诉标准的规定（二）（2022 年 5 月 15 日 公通字〔2022〕12 号）（节录）

第三十五条 〔背信运用受托财产案（刑法第一百八十五条之一第一款）〕商业银行、证券交易所、期货交易所、证券公司、期货公司、保险公司或者其他金融机构，违背受托义务，擅自运用客户资金或者其他委托、信托的财产，涉嫌下列情形之一的，应予立案追诉：

（一）擅自运用客户资金或者其他委托、信托的财产数额在三十万元以上的；

（二）虽未达到上述数额标准，但多次擅自运用客户资金或者其他委托、信托的财产，或者擅自运用多个客户资金或者其他委托、信托的财产的；

（三）其他情节严重的情形。

第三十六条 〔违法运用资金案（刑法第一百八十五条之一第二款）〕社会保障基金管理机构、住房公积金管理机构等公众资金管理机构，以及保险公司、保险资产管理公司、证券投资基金管理公司，违反国家规定运用资金，涉嫌下列情形之一的，应予立案追诉：

（一）违反国家规定运用资金数额在三十万元以上的；

（二）虽未达到上述数额标准，但多次违反国家规定运用资金的；

（三）其他情节严重的情形。

第八十条 本规定中的"多次"，是指三次以上。

第八十一条 本规定中的"虽未达到上述数额标准"，是指接近上述数额标准且已达到该数额的百分之八十以上的。

第八十二条　对于预备犯、未遂犯、中止犯，需要追究刑事责任的，应予立案追诉。

第八十四条　本规定中的"以上"，包括本数。

【司法文件】

185－1.2 参见 181.2 最高人民法院、最高人民检察院、公安部、中国证监会关于办理证券期货违法犯罪案件工作若干问题的意见（2011 年 4 月 27 日　证监发〔2011〕30 号）

第一百八十六条【违法发放贷款罪】银行或者其他金融机构的工作人员违反国家规定发放贷款，数额巨大或者造成重大损失的，处五年以下有期徒刑或者拘役，并处一万元以上十万元以下罚金；数额特别巨大或者造成特别重大损失的，处五年以上有期徒刑，并处二万元以上二十万元以下罚金。

银行或者其他金融机构的工作人员违反国家规定，向关系人发放贷款的，依照前款的规定从重处罚。

单位犯前两款罪的，对单位判处罚金，并对其直接负责的主管人员和其他直接责任人员，依照前两款的规定处罚。

关系人的范围，依照《中华人民共和国商业银行法》和有关金融法规确定。

【刑法修正说明】

本条第 1、2 款为全国人大常委会 2006 年 6 月 29 日通过并公布施行的《刑法修正案（六）》第 13 条所修正。原该两款为：

【违法向关系人发放贷款罪】银行或者其他金融机构的工作人员违反法律、行政法规规定，向关系人发放信用贷款或者发放担保贷款的条件优于其他借款人同类贷款的条件，造成较大损失的，处五年以下有期徒刑或者拘役，并处一万元以上十万元以下罚金；造成重大损失的，处五年以上有期徒刑，并处二万元以上二十万元以下罚金。

【违法发放贷款罪】银行或者其他金融机构的工作人员违反法律、行政法规规定，向关系人以外的其他人发放贷款，造成重大损失的，处五年以下有期徒刑或者拘役，并处一万元以上十万元以下罚金；造成特别重大损失的，处五年以上有期徒刑，并处二万元以上二十万元以下罚金。

【罪名渊源】本条第 1 款系沿袭全国人民代表大会常务委员会《关于惩治破坏金融秩序犯罪的决定》第 9 条第 1 款内容，79 刑法没有规定。第 2 款的内容 79 刑法亦未规定，实践中对该行为以玩忽职守罪处罚，全国人民代表大会常务委员会《关于惩治破坏金融秩序犯罪的决定》第 9 条第 2 款首次规定了本罪，刑法修订时删除了"玩忽职守或者滥用职权"字样，并对"关系人的范围"作了明确界定。高法《罪名规定》、高检《罪名意见》将这两款分别解释为违法向关系人发放贷款罪、违法发放贷款罪。《刑法修正案（六）》第 13 条对本条前两款内容作了修改：（1）简化该两款的罪状，将原犯罪构成要件中的"违反法律、行政法规规定"修改为"违反国家规定"；（2）修改了定罪量刑标准，在罪状中增设"数额巨大""数额特别巨大"的标准；（3）将"违法向关系人发放贷款"的行为作为法定从重处罚情节加以规定。"两高"《罪名补充规定（三）》将本条统一解释为违法发放贷款罪，取消违法向关系人发放贷款罪罪名。

【立案标准】

186.1 最高人民检察院、公安部关于公安机关管辖的刑事案件立案追诉标准的规定（二）（2022 年 5 月 15 日　公通字〔2022〕12 号）（节录）

第三十七条　〔违法发放贷款案（刑法第一百八十六条）〕银行或者其他金融机构及其工作

人员违反国家规定发放贷款，涉嫌下列情形之一的，应予立案追诉：

（一）违法发放贷款，数额在二百万元以上的；

（二）违法发放贷款，造成直接经济损失数额在五十万元以上的。

第八十二条 对于预备犯、未遂犯、中止犯，需要追究刑事责任的，应予立案追诉。

第八十三条 本规定中的立案追诉标准，除法律、司法解释、本规定中另有规定的以外，适用于相应的单位犯罪。

第八十四条 本规定中的"以上"，包括本数。

【罪刑标准】

186.2 全国法院审理金融犯罪案件工作座谈会纪要（最高人民法院 2001 年 1 月 21 日印发 法〔2001〕8 号）（节录）

二

（二）关于破坏金融管理秩序罪

关于违法向关系人发放贷款罪①。银行或者其他金融机构工作人员违反法律、行政法规规定，向关系人发放信用贷款或者发放担保贷款的条件优于其他借款人同类贷款条件，造成 10 万—30 万元以上损失的，可以认定为"造成较大损失"；造成 50 万—100 万元以上损失的，可以认定为"造成重大损失"。

关于违法发放贷款罪。银行或者其他金融机构工作人员违反法律、行政法规规定，向关系人以外的其他人发放贷款，造成 50 万—100 万元以上损失的，可以认定为"造成重大损失"；造成 300 万—500 万元以上损失的，可以认定为"造成特别重大损失"。

对于单位实施违法发放贷款和用账外客户资金非法拆借、发放贷款造成损失构成犯罪的数额标准，可按个人实施上述犯罪的数额标准二至四倍掌握。

由于各地经济发展不平衡，各省、自治区、直辖市高级人民法院可参照上述数额标准或幅度，根据本地的具体情况，确定在本地区掌握的具体标准。

【部委规范】

186.3 公安部经济犯罪侦查局关于对违法发放贷款案件中损失认定问题的批复（2007 年 7 月 27 日 公经〔2007〕1458 号）

福建省公安厅经侦总队：

你总队《关于违法发放贷款案件中损失认定问题的请示》（闽公经〔2007〕157 号）已收悉。经研究，现批复如下：

在案件侦办过程中，如有证据证明犯罪嫌疑人实施了违法、违规发放贷款的行为，只要发生贷款已无法收回的情况且达到追诉标准的，就应视为《刑法》第一百八十六条所规定的造成损失。案中提及的未到期贷款及其利息，如确定不能追回，应视为犯罪损失。

【法律法规】

186.4 中华人民共和国中国人民银行法（1995 年 3 月 18 日 2003 年修正）（第 30 条、第 48—49 条）

186.5 金融违法行为处罚办法（1999 年 2 月 22 日）（第 16 条、第 18 条）

186.6 中华人民共和国商业银行法（2015 年 10 月 1 日）（第 40—41 条、第 74 条第 3 项和第 8 项、第 78 条）

第一百八十七条【吸收客户资金不入账罪】 银行或者其他金融机构的工作人员吸收客户资金不入帐，数额巨大或者造成重大损失的，处五年以下有期徒刑或者拘役，并处二万元以上二十万元以下罚金；数额特别巨大或者造成特别重大损失的，处五年以上有期徒刑，并处五万元以上五十万元以下罚金。

---

① 《刑法修正案（六）》施行后，该罪名被取消，代之以违法发放贷款罪。——编者注

　　单位犯前款罪的，对单位判处罚金，并对其直接负责的主管人员和其他直接责任人员，依照前款的规定处罚。

> **【刑法修正说明】**
> 　　本条第 1 款为全国人大常委会 2006 年 6 月 29 日通过的《刑法修正案（六）》第 14 条所修正。原该款为：
> 　　**【用账外客户资金非法拆借、发放贷款罪】** 银行或者其他金融机构的工作人员以牟利为目的，采取吸收客户资金不入帐的方式，将资金用于非法拆借、发放贷款，造成重大损失的，处五年以下有期徒刑或者拘役，并处二万元以上二十万元以下罚金；造成特别重大损失的，处五年以上有期徒刑，并处五万元以上五十万元以下罚金。

　　【罪名渊源】 本条系刑法增设，79 刑法、单行刑法均未规定。高法《罪名规定》、高检《罪名意见》将其解释为用账外客户资金非法拆借、发放贷款罪。《刑法修正案（六）》第 14 条对本条第 1 款作了修改：（1）删除犯罪主观构成要件中的"以牟利为目的"字样；（2）删除犯罪构成要件中的"将资金用于非法拆借、发放贷款"；（3）定罪量刑标准由"造成重大损失""造成特别重大损失"改为"数额巨大或者造成重大损失""数额特别巨大或者造成重大损失"。"两高"《罪名补充规定（三）》将其解释为吸收客户资金不入账罪，取消用账外客户资金非法拆借、发放贷款罪罪名。

　　【立案标准】
　　187.1 最高人民检察院、公安部关于公安机关管辖的刑事案件立案追诉标准的规定（二）（2022 年 5 月 15 日　公通字〔2022〕12 号）（节录）
　　第三十八条　〔吸收客户资金不入帐案（刑法第一百八十七条）〕银行或者其他金融机构及其工作人员吸收客户资金不入帐，涉嫌下列情形之一的，应予立案追诉：
　　（一）吸收客户资金不入帐，数额在二百万元以上的；
　　（二）吸收客户资金不入帐，造成直接经济损失数额在五十万元以上的。
　　第八十二条　对于预备犯、未遂犯、中止犯，需要追究刑事责任的，应予立案追诉。
　　第八十三条　本规定中的立案追诉标准，除法律、司法解释、本规定中另有规定的以外，适用于相应的单位犯罪。
　　第八十四条　本规定中的"以上"，包括本数。

　　【罪刑标准】
　　187.2 全国法院审理金融犯罪案件工作座谈会纪要（最高人民法院 2001 年 1 月 21 日印发　法〔2001〕8 号）（节录）

二

　　（二）关于破坏金融管理秩序罪
　　3. 用账外客户资金非法拆借、发放贷款行为的认定和处罚
　　银行或者其他金融机构及其工作人员以牟利为目的，采取吸收客户资金不入账的方式，将客户资金用于非法拆借、发放贷款，造成重大损失的，构成用账外客户资金非法拆借、发放贷款罪①。以牟利为目的②，是指金融机构及其工作人员为本单位或者个人牟利，不具有这种目的，不构成该罪。这里的"牟利"，一般是指谋取用账外客户资金非法拆借、发放贷款所产生的非法收益，如利息、差价等。对于用款人为取得贷款而支付的回扣、手续费等，应根据具体情况分别处理：银行或者其他金融机构用账外客户资金非法拆借、发放贷款，收取的回扣、手续费等，应

----

　　① 《刑法修正案（六）》施行后，该罪名已取消，代之以吸收客户资金不入账罪，下同。——编者注
　　② 《刑法修正案（六）》施行后，构成该罪不再要求"以牟利为目的"。——编者注

认定为"年利";银行或者其他金融机构的工作人员利用职务上的便利,用账外客户资金非法拆借、发放贷款,收取回扣、手续费等,数额较小的,以"年利"论处;银行或者其他金融机构的工作人员将用款人支付给单位的回扣、手续费秘密占为己有,数额较大的,以贪污罪定罪处罚;银行或者其他金融机构的工作人员利用职务便利,用账外客户资金非法拆借,发放贷款,索取用款人的财物,或者非法收受其他财物,或者收取回扣、手续费等,数额较大的,以受贿罪定罪处罚。吸收客户资金不入账,是指不记入金融机构的法定存款账目,以逃避国家金融监管,至于是否记入法定账目以外设立的账目,不影响该罪成立。

审理银行或者其他金融机构及其工作人员用账外客户资金非法拆借、发放贷款案件,要注意将用账外客户资金非法拆借、发放贷款的行为与挪用公款罪和挪用资金罪区别开来。对于利用职务上的便列,挪用已经记入金融机构法定存款账户的客户资金归个人使用的,或者吸收客户资金不入账,却给客户开具银行存单,客户也认为将款已存入银行,该款却被行为人以个人名义借贷给他人的,均应认定为挪用公款罪或者挪用资金罪。

4. 破坏金融管理秩序相关犯罪数额和情节的认定

关于用账外客户资金非法拆借、发放贷款罪。对于银行或者其他金融机构工作人员以年利为目的,采取吸收客户资金不入账的方式,将资金用于非法拆借、发放贷款,造成50万—100万元以上损失的,可以认定为"造成重大损失";造成300万—500万元以上损失的,可以认定为"造成特别重大损失"。

对于单位实施违法发放贷款和用账外客户资金非法拆借、发放贷款造成损失构成犯罪的数额标准,可按个人实施上述犯罪的数额标准二至四倍掌握。

【法律法规】

187.3 金融违法行为处罚办法(1999年2月22日)(第11条)

第一百八十八条【违规出具金融票证罪】银行或者其他金融机构的工作人员违反规定,为他人出具信用证或者其他保函、票据、存单、资信证明,情节严重的,处五年以下有期徒刑或者拘役;情节特别严重的,处五年以上有期徒刑。

单位犯前款罪的,对单位判处罚金,并对其直接负责的主管人员和其他直接责任人员,依照前款的规定处罚。

> 【刑法修正说明】
> 本条第1款为全国人大常委会2006年6月29日通过并公布施行的《刑法修正案(六)》第15条所修正。原该款为:
> 【非法出具金融票证罪】银行或者其他金融机构的工作人员违反规定,为他人出具信用证或者其他保函、票据、存单、资信证明,造成较大损失的,处五年以下有期徒刑或者拘役;造成重大损失的,处五年以上有期徒刑。

【罪名渊源】本条系全国人大常委会《关于惩治破坏金融秩序犯罪的决定》第15条增设的内容,79刑法没有规定,刑法将其吸收纳入,并增设"存单"作为本罪的犯罪对象。高法《罪名规定》、高检《罪名意见》将其解释为非法出具金融票证罪。《刑法修正案(六)》第15条将本条第1款中定罪量刑标准分别由"造成较大损失""造成重大损失"修改为"情节严重""情节特别严重"。"两高"《罪名补充规定(三)》将其解释为违规出具金融票证罪,取消非法出具金融票证罪罪名。

【立案标准】

188.1 最高人民检察院、公安部关于公安机关管辖的刑事案件立案追诉标准的规定(二)(2022年5月15日 公通字〔2022〕12号)(节录)

第三十九条 〔违规出具金融票证案(刑法第一百八十八条)〕银行或者其他金融机构及其

工作人员违反规定，为他人出具信用证或者其他保函、票据、存单、资信证明，涉嫌下列情形之一的，应予立案追诉：

（一）违反规定为他人出具信用证或者其他保函、票据、存单、资信证明，数额在二百万元以上的；

（二）违反规定为他人出具信用证或者其他保函、票据、存单、资信证明，造成直接经济损失数额在五十万元以上的；

（三）多次违规出具信用证或者其他保函、票据、存单、资信证明的；

（四）接受贿赂违规出具信用证或者其他保函、票据、存单、资信证明的；

（五）其他情节严重的情形。

第八十二条 对于预备犯、未遂犯、中止犯，需要追究刑事责任的，应予立案追诉。

第八十三条 本规定中的立案追诉标准，除法律、司法解释、本规定中另有规定的以外，适用于相应的单位犯罪。

第八十四条 本规定中的"以上"，包括本数。

【部委规范】

188.2 中国人民银行关于银行现金缴款单和进账单性质认定的复函（1999 年 3 月 30 日 银条法〔1999〕27 号）

公安部经济犯罪侦察局：

你局转来的《关于对银行现金缴款单、进账单如何认定的函》收悉。经研究，函复如下：

一、现金缴款单、进账单是客户到银行办理资金收付业务的凭证。这两种凭证是银行和客户内部的记账依据，它们仅证明银行与客户之间发生了资金收付关系，对银行与客户之外的第三人没有证明作用。与客户进行商品交易的第三人不能凭现金缴款单和进账单作为发货的依据。

188.3 公安部关于对涉嫌非法出具金融凭证犯罪案件涉及的部分法律问题的批复（2003 年 1 月 27 日 公经〔2003〕88 号）（节录）

四川省公安厅：

你厅《关于"4·20"案等案件涉及的部分法律问题的请示》（公厅经发〔2002〕97 号）收悉。现批复如下：

一、关于损失的认定问题

对于借款人有下列情形之一，其借款不能归还的，应认定为损失：

（一）法院宣布借款人破产，已清算完毕的；

（二）借款人被依法撤销、关闭、解散，并终止法人资格的；

（三）借款人虽未被终止法人资格，但生产经营活动已停止，借款人已名存实亡的；

（四）借款人的经营活动虽未停止，但公司、企业已亏损严重，资不抵债的；

（五）其他应认定为损失的情形。

关于损失的认定时间，应分为定罪损失和量刑损失两种情形来考虑：定罪损失是立案损坏、成罪损失，应以公安机关立案时为标准；量刑损失是法院审理案件时的实际损失，以确定最终量刑幅度。

二、关于用资人行为的定性问题

在金融机构及其工作人员非法出具金融票证等破坏金融管理秩序犯罪活动中，用资人的行为能否被认定为金融诈骗犯罪，首先应当考察其主观上是否具有非法占有的故意。对此，可参照最高人民法院 2001 年 1 月 21 日印发的《全国法院审理金融犯罪案件工作座谈会纪要》（法〔2001〕8 号）中的有关内容，即对于行为人通过诈骗的方法非法获取资金，造成数额较大资金不能归还，并具有下列情形之一的，可以认定为具有非法占有的目的：

（一）明知没有归还能力而大量骗取资金的；

（二）非法获取资金后逃跑的；

（三）肆意挥霍骗取资金的；

（四）使用骗取的资金进行违法犯罪活动的；

（五）抽逃、转移资金、隐匿财产，以逃避返还资金的；

（六）隐匿、销毁账目，或者拒不说明资金去向，或者搞假破产、假倒闭，以逃避返还资金的；

（七）其他非法占有资金、拒不返还的行为。

【法律法规】

188.4 金融违法行为处罚办法（1999 年 2 月 22 日）（第 13 条）

第一百八十九条【对违法票据承兑、付款、保证罪】银行或者其他金融机构的工作人员在票据业务中，对违反票据法规定的票据予以承兑、付款或者保证，造成重大损失的，处五年以下有期徒刑或者拘役；造成特别重大损失的，处五年以上有期徒刑。

单位犯前款罪的，对单位判处罚金，并对其直接负责的主管人员和其他直接责任人员，依照前款的规定处罚。

【罪名渊源】本条系刑法吸收《票据法》第 105 条内容增设，79 刑法、单行刑法均未规定。高法《罪名规定》、高检《罪名意见》将其解释为对违法票据承兑、付款、保证罪。

【立案标准】

189.1 最高人民检察院、公安部关于公安机关管辖的刑事案件立案追诉标准的规定（二）（2022 年 5 月 15 日 公通字〔2022〕12 号）（节录）

第四十条 〔对违法票据承兑、付款、保证案（刑法第一百八十九条）〕银行或者其他金融机构及其工作人员在票据业务中，对违反票据法规定的票据予以承兑、付款或者保证，造成直接经济损失数额在五十万元以上的，应予立案追诉。

第八十二条 对于预备犯、未遂犯、中止犯，需要追究刑事责任的，应予立案追诉。

第八十三条 本规定中的立案追诉标准，除法律、司法解释、本规定中另有规定的以外，适用于相应的单位犯罪。

第八十四条 本规定中的"以上"，包括本数。

【法律法规】

189.2 中华人民共和国票据法（1996 年 1 月 1 日 2004 年修正）（第 104 条）

189.3 金融违法行为处罚办法（1999 年 2 月 22 日）（第 14 条）

第一百九十条【逃汇罪】公司、企业或者其他单位，违反国家规定，擅自将外汇存放境外，或者将境内的外汇非法转移到境外，数额较大的，对单位判处逃汇数额百分之五以上百分之三十以下罚金，并对其直接负责的主管人员和其他直接责任人员处五年以下有期徒刑或者拘役；数额巨大或者有其他严重情节的，对单位判处逃汇数额百分之五以上百分之三十以下罚金，并对其直接负责的主管人员和其他直接责任人员处五年以上有期徒刑。

> 【刑法修正说明】
> 本条为全国人大常委会 1998 年 12 月 29 日通过并公布施行的《关于惩治骗购外汇、逃汇和非法买卖外汇犯罪的决定》第 3 条所修正。原第 190 条为：
> 【逃汇罪】国有公司、企业或者其他国有单位，违反国家规定，擅自将外汇存放境外，或者将境内的外汇非法转移到境外，情节严重的，对单位判处罚金，并对其直接负责的主管人员和其他直接责任人员，处五年以下有期徒刑或者拘役。

【罪名渊源】79 刑法没有规定本罪，1988 年 1 月 21 日通过的全国人大常委会《关于惩治走私罪的补充规定》第 9 条第 1 款将其从走私罪中分离出来独立成罪，罪名为逃汇套汇罪。刑法将该补充规定中的套汇行为予以非犯罪化，仅将逃汇行为入罪，具体作了如下修改：将原"全民所有制、集体所有制企业事业单位、机关、团体"改为"国有公司、企业或其他国有单位"，将"违反外汇管理规定"改为"违反国家规定"，将原规定的四种行为方式概括为"擅自将外汇存放境外，或者将境内的外汇非法转移到境外"，将处罚对象明确为"单位"。全国人大常委会《关于惩治骗购外汇、逃汇和非法买卖外汇犯罪的决定》第 3 条将犯罪主体改为"公司、企业或者其他单位"，罪状由情节犯改为数额犯，罚金刑由无限额制改为百分比制，明确了罚金数额，设置两个量刑档次，并提高了法定刑。高法《罪名规定》、高检《罪名意见》将其解释为逃汇罪。

【立案标准】

190.1 最高人民检察院、公安部关于公安机关管辖的刑事案件立案追诉标准的规定（二）（2022 年 5 月 15 日　公通字〔2022〕12 号）（节录）

第四十一条　〔逃汇案（刑法第一百九十条）〕公司、企业或者其他单位，违反国家规定，擅自将外汇存放境外，或者将境内的外汇非法转移到境外，单笔在二百万美元以上或者累计数额在五百万美元以上的，应予立案追诉。

第八十二条　对于预备犯、未遂犯、中止犯，需要追究刑事责任的，应予立案追诉。

第八十四条　本规定中的"以上"，包括本数。

【司法解释】

190.2 最高人民法院关于审理骗购外汇、非法买卖外汇刑事案件具体应用法律若干问题的解释（1998 年 9 月 1 日　法释〔1998〕20 号）（节录）

第一条　以进行走私、逃汇、洗钱、骗税等犯罪活动为目的，使用虚假、无效的凭证、商业单据或者采取其他手段向外汇指定银行骗购外汇的，应当分别按照刑法分则第三章第二节、第一百九十条、第一百九十一条和第二百零四条等规定定罪处罚。

非国有公司、企业或者其他单位，与国有公司、企业或者其他国有单位勾结逃汇的，以逃汇罪的共犯处罚。

第六条　实施本解释规定的行为，同时触犯两个以上罪名的，择一重罪从重处罚。

【部委规范】

190.3 关于印发对逃、套汇外经贸企业给予行政处罚的暂行规定的通知（1998 年 10 月 1 日〔1998〕外经贸计财发第 713 号）（节录）

第二条　本规定所指逃、套汇行为，系指《中华人民共和国外汇管理条例》中列明的，经外汇管理机关认定的逃、套汇行为。

（一）逃汇行为指：违反国家规定，擅自将外汇存放在境外的；不按照国家规定将外汇卖给外汇指定银行的；违反国家规定将外汇汇出或者携带出境的；未经外汇管理机关批准，擅自将外币存款凭证、外币有价证券携带或者邮寄出境的；其他逃汇行为。

【法律法规】

190.4 全国人大常委会关于惩治骗购外汇、逃汇和非法买卖外汇犯罪的决定（1998 年 12 月 29 日）（第 5 条）

190.5 中华人民共和国外汇管理条例（2008 年 8 月 5 日）（第 3 条、第 39 条）

★全国人大常委会关于惩治骗购外汇、逃汇和非法买卖外汇犯罪的决定★第一条【骗购外汇罪】有下列情形之一，骗购外汇，数额较大的，处五年以下有期徒刑或者拘役，并处骗购外汇数额百分之五以上百分之三十以下罚金；数额巨大或者有其他严重情节的，处五年以上十年以下有期徒刑，并处骗购外汇数额百分之五以上百分之三十以下罚金；数额特别巨大或者有其他特别严重情节的，处十年以上有期徒刑或者无期徒刑，并处骗购外汇数额百分之五以上百分之三十以下罚金或者没收财产：

（一）使用伪造、变造的海关签发的报关单、进口证明、外汇管理部门核准件等凭证和单据的；

（二）重复使用海关签发的报关单、进口证明、外汇管理部门核准件等凭证和单据的；

（三）以其他方式骗购外汇的。

伪造、变造海关签发的报关单、进口证明、外汇管理部门核准件等凭证和单据，并用于骗购外汇的，依照前款的规定从重处罚。

明知用于骗购外汇而提供人民币资金的，以共犯论处。

单位犯前三款罪的，对单位依照第一款的规定判处罚金，并对其直接负责的主管人员和其他直接责任人员，处五年以下有期徒刑或者拘役；数额巨大或者有其他严重情节的，处五年以上十年以下有期徒刑；数额特别巨大或者有其他特别严重情节的，处十年以上有期徒刑或者无期徒刑。

【刑法修正说明】

本罪为全国人大常委会 1998 年 12 月 29 日通过并公布施行的《关于惩治骗购外汇、逃汇和非法买卖外汇犯罪的决定》第 1 条所增设。

【罪名渊源】 本罪源自全国人大常委会《关于惩治走私罪的补充规定》第 9 条第 1 款的套汇罪，系全国人大常委会《关于惩治骗购外汇、逃汇和非法买卖外汇犯罪的决定》第 1 条增设，79 刑法、刑法均未规定。"两高"《罪名补充规定》将其解释为骗购外汇罪。

【立案标准】

1. 最高人民检察院、公安部关于公安机关管辖的刑事案件立案追诉标准的规定（二）（2022 年 5 月 15 日 公通字〔2022〕12 号）（节录）

第四十二条 〔骗购外汇案《全国人民代表大会常务委员会关于惩治骗购外汇、逃汇和非法买卖外汇犯罪的决定》第一条〕骗购外汇，数额在五十万美元以上的，应予立案追诉。

第八十二条 对于预备犯、未遂犯、中止犯，需要追究刑事责任的，应予立案追诉。

第八十三条 本规定中的立案追诉标准，除法律、司法解释、本规定中另有规定的以外，适用于相应的单位犯罪。

第八十四条 本规定中的"以上"，包括本数。

【司法解释】

2. 最高人民法院关于审理骗购外汇、非法买卖外汇刑事案件具体应用法律若干问题的解释（1998 年 9 月 1 日 法释〔1998〕20 号）（节录）

第五条 海关、银行、外汇管理机关工作人员与骗购外汇的行为人通谋，为其提供购买外汇的有关凭证，或者明知是伪造、变造的凭证和商业单据而出售外汇，构成犯罪的，按照刑法的有关规定从重处罚。

第七条 根据刑法第六十四条规定，骗购外汇、非法买卖外汇的，其违法所得予以追缴，用于骗购外汇、非法买卖外汇的资金予以没收，上缴国库。

第八条 骗购、非法买卖不同币种的外汇的，以案发时国家外汇管理机关制定的统一折算率折合后依照本解释处罚。

【司法文件】

3. 最高人民法院、最高人民检察院、公安部办理骗汇、逃汇犯罪案件联席会议纪要（1999 年 6 月 7 日 公通字〔1999〕39 号）（节录）

二、全国人大常委会《关于惩治骗购外汇、逃汇和非法买卖外汇犯罪的决定》（以下简称《决定》）公布施行后发生的犯罪行为，应当依照《决定》办理；对于《决定》公布施行前发生的公布后尚未处理或者正在处理的行为，依照修订后的刑法第十二条第一款规定的原则办理。

　　最高人民法院 1998 年 8 月 28 日发布的《关于审理骗购外汇、非法买卖外汇刑事案件具体应用法律若干问题的解释》（以下简称《解释》），是对具体应用修订后的刑法有关问题的司法解释，适用于依照修订后的刑法判处的案件。各执法部门对于《解释》应当准确理解，严格执行。

　　三、公安机关侦查骗汇、逃汇犯罪案件中涉及人民检察院管辖的贪污贿赂、渎职犯罪案件的，应当将贪污贿赂、渎职犯罪案件材料移送有管辖权的人民检察院审查。对管辖交叉的案件，可以分别立案，共同工作。如果涉嫌主罪属于公安机关管辖，由公安机关为主侦查，人民检察院予以配合；如果涉嫌主罪属于人民检察院管辖，由人民检察院为主侦查，公安机关予以配合。双方意见有较大分歧的，要协商解决，并及时向当地党委、政法委和上级主管机关请示。

　　四、公安机关侦查骗汇、逃汇犯罪案件，要及时全面收集和固定犯罪证据，抓紧缉捕犯罪分子。人民检察院和人民法院对正在办理的骗汇、逃汇犯罪案件，只要基本犯罪事实清楚，基本证据确实充分，应当及时依法起诉、审判。主犯在逃或者骗购外汇所需人民币资金的来源无法彻底查清，但证明在案的其他犯罪嫌疑人实施犯罪的基本证据确实充分的，为在法定时限内结案，可以对在案的其他犯罪嫌疑人先行处理。

　　对于已收集到外汇指定银行汇出凭证和境外收汇银行收款凭证等证据，能够证明所骗购外汇确已汇至港澳台地区或国外的，应视为骗购外汇既遂。

　　五、坚持"惩办与宽大相结合"的政策。对骗购外汇共同犯罪的主犯，或者参与伪造、变造购汇凭证的骗汇人员，以及与骗购外汇的犯罪分子相勾结的国家工作人员，要从严惩处。对具有自首、立功或者其他法定从轻、减轻情节的，依法从轻、减轻处理。

【法律法规】

　　4. 全国人民代表大会常务委员会关于惩治骗购外汇、逃汇和非法买卖外汇犯罪的决定（1998 年 12 月 29 日）（第 5 条）

　　5. 中华人民共和国外汇管理条例（2008 年 8 月 5 日）（第 40 条）

第一百九十一条【洗钱罪】 为掩饰、隐瞒毒品犯罪、黑社会性质的组织犯罪、恐怖活动犯罪、走私犯罪、贪污贿赂犯罪、破坏金融管理秩序犯罪、金融诈骗犯罪的所得及其产生的收益的来源和性质，有下列行为之一的，没收实施以上犯罪的所得及其产生的收益，处五年以下有期徒刑或者拘役，并处或者单处罚金；情节严重的，处五年以上十年以下有期徒刑，并处罚金：

　　（一）提供资金帐户的；

　　（二）将财产转换为现金、金融票据、有价证券的；

　　（三）通过转帐或者其他支付结算方式转移资金的；

　　（四）跨境转移资产的；

　　（五）以其他方法掩饰、隐瞒犯罪所得及其收益的来源和性质的。

　　单位犯前款罪的，对单位判处罚金，并对其直接负责的主管人员和其他直接责任人员，依照前款的规定处罚。

【刑法第一次修正说明】
　　全国人大常委会 2001 年 12 月 29 日通过并公布施行的《刑法修正案（三）》第 7 条对本条作了第一次修正。原第 191 条为：
　　【洗钱罪】 明知是毒品犯罪、黑社会性质的组织犯罪、走私犯罪的违法所得及其产生的收益，为掩饰、隐瞒其来源和性质，有下列行为之一的，没收实施以上犯罪的违法所得及其产生的收益，处五年以下有期徒刑或者拘役，并处或者单处洗钱数额百分之五以上百分之二十以下罚金；情节严重的，处五年以上十年以下有期徒刑，并处洗钱数额百分之五以上百分之二十以下罚金：

（一）提供资金帐户的；

（二）协助将财产转换为现金或者金融票据的；

（三）通过转帐或者其他结算方式协助资金转移的；

（四）协助将资金汇往境外的；

（五）以其他方法掩饰、隐瞒犯罪的违法所得及其收益的性质和来源的。

单位犯前款罪的，对单位判处罚金，并对其直接负责的主管人员和其他直接责任人员，处五年以下有期徒刑或者拘役。

【刑法第二次修正说明】

全国人大常委会 2006 年 6 月 29 日通过并公布施行的《刑法修正案（六）》第 16 条对本条作了修正。《刑法修正案（三）》第 7 条为：

【洗钱罪】明知是毒品犯罪、黑社会性质的组织犯罪、恐怖活动犯罪、走私犯罪的违法所得及其产生的收益，为掩饰、隐瞒其来源和性质，有下列行为之一的，没收实施以上犯罪的违法所得及其产生的收益，处五年以下有期徒刑或者拘役，并处或者单处洗钱数额百分之五以上百分之二十以下罚金；情节严重的，处五年以上十年以下有期徒刑，并处洗钱数额百分之五以上百分之二十以下罚金：

（一）提供资金帐户的；

（二）协助将财产转换为现金或者金融票据的；

（三）通过转帐或者其他结算方式协助资金转移的；

（四）协助将资金汇往境外的；

（五）以其他方法掩饰、隐瞒犯罪的违法所得及其收益的来源和性质的。

单位犯前款罪的，对单位判处罚金，并对其直接负责的主管人员和其他直接责任人员，处五年以下有期徒刑或者拘役；情节严重的，处五年以上十年以下有期徒刑。

【刑法第三次修正说明】

全国人大常委会 2020 年 12 月 26 日通过并公布、2021 年 3 月 1 日施行的《刑法修正案（十一）》第 14 条对本条作了修正。《刑法修正案（六）》第 16 条为：

【洗钱罪】明知是毒品犯罪、黑社会性质的组织犯罪、恐怖活动犯罪、走私犯罪、贪污贿赂犯罪、破坏金融管理秩序犯罪、金融诈骗犯罪的所得及其产生的收益，为掩饰、隐瞒其来源和性质，有下列行为之一的，没收实施以上犯罪的所得及其产生的收益，处五年以下有期徒刑或者拘役，并处或者单处洗钱数额百分之五以上百分之二十以下罚金；情节严重的，处五年以上十年以下有期徒刑，并处洗钱数额百分之五以上百分之二十以下罚金：

（一）提供资金帐户的；

（二）协助将财产转换为现金、金融票据、有价证券的；

（三）通过转帐或者其他结算方式协助资金转移的；

（四）协助将资金汇往境外的；

（五）以其他方法掩饰、隐瞒犯罪所得及其收益的来源和性质的。

【罪名渊源】79 刑法没有规定本罪，系由全国人大常委会《关于禁毒的决定》第 4 条规定的掩饰、隐瞒毒赃性质、来源罪修改而来，刑法主要作了如下修改：（1）明确规定了洗钱犯罪的罪状，从而确立了洗钱罪的罪名；（2）犯罪对象由"贩毒收益"扩

大至"毒品犯罪、黑社会性质的组织犯罪、走私犯罪的违法所得及其产生的收益";
（3）增设了单位犯罪主体。高法《罪名规定》、高检《罪名意见》将其解释为洗钱罪。
《刑法修正案（三）》第7条增设"恐怖活动犯罪的违法所得及其产生的收益"作为本
罪的犯罪对象，《刑法修正案（六）》第16条又将"贪污贿赂犯罪、破坏金融管理秩序
犯罪、金融诈骗犯罪的所得及其产生的收益"作为本罪的犯罪对象。《刑法修正案（十
一）》第14条删除第1款中"明知"字样，修改罚金刑处罚原则及第4项洗钱的方式；
第2款单位犯罪改独立的法定刑为"依照前款的规定处罚"。

【立案标准】

191.1 最高人民检察院、公安部关于公安机关管辖的刑事案件立案追诉标准的规定（二）
（2022年5月15日　公通字〔2022〕12号）（节录）

第四十三条　〔洗钱案（刑法第一百九十一条）〕为掩饰、隐瞒毒品犯罪、黑社会性质的组织犯罪、恐怖活动犯罪、走私犯罪、贪污贿赂犯罪、破坏金融管理秩序犯罪、金融诈骗犯罪的所得及其产生的收益的来源和性质，涉嫌下列情形之一的，应予立案追诉：

（一）提供资金帐户的；

（二）将财产转换为现金、金融票据、有价证券的；

（三）通过转帐或者其他支付结算方式转移资金的；

（四）跨境转移资产的；

（五）以其他方法掩饰、隐瞒犯罪所得及其收益的来源和性质的。

第八十二条　对于预备犯、未遂犯、中止犯，需要追究刑事责任的，应予立案追诉。

第八十三条　本规定中的立案追诉标准，除法律、司法解释、本规定中另有规定的以外，适用于相应的单位犯罪。

第八十四条　本规定中的"以上"，包括本数。

【司法解释】

191.2 参见190.2 最高人民法院关于审理骗购外汇、非法买卖外汇刑事案件具体应用法律若干问题的解释（1998年9月1日　法释〔1998〕20号）

191.3 最高人民法院关于审理洗钱等刑事案件具体应用法律若干问题的解释（2009年11月11日　法释〔2009〕15号）（节录）

第一条　刑法第一百九十一条、第三百一十二条规定的"明知"，应当结合被告人的认知能力，接触他人犯罪所得及其收益的情况，犯罪所得及其收益的种类、数额，犯罪所得及其收益的转换、转移方式以及被告人的供述等主、客观因素进行认定。

具有下列情形之一的，可以认定被告人明知系犯罪所得及其收益，但有证据证明确实不知道的除外：

（一）知道他人从事犯罪活动，协助转换或者转移财物的；

（二）没有正当理由，通过非法途径协助转换或者转移财物的；

（三）没有正当理由，以明显低于市场的价格收购财物的；

（四）没有正当理由，协助转换或者转移财物，收取明显高于市场的"手续费"的；

（五）没有正当理由，协助他人将巨额现金散存于多个银行账户或者在不同银行账户之间频繁划转的；

（六）协助近亲属或者其他关系密切的人转换或者转移与其职业或者财产状况明显不符的财物的；

（七）其他可以认定行为人明知的情形。

被告人将刑法第一百九十一条规定的某一上游犯罪的犯罪所得及其收益误认为刑法第一百九十一条规定的上游犯罪范围内的其他犯罪所得及其收益的，不影响刑法第一百九十一条规定的"明知"的认定。

第二条　具有下列情形之一的，可以认定为刑法第一百九十一条第一款第（五）项规定的

"以其他方法掩饰、隐瞒犯罪所得及其收益的来源和性质":

（一）通过典当、租赁、买卖、投资等方式，协助转移、转换犯罪所得及其收益的；

（二）通过与商场、饭店、娱乐场所等现金密集型场所的经营收入相混合的方式，协助转移、转换犯罪所得及其收益的；

（三）通过虚构交易、虚设债权债务、虚假担保、虚报收入等方式，协助将犯罪所得及其收益转换为"合法"财物的；

（四）通过买卖彩票、奖券等方式，协助转换犯罪所得及其收益的；

（五）通过赌博方式，协助将犯罪所得及其收益转换为赌博收益的；

（六）协助将犯罪所得及其收益携带、运输或者邮寄出入境的；

（七）通过前述规定以外的方式协助转移、转换犯罪所得及其收益的。

第三条　明知是犯罪所得及其产生的收益而予以掩饰、隐瞒，构成刑法第三百一十二条规定的犯罪，同时又构成刑法第一百九十一条或者第三百四十九条规定的犯罪的，依照处罚较重的规定定罪处罚。

第四条　刑法第一百九十一条、第三百一十二条、第三百四十九条规定的犯罪，应当以上游犯罪事实成立为认定前提。上游犯罪尚未依法裁判，但查证属实的，不影响刑法第一百九十一条、第三百一十二条、第三百四十九条规定的犯罪的审判。

上游犯罪事实可以确认，因行为人死亡等原因依法不予追究刑事责任的，不影响刑法第一百九十一条、第三百一十二条、第三百四十九条规定的犯罪的认定。

上游犯罪事实可以确认，依法以其他罪名定罪处罚的，不影响刑法第一百九十一条、第三百一十二条、第三百四十九条规定的犯罪的认定。

本条所称"上游犯罪"，是指产生刑法第一百九十一条、第三百一十二条、第三百四十九条规定的犯罪所得及其收益的各种犯罪行为。

191.4 最高人民检察院、公安部关于公安机关办理经济犯罪案件的若干规定（2018年1月1日 公通字〔2017〕25号）（节录）

第五十五条（第一款）　具有下列情形之一，依照刑法规定应当追缴其违法所得及其他涉案财物的，经县级以上公安机关负责人批准，公安机关应当出具没收违法所得意见书，连同相关证据材料一并移送同级人民检察院：

（一）重大的走私、金融诈骗、洗钱犯罪案件，犯罪嫌疑人逃匿，在通缉一年后不能到案的；

（三）涉嫌重大走私、金融诈骗、洗钱犯罪的单位被撤销、注销，直接负责的主管人员和其他直接责任人员逃匿、死亡，导致案件无法适用普通刑事诉讼程序审理的。

191.5 参见120-1.3 最高人民法院、最高人民检察院关于办理非法从事资金支付结算业务、非法买卖外汇刑事案件适用法律若干问题的解释（2019年2月1日 法释〔2019〕1号）

191.6 最高人民法院、最高人民检察院关于办理窝藏、包庇刑事案件适用法律若干问题的解释（2021年8月11日 法释〔2021〕16号）（节录）

第七条　为帮助同一个犯罪的人逃避刑事处罚，实施窝藏、包庇行为，又实施洗钱行为，或者掩饰、隐瞒犯罪所得及其收益行为，或者帮助毁灭证据行为，或者伪证行为的，依照处罚较重的犯罪定罪，并从重处罚，不实行数罪并罚。

【部委规范】

191.7 金融机构反洗钱规定（2007年1月1日 中国人民银行令〔2006〕第3号）（第2—6条、第11—15条、第19—23条）

191.8 金融机构大额交易和可疑交易报告管理办法（2017年7月1日 中国人民银行令〔2016〕第3号）（第17条）

【法律法规】

191.9 全国人民代表大会常务委员会关于批准《联合国打击跨国有组织犯罪公约》的决定（2003年8月27日）（第2—3条、第5—7条）

第五节 金融诈骗罪

【司法解释】

【注1】参见191.4最高人民检察院、公安部关于公安机关办理经济犯罪案件的若干规定（2018年1月1日 公通字〔2017〕25号）

第一百九十二条【集资诈骗罪】以非法占有为目的，使用诈骗方法非法集资，数额较大的，处三年以上七年以下有期徒刑，并处罚金；数额巨大或者有其他严重情节的，处七年以上有期徒刑或者无期徒刑，并处罚金或者没收财产。

单位犯前款罪的，对单位判处罚金，并对其直接负责的主管人员和其他直接责任人员，依照前款的规定处罚。

> 【刑法修正说明】
>
> 本条为全国人大常委会2020年12月26日通过并公布、2021年3月1日施行的《刑法修正案（十一）》第15条所修正。原第192条为：
>
> 【集资诈骗罪】以非法占有为目的，使用诈骗方法非法集资，数额较大的，处五年以下有期徒刑或者拘役，并处二万元以上二十万元以下罚金；数额巨大或者有其他严重情节的，处五年以上十年以下有期徒刑，并处五万元以上五十万元以下罚金；数额特别巨大或者有其他特别严重情节的，处十年以上有期徒刑或者无期徒刑，并处五万元以上五十万元以下罚金或者没收财产。

【罪名渊源】本罪79刑法没有规定，系沿袭全国人大常委会《关于惩治破坏金融秩序犯罪的决定》第8条。刑法对原三档法定刑均作了修改。高法《罪名规定》、高检《罪名意见》将其解释为集资诈骗罪。《刑法修正案（十一）》第15条对原三档法定刑作了修改，并增设第2款单位犯罪。

【立案标准】

192.1 最高人民检察院、公安部关于公安机关管辖的刑事案件立案追诉标准的规定（二）（2022年5月15日 公通字〔2022〕12号）（节录）

第四十四条 〔集资诈骗案（刑法第一百九十二条）〕以非法占有为目的，使用诈骗方法非法集资，数额在十万元以上的，应予立案追诉。

第八十二条 对于预备犯、未遂犯、中止犯，需要追究刑事责任的，应予立案追诉。

第八十三条 本规定中的立案追诉标准，除法律、司法解释、本规定中另有规定的以外，适用于相应的单位犯罪。

第八十四条 本规定中的"以上"，包括本数。

【罪刑标准】

192.2 最高人民法院关于审理非法集资刑事案件具体应用法律若干问题的解释（2011年1月4日 法释〔2010〕18号 2022年修正）（节录）

第一条（第一款）违反国家金融管理法律规定，向社会公众（包括单位和个人）吸收资金的行为，同时具备下列四个条件的，除刑法另有规定的以外，应当认定为刑法第一百七十六条规定的"非法吸收公众存款或者变相吸收公众存款"：

（一）未经有关部门依法许可或者借用合法经营的形式吸收资金；

（二）通过网络、媒体、推介会、传单、手机信息等途径向社会公开宣传；

（三）承诺在一定期限内以货币、实物、股权等方式还本付息或者给付回报；

（四）向社会公众即社会不特定对象吸收资金。

第二条 实施下列行为之一，符合本解释第一条第一款规定的条件的，应当依照刑法第一百七十六条的规定，以非法吸收公众存款罪定罪处罚：

（一）不具有房产销售的真实内容或者不以房产销售为主要目的，以返本销售、售后包租、约定回购、销售房产份额等方式非法吸收资金的；

（二）以转让林权并代为管护等方式非法吸收资金的；

（三）以代种植（养殖）、租种植（养殖）、联合种植（养殖）等方式非法吸收资金的；

（四）不具有销售商品、提供服务的真实内容或者不以销售商品、提供服务为主要目的，以商品回购、寄存代售等方式非法吸收资金的；

（五）不具有发行股票、债券的真实内容，以虚假转让股权、发售虚构债券等方式非法吸收资金的；

（六）不具有募集基金的真实内容，以假借境外基金、发售虚构基金等方式非法吸收资金的；

（七）不具有销售保险的真实内容，以假冒保险公司、伪造保险单据等方式非法吸收资金的；

（八）以网络借贷、投资入股、虚拟币交易等方式非法吸收资金的；

（九）以委托理财、融资租赁等方式非法吸收资金的；

（十）以提供"养老服务"、投资"养老项目"、销售"老年产品"等方式非法吸收资金的；

（十一）利用民间"会""社"等组织非法吸收资金的；

（十二）其他非法吸收资金的行为。

第七条 以非法占有为目的，使用诈骗方法实施本解释第二条规定所列行为的，应当依照刑法第一百九十二条的规定，以集资诈骗罪定罪处罚。

使用诈骗方法非法集资，具有下列情形之一的，可以认定为"以非法占有为目的"：

（一）集资后不用于生产经营活动或者用于生产经营活动与筹集资金规模明显不成比例，致使集资款不能返还的；

（二）肆意挥霍集资款，致使集资款不能返还的；

（三）携带集资款逃匿的；

（四）将集资款用于违法犯罪活动的；

（五）抽逃、转移资金、隐匿财产，逃避返还资金的；

（六）隐匿、销毁账目，或者搞假破产、假倒闭，逃避返还资金的；

（七）拒不交代资金去向，逃避返还资金的；

（八）其他可以认定非法占有目的的情形。

集资诈骗罪中的非法占有目的，应当区分情形进行具体认定。行为人部分非法集资行为具有非法占有目的的，对该部分非法集资行为所涉集资款以集资诈骗罪定罪处罚；非法集资共同犯罪中部分行为人具有非法占有目的，其他行为人没有非法占有集资款的共同故意和行为的，对具有非法占有目的的行为人以集资诈骗罪定罪处罚。

第八条 集资诈骗数额在10万元以上的，应当认定为"数额较大"；数额在100万元以上的，应当认定为"数额巨大"。

集资诈骗数额在50万元以上，同时具有本解释第三条第二款第三项情节的，应当认定为刑法第一百九十二条规定的"其他严重情节"。

集资诈骗的数额以行为人实际骗取的数额计算，在案发前已归还的数额应予扣除。行为人为实施集资诈骗活动而支付的广告费、中介费、手续费、回扣，或者用于行贿、赠与等费用，不予扣除。行为人为实施集资诈骗活动而支付的利息，除本金未归还可予折抵本金以外，应当计入诈骗数额。

第九条（第二款）犯集资诈骗罪，判处三年以上七年以下有期徒刑的，并处十万元以上五百万元以下罚金；判处七年以上有期徒刑或者无期徒刑的，并处五十万元以上罚金或者没收财产。

第十三条 通过传销手段向社会公众非法吸收资金，构成非法吸收公众存款罪或者集资诈骗罪，同时又构成组织、领导传销活动罪的，依照处罚较重的规定定罪处罚。

第十四条 单位实施非法吸收公众存款、集资诈骗犯罪的，依照本解释规定的相应自然人犯罪的定罪量刑标准，对单位判处罚金，并对其直接负责的主管人员和其他直接责任人员定罪处罚。

【司法解释】

192.3 最高人民检察院、公安部关于公安机关办理经济犯罪案件的若干规定（2018 年 1 月 1 日公通字〔2017〕25 号）（节录）

第三十八条　公安机关办理非法集资、传销以及利用通讯工具、互联网等技术手段实施的经济犯罪案件，确因客观条件的限制无法逐一收集被害人陈述、证人证言等相关证据的，可以结合已收集的言词证据和依法收集并查证属实的物证、书证、视听资料、电子数据等实物证据，综合认定涉案人员人数和涉案资金数额等犯罪事实，做到证据确实、充分。

【司法文件】

192.4 全国法院审理金融犯罪案件工作座谈会纪要（最高人民法院 2001 年 1 月 21 日印发　法〔2001〕8 号）（节录）

二

（三）关于金融诈骗罪

1. 金融诈骗罪中非法占有目的的认定。

金融诈骗犯罪都是以非法占有为目的的犯罪。在司法实践中，认定是否具有非法占有为目的，应当坚持主客观相一致的原则，既要避免单纯根据损失结果客观归罪，也不能仅凭被告人自己的供述，而应当根据案件具体情况具体分析。根据司法实践，对于行为人通过诈骗的方法非法获取资金，造成数额较大资金不能归还，并具有下列情形之一的，可以认定为具有非法占有的目的：（1）明知没有归还能力而大量骗取资金的；（2）非法获取资金后逃跑的；（3）肆意挥霍骗取资金的；（4）使用骗取的资金进行违法犯罪活动的；（5）抽逃、转移资金、隐匿财产，以逃避返还资金的；（6）隐匿、销毁账目，或者搞假破产、假倒闭，以逃避返还资金的；（7）其他非法占有资金、拒不返还的行为。但是，在处理具体案件的时候，对于有证据证明行为人不具有非法占有目的的，不能单纯以财产不能归还就按金融诈骗罪处罚。

3. 集资诈骗罪的认定和处理。集资诈骗罪和欺诈发行股票、债券罪，非法吸收公众存款罪在客观上均表现为向社会公众非法募集资金。区别的关键在于行为人是否具有非法占有的目的。对于以非法占有为目的而非法集资，或者在非法集资过程中产生了非法占有他人资金的故意，均构成集资诈骗罪。但是，在处理具体案件时要注意以下两点：一是不能仅凭较大数额的非法集资款不能返还的结果，推定行为人具有非法占有的目的；二是行为人将大部分资金用于投资或生产经营活动，而将少量资金用于个人消费或挥霍的，不应仅以此便认定具有非法占有的目的。

4. 金融诈骗犯罪定罪量刑的数额标准和犯罪数额的计算。金融诈骗的数额不仅是定罪的重要标准，也是量刑的主要依据。在没有新的司法解释之前，可参照 1996 年《最高人民法院关于审理诈骗案件具体应用法律的若干问题的解释》的规定执行。在具体认定金融诈骗犯罪的数额时，应当以行为人实际骗取的数额计算。对于行为人为实施金融诈骗活动而支付的中介费、手续费、回扣等，或者用于行贿、赠与等费用，均应计入金融诈骗的犯罪数额。但应当将案发前已归还的数额扣除。

192.5 参见 179.3 最高人民法院、最高人民检察院、公安部、中国证券监督管理委员会关于整治非法证券活动有关问题的通知（2008 年 1 月 2 日　证监发〔2008〕1 号）

192.6 最高人民法院关于常见犯罪的量刑指导意见（二）（试行）（2017 年 5 月 1 日　法〔2017〕74 号）（节录）

一、八种常见犯罪的量刑

（三）集资诈骗罪

1. 构成集资诈骗罪的，可以根据下列不同情形在相应的幅度内确定量刑起点：

（1）达到数额较大起点的，可以在二年以下有期徒刑、拘役幅度内确定量刑起点。

（2）达到数额巨大起点或者有其他严重情节的，可以在五年至六年有期徒刑幅度内确定量刑起点。

（3）达到数额特别巨大起点或者有其他严重情节的，可以在十年至十二年有期徒刑幅度内确定量刑起点。依法应当判处无期徒刑的除外。

2. 在量刑起点的基础上，根据集资诈骗数额等其他影响犯罪构成的犯罪事实增加刑罚量，确认基准刑。

二、附则

1. 本指导意见规范上列八种犯罪判处有期徒刑、拘役的案件。

2. 各高级人民法院应当结合当地实际制定实施细则。

192.7 参见 176.8 最高人民法院关于进一步加强金融审判工作的若干意见（2017 年 8 月 4 日 法发〔2017〕22 号）

【法律法规】

192.8 国务院办公厅关于立即停止利用发行会员证进行非法集资等活动的通知（1996 年 8 月 5 日　国办发〔1996〕33 号）

192.9 金融违法行为处罚办法（1999 年 2 月 22 日）（第 28 条）

192.10 防范和处置非法集资条例（2021 年 5 月 1 日　国务院令第 737 号）（第 2—29 条）

第一百九十三条【贷款诈骗罪】 有下列情形之一，以非法占有为目的，诈骗银行或者其他金融机构的贷款，数额较大的，处五年以下有期徒刑或者拘役，并处二万元以上二十万元以下罚金；数额巨大或者有其他严重情节的，处五年以上十年以下有期徒刑，并处五万元以上五十万元以下罚金；数额特别巨大或者有其他特别严重情节的，处十年以上有期徒刑或者无期徒刑，并处五万元以上五十万元以下罚金或者没收财产：

（一）编造引进资金、项目等虚假理由的；

（二）使用虚假的经济合同的；

（三）使用虚假的证明文件的；

（四）使用虚假的产权证明作担保或者超出抵押物价值重复担保的；

（五）以其他方法诈骗贷款的。

【罪名渊源】本罪 79 刑法未规定，系沿袭全国人大常委会《关于惩治破坏金融秩序犯罪的决定》第 10 条，刑法在原第三档法定刑中增加"并处五万元以上五十万元以下罚金"字样，高法《罪名规定》、高检《罪名意见》将其解释为贷款诈骗罪。

【立案标准】

193.1 最高人民检察院、公安部关于公安机关管辖的刑事案件立案追诉标准的规定（二）（2022 年 5 月 15 日　公通字〔2022〕12 号）（节录）

第四十五条 〔贷款诈骗案（刑法第一百九十三条）〕以非法占有为目的，诈骗银行或者其他金融机构的贷款，数额在五万元以上的，应予立案追诉。

第八十二条 对于预备犯、未遂犯、中止犯，需要追究刑事责任的，应予立案追诉。

第八十四条 本规定中的"以上"，包括本数。

【司法文件】

193.2 全国法院审理金融犯罪案件工作座谈会纪要（最高人民法院 2001 年 1 月 21 日印发　法〔2001〕8 号）（节录）

二

（三）关于金融诈骗罪

2. 贷款诈骗罪的认定和处理。贷款诈骗犯罪是目前案发较多的金融诈骗犯罪之一。审理贷款诈骗犯罪案件，应当注意以下两个问题：

一是单位不能构成贷款诈骗罪。根据刑法第三十条和第一百九十三条的规定，单位不构成贷款诈骗罪。对于单位实施的贷款诈骗行为，不能以贷款诈骗罪定罪处罚，也不能以贷款诈骗罪追究直接负责的主管人员和其他直接责任人员的刑事责任。但是，在司法实践中，对于单位十分明显地以非法占有为目的，利用签订、履行借款合同诈骗银行或其他金融机构贷款，符合刑法第二百二十四条规定的合同诈骗罪构成要件的，应当以合同诈骗罪定罪处罚。

二是要严格区分贷款诈骗与贷款纠纷的界限。对于合法取得贷款后，没有按规定的用途使用贷款，到期没有归还贷款的，不能以贷款诈骗罪定罪处罚；对于确有证据证明行为人不具有非法占有的目的，因不具备贷款的条件而采取了欺骗手段获取贷款，案发时有能力履行还贷义务，或者案发时不能归还贷款是因为意志以外的原因，如因经营不善、被骗、市场风险等，不应以贷款诈骗罪定罪处罚。

【说明】非法占有目的的认定、罪刑数额标准和犯罪数额的计算，参见 192.4 本纪要。

193.3 参见 175.2 最高人民法院关于进一步加强金融审判工作的若干意见（2017 年 8 月 4 日法发〔2017〕22 号）

【部委规范】

193.4 公安部办公厅关于若干经济犯罪案件如何统计涉案总价值、挽回经济损失数额的批复（2008 年 11 月 5 日　公经〔2008〕214 号）（节录）

二、贷款诈骗案按照诈骗的贷款数额统计涉案总价值。

五、挽回经济损失额按照实际追缴的赃款以及赃物折价统计。

【法律法规】

193.5 中华人民共和国商业银行法（2015 年 10 月 1 日）（第 35 条、第 82 条）

第一百九十四条【票据诈骗罪】 有下列情形之一，进行金融票据诈骗活动，数额较大的，处五年以下有期徒刑或者拘役，并处二万元以上二十万元以下罚金；数额巨大或者有其他严重情节的，处五年以上十年以下有期徒刑，并处五万元以上五十万元以下罚金；数额特别巨大或者有其他特别严重情节的，处十年以上有期徒刑或者无期徒刑，并处五万元以上五十万元以下罚金或者没收财产：

（一）明知是伪造、变造的汇票、本票、支票而使用的；

（二）明知是作废的汇票、本票、支票而使用的；

（三）冒用他人的汇票、本票、支票的；

（四）签发空头支票或者与其预留印鉴不符的支票，骗取财物的；

（五）汇票、本票的出票人签发无资金保证的汇票、本票或者在出票时作虚假记载，骗取财物的。

【金融凭证诈骗罪】 使用伪造、变造的委托收款凭证、汇款凭证、银行存单等其他银行结算凭证的，依照前款的规定处罚。

【罪名渊源】 本条两款 79 刑法没有规定，均系沿袭全国人大常委会《关于惩治破坏金融秩序犯罪的决定》第 12 条内容，刑法在第 1 款第三档法定刑中增加了"并处五万元以上五十万元以下罚金"的规定。高法《罪名规定》、高检《罪名意见》将两款分别解释为票据诈骗罪、金融凭证诈骗罪。

【立案标准】

194.1 最高人民检察院、公安部关于公安机关管辖的刑事案件立案追诉标准的规定（二）（2022 年 5 月 15 日　公通字〔2022〕12 号）（节录）

第四十六条 〔票据诈骗案（刑法第一百九十四条第一款）〕进行金融票据诈骗活动，数额在五万元以上的，应予立案追诉。

第四十七条 〔金融凭证诈骗案（刑法第一百九十四条第二款）〕使用伪造、变造的委托收款凭证、汇款凭证、银行存单等其他银行结算凭证进行诈骗活动，数额在五万元以上的，应予立案追诉。

第八十二条 对于预备犯、未遂犯、中止犯，需要追究刑事责任的，应予立案追诉。

第八十三条 本规定中的立案追诉标准，除法律、司法解释、本规定中另有规定的以外，适用于相应的单位犯罪。

第八十四条 本规定中的"以上"，包括本数。

【部委规范】

194.2 公安部经济犯罪侦查局关于转发《中国人民银行办公厅关于单位取款凭条性质认定问题的意见》的通知（2003 年 5 月 29 日 公经〔2003〕575 号）

安徽省公安厅经侦处：

请参阅你处今年 4 月 9 日《关于单位取款凭条是否属于金融凭证的请示》。现将《中国人民银行办公厅关于单位取款凭条性质认定问题的意见》（银办函〔2003〕192 号）转去，请收阅。

> 附件：中国人民银行办公厅关于单位取款凭条性质认定问题的意见（2003 年 5 月 21 日 银办函〔2003〕192 号）
>
> 公安部办公厅：
>
> 你部经济犯罪侦查局《关于征求对单位取款凭条性质认定意见的函》（公经〔2003〕428 号）收悉。现提出如下意见：
>
> 根据《支付结算法》（银发〔1997〕393 号）的有关规定，银行结算凭证是办理支付结算的工具，是银行、单位和个人凭以记载财务的会计凭证，是记载经济业务和明确经济责任的一种书面证明。单位取款凭条，是存款人开户银行根据存款人委托，从其账户中将款项支付给指定收款人的一种书面证明，应属银行结算凭证。

194.3 公安部经济犯罪侦查局关于银行进账单、支票存根联、支付系统专用凭证、转账贷方传票是否属于银行结算凭证的批复（2008 年 7 月 22 日 公经金融〔2008〕116 号）

广东省公安厅经济犯罪侦查局：

你局《关于银行进账单、支票存根联、支付系统专用凭证、转账贷方传票是否属于银行结算凭证的请示》（广公（经）字〔2008〕878 号）收悉。经研究，并征求人民银行意见，银行进账单、支付系统专用凭证、转账贷方传票属于银行结算凭证，而支票存根联是出票人自行留存、用于核对账务的内部凭证，不属于银行结算凭证。

【法律法规】

194.4 中华人民共和国票据法（1996 年 1 月 1 日 2004 年修正）（第 102 条）

第一百九十五条【信用证诈骗罪】 有下列情形之一，进行信用证诈骗活动的，处五年以下有期徒刑或者拘役，并处二万元以上二十万元以下罚金；数额巨大或者有其他严重情节的，处五年以上十年以下有期徒刑，并处五万元以上五十万元以下罚金；数额特别巨大或者有其他特别严重情节的，处十年以上有期徒刑或者无期徒刑，并处五万元以上五十万元以下罚金或者没收财产：

（一）使用伪造、变造的信用证或者附随的单据、文件的；

（二）使用作废的信用证的；

（三）骗取信用证的；

（四）以其他方法进行信用证诈骗活动的。

【罪名渊源】 本条系沿袭全国人大常委会《关于惩治破坏金融秩序犯罪的决定》第 13 条内容，79 刑法未规定。刑法在原第三档法定刑中增加了"并处五万元以上五十万元以下罚金"的规定。高法《罪名规定》、高检《罪名意见》将其解释为信用证诈骗罪。

【立案标准】

195.1 最高人民检察院、公安部关于公安机关管辖的刑事案件立案追诉标准的规定（二）（2022 年 5 月 15 日 公通字〔2022〕12 号）（节录）

第四十八条 〔信用证诈骗案（刑法第一百九十五条）〕进行信用证诈骗活动，涉嫌下列情形之一的，应予立案追诉：

（一）使用伪造、变造的信用证或者附随的单据、文件的；

（二）使用作废的信用证的；

（三）骗取信用证的；

（四）以其他方法进行信用证诈骗活动的。

第八十二条　对于预备犯、未遂犯、中止犯，需要追究刑事责任的，应予立案追诉。

第八十三条　本规定中的立案追诉标准，除法律、司法解释、本规定中另有规定的以外，适用于相应的单位犯罪。

第八十四条　本规定中的"以上"，包括本数。

第一百九十六条【信用卡诈骗罪】有下列情形之一，进行信用卡诈骗活动，数额较大的，处五年以下有期徒刑或者拘役，并处二万元以上二十万元以下罚金；数额巨大或者有其他严重情节的，处五年以上十年以下有期徒刑，并处五万元以上五十万元以下罚金；数额特别巨大或者有其他特别严重情节的，处十年以上有期徒刑或者无期徒刑，并处五万元以上五十万元以下罚金或者没收财产：

（一）使用伪造的信用卡，或者使用以虚假的身份证明骗领的信用卡的；

（二）使用作废的信用卡的；

（三）冒用他人信用卡的；

（四）恶意透支的。

前款所称恶意透支，是指持卡人以非法占有为目的，超过规定限额或者规定期限透支，并且经发卡银行催收后仍不归还的行为。

【盗窃罪】盗窃信用卡并使用的，依照本法第二百六十四条的规定定罪处罚。

【刑法修正说明】

本条为 2005 年 2 月 28 日通过并公布施行的《刑法修正案（五）》第 2 条所修正。原第 196 条为：

【信用卡诈骗罪】有下列情形之一，进行信用卡诈骗活动，数额较大的，处五年以下有期徒刑或者拘役，并处二万元以上二十万元以下罚金；数额巨大或者有其他严重情节的，处五年以上十年以下有期徒刑，并处五万元以上五十万元以下罚金；数额特别巨大或者有其他特别严重情节的，处十年以上有期徒刑或者无期徒刑，并处五万元以上五十万元以下罚金或者没收财产：

（一）使用伪造的信用卡；

（二）使用作废的信用卡的；

（三）冒用他人信用卡的；

（四）恶意透支的。

前款所称恶意透支，是指持卡人以非法占有为目的，超过规定限额或者规定期限透支，并且经发卡银行催收后仍不归还的行为。

【盗窃罪】盗窃信用卡并使用的，依照本法第二百六十四条的规定定罪处罚。

【罪名渊源】本条系沿袭全国人大常委会《关于惩治破坏金融秩序犯罪的决定》第 14 条内容，79 刑法没有规定，刑法在原第三档法定刑中增加了"并处五万元以上五十万元以下罚金"的规定，并对"恶意透支"作了解释。《刑法修正案（五）》第 2 条在本条第 1 款第 1 项增加了"使用以虚假的身份证明骗领的信用卡"的行为方式。高法《罪名规定》、高检《罪名意见》将其解释为信用卡诈骗罪。

【立法解释】

196.1 参见 177 - 1.1 全国人民代表大会常务委员会关于《中华人民共和国刑法》有关信用卡规定的解释（2004 年 12 月 29 日）

【立案标准】

196.2 最高人民检察院、公安部关于公安机关管辖的刑事案件立案追诉标准的规定（二）（2022 年 5 月 15 日 公通字〔2022〕12 号）（节录）

第四十九条 〔信用卡诈骗案（刑法第一百九十六条）〕进行信用卡诈骗活动，涉嫌下列情形之一的，应予立案追诉：

（一）使用伪造的信用卡、以虚假的身份证明骗领的信用卡、作废的信用卡或者冒用他人信用卡，进行诈骗活动，数额在五千元以上的；

（二）恶意透支，数额在五万元以上的。

本条规定的"恶意透支"，是指持卡人以非法占有为目的，超过规定限额或者规定期限透支，经发卡银行两次有效催收后超过三个月仍不归还的。

恶意透支的数额，是指公安机关刑事立案时尚未归还的实际透支的本金数额，不包括利息、复利、滞纳金、手续费等发卡银行收取的费用。归还或者支付的数额，应当认定为归还实际透支的本金。

恶意透支，数额在五万元以上不满五十万元的，在提起公诉前全部归还或者具有其他情节轻微情形的，可以不起诉。但是，因信用卡诈骗受over二次以上处罚的除外。

第八十二条 对于预备犯、未遂犯、中止犯，需要追究刑事责任的，应予立案追诉。

第八十四条 本规定中的"以上"，包括本数。

【罪刑标准】

196.3 最高人民法院、最高人民检察院关于办理妨害信用卡管理刑事案件具体应用法律若干问题的解释（2009 年 12 月 16 日 法释〔2009〕19 号 2018 年修正）（节录）

第五条 使用伪造的信用卡、以虚假的身份证明骗领的信用卡、作废的信用卡或者冒用他人信用卡，进行信用卡诈骗活动，数额在五千元以上不满五万元的，应当认定为刑法第一百九十六条规定的"数额较大"；数额在五万元以上不满五十万元的，应当认定为刑法第一百九十六条规定的"数额巨大"；数额在五十万元以上的，应当认定为刑法第一百九十六条规定的"数额特别巨大"。

刑法第一百九十六条第一款第三项所称"冒用他人信用卡"，包括以下情形：

（一）拾得他人信用卡并使用的；

（二）骗取他人信用卡并使用的；

（三）窃取、收买、骗取或者以其他非法方式获取他人信用卡信息资料，并通过互联网、通讯终端等使用的；

（四）其他冒用他人信用卡的情形。

第六条 持卡人以非法占有为目的，超过规定限额或者规定期限透支，经发卡银行两次有效催收后超过三个月仍不归还的，应当认定为刑法第一百九十六条规定的"恶意透支"。

对于是否以非法占有为目的，应当综合持卡人信用记录、还款能力和意愿、申领和透支信用卡的状况、透支资金的用途、透支后的表现、未按规定还款的原因等情节作出判断。不得单纯依据持卡人未按规定还款的事实认定非法占有目的。

具有以下情形之一的，应当认定为刑法第一百九十六条第二款规定的"以非法占有为目的"，但有证据证明持卡人确实不具有非法占有目的的除外：

（一）明知没有还款能力而大量透支，无法归还的；

（二）使用虚假资信证明申领信用卡后透支，无法归还的；

（三）透支后通过逃匿、改变联系方式等手段，逃避银行催收的；

（四）抽逃、转移资金，隐匿财产，逃避还款的；

（五）使用透支的资金进行犯罪活动的；

（六）其他非法占有资金，拒不归还的情形。

第七条　催收同时符合下列条件的，应当认定为本解释第六条规定的"有效催收"：

（一）在透支超过规定限额或者规定期限后进行；

（二）催收应当采用能够确认持卡人收悉的方式，但持卡人故意逃避催收的除外；

（三）两次催收至少间隔三十日；

（四）符合催收的有关规定或者约定。

对于是否属于有效催收，应当根据发卡银行提供的电话录音、信息送达记录、信函送达回执、电子邮件送达记录、持卡人或者其家属签字以及其他催收原始证据材料作出判断。

发卡银行提供的相关证据材料，应当有银行工作人员签名和银行公章。

第八条　恶意透支，数额在五万元以上不满五十万元的，应当认定为刑法第一百九十六条规定的"数额较大"；数额在五十万元以上不满五百万元的，应当认定为刑法第一百九十六条规定的"数额巨大"；数额在五百万元以上的，应当认定为刑法第一百九十六条规定的"数额特别巨大"。

第九条　恶意透支的数额，是指公安机关刑事立案时尚未归还的实际透支的本金数额，不包括利息、复利、滞纳金、手续费等发卡银行收取的费用。归还或者支付的数额，应当认定为归还实际透支的本金。

检察机关在审查起诉、提起公诉时，应当根据发卡银行提供的交易明细、分类账单（透支账单、还款账单）等证据材料，结合犯罪嫌疑人、被告人及其辩护人所提辩解、辩护意见及相关证据材料，审查认定恶意透支的数额；恶意透支的数额难以确定的，应当依据司法会计、审计报告，结合其他证据材料审查认定。人民法院在审判过程中，应当在对上述证据材料查证属实的基础上，对恶意透支的数额作出认定。

发卡银行提供的相关证据材料，应当有银行工作人员签名和银行公章。

第十条　恶意透支数额较大，在提起公诉前全部归还或者具有其他情节轻微情形的，可以不起诉；在一审判决前全部归还或者具有其他情节轻微情形的，可以免予刑事处罚。但是，曾因信用卡诈骗受过两次以上处罚的除外。

第十一条　发卡银行违规以信用卡透支形式变相发放贷款，持卡人未按规定归还的，不适用刑法第一百九十六条"恶意透支"的规定。构成其他犯罪的，以其他犯罪论处。

第十二条（第一款）　违反国家规定，使用销售点终端机具（POS 机）等方法，以虚构交易、虚开价格、现金退货等方式向信用卡持卡人直接支付现金，情节严重的，应当依据刑法第二百二十五条的规定，以非法经营罪定罪处罚。

（第三款）　持卡人以非法占有为目的，采用上述方式恶意透支，应当追究刑事责任的，依照刑法第一百九十六条的规定，以信用卡诈骗罪定罪处罚。

【司法解释】

196.4 最高人民检察院关于拾得他人信用卡并在自动柜员机（ATM 机）上使用的行为如何定性问题的批复（2008 年 5 月 7 日　高检发释字〔2008〕1 号）

浙江省人民检察院：

你院《关于拾得他人信用卡并在 ATM 机上使用的行为应如何定性的请示》（浙检研〔2007〕227 号）收悉。经研究，批复如下：

拾得他人信用卡并在自动柜员机（ATM 机）上使用的行为，属于刑法第一百九十六条第一款第（三）项规定的"冒用他人信用卡"的情形，构成犯罪的，以信用卡诈骗罪追究刑事责任。

【司法文件】

196.5 最高人民法院、最高人民检察院、公安部关于信用卡诈骗犯罪管辖有关问题的通知（2011 年 8 月 8 日　公通字〔2011〕29 号）

各省、自治区、直辖市高级人民法院，人民检察院，公安厅、局，新疆维吾尔自治区高级人民法院生产建设兵团分院、新疆生产建设兵团人民检察院、公安局：

近年来，信用卡诈骗流窜作案逐年增多，受害人在甲地申领的信用卡，被犯罪嫌疑人在乙地盗取了信用卡信息，并在丙地被提现或消费。犯罪嫌疑人企图通过空间的转换逃避刑事打击。为及时有效打击此类犯罪，现就有关案件管辖问题通知如下：

对以窃取、收买等手段非法获取他人信用卡信息资料后在异地使用的信用卡诈骗犯罪案件，持卡人信用卡申领地的公安机关、人民检察院、人民法院可以依法立案侦查、起诉、审判。

196.6 最高人民法院关于常见犯罪的量刑指导意见（二）（试行）（2017 年 5 月 1 日　法〔2017〕74 号）（节录）

一、八种常见犯罪的量刑

（四）信用卡诈骗罪

1. 构成信用卡诈骗罪的，可以根据下列不同情形在相应的幅度内确定量刑起点：

（1）达到数额较大起点的，可以在二年以下有期徒刑、拘役幅度内确定量刑起点。

（2）达到数额巨大起点或者有其他严重情节的，可以在五年至六年有期徒刑幅度内确定量刑起点。

（3）达到数额特别巨大起点或者有其他严重情节的，可以在十年至十二年有期徒刑幅度内确定量刑起点。依法应当判处无期徒刑的除外。

2. 在量刑起点的基础上，根据信用卡诈骗数额等其他影响犯罪构成的犯罪事实增加刑罚量，确认基准刑。

二、附则

1. 本指导意见规范上列八种犯罪判处有期徒刑、拘役的案件。

2. 各高级人民法院应当结合当地实际制定实施细则。

196.7 参见 264.21 检察机关办理电信网络诈骗案件指引（2018 年 11 月 9 日　高检发侦监字〔2018〕12 号）

【部委规范】

196.8 公安部法制司关于利用信用卡恶意透支案件如何定性问题的答复（1994 年 7 月 11 日）（节录）

一、恶意透支数额较大，持卡人表示愿意偿还并且在约定的期限内全部偿还的，不构成诈骗，由持卡人按有关规定予以罚息处理。

二、恶意透支数额较大，经多次催偿，拒不偿还或逃避隐藏的，以诈骗定性，是否构成犯罪，视具体情节定。

三、恶意透支数额较大，虽表示愿意偿还，但无正当理由在约定期限内拒还或无偿还能力的，以诈骗定性，是否构成犯罪，视具体情节定。

四、对利用信用卡进行恶意透支的行为，应如何定性处罚，法律、法规尚无明确规定。处理该问题应以持卡人是否具有恶意占有的故意，是否具有社会危害性，透支的款项是否全部清偿等几方面综合考虑。

196.9 银行卡业务管理办法（1999 年 3 月 1 日　银发〔1999〕17 号）（第 2 条、第 5—6 条、第 61 条）

第一百九十七条【有价证券诈骗罪】 使用伪造、变造的国库券或者国家发行的其他有价证券，进行诈骗活动，数额较大的，处五年以下有期徒刑或者拘役，并处二万元以上二十万元以下罚金；数额巨大或者有其他严重情节的，处五年以上十年以下有期徒刑，并处五万元以上五十万元以下罚金；数额特别巨大或者有其他特别严重情节的，处十年以上有期徒刑或者无期徒刑，并处五万元以上五十万元以下罚金或者没收财产。

【罪名渊源】

本条系刑法增设，79 刑法、单行刑法均未规定。高法《罪名规定》、高检《罪名意见》将其解释为有价证券诈骗罪。

【立案标准】

197.1 最高人民检察院、公安部关于公安机关管辖的刑事案件立案追诉标准的规定（二）（2022 年 5 月 15 日　公通字〔2022〕12 号）（节录）

第五十条　〔有价证券诈骗案（刑法第一百九十七条）〕使用伪造、变造的国库券或者国家发行的其他有价证券进行诈骗活动，数额在五万元以上的，应予立案追诉。

第八十二条　对于预备犯、未遂犯、中止犯，需要追究刑事责任的，应予立案追诉。

第八十四条　本规定中的"以上"，包括本数。

第一百九十八条【保险诈骗罪】 有下列情形之一，进行保险诈骗活动，数额较大的，处五年以下有期徒刑或者拘役，并处一万元以上十万元以下罚金；数额巨大或者有其他严重情节的，处五年以上十年以下有期徒刑，并处二万元以上二十万元以下罚金；数额特别巨大或者有其他特别严重情节的，处十年以上有期徒刑，并处二万元以上二十万元以下罚金或者没收财产：

（一）投保人故意虚构保险标的，骗取保险金的；

（二）投保人、被保险人或者受益人对发生的保险事故编造虚假的原因或者夸大损失的程度，骗取保险金的；

（三）投保人、被保险人或者受益人编造未曾发生的保险事故，骗取保险金的；

（四）投保人、被保险人故意造成财产损失的保险事故，骗取保险金的；

（五）投保人、受益人故意造成被保险人死亡、伤残或者疾病，骗取保险金的。

有前款第四项、第五项所列行为，同时构成其他犯罪的，依照数罪并罚的规定处罚。

单位犯第一款罪的，对单位判处罚金，并对其直接负责的主管人员和其他直接责任人员，处五年以下有期徒刑或者拘役；数额巨大或者有其他严重情节的，处五年以上十年以下有期徒刑；数额特别巨大或者有其他特别严重情节的，处十年以上有期徒刑。

保险事故的鉴定人、证明人、财产评估人故意提供虚假的证明文件，为他人诈骗提供条件的，以保险诈骗的共犯论处。

【罪名渊源】 本条 79 刑法没有规定，系沿袭全国人大常委会《关于惩治破坏金融秩序犯罪的决定》第 16 条，刑法在原第三档法定刑中增加了"并处二万元以上二十万元以下罚金"的规定。高法《罪名规定》、高检《罪名意见》将其解释为保险诈骗罪。

【立案标准】

198.1 最高人民检察院、公安部关于公安机关管辖的刑事案件立案追诉标准的规定（二）（2022 年 5 月 15 日　公通字〔2022〕12 号）（节录）

第五十一条　〔保险诈骗案（刑法第一百九十八条）〕进行保险诈骗活动，数额在五万元以上的，应予立案追诉。

第八十二条　对于预备犯、未遂犯、中止犯，需要追究刑事责任的，应予立案追诉。

第八十三条　本规定中的立案追诉标准，除法律、司法解释、本规定中另有规定的以外，适用于相应的单位犯罪。

第八十四条　本规定中的"以上"，包括本数。

【司法文件】

198.2 最高人民检察院法律政策研究室关于保险诈骗未遂能否按犯罪处理问题的答复（1998 年 11 月 27 日　〔1998〕高检研发第 20 号）

河南省人民检察院：

你院《关于保险诈骗未遂能否按犯罪处理的请示》（豫检捕〔1998〕11 号）收悉。经研究，并经高检院领导同意，答复如下：

行为人已经着手实施保险诈骗行为，但由于其意志以外的原因未能获得保险赔偿的，是诈骗未遂，情节严重的，应依法追究刑事责任。

198.3 参见 264.21 检察机关办理电信网络诈骗案件指引（2018 年 11 月 9 日　高检发侦监字〔2018〕12 号）

198.4 参见 266.21 最高人民法院、最高人民检察院、公安部关于依法办理"碰瓷"违法犯罪案件的指导意见（2020 年 9 月 22 日　公通字〔2020〕12 号）

【部委规范】

198.5 公安部经济犯罪侦查局关于对一起保险诈骗案件有关问题的批复（2009 年 9 月 14 日公经金融〔2009〕248 号）

河南省公安厅经侦总队：

你总队《关于保险诈骗（未遂）的"情节严重"标准如何认定问题的请示》（豫公经〔2009〕26 号）收悉，经认真研究后，现批复如下：

1998 年 11 月 27 日最高人民检察院《关于保险诈骗未遂能否按犯罪处理问题的答复》中指出："行为人已经着手实施保险诈骗行为，但由于其意志以外的原因未能获得保险赔偿的，是诈骗未遂，情节严重的，应依法追究刑事责任。"但目前对"情节严重"尚无具体司法解释。本案中，张某隐瞒其妻子已患癌症的事实，向中国人寿保险开封分公司和中国太平人寿保险开封分公司共投保 43 万元，并在其妻死亡后申请理赔，其行为已涉嫌保险诈骗罪，根据最高人民检察院、公安部《关于经济犯罪案件追诉标准的规定》① 第 48 条规定，应予追诉。

【法律法规】

198.6 中华人民共和国保险法（2009 年 10 月 1 日　2015 年修正）（第 174 条、第 179 条）

第一百九十九条（删除）

> **【刑法第一次修正说明】**
> 本条为全国人大常委会 2011 年 2 月 25 日通过并公布、5 月 1 日施行的《刑法修正案（八）》第 30 条所修正。原第 199 条为：
> **【集资诈骗罪，票据诈骗罪，金融凭证诈骗罪，信用证诈骗罪】** 犯本节第一百九十二条、第一百九十四条、第一百九十五条规定之罪，数额特别巨大并且给国家和人民利益造成特别重大损失的，处无期徒刑或者死刑，并处没收财产。
> **【刑法第二次修正说明】**
> 全国人大常委会 2015 年 8 月 29 日通过并公布、同年 11 月 1 日施行的《刑法修正案（九）》第 12 条将本条删除。《刑法修正案（八）》第 30 条为：
> **【集资诈骗罪】** 犯本节第一百九十二条规定之罪，数额特别巨大并且给国家和人民利益造成特别重大损失的，处无期徒刑或者死刑，并处没收财产。

【法条渊源】《刑法修正案（八）》第 30 条删除刑法原条文中"第一百九十四条、第一百九十五条"字样，即废除了票据诈骗罪、金融凭证诈骗罪、信用证诈骗罪的死刑。《刑法修正案（九）》第 12 条删除本条，即废除了集资诈骗罪的死刑。

第二百条【单位犯金融诈骗罪的处罚】 单位犯本节第一百九十四条、第一百九十五条规定之罪的，对单位判处罚金，并对其直接负责的主管人员和其他直接责任人员，处五年以下有期徒刑或者拘役，可以并处罚金；数额巨大或者有其他严重情节的，处五年以上十年以下有期徒刑，并处罚金；数额特别巨大或者有其他特别严重情节的，处十年以上有期徒刑或者无期徒刑，并处罚金。②

---

① 该规定已废止，代之以 2022 年 5 月 15 日施行的最高人民检察院、公安部《关于公安机关管辖的刑事案件立案追诉标准的规定（二）》。——编者注

② 本条涉及如下罪名：票据诈骗罪、金融凭证诈骗罪、信用证诈骗罪。——编者注

【刑法第一次修正说明】

2011 年 2 月 25 日通过并公布、5 月 1 日施行的《刑法修正案（八）》第 31 条对本条作了第一次修改。原第 200 条为：

【单位犯金融诈骗罪的处罚】单位犯本节第一百九十二条、第一百九十四条、第一百九十五条规定之罪的，对单位判处罚金，并对其直接负责的主管人员和其他直接责任人员，处五年以下有期徒刑或者拘役；数额巨大或者有其他严重情节的，处五年以上十年以下有期徒刑；数额特别巨大或者有其他特别严重情节的，处十年以上有期徒刑或者无期徒刑。

【刑法第二次修正说明】

全国人大常委会 2020 年 12 月 26 日通过并公布、2021 年 3 月 1 日施行的《刑法修正案（十一）》第 16 条对本条作了第二次修正。《刑法修正案（八）》第 31 条为：

【单位犯金融诈骗罪的处罚】单位犯本节第一百九十二条、第一百九十四条、第一百九十五条规定之罪的，对单位判处罚金，并对其直接负责的主管人员和其他直接责任人员，处五年以下有期徒刑或者拘役，可以并处罚金；数额巨大或者有其他严重情节的，处五年以上十年以下有期徒刑，并处罚金；数额特别巨大或者有其他特别严重情节的，处十年以上有期徒刑或者无期徒刑，并处罚金。

第六节　危害税收征管罪

第二百零一条【逃税罪】纳税人采取欺骗、隐瞒手段进行虚假纳税申报或者不申报，逃避缴纳税款数额较大并且占应纳税额百分之十以上的，处三年以下有期徒刑或者拘役，并处罚金；数额巨大并且占应纳税额百分之三十以上的，处三年以上七年以下有期徒刑，并处罚金。

扣缴义务人采取前款所列手段，不缴或者少缴已扣、已收税款，数额较大的，依照前款的规定处罚。

对多次实施前两款行为，未经处理的，按照累计数额计算。

有第一款行为，经税务机关依法下达追缴通知后，补缴应纳税款，缴纳滞纳金，已受行政处罚的，不予追究刑事责任；但是，五年内因逃避缴纳税款受过刑事处罚或者被税务机关给予二次以上行政处罚的除外。

【刑法修正说明】

本条为 2009 年 2 月 28 日通过并公布施行的《刑法修正案（七）》第 3 条所修正。原第 201 条为：

【偷税罪】纳税人采取伪造、变造、隐匿、擅自销毁帐簿、记帐凭证，在帐簿上多列支出或者不列、少列收入，经税务机关通知申报而拒不申报或者进行虚假的纳税申报的手段，不缴或者少缴应纳税款，偷税数额占应纳税额的百分之十以上不满百分之三十并且偷税数额在一万元以上不满十万元的，或者因偷税被税务机关给予二次行政处罚又偷税的，处三年以下有期徒刑或者拘役，并处偷税数额一倍以上五倍以下罚金；偷税数额占应纳税额的百分之三十以上并且偷税数额在十万元以上的，处三年以上七年以下有期徒刑，并处偷税数额一倍以上五倍以下罚金。

　　扣缴义务人采取前款所列手段，不缴或者少缴已扣、已收税款，数额占应缴税额的百分之十以上并且数额在一万元以上的，依照前款的规定处罚。
　　对多次犯有前两款行为，未经处理的，按照累计数额计算。

【罪名渊源】79刑法第121条对本罪作了规定，全国人大常委会《关于惩治偷税、抗税犯罪的补充规定》第1条对罪状作了如下修改：列举了偷税的行为方式，细化了量刑幅度，提高了法定刑，并增设了单位犯罪和罚金刑，刑法基本予以保留。高法《罪名规定》、高检《罪名意见》将其解释为偷税罪。《刑法修正案（七）》第3条对本条作了如下修改：（1）修正了第1款罪状；（2）修改了第2款的构罪标准；（3）增设了第4款内容。"两高"《罪名补充规定（四）》将其解释为逃税罪，取消偷税罪罪名。

【立案标准】
　　201.1 最高人民检察院、公安部关于公安机关管辖的刑事案件立案追诉标准的规定（二）（2022年5月15日　公通字〔2022〕12号）（节录）
　　第五十二条　〔逃税案（刑法第二百零一条）〕逃避缴纳税款，涉嫌下列情形之一的，应予立案追诉：
　　（一）纳税人采取欺骗、隐瞒手段进行虚假纳税申报或者不申报，逃避缴纳税款，数额在十万元以上并且占各税种应纳税总额百分之十以上，经税务机关依法下达追缴通知后，不补缴应纳税款、不缴纳滞纳金或者不接受行政处罚的；
　　（二）纳税人五年内因逃避缴纳税款受过刑事处罚或者被税务机关给予二次以上行政处罚，又逃避缴纳税款，数额在十万元以上并且占各税种应纳税总额百分之十以上的；
　　（三）扣缴义务人采取欺骗、隐瞒手段，不缴或者少缴已扣、已收税款，数额在十万元以上的。
　　纳税人在公安机关立案后再补缴应纳税款、缴纳滞纳金或者接受行政处罚的，不影响刑事责任的追究。
　　第八十二条　对于预备犯、未遂犯、中止犯，需要追究刑事责任的，应予立案追诉。
　　第八十三条　本规定中的立案追诉标准，除法律、司法解释、本规定中另有规定的以外，适用于相应的单位犯罪。
　　第八十四条　本规定中的"以上"，包括本数。

【罪刑标准】
　　201.2 最高人民法院关于审理偷税抗税刑事案件具体应用法律若干问题的解释（2002年11月7日　法释〔2002〕33号）（节录）
　　第一条　纳税人实施下列行为之一，不缴或者少缴应纳税款，偷税数额占应纳税额的百分之十以上且偷税数额在一万元以上的，依照刑法第二百零一条第一款的规定定罪处罚：
　　（一）伪造、变造、隐匿、擅自销毁账簿、记账凭证；
　　（二）在账簿上多列支出或者不列、少列收入；
　　（三）经税务机关通知申报而拒不申报纳税；
　　（四）进行虚假纳税申报；
　　（五）缴纳税款后，以假报出口或者其他欺骗手段，骗取所缴纳的税款。
　　扣缴义务人实施前款行为之一，不缴或者少缴已扣、已收税款，数额在一万元以上且占应缴税额百分之十以上的，依照刑法第二百零一条第一款的规定定罪处罚。扣缴义务人书面承诺代纳税人支付税款的，应当认定扣缴义务人"已扣、已收税款"。
　　实施本条第一款、第二款规定的行为，偷税数额在五万元以下，纳税人或者扣缴义务人在公安机关立案侦查以前已经足额补缴应纳税款和滞纳金，犯罪情节轻微，不需要判处刑罚的，可以免予刑事处罚。

第二条　纳税人伪造、变造、隐匿、擅自销毁用于记账的发票等原始凭证的行为，应当认定为刑法第二百零一条第一款规定的伪造、变造、隐匿、擅自销毁记账凭证的行为。

具有下列情形之一的，应当认定为刑法第二百零一条第一款规定的"经税务机关通知申报"：

（一）纳税人、扣缴义务人已经依法办理税务登记或者扣缴税款登记的；

（二）依法不需要办理税务登记的纳税人，经税务机关依法书面通知其申报的；

（三）尚未依法办理税务登记、扣缴税款登记的纳税人、扣缴义务人，经税务机关依法书面通知其申报的。

刑法第二百零一条第一款规定的"虚假的纳税申报"，是指纳税人或者扣缴义务人向税务机关报送虚假的纳税申报表、财务报表、代扣代缴、代收代缴税款报告表或者其他纳税申报资料，如提供虚假申请，编造减税、免税、抵税、先征收后退还税款等虚假资料等。

刑法第二百零一条第三款规定的"未经处理"，是指纳税人或者扣缴义务人在五年内多次实施偷税行为，但每次偷税数额均未达到刑法第二百零一条规定的构成犯罪的数额标准，且未受行政处罚的情形。

纳税人、扣缴义务人因同一偷税犯罪行为受到行政处罚，又被移送起诉的，人民法院应当依法受理。依法定罪并判处罚金的，行政罚款折抵罚金。

第三条　偷税数额，是指在确定的纳税期间，不缴或者少缴各税种税款的总额。

偷税数额占应纳税额的百分比，是指一个纳税年度中的各税种偷税总额与该纳税年度应纳税总额的比例。不按纳税年度确定纳税期的其他纳税人，偷税数额占应纳税额的百分比，按照行为人最后一次偷税行为发生之日前一年中各税种偷税总额与该年纳税总额的比例确定。纳税义务存续期间不足一个纳税年度的，偷税数额占应纳税额的百分比，按照各税种偷税总额与实际发生纳税义务期间应当缴纳税款总额的比例确定。

偷税行为跨越若干个纳税年度，只要其中一个纳税年度的偷税数额及百分比达到刑法第二百零一条第一款规定的标准，即构成偷税罪。各纳税年度的偷税数额应当累计计算，偷税百分比应当按照最高的百分比确定。

第四条　两年内因偷税受过二次行政处罚，又偷税且数额在一万元以上的，应当以偷税罪定罪处罚。

【司法解释】

201.3 最高人民法院、最高人民检察院关于办理妨害武装部队制式服装、车辆号牌管理秩序等刑事案件具体应用法律若干问题的解释（2011 年 8 月 1 日　法释〔2011〕16 号）（节录）

第六条　实施刑法第三百七十五条规定的犯罪行为，同时又构成逃税、诈骗、冒充军人招摇撞骗等犯罪的，依照处罚较重的规定定罪处罚。

【司法文件】

201.4 参见 205.6 最高人民法院研究室《关于如何认定以"挂靠"有关公司名义实施经营活动并让有关公司为自己虚开增值税专用发票行为的性质》征求意见的复函（2015 年 6 月 11 日 法研〔2015〕58 号）（第 2 条）

【部委规范】

201.5 公安部关于如何理解《刑法》第二百零一条规定的"应纳税额"问题的批复（1999 年 11 月 23 日　公复字〔1999〕4 号）

河北省公安厅：

你厅《关于青县磷肥厂涉嫌偷税案有关问题的请示》（冀公刑〔1999〕函字 240 号）收悉。现就如何理解《刑法》第二百零一条规定的"应纳税额"问题批复如下：

《刑法》第二百零一条规定的"应纳税额"是指某一法定纳税期限或者税务机关依法核定的纳税期间内应纳税额的总和。偷税行为涉及两个以上税种的，只要其中一个税种的偷税数额、比例达到法定标准的，即构成偷税罪，其他税种的偷税数额累计计算。

201.6 公安机关办理危害税收征管刑事案件管辖若干问题的规定（公安部 2004 年 2 月 19 日印发 公通字〔2004〕12 号）（节录）

一、偷税案、逃避追缴欠税案（刑法第 201 条、第 203 条）

纳税人未根据法律、行政法规规定应当向税务机关办理税务登记的，由税务登记机关所在地县级以上公安机关管辖。如果由纳税义务发生地公安机关管辖更为适宜的，可以由纳税义务发生地县级以上公安机关管辖；纳税人未根据法律、行政法规规定不需要向税务机关办理税务登记的，由纳税义务发生地或其他法定纳税地县级以上公安机关管辖。

扣缴义务人偷税案适用前款规定。

> 【说明】地域管辖、级别管辖、指定管辖和移送管辖，参见 207.2 本规定第 8—11 条。

201.7 公安部关于对未依法办理税务登记的纳税人能否成为偷税犯罪主体问题的批复（2007 年 5 月 23 日 公复字〔2007〕3 号）

甘肃省公安厅：

你厅《关于无证经营的行为能否构成偷税主体的请示》（甘公（法）发〔2007〕17 号）收悉。现批复如下：

根据《中华人民共和国税收管理法》① 第四条、第三十七条的规定，未按照规定办理税务登记的从事生产、经营的纳税人以及临时从事经营的纳税人，可以构成偷税罪的犯罪主体。其行为触犯《中华人民共和国刑法》第二百零一条规定的，公安机关应当以偷税罪立案侦查，依法追究刑事责任。

2002 年 1 月 23 日公安部《关于无证经营的行为人能否成为偷税主体问题的批复》（公复字〔2002〕1 号）不再适用。

201.8 公安部办公厅关于若干经济犯罪案件如何统计涉案总价值、挽回经济损失数额的批复（2008 年 11 月 5 日 公经〔2008〕214 号）（节录）

四、危害税收征管案按照以下方法统计涉案总价值：

（一）偷税案按照偷税数额统计涉案总价值。

五、挽回经济损失额按照实际追缴的赃款以及赃物折价统计。

【法律法规】

201.9 中华人民共和国税收征收管理法（2001 年 5 月 1 日 2015 年修正）（第 4 条、第 63 条、第 80 条）

第二百零二条【抗税罪】以暴力、威胁方法拒不缴纳税款的，处三年以下有期徒刑或者拘役，并处拒缴税款一倍以上五倍以下罚金；情节严重的，处三年以上七年以下有期徒刑，并处拒缴税款一倍以上五倍以下罚金。

【罪名渊源】79 刑法第 121 条规定了本罪，全国人大常委会《关于惩治偷税、抗税犯罪的补充规定》第 6 条对罪状作了修改，细化了量刑幅度，提高了法定刑，并增设了罚金刑。刑法在此基础上对文字表述作了技术性修改，增加了罚金刑的下限。高法《罪名规定》、高检《罪名意见》将其解释为抗税罪。

【立案标准】

202.1 最高人民检察院、公安部关于公安机关管辖的刑事案件立案追诉标准的规定（二）（2022 年 5 月 15 日 公通字〔2022〕12 号）（节录）

第五十三条 〔抗税案（刑法第二百零二条）〕以暴力、威胁方法拒不缴纳税款，涉嫌下列情形之一的，应予立案追诉：

（一）造成税务工作人员轻微伤以上的；

---

① 应为《中华人民共和国税收征收管理法》，这是该批复出现的一个技术性失误。——编者注

（二）以给税务工作人员及其亲友的生命、健康、财产等造成损害为威胁，抗拒缴纳税款的；

（三）聚众抗拒缴纳税款的；

（四）以其他暴力、威胁方法拒不缴纳税款的。

第八十二条　对于预备犯、未遂犯、中止犯，需要追究刑事责任的，应予立案追诉。

第八十四条　本规定中的"以上"，包括本数。

【罪刑规范】

202.2 最高人民法院关于审理偷税抗税刑事案件具体应用法律若干问题的解释（2002年11月7日　法释〔2002〕33号）（节录）

第五条　实施抗税行为具有下列情形之一的，属于刑法第二百零二条规定的"情节严重"：

（一）聚众抗税的首要分子；

（二）抗税数额在十万元以上的；

（三）多次抗税的；

（四）故意伤害致人轻伤的；

（五）具有其他严重情节。

第六条　实施抗税行为致人重伤、死亡，构成故意伤害罪，故意杀人罪的，分别依照刑法第二百三十四条第二款、第二百三十二条的规定定罪处罚。

与纳税人或者扣缴义务人共同实施抗税行为的，以抗税罪的共犯依法处罚。

【部委规范】

202.3 公安机关办理危害税收征管刑事案件管辖若干问题的规定（公安部2004年2月19日印发　公通字〔2004〕12号）（节录）

二、抗税案（刑法第202条）

由抗税行为发生地县级以上公安机关管辖。

> **【说明】**地域管辖、级别管辖、指定管辖和移送管辖，参见207.2本规定第8—11条。

202.4 公安部办公厅关于若干经济犯罪案件如何统计涉案总价值、挽回经济损失数额的批复（2008年11月5日　公经〔2008〕214号）（节录）

四、危害税收征管案按照以下方法统计涉案总价值：

（二）抗税案按照拒缴税款额统计涉案总价值。

五、挽回经济损失额按照实际追缴的赃款以及赃物折价统计。

【法律法规】

202.5 中华人民共和国税收征收管理法（2001年5月1日　2015年修正）（第67条）

第二百零三条【逃避追缴欠税罪】纳税人欠缴应纳税款，采取转移或者隐匿财产的手段，致使税务机关无法追缴欠缴的税款，数额在一万元以上不满十万元的，处三年以下有期徒刑或者拘役，并处或者单处欠缴税款一倍以上五倍以下罚金；数额在十万元以上的，处三年以上七年以下有期徒刑，并处欠缴税款一倍以上五倍以下罚金。

【罪名渊源】本条79刑法没有规定，系承袭全国人大常委会《关于惩治偷税、抗税犯罪的补充规定》第2条内容，刑法细化了刑罚幅度，规定了罚金刑的下限。高法《罪名规定》、高检《罪名意见》将其解释为逃避追缴欠税罪。

【立案标准】

203.1 最高人民检察院、公安部关于公安机关管辖的刑事案件立案追诉标准的规定（二）（2022年5月15日　公通字〔2022〕12号）（节录）

第五十四条　〔逃避追缴欠税案（刑法第二百零三条）〕纳税人欠缴应纳税款，采取转移或者隐匿财产的手段，致使税务机关无法追缴欠缴的税款，数额在一万元以上的，应予立案追诉。

第八十二条 对于预备犯、未遂犯、中止犯，需要追究刑事责任的，应予立案追诉。

第八十三条 本规定中的立案追诉标准，除法律、司法解释、本规定中另有规定的以外，适用于相应的单位犯罪。

第八十四条 本规定中的"以上"，包括本数。

【部委规范】

203.2 公安部办公厅关于若干经济犯罪案件如何统计涉案总价值、挽回经济损失数额的批复

（2008年11月5日 公经〔2008〕214号）（节录）

四、危害税收征管案按照以下方法统计涉案总价值：

（三）逃避追缴欠税案按照欠缴税款数额统计涉案总价值。

五、挽回经济损失额按照实际追缴的赃款以及赃物折价统计。

【法律法规】

203.3 中华人民共和国税收征收管理法（2001年5月1日 2015年修正）（第65条）

第二百零四条【骗取出口退税罪】以假报出口或者其他欺骗手段，骗取国家出口退税款，数额较大的，处五年以下有期徒刑或者拘役，并处骗取税款一倍以上五倍以下罚金；数额巨大或者有其他严重情节的，处五年以上十年以下有期徒刑，并处骗取税款一倍以上五倍以下罚金；数额特别巨大或者有其他特别严重情节的，处十年以上有期徒刑或者无期徒刑，并处骗取税款一倍以上五倍以下罚金或者没收财产。

【逃税罪，骗取出口退税罪】纳税人缴纳税款后，采取前款规定的欺骗方法，骗取所缴纳的税款的，依照本法第二百零一条的规定定罪处罚；骗取税款超过所缴纳的税款部分，依照前款的规定处罚。

【罪名渊源】本条第1款79刑法没有规定，系沿袭全国人大常委会《关于惩治偷税、抗税犯罪的补充规定》第5条的内容，刑法将犯罪主体由"具有出口经营权的单位以及委托出口单位"扩大为"纳税人"，即增加了自然人犯罪主体，并提高了法定刑。高法《罪名规定》、高检《罪名意见》将其解释为骗取出口退税罪。

【立案标准】

204.1 最高人民检察院、公安部关于公安机关管辖的刑事案件立案追诉标准的规定（二）

（2022年5月15日 公通字〔2022〕12号）（节录）

第五十五条 〔骗取出口退税案（刑法第二百零四条）〕以假报出口或者其他欺骗手段，骗取国家出口退税款，数额在十万元以上的，应予立案追诉。

第八十二条 对于预备犯、未遂犯、中止犯，需要追究刑事责任的，应予立案追诉。

第八十三条 本规定中的立案追诉标准，除法律、司法解释、本规定中另有规定的以外，适用于相应的单位犯罪。

第八十四条 本规定中的"以上"，包括本数。

【罪刑标准】

204.2 最高人民法院关于审理骗取出口退税刑事案件具体应用法律若干问题的解释（2002年9月23日 法释〔2002〕30号）

第一条 刑法第二百零四条规定的"假报出口"，是指以虚构已税货物出口事实为目的，具有下列情形之一的行为：

（一）伪造或者签订虚假的买卖合同；

（二）以伪造、变造或者其他非法手段取得出口货物报关单、出口收汇核销单、出口货物专用缴款书等有关出口退税单据、凭证；

（三）虚开、伪造、非法购买增值税专用发票或者其他可以用于出口退税的发票；

（四）其他虚构已税货物出口事实的行为。

　　第二条　具有下列情形之一的，应当认定为刑法第二百零四条规定的"其他欺骗手段"：

　　（一）骗取出口货物退税资格的；

　　（二）将未纳税或者免税货物作为已税货物出口的；

　　（三）虽有货物出口，但虚构该出口货物的品名、数量、单价等要素，骗取未实际纳税部分出口退税款的；

　　（四）以其他手段骗取出口退税款的。

　　第三条　骗取国家出口退税款 5 万元以上的，为刑法第二百零四条规定的"数额较大"；骗取国家出口退税款 50 万元以上的，为刑法第二百零四条规定的"数额巨大"；骗取国家出口退税款 250 万元以上的，为刑法第二百零四条规定的"数额特别巨大"。

　　第四条　具有下列情形之一的，属于刑法第二百零四条规定的"其他严重情节"：

　　（一）造成国家税款损失 30 万元以上并且在第一审判决宣告前无法追回的；

　　（二）因骗取国家出口退税行为受过行政处罚，两年内又骗取国家出口退税款数额在 30 万元以上的；

　　（三）情节严重的其他情形。

　　第五条　具有下列情形之一的，属于刑法第二百零四条规定的"其他特别严重情节"：

　　（一）造成国家税款损失 150 万元以上并且在第一审判决宣告前无法追回的；

　　（二）因骗取国家出口退税行为受过行政处罚，两年内又骗取国家出口退税款数额在 150 万元以上的；

　　（三）情节特别严重的其他情形。

　　第六条　有进出口经营权的公司、企业，明知他人意欲骗取国家出口退税款，仍违反国家有关进出口经营的规定，允许他人自带客户、自带货源、自带汇票并自行报关，骗取国家出口退税款的，依照刑法第二百零四条第一款、第二百一十一条的规定定罪处罚。

　　第七条　实施骗取国家出口退税行为，没有实际取得出口退税款的，可以比照既遂犯从轻或者减轻处罚。

　　第八条　国家工作人员参与实施骗取出口退税犯罪活动的，依照刑法第二百零四条第一款的规定从重处罚。

　　第九条　实施骗取出口退税犯罪，同时构成虚开增值税专用发票罪等其他犯罪的，依照刑法处罚较重的规定定罪处罚。

【司法解释】

　　204.3 最高人民法院关于审理骗购外汇、非法买卖外汇刑事案件具体应用法律若干问题的解释（1998 年 9 月 1 日　法释〔1998〕20 号）（节录）

　　第一条（第一款）　以进行走私、逃汇、洗钱、骗税等犯罪活动为目的，使用虚假、无效的凭证、商业单据或者采取其他手段向外汇指定银行骗购外汇的，应当分别按照刑法分则第三章第二节、第一百九十条、第一百九十一条和第二百零四条等规定定罪处罚。

【部委规范】

　　204.4 公安机关办理危害税收征管刑事案件管辖若干问题的规定（公安部 2004 年 2 月 19 日印发　公通字〔2004〕12 号）（节录）

　　三、骗取出口退税案（刑法第 204 条第 1 款）

　　由骗取出口退税地县级以上公安机关管辖，其他涉案地公安机关予以配合。

> 　　**【说明】**地域管辖、级别管辖、指定管辖和移送管辖，参见 207.2 本规定第 8—11 条。

　　204.5 公安部办公厅关于若干经济犯罪案件如何统计涉案总价值、挽回经济损失数额的批复（2008 年 11 月 5 日　公经〔2008〕214 号）（节录）

　　四、危害税收征管案按照以下方法统计涉案总价值：

　　（四）骗取出口退税案按照骗取税款额统计涉案总价值。

　　五、挽回经济损失额按照实际追缴的赃款以及赃物折价统计。

【法律法规】

204.6 中华人民共和国税收征收管理法（2001 年 5 月 1 日 2015 年修正）（第 66 条）

第二百零五条【虚开增值税专用发票、用于骗取出口退税、抵扣税款发票罪】虚开增值税专用发票或者虚开用于骗取出口退税、抵扣税款的其他发票的，处三年以下有期徒刑或者拘役，并处二万元以上二十万元以下罚金；虚开的税款数额较大或者有其他严重情节的，处三年以上十年以下有期徒刑，并处五万元以上五十万元以下罚金；虚开的税款数额巨大或者有其他特别严重情节的，处十年以上有期徒刑或者无期徒刑，并处五万元以上五十万元以下罚金或者没收财产。

单位犯本条规定之罪的，对单位判处罚金，并对其直接负责的主管人员和其他直接责任人员，处三年以下有期徒刑或者拘役；虚开的税款数额较大或者有其他严重情节的，处三年以上十年以下有期徒刑；虚开的税款数额巨大或者有其他特别严重情节的，处十年以上有期徒刑或者无期徒刑。

虚开增值税专用发票或者虚开用于骗取出口退税、抵扣税款的其他发票，是指有为他人虚开、为自己虚开、让他人为自己虚开、介绍他人虚开行为之一的。

> **【刑法修正说明】**
> 本条原为 4 款。原第 2 款为 2011 年 2 月 25 日通过并公布、同年 5 月 1 日施行的《刑法修正案（八）》第 32 条所删除。原该款为：
> **【虚开增值税专用发票、用于骗取出口退税、抵扣税款发票罪】**有前款行为骗取国家税款，数额特别巨大，情节特别严重，给国家利益造成特别重大损失的，处无期徒刑或者死刑，并处没收财产。

【罪名渊源】 本罪 79 刑法没有规定，系沿袭全国人大常委会《关于惩治虚开、伪造和非法出售增值税专用发票犯罪的决定》第 1 条、第 5 条的内容。《刑法修正案（八）》第 32 条将原第 2 款内容删除，废除了死刑刑种。高法《罪名规定》、高检《罪名意见》将其解释为虚开增值税专用发票、用于骗取出口退税、抵扣税款发票罪。

【立法解释】

205.1 全国人民代表大会常务委员会关于《中华人民共和国刑法》有关出口退税、抵扣税款的其他发票规定的解释（2005 年 12 月 29 日）

全国人民代表大会常务委员会根据司法实践中遇到的情况，讨论了刑法规定的"出口退税、抵扣税款的其他发票"的含义问题，解释如下：

刑法规定的"出口退税、抵扣税款的其他发票"，是指除增值税专用发票以外的，具有出口退税、抵扣税款功能的收付款凭证或者完税凭证。

【立案标准】

205.2 最高人民检察院、公安部关于公安机关管辖的刑事案件立案追诉标准的规定（二）（2022 年 5 月 15 日 公通字〔2022〕12 号）（节录）

第五十六条 〔虚开增值税专用发票、用于骗取出口退税、抵扣税款发票案（刑法第二百零五条）〕虚开增值税专用发票或者虚开用于骗取出口退税、抵扣税款的其他发票，虚开的税款数额在十万元以上或者造成国家税款损失数额在五万元以上的，应予立案追诉。

第八十二条 对于预备犯、未遂犯、中止犯，需要追究刑事责任的，应予立案追诉。

第八十三条 本规定中的立案追诉标准，除法律、司法解释、本规定中另有规定的以外，适用于相应的单位犯罪。

第八十四条 本规定中的"以上"，包括本数。

【罪刑标准】

205.3 最高人民法院关于虚开增值税专用发票定罪量刑标准有关问题的通知（2018 年 8 月 22 日 法〔2018〕226 号）

各省、自治区、直辖市高级人民法院，解放军军事法院，新疆维吾尔自治区高级人民法院生产建设兵团分院：

为正确适用刑法第二百零五条关于虚开增值税专用发票罪的有关规定，确保罪责刑相适应，现就有关问题通知如下：

一、自本通知下发之日起，人民法院在审判工作中不再参照执行《最高人民法院关于适用〈全国人民代表大会常务委员会关于惩治虚开、伪造和非法出售增值税专用发票犯罪的决定〉的若干问题的解释》（法发〔1996〕30 号）第一条规定的虚开增值税专用发票罪的定罪量刑标准。

二、在新的司法解释颁行前，对虚开增值税专用发票刑事案件定罪量刑的数额标准，可以参照《最高人民法院关于审理骗取出口退税刑事案件具体应用法律若干问题的解释》（法释〔2002〕30 号）第三条的规定执行，即虚开的税款数额在五万元以上的，以虚开增值税专用发票罪处三年以下有期徒刑或者拘役，并处二万元以上二十万元以下罚金；虚开的税款数额在五十万元以上的，认定为刑法第二百零五条规定的"数额较大"；虚开的税款数额在二百五十万元以上的，认定为刑法第二百零五条规定的"数额巨大"。

以上通知，请遵照执行。执行中发现的新情况、新问题，请及时报告我院。

【司法文件】

205.4 参见 405.3 最高人民法院关于对《审计署关于咨询虚开增值税专用发票罪问题的函》的复函（2001 年 10 月 17 日　法函〔2001〕66 号）

205.5 最高人民检察院法律政策研究室关于税务机关工作人员通过企业以"高开低征"的方法代开增值税专用发票的行为如何适用法律问题的答复（2004 年 3 月 17 日　高检研发〔2004〕6 号）

江苏省人民检察院法律政策研究室：

你室《关于税务机关通过企业代开增值税专用发票以"高开低征"的方法吸引税源的行为是否构成犯罪的请示》（苏检研请字〔2003〕第 4 号）收悉。经研究，答复如下：

税务机关及其工作人员将不具备条件的小规模纳税人虚报为一般纳税人，并让其采用"高开低征"的方法为他人代开增值税专用发票的行为，属于虚开增值税专用发票，对于造成国家税款损失，构成犯罪的，应当依照刑法第二百零五条的规定追究刑事责任。

205.6 最高人民法院研究室《关于如何认定以"挂靠"有关公司名义实施经营活动并让有关公司为自己虚开增值税专用发票行为的性质》征求意见的复函（2015 年 6 月 11 日　法研〔2015〕58 号）（节录）

公安部经济犯罪侦查局：

贵局《关于如何认定以"挂靠"有关公司名义实施经营活动并让有关公司为自己虚开增值税专用发票行为的性质的函》（公经财税〔2015〕40 号）收悉，经研究，现提出如下意见：

一、挂靠方以挂靠形式向受票方实际销售货物，被挂靠方向受票方开具增值税专用发票的，不属于刑法第二百零五条规定的"虚开增值税专用发票"。

……

二、行为人利用他人的名义从事经营活动，并以他人名义开具增值税专用发票的，即便行为人与该他人之间不存在挂靠关系，但如行为人进行了实际的经营活动，主观上并无骗取抵扣税款的故意，客观上也未造成国家增值税款损失的，不宜认定为刑法第二百零五条规定的"虚开增值税专用发票"；符合逃税罪等其他犯罪构成条件的，可以其他犯罪论处。

……

【部委规范】

205.7 公安机关办理危害税收征管刑事案件管辖若干问题的规定（公安部 2004 年 2 月 19 日印发 公通字〔2004〕12 号）（节录）

四、虚开增值税专用发票、用于骗取出口退税、抵扣税款发票案（刑法第 205 条）

为他人虚开案件，由开票企业税务登记机关所在地县级以上公安机关管辖；为自己虚开案件、让他人为自己虚开案件，由受票企业税务登记机关所在地县级以上公安机关管辖；介绍他人虚开案件，可以与为他人虚开案件、让他人为自己虚开案件并案处理。

对于自然人实施的前款规定的虚开案件，由虚开地县级以上公安机关管辖。如果几个公安机关都有权管辖的，由最初受理的公安机关管辖；必要时，可以由主要犯罪地县级以上公安机关管辖。

对为他人虚开、为自己虚开、让他人为自己虚开、介绍他人虚开等几种情况交织在一起，且几个公安机关都有权管辖的，由最初受理的公安机关管辖；必要时，由票源集中地或虚开行为集中企业的税务登记机关所在地县级以上公安机关管辖。

【说明】地域管辖、级别管辖、指定管辖和移送管辖，参见207.2 本规定第 8—11 条。

205.8 公安部办公厅关于若干经济犯罪案件如何统计涉案总价值、挽回经济损失数额的批复（2008 年 11 月 5 日 公经〔2008〕214 号）（节录）

四、危害税收征管案按照以下方法统计涉案总价值：

（五）虚开增值税专用发票、用于骗取出口退税、抵扣税款发票案按照价税合计额统计涉案总价值。

五、挽回经济损失额按照实际追缴的赃款以及赃物折价统计。

205.9 中华人民共和国发票管理办法实施细则（2011 年 2 月 1 日 国家税务总局令第 48 号 2019 年修正）（第 3—5 条、第 26 条、第 28 条、第 36 条）

【法律法规】

205.10 中华人民共和国发票管理办法（1993 年 12 月 3 日 2019 年修订）（第 3 条、第 16 条、第 22 条、第 37 条）

第二百零五条之一【虚开发票罪】 虚开本法第二百零五条规定以外的其他发票，情节严重的，处二年以下有期徒刑、拘役或者管制，并处罚金；情节特别严重的，处二年以上七年以下有期徒刑，并处罚金。

单位犯前款罪的，对单位判处罚金，并对其直接负责的主管人员和其他直接责任人员，依照前款的规定处罚。

【刑法修正说明】

本条为全国人大常委会 2011 年 2 月 25 日通过并公布、同年 5 月 1 日施行的《刑法修正案（八）》第 33 条所增设。

【罪名渊源】本条系《刑法修正案（八）》增设，"两高"《罪名补充规定（五）》将其解释为虚开发票罪。

【立案标准】

205-1.1 最高人民检察院、公安部关于公安机关管辖的刑事案件立案追诉标准的规定（二）（2022 年 5 月 15 日 公通字〔2022〕12 号）（节录）

第五十七条 〔虚开发票案（刑法第二百零五条之一）〕虚开刑法第二百零五条规定以外的其他发票，涉嫌下列情形之一的，应予立案追诉：

（一）虚开发票金额累计在五十万元以上的；

（二）虚开发票一百份以上且票面金额在三十万元以上的；

（三）五年内因虚开发票受过刑事处罚或者二次以上行政处罚，又虚开发票，数额达到第一、二项标准百分之六十以上的。

第八十二条 对于预备犯、未遂犯、中止犯，需要追究刑事责任的，应予立案追诉。

第八十三条 本规定中的立案追诉标准，除法律、司法解释、本规定中另有规定的以外，适用于相应的单位犯罪。

第八十四条 本规定中的"以上"，包括本数。

第二百零六条【伪造、出售伪造的增值税专用发票罪】伪造或者出售伪造的增值税专用发票的，处三年以下有期徒刑、拘役或者管制，并处二万元以上二十万元以下罚金；数量较大或者有其他严重情节的，处三年以上十年以下有期徒刑，并处五万元以上五十万元以下罚金；数量巨大或者有其他特别严重情节的，处十年以上有期徒刑或者无期徒刑，并处五万元以上五十万元以下罚金或者没收财产。

单位犯本条规定之罪的，对单位判处罚金，并对其直接负责的主管人员和其他直接责任人员，处三年以下有期徒刑、拘役或者管制；数量较大或者有其他严重情节的，处三年以上十年以下有期徒刑；数量巨大或者有其他特别严重情节的，处十年以上有期徒刑或者无期徒刑。

【刑法修正说明】

本条原为3款。原第2款为全国人大常委会2011年2月25日通过并公布、同年5月1日施行的《刑法修正案（八）》第34条所删除。原该款为：

【伪造、出售伪造的增值税专用发票罪】伪造并出售伪造的增值税专用发票，数量特别巨大，情节特别严重，严重破坏经济秩序的，处无期徒刑或者死刑，并处没收财产。

【罪名渊源】本罪79刑法没有规定，系沿袭全国人大常委会《关于惩治虚开、伪造和非法出售增值税专用发票犯罪的决定》第2条的内容，刑法增加了管制刑种，在第三档刑罚中增加了"并处五万元以上五十万元以下罚金"的规定，并增设第3款单位犯罪。《刑法修正案（八）》第34条将原第2款删除，废除了死刑刑种。高法《罪名规定》、高检《罪名意见》将其解释为伪造、出售伪造的增值税专用发票罪。

【立案标准】

206.1 最高人民检察院、公安部关于公安机关管辖的刑事案件立案追诉标准的规定（二）（2022年5月15日　公通字〔2022〕12号）（节录）

第五十八条〔伪造、出售伪造的增值税专用发票案（刑法第二百零六条）〕伪造或者出售伪造的增值税专用发票，涉嫌下列情形之一的，应予立案追诉：

（一）票面税额累计在十万元以上的；

（二）伪造或者出售伪造的增值税专用发票十份以上且票面税额在六万元以上的；

（三）非法获利数额在一万元以上的。

第八十二条　对于预备犯、未遂犯、中止犯，需要追究刑事责任的，应予立案追诉。

第八十三条　本规定中的立案追诉标准，除法律、司法解释、本规定中另有规定的以外，适用于相应的单位犯罪。

第八十四条　本规定中的"以上"，包括本数。

【部委规范】

206.2 公安机关办理危害税收征管刑事案件管辖若干问题的规定（公安部2004年2月19日印发　公通字〔2004〕12号）（节录）

五、伪造增值税专用发票案、非法制造用于骗取出口退税、抵扣税款发票案、非法制造发票案（刑法第206条、第209条第1款、第2款）

由伪造地、非法制造地县级以上公安机关管辖。

六、出售伪造的增值税专用发票案、购买伪造的增值税专用发票案、出售非法制造的用于骗取出口退税、抵扣税款发票案、出售非法制造的发票案（刑法第206条、第208条第1款、第209条第1款、第2款）

由出售地、购买地县级以上公安机关管辖；在办理本条规定的案件过程中，发现伪造地、非法制造地的，由最初受理的公安机关管辖，伪造地、非法制造地公安机关予以配合；如果由伪造地、非法制造地公安机关管辖更为适宜的，可以将案件移交伪造地、非法制造地县级以上公安机关管辖。

【说明】地域管辖、级别管辖、指定管辖和移送管辖，参见207.2本规定第8—11条。

206.3 公安部办公厅关于若干经济犯罪案件如何统计涉案总价值、挽回经济损失数额的批复
（2008年11月5日 公经〔2008〕214号）（节录）

四、危害税收征管案按照以下方法统计涉案总价值：

（六）伪造、出售伪造的增值税专用发票案……，发票已经填开或打印金额的，按照价税合计额统计涉案总价值；发票未填开或打印金额的，不统计涉案总价值。

五、挽回经济损失额按照实际追缴的赃款以及赃物折价统计。

第二百零七条【非法出售增值税专用发票罪】非法出售增值税专用发票的，处三年以下有期徒刑、拘役或者管制，并处二万元以上二十万元以下罚金；数量较大的，处三年以上十年以下有期徒刑，并处五万元以上五十万元以下罚金；数量巨大的，处十年以上有期徒刑或者无期徒刑，并处五万元以上五十万元以下罚金或者没收财产。

【罪名渊源】本条79刑法没有规定，系沿袭全国人大常委会《关于惩治虚开、伪造和非法出售增值税专用发票犯罪的决定》第3条的内容，刑法增加了管制刑种，并在第三档刑罚中增加了"并处五万元以上五十万元以下罚金"的规定。高法《罪名规定》、高检《罪名意见》将其解释为非法出售增值税专用发票罪。

【立案标准】

207.1 最高人民检察院、公安部关于公安机关管辖的刑事案件立案追诉标准的规定（二）
（2022年5月15日 公通字〔2022〕12号）（节录）

第五十九条 〔非法出售增值税专用发票案（刑法第二百零七条）〕非法出售增值税专用发票，涉嫌下列情形之一的，应予立案追诉：

（一）票面税额累计在十万元以上的；

（二）非法出售增值税专用发票十份以上且票面税额在六万元以上的；

（三）非法获利数额在一万元以上的。

第八十二条 对于预备犯、未遂犯、中止犯，需要追究刑事责任的，应予立案追诉。

第八十三条 本规定中的立案追诉标准，除法律、司法解释、本规定中另有规定的以外，适用于相应的单位犯罪。

第八十四条 本规定中的"以上"，包括本数。

【部委规范】

207.2 公安机关办理危害税收征管刑事案件管辖若干问题的规定（公安部2004年2月19日印发 公通字〔2004〕12号）（节录）

七、非法出售增值税专用发票案、非法购买增值税专用发票案、非法出售用于骗取出口退税、抵扣税款发票案、非法出售发票案（刑法第207条、第208条第1款、第209条第3款、第4款）

由出售地、购买地县级以上公安机关管辖。如果由最初受理的公安机关管辖更为适宜的，由最初受理的公安机关管辖；必要时，可以将案件移交票源集中地县级以上公安机关管辖。

八、对于本规定第一条至第七条规定的案件，如果由犯罪嫌疑人居住地公安机关管辖更为适宜的，由犯罪嫌疑人居住地县级以上公安机关管辖。

九、对于本规定第一条至第七条规定的案件，凡是属于重大涉外犯罪、重大集团犯罪和下级公安机关侦破有困难的严重刑事案件，由地（市）级以上公安机关管辖。

十、对管辖不明确或者几个公安机关都有权管辖的案件，可以由有关公安机关协商确定管辖。对管辖有争议或者情况特殊的案件，可以由共同的上级公安机关指定管辖。

十一、上级公安机关可以指定下级公安机关立案侦查管辖不明确或者需要改变管辖的案件。下级公安机关认为案情重大、复杂，需要由上级公安机关侦查的案件，可以请求移送上级公安机关侦查。

207.3 公安部办公厅关于若干经济犯罪案件如何统计涉案总价值、挽回经济损失数额的批复
（2008 年 11 月 5 日　公经〔2008〕214 号）（节录）

四、危害税收征管案按照以下方法统计涉案总价值：

（六）……非法出售增值税专用发票案……，发票已经填开或打印金额的，按照价税合计额统计涉案总价值；发票未填开或打印金额的，不统计涉案总价值。

五、挽回经济损失额按照实际追缴的赃款以及赃物折价统计。

第二百零八条【非法购买增值税专用发票、购买伪造的增值税专用发票罪】非法购买增值税专用发票或者购买伪造的增值税专用发票的，处五年以下有期徒刑或者拘役，并处或者单处二万元以上二十万元以下罚金。

【虚开增值税专用发票罪，出售伪造的增值税专用发票罪，非法出售增值税专用发票罪】非法购买增值税专用发票或者购买伪造的增值税专用发票又虚开或者出售的，分别依照本法第二百零五条、第二百零六条、第二百零七条的规定定罪处罚。

【罪名渊源】本条第 1 款罪 79 刑法没有规定，系沿袭全国人大常委会《关于惩治虚开、伪造和非法出售增值税专用发票犯罪的决定》第 4 条的内容。高法《罪名规定》、高检《罪名意见》将其解释为非法购买增值税专用发票、购买伪造的增值税专用发票罪。

【立案标准】

208.1 最高人民检察院、公安部关于公安机关管辖的刑事案件立案追诉标准的规定（二）
（2022 年 5 月 15 日　公通字〔2022〕12 号）（节录）

第六十条　〔非法购买增值税专用发票、购买伪造的增值税专用发票案（刑法第二百零八条第一款）〕非法购买增值税专用发票或者购买伪造的增值税专用发票，涉嫌下列情形之一的，应予立案追诉：

（一）非法购买增值税专用发票或者购买伪造的增值税专用发票二十份以上且票面税额在十万元以上的；

（二）票面税额累计在二十万元以上的。

第八十二条　对于预备犯、未遂犯、中止犯，需要追究刑事责任的，应予立案追诉。

第八十三条　本规定中的立案追诉标准，除法律、司法解释、本规定中另有规定的以外，适用于相应的单位犯罪。

第八十四条　本规定中的"以上"，包括本数。

【司法解释】

208.2 最高人民法院、最高人民检察院关于办理虚假诉讼刑事案件适用法律若干问题的解释
（2018 年 10 月 1 日　法释〔2018〕17 号）（节录）

第七条　采取伪造证据等手段篡改案件事实，骗取人民法院裁判文书，构成犯罪的，依照刑法第二百八十条、第三百零七条等规定追究刑事责任。

【部委规范】

208.3 参见 207.2 公安机关办理危害税收征管刑事案件管辖若干问题的规定（公安部 2004 年 2 月 19 日印发　公通字〔2004〕12 号）

208.4 公安部办公厅关于若干经济犯罪案件如何统计涉案总价值、挽回经济损失数额的批复
（2008 年 11 月 5 日　公经〔2008〕214 号）（节录）

四、危害税收征管案按照以下方法统计涉案总价值：

（六）……非法购买增值税专用发票、购买伪造的增值税专用发票案，发票已经填开或打印金额的，按照价税合计额统计涉案总价值；发票未填开或打印金额的，不统计涉案总价值。

五、挽回经济损失额按照实际追缴的赃款以及赃物折价统计。

第二百零九条【非法制造、出售非法制造的用于骗取出口退税、抵扣税款发票罪】伪造、擅自制造或者出售伪造、擅自制造的可以用于骗取出口退税、抵扣税款的其他发票的，处三年以下有期徒刑、拘役或者管制，并处二万元以上二十万元以下罚金；数量巨大的，处三年以上七年以下有期徒刑，并处五万元以上五十万元以下罚金；数量特别巨大的，处七年以上有期徒刑，并处五万元以上五十万元以下罚金或者没收财产。

【非法制造、出售非法制造的发票罪】伪造、擅自制造或者出售伪造、擅自制造的前款规定以外的其他发票的，处二年以下有期徒刑、拘役或者管制，并处或者单处一万元以上五万元以下罚金；情节严重的，处二年以上七年以下有期徒刑，并处五万元以上五十万元以下罚金。

【非法出售用于骗取出口退税、抵扣税款发票罪】非法出售可以用于骗取出口退税、抵扣税款的其他发票的，依照第一款的规定处罚。

【非法出售发票罪】非法出售第三款规定以外的其他发票的，依照第二款的规定处罚。

【罪名渊源】本条79刑法没有规定，系沿袭全国人大常委会《关于惩治虚开、伪造和非法出售增值税专用发票犯罪的决定》第6条的内容。刑法作了如下修改：在第1款增加了管制刑种，在第三档刑罚中增加了"并处五万元以上五十万元以下罚金"的规定；第2款、第4款分别对该决定第6条第2款、第4款规定的"比照刑法第一百二十四条的规定处罚"作了修改，使之独立成罪，并规定了相应的法定刑；第3款对该决定第6条第3款"依照第一款的规定处罚"作了修改，将该行为独立成罪，并规定了相应的法定刑。高法《罪名规定》、高检《罪名意见》将各款分别解释为：非法制造、出售非法制造的用于骗取出口退税、抵扣税款发票罪，非法制造、出售非法制造的发票罪，非法出售用于骗取出口退税、抵扣税款发票罪，非法出售发票罪。

【立法解释】

209.1 参见 205.1 全国人民代表大会常务委员会关于《中华人民共和国刑法》有关出口退税、抵扣税款的其他发票规定的解释（2005 年 12 月 29 日）

【立法文件】

209.2 全国人民代表大会常务委员会法制工作委员会刑法室关于对变造、出售变造普通发票行为的定性问题的意见（2005 年 1 月 17 日 刑发〔2005〕1 号）

公安部经济犯罪侦查局：

你局 2004 年 10 月 10 日（公经〔2004〕1507 号）来函收悉，经研究，交换意见如下：

同意你局的意见，即：刑法第 209 条第二款规定的"伪造、擅自制造或者出售伪造、擅自制造的前款规定以外的其他发票"的行为，包括变造、出售变造的普通发票的行为。

【立案标准】

209.3 最高人民检察院、公安部关于公安机关管辖的刑事案件立案追诉标准的规定（二）（2022 年 5 月 15 日 公通字〔2022〕12 号）（节录）

第六十一条〔非法制造、出售非法制造的用于骗取出口退税、抵扣税款发票案（刑法第二百零九条第一款）〕伪造、擅自制造或者出售伪造、擅自制造的用于骗取出口退税、抵扣税款的其他发票，涉嫌下列情形之一的，应予立案追诉：

（一）票面可以退税、抵扣税额累计在十万元以上的；

（二）伪造、擅自制造或者出售伪造、擅自制造的发票十份以上且票面可以退税、抵扣税额在六万元以上的；

（三）非法获利数额在一万元以上的。

第六十二条　〔非法制造、出售非法制造的发票案（刑法第二百零九条第二款）〕伪造、擅自制造或者出售伪造、擅自制造的不具有骗取出口退税、抵扣税款功能的其他发票，涉嫌下列情形之一的，应予立案追诉：

（一）伪造、擅自制造或者出售伪造、擅自制造的不具有骗取出口退税、抵扣税款功能的其他发票一百份以上且票面金额累计在三十万元以上的；

（二）票面金额累计在五十万元以上的；

（三）非法获利数额在一万元以上的。

第六十三条　〔非法出售用于骗取出口退税、抵扣税款发票案（刑法第二百零九条第三款）〕非法出售可以用于骗取出口退税、抵扣税款的其他发票，涉嫌下列情形之一的，应予立案追诉：

（一）票面可以退税、抵扣税额累计在十万元以上的；

（二）非法出售用于骗取出口退税、抵扣税款的其他发票十份以上且票面可以退税、抵扣税额在六万元以上的；

（三）非法获利数额在一万元以上的。

第六十四条　〔非法出售发票案（刑法第二百零九条第四款）〕非法出售增值税专用发票、用于骗取出口退税、抵扣税款的其他发票以外的发票，涉嫌下列情形之一的，应予立案追诉：

（一）非法出售增值税专用发票、用于骗取出口退税、抵扣税款的其他发票以外的发票一百份以上且票面金额累计在三十万元以上的；

（二）票面金额累计在五十万元以上的；

（三）非法获利数额在一万元以上的。

第八十二条　对于预备犯、未遂犯、中止犯，需要追究刑事责任的，应予立案追诉。

第八十三条　本规定中的立案追诉标准，除法律、司法解释、本规定中另有规定的以外，适用于相应的单位犯罪。

第八十四条　本规定中的"以上"，包括本数。

【司法解释】

209.4 最高人民法院、最高人民检察院、公安部、国家工商行政管理局关于依法查处盗窃、抢劫机动车案件的规定（1998 年 5 月 8 日　公通字〔1998〕31 号）（节录）

六、非法出售机动车有关发票的，或者伪造、擅自制造或者出售伪造、擅自制造的机动车有关发票的，依照《刑法》第二百零九条的规定处罚。

【部委规范】

209.5 参见 207.2 公安机关办理危害税收征管刑事案件管辖若干问题的规定（公安部 2004 年 2 月 19 日印发　公通字〔2004〕12 号）

209.6 公安部办公厅关于若干经济犯罪案件如何统计涉案总价值、挽回经济损失数额的批复（2008 年 11 月 5 日　公经〔2008〕214 号）（节录）

四、危害税收征管案按照以下方法统计涉案总价值：

（七）非法制造、出售非法制造的用于骗取出口退税、抵扣税款发票案、非法出售用于骗取出口退税、抵扣税款发票案，发票已经填开或打印、印刷金额的，按照票面金额统计涉案总价值；票面既有价款额又有税款额的，按照价税合计额统计涉案总价值；发票未填开或打印、印刷金额的，不统计涉案总价值。

（八）非法制造、出售非法制造的发票案、非法出售发票案，发票已经填开或打印、印刷金额的，按照票面金额统计涉案总价值；发票未填开或打印、印刷金额的，不统计涉案总价值。

五、挽回经济损失额按照实际追缴的赃款以及赃物折价统计。

第二百一十条【盗窃罪】盗窃增值税专用发票或者可以用于骗取出口退税、抵扣税款的其他发票的，依照本法第二百六十四条的规定定罪处罚。

【诈骗罪】使用欺骗手段骗取增值税专用发票或者可以用于骗取出口退税、抵扣税款的其他发票的，依照本法第二百六十六条的规定定罪处罚。

【罪名渊源】本条 79 刑法没有规定，系沿袭全国人大常委会《关于惩治虚开、伪造和非法出售增值税专用发票犯罪的决定》第 7 条的内容。

第二百一十条之一【持有伪造的发票罪】明知是伪造的发票而持有，数量较大的，处二年以下有期徒刑、拘役或者管制，并处罚金；数量巨大的，处二年以上七年以下有期徒刑，并处罚金。

单位犯前款罪的，对单位判处罚金，并对其直接负责的主管人员和其他直接责任人员，依照前款的规定处罚。

> **【刑法修正说明】**
> 本条为全国人大常委会 2011 年 2 月 25 日通过并公布、同年 5 月 1 日施行的《刑法修正案（八）》第 35 条所增设。

【罪名渊源】本条系《刑法修正案（八）》增设。"两高"《罪名补充规定（五）》将其解释为持有伪造的发票罪。

【立案标准】

210 - 1.1 最高人民检察院、公安部关于公安机关管辖的刑事案件立案追诉标准的规定（二）（2022 年 5 月 15 日　公通字〔2022〕12 号）（节录）

第六十五条　〔持有伪造的发票案（刑法第二百一十条之一）〕明知是伪造的发票而持有，涉嫌下列情形之一的，应予立案追诉：

（一）持有伪造的增值税专用发票或者可以用于骗取出口退税、抵扣税款的其他发票五十份以上且票面税额累计在二十五万元以上的；

（二）持有伪造的增值税专用发票或者可以用于骗取出口退税、抵扣税款的其他发票票面税额累计在五十万元以上的；

（三）持有伪造的第一项规定以外的其他发票一百份以上且票面金额在五十万元以上的；

（四）持有伪造的第一项规定以外的其他发票票面金额累计在一百万元以上的。

第八十二条　对于预备犯、未遂犯、中止犯，需要追究刑事责任的，应予立案追诉。

第八十三条　本规定中的立案追诉标准，除法律、司法解释、本规定中另有规定的以外，适用于相应的单位犯罪。

第八十四条　本规定中的"以上"，包括本数。

第二百一十一条【单位犯危害税收征管罪的处罚】单位犯本节第二百零一条、第二百零三条、第二百零四条、第二百零七条、第二百零八条、第二百零九条规定之罪的，对单位判处罚金，并对其直接负责的主管人员和其他直接责任人员，依照各该条的规定处罚。①

【司法解释】

211.1 最高人民法院关于审理骗取出口退税刑事案件具体应用法律若干问题的解释（2002 年 9 月 23 日　法释〔2002〕30 号）（节录）

第六条　有进出口经营权的公司、企业，明知他人意欲骗取国家出口退税款，仍违反国家有关进出口经营的规定，允许他人自带客户、自带货源、自带汇票并自行报关，骗取国家出口退税款的，依照刑法第二百零四条第一款、第二百一十一条的规定定罪处罚。

---

① 本条涉及如下罪名：逃税罪，逃避追缴欠税罪，骗取出口退税罪，非法出售增值税专用发票罪，非法购买增值税专用发票、购买伪造的增值税专用发票罪，非法制造、出售非法制造的用于骗取出口退税、抵扣税款发票罪，非法制造、出售非法制造的发票罪，非法出售用于骗取出口退税、抵扣税款发票罪，非法出售发票罪。——编者注

第二百一十二条【税务机关征缴优先原则】犯本节第二百零一条至第二百零五条规定之罪，被判处罚金、没收财产的，在执行前，应当先由税务机关追缴税款和所骗取的出口退税款。①

第七节　侵犯知识产权罪

【司法解释】

【注1】　最高人民法院、最高人民检察院关于办理危害药品安全刑事案件适用法律若干问题的解释（2014年12月1日　法释〔2014〕14号）（节录）

第十条　实施生产、销售假药、劣药犯罪，同时构成生产、销售伪劣产品、侵犯知识产权、非法经营、非法行医、非法采供血等犯罪的，依照处罚较重的规定定罪处罚。

【司法文件】

【注2】　最高人民法院、最高人民检察院、公安部关于办理非法生产光盘案件有关问题的通知（1997年3月28日　公发〔1997〕6号）

各省、自治区、直辖市高级人民法院、人民检察院、公安厅（局）、解放军军事法院、解放军军事检察院：

1996年以来，公安机关在打击侵犯知识产权违法犯罪活动的斗争中，陆续侦破了一批非法生产光盘案件，查获一批光盘生产线设备。鉴于光盘生产线设备价格昂贵，长期封存容易造成损坏，根据《中华人民共和国刑事诉讼法》第198条的规定，现就办案中处理光盘生产线设备的有关问题通知如下：

一、公安机关对查获的非法生产光盘案件，经侦查初步认定构成犯罪的，应当对查获的光盘生产线设备作为犯罪工具依法追缴。追缴后，应采取拍照、录像等方式做好物证的保全、固定工作，再变卖给有关部门指定的单位，变卖的价款及其孳息可暂存入银行。制作的原物照片、录像、物品清单、处理凭证以及其他证明文件，作为证据随案移送。

二、对查获的非法生产光盘案件，经侦查认定构不成犯罪的，其光盘生产线设备应当移交有关行政部门依法处理。

三、对主要犯罪嫌疑人未抓获，案情尚未全部查清的案件，其随案查获的光盘生产线设备，由公安机关按照本通知第一条规定做好证据保全、固定及设备的变卖工作。待案件查清后，对构成犯罪的，按照本通知第一条办理；对构不成犯罪的，按照本通知第二条办理。

四、变卖、罚没光盘生产线设备的收入，一律上缴国库。

【注3】　人民检察院办理知识产权案件工作指引（2023年4月25日）（节录）

第四条　本指引所指的知识产权案件，主要包括侵犯知识产权刑事案件、知识产权民事诉讼监督案件、知识产权行政诉讼监督案件、知识产权公益诉讼案件。

第十三条　人民检察院办理侵犯知识产权犯罪和生产、销售伪劣商品、非法经营等犯罪存在竞合或者数罪并罚的案件，由负责管辖处罚较重罪名或者主罪的办案部门或者办案组织办理。

第十四条　人民检察院办理知识产权案件，应当进一步健全完善与公安机关的侦查监督与协作配合工作机制。经公安机关商请或者人民检察院认为确有必要时，可以派员通过审查证据材料等方式对重大、疑难、复杂知识产权刑事案件的案件性质、收集证据、适用法律等提出意见建议。

第十五条　人民检察院办理知识产权刑事案件，应当加强全链条惩治，注重审查和发现上下游关联犯罪线索，查明有无遗漏罪行和其他应当追究刑事责任的单位和个人。

第十六条　人民检察院办理知识产权刑事案件，应当坚持宽严相济刑事政策，该严则严，当宽则宽。

---

①　本条涉及如下罪名：逃税罪，抗税罪，逃避追缴欠税罪，骗取出口退税罪，虚开增值税专用发票、用于骗取出口退税、抵扣税款发票罪。——编者注

犯罪嫌疑人、被告人自愿认罪，通过退赃退赔、赔偿损失、赔礼道歉等方式表示真诚悔罪，且愿意接受处罚的，可以依法提出从宽处罚的量刑建议。有赔偿能力而不赔偿损失的，不能适用认罪认罚从宽制度。

人民检察院办理知识产权刑事案件，应当听取被害人及其诉讼代理人的意见，依法积极促进犯罪嫌疑人、被告人与被害人达成谅解。犯罪嫌疑人、被告人自愿对权利人作出合理赔偿的，可以作为从宽处罚的考量因素。

第十七条 人民检察院办理侵犯知识产权刑事案件，对于符合适用涉案企业合规改革案件范围和条件的，依法依规适用涉案企业合规机制。根据案件具体情况和法定从轻、减轻情节，结合企业合规整改效果，依法提出处理意见。

人民检察院对于拟作不批准逮捕、不起诉、变更强制措施等决定的涉企知识产权犯罪案件，可以根据《人民检察院审查案件听证工作规定》召开听证会，邀请公安机关、知识产权权利人、第三方组织组成人员等到会发表意见。

第十八条 人民检察院在办理知识产权刑事案件中，发现与人民法院正在审理的民事、行政案件或者人民检察院正在办理的民事、行政诉讼监督案件系同一事实或者存在牵连关系，或者案件办理结果以另一案件审理或者办理结果为依据的，应当及时将刑事案件受理情况告知相关的人民法院、人民检察院。

第十九条 人民检察院对知识产权刑事案件作出不起诉决定，对被不起诉人需要给予行政处罚、政务处分或者其他处分的，经检察长批准，应当依法向同级有关主管机关提出检察意见，自不起诉决定作出之日起三日以内连同不起诉决定书一并送达。有关主管机关应当将处理结果及时通知人民检察院。

第二十条 侵害国家、集体享有的知识产权或者侵害行为致使国家财产、集体财产遭受损失的，人民检察院在提起公诉时，可以提起附带民事诉讼；损害社会公共利益的，人民检察院在提起公诉时，可以提起刑事附带民事公益诉讼。

人民检察院一般应当对在案全部被告人和没有被追究刑事责任的共同侵害人，一并提起附带民事诉讼或者刑事附带民事公益诉讼，但共同犯罪案件中同案犯在逃的或者已经赔偿损失的除外。在逃的同案犯到案后，人民检察院可以依法对其提起附带民事诉讼或者刑事附带民事公益诉讼。

第二十一条 人民检察院办理知识产权刑事案件，应当依法向被害人及其法定代理人或者其近亲属告知诉讼权利义务。对于被害人以外其他知识产权权利人需要告知诉讼权利义务的，人民检察院应当自受理审查起诉之日起十日内告知。

第二十二条 本指引第二十一条规定的知识产权权利人包括：

（一）刑法第二百一十七条规定的著作权人或者与著作权有关的权利人；

（二）商标注册证上载明的商标注册人；

（三）专利证书上载明的专利权人；

（四）商业秘密的权利人；

（五）其他依法享有知识产权的权利人。

第二十九条 人民检察院在案件办理中发现当事人单独或者与他人恶意串通，采取伪造证据、虚假陈述等手段，捏造知识产权民事案件基本事实，虚构知识产权民事纠纷，提起民事诉讼，妨害司法秩序或者严重侵害他人合法权益，涉嫌构成虚假诉讼罪或者其他犯罪的，应当及时向公安机关移送犯罪线索。

【部委规范】

【注4】 公安部、海关总署关于加强知识产权执法协作的暂行规定（2006年3月24日 公通字〔2006〕33号）（第3—13条）

【法律法规】

【注5】 全国人民代表大会常务委员会关于维护互联网安全的决定（2000年12月28日 2009年修正）（第2条第3项）

第二百一十三条【假冒注册商标罪】未经注册商标所有人许可，在同一种商品、服务上使用与其注册商标相同的商标，情节严重的，处三年以下有期徒刑，并处或者单处罚金；情节特别严重的，处三年以上十年以下有期徒刑，并处罚金。

> 【刑法修正说明】
> 本条为全国人大常委会 2020 年 12 月 26 日通过并公布、2021 年 3 月 1 日施行的《刑法修正案（十一）》第 17 条所修正。　原第213条为：
> 【假冒注册商标罪】未经注册商标所有人许可，在同一种商品上使用与其注册商标相同的商标，情节严重的，处三年以下有期徒刑或者拘役，并处或者单处罚金；情节特别严重的，处三年以上七年以下有期徒刑，并处罚金。

【罪名渊源】本条 79 刑法第 127 条作了规定，全国人大常委会《关于惩治假冒商标犯罪的补充规定》第 1 条第 1 款对罪状作了修改，刑法将定罪标准由该决定的违法所得数额大小改为情节严重程度。《刑法修正案（十一）》第 17 条增设"服务"作为犯罪对象，第一档刑删除拘役刑种，第二档法定最高刑由 7 年改为 10 年。高法《罪名规定》、高检《罪名意见》将其解释为假冒注册商标罪。

【罪刑标准】

213.1 最高人民法院、最高人民检察院关于办理侵犯知识产权刑事案件具体应用法律若干问题的解释（2004 年 12 月 22 日　法释〔2004〕19 号）（节录）

第一条　未经注册商标所有人许可，在同一种商品上使用与其注册商标相同的商标，具有下列情形之一的，属于刑法第二百一十三条规定的"情节严重"，应当以假冒注册商标罪判处三年以下有期徒刑或者拘役，并处或者单处罚金：

（一）非法经营数额在五万元以上或者违法所得数额在三万元以上的；

（二）假冒两种以上注册商标，非法经营数额在三万元以上或者违法所得数额在二万元以上的；

（三）其他情节严重的情形。

具有下列情形之一的，属于刑法第二百一十三条规定的"情节特别严重"，应当以假冒注册商标罪判处三年以上七年以下有期徒刑，并处罚金：

（一）非法经营数额在二十五万元以上或者违法所得数额在十五万元以上的；

（二）假冒两种以上注册商标，非法经营数额在十五万元以上或者违法所得数额在十万元以上的；

（三）其他情节特别严重的情形。

第八条　刑法第二百一十三条规定的"相同的商标"，是指与被假冒的注册商标完全相同，或者与被假冒的注册商标在视觉上基本无差别、足以对公众产生误导的商标。

刑法第二百一十三条规定的"使用"，是指将注册商标或者假冒的注册商标用于商品、商品包装或者容器以及产品说明书、商品交易文书，或者将注册商标或者假冒的注册商标用于广告宣传、展览以及其他商业活动等行为。

第十二条　本解释所称"非法经营数额"，是指行为人在实施侵犯知识产权行为过程中，制造、储存、运输、销售侵权产品的价值。已销售的侵权产品的价值，按照实际销售的价格计算。制造、储存、运输和未销售的侵权产品的价值，按照标价或者已经查清的侵权产品的实际销售平均价格计算。侵权产品没有标价或者无法查清其实际销售价格的，按照被侵权产品的市场中间价格计算。

多次实施侵犯知识产权行为，未经行政处理或者刑事处罚的，非法经营数额、违法所得数额或者销售金额累计计算。

本解释第三条所规定的"件"，是指标有完整商标图样的一份标识。

第十三条 实施刑法第二百一十三条规定的假冒注册商标犯罪，又销售该假冒注册商标的商品，构成犯罪的，应当依照刑法第二百一十三条的规定，以假冒注册商标罪定罪处罚。

实施刑法第二百一十三条规定的假冒注册商标犯罪，又销售明知是他人的假冒注册商标的商品，构成犯罪的，应当实行数罪并罚。

第十五条 单位实施刑法第二百一十三条至第二百一十九条规定的行为，按照本解释规定的相应个人犯罪的定罪量刑标准的三倍定罪量刑。

第十六条 明知他人实施侵犯知识产权犯罪，而为其提供贷款、资金、账号、发票、证明、许可证件，或者提供生产、经营场所或者运输、储存、代理进出口等便利条件、帮助的，以侵犯知识产权犯罪的共犯论处。

213.2 最高人民法院、最高人民检察院关于办理非法生产、销售烟草专卖品等刑事案件具体应用法律若干问题的解释（2010年3月26日 法释〔2010〕7号）（节录）

第一条（第二款） 未经卷烟、雪茄烟等烟草专卖品注册商标所有人许可，在卷烟、雪茄烟等烟草专卖品上使用与其注册商标相同的商标，情节严重的，依照刑法第二百一十三条的规定，以假冒注册商标罪定罪处罚。

第五条 行为人实施非法生产、销售烟草专卖品犯罪，同时构成生产、销售伪劣产品罪、侵犯知识产权犯罪、非法经营罪的，依照处罚较重的规定定罪处罚。

第六条 明知他人实施本解释第一条所列犯罪，而为其提供贷款、资金、账号、发票、证明、许可证件，或者提供生产、经营场所、设备、运输、仓储、保管、邮寄、代理进出口等便利条件，或者提供生产技术、卷烟配方的，应当按照共犯追究刑事责任。

第七条 办理非法生产、销售烟草专卖品等刑事案件，需要对伪劣烟草专卖品鉴定的，应当委托国务院产品质量监督管理部门和省、自治区、直辖市人民政府产品质量监督管理部门指定的烟草质量检测机构进行。

第九条 本解释所称"烟草专卖品"，是指卷烟、雪茄烟、烟丝、复烤烟叶、烟叶、卷烟纸、滤嘴棒、烟用丝束、烟草专用机械。

本解释所称"卷烟辅料"，是指卷烟纸、滤嘴棒、烟用丝束。

本解释所称"烟草专用机械"，是指由国务院烟草专卖行政主管部门烟草专用机械名录所公布的，在卷烟、雪茄烟、烟丝、复烤烟叶、烟叶、卷烟纸、滤嘴棒、烟用丝束的生产加工过程中，能够完成一项或者多项特定加工工序，可以独立操作的机械设备。

本解释所称"同类烟草专用机械"，是指在卷烟、雪茄烟、烟丝、复烤烟叶、烟叶、卷烟纸、滤嘴棒、烟用丝束的生产加工过程中，能够完成相同加工工序的机械设备。

第十条 以前发布的有关规定与本解释不一致的，以本解释为准。

213.3 最高人民法院、最高人民检察院关于办理侵犯知识产权刑事案件具体应用法律若干问题的解释（三）（2020年9月14日 法释〔2020〕10号）（节录）

第一条 具有下列情形之一的，可以认定为刑法第二百一十三条规定的"与其注册商标相同的商标"：

（一）改变注册商标的字体、字母大小写或者文字横竖排列，与注册商标之间基本无差别的；

（二）改变注册商标的文字、字母、数字等之间的间距，与注册商标之间基本无差别的；

（三）改变注册商标颜色，不影响体现注册商标显著特征的；

（四）在注册商标上仅增加商品通用名称、型号等缺乏显著特征要素，不影响体现注册商标显著特征的；

（五）与立体注册商标的三维标志及平面要素基本无差别的；

（六）其他与注册商标基本无差别、足以对公众产生误导的商标。

第七条 除特殊情况外，假冒注册商标的商品、非法制造的注册商标标识、侵犯著作权的复制品、主要用于制造假冒注册商标的商品、注册商标标识或者侵权复制品的材料和工具，应当依法予以没收和销毁。

上述物品需要作为民事、行政案件的证据使用的，经权利人申请，可以在民事、行政案件终结后或者采取取样、拍照等方式对证据固定后予以销毁。

第八条　具有下列情形之一的，可以酌情从重处罚，一般不适用缓刑：

（一）主要以侵犯知识产权为业的；

（二）因侵犯知识产权被行政处罚后再次侵犯知识产权构成犯罪的；

（三）在重大自然灾害、事故灾难、公共卫生事件期间，假冒抢险救灾、防疫物资等商品的注册商标的；

（四）拒不交出违法所得的。

第九条　具有下列情形之一的，可以酌情从轻处罚：

（一）认罪认罚的；

（二）取得权利人谅解的；

（三）具有悔罪表现的；

（四）以不正当手段获取权利人的商业秘密后尚未披露、使用或者允许他人使用的。

第十条　对于侵犯知识产权犯罪的，应当综合考虑犯罪违法所得数额、非法经营数额、给权利人造成的损失数额、侵权假冒物品数量及社会危害性等情节，依法判处罚金。

罚金数额一般在违法所得数额的一倍以上五倍以下确定。违法所得数额无法查清的，罚金数额一般按照非法经营数额的百分之五十以上一倍以下确定。违法所得数额和非法经营数额均无法查清，判处三年以下有期徒刑、拘役、管制或者单处罚金的，一般在三万元以上一百万元以下确定罚金数额；判处三年以上有期徒刑的，一般在十五万元以上五百万元以下确定罚金数额。

【司法文件】

213.4 最高人民法院刑事审判第二庭关于集体商标是否属于我国刑法的保护范围问题的复函

（2009 年 4 月 10 日　〔2009〕刑二函字第 28 号）

公安部经济犯罪侦查局：

贵局公经知产〔2009〕29 号《关于就一起涉嫌假冒注册商标案征求意见的函》收悉。经研究，答复如下：

一、我国《商标法》第三条规定："经商标局核准注册的商标为注册商标，包括商品商标、服务商标和集体商标、证明商标；商标注册人享有商标专用权，受法律保护。"因此，刑法第二百一十三条至二百一十五条所规定的"注册商标"应当涵盖"集体商标"。

二、商标标识中注明了自己的注册商标的同时，又使用了他人注册为集体商标的地理名称，可以认定为刑法规定的"相同的商标"。根据贵局提供的材料，山西省清徐县溢美源醋业有限公司在其生产的食用醋的商标上用大号字体在显著位置上清晰地标明"镇江香（陈）醋"，说明其已经使用了与江苏省镇江市醋业协会所注册的"镇江香（陈）醋"集体商标相同的商标。而且，山西省清徐县溢美源醋业有限公司还在其商标标识上注明了江苏省镇江市丹阳市某香醋厂的厂名厂址和 QS 标志，也说明其实施假冒注册"镇江香（陈）醋"集体商标的行为。

综上，山西省清徐县溢美源醋业有限公司的行为涉嫌触犯刑法第二百一十三条至二百一十五条的规定。

以上意见，供参考。

213.5 最高人民法院、最高人民检察院、公安部关于办理侵犯知识产权刑事案件适用法律若干问题的意见（2011 年 1 月 10 日　法发〔2011〕3 号）（节录）

一、关于侵犯知识产权犯罪案件的管辖问题

侵犯知识产权犯罪案件由犯罪地公安机关立案侦查。必要时，可以由犯罪嫌疑人居住地公安机关立案侦查。侵犯知识产权犯罪案件的犯罪地，包括侵权产品制造地、储存地、运输地、销售地，传播侵权作品、销售侵权产品的网站服务器所在地、网络接入地、网站建立者或者管理者所在地，侵权作品上传者所在地，权利人受到实际侵害的犯罪结果发生地。对有多个侵犯知识产权犯罪地的，由最初受理的公安机关或者主要犯罪地公安机关管辖。多个侵犯知识产权犯罪地的公安机关对管辖有争议的，由共同的上级公安机关指定管辖，需要提请批准逮捕、移送审查起诉、提起公诉的，由该公安机关所在地的同级人民检察院、人民法院受理。

对于不同犯罪嫌疑人、犯罪团伙跨地区实施的涉及同一批侵权产品的制造、储存、运输、销售等侵犯知识产权犯罪行为，符合并案处理要求的，有关公安机关可以一并立案侦查，需要提请批准逮捕、移送审查起诉、提起公诉的，由该公安机关所在地的同级人民检察院、人民法院受理。

二、关于办理侵犯知识产权刑事案件中行政执法部门收集、调取证据的效力问题

行政执法部门依法收集、调取、制作的物证、书证、视听资料、检验报告、鉴定结论、勘验笔录、现场笔录，经公安机关、人民检察院审查，人民法院庭审质证确认，可以作为刑事证据使用。

行政执法部门制作的证人证言、当事人陈述等调查笔录，公安机关认为有必要作为刑事证据使用的，应当依法重新收集、制作。

三、关于办理侵犯知识产权刑事案件的抽样取证问题和委托鉴定问题

公安机关在办理侵犯知识产权刑事案件时，可以根据工作需要抽样取证，或者商请同级行政执法部门、有关检验机构协助抽样取证。法律、法规对抽样机构或者抽样方法有规定的，应当委托规定的机构并按照规定方法抽取样品。

公安机关、人民检察院、人民法院在办理侵犯知识产权刑事案件时，对于需要鉴定的事项，应当委托国家认可的有鉴定资质的鉴定机构进行鉴定。

公安机关、人民检察院、人民法院应当对鉴定结论进行审查，听取权利人、犯罪嫌疑人、被告人对鉴定结论的意见，可以要求鉴定机构作出相应说明。

四、关于侵犯知识产权犯罪自诉案件的证据收集问题

人民法院依法受理侵犯知识产权刑事自诉案件，对于当事人因客观原因不能取得的证据，在提起自诉时能够提供有关线索，申请人民法院调取的，人民法院应当依法调取。

五、关于刑法第二百一十三条规定的"同一种商品"的认定问题

名称相同的商品以及名称不同但指同一事物的商品，可以认定为"同一种商品"。"名称"是指国家工商行政管理总局商标局在商标注册工作中对商品使用的名称，通常即《商标注册用商品和服务国际分类》中规定的商品名称。"名称不同但指同一事物的商品"是指在功能、用途、主要原料、消费对象、销售渠道等方面相同或者基本相同，相关公众一般认为是同一种事物的商品。

认定"同一种商品"，应当在权利人注册商标核定使用的商品和行为人实际生产销售的商品之间进行比较。

六、关于刑法第二百一十三条规定的"与其注册商标相同的商标"的认定问题

具有下列情形之一，可以认定为"与其注册商标相同的商标"：

（一）改变注册商标的字体、字母大小写或者文字横竖排列，与注册商标之间仅有细微差别的；

（二）改变注册商标的文字、字母、数字等之间的间距，不影响体现注册商标显著特征的；

（三）改变注册商标颜色的；

（四）其他与注册商标在视觉上基本无差别、足以对公众产生误导的商标。

七、关于尚未附着或者尚未全部附着假冒注册商标标识的侵权产品价值是否计入非法经营数额的问题

在计算制造、储存、运输和未销售的假冒注册商标侵权产品价值时，对于已经制作完成但尚未附着（含加贴）或者尚未全部附着（含加贴）假冒注册商标标识的产品，如果有确实、充分证据证明该产品将假冒他人注册商标，其价值计入非法经营数额。

十四、关于多次实施侵犯知识产权行为累计计算数额问题

依照《最高人民法院、最高人民检察院关于办理侵犯知识产权刑事案件具体应用法律若干问题的解释》第十二条第二款的规定，多次实施侵犯知识产权行为，未经行政处理或者刑事处罚的，非法经营数额、违法所得数额或者销售金额累计计算。

二年内多次实施侵犯知识产权违法行为，未经行政处理，累计数额构成犯罪的，应当依法定罪处罚。实施侵犯知识产权犯罪行为的追诉期限，适用刑法的有关规定，不受前述二年的限制。

十五、关于为他人实施侵犯知识产权犯罪提供原材料、机械设备等行为的定性问题

明知他人实施侵犯知识产权犯罪，而为其提供生产、制造侵权产品的主要原材料、辅助材料、半成品、包装材料、机械设备、标签标识、生产技术、配方等帮助，或者提供互联网接入、服务器托管、网络存储空间、通讯传输通道、代收费、费用结算等服务的，以侵犯知识产权犯罪的共犯论处。

十六、关于侵犯知识产权犯罪竞合的处理问题

行为人实施侵犯知识产权犯罪，同时构成生产、销售伪劣商品犯罪的，依照侵犯知识产权犯罪与生产、销售伪劣商品犯罪中处罚较重的规定定罪处罚。

213.6 参见 143.5 最高人民法院、最高人民检察院、公安部关于依法严惩"地沟油"犯罪活动的通知（2012 年 1 月 9 日）

213.7 最高人民法院关于进一步加强涉种子刑事审判工作的指导意见（2022 年 3 月 2 日　法〔2022〕66 号）（节录）

三（第二款）、对实施生产、销售伪劣种子行为，因无法认定使生产遭受较大损失等原因，不构成生产、销售伪劣种子罪，但是销售金额在五万元以上的，依照刑法第一百四十条的规定以生产、销售伪劣产品罪定罪处罚。同时构成假冒注册商标罪等其他犯罪的，依照处罚较重的规定定罪处罚。

四、立足现有罪名，依法严惩种子套牌侵权相关犯罪。假冒品种权以及未经许可或者超出委托规模生产、繁殖授权品种种子对外销售等种子套牌侵权行为，经常伴随假冒注册商标、侵犯商业秘密等其他犯罪行为。审理此类案件时要把握这一特点，立足刑法现有规定，通过依法适用与种子套牌侵权密切相关的假冒注册商标、销售假冒注册商标的商品罪，非法制造、销售非法制造的注册商标标识罪，侵犯商业秘密罪，为境外窃取、刺探、收买、非法提供商业秘密罪等罪名，实现对种子套牌侵权行为的依法惩处。同时，应当将种子套牌侵权行为作为从重处罚情节，加大对此类犯罪的惩处力度。

六、贯彻落实宽严相济的刑事政策，确保裁判效果。实施涉种子犯罪，具有下列情形之一的，应当酌情从重处罚：针对稻、小麦、玉米、棉花、大豆等主要农作物种子实施的，曾因涉种子犯罪受过刑事处罚的，二年内曾因涉种子违法行为受过行政处罚的，其他应当酌情从重处罚的情形。

对受雇佣或者受委托参与种子生产、繁殖的，要综合考虑社会危害程度、在共同犯罪中的地位作用、认罪悔罪表现等情节，准确适用刑罚。犯罪情节轻微的，可以依法免予刑事处罚；情节显著轻微危害不大的，不以犯罪论处。

七、依法解决鉴定难问题，准确认定伪劣种子。对是否属于假的、失去使用效能的或者不合格的种子，或者使生产遭受的损失难以确定的，可以依据具有法定资质的种子质量检验机构出具的鉴定意见、检验报告，农业农村、林业和草原主管部门出具的书面意见，农业农村主管部门所属的种子管理机构组织出具的田间现场鉴定书等，结合其他证据作出认定。

【法律法规】

213.8 中华人民共和国商标法（1983 年 3 月 1 日　2019 年修正）（第 67 条第 1 款）

213.9 中华人民共和国烟草专卖法（1992 年 1 月 1 日　2015 年修正）（第 19 条、第 33 条）

213.10 中华人民共和国反不正当竞争法（2018 年 1 月 1 日　2019 年修正）（第 6 条、第 31 条）

第二百一十四条【销售假冒注册商标的商品罪】 销售明知是假冒注册商标的商品，违法所得数额较大或者有其他严重情节的，处三年以下有期徒刑，并处或者单处罚金；违法所得数额巨大或者有其他特别严重情节的，处三年以上十年以下有期徒刑，并处罚金。

【刑法修正说明】

本条为全国人大常委会 2020 年 12 月 26 日通过并公布、2021 年 3 月 1 日施行的《刑法修正案（十一）》第 18 条所修正。原第 214 条为：

【销售假冒注册商标的商品罪】销售明知是假冒注册商标的商品，销售金额数额较大的，处三年以下有期徒刑或者拘役，并处或者单处罚金；销售金额数额巨大的，处三年以上七年以下有期徒刑，并处罚金。

【罪名渊源】本罪 79 刑法没有规定，由全国人大常委会《关于惩治假冒注册商标犯罪的补充规定》第 1 条第 2 款增设，刑法将罪刑标准由该补充规定的依违法所得改为依销售金额。高法《罪名规定》、高检《罪名意见》将其解释为销售假冒注册商标的商品罪。《刑法修正案（十一）》第 18 条改罪状中的"销售金额"为"违法所得"，增设"其他严重情节""其他特别严重情节"作为罪刑标准，第二档法定最高刑由 7 年提高为 10 年。

【罪刑标准】

214.1 最高人民法院、最高人民检察院关于办理侵犯知识产权刑事案件具体应用法律若干问题的解释（2004 年 12 月 22 日　法释〔2004〕19 号）（节录）

第二条　销售明知是假冒注册商标的商品，销售金额在五万元以上的，属于刑法第二百一十四条规定的"数额较大"，应当以销售假冒注册商标的商品罪判处三年以下有期徒刑或者拘役，并处或单处罚金。

销售金额在二十五万元以上的，属于刑法第二百一十四条规定的"数额巨大"，应当以销售假冒注册商标的商品罪判处三年以上七年以下有期徒刑，并处罚金。

第九条　刑法第二百一十四条规定的"销售金额"，是指销售假冒注册商标的商品后所得和应得的全部违法收入。

具有下列情形之一的，应当认定为属于刑法第二百一十四条规定的"明知"：

（一）知道自己销售的商品上的注册商标被涂改、调换或者覆盖的；

（二）因销售假冒注册商标的商品受到过行政处罚或者承担过民事责任、又销售同一种假冒注册商标的商品的；

（三）伪造、涂改商标注册人授权文件或者知道该文件被伪造、涂改的；

（四）其他知道或者应当知道是假冒注册商标的商品的情形。

【说明】单位犯罪的罪刑标准、共犯的认定，参见 213.1 本解释第 15—16 条。

214.2 最高人民法院、最高人民检察院关于办理非法生产、销售烟草专卖品等刑事案件具体应用法律若干问题的解释（2010 年 3 月 26 日　法释〔2010〕7 号）（节录）

第一条　（第三款）销售明知是假冒他人注册商标的卷烟、雪茄烟等烟草专卖品，销售金额较大的，依照刑法第二百一十四条的规定，以销售假冒注册商标的商品罪定罪处罚。

【说明】从一从重、共犯、鉴定等，参见 213.2 本解释第 5 条以下。

214.3 最高人民法院、最高人民检察院、公安部关于办理侵犯知识产权刑事案件适用法律若干问题的意见（2011 年 1 月 10 日　法发〔2011〕3 号）（节录）

八、关于销售假冒注册商标的商品犯罪案件中尚未销售或者部分销售情形的定罪量刑问题

销售明知是假冒注册商标的商品，具有下列情形之一的，依照刑法第二百一十四条的规定，以销售假冒注册商标的商品罪（未遂）定罪处罚：

（一）假冒注册商标的商品尚未销售，货值金额在十五万元以上的；

（二）假冒注册商标的商品部分销售，已销售金额不满五万元，但与尚未销售的假冒注册商

标的商品的货值金额合计在十五万元以上的。

假冒注册商标的商品尚未销售，货值金额分别达到十五万元以上不满二十五万元、二十五万元以上的，分别依照刑法第二百一十四条规定的各法定刑幅度定罪处罚。

销售金额和未销售货值金额分别达到不同的法定刑幅度或者均达到同一法定刑幅度的，在处罚较重的法定刑或者同一法定刑幅度内酌情从重处罚。

> 【说明】管辖、证据收集及效力、鉴定、数额计算、犯罪竞合等内容，参见213.5本意见。

【司法解释】

214.4 参见213.3 最高人民法院、最高人民检察院关于办理侵犯知识产权刑事案件具体应用法律若干问题的解释（三）（2020年9月14日　法释〔2020〕10号）（第7—10条）

【司法文件】

214.5 最高人民法院、最高人民检察院、公安部、国家烟草专卖局关于办理假冒伪劣烟草制品等刑事案件适用法律问题座谈会纪要（2003年12月23日　高检会〔2003〕4号）（节录）

二、关于销售明知是假冒烟用注册商标的烟草制品行为中的"明知"问题

根据刑法第二百一十四条的规定，销售明知是假冒烟用注册商标的烟草制品，销售金额较大的，构成销售假冒注册商标的商品罪。

"明知"，是指知道或应当知道。有下列情形之一的，可以认定为"明知"：

1. 以明显低于市场价格进货的；

2. 以明显低于市场价格销售的；

3. 销售假冒烟用注册商标的烟草制品被发现后转移、销毁物证或者提供虚假证明、虚假情况的；

4. 其他可以认定为明知的情形。

四、关于共犯问题

知道或者应当知道他人实施本纪要第一条至第三条规定的犯罪行为，仍实施下列行为之一的，应认定为共犯，依法追究刑事责任：

1. 直接参与生产、销售假冒伪劣烟草制品或者销售假冒烟用注册商标的烟草制品或者直接参与非法经营烟草制品并在其中起主要作用的；

2. 提供房屋、场地、设备、车辆、贷款、资金、账号、发票、证明、技术等设施和条件，用于帮助生产、销售、储存、运输假冒伪劣烟草制品、非法经营烟草制品的；

3. 运输假冒伪劣烟草制品的。

上述人员中有检举他人犯罪经查证属实，或者提供重要线索，有立功表现的，可以从轻或减轻处罚；有重大立功表现的，可以减轻或者免除处罚。

五、国家机关工作人员参与实施本纪要第一条至第三条规定的犯罪行为的处罚问题

根据《最高人民法院、最高人民检察院关于办理生产、销售伪劣商品刑事案件具体应用法律若干问题的解释》的规定，国家机关工作人员参与实施本纪要第一条至第三条规定的犯罪行为的，从重处罚。

214.6 参见213.4 最高人民法院刑事审判第二庭关于集体商标是否属于我国刑法的保护范围问题的复函（2009年4月10日　〔2009〕刑二函字第28号）

214.7 参见143.5 最高人民法院、最高人民检察院、公安部关于依法严惩"地沟油"犯罪活动的通知（2012年1月9日）

214.8 参见213.7 最高人民法院关于进一步加强涉种子刑事审判工作的指导意见（2022年3月2日　法〔2022〕66号）

【法律法规】

214.9 中华人民共和国商标法（1983年3月1日　2019年修正）（第67条第3款）

第二百一十五条【非法制造、销售非法制造的注册商标标识罪】 伪造、擅自制造他人注册商标标识或者销售伪造、擅自制造的注册商标标识，情节严重的，处三年以下有期徒刑，并处或者单处罚金；情节特别严重的，处三年以上十年以下有期徒刑，并处罚金。

【刑法修正说明】

本条为全国人大常委会 **2020** 年 **12** 月 **26** 日通过并公布、**2021** 年 **3** 月 **1** 日施行的《**刑法修正案（十一）**》第 **19** 条所修正。原第 **215** 条为：

【非法制造、销售非法制造的注册商标标识罪】 伪造、擅自制造他人注册商标标识或者销售伪造、擅自制造的注册商标标识，情节严重的，处三年以下有期徒刑、拘役或者管制，并处或者单处罚金；情节特别严重的，处三年以上七年以下有期徒刑，并处罚金。

【罪名渊源】 79 刑法对本罪没有规定，系沿袭全国人大常委会《关于惩治假冒注册商标犯罪的补充规定》第 2 条的内容，刑法增设了独立的法定刑，将罪刑标准由该补充规定的违法所得数额大小改为情节严重程度。高法《罪名规定》、高检《罪名意见》将其解释为非法制造、销售非法制造的注册商标标识罪。《刑法修正案（十一）》第 19 条对本条作了修改：第一档刑删除拘役、管制刑种，第二档法定最高刑由 7 年提高为 10 年。

【罪刑标准】

215.1 最高人民法院、最高人民检察院关于办理侵犯知识产权刑事案件具体应用法律若干问题的解释（2004 年 12 月 22 日 法释〔2004〕19 号）（节录）

第三条 伪造、擅自制造他人注册商标标识或者销售伪造、擅自制造的注册商标标识，具有下列情形之一的，属于刑法第二百一十五条规定的"情节严重"，应当以非法制造、销售非法制造的注册商标标识罪判处三年以下有期徒刑、拘役或者管制，并处或者单处罚金：

（一）伪造、擅自制造或者销售伪造、擅自制造的注册商标标识数量在二万件以上，或者非法经营数额在五万元以上，或者违法所得数额在三万元以上的；

（二）伪造、擅自制造或者销售伪造、擅自制造两种以上注册商标标识数量在一万件以上，或者非法经营数额在三万元以上，或者违法所得数额在二万元以上的；

（三）其他情节严重的情形。

具有下列情形之一的，属于刑法第二百一十五条规定的"情节特别严重"，应当以非法制造、销售非法制造的注册商标标识罪判处三年以上七年以下有期徒刑，并处罚金：

（一）伪造、擅自制造或者销售伪造、擅自制造的注册商标标识数量在十万件以上，或者非法经营数额在二十五万元以上，或者违法所得数额在十五万元以上的；

（二）伪造、擅自制造或者销售伪造、擅自制造两种以上注册商标标识数量在五万件以上，或者非法经营数额在十五万元以上，或者违法所得数额在十万元以上的；

（三）其他情节特别严重的情形。

第十二条 本解释所称"非法经营数额"，是指行为人在实施侵犯知识产权行为过程中，制造、储存、运输、销售侵权产品的价值。已销售的侵权产品的价值，按照实际销售的价格计算。制造、储存、运输和未销售的侵权产品的价值，按照标价或者已经查清的侵权产品的实际销售平均价格计算。侵权产品没有标价或者无法查清其实际销售价格的，按照被侵权产品的市场中间价格计算。

多次实施侵犯知识产权行为，未经行政处理或者刑事处罚的，非法经营数额、违法所得数额或者销售金额累计计算。

本解释第三条所规定的"件"，是指标有完整商标图样的一份标识。

【说明】 单位犯罪的罪刑标准、共犯的认定，参见 213.1 本解释第 15—16 条。

215.2 最高人民法院、最高人民检察院关于办理非法生产、销售烟草专卖品等刑事案件具体应用法律若干问题的解释（2010 年 3 月 26 日　法释〔2010〕7 号）（节录）

第一条（第四款）伪造、擅自制造他人卷烟、雪茄烟注册商标标识或者销售伪造、擅自制造的卷烟、雪茄烟注册商标标识，情节严重的，依照刑法第二百一十五条的规定，以非法制造、销售非法制造的注册商标标识罪定罪处罚。

> 【说明】从一从重、共犯、鉴定等，参见 213.2 本解释第 5 条以下。

215.3 最高人民法院、最高人民检察院、公安部关于办理侵犯知识产权刑事案件适用法律若干问题的意见（2011 年 1 月 10 日　法发〔2011〕3 号）（节录）

九、关于销售他人非法制造的注册商标标识犯罪案件中尚未销售或者部分销售情形的定罪问题

销售他人伪造、擅自制造的注册商标标识，具有下列情形之一的，依照刑法第二百一十五条的规定，以销售非法制造的注册商标标识罪（未遂）定罪处罚：

（一）尚未销售他人伪造、擅自制造的注册商标标识数量在六万件以上的；

（二）尚未销售他人伪造、擅自制造的两种以上注册商标标识数量在三万件以上的；

（三）部分销售他人伪造、擅自制造的注册商标标识，已销售标识数量不满二万件，但与尚未销售标识数量合计在六万件以上的；

（四）部分销售他人伪造、擅自制造的两种以上注册商标标识，已销售标识数量不满一万件，但与尚未销售标识数量合计在三万件以上的。

> 【说明】管辖、证据收集及效力、鉴定、数额计算、犯罪竞合等内容，参见 213.5 本意见。

【司法解释】

215.4 参见 213.3 最高人民法院、最高人民检察院关于办理侵犯知识产权刑事案件具体应用法律若干问题的解释（三）（2020 年 9 月 14 日　法释〔2020〕10 号）（第 7—10 条）

【司法文件】

215.5 参见 213.4 最高人民法院刑事审判第二庭关于集体商标是否属于我国刑法的保护范围问题的复函（2009 年 4 月 10 日　〔2009〕刑二函字第 28 号）

215.6 参见 213.7 最高人民法院关于进一步加强涉种子刑事审判工作的指导意见（2022 年 3 月 2 日　法〔2022〕66 号）

【法律法规】

215.7 中华人民共和国商标法（1983 年 3 月 1 日　2019 年修正）（第 67 条第 2 款）

215.8 中华人民共和国烟草专卖法（1992 年 1 月 1 日　2015 年修正）（第 21 条、第 34 条）

第二百一十六条【假冒专利罪】 假冒他人专利，情节严重的，处三年以下有期徒刑或者拘役，并处或者单处罚金。

【罪名渊源】本条系刑法吸收 1992 年《专利法》第 63 条的内容修改而来，79 刑法、单行刑法均未规定。高法《罪名规定》、高检《罪名意见》将其解释为假冒专利罪。

【罪刑标准】

216.1 最高人民法院、最高人民检察院关于办理侵犯知识产权刑事案件具体应用法律若干问题的解释（2004 年 12 月 22 日　法释〔2004〕19 号）（节录）

第四条　假冒他人专利，具有下列情形之一的，属于刑法第二百一十六条规定的"情节严重"，应当以假冒专利罪判处三年以下有期徒刑或者拘役，并处或者单处罚金：

（一）非法经营数额在二十万元以上或者违法所得数额在十万元以上的；

（二）给专利权人造成直接经济损失五十万元以上的；

（三）假冒两项以上他人专利，非法经营数额在十万元以上或者违法所得数额在五万元以上的；

（四）其他情节严重的情形。

第十条　实施下列行为之一的，属于刑法第二百一十六条规定的"假冒他人专利"的行为：

（一）未经许可，在其制造或者销售的产品、产品的包装上标注他人专利号的；

（二）未经许可，在广告或者其他宣传材料中使用他人的专利号，使人将所涉及的技术误认为是他人专利技术的；

（三）未经许可，在合同中使用他人的专利号，使人将合同涉及的技术误认为是他人专利技术的；

（四）伪造或者变造他人的专利证书、专利文件或者专利申请文件的。

> 【说明】单位犯罪的罪刑标准、共犯的认定，参见 213.1 本解释第 15—16 条。

【司法解释】

216.2 参见 213.3 最高人民法院、最高人民检察院关于办理侵犯知识产权刑事案件具体应用法律若干问题的解释（三）（2020 年 9 月 14 日　法释〔2020〕10 号）（第 8—10 条）

【法律法规】

216.3 中华人民共和国专利法（1985 年 4 月 1 日　2008 年修正）（第 2 条、第 60 条、第 63 条）

216.4 中华人民共和国专利法实施细则（2001 年 7 月 1 日　2010 年修订）（第 84 条）

第二百一十七条【侵犯著作权罪】以营利为目的，有下列侵犯著作权或者与著作权有关的权利的情形之一，违法所得数额较大或者有其他严重情节的，处三年以下有期徒刑，并处或者单处罚金；违法所得数额巨大或者有其他特别严重情节的，处三年以上十年以下有期徒刑，并处罚金：

（一）未经著作权人许可，复制发行、通过信息网络向公众传播其文字作品、音乐、美术、视听作品、计算机软件及法律、行政法规规定的其他作品的；

（二）出版他人享有专有出版权的图书的；

（三）未经录音录像制作者许可，复制发行、通过信息网络向公众传播其制作的录音录像的；

（四）未经表演者许可，复制发行录有其表演的录音录像制品，或者通过信息网络向公众传播其表演的；

（五）制作、出售假冒他人署名的美术作品的；

（六）未经著作权人或者与著作权有关的权利人许可，故意避开或者破坏权利人为其作品、录音录像制品等采取的保护著作权或者与著作权有关的权利的技术措施的。

> 【刑法修正说明】
>
> 本条为全国人大常委会 2020 年 12 月 26 日通过并公布、2021 年 3 月 1 日施行的《刑法修正案（十一）》第 20 条所修正。原第 217 条为：
>
> 【侵犯著作权罪】以营利为目的，有下列侵犯著作权情形之一，违法所得数额较大或者有其他严重情节的，处三年以下有期徒刑或者拘役，并处或者单处罚金；违法所得数额巨大或者有其他特别严重情节的，处三年以上七年以下有期徒刑，并处罚金：
>
> （一）未经著作权人许可，复制发行其文字作品、音乐、电影、电视、录像作品、计算机软件及其他作品的；
>
> （二）出版他人享有专有出版权的图书的；
>
> （三）未经录音录像制作者许可，复制发行其制作的录音录像的；
>
> （四）制作、出售假冒他人署名的美术作品的。

【罪名渊源】本罪 79 刑法没有规定，系沿袭全国人大常委会《关于惩治侵犯著作权的犯罪的决定》第 1 条的内容。高法《罪名规定》、高检《罪名意见》将其解释为侵犯著作权罪。《刑法修正案（十一）》第 20 条在罪状中增设"与著作权有关的权利"字样，第一档刑删除拘役刑种，第二档法定最高刑由 7 年提高为 10 年；第 1 项、第 3 项增加信息网络传播方式，增设第 4 项、第 6 项的侵权情形。

【立案标准】

217.1 最高人民检察院、公安部关于公安机关管辖的刑事案件立案追诉标准的规定（一）（2008 年 6 月 25 日　公通字〔2008〕36 号）（节录）

第二十六条　〔侵犯著作权案（刑法第二百一十七条）〕以营利为目的，未经著作权人许可，复制发行其文字作品、音乐、电影、电视、录像作品、计算机软件及其他作品，或者出版他人享有专有出版权的图书，或者未经录音录像制作者许可，复制发行其制作的录音录像，或者制作、出售假冒他人署名的美术作品，涉嫌下列情形之一的，应予立案追诉：

（一）违法所得数额三万元以上的；

（二）非法经营数额五万元以上的；

（三）未经著作权人许可，复制发行其文字作品、音乐、电影、电视、录像作品、计算机软件及其他作品，复制品数量合计五百张（份）以上的；

（四）未经录音录像制作者许可，复制发行其制作的录音录像制品，复制品数量合计五百张（份）以上的；

（五）其他情节严重的情形。

以刊登收费广告等方式直接或者间接收取费用的情形，属于本条规定的"以营利为目的"。

本条规定的"未经著作权人许可"，是指没有得到著作权人授权或者伪造、涂改著作权人授权许可文件或者超出授权许可范围的情形。

本条规定的"复制发行"，包括复制、发行或者既复制又发行的行为。

通过信息网络向公众传播他人文字作品、音乐、电影、电视、录像作品、计算机软件及其他作品，或者通过信息网络传播他人制作的录音录像制品的行为，应当视为本条规定的"复制发行"。

侵权产品的持有人通过广告、征订等方式推销侵权产品的，属于本条规定的"发行"。

本条规定的"非法经营数额"，是指行为人在实施侵犯知识产权行为过程中，制造、储存、运输、销售侵权产品的价值。已销售的侵权产品的价值，按照实际销售的价格计算。制造、储存、运输和未销售的侵权产品的价值，按照标价或者已经查清的侵权产品的实际销售平均价格计算。侵权产品没有标价或者无法查清其实际销售价格的，按照被侵权产品的市场中间价格计算。

第一百条　本规定中的立案追诉标准，除法律、司法解释另有规定的以外，适用于相关的单位犯罪。

【罪刑标准】

217.2 最高人民法院关于审理出版物刑事案件具体应用法律若干问题的解释（1998 年 12 月 23 日　法释〔1998〕30 号）（节录）

第二条　以营利为目的，实施刑法第二百一十七条所列侵犯著作权行为之一，个人违法所得数额在五万元以上，单位违法所得数额在二十万元以上的，属于"违法所得数额较大"；具有下列情形之一的，属于"有其他严重情节"：

（一）因侵犯著作权曾经两次以上被追究行政责任或者民事责任，两年内又实施刑法第二百一十七条所列侵犯著作权行为之一的；

（二）个人非法经营数额在二十万元以上，单位非法经营数额在一百万元以上的；

（三）造成其他严重后果的。

以营利为目的，实施刑法第二百一十七条所列侵犯著作权行为之一，个人违法所得数额在二十万元以上，单位违法所得数额在一百万元以上的，属于"违法所得数额巨大"；具有下列情形之一的，属于"有其他特别严重情节"：

（一）个人非法经营数额在一百万元以上，单位非法经营数额在五百万元以上的；

（二）造成其他特别严重后果的。

第三条 刑法第二百一十七条第（一）项中规定的"复制发行"是指行为人以营利为目的，未经著作权人许可而实施的复制、发行或者既复制又发行其文字作品、音乐、电影、电视、录像作品、计算机软件及其他作品的行为。

第五条 实施刑法第二百一十七条规定的侵犯著作权行为，又销售该侵权复制品，违法所得数额巨大的，只定侵犯著作权罪，不实行数罪并罚。

实施刑法第二百一十七条规定的侵犯著作权的犯罪行为，又明知是他人的侵权复制品而予以销售，构成犯罪的，应当实行数罪并罚。

第十七条 本解释所称"经营数额"，是指以非法出版物的定价数额乘以行为人经营的非法出版物数量所得的数额。

本解释所称"违法所得数额"，是指获利数额。

非法出版物没有定价或者以境外货币定价的，其单价数额应当按照行为人实际出售的价格认定。

第十八条 各省、自治区、直辖市高级人民法院可以根据本地的情况和社会治安状况，在本解释第八条、第十条、第十二条、第十三条规定的有关数额、数量标准的幅度内，确定本地执行的具体标准，并报最高人民法院备案。

217.3 最高人民法院、最高人民检察院关于办理侵犯知识产权刑事案件具体应用法律若干问题的解释（2004年12月22日 法释〔2004〕19号）（节录）

第五条 以营利为目的，实施刑法第二百一十七条所列侵犯著作权行为之一，违法所得数额在三万元以上的，属于"违法所得数额较大"；具有下列情形之一的，属于"有其他严重情节"，应当以侵犯著作权罪判处三年以下有期徒刑或者拘役，并处或者单处罚金：

（一）非法经营数额在五万元以上的；

（二）未经著作权人许可，复制发行其文字作品、音乐、电影、电视、录像作品、计算机软件及其他作品，复制品数量合计在一千张（份）以上的；

（三）其他严重情节的情形。

以营利为目的，实施刑法第二百一十七条所列侵犯著作权行为之一，违法所得数额在十五万元以上的，属于"违法所得数额巨大"；具有下列情形之一的，属于"有其他特别严重情节"，应当以侵犯著作权罪判处三年以上七年以下有期徒刑，并处罚金：

（一）非法经营数额在二十五万元以上的；

（二）未经著作权人许可，复制发行其文字作品、音乐、电影、电视、录像作品、计算机软件及其他作品，复制品数量合计在五千张（份）以上的；

（三）其他特别严重情节的情形。

第十一条 以刊登收费广告等方式直接或者间接收取费用的情形，属于刑法第二百一十七条规定的"以营利为目的"。

刑法第二百一十七条规定的"未经著作权人许可"，是指没有得到著作权人授权或者伪造、涂改著作权人授权许可文件或者超出授权许可范围的情形。

通过信息网络向公众传播他人文字作品、音乐、电影、电视、录像作品、计算机软件及其他作品的行为，应当视为刑法第二百一十七条规定的"复制发行"。

第十四条 实施刑法第二百一十七条规定的侵犯著作权犯罪，又销售该侵权复制品，构成犯罪的，应当依照刑法第二百一十七条的规定，以侵犯著作权罪定罪处罚。

实施刑法第二百一十七条规定的侵犯著作权犯罪，又销售明知是他人的侵权复制品，构成犯罪的，应当实行数罪并罚。

【说明】 单位犯罪的罪刑标准、共犯的认定，参见213.1本解释第15—16条。

217.4 最高人民法院、最高人民检察院关于办理侵犯知识产权刑事案件具体应用法律若干问题的解释（二）（2007年4月5日 法释〔2007〕6号）

为维护社会主义市场经济秩序，依法惩治侵犯知识产权犯罪活动，根据刑法、刑事诉讼法有关规定，现就办理侵犯知识产权刑事案件具体应用法律的若干问题解释如下：

　　第一条　以营利为目的，未经著作权人许可，复制发行其文字作品、音乐、电影、电视、录像作品、计算机软件及其他作品，复制品数量合计在五百张（份）以上的，属于刑法第二百一十七条规定的"有其他严重情节"；复制品数量在二千五百张（份）以上的，属于刑法第二百一十七条规定的"有其他特别严重情节"。

　　第二条　刑法第二百一十七条侵犯著作权罪中的"复制发行"，包括复制、发行或者既复制又发行的行为。

　　侵权产品的持有人通过广告、征订等方式推销侵权产品的，属于刑法第二百一十七条规定的"发行"。

　　非法出版、复制、发行他人作品，侵犯著作权构成犯罪的，按照侵犯著作权罪定罪处罚。

　　第三条　侵犯知识产权犯罪，符合刑法规定的缓刑条件的，依法适用缓刑。有下列情形之一的，一般不适用缓刑：

　　（一）因侵犯知识产权被刑事处罚或者行政处罚后，再次侵犯知识产权构成犯罪的；

　　（二）不具有悔罪表现的；

　　（三）拒不交出违法所得的；

　　（四）其他不宜适用缓刑的情形。

　　第四条　对于侵犯知识产权犯罪的，人民法院应当综合考虑犯罪的违法所得、非法经营数额、给权利人造成的损失、社会危害性等情节，依法判处罚金。罚金数额一般在违法所得的一倍以上五倍以下，或者按照非法经营数额的50%以上一倍以下确定。

　　第五条　被害人有证据证明的侵犯知识产权刑事案件，直接向人民法院起诉的，人民法院应当依法受理；严重危害社会秩序和国家利益的侵犯知识产权刑事案件，由人民检察院依法提起公诉。

　　第六条　单位实施刑法第二百一十三条至第二百一十九条规定的行为，按照《最高人民法院、最高人民检察院关于办理侵犯知识产权刑事案件具体应用法律若干问题的解释》和本解释规定的相应个人犯罪的定罪量刑标准定罪处罚。

　　第七条　以前发布的司法解释与本解释不一致的，以本解释为准。

【司法解释】

217.5 最高人民法院、最高人民检察院关于办理侵犯著作权刑事案件中涉及录音录像制品有关问题的批复（2005年10月18日　法释〔2005〕12号）

各省、自治区、直辖市高级人民法院、人民检察院，解放军军事法院、军事检察院，新疆维吾尔自治区高级人民法院生产建设兵团分院、新疆生产建设兵团人民检察院：

　　《最高人民法院、最高人民检察院关于办理侵犯知识产权刑事案件具体应用法律若干问题的解释》发布以后，部分高级人民法院、省级人民检察院就关于办理侵犯著作权刑事案件中涉及录音录像制品的有关问题提出请示。经研究，批复如下：

　　以营利为目的，未经录音录像制作者许可，复制发行其制作的录音录像制品的行为，复制品的数量标准分别适用《最高人民法院、最高人民检察院关于办理侵犯知识产权刑事案件具体应用法律若干问题的解释》第五条第一款第（二）项、第二款第（二）项的规定。

　　未经录音录像制作者许可，通过信息网络传播其制作的录音录像制品的行为，应当视为刑法第二百一十七条第（三）项规定的"复制发行"。

【司法解释】

217.6 最高人民法院、最高人民检察院关于办理侵犯知识产权刑事案件具体应用法律若干问题的解释（三）（2020年9月14日　法释〔2020〕10号）（节录）

　　第二条　在刑法第二百一十七条规定的作品、录音制品上以通常方式署名的自然人、法人或者非法人组织，应当推定为著作权人或者录音制作者，且该作品、录音制品上存在着相应权利，但有相反证明的除外。

在涉案作品、录音制品种类众多且权利人分散的案件中，有证据证明涉案复制品系非法出版、复制发行，且出版者、复制发行者不能提供获得著作权人、录音制作者许可的相关证据材料的，可以认定为刑法第二百一十七条规定的"未经著作权人许可""未经录音制作者许可"。但是，有证据证明权利人放弃权利、涉案作品的著作权或者录音制品的有关权利不受我国著作权法保护、权利保护期限已经届满的除外。

> 【说明】犯罪工具处理、从重从轻、罚金刑适用等，参见 213.3 本解释第 7—10 条。

【司法文件】

217.7 最高人民法院、最高人民检察院、公安部关于办理侵犯知识产权刑事案件适用法律若干问题的意见（2011 年 1 月 10 日　法发〔2011〕3 号）（节录）

十、关于侵犯著作权犯罪案件"以营利为目的"的认定问题

除销售外，具有下列情形之一的，可以认定为"以营利为目的"：

（一）以在他人作品中刊登收费广告、捆绑第三方作品等方式直接或间接收取费用的；

（二）通过信息网络传播他人作品，或者利用他人上传的侵权作品，在网站或者网页上提供刊登收费广告服务，直接或者间接收取费用的；

（三）以会员制方式通过信息网络传播他人作品，收取会员注册费或者其他费用的；

（四）其他利用他人作品牟利的情形。

十一、关于侵犯著作权犯罪案件"未经著作权人许可"的认定问题

"未经著作权人许可"一般应当依据著作权人或者其授权的代理人、著作权集体管理组织、国家著作权行政管理部门指定的著作权认证机构出具的涉案作品版权认证文书，或者证明出版者、复制发行者伪造、涂改授权许可文件或者超出授权许可范围的证据，结合其他证据综合予以认定。

在涉案作品种类众多且权利人分散的案件中，上述证据确实难以一一取得，但有证据证明涉案复制品系非法出版、复制发行的，且出版者、复制发行者不能提供获得著作权人许可的相关证明材料的，可以认定为"未经著作权人许可"。但是，有证据证明权利人放弃权利、涉案作品的著作权不受我国著作权法保护，或者著作权保护期限已经届满的除外。

十二、关于刑法第二百一十七条规定的"发行"的认定及相关问题

"发行"，包括总发行、批发、零售、通过信息网络传播以及出租、展销等活动。

非法出版、复制、发行他人作品，侵犯著作权构成犯罪的，按照侵犯著作权罪定罪处罚，不认定为非法经营罪等其他犯罪。

十三、关于通过信息网络传播侵权作品行为的定罪处罚标准问题

以营利为目的，未经著作权人许可，通过信息网络向公众传播他人文字作品、音乐、电影、电视、美术、摄影、录像作品、录音录像制品、计算机软件及其他作品，具有下列情形之一的，属于刑法第二百一十七条规定的"其他严重情节"：

（一）非法经营数额在五万元以上的；

（二）传播他人作品的数量合计在五百件（部）以上的；

（三）传播他人作品的实际被点击数达到五万次以上的；

（四）以会员制方式传播他人作品，注册会员达到一千人以上的；

（五）数额或者数量虽未达到第（一）项至第（四）项规定标准，但分别达到其中两项以上标准一半以上的；

（六）其他严重情节的情形。

实施前款规定的行为，数额或者数量达到前款第（一）项至第（五）项规定标准五倍以上的，属于刑法第二百一十七条规定的"其他特别严重情节"。

> 【说明】管辖、证据收集及效力、鉴定、数额计算、犯罪竞合等内容，参见 213.5 本意见。

【法律法规】

217.8 中华人民共和国著作权法（1991 年 6 月 1 日　2010 年修正）（第 48 条）

217.9 计算机软件保护条例（2002 年 1 月 1 日　2013 年修订）（第 24 条第 1 款）

217.10 音像制品管理条例（2002 年 2 月 1 日　2020 年修订）（第 36 条）

第二百一十八条【销售侵权复制品罪】以营利为目的，销售明知是本法第二百一十七条规定的侵权复制品，违法所得数额巨大或者有其他严重情节的，处五年以下有期徒刑，并处或者单处罚金。

【刑法修正说明】

本条为全国人大常委会 2020 年 12 月 26 日通过并公布、2021 年 3 月 1 日施行的《刑法修正案（十一）》第 21 条所修正。原第 218 条为：

【销售侵权复制品罪】以营利为目的，销售明知是本法第二百一十七条规定的侵权复制品，违法所得数额巨大的，处三年以下有期徒刑或者拘役，并处或者单处罚金。

【罪名渊源】 本罪 79 刑法没有规定，系沿袭全国人大常委会《关于惩治侵犯著作权的犯罪的决定》第 2 条的内容，刑法将犯罪构成要件由"违法所得数额较大"修改为"违法所得数额巨大"，法定刑幅度由两个改为一个。高法《罪名规定》、高检《罪名意见》将其解释为销售侵权复制品罪。《刑法修正案（十一）》第 21 条增设"其他严重情节"，删除拘役刑种，法定最高刑由 3 年提高为 5 年。

【立案标准】

218.1 最高人民检察院、公安部关于公安机关管辖的刑事案件立案追诉标准的规定（一）（2008 年 6 月 25 日　公通字〔2008〕36 号）（节录）

第二十七条 ［销售侵权复制品案（刑法第二百一十八条）］以营利为目的，销售明知是刑法第二百一十七条规定的侵权复制品，涉嫌下列情形之一的，应予立案追诉：

（一）违法所得数额十万元以上的；

（二）违法所得数额虽未达到上述数额标准，但尚未销售的侵权复制品货值金额达到三十万元以上的。

第一百条 本规定中的立案追诉标准，除法律、司法解释另有规定的以外，适用于相关的单位犯罪。

【罪刑标准】

218.2 最高人民法院关于审理非法出版物刑事案件具体应用法律若干问题的解释（1998 年 12 月 23 日　法释〔1998〕30 号）（节录）

第四条 以营利为目的，实施刑法第二百一十八条规定的行为，个人违法所得数额在十万元以上，单位违法所得数额在五十万元以上的，依照刑法第二百一十八条的规定，以销售侵权复制品罪定罪处罚。

第五条 实施刑法第二百一十七条规定的侵犯著作权行为，又销售该侵权复制品，违法所得数额巨大的，只定侵犯著作权罪，不实行数罪并罚。

实施刑法第二百一十七条规定的侵犯著作权的犯罪行为，又明知是他人的侵权复制品而予以销售，构成犯罪的，应当实行数罪并罚。

218.3 最高人民法院、最高人民检察院关于办理侵犯知识产权刑事案件具体应用法律若干问题的解释（2004 年 12 月 22 日　法释〔2004〕19 号）（节录）

第六条 以营利为目的，实施刑法第二百一十八条规定的行为，违法所得数额在十万元以上的，属于"违法所得数额巨大"，应当以销售侵权复制品罪判处三年以下有期徒刑或者拘役，并处或者单处罚金。

【说明】 单位犯罪的罪刑标准、共犯的认定，参见 213.1 本解释第 15—16 条。

【司法解释】

218.4 参见213.3 最高人民法院、最高人民检察院关于办理侵犯知识产权刑事案件具体应用法律若干问题的解释（三）（2020年9月14日　法释〔2020〕10号）（第7—10条）

【部委规范】

218.5 公安部关于对侵犯著作权案件中尚未印制完成的侵权复制品如何计算非法经营数额问题的批复（2003年6月20日）

辽宁省公安厅：

你厅《关于侵犯著作权案件中的半成品书籍如何计算非法经营数额的请示》（辽公传发〔2003〕257号）收悉。现批复如下：

根据《最高人民法院关于审理非法出版物刑事案件具体应用法律若干问题的解释》（法释〔1998〕30号）第17条的规定，侵犯著作权案件，应以非法出版物的定价数额乘以行为人经营的非法出版物数量所得的数额计算其经营数额。因此，对于行为人尚未印制完成侵权复制品的，应当以侵权复制品的定价数额乘以承印数量所得的数额计算其经营数额。但由于上述行为属于犯罪未遂，对于需要追究刑事责任的，公安机关应当在起诉意见书中予以说明。

【法律法规】

218.6 中华人民共和国著作权法（1991年6月1日　2010年修正）（第48条）

218.7 计算机软件保护条例（2002年1月1日　2013年修订）（第24条第1款）

第二百一十九条【侵犯商业秘密罪】 有下列侵犯商业秘密行为之一，情节严重的，处三年以下有期徒刑，并处或者单处罚金；情节特别严重的，处三年以上十年以下有期徒刑，并处罚金：

（一）以盗窃、贿赂、欺诈、胁迫、电子侵入或者其他不正当手段获取权利人的商业秘密的；

（二）披露、使用或者允许他人使用以前项手段获取的权利人的商业秘密的；

（三）违反保密义务或者违反权利人有关保守商业秘密的要求，披露、使用或者允许他人使用其所掌握的商业秘密的。

明知前款所列行为，获取、披露、使用或者允许他人使用该商业秘密的，以侵犯商业秘密论。

本条所称权利人，是指商业秘密的所有人和经商业秘密所有人许可的商业秘密使用人。

【刑法修正说明】

本条为全国人大常委会2020年12月26日通过并公布、2021年3月1日施行的《刑法修正案（十一）》第22条所修正。原第219条为：

【侵犯商业秘密罪】 有下列侵犯商业秘密行为之一，给商业秘密的权利人造成重大损失的，处三年以下有期徒刑或者拘役，并处或者单处罚金；造成特别严重后果的，处三年以上七年以下有期徒刑，并处罚金：

（一）以盗窃、利诱、胁迫或者其他不正当手段获取权利人的商业秘密的；

（二）披露、使用或者允许他人使用以前项手段获取的权利人的商业秘密的；

（三）违反约定或者违反权利人有关保守商业秘密的要求，披露、使用或者允许他人使用其所掌握的商业秘密的。

明知或者应知前款所列行为，获取、使用或者披露他人的商业秘密的，以侵犯商业秘密论。

本条所称商业秘密，是指不为公众所知悉，能为权利人带来经济利益，具有实用性并经权利人采取保密措施的技术信息和经营信息。

本条所称权利人，是指商业秘密的所有人和经商业秘密所有人许可的商业秘密使用人。

【罪名渊源】　本条79 刑法和单行刑法未规定，系刑法增设。高法《罪名规定》、高检《罪名意见》将其解释为侵犯商业秘密罪。《刑法修正案（十一）》第 22 条分别改罪状中的"造成重大损失""造成特别严重后果"为"情节严重""情节特别严重"，第一档刑删除拘役刑种，第二档法定最高刑由 7 年提高为 10 年，修改第 1 款第 1 项、第 2 款的犯罪方式，删除原第 3 款。

【立案标准】

219.1　最高人民检察院、公安部关于修改侵犯商业秘密刑事案件立案追诉标准的决定（2020 年 9 月 17 日　高检发〔2020〕15 号）

为依法惩治侵犯商业秘密犯罪，加大对知识产权的刑事司法保护力度，维护社会主义市场经济秩序，将《最高人民检察院、公安部关于公安机关管辖的刑事案件立案追诉标准的规定（二）》第七十三条①侵犯商业秘密刑事案件立案追诉标准修改为：【侵犯商业秘密案（刑法第二百一十九条）】侵犯商业秘密，涉嫌下列情形之一的，应予立案追诉：

（一）给商业秘密权利人造成损失数额在三十万元以上的；

（二）因侵犯商业秘密违法所得数额在三十万元以上的；

（三）直接导致商业秘密的权利人因重大经营困难而破产、倒闭的；

（四）其他给商业秘密权利人造成重大损失的情形。

前款规定的造成损失数额或者违法所得数额，可以按照下列方式认定：

（一）以不正当手段获取权利人的商业秘密，尚未披露、使用或者允许他人使用的，损失数额可以根据该项商业秘密的合理许可使用费确定；

（二）以不正当手段获取权利人的商业秘密后，披露、使用或者允许他人使用的，损失数额可以根据权利人因被侵权造成销售利润的损失确定，但该损失数额低于商业秘密合理许可使用费的，根据合理许可使用费确定；

（三）违反约定、权利人有关保守商业秘密的要求，披露、使用或者允许他人使用其所掌握的商业秘密的，损失数额可以根据权利人因被侵权造成销售利润的损失确定；

（四）明知商业秘密是不正当手段获取或者是违反约定、权利人有关保守商业秘密的要求披露、使用、允许使用，仍获取、使用或者披露的，损失数额可以根据权利人因被侵权造成销售利润的损失确定；

（五）因侵犯商业秘密行为导致商业秘密已为公众所知悉或者灭失的，损失数额可以根据该项商业秘密的商业价值确定。商业秘密的商业价值，可以根据该项商业秘密的研究开发成本、实施该项商业秘密的收益综合确定；

（六）因披露或者允许他人使用商业秘密而获得的财物或者其他财产性利益，应当认定为违法所得。

前款第二项、第三项、第四项规定的权利人因被侵权造成销售利润的损失，可以根据权利人因被侵权造成销售量减少的总数乘以权利人每件产品的合理利润确定；销售量减少的总数无法确定的，可以根据侵权产品销售量乘以权利人每件产品的合理利润确定；权利人因被侵权造成销售量减少的总数和每件产品的合理利润均无法确定的，可以根据侵权产品销售量乘以每件侵权产品的合理利润确定。商业秘密系用于服务等其他经营活动的，损失数额可以根据权利人因被侵权而减少的合理利润确定。

商业秘密的权利人为减轻对商业运营、商业计划的损失或者重新恢复计算机信息系统安全、其他系统安全而支出的补救费用，应当计入给商业秘密的权利人造成的损失。

【说明】预备犯、单位犯罪的追诉标准等内容，参见 175.1 规定第 82—84 条。

---

① 该规定已被废止，2022 年 5 月 15 日施行的《最高人民检察院、公安部关于公安机关管辖的刑事案件立案追诉标准的规定（二）》未再规定侵犯商业秘密案的追诉标准。——编者注

【罪刑标准】

　　219.2 最高人民法院、最高人民检察院关于办理侵犯知识产权刑事案件具体应用法律若干问题的解释（2004年12月22日 法释〔2004〕19号）（节录）

　　第七条 实施刑法第二百一十九条规定的行为之一，给商业秘密的权利人造成损失数额在五十万元以上的，属于"给商业秘密的权利人造成重大损失"，应当以侵犯商业秘密罪判处三年以下有期徒刑或者拘役，并处或者单处罚金。

　　给商业秘密的权利人造成损失数额在二百五十万元以上的，属于刑法第二百一十九条规定的"造成特别严重后果"，应当以侵犯商业秘密罪判处三年以上七年以下有期徒刑，并处罚金。

　　【说明】单位犯罪的罪刑标准、共犯的认定，参见213.1本解释第15—16条。

　　219.3 最高人民法院、最高人民检察院关于办理侵犯知识产权刑事案件具体应用法律若干问题的解释（三）（2020年9月14日 法释〔2020〕10号）（节录）

　　第三条 采取非法复制、未经授权或者超越授权使用计算机信息系统等方式窃取商业秘密的，应当认定为刑法第二百一十九条第一款第一项规定的"盗窃"。

　　以贿赂、欺诈、电子侵入等方式获取权利人的商业秘密的，应当认定为刑法第二百一十九条第一款第一项规定的"其他不正当手段"。

　　第四条 实施刑法第二百一十九条规定的行为，具有下列情形之一的，应当认定为"给商业秘密的权利人造成重大损失"：

　　（一）给商业秘密的权利人造成损失数额或者因侵犯商业秘密违法所得数额在三十万元以上的；

　　（二）直接导致商业秘密的权利人因重大经营困难而破产、倒闭的；

　　（三）造成商业秘密的权利人其他重大损失的。

　　给商业秘密的权利人造成损失数额或者因侵犯商业秘密违法所得数额在二百五十万元以上的，应当认定为刑法第二百一十九条规定的"造成特别严重后果"。

　　第五条 实施刑法第二百一十九条规定的行为造成的损失数额或者违法所得数额，可以按照下列方式认定：

　　（一）以不正当手段获取权利人的商业秘密，尚未披露、使用或者允许他人使用的，损失数额可以根据该项商业秘密的合理许可使用费确定；

　　（二）以不正当手段获取权利人的商业秘密后，披露、使用或者允许他人使用的，损失数额可以根据权利人因被侵权造成销售利润的损失确定，但该损失数额低于商业秘密合理许可使用费的，根据合理许可使用费确定；

　　（三）违反约定、权利人有关保守商业秘密的要求，披露、使用或者允许他人使用其所掌握的商业秘密的，损失数额可以根据权利人因被侵权造成销售利润的损失确定；

　　（四）明知商业秘密是不正当手段获取或者是违反约定、权利人有关保守商业秘密的要求披露、使用、允许使用，仍获取、使用或者披露的，损失数额可以根据权利人因被侵权造成销售利润的损失确定；

　　（五）因侵犯商业秘密行为导致商业秘密已为公众所知悉或者灭失的，损失数额可以根据该项商业秘密的商业价值确定。商业秘密的商业价值，可以根据该项商业秘密的研究开发成本、实施该项商业秘密的收益综合确定；

　　（六）因披露或者允许他人使用商业秘密而获得的财物或者其他财产性利益，应当认定为违法所得。

　　前款第二项、第三项、第四项规定的权利人因被侵权造成销售利润的损失，可以根据权利人因被侵权造成销售量减少的总数乘以权利人每件产品的合理利润确定；销售量减少的总数无法确定的，可以根据侵权产品销售量乘以权利人每件产品的合理利润确定；权利人因被侵权造成销售量减少的总数和每件产品的合理利润均无法确定的，可以根据侵权产品销售量乘以每件侵权产品的合理利润确定。商业秘密系用于服务等其他经营活动的，损失数额可以根据权利人因被侵权而减少的合理利润确定。

商业秘密的权利人为减轻对商业运营、商业计划的损失或者重新恢复计算机信息系统安全、其他系统安全而支出的补救费用，应当计入给商业秘密的权利人造成的损失。

第六条　在刑事诉讼程序中，当事人、辩护人、诉讼代理人或者案外人书面申请对有关商业秘密或者其他需要保密的商业信息的证据、材料采取保密措施的，应当根据案件情况采取组织诉讼参与人签署保密承诺书等必要的保密措施。

违反前款有关保密措施的要求或者法律法规规定的保密义务的，依法承担相应责任。擅自披露、使用或者允许他人使用在刑事诉讼程序中接触、获取的商业秘密，符合刑法第二百一十九条规定的，依法追究刑事责任。

【说明】从重从轻、罚金刑适用等，参见 213.3 本解释第 8—10 条。

【司法文件】

219.4 参见 213.7 最高人民法院关于进一步加强涉种子刑事审判工作的指导意见（2022 年 3 月 2 日　法〔2022〕66 号）

【部委规范】

219.5 关于禁止侵犯商业秘密行为的若干规定（1995 年 11 月 23 日　国家工商行政管理局令第 41 号　1998 年修订）（第 2—3 条）

【法律法规】

219.6 中华人民共和国促进科技成果转化法（1996 年 10 月 1 日　2015 年修正）（第 54 条）

219.7 传统工艺美术保护条例（1997 年 5 月 20 日　2013 年修订）（第 2 条、第 20 条）

219.8 中华人民共和国价格法（1998 年 5 月 1 日）（第 34 条、第 46 条）

219.9 中华人民共和国反不正当竞争法（2018 年 1 月 1 日　2019 年修正）（第 9 条）

第二百一十九条之一【为境外窃取、刺探、收买、非法提供商业秘密罪】 为境外的机构、组织、人员窃取、刺探、收买、非法提供商业秘密的，处五年以下有期徒刑，并处或者单处罚金；情节严重的，处五年以上有期徒刑，并处罚金。

【刑法修正说明】

本条为全国人大常委会 2020 年 12 月 26 日通过并公布、2021 年 3 月 1 日施行的《刑法修正案（十一）》第 23 条所增设。

【罪名渊源】本条为《刑法修正案（十一）》第 23 条所增设，"两高"《罪名补充规定（七）》将其解释为为境外窃取、刺探、收买、非法提供商业秘密罪。

219-1.1 参见 213.7 最高人民法院关于进一步加强涉种子刑事审判工作的指导意见（2022 年 3 月 2 日　法〔2022〕66 号）

第二百二十条【单位犯侵犯知识产权罪的处罚】 单位犯本节第二百一十三条至第二百一十九条之一规定之罪的，对单位判处罚金，并对其直接负责的主管人员和其他直接责任人员，依照本节各该条的规定处罚。①

---

① 本条涉及如下罪名：假冒注册商标罪，销售假冒注册商标的商品罪，非法制造、销售非法制造的注册商标标识罪，假冒专利罪，侵犯著作权罪，销售侵权复制品罪，侵犯商业秘密罪，为境外窃取、刺探、收买、非法提供商业秘密罪。——编者注

【刑法修正说明】

本条为全国人大常委会 2020 年 12 月 26 日通过并公布、2021 年 3 月 1 日施行的《刑法修正案（十一）》第 24 条所修正。原第 220 条为：

【单位犯侵犯知识产权罪的处罚】单位犯本节第二百一十三条至第二百一十九条规定之罪的，对单位判处罚金，并对其直接负责的主管人员和其他直接责任人员，依照本节各该条的规定处罚。

【罪刑标准】

220.1 最高人民法院、最高人民检察院关于办理侵犯知识产权刑事案件具体应用法律若干问题的解释（2004 年 12 月 22 日 法释〔2004〕19 号）（节录）

第十五条 单位实施刑法第二百一十三条至第二百一十九条规定的行为，按照本解释规定的相应个人犯罪的定罪量刑标准的三倍定罪量刑。

220.2 最高人民法院、最高人民检察院关于办理侵犯知识产权刑事案件具体应用法律若干问题的解释（二）（2007 年 4 月 5 日 法释〔2007〕6 号）（节录）

第六条 单位实施刑法第二百一十三条至第二百一十九条规定的行为，按照《最高人民法院、最高人民检察院关于办理侵犯知识产权刑事案件具体应用法律若干问题的解释》和本解释规定的相应个人犯罪的定罪量刑标准定罪处罚。

第八节 扰乱市场秩序罪

第二百二十一条【损害商业信誉、商品声誉罪】捏造并散布虚伪事实，损害他人的商业信誉、商品声誉，给他人造成重大损失或者有其他严重情节的，处二年以下有期徒刑或者拘役，并处或者单处罚金。

【罪名渊源】本条 79 刑法、单行刑法均未规定，系刑法增设。高法《罪名规定》、高检《罪名意见》将其解释为损害商业信誉、商品声誉罪。

【立案标准】

221.1 最高人民检察院、公安部关于公安机关管辖的刑事案件立案追诉标准的规定（二）（2022 年 5 月 15 日 公通字〔2022〕12 号）（节录）

第六十六条 〔损害商业信誉、商品声誉案（刑法第二百二十一条）〕捏造并散布虚伪事实，损害他人的商业信誉、商品声誉，涉嫌下列情形之一的，应予立案追诉：

（一）给他人造成直接经济损失数额在五十万元以上的；

（二）虽未达到上述数额标准，但造成公司、企业等单位停业、停产六个月以上，或者破产的；

（三）其他给他人造成重大损失或者有其他严重情节的情形。

第八十一条 本规定中的"虽未达到上述数额标准"，是指接近上述数额标准且已达到该数额的百分之八十以上的。

第八十二条 对于预备犯、未遂犯、中止犯，需要追究刑事责任的，应予立案追诉。

第八十三条 本规定中的立案追诉标准，除法律、司法解释、本规定中另有规定的以外，适用于相应的单位犯罪。

第八十四条 本规定中的"以上"，包括本数。

【罪刑标准】

221.2 最高人民法院、最高人民检察院关于办理利用信息网络实施诽谤等刑事案件适用法律若干问题的解释（2013 年 9 月 10 日 法释〔2013〕21 号）（节录）

第九条 利用信息网络实施诽谤、寻衅滋事、敲诈勒索、非法经营犯罪，同时又构成刑法第二百二十一条规定的损害商业信誉、商品声誉罪，第二百七十八条规定的煽动暴力抗拒法律实施罪，第二百九十一条之一规定的编造、故意传播虚假恐怖信息罪等犯罪的，依照处罚较重的规定定罪处罚。

第十条　本解释所称信息网络，包括以计算机、电视机、固定电话机、移动电话机等电子设备为终端的计算机互联网、广播电视网、固定通信网、移动通信网等信息网络，以及向公众开放的局域网络。

【法律法规】

221.3 全国人民代表大会常务委员会关于维护互联网安全的决定（2000年12月28日　2009年修正）（第3条第2项）

第二百二十二条【虚假广告罪】广告主、广告经营者、广告发布者违反国家规定，利用广告对商品或者服务作虚假宣传，情节严重的，处二年以下有期徒刑或者拘役，并处或者单处罚金。

【罪名渊源】本条系刑法吸收《广告法》第37条内容增设，79刑法、单行刑法均未规定。高法《罪名规定》、高检《罪名意见》将其解释为虚假广告罪。

【立案标准】

222.1 最高人民检察院、公安部关于公安机关管辖的刑事案件立案追诉标准的规定（二）（2022年5月15日　公通字〔2022〕12号）（节录）

第六十七条　〔虚假广告案（刑法第二百二十二条）〕广告主、广告经营者、广告发布者违反国家规定，利用广告对商品或者服务作虚假宣传，涉嫌下列情形之一的，应予立案追诉：

（一）违法所得数额在十万元以上的；

（二）假借预防、控制突发事件、传染病防治的名义，利用广告作虚假宣传，致使多人上当受骗，违法所得数额在三万元以上的；

（三）利用广告对食品、药品作虚假宣传，违法所得数额在三万元以上的；

（四）虽未达到上述数额标准，但二年内因利用广告作虚假宣传受过二次以上行政处罚，又利用广告作虚假宣传的；

（五）造成严重危害后果或者恶劣社会影响的；

（六）其他情节严重的情形。

第八十一条　本规定中的"虽未达到上述数额标准"，是指接近上述数额标准且已达到该数额的百分之八十以上的。

第八十二条　对于预备犯、未遂犯、中止犯，需要追究刑事责任的，应予立案追诉。

第八十三条　本规定中的立案追诉标准，除法律、司法解释、本规定中另有规定的以外，适用于相应的单位犯罪。

第八十四条　本规定中的"以上"，包括本数。

【罪刑标准】

222.2 最高人民法院关于审理非法集资刑事案件具体应用法律若干问题的解释（2011年1月4日　法释〔2010〕18号　2022年修正）（节录）

第十二条　广告经营者、广告发布者违反国家规定，利用广告为非法集资活动相关的商品或者服务作虚假宣传，具有下列情形之一的，依照刑法第二百二十二条的规定，以虚假广告罪定罪处罚：

（一）违法所得数额在10万元以上的；

（二）造成严重危害后果或者恶劣社会影响的；

（三）二年内利用广告作虚假宣传，受过行政处罚二次以上的；

（四）其他情节严重的情形。

明知他人从事欺诈发行证券，非法吸收公众存款，擅自发行股票、公司、企业债券，集资诈骗或者组织、领导传销活动等集资犯罪活动，为其提供广告等宣传的，以相关犯罪的共犯论处。

【司法解释】

222.3 最高人民法院、最高人民检察院关于办理妨害预防、控制突发传染病疫情等灾害的刑事案件具体应用法律若干问题的解释（2003年5月15日　法释〔2003〕8号）（节录）

第五条　广告主、广告经营者、广告发布者违反国家规定，假借预防、控制突发传染病疫情等灾害的名义，利用广告对所推销的商品或者服务作虚假宣传，致使多人上当受骗，违法所得数额较大或者有其他严重情节的，依照刑法第二百二十二条的规定，以虚假广告罪定罪处罚。

222.4 最高人民法院、最高人民检察院关于办理危害食品安全刑事案件适用法律若干问题的解释（2022 年 1 月 1 日　法释〔2021〕24 号）（节录）

第十九条　违反国家规定，利用广告对保健食品或者其他食品作虚假宣传，符合刑法第二百二十二条规定的，以虚假广告罪定罪处罚；以非法占有为目的，利用销售保健食品或者其他食品诈骗财物，符合刑法第二百六十六条规定的，以诈骗罪定罪处罚。同时构成生产、销售伪劣产品罪等其他犯罪的，依照处罚较重的规定定罪处罚。

第二十三条　单位实施本解释规定的犯罪的，对单位判处罚金，并对直接负责的主管人员和其他直接责任人员，依照本解释规定的定罪量刑标准处罚。

222.5 最高人民法院、最高人民检察院关于办理危害药品安全刑事案件适用法律若干问题的解释（2022 年 3 月 6 日　高检发释字〔2022〕1 号）（节录）

第十二条　广告主、广告经营者、广告发布者违反国家规定，利用广告对药品作虚假宣传，情节严重的，依照刑法第二百二十二条的规定，以虚假广告罪定罪处罚。

【法律法规】

222.6 全国人民代表大会常务委员会关于维护互联网安全的决定（2000 年 12 月 28 日　2009 年修正）（第 3 条第 1 项）

222.7 中华人民共和国广告法（2015 年 9 月 1 日　2018 年修正）（第 2 条，第 4 条，第 55 条第 1 款、第 3—4 款）

222.8 中华人民共和国反不正当竞争法（2018 年 1 月 1 日　2019 条修正）（第 8 条）

第二百二十三条【串通投标罪】 投标人相互串通投标报价，损害招标人或者其他投标人利益，情节严重的，处三年以下有期徒刑或者拘役，并处或者单处罚金。

投标人与招标人串通投标，损害国家、集体、公民的合法利益的，依照前款的规定处罚。

【罪名渊源】 本条系刑法增设，79 刑法、单行刑法均未规定。高法《罪名规定》、高检《罪名意见》将其解释为串通投标罪。

【立案标准】

223.1 最高人民检察院、公安部关于公安机关管辖的刑事案件立案追诉标准的规定（二）（2022 年 5 月 15 日　公通字〔2022〕12 号）（节录）

第六十八条　〔串通投标案（刑法第二百二十三条）〕投标人相互串通投标报价，或者投标人与招标人串通投标，涉嫌下列情形之一的，应予立案追诉：

（一）损害招标人、投标人或者国家、集体、公民的合法利益，造成直接经济损失数额在五十万元以上的；

（二）违法所得数额在二十万元以上的；

（三）中标项目金额在四百万元以上的；

（四）采取威胁、欺骗或者贿赂等非法手段的；

（五）虽未达到上述数额标准，但二年内因串通投标受过二次以上行政处罚，又串通投标的；

（六）其他情节严重的情形。

第八十一条　本规定中的"虽未达到上述数额标准"，是指接近上述数额标准且已达到该数额的百分之八十以上的。

第八十二条　对于预备犯、未遂犯、中止犯，需要追究刑事责任的，应予立案追诉。

第八十三条　本规定中的立案追诉标准，除法律、司法解释、本规定中另有规定的以外，适用于相应的单位犯罪。

第八十四条　本规定中的"以上"，包括本数。

【部委规范】

223.2 关于禁止串通招标投标行为的暂行规定（1998 年 1 月 6 日　国家工商行政管理局令第 82 号）（第 3 条）

【法律法规】

223.3 中华人民共和国招标投标法（2000 年 1 月 1 日　2017 年修正）（第 53 条）

223.4 中华人民共和国政府采购法（2003 年 1 月 1 日　2014 年修正）（第 76—78 条）

第二百二十四条【合同诈骗罪】 有下列情形之一，以非法占有为目的，在签订、履行合同过程中，骗取对方当事人财物，数额较大的，处三年以下有期徒刑或者拘役，并处或者单处罚金；数额巨大或者有其他严重情节的，处三年以上十年以下有期徒刑，并处罚金；数额特别巨大或者有其他特别严重情节的，处十年以上有期徒刑或者无期徒刑，并处罚金或者没收财产：

（一）以虚构的单位或者冒用他人名义签订合同的；

（二）以伪造、变造、作废的票据或者其他虚假的产权证明作担保的；

（三）没有实际履行能力，以先履行小额合同或者部分履行合同的方法，诱骗对方当事人继续签订和履行合同的；

（四）收受对方当事人给付的货物、货款、预付款或者担保财产后逃匿的；

（五）以其他方法骗取对方当事人财物的。

【罪名渊源】 本条系从 79 刑法第 151 条的诈骗罪分离而来。高法《罪名规定》、高检《罪名意见》将其解释为合同诈骗罪。

【立案标准】

224.1 最高人民检察院、公安部关于公安机关管辖的刑事案件立案追诉标准的规定（二）（2022 年 5 月 15 日　公通字〔2022〕12 号）（节录）

第六十九条　〔合同诈骗案（刑法第二百二十四条）〕以非法占有为目的，在签订、履行合同过程中，骗取对方当事人财物，数额在二万元以上的，应予立案追诉。

第八十二条　对于预备犯、未遂犯、中止犯，需要追究刑事责任的，应予立案追诉。

第八十三条　本规定中的立案追诉标准，除法律、司法解释、本规定中另有规定的以外，适用于相应的单位犯罪。

第八十四条　本规定中的"以上"，包括本数。

【证据标准】

224.2 最高人民检察院关于印发部分罪案《审查逮捕证据参考标准（试行）》的通知（2003 年 11 月 27 日　高检侦监发〔2003〕107 号）（节录）

一、审查逮捕通用证据参考标准（参见 232.1 本通知）

八、合同诈骗罪案审查逮捕证据参考标准

合同诈骗罪，是指触犯《刑法》第 224 条的规定，以非法占有为目的，在签订合同、履行合同过程中，骗取对方当事人财物，数额较大的行为。

对提请批捕的合同诈骗案件，应当注意从以下几个方面审查证据：

（一）有证据证明发生了合同诈骗犯罪事实。

重点审查：

1. 查获的合同、工商部门①出具的工商登记资料等证明有以虚构的单位或者冒用他人名义签订合同的行为的证据。

2. 查获的伪造、变造、作废的票据或虚假的产权证明、双方签订的合同、担保合同或担保条款等，证明有以伪造、变造、作废的票据或者虚假的产权证明作担保的行为的证据。

3. 犯罪嫌疑人没有履行能力、犯罪嫌疑人部分履行合同、双方先后签订的多份合同等证明没有实际履行能力，以先履行小额合同或者部分履行合同的方法，诱骗对方当事人继续签订和履行

---

① 2018 年国务院政府机构改革撤销了工商部门，其职能划归市场监督管理部门。——编者注

合同的行为的证据。

4. 双方签订的合同、犯罪嫌疑人收受被害人给付的货物、预付款或者担保财产、犯罪嫌疑人逃匿等，证明有收受对方当事人给付的货物、货款、预付款或者担保财产后逃匿的行为的证据。

5. 证明犯罪嫌疑人有以其他方法骗取对方当事人财物的行为的证据。

6. 证明合同诈骗事实发生的被害人陈述、证人证言、犯罪嫌疑人供述等。

7. 证明犯罪嫌疑人的合同诈骗行为以非法占有为目的的证据，如具有逃匿、躲避或者出走不归，或者以其他方法逃避承担民事责任的；以隐匿等方法占有财物的；对骗得财物进行私分、挥霍使用的；用于归还欠债或者抵偿债务的；用于进行其他违法犯罪活动（包括非法经营活动）的；其他企图使他人丧失对财物占有的情形。

（二）有证据证明合同诈骗犯罪事实系犯罪嫌疑人实施的。

重点审查：

1. 被害人的指认。

2. 犯罪嫌疑人的供认。

3. 证人证言。

4. 同案犯罪嫌疑人的供述。

5. 对合同、收条或伪造票据上的签名笔迹所做的能够证明犯罪嫌疑人实施合同诈骗犯罪的鉴定。

6. 其他能够证明犯罪嫌疑人实施合同诈骗犯罪的证据。

（三）证明犯罪嫌疑人实施合同诈骗犯罪行为的证据已有查证属实的。

重点审查：

1. 其他证据能够印证的被害人的指认。

2. 其他证据能够印证的犯罪嫌疑人的供述。

3. 能够相互印证的证人证言。

4. 能够与其他证据相互印证的证人证言或者同案犯供述。

5. 其他证据能够印证的涉案合同文本。

6. 查证属实的证明犯罪嫌疑人实施合同诈骗犯罪的其他证据。

【司法解释】

224.3 最高人民法院关于在审理经济纠纷案件中涉及经济犯罪嫌疑若干问题的规定（1998年4月29日 法释〔1998〕7号）（第1—12条）

【司法文件】

224.4 最高人民法院关于常见犯罪的量刑指导意见（二）（试行）（2017年5月1日 法〔2017〕74号）（节录）

一、八种常见犯罪的量刑

（五）合同诈骗罪

1. 构成合同诈骗罪的，可以根据下列不同情形在相应的幅度内确定量刑起点：

（1）达到数额较大起点的，可以在一年以下有期徒刑、拘役幅度内确定量刑起点。

（2）达到数额巨大起点或者有其他严重情节的，可以在三年至四年有期徒刑幅度内确定量刑起点。

（3）达到数额特别巨大起点或者有其他严重情节的，可以在十年至十二年有期徒刑幅度内确定量刑起点。依法应当判处无期徒刑的除外。

2. 在量刑起点的基础上，根据合同诈骗数额等其他影响犯罪构成的犯罪事实增加刑罚量，确认基准刑。

二、附则

1. 本指导意见规范上列八种犯罪判处有期徒刑、拘役的案件。

2. 各高级人民法院应当结合当地实际制定实施细则。

224.5 参见264.21检察机关办理电信网络诈骗案件指引（2018年11月9日 高检发侦监字〔2018〕12号）

【法律法规】

224.6 中华人民共和国政府采购法（2003 年 1 月 1 日　2014 年修正）（第 76—78 条）

224.7 中华人民共和国民法典（2021 年 1 月 1 日）（第 464 条、第 534 条）

第二百二十四条之一【组织、领导传销活动罪】组织、领导以推销商品、提供服务等经营活动为名，要求参加者以缴纳费用或者购买商品、服务等方式获得加入资格，并按照一定顺序组成层级，直接或者间接以发展人员的数量作为计酬或者返利依据，引诱、胁迫参加者继续发展他人参加，骗取财物，扰乱经济社会秩序的传销活动的，处五年以下有期徒刑或者拘役，并处罚金；情节严重的，处五年以上有期徒刑，并处罚金。

【刑法修正说明】

本条为全国人大常委会 2009 年 2 月 28 日通过并公布施行的《刑法修正案（七）》第 4 条所增设。

【罪名渊源】本条系《刑法修正案（七）》增设，"两高"《罪名补充规定（四）》将其解释为组织、领导传销活动罪。

【立案标准】

224-1.1 最高人民检察院、公安部关于公安机关管辖的刑事案件立案追诉标准的规定（二）（2022 年 5 月 15 日　公通字〔2022〕12 号）（节录）

第七十条　〔组织、领导传销活动案（刑法第二百二十四条之一）〕组织、领导以推销商品、提供服务等经营活动为名，要求参加者以缴纳费用或者购买商品、服务等方式获得加入资格，并按照一定顺序组成层级，直接或者间接以发展人员的数量作为计酬或者返利依据，引诱、胁迫参加者继续发展他人参加，骗取财物，扰乱经济社会秩序的传销活动，涉嫌组织、领导的传销活动人员在三十人以上且层级在三级以上的，对组织者、领导者，应予立案追诉。

下列人员可以认定为传销活动的组织者、领导者：

（一）在传销活动中起发起、策划、操纵作用的人员；

（二）在传销活动中承担管理、协调等职责的人员；

（三）在传销活动中承担宣传、培训等职责的人员；

（四）因组织、领导传销活动受过刑事追究，或者一年内因组织、领导传销活动受过行政处罚，又直接或者间接发展参与传销活动人员在十五人以上且层级在三级以上的人员；

（五）其他对传销活动的实施、传销组织的建立、扩大等起关键作用的人员。

第八十二条　对于预备犯、未遂犯、中止犯，需要追究刑事责任的，应予立案追诉。

第八十三条　本规定中的立案追诉标准，除法律、司法解释、本规定中另有规定的以外，适用于相应的单位犯罪。

第八十四条　本规定中的"以上"，包括本数。

【司法解释】

224-1.2 最高人民法院关于审理非法集资刑事案件具体应用法律若干问题的解释（2011 年 1 月 4 日　法释〔2010〕18 号　2022 年修正）（节录）

第十三条　通过传销手段向社会公众非法吸收资金，构成非法吸收公众存款罪或者集资诈骗罪，同时又构成组织、领导传销活动罪的，依照处罚较重的规定定罪处罚。

【司法文件】

224-1.3 最高人民法院、最高人民检察院、公安部、司法部关于依法惩治拐卖妇女儿童犯罪的意见（2010 年 3 月 15 日　法发〔2010〕7 号）（节录）

五、定性

20.（第一款）明知是被拐卖的妇女、儿童而收买，具有下列情形之一的，以收买被拐卖的妇女、儿童罪论处；同时构成其他犯罪的，依照数罪并罚的规定处罚：

（5）组织、诱骗、强迫被收买的妇女、儿童从事乞讨、苦役，或者盗窃、传销、卖淫等违法犯罪活动的。

224-1.4 最高人民法院、最高人民检察院、公安部关于办理组织领导传销活动刑事案件适用法律若干问题的意见（2013 年 11 月 14 日　公通字〔2013〕37 号）

一、关于传销组织层级及人数的认定问题

以推销商品、提供服务等经营活动为名，要求参加者以缴纳费用或者购买商品、服务等方式获得加入资格，并按照一定顺序组成层级，直接或者间接以发展人员的数量作为计酬或者返利依据，引诱、胁迫参加者继续发展他人参加，骗取财物，扰乱经济社会秩序的传销组织，其组织内部参与传销活动人员在三十人以上且层级在三级以上的，应当对组织者、领导者追究刑事责任。

组织、领导多个传销组织，单个或者多个组织中的层级已达三级以上的，可将在各个组织中发展的人数合并计算。

组织者、领导者形式上脱离原传销组织后，继续从原传销组织获取报酬或者返利的，原传销组织在其脱离后发展人员的层级数和人数，应当计算为其发展的层级数和人数。

办理组织、领导传销活动刑事案件中，确因客观条件的限制无法逐一收集参与传销活动人员的言词证据的，可以结合依法收集并查证属实的缴纳、支付费用及计酬、返利记录，视听资料，传销人员关系图，银行账户交易记录，互联网电子数据，鉴定意见等证据，综合认定参与传销的人数、层级数等犯罪事实。

二、关于传销活动有关人员的认定和处理问题

下列人员可以认定为传销活动的组织者、领导者：

（一）在传销活动中起发起、策划、操纵作用的人员；

（二）在传销活动中承担管理、协调等职责的人员；

（三）在传销活动中承担宣传、培训等职责的人员；

（四）曾因组织、领导传销活动受过刑事处罚，或者一年以内因组织、领导传销活动受过行政处罚，又直接或者间接发展参与传销活动人员在十五人以上且层级在三级以上的人员；

（五）其他对传销活动的实施、传销组织的建立、扩大等起关键作用的人员。

以单位名义实施组织、领导传销活动犯罪的，对于受单位指派，仅从事劳务性工作的人员，一般不予追究刑事责任。

三、关于"骗取财物"的认定问题

传销活动的组织者、领导者采取编造、歪曲国家政策，虚构、夸大经营、投资、服务项目及盈利前景，掩饰计酬、返利真实来源或者其他欺诈手段，实施刑法第二百二十四条之一规定的行为，从参与传销活动人员缴纳的费用或者购买商品、服务的费用中非法获利的，应当认定为骗取财物。参与传销活动人员是否认为被骗，不影响骗取财物的认定。

四、关于"情节严重"的认定问题

对符合本意见第一条第一款规定的传销组织的组织者、领导者，具有下列情形之一的，应当认定为刑法第二百二十四条之一规定的"情节严重"：

（一）组织、领导的参与传销活动人员累计达一百二十八人以上的；

（二）直接或者间接收取参与传销活动人员缴纳的传销资金数额累计达二百五十万元以上的；

（三）曾因组织、领导传销活动受过刑事处罚，或者一年以内因组织、领导传销活动受过行政处罚，又直接或者间接发展参与传销活动人员累计达六十人以上的；

（四）造成参与传销活动人员精神失常、自杀等严重后果的；

（五）造成其他严重后果或者恶劣社会影响的。

五、关于"团队计酬"行为的处理问题

传销活动的组织者或者领导者通过发展人员，要求传销活动的被发展人员发展其他人员加入，形成上下线关系，并以下线的销售业绩为依据计算和给付上线报酬，牟取非法利益的，是"团队计酬"式传销活动。

以销售商品为目的、以销售业绩为计酬依据的单纯的"团队计酬"式传销活动，不作为犯罪处理。形式上采取"团队计酬"方式，但实质上属于"以发展人员的数量作为计酬或者返利依据"的传销活动，应当依照刑法第二百二十四条之一的规定，以组织、领导传销活动罪定罪处罚。

六、关于罪名的适用问题

以非法占有为目的，组织、领导传销活动，同时构成组织、领导传销活动罪和集资诈骗罪的，依照处罚较重的规定定罪处罚。

犯组织、领导传销活动罪，并实施故意伤害、非法拘禁、敲诈勒索、妨害公务、聚众扰乱社会秩序、聚众冲击国家机关、聚众扰乱公共场所秩序、交通秩序等行为，构成犯罪的，依照数罪并罚的规定处罚。

七、其他问题

本意见所称"以上"、"以内"，包括本数。

本意见所称"层级"和"级"，系指组织者、领导者与参与传销活动人员之间的上下线关系层次，而非组织者、领导者在传销组织中的身份等级。

对传销组织内部人数和层级数的计算，以及对组织者、领导者直接或者间接发展参与传销活动人员人数和层级数的计算，包括组织者、领导者本人及其本层级在内。

224 - 1.5 参见 192.3 最高人民检察院、公安部关于公安机关办理经济犯罪案件的若干规定
（2018 年 1 月 1 日 公通字〔2017〕25 号）

第二百二十五条【非法经营罪】 违反国家规定，有下列非法经营行为之一，扰乱市场秩序，情节严重的，处五年以下有期徒刑或者拘役，并处或者单处违法所得一倍以上五倍以下罚金；情节特别严重的，处五年以上有期徒刑，并处违法所得一倍以上五倍以下罚金或者没收财产：

（一）未经许可经营法律、行政法规规定的专营、专卖物品或者其他限制买卖的物品的；

（二）买卖进出口许可证、进出口原产地证明以及其他法律、行政法规规定的经营许可证或者批准文件的；

（三）未经国家有关主管部门批准非法经营证券、期货、保险业务的，或者非法从事资金支付结算业务的；

（四）其他严重扰乱市场秩序的非法经营行为。

【说明】1998 年 12 月 29 日通过并施行的全国人大常委会《关于惩治骗购外汇、逃汇和非法买卖外汇犯罪的决定》第 4 条对本条罪状作了补充。其内容为：

四、在国家规定的交易场所以外非法买卖外汇，扰乱市场秩序，情节严重的，依照刑法第二百二十五条的规定定罪处罚。

单位犯前款罪的，依照刑法第二百三十一条的规定处罚。

【刑法第一次修正说明】

本条第 3 项为 1999 年 12 月 25 日通过并公布施行的《刑法修正案》第 8 条所增设。原第 225 条为：

【非法经营罪】违反国家规定，有下列非法经营行为之一，扰乱市场秩序，情节严重的，处五年以下有期徒刑或者拘役，并处或者单处违法所得一倍以上五倍以下罚金；情节特别严重的，处五年以上有期徒刑，并处违法所得一倍以上五倍以下罚金或者没收财产：

（一）未经许可经营法律、行政法规规定的专营、专卖物品或者其他限制买卖的物品的；

（二）买卖进出口许可证、进出口原产地证明以及其他法律、行政法规规定的经营许可证或者批准文件的；

（三）其他严重扰乱市场秩序的非法经营行为。

【刑法第二次修正说明】

全国人大常委会 2009 年 2 月 28 日通过并公布施行的《刑法修正案（七）》第 5 条对本条第 3 项作了修正。《刑法修正案》第 8 条增设的第 3 项内容为：

（三）未经国家有关主管部门批准，非法经营证券、期货或者保险业务的。

【罪名渊源】 本条系从 79 刑法的投机倒把罪分立出来的罪名，但其范围比投机倒把罪要窄。全国人大常委会《关于惩治骗购外汇、逃汇和非法买卖外汇犯罪的决定》第 4 条、《刑法修正案》第 8 条对本罪作了补充。《刑法修正案（七）》第 5 条又对本条第 3 项作了修正，增设了"非法从事资金支付结算业务"的内容。高法《罪名规定》、高检《罪名意见》将其解释为非法经营罪。

【立案标准】

225.1 国家林业局、公安部关于森林和陆生野生动物刑事案件管辖及立案标准（2001 年 5 月 9 日 林安字〔2001〕156 号）（节录）

一、森林公安机关管辖在其辖区内发生的刑法规定的下列森林和陆生野生动物刑事案件

（十四）非法经营案件中，买卖《允许进口证明书》、《允许出口证明书》、《允许再出口证明书》、进出口原产地证明及国家机关批准的其他关于林业和陆生野生动物的经营许可证明文件的案件（第二百二十五条第二项）。

二、森林和陆生野生动物刑事案件的立案标准

（十二）盗窃、抢夺、抢劫案、窝藏、转移、收购、销售赃物案、破坏生产经营案、聚众哄抢案、非法经营案、伪造变造买卖国家公文、证件案，执行相应的立案标准。

225.2 最高人民检察院、公安部关于公安机关管辖的刑事案件立案追诉标准的规定（二）（2022 年 5 月 15 日 公通字〔2022〕12 号）（节录）

第七十一条 〔非法经营案（刑法第二百二十五条）〕违反国家规定，进行非法经营活动，扰乱市场秩序，涉嫌下列情形之一的，应予立案追诉：

（一）违反国家烟草专卖管理法律法规，未经烟草专卖行政主管部门许可，无烟草专卖生产企业许可证、烟草专卖批发企业许可证、特种烟草专卖经营企业许可证、烟草专卖零售许可证等许可证明，非法经营烟草专卖品，具有下列情形之一的：

1. 非法经营数额在五万元以上，或者违法所得数额在二万元以上的；

2. 非法经营卷烟二十万支以上的；

3. 三年内因非法经营烟草专卖品受过二次以上行政处罚，又非法经营烟草专卖品且数额在三万元以上的。

（二）未经国家有关主管部门批准，非法经营证券、期货、保险业务，或者非法从事资金支付结算业务，具有下列情形之一的：

1. 非法经营证券、期货、保险业务，数额在一百万元以上，或者违法所得数额在十万元以上的；

2. 非法从事资金支付结算业务，数额在五百万元以上，或者违法所得数额在十万元以上的；

3. 非法从事资金支付结算业务，数额在二百五十万元以上不满五百万元，或者违法所得数额在五万元以上不满十万元，且具有下列情形之一的：

（1）因非法从事资金支付结算业务犯罪行为受过刑事追究的；

（2）二年内因非法从事资金支付结算业务违法行为受过行政处罚的；

（3）拒不交代涉案资金去向或者拒不配合追缴工作，致使赃款无法追缴的；

（4）造成其他严重后果的。

4. 使用销售点终端机具（POS 机）等方法，以虚构交易、虚开价格、现金退货等方式向信用卡持卡人直接支付现金，数额在一百万元以上的，或者造成金融机构资金二十万元以上逾期未还的，或者造成金融机构经济损失十万元以上的。

（三）实施倒买倒卖外汇或者变相买卖外汇等非法买卖外汇行为，扰乱金融市场秩序，具有下列情形之一的：

1. 非法经营数额在五百万元以上的，或者违法所得数额在十万元以上的；

2. 非法经营数额在二百五十万元以上，或者违法所得数额在五万元以上，且具有下列情形之一的：

（1）因非法买卖外汇犯罪行为受过刑事追究的；

（2）二年内因非法买卖外汇违法行为受过行政处罚的；

（3）拒不交代涉案资金去向或者拒不配合追缴工作，致使赃款无法追缴的；

（4）造成其他严重后果的。

3. 公司、企业或者其他单位违反有关外贸代理业务的规定，采用非法手段，或者明知是伪造、变造的凭证、商业单据，为他人向外汇指定银行骗购外汇，数额在五百万美元以上或者违法所得数额在五十万元以上的；

4. 居间介绍骗购外汇，数额在一百万美元以上或者违法所得数额在十万元以上的。

（四）出版、印刷、复制、发行严重危害社会秩序和扰乱市场秩序的非法出版物，具有下列情形之一的：

1. 个人非法经营数额在五万元以上的，单位非法经营数额在十五万元以上的；

2. 个人违法所得数额在二万元以上的，单位违法所得数额在五万元以上的；

3. 个人非法经营报纸五千份或者期刊五千本或者图书二千册或者音像制品、电子出版物五百张（盒）以上的，单位非法经营报纸一万五千份或者期刊一万五千本或者图书五千册或者音像制品、电子出版物一千五百张（盒）以上的；

4. 虽未达到上述数额标准，但具有下列情形之一的：

（1）二年内因出版、印刷、复制、发行非法出版物受过二次以上行政处罚，又出版、印刷、复制、发行非法出版物的；

（2）因出版、印刷、复制、发行非法出版物造成恶劣社会影响或者其他严重后果的。

（五）非法从事出版物的出版、印刷、复制、发行业务，严重扰乱市场秩序，具有下列情形之一的：

1. 个人非法经营数额在十五万元以上的，单位非法经营数额在五十万元以上的；

2. 个人违法所得数额在五万元以上的，单位违法所得数额在十五万元以上的；

3. 个人非法经营报纸一万五千份或者期刊一万五千本或者图书五千册或者音像制品、电子出版物一千五百张（盒）以上的，单位非法经营报纸五万份或者期刊五万本或者图书一万五千册或者音像制品、电子出版物五千张（盒）以上的；

4. 虽未达到上述数额标准，二年内因非法从事出版物的出版、印刷、复制、发行业务受过二次以上行政处罚，又非法从事出版物的出版、印刷、复制、发行业务的。

（六）采取租用国际专线、私设转接设备或者其他方法，擅自经营国际电信业务或者涉港澳台电信业务进行营利活动，扰乱电信市场管理秩序，具有下列情形之一的：

1. 经营去话业务数额在一百万元以上的；

2. 经营来话业务造成电信资费损失数额在一百万元以上的；

3. 虽未达到上述数额标准，但具有下列情形之一的：

（1）二年内因非法经营国际电信业务或者涉港澳台电信业务行为受过二次以上行政处罚，又非法经营国际电信业务或者涉港澳台电信业务的；

（2）因非法经营国际电信业务或者涉港澳台电信业务行为造成其他严重后果的。

（七）以营利为目的，通过信息网络有偿提供删除信息服务，或者明知是虚假信息，通过信息网络有偿提供发布信息等服务，扰乱市场秩序，具有下列情形之一的：

1. 个人非法经营数额在五万元以上，或者违法所得数额在二万元以上的；

2. 单位非法经营数额在十五万元以上，或者违法所得数额在五万元以上的。

（八）非法生产、销售"黑广播""伪基站"、无线电干扰器等无线电设备，具有下列情形之一的：

1. 非法生产、销售无线电设备三套以上的；

2. 非法经营数额在五万元以上的；

3. 虽未达到上述数额标准，但二年内因非法生产、销售无线电设备受过二次以上行政处罚，又非法生产、销售无线电设备的。

（九）以提供给他人开设赌场为目的，违反国家规定，非法生产、销售具有退币、退分、退钢珠等赌博功能的电子游戏设施设备或者其专用软件，具有下列情形之一的：

1. 个人非法经营数额在五万元以上，或者违法所得数额在一万元以上的；

2. 单位非法经营数额在五十万元以上，或者违法所得数额在十万元以上的；

3. 虽未达到上述数额标准，但二年内因非法生产、销售赌博机行为受过二次以上行政处罚，又进行同种非法经营行为的；

4. 其他情节严重的情形。

（十）实施下列危害食品安全行为，非法经营数额在十万元以上，或者违法所得数额在五万元以上的：

1. 以提供给他人生产、销售食品为目的，违反国家规定，生产、销售国家禁止用于食品生产、销售的非食品原料的；

2. 以提供给他人生产、销售食用农产品为目的，违反国家规定，生产、销售国家禁用农药、食品动物中禁止使用的药品及其他化合物等有毒、有害的非食品原料，或者生产、销售添加上述有毒、有害的非食品原料的农药、兽药、饲料、饲料添加剂、饲料原料的；

3. 违反国家规定，私设生猪屠宰厂（场），从事生猪屠宰、销售等经营活动的。

（十一）未经监管部门批准，或者超越经营范围，以营利为目的，以超过百分之三十六的实际年利率经常性地向社会不特定对象发放贷款，具有下列情形之一的：

1. 个人非法放贷数额累计在二百万元以上的，单位非法放贷数额累计在一千万元以上的；

2. 个人违法所得数额累计在八十万元以上的，单位违法所得数额累计在四百万元以上的；

3. 个人非法放贷对象累计在五十人以上的，单位非法放贷对象累计在一百五十人以上的；

4. 造成借款人或者其近亲属自杀、死亡或者精神失常等严重后果的；

5. 虽未达到上述数额标准，但具有下列情形之一的：

（1）二年内因实施非法放贷行为受过二次以上行政处罚的；

（2）以超过百分之七十二的实际年利率实施非法放贷行为十次以上的。

黑恶势力非法放贷的，按照第1、2、3项规定的相应数额、数量标准的百分之五十确定。同时具有第5项规定情形的，按照相应数额、数量标准的百分之四十确定。

（十二）从事其他非法经营活动，具有下列情形之一的：

1. 个人非法经营数额在五万元以上，或者违法所得数额在一万元以上的；

2. 单位非法经营数额在五十万元以上，或者违法所得数额在十万元以上的；

3. 虽未达到上述数额标准，但二年内因非法经营行为受过二次以上行政处罚，又从事同种非法经营行为的；

4. 其他情节严重的情形。

法律、司法解释对非法经营罪的立案追诉标准另有规定的，依照其规定。

第八十一条　本规定中的"虽未达到上述数额标准"，是指接近上述数额标准且已达到该数额的百分之八十以上的。

第八十二条　对于预备犯、未遂犯、中止犯，需要追究刑事责任的，应予立案追诉。

第八十三条　本规定中的立案追诉标准，除法律、司法解释、本规定中另有规定的以外，适用于相应的单位犯罪。

第八十四条　本规定中的"以上"，包括本数。

【罪刑标准】

225.3 最高人民法院关于审理骗购外汇、非法买卖外汇刑事案件具体应用法律若干问题的解释（1998 年 9 月 1 日 法释〔1998〕20 号）（节录）

第三条 在外汇指定银行和中国外汇交易中心及其分中心以外买卖外汇，扰乱金融市场秩序，具有下列情形之一的，按照刑法第二百二十五条第（三）项①的规定定罪处罚：

（一）非法买卖外汇二十万美元以上的；

（二）违法所得五万元人民币以上的。

第四条 公司、企业或者其他单位，违反有关外贸代理业务的规定，采用非法手段、或者明知是伪造、变造的凭证、商业单据，为他人向外汇指定银行骗购外汇，数额在五百万美元以上或者违法所得五十万元人民币以上的，按照刑法第二百二十五条第（三）项的规定定罪处罚。

居间介绍骗购外汇一百万美元以上或者违法所得十万元人民币以上的，按照刑法第二百二十五条第（三）项的规定定罪处罚。

【说明】1999 年 6 月 7 日印发的最高人民法院、最高人民检察院、公安部《办理骗汇、逃汇犯罪案件联席会议纪要》（公通字〔1999〕39 号）对上述解释的有关内容明确如下：

二、全国人大常委会《关于惩治骗购外汇、逃汇和非法买卖外汇犯罪的决定》（以下简称《决定》）公布施行后发生的犯罪行为，应当依照《决定》办理；对于《决定》公布施行前发生的公布后尚未或者正在处理的行为，依照修订后的刑法第十二条第一款规定的原则办理。

最高人民法院 1998 年 8 月 28 日发布的《关于审理骗购外汇、非法买卖外汇刑事案件具体应用法律若干问题的解释》（以下简称《解释》），是对具体应用修订后的刑法有关问题的司法解释，适用于依照修订后的刑法判处的案件。各执法部门对于《解释》应当准确理解，严格执行。②

《解释》第四条规定："公司、企业或者其他单位，违反有关外贸代理业务的规定，采用非法手段、或者明知是伪造、变造的凭证、商业单据，为他人向外汇指定银行骗购外汇，数额在五百万美元以上或者违法所得五十万元人民币以上的，按照刑法第二百二十五条第（三）项③的规定定罪处罚；居间介绍骗购外汇一百万美元以上或者违法所得十万元人民币以上的，按照刑法第二百二十五条第（三）项的规定定罪处罚。"

上述所称"采用非法手段"，是指有国家批准的进出口经营权的外贸代理企业在经营代理进口业务时，不按国家经济主管部门有关规定履行职责，放任被代理方自带客户、自带货源、自带汇票、自行报关，在不见进口产品、不见供货货主、不见外商的情况下代理进口业务，或者采取法律、行政法规和部门规章禁止的其他手段代理进口业务。

认定《解释》第四条所称的"明知"，要结合案件的具体情节予以综合考虑，不能仅仅因为行为人不供述就不予认定。报关行为先于签订外贸代理协议的，或者委托方提供的购汇凭证明显与真实凭证、商业单据不符的，应当认定为明知。

---

① 现为刑法第 225 条第 4 项，这是因为《关于审理骗购外汇、非法买卖外汇刑事案件具体应用法律若干问题的解释》在《刑法修正案》之前发布所致。下同。——编者注

② 《解释》中的行为，如果发生于《决定》施行之后，依《决定》第 1 条骗购外汇罪处理；如果发生于《决定》施行之前，依刑法第 225 条非法经营罪处理；如果发生于《决定》施行前，但《决定》施行后尚未或者正在处理的行为，则依刑法第 12 条第 1 款规定办理。——编者注

③ 现为刑法第 225 条第 4 项。——编者注

《解释》第四条所称"居间介绍骗购外汇",是指收取他人人民币、以虚假购汇凭证委托外贸公司、企业骗购外汇,获取非法收益的行为。①

225.4 最高人民法院关于审理非法出版物刑事案件具体应用法律若干问题的解释(1998 年 12 月 23 日 法释〔1998〕30 号)(节录)

第十一条 违反国家规定,出版、印刷、复制、发行本解释第一条至第十条规定以外的其他严重危害社会秩序和扰乱市场秩序的非法出版物,情节严重的,依照刑法第二百二十五条第(三)项②的规定,以非法经营罪定罪处罚。

第十二条 个人实施本解释第十一条规定的行为,具有下列情形之一的,属于非法经营行为"情节严重":

(一)经营数额在五万元至十万元以上的;

(二)违法所得数额在二万元至三万元以上的;

(三)经营报纸五千份或者期刊五千本或者图书二千册或者音像制品、电子出版物五百张(盒)以上的。

具有下列情形之一的,属于非法经营行为"情节特别严重":

(一)经营数额在十五万元至三十万元以上的;

(二)违法所得数额在五万元至十万元以上的;

(三)经营报纸一万五千份或者期刊一万五千本或者图书五千册或者音像制品、电子出版物一千五百张(盒)以上的。

第十三条 单位实施本解释第十一条规定的行为,具有下列情形之一的,属于非法经营行为"情节严重":

(一)经营数额在十五万元至三十万元以上的;

(二)违法所得数额在五万元至十万元以上的;

(三)经营报纸一万五千份或者期刊一万五千本或者图书五千册或者音像制品、电子出版物一千五百张(盒)以上的。

具有下列情形之一的,属于非法经营行为"情节特别严重":

(一)经营数额在五十万元至一百万元以上的;

(二)违法所得数额在十五万元至三十万元以上的;

(三)经营报纸五万份或者期刊五万本或者图书一万五千册或者音像制品、电子出版物五千张(盒)以上的。

第十四条 实施本解释第十一条规定的行为,经营数额、违法所得数额或者经营数量接近非法经营行为"情节严重"、"情节特别严重"的数额、数量起点标准,并具有下列情形之一的,可以认定为非法经营行为"情节严重"、"情节特别严重":

(一)两年内因出版、印刷、复制、发行非法出版物受过行政处罚两次以上的;

(二)因出版、印刷、复制、发行非法出版物造成恶劣社会影响或者其他严重后果的。

第十五条 非法从事出版物的出版、印刷、复制、发行业务,严重扰乱市场秩序,情节特别严重,构成犯罪的,可以依照刑法第二百二十五条第(三)项的规定,以非法经营罪定罪处罚。

---

① 对此有两种观点:一种观点认为,《办理骗汇、逃汇犯罪案件联席会议的纪要》(以下简称《纪要》)肯定了《解释》第 4 条非法经营的定性;另一种观点则认为,本条是对《解释》第 4 条客观行为的界定,而非对行为本身的定性。换言之,《解释》第 4 条中的行为是构成非法经营罪还是骗购外汇罪,应根据《关于惩治骗购外汇、逃汇和非法买卖外汇犯罪的决定》是否具有溯及力来决定,而并非《纪要》肯定了《解释》第 4 条非法经营的定性(参见李立众编:《刑法一本通——中华人民共和国刑法总成》,法律出版社 2005 年版,第 182 页)。——编者注

② 现为刑法第 225 条第 4 项。下同。——编者注

第十六条　出版单位与他人事前通谋，向其出售、出租或者以其他形式转让该出版单位的名称、书号、刊号、版号，他人实施本解释第二条、第四条、第八条、第九条、第十条、第十一条规定的行为，构成犯罪的，对该出版单位应当以共犯论处。

第十七条　本解释所称"经营数额"，是指以非法出版物的定价数额乘以行为人经营的非法出版物数量所得的数额。

本解释所称"违法所得数额"，是指获利数额。

非法出版物没有定价或者以境外货币定价的，其单价数额应当按照行为人实际出售的价格认定。

第十八条　各省、自治区、直辖市高级人民法院可以根据本地的情况和社会治安状况，在本解释第八条、第十条、第十二条、第十三条规定的有关数额、数量标准的幅度内，确定本地执行的具体标准，并报最高人民法院备案。

225.5 最高人民法院关于审理扰乱电信市场管理秩序案件具体应用法律若干问题的解释（2000 年 5 月 24 日　法释〔2000〕12 号）（节录）

第一条　违反国家规定，采取租用国际专线、私设转接设备或者其他方法，擅自经营国际电信业务或者涉港澳台电信业务进行营利活动，扰乱电信市场管理秩序，情节严重的，依照刑法第二百二十五条第（四）项的规定，以非法经营罪定罪处罚。

第二条　实施本解释第一条规定的行为，具有下列情形之一的，属于非法经营行为"情节严重"：

（一）经营去话业务数额在一百万元以上的；

（二）经营来话业务造成电信资费损失数额在一百万元以上的。

具有下列情形之一的，属于非法经营行为"情节特别严重"：

（一）经营去话业务数额在五百万元以上的；

（二）经营来话业务造成电信资费损失数额在五百万元以上的。

第三条　实施本解释第一条规定的行为，经营数额或者造成电信资费损失数额接近非法经营行为"情节严重"、"情节特别严重"的数额起点标准，并具有下列情形之一的，可以分别认定为非法经营行为"情节严重"、"情节特别严重"：

（一）两年内因非法经营国际电信业务或者涉港澳台电信业务行为受过行政处罚两次以上的；

（二）因非法经营国际电信业务或者涉港澳台电信业务行为造成其他严重后果的。

第四条　单位实施本解释第一条规定的行为构成犯罪的，对单位判处罚金，并对其直接负责的主管人员和其他直接责任人员，依照本解释第二条、第三条的规定处罚。

第五条　违反国家规定，擅自设置、使用无线电台（站），或者擅自占用频率，非法经营国际电信业务或者涉港澳台电信业务进行营利活动，同时构成非法经营罪和刑法第二百八十八条规定的扰乱无线电通信管理秩序罪的，依照处罚较重的规定定罪处罚。

第十条　本解释所称"经营去话业务数额"，是指以行为人非法经营国际电信业务或者涉港澳台电信业务的总时长（分钟数）乘以行为人每分钟收取的用户使用费所得的数额。

本解释所称"电信资费损失数额"，是指以行为人非法经营国际电信业务或者涉港澳台电信业务的总时长（分钟数）乘以在合法电信业务中我国应当得到的每分钟国际结算价格所得的数额。

225.6 最高人民法院、最高人民检察院、公安部、国家烟草专卖局关于办理假冒伪劣烟草制品等刑事案件适用法律问题座谈会纪要（2003 年 12 月 23 日　高检会〔2003〕4 号）（节录）

三、关于非法经营烟草制品行为适用法律问题

未经烟草专卖行政主管部门许可，无生产许可证、批发许可证、零售许可证，而生产、批发、零售烟草制品，具有下列情形之一的，依照刑法第二百二十五条的规定定罪处罚：

1. 个人非法经营数额在五万元以上的，或者违法所得数额在一万元以上的；

2. 单位非法经营数额在五十万元以上的，或者违法所得数额在十万元以上的；

3. 曾因非法经营烟草制品行为受过二次以上行政处罚又非法经营的，非法经营数额在二万元以上的。

四、关于共犯问题

知道或者应当知道他人实施本纪要第一条至第三条规定的犯罪行为，仍实施下列行为之一的，应认定为共犯，依法追究刑事责任：

1. 直接参与生产、销售假冒伪劣烟草制品或者销售假冒烟用注册商标的烟草制品或者直接参与非法经营烟草制品并在其中起主要作用的；

2. 提供房屋、场地、设备、车辆、贷款、资金、账号、发票、证明、技术等设施和条件，用于帮助生产、销售、储存、运输假冒伪劣烟草制品、非法经营烟草制品的；

3. 运输假冒伪劣烟草制品的。

上述人员中有检举他人犯罪经查证属实，或者提供重要线索，有立功表现的，可以从轻或减轻处罚；有重大立功表现的，可以减轻或者免除处罚。

五、国家机关工作人员参与实施本纪要第一条至第三条规定的犯罪行为的处罚问题

根据《最高人民法院、最高人民检察院关于办理生产、销售伪劣商品刑事案件具体应用法律若干问题的解释》的规定，国家机关工作人员参与实施本纪要第一条至第三条规定的犯罪行为的，从重处罚。

225.7 最高人民法院、最高人民检察院关于办理妨害信用卡管理刑事案件具体应用法律若干问题的解释（2009 年 12 月 16 日 法释〔2009〕19 号 2018 年修正）（节录）

第十二条（第一款） 违反国家规定，使用销售点终端机具（POS 机）等方法，以虚构交易、虚开价格、现金退货等方式向信用卡持卡人直接支付现金，情节严重的，应当依据刑法第二百二十五条的规定，以非法经营罪定罪处罚。

第十二条（第二款） 实施前款行为，数额在一百万元以上的，或者造成金融机构资金二十万元以上逾期未还的，或者造成金融机构经济损失十万元以上的，应当认定为刑法第二百二十五条规定的"情节严重"；数额在五百万元以上的，或者造成金融机构资金一百万元以上逾期未还的，或者造成金融机构经济损失五十万元以上的，应当认定为刑法第二百二十五条规定的"情节特别严重"。

第十三条 单位实施本解释规定的行为，适用本解释规定的相应自然人犯罪的定罪量刑标准。

225.8 最高人民法院、最高人民检察院关于办理非法生产、销售烟草专卖品等刑事案件具体应用法律若干问题的解释（2010 年 3 月 26 日 法释〔2010〕7 号）（节录）

第一条（第五款） 违反国家烟草专卖管理法律法规，未经烟草专卖行政主管部门许可，无烟草专卖生产企业许可证、烟草专卖批发企业许可证、特种烟草专卖经营企业许可证、烟草专卖零售许可证等许可证明，非法经营烟草专卖品，情节严重的，依照刑法第二百二十五条的规定，以非法经营罪定罪处罚。

第三条 非法经营烟草专卖品，具有下列情形之一的，应当认定为刑法第二百二十五条规定的"情节严重"：

（一）非法经营数额在五万元以上的，或者违法所得数额在二万元以上的；

（二）非法经营卷烟二十万支以上的；

（三）曾因非法经营烟草专卖品三年内受过二次以上行政处罚，又非法经营烟草专卖品且数额在三万元以上的。

具有下列情形之一的，应当认定为刑法第二百二十五条规定的"情节特别严重"：

（一）非法经营数额在二十五万元以上，或者违法所得数额在十万元以上的；

（二）非法经营卷烟一百万支以上的。

第四条 非法经营烟草专卖品，能够查清销售或者购买价格的，按照其销售或者购买的价格计算非法经营数额。无法查清销售或者购买价格的，按照下列方法计算非法经营数额：

（一）查获的卷烟、雪茄烟的价格，有品牌的，按照该品牌卷烟、雪茄烟的查获地省级烟草专卖行政主管部门出具的零售价格计算；无品牌的，按照查获地省级烟草专卖行政主管部门出具的上年度卷烟平均零售价格计算；

（二）查获的复烤烟叶、烟叶的价格按照查获地省级烟草专卖行政主管部门出具的上年度烤烟调拨平均基准价格计算；

（三）烟丝的价格按照第（二）项规定价格计算标准的一点五倍计算；

（四）卷烟辅料的价格，有品牌的，按照该品牌辅料的查获地省级烟草专卖行政主管部门出具的价格计算；无品牌的，按照查获地省级烟草专卖行政主管部门出具的上年度烟草行业生产卷烟所需该类卷烟辅料的平均价格计算；

（五）非法生产、销售、购买烟草专用机械的价格按照国务院烟草专卖行政主管部门下发的全国烟草专用机械产品指导价格目录进行计算；目录中没有该烟草专用机械的，按照省级以上烟草专卖行政主管部门出具的目录中同类烟草专用机械的平均价格计算。

> 【说明】从一从重、共犯、鉴定等，参见 213.2 本解释第 5 条以下。

225.9 最高人民法院关于审理非法集资刑事案件具体应用法律若干问题的解释（2011 年 1 月 4 日　法释〔2010〕18 号　2022 年修正）（节录）

第十一条　违反国家规定，未经依法核准擅自发行基金份额募集基金，情节严重的，依照刑法第二百二十五条的规定，以非法经营罪定罪处罚。

225.10 最高人民法院、最高人民检察院关于办理利用信息网络实施诽谤等刑事案件适用法律若干问题的解释（2013 年 9 月 10 日　法释〔2013〕21 号）（节录）

第七条　违反国家规定，以营利为目的，通过信息网络有偿提供删除信息服务，或者明知是虚假信息，通过信息网络有偿提供发布信息等服务，扰乱市场秩序，具有下列情形之一的，属于非法经营行为"情节严重"，依照刑法第二百二十五条第（四）项的规定，以非法经营罪定罪处罚：

（一）个人非法经营数额在五万元以上，或者违法所得数额在二万元以上的；

（二）单位非法经营数额在十五万元以上，或者违法所得数额在五万元以上的。

实施前款规定的行为，数额达到前款规定的数额五倍以上的，应当认定为刑法第二百二十五条规定的"情节特别严重"。

第八条　明知他人利用信息网络实施诽谤、寻衅滋事、敲诈勒索、非法经营等犯罪，为其提供资金、场所、技术支持等帮助的，以共同犯罪论处。

第九条　利用信息网络实施诽谤、寻衅滋事、敲诈勒索、非法经营犯罪，同时又构成刑法第二百二十一条规定的损害商业信誉、商品声誉罪，第二百七十八条规定的煽动暴力抗拒法律实施罪，第二百九十一条之一规定的编造、故意传播虚假恐怖信息罪等犯罪的，依照处罚较重的规定定罪处罚。

第十条　本解释所称信息网络，包括以计算机、电视机、固定电话机、移动电话机等电子设备为终端的计算机互联网、广播电视网、固定通信网、移动通信网等信息网络，以及向公众开放的局域网络。

225.11 最高人民法院、最高人民检察院、公安部关于办理利用赌博机开设赌场案件适用法律若干问题的意见（2014 年 3 月 26 日　公通字〔2014〕17 号）（节录）

四、关于生产、销售赌博机的定罪量刑标准

以提供给他人开设赌场为目的，违反国家规定，非法生产、销售具有退币、退分、退钢珠等赌博功能的电子游戏设施设备或者其专用软件，情节严重的，依照刑法第二百二十五条的规定，以非法经营罪定罪处罚。

实施前款规定的行为，具有下列情形之一的，属于非法经营行为"情节严重"：

（一）个人非法经营数额在五万元以上，或者违法所得数额在一万元以上的；

（二）单位非法经营数额在五十万元以上，或者违法所得数额在十万元以上的；

（三）虽未达到上述数额标准，但两年内因非法生产、销售赌博机行为受过二次以上行政处罚，又进行同种非法经营行为的；

（四）其他情节严重的情形。

具有下列情形之一的，属于非法经营行为"情节特别严重"：

（一）个人非法经营数额在二十五万元以上，或者违法所得数额在五万元以上的；

（二）单位非法经营数额在二百五十万元以上，或者违法所得数额在五十万元以上的。

六、关于赌博机的认定

对于涉案的赌博机，公安机关应当采取拍照、摄像等方式及时固定证据，并予以认定。对于是否属于赌博机难以确定的，司法机关可以委托地市级以上公安机关出具检验报告。司法机关根据检验报告，并结合案件具体情况作出认定。必要时，人民法院可以依法通知检验人员出庭作出说明。

225.12 最高人民法院、最高人民检察院关于办理扰乱无线电通讯管理秩序等刑事案件适用法律若干问题的解释（2017 年 7 月 1 日 法释〔2017〕11 号）（节录）

第四条 非法生产、销售"黑广播""伪基站"、无线电干扰器等无线电设备，具有下列情形之一的，应当认定为刑法第二百二十五条规定的"情节严重"：

（一）非法生产、销售无线电设备三套以上的；

（二）非法经营数额五万元以上的；

（三）其他情节严重的情形。

实施前款规定的行为，数量或者数额达到前款第一项、第二项规定标准五倍以上，或者具有其他情节特别严重的情形的，应当认定为刑法第二百二十五条规定的"情节特别严重"。

在非法生产、销售无线电设备窝点查扣的零件，以组装完成的套数以及能够组装的套数认定；无法组装为成套设备的，每三套广播信号调制器（激励器）认定为一套"黑广播"设备，每三块主板认定为一套"伪基站"设备。

第五条 单位犯本解释规定之罪的，对单位判处罚金，并对直接负责的主管人员和其他直接责任人员，依照本解释规定的自然人犯罪的定罪量刑标准定罪处罚。

225.13 最高人民法院、最高人民检察院关于办理非法从事资金支付结算业务、非法买卖外汇刑事案件适用法律若干问题的解释（2019 年 2 月 1 日 法释〔2019〕1 号）

为依法惩治非法从事资金支付结算业务、非法买卖外汇犯罪活动，维护金融市场秩序，根据《中华人民共和国刑法》《中华人民共和国刑事诉讼法》的规定，现就办理非法从事资金支付结算业务、非法买卖外汇刑事案件适用法律的若干问题解释如下：

第一条 违反国家规定，具有下列情形之一的，属于刑法第二百二十五条第三项规定的"非法从事资金支付结算业务"：

（一）使用受理终端或者网络支付接口等方法，以虚构交易、虚开价格、交易退款等非法方式向指定付款方支付货币资金的；

（二）非法为他人提供单位银行结算账户套现或单位银行结算账户转个人账户服务的；

（三）非法为他人提供支票套现服务的；

（四）其他非法从事资金支付结算业务的情形。

第二条 违反国家规定，实施倒买倒卖外汇或者变相买卖外汇等非法买卖外汇行为，扰乱金融市场秩序，情节严重的，依照刑法第二百二十五条第四项的规定，以非法经营罪定罪处罚。

第三条 非法从事资金支付结算业务或者非法买卖外汇，具有下列情形之一的，应当认定为非法经营行为"情节严重"：

（一）非法经营数额在五百万元以上的；

（二）违法所得数额在十万元以上的。

非法经营数额在二百五十万元以上，或者违法所得数额在五万元以上，且具有下列情形之一的，可以认定为非法经营行为"情节严重"：

（一）曾因非法从事资金支付结算业务或者非法买卖外汇犯罪行为受过刑事追究的；

（二）二年内因非法从事资金支付结算业务或者非法买卖外汇违法行为受过行政处罚的；

（三）拒不交代涉案资金去向或者拒不配合追缴工作，致使赃款无法追缴的；

（四）造成其他严重后果的。

第四条　非法从事资金支付结算业务或者非法买卖外汇，具有下列情形之一的，应当认定为非法经营行为"情节特别严重"：

（一）非法经营数额在二千五百万元以上的；

（二）违法所得数额在五十万元以上的。

非法经营数额在一千二百五十万元以上，或者违法所得数额在二十五万元以上，且具有本解释第三条第二款规定的四种情形之一的，可以认定为非法经营行为"情节特别严重"。

第五条　非法从事资金支付结算业务或者非法买卖外汇，构成非法经营罪，同时又构成刑法第一百二十条之一规定的帮助恐怖活动罪或者第一百九十一条规定的洗钱罪的，依照处罚较重的规定定罪处罚。

第六条　二次以上非法从事资金支付结算业务或者非法买卖外汇，依法应予行政处理或者刑事处理而未经处理的，非法经营数额或者违法所得数额累计计算。

同一案件中，非法经营数额、违法所得数额分别构成情节严重、情节特别严重的，按照处罚较重的数额定罪处罚。

第七条　非法从事资金支付结算业务或者非法买卖外汇违法所得数额难以确定的，按非法经营数额的千分之一认定违法所得数额，依法并处或者单处违法所得一倍以上五倍以下罚金。

第八条　符合本解释第三条规定的标准，行为人如实供述犯罪事实，认罪悔罪，并积极配合调查，退缴违法所得的，可以从轻处罚；其中犯罪情节轻微的，可以依法不起诉或者免予刑事处罚。

符合刑事诉讼法规定的认罪认罚从宽适用范围和条件的，依照刑事诉讼法的规定处理。

第九条　单位实施本解释第一条、第二条规定的非法从事资金支付结算业务、非法买卖外汇行为，依照本解释规定的定罪量刑标准，对单位判处罚金，并对其直接负责的主管人员和其他直接责任人员定罪处罚。

第十条　非法从事资金支付结算业务、非法买卖外汇刑事案件中的犯罪地，包括犯罪嫌疑人、被告人用于犯罪活动的账户开立地、资金接收地、资金过渡账户开立地、资金账户操作地，以及资金交易对手资金交付和汇出地等。

第十一条　涉及外汇的犯罪数额，按照案发当日中国外汇交易中心或者中国人民银行授权机构公布的人民币对该货币的中间价折合成人民币计算。中国外汇交易中心或者中国人民银行授权机构未公布汇率中间价的境外货币，按照案发当日境内银行人民币对该货币的中间价折算成人民币，或者该货币在境内银行、国际外汇市场对美元汇率，与人民币对美元汇率中间价进行套算。

第十二条　本解释自 2019 年 2 月 1 日起施行。《最高人民法院关于审理骗购外汇、非法买卖外汇刑事案件具体应用法律若干问题的解释》（法释〔1998〕20 号）与本解释不一致的，以本解释为准。

225.14 最高人民法院、最高人民检察院、公安部、司法部关于办理非法放贷刑事案件若干问题的意见（2019 年 10 月 21 日　法发〔2019〕24 号）（节录）

一、违反国家规定，未经监管部门批准，或者超越经营范围，以营利为目的，经常性地向社会不特定对象发放贷款，扰乱金融市场秩序，情节严重的，依照刑法第二百二十五条第（四）项的规定，以非法经营罪定罪处罚。

前款规定中的"经常性地向社会不特定对象发放贷款"，是指 2 年内向不特定多人（包括单位和个人）以借款或其他名义出借资金 10 次以上。

贷款到期后延长还款期限的，发放贷款次数按照 1 次计算。

二、以超过 36% 的实际年利率实施符合本意见第一条规定的非法放贷行为，具有下列情形之一的，属于刑法第二百二十五条规定的"情节严重"，但单次非法放贷行为实际年利率未超过 36% 的，定罪量刑时不得计入：

（一）个人非法放贷数额累计在 200 万元以上的，单位非法放贷数额累计在 1000 万元以上的；

（二）个人违法所得数额累计在 80 万元以上的，单位违法所得数额累计在 400 万元以上的；

（三）个人非法放贷对象累计在 50 人以上的，单位非法放贷对象累计在 150 人以上的；

（四）造成借款人或者其近亲属自杀、死亡或者精神失常等严重后果的。

具有下列情形之一的，属于刑法第二百二十五条规定的"情节特别严重"：

（一）个人非法放贷数额累计在1000万元以上的，单位非法放贷数额累计在5000万元以上的；

（二）个人违法所得数额累计在400万元以上的，单位违法所得数额累计在2000万元以上的；

（三）个人非法放贷对象累计在250人以上的，单位非法放贷对象累计在750人以上的；

（四）造成多名借款人或者其近亲属自杀、死亡或者精神失常等特别严重后果的。

三、非法放贷数额、违法所得数额、非法放贷对象数量接近本意见第二条规定的"情节严重""情节特别严重"的数额、数量起点标准，并具有下列情形之一的，可以分别认定为"情节严重""情节特别严重"：

（一）2年内因实施非法放贷行为受过行政处罚2次以上的；

（二）以超过72%的实际年利率实施非法放贷行为10次以上的。

前款规定中的"接近"，一般应当掌握在相应数额、数量标准的80%以上。

四、仅向亲友、单位内部人员等特定对象出借资金，不得适用本意见第一条的规定定罪处罚。但具有下列情形之一的，定罪量刑时应当与向不特定对象非法放贷的行为一并处理：

（一）通过亲友、单位内部人员等特定对象向不特定对象发放贷款的；

（二）以发放贷款为目的，将社会人员吸收为单位内部人员，并向其发放贷款的；

（三）向社会公开宣传，同时向不特定多人和亲友、单位内部人员等特定对象发放贷款的。

五、非法放贷数额应当以实际出借给借款人的本金金额认定。非法放贷行为人以介绍费、咨询费、管理费、逾期利息、违约金等名义和以从本金中预先扣除等方式收取利息的，相关数额在计算实际年利率时均应计入。

非法放贷行为人实际收取的除本金之外的全部财物，均应计入违法所得。

非法放贷行为未经处理的，非法放贷次数和数额、违法所得数额、非法放贷对象数量等应当累计计算。

六、为从事非法放贷活动，实施擅自设立金融机构、套取金融机构资金高利转贷、骗取贷款、非法吸收公众存款等行为，构成犯罪的，应当择一重罪处罚。

为强行索要因非法放贷而产生的债务，实施故意杀人、故意伤害、非法拘禁、故意毁坏财物、寻衅滋事等行为，构成犯罪的，应当数罪并罚。

纠集、指使、雇佣他人采用滋扰、纠缠、哄闹、聚众造势等手段强行索要债务，尚不单独构成犯罪，但实施非法放贷行为已构成非法经营罪的，应当按照非法经营罪的规定酌情从重处罚。

以上规定的情形，刑法、司法解释另有规定的除外。

七、有组织地非法放贷，同时又有其他违法犯罪活动，符合黑社会性质组织或者恶势力、恶势力犯罪集团认定标准的，应当分别按照黑社会性质组织或者恶势力、恶势力犯罪集团侦查、起诉、审判。

黑恶势力非法放贷的，据以认定"情节严重""情节特别严重"的非法放贷数额、违法所得数额、非法放贷对象数量起点标准，可以分别按照本意见第二条规定中相应数额、数量标准的50%确定；同时具有本意见第三条第一款规定情形的，可以分别按照相应数额、数量标准的40%确定。

八、本意见自2019年10月21日起施行。对于本意见施行前发生的非法放贷行为，依照最高人民法院《关于准确理解和适用刑法中"国家规定"的有关问题的通知》（法发〔2011〕155号）的规定办理。

【司法解释】

225.15 参见280.5 最高人民法院关于审理破坏森林资源刑事案件具体应用法律若干问题的解释（2000年12月11日 法释〔2000〕36号）

225. 16 最高人民检察院关于非法经营国际或港澳台地区电信业务行为法律适用问题的批复
（2002 年 2 月 11 日　高检发释字〔2002〕1 号）

福建省人民检察院：

你院《关于如何适用刑法第二百二十五条第（四）项规定的请示》（闽检〔2000〕65 号）收悉。经研究，批复如下：

违反《中华人民共和国电信条例》规定，采取租用电信国际专线、私设转接设备或者其他方法，擅自经营国际或者香港特别行政区、澳门特别行政区和台湾地区电信业务进行营利活动，扰乱电信市场管理秩序，情节严重的，应当依照《刑法》第二百二十五条第（四）项的规定，以非法经营罪追究刑事责任。

225. 17 最高人民法院、最高人民检察院关于办理非法生产、销售、使用禁止在饲料和动物饮用水中使用的药品等刑事案件具体应用法律若干问题的解释（2002 年 8 月 23 日　法释〔2002〕26 号）（节录）

第一条　未取得药品生产、经营许可证件和批准文号，非法生产、销售盐酸克仑特罗等禁止在饲料和动物饮用水中使用的药品，扰乱药品市场秩序，情节严重的，依照刑法第二百二十五条第（一）项的规定，以非法经营罪追究刑事责任。

第二条　在生产、销售的饲料中添加盐酸克仑特罗等禁止在饲料和动物饮用水中使用的药品，或者销售明知是添加有该类药品的饲料，情节严重的，依照刑法第二百二十五条第（四）项的规定，以非法经营罪追究刑事责任。

第五条　实施本解释规定的行为，同时触犯刑法规定的两种以上犯罪的，依照处罚较重的规定追究刑事责任。

225. 18 最高人民法院、最高人民检察院关于办理妨害预防、控制突发传染病疫情等灾害的刑事案件具体应用法律若干问题的解释（2003 年 5 月 15 日　法释〔2003〕8 号）（节录）

第六条　违反国家在预防、控制突发传染病疫情等灾害期间有关市场经营、价格管理等规定，哄抬物价、牟取暴利，严重扰乱市场秩序，违法所得数额较大或者有其他严重情节的，依照刑法第二百二十五条第（四）项的规定，以非法经营罪定罪，依法从重处罚。

225. 19 最高人民法院、最高人民检察院关于办理赌博刑事案件具体应用法律若干问题的解释（2005 年 5 月 13 日　法释〔2005〕3 号）（节录）

第六条　未经国家批准擅自发行、销售彩票，构成犯罪的，依照刑法第二百二十五条第（四）项的规定，以非法经营罪定罪处罚。

225. 20 最高人民法院关于审理非法集资刑事案件具体应用法律若干问题的解释（2011 年 1 月 4 日　法释〔2010〕18 号　2022 年修正）（节录）

第十一条　违反国家规定，未经依法核准擅自发行基金份额募集基金，情节严重的，依照刑法第二百二十五条的规定，以非法经营罪定罪处罚。

225. 21 最高人民法院关于被告人李明华非法经营请示一案的批复（2011 年 5 月 6 日〔2011〕刑他字第 21 号）

江苏省高级人民法院：

你院（2010）苏刑二他字第 0065 号《关于被告人李明华非法经营一案的请示》收悉。经研究，答复如下：

被告人李明华持有烟草专卖零售许可证，但多次实施批发业务，而且从非指定烟草专卖部门进货的行为，属于超范围和地域经营的情形，不宜按照非法经营罪处理，应由相关主管部门进行处理。

225. 22 最高人民法院关于被告人何伟光、张勇泉等非法经营案的批复（2012 年 2 月 26 日〔2012〕刑他字第 136 号）

广东省高级人民法院：

你院（2011）粤高法刑二他字第 16 号《关于被告人何伟光、张勇泉等以发放高利贷为业的行为是否构成非法经营罪的请示》收悉。

我院经研究认为，被告人何伟光、张勇泉等人发放高利贷的行为具有一定的社会危害性，但此类行为是否属于刑法第二百二十五条规定的"其他严重扰乱市场秩序的非法经营行为"，相关立法解释和司法解释尚无明确规定，故对何伟光、张勇泉等人的行为不宜以非法经营罪定罪处罚。

225.23 最高人民法院、最高人民检察院关于办理环境污染刑事案件适用法律若干问题的解释（2017年1月1日 法释〔2016〕29号）（节录）

第六条 无危险废物经营许可证从事收集、贮存、利用、处置危险废物经营活动，严重污染环境的，按照污染环境罪定罪处罚；同时构成非法经营罪的，依照处罚较重的规定定罪处罚。

实施前款规定的行为，不具有超标排放污染物、非法倾倒污染物或者其他违法造成环境污染的情形的，可以认定为非法经营情节显著轻微危害不大，不认为是犯罪；构成生产、销售伪劣产品等其他犯罪的，以其他犯罪论处。

第十一条 单位实施本解释规定的犯罪的，依照本解释规定的定罪量刑标准，对直接负责的主管人员和其他直接责任人员定罪处罚，并对单位判处罚金。

225.24 最高人民法院、最高人民检察院关于办理危害食品安全刑事案件适用法律若干问题的解释（2022年1月1日 法释〔2021〕24号）（节录）

第十六条 以提供给他人生产、销售食品为目的，违反国家规定，生产、销售国家禁止用于食品生产、销售的非食品原料，情节严重的，依照刑法第二百二十五条的规定以非法经营罪定罪处罚。

以提供给他人生产、销售食用农产品为目的，违反国家规定，生产、销售国家禁用农药、食品动物中禁止使用的药品及其他化合物等有毒、有害的非食品原料，或者生产、销售添加上述有毒、有害的非食品原料的农药、兽药、饲料、饲料添加剂、饲料原料，情节严重的，依照前款的规定定罪处罚。

第十七条（第一款） 违反国家规定，私设生猪屠宰厂（场），从事生猪屠宰、销售等经营活动，情节严重的，依照刑法第二百二十五条的规定以非法经营罪定罪处罚。

第十八条 实施本解释规定的非法经营行为，非法经营数额在十万元以上，或者违法所得数额在五万元以上的，应当认定为刑法第二百二十五条规定的"情节严重"；非法经营数额在五十万元以上，或者违法所得数额在二十五万元以上的，应当认定为刑法第二百二十五条规定的"情节特别严重"。

实施本解释规定的非法经营行为，同时构成生产、销售伪劣产品罪，生产、销售不符合安全标准的食品罪，生产、销售有毒、有害食品罪，生产、销售伪劣农药、兽药罪等其他犯罪的，依照处罚较重的规定定罪处罚。

第二十三条 单位实施本解释规定的犯罪的，对单位判处罚金，并对直接负责的主管人员和其他直接责任人员，依照本解释规定的定罪量刑标准处罚。

【司法文件】

225.25 最高人民检察院法律政策研究室关于非法经营行为界定有关问题的复函（2002年10月25日 〔2002〕高检研发第24号）

文化部文化市场司：

你部《关于非法经营界定有关问题的函》（文市函〔2002〕1449号）收悉。经研究，提出以下意见，供参考：

一、关于经营违法音像制品行为的处理问题。对于经营违法音像制品行为，构成犯罪的，应当根据案件的具体情况，分别依照最高人民法院《关于审理非法出版物刑事案件具体应用法律若干问题的解释》和最高人民检察院、公安部《关于经济犯罪案件追诉标准的规定》等相关规定办理。

二、关于非法经营行为的界定问题，同意你部的意见，即：只要行为人明知是违法音像制品而进行经营即属于非法经营行为，其是否具有音像制品合法经营资格并不影响非法经营行为的认定；非法经营行为包括一系列环节，经营者购进违法音像制品并存放于仓库等场所的行为属于经营行为的中间环节，对此也可以认定为是非法经营行为。

225.26 最高人民检察院法律政策研究室关于 1998 年 4 月 18 日以前的传销或者变相传销行为如何处理问题的答复（2003 年 3 月 21 日　〔2003〕高检研发第 7 号）

湖南省人民检察院研究室：

你院《关于 1998 年 4 月 18 日以前情节严重或特别严重的非法传销行为是否以非法经营罪定罪处罚问题的请示》（湘检发公请字〔2002〕02 号）收悉。经研究，答复如下：

对 1998 年 4 月 18 日国务院发布《关于禁止传销经营活动的通知》以前的传销或者变相传销行为，不宜以非法经营罪追究刑事责任。行为人在传销或者变相传销活动中实施销售假冒伪劣产品、诈骗、非法集资、虚报注册资本、偷税等行为，构成犯罪的，应当依照刑法的相关规定追究刑事责任。

225.27 最高人民法院、最高人民检察院、公安部办理非法经营国际电信业务犯罪案件联席会议纪要（2003 年 4 月 22 日　公通字〔2002〕29 号）（节录）

二、《解释》① 第一条规定："违反国家规定，采取租用国际专线、私设转接设备或者其他方法，擅自经营国际电信业务或者涉港澳台电信业务进行营利活动，扰乱电信市场管理秩序，情节严重的，依照刑法第二百二十五条第（四）项的规定，以非法经营罪定罪处罚。"对于未取得国际电信业务（含涉港澳台电信业务，下同）经营许可证而经营，或被终止国际电信业务经营资格后继续经营，应认定为"擅自经营国际电信业务或者涉港澳台电信业务"；情节严重的，应按上述规定以非法经营罪追究刑事责任。

《解释》第一条所称"其他方法"，是指在边境地区私自架设跨境通信线路；利用互联网跨境传送 IP 话音并设立转接设备，将国际话务转接至我境内公用电话网或转接至其他国家或地区；在境内以租用、托管、代维等方式设立转接平台；私自设置国际通信出入等方法。

三、获得国际电信业务经营许可的经营者（含涉港澳台电信业务经营者）明知他人非法从事国际电信业务，仍违反国家规定，采取出租、合作、授权等手段，为他人提供经营和技术条件，利用现有设备或另设国际话务转接设备并从中营利，情节严重的，应以非法经营罪的共犯追究刑事责任。

四、公安机关侦查非法经营国际电信业务犯罪案件，要及时全面收集和固定犯罪证据，抓紧缉捕犯罪嫌疑人。人民检察院、人民法院对正在办理的非法经营国际电信业务犯罪案件，只要基本犯罪事实清楚，基本证据确实、充分，应当依法及时起诉、审判。主犯在逃，但在案的其他犯罪嫌疑人、被告人实施犯罪的基本证据确实充分的，可以依法先行处理。

五、坚持"惩办与宽大相结合"的刑事政策。对非法经营国际电信业务共同犯罪的主犯，以及与犯罪分子相勾结的国家工作人员，应依法从严惩处。对具有自首、立功或者其他法定从轻、减轻情节的，应依法从轻、减轻处理。

225.28 最高人民法院、最高人民检察院、公安部关于依法开展打击淫秽色情网站专项行动有关工作的通知（2004 年 7 月 16 日　公通字〔2004〕53 号）（节录）

二、充分运用法律武器，实务打击重点

……对于违反国家规定，擅自设立互联网上网服务营业场所，或者擅自从事互联网上网服务经营活动，情节严重，构成犯罪的，以非法经营罪追究刑事责任。

225.29 参见 179.3 最高人民法院、最高人民检察院、公安部、中国证券监督管理委员会关于整治非法证券活动有关问题的通知（2008 年 1 月 2 日　证监发〔2008〕1 号）

225.30 最高人民法院关于准确理解和适用刑法中"国家规定"的有关问题的通知（2011 年 4 月 8 日　法发〔2011〕155 号）（节录）

三、各级人民法院审理非法经营犯罪案件，要依法严格把握刑法第二百二十五条第（四）项的适用范围。对被告人的行为是否属于刑法第二百二十五条第（四）项规定的"其他严重扰乱市

---

① 指最高人民法院《关于审理扰乱电信市场管理秩序案件具体应用法律若干问题的解释》（法释〔2005〕12 号）。下同。——编者注

场秩序的非法经营行为",有关司法解释未作明确规定的,应当作为法律适用问题,逐级向最高人民法院请示。

225.31 全国法院毒品犯罪审判工作座谈会纪要(最高人民法院 2015 年 5 月 18 日印发 法〔2015〕129 号)(节录)

二、关于毒品犯罪法律适用的若干具体问题

(七)非法贩卖麻醉药品、精神药品行为的定性问题

行为人向走私、贩卖毒品的犯罪分子或者吸食、注射毒品的人员贩卖国家规定管制的能够使人形成瘾癖的麻醉药品或者精神药品的,以贩卖毒品罪定罪处罚。

行为人出于医疗目的,违反有关药品管理的国家规定,非法贩卖上述麻醉药品或者精神药品,扰乱市场秩序,情节严重的,以非法经营罪定罪处罚。

225.32 最高人民法院、最高人民检察院、公安部、国家新闻出版广电总局关于依法严厉打击非法电视网络接收设备违法犯罪活动的通知(2015 年 9 月 18 日 新广电发〔2015〕229 号)(节录)

二、正确把握法律政策界限,依法严厉打击非法电视网络接收设备违法犯罪活动

各级公安、检察、审判机关和新闻出版广电行政主管部门要高度重视查办非法电视网络接收设备违法犯罪案件,正确把握法律政策界限,严格执行法律法规的有关规定,坚决依法严厉打击非法电视网络接收设备违法犯罪活动。非法电视网络接收设备主要包括三类:"电视棒"等网络共享设备;非法互联网电视接收设备,包括但不限于内置含有非法电视、非法广播等非法内容的定向接收软件或硬件模块的机顶盒、电视机、投影仪、显示器;用于收看非法电视、收听非法广播的网络软件、移动互联网客户端软件和互联网电视客户端软件。根据刑法和司法解释的规定,违反国家规定,从事生产、销售非法电视网络接收设备(含软件),以及为非法广播电视接收软件提供下载服务、为非法广播电视节目频道接收提供链接服务等营利性活动,扰乱市场秩序,个人非法经营数额在五万元以上或违法所得数额在一万元以上,单位非法经营数额在五十万元以上或违法所得数额在十万元以上,按照非法经营罪追究刑事责任。对于利用生产、销售、安装非法电视网络接收设备传播淫秽色情节目、实施危害国家安全等行为的,根据其行为的性质,依法追究刑事责任。对非法电视网络接收设备犯罪行为,涉及数个罪名的,按照相关原则,择一重罪处罚或数罪并罚。在追究犯罪分子刑事责任的同时,还要依法追缴违法所得,没收其犯罪所用的本人财物。对于实施上述行为尚不构成犯罪的,由新闻出版广电等相关行政主管部门依法给予行政处罚;构成违反治安管理行为的,依法给予治安管理处罚。

225.33 参见 141.5 最高人民检察院法律政策研究室对《关于具有药品经营资质的企业通过非法渠道从私人手中购进药品后销售的如何适用法律问题的请示》的答复(2015 年 10 月 26 日高检研〔2015〕19 号)

225.34 最高人民法院、最高人民检察院、公安部、司法部、生态环境部关于办理环境污染刑事案件有关问题座谈会纪要(2019 年 2 月 20 日)(节录)

二

5. 关于非法经营罪的适用

会议针对如何把握非法经营罪与污染环境罪的关系以及如何具体适用非法经营罪的问题进行了讨论。会议强调,要高度重视非法经营危险废物案件的办理,坚持全链条、全环节、全流程对非法排放、倾倒、处置、经营危险废物的产业链进行刑事打击,查清犯罪网络,深挖犯罪源头,斩断利益链条,不断挤压和铲除此类犯罪滋生蔓延的空间。

会议认为,准确理解和适用《环境解释》①第六条的规定应当注意把握两个原则:一要坚持实质判断原则,对行为人非法经营危险废物行为的社会危害性作实质性判断。比如,一些单位或

---

① 指最高人民法院、最高人民检察院《关于办理环境污染刑事案件适用法律若干问题的解释》(法释〔2016〕29 号)。——编者注

者个人虽未依法取得危险废物经营许可证，但其收集、贮存、利用、处置危险废物经营活动，没有超标排放污染物、非法倾倒污染物或者其他违法造成环境污染情形的，则不宜以非法经营罪论处。二要坚持综合判断原则，对行为人非法经营危险废物行为根据其在犯罪链条中的地位、作用综合判断其社会危害性。比如，有证据证明单位或者个人的无证经营危险废物行为属于危险废物非法经营产业链的一部分，并且已经形成了分工负责、利益均沾、相对固定的犯罪链条，如果行为人或者与其联系紧密的上游或者下游环节具有排放、倾倒、处置危险废物违法造成环境污染的情形，且交易价格明显异常的，对行为人可以根据案件具体情况在污染环境罪和非法经营罪中，择一重罪处断。

【部委规范】

225.35 国家工商局、公安部、中国人民银行关于严厉打击传销和变相传销等非法经营活动的意见（2000 年 7 月 17 日）（节录）

二、工商行政管理机关对下列传销或变相传销行为，要采取有力措施，坚决予以取缔；对情节严重涉嫌犯罪的，要移送公安机关，按照司法程序对组织者依照《刑法》第二百二十五条的有关规定处理：

（一）经营者通过发展人员、组织网络从事无店铺经营活动，参加者之间上线从下线的营销业绩中提取报酬的；

（二）参加者通过交纳入门费或以认购商品（含服务，下同）等变相交纳入门费的方式，取得加入、介绍或发展他人加入的资格，并以此获取回报的；

（三）先参加者从发展的下线成员所交纳费用中获取收益，且收益数额由其加入的先后顺序决定的；

（四）组织者的收益主要来自参加者交纳的入门费或以认购商品等方式变相交纳的费用的；

（五）组织者利用后参加者所交付的部分费用支付先参加者的报酬维持运作的；

（六）其他通过发展人员、组织网络或以高额回报为诱饵招揽人员从事变相传销活动的。

225.36 公安部经济犯罪侦查局关于对既涉嫌非法经营又涉嫌偷税的经济犯罪案件如何适用法律的请示的批复（2001 年 3 月 20 日　公经〔2001〕253 号）

辽宁省公安厅经济犯罪侦查总队：

你总队《关于对既涉嫌非法经营又涉嫌偷税的经济犯罪案件如何适用法律的请示》收悉。经商最高人民法院研究室，现答复如下：

行为人在实施非法经营犯罪过程中，又涉嫌偷税构成犯罪的，应以处罚较重的犯罪依法追究刑事责任，不实行数罪并罚。

225.37 公安部办公厅关于销售印有本·拉登头像的商品如何处理问题的答复（2001 年 12 月 31 日　公办〔2001〕162 号）

新疆维吾尔自治区公安厅：

你厅《关于对批发和销售印有"本·拉登"头像图案的食品及其他小商品如何进行处理的请示》（新公办〔2001〕162 号）收悉。现答复如下：

一、根据国务院《出版管理条例》、《音像制品管理条例》、《印刷业管理条例》等行政法规的规定，任何出版物、音像制品或其他物品不得含有渲染暴力或者法律、行政法规禁止的其他内容。对于制作、销售印有本·拉登头像的出版物、音像制品、食品及其他物品的行为，依法应由工商行政管理、新闻出版等主管部门查处。公安机关一经发现销售印有本·拉登头像的出版物、音像制品、食品及其他物品的情况，应当及时通知有关主管部门，并报告当地党委、政府，建议责成有关主管部门依法严肃查处，避免影响当地社会政治稳定和治安稳定。

二、根据《刑法》第 225 条和《最高人民法院关于审理非法出版物刑事案件具体应用法律若干问题的解释》（法释〔1998〕30 号）的规定，个人或单位违反国家规定，出版、印刷、复制、发行印有本·拉登头像的音像制品、电子出版物 500 或 1500 张（盒）以上的，或者经营数额在 5 万元或 15 万元以上的，公安机关可以涉嫌非法经营罪立案侦查。

三、公安机关对出版、销售印有本·拉登头像的出版物、音像制品的行为以涉嫌非法经营罪立案查处的，应当事先与人民检察院、人民法院进行沟通，必要时提请当地政法委协调。

225.38 中国民用航空总局、国家发展计划委员会、公安部、国家税务总局、国家工商行政管理总局关于坚决打击暗扣销售和非法经营销售国内机票行为规范航空运输市场秩序的通知（2002年5月20日 民航财发〔2002〕101号）（节录）

二、依法打击暗扣销售和非法经营销售国内机票的行为

（二）依法打击非法经营销售国内机票的行为

各地公安机关对非法经营销售国内机票涉嫌犯罪的行为，按照《中华人民共和国刑法》第二百二十五条第（一）款的规定查处。

225.39 公安部经济犯罪侦查局关于打击非法经营销售国内机票有关问题的批复（2002年8月9日 公经〔2002〕928号）

北京市公安局经侦处：

你处经侦办字〔2002〕167号《我处在执行"关于坚决打击暗扣销售和非法经营销售国内机票行为规范航空运输市场秩序的通知"中几个问题的请示》收悉。经商民航总局运输司，现答复如下：

一、《关于坚决打击暗扣销售和非法经营销售国内机票行为规范航空运输市场秩序的通知》（民航财发〔2002〕101号）中的"国内机票"、"民航国内航班机票"是指"国内航空公司的国内航线机票"。

二、根据1993年8月3日经国务院批准发布施行的《民用航空运输销售代理业管理规定》（民航总局第37号令）第三十三条的规定，非法代理销售国内航空公司国际航线机票属于非法经营行为，情节严重的，应当根据刑法第二百二十五条的规定，以非法经营罪立案侦查。

三、非法经营销售国内航线机票和国际航线机票应予追诉的标准，应当根据2001年4月18日最高人民检察院、公安部《关于经济犯罪案件追诉标准的规定》第七十五条第五款的规定执行。

225.40 公安部经济犯罪侦查局关于对倒卖银行承兑汇票行为性质认定意见的批复（2009年9月18日 公经金融〔2009〕253号）

河北、安徽省公安厅经侦总队：

你们《关于对赵某某个人买卖银行承兑汇票的行为如何定性的请示》（冀公（经）〔2009〕408号）、《关于李某等人倒卖银行承兑汇票行为定性问题的请示》（皖公经侦〔2009〕255号）收悉，经我局认真研究，并征求中国银行业监督管理委员会意见，现批复如下：

此类与他人串通注册成立空壳公司，伪造贸易合同，虚构贸易背景，从银行开出多份银行承兑汇票转手倒卖，及从他人手中购买银行承兑汇票进行倒卖，从中获利的行为，数额巨大，严重扰乱正常的票据管理秩序，可以认定为刑法修正案（七）第五条规定的"非法从事资金支付结算业务"的活动。

【法律法规】

225.41 中华人民共和国矿产资源法（1986年10月1日 2009年修正）（第43条）

225.42 中华人民共和国烟草专卖法（1992年1月1日 2015年修正）（第3条、第35—36条）

225.43 金融违法行为处罚办法（1999年2月22日）（第9条、第18条）

225.44 音像制品管理条例（2002年2月1日 2020年修订）（第5条、第39条）

225.45 互联网上网服务营业场所管理条例（2002年11月15日 2019年修订）（第27条）

225.46 退耕还林条例（2003年1月20日 2016年修订）（第59条）

225.47 特种设备安全监察条例（2003年6月1日 2009年修订）（第72—73条、第75条、第77条、第80条第1款、第91条）

225.48 进出口货物原产地条例（2005年1月1日 2019年修订）（第13条第1款、第14条、第16—18条、第23条、第26条）

225.49 中华人民共和国证券投资基金法（2013 年 6 月 1 日　2015 年修正）（第 11 条、第 50 条、第 119 条第 1 款、第 149 条）

225.50 食盐专营办法（2017 年 12 月 26 日）（第 2 条、第 8 条、第 32 条）

第二百二十六条【强迫交易罪】以暴力、威胁手段，实施下列行为之一，情节严重的，处三年以下有期徒刑或者拘役，并处或者单处罚金；情节特别严重的，处三年以上七年以下有期徒刑，并处罚金：

（一）强买强卖商品的；

（二）强迫他人提供或者接受服务的；

（三）强迫他人参与或者退出投标、拍卖的；

（四）强迫他人转让或者收购公司、企业的股份、债券或者其他资产的；

（五）强迫他人参与或者退出特定的经营活动的。

【刑法修正说明】

本条为全国人大常委会 **2011 年 2 月 25 日**通过并公布、同年 **5 月 1 日**施行的《刑法修正案（八）》第 **36** 条所修正。原第 **226** 条为：

【强迫交易罪】以暴力、威胁手段强买强卖商品、强迫他人提供服务或者强迫他人接受服务，情节严重的，处三年以下有期徒刑或者拘役，并处或者单处罚金。

【罪名渊源】本条系由 79 刑法中的投机倒把罪分解而来，高法《罪名规定》、高检《罪名意见》将其解释为强迫交易罪。《刑法修正案（八）》第 36 条增设第 3—5 项内容，并增设了一档法定刑。

【立案标准】

226.1 最高人民检察院、公安部关于公安机关管辖的刑事案件立案追诉标准的规定（一）的补充规定（2017 年 4 月 27 日　公通字〔2017〕12 号）（节录）

五、将《立案追诉标准（一）》第二十八条修改为：〔强迫交易案（刑法第二百二十六条）〕以暴力、威胁手段强买强卖商品，强迫他人提供服务或者接受服务，涉嫌下列情形之一的，应予立案追诉：

（一）造成被害人轻微伤的；

（二）造成直接经济损失二千元以上的；

（三）强迫交易三次以上或者强迫三人以上交易的；

（四）强迫交易数额一万元以上，或者违法所得数额二千元以上的；

（五）强迫他人购买伪劣商品数额五千元以上，或者违法所得数额一千元以上的；

（六）其他情节严重的情形。

以暴力、威胁手段强迫他人参与或者退出投标、拍卖，强迫他人转让或者收购公司、企业的股份、债券或者其他资产，强迫他人参与或者退出特定的经营活动，具有多次实施、手段恶劣、造成严重后果或者恶劣社会影响等情形之一的，应予立案追诉。

【司法文件】

226.2 最高人民法院、最高人民检察院、公安部、司法部关于办理黑恶势力犯罪案件若干问题的指导意见（2018 年 1 月 16 日　法发〔2018〕1 号）（节录）

14. 具有下列情形的组织，应当认定为"恶势力"：经常纠集在一起，以暴力、威胁或者其他手段，在一定区域或者行业内多次实施违法犯罪活动，为非作恶，欺压百姓，扰乱经济、社会生活秩序，造成较为恶劣的社会影响，但尚未形成黑社会性质组织的违法犯罪组织。恶势力一般为三人以上，纠集者相对固定，违法犯罪活动主要为强迫交易、故意伤害、非法拘禁、敲诈勒索、故意毁坏财物、聚众斗殴、寻衅滋事等，同时还可能伴随实施开设赌场、组织卖淫、强迫卖淫、贩卖毒品、运输毒品、制造毒品、抢劫、抢夺、聚众扰乱社会秩序、聚众扰乱公共场所秩序、交通秩序以及聚众"打砸抢"等。

在相关法律文书中的犯罪事实认定部分，可使用"恶势力"等表述加以描述。

17. 黑恶势力为谋取不法利益或形成非法影响，有组织地采用滋扰、纠缠、哄闹、聚众造势等手段侵犯人身权利、财产权利，破坏经济秩序、社会秩序，构成犯罪的，应当分别依照《刑法》相关规定处理：

（1）有组织地采用滋扰、纠缠、哄闹、聚众造势等手段扰乱正常的工作、生活秩序，使他人产生心理恐惧或者形成心理强制，分别属于《刑法》第二百九十三条第一款第（二）项规定的"恐吓"、《刑法》第二百二十六规定的"威胁"，同时符合其他犯罪构成条件的，应分别以寻衅滋事罪、强迫交易罪定罪处罚。

《关于办理寻衅滋事刑事案件适用法律若干问题的解释》第二条至第四条中的"多次"一般应当理解为二年内实施寻衅滋事行为三次以上。二年内多次实施不同种类寻衅滋事行为的，应当追究刑事责任。

（2）以非法占有为目的的强行索取公私财物，有组织地采用滋扰、纠缠、哄闹、聚众造势等手段扰乱正常的工作、生活秩序，同时符合《刑法》第二百七十四条规定的其他犯罪构成条件的，应当以敲诈勒索罪定罪处罚。同时由多人实施或者以统一着装、显露纹身、特殊标识以及其他明示或者暗示方式，足以使对方感知相关行为的有组织性的，应当认定为《关于办理敲诈勒索刑事案件适用法律若干问题的解释》第二条第（五）项规定的"以黑恶势力名义敲诈勒索"。

采用上述手段，同时又构成其他犯罪的，应当依法按照处罚较重的规定定罪处罚。

雇佣、指使他人有组织地采用上述手段强迫交易、敲诈勒索，构成强迫交易罪、敲诈勒索罪的，对雇佣者、指使者，一般应当以共同犯罪中的主犯论处。为强索不受法律保护的债务或者因其他非法目的，雇佣、指使他人有组织地采用上述手段寻衅滋事，构成寻衅滋事罪的，对雇佣者、指使者，一般应当以共同犯罪中的主犯论处；为追讨合法债务或者因婚恋、家庭、邻里纠纷等民间矛盾而雇佣、指使，没有造成严重后果的，一般不作为犯罪处理，但经有关部门批评制止或者处理处罚后仍继续实施的除外。

20. 对于以非法占有为目的，假借民间借贷之名，通过"虚增债务""签订虚假借款协议""制造资金走账流水""肆意认定违约""转单平账""虚假诉讼"等手段非法占有他人财产，或者使用暴力、威胁手段强立债权、强行索债的，应当根据案件具体事实，以诈骗、强迫交易、敲诈勒索、抢劫、虚假诉讼等罪名侦查、起诉、审判。对于非法占有的被害人实际所得借款以外的虚高"债务"和以"保证金""中介费""服务费"等各种名目扣除或收取的额外费用，均应计入违法所得。对于名义上为被害人所得、但在案证据能够证明实际上却为犯罪嫌疑人、被告人实施后续犯罪所使用的"借款"，应予以没收。

226.3 最高人民法院、最高人民检察院、公安部、司法部关于办理实施"软暴力"的刑事案件若干问题的意见（2019年4月9日）（节录）

五、（第一款）采用"软暴力"手段，使他人产生心理恐惧或者形成心理强制，分别属于《刑法》第二百二十六条规定的"威胁"、《刑法》第二百九十三条第一款第（二）项规定的"恐吓"，同时符合其他犯罪构成要件的，应当分别以强迫交易罪、寻衅滋事罪定罪处罚。

十一、（第二款）为强索不受法律保护的债务或者因其他非法目的，雇佣、指使他人采用"软暴力"手段非法剥夺他人人身自由构成非法拘禁罪，或者非法侵入他人住宅、寻衅滋事，构成非法侵入住宅罪、寻衅滋事罪的，对雇佣者、指使者，一般应当以共同犯罪中的主犯论处；因本人及近亲属合法债务、婚恋、家庭、邻里纠纷等民间矛盾而雇佣、指使，没有造成严重后果的，一般不作为犯罪处理，但经有关部门批评制止或者处理处罚后仍继续实施的除外。

【说明】"软暴力"的定义、表现形式、数罪并罚原则，参见294.10本意见。

226.4 参见266.20 最高人民法院、最高人民检察院、公安部、司法部关于办理"套路贷"刑事案件若干问题的意见（2019年4月9日）

226.5 参见 26.8 最高人民法院、最高人民检察院、公安部、司法部关于办理恶势力刑事案件若干问题的意见（2019 年 4 月 9 日　法发〔2019〕10 号）（第 8—9 条）

226.6 最高人民法院、最高人民检察院、公安部、司法部关于办理利用信息网络实施黑恶势力犯罪刑事案件若干问题的意见（2019 年 10 月 21 日）（节录）

5. 利用信息网络威胁他人，强迫交易，情节严重的，依照刑法第二百二十六条的规定，以强迫交易罪定罪处罚。

8. 侦办利用信息网络实施的强迫交易、敲诈勒索等非法敛财类案件，确因被害人人数众多等客观条件的限制，无法逐一收集被害人陈述的，可以结合已收集的被害人陈述，以及经查证属实的银行账户交易记录、第三方支付结算账户交易记录、通话记录、电子数据等证据，综合认定被害人人数以及涉案资金数额等。

第二百二十七条【伪造、倒卖伪造的有价票证罪】 伪造或者倒卖伪造的车票、船票、邮票或者其他有价票证，数额较大的，处二年以下有期徒刑、拘役或者管制，并处或者单处票证价额一倍以上五倍以下罚金；数额巨大的，处二年以上七年以下有期徒刑，并处票证价额一倍以上五倍以下罚金。

【倒卖车票、船票罪】 倒卖车票、船票，情节严重的，处三年以下有期徒刑、拘役或者管制，并处或者单处票证价额一倍以上五倍以下罚金。

【罪名渊源】 本条第 1 款源自 79 刑法第 124 条伪造有价票证罪和第 117 条投机倒把罪，刑法将该两种行为分别独立成罪。高法《罪名规定》、高检《罪名意见》将其解释为伪造、倒卖伪造的有价票证罪。第 2 款系由 79 刑法的投机倒把罪分解而来。高法《罪名规定》、高检《罪名意见》将其解释为倒卖车票、船票罪。

【立案标准】

227.1 最高人民检察院、公安部关于公安机关管辖的刑事案件立案追诉标准的规定（一）（2008 年 6 月 25 日　公通字〔2008〕36 号）（节录）

第二十九条　[伪造、倒卖伪造的有价票证案（刑法第二百二十七条第一款）] 伪造或者倒卖伪造的车票、船票、邮票或者其他有价票证，涉嫌下列情形之一的，应予立案追诉：

（一）车票、船票票面数额累计二千元以上，或者数量累计五十张以上的；

（二）邮票票面数额累计五千元以上，或者数量累计一千枚以上的；

（三）其他有价票证价额累计五千元以上，或者数量累计一百张以上的；

（四）非法获利累计一千元以上的；

（五）其他数额较大的情形。

第三十条　[倒卖车票、船票案（刑法第二百二十七条第二款）] 倒卖车票、船票或者倒卖车票坐席、卧铺签字号以及订购车票、船票凭证，涉嫌下列情形之一的，应予立案追诉：

（一）票面数额累计五千元以上的；

（二）非法获利累计二千元以上的；

（三）其他情节严重的情形。

第一百条　本规定中的立案追诉标准，除法律、司法解释另有规定的以外，适用于相关的单位犯罪。

【罪刑标准】

227.2 最高人民法院关于审理倒卖车票刑事案件有关问题的解释（1999 年 9 月 14 日　法释〔1999〕17 号）

为依法惩处倒卖车票的犯罪活动，根据刑法的有关规定，现就审理倒卖车票刑事案件的有关问题解释如下：

第一条　高价、变相加价倒卖车票或者倒卖坐席、卧铺签字号及订购车票凭证，票面数额在五千元以上，或者非法获利数额在二千元以上的，构成刑法第二百二十七条第二款规定的"倒卖车票情节严重"。

第二条 对于铁路职工倒卖车票或者与其他人员勾结倒卖车票；组织倒卖车票的首要分子；曾因倒卖车票受过治安处罚两次以上或者被劳动教养一次以上，两年内又倒卖车票，构成倒卖车票罪的，依法从重处罚。

【司法解释】

227.3 最高人民法院关于对变造、倒卖变造邮票行为如何适用法律问题的解释（2000 年 12 月 9 日 法释〔2000〕41 号）

为了正确适用刑法，现对审理变造、倒卖变造邮票案件如何适用法律问题解释如下：

对变造或者倒卖变造的邮票数额较大的，应当依照刑法第二百二十七条第一款的规定定罪处罚。

【司法文件】

227.4 最高人民检察院法律政策研究室关于非法制作、出售、使用 IC 电话卡行为如何适用法律问题的答复（2003 年 4 月 2 日 〔2003〕高检研发第 10 号）

辽宁省人民检察院研究室：

你院《关于非法制作、出售 IC 电话卡的行为如何认定的请示》（辽检发研字〔2002〕8 号）收悉。经研究，答复如下：

非法制作或者出售非法制作的 IC 电话卡，数额较大的，应当依照刑法第二百二十七条第一款的规定，以伪造、倒卖伪造的有价票证罪追究刑事责任，犯罪数额可以根据销售数额认定。

【法律法规】

227.5 中华人民共和国铁路法（1991 年 5 月 1 日 2015 年修正）（第 66 条）

第二百二十八条【非法转让、倒卖土地使用权罪】 以牟利为目的，违反土地管理法规，非法转让、倒卖土地使用权，情节严重的，处三年以下有期徒刑或者拘役，并处或者单处非法转让、倒卖土地使用权价额百分之五以上百分之二十以下罚金；情节特别严重的，处三年以上七年以下有期徒刑，并处非法转让、倒卖土地使用权价额百分之五以上百分之二十以下罚金。

【罪名渊源】 本条系刑法增设，79 刑法、单行刑法均未规定。高法《罪名规定》、高检《罪名意见》将其解释为非法转让、倒卖土地使用权罪。

【立法解释】

228.1 全国人民代表大会常务委员会关于《中华人民共和国刑法》第二百二十八条、第三百四十二条、第四百一十条的解释（2001 年 8 月 31 日 2009 年修正）

全国人民代表大会常务委员会讨论了刑法第二百二十八条、第三百四十二条、第四百一十条规定的"违反土地管理法规"和第四百一十条规定的"非法批准征收、征用、占用土地"①的含义问题，解释如下：

刑法第二百二十八条、第三百四十二条、第四百一十条规定的"违反土地管理法规"，是指违反土地管理法、森林法、草原法等法律以及有关行政法规中关于土地管理的规定。

【立案标准】

228.2 最高人民检察院、公安部关于公安机关管辖的刑事案件立案追诉标准的规定（二）（2022 年 5 月 15 日 公通字〔2022〕12 号）（节录）

第七十二条 〔非法转让、倒卖土地使用权案（刑法第二百二十八条）〕以牟利为目的，违反土地管理法规，非法转让、倒卖土地使用权，涉嫌下列情形之一的，应予立案追诉：

（一）非法转让、倒卖永久基本农田五亩以上的；

---

① 原文为"非法批准征收、占用土地"，2009 年 8 月 27 日第十一届全国人大常委会第十次会议通过并公布施行的《关于修改部分法律的决定》改其中的"征用"为"征收、征用"。——编者注

（二）非法转让、倒卖永久基本农田以外的耕地十亩以上的；

（三）非法转让、倒卖其他土地二十亩以上的；

（四）违法所得数额在五十万元以上的；

（五）虽未达到上述数额标准，但因非法转让、倒卖土地使用权受过行政处罚，又非法转让、倒卖土地的；

（六）其他情节严重的情形。

第八十一条　本规定中的"虽未达到上述数额标准"，是指接近上述数额标准且已达到该数额的百分之八十以上的。

第八十二条　对于预备犯、未遂犯、中止犯，需要追究刑事责任的，应予立案追诉。

第八十三条　本规定中的立案追诉标准，除法律、司法解释、本规定中另有规定的以外，适用于相应的单位犯罪。

第八十四条　本规定中的"以上"，包括本数。

【罪刑标准】

228.3 最高人民法院关于审理破坏土地资源刑事案件具体应用法律若干问题的解释（2000 年 6 月 22 日　法释〔2000〕14 号）（节录）

第一条　以牟利为目的，违反土地管理法规，非法转让、倒卖土地使用权，具有下列情形之一的，属于非法转让、倒卖土地使用权"情节严重"，依照刑法第二百二十八条的规定，以非法转让、倒卖土地使用权罪定罪处罚：

（一）非法转让、倒卖基本农田五亩以上的；

（二）非法转让、倒卖基本农田以外的耕地十亩以上的；

（三）非法转让、倒卖其他土地二十亩以上的；

（四）非法获利五十万元以上的；

（五）非法转让、倒卖土地接近上述数量标准并具有其他恶劣情节的，如曾因非法转让、倒卖土地使用权受过行政处罚或者造成严重后果等。

第二条　实施第一条规定的行为，具有下列情形之一的，属于非法转让、倒卖土地使用权"情节特别严重"：

（一）非法转让、倒卖基本农田十亩以上的；

（二）非法转让、倒卖基本农田以外的耕地二十亩以上的；

（三）非法转让、倒卖其他土地四十亩以上的；

（四）非法获利一百万元以上的；

（五）非法转让、倒卖土地接近上述数量标准并具有其他恶劣情节，如造成严重后果等。

第八条　单位犯非法转让、倒卖土地使用权罪，非法占有耕地罪的定罪量刑标准，依照本解释第一条、第二条、第三条的规定执行。

第九条　多次实施本解释规定的行为依法应当追诉的，或者一年内多次实施本解释规定的行为未经处理的，按照累计的数量、数额处罚。

【法律法规】

228.4 中华人民共和国土地管理法（1999 年 1 月 1 日　2019 年修正）（第 74 条）

第二百二十九条【提供虚假证明文件罪】 承担资产评估、验资、验证、会计、审计、法律服务、保荐、安全评价、环境影响评价、环境监测等职责的中介组织的人员故意提供虚假证明文件，情节严重的，处五年以下有期徒刑或者拘役，并处罚金；有下列情形之一的，处五年以上十年以下有期徒刑，并处罚金：

（一）提供与证券发行相关的虚假的资产评估、会计、审计、法律服务、保荐等证明文件，情节特别严重的；

（二）提供与重大资产交易相关的虚假的资产评估、会计、审计等证明文件，情节特别严重的；

（三）在涉及公共安全的重大工程、项目中提供虚假的安全评价、环境影响评价等证明文件，致使公共财产、国家和人民利益遭受特别重大损失的。

【提供虚假证明文件罪】 有前款行为，同时索取他人财物或者非法收受他人财物构成犯罪的，依照处罚较重的规定定罪处罚。

【出具证明文件重大失实罪】 第一款规定的人员，严重不负责任，出具的证明文件有重大失实，造成严重后果的，处三年以下有期徒刑或者拘役，并处或者单处罚金。

【刑法修正说明】

本条为全国人大常委会 2020 年 12 月 26 日通过并公布、2021 年 3 月 1 日施行的《刑法修正案（十一）》第 25 条所修正。原第 229 条为：

【提供虚假证明文件罪】 承担资产评估、验资、验证、会计、审计、法律服务等职责的中介组织的人员故意提供虚假证明文件，情节严重的，处五年以下有期徒刑或者拘役，并处罚金。

前款规定的人员，索取他人财物或者非法收受他人财物，犯前款罪的，处五年以上十年以下有期徒刑，并处罚金。

【出具证明文件重大失实罪】 第一款规定的人员，严重不负责任，出具的证明文件有重大失实，造成严重后果的，处三年以下有期徒刑或者拘役，并处或者单处罚金。

【罪名渊源】 本条第 1 款、第 2 款 79 刑法没有规定，系承袭全国人大常委会《关于惩治违反公司法的犯罪的决定》第 6 条的规定。刑法扩大了犯罪主体的范围，将该决定的"承担资产评估、验资、验证、审计职责的人员"改为"中介组织的人员"，罚金刑由原倍比罚金制改为无限额罚金制，条文表述也更为科学。《刑法修正案（十一）》第 25 条将中介组织范围扩大至"保荐、安全评价、环境影响评价、环境监测"等领域，增加第二档法定刑并增列三项犯罪情形，改第 2 款独立法定刑为从一从重处罚。高法《罪名规定》、高检《罪名意见》曾将该两款解释为中介组织人员提供虚假证明文件罪，"两高"《罪名补充规定》取消了该罪名，将其解释为提供虚假证明文件罪。

第 3 款 79 刑法和单行刑法没有规定，系刑法增设。高法《罪名规定》、高检《罪名意见》曾将其解释为中介组织人员出具证明文件失实罪，"两高"《罪名补充规定》取消该罪名，将其解释为出具证明文件重大失实罪。

【立案标准】

229.1 最高人民检察院、公安部关于公安机关管辖的刑事案件立案追诉标准的规定（二）

（2022 年 5 月 15 日 公通字〔2022〕12 号）（节录）

第七十三条 〔提供虚假证明文件案（刑法第二百二十九条第一款）〕承担资产评估、验资、验证、会计、审计、法律服务、保荐、安全评价、环境影响评价、环境监测等职责的中介组织的人员故意提供虚假证明文件，涉嫌下列情形之一的，应予立案追诉：

（一）给国家、公众或者其他投资者造成直接经济损失数额在五十万元以上的；

（二）违法所得数额在十万元以上的；

（三）虚假证明文件虚构数额在一百万元以上且占实际数额百分之三十以上的；

（四）虽未达到上述数额标准，但二年内因提供虚假证明文件受过二次以上行政处罚，又提供虚假证明文件的；

（五）其他情节严重的情形。

第七十四条 〔出具证明文件重大失实案（刑法第二百二十九条第三款）〕承担资产评估、

验资、验证、会计、审计、法律服务、保荐、安全评价、环境影响评价、环境监测等职责的中介组织的人员严重不负责任，出具的证明文件有重大失实，涉嫌下列情形之一的，应予立案追诉：

（一）给国家、公众或者其他投资者造成直接经济损失数额在一百万元以上的；

（二）其他造成严重后果的情形。

第八十一条　本规定中的"虽未达到上述数额标准"，是指接近上述数额标准且已达到该数额的百分之八十以上的。

第八十二条　对于预备犯、未遂犯、中止犯，需要追究刑事责任的，应予立案追诉。

第八十三条　本规定中的立案追诉标准，除法律、司法解释、本规定中另有规定的以外，适用于相应的单位犯罪。

第八十四条　本规定中的"以上"，包括本数。

【罪刑标准】

229.2 最高人民法院、最高人民检察院关于办理妨害信用卡管理刑事案件具体应用法律若干问题的解释（2009年12月16日　法释〔2009〕19号　2018年修正）（节录）

第四条（第二款）　承担资产评估、验资、验证、会计、审计、法律服务等职责的中介组织或其人员，为信用卡申请人提供虚假的财产状况、收入、职务等资信证明材料，应当追究刑事责任的，依照刑法第二百二十九条的规定，分别以提供虚假证明文件罪和出具证明文件重大失实罪定罪处罚。

第十三条　单位实施本解释规定的行为，适用本解释规定的相应自然人犯罪的定罪量刑标准。

229.3 最高人民法院、最高人民检察院关于办理危害生产安全刑事案件适用法律若干问题的解释（二）（2022年12月19日　法释〔2022〕19号）（节录）

第六条　承担安全评价职责的中介组织的人员提供的证明文件有下列情形之一的，属于刑法第二百二十九条第一款规定的"虚假证明文件"：

（一）故意伪造的；

（二）在周边环境、主要建（构）筑物、工艺、装置、设备设施等重要内容上弄虚作假，导致与评价期间实际情况不符，影响评价结论的；

（三）隐瞒生产经营单位重大事故隐患及整改落实情况、主要灾害等级等情况，影响评价结论的；

（四）伪造、篡改生产经营单位相关信息、数据、技术报告或者结论等内容，影响评价结论的；

（五）故意采用存疑的第三方证明材料、监测检验报告，影响评价结论的；

（六）有其他弄虚作假行为，影响评价结论的情形。

生产经营单位提供虚假材料、影响评价结论，承担安全评价职责的中介组织的人员对评价结论与实际情况不符无主观故意的，不属于刑法第二百二十九条第一款规定的"故意提供虚假证明文件"。

有本条第二款情形，承担安全评价职责的中介组织的人员严重不负责任，导致出具的证明文件有重大失实，造成严重后果的，依照刑法第二百二十九条第三款的规定追究刑事责任。

第七条　承担安全评价职责的中介组织的人员故意提供虚假证明文件，有下列情形之一的，属于刑法第二百二十九条第一款规定的"情节严重"：

（一）造成死亡一人以上或者重伤三人以上安全事故的；

（二）造成直接经济损失五十万元以上安全事故的；

（三）违法所得数额十万元以上的；

（四）两年内因故意提供虚假证明文件受过两次以上行政处罚，又故意提供虚假证明文件的；

（五）其他情节严重的情形。

在涉及公共安全的重大工程、项目中提供虚假的安全评价文件，有下列情形之一的，属于刑法第二百二十九条第一款第三项规定的"致使公共财产、国家和人民利益遭受特别重大损失"：

（一）造成死亡三人以上或者重伤十人以上安全事故的；

（二）造成直接经济损失五百万元以上安全事故的；

（三）其他致使公共财产、国家和人民利益遭受特别重大损失的情形。

承担安全评价职责的中介组织的人员有刑法第二百二十九条第一款行为，在裁量刑罚时，应当考虑其行为手段、主观过错程度、对安全事故的发生所起作用大小及其获利情况、一贯表现等因素，综合评估社会危害性，依法裁量刑罚，确保罪责刑相适应。

第八条　承担安全评价职责的中介组织的人员，严重不负责任，出具的证明文件有重大失实，有下列情形之一的，属于刑法第二百二十九条第三款规定的"造成严重后果"：

（一）造成死亡一人以上或者重伤三人以上安全事故的；

（二）造成直接经济损失一百万元以上安全事故的；

（三）其他造成严重后果的情形。

第九条　承担安全评价职责的中介组织犯刑法第二百二十九条规定之罪的，对该中介组织判处罚金，并对其直接负责的主管人员和其他直接责任人员，依照本解释第七条、第八条的规定处罚。

第十一条　有本解释规定的行为，被不起诉或者免予刑事处罚，需要给予行政处罚、政务处分或者其他处分的，依法移送有关主管机关处理。

【司法解释】

229.4 最高人民检察院关于公证员出具公证书有重大失实行为如何适用法律问题的批复
（2009 年 1 月 15 日　高检发释字〔2009〕1 号）

甘肃省人民检察院：

你院《关于公证员出具证明文件重大失实是否构成犯罪的请示》（甘检发研〔2008〕17 号）收悉。经研究，批复如下：

《中华人民共和国公证法》施行以后，公证员在履行公证职责过程中，严重不负责任，出具的公证书有重大失实，造成严重后果的，依照刑法第二百二十九条第三款的规定，以出具证明文件重大失实罪追究刑事责任。

229.5 最高人民检察院关于地质工程勘测院和其他履行勘测职责的单位及其工作人员能否成为刑法第二百二十九条规定的有关犯罪主体的批复（2015 年 11 月 12 日　高检发释字〔2015〕4 号）

重庆市人民检察院：

你院渝检（研）〔2015〕8 号《关于地质工程勘测院能否成为刑法第二百二十九条的有关犯罪主体的请示》收悉。经研究，批复如下：

地质工程勘测院和其他履行勘测职责的单位及其工作人员在履行勘察、勘查、测绘职责过程中，故意提供虚假工程地质勘察报告等证明文件，情节严重的，依照刑法第二百二十九条第一款和第二百三十一条的规定，以提供虚假证明文件罪追究刑事责任；地质工程勘测院和其他履行勘测职责的单位及其工作人员在履行勘察、勘查、测绘职责过程中，严重不负责任，出具的工程地质勘察报告等证明文件有重大失实，造成严重后果的，依照刑法第二百二十九条第三款和第二百三十一条的规定，以出具证明文件重大失实罪追究刑事责任。

229.6 最高人民法院、最高人民检察院关于办理环境污染刑事案件适用法律若干问题的解释
（2017 年 1 月 1 日　法释〔2016〕29 号）（节录）

第九条　环境影响评价机构或其人员，故意提供虚假环境影响评价文件，情节严重的，或者严重不负责任，出具的环境影响评价文件存在重大失实，造成严重后果的，应当依照刑法第二百二十九条、第二百三十一条的规定，以提供虚假证明文件罪或者出具证明文件重大失实罪定罪处罚。

第十一条　单位实施本解释规定的犯罪的，依照本解释规定的定罪量刑标准，对直接负责的主管人员和其他直接责任人员定罪处罚，并对单位判处罚金。

【法律法规】

229.7 国有资产评估管理办法（1991 年 11 月 16 日）（第 31—32 条、第 35 条）

229.8 股票发行与交易管理暂行条例（1993 年 4 月 22 日）（第 18 条、第 73 条、第 78 条）

229.9 中华人民共和国注册会计师法（1994 年 1 月 1 日　2014 年修正）（第 20—21 条、第 39 条）

229.10 中华人民共和国安全生产法（2002 年 11 月 1 日　2021 年修正）（第 92 条）

229.11 特种设备安全监察条例（2003 年 3 月 11 日　2009 年修订）（第 93 条）

229.12 工伤保险条例（2004 年 1 月 1 日　2010 年修订）（第 61 条）

229.13 中华人民共和国道路交通安全法（2004 年 5 月 1 日　2011 年修正）（第 94 条第 2 款）

229.14 中华人民共和国证券投资基金法（2004 年 6 月 1 日　2015 年修正）（第 142 条、第 149—150 条）

229.15 中华人民共和国公司法（2006 年 1 月 1 日　2018 年修正）（第 207 条、第 215 条）

229.16 中华人民共和国公证法（2006 年 3 月 1 日　2017 年修正）（第 42 条第 1—2 款）

229.17 中华人民共和国证券法（2020 年 3 月 1 日）（第 203 条、第 219 条）

第二百三十条【逃避商检罪】 违反进出口商品检验法的规定，逃避商品检验，将必须经商检机构检验的进口商品未报经检验而擅自销售、使用，或者将必须经商检机构检验的出口商品未报经检验合格而擅自出口，情节严重的，处三年以下有期徒刑或者拘役，并处或者单处罚金。

【罪名渊源】 本条系刑法吸收 1989 年《进出口商品检验法》第 26 条内容增设，79 刑法、单行刑法均未规定。高法《罪名规定》、高检《罪名意见》将其解释为逃避商检罪。

【立案标准】

230.1 最高人民检察院、公安部关于公安机关管辖的刑事案件立案追诉标准的规定（二）（2022 年 5 月 15 日）（节录）

第七十五条　〔逃避商检案（刑法第二百三十条）〕违反进出口商品检验法的规定，逃避商品检验，将必须经商检机构检验的进口商品未报经检验而擅自销售、使用，或者将必须经商检机构检验的出口商品未报经检验合格而擅自出口，涉嫌下列情形之一的，应予立案追诉：

（一）给国家、单位或者个人造成直接经济损失数额在五十万元以上的；

（二）逃避商检的进出口货物货值金额在三百万元以上的；

（三）导致病疫流行、灾害事故的；

（四）多次逃避商检的；

（五）引起国际经济贸易纠纷，严重影响国家对外贸易关系，或者严重损害国家声誉的；

（六）其他情节严重的情形。

第八十二条　对于预备犯、未遂犯、中止犯，需要追究刑事责任的，应予立案追诉。

第八十三条　本规定中的立案追诉标准，除法律、司法解释、本规定中另有规定的以外，适用于相应的单位犯罪。

第八十四条　本规定中的"以上"，包括本数。

【法律法规】

230.2 中华人民共和国进出口商品检验法（1989 年 8 月 1 日　2018 年修正）（第 5 条、第 13 条、第 33 条）

230.3 中华人民共和国进出口商品检验法实施条例（2005 年 12 月 1 日　2019 年修订）（第 16 条、第 24 条、第 43—45 条、第 47 条）

第二百三十一条【单位犯扰乱市场秩序罪的处罚】 单位犯本节第二百二十一条至第二百三十条规定之罪的，对单位判处罚金，并对其直接负责的主管人员和其他直接责任人员，依照本节各该条的规定处罚。①

---

①　本条涉及如下罪名：损害商业信誉、商品声誉罪，虚假广告罪，串通投标罪，合同诈骗罪，组织、领导传销活动罪，非法经营罪，强迫交易罪，伪造、倒卖伪造的有价票证罪，倒卖车票、船票罪，非法转让、倒卖土地使用权罪，提供虚假证明文件罪，出具证明文件重大失实罪，逃避商检罪。——编者注

　　【说明】1998 年 12 月 29 日通过施行的全国人民代表大会常务委员会《关于惩治骗购外汇、逃汇和非法买卖外汇犯罪的决定》第 4 条第 2 款对本条作了补充。其内容为：

　　四、【非法经营罪】在国家规定的交易场所以外非法买卖外汇，扰乱市场秩序，情节严重的，依照刑法第二百二十五条的规定定罪处罚。

　　单位犯前款罪的，依照刑法第二百三十一条的规定处罚。

【司法解释】

　　231.1 参见 229.5 最高人民检察院关于地质工程勘测院和其他履行勘测职责的单位及其工作人员能否成为刑法第二百二十九条规定的有关犯罪主体的批复（2015 年 11 月 12 日　高检发释字〔2015〕4 号）

　　231.2 参见 229.6 最高人民法院、最高人民检察院关于办理环境污染刑事案件适用法律若干问题的解释（2017 年 1 月 1 日　法释〔2016〕29 号）

第四章　侵犯公民人身权利、民主权利罪

【司法解释】

　　【注 1】最高人民法院关于适用《中华人民共和国刑事诉讼法》的解释（2021 年 3 月 1 日法释〔2021〕1 号）（节录）

　　第一条　人民法院直接受理的自诉案件包括：

　　（二）人民检察院没有提起公诉，被害人有证据证明的轻微刑事案件：

　　8. 刑法分则第四章、第五章规定的，可能判处三年有期徒刑以下刑罚的案件。

　　本项规定的案件，被害人直接向人民法院起诉的，人民法院应当依法受理。对其中证据不足，可以由公安机关受理的，或者认为对被告人可能判处三年有期徒刑以上刑罚的，应当告知被害人向公安机关报案，或者移送公安机关立案侦查。

　　（三）被害人有证据证明对被告人侵犯自己人身、财产权利的行为应当依法追究刑事责任，且有证据证明曾经提出控告，而公安机关或者人民检察院不予追究被告人刑事责任的案件。

　　第二百三十二条【故意杀人罪】故意杀人的，处死刑、无期徒刑或者十年以上有期徒刑；情节较轻的，处三年以上十年以下有期徒刑。

　　【罪名渊源】本条完全沿袭 79 刑法第 132 条罪状、罪名，高法《罪名规定》、高检《罪名意见》将其解释为故意杀人罪。

　　【证据标准】

　　232.1 最高人民检察院关于印发部分罪案《审查逮捕证据参考标准（试行）》的通知（2003 年 11 月 27 日　高检侦监发〔2003〕107 号）（节录）

各省、自治区、直辖市人民检察院侦查监督处，军事检察院刑事检察厅，新疆生产建设兵团人民检察院侦查监督处：

　　证据问题是审查逮捕工作乃至整个刑事诉讼活动的核心问题。为了指导各级检察机关侦查监督部门办理审查逮捕案件工作，提高办案质量和效率，我厅制定了部分罪案《审查逮捕证据参考标准（试行）》，现予以印发试行，并对有关问题通知如下：

　　1. 审查逮捕证据参考标准分为通用证据参考标准和具体罪案证据参考标准两个部分。前者是办理审查逮捕所有刑事案件时均须审查的证据参考标准，后者是办理审查逮捕具体罪案时须审查的证据参考标准。在办案工作中，必须综合审查这两个方面的证据。

　　2. 审查逮捕案件证据参考标准是指导性、参考性的，而不是硬性的要求，也不是必备的最低标准。司法实践中的案件千差万别、情况复杂，具体案件逮捕需要具备哪些证据，应根据案件的实际情况进行选择。证据参考标准中所列各项不能孤立使用，必须将各类证据有机结合起来，同

时需要案件承办人充分发挥主观能动性，运用法律知识、办案经验作出判断。

3. 这次印发的有十种具体罪案审查逮捕证据参考标准。今后，我们将继续选择一批常见、重点罪案，研究制定其审查逮捕证据参考标准，逐步形成审查逮捕证据体系。

4. 研究制定审查逮捕案件证据参考标准是一项复杂的工程，需要有一个逐步发展完善的过程。各级检察机关侦查监督部门要勇于探索，注意总结办案中审查和运用证据的经验，为做好这项工作积极献计献策。尤其是对于这次印发的审查逮捕案件通用证据参考标准和十种具体罪案证据参考标准，试行中遇到的问题，以及对体例、内容有何修改意见，请及时报我厅。

5. 为了取得公安机关工作上的配合，各省级检察院应主动将审查逮捕案件证据参考标准向公安机关有关部门通报。

部分罪案审查逮捕证据参考标准（试行）

一、审查逮捕通用证据参考标准

人民检察院侦查监督部门对有关部门移送审查逮捕的案件，应从程序和实体两个方面审查证据：

（一）程序方面。

1. 诉讼程序的有关证据材料：

（1）受案登记表、立案决定书。

（2）证明案件来源的有关证据材料。

（3）破获案件过程说明或破案报告书。

（4）拘留、监视居住决定书、取保候审决定书，保证书、缴纳保证金收据，对被拘留人家属或单位通知书等有关法律文书。

（5）拘留人大代表、政协委员的报告及该代表所属的同级人大主席团或常委会同意拘留的许可证明。

（6）其他有关证明材料。

2. 取证程序的有关证据材料：

（1）证明讯问犯罪嫌疑人、询问证人的主体合法，并且为两人以上进行的证据。

（2）证明已经告知犯罪嫌疑人、证人权利、义务的证据。

（3）犯罪嫌疑人、证人被讯问、询问后，在笔录上签署的意见；侦查人员的签名。

（4）证明没有刑讯逼供、诱供、诱证情况的证据。

（5）提供证据的个人或单位的签名及加盖的单位公章。

（6）搜查、起获赃物时的见证人。

（二）实体方面。

1. 主体身份：

（1）自然人普通主体的身份证明：证明犯罪嫌疑人的姓名、性别、出生年月日、居住地的户籍资料、居民身份证、出生证、户口迁移证明、护照或经公晗后外方出具的外籍身份证明材料等法定身份证件（原件或附有制作过程文字说明并加盖复制单位印章的复制件），或者户籍所在地公安机关核实的其他证据（以上证据材料在排除合理怀疑的情况下可以只具备其中一种）。对于户籍、出生证等材料内容不实的，应提供其他证据材料。

对于不讲真实姓名、住址，身份不明的犯罪嫌疑人可以按照其自报的姓名、身份、年龄或者拍照编号审查批捕，必要时可以对其进行骨龄鉴定。对于流窜作案的犯罪嫌疑人，除处于法定责任年龄段，应当具备能够证明其年龄的身份证件等材料外，如一时难以取得犯罪嫌疑人的法定身份证件或户籍所在地公安机关的其他证据，根据其自报的身份或者同案人证明的身份材料审查批捕。

（2）自然人的特殊主体的身份证明：证明所在单位性质或所有制形式的证据材料、所在单位或组织人事部门出具的表明犯罪嫌疑人身份、职务及职权范围或职责权限的有关证明材料。外国人犯罪的案件，应有护照等身份证明材料。人大代表、政协委员犯罪的案件，应注明身份，并附身份证明材料。

（3）单位主体的身份证明：企业法人营业执照、法人工商注册登记证明、法人设立证明、国有公司性质证明及非法人单位的身份证明、法人税务登记证明和单位代码证等。

（4）法定代表人等的身份证明：法定代表人、直接负责的主管人员和其他直接责任人在单位的任职、职责、负责权限的证明材料。

2. 需要追究刑事责任并可能判处徒刑以上刑罚：犯罪嫌疑人达到刑事责任年龄，具有刑事责任能力，不属于正当防卫、紧急避险或刑诉法第十五条规定情形之一，根据《刑法》总则和分则有关条款的规定，可能判处有期徒刑以上刑罚。

3. 有逮捕必要：

（1）犯罪嫌疑人具有社会危险性，即采取取保候审、监视居住等方法不足以防止发生社会危险性。

①犯罪嫌疑人有行政刑事处罚记录，也包括：受过刑事处罚，曾因其他案件被相对不起诉，受过劳动教养、治安处罚及其他行政处罚。

②属于危害国家安全犯罪、恐怖犯罪、有组织犯罪、黑社会性质组织犯罪、暴力犯罪等严重危害社会治安和社会秩序的犯罪嫌疑人，累犯或多次犯罪、犯罪集团或共同犯罪的主犯，流窜犯罪；属于犯罪情节特别严重；具有法定从重情节；犯罪嫌疑人没有悔罪表现。

③犯罪嫌疑人可能逃跑、自杀、串供、干扰证人作证以及伪造、毁灭证据等妨害刑事诉讼活动的正常进行的，或者存在行凶报复、继续作案的可能，如曾以自伤、自残方法逃避侦查，持有外国护照或者可能逃避侦查；已经逃跑或逃跑后抓获的。

④属于违反刑诉法第五十六条、第五十七条规定，情节严重的。

（2）犯罪嫌疑人不具有不适合羁押的特殊情况。

①犯罪嫌疑人未患有严重疾病或正在怀孕、哺乳自己婴儿，不属于未成年人、在校学生和年老体弱及残障。

②经济犯罪案件逮捕法人代表或其他骨干不可能严重影响企业合法的生产经营。

三、故意杀人罪案审查逮捕证据参考标准

故意杀人罪，是指触犯《刑法》第232条的规定，故意非法剥夺他人生命权利的行为。其他以故意杀人罪定罪处罚的有：（1）非法拘禁使用暴力致人死亡的；（2）使用暴力刑讯逼供致人死亡的；（3）体罚虐待被监管人致人死亡的；（4）聚众斗殴致人死亡的；（5）聚众"打砸抢"致人死亡的；（6）组织和利用邪教组织制造、散布迷信邪说，指使、胁迫其成员或者其他人实施自杀行为的；（7）组织、策划、煽动、教唆、帮助邪教组织人员自杀的；（8）行为人实施抢劫后，为灭口而故意杀人的；（9）行为人在交通肇事后为逃避法律追究，将被害人带离事故现场后隐藏或遗弃，致使被害人无法得到救助而死亡的。

对提请批捕的故意杀人案，应当注意从以下几个方面审查证据：

（一）有证据证明发生了故意杀人犯罪事实。

重点审查：

1. 尸体检验鉴定报告、法医活体鉴定结论、刑事科学技术照片、现场勘查图及现场勘查笔录等证明发生非法剥夺他人生命权利的行为的证据。

2. 证明非法剥夺他人生命权利的行为出于故意的证据。

3. 证明故意杀人犯罪事实发生的被害人陈述、证人证言、犯罪嫌疑人供述等。

（二）有证据证明故意杀人犯罪事实系犯罪嫌疑人实施的。

重点审查：

1. 显示犯罪嫌疑人实施故意杀人犯罪的视听资料。

2. 故意杀人未遂、中止的，被害人的指认。

3. 犯罪嫌疑人的供认。

4. 证人证言。

5. 同案犯罪嫌疑人的供述。

6. 对遗留在犯罪工具、犯罪现场和犯罪嫌疑人、被害人身体、衣物上的指纹、足迹、血迹等所做的能够证明犯罪嫌疑人实施故意杀人犯罪的鉴定。

7. 犯罪嫌疑人有作案时间及故意杀人的动机、目的的证据。

8. 其他能够证明犯罪嫌疑人实施故意杀人犯罪的证据。

（三）证明犯罪嫌疑人实施故意杀人犯罪行为的证据已有查证属实的。

重点审查：

1. 能够排除合理怀疑的视听资料。

2. 其他证据能够印证的被害人的指认。

3. 其他证据能够印证的犯罪嫌疑人的供述。

4. 能够相互印证的证人证言。

5. 能够与其他证据相互印证的证人证言或者同案犯供述。

6. 其他查证属实的证明犯罪嫌疑人实施故意杀人犯罪的证据。

【司法解释】

232.2 最高人民法院关于审理拒不执行判决、裁定案件具体应用法律若干问题的解释（1998 年 4 月 25 日　法释〔1998〕6 号）（节录）

第六条　暴力抗拒人民法院执行判决、裁定，杀害、重伤执行人员的，依照刑法第二百三十二条、第二百三十四条第二款的规定定罪处罚。

232.3 最高人民法院关于审理交通肇事刑事案件具体应用法律若干问题的解释（2000 年 11 月 21 日　法释〔2000〕33 号）（节录）

第六条　行为人在交通肇事后为逃避法律追究，将被害人带离事故现场后隐藏或者遗弃，致使被害人无法得到救助而死亡或者严重残疾的，应当分别依照刑法第二百三十二条、第二百三十四条第二款的规定，以故意杀人罪或者故意伤害罪定罪处罚。

232.4 最高人民法院关于审理偷税抗税刑事案件具体应用法律若干问题的解释（2002 年 11 月 7 日　法释〔2002〕33 号）（节录）

第六条　实施抗税行为致人重伤、死亡，构成故意伤害罪，故意杀人罪的，分别依照刑法第二百三十四条第二款、第二百三十二条的规定定罪处罚。

与纳税人或者扣缴义务人共同实施抗税行为的，以抗税罪的共犯依法处罚。

232.5 最高人民法院、最高人民检察院关于办理妨害预防、控制突发传染病疫情等灾害的刑事案件具体应用法律若干问题的解释（2003 年 5 月 15 日　法释〔2003〕8 号）（节录）

第九条　在预防、控制突发传染病疫情等灾害期间，聚众"打砸抢"，致人伤残、死亡的，依照刑法第二百八十九条、第二百三十四条、第二百三十二条的规定，以故意伤害罪或者故意杀人罪定罪，依法从重处罚。对毁坏或者抢走公私财物的首要分子，依照刑法第二百八十九条、第二百六十三条的规定，以抢劫罪定罪，依法从重处罚。

232.6 最高人民法院关于审理未成年人刑事案件具体应用法律若干问题的解释（2006 年 1 月 23 日　法释〔2006〕1 号）（节录）

第十条（第一款）　已满十四周岁不满十六周岁的人盗窃、诈骗、抢夺他人财物，为窝藏赃物、抗拒抓捕或者毁灭罪证，当场使用暴力，故意伤害致人重伤或者死亡，或者故意杀人的，应当分别以故意伤害罪或者故意杀人罪定罪处罚。

232.7 最高人民法院、最高人民检察院关于办理危害生产安全刑事案件适用法律若干问题的解释（2015 年 12 月 16 日　法释〔2015〕22 号）（节录）

第十条　在安全事故发生后，直接负责的主管人员和其他直接责任人员故意阻挠开展抢救，导致人员死亡或者重伤，或者为了逃避法律追究，对被害人进行隐藏、遗弃，致使被害人因无法得到救助而死亡或者重度残疾的，分别依照刑法第二百三十二条、第二百三十四条的规定，以故意杀人罪或者故意伤害罪定罪处罚。

232.8 最高人民法院、最高人民检察院关于办理组织、利用邪教组织破坏法律实施等刑事案件适用法律若干问题的解释（2017 年 2 月 1 日　法释〔2017〕3 号）（节录）

第十一条　组织、利用邪教组织，制造、散布迷信邪说，组织、策划、煽动、胁迫、教唆、帮助其成员或者他人实施自杀、自伤的，依照刑法第二百三十二条、第二百三十四条的规定，以故意杀人罪或者故意伤害罪定罪处罚。

232.9 参见 237.1 最高人民法院、最高人民检察院关于办理强奸、猥亵未成年人刑事案件适用法律若干问题的解释（2023 年 6 月 1 日　法释〔2023〕3 号）（第 10 条）

【司法文件】

232.10 全国法院维护农村稳定刑事审判工作座谈会纪要（最高人民法院 1999 年 10 月 27 日印发 法〔1999〕217 号）（节录）

二

（一）关于故意杀人、故意伤害案件

要准确把握故意杀人犯罪适用死刑的标准。对故意杀人犯罪是否判处死刑，不仅要看是否造成了被害人死亡结果，还要综合考虑案件的全部情况。对于因婚姻家庭、邻里纠纷等民间矛盾激化引发的故意杀人犯罪，适用死刑一定要十分慎重，应当与发生在社会上的严重危害社会治安的其他故意杀人犯罪案件有所区别。对于被害人一方有明显过错或对矛盾激化负有直接责任，或者被告人有法定从轻处罚情节的，一般不判处死刑立即执行。

要注意严格区分故意杀人罪与故意伤害罪的界限。在直接故意杀人与间接故意杀人案件中，犯罪人的主观恶性程度是不同的，在处刑上也应有所区别。间接故意杀人与故意伤害致人死亡，虽然都造成了死亡后果，但行为人故意的性质和内容是截然不同的。不注意区分犯罪的性质和故意的内容，只要有死亡后果就判处死刑的做法是错误的，这在今后的工作中，应当予以纠正。对于故意伤害致人死亡，手段特别残忍，情节特别恶劣的，才可以判处死刑。

232.11 参见 234.10 最高人民法院、最高人民检察院、公安部、司法部关于依法惩治拐卖妇女儿童犯罪的意见（2010 年 3 月 15 日　法发〔2010〕7 号）

232.12 参见 234.11 最高人民法院刑三庭在审理故意杀人、伤害及黑社会性质组织犯罪案件中切实贯彻宽严相济刑事政策（2010 年 4 月 14 日）

232.13 最高人民法院关于发布第一批指导性案例的通知（2011 年 12 月 21 日　法〔2011〕354 号）（节录）

一、准确把握案例的指导精神

（四）王志才故意杀人案旨在明确判处死缓并限制减刑的具体条件。该案例确认：刑法修正案（八）规定的限制减刑制度，可以适用于 2011 年 4 月 30 日之前发生的犯罪行为；对于罪行极其严重，应当判处死刑立即执行，被害方反应强烈，但被告人具有法定或酌定从轻处罚情节，判处死刑缓期执行，同时依法决定限制减刑能够实现罪刑相适应的，可以判处死缓并限制减刑。这有利于切实贯彻宽严相济刑事政策，既依法严惩严重刑事犯罪，又进一步严格限制死刑，最大限度地增加和谐因素，最大限度地减少不和谐因素，促进和谐社会建设。

232.14 最高人民法院、最高人民检察院、公安部、司法部关于依法惩治性侵害未成年人犯罪的意见（2013 年 10 月 23 日　法发〔2013〕12 号）（节录）

22. 实施猥亵儿童犯罪，造成儿童轻伤以上后果，同时符合刑法第二百三十四条或者第二百三十二条的规定，构成故意伤害罪、故意杀人罪的，依照处罚较重的规定定罪处罚。

对已满十四周岁的未成年男性实施猥亵，造成被害人轻伤以上后果，符合刑法第二百三十四条或者第二百三十二条规定的，以故意伤害罪或者故意杀人罪定罪处罚。

232.15 参见 293.6 最高人民法院、最高人民检察院、公安部、司法部、国家卫生和计划生育委员会关于依法惩处涉医违法犯罪维护正常医疗秩序的意见（2014 年 4 月 22 日　法发〔2014〕5 号）

232.16 最高人民法院、最高人民检察院、公安部、司法部关于依法办理家庭暴力犯罪案件的意见（2015 年 3 月 2 日　法发〔2015〕4 号）（节录）

16. 依法准确定罪处罚。对故意杀人、故意伤害、强奸、猥亵儿童、非法拘禁、侮辱、暴力干涉婚姻自由、虐待、遗弃等侵害公民人身权利的家庭暴力犯罪，应当根据犯罪的事实、犯罪的性质、情节和对社会的危害程度，严格依照刑法的有关规定判处。对于同一行为同时触犯多个罪名的，依照处罚较重的规定定罪处罚。

17.（第二款）准确区分虐待犯罪致人重伤、死亡与故意伤害、故意杀人犯罪致人重伤、死亡的界限，要根据被告人的主观故意、所实施的暴力手段与方式、是否立即或者直接造成被害人伤亡后果等进行综合判断。对于被告人主观上不具有侵害被害人健康或者剥夺被害人生命的故意，而是出于追求被害人肉体和精神上的痛苦，长期或者多次实施虐待行为，逐渐造成被害人身体损害，过失导致被害人重伤或者死亡的；或者因虐待致使被害人不堪忍受而自残、自杀，导致重伤或者死亡的，属于刑法第二百六十条第二款规定的虐待"致使被害人重伤、死亡"，应当以虐待罪定罪处罚。对于被告人虽然实施家庭暴力呈现出经常性、持续性、反复性的特点，但其主观上具有希望或者放任被害人重伤或者死亡的故意，持凶器实施暴力，暴力手段残忍，暴力程度较强，直接或者立即造成被害人重伤或者死亡的，应当以故意伤害罪或者故意杀人罪定罪处罚。

（第四款）准确区分遗弃罪与故意杀人罪的界限，要根据被告人的主观故意、所实施行为的时间与地点、是否立即造成被害人死亡，以及被害人对被告人的依赖程度等进行综合判断。对于只是为了逃避扶养义务，并不希望或者放任被害人死亡，将生活不能自理的被害人弃置在福利院、医院、派出所等单位或者广场、车站等行人较多的场所，希望被害人得到他人救助的，一般以遗弃罪定罪处罚。对于希望或者放任被害人死亡，不履行必要的扶养义务，致使被害人因缺乏生活照料而死亡，或者将生活不能自理的被害人带至荒山野岭等人迹罕至的场所扔弃，使被害人难以得到他人救助的，应当以故意杀人罪定罪处罚。

20.充分考虑案件中的防卫因素和过错责任。对于长期遭受家庭暴力后，在激愤、恐惧状态下为了防止再次遭受家庭暴力，或者为了摆脱家庭暴力而故意杀害、伤害施暴人，被告人的行为具有防卫因素，施暴人在案件起因上具有明显过错或者直接责任的，可以酌情从宽处罚。对于因遭受严重家庭暴力，身体、精神受到重大损害而故意杀害施暴人；或者因不堪忍受长期家庭暴力而故意杀害施暴人，犯罪情节不是特别恶劣，手段不是特别残忍的，可以认定为刑法第二百三十二条规定的故意杀人"情节较轻"。在服刑期间确有悔改表现的，可以根据其家庭情况，依法放宽减刑的幅度，缩短减刑的起始时间与间隔时间；符合假释条件的，应当假释。被杀害施暴人的近亲属表示谅解的，在量刑、减刑、假释时应当予以充分考虑。

> 【说明】证据收集、宽严相济刑事政策、禁止令和社区矫正等，参见260.3本意见。

232.17 参见**114.5**最高人民法院、最高人民检察院、公安部、司法部关于办理恐怖活动和极端主义犯罪案件适用法律若干问题的意见（2018年3月16日 高检会〔2018〕1号）

232.18 参见**225.14**最高人民法院、最高人民检察院、公安部、司法部关于办理非法放贷刑事案件若干问题的意见（2019年10月21日 法发〔2019〕24号）（第6条第2款、第4款）

232.19 最高人民法院、最高人民检察院、公安部关于依法办理"碰瓷"违法犯罪案件的指导意见（2020年9月22日 公通字〔2020〕12号）（节录）

七、为实施"碰瓷"而故意杀害、伤害他人或者过失致人重伤、死亡，符合刑法第二百三十二条、第二百三十四条、第二百三十三条、第二百三十五条规定的，分别以故意杀人罪、故意伤害罪、过失致人死亡罪、过失致人重伤罪定罪处罚。

> 【说明】主从犯、犯罪集团认定和侦查、起诉、审判等，参见274.12本意见第9—10条。

232.20 最高人民法院、最高人民检察院、公安部、工业和信息化部、住房和城乡建设部、交通运输部、应急管理部、国家铁路局、中国民用航空局、国家邮政局关于依法惩治涉枪支、弹药、爆炸物、易燃易爆危险物品犯罪的意见（2021年12月31日 法发〔2021〕35号）（节录）

4.非法制造、买卖、运输、邮寄、储存、盗窃、抢夺、抢劫、持有、私藏、走私枪支、弹药、爆炸物，并利用该枪支、弹药、爆炸物实施故意杀人、故意伤害、抢劫、绑架等犯罪的，依照数罪并罚的规定处罚。

第二百三十三条【过失致人死亡罪】过失致人死亡的，处三年以上七年以下有期徒刑；情节较轻的，处三年以下有期徒刑。本法另有规定的，依照规定。

【罪名渊源】本条由 79 刑法第 133 条的过失杀人罪修改而来，刑法将原"过失杀人"修改为"过失致人死亡"，并调整了法定刑。高法《罪名规定》、高检《罪名意见》将其解释为过失致人死亡罪。

【司法解释】

233.1 最高人民法院关于审理交通肇事刑事案件具体应用法律若干问题的解释（2000 年 11 月 21 日　法释〔2000〕33 号）（节录）

第八条（第二款）　在公共交通管理的范围外，驾驶机动车辆或者使用其他交通工具致人伤亡或者致使公共财产或者他人财产遭受重大损失，构成犯罪的，分别依照刑法第一百三十四条、第一百三十五条、第二百三十三条等规定定罪处罚。

【司法文件】

233.2 参见 232.19 最高人民法院、最高人民检察院、公安部关于依法办理"碰瓷"违法犯罪案件的指导意见（2020 年 9 月 22 日　公通字〔2020〕12 号）

第二百三十四条【故意伤害罪】故意伤害他人身体的，处三年以下有期徒刑、拘役或者管制。

犯前款罪，致人重伤的，处三年以上十年以下有期徒刑；致人死亡或者以特别残忍手段致人重伤造成严重残疾的，处十年以上有期徒刑、无期徒刑或者死刑。本法另有规定的，依照规定。

【罪名渊源】本条系沿袭 79 刑法第 134 条的内容，刑法对原罪状、法定刑均作了修改，高法《罪名规定》、高检《罪名意见》将其解释为故意伤害罪。

【立案标准】

234.1 最高人民法院、最高人民检察院、公安部、国家安全部、司法部关于发布《人体损伤程度鉴定标准》的公告（2014 年 1 月 1 日）

【证据标准】

234.2 最高人民检察院关于印发部分罪案《审查逮捕证据参考标准（试行）》的通知（2003 年 11 月 27 日　高检侦监发〔2003〕107 号）（节录）

一、审查逮捕通用证据参考标准（参见 232.1 本通知）

四、故意伤害罪案审查逮捕证据参考标准

故意伤害罪，是指触犯《刑法》第 234 条的规定，非法故意损害他人身体健康的行为。其他以故意伤害罪定罪处罚的有：（1）非法拘禁使用暴力致人伤残的；（2）使用暴力刑讯逼供致人伤残的；（3）体罚虐待被监管人致人伤残的；（4）聚众斗殴致人重伤的；（5）聚众"打砸抢"致人伤残的；（6）组织和利用邪教组织制造、散布迷信邪说，指使、胁迫其成员或者其他人实施自伤行为的；（7）组织、策划、煽动、教唆、帮助邪教组织人员自残的；（8）行为人在交通肇事后为逃避法律追究，将被害人带离事故现场后隐藏或遗弃，致使被害人无法得到救助而严重残疾的。

对提请批捕的故意伤害案件，应当注意从以下几个方面审查证据：

（一）有证据证明发生了故意伤害犯罪事实。

重点审查：

1. 法医鉴定结论、医院诊断证明、刑事科学技术照片、现场勘查图及现场勘查笔录等证明发生非法损害他人身体健康的行为的证据。

2. 证明故意伤害行为所造成的伤害后果达到轻伤以上程度的鉴定。

3. 证明非法损害他人身体健康的行为出于故意的证据。

4. 证明故意伤害犯罪事实发生的被害人陈述、证人证言、犯罪嫌疑人供述等。

（二）有证据证明故意伤害犯罪事实系犯罪嫌疑人实施的。

重点审查：

1. 显示犯罪嫌疑人实施故意伤害犯罪的视听资料。

2. 被害人的指认。

3. 犯罪嫌疑人的供认。

4. 证人证言及辨认笔录。

5. 同案犯罪嫌疑人的供述。

6. 对遗留在犯罪工具、犯罪现场和犯罪嫌疑人、被害人身体、衣物上的指纹、足迹、血迹等所做的能够证明犯罪嫌疑人实施故意伤害犯罪的鉴定。

7. 犯罪嫌疑人有作案时间及故意伤害的动机、目的的证据。

8. 其他能够证明犯罪嫌疑人实施故意伤害犯罪的证据。

（三）证明犯罪嫌疑人实施故意伤害犯罪行为的证据已有查证属实的。

1. 能够排除合理怀疑的视听资料。

2. 其他证据能够印证的被害人的指认。

3. 其他证据能够印证的犯罪嫌疑人的供述。

4. 能够相互印证的证人证言。

5. 能够与其他证据相互印证的证人证言或者同案犯供述。

6. 其他查证属实的证明犯罪嫌疑人实施故意伤害犯罪的证据。

【司法解释】

234.3 最高人民法院关于对故意伤害、盗窃等严重破坏社会秩序的犯罪分子能否附加剥夺政治权利问题的批复（1998 年 1 月 13 日　法释〔1997〕11 号）

福建省高级人民法院：

你院《关于对故意伤害、盗窃（重大）等犯罪分子被判处有期徒刑的，能否附加剥夺政治权利的请示》收悉。经研究，答复如下：

根据刑法第五十六条规定，对于故意杀人、强奸、放火、爆炸、投毒①、抢劫等严重破坏社会秩序的犯罪分子，可以附加剥夺政治权利。对故意伤害、盗窃等其他严重破坏社会秩序的犯罪，犯罪分子主观恶性较深、犯罪情节恶劣、罪行严重的，也可以依法附加剥夺政治权利。

234.4 参见 232.7 最高人民法院、最高人民检察院关于办理危害生产安全刑事案件适用法律若干问题的解释（2015 年 12 月 16 日　法释〔2015〕22 号）

234.5 参见 232.8 最高人民法院、最高人民检察院关于办理组织、利用邪教组织破坏法律实施等刑事案件适用法律若干问题的解释（2017 年 2 月 1 日　法释〔2017〕3 号）

234.6 最高人民法院、最高人民检察院关于办理组织、强迫、引诱、容留、介绍卖淫刑事案件适用法律若干问题的解释（2017 年 7 月 25 日　法释〔2017〕13 号）（节录）

第十二条（第二款）具有下列情形之一，致使他人感染艾滋病病毒的，认定为刑法第九十五条第三项"其他对于人身健康有重大伤害"所指的"重伤"，依照刑法第二百三十四条第二款的规定，以故意伤害罪定罪处罚：

（一）明知自己感染艾滋病病毒而卖淫、嫖娼的；

（二）明知自己感染艾滋病病毒，故意不采取防范措施而与他人发生性关系的。

234.7 最高人民法院关于适用《中华人民共和国刑事诉讼法》的解释（2021 年 3 月 1 日　法释〔2021〕1 号）（节录）

第一条　人民法院直接受理的自诉案件包括：

（二）人民检察院没有提起公诉，被害人有证据证明的轻微刑事案件：

1. 故意伤害案（刑法第二百三十四条第一款规定的）……

---

①　由于《刑法修正案（十一）》已将刑法第 17 条的投毒罪修改为投放危险物质罪，故此处的"投毒"应指"投放危险物质"。——编者注

234.8 参见 237.1 最高人民法院、最高人民检察院关于办理强奸、猥亵未成年人刑事案件适用法律若干问题的解释（2023 年 6 月 1 日 法释〔2023〕3 号）（第 10 条）

【司法文件】

234.9 全国法院维护农村稳定刑事审判工作座谈会纪要（最高人民法院 1999 年 10 月 27 日印发 法〔1999〕217 号）（节录）

二

（一）关于故意杀人、故意伤害案件

要注意严格区分故意杀人罪与故意伤害罪的界限。在直接故意杀人与间接故意杀人案件中，犯罪人的主观恶性程度是不同的，在处刑上也应有所区别。间接故意杀人与故意伤害致人死亡，虽然都造成了死亡后果，但行为人故意的性质和内容是截然不同的。不注意区分犯罪的性质和故意的内容，只要有死亡后果就判处死刑的做法是错误的，这在今后的工作中，应当予以纠正。对于故意伤害致人死亡，手段特别残忍，情节特别恶劣的，才可以判处死刑。

要准确把握故意伤害致人重伤造成"严重伤残"的标准。参照 1996 年国家技术监督局颁布的《职工工伤与职业病致残程度鉴定标准》①（以下简称"工伤标准"），刑法第二百三十四条第二款规定的"严重伤残"是指下列情形之一：被害人身体器官大部缺损、器官明显畸形、身体器官有中等功能障碍、造成严重并发症等。残疾程度可以分为一般残疾（十至七级）、严重残疾（六至三级）、特别严重残疾（二至一级），六级以上视为"严重残疾"。在有关司法解释出台前，可统一参照"工伤标准"确定残疾等级。实践中，并不是只要达到"严重残疾"就判处死刑，还要根据伤害致人"严重残疾"的具体情况，综合考虑犯罪情节和维护后果来决定刑罚。故意伤害致重伤造成严重残疾，只要犯罪手段特别残忍，后果特别严重的，才能考虑适用死刑（包括死刑，缓期二年执行）。

234.10 最高人民法院、最高人民检察院、公安部、司法部关于依法惩治拐卖妇女儿童犯罪的意见（2010 年 3 月 15 日 法发〔2010〕7 号）（节录）

五、定性

20.（第一款）明知是被拐卖的妇女、儿童而收买，具有下列情形之一的，以收买被拐卖的妇女、儿童罪论处；同时构成其他犯罪的，依照数罪并罚的规定处罚：

（3）非法剥夺、限制被收买妇女、儿童的人身自由，情节严重，或者对被收买妇女、儿童有强奸、伤害、侮辱、虐待等行为的；

（6）造成被收买妇女、儿童或者其亲属重伤、死亡以及其他严重后果的。

七、一罪与数罪

25. 拐卖妇女、儿童，又对被拐卖的妇女、儿童实施故意杀害、伤害、猥亵、侮辱等行为，构成其他犯罪的，依照数罪并罚的规定处罚。

八、刑罚适用

28.（第二款）拐卖妇女、儿童，并对被拐卖的妇女、儿童实施故意杀害、伤害、猥亵、侮辱等行为，数罪并罚决定执行的刑罚应当依法体现从严。

234.11 最高人民法院刑三庭在审理故意杀人、伤害及黑社会性质组织犯罪案件中切实贯彻宽严相济刑事政策（2010 年 4 月 14 日）（节录）

2010 年 2 月 8 日印发的《最高人民法院关于贯彻宽严相济刑事政策的若干意见》（以下简称《意见》），对于有效打击犯罪，增强人民群众安全感，减少社会对立面，促进社会和谐稳定，维护国家长治久安具有重要意义，是人民法院刑事审判工作的重要指南。现结合审判实践，就故意杀人、伤害及黑社会性质组织犯罪案件审判中如何贯彻《意见》的精神作简要阐释。

一、在三类案件中贯彻宽严相济刑事政策的总体要求

在故意杀人、伤害及黑社会性质组织犯罪案件的审判中贯彻宽严相济刑事政策，要落实《意

---

① 该标准为原劳动部所颁布，这是该会议纪要出现的一个技术性失误。——编者注

见》第 1 条规定：根据犯罪的具体情况，实行区别对待，做到该宽则宽，当严则严，宽严相济，罚当其罪。落实这个总体要求，要注意把握以下几点：

1. 正确把握宽与严的对象。故意杀人和故意伤害犯罪的发案率高，社会危害大，是各级法院刑事审判工作的重点。黑社会性质组织犯罪在我国自二十世纪八十年代末出现以来，长时间保持快速发展势头，严厉打击黑社会性质组织犯罪，是法院刑事审判在当前乃至今后相当长一段时期内的重要任务。因此，对这三类犯罪总体上应坚持从严惩处的方针。但是在具体案件的处理上，也要分别案件的性质、情节和行为人的主观恶性、人身危险性等情况，把握宽严的范围。在确定从宽与从严的对象时，还应当注意审时度势，对经济社会的发展和治安形势的变化作出准确判断，为构建社会主义和谐社会的目标服务。

2. 坚持严格依法办案。三类案件的审判中，无论是从宽还是从严，都必须严格依照法律规定进行，做到宽严有据，罚当其罪，不能为追求打击效果，突破法律界限。比如在黑社会性质组织犯罪的审理中，黑社会性质组织的认定必须符合法律和立法解释规定的标准，既不能降格处理，也不能拔高认定。

3. 注重法律效果与社会效果的统一。严格依法办案，确保良好法律效果的同时，还应当充分考虑案件的处理是否有利于赢得人民群众的支持和社会稳定，是否有利于瓦解犯罪，化解矛盾，是否有利于罪犯的教育改造和回归社会，是否有利于减少社会对抗，促进社会和谐，争取更好的社会效果。比如在刑罚执行过程中，对于故意杀人、伤害犯罪及黑社会性质组织犯罪的领导者、组织者和骨干成员就应当从严掌握减刑、假释的适用，其他主观恶性不深、人身危险性不大的罪犯则可以从宽把握。

二、故意杀人、伤害案件审判中宽严相济的把握

1. 注意区分两类不同性质的案件。故意杀人、故意伤害侵犯的是人的生命和身体健康，社会危害大，直接影响到人民群众的安全感，《意见》第 7 条将故意杀人、故意伤害致人死亡犯罪作为严惩的重点是十分必要的。但是，实践中的故意杀人、伤害案件复杂多样，处理时要注意分别案件的不同性质，做到区别对待。

实践中，故意杀人、伤害案件从性质上通常可分为两类：一类是严重危害社会治安、严重影响人民群众安全感的案件，如极端仇视国家和社会，以不特定人为行凶对象的；一类是因婚姻家庭、邻里纠纷等民间矛盾激化引发的案件。对于前者应当作为严惩的重点，依法判处被告人重刑直至判处死刑。对于后者处理时应注意体现从严的精神，在判处重刑尤其是适用死刑时应特别慎重，除犯罪情节特别恶劣、犯罪后果特别严重、人身危险性极大的被告人外，一般不应当判处死刑。对于被害人在起因上存在过错，或者是被告人案发后积极赔偿，真诚悔罪，取得被害人或其家属谅解的，应依法从宽处罚，对同时有法定从轻、减轻处罚情节的，应考虑在无期徒刑以下裁量刑罚。同时应重视此类案件中的附带民事调解工作，努力化解双方矛盾，实现积极的"案结事了"，增进社会和谐，达成法律效果与社会效果的有机统一。《意见》第 23 条是对此审判经验的总结。

此外，实践中一些致人死亡的犯罪是故意杀人还是故意伤害往往难以区分，在认定时除从作案工具、打击的部位、力度等方面进行判断外，也要注意考虑犯罪的起因等因素。对于民间纠纷引发的案件，如果难以区分是故意杀人还是故意伤害时，一般可考虑定故意伤害罪。

2. 充分考虑各种犯罪情节。犯罪情节包括犯罪的动机、手段、对象、场所及造成的后果等，不同的犯罪情节反映不同的社会危害性。犯罪情节多属酌定量刑情节，法律往往未作明确的规定，但犯罪情节是适用刑罚的基础，是具体案件决定从严或从宽处罚的基本依据，需要在案件审理中进行仔细甄别，以准确判断犯罪的社会危害性。有的案件犯罪动机特别卑劣，比如为了铲除政治对手而雇凶杀人的，也有一些人犯罪是出于义愤，甚至是"大义灭亲"、"为民除害"的动机杀人。有的案件犯罪手段特别残忍，比如采取放火、泼硫酸等方法把人活活烧死的故意杀人行为。犯罪后果也可以分为一般、严重和特别严重几档。在实际中一般认为故意杀人、故意伤害一人死亡的为后果严重，致二人以上死亡的为犯罪后果特别严重。特定的犯罪对象和场所也反映社会危害性的不同，如针对妇女、儿童等弱势群体或在公共场所实施的杀人、伤害，就具有较大的

社会危害性。以上犯罪动机卑劣，或者犯罪手段残忍，或者犯罪后果严重，或者针对妇女、儿童等弱势群体作案等情节恶劣的，又无其他法定或酌定从轻情节应当依法从重判处。如果犯罪情节一般，被告人真诚悔罪，或有立功、自首等法定从轻情节的，一般应考虑从宽处罚。

实践中，故意杀人、伤害案件的被告人既有法定或酌定的从宽情节，又有法定或酌定从严情节的情形比较常见，此时，就应当根据《意见》第 28 条，在全面考察犯罪的事实、性质、情节和对社会危害程度的基础上，结合被告人的主观恶性、人身危险性、社会治安状况等因素，综合作出分析判断。

3. 充分考虑主观恶性和人身危险性。《意见》第 10 条、第 16 条明确了被告人的主观恶性和人身危险性是从严和从宽的重要依据，在适用刑罚时必须充分考虑。主观恶性是被告人对自己行为及社会危害性所抱的心理态度，在一定程度上反映了被告人的改造可能性。一般来说，经过精心策划的、有长时间计划的杀人、伤害，显示被告人的主观恶性深；激情犯罪，临时起意的犯罪，因被害人的过错行为引发的犯罪，显示的主观恶性较小。对主观恶性深的被告人要从严惩处，主观恶性较小的被告人则可考虑适用较轻的刑罚。

人身危险性即再犯可能性，可从被告人有无前科、平时表现及悔罪情况等方面综合判断。人身危险性大的被告人，要依法从重处罚。如累犯中前罪系暴力犯罪，或者曾因暴力犯罪被判重刑后又犯故意杀人、故意伤害致人死亡；平时横行乡里，寻衅滋事杀人、伤害致人死亡的，应依法从重判处。人身危险性小的被告人，应依法体现从宽精神。如被告人平时表现较好，激情犯罪，系初犯、偶犯的；被告人杀人或伤人后有抢救被害人行为的，在量刑时应该酌情予以从宽处罚。

未成年人及老年人的故意杀人、伤害犯罪与一般人犯罪相比，主观恶性和人身危险性等方面有一定特殊性，在处理时应当依据《意见》的第 20 条、第 21 条考虑从宽。对犯故意杀人、伤害罪的未成年人，要坚持"教育为主，惩罚为辅"的原则和"教育、感化、挽救"的方针进行处罚。对于情节较轻、后果不重的伤害案件，可以依法适用缓刑、或者判处管制、单处罚金等非监禁刑。对于情节严重的未成年人，也应当从轻或减轻处罚。对于已满十四周岁不满十六周岁的未成年人，一般不判处无期徒刑。对于七十周岁以上的老年人犯故意杀人、伤害罪的，由于其已没有再犯罪的可能，在综合考虑其犯罪情节和主观恶性、人身危险性的基础上，一般也应酌情从宽处罚。

4. 严格控制和慎重适用死刑。故意杀人和故意伤害犯罪在判处死刑的案件中所占比例最高，审判中要按照《意见》第 29 条的规定，准确理解和严格执行"保留死刑，严格控制和慎重适用死刑"的死刑政策，坚持统一的死刑适用标准，确保死刑只适用于极少数罪行极其严重的犯罪分子；坚持严格的证据标准，确保把每一起判处死刑的案件都办成铁案。对于罪行极其严重，但只要有法定、酌定从轻情节，依法可不立即执行的，就不应当判处死刑立即执行。

对于自首的故意杀人、故意伤害致人死亡的被告人，除犯罪情节特别恶劣，犯罪后果特别严重的，一般不应考虑判处死刑立即执行。对亲属送被告人归案或协助抓获被告人的，也应视为自首，原则上应当从宽处罚。对具有立功表现的故意杀人、故意伤害致死的被告人，一般也应当体现从宽，可考虑不判处死刑立即执行。但如果犯罪情节特别恶劣，犯罪后果特别严重的，即使有立功情节，也可以不予从轻处罚。

共同犯罪中，多名被告人共同致死一名被害人的，原则上只判处一人死刑。处理时，根据案件的事实和证据能分清主从犯的，都应当认定主从犯；有多名主犯的，应当在主犯中进一步区分出罪行最为严重者和较为严重者，不能以分不清主次为由，简单地一律判处死刑。

234.12 最高人民法院关于审理刑事案件中涉及人体损伤残疾程度鉴定如何适用鉴定标准问题的请示的批复的通知（2010 年 5 月 5 日　〔2010〕刑他字第 43 号）

北京市高级人民法院：

你院京高法〔2010〕43 号《关于审理刑事案件中涉及人体损伤残疾程度鉴定如何适用鉴定标准问题的请示》收悉。经研究，批复如下：

对于你市法院审理刑事案件中涉及人体损伤残疾程度的鉴定标准，在新的国家统一标准出台之前，除职工工伤与职业病致残程度鉴定、道路交通事故受伤人员伤残评定等有国家标准的鉴定外，其他情况下可由你院酌情确定统一适用的鉴定标准。

234.13 参见 232.14 最高人民法院、最高人民检察院、公安部、司法部关于依法惩治性侵害未成年人犯罪的意见（2013年10月23日　法发〔2013〕12号）

234.14 参见 293.6 最高人民法院、最高人民检察院、公安部、司法部、国家卫生和计划生育委员会关于依法惩处涉医违法犯罪维护正常医疗秩序的意见（2014年4月22日　法发〔2014〕5号）

234.15 参见 232.16 最高人民法院、最高人民检察院、公安部、司法部关于依法办理家庭暴力犯罪案件的意见（2015年3月2日　法发〔2015〕4号）

234.16 最高人民法院关于常见犯罪的量刑指导意见（2017年4月1日　法发〔2017〕7号）（节录）

四、常见犯罪的量刑

（二）故意伤害罪

1. 构成故意伤害罪的，可以根据下列不同情形在相应的幅度内确定量刑起点：

（1）故意伤害致一人轻伤的，可以在二年以下有期徒刑、拘役幅度内确定量刑起点。

（2）故意伤害致一人重伤的，可以在三年至五年有期徒刑幅度内确定量刑起点。

（3）以特别残忍手段故意伤害致一人重伤，造成六级严重残疾的，可以在十年至十三年有期徒刑幅度内确定量刑起点。依法应当判处无期徒刑以上刑罚的除外。

2. 在量刑起点的基础上，可以根据伤害后果、伤残等级、手段残忍程度等其他影响犯罪构成的犯罪事实增加刑罚量，确定基准刑。

故意伤害致人轻伤的，伤残程度可在确定量刑起点时考虑，或者作为调节基准刑的量刑情节。

> 【说明】量刑基本原则、基本方法和常见量刑情节的适用，参见61.2本意见。

234.17 最高人民法院、最高人民检察院、公安部、司法部关于办理黑恶势力犯罪案件若干问题的指导意见（2018年1月16日　法发〔2018〕1号）（节录）

14. 具有下列情形的组织，应当认定为"恶势力"：经常纠集在一起，以暴力、威胁或者其他手段，在一定区域或者行业内多次实施违法犯罪活动，为非作恶，欺压百姓，扰乱经济、社会生活秩序，造成较为恶劣的社会影响，但尚未形成黑社会性质组织的违法犯罪组织。恶势力一般为三人以上，纠集者相对固定，违法犯罪活动主要为强迫交易、故意伤害、非法拘禁、敲诈勒索、故意毁坏财物、聚众斗殴、寻衅滋事等，同时还可能伴随实施开设赌场、组织卖淫、强迫卖淫、贩卖毒品、运输毒品、制造毒品、抢劫、抢夺、聚众扰乱社会秩序、聚众扰乱公共场所秩序、交通秩序以及聚众"打砸抢"等。

在相关法律文书中的犯罪事实认定部分，可使用"恶势力"等表述加以描述。

19. 在民间借贷活动中，如有擅自设立金融机构、非法吸收公众存款、骗取贷款、套取金融机构资金发放高利贷以及为强索债务而实施故意杀人、故意伤害、非法拘禁、故意毁坏财物等行为的，应当按照具体犯罪侦查、起诉、审判。依法符合数罪并罚条件的，应当并罚。

234.18 参见 26.8 最高人民法院、最高人民检察院、公安部、司法部关于办理恶势力刑事案件若干问题的意见（2019年4月9日　法发〔2019〕10号）（第8—9条）

234.19 参见 225.14 最高人民法院、最高人民检察院、公安部、司法部关于办理非法放贷刑事案件若干问题的意见（2019年10月21日　法发〔2019〕24号）（第6条第2款、第4款）

234.20 参见 232.19 最高人民法院、最高人民检察院、公安部关于依法办理"碰瓷"违法犯罪案件的指导意见（2020年9月22日　公通字〔2020〕12号）

234.21 参见 232.20 最高人民法院、最高人民检察院、公安部、工业和信息化部、住房和城乡建设部、交通运输部、应急管理部、国家铁路局、中国民用航空局、国家邮政局关于依法惩治涉枪支、弹药、爆炸物、易燃易爆危险物品犯罪的意见（2021年12月31日　法发〔2021〕35号）

234.22 最高人民检察院、公安部关于依法妥善办理轻伤害案件的指导意见（2022 年 12 月 22 日 高检发办字〔2022〕167 号）（节录）

一、基本要求

（一）坚持严格依法办案。人民检察院、公安机关要严格遵循证据裁判原则，全面、细致收集、固定、审查、判断证据，在查清事实、厘清原委的基础上依法办理案件。要坚持"犯罪事实清楚，证据确实、充分"的证明标准，正确理解与适用法律，准确把握罪与非罪、此罪与彼罪的界限，慎重把握逮捕、起诉条件。

（二）注重矛盾化解、诉源治理。轻伤害案件常见多发，如果处理不当，容易埋下问题隐患或者激化矛盾。人民检察院、公安机关办理轻伤害案件，要依法用足用好认罪认罚从宽制度、刑事和解制度和司法救助制度，把化解矛盾、修复社会关系作为履职办案的重要任务。要充分借助当事人所在单位、社会组织、基层组织、调解组织等第三方力量，不断创新工作机制和方法，促进矛盾纠纷解决以及当事人和解协议的有效履行。

（三）落实宽严相济刑事政策。人民检察院、公安机关要以宽严相济刑事政策为指导，对因婚恋、家庭、亲友、邻里、同学、同事等民间矛盾纠纷或者偶发事件引发的轻伤害案件，结合个案具体情况把握好法理情的统一，依法少捕慎诉慎押；对主观恶性大、情节恶劣的轻伤害案件，应当依法从严惩处，当捕即捕、当诉则诉。

二、依法全面调查取证、审查案件

（四）坚持全面调查取证。公安机关应当注重加强现场调查走访，及时、全面、规范收集、固定证据。建立以物证、勘验笔录、检查笔录、视听资料等客观性较强的证据为核心的证据体系，避免过于依赖言词证据定案。对适用刑事和解和认罪认罚从宽的案件，也应当全面调查取证，查明事实。

（五）坚持全面审查案件。人民检察院应当注重对案发背景、案发起因、当事人的关系、案发时当事人的行为、伤害手段、部位、后果、当事人事后态度等方面进行全面审查，综合运用鉴定意见、有专门知识的人的意见等，准确认定事实，辨明是非曲直。

（六）对鉴定意见进行实质性审查。人民检察院、公安机关要注重审查检材与其他证据是否相互印证，文书形式、鉴定人资质、检验程序是否规范合法，鉴定依据、方法是否准确，损伤是否因既往伤病所致，是否及时就医，以及论证分析是否科学严谨，鉴定意见是否明确等。需要对鉴定意见等技术性证据材料进行专门审查的，可以按照有关规定送交检察、侦查技术人员或者其他有专门知识的人进行审查并出具审查意见。

对同一鉴定事项存在两份以上结论不同的鉴定意见或者当事人对鉴定结论有不同意见时，人民检察院、公安机关要注意对分歧点进行重点审查分析，听取当事人、鉴定人、有专门知识的人的意见，开展相关调查取证，综合全案证据决定是否采信。必要时，可以依法进行补充鉴定或者重新鉴定。

（七）准确区分罪与非罪。对被害人出现伤害后果的，人民检察院、公安机关判断犯罪嫌疑人是否构成故意伤害罪时，应当在全面审查案件事实、证据的基础上，根据双方的主观方面和客观行为准确认定，避免"唯结果论""谁受伤谁有理"。如果犯罪嫌疑人只是与被害人发生轻微推搡、拉扯的，或者为摆脱被害人拉扯或者控制而实施甩手、后退等应急、防御行为的，不宜认定为刑法意义上的故意伤害行为。

（八）准确区分寻衅滋事罪与故意伤害罪。对出现被害人轻伤后果的案件，人民检察院、公安机关要全面分析案件性质，查明案件发生起因、犯罪嫌疑人的动机、是否有涉黑涉恶或者其他严重情节等，依法准确定性，不能简单化办案，一概机械认定为故意伤害罪。犯罪嫌疑人无事生非、借故生非，随意殴打他人的，属于"寻衅滋事"，构成犯罪的，应当以寻衅滋事罪依法从严惩处。

（九）准确区分正当防卫与互殴型故意伤害。人民检察院、公安机关要坚持主客观相统一的原则，综合考察案发起因、对冲突升级是否有过错、是否使用或者准备使用凶器、是否采用明显不相当的暴力、是否纠集他人参与打斗等客观情节，准确判断犯罪嫌疑人的主观意图和行为性质。因琐事发生争执，双方均不能保持克制而引发打斗，对于过错的一方先动手且手段明显过激，或者一方先动手，在对方努力避免冲突的情况下仍继续侵害，还击一方造成对方伤害的，一般应当认定为正当防卫。故意挑拨对方实施不法侵害，借机伤害对方的，一般不认定为正当防卫。

（十）准确认定共同犯罪。二人以上对同一被害人共同故意实施伤害行为，无论是否能够证明伤害结果具体由哪一犯罪嫌疑人的行为造成的，均应当按照共同犯罪认定处理，并根据各犯罪嫌疑人在共同犯罪中的地位、作用、情节等追究刑事责任。

犯罪嫌疑人对被害人实施伤害时，对虽然在场但并无伤害故意和伤害行为的人员，不能认定为共同犯罪。

对虽然有一定参与但犯罪情节轻微，依照刑法规定不需要判处刑罚或者免除刑罚的，可以依法作出不起诉处理。对情节显著轻微、危害不大，不认为是犯罪的，应当撤销案件，或者作出不起诉处理。

三、积极促进矛盾化解

（十一）充分适用刑事和解制度。对于轻伤害案件，符合刑事和解条件的，人民检察院、公安机关可以建议当事人进行和解，并告知相应的权利义务，必要时可以提供法律咨询，积极促进当事人自愿和解。

当事人双方达成和解并已实际履行的，应当依法从宽处理，符合不起诉条件的，应当作出不起诉决定。被害人事后反悔要求追究犯罪嫌疑人刑事责任或者不同意对犯罪嫌疑人从宽处理的，人民检察院、公安机关应当调查了解原因，认为被害人理由正当的，应当依法保障被害人的合法权益；对和解系自愿、合法的，应当维持已作出的从宽处理决定。

人民检察院、公安机关开展刑事和解工作的相关证据和材料，应当随案移送。

（十二）充分适用认罪认罚从宽制度。人民检察院、公安机关应当向犯罪嫌疑人、被害人告知认罪认罚从宽制度，通过释明认罪认罚从宽制度的法律规定，鼓励犯罪嫌疑人认罪认罚、赔偿损失、赔礼道歉，促成当事人矛盾化解，并依法予以从宽处理。

（十四）充分发挥矛盾纠纷多元化解工作机制作用。对符合刑事和解条件的，人民检察院、公安机关要充分利用检调、公调对接机制，依托调解组织、社会组织、基层组织、当事人所在单位及同事、亲友、律师等单位、个人，促进矛盾化解、纠纷解决。

（十五）注重通过不起诉释法说理修复社会关系。人民检察院宣布不起诉决定，一般应当在人民检察院的宣告室等场所进行。根据案件的具体情况，也可以到当事人所在村、社区、单位等场所宣布，并邀请社区、单位有关人员参加。宣布不起诉决定时，应当就案件事实、法律责任、不起诉依据、理由等释法说理。

对于犯罪嫌疑人系未成年人的刑事案件，应当以不公开方式宣布不起诉决定，并结合案件具体情况对未成年犯罪嫌疑人予以训诫和教育。

四、规范落实少捕慎诉慎押刑事司法政策

（十七）依法准确适用不起诉。对于犯罪事实清楚，证据确实、充分，犯罪嫌疑人具有本意见第十六条第一款规定情形之一，依照刑法规定不需要判处刑罚或者免除刑罚的，可以依法作出不起诉决定。

对犯罪嫌疑人自愿认罪认罚，愿意积极赔偿，并提供了担保，但因被害人赔偿请求明显不合理，未能达成和解谅解的，一般不影响对符合条件的犯罪嫌疑人依法作出不起诉决定。

（十八）落实不起诉后非刑罚责任。人民检察院决定不起诉的轻伤害案件，可以根据案件的不同情况，对被不起诉人予以训诫或者责令具结悔过、赔礼道歉、赔偿损失。被不起诉人在不起诉前已被刑事拘留、逮捕的，或者当事人双方已经和解并承担了民事赔偿责任的，人民检察院作出不起诉决定后，一般不再提出行政拘留的检察意见。

（二十）对情节恶劣的轻伤害案件依法从严处理。对于虽然属于轻伤害案件，但犯罪嫌疑人涉黑涉恶的，雇凶伤害他人的，在被采取强制措施或者刑罚执行期间伤害他人的，犯罪动机、手段恶劣的，伤害多人的，多次伤害他人的，伤害未成年人、老年人、孕妇、残疾人及医护人员等特定职业人员的，以及具有累犯等其他恶劣情节的，应当依法从严惩处。

六、附则

（二十三）本意见所称轻伤害案件，是指根据《中华人民共和国刑法》第二百三十四条第一款的规定，故意伤害他人身体，致人损伤程度达到《人体损伤程度鉴定标准》轻伤标准的案件。

【部委规范】

234.23 公安机关办理伤害案件规定（公安部 2006 年 2 月 1 日　公通字〔2005〕98 号）（第 2—44 条）

第二百三十四条之一【组织出卖人体器官罪】 组织他人出卖人体器官的，处五年以下有期徒刑，并处罚金;情节严重的，处五年以上有期徒刑，并处罚金或者没收财产。

【故意伤害罪，故意杀人罪】 未经本人同意摘取其器官，或者摘取不满十八周岁的人的器官，或者强迫、欺骗他人捐献器官的，依照本法第二百三十四条、第二百三十二条的规定定罪处罚。

【盗窃、侮辱、故意毁坏尸体罪】 违背本人生前意愿摘取其尸体器官，或者本人生前未表示同意，违反国家规定，违背其近亲属意愿摘取其尸体器官的，依照本法第三百零二条的规定定罪处罚。

> **【刑法修正说明】**
> 本条为全国人大常委会 2011 年 2 月 25 日通过并公布、同年 5 月 1 日施行的《刑法修正案（八）》第 37 条所增设。

【罪名渊源】 本条系《刑法修正案（八）》增设，"两高"《罪名补充规定（五）》将本条第 1 款解释为组织出卖人体器官罪。

第二百三十五条【过失致人重伤罪】 过失伤害他人致人重伤的，处三年以下有期徒刑或者拘役。本法另有规定的，依照规定。

【罪名渊源】 本条系由 79 刑法第 135 条过失重伤罪修改而来，刑法将法定刑由原两档调整为一档。高法《罪名规定》、高检《罪名意见》将其解释为过失致人重伤罪。

【司法文件】

235.1 参见 232.19 最高人民法院、最高人民检察院、公安部关于依法办理"碰瓷"违法犯罪案件的指导意见（2020 年 9 月 22 日　公通字〔2020〕12 号）

第二百三十六条【强奸罪】 以暴力、胁迫或者其他手段强奸妇女的，处三年以上十年以下有期徒刑。

奸淫不满十四周岁的幼女的，以强奸论，从重处罚。

强奸妇女、奸淫幼女，有下列情形之一的，处十年以上有期徒刑、无期徒刑或者死刑：

（一）强奸妇女、奸淫幼女情节恶劣的；

（二）强奸妇女、奸淫幼女多人的；

（三）在公共场所当众强奸妇女、奸淫幼女的；

（四）二人以上轮奸的；

（五）奸淫不满十周岁的幼女或者造成幼女伤害的；

（六）致使被害人重伤、死亡或者造成其他严重后果的。

【刑法修正说明】

本条为全国人大常委会 2020 年 12 月 26 日通过并公布、2021 年 3 月 1 日施行的《刑法修正案（十一）》第 26 条所修正。原第 236 条为：

【强奸罪】以暴力、胁迫或者其他手段强奸妇女的，处三年以上十年以下有期徒刑。

奸淫不满十四周岁的幼女的，以强奸论，从重处罚。

强奸妇女、奸淫幼女，有下列情形之一的，处十年以上有期徒刑、无期徒刑或者死刑：

（一）强奸妇女、奸淫幼女情节恶劣的；

（二）强奸妇女、奸淫幼女多人的；

（三）在公共场所当众强奸妇女的；

（四）二人以上轮奸的；

（五）致使被害人重伤、死亡或者造成其他严重后果的。

【罪名渊源】　本条系沿袭 79 刑法第 139 条的规定，刑法保留原第 1 款、第 2 款内容，将原第 4 款并入第 3 款，第三档刑改用列举方式。高法《罪名规定》、高检《罪名意见》曾将本条第 1 款、第 2 款分别解释为强奸罪、奸淫幼女罪，后"两高"《罪名补充规定》将其统一解释为强奸罪，取消奸淫幼女罪罪名。《刑法修正案（十一）》第 26 条在第 3 款第 3 项中增加"奸淫幼女"的行为方式，增设第 5 项。

【证据标准】

236.1 最高人民检察院关于印发部分罪案《审查逮捕证据参考标准（试行）》的通知（2003 年 11 月 27 日　高检侦监发〔2003〕107 号）（节录）

一、审查逮捕通用证据参考标准（参见 232.1 本通知）

五、强奸罪案审查逮捕证据参考标准

强奸罪，是指触犯《刑法》第 236 条的规定，违背妇女意志，使用暴力、胁迫或者其他手段，强行与妇女性交的行为。其他以强奸罪定罪处罚的有：（1）奸淫不满 14 周岁幼女的；（2）收买被拐卖的妇女，强行与其发生性关系的；（3）利用职权、从属关系，以胁迫手段奸淫现役军人的妻子的；（4）明知被害人是精神病患者或者痴呆者（程度严重）而与其发生性关系的；（5）组织和利用邪教组织，以迷信邪说引诱、胁迫、欺骗或者其他手段，奸淫妇女、幼女的。

对提请批捕的强奸案件，应当注意从以下几个方面审查证据：

（一）有证据证明发生了强奸犯罪事实。

重点审查：

1. 法医鉴定，被害人报案、控告、陈述，被害人亲友检举，犯罪嫌疑人供述，证人证言等证明发生强奸行为的证据。

2. 被害人伤情鉴定、犯罪工具实物或照片、现场勘查笔录、药物检验报告和发案背景等证明与妇女性交的行为违背其意志的证据，包括使用暴力、胁迫或者其他手段的证据。

3. 证明明知被害人不满 14 周岁或是精神病患者或者痴呆者（经法医鉴定为程度严重）的证据。

（二）有证据证明强奸犯罪事实系犯罪嫌疑人实施的。

重点审查：

1. 显示犯罪嫌疑人实施强奸犯罪的视听资料。

2. 被害人的指认。

3. 犯罪嫌疑人的供认。

4. 证人证言。

5. 同案犯罪嫌疑人的供述。

6. 对遗留在犯罪工具、犯罪现场和犯罪嫌疑人、被害人身体、衣物上的指纹、足迹、血迹、精斑等所做的能够证明犯罪嫌疑人实施强奸犯罪的鉴定及被害人伤情鉴定。

7. 其他能够证明犯罪嫌疑人实施强奸犯罪的证据。

（三）证明犯罪嫌疑人实施强奸犯罪行为的证据已有查证属实的。

重点审查：

1. 能够排除合理怀疑的视听资料。

2. 其他证据能够印证的被害人的指认。

3. 其他证据能够印证的犯罪嫌疑人的供述。

4. 能够相互印证的证人证言。

5. 能够与其他证据相互印证的证人证言或者同案犯供述。

6. 已有查证属实的证明犯罪嫌疑人实施强奸犯罪的其他证据。

【罪刑标准】

236.2 最高人民法院、最高人民检察院关于办理强奸、猥亵未成年人刑事案件适用法律若干问题的解释（2023 年 6 月 1 日 法释〔2023〕3 号）（节录）

第一条 奸淫幼女的，依照刑法第二百三十六条第二款的规定从重处罚。具有下列情形之一的，应当适用较重的从重处罚幅度：

（一）负有特殊职责的人员实施奸淫的；

（二）采用暴力、胁迫等手段实施奸淫的；

（三）侵入住宅或者学生集体宿舍实施奸淫的；

（四）对农村留守女童、严重残疾或者精神发育迟滞的被害人实施奸淫的；

（五）利用其他未成年人诱骗、介绍、胁迫被害人的；

（六）曾因强奸、猥亵犯罪被判处刑罚的。

强奸已满十四周岁的未成年女性，具有前款第一项、第三项至第六项规定的情形之一，或者致使被害人轻伤、患梅毒、淋病等严重性病的，依照刑法第二百三十六条第一款的规定定罪，从重处罚。

第二条 强奸已满十四周岁的未成年女性或者奸淫幼女，具有下列情形之一的，应当认定为刑法第二百三十六条第三款第一项规定的"强奸妇女、奸淫幼女情节恶劣"：

（一）负有特殊职责的人员多次实施强奸、奸淫的；

（二）有严重摧残、凌辱行为的；

（三）非法拘禁或者利用毒品诱骗、控制被害人的；

（四）多次利用其他未成年人诱骗、介绍、胁迫被害人的；

（五）长期实施强奸、奸淫的；

（六）奸淫精神发育迟滞的被害人致使怀孕的；

（七）对强奸、奸淫过程或者被害人身体隐私部位制作视频、照片等影像资料，以此胁迫对被害人实施强奸、奸淫，或者致使影像资料向多人传播，暴露被害人身份的；

（八）其他情节恶劣的情形。

第三条 奸淫幼女，具有下列情形之一的，应当认定为刑法第二百三十六条第三款第五项规定的"造成幼女伤害"：

（一）致使幼女轻伤的；

（二）致使幼女患梅毒、淋病等严重性病的；

（三）对幼女身心健康造成其他伤害的情形。

第四条 强奸已满十四周岁的未成年女性或者奸淫幼女，致使其感染艾滋病病毒的，应当认定为刑法第二百三十六条第三款第六项规定的"致使被害人重伤"。

第六条　对已满十四周岁的未成年女性负有特殊职责的人员，利用优势地位或者被害人孤立无援的境地，迫使被害人与其发生性关系的，依照刑法第二百三十六条的规定，以强奸罪定罪处罚。

第十一条　强奸、猥亵未成年人的成年被告人认罪认罚的，是否从宽处罚及从宽幅度应当从严把握。

第十二条　对强奸未成年人的成年被告人判处刑罚时，一般不适用缓刑。

对于判处刑罚同时宣告缓刑的，可以根据犯罪情况，同时宣告禁止令，禁止犯罪分子在缓刑考验期限内从事与未成年人有关的工作、活动，禁止其进入中小学校、幼儿园及其他未成年人集中的场所。确因本人就学、居住等原因，经执行机关批准的除外。

第十三条　对于利用职业便利实施强奸、猥亵未成年人等犯罪的，人民法院应当依法适用从业禁止。

第十四条　对未成年人实施强奸、猥亵等犯罪造成人身损害的，应当赔偿医疗费、护理费、交通费、营养费、住院伙食补助费等为治疗和康复支付的合理费用，以及因误工减少的收入。

根据鉴定意见、医疗诊断书等证明需要对未成年人进行精神心理治疗和康复，所需的相关费用，应当认定为前款规定的合理费用。

第十五条　本解释规定的"负有特殊职责的人员"，是指对未成年人负有监护、收养、看护、教育、医疗等职责的人员，包括与未成年人具有共同生活关系且事实上负有照顾、保护等职责的人员。

【司法解释】

236.3 最高人民法院关于审理未成年人刑事案件具体应用法律若干问题的解释（2006年1月23日　法释〔2006〕1号）（节录）

第六条　已满十四周岁不满十六周岁的人偶尔与幼女发生性行为，情节轻微、未造成严重后果的，不认为是犯罪。

【司法文件】

236.4 最高人民法院、最高人民检察院、公安部、司法部关于依法惩治拐卖妇女儿童犯罪的意见（2010年3月15日　法发〔2010〕7号）（节录）

五、定性

20.（第一款）明知是被拐卖的妇女、儿童而收买，具有下列情形之一的，以收买被拐卖的妇女、儿童罪论处；同时构成其他犯罪的，依照数罪并罚的规定处罚：

（3）非法剥夺、限制被收买妇女、儿童的人身自由，情节严重，或者对被收买妇女、儿童有强奸、伤害、侮辱、虐待等行为的。

236.5 最高人民法院、最高人民检察院、公安部、司法部关于依法惩治性侵害未成年人犯罪的意见（2013年10月23日　法发〔2013〕12号）（节录）

一、基本要求

1. 本意见所称性侵害未成年人犯罪，包括刑法第二百三十六条、第二百三十七条、第三百五十八条、第三百五十九条、第三百六十条第二款规定的针对未成年人实施的强奸罪，强制猥亵、侮辱妇女罪，猥亵儿童罪，组织卖淫罪，强迫卖淫罪，引诱、容留、介绍卖淫罪，引诱幼女卖淫罪，嫖宿幼女罪等。

2. 对于性侵害未成年人犯罪，应当依法从严惩治。

3. 办理性侵害未成年人犯罪案件，应当充分考虑未成年被害人身心发育尚未成熟、易受伤害等特点，贯彻特殊、优先保护原则，切实保障未成年人的合法权益。

4. 对于未成年人实施性侵害未成年人犯罪的，应当坚持双向保护原则，在依法保护未成年被害人的合法权益时，也要依法保护未成年犯罪嫌疑人、未成年被告人的合法权益。

5. 办理性侵害未成年人犯罪案件，对于涉及未成年被害人、未成年犯罪嫌疑人和未成年被告人的身份信息及可能推断出其身份信息的资料和涉及性侵害的细节等内容，审判人员、检察人员、侦查人员、律师及其他诉讼参与人应当予以保密。

对外公开的诉讼文书，不得披露未成年被害人的身份信息及可能推断出其身份信息的其他资料，对性侵害的事实注意以适当的方式叙述。

6. 性侵害未成年人犯罪案件，应当由熟悉未成年人身心特点的审判人员、检察人员、侦查人员办理，未成年被害人系女性的，应当有女性工作人员参与。

人民法院、人民检察院、公安机关设有办理未成年人刑事案件专门工作机构或者专门工作小组的，可以优先由专门工作机构或者专门工作小组办理性侵害未成年人犯罪案件。

7. 各级人民法院、人民检察院、公安机关和司法行政机关应当加强与民政、教育、妇联、共青团等部门及未成年人保护组织的联系和协作，共同做好性侵害未成年人犯罪预防和未成年被害人的心理安抚、疏导工作，从有利于未成年人身心健康的角度，对其给予必要的帮助。

8. 上级人民法院、人民检察院、公安机关和司法行政机关应当加强对下指导和业务培训。各级人民法院、人民检察院、公安机关和司法行政机关要增强对未成年人予以特殊、优先保护的司法理念，完善工作机制，提高办案能力和水平。

二、办案程序要求

9. 对未成年人负有监护、教育、训练、救助、看护、医疗等特殊职责的人员（以下简称负有特殊职责的人员）以及其他公民和单位，发现未成年人受到性侵害的，有权利也有义务向公安机关、人民检察院、人民法院报案或者举报。

10. 公安机关接到未成年人被性侵害的报案、控告、举报，应当及时受理，迅速进行审查。经审查，符合立案条件的，应当立即立案侦查。

公安机关发现可能有未成年人被性侵害或者接报相关线索的，无论案件是否属于本单位管辖，都应当及时采取制止违法犯罪行为、保护被害人、保护现场等紧急措施，必要时，应当通报有关部门对被害人予以临时安置、救助。

11. 人民检察院认为公安机关应当立案侦查而不立案侦查的，或者被害人及其法定代理人、对未成年人负有特殊职责的人员据此向人民检察院提出异议的，人民检察院应当要求公安机关说明不立案的理由。人民检察院认为不立案理由不成立的，应当通知公安机关立案，公安机关接到通知后应当立案。

12. 公安机关侦查未成年人被性侵害案件，应当依照法定程序，及时、全面收集固定证据。及时对性侵害犯罪现场进行勘查，对未成年被害人、犯罪嫌疑人进行人身检查，提取体液、毛发、被害人和犯罪嫌疑人指甲内的残留物等生物样本，指纹、足迹、鞋印等痕迹，衣物、纽扣等物品；及时提取住宿登记表等书证，现场监控录像等视听资料；及时收集被害人陈述、证人证言和犯罪嫌疑人供述等证据。

13. 办案人员到未成年被害人及其亲属、未成年证人所在学校、单位、居住地调查取证的，应当避免驾驶警车、穿着制服或者采取其他可能暴露被害人身份、影响被害人名誉、隐私的方式。

14. 询问未成年被害人，审判人员、检察人员、侦查人员和律师应当坚持不伤害原则，选择未成年人住所或者其他让未成年人心理上感到安全的场所进行，并通知其法定代理人到场。无法通知、法定代理人不能到场或者法定代理人是性侵害犯罪嫌疑人、被告人的，也可以通知未成年被害人的其他成年亲属或者所在学校、居住地基层组织、未成年人保护组织的代表等有关人员到场，并将相关情况记录在案。

询问未成年被害人，应当考虑其身心特点，采取和缓的方式进行。对与性侵害犯罪有关的事实应当进行全面询问，以一次询问为原则，尽可能避免反复询问。

15. 人民法院、人民检察院办理性侵害未成年人案件，应当及时告知未成年被害人及其法定代理人或者近亲属有权委托诉讼代理人，并告知其如果经济困难，可以向法律援助机构申请法律援助。对需要申请法律援助的，应当帮助其申请法律援助。法律援助机构应当及时指派熟悉未成年人身心特点的律师为其提供法律帮助。

16. 人民法院、人民检察院、公安机关办理性侵害未成年人犯罪案件，除有碍案件办理的情形外，应当将案件进展情况、案件处理结果及时告知被害人及其法定代理人，并对有关情况予以说明。

17. 人民法院确定性侵害未成年人犯罪案件开庭日期后，应当将开庭的时间、地点通知未成年被害人及其法定代理人。未成年被害人的法定代理人可以陪同或者代表未成年被害人参加法庭审理，陈述意见，法定代理人是性侵害犯罪被告人的除外。

18. 人民法院开庭审理性侵害未成年人犯罪案件，未成年被害人、证人确有必要出庭的，应当根据案件情况采取不暴露外貌、真实声音等保护措施。有条件的，可以采取视频等方式播放未成年人的陈述、证言，播放视频亦应采取保护措施。

三、准确适用法律

19. 知道或者应当知道对方是不满十四周岁的幼女，而实施奸淫等性侵害行为的，应当认定行为人"明知"对方是幼女。

对于不满十二周岁的被害人实施奸淫等性侵害行为的，应当认定行为人"明知"对方是幼女。

对于已满十二周岁不满十四周岁的被害人，从其身体发育状况、言谈举止、衣着特征、生活作息规律等观察可能是幼女，而实施奸淫等性侵害行为的，应当认定行为人"明知"对方是幼女。

20. 以金钱财物等方式引诱幼女与自己发生性关系的；知道或者应当知道幼女被他人强迫卖淫而仍与其发生性关系的，均以强奸罪论处。

21. 对幼女负有特殊职责的人员与幼女发生性关系的，以强奸罪论处。

对已满十四周岁的未成年女性负有特殊职责的人员，利用其优势地位或者被害人孤立无援的境地，迫使未成年被害人就范，而与其发生性关系的，以强奸罪定罪处罚。

22. 实施猥亵儿童犯罪，造成儿童轻伤以上后果，同时符合刑法第二百三十四条或者第二百三十二条的规定，构成故意伤害罪、故意杀人罪的，依照处罚较重的规定定罪处罚。

对已满十四周岁的未成年男性实施猥亵，造成被害人轻伤以上后果，符合刑法第二百三十四条或者第二百三十二条规定的，以故意伤害罪或者故意杀人罪定罪处罚。

23. 在校园、游泳馆、儿童游乐场等公共场所对未成年人实施强奸、猥亵犯罪，只要有其他多人在场，不论在场人员是否实际看到，均可以依照刑法第二百三十六条第三款、第二百三十七条的规定，认定为在公共场所"当众"强奸妇女，强制猥亵、侮辱妇女，猥亵儿童。

24. 介绍、帮助他人奸淫幼女、猥亵儿童的，以强奸罪、猥亵儿童罪的共犯论处。

25. 针对未成年人实施强奸、猥亵犯罪的，应当从重处罚，具有下列情形之一的，更要依法从严惩处：

(1) 对未成年人负有特殊职责的人员、与未成年人有共同家庭生活关系的人员、国家工作人员或者冒充国家工作人员，实施强奸、猥亵犯罪的；

(2) 进入未成年人住所、学生集体宿舍实施强奸、猥亵犯罪的；

(3) 采取暴力、胁迫、麻醉等强制手段实施奸淫幼女、猥亵儿童犯罪的；

(4) 对不满十二周岁的儿童、农村留守儿童、严重残疾或者精神智力发育迟滞的未成年人，实施强奸、猥亵犯罪的；

(5) 猥亵多名未成年人，或者多次实施强奸、猥亵犯罪的；

(6) 造成未成年被害人轻伤、怀孕、感染性病等后果的；

(7) 有强奸、猥亵犯罪前科劣迹的。

27. 已满十四周岁不满十六周岁的人偶尔与幼女发生性关系，情节轻微、未造成严重后果的，不认为是犯罪。

四、其他事项

28. 对于强奸未成年人的成年犯罪分子判处刑罚时，一般不适用缓刑。

对于性侵害未成年人的犯罪分子确定是否适用缓刑，人民法院、人民检察院可以委托犯罪分子居住地的社区矫正机构，就对其宣告缓刑对所居住社区是否有重大不良影响进行调查。受委托的社区矫正机构应当及时组织调查，在规定的期限内将调查评估意见提交委托机关。

对于判处刑罚同时宣告缓刑的，可以根据犯罪情况，同时宣告禁止令，禁止犯罪分子在缓刑考验期内从事与未成年人有关的工作、活动，禁止其进入中小学校区、幼儿园园区及其他未成年人集中的场所，确因本人就学、居住等原因，经执行机关批准的除外。

29. 外国人在我国领域内实施强奸、猥亵未成年人等犯罪的，应当依法判处，在判处刑罚时，可以独立适用或者附加适用驱逐出境。对于尚不构成犯罪但构成违反治安管理行为的，或者因实施性侵害未成年人犯罪不适宜在中国境内继续停留居留的，公安机关可以依法适用限期出境或者驱逐出境。

30. 对于判决已生效的强奸、猥亵未成年人犯罪案件，人民法院在依法保护被害人隐私的前提下，可以在互联网公布相关裁判文书，未成年人犯罪的除外。

31. 对于未成年人因被性侵害而造成的人身损害，为进行康复治疗所支付的医疗费、护理费、交通费、误工费等合理费用，未成年被害人及其法定代理人、近亲属提出赔偿请求的，人民法院依法予以支持。

32. 未成年人在幼儿园、学校或者其他教育机构学习、生活期间被性侵害而造成人身损害，被害人及其法定代理人、近亲属据此向人民法院起诉要求上述单位承担赔偿责任的，人民法院依法予以支持。

33. 未成年人受到监护人性侵害，其他具有监护资格的人员、民政部门等有关单位和组织向人民法院提出申请，要求撤销监护人资格，另行指定监护人的，人民法院依法予以支持。

34. 对未成年被害人因性侵害犯罪而造成人身损害，不能及时获得有效赔偿，生活困难的，各级人民法院、人民检察院、公安机关可会同有关部门，优先考虑予以司法救助。

236.6 最高人民法院、最高人民检察院、公安部、司法部关于依法办理家庭暴力犯罪案件的意见（2015 年 3 月 2 日　法发〔2015〕4 号）（节录）

16. 依法准确定罪处罚。对故意杀人、故意伤害、强奸、猥亵儿童、非法拘禁、侮辱、暴力干涉婚姻自由、虐待、遗弃等侵害公民人身权利的家庭暴力犯罪，应当根据犯罪的事实、犯罪的性质、情节和对社会的危害程度，严格依照刑法的有关规定判处。对于同一行为同时触犯多个罪名的，依照处罚较重的规定定罪处罚。

【说明】证据收集、宽严相济刑事政策、正当防卫、禁止令和社区矫正等，参见 260.3 本意见。

236.7 最高人民法院关于常见犯罪的量刑指导意见（2017 年 4 月 1 日　法发〔2017〕7 号）（节录）

四、常见犯罪的量刑

（三）强奸罪

1. 构成强奸罪的，可以根据下列不同情形在相应的幅度内确定量刑起点：

（1）强奸妇女一人的，可以在三年至六年有期徒刑幅度内确定量刑起点。

奸淫幼女一人的，可以在四年至七年有期徒刑幅度内确定量刑起点。

（2）有下列情形之一的，可以在十年至十三年有期徒刑幅度内确定量刑起点：强奸妇女、奸淫幼女情节恶劣的；强奸妇女、奸淫幼女三人的；在公共场所当众强奸妇女的；二人以上轮奸妇女的；强奸致被害人重伤或者造成其他严重后果的。依法应当判处无期徒刑以上刑罚的除外。

2. 在量刑起点的基础上，可以根据强奸妇女、奸淫幼女情节恶劣程度、强奸人数、致人伤害后果等其他影响犯罪构成的犯罪事实增加刑罚量，确定基准刑。

强奸多人多次的，以强奸人数作为增加刑罚量的事实，强奸次数作为调节基准刑的量刑情节。

【说明】量刑基本原则、基本方法和常见量刑情节的适用，参见 61.2 本意见。

236.8 参见 237.5 最高人民法院、最高人民检察院、公安部、司法部关于办理性侵害未成年人刑事案件的意见（2023 年 6 月 1 日）

第二百三十六条之一【负有照护职责人员性侵罪】对已满十四周岁不满十六周岁的未成年女性负有监护、收养、看护、教育、医疗等特殊职责的人员，与该未成年女性发生性关系的，处三年以下有期徒刑；情节恶劣的，处三年以上十年以下有期徒刑。

有前款行为，同时又构成本法第二百三十六条规定之罪的，依照处罚较重的规定定罪处罚。

【刑法修正说明】

本条为全国人大常委会 2020 年 12 月 26 日通过并公布、2021 年 3 月 1 日施行的《刑法修正案（十一）》第 27 条所增设。

【罪名渊源】本条为《刑法修正案（十一）》第 27 条所增设，"两高"《罪名补充规定（七）》将其解释为负有照护职责人员性侵罪。

【罪刑标准】

236 - 1.1 最高人民法院、最高人民检察院关于办理强奸、猥亵未成年人刑事案件适用法律若干问题的解释（2023 年 6 月 1 日　法释〔2023〕3 号）（节录）

第五条　对已满十四周岁不满十六周岁的未成年女性负有特殊职责的人员，与该未成年女性发生性关系，具有下列情形之一的，应当认定为刑法第二百三十六条之一规定的"情节恶劣"：

（一）长期发生性关系的；

（二）与多名被害人发生性关系的；

（三）致使被害人感染艾滋病病毒或者患梅毒、淋病等严重性病的；

（四）对发生性关系的过程或者被害人身体隐私部位制作视频、照片等影像资料，致使影像资料向多人传播，暴露被害人身份的；

（五）其他情节恶劣的情形。

第十五条　本解释规定的"负有特殊职责的人员"，是指对未成年人负有监护、收养、看护、教育、医疗等职责的人员，包括与未成年人具有共同生活关系且事实上负有照顾、保护等职责的人员。

【司法文件】

236 - 1.2 参见 237.5 最高人民法院、最高人民检察院、公安部、司法部关于办理性侵害未成年人刑事案件的意见（2023 年 6 月 1 日）

第二百三十七条【强制猥亵、侮辱罪】以暴力、胁迫或者其他方法强制猥亵他人或者侮辱妇女的，处五年以下有期徒或者拘役。

聚众或者在公共场所当众犯前款罪的，或者有其他恶劣情节的，处五年以上有期徒刑。

【猥亵儿童罪】猥亵儿童的，处五年以下有期徒刑；有下列情形之一的，处五年以上有期徒刑：

（一）猥亵儿童多人或者多次的；

（二）聚众猥亵儿童的，或者在公共场所当众猥亵儿童，情节恶劣的；

（三）造成儿童伤害或者其他严重后果的；

（四）猥亵手段恶劣或者有其他恶劣情节的。

【刑法第一次修正说明】

全国人大常委会 2015 年 8 月 29 日通过并公布、11 月 1 日施行的《刑法修正案（九）》第 13 条对本条作了第一次修正。原第 237 条为：

【强制猥亵、侮辱妇女罪】以暴力、胁迫或者其他方法强制猥亵妇女或者侮辱妇女的，处五年以下有期徒刑或者拘役。

聚众或者在公共场所当众犯前款罪的，处五年以上有期徒刑。

【猥亵儿童罪】猥亵儿童的，依照前两款的规定从重处罚。

【刑法第二次修正说明】

全国人大常委会 2020 年 12 月 26 日通过并公布、2021 年 3 月 1 日施行的《刑法修正案（十一）》第 28 条对本条第 3 款作了修正。《刑法修正案（九）》第 13 条为：

【强制猥亵、侮辱罪】以暴力、胁迫或者其他方法强制猥亵他人或者侮辱妇女的，处五年以下有期徒刑或者拘役。

聚众或者在公共场所当众犯前款罪的，或者有其他恶劣情节的，处五年以上有期徒刑。

【猥亵儿童罪】猥亵儿童的，依照前两款的规定从重处罚。

【罪名渊源】 本条两款罪均由 79 刑法第 160 条流氓罪分解而来。高法《罪名规定》、高检《罪名意见》将其分别解释为强制猥亵、侮辱妇女罪和猥亵儿童罪。《刑法修正案（九）》第 13 条改本条第 1 款中的"强制猥亵妇女"为"强制猥亵他人"，在第 2 款增设"有其他恶劣情节"的规定。据此，"两高"《罪名补充规定（六）》取消强制猥亵、侮辱妇女罪罪名，代之以强制猥亵、侮辱罪。《刑法修正案（十一）》第 28 条对第 3 款作了修改，取消从重处罚的规定，增设两档独立的法定刑，并列举四种猥亵儿童的情形。

【罪刑标准】

237.1 最高人民法院、最高人民检察院关于办理强奸、猥亵未成年人刑事案件适用法律若干问题的解释（2023 年 6 月 1 日 法释〔2023〕3 号）（节录）

第七条 猥亵儿童，具有下列情形之一的，应当认定为刑法第二百三十七条第三款第三项规定的"造成儿童伤害或者其他严重后果"：

（一）致使儿童轻伤以上的；

（二）致使儿童自残、自杀的；

（三）对儿童身心健康造成其他伤害或者严重后果的情形。

第八条 猥亵儿童，具有下列情形之一的，应当认定为刑法第二百三十七条第三款第四项规定的"猥亵手段恶劣或者有其他恶劣情节"：

（一）以生殖器侵入肛门、口腔或者以生殖器以外的身体部位、物品侵入被害人生殖器、肛门等方式实施猥亵的；

（二）有严重摧残、凌辱行为的；

（三）对猥亵过程或者被害人身体隐私部位制作视频、照片等影像资料，以此胁迫对被害人实施猥亵，或者致使影像资料向多人传播，暴露被害人身份的；

（四）采取其他恶劣手段实施猥亵或者有其他恶劣情节的情形。

第九条 胁迫、诱骗未成年人通过网络视频聊天或者发送视频、照片等方式，暴露身体隐私部位或者实施淫秽行为，符合刑法第二百三十七条规定的，以强制猥亵罪或者猥亵儿童罪定罪处罚。

胁迫、诱骗未成年人通过网络直播方式实施前款行为，同时符合刑法第二百三十七条、第三百六十五条的规定，构成强制猥亵罪、猥亵儿童罪、组织淫秽表演罪的，依照处罚较重的规定定罪处罚。

第十条　实施猥亵未成年人犯罪，造成被害人轻伤以上后果，同时符合刑法第二百三十四条或者第二百三十二条的规定，构成故意伤害罪、故意杀人罪的，依照处罚较重的规定定罪处罚。

第十一条　强奸、猥亵未成年人的成年被告人认罪认罚的，是否从宽处罚及从宽幅度应当从严把握。

第十三条　对于利用职业便利实施强奸、猥亵未成年人等犯罪的，人民法院应当依法适用从业禁止。

第十四条　对未成年人实施强奸、猥亵等犯罪造成人身损害的，应当赔偿医疗费、护理费、交通费、营养费、住院伙食补助费等为治疗和康复支付的合理费用，以及因误工减少的收入。

根据鉴定意见、医疗诊断书等证明需要对未成年人进行精神心理治疗和康复，所需的相关费用，应当认定为前款规定的合理费用。

【司法文件】

237.2 最高人民法院、最高人民检察院、公安部、司法部关于依法惩治拐卖妇女儿童犯罪的意见（2010 年 3 月 15 日　法发〔2010〕7 号）（节录）

五、定性

20.（第一款）明知是被拐卖的妇女、儿童而收买，具有下列情形之一的，以收买被拐卖的妇女、儿童罪论处；同时构成其他犯罪的，依照数罪并罚的规定处罚：

（3）非法剥夺、限制被收买妇女、儿童的人身自由，情节严重，或者对被收买妇女、儿童有强奸、伤害、侮辱、虐待等行为的。

七、一罪与数罪

25. 拐卖妇女、儿童，又对被拐卖的妇女、儿童实施故意杀害、伤害、猥亵、侮辱等行为，构成其他犯罪的，依照数罪并罚的规定处罚。

八、刑罚适用

28.（第二款）拐卖妇女、儿童，并对被拐卖的妇女、儿童实施故意杀害、伤害、猥亵、侮辱等行为，数罪并罚决定执行的刑罚应当依法体现从严。

237.3 参见 236.5 最高人民法院、最高人民检察院、公安部、司法部关于依法惩治性侵害未成年人犯罪的意见（2013 年 10 月 23 日　法发〔2013〕12 号）

237.4 参见 236.6 最高人民法院、最高人民检察院、公安部、司法部关于依法办理家庭暴力犯罪案件的意见（2015 年 3 月 2 日　法发〔2015〕4 号）

237.5 最高人民法院、最高人民检察院、公安部、司法部关于办理性侵害未成年人刑事案件的意见（2023 年 6 月 1 日）（节录）

一、总　则

第一条　本意见所称性侵害未成年人犯罪，包括《中华人民共和国刑法》第二百三十六条、第二百三十六条之一、第二百三十七条、第三百五十八条、第三百五十九条规定的针对未成年人实施的强奸罪，负有照护职责人员性侵罪，强制猥亵、侮辱罪，猥亵儿童罪，组织卖淫罪，强迫卖淫罪，协助组织卖淫罪，引诱、容留、介绍卖淫罪，引诱幼女卖淫罪等。

第二条　办理性侵害未成年人刑事案件，应当坚持以下原则：

（一）依法从严惩处性侵害未成年人犯罪；

（二）坚持最有利于未成年人原则，充分考虑未成年人身心发育尚未成熟、易受伤害等特点，切实保障未成年人的合法权益；

（三）坚持双向保护原则，对于未成年人实施性侵害未成年人犯罪的，在依法保护未成年被害人的合法权益时，也要依法保护未成年犯罪嫌疑人、未成年被告人的合法权益。

第三条　人民法院、人民检察院、公安机关应当确定专门机构或者指定熟悉未成年人身心特点的专门人员，负责办理性侵害未成年人刑事案件。未成年被害人系女性的，应当有女性工作人员参与。

法律援助机构应当指派熟悉未成年人身心特点的律师为未成年人提供法律援助。

第四条 人民法院、人民检察院在办理性侵害未成年人刑事案件中发现社会治理漏洞的，依法提出司法建议、检察建议。

人民检察院依法对涉及性侵害未成年人的诉讼活动等进行监督，发现违法情形的，应当及时提出监督意见。发现未成年人合法权益受到侵犯，涉及公共利益的，应当依法提起公益诉讼。

二、案件办理

第五条 公安机关接到未成年人被性侵害的报案、控告、举报，应当及时受理，迅速审查。符合刑事立案条件的，应当立即立案侦查，重大、疑难、复杂案件立案审查期限原则上不超过七日。具有下列情形之一，公安机关应当在受理后直接立案侦查：

（一）精神发育明显迟滞的未成年人或者不满十四周岁的未成年人怀孕、妊娠终止或者分娩的；

（二）未成年人的生殖器官或者隐私部位遭受明显非正常损伤的；

（三）未成年人被组织、强迫、引诱、容留、介绍卖淫的；

（四）其他有证据证明性侵害未成年人犯罪发生的。

第六条 公安机关发现可能有未成年人被性侵害或者接报相关线索的，无论案件是否属于本单位管辖，都应当及时采取制止侵害行为、保护被害人、保护现场等紧急措施。必要时，应当通报有关部门对被害人予以临时安置、救助。

第七条 公安机关受理案件后，经过审查，认为有犯罪事实需要追究刑事责任，但因犯罪地、犯罪嫌疑人无法确定，管辖权不明的，受理案件的公安机关应当先立案侦查，经过侦查明确管辖后，及时将案件及证据材料移送有管辖权的公安机关。

第八条 人民检察院、公安机关办理性侵害未成年人刑事案件，应当坚持分工负责、互相配合、互相制约，加强侦查监督与协作配合，健全完善信息双向共享机制，形成合力。在侦查过程中，公安机关可以商请人民检察院就案件定性、证据收集、法律适用、未成年人保护要求等提出意见建议。

第九条 人民检察院认为公安机关应当立案侦查而不立案侦查的，或者被害人及其法定代理人、对未成年人负有特殊职责的人员据此向人民检察院提出异议，经审查其诉求合理的，人民检察院应当要求公安机关说明不立案的理由。人民检察院认为不立案理由不成立的，应当通知公安机关立案，公安机关接到通知后应当立案。

第十条 对性侵害未成年人的成年犯罪嫌疑人、被告人，应当依法从严把握适用非羁押强制措施，依法追诉，从严惩处。

第十一条 公安机关办理性侵害未成年人刑事案件，在提请批准逮捕、移送起诉时，案卷材料中应当包含证明案件来源与案发过程的有关材料和犯罪嫌疑人归案（抓获）情况的说明等。

第十二条 人民法院、人民检察院办理性侵害未成年人案件，应当及时告知未成年被害人及其法定代理人或者近亲属有权委托诉讼代理人，并告知其有权依法申请法律援助。

第十三条 人民法院、人民检察院、公安机关办理性侵害未成年人刑事案件，除有碍案件办理的情形外，应当将案件进展情况、案件处理结果及时告知未成年被害人及其法定代理人，并对有关情况予以说明。

第十四条 人民法院确定性侵害未成年人刑事案件开庭日期后，应当将开庭的时间、地点通知未成年被害人及其法定代理人。

第十五条 人民法院开庭审理性侵害未成年人刑事案件，未成年被害人、证人一般不出庭作证。确有必要出庭的，应当根据案件情况采取不暴露外貌、真实声音等保护措施，或者采取视频等方式播放询问未成年人的录音录像，播放视频亦应当采取技术处理等保护措施。

被告人及其辩护人当庭发问的方式或者内容不当，可能对未成年被害人、证人造成身心伤害的，审判长应当及时制止。未成年被害人、证人在庭审中出现恐慌、紧张、激动、抗拒等影响庭审正常进行的情形的，审判长应当宣布休庭，并采取相应的情绪安抚疏导措施，评估未成年被害人、证人继续出庭作证的必要性。

第十六条　办理性侵害未成年人刑事案件，对于涉及未成年人的身份信息及可能推断出身份信息的资料和涉及性侵害的细节等内容，审判人员、检察人员、侦查人员、律师及参与诉讼、知晓案情的相关人员应当保密。

对外公开的诉讼文书，不得披露未成年人身份信息及可能推断出身份信息的其他资料，对性侵害的事实必须以适当方式叙述。

办案人员到未成年人及其亲属所在学校、单位、住所调查取证的，应当避免驾驶警车、穿着制服或者采取其他可能暴露未成年人身份、影响未成年人名誉、隐私的方式。

第十七条　知道或者应当知道对方是不满十四周岁的幼女，而实施奸淫等性侵害行为的，应当认定行为人"明知"对方是幼女。

对不满十二周岁的被害人实施奸淫等性侵害行为的，应当认定行为人"明知"对方是幼女。

对已满十二周岁不满十四周岁的被害人，从其身体发育状况、言谈举止、衣着特征、生活作息规律等观察可能是幼女，而实施奸淫等性侵害行为的，应当认定行为人"明知"对方是幼女。

第十八条　在校园、游泳馆、儿童游乐场、学生集体宿舍等公共场所对未成年人实施强奸、猥亵犯罪，只要有其他多人在场，不论在场人员是否实际看到，均可以依照刑法第二百三十六条第三款、第二百三十七条的规定，认定为在公共场所"当众"强奸、猥亵。

第十九条　外国人在中华人民共和国领域内实施强奸、猥亵未成年人等犯罪的，在依法判处刑罚时，可以附加适用驱逐出境。对于尚不构成犯罪但构成违反治安管理行为的，或者有性侵害未成年人犯罪记录不适宜在境内继续停留居留的，公安机关可以依法适用限期出境或者驱逐出境。

第二十条　对性侵害未成年人的成年犯罪分子严格把握减刑、假释、暂予监外执行的适用条件。纳入社区矫正的，应当严管严控。

三、证据收集与审查判断

第二十一条　公安机关办理性侵害未成年人刑事案件，应当依照法定程序，及时、全面收集固定证据。对与犯罪有关的场所、物品、人身等及时进行勘验、检查，提取与案件有关的痕迹、物证、生物样本；及时调取与案件有关的住宿、通行、银行交易记录等书证，现场监控录像等视听资料，手机短信、即时通讯记录、社交软件记录、手机支付记录、音视频、网盘资料等电子数据。视听资料、电子数据等证据因保管不善灭失的，应当向原始数据存储单位重新调取，或者提交专业机构进行技术性恢复、修复。

第二十二条　未成年被害人陈述、未成年证人证言中提到其他犯罪线索，属于公安机关管辖的，公安机关应当及时调查核实；属于其他机关管辖的，应当移送有管辖权的机关。

具有密切接触未成年人便利条件的人员涉嫌性侵害未成年人犯罪的，公安机关应当注意摸排犯罪嫌疑人可能接触到的其他未成年人，以便全面查清犯罪事实。

对于发生在犯罪嫌疑人住所周边或者相同、类似场所且犯罪手法雷同的性侵害案件，符合并案条件的，应当及时并案侦查，防止遗漏犯罪事实。

第二十三条　询问未成年被害人，应当选择"一站式"取证场所、未成年人住所或者其他让未成年人心理上感到安全的场所进行，并通知法定代理人到场。法定代理人不能到场或者不宜到场的，应当通知其他合适成年人到场，并将相关情况记录在案。

询问未成年被害人，应当采取和缓的方式，以未成年人能够理解和接受的语言进行。坚持一次询问原则，尽可能避免多次反复询问，造成次生伤害。确有必要再次询问的，应当针对确有疑问需要核实的内容进行。

询问女性未成年被害人应当由女性工作人员进行。

第二十四条　询问未成年被害人应当进行同步录音录像。录音录像应当全程不间断进行，不得选择性录制，不得剪接、删改。录音录像声音、图像应当清晰稳定，被询问人面部应当清楚可辨，能够真实反映未成年被害人回答询问的状态。录音录像应当随案移送。

第二十五条　询问未成年被害人应当问明与性侵害犯罪有关的事实及情节，包括被害人的年龄等身份信息、与犯罪嫌疑人、被告人交往情况、侵害方式、时间、地点、次数、后果等。

询问尽量让被害人自由陈述，不得诱导，并将提问和未成年被害人的回答记录清楚。记录应当保持未成年人的语言特点，不得随意加工或者归纳。

第二十六条 未成年被害人陈述和犯罪嫌疑人、被告人供述中具有特殊性、非亲历不可知的细节，包括身体特征、行为特征和环境特征等，办案机关应当及时通过人身检查、现场勘查等调查取证方法固定证据。

第二十七条 能够证实未成年被害人和犯罪嫌疑人、被告人相识交往、矛盾纠纷及其异常表现、特殊癖好等情况，对完善证据链条、查清全部案情具有证明作用的证据，应当全面收集。

第二十八条 能够证实未成年人被性侵害后心理状况或者行为表现的证据，应当全面收集。未成年被害人出现心理创伤、精神抑郁或者自杀、自残等伤害后果的，应当及时检查、鉴定。

第二十九条 认定性侵害未成年人犯罪，应当坚持事实清楚，证据确实、充分，排除合理怀疑的证明标准。对案件事实的认定要立足证据，结合经验常识，考虑性侵害案件的特殊性和未成年人的身心特点，准确理解和把握证明标准。

第三十条 对未成年被害人陈述，应当着重审查陈述形成的时间、背景，被害人年龄、认知、记忆和表达能力，生理和精神状态是否影响陈述的自愿性、完整性，陈述与其他证据之间能否相互印证，有无矛盾。

低龄未成年人对被侵害细节前后陈述存在不一致的，应当考虑其身心特点，综合判断其陈述的主要事实是否客观、真实。

未成年被害人陈述了与犯罪嫌疑人、被告人或者性侵害事实相关的非亲历不可知的细节，并且可以排除指证、诱证、诬告、陷害可能的，一般应当采信。

未成年被害人询问笔录记载的内容与询问同步录音录像记载的内容不一致的，应当结合同步录音录像记载准确客观认定。

对未成年证人证言的审查判断，依照本条前四款规定进行。

第三十一条 对十四周岁以上未成年被害人真实意志的判断，不以其明确表示反对或者同意为唯一证据，应当结合未成年被害人的年龄、身体状况、被侵害前后表现以及双方关系、案发环境、案发过程等进行综合判断。

四、未成年被害人保护与救助

第三十二条 人民法院、人民检察院、公安机关办理性侵害未成年人刑事案件，应当根据未成年被害人的实际需要及当地情况，协调有关部门为未成年被害人提供心理疏导、临时照料、医疗救治、转学安置、经济帮扶等救助保护措施。

第三十三条 犯罪嫌疑人到案后，办案人员应当第一时间了解其有无艾滋病，发现犯罪嫌疑人患有艾滋病的，在征得未成年被害人监护人同意后，应当及时配合或者会同有关部门对未成年被害人采取阻断治疗等保护措施。

第三十四条 人民法院、人民检察院、公安机关办理性侵害未成年人刑事案件，发现未成年人的父母或者其他监护人不依法履行监护职责或者侵犯未成年人合法权益的，应当予以训诫，并书面督促其依法履行监护职责。必要时，可以责令未成年人父母或者其他监护人接受家庭教育指导。

第三十五条 未成年人受到监护人性侵害，其他具有监护资格的人员、民政部门等有关单位和组织向人民法院提出申请，要求撤销监护人资格，另行指定监护人的，人民法院依法予以支持。

有关个人和组织未及时向人民法院申请撤销监护人资格的，人民检察院可以依法督促、支持其提起诉讼。

第三十六条 对未成年人因被性侵害而造成人身损害，不能及时获得有效赔偿，生活困难的，人民法院、人民检察院、公安机关可会同有关部门，优先考虑予以救助。

五、其 他

第三十七条 人民法院、人民检察院、公安机关、司法行政机关应当积极推动侵害未成年人案件强制报告制度落实。未履行报告义务造成严重后果的，应当依照《中华人民共和国未成年人保护法》等法律法规追究责任。

　　第三十八条　人民法院、人民检察院、公安机关、司法行政机关应当推动密切接触未成年人相关行业依法建立完善准入查询性侵害违法犯罪信息制度，建立性侵害违法犯罪人员信息库，协助密切接触未成年人单位开展信息查询工作。

　　第三十九条　办案机关应当建立完善性侵害未成年人案件"一站式"办案救助机制，通过设立专门场所、配置专用设备、完善工作流程和引入专业社会力量等方式，尽可能一次性完成询问、人身检查、生物样本采集、侦查辨认等取证工作，同步开展救助保护工作。

【法律法规】

　　237.6 中华人民共和国妇女权益保障法（1992 年 10 月 1 日　2018 年修正）（第 42 条第 2 款）

　　第二百三十八条【非法拘禁罪】 非法拘禁他人或者以其他方法非法剥夺他人人身自由的，处三年以下有期徒刑、拘役、管制或者剥夺政治权利。 具有殴打、侮辱情节的，从重处罚。

　　【非法拘禁罪，故意伤害罪，故意杀人罪】 犯前款罪，致人重伤的，处三年以上十年以下有期徒刑；致人死亡的，处十年以上有期徒刑。 使用暴力致人伤残、死亡的，依照本法第二百三十四条、第二百三十二条的规定定罪处罚。

　　【非法拘禁罪，故意伤害罪，故意杀人罪】 为索取债务非法扣押、拘禁他人的，依照前两款的规定处罚。

　　【非法拘禁罪，故意伤害罪，故意杀人罪】 国家机关工作人员利用职权犯前三款罪的，依照前三款的规定从重处罚。

　　【罪名渊源】 本条第 1、2 款均由 79 刑法第 143 条修改而来，刑法对罪状作了调整，增设了第 3、4 款内容。高法《罪名规定》、高检《罪名意见》将本条解释为非法拘禁罪。

【立案标准】

　　238.1 人民检察院直接受理立案侦查的渎职侵权重特大案件标准（试行）（2002 年 1 月 1 日高检发〔2001〕13 号）（节录）

　　三十四、国家机关工作人员利用职权实施的非法拘禁案

　　（一）重大案件

　　1. 致人重伤或者精神失常的；

　　2. 明知是人大代表而非法拘禁的，或者明知是无辜的人而非法拘禁的；

　　3. 非法拘禁持续时间超过一个月，或者一次非法拘禁十人以上的。

　　（二）特大案件

　　非法拘禁致人死亡的。

　　238.2 最高人民检察院关于渎职侵权犯罪案件立案标准的规定（2006 年 7 月 26 日　高检发释字〔2006〕2 号）（节录）

　　二、国家机关工作人员利用职权实施的侵犯公民人身权利、民主权利犯罪案件

　　（一）国家机关工作人员利用职权实施的非法拘禁案（第二百三十八条）

　　非法拘禁罪是指以拘禁或者其他方法非法剥夺他人人身自由的行为。

　　国家机关工作人员利用职权非法拘禁，涉嫌下列情形之一的，应予立案：

　　1. 非法剥夺他人人身自由 24 小时以上的；

　　2. 非法剥夺他人人身自由，并使用械具或者捆绑等恶劣手段，或者实施殴打、侮辱、虐待行为的；

　　3. 非法拘禁，造成被拘禁人轻伤、重伤、死亡的；

　　4. 非法拘禁，情节严重，导致被拘禁人自杀、自残造成重伤、死亡，或者精神失常的；

　　5. 非法拘禁 3 人次以上的；

　　6. 司法工作人员对明知是没有违法犯罪事实的人而非法拘禁的；

　　7. 其他非法拘禁应予追究刑事责任的情形。

三、附则

（二）本规定所称"以上"包括本数；有关犯罪数额"不满"，是指已达到该数额百分之八十以上的。

（三）本规定中的"国家机关工作人员"，是指在国家机关中从事公务的人员，包括在各级国家权力机关、行政机关、司法机关和军事机关中从事公务的人员。在依照法律、法规规定行使国家行政管理职权的组织中从事公务的人员，或者在受国家机关委托代表国家行使职权的组织中从事公务的人员，或者虽未列入国家机关人员编制但在国家机关中从事公务的人员，在代表国家机关行使职权时，视为国家机关工作人员。在乡（镇）以上中国共产党机关、人民政协机关中从事公务的人员，视为国家机关工作人员。

（六）本规定自公布之日起施行。本规定发布前有关人民检察院直接受理立案侦查的国家机关工作人员渎职和利用职权实施的侵犯公民人身权利、民主权利犯罪案件的立案标准，与本规定有重复或者不一致的，适用本规定。

对于本规定施行前发生的国家机关工作人员渎职和利用职权实施的侵犯公民人身权利、民主权利犯罪案件，按照《最高人民法院、最高人民检察院关于适用刑事司法解释时间效力问题的规定》办理。

【证据标准】

238.3 最高人民检察院关于印发部分罪案《审查逮捕证据参考标准（试行）》的通知（2003年11月27日 高检侦监发〔2003〕107号）（节录）

一、审查逮捕通用证据参考标准（参见232.1本通知）

七、非法拘禁罪案审查逮捕证据参考标准

非法拘禁罪，是指触犯《刑法》第238条的规定，以拘禁或者其他强制方法，非法剥夺他人人身自由的行为。其他以非法拘禁罪定罪处罚的有：收买被拐卖的妇女、儿童，非法剥夺、限制其人身自由的。

对提请批捕的非法拘禁案件，应当注意从以下几个方面审查证据：

（一）有证据证明发生了非法拘禁犯罪事实。

重点审查：

1. 犯罪现场照片、现场勘查笔录、犯罪工具实物或照片、伤情鉴定等证明发生拘禁他人或者以其他方法剥夺他人人身自由的行为的证据。

2. 证明非法拘禁犯罪事实发生的被害人陈述、证人证言、犯罪嫌疑人供述和解救被害人的相关证据等。

3. 证明拘禁他人或者以其他方法剥夺他人人身自由的行为系非法的证据。

（二）有证据证明非法拘禁犯罪事实系犯罪嫌疑人实施的。

重点审查：

1. 在犯罪嫌疑人实施拘禁地解救出被害人的证据；

2. 被害人的指认。

3. 犯罪嫌疑人的供认。

4. 证人证言。

5. 同案犯罪嫌疑人的供述。

6. 其他能够证明犯罪嫌疑人实施非法拘禁犯罪的证据。

（三）证明犯罪嫌疑人实施非法拘禁犯罪行为的证据已有查证属实的。

重点审查：

1. 其他证据能够印证的被害人的指认。

2. 其他证据能够印证的犯罪嫌疑人的供述。

3. 能够相互印证的证人证言。

4. 能够与其他证据相互印证的证人证言或同案犯供述。

5. 能够排除合理怀疑的被害人因非法拘禁在身体、精神方面受到损害的相关证明材料。

6. 其他查证属实的证明犯罪嫌疑人实施非法拘禁犯罪的证据。

【司法解释】

238.4 最高人民法院关于对为索取法律不予保护的债务非法拘禁他人行为如何定罪问题的解释（2000 年 7 月 19 日　法释〔2000〕19 号）

为了正确适用刑法，现就为索取高利贷、赌债等法律不予保护的债务，非法拘禁他人行为如何定罪问题解释如下：

行为人为索取高利贷、赌债等法律不予保护的债务，非法扣押、拘禁他人的，依照刑法第二百三十八条的规定定罪处罚。

238.5 最高人民检察院关于人民检察院立案侦查司法工作人员相关职务犯罪案件若干问题的规定（2018 年 11 月 24 日　高检法研字〔2018〕28 号）（节录）

一、案件管辖范围

人民检察院在对诉讼活动实行法律监督中，发现司法工作人员涉嫌利用职权实施的下列侵犯公民权利、损害司法公正的犯罪案件，可以立案侦查：

1. 非法拘禁罪（刑法第二百三十八条）（非司法工作人员除外）。

二、级别管辖和侦查部门

本规定所列犯罪案件，由设区的市级人民检察院立案侦查。基层人民检察院发现犯罪线索的，应当报设区的市级人民检察院决定立案侦查。设区的市级人民检察院也可以将案件交由基层人民检察院立案侦查，或者由基层人民检察院协助侦查。最高人民检察院、省级人民检察院发现犯罪线索的，可以自行决定立案侦查，也可以将案件线索交由指定的省级人民检察院、设区的市级人民检察院立案侦查。

本规定所列犯罪案件，由人民检察院负责刑事检察工作的专门部门负责侦查。设区的市级以上人民检察院侦查终结的案件，可以交有管辖权的基层人民法院相对应的基层人民检察院提起公诉；需要指定其他基层人民检察院提起公诉的，应当与同级人民法院协商指定管辖；依法应当由中级人民法院管辖的案件，应当由设区的市级人民检察院提起公诉。

三、案件线索的移送和互涉案件的处理

人民检察院立案侦查本规定所列犯罪时，发现犯罪嫌疑人同时涉嫌监察委员会管辖的职务犯罪线索的，应当及时与同级监察委员会沟通，一般应当由监察委员会为主调查，人民检察院予以协助。经沟通，认为全案由监察委员会管辖更为适宜的，人民检察院应当撤销案件，将案件和相应职务犯罪线索一并移送监察委员会；认为由监察委员会和人民检察院分别管辖更为适宜的，人民检察院应当将监察委员会管辖的相应职务犯罪线索移送监察委员会，对依法由人民检察院管辖的犯罪案件继续侦查。人民检察院应当及时将沟通情况报告上一级人民检察院。沟通期间，人民检察院不得停止对案件的侦查。监察委员会和人民检察院分别管辖的案件，调查（侦查）终结前，人民检察院应当就移送审查起诉有关事宜与监察委员会加强沟通，协调一致，由人民检察院依法对全案审查起诉。

人民检察院立案侦查本规定所列犯罪时，发现犯罪嫌疑人同时涉嫌公安机关管辖的犯罪线索的，依照现行有关法律和司法解释的规定办理。

四、办案程序

（一）人民检察院办理本规定所列犯罪案件，不再适用对直接受理立案侦查案件决定立案报上一级人民检察院备案，逮捕犯罪嫌疑人报上一级人民检察院审查决定的规定。

（二）对本规定所列犯罪案件，人民检察院拟作撤销案件、不起诉决定的，应当报上一级人民检察院审查批准。

（三）人民检察院负责刑事检察工作的专门部门办理本规定所列犯罪案件，认为需要逮捕犯罪嫌疑人的，应当由相应的刑事检察部门审查，报检察长或者检察委员会决定。

（四）人民检察院办理本规定所列犯罪案件，应当依法接受人民监督员的监督。

最高人民检察院此前印发的规范性文件与本规定不一致的，以本规定为准。

【司法文件】

238.6 最高人民检察院关于严肃查处非法拘禁人大代表犯罪案件的紧急通知（2000 年 2 月 23 日　高检发法字〔2000〕第 4 号）（第 1—6 条）

238.7 参见 236.4 最高人民法院、最高人民检察院、公安部、司法部关于依法惩治拐卖妇女儿童犯罪的意见（2010 年 3 月 15 日　法发〔2010〕7 号）

238.8 最高人民法院、最高人民检察院、公安部、司法部、国家卫生和计划生育委员会关于依法惩处涉医违法犯罪维护正常医疗秩序的意见（2014 年 4 月 22 日　法发〔2014〕5 号）（节录）

二、严格依法惩处涉医违法犯罪

（三）以不准离开工作场所等方式非法限制医务人员人身自由的，依照治安管理处罚法第四十条的规定处罚；构成非法拘禁罪的，依照刑法的有关规定定罪处罚。

238.9 参见 236.6 最高人民法院、最高人民检察院、公安部、司法部关于依法办理家庭暴力犯罪案件的意见（2015 年 3 月 2 日　法发〔2015〕4 号）

238.10 最高人民法院关于常见犯罪的量刑指导意见（2017 年 4 月 1 日　法发〔2017〕7 号）（节录）

四、常见犯罪的量刑

（四）非法拘禁罪

1. 构成非法拘禁罪的，可以根据下列不同情形在相应的幅度内确定量刑起点：

（1）犯罪情节一般的，可以在一年以下有期徒刑、拘役幅度内确定量刑起点。

（2）致一人重伤的，可以在三年至五年有期徒刑幅度内确定量刑起点。

（3）致一人死亡的，可以在十年至十三年有期徒刑幅度内确定量刑起点。

2. 在量刑起点的基础上，可以根据非法拘禁人数、拘禁时间、致人伤亡后果等其他影响犯罪构成的犯罪事实增加刑罚量，确定基准刑。

非法拘禁多人多次的，以非法拘禁人数作为增加刑罚量的事实，非法拘禁次数作为调节基准刑的量刑情节。

3. 有下列情节之一的，可以增加基准刑的 10%—20%：

（1）具有殴打、侮辱情节的；

（2）国家机关工作人员利用职权非法扣押、拘禁他人的。

> **【说明】**量刑基本原则、基本方法和常见量刑情节的适用，参见 61.2 本意见。

238.11 最高人民法院、最高人民检察院、公安部、司法部关于办理黑恶势力犯罪案件若干问题的指导意见（2018 年 1 月 16 日　法发〔2018〕1 号）（节录）

14. 具有下列情形的组织，应当认定为"恶势力"：经常纠集在一起，以暴力、威胁或者其他手段，在一定区域或者行业内多次实施违法犯罪活动，为非作恶，欺压百姓，扰乱经济、社会生活秩序，造成较为恶劣的社会影响，但尚未形成黑社会性质组织的违法犯罪组织。恶势力一般为三人以上，纠集者相对固定，违法犯罪活动主要为强迫交易、故意伤害、非法拘禁、敲诈勒索、故意毁坏财物、聚众斗殴、寻衅滋事等，同时还可能伴随实施开设赌场、组织卖淫、强迫卖淫、贩卖毒品、运输毒品、制造毒品、抢劫、抢夺、聚众扰乱社会秩序、聚众扰乱公共场所秩序、交通秩序以及聚众"打砸抢"等。

在相关法律文书中的犯罪事实认定部分，可使用"恶势力"等表述加以描述。

18. 黑恶势力有组织地多次短时间非法拘禁他人的，应当认定为《刑法》第二百三十八条规定的"以其他方法非法剥夺他人人身自由"。非法拘禁他人三次以上、每次持续时间在四小时以上，或者非法拘禁他人累计时间在十二小时以上的，应以非法拘禁罪定罪处罚。

19. 在民间借贷活动中，如有擅自设立金融机构、非法吸收公众存款、骗取贷款、套取金融机构资金发放高利贷以及为强索债务而实施故意杀人、故意伤害、非法拘禁、故意毁坏财物等行为的，应当按照具体犯罪侦查、起诉、审判。依法符合数罪并罚条件的，应当并罚。

238.12 最高人民法院、最高人民检察院、公安部、司法部关于办理实施"软暴力"的刑事案件若干问题的意见（2019 年 4 月 9 日）（节录）

六、有组织地多次短时间非法拘禁他人的，应当认定为《刑法》第二百三十八条规定的"以其他方法非法剥夺他人人身自由"。非法拘禁他人三次以上、每次持续时间在四小时以上，或者非法拘禁他人累计时间在十二小时以上的，应当以非法拘禁罪定罪处罚。

十一、（第二款）为强索不受法律保护的债务或者因其他非法目的，雇佣、指使他人采用"软暴力"手段非法剥夺他人人身自由构成非法拘禁罪，或者非法侵入他人住宅、寻衅滋事，构成非法侵入住宅罪、寻衅滋事罪的，对雇佣者、指使者，一般应当以共同犯罪中的主犯论处；因本人及近亲属合法债务、婚恋、家庭、邻里纠纷等民间矛盾而雇佣、指使，没有造成严重后果的，一般不作为犯罪处理，但经有关部门批评制止或者处理处罚后仍继续实施的除外。

> 【说明】"软暴力"的定义、表现形式、数罪并罚原则，参见 294.10 本意见。

238.13 参见 26.8 最高人民法院、最高人民检察院、公安部、司法部关于办理恶势力刑事案件若干问题的意见（2019 年 4 月 9 日　法发〔2019〕10 号）（第 8—9 条）

238.14 参见 266.20 最高人民法院、最高人民检察院、公安部、司法部关于办理"套路贷"刑事案件若干问题的意见（2019 年 4 月 9 日）（第 4 条）

238.15 参见 225.14 最高人民法院、最高人民检察院、公安部、司法部关于办理非法放贷刑事案件若干问题的意见（2019 年 10 月 21 日　法发〔2019〕24 号）

238.16 最高人民法院、最高人民检察院、公安部关于依法办理"碰瓷"违法犯罪案件的指导意见（2020 年 9 月 22 日　公通字〔2020〕12 号）（节录）

八、实施"碰瓷"，为索取财物，采取非法拘禁等方法非法剥夺他人人身自由或者非法搜查他人身体，符合刑法第二百三十八条、第二百四十五条规定的，分别以非法拘禁罪、非法搜查罪定罪处罚。

> 【说明】主从犯、犯罪集团认定和侦查、起诉、审判等，参见 274.12 本意见第 9—10 条。

【法律法规】

238.17 中华人民共和国宪法（1982 年 12 月 4 日　2018 年修正）（第 37 条）

238.18 中华人民共和国人民警察法（1995 年 2 月 28 日　2012 年修正）（第 22 条第 5 项、第 48 条第 1 款）

第二百三十九条【绑架罪】以勒索财物为目的绑架他人的，或者绑架他人作为人质的，处十年以上有期徒刑或者无期徒刑，并处罚金或者没收财产；情节较轻的，处五年以上十年以下有期徒刑，并处罚金。

犯前款罪，杀害被绑架人的，或者故意伤害被绑架人，致人重伤、死亡的，处无期徒刑或者死刑，并处没收财产。

以勒索财物为目的偷盗婴幼儿的，依照前两款的规定处罚。

【刑法第一次修正说明】

本条为全国人大常委会 2009 年 2 月 28 日通过并公布施行的《刑法修正案（七）》第 6 条所修正。原第 239 条为：

【绑架罪】以勒索财物为目的绑架他人的，或者绑架他人作为人质的，处十年以上有期徒刑或者无期徒刑，并处罚金或者没收财产；致使被绑架人死亡或者杀害被绑架人的，处死刑，并处没收财产。

以勒索财物为目的偷盗婴幼儿的，依照前款的规定处罚。

【刑法第二次修正说明】

本条第 2 款为全国人大常委会 2015 年 8 月 29 日通过并公布、同年 11 月 1 日施行的《刑法修正案（九）》第 14 条所修正。《刑法修正案（七）》第 6 条为：

　　【绑架罪】 以勒索财物为目的绑架他人的，或者绑架他人作为人质的，处十年以上有期徒刑或者无期徒刑，并处罚金或者没收财产；情节较轻的，处五年以上十年以下有期徒刑，并处罚金。

　　犯前款罪，致使被绑架人死亡或者杀害被绑架人的，处死刑，并处没收财产。

　　以勒索财物为目的偷盗婴幼儿的，依照前两款的规定处罚。

　　【罪名渊源】 本条79刑法没有规定，系沿袭全国人大常委会《关于严惩拐卖、绑架妇女、儿童的犯罪分子的决定》第2条第3款的内容，刑法对罪状作了如下修改补充：保留原"勒索财物为目的"的情形，增加了"绑架他人作为人质"的行为方式。高法《罪名规定》、高检《罪名意见》将其解释为绑架罪。《刑法修正案（七）》第6条对本条第1款作了修正：增设了"情节较轻"一档的法定刑，并将原该款内容分立为两款。《刑法修正案（九）》第14条改第2款中的"致使被绑架人死亡"为"故意伤害被绑架人，致人重伤、死亡"，并增设无期徒刑刑种。

　　【司法文件】

　　239.1 最高人民法院研究室关于对在绑架过程中以暴力、胁迫等手段当场劫取被害人财物的行为如何适用法律问题的答复（2001年11月8日　法函〔2001〕68号）

福建省高级人民法院：

　　你院闽高法〔2001〕128号《关于在绑架过程中实施暴力或以暴力相威胁当场劫取被害人财物的行为如何适用法律问题的请示》收悉。经研究，答复如下：

　　行为人在绑架过程中，又以暴力、胁迫等手段当场劫取被害人财物，构成犯罪的，择一重罪处罚。

　　239.2 参见**114.5** 最高人民法院、最高人民检察院、公安部、司法部关于办理恐怖活动和极端主义犯罪案件适用法律若干问题的意见（2018年3月16日　高检会〔2018〕1号）

　　239.3 参见**266.20** 最高人民法院、最高人民检察院、公安部、司法部关于办理"套路贷"刑事案件若干问题的意见（2019年4月9日）（第4条）

　　239.4 参见**232.20** 最高人民法院、最高人民检察院、公安部、工业和信息化部、住房和城乡建设部、交通运输部、应急管理部、国家铁路局、中国民用航空局、国家邮政局关于依法惩治涉枪支、弹药、爆炸物、易燃易爆危险物品犯罪的意见（2021年12月31日　法发〔2021〕35号）

　　【部委规范】

　　239.5 公安部关于打击拐卖妇女儿童犯罪适用法律和政策有关问题的意见（2000年3月24日公通字〔2000〕25号）（节录）

　　二、关于拐卖妇女、儿童犯罪

　　（九）以勒索财物为目的，偷盗婴幼儿的，以绑架罪立案侦查。

　　第二百四十条【**拐卖妇女、儿童罪**】拐卖妇女、儿童的，处五年以上十年以下有期徒刑，并处罚金；有下列情形之一的，处十年以上有期徒刑或者无期徒刑，并处罚金或者没收财产；情节特别严重的，处死刑，并处没收财产：

　　（一）拐卖妇女、儿童集团的首要分子；

　　（二）拐卖妇女、儿童三人以上的；

　　（三）奸淫被拐卖的妇女的；

　　（四）诱骗、强迫被拐卖的妇女卖淫或者将被拐卖的妇女卖给他人迫使其卖淫的；

　　（五）以出卖为目的，使用暴力、胁迫或者麻醉方法绑架妇女、儿童的；

　　（六）以出卖为目的，偷盗婴幼儿的；

　　（七）造成被拐卖的妇女、儿童或者其亲属重伤、死亡或者其他严重后果的；

（八）将妇女、儿童卖往境外的。

拐卖妇女、儿童是指以出卖为目的，有拐骗、绑架、收买、贩卖、接送、中转妇女、儿童的行为之一的。

【罪名渊源】本罪原包含于79刑法第141条拐卖人口罪中。全国人大常委会《关于严惩拐卖、绑架妇女、儿童的犯罪分子的决定》第1条、第2条分别设立了拐卖妇女、儿童罪和绑架妇女、儿童罪，刑法将其合并为本罪，并明确规定拐卖行为包括绑架的行为方式，对"以出卖为目的，偷盗婴幼儿的"依本罪定性。高法《罪名规定》、高检《罪名意见》将其解释为拐卖妇女、儿童罪。

【司法解释】

240.1 最高人民法院关于审理拐卖妇女案件适用法律有关问题的解释（2000年1月25日　法释〔2000〕1号）

为依法惩治拐卖妇女的犯罪行为，根据刑法和刑事诉讼法的有关规定，现就审理拐卖妇女案件具体适用法律的有关问题解释如下：

第一条　刑法第二百四十条规定的拐卖妇女罪中的"妇女"，既包括具有中国国籍的妇女，也包括具有外国国籍和无国籍的妇女。被拐卖的外国妇女没有身份证明的，不影响对犯罪分子的定罪处罚。

第二条　外国人或者无国籍人拐卖外国妇女到我国境内被查获的，应当根据刑法第六条的规定，适用我国刑法定罪处罚。

第三条　对于外国籍被告人身份无法查明或者其国籍国拒绝提供有关身份证明，人民检察院根据中华人民共和国刑事诉讼法第一百二十八条第二款的规定起诉的案件，人民法院应当依法受理。

240.2 最高人民法院关于审理拐卖妇女儿童犯罪案件具体应用法律若干问题的解释（2017年1月1日　法释〔2016〕28号）（节录）

第一条　对婴幼儿采取欺骗、利诱等手段使其脱离监护人或者看护人的，视为刑法第二百四十条第一款第（六）项规定的"偷盗婴幼儿"。

第二条　医疗机构、社会福利机构等单位的工作人员以非法获利为目的，将所诊疗、护理、抚养的儿童出卖给他人的，以拐卖儿童罪论处。

第三条　以介绍婚姻为名，采取非法扣押身份证件、限制人身自由等方式，或者利用妇女人地生疏、语言不通、孤立无援等境况，违背妇女意志，将其出卖给他人的，应当以拐卖妇女罪追究刑事责任。

以介绍婚姻为名，与被介绍妇女串通骗取他人钱财，数额较大的，应当以诈骗罪追究刑事责任。

第九条　刑法第二百四十条、第二百四十一条规定的儿童，是指不满十四周岁的人。其中，不满一周岁的为婴儿，一周岁以上不满六周岁的为幼儿。

【司法文件】

240.3 最高人民检察院研究室关于以出卖为目的的倒卖外国妇女的行为是否构成拐卖妇女罪的答复（1998年12月24日　〔1998〕高检研发第21号）

吉林省人民检察院研究室：

你院吉检发研字〔1998〕4号《关于以出卖为目的倒卖外国妇女的行为是否构成拐卖妇女罪的请示》收悉。经研究，现答复如下：

刑法第二百四十条明确规定："拐卖妇女、儿童是指以出卖为目的，有拐骗、绑架、收买、贩卖、接送、中转妇女、儿童的行为之一的。"其中作为"收买"对象的妇女、儿童并不要求必须是"被拐卖、绑架的妇女、儿童"。因此，以出卖为目的，收买、贩卖外国妇女，从中牟取非法利益的，应以拐卖妇女罪追究刑事责任。但确属为他人介绍婚姻收取介绍费，而非以出卖为目的的，不能追究刑事责任。

240.4 全国法院维护农村稳定刑事审判工作座谈会纪要（最高人民法院1999年10月27日印发 法〔1999〕217号）（节录）

二

（六）关于拐卖妇女、儿童犯罪案件

要从严惩处拐卖妇女、儿童犯罪团伙的首要分子和以拐卖妇女、儿童为常业的"人贩子"。要严格把握此类案件罪与非罪的界限。对于买卖至亲的案件，要区别对待：以贩卖牟利为目的"收养"子女的，应以拐卖儿童罪处理；对那些迫于生活困难、受重男轻女思想影响而出卖亲生子女或收养子女的，可不作为犯罪处理；对于出卖子女确属情节恶劣的，可按遗弃罪处罚；对于那些确属介绍婚姻，且被介绍的男女双方相互了解对方的基本情况，或者确属介绍收养，并经被收养人父母同意的，尽管介绍的人数较多，从中收取财物较多，也不应作犯罪处理。

240.5 最高人民法院、最高人民检察院、公安部、民政部、司法部、全国妇联关于打击拐卖妇女儿童犯罪有关问题的通知（2000年3月20日 公通字〔2000〕26号）（节录）

二、大力敦促犯罪分子投案自首，坦白交代罪行，揭发犯罪，争取从宽处理。要采取多种形式，广泛宣传刑法关于自首、立功等从宽处理的刑事政策。各地还可选择一些因主动投案自首或者有立功表现而给予从轻、减轻、免除处罚的典型案件，公开宣传报道，敦促在逃的犯罪分子尽快投案自首，坦白交代罪行，检举、揭发他人的犯罪行为，提供破案线索，争取从宽处理。要做好对犯罪分子家属、亲友的政策宣传工作，动员他们规劝、陪同有拐卖妇女、儿童犯罪行为的亲友投案自首，或者将犯罪嫌疑人送往司法机关投案。对窝藏、包庇犯罪分子、阻碍解救、妨害公务，构成犯罪的，要依法追究刑事责任。监狱、看守所等监管部门要对在押人员加大宣传攻势，鼓励坦白、检举、揭发拐卖妇女、儿童犯罪行为。对于投案自首、坦白交代罪行、有立功表现的犯罪嫌疑人、被告人，司法机关应当切实落实刑事政策，依法从轻、减轻处罚。对于自首的犯罪分子，犯罪较轻的，可以免除处罚；对有重大立功表现的犯罪分子，可以减轻或者免除处罚；对犯罪后自首又有重大立功表现的，应当减轻或者免除处罚。

四、正确适用法律，依法严厉打击拐卖妇女、儿童的犯罪活动。这次"打拐"专项斗争的重点是打击拐卖妇女、儿童的人贩子。凡是拐卖妇女、儿童的，不论是哪个环节，只要是以出卖为目的，有拐骗、绑架、收买、贩卖、接送、中转、窝藏妇女、儿童的行为之一的，不论拐卖人数多少，是否获利，均应以拐卖妇女、儿童罪追究刑事责任。对收买被拐卖的妇女、儿童的，以及阻碍解救被拐卖妇女、儿童构成犯罪的，也要依法惩处。出卖亲生子女的，由公安机关依法没收非法所得，并处以罚款；以营利为目的，出卖不满十四周岁子女，情节恶劣的，借收养名义拐卖儿童的，以及出卖捡拾的儿童的，均应以拐卖儿童罪追究刑事责任。出卖十四周岁以上女性亲属或者其他不满十四周岁亲属的，以拐卖妇女、儿童罪追究刑事责任。

办案中，要正确区分罪与非罪，罪与罪的界限，特别是拐卖妇女罪与介绍婚姻收取钱物行为、拐卖儿童罪与收养中介行为、拐卖儿童罪与拐骗儿童罪，以及绑架儿童罪与拐卖儿童罪的界限，防止扩大打击面或者放纵犯罪。

六、切实做好解救和善后安置工作，保护被拐卖妇女、儿童的合法权益。解救被拐卖的妇女、儿童，是人民政府和政法机关的重要职责。公安、司法行政、民政、妇联等有关部门和组织要明确责任，各司其职，相互配合，通力合作。解救工作要充分依靠当地党委、政府的支持，做好对基层干部和群众的说服教育工作，注意方式、方法，慎用警械、武器，避免激化矛盾，防止出现围攻执法人员、聚众阻碍解救等突发事件。

对于被拐卖的未成年女性、现役军人配偶、遭受摧残虐待、被强迫卖淫或者从事其他色情服务的妇女，以及本人要求解救的妇女，要立即解救。对于自愿继续留在现住地生活的成年女性，应尊重本人意愿，愿在现住地结婚且符合法定结婚条件的，应当依法办理结婚登记手续。被拐卖妇女与买主所生子女的抚养问题，可由双方协商解决或由人民法院裁决。对于遭受摧残虐待的、被强迫乞讨或从事违法犯罪活动的，以及本人要求解救的被拐卖儿童，应当立即解救。对于解救的被拐卖儿童，由其父母或者其他监护人户口所在地公安机关负责接回。

公安、民政、妇联等有关部门和组织应当密切配合，做好被解救妇女、儿童的善后安置工作。任何单位和个人不得歧视被拐卖的妇女、儿童。对被解救回的未成年人，其父母及其他监护人应当接收并认真履行抚养义务。拒绝接收，拒不履行抚养义务，构成犯罪的，以遗弃罪追究刑事责任。

240.6 最高人民法院、最高人民检察院、公安部、司法部关于依法惩治拐卖妇女儿童犯罪的意见（2010年3月15日 法发〔2010〕7号）（节录）

一、总体要求

3. 正确贯彻刑政策，保证办案效果。拐卖妇女、儿童犯罪往往涉及多人、多个环节，要根据宽严相济刑事政策和罪责刑相适应的刑法基本原则，综合考虑犯罪分子在共同犯罪中的地位、作用及人身危险性的大小，依法准确量刑。对于犯罪集团的首要分子、组织策划者、多次参与者、拐卖多人者或者具有累犯等从严、从重处罚情节的，必须重点打击，坚决依法严惩。对于罪行严重，依法应当判处重刑乃至死刑的，坚决依法判处。要注重铲除"买方市场"，从源头上遏制拐卖妇女、儿童犯罪。对于收买被拐卖的妇女、儿童，依法应当追究刑事责任的，坚决依法追究。同时，对于具有从宽处罚情节的，要在综合考虑犯罪事实、性质、情节和危害程度的基础上，依法从宽，体现政策，以分化瓦解犯罪，鼓励犯罪人悔过自新。

二、管辖

4. 拐卖妇女、儿童犯罪案件依法由犯罪地的司法机关管辖。拐卖妇女、儿童犯罪的犯罪地包括拐出地、中转地、拐入地以及拐卖活动的途经地。如果由犯罪嫌疑人、被告人居住地的司法机关管辖更为适宜的，可以由犯罪嫌疑人、被告人居住地的司法机关管辖。

5. 几个地区的司法机关都有权管辖的，一般由最先受理的司法机关管辖。犯罪嫌疑人、被告人或者被拐卖的妇女、儿童人数较多，涉及多个犯罪地的，可以移送主要犯罪地或者主要犯罪嫌疑人、被告人居住地的司法机关管辖。

6. 相对固定的多名犯罪嫌疑人、被告人分别在拐出地、中转地、拐入地实施某一环节的犯罪行为，犯罪所跨地域较广，全案集中管辖有困难的，可以由拐出地、中转地、拐入地的司法机关对不同犯罪分子分别实施的拐出、中转和拐入犯罪行为分别管辖。

7. 对管辖权发生争议的，争议各方应当本着有利于迅速查清犯罪事实，及时解救被拐卖的妇女、儿童，以及便于起诉、审判的原则，在法定期间内尽快协商解决；协商不成的，报请共同的上级机关确定管辖。

正在侦查中的案件发生管辖权争议的，在上级机关作出管辖决定前，受案机关不得停止侦查工作。

三、立案

8. 具有下列情形之一，经审查，符合管辖规定的，公安机关应当立即以刑事案件立案，迅速开展侦查工作：

（1）接到拐卖妇女、儿童的报案、控告、举报的；

（2）接到儿童失踪或者已满十四周岁不满十八周岁的妇女失踪报案的；

（3）接到已满十八周岁的妇女失踪，可能被拐卖的报案的；

（4）发现流浪、乞讨的儿童可能系被拐卖的；

（5）发现有收买被拐卖妇女、儿童行为，依法应当追究刑事责任的；

（6）表明可能有拐卖妇女、儿童犯罪事实发生的其他情形的。

9. 公安机关在工作中发现犯罪嫌疑人或者被拐卖的妇女、儿童，不论案件是否属于自己管辖，都应当首先采取紧急措施。经审查，属于自己管辖的，依法立案侦查；不属于自己管辖的，及时移送有管辖权的公安机关处理。

10. 人民检察院要加强对拐卖妇女、儿童犯罪案件的立案监督，确保有案必立、有案必查。

四、证据

11. 公安机关应当依照法定程序，全面收集能够证实犯罪嫌疑人有罪或者无罪、犯罪情节轻重的各种证据。

要特别重视收集、固定买卖妇女、儿童犯罪行为交易环节中钱款的存取证明、犯罪嫌疑人的通话清单、乘坐交通工具往来有关地方的票证、被拐卖儿童的 DNA 鉴定结论、有关监控录像、电子信息等客观性证据。

取证工作应当及时，防止时过境迁，难以弥补。

12. 公安机关应当高度重视并进一步加强 DNA 数据库的建设和完善。对失踪儿童的父母，或者疑似被拐卖的儿童，应当及时采集血样进行检验，通过全国 DNA 数据库，为查获犯罪，帮助被拐卖的儿童及时回归家庭提供科学依据。

13. 拐卖妇女、儿童犯罪所涉地区的办案单位应当加强协作配合。需要到异地调查取证的，相关司法机关应当密切配合；需要进一步补充查证的，应当积极支持。

五、定性

14. 犯罪嫌疑人、被告人参与拐卖妇女、儿童犯罪活动的多个环节，只有部分环节的犯罪事实查证清楚、证据确实、充分的，可以对该环节的犯罪事实依法予以认定。

15. 以出卖为目的强抢儿童，或者捡拾儿童后予以出卖，符合刑法第二百四十条第二款规定的，应当以拐卖儿童罪论处。

以抚养为目的偷盗婴幼儿或者拐骗儿童，之后予以出卖的，以拐卖儿童罪论处。

16. 以非法获利为目的，出卖亲生子女的，应当以拐卖妇女、儿童罪论处。

17. 要严格区分借送养之名出卖亲生子女与民间送养行为的界限。区分的关键在于行为人是否具有非法获利的目的。应当通过审查将子女"送"人的背景和原因、有无收取钱财及收取钱财的多少、对方是否具有抚养目的及有无抚养能力等事实，综合判断行为人是否具有非法获利的目的。

具有下列情形之一的，可以认定属于出卖亲生子女，应当以拐卖妇女、儿童罪论处：

(1) 将生育作为非法获利手段，生育后即出卖子女的；

(2) 明知对方不具有抚养目的，或者根本不考虑对方是否具有抚养目的，为收取钱财将子女"送"给他人的；

(3) 为收取明显不属于"营养费"、"感谢费"的巨额钱财将子女"送"给他人的；

(4) 其他足以反映行为人具有非法获利目的的"送养"行为的。

不是出于非法获利目的，而是迫于生活困难，或者受重男轻女思想影响，私自将没有独立生活能力的子女送给他人抚养，包括收取少量"营养费"、"感谢费"的，属于民间送养行为，不能以拐卖妇女、儿童罪论处。对私自送养导致子女身心健康受到严重损害，或者具有其他恶劣情节，符合遗弃罪特征的，可以遗弃罪论处；情节显著轻微危害不大的，可由公安机关依法予以行政处罚。

18. 将妇女拐卖给有关场所，致使被拐卖的妇女被迫卖淫或者从事其他色情服务的，以拐卖妇女罪论处。

有关场所的经营管理人员事前与拐卖妇女的犯罪人通谋的，对该经营管理人员以拐卖妇女罪的共犯论处；同时构成拐卖妇女罪和组织卖淫罪的，择一重罪论处。

19. 医疗机构、社会福利机构等单位的工作人员以非法获利为目的，将所诊疗、护理、抚养的儿童贩卖给他人的，以拐卖儿童罪论处。

20. 明知是被拐卖的妇女、儿童而收买，具有下列情形之一的，以收买被拐卖的妇女、儿童罪论处；同时构成其他犯罪的，依照数罪并罚的规定处罚：

(1) 收买被拐卖的妇女后，违背被收买妇女的意愿，阻碍其返回原居住地的；

(2) 阻碍对被收买妇女、儿童进行解救的；

(3) 非法剥夺、限制被收买妇女、儿童的人身自由，情节严重，或者对被收买妇女、儿童有强奸、伤害、侮辱、虐待等行为的；

(4) 所收买的妇女、儿童被解救后又再次收买，或者收买多名被拐卖的妇女、儿童的；

(5) 组织、诱骗、强迫被收买的妇女、儿童从事乞讨、苦役，或者盗窃、传销、卖淫等违法犯罪活动的；

(6) 造成被收买妇女、儿童或者其亲属重伤、死亡以及其他严重后果的；

（7）具有其他严重情节的。

被追诉前主动向公安机关报案或者向有关单位反映，愿意让被收买妇女返回原居住地，或者将被收买儿童送回其家庭，或者将被收买妇女、儿童交给公安、民政、妇联等机关、组织，没有其他严重情节的，可以不追究刑事责任。

六、共同犯罪

21.（第一款）明知他人拐卖妇女、儿童，仍然向其提供被拐卖妇女、儿童的健康证明、出生证明或者其他帮助的，以拐卖妇女、儿童罪的共犯论处。

（第三款）认定是否"明知"，应当根据证人证言、犯罪嫌疑人、被告人及其同案人供述和辩解，结合提供帮助的人次，以及是否明显违反相关规章制度、工作流程等，予以综合判断。

22. 明知他人系拐卖儿童的"人贩子"，仍然利用从事诊疗、福利救助等工作的便利或者了解被拐卖方情况的条件，居间介绍的，以拐卖儿童罪的共犯论处。

23. 对于拐卖妇女、儿童犯罪的共犯，应当根据各被告人在共同犯罪中的分工、地位、作用，参与拐卖的人数、次数，以及分赃数额等，准确区分主从犯。

对于组织、领导、指挥拐卖妇女、儿童的某一个或者某几个犯罪环节，或者积极参与实施拐骗、绑架、收买、贩卖、接送、中转妇女、儿童等犯罪行为，起主要作用的，应当认定为主犯。

对于仅提供被拐卖妇女、儿童信息或者相关证明文件，或者进行居间介绍，起辅助或者次要作用，没有获利或者获利较少的，一般可认定为从犯。

对于各被告人在共同犯罪中的地位、作用区别不明显的，可以不区分主从犯。

七、一罪与数罪

24. 拐卖妇女、儿童，又奸淫被拐卖的妇女、儿童，或者诱骗、强迫被拐卖的妇女、儿童卖淫的，以拐卖妇女、儿童罪处罚。

25. 拐卖妇女、儿童，又对被拐卖的妇女、儿童实施故意杀害、伤害、猥亵、侮辱等行为，构成其他犯罪的，依照数罪并罚的规定处罚。

26. 拐卖妇女、儿童或者收买被拐卖的妇女、儿童，又组织、教唆被拐卖、收买的妇女、儿童进行犯罪的，以拐卖妇女、儿童罪或者收买被拐卖的妇女、儿童罪与其所组织、教唆的罪数罪并罚。

27. 拐卖妇女、儿童或者收买被拐卖的妇女、儿童，又组织、教唆被拐卖、收买的未成年妇女、儿童进行盗窃、诈骗、抢夺、敲诈勒索等违反治安管理活动的，以拐卖妇女、儿童罪或者收买被拐卖的妇女、儿童罪与组织未成年人进行违反治安管理活动罪数罪并罚。

八、刑罚适用

28. 对于拐卖妇女、儿童犯罪集团的首要分子，情节严重的主犯，累犯，偷盗婴幼儿、强抢儿童情节严重，将妇女、儿童卖往境外情节严重，拐卖妇女、儿童多人多次、造成伤亡后果，或者具有其他严重情节的，依法从重处罚；情节特别严重的，依法判处死刑。

拐卖妇女、儿童，并对被拐卖的妇女、儿童实施故意杀害、伤害、猥亵、侮辱等行为，数罪并罚决定执行的刑罚应当依法体现从严。

29. 对于拐卖妇女、儿童的犯罪分子，应当注重依法适用财产刑，并切实加大执行力度，以强化刑罚的特殊预防与一般预防效果。

31. 多名家庭成员或者亲友共同参与出卖亲生子女，或者"买人为妻"、"买人为子"构成收买被拐卖的妇女、儿童罪的，一般应当在综合考察犯意提起、各行为人在犯罪中所起作用等情节的基础上，依法追究其中罪责较重者的刑事责任。对于其他情节显著轻微危害不大，不认为是犯罪的，依法不追究刑事责任；必要时可以由公安机关予以行政处罚。

32. 具有从犯、自首、立功等法定从宽处罚情节的，依法从轻、减轻或者免除处罚。

对被拐卖的妇女、儿童没有实施摧残、虐待等违法犯罪行为，或者能够协助解救被拐卖的妇女、儿童，或者具有其他酌定从宽处罚情节的，可以依法酌情从轻处罚。

33. 同时具有从严和从宽处罚情节的，要在综合考察拐卖妇女、儿童的手段、拐卖妇女、儿童或者收买被拐卖妇女、儿童的人次、危害后果以及被告人主观恶性、人身危险性等因素的基础上，结合当地此类犯罪发案情况和社会治安状况，决定对被告人总体从严或者从宽处罚。

九、涉外犯罪

34. 要进一步加大对跨国、跨境拐卖妇女、儿童犯罪的打击力度。加强双边或者多边"反拐"国际交流与合作，加强对被跨国、跨境拐卖的妇女、儿童的救助工作。依照我国缔结或者参加的国际条约的规定，积极行使所享有的权利，履行所承担的义务，及时请求或者提供各项司法协助，有效遏制跨国、跨境拐卖妇女、儿童犯罪。

240.7 最高人民法院、最高人民检察院、公安部、司法部关于限令拐卖妇女儿童犯罪人员投案自首的通告（2011 年 1 月 1 日）

一、限令实施或者参与拐卖妇女、儿童，收买被拐卖的妇女、儿童，聚众阻碍解救被拐卖的妇女、儿童的犯罪人员，自 2011 年 1 月 1 日起至 2011 年 3 月 31 日到公安机关等有关单位、组织投案自首。

二、亲友应当积极规劝犯罪人员尽快投案自首，经亲友规劝、陪同投案的，或者亲友主动报案后将犯罪人员送去投案的，均视为自动投案。

三、在限令期限内自动投案的犯罪人员，如实供述自己罪行的，依法可以从轻或者减轻处罚；犯罪情节较轻的，可以免除处罚。被采取强制措施或正在服刑期间，如实供述司法机关尚未掌握的拐卖犯罪行为的，如果该罪行与司法机关已掌握的或者判决确定的罪行属不同种罪行的，以自首论；如果该罪行系司法机关尚未掌握的同种拐卖犯罪的，一般应当从轻处罚。

被追诉前主动向公安机关报案或者向有关单位反映，愿意让被收买妇女返回原居住地，或者将被收买儿童送回其家庭，或者将被收买妇女、儿童交给公安、民政、妇联等机关、组织，没有其他严重情节的，可以依法免予刑事处罚。

四、犯罪人员有检举、揭发他人拐卖妇女、儿童犯罪行为，经查证属实的，以及提供重要线索，从而得以侦破其他犯罪案件等立功表现的，或者协助司法机关抓获其他犯罪嫌疑人的，可以依法从轻或者减轻处罚；有重大立功表现的，可以依法减轻或者免除处罚。

犯罪后自首又有重大立功表现的，应当依法减轻或者免除处罚。

五、逾期拒不投案自首的，或者转移、藏匿被收买的妇女、儿童，阻碍其返回原居住地或者阻碍解救的，经查实，依法从严惩处。

六、鼓励广大人民群众积极举报、控告拐卖妇女、儿童犯罪。司法机关对举报人、控告人依法予以保护。对威胁、报复举报人、控告人的，应当依法追究刑事责任。

七、窝藏、包庇犯罪分子，帮助犯罪分子毁灭、伪造证据的，应当依法追究刑事责任。

八、本通告自 2011 年 1 月 1 日起施行。

240.8 参见 262－1.2 最高人民检察院、中国残疾人联合会关于在检察工作中切实维护残疾人合法权益的意见（2015 年 11 月 30 日　高检会〔2015〕11 号）

240.9 最高人民法院、最高人民检察院、公安部关于敦促拐卖妇女儿童相关犯罪嫌疑人投案自首的通告（2022 年 4 月 24 日）（节录）

一、敦促实施或者参与拐卖妇女、儿童，收买被拐卖的妇女、儿童以及关联犯罪行为的犯罪嫌疑人，自本通告发布之日起至 2022 年 6 月 30 日前，尽快到公安机关等有关单位、组织投案自首。

二、在本通告规定期限内自动投案，如实供述自己罪行的，可以依法从轻或者减轻处罚；犯罪较轻的，可以依法免除处罚。犯罪嫌疑人委托他人代为投案或者先以信函、电话、电子邮件等方式投案，本人随后到案的；经亲友规劝、陪同投案的；或者亲友主动报案后将犯罪嫌疑人送去投案的，均视为自动投案。

三、犯罪嫌疑人到案后有检举、揭发他人犯罪行为，经查证属实的；提供重要线索，从而得以侦破其他案件的；或者有积极协助司法机关抓捕其他犯罪嫌疑人等立功表现的，可以依法从轻或者减轻处罚。有重大立功表现的，可以依法减轻或者免除处罚。

四、犯罪嫌疑人要认清形势，珍惜机会，尽快投案自首，争取从宽处理。在规定期限内拒不投案自首，继续实施拐卖妇女、儿童相关犯罪活动的，将依法从严惩处。对于窝藏、包庇拐卖妇女、儿童的犯罪人员，帮助转移、藏匿被拐卖妇女、儿童，或者为拐卖妇女、儿童犯罪提供出具虚假结婚证明、虚假亲子鉴定、虚假出生医学证明等帮助的，将依法严厉打击。对聚众阻碍解救被收买的妇女、儿童的，依法追究刑事责任。

五、鼓励个人和有关组织积极举报、控告拐卖妇女、儿童犯罪，规劝在逃犯罪嫌疑人投案自首。对举报人、控告人及其他有关证人，司法机关依法予以保护。对威胁、报复举报人、控告人，构成犯罪的，依法追究刑事责任。

【部委规范】

240.10 公安部关于如何处理无法查清身份的外国籍犯罪嫌疑人问题的批复（1999 年 1 月 11 日 公复字〔1999〕1 号）

吉林省公安厅：

你厅《关于打击拐卖朝鲜妇女犯罪中有关问题的请示》（公吉明发〔98〕2239 号）收悉。经研究，现就如何处理无法查清身份的外国籍犯罪嫌疑人问题，批复如下：

公安机关在办理刑事案件过程中，需要确认外国籍犯罪嫌疑人身份的，如果我国与该犯罪嫌疑人所称的国籍国签订的有关司法协助条约或者共同缔结或参加的国际公约有规定，可以按照有关司法协助条约或者国际公约的规定，请求该国协助查明其身份。如果没有司法协助条约或者国际公约规定，可以通过外交途径或者国际刑警组织渠道办理。

公安机关应当尽可能地查明外国籍犯罪嫌疑人的身份，避免引起外交交涉。如果确实无法查清或者有关国家拒绝协助，可以根据《刑事诉讼法》第一百二十八条第二款①的规定处理，即犯罪嫌疑人不讲真实姓名、住址，身份不明，但犯罪事实清楚，证据确实、充分的，也可以按其自报的姓名移送人民检察院审查起诉。

240.11 公安部关于打击拐卖妇女儿童犯罪适用法律和政策有关问题的意见（2000 年 3 月 24 日 公通字〔2000〕25 号）（节录）

一、关于立案、管辖问题

（一）对发现的拐卖妇女、儿童案件，拐出地（即妇女、儿童被拐骗地）、拐入地或者中转地公安机关应当立案管辖。两个以上公安机关都有管辖权的，由最先立案的公安机关侦查。必要时，可以由主要犯罪地或者主要犯罪嫌疑人居住地公安机关管辖。有关公安机关不得相互推诿。对管辖有争议的案件，应报请争议双方共同的上一级公安机关指定管辖。

铁路、交通、民航公安机关按照《公安机关办理刑事案件程序规定》第 20 条的规定立案侦查拐卖妇女、儿童案件。在运输途中查获的拐卖妇女、儿童案件，可以直接移送拐出地公安机关处理。

（二）对于公民报案、控告、举报的与拐卖妇女、儿童有关的犯罪嫌疑人、犯罪线索或者材料，扭送的犯罪嫌疑人，或者犯罪嫌疑人自首的，公安机关都应当接受。对于接受的案件或者发现的犯罪线索，应当迅速进行审查。对于需要采取解救被拐卖的妇女、儿童等紧急措施的，应当先采取紧急措施。

（三）经过审查，认为有犯罪事实，需要追究刑事责任的，应当区别情况，作出如下处理：

1. 属于本公安机关管辖的案件，应当及时立案侦查。

2. 属于其他公安机关管辖的案件，应当在二十四小时内移送有管辖权的公安机关办理。

3. 不属于公安机关管辖的案件，如属于人民检察院管辖的不解救被拐卖、绑架妇女、儿童案和阻碍解救被拐卖、绑架妇女、儿童案等，属于人民法院管辖的重婚案等，应当及时将案件材料和有关证据送交有管辖权的人民检察院、人民法院，并告知报案人、控告人、举报人到人民检察院、人民法院报案、控告、举报或者起诉。

二、关于拐卖妇女、儿童犯罪

（一）要正确认定拐卖妇女、儿童罪。凡是拐卖妇女、儿童的，不论是哪个环节，只要是以出卖为目的，有拐骗、绑架、收买、贩卖、接送、中转妇女、儿童的行为之一的，均以拐卖妇

---

①　指 96 刑事诉讼法条文，对应 2018 年刑事诉讼法第 160 条第 2 款。——编者注

女、儿童罪立案侦查。

（二）在办理拐卖妇女、儿童案件中，不论拐卖人数多少，是否获利，只要实施拐卖妇女、儿童行为的，均应当以拐卖妇女、儿童罪立案侦查。

（三）明知是拐卖妇女、儿童的犯罪分子而事先通谋，为其拐卖行为提供资助或者其他便利条件的，应当以拐卖妇女、儿童罪的共犯立案侦查。

（四）对拐卖过程中奸淫被拐卖妇女的；诱骗、强迫被拐卖的妇女卖淫或者将被拐卖的妇女卖给他人迫使其卖淫的；以出卖为目的使用暴力、胁迫、麻醉等方法绑架妇女、儿童的；以出卖为目的，偷盗婴幼儿的；造成被拐卖的妇女、儿童或者其亲属重伤、死亡或者其他严重后果的，均以拐卖妇女、儿童罪立案侦查。

（五）教唆他人实施拐卖妇女、儿童犯罪的，以拐卖妇女、儿童罪的共犯立案侦查。向他人传授拐卖妇女、儿童的犯罪方法的，以传授犯罪方法罪立案侦查。明知是拐卖妇女、儿童的犯罪分子，而在其实施犯罪后为其提供隐藏处所、财物，帮助其逃匿或者作假证明包庇的，以窝藏、包庇罪立案侦查。

（六）出卖亲生子女的，由公安机关依法没收非法所得，并处以罚款；以营利为目的，出卖不满十四周岁子女，情节恶劣的，以拐卖儿童罪立案侦查。

（七）出卖十四周岁以上女性亲属或者其他不满十四周岁亲属的，以拐卖妇女、儿童罪立案侦查。

（八）借收养名义拐卖儿童的，出卖检拾的儿童的，均以拐卖儿童罪立案侦查。

（九）以勒索财物为目的，偷盗婴幼儿的，以绑架罪立案侦查。

（十）犯组织他人偷越国（边）境罪，对被组织的妇女、儿童有拐卖犯罪行为的，以组织他人偷越国（边）境罪和拐卖妇女、儿童罪立案侦查。

（十一）非以出卖为目的，拐骗不满十四周岁的未成年人脱离家庭或者监护人的，以拐骗儿童罪立案侦查。

（十二）教唆被拐卖、拐骗、收买的未成年人实施盗窃、诈骗等犯罪行为的，应当以盗窃罪、诈骗罪等犯罪的共犯立案侦查。

办案中，要正确区分罪与非罪，罪与罪的界限，特别是拐卖妇女罪与介绍婚姻收取钱物行为、拐卖儿童罪与收养中介行为、拐卖儿童罪与拐骗儿童罪，以及绑架儿童罪与拐卖儿童罪的界限，防止扩大打击面或者放纵犯罪。

四、关于自首和立功

（一）要采取多种形式，广泛宣传刑法关于自首、立功等从宽处理的刑事政策。各地可选择一些因主动投案自首或者有立功表现而给予从轻、减轻、免除处罚的典型案件，公开宣传报道，敦促在逃的犯罪分子尽快投案自首，坦白交代罪行，检举、揭发他人的犯罪行为，提供破案线索，争取立功表现。

（二）要做好对犯罪分子家属、亲友的政策宣传工作，动员他们规劝、陪同有拐卖妇女、儿童犯罪行为的亲友投案自首，或者将犯罪嫌疑人送往司法机关投案。对窝藏、包庇犯罪分子、阻碍解救、妨害公务，构成犯罪的，要依法追究刑事责任。

（三）对于投案自首、坦白交代罪行、有立功表现的犯罪嫌疑人，公安机关在移送人民检察院审查起诉时应当依法提出从轻、减轻、免除处罚的意见。

五、关于解救工作

（一）解救妇女、儿童工作由拐入地公安机关负责。对于拐出地公安机关主动派工作组到拐入地进行解救的，也要以拐入地公安机关为主开展工作。对解救的被拐卖妇女，由其户口所在地公安机关负责接回；对解救的被拐卖儿童，由其父母或者其他监护人户口所在地公安机关负责接回。拐出地、拐入地、中转地公安机关应当积极协作配合，坚决杜绝地方保护主义。

（三）对于被拐卖的未成年女性、现役军人配偶、受到买主摧残虐待的、被强迫卖淫或从事其他色情服务的妇女，以及本人要求解救的妇女，要立即解救。

对于自愿继续留在现住地生活的成年女性，应当尊重本人意愿，愿在现住地结婚且符合法定结婚条件的，应当依法办理结婚登记手续。被拐卖妇女与买主所生子女的抚养问题，可由双方协商解决或者由人民法院裁决。

（四）对于遭受摧残虐待的、被强迫乞讨或从事违法犯罪活动的，以及本人要求解救的被拐卖儿童，应当立即解救。

对于被解救的儿童，暂时无法查明其父母或者其他监护人的，依法交由民政部门收容抚养。

对于被解救的儿童，如买主对该儿童既没有虐待行为又不阻碍解救，其父母又自愿送养，双方符合收养和送养条件的，可依法办理收养手续。

（五）任何个人或者组织不得向被拐卖的妇女、儿童及其家属索要收买妇女、儿童的费用和生活费用；已经索取的，应当予以返还。

（六）被解救的妇女、儿童户口所在地公安机关应当协助民政等有关部门妥善安置其生产和生活。

七、关于严格执法、文明办案

（一）各级公安机关必须严格依照《刑法》、《刑事诉讼法》和《公安机关办理刑事案件程序规定》以及其他有关规定，严格执法，文明办案，防止滥用强制措施、超期羁押，严禁刑讯逼供和以威胁、引诱、欺骗以及其他非法的方法收集证据。

（二）依法保障律师在侦查阶段参与刑事诉讼活动，保障犯罪嫌疑人聘请律师提供法律帮助的权利。对于律师提出会见犯罪嫌疑人的，公安机关应当依法及时安排会见，不得借故阻碍、拖延。

（三）对犯罪分子违法所得的一切财物及其产生的孳息，应当依法追缴。对依法扣押的犯罪工具及犯罪嫌疑人的财物及其孳息，应当妥为保管，不得挪用、毁损和自行处理。对作为证据使用的实物，应当随案移送；对不宜移送的，应当将其清单、照片或者其他证明文件随案移送，待人民法院作出生效判决后，由扣押的公安机关按照人民法院的通知，上缴国库或者返还受害人。

（四）认真做好办案协作工作。需要异地公安机关协助调查、执行强制措施的，要及时向有关地区公安机关提出协作请求。接受请求的公安机关应当及时予以协作配合，并尽快回复。对不履行办案协作职责造成严重后果的，对直接负责的主管人员和其他直接责任人员，应当给予行政处分；构成犯罪的，依法追究刑事责任。对在逃的拐卖妇女、儿童的犯罪分子，有关公安机关应密切配合，及时通缉，追捕归案。

八、关于办理涉外案件

（一）外国人或者无国籍人拐卖外国妇女、儿童到我国境内被查获的，应当适用我国刑法，以拐卖妇女、儿童罪立案侦查。

（二）拐卖妇女犯罪中的“妇女”，既包括具有中国国籍的妇女，也包括具有外国国籍和无国籍的妇女。被拐卖的外国妇女没有身份证明的，不影响对犯罪分子的立案侦查。

（三）对外国人依法作出取保候审、监视居住决定或者执行拘留、逮捕后，由有关省、自治区、直辖市公安厅、局在规定的期限内，将外国人的有关情况、涉嫌犯罪的主要事实、已采取的强制措施及其法律依据，通知该外国人所属国家的驻华使、领馆，同时报告公安部。

（四）对于外国籍犯罪嫌疑人身份无法查明或者其国籍国拒绝提供有关身份证明的，也可以按其自报的姓名依法提请人民检察院批准逮捕、移送审查起诉。

（五）对非法入出我国国境、非法居留的外国人，应当依照《中华人民共和国外国人入境出境管理法》及其实施细则进行处罚；情节严重，构成犯罪的，依法追究刑事责任。

【法律法规】

240.12 中华人民共和国收养法（1992 年 4 月 1 日　1998 年修正）（第 31 条）

240.13 中华人民共和国妇女权益保障法（1992 年 10 月 1 日　2018 年修正）（第 39 条第 1 款）

第二百四十一条【收买被拐卖的妇女、儿童罪】收买被拐卖的妇女、儿童的，处三年以下有期徒刑、拘役或者管制。

【强奸罪】收买被拐卖的妇女，强行与其发生性关系的，依照本法第二百三十六条的规定定罪处罚。

【非法拘禁罪，故意伤害罪，侮辱罪】收买被拐卖的妇女、儿童，非法剥夺、限制其人身自由或者有伤害、侮辱等犯罪行为的，依照本法的有关规定定罪处罚。

收买被拐卖的妇女、儿童，并有第二款、第三款规定的犯罪行为的，依照数罪并罚的规定处罚。

【拐卖妇女、儿童罪】收买被拐卖的妇女、儿童又出卖的，依照本法第二百四十条的规定定罪处罚。

收买被拐卖的妇女、儿童，对被买儿童没有虐待行为，不阻碍对其进行解救的，可以从轻处罚；按照被买妇女的意愿，不阻碍其返回原居住地的，可以从轻或者减轻处罚。

【刑法修正说明】

本条第 6 款为全国人大常委会 2015 年 8 月 29 日通过并公布、同年 11 月 1 日施行的《刑法修正案（九）》第 15 条所修正。原该款为：

收买被拐卖的妇女、儿童，按照被买妇女的意愿，不阻碍其返回原居住地的，对被买儿童没有虐待行为，不阻碍对其进行解救的，可以不追究刑事责任。

【罪名渊源】本条第 1 款罪 79 刑法没有规定，系沿袭全国人大常委会《关于严惩拐卖、绑架妇女、儿童的犯罪分子的决定》第 3 条的内容，刑法在文字上稍作调整。高法《罪名规定》、高检《罪名意见》将其解释为收买被拐卖的妇女、儿童罪。《刑法修正案（九）》第 15 条改本条第 6 款的处罚原则"可以不追究刑事责任"为"可以从轻处罚""可以从轻或者减轻处罚"。

【司法解释】

241.1 最高人民法院关于审理拐卖妇女儿童犯罪案件具体应用法律若干问题的解释（2017 年 1 月 1 日 法释〔2016〕28 号）（节录）

第四条 在国家机关工作人员排查来历不明儿童或者进行解救时，将所收买的儿童藏匿、转移或者实施其他妨碍解救行为，经说服教育仍不配合的，属于刑法第二百四十一条第六款规定的"阻碍对其进行解救"。

第五条 收买被拐卖的妇女，业已形成稳定的婚姻家庭关系，解救时被买妇女自愿继续留在当地共同生活的，可以视为"按照被买妇女的意愿，不阻碍其返回原居住地"。

第六条 收买被拐卖的妇女、儿童后又组织、强迫卖淫或者组织乞讨、进行违反治安管理活动等构成其他犯罪的，依照数罪并罚的规定处罚。

第七条 收买被拐卖的妇女、儿童，又以暴力、威胁方法阻碍国家机关工作人员解救被收买的妇女、儿童，或者聚众阻碍国家机关工作人员解救被收买的妇女、儿童，构成妨害公务罪、聚众阻碍解救被收买的妇女、儿童罪的，依照数罪并罚的规定处罚。

第八条 出于结婚目的收买被拐卖的妇女，或者出于抚养目的收买被拐卖的儿童，涉及多名家庭成员、亲友参与的，对其中起主要作用的人员应当依法追究刑事责任。

第九条 刑法第二百四十条、第二百四十一条规定的儿童，是指不满十四周岁的人。其中，不满一周岁的为婴儿，一周岁以上不满六周岁的为幼儿。

【司法文件】

241.2 最高人民法院、最高人民检察院、公安部、司法部关于依法惩治拐卖妇女儿童犯罪的意见（2010 年 3 月 15 日 法发〔2010〕7 号）（节录）

五、定性

20.（第一款）明知是被拐卖的妇女、儿童而收买，具有下列情形之一的，以收买被拐卖的妇女、儿童罪论处；同时构成其他犯罪的，依照数罪并罚的规定处罚：

（1）收买被拐卖的妇女后，违背被收买妇女的意愿，阻碍其返回原居住地的；

（2）阻碍对被收买妇女、儿童进行解救的；

（3）非法剥夺、限制被收买妇女、儿童的人身自由，情节严重，或者对被收买妇女、儿童有强奸、伤害、侮辱、虐待等行为的；

（4）所收买的妇女、儿童被解救后又再次收买，或者收买多名被拐卖的妇女、儿童的；

（5）组织、诱骗、强迫被收买的妇女、儿童从事乞讨、苦役，或者盗窃、传销、卖淫等违法犯罪活动的；

（6）造成被收买妇女、儿童或者其亲属重伤、死亡以及其他严重后果的；

（7）具有其他严重情节的。

被追诉前主动向公安机关报案或者向有关单位反映，愿意让被收买妇女返回原居住地，或者将被收买儿童送回其家庭，或者将被收买妇女、儿童交给公安、民政、妇联等机关、组织，没有其他严重情节的，可以不追究刑事责任。

六、共同犯罪

21.（第二款）明知他人收买被拐卖的妇女、儿童，仍然向其提供被收买妇女、儿童的户籍证明、出生证明或者其他帮助的，以收买被拐卖的妇女、儿童罪的共犯论处，但是，收买人未被追究刑事责任的除外。

（第三款）认定是否"明知"，应当根据证人证言、犯罪嫌疑人、被告人及其同案人供述和辩解，结合提供帮助的人次，以及是否明显违反相关规章制度、工作流程等，予以综合判断。

七、一罪与数罪

26. 拐卖妇女、儿童或者收买被拐卖的妇女、儿童，又组织、教唆被拐卖、收买的妇女、儿童进行犯罪的，以拐卖妇女、儿童罪或者收买被拐卖的妇女、儿童罪与其所组织、教唆的罪数罪并罚。

27. 拐卖妇女、儿童或者收买被拐卖的妇女、儿童，又组织、教唆被拐卖、收买的未成年妇女、儿童进行盗窃、诈骗、抢夺、敲诈勒索等违反治安管理活动的，以拐卖妇女、儿童罪或者收买被拐卖的妇女、儿童罪与组织未成年人进行违反治安管理活动罪数罪并罚。

30. 犯收买被拐卖的妇女、儿童罪，对被收买妇女、儿童实施违法犯罪活动或将其作为牟利工具的，处罚时应当依法体现从严。

收买被拐卖的妇女、儿童，对被收买妇女、儿童没有实施摧残、虐待行为或者与其已形成稳定的婚姻家庭关系，但仍应依法追究刑事责任的，一般应当从轻处罚；符合缓刑条件的，可以依法适用缓刑。

收买被拐卖的妇女、儿童，犯罪情节轻微的，可以依法免予刑事处罚。

31. 多名家庭成员或者亲友共同参与出卖亲生子女，或者"买人为妻"、"买人为子"构成收买被拐卖的妇女、儿童罪的，一般应当在综合考察犯意提起、各行为人在犯罪中所起作用等情节的基础上，依法追究其中罪责较重者的刑事责任。对于其他情节显著轻微危害不大，不认为是犯罪的，依法不追究刑事责任；必要时可以由公安机关予以行政处罚。

33. 同时具有从严和从宽处罚情节的，要在综合考察拐卖妇女、儿童的手段、拐卖妇女、儿童或者收买被拐卖妇女、儿童的人次、危害后果以及被告人主观恶性、人身危险性等因素的基础上，结合当地此类犯罪发案情况和社会治安状况，决定对被告人总体从严或者从宽处罚。

241.3 参见 240.7 最高人民法院、最高人民检察院、公安部、司法部关于限令拐卖妇女儿童犯罪人员投案自首的通告（2011 年 1 月 1 日）

241.4 参见 240.9 最高人民法院、最高人民检察院、公安部关于敦促拐卖妇女儿童相关犯罪嫌疑人投案自首的通告（2022 年 4 月 24 日）

【部委规范】

241.5 公安部关于打击拐卖妇女儿童犯罪适用法律和政策有关问题的意见（2000 年 3 月 24 日公通字〔2000〕25 号）（节录）

三、关于收买被拐卖的妇女、儿童犯罪

（一）收买被拐卖的妇女、儿童的，以收买被拐卖的妇女、儿童罪立案侦查。

（二）收买被拐卖的妇女、儿童，并有下列犯罪行为的，同时以收买被拐卖的妇女、儿童罪和下列罪名立案侦查：

1. 违背被拐卖妇女的意志，强行与其发生性关系的，以强奸罪立案侦查。

2. 明知收买的妇女是精神病患者（间歇性精神病患者在发病期间）或者痴呆者（程度严重的）而与其发生性关系的，以强奸罪立案侦查。

3. 与收买的不满十四周岁的幼女发生性关系的，不论被害人是否同意，均以奸淫幼女罪①立案侦查。

4. 非法剥夺、限制被拐卖的妇女、儿童人身自由的，或者对其实施伤害、侮辱、猥亵等犯罪行为的，以非法拘禁罪，或者伤害罪，侮辱罪，强制猥亵妇女罪，猥亵儿童罪等犯罪立案侦查。

5. 明知被拐卖的妇女是现役军人的妻子而与之同居或者结婚的，以破坏军婚罪立案侦查。

（三）收买被拐卖的妇女、儿童后又出卖的，以拐卖妇女、儿童罪立案侦查。

（四）凡是帮助买主实施强奸、伤害、非法拘禁被拐卖的妇女、儿童等犯罪行为的，应当分别以强奸罪，伤害罪，非法拘禁罪等犯罪的共犯立案侦查。

（五）收买被拐卖的妇女、儿童，按照被买妇女的意愿，不阻碍其返回原居住地的，对被买儿童没有虐待行为，不阻碍对其进行解救的，可以不追究刑事责任。

第二百四十二条【妨害公务罪】以暴力、威胁方法阻碍国家机关工作人员解救被收买的妇女、儿童的，依照本法第二百七十七条的规定定罪处罚。

【聚众阻碍解救被收买的妇女、儿童罪】聚众阻碍国家机关工作人员解救被收买的妇女、儿童的首要分子，处五年以下有期徒刑或者拘役；其他参与者使用暴力、威胁方法的，依照前款的规定处罚。

【罪名渊源】 本条第 2 款 79 刑法没有规定，系沿袭全国人大常委会《关于严惩拐卖、绑架妇女、儿童的犯罪分子的决定》第 4 条第 3 款。高法《罪名规定》、高检《罪名意见》将其解释为聚众阻碍解救被收买的妇女、儿童罪。

【司法文件】

242.1 最高人民法院、最高人民检察院、公安部、司法部关于依法惩治拐卖妇女儿童犯罪的意见（2010 年 3 月 15 日 法发〔2010〕7 号）（节录）

五、定性

20.（第一款）明知是被拐卖的妇女、儿童而收买，具有下列情形之一的，以收买被拐卖的妇女、儿童罪论处；同时构成其他犯罪的，依照数罪并罚的规定处罚：

（2）阻碍对被收买妇女、儿童进行解救的。

242.2 参见 240.7 最高人民法院、最高人民检察院、公安部、司法部关于限令拐卖妇女儿童犯罪人员投案自首的通告（2011 年 1 月 1 日）

242.3 最高人民法院、最高人民检察院、公安部关于敦促拐卖妇女儿童相关犯罪嫌疑人投案自首的通告（2022 年 4 月 24 日）（节录）

四、犯罪嫌疑人要认清形势，珍惜机会，尽快投案自首，争取从宽处理。在规定期限内拒不投案自首，继续实施拐卖妇女、儿童相关犯罪活动的，将依法从严惩处。……对聚众阻碍解救被收买的妇女、儿童的，依法追究刑事责任。

【部委规范】

242.4 公安部关于打击拐卖妇女儿童犯罪适用法律和政策有关问题的意见（2000 年 3 月 24 日公通字〔2000〕25 号）（节录）

五、关于解救工作

（二）要充分依靠当地党委、政府的支持，做好对基层干部和群众的法制宣传和说服教育工

---

① 该罪名已取消，现应为强奸罪。——编者注

作，注意方式、方法，慎用警械、武器，避免激化矛盾，防止出现围攻执法人员、聚众阻碍解救等突发事件。

以暴力、威胁方法阻碍国家机关工作人员解救被收买的妇女、儿童的，以妨害公务罪立案侦查。对聚众阻碍国家机关工作人员解救被收买的妇女、儿童的首要分子，以聚众阻碍解救被收买的妇女、儿童罪立案侦查。其他使用暴力、威胁方法的参与者，以妨害公务罪立案侦查。阻碍解救被收买的妇女、儿童，没有使用暴力、威胁方法的，依照《中华人民共和国治安管理处罚条例》的有关规定处罚。

第二百四十三条【诬告陷害罪】 捏造事实诬告陷害他人，意图使他人受刑事追究，情节严重的，处三年以下有期徒刑、拘役或者管制；造成严重后果的，处三年以上十年以下有期徒刑。

国家机关工作人员犯前款罪的，从重处罚。

不是有意诬陷，而是错告，或者检举失实的，不适用前两款的规定。

【罪名渊源】 本罪由 79 刑法第 138 条修改而来，刑法增设了罪状、法定刑。高法《罪名规定》、高检《罪名意见》将其解释为诬告陷害罪。

【法律法规】

243.1 中华人民共和国宪法（1982 年 12 月 4 日　2018 年修正）（第 38 条）

第二百四十四条【强迫劳动罪】 以暴力、威胁或者限制人身自由的方法强迫他人劳动的，处三年以下有期徒刑或者拘役，并处罚金；情节严重的，处三年以上十年以下有期徒刑，并处罚金。

明知他人实施前款行为，为其招募、运送人员或者有其他协助强迫他人劳动行为的，依照前款的规定处罚。

单位犯前两款罪的，对单位判处罚金，并对其直接负责的主管人员和其他直接责任人员，依照第一款的规定处罚。

【刑法修正说明】

本条为 2011 年 2 月 25 日通过并公布、同年 5 月 1 日施行的《刑法修正案（八）》第 38 条所修正。原第 244 条为：

【强迫职工劳动罪】 用人单位违反劳动管理法规，以限制人身自由方法强迫职工劳动，情节严重的，对直接责任人员，处三年以下有期徒刑或者拘役，并处或者单处罚金。

【罪名渊源】 本条系刑法吸收 1995 年《劳动法》第 96 条内容增设，79 刑法、单行刑法均未规定。高法《罪名规定》、高检《罪名意见》将其解释为强迫职工劳动罪。《刑法修正案（八）》第 38 条对本条内容作了修改：犯罪主体由单位犯罪扩大至单位和自然人犯罪，条文增至三款，并增设了一档刑罚。"两高"《罪名补充规定（五）》将其解释为强迫劳动罪，取消强迫职工劳动罪罪名。

【立案标准】

244.1 最高人民检察院、公安部关于公安机关管辖的刑事案件立案追诉标准的规定（一）的补充规定（2017 年 4 月 27 日　公通字〔2017〕12 号）（节录）

六、将《立案追诉标准（一）》第三十一条修改为：［强迫劳动案（刑法第二百四十四条）］以暴力、威胁或者限制人身自由的方法强迫他人劳动的，应予立案追诉。

明知他人以暴力、威胁或者限制人身自由的方法强迫他人劳动，为其招募、运送人员或者有其他协助强迫他人劳动行为的，应予立案追诉。

【司法文件】

244.2 参见 262-1.2 最高人民检察院、中国残疾人联合会关于在检察工作中切实维护残疾人合法权益的意见（2015 年 11 月 30 日　高检会〔2015〕11 号）

【法律法规】

244.3 中华人民共和国劳动法（1995 年 1 月 1 日　2018 年修正）（第 96 条）

第二百四十四条之一【雇用童工从事危重劳动罪】 违反劳动管理法规，雇用未满十六周岁的未成年人从事超强度体力劳动的，或者从事高空、井下作业的，或者在爆炸性、易燃性、放射性、毒害性等危险环境下从事劳动，情节严重的，对直接责任人员，处三年以下有期徒刑或者拘役，并处罚金；情节特别严重的，处三年以上七年以下有期徒刑，并处罚金。

有前款行为，造成事故，又构成其他犯罪的，依照数罪并罚的规定处罚。

【刑法修正说明】

本条为全国人大常委会 2002 年 12 月 28 日通过并公布施行的《刑法修正案（四）》第 4 条所增设。

【罪名渊源】 本条系《刑法修正案（四）》第 4 条增设，"两高"《罪名补充规定（二）》将其解释为雇用童工从事危重劳动罪。

【立案标准】

244 - 1.1 最高人民检察院、公安部关于公安机关管辖的刑事案件立案追诉标准的规定（一）（2008 年 6 月 25 日　公通字〔2008〕36 号）（节录）

第三十二条　[雇用童工从事危重劳动案（刑法第二百四十四条之一）] 违反劳动管理法规，雇用未满十六周岁的未成年人从事国家规定的第四级体力劳动强度的劳动，或者从事高空、井下作业，或者在爆炸性、易燃性、放射性、毒害性等危险环境下从事劳动，涉嫌下列情形之一的，应予立案追诉：

（一）造成未满十六周岁的未成年人伤亡或者对其身体健康造成严重危害的；

（二）雇用未满十六周岁的未成年人三人以上的；

（三）以强迫、欺骗等手段雇用未满十六周岁的未成年人从事危重劳动的；

（四）其他情节严重的情形。

【法律法规】

244 - 1.2 全国人民代表大会常务委员会关于批准《准予就业最低年龄公约》的决定（1998 年 12 月 29 日）

244 - 1.3 全国人民代表大会常务委员会关于批准《禁止和立即行动消除最恶劣形式的童工劳动公约》的决定（2002 年 6 月 29 日）（第 1—4 条、第 7 条）

244 - 1.4 禁止使用童工规定（2002 年 12 月 1 日）（第 2—4 条、第 11 条）

244 - 1.5 中华人民共和国未成年人保护法（2021 年 6 月 1 日）（第 61 条第 1—3 款、第 129 条）

第二百四十五条【非法搜查罪，非法侵入住宅罪】 非法搜查他人身体、住宅，或者非法侵入他人住宅的，处三年以下有期徒刑或者拘役。

司法工作人员滥用职权，犯前款罪的，从重处罚。

【罪名渊源】 本条两罪均系沿袭 79 刑法第 144 条的规定。高法《罪名规定》、高检《罪名意见》将其解释为非法搜查罪、非法侵入住宅罪。

【立案标准】

245.1 人民检察院直接受理立案侦查的渎职侵权重特大案件标准（试行）（2002 年 1 月 1 日高检发〔2001〕13 号）（节录）

三十五、国家机关工作人员利用职权实施的非法搜查案

（一）重大案件

1. 五次以上或者一次对五人（户）以上非法搜查的；

2. 引起被搜查人精神失常的。

（二）特大案件

1. 七次以上或者一次对七人（户）以上非法搜查的；

2. 引起被搜查人自杀的。

245.2 最高人民检察院关于渎职侵权犯罪案件立案标准的规定（2006年7月26日　高检发释字〔2006〕2号）（节录）

二、国家机关工作人员利用职权实施的侵犯公民人身权利、民主权利犯罪案件

（二）国家机关工作人员利用职权实施的非法搜查案（第二百四十五条）

非法搜查罪是指非法搜查他人身体、住宅的行为。

国家机关工作人员利用职权非法搜查，涉嫌下列情形之一的，应予立案：

1. 非法搜查他人身体、住宅，并实施殴打、侮辱等行为的；

2. 非法搜查，情节严重，导致被搜查人或者其近亲属自杀、自残造成重伤、死亡，或者精神失常的；

3. 非法搜查，造成财物严重损坏的；

4. 非法搜查3人（户）次以上的；

5. 司法工作人员对明知是与涉嫌犯罪无关的人身、住宅非法搜查的；

6. 其他非法搜查应予追究刑事责任的情形。

三、附则

（二）本规定所称"以上"包括本数；有关犯罪数额"不满"，是指已达到该数额百分之八十以上的。

（三）本规定中的"国家机关工作人员"，是指在国家机关中从事公务的人员，包括在各级国家权力机关、行政机关、司法机关和军事机关中从事公务的人员。在依照法律、法规规定行使国家行政管理职权的组织中从事公务的人员，或者在受国家机关委托代表国家行使职权的组织中从事公务的人员，或者虽未列入国家机关人员编制但在国家机关中从事公务的人员，在代表国家机关行使职权时，视为国家机关工作人员。在乡（镇）以上中国共产党机关、人民政协机关中从事公务的人员，视为国家机关工作人员。

【司法解释】

245.3 最高人民检察院关于人民检察院立案侦查司法工作人员相关职务犯罪案件若干问题的规定（2018年11月24日　高检法研字〔2018〕28号）（节录）

一、案件管辖范围

人民检察院在对诉讼活动实行法律监督中，发现司法工作人员涉嫌利用职权实施的下列侵犯公民权利、损害司法公正的犯罪案件，可以立案侦查：

2. 非法搜查罪（刑法第二百四十五条）（非司法工作人员除外）。

> 【说明】管辖和侦查部门、案件线索移送以及办案程序等内容，参见238.5本规定。

【司法文件】

245.4 最高人民法院、最高人民检察院、公安部、司法部关于办理实施"软暴力"的刑事案件若干问题的意见（2019年4月9日）（节录）

七、以"软暴力"手段非法进入或者滞留他人住宅的，应当认定为《刑法》第二百四十五条规定的"非法侵入他人住宅"，同时符合其他犯罪构成要件的，应当以非法侵入住宅罪定罪处罚。

十一、（第二款）强索不受法律保护的债务或者因其他非法目的，雇佣、指使他人采用"软暴力"手段非法剥夺他人人身自由构成非法拘禁罪，或者非法侵入他人住宅、寻衅滋事，构成非法侵入住宅罪、寻衅滋事罪的，对雇佣者、指使者，一般应当以共同犯罪中的主犯论处；因本人及近亲属合法债务、婚恋、家庭、邻里纠纷等民间矛盾而雇佣、指使，没有造成严重后果的，一般不作为犯罪处理，但经有关部门批评制止或者处理处罚后仍继续实施的除外。

> 【说明】"软暴力"的定义、表现形式、数罪并罚原则，参见294.10本意见。

245.5 参见 238.16 最高人民法院、最高人民检察院、公安部关于依法办理"碰瓷"违法犯罪案件的指导意见（2020 年 9 月 22 日　公通字〔2020〕12 号）

【法律法规】

245.6 中华人民共和国宪法（1982 年 12 月 4 日　2018 年修正）（第 39 条）

245.7 中华人民共和国人民警察法（1995 年 2 月 28 日　2012 年修正）（第 22 条第 5 项、第 48 条第 1 款）

第二百四十六条【侮辱罪，诽谤罪】 以暴力或者其他方法公然侮辱他人或者捏造事实诽谤他人，情节严重的，处三年以下有期徒刑、拘役、管制或者剥夺政治权利。

前款罪，告诉的才处理，但是严重危害社会秩序和国家利益的除外。

通过信息网络实施第一款规定的行为，被害人向人民法院告诉，但提供证据确有困难的，人民法院可以要求公安机关提供协助。

【刑法修正说明】

本条第 3 款为全国人大常委会 2015 年 8 月 29 日通过并公布、同年 11 月 1 日施行的《刑法修正案（九）》第 16 条所增设。

【罪名渊源】 本条两罪系沿袭 79 刑法第 145 条的规定，刑法删除了原法条中"包括用大字报、小字报"的内容，增加了管制刑种。高法《罪名规定》、高检《罪名意见》将其解释为侮辱罪、诽谤罪。《刑法修正案（九）》第 16 条增设了第 3 款内容。

【罪刑标准】

246.1 最高人民法院、最高人民检察院关于办理利用信息网络实施诽谤等刑事案件适用法律若干问题的解释（2013 年 9 月 10 日　法释〔2013〕21 号）（节录）

第一条 具有下列情形之一的，应当认定为刑法第二百四十六条第一款规定的"捏造事实诽谤他人"：

（一）捏造损害他人名誉的事实，在信息网络上散布，或者组织、指使人员在信息网络上散布的；

（二）将信息网络上涉及他人的原始信息内容篡改为损害他人名誉的事实，在信息网络上散布，或者组织、指使人员在信息网络上散布的；

明知是捏造的损害他人名誉的事实，在信息网络上散布，情节恶劣的，以"捏造事实诽谤他人"论。

第二条 利用信息网络诽谤他人，具有下列情形之一的，应当认定为刑法第二百四十六条第一款规定的"情节严重"：

（一）同一诽谤信息实际被点击、浏览次数达到五千次以上，或者被转发次数达到五百次以上的；

（二）造成被害人或者其近亲属精神失常、自残、自杀等严重后果的；

（三）二年内曾因诽谤受过行政处罚，又诽谤他人的；

（四）其他情节严重的情形。

第三条 利用信息网络诽谤他人，具有下列情形之一的，应当认定为刑法第二百四十六条第二款规定的"严重危害社会秩序和国家利益"：

（一）引发群体性事件的；

（二）引发公共秩序混乱的；

（三）引发民族、宗教冲突的；

（四）诽谤多人，造成恶劣社会影响的；

（五）损害国家形象，严重危害国家利益的；

（六）造成恶劣国际影响的；

（七）其他严重危害社会秩序和国家利益的情形。

第四条 一年内多次实施利用信息网络诽谤他人行为未经处理，诽谤信息实际被点击、浏览、转发次数累计计算构成犯罪的，应当依法定罪处罚。

第八条 明知他人利用信息网络实施诽谤、寻衅滋事、敲诈勒索、非法经营等犯罪，为其提供资金、场所、技术支持等帮助的，以共同犯罪论处。

第九条 利用信息网络实施诽谤、寻衅滋事、敲诈勒索、非法经营犯罪，同时又构成刑法第二百二十一条规定的损害商业信誉、商品声誉罪，第二百七十八条规定的煽动暴力抗拒法律实施罪，第二百九十一条之一规定的编造、故意传播虚假恐怖信息罪等犯罪的，依照处罚较重的规定定罪处罚。

第十条 本解释所称信息网络，包括以计算机、电视机、固定电话机、移动电话机等电子设备为终端的计算机互联网、广播电视网、固定通信网、移动通信网等信息网络，以及向公众开放的局域网络。

【司法解释】

246.2 最高人民法院关于审理非法出版物刑事案件具体应用法律若干问题的解释（1998年12月23日 法释〔1998〕30号）（节录）

第六条 在出版物中公然侮辱他人或者捏造事实诽谤他人，情节严重的，依照刑法第二百四十六条的规定，分别以侮辱罪或者诽谤罪定罪处罚。

246.3 最高人民法院关于《中华人民共和国刑法修正案（九）》时间效力问题的解释（2015年11月1日 法释〔2015〕19号）（节录）

第四条 对于2015年10月31日以前通过信息网络实施的刑法第二百四十六条第一款规定的侮辱、诽谤行为，被害人向人民法院告诉，但提供证据确有困难的，适用修正后刑法第二百四十六条第三款的规定。

246.4 参见103.3 最高人民法院、最高人民检察院关于办理组织、利用邪教组织破坏法律实施等刑事案件适用法律若干问题的解释（2017年2月1日 法释〔2017〕3号）

【司法文件】

246.5 参见237.2 最高人民法院、最高人民检察院、公安部、司法部关于依法惩治拐卖妇女儿童犯罪的意见（2010年3月15日 法发〔2010〕7号）

246.6 最高人民法院、最高人民检察院、公安部、司法部、国家卫生和计划生育委员会关于依法惩处涉医违法犯罪维护正常医疗秩序的意见（2014年4月22日 法发〔2014〕5号）（节录）

二、严格依法惩处涉医违法犯罪

（四）公然侮辱、恐吓医务人员的，依照治安管理处罚法第四十二条的规定处罚；采取暴力或者其他方法公然侮辱、恐吓医务人员情节严重（恶劣），构成侮辱罪、寻衅滋事罪的，依照刑法的有关规定定罪处罚。

246.7 最高人民法院、最高人民检察院、公安部、司法部关于依法办理家庭暴力犯罪案件的意见（2015年3月2日 法发〔2015〕4号）（节录）

9. 通过代为告诉充分保障被害人自诉权。对于家庭暴力犯罪自诉案件，被害人无法告诉或者不能亲自告诉的，其法定代理人、近亲属可以告诉或者代为告诉；被害人是无行为能力人、限制行为能力人，其法定代理人、近亲属没有告诉或者代为告诉的，人民检察院可以告诉；侮辱、暴力干涉婚姻自由等告诉才处理的案件，被害人因受强制、威吓无法告诉的，人民检察院也可以告诉。人民法院对告诉或者代为告诉的，应当依法受理。

16. 依法准确定罪处罚。对故意杀人、故意伤害、强奸、猥亵儿童、非法拘禁、侮辱、暴力干涉婚姻自由、虐待、遗弃等侵害公民人身权利的家庭暴力犯罪，应当根据犯罪的事实、犯罪的性质、情节和对社会的危害程度，严格依照刑法的有关规定判处。对于同一行为同时触犯多个罪名的，依照处罚较重的规定定罪处罚。

【说明】 证据收集、宽严相济刑事政策、正当防卫、禁止令和社区矫正等，参见260.3本意见。

246.8 最高人民法院、最高人民检察院、公安部关于依法惩治侵害英雄烈士名誉、荣誉违法犯罪的意见（2022 年 1 月 11 日 公通字〔2022〕5 号）（节录）

一、关于英雄烈士的概念和范围

（三）英雄烈士是指已经牺牲、去世的英雄烈士。对侮辱、诽谤或者以其他方式侵害健在的英雄模范人物或者群体名誉、荣誉，构成犯罪的，适用刑法有关侮辱、诽谤罪等规定追究刑事责任，符合适用公诉程序条件的，由公安机关依法立案侦查，人民检察院依法提起公诉。但是，被侵害英雄烈士群体中既有已经牺牲的烈士，也有健在的英雄模范人物的，可以统一适用侵害英雄烈士名誉、荣誉罪。

246.9 最高人民法院、最高人民检察院、公安部关于依法惩治网络暴力违法犯罪的指导意见（2023 年 9 月 20 日 法发〔2023〕14 号）（节录）

2. 依法惩治网络诽谤行为。在信息网络上制造、散布谣言，贬损他人人格、损害他人名誉，情节严重，符合刑法第二百四十六条规定的，以诽谤罪定罪处罚。

3. 依法惩治网络侮辱行为。在信息网络上采取肆意谩骂、恶意诋毁、披露隐私等方式，公然侮辱他人，情节严重，符合刑法第二百四十六条规定的，以侮辱罪定罪处罚。

8. 依法严惩网络暴力违法犯罪。……要重点打击恶意发起者、组织者、恶意推波助澜者以及屡教不改者。实施网络暴力违法犯罪，具有下列情形之一的，依法从重处罚：

（1）针对未成年人、残疾人实施的；

（2）组织"水军"、"打手"或者其他人员实施的；

（3）编造"涉性"话题侵害他人人格尊严的；

（4）利用"深度合成"等生成式人工智能技术发布违法信息的；

（5）网络服务提供者发起、组织的。

9. 依法支持民事维权。针对他人实施网络暴力行为，侵犯他人名誉权、隐私权等人格权，受害人请求行为人承担民事责任的，人民法院依法予以支持。

10. 准确把握违法犯罪行为的认定标准。通过信息网络检举、揭发他人犯罪或者违法违纪行为，只要不是故意捏造事实或者明知是捏造的事实而故意散布的，不应当认定为诽谤违法犯罪。针对他人言行发表评论、提出批评，即使观点有所偏颇、言论有些偏激，只要不是肆意谩骂、恶意诋毁的，不应当认定为侮辱违法犯罪。

11. 落实公安机关协助取证的法律规定。根据刑法第二百四十六条第三款的规定，对于被害人就网络侮辱、诽谤提起自诉的案件，人民法院经审查认为被害人提供证据确有困难的，可以要求公安机关提供协助。公安机关应当根据人民法院要求和案件具体情况，及时查明行为主体，收集相关侮辱、诽谤信息传播扩散情况及造成的影响等证据材料。网络服务提供者应当依法为公安机关取证提供必要的技术支持和协助。经公安机关协助取证，达到自诉案件受理条件的，人民法院应当决定立案；无法收集相关证据材料的，公安机关应当书面向人民法院说明情况。

12. 准确把握侮辱罪、诽谤罪的公诉条件。根据刑法第二百四十六条第二款的规定，实施侮辱、诽谤犯罪，严重危害社会秩序和国家利益的，应当依法提起公诉。对于网络侮辱、诽谤是否严重危害社会秩序，应当综合侵害对象、动机目的、行为方式、信息传播范围、危害后果等因素作出判定。

实施网络侮辱、诽谤行为，具有下列情形之一的，应当认定为刑法第二百四十六条第二款规定的"严重危害社会秩序"：

（1）造成被害人或者其近亲属精神失常、自杀等严重后果，社会影响恶劣的；

（2）随意以普通公众为侵害对象，相关信息在网络上大范围传播，引发大量低俗、恶意评论，严重破坏网络秩序，社会影响恶劣的；

（3）侮辱、诽谤多人或者多次散布侮辱、诽谤信息，社会影响恶劣的；

（4）组织、指使人员在多个网络平台大量散布侮辱、诽谤信息，社会影响恶劣的；

（5）其他严重危害社会秩序的情形。

13. 依法适用侮辱、诽谤刑事案件的公诉程序。对于严重危害社会秩序的网络侮辱、诽谤行为，公安机关应当依法及时立案。被害人同时向人民法院提起自诉的，人民法院可以请自诉人撤回自诉或者裁定不予受理；已经受理的，应当裁定终止审理，并将相关材料移送公安机关，原自诉人可以作为被害人参与诉讼。对于网络侮辱、诽谤行为，被害人在公安机关立案前提起自诉，人民法院经审查认为有关行为严重危害社会秩序的，应当将案件移送公安机关。

对于网络侮辱、诽谤行为，被害人或者其近亲属向公安机关报案，公安机关经审查认为已构成犯罪但不符合公诉条件的，可以告知报案人向人民法院提起自诉。

17. 有效保障受害人权益。办理网络暴力案件，应当及时告知受害人及其法定代理人或者近亲属有权委托诉讼代理人，并告知其有权依法申请法律援助。针对相关网络暴力信息传播范围广、社会危害大、影响消除难的现实情况，要依法及时向社会发布案件进展信息，澄清事实真相，有效消除不良影响。依法适用认罪认罚从宽制度，促使被告人认罪认罚，真诚悔罪，通过媒体公开道歉等方式，实现对受害人人格权的有效保护。对于被判处刑罚的被告人，可以依法宣告职业禁止或者禁止令。

【部委规范】

246.10 公安部关于严格依法办理侮辱诽谤案件的通知（2009年4月3日　公通字〔2009〕16号）（节录）

二、准确把握侮辱、诽谤公诉案件的管辖范围及基本要件。根据《刑法》第二百四十六条的规定，侮辱、诽谤案件一般属于自诉案件，应当由公民个人自行向人民法院提起诉讼，只有在侮辱、诽谤行为"严重危害社会秩序和国家利益"时，公安机关才能按照公诉程序立案侦查。公安机关在依照公诉程序办理侮辱、诽谤刑事案件时，必须准确把握犯罪构成要件。对于不具备"严重危害社会秩序和国家利益"这一基本要件的，公安机关不得作为公诉案件管辖。对于具有下列情形之一的侮辱、诽谤行为，应当认定为"严重危害社会秩序和国家利益"，以侮辱罪、诽谤罪立案侦查，作为公诉案件办理：（一）因侮辱、诽谤行为导致群体性事件，严重影响社会秩序的；（二）因侮辱、诽谤外交使节、来访的外国国家元首、政府首脑等人员，造成恶劣国际影响的；（三）因侮辱、诽谤行为给国家利益造成严重危害的其他情形。公安机关在接到公民对侮辱、诽谤行为的报案、控告或者举报后，首先要认真审查，判明是否属于公安机关管辖。对于符合上述情形，但通过公诉可能对国家利益和国家形象造成更大损害的，可以通过其他方式予以处理。对于经过审查认为不属于上述情形但涉嫌犯罪的侮辱、诽谤案件，公安机关应当问明情况，制作笔录，并将案件材料移交有管辖权的人民法院，同时向当事人说明此类案件依照法律规定属于自诉案件，不属公安机关管辖，告知其到人民法院自行提起诉讼。公安机关在立案前的审查过程中，不得对有关人员和财产采取强制性措施。对于不构成犯罪但违反《治安管理处罚法》的，要通过治安调解，最大限度地化解矛盾和纠纷；对于调解不成的，应依法给予治安管理处罚。公安机关在办理侮辱、诽谤案件时，要深入细致，辩法析理，努力争取让违法犯罪行为人和被侵害人心悦诚服地接受处理结果，化消极因素为积极因素，取得法律效果和社会效果的统一。

【法律法规】

246.11 中华人民共和国宪法（1982年12月4日　2018年修正）（第38条）

246.12 中华人民共和国教师法（1994年1月1日　2009年修正）（第35条、第37条）

246.13 全国人民代表大会常务委员会关于维护互联网安全的决定（2000年12月28日　2009年修正）（第4条第1项）

246.14 中华人民共和国老年人权益保障法（2013年7月1日　2018年修正）（第78条）

第二百四十七条【刑讯逼供罪，暴力取证罪】 司法工作人员对犯罪嫌疑人、被告人实行刑讯逼供或者使用暴力逼取证人证言的，处三年以下有期徒刑或者拘役。致人伤残、死亡的，依照本法第二百三十四条、第二百三十二条的规定定罪从重处罚。

【罪名渊源】 刑讯逼供罪系沿袭79刑法第136条的内容，刑法将犯罪主体由"国家工作人员"改为"司法工作人员"，犯罪对象由"人犯"改为"犯罪嫌疑人、被告人"。暴力取证罪系刑法增设，79刑法、单行刑法均未规定。高法《罪名规定》、高检《罪名意见》将本条解释为刑讯逼供罪、暴力取证罪。

【立案标准】

247.1 人民检察院直接受理立案侦查的渎职侵权重特大案件标准（试行）（2002 年 1 月 1 日 高检发〔2001〕13 号）（节录）

三十六、刑讯逼供案

（一）重大案件

1. 致人重伤或者精神失常的；

2. 五次以上或者对五人以上刑讯逼供的；

3. 造成冤、假、错案的。

（二）特大案件

1. 致人死亡的；

2. 七次以上或者对七人以上刑讯逼供的；

3. 致使无辜的人被判处十年以上有期徒刑、无期徒刑、死刑的。

三十七、暴力取证案

（一）重大案件

1. 致人重伤或者精神失常的；

2. 五次以上或者对五人以上暴力取证的。

（二）特大案件

1. 致人死亡的；

2. 七次以上或者对七人以上暴力取证的。

247.2 最高人民检察院关于渎职侵权犯罪案件立案标准的规定（2006 年 7 月 26 日 高检发释字〔2006〕2 号）（节录）

二、国家机关工作人员利用职权实施的侵犯公民人身权利、民主权利犯罪案件

（三）刑讯逼供案（第二百四十七条）

刑讯逼供罪是指司法工作人员对犯罪嫌疑人、被告人使用肉刑或者变相肉刑逼取口供的行为。

涉嫌下列情形之一的，应予立案：

1. 以殴打、捆绑、违法使用械具等恶劣手段逼取口供的；

2. 以较长时间冻、饿、晒、烤等手段逼取口供，严重损害犯罪嫌疑人、被告人身体健康的；

3. 刑讯逼供造成犯罪嫌疑人、被告人轻伤、重伤、死亡的；

4. 刑讯逼供，情节严重，导致犯罪嫌疑人、被告人自杀、自残造成重伤、死亡，或者精神失常的；

5. 刑讯逼供，造成错案的；

6. 刑讯逼供 3 人次以上的；

7. 纵容、授意、指使、强迫他人刑讯逼供，具有上述情形之一的；

8. 其他刑讯逼供应予追究刑事责任的情形。

（四）暴力取证案（第二百四十七条）

暴力取证罪是指司法工作人员以暴力逼取证人证言的行为。

涉嫌下列情形之一的，应予立案：

1. 以殴打、捆绑、违法使用械具等恶劣手段逼取证人证言的；

2. 暴力取证造成证人轻伤、重伤、死亡的；

3. 暴力取证，情节严重，导致证人自杀、自残造成重伤、死亡，或者精神失常的；

4. 暴力取证，造成错案的；

5. 暴力取证 3 人次以上的；

6. 纵容、授意、指使、强迫他人暴力取证，具有上述情形之一的；

7. 其他暴力取证应予追究刑事责任的情形。

三、附则

（二）本规定所称"以上"包括本数；有关犯罪数额"不满"，是指已达到该数额百分之八十以上的。

【司法解释】

247.3 最高人民检察院关于人民检察院立案侦查司法工作人员相关职务犯罪案件若干问题的规定（2018 年 11 月 24 日　高检法研字〔2018〕28 号）（节录）

一、案件管辖范围

人民检察院在对诉讼活动实行法律监督中，发现司法工作人员涉嫌利用职权实施的下列侵犯公民权利、损害司法公正的犯罪案件，可以立案侦查：

3. 刑讯逼供罪（刑法第二百四十七条）；

4. 暴力取证罪（刑法第二百四十七条）。

> **【说明】** 级别管辖和侦查部门、案件线索移送以及办案程序等内容，参见 238.5 本规定。

【法律法规】

247.4 中华人民共和国人民警察法（1995 年 2 月 28 日　2012 年修正）（第 22 条第 4 项、第 48 条第 1 款）

247.5 中华人民共和国法官法（2019 年 10 月 1 日）（第 46 条）

247.6 中华人民共和国检察官法（2019 年 10 月 1 日）（第 47 条）

第二百四十八条【虐待被监管人罪】 监狱、拘留所、看守所等监管机构的监管人员对被监管人进行殴打或者体罚虐待，情节严重的，处三年以下有期徒刑或者拘役；情节特别严重的，处三年以上十年以下有期徒刑。致人伤残、死亡的，依照本法第二百三十四条、第二百三十二条的规定定罪从重处罚。

监管人员指使被监管人殴打或者体罚虐待其他被监管人的，依照前款的规定处罚。

【罪名渊源】 本罪由 79 刑法第八章渎职罪第 189 条的体罚虐待被监管人罪修改而来，刑法将犯罪主体由"司法工作人员"修改为"监管人员"，删减了原罪状中的"违反监管法规"，增加了"进行殴打""致人伤残、死亡"及第 2 款内容。高法《罪名规定》、高检《罪名意见》将其解释为虐待被监管人罪。

【立案标准】

248.1 人民检察院直接受理立案侦查的渎职侵权重特大案件标准（试行）（2002 年 1 月 1 日高检发〔2001〕13 号）（节录）

三十八、虐待被监管人案

（一）重大案件

1. 致使被监管人重伤或者精神失常的；

2. 对被监管人五人以上或五次以上实施虐待的。

（二）特大案件

1. 致使被监管人死亡的；

2. 对被监管人七人以上或七次以上实施虐待的。

248.2 最高人民检察院关于渎职侵权犯罪案件立案标准的规定（2006 年 7 月 26 日　高检发释字〔2006〕2 号）（节录）

二、国家机关工作人员利用职权实施的侵犯公民人身权利、民主权利犯罪案件

（五）虐待被监管人案（第二百四十八条）

虐待被监管人罪是指监狱、拘留所、看守所、拘役所、劳教所等监管机构的监管人员对被监管人进行殴打或者体罚虐待，情节严重的行为。

涉嫌下列情形之一的，应予立案：

1. 以殴打、捆绑、违法使用械具等恶劣手段虐待被监管人的；

2. 以较长时间冻、饿、晒、烤等手段虐待被监管人，严重损害其身体健康的；

3. 虐待造成被监管人轻伤、重伤、死亡的；

4. 虐待被监管人，情节严重，导致被监管人自杀、自残造成重伤、死亡，或者精神失常的；

5. 殴打或者体罚虐待 3 人次以上的；

6. 指使被监管人殴打、体罚虐待其他被监管人，具有上述情形之一的；

7. 其他情节严重的情形。

三、附 则

（二）本规定所称"以上"包括本数；有关犯罪数额"不满"，是指已达到该数额百分之八十以上的。

【司法解释】

248.3 最高人民检察院关于强制隔离戒毒所工作人员能否成为虐待被监管人罪主体问题的批复（2015 年 2 月 15 日 高检发释字〔2015〕2 号）

河北省人民检察院：

你院冀检呈字〔2014〕46 号《关于强制隔离戒毒所工作人员能否成为刑法第二百四十八条虐待被监管人罪主体的请示》收悉。经研究，批复如下：

根据有关法律规定，强制隔离戒毒所是对符合特定条件的吸毒成瘾人员限制人身自由，进行强制隔离戒毒的监管机构，其履行监管职责的工作人员属于刑法第二百四十八条规定的监管人员。

对于强制隔离戒毒所监管人员殴打或者体罚虐待戒毒人员，或者指使戒毒人员殴打、体罚虐待其他戒毒人员，情节严重的，应当适用刑法第二百四十八条的规定，以虐待被监管人罪追究刑事责任；造成戒毒人员伤残、死亡后果的，应当依照刑法第二百三十四条、第二百三十二条的规定，以故意伤害罪、故意杀人罪从重处罚。

248.4 最高人民检察院、中国残疾人联合会关于在检察工作中切实维护残疾人合法权益的意见（2015 年 11 月 30 日 高检会〔2015〕11 号）（节录）

十五、人民检察院在开展社区矫正法律监督活动中，发现社区矫正机构工作人员对残疾社区矫正人员有殴打、体罚、虐待、侮辱人格、强迫其参加超时间或者超体力社区服务等行为的，应当依法提出纠正意见。情节严重，构成犯罪的，依法追究刑事责任。

十六、人民检察院发现强制医疗机构工作人员殴打、体罚、虐待或者变相体罚、虐待被强制医疗的精神病人，违反规定对被强制医疗的精神病人使用械具、约束措施等行为的，应当依法提出纠正意见。情节严重，构成犯罪的，依法追究刑事责任。

二十四、本意见中的残疾人，是指符合《中华人民共和国残疾人保障法》和《残疾人残疾分类和分级》（GB/T 26341—2010）规定的残疾人。

248.5 最高人民检察院关于人民检察院立案侦查司法工作人员相关职务犯罪案件若干问题的规定（2018 年 11 月 24 日 高检法研字〔2018〕28 号）（节录）

一、案件管辖范围

人民检察院在对诉讼活动实行法律监督中，发现司法工作人员涉嫌利用职权实施的下列侵犯公民权利、损害司法公正的犯罪案件，可以立案侦查：

5. 虐待被监管人罪（刑法第二百四十八条）；

【说明】级别管辖和侦查部门、案件线索移送以及办案程序等内容，参见 238.5 本规定。

第二百四十九条【煽动民族仇恨、民族歧视罪】煽动民族仇恨、民族歧视，情节严重的，处三年以下有期徒刑、拘役、管制或者剥夺政治权利；情节特别严重的，处三年以上十年以下有期徒刑。

【罪名渊源】本罪系在分解 79 刑法第 102 条反革命宣传煽动罪的基础上增设，高法《罪名规定》、高检《罪名意见》将其解释为煽动民族仇恨、民族歧视罪。

【司法解释】

249.1 最高人民法院关于审理破坏广播电视设施等刑事案件具体应用法律若干问题的解释（2011 年 6 月 13 日　法释〔2011〕13 号）（节录）

第七条　实施破坏广播电视设施犯罪，并利用广播电视设施实施煽动分裂国家、煽动颠覆国家政权、煽动民族仇恨、民族歧视或者宣扬邪教等行为，同时构成其他犯罪的，依照处罚较重的规定定罪处罚。

【法律法规】

249.2 中华人民共和国宪法（1982 年 12 月 4 日　2018 年修正）（第 4 条第 1 款）

249.3 全国人民代表大会常务委员会关于维护互联网安全的决定（2000 年 12 月 28 日　2009 年修正）（第 2 条第 3 项）

第二百五十条【出版歧视、侮辱少数民族作品罪】在出版物中刊载歧视、侮辱少数民族的内容，情节恶劣，造成严重后果的，对直接责任人员，处三年以下有期徒刑、拘役或者管制。

【罪名渊源】本条系刑法增设的罪名，79 刑法、单行刑法均未规定。高法《罪名规定》、高检《罪名意见》将其解释为出版歧视、侮辱少数民族作品罪。

【司法解释】

250.1 最高人民法院关于审理非法出版物刑事案件具体应用法律若干问题的解释（1998 年 12 月 23 日　法释〔1998〕30 号）（节录）

第七条　出版刊载歧视、侮辱少数民族内容的作品，情节恶劣，造成严重后果的，依照刑法第二百五十条的规定，以出版歧视、侮辱少数民族作品罪定罪处罚。

【法律法规】

250.2 出版管理条例（2002 年 2 月 1 日　2020 年修订）（第 25 条第 1 项、第 62 条）

第二百五十一条【非法剥夺公民宗教信仰自由罪，侵犯少数民族风俗习惯罪】国家机关工作人员非法剥夺公民的宗教信仰自由和侵犯少数民族风俗习惯，情节严重的，处二年以下有期徒刑或者拘役。

【罪名渊源】本条沿袭 79 刑法第 147 条的规定，刑法将犯罪主体由"国家工作人员"改为"国家机关工作人员"，并删除了"正当"两字。高法《罪名规定》、高检《罪名意见》将其解释为非法剥夺公民宗教信仰自由罪、侵犯少数民族风俗习惯罪。

【法律法规】

251.1 中华人民共和国宪法（1982 年 12 月 4 日　2018 年修正）（第 4 条第 4 款、第 36 条）

251.2 中华人民共和国民族区域自治法（1984 年 10 月 1 日　2001 年修正）（第 11 条）

第二百五十二条【侵犯通信自由罪】隐匿、毁弃或者非法开拆他人信件，侵犯公民通信自由权利，情节严重的，处一年以下有期徒刑或者拘役。

【罪名渊源】本条系沿袭 79 刑法第 149 条的内容，高法《罪名规定》、高检《罪名意见》将其解释为侵犯通信自由罪。

【法律法规】

252.1 中华人民共和国宪法（1982 年 12 月 4 日　2018 年修正）（第 40 条）

252.2 中华人民共和国邮政法（1987 年 1 月 1 日　2015 年修正）（第 3 条、第 35 条、第 82 条、第 84 条第 1 款和第 7 款）

252.3 中华人民共和国邮政法实施细则（1990 年 11 月 12 日）（第 7 条、第 40—41 条、第 59—61 条）

252.4 计算机信息网络国际联网安全保护管理办法（1997 年 12 月 30 日　2011 年国务院令第 588 号修订）（节录）

第七条　用户的通信自由和通信秘密受法律保护。任何单位和个人不得违反法律规定，利用国际联网侵犯用户的通信自由和通信秘密。

第十九条　公安机关计算机管理监察机构应当负责追踪和查处通过计算机信息网络的违法行为和针对计算机信息网络的犯罪案件，对违反本办法第四条、第七条规定的违法犯罪行为，应当按照国家有关规定移送有关部门或者司法机关处理。

252.5 全国人民代表大会常务委员会关于维护互联网安全的决定（2000 年 12 月 28 日　2009 年修正）（第 4 条第 2 项）

第二百五十三条【私自开拆、隐匿、毁弃邮件、电报罪】 邮政工作人员私自开拆或者隐匿、毁弃邮件、电报的，处二年以下有期徒刑或者拘役。

【盗窃罪】 犯前款罪而窃取财物的，依照本法第二百六十四条的规定定罪从重处罚。

【罪名渊源】 本罪系由 79 刑法第八章渎职罪第 191 条妨害邮电通讯罪修改而来，刑法将原第 2 款的依照贪污罪处罚改为依照盗窃罪处罚。高法《罪名规定》、高检《罪名意见》将其解释为私自开拆、隐匿、毁弃邮件、电报罪。

【法律法规】

253.1 中华人民共和国邮政法实施细则（1990 年 11 月 12 日）（第 58 条）

第二百五十三条之一【侵犯公民个人信息罪】 违反国家有关规定，向他人出售或者提供公民个人信息，情节严重的，处三年以下有期徒刑或者拘役，并处或者单处罚金；情节特别严重的，处三年以上七年以下有期徒刑，并处罚金。

违反国家有关规定，将在履行职责或者提供服务过程中获得的公民个人信息，出售或者提供给他人的，依照前款的规定从重处罚。

窃取或者以其他方法非法获取公民个人信息的，依照第一款的规定处罚。

单位犯前三款罪的，对单位判处罚金，并对其直接负责的主管人员和其他直接责任人员，依照各该款的规定处罚。

【刑法第一次修正说明】

本条为全国人大常委会 2009 年 2 月 28 日通过并公布施行的《刑法修正案（七）》第 7 条所增设。

【刑法第二次修正说明】

全国人大常委会 2015 年 8 月 29 日通过并公布、同年 11 月 1 日施行的《刑法修正案（九）》第 17 条对本条作了修正。《刑法修正案（七）》第 7 条为：

【出售、非法提供公民个人信息罪】 国家机关或者金融、电信、交通、教育、医疗等单位的工作人员，违反国家规定，将本单位在履行职责或者提供服务过程中获得的公民个人信息，出售或者非法提供给他人，情节严重的，处三年以下有期徒刑或者拘役，并处或者单处罚金。

【非法获取公民个人信息罪】 窃取或者以其他方法非法获取上述信息，情节严重的，依照前款的规定处罚。

单位犯前两款罪的，对单位判处罚金，并对其直接负责的主管人员和其他直接责任人员，依照各该款的规定处罚。

【罪名渊源】本罪系《刑法修正案（七）》第 7 条增设，"两高"《罪名补充规定（四）》将其解释为出售、非法提供公民个人信息罪，非法获取公民个人信息罪。《刑法修正案（九）》第 17 条改犯罪主体为一般主体，将特殊主体作为从重处罚情形。据此，"两高"《罪名补充规定（六）》取消出售、非法提供公民个人信息罪和非法获取公民个人信息罪两个罪名，代之以侵犯公民个人信息罪。

【罪刑标准】

253-1.1 最高人民法院、最高人民检察院关于办理侵犯公民个人信息刑事案件适用法律若干问题的解释（2017 年 6 月 1 日　法释〔2017〕10 号）

为依法惩治侵犯公民个人信息犯罪活动，保护公民个人信息安全和合法权益，根据《中华人民共和国刑法》《中华人民共和国刑事诉讼法》的有关规定，现就办理此类刑事案件适用法律的若干问题解释如下：

第一条　刑法第二百五十三条之一规定的"公民个人信息"，是指以电子或者其他方式记录的能够单独或者与其他信息结合识别特定自然人身份或者反映特定自然人活动情况的各种信息，包括姓名、身份证件号码、通信通讯联系方式、住址、账号密码、财产状况、行踪轨迹等。

第二条　违反法律、行政法规、部门规章有关公民个人信息保护的规定的，应当认定为刑法第二百五十三条之一规定的"违反国家有关规定"。

第三条　向特定人提供公民个人信息，以及通过信息网络或者其他途径发布公民个人信息的，应当认定为刑法第二百五十三条之一规定的"提供公民个人信息"。

未经被收集者同意，将合法收集的公民个人信息向他人提供的，属于刑法第二百五十三条之一规定的"提供公民个人信息"，但是经过处理无法识别特定个人且不能复原的除外。

第四条　违反国家有关规定，通过购买、收受、交换等方式获取公民个人信息，或者在履行职责、提供服务过程中收集公民个人信息的，属于刑法第二百五十三条之一第三款规定的"以其他方法非法获取公民个人信息"。

第五条　非法获取、出售或者提供公民个人信息，具有下列情形之一的，应当认定为刑法第二百五十三条之一规定的"情节严重"：

（一）出售或者提供行踪轨迹信息，被他人用于犯罪的；

（二）知道或者应当知道他人利用公民个人信息实施犯罪，向其出售或者提供的；

（三）非法获取、出售或者提供行踪轨迹信息、通信内容、征信信息、财产信息五十条以上的；

（四）非法获取、出售或者提供住宿信息、通信记录、健康生理信息、交易信息等其他可能影响人身、财产安全的公民个人信息五百条以上的；

（五）非法获取、出售或者提供第三项、第四项规定以外的公民个人信息五千条以上的；

（六）数量未达到第三项至第五项规定标准，但是按相应比例合计达到有关数量标准的；

（七）违法所得五千元以上的；

（八）将在履行职责或者提供服务过程中获得的公民个人信息出售或者提供给他人，数量或者数额达到第三项至第七项规定标准一半以上的；

（九）曾因侵犯公民个人信息受过刑事处罚或者二年内受过行政处罚，又非法获取、出售或者提供公民个人信息的；

（十）其他情节严重的情形。

实施前款规定的行为，具有下列情形之一的，应当认定为刑法第二百五十三条之一第一款规定的"情节特别严重"：

（一）造成被害人死亡、重伤、精神失常或者被绑架等严重后果的；

（二）造成重大经济损失或者恶劣社会影响的；

（三）数量或者数额达到前款第三项至第八项规定标准十倍以上的；

（四）其他情节特别严重的情形。

第六条 为合法经营活动而非法购买、收受本解释第五条第一款第三项、第四项规定以外的公民个人信息，具有下列情形之一的，应当认定为刑法第二百五十三条之一规定的"情节严重"：

（一）利用非法购买、收受的公民个人信息获利五万元以上的；

（二）曾因侵犯公民个人信息受过刑事处罚或者二年内受过行政处罚，又非法购买、收受公民个人信息的；

（三）其他情节严重的情形。

实施前款规定的行为，将购买、收受的公民个人信息非法出售或者提供的，定罪量刑标准适用本解释第五条的规定。

第七条 单位犯刑法第二百五十三条之一规定之罪的，依照本解释规定的相应自然人犯罪的定罪量刑标准，对直接负责的主管人员和其他直接责任人员定罪处罚，并对单位判处罚金。

【司法文件】

253-1.2 最高人民法院、最高人民检察院、公安部关于依法惩处侵害公民个人信息犯罪活动的通知（2013年4月23日 公通字〔2013〕12号）（节录）

二、正确适用法律，实现法律效果与社会效果的有机统一。侵害公民个人信息犯罪是新型犯罪，各级公安机关、人民检察院、人民法院要从切实保护公民个人信息安全和维护社会和谐稳定的高度，借鉴以往的成功判例，综合考虑出售、非法提供或非法获取个人信息的次数、数量、手段和牟利数额、造成的损害后果等因素，依法加大打击力度，确保取得良好的法律效果和社会效果。出售、非法提供公民个人信息罪的犯罪主体，除国家机关或金融、电信、交通、医疗单位的工作人员之外，还包括在履行职责或者提供服务过程中获得公民个人信息的商业、房地产业等服务业中其他企事业单位的工作人员。公民个人信息包括公民的姓名、年龄、有效证件号码、婚姻状况、工作单位、学历、履历、家庭住址、电话号码等能够识别公民个人身份或者涉及公民个人隐私的信息、数据资料。对于在履行职责或者提供服务过程中，将获得的公民个人信息出售或者非法提供给他人，被他人用以实施犯罪，造成受害人人身伤害或者死亡，或者造成重大经济损失、恶劣社会影响的，或者出售、非法提供公民个人信息数量较大，或者违法所得数额较大的，均应当依法以非法出售、非法提供公民个人信息罪追究刑事责任。对于窃取或者以购买等方法非法获取公民个人信息数量较大，或者违法所得数额较大，或者造成其他严重后果的，应当依法以非法获取公民个人信息罪追究刑事责任。对使用非法获取的个人信息，实施其他犯罪行为，构成数罪的，应当依法予以并罚。单位实施侵害公民个人信息罪的，应当追究直接负责的主管人员和其他直接责任人员的刑事责任。要依法加大对财产刑的适用力度，剥夺犯罪分子非法获利和再次犯罪的资本。

三、加强协作配合，确保执法司法及时高效。侵害公民个人信息犯罪网络覆盖面大，关系错综复杂。犯罪行为发生地、犯罪结果发生地、犯罪分子所在地等往往不在一地。同时，由于犯罪行为大多依托互联网、移动电子设备，通过即时通讯工具、电子邮件等多种方式实施，调查取证难度很大。各级公安机关、人民检察院、人民法院要在分工负责、依法高效履行职责的基础上，进一步加强沟通协调，通力配合，密切协作，保证立案、侦查、批捕、审查起诉、审判等各个环节顺利进行。对查获的及时立案侦查，及时移送审查起诉。对于几个公安机关都有权管辖的案件，由最初受理的公安机关管辖。必要时，可以由主要犯罪地的公安机关管辖。对管辖不明确或者有争议的刑事案件，可以由公安机关协商。协商不成的，由共同上级公安机关指定管辖。对于指定管辖的案件，需要逮捕犯罪嫌疑人的，由被指定管辖的公安机关提请同级人民检察院审查批准；需要提起公诉的，由该公安机关移送同级人民检察院审查决定；认为应当由上级人民检察院或者同级其他人民检察院起诉的，应当将案件移交有管辖权的人民检察院；人民检察院认为需要依照刑事诉讼法的规定指定审判管辖的，应当协商同级人民法院办理指定管辖有关事宜。在办理侵害公民个人信息犯罪案件的过程中，对于疑难、复杂案件，人民检察院可以适时派员会同公安机关共同就证据收集等方面进行研究和沟通协调。人民检察院对于公安机关提请批准逮捕、移送审查起诉的相关案件，符合批捕、起诉条件的，要依法尽快予以批捕、起诉；对于确需补充侦查的，要制作具体、详细的补充侦查提纲。人民法院要加强审判力量，准确定性，依法快审快结。

253－1.3 最高人民法院、最高人民检察院、公安部关于办理电信网络诈骗等刑事案件适用法律若干问题的意见（2016 年 12 月 19 日　法发〔2016〕32 号）（节录）

三、全面惩处关联犯罪

（二）违反国家有关规定，向他人出售或者提供公民个人信息，窃取或者以其他方法非法获取公民个人信息，符合刑法第二百五十三条之一规定的，以侵犯公民个人信息罪追究刑事责任。

使用非法获取的公民个人信息，实施电信网络诈骗犯罪行为，构成数罪的，应当依法予以并罚。

253－1.4 检察机关办理侵犯公民个人信息案件指引（2018 年 11 月 9 日　高检发侦监字〔2018〕13 号）（节录）

根据《中华人民共和国刑法》第二百五十三条之一的规定，侵犯公民个人信息罪是指违反国家有关规定，向他人出售、提供公民个人信息，或者通过窃取等方法非法获取公民个人信息，情节严重的行为。结合《最高人民法院、最高人民检察院关于办理侵犯公民个人信息刑事案件适用法律若干问题的解释》（法释〔2017〕10 号）（以下简称《解释》），办理侵犯公民个人信息案件，应当特别注意以下问题：一是对"公民个人信息"的审查认定；二是对"违反国家有关规定"的审查认定；三是对"非法获取"的审查认定；四是对"情节严重"和"情节特别严重"的审查认定；五是对关联犯罪的审查认定。

一、审查证据的基本要求

（一）审查逮捕

1. 有证据证明发生了侵犯公民个人信息犯罪事实

（1）证明侵犯公民个人信息案件发生

主要证据包括：报案登记、受案登记、立案决定书、破案经过、证人证言、被害人陈述、犯罪嫌疑人供述和辩解以及证人、被害人提供的短信、微信或 QQ 截图等电子数据。

（2）证明被侵犯对象系公民个人信息

主要证据包括：扣押物品清单、勘验检查笔录、电子数据、司法鉴定意见及公民信息查询结果说明、被害人陈述、被害人提供的原始信息资料和对比资料等。

2. 有证据证明侵犯公民个人信息行为是犯罪嫌疑人实施的

（1）证明违反国家有关规定的证据：犯罪嫌疑人关于所从事的职业的供述、其所在公司的工商注册资料、公司出具的犯罪嫌疑人职责范围说明、劳动合同、保密协议及公司领导、同事关于犯罪嫌疑人职责范围的证言等。

（2）证明出售、提供行为的证据：远程勘验笔录及 QQ、微信等即时通讯工具聊天记录、论坛、贴吧、电子邮件、手机短信记录等电子数据，证明犯罪嫌疑人通过上述途径向他人出售、提供、交换公民个人信息的情况。公民个人信息贩卖者、提供者、担保交易人及购买者、收受者的证言或供述，相关银行账户明细、第三方支付平台账户明细，证明出售公民个人信息违法所得情况。此外，如果犯罪嫌疑人系通过信息网络发布方式提供公民个人信息，证明该行为的证据还包括远程勘验笔录、扣押笔录、扣押物品清单、对手机、电脑存储介质、云盘、FTP 等的司法鉴定意见等。

（3）证明犯罪嫌疑人或公民个人信息购买者、收受者控制涉案信息的证据：搜查笔录、扣押笔录、扣押物品清单，对手机、电脑存储介质等的司法鉴定意见等，证实储存有公民个人信息的电脑、手机、U 盘或者移动硬盘、云盘、FTP 等介质与犯罪嫌疑人或公民个人信息购买者、收受者的关系。犯罪嫌疑人供述、辨认笔录及证人证言等，证实犯罪嫌疑人或公民个人信息购买者、收受者所有或实际控制、使用涉案存储介质。

（4）证明涉案公民个人信息真实性的证据：被害人陈述、被害人提供的原始信息资料、公安机关或相关单位出具的涉案公民个人信息与权威数据库内信息同一性的比对说明。针对批量的涉案公民个人信息的真实性问题，根据《解释》精神，可以根据查获的数量直接认定，但有证据证明信息不真实或重复的除外。

(5) 证明违反国家规定，通过窃取、购买、收受、交换等方式非法获取公民个人信息的证据：主要证据与上述以出售、提供方式侵犯公民个人信息行为的证据基本相同。针对窃取的方式如通过技术手段非法获取公民个人信息的行为，需证明犯罪嫌疑人实施上述行为，除被害人陈述、犯罪嫌疑人供述和辩解外，还包括侦查机关从被害公司数据库中发现入侵电脑 IP 地址情况、从犯罪嫌疑人电脑中提取的侵入被害公司数据的痕迹等现场勘验检查笔录，以及涉案程序（木马）的司法鉴定意见等。

3. 有证据证明犯罪嫌疑人具有侵犯公民个人信息的主观故意

(1) 证明犯罪嫌疑人明知没有获取、提供公民个人信息的法律依据或资格，主要证据包括：犯罪嫌疑人的身份证明、犯罪嫌疑人关于所从事职业的供述、其所在公司的工商资料和营业范围、公司关于犯罪嫌疑人的职责范围说明、公司主要负责人的证人证言等。

(2) 证明犯罪嫌疑人积极实施窃取、出售、提供、购买、交换、收受公民个人信息的行为，主要证据除了证人证言、犯罪嫌疑人供述和辩解外，还包括远程勘验笔录、手机短信记录、即时通讯工具聊天记录、电子数据司法鉴定意见、银行账户明细、第三方支付平台账户明细等。

4. 有证据证明"情节严重"或"情节特别严重"

(1) 公民个人信息购买者或收受者的证言或供述。

(2) 公民个人信息购买、收受公司工作人员利用公民个人信息进行电话或短信推销、商务调查等经营性活动后出具的证言或供述。

(3) 公民个人信息购买者或者收受者利用所获信息从事违法犯罪活动后出具的证言或供述。

(4) 远程勘验笔录、电子数据司法鉴定意见书、最高人民检察院或公安部指定的机构对电子数据涉及的专门性问题出具的报告、公民个人信息资料等。证明犯罪嫌疑人通过即时通讯工具、电子邮箱、论坛、贴吧、手机等向他人出售、提供、购买、交换、收受公民个人信息的情况。

(5) 银行账户明细、第三方支付平台账户明细。

(6) 死亡证明、伤情鉴定意见、医院诊断记录、经济损失鉴定意见、相关案件起诉书、判决书等。

(二) 审查起诉

除审查逮捕阶段证据审查基本要求之外，对侵犯公民个人信息案件的审查起诉工作还应坚持"犯罪事实清楚，证据确实、充分"的标准，保证定罪量刑的事实都有证据证明；据以定案的证据均经法定程序查证属实；综合全案证据，对所认定的事实已排除合理怀疑。

1. 有确实充分的证据证明发生了侵犯公民个人信息犯罪事实。该证据与审查逮捕的证据类型相同。

2. 有确实充分的证据证明侵犯公民个人信息行为是犯罪嫌疑人实施的

(1) 对于证明犯罪行为是犯罪嫌疑人实施的证据审查，需要结合《解释》精神，准确把握对"违反国家有关规定""出售、提供行为""窃取或以其他方法"的认定。

(2) 对证明违反国家有关规定的证据审查，需要明确国家有关规定的具体内容，违反法律、行政法规、部门规章有关公民个人信息保护规定的，应当认定为刑法第二百五十三条之一规定的"违反国家有关规定"。

(3) 对证明出售、提供行为的证据审查，应当明确"出售、提供"包括在履职或提供服务的过程中将合法持有的公民个人信息出售或者提供给他人的行为：向特定人提供、通过信息网络或者其他途径发布公民个人信息、未经被收集者同意，将合法收集的公民个人信息（经过处理无法识别特定个人且不能复原的除外）向他人提供的，均属于刑法第二百五十三条之一规定的"提供公民个人信息"。应当全面审查犯罪嫌疑人所出售提供公民个人信息的来源、途经与去向，对相关供述、物证、书证、证人证言、被害人陈述、电子数据等证据种类进行综合审查，针对使用信息网络进行犯罪活动的，需要结合专业知识，根据证明该行为的远程勘验笔录、扣押笔录、扣押物品清单、电子存储介质、网络存储介质等的司法鉴定意见进行审查。

(4) 对证明通过窃取或以其他非法方法获取公民个人信息等方式非法获取公民个人信息的证据审查，应当明确"以其他方法获取公民个人信息"包括购买、收受、交换等方式获取公民个人信息，或者在履行职责、提供服务过程中收集公民个人信息的行为。

针对窃取行为，如通过信息网络窃取公民个人信息，则应当结合犯罪嫌疑人供述、证人证言、被害人陈述，着重审查证明犯罪嫌疑人侵入信息网络、数据库时的 IP 地址、MAC 地址、侵入工具、侵入痕迹等内容的现场勘验检查笔录以及涉案程序（木马）的司法鉴定意见等。

针对购买、收受、交换行为，应当全面审查购买、收受、交换公民个人信息的来源、途经、去向，结合犯罪嫌疑人供述和辩解、辨认笔录、证人证言等证据，对搜查笔录、扣押笔录、扣押物品清单、涉案电子存储介质等司法鉴定意见进行审查，明确上述证据同犯罪嫌疑人或公民个人信息购买、收受、交换者之间的关系。

针对履行职责、提供服务过程中收集公民个人信息的行为，应当审查证明犯罪嫌疑人所从事职业及其所负职责的证据，结合法律、行政法规、部门规章等国家有关公民个人信息保护的规定，明确犯罪嫌疑人的行为属于违反国家有关规定，以其他方法非法获取公民个人信息的行为。

（5）对证明涉案公民个人信息真实性证据的审查，应当着重审查被害人陈述、被害人提供的原始信息资料、公安机关或其他相关单位出具的涉案公民个人信息与权威数据库内信息同一性的对比说明。对批量的涉案公民个人信息的真实性问题，根据《解释》精神，可以根据查获的数量直接认定，但有证据证明信息不真实或重复的除外。

3. 有确实充分的证据证明犯罪嫌疑人具有侵犯公民个人信息的主观故意

（1）对证明犯罪嫌疑人主观故意的证据审查，应当综合审查犯罪嫌疑人的身份证明、犯罪嫌疑人关于所从事职业的供述、其所在公司的工商资料和营业范围、公司关于犯罪嫌疑人的职责范围说明、公司主要负责人的证人证言等，结合国家公民个人信息保护的相关规定，夯实犯罪嫌疑人在实施犯罪时的主观明知。

（2）对证明犯罪嫌疑人积极实施窃取或者以其他方法非法获取公民个人信息行为的证据审查，应当结合犯罪嫌疑人供述、证人证言，着重审查远程勘验笔录、手机短信记录、即时通讯工具聊天记录、电子数据司法鉴定意见、银行账户明细、第三方支付平台账户明细等，明确犯罪嫌疑人在实施犯罪时的积极作为。

4. 有确实充分的证据证明"情节严重"或"情节特别严重"。该证据与审查逮捕的证据类型相同。

二、需要特别注意的问题

在侵犯公民个人信息案件审查逮捕、审查起诉中，要根据相关法律、司法解释等规定，结合在案证据，重点注意以下问题：

（一）对"公民个人信息"的审查认定

根据《解释》的规定，公民个人信息是指以电子或者其他方式记录的能够单独或者与其他信息结合识别特定自然人身份或者反映特定自然人活动情况的各种信息，包括姓名、身份证件号码、通信通讯联系方式、住址、账号密码、财产状况、行踪轨迹等。经过处理无法识别特定自然人且不能复原的信息，虽然也可能反映自然人活动情况，但与特定自然人无直接关联，不属于公民个人信息的范畴。

对于企业工商登记等信息中所包含的手机、电话号码等信息，应当明确该号码的用途。对由公司购买、使用的手机、电话号码等信息，不属于个人信息的范畴，从而严格区分"手机、电话号码等由公司购买，归公司使用"与"公司经办人在工商登记等活动中登记个人电话、手机号码"两种不同情形。

（二）对"违反国家有关规定"的审查认定

《中华人民共和国刑法修正案（九）》将原第二百五十三条之一的"违反国家规定"修改为"违反国家有关规定"，后者的范围明显更广。根据刑法第九十六条的规定，"国家规定"仅限于全国人大及其常委会制定的法律和决定，国务院制定的行政法规、规定的行政措施、发布的决定和命令。而"国家有关规定"还包括部门规章，这些规定散见于金融、电信、交通、教育、医疗、统计、邮政等领域的法律、行政法规或部门规章中。

（三）对"非法获取"的审查认定

在窃取或者以其他方法非法获取公民个人信息的行为中，需要着重把握"其他方法"的范围问题。"其他方法"，是指"窃取"以外，与窃取行为具有同等危害性的方法，其中，购买是最常见的非法获取手段。侵犯公民个人信息犯罪作为电信网络诈骗的上游犯罪，诈骗分子往往先通过网络向他人购买公民个人信息，然后自己直接用于诈骗或转发给其他同伙用于诈骗，诈骗分子购买公民个人信息的行为属于非法获取行为，其同伙接收公民个人信息的行为明显也属于非法获取行为。同时，一些房产中介、物业管理公司、保险公司、担保公司的业务员往往与同行通过QQ、微信群互相交换各自掌握的客户信息，这种交换行为也属于非法获取行为。此外，行为人在履行职责、提供服务过程中，违反国家有关规定，未经他人同意收集公民个人信息，或者收集与提供的服务无关的公民个人信息的，也属于非法获取公民个人信息的行为。

（四）对"情节严重"和"情节特别严重"的审查认定

1. 关于"情节严重"的具体认定标准，根据《解释》第五条第一款的规定，主要涉及五个方面：

（1）信息类型和数量。①行踪轨迹信息、通信内容、征信信息、财产信息，此类信息与公民人身、财产安全直接相关，数量标准为五十条以上，且仅限于上述四类信息，不允许扩大范围。对于财产信息，既包括银行、第三方支付平台、证券期货等金融服务账户的身份认证信息（一组确认用户操作权限的数据，包括账号、口令、密码、数字证书等），也包括存款、房产、车辆等财产状况信息。②住宿信息、通信记录、健康生理信息、交易信息等可能影响公民人身、财产安全的信息，数量标准为五百条以上，此类信息也与人身、财产安全直接相关，但重要程度要弱于行踪轨迹信息、通信内容、征信信息、财产信息。对"其他可能影响人身、财产安全的公民个人信息"的把握，应当确保所适用的公民个人信息涉及人身、财产安全，且与"住宿信息、通信记录、健康生理信息、交易信息"在重要程度上具有相当性。③除上述两类信息以外的其他公民个人信息，数量标准为五千条以上。

（2）违法所得数额。对于违法所得，可直接以犯罪嫌疑人出售公民个人信息的收入予以认定，不必扣减其购买信息的犯罪成本。同时，在审查认定违法所得数额过程中，应当以查获的银行交易记录、第三方支付平台交易记录、聊天记录、犯罪嫌疑人供述、证人证言综合予以认定，对于犯罪嫌疑人无法说明合法来源的用于专门实施侵犯公民个人信息犯罪的银行账户或第三方支付平台账户内资金收入，可综合全案证据认定为违法所得。

（3）信息用途。公民个人信息被他人用于违法犯罪活动的，不要求他人的行为必须构成犯罪，只要行为人明知他人非法获取公民个人信息用于违法犯罪活动即可。

（4）主体身份。如果行为人系将在履行职责或者提供服务过程中获得的公民个人信息出售或者提供给他人的，涉案信息数量、违法所得数额只要达到一般主体的一半，即可认为"情节严重"。

（5）主观恶性。曾因侵犯公民个人信息受过刑事处罚或者二年内受过行政处罚，又非法获取、出售或者提供公民个人信息的，即可认为"情节严重"。

2. 关于"情节特别严重"的认定标准，根据《解释》，主要分为两类：一是信息数量、违法所得数额标准。二是信息用途引发的严重后果，其中造成人身伤亡、经济损失、恶劣社会影响等后果，需要审查认定侵犯公民个人信息的行为与严重后果间存在因果关系。

对于涉案公民个人信息数量的认定，根据《解释》第十一条，非法获取公民个人信息后又出售或者提供的，公民个人信息的条数不重复计算；向不同单位或者个人分别出售、提供同一公民个人信息的，公民个人信息的条数累计计算；对批量出售、提供的条数，根据查获的数量直接认定，但是有证据证明信息不真实或者重复的除外。在实践中，如犯罪嫌疑人多次获取同一条公民个人信息，一般认定为一条，不重复累计；但获取的该公民个人信息内容发生了变化的除外。

对于涉案公民个人信息的数量、社会危害性等因素的审查，应当结合刑法第二百五十三条①

---

① 应为第253条之一，这是该指引出现的一个技术性失误。——编者注

和《解释》的规定进行综合审查。涉案公民个人信息数量极少，但造成被害人死亡等严重后果的，应审查犯罪嫌疑人行为与该后果之间的因果关系，符合条件的，可以认定为实施《解释》第五条第一款第十项"其他情节严重的情形"的行为，造成被害人死亡等严重后果，从而认定为"情节特别严重"。如涉案公民个人信息数量较多，但犯罪嫌疑人仅仅获取而未向他人出售或提供，则可以在认定相关犯罪事实的基础上，审查该行为是否符合《解释》第五条第一款第三、四、五、六、九项及第二款第三项的情形，符合条件的，可以分别认定为"情节严重""情节特别严重"。

此外，针对为合法经营活动而购买、收受公民个人信息的行为，在适用《解释》第六条的定罪量刑标准时须满足三个条件：一是为了合法经营活动，对此可以综合全案证据认定，但主要应当由犯罪嫌疑人一方提供相关证据；二是限于普通公民个人信息，即不包括可能影响人身、财产安全的敏感信息；三是信息没有再流出扩散，即行为方式限于购买、收受。如果将购买、收受的公民个人信息非法出售或者提供的，定罪量刑标准应当适用《解释》第五条的规定。

（五）对关联犯罪的审查认定

对于侵犯公民个人信息犯罪与电信网络诈骗犯罪相交织的案件，应严格按照《最高人民法院、最高人民检察院、公安部关于办理电信网络诈骗等刑事案件适用法律若干问题的意见》（法发〔2016〕32号）的规定进行审查认定，即通过认真审查非法获取、出售、提供公民个人信息的犯罪嫌疑人对电信网络诈骗犯罪的参与程度，结合能够证实其认知能力的学历文化、聊天记录、通话频率、获取固定报酬还是参与电信网络诈骗犯罪分成等证据，分析判断其是否属于诈骗共同犯罪、是否应该数罪并罚。

根据《解释》第八条的规定，设立用于实施出售、提供或者非法获取公民个人信息违法犯罪活动的网站、通讯群组，情节严重的，应当依照刑法第二百八十七条之一的规定，以非法利用信息网络罪定罪；同时构成侵犯公民个人信息罪的，应当认定为侵犯公民个人信息罪。

对于违反国家有关规定，采用技术手段非法侵入合法存储公民个人信息的单位数据库窃取公民个人信息的行为，也符合刑法第二百八十五条第二款非法获取计算机信息系统数据罪的客观特征，同时触犯侵犯公民个人信息罪和非法获取计算机信息系统数据罪的，应择一重罪论处。

此外，针对公安民警在履行职责过程中，违反国家有关规定，查询、提供公民个人信息的情形，应当认定为"违反国家有关规定，将在履行职责或者提供服务过程中以其他方法非法获取或提供公民个人信息"。但同时，应当审查犯罪嫌疑人除该行为之外有无其他行为侵害其他法益，从而对可能存在的其他犯罪予以准确认定。

三、社会危险性及羁押必要性审查

（一）审查逮捕

1. 犯罪动机：一是出售牟利；二是用于经营活动；三是用于违法犯罪活动。犯罪动机表明犯罪嫌疑人主观恶性，也能证明犯罪嫌疑人是否可能实施新的犯罪。

2. 犯罪情节。犯罪嫌疑人的行为直接反映其人身危险性。具有下列情节的侵犯公民个人信息犯罪，能够证实犯罪嫌疑人主观恶性和人身危险性较大，实施新的犯罪的可能性也较大，可以认为具有较大的社会危险性：一是犯罪持续时间较长、多次实施侵犯公民个人信息犯罪的；二是被侵犯的公民个人信息数量或违法所得巨大的；三是利用公民个人信息进行违法犯罪活动的；四是犯罪手段行为本身具有违法性或者破坏性，即犯罪手段恶劣的，如骗取、窃取公民个人信息，采取胁迫、植入木马程序侵入他人计算机系统等方式非法获取信息。

犯罪嫌疑人实施侵犯公民个人信息犯罪，不属于"情节特别严重"，系初犯，全部退赃，并确有悔罪表现的，可以认定社会危险性较小，没有逮捕必要。

（二）审查起诉

在审查起诉阶段，要结合侦查阶段取得的事实证据，进一步引导侦查机关加大捕后侦查力度，及时审查新证据。在羁押期限届满前对全案进行综合审查，对于未达到逮捕证明标准的，撤销原逮捕决定。

经羁押必要性审查，发现犯罪嫌疑人具有下列情形之一的，应当向办案机关提出释放或者变更强制措施的建议：

1. 案件证据发生重大变化，没有证据证明有犯罪事实或者犯罪行为系犯罪嫌疑人、被告人所为的。

2. 案件事实或者情节发生变化，犯罪嫌疑人、被告人可能被判处拘役、管制、独立适用附加刑、免予刑事处罚或者判决无罪的。

3. 继续羁押犯罪嫌疑人、被告人，羁押期限将超过依法可能判处的刑期的。

4. 案件事实基本查清，证据已经收集固定，符合取保候审或者监视居住条件的。

经羁押必要性审查，发现犯罪嫌疑人、被告人具有下列情形之一，且具有悔罪表现，不予羁押不致发生社会危险性的，可以向办案机关提出释放或者变更强制措施的建议：

1. 预备犯或者中止犯；共同犯罪中的从犯或者胁从犯。

2. 主观恶性较小的初犯。

3. 系未成年人或者年满七十五周岁的人。

4. 与被害方依法自愿达成和解协议，且已经履行或者提供担保的。

5. 患有严重疾病、生活不能自理的。

6. 系怀孕或者正在哺乳自己婴儿的妇女。

7. 系生活不能自理的人的唯一扶养人。

8. 可能被判处一年以下有期徒刑或者宣告缓刑的。

9. 其他不需要继续羁押犯罪嫌疑人、被告人的情形。

253－1.5 最高人民法院、最高人民检察院、公安部关于办理电信网络诈骗等刑事案件适用法律若干问题的意见（二）（2021年6月17日 法发〔2021〕22号）（节录）

五、非法获取、出售、提供具有信息发布、即时通讯、支付结算功能的互联网账号密码、个人生物识别信息，符合刑法第二百五十三条之一规定的，以侵犯公民个人信息罪追究刑事责任。

对批量前述互联网账号密码、个人生物识别信息的条数，根据查获的数量直接认定，但有证据证明信息不真实或者重复的除外。

253－1.6 最高人民法院、最高人民检察院、公安部关于依法惩治网络暴力违法犯罪的指导意见（2023年9月20日 法发〔2023〕14号）（节录）

4. 依法惩治侵犯公民个人信息行为。组织"人肉搜索"，违法收集并向不特定多数人发布公民个人信息，情节严重，符合刑法第二百五十三条之一规定的，以侵犯公民个人信息罪定罪处罚；依照刑法和司法解释规定，同时构成其他犯罪的，依照处罚较重的规定定罪处罚。

第二百五十四条【报复陷害罪】国家机关工作人员滥用职权、假公济私，对控告人、申诉人、批评人、举报人实行报复陷害的，处二年以下有期徒刑或者拘役；情节严重的，处二年以上七年以下有期徒刑。

【罪名渊源】本罪系由79刑法第146条修改而来。刑法增加了"举报人"这一犯罪对象。高法《罪名规定》、高检《罪名意见》将其解释为报复陷害罪。

【立案标准】

254.1 人民检察院直接受理立案侦查的渎职侵权重特大案件标准（试行）（2002年1月1日 高检发〔2001〕13号）（节录）

三十九、报复陷害案

（一）重大案件

1. 致人精神失常的；

2. 致人其他合法权益受到损害，后果严重的。

（二）特大案件

1. 致人自杀死亡的；

2. 后果特别严重，影响特别恶劣的。

254.2 最高人民检察院关于渎职侵权犯罪案件立案标准的规定（2006 年 7 月 26 日　高检发释字〔2006〕2 号）（节录）

二、国家机关工作人员利用职权实施的侵犯公民人身权利、民主权利犯罪案件

（六）报复陷害案（第二百五十四条）

报复陷害罪是指国家机关工作人员滥用职权、假公济私，对控告人、申诉人、批评人、举报人实行打击报复、陷害的行为。

涉嫌下列情形之一的，应予立案：

1. 报复陷害，情节严重，导致控告人、申诉人、批评人、举报人或者其近亲属自杀、自残造成重伤、死亡，或者精神失常的；

2. 致使控告人、申诉人、批评人、举报人或者其近亲属的其他合法权利受到严重损害的；

3. 其他报复陷害应予追究刑事责任的情形。

三、附　则

（三）本规定中的"国家机关工作人员"，是指在国家机关中从事公务的人员，包括在各级国家权力机关、行政机关、司法机关和军事机关中从事公务的人员。在依照法律、法规规定行使国家行政管理职权的组织中从事公务的人员，或者在受国家机关委托代表国家行使职权的组织中从事公务的人员，或者虽未列入国家机关人员编制但在国家机关中从事公务的人员，在代表国家机关行使职权时，视为国家机关工作人员。在乡（镇）以上中国共产党机关、人民政协机关中从事公务的人员，视为国家机关工作人员。

【法律法规】

254.3 中华人民共和国宪法（1982 年 12 月 4 日　2018 年修正）（第 41 条第 2 款）

254.4 中华人民共和国全国人民代表大会和地方各级人民代表大会代表法（1992 年 4 月 3 日　2015 年修正）（第 44 条）

254.5 中华人民共和国妇女权益保障法（1992 年 10 月 1 日　2018 年修正）（第 10 条、第 14 条、第 56 条、第 57 条第 1 款）

254.6 中华人民共和国教师法（1994 年 1 月 1 日　2009 年修正）（第 36 条）

254.7 中华人民共和国审计法（1995 年 1 月 1 日　2006 年修正）（第 51 条）

254.8 中华人民共和国行政复议法（1999 年 10 月 1 日　2017 年修正）（第 36 条）

254.9 中华人民共和国监察法（2018 年 3 月 20 日）（第 64 条、第 66 条）

第二百五十五条【打击报复会计、统计人员罪】公司、企业、事业单位、机关、团体的领导人，对依法履行职责、抵制违反会计法、统计法行为的会计、统计人员实行打击报复，情节恶劣的，处三年以下有期徒刑或者拘役。

【罪名渊源】本条系刑法吸收《会计法》（1984 年）、《统计法》（1985 年）的内容增设的罪名，79 刑法、单行刑法均未规定。高法《罪名规定》、高检《罪名意见》将其解释为打击报复会计、统计人员罪。

【法律法规】

255.1 中华人民共和国统计法（1984 年 1 月 1 日　2009 年修订）（第 6 条、第 47 条）

255.2 总会计师条例（1990 年 12 月 31 日　2011 年修正）（第 19 条）

255.3 中华人民共和国会计法（2000 年 7 月 1 日　2017 年修正）（第 5 条、第 46 条）

第二百五十六条【破坏选举罪】在选举各级人民代表大会代表和国家机关领导人员时，以暴力、威胁、欺骗、贿赂、伪造选举文件、虚报选举票数等手段破坏选举或者妨害选民和代表自由行使选举权和被选举权，情节严重的，处三年以下有期徒刑、拘役或者剥夺政治权利。

【罪名渊源】本罪系由 79 刑法第 142 条修改而来。刑法将原"违反选举法的规定"修改为"在选举各级人民代表大会代表和国家机关领导人员时"，增加了"伪造选举文

件、虚报选举票数等手段破坏选举""代表"等字样。高法《罪名规定》、高检《罪名意见》将其解释为破坏选举罪。

【立案标准】

256.1 人民检察院直接受理立案侦查的渎职侵权重特大案件标准（试行）（2002 年 1 月 1 日 高检发〔2001〕13 号）（节录）

四十、国家机关工作人员利用职权实施的破坏选举案

（一）重大案件

1. 导致乡镇级选举无法进行或者选举无效的；

2. 实施破坏选举行为，取得县级领导职务或者人大代表资格的。

（二）特大案件

1. 导致县级以上选举无法进行或者选举无效的；

2. 实施破坏选举行为，取得市级以上领导职务或者人大代表资格的。

256.2 最高人民检察院关于渎职侵权犯罪案件立案标准的规定（2006 年 7 月 26 日　高检发释字〔2006〕2 号）（节录）

二、国家机关工作人员利用职权实施的侵犯公民人身权利、民主权利犯罪案件

（七）国家机关工作人员利用职权实施的破坏选举案（第二百五十六条）

破坏选举罪是指在选举各级人民代表大会代表和国家机关领导人员时，以暴力、威胁、欺骗、贿赂、伪造选举文件、虚报选举票数或者编造选举结果等手段破坏选举或者妨害选民和代表自由行使选举权和被选举权，情节严重的行为。

国家机关工作人员利用职权破坏选举，涉嫌下列情形之一的，应予立案：

1. 以暴力、威胁、欺骗、贿赂等手段，妨害选民、各级人民代表大会代表自由行使选举权和被选举权，致使选举无法正常进行，或者选举无效，或者选举结果不真实的；

2. 以暴力破坏选举场所或者选举设备，致使选举无法正常进行的；

3. 伪造选民证、选票等选举文件，虚报选举票数，产生不真实的选举结果或者强行宣布合法选举无效、非法选举有效的；

4. 聚众冲击选举场所或者故意扰乱选举场所秩序，使选举工作无法进行的；

5. 其他情节严重的情形。

三、附则

（三）本规定中的"国家机关工作人员"，是指在国家机关中从事公务的人员，包括在各级国家权力机关、行政机关、司法机关和军事机关中从事公务的人员。在依照法律、法规规定行使国家行政管理职权的组织中从事公务的人员，或者在受国家机关委托代表国家行使职权的组织中从事公务的人员，或者虽未列入国家机关人员编制但在国家机关中从事公务的人员，在代表国家机关行使职权时，视为国家机关工作人员。在乡（镇）以上中国共产党机关、人民政协机关中从事公务的人员，视为国家机关工作人员。

【法律法规】

256.3 中华人民共和国全国人民代表大会和地方各级人民代表大会选举法（1980 年 1 月 1 日 2020 年修正）（第 58 条第 1 款）

第二百五十七条【暴力干涉婚姻自由罪】 以暴力干涉他人婚姻自由的，处二年以下有期徒刑或者拘役。

犯前款罪，致使被害人死亡的，处二年以上七年以下有期徒刑。

第一款罪，告诉的才处理。

【罪名渊源】 本条完全沿袭了 79 刑法第 179 条的内容，高法《罪名规定》、高检《罪名意见》将其解释为暴力干涉婚姻自由罪。

【司法文件】

257.1 参见 246.7 最高人民法院、最高人民检察院、公安部、司法部关于依法办理家庭暴力犯罪案件的意见（2015 年 3 月 2 日　法发〔2015〕4 号）

【法律法规】

257.2 中华人民共和国婚姻法（1981 年 1 月 1 日　2001 年修正）（第 3 条第 1 款）

257.3 中华人民共和国妇女权益保障法（1992 年 10 月 1 日　2018 年修正）（第 44 条）

257.4 中华人民共和国老年人权益保障法（2013 年 7 月 1 日　2018 年修正）（第 21 条、第 76 条）

第二百五十八条【重婚罪】有配偶而重婚的，或者明知他人有配偶而与之结婚的，处二年以下有期徒刑或者拘役。

【罪名渊源】本条完全沿袭了 79 刑法第 180 条的内容，高法《罪名规定》、高检《罪名意见》将其解释为重婚罪。

【司法文件】

258.1 最高人民法院研究室关于重婚案件的被告人长期外逃法院能否中止审理和是否受追诉时效限制问题的电话答复（1989 年 8 月 16 日）

陕西省高级人民法院：

你院陕高法研〔1989〕35 号《关于重婚案件的被告人长期外逃法院能否中止审理和是否受追诉时效限制问题的请示》收悉。经研究，答复如下：

同意你院意见，即胡应亭诉焦有枝、赵炳信重婚一案，在人民法院对焦有枝采取取保候审的强制措施后，焦有枝潜逃并和赵炳信一直在外流窜，下落不明的情况下，可参照最高人民法院法（研）复〔1988〕29 号《关于刑事案件取保候审的被告人在法院审理期间潜逃应宣告中止审理的批复》的规定，中止审理，俟被告人追捕归案后，再恢复审理。关于追诉时效问题，根据刑法第七十七条①的规定，对焦有枝追究刑事责任不受追诉期限的限制。对于赵炳信，只要他同焦有枝的非法婚姻关系不解除，他们的重婚犯罪行为就处于一种继续状态，根据刑法第七十八条②的规定，人民法院随时都可以对他追究刑事责任。此外，如果公安机关已对赵炳信发布了通缉令，也可以根据刑法第七十七条的规定，对他追究刑事责任，不受追诉期限的限制。

258.2 最高人民法院研究室关于重婚案件中受骗的一方当事人能否作为被害人向法院提起诉讼问题的电话答复（1992 年 11 月 7 日）

广东省高级人民法院：

你院《关于重婚案件中受骗的一方当事人能否作为被害人向法院提起诉讼问题的请示》收阅。经研究，答复如下：

基本同意你院的第二种意见，即重婚案件中的被害人，既包括重婚者在原合法婚姻关系中的配偶，也包括后来受欺骗而与重婚者结婚的人。鉴于受骗一方当事人在主观上不具有重婚的故意，因此，根据你院《请示》中介绍的案情，陈若容可以作为本案的被害人。根据最高人民法院、最高人民检察院 1983 年 7 月 26 日《关于重婚案件管辖问题的通知》中关于"由被害人提出控告的重婚案件由人民法院直接受理"的规定，陈若容可以作为自诉人，直接向人民法院提起诉讼。

【法律法规】

258.3 中华人民共和国民法典（2021 年 1 月 1 日）（第 1042 条第 2 款）

---

① 指 79 刑法条文，对应刑法第 88 条，下同。——编者注
② 指 79 刑法条文，对应刑法第 89 条。——编者注

第二百五十九条【破坏军婚罪】明知是现役军人的配偶而与之同居或者结婚的，处三年以下有期徒刑或者拘役。

【强奸罪】利用职权、从属关系，以胁迫手段奸淫现役军人的妻子的，依照本法第二百三十六条的规定定罪处罚。

【罪名渊源】本条沿袭了 79 刑法第 181 条的内容。刑法增设了拘役刑种，增加了第 2 款内容。高法《罪名规定》、高检《罪名意见》将第 1 款解释为破坏军婚罪。

【法律法规】

259.1 中华人民共和国国防法（2021 年 1 月 1 日）（第 62 条第 2 款）

第二百六十条【虐待罪】虐待家庭成员，情节恶劣的，处二年以下有期徒刑、拘役或者管制。

犯前款罪，致使被害人重伤、死亡的，处二年以上七年以下有期徒刑。

第一款罪，告诉的才处理，但被害人没有能力告诉，或者因受到强制、威吓无法告诉的除外。

【刑法修正说明】

本条第 3 款为全国人大常委会 2015 年 8 月 29 日通过并公布、同年 11 月 1 日施行的《刑法修正案（九）》第 18 条所修正。原该款为：

第一款罪，告诉的才处理。

【罪名渊源】本条沿袭了 79 刑法第 182 条内容。高法《罪名规定》、高检《罪名意见》将其解释为虐待罪。《刑法修正案（九）》第 18 条在本条第 3 款增设了但书规定。

【司法解释】

260.1 最高人民法院关于《中华人民共和国刑法修正案（九）》时间效力问题的解释（2015 年 11 月 1 日 法释〔2015〕19 号）（节录）

第五条 对于 2015 年 10 月 31 日以前实施的刑法第二百六十条第一款规定的虐待行为，被害人没有能力告诉，或者因受到强制、威吓无法告诉的，适用修正后刑法第二百六十条第三款的规定。

【司法文件】

260.2 参见 234.10 最高人民法院、最高人民检察院、公安部、司法部关于依法惩治拐卖妇女儿童犯罪的意见（2010 年 3 月 15 日 法发〔2010〕7 号）

260.3 最高人民法院、最高人民检察院、公安部、司法部关于依法办理家庭暴力犯罪案件的意见（2015 年 3 月 2 日 法发〔2015〕4 号）（节录）

2. 保护被害人安全和隐私。办理家庭暴力犯罪案件，应当首先保护被害人的安全。通过对被害人进行紧急救治、临时安置，以及对施暴人采取刑事强制措施、判处刑罚、宣告禁止令等措施，制止家庭暴力并防止再次发生，消除家庭暴力的现实侵害和潜在危险。对与案件有关的个人隐私，应当保密，但法律有特别规定的除外。

3. 尊重被害人意愿。办理家庭暴力犯罪案件，既要严格依法进行，也要尊重被害人的意愿。在立案、采取刑事强制措施、提起公诉、判处刑罚、减刑、假释时，应当充分听取被害人意见，在法律规定的范围内作出合情、合理的处理。对法律规定可以调解、和解的案件，应当在当事人双方自愿的基础上进行调解、和解。

4. 对未成年人、老年人、残疾人、孕妇、哺乳期妇女、重病患者特殊保护。办理家庭暴力犯罪案件，应当根据法律规定和案件情况，通过代为告诉、法律援助等措施，加大对未成年人、老年人、残疾人、孕妇、哺乳期妇女、重病患者的司法保护力度，切实保障他们的合法权益。

7. 注意发现犯罪案件。公安机关在处理人身伤害、虐待、遗弃等行政案件过程中，人民法院在审理婚姻家庭、继承、侵权责任纠纷等民事案件过程中，应当注意发现可能涉及的家庭暴力犯

454 第 260 条

第二编 分 则 | 第四章 侵犯公民人身权利、民主权利罪

罪。一旦发现家庭暴力犯罪线索，公安机关应当将案件转为刑事案件办理，人民法院应当将案件移送公安机关；属于自诉案件的，公安机关、人民法院应当告知被害人提起自诉。

8. 尊重被害人的程序选择权。对于被害人有证据证明的轻微家庭暴力犯罪案件，在立案审查时，应当尊重被害人选择公诉或者自诉的权利。被害人要求公安机关处理的，公安机关应当依法立案、侦查。在侦查过程中，被害人不再要求公安机关处理或者要求转为自诉案件的，应当告知被害人向公安机关提交书面申请。经审查确系被害人自愿提出的，公安机关应当依法撤销案件。被害人就这类案件向人民法院提起自诉的，人民法院应当依法受理。

9. 通过代为告诉充分保障被害人自诉权。对于家庭暴力犯罪自诉案件，被害人无法告诉或者不能亲自告诉的，其法定代理人、近亲属可以告诉或者代为告诉；被害人是无行为能力人、限制行为能力人，其法定代理人、近亲属没有告诉或者代为告诉的，人民检察院可以告诉；侮辱、暴力干涉婚姻自由等告诉才处理的案件，被害人因受强制、威吓无法告诉的，人民检察院也可以告诉。人民法院对告诉或者代为告诉的，应当依法受理。

11. 及时、全面收集证据。公安机关在办理家庭暴力案件时，要充分、全面地收集、固定证据，除了收集现场的物证、被害人陈述、证人证言等证据外，还应当注意及时向村（居）委会、人民调解委员会、妇联、共青团、残联、医院、学校、幼儿园等单位、组织的工作人员，以及被害人的亲属、邻居等收集涉及家庭暴力的处理记录、病历、照片、视频等证据。

14. 加强自诉案件举证指导。家庭暴力犯罪案件具有案发周期较长、证据难以保存，被害人处于相对弱势、举证能力有限，相关事实难以认定等特点。有些特点在自诉案件中表现得更为突出。因此，人民法院在审理家庭暴力自诉案件时，对于因当事人举证能力不足等原因，难以达到法律规定的证据要求的，应当及时对当事人进行举证指导，告知需要收集的证据及收集证据的方法。对于因客观原因不能取得的证据，当事人申请人民法院调取的，人民法院应当认真审查，认为确有必要的，应当调取。

16. 依法准确定罪处罚。对故意杀人、故意伤害、强奸、猥亵儿童、非法拘禁、侮辱、暴力干涉婚姻自由、虐待、遗弃等侵害公民人身权利的家庭暴力犯罪，应当根据犯罪的事实、犯罪的性质、情节和对社会的危害程度，严格依照刑法的有关规定判处。对于同一行为同时触犯多个罪名的，依照处罚较重的规定定罪处罚。

17. 依法惩处虐待犯罪。采取殴打、冻饿、强迫过度劳动、限制人身自由、恐吓、侮辱、谩骂等手段，对家庭成员的身体和精神进行摧残、折磨，是实践中较为多发的虐待性质的家庭暴力。根据司法实践，具有虐待持续时间较长、次数较多；虐待手段残忍；虐待造成被害人轻微伤或者患较严重疾病；对未成年人、老年人、残疾人、孕妇、哺乳期妇女、重病患者实施较为严重的虐待行为等情形，属于刑法第二百六十条第一款规定的虐待"情节恶劣"，应当依法以虐待罪定罪处罚。

准确区分虐待犯罪致人重伤、死亡与故意伤害、故意杀人犯罪致人重伤、死亡的界限，要根据被告人的主观故意、所实施的暴力手段与方式、是否立即或者直接造成被害人伤亡后果等进行综合判断。对于被告人主观上不具有侵害被害人健康或者剥夺被害人生命的故意，而是出于追求被害人肉体和精神上的痛苦，长期或者多次实施虐待行为，逐渐造成被害人身体损害，过失导致被害人重伤或者死亡的；或者因虐待致使被害人不堪忍受而自残、自杀，导致重伤或者死亡的，属于刑法第二百六十条第二款规定的虐待"致使被害人重伤、死亡"，应当以虐待罪定罪处罚。对于被告人虽然实施家庭暴力呈现出经常性、持续性、反复性的特点，但其主观上具有希望或者放任被害人重伤或者死亡的故意，持凶器实施暴力，暴力手段残忍，暴力程度较强，直接或者立即造成被害人重伤或者死亡的，应当以故意伤害罪或者故意杀人罪定罪处罚。

18. 切实贯彻宽严相济刑事政策。对于实施家庭暴力构成犯罪的，应当根据罪刑法定、罪刑相适应原则，兼顾维护家庭稳定、尊重被害人意愿等因素综合考虑，宽严并用，区别对待。根据司法实践，对于实施家庭暴力手段残忍或者造成严重后果；出于恶意侵占财产等卑劣动机实施家庭暴力；因酗酒、吸毒、赌博等恶习而长期或者多次实施家庭暴力；曾因实施家庭暴力受到刑事处罚、行政处罚；或者具有其他恶劣情形的，可以酌情从重处罚。对于实施家庭暴力犯罪情节较轻，或者被告人真诚悔罪，获得被害人谅解，从轻处罚有利于被扶养人的，可以酌情从轻处罚；

对于情节轻微不需要判处刑罚的，人民检察院可以不起诉，人民法院可以判处免予刑事处罚。

对于实施家庭暴力情节显著轻微危害不大不构成犯罪的，应当撤销案件、不起诉，或者宣告无罪。

人民法院、人民检察院、公安机关应当充分运用训诫，责令施暴人保证不再实施家庭暴力，或者向被害人赔礼道歉、赔偿损失等非刑罚处罚措施，加强对施暴人的教育与惩戒。

19. 准确认定对家庭暴力的正当防卫。为了使本人或者他人的人身权利免受不法侵害，对正在进行的家庭暴力采取制止行为，只要符合刑法规定的条件，就应当依法认定为正当防卫，不负刑事责任。防卫行为造成施暴人重伤、死亡，且明显超过必要限度，属于防卫过当，应当负刑事责任，但是应当减轻或者免除处罚。

认定防卫行为是否"明显超过必要限度"，应当以足以制止并使防卫人免受家庭暴力不法侵害的需要为标准，根据施暴人正在实施家庭暴力的严重程度、手段的残忍程度，防卫人所处的环境、面临的危险程度、采取的制止暴力的手段、造成施暴人重大损害的程度，以及既往家庭暴力的严重程度等进行综合判断。

20. 充分考虑案件中的防卫因素和过错责任。对于长期遭受家庭暴力后，在激愤、恐惧状态下为了防止再次遭受家庭暴力，或者为了摆脱家庭暴力而故意杀害、伤害施暴人，被告人的行为具有防卫因素，施暴人在案件起因上具有明显过错或者直接责任的，可以酌情从宽处罚。对于因遭受严重家庭暴力，身体、精神受到重大损害而故意杀害施暴人；或者因不堪忍受长期家庭暴力而故意杀害施暴人，犯罪情节不是特别恶劣，手段不是特别残忍的，可以认定为刑法第二百三十二条规定的故意杀人"情节较轻"。在服刑期间确有悔改表现的，可以根据其家庭情况，依法放宽减刑的幅度，缩短减刑的起始时间与间隔时间；符合假释条件的，应当假释。被杀害施暴人的近亲属表示谅解的，在量刑、减刑、假释时应当予以充分考虑。

21. 充分运用禁止令措施。人民法院对实施家庭暴力构成犯罪被判处管制或者宣告缓刑的犯罪分子，为了确保被害人及其子女和特定亲属的人身安全，可以依照刑法第三十八条第二款、第七十二条第二款的规定，同时禁止犯罪分子再次实施家庭暴力，侵扰被害人的生活、工作、学习，进行酗酒、赌博等活动；经被害人申请且有必要的，禁止接近被害人及其未成年子女。

24. 充分运用社区矫正措施。社区矫正机构对因实施家庭暴力构成犯罪被判处管制、宣告缓刑、假释或者暂予监外执行的犯罪分子，应当依法开展家庭暴力行为矫治，通过制定有针对性的监管、教育和帮助措施，矫正犯罪分子的施暴心理和行为恶习。

【法律法规】

260.4 中华人民共和国残疾人保障法（1991 年 5 月 15 日 2018 年修正）（第 9 条、第 67 条）

260.5 中华人民共和国民法典（2021 年 1 月 1 日）（第 1042 条第 3 款）

260.6 中华人民共和国未成年人保护法（2021 年 6 月 1 日）（第 17 条第 1 项、第 54 条第 1 款、第 129 条）

第二百六十条之一【虐待被监护、看护人罪】对未成年人、老年人、患病的人、残疾人等负有监护、看护职责的人虐待被监护、看护的人，情节恶劣的，处三年以下有期徒刑或者拘役。

单位犯前款罪的，对单位判处罚金，并对其直接负责的主管人员和其他直接责任人员，依照前款的规定处罚。

有第一款行为，同时构成其他犯罪的，依照处罚较重的规定定罪处罚。

【刑法修正说明】

本条为全国人大常委会 **2015 年 8 月 29 日**通过并公布、同年 **11 月 1 日**施行的《刑法修正案（九）》第 **19** 条所增设。

【罪名渊源】本条系《刑法修正案（九）》第 19 条增设，"两高"《罪名补充规定（六）》将其解释为虐待被监护、看护人罪。

第二百六十一条【遗弃罪】 对于年老、年幼、患病或者其他没有独立生活能力的人，负有扶养义务而拒绝扶养，情节恶劣的，处五年以下有期徒刑、拘役或者管制。

【罪名渊源】 本条完全沿袭了 79 刑法第 183 条的内容，高法《罪名规定》、高检《罪名意见》将其解释为遗弃罪。

【司法文件】

261.1 最高人民法院、最高人民检察院、公安部、司法部关于依法惩治拐卖妇女儿童犯罪的意见（2010 年 3 月 15 日　法发〔2010〕7 号）（节录）

五、定性

17.（第三款）不是出于非法获利目的，而是迫于生活困难，或者受重男轻女思想影响，私自将没有独立生活能力的子女送给他人抚养，包括收取少量"营养费"、"感谢费"的，属于民间送养行为，不能以拐卖妇女、儿童罪论处。对私自送养导致子女身心健康受到严重损害，或者具有其他恶劣情节，符合遗弃罪特征的，可以遗弃罪论处；情节显著轻微危害不大的，可由公安机关依法予以行政处罚。

261.2 最高人民法院、最高人民检察院、公安部、司法部关于依法办理家庭暴力犯罪案件的意见（2015 年 3 月 2 日　法发〔2015〕4 号）（节录）

16. 依法准确定罪处罚。对故意杀人、故意伤害、强奸、猥亵儿童、非法拘禁、侮辱、暴力干涉婚姻自由、虐待、遗弃等侵害公民人身权利的家庭暴力犯罪，应当根据犯罪的事实、犯罪的性质、情节和对社会的危害程度，严格依照刑法的有关规定判处。对于同一行为同时触犯多个罪名的，依照处罚较重的规定定罪处罚。

17.（第三款）依法惩处遗弃犯罪。负有扶养义务且有扶养能力的人，拒绝扶养年幼、年老、患病或者其他没有独立生活能力的家庭成员，是危害严重的遗弃性质的家庭暴力。根据司法实践，具有对被害人长期不予照顾、不提供生活来源；驱赶、逼迫被害人离家，致使被害人流离失所或者生存困难；遗弃患严重疾病或者生活不能自理的被害人；遗弃致使被害人身体严重损害或者造成其他严重后果等情形，属于刑法第二百六十一条规定的遗弃"情节恶劣"，应当依法以遗弃罪定罪处罚。

（第四款）准确区分遗弃罪与故意杀人罪的界限，要根据被告人的主观故意、所实施行为的时间与地点、是否立即造成被害人死亡，以及被害人对被告人的依赖程度等进行综合判断。对于只是为了逃避扶养义务，并不希望或者放任被害人死亡，将生活不能自理的被害人弃置在福利院、医院、派出所等单位或者广场、车站等行人较多的场所，希望被害人得到他人救助的，一般以遗弃罪定罪处罚。对于希望或者放任被害人死亡，不履行必要的扶养义务，致使被害人因缺乏生活照料而死亡，或者将生活不能自理的被害人带至荒山野岭等人迹罕至的场所扔弃，使被害人难以得到他人救助的，应当以故意杀人罪定罪处罚。

> **【说明】** 证据收集、宽严相济刑事政策、正当防卫、禁止令和社区矫正等，参见260.3 本意见。

【法律法规】

261.3 中华人民共和国收养法（1992 年 4 月 1 日　1998 年修正）（第 31 条第 2 款）

261.4 中华人民共和国老年人权益保障法（2013 年 7 月 1 日　2018 年修正）（第 3 条第 3 款、第 76 条）

261.5 中华人民共和国民法典（2021 年 1 月 1 日）（第 1042 条第 3 款）

261.6 中华人民共和国未成年人保护法（2021 年 6 月 1 日）（第 17 条第 1 项、第 129 条）

第二百六十二条【拐骗儿童罪】 拐骗不满十四周岁的未成年人，脱离家庭或者监护人的，处五年以下有期徒刑或者拘役。

【罪名渊源】 本条沿袭了 79 刑法第 184 条的内容，刑法将原"男、女"修改为"未成年人"。高法《罪名规定》、高检《罪名意见》将其解释为拐骗儿童罪。

第二百六十二条之一【组织残疾人、儿童乞讨罪】以暴力、胁迫手段组织残疾人或者不满十四周岁的未成年人乞讨的，处三年以下有期徒刑或者拘役，并处罚金；情节严重的，处三年以上七年以下有期徒刑，并处罚金。

【刑法修正说明】
本条为全国人大常委会 2006 年 6 月 29 日通过并公布施行的《刑法修正案（六）》第 17 条所增设。

【罪名渊源】本条系《刑法修正案（六）》吸收《治安管理处理法》第 41 条内容增设，"两高"《罪名补充规定（三）》将其解释为组织残疾人、儿童乞讨罪。

【司法文件】
262-1.1 最高人民法院、最高人民检察院、公安部、司法部关于依法惩治拐卖妇女儿童犯罪的意见（2010 年 3 月 15 日　法发〔2010〕7 号）（节录）
五、定性
20.（第一款）明知是被拐卖的妇女、儿童而收买，具有下列情形之一的，以收买被拐卖的妇女、儿童罪论处；同时构成其他犯罪的，依照数罪并罚的规定处罚：
（5）组织、诱骗、强迫被收买的妇女、儿童从事乞讨、苦役，或者盗窃、传销、卖淫等违法犯罪活动的。
262-1.2 最高人民检察院、中国残疾人联合会关于在检察工作中切实维护残疾人合法权益的意见（2015 年 11 月 30 日　高检会〔2015〕11 号）（节录）
三、对侵害残疾人生命财产安全的刑事犯罪，特别是严重侵害残疾人权益的重大案件、侵害残疾人群体利益的案件，依法从严从快批捕、起诉，加大指控犯罪力度。
四、对强迫智力残疾人劳动，拐卖残疾妇女、儿童，以暴力、胁迫手段组织残疾人乞讨，故意伤害致人伤残后组织乞讨，组织、胁迫、教唆残疾人进行犯罪活动等案件，依法从重打击。
六、人民检察院在办理案件过程中发现有关单位存在侵犯残疾人合法权益行为的，应当依法及时向有关单位发出检察建议，督促其纠正。侵犯残疾人合法权益情节严重，尚不构成犯罪的，人民检察院应当建议相关部门对责任人员给予相应处分；构成犯罪的，依法追究刑事责任。
七、（第二款）人民检察院自收到移送审查起诉的案件材料之日起三日以内，应当告知残疾犯罪嫌疑人有权委托辩护人，并告知其如果符合《最高人民法院、最高人民检察院、公安部、司法部关于刑事诉讼法律援助工作的规定》第二条规定，本人及其近亲属可以向法律援助机构申请法律援助。对于残疾被害人，应当告知其本人及其法定代理人或者近亲属有权委托诉讼代理人，并告知其如果经济困难，可以向法律援助机构申请法律援助。
二十四、本意见中的残疾人，是指符合《中华人民共和国残疾人保障法》和《残疾人残疾分类和分级》（GB/T 26341—2010）规定的残疾人。
【法律法规】
262-1.3 中华人民共和国未成年人保护法（2021 年 6 月 1 日）（第 54 条第 3 款、第 129 条）

第二百六十二条之二【组织未成年人进行违反治安管理活动罪】组织未成年人进行盗窃、诈骗、抢夺、敲诈勒索等违反治安管理活动的，处三年以下有期徒刑或者拘役，并处罚金；情节严重的，处三年以上七年以下有期徒刑，并处罚金。

【刑法修正说明】
本条为全国人大常委会 2009 年 2 月 28 日通过并公布施行的《刑法修正案（七）》第 8 条所增设。

【罪名渊源】本条系《刑法修正案（七）》增设，"两高"《罪名补充规定（四）》将其解释为组织未成年人进行违反治安管理活动罪。

【司法文件】

262-2.1 最高人民法院、最高人民检察院、公安部、司法部关于依法惩治拐卖妇女儿童犯罪的意见（2010年3月15日　法发〔2010〕7号）（节录）

五、定性

20.（第一款）明知是被拐卖的妇女、儿童而收买，具有下列情形之一的，以收买被拐卖的妇女、儿童罪论处；同时构成其他犯罪的，依照数罪并罚的规定处罚：

（5）组织、诱骗、强迫被收买的妇女、儿童从事乞讨、苦役，或者盗窃、传销、卖淫等违法犯罪活动的。

七、一罪与数罪

27. 拐卖妇女、儿童或者收买被拐卖的妇女、儿童，又组织、教唆被拐卖、收买的未成年妇女、儿童进行盗窃、诈骗、抢夺、敲诈勒索等违反治安管理活动的，以拐卖妇女、儿童罪或者收买被拐卖的妇女、儿童罪与组织未成年人进行违反治安管理活动罪数罪并罚。

【法律法规】

262-2.2 中华人民共和国未成年人保护法（2021年6月1日）（第54条第2款、第129条）

第五章　侵犯财产罪

第二百六十三条【抢劫罪】 以暴力、胁迫或者其他方法抢劫公私财物的，处三年以上十年以下有期徒刑，并处罚金；有下列情形之一的，处十年以上有期徒刑、无期徒刑或者死刑，并处罚金或者没收财产：

（一）入户抢劫的；

（二）在公共交通工具上抢劫的；

（三）抢劫银行或者其他金融机构的；

（四）多次抢劫或者抢劫数额巨大的；

（五）抢劫致人重伤、死亡的；

（六）冒充军警人员抢劫的；

（七）持枪抢劫的；

（八）抢劫军用物资或者抢险、救灾、救济物资的。

【罪名渊源】 本条系由79刑法第150条修改而来，刑法增加了"并处罚金"的规定，将原第2款情节严重的抢劫行为予以细化，列举了抢劫罪中加重处罚的八种具体情形。高法《罪名规定》、高检《罪名意见》将其解释为抢劫罪。

【立案标准】

263.1 国家林业局、公安部关于森林和陆生野生动物刑事案件管辖及立案标准（2001年5月9日　林安字〔2001〕156号）（节录）

一、森林公安机关管辖在其辖区内发生的刑法规定的下列森林和陆生野生动物刑事案件

（十七）抢劫案件中，抢劫国家重点保护陆生野生动物或其制品的案件（第二百六十三条）。

二、森林和陆生野生动物刑事案件的立案标准

（十二）盗窃、抢夺、抢劫案……执行相应的立案标准。

【证据标准】

263.2 最高人民检察院关于印发部分罪案《审查逮捕证据参考标准（试行）》的通知（2003年11月27日　高检侦监发〔2003〕107号）（节录）

一、审查逮捕通用证据参考标准（参见232.1本通知）

六、抢劫罪案审查逮捕证据参考标准

抢劫罪，是指触犯《刑法》第263条的规定，以非法占有为目的，当场使用暴力、胁迫或者其他方法强行夺取公私财物的行为。其他以抢劫罪定罪处罚的有：（1）携带凶器抢夺的；（2）犯盗窃、诈骗、抢夺罪，为窝藏赃物、抗拒抓捕或者毁灭罪证而当场使用暴力或者以暴力相威胁的；（3）聚众打砸抢，毁坏或抢走公私财物的首要分子。

对提请批捕的抢劫案件，应当注意从以下几个方面审查证据：

（一）有证据证明发生了抢劫犯罪事实。

重点审查：

1. 被劫物品实物或照片等证明发生抢劫行为的证据。

2. 被害人伤情鉴定或诊断证明、伤情照片、犯罪工具实物或照片、麻醉药物化验报告等证明强行夺取公私财物时当场使用了暴力、胁迫或者其他方法的证据。使用暴力强度不大，被害人无明显伤情，但供证一致足以证实有该情节的证据。

3. 证明抢劫犯罪事实发生的被害人陈述、证人证言、犯罪嫌疑人供述等。

（二）有证据证明抢劫犯罪事实系犯罪嫌疑人实施的。

重点审查：

1. 显示犯罪嫌疑人实施抢劫犯罪的视听资料。

2. 被害人的指认。

3. 犯罪嫌疑人的供认。

4. 证人证言。

5. 同案犯罪嫌疑人的供述。

6. 对遗留在犯罪工具、犯罪现场和犯罪嫌疑人、被害人身体、衣物上的指纹、血迹等所做的能够证明犯罪嫌疑人实施抢劫犯罪的鉴定和现场勘验材料。

7. 其他能够证明犯罪嫌疑人实施抢劫犯罪的证据。

（三）证明犯罪嫌疑人实施抢劫犯罪行为的证据已有查证属实的。

重点审查：

1. 能够排除合理怀疑的视听资料。

2. 其他证据能够印证的被害人的指认。

3. 其他证据能够印证的犯罪嫌疑人的供述。

4. 能够相互印证的证人证言。

5. 能够与其他证据相互印证的证人证言或者同案犯供述。

6. 其他查证属实的证明犯罪嫌疑人实施抢劫犯罪的证据。

【司法解释】

263.3 最高人民法院、最高人民检察院、公安部、国家工商行政管理局关于依法查处盗窃、抢劫机动车案件的规定（1998年5月8日 公通字〔1998〕31号）（节录）

四、本规定第二条和第三条中的行为人事先与盗窃、抢劫机动车辆的犯罪分子通谋的，分别以盗窃、抢劫罪的共犯论处。

263.4 最高人民法院关于审理抢劫案件具体应用法律若干问题的解释（2000年11月28日 法释〔2000〕35号）（节录）

第一条 刑法第二百六十三条第（一）项规定的"入户抢劫"，是指为实施抢劫行为而进入他人生活的与外界相对隔离的住所，包括封闭的院落、牧民的帐篷、渔民作为家庭生活场所的渔船、为生活租用的房屋等进行抢劫的行为。

对于入户盗窃，因被发现而当场使用暴力或者以暴力相威胁的行为，应当认定入户抢劫。

第二条 刑法第二百六十三条第（二）项规定的"在公共交通工具上抢劫"，既包括在从事旅客运输的各种公共汽车，大、中型出租车，火车，船只，飞机等正在运营中的机动公共交通工具上对旅客、司售、乘务人员实施的抢劫，也包括对运行途中的机动公共交通工具加以拦截后，对公共交通工具上的人员实施的抢劫。

第三条　刑法第二百六十三条第（三）项规定的"抢劫银行或者其他金融机构"，是指抢劫银行或者其他金融机构的经营资金、有价证券和客户的资金等。

抢劫正在使用中的银行或者其他金融机构的运钞车的，视为"抢劫银行或者其他金融机构"。

第四条　刑法第二百六十三条第（四）项规定的"抢劫数额巨大"的认定标准，参照各地确定的盗窃罪数额巨大的认定标准执行。

第五条　刑法第二百六十三条第（七）项规定的"持枪抢劫"，是指行为人使用枪支或者向被害人显示持有、佩带的枪支进行抢劫的行为。"枪支"的概念和范围，适用《中华人民共和国枪支管理法》的规定。

263.5 最高人民法院关于抢劫过程中故意杀人案件如何定罪问题的批复（2001 年 5 月 26 日　法释〔2001〕16 号）

上海市高级人民法院：

你院沪高法〔2000〕117 号《关于抢劫过程中故意杀人案件定性问题的请示》收悉。经研究，答复如下：

行为人为劫取财物而预谋故意杀人，或者在劫取财物过程中，为制服被害人反抗而故意杀人的，以抢劫罪定罪处罚。

行为人实施抢劫后，为灭口而故意杀人的，以抢劫罪和故意杀人罪定罪，实行数罪并罚。

263.6 最高人民法院关于审理未成年人刑事案件具体应用法律若干问题的解释（2006 年 1 月 23 日　法释〔2006〕1 号）（节录）

第七条　已满十四周岁不满十六周岁的人使用轻微暴力或者威胁，强行索要其他未成年人随身携带的生活、学习用品或者钱财数量不大，且未造成被害人轻微伤以上或者不敢正常到校学习、生活等危害后果的，不认为是犯罪。

已满十六周岁不满十八周岁的人具有前款规定情形的，一般也不认为是犯罪。

263.7 最高人民法院、最高人民检察院关于办理抢夺刑事案件适用法律若干问题的解释（2013 年 11 月 18 日　法释〔2013〕25 号）（节录）

第六条　驾驶机动车、非机动车夺取他人财物，具有下列情形之一的，应当以抢劫罪定罪处罚：

（一）夺取他人财物时因被害人不放手而强行夺取的；

（二）驾驶车辆逼挤、撞击或者强行逼倒他人夺取财物的；

（三）明知会致人伤亡仍然强行夺取并放任造成财物持有人轻伤以上后果的。

【司法文件】

263.8 最高人民法院研究室关于对非法占有强迫他人卖血所得款物案件如何定性问题的意见函（1995 年 10 月 23 日）

最高人民检察院研究室：

你室送来的《关于征求对非法占有强迫他人卖血所得款物案件定性意见的函》已收悉。经研究，我们认为，被告人以非法占有为目的，强迫被害人卖血后占有卖血所得款物的行为，构成抢劫罪；其间实施的非法剥夺被害人人身自由的行为，应作为抢劫罪从重处罚的情节予以考虑。

以上意见，仅供参考。

263.9 最高人民法院关于审理抢劫、抢夺刑事案件适用法律若干问题的意见（2005 年 6 月 8 日　法发〔2005〕8 号）（节录）

一、关于"入户抢劫"的认定

根据《抢劫解释》① 第一条规定，认定"入户抢劫"时，应当注意以下三个问题：一是"户"的范围。"户"在这里是指住所，其特征表现为供他人家庭生活和与外界相对隔离两个方

---

①　指最高人民法院《关于审理抢劫案件具体应用法律若干问题的解释》（法释〔2000〕35 号）。——编者注

面，前者为功能特征，后者为场所特征。一般情况下，集体宿舍、旅店宾馆、临时搭建工棚等不应认定为"户"，但在特定情况下，如果确实具有上述两个特征的，也可以认定为"户"。二是"入户"目的的非法性。进入他人住所须以实施抢劫等犯罪为目的。抢劫行为虽然发生在户内，但行为人不以实施抢劫等犯罪为目的进入他人住所，而是在户内临时起意实施抢劫的，不属于"入户抢劫"。三是暴力或者暴力胁迫行为必须发生在户内。入户实施盗窃被发现，行为人为窝藏赃物、抗拒抓捕或者毁灭罪证而当场使用暴力或者以暴力相威胁的，如果暴力或者暴力胁迫行为发生在户内，可以认定为"入户抢劫"；如果发生在户外，不能认定为"入户抢劫"。

二、关于"在公共交通工具上抢劫"的认定

公共交通工具承载的旅客具有不特定多数人的特点。根据《抢劫解释》第二条规定，"在公共交通工具上抢劫"主要是指在从事旅客运输的各种公共汽车，大、中型出租车，火车，船只，飞机等正在运营中的机动公共交通工具上对旅客、司售、乘务人员实施的抢劫。在未运营中的大、中型公共交通工具上针对司售、乘务人员抢劫的，或者在小型出租车上抢劫的，不属于"在公共交通工具上抢劫"。

三、关于"多次抢劫"的认定

刑法第二百六十三条第（四）项中的"多次抢劫"是指抢劫三次以上。

对于"多次"的认定，应以行为人实施的每一次抢劫行为均已构成犯罪为前提，综合考虑犯罪故意的产生、犯罪行为实施的时间、地点等因素，客观分析、认定。对于行为人基于一个犯意实施犯罪的，如在同一地点同时对在场的多人实施抢劫的；或基于同一犯意在同一地点实施连续抢劫犯罪的，如在同一地点连续地对途经此地的多人进行抢劫的；或在一次犯罪中对一栋居民楼房中的几户居民连续实施入户抢劫的，一般应认定为一次犯罪。

六、关于抢劫犯罪数额的计算

抢劫信用卡后使用、消费的，其实际使用、消费的数额为抢劫数额；抢劫信用卡后未实际使用、消费的，不计数额，根据情节轻重量刑。所抢信用卡数额巨大，但未实际使用、消费或者实际使用、消费的数额未达到巨大标准的，不适用"抢劫数额巨大"的法定刑。

为抢劫其他财物，劫取机动车辆当作犯罪工具或者逃跑工具使用的，被劫取机动车辆的价值计入抢劫数额；为实施抢劫以外的其他犯罪劫取机动车辆的，以抢劫罪和实施的其他犯罪实行数罪并罚。

抢劫存折、机动车辆的数额计算，参照执行《关于审理盗窃案件具体应用法律若干问题的解释》的相关规定。

七、关于抢劫特定财物行为的定性

以毒品、假币、淫秽物品等违禁品为对象，实施抢劫的，以抢劫罪定罪；抢劫的违禁品数量作为量刑情节予以考虑。抢劫违禁品后又以违禁品实施其他犯罪的，应以抢劫罪与具体实施的其他犯罪实行数罪并罚。

抢劫赌资、犯罪所得的赃款赃物的，以抢劫罪定罪，但行为人仅以其所输赌资或所赢赌债为抢劫对象，一般不以抢劫罪定罪处罚。构成其他犯罪的，依照刑法的相关规定处罚。

为个人使用，以暴力、胁迫等手段取得家庭成员或近亲属财产的，一般不以抢劫罪定罪处罚，构成其他犯罪的，依照刑法的相关规定处理；教唆或者伙同他人采取暴力、胁迫等手段劫取家庭成员或近亲属财产的，可以抢劫罪定罪处罚。

八、关于抢劫罪数的认定

行为人实施伤害、强奸等犯罪行为，在被害人未失去知觉，利用被害人不能反抗、不敢反抗的处境，临时起意劫取他人财物的，应以此前所实施的具体犯罪与抢劫罪实行数罪并罚；在被害人失去知觉或者没有发觉的情形下，以及实施故意杀人犯罪行为之后，临时起意拿走他人财物的，应以此前所实施的具体犯罪与盗窃罪实行数罪并罚。

九、关于抢劫罪与相似犯罪的界限

1. 冒充正在执行公务的人民警察、联防人员，以抓卖淫嫖娼、赌博等违法行为为名非法占有财物的行为定性行为人冒充正在执行公务的人民警察"抓赌"、"抓嫖"，没收赌资或者罚款的行为，构成犯罪的，以招摇撞骗罪从重处罚；在实施上述行为中使用暴力或者暴力威胁的，以抢劫罪定罪处罚。行为人冒充治安联防队员"抓赌"、"抓嫖"、没收赌资或者罚款的行为，构成犯罪的，以敲诈勒索罪定罪处罚；在实施上述行为中使用暴力或者暴力威胁的，以抢劫罪定罪处罚。

2. 以暴力、胁迫手段索取超出正常交易价钱、费用的钱财的行为定性

从事正常商品买卖、交易或者劳动服务的人，以暴力、胁迫手段迫使他人交出与合理价钱、费用相差不大钱物，情节严重的，以强迫交易罪定罪处罚；以非法占有为目的，以买卖、交易、服务为幌子采用暴力、胁迫手段迫使他人交出与合理价钱、费用相差悬殊的钱物的，以抢劫罪定罪处罚。在具体认定时，既要考虑超出合理价钱、费用的绝对数额，还要考虑超出合理价钱、费用的比例，加以综合判断。

3. 抢劫罪与绑架罪的界限

绑架罪是侵害他人人身自由权利的犯罪，其与抢劫罪的区别在于：第一，主观方面不尽相同。抢劫罪中，行为人一般出于非法占有他人财物的故意实施抢劫行为，绑架罪中，行为人既可能为勒索他人财物而实施绑架行为，也可能出于其他非经济目的实施绑架行为。第二，行为手段不尽相同。抢劫罪表现为行为人劫取财物一般应在同一时间、同一地点，具有"当场性"；绑架罪表现为行为人以杀害、伤害等方式向被绑架人的亲属或其他人或单位发出威胁，索取赎金或提出其他非法要求，劫取财物一般不具有"当场性"。

绑架过程中又当场劫取被害人随身携带财物的，同时触犯绑架罪和抢劫罪两罪名，应择一重罪定罪处罚。

4. 抢劫罪与寻衅滋事罪的界限

寻衅滋事罪是严重扰乱社会秩序的犯罪，行为人实施寻衅滋事的行为时，客观上也可能表现为强拿硬要公私财物的特征。这种强拿硬要的行为与抢劫罪的区别在于：前者行为人主观上还具有逞强好胜和通过强拿硬要来填补其精神空虚等目的，后者行为人一般只具有非法占有他人财物的目的；前者行为人客观上一般不以严重侵犯他人人身权利的方法强拿硬要财物，而后者行为人则以暴力、胁迫等方式作为劫取他人财物的手段。司法实践中，对于未成年人使用或威胁使用轻微暴力强抢少量财物的行为，一般不宜以抢劫罪定罪处罚。其行为符合寻衅滋事罪特征的，可以寻衅滋事罪定罪处罚。

5. 抢劫罪与故意伤害罪的界限

行为人为索取债务，使用暴力、暴力威胁等手段的，一般不以抢劫罪定罪处罚。构成故意伤害等其他犯罪的，依照刑法第二百三十四条等规定处罚。

十、抢劫罪的既遂、未遂的认定

抢劫罪侵犯的是复杂客体，既侵犯财产权利又侵犯人身权利，具备劫取财物或者造成他人轻伤以上后果两者之一的，均属抢劫既遂；既未劫取财物，又未造成他人人身伤害后果的，属抢劫未遂。据此，刑法第二百六十三条规定的八种处罚情节中除"抢劫致人重伤、死亡的"这一结果加重情节之外，其余七种处罚情节同样存在既遂、未遂问题，其中属抢劫未遂的，应当根据刑法关于加重情节的法定刑规定，结合未遂犯的处理原则量刑。

十一、驾驶机动车、非机动车夺取他人财物行为的定性

对于驾驶机动车、非机动车（以下简称"驾驶车辆"）夺取他人财物的，一般以抢夺罪从重处罚。但具有下列情形之一，应当以抢劫罪定罪处罚：

（1）驾驶车辆，逼挤、撞击或强行逼倒他人以排除他人反抗，乘机夺取财物的；

（2）驾驶车辆强抢财物时，因被害人不放手而采取强拉硬拽方法劫取财物的；

（3）行为人明知其驾驶车辆强行夺取他人财物的手段会造成他人伤亡的后果，仍然强行夺取并放任造成财物持有人轻伤以上后果的。

263.10 全国部分法院审理毒品犯罪案件工作座谈会纪要（最高人民法院2008年12月1日印发法〔2008〕324号）（节录）

一、毒品案件的罪名确定和数量认定问题

盗窃、抢夺、抢劫毒品的，应当分别以盗窃罪、抢夺罪或者抢劫罪定罪，但不计犯罪数额，

根据情节轻重予以定罪量刑。盗窃、抢夺、抢劫毒品后又实施其他毒品犯罪的，对盗窃罪、抢夺罪、抢劫罪和所犯的具体毒品犯罪分别定罪，依法数罪并罚。走私毒品，又走私其他物品构成犯罪的，以走私毒品罪和其所犯的其他走私罪分别定罪，依法数罪并罚。

263.11 最高人民法院关于审理抢劫刑事案件适用法律若干问题的指导意见（2016 年 1 月 6 日 法发〔2016〕2 号）（节录）

一、关于审理抢劫刑事案件的基本要求

坚持贯彻宽严相济刑事政策。对于多次结伙抢劫，针对农村留守妇女、儿童及老人等弱势群体实施抢劫，在抢劫中实施强奸等暴力犯罪的，要在法律规定的量刑幅度内从重判处。

对于罪行严重或者具有累犯情节的抢劫犯罪分子，减刑、假释时应当从严掌握，严格控制减刑的幅度和频度。对因家庭成员就医等特定原因初次实施抢劫，主观恶性和犯罪情节相对较轻的，要与多次抢劫以及为了挥霍、赌博、吸毒等实施抢劫的案件在量刑上有所区分。对于犯罪情节较轻，或者具有法定、酌定从轻、减轻处罚情节的，坚持依法从宽处理。

确保案件审判质量。审理抢劫刑事案件，要严格遵守证据裁判原则，确保事实清楚，证据确实、充分。特别是对因抢劫可能判处死刑的案件，更要切实贯彻执行刑事诉讼法及相关司法解释、司法文件，严格依法审查判断和运用证据，坚决防止冤错案件的发生。

对抢劫刑事案件适用死刑，应当坚持"保留死刑，严格控制和慎重适用死刑"的刑事政策，以最严格的标准和最审慎的态度，确保死刑只适用于极少数罪行极其严重的犯罪分子。对被判处死刑缓期二年执行的抢劫犯罪分子，根据犯罪情节等情况，可以同时决定对其限制减刑。

二、关于抢劫犯罪部分加重处罚情节的认定

1. 认定"入户抢劫"，要注重审查行为人"入户"的目的，将"入户抢劫"与"在户内抢劫"区别开来。以侵害户内人员的人身、财产为目的，入户后实施抢劫，包括入户实施盗窃、诈骗等犯罪而转化为抢劫的，应当认定为"入户抢劫"。因访友办事等原因经户内人员允许入户后，临时起意实施抢劫，或者临时起意实施盗窃、诈骗等犯罪而转化为抢劫的，不应认定为"入户抢劫"。

对于部分时间从事经营、部分时间用于生活起居的场所，行为人在非营业时间强行入内抢劫或者以购物为名骗开房门入内抢劫的，应认定为"入户抢劫"。对于部分用于经营、部分用于生活且之间有明确隔离的场所，行为人进入生活场所实施抢劫的，应认定为"入户抢劫"；如场所之间没有明确隔离，行为人在营业时间入内实施抢劫的，不认定为"入户抢劫"，但在非营业时间入内实施抢劫的，应认定为"入户抢劫"。

2. "公共交通工具"，包括从事旅客运输的各种公共汽车，大、中型出租车，火车，地铁，轻轨，轮船，飞机等，不含小型出租车。对于虽不具有商业营运执照，但实际从事旅客运输的大、中型交通工具，可认定为"公共交通工具"。接送职工的单位班车、接送师生的校车等大、中型交通工具，视为"公共交通工具"。

"在公共交通工具上抢劫"，既包括在处于运营状态的公共交通工具上对旅客及司售、乘务人员实施抢劫，也包括拦截运营途中的公共交通工具对旅客及司售、乘务人员实施抢劫，但不包括在未运营的公共交通工具上针对司售、乘务人员实施抢劫。以暴力、胁迫或者麻醉等手段对公共交通工具上的特定人员实施抢劫的，一般应认定为"在公共交通工具上抢劫"。

3. 认定"抢劫数额巨大"，参照各地认定盗窃罪数额巨大的标准执行。抢劫数额以实际抢劫到的财物数额为依据。对以数额巨大的财物为明确目标，由于意志以外的原因，未能抢到财物或实际抢得的财物数额不大的，应同时认定"抢劫数额巨大"和犯罪未遂的情节，根据刑法有关规定，结合未遂犯的处理原则量刑。

根据《两抢意见》[①] 第六条第一款规定，抢劫信用卡后使用、消费的，以行为人实际使用、

---

① 指最高人民法院《关于审理抢劫、抢夺刑事案件适用法律问题的意见》（法发〔2005〕8 号）。
——编者注

消费的数额为抢劫数额。由于行为人意志以外的原因无法实际使用、消费的部分，虽不计入抢劫数额，但应作为量刑情节考虑。通过银行转账或者电子支付、手机银行等支付平台获取抢劫财物的，以行为人实际获取的财物为抢劫数额。

4. 认定"冒充军警人员抢劫"，要注重对行为人是否穿着军警制服、携带枪支、是否出示军警证件等情节进行综合审查，判断是否足以使他人误以为是军警人员。对于行为人仅穿着类似军警的服装或仅以言语宣称系军警人员但未携带枪支、也未出示军警证件而实施抢劫的，要结合抢劫地点、时间、暴力或威胁的具体情形，依照常人判断标准，确定是否认定为"冒充军警人员抢劫"。

军警人员利用自身的真实身份实施抢劫的，不认定为"冒充军警人员抢劫"，应依法从重处罚。

四、具有法定八种加重处罚情节的刑罚适用

1. 根据刑法第二百六十三条的规定，具有"抢劫致人重伤、死亡"等八种法定加重处罚情节的，处十年以上有期徒刑、无期徒刑或者死刑，并处罚金或者没收财产。应当根据抢劫的次数及数额、抢劫对人身的损害、对社会治安的危害等情况，结合被告人的主观恶性及人身危险程度，并根据量刑规范化的有关规定，确定具体的刑罚。判处无期徒刑以上刑罚的，一般应并处没收财产。

2. 具有下列情形之一的，可以判处无期徒刑以上刑罚：

（1）抢劫致三人以上重伤，或者致人重伤造成严重残疾的；

（2）在抢劫过程中故意杀害他人，或者故意伤害他人，致人死亡的；

（3）具有除"抢劫致人重伤、死亡"外的两种以上加重处罚情节，或者抢劫次数特别多、抢劫数额特别巨大的。

3. 为劫取财物而预谋故意杀人，或者在劫取财物过程中为制服被害人反抗、抗拒抓捕而杀害被害人，且被告人无法定从宽处罚情节的，可依法判处死刑立即执行。对具有自首、立功等法定从轻处罚情节的，判处死刑立即执行应当慎重。对于采取故意杀人以外的其他手段实施抢劫并致人死亡的案件，要从犯罪的动机、预谋、实行行为等方面分析被告人主观恶性的大小，并从有无前科及平时表现、认罪悔罪情况等方面判断被告人的人身危险程度，不能不加区别，仅以出现被害人死亡的后果，一律判处死刑立即执行。

4. 抢劫致人重伤案件适用死刑，应当更加慎重、更加严格，除非具有采取极其残忍的手段造成被害人严重残疾等特别恶劣的情节或者造成特别严重后果的，一般不判处死刑立即执行。

5. 具有刑法第二百六十三条规定的"抢劫致人重伤、死亡"以外其他七种加重处罚情节，且犯罪情节特别恶劣、危害后果特别严重的，可依法判处死刑立即执行。认定"情节特别恶劣、危害后果特别严重"，应当从严掌握，适用死刑必须非常慎重、非常严格。

五、抢劫共同犯罪的刑罚适用

1. 审理抢劫共同犯罪案件，应当充分考虑共同犯罪的情节及后果、共同犯罪人在抢劫中的作用以及被告人的主观恶性、人身危险性等情节，做到准确认定主从犯，分清罪责，以责定刑，罚当其罪。一案中有两名以上主犯的，要从犯罪提意、预谋、准备、行为实施、赃物处理等方面区分出罪责最大者和较大者；有两名以上从犯的，要在从犯中区分出罪责相对更轻者和较轻者。对从犯的处罚，要根据案件的具体事实、从犯的罪责，确定从轻还是减轻处罚。对具有自首、立功或者未成年且初次抢劫等情节的从犯，可以依法免除处罚。

2. 对于共同抢劫致一人死亡的案件，依法应当判处死刑的，除犯罪手段特别残忍、情节及后果特别严重、社会影响特别恶劣、严重危害社会治安的外，一般只对共同抢劫犯罪中作用最突出、罪行最严重的那名主犯判处死刑立即执行。罪行最严重的主犯如因系未成年人而不适用死刑，或者因具有自首、立功等法定从宽处罚情节而不判处死刑立即执行的，不能不加区别地对其他主犯判处死刑立即执行。

3. 在抢劫共同犯罪案件中，有同案犯在逃的，应当根据现有证据尽量分清在押犯与在逃犯的罪责，对在押犯应按其罪责处刑。罪责确实难以分清，或者不排除在押犯的罪责可能轻于在逃犯的，对在押犯适用刑罚应当留有余地，判处死刑立即执行要格外慎重。

六、累犯等情节的适用

根据刑法第六十五条第一款的规定，对累犯应当从重处罚。抢劫犯罪被告人具有累犯情节的，适用刑罚时要综合考虑犯罪的情节和后果，所犯前后罪的性质、间隔时间及判刑轻重等情况，决定从重处罚的力度。对于前罪系抢劫等严重暴力犯罪的累犯，应当依法加大从重处罚的力度。对于虽不构成累犯，但具有抢劫犯罪前科的，一般不适用减轻处罚和缓刑。对于可能判处死刑的罪犯具有累犯情节的也应慎重，不能只要是累犯就一律判处死刑立即执行；被告人同时具有累犯和法定从宽处罚情节的，判处死刑立即执行应当综合考虑，从严掌握。

七、关于抢劫案件附带民事赔偿的处理原则

要妥善处理抢劫案件附带民事赔偿工作。审理抢劫刑事案件，一般情况下人民法院不主动开展附带民事调解工作。但是，对于犯罪情节不是特别恶劣或者被害方生活、医疗陷入困境，被告人与被害方自行达成民事赔偿和解协议的，民事赔偿情况可作为评价被告人悔罪态度的依据之一，在量刑上酌情予以考虑。

263.12 最高人民法院关于常见犯罪的量刑指导意见（2017 年 4 月 1 日　法发〔2017〕7 号）（节录）

四、常见犯罪的量刑

（五）抢劫罪

1. 构成抢劫罪的，可以根据下列不同情形在相应的幅度内确定量刑起点：

（1）抢劫一次的，可以在三年至六年有期徒刑幅度内确定量刑起点。

（2）有下列情形之一的，可以在十年至十三年有期徒刑幅度内确定量刑起点：入户抢劫的；在公共交通工具上抢劫的；抢劫银行或者其他金融机构的；抢劫三次或者抢劫数额达到数额巨大起点的；抢劫致一人重伤的冒充军警人员抢劫的；持枪抢劫的；抢劫军用物资或者抢险、救灾、救济物资的。依法应当判处无期徒刑以上刑罚的除外。

2. 在量刑起点的基础上，可以根据抢劫情节严重程度、抢劫次数、数额、致人伤害后果等其他影响犯罪构成的犯罪事实增加刑罚量，确定基准刑。

【说明】量刑基本原则、基本方法和常见量刑情节的适用，参见 61.2 本意见。

263.13 参见 114.5 最高人民法院、最高人民检察院、公安部、司法部关于办理恐怖活动和极端主义犯罪案件适用法律若干问题的意见（2018 年 3 月 16 日　高检会〔2018〕1 号）

263.14 参见 266.17 最高人民法院、最高人民检察院、公安部、司法部关于办理黑恶势力犯罪案件若干问题的指导意见（2018 年 1 月 16 日　法发〔2018〕1 号）

263.15 参见 266.20 最高人民法院、最高人民检察院、公安部、司法部关于办理"套路贷"刑事案件若干问题的意见（2019 年 4 月 9 日）（第 4 条）

263.16 最高人民法院、最高人民检察院、公安部关于依法办理"碰瓷"违法犯罪案件的指导意见（2020 年 9 月 22 日　公通字〔2020〕12 号）（节录）

三、实施"碰瓷"，当场使用暴力、胁迫或者其他方法，当场劫取他人财物，符合刑法第二百六十三条规定的，以抢劫罪定罪处罚。

【说明】主从犯、犯罪集团认定和侦查、起诉、审判等，参见 274.12 本意见第 9—10 条。

263.17 参见 232.20 最高人民法院、最高人民检察院、公安部、工业和信息化部、住房和城乡建设部、交通运输部、应急管理部、国家铁路局、中国民用航空局、国家邮政局关于依法惩治涉枪支、弹药、爆炸物、易燃易爆危险物品犯罪的意见（2021 年 12 月 31 日　法发〔2021〕35 号）

【法律法规】

263.18 中华人民共和国铁路法（1991 年 5 月 1 日　2015 年修正）（第 65 条第 1 款）

263.19 中华人民共和国枪支管理法（1996 年 10 月 1 日　2015 年修正）（第 46 条）

第二百六十四条【盗窃罪】盗窃公私财物，数额较大的，或者多次盗窃、入户盗窃、携带凶器盗窃、扒窃的，处三年以下有期徒刑、拘役或者管制，并处或者单处罚金；数额巨大或者有其他严重情节的，处三年以上十年以下有期徒刑，并处罚金；数额特别巨大或者有其他特别严重情节的，处十年以上有期徒刑或者无期徒刑，并处罚金或者没收财产。

> **【刑法修正说明】**
>
> 　　本条为全国人大常委会 2011 年 2 月 25 日通过并公布、同年 5 月 1 日施行的《刑法修正案（八）》第 39 条所修正。原第 264 条为：
>
> 　　**【盗窃罪】**盗窃公私财物，数额较大或者多次盗窃的，处三年以下有期徒刑、拘役或者管制，并处或者单处罚金；数额巨大或者有其他严重情节的，处三年以上十年以下有期徒刑，并处罚金；数额特别巨大或者有其他特别严重情节的，处十年以上有期徒刑或者无期徒刑，并处罚金或者没收财产；有下列情形之一的，处无期徒刑或者死刑，并处没收财产：
>
> 　　（一）盗窃金融机构，数额特别巨大的；
>
> 　　（二）盗窃珍贵文物，情节严重的。

　　【罪名渊源】本罪系由 79 刑法第 151 条、第 152 条修改而来，刑法作了如下修改：将盗窃与诈骗、抢夺行为分离，独立成条；"惯窃"不再作为一种加重处罚行为；定性由原单一数额标准改为"数额较大或者多次盗窃"两个标准；第一档刑增加"并处或者单处罚金"，第二档刑增加"并处罚金"，第三档刑由原"可以并处没收财产"改为"并处罚金或者没收财产"；分别改原"数额巨大""情节特别严重"为"数额巨大或者有其他严重情节""数额特别巨大或者有其他特别严重情节"；最高法定刑提高至死刑，但适用范围比《关于严惩严重破坏经济的罪犯的决定》要窄。高法《罪名规定》、高检《罪名意见》将其解释为盗窃罪。《刑法修正案（八）》第 39 条又作了如下修改：（1）将"入户盗窃、携带凶器盗窃、扒窃"行为予以犯罪化；（2）取消死刑。

　　【立案标准】

　　264.1 最高人民法院、最高人民检察院、公安部关于铁路运输过程中盗窃罪数额认定标准问题的规定（1999 年 2 月 4 日　公发〔1999〕4 号）

　　各省、自治区、直辖市高级人民法院，人民检察院，公安厅、局，解放军军事法院、军事检察院：

　　根据刑法第二百六十四条的规定，结合铁路运输的治安状况和盗窃案件特点，现对铁路运输过程中盗窃罪数额认定标准规定如下：

　　一、个人盗窃公私财物"数额较大"，以一千元为起点；

　　二、个人盗窃公私财物"数额巨大"，以一万元为起点；

　　三、个人盗窃公私财物"数额特别巨大"，以六万元为起点。

　　264.2 国家林业局、公安部关于森林和陆生野生动物刑事案件管辖及立案标准（2001 年 5 月 9 日　林安字〔2001〕156 号）（节录）

　　一、森林公安机关管辖在其辖区内发生的刑法规定的下列森林和陆生野生动物刑事案件

　　（十六）盗窃案件中，盗窃国家、集体、他人所有并已经伐倒的树木，偷砍他人房前屋后、自留地种植的零星树木，以谋取经济利益为目的非法实施采种、采脂、挖笋、掘根、剥树皮等以及盗窃国家重点保护陆生野生动物或其制品的案件（第二百六十四条）。

　　二、森林和陆生野生动物刑事案件的立案标准

　　（十二）盗窃、抢夺、抢劫案……执行相应的立案标准。

【罪刑标准】

264.3 最高人民法院、最高人民检察院关于办理盗窃刑事案件适用法律若干问题的解释

（2013年4月4日　法释〔2013〕8号）

为依法惩治盗窃犯罪活动，保护公私财产，根据《中华人民共和国刑法》、《中华人民共和国刑事诉讼法》的有关规定，现就办理盗窃刑事案件适用法律的若干问题解释如下：

第一条　盗窃公私财物价值一千元至三千元以上、三万元至十万元以上、三十万元至五十万元以上的，应当分别认定为刑法第二百六十四条规定的"数额较大"、"数额巨大"、"数额特别巨大"。

各省、自治区、直辖市高级人民法院、人民检察院可以根据本地区经济发展状况，并考虑社会治安状况，在前款规定的数额幅度内，确定本地区执行的具体数额标准，报最高人民法院、最高人民检察院批准。

在跨地区运行的公共交通工具上盗窃，盗窃地点无法查证的，盗窃数额是否达到"数额较大"、"数额巨大"、"数额特别巨大"，应当根据受理案件所在地省、自治区、直辖市高级人民法院、人民检察院确定的有关数额标准认定。

盗窃毒品等违禁品，应当按照盗窃罪处理的，根据情节轻重量刑。

第二条　盗窃公私财物，具有下列情形之一的，"数额较大"的标准可以按照前条规定标准的百分之五十确定：

（一）曾因盗窃受过刑事处罚的；

（二）一年内曾因盗窃受过行政处罚的；

（三）组织、控制未成年人盗窃的；

（四）自然灾害、事故灾害、社会安全事件等突发事件期间，在事件发生地盗窃的；

（五）盗窃残疾人、孤寡老人、丧失劳动能力人的财物的；

（六）在医院盗窃病人或者其亲友财物的；

（七）盗窃救灾、抢险、防汛、优抚、扶贫、移民、救济款物的；

（八）因盗窃造成严重后果的。

第三条　二年内盗窃三次以上的，应当认定为"多次盗窃"。

非法进入供他人家庭生活，与外界相对隔离的住所盗窃的，应当认定为"入户盗窃"。

携带枪支、爆炸物、管制刀具等国家禁止个人携带的器械盗窃，或者为了实施违法犯罪携带其他足以危害他人人身安全的器械盗窃的，应当认定为"携带凶器盗窃"。

在公共场所或者公共交通工具上盗窃他人随身携带的财物，应当认定为"扒窃"。

第四条　盗窃的数额，按照下列方法认定：

（一）被盗财物有有效价格证明的，根据有效价格证明认定；无有效价格证明，或者根据价格证明认定盗窃数额明显不合理的，应当按照有关规定委托估价机构估价；

（二）盗窃外币的，按照盗窃时中国外汇交易中心或者中国人民银行授权机构公布的人民币对该货币的中间价折合成人民币计算；中国外汇交易中心或者中国人民银行授权机构未公布汇率中间价的外币，按照盗窃时境内银行人民币对该货币的中间价折算成人民币，或者该货币在境内银行、国际外汇市场对美元汇率，与人民币对美元汇率中间价进行套算；

（三）盗窃电力、燃气、自来水等财物，盗窃数量能够查实的，按照查实的数量计算盗窃数额；盗窃数量无法查实的，以盗窃前六个月月均正常用量减去盗窃后计量仪表显示的月均用量推算盗窃数额；盗窃前正常使用不足六个月的，按照正常使用期间的月均用量减去盗窃后计量仪表显示的月均用量推算盗窃数额；

（四）明知是盗接他人通信线路、复制他人电信码号的电信设备、设施而使用的，按照合法用户为其支付的费用认定盗窃数额；无法直接确认的，以合法用户的电信设备、设施被盗接、复制后的月缴费额减去被盗接、复制前六个月的月均电话费推算盗窃数额；合法用户使用电信设备、设施不足六个月的，按照实际使用的月均电话费推算盗窃数额；

（五）盗接他人通信线路、复制他人电信码号出售的，按照销赃数额认定盗窃数额。

盗窃行为给失主造成的损失大于盗窃数额的，损失数额可以作为量刑情节考虑。

第五条　盗窃有价支付凭证、有价证券、有价票证的，按照下列方法认定盗窃数额：

（一）盗窃不记名、不挂失的有价支付凭证、有价证券、有价票证的，应当按票面数额和盗窃时应得的孳息、奖金或者奖品等可得收益一并计算盗窃数额；

（二）盗窃记名的有价支付凭证、有价证券、有价票证，已经兑现的，按照兑现部分的财物价值计算盗窃数额；没有兑现，但失主无法通过挂失、补领、补办手续等方式避免损失的，按照给失主造成的实际损失计算盗窃数额。

第六条　盗窃公私财物，具有本解释第二条第三项至第八项规定情形之一，或者入户盗窃、携带凶器盗窃，数额达到本解释第一条规定的"数额巨大"、"数额特别巨大"百分之五十的，可以分别认定为刑法第二百六十四条规定的"其他严重情节"或者"其他特别严重情节"。

第七条　盗窃公私财物数额较大，行为人认罪、悔罪，退赃、退赔，且具有下列情形之一，情节轻微的，可以不起诉或者免予刑事处罚；必要时，由有关部门予以行政处罚：

（一）具有法定从宽处罚情节的；

（二）没有参与分赃或者获赃较少且不是主犯的；

（三）被害人谅解的；

（四）其他情节轻微、危害不大的。

第八条　偷拿家庭成员或者近亲属的财物，获得谅解的，一般可以不认为是犯罪；追究刑事责任的，应当酌情从宽。

第九条　盗窃国有馆藏一般文物、三级文物、二级以上文物的，应当分别认定为刑法第二百六十四条规定的"数额较大"、"数额巨大"、"数额特别巨大"。

盗窃多件不同等级国有馆藏文物的，三件同级文物可以视为一件高一级文物。

盗窃民间收藏的文物的，根据本解释第四条第一款第一项的规定认定盗窃数额。

第十条　偷开他人机动车的，按照下列规定处理：

（一）偷开机动车，导致车辆丢失的，以盗窃罪定罪处罚；

（二）为盗窃其他财物，偷开机动车作为犯罪工具使用后非法占有车辆，或者将车辆遗弃导致丢失的，被盗车辆的价值计入盗窃数额；

（三）为实施其他犯罪，偷开机动车作为犯罪工具使用后非法占有车辆，或者将车辆遗弃导致丢失的，以盗窃罪和其他犯罪数罪并罚；将车辆送回未造成丢失的，按照其所实施的其他犯罪从重处罚。

第十一条　盗窃公私财物并造成财物损毁的，按照下列规定处理：

（一）采用破坏性手段盗窃公私财物，造成其他财物损毁的，以盗窃罪从重处罚；同时构成盗窃罪和其他犯罪的，择一重罪从重处罚；

（二）实施盗窃犯罪后，为掩盖罪行或者报复等，故意毁坏其他财物构成犯罪的，以盗窃罪和构成的其他犯罪数罪并罚；

（三）盗窃行为未构成犯罪，但损毁财物构成其他犯罪的，以其他犯罪定罪处罚。

第十二条　盗窃未遂，具有下列情形之一的，应当依法追究刑事责任：

（一）以数额巨大的财物为盗窃目标的；

（二）以珍贵文物为盗窃目标的；

（三）其他情节严重的情形。

盗窃既有既遂，又有未遂，分别达到不同量刑幅度的，依照处罚较重的规定处罚；达到同一量刑幅度的，以盗窃罪既遂处罚。

第十三条　单位组织、指使盗窃，符合刑法第二百六十四条及本解释有关规定的，以盗窃罪追究组织者、指使者、直接实施者的刑事责任。

第十四条　因犯盗窃罪，依法判处罚金刑的，应当在一千元以上盗窃数额的二倍以下判处罚金；没有盗窃数额或者盗窃数额无法计算的，应当在一千元以上十万元以下判处罚金。

第十五条 本解释发布实施后，《最高人民法院关于审理盗窃案件具体应用法律若干问题的解释》（法释〔1998〕4号）同时废止；之前发布的司法解释和规范性文件与本解释不一致的，以本解释为准。

264.4 最高人民法院、最高人民检察院关于办理妨害文物管理等刑事案件适用法律若干问题的解释（2016年1月1日 法释〔2015〕23号）（节录）

第二条 盗窃一般文物、三级文物、二级以上文物的，应当分别认定为刑法第二百六十四条规定的"数额较大""数额巨大""数额特别巨大"。

盗窃文物，无法确定文物等级，或者按照文物等级定罪量刑明显过轻或者过重的，按照盗窃的文物价值定罪量刑。

第八条（第三款） 采用破坏性手段盗窃古文化遗址、古墓葬以外的古建筑、石窟寺、石刻、壁画、近代现代重要史迹和代表性建筑等其他不可移动文物的，依照刑法第二百六十四条的规定，以盗窃罪追究刑事责任。

第九条 明知是盗窃文物、盗掘古文化遗址、古墓葬等犯罪所获取的三级以上文物，而予以窝藏、转移、收购、加工、代为销售或者以其他方法掩饰、隐瞒的，依照刑法第三百一十二条的规定，以掩饰、隐瞒犯罪所得罪追究刑事责任。

实施前款规定的行为，事先通谋的，以共同犯罪论处。

第十一条（第二款） 公司、企业、事业单位、机关、团体等单位实施盗窃文物，故意损毁文物、名胜古迹，过失损毁文物，盗掘古文化遗址、古墓葬等行为的，依照本解释规定的相应定罪量刑标准，追究组织者、策划者、实施者的刑事责任。

第十二条 针对不可移动文物整体实施走私、盗窃、倒卖等行为的，根据所属不可移动文物的等级，依照本解释第一条、第二条、第六条的规定定罪量刑：

（一）尚未被确定为文物保护单位的不可移动文物，适用一般文物的定罪量刑标准；

（二）市、县级文物保护单位，适用三级文物的定罪量刑标准；

（三）全国重点文物保护单位、省级文物保护单位，适用二级以上文物的定罪量刑标准。

针对不可移动文物中的建筑构件、壁画、雕塑、石刻等实施走私、盗窃、倒卖等行为的，根据建筑构件、壁画、雕塑、石刻等文物本身的等级或者价值，依照本解释第一条、第二条、第六条的规定定罪量刑。建筑构件、壁画、雕塑、石刻等所属不可移动文物的等级，应当作为量刑情节予以考虑。

> **【说明】** 文物的等级、鉴定、价值认定等内容，参见324.2本解释第13—18条。

【证据标准】

264.5 最高人民检察院关于印发部分罪案《审查逮捕证据参考标准（试行）》的通知（2003年11月27日 高检侦监发〔2003〕107号）（节录）

一、审查逮捕通用证据参考标准（参见232.1本通知）

二、盗窃罪案审查逮捕证据参考标准

盗窃罪，是指触犯《刑法》第264条的规定，以非法占有为目的，秘密窃取公私财物，数额较大或者多次盗窃公私财物的行为。其他以盗窃罪定罪处罚的有：（1）盗窃信用卡并使用的；（2）盗窃增值税专用发票或者可以用于骗取出口退税、抵扣税款的其他发票的；（3）以牟利为目的，盗接他人通信线路、复制他人电信码号或者明知是盗接、复制的电信设备、设施而使用的；（4）邮政工作人员私自开拆邮件、电报，盗窃财物的；（5）利用计算机盗窃的；（6）单位有关人员为谋取单位利益组织实施盗窃行为，情节严重的；（7）将电信卡非法充值后使用，造成电信资费损失数额较大的，盗用他人密码上网，造成他人电信资费损失数额较大的。

对提请批捕的盗窃案件，应当注意从以下几个方面审查证据：

（一）有证据证明发生了盗窃犯罪事实。

重点审查：

1. 收缴的被盗财物、增值税专用发票或者可以用于骗取出口退税、抵扣税款的其他发票的实物或照片、犯罪工具、被盗现场勘查报告等证明发生以非法占有为目的，秘密窃取公私财物的行为的证据。

2. 电信账单、使用记录、犯罪工具实物或照片等证明发生盗接他人通信线路、复制他人电信码号或者明知是盗接、复制的电信设备、设施而使用的行为的证据。

3. 被窃信用卡被使用的记录的书证、视听资料等证明发生盗窃信用卡并使用的行为的证据。

4. 缴获的被私自开拆的邮件、电报、被盗的财物实物或照片等证明发生邮政工作人员私自开拆邮件、电报，盗窃财物的行为的证据。

5. 资金往来证明、技术鉴定、被盗物品的实物、照片或所有权证书等证明发生利用计算机盗窃行为的证据。

6. 物品价值不明，涉及罪与非罪的，由能够确定赃物价值的价格鉴证部门出具的物品财产估价鉴定结论或购物发票等能证明个人盗窃行为所盗公私财物价值人民币五百元至二千元以上且不具有情节轻微情形的，或接近上述数额较大的标准但具有严重情节的，或证明犯罪嫌疑人一年内入户盗窃或者在公共场所扒窃三次以上等多次盗窃的证据。

7. 对于盗窃公民或单位所有的银行存折的，该存折已加密、是活期或定期的证据。

8. 证明盗窃犯罪事实发生的被害人陈述、证人证言、犯罪嫌疑人供述以及被盗物品未追回，但供证一致的证据等。

9. 证明未利用职务便利或工作便利的证据。

（二）有证据证明盗窃犯罪事实系犯罪嫌疑人实施的。

重点审查：

1. 显示犯罪嫌疑人实施盗窃犯罪的视听资料。

2. 被害人对涉案赃物的辨认笔录。

3. 犯罪嫌疑人的供认。

4. 证人证言及辨认笔录。

5. 同案犯罪嫌疑人供述及辨认笔录。

6. 对犯罪嫌疑人实施盗窃犯罪遗留在犯罪现场、犯罪工具、犯罪对象上的指纹、足迹等所做的鉴定。

7. 在犯罪嫌疑人身边、住处或其他相关地方发现的赃款赃物及提取笔录。

8. 犯罪嫌疑人对盗窃地点的辨认笔录。

9. 其他能够证明犯罪嫌疑人实施盗窃犯罪的证据。

（三）证明犯罪嫌疑人实施盗窃犯罪行为的证据已有查证属实的。

重点审查：

1. 能够排除合理怀疑的视听资料。

2. 能够印证的被害人指认。

3. 能够印证的犯罪嫌疑人供述。

4. 能够相互印证或与其他证据互相印证的证人证言。

5. 能够互相印证或与其他证据相互印证的同案犯供述。

6. 能够与其他证据相互印证的、在犯罪嫌疑人住所或其他地方发现的赃款赃物。

7. 其他查证属实的证明犯罪嫌疑人实施盗窃犯罪的证据。

【司法解释】

264.6 参见 **234.3** 最高人民法院关于对故意伤害、盗窃等严重破坏社会秩序的犯罪分子能否附加剥夺政治权利问题的批复（1998 年 1 月 13 日　法释〔1997〕11 号）

264.7 最高人民法院、最高人民检察院、公安部、国家工商行政管理局关于依法查处盗窃、抢劫机动车案件的规定（1998 年 5 月 8 日　公通字〔1998〕31 号）（节录）

二、明知是盗窃、抢劫所得机动车而予以窝藏、转移、收购或者代为销售的，依照《刑法》第三百一十二条的规定处罚。

对明知是盗窃、抢劫所得机动车而予以拆解、改装、拼装、典当、倒卖的，视为窝藏、转移、收购或者代为销售，依照《刑法》第三百一十二条的规定处罚。

三、国家指定的车辆交易市场、机动车经营企业（含典当、拍卖行）以及从事机动车修理、零部件销售企业的主管人员或者其他直接责任人员，明知是盗窃、抢劫的机动车而予以窝藏、转移、拆解、改装、拼装、收购或者代为销售的，依照《刑法》第三百一十二条的规定处罚。单位组织实施上述行为的，由工商行政管理机关予以处罚。

四、本规定第二条和第三条中的行为人事先与盗窃、抢劫机动车辆的犯罪分子通谋的，分别以盗窃、抢劫罪的共犯论处。

十一、对犯罪分子盗窃、抢劫所得的机动车辆及其变卖价款，应当依照《刑法》第六十四条的规定予以追缴。

十五、盗窃、抢劫机动车案件，由案件发生地公安机关立案侦查，赃车流入地公安机关应当予以配合。跨地区系列盗窃、抢劫机动车案件，由最初受理的公安机关立案侦查；必要时，可由主要犯罪地公安机关立案侦查，或者由上级公安机关指定立案侦查。

十六、各地公安机关扣押或者协助管辖单位追回的被盗窃、抢劫的机动车应当送交管辖单位依法处理，不得以任何理由扣留或者索取费用。拖延不交的，给予单位领导行政处分。

264.8　最高人民法院关于审理扰乱电信市场管理秩序案件具体应用法律若干问题的解释（2000年5月24日　法释〔2000〕12号）（节录）

第七条　将电信卡非法充值后使用，造成电信资费损失数额较大的，依照刑法第二百六十四条的规定，以盗窃罪定罪处罚。

第八条　盗用他人公共信息网络上网账号、密码上网，造成他人电信资费损失数额较大的，依照刑法第二百六十四条的规定，以盗窃罪定罪处罚。

264.9　最高人民法院关于审理破坏森林资源刑事案件具体应用法律若干问题的解释（2000年12月11日　法释〔2000〕36号）（节录）

第九条　将国家、集体、他人所有并已经伐倒的树木窃为己有，以及偷砍他人房前屋后、自留地种植的零星树木，数额较大的，依照刑法第二百六十四条的规定，以盗窃罪定罪处罚。

第十五条　非法实施采种、采脂、挖笋、掘根、剥树皮等行为，牟取经济利益数额较大的，依照刑法第二百六十四条的规定，以盗窃罪定罪处罚。同时构成其他犯罪的，依照处罚较重的规定定罪处罚。

264.10　最高人民检察院关于单位有关人员组织实施盗窃行为如何适用法律问题的批复（2002年8月13日　高检发释字〔2002〕5号）

各省、自治区、直辖市人民检察院，军事检察院，新疆生产建设兵团人民检察院：

近来，一些省人民检察院就单位有关人员为谋取单位利益组织实施盗窃行为如何适用法律问题向我院请示。根据刑法有关规定，现批复如下：

单位有关人员为谋取单位利益组织实施盗窃行为，情节严重的，应当依照刑法第二百六十四条的规定以盗窃罪追究直接责任人员的刑事责任。

264.11　最高人民法院关于审理破坏公用电信设施刑事案件具体应用法律若干问题的解释（2005年1月11日　法释〔2004〕21号）（节录）

第三条（第二款）　盗窃公用电信设施价值数额不大，但是构成危害公共安全犯罪的，依照刑法第一百二十四条的规定定罪处罚；盗窃公用电信设施同时构成盗窃罪和破坏公用电信设施罪的，依照处罚较重的规定定罪处罚。

第四条　指使、组织、教唆他人实施本解释规定的故意犯罪行为的，按照共犯定罪处罚。

第五条　本解释中规定的公用电信设施的范围、用户数、通信中断和严重障碍的标准和时间长度，依据国家电信行业主管部门的有关规定确定。

264.12　最高人民法院关于审理未成年人刑事案件具体应用法律若干问题的解释（2006年1月23日　法释〔2006〕1号）（节录）

第九条　已满十六周岁不满十八周岁的人实施盗窃行为未超过三次，盗窃数额虽已达到"数额较大"标准，但案发后能如实供述全部盗窃事实并积极退赃，且具有下列情形之一的，可以认定为"情节显著轻微危害不大"，不认为是犯罪：

（一）系又聋又哑的人或者盲人；

（二）在共同盗窃中起次要或者辅助作用，或者被胁迫；

（三）具有其他轻微情节的。

已满十六周岁不满十八周岁的人盗窃未遂或者中止的，可不认为是犯罪。

已满十六周岁不满十八周岁的人盗窃自己家庭或者近亲属财物，或者盗窃其他亲属财物但其他亲属要求不予追究的，可不按犯罪处理。

264.13 最高人民法院、最高人民检察院关于办理盗窃油气、破坏油气设备等刑事案件具体应用法律若干问题的解释（2007年1月19日　法释〔2007〕3号）（节录）

第三条　盗窃油气或者正在使用的油气设备，构成犯罪，但未危害公共安全的，依照刑法第二百六十四条的规定，以盗窃罪定罪处罚。

盗窃油气，数额巨大但尚未运离现场的，以盗窃未遂定罪处罚。

为他人盗窃油气而偷开油气井、油气管道等油气设备阀门排放油气或者提供其他帮助的，以盗窃罪的共犯定罪处罚。

第四条　盗窃油气同时构成盗窃罪和破坏易燃易爆设备罪的，依照刑法处罚较重的规定定罪处罚。

第五条　明知是盗窃犯罪所得的油气或者油气设备，而予以窝藏、转移、收购、加工、代为销售或者以其他方法掩饰、隐瞒的，依照刑法第三百一十二条的规定定罪处罚。

实施前款规定的犯罪行为，事前通谋的，以盗窃犯罪的共犯定罪处罚。

第八条　本解释所称的"油气"，是指石油、天然气。其中，石油包括原油、成品油；天然气包括煤层气。

本解释所称"油气设备"，是指用于石油、天然气生产、储存、运输等易燃易爆设备。

264.14 最高人民法院关于审理破坏广播电视设施等刑事案件具体应用法律若干问题的解释（2011年6月13日　法释〔2011〕13号）（节录）

第五条　盗窃正在使用的广播电视设施，尚未构成盗窃罪，但具有本解释第一条、第二条规定情形的，以破坏广播电视设施罪定罪处罚；同时构成盗窃罪和破坏广播电视设施罪的，依照处罚较重的规定定罪处罚。

【说明】本条涉及的第1条、第2条内容，参见124.2本解释。

【司法文件】

264.15 最高人民法院研究室关于刘辉盗窃枪支、盗窃一案管辖问题的电话答复（1988年2月5日）

安徽省高级人民法院：

你院法研字（1988）第10号《关于刘辉盗窃枪支、盗窃一案管辖问题的请示报告》已收悉。经研究，我们同意你院的意见，即：为了及时有力地打击刑事犯罪活动，在与军事法院、军事和地方检察院协商一致的情况下，对被告人刘辉在武汉军区服役期间所犯盗窃枪支罪，可和现在的盗窃罪并案由地方法院按刑法规定处理。

264.16 全国法院维护农村稳定刑事审判工作座谈会纪要（最高人民法院1999年10月27日印发　法〔1999〕217号）（节录）

二

（二）关于盗窃案件

要重点打击的是：盗窃农业生产资料和承包经营的山林、果林、鱼塘产品等严重影响和破坏农村经济发展的犯罪；盗窃农民生活资料，严重影响农民生活和社会稳定的犯罪；结伙盗窃、盗窃集团和盗、运、销一条龙的犯罪；盗窃铁路、油田、重点工程物资的犯罪等。

对盗窃集团的首要分子、盗窃惯犯、累犯，盗窃活动造成特别严重后果的，要依法从严惩处。对于盗窃牛、马、骡、拖拉机等生产经营工具或者生产资料的，应当依法从重处罚。对盗窃犯罪的初犯、未成年犯，或者确因生活困难而实施盗窃犯罪，或积极退赃、赔偿损失的，应当注意体现政策，酌情从轻处罚。其中，具备判处管制、单处罚金或者宣告缓刑条件的，应区分不同情况尽可能适用管制、罚金或者缓刑。

最高人民法院《关于审理盗窃案件具体应用法律若干问题的解释》第四条中"入户盗窃"的"户"，是指家庭及其成员与外界相对隔离的生活场所，包括封闭的院落、为家庭生活租用的房屋、牧民的帐篷以及渔民作为家庭生活场所的渔船等。集生活、经营于一体的处所，在经营时间内一般不视为"户"。

264.17 参见 227.4 最高人民检察院法律政策研究室关于非法制作、出售、使用 IC 电话卡行为如何适用法律问题的答复（2003 年 4 月 2 日　〔2003〕高检研发第 10 号）

264.18 参见 263.10 全国部分法院审理毒品犯罪案件工作座谈会纪要（最高人民法院 2008 年 12 月 1 日印发　法〔2008〕324 号）

264.19 最高人民法院、最高人民检察院、公安部、司法部关于依法惩治拐卖妇女儿童犯罪的意见（2010 年 3 月 15 日　法发〔2010〕7 号）（节录）

五、定性

20.（第一款）明知是被拐卖的妇女、儿童而收买，具有下列情形之一的，以收买被拐卖的妇女、儿童罪论处；同时构成其他犯罪的，依照数罪并罚的规定处罚：

（5）组织、诱骗、强迫被收买的妇女、儿童从事乞讨、苦役，或者盗窃、传销、卖淫等违法犯罪活动的。

264.20 最高人民法院关于常见犯罪的量刑指导意见（2017 年 4 月 1 日　法发〔2017〕7 号）（节录）

四、常见犯罪的量刑

（六）盗窃罪

1. 构成盗窃罪的，可以根据下列不同情形在相应的幅度内确定量刑起点：

（1）达到数额较大起点的，两年内三次盗窃的，入户盗窃的，携带凶器盗窃的，或者扒窃的，可以在一年以下有期徒刑、拘役幅度内确定量刑起点。

（2）达到数额巨大起点或者有其他严重情节的，可以在三年至四年有期徒刑幅度内确定量刑起点。

（3）达到数额特别巨大起点或者有其他特别严重情节的，可以在十年至十二年有期徒刑幅度内确定量刑起点。依法应当判处无期徒刑的除外。

2. 在量刑起点的基础上，可以根据盗窃数额、次数、手段等其他影响犯罪构成的犯罪事实增加刑罚量，确定基准刑。

多次盗窃，数额达到较大以上的，以盗窃数额确定量刑起点，盗窃次数可作为调节基准刑的量刑情节；数额未达到较大的，以盗窃次数确定量刑起点，超过三次的次数作为增加刑罚量的事实。

> **【说明】** 量刑基本原则、基本方法和常见量刑情节的适用，参见 61.2 本意见。

264.21 检察机关办理电信网络诈骗案件指引（2018 年 11 月 9 日　高检发侦监字〔2018〕12 号）（节录）

二、需要特别注意的问题

（一）电信网络诈骗犯罪的界定

1. 此罪彼罪

在一些案件中，尤其是利用网络钓鱼、木马链接实施犯罪的案件中，既存在虚构事实、隐瞒真相的诈骗行为，又可能存在秘密窃取的行为，关键要审查犯罪嫌疑人取得财物是否基于被害人对财物的主动处分意识。如果行为人通过秘密窃取的行为获取他人财物，则应认定构成盗窃罪；如果窃取或者骗取的是他人信用卡资料，并通过互联网、通讯终端等使用的，根据《最高人民法院、最高人民检察院关于办理妨害信用卡管理刑事案件具体应用法律若干问题的解释》（法释〔2009〕19号），则可能构成信用卡诈骗罪；如果通过电信网络技术向不特定多数人发送诈骗信息后又转入接触式诈骗，或者为实现诈骗目的，线上线下并行同时进行接触式和非接触式诈骗，应当按照诈骗取财行为的本质定性，虽然使用电信网络技术但被害人基于接触被骗的，应当认定普通诈骗；如果出现电信网络诈骗和合同诈骗、保险诈骗等特殊诈骗罪名的竞合，应依据刑法有关规定定罪量刑。

264.22 参见267.7 最高人民法院、最高人民检察院、公安部关于依法办理"碰瓷"违法犯罪案件的指导意见（2020年9月22日 公通字〔2020〕12号）

【部委规范】

264.23 能源部、公安部关于严禁窃电的通告（1990年5月28日）（节录）

二、任何单位或个人有下列行为之一的，即为窃电：

1. 在供电企业的供电设施上，擅自接线用电；
2. 绕越供电企业计费计量装置用电；
3. 伪造或启封供电企业加封的表计封印；
4. 故意损坏供电企业计费计量装置；
5. 包灯用电户，私自增加用电容量；
6. 致使供电企业计费计量装置计量不准或失效的其他行为。

264.24 公安部关于对拨打境外色情电话定性处理的批复（1996年2月14日 公复字〔1996〕5号）

河北省公安厅：

你厅《关于对拨打国际色情电话行为如何定性处理的请示》（冀公治〔1996〕284号）收悉。现批复如下：

对盗用他人或单位电话打境外色情电话的以盗窃论处，构成犯罪的，依照1992年12月11日最高人民法院、最高人民检察院《关于办理盗窃案件具体应用法律的若干问题的解释》① 第一条第（四）项的规定按盗窃罪追究刑事责任；不构成犯罪的，依照《治安管理处罚条例》第二十二条的规定处罚。对聚众拨打收听境外色情电话，录制并传播色情电话内容，教唆他人拨打色情电话，传播色情电话号码的，以传播淫秽物品论处，情节较轻的，依照《治安管理处罚条例》进行处罚；情节严重，构成犯罪的，依法追究刑事责任。对使用自己的电话打境外色情电话，尚不需要处罚的，由公安机关予以训诫或者所在单位、街道给予批评教育。

264.25 参见280.16 公安部关于盗窃空白因私护照有关问题的批复（2000年5月16日 公境出〔2000〕881号）

【法律法规】

264.26 中华人民共和国渔业法（1986年7月1日 2013年修正）（第39条）

264.27 中华人民共和国矿产资源法（1986年10月1日 2009年修正）（第41条）

264.28 中华人民共和国电力法（1996年4月1日 2018年修正）（第4条、第71条）

264.29 电力供应与使用条例（1996年9月1日 2019年修订）（第31条、第41条）

264.30 中华人民共和国水法（2002年10月1日 2016年修正）（第73条）

第二百六十五条【盗窃罪】 以牟利为目的，盗接他人通信线路、复制他人电信码号或者明知是盗接、复制的电信设备、设施而使用的，依照本法第二百六十四条的规定定罪处罚。

【司法解释】

265.1 最高人民法院关于审理扰乱电信市场管理秩序案件具体应用法律若干问题的解释（2000年5月24日 法释〔2000〕12号）（节录）

---

① 该解释已废止，其内容为最高人民法院、最高人民检察院《关于办理盗窃刑事案件适用法律若干问题的解释》所吸纳。——编者注

第八条　盗用他人公共信息网络上网账号、密码上网，造成他人电信资费损失数额较大的，依照刑法第二百六十四条的规定，以盗窃罪定罪处罚。

第二百六十六条【诈骗罪】 诈骗公私财物，数额较大的，处三年以下有期徒刑、拘役或者管制，并处或者单处罚金；数额巨大或者有其他严重情节的，处三年以上十年以下有期徒刑，并处罚金；数额特别巨大或者有其他特别严重情节的，处十年以上有期徒刑或者无期徒刑，并处罚金或者没收财产。本法另有规定的，依照规定。

【罪名渊源】　本罪系由79刑法第151条、第152条修改而来，刑法作了如下修改：将诈骗与盗窃、抢夺行为分离，独立成条；"惯骗"不再作为一种加重处罚行为；第一档刑增加了"并处或者单处罚金"，第二档刑增加了"并处罚金"，第三档刑由原"可以并处没收财产"修改为"并处罚金或者没收财产"；分别改原"数额巨大""情节特别严重"为"数额巨大或者有其他严重情节""数额特别巨大或者有其他特别严重情节"；调整了法定刑；特殊诈骗行为不再按照本罪处理。高法《罪名规定》、高检《罪名意见》将其解释为诈骗罪。

【立法解释】

266.1 全国人民代表大会常务委员会关于《中华人民共和国刑法》第二百六十六条的解释（2014年4月24日）

全国人民代表大会常务委员会根据司法实践中遇到的情况，讨论了刑法第二百六十六条的含义及骗取养老、医疗、工伤、失业、生育等社会保险金或者其他社会保障待遇的行为如何适用刑法有关规定的问题，解释如下：

以欺诈、伪造证明材料或者其他手段骗取养老、医疗、工伤、失业、生育等社会保险金或者其他社会保障待遇的，属于刑法第二百六十六条规定的诈骗公私财物的行为。

【罪刑标准】

266.2 最高人民法院、最高人民检察院关于办理诈骗刑事案件具体应用法律若干问题的解释（2011年4月8日　法释〔2011〕7号）

为依法惩治诈骗犯罪活动，保护公私财产所有权，根据刑法、刑事诉讼法有关规定，结合司法实践的需要，现就办理诈骗刑事案件具体应用法律的若干问题解释如下：

第一条　诈骗公私财物价值三千元至一万元以上、三万元至十万元以上、五十万元以上的，应当分别认定为刑法第二百六十六条规定的"数额较大"、"数额巨大"、"数额特别巨大"。

各省、自治区、直辖市高级人民法院、人民检察院可以结合本地区经济社会发展状况，在前款规定的数额幅度内，共同研究确定本地区执行的具体数额标准，报最高人民法院、最高人民检察院备案。

第二条　诈骗公私财物达到本解释第一条规定的数额标准，具有下列情形之一的，可以依照刑法第二百六十六条的规定酌情从严惩处：

（一）通过发送短信、拨打电话或者利用互联网、广播电视、报刊杂志等发布虚假信息，对不特定多数人实施诈骗的；

（二）诈骗救灾、抢险、防汛、优抚、扶贫、移民、救济、医疗款物的；

（三）以赈灾募捐名义实施诈骗的；

（四）诈骗残疾人、老年人或者丧失劳动能力人的财物的；

（五）造成被害人自杀、精神失常或者其他严重后果的。

诈骗数额接近本解释第一条规定的"数额巨大"、"数额特别巨大"的标准，并具有前款规定的情形之一或者属于诈骗集团首要分子的，应当分别认定为刑法第二百六十六条规定的"其他严重情节"、"其他特别严重情节"。

第三条　诈骗公私财物虽已达到本解释第一条规定的"数额较大"的标准，但具有下列情形之一，且行为人认罪、悔罪的，可以根据刑法第三十七条、刑事诉讼法第一百四十二条的规定不起诉或者免予刑事处罚：

（一）具有法定从宽处罚情节的；

（二）一审宣判前全部退赃、退赔的；

（三）没有参与分赃或者获赃较少且不是主犯的；

（四）被害人谅解的；

（五）其他情节轻微、危害不大的。

第四条　诈骗近亲属的财物，近亲属谅解的，一般可不按犯罪处理。

诈骗近亲属的财物，确有追究刑事责任必要的，具体处理也应酌情从宽。

第五条　诈骗未遂，以数额巨大的财物为诈骗目标的，或者具有其他严重情节的，应当定罪处罚。

利用发送短信、拨打电话、互联网等电信技术手段对不特定多数人实施诈骗，诈骗数额难以查证，但具有下列情形之一的，应当认定为刑法第二百六十六条规定的"其他严重情节"，以诈骗罪（未遂）定罪处罚：

（一）发送诈骗信息五千条以上的；

（二）拨打诈骗电话五百人次以上的；

（三）诈骗手段恶劣、危害严重的。

实施前款规定行为，数量达到前款第（一）、（二）项规定标准十倍以上的，或者诈骗手段特别恶劣、危害特别严重的，应当认定为刑法第二百六十六条规定的"其他特别严重情节"，以诈骗罪（未遂）定罪处罚。

第六条　诈骗既有既遂，又有未遂，分别达到不同量刑幅度的，依照处罚较重的规定处罚；达到同一量刑幅度的，以诈骗罪既遂处罚。

第七条　明知他人实施诈骗犯罪，为其提供信用卡、手机卡、通讯工具、通讯传输通道、网络技术支持、费用结算等帮助的，以共同犯罪论处。

第八条　冒充国家机关工作人员进行诈骗，同时构成诈骗罪和招摇撞骗罪的，依照处罚较重的规定定罪处罚。

第九条　案发后查封、扣押、冻结在案的诈骗财物及其孳息，权属明确的，应当发还被害人；权属不明确的，可按被骗款物占查封、扣押、冻结在案的财物及其孳息总额的比例发还被害人，但已获退赔的应予扣除。

第十条　行为人已将诈骗财物用于清偿债务或者转让给他人，具有下列情形之一的，应当依法追缴：

（一）对方明知是诈骗财物而收取的；

（二）对方无偿取得诈骗财物的；

（三）对方以明显低于市场的价格取得诈骗财物的；

（四）对方取得诈骗财物系源于非法债务或者违法犯罪活动的。

他人善意取得诈骗财物的，不予追缴。

第十一条　以前发布的司法解释与本解释不一致的，以本解释为准。

【司法解释】

266.3 最高人民法院关于审理扰乱电信市场管理秩序案件具体应用法律若干问题的解释（2000 年 5 月 24 日　法释〔2000〕12 号）（节录）

第九条　以虚假、冒用的身份证件办理入网手续并使用移动电话，造成电信资费损失数额较大的，依照刑法第二百六十六条的规定，以诈骗罪定罪处罚。

266.4 最高人民法院、最高人民检察院关于办理妨害预防、控制突发传染病疫情等灾害的刑事案件具体应用法律若干问题的解释（2003 年 5 月 15 日　法释〔2003〕8 号）（节录）

第七条　在预防、控制突发传染病疫情等灾害期间，假借研制、生产或者销售用于预防、控制突发传染病疫情等灾害用品的名义，诈骗公私财物数额较大的，依照刑法有关诈骗罪的规定定罪，依法从重处罚。

266.5 最高人民法院、最高人民检察院关于办理妨害武装部队制式服装、车辆号牌管理秩序等刑事案件具体应用法律若干问题的解释（2011年8月1日　法释〔2011〕16号）（节录）

第六条　实施刑法第三百七十五条规定的犯罪行为，同时又构成逃税、诈骗、冒充军人招摇撞骗等犯罪的，依照处罚较重的规定定罪处罚。

266.6 参见307-1.2 最高人民法院关于《中华人民共和国刑法修正案（九）》时间效力问题的解释（2015年11月1日　法释〔2015〕19号）

266.7 最高人民法院关于审理拐卖妇女儿童犯罪案件具体应用法律若干问题的解释（2017年1月1日　法释〔2016〕28号）（节录）

第三条　（第二款）　以介绍婚姻为名，与被介绍妇女串通骗取他人钱财，数额较大的，应当以诈骗罪追究刑事责任。

266.8 最高人民法院、最高人民检察院关于办理虚假诉讼刑事案件适用法律若干问题的解释（2018年10月1日　法释〔2018〕17号）（节录）

第四条　实施刑法第三百零七条之一第一款行为，非法占有他人财产或者逃避合法债务，又构成诈骗罪，职务侵占罪，拒不执行判决、裁定罪，贪污罪等犯罪的，依照处罚较重的规定定罪从重处罚。

266.9 最高人民法院、最高人民检察院关于办理危害食品安全刑事案件适用法律若干问题的解释（2022年1月1日　法释〔2021〕24号）（节录）

第十九条　违反国家规定，利用广告对保健食品或者其他食品作虚假宣传，符合刑法第二百二十二条规定的，以虚假广告罪定罪处罚；以非法占有为目的，利用销售保健食品或者其他食品诈骗财物，符合刑法第二百六十六条规定的，以诈骗罪定罪处罚。同时构成生产、销售伪劣产品罪等其他犯罪的，依照处罚较重的规定定罪处罚。

266.10 最高人民法院、最高人民检察院关于办理危害药品安全刑事案件适用法律若干问题的解释（2022年3月6日　高检发释字〔2022〕1号）（节录）

第十三条　明知系利用医保骗保购买的药品而非法收购、销售，金额五万元以上的，应当依照刑法第三百一十二条的规定，以掩饰、隐瞒犯罪所得罪定罪处罚；指使、教唆、授意他人利用医保骗保购买药品，进而非法收购、销售，符合刑法第二百六十六条规定的，以诈骗罪定罪处罚。

对于利用医保骗保购买药品的行为人是否追究刑事责任，应当综合骗取医保基金的数额、手段、认罪悔罪态度等案件具体情节，依法妥当决定。利用医保骗保购买药品的行为人是否被追究刑事责任，不影响对非法收购、销售有关药品的行为人定罪处罚。

对于第一款规定的主观明知，应当根据药品标志、收购渠道、价格、规模及药品追溯信息等综合认定。

【司法文件】

266.11 最高人民法院关于诈骗犯罪的被害人起诉要求诈骗过程中的保证人代偿"借款"应如何处理的复函（1990年10月13日　〔90〕民他字第38号）

新疆维吾尔自治区高级人民法院：

你院〔1990〕新法请字第2号《关于诈骗犯罪的被害人起诉要求诈骗过程中的保证人代偿"借款"应如何处理》的请示报告收悉。经研究认为：冯树源从胡强处"借款"的行为既已被认定为诈骗罪行，胡强追索冯树源所"借"四万元则属刑事案件中的追赃问题。因此，对胡要求受冯欺骗的"担保人"代偿"借款"的纠纷，人民法院不宜作为民事案件受理。一审法院裁定驳回起诉是正确的。

266.12 最高人民法院研究室关于申付强诈骗案如何认定诈骗数额问题的电话答复（1991年4月23日）

河南省高级人民法院：

你院豫法（研）请〔1991〕15号《关于申付强诈骗案如何认定诈骗数额的请示》收悉。经研究，答复如下：

同意你院的倾向性意见。即在具体认定诈骗犯罪数额时，应把案发前已被追回的被骗款额扣除，按最后实际诈骗所得数额计算。但在处罚时，对于这种情况应当作为从重情节予以考虑。

266.13 最高人民法院关于贯彻全国人大常委会《关于取缔邪教组织、防范和惩治邪教活动的决定》和"两院"司法解释的通知（1999年11月5日　法发〔1999〕29号）（节录）

二、……对于邪教组织以各种欺骗手段敛取钱财的，依照刑法第三百条第三款和第二百六十六条的规定，以诈骗罪定罪处罚。对于邪教组织和组织、利用邪教组织破坏法律实施的犯罪分子，以各种手段非法聚敛的财物，用于犯罪的工具、宣传品的，应当依法追缴、没收。

266.14 参见 280.11 最高人民检察院法律政策研究室关于通过伪造证据骗取法院民事裁判占有他人财物的行为如何适用法律问题的答复（2002年10月24日　〔2002〕高检研发第18号）

266.15 最高人民法院、最高人民检察院、公安部关于办理电信网络诈骗等刑事案件适用法律若干问题的意见（2016年12月19日　法发〔2016〕32号）（节录）

二、依法严惩电信网络诈骗犯罪

（一）根据《最高人民法院、最高人民检察院关于办理诈骗刑事案件具体应用法律若干问题的解释》第一条的规定，利用电信网络技术手段实施诈骗，诈骗公私财物价值三千元以上、三万元以上、五十万元以上的，应当分别认定为刑法第二百六十六条规定的"数额较大""数额巨大""数额特别巨大"。

二年内多次实施电信网络诈骗未经处理，诈骗数额累计计算构成犯罪的，应当依法定罪处罚。

（二）实施电信网络诈骗犯罪，达到相应数额标准，具有下列情形之一的，酌情从重处罚：

1. 造成被害人或其近亲属自杀、死亡或者精神失常等严重后果的；
2. 冒充司法机关等国家机关工作人员实施诈骗的；
3. 组织、指挥电信网络诈骗犯罪团伙的；
4. 在境外实施电信网络诈骗的；
5. 曾因电信网络诈骗犯罪受过刑事处罚或者二年内曾因电信网络诈骗受过行政处罚的；
6. 诈骗残疾人、老年人、未成年人、在校学生、丧失劳动能力人的财物，或者诈骗重病患者及其亲属财物的；
7. 诈骗救灾、抢险、防汛、优抚、扶贫、移民、救济、医疗等款物的；
8. 以赈灾、募捐等社会公益、慈善名义实施诈骗的；
9. 利用电话追呼系统等技术手段严重干扰公安机关等部门工作的；
10. 利用"钓鱼网站"链接、"木马"程序链接、网络渗透等隐蔽技术手段实施诈骗的。

（三）实施电信网络诈骗犯罪，诈骗数额接近"数额巨大""数额特别巨大"的标准，具有前述第（二）条规定的情形之一的，应当分别认定为刑法第二百六十六条规定的"其他严重情节""其他特别严重情节"。

上述规定的"接近"，一般应掌握在相应数额标准的百分之八十以上。

（四）实施电信网络诈骗犯罪，犯罪嫌疑人、被告人实际骗得财物的，以诈骗罪（既遂）定罪处罚。诈骗数额难以查证，但具有下列情形之一的，应当认定为刑法第二百六十六条规定的"其他严重情节"，以诈骗罪（未遂）定罪处罚：

1. 发送诈骗信息五千条以上的，或者拨打诈骗电话五百人次以上的；
2. 在互联网上发布诈骗信息，页面浏览量累计五千次以上的。

具有上述情形，数量达到相应标准十倍以上的，应当认定为刑法第二百六十六条规定的"其他特别严重情节"，以诈骗罪（未遂）定罪处罚。

上述"拨打诈骗电话"，包括拨出诈骗电话和接听被害人回拨电话。反复拨打、接听同一电话号码，以及反复向同一被害人发送诈骗信息的，拨打、接听电话次数、发送信息条数累计计算。

因犯罪嫌疑人、被告人故意隐匿、毁灭证据等原因，致拨打电话次数、发送信息条数的证据难以收集的，可以根据经查证属实的日拨打人次数、日发送信息条数，结合犯罪嫌疑人、被告人实施犯罪的时间、犯罪嫌疑人、被告人的供述等相关证据，综合予以认定。

（五）电信网络诈骗既有既遂，又有未遂，分别达到不同量刑幅度的，依照处罚较重的规定处罚；达到同一量刑幅度的，以诈骗罪既遂处罚。

（六）对实施电信网络诈骗犯罪的被告人裁量刑罚，在确定量刑起点、基准刑时，一般应就高选择。确定宣告刑时，应当综合全案事实情节，准确把握从重、从轻量刑情节的调节幅度，保证罪责刑相适应。

（七）对实施电信网络诈骗犯罪的被告人，应当严格控制适用缓刑的范围，严格掌握适用缓刑的条件。

（八）对实施电信网络诈骗犯罪的被告人，应当更加注重依法适用财产刑，加大经济上的惩罚力度，最大限度剥夺被告人再犯的能力。

三、全面惩处关联犯罪

（一）在实施电信网络诈骗活动中，非法使用"伪基站""黑广播"，干扰无线电通讯秩序，符合刑法第二百八十八条规定的，以扰乱无线电通讯管理秩序罪追究刑事责任。同时构成诈骗罪的，依照处罚较重的规定定罪处罚。

（二）违反国家有关规定，向他人出售或者提供公民个人信息，窃取或者以其他方法非法获取公民个人信息，符合刑法第二百五十三条之一规定的，以侵犯公民个人信息罪追究刑事责任。

使用非法获取的公民个人信息，实施电信网络诈骗犯罪行为，构成数罪的，应当依法予以并罚。

（三）冒充国家机关工作人员实施电信网络诈骗犯罪，同时构成诈骗罪和招摇撞骗罪的，依照处罚较重的规定定罪处罚。

（四）非法持有他人信用卡，没有证据证明从事电信网络诈骗犯罪活动，符合刑法第一百七十七条之一第一款第（二）项规定的，以妨害信用卡管理罪追究刑事责任。

（五）明知是电信网络诈骗犯罪所得及其产生的收益，以下列方式之一予以转账、套现、取现的，依照刑法第三百一十二条第一款的规定，以掩饰、隐瞒犯罪所得、犯罪所得收益罪追究刑事责任。但有证据证明确实不知道的除外：

1. 通过使用销售点终端机具（POS机）刷卡套现等非法途径，协助转换或者转移财物的；

2. 帮助他人将巨额现金散存于多个银行账户，或在不同银行账户之间频繁划转的；

3. 多次使用或者使用多个非本人身份证明开设的信用卡、资金支付结算账户或者多次采用遮蔽摄像头、伪装等异常手段，帮助他人转账、套现、取现的；

4. 为他人提供非本人身份证明开设的信用卡、资金支付结算账户后，又帮助他人转账、套现、取现的；

5. 以明显异于市场的价格，通过手机充值、交易游戏点卡等方式套现的。

实施上述行为，事前通谋的，以共同犯罪论处。

实施上述行为，电信网络诈骗犯罪嫌疑人尚未到案或案件尚未依法裁判，但现有证据足以证明该犯罪行为确实存在的，不影响掩饰、隐瞒犯罪所得、犯罪所得收益罪的认定。

实施上述行为，同时构成其他犯罪的，依照处罚较重的规定定罪处罚。法律和司法解释另有规定的除外。

（六）网络服务提供者不履行法律、行政法规规定的信息网络安全管理义务，经监管部门责令采取改正措施而拒不改正，致使诈骗信息大量传播，或者用户信息泄露造成严重后果的，依照刑法第二百八十六条之一的规定，以拒不履行信息网络安全管理义务罪追究刑事责任。同时构成诈骗罪的，依照处罚较重的规定定罪处罚。

（七）实施刑法第二百八十七条之一、第二百八十七条之二规定之行为，构成非法利用信息网络罪、帮助信息网络犯罪活动罪，同时构成诈骗罪的，依照处罚较重的规定定罪处罚。

（八）金融机构、网络服务提供者、电信业务经营者等在经营活动中，违反国家有关规定，被电信网络诈骗犯罪分子利用，使他人遭受财产损失的，依法承担相应责任。构成犯罪的，依法追究刑事责任。

四、准确认定共同犯罪与主观故意

（一）三人以上为实施电信网络诈骗犯罪而组成的较为固定的犯罪组织，应依法认定为诈骗犯罪集团。对组织、领导犯罪集团的首要分子，按照集团所犯的全部罪行处罚。对犯罪集团中组织、指挥、策划者和骨干分子依法从严惩处。

　　对犯罪集团中起次要、辅助作用的从犯，特别是在规定期限内投案自首、积极协助抓获主犯、积极协助追赃的，依法从轻或减轻处罚。

　　对犯罪集团首要分子以外的主犯，应当按照其所参与的或者组织、指挥的全部犯罪处罚。全部犯罪包括能够查明具体诈骗数额的事实和能够查明发送诈骗信息条数、拨打诈骗电话人次数、诈骗信息网页浏览次数的事实。

　　（二）多人共同实施电信网络诈骗，犯罪嫌疑人、被告人应对其参与期间该诈骗团伙实施的全部诈骗行为承担责任。在其所参与的犯罪环节中起主要作用的，可以认定为主犯；起次要作用的，可以认定为从犯。

　　上述规定的"参与期间"，从犯罪嫌疑人、被告人着手实施诈骗行为开始起算。

　　（三）明知他人实施电信网络诈骗犯罪，具有下列情形之一的，以共同犯罪论处，但法律和司法解释另有规定的除外：

　　1. 提供信用卡、资金支付结算账户、手机卡、通讯工具的；

　　2. 非法获取、出售、提供公民个人信息的；

　　3. 制作、销售、提供"木马"程序和"钓鱼软件"等恶意程序的；

　　4. 提供"伪基站"设备或相关服务的；

　　5. 提供互联网接入、服务器托管、网络存储、通讯传输等技术支持，或者提供支付结算等帮助的；

　　6. 在提供改号软件、通话线路等技术服务时，发现主叫号码被修改为国内党政机关、司法机关、公共服务部门号码，或者境外用户改为境内号码，仍提供服务的；

　　7. 提供资金、场所、交通、生活保障等帮助的；

　　8. 帮助转移诈骗犯罪所得及其产生的收益，套现、取现的。

　　上述规定的"明知他人实施电信网络诈骗犯罪"，应当结合被告人的认知能力，既往经历，行为次数和手段，与他人关系，获利情况，是否曾因电信网络诈骗受过处罚，是否故意规避调查等主客观因素进行综合分析认定。

　　（四）负责招募他人实施电信网络诈骗犯罪活动，或者制作、提供诈骗方案、术语清单、语音包、信息等的，以诈骗共同犯罪论处。

　　（五）部分犯罪嫌疑人在逃，但不影响对已到案共同犯罪嫌疑人、被告人的犯罪事实认定的，可以依法先行追究已到案共同犯罪嫌疑人、被告人的刑事责任。

　　五、依法确定案件管辖

　　（一）电信网络诈骗犯罪案件一般由犯罪地公安机关立案侦查，如果由犯罪嫌疑人居住地公安机关立案侦查更为适宜的，可以由犯罪嫌疑人居住地公安机关立案侦查。犯罪地包括犯罪行为发生地和犯罪结果发生地。

　　"犯罪行为发生地"包括用于电信网络诈骗犯罪的网站服务器所在地，网站建立者、管理者所在地，被侵害的计算机信息系统或其管理者所在地，犯罪嫌疑人、被害人使用的计算机信息系统所在地，诈骗电话、短信息、电子邮件等的拨打地、发送地、到达地、接受地，以及诈骗行为持续发生的实施地、预备地、开始地、途经地、结束地。

　　"犯罪结果发生地"包括被害人被骗时所在地，以及诈骗所得财物的实际取得地、藏匿地、转移地、使用地、销售地等。

　　（二）电信网络诈骗最初发现地公安机关侦办的案件，诈骗数额当时未达到"数额较大"标准，但后续累计达到"数额较大"标准，可由最初发现地公安机关立案侦查。

　　（三）具有下列情形之一的，有关公安机关可以在其职责范围内并案侦查：

　　1. 一人犯数罪的；

　　2. 共同犯罪的；

　　3. 共同犯罪的犯罪嫌疑人还实施其他犯罪的；

　　4. 多个犯罪嫌疑人实施的犯罪存在直接关联，并案处理有利于查明案件事实的。

　　（四）对因网络交易、技术支持、资金支付结算等关系形成多层级链条、跨区域的电信网络诈骗等犯罪案件，可由共同上级公安机关按照有利于查清犯罪事实、有利于诉讼的原则，指定有关公安机关立案侦查。

（五）多个公安机关都有权立案侦查的电信网络诈骗等犯罪案件，由最初受理的公安机关或者主要犯罪地公安机关立案侦查。有争议的，按照有利于查清犯罪事实、有利于诉讼的原则，协商解决。经协商无法达成一致的，由共同上级公安机关指定有关公安机关立案侦查。

（六）在境外实施的电信网络诈骗等犯罪案件，可由公安部按照有利于查清犯罪事实、有利于诉讼的原则，指定有关公安机关立案侦查。

（七）公安机关立案、并案侦查，或因有争议，由共同上级公安机关指定立案侦查的案件，需要提请批准逮捕、移送审查起诉、提起公诉的，由该公安机关所在地的人民检察院、人民法院受理。

对重大疑难复杂案件和境外案件，公安机关应在指定立案侦查前，向同级人民检察院、人民法院通报。

（八）已确定管辖的电信诈骗共同犯罪案件，在逃的犯罪嫌疑人归案后，一般由原管辖的公安机关、人民检察院、人民法院管辖。

六、证据的收集和审查判断

（一）办理电信网络诈骗案件，确因被害人人数众多等客观条件的限制，无法逐一收集被害人陈述的，可以结合已收集的被害人陈述，以及经查证属实的银行账户交易记录、第三方支付结算账户交易记录、通话记录、电子数据等证据，综合认定被害人人数及诈骗资金数额等犯罪事实。

（二）公安机关采取技术侦查措施收集的案件证明材料，作为证据使用的，应当随案移送批准采取技术侦查措施的法律文书和所收集的证据材料，并对其来源等作出书面说明。

（三）依照国际条约、刑事司法协助、互助协议或平等互助原则，请求证据材料所在地司法机关收集，或通过国际警务合作机制、国际刑警组织启动合作取证程序收集的境外证据材料，经查证属实，可以作为定案的依据。公安机关应对其来源、提取人、提取时间或者提供人、提供时间以及保管移交的过程等作出说明。

对其他来自境外的证据材料，应当对其来源、提供人、提供时间以及提取人、提取时间进行审查。能够证明案件事实且符合刑事诉讼法规定的，可以作为证据使用。

七、涉案财物的处理

（一）公安机关侦办电信网络诈骗案件，应当随案移送涉案赃款赃物，并附清单。人民检察院提起公诉时，应一并移交受理案件的人民法院，同时就涉案赃款赃物的处理提出意见。

（二）涉案银行账户或者涉案第三方支付账户内的款项，对权属明确的被害人的合法财产，应当及时返还。确因客观原因无法查实全部被害人，但有证据证明该账户系用于电信网络诈骗犯罪，且被告人无法说明款项合法来源的，根据刑法第六十四条的规定，应认定为违法所得，予以追缴。

（三）被告人已将诈骗财物用于清偿债务或者转让给他人，具有下列情形之一的，应当依法追缴：

1. 对方明知是诈骗财物而收取的；

2. 对方无偿取得诈骗财物的；

3. 对方以明显低于市场的价格取得诈骗财物的；

4. 对方取得诈骗财物系源于非法债务或者违法犯罪活动的。

他人善意取得诈骗财物的，不予追缴。

266.16 最高人民法院关于常见犯罪的量刑指导意见（2017年4月1日 法发〔2017〕7号）（节录）

四、常见犯罪的量刑

（七）诈骗罪

1. 构成诈骗罪的，可以根据下列不同情形在相应的幅度内确定量刑起点：

（1）达到数额较大起点的，可以在一年以下有期徒刑、拘役幅度内确定量刑起点。

（2）达到数额巨大起点或者有其他严重情节的，可以在三年至四年有期徒刑幅度内确定量刑起点。

（3）达到数额特别巨大起点或者有其他特别严重情节的，可以在十年至十二年有期徒刑幅度内确定量刑起点。依法应当判处无期徒刑的除外。

2. 在量刑起点的基础上，可以根据诈骗数额等其他影响犯罪构成的犯罪事实增加刑罚量，确定基准刑。

> **【说明】** 量刑基本原则、基本方法和常见量刑情节的适用，参见61.2本意见。

266.17 最高人民法院、最高人民检察院、公安部、司法部关于办理黑恶势力犯罪案件若干问题的指导意见（2018年1月16日　法发〔2018〕1号）（节录）

20. 对于以非法占有为目的，假借民间借贷之名，通过"虚增债务""签订虚假借款协议""制造资金走账流水""肆意认定违约""转单平账""虚假诉讼"等手段非法占有他人财产，或者使用暴力、威胁手段强立债权、强行索债的，应当根据案件具体事实，以诈骗、强迫交易、敲诈勒索、抢劫、虚假诉讼等罪名侦查、起诉、审判。对于非法占有的被害人实际所得借款以外的虚高"债务"和以"保证金""中介费""服务费"等各种名目扣除或收取的额外费用，均应计入违法所得。对于名义上为被害人所得、但在案证据能够证明实际上却为犯罪嫌疑人、被告人实施后续犯罪所使用的"借款"，应予以没收。

266.18 检察机关办理电信网络诈骗案件指引（2018年11月9日　高检发侦监字〔2018〕12号）（节录）

电信网络诈骗犯罪，是指以非法占有为目的，利用电话、短信、互联网等电信网络技术手段，虚构事实，设置骗局，实施远程、非接触式诈骗，骗取公私财物的犯罪行为。根据《中华人民共和国刑法》第二百六十六条、《最高人民法院、最高人民检察院关于办理诈骗刑事案件具体应用法律若干问题的解释》（法释〔2011〕7号）（以下简称《解释》）、《最高人民法院、最高人民检察院、公安部关于办理电信网络诈骗等刑事案件适用法律若干问题的意见》（法发〔2016〕32号）（以下简称《意见》），办理电信网络诈骗案件除了要把握普通诈骗案件的基本要求外，还要特别注意以下问题：一是电信网络诈骗犯罪的界定；二是犯罪形态的审查；三是诈骗数额及发送信息、拨打电话次数的认定；四是共同犯罪及主从犯责任的认定；五是关联犯罪事前通谋的审查；六是电子数据的审查；七是境外证据的审查。

一、审查证据的基本要求

（一）审查逮捕

1. 有证据证明发生了电信网络诈骗犯罪事实

（1）证明电信网络诈骗案件发生

证据主要包括：报案登记、受案登记、受案笔录、立案决定书、破案经过、证人证言、被害人陈述、犯罪嫌疑人供述和辩解、被害人银行开户申请、开户明细单、银行转账凭证、银行账户交易记录、银行汇款单、网银转账记录、第三方支付结算交易记录、手机转账信息等证据。跨国电信网络诈骗还可能需要有国外有关部门出具的与案件有关的书面材料。

（2）证明电信网络诈骗行为的危害结果

①证明诈骗数额达到追诉标准的证据：证人证言、被害人陈述、犯罪嫌疑人供述和辩解、银行转账凭证、汇款凭证、转账信息、银行卡、银行账户交易记录、第三方支付结算交易记录以及其他与电信网络诈骗关联的账户交易记录、犯罪嫌疑人提成记录、诈骗账目记录等证据以及其它有关证据。

②证明发送信息条数、拨打电话次数以及页面浏览量达到追诉标准的证据：QQ、微信、skype等即时通讯工具聊天记录、CDR电话清单、短信记录、电话录音、电子邮件、远程勘验笔录、电子数据鉴定意见、网页浏览次数统计、网页浏览次数鉴定意见、改号软件、语音软件的登录情况及数据、拨打电话记录内部资料以及其他有关证据。

2. 有证据证明诈骗行为是犯罪嫌疑人实施的

（1）言词证据：证人证言、被害人陈述、犯罪嫌疑人供述和辩解等，注意审查犯罪嫌疑人供述的行为方式与被害人陈述的被骗方式、交付财物过程或者其他证据是否一致。对于团伙作案的，要重视对同案犯罪嫌疑人供述和辩解的审查，梳理各个同案犯罪嫌疑人的指证是否相互印证。

（2）有关资金链条的证据：银行转账凭证、交易流水、第三方支付交易记录以及其他关联账户交易记录、现场查扣的书证、与犯罪关联的银行卡及申请资料等，从中审查相关银行卡信息与被害人存款、转移赃款等账号有无关联，资金交付支配占有过程；犯罪嫌疑人的短信以及 QQ、微信、skype 等即时通讯工具聊天记录，审查与犯罪有关的信息，是否出现过与本案资金流转有关的银行卡账号、资金流水等信息。要注意审查被害人转账、汇款账号、资金流向等是否有相应证据印证赃款由犯罪嫌疑人取得。对诈骗集团租用或交叉使用账户的，要结合相关言词证据及书证、物证、勘验笔录等分析认定。

（3）有关信息链条的证据：侦查机关远程勘验笔录，远程提取证据笔录，CDR 电话清单、查获的手机 IMEI 串号、语音网关设备、路由设备、交换设备、手持终端等。要注意审查诈骗窝点物理 IP 地址是否与所使用电话 CDR 数据清单中记录的主叫 IP 地址或 IP 地址所使用的线路（包括此线路的账号、用户名称、对接服务器、语音网关、手持终端等设备的 IP 配置）一致，电话 CDR 数据清单中是否存在被害人的相关信息资料，改号电话显示号码、呼叫时间、电话、IP 地址是否与被害人陈述及其它在案证据印证。在电信网络诈骗窝点查获的手机 IMEI 串号以及其他电子作案工具，是否与被害人所接到的诈骗电话显示的信息来源一致。

（4）其他证据：跨境电信网络诈骗犯罪案件犯罪嫌疑人出入境记录、户籍证明材料、在境外使用的网络设备及虚拟网络身份的网络信息，证明犯罪嫌疑人出入境情况及身份情况。诈骗窝点的纸质和电子账目报表，审查时间、金额等细节是否与被害人陈述相互印证。犯罪过程中记载被害人身份、诈骗数额、时间等信息的流转单，审查相关信息是否与被害人陈述、银行转账记录等相互印证。犯罪嫌疑人之间的聊天记录、诈骗脚本、内部分工、培训资料、监控视频等证据，审查犯罪的具体手法、过程。购买作案工具和资源（手机卡、银行卡、POS 机、服务器、木马病毒、改号软件、公民个人信息等）的资金流水、电子数据等证据。

3. 有证据证明犯罪嫌疑人具有诈骗的主观故意

（1）证明犯罪嫌疑人主观故意的证据：犯罪嫌疑人的供述和辩解、证人证言、同案犯指证；诈骗脚本、诈骗信息内容、工作日记、分工手册、犯罪嫌疑人的具体职责、地位、参与实施诈骗行为的时间等；赃款的账册、分赃的记录、诈骗账目记录、提成记录、工作环境、工作形式等；短信、QQ、微信、skype 等即时通讯工具聊天记录等，审查其中是否出现有关诈骗的内容以及诈骗专门用的黑话、暗语等。

（2）证明提供帮助者的主观故意的证据：提供帮助犯罪嫌疑人供述和辩解、电信网络诈骗犯罪嫌疑人的指证、证人证言；双方短信以及 QQ、微信、skype 等即时通讯工具聊天记录等信息材料；犯罪嫌疑人的履历、前科记录、行政处罚记录、双方资金往来的凭证、犯罪嫌疑人提供帮助、协助的收益数额、取款时的监控视频、收入记录、处罚判决情况等。

（二）审查起诉

除审查逮捕阶段证据审查基本要求之外，对电信网络诈骗案件的审查起诉工作还应坚持"犯罪事实清楚，证据确实、充分"的标准，保证定罪量刑的事实都有证据证明；据以定案的证据均经法定程序查证属实；综合全案证据，对所认定的事实均已排除合理怀疑。

1. 有确实充分的证据证明发生了电信网络诈骗犯罪事实

（1）证明电信网络诈骗事实发生。除审查逮捕要求的证据类型之外，跨国电信网络诈骗还需要有出入境记录、飞机铁路等交通工具出行记录，必要时需国外有关部门出具的与案件有关的书面证据材料，包括原件、翻译件、使领馆认证文件等。

（2）证明电信网络诈骗行为的危害结果

①证明诈骗数额达到追诉标准的证据：能查清诈骗事实的相关证人证言、被害人陈述、犯罪嫌疑人供述和辩解、银行账户交易明细、交易凭证、第三方支付结算交易记录以及其他与电信网络诈骗关联的账户交易记录、犯罪嫌疑人的诈骗账目记录以及其它有关证据。

需要特别注意"犯罪数额接近提档"的情形。当诈骗数额接近"数额巨大""数额特别巨大"的标准（一般掌握在 80% 以上，即达到 2.4 万元、40 万元），根据《解释》和《意见》的规定，具有《意见》第二条第二款"酌情从重处罚"十种情形之一的，应当分别认定为刑法第二百六十六条规定的"其他严重情节""其他特别严重情节"，提高一档量刑。

②证明发送信息条数、拨打电话次数以及页面浏览量达到追诉标准的证据类型与审查逮捕的证据类型相同。

2. 有确实充分的证据证明诈骗行为是犯罪嫌疑人实施的

（1）有关资金链条的证据。重点审查被害人的银行交易记录和犯罪嫌疑人持有的银行卡及账号的交易记录，用于查明被害人遭受的财产损失及犯罪嫌疑人诈骗的犯罪数额；重点审查犯罪嫌疑人的短信，以及 QQ、微信、skype 等即时通讯工具聊天记录，用于查明是否出现涉案银行卡账号、资金流转等犯罪信息，赃款是否由犯罪嫌疑人取得。此外，对诈骗团伙或犯罪集团租用或交叉使用多层级账户洗钱的，要结合资金存取流转的书证、监控录像、辨认笔录、证人证言、被害人陈述、犯罪嫌疑人供述和辩解等证据分析认定。

（2）有关人员链条的证据。电信网络诈骗多为共同犯罪，在审查刑事责任年龄、刑事责任能力方面的证据基础上，应重点审查犯罪嫌疑人供述和辩解、手机通信记录等，通过自供和互证，以及与其他证据之间的相互印证，查明各自的分工和作用，以区分主、从犯。对于分工明确、有明显首要分子、较为固定的组织结构的三人以上固定的犯罪组织，应当认定为犯罪集团。

言词证据及有关信息链条的证据与审查逮捕的证据类型相同。

3. 有确实充分的证据证明犯罪嫌疑人具有诈骗的主观故意

证明犯罪嫌疑人及提供帮助者主观故意的证据类型同审查逮捕证据类型相同。需要注意的是，由于犯罪嫌疑人各自分工不同，其供述和辩解也呈现不同的证明力。一般而言，专门行骗人对于单起事实的细节记忆相对粗略，只能供述诈骗的手段和方式；专业取款人对于取款的具体细目记忆也粗略，只能供述大概经过和情况，重点审查犯罪手段的同类性、共同犯罪人之间的关系及各自分工和作用。

二、需要特别注意的问题

在电信网络诈骗案件审查逮捕、审查起诉中，要根据相关法律、司法解释等规定，结合在案证据，重点注意以下问题：

（一）电信网络诈骗犯罪的界定

1. 此罪彼罪

在一些案件中，尤其是利用网络钓鱼、木马链接实施犯罪的案件中，既存在虚构事实、隐瞒真相的诈骗行为，又可能存在秘密窃取的行为，关键要审查犯罪嫌疑人取得财物是否基于被害人对财物的主动处分意识。如果行为人通过秘密窃取的行为获取他人财物，则应认定构成盗窃罪；如果窃取或者骗取的是他人信用卡资料，并通过互联网、通讯终端等使用的，根据《最高人民法院、最高人民检察院关于办理妨害信用卡管理刑事案件具体应用法律若干问题的解释》（法释〔2009〕19 号），则可能构成信用卡诈骗罪；如果通过电信网络技术向不特定多数人发送诈骗信息后又转入接触式诈骗，或者为实现诈骗目的，线上线下并行同时进行接触式和非接触式诈骗，应当按照诈骗取财行为的本质定性，虽然使用电信网络技术但被害人基于接触被骗的，应当认定普通诈骗；如果出现电信网络诈骗和合同诈骗、保险诈骗等特殊诈骗罪名的竞合，应依据刑法有关规定定罪量刑。

2. 追诉标准低于普通诈骗犯罪且无地域差别

追诉标准直接决定了法律适用问题甚至罪与非罪的认定。《意见》规定，利用电信网络技术手段实施诈骗，诈骗公私财物价值三千元以上的，认定为刑法第二百六十六条规定的"数额较大"。而《解释》规定，诈骗公私财物价值三千元至一万元以上的，认定为刑法第二百六十六条规定的"数额较大"。因此，电信网络诈骗的追诉标准要低于普通诈骗的追诉标准，且全国统一无地域差别，即犯罪数额达到三千元以上、三万元以上、五十万元以上的，应当分别认定为刑法第二百六十六条规定的"数额较大""数额巨大""数额特别巨大"。

（二）犯罪形态的审查

1. 可以查证诈骗数额的未遂

电信网络诈骗应以被害人失去对被骗钱款的实际控制为既遂认定标准。一般情形下，诈骗款项转出后即时到账构成既遂。但随着银行自助设备、第三方支付平台陆续推出"延时到账""撤销转账"等功能，被害人通过自助设备、第三方支付平台向犯罪嫌疑人指定账户转账，可在规定时间内撤销转账，资金并未实时转出。此种情形下被害人并未对被骗款项完全失去控制，而犯罪嫌疑人亦未取得实际控制，应当认定为未遂。

2. 无法查证诈骗数额的未遂

根据《意见》规定，对于诈骗数额难以查证的，犯罪嫌疑人发送诈骗信息五千条以上，或者拨打诈骗电话五百人次以上，或者在互联网上发布诈骗信息的页面浏览量累计五千次以上，可以认定为诈骗罪中"其他严重情节"，以诈骗罪（未遂）定罪处罚。具有上述情形，数量达到相应标准十倍以上的，应当认定为刑法第二百六十六条规定的"其他特别严重情节"，以诈骗罪（未遂）定罪处罚。

（三）诈骗数额及发送信息、拨打电话次数的认定

1. 诈骗数额的认定

（1）根据犯罪集团诈骗账目登记表、犯罪嫌疑人提成表等书证，结合证人证言、犯罪嫌疑人供述和辩解等言词证据，认定犯罪嫌疑人的诈骗数额。

（2）根据经查证属实的银行账户交易记录、第三方支付结算账户交易记录、通话记录、电子数据等证据，结合已收集的被害人陈述，认定被害人人数及诈骗资金数额。

（3）对于确因客观原因无法查实全部被害人，尽管有证据证明该账户系用于电信网络诈骗犯罪，且犯罪嫌疑人无法说明款项合法来源的，也不能简单将账户内的款项全部推定为"犯罪数额"。要根据在案其他证据，认定犯罪集团是否有其他收入来源，"违法所得"有无其他可能性。如果证据足以证实"违法所得"的排他性，则可以将"违法所得"均认定为犯罪数额。

（4）犯罪嫌疑人为实施犯罪购买作案工具、伪装道具、租用场地、交通工具甚至雇佣他人等诈骗成本不能从诈骗数额中扣除。对通过向被害人交付一定货币，进而骗取其信任并实施诈骗的，由于货币具有流通性和经济价值，该部分货币可以从诈骗数额中扣除。

2. 发送信息、拨打电话次数的认定

（1）拨打电话包括拨出诈骗电话和接听被害人回拨电话。反复拨打、接听同一电话号码，以及反复向同一被害人发送诈骗信息的，拨打、接听电话次数、发送信息条数累计计算。

（2）被害人是否接听、接收到诈骗电话、信息不影响次数、条数计算。

（3）通过语音包发送的诈骗录音或通过网络等工具辅助拨出的电话，应当认定为拨打电话。

（4）发送信息条数、拨打电话次数的证据难以收集的，可以根据经查证属实的日发送信息条数、日拨打人次数，结合犯罪嫌疑人实施犯罪的时间、犯罪嫌疑人的供述等相关证据予以认定。

（5）发送信息条数和拨打电话次数在法律及司法解释未明确的情况下不宜换算累加。

（四）共同犯罪及主从犯责任的认定

1. 对于三人以上为实施电信网络诈骗而组成的较为固定的犯罪组织，应当依法认定为犯罪集团。对于犯罪集团的首要分子，按照集团所犯全部犯罪处罚，并且对犯罪集团中组织、指挥、策划者和骨干分子依法从严惩处。

2. 对于其余主犯，按照其所参与或者组织、指挥的全部犯罪处罚。多人共同实施电信网络诈骗，犯罪嫌疑人、被告人应对其参与期间该诈骗团伙实施的全部诈骗行为承担责任。

3. 对于部分被招募发送信息、拨打电话的犯罪嫌疑人，应当对其参与期间整个诈骗团伙的诈骗行为承担刑事责任，但可以考虑参与时间较短、诈骗数额较低、发送信息、拨打电话较少，认定为从犯，从宽处理。

4. 对于专门取款人，由于其可在短时间内将被骗款项异地转移，对诈骗既遂起到了至关重要的作用，也大大增加了侦查和追赃难度，因此应按其在共同犯罪中的具体作用进行认定，不宜一律认定为从犯。

（五）关联犯罪事前通谋的审查

根据《意见》规定，明知是电信网络诈骗犯罪所得及其产生的收益，通过使用销售点终端机具（POS机）刷卡套现等非法途径，协助转换或者转移财物等五种方式转账、套现、取现的，需要与直接实施电信网络诈骗犯罪嫌疑人事前通谋的才以共同犯罪论处。因此，应当重点审查帮助转换或者转移财物行为人是否在诈骗犯罪既遂之前与实施诈骗犯罪嫌疑人共谋或者虽无共谋但明知他人实施犯罪而提供帮助。对于帮助者明知的内容和程度，并不要求其明知被帮助者实施诈骗行为的具体细节，其只要认识到对方实施诈骗犯罪行为即可。审查时，要根据犯罪嫌疑人的认知能力、既往经历、行为次数和手段、与他人关系、获利情况、是否曾因电信网络诈骗受过处罚以及是否故意规避调查等主客观因素分析认定。

（六）电子数据的审查

1. 电子数据真实性的审查

（1）是否移送原始存储介质；在原始存储介质无法封存、不便移动时，有无说明原因，并注明收集、提取过程及原始存储介质的存放地点或者电子数据的来源等情况。

（2）电子数据是否具有数字签名、数字证书等特殊标识。

（3）电子数据的收集、提取过程是否可以重现。

（4）电子数据如有增加、删除、修改等情形的，是否附有说明。

（5）电子数据的完整性是否可以保证。

2. 电子数据合法性的审查

（1）收集、提取电子数据是否由二名以上侦查人员进行，取证方法是否符合相关技术标准。

（2）收集、提取电子数据，是否附有笔录、清单，并经侦查人员、电子数据持有人（提供人）、见证人签名或者盖章；没有持有人（提供人）签名或者盖章的，是否注明原因；对电子数据的类别、文件格式等是否注明清楚。

（3）是否依照有关规定由符合条件的人员担任见证人，是否对相关活动进行录像。

（4）电子数据检查是否将电子数据存储介质通过写保护设备接入到检查设备；有条件的，是否制作电子数据备份，并对备份进行检查；无法制作备份且无法使用写保护设备的，是否附有录像。

（5）通过技术侦查措施，利用远程计算机信息系统进行网络远程勘验收集到电子数据，作为证据使用的，是否随案移送批准采取技术侦查措施的法律文书和所收集的证据材料，是否对其来源等作出书面说明。

（6）对电子数据作出鉴定意见的鉴定机构是否具有司法鉴定资质。

3. 电子数据的采信

（1）经过公安机关补正或者作出合理解释可以采信的电子数据：未以封存状态移送的；笔录或者清单上没有侦查人员、电子数据持有人（提供人）、见证人签名或者盖章的；对电子数据的名称、类别、格式等注明不清的；有其他瑕疵的。

（2）不能采信的电子数据：电子数据系篡改、伪造或者无法确定真伪的；电子数据有增加、删除、修改等情形，影响电子数据真实性的；其他无法保证电子数据真实性的情形。

（七）境外证据的审查

1. 证据来源合法性的审查

境外证据的来源包括：外交文件（国际条约、互助协议）；司法协助（刑事司法协助、平等互助原则）；警务合作（国际警务合作机制、国际刑警组织）。

由于上述来源方式均需要有法定的程序和条件，对境外证据的审查要注意：证据来源是否是通过上述途径收集，审查报批、审批手续是否完备，程序是否合法；证据材料移交过程是否合法，手续是否齐全，确保境外证据的来源合法性。

2. 证据转换的规范性审查

对于不符合我国证据种类和收集程序要求的境外证据，侦查机关要重新进行转换和固定，才能作为证据使用。注重审查：

（1）境外交接证据过程的连续性，是否有交接文书，交接文书是否包含接收证据。

（2）接收移交、开箱、登记时是否全程录像，确保交接过程的真实性，交接物品的完整性。

（3）境外证据按照我国证据收集程序重新进行固定的，依据相关规定进行，注意证据转换过程的连续性和真实性的审查。

（4）公安机关是否对境外证据来源、提取人、提取时间或者提供人、提供时间以及保管移交的过程等作出说明，有无对电子数据完整性等专门性问题的鉴定意见等。

（5）无法确认证据来源、证据真实性、收集程序违法无法补正等境外证据应予排除。

3. 其他来源的境外证据的审查

通过其他渠道收集的境外证据材料，作为证据使用的，应注重对其来源、提供人、提供时间以及提取人、提取时间进行审查。能够证明案件事实且符合刑事诉讼法规定的，可以作为证据使用。

三、社会危险性及羁押必要性审查

（一）审查逮捕

符合下列情形之一的，可以结合案件具体情况考虑认定犯罪嫌疑人具有社会危险性，有羁押必要：

1. 《最高人民检察院、公安部关于逮捕社会危险性条件若干问题的规定（试行）》（高检会〔2015〕9号）规定的具有社会危险性情节的。

2. 犯罪嫌疑人是诈骗团伙的首要分子或者主犯。对于首要分子，要重点审查其在电信网络诈骗集团中是否起到组织、策划、指挥作用。对于其他主犯，要重点审查其是否是犯意的发起者、犯罪的组织者、策划者、指挥者、主要责任者，是否参与了犯罪的全过程或关键环节以及在犯罪中所起的作用：诈骗团伙的具体管理者、组织者、招募者、电脑操盘人员、对诈骗成员进行培训的人员以及制作、提供诈骗方案、术语清单、语音包、信息的人员可以认定为主犯；取款组、供卡组、公民个人信息提供组等负责人，对维持诈骗团伙运转起着重要作用的，可以认定为主犯；对于其他实行犯是否属于主犯，主要通过其参加时段实施共同犯罪活动的程度、具体罪行的大小、对造成危害后果的作用等来认定。

3. 有证据证明犯罪嫌疑人实施诈骗行为，犯罪嫌疑人拒不供认或者作虚假供述的。

4. 有证据显示犯罪嫌疑人参与诈骗且既遂数额巨大、被害人众多，诈骗数额等需进一步核实的。

5. 有证据证明犯罪嫌疑人参与诈骗的时间长，应当明知诈骗团伙其他同案犯犯罪事实的，但犯罪嫌疑人拒绝指证或虚假指证的。

6. 其他具有社会危险性或羁押必要的情形。

在犯罪嫌疑人罪行较轻的前提下，根据犯罪嫌疑人在犯罪团伙中的地位、作用、参与时间、工作内容、认罪态度、悔罪表现等情节，结合案件整体情况，依据主客观相一致原则综合判断犯罪嫌疑人的社会危险性或者羁押必要性。在犯罪嫌疑人真诚认罪悔罪，如实供述且供述稳定的情况下，有下列情形的可以考虑社会危险性较小：

1. 预备犯、中止犯。

2. 直接参与诈骗的数额未达巨大，有自首、立功表现的。

3. 直接参与诈骗的数额未达巨大，参与时间短的发送信息、拨打电话人员。

4. 涉案数额未达巨大，受雇负责饮食、住宿等辅助工作人员。

5. 直接参与诈骗的数额未达巨大，积极退赃的从犯。

6. 被胁迫参加电信网络诈骗团伙，没有造成严重影响和后果的。

7. 其他社会危险性较小的情形。

需要注意的是，对犯罪嫌疑人社会危险性的把握，要根据案件社会影响、造成危害后果、打击力度的需要等多方面综合判断和考虑。

（二）审查起诉

在审查起诉阶段，要结合侦查阶段取得的事实证据，进一步引导侦查机关加大捕后侦查力度，及时审查新证据。在羁押期限届满前对全案进行综合审查，对于未达到逮捕证明标准的，撤销原逮捕决定。

　　经羁押必要性审查，发现犯罪嫌疑人具有下列情形之一的，应当向办案机关提出释放或者变更强制措施的建议：

　　1. 案件证据发生重大变化，没有证据证明有犯罪事实或者犯罪行为系犯罪嫌疑人、被告人所为的。

　　2. 案件事实或者情节发生变化，犯罪嫌疑人、被告人可能被判处拘役、管制、独立适用附加刑、免予刑事处罚或者判决无罪的。

　　3. 继续羁押犯罪嫌疑人、被告人，羁押期限将超过依法可能判处的刑期的。

　　4. 案件事实基本查清，证据已经收集固定，符合取保候审或者监视居住条件的。

　　经羁押必要性审查，发现犯罪嫌疑人、被告人具有下列情形之一，且具有悔罪表现，不予羁押不致发生社会危险性的，可以向办案机关提出释放或者变更强制措施的建议：

　　1. 预备犯或者中止犯；共同犯罪中的从犯或者胁从犯。

　　2. 主观恶性较小的初犯。

　　3. 系未成年人或者年满七十五周岁的人。

　　4. 与被害方依法自愿达成和解协议，且已经履行或者提供担保的。

　　5. 患有严重疾病、生活不能自理的。

　　6. 系怀孕或者正在哺乳自己婴儿的妇女。

　　7. 系生活不能自理的人的唯一扶养人。

　　8. 可能被判处一年以下有期徒刑或者宣告缓刑的。

　　9. 其他不需要继续羁押犯罪嫌疑人、被告人的情形。

　　266.19 参见 253 - 1.4 检察机关办理侵犯公民个人信息案件指引（2018 年 11 月 9 日　高检发侦监字〔2018〕13 号）〔二（五）第 1 款〕

　　266.20 最高人民法院、最高人民检察院、公安部、司法部关于办理"套路贷"刑事案件若干问题的意见（2019 年 4 月 9 日）（节录）

　　一、准确把握"套路贷"与民间借贷的区别

　　1. "套路贷"，是对以非法占有为目的，假借民间借贷之名，诱使或迫使被害人签订"借贷"或变相"借贷""抵押""担保"等相关协议，通过虚增借贷金额、恶意制造违约、肆意认定违约、毁匿还款证据等方式形成虚假债权债务，并借助诉讼、仲裁、公证或者采用暴力、威胁以及其他手段非法占有被害人财物的相关违法犯罪活动的概括性称谓。

　　2. "套路贷"与平等主体之间基于意思自治而形成的民事借贷关系存在本质区别，民间借贷的出借人是为了到期按照协议约定的内容收回本金并获取利息，不具有非法占有他人财物的目的，也不会在签订、履行借贷协议过程中实施虚增借贷金额、制造虚假给付痕迹、恶意制造违约、肆意认定违约、毁匿还款证据等行为。

　　司法实践中，应当注意非法讨债引发的案件与"套路贷"案件的区别，犯罪嫌疑人、被告人不具有非法占有目的，也未使用"套路"与借款人形成虚假债权债务，不应视为"套路贷"。因使用暴力、威胁以及其他手段强行索债构成犯罪的，应当根据具体案件事实定罪处罚。

　　3. 实践中，"套路贷"的常见犯罪手法和步骤包括但不限于以下情形：

　　（1）制造民间借贷假象。犯罪嫌疑人、被告人往往以"小额贷款公司""投资公司""咨询公司""担保公司""网络借贷平台"等名义对外宣传，以低息、无抵押、无担保、快速放款等为诱饵吸引被害人借款，继而以"保证金""行规"等虚假理由诱使被害人基于错误认识签订金额虚高的"借贷"协议或相关协议。有的犯罪嫌疑人、被告人还会以被害人先前借贷违约等理由，迫使对方签订金额虚高的"借贷"协议或相关协议。

　　（2）制造资金走账流水等虚假给付事实。犯罪嫌疑人、被告人按照虚高的"借贷"协议金额将资金转入被害人账户，制造已将全部借款交付被害人的银行流水痕迹，随后便采取各种手段将其中全部或者部分资金收回，被害人实际上并未取得或完全取得"借贷"协议、银行流水上显示的钱款。

　　（3）故意制造违约或者肆意认定违约。犯罪嫌疑人、被告人往往会以设置违约陷阱、制造还款障碍等方式，故意造成被害人违约，或者通过肆意认定违约，强行要求被害人偿还虚假债务。

　　（4）恶意垒高借款金额。当被害人无力偿还时，有的犯罪嫌疑人、被告人会安排其所属公司或者指定的关联公司、关联人员为被害人偿还"借款"，继而与被害人签订金额更大的虚高"借贷"协议或相关协议，通过这种"转单平账""以贷还贷"的方式不断垒高"债务"。

　　（5）软硬兼施"索债"。在被害人未偿还虚高"借款"的情况下，犯罪嫌疑人、被告人借助诉讼、仲裁、公证或者采用暴力、威胁以及其他手段向被害人或者被害人的特定关系人索取"债务"。

　　二、依法严惩"套路贷"犯罪

　　4. 实施"套路贷"过程中，未采用明显的暴力或者威胁手段，其行为特征从整体上表现为以非法占有为目的，通过虚构事实、隐瞒真相骗取被害人财物的，一般以诈骗罪定罪处罚；对于在实施"套路贷"过程中多种手段并用，构成诈骗、敲诈勒索、非法拘禁、虚假诉讼、寻衅滋事、强迫交易、抢劫、绑架等多种犯罪的，应当根据具体案件事实，区分不同情况，依照刑法及有关司法解释的规定数罪并罚或者择一重处。

　　5. 多人共同实施"套路贷"犯罪，犯罪嫌疑人、被告人在所参与的犯罪中起主要作用的，应当认定为主犯，对其参与或组织、指挥的全部犯罪承担刑事责任；起次要或辅助作用的，应当认定为从犯。

　　明知他人实施"套路贷"犯罪，具有以下情形之一的，以相关犯罪的共犯论处，但刑法和司法解释等另有规定的除外：

　　（1）组织发送"贷款"信息、广告，吸引、介绍被害人"借款"的；

　　（2）提供资金、场所、银行卡、账号、交通工具等帮助的；

　　（3）出售、提供、帮助获取公民个人信息的；

　　（4）协助制造走账记录等虚假给付事实的；

　　（5）协助办理公证的；

　　（6）协助以虚假事实提起诉讼或者仲裁的；

　　（7）协助套现、取现、办理动产或不动产过户等，转移犯罪所得及其产生的收益的；

　　（8）其他符合共同犯罪规定的情形。

　　上述规定中的"明知他人实施'套路贷'犯罪"，应当结合行为人的认知能力、既往经历、行为次数和手段、与同案人、被害人的关系、获利情况、是否曾因"套路贷"受过处罚、是否故意规避查处等主客观因素综合分析认定。

　　6. 在认定"套路贷"犯罪数额时，应当与民间借贷相区别，从整体上予以否定性评价，"虚高债务"和以"利息""保证金""中介费""服务费""违约金"等名目被犯罪嫌疑人、被告人非法占有的财物，均应计入犯罪数额。

　　犯罪嫌疑人、被告人实际给付被害人的本金数额，不计入犯罪数额。

　　已经着手实施"套路贷"，但因意志以外原因未得逞的，可以根据相关罪名所涉及的刑法、司法解释规定，按照已着手非法占有的财物数额认定犯罪未遂。既有既遂，又有未遂，犯罪既遂部分与未遂部分分别对应不同法定刑幅度的，应当先决定对未遂部分是否减轻处罚，确定未遂部分对应的法定刑幅度，再与既遂部分对应的法定刑幅度进行比较，选择处罚较重的法定刑幅度，并酌情从重处罚；二者在同一量刑幅度的，以犯罪既遂酌情从重处罚。

　　7. 犯罪嫌疑人、被告人实施"套路贷"违法所得的一切财物，应当予以追缴或者责令退赔；对被害人的合法财产，应当及时返还。有证据证明是犯罪嫌疑人、被告人为实施"套路贷"而交付给被害人的本金，赔偿被害人损失后如有剩余，应依法予以没收。

　　犯罪嫌疑人、被告人已将违法所得的财物用于清偿债务、转让或者设置其他权利负担，具有下列情形之一的，应当依法追缴：

　　（1）第三人明知是违法所得财物而接受的；

　　（2）第三人无偿取得或者以明显低于市场的价格取得违法所得财物的；

　　（3）第三人通过非法债务清偿或者违法犯罪活动取得违法所得财物的；

（4）其他应当依法追缴的情形。

8. 以老年人、未成年人、在校学生、丧失劳动能力的人为对象实施"套路贷"，或者因实施"套路贷"造成被害人或其特定关系人自杀、死亡、精神失常、为偿还"债务"而实施犯罪活动的，除刑法、司法解释另有规定的外，应当酌情从重处罚。

在坚持依法从严惩处的同时，对于认罪认罚、积极退赃、真诚悔罪或者具有其他法定、酌定从轻处罚情节的被告人，可以依法从宽处罚。

9. 对于"套路贷"犯罪分子，应当根据其所触犯的具体罪名，依法加大财产刑适用力度。符合刑法第三十七条之一规定的，可以依法禁止从事相关职业。

10. 三人以上为实施"套路贷"而组成的较为固定的犯罪组织，应当认定为犯罪集团。对首要分子应按照集团所犯全部罪行处罚。

符合黑恶势力认定标准的，应当按照黑社会性质组织、恶势力或者恶势力犯罪集团侦查、起诉、审判。

三、依法确定"套路贷"刑事案件管辖

11. "套路贷"犯罪案件一般由犯罪地公安机关侦查，如果由犯罪嫌疑人居住地公安机关立案侦查更为适宜的，可以由犯罪嫌疑人居住地公安机关立案侦查。犯罪地包括犯罪行为发生地和犯罪结果发生地。

"犯罪行为发生地"包括为实施"套路贷"所设立的公司所在地、"借贷"协议或相关协议签订地、非法讨债行为实施地、为实施"套路贷"而进行诉讼、仲裁、公证的受案法院、仲裁委员会、公证机构所在地，以及"套路贷"行为的预备地、开始地、途经地、结束地等。

"犯罪结果发生地"包括违法所得财物的支付地、实际取得地、藏匿地、转移地、使用地、销售地等。

除犯罪地、犯罪嫌疑人居住地外，其他地方公安机关对于公民扭送、报案、控告、举报或者犯罪嫌疑人自首的"套路贷"犯罪案件，都应当立即受理，经审查认为有犯罪事实的，移送有管辖权的公安机关处理。

黑恶势力实施的"套路贷"犯罪案件，由侦办黑社会性质组织、恶势力或者恶势力犯罪集团案件的公安机关进行侦查。

12. 具有下列情形之一的，有关公安机关可以在其职责范围内并案侦查：

（1）一人犯数罪的；

（2）共同犯罪的；

（3）共同犯罪的犯罪嫌疑人还实施其他犯罪的；

（4）多个犯罪嫌疑人实施的犯罪存在直接关联，并案处理有利于查明案件事实的。

266.21 最高人民法院、最高人民检察院、公安部关于依法办理"碰瓷"违法犯罪案件的指导意见（2020年9月22日　公通字〔2020〕12号）（节录）

一、（第一款）实施"碰瓷"，虚构事实、隐瞒真相，骗取赔偿，符合刑法第二百六十六条规定的，以诈骗罪定罪处罚；骗取保险金，符合刑法第一百九十八条规定的，以保险诈骗罪定罪处罚。

【说明】主从犯、犯罪集团认定和侦查、起诉、审判等，参见274.12本意见第9—10条。

266.22 最高人民法院、最高人民检察院、公安部关于办理电信网络诈骗等刑事案件适用法律若干问题的意见（二）（2021年6月17日　法发〔2021〕22号）（节录）

一、电信网络诈骗犯罪地，除《最高人民法院、最高人民检察院、公安部关于办理电信网络诈骗等刑事案件适用法律若干问题的意见》规定的犯罪行为发生地和结果发生地外，还包括：

（一）用于犯罪活动的手机卡、流量卡、物联网卡的开立地、销售地、转移地、藏匿地；

（二）用于犯罪活动的信用卡的开立地、销售地、转移地、藏匿地、使用地以及资金交易对手资金交付和汇出地；

（三）用于犯罪活动的银行账户、非银行支付账户的开立地、销售地、使用地以及资金交易对手资金交付和汇出地；

（四）用于犯罪活动的即时通讯信息、广告推广信息的发送地、接受地、到达地；

（五）用于犯罪活动的"猫池"（Modem Pool）、GOIP设备、多卡宝等硬件设备的销售地、入网地、藏匿地；

（六）用于犯罪活动的互联网账号的销售地、登录地。

二、为电信网络诈骗犯罪提供作案工具、技术支持等帮助以及掩饰、隐瞒犯罪所得及其产生的收益，由此形成多层级犯罪链条的，或者利用同一网站、通讯群组、资金账户、作案窝点实施电信网络诈骗犯罪的，应当认定为多个犯罪嫌疑人、被告人实施的犯罪存在关联，人民法院、人民检察院、公安机关可以在其职责范围内并案处理。

三、有证据证实行为人参加境外诈骗犯罪集团或犯罪团伙，在境外针对境内居民实施电信网络诈骗犯罪行为，诈骗数额难以查证，但一年内出境赴境外诈骗犯罪窝点累计时间30日以上或多次出境赴境外诈骗犯罪窝点的，应当认定为刑法第二百六十六条规定的"其他严重情节"，以诈骗罪依法追究刑事责任。有证据证明其出境从事正当活动的除外。

十一、明知是电信网络诈骗犯罪所得及其产生的收益，以下列方式之一予以转账、套现、取现，符合刑法第三百一十二条第一款规定的，以掩饰、隐瞒犯罪所得、犯罪所得收益罪追究刑事责任。但有证据证明确实不知道的除外。

（一）多次使用或者使用多个非本人身份证明开设的收款码、网络支付接口等，帮助他人转账、套现、取现的；

（二）以明显异于市场的价格，通过电商平台预付卡、虚拟货币、手机充值卡、游戏点卡、游戏装备等转换财物、套现的；

（三）协助转换或者转移财物，收取明显高于市场的"手续费"的。

实施上述行为，事前通谋的，以共同犯罪论处；同时构成其他犯罪的，依照处罚较重的规定定罪处罚。法律和司法解释另有规定的除外。

十三、办案地公安机关可以通过公安机关信息化系统调取异地公安机关依法制作、收集的刑事案件受案登记表、立案决定书、被害人陈述等证据材料。调取时不得少于两名侦查人员，并应记载调取的时间、使用的信息化系统名称等相关信息，调取人签名并加盖办案地公安机关印章。经审核证明真实的，可以作为证据使用。

十四、通过国（区）际警务合作收集或者境外警方移交的境外证据材料，确因客观条件限制，境外警方未提供相关证据的发现、收集、保管、移交情况等材料的，公安机关应当对上述证据材料的来源、移交过程以及种类、数量、特征等作出书面说明，由两名以上侦查人员签名并加盖公安机关印章。经审核能够证明案件事实的，可以作为证据使用。

十五、对境外司法机关抓获并羁押的电信网络诈骗犯罪嫌疑人，在境内接受审判的，境外的羁押期限可以折抵刑期。

十六、办理电信网络诈骗犯罪案件，应当充分贯彻宽严相济刑事政策。在侦查、审查起诉、审判过程中，应当全面收集证据、准确甄别犯罪嫌疑人、被告人在共同犯罪中的层级地位及作用大小，结合其认罪态度和悔罪表现，区别对待，宽严并用，科学量刑，确保罚当其罪。

对于电信网络诈骗犯罪集团、犯罪团伙的组织者、策划者、指挥者和骨干分子，以及利用未成年人、在校学生、老年人、残疾人实施电信网络诈骗的，依法从严惩处。

对于电信网络诈骗犯罪集团、犯罪团伙中的从犯，特别是其中参与时间相对较短、诈骗数额相对较低或者从事辅助性工作并领取少量报酬，以及初犯、偶犯、未成年人、在校学生等，应当综合考虑其在共同犯罪中的地位作用、社会危害程度、主观恶性、人身危险性、认罪悔罪表现等情节，可以依法从轻、减轻处罚。犯罪情节轻微的，可以依法不起诉或者免予刑事处罚；情节显著轻微危害不大的，不以犯罪论处。

十七、查扣的涉案账户内资金，应当优先返还被害人，如不足以全额返还的，应当按照比例返还。

266.23 参见 **307 - 1.8 最高人民法院关于深入开展虚假诉讼整治工作的意见**（2021 年 11 月 10 日 法〔2021〕281 号）（第 17 条）

266.24 最高人民法院、最高人民检察院、公安部关于敦促电信网络诈骗犯罪集团头目和骨干自首的通告（2022 年 8 月 1 日）（节录）

一、实施电信网络诈骗犯罪活动的组织者、策划者、指挥者、骨干分子及其他人员，必须立即停止一切违法犯罪活动。自本通告发布之日起至 2022 年 9 月 30 日前，主动投案自首、如实供述违法犯罪事实的，可以依法从轻或者减轻处罚。犯罪嫌疑人委托他人代为投案或者先以信函、电话、电子邮件等方式投案，本人随后到案的；经亲友规劝，陪同投案的；或者亲友主动报案后将犯罪嫌疑人送去投案的，均视为自动投案。

二、人民法院、人民检察院、公安机关将以"零容忍"态度依法严厉打击电信网络诈骗违法犯罪活动，犯罪嫌疑人要认清形势、珍惜机会，尽快投案自首，争取从宽处理。在上述规定期限内拒不投案自首，继续实施电信网络诈骗违法犯罪活动的，将依法从严惩处；对于其中的电信网络诈骗犯罪集团、犯罪团伙的组织者、策划者、指挥者和骨干分子，将依法从重惩处。

三、犯罪嫌疑人到案后有检举、揭发他人违法犯罪行为，指证犯罪集团头目和骨干，经查证属实的；提供重要线索，从而得以侦破其他案件的；或者有积极协助司法机关抓捕其他犯罪嫌疑人等立功表现的，可以依法从轻或者减轻处罚。有重大立功表现的，可以依法减轻或者免除处罚。

【部委规范】

266.25 公安部关于受害人居住地公安机关可否对诈骗犯罪案件立案侦查问题的批复（2000 年 10 月 16 日 公复字〔2000〕10 号）

广西壮族自治区公安厅：

你厅《关于被骗受害人居住地的公安机关可否对诈骗犯罪案件立案侦查的请示》（桂公请〔2000〕77 号）收悉。现批复如下：

《公安机关办理刑事案件程序规定》第十五条规定："刑事案件由犯罪地的公安机关管辖。如果由犯罪嫌疑人居住地的公安机关管辖更为适宜的，可以由犯罪嫌疑人居住地的公安机关管辖。"根据《中华人民共和国刑法》第六条第三款的规定，犯罪地包括犯罪行为地和犯罪结果地。根据上述规定，犯罪行为地、犯罪结果地以及犯罪嫌疑人居住地的公安机关可以依法对属于公安机关管辖的刑事案件立案侦查。诈骗犯罪案件的犯罪结果地是指犯罪嫌疑人实际取得财产地。因此，除诈骗行为地、犯罪嫌疑人实际取得财产的结果发生地和犯罪嫌疑人居住地外，其他地方公安机关不能对诈骗犯罪案件立案侦查，但对于公民扭送、报案、控告、举报或者犯罪嫌疑人自首的，都应当立即受理，经审查认为有犯罪事实的，移送有管辖权的公安机关处理。

266.26 公安部关于对伪造学生证及贩卖、使用伪造学生证的行为如何处理问题的批复（2002 年 6 月 26 日 公刑〔2002〕1046 号）（节录）

三、对使用伪造的学生证购买半价火车票，数额较大的，应当依照《中华人民共和国刑法》第二百六十六条的规定，以诈骗罪立案侦查；尚不够刑事处罚的，应当依照《中华人民共和国治安管理处罚条例》第二十三条第（一）项的规定以诈骗定性处罚。

【法律法规】

266.27 中华人民共和国计量法（1986 年 7 月 1 日 2018 年修正）（第 27 条）
266.28 中华人民共和国体育法（1995 年 10 月 1 日 2016 年修正）（第 49 条）
266.29 中华人民共和国促进科技成果转化法（1996 年 10 月 1 日 2015 年修正）（第 47 条）
266.30 中华人民共和国统计法（2010 年 1 月 1 日 2009 年修订）（第 49 条第 3 款）
266.31 中华人民共和国反电信网络诈骗法（2022 年 12 月 1 日）（第 2—38 条）

第二百六十七条【抢夺罪】抢夺公私财物，数额较大的，或者多次抢夺的，处三年以下有期徒刑、拘役或者管制，并处或者单处罚金；数额巨大或者有其他严重情节的，处三年以上十年以下有期徒刑，并处罚金；数额特别巨大或者有其他特别严重情节的，处十年以上有期徒刑或者无期徒刑，并处罚金或者没收财产。

【抢劫罪】携带凶器抢夺的，依照本法第二百六十三条的规定定罪处罚。

> 【刑法修正说明】
>
> 　　本条第 1 款为全国人大常委会 2015 年 8 月 29 日通过并公布、同年 11 月 1 日施行的《刑法修正案（九）》第 20 条所修正。原该款为：
>
> 　　【抢夺罪】抢夺公私财物，数额较大的，处三年以下有期徒刑、拘役或者管制，并处或者单处罚金；数额巨大或者有其他严重情节的，处三年以上十年以下有期徒刑，并处罚金；数额特别巨大或者有其他特别严重情节的，处十年以上有期徒刑或者无期徒刑，并处罚金或者没收财产。

【罪名渊源】本条系由 79 刑法第 151 条、第 152 条修改而来，刑法作了如下修改：将抢夺与盗窃、诈骗行为分离出来独立成条；增加了罚金刑种，在第一档刑中增加了"并处或者单处罚金"，第二档刑中增加了"并处罚金"，第三档刑由原"可以并处没收财产"修改为"并处罚金或者没收财产"；分别改原"数额巨大""情节特别严重"为"数额巨大或者有其他严重情节""数额特别巨大或者有其他特别严重情节"；增加第 2 款内容，补充规定了抢夺罪转化为抢劫罪的条件；"数额较大"的法定最高刑由 5 年改为 3 年，"数额巨大"的法定最低刑由 5 年改为 3 年。高法《罪名规定》将第 1 款解释为抢夺罪，高检《罪名意见》将本条解释为抢夺罪。《刑法修正案（九）》第 20 条在本条第 1 款增设了"多次抢夺"的规定。

【立案标准】

267.1 国家林业局、公安部关于森林和陆生野生动物刑事案件管辖及立案标准（2001 年 5 月 9 日　林安字〔2001〕156 号）（节录）

一、森林公安机关管辖在其辖区内发生的刑法规定的下列森林和陆生野生动物刑事案件

（十八）抢夺案件中，抢夺国家重点保护陆生野生动物或其制品的案件（第二百六十七条）。

二、森林和陆生野生动物刑事案件的立案标准

（十二）盗窃、抢夺、抢劫案、窝藏、转移、收购、销售赃物案、破坏生产经营案、聚众哄抢案、非法经营案、伪造变造买卖国家公文、证件案，执行相应的立案标准。

【罪刑标准】

267.2 最高人民法院、最高人民检察院关于办理抢夺刑事案件适用法律若干问题的解释（2013 年 11 月 18 日　法释〔2013〕25 号）

为依法惩治抢夺犯罪，保护公私财产，根据《中华人民共和国刑法》的有关规定，现就办理此类刑事案件适用法律的若干问题解释如下：

第一条　抢夺公私财物价值一千元至三千元以上、三万元至八万元以上、二十万元至四十万元以上的，应当分别认定为刑法第二百六十七条规定的"数额较大"、"数额巨大"、"数额特别巨大"。

各省、自治区、直辖市高级人民法院、人民检察院可以根据本地区经济发展状况，并考虑社会治安状况，在前款规定的数额幅度内，确定本地区执行的具体数额标准，报最高人民法院、最高人民检察院批准。

第二条　抢夺公私财物，具有下列情形之一的，"数额较大"的标准按照前条规定标准的百分之五十确定：

（一）曾因抢劫、抢夺或者聚众哄抢受过刑事处罚的；

（二）一年内曾因抢夺或者哄抢受过行政处罚的；

（三）一年内抢夺三次以上的；

（四）驾驶机动车、非机动车抢夺的；

（五）组织、控制未成年人抢夺的；

（六）抢夺老年人、未成年人、孕妇、携带婴幼儿的人、残疾人、丧失劳动能力人的财物的；

（七）在医院抢夺病人或者其亲友财物的；

（八）抢夺救灾、抢险、防汛、优抚、扶贫、移民、救济款物的；

（九）自然灾害、事故灾害、社会安全事件等突发事件期间，在事件发生地抢夺的；

（十）导致他人轻伤或者精神失常等严重后果的。

第三条　抢夺公私财物，具有下列情形之一的，应当认定为刑法第二百六十七条规定的"其他严重情节"：

（一）导致他人重伤的；

（二）导致他人自杀的；

（三）具有本解释第二条第三项至第十项规定的情形之一，数额达到本解释第一条规定的"数额巨大"百分之五十的。

第四条　抢夺公私财物，具有下列情形之一的，应当认定为刑法第二百六十七条规定的"其他特别严重情节"：

（一）导致他人死亡的；

（二）具有本解释第二条第三项至第十项规定的情形之一，数额达到本解释第一条规定的"数额特别巨大"百分之五十的。

第五条　抢夺公私财物数额较大，但未造成他人轻伤以上伤害，行为人系初犯，认罪、悔罪，退赃、退赔，且具有下列情形之一的，可以认定为犯罪情节轻微，不起诉或者免予刑事处罚；必要时，由有关部门依法予以行政处罚：

（一）具有法定从宽处罚情节的；

（二）没有参与分赃或者获赃较少，且不是主犯的；

（三）被害人谅解的；

（四）其他情节轻微、危害不大的。

第六条　驾驶机动车、非机动车夺取他人财物，具有下列情形之一的，应当以抢劫罪定罪处罚：

（一）夺取他人财物时因被害人不放手而强行夺取的；

（二）驾驶车辆逼挤、撞击或者强行逼倒他人夺取财物的；

（三）明知会致人伤亡仍然强行夺取并放任造成财物持有人轻伤以上后果的。

第七条　本解释公布施行后，《最高人民法院关于审理抢夺刑事案件具体应用法律若干问题的解释》（法释〔2002〕18号）同时废止；之前发布的司法解释和规范性文件与本解释不一致的，以本解释为准。

【司法解释】

267.3 最高人民法院关于审理抢劫案件具体应用法律若干问题的解释（2000年11月28日法释〔2000〕35号）（节录）

第六条　刑法第二百六十七条第二款规定的"携带凶器抢夺"，是指行为人随身携带枪支、爆炸物、管制刀具等国家禁止个人携带的器械进行抢夺或者为了实施犯罪而携带其他器械进行抢夺的行为。

【司法文件】

267.4 最高人民法院关于审理抢劫、抢夺刑事案件适用法律若干问题的意见（2005年6月8日　法发〔2005〕8号）（节录）

四、关于"携带凶器抢夺"的认定

《抢劫解释》① 第六条规定，"携带凶器抢夺"，是指行为人随身携带枪支、爆炸物、管制刀

---

①　指最高人民法院《关于审理抢劫案件具体应用法律若干问题的解释》（法释〔2000〕35号）。——编者注

具等国家禁止个人携带的器械进行抢夺或者为了实施犯罪而携带其他器械进行抢夺的行为。行为人随身携带国家禁止个人携带的器械以外的其他器械抢夺，但有证据证明该器械确实不是为了实施犯罪准备的，不以抢劫罪定罪；行为人将随身携带凶器有意加以显示、能为被害人察觉到的，直接适用刑法第二百六十三条的规定定罪处罚；行为人携带凶器抢夺后，在逃跑过程中为窝藏赃物、抗拒抓捕或者毁灭罪证而当场使用暴力或者以暴力相威胁的，适用刑法第二百六十七条第二款的规定定罪处罚。

十一、驾驶机动车、非机动车夺取他人财物行为的定性

对于驾驶机动车、非机动车（以下简称"驾驶车辆"）夺取他人财物的，一般以抢夺罪从重处罚。但具有下列情形之一，应当以抢劫罪定罪处罚：

（1）驾驶车辆，逼挤、撞击或强行逼倒他人以排除他人反抗，乘机夺取财物的；

（2）驾驶车辆强抢财物时，因被害人不放手而采取强拉硬拽方法劫取财物的；

（3）行为人明知其驾驶车辆强行夺取他人财物的手段会造成他人伤亡的后果，仍然强行夺取并放任造成财物持有人轻伤以上后果的。

267.5 参见 263.10 全国部分法院审理毒品犯罪案件工作座谈会纪要（最高人民法院 2008 年 12 月 1 日印发　法〔2008〕324 号）

267.6 最高人民法院关于常见犯罪的量刑指导意见（2017 年 4 月 1 日　法发〔2017〕7 号）（节录）

四、常见犯罪的量刑

（八）抢夺罪

1. 构成抢夺罪的，可以根据下列不同情形在相应的幅度内确定量刑起点：

（1）达到数额较大起点或者两年内三次抢夺的，可以在一年以下有期徒刑、拘役幅度内确定量刑起点。

（2）达到数额巨大起点或者有其他严重情节的，可以在三年至五年有期徒刑幅度内确定量刑起点。

（3）达到数额特别巨大起点或者有其他特别严重情节的，可以在十年至十二年有期徒刑幅度内确定量刑起点。依法应当判处无期徒刑的除外。

2. 在量刑起点的基础上，可以根据抢夺数额、次数等其他影响犯罪构成的犯罪事实增加刑罚量，确定基准刑。

多次抢夺，数额达到较大以上的，以抢夺数额确定量刑起点，抢夺次数可作为调节基准刑的量刑情节；数额未达到较大的，以抢夺次数确定量刑起点，超过三次的次数作为增加刑罚量的事实。

【说明】量刑基本原则、基本方法和常见量刑情节的适用，参见 61.2 本意见。

267.7 最高人民法院、最高人民检察院、公安部关于依法办理"碰瓷"违法犯罪案件的指导意见（2020 年 9 月 22 日　公通字〔2020〕12 号）（节录）

四、实施"碰瓷"，采取转移注意力、趁人不备等方式，窃取、夺取他人财物，符合刑法第二百六十四条、第二百六十七条规定的，分别以盗窃罪、抢夺罪定罪处罚。

【说明】主从犯、犯罪集团认定和侦查、起诉、审判等，参见 274.12 本意见第 9—10 条。

【法律法规】

267.8 中华人民共和国渔业法（1986 年 7 月 1 日　2013 年修正）（第 39 条）

267.9 中华人民共和国矿产资源法（1986 年 10 月 1 日　2009 年修正）（第 41 条）

267.10 中华人民共和国水法（2002 年 10 月 1 日　2016 年修正）（第 73 条）

第二百六十八条【聚众哄抢罪】聚众哄抢公私财物，数额较大或者有其他严重情节的，对首要分子和积极参加的，处三年以下有期徒刑、拘役或者管制，并处罚金；数额巨大或者有其他特别严重情节的，处三年以上十年以下有期徒刑，并处罚金。

【罪名渊源】 79 刑法未规定本罪，系刑法增设。高法《罪名规定》、高检《罪名意见》将其解释为聚众哄抢罪。

【立案标准】

268.1 国家林业局、公安部关于森林和陆生野生动物刑事案件管辖及立案标准（2001 年 5 月 9 日 林安字〔2001〕156 号）（节录）

一、森林公安机关管辖其辖区内发生的刑法规定的下列森林和陆生野生动物刑事案件

（八）聚众哄抢案件中，哄抢林木的案件（第二百六十八条）。

二、森林和陆生野生动物刑事案件的立案标准

（十二）……聚众哄抢案……执行相应的立案标准。

【罪刑标准】

268.2 最高人民法院关于审理破坏森林资源刑事案件具体应用法律若干问题的解释（2000 年 12 月 11 日 法释〔2000〕36 号）（节录）

第十四条 聚众哄抢林木五立方米以上的，属于聚众哄抢"数额较大"；聚众哄抢林木二十立方米以上的，属于聚众哄抢"数额巨大"，对首要分子和积极参加的，依照刑法第二百六十八条的规定，以聚众哄抢罪定罪处罚。

【法律法规】

268.3 中华人民共和国铁路法（1991 年 5 月 1 日 2015 年修正）（第 64 条）

第二百六十九条【抢劫罪】犯盗窃、诈骗、抢夺罪，为窝藏赃物、抗拒抓捕或者毁灭罪证而当场使用暴力或者以暴力相威胁的，依照本法第二百六十三条的规定定罪处罚。

【司法解释】

269.1 最高人民法院关于审理未成年人刑事案件具体应用法律若干问题的解释（2006 年 1 月 23 日 法释〔2006〕1 号）（节录）

第十条 已满十四周岁不满十六周岁的人盗窃、诈骗、抢夺他人财物，为窝藏赃物、抗拒抓捕或者毁灭罪证，当场使用暴力，故意伤害致人重伤或者死亡，或者故意杀人的，应当分别以故意伤害罪或者故意杀人罪定罪处罚。

已满十六周岁不满十八周岁的人犯盗窃、诈骗、抢夺罪，为窝藏赃物、抗拒抓捕或者毁灭罪证而当场使用暴力或者以暴力相威胁的，应当依照刑法第二百六十九条的规定定罪处罚；情节轻微的，可不以抢劫罪定罪处罚。

【司法文件】

269.2 参见 17.6 最高人民检察院法律政策研究室关于相对刑事责任年龄的人承担刑事责任范围有关问题的答复（2003 年 4 月 18 日 〔2003〕高检研发第 13 号）（第 2 条）

269.3 最高人民法院关于审理抢劫、抢夺刑事案件适用法律若干问题的意见（2005 年 6 月 8 日 法发〔2005〕8 号）（节录）

五、关于转化抢劫的认定

行为人实施盗窃、诈骗、抢夺行为，未达到"数额较大"，为窝藏赃物、抗拒抓捕或者毁灭罪证当场使用暴力或者以暴力相威胁，情节较轻、危害不大的，一般不以犯罪论处；但具有下列情节之一的，可依照刑法第二百六十九条的规定，以抢劫罪定罪处罚：

（1）盗窃、诈骗、抢夺接近"数额较大"标准的；

（2）入户或在公共交通工具上盗窃、诈骗、抢夺后在户外或交通工具外实施上述行为的；

（3）使用暴力致人轻微伤以上后果的；

（4）使用凶器或以凶器相威胁的；

（5）具有其他严重情节的。

269.4 最高人民法院关于审理抢劫刑事案件适用法律若干问题的指导意见（2016 年 1 月 6 日 法发〔2016〕2 号）（节录）

三、关于转化型抢劫犯罪的认定

根据刑法第二百六十九条的规定，"犯盗窃、诈骗、抢夺罪，为窝藏赃物、抗拒抓捕或者毁灭罪证而当场使用暴力或者以暴力相威胁的"，依照抢劫罪定罪处罚。"犯盗窃、诈骗、抢夺罪"，主要是指行为人已经着手实施盗窃、诈骗、抢夺行为，一般不考察盗窃、诈骗、抢夺行为是否既遂。但是所涉财物数额明显低于"数额较大"的标准，又不具有《两抢意见》① 第五条所列五种情节之一的，不构成抢劫罪。"当场"是指在盗窃、诈骗、抢夺的现场以及行为人刚离开现场即被他人发现并抓捕的情形。

对于以摆脱的方式逃避抓捕，暴力强度较小，未造成轻伤以上后果的，可不认定为"使用暴力"，不以抢劫罪论处。

入户或者在公共交通工具上盗窃、诈骗、抢夺后，为了窝藏赃物、抗拒抓捕或者毁灭罪证，在户内或者公共交通工具上当场使用暴力或者以暴力相威胁的，构成"入户抢劫"或者"在公共交通工具上抢劫"。

两人以上共同实施盗窃、诈骗、抢夺犯罪，其中部分行为人为窝藏赃物、抗拒抓捕或者毁灭罪证而当场使用暴力或者以暴力相威胁的，对于其余行为人是否以抢劫罪共犯论处，主要看其对实施暴力或者以暴力相威胁的行为人是否形成共同犯意、提供帮助。基于一定意思联络，对实施暴力或者以暴力相威胁的行为人提供帮助或实际成为帮凶的，可以抢劫共犯论处。

第二百七十条【侵占罪】 将代为保管的他人财物非法占为己有，数额较大，拒不退还的，处二年以下有期徒刑、拘役或者罚金；数额巨大或者有其他严重情节的，处二年以上五年以下有期徒刑，并处罚金。

将他人的遗忘物或者埋藏物非法占为己有，数额较大，拒不交出的，依照前款的规定处罚。

本条罪，告诉的才处理。

【罪名渊源】 79 刑法、单行刑法对本罪没有规定，对这类行为实践中一般类推为侵占（他人）财物罪、侵占他人遗忘物罪。刑法取消类推制度后，增设了本罪。高法《罪名规定》、高检《罪名意见》将其解释为侵占罪。

第二百七十一条【职务侵占罪】 公司、企业或者其他单位的工作人员，利用职务上的便利，将本单位财物非法占为己有，数额较大的，处三年以下有期徒刑或者拘役，并处罚金；数额巨大的，处三年以上十年以下有期徒刑，并处罚金；数额特别巨大的，处十年以上有期徒刑或者无期徒刑，并处罚金。

【贪污罪】 国有公司、企业或者其他国有单位中从事公务的人员和国有公司、企业或者其他国有单位委派到非国有公司、企业以及其他单位从事公务的人员有前款行为的，依照本法第三百八十二条、第三百八十三条的规定定罪处罚。

【刑法修正说明】

本条第 1 款为全国人大常委会 2020 年 12 月 26 日通过并公布、2021 年 3 月 1 日施行的《刑法修正案（十一）》第 29 条所修正。 原该款为：

【职务侵占罪】 公司、企业或者其他单位的人员，利用职务上的便利，将本单位财物非法占为己有，数额较大的，处五年以下有期徒刑或者拘役；数额巨大的，处五年以上有期徒刑，可以并处没收财产。

---

① 指最高人民法院《关于审理抢劫、抢夺刑事案件适用法律问题的意见》（法发〔2005〕8 号）。
——编者注

【罪名渊源】本条第1款由全国人大常委会《关于惩治违反公司法的犯罪的决定》第10条的侵占罪修改而来，79刑法没有规定。刑法将犯罪主体由"公司、企业人员"扩大到"公司、企业或者其他单位的人员"，将"利用职务或工作上的便利"修改为"利用职务上的便利"。高法《罪名规定》、高检《罪名意见》将其解释为职务侵占罪。《刑法修正案（十一）》第29条在第1款原两档法定刑中增加罚金刑种，对主刑期限作了修改，增设"数额特别巨大"一档的法定刑。

【立法文件】

271.1 全国人大常委会法制工作委员会对关于公司人员利用职务上的便利采取欺骗等手段非法占有股东股权的行为如何定性处理的批复的意见（2005年12月1日 法工委发函〔2005〕105号）

最高人民检察院：

你院法律政策研究室2005年8月26日来函收悉。经研究，答复如下：

据刑法第九十二条的规定，股份属于财产。采用各种非法手段侵吞、占有他人依法享有的股份，构成犯罪的，适用刑法有关非法侵犯他人财产的犯罪规定。

【立案标准】

271.2 最高人民检察院、公安部关于公安机关管辖的刑事案件立案追诉标准的规定（二）（2022年5月15日 公通字〔2022〕12号）（节录）

第七十六条 〔职务侵占案（刑法第二百七十一条第一款）〕公司、企业或者其他单位的工作人员，利用职务上的便利，将本单位财物非法占为己有，数额在三万元以上的，应予立案追诉。

第八十二条 对于预备犯、未遂犯、中止犯，需要追究刑事责任的，应予立案追诉。

第八十四条 本规定中的"以上"，包括本数。

【罪刑标准】

271.3 参见163.2 最高人民法院、最高人民检察院关于办理贪污贿赂刑事案件适用法律若干问题的解释（2016年4月18日 法释〔2016〕9号）

【司法解释】

271.4 最高人民法院关于村民小组组长利用职务便利非法占有公共财物行为如何定性问题的批复（1999年7月3日 法释〔1999〕12号）

四川省高级人民法院：

你院川高法〔1998〕224号《关于村民小组组长利用职务便利侵吞公共财物如何定性的问题的请示》收悉。经研究，答复如下：

对村民小组组长利用职务上的便利，将村民小组集体财产非法占为己有，数额较大的行为，应当依照刑法第二百七十一条第一款的规定，以职务侵占罪定罪处罚。

271.5 最高人民法院关于审理贪污、职务侵占案件如何认定共同犯罪几个问题的解释（2000年7月8日 法释〔2000〕15号）

为依法审理贪污或者职务侵占犯罪案件，现就这类案件如何认定共同犯罪问题解释如下：

第一条 行为人与国家工作人员勾结，利用国家工作人员的职务便利，共同侵吞、窃取、骗取或者以其他手段非法占有公共财物的，以贪污罪共犯论处。

第二条 行为人与公司、企业或者其他单位的人员勾结，利用公司、企业或者其他单位人员的职务便利，共同将该单位财物非法占为己有，数额较大的，以职务侵占罪共犯论处。

第三条 公司、企业或者其他单位中，不具有国家工作人员身份的人与国家工作人员勾结，分别利用各自的职务便利，共同将本单位财物非法占为己有的，按照主犯的犯罪性质定罪。

271.6 最高人民法院关于在国有资本控股、参股的股份有限公司中从事管理工作的人员利用

职务便利非法占有本公司财物如何定罪问题的批复（2001年5月26日 法释〔2001〕17号）

重庆市高级人民法院：

你院渝高法明传〔2000〕38号《关于在股份有限公司中从事管理工作的人员侵占本公司财物如何定性的请示》收悉。经研究，答复如下：

在国有资本控股、参股的股份有限公司中从事管理工作的人员，除受国家机关、国有公司、企业、事业单位委派从事公务的以外，不属于国家工作人员。对其利用职务上的便利，将本单位财物非法占为己有，数额较大的，应当依照刑法第二百七十一条第一款的规定，以职务侵占罪定罪处罚。

271.7 最高人民法院、最高人民检察院关于办理妨害预防、控制突发传染病疫情等灾害的刑事案件具体应用法律若干问题的解释（2003年5月15日 法释〔2003〕8号）（节录）

第十四条（第一款） 贪污、侵占用于预防、控制突发传染病疫情等灾害的款物或者挪用归个人使用，构成犯罪的，分别依照刑法第三百八十二条、第三百八十三条、第二百七十一条、第三百八十四条、第二百七十二条的规定，以贪污罪，侵占罪①，挪用公款罪，挪用资金罪定罪，依法从重处罚。

271.8 参见307-1.2 最高人民法院关于《中华人民共和国刑法修正案（九）》时间效力问题的解释（2015年11月1日 法释〔2015〕19号）

271.9 参见266.8 最高人民法院、最高人民检察院关于办理虚假诉讼刑事案件适用法律若干问题的解释（2018年10月1日 法释〔2018〕17号）

【司法文件】

271.10 全国法院维护农村稳定刑事审判工作座谈会纪要（最高人民法院1999年10月27日印发 法〔1999〕217号）（节录）

（三）关于村委会和村党支部成员利用职务便利侵吞集体财产犯罪的定性问题

为了保证案件的及时审理，在没有司法解释规定之前，对于已起诉到法院的这类案件，原则上以职务侵占罪定罪处罚。

271.11 参见163.4 最高人民检察院研究室关于非国家工作人员涉嫌职务犯罪案件管辖问题的意见（2001年4月10日）

271.12 最高人民法院、最高人民检察院关于办理国家出资企业中职务犯罪案件具体应用法律若干问题的意见（2010年11月26日 法发〔2010〕49号）（节录）

一、关于国家出资企业工作人员在改制过程中隐匿公司、企业财产归个人持股的改制后公司、企业所有的行为的处理

（第一款）国家工作人员或者受国家机关、国有公司、企业、事业单位、人民团体委托管理、经营国有财产的人员利用职务上的便利，在国家出资企业改制过程中故意通过低估资产、隐瞒债权、虚设债务、虚构产权交易等方式隐匿公司、企业财产，转为本人持有股份的改制后公司、企业所有，应当依法追究刑事责任的，依照刑法第三百八十二条、第三百八十三条的规定，以贪污罪定罪处罚。贪污数额一般应当以所隐匿财产全额计算；改制后公司、企业仍有国有股份的，按股份比例扣除归于国有的部分。

（第三款）第一款规定以外的人员实施该款行为的，依照刑法第二百七十一条的规定，以职务侵占罪定罪处罚；第一款规定以外的人员与第一款规定的人员共同实施该款行为的，以贪污罪的共犯论处。

271.13 最高人民检察院、中国残疾人联合会关于在检察工作中切实维护残疾人合法权益的意见（2015年11月30日 高检会〔2015〕11号）（节录）

五、加大对侵害残疾人权益的职务犯罪的查处和预防，依法严惩挪用、克扣、截留、侵占残疾人教育、康复、就业、社会保障等资金和物资以及发生在涉及残疾人事业的设备采购、工程建

---

① 应为职务侵占罪，这是该司法解释出现的一个技术性失误。——编者注

设中的职务犯罪行为。

七、(第一款) 对于残疾人涉嫌职务犯罪案件, 人民检察院在对残疾犯罪嫌疑人进行第一次讯问或者采取强制措施时, 应当告知其有权委托辩护人, 并告知其如果符合《最高人民法院、最高人民检察院、公安部、司法部关于刑事诉讼法律援助工作的规定》第二条规定, 本人及其近亲属可以向法律援助机构申请法律援助。

271. 14 最高人民法院关于常见犯罪的量刑指导意见(2017 年 4 月 1 日 法发〔2017〕7 号)(节录)

四、常见犯罪的量刑

(九) 职务侵占罪

1. 构成职务侵占罪的, 可以根据下列不同情形在相应的幅度内确定量刑起点:

(1) 达到数额较大起点的, 可以在二年以下有期徒刑、拘役幅度内确定量刑起点。

(2) 达到数额巨大起点的, 可以在五年至六年有期徒刑幅度内确定量刑起点。

2. 在量刑起点的基础上, 可以根据职务侵占数额等其他影响犯罪构成的犯罪事实增加刑罚量, 确定基准刑。

【说明】 量刑基本原则、基本方法和常见量刑情节的适用, 参见 61. 2 本意见。

---

271. 15 参见 307 – 1. 8 最高人民法院关于深入开展虚假诉讼整治工作的意见(2021 年 11 月 10 日 法〔2021〕281 号)(第 17 条)

【部委规范】

271. 16 公安部经济犯罪侦查局关于职务侵占案件管辖权问题的批复(2003 年 4 月 21 日 公经〔2003〕435 号)

贵州省公安厅经侦总队:

你总队《关于职务侵占案件管辖权问题的请示报告》(黔公经侦〔2003〕15 号) 收悉。经研究, 我们认为:

此案原则上应由犯罪嫌疑人所属公司、企业注册地的公安机关即贵阳市公安局管辖, 如果由犯罪行为实施地的公安机关管辖更为适宜的, 也可以由犯罪行为实施地的公安机关即六盘水市公安局和六枝县公安局管辖。

271. 17 参见 163. 8 公安部经济犯罪侦查局关于对非国家工作人员职务犯罪案件管辖权问题的意见(2003 年 4 月 21 日 公经〔2003〕436 号)

271. 18 公安部经侦局关于对非法占有他人股权是否构成职务侵占罪问题的工作意见(2005 年 6 月 24 日)

近年来, 许多地方公安机关就公司股东之间或者被委托人采用非法手段侵占股权, 是否涉嫌职务侵占罪问题请示我局。对此问题, 我局多次召开座谈会并分别征求了高检、高法及人大法工委刑法室等有关部门的意见。近日, 最高人民法院刑事审判第二庭书面答复我局: 对于公司股东之间或者被委托人利用职务便利, 非法占有公司股东股权的行为, 如果能够认定行为人主观上具有非法占有他人财物的目的, 则可对其利用职务便利, 非法占有公司管理中的股东股权的行为以职务侵占罪论处。

现予网上公布, 供各地公安机关办理类似案件时借鉴参考。

【法律法规】

271. 19 中华人民共和国合伙企业法(1997 年 8 月 1 日 2006 年修订)(第 96 条、第 105—106 条)

271. 20 中华人民共和国公司法(2006 年 1 月 1 日 2018 年修正)(第 147 条第 2 款、第 189 条第 2 款、第 215 条)

271. 21 中华人民共和国保险法(2009 年 10 月 1 日 2015 年修正)(第 116 条第 6—7 项、第 181 条)

第二百七十二条【挪用资金罪】 公司、企业或者其他单位的工作人员，利用职务上的便利，挪用本单位资金归个人使用或者借贷给他人，数额较大、超过三个月未还的，或者虽未超过三个月，但数额较大、进行营利活动的，或者进行非法活动的，处三年以下有期徒刑或者拘役；挪用本单位资金数额巨大的，处三年以上七年以下有期徒刑；数额特别巨大的，处七年以上有期徒刑。

【挪用公款罪】 国有公司、企业或者其他国有单位中从事公务的人员和国有公司、企业或者其他国有单位委派到非国有公司、企业以及其他单位从事公务的人员有前款行为的，依照本法第三百八十四条的规定定罪处罚。

有第一款行为，在提起公诉前将挪用的资金退还的，可以从轻或者减轻处罚。其中，犯罪较轻的，可以减轻或者免除处罚。

【刑法修正说明】
本条为全国人大常委会 2020 年 12 月 26 日通过并公布、2021 年 3 月 1 日施行的《刑法修正案（十一）》第 30 条所修正。原第 272 条为：

【挪用资金罪】 公司、企业或者其他单位的工作人员，利用职务上的便利，挪用本单位资金归个人使用或者借贷给他人，数额较大、超过三个月未还的，或者虽未超过三个月，但数额较大、进行营利活动的，或者进行非法活动的，处三年以下有期徒刑或者拘役；挪用本单位资金数额巨大的，或者数额较大不退还的，处三年以上十年以下有期徒刑。

【挪用公款罪】 国有公司、企业或者其他国有单位中从事公务的人员和国有公司、企业或者其他国有单位委派到非国有公司、企业以及其他单位从事公务的人员有前款行为的，依照本法第三百八十四条的规定定罪处罚。

【罪名渊源】 本条第 1 款 79 刑法没有规定，系由全国人大常委会《关于惩治违反公司法的犯罪的决定》第 11 条修改而来，并吸收了该决定第 12 条、第 14 条的内容。刑法将犯罪主体由"公司董事、监事或者职工""有限责任公司、股份有限公司以外的企业职工"修改为"公司、企业或者其他单位的工作人员"，对"挪用本单位资金数额较大不退还的"直接规定了法定刑，不再按侵占本单位财产罪定罪处罚。高法《罪名规定》、高检《罪名意见》将其解释为挪用资金罪。《刑法修正案（十一）》第 30 条对第 1 款作了修改：第二档刑删除"或者数额较大不退还的"字样，法定最高刑由 10 年调整为 7 年；增加"数额特别巨大"一档法定刑；增设第 3 款。

【立法文件】
272.1 全国人民代表大会常务委员会法制工作委员会刑法室关于挪用资金罪有关问题的答复
（2004 年 9 月 8 日 法工委刑发〔2004〕第 28 号）
公安部经济犯罪侦查局：
你局 2004 年 7 月 19 日（公经〔2004〕141 号）来函收悉，经研究，答复如下：
刑法第二百七十二条规定的挪用资金罪中的"归个人使用"与刑法第三百八十四条规定的挪用公款罪中的"归个人使用"的含义基本相同。97 年修改刑法时，针对当时挪用资金中比较突出的情况，在规定"归个人使用时"的同时，进一步明确了"借贷给他人"属于挪用资金罪的一种表现形式。

【立案标准】
272.2 最高人民检察院、公安部关于公安机关管辖的刑事案件立案追诉标准的规定（二）
（2022 年 5 月 15 日 公通字〔2022〕12 号）（节录）
第七十七条 〔挪用资金案（刑法第二百七十二条第一款）〕公司、企业或者其他单位的工作人员，利用职务上的便利，挪用本单位资金归个人使用或者借贷给他人，涉嫌下列情形之一

的，应予立案追诉：

（一）挪用本单位资金数额在五万元以上，超过三个月未还的；

（二）挪用本单位资金数额在五万元以上，进行营利活动的；

（三）挪用本单位资金数额在三万元以上，进行非法活动的。

具有下列情形之一的，属于本条规定的"归个人使用"：

（一）将本单位资金供本人、亲友或者其他自然人使用的；

（二）以个人名义将本单位资金供其他单位使用的；

（三）个人决定以单位名义将本单位资金供其他单位使用，谋取个人利益的。

第八十二条　对于预备犯、未遂犯、中止犯，需要追究刑事责任的，应予立案追诉。

第八十四条　本规定中的"以上"，包括本数。

【罪刑标准】

272.3 最高人民法院、最高人民检察院关于办理贪污贿赂刑事案件适用法律若干问题的解释（2016 年 4 月 18 日　法释〔2016〕9 号）（节录）

第五条　挪用公款归个人使用，进行非法活动，数额在三万元以上的，应当依照刑法第三百八十四条的规定以挪用公款罪追究刑事责任；数额在三百万元以上的，应当认定为刑法第三百八十四条第一款规定的"数额巨大"。具有下列情形之一的，应当认定为刑法第三百八十四条第一款规定的"情节严重"：

（一）挪用公款数额在一百万元以上的；

（二）挪用救灾、抢险、防汛、优抚、扶贫、移民、救济特定款物，数额在五十万元以上不满一百万元的；

（三）挪用公款不退还，数额在五十万元以上不满一百万元的；

（四）其他严重的情节。

第六条　挪用公款归个人使用，进行营利活动或者超过三个月未还，数额在五万元以上的，应当认定为刑法第三百八十四条第一款规定的"数额较大"；数额在五百万元以上的，应当认定为刑法第三百八十四条第一款规定的"数额巨大"。具有下列情形之一的，应当认定为刑法第三百八十四条第一款规定的"情节严重"：

（一）挪用公款数额在二百万元以上的；

（二）挪用救灾、抢险、防汛、优抚、扶贫、移民、救济特定款物，数额在一百万元以上不满二百万元的；

（三）挪用公款不退还，数额在一百万元以上不满二百万元的；

（四）其他严重的情节。

第十一条（第二款）　刑法第二百七十二条规定的挪用资金罪中的"数额较大""数额巨大"以及"进行非法活动"情形的数额起点，按照本解释关于挪用公款罪"数额较大""情节严重"以及"进行非法活动"的数额标准规定的二倍执行。

【司法解释】

272.4 参见 384.6 最高人民检察院关于挪用国库券如何定性问题的批复（1997 年 10 月 13 日高检发释字〔1997〕5 号）

272.5 最高人民法院关于对受委托管理、经营国有财产人员挪用国有资金行为如何定罪问题的批复（2000 年 2 月 24 日　法释〔2000〕5 号）

江苏省高级人民法院：

对于受国家机关、国有公司、企业、事业单位、人民团体委托，管理、经营国有财产的非国家工作人员，利用职务上的便利，挪用国有资金归个人使用构成犯罪的，应当依照刑法第二百七十二条第一款的规定定罪处罚。

272.6 最高人民法院关于如何理解刑法第二百七十二条规定的"挪用本单位资金归个人使用或者借贷给他人"问题的批复（2000 年 7 月 27 日　法释〔2000〕22 号）

新疆维吾尔自治区高级人民法院：

你院新高法〔1998〕193 号《关于对刑法第二百七十二条"挪用本单位资金归个人使用或者借贷给他人"的规定应如何理解的请示》收悉。经研究，答复如下：

公司、企业或者其他单位的非国家工作人员，利用职务上的便利，挪用本单位资金归本人或者其他自然人使用，或者挪用人以个人名义将所挪用的资金借给其他自然人和单位，构成犯罪的，应当依照刑法第二百七十二条第一款的规定定罪处罚。

272.7 最高人民检察院关于挪用尚未注册成立公司资金的行为适用法律问题的批复（2000 年 10 月 9 日　高检发研字〔2000〕19 号）

江苏省人民检察院：

你院苏检发研字〔1999〕第 8 号《关于挪用尚未注册成立的公司资金能否构成挪用资金罪的请示》收悉。经研究，批复如下：

筹建公司的工作人员在公司登记注册前，利用职务上的便利，挪用准备设立的公司在银行开设的临时账户上的资金，归个人使用或者借贷给他人，数额较大、超过三个月未还的，或者虽未超过三个月，但数额较大、进行营利活动的，或者进行非法活动的，应当根据刑法第二百七十二条的规定，追究刑事责任。

272.8 参见 271.7 最高人民法院、最高人民检察院关于办理妨害预防、控制突发传染病疫情等灾害的刑事案件具体应用法律若干问题的解释（2003 年 5 月 15 日　法释〔2003〕8 号）

【司法文件】

272.9 最高人民法院、最高人民检察院关于办理国家出资企业中职务犯罪案件具体应用法律若干问题的意见（2010 年 11 月 26 日　法发〔2010〕49 号）（节录）

三、关于国家出资企业工作人员使用改制公司、企业的资金担保个人贷款，用于购买改制公司、企业股份的行为的处理

国家出资企业的工作人员在公司、企业改制过程中为购买公司、企业股份，利用职务上的便利，将公司、企业的资金或者金融凭证、有价证券等用于个人贷款担保的，依照刑法第二百七十二条或者第三百八十四条的规定，以挪用资金罪或者挪用公款罪定罪处罚。

行为人在改制前的国家出资企业持有股份的，不影响挪用数额的认定，但量刑时应当酌情考虑。

经有关主管部门批准或者按照有关政策规定，国家出资企业的工作人员为购买改制公司、企业股份实施前款行为的，可以视具体情况不作为犯罪处理。

【部委规范】

272.10 公安部关于村民小组组长以本组资金为他人担保贷款如何定性处理问题的批复（2001 年 4 月 26 日　公法〔2001〕83 号）

陕西省公安厅：

你厅《关于村民小组组长以组上资金为他人担保贷款造成集体资金严重损失如何定性问题的请示》收悉。现批复如下：

村民小组组长利用职务上的便利，擅自将村民小组的集体财产为他人担保贷款，并以集体财产承担担保责任的，属于挪用本单位资金归个人使用的行为。构成犯罪的，应当依照刑法第二百七十二条第一款的规定，以挪用资金罪追究行为人的刑事责任。

272.11 公安部经济犯罪侦查局关于对挪用资金罪有关问题请示的答复（2002 年 12 月 24 日　公经〔2002〕1604 号）

山东省公安厅经侦总队：

你总队《关于对刑法第 272 条"挪用本单位资金"的规定应如何理解的请示》（鲁公经〔2002〕713 号）收悉。经研究，现答复如下：

对于在经济往来中所涉及的暂收、预收、暂存其他单位或个人的款项、物品，或者对方支付

的货款、交付的货物等，如接收人已以单位名义履行接收手续的，所接收的财、物应视为该单位资产。

【法律法规】

272.12 中华人民共和国合伙企业法（1997年8月1日 2006年修订）（第96条、第105—106条）

272.13 中华人民共和国商业银行法（2015年10月1日）（第52条、第85条）

272.14 中华人民共和国证券法（2020年3月1日）（第131条、第219条）

第二百七十三条【挪用特定款物罪】 挪用用于救灾、抢险、防汛、优抚、扶贫、移民、救济款物，情节严重，致使国家和人民群众利益遭受重大损害的，对直接责任人员，处三年以下有期徒刑或者拘役；情节特别严重的，处三年以上七年以下有期徒刑。

【罪名渊源】 本条由79刑法第126条修改而来，刑法将原文中的"国家"二字删除，挪用对象增加扶贫、移民款物两项，并将其从原破坏社会主义经济秩序罪章移入侵犯财产罪章中。高法《罪名规定》、高检《罪名意见》将其解释为挪用特定款物罪。

【司法解释】

273.1 最高人民检察院关于挪用失业保险基金和下岗职工基本生活保障资金的行为适用法律问题的批复（2003年1月30日 高检发释字〔2003〕1号）

辽宁省人民检察院：

你院辽检发研字〔2002〕9号《关于挪用职工失业保险基金和下岗职工生活保障资金是否属于挪用特定款物的请示》收悉。经研究，批复如下：

挪用失业保险基金和下岗职工基本生活保障资金属于挪用救济款物。挪用失业保险基金和下岗职工基本生活保障资金，情节严重，致使国家和人民群众利益遭受重大损害的，对直接责任人员，应当依照刑法第二百七十三条的规定，以挪用特定款物罪追究刑事责任；国家工作人员利用职务上的便利，挪用失业保险基金和下岗职工基本生活保障资金归个人使用，构成犯罪的，应当依照刑法第三百八十四条的规定，以挪用公款罪追究刑事责任。

273.2 最高人民法院、最高人民检察院关于办理妨害预防、控制突发传染病疫情等灾害的刑事案件具体应用法律若干问题的解释（2003年5月15日 法释〔2003〕8号）（节录）

第十四条 贪污、侵占用于预防、控制突发传染病疫情等灾害的款物或者挪用归个人使用，构成犯罪的，分别依照刑法第三百八十二条、第三百八十三条、第二百七十一条、第三百八十四条、第二百七十二条的规定，以贪污罪，侵占罪，挪用公款罪，挪用资金罪定罪，依法从重处罚。

挪用用于预防、控制突发传染病疫情等灾害的救灾、优抚、救济等款物，构成犯罪的，对直接责任人员，依照刑法第二百七十三条的规定，以挪用特定款物罪定罪处罚。

【司法文件】

273.3 最高人民法院研究室关于挪用民族贸易和民族用品生产贷款利息补贴行为如何定性问题的复函（2003年2月24日 法研〔2003〕16号）

公安部经济犯罪侦查局：

你局公经〔2002〕1176号《关于征求对"贷款优惠息"性质认定意见的函》收悉。经研究，提出如下意见供参考：

中国人民银行给予中国农业银行发放民族贸易和民族用品生产贷款的利息补贴，不属于刑法第二百七十三条规定的特定款物。

273.4 最高人民法院、最高人民检察院、海关总署、公安部、中国海警局关于打击粤港澳海上跨境走私犯罪适用法律若干问题的指导意见（2021年12月14日 署缉发〔2021〕141号）（节录）

二、走私犯罪分子在实施走私犯罪或者逃避追缉过程中……以暴力、威胁方法抗拒缉私执法，以走私罪和袭警罪或者妨害公务罪数罪并罚。武装掩护走私的，依照刑法第一百五十一条第一款规定从重处罚。

273.5 最高人民法院、最高人民检察院、公安部、国家移民管理局关于依法惩治妨害国（边）境管理违法犯罪的意见（2022 年 6 月 29 日　法发〔2022〕18 号）（节录）

10.（第二款）实施偷越国（边）境犯罪，又实施妨害公务、袭警、妨害传染病防治等行为，并符合有关犯罪构成的，应当数罪并罚。

【法律法规】

273.6 中华人民共和国防洪法（1998 年 1 月 1 日　2016 年修正）（第 52 条、第 62 条）

273.7 中华人民共和国水法（2002 年 10 月 1 日　2016 年修正）（第 73 条）

273.8 中华人民共和国防震减灾法（2009 年 5 月 1 日）（第 77 条第 1 款、第 90—91 条）

第二百七十四条【敲诈勒索罪】 敲诈勒索公私财物，数额较大或者多次敲诈勒索的，处三年以下有期徒刑、拘役或者管制，并处或者单处罚金；数额巨大或者有其他严重情节的，处三年以上十年以下有期徒刑，并处罚金；数额特别巨大或者有其他特别严重情节的，处十年以上有期徒刑，并处罚金。

【刑法修正说明】

全国人大常委会 2011 年 2 月 25 日通过并公布、同年 5 月 1 日施行的《刑法修正案（八）》第 40 条所修正。原第 274 条为：

【敲诈勒索罪】敲诈勒索公私财物，数额较大的，处三年以下有期徒刑、拘役或者管制；数额巨大或者有其他严重情节的，处三年以上十年以下有期徒刑。

【罪名渊源】 本罪由 79 刑法第 154 条修改而来，刑法增加"数额较大"作为定罪条件、"数额巨大"作为加重处罚的情节，增设了管制刑种，法定最高刑由 7 年提高至 10 年。高法《罪名规定》、高检《罪名意见》将其解释为敲诈勒索罪。《刑法修正案（八）》第 40 条对本条作了修改：（1）增设"多次敲诈勒索"字样；（2）增设"数额特别巨大或者有其他特别严重情节"一档法定刑。

【罪刑标准】

274.1 最高人民法院、最高人民检察院关于办理敲诈勒索刑事案件适用法律若干问题的解释（2013 年 4 月 27 日　法释〔2013〕10 号）

为依法惩治敲诈勒索犯罪，保护公私财产权利，根据《中华人民共和国刑法》、《中华人民共和国刑事诉讼法》的有关规定，现就办理敲诈勒索刑事案件适用法律的若干问题解释如下：

第一条 敲诈勒索公私财物价值二千元至五千元以上、三万元至十万元以上、三十万元至五十万元以上的，应当分别认定为刑法第二百七十四条规定的"数额较大"、"数额巨大"、"数额特别巨大"。

各省、自治区、直辖市高级人民法院、人民检察院可以根据本地区经济发展状况和社会治安状况，在前款规定的数额幅度内，共同研究确定本地区执行的具体数额标准，报最高人民法院、最高人民检察院批准。

第二条 敲诈勒索公私财物，具有下列情形之一的，"数额较大"的标准可以按照本解释第一条规定标准的百分之五十确定：

（一）曾因敲诈勒索受过刑事处罚的；

（二）一年内曾因敲诈勒索受过行政处罚的；

（三）对未成年人、残疾人、老年人或者丧失劳动能力人敲诈勒索的；

（四）以将要实施放火、爆炸等危害公共安全犯罪或者故意杀人、绑架等严重侵犯公民人身权利犯罪相威胁敲诈勒索的；

（五）以黑恶势力名义敲诈勒索的；

【说明】本项行为的认定，有关司法文件作了规定。

附：最高人民法院、最高人民检察院、公安部、司法部关于办理黑恶势力犯罪案件若干问题的指导意见（2018 年 1 月 16 日 法发〔2018〕1 号）（节录）

17.（第一款）……

同时由多人实施或者以统一着装、显露纹身、特殊标识以及其他明示或者暗示方式，足以使对方感知相关行为的有组织性的，应当认定为《关于办理敲诈勒索刑事案件适用法律若干问题的解释》第二条第（五）项规定的"以黑恶势力名义敲诈勒索"。

（六）利用或者冒充国家机关工作人员、军人、新闻工作者等特殊身份敲诈勒索的；

（七）造成其他严重后果的。

第三条 二年内敲诈勒索三次以上的，应当认定为刑法第二百七十四条规定的"多次敲诈勒索"。

【说明】有关司法文件对本条作了进一步解释。

附：最高人民法院、最高人民检察院、公安部、司法部关于办理实施"软暴力"的刑事案件若干问题的意见（2019 年 4 月 9 日）（节录）

八、（第二款）《关于办理敲诈勒索刑事案件适用法律若干问题的解释》第三条中"二年内敲诈勒索三次以上"，包括已受行政处罚的行为。

十、根据本意见第五条、第八条规定，对已受行政处罚的行为追究刑事责任的，行为人先前所受的行政拘留处罚应当折抵刑期，罚款应当抵扣罚金。

第四条 敲诈勒索公私财物，具有本解释第二条第三项至第七项规定的情形之一，数额达到本解释第一条规定的"数额巨大"、"数额特别巨大"百分之八十的，可以分别认定为刑法第二百七十四条规定的"其他严重情节"、"其他特别严重情节"。

第五条 敲诈勒索数额较大，行为人认罪、悔罪、退赃、退赔，并具有下列情形之一的，可以认定为犯罪情节轻微，不起诉或者免予刑事处罚，由有关部门依法予以行政处罚：

（一）具有法定从宽处罚情节的；

（二）没有参与分赃或者获赃较少且不是主犯的；

（三）被害人谅解的；

（四）其他情节轻微、危害不大的。

第六条 敲诈勒索近亲属的财物，获得谅解的，一般不认为是犯罪；认定为犯罪的，应当酌情从宽处理。

被害人对敲诈勒索的发生存在过错的，根据被害人过错程度和案件其他情况，可以对行为人酌情从宽处理；情节显著轻微危害不大的，不认为是犯罪。

第七条 明知他人实施敲诈勒索犯罪，为其提供信用卡、手机卡、通讯工具、通讯传输通道、网络技术支持等帮助的，以共同犯罪论处。

第八条 对犯敲诈勒索罪的被告人，应当在二千元以上、敲诈勒索数额的二倍以下判处罚金；被告人没有获得财物的，应当在二千元以上十万元以下判处罚金。

第九条 本解释公布施行后，《最高人民法院关于敲诈勒索罪数额认定标准问题的规定》（法释〔2000〕11 号）同时废止；此前发布的司法解释与本解释不一致的，以本解释为准。

274.2 最高人民法院、最高人民检察院关于办理利用信息网络实施诽谤等刑事案件适用法律若干问题的解释（2013 年 9 月 10 日 法释〔2013〕21 号）（节录）

第六条 以在信息网络上发布、删除等方式处理网络信息为由，威胁、要挟他人，索取公私财物，数额较大，或者多次实施上述行为的，依照刑法第二百七十四条的规定，以敲诈勒索罪定罪处罚。

第八条 明知他人利用信息网络实施诽谤、寻衅滋事、敲诈勒索、非法经营等犯罪，为其提供资金、场所、技术支持等帮助的，以共同犯罪论处。

第九条 利用信息网络实施诽谤、寻衅滋事、敲诈勒索、非法经营犯罪，同时又构成刑法第二百二十一条规定的损害商业信誉、商品声誉罪，第二百七十八条规定的煽动暴力抗拒法律实施罪，第二百九十一条之一规定的编造、故意传播虚假恐怖信息罪等犯罪的，依照处罚较重的规定定罪处罚。

第十条 本解释所称信息网络，包括以计算机、电视机、固定电话机、移动电话机等电子设备为终端的计算机互联网、广播电视网、固定通信网、移动通信网等信息网络，以及向公众开放的局域网络。

【司法文件】

274.3 最高人民法院关于审理抢劫、抢夺刑事案件适用法律若干问题的意见（2005 年 6 月 8 日 法发〔2005〕8 号）（节录）

九、关于抢劫罪与相似犯罪的界限

1. 冒充正在执行公务的人民警察、联防人员，以抓卖淫嫖娼、赌博等违法行为为名非法占有财物的行为定性

行为人冒充正在执行公务的人民警察"抓赌"、"抓嫖"，没收赌资或者罚款的行为，构成犯罪的，以招摇撞骗罪从重处罚；在实施上述行为中使用暴力或者暴力威胁的，以抢劫罪定罪处罚。行为人冒充治安联防队员"抓赌"、"抓嫖"，没收赌资或者罚款的行为，构成犯罪的，以敲诈勒索罪定罪处罚；在实施上述行为中使用暴力或者暴力威胁的，以抢劫罪定罪处罚。

274.4 最高人民法院、最高人民检察院、公安部、司法部、国家卫生和计划生育委员会关于依法惩处涉医违法犯罪维护正常医疗秩序的意见（2014 年 4 月 22 日 法发〔2014〕5 号）（节录）

二、严格依法惩处涉医违法犯罪

（六）对于故意扩大事态，教唆他人实施针对医疗机构或者医务人员的违法犯罪行为，或者以受他人委托处理医疗纠纷为名实施敲诈勒索、寻衅滋事等行为的，依照治安管理处罚法和刑法的有关规定从严惩处。

274.5 最高人民法院关于常见犯罪的量刑指导意见（2017 年 4 月 1 日 法发〔2017〕7 号）（节录）

四、常见犯罪的量刑

（十）敲诈勒索罪

1. 构成敲诈勒索罪的，可以根据下列不同情形在相应的幅度内确定量刑起点：

（1）达到数额较大起点的，或者两年内三次敲诈勒索的，可以在一年以下有期徒刑、拘役幅度内确定量刑起点。

（2）达到数额巨大起点或者有其他严重情节的，可以在三年至五年有期徒刑幅度内确定量刑起点。

（3）达到数额特别巨大起点或者有其他特别严重情节的，可以在十年至十二年有期徒刑幅度内确定量刑起点。

2. 在量刑起点的基础上，可以根据敲诈勒索数额、次数、犯罪情节严重程度等其他影响犯罪构成的犯罪事实增加刑罚量，确定基准刑。

多次敲诈勒索，数额达到较大以上的，以敲诈勒索数额确定量刑起点，敲诈勒索次数可作为调节基准刑的量刑情节数额未达到较大的，以敲诈勒索次数确定量刑起点，超过三次的次数作为增加刑罚量的事实。

【说明】量刑基本原则、基本方法和常见量刑情节的适用，参见 61.2 本意见。

274.6 参见 266.17 最高人民法院、最高人民检察院、公安部、司法部关于办理黑恶势力犯罪案件若干问题的指导意见（2018 年 1 月 16 日 法发〔2018〕1 号）

274.7 最高人民法院、最高人民检察院、公安部关于办理非法集资刑事案件若干问题的意见（2019 年 1 月 30 日 高检会〔2019〕2 号）

为依法惩治非法吸收公众存款、集资诈骗等非法集资犯罪活动，维护国家金融管理秩序，保

护公民、法人和其他组织合法权益，根据刑法、刑事诉讼法等法律规定，结合司法实践，现就办理非法吸收公众存款、集资诈骗等非法集资刑事案件有关问题提出以下意见：

一、关于非法集资的"非法性"认定依据问题

人民法院、人民检察院、公安机关认定非法集资的"非法性"，应当以国家金融管理法律法规作为依据。对于国家金融管理法律法规仅作原则性规定的，可以根据法律规定的精神并参考中国人民银行、中国银行保险监督管理委员会、中国证券监督管理委员会等行政主管部门依照国家金融管理法律法规制定的部门规章或者国家有关金融管理的规定、办法、实施细则等规范性文件的规定予以认定。

二、关于单位犯罪的认定问题

单位实施非法集资犯罪活动，全部或者大部分违法所得归单位所有的，应当认定为单位犯罪。

个人为进行非法集资犯罪活动而设立的单位实施犯罪的，或者单位设立后，以实施非法集资犯罪活动为主要活动的，不以单位犯罪论处，对单位中组织、策划、实施非法集资犯罪活动的人员应当以自然人犯罪依法追究刑事责任。

判断单位是否以实施非法集资犯罪活动为主要活动，应当根据单位实施非法集资的次数、频度、持续时间、资金规模、资金流向、投入人力物力情况、单位进行正当经营的状况以及犯罪活动的影响、后果等因素综合考虑认定。

三、关于涉案下属单位的处理问题

办理非法集资刑事案件中，人民法院、人民检察院、公安机关应当全面查清涉案单位，包括上级单位（总公司、母公司）和下属单位（分公司、子公司）的主体资格、层级、关系、地位、作用、资金流向等，区分情况依法作出处理。

上级单位已被认定为单位犯罪，下属单位实施非法集资犯罪活动，且全部或者大部分违法所得归下属单位所有的，对该下属单位也应当认定为单位犯罪。上级单位和下属单位构成共同犯罪的，应当根据犯罪单位的地位、作用，确定犯罪单位的刑事责任。

上级单位已被认定为单位犯罪，下属单位实施非法集资犯罪活动，但全部或者大部分违法所得归上级单位所有的，对下属单位不单独认定为单位犯罪。下属单位中涉嫌犯罪的人员，可以作为上级单位的其他直接责任人员依法追究刑事责任。

上级单位未被认定为单位犯罪，下属单位被认定为单位犯罪的，对上级单位中组织、策划、实施非法集资犯罪的人员，一般可以与下属单位按照自然人与单位共同犯罪处理。

上级单位与下属单位均未被认定为单位犯罪的，一般以上级单位与下属单位中承担组织、领导、管理、协调职责的主管人员和发挥主要作用的人员作为主犯，以其他积极参加非法集资犯罪的人员作为从犯，按照自然人共同犯罪处理。

四、关于主观故意的认定问题

认定犯罪嫌疑人、被告人是否具有非法吸收公众存款的犯罪故意，应当依据犯罪嫌疑人、被告人的任职情况、职业经历、专业背景、培训经历、本人因同类行为受到行政处罚或者刑事追究情况以及吸收资金方式、宣传推广、合同资料、业务流程等证据，结合其供述，进行综合分析判断。

犯罪嫌疑人、被告人使用诈骗方法非法集资，符合《最高人民法院关于审理非法集资刑事案件具体应用法律若干问题的解释》第四条规定的，可以认定为集资诈骗罪中"以非法占有为目的"。

办案机关在办理非法集资刑事案件中，应当根据案件具体情况注意收集运用涉及犯罪嫌疑人、被告人的以下证据：是否使用虚假身份信息对外开展业务；是否虚假订立合同、协议；是否虚假宣传，明显超出经营范围或者夸大经营、投资、服务项目及盈利能力；是否吸收资金后隐匿、销毁合同、协议、账目；是否传授或者接受规避法律、逃避监管的方法，等等。

五、关于犯罪数额的认定问题

非法吸收或者变相吸收公众存款构成犯罪，具有下列情形之一的，向亲友或者单位内部人员

吸收的资金应当与向不特定对象吸收的资金一并计入犯罪数额：

（一）在向亲友或者单位内部人员吸收资金的过程中，明知亲友或者单位内部人员向不特定对象吸收资金而予以放任的；

（二）以吸收资金为目的，将社会人员吸收为单位内部人员，并向其吸收资金的；

（三）向社会公开宣传，同时向不特定对象、亲友或者单位内部人员吸收资金的。

非法吸收或者变相吸收公众存款的数额，以行为人所吸收的资金全额计算。集资参与人收回本金或者获得回报后又重复投资的数额不予扣除，但可以作为量刑情节酌情考虑。

六、关于宽严相济刑事政策把握问题

办理非法集资刑事案件，应当贯彻宽严相济刑事政策，依法合理把握追究刑事责任的范围，综合运用刑事手段和行政手段处置和化解风险，做到惩处少数、教育挽救大多数。要根据行为人的客观行为、主观恶性、犯罪情节及其地位、作用、层级、职务等情况，综合判断行为人的责任轻重和刑事追究的必要性，按照区别对待原则分类处理涉案人员，做到罚当其罪、罪责刑相适应。

重点惩处非法集资犯罪活动的组织者、领导者和管理人员，包括单位犯罪中的上级单位（总公司、母公司）的核心层、管理层和骨干人员，下属单位（分公司、子公司）的管理层和骨干人员，以及其他发挥主要作用的人员。

对于涉案人员积极配合调查、主动退赃退赔、真诚认罪悔罪的，可以依法从轻处罚；其中情节轻微的，可以免除处罚；情节显著轻微、危害不大的，不作为犯罪处理。

七、关于管辖问题

跨区域非法集资刑事案件按照《国务院关于进一步做好防范和处置非法集资工作的意见》（国发〔2015〕59号）确定的工作原则办理。如果合并侦查、诉讼更为适宜的，可以合并办理。

办理跨区域非法集资刑事案件，如果多个公安机关都有权立案侦查的，一般由主要犯罪地公安机关作为案件主办地，对主要犯罪嫌疑人立案侦查和移送审查起诉；由其他犯罪地公安机关作为案件分办地根据案件具体情况，对本地区犯罪嫌疑人立案侦查和移送审查起诉。

管辖不明或者有争议的，按照有利于查清犯罪事实、有利于诉讼的原则，由其共同的上级公安机关协调确定或者指定有关公安机关作为案件主办地立案侦查。需要提请批准逮捕、移送审查起诉、提起公诉的，由分别立案侦查的公安机关所在地的人民检察院、人民法院受理。

对于重大、疑难、复杂的跨区域非法集资刑事案件，公安机关应当在协调确定或者指定案件主办地立案侦查的同时，通报同级人民检察院、人民法院。人民检察院、人民法院参照前款规定，确定主要犯罪地作为案件主办地，其他犯罪地作为案件分办地，由所在地的人民检察院、人民法院负责起诉、审判。

本条规定的"主要犯罪地"，包括非法集资活动的主要组织、策划、实施地，集资行为人的注册地、主要营业地、主要办事机构所在地，集资参与人的主要所在地等。

八、关于办案工作机制问题

案件主办地和其他涉案地办案机关应当密切沟通协调，协同推进侦查、起诉、审判、资产处置工作，配合有关部门最大限度追赃挽损。

案件主办地办案机关应当统一负责主要犯罪嫌疑人、被告人涉嫌非法集资全部犯罪事实的立案侦查、起诉、审判，防止遗漏犯罪事实；并应就全案处理政策、追诉主要犯罪嫌疑人、被告人的证据要求及诉讼时限、追赃挽损、资产处置等工作要求，向其他涉案地办案机关进行通报。其他涉案地办案机关应当对本地区犯罪嫌疑人、被告人涉嫌非法集资的犯罪事实及时立案侦查、起诉、审判，积极协助主办地处置涉案资产。

案件主办地和其他涉案地办案机关应当建立和完善证据交换共享机制。对涉及主要犯罪嫌疑人、被告人的证据，一般由案件主办地办案机关负责收集，其他涉案地提供协助。案件主办地办案机关应当及时通报接收涉及主要犯罪嫌疑人、被告人的证据材料的程序及要求。其他涉案地办案机关需要案件主办地提供证据材料的，应当向案件主办地办案机关提出证据需求，由案件主办地收集并依法移送。无法移送证据原件的，应当在移送复制件的同时，按照相关规定作出说明。

九、关于涉案财物追缴处置问题

办理跨区域非法集资刑事案件，案件主办地办案机关应当及时归集涉案财物，为统一资产处置做好基础性工作。其他涉案地办案机关应当及时查明涉案财物，明确其来源、去向、用途、流转情况，依法办理查封、扣押、冻结手续，并制作详细清单，对扣押款项应当设立明细账，在扣押后立即存入办案机关唯一合规账户，并将有关情况提供案件主办地办案机关。

人民法院、人民检察院、公安机关应当严格依照刑事诉讼法和相关司法解释的规定，依法移送、审查、处理查封、扣押、冻结的涉案财物。对审判时尚未追缴到案或者尚未足额退赔的违法所得，人民法院应当判决继续追缴或者责令退赔，并由人民法院负责执行，处置非法集资职能部门、人民检察院、公安机关应当予以配合。

人民法院对涉案财物依法作出判决后，有关地方和部门应当在处置非法集资职能部门统筹协调下，切实履行协作义务，综合运用多种手段，做好涉案财物清运、财产变现、资金归集、资金清退等工作，确保最大限度减少实际损失。

根据有关规定，查封、扣押、冻结的涉案财物，一般应在诉讼终结后返还集资参与人。涉案财物不足全部返还的，按照集资参与人的集资额比例返还。退赔集资参与人的损失一般优先于其他民事债务以及罚金、没收财产的执行。

十、关于集资参与人权利保障问题

集资参与人，是指向非法集资活动投入资金的单位和个人，为非法集资活动提供帮助并获取经济利益的单位和个人除外。

人民法院、人民检察院、公安机关应当通过及时公布案件进展、涉案资产处置情况等方式，依法保障集资参与人的合法权利。集资参与人可以推选代表人向人民法院提出相关意见和建议；推选不出代表人的，人民法院可以指定代表人。人民法院可以视案件情况决定集资参与人代表人参加或者旁听庭审，对集资参与人提起附带民事诉讼等请求不予受理。

十一、关于行政执法与刑事司法衔接问题

处置非法集资职能部门或者有关行政主管部门，在调查非法集资行为或者行政执法过程中，认为案情重大、疑难、复杂的，可以商请公安机关就追诉标准、证据固定等问题提出咨询或者参考意见；发现非法集资行为涉嫌犯罪的，应当按照《行政执法机关移送涉嫌犯罪案件的规定》等规定，履行相关手续，在规定的期限内将案件移送公安机关。

人民法院、人民检察院、公安机关在办理非法集资刑事案件过程中，可商请处置非法集资职能部门或者有关行政主管部门指派专业人员配合开展工作，协助查阅、复制有关专业资料，就案件涉及的专业问题出具认定意见。涉及需要行政处理的事项，应当及时移交处置非法集资职能部门或者有关行政主管部门依法处理。

十二、关于国家工作人员相关法律责任问题

国家工作人员具有下列行为之一，构成犯罪的，应当依法追究刑事责任：

（一）明知单位和个人所申请机构或者业务涉嫌非法集资，仍为其办理行政许可或者注册手续的；

（二）明知所主管、监管的单位有涉嫌非法集资行为，未依法及时处理或者移送处置非法集资职能部门的；

（三）查处非法集资过程中滥用职权、玩忽职守、徇私舞弊的；

（四）徇私舞弊不向司法机关移交非法集资刑事案件的；

（五）其他通过职务行为或者利用职务影响，支持、帮助、纵容非法集资的。

274.8 最高人民法院、最高人民检察院、公安部、司法部关于办理实施"软暴力"的刑事案件若干问题的意见（2019年4月9日）（节录）

八、（第一款）以非法占有为目的，采用"软暴力"手段强行索取公私财物，同时符合《刑法》第二百七十四条规定的其他犯罪构成要件的，应当以敲诈勒索罪定罪处罚。

十一、（第一款）雇佣、指使他人采用"软暴力"手段强迫交易、敲诈勒索，构成强迫交易罪、敲诈勒索罪的，对雇佣者、指使者，一般应当以共同犯罪中的主犯论处。

【说明】"软暴力"的定义、表现形式、数罪并罚原则，参见294.10本意见。

274.9 参见 **26.8** 最高人民法院、最高人民检察院、公安部、司法部关于办理恶势力刑事案件若干问题的意见（2019年4月9日　法发〔2019〕10号）（第8—9条）

274.10 参见 **266.20** 最高人民法院、最高人民检察院、公安部、司法部关于办理"套路贷"刑事案件若干问题的意见（2019年4月9日）（第4条）

274.11 最高人民法院、最高人民检察院、公安部、司法部关于办理利用信息网络实施黑恶势力犯罪刑事案件若干问题的意见（2019年10月21日）（节录）

6. 利用信息网络威胁、要挟他人，索取公私财物，数额较大，或者多次实施上述行为的，依照刑法第二百七十四条的规定，以敲诈勒索罪定罪处罚。

8. 侦办利用信息网络实施的强迫交易、敲诈勒索等非法敛财类案件，确因被害人人数众多等客观条件的限制，无法逐一收集被害人陈述的，可以结合已收集的被害人陈述，以及经查证属实的银行账户交易记录、第三方支付结算账户交易记录、通话记录、电子数据等证据，综合认定被害人人数以及涉案资金数额等。

274.12 最高人民法院、最高人民检察院、公安部关于依法办理"碰瓷"违法犯罪案件的指导意见（2020年9月22日　公通字〔2020〕12号）（节录）

近年来，"碰瓷"现象时有发生。所谓"碰瓷"，是指行为人通过故意制造或者编造其被害假象，采取诈骗、敲诈勒索等方式非法索取财物的行为。实践中，一些不法分子有的通过"设局"制造或者捏造他人对其人身、财产造成损害来实施；有的通过自伤、造成同伙受伤或者利用自身原有损伤，诬告系被害人所致来实施；有的故意制造交通事故，利用被害人违反道路通行规定或者酒后驾驶、无证驾驶、机动车手续不全等违法违规行为，通过被害人害怕被查处的心理来实施；有的在"碰瓷"行为被识破后，直接对被害人实施抢劫、抢夺、故意伤害等违法犯罪活动等。此类违法犯罪行为性质恶劣，危害后果严重，败坏社会风气，且易滋生黑恶势力，人民群众反响强烈。为依法惩治"碰瓷"违法犯罪活动，保障人民群众合法权益，维护社会秩序，根据刑法、刑事诉讼法、治安管理处罚法等法律的规定，制定本意见。

二、实施"碰瓷"，具有下列行为之一，敲诈勒索他人财物，符合刑法第二百七十四条规定的，以敲诈勒索罪定罪处罚：

1. 实施撕扯、推搡等轻微暴力或者围困、阻拦、跟踪、贴靠、滋扰、纠缠、哄闹、聚众造势、扣留财物等软暴力行为的；

2. 故意制造交通事故，进而利用被害人违反道路通行规定或者其他违法违规行为相要挟的；

3. 以揭露现场掌握的当事人隐私相要挟的；

4. 扬言对被害人及其近亲属人身、财产实施侵害的。

九、共同故意实施"碰瓷"犯罪，起主要作用的，应当认定为主犯，对其参与或者组织、指挥的全部犯罪承担刑事责任；起次要或者辅助作用的，应当认定为从犯，依法予以从轻、减轻处罚或者免除处罚。

三人以上为共同故意实施"碰瓷"犯罪而组成的较为固定的犯罪组织，应当认定为犯罪集团。对首要分子应当按照集团所犯全部罪行处罚。

符合黑恶势力认定标准的，应当按照黑社会性质组织、恶势力或者恶势力犯罪集团侦查、起诉、审判。

十、对实施"碰瓷"，尚不构成犯罪，但构成违反治安管理行为的，依法给予治安管理处罚。

各级人民法院、人民检察院和公安机关要严格依法办案，加强协作配合，对"碰瓷"违法犯罪行为予以快速处理、准确定性、依法严惩。一要依法及时开展调查处置、批捕、起诉、审判工作。公安机关接到报案、控告、举报后应当立即赶到现场，及时制止违法犯罪，妥善保护案发现场，控制行为人。对于符合立案条件的及时开展立案侦查，全面收集证据，调取案发现场监控视频，收集在场证人证言，核查涉案人员、车辆信息等，并及时串并案进行侦查。人民检察院对于公安机关提请批准逮捕、移送审查起诉的"碰瓷"案件，符合逮捕、起诉条件的，应当依法尽快予以批捕、起诉。对于"碰瓷"案件，人民法院应当依法及时审判，构成犯罪的，严格依法追究犯罪分子刑事责任。二要加强协作配合。公安机关、人民检察院要加强沟通协调，解决案件定性、管辖、证据标准等问题，确保案件顺利办理。对于疑难复杂案件，公安机关可以听取人民检察院意见。对于确需补充侦查的，人民检察院要制作明确、详细的补充侦查提纲，公安机关应当及时补充证据。人民法院要加强审判力量，严格依法公正审判。三要严格贯彻宽严相济的刑事政策，落实认罪认罚从宽制度。要综合考虑主观恶性大小、行为的手段、方式、危害后果以及在案件中所起作用等因素，切实做到区别对待。对于"碰瓷"犯罪集团的首要分子、积极参加的犯罪分子以及屡教不改的犯罪分子，应当作为打击重点依法予以严惩。对犯罪性质和危害后果特别严重、社会影响特别恶劣的犯罪分子，虽具有酌定从宽情节但不足以从宽处罚的，依法不予从宽处罚。具有自首、立功、坦白、认罪认罚等情节的，依法从宽处理。同时，应当准确把握法律尺度，注意区分"碰瓷"违法犯罪同普通民事纠纷、行政违法的界限，既防止出现"降格处理"，也要防止打击面过大等问题。……

【法律法规】

274.13 中华人民共和国人民警察法（1995年2月28日　2012年修正）（第22条第6项、第48条第1款）

274.14 全国人民代表大会常务委员会关于维护互联网安全的决定（2000年12月28日　2009年修正）（第4条第3项）

第二百七十五条【故意毁坏财物罪】 故意毁坏公私财物，数额较大或者有其他严重情节的，处三年以下有期徒刑、拘役或者罚金；数额巨大或者有其他特别严重情节的，处三年以上七年以下有期徒刑。

【罪名渊源】 本罪由79刑法第156条修改而来，刑法增加了"数额较大"的构成要件，增设了加重情节并规定了相应的法定刑，法定最高刑由3年提高至7年。高法《罪名规定》、高检《罪名意见》将其解释为故意毁坏财物罪。

【立案标准】

275.1 最高人民检察院、公安部关于公安机关管辖的刑事案件立案追诉标准的规定（一）（2008年6月25日　公通字〔2008〕36号）（节录）

第三十三条　［故意毁坏财物案（刑法第二百七十五条）］故意毁坏公私财物，涉嫌下列情形之一的，应予立案追诉：

（一）造成公私财物损失五千元以上的；

（二）毁坏公私财物三次以上的；

（三）纠集三人以上公然毁坏公私财物的；

（四）其他情节严重的情形。

【司法解释】

275.2 最高人民法院关于审理破坏公用电信设施刑事案件具体应用法律若干问题的解释（2005年1月11日　法释〔2004〕21号）（节录）

第三条（第一款）　故意破坏正在使用的公用电信设施尚未危害公共安全，或者故意毁坏尚未投入使用的公用电信设施，造成财物损失，构成犯罪的，依照刑法第二百七十五条规定，以故意毁坏财物罪定罪处罚。

275.3 最高人民法院关于审理破坏广播电视设施等刑事案件具体应用法律若干问题的解释（2011年6月13日　法释〔2011〕13号）（节录）

第六条　破坏正在使用的广播电视设施未危及公共安全，或者故意毁坏尚未投入使用的广播电视设施，造成财物损失数额较大或者有其他严重情节的，以故意毁坏财物罪定罪处罚。

【司法文件】

275.4 参见293.6 最高人民法院、最高人民检察院、公安部、司法部、国家卫生和计划生育委员会关于依法惩处涉医违法犯罪维护正常医疗秩序的意见（2014年4月22日　法发〔2014〕5号）

275.5 参见234.17 最高人民法院、最高人民检察院、公安部、司法部关于办理黑恶势力犯罪案件若干问题的指导意见（2018年1月16日　法发〔2018〕1号）

275.6 参见 **26.8** 最高人民法院、最高人民检察院、公安部、司法部关于办理恶势力刑事案件若干问题的意见（2019 年 4 月 9 日　法发〔2019〕10 号）（第 8—9 条）

275.7 参见 **225.14** 最高人民法院、最高人民检察院、公安部、司法部关于办理非法放贷刑事案件若干问题的意见（2019 年 10 月 21 日　法发〔2019〕24 号）（第 6 条第 2 款、第 4 款）

275.8 最高人民法院、最高人民检察院、公安部关于依法办理"碰瓷"违法犯罪案件的指导意见（2020 年 9 月 22 日　公通字〔2020〕12 号）（节录）

五、实施"碰瓷"，故意造成他人财物毁坏，符合刑法第二百七十五条规定的，以故意毁坏财物罪定罪处罚。

> 【说明】主从犯、犯罪集团认定和侦查、起诉、审判等，参见 274.12 本意见第 9—10 条。

【法律法规】

275.9 中华人民共和国渔业法（1986 年 7 月 1 日　2013 年修正）（第 39 条）

275.10 中华人民共和国教育法（1995 年 9 月 1 日　2021 年修正）（第 72 条第 1 款）

275.11 中华人民共和国体育法（1995 年 10 月 1 日　2016 年修正）（第 50 条）

275.12 中华人民共和国邮政法（2009 年 10 月 1 日　2015 年修正）（第 13 条、第 82 条）

第二百七十六条【破坏生产经营罪】由于泄愤报复或者其他个人目的，毁坏机器设备、残害耕畜或者以其他方法破坏生产经营的，处三年以下有期徒刑、拘役或者管制；情节严重的，处三年以上七年以下有期徒刑。

【罪名渊源】本条由 79 刑法第 125 条破坏集体生产经营罪修改而来。刑法将其从原破坏社会主义经济秩序罪章移入侵犯财产罪章中，改"破坏集体生产"为"破坏生产经营"，增设了管制刑种，第一档法定最高刑、第二档法定最低刑均由 2 年提高至 3 年。高法《罪名规定》、高检《罪名意见》将其解释为破坏生产经营罪。

【立案标准】

276.1 国家林业局、公安部关于森林和陆生野生动物刑事案件管辖及立案标准（2001 年 5 月 9 日　林安字〔2001〕156 号）（节录）

一、森林公安机关管辖在其辖区内发生的刑法规定的下列森林和陆生野生动物刑事案件

（九）破坏生产经营案件中，故意毁坏用于造林、育林、护林和木材生产的机械设备或者以其他方法破坏林业生产经营的案件（第二百七十六条）；

二、森林和陆生野生动物刑事案件的立案标准

（十二）……破坏生产经营案……执行相应的立案标准。

276.2 最高人民检察院、公安部关于公安机关管辖的刑事案件立案追诉标准的规定（一）（2008 年 6 月 25 日　公通字〔2008〕36 号）（节录）

第三十四条　[破坏生产经营案（刑法第二百七十六条）]由于泄愤报复或者其他个人目的，毁坏机器设备、残害耕畜或者以其他方法破坏生产经营，涉嫌下列情形之一的，应予立案追诉：

（一）造成公私财物损失五千元以上的；

（二）破坏生产经营三次以上的；

（三）纠集三人以上公然破坏生产经营的；

（四）其他破坏生产经营应予追究刑事责任的情形。

第二百七十六条之一【拒不支付劳动报酬罪】以转移财产、逃匿等方法逃避支付劳动者的劳动报酬或者有能力支付而不支付劳动者的劳动报酬，数额较大，经政府有关部门责令支付仍不支付的，处三年以下有期徒刑或者拘役，并处或者单处罚金；造成严重后果的，处三年以上七年以下有期徒刑，并处罚金。

单位犯前款罪的，对单位判处罚金，并对其直接负责的主管人员和其他直接责任人员，依照前款的规定处罚。

有前两款行为，尚未造成严重后果，在提起公诉前支付劳动者的劳动报酬，并依法承担相应赔偿责任的，可以减轻或者免除处罚。

> **【刑法修正说明】**
> 本条为全国人大常委会 2011 年 2 月 25 日通过并公布、同年 5 月 1 日施行的《刑法修正案（八）》第 41 条所增设。

【罪名渊源】 本条系《刑法修正案（八）》第 41 条增设，"两高"《罪名补充规定（五）》将其解释为拒不支付劳动报酬罪。

【立案标准】

276-1.1 最高人民检察院、公安部关于公安机关管辖的刑事案件立案追诉标准的规定（一）的补充规定（2017 年 4 月 27 日　公通字〔2017〕12 号）（节录）

七、……作为第三十四条之一：［拒不支付劳动报酬案（刑法第二百七十六条之一）］以转移财产、逃匿等方法逃避支付劳动者的劳动报酬或者有能力支付而不支付劳动者的劳动报酬，经政府有关部门责令支付仍不支付，涉嫌下列情形之一的，应予立案追诉：

（一）拒不支付一名劳动者三个月以上的劳动报酬且数额在五千元至二万元以上的；

（二）拒不支付十名以上劳动者的劳动报酬且数额累计在三万元至十万元以上的。

不支付劳动者的劳动报酬，尚未造成严重后果，在刑事立案前支付劳动者的劳动报酬，并依法承担相应赔偿责任的，可以不予立案追诉。

【罪刑标准】

276-1.2 最高人民法院关于审理拒不支付劳动报酬刑事案件适用法律若干问题的解释（2013 年 1 月 23 日　法释〔2013〕3 号）

为依法惩治拒不支付劳动报酬犯罪，维护劳动者的合法权益，根据《中华人民共和国刑法》有关规定，现就办理此类刑事案件适用法律的若干问题解释如下：

第一条　劳动者依照《中华人民共和国劳动法》和《中华人民共和国劳动合同法》等法律的规定应得的劳动报酬，包括工资、奖金、津贴、补贴、延长工作时间的工资报酬及特殊情况下支付的工资等，应当认定为刑法第二百七十六条之一第一款规定的"劳动者的劳动报酬"。

第二条　以逃避支付劳动者的劳动报酬为目的，具有下列情形之一的，应当认定为刑法第二百七十六条之一第一款规定的"以转移财产、逃匿等方法逃避支付劳动者的劳动报酬"：

（一）隐匿财产、恶意清偿、虚构债务、虚假破产、虚假倒闭或者以其他方法转移、处分财产的；

（二）逃跑、藏匿的；

（三）隐匿、销毁或者篡改账目、职工名册、工资支付记录、考勤记录等与劳动报酬相关的材料的；

（四）以其他方法逃避支付劳动报酬的。

第三条　具有下列情形之一的，应当认定为刑法第二百七十六条之一第一款规定的"数额较大"：

（一）拒不支付一名劳动者三个月以上的劳动报酬且数额在五千元至二万元以上的；

（二）拒不支付十名以上劳动者的劳动报酬且数额累计在三万元至十万元以上的。

各省、自治区、直辖市高级人民法院可以根据本地区经济社会发展状况，在前款规定的数额幅度内，研究确定本地区执行的具体数额标准，报最高人民法院备案。

第四条　经人力资源社会保障部门或者政府其他有关部门依法以限期整改指令书、行政处理决定书等文书责令支付劳动者的劳动报酬后，在指定的期限内仍不支付的，应当认定为刑法第二百七十六条之一第一款规定的"经政府有关部门责令支付仍不支付"，但有证据证明行为人有正当理由未知悉责令支付或者未及时支付劳动报酬的除外。

行为人逃匿，无法将责令支付文书送交其本人、同住成年家属或者所在单位负责收件的人的，如果有关部门已通过在行为人的住所地、生产经营场所等地张贴责令支付文书等方式责令支付，并采用拍照、录像等方式记录的，应当视为"经政府有关部门责令支付"。

第五条　拒不支付劳动者的劳动报酬，符合本解释第三条的规定，并具有下列情形之一的，应当认定为刑法第二百七十六条之一第一款规定的"造成严重后果"：

（一）造成劳动者或者其被赡养人、被扶养人、被抚养人的基本生活受到严重影响、重大疾病无法及时医治或者失学的；

（二）对要求支付劳动报酬的劳动者使用暴力或者进行暴力威胁的；

（三）造成其他严重后果的。

第六条　拒不支付劳动者的劳动报酬，尚未造成严重后果，在刑事立案前支付劳动者的劳动报酬，并依法承担相应赔偿责任的，可以认定为情节显著轻微危害不大，不认为是犯罪；在提起公诉前支付劳动者的劳动报酬，并依法承担相应赔偿责任的，可以减轻或者免除刑事处罚；在一审宣判前支付劳动者的劳动报酬，并依法承担相应赔偿责任的，可以从轻处罚。

对于免除刑事处罚的，可以根据案件的不同情况，予以训诫、责令具结悔过或者赔礼道歉。

拒不支付劳动者的劳动报酬，造成严重后果，但在宣判前支付劳动者的劳动报酬，并依法承担相应赔偿责任的，可以酌情从宽处罚。

第七条　不具备用工主体资格的单位或者个人，违法用工且拒不支付劳动者的劳动报酬，数额较大，经政府有关部门责令支付仍不支付的，应当依照刑法第二百七十六条之一的规定，以拒不支付劳动报酬罪追究刑事责任。

第八条　用人单位的实际控制人实施拒不支付劳动报酬行为，构成犯罪的，应当依照刑法第二百七十六条之一的规定追究刑事责任。

第九条　单位拒不支付劳动报酬，构成犯罪的，依照本解释规定的相应个人犯罪的定罪量刑标准，对直接负责的主管人员和其他直接责任人员定罪处罚，并对单位判处罚金。

【司法文件】

276 - 1.3 最高人民法院、最高人民检察院、人力资源和社会保障部、公安部关于加强对拒不支付劳动报酬案件查处工作的通知（2012 年 1 月 14 日　人社部发〔2012〕3 号）（节录）

二、切实履行职责，依法查处拒不支付劳动报酬违法犯罪案件

人力资源社会保障部门、公安机关、人民检察院、人民法院要按照有关规定，认真做好拒不支付劳动报酬行为涉嫌犯罪案件的调查、移交、侦办、审查批捕、审查起诉和审判，尽可能提高办案效率，并及时将有关情况进行通报。

人力资源社会保障部门要依法对用人单位遵守劳动保障法律、法规和规章的情况进行监督检查，通过各种检查方式监督用人单位劳动报酬支付情况，依法受理拖欠劳动报酬的举报、投诉。经调查，对违法事实清楚、证据确凿的，应当依法及时责令用人单位向劳动者支付劳动报酬。行为人逃匿的，人力资源社会保障部门可以在行为人住所地、办公地点、生产经营场所或者建筑施工项目所在地张贴责令支付的文书，或者采取将责令支付的文书送交其单位管理人员及近亲属等适当方式。对涉嫌犯罪的案件，应按照《行政执法机关移送涉嫌犯罪案件的规定》的要求，核实案情向本部门负责人报告并经同意后制作《涉嫌犯罪案件移送书》，在规定期限内将案件向同级公安机关移送，并抄送同级人民检察院备案。

公安机关对人力资源社会保障部门移送涉嫌犯罪的拒不支付劳动报酬案件，应依法及时审查决定是否立案。认为有犯罪事实，需要追究刑事责任的，依法立案，并及时查明犯罪事实，正确运用法律惩罚犯罪，保障劳动者的合法权益不受侵害。

人民检察院要依法及时做好此类案件的立案监督、审查批捕、审查起诉等检察工作，对工作中发现的职务犯罪线索应当认真审查，依法处理。

人民法院要依法及时受理、审理各类拖欠劳动报酬纠纷，对其中构成犯罪的，要坚决依法追究刑事责任。

公安机关、人民检察院、人民法院在案件审查过程中，可以告知劳动者有提起刑事附带民事诉讼的权利。

对不依法移送或者不依法办理涉嫌拒不支付劳动报酬犯罪案件的国家工作人员，要依法追究行政纪律责任；构成犯罪的，要依法追究刑事责任。

三、加强协调配合，做好拒不支付劳动报酬案件移送工作

人力资源社会保障部门向公安机关移送涉嫌犯罪案件，应当附有《涉嫌犯罪案件移送书》、涉嫌拒不支付劳动报酬犯罪案件调查报告、涉案的有关书证、物证及其他有关涉嫌犯罪的材料。在移送案件时已经作出行政处罚决定的，应当将行政处罚决定书一并抄送公安机关、人民检察院；未作出行政处罚决定的，原则上应当在公安机关决定不予立案或者撤销案件、人民检察院作出不起诉决定、人民法院作出无罪判决或者免予刑事处罚后，再决定是否给予行政处罚。

公安机关对人力资源社会保障部门移送的涉嫌拒不支付劳动报酬犯罪案件，应当予以受理，并在涉嫌犯罪案件移送书回执上签字。对于不属于本部门管辖的，应在受理后24小时内转送有管辖权的部门，并书面告知移送案件的人力资源社会保障部门。

公安机关作出立案或者不立案决定，应当在作出决定之日起3日内书面告知移送案件的人力资源社会保障部门。决定不立案的，应当同时退回案卷材料，并书面说明不立案的理由。

人力资源社会保障部门对于公安机关不予立案的决定有异议的，可以自接到通知后3日内向作出不予立案的公安机关提出复议，也可以建议检察机关依法进行立案监督。

在涉案人员众多、涉嫌跨区域犯罪、社会影响较大或涉嫌犯罪行为人故意销毁会计账簿、转移财产、逃匿、暴力抗拒执法等紧急情形下，人力资源社会保障部门应当及时通报公安机关，公安机关应当依法及时处置。

上级人力资源社会保障部门和公安机关应当对下级人力资源社会保障部门和公安机关执行本通知的情况进行督促检查，定期抽查案件查办情况，及时纠正案件移送工作中的问题和错误。

276-1.4 最高人民法院、最高人民检察院、人力资源和社会保障部、公安部关于加强涉嫌拒不支付劳动报酬犯罪案件查处衔接工作的通知（2014年12月23日 人社部发〔2014〕100号）（节录）

一、切实加强涉嫌拒不支付劳动报酬违法犯罪案件查处工作

（一）由于行为人逃匿导致工资账册等证据材料无法调取或用人单位在规定的时间内未提供有关工资支付等相关证据材料的，人力资源社会保障部门应及时对劳动者进行调查询问并制作询问笔录，同时应积极收集可证明劳动用工、欠薪数额等事实的相关证据，依据劳动者提供的工资数额及其他有关证据认定事实。调查询问过程一般要录音录像。

（二）行为人拖欠劳动者劳动报酬后，人力资源社会保障部门通过书面、电话、短信等能够确认其收悉的方式，通知其在指定的时间内到指定的地点配合解决问题，但其在指定的时间内未到指定的地点配合解决问题或明确表示拒不支付劳动报酬的，视为刑法第二百七十六条之一第一款规定的"以逃匿方法逃避支付劳动者的劳动报酬"。但是，行为人有证据证明因自然灾害、突发重大疾病等非人力所能抗拒的原因造成其无法在指定的时间内到指定的地点配合解决问题的除外。

（三）企业将工程或业务分包、转包给不具备用工主体资格的单位或个人，该单位或个人违法招用劳动者不支付劳动报酬的，人力资源社会保障部门应向具备用工主体资格的企业下达限期整改指令书或行政处罚决定书，责令该企业限期支付劳动者劳动报酬。对于该企业有充足证据证明已向不具备用工主体资格的单位或个人支付了劳动者全部的劳动报酬，该单位或个人仍未向劳动者支付的，应向不具备用工主体资格的单位或个人下达限期整改指令书或行政处理决定书，并要求企业监督该单位或个人向劳动者发放到位。

（四）经人力资源社会保障部门调查核实，行为人拖欠劳动者劳动报酬事实清楚、证据确凿、

数额较大的，应及时下达责令支付文书。对于行为人逃匿，无法将责令支付文书送交其同住成年家属或所在单位负责收件人的，人力资源社会保障部门可以在行为人住所地、办公地、生产经营场所、建筑施工项目所在地等地张贴责令支付文书，并采用拍照、录像等方式予以记录，相关影像资料应当纳入案卷。

二、切实规范涉嫌拒不支付劳动报酬犯罪案件移送工作

（一）人力资源社会保障部门向公安机关移送涉嫌拒不支付劳动报酬犯罪案件应按照《行政执法机关移送涉嫌犯罪案件的规定》的要求，履行相关手续，并制作《涉嫌犯罪案件移送书》，在规定的期限内将案件移送公安机关。移送的案件卷宗中应当附有以下材料：

1. 涉嫌犯罪案件移送书；

2. 涉嫌拒不支付劳动报酬犯罪案件调查报告；

3. 涉嫌犯罪案件移送审批表；

4. 限期整改指令书或行政处理决定书等执法文书及送达证明材料；

5. 劳动者本人或劳动者委托代理人调查询问笔录；

6. 拖欠劳动者劳动报酬的单位或个人的基本信息；

7. 涉案的书证、物证等有关涉嫌拒不支付劳动报酬的证据材料。

人力资源社会保障部门向公安机关移送涉嫌犯罪案件应当移送与案件相关的全部材料，同时应将案件移送书及有关材料目录抄送同级人民检察院。在移送涉嫌犯罪案件时已经作出行政处罚决定的，应当将行政处罚决定书一并抄送公安机关、人民检察院。

（二）公安机关收到人力资源社会保障部门移送的涉嫌犯罪案件，应当在涉嫌犯罪案件移送书回执上签字，对移送材料不全的，可通报人力资源社会保障部门按上述规定补充移送。受理后认为不属于本机关管辖的，应当及时转送有管辖权的机关，并书面告知移送案件的人力资源社会保障部门。对受理的案件，公安机关应当及时审查，依法作出立案或者不予立案的决定，并书面通知人力资源社会保障部门，同时抄送人民检察院。公安机关立案后决定撤销案件的，应当书面通知人力资源社会保障部门，同时抄送人民检察院。公安机关作出不立案决定或者撤销案件的，应当同时将案卷材料退回人力资源社会保障部门，并书面说明理由。

（三）人力资源社会保障部门对于公安机关不接受移送的涉嫌犯罪案件或者已受理的案件未依法及时作出立案或不立案决定的，可以建议人民检察院依法进行立案监督。对公安机关受理后作出不予立案决定的，可在接到不予立案通知书后 3 日内向作出决定的公安机关提请复议，也可以建议人民检察院依法进行立案监督。

（四）人民检察院发现人力资源社会保障部门对应当移送公安机关的涉嫌拒不支付劳动报酬犯罪案件不移送或者逾期不移送的，应当督促移送。人力资源社会保障部门接到人民检察院提出移送涉嫌犯罪案件的书面意见后，应当及时移送案件。人民检察院发现相关部门拒不移送案件和拒不立案行为中存在职务犯罪线索的，应当认真审查，依法处理。

三、切实完善劳动保障监察行政执法与刑事司法衔接机制

（一）人力资源社会保障部门在依法查处涉嫌拒不支付劳动报酬犯罪案件过程中，对案情复杂、性质难以认定的案件可就犯罪标准、证据固定等问题向公安机关或人民检察院咨询；对跨区域犯罪、涉及人员众多、社会影响较大的案件，人力资源社会保障部门通报公安机关的，公安机关应依法及时处置。

（二）对于涉嫌拒不支付劳动报酬犯罪案件，公安机关、人民检察院、人民法院在侦查、审查起诉和审判期间提请人力资源社会保障部门协助的，人力资源社会保障部门应当予以配合。

（三）在办理拒不支付劳动报酬犯罪案件过程中，各级人民法院、人民检察院、人力资源社会保障部门、公安机关要加强联动配合，建立拒不支付劳动报酬犯罪案件移送的联席会议制度，定期互相通报案件办理情况，及时了解案件信息，研究解决查处拒不支付劳动报酬犯罪案件衔接工作中存在的问题，进一步完善监察行政执法与刑事司法衔接工作机制，切实发挥刑法打击拒不支付劳动报酬犯罪行为的有效作用。

第六章　妨害社会管理秩序罪

第一节　扰乱公共秩序罪

　　第二百七十七条【妨害公务罪】以暴力、威胁方法阻碍国家机关工作人员依法执行职务的，处三年以下有期徒刑、拘役、管制或者罚金。

　　以暴力、威胁方法阻碍全国人民代表大会和地方各级人民代表大会代表依法执行代表职务的，依照前款的规定处罚。

　　在自然灾害和突发事件中，以暴力、威胁方法阻碍红十字会工作人员依法履行职责的，依照第一款的规定处罚。

　　故意阻碍国家安全机关、公安机关依法执行国家安全工作任务，未使用暴力、威胁方法，造成严重后果的，依照第一款的规定处罚。

　　【袭警罪】暴力袭击正在依法执行职务的人民警察的，处三年以下有期徒刑、拘役或者管制；使用枪支、管制刀具，或者以驾驶机动车撞击等手段，严重危及其人身安全的，处三年以上七年以下有期徒刑。

　　【刑法第一次修正说明】

　　本条第 5 款为全国人大常委会 2015 年 8 月 29 日通过并公布、同年 11 月 1 日施行的《刑法修正案（九）》第 21 条所增设。

　　【刑法第二次修正说明】

　　全国人大常委会 2020 年 12 月 26 日通过并公布、2021 年 3 月 1 日施行的《刑法修正案（十一）》第 31 条对第 5 款作了修正。原第 5 款为：

　　【妨害公务罪】暴力袭击正在依法执行职务的人民警察的，依照第一款的规定从重处罚。

　　【罪名渊源】79 刑法将本罪与拒不执行判决、裁定罪规定在第 157 条，其内涵仅限于阻碍国家工作人员执行职务，后单行法、附属刑法和司法解释作了补充。刑法将其分离出来独立成条，犯罪主体由"国家工作人员"修改为"国家机关工作人员"，并吸纳了《全国人民代表大会和地方各级人民代表大会代表法》《红十字会法》《国家安全法》的内容，增设了第 2—4 款。高法《罪名规定》、高检《罪名意见》将其解释为妨害公务罪。《刑法修正案（九）》第 21 条增设了第 5 款。《刑法修正案（十一）》第 31 条对第 5 款作了修改：改依照第 1 款从重处罚为独立的法定刑，增设第二档罪状及法定刑。"两高"《罪名补充规定（七）》将其解释为袭警罪。

　　【司法解释】

　　277.1 最高人民法院、最高人民检察院、公安部、国家工商行政管理局关于依法查处盗窃、抢劫机动车案件的规定（1998 年 5 月 8 日　公通字〔1998〕31 号）（节录）

　　一、司法机关依法查处盗窃、抢劫机动车案件，任何单位和个人都应当予以协助。以暴力、威胁方法阻碍司法工作人员依法办案的，依照《刑法》第二百七十七条第一款的规定处罚。

　　277.2 最高人民检察院关于以暴力威胁方法阻碍事业编制人员依法执行行政执法职务是否可对侵害人以妨害公务罪论处的批复（2000 年 4 月 24 日　高检发释字〔2000〕2 号）

　　重庆市人民检察院：

　　你院《关于以暴力、威胁方法阻碍事业编制人员行政执法活动是否可以对侵害人适用妨害公务罪的请示》收悉。经研究，批复如下：

对于以暴力、威胁方法阻碍国有事业单位人员依照法律、行政法规的规定执行行政执法职务的，或者以暴力、威胁方法阻碍国家机关中受委托从事行政执法活动的事业编制人员执行行政执法职务的，可以对侵害人以妨害公务罪追究刑事责任。

277.3 最高人民法院、最高人民检察院关于办理妨害预防、控制突发传染病疫情等灾害的刑事案件具体应用法律若干问题的解释（2003 年 5 月 15 日 法释〔2003〕8 号）（节录）

第八条 以暴力、威胁方法阻碍国家机关工作人员、红十字会工作人员依法履行为防治突发传染病疫情等灾害而采取的防疫、检疫、强制隔离、隔离治疗等预防、控制措施的，依照刑法第二百七十七条第一款、第三款的规定，以妨害公务罪定罪处罚。

277.4 最高人民法院、最高人民检察院关于办理非法生产、销售烟草专卖品等刑事案件具体应用法律若干问题的解释（2010 年 3 月 26 日 法释〔2010〕7 号）（节录）

第八条（第一款） 以暴力、威胁方法阻碍烟草专卖执法人员依法执行职务，构成犯罪的，以妨害公务罪追究刑事责任。

277.5 最高人民法院关于审理破坏草原资源刑事案件应用法律若干问题的解释（2012 年 11 月 22 日 法释〔2012〕15 号）（节录）

第四条（第一款） 以暴力、威胁方法阻碍草原监督检查人员依法执行职务，构成犯罪的，依照刑法第二百七十七条的规定，以妨害公务罪追究刑事责任。

第六条 多次实施破坏草原资源的违法犯罪行为，未经处理，应当依法追究刑事责任的，按照累计的数量、数额定罪处罚。

第七条 本解释所称"草原"，是指天然草原和人工草地，天然草原包括草地、草山和草坡，人工草地包括改良草地和退耕还草地，不包括城镇草地。

277.6 最高人民法院关于审理发生在我国管辖海域相关案件若干问题的规定（二）（2016 年 8 月 2 日 法释〔2016〕17 号）（节录）

第八条（第二款） 有破坏海洋资源犯罪行为，又实施走私、妨害公务等犯罪的，依照数罪并罚的规定处理。

【司法文件】

277.7 最高人民法院、最高人民检察院、公安部、国家烟草专卖局关于办理假冒伪劣烟草制品等刑事案件适用法律问题座谈会纪要（2003 年 12 月 23 日 高检会〔2003〕4 号）（节录）

八、关于以暴力、威胁方法阻碍烟草专卖执法人员依法执行职务行为的定罪处罚问题

以暴力、威胁方法阻碍烟草专卖执法人员依法执行职务的，依照刑法第二百七十七条的规定，以妨害公务罪定罪处罚。

277.8 最高人民法院、最高人民检察院、公安部关于依法严肃查处拒不执行判决、裁定和暴力抗拒法院执行犯罪行为有关问题的通知（2007 年 8 月 30 日 法发〔2007〕29 号）（节录）

二、对下列暴力抗拒执行的行为，依照刑法第二百七十七条的规定，以妨害公务罪论处。

（一）聚众哄闹、冲击执行现场，围困、扣押、殴打执行人员，致使执行工作无法进行的；

（二）毁损、抢夺执行案件材料、执行公务车辆和其他执行器械、执行人员服装以及执行公务证件，造成严重后果的；

（三）其他以暴力、威胁方法妨害或者抗拒执行，致使执行工作无法进行的。

三、负有执行人民法院判决、裁定义务的单位直接负责的主管人员和其他直接责任人员，为了本单位的利益实施本《通知》第一条、第二条所列行为之一的，对该主管人员和其他直接责任人员，依照刑法第三百一十三条和第二百七十七条的规定，分别以拒不执行判决、裁定罪和妨害公务罪论处。

277.9 最高人民法院关于常见犯罪的量刑指导意见（2017 年 4 月 1 日 法发〔2017〕7 号）（节录）

四、常见犯罪的量刑

（十一）妨害公务罪

1. 构成妨害公务罪的，可以在二年以下有期徒刑、拘役幅度内确定量刑起点。

2. 在量刑起点的基础上，可以根据妨害公务造成的后果、犯罪情节严重程度等其他影响犯罪构成的犯罪事实增加刑罚量，确定基准刑。

3. 暴力袭击正在依法执行职务的人民警察的，可以增加基准刑的 10%—30%。

> 【说明】量刑基本原则、基本方法和常见量刑情节的适用，参见 61.2 本意见。

277.10 最高人民法院、最高人民检察院、公安部关于依法惩治妨害公共交通工具安全驾驶违法犯罪行为的指导意见（2019 年 1 月 8 日　公通字〔2019〕1 号）（节录）

一、准确认定行为性质，依法从严惩处妨害安全驾驶犯罪

（六）以暴力、威胁方法阻碍国家机关工作人员依法处置妨害安全驾驶违法犯罪行为、维护公共交通秩序的，依照刑法第二百七十七条的规定，以妨害公务罪定罪处罚；暴力袭击正在依法执行职务的人民警察的，从重处罚。

277.11 最高人民法院、最高人民检察院、司法部、公安部关于办理醉酒危险驾驶刑事案件的意见（2023 年 12 月 28 日　高检发办字〔2023〕187 号）（节录）

第十六条（第二款）　醉酒驾驶机动车，以暴力、威胁方法阻碍公安机关依法检查，又构成妨害公务罪、袭警罪等其他犯罪的，依照数罪并罚的规定处罚。

【法律法规】

277.12 中华人民共和国矿产资源法（1986 年 10 月 1 日　2009 年修正）（第 48 条）

277.13 中华人民共和国烟草专卖法（1992 年 1 月 1 日　2015 年修正）（第 38 条）

277.14 全国人民代表大会和地方各级人民代表大会代表法（1992 年 4 月 3 日　2015 年修正）（第 44 条第 3 款）

277.15 中华人民共和国产品质量法（1993 年 9 月 1 日　2018 年修正）（第 69 条）

277.16 中华人民共和国消费者权益保护法（1994 年 1 月 1 日　2013 年修正）（第 60 条）

277.17 中华人民共和国人民警察法（1995 年 2 月 28 日　2012 年修正）（第 35 条）

277.18 中华人民共和国电力法（1996 年 4 月 1 日　2018 年修正）（第 70 条第 3—4 项）

277.19 中华人民共和国煤炭法（1996 年 12 月 1 日　2016 年修正）（第 63 条第 4 项）

277.20 中华人民共和国防洪法（1998 年 1 月 1 日　2016 年修正）（第 61 条）

277.21 特种设备安全监察条例（2003 年 3 月 11 日　2009 年修订）（第 98 条）

277.22 国务院关于预防煤矿生产安全事故的特别规定（2005 年 9 月 3 日　2013 年修订）（第 18 条）

277.23 中华人民共和国动物防疫法（2008 年 1 月 1 日　2015 年修正）（第 59 条、第 84 条第 1 款）

277.24 中华人民共和国反间谍法（2014 年 11 月 1 日）（第 30 条）

277.25 中华人民共和国红十字会法（2017 年 5 月 8 日）（第 13 条、第 27 条第 1 款第 5 项和第 2 款）

277.26 中华人民共和国反间谍法实施细则（2017 年 11 月 22 日）（第 22—23 条）

第二百七十八条【煽动暴力抗拒法律实施罪】 煽动群众暴力抗拒国家法律、行政法规实施的，处三年以下有期徒刑、拘役、管制或者剥夺政治权利；造成严重后果的，处三年以上七年以下有期徒刑。

【罪名渊源】本条系由 79 刑法第 102 条反革命宣传煽动罪分离出来的罪名。刑法在原法条第 1 项的基础上，改"抗拒"为"暴力抗拒"；第一档法定最高刑由"五年"修改为"三年"，第二档法定刑由"五年以上有期徒刑"修改为"三年以上七年以下有期徒刑"。高法《罪名规定》、高检《罪名意见》将其解释为煽动暴力抗拒法律实施罪。

【司法解释】

278.1 最高人民法院、最高人民检察院关于办理非法生产、销售烟草专卖品等刑事案件具体

应用法律若干问题的解释（2010 年 3 月 26 日　法释〔2010〕7 号）（节录）

第八条（第二款）　煽动群众暴力抗拒烟草专卖法律实施，构成犯罪的，以煽动暴力抗拒法律实施罪追究刑事责任。

278.2 最高人民法院关于审理破坏草原资源刑事案件应用法律若干问题的解释（2012 年 11 月 22 日　法释〔2012〕15 号）（节录）

第四条（第二款）　煽动群众暴力抗拒草原法律、行政法规实施，构成犯罪的，依照刑法第二百七十八条的规定，以煽动暴力抗拒法律实施罪追究刑事责任。

第六条　多次实施破坏草原资源的违法犯罪行为，未经处理，应当依法追究刑事责任的，按照累计的数量、数额定罪处罚。

第七条　本解释所称"草原"，是指天然草原和人工草地，天然草原包括草地、草山和草坡，人工草地包括改良草地和退耕还草地，不包括城镇草地。

278.3 参见 274.2 最高人民法院、最高人民检察院关于办理利用信息网络实施诽谤等刑事案件适用法律若干问题的解释（2013 年 9 月 10 日　法释〔2013〕21 号）（第 9—10 条）

【司法文件】

278.4 最高人民法院、最高人民检察院、公安部、国家烟草专卖局关于办理假冒伪劣烟草制品等刑事案件适用法律问题座谈会纪要（2003 年 12 月 23 日　高检会〔2003〕4 号）（节录）

九、关于煽动群众暴力抗拒烟草专卖法律实施行为的定罪处罚问题

煽动群众暴力抗拒烟草专卖法律实施的，依照刑法第二百七十八条的规定，以煽动暴力抗拒法律实施罪定罪处罚。

第二百七十九条【招摇撞骗罪】冒充国家机关工作人员招摇撞骗的，处三年以下有期徒刑、拘役、管制或者剥夺政治权利；情节严重的，处三年以上十年以下有期徒刑。

冒充人民警察招摇撞骗的，依照前款的规定从重处罚。

【罪名渊源】本条系由 79 刑法第 166 条修改而来，刑法将罪状由"冒充国家工作人员招摇撞骗"修改为"冒充国家机关工作人员招摇撞骗"，并增加了第 2 款内容。高法《罪名规定》、高检《罪名意见》将其解释为招摇撞骗罪。

【司法解释】

279.1 最高人民法院、最高人民检察院关于办理诈骗刑事案件具体应用法律若干问题的解释（2011 年 4 月 8 日　法释〔2011〕7 号）（节录）

第八条　冒充国家机关工作人员进行诈骗，同时构成诈骗罪和招摇撞骗罪的，依照处罚较重的规定定罪处罚。

279.2 最高人民法院、最高人民检察院关于办理妨害武装部队制式服装、车辆号牌管理秩序等刑事案件具体应用法律若干问题的解释（2011 年 8 月 1 日　法释〔2011〕16 号）（节录）

第六条　实施刑法第三百七十五条规定的犯罪行为，同时又构成逃税、诈骗、冒充军人招摇撞骗等犯罪的，依照处罚较重的规定定罪处罚。

【司法文件】

279.3 最高人民法院、最高人民检察院、公安部关于办理电信网络诈骗等刑事案件适用法律若干问题的意见（2016 年 12 月 19 日　法发〔2016〕32 号）（节录）

三、全面惩处关联犯罪

（三）冒充国家机关工作人员实施电信网络诈骗犯罪，同时构成诈骗罪和招摇撞骗罪的，依照处罚较重的规定定罪处罚。

【部委规范】

279.4 公安部、交通运输部、解放军总参谋部、解放军总政治部、解放军总后勤部关于加强涉及

军车号牌及相关证件违法犯罪活动查处工作的意见（2008 年 4 月 22 日　政保〔2008〕7 号）（节录）

　　一、涉嫌非法生产、买卖、伪造、变造军车号牌及相关证件。使用假冒军车偷逃税费、冒充军队单位和人员招摇撞骗或者从事其他犯罪活动的，依据《中华人民共和国刑法》和《最高人民法院关于审理非法生产、买卖武装部队车辆号牌等案件具体应用法律若干问题的解释》① 立案侦查。立案后符合刑事拘留条件的，依据《中华人民共和国刑事诉讼法》有关规定拘留，不得以罚代刑，降格或变通处理。

　　第二百八十条【**伪造、变造、买卖国家机关公文、证件、印章罪，盗窃、抢夺、毁灭国家机关公文、证件、印章罪**】伪造、变造、买卖或者盗窃、抢夺、毁灭国家机关的公文、证件、印章的，处三年以下有期徒刑、拘役、管制或者剥夺政治权利，并处罚金；情节严重的，处三年以上十年以下有期徒刑，并处罚金。

　　【**伪造公司、企业、事业单位、人民团体印章罪**】伪造公司、企业、事业单位、人民团体的印章的，处三年以下有期徒刑、拘役、管制或者剥夺政治权利，并处罚金。

　　【**伪造、变造、买卖身份证件罪**】伪造、变造、买卖居民身份证、护照、社会保障卡、驾驶证等依法可以用于证明身份的证件的，处三年以下有期徒刑、拘役、管制或者剥夺政治权利，并处罚金；情节严重的，处三年以上七年以下有期徒刑，并处罚金。

【**刑法修正说明**】

　　本条为全国人大常委会 2015 年 8 月 29 日通过并公布、同年 11 月 1 日施行的《刑法修正案（九）》第 22 条所修正。原第 280 条为：

　　【**伪造、变造、买卖国家机关公文、证件、印章罪，盗窃、抢夺、毁灭国家机关公文、证件、印章罪**】伪造、变造、买卖或者盗窃、抢夺、毁灭国家机关的公文、证件、印章的，处三年以下有期徒刑、拘役、管制或者剥夺政治权利；情节严重的，处三年以上十年以下有期徒刑。

　　【**伪造公司、企业、事业单位、人民团体印章罪**】伪造公司、企业、事业单位、人民团体的印章的，处三年以下有期徒刑、拘役、管制或者剥夺政治权利。

　　【**伪造、变造居民身份证罪**】伪造、变造居民身份证的，处三年以下有期徒刑、拘役、管制或者剥夺政治权利；情节严重的，处三年以上七年以下有期徒刑。

　　【**罪名渊源**】本条第 1 款由 79 刑法第 167 条伪造、变造公文、证件、印章罪修改而来；第 2 款系从该条分立出的新罪名；第 3 款 79 刑法、单行刑法均未规定，系刑法吸收《居民身份证条例》第 16 条内容增设的罪名。高法《罪名规定》、高检《罪名意见》将本条三款分别解释为：伪造、变造、买卖国家机关公文、证件、印章罪，盗窃、抢夺、毁灭国家机关公文、证件、印章罪，伪造公司、企业、事业单位、人民团体印章罪，伪造、变造居民身份证罪。《刑法修正案（九）》第 22 条对本条三款罪各档法定刑增设了"并处罚金"的规定，在第 3 款增设"买卖"行为，犯罪对象由"居民身份证"扩大至"居民身份证、护照、社会保障卡、驾驶证等依法可以用于证明身份的证件"。据此，"两高"《罪名补充规定（六）》取消本条第 3 款伪造、变造居民身份证罪罪名，代之以伪造、变造、买卖身份证件罪。

　　【**立案标准**】

　　280.1 国家林业局、公安部关于森林和陆生野生动物刑事案件管辖及立案标准（2001 年 5 月

---

　　①　该解释已废止，其内容被最高人民法院、最高人民检察院《关于办理妨害武装部队制式服装、车辆号牌管理秩序等刑事案件具体应用法律若干问题的解释》（法释〔2011〕16 号）代替。——编者注

9 日 林安字〔2001〕156 号）（节录）

一、森林公安机关管辖在其辖区内发生的刑法规定的下列森林和陆生野生动物刑事案件

（十五）伪造、变造、买卖国家机关公文、证件案件中，伪造、变造、买卖林木和陆生野生动物允许进出口证明书、进出口原产地证明、狩猎证、特许猎捕证、驯养繁殖许可证、林木采伐许可证、木材运输证明、森林、林木、林地权属证书、征用或者占用林地审核同意书、育林基金等缴费收据以及由国家机关批准的其他关于林业和陆生野生动物公文、证件的案件（第二百八十条第一、二款）。

二、森林和陆生野生动物刑事案件的立案标准

（十二）……伪造变造买卖国家公文、证件案，执行相应的立案标准。

【罪刑标准】

280.2 最高人民法院、最高人民检察院关于办理与盗窃、抢劫、诈骗、抢夺机动车相关刑事案件具体应用法律若干问题的解释（2007 年 5 月 11 日 法释〔2007〕11 号）（节录）

第二条 伪造、变造、买卖机动车行驶证、登记证书，累计三本以上的，依照刑法第二百八十条第一款的规定，以伪造、变造、买卖国家机关证件罪定罪，处三年以下有期徒刑、拘役、管制或者剥夺政治权利。

伪造、变造、买卖机动车行驶证、登记证书，累计达到第一款规定数量标准五倍以上的，属于刑法第二百八十条第一款规定中的"情节严重"，处三年以上十年以下有期徒刑。

【司法解释】

280.3 最高人民法院、最高人民检察院、公安部、国家工商行政管理局关于依法查处盗窃、抢劫机动车案件的规定（1998 年 5 月 8 日 公通字〔1998〕31 号）（节录）

七、伪造、变造、买卖机动车牌证及机动车入户、过户、验证的有关证明文件的，依照《刑法》第二百八十条第一款的规定处罚。

280.4 最高人民法院关于审理骗购外汇、非法买卖外汇刑事案件具体应用法律若干问题的解释（1998 年 9 月 1 日 法释〔1998〕20 号）（节录）

第二条 伪造、变造、买卖海关签发的报关单、进口证明、外汇管理机关的核准件等凭证或者购买伪造、变造的上述凭证的，按照刑法第二百八十条第一款的规定定罪处罚。

280.5 最高人民法院关于审理破坏森林资源刑事案件具体应用法律若干问题的解释（2000 年 12 月 11 日 法释〔2000〕36 号）（节录）

第十三条 对于伪造、变造、买卖林木采伐许可证、木材运输证件，森林、林木、林地权属证书，占用或者征用林地审核同意书、育林基金等缴费收据以及其他国家机关批准的林业证件构成犯罪的，依照刑法第二百八十条第一款的规定，以伪造、变造、买卖国家机关公文、证件罪定罪处罚。

对于买卖允许进出口证明书等经营许可证明，同时触犯刑法第二百二十五条、第二百八十条规定之罪的，依照处罚较重的规定定罪处罚。

280.6 最高人民法院、最高人民检察院关于办理伪造、贩卖伪造的高等院校学历、学位证明刑事案件如何适用法律问题的解释（2001 年 7 月 5 日 法释〔2001〕22 号）

为依法惩处伪造、贩卖伪造的高等院校学历、学位证明的犯罪活动，现就办理这类案件适用法律的有关问题解释如下：

对于伪造高等院校印章制作学历、学位证明的行为，应当依照刑法第二百八十条第二款的规定，以伪造事业单位印章罪定罪处罚。

明知是伪造高等院校印章制作的学历、学位证明而贩卖的，以伪造事业单位印章罪的共犯论处。

280.7 最高人民法院、最高人民检察院关于办理妨害信用卡管理刑事案件具体应用法律若干问题的解释（2009 年 12 月 16 日 法释〔2009〕19 号 2018 年修正）（节录）

第四条（第一款） 为信用卡申请人制作、提供虚假的财产状况、收入、职务等资信证明材料，涉及伪造、变造、买卖国家机关公文、证件、印章，或者涉及伪造公司、企业、事业单位、

人民团体印章，应当追究刑事责任的，依照刑法第二百八十条的规定，分别以伪造、变造、买卖国家机关公文、证件、印章罪和伪造公司、企业、事业单位、人民团体印章罪定罪处罚。

280.8 参见 307-1.2 最高人民法院关于《中华人民共和国刑法修正案（九）》时间效力问题的解释（2015年11月1日　法释〔2015〕19号）

【司法文件】

280.9 最高人民检察院法律政策研究室关于买卖伪造的国家机关证件行为是否构成犯罪的问题的答复（1999年6月21日　〔1999〕高检研发第5号）

辽宁省人民检察院研究室：

你院《关于买卖伪造的国家机关证件行为是否构成犯罪的请示》（辽检发研字〔1999〕3号）收悉。经研究，并根据高检院领导的批示，答复如下：

对于买卖伪造的国家机关证件的行为，依法应当追究刑事责任的，可适用刑法第二百八十条第一款的规定，以买卖国家机关公文、证件罪追究刑事责任。

280.10 最高人民法院、最高人民检察院、海关总署关于办理走私刑事案件适用法律若干问题的意见（2002年7月8日　法〔2002〕139号）（节录）

九、关于利用购买的加工贸易登记手册、特定减免税批文等涉税单证进口货物行为的定性处理问题

加工贸易登记手册、特定减免税批文等涉税单证是海关根据国家法律法规以及有关政策性规定，给予特定企业用于保税货物经营管理和减免税优惠待遇的凭证。利用购买的加工贸易登记手册、特定减免税批文等涉税单证进口货物，实质是将一般贸易货物伪报为加工贸易保税货物或者特定减免税货物进口，以达到偷逃应缴税款的目的，应当适用刑法第一百五十三条以走私普通货物、物品罪定罪处罚。如果行为人与走私分子通谋出售上述涉税单证，或者在出卖批文后又以提供印章、向海关伪报保税货物、特定减免税货物等方式帮助买方办理进口通关手续的，对卖方依照刑法第一百五十六条以走私罪共犯定罪处罚。买卖上述涉税单证情节严重尚未进口货物的，依照刑法第二百八十条的规定定罪处罚。

280.11 最高人民检察院法律政策研究室关于通过伪造证据骗取法院民事裁判占有他人财物的行为如何适用法律问题的答复（2002年10月24日　〔2002〕高检研发第18号）

山东省人民检察院研究室：

你院《关于通过伪造证据骗取法院民事裁决占有他人财物的行为能否构成诈骗罪的请示》（鲁检发研字〔2001〕第11号）收悉。经研究，答复如下：

以非法占有为目的，通过伪造证据骗取法院民事裁判占有他人财物的行为，所侵害的主要是人民法院正常的审判活动，可以由人民法院依照民事诉讼法的有关规定作出处理，不宜以诈骗罪追究行为人的刑事责任。如果行为人伪造证据时，实施了伪造公司、企业、事业单位、人民团体印章的行为，构成犯罪的，应当依照刑法第二百八十条第二款的规定，以伪造公司、企业、事业单位、人民团体印章罪追究刑事责任；如果行为人有指使他人作伪证行为，构成犯罪的，应当依照刑法第三百零七条第一款的规定，以妨害作证罪追究刑事责任。

280.12 最高人民检察院法律政策研究室关于伪造、变造、买卖政府设立的临时性机构的公文、证件、印章行为如何适用法律问题的答复（2003年6月3日　〔2003〕高检研发第17号）

江苏省人民检察院研究室：

你院《关于伪造、变造、买卖政府设立的临时性机构的公文、证件、印章的行为能否适用刑法第二百八十条第一款规定的请示》（苏检发研字〔2003〕4号）收悉。经研究，答复如下：

伪造、变造、买卖各级人民政府设立的行使行政管理权的临时性机构的公文、证件、印章行为，构成犯罪的，应当依照刑法第二百八十条第一款的规定，以伪造、变造、买卖国家机关公文、证件、印章罪追究刑事责任。

280.13 最高人民法院研究室关于对行为人通过伪造国家机关公文、证件担任国家工作人员职务并利用职务上的便利侵占本单位财物、收受贿赂、挪用本单位资金等行为如何适用法律问题的

答复（2004 年 3 月 20 日　法研〔2004〕38 号）

北京市高级人民法院：

你院〔2004〕15 号《关于通过伪造国家机关公文、证件担任国家工作人员职务后利用职务便利侵占本单位财物、收受贿赂、挪用本单位资金的行为如何定性的请示》收悉。经研究，答复如下：

行为人通过伪造国家机关公文、证件担任国家工作人员职务以后，又利用职务上的便利实施侵占本单位财物、收受贿赂、挪用本单位资金等行为，构成犯罪的，应当分别以伪造国家机关公文、证件罪和相应的贪污罪、受贿罪、挪用公款罪等追究刑事责任，实行数罪并罚。

280.14 最高人民法院研究室《关于伪造、变造、买卖民用机动车号牌行为能否以伪造、变造、买卖国家机关证件罪定罪处罚问题的请示》的答复（2009 年 1 月 1 日　法研〔2009〕68 号）

最近，广东省委政法委要求我院就伪造、变造、买卖民用机动车号牌的行为能否以伪造、变造、买卖国家机关证件罪定罪处罚的问题提出处理意见。我院审判委员会研究时有两种不同意见。多数意见认为不应以伪造、变造、买卖国家机关证件罪定罪处罚。少数意见认为机动车号牌属于国家机关证件，对于伪造、变造、买卖民用机动车号牌且情节严重的行为，可以伪造、变造、买卖国家机关证件罪追究刑事责任。经请示，最高法院研究室作出答复，同意我院审委会多数人意见，伪造、变造、买卖民用机动车号牌行为不能以伪造、变造、买卖国家机关证件罪定罪处罚。最高法院研究室答复全文如下：

"你院粤高法〔2009〕108 号《关于伪造、变造、买卖民用机动车号牌行为能否以伪造、变造、买卖国家机关证件罪定罪处罚问题的请示》收悉。经研究，答复如下：

同意你院审委会讨论中的多数人意见，伪造、变造、买卖民用机动车号牌行为不能以伪造、变造、买卖国家机关证件罪定罪处罚。你院所请示问题的关键在于能否将机动车号牌认定为国家机关证件，从当前我国刑法的规定看，不能将机动车号牌认定为国家机关证件。理由在于：

一、刑法第 280 条第 1 款规定了伪造、变造、买卖国家机关公文、证件、印章罪，第 281 条规定了非法生产、买卖警用装备罪，将警用车辆号牌归属于警察专用标志，属于警用装备的范围。从这一点分析，证件与车辆号牌不具有同一性。如果具有同一性，刑法第 280 条中的证件就包括了警用车辆号牌，也就没有必要在第 281 条中单独明确列举警用车辆号牌了。同样的道理适用于刑法第 375 条的规定（刑法第 375 条第 1 款规定了伪造、变造、买卖武装部队公文、证件、印章罪，盗窃、抢夺武装部队公文、证件、印章罪，第 2 款规定了非法生产、买卖军用标志罪，而军用标志包括武装部队车辆号牌）。刑法规定非法生产、买卖警用装备罪和非法生产、买卖军用标志罪，明确对警用车辆号牌和军用车辆号牌进行保护，目的在于维护警用、军用标志性物品的专用权，而不是将警用和军用车辆号牌作为国家机关证件来保护。如果将机动车号牌认定为证件，那么非法买卖警用机动车号牌的行为，是认定为非法买卖国家机关证件罪还是非法买卖警用装备罪？这会导致刑法适用的混乱。

二、从刑罚处罚上看，如果将机动车号牌认定为国家机关证件，那么非法买卖的机动车号牌如果分别属于人民警察车辆号牌、武装部队车辆号牌、普通机动车号牌，同样一个行为就会得到不同的处理结果：对于前两者，根据刑法第 281 条、第 375 条第 2 款的规定，情节严重的，分别构成非法买卖警用装备罪、非法买卖军用标志罪，法定刑为三年以下有期徒刑、拘役或者管制，并处或者单处罚金。对于非法买卖民用机动车号牌，根据刑法第 280 条第 1 款的规定，不论情节是否严重，均构成买卖国家机关证件罪，情节一般的，处三年以下有期徒刑、拘役、管制或者剥夺政治权利；情节严重的，处三年以上十年以下有期徒刑。可见，将机动车号牌认定为证件，将使对非法买卖普通机动车号牌的刑罚处罚重于对非法买卖人民警察、武装部队车辆号牌的刑罚处罚，这显失公平，也有悖立法本意。"

280.15 最高人民法院、最高人民检察院、公安部关于办理电信网络诈骗等刑事案件适用法律若干问题的意见（二）（2021 年 6 月 17 日　法发〔2021〕22 号）（节录）

六（第一款）、在网上注册办理手机卡、信用卡、银行账户、非银行支付账户时，为通过网上认证，使用他人身份证件信息并替换他人身份证件相片，属于伪造身份证件行为，符合刑法第二百八十条第三款规定的，以伪造身份证件罪追究刑事责任。

　　（第三款）实施上述两款行为，同时构成其他犯罪的，依照处罚较重的规定定罪处罚。法律和司法解释另有规定的除外。

【部委规范】

　　280.16 公安部关于盗窃空白因私护照有关问题的批复（2000 年 5 月 16 日　公境出〔2000〕881 号）

辽宁省公安厅出入境管理处：

　　你处《关于准确认定盗窃空白护照性质及罪名的请示》（辽公境外〔2000〕178 号）收悉。经研究，批复如下：

　　一、李博日韦、万明亮等人所盗取的空白护照属于出入境证件。护照不同于一般的身份证件，它是公民国际旅行的身份证件和国籍证明。在我国，公民因私护照的设计、研制、印刷统一由公安部出入境管理局负责。护照上设计了多项防伪措施，每本护照（包括空白护照）都有一个统一编号，空白护照是签发护照的重要构成因素，对空白护照的发放、使用有严格的管理程序。空白护照丢失，与已签发的护照一样，也由公安部出入境管理局宣布作废，空白护照是作为出入境证件加以管理的。因此，空白护照既是国家机关的证件，也是出入境证件。

　　二、李博日韦、万明亮等人所盗护照不同于一般商品，在认定其盗窃情节时，不能简单依照护照本身的研制、印刷费用计算盗窃数额，而应依照所盗护照的本数计算。一次盗窃 2000 本护照，在建国以来是第一次，所造成的影响极其恶劣。应当认定为"情节严重"，不是一般的盗窃，而应按照刑法第 280 条规定处理。

　　三、李博日韦、万明亮等人将盗窃的护照出售，其出售护照的行为也妨害国（边）境管理秩序，触犯刑法第 320 条，涉嫌构成出售出入境证件罪。

　　上述意见请商当地人民检察院。

　　280.17 公安部关于对伪造学生证及贩卖、使用伪造学生证的行为如何处理问题的批复（2002 年 6 月 26 日　公刑〔2002〕1046 号）（节录）

铁道部公安局：

　　你局《关于对伪造、贩卖、使用假学生证的行为如何认定处罚的请示》（公法〔2002〕4 号）收悉。现批复如下：

　　一、对伪造高等院校印章制作学生证的行为，应当依照《中华人民共和国刑法》第二百八十条第二款的规定，以伪造事业单位印章罪立案侦查。

　　二、对明知是伪造高等院校印章制作的学生证而贩卖的，应当以伪造事业单位印章罪的共犯立案侦查；……

　　280.18 公安部治安局关于将"发票专用章"纳入公章类管理问题的批复（2004 年 1 月 17 日　公治办〔2004〕40 号）

吉林省公安厅治安警察总队：

　　你总队《关于将企业"发票专用章"纳入公章类管理问题的请示》收悉。经研究，现批复如下：

　　1999 年 10 月 31 日国务院《关于国家行政机关和企业事业单位社会团体印章管理的规定》（以下简称《规定》）将国家行政机关和企事业单位、社会团体的其他专用印章纳入了该项《规定》的管理范畴。凡冠以单位名称的专用印章均属公章。"发票专用章"是单位专用印章，应纳入公章管理范围。用章单位刻制"发票专用章"等专用印章应依据《规定》及公安部三局 1991 年《关于企业单位刻制公章问题的批复》的规定办理。

　　280.19 货物出口许可证管理办法（2008 年 7 月 1 日　商务部令〔2008〕第 11 号　2019 年修正）（第 6—7 条、第 39 条）

【法律法规】

　　280.20 中华人民共和国进出口商品检验法（1989 年 8 月 1 日　2018 年修正）（第 36 条）

　　280.21 中华人民共和国烟草专卖法（1992 年 1 月 1 日　2015 年修正）（第 36 条）

　　280.22 中华人民共和国进出境动植物检疫法（1992 年 4 月 1 日　2009 年修正）（第 43 条）

280.23 中华人民共和国公司登记管理条例（1994 年 7 月 1 日　2016 年修订）（第 71 条、第 81 条）

280.24 中华人民共和国广告法（1995 年 2 月 1 日　2018 年修正）（第 66 条）

280.25 中华人民共和国野生植物保护条例（1997 年 1 月 1 日　2017 年修订）（第 26 条、第 28 条）

280.26 互联网上网服务营业场所管理条例（2002 年 11 月 15 日　2019 年修订）（第 29 条）

280.27 中华人民共和国居民身份证法（2004 年 1 月 1 日　2011 年修正）（第 16—18 条）

280.28 中华人民共和国道路交通安全法（2004 年 5 月 1 日　2011 年修正）（第 96 条第 1—2 款）

280.29 中华人民共和国对外贸易法（2004 年 7 月 1 日　2016 年修正）（第 34 条第 1 项、第 63 条）

280.30 中华人民共和国进出口商品检验法实施条例（2005 年 12 月 1 日　2019 年修订）（第 47 条）

280.31 中华人民共和国动物防疫法（2008 年 1 月 1 日　2015 年修正）（第 79 条、第 84 条）

280.32 危险化学品安全管理条例（2011 年 12 月 1 日　2013 年修订）（第 93 条第 2 款）

280.33 中华人民共和国商标法实施条例（2014 年 5 月 1 日）（第 64 条第 3 款）

280.34 中华人民共和国森林法（2020 年 7 月 1 日）（第 77 条、第 82 条）

第二百八十条之一【使用虚假身份证件、盗用身份证件罪】 在依照国家规定应当提供身份证明的活动中，使用伪造、变造的或者盗用他人的居民身份证、护照、社会保障卡、驾驶证等依法可以用于证明身份的证件，情节严重的，处拘役或者管制，并处或者单处罚金。

有前款行为，同时构成其他犯罪的，依照处罚较重的规定定罪处罚。

【刑法修正说明】

本条为全国人大常委会 2015 年 8 月 29 日通过并公布、同年 11 月 1 日施行的《刑法修正案（九）》第 23 条所增设。

【罪名渊源】 本条系《刑法修正案（九）》第 23 条增设，"两高"《罪名补充规定（六）》将其解释为使用虚假身份证件、盗用身份证件罪。

【司法文件】

280 - 1.1 最高人民法院、最高人民检察院、公安部关于办理电信网络诈骗等刑事案件适用法律若干问题的意见（二）（2021 年 6 月 17 日　法发〔2021〕22 号）（节录）

六（第二款）、使用伪造、变造的身份证件或者盗用他人身份证件办理手机卡、信用卡、银行账户、非银行支付账户，符合刑法第二百八十条之一第一款规定的，以使用虚假身份证件、盗用身份证件罪追究刑事责任。

（第三款）实施上述两款行为，同时构成其他犯罪的，依照处罚较重的规定定罪处罚。法律和司法解释另有规定的除外。

第二百八十条之二【冒名顶替罪】 盗用、冒用他人身份，顶替他人取得的高等学历教育入学资格、公务员录用资格、就业安置待遇的，处三年以下有期徒刑、拘役或者管制，并处罚金。

组织、指使他人实施前款行为的，依照前款的规定从重处罚。

国家工作人员有前两款行为，又构成其他犯罪的，依照数罪并罚的规定处罚。

【刑法修正说明】

本条为全国人大常委会 2020 年 12 月 26 日通过并公布、2021 年 3 月 1 日施行的《刑法修正案（十一）》第 32 条所增设。

【罪名渊源】本条系《刑法修正案（十一）》第32条增设，"两高"《罪名补充规定（七）》将其解释为冒名顶替罪。

第二百八十一条【非法生产、买卖警用装备罪】 非法生产、买卖人民警察制式服装、车辆号牌等专用标志、警械，情节严重的，处三年以下有期徒刑、拘役或者管制，并处或者单处罚金。

单位犯前款罪的，对单位判处罚金，并对其直接负责的主管人员和其他直接责任人员，依照前款的规定处罚。

【罪名渊源】本条系刑法吸收《人民警察法》第36条内容增设的罪名，79刑法、单行刑法均未规定。高法《罪名规定》、高检《罪名意见》将其解释为非法生产、买卖警用装备罪。

【立案标准】

281.1 最高人民检察院、公安部关于公安机关管辖的刑事案件立案追诉标准的规定（一）（2008年6月25日　公通字〔2008〕36号）（节录）

第三十五条　[非法生产、买卖警用装备案（刑法第二百八十一条）]非法生产、买卖人民警察制式服装、车辆号牌等专用标志、警械，涉嫌下列情形之一的，应予立案追诉：

（一）成套制式服装三十套以上，或者非成套制式服装一百件以上的；

（二）手铐、脚镣、警用抓捕网、警用催泪喷射器、警灯、警报器单种或者合计十件以上的；

（三）警棍五十根以上的；

（四）警衔、警号、胸章、臂章、帽徽等警用标志单种或者合计一百件以上的；

（五）警车号牌、省级以上公安机关专段民用车辆号牌一副以上，或者其他公安机关专段民用车辆号牌三副以上的；

（六）非法经营数额五千元以上，或者非法获利一千元以上的；

（七）被他人利用进行违法犯罪活动的；

（八）其他情节严重的情形。

第一百条　本规定中的立案追诉标准，除法律、司法解释另有规定的以外，适用于相关的单位犯罪。

【部委规范】

281.2 人民警察警徽使用管理规定（2000年3月27日　公安部令第48号）（节录）

第九条　对非法持有、使用、制作、仿造、伪造或者买卖警徽的，依照《中华人民共和国警察法》第三十六条的规定予以处罚；构成犯罪的，依照《中华人民共和国刑法》第二百八十一条的规定追究刑事责任。

【法律法规】

281.3 中华人民共和国人民警察法（1995年2月28日　2012年修正）（第36条）

第二百八十二条【非法获取国家秘密罪】 以窃取、刺探、收买方法，非法获取国家秘密的，处三年以下有期徒刑、拘役、管制或者剥夺政治权利；情节严重的，处三年以上七年以下有期徒刑。

【非法持有国家绝密、机密文件、资料、物品罪】 非法持有属于国家绝密、机密的文件、资料或者其他物品，拒不说明来源与用途的，处三年以下有期徒刑、拘役或者管制。

【罪名渊源】本条第1款系刑法增设的罪名，第2款系吸收《国家安全法》第29条内容增设的罪名，79刑法、单行刑法均未规定。高法《罪名规定》、高检《罪名意见》将其分别解释为非法获取国家秘密罪，非法持有国家绝密、机密文件、资料、物品罪。

【司法解释】

282.1 参见284-1.1 最高人民法院关于《中华人民共和国刑法修正案（九）》时间效力问题的解释（2015年11月1日　法释〔2015〕19号）

【部委规范】

　　282.2 科学技术保密规定（2015 年 11 月 16 日　科学技术部、国家保密局令第 16 号）（第 2 条、第 9—12 条、第 22 条）

【法律法规】

　　282.3 中华人民共和国保守国家秘密法（2010 年 10 月 1 日）（第 2 条、第 9—20 条）

　　282.4 中华人民共和国反间谍法（2014 年 11 月 1 日）（第 24 条、第 32 条）

　　282.5 中华人民共和国反间谍法实施细则（2017 年 11 月 22 日）（第 22—23 条）

　　282.6 中华人民共和国国防法（2021 年 1 月 1 日）（第 55 条第 3 款）

　　第二百八十三条【非法生产、销售专用间谍器材、窃听、窃照专用器材罪】 非法生产、销售专用间谍器材或者窃听、窃照专用器材的，处三年以下有期徒刑、拘役或者管制，并处或者单处罚金；情节严重的，处三年以上七年以下有期徒刑，并处罚金。

　　单位犯前款罪的，对单位判处罚金，并对其直接负责的主管人员和其他直接责任人员，依照前款的规定处罚。

【刑法修正说明】

　　本条为全国人大常委会 2015 年 8 月 29 日通过并公布、同年 11 月 1 日施行的《刑法修正案（九）》第 24 条所修正。原第 283 条为：

　　【非法生产、销售间谍专用器材罪】 非法生产、销售窃听、窃照等专用间谍器材的，处三年以下有期徒刑、拘役或者管制。

【罪名渊源】 本条系刑法增设，79 刑法、单行刑法均未规定。高法《罪名规定》、高检《罪名意见》将其解释为非法生产、销售间谍专用器材罪。《刑法修正案（九）》第 24 条改"窃听、窃照等专用间谍器材"为"专用间谍器材或者窃听、窃照专用器材"，并增设第 2 款。据此，"两高"《罪名补充规定（六）》取消非法生产、销售间谍专用器材罪罪名，代之以非法生产、销售专用间谍器材、窃听、窃照专用器材罪。

【司法解释】

　　283.1 参见 284－1.1 最高人民法院关于《中华人民共和国刑法修正案（九）》时间效力问题的解释（2015 年 11 月 1 日　法释〔2015〕19 号）

【法律法规】

　　283.2 中华人民共和国反间谍法（2014 年 11 月 1 日）（第 25 条、第 32 条）

　　283.3 中华人民共和国反间谍法实施细则（2017 年 11 月 22 日）（第 18 条）

　　第二百八十四条【非法使用窃听、窃照专用器材罪】 非法使用窃听、窃照专用器材，造成严重后果的，处二年以下有期徒刑、拘役或者管制。

　　【罪名渊源】 本条系刑法增设，79 刑法和单行刑法均未规定。高法《罪名规定》、高检《罪名意见》将其解释为非法使用窃听、窃照专用器材罪。

　　第二百八十四条之一【组织考试作弊罪】 在法律规定的国家考试中，组织作弊的，处三年以下有期徒刑或者拘役，并处或者单处罚金；情节严重的，处三年以上七年以下有期徒刑，并处罚金。

　　为他人实施前款犯罪提供作弊器材或者其他帮助的，依照前款的规定处罚。

　　【非法出售、提供试题、答案罪】 为实施考试作弊行为，向他人非法出售或者提供第一款规定的考试的试题、答案的，依照第一款的规定处罚。

　　【代替考试罪】 代替他人或者让他人代替自己参加第一款规定的考试的，处拘役或者管制，并处或者单处罚金。

【刑法修正说明】

本条为全国人大常委会 2015 年 8 月 29 日通过并公布、同年 11 月 1 日施行的《刑法修正案（九）》第 25 条所增设。

【罪名渊源】 本条系《刑法修正案（九）》第 25 条增设。"两高"《罪名补充规定（六）》将第 1、2 款解释为组织考试作弊罪，将第 3 款解释为非法出售、提供试题、答案罪，将第 4 款解释为代替考试罪。

【司法解释】

284 - 1.1 最高人民法院关于《中华人民共和国刑法修正案（九）》时间效力问题的解释（2015 年 11 月 1 日　法释〔2015〕19 号）（节录）

第六条　对于 2015 年 10 月 31 日以前组织考试作弊，为他人组织考试作弊提供作弊器材或者其他帮助，以及非法向他人出售或者提供考试试题、答案，根据修正前刑法应当以非法获取国家秘密罪、非法生产、销售间谍专用器材罪或者故意泄露国家秘密罪等追究刑事责任的，适用修正前刑法的有关规定。但是，根据修正后刑法第二百八十四条之一的规定处刑较轻的，适用修正后刑法的有关规定。

第二百八十五条【非法侵入计算机信息系统罪】违反国家规定，侵入国家事务、国防建设、尖端科学技术领域的计算机信息系统的，处三年以下有期徒刑或者拘役。

【非法获取计算机信息系统数据、非法控制计算机信息系统罪】违反国家规定，侵入前款规定以外的计算机信息系统或者采用其他技术手段，获取该计算机信息系统中存储、处理或者传输的数据，或者对该计算机信息系统实施非法控制，情节严重的，处三年以下有期徒刑或者拘役，并处或者单处罚金；情节特别严重的，处三年以上七年以下有期徒刑，并处罚金。

【提供侵入、非法控制计算机信息系统程序、工具罪】提供专门用于侵入、非法控制计算机信息系统的程序、工具，或者明知他人实施侵入、非法控制计算机信息系统的违法犯罪行为而为其提供程序、工具，情节严重的，依照前款的规定处罚。

单位犯前三款罪的，对单位判处罚金，并对其直接负责的主管人员和其他直接责任人员，依照各该款的规定处罚。

【刑法第一次修正说明】

本条第 2、3 款为全国人大常委会 2009 年 2 月 28 日通过并公布施行的《刑法修正案（七）》第 9 条所增设。原第 285 条为：

【非法侵入计算机信息系统罪】 违反国家规定，侵入国家事务、国防建设、尖端科学技术领域的计算机信息系统的，处三年以下有期徒刑或者拘役。

【刑法第二次修正说明】

本条第 4 款为全国人大常委会 2015 年 8 月 29 日通过并公布、同年 11 月 1 日施行的《刑法修正案（九）》第 26 条所增设。

【罪名渊源】 本条第 1 款系刑法增设的罪名，79 刑法、单行刑法均未规定。高法《罪名规定》、高检《罪名意见》将其解释为非法侵入计算机信息系统罪。《刑法修正案（七）》第 9 条对第 1 款作了修正，并增设第 2、3 款内容。"两高"《罪名补充规定（四）》将第 2—3 款分别解释为非法获取计算机信息系统数据、非法控制计算机信息系统罪，提供侵入、非法控制计算机信息系统程序、工具罪。《刑法修正案（九）》第 26 条增设第 4 款。

【罪刑标准】

285.1 最高人民法院、最高人民检察院关于办理危害计算机信息系统安全刑事案件应用法律若干问题的解释（2011 年 9 月 1 日 法释〔2011〕19 号）（节录）

第一条 非法获取计算机信息系统数据或者非法控制计算机信息系统，具有下列情形之一的，应当认定为刑法第二百八十五条第二款规定的"情节严重"：

（一）获取支付结算、证券交易、期货交易等网络金融服务的身份认证信息十组以上的；

（二）获取第（一）项以外的身份认证信息五百组以上的；

（三）非法控制计算机信息系统二十台以上的；

（四）违法所得五千元以上或者造成经济损失一万元以上的；

（五）其他情节严重的情形。

实施前款规定行为，具有下列情形之一的，应当认定为刑法第二百八十五条第二款规定的"情节特别严重"：

（一）数量或者数额达到前款第（一）项至第（四）项规定标准五倍以上的；

（二）其他情节特别严重的情形。

明知是他人非法控制的计算机信息系统，而对该计算机信息系统的控制权加以利用的，依照前两款的规定定罪处罚。

第二条 具有下列情形之一的程序、工具，应当认定为刑法第二百八十五条第三款规定的"专门用于侵入、非法控制计算机信息系统的程序、工具"：

（一）具有避开或者突破计算机信息系统安全保护措施，未经授权或者超越授权获取计算机信息系统数据的功能的；

（二）具有避开或者突破计算机信息系统安全保护措施，未经授权或者超越授权对计算机信息系统实施控制的功能的；

（三）其他专门设计用于侵入、非法控制计算机信息系统、非法获取计算机信息系统数据的程序、工具。

第三条 提供侵入、非法控制计算机信息系统的程序、工具，具有下列情形之一的，应当认定为刑法第二百八十五条第三款规定的"情节严重"：

（一）提供能够用于非法获取支付结算、证券交易、期货交易等网络金融服务身份认证信息的专门性程序、工具五人次以上的；

（二）提供第（一）项以外的专门用于侵入、非法控制计算机信息系统的程序、工具二十人次以上的；

（三）明知他人实施非法获取支付结算、证券交易、期货交易等网络金融服务身份认证信息的违法犯罪行为而为其提供程序、工具五人次以上的；

（四）明知他人实施第（三）项以外的侵入、非法控制计算机信息系统的违法犯罪行为而为其提供程序、工具二十人次以上的；

（五）违法所得五千元以上或者造成经济损失一万元以上的；

（六）其他情节严重的情形。

实施前款规定行为，具有下列情形之一的，应当认定为提供侵入、非法控制计算机信息系统的程序、工具"情节特别严重"：

（一）数量或者数额达到前款第（一）项至第（五）项规定标准五倍以上的；

（二）其他情节特别严重的情形。

第八条 以单位名义或者单位形式实施危害计算机信息系统安全犯罪，达到本解释规定的定罪量刑标准的，应当依照刑法第二百八十五条、第二百八十六条的规定追究直接负责的主管人员和其他直接责任人员的刑事责任。

第九条 明知他人实施刑法第二百八十五条、第二百八十六条规定的行为，具有下列情形之一的，应当认定为共同犯罪，依照刑法第二百八十五条、第二百八十六条的规定处罚：

（一）为其提供用于破坏计算机信息系统功能、数据或者应用程序的程序、工具，违法所得五千元以上或者提供十人次以上的；

（二）为其提供互联网接入、服务器托管、网络存储空间、通讯传输通道、费用结算、交易服务、广告服务、技术培训、技术支持等帮助，违法所得五千元以上的；

（三）通过委托推广软件、投放广告等方式向其提供资金五千元以上的。

实施前款规定行为，数量或者数额达到前款规定标准五倍以上的，应当认定为刑法第二百八十五条、第二百八十六条规定的"情节特别严重"或者"后果特别严重"。

第十条 对于是否属于刑法第二百八十五条、第二百八十六条规定的"国家事务、国防建设、尖端科学技术领域的计算机信息系统"、"专门用于侵入、非法控制计算机信息系统的程序、工具"、"计算机病毒等破坏性程序"难以确定的，应当委托省级以上负责计算机信息系统安全保护管理工作的部门检验。司法机关根据检验结论，并结合案件具体情况认定。

第十一条 本解释所称"计算机信息系统"和"计算机系统"，是指具备自动处理数据功能的系统，包括计算机、网络设备、通信设备、自动化控制设备等。

本解释所称"身份认证信息"，是指用于确认用户在计算机信息系统上操作权限的数据，包括账号、口令、密码、数字证书等。

本解释所称"经济损失"，包括危害计算机信息系统犯罪行为给用户直接造成的经济损失，以及用户为恢复数据、功能而支出的必要费用。

【司法解释】

285.2 最高人民法院关于审理危害军事通信刑事案件具体应用法律若干问题的解释（2007年6月29日 法释〔2007〕13号）（节录）

第六条（第三款） 违反国家规定，侵入国防建设、尖端科学技术领域的军事通信计算机信息系统，尚未对军事通信造成破坏的，依照刑法第二百八十五条的规定定罪处罚；对军事通信造成破坏，同时构成刑法第二百八十五条、第二百八十六条、第三百六十九条第一款规定的犯罪的，依照处罚较重的规定定罪处罚。

285.3 最高人民法院、最高人民检察院、公安部关于办理刑事案件收集提取和审查判断电子数据若干问题的规定（2016年10月1日 法发〔2016〕22号）（节录）

第十九条 对侵入、非法控制计算机信息系统的程序、工具以及计算机病毒等无法直接展示的电子数据，应当附电子数据属性、功能等情况的说明。

对数据统计量、数据同一性等问题，侦查机关应当出具说明。

【司法文件】

285.4 参见253-1.4检察机关办理侵犯公民个人信息案件指引（2018年11月9日 高检发侦监字〔2018〕13号）〔二（五）第3款〕

285.5 最高人民法院、最高人民检察院、公安部关于办理信息网络犯罪案件适用刑事诉讼程序若干问题的意见（2022年9月1日 法发〔2022〕23号）

为依法惩治信息网络犯罪活动，根据《中华人民共和国刑法》《中华人民共和国刑事诉讼法》以及有关法律、司法解释的规定，结合侦查、起诉、审判实践，现就办理此类案件适用刑事诉讼程序问题提出以下意见。

一、关于信息网络犯罪案件的范围

1. 本意见所称信息网络犯罪案件包括：

（1）危害计算机信息系统安全犯罪案件；

（2）拒不履行信息网络安全管理义务、非法利用信息网络、帮助信息网络犯罪活动的犯罪案件；

（3）主要行为通过信息网络实施的诈骗、赌博、侵犯公民个人信息等其他犯罪案件。

二、关于信息网络犯罪案件的管辖

2. 信息网络犯罪案件由犯罪地公安机关立案侦查。必要时，可以由犯罪嫌疑人居住地公安机关立案侦查。

信息网络犯罪案件的犯罪地包括用于实施犯罪行为的网络服务使用的服务器所在地，网络服务提供者所在地，被侵害的信息网络系统及其管理者所在地，犯罪过程中犯罪嫌疑人、被害人或者其他涉案人员使用的信息网络系统所在地，被害人被侵害时所在地以及被害人财产遭受损失地等。

涉及多个环节的信息网络犯罪案件，犯罪嫌疑人为信息网络犯罪提供帮助的，其犯罪地、居住地或者被帮助对象的犯罪地公安机关可以立案侦查。

3. 有多个犯罪地的信息网络犯罪案件，由最初受理的公安机关或者主要犯罪地公安机关立案侦查。有争议的，按照有利于查清犯罪事实、有利于诉讼的原则，协商解决；经协商无法达成一致的，由共同上级公安机关指定有关公安机关立案侦查。需要提请批准逮捕、移送审查起诉、提起公诉的，由立案侦查的公安机关所在地的人民检察院、人民法院受理。

4. 具有下列情形之一的，公安机关、人民检察院、人民法院可以在其职责范围内并案处理：

（1）一人犯数罪的；

（2）共同犯罪的；

（3）共同犯罪的犯罪嫌疑人、被告人还实施其他犯罪的；

（4）多个犯罪嫌疑人、被告人实施的犯罪行为存在关联，并案处理有利于查明全部案件事实的。

对为信息网络犯罪提供程序开发、互联网接入、服务器托管、网络存储、通讯传输等技术支持，或者广告推广、支付结算等帮助，涉嫌犯罪的，可以依照第一款的规定并案侦查。

有关公安机关依照前两款规定并案侦查的案件，需要提请批准逮捕、移送审查起诉、提起公诉的，由该公安机关所在地的人民检察院、人民法院受理。

5. 并案侦查的共同犯罪或者关联犯罪案件，犯罪嫌疑人人数众多、案情复杂的，公安机关可以分案移送审查起诉。分案移送审查起诉的，应当对并案侦查的依据、分案移送审查起诉的理由作出说明。

对于前款规定的案件，人民检察院可以分案提起公诉，人民法院可以分案审理。

分案处理应当以有利于保障诉讼质量和效率为前提，并不得影响当事人质证权等诉讼权利的行使。

6. 依照前条规定分案处理，公安机关、人民检察院、人民法院在分案前有管辖权的，分案后对相关案件的管辖权不受影响。根据具体情况，分案处理的相关案件可以由不同审级的人民法院分别审理。

7. 对于共同犯罪或者已并案侦查的关联犯罪案件，部分犯罪嫌疑人未到案，但不影响对已到案共同犯罪或者关联犯罪的犯罪嫌疑人、被告人的犯罪事实认定的，可以先行追究已到案犯罪嫌疑人、被告人的刑事责任。之前未到案的犯罪嫌疑人、被告人归案后，可以由原办案机关所在地公安机关、人民检察院、人民法院管辖其所涉及的案件。

8. 对于具有特殊情况，跨省（自治区、直辖市）指定异地公安机关侦查更有利于查清犯罪事实、保证案件公正处理的重大信息网络犯罪案件，以及在境外实施的信息网络犯罪案件，公安部可以商最高人民检察院和最高人民法院指定侦查管辖。

9. 人民检察院对于审查起诉的案件，按照刑事诉讼法的管辖规定，认为应当由上级人民检察院或者同级其他人民检察院起诉的，应当将案件移送有管辖权的人民检察院，并通知移送起诉的公安机关。人民检察院认为需要依照刑事诉讼法的规定指定审判管辖的，应当协商同级人民法院办理指定管辖有关事宜。

10. 犯罪嫌疑人被多个公安机关立案侦查的，有关公安机关一般应当协商并案处理，并依法移送案件。协商不成的，可以报请共同上级公安机关指定管辖。

人民检察院对于审查起诉的案件，发现犯罪嫌疑人还有犯罪被异地公安机关立案侦查的，应当通知移送审查起诉的公安机关。

人民法院对于提起公诉的案件，发现被告人还有其他犯罪被审查起诉、立案侦查的，可以协商人民检察院、公安机关并案处理，但可能造成审判过分迟延的除外。决定对有关犯罪并案处理，符合《中华人民共和国刑事诉讼法》第二百零四条规定的，人民检察院可以建议人民法院延期审理。

三、关于信息网络犯罪案件的调查核实

11. 公安机关对接受的案件或者发现的犯罪线索，在审查中发现案件事实或者线索不明，需要经过调查才能够确认是否达到刑事立案标准的，经公安机关办案部门负责人批准，可以进行调查核实；经过调查核实达到刑事立案标准的，应当及时立案。

12. 调查核实过程中，可以采取询问、查询、勘验、检查、鉴定、调取证据材料等不限制被调查对象人身、财产权利的措施，不得对被调查对象采取强制措施，不得查封、扣押、冻结被调查对象的财产，不得采取技术侦查措施。

13. 公安机关在调查核实过程中依法收集的电子数据等材料，可以根据有关规定作为证据使用。

调查核实过程中收集的材料作为证据使用的，应当随案移送，并附批准调查核实的相关材料。

调查核实过程中收集的证据材料经查证属实，且收集程序符合有关要求的，可以作为定案依据。

四、关于信息网络犯罪案件的取证

14. 公安机关向网络服务提供者调取电子数据的，应当制作调取证据通知书，注明需要调取的电子数据的相关信息。调取证据通知书及相关法律文书可以采用数据电文形式。跨地域调取电子数据的，可以通过公安机关信息化系统传输相关数据电文。

网络服务提供者向公安机关提供电子数据的，可以采用数据电文形式。采用数据电文形式提供电子数据的，应当保证电子数据的完整性，并制作电子证明文件，载明调证法律文书编号、单位电子公章、完整性校验值等保护电子数据完整性方法的说明等信息。

数据电文形式的法律文书和电子证明文件，应当使用电子签名、数字水印等方式保证完整性。

15. 询（讯）问异地证人、被害人以及与案件有关联的犯罪嫌疑人的，可以由办案地公安机关通过远程网络视频等方式进行并制作笔录。

远程询（讯）问的，应当由协作地公安机关事先核实被询（讯）问人的身份。办案地公安机关应当将询（讯）问笔录传输至协作地公安机关。询（讯）问笔录经被询（讯）问人确认并逐页签名、捺指印后，由协作地公安机关协作人员签名或者盖章，并将原件提供给办案地公安机关。询（讯）问人员收到笔录后，应当在首页右上方写明"于某年某月某日收到"，并签名或者盖章。

远程询（讯）问的，应当对询（讯）问过程同步录音录像，并随案移送。

异地证人、被害人以及与案件有关联的犯罪嫌疑人亲笔书写证词、供词的，参照执行本条第二款规定。

16. 人民检察院依法自行侦查、补充侦查，或者人民法院调查核实相关证据的，适用本意见第14条、第15条的有关规定。

17. 对于依照本意见第14条的规定调取的电子数据，人民检察院、人民法院可以通过核验电子签名、数字水印、电子数据完整性校验值及调证法律文书编号是否与证明文件相一致等方式，对电子数据进行审查判断。

对调取的电子数据有疑问的，由公安机关、提供电子数据的网络服务提供者作出说明，或者由原调取机关补充收集相关证据。

五、关于信息网络犯罪案件的其他问题

18. 采取技术侦查措施收集的材料作为证据使用的，应当随案移送，并附采取技术侦查措施的法律文书、证据材料清单和有关说明材料。

移送采取技术侦查措施收集的视听资料、电子数据的，应当由两名以上侦查人员制作复制件，并附制作说明，写明原始证据材料、原始存储介质的存放地点等信息，由制作人签名，并加盖单位印章。

19. 采取技术侦查措施收集的证据材料，应当经过当庭出示、辨认、质证等法庭调查程序查证。

当庭调查技术侦查证据材料可能危及有关人员的人身安全，或者可能产生其他严重后果的，法庭应当采取不暴露有关人员身份和技术侦查措施使用的技术设备、技术方法等保护措施。必要时，审判人员可以在庭外对证据进行核实。

20. 办理信息网络犯罪案件，对于数量特别众多且具有同类性质、特征或者功能的物证、书证、证人证言、被害人陈述、视听资料、电子数据等证据材料，确因客观条件限制无法逐一收集的，应当按照一定比例或者数量选取证据，并对选取情况作出说明和论证。

人民检察院、人民法院应当重点审查取证方法、过程是否科学。经审查认为取证不科学的，应当由原取证机关作出补充说明或者重新取证。

人民检察院、人民法院应当结合其他证据材料，以及犯罪嫌疑人、被告人及其辩护人所提辩解、辩护意见，审查认定取得的证据。经审查，对相关事实不能排除合理怀疑的，应当作出有利于犯罪嫌疑人、被告人的认定。

21. 对于涉案人数特别众多的信息网络犯罪案件，确因客观条件限制无法收集证据逐一证明、逐人核实涉案账户的资金来源，但根据银行账户、非银行支付账户等交易记录和其他证据材料，足以认定有关账户主要用于接收、流转涉案资金的，可以按照该账户接收的资金数额认定犯罪数额，但犯罪嫌疑人、被告人能够作出合理说明的除外。案外人提出异议的，应当依法审查。

22. 办理信息网络犯罪案件，应当依法及时查封、扣押、冻结涉案财物，督促涉案人员退赃退赔，及时追赃挽损。

公安机关应当全面收集证明涉案财物性质、权属情况、依法应予追缴、没收或者责令退赔的证据材料，在移送审查起诉时随案移送并作出说明。其中，涉案财物需要返还被害人的，应当尽可能查明被害人损失情况。人民检察院应当对涉案财物的证据材料进行审查，在提起公诉时提出处理意见。人民法院应当依法作出判决，对涉案财物作出处理。

对应当返还被害人的合法财产，权属明确的，应当依法及时返还；权属不明的，应当在人民法院判决、裁定生效后，按比例返还被害人，但已获退赔的部分应予扣除。

23. 本意见自2022年9月1日起施行。《最高人民法院、最高人民检察院、公安部关于办理网络犯罪案件适用刑事诉讼程序若干问题的意见》（公通字〔2014〕10号）同时废止。

【部委规范】

285.6 公安部关于计算机犯罪案件管辖分工问题的通知（2000年7月25日 公通字〔2000〕63号）

各省、自治区、直辖市公安厅、局，新疆生产建设兵团公安局：

随着计算机及信息网络技术的迅速发展，非法侵入计算机信息系统，破坏计算机信息系统功能或数据，制作、传播计算机病毒以及利用计算机信息系统从事危害国家安全、泄露国家秘密等刑事案件大幅度上升，对我国社会稳定、经济建设和信息化发展的危害越来越大。为充分发挥公安机关公共信息网络安全监察部门的职能作用和技术、人才、管理上的优势，更加及时、有效地打击和预防计算机犯罪活动，公安部决定将《刑法》规定的非法侵入计算机信息系统案（第285条）和破坏计算机信息系统案（第286条）交由部公共信息网络安全监察局管辖。在有条件的省级以下公安机关，上述案件交由公共信息网络安全监察部门管辖，刑事侦查部门应予以配合和支持；公共信息网络安全监察部门暂不具备接受上述案件条件的，仍由刑事侦查部门管辖，公共信息网络安全监察部门应积极协助、配合。

各地在执行中遇到的问题，请及时报部。

【法律法规】

285.7 中华人民共和国计算机信息系统安全保护条例（1994年2月18日 2011年修订）（第2条、第7条、第20条、第24条）

285.8 计算机信息网络国际联网安全保护管理办法（1997年12月30日 2011年国务院令第588号修订）（第4—10条、第20条）

285.9 全国人民代表大会常务委员会关于维护互联网安全的决定（2000年12月28日 2009年修正）（第1条第1项）

第二百八十六条【破坏计算机信息系统罪】违反国家规定，对计算机信息系统功能进行删除、修改、增加、干扰，造成计算机信息系统不能正常运行，后果严重的，处五年以下有期徒刑或者拘役；后果特别严重的，处五年以上有期徒刑。

违反国家规定，对计算机信息系统中存储、处理或者传输的数据和应用程序进行删除、修改、增加的操作，后果严重的，依照前款的规定处罚。

故意制作、传播计算机病毒等破坏性程序，影响计算机系统正常运行，后果严重的，依照第一款的规定处罚。

单位犯前三款罪的，对单位判处罚金，并对其直接负责的主管人员和其他直接责任人员，依照第一款的规定处罚。

【刑法修正说明】

本条第 4 款为全国人大常委会 2015 年 8 月 29 日通过并公布、同年 11 月 1 日施行的《刑法修正案（九）》第 27 条所增设。

【罪名渊源】本条系刑法增设，79 刑法、单行刑法均未规定。高法《罪名规定》、高检《罪名意见》将其解释为破坏计算机信息系统罪。《刑法修正案（九）》第 27 条增设第 4 款。

【罪刑标准】

286.1 最高人民法院、最高人民检察院关于办理危害计算机信息系统安全刑事案件应用法律若干问题的解释（2011 年 9 月 1 日　法释〔2011〕19 号）（节录）

第四条　破坏计算机信息系统功能、数据或者应用程序，具有下列情形之一的，应当认定为刑法第二百八十六条第一款和第二款规定的"后果严重"：

（一）造成十台以上计算机信息系统的主要软件或者硬件不能正常运行的；

（二）对二十台以上计算机信息系统中存储、处理或者传输的数据进行删除、修改、增加操作的；

（三）违法所得五千元以上或者造成经济损失一万元以上的；

（四）造成为一百台以上计算机信息系统提供域名解析、身份认证、计费等基础服务或者为一万以上用户提供服务的计算机信息系统不能正常运行累计一小时以上的；

（五）造成其他严重后果的。

实施前款规定行为，具有下列情形之一的，应当认定为破坏计算机信息系统"后果特别严重"：

（一）数量或者数额达到前款第（一）项至第（三）项规定标准五倍以上的；

（二）造成为五百台以上计算机信息系统提供域名解析、身份认证、计费等基础服务或者为五万以上用户提供服务的计算机信息系统不能正常运行累计一小时以上的；

（三）破坏国家机关或者金融、电信、交通、教育、医疗、能源等领域提供公共服务的计算机信息系统的功能、数据或者应用程序，致使生产、生活受到严重影响或者造成恶劣社会影响的；

（四）造成其他特别严重后果的。

第五条　具有下列情形之一的程序，应当认定为刑法第二百八十六条第三款规定的"计算机病毒等破坏性程序"：

（一）能够通过网络、存储介质、文件等媒介，将自身的部分、全部或者变种进行复制、传播，并破坏计算机系统功能、数据或者应用程序的；

（二）能够在预先设定条件下自动触发，并破坏计算机系统功能、数据或者应用程序的；

（三）其他专门设计用于破坏计算机系统功能、数据或者应用程序的程序。

第六条　故意制作、传播计算机病毒等破坏性程序，影响计算机系统正常运行，具有下列情形之一的，应当认定为刑法第二百八十六条第三款规定的"后果严重"：

（一）制作、提供、传输第五条第（一）项规定的程序，导致该程序通过网络、存储介质、文件等媒介传播的；

（二）造成二十台以上计算机系统被植入第五条第（二）、（三）项规定的程序的；

（三）提供计算机病毒等破坏性程序十人次以上的；

（四）违法所得五千元以上或者造成经济损失一万元以上的；

（五）造成其他严重后果的。

实施前款规定行为，具有下列情形之一的，应当认定为破坏计算机信息系统"后果特别严重"：

（一）制作、提供、传输第五条第（一）项规定的程序，导致该程序通过网络、存储介质、文件等媒介传播，致使生产、生活受到严重影响或者造成恶劣社会影响的；

（二）数量或者数额达到前款第（二）项至第（四）项规定标准五倍以上的；

（三）造成其他特别严重后果的。

【说明】 单位犯罪、共犯、检验等内容，参见285.1本解释第8—11条。

【司法解释】

286.2 参见285.2 最高人民法院关于审理危害军事通信刑事案件具体应用法律若干问题的解释（2007年6月29日 法释〔2007〕13号）

286.3 最高人民法院、最高人民检察院关于办理环境污染刑事案件适用法律若干问题的解释（2017年1月1日 法释〔2016〕29号）（节录）

第十条 违反国家规定，针对环境质量监测系统实施下列行为，或者强令、指使、授意他人实施下列行为的，应当依照刑法第二百八十六条的规定，以破坏计算机信息系统罪论处：

（一）修改参数或者监测数据的；

（二）干扰采样，致使监测数据严重失真的；

（三）其他破坏环境质量监测系统的行为。

重点排污单位篡改、伪造自动监测数据或者干扰自动监测设施，排放化学需氧量、氨氮、二氧化硫、氮氧化物等污染物，同时构成污染环境罪和破坏计算机信息系统罪的，依照处罚较重的规定定罪处罚。

从事环境监测设施维护、运营的人员实施或者参与实施篡改、伪造自动监测数据、干扰自动监测设施、破坏环境质量监测系统等行为的，应当从重处罚。

第十一条 单位实施本解释规定的犯罪的，依照本解释规定的定罪量刑标准，对直接负责的主管人员和其他直接责任人员定罪处罚，并对单位判处罚金。

【司法文件】

286.4 参见285.5 最高人民法院、最高人民检察院、公安部关于办理信息网络犯罪案件适用刑事诉讼程序若干问题的意见（2022年9月1日 法发〔2022〕23号）

【部委规范】

286.5 公安部关于对破坏未联网的微型计算机信息系统是否适用《刑法》第286条的请示的批复（1998年11月25日 公复字〔1998〕7号）

吉林省公安厅：

你厅《关于"破坏未联网计算机财务系统程序和数据的行为是否适用〈刑法〉第286条故意破坏计算机信息系统数据应有程序罪"的请示》收悉，现批复如下：

《刑法》第286条中的"违反国家规定"是指包括《中华人民共和国计算机信息系统安全保护条例》（以下简称《条例》）在内的有关行政法规、部门规章的规定。《条例》第5条第2款规定的"未联网的微型计算机的安全保护办法，另行规定"，主要是考虑到未联入网络的单台微型计算机系统所处环境和使用情况比较复杂，且基本无安全功能，需针对这些特点另外制定相应的安全管理措施。然而，未联网的计算机信息系统也属计算机信息系统，《条例》第 2、3、7 条的安全保护原则、规定，对未联网的微型计算机系统完全适用。因此破坏未联网的微型计算机系统适用《刑法》第 286 条。

286.6 参见 285.6 公安部关于计算机犯罪案件管辖分工问题的通知（2000 年 7 月 25 日　公通字〔2000〕63 号）

【法律法规】

286.7 中华人民共和国计算机信息系统安全保护条例（1994 年 2 月 18 日　2011 年修订）（第 2 条、第 7 条、第 20 条、第 24 条）

286.8 计算机信息网络国际联网安全保护管理办法（1997 年 12 月 30 日　2011 年国务院令第588 号修订）（第 4—10 条、第 20 条）

286.9 全国人民代表大会常务委员会关于维护互联网安全的决定（2000 年 12 月 28 日　2009 年修正）（第 1 条第 2—3 项）

第二百八十六条之一【拒不履行信息网络安全管理义务罪】网络服务提供者不履行法律、行政法规规定的信息网络安全管理义务，经监管部门责令采取改正措施而拒不改正，有下列情形之一的，处三年以下有期徒刑、拘役或者管制，并处或者单处罚金：

（一）致使违法信息大量传播的；

（二）致使用户信息泄露，造成严重后果的；

（三）致使刑事案件证据灭失，情节严重的；

（四）有其他严重情节的。

单位犯前款罪的，对单位判处罚金，并对其直接负责的主管人员和其他直接责任人员，依照前款的规定处罚。

有前两款行为，同时构成其他犯罪的，依照处罚较重的规定定罪处罚。

【刑法修正说明】

本条为全国人大常委会 2015 年 8 月 29 日通过并公布、同年 11 月 1 日施行的《刑法修正案（九）》第 28 条所增设。

【罪名渊源】本条系《刑法修正案（九）》第 28 条增设，"两高"《罪名补充规定（六）》将其解释为拒不履行信息网络安全管理义务罪。

【罪刑标准】

286 - 1.1 最高人民法院、最高人民检察院关于办理非法利用信息网络、帮助信息网络犯罪活动等刑事案件适用法律若干问题的解释（2019 年 11 月 1 日　法释〔2019〕15 号）（节录）

第一条　提供下列服务的单位和个人，应当认定为刑法第二百八十六条之一第一款规定的"网络服务提供者"：

（一）网络接入、域名注册解析等信息网络接入、计算、存储、传输服务；

（二）信息发布、搜索引擎、即时通讯、网络支付、网络预约、网络购物、网络游戏、网络直播、网站建设、安全防护、广告推广、应用商店等信息网络应用服务；

（三）利用信息网络提供的电子政务、通信、能源、交通、水利、金融、教育、医疗等公共服务。

第二条　刑法第二百八十六条之一第一款规定的"监管部门责令采取改正措施"，是指网信、电信、公安等依照法律、行政法规的规定承担信息网络安全监管职责的部门，以责令整改通知书或者其他文书形式，责令网络服务提供者采取改正措施。

认定"经监管部门责令采取改正措施而拒不改正"，应当综合考虑监管部门责令改正是否具有法律、行政法规依据，改正措施及期限要求是否明确、合理，网络服务提供者是否具有按照要求采取改正措施的能力等因素进行判断。

第三条　拒不履行信息网络安全管理义务，具有下列情形之一的，应当认定为刑法第二百八十六条之一第一款第一项规定的"致使违法信息大量传播"：

（一）致使传播违法视频文件二百个以上的；

（二）致使传播违法视频文件以外的其他违法信息二千个以上的；

（三）致使传播违法信息，数量虽未达到第一项、第二项规定标准，但是按相应比例折算合计达到有关数量标准的；

（四）致使向二千个以上用户账号传播违法信息的；

（五）致使利用群组成员账号数累计三千以上的通讯群组或者关注人员账号数累计三万以上的社交网络传播违法信息的；

（六）致使违法信息实际被点击数达到五万以上的；

（七）其他致使违法信息大量传播的情形。

第四条　拒不履行信息网络安全管理义务，致使用户信息泄露，具有下列情形之一的，应当认定为刑法第二百八十六条之一第一款第二项规定的"造成严重后果"：

（一）致使泄露行踪轨迹信息、通信内容、征信信息、财产信息五百条以上的；

（二）致使泄露住宿信息、通信记录、健康生理信息、交易信息等其他可能影响人身、财产安全的用户信息五千条以上的；

（三）致使泄露第一项、第二项规定以外的用户信息五万条以上的；

（四）数量虽未达到第一项至第三项规定标准，但是按相应比例折算合计达到有关数量标准的；

（五）造成他人死亡、重伤、精神失常或者被绑架等严重后果的；

（六）造成重大经济损失的；

（七）严重扰乱社会秩序的；

（八）造成其他严重后果的。

第五条　拒不履行信息网络安全管理义务，致使影响定罪量刑的刑事案件证据灭失，具有下列情形之一的，应当认定为刑法第二百八十六条之一第一款第三项规定的"情节严重"：

（一）造成危害国家安全犯罪、恐怖活动犯罪、黑社会性质组织犯罪、贪污贿赂犯罪案件的证据灭失的；

（二）造成可能判处五年有期徒刑以上刑罚犯罪案件的证据灭失的；

（三）多次造成刑事案件证据灭失的；

（四）致使刑事诉讼程序受到严重影响的；

（五）其他情节严重的情形。

第六条　拒不履行信息网络安全管理义务，具有下列情形之一的，应当认定为刑法第二百八十六条之一第一款第四项规定的"有其他严重情节"：

（一）对绝大多数用户日志未留存或者未落实真实身份信息认证义务的；

（二）二年内经多次责令改正拒不改正的；

（三）致使信息网络服务被主要用于违法犯罪的；

（四）致使信息网络服务、网络设施被用于实施网络攻击，严重影响生产、生活的；

（五）致使信息网络服务被用于实施危害国家安全犯罪、恐怖活动犯罪、黑社会性质组织犯罪、贪污贿赂犯罪或者其他重大犯罪的；

（六）致使国家机关或者通信、能源、交通、水利、金融、教育、医疗等领域提供公共服务的信息网络受到破坏，严重影响生产、生活的；

（七）其他严重违反信息网络安全管理义务的情形。

第十四条　单位实施本解释规定的犯罪的，依照本解释规定的相应自然人犯罪的定罪量刑标准，对直接负责的主管人员和其他直接责任人员定罪处罚，并对单位判处罚金。

第十五条　综合考虑社会危害程度、认罪悔罪态度等情节，认为犯罪情节轻微的，可以不起诉或者免予刑事处罚；情节显著轻微危害不大的，不以犯罪论处。

第十六条　多次拒不履行信息网络安全管理义务、非法利用信息网络、帮助信息网络犯罪活动构成犯罪，依法应当追诉的，或者二年内多次实施前述行为未经处理的，数量或者数额累计计算。

第十七条　对于实施本解释规定的犯罪被判处刑罚的，可以根据犯罪情况和预防再犯罪的需要，依法宣告职业禁止；被判处管制、宣告缓刑的，可以根据犯罪情况，依法宣告禁止令。

第十八条　对于实施本解释规定的犯罪的，应当综合考虑犯罪的危害程度、违法所得数额以及被告人的前科情况、认罪悔罪态度等，依法判处罚金。

【司法解释】

286-1.2 最高人民法院、最高人民检察院关于办理侵犯公民个人信息刑事案件适用法律若干问题的解释（2017年6月1日　法释〔2017〕10号）（节录）

第九条　网络服务提供者拒不履行法律、行政法规规定的信息网络安全管理义务，经监管部门责令采取改正措施而拒不改正，致使用户的公民个人信息泄露，造成严重后果的，应当依照刑法第二百八十六条之一的规定，以拒不履行信息网络安全管理义务罪定罪处罚。

【司法文件】

286-1.3 最高人民法院、最高人民检察院、公安部关于办理电信网络诈骗等刑事案件适用法律若干问题的意见（2016年12月19日　法发〔2016〕32号）（节录）

三、全面惩处关联犯罪

（六）网络服务提供者不履行法律、行政法规规定的信息网络安全管理义务，经监管部门责令采取改正措施而拒不改正，致使诈骗信息大量传播，或者用户信息泄露造成严重后果的，依照刑法第二百八十六条之一的规定，以拒不履行信息网络安全管理义务罪追究刑事责任。同时构成诈骗罪的，依照处罚较重的规定定罪处罚。

286-1.4 参见285.5 最高人民法院、最高人民检察院、公安部关于办理信息网络犯罪案件适用刑事诉讼程序若干问题的意见（2022年9月1日　法发〔2022〕23号）

286-1.5 最高人民法院、最高人民检察院、公安部关于依法惩治网络暴力违法犯罪的指导意见（2023年9月20日　法发〔2023〕14号）（节录）

6.依法惩治拒不履行信息网络安全管理义务行为。网络服务提供者对于所发现的有关网络暴力违法犯罪的信息不依法履行信息网络安全管理义务，经监管部门责令采取改正措施而拒不改正，致使违法信息大量传播或者有其他严重情节，符合刑法第二百八十六条之一规定的，以拒不履行信息网络安全管理义务罪定罪处罚；依照刑法和司法解释规定，同时构成其他犯罪的，依照处罚较重的规定定罪处罚。

第二百八十七条【利用计算机实施相关犯罪的定性】 利用计算机实施金融诈骗、盗窃、贪污、挪用公款、窃取国家秘密或者其他犯罪的，依照本法有关规定定罪处罚。

【司法文件】

287.1 参见285.5 最高人民法院、最高人民检察院、公安部关于办理信息网络犯罪案件适用刑事诉讼程序若干问题的意见（2022年9月1日　法发〔2022〕23号）

【法律法规】

287.2 全国人民代表大会常务委员会关于维护互联网安全的决定（2000年12月28日　2009年修正）（第1—6条）

第二百八十七条之一【非法利用信息网络罪】 利用信息网络实施下列行为之一，情节严重的，处三年以下有期徒刑或者拘役，并处或者单处罚金：

（一）设立用于实施诈骗、传授犯罪方法、制作或者销售违禁物品、管制物品等违法犯罪活动的网站、通讯群组的；

（二）发布有关制作或者销售毒品、枪支、淫秽物品等违禁物品、管制物品或者其他违法犯罪信息的；

（三）为实施诈骗等违法犯罪活动发布信息的。

单位犯前款罪的，对单位判处罚金，并对其直接负责的主管人员和其他直接责任人员，依照第一款的规定处罚。

有前两款行为，同时构成其他犯罪的，依照处罚较重的规定定罪处罚。

【刑法修正说明】

本条为全国人大常委会 2015 年 8 月 29 日通过并公布、同年 11 月 1 日施行的《刑法修正案（九）》第 29 条所增设。

【罪名渊源】 本条系《刑法修正案（九）》第 29 条增设的罪名，刑法、79 刑法及单行刑法均未规定。"两高"《罪名补充规定（六）》将其解释为非法利用信息网络罪。

【罪刑标准】

287 - 1.1 最高人民法院、最高人民检察院关于办理非法利用信息网络、帮助信息网络犯罪活动等刑事案件适用法律若干问题的解释（2019 年 11 月 1 日 法释〔2019〕15 号）（节录）

第七条 刑法第二百八十七条之一规定的"违法犯罪"，包括犯罪行为和属于刑法分则规定的行为类型但尚未构成犯罪的违法行为。

第八条 以实施违法犯罪活动为目的而设立或者设立后主要用于实施违法犯罪活动的网站、通讯群组，应当认定为刑法第二百八十七条之一第一款第一项规定的"用于实施诈骗、传授犯罪方法、制作或者销售违禁物品、管制物品等违法犯罪活动的网站、通讯群组"。

第九条 利用信息网络提供信息的链接、截屏、二维码、访问账号密码及其他指引访问服务的，应当认定为刑法第二百八十七条之一第一款第二项、第三项规定的"发布信息"。

第十条 非法利用信息网络，具有下列情形之一的，应当认定为刑法第二百八十七条之一第一款规定的"情节严重"：

（一）假冒国家机关、金融机构名义，设立用于实施违法犯罪活动的网站的；

（二）设立用于实施违法犯罪活动的网站，数量达到三个以上或者注册账号数累计达到二千以上的；

（三）设立用于实施违法犯罪活动的通讯群组，数量达到五个以上或者群组成员账号数累计达到一千以上的；

（四）发布有关违法犯罪的信息或者为实施违法犯罪活动发布信息，具有下列情形之一的：

1. 在网站上发布有关信息一百条以上的；

2. 向二千个以上用户账号发送有关信息的；

3. 向群组成员数累计达到三千以上的通讯群组发送有关信息的；

4. 利用关注人员账号数累计达到三万以上的社交网络传播有关信息的；

（五）违法所得一万元以上的；

（六）二年内曾因非法利用信息网络、帮助信息网络犯罪活动、危害计算机信息系统安全受过行政处罚，又非法利用信息网络的；

（七）其他情节严重的情形。

【说明】 单位犯罪、犯罪金额计算、禁止令和罚金刑的适用，参见 286 - 1.1 本解释第 14 条以下。

【司法解释】

287 - 1.2 最高人民法院关于审理毒品犯罪案件适用法律若干问题的解释（2016 年 4 月 11 日法释〔2016〕8 号）（节录）

第十四条 利用信息网络，设立用于实施传授制造毒品、非法生产制毒物品的方法，贩卖毒品，非法买卖制毒物品或者组织他人吸食、注射毒品等违法犯罪活动的网站、通讯群组，或者发布实施前述违法犯罪活动的信息，情节严重的，应当依照刑法第二百八十七条之一的规定，以非法利用信息网络罪定罪处罚。

实施刑法第二百八十七条之一、第二百八十七条之二规定的行为，同时构成贩卖毒品罪、非法买卖制毒物品罪、传授犯罪方法罪等犯罪的，依照处罚较重的规定定罪处罚。

287 - 1.3 最高人民法院、最高人民检察院关于办理侵犯公民个人信息刑事案件适用法律若干问题的解释（2017 年 6 月 1 日　法释〔2017〕10 号）（节录）

第八条　设立用于实施非法获取、出售或者提供公民个人信息违法犯罪活动的网站、通讯群组，情节严重的，应当依照刑法第二百八十七条之一的规定，以非法利用信息网络罪定罪处罚；同时构成侵犯公民个人信息罪的，依照侵犯公民个人信息罪定罪处罚。

287 - 1.4 最高人民法院、最高人民检察院关于办理组织、强迫、引诱、容留、介绍卖淫刑事案件适用法律若干问题的解释（2017 年 7 月 25 日　法释〔2017〕13 号）（节录）

第八条（第二款）　利用信息网络发布招嫖违法信息，情节严重的，依照刑法第二百八十七条之一的规定，以非法利用信息网络罪定罪处罚。同时构成介绍卖淫罪的，依照处罚较重的规定定罪处罚。

【司法文件】

287 - 1.5 最高人民法院、最高人民检察院、公安部关于办理电信网络诈骗等刑事案件适用法律若干问题的意见（2016 年 12 月 19 日　法发〔2016〕32 号）（节录）

三、全面惩处关联犯罪

（七）实施刑法第二百八十七条之一、第二百八十七条之二规定之行为，构成非法利用信息网络罪、帮助信息网络犯罪活动罪，同时构成诈骗罪的，依照处罚较重的规定定罪处罚。

287 - 1.6 参见 253 - 1.4 检察机关办理侵犯公民个人信息案件指引（2018 年 11 月 9 日　高检发侦监字〔2018〕13 号）〔二（五）第 2 款〕

287 - 1.7 参见 285.5 最高人民法院、最高人民检察院、公安部关于办理信息网络犯罪案件适用刑事诉讼程序若干问题的意见（2022 年 9 月 1 日　法发〔2022〕23 号）

287 - 1.8 最高人民法院、最高人民检察院、公安部关于依法惩治网络暴力违法犯罪的指导意见（2023 年 9 月 20 日　法发〔2023〕14 号）（节录）

5. 依法惩治借网络暴力事件实施的恶意营销炒作行为。基于蹭炒热度、推广引流等目的，利用互联网用户公众账号等推送、传播有关网络暴力违法犯罪的信息，符合刑法第二百八十七条之一规定的，以非法利用信息网络罪定罪处罚；依照刑法和司法解释规定，同时构成其他犯罪的，依照处罚较重的规定定罪处罚。

第二百八十七条之二【帮助信息网络犯罪活动罪】 明知他人利用信息网络实施犯罪，为其犯罪提供互联网接入、服务器托管、网络存储、通讯传输等技术支持，或者提供广告推广、支付结算等帮助，情节严重的，处三年以下有期徒刑或者拘役，并处或者单处罚金。

单位犯前款罪的，对单位判处罚金，并对其直接负责的主管人员和其他直接责任人员，依照第一款的规定处罚。

有前两款行为，同时构成其他犯罪的，依照处罚较重的规定定罪处罚。

【刑法修正说明】
本条为全国人大常委会 2015 年 8 月 29 日通过并公布、同年 11 月 1 日施行的《刑法修正案（九）》第 29 条所增设。

【罪名渊源】 本条系《刑法修正案（九）》第 29 条增设，"两高"《罪名补充规定（六）》将其解释为帮助信息网络犯罪活动罪。

【罪刑标准】

287-2.1 最高人民法院、最高人民检察院关于办理非法利用信息网络、帮助信息网络犯罪活动等刑事案件适用法律若干问题的解释（2019年11月1日 法释〔2019〕15号）（节录）

第十一条 为他人实施犯罪提供技术支持或者帮助，具有下列情形之一的，可以认定行为人明知他人利用信息网络实施犯罪，但是有相反证据的除外：

（一）经监管部门告知后仍然实施有关行为的；

（二）接到举报后不履行法定管理职责的；

（三）交易价格或者方式明显异常的；

（四）提供专门用于违法犯罪的程序、工具或者其他技术支持、帮助的；

（五）频繁采用隐蔽上网、加密通信、销毁数据等措施或者使用虚假身份，逃避监管或者规避调查的；

（六）为他人逃避监管或者规避调查提供技术支持、帮助的；

（七）其他足以认定行为人明知的情形。

> **【说明】** 其后的司法文件列举了属于本条第七项的具体情形。
>
> 附：最高人民法院、最高人民检察院、公安部关于办理电信网络诈骗等刑事案件适用法律若干问题的意见（二）（2021年6月17日 法发〔2021〕22号）（节录）
>
> 八（第二款）、收购、出售、出租单位银行结算账户、非银行支付机构单位支付账户，或者电信、银行、网络支付等行业从业人员利用履行职责或提供服务便利，非法开办并出售、出租他人手机卡、信用卡、银行账户、非银行支付账户等的，可以认定为《最高人民法院、最高人民检察院关于办理非法利用信息网络、帮助信息网络犯罪活动等刑事案件适用法律若干问题的解释》第十一条第（七）项规定的"其他足以认定行为人明知的情形"。但有相反证据的除外。

第十二条 明知他人利用信息网络实施犯罪，为其犯罪提供帮助，具有下列情形之一的，应当认定为刑法第二百八十七条之二第一款规定的"情节严重"：

（一）为三个以上对象提供帮助的；

（二）支付结算金额二十万元以上的；

（三）以投放广告等方式提供资金五万元以上的；

（四）违法所得一万元以上的；

（五）二年内曾因非法利用信息网络、帮助信息网络犯罪活动、危害计算机信息系统安全受过行政处罚，又帮助信息网络犯罪活动的；

（六）被帮助对象实施的犯罪造成严重后果的；

（七）其他情节严重的情形。

实施前款规定的行为，确因客观条件限制无法查证被帮助对象是否达到犯罪的程度，但相关数额总计达到前款第二项至第四项规定标准五倍以上，或者造成特别严重后果的，应当以帮助信息网络犯罪活动罪追究行为人的刑事责任。

> **【说明】** 相关司法文件列举了属于本条第一款第七项的具体情形。
>
> 附：最高人民法院、最高人民检察院、公安部关于办理电信网络诈骗等刑事案件适用法律若干问题的意见（二）（2021年6月17日 法发〔2021〕22号）（节录）
>
> 九、明知他人利用信息网络实施犯罪，为其犯罪提供下列帮助之一的，可以认定为《最高人民法院、最高人民检察院关于办理非法利用信息网络、帮助信息网络犯罪活动等刑事案件适用法律若干问题的解释》第十二条第一款第（七）项规定的"其他情节严重的情形"：
>
> （一）收购、出售、出租信用卡、银行账户、非银行支付账户、具有支付结算功能的互联网账号密码、网络支付接口、网上银行数字证书5张（个）以上的；
>
> （二）收购、出售、出租他人手机卡、流量卡、物联网卡20张以上的。

第十三条 被帮助对象实施的犯罪行为可以确认，但尚未到案、尚未依法裁判或者因未达到刑事责任年龄等原因依法未予追究刑事责任的，不影响帮助信息网络犯罪活动罪的认定。

> 【说明】单位犯罪、犯罪金额计算、禁止令和罚金刑的适用，参见286-1.1本解释第14条以下。

【司法解释】

287-2.2 最高人民法院关于审理毒品犯罪案件适用法律若干问题的解释（2016年4月11日 法释〔2016〕8号）（节录）

第十四条（第二款） 实施刑法第二百八十七条之一、第二百八十七条之二规定的行为，同时构成贩卖毒品罪、非法买卖制毒物品罪、传授犯罪方法罪等犯罪的，依照处罚较重的规定定罪处罚。

【司法文件】

287-2.3 参见287-1.5 最高人民法院、最高人民检察院、公安部关于办理电信网络诈骗等刑事案件适用法律若干问题的意见（2016年12月19日 法发〔2016〕32号）

287-2.4 最高人民法院、最高人民检察院、公安部关于办理电信网络诈骗等刑事案件适用法律若干问题的意见（二）（2021年6月17日 法发〔2021〕22号）（节录）

七、为他人利用信息网络实施犯罪而实施下列行为，可以认定为刑法第二百八十七条之二规定的"帮助"行为：

（一）收购、出售、出租信用卡、银行账户、非银行支付账户、具有支付结算功能的互联网账号密码、网络支付接口、网上银行数字证书的；

（二）收购、出售、出租他人手机卡、流量卡、物联网卡的。

八（第一款）、认定刑法第二百八十七条之二规定的行为人明知他人利用信息网络实施犯罪，应当根据行为人收购、出售、出租前述第七条规定的信用卡、银行账户、非银行支付账户、具有支付结算功能的互联网账号密码、网络支付接口、网上银行数字证书，或者他人手机卡、流量卡、物联网卡等的次数、张数、个数，并结合行为人的认知能力、既往经历、交易对象、与实施信息网络犯罪的行为人的关系、提供技术支持或者帮助的时间和方式、获利情况以及行为人的供述等主客观因素，予以综合认定。

十、电商平台预付卡、虚拟货币、手机充值卡、游戏点卡、游戏装备等经销商，在公安机关调查案件过程中，被明确告知其交易对象涉嫌电信网络诈骗犯罪，仍与其继续交易，符合刑法第二百八十七条之二规定的，以帮助信息网络犯罪活动罪追究刑事责任。同时构成其他犯罪的，依照处罚较重的规定定罪处罚。

十二、为他人实施电信网络诈骗犯罪提供技术支持、广告推广、支付结算等帮助，或者窝藏、转移、收购、代为销售及以其他方法掩饰、隐瞒电信网络诈骗犯罪所得及其产生的收益，诈骗犯罪行为可以确认，但实施诈骗的行为人尚未到案，可以依法先行追究已到案的上述犯罪嫌疑人、被告人的刑事责任。

287-2.5 参见285.5 最高人民法院、最高人民检察院、公安部关于办理信息网络犯罪案件适用刑事诉讼程序若干问题的意见（2022年9月1日 法发〔2022〕23号）

第二百八十八条【扰乱无线电通讯管理秩序罪】违反国家规定，擅自设置、使用无线电台（站），或者擅自使用无线电频率，干扰无线电通讯秩序，情节严重的，处三年以下有期徒刑、拘役或者管制，并处或者单处罚金；情节特别严重的，处三年以上七年以下有期徒刑，并处罚金。

单位犯前款罪的，对单位判处罚金，并对其直接负责的主管人员和其他直接责任人员，依照前款的规定处罚。

【刑法修正说明】

本条第1款为全国人大常委会2015年8月29日通过并公布、同年11月1日施行的《刑法修正案（九）》第30条所修正。原该款为：

【扰乱无线电通讯管理秩序罪】违反国家规定，擅自设置、使用无线电台（站），或者擅自占用频率，经责令停止使用后拒不停止使用，干扰无线电通讯正常进行，造成严重后果的，处三年以下有期徒刑、拘役或者管制，并处或者单处罚金。

【罪名渊源】本条系刑法增设，79刑法、单行刑法均未规定。高法《罪名规定》、高检《罪名意见》将其解释为扰乱无线电通讯管理秩序罪。《刑法修正案（九）》第30条将本条第1款的构罪要件"造成严重后果"改为"情节严重"，并增设了"情节特别严重"的法定刑。

【罪刑标准】

288.1 最高人民法院、最高人民检察院关于办理扰乱无线电通讯管理秩序等刑事案件适用法律若干问题的解释（2017年7月1日 法释〔2017〕11号）（节录）

第一条 具有下列情形之一的，应当认定为刑法第二百八十八条第一款规定的"擅自设置、使用无线电台（站），或者擅自使用无线电频率，干扰无线电通讯秩序"：

（一）未经批准设置无线电广播电台（以下简称"黑广播"），非法使用广播电视专用频段的频率的；

（二）未经批准设置通信基站（以下简称"伪基站"），强行向不特定用户发送信息，非法使用公众移动通信频率的；

（三）未经批准使用卫星无线电频率的；

（四）非法设置、使用无线电干扰器的；

（五）其他擅自设置、使用无线电台（站），或者擅自使用无线电频率，干扰无线电通讯秩序的情形。

第二条 违反国家规定，擅自设置、使用无线电台（站），或者擅自使用无线电频率，干扰无线电通讯秩序，具有下列情形之一的，应当认定为刑法第二百八十八条第一款规定的"情节严重"：

（一）影响航天器、航空器、铁路机车、船舶专用无线电导航、遇险救助和安全通信等涉及公共安全的无线电频率正常使用的；

（二）自然灾害、事故灾难、公共卫生事件、社会安全事件等突发事件期间，在事件发生地使用"黑广播""伪基站"的；

（三）举办国家或者省级重大活动期间，在活动场所及周边使用"黑广播""伪基站"的；

（四）同时使用三个以上"黑广播""伪基站"的；

（五）"黑广播"的实测发射功率五百瓦以上，或者覆盖范围十公里以上的；

（六）使用"伪基站"发送诈骗、赌博、招嫖、木马病毒、钓鱼网站链接等违法犯罪信息，数量在五千条以上，或者销毁发送数量等记录的；

（七）雇佣、指使未成年人、残疾人等特定人员使用"伪基站"的；

（八）违法所得三万元以上的；

（九）曾因扰乱无线电通讯管理秩序受过刑事处罚，或者二年内曾因扰乱无线电通讯管理秩序受过行政处罚，又实施刑法第二百八十八条规定的行为的；

（十）其他情节严重的情形。

第三条 违反国家规定，擅自设置、使用无线电台（站），或者擅自使用无线电频率，干扰无线电通讯秩序，具有下列情形之一的，应当认定为刑法第二百八十八条第一款规定的"情节特别严重"：

（一）影响航天器、航空器、铁路机车、船舶专用无线电导航、遇险救助和安全通信等涉及公共安全的无线电频率正常使用，危及公共安全的；

（二）造成公共秩序混乱等严重后果的；

（三）自然灾害、事故灾难、公共卫生事件和社会安全事件等突发事件期间，在事件发生地使用"黑广播""伪基站"，造成严重影响的；

（四）对国家或者省级重大活动造成严重影响的；

（五）同时使用十个以上"黑广播""伪基站"的；

（六）"黑广播"的实测发射功率三千瓦以上，或者覆盖范围二十公里以上的；

（七）违法所得十五万元以上的；

（八）其他情节特别严重的情形。

第五条　单位犯本解释规定之罪的，对单位判处罚金，并对直接负责的主管人员和其他直接责任人员，依照本解释规定的自然人犯罪的定罪量刑标准定罪处罚。

第六条　擅自设置、使用无线电台（站），或者擅自使用无线电频率，同时构成其他犯罪的，按照处罚较重的规定定罪处罚。

明知他人实施诈骗等犯罪，使用"黑广播""伪基站"等无线电设备为其发送信息或者提供其他帮助，同时构成其他犯罪的，按照处罚较重的规定定罪处罚。

第八条　为合法经营活动，使用"黑广播""伪基站"或者实施其他扰乱无线电通讯管理秩序的行为，构成扰乱无线电通讯管理秩序罪，但不属于"情节特别严重"，行为人系初犯，并确有悔罪表现的，可以认定为情节轻微，不起诉或者免予刑事处罚；确有必要判处刑罚的，应当从宽处罚。

第九条　对案件所涉的有关专门性问题难以确定的，依据司法鉴定机构出具的鉴定意见，或者下列机构出具的报告，结合其他证据作出认定：

（一）省级以上无线电管理机构、省级无线电管理机构依法设立的派出机构、地市级以上广播电视主管部门就是否系"伪基站""黑广播"出具的报告；

（二）省级以上广播电视主管部门及其指定的检测机构就"黑广播"功率、覆盖范围出具的报告；

（三）省级以上航空、铁路、船舶等主管部门就是否干扰导航、通信等出具的报告。

对移动终端用户受影响的情况，可以依据相关通信运营商出具的证明，结合被告人供述、终端用户证言等证据作出认定。

【司法解释】

288.2 最高人民法院关于审理扰乱电信市场管理秩序案件具体应用法律若干问题的解释
（2000 年 5 月 24 日　法释〔2000〕12 号）（节录）

第五条　违反国家规定，擅自设置、使用无线电台（站），或者擅自占用频率，非法经营国际电信业务或者涉港澳台电信业务进行营利活动，同时构成非法经营罪和刑法第二百八十八条规定的扰乱无线电通讯管理秩序罪的，依照处罚较重的规定定罪处罚。

288.3 最高人民法院关于审理危害军事通信刑事案件具体应用法律若干问题的解释（2007 年 6 月 29 日　法释〔2007〕13 号）（节录）

第六条（第四款）　违反国家规定，擅自设置、使用无线电台、站，或者擅自占用频率，经责令停止使用后拒不停止使用，干扰无线电通讯正常进行，构成犯罪的，依照刑法第二百八十八条的规定定罪处罚；造成军事通信中断或者严重障碍，同时构成刑法第二百八十八条、第三百六十九条第一款规定的犯罪的，依照处罚较重的规定定罪处罚。

288.4 最高人民法院、最高人民检察院、公安部关于办理电信网络诈骗等刑事案件适用法律若干问题的意见（2016 年 12 月 19 日　法发〔2016〕32 号）（节录）

三、全面惩处关联犯罪

（一）在实施电信网络诈骗活动中，非法使用"伪基站""黑广播"，干扰无线电通讯秩序，符合刑法第二百八十八条规定的，以扰乱无线电通讯管理秩序罪追究刑事责任。同时构成诈骗罪的，依照处罚较重的规定定罪处罚。

【部委规范】

288.5 信息产业部、国家工商行政管理局关于保护航空导航及水上通信安全对无线寻呼台站进行重新登记的通告（1999 年 7 月 27 日 信部联无〔1999〕627 号）（节录）

六、无线寻呼经营单位要自觉遵守有关法律、法规。对于未经批准或登记（包括逾期未办理重新登记）以及产生干扰、严重威胁国家及人民生命财产安全、拒不接受监管的寻呼台、站运营者，将依照《中华人民共和国无线电管理条例》和企业登记管理法规进行查处。造成严重后果的，将依照《中华人民共和国刑法》第 288 条追究刑事责任。

【法律法规】

288.6 中华人民共和国无线电管理条例（2016 年 12 月 1 日 2016 年修订）（第 14—15 条、第 27 条、第 30 条、第 33 条、第 70 条、第 81 条）

第二百八十九条【故意伤害罪，故意杀人罪，抢劫罪】 聚众"打砸抢"，致人伤残、死亡的，依照本法第二百三十四条、第二百三十二条的规定定罪处罚。毁坏或者抢走公私财物的，除判令退赔外，对首要分子，依照本法第二百六十三条的规定定罪处罚。

【罪名渊源】 本条源自 79 刑法第 137 条，刑法删除了原第 2 款中"可以单独判处剥夺政治权利"的规定。

【司法解释】

289.1 参见 232.5 最高人民法院、最高人民检察院关于办理妨害预防、控制突发传染病疫情等灾害的刑事案件具体应用法律若干问题的解释（2003 年 5 月 15 日 法释〔2003〕8 号）

第二百九十条【聚众扰乱社会秩序罪】 聚众扰乱社会秩序，情节严重，致使工作、生产、营业和教学、科研、医疗无法进行，造成严重损失的，对首要分子，处三年以上七年以下有期徒刑；对其他积极参加的，处三年以下有期徒刑、拘役、管制或者剥夺政治权利。

【聚众冲击国家机关罪】 聚众冲击国家机关，致使国家机关工作无法进行，造成严重损失的，对首要分子，处五年以上十年以下有期徒刑；对其他积极参加的，处五年以下有期徒刑、拘役、管制或者剥夺政治权利。

【扰乱国家机关工作秩序罪】 多次扰乱国家机关工作秩序，经行政处罚后仍不改正，造成严重后果的，处三年以下有期徒刑、拘役或者管制。

【组织、资助非法聚集罪】 多次组织、资助他人非法聚集，扰乱社会秩序，情节严重的，依照前款的规定处罚。

【刑法修正说明】

本条第 1 款为全国人大常委会 2015 年 8 月 29 日通过并公布、同年 11 月 1 日施行的《刑法修正案（九）》第 31 条所修正，并增设第 3、4 款内容。原第 290 条第 1 款为：

【聚众扰乱社会秩序罪】 聚众扰乱社会秩序，情节严重，致使工作、生产、营业和教学、科研无法进行，造成严重损失的，对首要分子，处三年以上七年以下有期徒刑；对其他积极参加的，处三年以下有期徒刑、拘役、管制或者剥夺政治权利。

【罪名渊源】 本条第 1 款由 79 刑法第 158 条修改而来，刑法将"积极参加"行为犯罪化，并加重对首要分子的法定刑。高法《罪名规定》、高检《罪名意见》将其解释为聚众扰乱社会秩序罪。第 2 款系由原扰乱社会秩序罪分立出来的新罪名，高法《罪名规定》、高检《罪名意见》将其解释为聚众冲击国家机关罪。《刑法修正案（九）》第31 条在第 1 款中增加"医疗"字样，并增设第 3、4 款。据此，"两高"《罪名补充规定（六）》将第 3、4 款分别解释为扰乱国家机关工作秩序罪，组织、资助非法聚集罪。

【司法文件】

290.1 参见 293.6 最高人民法院、最高人民检察院、公安部、司法部、国家卫生和计划生育委员会关于依法惩处涉医违法犯罪维护正常医疗秩序的意见（2014 年 4 月 22 日　法发〔2014〕5 号）

【法律法规】

290.2 中华人民共和国矿产资源法（1986 年 10 月 1 日　2009 年修正）（第 41 条）

290.3 中华人民共和国全民所有制工业企业法（1988 年 8 月 1 日　2009 年修正）（第 64 条第 2 款）

290.4 中华人民共和国集会游行示威法（1989 年 10 月 31 日　2009 年修正）（第 29 条第 3—4 款）

290.5 中华人民共和国铁路法（1991 年 5 月 1 日　2015 年修正）（第 63 条）

290.6 中华人民共和国教育法（1995 年 9 月 1 日　2021 年修正）（第 72 条）

290.7 中华人民共和国体育法（1995 年 10 月 1 日　2016 年修正）（第 51 条）

290.8 医疗事故处理条例（2002 年 9 月 1 日）（第 59 条）

第二百九十一条【聚众扰乱公共场所秩序、交通秩序罪】聚众扰乱车站、码头、民用航空站、商场、公园、影剧院、展览会、运动场或者其他公共场所秩序，聚众堵塞交通或者破坏交通秩序，抗拒、阻碍国家治安管理工作人员依法执行职务，情节严重的，对首要分子，处五年以下有期徒刑、拘役或者管制。

【罪名渊源】本条系沿袭 79 刑法第 159 条的内容，刑法删除了剥夺政治权利刑种。高法《罪名规定》、高检《罪名意见》将其解释为聚众扰乱公共场所秩序、交通秩序罪。

【司法文件】

291.1 参见 293.6 最高人民法院、最高人民检察院、公安部、司法部、国家卫生和计划生育委员会关于依法惩处涉医违法犯罪维护正常医疗秩序的意见（2014 年 4 月 22 日　法发〔2014〕5 号）

【法律法规】

291.2 中华人民共和国集会游行示威法（1989 年 10 月 31 日　2009 年修正）（第 29 条第 5 款）

291.3 中华人民共和国铁路法（1991 年 5 月 1 日　2015 年修正）（第 63 条）

291.4 中华人民共和国民用航空法（1996 年 3 月 1 日　2018 年修正）（第 198 条）

第二百九十一条之一【投放虚假危险物质罪，编造、故意传播虚假恐怖信息罪】投放虚假的爆炸性、毒害性、放射性、传染病病原体等物质，或者编造爆炸威胁、生化威胁、放射威胁等恐怖信息，或者明知是编造的恐怖信息而故意传播，严重扰乱社会秩序的，处五年以下有期徒刑、拘役或者管制；造成严重后果的，处五年以上有期徒刑。

【编造、故意传播虚假信息罪】编造虚假的险情、疫情、灾情、警情，在信息网络或者其他媒体上传播，或者明知是上述虚假信息，故意在信息网络或者其他媒体上传播，严重扰乱社会秩序的，处三年以下有期徒刑、拘役或者管制；造成严重后果的，处三年以上七年以下有期徒刑。

【刑法第一次修正说明】

本条第 1 款为全国人大常委会 2001 年 12 月 29 日通过并公布施行的《刑法修正案（三）》第 8 条所增设。

【刑法第二次修正说明】

本条第 2 款为全国人大常委会 2015 年 8 月 29 日通过并公布、同年 11 月 1 日施行的《刑法修正案（九）》第 32 条所增设。

【罪名渊源】 本条第 1 款系《刑法修正案（三）》第 8 条增设，"两高"《罪名补充规定》将其解释为投放虚假危险物质罪，编造、故意传播虚假恐怖信息罪。《刑法修正案（九）》第 32 条增设了第 2 款，"两高"《罪名补充规定（六）》将其解释为编造、故意传播虚假信息罪。

【罪刑标准】

291－1.1 最高人民法院关于审理编造、故意传播虚假恐怖信息刑事案件适用法律若干问题的解释（2013 年 9 月 30 日　法释〔2013〕24 号）

为依法惩治编造、故意传播虚假恐怖信息犯罪活动，维护社会秩序，维护人民群众生命、财产安全，根据刑法有关规定，现对审理此类案件具体适用法律的若干问题解释如下：

第一条 编造恐怖信息，传播或者放任传播，严重扰乱社会秩序的，依照刑法第二百九十一条之一的规定，应认定为编造虚假恐怖信息罪。

明知是他人编造的恐怖信息而故意传播，严重扰乱社会秩序的，依照刑法第二百九十一条之一的规定，应认定为故意传播虚假恐怖信息罪。

第二条 编造、故意传播虚假恐怖信息，具有下列情形之一的，应当认定为刑法第二百九十一条之一的"严重扰乱社会秩序"：

（一）致使机场、车站、码头、商场、影剧院、运动场馆等人员密集场所秩序混乱，或者采取紧急疏散措施的；

（二）影响航空器、列车、船舶等大型客运交通工具正常运行的；

（三）致使国家机关、学校、医院、厂矿企业等单位的工作、生产、经营、教学、科研等活动中断的；

（四）造成行政村或者社区居民生活秩序严重混乱的；

（五）致使公安、武警、消防、卫生检疫等职能部门采取紧急应对措施的；

（六）其他严重扰乱社会秩序的。

第三条 编造、故意传播虚假恐怖信息，严重扰乱社会秩序，具有下列情形之一的，应当依照刑法第二百九十一条之一的规定，在五年以下有期徒刑范围内酌情从重处罚：

（一）致使航班备降或返航；或者致使列车、船舶等大型客运交通工具中断运行的；

（二）多次编造、故意传播虚假恐怖信息的；

（三）造成直接经济损失二十万元以上的；

（四）造成乡镇、街道区域范围居民生活秩序严重混乱的；

（五）具有其他酌情从重处罚情节的。

第四条 编造、故意传播虚假恐怖信息，严重扰乱社会秩序，具有下列情形之一的，应当认定为刑法第二百九十一条之一的"造成严重后果"，处五年以上有期徒刑：

（一）造成三人以上轻伤或者一人以上重伤的；

（二）造成直接经济损失五十万元以上的；

（三）造成县级以上区域范围居民生活秩序严重混乱的；

（四）妨碍国家重大活动进行的；

（五）造成其他严重后果的。

第五条 编造、故意传播虚假恐怖信息，严重扰乱社会秩序，同时又构成其他犯罪的，择一重罪处罚。

第六条 本解释所称的"虚假恐怖信息"，是指以发生爆炸威胁、生化威胁、放射威胁、劫持航空器威胁、重大灾情、重大疫情等严重威胁公共安全的事件为内容，可能引起社会恐慌或者公共安全危机的不真实信息。

【司法解释】

291－1.2 最高人民法院、最高人民检察院关于办理妨害预防、控制突发传染病疫情等灾害的刑事案件具体应用法律若干问题的解释（2003 年 5 月 15 日　法释〔2003〕8 号）（节录）

第十条（第一款）　编造与突发传染病疫情等灾害有关的恐怖信息，或者明知是编造的此类恐怖信息而故意传播，严重扰乱社会秩序的，依照刑法第二百九十一条之一的规定，以编造、故意传播虚假恐怖信息罪定罪处罚。

291 - 1.3 参见 274.2 最高人民法院、最高人民检察院关于办理利用信息网络实施诽谤等刑事案件适用法律若干问题的解释（2013 年 9 月 10 日　法释〔2013〕21 号）（第 9—10 条）

【司法文件】

291 - 1.4 最高人民检察院关于依法严厉打击编造、故意传播虚假恐怖信息威胁民航飞行安全犯罪活动的通知（2013 年 5 月 31 日　高检发侦监字〔2013〕5 号）（节录）

一、充分发挥检察职能作用，坚决严厉打击编造、故意传播虚假恐怖信息威胁民航飞行安全犯罪。此类犯罪对民航运输正常秩序和广大乘客的生命财产安全影响巨大，社会反响强烈。各级检察机关要充分认识这类犯罪的严重社会危害性，充分发挥检察职能，加大打击力度。要加强与公安机关的沟通，及时派员介入侦查活动，对收集证据、适用法律提出意见。符合批捕、起诉条件的，要从重从快批捕、起诉。同时，加强与公安机关、人民法院的协调配合，及时研究解决办案中遇到的问题，形成打击犯罪的合力。

二、准确把握犯罪构成要件，确保从重打击。根据刑法第 291 条之一的有关规定，编造虚假恐怖信息并向特定对象散布，严重扰乱社会秩序的，即构成编造虚假恐怖信息罪。编造虚假恐怖信息以后向不特定对象散布，严重扰乱社会秩序的，构成编造、故意传播虚假恐怖信息罪。对于编造、故意传播虚假恐怖信息，引起公众恐慌，或者致使航班无法正常起降，破坏民航正常运输秩序的，应当认定为"严重扰乱社会秩序"。工作中，要准确把握犯罪构成要件，依法引导取证，加强法律监督，防止打击不力。

三、（第二款）各地办理此类案件的情况，实行一案一报，批捕、决定起诉后要及时层报最高人民检察院。

【法律法规】

291 - 1.5 中华人民共和国反恐怖主义法（2016 年 1 月 1 日）（第 19 条、第 63 条）

第二百九十一条之二【高空抛物罪】 从建筑物或者其他高空抛掷物品，情节严重的，处一年以下有期徒刑、拘役或者管制，并处或者单处罚金。

有前款行为，同时构成其他犯罪的，依照处罚较重的规定定罪处罚。

> 【刑法修正说明】
> 　　本条为全国人大常委会 2020 年 12 月 26 日通过并公布、2021 年 3 月 1 日施行的《刑法修正案（十一）》第 33 条所增设。

【罪名渊源】本条为《刑法修正案（十一）》第 33 条增设，"两高"《罪名补充规定（七）》将其解释为高空抛物罪。

第二百九十二条【聚众斗殴罪】 聚众斗殴的，对首要分子和其他积极参加的，处三年以下有期徒刑、拘役或者管制；有下列情形之一的，对首要分子和其他积极参加的，处三年以上十年以下有期徒刑：

（一）多次聚众斗殴的；

（二）聚众斗殴人数多，规模大，社会影响恶劣的；

（三）在公共场所或者交通要道聚众斗殴，造成社会秩序严重混乱的；

（四）持械聚众斗殴的。

【故意伤害罪，故意杀人罪】 聚众斗殴，致人重伤、死亡的，依照本法第二百三十四条、第二百三十二条的规定定罪处罚。

【罪名渊源】本条第 1 款系由 79 刑法第 160 条流氓罪分解出来的罪名，高法《罪名规定》、高检《罪名意见》将其解释为聚众斗殴罪。

【立案标准】

292.1 狱内刑事案件立案标准（2001年3月9日　司法部令第64号）（节录）

第二条　监狱发现罪犯有下列犯罪情形的，应当立案侦查：

（二十二）聚众斗殴，情节严重的。聚众斗殴，致人重伤、死亡的，依照故意伤害罪、故意杀人罪论处（聚众斗殴案）。

第三条　情节、后果严重的下列案件，列为重大案件：

（十）十人以上聚众斗殴或者聚众斗殴致三名以上罪犯重伤的。

第四条　情节恶劣、后果特别严重的下列案件，列为特别重大案件：

（二）案件中一次杀死二名以上罪犯，或者重伤四名以上罪犯，或者杀害监狱警察、武装警察、工人及其家属的。

292.2 最高人民检察院、公安部关于公安机关管辖的刑事案件立案追诉标准的规定（一） （2008年6月25日　公通字〔2008〕36号）（节录）

第三十六条　〔聚众斗殴案（刑法第二百九十二条第一款）〕组织、策划、指挥或者积极参加聚众斗殴的，应予立案追诉。

【司法文件】

292.3 全国法院维护农村稳定刑事审判工作座谈会纪要（最高人民法院1999年10月27日印发 法〔1999〕217号）（节录）

二

（三）关于农村恶势力犯罪案件

修订后的刑法将原"流氓罪"分解为若干罪名，分别规定了相应的刑罚，更有利于打击此类犯罪，也便于实践中操作。对实施多种原刑法规定的"流氓"行为，构成犯罪的，应按照修订后刑法的罪名分别定罪量刑，按数罪并罚原则处理。对于团伙成员相对固定，以暴力、威胁手段称霸一方，欺压百姓，采取收取"保护费"、代人强行收债、违规强行承包等手段，公然与政府对抗的，应按照黑社会性质组织犯罪处理；其中，又有故意杀人、故意伤害等犯罪行为的，按数罪并罚的规定处罚。

（五）关于村民群体械斗案件

处理此类案件要十分注意政策界限。案件经审理并提出处理意见后，要征求当地党委和有关部门的意见。既要严格依法办事，又要做好耐心细致的解释工作，把处理案件与根治械斗发生的原因结合起来，防止发生意外和出现新的矛盾冲突。

要查清事实，分清责任，正确适用刑罚。处理的重点应是械斗的组织者、策划者和实施犯罪的骨干分子。一般来说，械斗的组织者和策划者，应对组织、策划的犯罪承担全部责任；直接实施犯罪行为的，应对其实施的犯罪行为负责。要注意缩小打击面，扩大教育面。对积极参与犯罪的从犯，应当依法从轻或者减轻处罚。其中符合缓刑条件的，应当适用缓刑；对被煽动、欺骗、裹挟而参与械斗，情节较轻，经教育确有悔改表现的，可不按犯罪处理。

要注意做好被害人的工作。对因参与械斗而受伤的被害人，也应指出其行为的违法性质；对因受害造成生产、生活上困难的，要协助有关部门解决好，努力依法做好善后工作，消除对立情绪，根除伺机再度报复的潜在隐患。

292.4 最高人民法院研究室关于对参加聚众斗殴受重伤或者死亡的人及其家属提出的民事赔偿请求能否予以支持问题的答复（2004年11月11日　法研〔2004〕179号）

江苏省高级人民法院：

你院苏高法〔2004〕296号《关于对聚众斗殴案件中受伤或死亡的当事人及其家属提出的民事赔偿请求能否予以支持问题的请示》收悉。经研究答复如下：

根据《刑法》第二百九十二条第一款的规定，聚众斗殴的参加者，无论是否首要分子，均明知自己的行为有可能产生伤害他人以及自己被他人的行为伤害的后果，其仍然参加聚众斗殴的，应当自行承担相应的刑事和民事责任。根据《刑法》第二百九十二条第二款的规定，对于参加聚众斗殴，造成他人重伤或者死亡的，行为性质发生变化，应认定为故意伤害罪或者故意杀人罪。聚众斗殴中受重伤或者死亡的人，既是故意伤害罪或者故意杀人罪的受害人，又是聚众斗殴犯罪的行为人。对于参加聚众斗殴受重伤或者死亡的人或其家属提出的民事赔偿请求，依法应予支持，并适用混合过错责任原则。

292.5 最高人民法院关于常见犯罪的量刑指导意见（2017年4月1日　法发〔2017〕7号）（节录）

四、常见犯罪的量刑

（十二）聚众斗殴罪

1. 构成聚众斗殴罪的，可以根据下列不同情形在相应的幅度内确定量刑起点：

（1）犯罪情节一般的，可以在二年以下有期徒刑、拘役幅度内确定量刑起点。

（2）有下列情形之一的，可以在三年至五年有期徒刑幅度内确定量刑起点：聚众斗殴三次的；聚众斗殴人数多，规模大，社会影响恶劣的；在公共场所或者交通要道聚众斗殴，造成社会秩序严重混乱的持械聚众斗殴的。

2. 在量刑起点的基础上，可以根据聚众斗殴人数、次数、手段严重程度等其他影响犯罪构成的犯罪事实增加刑罚量，确定基准刑。

【说明】量刑基本原则、基本方法和常见量刑情节的适用，参见61.2本意见。

292.6 参见234.17 最高人民法院、最高人民检察院、公安部、司法部关于办理黑恶势力犯罪案件若干问题的指导意见（2018年1月16日　法发〔2018〕1号）

292.7 参见26.8 最高人民法院、最高人民检察院、公安部、司法部关于办理恶势力刑事案件若干问题的意见（2019年4月9日　法发〔2019〕10号）（第8—9条）

第二百九十三条【寻衅滋事罪】 有下列寻衅滋事行为之一，破坏社会秩序的，处五年以下有期徒刑、拘役或者管制：

（一）随意殴打他人，情节恶劣的；

（二）追逐、拦截、辱骂、恐吓他人，情节恶劣的；

（三）强拿硬要或者任意损毁、占用公私财物，情节严重的；

（四）在公共场所起哄闹事，造成公共场所秩序严重混乱的。

纠集他人多次实施前款行为，严重破坏社会秩序的，处五年以上十年以下有期徒刑，可以并处罚金。

【刑法修正说明】

本条为全国人大常委会2011年2月25日通过并公布、同年5月1日施行的《刑法修正案（八）》第39条所修正。原第293条为：

【寻衅滋事罪】 有下列寻衅滋事行为之一，破坏社会秩序的，处五年以下有期徒刑、拘役或者管制：

（一）随意殴打他人，情节恶劣的；

（二）追逐、拦截、辱骂他人，情节恶劣的；

（三）强拿硬要或者任意损毁、占用公私财物，情节严重的；

（四）在公共场所起哄闹事，造成公共场所秩序严重混乱的。

【罪名渊源】 本罪由79刑法第160条流氓罪分解而来，高法《罪名规定》、高检《罪名意见》将其解释为寻衅滋事罪。《刑法修正案（八）》第39条增设第2款，增加一档法定刑。

【立案标准】

293.1 最高人民检察院、公安部关于公安机关管辖的刑事案件立案追诉标准的规定（一）的补充规定（2017 年 4 月 27 日 公通字〔2017〕12 号）（节录）

八、将《立案追诉标准（一）》第三十七条修改为：［寻衅滋事案（刑法第二百九十三条）］随意殴打他人，破坏社会秩序，涉嫌下列情形之一的，应予立案追诉：

（一）致一人以上轻伤或者二人以上轻微伤的；

（二）引起他人精神失常、自杀等严重后果的；

（三）多次随意殴打他人的；

（四）持凶器随意殴打他人的；

（五）随意殴打精神病人、残疾人、流浪乞讨人员、老年人、孕妇、未成年人，造成恶劣社会影响的；

（六）在公共场所随意殴打他人，造成公共场所秩序严重混乱的；

（七）其他情节恶劣的情形。

追逐、拦截、辱骂、恐吓他人，破坏社会秩序，涉嫌下列情形之一的，应予立案追诉：

（一）多次追逐、拦截、辱骂、恐吓他人，造成恶劣社会影响的；

（二）持凶器追逐、拦截、辱骂、恐吓他人的；

（三）追逐、拦截、辱骂、恐吓精神病人、残疾人、流浪乞讨人员、老年人、孕妇、未成年人，造成恶劣社会影响的；

（四）引起他人精神失常、自杀等严重后果的；

（五）严重影响他人的工作、生活、生产、经营的；

（六）其他情节恶劣的情形。

强拿硬要或者任意损毁、占用公私财物，破坏社会秩序，涉嫌下列情形之一的，应予立案追诉：

（一）强拿硬要公私财物价值一千元以上，或者任意损毁、占用公私财物价值二千元以上的；

（二）多次强拿硬要或者任意损毁、占用公私财物，造成恶劣社会影响的；

（三）强拿硬要或者任意损毁、占用精神病人、残疾人、流浪乞讨人员、老年人、孕妇、未成年人的财物，造成恶劣社会影响的；

……

在车站、码头、机场、医院、商场、公园、影剧院、展览会、运动场或者其他公共场所起哄闹事，应当根据公共场所的性质、公共活动的重要程度、公共场所的人数、起哄闹事的时间、公共场所受影响的范围与程度等因素，综合判断是否造成公共场所秩序严重混乱。

【罪刑标准】

293.2 最高人民法院、最高人民检察院关于办理寻衅滋事刑事案件适用法律若干问题的解释（2013 年 7 月 22 日 法释〔2013〕18 号）

为依法惩治寻衅滋事犯罪，维护社会秩序，根据《中华人民共和国刑法》的有关规定，现就办理寻衅滋事刑事案件适用法律的若干问题解释如下：

第一条 行为人为寻求刺激、发泄情绪、逞强耍横等，无事生非，实施刑法第二百九十三条规定的行为的，应当认定为"寻衅滋事"。

行为人因日常生活中的偶发矛盾纠纷，借故生非，实施刑法第二百九十三条规定的行为的，应当认定为"寻衅滋事"，但矛盾系由被害人故意引发或者被害人对矛盾激化负有主要责任的除外。

行为人因婚恋、家庭、邻里、债务等纠纷，实施殴打、辱骂、恐吓他人或者损毁、占用他人财物等行为的，一般不认定为"寻衅滋事"，但经有关部门批评制止或者处理处罚后，继续实施前列行为，破坏社会秩序的除外。

第二条 随意殴打他人，破坏社会秩序，具有下列情形之一的，应当认定为刑法第二百九十

三条第一款第一项规定的"情节恶劣":

（一）致一人以上轻伤或者二人以上轻微伤的；

（二）引起他人精神失常、自杀等严重后果的；

（三）多次随意殴打他人的；

（四）持凶器随意殴打他人的；

（五）随意殴打精神病人、残疾人、流浪乞讨人员、老年人、孕妇、未成年人，造成恶劣社会影响的；

（六）在公共场所随意殴打他人，造成公共场所秩序严重混乱的；

（七）其他情节恶劣的情形。

第三条　追逐、拦截、辱骂、恐吓他人，破坏社会秩序，具有下列情形之一的，应当认定为刑法第二百九十三条第一款第二项规定的"情节恶劣"：

（一）多次追逐、拦截、辱骂、恐吓他人，造成恶劣社会影响的；

（二）持凶器追逐、拦截、辱骂、恐吓他人的；

（三）追逐、拦截、辱骂、恐吓精神病人、残疾人、流浪乞讨人员、老年人、孕妇、未成年人，造成恶劣社会影响的；

（四）引起他人精神失常、自杀等严重后果的；

（五）严重影响他人的工作、生活、生产、经营的；

（六）其他情节恶劣的情形。

第四条　强拿硬要或者任意损毁、占用公私财物，破坏社会秩序，具有下列情形之一的，应当认定为刑法第二百九十三条第一款第三项规定的"情节严重"：

（一）强拿硬要公私财物价值一千元以上，或者任意损毁、占用公私财物价值二千元以上的；

（二）多次强拿硬要或者任意损毁、占用公私财物，造成恶劣社会影响的；

（三）强拿硬要或者任意损毁、占用精神病人、残疾人、流浪乞讨人员、老年人、孕妇、未成年人的财物，造成恶劣社会影响的；

（四）引起他人精神失常、自杀等严重后果的；

（五）严重影响他人的工作、生活、生产、经营的；

（六）其他情节严重的情形。

> **【说明】** 本解释第2—4条中"多次"的含义，有关司法文件作了规定。
>
> 　　附：最高人民法院、最高人民检察院、公安部、司法部关于办理实施"软暴力"的刑事案件若干问题的意见（2019年4月9日）（节录）
>
> 　　五、（第二款）《关于办理寻衅滋事刑事案件适用法律若干问题的解释》第二条至第四条中的"多次"一般应当理解为二年内实施寻衅滋事行为三次以上。三次以上寻衅滋事行为既包括同一类别的行为，也包括不同类别的行为；既包括未受行政处罚的行为，也包括已受行政处罚的行为。
>
> 　　十、根据本意见第五条、第八条规定，对已受行政处罚的行为追究刑事责任的，行为人先前所受的行政拘留处罚应当折抵刑期，罚款应当抵扣罚金。

第五条　在车站、码头、机场、医院、商场、公园、影剧院、展览会、运动场或者其他公共场所起哄闹事，应当根据公共场所的性质、公共活动的重要程度、公共场所的人数、起哄闹事的时间、公共场所受影响的范围与程度等因素，综合判断是否"造成公共场所秩序严重混乱"。

第六条　纠集他人三次以上实施寻衅滋事犯罪，未经处理的，应当依照刑法第二百九十三条第二款的规定处罚。

第七条　实施寻衅滋事行为，同时符合寻衅滋事罪和故意杀人罪、故意伤害罪、故意毁坏财物罪、敲诈勒索罪、抢夺罪、抢劫罪等罪的构成要件的，依照处罚较重的犯罪定罪处罚。

第八条 行为人认罪、悔罪，积极赔偿被害人损失或者取得被害人谅解的，可以从轻处罚；犯罪情节轻微的，可以不起诉或者免予刑事处罚。

【司法解释】

293.3 最高人民法院、最高人民检察院关于办理妨害预防、控制突发传染病疫情等灾害的刑事案件具体应用法律若干问题的解释（2003 年 5 月 15 日 法释〔2003〕8 号）（节录）

第十一条 在预防、控制突发传染病疫情等灾害期间，强拿硬要或者任意损毁、占用公私财物情节严重，或者在公共场所起哄闹事，造成公共场所秩序严重混乱的，依照刑法第二百九十三条的规定，以寻衅滋事罪定罪，依法从重处罚。

293.4 最高人民法院关于审理未成年人刑事案件具体应用法律若干问题的解释（2006 年 1 月 23 日 法释〔2006〕1 号）（节录）

第八条 已满十六周岁不满十八周岁的人出于以大欺小、以强凌弱或者寻求精神刺激，随意殴打其他未成年人、多次对其他未成年人强拿硬要或者任意损毁公私财物，扰乱学校及其他公共场所秩序，情节严重的，以寻衅滋事罪定罪处罚。

293.5 最高人民法院、最高人民检察院关于办理利用信息网络实施诽谤等刑事案件适用法律若干问题的解释（2013 年 9 月 10 日 法释〔2013〕21 号）（节录）

第五条 利用信息网络辱骂、恐吓他人，情节恶劣，破坏社会秩序的，依照刑法第二百九十三条第一款第（二）项的规定，以寻衅滋事罪定罪处罚。

编造虚假信息，或者明知是编造的虚假信息，在信息网络上散布，或者组织、指使人员在信息网络上散布，起哄闹事，造成公共秩序严重混乱的，依照刑法第二百九十三条第一款第（四）项的规定，以寻衅滋事罪定罪处罚。

第八条 明知他人利用信息网络实施诽谤、寻衅滋事、敲诈勒索、非法经营等犯罪，为其提供资金、场所、技术支持等帮助的，以共同犯罪论处。

第九条 利用信息网络实施诽谤、寻衅滋事、敲诈勒索、非法经营犯罪，同时又构成刑法第二百二十一条规定的损害商业信誉、商品声誉罪，第二百七十八条规定的煽动暴力抗拒法律实施罪，第二百九十一条之一规定的编造、故意传播虚假恐怖信息罪等犯罪的，依照处罚较重的规定定罪处罚。

第十条 本解释所称信息网络，包括以计算机、电视机、固定电话机、移动电话机等电子设备为终端的计算机互联网、广播电视网、固定通信网、移动通信网等信息网络，以及向公众开放的局域网络。

【司法文件】

293.6 最高人民法院、最高人民检察院、公安部、司法部、国家卫生和计划生育委员会关于依法惩处涉医违法犯罪维护正常医疗秩序的意见（2014 年 4 月 22 日 法发〔2014〕5 号）（节录）

二、严格依法惩处涉医违法犯罪

对涉医违法犯罪行为，要依法严肃追究、坚决打击。公安机关要加大对暴力杀医、伤医、扰乱医疗秩序等违法犯罪活动的查处力度，接到报警后应当及时出警、快速处置，需要追究刑事责任的，及时立案侦查，全面、客观地收集、调取证据，确保侦查质量。人民检察院应当及时依法批捕、起诉，对于重大涉医犯罪案件要加强法律监督，必要时可以对收集证据、适用法律提出意见。人民法院应当加快审理进度，在全面查明案件事实的基础上依法准确定罪量刑，对于犯罪手段残忍、主观恶性深、人身危险性大的被告人或者社会影响恶劣的涉医犯罪行为，要依法从严惩处。

（一）在医疗机构内殴打医务人员或者故意伤害医务人员身体、故意损毁公私财物，尚未造成严重后果的，分别依照治安管理处罚法第四十三条、第四十九条的规定处罚；故意杀害医务人员，或者故意伤害医务人员造成轻伤以上严重后果，或者随意殴打医务人员情节恶劣、任意损毁公私财物情节严重，构成故意杀人罪、故意伤害罪、故意毁坏财物罪、寻衅滋事罪的，依照刑法的有关规定定罪处罚。

（二）在医疗机构私设灵堂、摆放花圈、焚烧纸钱、悬挂横幅、堵塞大门或者以其他方式扰乱医疗秩序，尚未造成严重损失，经劝说、警告无效的，要依法驱散，对拒不服从的人员要依法带离现场，依照治安管理处罚法第二十三条的规定处罚；聚众实施的，对首要分子和其他积极参加者依法予以治安处罚；造成严重损失或者扰乱其他公共秩序情节严重，构成寻衅滋事罪、聚众扰乱社会秩序罪、聚众扰乱公共场所秩序、交通秩序罪的，依照刑法的有关规定定罪处罚。

在医疗机构的病房、抢救室、重症监护室等场所及医疗机构的公共开放区域违规停放尸体，影响医疗秩序，经劝说、警告无效的，依照治安管理处罚法第六十五条的规定处罚；严重扰乱医疗秩序或者其他公共秩序，构成犯罪的，依照前款的规定定罪处罚。

（四）公然侮辱、恐吓医务人员的，依照治安管理处罚法第四十二条的规定处罚；采取暴力或者其他方法公然侮辱、恐吓医务人员情节严重（恶劣），构成侮辱罪、寻衅滋事罪的，依照刑法的有关规定定罪处罚。

（六）对于故意扩大事态，教唆他人实施针对医疗机构或者医务人员的违法犯罪行为，或者以受他人委托处理医疗纠纷为名实施敲诈勒索、寻衅滋事等行为的，依照治安管理处罚法和刑法的有关规定从严惩处。

293.7　最高人民法院关于常见犯罪的量刑指导意见（2017 年 4 月 1 日　法发〔2017〕7 号）（节录）

四、常见犯罪的量刑

（十三）寻衅滋事罪

1. 构成寻衅滋事罪的，可以根据下列不同情形在相应的幅度内确定量刑起点：

（1）寻衅滋事一次的，可以在三年以下有期徒刑、拘役幅度内确定量刑起点。

（2）纠集他人三次寻衅滋事（每次都构成犯罪），严重破坏社会秩序的，可以在五年至七年有期徒刑幅度内确定量刑起点。

2. 在量刑起点的基础上，可以根据寻衅滋事次数、伤害后果、强拿硬要他人财物或任意损毁、占用公私财物数额等其他影响犯罪构成的犯罪事实增加刑罚量，确定基准刑。

【说明】量刑基本原则、基本方法和常见量刑情节的适用，参见61.2 本意见。

293.8　最高人民法院、最高人民检察院、公安部、司法部关于办理黑恶势力犯罪案件若干问题的指导意见（2018 年 1 月 16 日　法发〔2018〕1 号）（节录）

14. 具有下列情形的组织，应当认定为"恶势力"：经常纠集在一起，以暴力、威胁或者其他手段，在一定区域或者行业内多次实施违法犯罪活动，为非作恶，欺压百姓，扰乱经济、社会生活秩序，造成较为恶劣的社会影响，但尚未形成黑社会性质组织的违法犯罪组织。恶势力一般为三人以上，纠集者相对固定，违法犯罪活动主要为强迫交易、故意伤害、非法拘禁、敲诈勒索、故意毁坏财物、聚众斗殴、寻衅滋事等，同时还可能伴随实施开设赌场、组织卖淫、强迫卖淫、贩卖毒品、运输毒品、制造毒品、抢劫、抢夺、聚众扰乱社会秩序、聚众扰乱公共场所秩序、交通秩序以及聚众"打砸抢"等。

在相关法律文书中的犯罪事实认定部分，可使用"恶势力"等表述加以描述。

17. 黑恶势力为谋取不法利益或形成非法影响，有组织地采用滋扰、纠缠、哄闹、聚众造势等手段侵犯人身权利、财产权利，破坏经济秩序、社会秩序，构成犯罪的，应当分别依照《刑法》相关规定处理：

（1）有组织地采用滋扰、纠缠、哄闹、聚众造势等手段扰乱正常的工作、生活秩序，使他人产生心理恐惧或者形成心理强制，分别属于《刑法》第二百九十三条第一款第（二）项规定的"恐吓"、《刑法》第二百二十六规定的"威胁"，同时符合其他犯罪构成条件的，应当分别以寻衅滋事罪、强迫交易罪定罪处罚。

《关于办理寻衅滋事刑事案件适用法律若干问题的解释》第二条至第四条中的"多次"一般应当理解为二年内实施寻衅滋事行为三次以上。二年内多次实施不同种类寻衅滋事行为的，应当追究刑事责任。

（2）以非法占有为目的强行索取公私财物，有组织地采用滋扰、纠缠、哄闹、聚众造势等手段扰乱正常的工作、生活秩序，同时符合《刑法》第二百七十四条规定的其他犯罪构成条件的，应当以敲诈勒索罪定罪处罚。同时由多人实施或者以统一着装、显露纹身、特殊标志以及其他明示或者暗示方式，足以使对方感知相关行为的有组织性的，应当认定为《关于办理敲诈勒索刑事案件适用法律若干问题的解释》第二条第（五）项规定的"以黑恶势力名义敲诈勒索"。

采用上述手段，同时又构成其他犯罪的，应当依法按照处罚较重的规定定罪处罚。

雇佣、指使他人有组织地采用上述手段强迫交易、敲诈勒索，构成强迫交易罪、敲诈勒索罪的，对雇佣者、指使者，一般应当以共同犯罪中的主犯论处。为强索不受法律保护的债务或者因其他非法目的，雇佣、指使他人有组织地采用上述手段寻衅滋事，构成寻衅滋事罪的，对雇佣者、指使者，一般应当以共同犯罪中的主犯论处；为追讨合法债务或者因婚恋、家庭、邻里纠纷等民间矛盾而雇佣、指使，没有造成严重后果的，一般不作为犯罪处理，但经有关部门批评制止或者处理处罚后仍继续实施的除外。

293.9 最高人民法院、最高人民检察院、公安部关于依法惩治妨害公共交通工具安全驾驶违法犯罪行为的指导意见（2019 年 1 月 8 日 公通字〔2019〕1 号）（节录）

一、准确认定行为性质，依法从严惩处妨害安全驾驶犯罪

（二）乘客在公共交通工具行驶过程中，随意殴打其他乘客，追逐、辱骂他人，或者起哄闹事，妨害公共交通工具运营秩序，符合刑法第二百九十三条规定的，以寻衅滋事罪定罪处罚；……

293.10 参见 226.3 最高人民法院、最高人民检察院、公安部、司法部关于办理实施"软暴力"的刑事案件若干问题的意见（2019 年 4 月 9 日）

293.11 参见 266.20 最高人民法院、最高人民检察院、公安部、司法部关于办理"套路贷"刑事案件若干问题的意见（2019 年 4 月 9 日）（第 4 条）

293.12 参见 26.8 最高人民法院、最高人民检察院、公安部、司法部关于办理恶势力刑事案件若干问题的意见（2019 年 4 月 9 日 法发〔2019〕10 号）（第 8—9 条）

293.13 参见 225.14 最高人民法院、最高人民检察院、公安部、司法部关于办理非法放贷刑事案件若干问题的意见（2019 年 10 月 21 日 法发〔2019〕24 号）（第 6 条第 2 款、第 4 款）

293.14 最高人民法院、最高人民检察院、公安部、司法部关于办理利用信息网络实施黑恶势力犯罪刑事案件若干问题的意见（2019 年 10 月 21 日）（节录）

7. 利用信息网络辱骂、恐吓他人，情节恶劣，破坏社会秩序的，依照刑法第二百九十三条第一款第二项的规定，以寻衅滋事罪定罪处罚。

编造虚假信息，或者明知是编造的虚假信息，在信息网络上散布，或者组织、指使人员在信息网络上散布，起哄闹事，造成公共秩序严重混乱的，依照刑法第二百九十三条第一款第四项的规定，以寻衅滋事罪定罪处罚。

【法律法规】

293.15 中华人民共和国铁路法（1991 年 5 月 1 日 2015 年修正）（第 65 条第 2 款）

第二百九十三条之一【催收非法债务罪】 有下列情形之一，催收高利放贷等产生的非法债务，情节严重的，处三年以下有期徒刑、拘役或者管制，并处或者单处罚金：

（一）使用暴力、胁迫方法的；

（二）限制他人人身自由或者侵入他人住宅的；

（三）恐吓、跟踪、骚扰他人的。

【刑法修正说明】

本条为全国人大常委会 2020 年 12 月 26 日通过并公布、2021 年 3 月 1 日施行的《刑法修正案（十一）》第 34 条所增设。

【罪名渊源】本条为《刑法修正案（十一）》第 34 条增设，"两高"《罪名补充规定（七）》将其解释为催收非法债务罪。

第二百九十四条【组织、领导、参加黑社会性质组织罪】组织、领导黑社会性质的组织的，处七年以上有期徒刑，并处没收财产；积极参加的，处三年以上七年以下有期徒刑，可以并处罚金或者没收财产；其他参加的，处三年以下有期徒刑、拘役、管制或者剥夺政治权利，可以并处罚金。

【入境发展黑社会组织罪】境外的黑社会组织的人员到中华人民共和国境内发展组织成员的，处三年以上十年以下有期徒刑。

【包庇、纵容黑社会性质组织罪】国家机关工作人员包庇黑社会性质的组织，或者纵容黑社会性质的组织进行违法犯罪活动的，处五年以下有期徒刑；情节严重的，处五年以上有期徒刑。

犯前三款罪又有其他犯罪行为的，依照数罪并罚的规定处罚。

黑社会性质的组织应当同时具备以下特征：

（一）形成较稳定的犯罪组织，人数较多，有明确的组织者、领导者，骨干成员基本固定；

（二）有组织地通过违法犯罪活动或者其他手段获取经济利益，具有一定的经济实力，以支持该组织的活动；

（三）以暴力、威胁或者其他手段，有组织地多次进行违法犯罪活动，为非作恶，欺压、残害群众；

（四）通过实施违法犯罪活动，或者利用国家工作人员的包庇或者纵容，称霸一方，在一定区域或者行业内，形成非法控制或者重大影响，严重破坏经济、社会生活秩序。

【刑法修正说明】

本条为全国人大常委会 2011 年 2 月 25 日通过并公布、同年 5 月 1 日施行的《刑法修正案（八）》第 43 条所修正。原第 294 条为：

【组织、领导、参加黑社会性质组织罪】组织、领导和积极参加以暴力、威胁或者其他手段，有组织地进行违法犯罪活动，称霸一方，为非作恶，欺压、残害群众，严重破坏经济、社会生活秩序的黑社会性质的组织的，处三年以上十年以下有期徒刑；其他参加的，处三年以下有期徒刑、拘役、管制或者剥夺政治权利。

【入境发展黑社会组织罪】境外的黑社会组织的人员到中华人民共和国境内发展组织成员的，处三年以上十年以下有期徒刑。

犯前两款罪又有其他犯罪行为的，依照数罪并罚的规定处罚。

【包庇、纵容黑社会性质组织罪】国家机关工作人员包庇黑社会性质的组织，或者纵容黑社会性质的组织进行违法犯罪活动的，处三年以下有期徒刑、拘役或者剥夺政治权利；情节严重的，处三年以上十年以下有期徒刑。

【罪名渊源】本条系刑法增设，79 刑法和单行刑法均未规定。高法《罪名规定》、高检《罪名意见》将其分别解释为：组织、领导、参加黑社会性质组织罪，入境发展黑社会组织罪，包庇、纵容黑社会性质组织罪。《刑法修正案（八）》第 43 条对本条作了修改：（1）将第 1 款中的"积极参加"行为独立出来，调整了法定刑，增设财产刑；（2）调整了包庇、纵容黑社会性质组织罪的法定最低刑，增设数罪并罚的规定；（3）明确规定了黑社会性质的组织的特征。

【立法解释】

294.1 全国人民代表大会常务委员会关于刑法第二百九十四条第一款的解释（2002 年 4 月 28 日）

全国人民代表大会常务委员会讨论了刑法第二百九十四条第一款规定的"黑社会性质的组织"的含义问题，解释如下：

刑法第二百九十四条第一款规定的"黑社会性质的组织"应当同时具备以下特征：

（一）形成较稳定的犯罪组织，人数较多，有明确的组织者、领导者，骨干成员基本固定；

（二）有组织地通过违法犯罪活动或者其他手段获取经济利益，具有一定的经济实力，以支持该组织的活动；

（三）以暴力、威胁或者其他手段，有组织地多次进行违法犯罪活动，为非作恶，欺压、残害群众；

（四）通过实施违法犯罪活动，或者利用国家工作人员的包庇或者纵容，称霸一方，在一定区域或者行业内，形成非法控制或者重大影响，严重破坏经济、社会生活秩序。

【司法解释】

294.2 最高人民法院关于审理黑社会性质组织犯罪的案件具体应用法律若干问题的解释（2000 年 12 月 10 日 法释〔2000〕42 号）

为依法惩治黑社会性质组织的犯罪活动，根据刑法有关规定，现就审理黑社会性质组织的犯罪案件具体应用法律的若干问题解释如下：

第一条 刑法第二百九十四条规定的"黑社会性质的组织"，一般应具备以下特征：

（一）组织结构比较紧密，人数较多，有比较明确的组织者、领导者，骨干成员基本固定，有较为严格的组织纪律；

（二）通过违法犯罪活动或者其他手段获取经济利益，具有一定的经济实力；

（三）通过贿赂、威胁等手段，引诱、逼迫国家工作人员参加黑社会性质组织活动，或者为其提供非法保护；

（四）在一定区域或者行业范围内，以暴力、威胁、滋扰等手段，大肆进行敲诈勒索、欺行霸市、聚众斗殴、寻衅滋事、故意伤害等违法犯罪活动，严重破坏经济、社会生活秩序。

第二条 刑法第二百九十四条第二款规定的"发展组织成员"，是指将境内、外人员吸收为该黑社会组织成员的行为。对黑社会组织成员进行内部调整等行为，可视为"发展组织成员"。

港、澳、台黑社会组织到内地发展组织成员的，适用刑法第二百九十四条第二款的规定定罪处罚。

第三条 组织、领导、参加黑社会性质的组织又有其他犯罪行为的，根据刑法第二百九十四条第三款的规定，依照数罪并罚的规定处罚；对于黑社会性质组织的组织者、领导者，应当按照其所组织、领导的黑社会性质组织所犯的全部罪行处罚；对于黑社会性质组织的参加者，应当按照其所参与的犯罪处罚。

对于参加黑社会性质的组织，没有实施其他违法犯罪活动的，或者受蒙蔽、胁迫参加黑社会性质的组织，情节轻微的，可以不作为犯罪处理。

第四条 国家机关工作人员组织、领导、参加黑社会性质组织的，从重处罚。

第五条 刑法第二百九十四条第四款规定的"包庇"，是指国家机关工作人员为使黑社会性质组织及其成员逃避查禁，而通风报信，隐匿、毁灭、伪造证据，阻止他人作证、检举揭发，指使他人作伪证，帮助逃匿，或者阻挠其他国家机关工作人员依法查禁等行为。

刑法第二百九十四条第四款规定的"纵容"，是指国家机关工作人员不依法履行职责，放纵黑社会性质组织进行违法犯罪活动的行为。

第六条 国家机关工作人员包庇、纵容黑社会性质的组织，有下列情形之一的，属于刑法第二百九十四条第四款规定的"情节严重"：

（一）包庇、纵容黑社会性质组织跨境实施违法犯罪活动的；

（二）包庇、纵容境外黑社会组织在境内实施违法犯罪活动的；

（三）多次实施包庇、纵容行为的；

（四）致使某一区域或者行业的经济、社会生活秩序遭受黑社会性质组织特别严重破坏的；

（五）致使黑社会性质组织的组织者、领导者逃匿，或者致使对黑社会性质组织的查禁工作严重受阻的；

（六）具有其他严重情节的。

第七条　对黑社会性质组织和组织、领导、参加黑社会性质组织的犯罪分子聚敛的财物及其收益，以及用于犯罪的工具等，应当依法追缴、没收。

【司法文件】

294.3 全国法院维护农村稳定刑事审判工作座谈会纪要（最高人民法院 1999 年 10 月 27 日印发　法〔1999〕217 号）（节录）

二

（三）关于农村恶势力犯罪案件

……对于团伙成员相对固定，以暴力、威胁手段称霸一方，欺压百姓，采取收取"保护费"、代人强行收债、违规强行承包等手段，公然与政府对抗的，应按照黑社会性质组织犯罪处理；其中，又有故意杀人、故意伤害等犯罪行为的，按数罪并罚的规定处罚。

294.4 最高人民检察院关于认真贯彻执行全国人大常委会《关于刑法第二百九十四条第一款的解释》和《关于刑法第三百八十四条第一款的解释》的通知（2002 年 5 月 13 日　高检发研字〔2002〕11 号）（节录）

二、要正确适用法律，积极发挥检察职能作用。各级人民检察院在办理相关案件的过程中，要充分运用刑法和立法解释的有关规定，依法开展立案侦查和批捕、起诉工作，严格按照《解释》加强对黑社会性质组织和挪用公款犯罪的打击力度，积极发挥检察机关的职能作用。根据《解释》的规定，黑社会性质组织是否有国家工作人员充当"保护伞"，即是否要有国家工作人员参与犯罪或者为犯罪活动提供非法保护，不影响黑社会性质组织的认定，对于同时具备《解释》规定的黑社会性质组织四个特征的案件，应依法予以严惩，以体现"打早打小"的立法精神。同时，对于确有"保护伞"的案件，也要坚决一查到底，绝不姑息。对于国家工作人员利用职务上的便利，实施《解释》规定的挪用公款"归个人使用"的三种情形之一的，无论使用公款的是个人还是单位以及单位的性质如何，均应认定为挪用公款归个人使用，构成犯罪的，应依法严肃查处。

三、要注意区分罪与非罪界限，切实提高办案质量。各级人民检察院在办理相关案件时，要严格依法进行，严格区分罪与非罪、此罪与彼罪的界限，切实保证办案质量。要特别注意区分黑社会性质组织犯罪与一般犯罪集团、流氓恶势力团伙违法犯罪的界限、挪用公款犯罪与单位之间违反财经纪律拆借资金行为的界限，做到办案的法律效果和社会效果的有机统一。

294.5 最高人民法院、最高人民检察院、公安部办理黑社会性质组织犯罪案件座谈会纪要（2009 年 12 月 9 日　法〔2009〕382 号）（节录）

二、会议认为，自 1997 年刑法增设黑社会性质组织犯罪的规定以来，全国人大常委会、最高人民法院分别作出了《关于〈中华人民共和国刑法〉第二百九十四条第一款的解释》（以下简称《立法解释》）、《关于审理黑社会性质组织犯罪的案件具体应用法律若干问题的解释》（以下简称《司法解释》），对于指导司法实践发挥了重要作用。但由于黑社会性质组织犯罪的构成要件和所涉及的法律关系较为复杂，在办案过程中对法律规定的理解还不尽相同。为了进一步统一司法标准，会议就实践中争议较大的问题进行了深入研讨，并取得了一致意见：

（一）关于黑社会性质组织的认定

黑社会性质组织必须同时具备《立法解释》中规定的"组织特征"、"经济特征"、"行为特征"和"危害性特征"。由于实践中许多黑社会性质组织并非这"四个特征"都很明显，因此，在具体认定时，应根据立法本意，认真审查、分析黑社会性质组织"四个特征"相互间的内在联系，准确评价涉案犯罪组织所造成的社会危害，确保不枉不纵。

1. 关于组织特征。黑社会性质组织不仅有明确的组织者、领导者，骨干成员基本固定，而且组织结构较为稳定，并有比较明确的层级和职责分工。

当前，一些黑社会性质组织为了增强隐蔽性，往往采取各种手段制造"人员频繁更替、组织结构松散"的假象。因此，在办案时，要特别注意审查组织者、领导者，以及对组织运行、活动起着突出作用的积极参加者等骨干成员是否基本固定、联系是否紧密，不要被其组织形式的表象所左右。

关于组织者、领导者、积极参加者和其他参加者的认定。组织者、领导者，是指黑社会性质组织的发起者、创建者，或者在组织中实际处于领导地位，对整个组织及其运行、活动起着决策、指挥、协调、管理作用的犯罪分子，既包括通过一定形式产生的有明确职务、称谓的组织者、领导者，也包括在黑社会性质组织中被公认的事实上的组织者、领导者；积极参加者，是指接受黑社会性质组织的领导和管理，多次积极参与黑社会性质组织的违法犯罪活动，或者积极参与较严重的黑社会性质组织的犯罪活动且作用突出，以及其他在组织中起重要作用的犯罪分子，如具体主管黑社会性质组织的财务、人员管理等事项的犯罪分子；其他参加者，是指除上述组织成员之外，其他接受黑社会性质组织的领导和管理的犯罪分子。根据《司法解释》第三条第二款的规定，对于参加黑社会性质的组织，没有实施其他违法犯罪活动的，或者受蒙蔽、胁迫参加黑社会性质的组织，情节轻微的，可以不作为犯罪处理。

关于黑社会性质组织成员的主观明知问题。在认定黑社会性质组织的成员时，并不要求其主观上认为自己参加的是黑社会性质组织，只要其知道或者应当知道该组织具有一定规模，且是以实施违法犯罪为主要活动的，即可认定。

对于黑社会性质组织存在时间、成员人数及组织纪律等问题的把握。黑社会性质组织一般在短时间内难以形成，而且成员人数较多，但鉴于普通犯罪集团、"恶势力"团伙向黑社会性质组织发展是一个渐进的过程，没有明显的性质转变的节点，故对黑社会性质组织存在时间、成员人数问题不宜作出"一刀切"的规定。对于那些已存在一定时间，且成员人数较多的犯罪组织，在定性时要根据其是否具备一定的经济实力，是否已在一定区域或行业内形成非法控制或重大影响等情况综合分析判断。此外，在通常情况下，黑社会性质组织为了维护自身的安全和稳定，一般会有一些约定俗成的纪律、规约，有些甚至还有明确的规定。因此，具有一定的组织纪律、活动规约，也是认定黑社会性质组织特征时的重要参考依据。

2. 关于经济特征。一定的经济实力是黑社会性质组织坐大成势，称霸一方的基础。由于不同地区的经济发展水平、不同行业的利润空间均存在很大差异，加之黑社会性质组织存在、发展的时间也各有不同，因此，在办案时不能一般性地要求黑社会性质组织所具有的经济实力必须达到特定规模或特定数额。此外，黑社会性质组织的敛财方式也具有多样性。实践中，黑社会性质组织不仅会通过实施赌博、敲诈、贩毒等违法犯罪活动攫取经济利益，而且还往往会通过开办公司、企业等方式"以商养黑"、"以黑护商"。因此，无论其财产是通过非法手段聚敛，还是通过合法的方式获取，只要将其中部分或全部用于违法犯罪活动或者维系犯罪组织的生存、发展即可。

"用于违法犯罪活动或者维系犯罪组织的生存、发展"，一般是指购买作案工具、提供作案经费，为受伤、死亡的组织成员提供医疗费、丧葬费，为组织成员及其家属提供工资、奖励、福利、生活费用，为组织寻求非法保护以及其他与实施有组织的违法犯罪活动有关的费用支出等。

3. 关于行为特征。暴力性、胁迫性和有组织性是黑社会性质组织行为方式的主要特征，但有时也会采取一些"其他手段"。

根据司法实践经验，《立法解释》中规定的"其他手段"主要包括：以暴力、威胁为基础，在利用组织势力和影响已对他人形成心理强制或威慑的情况下，进行所谓的"谈判"、"协商"、"调解"；滋扰、哄闹、聚众等其他干扰、破坏正常经济、社会生活秩序的非暴力手段。

"黑社会性质组织实施的违法犯罪活动"主要包括以下情形：由组织者、领导者直接组织、策划、指挥或参与实施的违法犯罪活动；由组织成员以组织名义实施，并得到组织者、领导者认可或者默许的违法犯罪活动；多名组织成员为逞强争霸、插手纠纷、报复他人、替人行凶、非法敛财而共同实施，并得到组织者、领导者认可或者默许的违法犯罪活动；组织成员为组织争夺势力范围、排除竞争对手、确立强势地位、谋取经济利益、维护非法权威或者按照组织的纪律、惯例、共同遵守的约定而实施的违法犯罪活动；由黑社会性质组织实施的其他违法犯罪活动。

会议认为，在办案时还应准确理解《立法解释》中关于"多次进行违法犯罪活动"的规定。黑社会性质组织实施犯罪活动过程中，往往伴随着大量的违法活动，对此均应作为黑社会性质组织的违法犯罪事实予以认定。但如果仅实施了违法活动，而没有实施犯罪活动的，则不能认定为黑社会性质组织。此外，"多次进行违法犯罪活动"只是认定黑社会性质组织的必要条件之一，最终能否认定为黑社会性质组织，还要结合危害性特征来加以判断。即使有些案件中的违法犯罪活动已符合"多次"的标准，但根据其性质和严重程度，尚不足以形成非法控制或者重大影响的，也不能认定为黑社会性质组织。

4. 关于危害性特征。称霸一方，在一定区域或者行业内，形成非法控制或者重大影响，从而严重破坏经济、社会生活秩序，是黑社会性质组织的本质特征，也是黑社会性质组织区别于一般犯罪集团的关键所在。

对于"一定区域"的理解和把握。区域的大小具有相对性，且黑社会性质组织非法控制和影响的对象并不是区域本身，而是在一定区域中生活的人，以及该区域内的经济、社会生活秩序。因此，不能简单地要求"一定区域"必须达到某一特定的空间范围，而应当根据具体案情，并结合黑社会性质组织对经济、社会生活秩序的危害程度加以综合分析判断。

对于"一定行业"的理解和把握。黑社会性质组织所控制和影响的行业，既包括合法行业，也包括黄、赌、毒等非法行业。这些行业一般涉及生产、流通、交换、消费等一个或多个市场环节。

通过实施违法犯罪活动，或者利用国家工作人员的包庇、纵容，称霸一方，并具有以下情形之一的，可认定为"在一定区域或者行业内，形成非法控制或者重大影响，严重破坏经济、社会生活秩序"：对在一定区域内生活或者一定行业内从事生产、经营的群众形成心理强制、威慑，致使合法利益受损的群众不敢举报、控告的；对一定行业的生产、经营形成垄断，或者对涉及一定行业的准入、经营、竞争等经济活动形成重要影响的；插手民间纠纷、经济纠纷，在相关区域或者行业内造成严重影响的；干扰、破坏他人正常生产、经营、生活，并在相关区域或者行业内造成严重影响的；干扰、破坏公司、企业、事业单位及社会团体的正常生产、经营、工作秩序，在相关区域、行业内造成严重影响，或者致使其不能正常生产、经营、工作的；多次干扰、破坏国家机关、行业管理部门以及村委会、居委会等基层群众自治组织的工作秩序，或者致使上述单位、组织的职能不能正常行使的；利用组织的势力、影响，使组织成员获取政治地位，或者在党政机关、基层群众自治组织中担任一定职务的；其他形成非法控制或者重大影响，严重破坏经济、社会生活秩序的情形。

（二）关于办理黑社会性质组织犯罪案件的其他问题

1. 关于包庇、纵容黑社会性质组织罪主观要件的认定。本罪主观方面要求必须是出于故意，过失不能构成本罪。会议认为，只要行为人知道或者应当知道是从事违法犯罪活动的组织，仍对该组织及其成员予以包庇，或者纵容其实施违法犯罪活动，即可认定本罪。至于行为人是否明知该组织系黑社会性质组织，不影响本罪的成立。

2. 关于黑社会性质组织成员的刑事责任。对黑社会性质组织的组织者、领导者，应根据法律规定和本纪要中关于"黑社会性质组织实施的违法犯罪活动"的规定，按照该组织所犯的全部罪行承担刑事责任。组织者、领导者对于具体犯罪所承担的刑事责任，应当根据其在该起犯罪中的具体地位、作用来确定。对黑社会性质组织中的积极参加者和其他参加者，应按照其所参与的犯罪，根据其在具体犯罪中的地位和作用，依照罪责刑相适应的原则，确定应承担的刑事责任。

3. 关于涉黑犯罪财物及其收益的认定和处置。在办案时，要依法运用查封、扣押、冻结、追缴、没收等手段，彻底摧毁黑社会性质组织的经济基础，防止其死灰复燃。对于涉黑犯罪财物及其收益以及犯罪工具，均应按照刑法第六十四条和《司法解释》第七条的规定予以追缴、没收。黑社会性质组织及其成员通过犯罪活动聚敛的财物及其收益，是指在黑社会性质组织的形成、发展过程中，该组织及组织成员通过违法犯罪活动或其他不正当手段聚敛的全部财物、财产性权益及其掌息、收益。在办案工作中，应认真审查涉案财产的来源、性质，对被告人及其他单位、个人的合法财产应依法予以保护。

4. 关于认定黑社会性质组织犯罪的证据要求。办理涉黑案件同样应当坚持案件"事实清楚，证据确实、充分"的法定证明标准。但应当注意的是，"事实清楚"是指能够对定罪量刑产生影响的事实必须清楚，而不是指整个案件的所有事实和情节都要——查证属实；"证据确实、充分"是指能够据以定罪量刑的证据确实、充分，而不是指案件中所涉全部问题的证据都要达到确实、充分的程度。对此，一定要准确理解和把握，不要纠缠那些不影响定罪量刑的枝节问题。比如，在可以认定某犯罪组织已将所获经济利益部分用于组织活动的情况下，即使此部分款项的具体数额难以全部查实，也不影响定案。

5. 关于黑社会性质组织成员的立功问题。积极参加者、其他参加者配合司法机关查办案件，有提供线索、帮助收集证据或者其他协助行为，并对侦破黑社会性质组织犯罪案件起到一定作用的，即使依法不能认定立功，一般也应酌情对其从轻处罚。组织者、领导者检举揭发与该黑社会性质组织及其违法犯罪活动有关联的其他犯罪线索，即使依法构成立功或者重大立功，在量刑时也应从严掌握。

6. 关于对"恶势力"团伙的认定和处理。"恶势力"是黑社会性质组织的雏形，有的最终发展成为了黑社会性质组织。因此，及时严惩"恶势力"团伙犯罪，是遏制黑社会性质组织滋生，防止违法犯罪活动造成更大社会危害的有效途径。

会议认为，"恶势力"是指经常纠集在一起，以暴力、威胁或其他手段，在一定区域或者行业内多次实施违法犯罪活动，为非作恶，扰乱经济、社会生活秩序，造成较为恶劣的社会影响，但尚未形成黑社会性质组织的犯罪团伙。"恶势力"一般为三人以上，纠集者、骨干成员相对固定，违法犯罪活动一般表现为敲诈勒索、强迫交易、欺行霸市、聚众斗殴、寻衅滋事、非法拘禁、故意伤害、抢劫、抢夺或者黄、赌、毒等。各级人民法院、人民检察院和公安机关在办案时应根据本纪要的精神，结合组织化程度的高低、经济实力的强弱、有无追求和实现对社会的非法控制等特征，对黑社会性质组织与"恶势力"团伙加以正确区分。同时，还要本着实事求是的态度，正确理解和把握"打早打小"方针。在准确查明"恶势力"团伙具体违法犯罪事实的基础上，构成什么罪，就按什么罪处理，并充分运用刑法总则关于共同犯罪的规定，依法惩处。对符合犯罪集团特征的，要按照犯罪集团处理，以切实加大对"恶势力"团伙依法惩处的力度。

7. 关于视听资料的收集、使用。公安机关在侦查时要特别重视对涉黑犯罪视听资料的收集。对于那些能够证明涉案犯罪组织具备黑社会性质组织的"四个特征"及其实施的具体违法犯罪活动的录音、录像资料，要及时提取、固定、移送。通过特殊侦查措施获取的视听资料，在移送审查起诉时，公安机关对证据的来源、提取经过应予说明。

8. 庭审时应注意的有关问题。为确保庭审效果，人民法院在开庭审理涉黑案件之前，应认真做好庭审预案。法庭调查时，除必须传唤共同被告人同时到庭质证外，对各被告人应当分别讯问，以防止被告人当庭串供或者不敢如实供述、作证。对于诉讼参与人、旁听人员破坏法庭秩序、干扰法庭审理的，法庭应按照刑事诉讼法及有关司法解释的规定及时作出处理。构成犯罪的，应当依法追究刑事责任。

【说明】最高人民法院2015年座谈会纪要对本纪要作了补充。

附：全国部分法院审理黑社会性质组织犯罪案件工作座谈会纪要（2015年10月13日法〔2015〕291号）（节录）

……会议认为，2009年印发的《最高人民法院、最高人民检察院、公安部办理黑社会性质组织犯罪案件座谈会纪要》（以下简称2009年《座谈会纪要》）对于指导审判实践发挥了重要作用。由于黑社会性质组织犯罪始终处于不断发展变化之中，且刑法、刑事诉讼法的相关规定均有修改，因此，对于一些实践中反映较为突出，但2009年《座谈会纪要》未作规定或者有关规定尚需进一步细化和完善的问题，确有必要及时加以研究解决。经过与会代表的认真研究，会议就人民法院审理黑社会性质组织犯罪案件时遇到的部分政策把握及具体应用法律问题形成了共识。同时，与会代表也一致认为，本次会议所取得的成果是对2009年《座谈会纪要》的继承与发展，原有内容审判时仍应遵照执行；内容有所补充的，审判时应结合执行。纪要如下：

一、准确把握形势、任务，坚定不移地在法治轨道上深入推进打黑除恶专项斗争

（一）毫不动摇地贯彻依法严惩方针

……对于黑社会性质组织犯罪分子要依法加大资格刑、财产刑的适用力度，有效运用刑法中关于禁止令的规定，严格把握减刑、假释适用条件，全方位、全过程地体现从严惩处的精神。

（二）认真贯彻落实宽严相济刑事政策

审理黑社会性质组织犯罪案件应当认真贯彻落实宽严相济刑事政策。要依照法律规定，根据具体的犯罪事实、情节以及人身危险性、主观恶性、认罪悔罪态度等因素充分体现刑罚的个别化。同时要防止片面强调从宽或者从严，切实做到区别对待，宽严有据，罚当其罪。对于黑社会性质组织的组织者、领导者、骨干成员及其"保护伞"，要依法从严惩处。根据所犯具体罪行的严重程度，依法应当判处重刑的要坚决判处重刑。确属罪行极其严重，依法应当判处死刑的，也必须坚决判处。对于不属于骨干成员的积极参加者以及一般参加者，确有自首、立功等法定情节的，要依法从轻、减轻或免除处罚；具有初犯、偶犯等酌定情节的，要依法酌情从宽处理。对于一般参加者，虽然参与实施了少量的违法犯罪活动，但系未成年人或是只起次要、辅助作用的，应当依法从宽处理。符合缓刑条件的，可以适用缓刑。

（三）正确把握"打早打小"与"打准打实"的关系

"打早打小"，是指各级政法机关必须依照法律规定对有可能发展成为黑社会性质组织的犯罪集团、"恶势力"团伙及早打击，绝不能允许其坐大成势，而不应被理解为对尚处于低级形态的犯罪组织可以不加区分地一律按照黑社会性质组织处理。"打准打实"，就是要求审判时应当本着实事求是的态度，在准确查明事实的基础上，构成什么罪，就按什么罪判处刑罚。对于不符合黑社会性质组织认定标准的，应当根据案件事实依照刑法中的相关条款处理，从而把法律规定落到实处。由于黑社会性质组织的形成、发展一般都会经历一个从小到大、由"恶"到"黑"的渐进过程，因此，"打早打小"不仅是政法机关依法惩治黑恶势力犯罪的一贯方针，而且是将黑社会性质组织及时消灭于雏形或萌芽状态，防止其社会危害进一步扩大的有效手段。而"打准打实"既是刑事审判维护公平正义的必然要求，也是确保打黑除恶工作实现预期目标的基本前提。只有打得准，才能有效摧毁黑社会性质组织；只有打得实，才能最大限度地体现惩治力度。"打早打小"和"打准打实"是分别从惩治策略、审判原则的角度对打黑除恶工作提出的要求，各级人民法院对于二者关系的理解不能简单化、片面化，要严格坚持依法办案原则，准确认定黑社会性质组织，既不能"降格"，也不能"拔高"，切实防止以"打早打小"替代"打准打实"。

（四）依法加大惩处"保护伞"的力度

个别国家机关工作人员的包庇、纵容，不仅会对黑社会性质组织的滋生、蔓延起到推波助澜的作用，而且会使此类犯罪的社会危害进一步加大。各级人民法院应当充分认识"保护伞"的严重危害，将依法惩处"保护伞"作为深化打黑除恶工作的重点环节和深入开展反腐败斗争的重要内容，正确运用刑法的有关规定，有效加大对于"保护伞"的惩处力度。同时，各级人民法院还应当全面发挥职能作用，对于审判工作中发现的涉及"保护伞"的线索，应当及时转往有关部门查处，确保实现"除恶务尽"的目标。

（五）严格依照法律履行审判职能

《中华人民共和国刑法修正案（八）》的颁布实施以及刑事诉讼法的再次修正，不仅进一步完善了惩处黑恶势力犯罪的相关法律规定，同时也对办理黑社会性质组织犯罪案件提出了更为严格的要求。面对新的形势和任务，各级人民法院应当以审判为中心，进一步增强程序意识和权利保障意识，严格按照法定程序独立行使审判职权，并要坚持罪刑法定、疑罪从无、证据裁判原则，依法排除非法证据，通过充分发挥庭审功能和有效运用证据审查判断规则，切实把好事实、证据与法律适用关，以令人信服的裁判说理来实现审判工作法律效果与社会效果的有机统一。同时，还应当继续加强、完善与公安、检察等机关的配合协作，保证各项长效工作机制运行更为顺畅。

二、关于黑社会性质组织的认定

（一）认定组织特征的问题

黑社会性质组织存续时间的起点，可以根据涉案犯罪组织举行成立仪式或者进行类似活动的时间来认定。没有前述活动的，可以根据足以反映其初步形成核心利益或强势地位的重大事件发生时间进行审查判断。没有明显标志性事件的，也可以根据涉案犯罪组织为维护、扩大组织势力、实力、影响、经济基础或按照组织惯例、纪律、活动规约而首次实施有组织的犯罪活动的时间进行审查判断。存在、发展时间明显过短、犯罪活动尚不突出的，一般不应认定为黑社会性质组织。黑社会性质组织应当具有一定规模，人数较多，组织成员一般在10人以上。其中，既包括已有充分证据证明但尚未归案的组织成员，也包括虽有参加黑社会性质组织的行为但因尚未达到刑事责任年龄或因其他法定情形而未被起诉，或者根据具体情节不作为犯罪处理的组织成员。

黑社会性质组织应有明确的组织者、领导者，骨干成员基本固定，并有比较明确的层级和职责分工，一般有三种类型的组织成员，即：组织者、领导者与积极参加者、一般参加者（也即"其他参加者"）。骨干成员，是指直接听命于组织者、领导者，并多次指挥或积极参与实施有组织的违法犯罪活动或者其他长时间在犯罪组织中起重要作用的犯罪分子，属于积极参加者的一部分。

对于黑社会性质组织的组织纪律、活动规约，应当结合制定、形成相关纪律、规约的目的与意图来进行审查判断。凡是为了增强实施违法犯罪活动的组织性、隐蔽性而制定或者自发形成，并用以明确组织内部人员管理、职责分工、行为规范、利益分配、行动准则等事项的成文或不成文的规定、约定，均可认定为黑社会性质组织的组织纪律、活动规约。

对于参加黑社会性质组织，没有实施其他违法犯罪活动，或者受蒙蔽、威胁参加黑社会性质组织，情节轻微的，可以不作为犯罪处理。对于参加黑社会性质组织后仅参与少量情节轻微的违法活动的，也可以不作为犯罪处理。

以下人员不属于黑社会性质组织的成员：1. 主观上没有加入社会性质组织的意愿，受雇到黑社会性质组织开办的公司、企业、社团工作，未参与或者仅参与少量黑社会性质组织的违法犯罪活动的人员；2. 因临时被纠集、雇佣或受蒙蔽为黑社会性质组织实施违法犯罪活动或者提供帮助、支持、服务的人员；3. 为维护或扩大自身利益而临时雇佣、收买、利用黑社会性质组织实施违法犯罪活动的人员。上述人员构成其他犯罪的，按照具体犯罪处理。

对于被起诉的组织成员主要为未成年人的案件，定性时应当结合"四个特征"审慎把握。

（二）认定经济特征的问题

"一定的经济实力"，是指黑社会性质组织在形成、发展过程中获取的，足以支持该组织运行、发展以及实施违法犯罪活动的经济利益。包括：1. 有组织地通过违法犯罪活动或其他不正当手段聚敛的资产；2. 有组织地通过合法的生产、经营活动获取的资产；3. 组织成员以及其他单位、个人资助黑社会性质组织的资产。通过上述方式获取的经济利益，即使是由部分组织成员个人掌控，也应计入黑社会性质组织的"经济实力"。

各高级人民法院可以根据本地区的实际情况，对黑社会性质组织所应具有的"经济实力"在20—50万元幅度内，自行划定一般掌握的最低数额标准。

是否将所获经济利益全部或部分用于违法犯罪活动或者维系犯罪组织的生存、发展，是认定经济特征的重要依据。无论获利后的分配与使用形式如何变化，只要在客观上能够起到豢养组织成员、维护组织稳定、壮大组织势力的作用即可认定。

（三）认定行为特征的问题

涉案犯罪组织仅触犯少量具体罪名的，是否应认定为黑社会性质组织要结合组织特征、经济特征和非法控制特征（危害性特征）综合判断，严格把握。

黑社会性质组织实施的违法犯罪活动包括非暴力性的违法犯罪活动，但暴力或以暴力相威胁始终是黑社会性质组织实施违法犯罪活动的基本手段，并随时可能付诸实施。因此，在黑社会性质组织所实施的违法犯罪活动中，一般应有一部分能够较明显地体现出暴力或以暴力相威胁的基本特征。否则，定性时应当特别慎重。

属于 2009 年《座谈会纪要》规定的五种情形之一的，一般应当认定为黑社会性质组织实施的违法犯罪活动，但确与维护和扩大组织势力、实力、影响、经济基础无任何关联，亦不是按照组织惯例、纪律、活动规约而实施，则应作为组织成员个人的违法犯罪活动处理。组织者、领导者明知组织成员曾多次实施起因、性质类似的违法犯罪活动，但并未明确予以禁止的，如果该类行为对扩大组织影响起到一定作用，可以视为是按照组织惯例实施的违法犯罪活动。

（四）认定非法控制特征（危害性特征）的问题

黑社会性质组织所控制和影响的"一定区域"，应当具备一定空间范围，并承载一定的社会功能。既包括一定数量的自然人共同居住、生活的区域，如乡镇、街道、较大的村庄等，也包括承载一定生产、经营或社会公共服务功能的区域，如矿山、工地、市场、车站、码头等。对此，应当结合一定地域范围内的人口数量、流量、经济规模等因素综合评判。如果涉案犯罪组织的控制和影响仅存在于一座酒店、一处娱乐会所等空间范围有限的场所或者人口数量、流量、经济规模较小的其他区域，则一般不能视为是对"一定区域"的控制和影响。

黑社会性质组织所控制和影响的"一定行业"，是指在一定区域内存在的同类生产、经营活动。黑社会性质组织通过多次有组织地实施违法犯罪活动，对黄、赌、毒等非法行业形成非法控制或重大影响的，同样符合非法控制特征（危害性特征）的要求。

2009 年《座谈会纪要》明确了可以认定为"在一定区域或者行业内，形成非法控制或者重大影响，严重破坏经济、社会生活秩序"的八种情形，适用时应当注意以下问题：第 1 种情形中的"致使合法利益受损的群众不敢举报、控告的"，是指致使多名合法利益遭受犯罪或者严重违法活动侵害的群众不敢通过正当途径维护权益；第 2 种情形中的"形成垄断"，是指可以操控、左右、决定与一定行业相关的准入、退出、经营、竞争等经济活动。"形成重要影响"，是指对与一定行业相关的准入、退出、经营、竞争等经济活动具有较大的干预和影响能力，或者具有在该行业内占有较大市场份额、通过违法犯罪活动或以其他不正当手段在该行业内敛财数额巨大（最低数额标准由各高院根据本地情况在 20—50 万元的幅度内自行划定）、给该行业内从事生产、经营活动的其他单位、组织、个人造成直接经济损失 100 万元以上等情节之一；第 3、4、5 种情形中的"造成严重影响"，是指具有致人重伤或致多人轻伤、通过违法犯罪活动或以其他不正当手段敛财数额巨大（数额标准同上）、造成直接经济损失 100 万元以上、多次引发群体性事件或引发大规模群体性事件等情节之一；第 6 种情形中的"多次干扰、破坏国家机关、行业管理部门以及村委会、居委会等基层群众自治组织的工作秩序"，包括以拉拢、收买、威胁等手段多次得到国家机关工作人员包庇或纵容，或者多次对前述单位、组织中正常履行职务的工作人员进行打击、报复的情形；第 7 种情形中的"获取政治地位"，是指当选各级人大代表、政协委员。"担任一定职务"，是指在各级党政机关及其职能部门、基层群众自治组织中担任具有组织、领导、监督、管理职权的职务。

根据实践经验，在黑社会性质组织犯罪案件中，2009 年《座谈会纪要》规定的八种情形一般不会单独存在，往往是两种以上的情形同时并存、相互交织，从而严重破坏经济、社会生活秩序。审判时，应当充分认识这一特点，准确认定该特征。"四个特征"中其他构成要素均已具备，仅在成员人数、经济实力规模方面未达到本纪要提出的一般性要求，但已较为接近，且在非法控制特征（危害性特征）方面同时具有 2009 年《座谈会纪要》相关规定中的多种情形，其中至少有一种情形已明显超出认定标准的，也可以认定为黑社会性质组织。

三、关于刑事责任和刑罚适用

（一）已退出或者新接任的组织者、领导者的刑事责任问题

对于在黑社会性质组织形成、发展过程中已经退出的组织者、领导者，或者在加入黑社会性质组织之后逐步发展成为组织者、领导者的犯罪分子，应对其本人参与及其实际担任组织者、领导者期间该组织所犯的全部罪行承担刑事责任。

（二）量刑情节的运用问题

黑社会性质组织的成员虽不具有自首情节，但到案后能够如实供述自己罪行，并具有以下情形之一的，一般应当适用《刑法》第六十七条第三款的规定予以从轻处罚：1. 如实交代大部分尚未被掌握的同种犯罪事实；2. 如实交代尚未被掌握的较重的同种犯罪事实；3. 如实交代犯罪事实，并对收集定案证据、查明案件事实有重要作用的。

积极参加者、一般参加者配合司法机关查办案件，有提供线索、帮助收集证据或者其他协助行为，并在侦破黑社会性质组织犯罪案件、认定黑社会性质组织及其主要成员、追缴黑社会性质组织违法所得、查处"保护伞"等方面起到较大作用的，即使依法不能认定立功，一般也应酌情对其从轻处罚。组织者、领导者、骨干成员以及"保护伞"协助抓获同案中其他重要的组织成员，或者骨干成员能够检举揭发其他犯罪案件中罪行同样严重的犯罪分子，原则上依法应予从轻或者减轻处罚。组织者、领导者检举揭发与该黑社会性质组织及其违法犯罪活动有关联的其他犯罪线索，如果在是否认定立功的问题上存在事实、证据或法律适用方面的争议，应当严格把握。依法应认定为立功或者重大立功的，在决定是否从宽处罚、如何从宽处罚时，应当根据罪责刑相一致原则从严掌握。可能导致全案量刑明显失衡的，不予从宽处罚。

审理黑社会性质组织犯罪案件，应当通过判处和执行民事赔偿以及积极开展司法救助来最大限度地弥补被害人及其亲属的损失。被害人及其亲属确有特殊困难，需要接受被认定为黑社会性质组织成员的被告人赔偿并因此表示谅解的，量刑时应当特别慎重。不仅应当查明谅解是否确属真实意思表示以及赔偿款项与黑社会性质组织违法所得有无关联，而且在决定是否从宽处罚、如何从宽处罚时，也应当从严掌握。可能导致全案量刑明显失衡的，不予从宽处罚。

（三）附加剥夺政治权利的适用问题

对于黑社会性质组织的组织者、领导者，可以适用《刑法》第五十六条第一款的规定附加剥夺政治权利。对于因犯参加黑社会性质组织罪被判处5年以上有期徒刑的积极参加者，也可以适用该规定附加剥夺政治权利。

（四）财产刑的适用问题

对于黑社会性质组织的组织者、领导者，依法应当并处没收财产。黑社会性质组织敛财数额特别巨大，但因犯罪分子转移、隐匿、毁灭证据或者拒不交代涉案财产来源、性质，导致违法所得以及其他应当追缴的财产难以准确查清和追缴的，对于组织者、领导者以及为该组织转移、隐匿资产的积极参加者可以并处没收个人全部财产。对于确属骨干成员的积极参加者一般应当并处罚金或者没收财产。对于其他积极参加者和一般参加者，应当根据所参与实施违法犯罪活动的次数、性质、地位、作用、违法所得数额以及造成损失的数额等情节，依法决定财产刑的适用。

四、关于审判程序和证据审查

（一）分案审理问题

为便宜诉讼，提高审判效率，防止因法庭审理过于拖延而损害当事人的合法权益，对于被告人人数众多，合并审理难以保证庭审质量和庭审效率的黑社会性质组织犯罪案件，可分案进行审理。分案应当遵循有利于案件顺利审判、有利于查明案件事实、有利于公正定罪量刑的基本原则，确保有效质证、事实统一、准确定罪、均衡量刑。对于被作为组织者、领导者、积极参加者起诉的被告人，以及黑社会性质组织重大犯罪的共同作案人，分案审理影响庭审调查的，一般不宜分案审理。

（二）证明标准和证据运用问题

办理黑社会性质组织犯罪案件应当坚持"事实清楚，证据确实、充分"的法定证明标准。黑社会性质组织犯罪案件侦查取证难度大，"四个特征"往往难以通过实物证据来加以证明。审判时，应当严格依照刑事诉讼法及有关司法解释的规定对相关证据进行审查与认定。在确保被告人供述、证人证言、被害人陈述等言词证据取证合法、内容真实，且综合全案证据，已排除合理怀疑的情况下，同样可以认定案件事实。

（三）法庭举证、质证问题

审理黑社会性质组织犯罪案件时，合议庭应当按照刑事诉讼法及有关司法解释的规定有效引导控辩双方举证、质证。不得因为案件事实复杂、证据繁多，而不当限制控辩双方就证据问题进行交叉询问、相互辩论的权利。庭审时，应当根据案件事实繁简、被告人认罪态度等采取适当的举证、质证方式，突出重点；对黑社会性质组织的"四个特征"应单独举证、质证。为减少重复举证、质证，提高审判效率，庭审中可以先就认定具体违法犯罪事实的证据进行举证、质证。对认定黑社会性质组织行为特征的证据进行举证、质证时，之前已经宣读、出示过的证据，可以在归纳、概括之后简要征询控辩双方意见。对于认定组织特征、经济特征、非法控制特征（危害性特征）的证据，举证、质证时一般不宜采取前述方式。

（四）对出庭证人、鉴定人、被害人的保护问题

人民法院受理黑社会性质组织犯罪案件后，应当及时了解在侦查、审查起诉阶段有无对证人、鉴定人、被害人采取保护措施的情况，确保相关保护措施在审判阶段能够紧密衔接。开庭审理时，证人、鉴定人、被害人因出庭作证，本人或其近亲属的人身安全面临危险的，应当采取不暴露外貌、真实声音等出庭作证措施。必要时，可以进行物理隔离，以音频、视频传送的方式作证，并对声音、图像进行技术处理。有必要禁止特定人员接触证人、鉴定人、被害人及其近亲属的，以及需要对证人、鉴定人、被害人及其近亲属的人身和住宅采取专门性保护措施的，应当及时与检察机关、公安机关协调，确保保护措施及时执行到位。依法决定不公开证人、鉴定人、被害人真实姓名、住址和工作单位等个人信息的，应当在开庭前核实其身份。证人、鉴定人签署的如实作证保证书应当列入审判副卷，不得对外公开。

五、关于黑社会性质组织犯罪案件审判工作相关问题

（一）涉案财产的处置问题

审理黑社会性质组织犯罪案件时，对于依法查封、冻结、扣押的涉案财产，应当全面审查证明财产来源、性质、用途、权属及价值大小的有关证据，调查财产的权属情况以及是否属于违法所得或者依法应当追缴的其他财物。属于下列情形的，依法应当予以追缴、没收：1.黑社会性质组织形成、发展过程中，该组织及其组织成员通过违法犯罪活动或其他不正当手段聚敛的财产及其孳息、收益，以及合法获取的财产中实际用于支持该组织存在、发展和实施违法犯罪活动的部分；2.其他单位、个人为支持黑社会性质组织存在、发展以及实施违法犯罪活动而资助或提供的财产；3.组织成员通过个人实施的违法犯罪活动所聚敛的财产及其孳息、收益，以及供个人犯罪所用的本人财物；4.黑社会性质组织及其组织成员个人非法持有的违禁品；5.依法应当追缴的其他涉案财物。

（二）发挥庭审功能问题

黑社会性质组织犯罪案件开庭前，应当按照重大案件的审判要求做好从物质保障到人员配备等各方面的庭审准备，并制定详细的庭审预案和庭审提纲。同时，还要充分发挥庭前会议了解情况、听取意见的应有作用，提前了解控辩双方的主要意见，及时解决可能影响庭审顺利进行的程序性问题。对于庭前会议中出示的证据材料，控辩双方无异议的，庭审举证、质证时可以简化。庭审过程中，合议庭应当针对争议焦点和关键的事实、证据问题，有效引导控辩双方进行法庭调查与法庭辩论。庭审时，还应当全程录音录像，相关音视频资料应当存卷备查。

294.6 参见 120.1 最高人民法院关于贯彻宽严相济刑事政策的若干意见（2010 年 2 月 8 日法发〔2010〕9 号）

294.7 最高人民法院刑三庭在审理故意杀人、伤害及黑社会性质组织犯罪案件中切实贯彻宽严相济刑事政策（2010年4月14日）（节录）

一、在三类案件中贯彻宽严相济刑事政策的总体要求（略，参见234.11本文件）

三、黑社会性质组织犯罪案件审判中宽严相济的把握

1. 准确认定黑社会性质组织。黑社会性质组织犯罪由于其严重的社会危害性，在打击处理上不能等其坐大后进行，要坚持"严打"的方针，坚持"打早打小"的策略。但黑社会性质组织的认定，必须严格依照刑法和《全国人民代表大会常务委员会关于〈中华人民共和国刑法〉第二百九十四条第一款的解释》的规定，从组织特征、经济特征、行为特征和非法控制特征四个方面进行分析。认定黑社会性质组织犯罪四个特征必须同时具备。当然，实践中许多黑社会性质组织并不是四个特征都很明显，在具体认定时，应根据立法本意，认真审查、分析黑社会性质组织四个特征相互间的内在联系，准确评价涉案犯罪组织所造成的社会危害。既要防止将已具备黑社会性质组织四个特征的案件"降格"处理，也不能因为强调严厉打击将不具备四个特征的犯罪团伙"拔高"认定为黑社会性质组织。在黑社会性质组织犯罪的审判中贯彻宽严相济刑事政策，要始终坚持严格依法办案，坚持法定标准，这是《意见》的基本要求。

2. 区别对待黑社会性质组织的不同成员。《意见》第30条明确了黑社会性质组织中不同成员的处理原则：分别情况，区别对待。对于组织者、领导者应依法从严惩处，其承担责任的犯罪不限于自己组织、策划、指挥和实施的犯罪，而应对组织所犯的全部罪行承担责任。实践中，一些黑社会性质组织的组织者、领导者，只是以其直接实施的犯罪起诉、审判，实际上是轻纵了他们的罪行。要在区分组织犯罪和组织成员犯罪的基础上，合理划定组织者、领导者的责任范围，做到不枉不纵。同时，还要注意责任范围和责任程度的区别，不能简单认为组织者、领导者就是具体犯罪中责任最重的主犯。对于组织成员实施的黑社会性质组织犯罪，组织者、领导者只是事后知晓，甚至根本不知晓，其就只应负一般的责任，直接实施的成员无疑应负最重的责任。

对于积极参加者，应根据其在具体犯罪中的地位、作用，确定其应承担的刑事责任。确属黑社会性质组织骨干成员的，应依法从严处罚。对犯罪情节较轻的其他参加人员以及初犯、偶犯、未成年犯，则要依法从轻、减轻处罚。对于参加黑社会性质的组织，没有实施其他违法犯罪活动的，或者受蒙蔽、胁迫参加黑社会性质的组织，情节轻微的，则可以不作为犯罪处理。

此外，在处理黑社会性质组织成员间的检举、揭发问题上，既要考虑线索本身的价值，也要考虑检举、揭发者在黑社会性质组织犯罪中的地位、作用，防止出现全案量刑失衡的现象。组织者、领导者检举揭发与该黑社会性质组织及其违法犯罪活动有关联的其他犯罪线索，即使依法构成立功或者重大立功，在考虑是否从轻量刑时也应从严予以掌握。积极参加者、其他参加者配合司法机关查办案件，有提供线索、帮助收集证据或者其他协助行为，并对侦破黑社会性质组织犯罪案件起到一定作用的，即使依法不能认定立功，一般也应酌情对其从轻处罚。

294.8 最高人民法院、最高人民检察院、公安部、司法部关于办理黑恶势力犯罪案件若干问题的指导意见（2018年1月16日 法发〔2018〕1号）（节录）

一、总体要求

1. 各级人民法院、人民检察院、公安机关和司法行政机关应充分发挥职能作用，密切配合，相互支持，相互制约，形成打击合力，加强预防惩治黑恶势力犯罪长效机制建设。正确运用法律规定加大对黑恶势力违法犯罪以及"保护伞"惩处力度，在侦查、起诉、审判、执行各阶段体现依法从严惩处精神，严格掌握取保候审，严格掌握不起诉，严格掌握缓刑、减刑、假释，严格掌握保外就医适用条件，充分运用《刑法》总则关于共同犯罪和犯罪集团的规定加大惩处力度，充分利用资格刑、财产刑降低再犯可能性。对黑恶势力犯罪，注意串并研判、深挖彻查，防止就案办案，依法加快办理。坚持依法办案、坚持法定标准、坚持以审判为中心，加强法律监督，强化程序意识和证据意识，正确把握"打早打小"与"打准打实"的关系，贯彻落实宽严相济刑事政策，切实做到宽严有据，罚当其罪，实现政治效果、法律效果和社会效果的统一。

2. 各级人民法院、人民检察院、公安机关和司法行政机关应聚焦黑恶势力犯罪突出的重点地区、重点行业和重点领域，重点打击威胁政治安全特别是政权安全、制度安全以及向政治领域渗

透的黑恶势力；把持基层政权、操纵破坏基层换届选举、垄断农村资源、侵吞集体资产的黑恶势力；利用家族、宗族势力横行乡里、称霸一方、欺压残害百姓的"村霸"等黑恶势力；在征地、租地、拆迁、工程项目建设等过程中煽动闹事的黑恶势力；在建筑工程、交通运输、矿产资源、渔业捕捞等行业、领域，强揽工程、恶意竞标、非法占地、滥开滥采的黑恶势力；在商贸集市、批发市场、车站码头、旅游景区等场所欺行霸市、强买强卖、收保护费的市霸、行霸等黑恶势力；操纵、经营"黄赌毒"等违法犯罪活动的黑恶势力；非法高利放贷、暴力讨债的黑恶势力；插手民间纠纷，充当"地下执法队"的黑恶势力；组织或雇佣网络"水军"在网上威胁、恐吓、侮辱、诽谤、滋扰的黑恶势力；境外黑社会入境发展渗透以及跨国跨境的黑恶势力。同时，坚决深挖黑恶势力"保护伞"。

二、依法认定和惩处黑社会性质组织犯罪

3. 黑社会性质组织应同时具备《刑法》第二百九十四条第五款中规定的"组织特征""经济特征""行为特征"和"危害性特征"。由于实践中许多黑社会性质组织并非这"四个特征"都很明显，在具体认定时，应根据立法本意，认真审查、分析黑社会性质组织"四个特征"相互间的内在联系，准确评价涉案犯罪组织所造成的社会危害，做到不枉不纵。

4. 发起、创建黑社会性质组织，或者对黑社会性质组织进行合并、分立、重组的行为，应当认定为"组织黑社会性质组织"；实际对整个组织的发展、运行、活动进行决策、指挥、协调、管理的行为，应当认定为"领导黑社会性质组织"。黑社会性质组织的组织者、领导者，既包括通过一定形式产生的有明确职务、称谓的组织者、领导者，也包括在黑社会性质组织中被公认的事实上的组织者、领导者。

5. 知道或者应当知道是以实施违法犯罪为基本活动内容的组织，仍加入并接受其领导和管理的行为，应当认定为"参加黑社会性质组织"。没有加入黑社会性质组织的意愿，受雇到黑社会性质组织开办的公司、企业、社团工作，未参与黑社会性质组织违法犯罪活动的，不应认定为"参加黑社会性质组织"。

参加黑社会性质组织并具有以下情形之一的，一般应当认定为"积极参加黑社会性质组织"：多次积极参与黑社会性质组织的违法犯罪活动，或者积极参与较严重的黑社会性质组织的犯罪活动且作用突出，以及其他在组织中起重要作用的情形，如具体主管黑社会性质组织的财务、人员管理等事项。

6. 组织形成后，在一定时期内持续存在，应当认定为"形成较稳定的犯罪组织"。

黑社会性质组织一般在短时间内难以形成，而且成员人数较多，但鉴于"恶势力"团伙和犯罪集团向黑社会性质组织发展是一个渐进的过程，没有明显的性质转变的节点，故对黑社会性质组织存在时间、成员人数问题不宜作出"一刀切"的规定。

黑社会性质组织未举行成立仪式或者进行类似活动的，成立时间可以按照足以反映其初步形成非法影响的标志性事件的发生时间认定。没有明显标志性事件的，可以按照本意见中关于黑社会性质组织违法犯罪活动认定范围的规定，将组织者、领导者与其他组织成员首次共同实施该组织犯罪活动的时间认定为该组织的形成时间。该组织者、领导者因未到案或者因死亡等法定情形未被起诉的，不影响认定。

黑社会性质组织成员既包括已有充分证据证明但尚未归案的组织成员，也包括虽有参加黑社会性质组织的行为但因尚未达到刑事责任年龄或因其他法定情形而未被起诉，或者根据具体情节不作为犯罪处理的组织成员。

7. 在组织的形成、发展过程中通过以下方式获取经济利益的，应当认定为"有组织地通过违法犯罪活动或者其他手段获取经济利益"：

(1) 有组织地通过违法犯罪活动或其他不正当手段聚敛；

(2) 有组织地以投资、控股、参股、合伙等方式通过合法的生产、经营活动获取；

(3) 由组织成员提供或通过其他单位、组织、个人资助取得。

8. 通过上述方式获得一定数量的经济利益，应当认定为"具有一定的经济实力"，同时也包括调动一定规模的经济资源用以支持该组织活动的能力。通过上述方式获取的经济利益，即使是由部分组织成员个人掌控，也应计入黑社会性质组织的"经济实力"。组织成员主动将个人或者家庭资产中的一部分用于支持该组织活动，其个人或者家庭资产可全部计入"一定的经济实力"，但数额明显较小或者仅提供动产、不动产使用权的除外。

由于不同地区的经济发展水平、不同行业的利润空间均存在很大差异，加之黑社会性质组织存在、发展的时间也各有不同，在办案时不能一般性地要求黑社会性质组织所具有的经济实力必须达到特定规模或特定数额。

9. 黑社会性质组织实施的违法犯罪活动包括非暴力性的违法犯罪活动，但暴力或以暴力相威胁始终是黑社会性质组织实施违法犯罪活动的基本手段，并随时可能付诸实施。暴力、威胁色彩虽不明显，但实际是以组织的势力、影响和犯罪能力为依托，以暴力、威胁的现实可能性为基础，足以使他人产生恐惧、恐慌进而形成心理强制或者足以影响、限制人身自由、危及人身财产安全或者影响正常生产、工作、生活的手段，属于《刑法》第二百九十四条第五款第（三）项中的"其他手段"，包括但不限于所谓的"谈判""协商""调解"以及滋扰、纠缠、哄闹、聚众造势等手段。

10. 为确立、维护、扩大组织的势力、影响、利益或者按照纪律规约、组织惯例多次实施违法犯罪活动，侵犯不特定多人的人身权利、民主权利、财产权利，破坏经济秩序、社会秩序，应当认定为"有组织地多次进行违法犯罪活动，为非作恶，欺压、残害群众"。

符合以下情形之一的，应当认定为是黑社会性质组织实施的违法犯罪活动：

（1）为该组织争夺势力范围、打击竞争对手、形成强势地位、谋取经济利益、树立非法权威、扩大非法影响、寻求非法保护、增强犯罪能力等实施的；

（2）按照该组织的纪律规约、组织惯例实施的；

（3）组织者、领导者直接组织、策划、指挥、参与实施的；

（4）由组织成员以组织名义实施，并得到组织者、领导者认可或者默许的；

（5）多名组织成员为逞强争霸、插手纠纷、报复他人、替人行凶、非法敛财而共同实施，并得到组织者、领导者认可或者默许的；

（6）其他应当认定为黑社会性质组织实施的。

11. 鉴于黑社会性质组织非法控制和影响的"一定区域"的大小具有相对性，不能简单地要求"一定区域"必须达到某一特定的空间范围，而应当根据具体案情，并结合黑社会性质组织对经济、社会生活秩序的危害程度加以综合分析判断。

通过实施违法犯罪活动，或者利用国家工作人员的包庇或者不依法履行职责，放纵黑社会性质组织进行违法犯罪活动的行为，称霸一方，并具有以下情形之一的，可认定为"在一定区域或者行业内，形成非法控制或者重大影响，严重破坏经济、社会生活秩序"：

（1）致使在一定区域内生活或者在一定行业内从事生产、经营的多名群众，合法利益遭受犯罪或严重违法活动侵害后，不敢通过正当途径举报、控告的；

（2）对一定行业的生产、经营形成垄断，或者对涉及一定行业的准入、经营、竞争等经济活动形成重要影响的；

（3）插手民间纠纷、经济纠纷，在相关区域或者行业内造成严重影响的；

（4）干扰、破坏他人正常生产、经营、生活，并在相关区域或者行业内造成严重影响的；

（5）干扰、破坏公司、企业、事业单位及社会团体的正常生产，经营、工作秩序，在相关区域、行业内造成严重影响，或者致使其不能正常生产、经营、工作的；

（6）多次干扰、破坏党和国家机关、行业管理部门以及村委会、居委会等基层群众自治组织的工作秩序，或者致使上述单位、组织的职能不能正常行使的；

（7）利用组织的势力、影响，帮助组织成员或他人获取政治地位，或者在党政机关、基层群众自治组织中担任一定职务的；

（8）其他形成非法控制或者重大影响，严重破坏经济、社会生活秩序的情形。

12. 对于组织者、领导者和因犯参加黑社会性质组织罪被判处五年以上有期徒刑的积极参加者，可根据《刑法》第五十六条第一款的规定适用附加剥夺政治权利。对于符合《刑法》第三十七条之一规定的组织成员，应当依法禁止其从事相关职业。符合《刑法》第六十六条规定的组织成员，应当认定为罪犯，依法从重处罚。

对于因有组织的暴力性犯罪被判处死刑缓期执行的黑社会性质组织犯罪分子，可以根据《刑法》第五十条第二款的规定同时决定对其限制减刑。对于因有组织的暴力性犯罪被判处十年以上有期徒刑、无期徒刑的黑社会性质组织犯罪分子，应当根据《刑法》第八十一条第二款规定，不得假释。

13. 对于组织者、领导者一般应当并处没收个人全部财产。对于确属骨干成员或者为该组织转移、隐匿资产的积极参加者，可以并处没收个人全部财产。对于其他组织成员，应当根据所参与实施违法犯罪活动的次数、性质、地位、作用、违法所得数额以及造成损失的数额等情节，依法决定财产刑的适用。

五、依法打击非法放贷讨债的犯罪活动

19. 在民间借贷活动中，如有擅自设立金融机构、非法吸收公众存款、骗取贷款、套取金融机构资金发放高利贷以及为强索债务而实施故意杀人、故意伤害、非法拘禁、故意毁坏财物等行为的，应当按照具体犯罪侦查、起诉、审判。依法符合数罪并罚条件的，应当并罚。

20. 对于以非法占有为目的，假借民间借贷之名，通过"虚增债务""签订虚假借款协议""制造资金走账流水""肆意认定违约""转单平账""虚假诉讼"等手段非法占有他人财产，或者使用暴力、威胁手段强立债权、强行索债的，应当根据案件具体事实，以诈骗、强迫交易、敲诈勒索、抢劫、虚假诉讼等罪名侦查、起诉、审判。对于非法占有的被害人实际所得借款以外的虚高"债务"和以"保证金""中介费""服务费"等各种名目扣除或收取的额外费用，均应计入违法所得。对于名义上为被害人所得、但在案证据能够证明实际上却为犯罪嫌疑人、被告人实施后续犯罪所使用的"借款"，应予以没收。

21. 对采用讨债公司、"地下执法队"等各种形式有组织地进行上述活动，符合黑社会性质组织、犯罪集团认定标准的，应当按照组织、领导、参加黑社会性质组织罪或者犯罪集团侦查、起诉、审判。

六、依法严惩"保护伞"

22. 《刑法》第二百九十四条第三款中规定的"包庇"行为，不要求相关国家机关工作人员利用职务便利。利用职务便利包庇黑社会性质组织的，酌情从重处罚。包庇、纵容黑社会性质组织，事先有通谋的，以具体犯罪的共犯论处。

23. 公安机关、人民检察院、人民法院对办理黑恶势力犯罪案件中发现的涉嫌包庇、纵容黑社会性质组织犯罪、收受贿赂、渎职侵权等违法违纪线索，应当及时移送有关主管部门和其他相关部门，坚决依法严惩充当黑恶势力"保护伞"的职务犯罪。

24. 依法严惩农村"两委"等人员在涉农惠农补贴申领与发放、农村基础设施建设、征地拆迁补偿、救灾扶贫优抚、生态环境保护等过程中，利用职权恃强凌弱、吃拿卡要、侵吞挪用国家专项资金的犯罪，以及放纵、包庇"村霸"和宗族恶势力，致使其坐大成患；或者收受贿赂、徇私舞弊，为"村霸"和宗族恶势力充当"保护伞"的犯罪。

七、依法处置涉案财产

26. 公安机关、人民检察院、人民法院根据黑社会性质组织犯罪案件的诉讼需要，应当依法查询、查封、扣押、冻结全部涉案财产。公安机关侦查期间，要会同工商、税务、国土、住建、审计、人民银行等部门全面调查涉黑组织及其成员的财产状况。

对于不宜查封、扣押、冻结的经营性资产，可以申请当地政府指定有关部门或者委托有关机构代管或者托管。

对黑社会性质组织及其成员聚敛的财产及其孳息、收益的数额，办案单位可以委托专门机构评估；确实无法准确计算的，可以根据有关法律规定及查明的事实、证据合理估算。

27. 对于依法查封、冻结、扣押的黑社会性质组织涉案财产，应当全面收集、审查证明其来源、性质、用途、权属及价值大小的有关证据。符合下列情形之一的，应当依法追缴、没收：

（1）组织及其成员通过违法犯罪活动或其他不正当手段聚敛的财产及其孳息、收益；

（2）组织成员通过个人实施违法犯罪活动聚敛的财产及其孳息、收益；

（3）其他单位、组织、个人为支持该组织活动资助或主动提供的财产；

（4）通过合法的生产、经营活动获取的财产或者组织成员个人、家庭合法资产中，实际用于支持该组织活动的部分；

（5）组织成员非法持有的违禁品以及供犯罪所用的本人财物；

（6）其他单位、组织、个人利用黑社会性质组织及其成员的违法犯罪活动获取的财产及其孳息、收益；

（7）其他应当追缴、没收的财产。

28. 违法所得已用于清偿债务或者转让给他人，具有下列情形之一的，应当依法追缴：

（1）对方明知是通过违法犯罪活动或者其他不正当手段聚敛的财产及其孳息、收益的；

（2）对方无偿或者以明显低于市场价格取得的；

（3）对方是因非法债务或者违法犯罪活动而取得的；

（4）通过其他方式恶意取得的。

29. 依法应当追缴、没收的财产无法找到、被他人善意取得、价值灭失或者与其他合法财产混合且不可分割的，可以追缴、没收其他等值财产。

30. 黑社会性质组织犯罪嫌疑人、被告人逃匿，在通缉一年后不能到案，或者犯罪嫌疑人、被告人死亡的，应当依照法定程序没收其违法所得。

31. 对于依法查封、扣押、冻结的涉案财产，有证据证明确属被害人合法财产，或者确与黑社会性质组织及其违法犯罪活动无关的应予以返还。

八、其他

32. 司法行政机关应当加强对律师办理黑社会性质组织犯罪案件辩护代理工作的指导监督，指导律师事务所建立健全律师办理黑社会性质组织犯罪的请示报告、集体研究和检查督导制度。办案机关应当依法保障律师各项诉讼权利，为律师履行辩护代理职责提供便利，防止因妨碍辩护律师依法履行职责，对案件办理带来影响。

对黑恶势力犯罪案件开庭审理时，人民法院应当通知对辩护律师所属事务所具有监督管理权限的司法行政机关派员旁听。

对于律师违反会见规定的；以串联组团，联署签名、发表公开信，组织网上聚集、声援等方式或者借个案研讨之名，制造舆论压力，攻击、诋毁司法机关和司法制度，干扰诉讼活动正常进行的；煽动、教唆和组织当事人或者其他人员到司法机关或者其他国家机关静坐、举牌、打横幅、喊口号等，扰乱公共秩序、危害公共安全的；违反规定披露、散布不公开审理案件的信息、材料，或者本人、其他律师在办案过程中获悉的有关案件重要信息、证据材料的，司法行政机关应当依照有关规定予以处罚，构成犯罪的，依法追究刑事责任。对于律师辩护、代理活动中的违法违规行为，相关办案机关要注意收集固定证据，提出司法建议。

33. 监狱应当从严管理组织、领导、参加黑社会性质组织的罪犯，严格罪犯会见、减刑、假释、暂予监外执行等执法活动。对于判处十年以上有期徒刑、无期徒刑，判处死刑缓期二年执行减为有期徒刑、无期徒刑的黑社会性质组织的组织者、领导者，实行跨省、自治区、直辖市异地关押。积极开展黑恶势力犯罪线索排查，教育引导服刑人员检举揭发。社区矫正机构对拟适用社区矫正的黑恶势力犯罪案件的犯罪嫌疑人、被告人，应当认真开展调查评估，为准确适用非监禁刑提供参考。社区矫正机构对组织、领导、参加黑社会性质组织的社区服刑人员要严格监管教育。公安机关、人民检察院、人民法院、司法行政机关要加强协调联动，完善应急处置工作机制，妥善处理社区服刑人员脱管漏管和重新违法犯罪等情形。

34. 办理黑恶势力犯罪案件，要依法建立完善重大疑难案件会商、案件通报等工作机制，进一步加强政法机关之间的配合，形成打击合力；对群众关注度高、社会影响力大的黑恶势力犯罪案件，依法采取挂牌督办、上提一级、异地管辖、指定管辖以及现场联合督导等措施，确保案件质量。根据办理黑恶势力犯罪案件的实际情况，及时汇总问题，归纳经验，适时出台有关证据标准，切实保障有力打击。

35. 公安机关、人民检察院、人民法院办理黑社会性质组织犯罪案件，应当按照《刑事诉讼法》《关于办理黑社会性质组织犯罪案件若干问题的规定》《公安机关办理刑事案件证人保护工作规定》的有关规定，对证人、报案人、控告人、举报人、鉴定人、被害人采取保护措施。

犯罪嫌疑人、被告人，积极配合侦查、起诉、审判工作，在查明黑社会性质组织的组织结构和组织者、领导者的地位作用，组织实施的重大犯罪事实，追缴、没收赃款赃物，打击"保护伞"等方面提供重要线索和证据，经查证属实的，可以根据案件具体情况，依法从轻、减轻或者免除处罚，并对其参照证人保护的有关规定采取保护措施。前述规定，对于确属组织者、领导者的犯罪嫌疑人、被告人应当严格掌握。

对于确有重大立功或者对于认定重大犯罪事实或追缴、没收涉黑财产具有重要作用的组织成员，确有必要通过分案审理予以保护的，公安机关可以与人民检察院、人民法院在充分沟通的基础上作出另案处理的决定。

对于办理黑社会性质组织犯罪案件的政法干警及其近亲属，需要采取保护措施的，可以参照《刑事诉讼法》等关于证人保护的有关规定，采取禁止特定的人员接触、对人身和住宅予以专门性保护等必要的措施，以确保办理案件的司法工作人员及其近亲属的人身安全。

294.9 最高人民法院、最高人民检察院、公安部、司法部关于依法严厉打击黑恶势力违法犯罪的通告（2018 年 2 月 2 日）（节录）

一、凡是实施黑恶势力违法犯罪以及包庇、纵容黑社会性质组织的人员，必须立即停止一切违法犯罪活动。自本通告发布之日起至 2018 年 3 月 1 日，主动投案自首、如实供述自己罪行的，可以依法从轻或者减轻处罚。在此规定期限内拒不投案自首、继续为非作恶的，将依法从严惩处。对于为黑恶势力违法犯罪人员充当"保护伞"的国家机关工作人员，将坚决依法依纪查处，不管涉及谁，都要一查到底、绝不姑息。

二、黑恶势力犯罪人员的亲友应当积极规劝其尽快投案自首，经亲友规劝、陪同投案的，或者亲友主动报案后将犯罪人员送去投案的，视为自动投案。窝藏、包庇黑恶势力犯罪人员或者帮助洗钱、毁灭、伪造证据以及掩饰、隐瞒犯罪所得、犯罪所得收益的，将依法追究刑事责任。黑恶势力犯罪人员到案后有检举、揭发他人犯罪并经查证属实，以及提供侦破其他案件的重要线索并经查证属实，或者协助司法机关抓获其他犯罪嫌疑人的，可以依法从轻或者减轻处罚；有重大立功表现的，可以依法减轻或者免除处罚。黑恶势力犯罪人员积极配合侦查、起诉、审判工作，在查明黑社会性质组织的组织结构和组织者、领导者的地位作用，组织实施的重大犯罪事实，追缴、没收赃款赃物，打击"保护伞"等方面提供重要线索和证据，经查证属实的，可以根据案件具体情况，依法从轻、减轻或者免除处罚。

294.10 最高人民法院、最高人民检察院、公安部、司法部关于办理实施"软暴力"的刑事案件若干问题的意见（2019 年 4 月 9 日）（节录）

一、"软暴力"是指行为人为谋取不法利益或形成非法影响，对他人或者在有关场所进行滋扰、纠缠、哄闹、聚众造势等，足以使他人产生恐惧、恐慌进而形成心理强制，或者足以影响、限制人身自由、危及人身财产安全，影响正常生活、工作、生产、经营的违法犯罪手段。

二、"软暴力"违法犯罪手段通常的表现形式有：

（一）侵犯人身权利、民主权利、财产权利的手段，包括但不限于跟踪贴靠、扬言传播疾病、揭发隐私、恶意举报、诬告陷害、破坏、霸占财物等；

（二）扰乱正常生活、工作、生产、经营秩序的手段，包括但不限于非法侵入他人住宅、破坏生活设施、设置生活障碍、贴报喷字、拉挂横幅、燃放鞭炮、播放哀乐、摆放花圈、泼洒污物、断水断电、堵门阻工，以及通过驱赶从业人员、派驻人员据守等方式直接或间接地控制厂房、办公区、经营场所等；

（三）扰乱社会秩序的手段，包括但不限于摆场架势示威、聚众哄闹滋扰、拦路闹事等；

（四）其他符合本意见第一条规定的"软暴力"手段。

通过信息网络或者通讯工具实施，符合本意见第一条规定的违法犯罪手段，应当认定为"软暴力"。

三、行为人实施"软暴力"，具有下列情形之一，可以认定为足以使他人产生恐惧、恐慌进而形成心理强制或者足以影响、限制人身自由、危及人身财产安全或者影响正常生活、工作、生产、经营：

（一）黑恶势力实施的；

（二）以黑恶势力名义实施的；

（三）曾因组织、领导、参加黑社会性质组织、恶势力犯罪集团、恶势力以及因强迫交易、非法拘禁、敲诈勒索、聚众斗殴、寻衅滋事等犯罪受过刑事处罚后又实施的；

（四）携带凶器实施的；

（五）有组织地实施的或者足以使他人认为暴力、威胁具有现实可能性的；

（六）其他足以使他人产生恐惧、恐慌进而形成心理强制或者足以影响、限制人身自由、危及人身财产安全或者影响正常生活、工作、生产、经营的情形。

由多人实施的，编造或明示暴力违法犯罪经历进行恐吓的，或者以自报组织、头目名号、统一着装、显露纹身、特殊标识以及其他明示、暗示方式，足以使他人感知相关行为的有组织性的，应当认定为"以黑恶势力名义实施"。

由多人实施的，只要有部分行为人符合本条第一款第（一）项至第（四）项所列情形的，该项即成立。

虽然具体实施"软暴力"的行为人不符合本条第一款第（一）项、第（三）项所列情形，但雇佣者、指使者或者纠集者符合的，该项成立。

四、"软暴力"手段属于《刑法》第二百九十四条第五款第（三）项"黑社会性质组织行为特征"以及《指导意见》①第 14 条"恶势力"概念中的"其他手段"。

九、采用"软暴力"手段，同时构成两种以上犯罪的，依法按照处罚较重的犯罪定罪处罚，法律另有规定的除外。

294.11 参见 225.14 最高人民法院、最高人民检察院、公安部、司法部关于办理非法放贷刑事案件若干问题的意见（2019 年 10 月 21 日 法发〔2019〕24 号）（第 7 条）

294.12 最高人民法院、最高人民检察院、公安部、司法部关于办理利用信息网络实施黑恶势力犯罪刑事案件若干问题的意见（2019 年 10 月 21 日）（节录）

一、总体要求

1. 各级人民法院、人民检察院、公安机关及司法行政机关应当统一执法思想、提高执法效能，坚持"打早打小"，坚决依法严厉惩处利用信息网络实施的黑恶势力犯罪，有效维护网络安全和经济、社会生活秩序。

2. 各级人民法院、人民检察院、公安机关及司法行政机关应当正确运用法律，严格依法办案，坚持"打准打实"，认真贯彻落实宽严相济刑事政策，切实做到宽严有据、罚当其罪，实现政治效果、法律效果和社会效果的统一。

3. 各级人民法院、人民检察院、公安机关及司法行政机关应当分工负责、互相配合、互相制约，切实加强与相关行政管理部门的协作，健全完善风险防控机制，积极营造线上线下社会综合治理新格局。

二、依法严惩利用信息网络实施的黑恶势力犯罪

4. 对通过发布、删除负面或虚假信息，发送侮辱性信息、图片，以及利用信息、电话骚扰等方式，威胁、要挟、恐吓、滋扰他人，实施黑恶势力违法犯罪的，应当准确认定，依法严惩。

三、准确认定利用信息网络实施犯罪的黑恶势力

9. 利用信息网络实施违法犯罪活动，符合刑法、《指导意见》②以及最高人民法院、最高人

---

① 指最高人民法院、最高人民检察院、公安部、司法部《关于办理黑恶势力犯罪案件若干问题的指导意见》（法发〔2018〕1 号）。——编者注

② 指最高人民法院、最高人民检察院、公安部、司法部《关于办理黑恶势力犯罪案件若干问题的指导意见》（法发〔2018〕1 号）。——编者注

民检察院、公安部、司法部《关于办理恶势力刑事案件若干问题的意见》等规定的恶势力、恶势力犯罪集团、黑社会性质组织特征和认定标准的，应当依法认定为恶势力、恶势力犯罪集团、黑社会性质组织。

认定利用信息网络实施违法犯罪活动的黑社会性质组织时，应当依照刑法第二百九十四条第五款规定的"四个特征"进行综合审查判断，分析"四个特征"相互间的内在联系，根据在网络空间和现实社会中实施违法犯罪活动对公民人身、财产、民主权利和经济、社会生活秩序所造成的危害，准确评价，依法予以认定。

10. 认定利用信息网络实施违法犯罪的黑恶势力组织特征，要从违法犯罪的起因、目的，以及组织、策划、指挥、参与人员是否相对固定，组织形成后是否持续进行犯罪活动、是否有明确的职责分工、行为规范、利益分配机制等方面综合判断。利用信息网络实施违法犯罪的黑恶势力组织成员之间一般通过即时通讯工具、通讯群组、电子邮件、网盘等信息网络方式联络，对部分组织成员通过信息网络方式联络实施黑恶势力违法犯罪活动，即使相互未见面、彼此不熟识，不影响对组织特征的认定。

11. 利用信息网络有组织地通过实施违法犯罪活动或者其他手段获取一定数量的经济利益，用于违法犯罪活动或者支持该组织生存、发展的，应当认定为符合刑法第二百九十四条第五款第二项规定的黑社会性质组织经济特征。

12. 通过线上线下相结合的方式，有组织地多次利用信息网络实施违法犯罪活动，侵犯不特定多人的人身权利、民主权利、财产权利，破坏经济秩序、社会秩序的，应当认定为符合刑法第二百九十四条第五款第三项规定的黑社会性质组织行为特征。单纯通过线上方式实施的违法犯罪活动，且不具有为非作恶、欺压残害群众特征的，一般不应作为黑社会性质组织行为特征的认定依据。

13. 对利用信息网络实施黑恶势力犯罪非法控制和影响的"一定区域或者行业"，应当结合危害行为发生地或者危害行业的相对集中程度，以及犯罪嫌疑人、被告人在网络空间和现实社会中的控制和影响程度综合判断。虽然危害行为发生地、危害的行业比较分散，但涉案犯罪组织利用信息网络多次实施强迫交易、寻衅滋事、敲诈勒索等违法犯罪活动，在网络空间和现实社会造成重大影响，严重破坏经济、社会生活秩序的，应当认定为"在一定区域或者行业内，形成非法控制或者重大影响"。

四、利用信息网络实施黑恶势力犯罪案件管辖

14. 利用信息网络实施的黑恶势力犯罪案件管辖依照《关于办理黑社会性质组织犯罪案件若干问题的规定》和《最高人民法院、最高人民检察院、公安部关于办理网络犯罪案件适用刑事诉讼程序若干问题的意见》（公通字〔2014〕10号）①的有关规定确定，坚持以犯罪地管辖为主、被告人居住地管辖为辅的原则。

15. 公安机关可以依法对利用信息网络实施的黑恶势力犯罪相关案件并案侦查或者指定下级公安机关管辖，并案侦查或者由上级公安机关指定管辖的公安机关应当全面调查收集能够证明黑恶势力犯罪事实的证据，各涉案地公安机关应当积极配合。并案侦查或者由上级公安机关指定管辖的案件，需要提请批准逮捕、移送审查起诉、提起公诉的，由立案侦查的公安机关所在地的人民检察院、人民法院受理。

16. 人民检察院对于公安机关提请批准逮捕、移送审查起诉的利用信息网络实施的黑恶势力犯罪案件，人民法院对于已进入审判程序的利用信息网络实施的黑恶势力犯罪案件，被告人及其辩护人提出的管辖异议成立，或者办案单位发现没有管辖权的，受案人民检察院、人民法院经审查，可以依法报请与有管辖权的人民检察院、人民法院共同的上级人民检察院、人民法院指定管辖，不再自行移交。对于在审查批准逮捕阶段，上级检察机关已经指定管辖的案件，审查起诉工作由同一人民检察院受理。人民检察院、人民法院认为应当分案起诉、审理的，可以依法分案处理。

---

① 该意见已被废止，代之以《最高人民法院、最高人民检察院、公安部关于办理信息网络犯罪案件适用刑事诉讼程序若干问题的意见》（法发〔2022〕23号）。——编者注

17. 公安机关指定下级公安机关办理利用信息网络实施的黑恶势力犯罪案件的，应当同时抄送同级人民检察院、人民法院。人民检察院认为需要依法指定审判管辖的，应当协商同级人民法院办理指定管辖有关事宜。

【部委规范】

294.13 公安机关反有组织犯罪工作规定（2022 年 10 月 1 日　公安部令第 165 号）（第 20—70 条）

第二百九十五条【传授犯罪方法罪】 传授犯罪方法的，处五年以下有期徒刑、拘役或者管制；情节严重的，处五年以上十年以下有期徒刑；情节特别严重的，处十年以上有期徒刑或者无期徒刑。

> **【刑法修正说明】**
> 本条为全国人大常委会 2011 年 2 月 25 日通过并公布、同年 5 月 1 日施行的《刑法修正案（八）》第 44 条所修正。原第 295 条为：
> **【传授犯罪方法罪】** 传授犯罪方法的，处五年以下有期徒刑、拘役或者管制；情节严重的，处五年以上有期徒刑；情节特别严重的，处无期徒刑或者死刑。

【罪名渊源】 本条系刑法沿袭全国人大常委会《关于严惩严重危害社会治安的犯罪分子的决定》第 2 条的内容，79 刑法没有规定。刑法取消了原条文中"情节较轻"对构成犯罪的限制，增加了管制和拘役刑种。高法《罪名规定》、高检《罪名意见》将其解释为传授犯罪方法罪。《刑法修正案（八）》第 44 条对本条作了修改，调整了法定刑，取消死刑刑种。

【立案标准】

295.1 狱内刑事案件立案标准（2001 年 3 月 9 日　司法部令第 64 号）（节录）

第二条　监狱发现罪犯有下列犯罪情形的，应当立案侦查：

（三十）以语言、文字、动作或者其他手段，向他人传授实施犯罪的具体经验、技能的（传授犯罪方法案）。

（三十一）其他需要立案侦查的案件。

第三条　情节、后果严重的下列案件，列为重大案件：

（十七）省、自治区、直辖市司法厅（局）认为需要列为重大案件的。

第四条　情节恶劣、后果特别严重的下列案件，列为特别重大案件：

（十）司法部认为需要列为特别重大案件的。

【司法解释】

295.2 参见 287-1.2 最高人民法院关于审理毒品犯罪案件适用法律若干问题的解释（2016 年 4 月 11 日　法释〔2016〕8 号）

295.3 参见 353.5 全国法院毒品犯罪审判工作座谈会纪要（最高人民法院 2015 年 5 月 18 日印发　法〔2015〕129 号）

295.4 参见 262-1.2 最高人民检察院、中国残疾人联合会关于在检察工作中切实维护残疾人合法权益的意见（2015 年 11 月 30 日　高检会〔2015〕11 号）（第 4 条）

第二百九十六条【非法集会、游行、示威罪】 举行集会、游行、示威，未依照法律规定申请或者申请未获许可，或者未按照主管机关许可的起止时间、地点、路线进行，又拒不服从解散命令，严重破坏社会秩序的，对集会、游行、示威的负责人和直接责任人员，处五年以下有期徒刑、拘役、管制或者剥夺政治权利。

【罪名渊源】 本条系刑法吸收 1989 年《集会游行示威法》第 29 条第 3 款内容增设，79 刑法、单行刑法均未规定。高法《罪名规定》、高检《罪名意见》将其解释为非法集会、游行、示威罪。

【立案标准】

296.1 最高人民检察院、公安部关于公安机关管辖的刑事案件立案追诉标准的规定（一）（2008 年 6 月 25 日　公通字〔2008〕36 号）（节录）

第三十八条　［非法集会、游行、示威案（刑法第二百九十六条）］举行集会、游行、示威，未依照法律规定申请或者申请未获许可，或者未按照主管机关许可的起止时间、地点、路线进行，又拒不服从解散命令，严重破坏社会秩序的，应予立案追诉。

【法律法规】

296.2 中华人民共和国集会游行示威法（1989 年 10 月 31 日　2009 年修正）（第 2 条、第 28 条、第 29 条第 3 款）

第二百九十七条【非法携带武器、管制刀具、爆炸物参加集会、游行、示威罪】 违反法律规定，携带武器、管制刀具或者爆炸物参加集会、游行、示威的，处三年以下有期徒刑、拘役、管制或者剥夺政治权利。

【罪名渊源】本条系刑法吸收 1989 年《集会游行示威法》第 29 条第 2 款内容增设，79 刑法、单行刑法均未规定。高法《罪名规定》、高检《罪名意见》将其解释为非法携带武器、管制刀具、爆炸物参加集会、游行、示威罪。

【立案标准】

297.1 最高人民检察院、公安部关于公安机关管辖的刑事案件立案追诉标准的规定（一）（2008 年 6 月 25 日　公通字〔2008〕36 号）（节录）

第三十九条　［非法携带武器、管制刀具、爆炸物参加集会、游行、示威案（刑法第二百九十七条）］违反法律规定，携带武器、管制刀具或者爆炸物参加集会、游行、示威的，应予立案追诉。

【法律法规】

297.2 中华人民共和国集会游行示威法（1989 年 10 月 31 日　2009 年修正）（第 29 条）

297.3 中华人民共和国集会游行示威法实施条例（1992 年 6 月 16 日　2011 年修订）（第 25 条）

第二百九十八条【破坏集会、游行、示威罪】 扰乱、冲击或者以其他方法破坏依法举行的集会、游行、示威，造成公共秩序混乱的，处五年以下有期徒刑、拘役、管制或者剥夺政治权利。

【罪名渊源】本条 79 刑法、单行刑法均未规定，系刑法吸收 1989 年《集会游行示威法》第 30 条内容增设。高法《罪名规定》、高检《罪名意见》将其解释为破坏集会、游行、示威罪。

【立案标准】

298.1 最高人民检察院、公安部关于公安机关管辖的刑事案件立案追诉标准的规定（一）（2008 年 6 月 25 日　公通字〔2008〕36 号）（节录）

第四十条　［破坏集会、游行、示威案（刑法第二百九十八条）］扰乱、冲击或者以其他方法破坏依法举行的集会、游行、示威，造成公共秩序混乱的，应予立案追诉。

【法律法规】

298.2 中华人民共和国集会游行示威法（1989 年 10 月 31 日　2009 年修正）（第 30 条）

第二百九十九条【侮辱国旗、国徽、国歌罪】 在公共场合，故意以焚烧、毁损、涂划、玷污、践踏等方式侮辱中华人民共和国国旗、国徽的，处三年以下有期徒刑、拘役、管制或者剥夺政治权利。

在公共场合，故意篡改中华人民共和国国歌歌词、曲谱，以歪曲、贬损方式奏唱国歌，或者以其他方式侮辱国歌，情节严重的，依照前款的规定处罚。

【刑法修正说明】

本条为全国人大常委会 2017 年 11 月 4 日通过并公布施行的《刑法修正案（十）》所修正。原第 299 条为：

【侮辱国旗、国徽罪】在公众场合故意以焚烧、毁损、涂划、玷污、践踏等方式侮辱中华人民共和国国旗、国徽的，处三年以下有期徒刑、拘役、管制或者剥夺政治权利。

【罪名渊源】本条第 1 款系沿袭全国人大常委会《关于惩治侮辱中华人民共和国国旗国徽罪的决定》（1990 年 6 月 28 日施行）的内容，79 刑法未作规定。高法《罪名规定》、高检《罪名意见》将其解释为侮辱国旗、国徽罪。本条第 2 款系《刑法修正案（十）》增设。"两高"《罪名补充规定（七）》将本条解释为侮辱国旗、国徽、国歌罪，取消侮辱国旗、国徽罪罪名。

【法律法规】

299.1 中华人民共和国国旗法（1990 年 10 月 1 日　2020 年修正）（第 19 条、第 23 条）

299.2 中华人民共和国国徽法（1991 年 10 月 1 日　2020 年修正）（第 13 条、第 18 条）

第二百九十九条之一【侵害英雄烈士名誉、荣誉罪】侮辱、诽谤或者以其他方式侵害英雄烈士的名誉、荣誉，损害社会公共利益，情节严重的，处三年以下有期徒刑、拘役、管制或者剥夺政治权利。

【刑法修正说明】

本条为全国人大常委会 2020 年 12 月 26 日通过并公布、2021 年 3 月 1 日施行的《刑法修正案（十一）》第 35 条所增设。

【罪名渊源】本条为《刑法修正案（十一）》第 35 条所增设。"两高"《罪名补充规定（七）》将其解释为侵害英雄烈士名誉、荣誉罪。

【罪刑标准】

299-1.1 最高人民法院、最高人民检察院、公安部关于依法惩治侵害英雄烈士名誉、荣誉违法犯罪的意见（2022 年 1 月 11 日　公通字〔2022〕5 号）（节录）

一、关于英雄烈士的概念和范围

根据英雄烈士保护法第二条的规定，刑法第二百九十九条之一规定的"英雄烈士"，主要是指近代以来，为了争取民族独立和人民解放，实现国家富强和人民幸福，促进世界和平和人类进步而毕生奋斗、英勇献身的英雄烈士。

司法适用中，对英雄烈士的认定，应当重点注意把握以下几点：

（一）英雄烈士的时代范围主要为"近代以来"，重点是中国共产党、人民军队和中华人民共和国历史上的英雄烈士。英雄烈士既包括个人，也包括群体；既包括有名英雄烈士，也包括无名英雄烈士。

（二）对经依法评定为烈士的，应当认定为刑法第二百九十九条之一规定的"英雄烈士"；已牺牲、去世，尚未评定为烈士，但其事迹和精神为我国社会普遍公认的英雄模范人物或者群体，可以认定为"英雄烈士"。

（三）英雄烈士是指已经牺牲、去世的英雄烈士。对侮辱、诽谤或者以其他方式侵害健在的英雄模范人物或者群体名誉、荣誉，构成犯罪的，适用刑法有关侮辱、诽谤罪等规定追究刑事责任，符合适用公诉程序条件的，由公安机关依法立案侦查，人民检察院依法提起公诉。但是，被侵害英雄烈士群体中既有已经牺牲的烈士，也有健在的英雄模范人物的，可以统一适用侵害英雄烈士名誉、荣誉罪。

二、关于侵害英雄烈士名誉、荣誉罪入罪标准

根据刑法第二百九十九条之一的规定，侮辱、诽谤或者以其他方式侵害英雄烈士的名誉、荣

誉，损害社会公共利益，情节严重的，构成侵害英雄烈士名誉、荣誉罪。

司法实践中，对侵害英雄烈士名誉、荣誉的行为是否达到"情节严重"，应当结合行为方式、涉及英雄烈士的人数、相关信息的数量、传播方式、传播范围、传播持续时间、相关信息实际被点击、浏览、转发次数，引发的社会影响、危害后果以及行为人前科情况等综合判断。根据案件具体情况，必要时，可以参照适用《最高人民法院、最高人民检察院关于办理利用信息网络实施诽谤等刑事案件适用法律若干问题的解释》（法释〔2013〕21 号）的规定。

侵害英雄烈士名誉、荣誉，达到入罪标准，但行为人认罪悔罪，综合考虑案件具体情节，认为犯罪情节轻微的，可以不起诉或者免予刑事处罚；情节显著轻微危害不大的，不以犯罪论处；构成违反治安管理行为的，由公安机关依法给予治安管理处罚。

三、关于办案工作要求

（一）坚决依法惩治。英雄烈士的事迹和精神是中华民族共同的历史记忆和宝贵的精神财富，英雄不容亵渎、先烈不容诋毁、历史不容歪曲。各级公安机关、人民检察院、人民法院要切实增强责任感和使命感，依法惩治侵害英雄烈士名誉、荣誉的违法犯罪活动，坚决维护中国特色社会主义制度，坚决维护社会公共利益。

（二）坚持宽严相济。对侵害英雄烈士名誉、荣誉的，要区分案件具体情况，落实宽严相济刑事政策，突出惩治重点，重在教育挽救，避免打击扩大化、简单化，确保实现政治效果、法律效果和社会效果的有机统一。对利用抹黑英雄烈士恶意攻击我国基本社会制度、损害社会公共利益，特别是与境外势力勾连实施恶意攻击，以及长期、多次实施侵害行为的，要依法予以严惩。对没有主观恶意，仅因模糊认识、好奇等原因而发帖、评论的，或者行为人系在校学生、未成年人的，要以教育转化为主，切实做到教育大多数、打击极少数。

（三）严格规范办案。公安机关要落实严格规范公正文明执法要求，依法全面、及时收集、固定证据，严格履行法定程序，依法保障嫌疑人合法权益。人民检察院对公安机关提请批准逮捕、移送审查起诉的案件，符合批捕、起诉条件的，依法予以批捕、起诉。对重大、疑难案件，公安机关可以商请人民检察院派员通过审查证据材料等方式，就案件定性、证据收集、法律适用等提出意见建议。人民法院要加强审判力量，制定庭审预案，依法审理。公安机关、人民检察院、人民法院要与退役军人事务部门和军队有关部门建立健全工作联系机制，妥善解决英雄烈士甄别、认定过程中的问题。

第三百条【组织、利用会道门、邪教组织、利用迷信破坏法律实施罪】组织、利用会道门、邪教组织或者利用迷信破坏国家法律、行政法规实施的，处三年以上七年以下有期徒刑，并处罚金；情节特别严重的，处七年以上有期徒刑或者无期徒刑，并处罚金或者没收财产；情节较轻的，处三年以下有期徒刑、拘役、管制或者剥夺政治权利，并处或者单处罚金。

【组织、利用会道门、邪教组织、利用迷信致人重伤、死亡罪】组织、利用会道门、邪教组织或者利用迷信蒙骗他人，致人重伤、死亡的，依照前款的规定处罚。

犯第一款罪又有奸淫妇女、诈骗财物等犯罪行为的，依照数罪并罚的规定处罚。

【刑法修正说明】

本条为全国人大常委会 **2015 年 8 月 29 日**通过并公布、同年 **11 月 1 日**施行的《刑法修正案（九）》第 **33** 条所修正。原第 **300** 条为：

【组织、利用会道门、邪教组织、利用迷信破坏法律实施罪】组织和利用会道门、邪教组织或者利用迷信破坏国家法律、行政法规实施的，处三年以上七年以下有期徒刑；情节特别严重的，处七年以上有期徒刑。

【组织、利用会道门、邪教组织、利用迷信致人死亡罪】组织和利用会道门、邪教组织或者利用迷信蒙骗他人，致人死亡的，依照前款的规定处罚。

【强奸罪，诈骗罪】组织和利用会道门、邪教组织或者利用迷信奸淫妇女、诈骗财物的，分别依照本法第二百三十六条、第二百六十六条的规定定罪处罚。

【罪名渊源】 本条第 1 款由 79 刑法第 99 条修改而来，刑法将其由反革命罪改为普通刑事犯罪，保留了利用封建迷信、组织会道门的行为特征，取消了反革命目的和进行反革命活动等主、客观要件的限制，增加了"邪教组织""破坏国家法律、行政法规实施"的内容。高法《罪名规定》、高检《罪名意见》将其解释为组织、利用会道门、邪教组织、利用迷信破坏法律实施罪。

第 2 款由 79 刑法第 165 条神汉、巫婆造谣、诈骗罪修改而来，刑法将犯罪主体由"神汉、巫婆"改为一般主体，增加了"组织和利用会道门、邪教组织"的犯罪手段，调整了法定刑。高法《罪名规定》、高检《罪名意见》将其解释为组织、利用会道门、邪教组织、利用迷信致人死亡罪。

《刑法修正案（九）》第 33 条在本条第 1 款第一档法定刑中增设罚金刑，对"情节特别严重的"增设无期徒刑和并处罚金或者没收财产的规定；在第 2 款增加"重伤"字样；改第 3 款的处罚原则为数罪并罚。据此，"两高"《罪名补充规定（六）》取消第 2 款组织、利用会道门、邪教组织、利用迷信致人死亡罪罪名，代之以组织、利用会道门、邪教组织、利用迷信致人重伤、死亡罪。

【罪刑标准】

300.1 最高人民法院、最高人民检察院关于办理组织、利用邪教组织破坏法律实施等刑事案件适用法律若干问题的解释（2017 年 2 月 1 日 法释〔2017〕3 号）

为依法惩治组织、利用邪教组织破坏法律实施等犯罪活动，根据《中华人民共和国刑法》《中华人民共和国刑事诉讼法》有关规定，现就办理此类刑事案件适用法律的若干问题解释如下：

第一条 冒用宗教、气功或者以其他名义建立，神化、鼓吹首要分子，利用制造、散布迷信邪说等手段蛊惑、蒙骗他人，发展、控制成员，危害社会的非法组织，应当认定为刑法第三百条规定的"邪教组织"。

第二条 组织、利用邪教组织，破坏国家法律、行政法规实施，具有下列情形之一的，应当依照刑法第三百条第一款的规定，处三年以上七年以下有期徒刑，并处罚金：

（一）建立邪教组织，或者邪教组织被取缔后又恢复、另行建立邪教组织的；

（二）聚众包围、冲击、强占、哄闹国家机关、企业事业单位或者公共场所、宗教活动场所，扰乱社会秩序的；

（三）非法举行集会、游行、示威，扰乱社会秩序的；

（四）使用暴力、胁迫或者以其他方法强迫他人加入或者阻止他人退出邪教组织的；

（五）组织、煽动、蒙骗成员或者他人不履行法定义务的；

（六）使用"伪基站""黑广播"等无线电台（站）或者无线电频率宣扬邪教的；

（七）曾因从事邪教活动被追究刑事责任或者二年内受过行政处罚，又从事邪教活动的；

（八）发展邪教组织成员五十人以上的；

（九）敛取钱财或者造成经济损失一百万元以上的；

（十）以货币为载体宣扬邪教，数量在五百张（枚）以上的；

（十一）制作、传播邪教宣传品，达到下列数量标准之一的：

1. 传单、喷图、图片、标语、报纸一千份（张）以上的；

2. 书籍、刊物二百五十册以上的；

3. 录音带、录像带等音像制品二百五十盒（张）以上的；

4. 标识、标志物二百五十件以上的；

5. 光盘、U 盘、储存卡、移动硬盘等移动存储介质一百个以上的；

6. 横幅、条幅五十条（个）以上的。

（十二）利用通讯信息网络宣扬邪教，具有下列情形之一的：

1. 制作、传播宣扬邪教的电子图片、文章二百张（篇）以上，电子书籍、刊物、音视频五十册（个）以上，或者电子文档五百万字符以上、电子音视频二百五十分钟以上的；

2. 编发信息、拨打电话一千条（次）以上的；

3. 利用在线人数累计达到一千以上的聊天室，或者利用群组成员、关注人员等账号数累计一千以上的通讯群组、微信、微博等社交网络宣扬邪教的；

4. 邪教信息实际被点击、浏览数达到五千次以上的。

（十三）其他情节严重的情形。

第三条　组织、利用邪教组织，破坏国家法律、行政法规实施，具有下列情形之一的，应当认定为刑法第三百条第一款规定的"情节特别严重"，处七年以上有期徒刑或者无期徒刑，并处罚金或者没收财产：

（一）实施本解释第二条第一项至第七项规定的行为，社会危害特别严重的；

（二）实施本解释第二条第八项至第十二项规定的行为，数量或者数额达到第二条规定相应标准五倍以上的；

（三）其他情节特别严重的情形。

第四条　组织、利用邪教组织，破坏国家法律、行政法规实施，具有下列情形之一的，应当认定为刑法第三百条第一款规定的"情节较轻"，处三年以下有期徒刑、拘役、管制或者剥夺政治权利，并处或者单处罚金：

（一）实施本解释第二条第一项至第七项规定的行为，社会危害较轻的；

（二）实施本解释第二条第八项至第十二项规定的行为，数量或者数额达到相应标准五分之一以上的；

（三）其他情节较轻的情形。

第五条　为了传播而持有、携带，或者传播过程中被当场查获，邪教宣传品数量达到本解释第二条至第四条规定的有关标准的，按照下列情形分别处理：

（一）邪教宣传品是行为人制作的，以犯罪既遂处理；

（二）邪教宣传品不是行为人制作，尚未传播的，以犯罪预备处理；

（三）邪教宣传品不是行为人制作，传播过程中被查获的，以犯罪未遂处理；

（四）邪教宣传品不是行为人制作，部分已经传播出去的，以犯罪既遂处理，对于没有传播的部分，可以在量刑时酌情考虑。

第六条　多次制作、传播邪教宣传品或者利用通讯信息网络宣扬邪教，未经处理的，数量或者数额累计计算。

制作、传播邪教宣传品，或者利用通讯信息网络宣扬邪教，涉及不同种类或者形式的，可以根据本解释规定的不同数量标准的相应比例折算后累计计算。

第七条　组织、利用邪教组织，制造、散布迷信邪说，蒙骗成员或者他人绝食、自虐等，或者蒙骗病人不接受正常治疗，致人重伤、死亡的，应当认定为刑法第三百条第二款规定的组织、利用邪教组织"蒙骗他人，致人重伤、死亡"。

组织、利用邪教组织蒙骗他人，致一人以上死亡或者三人以上重伤的，处三年以上七年以下有期徒刑，并处罚金。

组织、利用邪教组织蒙骗他人，具有下列情形之一的，处七年以上有期徒刑或者无期徒刑，并处罚金或者没收财产：

（一）造成三人以上死亡的；

（二）造成九人以上重伤的；

（三）其他情节特别严重的情形。

组织、利用邪教组织蒙骗他人，致人重伤的，处三年以下有期徒刑、拘役、管制或者剥夺政治权利，并处或者单处罚金。

第八条　实施本解释第二条至第五条规定的行为，具有下列情形之一的，从重处罚：

（一）与境外机构、组织、人员勾结，从事邪教活动的；

（二）跨省、自治区、直辖市建立邪教组织机构、发展成员或者组织邪教活动的；

（三）在重要公共场所、监管场所或者国家重大节日、重大活动期间聚集滋事，公开进行邪教活动的；

（四）邪教组织被取缔后，或者被认定为邪教组织后，仍然聚集滋事，公开进行邪教活动的；

（五）国家工作人员从事邪教活动的；

（六）向未成年人宣扬邪教的；

（七）在学校或者其他教育培训机构宣扬邪教的。

第九条 组织、利用邪教组织破坏国家法律、行政法规实施，符合本解释第四条规定情形，但行为人能够真诚悔罪，明确表示退出邪教组织、不再从事邪教活动的，可以不起诉或者免予刑事处罚。其中，行为人系受蒙蔽、胁迫参加邪教组织的，可以不作为犯罪处理。

组织、利用邪教组织破坏国家法律、行政法规实施，行为人在一审判决前能够真诚悔罪，明确表示退出邪教组织、不再从事邪教活动的，分别依照下列规定处理：

（一）符合本解释第二条规定情形的，可以认定为刑法第三百条第一款规定的"情节较轻"；

（二）符合本解释第三条规定情形的，可以不认定为刑法第三百条第一款规定的"情节特别严重"，处三年以上七年以下有期徒刑，并处罚金。

第十条 组织、利用邪教组织破坏国家法律、行政法规实施过程中，又有煽动分裂国家、煽动颠覆国家政权或者侮辱、诽谤他人等犯罪行为的，依照数罪并罚的规定定罪处罚。

第十一条 组织、利用邪教组织，制造、散布迷信邪说，组织、策划、煽动、胁迫、教唆、帮助其成员或者他人实施自杀、自伤的，依照刑法第二百三十二条、第二百三十四条的规定，以故意杀人罪或者故意伤害罪定罪处罚。

第十二条 邪教组织人员以自焚、自爆或者其他危险方法危害公共安全的，依照刑法第一百一十四条、第一百一十五条的规定，以放火罪、爆炸罪、以危险方法危害公共安全罪等定罪处罚。

第十三条 明知他人组织、利用邪教组织实施犯罪，而为其提供经费、场地、技术、工具、食宿、接送等便利条件或者帮助的，以共同犯罪论处。

第十四条 对于犯组织、利用邪教组织破坏法律实施罪、组织、利用邪教组织致人重伤、死亡罪，严重破坏社会秩序的犯罪分子，根据刑法第五十六条的规定，可以附加剥夺政治权利。

第十五条 对涉案物品是否属于邪教宣传品难以确定的，可以委托地市级以上公安机关出具认定意见。

第十六条 本解释自 2017 年 2 月 1 日起施行。《最高人民法院、最高人民检察院关于办理组织和利用邪教组织犯罪案件具体应用法律若干问题的解释》（法释〔1999〕18 号），《最高人民法院、最高人民检察院关于办理组织和利用邪教组织犯罪案件具体应用法律若干问题的解释（二）》（法释〔2001〕19 号），以及《最高人民法院、最高人民检察院关于办理组织和利用邪教组织犯罪案件具体应用法律若干问题的解答》（法发〔2002〕7 号）同时废止。

【司法文件】

300.2 最高人民检察院关于认真贯彻执行《关于取缔邪教组织、防范和惩治邪教活动的决定》和有关司法解释的通知（1999 年 10 月 31 日 高检发研字〔1999〕22 号）（第 1—4 条）

300.3 最高人民法院关于贯彻全国人大常委会《关于取缔邪教组织、防范和惩治邪教活动的决定》和"两院"司法解释的通知（1999 年 11 月 5 日 法发〔1999〕29 号）（第 1—3 条）

300.4 参见 120.1 最高人民法院关于贯彻宽严相济刑事政策的若干意见（2010 年 2 月 8 日 法发〔2010〕9 号）

【法律法规】

300.5 全国人民代表大会常务委员会关于取缔邪教组织、防范和惩治邪教活动的决定（1999 年 10 月 30 日）（第 1—4 条）

300.6 全国人民代表大会常务委员会关于维护互联网安全的决定（2000 年 12 月 28 日 2009 年修正）（第 2 条第 4 项）

300.7 中华人民共和国国家安全法（2015 年 7 月 1 日）（第 27 条）

584 第 301 ~ 303 条

第二编 分 则 | 第六章 妨害社会管理秩序罪

第三百零一条【聚众淫乱罪】 聚众进行淫乱活动的，对首要分子或者多次参加的，处五年以下有期徒刑、拘役或者管制。

【引诱未成年人聚众淫乱罪】 引诱未成年人参加聚众淫乱活动的，依照前款的规定从重处罚。

【罪名渊源】 本条两款由 79 刑法第 160 条流氓罪分立而来。高法《罪名规定》、高检《罪名意见》将其分别解释为聚众淫乱罪、引诱未成年人聚众淫乱罪。

【立案标准】

301.1 最高人民检察院、公安部关于公安机关管辖的刑事案件立案追诉标准的规定（一）（2008 年 6 月 25 日 公通字〔2008〕36 号）（节录）

第四十一条 ［聚众淫乱案（刑法第三百零一条第一款）］组织、策划、指挥三人以上进行聚众淫乱活动或者参加聚众淫乱活动三次以上的，应予立案追诉。

第四十二条 ［引诱未成年人聚众淫乱案（刑法第三百零一条第二款）］引诱未成年人参加聚众淫乱活动的，应予立案追诉。

第三百零二条【盗窃、侮辱、故意毁坏尸体、尸骨、骨灰罪】 盗窃、侮辱、故意毁坏尸体、尸骨、骨灰的，处三年以下有期徒刑、拘役或者管制。

【刑法修正说明】

本条为全国人大常委会 2015 年 8 月 29 日通过并公布、同年 11 月 1 日施行的《刑法修正案（九）》第 34 条所修正。原第 302 条为：

【盗窃、侮辱尸体罪】 盗窃、侮辱尸体的，处三年以下有期徒刑、拘役或者管制。

【罪名渊源】 本条系刑法增设，79 刑法、单行刑法均未规定。高法《罪名规定》、高检《罪名意见》将其解释为盗窃、侮辱尸体罪。《刑法修正案（九）》第 34 条增设"尸骨、骨灰"为犯罪对象。据此，"两高"《罪名补充规定（六）》取消盗窃、侮辱尸体罪罪名，代之以盗窃、侮辱、故意毁坏尸体、尸骨、骨灰罪。

第三百零三条【赌博罪】 以营利为目的，聚众赌博或者以赌博为业的，处三年以下有期徒刑、拘役或者管制，并处罚金。

【开设赌场罪】 开设赌场的，处五年以下有期徒刑、拘役或者管制，并处罚金；情节严重的，处五年以上十年以下有期徒刑，并处罚金。

【组织参与国（境）外赌博罪】 组织中华人民共和国公民参与国（境）外赌博，数额巨大或者有其他严重情节的，依照前款的规定处罚。

【刑法第一次修正说明】

全国人大常委会 2006 年 6 月 29 日通过并公布的《刑法修正案（六）》第 18 条对本条作了第一次修正。原第 303 条为：

【赌博罪】 以营利为目的，聚众赌博、开设赌场或者以赌博为业的，处三年以下有期徒刑、拘役或者管制，并处罚金。

【刑法第二次修正说明】

全国人大常委会 2020 年 12 月 26 日通过并公布、2021 年 3 月 1 日施行的《刑法修正案（十一）》第 36 条对本条作了第二次修正。《刑法修正案（六）》第 18 条为：

【赌博罪】 以营利为目的，聚众赌博或者以赌博为业的，处三年以下有期徒刑、拘役或者管制，并处罚金。

【开设赌场罪】 开设赌场的，处三年以下有期徒刑、拘役或者管制，并处罚金；情节严重的，处三年以上十年以下有期徒刑，并处罚金。

【罪名渊源】 本条由79刑法第168条修改而来，刑法增设"开设赌场"的行为方式，改"可以并处罚金"为"并处罚金"。高法《罪名规定》、高检《罪名意见》将其解释为赌博罪。《刑法修正案（六）》第18条作了修改：（1）将"开设赌场"的行为分离出来，作为第2款；（2）提高开设赌场行为的法定刑，增设"情节严重"的量刑幅度。"两高"《罪名补充规定（三）》将第2款解释为开设赌场罪。《刑法修正案（十一）》第36条将第2款法定刑由3年提高为5年，增设第3款。"两高"《罪名补充规定（七）》将第3款解释为组织参与国（境）外赌博罪。

【立案标准】

303.1 最高人民检察院、公安部关于公安机关管辖的刑事案件立案追诉标准的规定（一）

（2008年6月25日 公通字〔2008〕36号）（节录）

第四十三条 ［赌博案（刑法第三百零三条第一款）］以营利为目的，聚众赌博，涉嫌下列情形之一的，应予立案追诉：

（一）组织三人以上赌博，抽头渔利数额累计五千元以上的；

（二）组织三人以上赌博，赌资数额累计五万元以上的；

（三）组织三人以上赌博，参赌人数累计二十人以上的；

（四）组织中华人民共和国公民十人以上赴境外赌博，从中收取回扣、介绍费的；

（五）其他聚众赌博应予追究刑事责任的情形。

以营利为目的，以赌博为业的，应予立案追诉。

赌博犯罪中用作赌注的款物、换取筹码的款物和通过赌博赢取的款物属于赌资。通过计算机网络实施赌博犯罪的，赌资数额可以按照在计算机网络上投注或者赢取的点数乘以每一点实际代表的金额认定。

第四十四条 ［开设赌场案（刑法第三百零三条第二款）］开设赌场的，应予立案追诉。

在计算机网络上建立赌博网站，或者为赌博网站担任代理，接受投注的，属于本条规定的"开设赌场"。

【罪刑标准】

303.2 最高人民法院、最高人民检察院关于办理赌博刑事案件具体应用法律若干问题的解释

（2005年5月13日 法释〔2005〕3号）（节录）

第一条 以营利为目的，有下列情形之一的，属于刑法第三百零三条规定的"聚众赌博"：

（一）组织3人以上赌博，抽头渔利数额累计达到5000元以上的；

（二）组织3人以上赌博，赌资数额累计达到5万元以上的；

（三）组织3人以上赌博，参赌人数累计达到20人以上的；

（四）组织中华人民共和国公民10人以上赴境外赌博，从中收取回扣、介绍费的。

第二条 以营利为目的，在计算机网络上建立赌博网站，或者为赌博网站担任代理，接受投注的，属于刑法第三百零三条规定的"开设赌场"。

第三条 中华人民共和国公民在我国领域外周边地区聚众赌博、开设赌场，以吸引中华人民共和国公民为主要客源，构成赌博罪的，可以依照刑法规定追究刑事责任。

第四条 明知他人实施赌博犯罪活动，而为其提供资金、计算机网络、通讯、费用结算等直接帮助的，以赌博罪的共犯论处。

第五条 实施赌博犯罪，有下列情形之一的，依照刑法第三百零三条的规定从重处罚：

（一）具有国家工作人员身份的；

（二）组织国家工作人员赴境外赌博的；

（三）组织未成年人参与赌博，或者开设赌场吸引未成年人参与赌博的。

第八条 赌博犯罪中用作赌注的款物、换取筹码的款物和通过赌博赢取的款物属于赌资。通过计算机网络实施赌博犯罪的，赌资数额可以按照在计算机网络上投注或者赢取的点数乘以每一点实际代表的金额认定。

赌资应当依法予以追缴；赌博用具、赌博违法所得以及赌博犯罪分子所有的专门用于赌博的资金、交通工具、通讯工具等，应当依法予以没收。

第九条 不以营利为目的，进行带有少量财物输赢的娱乐活动，以及提供棋牌室等娱乐场所只收取正常的场所和服务费用的经营行为等，不以赌博论处。

303.3 最高人民法院、最高人民检察院、公安部关于办理网络赌博犯罪案件适用法律若干问题的意见（2010年8月31日 公通字〔2010〕40号）（节录）

一、关于网上开设赌场犯罪的定罪量刑标准

利用互联网、移动通讯终端等传输赌博视频、数据，组织赌博活动，具有下列情形之一的，属于刑法第三百零三条第二款规定的"开设赌场"行为：

（一）建立赌博网站并接受投注的；

（二）建立赌博网站并提供给他人组织赌博的；

（三）为赌博网站担任代理并接受投注的；

（四）参与赌博网站利润分成的。

实施前款规定的行为，具有下列情形之一的，应当认定为刑法第三百零三条第二款规定的"情节严重"：

（一）抽头渔利数额累计达到3万元以上的；

（二）赌资数额累计达到30万元以上的；

（三）参赌人数累计达到120人以上的；

（四）建立赌博网站后通过提供给他人组织赌博，违法所得数额在3万元以上的；

（五）参与赌博网站利润分成，违法所得数额在3万元以上的；

（六）为赌博网站招募下级代理，由下级代理接受投注的；

（七）招揽未成年人参与网络赌博的；

（八）其他情节严重的情形。

二、关于网上开设赌场共同犯罪的认定和处罚

明知是赌博网站，而为其提供下列服务或者帮助的，属于开设赌场罪的共同犯罪，依照刑法第三百零三条第二款的规定处罚：

（一）为赌博网站提供互联网接入、服务器托管、网络存储空间、通讯传输通道、投放广告、发展会员、软件开发、技术支持等服务，收取服务费数额在2万元以上的；

（二）为赌博网站提供资金支付结算服务，收取服务费数额在1万元以上或者帮助收取赌资20万元以上的；

（三）为10个以上赌博网站投放与网址、赔率等信息有关的广告或者为赌博网站投放广告累计100条以上的。

实施前款规定的行为，数量或者数额达到前款规定标准5倍以上的，应当认定为刑法第三百零三条第二款规定的"情节严重"。

实施本条第一款规定的行为，具有下列情形之一的，应当认定行为人"明知"，但是有证据证明确实不知道的除外：

（一）收到行政主管机关书面等方式的告知后，仍然实施上述行为的；

（二）为赌博网站提供互联网接入、服务器托管、网络存储空间、通讯传输通道、投放广告、软件开发、技术支持、资金支付结算等服务，收取服务费明显异常的；

（三）在执法人员调查时，通过销毁、修改数据、账本等方式故意规避调查或者向犯罪嫌疑人通风报信的；

（四）其他有证据证明行为人明知的。

如果有开设赌场的犯罪嫌疑人尚未到案，但是不影响对已到案共同犯罪嫌疑人、被告人的犯罪事实认定的，可以依法对已到案者定罪处罚。

三、关于网络赌博犯罪的参赌人数、赌资数额和网站代理的认定

赌博网站的会员账号数可以认定为参赌人数，如果查实一个账号多人使用或者多个账号一人使用的，应当按照实际使用的人数计算参赌人数。

赌资数额可以按照在网络上投注或者赢取的点数乘以每一点实际代表的金额认定。

对于将资金直接或间接兑换为虚拟货币、游戏道具等虚拟物品，并用其作为筹码投注的，赌资数额按照购买该虚拟物品所需资金数额或者实际支付资金数额认定。

对于开设赌场犯罪中用于接收、流转赌资的银行账户内的资金，犯罪嫌疑人、被告人不能说明合法来源的，可以认定为赌资。向该银行账户转入、转出资金的银行账户数量可以认定为参赌人数。如果查实一个账户多人使用或多个账户一人使用的，应当按照实际使用的人数计算参赌人数。

有证据证明犯罪嫌疑人在赌博网站上的账号设置有下级账号的，应当认定其为赌博网站的代理。

四、关于网络赌博犯罪案件的管辖

网络赌博犯罪案件的地域管辖，应当坚持以犯罪地管辖为主、被告人居住地管辖为辅的原则。

"犯罪地"包括赌博网站服务器所在地、网络接入地，赌博网站建立者、管理者所在地，以及赌博网站代理人、参赌人实施网络赌博行为地等。

公安机关对侦办跨区域网络赌博犯罪案件的管辖权有争议的，应本着有利于查清犯罪事实、有利于诉讼的原则，认真协商解决。经协商无法达成一致的，报共同的上级公安机关指定管辖。对即将侦查终结的跨省（自治区、直辖市）重大网络赌博案件，必要时可由公安部商最高人民法院和最高人民检察院指定管辖。

为保证及时结案，避免超期羁押，人民检察院对于公安机关提请审查逮捕、移送审查起诉的案件，人民法院对于已进入审判程序的案件，犯罪嫌疑人、被告人及其辩护人提出管辖异议或者办案单位发现没有管辖权的，受案人民检察院、人民法院经审查可以依法报请上级人民检察院、人民法院指定管辖，不再自行移送有管辖权的人民检察院、人民法院。

五、关于电子证据的收集与保全

侦查机关对于能够证明赌博犯罪案件真实情况的网站页面、上网记录、电子邮件、电子合同、电子交易记录、电子账册等电子数据，应当作为刑事证据予以提取、复制、固定。

侦查人员应当对提取、复制、固定电子数据的过程制作相关文字说明，记录案由、对象、内容以及提取、复制、固定的时间、地点、方法，电子数据的规格、类别、文件格式等，并由提取、复制、固定电子数据的制作人、电子数据的持有人签名或者盖章，附所提取、复制、固定的电子数据一并随案移送。

对于电子数据存储在境外的计算机上的，或者侦查机关从赌博网站提取电子数据时犯罪嫌疑人未到案的，或者电子数据的持有人无法签字或者拒绝签字的，应当由能够证明提取、复制、固定过程的见证人签名或者盖章，记明有关情况。必要时，可对提取、复制、固定有关电子数据的过程拍照或者录像。

303.4 最高人民法院、最高人民检察院、公安部关于办理利用赌博机开设赌场案件适用法律若干问题的意见（2014年3月26日 公通字〔2014〕17号）（节录）

一、关于利用赌博机组织赌博的性质认定

设置具有退币、退分、退钢珠等赌博功能的电子游戏设施设备，并以现金、有价证券等贵重款物作为奖品，或者以回购奖品方式给予他人现金、有价证券等贵重款物（以下简称设置赌博机）组织赌博活动的，应当认定为刑法第三百零三条第二款规定的"开设赌场"行为。

二、关于利用赌博机开设赌场的定罪处罚标准

设置赌博机组织赌博活动，具有下列情形之一的，应当按照刑法第三百零三条第二款规定的开设赌场罪定罪处罚：

（一）设置赌博机10台以上的；

（二）设置赌博机2台以上，容留未成年人赌博的；

（三）在中小学校附近设置赌博机2台以上的；

（四）违法所得累计达到5000元以上的；

（五）赌资数额累计达到 5 万元以上的；

（六）参赌人数累计达到 20 人以上的；

（七）因设置赌博机被行政处罚后，两年内再设置赌博机 5 台以上的；

（八）因赌博、开设赌场犯罪被刑事处罚后，五年内再设置赌博机 5 台以上的；

（九）其他应当追究刑事责任的情形。

设置赌博机组织赌博活动，具有下列情形之一的，应当认定为刑法第三百零三条第二款规定的"情节严重"：

（一）数量或者数额达到第二条第一款第一项至第六项规定标准六倍以上的；

（二）因设置赌博机被行政处罚后，两年内再设置赌博机 30 台以上的；

（三）因赌博、开设赌场犯罪被刑事处罚后，五年内再设置赌博机 30 台以上的；

（四）其他情节严重的情形。

可同时供多人使用的赌博机，台数按照能够独立供一人进行赌博活动的操作基本单元的数量认定。

在两个以上地点设置赌博机，赌博机的数量、违法所得、赌资数额、参赌人数等均合并计算。

三、关于共犯的认定

明知他人利用赌博机开设赌场，具有下列情形之一的，以开设赌场罪的共犯论处：

（一）提供赌博机、资金、场地、技术支持、资金结算服务的；

（二）受雇参与赌场经营管理并分成的；

（三）为开设赌场者组织客源，收取回扣、手续费的；

（四）参与赌场管理并领取高额固定工资的；

（五）提供其他直接帮助的。

五、关于赌资的认定

本意见所称赌资包括：

（一）当场查获的用于赌博的款物；

（二）代币、有价证券、赌博积分等实际代表的金额；

（三）在赌博机上投注或赢取的点数实际代表的金额。

【说明】 关于赌资的认定，公安部作了规定。

附：公安部关于办理赌博违法案件适用法律若干问题的通知（2005 年 5 月 25 日　公通字〔2005〕30 号）（节录）

五、赌博活动中用作赌注的款物、换取筹码的款物和通过赌博赢取的款物属于赌资。

在利用计算机网络进行的赌博活动中，分赌场、下级庄家或者赌博参与者在组织或者参与赌博前向赌博组织者、上级庄家或者赌博公司交付的押金，应当视为赌资。

六、赌博现场没有赌资，而是以筹码或者事先约定事后交割等方式代替的，赌资数额经调查属实后予以认定。个人投注的财物数额无法确定时，按照参赌财物的价值总额除以参赌人数的平均值计算。

通过计算机网络实施赌博活动的赌资数额，可以按照在计算机网络上投注或者赢取的总点数乘以每个点数实际代表的金额认定。赌博的次数，可以按照在计算机网络上投注的总次数认定。

七、对查获的赌资、赌博违法所得应当依法没收，上缴国库，并按照规定出具法律手续。对查缴的赌具和销售的具有赌博功能的游戏机，一律依法予以销毁、严禁截留、私分或者以其他方式侵吞赌资、赌具、赌博违法所得以及违法行为人的其他财物。违者，对相关责任人员依法予以行政处分；构成犯罪的，依法追究刑事责任。

对参与赌博人员使用的交通、通讯工具未作为赌注的，不得没收。在以营利为目的，聚众赌博、开设赌场，或者采取不报经国家批准，擅自发行、销售彩票的方式为赌博提供条件，尚不够刑事处罚的案件中，违法行为人本人所有的用于纠集、联络、运送参赌人员以及用于望风护赌的交通、通讯工具，应当依法没收。

六、关于赌博机的认定

对于涉案的赌博机，公安机关应当采取拍照、摄像等方式及时固定证据，并予以认定。对于是否属于赌博机难以确定的，司法机关可以委托地市级以上公安机关出具检验报告。司法机关根据检验报告，并结合案件具体情况作出认定。必要时，人民法院可以依法通知检验人员出庭作出说明。

七、关于宽严相济刑事政策的把握

办理利用赌博机开设赌场的案件，应当贯彻宽严相济刑事政策，重点打击赌场的出资者、经营者。对受雇佣为赌场从事接送参赌人员、望风看场、发牌坐庄、兑换筹码等活动的人员，除参与赌场利润分成或者领取高额固定工资的以外，一般不追究刑事责任，可由公安机关依法给予治安管理处罚。对设置游戏机，单次换取少量奖品的娱乐活动，不以违法犯罪论处。

八、关于国家机关工作人员渎职犯罪的处理

负有查禁赌博活动职责的国家机关工作人员，徇私枉法，包庇、放纵开设赌场违法犯罪活动，或者为违法犯罪分子通风报信、提供便利、帮助犯罪分子逃避处罚，构成犯罪的，依法追究刑事责任。

国家机关工作人员参与利用赌博机开设赌场犯罪的，从重处罚。

【司法解释】

303.5 最高人民法院关于对设置圈套诱骗他人参赌又向索还钱财的受骗者施以暴力或暴力威胁的行为应如何定罪问题的批复（1995年11月6日 法复〔1995〕8号）

贵州省高级人民法院：

你院"关于设置圈套诱骗他人参赌，当参赌者要求退还所输钱财时，设赌者以暴力相威胁，甚至将参赌者打伤、杀伤并将钱财带走的行为如何定性"的请示收悉。经研究，答复如下：

行为人设置圈套诱骗他人参赌获取钱财，属赌博行为，构成犯罪的，应当以赌博罪定罪处罚。参赌者识破骗局要求退还所输钱财，设赌者又使用暴力或者以暴力相威胁，拒绝退还的，应以赌博罪从重处罚；致参赌者伤害或者死亡的，应以赌博罪和故意伤害罪或者故意杀人罪，依法实行数罪并罚。

【司法文件】

303.6 最高人民法院、最高人民检察院、公安部关于开展集中打击赌博违法犯罪活动专项行动有关工作的通知（2005年1月10日 公通字〔2005〕2号）（节录）

二、突出打击重点，严格依照法律规定打击赌博违法犯罪活动

各级公安机关、人民检察院、人民法院要充分认识此类违法犯罪活动的特点，充分发挥职能作用，依法打击进行赌博违法犯罪活动的不法分子。要通过专项行动打掉一批赌博团伙、窝点，铲除封堵一批赌博网站，查破一批赌博大案要案，严惩一批赌博违法犯罪分子。其中，重点惩处赌博犯罪集团和网络赌博的组织者、六合彩和赌球赌马等赌博活动的组织者以及参与赌博犯罪活动的党政领导干部、国家公务员和企事业单位负责人。

在专项行动中，要按照刑法和有关司法解释的规定，严格依法办案，准确认定赌博犯罪行为，保证办案质量。对以营利为目的聚众赌博、开设赌场的，无论其是否参与赌博，均应以赌博罪追究刑事责任；对以营利为目的以赌博为业的，无论其是否实际营利，也应以赌博罪追究刑事责任。对通过在中国领域内设立办事处、代表处或者散发广告等形式，招揽、组织中国公民赴境外赌博，构成犯罪的，以赌博罪定罪处罚。对具有教唆他人赌博、组织未成年人聚众赌博或者开设赌场吸引未成年人参与赌博以及国家工作人员犯赌博罪等情形的，应当依法从严处理。对实施贪污、挪用公款、职务侵占、挪用单位资金、挪用特定款物、受贿等犯罪，并将犯罪所得的款物用于赌博的，分别依照刑法有关规定从重处罚；同时构成赌博罪的，应依照刑法规定实行数罪并罚。要充分运用没收财产、罚金等财产刑，以及追缴违法所得、没收用于赌博的本人财物和犯罪工具等措施，从经济上制裁犯罪分子，铲除赌博犯罪行为的经济基础。要坚持惩办与宽大相结合的刑事政策，区别对待，宽严相济，最大限度地分化瓦解犯罪分子。对主动投案自首或者有检举、揭发赌博违法犯罪活动等立功表现的，可依法从宽处罚。

要严格区分赌博违法犯罪活动与群众正常文娱活动的界限，对不以营利为目的，进行带有少量财物输赢的娱乐活动，以及提供棋牌室等娱乐场所并只收取固定的场所和服务费用的经营行为等，不得以赌博论处。对参赌且赌资较大的，可由公安机关依法给予治安处罚；符合劳动教养条件的，依法给予劳动教养；违反党纪政纪的，由主管机关予以纪律处分。要严格依法办案，对构成犯罪的，决不姑息手软，严禁以罚代刑，降格处理；对不构成犯罪或者不应当给予行政处理的，不得打击、处理，不得以禁赌为名干扰群众的正常文娱活动。

三、加强协调配合，形成打击合力

当前，赌博犯罪活动不仅数量多，而且组织严密，参与范围广，作案手段隐蔽，逃避打击能力强。各级公安机关、人民检察院、人民法院在办案中要坚持实事求是，科学、正确认识此类犯罪活动的特殊性，按照"基本事实清楚、基本证据确凿"的原则，不纠缠细枝末节，密切配合，依法从重从快打击赌博犯罪活动。公安机关应当组织专门力量，扎扎实实地做好侦查工作。赌博犯罪行为发生地公安机关发现犯罪行为后均应依法立即立案侦查，全力查清犯罪事实，抓捕犯罪嫌疑人。要切实做好证据的收集、固定和保全工作，为起诉和审判打下坚实基础。人民检察院对公安机关提请批准逮捕和移送审查起诉的犯罪嫌疑人，要依法及时审查批捕和审查起诉。人民法院对人民检察院提起公诉的案件，应当依法及时审判。各级公安机关、人民检察院、人民法院应当加强配合和制约，严格依法办案，保证办案质量。

303.7 最高人民法院、最高人民检察院、公安部关于敦促跨境赌博相关犯罪嫌疑人投案自首的通告（2021 年 1 月 26 日）

为贯彻落实宽严相济的刑事政策，依法惩处跨境赌博违法犯罪行为，同时给相关犯罪嫌疑人改过自新、争取宽大处理的机会，根据《中华人民共和国刑法》《中华人民共和国刑事诉讼法》有关规定，特通告如下：

一、本通告所称跨境赌博相关犯罪嫌疑人是指《中华人民共和国刑法》第三百零三条规定的赌博罪、开设赌场罪的犯罪嫌疑人以及关联犯罪的犯罪嫌疑人。

二、自本通告发布之日起至 2021 年 4 月 30 日前，犯罪嫌疑人向公安机关、人民检察院、人民法院自动投案，如实供述自己的罪行的，属于自首。犯罪嫌疑人投案自首的，可以依法从轻或者减轻处罚；情节较轻的，可以依法免除处罚。

三、犯罪嫌疑人委托他人代为投案或者先以信函、电话、电报、电子邮件等方式投案，本人随后到案的，视为自动投案；经亲友规劝、陪同投案的，或者亲友主动报案后将犯罪嫌疑人送去投案的，视为自动投案。

四、犯罪嫌疑人到案后有检举、揭发他人犯罪行为，经查证属实的，以及提供重要线索，从而得以侦破其他案件，或者积极协助司法机关抓获其他犯罪嫌疑人等立功表现的，可以依法从轻或者减轻处罚；有重大立功表现的，可以依法减轻或者免除处罚。

五、犯罪嫌疑人要认清形势，珍惜机会，尽快投案自首，争取从宽处理。在规定期限内拒不投案自首的，司法机关将依法惩处。

六、司法机关鼓励个人和有关组织积极举报在逃犯罪嫌疑人，动员、规劝在逃犯罪嫌疑人投案自首，对举报人及其他有关证人，司法机关将依法予以保护。对威胁、报复举报人、控告人，构成犯罪的，依法追究刑事责任。

本通告自发布之日起施行。

【部委规范】

303.8 公安部、信息产业部、文化部、新闻出版总署关于规范网络游戏经营秩序查禁利用网络游戏赌博的通知（2007 年 1 月 25 日　公通字〔2007〕3 号）（节录）

二、明确职责，加强协调配合。公安机关负责调查利用网络游戏进行赌博的线索，依法查处网络赌博违法犯罪活动，加强对网络游戏服务单位的信息安全监督管理；文化部门负责对从事网络游戏经营活动的互联网文化经营单位进行清理，对其日常经营活动进行监督管理，对公安机关通报的从事网络赌博活动的互联网文化经营单位依法予以查处，直至吊销其网络文化经营许可证；新闻出版管理部门负责对已出版发行的网络游戏出版物进行清理，深入落实新闻出版总署《关于禁止利用网络游戏从事赌博活动的通知》，查处含有赌博内容的网络游戏出版物，对从事网络赌博活动的互联网出版服务单位依法予以查处，直至吊销其互联网出版经营许可证；通信管理部门负责根据公安、文化和新闻出版管理部门查处违法游戏网站情况，配合相关部门要求网站接入服务商暂停或停止该违法网站的接入，直至吊销违法网站的互联网信息服务经营许可证或撤销其非经营性互联网信息服务备案。

各部门要各司其职，密切协作，加强情况通报，形成工作合力。公安机关对查处的从事赌博活动的网络游戏服务单位，要及时通报文化、新闻出版和通信管理部门。文化、新闻出版和通信管理部门要积极支持配合公安机关查处利用网络游戏进行赌博的违法犯罪活动。

三、规范网络游戏行业经营行为。要监督网络游戏服务单位依法开展经营活动，要求其不得收取或以"虚拟货币"等方式变相收取与游戏输赢相关的佣金；开设使用游戏积分押输赢、竞猜等游戏的，要设置用户每局、每日游戏积分输赢数量，不得提供游戏积分交易、兑换或以"虚拟货币"等方式变相兑换现金、财物的服务，不得提供用户间赠予、转让等游戏积分转账服务，严格管理，防止为网络赌博活动提供便利条件。

四、组织开展集中清理工作。要全面清理网络游戏服务单位和互联网上在线运营的网络游戏，对违法违规的网络游戏服务单位，要坚决依法查处；对未经批准、擅自经营的网络游戏和具有赌博、淫秽色情等内容的网络游戏，要坚决依法关闭；对带有赌博色彩的网络游戏，要依法责令限期整改；要集中查处、严厉打击利用网络游戏进行的赌博活动。要加强对提供网络游戏服务的互联网文化经营单位的运营监管和网络游戏出版物的审查监管，落实信息安全管理制度和技术防范措施。

五、依法打击利用网络游戏进行的赌博活动。公安机关要加大对利用网络游戏赌博的侦查、打击力度，及时做好取证和查处工作。重点打击利用网络游戏开设网上赌局、坐庄设赌"抽水"等网络赌博活动。对以营利为目的，为网络赌博活动提供网上赌博场所、赌具和网络赌博筹码交易、兑换现金等便利条件的，要依法严厉查处。

【法律法规】

303.9 中华人民共和国体育法（1995 年 10 月 1 日　2016 年修正）（第 33 条第 3 款、第 49 条）

303.10 娱乐场所管理条例（2006 年 3 月 1 日　2020 年修订）（第 13 条第 6 项、第 14 条第 1 款第 5 项、第 54 条第 1 款）

第三百零四条【故意延误投递邮件罪】 邮政工作人员严重不负责任，故意延误投递邮件，致使公共财产、国家和人民利益遭受重大损失的，处二年以下有期徒刑或者拘役。

【罪名渊源】本条系刑法吸收《邮政法》第 39 条内容所增设，79 刑法、单行刑法均未规定。高法《罪名规定》、高检《罪名意见》将其解释为故意延误投递邮件罪。

【立案标准】

304.1 最高人民检察院、公安部关于公安机关管辖的刑事案件立案追诉标准的规定（一）（2008 年 6 月 25 日　公通字〔2008〕36 号）（节录）

第四十五条　[故意延误投递邮件案（刑法第三百零四条）]邮政工作人员严重不负责任，故意延误投递邮件，涉嫌下列情形之一的，应予立案追诉：

（一）造成直接经济损失二万元以上的；

（二）延误高校录取通知书或者其他重要邮件投递，致使他人失去高校录取资格或者造成其他无法挽回的重大损失的；

（三）严重损害国家声誉或者造成恶劣社会影响的；

（四）其他致使公共财产、国家和人民利益遭受重大损失的情形。

【法律法规】

304.2 中华人民共和国邮政法（2009 年 10 月 1 日　2015 年修正）（第 70 条、第 82 条、第 84 条第 5 款）

第二节　妨害司法罪

第三百零五条【伪证罪】 在刑事诉讼中，证人、鉴定人、记录人、翻译人对与案件有重要关系的情节，故意作虚假证明、鉴定、记录、翻译，意图陷害他人或者隐匿罪证的，处三年以下有期徒刑或者拘役；情节严重的，处三年以上七年以下有期徒刑。

【罪名渊源】 本条由79刑法第148条修改而来，刑法改"在侦查、审判中"为"在刑事诉讼中"，原两档法定刑中的"二年"均调整为"三年"，并将其由侵犯公民人身权利、民主权利罪章移入妨害社会管理秩序罪章中。高法《罪名规定》、高检《罪名意见》将其解释为伪证罪。

【证据标准】

305.1 最高人民检察院关于印发部分罪案《审查逮捕证据参考标准（试行）》的通知（2003年11月27日　高检侦监发〔2003〕107号）（节录）

一、审查逮捕通用证据参考标准（参见232.1本通知）

十一、伪证罪案审查逮捕证据参考标准

伪证罪，是指触犯《刑法》第305条的规定，在刑事诉讼中，证人、鉴定人、记录人、翻译人对与案件有关的重要情节，故意作虚假证明、鉴定、记录、翻译，意图陷害他人或隐匿罪证的行为。

对提请批捕的伪证案件，应当注意从以下几个方面审查证据：

（一）有证据证明发生了伪证犯罪事实。

重点审查：

1. 犯罪嫌疑人在相关案件中担任证人、鉴定人、记录人、翻译人的证据（如相关案件的笔录材料、鉴定委托书、鉴定结论等），虚假证明、鉴定、记录、翻译等证明发生作伪证的行为的证据。

2. 证明证人、鉴定人、记录人、翻译人所作的虚假证明、鉴定、记录、翻译是与案件有重要关系的情节的证据。

3. 证明作伪证的意图是为了陷害他人或者隐匿罪证的证据。

（二）有证据证明伪证犯罪事实系犯罪嫌疑人实施的。

重点审查：

1. 犯罪嫌疑人的供认。

2. 有关的书证。

3. 指使人的证言。

4. 同案犯罪嫌疑人的供述。

5. 其他能够证明犯罪嫌疑人实施伪证犯罪的证据。

（三）证明犯罪嫌疑人实施伪证犯罪行为的证据已有查证属实的。

重点审查：

1. 其他证据能够印证的犯罪嫌疑人的供述。

2. 能够相互印证的有关书证。

3. 其他查证属实的证明犯罪嫌疑人实施伪证犯罪的证据。

【司法解释】

305.2 最高人民法院、最高人民检察院关于办理窝藏、包庇刑事案件适用法律若干问题的解释（2021年8月11日　法释〔2021〕16号）（节录）

第七条　为帮助同一个犯罪的人逃避刑事处罚，实施窝藏、包庇行为，又实施洗钱行为，或者掩饰、隐瞒犯罪所得及其收益行为，或者帮助毁灭证据行为，或者伪证行为的，依照处罚较重的犯罪定罪，并从重处罚，不实行数罪并罚。

【法律法规】

305.3 中华人民共和国刑事诉讼法（1980 年 1 月 1 日　2018 年修正）（第 61 条、第 147 条）

第三百零六条【辩护人、诉讼代理人毁灭证据、伪造证据、妨害作证罪】 在刑事诉讼中，辩护人、诉讼代理人毁灭、伪造证据，帮助当事人毁灭、伪造证据，威胁、引诱证人违背事实改变证言或者作伪证的，处三年以下有期徒刑或者拘役；情节严重的，处三年以上七年以下有期徒刑。

辩护人、诉讼代理人提供、出示、引用的证人证言或者其他证据失实，不是有意伪造的，不属于伪造证据。

【罪名渊源】本条系刑法吸收 1996 年刑事诉讼法第 38 条内容增设，79 刑法、单行刑法均未规定。高法《罪名规定》、高检《罪名意见》将其解释为辩护人、诉讼代理人毁灭证据、伪造证据、妨害作证罪。

【法律法规】

306.1 中华人民共和国刑事诉讼法（1980 年 1 月 1 日　2018 年修正）（第 44 条）

306.2 中华人民共和国律师法（1997 年 1 月 1 日　2017 年修正）（第 40 条第 6 项、第 49 条第 1 款第 4 项和第 2 款）

第三百零七条【妨害作证罪】 以暴力、威胁、贿买等方法阻止证人作证或者指使他人作伪证的，处三年以下有期徒刑或者拘役；情节严重的，处三年以上七年以下有期徒刑。

【帮助毁灭、伪造证据罪】 帮助当事人毁灭、伪造证据，情节严重的，处三年以下有期徒刑或者拘役。

司法工作人员犯前两款罪的，从重处罚。

【罪名渊源】本条第 1 款系刑法增设，79 刑法、单行刑法均未规定，第 2 款系刑法吸收全国人大常委会《关于严惩严重破坏经济的罪犯的决定》第 1 条第 3 项部分内容所增设。高法《罪名规定》、高检《罪名意见》将其分别解释为妨害作证罪，帮助毁灭、伪造证据罪。

【司法解释】

307.1 参见 307－1.2 最高人民法院关于《中华人民共和国刑法修正案（九）》时间效力问题的解释（2015 年 11 月 1 日　法释〔2015〕19 号）

307.2 最高人民法院、最高人民检察院关于办理虚假诉讼刑事案件适用法律若干问题的解释（2018 年 10 月 1 日　法释〔2018〕17 号）（节录）

第六条　诉讼代理人、证人、鉴定人等诉讼参与人与他人通谋，代理提起虚假民事诉讼、故意作虚假证言或者出具虚假鉴定意见，共同实施刑法第三百零七条之一前三款行为的，依照共同犯罪的规定定罪处罚；同时构成妨害作证罪，帮助毁灭、伪造证据罪等犯罪的，依照处罚较重的规定定罪从重处罚。

第七条　采取伪造证据等手段篡改案件事实，骗取人民法院裁判文书，构成犯罪的，依照刑法第二百八十条、第三百零七条等规定追究刑事责任。

307.3 最高人民法院、最高人民检察院关于办理窝藏、包庇刑事案件适用法律若干问题的解释（2021 年 8 月 11 日　法释〔2021〕16 号）（节录）

第七条　为帮助同一个犯罪的人逃避刑事处罚，实施窝藏、包庇行为，又实施洗钱行为，或者掩饰、隐瞒犯罪所得及其收益行为，或者帮助毁灭证据行为，或者伪证行为的，依照处罚较重的犯罪定罪，并从重处罚，不实行数罪并罚。

【司法文件】

307.4 参见 280.11 最高人民检察院法律政策研究室关于通过伪造证据骗取法院民事裁判占有他人财物的行为如何适用法律问题的答复（2002 年 10 月 24 日　〔2002〕高检研发第 18 号）

307.5 最高人民法院、最高人民检察院、公安部、司法部关于限令拐卖妇女儿童犯罪人员投案自首的通告（2011 年 1 月 1 日）（节录）

七、……帮助犯罪分子毁灭、伪造证据的，应当依法追究刑事责任。

【法律法规】

307.6 中华人民共和国行政诉讼法（1990 年 10 月 1 日　2017 年修正）（第 59 条第 1 款第 2—3 项、第 2 款）

307.7 中华人民共和国民事诉讼法（1991 年 4 月 9 日　2023 年修正）（第 114 条）

307.8 中华人民共和国法官法（2019 年 10 月 1 日）（第 46 条）

307.9 中华人民共和国检察官法（2019 年 10 月 1 日）（第 47 条）

第三百零七条之一【虚假诉讼罪】 以捏造的事实提起民事诉讼，妨害司法秩序或者严重侵害他人合法权益的，处三年以下有期徒刑、拘役或者管制，并处或者单处罚金；情节严重的，处三年以上七年以下有期徒刑，并处罚金。

单位犯前款罪的，对单位判处罚金，并对其直接负责的主管人员和其他直接责任人员，依照前款的规定处罚。

有第一款行为，非法占有他人财产或者逃避合法债务，又构成其他犯罪的，依照处罚较重的规定定罪从重处罚。

司法工作人员利用职权，与他人共同实施前三款行为的，从重处罚；同时构成其他犯罪的，依照处罚较重的规定定罪从重处罚。

【刑法修正说明】
本条为全国人大常委会 2015 年 8 月 29 日通过并公布、同年 11 月 1 日施行的《刑法修正案（九）》第 35 条所增设。

【罪名渊源】 本条系《刑法修正案（九）》第 35 条增设，"两高"《罪名补充规定（六）》将其解释为虚假诉讼罪。

【立案标准】

307-1.1 最高人民检察院、公安部关于公安机关管辖的刑事案件立案追诉标准的规定（二）（2022 年 5 月 15 日　公通字〔2022〕12 号）（节录）

第七十八条 〔虚假诉讼案（刑法第三百零七条之一）〕单独或者与他人恶意串通，以捏造的事实提起民事诉讼，涉嫌下列情形之一的，应当立案追诉：

（一）致使人民法院基于捏造的事实采取财产保全或者行为保全措施的；

（二）致使人民法院开庭审理，干扰正常司法活动的；

（三）致使人民法院基于捏造的事实作出裁判文书、制作财产分配方案，或者立案执行基于捏造的事实作出的仲裁裁决、公证债权文书的；

（四）多次以捏造的事实提起民事诉讼的；

（五）因以捏造的事实提起民事诉讼被采取民事诉讼强制措施或者受过刑事追究的；

（六）其他妨害司法秩序或者严重侵害他人合法权益的情形。

第八十条 本规定中的"多次"，是指三次以上。

第八十二条 对于预备犯、未遂犯、中止犯，需要追究刑事责任的，应予立案追诉。

第八十三条 本规定中的立案追诉标准，除法律、司法解释、本规定中另有规定的以外，适用于相应的单位犯罪。

第八十四条 本规定中的"以上"，包括本数。

【司法解释】

307-1.2 最高人民法院关于《中华人民共和国刑法修正案（九）》时间效力问题的解释（2015 年

11 月 1 日　法释〔2015〕19 号）（节录）

第七条　对于 2015 年 10 月 31 日以前以捏造的事实提起民事诉讼，妨害司法秩序或者严重侵害他人合法权益，根据修正前刑法应当以伪造公司、企业、事业单位、人民团体印章罪或者妨害作证罪等追究刑事责任的，适用修正前刑法的有关规定。但是，根据修正后刑法第三百零七条之一的规定处刑较轻的，适用修正后刑法的有关规定。

实施第一款行为，非法占有他人财产或者逃避合法债务，根据修正前刑法应当以诈骗罪、职务侵占罪或者贪污罪等追究刑事责任的，适用修正前刑法的有关规定。

307-1.3 最高人民法院、最高人民检察院关于办理虚假诉讼刑事案件适用法律若干问题的解释（2018 年 10 月 1 日　法释〔2018〕17 号）（节录）

第一条　采取伪造证据、虚假陈述等手段，实施下列行为之一，捏造民事法律关系，虚构民事纠纷，向人民法院提起民事诉讼的，应当认定为刑法第三百零七条之一第一款规定的"以捏造的事实提起民事诉讼"：

（一）与夫妻一方恶意串通，捏造夫妻共同债务的；

（二）与他人恶意串通，捏造债权债务关系和以物抵债协议的；

（三）与公司、企业的法定代表人、董事、监事、经理或者其他管理人员恶意串通，捏造公司、企业债务或者担保义务的；

（四）捏造知识产权侵权关系或者不正当竞争关系的；

（五）在破产案件审理过程中申报捏造的债权的；

（六）与被执行人恶意串通，捏造债权或者对查封、扣押、冻结财产的优先权、担保物权的；

（七）单方或者与他人恶意串通，捏造身份、合同、侵权、继承等民事法律关系的其他行为。

隐瞒债务已经全部清偿的事实，向人民法院提起民事诉讼，要求他人履行债务的，以"以捏造的事实提起民事诉讼"论。

向人民法院申请执行基于捏造的事实作出的仲裁裁决、公证债权文书，或者在民事执行过程中以捏造的事实对执行标的提出异议、申请参与执行财产分配的，属于刑法第三百零七条之一第一款规定的"以捏造的事实提起民事诉讼"。

第二条　以捏造的事实提起民事诉讼，有下列情形之一的，应当认定为刑法第三百零七条之一第一款规定的"妨害司法秩序或者严重侵害他人合法权益"：

（一）致使人民法院基于捏造的事实采取财产保全或者行为保全措施的；

（二）致使人民法院开庭审理，干扰正常司法活动的；

（三）致使人民法院基于捏造的事实作出裁判文书、制作财产分配方案，或者立案执行基于捏造的事实作出的仲裁裁决、公证债权文书的；

（四）多次以捏造的事实提起民事诉讼的；

（五）曾因以捏造的事实提起民事诉讼被采取民事诉讼强制措施或者受过刑事追究的；

（六）其他妨害司法秩序或者严重侵害他人合法权益的情形。

第三条　以捏造的事实提起民事诉讼，有下列情形之一的，应当认定为刑法第三百零七条之一第一款规定的"情节严重"：

（一）有本解释第二条第一项情形，造成他人经济损失一百万元以上的；

（二）有本解释第二条第二项至第四项情形之一，严重干扰正常司法活动或者严重损害司法公信力的；

（三）致使义务人自动履行生效裁判文书确定的财产给付义务或者人民法院强制执行财产权益，数额达到一百万元以上的；

（四）致使他人债权无法实现，数额达到一百万元以上的；

（五）非法占有他人财产，数额达到十万元以上的；

（六）致使他人因为不执行人民法院基于捏造的事实作出的判决、裁定，被采取刑事拘留、逮捕措施或者受到刑事追究的；

（七）其他情节严重的情形。

第四条　实施刑法第三百零七条之一第一款行为，非法占有他人财产或者逃避合法债务，又构成诈骗罪，职务侵占罪，拒不执行判决、裁定罪，贪污罪等犯罪的，依照处罚较重的规定定罪从重处罚。

第五条　司法工作人员利用职权，与他人共同实施刑法第三百零七条之一前三款行为的，从重处罚；同时构成滥用职权罪，民事枉法裁判罪，执行判决、裁定滥用职权罪等犯罪的，依照处罚较重的规定定罪从重处罚。

第六条　诉讼代理人、证人、鉴定人等诉讼参与人与他人通谋，代理提起虚假民事诉讼、故意作虚假证言或者出具虚假鉴定意见，共同实施刑法第三百零七条之一前三款行为的，依照共同犯罪的规定定罪处罚；同时构成妨害作证罪，帮助毁灭、伪造证据罪等犯罪的，依照处罚较重的规定定罪从重处罚。

第八条　单位实施刑法第三百零七条之一第一款行为的，依照本解释规定的定罪量刑标准，对其直接负责的主管人员和其他直接责任人员定罪处罚，并对单位判处罚金。

第九条　实施刑法第三百零七条之一第一款行为，未达到情节严重的标准，行为人系初犯，在民事诉讼过程中自愿具结悔过，接受人民法院处理决定，积极退赃、退赔的，可以认定为犯罪情节轻微，不起诉或者免予刑事处罚；确有必要判处刑罚的，可以从宽处罚。

司法工作人员利用职权，与他人共同实施刑法第三百零七条之一第一款行为的，对司法工作人员不适用本条第一款规定。

第十条　虚假诉讼刑事案件由虚假民事诉讼案件的受理法院所在地或者执行法院所在地人民法院管辖。有刑法第三百零七条之一第四款情形的，上级人民法院可以指定下级人民法院将案件移送其他人民法院审判。

第十一条　本解释所称裁判文书，是指人民法院依照民事诉讼法、企业破产法等民事法律作出的判决、裁定、调解书、支付令等文书。

【司法文件】

307－1.4 参见 266.17 最高人民法院、最高人民检察院、公安部、司法部关于办理黑恶势力犯罪案件若干问题的指导意见（2018 年 1 月 16 日　法发〔2018〕1 号）

307－1.5 参见 266.20 最高人民法院、最高人民检察院、公安部、司法部关于办理"套路贷"刑事案件若干问题的意见（2019 年 4 月 9 日）（第 4 条）

307－1.6 最高人民法院、最高人民检察院、公安部关于依法办理"碰瓷"违法犯罪案件的指导意见（2020 年 9 月 22 日　公通字〔2020〕12 号）（节录）

一、（第二款）实施"碰瓷"，捏造人身、财产权益受到侵害的事实，虚构民事纠纷，提起民事诉讼，符合刑法第三百零七条之一规定的，以虚假诉讼罪定罪处罚；同时构成其他犯罪的，依照处罚较重的规定定罪从重处罚。

> **【说明】**主从犯、犯罪集团认定和侦查、起诉、审判等，参见 274.12 本意见第 9—10 条。

307－1.7 最高人民法院、最高人民检察院、公安部、司法部关于进一步加强虚假诉讼犯罪惩治工作的意见（2021 年 3 月 10 日　法发〔2021〕10 号）（节录）

第二条　本意见所称虚假诉讼犯罪，是指行为人单独或者与他人恶意串通，采取伪造证据、虚假陈述等手段，捏造民事案件基本事实，虚构民事纠纷，向人民法院提起民事诉讼，妨害司法秩序或者严重侵害他人合法权益，依照法律应当受刑罚处罚的行为。

第四条　实施《最高人民法院、最高人民检察院关于办理虚假诉讼刑事案件适用法律若干问题的解释》第一条第一款、第二款规定的捏造事实行为，并有下列情形之一的，应当认定为刑法第三百零七条之一第一款规定的"以捏造的事实提起民事诉讼"：

（一）提出民事起诉的；

（二）向人民法院申请宣告失踪、宣告死亡，申请认定公民无民事行为能力、限制民事行为能力，申请认定财产无主，申请确认调解协议，申请实现担保物权，申请支付令，申请公示催告的；

（三）在民事诉讼过程中增加独立的诉讼请求、提出反诉，有独立请求权的第三人提出与本案有关的诉讼请求的；

（四）在破产案件审理过程中申报债权的；

（五）案外人申请民事再审的；

（六）向人民法院申请执行仲裁裁决、公证债权文书的；

（七）案外人在民事执行过程中对执行标的提出异议，债权人在民事执行过程中申请参与执行财产分配的；

（八）以其他手段捏造民事案件基本事实，虚构民事纠纷，提起民事诉讼的。

第九条 虚假诉讼刑事案件由相关虚假民事诉讼案件的受理法院所在地或者执行法院所在地人民法院管辖。有刑法第三百零七条之一第四款情形的，上级人民法院可以指定下级人民法院将案件移送其他人民法院审判。

前款所称相关虚假民事诉讼案件的受理法院，包括该民事案件的一审、二审和再审法院。

虚假诉讼刑事案件的级别管辖，根据刑事诉讼法的规定确定。

第十条 人民法院、人民检察院向公安机关移送涉嫌虚假诉讼犯罪案件，应当附下列材料：

（一）案件移送函，载明移送案件的人民法院或者人民检察院名称、民事案件当事人名称和案由、所处民事诉讼阶段、民事案件办理人及联系电话等。案件移送函应当附移送材料清单和回执，经人民法院或者人民检察院负责人批准后，加盖人民法院或者人民检察院公章；

（二）移送线索的情况说明，载明案件来源、当事人信息、涉嫌虚假诉讼犯罪的事实、法律依据等，并附相关证据材料；

（三）与民事案件有关的诉讼材料，包括起诉书、答辩状、庭审笔录、调查笔录、谈话笔录等。

人民法院、人民检察院应当指定专门职能部门负责涉嫌虚假诉讼犯罪案件的移送。

人民法院将涉嫌虚假诉讼犯罪案件移送公安机关的，同时将有关情况通报同级人民检察院。

第十一条 人民法院、人民检察院认定民事诉讼当事人和其他诉讼参与人的行为涉嫌虚假诉讼犯罪，除民事诉讼当事人、其他诉讼参与人或者案外人的陈述、证言外，一般还应有物证、书证或者其他证人证言等证据相印证。

第十二条 人民法院、人民检察院将涉嫌虚假诉讼犯罪案件有关材料移送公安机关的，接受案件的公安机关应当出具接受案件的回执或者在案件移送函所附回执上签收。

公安机关收到有关材料后，分别作出以下处理：

（一）认为移送的案件材料不全的，应当在收到有关材料之日起三日内通知移送的人民法院或者人民检察院在三日内补正。不得以材料不全为由不接受移送案件；

（二）认为有犯罪事实，需要追究刑事责任的，应当在收到有关材料之日起三十日内决定是否立案，并通知移送的人民法院或者人民检察院；

（三）认为有犯罪事实，但是不属于自己管辖的，应当立即报经县级以上公安机关负责人批准，在二十四小时内移送有管辖权的机关处理，并告知移送的人民法院或者人民检察院。对于必须采取紧急措施的，应当先采取紧急措施，然后办理手续，移送主管机关；

（四）认为没有犯罪事实，或者犯罪情节显著轻微不需要追究刑事责任的，或者具有其他依法不追究刑事责任情形的，经县级以上公安机关负责人批准，不予立案，并应当说明理由，制作不予立案通知书在三日内送达移送的人民法院或者人民检察院，退回有关材料。

第十三条 人民检察院依法对公安机关的刑事立案实行监督。

人民法院对公安机关的不予立案决定有异议的，可以建议人民检察院进行立案监督。

第十四条 人民法院向公安机关移送涉嫌虚假诉讼犯罪案件，民事案件必须以相关刑事案件的审理结果为依据的，应当依照民事诉讼法第一百五十条第一款第五项的规定裁定中止诉讼。刑事案件的审理结果不影响民事诉讼程序正常进行的，民事案件应当继续审理。

第十五条 刑事案件裁判认定民事诉讼当事人的行为构成虚假诉讼犯罪，相关民事案件尚在审理或者执行过程中的，作出刑事裁判的人民法院应当及时函告审理或者执行该民事案件的人民法院。

人民法院对于与虚假诉讼刑事案件的裁判存在冲突的已经发生法律效力的民事判决、裁定、调解书，应当及时依法启动审判监督程序予以纠正。

　　第十六条　公安机关依法自行立案侦办虚假诉讼刑事案件的，应当在立案后三日内将立案决定书等法律文书和相关材料复印件抄送对相关民事案件正在审理、执行或者作出生效裁判文书的人民法院并说明立案理由，同时通报办理民事案件人民法院的同级人民检察院。对相关民事案件正在审理、执行或者作出生效裁判文书的人民法院应当依法审查，依照相关规定做出处理，并在收到材料之日起三十日内将处理意见书面通报公安机关。

　　公安机关在办理刑事案件过程中，发现犯罪嫌疑人还涉嫌实施虚假诉讼犯罪的，可以一并处理。需要逮捕犯罪嫌疑人的，由侦查该案件的公安机关提请同级人民检察院审查批准；需要提起公诉的，由侦查该案件的公安机关移送同级人民检察院审查决定。

　　第十七条　有管辖权的公安机关接受民事诉讼当事人、诉讼代理人和其他诉讼参与人、利害关系人、其他自然人、法人和非法人组织的报案、控告、举报或者在履行职责过程中发现存在虚假诉讼犯罪嫌疑的，可以开展调查核实工作。经县级以上公安机关负责人批准，公安机关可以依照有关规定拷贝电子卷或者查阅、复制、摘录人民法院的民事诉讼卷宗，人民法院予以配合。

　　公安机关在办理刑事案件过程中，发现犯罪嫌疑人还涉嫌实施虚假诉讼犯罪的，适用前款规定。

　　第十八条　人民检察院发现已经发生法律效力的判决、裁定、调解书系民事诉讼当事人通过虚假诉讼获得的，应当依照民事诉讼法第二百零八条第一款、第二款①等法律和相关司法解释的规定，向人民法院提出再审检察建议或者抗诉。

　　第十九条　人民法院对人民检察院依照本意见第十八条的规定提出再审检察建议或者抗诉的民事案件，应当依照民事诉讼法等法律和相关司法解释的规定处理。按照审判监督程序决定再审，需要中止执行的，裁定中止原判决、裁定、调解书的执行。

　　第二十条　人民检察院办理民事诉讼监督案件过程中，发现存在虚假诉讼犯罪嫌疑的，可以向民事诉讼当事人或者案外人调查核实有关情况。有关单位和个人无正当理由拒不配合调查核实、妨害民事诉讼的，人民检察院可以建议有关人民法院依照民事诉讼法第一百一十一条第一款第五项②等规定处理。

　　人民检察院针对存在虚假诉讼犯罪嫌疑的民事诉讼监督案件依照有关规定调阅人民法院的民事诉讼卷宗的，人民法院予以配合。通过拷贝电子卷、查阅、复制、摘录等方式能够满足办案需要的，可以不调阅诉讼卷宗。

　　人民检察院发现民事诉讼监督案件存在虚假诉讼犯罪嫌疑的，可以听取人民法院原承办人的意见。

　　第二十一条　对于存在虚假诉讼犯罪嫌疑的民事案件，人民法院可以依职权调查收集证据。当事人自认的事实与人民法院、人民检察院依职权调查并经审理查明的事实不符的，人民法院不予确认。

　　第二十二条（第三款）　对虚假诉讼刑事案件被告人判处罚金、有期徒刑或者拘役的，人民法院已经依照民事诉讼法的规定给予的罚款、拘留，应当依法折抵相应罚金或者刑期。

　　第二十四条　司法工作人员利用职权参与虚假诉讼的，应当依照法律法规从严处理；构成犯罪的，依法从严追究刑事责任。

　　第二十五条（第一款）　司法行政机关、相关行业协会应当加强对律师、基层法律服务工作者、司法鉴定人、公证员、仲裁员的教育和管理，发现上述人员利用职务之便参与虚假诉讼的，应当依照规定进行行政处罚或者行业惩戒；构成犯罪的，依法移送司法机关处理。律师、基层法律服务工作者、司法鉴定人、公证员、仲裁员利用职务之便参与虚假诉讼的，依照有关规定从严追究法律责任。

---

①　指 2017 年修正民事诉讼法条文，对应 2023 年修正民事诉讼法第 219 条第一款、第二款。——编者注

②　指 2017 年修正民事诉讼法条文，对应 2023 年修正民事诉讼法第 114 条第一款第五项。——编者注

307-1.8 最高人民法院关于深入开展虚假诉讼整治工作的意见（2021 年 11 月 10 日　法〔2021〕281 号）（节录）

五、坚持分类施策，提高整治实效。……人民法院在办理案件过程中发现虚假诉讼涉嫌犯罪的，应当依法及时将相关材料移送刑事侦查机关；公职人员或者国有企事业单位人员制造、参与虚假诉讼的，应当通报所在单位或者监察机关；律师、基层法律服务工作者、鉴定人、公证人等制造、参与虚假诉讼的，可以向有关行政主管部门、行业协会发出司法建议，督促及时予以行政处罚或者行业惩戒。司法工作人员利用职权参与虚假诉讼的，应当依法从严惩处，构成犯罪的，应当依法从严追究刑事责任。

十七、依法认定犯罪，从严追究虚假诉讼刑事责任。虚假诉讼行为符合刑法和司法解释规定的定罪标准的，要依法认定为虚假诉讼罪等罪名，从严追究行为人的刑事责任。实施虚假诉讼犯罪，非法占有他人财产或者逃避合法债务，又构成诈骗罪、职务侵占罪、拒不执行判决、裁定罪、贪污罪等犯罪的，依照处罚较重的罪名定罪并从重处罚。对于多人结伙实施的虚假诉讼共同犯罪中罪责最突出的主犯、有虚假诉讼违法犯罪前科再次实施虚假诉讼犯罪的被告人，要充分体现从严，控制缓刑、免予刑事处罚的适用范围。

十八、保持高压态势，严惩"套路贷"虚假诉讼犯罪。及时甄别、依法严厉打击"套路贷"中的虚假诉讼违法犯罪行为，符合黑恶势力认定标准的，应当依法认定。对于被告人实施"套路贷"违法所得的一切财物，应当予以追缴或者责令退赔，依法保护被害人的财产权利。保持对"套路贷"虚假诉讼违法犯罪的高压严打态势，将依法严厉打击"套路贷"虚假诉讼违法犯罪作为常态化开展扫黑除恶斗争的重要内容，切实维护司法秩序和人民群众合法权益，满足人民群众对公平正义的心理期待。

十九、做好程序衔接，保持刑民协同。经审理认为民事诉讼当事人的行为构成虚假诉讼犯罪的，作出生效刑事裁判的人民法院应当及时函告审理或者执行该民事案件的人民法院。生效刑事裁判认定构成虚假诉讼犯罪的，有关人民法院应当及时依法启动审判监督程序对相关民事判决、裁定、调解书予以纠正。当事人、案外人以生效刑事裁判认定构成虚假诉讼犯罪为由对生效民事判决、裁定、调解书申请再审的，应当依法及时进行审查。

二十、加强队伍建设，提升整治能力。……法院工作人员利用职权与他人共同实施虚假诉讼行为，构成虚假诉讼罪的，依法从重处罚，同时构成其他犯罪的，依照处罚较重的规定定罪并从重处罚。法院工作人员不正确履行职责，玩忽职守，致使虚假诉讼案件进入诉讼程序，导致公共财产、国家和人民利益遭受重大损失，符合刑法规定的犯罪构成要件的，依照玩忽职守罪、执行判决、裁定失职罪等罪名定罪处罚。

第三百零八条【打击报复证人罪】 对证人进行打击报复的，处三年以下有期徒刑或者拘役；情节严重的，处三年以上七年以下有期徒刑。

【罪名渊源】 本条系刑法增设，79 刑法、单行刑法均未规定。高法《罪名规定》、高检《罪名意见》将其解释为打击报复证人罪。

【法律法规】

308.1 中华人民共和国刑事诉讼法（1980 年 1 月 1 日　2018 年修正）（第 63 条）

308.2 中华人民共和国民事诉讼法（1991 年 4 月 9 日　2023 年修正）（第 114 条第 1 款第 4 项、第 2 款）

第三百零八条之一【泄露不应公开的案件信息罪】 司法工作人员、辩护人、诉讼代理人或者其他诉讼参与人，泄露依法不公开审理的案件中不应当公开的信息，造成信息公开传播或者其他严重后果的，处三年以下有期徒刑、拘役或者管制，并处或者单处罚金。

【故意泄露国家秘密罪，过失泄露国家秘密罪】 有前款行为，泄露国家秘密的，依照本法第三百九十八条的规定定罪处罚。

【披露、报道不应公开的案件信息罪】 公开披露、报道第一款规定的案件信息，情节严重的，依照第一款的规定处罚。

　　单位犯前款罪的，对单位判处罚金，并对其直接负责的主管人员和其他直接责任人员，依照第一款的规定处罚。

> 　　【刑法修正说明】
> 　　本条为全国人大常委会 2015 年 8 月 29 日通过并公布、同年 11 月 1 日施行的《刑法修正案（九）》第 36 条所增设。

　　【罪名渊源】本条系《刑法修正案（九）》第 36 条增设。"两高"《罪名补充规定（六）》将本条第 1 款、第 3 款分别解释为泄露不应公开的案件信息罪，披露、报道不应公开的案件信息罪。

　　第三百零九条【扰乱法庭秩序罪】有下列扰乱法庭秩序情形之一的，处三年以下有期徒刑、拘役、管制或者罚金：

　　（一）聚众哄闹、冲击法庭的；

　　（二）殴打司法工作人员或者诉讼参与人的；

　　（三）侮辱、诽谤、威胁司法工作人员或者诉讼参与人，不听法庭制止，严重扰乱法庭秩序的；

　　（四）有毁坏法庭设施，抢夺、损毁诉讼文书、证据等扰乱法庭秩序行为，情节严重的。

> 　　【刑法修正说明】
> 　　本条为全国人大常委会 2015 年 8 月 29 日通过并公布、同年 11 月 1 日施行的《刑法修正案（九）》第 37 条所修正。原第 309 条为：
> 　　【扰乱法庭秩序罪】聚众哄闹、冲击法庭，或者殴打司法工作人员，严重扰乱法庭秩序的，处三年以下有期徒刑、拘役、管制或者罚金。

　　【罪名渊源】本条系刑法增设，79 刑法、单行刑法均未规定，最高人民法院 1994 年曾批复对该行为依 79 刑法第 157 条妨害公务罪处罚。《刑法修正案（九）》第 37 条将罪状分列为四项，原内容纳入第 1 项、第 2 项，在第 2 项增加"诉讼参与人"字样，增设第 3 项、第 4 项内容。高法《罪名规定》、高检《罪名意见》将其解释为扰乱法庭秩序罪。

　　【司法文件】

　　309.1 最高人民法院、最高人民检察院关于切实保障司法人员依法履行职务的紧急通知（2005 年 8 月 25 日　法〔2005〕173 号）（第 5 条）

　　309.2 中华人民共和国人民法院法庭规则（2016 年 5 月 1 日　法释〔2016〕7 号　2016 年修正）（第 20 条、第 25—26 条）

　　【法律法规】

　　309.3 中华人民共和国刑事诉讼法（1980 年 1 月 1 日　2018 年修正）（第 199 条）

　　第三百一十条【窝藏、包庇罪】明知是犯罪的人而为其提供隐藏处所、财物，帮助其逃匿或者作假证明包庇的，处三年以下有期徒刑、拘役或者管制；情节严重的，处三年以上十年以下有期徒刑。

　　犯前款罪，事前通谋的，以共同犯罪论处。

　　【罪名渊源】本条由 79 刑法第 162 条修改而来，刑法取消了窝藏、包庇反革命分子的特别规定，调整了法定刑，改简明罪状为叙明罪状。高法《罪名规定》、高检《罪名意见》将其解释为窝藏、包庇罪。

【罪刑标准】

310.1 最高人民法院、最高人民检察院关于办理窝藏、包庇刑事案件适用法律若干问题的解释（2021 年 8 月 11 日 法释〔2021〕16 号）

为依法惩治窝藏、包庇犯罪，根据《中华人民共和国刑法》《中华人民共和国刑事诉讼法》的有关规定，结合司法工作实际，现就办理窝藏、包庇刑事案件适用法律的若干问题解释如下：

第一条 明知是犯罪的人，为帮助其逃匿，实施下列行为之一的，应当依照刑法第三百一十条第一款的规定，以窝藏罪定罪处罚：

（一）为犯罪的人提供房屋或者其他可以用于隐藏的处所的；

（二）为犯罪的人提供车辆、船只、航空器等交通工具，或者提供手机等通讯工具的；

（三）为犯罪的人提供金钱的；

（四）其他为犯罪的人提供隐藏处所、财物，帮助其逃匿的情形。

保证人在犯罪的人取保候审期间，协助其逃匿，或者明知犯罪的人的藏匿地点、联系方式，但拒绝向司法机关提供的，应当依照刑法第三百一十条第一款的规定，对保证人以窝藏罪定罪处罚。

虽然为犯罪的人提供隐藏处所、财物，但不是出于帮助犯罪的人逃匿的目的，不以窝藏罪定罪处罚；对未履行法定报告义务的行为人，依法移送有关主管机关给予行政处罚。

第二条 明知是犯罪的人，为帮助其逃避刑事追究，或者帮助其获得从宽处罚，实施下列行为之一的，应当依照刑法第三百一十条第一款的规定，以包庇罪定罪处罚：

（一）故意顶替犯罪的人欺骗司法机关的；

（二）故意向司法机关作虚假陈述或者提供虚假证明，以证明犯罪的人没有实施犯罪行为，或者犯罪的人所实施行为不构成犯罪的；

（三）故意向司法机关提供虚假证明，以证明犯罪的人具有法定从轻、减轻、免除处罚情节的；

（四）其他作假证明包庇的行为。

第三条 明知他人有间谍犯罪或者恐怖主义、极端主义犯罪行为，在司法机关向其调查有关情况、收集有关证据时，拒绝提供，情节严重的，依照刑法第三百一十一条的规定，以拒绝提供间谍犯罪、恐怖主义犯罪、极端主义犯罪证据罪定罪处罚；作假证明包庇的，依照刑法第三百一十条的规定，以包庇罪从重处罚。

第四条 窝藏、包庇犯罪的人，具有下列情形之一的，应当认定为刑法第三百一十条第一款规定的"情节严重"：

（一）被窝藏、包庇的人可能被判处无期徒刑以上刑罚的；

（二）被窝藏、包庇的人犯危害国家安全犯罪、恐怖主义或者极端主义犯罪，或者系黑社会性质组织犯罪的组织者、领导者，且可能被判处十年有期徒刑以上刑罚的；

（三）被窝藏、包庇的人系犯罪集团的首要分子，且可能被判处十年有期徒刑以上刑罚的；

（四）被窝藏、包庇的人在被窝藏、包庇期间再次实施故意犯罪，且新罪可能被判处五年有期徒刑以上刑罚的；

（五）多次窝藏、包庇犯罪的人，或者窝藏、包庇多名犯罪的人的；

（六）其他情节严重的情形。

前款所称"可能被判处"刑罚，是指根据被窝藏、包庇的人所犯罪行，在不考虑自首、立功、认罪认罚等从宽处罚情节时应当依法判处的刑罚。

第五条 认定刑法第三百一十条第一款规定的"明知"，应当根据案件的客观事实，结合行为人的认知能力，接触被窝藏、包庇的犯罪人的情况，以及行为人和犯罪人的供述等主、客观因素进行认定。

行为人将犯罪的人所犯之罪误认为其他犯罪的，不影响刑法第三百一十条第一款规定的"明知"的认定。

行为人虽然实施了提供隐藏处所、财物等行为，但现有证据不能证明行为人知道犯罪的人实施了犯罪行为的，不能认定为刑法第三百一十条第一款规定的"明知"。

第六条　认定窝藏、包庇罪，以被窝藏、包庇的人的行为构成犯罪为前提。

被窝藏、包庇的人实施的犯罪事实清楚，证据确实、充分，但尚未到案、尚未依法裁判或者因不具有刑事责任能力依法未予追究刑事责任的，不影响窝藏、包庇罪的认定。但是，被窝藏、包庇的人归案后被宣告无罪的，应当依照法定程序宣告窝藏、包庇行为人无罪。

第七条　为帮助同一个犯罪的人逃避刑事处罚，实施窝藏、包庇行为，又实施洗钱行为，或者掩饰、隐瞒犯罪所得及其收益行为，或者帮助毁灭证据行为，或者伪证行为的，依照处罚较重的犯罪定罪，并从重处罚，不实行数罪并罚。

第八条　共同犯罪人之间互相实施的窝藏、包庇行为，不以窝藏、包庇罪定罪处罚，但对共同犯罪以外的犯罪人实施窝藏、包庇行为的，以所犯共同犯罪和窝藏、包庇罪并罚。

第九条　本解释自 2021 年 8 月 11 日起施行。

【司法文件】

310.2 最高人民法院、最高人民检察院、公安部、司法部关于限令拐卖妇女儿童犯罪人员投案自首的通告（2011 年 1 月 1 日）（节录）

七、窝藏、包庇犯罪分子，……应当依法追究刑事责任。

310.3 最高人民法院、最高人民检察院、公安部关于敦促拐卖妇女儿童相关犯罪嫌疑人投案自首的通告（2022 年 4 月 24 日）（节录）

四、犯罪嫌疑人要认清形势，珍惜机会，尽快投案自首，争取从宽处理。在规定期限内拒不投案自首，继续实施拐卖妇女、儿童相关犯罪活动的，将依法从严惩处。对于窝藏、包庇拐卖妇女、儿童的犯罪人员……，将依法严厉打击。……

第三百一十一条【拒绝提供间谍犯罪、恐怖主义犯罪、极端主义犯罪证据罪】明知他人有间谍犯罪或者恐怖主义、极端主义犯罪行为，在司法机关向其调查有关情况、收集有关证据时，拒绝提供，情节严重的，处三年以下有期徒刑、拘役或者管制。

> 【刑法修正说明】
> 本条为全国人大常委会 2015 年 8 月 29 日通过并公布、同年 11 月 1 日施行的《刑法修正案（九）》第 38 条所修正。原第 311 条为：
> 【拒绝提供间谍犯罪证据罪】明知他人有间谍犯罪行为，在国家安全机关向其调查有关情况、收集有关证据时，拒绝提供，情节严重的，处三年以下有期徒刑、拘役或者管制。

【罪名渊源】　本条系刑法吸收 1993 年《国家安全法》第 26 条内容所增设，79 刑法、单行刑法均未规定。高法《罪名规定》、高检《罪名意见》将其解释为拒绝提供间谍犯罪证据罪。《刑法修正案（九）》第 38 条增加"恐怖主义、极端主义"字样，改"国家安全机关"为"司法机关"。据此，"两高"《罪名补充规定（六）》取消拒绝提供间谍犯罪证据罪罪名，代之以拒绝提供间谍犯罪、恐怖主义犯罪、极端主义犯罪证据罪。

【司法解释】

311.1 最高人民法院、最高人民检察院关于办理窝藏、包庇刑事案件适用法律若干问题的解释（2021 年 8 月 11 日　法释〔2021〕16 号）（节录）

第三条　明知他人有间谍犯罪或者恐怖主义、极端主义犯罪行为，在司法机关向其调查有关情况、收集有关证据时，拒绝提供，情节严重的，依照刑法第三百一十一条的规定，以拒绝提供间谍犯罪、恐怖主义犯罪、极端主义犯罪证据罪定罪处罚；作假证明包庇的，依照刑法第三百一十条的规定，以包庇罪从重处罚。

【法律法规】

311.2 中华人民共和国反间谍法（2014 年 11 月 1 日）（第 22 条、第 29 条）

311.3 中华人民共和国反间谍法实施细则（2017 年 11 月 22 日）（第 11—12 条、第 21 条）

第三百一十二条【掩饰、隐瞒犯罪所得、犯罪所得收益罪】 明知是犯罪所得及其产生的收益而予以窝藏、转移、收购、代为销售或者以其他方法掩饰、隐瞒的，处三年以下有期徒刑、拘役或者管制，并处或者单处罚金；情节严重的，处三年以上七年以下有期徒刑，并处罚金。

单位犯前款罪的，对单位判处罚金，并对其直接负责的主管人员和其他责任人员，依照前款的规定处罚。

【刑法第一次修正说明】

本条第 1 款为全国人大常委会 2006 年 6 月 29 日通过并公布施行的《刑法修正案（六）》第 19 条所修正。原第 312 条为：

【窝藏、转移、收购、销售赃物罪】 明知是犯罪所得的赃物而予以窝藏、转移、收购或者代为销售的，处三年以下有期徒刑、拘役或者管制，并处或者单处罚金。

【刑法第二次修正说明】

本条第 2 款为全国人大常委会 2009 年 2 月 28 日通过并公布施行的《刑法修正案（七）》第 10 条所增设。《刑法修正案（六）》第 19 条为：

【掩饰、隐瞒犯罪所得、犯罪所得收益罪】 明知是犯罪所得及其产生的收益而予以窝藏、转移、收购或者代为销售或者以其他方法掩饰、隐瞒的，处三年以下有期徒刑、拘役或者管制，并处或者单处罚金；情节严重的，处三年以上七年以下有期徒刑，并处罚金。

【罪名渊源】 本条由 79 刑法第 172 条窝赃、销赃罪修改而来，刑法增加"转移、收购"两种行为方式，改"可以并处或者单处罚金"为"并处或者单处罚金"。高法《罪名规定》、高检《罪名意见》将其解释为窝藏、转移、收购、销售赃物罪。《刑法修正案（六）》第 19 条对本条作了修改：（1）犯罪对象由"犯罪所得的赃物"改为"犯罪所得及其产生的收益"；（2）增设掩饰、隐瞒的行为方式；（3）增设"情节严重"的量刑幅度。"两高"《罪名补充规定（三）》将其解释为掩饰、隐瞒犯罪所得、犯罪所得收益罪，取消窝藏、转移、收购、销售赃物罪罪名。《刑法修正案（七）》第 10 条再次对本条作了修正，增设第 2 款关于单位犯罪的内容。

【立法解释】

312.1 参见 341.1 全国人民代表大会常务委员会关于《中华人民共和国刑法》第三百四十一条、第三百一十二条的解释（2014 年 4 月 24 日）

【立案标准】

312.2 国家林业局、公安部关于森林和陆生野生动物刑事案件管辖及立案标准（2001 年 5 月 9 日 林安字〔2001〕156 号）（节录）

一、森林公安机关管辖在其辖区内发生的刑法规定的下列森林和陆生野生动物刑事案件

（十九）窝藏、转移、收购、销售赃物案件中，涉及被盗伐滥伐的木材、国家重点保护陆生野生动物或其制品的案件（第三百一十二条）；

未建立森林公安机关的地方，上述案件由地方公安机关负责查处。

二、森林和陆生野生动物刑事案件的立案标准

（十二）盗窃、抢夺、抢劫案，窝藏、转移、收购、销售赃物案……执行相应的立案标准。

【罪刑标准】

312.3 最高人民法院、最高人民检察院关于办理与盗窃、抢劫、诈骗、抢夺机动车相关刑事案件具体应用法律若干问题的解释（2007 年 5 月 11 日　法释〔2007〕11 号）

为依法惩治与盗窃、抢劫、诈骗、抢夺机动车相关的犯罪活动，根据刑法、刑事诉讼法等有关法律的规定，现对办理这类案件具体应用法律的若干问题解释如下：

第一条　明知是盗窃、抢劫、诈骗、抢夺的机动车，实施下列行为之一的，依照刑法第三百一十二条的规定，以掩饰、隐瞒犯罪所得、犯罪所得收益罪定罪，处三年以下有期徒刑、拘役或者管制，并处或者单处罚金：

（一）买卖、介绍买卖、典当、拍卖、抵押或者用其抵债的；

（二）拆解、拼装或者组装的；

（三）修改发动机号、车辆识别代号的；

（四）更改车身颜色或者车辆外形的；

（五）提供或者出售机动车来历凭证、整车合格证、号牌以及有关机动车的其他证明和凭证的；

（六）提供或者出售伪造、变造的机动车来历凭证、整车合格证、号牌以及有关机动车的其他证明和凭证的。

实施第一款规定的行为涉及盗窃、抢劫、诈骗、抢夺的机动车五辆以上或者价值总额达到五十万元以上的，属于刑法第三百一十二条规定的"情节严重"，处三年以上七年以下有期徒刑，并处罚金。

> **【说明】** 最高人民法院研究室对本条第二款中的"机动车五辆以上"作了解释。
>
> 附：最高人民法院研究室关于《最高人民法院、最高人民检察院关于办理与盗窃、抢劫、诈骗、抢夺机动车相关刑事案件具体应用法律若干问题的解释》有关规定如何适用问题的答复（2014 年 7 月 29 日　法研〔2014〕98 号）
>
> 云南省高级人民法院：
>
> 你院《关于两高〈关于办理与盗窃、抢劫、诈骗、抢夺机动车相关刑事案件具体应用法律若干问题的解释〉适用问题的请示》（云高法〔2013〕213 号）收悉。经研究，答复如下：
>
> 根据罪责刑相适应刑法基本原则，《最高人民法院、最高人民检察院关于办理与盗窃、抢劫、诈骗、抢夺机动车相关刑事案件具体应用法律若干问题的解释》第一条第二款中规定的"机动车五辆以上"，应当是指机动车数量在五辆以上，且价值总额接近五十万元。

第二条　伪造、变造、买卖机动车行驶证、登记证书，累计三本以上的，依照刑法第二百八十条第一款的规定，以伪造、变造、买卖国家机关证件罪定罪，处三年以下有期徒刑、拘役、管制或者剥夺政治权利。

伪造、变造、买卖机动车行驶证、登记证书，累计达到第一款规定数量标准五倍以上的，属于刑法第二百八十条第一款规定中的"情节严重"，处三年以上十年以下有期徒刑。

第三条　国家机关工作人员滥用职权，有下列情形之一，致使盗窃、抢劫、诈骗、抢夺的机动车被办理登记手续，数量达到三辆以上或者价值总额达到三十万元以上的，依照刑法第三百九十七条第一款的规定，以滥用职权罪定罪，处三年以下有期徒刑或者拘役：

（一）明知是登记手续不全或者不符合规定的机动车而办理登记手续的；

（二）指使他人为明知是登记手续不全或者不符合规定的机动车办理登记手续的；

（三）违规或者指使他人违规更改、调换车辆档案的；

（四）其他滥用职权的行为。

国家机关工作人员疏于审查或者审查不严，致使盗窃、抢劫、诈骗、抢夺的机动车被办理登记手续，数量达到五辆以上或者价值总额达到五十万元以上的，依照刑法第三百九十七条第一款的规定，以玩忽职守罪定罪，处三年以下有期徒刑或者拘役。

国家机关工作人员实施前两款规定的行为，致使盗窃、抢劫、诈骗、抢夺的机动车被办理登记手续，分别达到前两款规定数量、数额标准五倍以上的，或者明知是盗窃、抢劫、诈骗、抢夺的机动车而办理登记手续的，属于刑法第三百九十七条第一款规定的"情节特别严重"，处三年以上七年以下有期徒刑。

国家机关工作人员徇私舞弊，实施上述行为，构成犯罪的，依照刑法第三百九十七条第二款的规定定罪处罚。

第四条 实施本解释第一条、第二条、第三条第一款或者第三款规定的行为，事前与盗窃、抢劫、诈骗、抢夺机动车的犯罪分子通谋的，以盗窃罪、抢劫罪、诈骗罪、抢夺罪的共犯论处。

第五条 对跨地区实施的涉及同一机动车的盗窃、抢劫、诈骗、抢夺以及掩饰、隐瞒犯罪所得、犯罪所得收益行为，有关公安机关可以依照法律和有关规定一并立案侦查，需要提请批准逮捕、移送审查起诉、提起公诉的，由该公安机关所在地的同级人民检察院、人民法院受理。

第六条 行为人实施本解释第一条、第三条第三款规定的行为，涉及的机动车有下列情形之一的，应当认定行为人主观上属于上述条款所称"明知"：

（一）没有合法有效的来历凭证；

（二）发动机号、车辆识别代号有明显更改痕迹，没有合法证明的。

312.4 最高人民法院、最高人民检察院关于办理危害计算机信息系统安全刑事案件应用法律若干问题的解释（2011年9月1日 法释〔2011〕19号）（节录）

第七条 明知是非法获取计算机信息系统数据犯罪所获取的数据、非法控制计算机信息系统犯罪所获取的计算机信息系统控制权，而予以转移、收购、代为销售或者以其他方法掩饰、隐瞒，违法所得五千元以上的，应当依照刑法第三百一十二条第一款的规定，以掩饰、隐瞒犯罪所得罪定罪处罚。

实施前款规定行为，违法所得五万元以上的，应当认定为刑法第三百一十二条第一款规定的"情节严重"。

单位实施第一款规定行为的，定罪量刑标准依照第一款、第二款的规定执行。

312.5 最高人民法院关于审理掩饰、隐瞒犯罪所得、犯罪所得收益刑事案件适用法律若干问题的解释（2015年6月1日 法释〔2015〕11号）

为依法惩治掩饰、隐瞒犯罪所得、犯罪所得收益犯罪活动，根据刑法有关规定，结合人民法院刑事审判工作实际，现就审理此类案件具体适用法律的若干问题解释如下：

第一条 明知是犯罪所得及其产生的收益而予以窝藏、转移、收购、代为销售或者以其他方法掩饰、隐瞒，具有下列情形之一的，应当依照刑法第三百一十二条第一款的规定，以掩饰、隐瞒犯罪所得、犯罪所得收益罪定罪处罚：

（一）掩饰、隐瞒犯罪所得及其产生的收益价值三千元至一万元以上的；

（二）一年内曾因掩饰、隐瞒犯罪所得及其产生的收益行为受过行政处罚，又实施掩饰、隐瞒犯罪所得及其产生的收益行为的；

（三）掩饰、隐瞒的犯罪所得系电力设备、交通设施、广播电视设施、公用电信设施、军事设施或者救灾、抢险、防汛、优抚、扶贫、移民、救济款物的；

（四）掩饰、隐瞒行为致使上游犯罪无法及时查处，并造成公私财物损失无法挽回的；

（五）实施其他掩饰、隐瞒犯罪所得及其产生的收益行为，妨害司法机关对上游犯罪进行追究的。

各省、自治区、直辖市高级人民法院可以根据本地区经济社会发展状况，并考虑社会治安状况，在本条第一款第（一）项规定的数额幅度内，确定本地执行的具体数额标准，报最高人民法院备案。

司法解释对掩饰、隐瞒涉及计算机信息系统数据、计算机信息系统控制权的犯罪所得及其产生的收益行为构成犯罪已有规定的，审理此类案件依照该规定。

依照全国人民代表大会常务委员会《关于〈中华人民共和国刑法〉第三百四十一条、第三百一十二条的解释》，明知是非法狩猎的野生动物而收购，数量达到五十只以上的，以掩饰、隐瞒犯罪所得罪定罪处罚。

第二条　掩饰、隐瞒犯罪所得及其产生的收益行为符合本解释第一条的规定，认罪、悔罪并退赃、退赔，且具有下列情形之一的，可以认定为犯罪情节轻微，免予刑事处罚：

（一）具有法定从宽处罚情节的；

（二）为近亲属掩饰、隐瞒犯罪所得及其产生的收益，且系初犯、偶犯的；

（三）有其他情节轻微情形的。

行为人为自用而掩饰、隐瞒犯罪所得，财物价值刚达到本解释第一条第一款第（一）项规定的标准，认罪、悔罪并退赃、退赔的，一般可不认为是犯罪；依法追究刑事责任的，应当酌情从宽。

第三条　掩饰、隐瞒犯罪所得及其产生的收益，具有下列情形之一的，应当认定为刑法第三百一十二条第一款规定的"情节严重"：

（一）掩饰、隐瞒犯罪所得及其产生的收益价值总额达到十万元以上的；

（二）掩饰、隐瞒犯罪所得及其产生的收益十次以上，或者三次以上且价值总额达到五万元以上的；

（三）掩饰、隐瞒的犯罪所得系电力设备、交通设施、广播电视设施、公用电信设施、军事设施或者救灾、抢险、防汛、优抚、扶贫、移民、救济款物，价值总额达到五万元以上的；

（四）掩饰、隐瞒行为致使上游犯罪无法及时查处，并造成公私财物重大损失无法挽回或其他严重后果的；

（五）实施其他掩饰、隐瞒犯罪所得及其产生的收益行为，严重妨害司法机关对上游犯罪予以追究的。

司法解释对掩饰、隐瞒涉及机动车、计算机信息系统数据、计算机信息系统控制权的犯罪所得及其产生的收益行为认定"情节严重"已有规定的，审理此类案件依照该规定。

第四条　掩饰、隐瞒犯罪所得及其产生的收益的数额，应当以实施掩饰、隐瞒行为时为准。收购或者代为销售财物的价格高于其实际价值的，以收购或者代为销售的价格计算。

多次实施掩饰、隐瞒犯罪所得及其产生的收益行为，未经行政处罚，依法应当追诉的，犯罪所得、犯罪所得收益的数额应当累计计算。

第五条　事前与盗窃、抢劫、诈骗、抢夺等犯罪分子通谋，掩饰、隐瞒犯罪所得及其产生的收益的，以盗窃、抢劫、诈骗、抢夺等犯罪的论处。

第六条　对犯罪所得及其产生的收益实施盗窃、抢劫、诈骗、抢夺等行为，构成犯罪的，分别以盗窃罪、抢劫罪、诈骗罪、抢夺罪等定罪处罚。

第七条　明知是犯罪所得及其产生的收益而予以掩饰、隐瞒，构成刑法第三百一十二条规定的犯罪，同时构成其他犯罪的，依照处罚较重的规定定罪处罚。

第八条　认定掩饰、隐瞒犯罪所得、犯罪所得收益罪，以上游犯罪事实成立为前提。上游犯罪尚未依法裁判，但查证属实的，不影响掩饰、隐瞒犯罪所得、犯罪所得收益罪的认定。

上游犯罪事实经查证属实，但因行为人未达到刑事责任年龄等原因依法不予追究刑事责任的，不影响掩饰、隐瞒犯罪所得、犯罪所得收益罪的认定。

第九条　盗用单位名义实施掩饰、隐瞒犯罪所得及其产生的收益行为，违法所得由行为人私分的，依照刑法和司法解释有关自然人犯罪的规定定罪处罚。

第十条　通过犯罪直接得到的赃款、赃物，应当认定为刑法第三百一十二条规定的"犯罪所得"。上游犯罪的行为人对犯罪所得进行处理后得到的孳息、租金等，应当认定为刑法第三百一十二条规定的"犯罪所得产生的收益"。

明知是犯罪所得及其产生的收益而采取窝藏、转移、收购、代为销售以外的方法，如居间介绍买卖，收受，持有，使用，加工，提供资金账户，协助将财物转换为现金、金融票据、有价证券，协助将资金转移、汇往境外等，应当认定为刑法第三百一十二条规定的"其他方法"。

第十一条　掩饰、隐瞒犯罪所得、犯罪所得收益罪是选择性罪名，审理此类案件，应当根据具体犯罪行为及其指向的对象，确定适用的罪名。

312.6 最高人民法院、最高人民检察院、公安部、农业农村部依法惩治长江流域非法捕捞等违法犯罪的意见（2020年12月17日 公通字〔2020〕17号）（节录）

二、准确适用法律，依法严惩非法捕捞等危害水生生物资源的各类违法犯罪

（三）（第一款）依法严惩非法渔获物交易犯罪。明知是在长江流域重点水域非法捕捞犯罪所得的水产品而收购、贩卖，价值一万元以上的，应当依照刑法第三百一十二条的规定，以掩饰、隐瞒犯罪所得罪定罪处罚。

> 【说明】 单位犯罪、数额计算、从重、证据收集、价值和事实认定等，参见340.3本意见。

【司法解释】

312.7 最高人民法院、最高人民检察院、公安部、国家工商行政管理局关于依法查处盗窃、抢劫机动车案件的规定（1998年5月8日 公通字〔1998〕31号）（节录）

二、明知是盗窃、抢劫所得机动车而予以窝藏、转移、收购或者代为销售的，依照《刑法》第三百一十二条的规定处罚。

对明知是盗窃、抢劫所得机动车而予以拆解、改装、拼装、典当、倒卖的，视为窝藏、转移、收购或者代为销售，依照《刑法》第三百一十二条的规定处罚。

三、国家指定的车辆交易市场、机动车经营企业（含典当、拍卖行）以及从事机动车修理、零部件销售企业的主管人员或者其他直接责任人员，明知是盗窃、抢劫的机动车而予以窝藏、转移、拆解、改装、拼装、收购或者代为销售的，依照《刑法》第三百一十二条的规定处罚。单位组织实施上述行为的，由工商行政管理机关予以处罚。

四、本规定第二条和第三条中的行为人事先与盗窃、抢劫机动车辆的犯罪分子通谋的，分别以盗窃、抢劫罪的共犯论处。

五、机动车交易必须在国家指定的交易市场或合法经营企业进行，其交易凭证经工商行政管理机关验证盖章后办理登记或过户手续，私下交易机动车辆属于违法行为，由工商行政管理机关依法处理。

明知是赃车而购买，以收购赃物罪定罪处罚。单位的主管人员或者其他直接责任人员明知是赃车购买的，以收购赃物罪定罪处罚。

明知是赃车而介绍买卖的，以收购、销售赃物罪的共犯论处。

十二、对明知是赃车而购买的，应将车辆无偿追缴；对违反国家规定购买车辆，经查证是赃车的，公安机关可以根据《中华人民共和国刑事诉讼法》第一百一十条和第一百一十四条规定进行追缴和扣押。对不明知是赃车而购买的，结案后予以退还买主。

十三、对购买赃车后使用非法提供的入户、过户手续或者使用伪造、变造的入户、过户手续为赃车入户、过户的，应当吊销牌证，并将车辆无偿追缴；已将入户、过户车辆变卖的，追缴变卖所得并责令赔偿经济损失。

十四、对直接从犯罪分子处追缴的被盗窃、抢劫的机动车辆，经检验鉴定，查证属实后，可依法先行返还失主，移送案件时附清单、照片及其他证据。在返还失主前，按照赃物管理规定管理，任何单位和个人都不得挪用、损毁或者自行处理。

十七、本规定所称的"明知"，是指知道或者应当知道。有下列情形之一的，可视为应当知道，但有证据证明确属被蒙骗的除外：

（一）在非法的机动车交易场所和销售单位购买的；

（二）机动车证件手续不全或者明显违反规定的；

（三）机动车发动机号或者车架号有更改痕迹，没有合法证明的；

（四）以明显低于市场价格购买机动车的。

312.8 最高人民法院、最高人民检察院关于办理盗窃油气、破坏油气设备等刑事案件具体应用法律若干问题的解释（2007年1月19日 法释〔2007〕3号）（节录）

第五条 明知是盗窃犯罪所得的油气或者油气设备，而予以窝藏、转移、收购、加工、代为

销售或者以其他方法掩饰、隐瞒的，依照刑法第三百一十二条的规定定罪处罚。

实施前款规定的犯罪行为，事前通谋的，以盗窃犯罪的共犯定罪处罚。

第八条　本解释所称的"油气"，是指石油、天然气。其中，石油包括原油、成品油；天然气包括煤层气。

本解释所称"油气设备"，是指用于石油、天然气生产、储存、运输等易燃易爆设备。

312.9 最高人民法院关于审理洗钱等刑事案件具体应用法律若干问题的解释（2009 年 11 月 11 日　法释〔2009〕15 号）（节录）

第一条　刑法第一百九十一条、第三百一十二条规定的"明知"，应当结合被告人的认知能力，接触他人犯罪所得及其收益的情况，犯罪所得及其收益的种类、数额，犯罪所得及其收益的转换、转移方式以及被告人的供述等主、客观因素进行认定。

具有下列情形之一的，可以认定被告人明知系犯罪所得及其收益，但有证据证明确实不知道的除外：

（一）知道他人从事犯罪活动，协助转换或者转移财物的；

（二）没有正当理由，通过非法途径协助转换或者转移财物的；

（三）没有正当理由，以明显低于市场的价格收购财物的；

（四）没有正当理由，协助转换或者转移财物，收取明显高于市场的"手续费"的；

（五）没有正当理由，协助他人将巨额现金散存于多个银行账户或者在不同银行账户之间频繁划转的；

（六）协助近亲属或者其他关系密切的人转换或者转移与其职业或者财产状况明显不符的财物的；

（七）其他可以认定行为人明知的情形。

第三条　明知是犯罪所得及其产生的收益而予以掩饰、隐瞒，构成刑法第三百一十二条规定的犯罪，同时又构成刑法第一百九十一条或者第三百四十九条规定的犯罪的，依照处罚较重的规定定罪处罚。

第四条　刑法第一百九十一条、第三百一十二条、第三百四十九条规定的犯罪，应当以上游犯罪事实成立为认定前提。上游犯罪尚未依法裁判，但查证属实的，不影响刑法第一百九十一条、第三百一十二条、第三百四十九条规定的犯罪的审判。

上游犯罪事实可以确认，因行为人死亡等原因依法不予追究刑事责任的，不影响刑法第一百九十一条、第三百一十二条、第三百四十九条规定的犯罪的认定。

上游犯罪事实可以确认，依法以其他罪名定罪处罚的，不影响刑法第一百九十一条、第三百一十二条、第三百四十九条规定的犯罪的认定。

本条所称"上游犯罪"，是指产生刑法第一百九十一条、第三百一十二条、第三百四十九条规定的犯罪所得及其收益的各种犯罪行为。

312.10 最高人民法院、最高人民检察院关于办理妨害文物管理等刑事案件适用法律若干问题的解释（2016 年 1 月 1 日　法释〔2015〕23 号）（节录）

第九条　明知是盗窃文物、盗掘古文化遗址、古墓葬等犯罪所获取的三级以上文物，而予以窝藏、转移、收购、加工、代为销售或者以其他方法掩饰、隐瞒的，依照刑法第三百一十二条的规定，以掩饰、隐瞒犯罪所得罪追究刑事责任。

实施前款规定的行为，事先通谋的，以共同犯罪论处。

> **【说明】** 文物的等级、鉴定、价值认定等内容，参见 324.2 本解释第 13—18 条。

312.11 最高人民法院、最高人民检察院关于办理非法采矿、破坏性采矿刑事案件适用法律若干问题的解释（2016 年 12 月 1 日　法释〔2016〕25 号）（节录）

第七条　明知是犯罪所得的矿产品及其产生的收益，而予以窝藏、转移、收购、代为销售或者以其他方法掩饰、隐瞒的，依照刑法第三百一十二条的规定，以掩饰、隐瞒犯罪所得、犯罪所得收益罪定罪处罚。

实施前款规定的犯罪行为，事前通谋的，以共同犯罪论处。

312.12 **最高人民检察院、公安部关于公安机关办理经济犯罪案件的若干规定**（2018 年 1 月 1 日　公通字〔2017〕25 号）（节录）

第五十四条（第三款）　他人明知是经济犯罪违法所得及其产生的收益，通过虚构债权债务关系、虚假交易等方式予以窝藏、转移、收购、代为销售或者以其他方法掩饰、隐瞒，构成犯罪的，应当依法追究刑事责任。

312.13 **最高人民法院、最高人民检察院关于办理窝藏、包庇刑事案件适用法律若干问题的解释**（2021 年 8 月 11 日　法释〔2021〕16 号）（节录）

第七条　为帮助同一个犯罪的人逃避刑事处罚，实施窝藏、包庇行为，又实施洗钱行为，或者掩饰、隐瞒犯罪所得及其收益行为，或者帮助毁灭证据行为，或者伪证行为的，依照处罚较重的犯罪定罪，并从重处罚，不实行数罪并罚。

312.14 **参见 266.10 最高人民法院、最高人民检察院关于办理危害药品安全刑事案件适用法律若干问题的解释**（2022 年 3 月 6 日　高检发释字〔2022〕1 号）

312.15 **最高人民法院、最高人民检察院关于办理破坏野生动物资源刑事案件适用法律若干问题的解释**（2022 年 4 月 9 日　法释〔2022〕12 号）（节录）

第九条　明知是非法捕捞犯罪所得的水产品、非法狩猎犯罪所得的猎获物而收购、贩卖或者以其他方法掩饰、隐瞒，符合刑法第三百一十二条规定的，以掩饰、隐瞒犯罪所得罪定罪处罚。

【司法文件】

312.16 **最高人民法院、最高人民检察院、公安部、国家烟草专卖局关于办理假冒伪劣烟草制品等刑事案件适用法律问题座谈会纪要**（2003 年 12 月 23 日　高检会〔2003〕4 号）（节录）

七、关于窝藏、转移非法制售的烟草制品行为的定罪处罚问题

明知是非法制售的烟草制品而予以窝藏、转移的，依照刑法第三百一十二条的规定，以窝藏、转移赃物罪定罪处罚。

窝藏、转移非法制售的烟草制品，事前与犯罪分子通谋的，以共同犯罪论处。

312.17 **最高人民法院、最高人民检察院、公安部关于办理电信网络诈骗等刑事案件适用法律若干问题的意见**（2016 年 12 月 19 日　法发〔2016〕32 号）（节录）

三、全面惩处关联犯罪

（五）明知是电信网络诈骗犯罪所得及其产生的收益，以下列方式之一予以转账、套现、取现的，依照刑法第三百一十二条第一款的规定，以掩饰、隐瞒犯罪所得、犯罪所得收益罪追究刑事责任。但有证据证明确实不知道的除外：

1. 通过使用销售点终端机具（POS 机）刷卡套现等非法途径，协助转换或者转移财物的；

2. 帮助他人将巨额现金散存于多个银行账户，或在不同银行账户之间频繁划转的；

3. 多次使用或者使用多个非本人身份证明开设的信用卡、资金支付结算账户或者多次采用遮蔽摄像头、伪装等异常手段，帮助他人转账、套现、取现的；

4. 为他人提供非本人身份证明开设的信用卡、资金支付结算账户后，又帮助他人转账、套现、取现的；

5. 以明显异于市场的价格，通过手机充值、交易游戏点卡等方式套现的。

实施上述行为，事前通谋的，以共同犯罪论处。

实施上述行为，电信网络诈骗犯罪嫌疑人尚未到案或案件尚未依法裁判，但现有证据足以证明该犯罪行为确实存在的，不影响掩饰、隐瞒犯罪所得、犯罪所得收益罪的认定。

实施上述行为，同时构成其他犯罪的，依照处罚较重的规定定罪处罚。法律和司法解释另有规定的除外。

312.18 **最高人民法院关于常见犯罪的量刑指导意见**（2017 年 4 月 1 日　法发〔2017〕7 号）（节录）

四、常见犯罪的量刑

（十四）掩饰、隐瞒犯罪所得、犯罪所得收益罪

1. 构成掩饰、隐瞒犯罪所得、犯罪所得收益罪的，可以根据下列不同情形在相应的幅度内确

定量刑起点：

（1）犯罪情节一般的，可以在一年以下有期徒刑、拘役幅度内确定量刑起点。

（2）情节严重的，可以在三年至四年有期徒刑幅度内确定量刑起点。

2. 在量刑起点的基础上，可以根据犯罪数额等其他影响犯罪构成的犯罪事实增加刑罚量，确定基准刑。

【说明】量刑基本原则、基本方法和常见量刑情节的适用，参见 61.2 本意见。

312.19 参见 118.2 最高人民法院、最高人民检察院、公安部关于办理盗窃油气、破坏油气设备等刑事案件适用法律若干问题的意见（2018 年 9 月 28 日　法发〔2018〕18 号）（第 5 条）

312.20 最高人民法院、最高人民检察院、公安部关于办理电信网络诈骗等刑事案件适用法律若干问题的意见（二）（2021 年 6 月 17 日　法发〔2021〕22 号）（节录）

十一、明知是电信网络诈骗犯罪所得及其产生的收益，以下列方式之一予以转账、套现、取现，符合刑法第三百一十二条第一款规定的，以掩饰、隐瞒犯罪所得、犯罪所得收益罪追究刑事责任。但有证据证明确实不知道的除外。

（一）多次使用或者使用多个非本人身份证明开设的收款码、网络支付接口等，帮助他人转账、套现、取现的；

（二）以明显异于市场的价格，通过电商平台预付卡、虚拟货币、手机充值卡、游戏点卡、游戏装备等转换财物、套现的；

（三）协助转换或者转移财物，收取明显高于市场的"手续费"的。

实施上述行为，事前通谋的，以共同犯罪论处；同时构成其他犯罪的，依照处罚较重的规定定罪处罚。法律和司法解释另有规定的除外。

十二、为他人实施电信网络诈骗犯罪提供技术支持、广告推广、支付结算等帮助，或者窝藏、转移、收购、代为销售及以其他方法掩饰、隐瞒电信网络诈骗犯罪所得及其产生的收益，诈骗犯罪行为可以确认，但实施诈骗的行为人尚未到案，可以依法先行追究已到案的上述犯罪嫌疑人、被告人的刑事责任。

312.21 最高人民法院、最高人民检察院、公安部、国家文物局关于办理妨害文物管理等刑事案件若干问题的意见（2022 年 8 月 16 日　公通字〔2022〕18 号）（节录）

二、依法惩处文物犯罪

（三）准确认定掩饰、隐瞒与倒卖行为

1. 明知是盗窃文物、盗掘古文化遗址、古墓葬等犯罪所获取的文物，而予以窝藏、转移、收购、加工、代为销售或者以其他方法掩饰、隐瞒的，符合《文物犯罪解释》第九条规定的，以刑法第三百一十二条规定的掩饰、隐瞒犯罪所得罪追究刑事责任。

对是否"明知"，应当结合行为人的认知能力、既往经历、行为次数和手段，与实施盗掘、盗窃、倒卖文物等犯罪行为人的关系，获利情况，是否故意规避调查，涉案文物外观形态、价格等主、客观因素进行综合审查判断。具有下列情形之一，行为人不能做出合理解释的，可以认定其"明知"，但有相反证据的除外：

（1）采用黑话、暗语等方式进行联络交易的；

（2）通过伪装、隐匿文物等方式逃避检查，或者以暴力等方式抗拒检查的；

（3）曾因实施盗掘、盗窃、走私、倒卖文物等犯罪被追究刑事责任，或者二年内受过行政处罚的；

（4）有其他证据足以证明行为人应当知道的情形。

【说明】涉案文物的认定和鉴定评估、管辖、宽严相济刑事政策的应用等内容，参见 328.3 第 3—5 部分。

【法律法规】

312.22 中华人民共和国反间谍法（2014 年 11 月 1 日）（第 33 条）

第三百一十三条【拒不执行判决、裁定罪】 对人民法院的判决、裁定有能力执行而拒不执行，情节严重的，处三年以下有期徒刑、拘役或者罚金；情节特别严重的，处三年以上七年以下有期徒刑，并处罚金。

单位犯前款罪的，对单位判处罚金，并对其直接负责的主管人员和其他直接责任人员，依照前款的规定处罚。

【刑法修正说明】

本条为全国人大常委会2015年8月29日通过并公布、同年11月1日施行的《刑法修正案（九）》第39条所修正。原第313条为：

【拒不执行判决、裁定罪】 对人民法院的判决、裁定有能力执行而拒不执行，情节严重的，处三年以下有期徒刑、拘役或者罚金。

【罪名渊源】 本条系由79刑法第157条分离出来的罪名，刑法增加"有能力执行""情节严重"的内容。高法《罪名规定》、高检《罪名意见》将其解释为拒不执行判决、裁定罪。《刑法修正案（九）》第39条在第1款增加"情节特别严重的"量刑档次，并增设第2款。

【立法解释】

313.1 全国人民代表大会常务委员会关于《中华人民共和国刑法》第三百一十三条的解释（2002年8月29日）

全国人民代表大会常务委员会讨论了刑法第三百一十三条规定的"对人民法院的判决、裁定有能力执行而拒不执行，情节严重"的含义问题，解释如下：

刑法第三百一十三条规定的"人民法院的判决、裁定"，是指人民法院依法作出的具有执行内容并已发生法律效力的判决、裁定。人民法院为依法执行支付令、生效的调解书、仲裁裁决、公证债权文书等所作的裁定属于该条规定的裁定。

下列情形属于刑法第三百一十三条规定的"有能力执行而拒不执行，情节严重"的情形：

（一）被执行人隐藏、转移、故意毁损财产或者无偿转让财产、以明显不合理的低价转让财产，致使判决、裁定无法执行的；

（二）担保人或者被执行人隐藏、转移、故意毁损或者转让已向人民法院提供担保的财产，致使判决、裁定无法执行的；

（三）协助执行义务人接到人民法院协助执行通知书后，拒不协助执行，致使判决、裁定无法执行的；

（四）被执行人、担保人、协助执行义务人与国家机关工作人员通谋，利用国家机关工作人员的职权妨害执行，致使判决、裁定无法执行的；

（五）其他有能力执行而拒不执行，情节严重的情形。

国家机关工作人员有上述第四项行为的，以拒不执行判决、裁定罪的共犯追究刑事责任。国家机关工作人员收受贿赂或者滥用职权，有上述第四项行为的，同时又构成刑法第三百八十五条、第三百九十七条规定之罪的，依照处罚较重的规定定罪处罚。

【罪刑标准】

313.2 最高人民法院关于审理拒不执行判决、裁定刑事案件适用法律若干问题的解释（2015年7月22日 法释〔2015〕16号 2020年修正）

为依法惩治拒不执行判决、裁定犯罪，确保人民法院判决、裁定依法执行，切实维护当事人合法权益，根据《中华人民共和国刑法》《中华人民共和国刑事诉讼法》《中华人民共和国民事诉讼法》等法律规定，就审理拒不执行判决、裁定刑事案件适用法律若干问题，解释如下：

第一条 被执行人、协助执行义务人、担保人等负有执行义务的人对人民法院的判决、裁定有能力执行而拒不执行，情节严重的，应当依照刑法第三百一十三条的规定，以拒不执行判决、裁定罪处罚。

　　第二条　负有执行义务的人有能力执行而实施下列行为之一的，应当认定为全国人民代表大会常务委员会关于刑法第三百一十三条的解释中规定的"其他有能力执行而拒不执行，情节严重的情形"：

　　（一）具有拒绝报告或者虚假报告财产情况、违反人民法院限制高消费及有关消费令等拒不执行行为，经采取罚款或者拘留等强制措施后仍拒不执行的；

　　（二）伪造、毁灭有关被执行人履行能力的重要证据，以暴力、威胁、贿买方法阻止他人作证或者指使、贿买、胁迫他人作伪证，妨碍人民法院查明被执行人财产情况，致使判决、裁定无法执行的；

　　（三）拒不交付法律文书指定交付的财物、票证或者拒不迁出房屋、退出土地，致使判决、裁定无法执行的；

　　（四）与他人串通，通过虚假诉讼、虚假仲裁、虚假和解等方式妨害执行，致使判决、裁定无法执行的；

　　（五）以暴力、威胁方法阻碍执行人员进入执行现场或者聚众哄闹、冲击执行现场，致使执行工作无法进行的；

　　（六）对执行人员进行侮辱、围攻、扣押、殴打，致使执行工作无法进行的；

　　（七）毁损、抢夺执行案件材料、执行公务车辆和其他执行器械、执行人员服装以及执行公务证件，致使执行工作无法进行的；

　　（八）拒不执行法院判决、裁定，致使债权人遭受重大损失的。

　　第三条　申请执行人有证据证明同时具有下列情形，人民法院认为符合刑事诉讼法第二百一十条第三项规定的，以自诉案件立案审理：

　　（一）负有执行义务的人拒不执行判决、裁定，侵犯了申请执行人的人身、财产权利，应当依法追究刑事责任的；

　　（二）申请执行人曾经提出控告，而公安机关或者人民检察院对负有执行义务的人不予追究刑事责任的。

　　第四条　本解释第三条规定的自诉案件，依照刑事诉讼法第二百一十二条的规定，自诉人在宣告判决前，可以同被告人自行和解或者撤回自诉。

　　第五条　拒不执行判决、裁定刑事案件，一般由执行法院所在地人民法院管辖。

　　第六条　拒不执行判决、裁定的被告人在一审宣告判决前，履行全部或部分执行义务的，可以酌情从宽处罚。

　　第七条　拒不执行支付赡养费、扶养费、抚育费、抚恤金、医疗费用、劳动报酬等判决、裁定的，可以酌情从重处罚。

　　第八条　本解释自发布之日起施行。此前发布的司法解释和规范性文件与本解释不一致的，以本解释为准。

　　313.3 参见 266.8 最高人民法院、最高人民检察院关于办理虚假诉讼刑事案件适用法律若干问题的解释（2018 年 10 月 1 日　法释〔2018〕17 号）

　　313.4 最高人民法院关于办理人身安全保护令案件适用法律若干问题的规定（2022 年 8 月 1 日　法释〔2022〕17 号）（节录）

　　第十二条　被申请人违反人身安全保护令，符合《中华人民共和国刑法》第三百一十三条规定的，以拒不执行判决、裁定罪定罪处罚；同时构成其他犯罪的，依照刑法有关规定处理。

【司法文件】

　　313.5 最高人民法院研究室关于对有义务协助执行单位拒不协助予以罚款后又拒不执行应如何处理问题的答复（1993 年 9 月 27 日）

湖南省高级人民法院：

　　你院湘高法研字（1993）第 1 号《关于对罚款决定书拒不执行应如何处理的请示报告》收

悉。经研究，答复如下：

根据《中华人民共和国民事诉讼法》第一百零三条①第一款第（二）项和第二款的规定，人民法院依据生效判决、裁定，通知有关银行协助执行划拨被告在银行的存款，而银行拒不划拨的，人民法院可对该银行或者其主要负责人或者直接责任人员予以罚款，并可向同级政府的监察机关或者有关机关提出给予纪律处分的司法建议。被处罚人拒不履行罚款决定的，人民法院可以根据民事诉讼法第二百三十一条②的规定，予以强制执行。执行中，被处罚人如以暴力、威胁或者其他方法阻碍司法工作人员执行职务的，依照民事诉讼法第一百零二条③第一款第（五）项、第二款规定，人民法院可对被处罚人或对有上述行为的被处罚单位的主要负责人或者直接责任人员予以罚款、拘留，构成犯罪的，依照刑法第一百五十七条④的规定追究刑事责任。

人民法院在具体执行过程中，应首先注意向有关单位和人员宣传民事诉讼法的有关规定，多做说服教育工作，坚持文明执法、严肃执法。

313.6 最高人民法院研究室关于拒不执行人民法院调解书的行为是否构成拒不执行判决、裁定罪的答复（2000 年 12 月 14 日　法研〔2000〕117 号）

河南省高级人民法院：

你院《关于刑法第三百一十三条规定的拒不执行判决、裁定罪是否包括人民法院制作生效的调解书的请示》收悉。经研究，答复如下：

刑法第三百一十三条规定的"判决、裁定"，不包括人民法院的调解书。对于行为人拒不执行人民法院调解书的行为，不能依照刑法第三百一十三条的规定定罪处罚。

313.7 最高人民法院、最高人民检察院、公安部关于依法严肃查处拒不执行判决、裁定和暴力抗拒法院执行犯罪行为有关问题的通知（2007 年 8 月 30 日　法发〔2007〕29 号）（节录）

一、对下列拒不执行判决、裁定的行为，依照刑法第三百一十三条的规定，以拒不执行判决、裁定罪论处：

（一）被执行人隐藏、转移、故意毁损财产或者无偿转让财产、以明显不合理的低价转让财产，致使判决、裁定无法执行的；

（二）担保人或者被执行人隐藏、转移、故意毁损或者转让已向人民法院提供担保的财产，致使判决、裁定无法执行的；

（三）协助执行义务人接到人民法院协助执行通知书后，拒不协助执行，致使判决、裁定无法执行的；

（四）被执行人、担保人、协助执行义务人与国家机关工作人员通谋，利用国家机关工作人员的职权妨害执行，致使判决、裁定无法执行的；

（五）其他有能力执行而拒不执行，情节严重的情形。

二、对下列暴力抗拒执行的行为，依照刑法第二百七十七条的规定，以妨害公务罪论处：

（一）聚众哄闹、冲击执行现场，围困、扣押、殴打执行人员，致使执行工作无法进行的；

（二）毁损、抢夺执行案件材料、执行公务车辆和其他执行器械、执行人员服装以及执行公务证件，造成严重后果的；

（三）其他以暴力、威胁方法妨害或者抗拒执行，致使执行工作无法进行的。

三、负有执行人民法院判决、裁定义务的单位直接负责的主管人员和其他直接责任人员，为了本单位的利益实施本《通知》第一条、第二条所列行为之一的，对该主管人员和其他直接责任人员，依照刑法第三百一十三条和第二百七十七条的规定，分别以拒不执行判决、裁定罪和妨害公务罪论处。

---

① 指 1991 年民事诉讼法条文，对应 2023 年修正民事诉讼法第 117 条。——编者注
② 指 1991 年民事诉讼法条文，对应 2023 年修正民事诉讼法第 263 条。——编者注
③ 指 1991 年民事诉讼法条文，对应 2023 年修正民事诉讼法第 114 条。——编者注
④ 指 79 刑法条文，对应刑法第 313 条。——编者注

四、国家机关工作人员有本《通知》第一条第四项行为的，以拒不执行判决、裁定罪的共犯追究刑事责任。

国家机关工作人员收受贿赂或者滥用职权，有本《通知》第一条第四项行为的，同时又构成刑法第三百八十五条、第三百九十七条规定罪的，依照处罚较重的规定定罪处罚。

五、拒不执行判决、裁定案件由犯罪行为发生地的公安机关、人民检察院、人民法院管辖。如果由犯罪嫌疑人、被告人居住地的人民法院管辖更为适宜的，可以由犯罪嫌疑人、被告人居住地的公安机关、人民检察院、人民法院管辖。

六、以暴力、威胁方法妨害或者抗拒执行的，公安机关接到报警后，应当立即出警，依法处置。

七、人民法院在执行判决、裁定过程中，对拒不执行判决、裁定情节严重的人，可以先行司法拘留；拒不执行判决、裁定的行为人涉嫌犯罪的，应当将案件依法移送有管辖权的公安机关立案侦查。

八、人民法院、人民检察院和公安机关在办理拒不执行判决、裁定和妨害公务案件过程中，应当密切配合、加强协作。对于人民法院移送的涉嫌拒不执行判决、裁定罪和妨害公务罪的案件，公安机关应当及时立案侦查，检察机关应当及时提起公诉，人民法院应当及时审判。

在办理拒不执行判决、裁定和妨害公务案件过程中，应当根据案件的具体情况，正确区分罪与非罪的界限，认真贯彻"宽严相济"的刑事政策。

九、人民法院认为公安机关应当立案侦查而不立案侦查的，可提请人民检察院予以监督。人民检察院认为需要立案侦查的，应当要求公安机关说明不立案的理由。人民检察院认为公安机关不立案理由不能成立的，应当通知公安机关立案，公安机关接到通知后应当立案。

十、公安机关侦查终结后移送人民检察院审查起诉的拒不执行判决、裁定和妨害公务案件，人民检察院决定不起诉，公安机关认为不起诉决定有错误的，可以要求复议；如果意见不被接受，可以向上一级人民检察院提请复核。

313.8 最高人民法院关于为改善营商环境提供司法保障的若干意见（2017 年 8 月 7 日　法发〔2017〕23 号）（第 14 条）

313.9 参见 162 - 1.3 最高人民法院关于进一步加强金融审判工作的若干意见（2017 年 8 月 4 日　法发〔2017〕22 号）

313.10 最高人民法院关于拒不执行判决、裁定罪自诉案件受理工作有关问题的通知（2018 年 5 月 30 日　法〔2018〕147 号）

各省、自治区、直辖市高级人民法院，解放军军事法院，新疆维吾尔自治区高级人民法院生产建设兵团分院：

近期，部分高级人民法院向我院请示，申请执行人以负有执行义务的人涉嫌拒不执行判决、裁定罪向公安机关提出控告，公安机关不接受控告材料或者接受控告材料后不予书面答复的；人民法院向公安机关移送拒不执行判决、裁定罪线索，公安机关不予书面答复或者明确答复不予立案，或者人民检察院决定不起诉的，如何处理？鉴于部分高级人民法院所请示问题具有普遍性，经研究，根据相关法律和司法解释，特通知如下：

一、申请执行人向公安机关控告负有执行义务的人涉嫌拒不执行判决、裁定罪，公安机关不予接受控告材料或者在接受控告材料后 60 日内不予书面答复，申请执行人有证据证明该拒不执行判决、裁定行为侵犯了其人身、财产权利，应当依法追究刑事责任的，人民法院可以以自诉案件立案审理。

二、人民法院向公安机关移送拒不执行判决、裁定罪线索，公安机关决定不予立案或者在接受案件线索后 60 日内不予书面答复，或者人民检察院决定不起诉的，人民法院可以向申请执行人释明；申请执行人有证据证明负有执行义务的人拒不执行判决、裁定侵犯了其人身、财产权利，应当依法追究刑事责任的，人民法院可以以自诉案件立案审理。

三、公安机关接受申请执行人的控告材料或者人民法院移送的拒不执行判决、裁定罪线索，经过 60 日之后又决定立案的，对于申请执行人的自诉，人民法院未受理的，裁定不予受理；已经受理的，可以向自诉人释明让其撤回起诉或者裁定终止审理。此后再出现公安机关或者人民检察院不予追究情形的，申请执行人可以依法重新提起自诉。

313. 11 参见 307 - 1. 8 最高人民法院关于深入开展虚假诉讼整治工作的意见（2021 年 11 月 10 日 法〔2021〕281 号）（第 17 条）

【法律法规】

313. 12 中华人民共和国行政诉讼法（1990 年 10 月 1 日 2017 年修正）（第 59 条第 1 项）

313. 13 中华人民共和国民事诉讼法（1991 年 4 月 9 日 2023 年修正）（第 114 条第 1 款第 6 项、第 2 款）

第三百一十四条【非法处置查封、扣押、冻结的财产罪】 隐藏、转移、变卖、故意毁损已被司法机关查封、扣押、冻结的财产，情节严重的，处三年以下有期徒刑、拘役或者罚金。

【罪名渊源】 本条系刑法吸收 1991 年《民事诉讼法》第 102 条①增设，79 刑法、单行刑法均未规定。高法《罪名规定》、高检《罪名意见》将其解释为非法处置查封、扣押、冻结的财产罪。

【司法解释】

314. 1 最高人民法院关于适用财产刑若干问题的规定（2000 年 12 月 19 日 法释〔2000〕45 号）（节录）

第十一条 自判决指定的期限届满第二日起，人民法院对于没有法定减免事由不缴纳罚金的，应当强制其缴纳。

对于隐藏、转移、变卖、损毁已被扣押、冻结财产情节严重的，依照刑法第三百一十四条的规定追究刑事责任。

【法律法规】

314. 2 中华人民共和国行政诉讼法（1990 年 10 月 1 日 2017 年修正）（第 59 条第 4 项）

314. 3 中华人民共和国民事诉讼法（1991 年 4 月 9 日 2023 年修正）（第 114 条第 1 款第 3 项、第 2 款）

314. 4 中华人民共和国反间谍法（2014 年 11 月 1 日）（第 33 条）

第三百一十五条【破坏监管秩序罪】 依法被关押的罪犯，有下列破坏监管秩序行为之一，情节严重的，处三年以下有期徒刑：

（一）殴打监管人员的；

（二）组织其他被监管人破坏监管秩序的；

（三）聚众闹事，扰乱正常监管秩序的；

（四）殴打、体罚或者指使他人殴打、体罚其他被监管人的。

【罪名渊源】 本条系刑法吸收 1994 年《监狱法》第 58 条增设，79 刑法、单行刑法均未规定。高法《罪名规定》、高检《罪名意见》将其解释为破坏监管秩序罪。

【法律法规】

315. 1 中华人民共和国监狱法（1994 年 12 月 29 日 2012 年修正）（第 58 条）

第三百一十六条【脱逃罪】 依法被关押的罪犯、被告人、犯罪嫌疑人脱逃的，处五年以下有期徒刑或者拘役。

---

① 对应 2023 年修正后民事诉讼法第 114 条。——编者注

【劫夺被押解人员罪】劫夺押解途中的罪犯、被告人、犯罪嫌疑人的，处三年以上七年以下有期徒刑；情节严重的，处七年以上有期徒刑。

【罪名渊源】本条第1款源自79刑法第161条第1款，全国人大常委会《关于处理逃跑或者重新犯罪的劳改犯和劳教人员的决定》对79刑法的法定刑作了调整。刑法将犯罪主体由"依法被关押、逮捕的犯罪分子"改为"依法被关押的罪犯、被告人、犯罪嫌疑人"，删除"除按其原犯罪行判处或者按其原判刑期外，加处刑罚"的规定，并将暴力脱逃行为分离出来独立成罪。第2款由79刑法第96条聚众劫狱罪分解而来。高法《罪名规定》、高检《罪名意见》将这两款分别解释为脱逃罪、劫夺被押解人员罪。

【司法文件】

316.1 最高人民法院研究室关于因错判在服刑期"脱逃"后确有犯罪其错判服刑期限可否与后判刑期折抵问题的电话答复（1983年8月31日）

湖北省高级人民法院：

你院1983年8月12日鄂法研字（83）第19号《对因错判在服刑期"脱逃"后确有犯罪其错判服刑期限可否与后判刑期折抵的请示》已收悉。我们同意你院报告中所提出的意见，即：对被错判徒刑的在服刑期间"脱逃"的行为，可不以脱逃论罪判刑；但在脱逃期间犯罪的，应依法定罪判刑；对被错判已服刑的日期与后来犯罪所判处的刑期不宜折抵，可在量刑时酌情考虑从轻或减轻处罚。

316.2 中国人民解放军军事法院关于审理军人违反职责罪案件中几个具体问题的处理意见（1988年10月19日 〔1988〕军法发字第34号）（节录）

五、关于军人在临时看管期间逃跑的，能否以脱逃罪论处问题

脱逃罪是指被依法逮捕、关押的犯罪分子，从羁押，改造场所或者在押解途中逃走的行为。军队的临时看管仅是一项行政防范措施。因此，军人在此期间逃跑的，不构成脱逃罪。但在查明他确有犯罪行为后，他的逃跑行为可以作为情节在处刑时予以考虑。

【部委规范】

316.3 参见43.1 公安部关于对被判处拘役的罪犯在执行期间回家问题的批复（2001年1月31日 公复字〔2001〕2号）

【法律法规】

316.4 中华人民共和国监狱法（1994年12月29日 2012年修正）（第59条）

第三百一十七条【组织越狱罪】组织越狱的首要分子和积极参加的，处五年以上有期徒刑；其他参加的，处五年以下有期徒刑或者拘役。

【暴动越狱罪，聚众持械劫狱罪】暴动越狱或者聚众持械劫狱的首要分子和积极参加的，处十年以上有期徒刑或者无期徒刑；情节特别严重的，处死刑；其他参加的，处三年以上十年以下有期徒刑。

【罪名渊源】本条第1款由79刑法第96条修改而来，刑法沿用了原罪名，并将其由原反革命罪章移至妨害管理社会秩序罪章中，法定最高刑由死刑改为15年有期徒刑，法定最低刑由3年修改为拘役。第2款的暴动越狱罪系从79刑法第96条组织越狱罪中分离出来的罪名。第2款的聚众持械劫狱罪由79刑法第96条聚众劫狱罪修改而来，刑法增加了"持械"的行为方式。高法《罪名规定》、高检《罪名意见》将第1款解释为组织越狱罪，将第2款解释为暴动越狱罪、聚众持械劫狱罪。

第三节 妨害国（边）境管理罪

【部委规范】

【注1】公安部关于公安边防部门在办理跨省、区、市妨害国（边）境管理犯罪案件中加强办案协作的通知（2000年7月19日 公边（调）〔2000〕161号）（第1—10条）

第三百一十八条【组织他人偷越国（边）境罪】组织他人偷越国（边）境的，处二年以上七年以下有期徒刑，并处罚金；有下列情形之一的，处七年以上有期徒刑或者无期徒刑，并处罚金或者没收财产：

（一）组织他人偷越国（边）境集团的首要分子；

（二）多次组织他人偷越国（边）境或者组织他人偷越国（边）境人数众多的；

（三）造成被组织人重伤、死亡的；

（四）剥夺或者限制被组织人人身自由的；

（五）以暴力、威胁方法抗拒检查的；

（六）违法所得数额巨大的；

（七）有其他特别严重情节的。

犯前款罪，对被组织人有杀害、伤害、强奸、拐卖等犯罪行为，或者对检查人员有杀害、伤害等犯罪行为的，依照数罪并罚的规定处罚。

【罪名渊源】本条系由79刑法第177条组织、运送他人偷越国（边）境罪分立出来的罪名，刑法又吸收了全国人大常委会《关于严惩组织、运送他人偷越国（边）境犯罪的补充规定》第1条的全部内容，并作了如下修改：将原法条中的运送行为拆分出来，另设专条处罚；取消了"以营利为目的"的主观要件；列举了七种从重处罚的情节；对数罪并罚情形作了规定；增加了无期徒刑和没收财产刑种；法定最高刑由5年提高至无期徒刑。高法《罪名规定》、高检《罪名意见》将其解释为组织他人偷越国（边）境罪。

【立案标准】

318.1 公安部关于妨害国（边）境管理犯罪案件立案标准及有关问题的通知（2000年3月31日 公通字〔2000〕30号）（节录）

一、立案标准

（一）组织他人偷越国（边）境案

1. 组织他人偷越国（边）境的，应当立案侦查。

2. 组织他人偷越国（边）境，具有下列情形之一的，应当立为重大案件：

（1）1次组织20—49人偷越国（边）境的；

（2）组织他人偷越国（边）境3—4次的；

（3）造成被组织人重伤1—2人的；

（4）剥夺或者限制被组织人人身自由的；

（5）以暴力、威胁方法抗拒检查的；

（6）违法所得人民币5—20万元的；

（7）有其他严重情节的。

3. 组织他人偷越国（边）境，具有下列情形之一的，应当立为特别重大案件：

（1）1次组织50人以上偷越国（边）境的；

（2）组织他人偷越国（边）境5次以上的；

（3）造成被组织人重伤3人以上或者死亡1人以上的；

（4）违法所得20万元以上的；

（5）有其他特别严重情节的。

在组织、运送他人偷越国（边）境中，对被组织人、被运送人有杀害、伤害、强奸、拐卖等犯罪行为，或者对检查人员有杀害、伤害等犯罪行为的，应当分别依照杀人、伤害、强奸、拐卖等案件一并立案侦查。

违法所得外币的，应当按当时汇率折合为人民币，单独或者合计计算违法所得数额。

以上规定中的"以上"，均包括本数在内。

二、案件管辖分工

（一）《刑法》规定的组织他人偷越国（边）境案、运送他人偷越国（边）境案、偷越国（边）境案和破坏界碑、界桩案由公安机关边防部门管辖。边境管理区和沿海地区（限于地、市行政辖区）以外发生的上述案件由刑事侦查部门管辖。刑事侦查部门管辖骗取出境证件案、提供伪造、变造的出入境证件案、出售出入境证件案和破坏永久性测量标志案。

（二）县（市）级公安机关边防大队、刑事侦查部门在所属公安机关的领导下，按管辖分工具体承办发生在本管辖区域内的妨害国（边）境管理犯罪案件；地（市）级以上公安机关边防支队、刑事侦查部门及海警支队负责侦查重大涉外妨害国（边）境管理犯罪案件、重大集团犯罪案件和下级单位侦查有困难的犯罪案件，其中，省级以上公安机关边防部门、刑事侦查部门主要负责协调、组织、指挥侦查跨区域妨害国（边）境管理犯罪案件。

（三）办理案件的单位要及时将妨害国（边）境管理人员情况通报其户籍所在地县（市）公安边防大队，妨害国（边）境管理人员的户口在边境管理区和沿海地区以外的，办案单位要通报其户籍所在地县（市）公安局。

三、办案协作

（一）公安机关的其他部门在边境管理区和沿海地区发现边防部门管辖的妨害国（边）境管理犯罪案件线索或接到公民报案、举报、控告的，应当先接受，然后及时移送所在地公安机关边防部门办理；边防部门发现在边境管理区和沿海地区以外发生的妨害国（边）境管理犯罪案件线索或接到公民对这类案件的报案、举报、控告的，也应先接受，然后及时移送所在地公安机关刑事侦查部门。

（二）主办单位已依法立案侦查的，协作单位要从大局出发，无条件地予以配合；通报的犯罪线索经查证符合立案条件的，要依法立案侦查，并及时将结果反馈提供线索一方。

（三）侦查跨省、自治区、直辖市（以下简称省、区、市）妨害国（边）境管理犯罪案件，要从有利于查清全案、深挖组织者、扩大战果出发，由省、区、市公安机关边防部门或刑事侦查部门进行协调，特别重大的妨害国（边）境管理犯罪案件，应在公安部边防管理局和刑事侦查局组织、协调下进行侦查。

四、案件处理

（一）对妨害国（边）境管理行为，构成犯罪、需要追究刑事责任的，要依法立案侦查，移送人民检察院审查起诉。

（三）对办理妨害国（边）境管理犯罪案件的罚没款，要依法一律上缴国库。财政部门核拨用于办理妨害国（边）境管理犯罪案件的办案补助经费，要专款专用。

【罪刑标准】

318.2 最高人民法院、最高人民检察院关于办理妨害国（边）境管理刑事案件应用法律若干问题的解释（2012 年 12 月 20 日　法释〔2012〕17 号）（节录）

第一条　领导、策划、指挥他人偷越国（边）境或者在首要分子指挥下，实施拉拢、引诱、介绍他人偷越国（边）境等行为的，应当认定为刑法第三百一十八条规定的"组织他人偷越国（边）境"。

组织他人偷越国（边）境人数在十人以上的，应当认定为刑法第三百一十八条第一款第（二）项规定的"人数众多"；违法所得数额在二十万元以上的，应当认定为刑法第三百一十八条第一款第（六）项规定的"违法所得数额巨大"。

【说明】 有关司法文件对本解释第一条第二款"人数"的计算作了规定。

附：最高人民法院、最高人民检察院、公安部、国家移民管理局关于依法惩治妨害国（边）境管理违法犯罪的意见（2022 年 6 月 29 日 法发〔2022〕18 号）（节录）

5.《解释》① 第一条第二款、第四条规定的"人数"，以实际组织、运送的人数计算；未到案人员经查证属实的，应当计算在内。

以组织他人偷越国（边）境为目的，招募、拉拢、引诱、介绍、培训偷越国（边）境人员，策划、安排偷越国（边）境行为，在他人偷越国（边）境之前或者偷越国（边）境过程中被查获的，应当以组织他人偷越国（边）境罪（未遂）论处；具有刑法第三百一十八条第一款规定的情形之一的，应当在相应的法定刑幅度基础上，结合未遂犯的处罚原则量刑。

第六条 具有下列情形之一的，应当认定为刑法第六章第三节规定的"偷越国（边）境"行为：

（一）没有出入境证件出入国（边）境或者逃避接受边防检查的；

（二）使用伪造、变造、无效的出入境证件出入国（边）境的；

（三）使用他人出入境证件出入国（边）境的；

（四）使用以虚假的出入境事由、隐瞒真实身份、冒用他人身份证件等方式骗取的出入境证件出入国（边）境的；

（五）采用其他方式非法出入国（边）境的。

第七条 以单位名义或者单位形式组织他人偷越国（边）境、为他人提供伪造、变造的出入境证件或者运送他人偷越国（边）境的，应当依照刑法第三百一十八条、第三百二十条、第三百二十一条的规定追究直接负责的主管人员和其他直接责任人员的刑事责任。

第八条 实施组织他人偷越国（边）境犯罪，同时构成骗取出境证件罪、提供伪造、变造的出入境证件罪、出售出入境证件罪、运送他人偷越国（边）境罪的，依照处罚较重的规定定罪处罚。

第九条 对跨地区实施的不同妨害国（边）境管理犯罪，符合并案处理要求，有关地方公安机关依照法律和相关规定一并立案侦查，需要提请批准逮捕、移送审查起诉、提起公诉的，由该公安机关所在地的同级人民检察院、人民法院依法受理。

第十条 本解释发布实施后，《最高人民法院关于审理组织、运送他人偷越国（边）境等刑事案件适用法律若干问题的解释》（法释〔2002〕3 号）不再适用。

【司法解释】

318.3 最高人民法院关于审理发生在我国管辖海域相关案件若干问题的规定（二）（2016 年 8 月 2 日 法释〔2016〕17 号）（节录）

第八条 实施破坏海洋资源犯罪行为，同时构成非法捕捞罪、非法猎捕、杀害珍贵、濒危野生动物罪、组织他人偷越国（边）境罪、偷越国（边）境罪等犯罪的，依照处罚较重的规定定罪处罚。

有破坏海洋资源犯罪行为，又实施走私、妨害公务等犯罪的，依照数罪并罚的规定处理。

【司法文件】

318.4 最高人民法院、最高人民检察院、公安部、国家移民管理局关于依法惩治妨害国（边）境管理违法犯罪的意见（2022 年 6 月 29 日 法发〔2022〕18 号）（节录）

二、关于妨害国（边）境管理犯罪的认定

2. 具有下列情形之一的，应当认定为刑法第三百一十八条规定的"组织他人偷越国（边）境"行为：

（1）组织他人通过虚构事实、隐瞒真相等方式掩盖非法出入境目的，骗取出入境边防检查机关核准出入境的；

---

① 指最高人民法院、最高人民检察院《关于办理妨害国（边）境管理刑事案件应用法律若干问题的解释》（法释〔2012〕17 号）。——编者注

（2）组织依法限定在我国边境地区停留、活动的人员，违反国（边）境管理法规，非法进入我国非边境地区的。

对于前述行为，在决定是否追究刑事责任以及如何裁量刑罚时，应当综合考虑组织者前科情况、行为手段、组织人数和次数、违法所得数额及被组织人员偷越国（边）境的目的等情节，依法妥当处理。

3. 事前与组织、运送他人偷越国（边）境的犯罪分子通谋，在偷越国（边）境人员出境前或者入境后，提供接驳、容留、藏匿等帮助的，以组织他人偷越国（边）境罪或者运送他人偷越国（边）境罪的共同犯罪论处。

6. 明知他人实施骗取出境证件犯罪，提供虚假证明、邀请函件以及面签培训等帮助的，以骗取出境证件罪的共同犯罪论处；符合刑法第三百一十八条规定的，以组织他人偷越国（边）境罪定罪处罚。

7. 事前与组织他人偷越国（边）境的犯罪分子通谋，为其提供虚假证明、邀请函件以及面签培训等帮助，骗取入境签证入境证件，为组织他人偷越国（边）境使用的，以组织他人偷越国（边）境罪的共同犯罪论处。

8. 对于偷越国（边）境的次数，按照非法出境、入境的次数分别计算。但是，对于非法越境后及时返回，或者非法出境后又入境投案自首的，一般应当计算为一次。

11（第一款）……领导、策划、指挥他人偷越国（边）境，并实施徒步带领行为的，以组织他人偷越国（边）境罪论处。

三、关于妨害国（边）境管理刑事案件的管辖

13. 妨害国（边）境管理刑事案件由犯罪地的公安机关立案侦查。如果由犯罪嫌疑人居住地的公安机关立案侦查更为适宜的，可以由犯罪嫌疑人居住地的公安机关立案侦查。

妨害国（边）境管理犯罪的犯罪地包括妨害国（边）境管理犯罪行为的预备地、过境地、查获地等与犯罪活动有关的地点。

14. 对于有多个犯罪地的妨害国（边）境管理刑事案件，由最初受理的公安机关或者主要犯罪地的公安机关立案侦查。有争议的，按照有利于查清犯罪事实、有利于诉讼的原则，由共同上级公安机关指定有关公安机关立案侦查。

15. 具有下列情形之一的，有关公安机关可以在其职责范围内并案侦查：

（1）一人犯数罪的；

（2）共同犯罪的；

（3）共同犯罪的犯罪嫌疑人、被告人还实施其他犯罪的；

（4）多个犯罪嫌疑人、被告人实施的犯罪存在关联，并案处理有利于查明案件事实的。

四、关于证据的收集与审查

16. 对于妨害国（边）境管理案件所涉主观明知的认定，应当结合行为实施的过程、方式、被查获时的情形和环境，行为人的认知能力、既往经历、与同案人的关系、非法获利等，审查相关辩解是否明显违背常理，综合分析判断。

在组织他人偷越国（边）境、运送他人偷越国（边）境等案件中，具有下列情形之一的，可以认定行为人主观明知，但行为人作出合理解释或者有相反证据证明的除外：

（1）使用遮蔽、伪装、改装等隐蔽方式接送、容留偷越国（边）境人员的；

（2）与其他妨害国（边）境管理行为人使用同一通讯群组、暗语等进行联络的；

（3）采取绕关避卡等方式躲避边境检查，或者出境前、入境后途经边境地区的时间、路线等明显违反常理的；

（4）接受执法检查时故意提供虚假的身份、事由、地点、联系方式等信息的；

（5）支付、收取或者约定的报酬明显不合理的；

（6）遇到执法检查时企图逃跑，阻碍、抗拒执法检查，或者毁灭证据的；

（7）其他足以认定行为人明知的情形。

17. 对于不通晓我国通用语言文字的嫌疑人、被告人、证人及其他相关人员，人民法院、人民检察院、公安机关、移民管理机构应当依法为其提供翻译。

翻译人员在案件办理规定时限内无法到场的，办案机关可以通过视频连线方式进行翻译，并对翻译过程进行全程不间断录音录像，不得选择性录制，不得剪接、删改。

翻译人员应当在翻译文件上签名。

18. 根据国际条约规定或者通过刑事司法协助和警务合作等渠道收集的境外证据材料，能够证明案件事实且符合刑事诉讼法规定的，可以作为证据使用，但提供人或者我国与有关国家签订的双边条约对材料的使用范围有明确限制的除外。

办案机关应当移送境外执法机构对所收集证据的来源、提取人、提取时间或者提供人、提供时间以及保管移交的过程等相关说明材料；确因客观条件限制，境外执法机构未提供相关说明材料的，办案机关应当说明原因，并对所收集证据的有关事项作出书面说明。

19. 采取技术侦查措施收集的材料，作为证据使用的，应当随案移送，并附采取技术侦查措施的法律文书、证据清单和有关情况说明。

20. 办理案件中发现的可用以证明犯罪嫌疑人、被告人有罪或者无罪的各种财物，应当严格依照法定条件和程序进行查封、扣押、冻结。不得查封、扣押、冻结与案件无关的财物。凡查封、扣押、冻结的财物，都要及时进行审查。经查明确实与案件无关的，应当在三日以内予以解除、退还，并通知有关当事人。

查封、扣押、冻结涉案财物及其孳息，应当制作清单，妥善保管，随案移送。待人民法院作出生效判决后，依法作出处理。

公安机关、人民检察院应当对涉案财物审查甄别。在移送审查起诉、提起公诉时，应当对涉案财物提出处理意见。人民法院对随案移送的涉案财物，应当依法作出判决。

五、关于宽严相济刑事政策的把握

21. 办理妨害国（边）境管理刑事案件，应当综合考虑行为人的犯罪动机、行为方式、目的以及造成的危害后果等因素，全面把握犯罪事实和量刑情节，依法惩治。做好行政执法与刑事司法的衔接，对涉嫌妨害国（边）境管理犯罪的案件，要及时移送立案侦查，不得以行政处罚代替刑事追究。

对于实施相关行为被不起诉或者免予刑事处罚的行为人，依法应当给予行政处罚、政务处分或者其他处分的，依法移送有关主管机关处理。

22. （第一款）突出妨害国（边）境管理刑事案件的打击重点，从严惩处组织他人偷越国（边）境犯罪，坚持全链条、全环节、全流程对妨害国（边）境管理的产业链进行刑事惩治。对于为组织他人偷越国（边）境实施骗取出入境证件，提供伪造、变造的出入境证件，出售出入境证件，或者运送偷越国（边）境等行为，形成利益链条的，要坚决依法惩治，深挖犯罪源头，斩断利益链条，不断挤压此类犯罪滋生蔓延空间。

23. 对于妨害国（边）境管理犯罪团伙、犯罪集团，应当重点惩治首要分子、主犯和积极参加者。对受雇佣或者被利用从事信息登记、材料递交等辅助性工作人员，未直接实施妨害国（边）境管理行为的，一般不追究刑事责任，可以由公安机关、移民管理机构依法作出行政处罚或者其他处理。

24. 对于妨害国（边）境管理犯罪所涉及的在偷越国（边）境之后的相关行为，要区分情况作出处理。对于组织、运送他人偷越国（边）境，进而在他人偷越国（边）境之后组织实施犯罪的，要作为惩治重点，符合数罪并罚规定的，应当数罪并罚。

对于为非法用工而组织、运送他人偷越国（边）境，或者明知是偷越国（边）境的犯罪分子而招募用工的，在决定是否追究刑事责任以及如何裁量刑罚时，应当综合考虑越境人数、违法所得、前科情况、造成影响或者后果等情节，恰当评估社会危害性，依法妥当处理。其中，单位实施上述行为，对组织者、策划者、实施者依法追究刑事责任的，定罪量刑应作综合考量，适当体现区别，确保罪责刑相适应。

25. 对以牟利为目的实施妨害国（边）境管理犯罪，要注重适用财产刑和追缴犯罪所得、没收作案工具等处置手段，加大财产刑的执行力度，最大限度剥夺其重新犯罪的能力和条件。

26. 犯罪嫌疑人、被告人提供重要证据或者重大线索，对侦破、查明重大妨害国（边）境管理刑事案件起关键作用，经查证属实的，可以依法从宽处理。

【部委规范】

318.5 公安部法制局对《关于倒卖邀请函的行为如何处理的请示》的答复（2001年2月1日 公法〔2001〕21号）

新疆维吾尔自治区公安厅法制处：

你处《关于倒卖邀请函的行为如何处理的请示》（新公法〔2000〕59号）收悉。经研究答复如下：

办理出入境证件所需的邀请函不属于出入境证件。对仅仅是为他人联系提供办理出入境证件所需邀请函并获得报酬的行为，如果该邀请函真实有效、当事人之间没有欺诈行为，不应依据《中华人民共和国出境入境管理法实施细则》第二十二条第一款第二项规定按招摇撞骗行为予以处罚，也不应将该行为认定为组织、运送他人偷越国（边）境的行为以刑事或行政处罚。

对以联系提供办理出入境证件所需的邀请函为名，编造情况，提供假证明，骗取出入境证件以及从事诈骗、组织他人偷越国（边）境等违法犯罪活动的，应依法予以查处。

第三百一十九条【骗取出境证件罪】 以劳务输出、经贸往来或者其他名义，弄虚作假，骗取护照、签证等出境证件，为组织他人偷越国（边）境使用的，处三年以下有期徒刑，并处罚金；情节严重的，处三年以上十年以下有期徒刑，并处罚金。

单位犯前款罪的，对单位判处罚金，并对其直接负责的主管人员和其他直接责任人员，依照前款的规定处罚。

【罪名渊源】 本罪系全国人大常委会《关于严惩组织、运送他人偷越国（边）境犯罪的补充规定》第2条增设，79刑法没有规定，刑法对该补充规定中的"依照组织他人偷越国（边）境处罚"作了修改，在条文中直接规定了法定刑。高法《罪名规定》、高检《罪名意见》将其解释为骗取出境证件罪。

【立案标准】

319.1 公安部关于妨害国（边）境管理犯罪案件立案标准及有关问题的通知（2000年3月31日　公通字〔2000〕30号）（节录）

一、立案标准

（二）骗取出境证件案

1. 以劳务输出、经贸往来或者其他名义弄虚作假，骗取护照、通行证、旅行证、海员证、签证（注）等出境证件（以下简称出境证件），为他人偷越国（边）境使用的，应当立案侦查。

2. 骗取出境证件，具有下列情形之一的，应当立为重大案件：

（1）骗取出境证件5—19本（份、个）的；

（2）为违法犯罪分子骗取出境证件的；

（3）违法所得10—20万元的；

（4）有其他严重情节的。

3. 骗取出境证件，具有下列情形之一的，应当立为特别重大案件：

（1）骗取出境证件20本（份、个）以上的；

（2）违法所得20万元以上的；

（3）有其他特别严重情节的。

【说明】案件管辖分工、办案协作、案件处理等内容，参见318.1本通知第2—4条。

【罪刑标准】

319.2 最高人民法院、最高人民检察院关于办理妨害国（边）境管理刑事案件应用法律若干问题的解释（2012 年 12 月 20 日 法释〔2012〕17 号）（节录）

第二条 为组织他人偷越国（边）境，编造出境事由、身份信息或者相关的境外关系证明的，应当认定为刑法第三百一十九条第一款规定的"弄虚作假"。

刑法第三百一十九条第一款规定的"出境证件"，包括护照或者代替护照使用的国际旅行证件，中华人民共和国海员证，中华人民共和国出入境通行证，中华人民共和国旅行证，中国公民往来香港、澳门、台湾地区证件，边境地区出入境通行证，签证、签注，出国（境）证明、名单，以及其他出境时需要查验的资料。

具有下列情形之一的，应当认定为刑法第三百一十九条第一款规定的"情节严重"：

（一）骗取出境证件五份以上的；

（二）非法收取费用三十万元以上的；

（三）明知是国家规定的不准出境的人员而为其骗取出境证件的；

（四）其他情节严重的情形。

> **【说明】** 偷越国边境的情形、从重处罚、跨地区案件管辖，参见 318.2 本解释第 6 条以下。

【司法文件】

319.3 最高人民法院、最高人民检察院、公安部、国家移民管理局关于依法惩治妨害国（边）境管理违法犯罪的意见（2022 年 6 月 29 日 法发〔2022〕18 号）（节录）

6. 明知他人实施骗取出境证件犯罪，提供虚假证明、邀请函件以及面签培训等帮助的，以骗取出境证件罪的共同犯罪论处；符合刑法第三百一十八条规定的，以组织他人偷越国（边）境罪定罪处罚。

> **【说明】** 管辖、证据收集和审查、宽严相济刑事政策的把握等内容，参见 318.4 本意见第 13 条以下。

【法律法规】

319.4 中华人民共和国出境入境管理法（2013 年 7 月 1 日）（第 71 条、第 73 条第 1 款、第 88—89 条）

第三百二十条 【提供伪造、变造的出入境证件罪，出售出入境证件罪】 为他人提供伪造、变造的护照、签证等出入境证件，或者出售护照、签证等出入境证件的，处五年以下有期徒刑，并处罚金；情节严重的，处五年以上有期徒刑，并处罚金。

【罪名渊源】 本条系沿袭全国人大常委会《关于严惩组织、运送他人偷越国（边）境犯罪的补充规定》第 3 条内容，79 刑法没有规定。刑法改原"倒卖"为"出售"。高法《罪名规定》、高检《罪名意见》将其解释为提供伪造、变造的出入境证件罪，出售出入境证件罪。

【立案标准】

320.1 公安部关于妨害国（边）境管理犯罪案件立案标准及有关问题的通知（2000 年 3 月 31 日 公通字〔2000〕30 号）（节录）

一、立案标准

（三）提供伪造、变造的出入境证件案

1. 为他人提供伪造、变造的护照、通行证、旅行证、海员证、签证（注）等出入境证件（以下简称出入境证件）的，应当立案侦查。

2. 为他人提供伪造、变造的出入境证件，具有下列情形之一的，应当立为重大案件：

（1）为他人提供伪造、变造的出入境证件5—19本（份、个）的；

（2）为违法犯罪分子提供伪造、变造的出入境证件的；

（3）违法所得10—20万元的；

（4）有其他严重情节的。

3. 为他人提供伪造、变造的出入境证件，具有下列情形之一的，应当立为特别重大案件：

（1）为他人提供伪造、变造的出入境证件20本（份、个）以上的；

（2）违法所得20万元以上的；

（3）有其他特别严重情节的。

（四）出售出入境证件案

1. 出售出入境证件的，应当立案侦查。

2. 出售出入境证件，具有下列情形之一的，应当立为重大案件：

（1）出售出入境证件5—19本（份、个）的；

（2）给违法犯罪分子出售出入境证件的；

（3）违法所得10—20万元的；

（4）有其他严重情节的。

3. 出售出入境证件，具有下列情形之一的，应当立为特别重大案件：

（1）出售出入境证件20本（份、个）以上的；

（2）违法所得20万元以上的；

（3）有其他特别严重情节的。

【说明】案件管辖分工、办案协作、案件处理等内容，参见318.1本通知第2—4条。

【罪刑标准】

320.2 最高人民法院、最高人民检察院关于办理妨害国（边）境管理刑事案件应用法律若干问题的解释（2012年12月20日　法释〔2012〕17号）（节录）

第三条　刑法第三百二十条规定的"出入境证件"，包括本解释第二条第二款所列的证件以及其他入境时需要查验的资料。

具有下列情形之一的，应当认定为刑法第三百二十条规定的"情节严重"：

（一）为他人提供伪造、变造的出入境证件或者出售出入境证件五份以上的；

（二）非法收取费用三十万元以上的；

（三）明知是国家规定的不准出入境的人员而为其提供伪造、变造的出入境证件或者向其出售出入境证件的；

（四）其他情节严重的情形。

【说明】单位犯罪、从重处罚、跨地区案件管辖，参见318.2本解释第7条以下。

【部委规范】

320.3 公安部关于盗窃空白因私护照有关问题的批复（2000年5月16日　公境出〔2000〕881号）（节录）

辽宁省公安厅出入境管理处：

你处《关于准确认定盗窃空白护照性质及罪名的请示》（辽公境外〔2000〕178号）收悉。经研究，批复如下：

三、李博日韦、万明亮等人将盗窃的护照出售，其出售护照的行为也妨害国（边）境管理秩序，触犯刑法第320条，涉嫌构成出售出入境证件罪。

第三百二十一条【运送他人偷越国（边）境罪】运送他人偷越国（边）境的，处五年以下有期徒刑、拘役或者管制，并处罚金；有下列情形之一的，处五年以上十年以下有期徒刑，并处罚金：

（一）多次实施运送行为或者运送人数众多的；

（二）所使用的船只、车辆等交通工具不具备必要的安全条件，足以造成严重后果的；

（三）违法所得数额巨大的；

（四）有其他特别严重情节的。

在运送他人偷越国（边）境中造成被运送人重伤、死亡，或者以暴力、威胁方法抗拒检查的，处七年以上有期徒刑，并处罚金。

犯前两款罪，对被运送人有杀害、伤害、强奸、拐卖等犯罪行为，或者对检查人员有杀害、伤害等犯罪行为的，依照数罪并罚的规定处罚。

【罪名渊源】本罪由 79 刑法第 177 条组织、运送他人偷越国（边）境罪分立而来，刑法又吸收了全国人大常委会《关于严惩组织、运送他人偷越国（边）境犯罪的补充规定》第 4 条内容，并作了如下修改：将原法条中的组织行为拆分出来，另设专条处罚；取消"以营利为目的"的主观要件；规定五种从重处罚情节；对数罪并罚情形作了规定；改"可以并处罚金"为"并处罚金"；法定最高刑由 5 年提高至 15 年。高法《罪名规定》、高检《罪名意见》将其解释为运送他人偷越国（边）境罪。

【立案标准】

321.1 公安部关于妨害国（边）境管理犯罪案件立案标准及有关问题的通知（2000 年 3 月 31 日公通字〔2000〕30 号）（节录）

一、立案标准

（五）运送他人偷越国（边）境案

1. 运送他人偷越国（边）境的，应当立案侦查。

2. 运送他人偷越国（边）境，具有下列情形之一的，应当立为重大案件：

（1）1 次运送 20—49 人偷越国（边）境的；

（2）运送他人偷越国（边）境 3—4 次的；

（3）使用简陋、破旧、报废、通气状况很差的船只或者车辆等不具备必要安全条件的交通工具运送他人偷越国（边）境，足以造成严重后果的；

（4）违法所得 5—20 万元的；

（5）造成被运送人重伤 1—2 人的；

（6）以暴力、威胁方法抗拒检查的；

（7）有其他严重情节的。

3. 运送他人偷越国（边）境，具有下列情形之一的，应当立为特别重大案件：

（1）1 次运送 50 人以上偷越国（边）境的；

（2）运送他人偷越国（边）境 5 次以上的；

（3）造成被运送人重伤 3 人以上或者死亡 1 人以上的；

（4）违法所得 20 万元以上的；

（5）有其他特别严重情节的。

在组织、运送他人偷越国（边）境中，对被组织人、被运送人有杀害、伤害、强奸、拐卖等犯罪行为，或者对检查人员有杀害、伤害等犯罪行为的，应当分别依照杀人、伤害、强奸、拐卖等案件一并立案侦查。

【说明】案件管辖分工、办案协作、案件处理等内容，参见 318.1 本通知第 2—4 条。

【罪刑标准】

321.2 最高人民法院、最高人民检察院关于办理妨害国（边）境管理刑事案件应用法律若干问题的解释（2012 年 12 月 20 日　法释〔2012〕17 号）（节录）

第四条　运送他人偷越国（边）境人数在十人以上的，应当认定为刑法第三百二十一条第一款第（一）项规定的"人数众多"；违法所得数额在二十万元以上的，应当认定为刑法第三百二十一条第一款第（三）项规定的"违法所得数额巨大"。

> **【说明一】** 偷越国边境的情形、跨地区案件管辖，参见 318.2 本解释第 6 条、第 9 条。
>
> **【说明二】** 有关司法文件对本解释第四条的"人数"作了规定。
>
> 附：最高人民法院、最高人民检察院、公安部、国家移民管理局关于依法惩治妨害国（边）境管理违法犯罪的意见（2022 年 6 月 29 日　法发〔2022〕18 号）（节录）
>
> 5.《解释》① 第一条第二款、第四条规定的"人数"，以实际组织、运送的人数计算；未到案人员经查证属实的，应当计算在内。

321.3 最高人民法院、最高人民检察院、公安部、国家移民管理局关于依法惩治妨害国（边）境管理违法犯罪的意见（2022 年 6 月 29 日　法发〔2022〕18 号）（节录）

3. 事前与组织、运送他人偷越国（边）境的犯罪分子通谋，在偷越国（边）境人员出境前或者入境后，提供接驳、容留、藏匿等帮助的，以组织他人偷越国（边）境罪或者运送他人偷越国（边）境罪的共同犯罪论处。

4. 明知是偷越国（边）境人员，分段运送其前往国（边）境的，应当认定为刑法第三百二十一条规定的"运送他人偷越国（边）境"，以运送他人偷越国（边）境罪定罪处罚。但是，在决定是否追究刑事责任以及如何裁量刑罚时，应当充分考虑行为人在运送他人偷越国（边）境过程中所起作用等情节，依法妥当处理。

11. 徒步带领他人通过隐蔽路线逃避边防检查偷越国（边）境的，属于运送他人偷越国（边）境。领导、策划、指挥他人偷越国（边）境，并实施徒步带领行为的，以组织他人偷越国（边）境罪论处。

徒步带领偷越国（边）境的人数较少，行为人系初犯，确有悔罪表现，综合考虑行为动机、一贯表现、违法所得、实际作用等情节，认为对国（边）境管理秩序妨害程度明显较轻的，可以认定为犯罪情节轻微，依法不起诉或者免予刑事处罚；情节显著轻微危害不大的，不作为犯罪处理。

12. 对于刑法第三百二十一条第一款规定的"多次实施运送行为"，累计运送人数一般应当接近十人。

16.（第二款）在组织他人偷越国（边）境、运送他人偷越国（边）境等案件中，具有下列情形之一的，可以认定行为人主观明知，但行为人作出合理解释或者有相反证据证明的除外：

（1）使用遮蔽、伪装、改装等隐蔽方式接送、容留偷越国（边）境人员的；

（2）与其他妨害国（边）境管理行为人使用同一通讯群组、暗语等进行联络的；

（3）采取绕关避卡等方式躲避边境检查，或者出境前、入境后途经边境地区的时间、路线等明显违反常理的；

（4）接受执法检查时故意提供虚假的身份、事由、地点、联系方式等信息的；

（5）支付、收取或者约定的报酬明显不合理的；

（6）遇到执法检查时企图逃跑，阻碍、抗拒执法检查，或者毁灭证据的；

（7）其他足以认定行为人明知的情形。

---

① 指最高人民法院、最高人民检察院《关于办理妨害国（边）境管理刑事案件应用法律若干问题的解释》（法释〔2012〕17 号）。——编者注

22.（第二款）对于运送他人偷越国（边）境犯罪，要综合考虑运送人数、违法所得、前科情况等依法定罪处罚，重点惩治以此为业、屡罚屡犯、获利巨大和其他具有重大社会危害的情形。

【说明】管辖、证据收集和审查、宽严相济刑事政策的把握等内容，参见 318.4 本意见第 13 条以下。

第三百二十二条【偷越国（边）境罪】违反国（边）境管理法规，偷越国（边）境，情节严重的，处一年以下有期徒刑、拘役或者管制，并处罚金；为参加恐怖活动组织、接受恐怖活动培训或者实施恐怖活动，偷越国（边）境的，处一年以上三年以下有期徒刑，并处罚金。

【刑法修正说明】

本条为全国人大常委会 2015 年 8 月 29 日通过并通过、同年 11 月 1 日施行的《刑法修正案（九）》第 40 条所修正。原第 322 条为：

【偷越国（边）境罪】违反国（边）境管理法规，偷越国（边）境，情节严重的，处一年以下有期徒刑、拘役或者管制，并处罚金。

【罪名渊源】79 刑法第 176 条和全国人大常委会《关于严惩组织、运送他人偷越国（边）境犯罪的补充规定》第 5 条均对本罪作了规定，刑法只在原法定刑中增加了罚金刑种。高法《罪名规定》、高检《罪名意见》将其解释为偷越国（边）境罪。《刑法修正案（九）》第 40 条增设了"为参加恐怖活动组织……偷越国（边）境的"法定刑。

【立案标准】

322.1 公安部关于妨害国（边）境管理犯罪案件立案标准及有关问题的通知（2000 年 3 月 31 日公通字〔2000〕30 号）（节录）

一、立案标准

（六）偷越国（边）境案

1. 偷越国（边）境，具有下列情形之一的，应当立案侦查：

（1）偷越国（边）境 3 次以上、屡教不改的；

（2）实施违法行为后偷越国（边）境的；

（3）在偷越国（边）境时对执法人员施以暴力、威胁手段的；

（4）造成重大涉外事件和恶劣影响的；

（5）有其他严重情节的。

2. 偷越国（边）境，具有下列情形之一的，应当立为重大案件：

（1）为逃避刑罚偷越国（边）境的；

（2）以走私、贩毒等犯罪为目的偷越国（边）境的；

（3）有其他特别严重情节的。

【说明】案件管辖分工、办案协作、案件处理等内容，参见 318.1 本通知第 2—4 条。

【罪刑标准】

322.2 最高人民法院、最高人民检察院关于办理妨害国（边）境管理刑事案件应用法律若干问题的解释（2012 年 12 月 20 日 法释〔2012〕17 号）（节录）

第五条 偷越国（边）境，具有下列情形之一的，应当认定为刑法第三百二十二条规定的"情节严重"：

（一）在境外实施损害国家利益行为的；

（二）偷越国（边）境三次以上或者三人以上结伙偷越国（边）境的；

（三）拉拢、引诱他人一起偷越国（边）境的；

（四）勾结境外组织、人员偷越国（边）境的；

（五）因偷越国（边）境被行政处罚后一年内又偷越国（边）境的；

（六）其他情节严重的情形。

【说明一】偷越国边境的情形、跨地区案件管辖，参见318.2本解释第6条、第9条。

【说明二】有关司法文件对本解释第五条的"结伙""其他情节严重的情形"作了界定。

附：最高人民法院、最高人民检察院、公安部、国家移民管理局关于依法惩治妨害国（边）境管理违法犯罪的意见（2022年6月29日　法发〔2022〕18号）（节录）

9. 偷越国（边）境人员相互配合，共同偷越国（边）境的，属于《解释》第五条①第二项规定的"结伙"。偷越国（边）境人员在组织者、运送者安排下偶然同行的，不属于"结伙"。

在认定偷越国（边）境"结伙"的人数时，不满十六周岁的人不计算在内。

10.（第一款）偷越国（边）境，具有下列情形之一的，属于《解释》第五条第六项规定的"其他情节严重的情形"：

（1）犯罪后为逃避刑事追究偷越国（边）境的；

（2）破坏边境物理隔离设施后，偷越国（边）境的；

（3）以实施电信网络诈骗、开设赌场等犯罪为目的，偷越国（边）境的；

（4）曾因妨害国（边）境管理犯罪被判处刑罚，刑罚执行完毕后二年内又偷越国（边）境的。

322.3 最高人民法院关于审理发生在我国管辖海域相关案件若干问题的规定（二）（2016年8月2日　法释〔2016〕17号）（节录）

第三条　违反我国国（边）境管理法规，非法进入我国领海，具有下列情形之一的，应当认定为刑法第三百二十二条规定的"情节严重"：

（一）经驱赶拒不离开的；

（二）被驱离后又非法进入我国领海的；

（三）因非法进入我国领海被行政处罚或者被刑事处罚后，一年内又非法进入我国领海的；

（四）非法进入我国领海从事捕捞水产品等活动，尚不构成非法捕捞水产品等犯罪的；

（五）其他情节严重的情形。

第八条　实施破坏海洋资源犯罪行为，同时构成非法捕捞罪、非法猎捕、杀害珍贵、濒危野生动物罪、组织他人偷越国（边）境罪、偷越国（边）境罪等犯罪的，依照处罚较重的规定定罪处罚。

有破坏海洋资源犯罪行为，又实施走私、妨害公务等犯罪的，依照数罪并罚的规定处理。

【司法文件】

322.4 最高人民法院、最高人民检察院、公安部、国家移民管理局关于依法惩治妨害国（边）境管理违法犯罪的意见（2022年6月29日　法发〔2022〕18号）（节录）

10.（第二款）实施偷越国（边）境犯罪，又实施妨害公务、袭警、妨害传染病防治等行为，并符合有关犯罪构成的，应当数罪并罚。

22.（第三款）对于偷越国（边）境犯罪，要综合考虑偷越动机、行为手段、前科情况等依法定罪处罚，重点惩治越境实施犯罪、屡罚屡犯和其他具有重大社会危害的情形。

【说明】管辖、证据收集和审查、宽严相济刑事政策的把握等内容，参见318.4本意见第13条以下。

---

① 指最高人民法院、最高人民检察院《关于办理妨害国（边）境管理刑事案件应用法律若干问题的解释》（法释〔2012〕17号），下同。——编者注

第三百二十三条【破坏界碑、界桩罪，破坏永久性测量标志罪】故意破坏国家边境的界碑、界桩或者永久性测量标志的，处三年以下有期徒刑或者拘役。

【罪名渊源】本条由 79 刑法第 175 条修改而来，刑法删除了原第 2 款内容。高法《罪名规定》、高检《罪名意见》将其解释为破坏界碑、界桩罪，破坏永久性测量标志罪。

【立案标准】

323.1 公安部关于妨害国（边）境管理犯罪案件立案标准及有关问题的通知（2000 年 3 月 31 日　公通字〔2000〕30 号）（节录）

一、立案标准

（七）破坏界碑、界桩案

1. 采取盗取、毁坏、拆除、掩埋、移动等手段破坏国家边境的界碑、界桩的，应当立案侦查。

2. 破坏 3 个以上界碑、界桩的，或者造成严重后果的，应当立为重大案件。

（八）破坏永久性测量标志案

1. 采取盗取、拆毁、损坏、改变、移动、掩埋等手段破坏永久性测量标志，使其失去原有作用的，应当立案侦查。

2. 破坏 3 个以上永久性测量标志的，或者造成永久性测量标志严重损毁等严重后果的，应当立为重大案件。

> 【说明】案件管辖分工、办案协作、案件处理等内容，参见 318.1 本通知第 2—4 条。

【法律法规】

323.2 测量标志保护条例（1997 年 1 月 1 日　2011 年修订）（第 3—4 条、第 22—23 条、第 25 条）

第四节　妨害文物管理罪

第三百二十四条【故意损毁文物罪】故意损毁国家保护的珍贵文物或者被确定为全国重点文物保护单位、省级文物保护单位的文物的，处三年以下有期徒刑或者拘役，并处或者单处罚金；情节严重的，处三年以上十年以下有期徒刑，并处罚金。

【故意损毁名胜古迹罪】故意损毁国家保护的名胜古迹，情节严重的，处五年以下有期徒刑或者拘役，并处或者单处罚金。

【过失损毁文物罪】过失损毁国家保护的珍贵文物或者被确定为全国重点文物保护单位、省级文物保护单位的文物，造成严重后果的，处三年以下有期徒刑或者拘役。

【罪名渊源】本条前两款均由 79 刑法第 174 条破坏珍贵文物、名胜古迹罪修改分解而来。刑法在第 1 款增加"被确定为全国重点文物保护单位、省级文物保护单位的文物"作为犯罪对象，法定刑由一档改为两档，增加罚金刑种；在第 2 款增加"情节严重"作为犯罪构成要件，法定最高刑由 7 年调整为 5 年，并增加罚金刑种。第 3 款系刑法增设的罪名，79 刑法、单行刑法均未规定。高法《罪名规定》、高检《罪名意见》将这三款分别解释为故意损毁文物罪、故意损毁名胜古迹罪、过失损毁文物罪。

【立案标准】

324.1 最高人民检察院、公安部关于公安机关管辖的刑事案件立案追诉标准的规定（一）（2008 年 6 月 25 日　公通字〔2008〕36 号）（节录）

第四十六条　［故意损毁文物案（刑法第三百二十四条第一款）］故意损毁国家保护的珍贵文物或者被确定为全国重点文物保护单位、省级文物保护单位的文物的，应予立案追诉。

第四十七条　［故意损毁名胜古迹案（刑法第三百二十四条第二款）］故意损毁国家保护的名胜古迹，涉嫌下列情形之一的，应予立案追诉：

（一）造成国家保护的名胜古迹严重损毁的；

（二）损毁国家保护的名胜古迹三次以上或者三处以上，尚未造成严重毁损后果的；

（三）损毁手段特别恶劣的；

（四）其他情节严重的情形。

第四十八条　[过失损毁文物案（刑法第三百二十四条第三款）]过失损毁国家保护的珍贵文物或者被确定为全国重点文物保护单位、省级文物保护单位的文物，涉嫌下列情形之一的，应予立案追诉：

（一）造成珍贵文物严重损毁的；

（二）造成被确定为全国重点文物保护单位、省级文物保护单位的文物严重损毁的；

（三）造成珍贵文物损毁三件以上的；

（四）其他造成严重后果的情形。

【罪刑标准】

324.2 最高人民法院、最高人民检察院关于办理妨害文物管理等刑事案件适用法律若干问题的解释（2016年1月1日　法释〔2015〕23号）（节录）

第三条　全国重点文物保护单位、省级文物保护单位的本体，应当认定为刑法第三百二十四条第一款规定的"被确定为全国重点文物保护单位、省级文物保护单位的文物"。

故意损毁国家保护的珍贵文物或者被确定为全国重点文物保护单位、省级文物保护单位的文物，具有下列情形之一的，应当认定为刑法第三百二十四条第一款规定的"情节严重"：

（一）造成五件以上三级文物损毁的；

（二）造成二级以上文物损毁的；

（三）致使全国重点文物保护单位、省级文物保护单位的本体严重损毁或者灭失的；

（四）多次损毁或者损毁多处全国重点文物保护单位、省级文物保护单位的本体的；

（五）其他情节严重的情形。

实施前款规定的行为，拒不执行国家行政主管部门作出的停止侵害文物的行政决定或者命令的，酌情从重处罚。

第四条　风景名胜区的核心景区以及未被确定为全国重点文物保护单位、省级文物保护单位的古文化遗址、古墓葬、古建筑、石窟寺、石刻、壁画、近代现代重要史迹和代表性建筑等不可移动文物的本体，应当认定为刑法第三百二十四条第二款规定的"国家保护的名胜古迹"。

故意损毁国家保护的名胜古迹，具有下列情形之一的，应当认定为刑法第三百二十四条第二款规定的"情节严重"：

（一）致使名胜古迹严重损毁或者灭失的；

（二）多次损毁或者损毁多处名胜古迹的；

（三）其他情节严重的情形。

实施前款规定的行为，拒不执行国家行政主管部门作出的停止侵害文物的行政决定或者命令的，酌情从重处罚。

故意损毁风景名胜区内被确定为全国重点文物保护单位、省级文物保护单位的文物的，依照刑法第三百二十四条第一款和本解释第三条的规定定罪量刑。

第五条　过失损毁国家保护的珍贵文物或者被确定为全国重点文物保护单位、省级文物保护单位的文物，具有本解释第三条第二款第一项至第三项规定情形之一的，应当认定为刑法第三百二十四条第三款规定的"造成严重后果"。

第十一条（第二款）　公司、企业、事业单位、机关、团体等单位实施盗窃文物，故意损毁文物、名胜古迹，过失损毁文物，盗掘古文化遗址、古墓葬等行为的，依照本解释规定的相应定罪量刑标准，追究组织者、策划者、实施者的刑事责任。

第十三条　案件涉及不同等级的文物的，按照高级别文物的量刑幅度量刑；有多件同级文物的，五件同级文物视为一件高一级文物，但是价值明显不相当的除外。

第十四条　依照文物价值定罪量刑的，根据涉案文物的有效价格证明认定文物价值；无有效价格证明，或者根据价格证明认定明显不合理的，根据销赃数额认定，或者结合本解释第十五条规定的鉴定意见、报告认定。

第十五条　在行为人实施有关行为前，文物行政部门已对涉案文物及其等级作出认定的，可以直接对有关案件事实作出认定。

对案件涉及的有关文物鉴定、价值认定等专门性问题难以确定的，由司法鉴定机构出具鉴定意见，或者由国务院文物行政部门指定的机构出具报告。其中，对于文物价值，也可以由有关价格认证机构作出价格认证并出具报告。

第十六条　实施本解释第一条、第二条、第六条至第九条规定的行为，虽已达到应当追究刑事责任的标准，但行为人系初犯，积极退回或者协助追回文物，未造成文物损毁，并确有悔罪表现的，可以认定为犯罪情节轻微，不起诉或者免予刑事处罚。

实施本解释第三条至第五条规定的行为，虽已达到应当追究刑事责任的标准，但行为人系初犯，积极赔偿损失，并确有悔罪表现的，可以认定为犯罪情节轻微，不起诉或者免予刑事处罚。

第十七条　走私、盗窃、损毁、倒卖、盗掘或者非法转让具有科学价值的古脊椎动物化石、古人类化石的，依照刑法和本解释的有关规定定罪量刑。

第十八条　本解释自 2016 年 1 月 1 日起施行。本解释公布施行后，《最高人民法院、最高人民检察院关于办理盗窃、盗掘、非法经营和走私文物的案件具体应用法律的若干问题的解释》（法（研）发〔1987〕32 号）同时废止；之前发布的司法解释与本解释不一致的，以本解释为准。

324.3 最高人民法院、最高人民检察院、公安部、国家文物局关于办理妨害文物管理等刑事案件若干问题的意见（2022 年 8 月 16 日　公通字〔2022〕18 号）（节录）

二、依法惩处文物犯罪

（一）准确认定盗掘行为

2. 以盗掘为目的，在古文化遗址、古墓葬表层进行钻探、爆破、挖掘等作业，因意志以外的原因，尚未损害古文化遗址、古墓葬的历史、艺术、科学价值的，属于盗掘古文化遗址、古墓葬未遂，应当区分情况分别处理：

（1）以被确定为全国重点文物保护单位、省级文物保护单位的古文化遗址、古墓葬为盗掘目标的，应当追究刑事责任；

（2）以被确定为市、县级文物保护单位的古文化遗址、古墓葬为盗掘目标的，对盗掘团伙的纠集者、积极参加者，应当追究刑事责任；

（3）以其他古文化遗址、古墓葬为盗掘目标的，对情节严重者，依法追究刑事责任。

实施前款规定的行为，同时构成刑法第三百二十四条第一款、第二款规定的故意损毁文物罪、故意损毁名胜古迹罪的，依照处罚较重的规定定罪处罚。

（二）准确认定盗窃行为

采用破坏性手段盗窃古建筑、石窟寺、石刻、壁画、近现代重要史迹和代表性建筑等不可移动文物未遂，具有下列情形之一的，应当依法追究刑事责任：

1. 针对全国重点文物保护单位、省级文物保护单位中的建筑构件、壁画、雕塑、石刻等实施盗窃，损害文物本体历史、艺术、科学价值，情节严重的；

2. 以被确定为市、县级以上文物保护单位整体为盗窃目标的；

3. 造成市、县级以上文物保护单位的不可移动文物本体损毁的；

4. 针对不可移动文物中的建筑构件、壁画、雕塑、石刻等实施盗窃，所涉部分具有等同于三级以上文物历史、艺术、科学价值的；

5. 其他情节严重的情形。

实施前款规定的行为，同时构成刑法第三百二十四条第一款、第二款规定的故意损毁文物罪、故意损毁名胜古迹罪的，依照处罚较重的规定定罪处罚。

【说明】涉案文物的认定和鉴定评估、管辖、宽严相济刑事政策的应用等内容，参见 328.3 第 3—5 部分。

【部委规范】

324.4 文物藏品定级标准（2001 年 5 月 10 日　文化部令第 19 号）（第 1—6 条）

324.5 近现代一级文物藏品定级标准（试行）（2003 年 5 月 13 日）（第 2—21 条）

【法律法规】

324.6 中华人民共和国文物保护法（1982 年 11 月 19 日　2017 年修正）（第 2—3 条、第 64 条第 2 项）

324.7 中华人民共和国水下文物保护管理条例（1989 年 10 月 20 日　2011 年修订）（第 10 条第 2 款）

第三百二十五条【非法向外国人出售、赠送珍贵文物罪】 违反文物保护法规，将收藏的国家禁止出口的珍贵文物私自出售或者私自赠送给外国人的，处五年以下有期徒刑或者拘役，可以并处罚金。

单位犯前款罪的，对单位判处罚金，并对其直接负责的主管人员和其他直接责任人员，依照前款的规定处罚。

【罪名渊源】 本条系刑法增设，79 刑法、单行刑法均未规定。1991 年修正的《文物保护法》曾规定对该种行为以走私论。高法《罪名规定》、高检《罪名意见》将其解释为非法向外国人出售、赠送珍贵文物罪。

【法律法规】

325.1 中华人民共和国文物保护法（1982 年 11 月 19 日　2017 年修正）（第 64 条第 4 项）

第三百二十六条【倒卖文物罪】 以牟利为目的，倒卖国家禁止经营的文物，情节严重的，处五年以下有期徒刑或者拘役，并处罚金；情节特别严重的，处五年以上十年以下有期徒刑，并处罚金。

单位犯前款罪的，对单位判处罚金，并对其直接负责的主管人员和其他直接责任人员，依照前款的规定处罚。

【罪名渊源】 本条系刑法吸收 1991 年《文物保护法》第 31 条第 1 款第 2 项内容所增设，79 刑法、单行刑法均未规定，在司法实践中，倒卖文物行为曾按投机倒把罪处理。高法《罪名规定》、高检《罪名意见》将其解释为倒卖文物罪。

【罪刑标准】

326.1 最高人民法院、最高人民检察院关于办理妨害文物管理等刑事案件适用法律若干问题的解释（2016 年 1 月 1 日　法释〔2015〕23 号）（节录）

第六条　出售或者为出售而收购、运输、储存《中华人民共和国文物保护法》规定的"国家禁止买卖的文物"的，应当认定为刑法第三百二十六条规定的"倒卖国家禁止经营的文物"。

倒卖国家禁止经营的文物，具有下列情形之一的，应当认定为刑法第三百二十六条规定的"情节严重"：

（一）倒卖三级文物的；

（二）交易数额在五万元以上的；

（三）其他情节严重的情形。

实施前款规定的行为，具有下列情形之一的，应当认定为刑法第三百二十六条规定的"情节特别严重"：

（一）倒卖二级以上文物的；

（二）倒卖三级文物五件以上的；

（三）交易数额在二十五万元以上的；

（四）其他情节特别严重的情形。

第九条　明知是盗窃文物、盗掘古文化遗址、古墓葬等犯罪所获取的三级以上文物，而予以窝藏、转移、收购、加工、代为销售或者以其他方法掩饰、隐瞒的，依照刑法第三百一十二条的规定，以掩饰、隐瞒犯罪所得罪追究刑事责任。

实施前款规定的行为，事先通谋的，以共同犯罪论处。

第十一条（第一款） 单位实施走私文物、倒卖文物等行为，构成犯罪的，依照本解释规定的相应自然人犯罪的定罪量刑标准，对直接负责的主管人员和其他直接责任人员定罪处罚，并对单位判处罚金。

第十二条 针对不可移动文物整体实施走私、盗窃、倒卖等行为的，根据所属不可移动文物的等级，依照本解释第一条、第二条、第六条的规定定罪量刑：

（一）尚未被确定为文物保护单位的不可移动文物，适用一般文物的定罪量刑标准；

（二）市、县级文物保护单位，适用三级文物的定罪量刑标准；

（三）全国重点文物保护单位、省级文物保护单位，适用二级以上文物的定罪量刑标准。

针对不可移动文物中的建筑构件、壁画、雕塑、石刻等实施走私、盗窃、倒卖等行为的，根据建筑构件、壁画、雕塑、石刻等文物本身的等级或者价值，依照本解释第一条、第二条、第六条的规定定罪量刑。建筑构件、壁画、雕塑、石刻等所属不可移动文物的等级，应当作为量刑情节予以考虑。

> **【说明】** 文物的等级、鉴定、价值认定等内容，参见 324.2 本解释第 13—18 条。

326.2 最高人民法院、最高人民检察院、公安部、国家文物局关于办理妨害文物管理等刑事案件若干问题的意见（2022 年 8 月 16 日 公通字〔2022〕18 号）（节录）

二、依法惩处文物犯罪

（三）准确认定掩饰、隐瞒与倒卖行为

2. 出售或者为出售而收购、运输、储存《中华人民共和国文物保护法》第五十一条规定的"国家禁止买卖的文物"，可以结合行为人的从业经历、认知能力、违法犯罪记录、供述情况，交易的价格、次数、件数、场所，文物的来源、外观形态等综合审查判断，认定其行为系刑法第三百二十六条规定的"以牟利为目的"，但文物来源符合《中华人民共和国文物保护法》第五十条规定的除外。

> **【说明】** 涉案文物的认定和鉴定评估、管辖、宽严相济刑事政策的应用等内容，参见 328.3 第 3—5 部分。

【法律法规】

326.3 中华人民共和国文物保护法（1982 年 11 月 19 日 2017 年修正）（第 64 条第 5 项）

第三百二十七条【非法出售、私赠文物藏品罪】违反文物保护法规，国有博物馆、图书馆等单位将国家保护的文物藏品出售或者私自送给非国有单位或者个人的，对单位判处罚金，并对其直接负责的主管人员和其他直接责任人员，处三年以下有期徒刑或者拘役。

【罪名渊源】 本条系刑法吸收 1991 年《文物保护法》第 31 条第 2 款内容所增设，79 刑法、单行刑法均未规定。高法《罪名规定》、高检《罪名意见》将其解释为非法出售、私赠文物藏品罪。

【司法解释】

327.1 最高人民法院、最高人民检察院关于办理妨害文物管理等刑事案件适用法律若干问题的解释（2016 年 1 月 1 日 法释〔2015〕23 号）（节录）

第七条 国有博物馆、图书馆以及其他国有单位，违反文物保护法规，将收藏或者管理的国家保护的文物藏品出售或者私自送给非国有单位或者个人的，依照刑法第三百二十七条的规定，以非法出售、私赠文物藏品罪追究刑事责任。

> **【说明】** 文物的等级、鉴定、价值认定等内容，参见 324.2 本解释第 13—18 条。

【法律法规】

327.2 中华人民共和国文物保护法（1982 年 11 月 19 日　2017 年修正）（第 64 条第 3 项）

第三百二十八条【盗掘古文化遗址、古墓葬罪】 盗掘具有历史、艺术、科学价值的古文化遗址、古墓葬的，处三年以上十年以下有期徒刑，并处罚金；情节较轻的，处三年以下有期徒刑、拘役或者管制，并处罚金；有下列情形之一的，处十年以上有期徒刑或者无期徒刑，并处罚金或者没收财产：

（一）盗掘确定为全国重点文物保护单位和省级文物保护单位的古文化遗址、古墓葬的；

（二）盗掘古文化遗址、古墓葬集团的首要分子；

（三）多次盗掘古文化遗址、古墓葬的；

（四）盗掘古文化遗址、古墓葬，并盗窃珍贵文物或者造成珍贵文物严重破坏的。

【盗掘古人类化石、古脊椎动物化石罪】 盗掘国家保护的具有科学价值的古人类化石和古脊椎动物化石的，依照前款的规定处罚。

【刑法修正说明】

本条第 1 款为全国人大常委会 2011 年 2 月 25 日通过并公布、同年 5 月 1 日施行的《刑法修正案（八）》第 45 条所修正。原该款为：

【盗掘古文化遗址、古墓葬罪】 盗掘具有历史、艺术、科学价值的古文化遗址、古墓葬的，处三年以上十年以下有期徒刑，并处罚金；情节较轻的，处三年以下有期徒刑、拘役或者管制，并处罚金；有下列情形之一的，处十年以上有期徒刑、无期徒刑或者死刑，并处罚金或者没收财产：

（一）盗掘确定为全国重点文物保护单位和省级文物保护单位的古文化遗址、古墓葬的；

（二）盗掘古文化遗址、古墓葬集团的首要分子；

（三）多次盗掘古文化遗址、古墓葬的；

（四）盗掘古文化遗址、古墓葬，并盗窃珍贵文物或者造成珍贵文物严重破坏的。

【罪名渊源】本条第 1 款 79 刑法没有规定，系由全国人大常委会《关于惩治盗掘古文化遗址古墓葬犯罪的补充规定》（1991 年 6 月 29 日施行）修改而来，刑法对"情节较轻的"行为增设了管制刑种，取消对盗掘的文物一律予以追缴的规定，而将该内容纳入本法第 64 条。高法《罪名规定》、高检《罪名意见》将其解释为盗掘古文化遗址、古墓葬罪。第 2 款系刑法所增设，79 刑法、单行刑法均未规定。高法《罪名规定》、高检《罪名意见》将其解释为盗掘古人类化石、古脊椎动物化石罪。《刑法修正案（八）》第 45 条对本条作了修改，取消了死刑刑种。

【立法解释】

328.1 全国人民代表大会常务委员会关于《中华人民共和国刑法》有关文物的规定适用于具有科学价值的古脊椎动物化石、古人类化石的解释（2005 年 12 月 29 日）

全国人民代表大会常务委员会根据司法实践中遇到的情况，讨论了关于走私、盗窃、损毁、倒卖或者非法转让具有科学价值的古脊椎动物化石、古人类化石的行为适用刑法有关规定的问题，解释如下：

刑法有关文物的规定，适用于具有科学价值的古脊椎动物化石、古人类化石。

【司法解释】

328.2 最高人民法院、最高人民检察院关于办理妨害文物管理等刑事案件适用法律若干问题的

解释（2016 年 1 月 1 日 法释〔2015〕23 号）（节录）

第八条 刑法第三百二十八条第一款规定的"古文化遗址、古墓葬"包括水下古文化遗址、古墓葬。"古文化遗址、古墓葬"不以公布为不可移动文物的古文化遗址、古墓葬为限。

实施盗掘行为，已损害古文化遗址、古墓葬的历史、艺术、科学价值的，应当认定为盗掘古文化遗址、古墓葬罪既遂。

采用破坏性手段盗窃古文化遗址、古墓葬以外的古建筑、石窟寺、石刻、壁画、近代现代重要史迹和代表性建筑等其他不可移动文物的，依照刑法第二百六十四条的规定，以盗窃罪追究刑事责任。

第九条 明知是盗窃文物、盗掘古文化遗址、古墓葬等犯罪所获取的三级以上文物，而予以窝藏、转移、收购、加工、代为销售或者以其他方法掩饰、隐瞒的，依照刑法第三百一十二条的规定，以掩饰、隐瞒犯罪所得罪追究刑事责任。

实施前款规定的行为，事先通谋的，以共同犯罪论处。

第十一条（第二款） 公司、企业、事业单位、机关、团体等单位实施盗窃文物，故意损毁文物、名胜古迹，过失损毁文物，盗掘古文化遗址、古墓葬等行为的，依照本解释规定的相应定罪量刑标准，追究组织者、策划者、实施者的刑事责任。

> 【说明】文物的等级、鉴定、价值认定等内容，参见 324.2 本解释第 13—18 条。

328.3 最高人民法院、最高人民检察院、公安部、国家文物局关于办理妨害文物管理等刑事案件若干问题的意见（2022 年 8 月 16 日 公通字〔2022〕18 号）（节录）

二、依法惩处文物犯罪

（一）准确认定盗掘行为

1. 针对古建筑、石窟寺等不可移动文物中包含的古文化遗址、古墓葬部分实施盗掘，符合刑法第三百二十八条规定的，以盗掘古文化遗址、古墓葬罪追究刑事责任。

盗掘对象是否属于古文化遗址、古墓葬，应当按照《文物犯罪解释》① 第八条、第十五条的规定作出认定。

2. 以盗掘为目的，在古文化遗址、古墓葬表层进行钻探、爆破、挖掘等作业，因意志以外的原因，尚未损害古文化遗址、古墓葬的历史、艺术、科学价值的，属于盗掘古文化遗址、古墓葬未遂，应当区分情况分别处理：

（1）以被确定为全国重点文物保护单位、省级文物保护单位的古文化遗址、古墓葬为盗掘目标的，应当追究刑事责任；

（2）以被确定为市、县级文物保护单位的古文化遗址、古墓葬为盗掘目标的，对盗掘团伙的纠集者、积极参加者，应当追究刑事责任；

（3）以其他古文化遗址、古墓葬为盗掘目标的，对情节严重者，依法追究刑事责任。

实施前款规定的行为，同时构成刑法第三百二十四条第一款、第二款规定的故意损毁文物罪、故意损毁名胜古迹罪的，依照处罚较重的规定定罪处罚。

3. 刑法第三百二十八条第一款第三项规定的"多次盗掘"是指盗掘三次以上。对于行为人基于同一或者概括犯意，在同一古文化遗址、古墓葬本体周边一定范围内实施连续盗掘，已损害古文化遗址、古墓葬的历史、艺术、科学价值的，一般应认定为一次盗掘。

（二）准确认定盗窃行为

采用破坏性手段盗窃古建筑、石窟寺、石刻、壁画、近现代重要史迹和代表性建筑等不可移动文物未遂，具有下列情形之一的，应当依法追究刑事责任：

1. 针对全国重点文物保护单位、省级文物保护单位中的建筑构件、壁画、雕塑、石刻等实施

---

① 指最高人民法院、最高人民检察院《关于办理妨害文物管理等刑事案件适用法律若干问题的解释》（法释〔2015〕23 号）。——编者注

盗窃，损害文物本体历史、艺术、科学价值，情节严重的；

2. 以被确定为市、县级以上文物保护单位整体为盗窃目标的；

3. 造成市、县级以上文物保护单位的不可移动文物本体损毁的；

4. 针对不可移动文物中的建筑构件、壁画、雕塑、石刻等实施盗窃，所涉部分具有等同于三级以上文物历史、艺术、科学价值的；

5. 其他情节严重的情形。

实施前款规定的行为，同时构成刑法第三百二十四条第一款、第二款规定的故意损毁文物罪、故意损毁名胜古迹罪的，依照处罚较重的规定定罪处罚。

三、涉案文物的认定和鉴定评估

对案件涉及的文物等级、类别、价值等专门性问题，如是否属于古文化遗址、古墓葬、古建筑、石窟寺、石刻、壁画、近代现代重要史迹和代表性建筑等不可移动文物，是否具有历史、艺术、科学价值，是否属于各级文物保护单位，是否属于珍贵文物，以及有关行为对文物造成的损毁程度和对文物价值造成的影响等，案发前文物行政部门已作认定的，可以直接对有关案件事实作出认定；案发前未作认定的，可以结合国务院文物行政部门指定的机构出具的《涉案文物鉴定评估报告》作出认定，必要时，办案机关可以依法提请文物行政部门对有关问题作出说明。《涉案文物鉴定评估报告》应当依照《涉案文物鉴定评估管理办法》（文物博发〔2018〕4号）规定的程序和格式文本出具。

四、文物犯罪案件管辖

文物犯罪案件一般由犯罪地的公安机关管辖，包括文物犯罪的预谋地、工具准备地、勘探地、盗掘地、盗窃地、途经地、交易地、倒卖信息发布地、出口（境）地、涉案不可移动文物的所在地、涉案文物的实际取得地、藏匿地、转移地、加工地、储存地、销售地等。多个公安机关都有权立案侦查的文物犯罪案件，由主要犯罪地公安机关立案侦查。

具有下列情形之一的，有关公安机关可以在其职责范围内并案处理：

（1）一人犯数罪的；

（2）共同犯罪的；

（3）共同犯罪的犯罪嫌疑人还实施其他犯罪的；

（4）三人以上时分时合，交叉结伙作案的；

（5）多个犯罪嫌疑人实施的盗掘、盗窃、倒卖、掩饰、隐瞒、走私等犯罪存在直接关联，或者形成多层级犯罪链条，并案处理有利于查明案件事实的。

五、宽严相济刑事政策的应用

（一）要着眼出资、勘探、盗掘、盗窃、倒卖、收赃、走私等整个文物犯罪网络开展打击，深挖幕后金主，斩断文物犯罪链条，对虽未具体参与实施有关犯罪实行行为，但作为幕后纠集、组织、指挥、筹划、出资、教唆者，在共同犯罪中起主要作用的，可以依法认定为主犯。

（二）对曾因文物违法犯罪而受过行政处罚或者被追究刑事责任、多次实施文物违法犯罪行为、以及国家工作人员实施本意见规定相关犯罪行为的，可以酌情从重处罚。

（三）正确运用自首、立功、认罪认罚从宽等制度，充分发挥刑罚的惩治和预防功能。对积极退回或协助追回文物，协助抓捕重大文物犯罪嫌疑人，以及提供重要线索，对侦破、查明其他重大文物犯罪案件起关键作用的，依法从宽处理。

（四）人民法院、人民检察院、公安机关应当加强与文物行政等部门的沟通协调，强化行刑衔接，对不构成犯罪的案件，依据有关规定及时移交。公安机关依法扣押的国家禁止经营的文物，经审查与案件无关的，应当交由文物行政等有关部门依法予以处理。文物行政等部门在查办案件中，发现涉嫌构成犯罪的案件，依据有关规定及时向公安机关移送。

【法律法规】

328.4中华人民共和国文物保护法（1982年11月19日　2017年修正）（第64条第1项）

第三百二十九条【抢夺、窃取国有档案罪】抢夺、窃取国家所有的档案的，处五年以下有期徒刑或者拘役。

【擅自出卖、转让国有档案罪】违反档案法的规定，擅自出卖、转让国家所有的档案，情节严重的，处三年以下有期徒刑或者拘役。

有前两款行为，同时又构成本法规定的其他犯罪的，依照处罚较重的规定定罪处罚。

【罪名渊源】79刑法第100条的反革命破坏罪包括抢劫国家档案的行为，但未规定本条第1款内容。第2款系刑法吸收1988年《档案法》第24条内容所增设，79刑法、单行刑法均未规定。高法《罪名规定》、高检《罪名意见》将本条前两款分别解释为抢夺、窃取国有档案罪，擅自出卖、转让国有档案罪。

【法律法规】

329.1 中华人民共和国档案法（1988年1月1日 2016年修正）（第2条、第17条第1—2款、第24条第4—5项）

第五节 危害公共卫生罪

第三百三十条【妨害传染病防治罪】违反传染病防治法的规定，有下列情形之一，引起甲类传染病以及依法确定采取甲类传染病预防、控制措施的传染病传播或者有传播严重危险的，处三年以下有期徒刑或者拘役；后果特别严重的，处三年以上七年以下有期徒刑：

（一）供水单位供应的饮用水不符合国家规定的卫生标准的；

（二）拒绝按照疾病预防控制机构提出的卫生要求，对传染病病原体污染的污水、污物、场所和物品进行消毒处理的；

（三）准许或者纵容传染病病人、病原携带者和疑似传染病病人从事国务院卫生行政部门规定禁止从事的易使该传染病扩散的工作的；

（四）出售、运输疫区中被传染病病原体污染或者可能被传染病病原体污染的物品，未进行消毒处理的；

（五）拒绝执行县级以上人民政府、疾病预防控制机构依照传染病防治法提出的预防、控制措施的。

单位犯前款罪的，对单位判处罚金，并对其直接负责的主管人员和其他直接责任人员，依照前款的规定处罚。

甲类传染病的范围，依照《中华人民共和国传染病防治法》和国务院有关规定确定。

【刑法修正说明】

本条第1款为全国人大常委会2020年12月26日通过并公布、2021年3月1日施行的《刑法修正案（十一）》第37条所修正。原该款为：

【妨害传染病防治罪】违反传染病防治法的规定，有下列情形之一，引起甲类传染病传播或者有传播严重危险的，处三年以下有期徒刑或者拘役；后果特别严重的，处三年以上七年以下有期徒刑：

（一）供水单位供应的饮用水不符合国家规定的卫生标准的；

（二）拒绝按照卫生防疫机构提出的卫生要求，对传染病病原体污染的污水、污物、粪便进行消毒处理的；

（三）准许或者纵容传染病病人、病原携带者和疑似传染病病人从事国务院卫生行政部门规定禁止从事的易使该传染病扩散的工作的；

（四）拒绝执行卫生防疫机构依照传染病防治法提出的预防、控制措施的。

【罪名渊源】 本条系刑法吸收1989年《传染病防治法》第35条、第37条内容增设，79刑法、单行刑法均未规定。高法《罪名规定》、高检《罪名意见》将其解释为妨害传染病防治罪。《刑法修正案（十一）》第37条在第1款增加"依法确定采取甲类传染病预防、控制措施的传染病"字样，修改原第2项、第4项（现为第5项）内容，增设一项作为第4项。

【立案标准】

330.1 最高人民检察院、公安部关于公安机关管辖的刑事案件立案追诉标准的规定（一）（2008年6月25日　公通字〔2008〕36号）（节录）

第四十九条　［妨害传染病防治案（刑法第三百三十条）］违反传染病防治法的规定，引起甲类或者按甲类管理的传染病传播或者有传播严重危险，涉嫌下列情形之一的，应予立案追诉：

（一）供水单位供应的饮用水不符合国家规定的卫生标准的；

（二）拒绝按照疾病预防控制机构提出的卫生要求，对传染病病原体污染的污水、污物、粪便进行消毒处理的；

（三）准许或者纵容传染病病人、病原携带者和疑似传染病病人从事国务院卫生行政部门规定禁止从事的易使该传染病扩散的工作的；

（四）拒绝执行疾病预防控制机构依照传染病防治法提出的预防、控制措施的。

本条和本规定第五十条规定的"甲类传染病"，是指鼠疫、霍乱；"按甲类管理的传染病"，是指乙类传染病中传染性非典型肺炎、炭疽中的肺炭疽、人感染高致病性禽流感以及国务院卫生行政部门根据需要报经国务院批准公布实施的其他需要按甲类管理的乙类传染病和突发原因不明的传染病。

第一百条　本规定中的立案追诉标准，除法律、司法解释另有规定的以外，适用于相关的单位犯罪。

【法律法规】

330.2 国内交通卫生检疫条例（1999年3月1日）（第13—15条）

330.3 中华人民共和国传染病防治法（2004年12月1日　2013年修正）（第3条、第65—71条、第73—74条、第77—78条）

第三百三十一条【传染病菌种、毒种扩散罪】 从事实验、保藏、携带、运输传染病菌种、毒种的人员违反国务院卫生行政部门的有关规定，造成传染病菌种、毒种扩散，后果严重的，处三年以下有期徒刑或者拘役；后果特别严重的，处三年以上七年以下有期徒刑。

【罪名渊源】 本条系刑法吸收1989年《传染病防治法》第38条内容所增设，79刑法、单行刑法均未规定。高法《罪名规定》、高检《罪名意见》将其解释为传染病菌种、毒种扩散罪。

【立案标准】

331.1 最高人民检察院、公安部关于公安机关管辖的刑事案件立案追诉标准的规定（一）（2008年6月25日　公通字〔2008〕36号）（节录）

第五十条　［传染病菌种、毒种扩散案（刑法第三百三十一条）］从事实验、保藏、携带、运输传染病菌种、毒种的人员，违反国务院卫生行政部门的有关规定，造成传染病菌种、毒种扩散，涉嫌下列情形之一的，应予立案追诉：

（一）导致甲类和按甲类管理的传染病传播的；

（二）导致乙类、丙类传染病流行、暴发的；

（三）造成人员重伤或者死亡的；

（四）严重影响正常的生产、生活秩序的；

（五）其他造成严重后果的情形。

【法律法规】

331.2 中华人民共和国传染病防治法（1989 年 9 月 1 日　2013 年修正）（第 26 条、第 74 条）

第三百三十二条【妨害国境卫生检疫罪】 违反国境卫生检疫规定，引起检疫传染病传播或者有传播严重危险的，处三年以下有期徒刑或者拘役，并处或者单处罚金。

单位犯前款罪的，对单位判处罚金，并对其直接负责的主管人员和其他直接责任人员，依照前款的规定处罚。

【罪名渊源】 本条由 79 刑法第 178 条修改而来，刑法增加管制刑种，增设第 2 款单位犯罪的规定。高法《罪名规定》、高检《罪名意见》将其解释为妨害国境卫生检疫罪。

【立案标准】

332.1 最高人民检察院、公安部关于公安机关管辖的刑事案件立案追诉标准的规定（一）（2008 年 6 月 25 日　公通字〔2008〕36 号）（节录）

第五十一条　[妨害国境卫生检疫案（刑法第三百三十二条）] 违反国境卫生检疫规定，引起检疫传染病传播或者有传播严重危险的，应予立案追诉。

本条规定的"检疫传染病"，是指鼠疫、霍乱、黄热病以及国务院确定和公布的其他传染病。

第一百条　本规定中的立案追诉标准，除法律、司法解释另有规定的以外，适用于相关的单位犯罪。

【法律法规】

332.2 中华人民共和国国境卫生检疫法（1987 年 5 月 1 日　2018 年修正）（第 7—14 条、第 22 条）

第三百三十三条【非法组织卖血罪，强迫卖血罪】 非法组织他人出卖血液的，处五年以下有期徒刑，并处罚金；以暴力、威胁方法强迫他人出卖血液的，处五年以上十年以下有期徒刑，并处罚金。

【故意伤害罪】 有前款行为，对他人造成伤害的，依照本法第二百三十四条的规定定罪处罚。

【罪名渊源】 本条系刑法增设的内容，79 刑法、单行刑法均未规定。高法《罪名规定》、高检《罪名意见》将本条第 1 款解释为非法组织卖血罪、强迫卖血罪。

【立案标准】

333.1 最高人民检察院、公安部关于公安机关管辖的刑事案件立案追诉标准的规定（一）（2008 年 6 月 25 日　公通字〔2008〕36 号）（节录）

第五十二条　[非法组织卖血案（刑法第三百三十三条第一款）] 非法组织他人出卖血液，涉嫌下列情形之一的，应予立案追诉：

（一）组织卖血三人次以上的；

（二）组织卖血非法获利累计二千元以上的；

（三）组织未成年人卖血的；

（四）被组织卖血的人的血液含有艾滋病病毒、乙型肝炎病毒、丙型肝炎病毒、梅毒螺旋体等病原微生物的；

（五）其他非法组织卖血应予追究刑事责任的情形。

第五十三条　[强迫卖血案（刑法第三百三十三条第一款）] 以暴力、威胁方法强迫他人出卖血液的，应予立案追诉。

【法律法规】

333.2 中华人民共和国献血法（1998 年 10 月 1 日）（第 18 条）

第三百三十四条【非法采集、供应血液、制作、供应血液制品罪】非法采集、供应血液或者制作、供应血液制品，不符合国家规定的标准，足以危害人体健康的，处五年以下有期徒刑或者拘役，并处罚金；对人体健康造成严重危害的，处五年以上十年以下有期徒刑，并处罚金；造成特别严重后果的，处十年以上有期徒刑或者无期徒刑，并处罚金或者没收财产。

【采集、供应血液、制作、供应血液制品事故罪】经国家主管部门批准采集、供应血液或者制作、供应血液制品的部门，不依照规定进行检测或者违背其他操作规定，造成危害他人身体健康后果的，对单位判处罚金，并对其直接负责的主管人员和其他直接责任人员，处五年以下有期徒刑或者拘役。

【罪名渊源】本条系刑法增设的内容，79刑法、单行刑法均未规定。高法《罪名规定》、高检《罪名意见》将本条两款分别解释为非法采集、供应血液、制作、供应血液制品罪，采集、供应血液、制作、供应血液制品事故罪。

【立案标准】

334.1 最高人民检察院、公安部关于公安机关管辖的刑事案件立案追诉标准的规定（一）

（2008年6月25日 公通字〔2008〕36号）（节录）

第五十四条 ［非法采集、供应血液、制作、供应血液制品案（刑法第三百三十四条第一款）］非法采集、供应血液或者制作、供应血液制品，涉嫌下列情形之一的，应予立案追诉：

（一）采集、供应的血液含有艾滋病病毒、乙型肝炎病毒、丙型肝炎病毒、梅毒螺旋体等病原微生物的；

（二）制作、供应的血液制品含有艾滋病病毒、乙型肝炎病毒、丙型肝炎病毒、梅毒螺旋体等病原微生物，或者将含有上述病原微生物的血液用于制作血液制品的；

（三）使用不符合国家规定的药品、诊断试剂、卫生器材，或者重复使用一次性采血器材采集血液，造成传染病传播危险的；

（四）违反规定对献血者、供血浆者超量、频繁采集血液、血浆，足以危害人体健康的；

（五）其他不符合国家有关采集、供应血液或者制作、供应血液制品的规定，足以危害人体健康或者对人体健康造成严重危害的情形。

未经国家主管部门批准或者超过批准的业务范围，采集、供应血液或者制作、供应血液制品的，属于本条规定的"非法采集、供应血液或者制作、供应血液制品"。

本条和本规定第五十二条、第五十三条、第五十五条规定的"血液"，是指全血、成分血和特殊血液成分。

本条和本规定第五十五条规定的"血液制品"，是指各种人血浆蛋白制品。

第五十五条 ［采集、供应血液、制作、供应血液制品事故案（刑法第三百三十四条第二款）］经国家主管部门批准采集、供应血液或者制作、供应血液制品的部门，不依照规定进行检测或者违背其他操作规定，涉嫌下列情形之一的，应予立案追诉：

（一）造成献血者、供血浆者、受血者感染艾滋病病毒、乙型肝炎病毒、丙型肝炎病毒、梅毒螺旋体或者其他经血液传播的病原微生物的；

（二）造成献血者、供血浆者、受血者重度贫血、造血功能障碍或者其他器官组织损伤导致功能障碍等身体严重危害的；

（三）其他造成危害他人身体健康后果的情形。

经国家主管部门批准的采供血机构和血液制品生产经营单位，属于本条规定的"经国家主管部门批准采集、供应血液或者制作、供应血液制品的部门"。采供血机构包括血液中心、中心血站、中心血库、脐带血造血干细胞库和国家卫生行政主管部门根据医学发展需要批准、设置的其他类型血库、单采血浆站。

具有下列情形之一的，属于本条规定的"不依照规定进行检测或者违背其他操作规定"：

（一）血站未用两个企业生产的试剂对艾滋病病毒抗体、乙型肝炎病毒表面抗原、丙型肝炎病毒抗体、梅毒抗体进行两次检测的；

（二）单采血浆站不依照规定对艾滋病病毒抗体、乙型肝炎病毒表面抗原、丙型肝炎病毒抗体、梅毒抗体进行检测的；

（三）血液制品生产企业在投料生产前未用主管部门批准和检定合格的试剂进行复检的；

（四）血站、单采血浆站和血液制品生产企业使用的诊断试剂没有生产单位名称、生产批准文号或者经检定不合格的；

（五）采供血机构在采集检验标本、采集血液和成分血分离时，使用没有生产单位名称、生产批准文号或者超过有效期的一次性注射器等采血器材的；

（六）不依照国家规定的标准和要求包装、储存、运输血液、原料血浆的；

（七）对国家规定检测项目结果呈阳性的血液未及时按照规定予以清除的；

（八）不具备相应资格的医务人员进行采血、检验操作的；

（九）对献血者、供血浆者超量、频繁采集血液、血浆的；

（十）采供血机构采集血液、血浆前，未对献血者或者供血浆者进行身份识别，采集冒名顶替者、健康检查不合格者血液、血浆的；

（十一）血站擅自采集原料血浆，单采血浆站擅自采集临床用血或者向医疗机构供应原料血浆的；

（十二）重复使用一次性采血器材的；

（十三）其他不依照规定进行检测或者违背操作规定的。

【罪刑标准】

334.2 最高人民法院、最高人民检察院关于办理非法采供血液等刑事案件具体应用法律若干问题的解释（2008年9月23日 法释〔2008〕12号）

为保障公民的身体健康和生命安全，依法惩处非法采供血液等犯罪，根据刑法有关规定，现对办理此类刑事案件具体应用法律的若干问题解释如下：

第一条 对未经国家主管部门批准或者超过批准的业务范围，采集、供应血液或者制作、供应血液制品的，应认定为刑法第三百三十四条第一款规定的"非法采集、供应血液或者制作、供应血液制品"。

第二条 对非法采集、供应血液或者制作、供应血液制品，具有下列情形之一的，应认定为刑法第三百三十四条第一款规定的"不符合国家规定的标准，足以危害人体健康"，处五年以下有期徒刑或者拘役，并处罚金：

（一）采集、供应的血液含有艾滋病病毒、乙型肝炎病毒、丙型肝炎病毒、梅毒螺旋体等病原微生物的；

（二）制作、供应的血液制品含有艾滋病病毒、乙型肝炎病毒、丙型肝炎病毒、梅毒螺旋体等病原微生物，或者将含有上述病原微生物的血液用于制作血液制品的；

（三）使用不符合国家规定的药品、诊断试剂、卫生器材，或者重复使用一次性采血器材采集血液，造成传染病传播危险的；

（四）违反规定对献血者、供血浆者超量、频繁采集血液、血浆，足以危害人体健康的；

（五）其他不符合国家有关采集、供应血液或者制作、供应血液制品的规定标准，足以危害人体健康的。

第三条 对非法采集、供应血液或者制作、供应血液制品，具有下列情形之一的，应认定为刑法第三百三十四条第一款规定的"对人体健康造成严重危害"，处五年以上十年以下有期徒刑，并处罚金：

（一）造成献血者、供血浆者、受血者感染乙型肝炎病毒、丙型肝炎病毒、梅毒螺旋体或者其他经血液传播的病原微生物的；

（二）造成献血者、供血浆者、受血者重度贫血、造血功能障碍或者其他器官组织损伤导致功能障碍等身体严重危害的；

（三）对人体健康造成其他严重危害的。

第四条　对非法采集、供应血液或者制作、供应血液制品，具有下列情形之一的，应认定为刑法第三百三十四条第一款规定的"造成特别严重后果"，处十年以上有期徒刑或者无期徒刑，并处罚金或者没收财产：

（一）因血液传播疾病导致人员死亡或者感染艾滋病病毒的；

（二）造成五人以上感染乙型肝炎病毒、丙型肝炎病毒、梅毒螺旋体或者其他经血液传播的病原微生物的；

（三）造成五人以上重度贫血、造血功能障碍或者其他器官组织损伤导致功能障碍等身体严重危害的；

（四）造成其他特别严重后果的。

第五条　对经国家主管部门批准采集、供应血液或者制作、供应血液制品的部门，具有下列情形之一的，应认定为刑法第三百三十四条第二款规定的"不依照规定进行检测或者违背其他操作规定"：

（一）血站未用两个企业生产的试剂对艾滋病病毒抗体、乙型肝炎病毒表面抗原、丙型肝炎病毒抗体、梅毒抗体进行两次检测的；

（二）单采血浆站不依照规定对艾滋病病毒抗体、乙型肝炎病毒表面抗原、丙型肝炎病毒抗体、梅毒抗体进行检测的；

（三）血液制品生产企业在投料生产前未用主管部门批准和检定合格的试剂进行复检的；

（四）血站、单采血浆站和血液制品生产企业使用的诊断试剂没有生产单位名称、生产批准文号或者经检定不合格的；

（五）采供血机构在采集检验标本、采集血液和成分血分离时，使用没有生产单位名称、生产批准文号或者超过有效期的一次性注射器等采血器材的；

（六）不依照国家规定的标准和要求包装、储存、运输血液、原料血浆的；

（七）对国家规定检测项目结果呈阳性的血液未及时按照规定予以清除的；

（八）不具备相应资格的医务人员进行采血、检验操作的；

（九）对献血者、供血浆者超量、频繁采集血液、血浆的；

（十）采供血机构采集血液、血浆前，未对献血者或供血浆者进行身份识别，采集冒名顶替者、健康检查不合格者血液、血浆的；

（十一）血站擅自采集原料血浆，单采血浆站擅自采集临床用血或者向医疗机构供应原料血浆的；

（十二）重复使用一次性采血器材的；

（十三）其他不依照规定进行检测或者违背操作规定的。

第六条　对经国家主管部门批准采集、供应血液或者制作、供应血液制品的部门，不依照规定进行检测或者违背其他操作规定，具有下列情形之一的，应认定为刑法第三百三十四条第二款规定的"造成危害他人身体健康后果"，对单位判处罚金，并对其直接负责的主管人员和其他直接责任人员，处五年以下有期徒刑或者拘役：

（一）造成献血者、供血浆者、受血者感染艾滋病病毒、乙型肝炎病毒、丙型肝炎病毒、梅毒螺旋体或者其他经血液传播的病原微生物的；

（二）造成献血者、供血浆者、受血者重度贫血、造血功能障碍或者其他器官组织损伤导致功能障碍等身体严重危害的；

（三）造成其他危害他人身体健康后果的。

第七条　经国家主管部门批准的采供血机构和血液制品生产经营单位，应认定为刑法第三百三十四条第二款规定的"经国家主管部门批准采集、供应血液或者制作、供应血液制品的部门"。

第八条　本解释所称"血液"，是指全血、成分血和特殊血液成分。

本解释所称"血液制品"，是指各种人血浆蛋白制品。

本解释所称"采供血机构"，包括血液中心、中心血站、中心血库、脐带血造血干细胞库和国家卫生行政主管部门根据医学发展需要批准、设置的其他类型血库、单采血浆站。

【法律法规】

334.3 中华人民共和国传染病防治法（1989 年 9 月 1 日　2013 年修正）（第 70 条）

334.4 血液制品管理条例（1996 年 12 月 30 日　2016 年修订）（第 34—38 条）

334.5 中华人民共和国献血法（1998 年 10 月 1 日）（第 18—19 条、第 21—22 条）

第三百三十四条之一【非法采集人类遗传资源、走私人类遗传资源材料罪】 违反国家有关规定，非法采集我国人类遗传资源或者非法运送、邮寄、携带我国人类遗传资源材料出境，危害公众健康或者社会公共利益，情节严重的，处三年以下有期徒刑、拘役或者管制，并处或者单处罚金；情节特别严重的，处三年以上七年以下有期徒刑，并处罚金。

【刑法修正说明】

本条为全国人大常委会 2020 年 12 月 26 日通过并公布、 2021 年 3 月 1 日施行的《刑法修正案（十一）》 第 38 条所增设。

【罪名渊源】 本条为《刑法修正案（十一）》第 38 条所增设。"两高"《罪名补充规定（七）》将其解释为非法采集人类遗传资源、走私人类遗传资源材料罪。

第三百三十五条【医疗事故罪】 医务人员由于严重不负责任，造成就诊人死亡或者严重损害就诊人身体健康的，处三年以下有期徒刑或者拘役。

【罪名渊源】 本条系刑法增设的罪名，79 刑法、单行刑法均未规定。高法《罪名规定》、高检《罪名意见》将其解释为医疗事故罪。

【立案标准】

335.1 最高人民检察院、公安部关于公安机关管辖的刑事案件立案追诉标准的规定（一）

（2008 年 6 月 25 日　公通字〔2008〕36 号）（节录）

第五十六条　[医疗事故案（刑法第三百三十五条）] 医务人员由于严重不负责任，造成就诊人死亡或者严重损害就诊人身体健康的，应予立案追诉。

具有下列情形之一的，属于本条规定的"严重不负责任"：

（一）擅离职守的；

（二）无正当理由拒绝对危急就诊人实行必要的医疗救治的；

（三）未经批准擅自开展试验性医疗的；

（四）严重违反查对、复核制度的；

（五）使用未经批准使用的药品、消毒药剂、医疗器械的；

（六）严重违反国家法律法规及有明确规定的诊疗技术规范、常规的；

（七）其他严重不负责任的情形。

本条规定的"严重损害就诊人身体健康"，是指造成就诊人严重残疾、重伤、感染艾滋病、病毒性肝炎等难以治愈的疾病或者其他严重损害就诊人身体健康的后果。

【法律法规】

335.2 中华人民共和国执业医师法（1999 年 5 月 1 日　2009 年修正）（第 37 条）

335.3 医疗事故处理条例（2002 年 9 月 1 日）（第 2 条、第 4 条、第 13 条、第 15—17 条、第 33 条、第 55 条第 1 款）

第三百三十六条【非法行医罪】 未取得医生执业资格的人非法行医，情节严重的，处三年以下有期徒刑、拘役或者管制，并处或者单处罚金；严重损害就诊人身体健康的，处三年以上十年以下有期徒刑，并处罚金；造成就诊人死亡的，处十年以上有期徒刑，并处罚金。

【非法进行节育手术罪】 未取得医生执业资格的人擅自为他人进行节育复通手术、假节育手术、终止妊娠手术或者摘取宫内节育器，情节严重的，处三年以下有期徒刑、拘役或者管制，并处或者单处罚金；严重损害就诊人身体健康的，处三年以上十年以下有期徒刑，并处罚金；造成就诊人死亡的，处十年以上有期徒刑，并处罚金。

【罪名渊源】 本条系刑法所增设，79 刑法、单行刑法均未规定。高法《罪名规定》、高检《罪名意见》将其分别解释为非法行医罪、非法进行节育手术罪。

【立案标准】

336.1 最高人民检察院、公安部关于公安机关管辖的刑事案件立案追诉标准的规定（一）（2008 年 6 月 25 日　公通字〔2008〕36 号）（节录）

第五十七条　［非法行医案（刑法第三百三十六条第一款）］未取得医生执业资格的人非法行医，涉嫌下列情形之一的，应予立案追诉：

（一）造成就诊人轻度残疾、器官组织损伤导致一般功能障碍，或者中度以上残疾、器官组织损伤导致严重功能障碍，或者死亡的；

（二）造成甲类传染病传播、流行或者有传播、流行危险的；

（三）使用假药、劣药或不符合国家规定标准的卫生材料、医疗器械，足以严重危害人体健康的；

（四）非法行医被卫生行政部门行政处罚两次以后，再次非法行医的；

（五）其他情节严重的情形。

具有下列情形之一的，属于本条规定的"未取得医生执业资格的人非法行医"：

（一）未取得或者以非法手段取得医师资格从事医疗活动的；

（二）个人未取得《医疗机构执业许可证》开办医疗机构的；

（三）被依法吊销医师执业证书期间从事医疗活动的；

（四）未取得乡村医生执业证书，从事乡村医疗活动的；

（五）家庭接生员实施家庭接生以外的医疗行为的。

本条规定的"轻度残疾、器官组织损伤导致一般功能障碍"、"中度以上残疾、器官组织损伤导致严重功能障碍"，参照卫生部《医疗事故分级标准（试行）》认定。

第五十八条　［非法进行节育手术案（刑法第三百三十六条第二款）］未取得医生执业资格的人擅自为他人进行节育复通手术、假节育手术、终止妊娠手术或者摘取宫内节育器，涉嫌下列情形之一的，应予立案追诉：

（一）造成就诊人轻伤、重伤、死亡或者感染艾滋病、病毒性肝炎等难以治愈的疾病的；

（二）非法进行节育复通手术、假节育手术、终止妊娠手术或者摘取宫内节育器五人次以上的；

（三）致使他人超计划生育的；

（四）非法进行选择性别的终止妊娠手术的；

（五）非法获利累计五千元以上的；

（六）其他情节严重的情形。

【罪刑标准】

336.2 最高人民法院关于审理非法行医刑事案件具体应用法律若干问题的解释（2008 年 5 月 9 日　法释〔2008〕5 号　2016 年修正）

为依法惩处非法行医犯罪，保障公民身体健康和生命安全，根据刑法的有关规定，现对审理非法行医刑事案件具体应用法律的若干问题解释如下：

第一条　具有下列情形之一的，应认定为刑法第三百三十六条第一款规定的"未取得医生执业资格的人非法行医"：

（一）未取得或者以非法手段取得医师资格从事医疗活动的；

（二）被依法吊销医师执业证书期间从事医疗活动的；

（三）未取得乡村医生执业证书，从事乡村医疗活动的；

（四）家庭接生员实施家庭接生以外的医疗行为的。

第二条　具有下列情形之一的，应认定为刑法第三百三十六条第一款规定的"情节严重"：

（一）造成就诊人轻度残疾、器官组织损伤导致一般功能障碍的；

（二）造成甲类传染病传播、流行或者有传播、流行危险的；

（三）使用假药、劣药或不符合国家规定标准的卫生材料、医疗器械，足以严重危害人体健康的；

（四）非法行医被卫生行政部门行政处罚两次以后，再次非法行医的；

（五）其他情节严重的情形。

第三条　具有下列情形之一的，应认定为刑法第三百三十六条第一款规定的"严重损害就诊人身体健康"：

（一）造成就诊人中度以上残疾、器官组织损伤导致严重功能障碍的；

（二）造成三名以上就诊人轻度残疾、器官组织损伤导致一般功能障碍的。

第四条　非法行医行为系造成就诊人死亡的直接、主要原因的，应认定为刑法第三百三十六条第一款规定的"造成就诊人死亡"。

非法行医行为并非造成就诊人死亡的直接、主要原因的，可不认定为刑法第三百三十六条第一款规定的"造成就诊人死亡"。但是，根据案件情况，可以认定为刑法第三百三十六条第一款规定的"情节严重"。

第五条　实施非法行医犯罪，同时构成生产、销售假药罪，生产、销售劣药罪，诈骗罪等其他犯罪的，依照刑法处罚较重的规定定罪处罚。

第六条　本解释所称"医疗活动""医疗行为"，参照《医疗机构管理条例实施细则》中的"诊疗活动""医疗美容"认定。

本解释所称"轻度残疾、器官组织损伤导致一般功能障碍""中度以上残疾、器官组织损伤导致严重功能障碍"，参照《医疗事故分级标准（试行）》认定。

【司法解释】

336.3 最高人民法院、最高人民检察院关于办理妨害预防、控制突发传染病疫情等灾害的刑事案件具体应用法律若干问题的解释（2003 年 5 月 15 日　法释〔2003〕8 号）（节录）

第十二条　未取得医师执业资格非法行医，具有造成突发传染病病人、病原携带者、疑似突发传染病病人贻误诊治或者造成交叉感染等严重情节的，依照刑法第三百三十六条第一款的规定，以非法行医罪定罪，依法从重处罚。

【司法文件】

336.4 最高人民法院关于非法行医罪犯罪主体条件征询意见函（2001 年 4 月 29 日　法函〔2001〕23 号）

中华人民共和国卫生部：

非法行医罪是一种严重危害社会医疗卫生秩序，危害群众身体健康和生命安全的犯罪行为，应当依法严惩。但是，由于在审判实践中对刑法规定该罪主体条件的医务专业术语如何理解有争议，影响对该类案件依法进行处理。

《中华人民共和国刑法》第三百三十六条第一款规定："未取得医生执业资格的人非法行医，情节严重的，处三年以下有期徒刑拘役或者管制，并处或者单处罚金；严重损害就诊人身体健康的，处三年以上十年以下有期徒刑，并处罚金；造成就诊人死亡的，处十年以上有期徒刑，并处罚金。"前述法律规定中，是否取得"医生执业资格"是非法行医罪的主体条件。审判实践中的疑问是：（1）医生资格和医生执业资格是不是同一概念？如果不是同一概念，二者的内涵是什么？（2）1997 年 10 月 1 日《中华人民共和国刑法》施行以后至 1999 年 5 月 1 日《中华人民共和国执业医师法》施行以前，对"未取得医生执业资格的人"应当如何理解？是否包括具有医生资格，并被医院或者其他卫生单位聘为医生，但在未被批准行医的场所行医的人？为了正确适用法律，以及依法惩处非法行医犯罪行为，特征求你部对上述问题的意见，请将你们的意见以及相关的依据函告我院。

附：卫生部关于对非法行医罪犯罪条件征询意见函的复函（2001 年 8 月 8 日）

最高人民法院：

你院《关于非法行医罪犯罪主体条件征询意见函》（法函〔2001〕23 号）收悉。经研究，现答复如下：

一、关于非法行医罪犯罪主体的概念

1998 年 6 月 26 日第九届全国人民代表大会常务委员会第三次会议通过《执业医师法》，根据该法规定，医师是取得执业医师资格，经注册在医疗、预防、保健机构中执业的医学专业人员。医师分为执业医师和执业助理医师，《刑法》中的"医生执业资格的人"应当是按照《执业医师法》的规定，取得执业医师资格并经卫生行政部门注册的医学专业人员。

二、关于《执业医师法》颁布以前医师资格认定问题

《执业医师法》第四十三条规定："本法颁布之日前按照国家有关规定取得医学专业技术职称和医学专业技术职务的人员，由所在机构报请县级以上人民政府卫生行政部门认定，取得相应的医师资格。"

卫生部、人事部下发了《具有医学专业技术职务任职资格人员认定医师资格及执业注册办法》。目前各级卫生行政部门正在对《执业医师法》颁布之前，按照国家有关规定已取得医学专业技术职务任职资格的人员认定医师资格，并为仍在医疗、预防、保健机构执业的医师办理执业注册。

三、关于在"未被批准行医的场所"行医问题

具有医生执业资格的人在"未被批准行医的场所"行医属非法行医。其中，"未被批准行医的场所"是指没有卫生行政部门核发的《医疗机构执业许可证》的场所。但是，下列情况不属于非法行医：

（一）随急救车出诊或随采血车出车采血的；

（二）对病人实施现场急救的；

（三）经医疗、预防、保健机构批准的家庭病床、卫生支农、出诊、承担政府交办的任务和卫生行政部门批准的义诊等。

四、关于乡村医生及家庭接生员的问题

《执业医师法》规定，不具备《执业医师法》规定的执业医师资格或者执业助理医师资格的乡村医生，由国务院另行制定管理办法。经过卫生行政部门审核的乡村医生应当在注册的村卫生室执业。除第三条所列情况外，其他凡超出其申请执业地点的，应视为非法行医。

根据《母婴保健法》的规定"不能住院分娩的孕妇应当经过培训合格的接生人员实行消毒接生"，"从事家庭接生的人员，必须经过县级以上地方人民政府卫生行政部门的考核，并取得相应的合格证书"。取得合法资格的家庭接生人员为不能住院分娩的孕妇接生，不属于非法行医。

【部委规范】

336.5 卫生部关于非法行医有关问题的批复（2007 年 6 月 7 日　卫政法发〔2007〕185 号）

甘肃省卫生厅：

你厅《关于非法行医有关问题的请示》（甘卫法监函〔2007〕15 号）收悉。经研究，现批复如下：

已取得《医师资格证书》，并具备申请执业医师注册条件的医师，非本人原因导致未获得《医师执业证书》前，在其受聘的医疗预防保健机构和工作时间内的执业活动不属于非法行医。

【法律法规】

336.6 中华人民共和国执业医师法（1999 年 5 月 1 日　2009 年修正）（第 14 条、第 39 条）

336.7 乡村医生从业管理条例（2004 年 1 月 1 日）（第 2 条、第 41—42 条、第 47 条）

第三百三十六条之一【非法植入基因编辑、克隆胚胎罪】 将基因编辑、克隆的人类胚胎植入人体或者动物体内，或者将基因编辑、克隆的动物胚胎植入人体内，情节严重的，处三年以下有期徒刑或者拘役，并处罚金；情节特别严重的，处三年以上七年以下有期徒刑，并处罚金。

> **【刑法修正说明】**
>
> 本条为全国人大常委会 2020 年 12 月 26 日通过并公布、2021 年 3 月 1 日施行的《刑法修正案（十一）》第 39 条所增设。

【罪名渊源】 本条系《刑法修正案（十一）》第 39 条所增设。"两高"《罪名补充规定（七）》将其解释为非法植入基因编辑、克隆胚胎罪。

第三百三十七条【妨害动植物防疫、检疫罪】 违反有关动植物防疫、检疫的国家规定，引起重大动植物疫情的，或者有引起重大动植物疫情危险，情节严重的，处三年以下有期徒刑或者拘役，并处或者单处罚金。

单位犯前款罪的，对单位判处罚金，并对其直接负责的主管人员和其他直接责任人员，依照前款的规定处罚。

> **【刑法修正说明】**
>
> 本条第 1 款为全国人大常委会 2009 年 2 月 28 日通过并公布施行的《刑法修正案（七）》第 11 条所修正。原该款为：
>
> **【逃避动植物检疫罪】** 违反进出境动植物检疫法的规定，逃避动植物检疫，引起重大动植物疫情的，处三年以下有期徒刑或者拘役，并处或者单处罚金。

【罪名渊源】 本条系刑法吸收 1992 年《进出境动植物检疫法》第 42 条内容所增设，79 刑法、单行刑法均未规定。高法《罪名规定》、高检《罪名意见》将其解释为逃避动植物检疫罪。《刑法修正案（七）》第 11 条对第 1 款作了修正，扩大了犯罪对象范围，并增设了危险犯的规定。"两高"《罪名补充规定（四）》将其解释为妨害动植物防疫、检疫罪，取消逃避动植物检疫罪罪名。

【立案标准】

337.1 最高人民检察院、公安部关于公安机关管辖的刑事案件立案追诉标准的规定（一）的补充规定（2017 年 4 月 27 日　公通字〔2017〕12 号）（节录）

九、将《立案追诉标准（一）》第五十九条修改为：［妨害动植物防疫、检疫案（刑法第三百三十七条）］违反有关动植物防疫、检疫的国家规定，引起重大动植物疫情的，应予立案追诉。

违反有关动植物防疫、检疫的国家规定，有引起重大动植物疫情危险，涉嫌下列情形之一

的，应予立案追诉：

（一）非法处置疫区内易感动物或者其产品，货值金额五万元以上的；

（二）非法处置因动植物防疫、检疫需要被依法处理的动植物或者其产品，货值金额二万元以上的；

（三）非法调运、生产、经营感染重大植物检疫性有害生物的林木种子、苗木等繁殖材料或者森林植物产品的；

（四）输入《中华人民共和国进出境动植物检疫法》规定的禁止进境物逃避检疫，或者对特许进境的禁止进境物未有效控制与处置，导致其逃逸、扩散的；

（五）进境动植物及其产品检出有引起重大动植物疫情危险的动物疫病或者植物有害生物后，非法处置导致进境动植物及其产品流失的；

（六）一年内携带或者寄递《中华人民共和国禁止携带、邮寄进境的动植物及其产品名录》所列物品进境逃避检疫两次以上，或者窃取、抢夺、损毁、抛洒动植物检疫机关截留的《中华人民共和国禁止携带、邮寄进境的动植物及其产品名录》所列物品的；

（七）其他情节严重的情形。

本条规定的"重大动植物疫情"，按照国家行政主管部门的有关规定认定。

【司法解释】

337.2 最高人民法院、最高人民检察院关于办理危害食品安全刑事案件适用法律若干问题的解释（2022 年 1 月 1 日 法释〔2021〕24 号）（节录）

第十三条（第二款） 生产、销售不符合食品安全标准的食品，无证据证明足以造成严重食物中毒事故或者其他严重食源性疾病，不构成生产、销售不符合安全标准的食品罪，但构成生产、销售伪劣产品罪，妨害动植物防疫、检疫罪等其他犯罪的，依照该其他犯罪定罪处罚。

第二十三条 单位实施本解释规定的犯罪的，对单位判处罚金，并对直接负责的主管人员和其他直接责任人员，依照本解释规定的定罪量刑标准处罚。

【法律法规】

337.3 中华人民共和国进出境动植物检疫法（1992 年 4 月 1 日 2009 年修正）（第 2 条、第 5 条、第 39—42 条）

337.4 中华人民共和国进出境动植物检疫法实施条例（1997 年 1 月 1 日）（第 62 条）

337.5 中华人民共和国动物防疫法（2008 年 1 月 1 日 2015 年修正）（第 3—4 条、第 14 条第 2 款、第 17—26 条、第 30 条、第 84 条第 1 款）

第六节 破坏环境资源保护罪

【司法文件】

【注1】 最高人民法院关于进一步加强危害生产安全刑事案件审判工作的意见（2011 年 12 月 30 日 法发〔2011〕20 号）（节录）

10.（第二款）违反安全生产管理规定，非法采矿、破坏性采矿或排放、倾倒、处置有害物质严重污染环境，造成重大伤亡事故或其他严重后果，同时构成危害生产安全犯罪和破坏环境资源保护犯罪的，依照数罪并罚的规定处罚。

第三百三十八条【污染环境罪】违反国家规定，排放、倾倒或者处置有放射性的废物、含传染病病原体的废物、有毒物质或者其他有害物质，严重污染环境的，处三年以下有期徒刑或者拘役，并处或者单处罚金；情节严重的，处三年以上七年以下有期徒刑，并处罚金；有下列情形之一的，处七年以上有期徒刑，并处罚金：

（一）在饮用水水源保护区、自然保护地核心保护区等依法确定的重点保护区域排放、倾倒、处置有放射性的废物、含传染病病原体的废物、有毒物质，情节特别严重的；

（二）向国家确定的重要江河、湖泊水域排放、倾倒、处置有放射性的废物、含传染病病原体的废物、有毒物质，情节特别严重的；

（三）致使大量永久基本农田基本功能丧失或者遭受永久性破坏的；

（四）致使多人重伤、严重疾病，或者致人严重残疾、死亡的。

有前款行为，同时构成其他犯罪的，依照处罚较重的规定定罪处罚。

【刑法第一次修正说明】

全国人大常委会 2011 年 2 月 25 日通过并公布、同年 5 月 1 日施行的《刑法修正案（八）》第 46 条对本条作了第一次修正。原第 338 条为：

【重大环境污染事故罪】违反国家规定，向土地、水体、大气排放、倾倒或者处置有放射性的废物、含传染病病原体的废物、有毒物质或者其他危险废物，造成重大环境污染事故，致使公私财产遭受重大损失或者人身伤亡的严重后果的，处三年以下有期徒刑或者拘役，并处或者单处罚金；后果特别严重的，处三年以上七年以下有期徒刑，并处罚金。

【刑法第二次修正说明】

全国人大常委会 2020 年 12 月 26 日通过并公布、2021 年 3 月 1 日施行的《刑法修正案（十一）》第 40 条对本条作了第二次修正。《刑法修正案（八）》第 46 条为：

【污染环境罪】违反国家规定，排放、倾倒或者处置有放射性的废物、含传染病病原体的废物、有毒物质或者其他有害物质，严重污染环境的，处三年以下有期徒刑或者拘役，并处或者单处罚金；后果特别严重的，处三年以上七年以下有期徒刑，并处罚金。

【罪名渊源】本条系刑法吸收《水污染防治法》第 43 条、《大气污染防治法》第 47 条等内容所增设，79 刑法、单行刑法均未规定。高法《罪名规定》、高检《罪名意见》将其解释为重大环境污染事故罪。《刑法修正案（八）》第 46 条对本条作了修改：（1）删除了"向土地、水体、大气"字样；（2）改"其他危险废物"为"其他有害物质"；（3）改"造成重大环境污染事故，致使公私财产遭受重大损失或者人身伤亡的严重后果"为"严重污染环境"，改结果犯为危险犯。"两高"《罪名补充规定（五）》将其解释为污染环境罪，取消重大环境污染事故罪罪名。《刑法修正案（十一）》第 40 条改原第二档法定刑中的"后果特别严重"为"情节严重"，采用列举方式增设第三档法定刑，增设第 2 款。

【立案标准】

338.1 最高人民检察院、公安部关于公安机关管辖的刑事案件立案追诉标准的规定（一）的补充规定（2017 年 4 月 27 日　公通字〔2017〕12 号）（节录）

十、将《立案追诉标准（一）》第六十条修改为：[污染环境案（刑法第三百三十八条）] 违反国家规定，排放、倾倒或者处置有放射性的废物、含传染病病原体的废物、有毒物质或者其他有害物质，涉嫌下列情形之一的，应予立案追诉：

（一）在饮用水水源一级保护区、自然保护区核心区排放、倾倒、处置有放射性的废物、含传染病病原体的废物、有毒物质的；

（二）非法排放、倾倒、处置危险废物三吨以上的；

（三）排放、倾倒、处置含铅、汞、镉、铬、砷、铊、锑的污染物，超过国家或者地方污染物排放标准三倍以上的；

（四）排放、倾倒、处置含镍、铜、锌、银、钒、锰、钴的污染物，超过国家或者地方污染

物排放标准十倍以上的;

（五）通过暗管、渗井、渗坑、裂隙、溶洞、灌注等逃避监管的方式排放、倾倒、处置有放射性的废物、含传染病病原体的废物、有毒物质的;

（六）二年内曾因违反国家规定,排放、倾倒、处置有放射性的废物、含传染病病原体的废物、有毒物质受过两次以上行政处罚,又实施前列行为的;

（七）重点排污单位篡改、伪造自动监测数据或者干扰自动监测设施,排放化学需氧量、氨氮、二氧化硫、氮氧化物等污染物的;

（八）违法减少防治污染设施运行支出一百万元以上的;

（九）违法所得或者致使公私财产损失三十万元以上的;

（十）造成生态环境严重损害的;

（十一）致使乡镇以上集中式饮用水水源取水中断十二小时以上的;

（十二）致使基本农田、防护林地、特种用途林地五亩以上,其他农用地十亩以上,其他土地二十亩以上基本功能丧失或者遭受永久性破坏的;

（十三）致使森林或者其他林木死亡五十立方米以上,或者幼树死亡二千五百株以上的;

（十四）致使疏散、转移群众五千人以上的;

（十五）致使三十人以上中毒的;

（十六）致使三人以上轻伤、轻度残疾或者器官组织损伤导致一般功能障碍的;

（十七）致使一人以上重伤、中度残疾或者器官组织损伤导致严重功能障碍的;

（十八）其他严重污染环境的情形。

本条规定的"有毒物质",包括列入国家危险废物名录或者根据国家规定的危险废物鉴别标准和鉴别方法认定的具有危险特性的废物,《关于持久性有机污染物的斯德哥尔摩公约》附件所列物质,含重金属的污染物,以及其他具有毒性可能污染环境的物质。

本条规定的"非法处置危险废物",包括无危险废物经营许可证,以营利为目的,从危险废物中提取物质作为原材料或者燃料,并具有超标排放污染物、非法倾倒污染物或者其他违法造成环境污染情形的行为。

本条规定的"重点排污单位",是指设区的市级以上人民政府环境保护主管部门依法确定的应当安装、使用污染物排放自动监测设备的重点监控企业及其他单位。

本条规定的"公私财产损失",包括直接造成财产损毁、减少的实际价值,为防止污染扩大、消除污染而采取必要合理措施所产生的费用,以及处置突发环境事件的应急监测费用。

本条规定的"生态环境损害",包括生态环境修复费用,生态环境修复期间服务功能的损失和生态环境功能永久性损害造成的损失,以及其他必要合理费用。

本条规定的"无危险废物经营许可证",是指未取得危险废物经营许可证,或者超出危险废物经营许可证的经营范围。

【罪刑标准】

338.2 最高人民法院、最高人民检察院关于办理环境污染刑事案件适用法律若干问题的解释（2017 年 1 月 1 日　法释〔2016〕29 号）（节录）

第一条　实施刑法第三百三十八条规定的行为,具有下列情形之一的,应当认定为"严重污染环境":

（一）在饮用水水源一级保护区、自然保护区核心区排放、倾倒、处置有放射性的废物、含传染病病原体的废物、有毒物质的;

（二）非法排放、倾倒、处置危险废物三吨以上的;

（三）排放、倾倒、处置含铅、汞、镉、铬、砷、铊、锑的污染物,超过国家或者地方污染物排放标准三倍以上的;

（四）排放、倾倒、处置含镍、铜、锌、银、钒、锰、钴的污染物,超过国家或者地方污染物排放标准十倍以上的;

（五）通过暗管、渗井、渗坑、裂隙、溶洞、灌注等逃避监管的方式排放、倾倒、处置有放射性的废物、含传染病病原体的废物、有毒物质的；

（六）二年内曾因违反国家规定，排放、倾倒、处置有放射性的废物、含传染病病原体的废物、有毒物质受过两次以上行政处罚，又实施前列行为的；

（七）重点排污单位篡改、伪造自动监测数据或者干扰自动监测设施，排放化学需氧量、氨氮、二氧化硫、氮氧化物等污染物的；

（八）违法减少防治污染设施运行支出一百万元以上的；

（九）违法所得或者致使公私财产损失三十万元以上的；

（十）造成生态环境严重损害的；

（十一）致使乡镇以上集中式饮用水水源取水中断十二小时以上的；

（十二）致使基本农田、防护林地、特种用途林地五亩以上，其他农用地十亩以上，其他土地二十亩以上基本功能丧失或者遭受永久性破坏的；

（十三）致使森林或者其他林木死亡五十立方米以上，或者幼树死亡二千五百株以上的；

（十四）致使疏散、转移群众五千人以上的；

（十五）致使三十人以上中毒的；

（十六）致使三人以上轻伤、轻度残疾或者器官组织损伤导致一般功能障碍的；

（十七）致使一人以上重伤、中度残疾或者器官组织损伤导致严重功能障碍的；

（十八）其他严重污染环境的情形。

第二条 实施刑法第三百三十九条、第四百零八条规定的行为，致使公私财产损失三十万元以上，或者具有本解释第一条第十项至第十七项规定情形之一的，应当认定为"致使公私财产遭受重大损失或者严重危害人体健康"或者"致使公私财产遭受重大损失或者造成人身伤亡的严重后果"。

第三条 实施刑法第三百三十八条、第三百三十九条规定的行为，具有下列情形之一的，应当认定为"后果特别严重"：

（一）致使县级以上城区集中式饮用水水源取水中断十二小时以上的；

（二）非法排放、倾倒、处置危险废物一百吨以上的；

（三）致使基本农田、防护林地、特种用途林地十五亩以上，其他农用地三十亩以上，其他土地六十亩以上基本功能丧失或者遭受永久性破坏的；

（四）致使森林或者其他林木死亡一百五十立方米以上，或者幼树死亡七千五百株以上的；

（五）致使公私财产损失一百万元以上的；

（六）造成生态环境特别严重损害的；

（七）致使疏散、转移群众一万五千人以上的；

（八）致使一百人以上中毒的；

（九）致使十人以上轻伤、轻度残疾或者器官组织损伤导致一般功能障碍的；

（十）致使三人以上重伤、中度残疾或者器官组织损伤导致严重功能障碍的；

（十一）致使一人以上重伤、中度残疾或者器官组织损伤导致严重功能障碍，并致使五人以上轻伤、轻度残疾或者器官组织损伤导致一般功能障碍的；

（十二）致使一人以上死亡或者重度残疾的；

（十三）其他后果特别严重的情形。

第四条 实施刑法第三百三十八条、第三百三十九条规定的犯罪行为，具有下列情形之一的，应当从重处罚：

（一）阻挠环境监督检查或者突发环境事件调查，尚不构成妨害公务等犯罪的；

（二）在医院、学校、居民区等人口集中地区及其附近，违反国家规定排放、倾倒、处置有放射性的废物、含传染病病原体的废物、有毒物质或者其他有害物质的；

（三）在重污染天气预警期间、突发环境事件处置期间或者被责令限期整改期间，违反国家规定排放、倾倒、处置有放射性的废物、含传染病病原体的废物、有毒物质或者其他有害物质的；

（四）具有危险废物经营许可证的企业违反国家规定排放、倾倒、处置有放射性的废物、含传染病病原体的废物、有毒物质或者其他有害物质的。

第五条 实施刑法第三百三十八条、第三百三十九条规定的行为，刚达到应当追究刑事责任的标准，但行为人及时采取措施，防止损失扩大、消除污染，全部赔偿损失，积极修复生态环境，且系初犯，确有悔罪表现的，可以认定为情节轻微，不起诉或者免予刑事处罚；确有必要判处刑罚的，应当从宽处罚。

第六条 无危险废物经营许可证从事收集、贮存、利用、处置危险废物经营活动，严重污染环境，按照污染环境罪定罪处罚；同时构成非法经营罪的，依照处罚较重的规定定罪处罚。

实施前款规定的行为，不具有超标排放污染物、非法倾倒污染物或者其他违法造成环境污染的情形的，可以认定为非法经营情节显著轻微危害不大，不认为是犯罪；构成生产、销售伪劣产品等其他犯罪的，以其他犯罪论处。

第七条 明知他人无危险废物经营许可证，向其提供或者委托其收集、贮存、利用、处置危险废物，严重污染环境的，以共同犯罪论处。

第八条 违反国家规定，排放、倾倒、处置含有毒害性、放射性、传染病病原体等物质的污染物，同时构成污染环境罪、非法处置进口的固体废物罪、投放危险物质罪等犯罪的，依照处罚较重的规定定罪处罚。

第九条 环境影响评价机构或其人员，故意提供虚假环境影响评价文件，情节严重的，或者严重不负责任，出具的环境影响评价文件存在重大失实，造成严重后果的，应当依照刑法第二百二十九条、第二百三十一条的规定，以提供虚假证明文件罪或者出具证明文件重大失实罪定罪处罚。

第十条 违反国家规定，针对环境质量监测系统实施下列行为，或者强令、指使、授意他人实施下列行为的，应当依照刑法第二百八十六条的规定，以破坏计算机信息系统罪论处：

（一）修改参数或者监测数据的；

（二）干扰采样，致使监测数据严重失真的；

（三）其他破坏环境质量监测系统的行为。

重点排污单位篡改、伪造自动监测数据或者干扰自动监测设施，排放化学需氧量、氨氮、二氧化硫、氮氧化物等污染物，同时构成污染环境罪和破坏计算机信息系统罪的，依照处罚较重的规定定罪处罚。

从事环境监测设施维护、运营的人员实施或者参与实施篡改、伪造自动监测数据、干扰自动监测设施、破坏环境质量监测系统等行为的，应当从重处罚。

第十一条 单位实施本解释规定的犯罪的，依照本解释规定的定罪量刑标准，对直接负责的主管人员和其他直接责任人员定罪处罚，并对单位判处罚金。

第十二条 环境保护主管部门及其所属监测机构在行政执法过程中收集的监测数据，在刑事诉讼中可以作为证据使用。

公安机关单独或者会同环境保护主管部门，提取污染物样品进行检测获取的数据，在刑事诉讼中可以作为证据使用。

第十三条 对国家危险废物名录所列的废物，可以依据涉案物质的来源、产生过程、被告人供述、证人证言以及经批准或者备案的环境影响评价文件等证据，结合环境保护主管部门、公安机关等出具的书面意见作出认定。

对于危险废物的数量，可以综合被告人供述，涉案企业的生产工艺、物耗、能耗情况，以及经批准或者备案的环境影响评价文件等证据作出认定。

第十四条 对案件所涉的环境污染专门性问题难以确定的，依据司法鉴定机构出具的鉴定意见，或者国务院环境保护主管部门、公安部门指定的机构出具的报告，结合其他证据作出认定。

第十五条 下列物质应当认定为刑法第三百三十八条规定的"有毒物质"：

（一）危险废物，是指列入国家危险废物名录，或者根据国家规定的危险废物鉴别标准和鉴别方法认定的，具有危险特性的废物；

（二）《关于持久性有机污染物的斯德哥尔摩公约》附件所列物质；

（三）含重金属的污染物；

（四）其他具有毒性，可能污染环境的物质。

第十六条 无危险废物经营许可证，以营利为目的，从危险废物中提取物质作为原材料或者燃料，并具有超标排放污染物、非法倾倒污染物或者其他违法造成环境污染的情形的行为，应当认定为"非法处置危险废物"。

第十七条 本解释所称"二年内"，以第一次违法行为受到行政处罚的生效之日与又实施相应行为之日的时间间隔计算确定。

本解释所称"重点排污单位"，是指设区的市级以上人民政府环境保护主管部门依法确定的应当安装、使用污染物排放自动监测设备的重点监控企业及其他单位。

本解释所称"违法所得"，是指实施刑法第三百三十八条、第三百三十九条规定的行为所得和可得的全部违法收入。

本解释所称"公私财产损失"，包括实施刑法第三百三十八条、第三百三十九条规定的行为直接造成财产损毁、减少的实际价值，为防止污染扩大、消除污染而采取必要合理措施所产生的费用，以及处置突发环境事件的应急监测费用。

本解释所称"生态环境损害"，包括生态环境修复费用，生态环境修复期间服务功能的损失和生态环境功能永久性损害造成的损失，以及其他必要合理费用。

本解释所称"无危险废物经营许可证"，是指未取得危险废物经营许可证，或者超出危险废物经营许可证的经营范围。

第十八条 本解释自2017年1月1日起施行。本解释施行后，《最高人民法院、最高人民检察院关于办理环境污染刑事案件适用法律若干问题的解释》（法释〔2013〕15号）同时废止；之前发布的司法解释与本解释不一致的，以本解释为准。

【司法解释】

338.3 最高人民法院、最高人民检察院关于办理妨害预防、控制突发传染病疫情等灾害的刑事案件具体应用法律若干问题的解释（2003年5月15日 法释〔2003〕8号）（节录）

第十三条 违反传染病防治法等国家有关规定，向土地、水体、大气排放、倾倒或者处置含传染病病原体的废物、有毒物质或者其他危险废物，造成突发传染病传播等重大环境污染事故，致使公私财产遭受重大损失或者人身伤亡的严重后果的，依照刑法第三百三十八条的规定，以重大环境污染事故罪定罪处罚。

【司法文件】

338.4 最高人民法院、最高人民检察院、公安部、司法部、生态环境部关于办理环境污染刑事案件有关问题座谈会纪要（2019年2月20日）（节录）

二

会议要求，各部门要正确理解和准确适用刑法和《最高人民法院、最高人民检察院关于办理环境污染刑事案件适用法律若干问题的解释》（法释〔2016〕29号，以下称《环境解释》）的规定，坚持最严格的环保司法制度、最严密的环保法治理念，统一执法司法尺度，加大对环境污染犯罪的惩治力度。

1. 关于单位犯罪的认定

会议针对一些地方存在追究自然人犯罪多，追究单位犯罪少，单位犯罪认定难的情况和问题进行了讨论。会议认为，办理环境污染犯罪案件，认定单位犯罪时，应当依法合理把握追究刑事责任的范围，贯彻宽严相济刑事政策，重点打击出资者、经营者和主要获利者，既要防止不当缩小追究刑事责任的人员范围，又要防止打击面过大。

为了单位利益，实施环境污染行为，并具有下列情形之一的，应当认定为单位犯罪：（1）经单位决策机构按照决策程序决定的；（2）经单位实际控制人、主要负责人或者授权的分管负责人决定、同意的；（3）单位实际控制人、主要负责人或者授权的分管负责人得知单位成员个人实施环境污染犯罪行为,并未加以制止或者及时采取措施,而是予以追认、纵容或者默许的;(4)使用单位营业执照、合同书、公章、印鉴等对外开展活动,并调用单位车辆、船舶、生产设备、原辅材料等实施环境污染犯罪行为的。

单位犯罪中的"直接负责的主管人员",一般是指对单位犯罪起决定、批准、组织、策划、指挥、授意、纵容等作用的主管人员,包括单位实际控制人、主要负责人或者授权的分管负责人、高级管理人员等;"其他直接责任人员",一般是指在直接负责的主管人员的指挥、授意下积极参与实施单位犯罪或者对具体实施单位犯罪起较大作用的人员。

对于应当认定为单位犯罪的环境污染犯罪案件,公安机关未作为单位犯罪移送审查起诉的,人民检察院应当退回公安机关补充侦查。对于应当认定为单位犯罪的环境污染犯罪案件,人民检察院只作为自然人犯罪起诉的,人民法院应当建议人民检察院对犯罪单位补充起诉。

2. 关于犯罪未遂的认定

会议针对当前办理环境污染犯罪案件中,能否认定污染环境罪(未遂)的问题进行了讨论。会议认为,当前环境执法工作形势比较严峻,一些行为人拒不配合执法检查、接受检查时弄虚作假、故意逃避法律追究的情形时有发生,因此对于行为人已经着手实施非法排放、倾倒、处置有毒有害污染物的行为,由于有关部门查处或者其他意志以外的原因未得逞的情形,可以污染环境罪(未遂)追究刑事责任。

3. 关于主观过错的认定

会议针对当前办理环境污染犯罪案件中,如何准确认定犯罪嫌疑人、被告人主观过错的问题进行了讨论。会议认为,判断犯罪嫌疑人、被告人是否具有环境污染犯罪的故意,应当依据犯罪嫌疑人、被告人的任职情况、职业经历、专业背景、培训经历、本人因同类行为受到行政处罚或者刑事追究情况以及污染物种类、污染方式、资金流向等证据,结合其供述,进行综合分析判断。

实践中,具有下列情形之一,犯罪嫌疑人、被告人不能作出合理解释的,可以认定其故意实施环境污染犯罪,但有证据证明确系不知情的除外:(1)企业没有依法通过环境影响评价,或者未依法取得排污许可证,排放污染物,或者已经通过环境影响评价并且防治污染设施验收合格后,擅自更改工艺流程、原辅材料,导致产生新的污染物质的;(2)不使用验收合格的防治污染设施或者不按规范要求使用的;(3)防治污染设施发生故障,发现后不及时排除,继续生产放任污染物排放的;(4)生态环境部门责令限制生产、停产整治或者予以行政处罚后,继续生产放任污染物排放的;(5)将危险废物委托第三方处置,没有尽到查验经营许可的义务,或者委托处置费用明显低于市场价格或者处置成本的;(6)通过暗管、渗井、渗坑、裂隙、溶洞、灌注等逃避监管的方式排放污染物的;(7)通过篡改、伪造监测数据的方式排放污染物的;(8)其他足以认定的情形。

4. 关于生态环境损害标准的认定

会议针对如何适用《环境解释》第一条、第三条规定的"造成生态环境严重损害的""造成生态环境特别严重损害的"定罪量刑标准进行了讨论。会议指出,生态环境损害赔偿制度是生态文明制度体系的重要组成部分。党中央、国务院高度重视生态环境损害赔偿工作,党的十八届三中全会明确提出对造成生态环境损害的责任者严格实行赔偿制度。2015年,中央办公厅、国务院办公厅印发《生态环境损害赔偿制度改革试点方案》(中办发〔2015〕57号),在吉林等7个省市部署开展改革试点,取得明显成效。2017年,中央办公厅、国务院办公厅印发《生态环境损害赔偿制度改革方案》(中办发〔2017〕68号),在全国范围内试行生态环境损害赔偿制度。

会议指出,《环境解释》将造成生态环境损害规定为污染环境罪的定罪量刑标准之一,是为了与生态环境损害赔偿制度实现衔接配套,考虑到该制度尚在试行过程中,《环境解释》作了较原则的规定。司法实践中,一些省市结合本地区工作实际制定了具体标准。会议认为,在生态环境损害赔偿制度试行阶段,全国各省(自治区、直辖市)可以结合本地实际情况,因地制宜,因时制宜,根据案件具体情况准确认定"造成生态环境严重损害"和"造成生态环境特别严重损害"。

5. 关于非法经营罪的适用

会议针对如何把握非法经营罪与污染环境罪的关系以及如何具体适用非法经营罪的问题进行了讨论。会议强调，要高度重视非法经营危险废物案件的办理，坚持全链条、全环节、全流程对非法排放、倾倒、处置、经营危险废物的产业链进行刑事打击，查清犯罪网络，深挖犯罪源头，斩断利益链条，不断挤压和铲除此类犯罪滋生蔓延的空间。

会议认为，准确理解和适用《环境解释》第六条的规定应当注意把握两个原则：一要坚持实质判断原则，对行为人非法经营危险废物行为的社会危害性作实质性判断。比如，一些单位或者个人虽未依法取得危险废物经营许可证，但其收集、贮存、利用、处置危险废物经营活动，没有超标排放污染物、非法倾倒污染物或者其他违法造成环境污染情形的，则不宜以非法经营罪论处。二要坚持综合判断原则，对行为人非法经营危险废物行为根据其在犯罪链条中的地位、作用综合判断其社会危害性。比如，有证据证明单位或者个人的无证经营危险废物行为属于危险废物非法经营产业链的一部分，并且已经形成了分工负责、利益均沾、相对固定的犯罪链条，如果行为人或者与其联系紧密的上游或者下游环节具有排放、倾倒、处置危险废物违法造成环境污染的情形，且交易价格明显异常的，对行为人可以根据案件具体情况在污染环境罪和非法经营罪中，择一重罪处断。

6. 关于投放危险物质罪的适用

会议强调，目前我国一些地方环境违法犯罪活动高发多发，刑事处罚威慑力不强的问题仍然突出，现阶段在办理环境污染犯罪案件时必须坚决贯彻落实中央领导同志关于重典治理污染的指示精神，把刑法和《环境解释》的规定用足用好，形成对环境污染违法犯罪的强大震慑。

会议认为，司法实践中对环境污染行为适用投放危险物质罪追究刑事责任时，应当重点审查判断行为人的主观恶性、污染行为恶劣程度、污染物的毒害性危险性、污染持续时间、污染结果是否可逆、是否对公共安全造成现实、具体、明确的危险或者危害等各方面因素。对于行为人明知其排放、倾倒、处置的污染物含有毒害性、放射性、传染病病原体等危险物质，仍实施环境污染行为放任其危害公共安全，造成重大人员伤亡、重大公私财产损失等严重后果，以污染环境罪论处明显不足以罚当其罪的，可以按投放危险物质罪定罪量刑。实践中，此类情形主要是向饮用水水源保护区，饮用水供水单位取水口和出水口，南水北调水库、干渠、涵洞等配套工程，重要渔业水体以及自然保护区核心区等特殊保护区域，排放、倾倒、处置毒害性极强的污染物，危害公共安全并造成严重后果的情形。

7. 关于涉大气污染环境犯罪的处理

会议针对涉大气污染环境犯罪的打击处理问题进行了讨论。会议强调，打赢蓝天保卫战是打好污染防治攻坚战的重中之重。各级人民法院、人民检察院、公安机关、生态环境部门要认真分析研究全国人大常委会大气污染防治法执法检查发现的问题和提出的建议，不断加大对涉大气污染环境犯罪的打击力度，毫不动摇地以法律武器治理污染，用法治力量保卫蓝天，推动解决人民群众关注的突出大气环境问题。

会议认为，司法实践中打击涉大气污染环境犯罪，要抓住关键问题，紧盯薄弱环节，突出打击重点。对重污染天气预警期间，违反国家规定，超标排放二氧化硫、氮氧化物，受过行政处罚后又实施上述行为或者具有其他严重情节的，可以适用《环境解释》第一条第十八项规定的"其他严重污染环境的情形"追究刑事责任。

8. 关于非法排放、倾倒、处置行为的认定

会议针对如何准确认定环境污染犯罪中非法排放、倾倒、处置行为进行了讨论。会议认为，司法实践中认定非法排放、倾倒、处置行为时，应当根据《固体废物污染环境防治法》和《环境解释》的有关规定精神，从其行为方式是否违反国家规定或者行业操作规范、污染物是否与外环境接触、是否造成环境污染的危险或者危害等方面进行综合分析判断。对名为运输、贮存、利用，实为排放、倾倒、处置的行为应当认定为非法排放、倾倒、处置行为，可以依法追究刑事责任。比如，未采取相应防范措施将没有利用价值的危险废物长期贮存、搁置，放任危险废物或者其有毒有害成分大量扬散、流失、泄漏、挥发，污染环境的。

9. 关于有害物质的认定

会议针对如何准确认定刑法第三百三十八条规定的"其他有害物质"的问题进行了讨论。会议认为，办理非法排放、倾倒、处置其他有害物质的案件，应当坚持主客观相一致原则，从行为人的主观恶性、污染行为恶劣程度、有害物质危险性毒害性等方面进行综合分析判断，准确认定其行为的社会危害性。实践中，常见的有害物质主要有：工业危险废物以外的其他工业固体废物；未经处理的生活垃圾；有害大气污染物、受控消耗臭氧层物质和有害水污染物；在利用和处置过程中必然产生有毒有害物质的其他物质；国务院生态环境保护主管部门会同国务院卫生主管部门公布的有毒有害污染物名录中的有关物质等。

10. 关于从重处罚情形的认定

会议强调，要坚决贯彻党中央推动长江经济带发展的重大决策，为长江经济带共抓大保护、不搞大开发提供有力的司法保障。实践中，对于发生在长江经济带十一省（直辖市）的下列环境污染犯罪行为，可以从重处罚：（1）跨省（直辖市）排放、倾倒、处置有放射性的废物、含传染病病原体的废物、有毒物质或者其他有害物质的；（2）向国家确定的重要江河、湖泊或者其他跨省（直辖市）江河、湖泊排放、倾倒、处置有放射性的废物、含传染病病原体的废物、有毒物质或者其他有害物质的。

11. 关于严格适用不起诉、缓刑、免予刑事处罚

会议针对当前办理环境污染犯罪案件中如何严格适用不起诉、缓刑、免予刑事处罚的问题进行了讨论。会议强调，环境污染犯罪案件的刑罚适用直接关系加强生态环境保护打好污染防治攻坚战的实际效果。各级人民法院、人民检察院要深刻认识环境污染犯罪的严重社会危害性，正确贯彻宽严相济刑事政策，充分发挥刑罚的惩治和预防功能。要在全面把握犯罪事实和量刑情节的基础上严格依照刑法和刑事诉讼法规定的条件适用不起诉、缓刑、免予刑事处罚，既要考虑从宽情节，又要考虑从严情节；既要做到刑罚与犯罪相当，又要做到刑罚执行方式与犯罪相当，切实避免不起诉、缓刑、免予刑事处罚不当适用造成的消极影响。

会议认为，具有下列情形之一的，一般不适用不起诉、缓刑或者免予刑事处罚：（1）不如实供述罪行的；（2）属于共同犯罪中情节严重的主犯的；（3）犯有数个环境污染犯罪依法实行并罚或者以一罪处理的；（4）曾因环境污染违法犯罪行为受过行政处罚或者刑事处罚的；（5）其他不宜适用不起诉、缓刑、免予刑事处罚的情形。

会议要求，人民法院审理环境污染犯罪案件拟适用缓刑或者免予刑事处罚的，应当分析案发前后的社会影响和反映，注意听取控辩双方提出的意见。对于情节恶劣、社会反映强烈的环境污染犯罪，不得适用缓刑、免予刑事处罚。人民法院对判处缓刑的被告人，一般应当同时宣告禁止令，禁止其在缓刑考验期内从事与排污或者处置危险废物有关的经营活动。生态环境部门根据禁止令，对上述人员担任实际控制人、主要负责人或者高级管理人员的单位，依法不得发放排污许可证或者危险废物经营许可证。

三

会议要求，各部门要认真执行《环境解释》和原环境保护部、公安部、最高人民检察院《环境保护行政执法与刑事司法衔接工作办法》（环环监〔2017〕17号）的有关规定，进一步理顺部门职责，畅通衔接渠道，建立健全环境行政执法与刑事司法衔接的长效工作机制。

12. 关于管辖的问题

会议针对环境污染犯罪案件的管辖问题进行了讨论。会议认为，实践中一些环境污染犯罪案件属于典型的跨区域刑事案件，容易存在管辖不明或者有争议的情况，各级人民法院、人民检察院、公安机关要加强沟通协调，共同研究解决。

会议提出，跨区域环境污染犯罪案件由犯罪地的公安机关管辖。如果由犯罪嫌疑人居住地的公安机关管辖更为适宜的，可以由犯罪嫌疑人居住地的公安机关管辖。犯罪地包括环境污染行为发生地和结果发生地。"环境污染行为发生地"包括环境污染行为的实施地以及预备地、开始地、途经地、结束地以及排放、倾倒污染物的车船停靠地、始发地、途经地、到达地等地点；环境污染行为有连续、持续或者继续状态的，相关地方都属于环境污染行为发生地。"环境污染结果发

生地"包括污染物排放地、倾倒地、堆放地、污染发生地等。

多个公安机关都有权立案侦查的，由最初受理的或者主要犯罪地的公安机关立案侦查，管辖有争议的，按照有利于查清犯罪事实、有利于诉讼的原则，由共同的上级公安机关协调确定的公安机关立案侦查，需要提请批准逮捕、移送审查起诉、提起公诉的，由该公安机关所在地的人民检察院、人民法院受理。

13. 关于危险废物的认定

会议针对危险废物如何认定以及是否需要鉴定的问题进行了讨论。会议认为，根据《环境解释》的规定精神，对于列入《国家危险废物名录》的，如果来源和相应特征明确，司法人员根据自身专业技术知识和工作经验认定难度不大的，司法机关可以依据名录直接认定。对于来源和相应特征不明确的，由生态环境部门、公安机关等出具书面意见，司法机关可以依据涉案物质的来源、产生过程、被告人供述、证人证言以及经批准或者备案的环境影响评价文件等证据，结合上述书面意见作出是否属于危险废物的认定。对于需要生态环境部门、公安机关等出具书面认定意见的，区分下列情况分别处理：（1）对已确认固体废物产生单位，且产废单位环评文件中明确为危险废物的，根据产废单位建设项目环评文件和审批、验收意见、案件笔录等材料，可对照《国家危险废物名录》等出具认定意见。（2）对已确认固体废物产生单位，但产废单位环评文件中未明确为危险废物的，应进一步分析废物产生工艺，对照判断其是否列入《国家危险废物名录》。列入名录的可以直接出具认定意见；未列入名录的，应根据原辅材料、产生工艺等进一步分析其是否具有危险特性，不可能具有危险特性的，不属于危险废物；可能具有危险特性的，抽取典型样品进行检测，并根据典型样品检测指标浓度，对照《危险废物鉴别标准》（GB5085.1-7）出具认定意见。（3）对固体废物产生单位无法确定的，应抽取典型样品进行检测，根据典型样品检测指标浓度，对照《危险废物鉴别标准》（GB5085.1-7）出具认定意见。对确需进一步委托有相关资质的检测鉴定机构进行检测鉴定的，生态环境部门或者公安机关按照有关规定开展检测鉴定工作。

14. 关于鉴定的问题

会议指出，针对当前办理环境污染犯罪案件中存在的司法鉴定有关问题，司法部将会同生态环境部，加快准入一批诉讼急需、社会关注的环境损害司法鉴定机构，加快对环境损害司法鉴定相关技术规范和标准的制定、修改和认定工作，规范鉴定程序，指导各地司法行政机关会同价格主管部门制定出台环境损害司法鉴定收费标准，加强与办案机关的沟通衔接，更好地满足办案机关需求。

会议要求，司法部应当根据《关于严格准入严格监管提高司法鉴定质量和公信力的意见》（司发〔2017〕11号）的要求，会同生态环境部加强对环境损害司法鉴定机构的事中事后监管，加强司法鉴定社会信用体系建设，建立黑名单制度，完善退出机制，及时向社会公开违法违规的环境损害司法鉴定机构和鉴定人行政处罚、行业惩戒等监管信息，对弄虚作假造成环境损害鉴定评估结论严重失实或者违规收取高额费用、情节严重的，依法撤销登记。鼓励有关单位或者个人向司法部、生态环境部举报环境损害司法鉴定机构的违法违规行为。

会议认为，根据《环境解释》的规定精神，对涉及案件定罪量刑的核心或者关键专门性问题难以确定的，由司法鉴定机构出具鉴定意见。实践中，这类核心或者关键专门性问题主要是案件具体适用的定罪量刑标准涉及的专门性问题，比如公私财产损失数额、超过排放标准倍数、污染物性质判断等。对案件的其他非核心或者关键专门性问题，或者可鉴定也可不鉴定的专门性问题，一般不委托鉴定。比如，适用《环境解释》第一条第二项"非法排放、倾倒、处置危险废物三吨以上"的规定对当事人追究刑事责任的，除可能适用公私财产损失第二档定罪量刑标准的以外，则不应再对公私财产损失数额或者超过排放标准倍数进行鉴定。涉及案件定罪量刑的核心或者关键专门性问题难以鉴定或者鉴定费用明显过高的，司法机关可以结合案件其他证据，并参考生态环境部门意见、专家意见等作出认定。

15. 关于监测数据的证据资格问题

会议针对实践中地方生态环境部门及其所属监测机构委托第三方监测机构出具报告的证据资

格问题进行了讨论。会议认为，地方生态环境部门及其所属监测机构委托第三方监测机构出具的监测报告，地方生态环境部门及其所属监测机构在行政执法过程中予以采用的，其实质属于《环境解释》第十二条规定的"环境保护主管部门及其所属监测机构在行政执法过程中收集的监测数据"，在刑事诉讼中可以作为证据使用。

【法律法规】

338.5 中华人民共和国海洋环境保护法（1982 年 3 月 1 日　2017 年修正）（第 90 条第 3 款、第 91 条）

338.6 中华人民共和国水污染防治法（1984 年 11 月 1 日　2017 年修正）（第 33—39 条、第 40 条第 3 款、第 41 条、第 42 条第 1 款、第 43 条、第 101 条、第 102 条第 1 项）

338.7 中华人民共和国传染病防治法（1989 年 9 月 1 日　2013 年修正）（第 73 条）

338.8 中华人民共和国环境保护法（1989 年 12 月 26 日　2014 年修订）（第 2 条、第 42 条、第 48 条、第 49 条第 2—3 款、第 69 条）

338.9 使用有毒物品作业场所劳动保护条例（2002 年 5 月 12 日）（第 65 条）

338.10 中华人民共和国放射性污染防治法（2003 年 10 月 1 日）（第 52—54 条）

338.11 中华人民共和国大气污染防治法（2016 年 1 月 1 日　2018 年修正）（第 122 条、第 127 条）

338.12 中华人民共和国固体废物污染环境防治法（2020 年 9 月 1 日）（第 2 条、第 20 条、第 36 条、第 72 条、第 80 条、第 123 条、第 124 条第 9 项）

第三百三十九条【非法处置进口的固体废物罪】违反国家规定，将境外的固体废物进境倾倒、堆放、处置的，处五年以下有期徒刑或者拘役，并处罚金；造成重大环境污染事故，致使公私财产遭受重大损失或者严重危害人体健康的，处五年以上十年以下有期徒刑，并处罚金；后果特别严重的，处十年以上有期徒刑，并处罚金。

【擅自进口固体废物罪】未经国务院有关主管部门许可，擅自进口固体废物用作原料，造成重大环境污染事故，致使公私财产遭受重大损失或者严重危害人体健康的，处五年以下有期徒刑或者拘役，并处罚金；后果特别严重的，处五年以上十年以下有期徒刑，并处罚金。

【走私废物罪】以原料利用为名，进口不能用作原料的固体废物、液态废物和气态废物的，依照本法第一百五十二条第二款、第三款的规定定罪处罚。

【刑法修正说明】

本条第 3 款为全国人大常委会 2002 年 12 月 28 日通过并公布施行的《刑法修正案（四）》第 5 条所修正。原该款为：

【走私固体废物罪】以原料利用为名，进口不能用作原料的固体废物的，依照本法第一百五十五条的规定定罪处罚。

【罪名渊源】本条系刑法吸收 1995 年《固体废物污染环境防治法》第 66 条内容所增设，79 刑法、单行刑法均未规定。高法《罪名规定》、高检《罪名意见》将本条第 1、2 款分别解释为非法处置进口的固体废物罪、擅自进口固体废物罪。高法《罪名规定》、高检《罪名意见》曾根据刑法第 155 条第 3 项，将第 3 款解释为走私固体废物罪，《刑法修正案（四）》第 5 条对该款罪状作了修改，"两高"《罪名补充规定》将其解释为走私废物罪，取消走私固体废物罪罪名。

【立案标准】

339.1 最高人民检察院、公安部关于公安机关管辖的刑事案件立案追诉标准的规定（一）（2008 年 6 月 25 日　公通字〔2008〕36 号）（节录）

第六十一条　[非法处置进口的固体废物案（刑法第三百三十九条第一款)]违反国家规定，

将境外的固体废物进境倾倒、堆放、处置的，应予立案追诉。

第六十二条 [擅自进口固体废物案（刑法第三百三十九条第二款）] 未经国务院有关主管部门许可，擅自进口固体废物用作原料，造成重大环境污染事故，涉嫌下列情形之一的，应予立案追诉：

（一）致使公私财产损失三十万元以上的；

（二）致使基本农田、防护林地、特种用途林地五亩以上，其他农用地十亩以上，其他土地二十亩以上基本功能丧失或者遭受永久性破坏的；

（三）致使森林或者其他林木死亡五十立方米以上，或者幼树死亡二千五百株以上的；

（四）致使一人以上死亡、三人以上重伤、十人以上轻伤，或者一人以上重伤并且五人以上轻伤的；

（五）致使传染病发生、流行或者人员中毒达到《国家突发公共卫生事件应急预案》中突发公共卫生事件分级Ⅲ级以上情形，严重危害人体健康的；

（六）其他致使公私财产遭受重大损失或者严重危害人体健康的情形。

第一百条 本规定中的立案追诉标准，除法律、司法解释另有规定的以外，适用于相关的单位犯罪。

339.2 参见 338.2 最高人民法院、最高人民检察院关于办理环境污染刑事案件适用法律若干问题的解释（2017 年 1 月 1 日 法释〔2016〕29 号）

【法律法规】

339.3 中华人民共和国放射性污染防治法（2003 年 10 月 1 日）（第 58 条）

339.4 中华人民共和国固体废物污染环境防治法（2020 年 9 月 1 日）（第 23 条，第 123 条，第 124 条第 1 项、第 9 项）

第三百四十条【非法捕捞水产品罪】 违反保护水产资源法规，在禁渔区、禁渔期或者使用禁用的工具、方法捕捞水产品，情节严重的，处三年以下有期徒刑、拘役、管制或者罚金。

【罪名渊源】 本条系由 79 刑法第 129 条修改而来，刑法将法定刑由 2 年调整为 3 年，增加了管制刑种，并将其由破坏社会主义经济秩序罪章移至妨害社会管理秩序罪章中。高法《罪名规定》、高检《罪名意见》将其解释为非法捕捞水产品罪。

【立案标准】

340.1 最高人民检察院、公安部关于公安机关管辖的刑事案件立案追诉标准的规定（一）（2008 年 6 月 25 日 公通字〔2008〕36 号）（节录）

第六十三条 [非法捕捞水产品案（刑法第三百四十条）] 违反保护水产资源法规，在禁渔区、禁渔期或者使用禁用的工具、方法捕捞水产品，涉嫌下列情形之一的，应予立案追诉：

（一）在内陆水域非法捕捞水产品五百公斤以上或者价值五千元以上，或者在海洋水域非法捕捞水产品二千公斤以上或者价值二万元以上的；

（二）非法捕捞有重要经济价值的水生动物苗种、怀卵亲体或者在水产种质资源保护区内捕捞水产品，在内陆水域五十公斤以上或者价值五百元以上，或者在海洋水域二百公斤以上或者价值二千元以上的；

（三）在禁渔区内使用禁用的工具或者禁用的方法捕捞的；

（四）在禁渔期内使用禁用的工具或者禁用的方法捕捞的；

（五）在公海使用禁用渔具从事捕捞作业，造成严重影响的；

（六）其他情节严重的情形。

第一百条 本规定中的立案追诉标准，除法律、司法解释另有规定的以外，适用于相关的单位犯罪。

【罪刑标准】

340.2 最高人民法院关于审理发生在我国管辖海域相关案件若干问题的规定（二）（2016 年

8 月 2 日　法释〔2016〕17 号）（节录）

第四条　违反保护水产资源法规，在海洋水域，在禁渔区、禁渔期或者使用禁用的工具、方法捕捞水产品，具有下列情形之一的，应当认定为刑法第三百四十条规定的"情节严重"：

（一）非法捕捞水产品一万公斤以上或者价值十万元以上的；

（二）非法捕捞有重要经济价值的水生动物苗种、怀卵亲体二千公斤以上或者价值二万元以上的；

（三）在水产种质资源保护区内捕捞水产品二千公斤以上或者价值二万元以上的；

（四）在禁渔区内使用禁用的工具或者方法捕捞的；

（五）在禁渔期内使用禁用的工具或者方法捕捞的；

（六）在公海使用禁用渔具从事捕捞作业，造成严重影响的；

（七）其他情节严重的情形。

第八条　实施破坏海洋资源犯罪行为，同时构成非法捕捞罪、非法猎捕、杀害珍贵、濒危野生动物罪、组织他人偷越国（边）境罪、偷越国（边）境罪等犯罪的，依照处罚较重的规定定罪处罚。

有破坏海洋资源犯罪行为，又实施走私、妨害公务等犯罪的，依照数罪并罚的规定处理。

340.3 最高人民法院、最高人民检察院、公安部、农业农村部依法惩治长江流域非法捕捞等违法犯罪的意见（2020 年 12 月 17 日　公通字〔2020〕17 号）（节录）

二、准确适用法律，依法严惩非法捕捞等危害水生生物资源的各类违法犯罪

（一）依法严惩非法捕捞犯罪。违反保护水产资源法规，在长江流域重点水域非法捕捞水产品，具有下列情形之一的，依照刑法第三百四十条的规定，以非法捕捞水产品罪定罪处罚：

1. 非法捕捞水产品五百公斤以上或者一万元以上的；

2. 非法捕捞具有重要经济价值的水生动物苗种、怀卵亲体或者在水产种质资源保护区内捕捞水产品五十公斤以上或者一千元以上的；

3. 在禁捕区域使用电鱼、毒鱼、炸鱼等严重破坏渔业资源的禁用方法捕捞的；

4. 在禁捕区域使用农业农村部规定的禁用工具捕捞的；

5. 其他情节严重的情形。

（四）依法严惩危害水生生物资源的单位犯罪。水产品交易公司、餐饮公司等单位实施本意见规定的行为，构成单位犯罪的，依照本意见规定的定罪量刑标准，对直接负责的主管人员和其他直接责任人员定罪处罚，并对单位判处罚金。

（七）（第一款）贯彻落实宽严相济刑事政策。多次实施本意见规定的行为构成犯罪，依法应当追诉的，或者二年内二次以上实施本意见规定的行为未经处理的，数量数额累计计算。

（第二款）实施本意见规定的犯罪，具有下列情形之一的，从重处罚：（1）暴力抗拒、阻碍国家机关工作人员依法履行职务，尚未构成妨害公务罪的；（2）二年内曾因实施本意见规定的行为受过处罚的；（3）对长江生物资源或水域生态造成严重损害的；（4）具有造成重大社会影响等恶劣情节的。具有上述情形的，一般不适用不起诉、缓刑、免予刑事处罚。

（第三款）非法捕捞水产品，根据渔获物的数量、价值和捕捞方法、工具等情节，认为对水生生物资源危害明显较轻的，可以认定为犯罪情节轻微，依法不起诉或者免予刑事处罚，但是曾因破坏水产资源受过处罚的除外。

三、健全完善工作机制，保障相关案件的办案效果

（三）全面收集涉案证据材料。对于农业农村（渔政）部门等行政机关在行政执法和查办案件过程中收集的物证、书证、视听资料、电子数据等证据材料，在刑事诉讼或者公益诉讼中可以作为证据使用。农业农村（渔政）部门等行政机关和公安机关要依法及时、全面收集与案件相关的各类证据，并依法进行录音录像，为案件的依法处理奠定事实根基。对于涉案船只、捕捞工具、渔获物等，应当在采取拍照、录音录像、称重、提取样品等方式固定证据后，依法妥善保管；公安机关保管有困难的，可以委托农业农村（渔政）部门保管；对于需要放生的渔获物，可以在固定证据后先行放生；对于已死亡且不宜长期保存的渔获物，可以由农业农村（渔政）部门

采取捐赠捐献用于科研、公益事业或者销毁等方式处理。

（四）准确认定相关专门性问题。对于长江流域重点水域禁捕范围（禁捕区域和时间），依据农业农村部关于长江流域重点水域禁捕范围和时间的有关通告确定。涉案渔获物系国家重点保护的珍贵、濒危水生野生动物的，动物及其制品的价值可以根据国务院野生动物保护主管部门综合考虑野生动物的生态、科学、社会价值制定的评估标准和方法核算。其他渔获物的价值，根据销赃数额认定；无销赃数额、销赃数额难以查证或者根据销赃数额认定明显偏低的，根据市场价格核算；仍无法认定的，由农业农村（渔政）部门认定或者由有关价格认证机构作出认证并出具报告。对于涉案的禁捕区域、禁捕时间、禁用方法、禁用工具、渔获物品种以及对水生生物资源的危害程度等专门性问题，由农业农村（渔政）部门于二个工作日以内出具认定意见；难以确定的，由司法鉴定机构出具鉴定意见，或者由农业农村部指定的机构出具报告。

（五）正确认定案件事实。要全面审查与定罪量刑有关的证据，确保据以定案的证据均经法定程序查证属实，确保综合全案证据，对所认定的事实排除合理怀疑。既要审查犯罪嫌疑人、被告人的供述和辩解，更要重视对相关物证、书证、证人证言、视听资料、电子数据等其他证据的审查判断。对于携带相关工具但是否实施电鱼、毒鱼、炸鱼等非法捕捞作业，是否进入禁捕水域范围以及非法捕捞渔获物种类、数量等事实难以直接认定的，可以根据现场执法音视频记录、案发现场周边视频监控、证人证言等证据材料，结合犯罪嫌疑人、被告人的供述和辩解等，综合作出认定。

（六）强化工作配合。人民法院、人民检察院、公安机关、农业农村（渔政）部门要依法履行法定职责，分工负责，互相配合，互相制约，确保案件顺利移送、侦查、起诉、审判。对于阻挠执法、暴力抗法的，公安机关要依法及时处置，确保执法安全。犯罪嫌疑人、被告人自愿如实供述自己的罪行，承认指控的犯罪事实，愿意接受处罚的，可以依法从宽处理；对于犯罪情节轻微，依法不需要判处刑罚或者免除刑罚的，人民检察院可以作出不起诉决定。对于实施危害水生生物资源的行为，致使社会公共利益受到侵害的，人民检察院可以依法提起民事公益诉讼。对于人民检察院作出不起诉决定、人民法院作出无罪判决或者免予刑事处罚，需要行政处罚的案件，由农业农村（渔政）部门等依法给予行政处罚。

340.4 最高人民法院、最高人民检察院关于办理破坏野生动物资源刑事案件适用法律若干问题的解释（2022年4月9日 法释〔2022〕12号）（节录）

第三条 在内陆水域，违反保护水产资源法规，在禁渔区、禁渔期或者使用禁用的工具、方法捕捞水产品，具有下列情形之一的，应当认定为刑法第三百四十条规定的"情节严重"，以非法捕捞水产品罪定罪处罚：

（一）非法捕捞水产品五百公斤以上或者价值一万元以上的；

（二）非法捕捞有重要经济价值的水生动物苗种、怀卵亲体或在水产种质资源保护区内捕捞水产品五十公斤以上或者价值一千元以上的；

（三）在禁渔区使用电鱼、毒鱼、炸鱼等严重破坏渔业资源的禁用方法或者禁用工具捕捞的；

（四）在禁渔期使用电鱼、毒鱼、炸鱼等严重破坏渔业资源的禁用方法或者禁用工具捕捞的；

（五）其他情节严重的情形。

实施前款规定的行为，具有下列情形之一的，从重处罚：

（一）暴力抗拒、阻碍国家机关工作人员依法履行职务，尚未构成妨害公务罪、袭警罪的；

（二）二年内曾因破坏野生动物资源受过行政处罚的；

（三）对水生生物资源或者水域生态造成严重损害的；

（四）纠集多条船只非法捕捞的；

（五）以非法捕捞为业的。

实施第一款规定的行为，根据渔获物的数量、价值和捕捞方法、工具等，认为对水生生物资源危害明显较轻的，综合考虑行为人自愿接受行政处罚、积极修复生态环境等情节，可以认定为犯罪情节轻微，不起诉或者免予刑事处罚；情节显著轻微危害不大的，不作为犯罪处理。

> 【说明】犯罪数额计算、定罪量刑情节、从宽、价值认定等内容，参见 341.4 本解释第 12 条以下。

【司法解释】

340.5 参见 341.7 最高人民法院关于审理发生在我国管辖海域相关案件若干问题的规定（一）（2016 年 8 月 2 日　法释〔2016〕16 号）

340.6 最高人民法院、最高人民检察院、公安部、司法部关于依法惩治非法野生动物交易犯罪的指导意见（2020 年 12 月 18 日　公通字〔2020〕19 号）（节录）

一、依法严厉打击非法猎捕、杀害野生动物的犯罪行为，从源头上防控非法野生动物交易。

（第四款）违反保护水产资源法规，在禁渔区、禁渔期或者使用禁用的工具、方法捕捞水产品，情节严重，符合刑法第三百四十条规定的，以非法捕捞水产品罪定罪处罚。

> 【说明】数量计算、共同犯罪、价值认定、证据使用等，参见 341.10 本意见第 4—9 条。

【法律法规】

340.7 中华人民共和国渔业法（1986 年 7 月 1 日　2013 年修正）（第 30—31 条、第 38 条第 1 款、第 41—42 条）

第三百四十一条【危害珍贵、濒危野生动物罪】非法猎捕、杀害国家重点保护的珍贵、濒危野生动物的，或者非法收购、运输、出售国家重点保护的珍贵、濒危野生动物及其制品的，处五年以下有期徒刑或者拘役，并处罚金；情节严重的，处五年以上十年以下有期徒刑，并处罚金；情节特别严重的，处十年以上有期徒刑，并处罚金或者没收财产。

【非法狩猎罪】违反狩猎法规，在禁猎区、禁猎期或者使用禁用的工具、方法进行狩猎，破坏野生动物资源，情节严重的，处三年以下有期徒刑、拘役、管制或者罚金。

【非法猎捕、收购、运输、出售陆生野生动物罪】违反野生动物保护管理法规，以食用为目的非法猎捕、收购、运输、出售第一款规定以外的在野外环境自然生长繁殖的陆生野生动物，情节严重的，依照前款的规定处罚。

> 【刑法修正说明】
> 本条第 3 款为全国人大常委会 2020 年 12 月 26 日通过并公布、2021 年 3 月 1 日施行的《刑法修正案（十一）》第 41 条所增设。

【罪名渊源】本条第 1 款的原非法猎捕、杀害珍贵、濒危野生动物罪系由 79 刑法第 130 条和全国人大常委会《关于惩治捕杀国家重点保护的珍贵、濒危野生动物犯罪的补充规定》（1988 年 11 月 8 日施行）的非法狩猎罪修改而来，刑法对法定刑作了调整，增加管制刑种，详细规定了罪状，并增设单位犯罪主体；原非法收购、运输、出售珍贵、濒危野生动物、珍贵、濒危野生动物制品罪系刑法增设的罪名，79 刑法、单行刑法均未规定。高法《罪名规定》、高检《罪名意见》将其解释为非法猎捕、杀害珍贵、濒危野生动物罪，非法收购、运输、出售珍贵、濒危野生动物、珍贵、濒危野生动物制品罪。"两高"《罪名补充规定（七）》将该两罪名取消，将其解释为危害珍贵、濒危野生动物罪。

本条第 2 款的非法狩猎罪系沿袭 79 刑法第 130 条内容，刑法改原法条中的"珍禽、珍兽或者其他野生动物资源"为"野生动物资源"，法定最高刑由 2 年提高至 3 年，并增加管制刑种。高法《罪名规定》、高检《罪名意见》将其解释为非法狩猎罪。

本条第 3 款系《刑法修正案（十一）》第 41 条所增设。"两高"《罪名补充规定（七）》将其解释为非法猎捕、收购、运输、出售陆生野生动物罪。

【立法解释】

341.1 全国人民代表大会常务委员会关于《中华人民共和国刑法》第三百四十一条、第三百一十二条的解释（2014 年 4 月 24 日）

全国人民代表大会常务委员会根据司法实践中遇到的情况，讨论了刑法第三百四十一条第一款规定的非法收购国家重点保护的珍贵、濒危野生动物及其制品的含义和收购刑法第三百四十一条第二款规定的非法狩猎的野生动物如何适用刑法有关规定的问题，解释如下：

知道或者应当知道是国家重点保护的珍贵、濒危野生动物及其制品，为食用或者其他目的而非法购买的，属于刑法第三百四十一条第一款规定的非法收购国家重点保护的珍贵、濒危野生动物及其制品的行为。

知道或者应当知道是刑法第三百四十一条第二款规定的非法狩猎的野生动物而购买的，属于刑法第三百一十二条第一款规定的明知是犯罪所得而收购的行为。

【立案标准】

341.2 国家林业局、公安部关于森林和陆生野生动物刑事案件管辖及立案标准（2001 年 5 月 9 日 林安字〔2001〕156 号）（节录）

一、森林公安机关管辖在其辖区内发生的刑法规定的下列森林和陆生野生动物刑事案件

（十）非法猎捕、杀害珍贵、濒危陆生野生动物案件（第三百四十一条第一款）；

（十一）非法收购、运输、出售珍贵、濒危陆生野生动物、珍贵、濒危陆生野生动物制品案件（第三百四十一条第一款）；

（十二）非法狩猎案件（第三百四十一条第二款）。

二、森林和陆生野生动物刑事案件的立案标准

（八）非法猎捕、杀害国家重点保护珍贵、濒危陆生野生动物案

凡非法猎捕、杀害国家重点保护的珍贵、濒危陆生野生动物的，应当立案，重大案件、特别重大案件的立案标准详见附表。

（九）非法收购、运输、出售珍贵、濒危陆生野生动物、珍贵、濒危陆生野生动物制品案

非法收购、运输、出售国家重点保护的珍贵、濒危陆生野生动物的应当立案，重大案件、特别重大案件的立案标准见附表。

非法收购、运输、出售国家重点保护的珍贵、濒危陆生野生动物制品的，应当立案；制品价值在 10 万元以上或者非法获利 5 万元以上的，为重大案件；制品价值在 20 万元以上或非法获利 10 万元以上的，为特别重大案件。

（十）非法狩猎案

违反狩猎法规，在禁猎区、禁猎期或者使用禁用的工具、方法狩猎，具有下列情形之一的，应予立案：

1. 非法狩猎陆生野生动物 20 只以上的；

2. 在禁猎区或者禁猎期使用禁用的工具、方法狩猎的；

3. 具有其他严重破坏野生动物资源情节的。

违反狩猎法规，在禁猎区、禁猎期或者使用禁用的工具、方法狩猎，非法狩猎陆生野生动物 50 只以上的，为重大案件；非法狩猎陆生野生动物 100 只以上或者具有其他恶劣情节的，为特别重大案件。

三、其他规定

（五）非法猎捕、杀害、收购、运输、出售、走私《濒危野生动植物种国际贸易公约》附录一、附录二所列陆生野生动物的，其立案标准参照附表中同属或者同科的国家一、二级保护野生动物的立案标准执行。

（六）珍贵、濒危陆生野生动物制品的价值，依照国家野生动物行政主管部门的规定核定；核定价值低于实际交易价格的，以实际交易价格认定。

（七）单位作案的，执行本规定的立案标准。

（八）本规定中所指的"以上"，均包括本数在内。

（九）各省、自治区、直辖市公安厅、局和林业主管部门可根据本地的实际情况，在本规定的幅度内确定本地区盗伐林木案、滥伐林木案和非法狩猎案的立案起点及重大、特别重大案件的起点。

341.3 最高人民检察院、公安部关于公安机关管辖的刑事案件立案追诉标准的规定（一）（2008 年 6 月 25 日　公通字〔2008〕36 号）（节录）

第六十四条　［非法猎捕、杀害珍贵、濒危野生动物案（刑法第三百四十一条第一款）］非法猎捕、杀害国家重点保护的珍贵、濒危野生动物的，应予立案追诉。

本条和本规定第六十五条规定的"珍贵、濒危野生动物"，包括列入《国家重点保护野生动物名录》的国家一、二级保护野生动物、列入《濒危野生动植物种国际贸易公约》附录一、附录二的野生动物以及驯养繁殖的上述物种。

第六十五条　［非法收购、运输、出售珍贵、濒危野生动物、珍贵、濒危野生动物制品案（刑法第三百四十一条第一款）］非法收购、运输、出售国家重点保护的珍贵、濒危野生动物及其制品的，应予立案追诉。

本条规定的"收购"，包括以营利、自用等为目的的购买行为；"运输"，包括采用携带、邮寄、利用他人、使用交通工具等方法进行运送的行为；"出售"，包括出卖和以营利为目的的加工利用行为。

第六十六条　［非法狩猎案（刑法第三百四十一条第二款）］违反狩猎法规，在禁猎区、禁猎期或者使用禁用的工具、方法进行狩猎，破坏野生动物资源，涉嫌下列情形之一的，应予立案追诉：

（一）非法狩猎野生动物二十只以上的；

（二）在禁猎区内使用禁用的工具或者禁用的方法狩猎的；

（三）在禁猎期内使用禁用的工具或者禁用的方法狩猎的；

（四）其他情节严重的情形。

第一百条　本规定中的立案追诉标准，除法律、司法解释另有规定的以外，适用于相关的单位犯罪。

【罪刑标准】

341.4 最高人民法院、最高人民检察院关于办理破坏野生动物资源刑事案件适用法律若干问题的解释（2022 年 4 月 9 日　法释〔2022〕12 号）（节录）

第四条　刑法第三百四十一条第一款规定的"国家重点保护的珍贵、濒危野生动物"包括：

（一）列入《国家重点保护野生动物名录》的野生动物；

（二）经国务院野生动物保护主管部门核准按照国家重点保护的野生动物管理的野生动物。

第五条　刑法第三百四十一条第一款规定的"收购"包括以营利、自用等为目的的购买行为；"运输"包括采用携带、邮寄、利用他人、使用交通工具等方法进行运送的行为；"出售"包括出卖和以营利为目的的加工利用行为。

刑法第三百四十一条第三款规定的"收购""运输""出售"，是指以食用为目的，实施前款规定的相应行为。

第六条　非法猎捕、杀害国家重点保护的珍贵、濒危野生动物，或者非法收购、运输、出售国家重点保护的珍贵、濒危野生动物及其制品，价值二万元以上不满二十万元的，应当依照刑法第三百四十一条第一款的规定，以危害珍贵、濒危野生动物罪处五年以下有期徒刑或者拘役，并处罚金；价值二十万元以上不满二百万元的，应当认定为"情节严重"，处五年以上十年以下有期徒刑，并处罚金；价值二百万元以上的，应当认定为"情节特别严重"，处十年以上有期徒刑，并处罚金或者没收财产。

实施前款规定的行为，具有下列情形之一的，从重处罚：

（一）属于犯罪集团的首要分子的；

（二）为逃避监管，使用特种交通工具实施的；

（三）严重影响野生动物科研工作的；

（四）二年内曾因破坏野生动物资源受过行政处罚的。

实施第一款规定的行为，不具有第二款规定的情形，且未造成动物死亡或者动物、动物制品无法追回，行为人全部退赃退赔，确有悔罪表现的，按照下列规定处理：

（一）珍贵、濒危野生动物及其制品价值二百万元以上的，可以认定为"情节严重"，处五年以上十年以下有期徒刑，并处罚金；

（二）珍贵、濒危野生动物及其制品价值二十万元以上不满二百万元的，可以处五年以下有期徒刑或者拘役，并处罚金；

（三）珍贵、濒危野生动物及其制品价值二万元以上不满二十万元的，可以认定为犯罪情节轻微，不起诉或者免予刑事处罚；情节显著轻微危害不大的，不作为犯罪处理。

第七条　违反狩猎法规，在禁猎区、禁猎期或者使用禁用的工具、方法进行狩猎，破坏野生动物资源，具有下列情形之一的，应当认定为刑法第三百四十一条第二款规定的"情节严重"，以非法狩猎罪定罪处罚：

（一）非法猎捕野生动物价值一万元以上的；

（二）在禁猎区使用禁用的工具或者方法狩猎的；

（三）在禁猎期使用禁用的工具或者方法狩猎的；

（四）其他情节严重的情形。

实施前款规定的行为，具有下列情形之一的，从重处罚：

（一）暴力抗拒、阻碍国家机关工作人员依法履行职务，尚未构成妨害公务罪、袭警罪的；

（二）对野生动物资源或者栖息地生态造成严重损害的；

（三）二年内曾因破坏野生动物资源受过行政处罚的。

实施第一款规定的行为，根据猎获物的数量、价值和狩猎方法、工具等，认为对野生动物资源危害明显较轻的，综合考虑猎捕的动机、目的、行为人自愿接受行政处罚、积极修复生态环境等情节，可以认定为犯罪情节轻微，不起诉或者免予刑事处罚；情节显著轻微危害不大的，不作为犯罪处理。

第八条　违反野生动物保护管理法规，以食用为目的，非法猎捕、收购、运输、出售刑法第三百四十一条第一款规定以外的在野外环境自然生长繁殖的陆生野生动物，具有下列情形之一的，应当认定为刑法第三百四十一条第三款规定的"情节严重"，以非法猎捕、收购、运输、出售陆生野生动物罪定罪处罚：

（一）非法猎捕、收购、运输、出售有重要生态、科学、社会价值的陆生野生动物或者地方重点保护陆生野生动物价值一万元以上的；

（二）非法猎捕、收购、运输、出售第一项规定以外的其他陆生野生动物价值五万元以上的；

（三）其他情节严重的情形。

实施前款规定的行为，同时构成非法狩猎罪的，应当依照刑法第三百四十一条第三款的规定，以非法猎捕陆生野生动物罪定罪处罚。

第十一条　对于"以食用为目的"，应当综合涉案动物及其制品的特征，被查获的地点，加工、包装情况，以及可以证明来源、用途的标识、证明等证据作出认定。

实施本解释规定的相关行为，具有下列情形之一的，可以认定为"以食用为目的"：

（一）将相关野生动物及其制品在餐饮单位、饮食摊点、超市等场所作为食品销售或者运往上述场所的；

（二）通过包装、说明书、广告等介绍相关野生动物及其制品的食用价值或者方法的；

（三）其他足以认定以食用为目的的情形。

第十二条　二次以上实施本解释规定的行为构成犯罪，依法应当追诉的，或者二年内实施本解释规定的行为未经处理的，数量、数额累计计算。

第十三条　实施本解释规定的相关行为，在认定是否构成犯罪以及裁量刑罚时，应当考虑涉案动物是否系人工繁育、物种的濒危程度、野外存活状况、人工繁育情况、是否列入人工繁育国家重点保护野生动物名录，行为手段、对野生动物资源的损害程度，以及对野生动物及其制品的认知程度等情节，综合评估社会危害性，准确认定是否构成犯罪，妥当裁量刑罚，确保罪刑相适应；根据本解释的规定定罪量刑明显过重的，可以根据案件的事实、情节和社会危害程度，依法作出妥当处理。

涉案动物系人工繁育，具有下列情形之一的，对所涉案件一般不作为犯罪处理；需要追究刑事责任的，应当依法从宽处理：

（一）列入人工繁育国家重点保护野生动物名录的；

（二）人工繁育技术成熟、已成规模，作为宠物买卖、运输的。

第十四条 对于实施本解释规定的相关行为被不起诉或者免予刑事处罚的行为人，依法应当给予行政处罚、政务处分或者其他处分的，依法移送有关主管机关处理。

第十五条 对于涉案动物及其制品的价值，应当根据下列方法确定：

（一）对于国家禁止进出口的珍贵动物及其制品、国家重点保护的珍贵、濒危野生动物及其制品的价值，根据国务院野生动物保护主管部门制定的评估标准和方法核算；

（二）对于有重要生态、科学、社会价值的陆生野生动物、地方重点保护野生动物、其他野生动物及其制品的价值，根据销赃数额认定；无销赃数额、销赃数额难以查证或者根据销赃数额认定明显偏低的，根据市场价格核算，必要时，也可以参照相关评估标准和方法核算。

第十六条 根据本解释第十五条规定难以确定涉案动物及其制品价值的，依据司法鉴定机构出具的鉴定意见，或者下列机构出具的报告，结合其他证据作出认定：

（一）价格认证机构出具的报告；

（二）国务院野生动物保护主管部门、国家濒危物种进出口管理机构或者海关总署等指定的机构出具的报告；

（三）地、市级以上人民政府野生动物保护主管部门、国家濒危物种进出口管理机构的派出机构或者直属海关等出具的报告。

第十七条 对于涉案动物的种属类别、是否系人工繁育，非法捕捞、狩猎的工具、方法，以及对野生动物资源的损害程度等专门性问题，可以由野生动物保护主管部门、侦查机关依据现场勘验、检查笔录等出具认定意见；难以确定的，依据司法鉴定机构出具的鉴定意见、本解释第十六条所列机构出具的报告，被告人及其辩护人提供的证据材料，结合其他证据材料综合审查，依法作出认定。

第十八条 餐饮公司、渔业公司等单位实施破坏野生动物资源犯罪的，依照本解释规定的相应自然人犯罪的定罪量刑标准，对直接负责的主管人员和其他直接责任人员定罪处罚，并对单位判处罚金。

第十九条 在海洋水域，非法捕捞水产品，非法采捕珊瑚、砗磲或者其他珍贵、濒危水生野生动物，或者非法收购、运输、出售珊瑚、砗磲或者其他珍贵、濒危水生野生动物及其制品的，定罪量刑标准适用《最高人民法院关于审理发生在我国管辖海域相关案件若干问题的规定（二）》（法释〔2016〕17号）的相关规定。

第二十条 本解释自2022年4月9日起施行。本解释公布施行后，《最高人民法院关于审理破坏野生动物资源刑事案件具体应用法律若干问题的解释》（法释〔2000〕37号）同时废止；之前发布的司法解释与本解释不一致的，以本解释为准。

341.5 最高人民法院关于审理发生在我国管辖海域相关案件若干问题的规定（二）（2016年8月2日 法释〔2016〕17号）（节录）

第五条 非法采捕珊瑚、砗磲或者其他珍贵、濒危水生野生动物，具有下列情形之一的，应当认定为刑法第三百四十一条第一款规定的"情节严重"：

（一）价值在五十万元以上的；

（二）非法获利二十万元以上的；

（三）造成海域生态环境严重破坏的；

（四）造成严重国际影响的；

（五）其他情节严重的情形。

实施前款规定的行为，具有下列情形之一的，应当认定为刑法第三百四十一条第一款规定的"情节特别严重"：

（一）价值或者非法获利达到本条第一款规定标准五倍以上的；

（二）价值或者非法获利达到本条第一款规定的标准，造成海域生态环境严重破坏的；

（三）造成海域生态环境特别严重破坏的；

（四）造成特别严重国际影响的；

（五）其他情节特别严重的情形。

第六条 非法收购、运输、出售珊瑚、砗磲或者其他珍贵、濒危水生野生动物及其制品，具有下列情形之一的，应当认定为刑法第三百四十一条第一款规定的"情节严重"：

（一）价值在五十万元以上的；

（二）非法获利在二十万元以上的；

（三）具有其他严重情节的。

非法收购、运输、出售珊瑚、砗磲或者其他珍贵、濒危水生野生动物及其制品，具有下列情形之一的，应当认定为刑法第三百四十一条第一款规定的"情节特别严重"：

（一）价值在二百五十万元以上的；

（二）非法获利在一百万元以上的；

（三）具有其他特别严重情节的。

第七条 对案件涉及的珍贵、濒危水生野生动物的种属难以确定的，由司法鉴定机构出具鉴定意见，或者由国务院渔业行政主管部门指定的机构出具报告。

珍贵、濒危水生野生动物或者其制品的价值，依照国务院渔业行政主管部门的规定核定。核定价值低于实际交易价格的，以实际交易价格认定。

本解释所称珊瑚、砗磲，是指列入《国家重点保护野生动物名录》中国家一、二级保护的，以及列入《濒危野生动植物种国际贸易公约》附录一、附录二中的珊瑚、砗磲的所有种，包括活体和死体。

第八条 实施破坏海洋资源犯罪行为，同时构成非法捕捞罪、非法猎捕、杀害珍贵、濒危野生动物罪、组织他人偷越国（边）境罪、偷越国（边）境罪等犯罪的，依照处罚较重的规定定罪处罚。

有破坏海洋资源犯罪行为，又实施走私、妨害公务等犯罪的，依照数罪并罚的规定处理。

341.6 最高人民法院、最高人民检察院、公安部、农业农村部依法惩治长江流域非法捕捞等违法犯罪的意见（2020年12月17日 公通字〔2020〕17号）（节录）

二、准确适用法律，依法严惩非法捕捞等危害水生生物资源的各类违法犯罪

（二）依法严惩危害珍贵、濒危水生野生动物资源犯罪。在长江流域重点水域非法猎捕、杀害中华鲟、长江鲟、长江江豚或者其他国家重点保护的珍贵、濒危水生野生动物，价值二万元以上不满二十万元的，应当依照刑法第三百四十一条的规定，以非法猎捕、杀害珍贵、濒危野生动物罪，处五年以下有期徒刑或者拘役，并处罚金；价值二十万元以上不满二百万元的，应当认定为"情节严重"，处五年以上十年以下有期徒刑，并处罚金；价值二百万元以上的，应当认定为"情节特别严重"，处十年以上有期徒刑，并处罚金或者没收财产。

（三）（第二款）非法收购、运输、出售在长江流域重点水域非法猎捕、杀害的中华鲟、长江鲟、长江江豚或者其他国家重点保护的珍贵、濒危水生野生动物及其制品，价值二万元以上不满二十万元的，应当依照刑法第三百四十一条的规定，以非法收购、运输、出售珍贵、濒危野生动物、珍贵、濒危野生动物制品罪，处五年以下有期徒刑或者拘役，并处罚金；价值二十万元以上不满二百万元的，应当认定为"情节严重"，处五年以上十年以下有期徒刑，并处罚金；价值二百万元以上的，应当认定为"情节特别严重"，处十年以上有期徒刑，并处罚金或者没收财产。

（七）（第一款）贯彻落实宽严相济刑事政策。多次实施本意见规定的行为构成犯罪，依法

应当追诉的，或者二年内二次以上实施本意见规定的行为未经处理的，数量数额累计计算。

（第二款）实施本意见规定的犯罪，具有下列情形之一的，从重处罚：（1）暴力抗拒、阻碍国家机关工作人员依法履行职务，尚未构成妨害公务罪的；（2）二年内曾因实施本意见规定的行为受过处罚的；（3）对长江生物资源或水域生态造成严重损害的；（4）具有造成重大社会影响等恶劣情节。具有上述情形的，一般不适用不起诉、缓刑、免予刑事处罚。

（第四款）非法猎捕、收购、运输、出售珍贵、濒危水生野生动物，尚未造成动物死亡，综合考虑行为手段、主观罪过、犯罪动机、获利数额、涉案水生生物的濒危程度、数量价值以及行为人的认罪悔罪态度、修复生态环境情况等情节，认为适用本意见规定的定罪量刑标准明显过重的，可以结合具体案件的实际情况依法作出妥当处理，确保罪责刑相适应。

> 【说明】单位犯罪、证据收集、价值和事实认定等，参见 340.3 本意见。

【司法解释】

341.7 最高人民法院关于审理发生在我国管辖海域相关案件若干问题的规定（一）（2016 年 8 月 2 日　法释〔2016〕16 号）（节录）

第一条　本规定所称我国管辖海域，是指中华人民共和国内水、领海、毗连区、专属经济区、大陆架，以及中华人民共和国管辖的其他海域。

第二条　中国公民或组织在我国与有关国家缔结的协定确定的共同管理的渔区或公海从事捕捞等作业的，适用本规定。

第三条　中国公民或者外国人在我国管辖海域实施非法猎捕、杀害珍贵濒危野生动物或者非法捕捞水产品等犯罪的，依照我国刑法追究刑事责任。

【司法文件】

341.8 最高人民法院、最高人民检察院、国家林业局、公安部、海关总署关于破坏野生动物资源刑事案件中涉及的 CITES 附录 I 和附录 II 所列陆生野生动物制品价值核定问题的通知（2012 年 9 月 17 日　林濒发〔2012〕239 号）

各省、自治区、直辖市高级人民法院、人民检察院、林业厅（局）、公安厅（局），解放军军事法院，解放军军事检察院，新疆维吾尔自治区高级人民法院生产建设兵团分院，新疆生产建设兵团人民检察院、林业局、公安局，海关总署广东分署，各直属海关：

我国是《濒危野生动植物种国际贸易公约》（CITES）缔约国，非原产我国的 CITES 附录 I 和附录 II 所列陆生野生动物已依法被分别核准为国家一级、二级保护野生动物。近年来，各地严格按照 CITES 和我国野生动物保护法律法规的规定，查获了大量非法收购、运输、出售和走私 CITES 附录 I、附录 II 所列陆生野生动物及其制品案件。为确保依法办理上述案件，依据《陆生野生动物保护实施条例》第二十四条、《最高人民法院关于审理走私刑事案件具体应用法律若干问题的解释》（法释〔2000〕30 号）第四条，以及《最高人民法院关于审理破坏野生动物资源刑事案件具体应用法律若干问题的解释》（法释〔2000〕37 号）①第十条和第十一条的有关规定，结合《林业部关于在野生动物案件中如何确定国家重点保护野生动物及其产品价值标准的通知》（林策通字〔1996〕8 号）②，现将破坏野生动物资源案件中涉及的 CITES 附录 I 和附录 II 所列陆生野生动物制品的价值标准规定如下：

一、CITES 附录 I、附录 II 所列陆生野生动物制品的价值，参照与其同属的国家重点保护陆生野生动物的同类制品价值标准核定；没有与其同属的国家重点保护陆生野生动物的，参照

---

① 该解释已被废止，代之以最高人民法院、最高人民检察院《关于办理破坏野生动物资源刑事案件适用法律若干问题的解释》（法释〔2022〕12 号）。——编者注

② 2017 年 11 月 13 日施行的国家林业局《关于废止部分规范性文件的通知》已将该通知废止。——编者注

与其同科的国家重点保护陆生野生动物的同类制品价值标准核定；没有与其同科的国家重点保护陆生野生动物的，参照与其同目的国家重点保护陆生野生动物的同类制品价值标准核定；没有与其同目的国家重点保护陆生野生动物的，参照与其同纲或者同门的国家重点保护陆生野生动物的同类制品价值标准核定。

二、同属、同科、同目、同纲或者同门中，如果存在多种不同保护级别的国家重点保护陆生野生动物的，应当参照该分类单元中相同保护级别的国家重点保护陆生野生动物的同类制品价值标准核定；如果存在多种相同保护级别的国家重点保护陆生野生动物的，应当参照该分类单元中价值标准最低的国家重点保护陆生野生动物的同类制品价值标准核定；如果CITES附录Ⅰ和附录Ⅱ所列陆生野生动物所处分类单元有多种国家重点保护陆生野生动物，但保护级别不同的，应当参照该分类单元中价值标准最低的国家重点保护陆生野生动物的同类制品价值标准核定；如果仅有一种国家重点保护陆生野生动物的，应当参照该种国家重点保护陆生野生动物的同类制品价值标准核定。

三、同一案件中缴获的同一动物个体的不同部分的价值总和，不得超过该种动物个体的价值。

四、核定价值低于非法贸易实际交易价格的，以非法贸易实际交易价格认定。

五、犀牛角、象牙等野生动物制品的价值，继续依照《国家林业局关于发布破坏野生动物资源刑事案中涉及走私的象牙及其制品价值标准的通知》（林濒发〔2001〕234号），以及《国家林业局关于发布破坏野生动物资源刑事案件中涉及犀牛角价值标准的通知》（林护发〔2002〕130号）的规定核定。

人民法院、人民检察院、公安、海关等办案单位可以依据上述价值标准，核定破坏野生动物资源刑事案件中涉及的CITES附录Ⅰ和附录Ⅱ所列陆生野生动物制品的价值。核定有困难的，县级以上林业主管部门、国家濒危物种进出口管理机构或其指定的鉴定单位应该协助。

341.9 最高人民法院研究室关于收购、运输、出售部分人工驯养繁殖技术成熟的野生动物适用法律问题的复函（2016年3月2日 法研〔2016〕23号）

国家林业局森林公安局：

贵局《关于商请对非法收购、运输、出售部分人工驯养繁殖的珍贵濒危野生动物适用法律问题予以答复的函》（林公刑便字〔2015〕49号）收悉。经研究并征求我院相关业务庭意见，我室认为：

我院《关于被告人郑喜和非法收购珍贵、濒危野生动物、珍贵、濒危野生动物制品罪请示一案的批复》（〔2011〕刑他字第86号，以下简称《批复》）是根据贵局《关于发布商业性经营利用驯养繁殖技术成熟的梅花鹿等54种陆生野生动物名单的通知》（林护发〔2003〕121号，以下简称《通知》）的精神作出的。虽然《通知》于2012年被废止，但从实践看，《批复》的内容仍符合当前野生动物保护与资源利用实际，即：由于驯养繁殖技术的成熟，对有的珍贵、濒危野生动物的驯养繁殖、商业利用在某些地区已成规模，有关野生动物的数量极大增加，收购、运输、出售这些人工驯养繁殖的野生动物实际已无社会危害性。

来函建议对我院2000年《关于审理破坏野生动物资源刑事案件具体应用法律若干问题的解释》进行修改，提高收购、运输、出售有关人工驯养繁殖的野生动物的定罪量刑标准。此一思路虽能将一些行为出罪，但不能完全解决问题。如将运输人工驯养繁殖梅花鹿行为的入罪标准规定为20只以上后，还会有相当数量的案件符合定罪乃至判处重刑的条件。按此思路修订解释、对相关案件作出判决后，恐仍难保障案件处理的法律与社会效果。

鉴此，我室认为，彻底解决当前困境的办法，或者是尽快启动国家重点保护野生动物名录的修订工作，将一些实际已不再处于濒危状态的动物从名录中及时调整出去，同时将有的已处于濒危状态的动物增列进来；或者是在修订后司法解释中明确，对某些经人工驯养繁殖、数量已大大增多的野生动物，附表所列的定罪量刑数量标准，仅适用于真正意义上的野生动物，而不包括驯养繁殖的。

以上意见供参考。

341.10 最高人民法院、最高人民检察院、公安部、司法部关于依法惩治非法野生动物交易犯罪的指导意见（2020 年 12 月 18 日　公通字〔2020〕19 号）（节录）

一、（第一款）依法严厉打击非法猎捕、杀害野生动物的犯罪行为，从源头上防控非法野生动物交易。

（第二款）非法猎捕、杀害国家重点保护的珍贵、濒危野生动物，符合刑法第三百四十一条第一款规定的，以非法猎捕、杀害珍贵、濒危野生动物罪定罪处罚。

（第三款）违反狩猎法规，在禁猎区、禁猎期或者使用禁用的工具、方法进行狩猎，破坏野生动物资源，情节严重，符合刑法第三百四十一条第二款规定的，以非法狩猎罪定罪处罚。

二、（第一款）依法严厉打击非法收购、运输、出售、进出口野生动物及其制品的犯罪行为，切断非法野生动物交易的利益链条。

（第二款）非法收购、运输、出售国家重点保护的珍贵、濒危野生动物及其制品，符合刑法第三百四十一条第一款规定的，以非法收购、运输、出售珍贵、濒危野生动物、珍贵、濒危野生动物制品罪定罪处罚。

三、依法严厉打击以食用或者其他目的非法购买野生动物的犯罪行为，坚决革除滥食野生动物的陋习。

知道或者应当知道是国家重点保护的珍贵、濒危野生动物及其制品，为食用或者其他目的而非法购买，符合刑法第三百四十一条第一款规定的，以非法收购珍贵、濒危野生动物、珍贵、濒危野生动物制品罪定罪处罚。

四、二次以上实施本意见第一条至第三条规定的行为构成犯罪，依法应当追诉的，或者二年内二次以上实施本意见第一条至第三条规定的行为未经处理的，数量、数额累计计算。

五、明知他人实施非法野生动物交易行为，有下列情形之一的，以共同犯罪论处：

（一）提供贷款、资金、账号、车辆、设备、技术、许可证件的；

（二）提供生产、经营场所或者运输、仓储、保管、快递、邮寄、网络信息交互等便利条件或者其他服务的；

（三）提供广告宣传等帮助行为的。

六、对涉案野生动物及其制品价值，可以根据国务院野生动物保护主管部门制定的价值评估标准和方法核算。对野生动物制品，根据实际情况予以核算，但核算总额不能超过该种野生动物的整体价值。具有特殊利用价值或者导致动物死亡的主要部分，核算方法不明确的，其价值标准最高可以按照该种动物整体价值标准的 80% 予以折算，其他部分价值标准最高可以按整体价值标准的 20% 予以折算，但是按照上述方法核算的价值明显不当的，应当根据实际情况妥当予以核算。核算价值低于实际交易价格的，以实际交易价格认定。

根据前款规定难以确定涉案野生动物及其制品价值的，依据下列机构出具的报告，结合其他证据作出认定：

（一）价格认证机构出具的报告；

（二）国务院野生动物保护主管部门、国家濒危物种进出口管理机构、海关总署等指定的机构出具的报告；

（三）地、市级以上人民政府野生动物保护主管部门、国家濒危物种进出口管理机构的派出机构、直属海关等出具的报告。

七、对野生动物及其制品种属类别，非法捕捞、狩猎的工具、方法，以及对野生动物资源的损害程度、食用涉案野生动物对人体健康的危害程度等专门性问题，可以由野生动物保护主管部门、侦查机关或者有专门知识的人依据现场勘验、检查笔录等出具认定意见。难以确定的，依据司法鉴定机构出具的鉴定意见，或者本意见第六条第二款所列机构出具的报告，结合其他证据作出认定。

八、办理非法野生动物交易案件中，行政执法部门依法收集的物证、书证、视听资料、电子数据等证据材料，在刑事诉讼中可以作为证据使用。

对不易保管的涉案野生动物及其制品，在做好拍摄、提取检材或者制作足以反映原物形态特征或者内容的照片、录像等取证工作后，可以移交野生动物保护主管部门及其指定的机构依法处置。对存在或者可能存在疫病的野生动物及其制品，应立即通知野生动物保护主管部门依法处置。

九、实施本意见规定的行为，在认定是否构成犯罪以及裁量刑罚时，应当考虑涉案动物是否系人工繁育、物种的濒危程度、野外存活状况、人工繁育情况、是否列入国务院野生动物保护主管部门制定的人工繁育国家重点保护野生动物名录，以及行为手段、对野生动物资源的损害程度、食用涉案野生动物对人体健康的危害程度等情节，综合评估社会危害性，确保罪责刑相适应。相关定罪量刑标准明显不适宜的，可以根据案件的事实、情节和社会危害程度，依法作出妥当处理。

【部委规范】

341.11 国家林业局关于发布破坏野生动物资源刑事案中涉及走私的象牙及其制品价值标准的通知（2001 年 6 月 13 日 林濒发〔2001〕234 号）

各省、自治区、直辖市林业（农林）厅（局）：

亚洲象是国家一级保护野生动物，非洲象被依法核准为国家一级保护野生动物，国家禁止亚洲象和非洲象象牙及其制品的收购、运输、出售和进出口活动。近几年来，各地、各部门严格按照《濒危野生动植物种国际贸易公约》和我国野生动物保护法规的规定，严厉打击非法收购、运输、出售走私象牙及其制品违法犯罪活动，查获了大量非法收购、运输、出售和走私象牙及其制品案件。为确保各部门依法查处上述刑事案件，依据《林业部、财政部、国家物价局关于发布〈陆生野生动物资源保护管理费收费办法〉的通知》（林护字〔1992〕72 号）、《林业部关于在野生动物案件中如何确定国家重点保护野生动物及其产品价值标准的通知》（林策通字〔1996〕8 号）①、《国家林业局、公安部关于印发森林和陆生野生动物刑事案件管辖及立案标准的通知》（林安发〔2001〕156 号）和《最高人民法院关于审理破坏野生动物资源刑事案件具体应用法律若干问题的解释》（法释〔2000〕37 号）②的有关规定，现将破坏野生动物资源刑事案件中涉及走私的象牙及其制品的价值标准规定如下：一根未加工象牙的价值为 25 万元；由整根象牙雕刻而成的一件象牙制品，应视为一根象牙，其价值为 25 万元；由一根象牙切割成数段象牙块或者雕刻成数件象牙制品的，这些象牙块或者象牙制品总合，也应视为一根象牙，其价值为 25 万元；对于无法确定是否属一根牙切割或者雕刻成的象牙块或象牙制品，应根据其重量来核定，单价为 41667 元/千克。按上述价值标准核定的象牙及其制品价格低于实际销售价的按实际销售价格执行。

凡过去的有关规定与本通知不一致的，按本通知执行。

【法律法规】

341.12 中华人民共和国陆生野生动物保护实施条例（1992 年 3 月 1 日 2016 年修订）（第 2 条、第 11 条、第 14—15 条、第 18 条、第 26 条、第 28—29 条、第 32 条、第 42 条）

341.13 中华人民共和国水生野生动物保护实施条例（1993 年 10 月 5 日 2013 年修订）（第 2 条、第 12—24 条、第 26 条）

第三百四十二条【非法占用农用地罪】 违反土地管理法规，非法占用耕地、林地等农用地，改变被占用土地用途，数量较大，造成耕地、林地等农用地大量毁坏的，处五年以下有期徒刑或者拘役，并处或者单处罚金。

---

① 2017 年 11 月 13 日施行的国家林业局《关于废止部分规范性文件的通知》（林策发〔2017〕129 号）将其废止。——编者注

② 该解释已被废止，代之以最高人民法院、最高人民检察院《关于办理破坏野生动物资源刑事案件适用法律若干问题的解释》（法释〔2022〕12 号）。——编者注

【刑法修正说明】

本条为全国人大常委会2001年8月31日通过并公布施行的《刑法修正案（二）》所修正。原第342条为：

【非法占用耕地罪】违反土地管理法规，非法占用耕地改作他用，数量较大，造成耕地大量毁坏的，处五年以下有期徒刑或者拘役，并处或者单处罚金。

【罪名渊源】本条系刑法吸收1998年《土地管理法》第74条内容增设，79刑法、单行刑法均未规定。高法《罪名规定》、高检《罪名意见》将其解释为非法占用耕地罪。《刑法修正案（二）》对罪状作了修改，"两高"《罪名补充规定》将其解释为非法占用农用地罪，取消非法占用耕地罪罪名。

【立法解释】

342.1 参见228.1 全国人民代表大会常务委员会关于《中华人民共和国刑法》第二百二十八条、第三百四十二条、第四百一十条的解释（2001年8月31日　2009年修正）

【立案标准】

342.2 最高人民检察院、公安部关于公安机关管辖的刑事案件立案追诉标准的规定（一）（2008年6月25日　公通字〔2008〕36号）（节录）

第六十七条　［非法占用农用地案（刑法第三百四十二条）］违反土地管理法规，非法占用耕地、林地等农用地，改变被占用土地用途，造成耕地、林地等农用地大量毁坏，涉嫌下列情形之一的，应予立案追诉：

（一）非法占用基本农田五亩以上或者基本农田以外的耕地十亩以上的；

（二）非法占用防护林地或者特种用途林地数量单种或者合计五亩以上的；

（三）非法占用其他林地数量十亩以上的；

（四）非法占用本款第（二）项、第（三）项规定的林地，其中一项数量达到相应规定的数量标准的百分之五十以上，且两项数量合计达到该项规定的数量标准的；

（五）非法占用其他农用地数量较大的情形。

违反土地管理法规，非法占用耕地建窑、建坟、建房、挖沙、采石、采矿、取土、堆放固体废弃物或者进行其他非农业建设，造成耕地种植条件严重毁坏或者严重污染，被毁坏耕地数量达到以上规定的，属于本条规定的"造成耕地大量毁坏"。

违反土地管理法规，非法占用林地，改变被占用林地用途，在非法占用的林地上实施建窑、建坟、建房、挖沙、采石、采矿、取土、种植农作物、堆放或者排泄废弃物等行为或者进行其他非林业生产、建设，造成林地的原有植被或者林业种植条件严重毁坏或者严重污染，被毁坏林地数量达到以上规定的，属于本条规定的"造成林地大量毁坏"。

第一百条　本规定中的立案追诉标准，除法律、司法解释另有规定的以外，适用于相关的单位犯罪。

【罪刑标准】

342.3 最高人民法院关于审理破坏土地资源刑事案件具体应用法律若干问题的解释（2000年6月22日　法释〔2000〕14号）（节录）

第三条　违反土地管理法规，非法占用耕地改作他用，数量较大，造成耕地大量毁坏的，依照刑法第三百四十二条的规定，以非法占用耕地罪①定罪处罚：

（一）非法占用耕地"数量较大"，是指非法占用基本农田五亩以上或者非法占用基本农田

---

① 《刑法修正案（二）》已将非法占用耕地罪修改为非法占用农用地罪，对该解释应在此基础上进行理解。——编者注

以外的耕地十亩以上。

（二）非法占用耕地"造成耕地大量毁坏"，是指行为人非法占用耕地建窑、建坟、建房、挖沙、采石、采矿、取土、堆放固体废弃物或者进行其他非农业建设，造成基本农田五亩以上或者基本农田以外的耕地十亩以上种植条件严重毁坏或者严重污染。

第五条　实施第四条规定的行为，具有下列情形之一的，属于非法批准征用、占用土地"致使国家或者集体利益遭受特别重大损失"：

（一）非法批准征用、占用基本农田二十亩以上的；

（二）非法批准征用、占用基本农田以外的耕地六十亩以上的；

（三）非法批准征用、占用其他土地一百亩以上的；

（四）非法批准征用、占用土地，造成基本农田五亩以上，其他耕地十亩以上严重毁坏的；

（五）非法批准征用、占用土地造成直接经济损失五十万元以上等恶劣情节的。

第八条　单位犯非法转让、倒卖土地使用权罪，非法占有耕地罪的定罪量刑标准，依照本解释第一条、第二条、第三条的规定执行。

第九条　多次实施本解释规定的行为依法应当追诉的，或者一年内多次实施本解释规定的行为未经处理的，按照累计的数量、数额处罚。

342.4 最高人民法院关于审理破坏林地资源刑事案件具体应用法律若干问题的解释（2005 年 12 月 30 日　法释〔2005〕15 号）（节录）

第一条　违反土地管理法规，非法占用林地，改变被占用林地用途，在非法占用的林地上实施建窑、建坟、建房、挖沙、采石、采矿、取土、种植农作物、堆放或排泄废弃物等行为或者进行其他非林业生产、建设，造成林地的原有植被或林业种植条件严重毁坏或者严重污染，并具有下列情形之一的，属于《中华人民共和国刑法修正案（二）》规定的"数量较大，造成林地大量毁坏"，应当以非法占用农用地罪判处五年以下有期徒刑或者拘役，并处或者单处罚金：

（一）非法占用并毁坏防护林地、特种用途林地数量分别或者合计达到五亩以上；

（二）非法占用并毁坏其他林地数量达到十亩以上；

（三）非法占用并毁坏本条第（一）项、第（二）项规定的林地，数量分别达到相应规定的数量标准的百分之五十以上；

（四）非法占用并毁坏本条第（一）项、第（二）项规定的林地，其中一项数量达到相应规定的数量标准的百分之五十以上，且两项数量合计达到该项规定的数量标准。

第六条　单位实施破坏林地资源犯罪的，依照本解释规定的相关定罪量刑标准执行。

第七条　多次实施本解释规定的行为依法应当追诉且未经处理的，应当按照累计的数量、数额处罚。

342.5 最高人民法院关于审理破坏草原资源刑事案件应用法律若干问题的解释（2012 年 11 月 22 日　法释〔2012〕15 号）（节录）

第一条　违反草原法等土地管理法规，非法占用草原，改变被占用草原用途，数量较大，造成草原大量毁坏的，依照刑法第三百四十二条的规定，以非法占用农用地罪定罪处罚。

第二条　非法占用草原，改变被占用草原用途，数量在二十亩以上的，或者曾因非法占用草原受过行政处罚，在三年内又非法占用草原，改变被占用草原用途，数量在十亩以上的，应当认定为刑法第三百四十二条规定的"数量较大"。

非法占用草原，改变被占用草原用途，数量较大，具有下列情形之一的，应当认定为刑法第三百四十二条规定的"造成耕地、林地等农用地大量毁坏"：

（一）开垦草原种植粮食作物、经济作物、林木的；

（二）在草原上建窑、建房、修路、挖砂、采石、采矿、取土、剥取草皮的；

（三）在草原上堆放或者排放废弃物，造成草原的原有植被严重毁坏或者严重污染的；

（四）违反草原保护、建设、利用规划种植牧草和饲料作物，造成草原沙化或者水土严重流失的；

（五）其他造成草原严重毁坏的情形。

　　第五条　单位实施刑法第三百四十二条规定的行为，对单位判处罚金，并对其直接负责的主管人员和其他直接责任人员，依照本解释规定的定罪量刑标准定罪处罚。

　　第六条　多次实施破坏草原资源的违法犯罪行为，未经处理，应当依法追究刑事责任的，按照累计的数量、数额定罪处罚。

　　第七条　本解释所称"草原"，是指天然草原和人工草地，天然草原包括草地、草山和草坡，人工草地包括改良草地和退耕还草地，不包括城镇草地。

【法律法规】

　　342.6 中华人民共和国土地管理法（1999 年 1 月 1 日　2019 年修正）（第 75 条、第 77 条）

　　342.7 基本农田保护条例（1999 年 1 月 1 日　2011 年修订）（第 2 条、第 17 条、第 33 条）

　　342.8 退耕还林条例（2003 年 1 月 20 日　2016 年修订）（第 62 条）

　　第三百四十二条之一【破坏自然保护地罪】　违反自然保护地管理法规，在国家公园、国家级自然保护区进行开垦、开发活动或者修建建筑物，造成严重后果或者有其他恶劣情节的，处五年以下有期徒刑或者拘役，并处或者单处罚金。

　　有前款行为，同时构成其他犯罪的，依照处罚较重的规定定罪处罚。

> **【刑法修正说明】**
>
> 　　本条为全国人大常委会 **2020 年 12 月 26 日**通过并公布、**2021 年 3 月 1 日**施行的《刑法修正案（十一）》第 **42** 条所增设。

　　【罪名渊源】　本条系《刑法修正案（十一）》第 42 条增设。"两高"《罪名补充规定（七）》将其解释为破坏自然保护地罪。

　　第三百四十三条【非法采矿罪】　违反矿产资源法的规定，未取得采矿许可证擅自采矿，擅自进入国家规划矿区、对国民经济具有重要价值的矿区和他人矿区范围采矿，或者擅自开采国家规定实行保护性开采的特定矿种，情节严重的，处三年以下有期徒刑、拘役或者管制，并处或者单处罚金；情节特别严重的，处三年以上七年以下有期徒刑，并处罚金。

　　【破坏性采矿罪】　违反矿产资源法的规定，采取破坏性的开采方法开采矿产资源，造成矿产资源严重破坏的，处五年以下有期徒刑或者拘役，并处罚金。

> **【刑法修正说明】**
>
> 　　本条第 **1** 款为全国人大常委会 **2011 年 2 月 25 日**通过并公布、同年 **5 月 1 日**施行的《刑法修正案（八）》第 **47** 条所修正。原该款为：
>
> 　　**【非法采矿罪】**　违反矿产资源法的规定，未取得采矿许可证擅自采矿的，擅自进入国家规划矿区、对国民经济具有重要价值的矿区和他人矿区范围采矿的，擅自开采国家规定实行保护性开采的特定矿种，经责令停止开采后拒不停止开采，造成矿产资源破坏的，处三年以下有期徒刑、拘役或者管制，并处或者单处罚金；造成矿产资源严重破坏的，处三年以上七年以下有期徒刑，并处罚金。

　　【罪名渊源】　本条两款均系刑法吸收 1986 年《矿产资源法》第 39 条内容增设，79 刑法、单行刑法均未规定。高法《罪名规定》、高检《罪名意见》将其分别解释为非法采矿罪、破坏性采矿罪。《刑法修正案（八）》第 47 条对本条第 1 款作了修改：（1）改"经责令停止开采后拒不停止开采，造成矿产资源破坏的"为"情节严重的"；（2）改"造成矿产资源严重破坏"为"情节特别严重"。

【立案标准】

343.1 最高人民检察院、公安部关于公安机关管辖的刑事案件立案追诉标准的规定（一）的补充规定（2017年4月27日 公通字〔2017〕12号）（节录）

十一、将《立案追诉标准（一）》第六十八条修改为：［非法采矿案（刑法第三百四十三条第一款）］违反矿产资源法的规定，未取得采矿许可证擅自采矿，或者擅自进入国家规划矿区、对国民经济具有重要价值的矿区和他人矿区范围采矿，或者擅自开采国家规定实行保护性开采的特定矿种，涉嫌下列情形之一的，应予立案追诉：

（一）开采的矿产品价值或者造成矿产资源破坏的价值在十万元至三十万元以上的；

（二）在国家规划矿区、对国民经济具有重要价值的矿区采矿，开采国家规定实行保护性开采的特定矿种，或者在禁采区、禁采期内采矿，开采的矿产品价值或者造成矿产资源破坏的价值在五万元至十五万元以上的；

（三）二年内曾因非法采矿受过两次以上行政处罚，又实施非法采矿行为的；

（四）造成生态环境严重损害的；

（五）其他情节严重的情形。

在河道管理范围内采砂，依据相关规定应当办理河道采砂许可证而未取得河道采砂许可证，或者应当办理河道采砂许可证和采矿许可证，既未取得河道采砂许可证又未取得采矿许可证，具有本条第一款规定的情形之一，或者严重影响河势稳定危害防洪安全的，应予立案追诉。

采挖海砂，未取得海砂开采海域使用权证且未取得采矿许可证，具有本条第一款规定的情形之一，或者造成海岸线严重破坏的，应予立案追诉。

具有下列情形之一的，属于本条规定的"未取得采矿许可证"：

（一）无许可证的；

（二）许可证被注销、吊销、撤销的；

（三）超越许可证规定的矿区范围或者开采范围的；

（四）超出许可证规定的矿种的（共生、伴生矿种除外）；

（五）其他未取得许可证的情形。

多次非法采矿构成犯罪，依法应当追诉的，或者二年内多次非法采矿未经处理的，价值数额累计计算。

非法开采的矿产品价值，根据销赃数额认定；无销赃数额，销赃数额难以查证，或者根据销赃数额认定明显不合理的，根据矿产品价格和数量认定。

矿产品价值难以确定的，依据价格认证机构，省级以上人民政府国土资源、水行政、海洋等主管部门，或者国务院水行政主管部门在国家确定的重要江河、湖泊设立的流域管理机构出具的报告，结合其他证据作出认定。

【罪刑标准】

343.2 最高人民法院、最高人民检察院关于办理非法采矿、破坏性采矿刑事案件适用法律若干问题的解释（2016年12月1日 法释〔2016〕25号）

为依法惩处非法采矿、破坏性采矿犯罪活动，根据《中华人民共和国刑法》《中华人民共和国刑事诉讼法》的有关规定，现就办理此类刑事案件适用法律的若干问题解释如下：

第一条 违反《中华人民共和国矿产资源法》《中华人民共和国水法》等法律、行政法规有关矿产资源开发、利用、保护和管理的规定的，应当认定为刑法第三百四十三条规定的"违反矿产资源法的规定"。

第二条 具有下列情形之一的，应当认定为刑法第三百四十三条第一款规定的"未取得采矿许可证"：

（一）无许可证的；

（二）许可证被注销、吊销、撤销的；

（三）超越许可证规定的矿区范围或者开采范围的；

（四）超出许可证规定的矿种的（共生、伴生矿种除外）；

（五）其他未取得许可证的情形。

第三条　实施非法采矿行为，具有下列情形之一的，应当认定为刑法第三百四十三条第一款规定的"情节严重"：

（一）开采的矿产品价值或者造成矿产资源破坏的价值在十万元至三十万元以上的；

（二）在国家规划矿区、对国民经济具有重要价值的矿区采矿，开采国家规定实行保护性开采的特定矿种，或者在禁采区、禁采期内采矿，开采的矿产品价值或者造成矿产资源破坏的价值在五万元至十五万元以上的；

（三）二年内曾因非法采矿受过两次以上行政处罚，又实施非法采矿行为的；

（四）造成生态环境严重损害的；

（五）其他情节严重的情形。

实施非法采矿行为，具有下列情形之一的，应当认定为刑法第三百四十三条第一款规定的"情节特别严重"：

（一）数额达到前款第一项、第二项规定标准五倍以上的；

（二）造成生态环境特别严重损害的；

（三）其他情节特别严重的情形。

第四条　在河道管理范围内采砂，具有下列情形之一，符合刑法第三百四十三条第一款和本解释第二条、第三条规定的，以非法采矿罪定罪处罚：

（一）依据相关规定应当办理河道采砂许可证，未取得河道采砂许可证的；

（二）依据相关规定应当办理河道采砂许可证和采矿许可证，既未取得河道采砂许可证，又未取得采矿许可证的。

实施前款规定行为，虽不具有本解释第三条第一款规定的情形，但严重影响河势稳定，危害防洪安全的，应当认定为刑法第三百四十三条第一款规定的"情节严重"。

第五条　未取得海砂开采海域使用权证，且未取得采矿许可证，采挖海砂，符合刑法第三百四十三条第一款和本解释第二条、第三条规定的，以非法采矿罪定罪处罚。

实施前款规定行为，虽不具有本解释第三条第一款规定的情形，但造成海岸线严重破坏的，应当认定为刑法第三百四十三条第一款规定的"情节严重"。

第六条　造成矿产资源破坏的价值在五十万元至一百万元以上，或者造成国家规划矿区、对国民经济具有重要价值的矿区和国家规定实行保护性开采的特定矿种资源破坏的价值在二十五万元至五十万元以上的，应当认定为刑法第三百四十三条第二款规定的"造成矿产资源严重破坏"。

第七条　明知是犯罪所得的矿产品及其产生的收益，而予以窝藏、转移、收购、代为销售或者以其他方法掩饰、隐瞒的，依照刑法第三百一十二条的规定，以掩饰、隐瞒犯罪所得、犯罪所得收益罪定罪处罚。

实施前款规定的犯罪行为，事前通谋的，以共同犯罪论处。

第八条　多次非法采矿、破坏性采矿构成犯罪，依法应当追诉的，或者二年内多次非法采矿、破坏性采矿未经处理的，价值数额累计计算。

第九条　单位犯刑法第三百四十三条规定之罪的，依照本解释规定的相应自然人犯罪的定罪量刑标准，对直接负责的主管人员和其他直接责任人员定罪处罚，并对单位判处罚金。

第十条　实施非法采矿犯罪，不属于"情节特别严重"，或者实施破坏性采矿犯罪，行为人系初犯，全部退赃退赔，积极修复环境，并确有悔改表现的，可以认定为犯罪情节轻微，不起诉或者免予刑事处罚。

第十一条　对受雇佣为非法采矿、破坏性采矿犯罪提供劳务的人员，除参与利润分成或者领取高额固定工资的以外，一般不以犯罪论处，但曾因非法采矿、破坏性采矿受过处罚的除外。

第十二条　对非法采矿、破坏性采矿犯罪的违法所得及其收益，应当依法追缴或者责令退赔。

对用于非法采矿、破坏性采矿犯罪的专门工具和供犯罪所用的本人财物，应当依法没收。

第十三条 非法开采的矿产品价值,根据销赃数额认定;无销赃数额,销赃数额难以查证,或者根据销赃数额认定明显不合理的,根据矿产品价格和数量认定。

矿产品价值难以确定的,依据下列机构出具的报告,结合其他证据作出认定:

(一)价格认证机构出具的报告;

(二)省级以上人民政府国土资源、水行政、海洋等主管部门出具的报告;

(三)国务院水行政主管部门在国家确定的重要江河、湖泊设立的流域管理机构出具的报告。

第十四条 对案件所涉的有关专门性问题难以确定的,依据下列机构出具的鉴定意见或者报告,结合其他证据作出认定:

(一)司法鉴定机构就生态环境损害出具的鉴定意见;

(二)省级以上人民政府国土资源主管部门就造成矿产资源破坏的价值、是否属于破坏性开采方法出具的报告;

(三)省级以上人民政府水行政主管部门或者国务院水行政主管部门在国家确定的重要江河、湖泊设立的流域管理机构就是否危害防洪安全出具的报告;

(四)省级以上人民政府海洋主管部门就是否造成海岸线严重破坏出具的报告。

第十五条 各省、自治区、直辖市高级人民法院、人民检察院,可以根据本地区实际情况,在本解释第三条、第六条规定的数额幅度内,确定本地区执行的具体数额标准,报最高人民法院、最高人民检察院备案。

第十六条 本解释自 2016 年 12 月 1 日起施行。本解释施行后,《最高人民法院关于审理非法采矿、破坏性采矿刑事案件具体应用法律若干问题的解释》(法释〔2003〕9 号)同时废止。

【司法解释】

343.3 最高人民法院、最高人民检察院关于办理盗窃油气、破坏油气设备等刑事案件具体应用法律若干问题的解释(2007 年 1 月 19 日 法释〔2007〕3 号)(节录)

第六条 违反矿产资源法的规定,非法开采或者破坏性开采石油、天然气资源的,依照刑法第三百四十三条以及《最高人民法院关于审理非法采矿、破坏性采矿刑事案件具体应用法律若干问题的解释》的规定追究刑事责任。

【法律法规】

343.4 中华人民共和国煤炭法(1986 年 7 月 1 日 2016 年修正)(第 22 条第 1 款、第 24 条、第 58 条)

343.5 中华人民共和国矿产资源法(1986 年 10 月 1 日 2009 年修正)(第 39—40 条、第 44 条)

343.6 国务院关于预防煤矿生产安全事故的特别规定(2005 年 9 月 3 日 2013 年修订)(第 5 条、第 11 条)

第三百四十四条【危害国家重点保护植物罪】违反国家规定,非法采伐、毁坏珍贵树木或者国家重点保护的其他植物的,或者非法收购、运输、加工、出售珍贵树木或者国家重点保护的其他植物及其制品的,处三年以下有期徒刑、拘役或者管制,并处罚金;情节严重的,处三年以上七年以下有期徒刑,并处罚金。

【刑法修正说明】

本条为全国人大常委会 2002 年 12 月 28 日通过并公布施行的《刑法修正案(四)》第 6 条所修正。原第 344 条为:

【非法采伐、毁坏珍贵树木罪】违反森林法的规定,非法采伐、毁坏珍贵树木的,处三年以下有期徒刑、拘役或者管制,并处罚金;情节严重的,处三年以上七年以下有期徒刑,并处罚金。

【**罪名渊源**】　本条系刑法所增设，79 刑法、单行刑法均未规定。此前该行为依 79 刑法第 128 条盗伐、滥伐林木罪"情节严重"的情形处理。高法《罪名规定》、高检《罪名意见》将其解释为非法采伐、毁坏珍贵树木罪。《刑法修正案（四）》第 6 条对罪状作了修正。"两高"《罪名补充规定（二）》将其解释为非法采伐、毁坏国家重点保护植物罪（取消非法采伐、毁坏珍贵树木罪罪名），非法收购、运输、加工、出售国家重点保护植物、国家重点保护植物制品罪。"两高"《罪名补充规定（七）》将前述两罪名取消，将其解释为危害国家重点保护植物罪。

【**立案标准**】

344.1 国家林业局、公安部关于森林和陆生野生动物刑事案件管辖及立案标准（2001 年 5 月 9 日　林安字〔2001〕156 号）（节录）

　　一、森林公安机关管辖在其辖区内发生的刑法规定的下列森林和陆生野生动物刑事案件

　　（四）非法采伐、毁坏珍贵树木案件（第三百四十四条）。

　　二、森林和陆生野生动物刑事案件的立案标准

　　（四）非法采伐、毁坏珍贵树木案

　　非法采伐、毁坏珍贵树木的应当立案；采伐珍贵树木 2 株、2 立方米以上或者毁坏珍贵树木致死 3 株以上的，为重大案件；采伐珍贵树木 10 株、10 立方米以上或者毁坏珍贵树木致死 15 株以上的，为特别重大案件。

　　三、其他规定

　　（二）林木的数量，以立木蓄积计算。

　　（七）单位作案的，执行本规定的立案标准。

　　（八）本规定中所指的"以上"，均包括本数在内。

344.2 最高人民检察院、公安部关于公安机关管辖的刑事案件立案追诉标准的规定（一）（2008 年 6 月 25 日　公通字〔2008〕36 号）（节录）

　　第七十条　〔非法采伐、毁坏国家重点保护植物案（刑法第三百四十四条）〕违反国家规定，非法采伐、毁坏珍贵树木或者国家重点保护的其他植物的，应予立案追诉。

　　本条和本规定第七十一条规定的"珍贵树木或者国家重点保护的其他植物"，包括由省级以上林业主管部门或者其他部门确定的具有重大历史纪念意义、科学研究价值或者年代久远的古树名木，国家禁止、限制出口的珍贵树木以及列入《国家重点保护野生植物名录》的树木或者其他植物。

　　第七十一条　〔非法收购、运输、加工、出售国家重点保护植物、国家重点保护植物制品案（刑法第三百四十四条）〕违反国家规定，非法收购、运输、加工、出售珍贵树木或者国家重点保护的其他植物及其制品的，应予立案追诉。

　　第一百条　本规定中的立案追诉标准，除法律、司法解释另有规定的以外，适用于相关的单位犯罪。

【**罪刑标准**】

344.3 最高人民法院关于审理破坏森林资源刑事案件具体应用法律若干问题的解释（2000 年 12 月 11 日　法释〔2000〕36 号）（节录）

　　第一条　刑法第三百四十四条规定的"珍贵树木"，包括由省级以上林业主管部门或者其他部门确定的具有重大历史纪念意义、科学研究价值或者年代久远的古树名木，国家禁止、限制出口的珍贵树木以及列入国家重点保护野生植物名录的树木。

　　第二条　具有下列情形之一的，属于非法采伐、毁坏珍贵树木行为"情节严重"：

　　（一）非法采伐珍贵树木二株以上或者毁坏珍贵树木致使珍贵树木死亡三株以上的；

　　（二）非法采伐珍贵树木二立方米以上的；

（三）为首组织、策划、指挥非法采伐或者毁坏珍贵树木的；

（四）其他情节严重的情形。

第八条　盗伐、滥伐珍贵树木，同时触犯刑法第三百四十四条、第三百四十五条规定的，依照处罚较重的规定定罪处罚。

第十六条　单位犯刑法第三百四十四条、第三百四十五条规定之罪，定罪量刑标准按照本解释的规定执行。

第十七条　本解释规定的林木数量以立木蓄积计算，计算方法为：原木材积除以该树种的出材率。

本解释所称"幼树"，是指胸径五厘米以下的树木。

滥伐林木的数量，应在伐区调查设计允许的误差额以上计算。

【司法文件】

344.4 最高人民法院关于进一步加强涉种子刑事审判工作的指导意见（2022 年 3 月 2 日　法〔2022〕66 号）（节录）

五、保护种质资源，依法严惩破坏种质资源犯罪。非法采集或者采伐天然种质资源，符合刑法第三百四十四条规定的，以危害国家重点保护植物罪定罪处罚。

在种质资源库、种质资源保护区或者种质资源保护地实施上述行为的，应当酌情从重处罚。

> 【说明】种子套牌侵权、伪劣种子的鉴定以及宽严相济刑事政策等内容，参见 147.5 本意见第 4 条以下。

【法律法规】

344.5 中华人民共和国野生植物保护条例（1997 年 1 月 1 日　2017 年修订）（第 2 条、第 16—17 条、第 28 条）

344.6 中华人民共和国森林法（2020 年 7 月 1 日）（第 40 条、第 74 条）

第三百四十四条之一【**非法引进、释放、丢弃外来入侵物种罪**】违反国家规定，非法引进、释放或者丢弃外来入侵物种，情节严重的，处三年以下有期徒刑或者拘役，并处或者单处罚金。

> 【刑法修正说明】
> 　本条为全国人大常委会 2020 年 12 月 26 日通过并公布、2021 年 3 月 1 日施行的《刑法修正案（十一）》第 43 条所增设。

【**罪名渊源**】本条系《刑法修正案（十一）》第 43 条增设。"两高"《罪名补充规定（七）》将其解释为非法引进、释放、丢弃外来入侵物种罪。

第三百四十五条【**盗伐林木罪**】盗伐森林或者其他林木，数量较大的，处三年以下有期徒刑、拘役或者管制，并处或者单处罚金；数量巨大的，处三年以上七年以下有期徒刑，并处罚金；数量特别巨大的，处七年以上有期徒刑，并处罚金。

【**滥伐林木罪**】违反森林法的规定，滥伐森林或者其他林木，数量较大的，处三年以下有期徒刑、拘役或者管制，并处或者单处罚金；数量巨大的，处三年以上七年以下有期徒刑，并处罚金。

【**非法收购、运输盗伐、滥伐的林木罪**】非法收购、运输明知是盗伐、滥伐的林木，情节严重的，处三年以下有期徒刑、拘役或者管制，并处或者单处罚金；情节特别严重的，处三年以上七年以下有期徒刑，并处罚金。

盗伐、滥伐国家级自然保护区内的森林或者其他林木的，从重处罚。

【刑法修正说明】

本条第 3 款为全国人大常委会 2002 年 12 月 28 日通过并公布施行的《刑法修正案（四）》第 7 条第 3 款所修正。原该款为：

【非法收购盗伐、滥伐的林木罪】以牟利为目的，在林区非法收购明知是盗伐、滥伐的林木，情节严重的，处三年以下有期徒刑、拘役或者管制，并处或者单处罚金；情节特别严重的，处三年以上七年以下有期徒刑，并处罚金。

【罪名渊源】本条第 1、2 款由 79 刑法第 128 条修改而来：刑法将原为一款的"盗伐、滥伐林木罪"拆分为两款，并设置了不同幅度的法定刑；量刑幅度分别增至三个和两个；改情节犯为数量犯；法定最高刑由 3 年分别提高至 15 年和 7 年；增设管制刑种。高法《罪名规定》、高检《罪名意见》将其分别解释为盗伐林木罪、滥伐林木罪。

本条第 3 款系刑法增设，79 刑法、单行刑法均未规定。高法《罪名规定》、高检《罪名意见》将其解释为非法收购盗伐、滥伐的林木罪。《刑法修正案（四）》第 7 条第 3 款对本款罪状作了修改，删除了"以牟利为目的"的主观要件，改"在林区非法收购"为"非法收购、运输"。据此，"两高"《罪名补充规定（二）》将其解释为非法收购、运输盗伐、滥伐的林木罪，取消非法收购盗伐、滥伐的林木罪罪名。

【立案标准】

345.1 国家林业局、公安部关于森林和陆生野生动物刑事案件管辖及立案标准（2001 年 5 月 9 日　林安字〔2001〕156 号）（节录）

一、森林公安机关管辖在其辖区内发生的刑法规定的下列森林和陆生野生动物刑事案件

（一）盗伐林木案件（第三百四十五条第一款）；

（二）滥伐林木案件（第三百四十五条第二款）；

（三）非法收购盗伐、滥伐的林木案件（第三百四十五条第三款）①。

二、森林和陆生野生动物刑事案件的立案标准

（一）盗伐林木案

盗伐森林或者其他林木，立案起点为 2 立方米至 5 立方米或者幼树 100 株至 200 株；盗伐林木 20 立方米至 50 立方米或者幼树 1000 株至 2000 株，为重大案件立案起点；盗伐林木 100 立方米至 200 立方米或者幼树 5000 株至 10000 株，为特别重大案件立案起点。

（二）滥伐林木案

滥伐森林或者其他林木，立案起点为 10 立方米至 20 立方米或者幼树 500 株至 1000 株；滥伐林木 50 立方米以上或者幼树 2500 株以上，为重大案件；滥伐林木 100 立方米以上或者幼树 5000 株以上，为特别重大案件。

（三）非法收购盗伐、滥伐的林木案②

以牟利为目的③，在林区非法收购明知是盗伐、滥伐的林木在 20 立方米或者幼树 1000 株以上的，以及非法收购盗伐、滥伐的珍贵树木 2 立方米以上或者 5 株以上的应当立案；非法收购林木 100 立方米或者幼树 5000 株以上的，以及非法收购盗伐、滥伐的珍贵树木 5 立方米以上或者 10 株以上的重大案件；非法收购林木 200 立方米或者幼树 10000 株以上的，以及非法收购盗伐、滥伐的珍贵树木 10 立方米以上或者 20 株以上的为特别重大案件。

---

① 依刑法修正案，该款应为非法收购、运输盗伐、滥伐的林木案件。——编者注

② 由于《刑法修正案（四）》第 7 条第 3 款已将非法收购盗伐、滥伐的林木罪修改为非法收购、运输盗伐、滥伐的林木罪，因此，对本立案标准应在此基础上理解。——编者注

③ 依刑法修正案，该类案件不再要求行为人有"牟利"目的。——编者注

三、其他规定

（一）林区与非林区的划分，执行各省、自治区、直辖市人民政府的规定。

（二）林木的数量，以立木蓄积计算。

（三）对于一年内多次盗伐、滥伐少量林木未经处罚的，累计其盗伐、滥伐林木数量。

（四）被盗伐、滥伐林木的价值，有国家规定价格的，按国家规定价格计算；没有国家规定价格的，按主管部门规定的价格计算；没有国家或者主管部门规定价格的，按市场价格计算；进入流通领域的，按实际销售价格计算；实际销售价格低于国家或者主管部门规定价格的，按国家或者主管部门规定的价格计算；实际销售价格低于市场价格，又没有国家或者主管部门规定价格的，按市场价格计算，不能按低价销赃的价格计算。

（七）单位作案的，执行本规定的立案标准。

（八）本规定中所指的"以上"，均包括本数在内。

（九）各省、自治区、直辖市公安厅、局和林业主管部门可根据本地的实际情况，在本规定的幅度内确定本地区盗伐林木案、滥伐林木案和非法狩猎案的立案起点及重大、特别重大案件的起点。

（十）盗伐、滥伐竹林或者其他竹子的立案标准，由各省、自治区、直辖市公安厅、局和林业主管部门根据竹子的经济价值参照盗伐、滥伐林木案的立案标准确定。

345.2 最高人民检察院、公安部关于公安机关管辖的刑事案件立案追诉标准的规定（一）
（2008年6月25日 公通字〔2008〕36号）（节录）

第七十二条 ［盗伐林木案（刑法第三百四十五条第一款）］盗伐森林或者其他林木，涉嫌下列情形之一的，应予立案追诉：

（一）盗伐二至五立方米以上的；

（二）盗伐幼树一百至二百株以上的。

以非法占有为目的，具有下列情形之一的，属于本条规定的"盗伐森林或者其他林木"：

（一）擅自砍伐国家、集体、他人所有或者他人承包经营管理的森林或者其他林木的；

（二）擅自砍伐本单位或者本人承包经营管理的森林或者其他林木的；

（三）在林木采伐许可证规定的地点以外采伐国家、集体、他人所有或者他人承包经营管理的森林或者其他林木的。

本条和本规定第七十三条、第七十四条规定的林木数量以立木蓄积计算，计算方法为：原木材积除以该树种的出材率；"幼树"，是指胸径五厘米以下的树木。

第七十三条 ［滥伐林木案（刑法第三百四十五条第二款）］违反森林法的规定，滥伐森林或者其他林木，涉嫌下列情形之一的，应予立案追诉：

（一）滥伐十至二十立方米以上的；

（二）滥伐幼树五百至一千株以上的。

违反森林法的规定，具有下列情形之一的，属于本条规定的"滥伐森林或者其他林木"：

（一）未经林业行政主管部门及法律规定的其他主管部门批准并核发林木采伐许可证，或者虽持有林木采伐许可证，但违反林木采伐许可证规定的时间、数量、树种或者方式，任意采伐本单位所有或者本人所有的森林或者其他林木的；

（二）超过林木采伐许可证规定的数量采伐他人所有的森林或者其他林木的。

违反森林法的规定，在林木采伐许可证规定的地点以外，采伐本单位或者本人所有的森林或者其他林木的，除农村居民采伐自留地和房前屋后个人所有的零星林木以外，属于本条第二款第（一）项"未经林业行政主管部门及法律规定的其他主管部门批准并核发林木采伐许可证"规定的情形。

林木权属争议一方在林木权属确权之前，擅自砍伐森林或者其他林木的，属于本条规定的"滥伐森林或者其他林木"。

滥伐林木的数量，应在伐区调查设计允许的误差额以上计算。

第七十四条 ［非法收购、运输盗伐、滥伐的林木案（刑法第三百四十五条第三款）］非法收购、运输明知是盗伐、滥伐的林木，涉嫌下列情形之一的，应予立案追诉：

第二编 分 则│第六章 妨害社会管理秩序罪

（一）非法收购、运输盗伐、滥伐的林木二十立方米以上或者幼树一千株以上的；

（二）其他情节严重的情形。

本条规定的"非法收购"的"明知"，是指知道或者应当知道。具有下列情形之一的，可以视为应当知道，但是有证据证明确属被蒙骗的除外：

（一）在非法的木材交易场所或者销售单位收购木材的；

（二）收购以明显低于市场价格出售的木材的；

（三）收购违反规定出售的木材的。

第一百条 本规定中的立案追诉标准，除法律、司法解释另有规定的以外，适用于相关的单位犯罪。

345.3 最高人民法院关于审理破坏森林资源刑事案件具体应用法律若干问题的解释（2000 年 12 月 11 日 法释〔2000〕36 号）（节录）

第三条 以非法占有为目的，具有下列情形之一，数量较大的，依照刑法第三百四十五条第一款的规定，以盗伐林木罪定罪处罚：

（一）擅自砍伐国家、集体、他人所有或者他人承包经营管理的森林或者其他林木的；

（二）擅自砍伐本单位或者本人承包经营管理的森林或者其他林木的；

（三）在林木采伐许可证规定的地点以外采伐国家、集体、他人所有或者他人承包经营管理的森林或者其他林木的。

第四条 盗伐林木"数量较大"，以二至五立方米或者幼树一百至二百株为起点；盗伐林木"数量巨大"，以二十至五十立方米或者幼树一千至二千株为起点；盗伐林木"数量特别巨大"，以一百至二百立方米或者幼树五千至一万株为起点。

第五条 违反森林法的规定，具有下列情形之一，数量较大的，依照刑法第三百四十五条第二款的规定，以滥伐林木罪定罪处罚：

（一）未经林业行政主管部门及法律规定的其他主管部门批准并核发林木采伐许可证，或者虽持有林木采伐许可证，但违反林木采伐许可证规定的时间、数量、树种或者方式，任意采伐本单位所有或者本人所有的森林或者其他林木的；

（二）超过林木采伐许可证规定的数量采伐他人所有的森林或者其他林木的。

林木权属争议一方在林木权属确权之前，擅自砍伐森林或者其他林木，数量较大的，以滥伐林木罪论处。

第六条 滥伐林木"数量较大"，以十至二十立方米或者幼树五百至一千株为起点；滥伐林木"数量巨大"，以五十至一百立方米或者幼树二千五百至五千株为起点。

第七条 对于一年内多次盗伐、滥伐少量林木未经处罚的，累计其盗伐、滥伐林木的数量，构成犯罪的，依法追究刑事责任。

第八条 盗伐、滥伐珍贵树木，同时触犯刑法第三百四十四条、第三百四十五条规定的，依照处罚较重的规定定罪处罚。

第十条 刑法第三百四十五条规定的"非法收购明知是盗伐、滥伐的林木"中的"明知"，是指知道或者应当知道①。具有下列情形之一的，可以视为应当知道，但是有证据证明确属被蒙骗的除外：

（一）在非法的木材交易场所或者销售单位收购木材的；

（二）收购以明显低于市场价格出售的木材的；

（三）收购违反规定出售的木材的。

第十一条 具有下列情形之一的，属于在林区非法收购盗伐、滥伐的林木"情节严重"：

（一）非法收购盗伐、滥伐的林木二十立方米以上或者幼树一千株以上的；

---

① 《刑法修正案（四）》第 7 条第 3 款已将非法收购盗伐、滥伐的林木罪修改为非法收购、运输盗伐、滥伐的林木罪，对本解释应在此基础上进行理解。——编者注

（二）非法收购盗伐、滥伐的珍贵树木二立方米以上或者五株以上的；

（三）其他情节严重的情形。

具有下列情形之一的，属于在林区非法收购盗伐、滥伐的林木"情节特别严重"：

（一）非法收购盗伐、滥伐的林木一百立方米以上或者幼树五千株以上的；

（二）非法收购盗伐、滥伐的珍贵树木五立方米以上或者十株以上的；

（三）其他情节特别严重的情形。

第十六条 单位犯刑法第三百四十四条、第三百四十五条规定之罪，定罪量刑标准按照本解释的规定执行。

第十七条 本解释规定的林木数量以立木蓄积计算，计算方法为：原木材积除以该树种的出材率。

本解释所称"幼树"，是指胸径五厘米以下的树木。

滥伐林木的数量，应在伐区调查设计允许的误差额以上计算。

【司法解释】

345.4 最高人民法院关于滥伐自己所有权的林木其林木应如何处理的问题的批复（1993 年 7 月 24 日 法复〔1993〕5 号）

吉林省高级人民法院：

你院《关于宋允焕滥伐的林木如何处理的请示》收悉。经研究，同意你院的第二种意见，即：属于个人所有的林木，也是国家森林资源的一部分。被告人滥伐属于自己所有权的林木，构成滥伐林木罪的，其行为已违反国家保护森林法规，破坏了国家的森林资源，所滥伐的林木即不再是个人的合法财产，而应当作为犯罪分子违法所得的财物，依照刑法第六十条①的规定予以追缴。

345.5 最高人民法院关于在林木采伐许可证规定的地点以外采伐本单位或者本人所有的森林或者其他林木的行为如何适用法律问题的批复（2004 年 4 月 1 日 法释〔2004〕3 号）

各省、自治区、直辖市高级人民法院，解放军军事法院，新疆维吾尔自治区高级人民法院生产建设兵团分院：

最近，有的法院反映，关于在林木采伐许可证规定的地点以外采伐本单位或者本人所有的森林或者其他林木的行为适用法律问题不明确。经研究，批复如下：

违反森林法的规定，在林木采伐许可证规定的地点以外，采伐本单位或者本人所有的森林或者其他林木的，除农村居民采伐自留地和房前屋后个人所有的零星林木以外，属于《最高人民法院关于审理破坏森林资源刑事案件具体应用法律若干问题的解释》第五条第一款第（一）项"未经林业行政主管部门及法律规定的其他主管部门批准并核发林木采伐许可证"规定的情形，数量较大的，应当依照刑法第三百四十五条第二款的规定，以滥伐林木罪定罪处罚。

【法律法规】

345.6 中华人民共和国森林法实施条例（2000 年 1 月 29 日 2018 年修订）（第 28—36 条、第 38—39 条）

345.7 中华人民共和国森林法（2020 年 7 月 1 日）（第 55—56 条、第 65 条）

第三百四十六条【单位犯破坏环境资源保护罪的处罚】 单位犯本节第三百三十八条至第三百四十五条规定之罪的，对单位判处罚金，并对其直接负责的主管人员和其他直接责任人员，依照本节各该条的规定处罚。②

---

① 指 79 刑法条文，对应刑法第 64 条。——编者注

② 本条涉及如下罪名：污染环境罪，非法处置进口的固体废物罪，擅自进口固体废物罪，非法捕捞水产品罪，危害珍贵、濒危野生动物罪，非法狩猎罪，非法猎捕、收购、运输、出售陆生野生动物罪，非法占用农用地罪，破坏自然保护地罪，非法采矿罪，破坏性采矿罪，危害国家重点保护植物罪，非法引进、释放、丢弃外来入侵物种罪，盗伐林木罪，滥伐林木罪，非法收购、运输盗伐、滥伐的林木罪。——编者注

第七节　走私、贩卖、运输、制造毒品罪

【司法文件】

　　【注】最高人民法院刑一庭关于审理若干新型毒品案件定罪量刑的指导意见（2006 年 6 月 19 日）（节录）

　　近年来，新型毒品案件频发，呈上升趋势。为坚决打击和有效遏制这类毒品犯罪的发展蔓延势头，统一司法标准，现作如下规定：

　　一、新类型毒品的定罪量刑数量标准暂按以下比例与海洛因进行折算：

　　1 克海洛因＝20 克氯胺酮（化学名：2－（2－氯苯）2－甲氨基环巴酮，俗称：K 粉）；

　　1 克海洛因＝20 克美沙酮；

　　1 克海洛因＝10 克替甲基苯丙胺（MDMA）（化学名：N，a－3，4 亚甲基二氧甲基苯丙胺，俗称：摇头丸，迷魂药）；

　　1 克海洛因＝10 克替苯丙胺（MDA）（化学名：a－3，4 亚甲基二氧甲基苯丙胺，俗称：摇头丸，迷魂药）；

　　1 克海洛因＝1000 克三唑仑（化学名：8－氯－6－（邻－氯苯基）－1－甲基－4H－s－三氮唑（4，3－）1，4 苯丙二氮杂卓，俗称：蓝精灵，海乐神）；

　　1 克海洛因＝1500 克安西眼酮（又称甲喹酮）；

　　1 克海洛因＝10000 克氯氮卓（化学名：7－氯－2－甲氨基－5－苯基－3H1，4－苯丙二氮杂卓－4－氧化物，俗称：利眠宁，绿豆仔）；

　　1 克海洛因＝10000 克地西泮（化学名，俗称：安定）；

　　1 克海洛因＝10000 克艾西唑仑（化学名，俗称：舒乐安定）；

　　1 克海洛因＝10000 克溴西泮（化学名，俗称：宁神九）。

　　二、对新型毒品要做含量鉴定，确定单一型毒品还是混合型毒品；如果是混合型毒品，要鉴定主要毒品成分及比例。对不符合要求的鉴定结论，应作重新鉴定或补充鉴定，否则不能作为定罪量刑的证据使用。因某种原因不能作出重新鉴定或补充鉴定的，应按有利于被告人的原则进行处理，判处重刑及死刑的应特别慎重。

　　三、对新型混合毒品的量刑应以其主要毒品成分为依据。将危害较大的主要几类毒品成分按其比例折算成海洛因后再确定数量量刑。

　　四、新型毒品案件适用死刑的主要对象是从事制造、走私等源头犯罪行为的首要分子和其他主犯，对仅从事了运输、贩卖等中间环节行为的犯罪分子，原则上可不适用死刑，尤其是立即执行。

　　第三百四十七条【**走私、贩卖、运输、制造毒品罪**】走私、贩卖、运输、制造毒品，无论数量多少，都应当追究刑事责任，予以刑事处罚。

　　走私、贩卖、运输、制造毒品，有下列情形之一的，处十五年有期徒刑、无期徒刑或者死刑，并处没收财产：

　　（一）走私、贩卖、运输、制造鸦片一千克以上、海洛因或者甲基苯丙胺五十克以上或者其他毒品数量大的；

　　（二）走私、贩卖、运输、制造毒品集团的首要分子；

　　（三）武装掩护走私、贩卖、运输、制造毒品的；

　　（四）以暴力抗拒检查、拘留、逮捕，情节严重的；

　　（五）参与有组织的国际贩毒活动的。

　　走私、贩卖、运输、制造鸦片二百克以上不满一千克、海洛因或者甲基苯丙胺十克以上不满五十克或者其他毒品数量较大的，处七年以上有期徒刑，并处罚金。

　　走私、贩卖、运输、制造鸦片不满二百克、海洛因或者甲基苯丙胺不满十克或者其

他少量毒品的，处三年以下有期徒刑、拘役或者管制，并处罚金；情节严重的，处三年以上七年以下有期徒刑，并处罚金。

单位犯第二款、第三款、第四款罪的，对单位判处罚金，并对其直接负责的主管人员和其他直接责任人员，依照各该款的规定处罚。

利用、教唆未成年人走私、贩卖、运输、制造毒品，或者向未成年人出售毒品的，从重处罚。

对多次走私、贩卖、运输、制造毒品，未经处理的，毒品数量累计计算。

【罪名渊源】79 刑法第 171 条只规定了制造、贩卖、运输毒品罪，对走私毒品行为未单独规定为犯罪。《海关法》首次将毒品纳入走私罪的范围，全国人大常委会《关于惩治走私罪的补充规定》第 1 条又对走私毒品的行为进行了补充。全国人大常委会《关于禁毒的决定》第 2 条规定了本条内容。刑法在 79 刑法第 171 条的基础上，吸纳了《关于禁毒的决定》第 2 条内容并作了相应修改。高法《罪名规定》、高检《罪名意见》将其解释为走私、贩卖、运输、制造毒品罪。

【立案标准】

347.1 公安部关于毒品案件立案标准的通知 ［1988 年 8 月 1 日　〔88〕公（刑）字 60 号］（节录）

一、有下列行为之一的按性质分别立案：

1. 非法制造、贩卖、运输（含走私，下同）鸦片、海洛因、吗啡、大麻或其他毒品的，不论数量多少，原则上均应立案。

3. 制造、贩卖、运输假毒品的，以制造、贩卖、运输毒品罪立案。

4. 明知是毒品，非法携带、邮寄、托运的，以运输毒品罪立案。

二、符合下列条件之一的，立为重大案件：

1. 非法制造、贩卖、运输鸦片五百克以上，海洛因十克以上以及同等数量的假毒品的。

2. 境内外犯罪分子互相勾结，入出国境贩毒的。

3. 组织贩毒集团，长途贩运、倒卖毒品的。

三、符合下列条件之一的，立为特别重大案件：

1. 非法制造、贩卖、运输鸦片五千克以上，海洛因五十克以上的。

2. 武装贩运、走私毒品的。

3. 制造、贩卖、运输毒品，并以暴力抗拒检查或拒捕的。

4. 组织或参与国际贩毒集团、制造、贩卖、运输毒品的。

347.2 最高人民检察院、公安部关于公安机关管辖的刑事案件立案追诉标准的规定（三） （2012 年 5 月 16 日　公通字〔2012〕26 号）（节录）

第一条　［走私、贩卖、运输、制造毒品案（刑法第三百四十七条）］走私、贩卖、运输、制造毒品，无论数量多少，都应予立案追诉。

本条规定的"走私"是指明知是毒品而非法将其运输、携带、寄递进出国（边）境的行为。直接向走私人非法收购走私进口的毒品，或者在内海、领海、界河、界湖运输、收购、贩卖毒品的，以走私毒品罪立案追诉。

本条规定的"贩卖"是指明知是毒品而非法销售或者以贩卖为目的而非法收买的行为。

有证据证明行为人以牟利为目的，为他人代购仅用于吸食、注射的毒品，对代购者以贩卖毒品罪立案追诉。不以牟利为目的，为他人代购仅用于吸食、注射的毒品，毒品数量达到本规定第二条规定的数量标准的，对托购者和代购者以非法持有毒品罪立案追诉。明知他人实施毒品犯罪而为其居间介绍、代购代卖的，无论是否牟利，都应以相关毒品犯罪的共犯立案追诉。

本条规定的"运输"是指明知是毒品而采用携带、寄递、托运、利用他人或者使用交通工具等方法非法运送毒品的行为。

本条规定的"制造"是指非法利用毒品原植物直接提炼或者用化学方法加工、配制毒品，或者以改变毒品成分和效用为目的，用混合等物理方法加工、配制毒品的行为。为了便于隐蔽运输、销售、使用、欺骗购买者，或者为了增重，对毒品掺杂使假，添加或者去除其他非毒品物质，不属于制造毒品的行为。

为了制造毒品而采用生产、加工、提炼等方法非法制造易制毒化学品的，以制造毒品罪（预备）立案追诉。购进制造毒品的设备和原材料，开始着手制造毒品，尚未制造出毒品或者半成品的，以制造毒品罪（未遂）立案追诉。明知他人制造毒品而为其生产、加工、提炼、提供醋酸酐、乙醚、三氯甲烷等制毒物品的，以制造毒品罪的共犯立案追诉。

走私、贩卖、运输毒品主观故意中的"明知"，是指行为人知道或者应当知道所实施的是走私、贩卖、运输毒品行为。具有下列情形之一，结合行为人的供述和其他证据综合审查判断，可以认定其"应当知道"，但有证据证明确属被蒙骗的除外：

（一）执法人员在口岸、机场、车站、港口、邮局和其他检查站点检查时，要求行为人申报携带、运输、寄递的物品和其他疑似毒品物，并告知其法律责任，而行为人未如实申报，在其携带、运输、寄递的物品中查获毒品的；

（二）以伪报、藏匿、伪装等蒙蔽手段逃避海关、边防等检查，在其携带、运输、寄递的物品中查获毒品的；

（三）执法人员检查时，有逃跑、丢弃携带物品或者逃避、抗拒检查等行为，在其携带、藏匿或者丢弃的物品中查获毒品的；

（四）体内或者贴身隐秘处藏匿毒品的；

（五）为获取不同寻常的高额或者不等值的报酬为他人携带、运输、寄递、收取物品，从中查获毒品的；

（六）采用高度隐蔽的方式携带、运输物品，从中查获毒品的；

（七）采用高度隐蔽的方式交接物品，明显违背合法物品惯常交接方式，从中查获毒品的；

（八）行程路线故意绕开检查站点，在其携带、运输的物品中查获毒品的；

（九）以虚假身份、地址或者其他虚假方式办理托运、寄递手续，在托运、寄递的物品中查获毒品的；

（十）有其他证据足以证明行为人应当知道的。

制造毒品主观故意中的"明知"，是指行为人知道或者应当知道所实施的是制造毒品行为。有下列情形之一，结合行为人的供述和其他证据综合审查判断，可以认定其"应当知道"，但有证据证明确属被蒙骗的除外：

（一）购置了专门用于制造毒品的设备、工具、制毒物品或者配制方案的；

（二）为获取不同寻常的高额或者不等值的报酬为他人制造物品，经检验是毒品的；

（三）在偏远、隐蔽场所制造，或者采取对制造设备进行伪装等方式制造物品，经检验是毒品的；

（四）制造人员在执法人员检查时，有逃跑、抗拒检查等行为，在现场查获制造出的物品，经检验是毒品的；

（五）有其他证据足以证明行为人应当知道的。

走私、贩卖、运输、制造毒品罪是选择性罪名，对同一宗毒品实施了两种以上犯罪行为，并有相应确凿证据的，应当按照所实施的犯罪行为的性质并列适用罪名，毒品数量不重复计算。对同一宗毒品可能实施了两种以上犯罪行为，但相应证据只能认定其中一种或者几种行为，认定其他行为的证据不够确实充分的，只按照依法能够认定的行为的性质适用罪名。对不同宗毒品分别实施了不同种犯罪行为的，应对不同行为并列适用罪名，累计计算毒品数量。

第十三条　本规定中的毒品是指鸦片、海洛因、甲基苯丙胺（冰毒）、吗啡、大麻、可卡因以及国家规定管制的其他能够使人形成瘾癖的麻醉药品和精神药品。具体品种以国家食品药品监督管理局、公安部、卫生部发布的《麻醉药品品种目录》、《精神药品品种目录》为依据。

本规定中的"制毒物品"是指刑法第三百五十条第一款规定的醋酸酐、乙醚、三氯甲烷或者其他用于制造毒品的原料或者配剂，具体品种范围按照国家关于易制毒化学品管理的规定确定。

第十四条 本规定中未明确立案追诉标准的毒品，有条件折算为海洛因的，参照有关麻醉药品和精神药品折算标准进行折算。

第十五条 本规定中的立案追诉标准，除法律、司法解释另有规定的以外，适用于相关的单位犯罪。

第十六条 本规定中的"以上"，包括本数。

【罪刑标准】

347.3 最高人民法院关于审理毒品犯罪案件适用法律若干问题的解释（2016 年 4 月 11 日 法释〔2016〕8 号）（节录）

第一条 走私、贩卖、运输、制造、非法持有下列毒品，应当认定为刑法第三百四十七条第二款第一项、第三百四十八条规定的"其他毒品数量大"：

（一）可卡因五十克以上；

（二）3，4－亚甲二氧基甲基苯丙胺（MDMA）等苯丙胺类毒品（甲基苯丙胺除外）、吗啡一百克以上；

（三）芬太尼一百二十五克以上；

（四）甲卡西酮二百克以上；

（五）二氢埃托啡十毫克以上；

（六）哌替啶（度冷丁）二百五十克以上；

（七）氯胺酮五百克以上；

（八）美沙酮一千克以上；

（九）曲马多、γ－羟丁酸二千克以上；

（十）大麻油五千克、大麻脂十千克、大麻叶及大麻烟一百五十千克以上；

（十一）可待因、丁丙诺啡五千克以上；

（十二）三唑仑、安眠酮五十千克以上；

（十三）阿普唑仑、恰特草一百千克以上；

（十四）咖啡因、罂粟壳二百千克以上；

（十五）巴比妥、苯巴比妥、安钠咖、尼美西泮二百五十千克以上；

（十六）氯氮卓、艾司唑仑、地西泮、溴西泮五百千克以上；

（十七）上述毒品以外的其他毒品数量大的。

国家定点生产企业按照标准规格生产的麻醉药品或者精神药品被用于毒品犯罪的，根据药品中毒品成分的含量认定涉案毒品数量。

第二条 走私、贩卖、运输、制造、非法持有下列毒品，应当认定为刑法第三百四十七条第三款、第三百四十八条规定的"其他毒品数量较大"：

（一）可卡因十克以上不满五十克；

（二）3，4－亚甲二氧基甲基苯丙胺（MDMA）等苯丙胺类毒品（甲基苯丙胺除外）、吗啡二十克以上不满一百克；

（三）芬太尼二十五克以上不满一百二十五克；

（四）甲卡西酮四十克以上不满二百克；

（五）二氢埃托啡二毫克以上不满十毫克；

（六）哌替啶（度冷丁）五十克以上不满二百五十克；

（七）氯胺酮一百克以上不满五百克；

（八）美沙酮二百克以上不满一千克；

（九）曲马多、γ－羟丁酸四百克以上不满二千克；

（十）大麻油一千克以上不满五千克、大麻脂二千克以上不满十千克、大麻叶及大麻烟三十千克以上不满一百五十千克；

（十一）可待因、丁丙诺啡一千克以上不满五千克；

（十二）三唑仑、安眠酮十千克以上不满五十千克；

（十三）阿普唑仑、恰特草二十千克以上不满一百千克；

（十四）咖啡因、罂粟壳四十千克以上不满二百千克；

（十五）巴比妥、苯巴比妥、安钠咖、尼美西泮五十千克以上不满二百五十千克；

（十六）氯氮卓、艾司唑仑、地西泮、溴西泮一百千克以上不满五百千克；

（十七）上述毒品以外的其他毒品数量较大的。

第三条　在实施走私、贩卖、运输、制造毒品犯罪的过程中，携带枪支、弹药或者爆炸物用于掩护的，应当认定为刑法第三百四十七条第二款第三项规定的"武装掩护走私、贩卖、运输、制造毒品"。枪支、弹药、爆炸物种类的认定，依照相关司法解释的规定执行。

在实施走私、贩卖、运输、制造毒品犯罪的过程中，以暴力抗拒检查、拘留、逮捕，造成执法人员死亡、重伤、多人轻伤或者具有其他严重情节的，应当认定为刑法第三百四十七条第二款第四项规定的"以暴力抗拒检查、拘留、逮捕，情节严重"。

第四条　走私、贩卖、运输、制造毒品，具有下列情形之一的，应当认定为刑法第三百四十七条第四款规定的"情节严重"：

（一）向多人贩卖毒品或者多次走私、贩卖、运输、制造毒品的；

（二）在戒毒场所、监管场所贩卖毒品的；

（三）向在校学生贩卖毒品的；

（四）组织、利用残疾人、严重疾病患者、怀孕或者正在哺乳自己婴儿的妇女走私、贩卖、运输、制造毒品的；

（五）国家工作人员走私、贩卖、运输、制造毒品的；

（六）其他情节严重的情形。

第十二条　容留他人吸食、注射毒品，具有下列情形之一的，应当依照刑法第三百五十四条的规定，以容留他人吸毒罪定罪处罚：

（一）一次容留多人吸食、注射毒品的；

（二）二年内多次容留他人吸食、注射毒品的；

（三）二年内曾因容留他人吸食、注射毒品受过行政处罚的；

（四）容留未成年人吸食、注射毒品的；

（五）以牟利为目的容留他人吸食、注射毒品的；

（六）容留他人吸食、注射毒品造成严重后果的；

（七）其他应当追究刑事责任的情形。

向他人贩卖毒品后又容留其吸食、注射毒品，或者容留他人吸食、注射毒品并向其贩卖毒品，符合前款规定的容留他人吸毒罪的定罪条件的，以贩卖毒品罪和容留他人吸毒罪数罪并罚。

容留近亲属吸食、注射毒品，情节显著轻微危害不大的，不作为犯罪处理；需要追究刑事责任的，可以酌情从宽处罚。

第十四条　利用信息网络，设立用于实施传授制造毒品、非法生产制毒物品的方法，贩卖毒品，非法买卖制毒物品或者组织他人吸食、注射毒品等违法犯罪活动的网站、通讯群组，或者发布实施前述违法犯罪活动的信息，情节严重的，应当依照刑法第二百八十七条之一的规定，以非法利用信息网络罪定罪处罚。

实施刑法第二百八十七条之一、第二百八十七条之二规定的行为，同时构成贩卖毒品罪、非法买卖制毒物品罪、传授犯罪方法罪等犯罪的，依照处罚较重的规定定罪处罚。

347.4 最高人民法院、最高人民检察院、公安部办理毒品犯罪案件适用法律若干问题的意见
（2007 年 12 月 18 日印发　公通字〔2007〕84 号）

一、关于毒品犯罪案件的管辖问题

根据刑事诉讼法的规定，毒品犯罪案件的地域管辖，应当坚持以犯罪地管辖为主、被告人居住地管辖为辅的原则。

"犯罪地"包括犯罪预谋地，毒资筹集地，交易进行地，毒品生产地，毒资、毒赃和毒品的藏匿地、转移地，走私或者贩运毒品的目的地以及犯罪嫌疑人被抓获地等。

"被告人居住地"包括被告人常住地、户籍地及其临时居住地。

对怀孕、哺乳期妇女走私、贩卖、运输毒品案件，查获地公安机关认为移交其居住地管辖更有利于采取强制措施和查清犯罪事实的，可以报请共同的上级公安机关批准，移送犯罪嫌疑人居住地公安机关办理，查获地公安机关应继续配合。

公安机关对侦办跨区域毒品犯罪案件的管辖权有争议的，应本着有利于查清犯罪事实，有利于诉讼，有利于保障案件侦查安全的原则，认真协商解决。经协商无法达成一致的，报共同的上级公安机关指定管辖。对即将侦查终结的跨省（自治区、直辖市）重大毒品案件，必要时可由公安部商最高人民法院和最高人民检察院指定管辖。

为保证及时结案，避免超期羁押，人民检察院对于公安机关移送审查起诉的案件，人民法院对于已进入审判程序的案件，被告人及其辩护人提出管辖异议或者办案单位发现没有管辖权的，受案人民检察院、人民法院经审查可以依法报请上级人民检察院、人民法院指定管辖，不再自行移送有管辖权的人民检察院、人民法院。

二、关于毒品犯罪嫌疑人、被告人主观明知的认定问题

走私、贩卖、运输、非法持有毒品主观故意中的"明知"，是指行为人知道或者应当知道所实施的行为是走私、贩卖、运输、非法持有毒品行为。具有下列情形之一，并且犯罪嫌疑人、被告人不能做出合理解释的，可以认定其"应当知道"，但有证据证明确属被蒙骗的除外：

（一）执法人员在口岸、机场、车站、港口和其他检查站检查时，要求行为人申报为他人携带的物品和其他疑似毒品物，并告知其法律责任，而行为人未如实申报，在其所携带的物品内查获毒品的；

（二）以伪报、藏匿、伪装等蒙蔽手段逃避海关、边防等检查，在其携带、运输、邮寄的物品中查获毒品的；

（三）执法人员检查时，有逃跑、丢弃携带物品或逃避、抗拒检查等行为，在其携带或丢弃的物品中查获毒品的；

（四）体内藏匿毒品的；

（五）为获取不同寻常的高额或不等值的报酬而携带、运输毒品的；

（六）采用高度隐蔽的方式携带、运输毒品的；

（七）采用高度隐蔽的方式交接毒品，明显违背合法物品惯常交接方式的；

（八）其他有证据足以证明行为人应当知道的。

三、关于办理氯胺酮等毒品案件定罪量刑标准问题

（一）走私、贩卖、运输、制造、非法持有下列毒品，应当认定为刑法第三百四十七条第二款第（一）项、第三百四十八条规定的"其他毒品数量大"：

1. 二亚甲基双氧安非他明（MDMA）等苯丙胺类毒品（甲基苯丙胺除外）100 克以上；

2. 氯胺酮、美沙酮 1 千克以上；

3. 三唑仑、安眠酮 50 千克以上；

4. 氯氮卓、艾司唑仑、地西泮、溴西泮 500 千克以上；

5. 上述毒品以外的其他毒品数量大的。

（二）走私、贩卖、运输、制造、非法持有下列毒品，应当认定为刑法第三百四十七条第三款、第三百四十八条规定的"其他毒品数量较大"：

1. 二亚甲基双氧安非他明（MDMA）等苯丙胺类毒品（甲基苯丙胺除外）20 克以上不满 100 克的；

2. 氯胺酮、美沙酮 200 克以上不满 1 千克的；

3. 三唑仑、安眠酮 10 千克以上不满 50 千克的；

4. 氯氮卓、艾司唑仑、地西泮、溴西泮 100 千克以上不满 500 千克的；

5. 上述毒品以外的其他毒品数量较大的。

（三）走私、贩卖、运输、制造下列毒品，应当认定为刑法第三百四十七条第四款规定的"其他少量毒品"：

1. 二亚甲基双氧安非他明（MDMA）等苯丙胺类毒品（甲基苯丙胺除外）不满 20 克的；

2. 氯胺酮、美沙酮不满 200 克的；

3. 三唑仑、安眠酮不满 10 千克的；

4. 氯氮卓、艾司唑仑、地西泮、溴西泮不满 100 千克的；

5. 上述毒品以外的其他少量毒品的。

（四）上述毒品品种包括其盐和制剂。毒品鉴定结论中毒品品名的认定应当以国家食品药品监督管理局、公安部、卫生部最新发布的《麻醉药品品种目录》、《精神药品品种目录》为依据。

四、关于死刑案件的毒品含量鉴定问题

可能判处死刑的毒品犯罪案件，毒品鉴定结论中应有含量鉴定的结论。

347.5 最高人民法院、最高人民检察院、公安部关于办理走私、非法买卖麻黄碱类复方制剂等刑事案件适用法律若干问题的意见（2012 年 6 月 18 日　法发〔2012〕12 号）（节录）

一、关于走私、非法买卖麻黄碱类复方制剂等行为的定性

（第一款）以加工、提炼制毒物品制造毒品为目的，购买麻黄碱类复方制剂，或者运输、携带、寄递麻黄碱类复方制剂进出境的，依照刑法第三百四十七条的规定，以制造毒品罪定罪处罚。

（第四款）非法买卖麻黄碱类复方制剂或者运输、携带、寄递麻黄碱类复方制剂进出境，没有证据证明系用于制造毒品或者走私、非法买卖制毒物品，或者未达到走私制毒物品罪、非法买卖制毒物品罪的定罪数量标准，构成非法经营罪、走私普通货物、物品罪等其他犯罪的，依法定罪处罚。

（第五款）实施第一款、第二款规定的行为，同时构成其他犯罪的，依照处罚较重的规定定罪处罚。

二、关于利用麻黄碱类复方制剂加工、提炼制毒物品行为的定性

（第一款）以制造毒品为目的，利用麻黄碱类复方制剂加工、提炼制毒物品的，依照刑法第三百四十七条的规定，以制造毒品罪定罪处罚。

三、关于共同犯罪的认定

（第一款）明知他人利用麻黄碱类制毒物品制造毒品，向其提供麻黄碱类复方制剂，为其利用麻黄碱类复方制剂加工、提炼制毒物品，或者为其获取、利用麻黄碱类复方制剂提供其他帮助的，以制造毒品罪的共犯论处。

四、关于犯罪预备、未遂的认定

实施本意见规定的行为，符合犯罪预备或者未遂情形的，依照法律规定处罚。

五、关于犯罪嫌疑人、被告人主观目的与明知的认定

对于本意见规定的犯罪嫌疑人、被告人的主观目的与明知，应当根据物证、书证、证人证言以及犯罪嫌疑人、被告人供述和辩解等在案证据，结合犯罪嫌疑人、被告人的行为表现，重点考虑以下因素综合予以认定：

1. 购买、销售麻黄碱类复方制剂的价格是否明显高于市场交易价格；

2. 是否采用虚假信息、隐蔽手段运输、寄递、存储麻黄碱类复方制剂；

3. 是否采用伪报、伪装、藏匿或者绕行进出境等手段逃避海关、边防等检查；

4. 提供相关帮助行为获得的报酬是否合理；

5. 此前是否实施过同类违法犯罪行为；

6. 其他相关因素。

六、关于制毒物品数量的认定

（第二款）实施本意见规定的行为，以制造毒品罪定罪处罚的，应当将涉案麻黄碱类复方制剂所含的麻黄碱类物质可以制成的毒品数量作为量刑情节考虑。

（第三款）多次实施本意见规定的行为未经处理的，涉案制毒物品的数量累计计算。

七、关于定罪量刑的数量标准

（第二款）实施本意见规定的行为，以制造毒品罪定罪处罚的，无论涉案麻黄碱类复方制剂所含的麻黄碱类物质数量多少，都应当追究刑事责任。

八、关于麻黄碱类复方制剂的范围

本意见所称麻黄碱类复方制剂是指含有《易制毒化学品管理条例》（国务院令第445号）品种目录所列的麻黄碱（麻黄素）、伪麻黄碱（伪麻黄素）、消旋麻黄碱（消旋麻黄素）、去甲麻黄碱（去甲麻黄素）、甲基麻黄碱（甲基麻黄素）及其盐类，或者麻黄浸膏、麻黄浸膏粉等麻黄碱类物质的药品复方制剂。

【证据标准】

347.6 最高人民检察院公诉厅毒品犯罪案件公诉证据标准指导意见（试行）（2005年4月25日〔2005〕高检诉发第32号）（节录）

根据毒品犯罪案件证据的共性和特性，公诉证据标准可分为一般证据标准和特殊证据标准。一般证据标准，是指毒品犯罪通常具有的证据种类和形式；特殊证据标准，是指对某些毒品犯罪除一般证据种类和形式外，还应具有的特殊证据形式。

一、一般证据标准

一般证据标准，包括证明毒品犯罪的客体、客观方面、主体、主观方面的证据种类和形式。毒品犯罪侵犯的客体主要是国家对毒品的管理制度，在一些特殊的毒品犯罪中，还同时侵害了国家海关管理制度等。对此，一般可通过犯罪事实的认定予以明确。《指导意见（试行）》主要针对的是证明毒品犯罪的主体、主观方面和客观方面的证据种类和形式问题。

（一）关于犯罪主体的证据

毒品犯罪的主体既有一般主体，也有特殊主体，包括自然人和单位。关于犯罪主体（自然人）的证据主要参考以下内容：

1. 居民身份证、临时居住证、工作证、护照、港澳居民来往内地通行证、台湾居民来往大陆通行证、中华人民共和国旅行证，以及边民证；

2. 户口簿或微机户口卡；

3. 个人履历表或入学、入伍、招工、招干等登记表；

4. 医院出生证明；

5. 犯罪嫌疑人、被告人的供述；

6. 有关人员（如亲属、邻居等）关于犯罪嫌疑人、被告人情况的证言。

通过上述证据证明犯罪嫌疑人、被告人的姓名（曾用名）、出生年月日、居民身份证号、民族、籍贯、出生地、职业、住所地等基本情况。贩卖毒品罪的犯罪嫌疑人、被告人必须是年满14周岁的自然人；其他毒品犯罪的犯罪嫌疑人、被告人必须是年满16周岁的自然人。

收集、审查、判断上述证据需要注意的问题：

1. 居民身份证、工作证等身份证明文件的核实

对居民身份证、临时居住证、工作证、护照、港澳居民来往内地通行证、台湾居民来往大陆通行证、中华人民共和国旅行证，以及边民证的真实性存在疑问，如有其他证据能够证明犯罪嫌疑人、被告人真实情况的，可根据其他证据予以认定；现有证据无法证明的，应向证明身份文件上标明的原出具机关予以核实；原机关已撤销或者变更导致无法核实的，应向有权主管机关予以核查。经核查证明材料不真实的，应当向犯罪嫌疑人、被告人户籍所在地公安机关、原用人单位调取证据。犯罪嫌疑人、被告人的真实姓名、住址无法查清的，应按其绰号或自报情况起诉，并在起诉书中注明。被告人自报姓名可能造成损害他人名誉、败坏道德风俗等不良影响的，可以对被告人进行编号并按编号制作起诉书，同时在起诉书中附具被告人的照片。犯罪嫌疑人、被告人认为公安机关提取的法定书证（户口簿、身份证等）所记载的个人情况不真实，但没有证据证明的，应以法定书证为准。对于年龄有争议的，一般以户籍登记文件为准；出生原始记录证明户籍登记确有错误的，可以根据原始记录等有效证据予以认定。对年龄有争议，又缺乏证据的情况

下，可以采用"骨龄鉴定法"，并结合其他证据予以认定。

2. 国籍的认定

国籍的认定，涉及案件的审判管辖级别。审查起诉毒品犯罪案件时，应当查明犯罪嫌疑人、被告人的国籍。外国人的国籍，以其入境时的有效证件予以证明。对于没有护照的，可根据边民证认定其国籍；缅甸的个别地区使用"马帮丁"作为该地区居民的身份证明，故根据"马帮丁"也可认定其国籍。此外，根据有关国家有权管理机关出具的证明材料（同时附有我国司法机关的《委托函》或者能够证明该份证据取证合法的证明材料），也可以认定其国籍。国籍不明的，可商请我国出入境管理部门或者我国驻外使领馆予以协助查明。无法查明国籍的，以无国籍人论。无国籍人，属于外国人。

3. 刑事责任能力的确定

犯罪嫌疑人、被告人的言行举止反映他（她）可能患有精神性疾病的，应当尽量收集能够证明其精神状况的证据。证人证言可作为证明犯罪嫌疑人、被告人刑事责任能力的证据。经查不能排除犯罪嫌疑人、被告人具有精神性疾病可能性的，应当作司法精神病鉴定。

（二）关于犯罪主观方面的证据

毒品犯罪的主观方面为故意。关于主观方面的证据主要参考以下内容：

1. 犯罪嫌疑人、被告人及其同案犯的供述和辩解；

2. 有关证人证言；

3. 有关书证（书信、电话记录、手机短信记录等）；

4. 其他有助于判断主观故意的客观事实。

通过证据1、证据2和证据3，证明毒品犯罪案件的起因、犯罪动机、犯罪目的等主观特征。当以上证据均无法证明犯罪嫌疑人、被告人在主观上是否具有毒品犯罪的"明知"时，可通过证据4，即根据一定的客观事实判定"明知"。

收集、审查、判断上述证据需要注意的问题：

1. 对于毒品犯罪中目的犯的认定，应注意收集证明犯罪嫌疑人、被告人主观犯罪目的之证据，例如，刑法第355条第2款规定的"以牟利为目的"。

2. 对于毒品犯罪中共同犯罪的认定，应注意收集证明共同故意的证据。

3. 推定"明知"应当慎重使用。对于具有下列情形之一，并且犯罪嫌疑人、被告人不能作出合理解释的，可推定其明知，但有相反证据的除外：（1）故意选择没有海关和边防检查站的边境路段绕行出入境的；（2）经过海关或边检站时，以假报、隐匿、伪装等蒙骗手段逃避海关、边防检查的；（3）采用假报、隐匿、伪装等蒙骗手段逃避邮检的；（4）采用体内藏毒的方法运输毒品的。对于具有下列情形之一的，能否推定明知还需结合其他证据予以综合判断：（1）受委托或雇佣携带毒品，获利明显超过正常标准的；（2）犯罪嫌疑人、被告人所有物、住宅、院落里藏有毒品的；（3）毒品包装物上留下的指纹与犯罪嫌疑人、被告人的指纹经鉴定一致的；（4）犯罪嫌疑人、被告人持有毒品的。

（三）关于犯罪客观方面的证据

毒品犯罪在客观方面表现为各种形式的毒品犯罪行为，如走私、贩卖、运输、制造毒品、非法持有毒品等。证明毒品犯罪客观方面的证据主要参考以下内容：

1. 物证及其照片，包括毒品、毒品的半成品、毒品的前体化学物、毒品原植物、毒品原植物的种子或幼苗、制毒物品、毒资、盛装毒品的容器或包装物、作案工具等实物及其照片；

2. 毒资转移的凭证，如银行的支付凭证（如存折、本票、汇票、支票）和记账凭证，毒品、制毒物品、毒品原植物等物品的交付凭证（托运单、货单、仓单、邮寄单），交通运输凭证（车票、船票、机票），同案犯之间的书信等；

3. 报案记录、投案记录、举报记录（信件）、控告记录（信件）、破案报告、吸毒记录等能说明案件及相关情况的书面材料；

4. 毒品、毒资、作案工具及其他涉案物品的扣押清单；

5. 相关证人证言，包括海关、边防检查人员、侦查人员的证言，以及鉴定人员对鉴定所作的说明；

6. 辨认笔录、指认笔录及其照片情况的文字记录，包括有关知情人员对犯罪嫌疑人、被告人的辨认和犯罪嫌疑人、被告人对毒品、毒资等犯罪对象的指认情况；

7. 犯罪嫌疑人、被告人的供述和辩解；

8. 毒品鉴定和检验报告，包括毒品鉴定、制毒物品鉴定、毒品原植物鉴定、毒品原植物的种子或幼苗鉴定、文检鉴定、指纹鉴定、犯罪嫌疑人、被告人是否吸食毒品的检验报告，以及被引诱、教唆、欺骗、强迫吸毒的被害人和被容留吸毒的人员是否吸食毒品的检验报告；

9. 现场勘验、检查笔录及照片、录像、现场制图，包括对现场的勘验、对人身的检查、对物品的检查；

10. 毒品数量的称量笔录；

11. 视听资料，包括录音带、录像带、电子数据等。

通过上述证据证明：毒品犯罪事实是否存在；犯罪嫌疑人、被告人是否实施毒品犯罪行为；犯罪嫌疑人、被告人实施毒品犯罪行为的性质；犯罪的时间、地点、手段、后果；毒品的种类及其数量；共同犯罪中，犯罪嫌疑人、被告人之间的关系及其在共同犯罪中所起的作用和地位；犯罪嫌疑人、被告人的财产状况；是否具有法定或酌定从重、从轻、减轻或免除处罚的情节；涉及管辖、强制措施、诉讼期限的事实；其他与定罪量刑有关的事实。

收集、审查、判断上述证据需要注意的问题：

1. 毒品犯罪案件中所涉及的毒品、制毒物品，以及毒品原植物、种子、幼苗，都必须属于刑法规定的范围。

2. 收集证据过程中，应注意固定、保全证据，防止证据在转移过程中因保管失当而发生变化或灭失。

3. 公安机关对作为证据使用的实物应当随案移送检察机关，对不宜或不便移送的，应将这些物品的扣押清单、照片或者其他证明文件随案移送检察机关。

4. 注意审查犯罪嫌疑人、被告人的供述等言词证据，对于以刑讯逼供、诱供、指供、骗供等非法方法收集的言词证据，坚决依法予以排除。

5. 在毒品、制毒物品等物证灭失的情况下，仅有犯罪嫌疑人、被告人自己的供述，不能定罪；但是，当犯罪嫌疑人、被告人的供述与同案犯的供述吻合，并且完全排除诱供、刑讯逼供、串供等情形，能够相互印证的口供可以作为定罪的证据。

6. 毒品数量是指毒品净重。称量时，要扣除包装物和容器的重量，毒品称量应由二名以上侦查人员当场、当面进行，并拍摄现场照片。查获毒品后，应当场制作称量笔录，要求犯罪嫌疑人当场签字；犯罪嫌疑人拒绝签字的，应作出情况说明。

7. 审查鉴定时，要注意鉴定主体是否合格、鉴定内容和范围是否全面、鉴定程序是否符合规范（包括检材提取、检验、鉴定方法、鉴定过程、鉴定人有无签字等）、鉴定结论是否明确具体、鉴定报告的体例形式是否符合规范要求，以及鉴定结论是否告知犯罪嫌疑人、被告人。

8. 公安机关依法使用技术侦查手段秘密收集的证据，因为涉及保密问题，不能直接作为证据使用；必须使用技术侦查手段秘密收集的证据证明犯罪事实时，应将其转化为诉讼证据。

二、特殊证据标准

特殊证据标准主要包括主体特殊的毒品犯罪、有被害人的毒品犯罪、毒品犯罪的再犯，以及某些个罪所需的特殊证据形式。

（一）单位犯罪的特殊证据

刑法第347条走私、贩卖、运输、制造毒品罪、第350条走私制毒物品罪、非法买卖制毒物品罪、第355条非法提供麻醉药品、精神药品罪都规定单位可以构成本罪主体。单位毒品犯罪除一般证据标准外，还需要参考以下内容：

1. 证明单位犯罪主体身份的证据，例如，单位注册登记证明、单位代表身份证明、营业执照、办公地和主要营业地证明等；

2. 证明单位犯罪主观故意的证据，例如，证明单位犯罪的目的、实施犯罪的决定形成等证明材料；

3. 证明单位犯罪非法所得归属的证据，例如，证明单位资金流动、非法利益分配情况等证明材料；

4. 证明单位犯罪中直接负责的主管人员和其他直接责任人员的证据。

通过上述证据证明犯罪系单位行为，与自然人犯罪相区分。

收集、审查、判断上述证据需要注意以下问题：

1. 我国刑法中规定的单位，既包括国有、集体所有的公司、企业、事业单位，也包括依法设立的合资经营、合作经营和具有法人资格的独资、私营等公司、企业、事业单位。

2. 个人为进行违法犯罪活动而设立的公司、企业、事业单位实施犯罪的，或者公司、企业、事业单位设立后，以实施犯罪为主要活动的，以自然人犯罪论处。

3. 盗用单位名义实施犯罪，违法所得由实施犯罪的个人私分的，依照刑法有关自然人犯罪的规定定罪处刑。

（五）走私、贩卖、运输、制造毒品罪的特殊证据

刑法第 347 条第 2 款第（4）、（5）项规定：走私、贩卖、运输、制造毒品，以暴力抗拒检查、拘留、逮捕，情节严重的，或者参与有组织的国际贩毒活动的，应当处十五年有期徒刑、无期徒刑或者死刑，并处没收财产。符合这两项规定的走私、贩卖、运输、制造毒品罪的特殊证据主要参考下列内容：

1. 公安、海关、边检部门出具的证明犯罪嫌疑人、被告人暴力抗拒检查、拘留、逮捕的材料；

2. 证明犯罪嫌疑人、被告人参与有组织的国际贩毒活动的材料或者犯罪记录。

通过上述证据证明犯罪嫌疑人、被告人是否具有以暴力抗拒检查、拘留、逮捕的严重情节，是否参与有组织的国际贩毒活动。符合上述两种情形的，应依法适用加重的法定刑。

【司法解释】

347.7 最高人民法院、最高人民检察院关于办理走私刑事案件适用法律若干问题的解释

（2014 年 9 月 10 日　法释〔2014〕10 号）（节录）

第二十条　直接向走私人非法收购走私进口的货物、物品，在内海、领海、界河、界湖运输、收购、贩卖国家禁止进出口的物品，或者没有合法证明，在内海、领海、界河、界湖运输、收购、贩卖国家限制进出口的货物、物品，构成犯罪的，应当按照走私货物、物品的种类，分别依照刑法第一百五十一条、第一百五十二条、第一百五十三条、第三百四十七条、第三百五十条的规定定罪处罚。

刑法第一百五十五条第二项规定的“内海”，包括内河的入海口水域。

第二十三条　实施走私犯罪，具有下列情形之一的，应当认定为犯罪既遂：

（一）在海关监管现场被查获的；

（二）以虚假申报方式走私，申报行为实施完毕的；

（三）以保税货物或者特定减税、免税进口的货物、物品为对象走私，在境内销售的，或者申请核销行为实施完毕的。

347.8 最高人民法院、最高人民检察院、公安部办理毒品犯罪案件毒品提取、扣押、称量、取样和送检程序若干问题的规定（2016 年 7 月 1 日　公禁毒〔2016〕511 号）（第 2—38 条）

【司法文件】

347.9 最高人民检察院关于加强毒品犯罪批捕起诉工作的通知（1997 年 6 月 17 日　高检发刑字〔1997〕55 号）（节录）

二、对公安机关提请批准逮捕的毒品犯罪嫌疑人，检察机关要本着严厉惩治毒品犯罪的精神，对有证据证明有毒品犯罪事实的即应批准逮捕。对走私、贩卖、运输、制造毒品的，不论毒品数量多少均应批准逮捕，以保证毒品案件侦查工作的顺利进行。坚决防止在批捕环节出现打击不力。

　　三、对公安机关移送审查起诉的毒品犯罪案件，检察机关要及时依法审查。对犯罪嫌疑人的犯罪事实已经查清，证据确实充分，应依法追究刑事责任的，要及时提起公诉。对走私、贩卖、运输、制造毒品的，不论毒品数量多少均应提起公诉。

　　347.10 全国部分法院审理毒品犯罪案件工作座谈会纪要（最高人民法院 2008 年 12 月 1 日印发 法〔2008〕324 号）（节录）

　　一、毒品案件的罪名确定和数量认定问题

　　刑法第三百四十七条规定的走私、贩卖、运输、制造毒品罪是选择性罪名，对同一宗毒品实施了两种以上犯罪行为并有相应确凿证据的，应当按照所实施的犯罪行为的性质并列确定罪名，毒品数量不重复计算，不实行数罪并罚。对同一宗毒品可能实施了两种以上犯罪行为，但相应证据只能认定其中一种或者几种行为，认定其他行为的证据不够确实充分的，则只按照依法能够认定的行为的性质定罪。如涉嫌为贩卖而运输毒品，认定贩卖的证据不够确实充分的，则只定运输毒品罪。对不同宗毒品分别实施了不同种犯罪行为的，应对不同行为并列确定罪名，累计毒品数量，不实行数罪并罚。对被告人一人走私、贩卖、运输、制造两种以上毒品的，不实行数罪并罚，量刑时可综合考虑毒品的种类、数量及危害，依法处理。

　　罪名不以行为实施的先后、毒品数量或者危害大小排列，一律以刑法条文规定的顺序表述。如对同一宗毒品制造后又走私的，以走私、制造毒品罪定罪。下级法院在判决中确定罪名不准确的，上级法院可以减少选择性罪名中的部分罪名或者改动罪名顺序，在不加重原判刑罚的情况下，也可以改变罪名，但不得增加罪名。

　　对于吸毒者实施的毒品犯罪，在认定犯罪事实和确定罪名时要慎重。吸毒者在购买、运输、存储毒品过程中被查获的，如没有证据证明其是为了实施贩卖等其他毒品犯罪行为，毒品数量未超过刑法第三百四十八条规定的最低数量标准的，一般不定罪处罚；查获毒品数量达到较大以上的，应以其实际实施的毒品犯罪行为定罪处罚。

　　对于以贩养吸的被告人，其被查获的毒品数量应认定为其犯罪的数量，但量刑时应考虑被告人吸食毒品的情节，酌情处理；被告人购买了一定数量的毒品后，部分已被其吸食的，应当按能够证明的贩卖数量及查获的毒品数量认定其贩毒的数量，已被吸食部分不计入在内。

　　有证据证明行为人不以牟利为目的，为他人代购仅用于吸食的毒品，毒品数量超过刑法第三百四十八条规定的最低数量标准的，对托购者、代购者应以非法持有毒品罪定罪。代购者从中牟利，变相加价贩卖毒品的，对代购者应以贩卖毒品罪定罪。明知他人实施毒品犯罪而为其居间介绍、代购代卖的，无论是否牟利，都应以相关毒品犯罪的共犯论处。

　　盗窃、抢夺、抢劫毒品的，应当分别以盗窃罪、抢夺罪或者抢劫罪定罪，但不计犯罪数额，根据情节轻重予以定罪量刑。盗窃、抢夺、抢劫毒品后又实施其他毒品犯罪的，对盗窃罪、抢夺罪、抢劫罪和所犯的具体毒品犯罪分别定罪，依法数罪并罚。走私毒品，又走私其他物品构成犯罪的，以走私毒品罪和其所犯的其他走私罪分别定罪，依法数罪并罚。

　　二、毒品犯罪的死刑适用问题

　　审理毒品犯罪案件，应当切实贯彻宽严相济的刑事政策，突出毒品犯罪的打击重点。必须依法严惩毒枭、职业毒犯、再犯、累犯、惯犯、主犯等主观恶性深、人身危险性大、危害严重的毒品犯罪分子，以及具有将毒品走私入境，多次、大量或者向多人贩卖，诱使多人吸毒，武装掩护、暴力抗拒检查、拘留或者逮捕，或者参与有组织的国际贩毒活动等情节的毒品犯罪分子。对其中罪行极其严重依法应当判处死刑的，必须坚决依法判处死刑。

　　毒品数量是毒品犯罪案件量刑的重要情节，但不是唯一情节。对被告人量刑时，特别是在考虑是否适用死刑时，应当综合考虑毒品数量、犯罪情节、危害后果、被告人的主观恶性、人身危险性以及当地禁毒形势等各种因素，做到区别对待。近期，审理毒品犯罪案件掌握的死刑数量标准，应当结合本地毒品犯罪的实际情况和依法惩治、预防毒品犯罪的需要，并参照最高人民法院复核的毒品死刑案件的典型案例，恰当把握。量刑既不能只片面考虑毒品数量，不考虑犯罪的其他情节，也不能只片面考虑其他情节，而忽视毒品数量。

　　对虽然已达到实际掌握的判处死刑的毒品数量标准，但是具有法定、酌定从宽处罚情节的被告人，可以不判处死刑；反之，对毒品数量接近实际掌握的判处死刑的数量标准，但具有从重处罚情节的被告人，也可以判处死刑。毒品数量达到实际掌握的死刑数量标准，既有从重处罚情节，又有从宽处罚情节的，应当综合考虑各方面因素决定刑罚，判处死刑立即执行应当慎重。

具有下列情形之一的，可以判处被告人死刑：(1) 具有毒品犯罪集团首要分子、武装掩护毒品犯罪、暴力抗拒检查、拘留或者逮捕、参与有组织的国际贩毒活动等严重情节的；(2) 毒品数量达到实际掌握的死刑数量标准，并具有毒品再犯、累犯，利用、教唆未成年人走私、贩卖、运输、制造毒品，或者向未成年人出售毒品等法定从重处罚情节的；(3) 毒品数量达到实际掌握的死刑数量标准，并具有多次走私、贩卖、运输、制造毒品，向多人贩毒，在毒品犯罪中诱使、容留多人吸毒，在戒毒监管场所贩毒，国家工作人员利用职务便利实施毒品犯罪，或者职业犯、惯犯、主犯等情节的；(4) 毒品数量达到实际掌握的死刑数量标准，并具有其他从重处罚情节的；(5) 毒品数量超过实际掌握的死刑数量标准，且没有法定、酌定从轻处罚情节的。

毒品数量达到实际掌握的死刑数量标准，具有下列情形之一的，可以不判处被告人死刑立即执行：(1) 具有自首、立功等法定从宽处罚情节的；(2) 已查获的毒品数量未达到实际掌握的死刑数量标准，到案后坦白尚未被司法机关掌握的其他毒品犯罪，累计数量超过实际掌握的死刑数量标准的；(3) 经鉴定毒品含量极低，掺假之后的数量才达到实际掌握的死刑数量标准的，或者有证据表明可能大量掺假但因故不能鉴定的；(4) 因特情引诱毒品数量才达到实际掌握的死刑数量标准的；(5) 以贩养吸的被告人，被查获的毒品数量刚达到实际掌握的死刑数量标准的；(6) 毒品数量刚达到实际掌握的死刑数量标准，确属初次犯罪即被查获，未造成严重危害后果的；(7) 共同犯罪毒品数量刚达到实际掌握的死刑数量标准，但各共同犯罪人作用相当，或者责任大小难以区分的；(8) 家庭成员共同实施毒品犯罪，其中起主要作用的被告人已被判处死刑立即执行，其他被告人罪行相对较轻的；(9) 其他不是必须判处死刑立即执行的。

有些毒品犯罪案件，往往由于毒品、毒资等证据已不存在，导致审查证据和认定事实困难。在处理这类案件时，只有被告人的口供与同案其他被告人供述吻合，并且完全排除诱供、逼供、串供等情形，被告人的口供与同案被告人的供述才可以作为定案的证据。仅有被告人口供与同案被告人供述作为定案证据的，对被告人判处死刑立即执行要特别慎重。

三、运输毒品罪的刑罚适用问题

对于运输毒品犯罪，要注意重点打击指使、雇佣他人运输毒品的犯罪分子和接应、接货的毒品所有者、买家或者卖家。对于运输毒品犯罪集团首要分子，组织、指使、雇佣他人运输毒品的主犯或者毒枭、职业毒犯、毒品再犯，以及具有武装掩护、暴力抗拒检查、拘留或者逮捕、参与有组织的国际毒品犯罪、以运输毒品为业、多次运输毒品或者其他严重情节的，应当按照刑法、有关司法解释和司法实践实际掌握的数量标准，从严惩处，依法应判处死刑的必须坚决判处死刑。

毒品犯罪中，单纯的运输毒品行为具有从属性、辅助性特点，且情况复杂多样。部分涉案人员系受指使、雇佣的贫民、边民或者无业人员，只是为了赚取少量运费而为他人运输毒品，他们不是毒品的所有者、买家或者卖家，与幕后的组织、指使、雇佣者相比，在整个毒品犯罪环节中处于从属、辅助和被支配地位，所起作用和主观恶性相对较小，社会危害性也相对较小。因此，对于运输毒品犯罪中的这部分人员，在量刑标准的把握上，应当与走私、贩卖、制造毒品和前述具有严重情节的运输毒品犯罪分子有所区别，不应单纯以涉案毒品数量的大小决定刑罚适用的轻重。

对有证据证明被告人确属受人指使、雇佣参与运输毒品犯罪，又系初犯、偶犯的，可以从轻处罚，即使毒品数量超过实际掌握的死刑数量标准，也可以不判处死刑立即执行。

毒品数量超过实际掌握的死刑数量标准，不能证明被告人系受人指使、雇佣参与运输毒品犯罪的，可以依法判处重刑直至死刑。

涉嫌为贩卖而自行运输毒品，由于认定贩卖毒品的证据不足，因而认定为运输毒品罪的，不同于单纯的受指使为他人运输毒品行为，其量刑标准应当与单纯的运输毒品行为有所区别。

四、制造毒品的认定与处罚问题

鉴于毒品犯罪分子制造毒品的手段复杂多样、不断翻新，采用物理方法加工、配制毒品的情况大量出现，有必要进一步准确界定制造毒品的行为、方法。制造毒品不仅包括非法用毒品原植物直接提炼和用化学方法加工、配制毒品的行为，也包括以改变毒品成分和效用为目的，用混合等物理方法加工、配制毒品的行为，如将甲基苯丙胺或者其他苯丙胺类毒品与其他毒品混合成麻古或者摇头丸。为便于隐蔽运输、销售、使用、欺骗购买者，或者为了增重，对毒品掺杂使假，添加或者去除其他非毒品物质，不属于制造毒品的行为。

已经制成毒品，达到实际掌握的死刑数量标准的，可以判处死刑；数量特别巨大的，应当判处死刑。已经制造出粗制毒品或者半成品的，以制造毒品罪的既遂论处。购进制造毒品的设备和原材料，开始着手制造毒品，但尚未制造出粗制毒品或者半成品的，以制造毒品罪的未遂论处。

五、毒品含量鉴定和混合型、新类型毒品案件处理问题

鉴于大量掺假毒品和成分复杂的新类型毒品不断出现，为做到罪刑相当、罚当其罪，保证毒品案件的审判质量，并考虑目前毒品鉴定的条件和现状，对可能判处被告人死刑的毒品犯罪案件，应当根据最高人民法院、最高人民检察院、公安部2007年12月颁布的《办理毒品犯罪案件适用法律若干问题的意见》，作出毒品含量鉴定；对涉案毒品可能大量掺假或者系成分复杂的新类型毒品的，亦应当作出毒品含量鉴定。

对于含有二种以上毒品成分的毒品混合物，应进一步作成分鉴定，确定所含的不同毒品成分及比例。对于毒品中含有海洛因、甲基苯丙胺的，应以海洛因、甲基苯丙胺分别确定其毒品种类；不含海洛因、甲基苯丙胺的，应以其中毒性较大的毒品成分确定其毒品种类；如果毒性相当或者难以确定毒性大小的，以其中比例较大的毒品成分确定其毒品种类，并在量刑时综合考虑其他毒品成分、含量和全案所涉毒品数量。对于刑法、司法解释等已规定了量刑数量标准的毒品，按照刑法、司法解释等规定适用刑罚；对于刑法、司法解释等没有规定量刑数量标准的毒品，有条件折算为海洛因的，参照国家食品药品监督管理局制定的《非法药物折算表》，折算成海洛因的数量后适用刑罚。

对于国家管制的精神药品和麻醉药品，刑法、司法解释等尚未明确规定量刑数量标准，也不具备折算条件的，应由有关专业部门确定涉案毒品毒效的大小、有毒成分的多少、吸毒者对该毒品的依赖程度，综合考虑其致瘾癖性、戒断性、社会危害性等依法量刑。因条件限制不能确定的，可以参考涉案毒品非法交易的价格因素等，决定对被告人适用的刑罚，但一般不宜判处死刑立即执行。

六、特情介入案件的处理问题

运用特情侦破毒品案件，是依法打击毒品犯罪的有效手段。对特情介入侦破的毒品案件，要区别不同情形予以分别处理。

对已持有毒品待售或者有证据证明已准备实施大宗毒品犯罪者，采取特情贴靠、接洽而破获的案件，不存在犯罪引诱，应当依法处理。

行为人本没有实施毒品犯罪的主观意图，而是在特情诱惑和促成下形成犯意，进而实施毒品犯罪的，属于"犯意引诱"。对因"犯意引诱"实施毒品犯罪的被告人，根据罪刑相适应原则，应当依法从轻处罚，无论涉案毒品数量多大，都不应判处死刑立即执行。行为人在特情既为其安排上线，又提供下线的双重引诱，即"双套引诱"下实施毒品犯罪的，处刑时可予以更大幅度的从宽处罚或者依法免予刑事处罚。

行为人本来只有实施数量较小的毒品犯罪的故意，在特情引诱下实施了数量较大甚至达到实际掌握的死刑数量标准的毒品犯罪的，属于"数量引诱"。对因"数量引诱"实施毒品犯罪的被告人，应当依法从轻处罚，即使毒品数量超过实际掌握的死刑数量标准，一般也不判处死刑立即执行。

对不能排除"犯意引诱"和"数量引诱"的案件，在考虑是否对被告人判处死刑立即执行时，要留有余地。

对被告人受特情间接引诱实施毒品犯罪的，参照上述原则依法处理。

七、毒品案件的立功问题

共同犯罪中同案犯的基本情况，包括同案犯姓名、住址、体貌特征、联络方式等信息，属于被告人应当供述的范围。公安机关根据被告人供述抓获同案犯的，不应认定其有立功表现。被告人在公安机关抓获同案犯过程中确实起到协助作用的，例如，经被告人现场指认、辨认抓获了同案犯；被告人带领公安人员抓获了同案犯；被告人提供了不为有关机关掌握或者有关机关按照正常工作程序无法掌握的同案犯藏匿的线索，有关机关据此抓获了同案犯；被告人交代了与同案犯的联系方式，又按要求与对方联络，积极协助公安机关抓获了同案犯等，属于协助司法机关抓获同案犯，应认定为立功。

关于立功从宽处罚的把握，应以功是否足以抵罪为标准。在毒品共同犯罪案件中，毒枭、毒品犯罪集团首要分子、共同犯罪的主犯、职业毒犯、毒品惯犯等，由于掌握同案犯、从犯、马仔的犯罪情况和个人信息，被抓获后往往能协助抓捕同案犯，获得立功或者重大立功。对其是否从宽处罚以及从宽幅度的大小，应当主要看功是否足以抵罪，即应结合被告人罪行的严重程度、立功大小综合考虑。要充分注意毒品共同犯罪人以及上、下家之间的量刑平衡。对于毒枭等严重毒品犯罪分子立功的，从轻或者减轻处罚应当从严掌握。如果其罪行极其严重，只有一般立功表现，功不足以抵罪的，可不予从轻处罚；如果其检举、揭发的是其他犯罪案件中罪行同样严重的犯罪分子，或者协助抓获的是同案中的其他首要分子、主犯，功足以抵罪的，原则上可以从轻或者减轻处罚；如果协助抓获的只是同案中的从犯或者马仔，功不足以抵罪，或者从轻处罚后全案处刑明显失衡的，不予从轻处罚。相反，对于从犯、马仔立功，特别是协助抓获毒枭、首要分子、主犯的，应当从轻处罚，直至依法减轻或者免除处罚。

被告人亲属为了使被告人得到从轻处罚，检举、揭发他人犯罪或者协助司法机关抓捕其他犯罪人的，不能视为被告人立功。同监犯将本人或者他人尚未被司法机关掌握的犯罪事实告知被告人，由被告人检举揭发的，如经查证属实，虽可认定被告人立功，但是否从宽处罚、从宽幅度大小，应与通常的立功有所区别。通过非法手段或者非法途径获取他人犯罪信息，如从国家工作人员处贿买他人犯罪信息，通过律师、看守人员等非法途径获取他人犯罪信息，由被告人检举揭发的，不能认定为立功，也不能作为酌情从轻处罚情节。

八、毒品再犯问题

根据刑法第三百五十六条规定，只要因走私、贩卖、运输、制造、非法持有毒品罪被判过刑，不论是在刑罚执行完毕后，还是在缓刑、假释或者暂予监外执行期间，又犯刑法分则第六章第七节规定的犯罪的，都是毒品再犯，应当从重处罚。

因走私、贩卖、运输、制造、非法持有毒品罪被判刑的犯罪分子，在缓刑、假释或者暂予监外执行期间又犯刑法分则第六章第七节规定的犯罪的，应当在对其所犯新的毒品犯罪适用刑法第三百五十六条从重处罚的规定确定刑罚后，再依法数罪并罚。

对同时构成累犯和毒品再犯的被告人，应当同时引用刑法关于累犯和毒品再犯的条款从重处罚。

九、毒品案件的共同犯罪问题

毒品犯罪中，部分共同犯罪人未到案，如现有证据能够认定已到案被告人为共同犯罪，或者能够认定为主犯或者从犯的，应当依法认定。没有实施毒品犯罪的共同故意，仅在客观上为相互关联的毒品犯罪上下家，不构成共同犯罪，但为了诉讼便利可并案审理。审理毒品共同犯罪案件应当注意以下几个方面的问题：

一是要正确区分主犯和从犯。区分主犯和从犯，应当以各共同犯罪人在毒品共同犯罪中的地位和作用为根据。要从犯意提起、具体行为分工、出资和实际分得毒赃多少以及共犯之间相互关系等方面，比较各个共同犯罪人在共同犯罪中的地位和作用。在毒品共同犯罪中，为主出资者、毒品所有者或者起意、策划、纠集、组织、雇佣、指使他人参与犯罪以及其他起主要作用的是主犯；起次要或者辅助作用的是从犯。受雇佣、受指使实施毒品犯罪的，应根据其在犯罪中实际发挥的作用具体认定为主犯或者从犯。对于确有证据证明在共同犯罪中起次要或者辅助作用的，不能因为其他共同犯罪人未到案而不认定为从犯，甚至将其认定为主犯或者按主犯处罚。只要认定为从犯，无论主犯是否到案，均应依照刑法关于从犯的规定从轻、减轻或者免除处罚。

二是要正确认定共同犯罪案件中主犯和从犯的毒品犯罪数量。对于毒品犯罪集团的首要分子，应按集团毒品犯罪的总数量处罚；对一般共同犯罪的主犯，应按其所参与的或者组织、指挥的毒品犯罪数量处罚；对于从犯，应当按照其所参与的毒品犯罪的数量处罚。

三是要根据行为人在共同犯罪中的作用和罪责大小确定刑罚。不同案件不能简单类比，一个案件的从犯参与犯罪的毒品数量可能比另一案件的主犯参与犯罪的毒品数量大，但对这一案件从犯的处罚不是必然重于另一案件的主犯。共同犯罪中能分清主从犯的，不能因为涉案的毒品数量特别巨大，就不分主从犯而一律将被告人认定为主犯或者实际上都按主犯处罚，一律判处重刑甚至死刑。对于共同犯罪中有多个主犯或者共同犯罪人的，处罚上也应做到区别对待。应当全面考察各主犯或者共同犯罪人在共同犯罪中实际发挥作用的差别，主观恶性和人身危险性方面的差异，对罪责或者人身危险性更大的主犯或者共同犯罪人依法判处更重的刑罚。

十、主观明知的认定问题

毒品犯罪中，判断被告人对涉案毒品是否明知，不能仅凭被告人供述，而应当依据被告人实施毒品犯罪行为的过程、方式、毒品被查获时的情形等证据，结合被告人的年龄、阅历、智力等情况，进行综合分析判断。

具有下列情形之一，被告人不能做出合理解释的，可以认定其"明知"是毒品，但有证据证明确属被蒙骗的除外：（1）执法人员在口岸、机场、车站、港口和其他检查站点检查时，要求行为人申报为他人携带的物品和其他疑似毒品物，并告知其法律责任，而行为人未如实申报，在其携带的物品中查获毒品的；（2）以伪报、藏匿、伪装等蒙蔽手段，逃避海关、边防等检查，在其携带、运输、邮寄的物品中查获毒品的；（3）执法人员检查时，有逃跑、丢弃携带物品或者逃避、抗拒检查等行为，在其携带或者丢弃的物品中查获毒品的；（4）体内或者贴身隐秘处藏匿毒品的；（5）为获取不同寻常的高额、不等值报酬为他人携带、运输物品，从中查获毒品的；（6）采用高度隐蔽的方式携带、运输物品，从中查获毒品的；（7）采用高度隐蔽的方式交接物品，明显违背合法物品惯常交接方式，从中查获毒品的；（8）行程路线故意绕开检查站点，在其携带、运输的物品中查获毒品的；（9）以虚假身份或者地址办理托运手续，在其托运的物品中查获毒品的；（10）有其他证据足以认定行为人应当知道的。

十一、毒品案件的管辖问题

毒品犯罪的地域管辖，应当依照刑事诉讼法的有关规定，实行以犯罪地管辖为主、被告人居住地管辖为辅的原则。考虑到毒品犯罪的特殊性和毒品犯罪侦查体制，"犯罪地"不仅可以包括犯罪预谋地、毒资筹集地、交易进行地、运输途经地以及毒品生产地，也包括毒资、毒赃和毒品藏匿地、转移地、走私或者贩运毒品目的地等。"被告人居住地"，不仅包括被告人常住地和户籍所在地，也包括其临时居住地。

对于已进入审判程序的案件，被告人及其辩护人提出管辖异议，经审查异议成立的，或者受案法院发现没有管辖权，而案件由本院管辖更适宜的，受案法院应当报请与有管辖权的法院共同的上级法院依法指定本院管辖。

十二、特定人员参与毒品犯罪问题

近年来，一些毒品犯罪分子为了逃避打击，雇佣孕妇、哺乳期妇女、急性传染病人、残疾人或者未成年人等特定人员进行毒品犯罪活动，成为影响我国禁毒工作成效的突出问题。对利用、教唆特定人员进行毒品犯罪活动的组织、策划、指挥和教唆者，要依法严厉打击，该判处重刑直至死刑的，坚决依法判处重刑直至死刑。对于被利用、被诱骗参与毒品犯罪的特定人员，可以从宽处理。

要积极与检察机关、公安机关沟通协调，妥善解决涉及特定人员的案件管辖、强制措施、刑罚执行等问题。对因特殊情况依法不予羁押的，可以依法采取取保候审、监视居住等强制措施，并根据被告人具体情况和案情变化及时变更强制措施；对于被判处有期徒刑或者拘役的罪犯，符合刑事诉讼法第二百一十四条①规定情形的，可以暂予监外执行。

---

① 指 96 年刑事诉讼法条文，对应 2018 年修正刑事诉讼法第 265 条。——编者注

十三、毒品案件财产刑的适用和执行问题

刑法对毒品犯罪规定了并处罚金或者没收财产刑，司法实践中应当依法充分适用。不仅要依法追缴被告人的违法所得及其收益，还要严格依法判处被告人罚金刑或者没收财产刑，不能因为被告人没有财产，或者其财产难以查清、难以分割或者难以执行，就不依法判处财产刑。

要采取有力措施，加大财产刑执行力度。要加强与公安机关、检察机关的协作，对毒品犯罪分子来源不明的巨额财产，依法及时采取查封、扣押、冻结等措施，防止犯罪分子及其亲属转移、隐匿、变卖或者洗钱，逃避依法追缴。要加强不同地区法院之间的相互协作配合。毒品犯罪分子的财产在异地的，第一审人民法院可以委托财产所在地人民法院代为执行。要落实和运用有关国际禁毒公约规定，充分利用国际刑警组织等渠道，最大限度地做好境外追赃工作。

347.11　最高人民法院研究室关于被告人对不同种毒品实施同一犯罪行为是否按比例折算成一种毒品予以累加后量刑的答复（2009 年 8 月 17 日　法研〔2009〕146 号）

四川省高级人民法院：

你院川高法〔2009〕390 号《关于被告人对不同种毒品实施同一犯罪行为是否按比例折算成一种毒品予以累加后量刑的请示》收悉。经研究，答复如下：

根据《全国部分法院审理毒品犯罪案件工作座谈会纪要》的规定，对被告人一人走私、贩卖、运输、制造两种以上毒品的，不实行数罪并罚，量刑时可综合考虑毒品的种类、数量及危害，依法处理。故同意你院处理意见。

347.12　全国法院毒品犯罪审判工作座谈会纪要（最高人民法院 2015 年 5 月 18 日印发　法〔2015〕129 号）（节录）

一、关于进一步加强人民法院禁毒工作的总体要求

一是毫不动摇地坚持依法从严惩处毒品犯罪。充分发挥审判职能作用，依法运用刑罚惩治毒品犯罪，是治理毒品问题的重要手段，也是人民法院参与禁毒斗争的主要方式。面对严峻的毒品犯罪形势，各级人民法院要继续坚持依法从严惩处毒品犯罪的指导思想。要继续依法严惩走私、制造毒品和大宗贩卖毒品等源头性犯罪，严厉打击毒枭、职业毒犯、累犯、毒品再犯等主观恶性深、人身危险性大的毒品犯罪分子，该判处重刑和死刑的坚决依法判处。要加大对制毒物品犯罪、多次零包贩卖毒品、引诱、教唆、欺骗、强迫他人吸毒及非法持有毒品等犯罪的惩处力度，严惩向农村地区贩卖毒品及国家工作人员实施的毒品犯罪。要更加注重从经济上制裁毒品犯罪，依法追缴犯罪分子违法所得，充分适用罚金刑、没收财产刑并加大执行力度，依法从严惩处涉毒洗钱犯罪和为毒品犯罪提供资金的犯罪。要严厉打击因吸毒诱发的杀人、伤害、抢劫、以危险方法危害公共安全等次生犯罪。要规范和限制毒品犯罪的缓刑适用，从严把握毒品罪犯减刑条件，严格限制严重毒品罪犯假释，确保刑罚执行效果。同时，为全面发挥刑罚功能，也要贯彻好宽严相济刑事政策，突出打击重点，体现区别对待。对于罪行较轻，或者具有从犯、自首、立功、初犯等法定、酌定从宽处罚情节的毒品犯罪分子，根据罪刑相适应原则，依法给予从宽处罚，以分化瓦解毒品犯罪分子，预防和减少毒品犯罪。要牢牢把握案件质量这条生命线，既要考虑到毒品犯罪隐蔽性强、侦查取证难度大的现实情况，也要严格贯彻证据裁判原则，引导取证、举证工作围绕审判工作的要求展开，切实发挥每一级审判程序的职能作用，确保案件办理质量。对于拟判处被告人死刑的毒品犯罪案件，在证据质量上要始终坚持最高的标准和最严的要求。

二、关于毒品犯罪法律适用的若干具体问题

会议认为，2008 年印发的《全国部分法院审理毒品犯罪案件工作座谈会纪要》（以下简称《大连会议纪要》）较好地解决了办理毒品犯罪案件面临的一些突出法律适用问题，其中大部分规定在当前的审判实践中仍有指导意义，应当继续参照执行。同时，随着毒品犯罪形势的发展变化，近年来出现了一些新情况、新问题，需要加以研究解决。与会代表对审判实践中反映较为突出，但《大连会议纪要》没有作出规定，或者规定不尽完善的毒品犯罪法律适用问题进行了认真研究讨论，就下列问题取得了共识。

（一）罪名认定问题

贩毒人员被抓获后，对于从其住所、车辆等处查获的毒品，一般均应认定为其贩卖的毒品。确有证据证明查获的毒品并非贩毒人员用于贩卖，其行为另构成非法持有毒品罪、窝藏毒品罪等其他犯罪的，依法定罪处罚。

吸毒者在购买、存储毒品过程中被查获，没有证据证明其是为了实施贩卖毒品等其他犯罪，毒品数量达到刑法第三百四十八条规定的最低数量标准的，以非法持有毒品罪定罪处罚。吸毒者在运输毒品过程中被查获，没有证据证明其是为了实施贩卖毒品等其他犯罪，毒品数量达到较大以上的，以运输毒品罪定罪处罚。

行为人为吸毒者代购毒品，在运输过程中被查获，没有证据证明托购者、代购者是为了实施贩卖毒品等其他犯罪，毒品数量达到较大以上的，对托购者、代购者以运输毒品罪的共犯论处。行为人为他人代购仅用于吸食的毒品，在交通、食宿等必要开销之外收取"介绍费""劳务费"，或者以贩卖为目的收取部分毒品作为酬劳的，应视为从中牟利，属于变相加价贩卖毒品，以贩卖毒品罪定罪处罚。

购毒者接收贩毒者通过物流寄递方式交付的毒品，没有证据证明其是为了实施贩卖毒品等其他犯罪，毒品数量达到刑法第三百四十八条规定的最低数量标准的，一般以非法持有毒品罪定罪处罚。代收者明知是物流寄递的毒品而代购毒者接收，没有证据证明其与购毒者有实施贩卖、运输毒品等犯罪的共同故意，毒品数量达到刑法第三百四十八条规定的最低数量标准的，对代收者以非法持有毒品罪定罪处罚。

行为人利用信息网络贩卖毒品、在境内非法买卖用于制造毒品的原料或者配剂、传授制造毒品等犯罪的方法，构成贩卖毒品罪、非法买卖制毒物品罪、传授犯罪方法罪等犯罪的，依法定罪处罚。行为人开设网站、利用网络聊天室等组织他人共同吸毒，构成引诱、教唆、欺骗他人吸毒罪等犯罪的，依法定罪处罚。

（二）共同犯罪认定问题

办理贩卖毒品案件，应当准确认定居间介绍买卖毒品行为，并与居中倒卖毒品行为相区别。居间介绍者在毒品交易中处于中间人地位，发挥介绍联络作用，通常与交易一方构成共同犯罪，但不以牟利为要件；居中倒卖者属于毒品交易主体，与前后环节的交易对象是上下家关系，直接参与毒品交易并从中获利。居间介绍者受贩毒者委托，为其介绍联络购毒者的，与贩毒者构成贩卖毒品罪的共同犯罪；明知购毒者以贩卖为目的购买毒品，受委托为其介绍联络贩毒者的，与购毒者构成贩卖毒品罪的共同犯罪；受以吸食为目的的购毒者委托，为其介绍联络贩毒者，毒品数量达到刑法第三百四十八条规定的最低数量标准的，一般与购毒者构成非法持有毒品罪的共同犯罪；同时与贩毒者、购毒者共谋，联络促成双方交易的，通常认定与贩毒者构成贩卖毒品罪的共同犯罪。居间介绍者实施为毒品交易主体提供交易信息、介绍交易对象等帮助行为，对促成交易起次要、辅助作用的，应当认定为从犯；对于以居间介绍者的身份介入毒品交易，但在交易中超出居间介绍者的地位，对交易的发起和达成起重要作用的被告人，可以认定为主犯。

两人以上同行运输毒品的，应当从是否明知他人带有毒品，有无共同运输毒品的意思联络，有无实施配合、掩护他人运输毒品的行为等方面综合审查认定是否构成共同犯罪。受雇于同一雇主同行运输毒品，但受雇者之间没有共同犯罪故意，或者虽然明知他人受雇运输毒品，但各自的运输行为相对独立，既没有实施配合、掩护他人运输毒品的行为，又分别按照各自运输的毒品数量领取报酬的，不应认定为共同犯罪。受雇于同一雇主分段运输同一宗毒品，但受雇者之间没有犯罪共谋的，也不应认定为共同犯罪。雇用他人运输毒品的雇主，及其他对受雇者起到一定组织、指挥作用的人员，与各受雇者分别构成运输毒品罪的共同犯罪，对运输的全部毒品数量承担刑事责任。

（三）毒品数量认定问题

走私、贩卖、运输、制造、非法持有两种以上毒品的，可以将不同种类的毒品分别折算为海洛因的数量，以折算后累加的毒品总量作为量刑的根据。对于刑法、司法解释或者其他规范性文件明确规定了定罪量刑数量标准的毒品，应当按照该毒品与海洛因定罪量刑数量标准的比例进行折算后累加。对于刑法、司法解释及其他规范性文件没有规定定罪量刑数量标准，但《非法药物折算表》规定了与海洛因的折算比例的毒品，可以按照《非法药物折算表》折算为海洛因后进行累加。对于既未规定定罪量刑数量标准，又不具备折算条件的毒品，综合考虑其致瘾癖性、社会危害性、数量、纯度等因素依法量刑。在裁判文书中，应当客观表述涉案毒品的种类和数量，并综合认定为数量大、数量较大或者少量毒品等，不明确表述将不同种类毒品进行折算后累加的毒品总量。

对于未查获实物的甲基苯丙胺片剂（俗称"麻古"等）、MDMA片剂（俗称"摇头丸"）等混合型毒品，可以根据在案证据证明的毒品粒数，参考本案或者本地区查获的同类毒品的平均重量计算出毒品数量。在裁判文书中，应当客观表述根据在案证据认定的毒品粒数。

对于有吸毒情节的贩毒人员，一般应当按照其购买的毒品数量认定其贩卖毒品的数量，量刑时酌情考虑其吸食毒品的情节；购买的毒品数量无法查明的，按照能够证明的贩卖数量及查获的毒品数量认定其贩毒数量；确有证据证明其购买的部分毒品并非用于贩卖的，不应计入其贩毒数量。

办理毒品犯罪案件，无论毒品纯度高低，一般均应将查证属实的毒品数量认定为毒品犯罪的数量，并据此确定适用的法定刑幅度，但司法解释另有规定或者为了隐蔽运输而临时改变毒品常规形态的除外。涉案毒品纯度明显低于同类毒品的正常纯度的，量刑时可以酌情考虑。

制造毒品案件中，毒品成品、半成品的数量应当全部认定为制造毒品的数量，对于无法再加工出成品、半成品的废液、废料则不应计入制造毒品的数量。对于废液、废料的认定，可以根据其毒品成分的含量、外观形态，结合被告人对制毒过程的供述等证据进行分析判断，必要时可以听取鉴定机构的意见。

（四）死刑适用问题

当前，我国毒品犯罪形势严峻，审判工作中应当继续坚持依法从严惩处毒品犯罪的指导思想，充分发挥死刑对于预防和惩治毒品犯罪的重要作用。要继续按照《大连会议纪要》的要求，突出打击重点，对罪行极其严重、依法应当判处死刑的被告人，坚决依法判处。同时，应当全面、准确贯彻宽严相济刑事政策，体现区别对待，做到罚当其罪，量刑时综合考虑毒品数量、犯罪性质、情节、危害后果、被告人的主观恶性、人身危险性及当地的禁毒形势等因素，严格审慎地决定死刑适用，确保死刑只适用于极少数罪行极其严重的犯罪分子。

1. 运输毒品犯罪的死刑适用

对于运输毒品犯罪，应当继续按照《大连会议纪要》的有关精神，重点打击运输毒品犯罪集团首要分子，组织、指使、雇用他人运输毒品的主犯或者毒枭、职业毒犯、毒品再犯，以及具有武装掩护运输毒品、以运输毒品为业、多次运输毒品等严重情节的被告人，对其中依法应当判处死刑的，坚决依法判处。

对于受人指使、雇用参与运输毒品的被告人，应当综合考虑毒品数量、犯罪次数、犯罪的主动性和独立性、在共同犯罪中的地位作用、获利程度和方式及其主观恶性、人身危险性等因素，予以区别对待，慎重适用死刑。对于有证据证明确属受人指使、雇用运输毒品，又系初犯、偶犯的被告人，即使毒品数量超过实际掌握的死刑数量标准，也可以不判处死刑；尤其对于其中被动参与犯罪，从属性、辅助性较强，获利程度较低的被告人，一般不应当判处死刑。对于不能排除受人指使、雇用初次运输毒品的被告人，毒品数量超过实际掌握的死刑数量标准，但尚不属数量巨大的，一般也可以不判处死刑。

一案中有多人受雇运输毒品的，在决定死刑适用时，除各被告人运输毒品的数量外，还应结合其具体犯罪情节、参与犯罪程度、与雇用者关系的紧密性及其主观恶性、人身危险性等因素综合考虑，同时判处二人以上死刑要特别慎重。

2. 毒品共同犯罪、上下家犯罪的死刑适用

毒品共同犯罪案件的死刑适用应当与该案的毒品数量、社会危害及被告人的犯罪情节、主观恶性、人身危险性相适应。涉案毒品数量刚超过实际掌握的死刑数量标准，依法应当适用死刑的，要尽量区分主犯间的罪责大小，一般只对其中罪责最大的一名主犯判处死刑；各共同犯罪人

地位作用相当，或者罪责大小难以区分的，可以不判处被告人死刑；二名主犯的罪责均很突出，且均具有法定从重处罚情节的，也要尽可能比较其主观恶性、人身危险性方面的差异，判处二人死刑要特别慎重。涉案毒品数量达到巨大以上，二名以上主犯的罪责均很突出，或者罪责稍次的主犯具有法定、重大酌定从重处罚情节，判处二人以上死刑符合罪刑相适应原则，并有利于全案量刑平衡的，可以依法判处。

对于部分共同犯罪人未到案的案件，在案被告人与未到案共同犯罪人均属罪行极其严重，即使共同犯罪人到案也不影响对在案被告人适用死刑的，可以依法判处在案被告人死刑；在案被告人的罪行不足以判处死刑，或者共同犯罪人归案后全案只宜判处其一人死刑的，不能因为共同犯罪人未到案而对在案被告人适用死刑；在案被告人与未到案共同犯罪人的罪责大小难以准确认定，进而影响准确适用死刑的，不应对在案被告人判处死刑。

对于贩卖毒品案件中的上下家，要结合其贩毒数量、次数及对象范围，犯罪的主动性，对促成交易所发挥的作用，犯罪行为的危害后果等因素，综合考虑其主观恶性和人身危险性，慎重、稳妥地决定死刑适用。对于买卖同宗毒品的上下家，涉案毒品数量刚超过实际掌握的死刑数量标准的，一般不能同时判处死刑；上家主动联络销售毒品，积极促成毒品交易的，通常可以判处上家死刑；下家积极筹资，主动向上家约购毒品，对促成毒品交易起更大作用的，可以考虑判处下家死刑。涉案毒品数量达到巨大以上的，也要综合上述因素决定死刑适用，同时判处上下家死刑符合罪刑相适应原则，并有利于全案量刑平衡的，可以依法判处。

一案中有多名共同犯罪人、上下家针对同宗毒品实施犯罪的，可以综合运用上述毒品共同犯罪、上下家犯罪的死刑适用原则予以处理。

办理毒品犯罪案件，应当尽量将共同犯罪案件或者密切关联的上下游案件进行并案审理；因客观原因造成分案处理的，办案时应当及时了解关联案件的审理进展和处理结果，注重量刑平衡。

3. 新类型、混合型毒品犯罪的死刑适用

甲基苯丙胺片剂（俗称"麻古"等）是以甲基苯丙胺为主要毒品成分的混合型毒品，其甲基苯丙胺含量相对较低，危害性亦有所不同。为体现罚当其罪，甲基苯丙胺片剂的死刑数量标准一般可以按照甲基苯丙胺（冰毒）的2倍左右掌握，具体可以根据当地的毒品犯罪形势和涉案毒品含量等因素确定。

涉案毒品为氯胺酮（俗称"K粉"）的，结合毒品数量、犯罪性质、情节及危害后果等因素，对符合死刑适用条件的被告人可以依法判处死刑。综合考虑氯胺酮的致瘾癖性、滥用范围和危害性等因素，其死刑数量标准一般可以按照海洛因的10倍掌握。

涉案毒品为其他滥用范围和危害性相对较小的新类型、混合型毒品的，一般不宜判处被告人死刑。但对于司法解释、规范性文件明确规定了定罪量刑数量标准，且涉案毒品数量特别巨大，社会危害大，不判处死刑难以体现罚当其罪的，必要时可以判处被告人死刑。

（五）缓刑、财产刑适用及减刑、假释问题

对于毒品犯罪应当从严掌握缓刑适用条件。对于毒品再犯，一般不得适用缓刑。对于不能排除多次贩毒嫌疑的零包贩毒被告人，因认定构成贩卖毒品等犯罪的证据不足而认定为非法持有毒品罪的被告人，实施引诱、教唆、欺骗、强迫他人吸毒犯罪及制毒物品犯罪的被告人，应当严格限制缓刑适用。

办理毒品犯罪案件，应当依法追缴犯罪分子的违法所得，充分发挥财产刑的作用，切实加大对犯罪分子的经济制裁力度。对查封、扣押、冻结的涉案财物及其孳息，经查确属违法所得或者依法应当追缴的其他涉案财物的，如购毒款、供犯罪所用的本人财物、毒品犯罪所得的财物及其收益等，应当判决没收，但法律另有规定的除外。判处罚金刑时，应当结合毒品犯罪的性质、情节、危害后果及被告人的获利情况、经济状况等因素合理确定罚金数额。对于决定并处没收财产的毒品犯罪，判处被告人有期徒刑的，应当按照上述确定罚金数额的原则确定没收个人部分财产的数额；判处无期徒刑的，可以并处没收个人全部财产；判处死缓或者死刑的，应当并处没收个人全部财产。

对于具有毒枭、职业毒犯、累犯、毒品再犯等情节的毒品罪犯，应当从严掌握减刑条件，适当延长减刑起始时间、间隔时间，严格控制减刑幅度，延长实际执行刑期。对于刑法未禁止假释的前述毒品罪犯，应当严格掌握假释条件。

（六）累犯、毒品再犯问题

累犯、毒品再犯是法定从重处罚情节，即使本次毒品犯罪情节较轻，也要体现从严惩处的精神。尤其对于曾因实施严重暴力犯罪被判刑的累犯、刑满释放后短期内又实施毒品犯罪的再犯，以及在缓刑、假释、暂予监外执行期间又实施毒品犯罪的再犯，应当严格体现从重处罚。

对于因同一毒品犯罪前科同时构成累犯和毒品再犯的被告人，在裁判文书中应当同时引用刑法关于累犯和毒品再犯的条款，但在量刑时不得重复予以从重处罚。对于因不同犯罪前科同时构成累犯和毒品再犯的被告人，量刑时的从重处罚幅度一般应大于前述情形。

（七）非法贩卖麻醉药品、精神药品行为的定性问题

行为人向走私、贩卖毒品的犯罪分子或者吸食、注射毒品的人员贩卖国家规定管制的能够使人形成瘾癖的麻醉药品或者精神药品的，以贩卖毒品罪定罪处罚。

行为人出于医疗目的，违反有关药品管理的国家规定，非法贩卖上述麻醉药品或者精神药品，扰乱市场秩序，情节严重的，以非法经营罪定罪处罚。

347.13 最高人民法院关于常见犯罪的量刑指导意见（2017 年 4 月 1 日　法发〔2017〕7 号）（节录）

四、常见犯罪的量刑

（十五）走私、贩卖、运输、制造毒品罪

1. 构成走私、贩卖、运输、制造毒品罪的，可以根据下列不同情形在相应的幅度内确定量刑起点：

（1）走私、贩卖、运输、制造鸦片一千克，海洛因、甲基苯丙胺五十克或者其它毒品数量达到数量大起点的，量刑起点为十五年有期徒刑。依法应当判处无期徒刑以上刑罚的除外。

（2）走私、贩卖、运输、制造鸦片二百克，海洛因、甲基苯丙胺十克或者其它毒品数量达到数量较大起点的，可以在七年至八年有期徒刑幅度内确定量刑起点。

（3）走私、贩卖、运输、制造鸦片不满二百克，海洛因、甲基苯丙胺不满十克或者其他少量毒品的，可以在三年以下有期徒刑、拘役幅度内确定量刑起点。情节严重的，可以在三年至四年有期徒刑幅度内确定量刑起点。

2. 在量刑起点的基础上，可以根据毒品犯罪次数、人次、毒品数量等其他影响犯罪构成的犯罪事实增加刑罚量，确定基准刑。

3. 有下列情节之一的，可以增加基准刑的 10%—30%：

（1）利用、教唆未成年人走私、贩卖、运输、制造毒品的；

（2）向未成年人出售毒品的；

（3）毒品再犯。

4. 有下列情节之一的，可以减少基准刑的 30% 以下：

（1）受雇运输毒品的；

（2）毒品含量明显偏低的；

（3）存在数量引诱情形的。

【说明】量刑基本原则、基本方法和常见量刑情节的适用，参见 61.2 本意见。

【部委规范】

347.14 公安部禁毒局关于非法制造贩卖安钠咖立案问题的答复（2002 年 11 月 5 日　公禁毒〔2002〕434 号）

甘肃省公安厅禁毒处：

你处《关于非法制造贩卖安钠咖立案标准的请示》收悉，现答复如下：

安钠咖属于《刑法》规定的毒品。根据《刑法》第三百四十七条第一款的规定，贩卖、制造毒品，无论数量多少，都应当追究刑事责任，予以刑事处罚。因此，对于非法制造、贩卖安钠咖的，不论查获的数量多少，公安机关都应当按照非法制造、贩卖毒品罪立案侦查。

同时你们《请示》中涉及的案例在全国极为罕见，饭店经营者直接向顾客（主要是过往就餐的汽车司机）推销毒品，犯罪情节恶劣，严重危害社会治安，不仅可以致使顾客吸毒成瘾，而就餐的司机吸食安钠咖后驾驶汽车，其吸毒后产生的不良反应将给交通安全带来很大隐患，随时可能导致严重后果，危及人民生命财产。因此，公安机关应当依法严厉打击此类毒品犯罪活动。

347.15 参见 355.6 公安部关于在成品药中非法添加阿普唑仑和曲马多进行销售能否认定为制造贩卖毒品有关问题的批复（2009 年 3 月 19 日 公复字〔2009〕1 号）

【法律法规】

347.16 关于进一步加强麻黄素管理的通知（1998 年 3 月 11 日 国发〔1998〕3 号）（第 1—2 条）

347.17 娱乐场所管理条例（2006 年 3 月 1 日 2020 年修订）（第 13—14 条、第 54 条第 1 款）

第三百四十八条【非法持有毒品罪】非法持有鸦片一千克以上、海洛因或者甲基苯丙胺五十克以上或者其他毒品数量大的，处七年以上有期徒刑或者无期徒刑，并处罚金；非法持有鸦片二百克以上不满一千克、海洛因或者甲基苯丙胺十克以上不满五十克或者其他毒品数量较大的，处三年以下有期徒刑、拘役或者管制，并处罚金；情节严重的，处三年以上七年以下有期徒刑，并处罚金。

【罪名渊源】 本条系沿袭全国人大常委会《关于禁毒的决定》第 3 条内容，79 刑法没有规定。刑法将原两档量刑幅度修改为三档，增加"情节严重"一档法定刑。高法《罪名规定》、高检《罪名意见》将其解释为非法持有毒品罪。

【立案标准】

348.1 最高人民检察院、公安部关于公安机关管辖的刑事案件立案追诉标准的规定（三）（2012 年 5 月 16 日 公通字〔2012〕26 号）（节录）

第二条 ［非法持有毒品案（刑法第三百四十八条）］明知是毒品而非法持有，涉嫌下列情形之一的，应予立案追诉：

（一）鸦片二百克以上、海洛因、可卡因或者甲基苯丙胺十克以上；

（二）二亚甲基双氧安非他明（MDMA）等苯丙胺类毒品（甲基苯丙胺除外）、吗啡二十克以上；

（三）度冷丁（杜冷丁）五十克以上（针剂 100mg/支规格的五百支以上，50mg/支规格的一千支以上；片剂 25mg/片规格的二千片以上，50mg/片规格的一千片以上）；

（四）盐酸二氢埃托啡二毫克以上（针剂或者片剂 20mg/支、片规格的一百支、片以上）；

（五）氯胺酮、美沙酮二百克以上；

（六）三唑仑、安眠酮十千克以上；

（七）咖啡因五十千克以上；

（八）氯氮卓、艾司唑仑、地西泮、溴西泮一百千克以上；

（九）大麻油一千克以上，大麻脂二千克以上，大麻叶及大麻烟三十千克以上；

（十）罂粟壳五十千克以上；

（十一）上述毒品以外的其他毒品数量较大的。

非法持有两种以上毒品，每种毒品均没有达到本条第一款规定的数量标准，但按前款规定的立案追诉数量比例折算成海洛因后累计相加达到十克以上的，应予立案追诉。

本条规定的"非法持有"，是指违反国家法律和国家主管部门的规定，占有、携带、藏有或者以其他方式持有毒品。

非法持有毒品主观故意中的"明知"，依照本规定第一条第八款的有关规定予以认定。

【说明】 毒品的含义及折算标准，参见 347.2 本规定第 13 条以下。

【罪刑标准】

348.2 最高人民法院关于审理毒品犯罪案件适用法律若干问题的解释（2016 年 4 月 11 日法释〔2016〕8 号）（节录）

第一条　走私、贩卖、运输、制造、非法持有下列毒品，应当认定为刑法第三百四十七条第二款第一项、第三百四十八条规定的"其他毒品数量大"：

（一）可卡因五十克以上；

（二）3,4-亚甲二氧基甲基苯丙胺（MDMA）等苯丙胺类毒品（甲基苯丙胺除外）、吗啡一百克以上；

（三）芬太尼一百二十五克以上；

（四）甲卡西酮二百克以上；

（五）二氢埃托啡十毫克以上；

（六）哌替啶（度冷丁）二百五十克以上；

（七）氯胺酮五百克以上；

（八）美沙酮一千克以上；

（九）曲马多、γ-羟丁酸二千克以上；

（十）大麻油五千克、大麻脂十千克、大麻叶及大麻烟一百五十千克以上；

（十一）可待因、丁丙诺啡五千克以上；

（十二）三唑仑、安眠酮五十千克以上；

（十三）阿普唑仑、恰特草一百千克以上；

（十四）咖啡因、罂粟壳二百千克以上；

（十五）巴比妥、苯巴比妥、安钠咖、尼美西泮二百五十千克以上；

（十六）氯氮卓、艾司唑仑、地西泮、溴西泮五百千克以上；

（十七）上述毒品以外的其他毒品数量大的。

国家定点生产企业按照标准规格生产的麻醉药品或者精神药品被用于毒品犯罪的，根据药品中毒品成分的含量认定涉案毒品数量。

第二条　走私、贩卖、运输、制造、非法持有下列毒品，应当认定为刑法第三百四十七条第三款、第三百四十八条规定的"其他毒品数量较大"：

（一）可卡因十克以上不满五十克；

（二）3,4-亚甲二氧基甲基苯丙胺（MDMA）等苯丙胺类毒品（甲基苯丙胺除外）、吗啡二十克以上不满一百克；

（三）芬太尼二十五克以上不满一百二十五克；

（四）甲卡西酮四十克以上不满二百克；

（五）二氢埃托啡二毫克以上不满十毫克；

（六）哌替啶（度冷丁）五十克以上不满二百五十克；

（七）氯胺酮一百克以上不满五百克；

（八）美沙酮二百克以上不满一千克；

（九）曲马多、γ-羟丁酸四百克以上不满二千克；

（十）大麻油一千克以上不满五千克、大麻脂二千克以上不满十千克、大麻叶及大麻烟三十千克以上不满一百五十千克；

（十一）可待因、丁丙诺啡一千克以上不满五千克；

（十二）三唑仑、安眠酮十千克以上不满五十千克；

（十三）阿普唑仑、恰特草二十千克以上不满一百千克；

（十四）咖啡因、罂粟壳四十千克以上不满二百千克；

（十五）巴比妥、苯巴比妥、安钠咖、尼美西泮五十千克以上不满二百五十千克；

（十六）氯氮卓、艾司唑仑、地西泮、溴西泮一百千克以上不满五百千克；

（十七）上述毒品以外的其他毒品数量较大的。

第五条 非法持有毒品达到刑法第三百四十八条或者本解释第二条规定的"数量较大"标准，且具有下列情形之一的，应当认定为刑法第三百四十八条规定的"情节严重"：

（一）在戒毒场所、监管场所非法持有毒品的；

（二）利用、教唆未成年人非法持有毒品的；

（三）国家工作人员非法持有毒品的；

（四）其他情节严重的情形。

【司法解释】

348.3 最高人民法院、最高人民检察院、公安部办理毒品犯罪案件毒品提取、扣押、称量、取样和送检程序若干问题的规定（2016 年 7 月 1 日 公禁毒〔2016〕511 号）（第 2—38 条）

【司法文件】

348.4 全国部分法院审理毒品犯罪案件工作座谈会纪要（最高人民法院 2008 年 12 月 1 日印发 法〔2008〕324 号）（节录）

一、毒品案件的罪名确定和数量认定问题

对于吸毒者实施的毒品犯罪，在认定犯罪事实和确定罪名时要慎重。吸毒者在购买、运输、存储毒品过程中被查获的，如没有证据证明其是为了实施贩卖等其他毒品犯罪行为，毒品数量未超过刑法第三百四十八条规定的最低数量标准的，一般不定罪处罚；查获毒品数量达到较大以上的，应以其实际实施的毒品犯罪行为定罪处罚。

......

有证据证明行为人不以牟利为目的，为他人代购仅用于吸食的毒品，毒品数量超过刑法第三百四十八条规定的最低数量标准的，对托购者、代购者应以非法持有毒品罪定罪。代购者从中牟利，变相加价贩卖毒品的，对代购者应以贩卖毒品罪定罪。明知他人实施毒品犯罪而为其居间介绍、代购代卖的，无论是否牟利，都应以相关毒品犯罪的共犯论处。

348.5 全国法院毒品犯罪审判工作座谈会纪要（最高人民法院 2015 年 5 月 18 日印发 法〔2015〕129 号）（节录）

二、关于毒品犯罪法律适用的若干具体问题

（一）罪名认定问题

贩毒人员被抓获后，对于从其住所、车辆等处查获的毒品，一般均应认定为其贩卖的毒品。确有证据证明查获的毒品并非贩毒人员用于贩卖，其行为另构成非法持有毒品罪、窝藏毒品罪等其他犯罪的，依法定罪处罚。

吸毒者在购买、存储毒品过程中被查获，没有证据证明其是为了实施贩卖毒品等其他犯罪，毒品数量达到刑法第三百四十八条规定的最低数量标准的，以非法持有毒品罪定罪处罚。

......

购毒者接收贩毒者通过物流寄递方式交付的毒品，没有证据证明其是为了实施贩卖毒品等其他犯罪，毒品数量达到刑法第三百四十八条规定的最低数量标准的，一般以非法持有毒品罪定罪处罚。代收者明知是物流寄递的毒品而代购毒者接收，没有证据证明其与购毒者有实施贩卖、运输毒品等犯罪的共同故意，毒品数量达到刑法第三百四十八条规定的最低数量标准的，对代收者以非法持有毒品罪定罪处罚。

（二）共同犯罪认定问题

......受以吸食为目的的购毒者委托，为其介绍联络贩毒者，毒品数量达到刑法第三百四十八条规定的最低数量标准的，一般与购毒者构成非法持有毒品罪的共同犯罪；同时与贩毒者、购毒者共谋，联络促成双方交易的，通常认定与贩毒者构成贩卖毒品罪的共同犯罪。居间介绍者实施为毒品交易主体提供交易信息、介绍交易对象等帮助行为，对促成交易起次要、辅助作用的，应当认定为从犯；对于以居间介绍者的身份介入毒品交易，但在交易中超出居间介绍者的地位，对交易的发起和达成起重要作用的被告人，可以认定为主犯。

二、关于毒品犯罪法律适用的若干具体问题

对于毒品犯罪应当从严掌握缓刑适用条件。对于毒品再犯，一般不得适用缓刑。对于不能排除多次贩毒嫌疑的零包贩毒被告人，因认定构成贩卖毒品等犯罪的证据不足而认定为非法持有毒品罪的被告人，实施引诱、教唆、欺骗、强迫他人吸毒犯罪及制毒物品犯罪的被告人，应当严格限制缓刑适用。

348.6 最高人民法院关于常见犯罪的量刑指导意见（二）（试行）（2017 年 5 月 1 日　法〔2017〕74 号）（节录）

一、八种常见犯罪的量刑

（六）非法持有毒品罪

1. 构成非法持有毒品罪的，可以根据下列不同情形在相应的幅度内确定量刑起点：

（1）非法持有鸦片一千克、海洛因或者甲基苯丙胺五十克或者其他毒品数量大的，可以在七年至九年有期徒刑幅度内确定量刑起点。依法应当判处无期徒刑的除外。

（2）非法持有毒品情节严重的，可以在三年至四年有期徒刑幅度内确定量刑起点。

（3）非法持有鸦片二百克、海洛因或者甲基苯丙胺十克或者其他毒品数量较大的，可以在一年以下有期徒刑、拘役幅度内确定量刑起点。

2. 在量刑起点的基础上，可以根据毒品数量等其他影响犯罪构成的犯罪事实增加刑罚量，确定基准刑。

二、附则

1. 本指导意见规范上列八种犯罪判处有期徒刑、拘役的案件。

2. 各高级人民法院应当结合当地实际制定实施细则。

第三百四十九条【包庇毒品犯罪分子罪，窝藏、转移、隐瞒毒品、毒赃罪】包庇走私、贩卖、运输、制造毒品的犯罪分子的，为犯罪分子窝藏、转移、隐瞒毒品或者犯罪所得的财物的，处三年以下有期徒刑、拘役或者管制；情节严重的，处三年以上十年以下有期徒刑。

【包庇毒品犯罪分子罪】缉毒人员或者其他国家机关工作人员掩护、包庇走私、贩卖、运输、制造毒品的犯罪分子的，依照前款的规定从重处罚。

犯前两款罪，事先通谋的，以走私、贩卖、运输、制造毒品罪的共犯论处。

【罪名渊源】本条沿袭了全国人大常委会《关于禁毒的决定》第 4 条内容，79 刑法未作规定。刑法将法定刑由 7 年提高至 10 年，量刑幅度由一个改为两个；删除"可以并处罚金"的规定；增加严惩职务犯罪的内容。高法《罪名规定》、高检《罪名意见》将第 1 款解释为包庇毒品犯罪分子罪，窝藏、转移、隐瞒毒品、毒赃罪。

【立案标准】

349.1 最高人民检察院、公安部关于公安机关管辖的刑事案件立案追诉标准的规定（三）（2012 年 5 月 16 日　公通字〔2012〕26 号）（节录）

第三条　〔包庇毒品犯罪分子案（刑法第三百四十九条）〕包庇走私、贩卖、运输、制造毒品的犯罪分子，涉嫌下列情形之一的，应予立案追诉：

（一）作虚假证明，帮助掩盖罪行的；

（二）帮助隐藏、转移或者毁灭证据的；

（三）帮助取得虚假身份或者身份证件的；

（四）以其他方式包庇犯罪分子的。

实施前款规定的行为，事先通谋的，以走私、贩卖、运输、制造毒品罪的共犯立案追诉。

第四条　[窝藏、转移、隐瞒毒品、毒赃案（刑法第三百四十九条）]　为走私、贩卖、运输、制造毒品的犯罪分子窝藏、转移、隐瞒毒品或者犯罪所得的财物的，应予立案追诉。

实施前款规定的行为，事先通谋的，以走私、贩卖、运输、制造毒品罪的共犯立案追诉。

【说明】毒品的含义及折算标准，参见 347.2 本规定第 13 条以下。

【罪刑标准】

349.2 最高人民法院关于审理毒品犯罪案件适用法律若干问题的解释（2016 年 4 月 11 日　法释〔2016〕8 号）（节录）

第一条（第一款）　走私、贩卖、运输、制造、非法持有下列毒品，应当认定为刑法第三百四十七条第二款第一项、第三百四十八条规定的"其他毒品数量大"：

（一）可卡因五十克以上；

（二）3，4-亚甲二氧基甲基苯丙胺（MDMA）等苯丙胺类毒品（甲基苯丙胺除外）、吗啡一百克以上；

（三）芬太尼一百二十五克以上；

（四）甲卡西酮二百克以上；

（五）二氢埃托啡十毫克以上；

（六）哌替啶（度冷丁）二百五十克以上；

（七）氯胺酮五百克以上；

（八）美沙酮一千克以上；

（九）曲马多、γ-羟丁酸二千克以上；

（十）大麻油五千克、大麻脂十千克、大麻叶及大麻烟一百五十千克以上；

（十一）可待因、丁丙诺啡五千克以上；

（十二）三唑仑、安眠酮五十千克以上；

（十三）阿普唑仑、恰特草一百千克以上；

（十四）咖啡因、罂粟壳二百千克以上；

（十五）巴比妥、苯巴比妥、安钠咖、尼美西泮二百五十千克以上；

（十六）氯氮卓、艾司唑仑、地西泮、溴西泮五百千克以上；

（十七）上述毒品以外的其他毒品数量大的。

第六条　包庇走私、贩卖、运输、制造毒品的犯罪分子，具有下列情形之一的，应当认定为刑法第三百四十九条第一款规定的"情节严重"：

（一）被包庇的犯罪分子依法应当判处十五年有期徒刑以上刑罚的；

（二）包庇多名或者多次包庇走私、贩卖、运输、制造毒品的犯罪分子的；

（三）严重妨害司法机关对被包庇的犯罪分子实施的毒品犯罪进行追究的；

（四）其他情节严重的情形。

为走私、贩卖、运输、制造毒品的犯罪分子窝藏、转移、隐瞒毒品或者毒品犯罪所得的财物，具有下列情形之一的，应当认定为刑法第三百四十九条第一款规定的"情节严重"：

（一）为犯罪分子窝藏、转移、隐瞒毒品达到刑法第三百四十七条第二款第一项或者本解释第一条第一款规定的"数量大"标准的；

（二）为犯罪分子窝藏、转移、隐瞒毒品犯罪所得的财物价值达到五万元以上的；

（三）为多人或者多次为他人窝藏、转移、隐瞒毒品或者毒品犯罪所得的财物的；

（四）严重妨害司法机关对该犯罪分子实施的毒品犯罪进行追究的；

（五）其他情节严重的情形。

包庇走私、贩卖、运输、制造毒品的近亲属，或者为其窝藏、转移、隐瞒毒品或者毒品犯罪所得的财物，不具有本条前两款规定的"情节严重"情形，归案后认罪、悔罪、积极退赃，且系初犯、偶犯，犯罪情节轻微不需要判处刑罚的，可以免予刑事处罚。

【司法解释】

349.3 最高人民法院关于审理洗钱等刑事案件具体应用法律若干问题的解释（2009 年 11 月 11 日　法释〔2009〕15 号）（节录）

第三条　明知是犯罪所得及其产生的收益而予以掩饰、隐瞒，构成刑法第三百一十二条规定的犯罪，同时又构成刑法第一百九十一条或者第三百四十九条规定的犯罪的，依照处罚较重的规定定罪处罚。

第四条　刑法第一百九十一条、第三百一十二条、第三百四十九条规定的犯罪，应当以上游犯罪事实成立为认定前提。上游犯罪尚未依法裁判，但查证属实的，不影响刑法第一百九十一条、第三百一十二条、第三百四十九条规定的犯罪的审判。

上游犯罪事实可以确认，因行为人死亡等原因依法不予追究刑事责任的，不影响刑法第一百九十一条、第三百一十二条、第三百四十九条规定的犯罪的认定。

上游犯罪事实可以确认，依法以其他罪名定罪处罚的，不影响刑法第一百九十一条、第三百一十二条、第三百四十九条规定的犯罪的认定。

本条所称"上游犯罪"，是指产生刑法第一百九十一条、第三百一十二条、第三百四十九条规定的犯罪所得及其收益的各种犯罪行为。

第三百五十条【非法生产、买卖、运输制毒物品、走私制毒物品罪】违反国家规定，非法生产、买卖、运输醋酸酐、乙醚、三氯甲烷或者其他用于制造毒品的原料、配剂，或者携带上述物品进出境，情节较重的，处三年以下有期徒刑、拘役或者管制，并处罚金；情节严重的，处三年以上七年以下有期徒刑，并处罚金；情节特别严重的，处七年以上有期徒刑，并处罚金或者没收财产。

【制造毒品罪】明知他人制造毒品而为其生产、买卖、运输前款规定的物品的，以制造毒品罪的共犯论处。

单位犯前两款罪的，对单位判处罚金，并对其直接负责的主管人员和其他直接责任人员，依照前两款的规定处罚。

【刑法修正说明】

本条第 1、2 款为全国人大常委会 2015 年 8 月 29 日通过并公布、同年 11 月 1 日施行的《刑法修正案（九）》第 41 条所修正。原该两款为：

【走私制毒物品罪，非法买卖制毒物品罪】违反国家规定，非法运输、携带醋酸酐、乙醚、三氯甲烷或者其他用于制造毒品的原料或者配剂进出境的，或者违反国家规定，在境内非法买卖上述物品的，处三年以下有期徒刑、拘役或者管制，并处罚金；数量大的，处三年以上十年以下有期徒刑，并处罚金。

【制造毒品罪】明知他人制造毒品而为其提供前款规定的物品的，以制造毒品罪的共犯论处。

【罪名渊源】本条第 1 款的走私制毒物品罪，79 刑法未规定，系沿袭全国人大常委会《关于禁毒的决定》第 5 条内容，刑法对罪状作了修改。本条第 1 款的非法买卖制毒物品罪系刑法增设，79 刑法和《关于禁毒的决定》均未规定。高法《罪名规定》、高检《罪名意见》将第 1 款解释为走私制毒物品罪、非法买卖制毒物品罪。《刑法修正案（九）》第 41 条在第 1 款中增加了"生产"字样，对携带行为增加了"情节较重"的构罪要件，改"数量大"为"情节严重"，并增设了"情节特别严重"一档的法定刑。据此，"两高"《罪名补充规定（六）》取消走私制毒物品罪和非法买卖制毒物品罪罪名，代之以非法生产、买卖、运输制毒物品、走私制毒物品罪。

【立案标准】

350.1 最高人民检察院、公安部关于公安机关管辖的刑事案件立案追诉标准的规定（三）

（2012 年 5 月 16 日　公通字〔2012〕26 号）（节录）

第五条　［走私制毒物品案（刑法第三百五十条）］违反国家规定，非法运输、携带制毒物品进出国（边）境，涉嫌下列情形之一的，应予立案追诉：

（一）1-苯基-2-丙酮五千克以上；

（二）麻黄碱、伪麻黄碱及其盐类和单方制剂五千克以上，麻黄浸膏、麻黄浸膏粉一百千克以上；

（三）3，4-亚甲基二氧苯基-2-丙酮、去甲麻黄素（去甲麻黄碱）、甲基麻黄素（甲基麻黄碱）、羟亚胺及其盐类十千克以上；

（四）胡椒醛、黄樟素、黄樟油、异黄樟素、麦角酸、麦角胺、麦角新碱、苯乙酸二十千克以上；

（五）N-乙酰邻氨基苯酸、邻氨基苯甲酸、哌啶一百五十千克以上；

（六）醋酸酐、三氯甲烷二百千克以上；

（七）乙醚、甲苯、丙酮、甲基乙基酮、高锰酸钾、硫酸、盐酸四百千克以上；

（八）其他用于制造毒品的原料或者配剂相当数量的。

非法运输、携带两种以上制毒物品进出国（边）境，每种制毒物品均没有达到本条第一款规定的数量标准，但按前款规定的立案追诉数量比例折算成一种制毒物品后累计相加达到上述数量标准的，应予立案追诉。

为了走私制毒物品而采用生产、加工、提炼等方法非法制造易制毒化学品的，以走私制毒物品罪（预备）立案追诉。

实施走私制毒物品行为，有下列情形之一，且查获了易制毒化学品，结合行为人的供述和其他证据综合审查判断，可以认定其"明知"是制毒物品而走私或者非法买卖，但有证据证明确属被蒙骗的除外：

（一）改变产品形状、包装或者使用虚假标签、商标等产品标志的；

（二）以藏匿、夹带、伪装或者其他隐蔽方式运输、携带易制毒化学品逃避检查的；

（三）抗拒检查或者在检查时丢弃货物逃跑的；

（四）以伪报、藏匿、伪装等蒙蔽手段逃避海关、边防等检查的；

（五）选择不设海关或者边防检查站的路段绕行出入境的；

（六）以虚假身份、地址或者其他虚假方式办理托运、寄递手续的；

（七）以其他方法隐瞒真相，逃避对易制毒化学品依法监管的。

明知他人实施走私制毒物品犯罪，而为其运输、储存、代理进出口或者以其他方式提供便利的，以走私制毒物品罪的共犯立案追诉。

第六条　［非法买卖制毒物品案（刑法第三百五十条）］违反国家规定，在境内非法买卖制毒物品，数量达到本规定第五条第一款规定情形之一的，应予立案追诉。

非法买卖两种以上制毒物品，每种制毒物品均没有达到本条第一款规定的数量标准，但按前款规定的立案追诉数量比例折算成一种制毒物品后累计相加达到上述数量标准的，应予立案追诉。

违反国家规定，实施下列行为之一的，认定为本条规定的非法买卖制毒物品行为：

（一）未经许可或者备案，擅自购买、销售易制毒化学品的；

（二）超出许可证明或者备案证明的品种、数量范围购买、销售易制毒化学品的；

（三）使用他人的或者伪造、变造、失效的许可证明或者备案证明购买、销售易制毒化学品的；

（四）经营单位违反规定，向无购买许可证明、备案证明的单位、个人销售易制毒化学品的，或者明知购买者使用他人的或者伪造、变造、失效的许可证明或者备案证明，向其销售易制毒化学品的；

（五）以其他方式非法买卖易制毒化学品的。易制毒化学品生产、经营、使用单位或者个人未办理许可证明或者备案证明，购买、销售易制毒化学品，如果有证据证明确实用于合法生产、生活需要，依法能够办理只是未及时办理许可证明或者备案证明，且未造成严重社会危害的，可不以非法买卖制毒物品罪立案追诉。

为了非法买卖制毒物品而采用生产、加工、提炼等方法非法制造易制毒化学品的，以非法买卖制毒物品罪（预备）立案追诉。

非法买卖制毒物品主观故意中的"明知"，依照本规定第五条第四款的有关规定予以认定。

明知他人实施非法买卖制毒物品犯罪，而为其运输、储存、代理进出口或者以其他方式提供便利的，以非法买卖制毒物品罪的共犯立案追诉。

第十三条（第二款）　本规定中的"制毒物品"是指刑法第三百五十条第一款规定的醋酸酐、乙醚、三氯甲烷或者其他用于制造毒品的原料或者配剂，具体品种范围按照国家关于易制毒化学品管理的规定确定。

第十五条　本规定中的立案追诉标准，除法律、司法解释另有规定的以外，适用于相关的单位犯罪。

第十六条　本规定中的"以上"，包括本数。

【说明】毒品、制毒物品的含义、毒品的折算标准，参见347.2本规定第13条以下。

【罪刑标准】

350.2 最高人民法院、最高人民检察院、公安部关于办理制毒物品犯罪案件适用法律若干问题的意见（2009年6月23日　公通字〔2009〕33号）

各省、自治区、直辖市高级人民法院、人民检察院、公安厅、局，新疆维吾尔自治区高级人民法院生产建设兵团分院、新疆生产建设兵团人民检察院、公安局：

为依法惩治走私制毒物品、非法买卖制毒物品犯罪活动，根据刑法有关规定，结合司法实践，现就办理制毒物品犯罪案件适用法律的若干问题制定如下意见：

一、关于制毒物品犯罪的认定

（一）本意见中的"制毒物品"，是指刑法第三百五十条第一款规定的醋酸酐、乙醚、三氯甲烷或者其他用于制造毒品的原料或者配剂，具体品种范围按照国家关于易制毒化学品管理的规定确定。

（二）违反国家规定，实施下列行为之一的，认定为刑法第三百五十条规定的非法买卖制毒物品行为：

1. 未经许可或者备案，擅自购买、销售易制毒化学品的；

2. 超出许可证明或者备案证明的品种、数量范围购买、销售易制毒化学品的；

3. 使用他人的或者伪造、变造、失效的许可证明或者备案证明购买、销售易制毒化学品的；

4. 经营单位违反规定，向无购买许可证明、备案证明的单位、个人销售易制毒化学品的，或者明知购买者使用他人的或者伪造、变造、失效的购买许可证明、备案证明，向其销售易制毒化学品的；

5. 以其他方式非法买卖易制毒化学品的。

（三）易制毒化学品生产、经营、使用单位或者个人未办理许可证明或者备案证明，购买、销售易制毒化学品，如果有证据证明确实用于合法生产、生活需要，依法能够办理只是未及时办理许可证明或者备案证明，且未造成严重社会危害的，可不以非法买卖制毒物品罪论处。

（四）为了制造毒品或者走私、非法买卖制毒物品犯罪而采用生产、加工、提炼等方法非法制造易制毒化学品的，根据刑法第二十二条的规定，按照其制造易制毒化学品的不同目的，分别以制造毒品、走私制毒物品、非法买卖制毒物品的预备行为论处。

（五）明知他人实施走私或者非法买卖制毒物品犯罪，而为其运输、储存、代理进出口或者以其他方式提供便利的，以走私或者非法买卖制毒物品罪的共犯论处。

（六）走私、非法买卖制毒物品行为同时构成其他犯罪的，依照处罚较重的规定定罪处罚。

二、关于制毒物品犯罪嫌疑人、被告人主观明知的认定

对于走私或者非法买卖制毒物品行为，有下列情形之一，且查获了易制毒化学品，结合犯罪嫌疑人、被告人的供述和其他证据，经综合审查判断，可以认定其"明知"是制毒物品而走私或者非法买卖，但有证据证明确属被蒙骗的除外：

1. 改变产品形状、包装或者使用虚假标签、商标等产品标志的；

2. 以藏匿、夹带或者其他隐蔽方式运输、携带易制毒化学品逃避检查的；

3. 抗拒检查或者在检查时丢弃货物逃跑的；

4. 以伪报、藏匿、伪装等蒙蔽手段逃避海关、边防等检查的；

5. 选择不设海关或者边防检查站的路段绕行出入境的；

6. 以虚假身份、地址办理托运、邮寄手续的；

7. 以其他方法隐瞒真相，逃避对易制毒化学品依法监管的。

三、关于制毒物品犯罪定罪量刑的数量标准

（一）违反国家规定，非法运输、携带制毒物品进出境或者在境内非法买卖制毒物品达到下列数量标准的，依照刑法第三百五十条第一款的规定，处三年以下有期徒刑、拘役或者管制，并处罚金：

1. 1－苯基－2－丙酮五千克以上不满五十千克；

2. 3，4－亚甲基二氧苯基－2－丙酮、去甲麻黄素（去甲麻黄碱）、甲基麻黄素（甲基麻黄碱）、羟亚胺及其盐类十千克以上不满一百千克；

3. 胡椒醛、黄樟素、黄樟油、异黄樟素、麦角酸、麦角胺、麦角新碱、苯乙酸二十千克以上不满二百千克；

4. N－乙酰邻氨基苯酸、邻氨基苯甲酸、哌啶一百五十千克以上不满一千五百千克；

5. 甲苯、丙酮、甲基乙基酮、高锰酸钾、硫酸、盐酸四百千克以上不满四千千克；

6. 其他用于制造毒品的原料或者配剂相当数量的。

（二）违反国家规定，非法买卖或者走私制毒物品，达到或者超过前款所列最高数量标准的，认定为刑法第三百五十条第一款规定的"数量大的"，处三年以上十年以下有期徒刑，并处罚金。

350.3 最高人民法院、最高人民检察院、公安部关于办理走私、非法买卖麻黄碱类复方制剂等刑事案件适用法律若干问题的意见（2012年6月18日　法发〔2012〕12号）（节录）

一、关于走私、非法买卖麻黄碱类复方制剂等行为的定性

（第二款）以加工、提炼制毒物品为目的，购买麻黄碱类复方制剂，或者运输、携带、寄递麻黄碱类复方制剂进出境的，依照刑法第三百五十条第一款、第三款的规定，分别以非法买卖制毒物品罪、走私制毒物品罪定罪处罚。

（第三款）将麻黄碱类复方制剂拆除包装、改变形态后进行走私或者非法买卖，或者明知是已拆除包装、改变形态的麻黄碱类复方制剂而进行走私或者非法买卖的，依照刑法第三百五十条第一款、第三款的规定，分别以走私制毒物品罪、非法买卖制毒物品罪定罪处罚。

（第四款）非法买卖麻黄碱类复方制剂或者运输、携带、寄递麻黄碱类复方制剂进出境，没有证据证明系用于制造毒品或者走私、非法买卖制毒物品，或者未达到走私制毒物品罪、非法买卖制毒物品罪的定罪数量标准，构成非法经营罪、走私普通货物、物品罪等其他犯罪的，依法定罪处罚。

（第五款）实施第一款、第二款规定的行为，同时构成其他犯罪的，依照处罚较重的规定定罪处罚。

二、关于利用麻黄碱类复方制剂加工、提炼制毒物品行为的定性

（第二款）以走私或者非法买卖为目的，利用麻黄碱类复方制剂加工、提炼制毒物品的，依照刑法第三百五十条第一款、第三款的规定，分别以走私制毒物品罪、非法买卖制毒物品罪定罪处罚。

三、关于共同犯罪的认定

明知他人利用麻黄碱类制毒物品制造毒品，向其提供麻黄碱类复方制剂，为其利用麻黄碱类

复方制剂加工、提炼制毒物品，或者为其获取、利用麻黄碱类复方制剂提供其他帮助的，以制造毒品罪的共犯论处。

明知他人走私或者非法买卖麻黄碱类制毒物品，向其提供麻黄碱类复方制剂，为其利用麻黄碱类复方制剂加工、提炼制毒物品，或者为其获取、利用麻黄碱类复方制剂提供其他帮助的，分别以走私制毒物品罪、非法买卖制毒物品罪的共犯论处。

四、关于犯罪预备、未遂的认定

实施本意见规定的行为，符合犯罪预备或者未遂情形的，依照法律规定处罚。

五、关于犯罪嫌疑人、被告人主观目的与明知的认定

对于本意见规定的犯罪嫌疑人、被告人的主观目的与明知，应当根据物证、书证、证人证言以及犯罪嫌疑人、被告人供述和辩解等在案证据，结合犯罪嫌疑人、被告人的行为表现，重点考虑以下因素综合予以认定：

1. 购买、销售麻黄碱类复方制剂的价格是否明显高于市场交易价格；

2. 是否采用虚假信息、隐蔽手段运输、寄递、存储麻黄碱类复方制剂；

3. 是否采用伪报、伪装、藏匿或者绕行进出境等手段逃避海关、边防等检查；

4. 提供相关帮助行为获得的报酬是否合理；

5. 此前是否实施过同类违法犯罪行为；

6. 其他相关因素。

六、关于制毒物品数量的认定

（第一款）实施本意见规定的行为，以走私制毒物品罪、非法买卖制毒物品罪定罪处罚的，应当以涉案麻黄碱类复方制剂中麻黄碱类物质的含量作为涉案制毒物品的数量。

（第三款）多次实施本意见规定的行为未经处理的，涉案制毒物品的数量累计计算。

七、关于定罪量刑的数量标准

（第一款）实施本意见规定的行为，以走私制毒物品罪、非法买卖制毒物品罪定罪处罚的，涉案麻黄碱类复方制剂所含的麻黄碱类物质应当达到以下数量标准：麻黄碱、伪麻黄碱、消旋麻黄碱及其盐类五千克以上不满五十千克；去甲麻黄碱、甲基麻黄碱及其盐类十千克以上不满一百千克；麻黄浸膏、麻黄浸膏粉一百千克以上不满一千千克。达到上述数量标准上限的，认定为刑法第三百五十条第一款规定的“数量大”。

八、关于麻黄碱类复方制剂的范围

本意见所称麻黄碱类复方制剂是指含有《易制毒化学品管理条例》（国务院令第 445 号）品种目录所列的麻黄碱（麻黄素）、伪麻黄碱（伪麻黄素）、消旋麻黄碱（消旋麻黄素）、去甲麻黄碱（去甲麻黄素）、甲基麻黄碱（甲基麻黄素）及其盐类，或者麻黄浸膏、麻黄浸膏粉等麻黄碱类物质的药品复方制剂。

350.4 最高人民法院、最高人民检察院、公安部关于办理邻氯苯基环戊酮等三种制毒物品犯罪案件定罪量刑数量标准的通知（2014 年 9 月 5 日　公通字〔2014〕32 号）

各省、自治区、直辖市高级人民法院，人民检察院，公安厅、局，解放军军事法院、军事检察院，新疆维吾尔自治区高级人民法院生产建设兵团分院，新疆生产建设兵团人民检察院、公安局：

近年来，随着制造合成毒品犯罪的迅速增长，制毒物品流入非法渠道形势严峻。利用邻氯苯基环戊酮合成羟亚胺进而制造氯胺酮，利用 1-苯基-2-溴-1-丙酮（又名溴代苯丙酮、2-溴代苯丙酮、α-溴代苯丙酮等）合成麻黄素和利用 3-氧-2-苯基丁腈（又名 α-氰基苯丙酮、α-苯乙酰基乙腈、2-苯乙酰基乙腈等）合成 1-苯基-2-丙酮进而制造甲基苯丙胺（冰毒）等犯罪尤为突出。2012 年 9 月和 2014 年 5 月，国务院先后将邻氯苯基环戊酮、1-苯基-2-溴-1-丙酮和 3-氧-2-苯基丁腈增列为第一类易制毒化学品管制。为遏制上述物品流入非法渠道被用于制造毒品，根据刑法和《最高人民法院关于审理毒品案件定罪量刑标准有关问题的解释》、《最高人民法院、最高人民检察院、公安部关于办理制毒物品犯罪案件适用法律若干问题的意见》等相关规定，现就办理上述三种制毒物品犯罪案件的定罪量刑数量标准通知如下：

一、违反国家规定，非法运输、携带邻氯苯基环戊酮、1-苯基-2-溴-1-丙酮或者 3-

氧-2-苯基丁腈进出境，或者在境内非法买卖上述物品，达到下列数量标准的，依照刑法第三百五十条第一款的规定，处三年以下有期徒刑、拘役或者管制，并处罚金：

（一）邻氯苯基环戊酮二十千克以上不满二百千克；

（二）1-苯基-2-溴-1-丙酮、3-氧-2-苯基丁腈十五千克以上不满一百五十千克。

二、违反国家规定，实施上述行为，达到或者超过第一条所列最高数量标准的，应当认定为刑法第三百五十条第一款规定的"数量大"，处三年以上十年以下有期徒刑，并处罚金。

350.5 最高人民法院关于审理毒品犯罪案件适用法律若干问题的解释（2016年4月11日 法释〔2016〕8号）（节录）

第七条 违反国家规定，非法生产、买卖、运输制毒物品、走私制毒物品，达到下列数量标准的，应当认定为刑法第三百五十条第一款规定的"情节较重"：

（一）麻黄碱（麻黄素）、伪麻黄碱（伪麻黄素）、消旋麻黄碱（消旋麻黄素）一千克以上不满五千克；

（二）1-苯基-2-丙酮、1-苯基-2-溴-1-丙酮、3,4-亚甲基二氧苯基-2-丙酮、羟亚胺二千克以上不满十千克；

（三）3-氧-2-苯基丁腈、邻氯苯基环戊酮、去甲麻黄碱（去甲麻黄素）、甲基麻黄碱（甲基麻黄素）四千克以上不满二十千克；

（四）醋酸酐十千克以上不满五十千克；

（五）麻黄浸膏、麻黄浸膏粉、胡椒醛、黄樟素、黄樟油、异黄樟素、麦角酸、麦角胺、麦角新碱、苯乙酸二十千克以上不满一百千克；

（六）N-乙酰邻氨基苯酸、邻氨基苯甲酸、三氯甲烷、乙醚、哌啶五十千克以上不满二百五十千克；

（七）甲苯、丙酮、甲基乙基酮、高锰酸钾、硫酸、盐酸一百千克以上不满五百千克；

（八）其他制毒物品数量相当的。

违反国家规定，非法生产、买卖、运输制毒物品、走私制毒物品，达到前款规定的数量标准最低值的百分之五十，且具有下列情形之一的，应当认定为刑法第三百五十条第一款规定的"情节较重"：

（一）曾因非法生产、买卖、运输制毒物品、走私制毒物品受过刑事处罚的；

（二）二年内曾因非法生产、买卖、运输制毒物品、走私制毒物品受过行政处罚的；

（三）一次组织五人以上或者多次非法生产、买卖、运输制毒物品、走私制毒物品，或者在多个地点非法生产制毒物品的；

（四）利用、教唆未成年人非法生产、买卖、运输制毒物品、走私制毒物品的；

（五）国家工作人员非法生产、买卖、运输制毒物品、走私制毒物品的；

（六）严重影响群众正常生产、生活秩序的；

（七）其他情节较重的情形。

易制毒化学品生产、经营、购买、运输单位或者个人未办理许可证明或者备案证明，生产、销售、购买、运输易制毒化学品，确实用于合法生产、生活需要的，不以制毒物品犯罪论处。

第八条 违反国家规定，非法生产、买卖、运输制毒物品、走私制毒物品，具有下列情形之一的，应当认定为刑法第三百五十条第一款规定的"情节严重"：

（一）制毒物品数量在本解释第七条第一款规定的最高数量标准以上，不满最高数量标准五倍的；

（二）达到本解释第七条第一款规定的数量标准，且具有本解释第七条第二款第三项至第六项规定的情形之一的；

（三）其他情节严重的情形。

违反国家规定，非法生产、买卖、运输制毒物品、走私制毒物品，具有下列情形之一的，应当认定为刑法第三百五十条第一款规定的"情节特别严重"：

（一）制毒物品数量在本解释第七条第一款规定的最高数量标准五倍以上的；

（二）达到前款第一项规定的数量标准，且具有本解释第七条第二款第三项至第六项规定的情形之一的；

（三）其他情节特别严重的情形。

第十四条　利用信息网络，设立用于实施传授制造毒品、非法生产制毒物品的方法，贩卖毒品，非法买卖制毒物品或者组织他人吸食、注射毒品等违法犯罪活动的网站、通讯群组，或者发布实施前述违法犯罪活动的信息，情节严重的，应当依照刑法第二百八十七条之一的规定，以非法利用信息网络罪定罪处罚。

实施刑法第二百八十七条之一、第二百八十七条之二规定的行为，同时构成贩卖毒品罪、非法买卖制毒物品罪、传授犯罪方法罪等犯罪的，依照处罚较重的规定定罪处罚。

【证据标准】

350.6 参见 347.6 最高人民检察院公诉厅毒品犯罪案件公诉证据标准指导意见（试行）（2005 年 4 月 25 日　〔2005〕高检诉发第 32 号）

【司法解释】

350.7 参见 347.7 最高人民法院、最高人民检察院关于办理走私刑事案件适用法律若干问题的解释（2014 年 9 月 10 日　法释〔2014〕10 号）（第 20 条、第 23 条）

350.8 最高人民法院、最高人民检察院、公安部办理毒品犯罪案件毒品提取、扣押、称量、取样和送检程序若干问题的规定（2016 年 7 月 1 日　公禁毒〔2016〕511 号）（第 2—38 条）

【司法文件】

350.9 参见 353.5 全国法院毒品犯罪审判工作座谈会纪要（最高人民法院 2015 年 5 月 18 日印发　法〔2015〕129 号）

【部委规范】

350.10 公安部、商务部、卫生计生委、海关总署、国家安全监管总局、国家食品药品监管总局关于将 N－苯乙基－4－哌啶酮、4－苯胺基－N－苯乙基哌啶、N－甲基－1－苯基－1－氯－2－丙胺、溴素、1－苯基－1－丙酮 5 种物质列入易制毒化学品管理的公告（2018 年 2 月 1 日）

经国务院批准，4－苯胺基－N－苯乙基哌啶、N－苯乙基－4－哌啶酮、N－甲基－1－苯基－1－氯－2－丙胺和溴素、1－苯基－1－丙酮 5 种物质已列入《易制毒化学品管理条例》（以下简称《条例》）附表《易制毒化学品的分类和品种目录》，现将有关管理事项公告如下：

一、4－苯胺基－N－苯乙基哌啶和 N－苯乙基－4－哌啶酮的管理

4－苯胺基－N－苯乙基哌啶简称 4－ANPP，分子式 $C_{19}H_{24}N_2$，化学文摘登记号即 CAS 号 21409－26－7，海关编码 29333990.90；N－苯乙基－4－哌啶酮简称 NPP，分子式 $C_{13}H_{17}NO$，CAS 号 39742－60－4，海关编码 29333990.90。该两种物质按照《条例》附表第一类易制毒化学品管理，其生产、经营、购买、运输和进出口活动执行非药品类易制毒化学品的有关规定。

二、N－甲基－1－苯基－1－氯－2－丙胺的管理

N－甲基－1－苯基－1－氯－2－丙胺简称 β－氯代甲基苯丙胺，又名氯代麻黄碱、氯麻黄碱，分子式 $C_{10}H_{14}ClN$，CAS 号 25394－24－5，海关编码 29397190.12。该物质按照《条例》附表第一类易制毒化学品管理，其生产、经营、购买、运输和进出口活动执行药品类易制毒化学品中麻黄素类物质的有关规定。

三、溴素和 1－苯基－1－丙酮的管理

溴素又名溴、液溴，分子式 Br_2，CAS 号 7726－95－6，海关编码 28013020.00；1－苯基－1－丙酮，又名苯基乙基甲酮、丙酰苯、乙基苯基酮，分子式 $C_9H_{10}O$，CAS 号 93－55－0，海关编码 29143990.90。该两种物质按照《条例》附表第二类易制毒化学品管理，其生产、经营、购买、运输和进出口活动执行非药品类易制毒化学品的有关规定。

本公告自 2018 年 2 月 1 日起施行。

易制毒化学品的分类和品种目录（2018 年更新）

第一类

1. 1 – 苯基 – 2 – 丙酮

2. 3，4 – 亚甲基二氧苯基 – 2 – 丙酮

3. 胡椒醛

4. 黄樟素

5. 黄樟油

6. 异黄樟素

7. N – 乙酰邻氨基苯酸

8. 邻氨基苯甲酸

9. 麦角酸＊

10. 麦角胺＊

11. 麦角新碱＊

12. 麻黄素、伪麻黄素、消旋麻黄素、去甲麻黄素、甲基麻黄素、麻黄浸膏、麻黄浸膏粉等麻黄素类物质＊

13. 4 – 苯胺基 – N – 苯乙基哌啶

14. N – 苯乙基 – 4 – 哌啶酮

15. N – 甲基 – 1 – 苯基 – 1 – 氯 – 2 – 丙胺

第二类

1. 苯乙酸

2. 醋酸酐

3. 三氯甲烷

4. 乙醚

5. 哌啶

6. 溴素

7. 1 – 苯基 – 1 – 丙酮

第三类

1. 甲苯

2. 丙酮

3. 甲基乙基酮

4. 高锰酸钾

5. 硫酸

6. 盐酸

说明：

一、第一类、第二类所列物质可能存在的盐类，也纳入管制。

二、带有＊标记的品种为第一类中的药品类易制毒化学品，第一类中的药品类易制毒化学品包括原料药及其单方制剂。

350.11 公安部、商务部、国家卫生健康委员会、应急管理部、海关总署、国家药品监督管理局关于将 3 – 氧 – 2 – 苯基丁酸甲酯、3 – 氧 – 2 – 苯基丁酰胺、2 – 甲基 – 3 – ［3，4 – （亚甲二氧基）苯基］缩水甘油酸、2 – 甲基 – 3 – ［3，4 – （亚甲二氧基）苯基］缩水甘油酸甲酯、苯乙腈和 γ – 丁内酯 6 种物质列入易制毒化学品管理的公告（2021 年 9 月 20 日）

经国务院批准，3 – 氧 – 2 – 苯基丁酸甲酯、3 – 氧 – 2 – 苯基丁酰胺、2 – 甲基 – 3 – ［3，4 – （亚甲二氧基）苯基］缩水甘油酸、2 – 甲基 – 3 – ［3，4 – （亚甲二氧基）苯基］缩水甘油酸甲酯、苯乙腈和 γ – 丁内酯 6 种物质已列入《易制毒化学品管理条例》（以下简称《条例》）附表《易制毒化学品的分类和品种目录》，现将有关管理事项公告如下：

一、3 – 氧 – 2 – 苯基丁酸甲酯、3 – 氧 – 2 – 苯基丁酰胺、2 – 甲基 – 3 – ［3，4 – （亚甲二氧

基）苯基］缩水甘油酸和2－甲基－3－［3，4－（亚甲二氧基）苯基］缩水甘油酸甲酯的管理

　　3－氧－2－苯基丁酸甲酯又名α－乙酰基苯乙酸甲酯、α－苯乙酰乙酸甲酯，简称MAPA，化学文摘登记号即CAS号为16648－44－5，海关编码29183000.21；3－氧－2－苯基丁酰胺又名α－乙酰基苯乙酰胺、α－乙酰乙酰苯胺，简称APAA，CAS号为4433－77－6，海关编码29242990.61；2－甲基－3－［3，4－（亚甲二氧基）苯基］缩水甘油酸又名3，4－亚甲基二氧苯基－2－丙酮缩水甘油酸，CAS号为2167189－50－4，海关编码29329990.93；2－甲基－3－［3，4－（亚甲二氧基）苯基］缩水甘油酸甲酯又名3，4－亚甲基二氧苯基－2－丙酮缩水甘油酸酯，CAS号为13605－48－6，海关编码29329990.93。该四种物质按照《条例》附表第二类易制毒化学品管理，其生产、经营、购买、运输和进出口活动执行非药品类易制毒化学品的有关规定。

　　二、苯乙腈和γ－丁内酯的管理

　　苯乙腈，CAS号为140－29－4，海关编码29269090.81；γ－丁内酯，CAS号为96－48－0，海关编码29322090.31。该两种物质按照《条例》附表第三类易制毒化学品管理，其生产、经营、购买、运输和进出口活动执行非药品类易制毒化学品的有关规定。

　　本公告自2021年9月20日起施行。

【法律法规】

　　350.12 易制毒化学品管理条例（2005年11月1日　2018年修订）（第2—31条、第38—42条）

　　第三百五十一条【非法种植毒品原植物罪】 非法种植罂粟、大麻等毒品原植物的，一律强制铲除。有下列情形之一的，处五年以下有期徒刑、拘役或者管制，并处罚金：

　　（一）种植罂粟五百株以上不满三千株或者其他毒品原植物数量较大的；

　　（二）经公安机关处理后又种植的；

　　（三）抗拒铲除的。

　　非法种植罂粟三千株以上或者其他毒品原植物数量大的，处五年以上有期徒刑，并处罚金或者没收财产。

　　非法种植罂粟或者其他毒品原植物，在收获前自动铲除的，可以免除处罚。

【罪名渊源】本罪系由全国人大常委会《关于禁毒的决定》第6条修改而来，79刑法没有规定。刑法删除了《关于禁毒的决定》中关于治安处罚的内容。高法《罪名规定》、高检《罪名意见》将其解释为非法种植毒品原植物罪。

【立案标准】

　　351.1 最高人民检察院、公安部关于公安机关管辖的刑事案件立案追诉标准的规定（三）（2012年5月16日　公通字〔2012〕26号）（节录）

　　第七条　[非法种植毒品原植物案（刑法第三百五十一条）] 非法种植罂粟、大麻等毒品原植物，涉嫌下列情形之一的，应予立案追诉：

　　（一）非法种植罂粟五百株以上的；

　　（二）非法种植大麻五千株以上的；

　　（三）非法种植其他毒品原植物数量较大的；

　　（四）非法种植罂粟二百平方米以上、大麻二千平方米以上或者其他毒品原植物面积较大，尚未出苗的；

　　（五）经公安机关处理后又种植的；

　　（六）抗拒铲除的。

　　本条所规定的"种植"，是指播种、育苗、移栽、插苗、施肥、灌溉、割取津液或者收取种子等行为。非法种植毒品原植物的株数一般应以实际查获的数量为准。因种植面积较大，难以逐株清点数目的，可以抽样测算每平方米平均株数后按实际种植面积测算出种植总株数。

非法种植罂粟或者其他毒品原植物，在收获前自动铲除的，可以不予立案追诉。

第十六条 本规定中的"以上"，包括本数。

【罪刑标准】

351.2 最高人民法院关于审理毒品犯罪案件适用法律若干问题的解释（2016 年 4 月 11 日 法释〔2016〕8 号）（节录）

第九条 非法种植毒品原植物，具有下列情形之一的，应当认定为刑法第三百五十一条第一款第一项规定的"数量较大"：

（一）非法种植大麻五千株以上不满三万株的；

（二）非法种植罂粟二百平方米以上不满一千二百平方米、大麻二千平方米以上不满一万二千平方米，尚未出苗的；

（三）非法种植其他毒品原植物数量较大的。

非法种植毒品原植物，达到前款规定的最高数量标准的，应当认定为刑法第三百五十一条第二款规定的"数量大"。

【证据标准】

351.3 最高人民检察院公诉厅毒品犯罪案件公诉证据标准指导意见（试行）（2005 年 4 月 25 日〔2005〕高检诉发第 32 号）（节录）

一、一般证据标准（参见 347.6 本意见）

二、特殊证据标准

（六）非法种植毒品原植物罪的特殊证据

根据刑法第 351 条第 1 款第 2、3 项之规定：行为人非法种植毒品原植物，经公安机关处理后又种植的，或者抗拒铲除的，构成本罪。本罪的特殊证据主要参考以下内容：

1. 公安机关对原种植行为的处理情况说明；

2. 公安机关的处理决定（包括行政处罚决定）；

3. 公安机关责令铲除毒品原植物的通知书；

4. 公安机关警告或责令改正的记录。

通过上述证据证明公安机关曾处理过犯罪嫌疑人、被告人种植毒品原植物的行为，或者公安机关曾责令犯罪嫌疑人、被告人铲除其非法种植的毒品原植物，或者强制铲除犯罪嫌疑人、被告人种植的毒品原植物，但是犯罪嫌疑人、被告人拒绝铲除。非法种植毒品原植物数量没有达到刑法第 351 条第 1 款第 1 项规定的数量较大程度，又不能证实行为人具有上述两种情形之一的，不构成犯罪。

【司法解释】

351.4 最高人民法院、最高人民检察院、公安部办理毒品犯罪案件毒品提取、扣押、称量、取样和送检程序若干问题的规定（2016 年 7 月 1 日 公禁毒〔2016〕511 号）（第 2—38 条）

第三百五十二条【非法买卖、运输、携带、持有毒品原植物种子、幼苗罪】 非法买卖、运输、携带、持有未经灭活的罂粟等毒品原植物种子或者幼苗，数量较大的，处三年以下有期徒刑、拘役或者管制，并处或者单处罚金。

【罪名渊源】 本罪 79 刑法和《关于禁毒的决定》均未规定，系刑法所增设。高法《罪名规定》、高检《罪名意见》将其解释为非法买卖、运输、携带、持有毒品原植物种子、幼苗罪。

【立案标准】

352.1 最高人民检察院、公安部关于公安机关管辖的刑事案件立案追诉标准的规定（三）（2012 年 5 月 16 日 公通字〔2012〕26 号）（节录）

第八条 ［非法买卖、运输、携带、持有毒品原植物种子、幼苗案（刑法第三百五十二条）］

非法买卖、运输、携带、持有未经灭活的罂粟等毒品原植物种子或者幼苗，涉嫌下列情形之一

的，应予立案追诉：

（一）罂粟种子五十克以上、罂粟幼苗五千株以上；

（二）大麻种子五十千克以上、大麻幼苗五万株以上；

（三）其他毒品原植物种子、幼苗数量较大的。

第十六条　本规定中的"以上"，包括本数。

【罪刑标准】

352.2 最高人民法院关于审理毒品犯罪案件适用法律若干问题的解释（2016年4月11日　法释〔2016〕8号）（节录）

第十条　非法买卖、运输、携带、持有未经灭活的毒品原植物种子或者幼苗，具有下列情形之一的，应当认定为刑法第三百五十二条规定的"数量较大"：

（一）罂粟种子五十克以上、罂粟幼苗五千株以上的；

（二）大麻种子五十千克以上、大麻幼苗五万株以上的；

（三）其他毒品原植物种子或者幼苗数量较大的。

【司法解释】

352.3 最高人民法院、最高人民检察院、公安部办理毒品犯罪案件毒品提取、扣押、称量、取样和送检程序若干问题的规定（2016年7月1日　公禁毒〔2016〕511号）（第2—38条）

第三百五十三条【引诱、教唆、欺骗他人吸毒罪】 引诱、教唆、欺骗他人吸食、注射毒品的，处三年以下有期徒刑、拘役或者管制，并处罚金；情节严重的，处三年以上七年以下有期徒刑，并处罚金。

【强迫他人吸毒罪】 强迫他人吸食、注射毒品的，处三年以上十年以下有期徒刑，并处罚金。

引诱、教唆、欺骗或者强迫未成年人吸食、注射毒品的，从重处罚。

【罪名渊源】　本条系沿袭全国人大常委会《关于禁毒的决定》第7条内容，79刑法未作规定。刑法将第1款罪的量刑幅度由一个增至两个，并沿用《关于禁毒的决定》第7条第2、3款内容。高法《罪名规定》、高检《罪名意见》将本条分别解释为引诱、教唆、欺骗他人吸毒罪，强迫他人吸毒罪。

【立案标准】

353.1 最高人民检察院、公安部关于公安机关管辖的刑事案件立案追诉标准的规定（三）（2012年5月16日　公通字〔2012〕26号）（节录）

第九条　［引诱、教唆、欺骗他人吸毒案（刑法第三百五十三条）］引诱、教唆、欺骗他人吸食、注射毒品的，应予立案追诉。

第十条　［强迫他人吸毒案（刑法第三百五十三条）］违背他人意志，以暴力、胁迫或者其他强制手段，迫使他人吸食、注射毒品的，应予立案追诉。

> 【说明】毒品的含义及折算标准，参见347.2本规定第13条以下。

【罪刑标准】

353.2 最高人民法院关于审理毒品犯罪案件适用法律若干问题的解释（2016年4月11日　法释〔2016〕8号）（节录）

第十一条　引诱、教唆、欺骗他人吸食、注射毒品，具有下列情形之一的，应当认定为刑法第三百五十三条第一款规定的"情节严重"：

（一）引诱、教唆、欺骗多人或者多次引诱、教唆、欺骗他人吸食、注射毒品的；

（二）对他人身体健康造成严重危害的；

（三）导致他人实施故意杀人、故意伤害、交通肇事等犯罪行为的；

（四）国家工作人员引诱、教唆、欺骗他人吸食、注射毒品的；

（五）其他情节严重的情形。

【证据标准】

353.3 最高人民检察院公诉厅毒品犯罪案件公诉证据标准指导意见（试行）（2005年4月25日〔2005〕高检诉发第32号）（节录）

一、一般证据标准（参见347.6本意见）

二、特殊证据标准

（三）有被害人的毒品犯罪的特殊证据

刑法第353条规定的引诱、教唆、欺骗他人吸毒罪、强迫他人吸毒罪属于有被害人的毒品犯罪。这一类犯罪的特殊证据主要参考以下内容：

1. 被引诱、教唆、欺骗吸食、注射毒品的被害人的陈述；

2. 被强迫吸食、注射毒品的被害人的陈述；

3. 被引诱、教唆、欺骗吸食、注射毒品的未成年人的法定代理人及其亲属的证言。

通过上述证据证明被害人的客观存在，以及被告人引诱、教唆、欺骗他人吸毒、强迫他人吸毒的客观事实。

【司法解释】

353.4 最高人民法院、最高人民检察院、公安部办理毒品犯罪案件毒品提取、扣押、称量、取样和送检程序若干问题的规定（2016年7月1日　公禁毒〔2016〕511号）（第2—38条）

【司法文件】

353.5 全国法院毒品犯罪审判工作座谈会纪要（最高人民法院2015年5月18日印发　法〔2015〕129号）（节录）

二、关于毒品犯罪法律适用的若干具体问题

（一）罪名认定问题

……

行为人利用信息网络贩卖毒品、在境内非法买卖用于制造毒品的原料或者配剂、传授制造毒品等犯罪的方法，构成贩卖毒品罪、非法买卖制毒物品罪、传授犯罪方法罪等犯罪的，依法定罪处罚。行为人开设网站、利用网络聊天室等组织他人共同吸毒，构成引诱、教唆、欺骗他人吸毒罪等犯罪的，依法定罪处罚。

第三百五十四条【容留他人吸毒罪】 容留他人吸食、注射毒品的，处三年以下有期徒刑、拘役或者管制，并处罚金。

【罪名渊源】 本条系由全国人大常委会《关于禁毒的决定》第9条修改而来，刑法增设了独立的法定刑。高法《罪名规定》、高检《罪名意见》将其解释为容留他人吸毒罪。

【立案标准】

354.1 最高人民检察院、公安部关于公安机关管辖的刑事案件立案追诉标准的规定（三）（2012年5月16日　公通字〔2012〕26号）（节录）

第十一条 ［容留他人吸毒案（刑法第三百五十四条）］提供场所，容留他人吸食、注射毒品，涉嫌下列情形之一的，应予立案追诉：

（一）容留他人吸食、注射毒品两次以上的；

（二）一次容留三人以上吸食、注射毒品的；

（三）因容留他人吸食、注射毒品被行政处罚，又容留他人吸食、注射毒品的；

（四）容留未成年人吸食、注射毒品的；

（五）以牟利为目的容留他人吸食、注射毒品的；

（六）容留他人吸食、注射毒品造成严重后果或者其他情节严重的。

【说明】 毒品的含义及折算标准，参见347.2本规定第13条以下。

【罪刑标准】

354.2 最高人民法院关于审理毒品犯罪案件适用法律若干问题的解释（2016 年 4 月 11 日　法释〔2016〕8 号）（节录）

第十二条　容留他人吸食、注射毒品，具有下列情形之一的，应当依照刑法第三百五十四条的规定，以容留他人吸毒罪定罪处罚：

（一）一次容留多人吸食、注射毒品的；

（二）二年内多次容留他人吸食、注射毒品的；

（三）二年内曾因容留他人吸食、注射毒品受过行政处罚的；

（四）容留未成年人吸食、注射毒品的；

（五）以牟利为目的容留他人吸食、注射毒品的；

（六）容留他人吸食、注射毒品造成严重后果的；

（七）其他应当追究刑事责任的情形。

向他人贩卖毒品后又容留其吸食、注射毒品，或者容留他人吸食、注射毒品并向其贩卖毒品，符合前款规定的容留他人吸毒罪的定罪条件的，以贩卖毒品罪和容留他人吸毒罪数罪并罚。

容留近亲属吸食、注射毒品，情节显著轻微危害不大的，不作为犯罪处理；需要追究刑事责任的，可以酌情从宽处罚。

【司法解释】

354.3 最高人民法院、最高人民检察院、公安部办理毒品犯罪案件毒品提取、扣押、称量、取样和送检程序若干问题的规定（2016 年 7 月 1 日　公禁毒〔2016〕511 号）（第 2—38 条）

【司法文件】

354.4 最高人民法院关于常见犯罪的量刑指导意见（二）（试行）（2017 年 5 月 1 日　法〔2017〕74 号）（节录）

一、八种常见犯罪的量刑

（七）容留他人吸毒罪

1. 构成容留他人吸毒罪的，可以在一年以下有期徒刑、拘役幅度内确定量刑起点。

2. 在量刑起点的基础上，可以根据容留他人吸毒的人数、次数等其他影响犯罪构成的犯罪事实增加刑罚量，确定基准刑。

二、附则

1. 本指导意见规范上列八种犯罪判处有期徒刑、拘役的案件。

2. 各高级人民法院应当结合当地实际制定实施细则。

第三百五十五条【非法提供麻醉药品、精神药品罪】 依法从事生产、运输、管理、使用国家管制的麻醉药品、精神药品的人员，违反国家规定，向吸食、注射毒品的人提供国家规定管制的能够使人形成瘾癖的麻醉药品、精神药品的，处三年以下有期徒刑或者拘役，并处罚金；情节严重的，处三年以上七年以下有期徒刑，并处罚金。 向走私、贩卖毒品的犯罪分子或者以牟利为目的，向吸食、注射毒品的人提供国家规定管制的能够使人形成瘾癖的麻醉药品、精神药品的，依照本法第三百四十七条的规定定罪处罚。

单位犯前款罪的，对单位判处罚金，并对其直接负责的主管人员和其他直接责任人员，依照前款的规定处罚。

【罪名渊源】 本条 79 刑法未规定，系由全国人大常委会《关于禁毒的决定》第 10 条第 2 款修改而来，刑法将量刑幅度由一个增至两个。高法《罪名规定》、高检《罪名意见》将其解释为非法提供麻醉药品、精神药品罪。

【立案标准】

355.1 最高人民检察院、公安部关于公安机关管辖的刑事案件立案追诉标准的规定（三）（2012 年 5 月 16 日　公通字〔2012〕26 号）（节录）

第十二条 ［非法提供麻醉药品、精神药品案（刑法第三百五十五条）］依法从事生产、运输、管理、使用国家管制的麻醉药品、精神药品的个人或者单位，违反国家规定，向吸食、注射毒品的人员提供国家规定管制的能够使人形成瘾癖的麻醉药品、精神药品，涉嫌下列情形之一的，应予立案追诉：

（一）非法提供鸦片二十克以上、吗啡二克以上、度冷丁（杜冷丁）五克以上（针剂100mg/支规格的五十支以上，50mg/支规格的一百支以上；片剂25mg/片规格的二百片以上，50mg/片规格的一百片以上）、盐酸二氢埃托啡零点二毫克以上（针剂或者片剂20mg/支、片规格的十支、片以上）、氯胺酮、美沙酮二十克以上、三唑仑、安眠酮一千克以上、咖啡因五千克以上、氯氮卓、艾司唑仑、地西泮、溴西泮十千克以上，以及其他麻醉药品和精神药品数量较大的；

（二）虽未达到上述数量标准，但非法提供麻醉药品、精神药品两次以上，数量累计达到前项规定的数量标准百分之八十以上的；

（三）因非法提供麻醉药品、精神药品被行政处罚，又非法提供麻醉药品、精神药品的；

（四）向吸食、注射毒品的未成年人提供麻醉药品、精神药品的；

（五）造成严重后果或者其他情节严重的。

依法从事生产、运输、管理、使用国家管制的麻醉药品、精神药品的人员或者单位，违反国家规定，向走私、贩卖毒品的犯罪分子提供国家规定管制的能够使人形成瘾癖的麻醉药品、精神药品的，或者以牟利为目的，向吸食、注射毒品的人提供国家规定管制的能够使人形成瘾癖的麻醉药品、精神药品的，以走私、贩卖毒品罪立案追诉。

【说明】毒品的含义及折算标准、单位犯罪的追诉标准，参见347.2本规定第13条以下。

【罪刑标准】

355.2 最高人民法院关于审理毒品犯罪案件适用法律若干问题的解释（2016年4月11日 法释〔2016〕8号）（节录）

第二条 走私、贩卖、运输、制造、非法持有下列毒品，应当认定为刑法第三百四十七条第三款、第三百四十八条规定的"其他毒品数量较大"：

（一）可卡因十克以上不满五十克；

（二）3,4-亚甲二氧基甲基苯丙胺（MDMA）等苯丙胺类毒品（甲基苯丙胺除外）、吗啡二十克以上不满一百克；

（三）芬太尼二十五克以上不满一百二十五克；

（四）甲卡西酮四十克以上不满二百克；

（五）二氢埃托啡二毫克以上不满十毫克；

（六）哌替啶（度冷丁）五十克以上不满二百五十克；

（七）氯胺酮一百克以上不满五百克；

（八）美沙酮二百克以上不满一千克；

（九）曲马多、γ-羟丁酸四百克以上不满二千克；

（十）大麻油一千克以上不满五千克、大麻脂二千克以上不满十千克、大麻叶及大麻烟三十千克以上不满一百五十千克；

（十一）可待因、丁丙诺啡一千克以上不满五千克；

（十二）三唑仑、安眠酮十千克以上不满五十千克；

（十三）阿普唑仑、恰特草二十千克以上不满一百千克；

（十四）咖啡因、罂粟壳四十千克以上不满二百千克；

（十五）巴比妥、苯巴比妥、安钠咖、尼美西泮五十千克以上不满二百五十千克；

（十六）氯氮卓、艾司唑仑、地西泮、溴西泮一百千克以上不满五百千克；

（十七）上述毒品以外的其他毒品数量较大的。

第十三条 依法从事生产、运输、管理、使用国家管制的麻醉药品、精神药品的人员，违反国家规定，向吸食、注射毒品的人提供国家规定管制的能够使人形成瘾癖的麻醉药品、精神药品，具有下列情形之一的，应当依照刑法第三百五十五条第一款的规定，以非法提供麻醉药品、精神药品罪定罪处罚：

（一）非法提供麻醉药品、精神药品达到刑法第三百四十七条第三款或者本解释第二条规定的"数量较大"标准最低值的百分之五十，不满"数量较大"标准的；

（二）二年内曾因非法提供麻醉药品、精神药品受过行政处罚的；

（三）向多人或者多次非法提供麻醉药品、精神药品的；

（四）向吸食、注射毒品的未成年人非法提供麻醉药品、精神药品的；

（五）非法提供麻醉药品、精神药品造成严重后果的；

（六）其他应当追究刑事责任的情形。

具有下列情形之一的，应当认定为刑法第三百五十五条第一款规定的"情节严重"：

（一）非法提供麻醉药品、精神药品达到刑法第三百四十七条第三款或者本解释第二条规定的"数量较大"标准的；

（二）非法提供麻醉药品、精神药品达到前款第一项规定的数量标准，且具有前款第三项至第五项规定的情形之一的；

（三）其他情节严重的情形。

【证据标准】

355.3　最高人民检察院公诉厅毒品犯罪案件公诉证据标准指导意见（试行）（2005年4月25日〔2005〕高检诉发第32号）（节录）

一、一般证据标准（参见347.6本意见）

二、特殊证据标准

特殊证据标准主要包括主体特殊的毒品犯罪、有被害人的毒品犯罪、毒品犯罪的再犯，以及某些个罪所需的特殊证据形式。

（一）单位犯罪的特殊证据

刑法第347条走私、贩卖、运输、制造毒品罪、第350条走私制毒物品罪、非法买卖制毒物品罪、第355条非法提供麻醉药品、精神药品罪都规定单位可以构成本罪主体。单位毒品犯罪除一般证据标准外，还需要参考以下内容：

1. 证明单位犯罪主体身份的证据，例如，单位注册登记证明、单位代表身份证明、营业执照、办公地和主要营业地证明等；

2. 证明单位犯罪主观故意的证据，例如，证明单位犯罪的目的、实施犯罪的决定形成等证明材料；

3. 证明单位犯罪非法所得归属的证据，例如，证明单位资金流动、非法利益分配情况等证明材料；

4. 证明单位犯罪中直接负责的主管人员和其他直接责任人员的证据。

通过上述证据证明犯罪系单位行为，与自然人犯罪相区分。

收集、审查、判断上述证据需要注意以下问题：

1. 我国刑法中规定的单位，既包括国有、集体所有的公司、企业、事业单位，也包括依法设立的合资经营、合作经营和具有法人资格的独资、私营等公司、企业、事业单位。

2. 个人为进行违法犯罪活动而设立的公司、企业、事业单位实施犯罪的，或者公司、企业、事业单位设立后，以实施犯罪为主要活动的，以自然人犯罪论处。

3. 盗用单位名义实施犯罪，违法所得由实施犯罪的个人私分的，依照刑法有关自然人犯罪的规定定罪处刑。

（二）特殊主体的特殊证据

刑法第355条规定的非法提供麻醉药品、精神药品罪的主体是特殊主体，即依法从事生产、运输、管理、使用国家管制的精神药品和麻醉药品的单位和个人。该罪的特殊证据主要参考以下内容：

1. 国家主管部门颁发的生产、运输、管理、使用国家管制的精神药品、麻醉药品的"许可证"；

2. 有关单位对国家管制的麻醉药品和精神药品的来源、批号的证明及管理规定；

3. 特殊行业专营证；

4. 有关批文；

5. 有关个人的工作证、职称证明、授权书、职务任命书。

通过上述证据证明犯罪主体具有从事生产、运输、管理、使用国家管制的麻醉药品、精神药品的权力和职能。

355.4 最高人民法院、最高人民检察院、公安部办理毒品犯罪案件毒品提取、扣押、称量、取样和送检程序若干问题的规定（2016 年 7 月 1 日 公禁毒〔2016〕511 号）（第 2—38 条）

【司法文件】

355.5 最高人民检察院法律政策研究室关于安定注射液是否属于刑法第三百五十五条规定的精神药品问题的答复（2002 年 10 月 24 日 〔2002〕高检研发第 23 号）

福建省人民检察院研究室：

你院《关于安定注射液是否属于〈刑法〉第三百五十五条规定的精神药品的请示》（闽检〔2001〕6 号）收悉。经研究并征求有关部门意见，答复如下：

根据《精神药品管理办法》等国家有关规定，"能够使人形成瘾癖"的精神药品，是指使用后能使人的中枢神经系统兴奋或者抑制连续使用能使人产生依赖性的药品。安定注射液属于刑法第三百五十五条第一款规定的"国家规定管制的能够使人形成瘾癖的"精神药品。鉴于安定注射液属于《精神药品管理办法》规定的第二类精神药品，医疗实践中使用较多，在处理此类案件时，应当慎重掌握罪与非罪的界限。对于明知他人是吸毒人员而多次向其出售安定注射液，或者贩卖安定注射液数量较大的，可以依法追究行为人的刑事责任。

【部委规范】

355.6 公安部关于在成品药中非法添加阿普唑仑和曲马多进行销售能否认定为制造贩卖毒品有关问题的批复（2009 年 3 月 19 日 公复字〔2009〕1 号）

海南省公安厅：

你厅《关于在成品药中非法添加阿普唑仑和曲马多进行销售能否认定为毒品的请示》（琼公发〔2009〕2 号）收悉。经商最高人民检察院有关部门，现批复如下：

一、阿普唑仑和曲马多为国家管制的二类精神药品。根据《中华人民共和国刑法》第三百五十五条的规定，如果行为人具有生产、管理、使用阿普唑仑和曲马多的资质，却将其掺加在其他药品中，违反国家规定向吸食、注射毒品的人提供的，构成非法提供精神药品罪；向走私、贩卖毒品的犯罪分子或以牟利为目的向吸食、注射毒品的人提供的，构成走私、贩卖毒品罪。根据《中华人民共和国刑法》第三百四十七条的规定，如果行为人没有生产、管理、使用阿普唑仑和曲马多的资质，而将其掺加在其他药品中予以贩卖，构成贩卖、制造毒品罪。

二、在办案中应当注意区别为治疗、戒毒依法合理使用的行为与上述犯罪行为的界限。只有违反国家规定，明知是走私、贩卖毒品的人员而向其提供阿普唑仑和曲马多，或者明知是吸毒人员而向其贩卖或超出规定的次数、数量向其提供阿普唑仑和曲马多的，才可以认定为犯罪。

355.7 国家食品药品监督管理总局、公安部、国家卫生和计划生育委员会关于公布麻醉药品和精神药品品种目录的通知（2014 年 1 月 1 日 食药监药化监〔2013〕230 号）

355.8 非药用类麻醉药品和精神药品列管办法（公安部、国家卫生和计划生育委员会、国家食品药品监督管理总局、国家禁毒办 2015 年 10 月 1 日印发 公通字〔2015〕27 号）

355.9 公安部、国家卫生健康委员会、国家药品监督管理局关于将合成大麻素类物质和氟胺酮等 18 种物质列入《非药用类麻醉药品和精神药品管制品种增补目录》的公告（2021 年 7 月 1 日）

根据《麻醉药品和精神药品管理条例》《非药用类麻醉药品和精神药品列管办法》有关规定，公安部、国家卫生健康委员会和国家药品监督管理局决定将合成大麻素类物质和氟胺酮等 18 种物质列入《非药用类麻醉药品和精神药品管制品种增补目录》。

一、合成大麻素类物质。"合成大麻素类物质"是指具有下列化学结构通式的物质（略）：

上述所列管物质如果发现医药、工业、科研或者其他合法用途，按照《非药用类麻醉药品和精神药品列管办法》第三条第二款规定予以调整。已列入《麻醉药品和精神药品品种目录》和《非药用类麻醉药品和精神药品管制品种增补目录》的合成大麻素类物质依原有目录予以管制。

二、氟胺酮等 18 种物质。（详见附表）

本公告自 2021 年 7 月 1 日起施行。

附表：

非药用类麻醉药品和精神药品管制品种增补目录

序号	中文名	英文名	CAS 号	备注
1	氟胺酮	2 - (2 - Fluoropheny) - 2 - (methylami-no) cyclohexan - 1 - one	111982 - 50 - 4	2 - FDCK Fluoroketamine
2	(6aR,10aR) - 3 - (1,1 - 二甲基庚基) - 6a,7,10,10a - 四氢 - 1 - 羟基 - 6,6 - 二甲基 - 6H - 二苯并 [b,d] 吡喃 - 9 - 甲醇	(6aR,10aR) - 3 - (1,1 - Dimethylhep-tyl) - 6a,7,10,10a - tetrahydro - 1 - hydroxy - 6,6 - dimethyl - 6H - dibenzo [b,d] pyran - 9 - methanol	112830 - 95 - 2	HU - 210
3	1 - [3,4 - (亚甲二氧基) 苯基] - 2 - 丁氨基 - 1 - 戊酮	1 - (3,4 - Methylenedioxyphenyl) - 2 - (butylamino) pentan - 1 - one	688727 - 54 - 0	N - Butylpentylone
4	1 - [3,4 - (亚甲二氧基) 苯基] - 2 - 苄氨基 - 1 - 丙酮	1 - (3,4 - Methylenedioxyphenyl) - 2 - (benzylamino) propan - 1 - one	1387636 - 19 - 2	BMDP
5	1 - [3,4 - (亚甲二氧基) 苯基] - 2 - 乙氨基 - 1 - 丁酮	1 - (3,4 - Methylenedioxyphenyl) - 2 - (ethylamino) butan - 1 - one	802855 - 66 - 9	Eutylone
6	2 - 乙氨基 - 1 - 苯基 - 1 - 庚酮	2 - (Ethylamino) - 1 - phenylheptan - 1 - one	2514784 - 72 - 4	N - Ethylheptedrone
7	1 - (4 - 氯苯基) - 2 - 二甲氨基 - 1 - 丙酮	1 - (4 - Chlorophenyl) - 2 - (dimethyl-amino) propan - 1 - one	1157667 - 29 - 2	4 - CDMC
8	2 - 丁氨基 - 1 - 苯基 - 1 - 己酮	2 - (Butylamino) - 1 - phenylhexan - 1 - one	802576 - 87 - 0	N - Butylhexedrone
9	1 - [1 - (3 - 甲氧基苯基) 环己基] 哌啶	1 - (1 - (3 - Methoxyphenyl) cyclohex-yl) piperidine	72242 - 03 - 6	3 - MeO - PCP
10	α - 甲基 - 5 - 甲氧基色胺	1 - (5 - Methoxy - 1H - indol - 3 - yl) propan - 2 - amine	1137 - 04 - 8	5 - MeO - AMT

续表

序号	中文名	英文名	CAS 号	备注
11	科纳唑仑	6 - (2 - Chlorophenyl) - 1 - methyl - 8 - nitro - 4H - benzo[f][1,2,4]triazolo[4,3 - a][1,4]diazepine	33887 - 02 - 4	Clonazolam
12	二氯西泮	7 - Chloro - 5 - (2 - chlorophenyl) - 1 - methyl - 1,3 - dihydro - 2H - benzo[e][1,4]diazepin - 2 - one	2894 - 68 - 0	Diclazepam
13	氟阿普唑仑	8 - Chloro - 6 - (2 - fluorophenyl) - 1 - methyl - 4H - benzo[f][1,2,4]triazolo[4,3 - a][1,4]diazepine	28910 - 91 - 0	Flualprazolam
14	N,N - 二乙基 - 2 - (2 - (4 - 异丙氧基苯基) - 5 - 硝基 - 1H - 苯并[d]咪唑 - 1 - 基) - 1 - 乙胺	N,N - Diethyl - 2 - (2 - (4 - isopropoxybenzyl) - 5 - nitro - 1H - benzo[d]imidazol - 1 - yl)ethan - 1 - amine	14188 - 81 - 9	Isotonitazene
15	氟溴唑仑	8 - Bromo - 6 - (2 - fluorophenyl) - 1 - methyl - 4H - benzo[f][1,2,4]triazolo[4,3 - a][1,4]diazepine	612526 - 40 - 6	Flubromazolam
16	1 - (1,2 - 二苯基乙基)哌啶	1 - (1,2 - Diphenylethyl)piperidine	36794 - 52 - 2	Diphenidine
17	2 - (3 - 氟苯基) - 3 - 甲基吗啉	2 - (3 - Fluorophenyl) - 3 - methylmorpholine	1350768 - 28 - 3	3 - FPM 3 - Fluorophenmetrazine
18	依替唑仑	4 - (2 - Chlorophenyl) - 2 - ethyl - 9 - methyl - 6H - thieno[3,2 - f][1,2,4]triazolo[4,3 - a][1,4]diazepine	40054 - 69 - 1	Etizolam

【法律法规】

355.10 麻醉药品和精神药品管理条例(2005 年 11 月 1 日　2016 年修订)(第 3—4 条、第 14 条、第 16—17 条、第 22—36 条、第 52—54 条、第 81 条)

第三百五十五条之一【妨害兴奋剂管理罪】引诱、教唆、欺骗运动员使用兴奋剂参加国内、国际重大体育竞赛,或者明知运动员参加上述竞赛而向其提供兴奋剂,情节严重的,处三年以下有期徒刑或者拘役,并处罚金。

组织、强迫运动员使用兴奋剂参加国内、国际重大体育竞赛的,依照前款的规定从重处罚。

【刑法修正说明】

本条为全国人大常委会 **2020** 年 **12** 月 **26** 日通过并公布、**2021** 年 **3** 月 **1** 日施行的《刑法修正案(十一)》第 **44** 条所增设。

【罪名渊源】本条系《刑法修正案(十一)》第 44 条增设,"两高"《罪名补充规定(七)》将其解释为妨害兴奋剂管理罪。

第三百五十六条【毒品再犯】 因走私、贩卖、运输、制造、非法持有毒品罪被判过刑，又犯本节规定之罪的，从重处罚。①

【证据标准】

356.1 最高人民检察院公诉厅毒品犯罪案件公诉证据标准指导意见（试行）（2005 年 4 月 25 日〔2005〕高检诉发第 32 号）（节录）

一、一般证据标准（参见 347.6 本意见）

二、特殊证据标准

（四）毒品犯罪再犯的特殊证据

刑法第 356 条规定，因走私、贩卖、运输、制造、非法持有毒品罪被判过刑，又犯本节规定之罪的，从重处罚。毒品犯罪再犯的特殊证据主要是证明犯罪嫌疑人、被告人具有走私、贩卖、运输、制造毒品罪、非法持有毒品罪前科的生效判决和裁定。

收集、审查、判断这类证据需要注意以下问题：

1. 毒品再犯前科的罪名仅指走私、贩卖、运输、制造毒品罪和非法持有毒品罪；

2. 对于同时构成毒品再犯和刑法总则规定累犯的犯罪嫌疑人、被告人，一律适用刑法分则第 356 条关于毒品再犯的从重处罚规定，不再缓引刑法总则中关于累犯的规定。

【司法文件】

356.2 全国部分法院审理毒品犯罪案件工作座谈会纪要（最高人民法院 2008 年 12 月 1 日印发 法〔2008〕324 号）（节录）

八、毒品再犯问题

根据刑法第三百五十六条规定，只要因走私、贩卖、运输、制造、非法持有毒品罪被判过刑，不论是在刑罚执行完毕后，还是在缓刑、假释或者暂予监外执行期间，又犯刑法分则第六章第七节规定的犯罪的，都是毒品再犯，应当从重处罚。

因走私、贩卖、运输、制造、非法持有毒品罪被判刑的犯罪分子，在缓刑、假释或者暂予监外执行期间又犯刑法分则第六章第七节规定的犯罪的，应当在对其所犯新的毒品犯罪适用刑法第三百五十六条从重处罚的规定确定刑罚后，再依法数罪并罚。

对同时构成累犯和毒品再犯的被告人，应当同时引用刑法关于累犯和毒品再犯的条款从重处罚。

356.3 全国法院毒品犯罪审判工作座谈会纪要（最高人民法院 2015 年 5 月 18 日印发 法〔2015〕129 号）（节录）

二、关于毒品犯罪法律适用的若干具体问题

（五）缓刑、财产刑适用及减刑、假释问题

对于毒品犯罪应当从严掌握缓刑适用条件。对于毒品再犯，一般不得适用缓刑。对于不能排除多次贩毒嫌疑的零包贩毒被告人，因认定构成贩卖毒品等犯罪的证据不足而认定为非法持有毒品罪的被告人，实施引诱、教唆、欺骗、强迫他人吸毒犯罪及制毒物品犯罪的被告人，应当严格限制缓刑适用。

……

对于具有毒枭、职业毒犯、累犯、毒品再犯等情节的毒品罪犯，应当从严掌握减刑条件，适当延长减刑起始时间、间隔时间，严格控制减刑幅度，延长实际执行刑期。对于刑法未禁止假释

---

① 本条涉及的具体罪名分别为：走私、贩卖、运输、制造毒品罪，非法持有毒品罪，包庇毒品犯罪分子罪，窝藏、转移、隐瞒毒品、毒赃罪，非法生产、买卖、运输制毒物品、走私制毒物品罪，非法种植毒品原植物罪，非法买卖、运输、携带、持有毒品原植物种子、幼苗罪，引诱、教唆、欺骗他人吸毒罪，强迫他人吸毒罪，容留他人吸毒罪，非法提供麻醉药品、精神药品罪，妨害兴奋剂管理罪。——编者注

的前述毒品罪犯，应当严格掌握假释条件。

（六）累犯、毒品再犯问题

累犯、毒品再犯是法定从重处罚情节，即使本次毒品犯罪情节较轻，也要体现从严惩处的精神。尤其对于曾因实施严重暴力犯罪被判刑的累犯、刑满释放后短期内又实施毒品犯罪的再犯，以及在缓刑、假释、暂予监外执行期间又实施毒品犯罪的再犯，应当严格体现从重处罚。

对于因同一毒品犯罪前科同时构成累犯和毒品再犯的被告人，在裁判文书中应当同时引用刑法关于累犯和毒品再犯的条款，但在量刑时不得重复予以从重处罚。对于因不同犯罪前科同时构成累犯和毒品再犯的被告人，量刑时的从重处罚幅度一般应大于前述情形。

356.4 最高人民法院关于贯彻宽严相济刑事政策的若干意见（2010 年 2 月 8 日 法发〔2010〕9 号）（节录）

11. 要依法从严惩处累犯和毒品再犯。凡是依法构成累犯和毒品再犯的，即使犯罪情节较轻，也要体现从严惩处的精神。尤其是对于前罪为暴力犯罪或被判处重刑的累犯，更要依法从严惩处。

第三百五十七条【毒品之界定】 本法所称的毒品，是指鸦片、海洛因、甲基苯丙胺（冰毒）、吗啡、大麻、可卡因以及国家规定管制的其他能够使人形成瘾癖的麻醉药品和精神药品。

【毒品的数量计算】 毒品的数量以查证属实的走私、贩卖、运输、制造、非法持有毒品的数量计算，不以纯度折算。

【司法解释】

357.1 最高人民法院、最高人民检察院、公安部办理毒品犯罪案件毒品提取、扣押、称量、取样和送检程序若干问题的规定（2016 年 7 月 1 日 公禁毒〔2016〕511 号）（第 2—38 条）

【司法文件】

357.2 最高人民法院、最高人民检察院、公安部关于规范毒品名称表述若干问题的意见（2014 年 8 月 20 日 法〔2014〕224 号）

为进一步规范毒品犯罪案件办理工作，现对毒品犯罪案件起诉意见书、起诉书、刑事判决书、刑事裁定书中的毒品名称表述问题提出如下规范意见。

一、规范毒品名称表述的基本原则

（一）毒品名称表述应当以毒品的化学名称为依据，并与刑法、司法解释及相关规范性文件中的毒品名称保持一致。刑法、司法解释等没有规定的，可以参照《麻醉药品品种目录》、《精神药品品种目录》中的毒品名称进行表述。

（二）对于含有二种以上毒品成分的混合型毒品，应当根据其主要毒品成分和具体形态认定毒品种类、确定名称。混合型毒品中含有海洛因、甲基苯丙胺的，一般应当以海洛因、甲基苯丙胺确定其毒品种类；不含海洛因、甲基苯丙胺，或者海洛因、甲基苯丙胺的含量极低的，可以根据其中定罪量刑数量标准较低且所占比例较大的毒品成分确定其毒品种类。混合型毒品成分复杂的，可以用括号注明其中所含的一至二种其他毒品成分。

（三）为体现与犯罪嫌疑人、被告人供述的对应性，对于犯罪嫌疑人、被告人供述的毒品常见俗称，可以在文书中第一次表述该类毒品时用括号注明。

二、几类毒品的名称表述

（一）含甲基苯丙胺成分的毒品

1. 对于含甲基苯丙胺成分的晶体状毒品，应当统一表述为甲基苯丙胺（冰毒），在下文中再次出现时可以直接表述为甲基苯丙胺。

2. 对于以甲基苯丙胺为主要毒品成分的片剂状毒品，应当统一表述为甲基苯丙胺片剂。如果犯罪嫌疑人、被告人供述为"麻古"、"麻果"或者其他俗称的，可以在文书中第一次表述该类毒品时用括号注明，如表述为甲基苯丙胺片剂（俗称"麻古"）等。

3. 对于含甲基苯丙胺成分的液体、固液混合物、粉末等，应当根据其毒品成分和具体形态进行表述，如表述为含甲基苯丙胺成分的液体、含甲基苯丙胺成分的粉末等。

（二）含氯胺酮成分的毒品

1. 对于含氯胺酮成分的粉末状毒品，应当统一表述为氯胺酮。如果犯罪嫌疑人、被告人供述为"K粉"等俗称的，可以在文书中第一次表述该类毒品时用括号注明，如表述为氯胺酮（俗称"K粉"）等。

2. 对于以氯胺酮为主要毒品成分的片剂状毒品，应当统一表述为氯胺酮片剂。

3. 对于含氯胺酮成分的液体、固液混合物等，应当根据其毒品成分和具体形态进行表述，如表述为含氯胺酮成分的液体、含氯胺酮成分的固液混合物等。

（三）含MDMA等成分的毒品

对于以MDMA、MDA、MDEA等致幻性苯丙胺类兴奋剂为主要毒品成分的丸状、片剂状毒品，应当根据其主要毒品成分的中文化学名称和具体形态进行表述，并在文书中第一次表述该类毒品时用括号注明下文中使用的英文缩写简称，如表述为3，4-亚甲二氧基甲基苯丙胺片剂（以下简称MDMA片剂）、3，4-亚甲二氧基苯丙胺片剂（以下简称MDA片剂）、3，4-亚甲二氧基乙基苯丙胺片剂（以下简称MDEA片剂）等。如果犯罪嫌疑人、被告人供述为"摇头丸"等俗称的，可以在文书中第一次表述该类毒品时用括号注明，如表述为3，4-亚甲二氧基甲基苯丙胺片剂（以下简称MDMA片剂，俗称"摇头丸"）等。

（四）"神仙水"类毒品

对于俗称"神仙水"的液体状毒品，应当根据其主要毒品成分和具体形态进行表述。毒品成分复杂的，可以用括号注明其中所含的一至二种其他毒品成分，如表述为含氯胺酮（咖啡因、地西泮等）成分的液体等。如果犯罪嫌疑人、被告人供述为"神仙水"等俗称的，可以在文书中第一次表述该类毒品时用括号注明，如表述为含氯胺酮（咖啡因、地西泮等）成分的液体（俗称"神仙水"）等。

（五）大麻类毒品

对于含四氢大麻酚、大麻二酚、大麻酚等天然大麻素类成分的毒品，应当根据其外形特征分别表述为大麻叶、大麻脂、大麻油或者大麻烟等。

【部委规范】

357.3 公安部关于认定海洛因有关问题的批复（2002年6月28日　公禁毒〔2002〕236号）

甘肃省公安厅：

你厅《关于海洛因认定问题的请示》（甘公禁〔2002〕27号）收悉。现批复如下：

一、海洛因是以"二乙酰吗啡"或"盐酸二乙酰吗啡"为主要成分的化学合成的精制鸦片类毒品，"单乙酰吗啡"和"单乙酰可待因"是只有在化学合成海洛因过程中才会衍生的化学物质，属于同一种类的精制鸦片类毒品。海洛因在运输、贮存过程中，因湿度、光照等因素的影响，会出现"二乙酰吗啡"自然降解为"单乙酰吗啡"的现象，即"二乙酰吗啡"含量呈下降趋势，"单乙酰吗啡"含量呈上升趋势，甚至出现只检出"单乙酰吗啡"成分而未检出"二乙酰吗啡"成分的检验结果。因此，不论是否检出"二乙酰吗啡"成分，只要检出"单乙酰吗啡"或"单乙酰吗啡和单乙酰可待因"的，根据化验部门出具的检验报告，均应当认定送检样品为海洛因。

二、根据海洛因的毒理作用，海洛因进入吸毒者的体内代谢后，很快由"二乙酰吗啡"转化为"单乙酰吗啡"，然后再代谢为吗啡。在海洛因滥用者或中毒者的尿液或其他检材检验中，只能检出少量"单乙酰吗啡"及吗啡成分，无法检出"二乙酰吗啡"成分。因此，在尿液及其他检材中，只要检验出"单乙酰吗啡"，即证明涉嫌人员服用了海洛因。

357.4 公安机关缴获毒品管理规定（公安部2016年5月19日印发　公禁毒〔2016〕486号）（第2—35条）

第八节　组织、强迫、引诱、容留、介绍卖淫罪

第三百五十八条【组织卖淫罪，强迫卖淫罪】组织、强迫他人卖淫的，处五年以上十年以下有期徒刑，并处罚金；情节严重的，处十年以上有期徒刑或者无期徒刑，并处罚金或者没收财产。

组织、强迫未成年人卖淫的，依照前款的规定从重处罚。

犯前两款罪，并有杀害、伤害、强奸、绑架等犯罪行为的，依照数罪并罚的规定处罚。

【协助组织卖淫罪】为组织卖淫的人招募、运送人员或者有其他协助组织他人卖淫行为的，处五年以下有期徒刑，并处罚金；情节严重的，处五年以上十年以下有期徒刑，并处罚金。

【刑法第一次修正说明】

本条第 3 款为全国人大常委会 2011 年 2 月 25 日通过并公布、同年 5 月 1 日施行的《刑法修正案（八）》第 48 条所修正。原该款为：

【协助组织卖淫罪】协助组织他人卖淫的，处五年以下有期徒刑，并处罚金；情节严重的，处五年以上十年以下有期徒刑，并处罚金。

【刑法第二次修正说明】

全国人大常委会 2015 年 8 月 29 日通过并公布、同年 11 月 1 日施行的《刑法修正案（九）》第 42 条对本条第 3 款作了修正。《刑法修正案（八）》第 48 条为：

【协助组织卖淫罪】为组织卖淫的人招募、运送人员或者有其他协助组织他人卖淫行为的，处五年以下有期徒刑，并处罚金；情节严重的，处五年以上十年以下有期徒刑，并处罚金。

【罪名渊源】本条第 1 款的组织卖淫罪 79 刑法没有规定，系由全国人大常委会《关于严禁卖淫嫖娼的决定》第 1 条第 1 款及第 2 条归并而来。刑法将决定的限额罚金刑修改为无限额罚金刑，并调整了法定刑。高法《罪名规定》、高检《罪名意见》将其解释为组织卖淫罪。本条第 1 款的强迫卖淫罪系沿袭 79 刑法第 140 条的强迫妇女卖淫罪，全国人大常委会《关于严禁卖淫嫖娼的决定》第 2 条将犯罪对象由"妇女"修改为"他人"，量刑幅度由一个增至三个，增加罚金和无期徒刑，罪名修改为"强迫他人卖淫罪"。刑法对 79 刑法的规定作了修改并吸纳该决定的内容，高法《罪名规定》、高检《罪名意见》将第 2 款解释为强迫卖淫罪。本条的协助组织卖淫罪系沿袭全国人大常委会《关于严禁卖淫嫖娼的决定》第 1 条内容，刑法将法定最高刑由 15 年调整为 10 年，删除了没收财产刑种。高法《罪名规定》，高检《罪名意见》将其解释为协助组织卖淫罪。《刑法修正案（八）》第 48 条对第 3 款作了修改，增列"为组织卖淫的人招募、运送人员"两种协助行为。《刑法修正案（九）》第 42 条对本条作了修正。一是将第 1 款第二档法定刑由列举式改为"情节严重"；二是将第 1 款第 2 项"强迫不满十四岁的幼女卖淫的"修改后单列出来作为第 2 款；三是删除原第 2 款，即"有前款所列情形之一，情节特别严重的，处无期徒刑或者死刑，并处没收财产"，废止了第 1 款两罪的死刑；四是增设第 3 款内容。

【立案标准】

358.1 最高人民检察院、公安部关于公安机关管辖的刑事案件立案追诉标准的规定（一）的补充规定（2017 年 4 月 27 日　公通字〔2017〕12 号）（节录）

十二、将《立案追诉标准（一）》第七十七条修改为：［协助组织卖淫案（刑法第三百五十八条第四款）］在组织卖淫的犯罪活动中，帮助招募、运送、培训人员三人以上，或者充当保镖、打手、管账人等，起帮助作用的，应予立案追诉。

【罪刑标准】

358.2 最高人民法院、最高人民检察院关于办理组织、强迫、引诱、容留、介绍卖淫刑事案件适用法律若干问题的解释（2017 年 7 月 25 日　法释〔2017〕13 号）（节录）

第一条　以招募、雇佣、纠集等手段，管理或者控制他人卖淫，卖淫人员在三人以上的，应当认定为刑法第三百五十八条规定的"组织他人卖淫"。

组织卖淫者是否设置固定的卖淫场所、组织卖淫者人数多少、规模大小，不影响组织卖淫行为的认定。

第二条　组织他人卖淫，具有下列情形之一的，应当认定为刑法第三百五十八条第一款规定的"情节严重"：

（一）卖淫人员累计达十人以上的；

（二）卖淫人员中未成年人、孕妇、智障人员、患有严重性病的人累计达五人以上的；

（三）组织境外人员在境内卖淫或者组织境内人员出境卖淫的；

（四）非法获利人民币一百万元以上的；

（五）造成被组织卖淫的人自残、自杀或者其他严重后果的；

（六）其他情节严重的情形。

第三条　在组织卖淫犯罪活动中，对被组织卖淫的人有引诱、容留、介绍卖淫行为的，依照处罚较重的规定定罪处罚。但是，对被组织卖淫的人以外的其他人有引诱、容留、介绍卖淫行为的，应当分别定罪，实行数罪并罚。

第四条　明知他人实施组织卖淫犯罪活动而为其招募、运送人员或者充当保镖、打手、管账人等的，依照刑法第三百五十八条第四款的规定，以协助组织卖淫罪定罪处罚，不以组织卖淫罪的从犯论处。

在具有营业执照的会所、洗浴中心等经营场所担任保洁员、收银员、保安员等，从事一般服务性、劳务性工作，仅领取正常薪酬，且无前款所列协助组织卖淫行为的，不认定为协助组织卖淫罪。

第五条　协助组织他人卖淫，具有下列情形之一的，应当认定为刑法第三百五十八条第四款规定的"情节严重"：

（一）招募、运送卖淫人员累计达十人以上的；

（二）招募、运送的卖淫人员中未成年人、孕妇、智障人员、患有严重性病的人累计达五人以上的；

（三）协助组织境外人员在境内卖淫或者协助组织境内人员出境卖淫的；

（四）非法获利人民币五十万元以上的；

（五）造成被招募、运送或者被组织卖淫的人自残、自杀或者其他严重后果的；

（六）其他情节严重的情形。

第六条　强迫他人卖淫，具有下列情形之一的，应当认定为刑法第三百五十八条第一款规定的"情节严重"：

（一）卖淫人员累计达五人以上的；

（二）卖淫人员中未成年人、孕妇、智障人员、患有严重性病的人累计达三人以上的；

（三）强迫不满十四周岁的幼女卖淫的；

（四）造成被强迫卖淫的人自残、自杀或者其他严重后果的；

（五）其他情节严重的情形。

行为人既有组织卖淫犯罪行为，又有强迫卖淫犯罪行为，且具有下列情形之一的，以组织、强迫卖淫"情节严重"论处：

（一）组织卖淫、强迫卖淫行为中具有本解释第二条、本条前款规定的"情节严重"情形之一的；

（二）卖淫人员累计达到本解释第二条第一、二项规定的组织卖淫"情节严重"人数标准的；

（三）非法获利数额相加达到本解释第二条第四项规定的组织卖淫"情节严重"数额标准的。

第七条 根据刑法第三百五十八条第三款的规定，犯组织、强迫卖淫罪，并有杀害、伤害、强奸、绑架等犯罪行为的，依照数罪并罚的规定处罚。协助组织卖淫行为人参与实施上述行为的，以共同犯罪论处。

根据刑法第三百五十八条第二款的规定，组织、强迫未成年人卖淫的，应当从重处罚。

第十条 组织、强迫、引诱、容留、介绍他人卖淫的次数，作为酌定情节在量刑时考虑。

第十三条 犯组织、强迫、引诱、容留、介绍卖淫罪的，应当依法判处犯罪所得二倍以上的罚金。共同犯罪的，对各共同犯罪人合计判处的罚金应当在犯罪所得的二倍以上。

对犯组织、强迫卖淫罪被判处无期徒刑的，应当并处没收财产。

【司法文件】

358.3 最高人民法院、最高人民检察院、公安部、司法部关于依法惩治拐卖妇女儿童犯罪的意见（2010年3月15日 法发〔2010〕7号）（节录）

五、定性

18.（第二款）有关场所的经营管理人员事前与拐卖妇女的犯罪人通谋的，对该经营管理人员以拐卖妇女罪的共犯论处；同时构成拐卖妇女罪和组织卖淫罪的，择一重罪论处。

20.（第一款）明知是被拐卖的妇女、儿童而收买，具有下列情形之一的，以收买被拐卖的妇女、儿童罪论处；同时构成其他犯罪的，依照数罪并罚的规定处罚：

（5）组织、诱骗、强迫被收买的妇女、儿童从事乞讨、苦役，或者盗窃、传销、卖淫等违法犯罪活动的；

358.4 最高人民法院、最高人民检察院、公安部、司法部关于依法惩治性侵害未成年人犯罪的意见（2013年10月23日 法发〔2013〕12号）（节录）

1. 本意见所称性侵害未成年人犯罪，包括刑法第二百三十六条、第二百三十七条、第三百五十八条、第三百五十九条、第三百六十条第二款规定的针对未成年人实施的强奸罪，强制猥亵、侮辱妇女罪，猥亵儿童罪，组织卖淫罪，强迫卖淫罪，引诱、容留、介绍卖淫罪，引诱幼女卖淫罪，嫖宿幼女罪[①]等。

19. 知道或者应当知道对方是不满十四周岁的幼女，而实施奸淫等性侵害行为的，应当认定行为人"明知"对方是幼女。

对于不满十二周岁的被害人实施奸淫等性侵害行为的，应当认定行为人"明知"对方是幼女。

对于已满十二周岁不满十四周岁的被害人，从其身体发育状况、言谈举止、衣着特征、生活作息规律等观察可能是幼女，而实施奸淫等性侵害行为的，应当认定行为人"明知"对方是幼女。

26. 组织、强迫、引诱、容留、介绍未成年人卖淫构成犯罪的，应当从重处罚。强迫幼女卖淫、引诱幼女卖淫的，应当分别按照刑法第三百五十八条第一款第（二）项、第三百五十九条第二款的规定定罪处罚。

对未成年人负有特殊职责的人员、与未成年人有共同家庭生活关系的人员、国家工作人员，实施组织、强迫、引诱、容留、介绍未成年人卖淫等性侵害犯罪的，更要依法从严惩处。

---

① 该罪名现已取消。——编者注

> 【说明】性侵害未成年人犯罪案件的基本要求、办理程序等内容，参见 236.5 本意见。

358.5 参见 237.5 最高人民法院、最高人民检察院、公安部、司法部关于办理性侵害未成年人刑事案件的意见（2023 年 6 月 1 日）

【法律法规】

358.6 娱乐场所管理条例（2006 年 3 月 1 日　2020 年修订）（第 13—14 条、第 54 条第 1 款）

第三百五十九条【引诱、容留、介绍卖淫罪】 引诱、容留、介绍他人卖淫的，处五年以下有期徒刑、拘役或者管制，并处罚金；情节严重的，处五年以上有期徒刑，并处罚金。

【引诱幼女卖淫罪】 引诱不满十四周岁的幼女卖淫的，处五年以上有期徒刑，并处罚金。

【罪名渊源】本条第 1 款源自 79 刑法第 169 条引诱、容留妇女卖淫罪，全国人大常委会《关于严禁卖淫嫖娼的决定》第 3 条第 1 款删除原罪状中"以营利为目的"的主观要件，将犯罪对象由"妇女"修改为"他人"，增加"介绍他人卖淫"的行为方式，刑法将决定的限额罚金刑修改为无限额罚金刑，增加管制刑种。高法《罪名规定》、高检《罪名意见》将其解释为引诱、容留、介绍卖淫罪。第 2 款 79 刑法没有规定，系沿袭全国人大常委会《关于严禁卖淫嫖娼的决定》第 3 条第 2 款内容，刑法修改该决定中依照强迫幼女卖淫罪处罚的规定，增设独立的法定刑。高法《罪名规定》、高检《罪名意见》将其解释为引诱幼女卖淫罪。

【立案标准】

359.1 最高人民检察院、公安部关于公安机关管辖的刑事案件立案追诉标准的规定（一）（2008 年 6 月 25 日　公通字〔2008〕36 号）（节录）

第七十八条　［引诱、容留、介绍卖淫案（刑法第三百五十九条第一款）］引诱、容留、介绍他人卖淫，涉嫌下列情形之一的，应予立案追诉：

（一）引诱、容留、介绍二人次以上卖淫的；

（二）引诱、容留、介绍已满十四周岁未满十八周岁的未成年人卖淫的；

（三）被引诱、容留、介绍卖淫的人患有艾滋病或者患有梅毒、淋病等严重性病的；

（四）其他引诱、容留、介绍卖淫应予追究刑事责任的情形。

第七十九条　［引诱幼女卖淫案（刑法第三百五十九条第二款）］引诱不满十四周岁的幼女卖淫的，应予立案追诉。

【罪刑标准】

359.2 最高人民法院、最高人民检察院关于办理组织、强迫、引诱、容留、介绍卖淫刑事案件适用法律若干问题的解释（2017 年 7 月 25 日　法释〔2017〕13 号）（节录）

第三条　在组织卖淫犯罪活动中，对被组织卖淫的人有引诱、容留、介绍卖淫行为的，依照处罚较重的规定定罪处罚。但是，对被组织卖淫的人以外的其他人有引诱、容留、介绍卖淫行为的，应当分别定罪，实行数罪并罚。

第八条　引诱、容留、介绍他人卖淫，具有下列情形之一的，应当依照刑法第三百五十九条第一款的规定定罪处罚：

（一）引诱他人卖淫的；

（二）容留、介绍二人以上卖淫的；

（三）容留、介绍未成年人、孕妇、智障人员、患有严重性病的人卖淫的；

（四）一年内曾因引诱、容留、介绍卖淫行为被行政处罚，又实施容留、介绍卖淫行为的；

（五）非法获利人民币一万元以上的。

利用信息网络发布招嫖违法信息，情节严重的，依照刑法第二百八十七条之一的规定，以非法利用信息网络罪定罪处罚。同时构成介绍卖淫罪的，依照处罚较重的规定定罪处罚。

引诱、容留、介绍他人卖淫是否以营利为目的，不影响犯罪的成立。

引诱不满十四周岁的幼女卖淫的，依照刑法第三百五十九条第二款的规定，以引诱幼女卖淫罪定罪处罚。

被引诱卖淫的人员中既有不满十四周岁的幼女，又有其他人员的，分别以引诱幼女卖淫罪和引诱卖淫罪定罪，实行并罚。

第九条 引诱、容留、介绍他人卖淫，具有下列情形之一的，应当认定为刑法第三百五十九条第一款规定的"情节严重"：

（一）引诱五人以上或者引诱、容留、介绍十人以上卖淫的；

（二）引诱三人以上的未成年人、孕妇、智障人员、患有严重性病的人卖淫，或者引诱、容留、介绍五人以上该类人员卖淫的；

（三）非法获利人民币五万元以上的；

（四）其他情节严重的情形。

第十条 组织、强迫、引诱、容留、介绍他人卖淫的次数，作为酌定情节在量刑时考虑。

【司法文件】

359.3 参见 358.4 最高人民法院、最高人民检察院、公安部、司法部关于依法惩治性侵害未成年人犯罪的意见（2013 年 10 月 23 日 法发〔2013〕12 号）

359.4 最高人民法院关于常见犯罪的量刑指导意见（二）（试行）（2017 年 5 月 1 日 法〔2017〕74 号）（节录）

一、八种常见犯罪的量刑

（八）引诱、容留、介绍卖淫罪

1. 构成引诱、容留、介绍卖淫罪的，可以根据下列不同情形在相应的幅度内确定量刑起点：

（1）情节一般，可以在二年以下有期徒刑、拘役幅度内确定量刑起点。

（2）情节严重的，可以在五年至七年有期徒刑幅度内确定量刑起点。

2. 在量刑起点基础上，可以根据引诱、容留、介绍卖淫的人数、次数等其他影响犯罪构成的犯罪事实增加刑罚量，确定基准刑。

3. 旅馆业、饮食服务业、文化娱乐业、出租汽车业等单位的主要负责人，利用本单位的条件，引诱、容留、介绍他人卖淫的，可以增加基准刑的 10%—20%。

二、附则

1. 本指导意见规范上列八种犯罪判处有期徒刑、拘役的案件。

2. 各高级人民法院应当结合当地实际制定实施细则。

359.5 参见 237.5 最高人民法院、最高人民检察院、公安部、司法部关于办理性侵害未成年人刑事案件的意见（2023 年 6 月 1 日）

第三百六十条【传播性病罪】 明知自己患有梅毒、淋病等严重性病卖淫、嫖娼的，处五年以下有期徒刑、拘役或者管制，并处罚金。

【刑法修正说明】
本条原第 2 款为全国人大常委会 2015 年 8 月 29 日通过并公布、同年 11 月 1 日施行的《刑法修正案（九）》第 43 条所删除。原该款为：
【嫖宿幼女罪】 嫖宿不满十四周岁的幼女的，处五年以上有期徒刑，并处罚金。

【罪名渊源】 本条原为两款，均系沿袭全国人大常委会《关于严禁卖淫嫖娼的决定》第 5 条内容，79 刑法未作规定。刑法将该决定第 5 条第 1 款的罚金刑由限额制改为无限额制，并对第 2 款依照强奸罪处罚作了修改，规定了独立的法定刑。高法《罪名规定》、高检《罪名意见》将本条两款分别解释为传播性病罪、嫖宿幼女罪。《刑法修正案（九）》第 43 条删除第 2 款。据此，"两高"《罪名补充规定（六）》取消嫖宿幼女罪罪名。

【立案标准】

360.1 最高人民检察院、公安部关于公安机关管辖的刑事案件立案追诉标准的规定（一）（2008 年 6 月 25 日　公通字〔2008〕36 号）（节录）

第八十条　[传播性病案（刑法第三百六十条第一款）]明知自己患有梅毒、淋病等严重性病卖淫、嫖娼的，应予立案追诉。

具有下列情形之一的，可以认定为本条规定的"明知"：

（一）有证据证明曾到医疗机构就医，被诊断为患有严重性病的；

（二）根据本人的知识和经验，能够知道自己患有严重性病的；

（三）通过其他方法能够证明是"明知"的。

> **【说明】** 本规定第 81 条嫖宿幼女案的立案追诉标准被最高人民检察院、公安部《关于公安机关管辖的刑事案件立案追诉标准的规定（一）的补充规定》（公通字〔2017〕12 号）第 13 条所删除。

【司法解释】

360.2 最高人民法院、最高人民检察院关于办理组织、强迫、引诱、容留、介绍卖淫刑事案件适用法律若干问题的解释（2017 年 7 月 25 日　法释〔2017〕13 号）（节录）

第十一条　具有下列情形之一的，应当认定为刑法第三百六十条规定的"明知"：

（一）有证据证明曾到医院或者其他医疗机构就医或者检查，被诊断为患有严重性病的；

（二）根据本人的知识和经验，能够知道自己患有严重性病的；

（三）通过其他方法能够证明行为人是"明知"的。

传播性病行为是否实际造成他人患上严重性病的后果，不影响本罪的成立。

刑法第三百六十条规定所称的"严重性病"，包括梅毒、淋病等。其它性病是否认定为"严重性病"，应当根据《中华人民共和国传染病防治法》《性病防治管理办法》的规定，在国家卫生与计划生育委员会规定实行性病监测的性病范围内，依照其危害、特点与梅毒、淋病相当的原则，从严掌握。

第十二条（第一款）　明知自己患有艾滋病或者感染艾滋病病毒而卖淫、嫖娼的，依照刑法第三百六十条的规定，以传播性病罪定罪，从重处罚。

【司法意见】

360.3 参见 358.4 最高人民法院、最高人民检察院、公安部、司法部关于依法惩治性侵害未成年人犯罪的意见（2013 年 10 月 23 日　法发〔2013〕12 号）

第三百六十一条【特定单位人员组织、强迫、引诱、容留、介绍他人卖淫的处罚】 旅馆业、饮食服务业、文化娱乐业、出租汽车业等单位的人员，利用本单位的条件，组织、强迫、引诱、容留、介绍他人卖淫的，依照本法第三百五十八条、第三百五十九条的规定定罪处罚。

前款所列单位的主要负责人，犯前款罪的，从重处罚。

第三百六十二条【包庇罪】 旅馆业、饮食服务业、文化娱乐业、出租汽车业等单位的人员，在公安机关查处卖淫、嫖娼活动时，为违法犯罪分子通风报信，情节严重的，依照本法第三百一十条的规定定罪处罚。

【罪刑标准】

362.1 最高人民法院、最高人民检察院关于办理组织、强迫、引诱、容留、介绍卖淫刑事案件适用法律若干问题的解释（2017 年 7 月 25 日　法释〔2017〕13 号）（节录）

第十四条　根据刑法第三百六十二条、第三百一十条的规定，旅馆业、饮食服务业、文化娱乐业、出租汽车业等单位的人员，在公安机关查处卖淫、嫖娼活动时，为违法犯罪分子通风报信，情节严重的，以包庇罪定罪处罚。事前与犯罪分子通谋的，以共同犯罪论处。

具有下列情形之一的，应当认定为刑法第三百六十二条规定的"情节严重"：

（一）向组织、强迫卖淫犯罪集团通风报信的；

（二）二年内通风报信三次以上的；

（三）一年内因通风报信被行政处罚，又实施通风报信行为的；

（四）致使犯罪集团的首要分子或者其他共同犯罪的主犯未能及时归案的；

（五）造成卖淫嫖娼人员逃跑，致使公安机关查处犯罪行为因取证困难而撤销刑事案件的；

（六）非法获利人民币一万元以上的；

（七）其他情节严重的情形。

第九节　制作、贩卖、传播淫秽物品罪

【司法文件】

【注1】最高人民法院、最高人民检察院、公安部、司法部、新闻出版署关于公安部光盘生产源鉴定中心行使行政、司法鉴定权有关问题的通知（2000年3月9日　公通字〔2000〕21号）

各省、自治区、直辖市高级人民法院，人民检察院，公安厅、局，司法厅、局，新闻出版局及有关音像行政管理部门；解放军军事法院、军事检察院，新疆生产建设兵团公安局：

为适应"扫黄""打非"、保护知识产权工作的需要，解决目前各地办案过程中遇到的光盘生产源无法识别的问题，经中央机构编制委员会办公室批准，公安部组建了光盘生产源鉴定中心（设在广东省深圳市，以下简称鉴定中心）。目前，鉴定中心的各项筹备工作已完毕，所开发研制的光盘生产源识别方法已通过了由最高人民法院、最高人民检察院、公安部、司法部和国家新闻出版署派员组成的专家委员会的评审鉴定，具备了行政、司法鉴定能力。现将有关问题通知如下：

一、鉴定范围和内容

鉴定中心负责对各地人民法院、人民检察院、公安机关、司法行政机关、新闻出版行政机关、音像行政管理部门和其他行政执法机关在办理制黄贩黄、侵权盗版案件中所查获的光盘及母盘进行鉴定，确定送检光盘及母盘的生产企业。

企事业单位因业务工作需要，提出鉴定申请的，鉴定中心也可以进行上述鉴定。

二、鉴定程序

办案单位认为需要进行行政、司法鉴定的，应持有本单位所在地县级以上人民法院、人民检察院、公安机关、司法行政机关或其他行政执法机关出具的公函；新闻出版行政机关、音像行政管理部门办案需要鉴定的，由当地省级以上新闻出版机关、音像行政管理部门出具委托鉴定公函。企事业单位需要鉴定的，由本单位向鉴定中心出具委托鉴定公函。鉴定中心在接受鉴定委托后，应立即组织2名以上专业技术人员进行鉴定，在30天以内出具《中华人民共和国公安部光盘生产源鉴定书》（见附件），并报公安部治安管理局备案。

委托鉴定可通过寄递方式提出。

三、鉴定费用

鉴定中心接受人民法院、人民检察院、公安机关、司法行政机关、新闻出版行政机关、音像行政管理部门或其他行政执法机关委托鉴定的，不收取鉴定费用。

鉴定中心接受企事业单位委托鉴定的，按照国家有关规定收取鉴定费用。

四、鉴定的法律效力

鉴定中心出具的鉴定书可以作为定案依据。

【注2】最高人民法院、最高人民检察院、公安部关于依法开展打击淫秽色情网站专项行动有关工作的通知（2004年7月16日　公通字〔2004〕53号）（节录）

二、充分运用法律武器，突出打击重点

各级公安机关、人民检察院、人民法院要准确把握此类违法犯罪活动的特点，充分发挥各自的职能作用，依法严厉打击利用淫秽色情网站进行违法犯罪活动的不法分子。要通过专项行动破获一批以互联网为媒介，制作、贩卖、传播淫秽物品和组织卖淫嫖娼的案件，打掉一批犯罪团伙，严惩一批经营淫秽色情网站和利用互联网从事非法活动的违法犯罪分子和经营单位。

在专项行动中，要严格按照《刑法》、全国人民代表大会常务委员会《关于维护互联网安全的决定》和有关司法解释的规定，严格依法办案，正确把握罪与非罪的界限，保证办案质量。对于利用互联网从事犯罪活动的，应当根据其具体实施的行为，分别以制作、复制、出版、贩卖、传播淫秽物品牟利罪、传播淫秽物品罪、组织播放淫秽音像制品罪及刑法规定的其他有关罪名，依法追究刑事责任。对于违反国家规定，擅自设立互联网上网服务营业场所，或者擅自从事互联网上网服务经营活动，情节严重，构成犯罪的，以非法经营罪追究刑事责任。对于建立淫秽网站、网页，提供涉及未成年人淫秽信息、利用青少年教育网络从事淫秽色情活动以及顶风作案、罪行严重的犯罪分子，要坚决依法从重打击，严禁以罚代刑。要充分运用没收犯罪工具、追缴违法所得等措施，以及没收财产、罚金等财产刑，加大对犯罪分子的经济制裁力度，坚决铲除淫秽色情网站的生存基础，彻底剥夺犯罪分子非法获利和再次犯罪的资本。

要坚持惩办与宽大相结合的刑事政策，区别对待，审时度势，宽严相济，最大限度地分化瓦解犯罪分子；对于主动投案自首或者有检举、揭发淫秽色情违法犯罪活动等立功表现的，可依法从宽处罚。

第三百六十三条【制作、复制、出版、贩卖、传播淫秽物品牟利罪】 以牟利为目的，制作、复制、出版、贩卖、传播淫秽物品的，处三年以下有期徒刑、拘役或者管制，并处罚金；情节严重的，处三年以上十年以下有期徒刑，并处罚金；情节特别严重的，处十年以上有期徒刑或者无期徒刑，并处罚金或者没收财产。

【为他人提供书号出版淫秽书刊罪】 为他人提供书号，出版淫秽书刊的，处三年以下有期徒刑、拘役或者管制，并处或者单处罚金；明知他人用于出版淫秽书刊而提供书号的，依照前款的规定处罚。

【罪名渊源】 本条第1款源自79刑法第170条制作、贩卖淫书、淫画罪，全国人大常委会《关于惩治走私、制作、贩卖、传播淫秽物品的犯罪分子的决定》第2条增加"复制、出版、传播"的行为方式，犯罪对象由"淫书、淫画"改为"淫秽物品"，量刑幅度由一个增至三个，刑法基本予以沿用。第2款79刑法没有规定，系沿袭全国人大常委会《关于惩治走私、制作、贩卖、传播淫秽物品的犯罪分子的决定》第3条内容，刑法增加管制刑种。高法《罪名规定》、高检《罪名意见》将两款分别解释为制作、复制、出版、贩卖、传播淫秽物品牟利罪，为他人提供书号出版淫秽书刊罪。

【立案标准】

363.1 最高人民检察院、公安部关于公安机关管辖的刑事案件立案追诉标准的规定（一） （2008年6月25日　公通字〔2008〕36号）（节录）

第八十二条　〔制作、复制、出版、贩卖、传播淫秽物品牟利案（刑法第三百六十三条第一款、第二款）〕以牟利为目的，制作、复制、出版、贩卖、传播淫秽物品，涉嫌下列情形之一的，应予立案追诉：

（一）制作、复制、出版淫秽影碟、软件、录像带五十至一百张（盒）以上，淫秽音碟、录音带一百至二百张（盒）以上，淫秽扑克、书刊、画册一百至二百副（册）以上，淫秽照片、画片五百至一千张以上的；

（二）贩卖淫秽影碟、软件、录像带一百至二百张（盒）以上，淫秽音碟、录音带二百至四百张（盒）以上，淫秽扑克、书刊、画册二百至四百副（册）以上，淫秽照片、画片一千至二千张以上的；

（三）向他人传播淫秽物品达二百至五百人次以上，或者组织播放淫秽影、像达十至二十场次以上的；

（四）制作、复制、出版、贩卖、传播淫秽物品，获利五千至一万元以上的。

以牟利为目的，利用互联网、移动通讯终端制作、复制、出版、贩卖、传播淫秽电子信息，涉嫌下列情形之一的，应予立案追诉：

（一）制作、复制、出版、贩卖、传播淫秽电影、表演、动画等视频文件二十个以上的；

（二）制作、复制、出版、贩卖、传播淫秽音频文件一百个以上的；

（三）制作、复制、出版、贩卖、传播淫秽电子刊物、图片、文章、短信息等二百件以上的；

（四）制作、复制、出版、贩卖、传播的淫秽电子信息，实际被点击数达到一万次以上的；

（五）以会员制方式出版、贩卖、传播淫秽电子信息，注册会员达二百人以上的；

（六）利用淫秽电子信息收取广告费、会员注册费或者其他费用，违法所得一万元以上的；

（七）数量或者数额虽未达到本款第（一）项至第（六）项规定标准，但分别达到其中两项以上标准的百分之五十以上的；

（八）造成严重后果的。

利用聊天室、论坛、即时通信软件、电子邮件等方式，实施本条第二款规定行为的，应予立案追诉。

以牟利为目的，通过声讯台传播淫秽语音信息，涉嫌下列情形之一的，应予立案追诉：

（一）向一百人次以上传播的；

（二）违法所得一万元以上的；

（三）造成严重后果的。

明知他人用于出版淫秽书刊而提供书号、刊号的，应予立案追诉。

第八十三条 [为他人提供书号出版淫秽书刊案（刑法第三百六十三条第二款）] 为他人提供书号、刊号出版淫秽书刊，或者为他人提供版号出版淫秽音像制品的，应予立案追诉。

第一百条 本规定中的立案追诉标准，除法律、司法解释另有规定的以外，适用于相关的单位犯罪。

【罪刑标准】

363.2 最高人民法院关于审理非法出版物刑事案件具体应用法律若干问题的解释（1998 年 12 月 23 日 法释〔1998〕30 号）（节录）

第八条 以牟利为目的，实施刑法第三百六十三条第一款规定的行为，具有下列情形之一的，以制作、复制、出版、贩卖、传播淫秽物品牟利罪定罪处罚：

（一）制作、复制、出版淫秽影碟、软件、录像带五十至一百张（盒）以上，淫秽音碟、录音带一百至二百张（盒）以上，淫秽扑克、书刊、画册一百至二百副（册）以上，淫秽照片、画片五百至一千张以上的；

（二）贩卖淫秽影碟、软件、录像带一百至二百张（盒）以上，淫秽音碟、录音带二百至四百张（盒）以上，淫秽扑克、书刊、画册二百至四百副（册）以上，淫秽照片、画片一千至二千张以上的；

（三）向他人传播淫秽物品达二百至五百人次以上，或者组织播放淫秽影、像达十至二十场次以上；

（四）制作、复制、出版、贩卖、传播淫秽物品，获利五千至一万元以上的。

以牟利为目的，实施刑法第三百六十三条第一款规定的行为，具有下列情形之一的，应当认定为制作、复制、出版、贩卖、传播淫秽物品牟利罪"情节严重"：

（一）制作、复制、出版淫秽影碟、软件、录像带二百五十至五百张（盒）以上，淫秽音碟、录音带五百至一千张（盒）以上，淫秽扑克、书刊、画册五百至一千副（册）以上，淫秽照片、画片二千五百至五千张以上的；

（二）贩卖淫秽影碟、软件、录像带五百至一千张（盒）以上，淫秽音碟、录音带一千至二千张（盒）以上，淫秽扑克、书刊、画册一千至二千副（册）以上，淫秽照片、画片五千至一万张以上的；

（三）向他人传播淫秽物品达一千至二千人次以上，或者组织播放淫秽影、像达五十至一百场次以上的；

（四）制作、复制、出版、贩卖、传播淫秽物品，获利三万至五万元以上的。

以牟利为目的，实施刑法第三百六十三条第一款规定的行为，其数量（数额）达到前款规定的数量（数额）五倍以上的，应当认定为制作、复制、出版、贩卖、传播淫秽物品牟利罪"情节特别严重"。

第九条　为他人提供书号、刊号，出版淫秽书刊的，依照刑法第三百六十三条第二款的规定，以为他人提供书号出版淫秽书刊罪定罪处罚。

为他人提供版号，出版淫秽音像制品的，依照前款规定定罪处罚。

明知他人用于出版淫秽书刊而提供书号、刊号的，依照刑法第三百六十三条第一款的规定，以出版淫秽物品牟利罪定罪处罚。

第十六条　出版单位与他人事前通谋，向其出售、出租或者以其他形式转让该出版单位的名称、书号、刊号、版号，他人实施本解释第二条、第四条、第八条、第九条、第十条、第十一条规定的行为，构成犯罪的，对该出版单位应当以共犯论处。

第十八条　各省、自治区、直辖市高级人民法院可以根据本地的情况和社会治安状况，在本解释第八条、第十条、第十二条、第十三条规定的有关数额、数量标准的幅度内，确定本地执行的具体标准，并报最高人民法院备案。

363.3 最高人民法院、最高人民检察院关于办理利用互联网、移动通讯终端、声讯台制作、复制、出版、贩卖、传播淫秽电子信息刑事案件具体应用法律若干问题的解释（2004 年 9 月 6 日法释〔2004〕11 号）（节录）

第一条　以牟利为目的，利用互联网、移动通讯终端制作、复制、出版、贩卖、传播淫秽电子信息，具有下列情形之一的，依照刑法第三百六十三条第一款的规定，以制作、复制、出版、贩卖、传播淫秽物品牟利罪定罪处罚。

（一）制作、复制、出版、贩卖、传播淫秽电影、表演、动画等视频文件二十个以上的；

（二）制作、复制、出版、贩卖、传播淫秽音频文件一百个以上的；

（三）制作、复制、出版、贩卖、传播淫秽电子刊物、图片、文章、短信息等二百件以上的；

（四）制作、复制、出版、传播的淫秽电子信息，实际被点击数达到一万次以上的；

（五）以会员制方式出版、贩卖、传播淫秽电子信息，注册会员达二百人以上的；

（六）利用淫秽电子信息收取广告费、会员注册费或者其他费用，违法所得一万元以上的；

（七）数量或者数额虽未达到第（一）项至第（六）项规定标准，但分别达到其中两项以上标准一半以上的；

（八）造成严重后果的。

利用聊天室、论坛、即时通信软件、电子邮件等方式，实施第一款规定行为的，依照刑法第三百六十三条第一款的规定，以制作、复制、出版、贩卖、传播淫秽物品牟利罪定罪处罚。

第二条　实施第一条规定的行为，数量或者数额达到第一条第一款第（一）项至第（六）项规定标准五倍以上的，应当认定为刑法第三百六十三条第一款规定的"情节严重"；达到规定标准二十五倍以上的，应当认定为"情节特别严重"。

第四条　明知是淫秽电子信息而在自己所有、管理或者使用的网站或者网页上提供直接链接的，其数量标准根据所链接的淫秽电子信息的种类计算。

第五条　以牟利为目的，通过声讯台传播淫秽语音信息，具有下列情形之一的，依照刑法第三百六十三条第一款的规定，对直接负责的主管人员和其他直接责任人员以传播淫秽物品牟利罪定罪处罚：

（一）向一百人次以上传播的；

（二）违法所得一万元以上的；

（三）造成严重后果的。

实施前款规定行为，数量或者数额达到前款第（一）项至第（二）项规定标准五倍以上的，应当认定为刑法第三百六十三条第一款规定的"情节严重"；达到规定标准二十五倍以上的，应当认定为"情节特别严重"。

第六条 实施本解释前五条规定的犯罪，具有下列情形之一的，依照刑法第三百六十三条第一款、第三百六十四条第一款的规定从重处罚：

（一）制作、复制、出版、贩卖、传播具体描绘不满十八周岁未成年人性行为的淫秽电子信息的；

（二）明知是具体描绘不满十八周岁的未成年人性行为的淫秽电子信息而在自己所有、管理或者使用的网站或者网页上提供直接链接的；

（三）向不满十八周岁的未成年人贩卖、传播淫秽电子信息和语音信息的；

（四）通过使用破坏性程序、恶意代码修改用户计算机设置等方法，强制用户访问、下载淫秽电子信息的。

第七条 明知他人实施制作、复制、出版、贩卖、传播淫秽电子信息犯罪，为其提供互联网接入、服务器托管、网络存储空间、通讯传输通道、费用结算等帮助的，对直接负责的主管人员和其他直接责任人员，以共同犯罪论处。

第八条 利用互联网、移动通讯终端、声讯台贩卖、传播淫秽书刊、影片、录像带、录音带等以实物为载体的淫秽物品的，依照《最高人民法院关于审理非法出版物刑事案件具体应用法律若干问题的解释》的有关规定定罪处罚。

363.4 最高人民法院、最高人民检察院关于办理利用互联网、移动通讯终端、声讯台制作、复制、出版、贩卖、传播淫秽电子信息刑事案件具体应用法律若干问题的解释（二）（2010年2月4日 法释〔2010〕3号）（节录）

第一条 以牟利为目的，利用互联网、移动通讯终端制作、复制、出版、贩卖、传播淫秽电子信息的，依照《最高人民法院、最高人民检察院关于办理利用互联网、移动通讯终端、声讯台制作、复制、出版、贩卖、传播淫秽电子信息刑事案件具体应用法律若干问题的解释》第一条、第二条的规定定罪处罚。

以牟利为目的，利用互联网、移动通讯终端制作、复制、出版、贩卖、传播内容含有不满十四周岁未成年人的淫秽电子信息，具有下列情形之一的，依照刑法第三百六十三条第一款的规定，以制作、复制、出版、贩卖、传播淫秽物品牟利罪定罪处罚：

（一）制作、复制、出版、贩卖、传播淫秽电影、表演、动画等视频文件十个以上的；

（二）制作、复制、出版、贩卖、传播淫秽音频文件五十个以上的；

（三）制作、复制、出版、贩卖、传播淫秽电子刊物、图片、文章等一百件以上的；

（四）制作、复制、出版、贩卖、传播的淫秽电子信息，实际被点击数达到五千次以上的；

（五）以会员制方式出版、贩卖、传播淫秽电子信息，注册会员达一百人以上的；

（六）利用淫秽电子信息收取广告费、会员注册费或者其他费用，违法所得五千元以上的；

（七）数量或者数额虽未达到第（一）项至第（六）项规定标准，但分别达到其中两项以上标准一半以上的；

（八）造成严重后果的。

实施第二款规定的行为，数量或者数额达到第二款第（一）项至第（七）项规定标准五倍以上的，应当认定为刑法第三百六十三条第一款规定的"情节严重"；达到规定标准二十五倍以上的，应当认定为"情节特别严重"。

第四条 以牟利为目的，网站建立者、直接负责的管理者明知他人制作、复制、出版、贩卖、传播的是淫秽电子信息，允许或者放任他人在自己所有、管理的网站或者网页上发布，具有下列情形之一的，依照刑法第三百六十三条第一款的规定，以传播淫秽物品牟利罪定罪处罚：

（一）数量或者数额达到第一条第二款第（一）项至第（六）项规定标准五倍以上的；

（二）数量或者数额分别达到第一条第二款第（一）项至第（六）项两项以上标准二倍以上的；

（三）造成严重后果的。

实施前款规定的行为，数量或者数额达到第一条第二款第（一）项至第（七）项规定标准二十五倍以上的，应当认定为刑法第三百六十三条第一款规定的"情节严重"；达到规定标准一百倍以上的，应当认定为"情节特别严重"。

第六条　电信业务经营者、互联网信息服务提供者明知是淫秽网站，为其提供互联网接入、服务器托管、网络存储空间、通讯传输通道、代收费等服务，并收取服务费，具有下列情形之一的，对直接负责的主管人员和其他直接责任人员，依照刑法第三百六十三条第一款的规定，以传播淫秽物品牟利罪定罪处罚：

（一）为五个以上淫秽网站提供上述服务的；

（二）为淫秽网站提供互联网接入、服务器托管、网络存储空间、通讯传输通道等服务，收取服务费数额在二万元以上的；

（三）为淫秽网站提供代收费服务，收取服务费数额在五万元以上的；

（四）造成严重后果的。

实施前款规定的行为，数量或者数额达到前款第（一）项至第（三）项规定标准五倍以上的，应当认定为刑法第三百六十三条第一款规定的"情节严重"；达到规定标准二十五倍以上的，应当认定为"情节特别严重"。

第七条　明知是淫秽网站，以牟利为目的，通过投放广告等方式向其直接或者间接提供资金，或者提供费用结算服务，具有下列情形之一的，对直接负责的主管人员和其他直接责任人员，依照刑法第三百六十三条第一款的规定，以制作、复制、出版、贩卖、传播淫秽物品牟利罪的共同犯罪处罚：

（一）向十个以上淫秽网站投放广告或者以其他方式提供资金的；

（二）向淫秽网站投放广告二十条以上的；

（三）向十个以上淫秽网站提供费用结算服务的；

（四）以投放广告或者其他方式向淫秽网站提供资金数额在五万元以上的；

（五）为淫秽网站提供费用结算服务，收取服务费数额在二万元以上的；

（六）造成严重后果的。

实施前款规定的行为，数量或者数额达到前款第（一）项至第（五）项规定标准五倍以上的，应当认定为刑法第三百六十三条第一款规定的"情节严重"；达到规定标准二十五倍以上的，应当认定为"情节特别严重"。

第八条　实施第四条至第七条规定的行为，具有下列情形之一的，应当认定行为人"明知"，但是有证据证明确实不知道的除外：

（一）行政主管机关书面告知后仍然实施上述行为的；

（二）接到举报后不履行法定管理职责的；

（三）为淫秽网站提供互联网接入、服务器托管、网络存储空间、通讯传输通道、代收费、费用结算等服务，收取服务费明显高于市场价格的；

（四）向淫秽网站投放广告，广告点击率明显异常的；

（五）其他能够认定行为人明知的情形。

第九条　一年内多次实施制作、复制、出版、贩卖、传播淫秽电子信息行为未经处理，数量或者数额累计计算构成犯罪的，应当依法定罪处罚。

第十条　单位实施制作、复制、出版、贩卖、传播淫秽电子信息犯罪的，依照《中华人民共和国刑法》、《最高人民法院、最高人民检察院关于办理利用互联网、移动通讯终端、声讯台制作、复制、出版、贩卖、传播淫秽电子信息刑事案件具体应用法律若干问题的解释》和本解释规定的相应个人犯罪的定罪量刑标准，对直接负责的主管人员和其他直接责任人员定罪处罚，并对单位判处罚金。

第十一条　对于以牟利为目的，实施制作、复制、出版、贩卖、传播淫秽电子信息犯罪的，人民法院应当综合考虑犯罪的违法所得、社会危害性等情节，依法判处罚金或者没收财产。罚金数额一般在违法所得的一倍以上五倍以下。

第十二条　《最高人民法院、最高人民检察院关于办理利用互联网、移动通讯终端、声讯台制作、复制、出版、贩卖、传播淫秽电子信息刑事案件具体应用法律若干问题的解释》和本解释所称网站，是指可以通过互联网域名、IP地址等方式访问的内容提供站点。

以制作、复制、出版、贩卖、传播淫秽电子信息为目的建立或者建立后主要从事制作、复制、出版、贩卖、传播淫秽电子信息活动的网站，为淫秽网站。

第十三条 以前发布的司法解释与本解释不一致的，以本解释为准。

363.5 最高人民法院、最高人民检察院关于利用网络云盘制作、复制、贩卖、传播淫秽电子信息牟利行为定罪量刑问题的批复（2017年12月1日 法释〔2017〕19号）

各省、自治区、直辖市高级人民法院、人民检察院，解放军军事法院、军事检察院，新疆维吾尔自治区高级人民法院生产建设兵团分院、新疆生产建设兵团人民检察院：

近来，部分高级人民法院、省级人民检察院就如何对利用网络云盘制作、复制、贩卖、传播淫秽电子信息牟利行为定罪量刑的问题提出请示。经研究，批复如下：

一、对于以牟利为目的，利用网络云盘制作、复制、贩卖、传播淫秽电子信息的行为，是否应当追究刑事责任，适用刑法和《最高人民法院、最高人民检察院关于办理利用互联网、移动通讯终端、声讯台制作、复制、出版、贩卖、传播淫秽电子信息刑事案件具体应用法律若干问题的解释》（法释〔2004〕11号）、《最高人民法院、最高人民检察院关于办理利用互联网、移动通讯终端、声讯台制作、复制、出版、贩卖、传播淫秽电子信息刑事案件具体应用法律若干问题的解释（二）》（法释〔2010〕3号）的有关规定。

二、对于以牟利为目的，利用网络云盘制作、复制、贩卖、传播淫秽电子信息的行为，在追究刑事责任时，鉴于网络云盘的特点，不应单纯考虑制作、复制、贩卖、传播淫秽电子信息的数量，还应充分考虑传播范围、违法所得、行为人一贯表现以及淫秽电子信息、传播对象是否涉及未成年人等情节，综合评估社会危害性，恰当裁量刑罚，确保罪责刑相适应。

【法律法规】

363.6 出版管理条例（2002年2月1日 2020年修订）（第25条第7项、第62条）

363.7 营业性演出管理条例（2005年9月1日 2016年修订）（第25条第6项、第46条）

363.8 娱乐场所管理条例（2006年3月1日 2020年修订）（第13—14条、第54条第1款）

第三百六十四条【传播淫秽物品罪】传播淫秽的书刊、影片、音像、图片或者其他淫秽物品，情节严重的，处二年以下有期徒刑、拘役或者管制。

【组织播放淫秽音像制品罪】组织播放淫秽的电影、录像等音像制品的，处三年以下有期徒刑、拘役或者管制，并处罚金；情节严重的，处三年以上十年以下有期徒刑，并处罚金。

制作、复制淫秽的电影、录像等音像制品组织播放的，依照第二款的规定从重处罚。

向不满十八周岁的未成年人传播淫秽物品的，从重处罚。

【罪名渊源】本条79刑法没有规定，系沿袭全国人大常委会《关于惩治走私、制作、贩卖、传播淫秽物品的犯罪分子的决定》第3条内容。刑法将该决定中的"录像带、录音带"合称为"音像"，增设了管制刑种；在第2款罪第一档刑中增加管制刑种，改"可以并处罚金"为"并处罚金"。高法《罪名规定》、高检《罪名意见》将本条前两款分别解释为传播淫秽物品罪、组织播放淫秽音像制品罪。

【立案标准】

364.1 最高人民检察院、公安部关于公安机关管辖的刑事案件立案追诉标准的规定（一）（2008年6月25日 公通字〔2008〕36号）（节录）

第八十四条 [传播淫秽物品案（刑法第三百六十四条第一款）]传播淫秽的书刊、影片、音像、图片或者其他淫秽物品，涉嫌下列情形之一的，应予立案追诉：

（一）向他人传播三百至六百人次以上的；

（二）造成恶劣社会影响的。

不以牟利为目的，利用互联网、移动通讯终端传播淫秽电子信息，涉嫌下列情形之一的，应予立案追诉：

（一）数量达到本规定第八十二条第二款第（一）项至第（五）项规定标准二倍以上的；

（二）数量分别达到本规定第八十二条第二款第（一）项至第（五）项两项以上标准的；

（三）造成严重后果的。

利用聊天室、论坛、即时通信软件、电子邮件等方式，实施本条第二款规定行为的，应予立案追诉。

第八十五条 ［组织播放淫秽音像制品案（刑法第三百六十四条第二款）］组织播放淫秽的电影、录像等音像制品，涉嫌下列情形之一的，应予立案追诉：

（一）组织播放十五至三十场次以上的；

（二）造成恶劣社会影响的。

第一百条 本规定中的立案追诉标准，除法律、司法解释另有规定的以外，适用于相关的单位犯罪。

【罪刑标准】

364.2 最高人民法院关于审理非法出版物刑事案件具体应用法律若干问题的解释（1998 年 12 月 23 日 法释〔1998〕30 号）（节录）

第十条 向他人传播淫秽的书刊、影片、音像、图片等出版物达三百至六百人次以上或者造成恶劣社会影响的，属于"情节严重"，依照刑法第三百六十四条第一款的规定，以传播淫秽物品罪定罪处罚。

组织播放淫秽的电影、录像等音像制品达十五至三十场次以上或者造成恶劣社会影响的，依照刑法第三百六十四条第二款的规定，以组织播放淫秽音像制品罪定罪处罚。

第十六条 出版单位与他人事前通谋，向其出售、出租或者以其他形式转让该出版单位的名称、书号、刊号、版号，他人实施本解释第二条、第四条、第八条、第九条、第十条、第十一条规定的行为，构成犯罪的，对该出版单位应当以共犯论处。

364.3 最高人民法院、最高人民检察院关于办理利用互联网、移动通讯终端、声讯台制作、复制、出版、贩卖、传播淫秽电子信息刑事案件具体应用法律若干问题的解释（2004 年 9 月 6 日 法释〔2004〕11 号）（节录）

第三条 不以牟利为目的，利用互联网或者转移通讯终端传播淫秽电子信息，具有下列情形之一的，依照刑法第三百六十四条第一款的规定，以传播淫秽物品罪定罪处罚：

（一）数量达到第一条第一款第（一）项至第（五）项规定标准二倍以上的；

（二）数量分别达到第一条第一款第（一）项至第（五）项两项以上标准的；

（三）造成严重后果的。

利用聊天室、论坛、即时通信软件、电子邮件等方式，实施第一款规定行为的，依照刑法第三百六十四条第一款的规定，以传播淫秽物品罪定罪处罚。

> 【说明】第 1 条第 1 款及直接链接的数量标准、从重处罚、共同犯罪，参见 363.3 本解释。

364.4 最高人民法院、最高人民检察院关于办理利用互联网、移动通讯终端、声讯台制作、复制、出版、贩卖、传播淫秽电子信息刑事案件具体应用法律若干问题的解释（二）（2010 年 2 月 4 日 法释〔2010〕3 号）（节录）

第二条 利用互联网、移动通讯终端传播淫秽电子信息的，依照《最高人民法院、最高人民检察院关于办理利用互联网、移动通讯终端、声讯台制作、复制、出版、贩卖、传播淫秽电子信息刑事案件具体应用法律若干问题的解释》第三条的规定定罪处罚。

利用互联网、移动通讯终端传播内容含有不满十四周岁未成年人的淫秽电子信息，具有下列情形之一的，依照刑法第三百六十四条第一款的规定，以传播淫秽物品罪定罪处罚：

（一）数量达到第一条第二款第（一）项至第（五）项规定标准二倍以上的；

（二）数量分别达到第一条第二款第（一）项至第（五）项两项以上标准的；

（三）造成严重后果的。

第三条　利用互联网建立主要用于传播淫秽电子信息的群组，成员达三十人以上或者造成严重后果的，对建立者、管理者和主要传播者，依照刑法第三百六十四条第一款的规定，以传播淫秽物品罪定罪处罚。

第五条　网站建立者、直接负责的管理者明知他人制作、复制、出版、贩卖、传播的是淫秽电子信息，允许或者放任他人在自己所有、管理的网站或者网页上发布，具有下列情形之一的，依照刑法第三百六十四条第一款的规定，以传播淫秽物品罪定罪处罚：

（一）数量达到第一条第二款第（一）项至第（五）项规定标准十倍以上的；

（二）数量分别达到第一条第二款第（一）项至第（五）项两项以上标准五倍以上的；

（三）造成严重后果的。

【说明】数量（额）累计计算、单位犯罪、财产刑适用等，参见 363.4 本解释第 9—12 条。

【部委规范】

364.5 公安部关于携带、藏匿淫秽 VCD 是否属于传播淫秽物品问题的批复（1998 年 11 月 9 日 公复字〔1998〕6 号）

江苏省公安厅：

你厅《关于携带、藏匿淫秽 VCD 是否属传播淫秽物品的请示》（苏公厅〔1998〕449 号）收悉。现批复如下：

1990 年 7 月 6 日最高人民法院、最高人民检察院《关于办理淫秽物品刑事案件具体应用法律的规定》，已于 1994 年 8 月 29 日被废止，不再执行。对于携带、藏匿淫秽 VCD 的行为，不能简单地视为"传播"，而应注意广泛搜集证据，根据主客观相统一的原则，来判断是否构成"传播"行为。如果行为人主观上没有"传播"故意，只是为了自己观看，不能认定为"传播淫秽物品"，但应当没收淫秽 VCD，并对当事人进行必要的法制教育。此外，还应注意扩大线索，挖掘来源，及时查获有关违法犯罪活动。

【法律法规】

364.6 全国人民代表大会常务委员会关于维护互联网安全的决定（2000 年 12 月 28 日 2009 年修正）（第 3 条第 5 项）

第三百六十五条【组织淫秽表演罪】组织进行淫秽表演的，处三年以下有期徒刑、拘役或者管制，并处罚金；情节严重的，处三年以上十年以下有期徒刑，并处罚金。

【罪名渊源】本条 79 刑法、单行刑法均未规定，系刑法增设。高法《罪名规定》、高检《罪名意见》将其解释为组织淫秽表演罪。

【立案标准】

365.1 最高人民检察院、公安部关于公安机关管辖的刑事案件立案追诉标准的规定（一）（2008 年 6 月 25 日 公通字〔2008〕36 号）（节录）

第八十六条　[组织淫秽表演案（刑法第三百六十五条）]以策划、招募、强迫、雇用、引诱、提供场地、提供资金等手段，组织进行淫秽表演，涉嫌下列情形之一的，应予立案追诉：

（一）组织表演者进行裸体表演的；

（二）组织表演者利用性器官进行诲淫性表演的；

（三）组织表演者半裸体或者变相裸体表演并通过语言、动作具体描绘性行为的；

（四）其他组织进行淫秽表演应予追究刑事责任的情形。

第一百条　本规定中的立案追诉标准，除法律、司法解释另有规定的以外，适用于相关的单位犯罪。

【司法解释】

365.2 参见 237.1 最高人民法院、最高人民检察院关于办理强奸、猥亵未成年人刑事案件适用法律若干问题的解释（2023 年 6 月 1 日　法释〔2023〕3 号）（第 9 条）

第三百六十六条【单位犯本节各罪的处罚】 单位犯本节第三百六十三条、第三百六十四条、第三百六十五条规定之罪的，对单位判处罚金，并对其直接负责的主管人员和其他直接责任人员，依照各该条的规定处罚。①

第三百六十七条【淫秽物品之界定】 本法所称淫秽物品，是指具体描绘性行为或者露骨宣扬色情的诲淫性的书刊、影片、录像带、录音带、图片及其他淫秽物品。

有关人体生理、医学知识的科学著作不是淫秽物品。

包含有色情内容的有艺术价值的文学、艺术作品不视为淫秽物品。

【司法解释】

367.1 最高人民法院、最高人民检察院关于办理利用互联网、移动通讯终端、声讯台制作、复制、出版、贩卖、传播淫秽电子信息刑事案件具体应用法律若干问题的解释（2004 年 9 月 6 日　法释〔2004〕11 号）（节录）

第九条　刑法第三百六十七条第一款规定的"其他淫秽物品"，包括具体描绘性行为或者露骨宣扬色情的诲淫性的视频文件、音频文件、电子刊物、图片、文章、短信息等互联网、移动通讯终端电子信息和声讯台语音信息。

有关人体生理、医学知识的电子信息和声讯台语音信息不是淫秽物品。包含色情内容的有艺术价值的电子文学、艺术作品不视为淫秽物品。

【部委规范】

367.2 关于认定淫秽及色情出版物的暂行规定（1988 年 12 月 27 日　〔88〕新出办字第 1512 号）（第 2—6 条）

367.3 关于部分应取缔出版物认定标准的暂行规定（1989 年 11 月 3 日）（第 1 条）

367.4 新闻出版署、公安部关于鉴定淫秽录像带、淫秽图片有关问题的通知（1993 年 1 月 19 日新出联〔1993〕第 1 号）（节录）

一、办理走私、制作、贩卖、传播淫秽物品案件中，对查获的录像带、图片、扑克、手抄本等，需审查认定是否为淫秽物品的，国内出版单位正式出版发行的录像带、图片等出版物由省级以上新闻出版管理部门、音像归口管理部门负责鉴定；其他由地、市以上公安机关治安部门负责鉴定。

淫秽录像带、淫秽图片的鉴定标准依照全国人大常委会《关于惩治走私、制作、贩卖、传播淫秽物品的犯罪分子的决定》、国务院《关于严禁淫秽物品的规定》和新闻出版署发布的《关于认定淫秽及色情出版物的暂行规定》（〔88〕新出办字第 1512 号）执行。

二、鉴定机关进行鉴定工作时，应当指定三名具有专业知识，熟悉鉴定标准，办事公正，坚持原则，作风正派的同志负责审查鉴定。其他人员一律不得参加。严禁借审查鉴定之机扩大观看范围。

三、审查鉴定淫秽物品应当制作《淫秽物品审查鉴定书》一式三份（式样附后），鉴定结论必须准确、简明。由两名以上鉴定人员签字，并加盖"淫秽物品审查鉴定专用章"。对送审鉴定的和收缴的淫秽物品，必须严格按照国务院《关于严禁淫秽物品的规定》、公安部《关于收管处理淫秽物品的通知》（〔83〕公发（治）165 号）的规定执行。

四、当事人对鉴定结论提出不同意见需重新鉴定的，应当由地、市级的宣传、新闻出版、音

---

① 本条涉及如下罪名：制作、复制、出版、贩卖、传播淫秽物品牟利罪，为他人提供书号出版淫秽书刊罪，传播淫秽物品罪，组织播放淫秽音像制品罪，组织淫秽表演罪。——编者注

像归口管理机关、公安机关等部门组成的鉴定组重新鉴定。

出版单位对鉴定结论提出不同意见时，由省级新闻出版管理部门、音像归口管理部门报新闻出版署鉴定。

其他出版物的审查鉴定，仍按规定执行。

367.5 公安部关于淫秽电影鉴定问题的批复（1996 年 12 月 5 日 公复字〔1996〕11 号）

安徽省公安厅：

你厅《关于淫秽电影鉴定问题的请示》（皖公明发〔1996〕1736 号）收悉。经研究并商广播电影电视部同意，现批复如下：

1. 根据我国《电影管理条例》，所有中外电影片均需经我国电影行政管理部门审查通过才可公映，否则是非法的，应依法严厉打击。

2. 对办案中查获的淫秽影片，由地（市）以上公安机关鉴定。对于认定不准或有争议的，送省、自治区、直辖市公安厅、局会同省级广播电影电视部门共同鉴定。

3. 公安机关参加对淫秽电影的鉴定，应指派 2 至 3 名政治思想好、作风正派的同志负责，其他人员一律不准参加，严禁借鉴定之机扩大观看范围。

367.6 公安部对《关于鉴定淫秽物品有关问题的请示》的批复（1998 年 11 月 27 日 公复字〔1998〕8 号）

江苏省公安厅：

你厅《关于鉴定淫秽物品有关问题的请示》（苏公厅〔1998〕459 号）收悉。现批复如下：

鉴于近年来各地公安机关查获淫秽物品数量不断增加、查禁任务日趋繁重的情况，为及时打击处理走私、制作、贩卖、传播淫秽物品的违法犯罪分子，今后各地公安机关查获的物品，需审查认定是否为淫秽物品的，可以由县级以上公安机关治安部门负责鉴定工作，但要指定两名政治、业务素质过硬的同志共同进行，其他人员一律不得参加。当事人提出不同意见需重新鉴定的，由上一级公安机关治安部门会同同级新闻出版、音像归口管理等部门重新鉴定。对送审鉴定和收缴的淫秽物品，由县级以上公安机关治安部门统一集中，登记造册，适时组织全部销毁。

对于淫秽物品鉴定工作中与新闻出版、音像归口管理等部门的配合问题，仍按现行规定执行。

第七章 危害国防利益罪

第三百六十八条【阻碍军人执行职务罪】 以暴力、威胁方法阻碍军人依法执行职务的，处三年以下有期徒刑、拘役、管制或者罚金。

【阻碍军事行动罪】 故意阻碍武装部队军事行动，造成严重后果的，处五年以下有期徒刑或者拘役。

【罪名渊源】 本条两款罪系刑法增设，79 刑法、单行刑法均未规定。第 1 款的行为，司法实践中曾按 79 刑法第 157 条妨害公务罪处理。阻碍军人依法执行职务直接危害国防利益，刑法将其从妨害公务罪中分离出来独立成罪，并规定在危害国防利益罪章中。全国人大常委会《惩治军人违反职责罪暂行条例》第 10 条规定了阻碍执行职务罪，但其犯罪主体限于军职人员，对一般主体阻碍军事行动的，没有作出规定。为弥补这一法律上的空白，刑法增设第 2 款。高法《罪名规定》、高检《罪名意见》将本条两款分别解释为阻碍军人执行职务罪、阻碍军事行动罪。

【法律法规】

368.1 中华人民共和国国防法（2021 年 1 月 1 日）（第 11 条第 1 款、第 62 条第 4 款）

第三百六十九条【破坏武器装备、军事设施、军事通信罪】 破坏武器装备、军事设施、军事通信的，处三年以下有期徒刑、拘役或者管制；破坏重要武器装备、军事设施、军事通信的，处三年以上十年以下有期徒刑；情节特别严重的，处十年以上有期徒刑、无期徒刑或者死刑。

【过失损坏武器装备、军事设施、军事通信罪】过失犯前款罪，造成严重后果的，处三年以下有期徒刑或者拘役；造成特别严重后果的，处三年以上七年以下有期徒刑。

战时犯前两款罪的，从重处罚。

【刑法修正说明】

本条为全国人大常委会2005年2月28日通过并公布施行的《刑法修正案（五）》第3条所修正。原第369条为：

【破坏武器装备、军事设施、军事通信罪】破坏武器装备、军事设施、军事通信的，处三年以下有期徒刑、拘役或者管制；破坏重要武器装备、军事设施、军事通信的，处三年以上十年以下有期徒刑；情节特别严重的，处十年以上有期徒刑、无期徒刑或者死刑。战时从重处罚。

【罪名渊源】本条第1款完全沿袭全国人大常委会《惩治军人违反职责罪暂行条例》第12条内容，79刑法没有规定。高法《罪名规定》、高检《罪名意见》将其解释为破坏武器装备、军事设施、军事通信罪。第2款系《刑法修正案（五）》增设，"两高"《罪名补充规定（三）》将其解释为过失损坏武器装备、军事设施、军事通信罪。

【罪刑标准】

369.1 最高人民法院关于审理危害军事通信刑事案件具体应用法律若干问题的解释（2007年6月29日　法释〔2007〕13号）

为依法惩治危害军事通信的犯罪活动，维护国防利益和军事通信安全，根据刑法有关规定，现就审理这类刑事案件具体应用法律的若干问题解释如下：

第一条　故意实施损毁军事通信线路、设备，破坏军事通信计算机信息系统，干扰、侵占军事通信电磁频谱等行为的，依照刑法第三百六十九条第一款的规定，以破坏军事通信罪定罪，处三年以下有期徒刑、拘役或者管制；破坏重要军事通信的，处三年以上十年以下有期徒刑。

第二条　实施破坏军事通信行为，具有下列情形之一的，属于刑法第三百六十九条第一款规定的"情节特别严重"，以破坏军事通信罪定罪，处十年以上有期徒刑、无期徒刑或者死刑：

（一）造成重要军事通信中断或者严重障碍，严重影响部队完成作战任务或者致使部队在作战中遭受损失的；

（二）造成部队执行抢险救灾、军事演习或者处置突发性事件等任务的通信中断或者严重障碍，并因此贻误部队行动，致使死亡3人以上、重伤10人以上或者财产损失100万元以上的；

（三）破坏重要军事通信三次以上的；

（四）其他情节特别严重的情形。

第三条　过失损坏军事通信，造成重要军事通信中断或者严重障碍的，属于刑法第三百六十九条第二款规定的"造成严重后果"，以过失损坏军事通信罪定罪，处三年以下有期徒刑或者拘役。

第四条　过失损坏军事通信，具有下列情形之一的，属于刑法第三百六十九条第二款规定的"造成特别严重后果"，以过失损坏军事通信罪定罪，处三年以上七年以下有期徒刑：

（一）造成重要军事通信中断或者严重障碍，严重影响部队完成作战任务或者致使部队在作战中遭受损失的；

（二）造成部队执行抢险救灾、军事演习或者处置突发性事件等任务的通信中断或者严重障碍，并因此贻误部队行动，致使死亡3人以上、重伤10人以上或者财产损失100万元以上的；

（三）其他后果特别严重的情形。

第五条 建设、施工单位直接负责的主管人员、施工管理人员，明知是军事通信线路、设备而指使、强令、纵容他人予以损毁的，或者不听管护人员劝阻，指使、强令、纵容他人违章作业，造成军事通信线路、设备损毁的，以破坏军事通信罪定罪处罚。

建设、施工单位直接负责的主管人员、施工管理人员，忽视军事通信线路、设备保护标志，指使、纵容他人违章作业，致使军事通信线路、设备损毁，构成犯罪的，以过失损坏军事通信罪定罪处罚。

第六条 破坏、过失损坏军事通信，并造成公用电信设施损毁，危害公共安全，同时构成刑法第一百二十四条和第三百六十九条规定的犯罪的，依照处罚较重的规定定罪处罚。

盗窃军事通信线路、设备，不构成盗窃罪，但破坏军事通信的，依照刑法第三百六十九条第一款的规定定罪处罚；同时构成刑法第一百二十四条、第二百六十四条和第三百六十九条第一款规定的犯罪的，依照处罚较重的规定定罪处罚。

违反国家规定，侵入国防建设、尖端科学技术领域的军事通信计算机信息系统，尚未对军事通信造成破坏的，依照刑法第二百八十五条的规定定罪处罚；对军事通信造成破坏，同时构成刑法第二百八十五条、第二百八十六条、第三百六十九条第一款规定的犯罪的，依照处罚较重的规定定罪处罚。

违反国家规定，擅自设置、使用无线电台、站，或者擅自占用频率，经责令停止使用后拒不停止使用，干扰无线电通讯正常进行，构成犯罪的，依照刑法第二百八十八条的规定定罪处罚；造成军事通信中断或者严重障碍，同时构成刑法第二百八十八条、第三百六十九条第一款规定的犯罪的，依照处罚较重的规定定罪处罚。

第七条 本解释所称"重要军事通信"，是指军事首脑机关及重要指挥中心的通信，部队作战中的通信，等级战备通信，飞行航行训练、抢险救灾、军事演习或者处置突发性事件中的通信，以及执行试飞试航、武器装备科研试验或者远洋航行等重要军事任务中的通信。

本解释所称军事通信的具体范围、通信中断和严重障碍的标准，参照中国人民解放军通信主管部门的有关规定确定。

【法律法规】

369.2 中华人民共和国军事设施保护法（1990 年 8 月 1 日 2014 年修正）（第 2 条、第 4 条、第 46 条第 1—5 项）

369.3 国防交通条例（1995 年 2 月 24 日 2011 年修订）（第 51 条第 3 项）

369.4 中华人民共和国人民防空法（1997 年 1 月 1 日 2009 年修正）（第 9 条、第 50 条）

369.5 中华人民共和国国防法（2021 年 1 月 1 日）（第 11 条第 1 款、第 55 条第 2 款）

第三百七十条【故意提供不合格武器装备、军事设施罪】 明知是不合格的武器装备、军事设施而提供给武装部队的，处五年以下有期徒刑或者拘役；情节严重的，处五年以上十年以下有期徒刑；情节特别严重的，处十年以上有期徒刑、无期徒刑或者死刑。

【过失提供不合格武器装备、军事设施罪】 过失犯前款罪，造成严重后果的，处三年以下有期徒刑或者拘役；造成特别严重后果的，处三年以上七年以下有期徒刑。

单位犯第一款罪的，对单位判处罚金，并对其直接负责的主管人员和其他直接责任人员，依照第一款的规定处罚。

【罪名渊源】 本条两款罪系刑法增设，79 刑法、单行刑法均未规定。高法《罪名规定》、高检《罪名意见》将其分别解释为故意提供不合格武器装备、军事设施罪，过失提供不合格武器装备、军事设施罪。

【立案标准】

370.1 最高人民检察院、公安部关于公安机关管辖的刑事案件立案追诉标准的规定（一）

（2008 年 6 月 25 日　公通字〔2008〕36 号）（节录）

　　第八十七条　［故意提供不合格武器装备、军事设施案（刑法第三百七十条第一款）］明知是不合格的武器装备、军事设施而提供给武装部队，涉嫌下列情形之一的，应予立案追诉：

　　（一）造成人员轻伤以上的；

　　（二）造成直接经济损失十万元以上的；

　　（三）提供不合格的枪支三支以上、子弹一百发以上、雷管五百枚以上、炸药五千克以上或者其他重要武器装备、军事设施的；

　　（四）影响作战、演习、抢险救灾等重大任务完成的；

　　（五）发生在战时的；

　　（六）其他故意提供不合格武器装备、军事设施应予追究刑事责任的情形。

　　第八十八条　［过失提供不合格武器装备、军事设施案（刑法第三百七十条第二款）］过失提供不合格武器装备、军事设施给武装部队，涉嫌下列情形之一的，应予立案追诉：

　　（一）造成死亡一人以上或者重伤三人以上的；

　　（二）造成直接经济损失三十万元以上的；

　　（三）严重影响作战、演习、抢险救灾等重大任务完成的；

　　（四）其他造成严重后果的情形。

　　第一百条　本规定中的立案追诉标准，除法律、司法解释另有规定的以外，适用于相关的单位犯罪。

　　第三百七十一条【聚众冲击军事禁区罪】 聚众冲击军事禁区，严重扰乱军事禁区秩序的，对首要分子，处五年以上十年以下有期徒刑；对其他积极参加的，处五年以下有期徒刑、拘役、管制或者剥夺政治权利。

　　【聚众扰乱军事管理区秩序罪】 聚众扰乱军事管理区秩序，情节严重，致使军事管理区工作无法进行，造成严重损失的，对首要分子，处三年以上七年以下有期徒刑；对其他积极参加的，处三年以下有期徒刑、拘役、管制或者剥夺政治权利。

　　【罪名渊源】 本条两款罪系刑法吸收 1990 年《军事设施保护法》第 33 条内容增设，此前对该行为比照 79 刑法第 158 条扰乱社会秩序罪处罚。高法《罪名规定》、高检《罪名意见》将其分别解释为聚众冲击军事禁区罪、聚众扰乱军事管理区秩序罪。

　　【立案标准】

　　371.1 最高人民检察院、公安部关于公安机关管辖的刑事案件立案追诉标准的规定（一）

（2008 年 6 月 25 日　公通字〔2008〕36 号）（节录）

　　第八十九条　［聚众冲击军事禁区案（刑法第三百七十一条第一款）］组织、策划、指挥聚众冲击军事禁区或者积极参加聚众冲击军事禁区，严重扰乱军事禁区秩序，涉嫌下列情形之一的，应予立案追诉：

　　（一）冲击三次以上或者一次冲击持续时间较长的；

　　（二）持械或者采取暴力手段冲击的；

　　（三）冲击重要军事禁区的；

　　（四）发生在战时的；

　　（五）其他严重扰乱军事禁区秩序应予追究刑事责任的情形。

　　第九十条　［聚众扰乱军事管理区秩序案（刑法第三百七十一条第二款）］组织、策划、指挥聚众扰乱军事管理区秩序或者积极参加聚众扰乱军事管理区秩序，致使军事管理区工作无法进行，造成严重损失，涉嫌下列情形之一的，应予立案追诉：

　　（一）造成人员轻伤以上的；

　　（二）扰乱三次以上或者一次扰乱时间较长的；

　　（三）造成直接经济损失五万元以上的；

（四）持械或者采取暴力手段的；

（五）扰乱重要军事管理区秩序的；

（六）发生在战时的；

（七）其他聚众扰乱军事管理区秩序应予追究刑事责任的情形。

第一百条　本规定中的立案追诉标准，除法律、司法解释另有规定的以外，适用于相关的单位犯罪。

【法律法规】

371.2 中华人民共和国军事设施保护法（1990 年 8 月 1 日　2014 年修正）（第 8—16 条、第 46 条第 5 项）

第三百七十二条【冒充军人招摇撞骗罪】 冒充军人招摇撞骗的，处三年以下有期徒刑、拘役、管制或者剥夺政治权利；情节严重的，处三年以上十年以下有期徒刑。

【罪名渊源】 本条系刑法增设，此前对该行为依照 79 刑法第 166 条冒充国家工作人员的招摇撞骗罪处理。刑法将其单独分离出来独立成罪，规定在危害国防利益罪章中。高法《罪名规定》、高检《罪名意见》将其解释为冒充军人招摇撞骗罪。

【司法解释】

372.1 最高人民法院、最高人民检察院关于办理妨害武装部队制式服装、车辆号牌管理秩序等刑事案件具体应用法律若干问题的解释（2011 年 8 月 1 日　法释〔2011〕16 号）（节录）

第六条　实施刑法第三百七十五条规定的犯罪行为，同时又构成逃税、诈骗、冒充军人招摇撞骗等犯罪的，依照处罚较重的规定定罪处罚。

【法律法规】

372.2 中华人民共和国国防法（2021 年 1 月 1 日）（第 11 条第 1 款、第 29 条）

第三百七十三条【煽动军人逃离部队罪，雇用逃离部队军人罪】 煽动军人逃离部队或者明知是逃离部队的军人而雇用，情节严重的，处三年以下有期徒刑、拘役或者管制。

【罪名渊源】 本条两罪系刑法增设，79 刑法、单行刑法均未规定。高法《罪名规定》、高检《罪名意见》将其解释为煽动军人逃离部队罪、雇用逃离部队军人罪。

【立案标准】

373.1 最高人民检察院、公安部关于公安机关管辖的刑事案件立案追诉标准的规定（一）（2008 年 6 月 25 日　公通字〔2008〕36 号）（节录）

第九十一条　［煽动军人逃离部队案（刑法第三百七十三条）］煽动军人逃离部队，涉嫌下列情形之一的，应予立案追诉：

（一）煽动三人以上逃离部队的；

（二）煽动指挥人员、值班执勤人员或者其他负有重要职责人员逃离部队的；

（三）影响重要军事任务完成的；

（四）发生在战时的；

（五）其他情节严重的情形。

第九十二条　［雇用逃离部队军人案（刑法第三百七十三条）］明知是逃离部队的军人而雇用，涉嫌下列情形之一的，应予立案追诉：

（一）雇用一人六个月以上的；

（二）雇用三人以上的；

（三）明知是逃离部队的指挥人员、值班执勤人员或者其他负有重要职责人员而雇用的；

（四）阻碍部队将被雇用军人带回的；

（五）其他情节严重的情形。

【法律法规】

373.2 中华人民共和国兵役法（1984 年 10 月 1 日　2011 年修正）（第 67 条第 1 款、第 3 款）

　　第三百七十四条【接送不合格兵员罪】在征兵工作中徇私舞弊，接送不合格兵员，情节严重的，处三年以下有期徒刑或者拘役；造成特别严重后果的，处三年以上七年以下有期徒刑。

　　【罪名渊源】本条系刑法吸收《兵役法》第 62 条内容所增设，79 刑法、单行刑法均未规定。高法《罪名规定》、高检《罪名意见》将其解释为接送不合格兵员罪。

　　【立案标准】

　　374.1 最高人民检察院、公安部关于公安机关管辖的刑事案件立案追诉标准的规定（一）（2008 年 6 月 25 日　公通字〔2008〕36 号）（节录）

　　第九十三条　［接送不合格兵员案（刑法第三百七十四条）］在征兵工作中徇私舞弊，接送不合格兵员，涉嫌下列情形之一的，应予立案追诉：

　　（一）接送不合格特种条件兵员一名以上或者普通兵员三名以上的；

　　（二）发生在战时的；

　　（三）造成严重后果的；

　　（四）其他情节严重的情形。

　　【法律法规】

　　374.2 中华人民共和国兵役法（1984 年 10 月 1 日　2011 年修正）（第 70 条第 3 项）

　　第三百七十五条【伪造、变造、买卖武装部队公文、证件、印章罪，盗窃、抢夺武装部队公文、证件、印章罪】伪造、变造、买卖或者盗窃、抢夺武装部队公文、证件、印章的，处三年以下有期徒刑、拘役、管制或者剥夺政治权利；情节严重的，处三年以上十年以下有期徒刑。

　　【非法生产、买卖武装部队制式服装罪】非法生产、买卖武装部队制式服装，情节严重的，处三年以下有期徒刑、拘役或者管制，并处或者单处罚金。

　　【伪造、盗窃、买卖、非法提供、非法使用武装部队专用标志罪】伪造、盗窃、买卖或者非法提供、使用武装部队车辆号牌等专用标志，情节严重的，处三年以下有期徒刑、拘役或者管制，并处或者单处罚金；情节特别严重的，处三年以上七年以下有期徒刑，并处罚金。

　　单位犯第二款、第三款罪的，对单位判处罚金，并对其直接负责的主管人员和其他直接责任人员，依照各该款的规定处罚。

> 　　【刑法修正说明】
> 　　本条为全国人大常委会 2009 年 2 月 28 日通过并公布施行的《刑法修正案（七）》第 12 条所修正。原第 375 条为：
> 　　【伪造、变造、买卖武装部队公文、证件、印章罪，盗窃、抢夺武装部队公文、证件、印章罪】伪造、变造、买卖或者盗窃、抢夺武装部队公文、证件、印章的，处三年以下有期徒刑、拘役、管制或者剥夺政治权利；情节严重的，处三年以上十年以下有期徒刑。
> 　　【非法生产、买卖军用标志罪】非法生产、买卖武装部队制式服装、车辆号牌等专用标志，情节严重的，处三年以下有期徒刑、拘役或者管制，并处或者单处罚金。
> 　　单位犯第二款罪的，对单位判处罚金，并对其直接负责的主管人员和其他直接责任人员，依照该款的规定处罚。

　　【罪名渊源】本条第 1 款两罪系由 79 刑法第 167 条伪造、变造、盗窃、抢夺、毁灭国家机关公文、证件、印章罪分离而来。因该行为直接危害国防安全和军队建设，刑法将其移入危害国防利益罪章中。高法《罪名规定》、高检《罪名意见》将其解释为伪造、变造、买卖武装部队公文、证件、印章罪，盗窃、抢夺武装部队公文、证件、印章罪。第 2 款系刑法增设，79 刑法、单行刑法均未规定。高法《罪名规定》、高检《罪名意见》将其解释为非法生产、买卖军用标志罪。《刑法修正案（七）》第 12 条对本条作了修改：（1）缩小第 2 款犯罪对象的范围；（2）增设第 3 款内容；（3）原第 3 款调整为第 4 款，内容表述亦作了修改。"两高"《罪名补充规定（四）》将第 2、3 款分别解释为非法生产、买卖武装部队制式服装罪（取消非法生产、买卖军用标志罪罪名），伪造、盗窃、买卖、非法提供、非法使用武装部队专用标志罪。

【立案标准】

375.1 最高人民检察院、公安部关于公安机关管辖的刑事案件立案追诉标准的规定（一）的补充规定（2017 年 4 月 27 日　公通字〔2017〕12 号）（节录）

十四、将《立案追诉标准（一）》第九十四条修改为：[非法生产、买卖武装部队制式服装案（刑法第三百七十五条第二款）] 非法生产、买卖武装部队制式服装，涉嫌下列情形之一的，应予立案追诉：

（一）非法生产、买卖成套制式服装三十套以上，或者非成套制式服装一百件以上的；

（二）非法生产、买卖帽徽、领花、臂章等标志服饰合计一百件（副）以上的；

（三）非法经营数额二万元以上的；

（四）违法所得数额五千元以上的；

（五）其他情节严重的情形。

买卖仿制的现行装备的武装部队制式服装，情节严重的，应予立案追诉。

十五、……作为第九十四条之一：[伪造、盗窃、买卖、非法提供、非法使用武装部队专用标志案（刑法第三百七十五条第三款）] 伪造、盗窃、买卖或者非法提供、使用武装部队车辆号牌等专用标志，涉嫌下列情形之一的，应予立案追诉：

（一）伪造、盗窃、买卖或者非法提供、使用武装部队军以上领导机关车辆号牌一副以上或者其他车辆号牌三副以上的；

（二）非法提供、使用军以上领导机关车辆号牌之外的其他车辆号牌累计六个月以上的；

（三）伪造、盗窃、买卖或者非法提供、使用军徽、军旗、军种符号或者其他军用标志合计一百件（副）以上的；

（四）造成严重后果或者恶劣影响的。

盗窃、买卖、提供、使用伪造、变造的武装部队车辆号牌等专用标志，情节严重的，应予立案追诉。

【罪刑标准】

375.2 最高人民法院、最高人民检察院关于办理妨害武装部队制式服装、车辆号牌管理秩序等刑事案件具体应用法律若干问题的解释（2011 年 8 月 1 日　法释〔2011〕16 号）

为依法惩治妨害武装部队制式服装、车辆号牌管理秩序等犯罪活动，维护国防利益，根据《中华人民共和国刑法》有关规定，现就办理非法生产、买卖武装部队制式服装，伪造、盗窃、买卖武装部队车辆号牌等刑事案件的若干问题解释如下：

第一条　伪造、变造、买卖或者盗窃、抢夺武装部队公文、证件、印章，具有下列情形之一的，应当依照刑法第三百七十五条第一款的规定，以伪造、变造、买卖武装部队公文、证件、印章罪或者盗窃、抢夺武装部队公文、证件、印章罪定罪处罚：

（一）伪造、变造、买卖或者盗窃、抢夺武装部队公文一件以上的；

（二）伪造、变造、买卖或者盗窃、抢夺武装部队军官证、士兵证、车辆行驶证、车辆驾驶证或者其他证件二本以上的；

（三）伪造、变造、买卖或者盗窃、抢夺武装部队机关印章、车辆牌证印章或者其他印章一枚以上的。

实施前款规定的行为，数量达到第（一）至（三）项规定标准五倍以上或者造成严重后果的，应当认定为刑法第三百七十五条第一款规定的"情节严重"。

第二条　非法生产、买卖武装部队现行装备的制式服装，具有下列情形之一的，应当认定为刑法第三百七十五条第二款规定的"情节严重"，以非法生产、买卖武装部队制式服装罪定罪处罚：

（一）非法生产、买卖成套制式服装三十套以上，或者非成套制式服装一百件以上的；

（二）非法生产、买卖帽徽、领花、臂章等标志服饰合计一百件（副）以上的；

（三）非法经营数额二万元以上的；

（四）违法所得数额五千元以上的；

（五）具有其他严重情节的。

第三条　伪造、盗窃、买卖或者非法提供、使用武装部队车辆号牌等专用标志，具有下列情形之一的，应当认定为刑法第三百七十五条第三款规定的"情节严重"，以伪造、盗窃、买卖、非法提供、非法使用武装部队专用标志罪定罪处罚：

（一）伪造、盗窃、买卖或者非法提供、使用武装部队军以上领导机关车辆号牌一副以上或者其他车辆号牌三副以上的；

（二）非法提供、使用军以上领导机关车辆号牌之外的其他车辆号牌累计六个月以上的；

（三）伪造、盗窃、买卖或者非法提供、使用军徽、军旗、军种符号或者其他军用标志合计一百件（副）以上的；

（四）造成严重后果或者恶劣影响的。

实施前款规定的行为，具有下列情形之一的，应当认定为刑法第三百七十五条第三款规定的"情节特别严重"：

（一）数量达到前款第（一）、（三）项规定标准五倍以上的；

（二）非法提供、使用军以上领导机关车辆号牌累计六个月以上或者其他车辆号牌累计一年以上的；

（三）造成特别严重后果或者特别恶劣影响的。

第四条　买卖、盗窃、抢夺伪造、变造的武装部队公文、证件、印章的，买卖仿制的现行装备的武装部队制式服装情节严重的，盗窃、买卖、提供、使用伪造、变造的武装部队车辆号牌等专用标志情节严重的，应当追究刑事责任。定罪量刑标准适用本解释第一条至第三条的规定。

第五条　明知他人实施刑法第三百七十五条规定的犯罪行为，而为其生产、提供专用材料或者提供资金、账号、技术、生产经营场所等帮助的，以共犯论处。

第六条　实施刑法第三百七十五条规定的犯罪行为，同时又构成逃税、诈骗、冒充军人招摇撞骗等犯罪的，依照处罚较重的规定定罪处罚。

第七条　单位实施刑法第三百七十五条第二款、第三款规定的犯罪行为，对单位判处罚金，并对其直接负责的主管人员和其他直接责任人员，分别依照本解释的有关规定处罚。

【部委规范】

375.3 公安部、交通运输部、解放军总参谋部、解放军总政治部、解放军总后勤部关于加强涉及军车号牌及相关证件违法犯罪活动查处工作的意见（2008年4月22日　政保〔2008〕7号）（第1—7条）

第三百七十六条【战时拒绝、逃避征召、军事训练罪】预备役人员战时拒绝、逃避征召或者军事训练，情节严重的，处三年以下有期徒刑或者拘役。

【战时拒绝、逃避服役罪】公民战时拒绝、逃避服役，情节严重的，处二年以下有期徒刑或者拘役。

【罪名渊源】本条两款罪系刑法增设，79刑法、单行刑法均未规定。第1款系刑法吸收《国防法》《兵役法》《预备役军官法》和《征兵工作条例》等法律法规内容所增设；第2款系刑法吸收《国防法》和《兵役法》中"中华人民共和国公民都有依法服兵役的义务"的规定所增设。高法《罪名规定》、高检《罪名意见》将其分别解释为战时拒绝、逃避征召、军事训练罪，战时拒绝、逃避服役罪。

【立案标准】

376.1 最高人民检察院、公安部关于公安机关管辖的刑事案件立案追诉标准的规定（一）（2008年6月25日 公通字〔2008〕36号）（节录）

第九十五条 ［战时拒绝、逃避征召、军事训练案（刑法第三百七十六条第一款）］预备役人员战时拒绝、逃避征召或者军事训练，涉嫌下列情形之一的，应予立案追诉：

（一）无正当理由经教育仍拒绝、逃避征召或者军事训练的；

（二）以暴力、威胁、欺骗等手段，或者采取自伤、自残等方式拒绝、逃避征召或者军事训练的；

（三）联络、煽动他人共同拒绝、逃避征召或者军事训练的；

（四）其他情节严重的情形。

第九十六条 ［战时拒绝、逃避服役案（刑法第三百七十六条第二款）］公民战时拒绝、逃避服役，涉嫌下列情形之一的，应予立案追诉：

（一）无正当理由经教育仍拒绝、逃避服役的；

（二）以暴力、威胁、欺骗等手段，或者采取自伤、自残等方式拒绝、逃避服役的；

（三）联络、煽动他人共同拒绝、逃避服役的；

（四）其他情节严重的情形。

【法律法规】

376.2 中华人民共和国兵役法（1984年10月1日 2011年修正）（第66条第1款、第4款）

376.3 中华人民共和国预备役军官法（1996年1月1日 2010年修正）（第63条）

第三百七十七条【战时故意提供虚假敌情罪】 战时故意向武装部队提供虚假敌情，造成严重后果的，处三年以上十年以下有期徒刑；造成特别严重后果的，处十年以上有期徒刑或者无期徒刑。

【罪名渊源】 本条系刑法吸收《国防法》第53条内容所增设，79刑法、单行刑法均未规定。高法《罪名规定》、高检《罪名意见》将其解释为战时故意提供虚假敌情罪。

第三百七十八条【战时造谣扰乱军心罪】 战时造谣惑众，扰乱军心的，处三年以下有期徒刑、拘役或者管制；情节严重的，处三年以上十年以下有期徒刑。

【罪名渊源】 本条系刑法所增设，79刑法、单行刑法均未规定。高法《罪名规定》、高检《罪名意见》将其解释为战时造谣扰乱军心罪。

第三百七十九条【战时窝藏逃离部队军人罪】 战时明知是逃离部队的军人而为其提供隐蔽处所、财物，情节严重的，处三年以下有期徒刑或者拘役。

【罪名渊源】 本条系刑法所增设，79刑法、单行刑法均未规定。高法《罪名规定》、高检《罪名意见》将其解释为战时窝藏逃离部队军人罪。

【立案标准】

379.1 最高人民检察院、公安部关于公安机关管辖的刑事案件立案追诉标准的规定（一）（2008年6月25日 公通字〔2008〕36号）（节录）

第九十七条 ［战时窝藏逃离部队军人案（刑法第三百七十九条）］战时明知是逃离部队的军人而为其提供隐蔽处所、财物，涉嫌下列情形之一的，应予立案追诉：

（一）窝藏三人次以上的；

（二）明知是指挥人员、值班执勤人员或者其他负有重要职责人员而窝藏的；

（三）有关部门查找时拒不交出的；

（四）其他情节严重的情形。

第三百八十条【战时拒绝、故意延误军事订货罪】战时拒绝或者故意延误军事订货，情节严重的，对单位判处罚金，并对其直接负责的主管人员和其他直接责任人员，处五年以下有期徒刑或者拘役；造成严重后果的，处五年以上有期徒刑。

【罪名渊源】本条系刑法吸收《国防法》第 51 条内容所增设，79 刑法、单行刑法均未规定。高法《罪名规定》、高检《罪名意见》将其解释为战时拒绝、故意延误军事订货罪。

【立案标准】

380.1 最高人民检察院、公安部关于公安机关管辖的刑事案件立案追诉标准的规定（一）（2008 年 6 月 25 日　公通字〔2008〕36 号）（节录）

第九十八条　[战时拒绝、故意延误军事订货案（刑法第三百八十条）]战时拒绝或者故意延误军事订货，涉嫌下列情形之一的，应予立案追诉：

（一）拒绝或者故意延误军事订货三次以上的；

（二）联络、煽动他人共同拒绝或者故意延误军事订货的；

（三）拒绝或者故意延误重要军事订货，影响重要军事任务完成的；

（四）其他情节严重的情形。

【法律法规】

380.2 中华人民共和国国防法（2021 年 1 月 1 日）（第 11 条第 1 款、第 37 条、第 54 条）

第三百八十一条【战时拒绝军事征收、征用罪】战时拒绝军事征收、征用，情节严重的，处三年以下有期徒刑或者拘役。

> 【刑法修正说明】
> 本条为全国人大常委会 2009 年 8 月 27 日通过施行的《关于修改部分法律的决定》第 2 条所修正。原第 381 条为：
> 【战时拒绝军事征用罪】战时拒绝军事征用，情节严重的，处三年以下有期徒刑或者拘役。

【罪名渊源】本条系刑法吸收《国防法》第 48 条内容所增设。79 刑法、单行刑法均未规定。高法《罪名规定》、高检《罪名意见》将其解释为战时拒绝军事征用罪。全国人大常委会《关于修改部分法律的决定》增设"征收"字样。据此，"两高"《罪名补充规定（六）》取消战时拒绝军事征用罪罪名，代之以战时拒绝军事征收、征用罪。

【立案标准】

381.1 最高人民检察院、公安部关于公安机关管辖的刑事案件立案追诉标准的规定（一）的补充规定（2017 年 4 月 27 日　公通字〔2017〕12 号）（节录）

十六、将《立案追诉标准（一）》第九十九条修改为：[战时拒绝军事征收、征用案（刑法第三百八十一条）]战时拒绝军事征收、征用，涉嫌下列情形之一的，应予立案追诉：

（一）无正当理由拒绝军事征收、征用三次以上的；

（二）采取暴力、威胁、欺骗等手段拒绝军事征收、征用的；

（三）联络、煽动他人共同拒绝军事征收、征用的；

（四）拒绝重要军事征收、征用，影响重要军事任务完成的；

（五）其他情节严重的情形。

【法律法规】

381.2 中华人民共和国国防法（2021 年 1 月 1 日）（第 11 条第 1 款、第 51 条）

第八章 贪污贿赂罪

【司法解释】

【注1】 参见 **78.5** 最高人民法院关于办理减刑、假释案件具体应用法律的补充规定（2019 年 6 月 1 日 法释〔2019〕6 号）

【司法文件】

【注2】 最高人民法院、最高人民检察院关于办理职务犯罪案件认定自首、立功等量刑情节若干问题的意见（2009 年 3 月 12 日 法发〔2009〕13 号）

为依法惩处贪污贿赂、渎职等职务犯罪，根据刑法和相关司法解释的规定，结合办案工作实际，现就办理职务犯罪案件有关自首、立功等量刑情节的认定和处理问题，提出如下意见：

一、关于自首的认定和处理

根据刑法第六十七条第一款的规定，成立自首需同时具备自动投案和如实供述自己的罪行两个要件。犯罪事实或者犯罪分子未被办案机关掌握，或者虽被掌握，但犯罪分子尚未受到调查谈话、讯问，或者未被宣布采取调查措施或者强制措施时，向办案机关投案的，是自动投案。在此期间如实交代自己的主要犯罪事实的，应当认定为自首。

犯罪分子向所在单位等办案机关以外的单位、组织或者有关负责人员投案的，应当视为自动投案。

没有自动投案，在办案机关调查谈话、讯问、采取调查措施或者强制措施期间，犯罪分子如实交代办案机关掌握的线索所针对的事实的，不能认定为自首。

没有自动投案，但具有以下情形之一的，以自首论：（1）犯罪分子如实交代办案机关未掌握的罪行，与办案机关已掌握的罪行属不同种罪行的；（2）办案机关所掌握线索针对的犯罪事实不成立，在此范围外犯罪分子交代同种罪行的。

单位犯罪案件中，单位集体决定或者单位负责人决定而自动投案，如实交代单位犯罪事实的，或者单位直接负责的主管人员自动投案，如实交代单位犯罪事实的，应当认定为单位自首。单位自首的，直接负责的主管人员和直接责任人员未自动投案，但如实交代自己知道的犯罪事实的，可以视为自首；拒不交代自己知道的犯罪事实或者逃避法律追究的，不应当认定为自首。单位没有自首，直接责任人员自动投案并如实交代自己知道的犯罪事实的，对该直接责任人员应当认定为自首。

对于具有自首情节的犯罪分子，办案机关移送案件时应当予以说明并移交相关证据材料。

对于具有自首情节的犯罪分子，应当根据犯罪的事实、性质、情节和对于社会的危害程度，结合自动投案的动机、阶段、客观环境，交代犯罪事实的完整性、稳定性以及悔罪表现等具体情节，依法决定是否从轻、减轻或者免除处罚以及从轻、减轻处罚的幅度。

二、关于立功的认定和处理

立功必须是犯罪分子本人实施的行为。为使犯罪分子得到从轻处理，犯罪分子的亲友直接向有关机关揭发他人犯罪行为，提供侦破其他案件的重要线索，或者协助司法机关抓捕其他犯罪嫌疑人的，不应当认定为犯罪分子的立功表现。

据以立功的他人罪行材料应当指明具体犯罪事实；据以立功的线索或者协助行为对于侦破案件或者抓捕犯罪嫌疑人要有实际作用。犯罪分子揭发他人犯罪行为时没有指明具体犯罪事实的；揭发的犯罪事实与查实的犯罪事实不具有关联性的；提供的线索或者协助行为对于其他案件的侦破或者其他犯罪嫌疑人的抓捕不具有实际作用的，不能认定为立功表现。

犯罪分子揭发他人犯罪行为，提供侦破其他案件重要线索的，必须经查证属实，才能认定为立功。审查是否构成立功，不仅要审查办案机关的说明材料，还要审查有关事实和证据以及与案件定性处罚相关的法律文书，如立案决定书、逮捕决定书、侦查终结报告、起诉意见书、起诉书或者判决书等。

据以立功的线索、材料来源有下列情形之一的，不能认定为立功：（1）本人通过非法手段或者非法途径获取的；（2）本人因原担任的查禁犯罪等职务获取的；（3）他人违反监管规定向犯罪分子提供的；（4）负有查禁犯罪活动职责的国家机关工作人员或者其他国家工作人员利用职务便利提供的。

犯罪分子检举、揭发的他人犯罪，提供侦破其他案件的重要线索，阻止他人的犯罪活动，或者协助司法机关抓捕的其他犯罪嫌疑人，犯罪嫌疑人、被告人依法可能被判处无期徒刑以上刑罚的，应当认定为有重大立功表现。其中，可能被判处无期徒刑以上刑罚，是指根据犯罪行为的事实、情节可能判处无期徒刑以上刑罚。案件已经判决的，以实际判处的刑罚为准。但是，根据犯罪行为的事实、情节应当判处无期徒刑以上刑罚，因被判刑人有法定情节经依法从轻、减轻处罚后判处有期徒刑的，应当认定为重大立功。

对于具有立功情节的犯罪分子，应当根据犯罪的事实、性质、情节和对于社会的危害程度，结合立功表现所起作用的大小、所破获案件的罪行轻重、所抓获犯罪嫌疑人可能判处的法定刑以及立功的时机等具体情节，依法决定是否从轻、减轻或者免除处罚以及从轻、减轻处罚的幅度。

三、关于如实交代犯罪事实的认定和处理

犯罪分子依法不成立自首，但如实交代犯罪事实，有下列情形之一的，可以酌情从轻处罚：（1）办案机关掌握部分犯罪事实，犯罪分子交代了同种其他犯罪事实的；（2）办案机关掌握的证据不充分，犯罪分子如实交代有助于收集定案证据的。

犯罪分子如实交代犯罪事实，有下列情形之一的，一般应当从轻处罚：（1）办案机关仅掌握小部分犯罪事实，犯罪分子交代了大部分未被掌握的同种犯罪事实的；（2）如实交代对于定案证据的收集有重要作用的。

四、关于赃款赃物追缴等情形的处理

贪污案件中赃款赃物全部或者大部分追缴的，一般应当考虑从轻处罚。

受贿案件中赃款赃物全部或者大部分追缴的，视具体情况可以酌定从轻处罚。

犯罪分子及其亲友主动退赃或者在办案机关追缴赃款赃物过程中积极配合的，在量刑时应当与办案机关查办案件过程中依职权追缴赃款赃物的有所区别。

职务犯罪案件立案后，犯罪分子及其亲友自行挽回的经济损失，司法机关或者犯罪分子所在单位及其上级主管部门挽回的经济损失，或者因客观原因减少的经济损失，不予扣减，但可以作为酌情从轻处罚的情节。

【注3】关于贪污贿赂犯罪的主体及从事公务的含义，参见397.23全国法院审理经济犯罪案件工作座谈会纪要（最高人民法院2003年11月13日印发　法〔2003〕167号）（第1条）

【注4】参见383.5最高人民法院、最高人民检察院关于办理职务犯罪案件严格适用缓刑、免予刑事处罚若干问题的意见（2012年8月8日　法发〔2012〕17号）

【注5】参见271.13最高人民检察院、中国残疾人联合会关于在检察工作中切实维护残疾人合法权益的意见（2015年11月30日　高检会〔2015〕11号）

第三百八十二条【贪污罪】国家工作人员利用职务上的便利，侵吞、窃取、骗取或者以其他手段非法占有公共财物的，是贪污罪。

受国家机关、国有公司、企业、事业单位、人民团体委托管理、经营国有财产的人员，利用职务上的便利，侵吞、窃取、骗取或者以其他手段非法占有国有财物的，以贪污论。

与前两款所列人员勾结，伙同贪污的，以共犯论处。

【罪名渊源】79刑法第155条将本罪罪状规定为"国家工作人员利用职务上的便利，贪污公共财物"，全国人大常委会《关于惩治贪污罪贿赂罪的补充规定》对罪状作了修改补充：第1条明确规定贪污罪的概念和内外勾结共同贪污的问题，扩大了犯罪主体范围；第2条明确规定贪污罪的具体量刑标准和共同贪污的处罚原则。刑法对该补充规定作了修改补充：犯罪主体由"国家工作人员、集体经济组织工作人员或者其他经手、管理公共财物的人员"改为国家工作人员和准国家工作人员；增设准国家工作人员犯贪污罪的内容；起刑点由 2000 元调整为 5000 元。高法《罪名规定》、高检《罪名意见》将其解释为贪污罪。

【立法解释】

382.1 参见 93.1 全国人民代表大会常务委员会关于《中华人民共和国刑法》第九十三条第二款的解释（2000 年 4 月 29 日 2009 年修正）

【立案标准】

382.2 最高人民检察院关于人民检察院直接受理立案侦查案件立案标准的规定（试行）（1999 年 9 月 16 日 高检发释字〔1999〕2 号）（节录）

一、贪污贿赂犯罪案件

（一）贪污案（第 382 条、第 383 条，第 183 条第 2 款，第 271 条第 2 款，第 394 条）

贪污罪是指国家工作人员利用职务上的便利，侵吞、窃取、骗取或者以其他手段非法占有公共财物的行为。

"利用职务上的便利"是指利用职务上主管、管理、经手公共财物的权力及方便条件。

受国家机关、国有公司、企业、事业单位、人民团体委托管理、经营国有财产的人员，利用职务上的便利，侵吞、窃取、骗取或者以其他手段非法占有国有财物的，以贪污罪追究其刑事责任。

"受委托管理、经营国有财产"是指因承包、租赁、聘用等而管理、经营国有财产。

国有保险公司的工作人员和国有保险公司委派到非国有保险公司从事公务的人员利用职务上的便利，故意编造未曾发生的保险事故进行虚假理赔，骗取保险金归自己所有的，以贪污罪追究刑事责任。

国有公司、企业或者其他国有单位中从事公务的人员和国有公司、企业或者其他国有单位委派到非国有公司、企业以及其他非国有单位从事公务的人员，利用职务上的便利，将本单位财物非法占为己有的，以贪污罪追究刑事责任。

国家工作人员在国内公务活动或者对外交往中接受礼物，依照国家规定应当交公而不交公，数额较大的，以贪污罪追究刑事责任。

涉嫌下列情形之一的，应予立案：

1. 个人贪污数额在 5 千元以上的；

2. 个人贪污数额不满 5 千元，但具有贪污救灾、抢险、防汛、防疫、优抚、扶贫、移民、救济款物及募捐款物、赃款赃物、罚没款物、暂扣款物，以及贪污手段恶劣、毁灭证据、转移赃物等情节的。

四、附则

（一）本规定中每个罪案名称后所注明的法律条款系《中华人民共和国刑法》的有关条款。

（二）本规定中有关犯罪数额"不满"，是指接近该数额且已达到该数额的百分之八十以上。

【司法解释】

382.3 最高人民法院关于审理挪用公款案件具体应用法律若干问题的解释（1998 年 5 月 9 日 法释〔1998〕9 号）（节录）

第六条 携带挪用的公款潜逃的，依照刑法第三百八十二条、第三百八十三条的规定定罪处罚。

382.4 最高人民法院关于审理贪污、职务侵占案件如何认定共同犯罪几个问题的解释（2000 年 7 月 8 日 法释〔2000〕15 号）（节录）

第一条 行为人与国家工作人员勾结，利用国家工作人员的职务便利，共同侵吞、窃取、骗取或者以其他手段非法占有公共财物的，以贪污罪共犯论处。

第三条 公司、企业或者其他单位中，不具有国家工作人员身份的人与国家工作人员勾结，分别利用各自的职务便利，共同将本单位财物非法占为己有的，按照主犯的犯罪性质定罪。

382.5　最高人民法院、最高人民检察院关于办理妨害预防、控制突发传染病疫情等灾害的刑事案件具体应用法律若干问题的解释（2003 年 5 月 15 日　法释〔2003〕8 号）（节录）

第十四条（第一款）　贪污、侵占用于预防、控制突发传染病疫情等灾害的款物或者挪用归个人使用，构成犯罪的，分别依照刑法第三百八十二条、第三百八十三条、第二百七十一条、第三百八十四条、第二百七十二条的规定，以贪污罪，侵占罪①，挪用公款罪，挪用资金罪定罪，依法从重处罚。

382.6　最高人民法院、最高人民检察院关于办理赌博刑事案件具体应用法律若干问题的解释（2005 年 5 月 13 日　法释〔2005〕3 号）（节录）

第七条　通过赌博或者为国家工作人员赌博提供资金的形式实施行贿、受贿行为，构成犯罪的，依照刑法关于贿赂犯罪的规定定罪处罚。

382.7　最高人民法院、最高人民检察院关于办理危害生产安全刑事案件适用法律若干问题的解释（2015 年 12 月 16 日　法释〔2015〕22 号）（节录）

第十四条　国家工作人员违反规定投资入股生产经营，构成本解释规定的有关犯罪的，或者国家工作人员的贪污、受贿犯罪行为与安全事故发生存在关联性的，从重处罚；同时构成贪污、受贿犯罪和危害生产安全犯罪的，依照数罪并罚的规定处罚。

382.8　参见 266.8 最高人民法院、最高人民检察院关于办理虚假诉讼刑事案件适用法律若干问题的解释（2018 年 10 月 1 日　法释〔2018〕17 号）

【司法文件】

382.9　参见 93.5 最高人民检察院关于贯彻执行《全国人民代表大会常务委员会关于〈中华人民共和国刑法〉第九十三条第二款的解释》的通知（2000 年 6 月 5 日　高检发研字〔2000〕12 号）

382.10　全国法院审理经济犯罪案件工作座谈会纪要（最高人民法院 2003 年 11 月 13 日印发　法〔2003〕167 号）（节录）

二、关于贪污罪

（一）贪污罪既遂与未遂的认定

贪污罪是一种以非法占有为目的的财产性职务犯罪，与盗窃、诈骗、抢夺等侵犯财产罪一样，应当以行为人是否实际控制财物作为区分贪污罪既遂与未遂的标准。对于行为人利用职务上的便利，实施了虚假平账等贪污行为，但公共财物尚未实际转移，或者尚未被行为人控制就被查获的，应当认定为贪污未遂。行为人控制公共财物后，是否将财物据为己有，不影响贪污既遂的认定。

（二）"受委托管理、经营国有财产"的认定

刑法第三百八十二条第二款规定的"受委托管理、经营国有财产"，是指因承包、租赁、临时聘用等管理、经营国有财产。

（三）国家工作人员与非国家工作人员勾结共同非法占有单位财物行为的认定

对于国家工作人员与他人勾结，共同非法占有单位财物的行为，应当按照《最高人民法院关于审理贪污、职务侵占案件如何认定共同犯罪几个问题的解释》的规定定罪处罚。对于在公司、企业或者其他单位中，非国家工作人员与国家工作人员勾结，分别利用各自的职务便利，共同将本单位财物非法占有的，应当尽量区分主从犯，按照主犯的犯罪性质定罪。司法实践中，如果根据案件的实际情况，各共同犯罪人在共同犯罪中的地位、作用相当，难以区分主从犯的，可以贪污罪定罪处罚。

（四）共同贪污犯罪中"个人贪污数额"的认定

刑法第三百八十三条第一款规定的"个人贪污数额"，在共同贪污犯罪案件中应理解为个人

---

① 应为职务侵占罪，这是该司法解释出现的一个技术性失误。——编者注

所参与或者组织、指挥共同贪污的数额，不能只按个人实际分得的赃款数额来认定。对共同贪污犯罪中的从犯，应当按照其所参与的共同贪污的数额确定量刑幅度，并依照刑法第二十七条第二款的规定，从轻、减轻处罚或者免除处罚。

382.11 参见 280.13 最高人民法院研究室关于对行为人通过伪造国家机关公文、证件担任国家工作人员职务并利用职务上的便利侵占本单位财物、收受贿赂、挪用本单位资金等行为如何适用法律问题的答复（2004 年 3 月 20 日　法研〔2004〕38 号）

382.12 最高人民法院、最高人民检察院关于办理国家出资企业中职务犯罪案件具体应用法律若干问题的意见（2010 年 11 月 26 日　法发〔2010〕49 号）（节录）

一、关于国家出资企业工作人员在改制过程中隐匿公司、企业财产归个人持股的改制后公司、企业所有的行为的处理

国家工作人员或者受国家机关、国有公司、企业、事业单位、人民团体委托管理、经营国有财产的人员利用职务上的便利，在国家出资企业改制过程中故意通过低估资产、隐瞒债权、虚设债务、虚构产权交易等方式隐匿公司、企业财产，转为本人持有股份的改制后公司、企业所有，应当依法追究刑事责任的，依照刑法第三百八十二条、第三百八十三条的规定，以贪污罪定罪处罚。贪污数额一般应当以所隐匿财产全额计算；改制后公司、企业仍有国有股份的，按股份比例扣除归于国有的部分。

所隐匿财产在改制过程中已为行为人实际控制，或者国家出资企业改制已经完成的，以犯罪既遂处理。

第一款规定以外的人员实施该款行为的，依照刑法第二百七十一条的规定，以职务侵占罪定罪处罚；第一款规定以外的人员与第一款规定的人员共同实施该款行为的，以贪污罪的共犯论处。

在企业改制过程中未采取低估资产、隐瞒债权、虚设债务、虚构产权交易等方式故意隐匿公司、企业财产的，一般不应当认定为贪污；造成国有资产重大损失，依法构成刑法第一百六十八条或者第一百六十九条规定的犯罪的，依照该规定定罪处罚。

二、关于国有公司、企业在改制过程中隐匿公司、企业财产归职工集体持股的改制后公司、企业所有的行为的处理

国有公司、企业违反国家规定，在改制过程中隐匿公司、企业财产，转为职工集体持股的改制后公司、企业所有的，对其直接负责的主管人员和其他直接责任人员，依照刑法第三百九十六条第一款的规定，以私分国有资产罪定罪处罚。

改制后的公司、企业中只有改制前公司、企业的管理人员或者少数职工持股，改制前公司、企业的多数职工未持股的，依照本意见第一条的规定，以贪污罪定罪处罚。

三、关于国家出资企业工作人员使用改制公司、企业的资金担保个人贷款，用于购买改制公司、企业股份的行为的处理

国家出资企业的工作人员在公司、企业改制过程中为购买公司、企业股份，利用职务上的便利，将公司、企业的资金或者金融凭证、有价证券等用于个人贷款担保的，依照刑法第二百七十二条或者第三百八十四条的规定，以挪用资金罪或者挪用公款罪定罪处罚。

行为人在改制前的国家出资企业持有股份的，不影响挪用数额的认定，但量刑时应当酌情考虑。

经有关主管部门批准或者按照有关政策规定，国家出资企业的工作人员为购买改制公司、企业股份实施前款行为的，可以视具体情况不作为犯罪处理。

四、关于国家工作人员在企业改制过程中的渎职行为的处理

国家出资企业中的国家工作人员在公司、企业改制或者国有资产处置过程中严重不负责任或者滥用职权，致使国家利益遭受重大损失的，依照刑法第一百六十八条的规定，以国有公司、企业人员失职罪或者国有公司、企业人员滥用职权罪定罪处罚。

国家出资企业中的国家工作人员在公司、企业改制或者国有资产处置过程中徇私舞弊，将国有资产低价折股或者低价出售给其本人未持有股份的公司、企业或者其他个人，致使国家利益遭受重大损失的，依照刑法第一百六十九条的规定，以徇私舞弊低价折股、出售国有资产罪定罪处罚。

　　国家出资企业中的国家工作人员在公司、企业改制或者国有资产处置过程中徇私舞弊，将国有资产低价折股或者低价出售给特定关系人持有股份或者本人实际控制的公司、企业，致使国家利益遭受重大损失的，依照刑法第三百八十二条、第三百八十三条的规定，以贪污罪定罪处罚。贪污数额以国有资产的损失数额计算。

　　国家出资企业中的国家工作人员因实施第一款、第二款行为收受贿赂，同时又构成刑法第三百八十五条规定之罪的，依照处罚较重的规定定罪处罚。

　　五、关于改制前后主体身份发生变化的犯罪的处理

　　国家工作人员在国家出资企业改制前利用职务上的便利实施犯罪，在其不再具有国家工作人员身份后又实施同种行为，依法构成不同犯罪的，应当分别定罪，实行数罪并罚。

　　国家工作人员利用职务上的便利，在国家出资企业改制过程中隐匿公司、企业财产，在其不再具有国家工作人员身份后将所隐匿财产据为己有的，依照刑法第三百八十二条、第三百八十三条的规定，以贪污罪定罪处罚。

　　国家工作人员在国家出资企业改制过程中利用职务上的便利为请托人谋取利益，事先约定在其不再具有国家工作人员身份后收受请托人财物，或者在身份变化前后连续收受请托人财物的，依照刑法第三百八十五条、第三百八十六条的规定，以受贿罪定罪处罚。

　　六、关于国家出资企业中国家工作人员的认定

　　经国家机关、国有公司、企业、事业单位提名、推荐、任命、批准等，在国有控股、参股公司及其分支机构中从事公务的人员，应当认定为国家工作人员。具体的任命机构和程序，不影响国家工作人员的认定。

　　经国家出资企业中负有管理、监督国有资产职责的组织批准或者研究决定，代表其在国有控股、参股公司及其分支机构中从事组织、领导、监督、经营、管理工作的人员，应当认定为国家工作人员。

　　国家出资企业中的国家工作人员，在国家出资企业中持有个人股份或者同时接受非国有股东委托的，不影响其国家工作人员身份的认定。

　　七、关于国家出资企业的界定

　　本意见所称"国家出资企业"，包括国家出资的国有独资公司、国有独资企业，以及国有资本控股公司、国有资本参股公司。

　　是否属于国家出资企业不清楚的，应遵循"谁投资、谁拥有产权"的原则进行界定。企业注册登记中的资金来源与实际出资不符的，应根据实际出资情况确定企业的性质。企业实际出资情况不清楚的，可以综合工商注册、分配形式、经营管理等因素确定企业的性质。

　　八、关于宽严相济刑事政策的具体贯彻

　　办理国家出资企业中的职务犯罪案件时，要综合考虑历史条件、企业发展、职工就业、社会稳定等因素，注意具体情况具体分析，严格把握犯罪与一般违规行为的区分界限。对于主观恶意明显、社会危害严重、群众反映强烈的严重犯罪，要坚决依法从严惩处；对于特定历史条件下、为了顺利完成企业改制而实施的违反国家政策法律规定的行为，行为人无主观恶意或者主观恶意不明显，情节较轻，危害不大的，可以不作为犯罪处理。

　　对于国家出资企业中的职务犯罪，要加大经济上的惩罚力度，充分重视财产刑的适用和执行，最大限度地挽回国家和人民利益遭受的损失。不能退赃的，在决定刑罚时，应当作为重要情节予以考虑。

　　382.13 参见 307 - 1.8 最高人民法院关于深入开展虚假诉讼整治工作的意见（2021 年 11 月 10 日　法〔2021〕281 号）（第 17 条）

【法律法规】

　　382.14 中华人民共和国铁路法（1991 年 5 月 1 日　2015 年修正）（第 69 条）

　　382.15 退耕还林条例（2003 年 1 月 20 日　2016 年修订）（第 57 条）

第三百八十三条【贪污罪】对犯贪污罪的，根据情节轻重，分别依照下列规定处罚：

（一）贪污数额较大或者有其他较重情节的，处三年以下有期徒刑或者拘役，并处罚金。

（二）贪污数额巨大或者有其他严重情节的，处三年以上十年以下有期徒刑，并处罚金或者没收财产。

（三）贪污数额特别巨大或者有其他特别严重情节的，处十年以上有期徒刑或者无期徒刑，并处罚金或者没收财产；数额特别巨大，并使国家和人民利益遭受特别重大损失的，处无期徒刑或者死刑，并处没收财产。

对多次贪污未经处理的，按照累计贪污数额处罚。

犯第一款罪，在提起公诉前如实供述自己罪行、真诚悔罪、积极退赃，避免、减少损害结果的发生，有第一项规定情形的，可以从轻、减轻或者免除处罚；有第二项、第三项规定情形的，可以从轻处罚。

犯第一款罪，有第三项规定情形被判处死刑缓期执行的，人民法院根据犯罪情节等情况可以同时决定在其死刑缓期执行二年期满依法减为无期徒刑后，终身监禁，不得减刑、假释。

【刑法修正说明】

本条为全国人大常委会 2015 年 8 月 29 日通过并公布、同年 11 月 1 日施行的《刑法修正案（九）》第 44 条所修正。原第 383 条为：

【贪污罪】对犯贪污罪的，根据情节轻重，分别依照下列规定处罚：

（一）个人贪污数额在十万元以上的，处十年以上有期徒刑或者无期徒刑，可以并处没收财产；情节特别严重的，处死刑，并处没收财产。

（二）个人贪污数额在五万元以上不满十万元的，处五年以上有期徒刑，可以并处没收财产；情节特别严重的，处无期徒刑，并处没收财产。

（三）个人贪污数额在五千元以上不满五万元的，处一年以上七年以下有期徒刑；情节严重的，处七年以上十年以下有期徒刑。个人贪污数额在五千元以上不满一万元，犯罪后有悔改表现、积极退赃的，可以减轻处罚或者免予刑事处罚，由其所在单位或者上级主管机关给予行政处分。

（四）个人贪污数额不满五千元，情节较重的，处二年以下有期徒刑或者拘役；情节较轻的，由其所在单位或者上级主管机关酌情给予行政处分。

对多次贪污未经处理的，按照累计贪污数额处罚。

【罪刑标准】

383.1 最高人民法院、最高人民检察院关于办理贪污贿赂刑事案件适用法律若干问题的解释

（2016 年 4 月 18 日　法释〔2016〕9 号）（节录）

第一条　贪污或者受贿数额在三万元以上不满二十万元的，应当认定为刑法第三百八十三条第一款规定的"数额较大"，依法判处三年以下有期徒刑或者拘役，并处罚金。

贪污数额在一万元以上不满三万元，具有下列情形之一的，应当认定为刑法第三百八十三条第一款规定的"其他较重情节"，依法判处三年以下有期徒刑或者拘役，并处罚金：

（一）贪污救灾、抢险、防汛、优抚、扶贫、移民、救济、防疫、社会捐助等特定款物的；

【说明】最高人民检察院对本项中的"特定款物"作了解释。

　　附：最高人民检察院关于贪污养老、医疗等社会保险基金能否适用《最高人民法院、最高人民检察院关于办理贪污贿赂刑事案件适用法律若干问题的解释》第一条第二款第一项规定的批复（2017年8月7日　高检法释字〔2017〕1号）

各省、自治区、直辖市人民检察院，解放军军事检察院，新疆生产建设兵团人民检察院：

　　近来，一些地方人民检察院就贪污养老、医疗等社会保险基金能否适用《最高人民法院、最高人民检察院关于办理贪污贿赂刑事案件适用法律若干问题的解释》第一条第二款第一项规定请示我院。经研究，批复如下：

　　养老、医疗、工伤、失业、生育等社会保险基金可以认定为《最高人民法院、最高人民检察院关于办理贪污贿赂刑事案件适用法律若干问题的解释》第一条第二款第一项规定的"特定款物"。

　　根据刑法和有关司法解释规定，贪污罪和挪用公款罪中的"特定款物"的范围有所不同，实践中应注意区分，依法适用。

　　（二）曾因贪污、受贿、挪用公款受过党纪、行政处分的；

　　（三）曾因故意犯罪受过刑事追究的；

　　（四）赃款赃物用于非法活动的；

　　（五）拒不交待赃款赃物去向或者拒不配合追缴工作，致使无法追缴的；

　　（六）造成恶劣影响或者其他严重后果的。

　　受贿数额在一万元以上不满三万元，具有前款第二项至第六项规定的情形之一，或者具有下列情形之一的，应当认定为刑法第三百八十三条第一款规定的"其他较重情节"，依法判处三年以下有期徒刑或者拘役，并处罚金：

　　（一）多次索贿的；

　　（二）为他人谋取不正当利益，致使公共财产、国家和人民利益遭受损失的；

　　（三）为他人谋取职务提拔、调整的。

　　第二条　贪污或者受贿数额在二十万元以上不满三百万元的，应当认定为刑法第三百八十三条第一款规定的"数额巨大"，依法判处三年以上十年以下有期徒刑，并处罚金或者没收财产。

　　贪污数额在十万元以上不满二十万元，具有本解释第一条第二款规定的情形之一的，应当认定为刑法第三百八十三条第一款规定的"其他严重情节"，依法判处三年以上十年以下有期徒刑，并处罚金或者没收财产。

　　受贿数额在十万元以上不满二十万元，具有本解释第一条第三款规定的情形之一的，应当认定为刑法第三百八十三条第一款规定的"其他严重情节"，依法判处三年以上十年以下有期徒刑，并处罚金或者没收财产。

　　第三条　贪污或者受贿数额在三百万元以上的，应当认定为刑法第三百八十三条第一款规定的"数额特别巨大"，依法判处十年以上有期徒刑、无期徒刑或者死刑，并处罚金或者没收财产。

　　贪污数额在一百五十万元以上不满三百万元，具有本解释第一条第二款规定的情形之一的，应当认定为刑法第三百八十三条第一款规定的"其他特别严重情节"，依法判处十年以上有期徒刑、无期徒刑或者死刑，并处罚金或者没收财产。

　　受贿数额在一百五十万元以上不满三百万元，具有本解释第一条第三款规定的情形之一的，应当认定为刑法第三百八十三条第一款规定的"其他特别严重情节"，依法判处十年以上有期徒刑、无期徒刑或者死刑，并处罚金或者没收财产。

　　第四条　贪污、受贿数额特别巨大，犯罪情节特别严重、社会影响特别恶劣、给国家和人民利益造成特别重大损失的，可以判处死刑。

　　符合前款规定的情形，但具有自首，立功，如实供述自己罪行、真诚悔罪、积极退赃，或者避免、减少损害结果的发生等情节，不是必须立即执行的，可以判处死刑缓期二年执行。

　　符合第一款规定情形的，根据犯罪情节等情况可以判处死刑缓期二年执行，同时裁判决定在其死刑缓期执行二年期满依法减为无期徒刑后，终身监禁，不得减刑、假释。

第十条（第一款）　刑法第三百八十八条之一规定的利用影响力受贿罪的定罪量刑适用标准，参照本解释关于受贿罪的规定执行。

第十二条　贿赂犯罪中的"财物"，包括货币、物品和财产性利益。财产性利益包括可以折算为货币的物质利益如房屋装修、债务免除等，以及需要支付货币的其他利益如会员服务、旅游等。后者的犯罪数额，以实际支付或者应当支付的数额计算。

第十三条　具有下列情形之一的，应当认定为"为他人谋取利益"，构成犯罪的，应当依照刑法关于受贿犯罪的规定定罪处罚：

（一）实际或者承诺为他人谋取利益的；

（二）明知他人有具体请托事项的；

（三）履职时未被请托，但事后基于该履职事由收受他人财物的。

国家工作人员索取、收受具有上下级关系的下属或者具有行政管理关系的被管理人员的财物价值三万元以上，可能影响职权行使的，视为承诺为他人谋取利益。

第十五条　对多次受贿未经处理的，累计计算受贿数额。

国家工作人员利用职务上的便利为请托人谋取利益前后多次收受请托人财物，受请托之前收受的财物数额在一万元以上的，应当一并计入受贿数额。

第十六条　国家工作人员出于贪污、受贿的故意，非法占有公共财物、收受他人财物之后，将赃款赃物用于单位公务支出或者社会捐赠的，不影响贪污罪、受贿罪的认定，但量刑时可以酌情考虑。

特定关系人索取、收受他人财物，国家工作人员知道后未退还或者上交的，应当认定国家工作人员具有受贿故意。

第十七条　国家工作人员利用职务上的便利，收受他人财物，为他人谋取利益，同时构成受贿罪和刑法分则第三章第三节、第九章规定的渎职犯罪的，除刑法另有规定外，以受贿罪和渎职犯罪数罪并罚。

第十八条　贪污贿赂犯罪分子违法所得的一切财物，应当依照刑法第六十四条的规定予以追缴或者责令退赔，对被害人的合法财产应当及时返还。对尚未追缴到案或者尚未足额退赔的违法所得，应当继续追缴或者责令退赔。

第十九条　对贪污罪、受贿罪判处三年以下有期徒刑或者拘役的，应当并处十万元以上五十万元以下的罚金；判处三年以上十年以下有期徒刑的，应当并处二十万元以上犯罪数额二倍以下的罚金或者没收财产；判处十年以上有期徒刑或者无期徒刑的，应当并处五十万元以上犯罪数额二倍以下的罚金或者没收财产。

对刑法规定并处罚金的其他贪污贿赂犯罪，应当在十万元以上犯罪数额二倍以下判处罚金。

【司法解释】

383.2 参见 382.5 最高人民法院、最高人民检察院关于办理妨害预防、控制突发传染病疫情等灾害的刑事案件具体应用法律若干问题的解释（2003 年 5 月 15 日　法释〔2003〕8 号）

383.3 最高人民法院关于《中华人民共和国刑法修正案（九）》时间效力问题的解释（2015 年 11 月 1 日　法释〔2015〕19 号）（节录）

第七条　对于 2015 年 10 月 31 日以前以捏造的事实提起民事诉讼，妨害司法秩序或者严重侵害他人合法权益，根据修正前刑法应当以伪造公司、企业、事业单位、人民团体印章罪或者妨害作证罪等追究刑事责任的，适用修正前刑法的有关规定。但是，根据修正后刑法第三百零七条之一的规定处刑较轻的，适用修正后刑法的有关规定。

实施第一款行为，非法占有他人财产或者逃避合法债务，根据修正前刑法应当以诈骗罪、职务侵占罪或者贪污罪等追究刑事责任的，适用修正前刑法的有关规定。

第八条　对于 2015 年 10 月 31 日以前实施贪污、受贿行为，罪行极其严重，根据修正前刑法判处死刑缓期执行不能体现罪刑相适应原则，而根据修正后刑法判处死刑缓期执行同时决定在其死刑缓期执行二年期满依法减为无期徒刑后，终身监禁，不得减刑、假释可以罚当其罪的，适用修正后刑法第三百八十三条第四款的规定。根据修正前刑法判处死刑缓期执行足以罚当其罪的，不适用修正后刑法第三百八十三条第四款的规定。

【司法文件】

383.4 参见本章【注2】最高人民法院、最高人民检察院关于办理职务犯罪案件认定自首、立功等量刑情节若干问题的意见（2009年3月12日 法发〔2009〕13号）（第4条）

383.5 最高人民法院、最高人民检察院关于办理职务犯罪案件严格适用缓刑、免予刑事处罚若干问题的意见（2012年8月8日 法发〔2012〕17号）

为进一步规范贪污贿赂、渎职等职务犯罪案件缓刑、免予刑事处罚的适用，确保办理职务犯罪案件的法律效果和社会效果，根据刑法有关规定并结合司法工作实际，就职务犯罪案件缓刑、免予刑事处罚的具体适用问题，提出以下意见：

一、严格掌握职务犯罪案件缓刑、免予刑事处罚的适用。职务犯罪案件的刑罚适用直接关系反腐败工作的实际效果。人民法院、人民检察院要深刻认识职务犯罪的严重社会危害性，正确贯彻宽严相济刑事政策，充分发挥刑罚的惩治和预防功能。要在全面把握犯罪事实和量刑情节的基础上严格依照刑法规定的条件适用缓刑、免予刑事处罚，既要考虑从宽情节，又要考虑从严情节；既要做到刑罚与犯罪相当，又要做到刑罚执行方式与犯罪相当，切实避免缓刑、免予刑事处罚不当适用造成的消极影响。

二、具有下列情形之一的职务犯罪分子，一般不适用缓刑或者免予刑事处罚：

（一）不如实供述罪行的；

（二）不予退缴赃款、赃物或者将赃款、赃物用于非法活动的；

（三）属于共同犯罪中情节严重的主犯的；

（四）犯有数个职务犯罪依法实行并罚或者以一罪处理的；

（五）曾因职务违纪违法行为受过行政处分的；

（六）犯罪涉及的财物属于救灾、抢险、防汛、优抚、扶贫、移民、救济、防疫等特定款物的；

（七）受贿犯罪中具有索贿情节的；

（八）渎职犯罪中徇私舞弊情节或者滥用职权情节恶劣的；

（九）其他不应适用缓刑、免予刑事处罚的情形。

三、不具有本意见第二条规定的情形，全部退缴赃款、赃物，依法判处三年有期徒刑以下刑罚，符合刑法规定的缓刑适用条件的贪污、受贿犯罪分子，可以适用缓刑；符合刑法第三百八十三条第一款第（三）项的规定，依法不需要判处刑罚的，可以免予刑事处罚。

不具有本意见第二条所列情形，挪用公款进行营利活动或者超过三个月未还构成犯罪，一审宣判前已将公款归还，依法判处三年有期徒刑以下刑罚，符合刑法规定的缓刑适用条件的，可以适用缓刑；在案发前已归还，情节轻微，不需要判处刑罚的，可以免予刑事处罚。

四、人民法院审理职务犯罪案件时应当注意听取检察机关、被告人、辩护人提出的量刑意见，分析影响性案件案发前后的社会反映，必要时可以征求案件查办等机关的意见。对于情节恶劣、社会反映强烈的职务犯罪案件，不得适用缓刑、免予刑事处罚。

五、对于具有本意见第二条规定的情形之一，但根据全案事实和量刑情节，检察机关认为确有必要适用缓刑或者免予刑事处罚并据此提出量刑建议的，应经检察委员会讨论决定；审理法院认为确有必要适用缓刑或者免予刑事处罚的，应经审判委员会讨论决定。

第三百八十四条【挪用公款罪】 国家工作人员利用职务上的便利，挪用公款归个人使用，进行非法活动的，或者挪用公款数额较大、进行营利活动的，或者挪用公款数额较大、超过三个月未还的，是挪用公款罪，处五年以下有期徒刑或者拘役；情节严重的，处五年以上有期徒刑。挪用公款数额巨大不退还的，处十年以上有期徒刑或者无期徒刑。

挪用用于救灾、抢险、防汛、优抚、扶贫、移民、救济款物归个人使用的，从重处罚。

【罪名渊源】本条系全国人大常委会《关于惩治贪污罪贿赂罪的补充规定》第 3 条从贪污罪中分离出来的，79 刑法未作规定。刑法吸收该补充规定的内容并作了如下修改：犯罪主体由"国家工作人员、集体经济组织工作人员或者其他经手、管理公共财物的人员"缩小为"国家工作人员"；原"挪用公款数额较大不退还的，以贪污论处"修改为依本罪处理，并加重了法定刑；删除"挪用公款进行非法活动构成其他罪的，依照数罪并罚"的规定；挪用特定款物的犯罪对象增加"扶贫、移民"两项内容。高法《罪名规定》、高检《罪名意见》将其解释为挪用公款罪。

【立法解释】

384.1 参见 93.1 全国人民代表大会常务委员会关于《中华人民共和国刑法》第九十三条第二款的解释（2000 年 4 月 29 日 2009 年修正）

384.2 全国人民代表大会常务委员会关于刑法第三百八十四条第一款的解释（2002 年 4 月 28 日）

全国人民代表大会常务委员会讨论了刑法第三百八十四条第一款规定的国家工作人员利用职务上的便利，挪用公款"归个人使用"的含义问题，解释如下：有下列情形之一的，属于挪用公款"归个人使用"：

（一）将公款供本人、亲友或者其他自然人使用的；

（二）以个人名义将公款供其他单位使用的；

（三）个人决定以单位名义将公款供其他单位使用，谋取个人利益的。

【立案标准】

384.3 最高人民检察院关于人民检察院直接受理立案侦查案件立案标准的规定（试行）（1999 年 9 月 16 日 高检发释字〔1999〕2 号）（节录）

一、贪污贿赂犯罪案件

（二）挪用公款案（第 384 条，第 185 条第 2 款，第 272 条第 2 款）

挪用公款罪是指国家工作人员利用职务上的便利，挪用公款归个人使用，进行非法活动的，或者挪用公款数额较大、进行营利活动的，或者挪用公款数额较大、超过三个月未还的行为。

国有金融机构工作人员和国有金融机构委派到非国有金融机构从事公务的人员，利用职务上的便利，挪用本单位或者客户资金的，以挪用公款罪追究刑事责任。

国有公司、企业或者其他国有单位中从事公务的人员和国有公司、企业或者其他国有单位委派到非国有公司、企业以及其他单位从事公务的人员，利用职务上的便利，挪用本单位资金归个人使用或者借贷给他人，数额较大，超过三个月未还的，或者虽未超过三个月，但数额较大，进行营利活动的，或者进行非法活动的，以挪用公款罪追究刑事责任。

涉嫌下列情形之一的，应予立案：

1. 挪用公款归个人使用，数额在 5 千元至 1 万元以上，进行非法活动的；

2. 挪用公款数额在 1 万元至 3 万元以上，归个人进行营利活动的；

3. 挪用公款归个人使用，数额在 1 万元至 3 万元以上，超过 3 个月未还的。

各省级人民检察院可以根据本地实际情况，在上述数额幅度内，确定本地区执行的具体数额标准，并报最高人民检察院备案。

"挪用公款归个人使用"，既包括挪用者本人使用，也包括给他人使用。

多次挪用公款不还的，挪用公款数额累计计算；多次挪用公款并以后次挪用的公款归还前次挪用的公款，挪用公款数额以案发时未还的数额认定。

挪用公款给其他个人使用的案件，使用人与挪用人共谋，指使或者参与策划取得挪用款的，对使用人以挪用公款罪的共犯追究刑事责任。

四、附则

（四）本规定中有关挪用公款罪案中的"非法活动"，既包括犯罪活动，也包括其他违法活动。

【罪刑标准】

384.4 最高人民法院关于审理挪用公款案件具体应用法律若干问题的解释（1998 年 5 月 9 日法释〔1998〕9 号）（节录）

第一条　刑法第三百八十四条规定的"挪用公款归个人使用"，包括挪用者本人使用或者给他人使用。

挪用公款给私有公司、私有企业使用的，属于挪用公款归个人使用。

第二条　对挪用公款罪，应区分三种不同情况予以认定：

（一）挪用公款归个人使用，数额较大、超过三个月未还的，构成挪用公款罪。

挪用正在生息或者需要支付利息的公款归个人使用，数额较大，超过三个月但在案发前全部归还本金的，可以从轻处罚或者免除处罚。给国家、集体造成的利息损失应予追缴。挪用公款数额巨大，超过三个月，案发前全部归还的，可以酌情从轻处罚。

（二）挪用公款数额较大，归个人进行营利活动的，构成挪用公款罪，不受挪用时间和是否归还的限制。在案发前部分或者全部归还本息的，可以从轻处罚；情节轻微的，可以免除处罚。

挪用公款存入银行、用于集资、购买股票、国债等，属于挪用公款进行营利活动。所获取的利息、收益等违法所得，应当追缴，但不计入挪用公款的数额。

（三）挪用公款归个人使用，进行赌博、走私等非法活动的，构成挪用公款罪，不受"数额较大"和挪用时间的限制。

挪用公款给他人使用，不知道使用人用公款进行营利活动或者用于非法活动，数额较大、超过三个月未还的，构成挪用公款罪；明知使用人用于营利活动或者非法活动的，应当认定为挪用人挪用公款进行营利活动或者非法活动。

第三条　挪用公款归个人使用，"数额较大、进行营利活动的"，或者"数额较大、超过三个月未还的"，以挪用公款一万元至三万元为"数额较大"的起点，以挪用公款十五万元至二十万元为"数额巨大"的起点。挪用公款"情节严重"，是指挪用公款数额巨大，或者数额虽未达到巨大，但挪用公款手段恶劣；多次挪用公款；因挪用公款严重影响生产、经营，造成严重损失等情形。

"挪用公款归个人使用，进行非法活动的"，以挪用公款五千元至一万元为追究刑事责任的数额起点。挪用公款五万元至十万元以上的，属于挪用公款归个人使用，进行非法活动，"情节严重"的情形之一。挪用公款归个人使用，进行非法活动，情节严重的其他情形，按照本条第一款的规定执行。

各高级人民法院可以根据本地实际情况，按照本解释规定的数额幅度，确定本地区执行的具体数额标准，并报最高人民法院备案。

挪用救灾、抢险、防汛、优抚、扶贫、移民、救济款物归个人使用的数额标准，参照挪用公款归个人使用进行非法活动的数额标准。

第四条　多次挪用公款不还，挪用公款数额累计计算；多次挪用公款，并以后次挪用的公款归还前次挪用的公款，挪用公款数额以案发时未还的实际数额认定。

第五条　"挪用公款数额巨大不退还的"，是指挪用公款数额巨大，因客观原因在一审宣判前不能退还的。

第七条　因挪用公款索取、收受贿赂构成犯罪的，依照数罪并罚的规定处罚。

挪用公款进行非法活动构成其他犯罪的，依照数罪并罚的规定处罚。

第八条　挪用公款给他人使用，使用人与挪用人共谋，指使或者参与策划取得挪用款的，以挪用公款罪的共犯定罪处罚。

384.5 最高人民法院、最高人民检察院关于办理贪污贿赂刑事案件适用法律若干问题的解释（2016年4月18日 法释〔2016〕9号）（节录）

第五条 挪用公款归个人使用，进行非法活动，数额在三万元以上的，应当依照刑法第三百八十四条的规定以挪用公款罪追究刑事责任；数额在三百万元以上的，应当认定为刑法第三百八十四条第一款规定的"数额巨大"。具有下列情形之一的，应当认定为刑法第三百八十四条第一款规定的"情节严重"：

（一）挪用公款数额在一百万元以上的；

（二）挪用救灾、抢险、防汛、优抚、扶贫、移民、救济特定款物，数额在五十万元以上不满一百万元的；

（三）挪用公款不退还，数额在五十万元以上不满一百万元的；

（四）其他严重的情节。

第六条 挪用公款归个人使用，进行营利活动或者超过三个月未还，数额在五万元以上的，应当认定为刑法第三百八十四条第一款规定的"数额较大"；数额在五百万元以上的，应当认定为刑法第三百八十四条第一款规定的"数额巨大"。具有下列情形之一的，应当认定为刑法第三百八十四条第一款规定的"情节严重"：

（一）挪用公款数额在二百万元以上的；

（二）挪用救灾、抢险、防汛、优抚、扶贫、移民、救济特定款物，数额在一百万元以上不满二百万元的；

（三）挪用公款不退还，数额在一百万元以上不满二百万元的；

（四）其他严重的情节。

第十八条 贪污贿赂犯罪分子违法所得的一切财物，应当依照刑法第六十四条的规定予以追缴或者责令退赔，对被害人的合法财产应当及时返还。对尚未追缴到案或者尚未足额退赔的违法所得，应当继续追缴或者责令退赔。

第十九条（第二款） 对刑法规定并处罚金的其他贪污贿赂犯罪，应当在十万元以上犯罪数额二倍以下判处罚金。

【司法解释】

384.6 最高人民检察院关于挪用国库券如何定性问题的批复（1997年10月13日 高检发释字〔1997〕5号）

宁夏回族自治区人民检察院：

你院宁检发字〔1997〕43号《关于国库券等有价证券是否可以成为挪用公款罪所侵犯的对象以及以国库券抵押贷款的行为如何定性等问题的请示》收悉。关于挪用国库券如何定性的问题，经研究，批复如下：

国家工作人员利用职务上的便利，挪用公有或本单位的国库券的行为以挪用公款论；符合刑法第384条、第272条第2款规定的情形构成犯罪的，按挪用公款罪追究刑事责任。

384.7 参见273.1 最高人民检察院关于挪用失业保险基金和下岗职工基本生活保障资金的行为适用法律问题的批复（2003年1月30日 高检发释字〔2003〕1号）

384.8 参见382.5 最高人民法院、最高人民检察院关于办理妨害预防、控制突发传染病疫情等灾害的刑事案件具体应用法律若干问题的解释（2003年5月15日 法释〔2003〕8号）

384.9 最高人民法院关于挪用公款犯罪如何计算追诉期限问题的批复（2003年10月10日 法释〔2003〕16号）

天津市高级人民法院：

你院津高法〔2002〕4号《关于挪用公款犯罪如何计算追诉期限问题的请示》收悉。经研究，答复如下：

根据刑法第八十九条、第三百八十四条的规定，挪用公款归个人使用，进行非法活动的，或者挪用公款数额较大、进行营利活动的，犯罪的追诉期限从挪用行为实施完毕之日起计算；挪用公款数额较大、超过三个月未还的，犯罪的追诉期限从挪用公款罪成立之日起计算。挪用公款行为有连续状态的，犯罪的追诉期限应当从最后一次挪用行为实施完毕之日或者犯罪成立之日起计算。

【司法文件】

384.10 最高人民检察院关于国家工作人员挪用非特定公物能否定罪的请示的批复（2000 年 3 月 6 日　高检发释字〔2000〕1 号）

山东省人民检察院：

你院鲁检发研字〔1999〕第 3 号《关于国家工作人员挪用非特定公物能否定罪的请示》收悉。经研究认为，刑法第 384 条规定的挪用公款罪中未包括挪用非特定公物归个人使用的行为，对该行为不以挪用公款罪论处。如构成其他犯罪的，依照刑法的相关规定定罪处罚。

384.11 最高人民检察院关于贯彻执行《全国人民代表大会常务委员会关于〈中华人民共和国刑法〉第九十三条第二款的解释》的通知（2000 年 6 月 5 日　高检发研字〔2000〕12 号）（节录）

二、根据《解释》①，检察机关对村民委员会等村基层组织人员协助人民政府从事《解释》所规定的行政管理工作中发生的利用职务上的便利，非法占有公共财物、挪用公款、索取他人财物或者非法收受他人财物，构成犯罪的案件，应直接受理，分别适用刑法第三百八十二条、第三百八十三条、第三百八十四条和第三百八十五条、第三百八十六条的规定，以涉嫌贪污罪，挪用公款罪，受贿罪立案侦查。

三、各级检察机关在依法查处村民委员会等村基层组织人员贪污、受贿、挪用公款犯罪案件过程中，要根据《解释》和其他有关法律的规定，严格把握界限，准确认定村民委员会等村基层组织人员的职务活动是否属于协助人民政府从事《解释》所规定的行政管理工作，并正确把握刑法第三百八十二条、第三百八十三条贪污罪，第三百八十四条挪用公款罪和第三百八十五条、第三百八十六条受贿罪的构成要件。对村民委员会等村基层组织人员从事属于村民自治范围的经营、管理活动不能适用《解释》的规定。

384.12 参见 294.4 最高人民检察院关于认真贯彻执行全国人大常委会《关于刑法第二百九十四条第一款的解释》和《关于刑法第三百八十四条第一款的解释》的通知（2002 年 5 月 13 日　高检发研字〔2002〕11 号）

384.13 全国法院审理经济犯罪案件工作座谈会纪要（最高人民法院 2003 年 11 月 13 日印发法〔2003〕167 号）（节录）

四、关于挪用公款罪

（一）单位决定将公款给个人使用行为的认定

经单位领导集体研究决定将公款给个人使用，或者单位负责人为了单位的利益，决定将公款给个人使用的，不以挪用公款罪定罪处罚。上述行为致使单位遭受重大损失，构成其他犯罪的，依照刑法的有关规定对责任人员定罪处罚。

（二）挪用公款供其他单位使用行为的认定

根据全国人大常委会《关于〈中华人民共和国刑法〉第三百八十四条第一款的解释》的规定，"以个人名义将公款供其他单位使用的"、"个人决定以单位名义将公款供其他单位使用，谋取个人利益的"，属于挪用公款"归个人使用"。在司法实践中，对于将公款供其他单位使用的，认定是否属于"以个人名义"，不能只看形式，要从实质上把握。对于行为人逃避财务监管，或者与使用人约定以个人名义进行，或者借款、还款都以个人名义进行，将公款给其他单位使用的，应认定为"以个人名义"。"个人决定"既包括行为人在职权范围内决定，也包括超越职权范围决定。"谋取个人利益"，既包括行为人与使用人事先约定谋取个人利益实际尚未获取的情况，也包括虽未事先约定但实际已获取了个人利益的情况。其中的"个人利益"，既包括不正当利益，也包括正当利益；既包括财产性利益，也包括非财产性利益，但这种非财产性利益应当是

---

①　指全国人大常委会《关于〈中华人民共和国刑法〉第九十三条第二款的解释》，下同。——编者注

具体的实际利益,如升学、就业等。

(三)国有单位领导向其主管的具有法人资格的下级单位借公款归个人使用的认定

国有单位领导利用职务上的便利指令具有法人资格的下级单位将公款供个人使用的,属于挪用公款行为,构成犯罪的,应以挪用公款罪定罪处罚。

(四)挪用有价证券、金融凭证用于质押行为性质的认定

挪用金融凭证、有价证券用于质押,使公款处于风险之中,与挪用公款为他人提供担保没有实质的区别,符合刑法关于挪用公款罪规定的,以挪用公款罪定罪处罚,挪用公款数额以实际或者可能承担的风险数额认定。

(五)挪用公款归还个人欠款行为性质的认定

挪用公款归还个人欠款的,应当根据产生欠款的原因,分别认定属于挪用公款的何种情形。归还个人进行非法活动或者进行营利活动产生的欠款,应当认定为挪用公款进行非法活动或者进行营利活动。

(六)挪用公款用于注册公司、企业行为性质的认定

申报注册资本是为进行生产经营活动作准备,属于成立公司、企业进行营利活动的组成部分。因此,挪用公款归个人用于公司、企业注册资本验资证明的,应当认定为挪用公款进行营利活动。

(七)挪用公款后尚未投入实际使用的行为性质的认定

挪用公款后尚未投入实际使用的,只要同时具备"数额较大"和"超过三个月未还"的构成要件,应当认定为挪用公款罪,但可以酌情从轻处罚。

(八)挪用公款转化为贪污的认定

挪用公款罪与贪污罪的主要区别在于行为人主观上是否具有非法占有公款的目的。挪用公款是否转化为贪污,应当按照主客观相一致的原则,具体判断和认定行为人主观上是否具有非法占有公款的目的。在司法实践中,具有以下情形之一的,可以认定行为人具有非法占有公款的目的:

1. 根据《最高人民法院关于审理挪用公款案件具体应用法律若干问题的解释》第六条的规定,行为人"携带挪用的公款潜逃的",对其携带挪用的公款部分,以贪污罪定罪处罚。

2. 行为人挪用公款后采取虚假发票平账、销毁有关账目等手段,使所挪用的公款已难以在单位财务账目上反映出来,且没有归还行为的,应当以贪污罪定罪处罚。

3. 行为人截取单位收入不入账,非法占有,使所占有的公款难以在单位财务账目上反映出来,且没有归还行为的,应当以贪污罪定罪处罚。

4. 有证据证明行为人有能力归还所挪用的公款而拒不归还,并隐瞒挪用的公款去向的,应当以贪污罪定罪处罚。

384.14 参见272.9 最高人民法院、最高人民检察院关于办理国家出资企业中职务犯罪案件具体应用法律若干问题的意见(2010年11月26日　法发〔2010〕49号)

384.15 参见383.5 最高人民法院、最高人民检察院关于办理职务犯罪案件严格适用缓刑、免予刑事处罚若干问题的意见(2012年8月8日　法发〔2012〕17号)(第2条、第3条第2款)

【法律法规】

384.16 中华人民共和国刑事诉讼法(1980年1月1日　2018年修正)(第245条)

384.17 中华人民共和国教师法(1994年1月1日　2009年修正)(第38条第2款)

384.18 中华人民共和国劳动法(1995年1月1日　2018年修正)(第104条)

384.19 中华人民共和国教育法(1995年9月1日　2021年修正)(第71条第2款)

384.20 国家重点建设项目管理办法(1996年6月14日　2011年修订)(第2条、第11条、第23条)

384.21 失业保险条例(1999年1月22日)(第11条、第31条)

384.22 工伤保险条例(2004年1月1日　2010年修订)(第12条、第56条)

　　第三百八十五条【受贿罪】 国家工作人员利用职务上的便利，索取他人财物的，或者非法收受他人财物，为他人谋取利益的，是受贿罪。

　　国家工作人员在经济往来中，违反国家规定，收受各种名义的回扣、手续费，归个人所有的，以受贿论处。

　　【罪名渊源】 79 刑法第 185 条规定了本罪，全国人大常委会《关于严惩严重破坏经济的罪犯的决定》第 1 条第 2 项将法定最高刑由 15 年有期徒刑提高到死刑。全国人大常委会《关于惩治贪污罪贿赂罪的补充规定》第 4—5 条对本罪罪状作了修改补充：(1) 犯罪主体由"国家工作人员"扩大至"国家工作人员、集体经济组织工作人员或者其他从事公务的人员"；(2) 增设利用职务上的便利索贿和非法收受他人财物为他人谋取利益两种犯罪行为；(3) 增设内外勾结"伙同受贿的，以共犯论处"，以及"违反国家规定收受各种名义的回扣、手续费，归个人所有的，以受贿论处"的内容；(4) 单独规定了法定刑。刑法对该补充规定作了修改：犯罪主体缩小为"国家工作人员"，不再包括"集体经济组织工作人员或者其他从事公务的人员"；删除内外勾结"伙同受贿的，以共犯论处"的内容；法定刑改为依照贪污罪处罚。高法《罪名规定》、高检《罪名意见》将其解释为受贿罪。

　　【立法解释】

　　385.1 参见 93.1 全国人民代表大会常务委员会关于《中华人民共和国刑法》第九十三条第二款的解释（2000 年 4 月 29 日　2009 年修正）

　　385.2 参见 313.1 全国人民代表大会常务委员会关于《中华人民共和国刑法》第三百一十三条的解释（2002 年 8 月 29 日）

　　【立案标准】

　　385.3 最高人民检察院关于人民检察院直接受理立案侦查案件立案标准的规定（试行）（1999 年 9 月 16 日　高检发释字〔1999〕2 号）（节录）

　　一、贪污贿赂犯罪案件

　　（三）受贿案（第 385 条、第 386 条，第 388 条，第 163 条第 3 款，第 184 条第 2 款）

　　受贿罪是指国家工作人员利用职务上的便利，索取他人财物的，或者非法收受他人财物，为他人谋取利益的行为。

　　"利用职务上的便利"，是指利用本人职务范围内的权力，即自己职务上主管、负责或者承办某项公共事务的职权及其所形成的便利条件。

　　索取他人财物的，不论是否"为他人谋取利益"，均可构成受贿罪。非法收受他人财物的，必须同时具备"为他人谋取利益"的条件，才能构成受贿罪。但是为他人谋取的利益是否正当，为他人谋取的利益是否实现，不影响受贿罪的认定。

　　国家工作人员在经济往来中，违反国家规定，收受各种名义的回扣、手续费，归个人所有的，以受贿罪追究刑事责任。

　　国有公司、企业中从事公务的人员和国有公司、企业委派到非国有公司、企业从事公务的人员利用职务上的便利，索取他人财物或者非法收受他人财物，为他人谋取利益，或者在经济往来中，违反国家规定，收受各种名义的回扣、手续费，归个人所有的，以受贿罪追究刑事责任。

　　国有金融机构工作人员和国有金融机构委派到非国有金融机构从事公务的人员在金融业务活动中索取他人财物或者非法收受他人财物，为他人谋取利益的，或者违反国家规定，收受各种名义的回扣、手续费归个人所有的，以受贿罪追究刑事责任。

　　国家工作人员利用本人职权或者地位形成的便利条件，通过其他国家工作人员职务上的行为，为请托人谋取不正当利益，索取请托人财物或者收受请托人财物的，以受贿罪追究刑事责任。

涉嫌下列情形之一的，应予立案：

1. 个人受贿数额在 5 千元以上的；

2. 个人受贿数额不满 5 千元，但具有下列情形之一的：

（1）因受贿行为而使国家或者社会利益遭受重大损失的；

（2）故意刁难、要挟有关单位、个人，造成恶劣影响的；

（3）强行索取财物的。

四、附则

（二）本规定中有关犯罪数额"不满"，是指接近该数额且已达到该数额的百分之八十以上。

（五）本规定中有关贿赂罪案中的"谋取不正当利益"，是指谋取违反法律、法规、国家政策和国务院各部门规章规定的利益，以及谋取违反法律、法规、国家政策和国务院各部门规章规定的帮助或者方便条件。

【司法解释】

385.4 最高人民法院、最高人民检察院、公安部、国家工商行政管理局关于依法查处盗窃、抢劫机动车案件的规定（1998 年 5 月 8 日　公通字〔1998〕31 号）（节录）

八、公安、工商行政管理人员利用职务上的便利，索取或者非法收受他人财物，为赃车入户、过户、验证构成犯罪的，依照《刑法》第三百八十五条、第三百八十六条的规定处罚。

385.5 最高人民法院关于国家工作人员利用职务上的便利为他人谋取利益离退休后收受财物行为如何处理问题的批复（2000 年 7 月 21 日　法释〔2000〕21 号）

江苏省高级人民法院：

你院苏高法〔1999〕65 号《关于国家工作人员在职时为他人谋利，离退休后收受财物是否构成受贿罪的请示》收悉。经研究，答复如下：

国家工作人员利用职务上的便利为请托人谋取利益，并与请托人事先约定，在其离退休后收受请托人财物，构成犯罪的，以受贿罪定罪处罚。

385.6 最高人民法院、最高人民检察院关于办理赌博刑事案件具体应用法律若干问题的解释（2005 年 5 月 13 日　法释〔2005〕3 号）（节录）

第七条　通过赌博或者为国家工作人员赌博提供资金的形式实施行贿、受贿行为，构成犯罪的，依照刑法关于贿赂犯罪的规定定罪处罚。

385.7 最高人民法院、最高人民检察院关于办理渎职刑事案件适用法律若干问题的解释（一）（2013 年 1 月 9 日　法释〔2012〕18 号）（节录）

第三条　国家机关工作人员实施渎职犯罪并收受贿赂，同时构成受贿罪的，除刑法另有规定外，以渎职犯罪和受贿罪数罪并罚。

385.8 参见 382.7 最高人民法院、最高人民检察院关于办理危害生产安全刑事案件适用法律若干问题的解释（2015 年 12 月 16 日　法释〔2015〕22 号）

【司法文件】

385.9 最高人民检察院关于贯彻执行《全国人民代表大会常务委员会关于〈中华人民共和国刑法〉第九十三条第二款的解释》的通知（2000 年 6 月 5 日　高检发研字〔2000〕12 号）（节录）

三、各级检察机关在依法查处村民委员会等村基层组织人员贪污、受贿、挪用公款犯罪案件过程中，要根据《解释》①和其他有关法律的规定，严格把握界限，准确认定村民委员会等村基层组织人员的职务活动是否属于协助人民政府从事《解释》所规定的行政管理工作，并正确把握刑法第三百八十二条、第三百八十三条贪污罪，第三百八十四条挪用公款罪和第三百八十五条、第三百八十六条受贿罪的构成要件。对村民委员会等村基层组织人员从事属于村民自治范围的经营、管理活动不能适用《解释》的规定。

---

①　指全国人大常委会《关于〈中华人民共和国刑法〉第九十三条第二款的解释》，下同。——编者注

四、各级检察机关在依法查处村民委员会等村基层组织人员涉嫌贪污、受贿、挪用公款犯罪案件过程中，要注意维护农村社会的稳定，注重办案的法律效果与社会效果的统一。对疑难、复杂、社会影响大的案件，下级检察机关要及时向上级检察机关请示。上级检察机关要认真及时研究，加强指导，以准确适用法律，保证办案质量。

385.10 参见 163.5 最高人民检察院研究室关于佛教协会工作人员能否构成受贿罪或者公司、企业人员受贿罪主体问题的答复（2023 年 1 月 13 日　〔2003〕高检研发第 2 号）

385.11 最高人民检察院研究室关于集体性质的乡镇卫生院院长利用职务之便收受他人财物的行为如何适用法律问题的答复（2003 年 4 月 2 日　〔2003〕高检研发第 9 号）

山东省人民检察院研究室：

你院《关于工人身份的乡镇卫生院院长利用职务之便收受贿赂如何适用法律问题的请示》（鲁检发研字〔2001〕第 10 号）收悉。经研究，答复如下：

经过乡镇政府或者主管行政机关任命的乡镇卫生院院长，在依法从事本区域卫生工作的管理与业务技术指导，承担医疗预防保健服务工作等公务活动时，属于刑法第九十三条第二款规定的其他依照法律从事公务的人员。对其利用职务上的便利，索取他人财物的，或者非法收受他人财物，为他人谋取利益的，应当依照刑法第三百八十五条、第三百八十六条的规定，以受贿罪追究刑事责任。

385.12 全国法院审理经济犯罪案件工作座谈会纪要（最高人民法院 2003 年 11 月 13 日印发法〔2003〕167 号）（节录）

三、关于受贿罪

（一）关于"利用职务上的便利"的认定

刑法第三百八十五条第一款规定的"利用职务上的便利"，既包括利用本人职务上主管、负责、承办某项公共事务的职权，也包括利用职务上有隶属、制约关系的其他国家工作人员的职权。担任单位领导职务的国家工作人员通过不属自己主管的下级部门的国家工作人员的职务为他人谋取利益的，应当认定为"利用职务上的便利"为他人谋取利益。

（二）"为他人谋取利益"的认定

为他人谋取利益包括承诺、实施和实现三个阶段的行为。只要具有其中一个阶段的行为，如国家工作人员收受他人财物时，根据他人提出的具体请托事项，承诺为他人谋取利益的，就具备了为他人谋取利益的要件。明知他人有具体请托事项而收受其财物的，视为承诺为他人谋取利益。

（四）离职国家工作人员收受财物行为的处理

参照《最高人民法院关于国家工作人员利用职务上的便利为他人谋取利益离退休后收受财物行为如何处理问题的批复》规定的精神，国家工作人员利用职务上的便利为请托人谋取利益，并与请托人事先约定，在其离职后收受请托人财物，构成犯罪的，以受贿罪定罪处罚。

（五）共同受贿犯罪的认定

根据刑法关于共同犯罪的规定，非国家工作人员与国家工作人员勾结，伙同受贿的，应当以受贿罪的共犯追究刑事责任。非国家工作人员是否构成受贿罪共犯，取决于双方有无共同受贿的故意和行为。国家工作人员的近亲属向国家工作人员代为转达请托事项，收受请托人财物并告知该国家工作人员，或者国家工作人员明知其近亲属收受了他人财物，仍按照近亲属的要求利用职权为他人谋取利益的，对该国家工作人员应认定为受贿罪，其近亲属以受贿罪共犯论处。近亲属以外的其他人与国家工作人员通谋，由国家工作人员利用职务上的便利为请托人谋取利益，收受请托人财物后双方共同占有的，构成受贿罪共犯。

国家工作人员利用职务上的便利为他人谋取利益，并指定他人将财物送给其他人，构成犯罪的，应以受贿罪定罪处罚。

（六）以借款为名索取或者非法收受财物行为的认定

国家工作人员利用职务上的便利，以借为名向他人索取财物，或者非法收受财物为他人谋取利益的，应当认定为受贿。具体认定时，不能仅仅看是否有书面借款手续，应当根据以下因素综合判定：（1）有无正当、合理的借款事由；（2）款项的去向；（3）双方平时关系如何、有无经济往来；（4）出借方是否要求国家工作人员利用职务上的便利为其谋取利益；（5）借款后是否有归还的意思表示及行为；（6）是否有归还的能力；（7）未归还的原因；等等。

（七）涉及股票受贿案件的认定

在办理涉及股票的受贿案件时，应当注意：（1）国家工作人员利用职务上的便利，索取或非法收受股票，没有支付股本金，为他人谋取利益，构成受贿罪的，其受贿数额按照收受股票时的实际价格计算。（2）行为人支付股本金而购买较有可能升值的股票，由于不是无偿收受请托人财物，不以受贿罪论处。（3）股票已上市且已升值，行为人仅支付股本金，其"购买"股票时的实际价格与股本金的差价部分应认定为受贿。

385.13 最高人民法院、最高人民检察院关于办理受贿刑事案件适用法律若干问题的意见
（2007年7月8日　法发〔2007〕22号）

为依法惩治受贿犯罪活动，根据刑法有关规定，现就办理受贿刑事案件具体适用法律若干问题，提出以下意见：

一、关于以交易形式收受贿赂问题

国家工作人员利用职务上的便利为请托人谋取利益，以下列交易形式收受请托人财物的，以受贿论处：

（1）以明显低于市场的价格向请托人购买房屋、汽车等物品的；

（2）以明显高于市场的价格向请托人出售房屋、汽车等物品的；

（3）以其他交易形式非法收受请托人财物的。

受贿数额按照交易时当地市场价格与实际支付价格的差额计算。

前款所列市场价格包括商品经营者事先设定的不针对特定人的最低优惠价格。根据商品经营者事先设定的各种优惠交易条件，以优惠价格购买商品的，不属于受贿。

二、关于收受干股问题

干股是指未出资而获得的股份。国家工作人员利用职务上的便利为请托人谋取利益，收受请托人提供的干股的，以受贿论处。进行了股权转让登记，或者相关证据证明股份发生了实际转让的，受贿数额按转让行为时股份价值计算，所分红利按受贿孳息处理。股份未实际转让，以股份分红名义获取利益的，实际获利数额应当认定为受贿数额。

三、关于以开办公司等合作投资名义收受贿赂问题

国家工作人员利用职务上的便利为请托人谋取利益，由请托人出资，"合作"开办公司或者进行其他"合作"投资的，以受贿论处。受贿数额为请托人给国家工作人员的出资额。

国家工作人员利用职务上的便利为请托人谋取利益，以合作开办公司或者其他合作投资的名义获取"利润"，没有实际出资和参与管理、经营的，以受贿论处。

四、关于以委托请托人投资证券、期货或者其他委托理财的名义收受贿赂问题

国家工作人员利用职务上的便利为请托人谋取利益，以委托请托人投资证券、期货或者其他委托理财的名义，未实际出资而获取"收益"，或者虽然实际出资，但获取"收益"明显高于出资应得收益的，以受贿论处。受贿数额，前一情形，以"收益"额计算；后一情形，以"收益"额与出资应得收益额的差额计算。

五、关于以赌博形式收受贿赂的认定问题

根据《最高人民法院、最高人民检察院关于办理赌博刑事案件具体应用法律若干问题的解释》第七条规定，国家工作人员利用职务上的便利为请托人谋取利益，通过赌博方式收受请托人财物的，构成受贿。

实践中应注意区分贿赂与赌博活动、娱乐活动的界限。具体认定时，主要应当结合以下因素进行判断：（1）赌博的背景、场合、时间、次数；（2）赌资来源；（3）其他赌博参与者有无事先通谋；（4）输赢钱物的具体情况和金额大小。

六、关于特定关系人"挂名"领取薪酬问题

国家工作人员利用职务上的便利为请托人谋取利益，要求或者接受请托人以给特定关系人安排工作为名，使特定关系人不实际工作却获取所谓薪酬的，以受贿论处。

七、关于由特定关系人收受贿赂问题

国家工作人员利用职务上的便利为请托人谋取利益，授意请托人以本意见所列形式，将有关财物给予特定关系人的，以受贿论处。

特定关系人与国家工作人员通谋，共同实施前款行为的，对特定关系人以受贿罪的共犯论处。特定关系人以外的其他人与国家工作人员通谋，由国家工作人员利用职务上的便利为请托人谋取利益，收受请托人财物后双方共同占有的，以受贿罪的共犯论处。

八、关于收受贿赂物品未办理权属变更问题

国家工作人员利用职务上的便利为请托人谋取利益，收受请托人房屋、汽车等物品，未变更权属登记或者借用他人名义办理权属变更登记的，不影响受贿的认定。

认定以房屋、汽车等物品为对象的受贿，应注意与借用的区分。具体认定时，除双方交代或者书面协议之外，主要应当结合以下因素进行判断：（1）有无借用的合理事由；（2）是否实际使用；（3）借用时间的长短；（4）有无归还的条件；（5）有无归还的意思表示及行为。

九、关于收受财物后退还或者上交问题

国家工作人员收受请托人财物后及时退还或者上交的，不是受贿。

国家工作人员受贿后，因自身或者与其受贿有关联的人、事被查处，为掩饰犯罪而退还或者上交的，不影响认定受贿罪。

十、关于在职时为请托人谋利，离职后收受财物问题

国家工作人员利用职务上的便利为请托人谋取利益之前或者之后，约定在其离职后收受请托人财物，并在离职后收受的，以受贿论处。

国家工作人员利用职务上的便利为请托人谋取利益，离职前后连续收受请托人财物的，离职前后收受部分均应计入受贿数额。

十一、关于"特定关系人"的范围

本意见所称"特定关系人"，是指与国家工作人员有近亲属、情妇（夫）以及其他共同利益关系的人。

十二、关于正确贯彻宽严相济刑事政策的问题

依照本意见办理受贿刑事案件，要根据刑法关于受贿罪的有关规定和受贿罪权钱交易的本质特征，准确区分罪与非罪、此罪与彼罪的界限，惩处少数，教育多数。在从严惩处受贿犯罪的同时，对于具有自首、立功等情节的，依法从轻、减轻或者免除处罚。

385.14 最高人民法院、最高人民检察院、公安部关于依法严肃查处拒不执行判决、裁定和暴力抗拒法院执行犯罪行为有关问题的通知（2007年8月30日　法发〔2007〕29号）（节录）

一、对下列拒不执行判决、裁定的行为，依照刑法第三百一十三条的规定，以拒不执行判决、裁定罪论处。

（四）被执行人、担保人、协助执行义务人与国家机关工作人员通谋，利用国家机关工作人员的职权妨害执行，致使判决、裁定无法执行的；

四、国家机关工作人员有本《通知》第一条第四项行为的，以拒不执行判决、裁定罪的共犯追究刑事责任。

国家机关工作人员收受贿赂或者滥用职权，有本《通知》第一条第四项行为的，同时又构成刑法第三百八十五条、第三百九十七条规定罪的，依照处罚较重的规定定罪处罚。

385.15 最高人民法院、最高人民检察院关于办理商业贿赂刑事案件适用法律若干问题的意见（2008年11月20日　法发〔2008〕33号）（节录）

四、医疗机构中的国家工作人员，在药品、医疗器械、医用卫生材料等医药产品采购活动中，利用职务上的便利，索取销售方财物，或者非法收受销售方财物，为销售方谋取利益，构成犯罪的，依照刑法第三百八十五条的规定，以受贿罪定罪处罚。

五、学校及其他教育机构中的国家工作人员，在教材、教具、校服或者其他物品的采购等活动中，利用职务上的便利，索取销售方财物，或者非法收受销售方财物，为销售方谋取利益，构成犯罪的，依照刑法第三百八十五条的规定，以受贿罪定罪处罚。

六、依法组建的评标委员会、竞争性谈判采购中谈判小组、询价采购中询价小组的组成人员，在招标、政府采购等事项的评标或者采购活动中，索取他人财物或者非法收受他人财物，为他人谋取利益，数额较大的，依照刑法第一百六十三条的规定，以非国家工作人员受贿罪定罪处罚。

依法组建的评标委员会、竞争性谈判采购中谈判小组、询价采购中询价小组中国家机关或者其他国有单位的代表有前款行为的，依照刑法第三百八十五条的规定，以受贿罪定罪处罚。

七、商业贿赂中的财物，既包括金钱和实物，也包括可以用金钱计算数额的财产性利益，如提供房屋装修、含有金额的会员卡、代币卡（券）、旅游费用等。具体数额以实际支付的资费为准。

八、收受银行卡的，不论受贿人是否实际取出或者消费，卡内的存款数额一般应全额认定为受贿数额。使用银行卡透支的，如果由给予银行卡的一方承担还款责任，透支数额也应当认定为受贿数额。

十一、非国家工作人员与国家工作人员通谋，共同收受他人财物，构成共同犯罪的，根据双方利用职务便利的具体情形分别定罪追究刑事责任：

（1）利用国家工作人员的职务便利为他人谋取利益的，以受贿罪追究刑事责任。

（2）利用非国家工作人员的职务便利为他人谋取利益的，以非国家工作人员受贿罪追究刑事责任。

（3）分别利用各自的职务便利为他人谋取利益的，按照主犯的犯罪性质追究刑事责任，不能分清主从犯的，可以受贿罪追究刑事责任。

385.16 最高人民法院、最高人民检察院关于办理国家出资企业中职务犯罪案件具体应用法律若干问题的意见（2010 年 11 月 26 日 法发〔2010〕49 号）（节录）

四、关于国家工作人员在企业改制过程中的渎职行为的处理

（第一款）国家出资企业中的国家工作人员在公司、企业改制或者国有资产处置过程中严重不负责任或者滥用职权，致使国家利益遭受重大损失的，依照刑法第一百六十八条的规定，以国有公司、企业人员失职罪或者国有公司、企业人员滥用职权罪定罪处罚。

（第二款）国家出资企业中的国家工作人员在公司、企业改制或者国有资产处置过程中徇私舞弊，将国有资产低价折股或者低价出售给其本人未持有股份的公司、企业或者其他个人，致使国家利益遭受重大损失的，依照刑法第一百六十九条的规定，以徇私舞弊低价折股、出售国有资产罪定罪处罚。

（第四款）国家出资企业中的国家工作人员因实施第一款、第二款行为收受贿赂，同时又构成刑法第三百八十五条规定之罪的，依照处罚较重的规定定罪处罚。

五、关于改制前后主体身份发生变化的犯罪的处理

（第三款）国家工作人员在国家出资企业改制过程中利用职务上的便利为请托人谋取利益，事先约定在其不再具有国家工作人员身份后收受请托人财物，或者在身份变化前后连续收受请托人财物的，依照刑法第三百八十五条、第三百八十六条的规定，以受贿罪定罪处罚。

385.17 最高人民法院关于个人违法建房出售行为如何适用法律问题的答复（2010 年 11 月 1 日 法〔2010〕395 号）（节录）

贵州省高级人民法院：

你院《关于个人违法建房出售行为如何适用法律的请示》（〔2010〕黔高法研请字第 2 号）收悉。经研究，并征求相关部门意见，答复如下：

三、办理案件中，发现负有监管职责的国家机关工作人员有渎职、受贿等涉嫌违法犯罪的，要依法移交相关部门处理；发现有关部门在履行监管职责方面存在问题的，要结合案件处理，提出司法建议，促进完善社会管理。

385.18 最高人民法院关于发布第一批指导性案例的通知（2011 年 12 月 21 日 法〔2011〕354 号）（节录）

一、准确把握案例的指导精神

（三）潘玉梅、陈宁受贿案旨在解决新形式、新手段受贿罪的认定问题。该案例确认：国家工作人员以"合办"公司的名义或以交易形式收受贿赂的、承诺"为他人谋取利益"未谋利

益而受贿的以及为掩饰犯罪而退赃的，不影响受贿罪的认定，从而对近年来以新的手段收受贿赂案件的处理提供了明确指导。对于依法惩治受贿犯罪，有效查处新形势下出现的新类型受贿案件，推进反腐败斗争深入开展，具有重要意义。

385.19 最高人民法院关于进一步加强危害生产安全刑事案件审判工作的意见（2011 年 12 月30 日　法发〔2011〕20 号）（节录）

10.（第一款）以行贿方式逃避安全生产监督管理，或者非法、违法生产、作业，导致发生重大生产安全事故，构成数罪的，依照数罪并罚的规定处罚。

11. 安全事故发生后，负有报告职责的国家工作人员不报或者谎报事故情况，贻误事故抢救，情节严重，构成不报、谎报安全事故罪，同时构成职务犯罪或其他危害生产安全犯罪的，依照数罪并罚的规定处罚。

15. 相关犯罪中，具有以下情形之一的，依法从重处罚：

（二）贪污贿赂行为与事故发生存在关联性的；

（三）国家工作人员的职务犯罪与事故存在直接因果关系的；

（四）以行贿方式逃避安全生产监督管理，或者非法、违法生产、作业的；

385.20 参见 87.4 最高人民法院关于被告人林少钦受贿请示一案的答复（2017 年 2 月 13 日〔2016〕最高法刑他 5934 号）

【部委规范】

385.21 监察部关于离退休干部在经济活动中收受巨款是否属受贿问题的请示的答复（1989 年 7 月 11 日）

甘肃省监察厅：

你厅甘监〔1989〕27 号函《关于离退休领导干部在经济活动中收受巨款是否属受贿问题的请示》收悉。经研究，现答复如下：

根据《中共中央、国务院关于清理整顿公司的决定》（中发〔1988〕8 号）和《中共中央办公厅、国务院办公厅关于县以上党和国家机关退（离）休干部经商办企业问题的若干规定》（中办发〔1988〕11 号）的规定精神，我们认为，党和国家机关的退（离）休干部利用权力和关系，从事或参与倒卖生产资料和紧俏商品等经济活动，并从中收受财物的，属于受贿行为，应当根据情节轻重，予以处理。

【法律法规】

385.22 中华人民共和国对外贸易法（1994 年 5 月 12 日　2016 年修正）（第 65 条第 2 款）

385.23 中华人民共和国建筑法（1998 年 3 月 1 日　2019 年修正）（第 17 条、第 68 条）

385.24 中华人民共和国税收征收管理法（2001 年 5 月 1 日　2015 年修正）（第 81 条）

385.25 中华人民共和国法官法（2019 年 10 月 1 日）（第 46 条）

385.26 中华人民共和国检察官法（2019 年 10 月 1 日）（第 47 条）

第三百八十六条【受贿罪】对犯受贿罪的，根据受贿所得数额及情节，依照本法第三百八十三条的规定处罚。索贿的从重处罚。

【罪刑标准】

386.1 参见 383.1 最高人民法院、最高人民检察院关于办理贪污贿赂刑事案件适用法律若干问题的解释（2016 年 4 月 18 日　法释〔2016〕9 号）

第三百八十七条【单位受贿罪】国家机关、国有公司、企业、事业单位、人民团体，索取、非法收受他人财物，为他人谋取利益，情节严重的，对单位判处罚金，并对其直接负责的主管人员和其他直接责任人员，处三年以下有期徒刑或者拘役；情节特别严重的，处三年以上十年以下有期徒刑。

前款所列单位，在经济往来中，在帐外暗中收受各种名义的回扣、手续费的，以受贿论，依照前款的规定处罚。

【刑法修正说明】

本条第 1 款为全国人大常委会 2023 年 12 月 29 日通过并公布、2024 年 3 月 1 日施行的《刑法修正案（十二）》第 4 条所修正。原刑法第 387 条第 1 款为：

【单位受贿罪】国家机关、国有公司、企业、事业单位、人民团体，索取、非法收受他人财物，为他人谋取利益，情节严重的，对单位判处罚金，并对其直接负责的主管人员和其他直接责任人员，处五年以下有期徒刑或者拘役。

【罪名渊源】本条 79 刑法没有规定，全国人大常委会《关于惩治贪污罪贿赂罪的补充规定》第 6 条、1993 年《反不正当竞争法》第 8 条对经济往来中的单位受贿行为作了规定。刑法在吸纳这些内容的基础上规定了本罪。高法《罪名规定》、高检《罪名意见》将其解释为单位受贿罪。《刑法修正案（十二）》第 4 条对第 1 款作了修改，法定刑由一档改为两档：（1）第一档的法定最高刑由"五年"改为"三年"；（2）增设"情节特别严重"一档的法定刑。

【立案标准】

387.1 最高人民检察院关于人民检察院直接受理立案侦查案件立案标准的规定（试行）（1999 年 9 月 16 日 高检发释字〔1999〕2 号）（节录）

一、贪污贿赂犯罪案件

（四）单位受贿案（第 387 条）

单位受贿罪是指国家机关、国有公司、企业、事业单位、人民团体，索取、非法收受他人财物，为他人谋取利益，情节严重的行为。

索取他人财物或者非法收受他人财物，必须同时具备为他人谋取利益的条件，且是情节严重的行为，才能构成单位受贿罪。

国家机关、国有公司、企业、事业单位、人民团体，在经济往来中，在账外暗中收受各种名义的回扣、手续费的，以单位受贿罪追究刑事责任。

涉嫌下列情形之一的，应予立案：

1. 单位受贿数额在 10 万元以上的；

2. 单位受贿数额不满 10 万元，但具有下列情形之一的：

（1）故意刁难、要挟有关单位、个人，造成恶劣影响的；

（2）强行索取财物的；

（3）致使国家或者社会利益遭受重大损失的。

【司法解释】

387.2 参见 383.1 最高人民法院、最高人民检察院关于办理贪污贿赂刑事案件适用法律若干问题的解释（2016 年 4 月 18 日 法释〔2016〕9 号）（第 12 条以下）

【司法文件】

387.3 最高人民检察院法律政策研究室关于国有单位的内设机构能否构成单位受贿罪主体问题的答复（2006 年 9 月 12 日 〔2006〕高检研发 8 号）

陕西省人民检察院法律政策研究室：

你室《关于国家机关、国有公司、企业、事业单位、人民团体的内设机构能否构成单位受贿罪主体的请示》（陕检研发〔2005〕13 号）收悉。经研究，答复如下：

国有单位的内设机构利用其行使职权的便利，索取、非法收受他人财物并归该内设机构所有或者支配，为他人谋取利益，情节严重的，依照刑法第三百八十七条的规定以单位受贿罪追究刑事责任。

上述内设机构在经济往来中，在账外暗中收受各种名义的回扣、手续费的，以受贿论。

第三百八十八条【受贿罪】 国家工作人员利用本人职权或者地位形成的便利条件，通过其他国家工作人员职务上的行为，为请托人谋取不正当利益，索取请托人财物或者收受请托人财物的，以受贿论处。

【司法文件】

388.1 全国法院审理经济犯罪案件工作座谈会纪要（最高人民法院 2003 年 11 月 13 日印发法〔2003〕167 号）（节录）

（三）"利用职权或地位形成的便利条件"的认定

刑法第三百八十八条规定的"利用本人职权或者地位形成的便利条件"，是指行为人与被其利用的国家工作人员之间在职务上虽然没有隶属、制约关系，但是行为人利用了本人职权或者地位产生的影响和一定的工作联系，如单位内不同部门的国家工作人员之间、上下级单位没有职务上隶属、制约关系的国家工作人员之间、有工作联系的不同单位的国家工作人员之间等。

第三百八十八条之一【利用影响力受贿罪】 国家工作人员的近属或者其他与该国家工作人员关系密切的人，通过该国家工作人员职务上的行为，或者利用该国家工作人员职权或者地位形成的便利条件，通过其他国家工作人员职务上的行为，为请托人谋取不正当利益，索取请托人财物或者收受请托人财物，数额较大或者有其他较重情节的，处三年以下有期徒刑或者拘役，并处罚金；数额巨大或者有其他严重情节的，处三年以上七年以下有期徒刑，并处罚金；数额特别巨大或者有其他特别严重情节的，处七年以上有期徒刑，并处罚金或者没收财产。

离职的国家工作人员或者其近属以及其他与其关系密切的人，利用该离职的国家工作人员原职权或者地位形成的便利条件实施前款行为的，依照前款的规定定罪处罚。

【刑法修正说明】

本条为全国人大常委会 2009 年 2 月 28 日通过并公布施行的《刑法修正案（七）》第 13 条所增设。

【罪名渊源】 本条系《刑法修正案（七）》增设，"两高"《罪名补充规定（四）》将其解释为利用影响力受贿罪。

【罪刑标准】

388-1.1 参见 383.1 最高人民法院、最高人民检察院关于办理贪污贿赂刑事案件适用法律若干问题的解释（2016 年 4 月 18 日　法释〔2016〕9 号）

第三百八十九条【行贿罪】 为谋取不正当利益，给予国家工作人员以财物的，是行贿罪。

在经济往来中，违反国家规定，给予国家工作人员以财物，数额较大的，或者违反国家规定，给予国家工作人员以各种名义的回扣、手续费的，以行贿论处。

因被勒索给予国家工作人员以财物，没有获得不正当利益的，不是行贿。

【罪名渊源】 本条 79 刑法第 185 条第 3 款作了规定，全国人大常委会《关于惩治贪污罪贿赂罪的补充规定》第 7 条、第 8 条对其作了如下修改：明确规定受贿罪的概念；贿赂对象由"国家工作人员"扩大至"国家工作人员、集体经济组织工作人员或者其他经手、管理公共财物的人员"；规定"为谋取不正当利益"的主观要件；明确规定贿赂范围为"财物"；规定非法"给予财物、回扣、手续费的，以行贿论处"；法定最高刑由 3 年提高至无期徒刑，并增设没收财产刑种。刑法对该补充规定又作了修改完善：贿赂对象缩小为"国家工作人员"，不再包括"集体经济组织工作人员或者其他经手、管理公共财物的人员"；第二档法定最高刑由有期徒刑 15 年调整为 10 年；第三档法定刑由"处无期徒刑，并处没收财产"修改为"处十年以上有期徒刑或者无期徒刑，可以并处没收财产"。高法《罪名规定》、高检《罪名意见》将其解释为行贿罪。

【立案标准】

389.1 最高人民检察院关于人民检察院直接受理立案侦查案件立案标准的规定（试行）

（1999 年 9 月 16 日　高检发释字〔1999〕2 号）（节录）

一、贪污贿赂犯罪案件

（五）行贿案（第 389 条、第 390 条）

行贿罪是指为谋取不正当利益，给予国家工作人员以财物的行为。

在经济往来中，违反国家规定，给予国家工作人员以财物，数额较大的，或者违反国家规定，给予国家工作人员以各种名义的回扣、手续费的，以行贿罪追究刑事责任。

涉嫌下列情形之一的，应予立案：

1. 行贿数额在 1 万元以上的；

2. 行贿数额不满 1 万元，但具有下列情形之一的：

（1）为谋取非法利益而行贿的；

（2）向 3 人以上行贿的；

（3）向党政领导、司法工作人员、行政执法人员行贿的；

（4）致使国家或者社会利益遭受重大损失的。

因被勒索给予国家工作人员以财物，已获得不正当利益的，以行贿罪追究刑事责任。

四、附则

（二）本规定中有关犯罪数额"不满"，是指接近该数额且已达到该数额的百分之八十以上。

（五）本规定中有关贿赂罪案中的"谋取不正当利益"，是指谋取违反法律、法规、国家政策和国务院各部门规章规定的利益，以及谋取违反法律、法规、国家政策和国务院各部门规章规定的帮助或者方便条件。

【司法解释】

389.2 参见 396.2 最高人民法院、最高人民检察院关于办理贪污贿赂刑事案件适用法律若干问题的解释（2016 年 4 月 18 日　法释〔2016〕9 号）

389.3 参见 393.2 最高人民法院、最高人民检察院关于办理危害生产安全刑事案件适用法律若干问题的解释（二）（2022 年 12 月 19 日　法释〔2022〕19 号）

【司法文件】

389.4 最高人民法院、最高人民检察院关于在办理受贿犯罪大要案的同时要严肃查处严重行贿犯罪分子的通知（1999 年 3 月 4 日　高检会〔1999〕1 号）（节录）

二、对于为谋取不正当利益而行贿，构成行贿罪、向单位行贿罪、单位行贿罪的，必须依法追究刑事责任。"谋取不正当利益"是指谋取违反法律、法规、国家政策和国务院各部门规章规定的利益，以及要求国家工作人员或者有关单位提供违反法律、法规、国家政策和国务院各部门规章规定的帮助或方便条件。

对于向国家工作人员介绍贿赂，构成犯罪的案件，也要依法查处。

三、当前要特别注意依法严肃惩处下列严重行贿犯罪行为：

1. 行贿数额巨大、多次行贿或者向多人行贿的；

2. 向党政干部和司法工作人员行贿的；

3. 为进行走私、偷税、骗税、骗汇、逃汇、非法买卖外汇等违法犯罪活动，向海关、工商、税务、外汇管理等行政执法机关工作人员行贿的；

4. 为非法办理金融、证券业务，向银行等金融机构、证券管理机构工作人员行贿，致使国家利益遭受重大损失的；

5. 为非法获取工程、项目的开发、承包、经营权，向有关主管部门及其主管领导行贿，致使公共财产、国家和人民利益遭受重大损失的；

　　6. 为制售假冒伪劣产品，向有关国家机关、国有单位及国家工作人员行贿，造成严重后果的；

　　7. 其他情节严重的行贿犯罪行为。

　　四、在查处严重行贿、介绍贿赂犯罪案件中，既要坚持从严惩处的方针，又要注意体现政策。行贿人、介绍贿赂人具有刑法第三百九十条第二款、第三百九十二条第二款规定的，在被追诉前主动交代行贿、介绍贿赂犯罪情节的，依法分别可以减轻或者免除处罚；行贿人、介绍贿赂人在被追诉后如实交代行贿、介绍贿赂行为的，也可以酌情从轻处罚。

　　五、在依法严肃查处严重行贿、介绍贿赂犯罪案件中，要讲究斗争策略，注意工作方法。要把查处受贿犯罪大案要案同查处严重行贿、介绍贿赂犯罪案件有机地结合起来，通过打击行贿、介绍贿赂犯罪，促进受贿犯罪大案要案的查处工作，推动查办贪污贿赂案件工作的全面、深入开展。

　　389.5 最高人民法院、最高人民检察院、公安部、司法部关于办理黑恶势力犯罪案件若干问题的指导意见（2018 年 1 月 16 日　法发〔2018〕1 号）（节录）

　　25. 公安机关在侦办黑恶势力犯罪案件中，应当注意及时深挖其背后的腐败问题，对于涉嫌特别重大贿赂犯罪案件的犯罪嫌疑人，及时会同有关机关，执行《刑事诉讼法》第三十七条的相关规定，辩护律师在侦查期间会见在押犯罪嫌疑人的，应当经相关侦查机关许可。

【法律法规】

　　389.6 中华人民共和国律师法（2008 年 6 月 1 日　2017 年修正）（第 40 条第 5 项、第 49 条第 2 项）

　　第三百九十条【行贿罪的处罚】 对犯行贿罪的，处三年以下有期徒刑或者拘役，并处罚金；因行贿谋取不正当利益，情节严重的，或者使国家利益遭受重大损失的，处三年以上十年以下有期徒刑，并处罚金；情节特别严重的，或者使国家利益遭受特别重大损失的，处十年以上有期徒刑或者无期徒刑，并处罚金或者没收财产。

　　有下列情形之一的，从重处罚：

　　（一）多次行贿或者向多人行贿的；

　　（二）国家工作人员行贿的；

　　（三）在国家重点工程、重大项目中行贿的；

　　（四）为谋取职务、职级晋升、调整行贿的；

　　（五）对监察、行政执法、司法工作人员行贿的；

　　（六）在生态环境、财政金融、安全生产、食品药品、防灾救灾、社会保障、教育、医疗等领域行贿，实施违法犯罪活动的；

　　（七）将违法所得用于行贿的。

　　行贿人在被追诉前主动交待行贿行为的，可以从轻或者减轻处罚。其中，犯罪较轻的，对调查突破、侦破重大案件起关键作用的，或者有重大立功表现的，可以减轻或者免除处罚。

　　【刑法第一次修正说明】

　　全国人大常委会 2015 年 8 月 29 日通过并公布、同年 11 月 1 日施行的《刑法修正案（九）》第 45 条对本条作了第一次修正。原刑法第 390 条为：

　　【行贿罪的处罚】 对犯行贿罪的，处五年以下有期徒刑或者拘役；因行贿谋取不正当利益，情节严重的，或者使国家利益遭受重大损失的，处五年以上十年以下有期徒刑；情节特别严重的，处十年以上有期徒刑或者无期徒刑，可以并处没收财产。

　　行贿人在被追诉前主动交待行贿行为的，可以减轻处罚或者免除处罚。

　　【刑法第二次修正说明】

　　全国人大常委会 2023 年 12 月 29 日通过并公布、2024 年 3 月 1 日施行的《刑法修正案（十二）》第 5 条对本条作了第二次修正。《刑法修正案（九）》第 45 条为：

【行贿罪的处罚】 对犯行贿罪的，处五年以下有期徒刑或者拘役，并处罚金；因行贿谋取不正当利益，情节严重的，或者使国家利益遭受重大损失的，处五年以上十年以下有期徒刑，并处罚金；情节特别严重的，或者使国家利益遭受特别重大损失的，处十年以上有期徒刑或者无期徒刑，并处罚金或者没收财产。

行贿人在被追诉前主动交待行贿行为的，可以从轻或者减轻处罚。其中，犯罪较轻的，对侦破重大案件起关键作用的，或者有重大立功表现的，可以减轻或者免除处罚。

【立案标准】

390.1 参见 389.1 最高人民检察院关于人民检察院直接受理立案侦查案件立案标准的规定（试行）（1999 年 9 月 16 日　高检发释字〔1999〕2 号）

【罪刑标准】

390.2 最高人民法院、最高人民检察院关于办理行贿刑事案件具体应用法律若干问题的解释（2013 年 1 月 1 日　法释〔2012〕22 号）

为依法惩治行贿犯罪活动，根据刑法有关规定，现就办理行贿刑事案件具体应用法律的若干问题解释如下：

第一条 为谋取不正当利益，向国家工作人员行贿，数额在一万元以上的，应当依照刑法第三百九十条的规定追究刑事责任。

第二条 因行贿谋取不正当利益，具有下列情形之一的，应当认定为刑法第三百九十条第一款规定的"情节严重"：

（一）行贿数额在二十万元以上不满一百万元的；

（二）行贿数额在十万元以上不满二十万元，并具有下列情形之一的：

1. 向三人以上行贿的；

2. 将违法所得用于行贿的；

3. 为实施违法犯罪活动，向负有食品、药品、安全生产、环境保护等监督管理职责的国家工作人员行贿，严重危害民生、侵犯公众生命财产安全的；

4. 向行政执法机关、司法机关的国家工作人员行贿，影响行政执法和司法公正的；

（三）其他情节严重的情形。

第三条 因行贿谋取不正当利益，造成直接经济损失数额在一百万元以上的，应当认定为刑法第三百九十条第一款规定的"使国家利益遭受重大损失"。

第四条 因行贿谋取不正当利益，具有下列情形之一的，应当认定为刑法第三百九十条第一款规定的"情节特别严重"：

（一）行贿数额在一百万元以上的；

（二）行贿数额在五十万元以上不满一百万元，并具有下列情形之一的：

1. 向三人以上行贿的；

2. 将违法所得用于行贿的；

3. 为实施违法犯罪活动，向负有食品、药品、安全生产、环境保护等监督管理职责的国家工作人员行贿，严重危害民生、侵犯公众生命财产安全的；

4. 向行政执法机关、司法机关的国家工作人员行贿，影响行政执法和司法公正的；

（三）造成直接经济损失数额在五百万元以上的；

（四）其他情节特别严重的情形。

第五条 多次行贿未经处理的，按照累计行贿数额处罚。

第六条 行贿人谋取不正当利益的行为构成犯罪的，应当与行贿犯罪实行数罪并罚。

第七条 因行贿人在被追诉前主动交待行贿行为而破获相关受贿案件的，对行贿人不适用刑法第六十八条关于立功的规定，依照刑法第三百九十条第二款的规定，可以减轻或者免除处罚。

单位行贿的，在被追诉前，单位集体决定或者单位负责人决定主动交待单位行贿行为的，依照刑法第三百九十条第二款的规定，对单位及相关责任人员可以减轻处罚或者免除处罚；受委托直接办理单位行贿事项的直接责任人员在被追诉前主动交待自己知道的单位行贿行为的，对该直接责任人员可以依照刑法第三百九十条第二款的规定减轻处罚或者免除处罚。

第八条　行贿人被追诉后如实供述自己罪行的，依照刑法第六十七条第三款的规定，可以从轻处罚；因其如实供述自己罪行，避免特别严重后果发生的，可以减轻处罚。

第九条　行贿人揭发受贿人与其行贿无关的其他犯罪行为，查证属实的，依照刑法第六十八条关于立功的规定，可以从轻、减轻或者免除处罚。

第十条　实施行贿犯罪，具有下列情形之一的，一般不适用缓刑和免予刑事处罚：

（一）向三人以上行贿的；

（二）因行贿受过行政处罚或者刑事处罚的；

（三）为实施违法犯罪活动而行贿的；

（四）造成严重危害后果的；

（五）其他不适用缓刑和免予刑事处罚的情形。

具有刑法第三百九十条第二款规定的情形的，不受前款规定的限制。

第十一条　行贿犯罪取得的不正当财产性利益应当依照刑法第六十四条的规定予以追缴、责令退赔或者返还被害人。

因行贿犯罪取得财产性利益以外的经营资格、资质或者职务晋升等其他不正当利益，建议有关部门依照相关规定予以处理。

第十二条　行贿犯罪中的"谋取不正当利益"，是指行贿人谋取的利益违反法律、法规、规章、政策规定，或者要求国家工作人员违反法律、法规、规章、政策、行业规范的规定，为自己提供帮助或者方便条件。

违背公平、公正原则，在经济、组织人事管理等活动中，谋取竞争优势的，应当认定为"谋取不正当利益"。

第十三条　刑法第三百九十条第二款规定的"被追诉前"，是指检察机关对行贿人的行贿行为刑事立案前。

390.3 最高人民法院、最高人民检察院关于办理贪污贿赂刑事案件适用法律若干问题的解释
（2016年4月18日　法释〔2016〕9号）（节录）

第七条　为谋取不正当利益，向国家工作人员行贿，数额在三万元以上的，应当依照刑法第三百九十条的规定以行贿罪追究刑事责任。

行贿数额在一万元以上不满三万元，具有下列情形之一的，应当依照刑法第三百九十条的规定以行贿罪追究刑事责任：

（一）向三人以上行贿的；

（二）将违法所得用于行贿的；

（三）通过行贿谋取职务提拔、调整的；

（四）向负有食品、药品、安全生产、环境保护等监督管理职责的国家工作人员行贿，实施非法活动的；

（五）向司法工作人员行贿，影响司法公正的；

（六）造成经济损失数额在五十万元以上不满一百万元的。

第八条　犯行贿罪，具有下列情形之一的，应当认定为刑法第三百九十条第一款规定的"情节严重"：

（一）行贿数额在一百万元以上不满五百万元的；

（二）行贿数额在五十万元以上不满一百万元，并具有本解释第七条第二款第一项至第五项规定的情形之一的；

（三）其他严重的情节。

为谋取不正当利益，向国家工作人员行贿，造成经济损失数额在一百万元以上不满五百万元的，应当认定为刑法第三百九十条第一款规定的"使国家利益遭受重大损失"。

第九条 犯行贿罪，具有下列情形之一的，应当认定为刑法第三百九十条第一款规定的"情节特别严重"：

（一）行贿数额在五百万元以上的；

（二）行贿数额在二百五十万元以上不满五百万元，并具有本解释第七条第二款第一项至第五项规定的情形之一的；

（三）其他特别严重的情节。

为谋取不正当利益，向国家工作人员行贿，造成经济损失数额在五百万元以上的，应当认定为刑法第三百九十条第一款规定的"使国家利益遭受特别重大损失"。

第十二条 贿赂犯罪中的"财物"，包括货币、物品和财产性利益。财产性利益包括可以折算为货币的物质利益如房屋装修、债务免除等，以及需要支付货币的其他利益如会员服务、旅游等。后者的犯罪数额，以实际支付或者应当支付的数额计算。

第十四条 根据行贿犯罪的事实、情节，可能被判处三年有期徒刑以下刑罚的，可以认定为刑法第三百九十条第二款规定的"犯罪较轻"。

根据犯罪的事实、情节，已经或者可能被判处十年有期徒刑以上刑罚的，或者案件在本省、自治区、直辖市或者全国范围内有较大影响的，可以认定为刑法第三百九十条第二款规定的"重大案件"。

具有下列情形之一的，可以认定为刑法第三百九十条第二款规定的"对侦破重大案件起关键作用"：

（一）主动交待办案机关未掌握的重大案件线索的；

（二）主动交待的犯罪线索不属于重大案件的线索，但该线索对于重大案件侦破有重要作用的；

（三）主动交待行贿事实，对于重大案件的证据收集有重要作用的；

（四）主动交待行贿事实，对于重大案件的追逃、追赃有重要作用的。

第十八条 贪污贿赂犯罪分子违法所得的一切财物，应当依照刑法第六十四条的规定予以追缴或者责令退赔，对被害人的合法财产应当及时返还。对尚未追缴到案或者尚未足额退赔的违法所得，应当继续追缴或者责令退赔。

第三百九十条之一【对有影响力的人行贿罪】为谋取不正当利益，向国家工作人员的近亲属或者其他与该国家工作人员关系密切的人，或者向离职的国家工作人员或者其近亲属以及其他与其关系密切的人行贿的，处三年以下有期徒刑或者拘役，并处罚金；情节严重的，或者使国家利益遭受重大损失的，处三年以上七年以下有期徒刑，并处罚金；情节特别严重的，或者使国家利益遭受特别重大损失的，处七年以上十年以下有期徒刑，并处罚金。

单位犯前款罪的，对单位判处罚金，并对其直接负责的主管人员和其他直接责任人员，处三年以下有期徒刑或者拘役，并处罚金。

> **【刑法修正说明】**
> 本条为全国人大常委会 2015 年 8 月 29 日通过并公布、同年 11 月 1 日施行的《刑法修正案（九）》第 46 条所增设。

【罪名渊源】 本条系《刑法修正案（九）》增设，"两高"《罪名补充规定（六）》将其解释为对有影响力的人行贿罪。

【罪刑标准】

390 - 1.1 最高人民法院、最高人民检察院关于办理贪污贿赂刑事案件适用法律若干问题的解释

（2016 年 4 月 18 日　法释〔2016〕9 号）（节录）

第七条　为谋取不正当利益，向国家工作人员行贿，数额在三万元以上的，应当依照刑法第三百九十条的规定以行贿罪追究刑事责任。

行贿数额在一万元以上不满三万元，具有下列情形之一的，应当依照刑法第三百九十条的规定以行贿罪追究刑事责任：

（一）向三人以上行贿的；

（二）将违法所得用于行贿的；

（三）通过行贿谋取职务提拔、调整的；

（四）向负有食品、药品、安全生产、环境保护等监督管理职责的国家工作人员行贿，实施非法活动的；

（五）向司法工作人员行贿，影响司法公正的；

（六）造成经济损失数额在五十万元以上不满一百万元的。

第八条　犯行贿罪，具有下列情形之一的，应当认定为刑法第三百九十条第一款规定的"情节严重"：

（一）行贿数额在一百万元以上不满五百万元的；

（二）行贿数额在五十万元以上不满一百万元，并具有本解释第七条第二款第一项至第五项规定的情形之一的；

（三）其他严重的情节。

为谋取不正当利益，向国家工作人员行贿，造成经济损失数额在一百万元以上不满五百万元的，应当认定为刑法第三百九十条第一款规定的"使国家利益遭受重大损失"。

第九条　犯行贿罪，具有下列情形之一的，应当认定为刑法第三百九十条第一款规定的"情节特别严重"：

（一）行贿数额在五百万元以上的；

（二）行贿数额在二百五十万元以上不满五百万元，并具有本解释第七条第二款第一项至第五项规定的情形之一的；

（三）其他特别严重的情节。

为谋取不正当利益，向国家工作人员行贿，造成经济损失数额在五百万元以上的，应当认定为刑法第三百九十条第一款规定的"使国家利益遭受特别重大损失"。

第十条（第二款）　刑法第三百九十条之一规定的对有影响力的人行贿罪的定罪量刑适用标准，参照本解释关于行贿罪的规定执行。

第十条（第三款）　单位对有影响力的人行贿数额在二十万元以上的，应当依照刑法第三百九十条之一的规定以对有影响力的人行贿罪追究刑事责任。

第十二条　贿赂犯罪中的"财物"，包括货币、物品和财产性利益。财产性利益包括可以折算为货币的物质利益如房屋装修、债务免除等，以及需要支付货币的其他利益如会员服务、旅游等。后者的犯罪数额，以实际支付或者应当支付的数额计算。

第十八条　贪污贿赂犯罪分子违法所得的一切财物，应当依照刑法第六十四条的规定予以追缴或者责令退赔，对被害人的合法财产应当及时返还。对尚未追缴到案或者尚未足额退赔的违法所得，应当继续追缴或者责令退赔。

第十九条（第二款）　对刑法规定并处罚金的其他贪污贿赂犯罪，应当在十万元以上犯罪数额二倍以下判处罚金。

第三百九十一条【对单位行贿罪】为谋取不正当利益，给予国家机关、国有公司、企业、事业单位、人民团体以财物的，或者在经济往来中，违反国家规定，给予各种名义的回扣、手续费的，处三年以下有期徒刑或者拘役，并处罚金；情节严重的，处三年以上七年以下有期徒刑，并处罚金。

单位犯前款罪的，对单位判处罚金，并对其直接负责的主管人员和其他直接责任人员，依照前款的规定处罚。

> **【刑法第一次修正说明】**
>
> 全国人大常委会 2015 年 8 月 29 日通过并公布、同年 11 月 1 日施行的《刑法修正案（九）》第 47 条对本条第 1 款作了第一次修正。原刑法第 391 条第 1 款为：
>
> **【对单位行贿罪】** 为谋取不正当利益，给予国家机关、国有公司、企业、事业单位、人民团体以财物的，或者在经济往来中，违反国家规定，给予各种名义的回扣、手续费的，处三年以下有期徒刑或者拘役。
>
> **【刑法第二次修正说明】**
>
> 全国人大常委会 2023 年 12 月 29 日通过并公布、2024 年 3 月 1 日施行的《刑法修正案（十二）》第 6 条对本条第 1 款作了第二次修正。《刑法修正案（九）》第 47 条为：
>
> **【对单位行贿罪】** 为谋取不正当利益，给予国家机关、国有公司、企业、事业单位、人民团体以财物的，或者在经济往来中，违反国家规定，给予各种名义的回扣、手续费的，处三年以下有期徒刑或者拘役，并处罚金。

【罪名渊源】 本条系刑法增设，79 刑法、单行刑法均未规定。高法《罪名规定》、高检《罪名意见》将其解释为对单位行贿罪。《刑法修正案（九）》第 47 条在第 1 款增设罚金刑种。《刑法修正案（十二）》第 6 条对本条第 1 款又作了修改，增设"情节严重"一档的法定刑。

【立案标准】

391.1 最高人民检察院关于人民检察院直接受理立案侦查案件立案标准的规定（试行）（1999 年 9 月 16 日 高检发释字〔1999〕2 号）（节录）

一、贪污贿赂犯罪案件

（六）对单位行贿案（第 391 条）

对单位行贿罪是指为谋取不正当利益，给予国家机关、国有公司、企业、事业单位、人民团体以财物，或者在经济往来中，违反国家规定，给予上述单位各种名义的回扣、手续费的行为。

涉嫌下列情形之一的，应予立案：

1. 个人行贿数额在 10 万元以上、单位行贿数额在 20 万元以上的；

2. 个人行贿数额不满 10 万元、单位行贿数额在 10 万元以上不满 20 万元，但具有下列情形之一的：

（1）为谋取非法利益而行贿的；

（2）向 3 个以上单位行贿的；

（3）向党政机关、司法机关、行政执法机关行贿的；

（4）致使国家或者社会利益遭受重大损失的。

【司法解释】

391.2 最高人民法院、最高人民检察院关于办理贪污贿赂刑事案件适用法律若干问题的解释（2016 年 4 月 18 日 法释〔2016〕9 号）（节录）

第十二条 贿赂犯罪中的"财物"，包括货币、物品和财产性利益。财产性利益包括可以折算为货币的物质利益如房屋装修、债务免除等，以及需要支付货币的其他利益如会员服务、旅游等。后者的犯罪数额，以实际支付或者应当支付的数额计算。

第十八条 贪污贿赂犯罪分子违法所得的一切财物，应当依照刑法第六十四条的规定予以追缴或者责令退赔，对被害人的合法财产应当及时返还。对尚未追缴到案或者尚未足额退赔的违法所得，应当继续追缴或者责令退赔。

第三百九十二条【介绍贿赂罪】 向国家工作人员介绍贿赂，情节严重的，处三年以下有期徒刑或者拘役，并处罚金。

介绍贿赂人在被追诉前主动交代介绍贿赂行为的，可以减轻处罚或者免除处罚。

【刑法修正说明】

本条第 1 款为全国人大常委会 2015 年 8 月 29 日通过并公布、同年 11 月 1 日施行的《刑法修正案（九）》第 48 条所修正。原该款为：

【介绍贿赂罪】向国家工作人员介绍贿赂，情节严重的，处三年以下有期徒刑或者拘役。

【罪名渊源】本条系沿袭 79 刑法第 185 条第 3 款内容。刑法在此基础上，增加"情节严重"作为犯罪构成要件，并增设第 2 款。高法《罪名规定》、高检《罪名意见》将其解释为介绍贿赂罪。《刑法修正案（九）》第 48 条在本条第 1 款中增设罚金刑种。

【立案标准】

392.1 最高人民检察院关于人民检察院直接受理立案侦查案件立案标准的规定（试行）（1999 年 9 月 16 日　高检发释字〔1999〕2 号）（节录）

一、贪污贿赂犯罪案件

（七）介绍贿赂案（第 392 条）

介绍贿赂罪是指向国家工作人员介绍贿赂，情节严重的行为。

"介绍贿赂"是指在行贿人与受贿人之间沟通关系、撮合条件，使贿赂行为得以实现的行为。

涉嫌下列情形之一的，应予立案：

1. 介绍个人向国家工作人员行贿，数额在 2 万元以上的；介绍单位向国家工作人员行贿，数额在 20 万元以上的；

2. 介绍贿赂数额不满上述标准，但具有下列情形之一的：

（1）为使行贿人获取非法利益而介绍贿赂的；

（2）3 次以上或者为 3 人以上介绍贿赂的；

（3）向党政领导、司法工作人员、行政执法人员介绍贿赂的；

（4）致使国家或者社会利益遭受重大损失的。

【司法解释】

392.2 最高人民法院、最高人民检察院关于办理贪污贿赂刑事案件适用法律若干问题的解释（2016 年 4 月 18 日　法释〔2016〕9 号）（节录）

第十八条　贪污贿赂犯罪分子违法所得的一切财物，应当依照刑法第六十四条的规定予以追缴或者责令退赔，对被害人的合法财产应当及时返还。对尚未追缴到案或者尚未足额退赔的违法所得，应当继续追缴或者责令退赔。

第三百九十三条【单位行贿罪，行贿罪】单位为谋取不正当利益而行贿，或者违反国家规定，给予国家工作人员以回扣、手续费，情节严重的，对单位判处罚金，并对其直接负责的主管人员和其他直接责任人员，处三年以下有期徒刑或者拘役，并处罚金；情节特别严重的，处三年以上十年以下有期徒刑，并处罚金。因行贿取得的违法所得归个人所有的，依照本法第三百八十九条、第三百九十条的规定定罪处罚。

【刑法第一次修正说明】

全国人大常委会 2015 年 8 月 29 日通过并公布、同年 11 月 1 日施行的《刑法修正案（九）》第 49 条对本条作了第一次修正。原刑法第 393 条为：

【单位行贿罪，行贿罪】单位为谋取不正当利益而行贿，或者违反国家规定，给予国家工作人员以回扣、手续费，情节严重的，对单位判处罚金，并对其直接负责的主管人员和其他直接责任人员，处五年以下有期徒刑或者拘役。因行贿取得的违法所得归个人所有的，依照本法第三百八十九条、第三百九十条的规定定罪处罚。

> **【刑法第二次修正说明】**
>
> 全国人大常委会 2023 年 12 月 29 日通过并公布、2024 年 3 月 1 日施行的《刑法修正案（十二）》第 7 条对本条作了第二次修正。《刑法修正案（九）》第 49 条为：
>
> **【单位行贿罪，行贿罪】** 单位为谋取不正当利益而行贿，或者违反国家规定，给予国家工作人员以回扣、手续费，情节严重的，对单位判处罚金，并对其直接负责的主管人员和其他直接责任人员，处五年以下有期徒刑或者拘役，并处罚金。因行贿取得的违法所得归个人所有的，依照本法第三百八十九条、第三百九十条的规定定罪处罚。

【罪名渊源】 本条 79 刑法没有规定，系沿袭全国人大常委会《关于惩治贪污罪贿赂罪的补充规定》第 9 条内容。刑法将单位行贿罪的犯罪主体由"企事业单位、机关、团体"合称为"单位"；贿赂对象由"国家工作人员、集体经济组织工作人员或者其他经手、管理公共财物的人员"缩小为"国家工作人员"；改"归私人所有"为"归个人所有"。《刑法修正案（九）》第 49 条增设罚金刑种。《刑法修正案（十二）》第 7 条对本条又作了修改，将法定刑由一档改为两档：（1）第一档的法定最高刑由"五年"改为"三年"；（2）增设"情节特别严重"一档的法定刑。高法《罪名规定》、高检《罪名意见》将其解释为单位行贿罪。

【立案标准】

393.1 最高人民检察院关于人民检察院直接受理立案侦查案件立案标准的规定（试行）（1999 年 9 月 16 日 高检发释字〔1999〕2 号）（节录）

一、贪污贿赂犯罪案件

（八）单位行贿案（第 393 条）

单位行贿罪是指公司、企业、事业单位、机关、团体为谋取不正当利益而行贿，或者违反国家规定，给予国家工作人员以回扣、手续费，情节严重的行为。

涉嫌下列情形之一的，应予立案：

1. 单位行贿数额在 20 万元以上的；

2. 单位为谋取不正当利益而行贿，数额在 10 万元以上不满 20 万元，但具有下列情形之一的：

（1）为谋取非法利益而行贿的；

（2）向 3 人以上行贿的；

（3）向党政领导、司法工作人员、行政执法人员行贿的；

（4）致使国家或者社会利益遭受重大损失的。

因行贿取得的违法所得归个人所有的，依照本规定关于个人行贿的规定立案，追究其刑事责任。

【司法解释】

393.2 最高人民法院、最高人民检察院关于办理危害生产安全刑事案件适用法律若干问题的解释（二）（2022 年 12 月 19 日 法释〔2022〕19 号）（节录）

第三条 （第一款） 因存在重大事故隐患被依法责令停产停业、停止施工、停止使用有关设备、设施、场所或者立即采取排除危险的整改措施，有下列情形之一的，属于刑法第一百三十四条之一第二项规定的"拒不执行"：

（一）无正当理由故意不执行各级人民政府或者负有安全生产监督管理职责的部门依法作出的上述行政决定、命令的；

（二）虚构重大事故隐患已经排除的事实，规避、干扰执行各级人民政府或者负有安全生产监督管理职责的部门依法作出的上述行政决定、命令的；

（三）以行贿等不正当手段，规避、干扰执行各级人民政府或者负有安全生产监督管理职责的部门依法作出的上述行政决定、命令的。

（第二款）有前款第三项行为，同时构成刑法第三百八十九条行贿罪、第三百九十三条单位行贿罪等犯罪的，依照数罪并罚的规定处罚。

第三百九十四条【贪污罪】 国家工作人员在国内公务活动或者对外交往中接受礼物，依照国家规定应当交公而不交公，数额较大的，依照本法第三百八十二条、第三百八十三条的规定定罪处罚。

【部委规范】

394.1 中共中央办公厅、国务院办公厅关于严禁党政机关及其工作人员在公务活动中接受和赠送礼金、有价证券的通知（1993 年 4 月 27 日）（节录）

一、各级党政机关及其工作人员（包括离休、退休干部和受党政机关委托、聘任从事公务的人员），特别是领导机关和领导干部，在公务活动包括礼仪庆典、新闻发布会和经济活动中，不得以任何名义和变相形式接受礼金和有价证券。凡违反规定接受礼金和有价证券者，要坚决追究，根据数额多少和情节轻重，给予党纪、政纪处分。对索要或暗示对方赠送礼金和有价证券的，要从重处分。触犯刑律的，要依法惩处。

二、各地区、各部门、各单位（包括企业、事业单位）不得以业务会、招待会、订货展销会、新闻发布会等各种会议和礼仪、庆典、纪念、商务等各种活动及其他的形式或名义，向党政机关及其工作人员赠送礼金和有价证券。凡违反规定的，要追究有关领导的责任。

三、各级党政机关及其工作人员在涉外活动中，由于难以谢绝而接受的礼金和有价证券，必须在一个月内全部交出并上缴国库。凡不按期交出的，以贪污论处。

【法律法规】

394.2 国家行政机关及其工作人员在国内公务活动中不得赠送和接受礼品的规定（1988 年 12 月 1 日）（第 2—9 条）

394.3 关于在对外公务活动中赠送和接受礼品的规定（1993 年 12 月 5 日）（第 2—13 条）

第三百九十五条【巨额财产来源不明罪】 国家工作人员的财产、支出明显超过合法收入，差额巨大的，可以责令该国家工作人员说明来源，不能说明来源的，差额部分以非法所得论，处五年以下有期徒刑或者拘役；差额特别巨大的，处五年以上十年以下有期徒刑。财产的差额部分予以追缴。

【隐瞒境外存款罪】 国家工作人员在境外的存款，应当依照国家规定申报。数额较大、隐瞒不报的，处二年以下有期徒刑或者拘役；情节较轻的，由其所在单位或者上级主管机关酌情给予行政处分。

【刑法修正说明】

本条第 1 款为全国人大常委会 2009 年 2 月 28 日通过并公布施行的《刑法修正案（七）》第 14 条所修正。原该款为：

【巨额财产来源不明罪】 国家工作人员的财产或者支出明显超过合法收入，差额巨大的，可以责令说明来源。本人不能说明其来源是合法的，差额部分以非法所得论，处五年以下有期徒刑或者拘役，财产的差额部分予以追缴。

【罪名渊源】 本条两款系刑法沿袭全国人大常委会《关于惩治贪污罪贿赂罪的补充规定》第 11 条内容，79 刑法没有规定。刑法在第 1 款中将该补充规定第 11 条第 1 款的"并处或者单处没收其财产的差额部分"修改为"财产的差额部分予以追缴"。《刑法修正案（七）》第 14 条对第 1 款作了修正，增设"差额特别巨大"一档法定刑。高法《罪名规定》、高检《罪名意见》将本条两款分别解释为巨额财产来源不明罪、隐瞒境外存款罪。

【立案标准】

395.1 最高人民检察院关于人民检察院直接受理立案侦查案件立案标准的规定（试行）（1999 年 9 月 16 日　高检发释字〔1999〕2 号）（节录）

一、贪污贿赂犯罪案件

（九）巨额财产来源不明案（第 395 条第 1 款）

巨额财产来源不明罪是指国家工作人员的财产或者支出明显超出合法收入，差额巨大，而本人又不能说明其来源是合法的行为。

涉嫌巨额财产来源不明，数额在 30 万元以上的，应予立案。

（十）隐瞒境外存款案（第 395 条第 2 款）

隐瞒境外存款罪是指国家工作人员违反国家规定，故意隐瞒不报在境外的存款，数额较大的行为。

涉嫌隐瞒境外存款，折合人民币数额在 30 万元以上的，应予立案。

【司法解释】

395.2 参见 396.2 最高人民法院、最高人民检察院关于办理贪污贿赂刑事案件适用法律若干问题的解释（2016 年 4 月 18 日　法释〔2016〕9 号）

395.3 最高人民法院、最高人民检察院关于适用犯罪嫌疑人、被告人逃匿、死亡案件违法所得没收程序若干问题的规定（2017 年 1 月 5 日　法释〔2017〕1 号）（节录）

第十六条　人民法院经审理认为，申请没收的财产属于违法所得及其他涉案财产的，除依法应当返还被害人的以外，应当予以没收；申请没收的财产不属于违法所得或者其他涉案财产的，应当裁定驳回申请，解除查封、扣押、冻结措施。

第十七条　（第二款）巨额财产来源不明犯罪案件中，没有利害关系人对违法所得及其他涉案财产主张权利，或者利害关系人对违法所得及其他涉案财产虽然主张权利但提供的相关证据没有达到相应证明标准的，应当视为本规定第十六条规定的"申请没收的财产属于违法所得及其他涉案财产"。

【司法文件】

395.4 全国法院审理经济犯罪案件工作座谈会纪要（最高人民法院 2003 年 11 月 13 日印发　法〔2003〕167 号）（节录）

五、关于巨额财产来源不明罪

（一）行为人不能说明巨额财产来源合法的认定

刑法第三百九十五条第一款规定的"不能说明"，包括以下情况：（1）行为人拒不说明财产来源；（2）行为人无法说明财产的具体来源；（3）行为人所说的财产来源经司法机关查证并不属实；（4）行为人所说的财产来源因线索不具体等原因，司法机关无法查实，但能排除存在来源合法的可能性和合理性的。

（二）"非法所得"的数额计算

刑法第三百九十五条规定的"非法所得"，一般是指行为人的全部财产与能够认定的所有支出的总和减去能够证实的有真实来源的所得。在具体计算时，应注意以下问题：（1）应把国家工作人员个人财产与其共同生活的家庭成员的财产、支出等一并计算，而且一并减去他们所有的合法收入以及确属与其共同生活的家庭成员个人的非法收入。（2）行为人所有的财产包括房产、家具、生活用品、学习用品及股票、债券、存款等动产和不动产；行为人的支出包括合法支出和不合法的支出，包括日常生活、工作、学习费用、罚款及向他人行贿的财物等；行为人的合法收入包括工资、奖金、稿酬、继承等法律和政策允许的各种收入。（3）为了便于计算犯罪数额，对于行为人的财产和合法收入，一般可以从行为人有比较确定的收入和财产时开始计算。

【法律法规】

395.5 领导干部报告个人有关事项规定（中央办公厅、国务院办公厅 2017 年 2 月 8 日印发）（节录）

第二条　本规定所称领导干部包括：

（一）各级党的机关、人大机关、行政机关、政协机关、审判机关、检察机关、民主党派机关中县处级副职以上的干部（含非领导职务干部，下同）；

（二）参照公务员法管理的人民团体、事业单位中县处级副职以上的干部，未列入参照公务员法管理的人民团体、事业单位的领导班子成员及内设管理机构领导人员（相当于县处级副职以上）；

（三）中央企业领导班子成员及中层管理人员，省（自治区、直辖市）、市（地、州、盟）管理的国有企业领导班子成员。

上述范围中已退出现职、尚未办理退休手续的人员适用本规定。

第四条　领导干部应当报告下列收入、房产、投资等事项：

（一）本人的工资及各类奖金、津贴、补贴等；

（二）本人从事讲学、写作、咨询、审稿、书画等劳务所得；

（三）本人、配偶、共同生活的子女为所有权人或者共有人的房产情况，含有单独产权证书的车库、车位、储藏间等（已登记的房产，面积以不动产权证、房屋所有权证记载的为准，未登记的房产，面积以经备案的房屋买卖合同记载的为准）；

（四）本人、配偶、共同生活的子女投资或者以其他方式持有股票、基金、投资型保险等的情况；

（五）配偶、子女及其配偶经商办企业的情况，包括投资非上市股份有限公司、有限责任公司，注册个体工商户、个人独资企业、合伙企业等，以及在国（境）外注册公司或者投资入股等的情况；

（六）本人、配偶、共同生活的子女在国（境）外的存款和投资情况。

本规定所称"共同生活的子女"，是指领导干部不满18周岁的未成年子女和由其抚养的不能独立生活的成年子女。

本规定所称"股票"，是指在上海证券交易所、深圳证券交易所、全国中小企业股份转让系统等发行、交易或者转让的股票。所称"基金"，是指在我国境内发行的公募基金和私募基金。所称"投资型保险"，是指具有保障和投资双重功能的保险产品，包括人身保险投资型保险和财产保险投资型保险。

第十二条　查核发现领导干部的家庭财产明显超过正常收入的，应当要求其作出说明，必要时可以对其财产来源的合法性进行验证。

第三百九十六条【私分国有资产罪】国家机关、国有公司、企业、事业单位、人民团体，违反国家规定，以单位名义将国有资产集体私分给个人，数额较大的，对其直接负责的主管人员和其他直接责任人员，处三年以下有期徒刑或者拘役，并处或者单处罚金；数额巨大的，处三年以上七年以下有期徒刑，并处罚金。

【私分罚没财物罪】司法机关、行政执法机关违反国家规定，将应当上缴国家的罚没财物，以单位名义集体私分给个人的，依照前款的规定处罚。

【罪名渊源】本条第1款系刑法增设，79刑法、单行刑法均未规定。全国人大常委会《关于惩治走私罪的补充规定》第13条曾规定：私分没收的财物和罚金、罚款收入的，以贪污罪论处。《铁路法》第69条、《烟草专卖法》第42条也有类似规定。刑法在吸收这些规定的基础上增设本条第2款。高法《罪名规定》、高检《罪名意见》将本条两款分别解释为私分国有资产罪、私分罚没财物罪。

【立案标准】

396.1　最高人民检察院关于人民检察院直接受理立案侦查案件立案标准的规定（试行）（1999年9月16日　高检发释字〔1999〕2号）（节录）

一、贪污贿赂犯罪案件

（十一）私分国有资产案（第396条第1款）

私分国有资产罪是指国家机关、国有公司、企业、事业单位、人民团体，违反国家规定，以单位名义将国有资产集体私分给个人，数额较大的行为。

涉嫌私分国有资产，累计数额在 10 万元以上的，应予立案。

（十二）私分罚没财物案（第 396 条第 2 款）

私分罚没财物罪是指司法机关、行政执法机关违反国家规定，将应当上缴国家的罚没财物，以单位名义集体私分给个人的行为。

涉嫌私分罚没财物，累计数额在 10 万元以上，应予立案。

四、附则

（六）本规定中有关私分国有资产罪案中的"国有资产"，是指国家依法取得和认定的，或者国家以各种形式对企业投资和投资收益、国家向行政事业单位拨款等形成的资产。

【司法解释】

396.2 最高人民法院、最高人民检察院关于办理贪污贿赂刑事案件适用法律若干问题的解释（2016 年 4 月 18 日 法释〔2016〕9 号）（节录）

第十八条 贪污贿赂犯罪分子违法所得的一切财物，应当依照刑法第六十四条的规定予以追缴或者责令退赔，对被害人的合法财产应当及时返还。对尚未追缴到案或者尚未足额退赔的违法所得，应当继续追缴或者责令退赔。

第十九条（第二款）对刑法规定并处罚金的其他贪污贿赂犯罪，应当在十万元以上犯罪数额二倍以下判处罚金。

【司法文件】

396.3 最高人民法院、最高人民检察院关于办理国家出资企业中职务犯罪案件具体应用法律若干问题的意见（2010 年 11 月 26 日 法发〔2010〕49 号）（节录）

二、关于国有公司、企业在改制过程中隐匿公司、企业财产归职工集体持股的改制后公司、企业所有的行为的处理

（第一款）国有公司、企业违反国家规定，在改制过程中隐匿公司、企业财产，转为职工集体持股的改制后公司、企业所有的，对其直接负责的主管人员和其他直接责任人员，依照刑法第三百九十六条第一款的规定，以私分国有资产罪定罪处罚。

【法律法规】

396.4 中华人民共和国刑事诉讼法（1980 年 1 月 1 日 2018 年修正）（第 245 条）

396.5 中华人民共和国铁路法（1991 年 5 月 1 日 2015 年修正）（第 69 条）

396.6 中华人民共和国烟草专卖法（1992 年 1 月 1 日 2015 年修正）（第 39 条第 1 款）

396.7 中华人民共和国行政处罚法（1996 年 10 月 1 日 2017 年修正）（第 53 条、第 58 条）

第九章 渎 职 罪

【立法解释】

【注 1】**全国人民代表大会常务委员会关于《中华人民共和国刑法》第九章渎职罪主体适用问题的解释**（2002 年 12 月 28 日）

全国人大常委会根据司法实践中遇到的情况，讨论了刑法第九章渎职罪主体的适用问题，解释如下：

在依照法律、法规规定行使国家行政管理职权的组织中从事公务的人员，或者在受国家机关委托代表国家机关行使职权的组织中从事公务的人员，或者虽未列入国家机关人员编制但在国家机关中从事公务的人员，在代表国家机关行使职权时，有渎职行为，构成犯罪的，依照刑法关于渎职罪的规定追究刑事责任。

【司法解释】

【注 2】**最高人民检察院关于企业事业单位的公安机构在机构改革过程中其工作人员能否构**

成渎职侵权犯罪主体问题的批复（2002年5月16日　高检发释字〔2002〕3号）

陕西省人民检察院：

你院陕检发研〔2001〕159号《关于对企业事业单位的公安机构在机构改革过程中其工作人员能否构成渎职侵权犯罪主体问题的请示》收悉。经研究，批复如下：

企业事业单位的公安机构在机构改革过程中虽尚未列入公安机关建制，其工作人员在行使侦查职责时，实施渎职侵权行为的，可以成为渎职侵权犯罪的主体。

【注3】最高人民法院、最高人民检察院、公安部、国家安全部、司法部关于印发《关于对司法工作人员在诉讼活动中的渎职行为加强法律监督的若干规定（试行）》的通知（2010年7月26日　高检会〔2010〕4号）（节录）

第三条　司法工作人员在诉讼活动中具有下列情形之一的，可以认定为司法工作人员具有涉嫌渎职的行为，人民检察院应当调查核实：

（一）徇私枉法、徇情枉法，对明知是无罪的人而使其受追诉，或者对明知是有罪的人而故意包庇不使其受追诉，或者在审判活动中故意违背事实和法律作枉法裁判的；

（二）非法拘禁他人或者以其他方法非法剥夺他人人身自由的；

（三）非法搜查他人身体、住宅，或者非法侵入他人住宅的；

（四）对犯罪嫌疑人、被告人实行刑讯逼供或者使用暴力逼取证人证言，或者以暴力、威胁、贿买等方法阻止证人作证或者指使他人作伪证的，或者帮助当事人毁灭、伪造证据的；

（五）侵吞或者违法处置被查封、扣押、冻结的款物的；

（六）违反法律规定的拘留期限、侦查羁押期限或者办案期限，对犯罪嫌疑人、被告人超期羁押，情节较重的；

（七）私放在押的犯罪嫌疑人、被告人、罪犯，或者严重不负责任，致使在押的犯罪嫌疑人、被告人、罪犯脱逃的；

（八）徇私舞弊，对不符合减刑、假释、暂予监外执行条件的罪犯，违法提请或者裁定、决定、批准减刑、假释、暂予监外执行的；

（九）在执行判决、裁定活动中严重不负责任或者滥用职权，不依法采取诉讼保全措施、不履行法定执行职责，或者违法采取诉讼保全措施、强制执行措施，致使当事人或者其他人的合法利益遭受损害的；

（十）对被监管人进行殴打或者体罚虐待或者指使被监管人殴打、体罚虐待其他被监管人的；

（十一）收受或者索取当事人及其近亲属或者其委托的人等的贿赂的；

（十二）其他严重违反刑事诉讼法、民事诉讼法、行政诉讼法和刑法规定，不依法履行职务，损害当事人合法权利，影响公正司法的诉讼违法行为和职务犯罪行为。

第五条　人民检察院认为需要核实国家安全机关工作人员在诉讼活动中的渎职行为的，应当报经检察长批准，委托国家安全机关进行调查。国家安全机关应当及时将调查结果反馈人民检察院。必要时，人民检察院可以会同国家安全机关共同进行调查。

对于公安机关工作人员办理危害国家安全犯罪案件中渎职行为的调查，比照前款规定执行。

第十六条　本规定所称的司法工作人员，是指依法负有侦查、检察、审判、监管和判决、裁定执行职责的国家工作人员。

第十七条　本规定所称的对司法工作人员渎职行为的调查，是指人民检察院在对刑事诉讼、民事审判、行政诉讼活动进行法律监督中，为准确认定和依法纠正司法工作人员的渎职行为，而对该司法工作人员违反法律的事实是否存在及其性质、情节、后果等进行核实、查证的活动。

【注4】最高人民法院、最高人民检察院、公安部、国家安全部、司法部、全国人大常委会法制工作委员会关于实施刑事诉讼法若干问题的规定（2013年1月1日）（节录）

一、管辖

1. 公安机关侦查刑事案件涉及人民检察院管辖的贪污贿赂案件时，应当将贪污贿赂案件移送人民检察院；人民检察院侦查贪污贿赂案件涉及公安机关管辖的刑事案件，应当将属于公安机关管辖的刑事案件移送公安机关。在上述情况中，如果涉嫌主罪属于公安机关管辖，由公安机关为主侦查，人民检察院予以配合；如果涉嫌主罪属于人民检察院管辖，由人民检察院为主侦查，公安机关予以配合。

【注5】 最高人民法院、最高人民检察院关于办理贪污贿赂刑事案件适用法律若干问题的解释（2016年4月18日　法释〔2016〕9号）（节录）

第十七条　国家工作人员利用职务上的便利，收受他人财物，为他人谋取利益，同时构成受贿罪和刑法分则第三章第三节、第九章规定的渎职犯罪的，除刑法另有规定外，以受贿罪和渎职犯罪数罪并罚。

【司法文件】

【注6】 最高人民检察院关于认真贯彻执行《中华人民共和国刑法修正案（四）》和《全国人大常委会关于〈中华人民共和国刑法〉第九章渎职罪主体适用问题的解释》的通知（2003年1月14日　高检发研字〔2003〕1号）（节录）

二、要严格依法办案，充分发挥检察机关的职能作用。《刑法修正案（四）》将走私液态废物、气态废物行为、非法雇用童工行为、非法采伐、毁坏国家重点保护的植物行为、非法收购、运输、加工、出售珍贵树木或者国家重点保护的其他植物及其制品行为和非法运输盗伐、滥伐的林木行为，特别是将枉法执行判决、裁定行为，作为单独犯罪专门作了规定。《刑法修正案（四）》还加大了对生产、销售不符合标准的医用器材罪，走私罪，非法收购盗伐、滥伐的林木罪的打击力度。《解释》① 对刑法第九章渎职罪主体的适用问题作了明确规定。各级检察机关在办理相关案件的过程中，要严格按照《刑法修正案（四）》和《解释》的有关规定，依法进行立案侦查和批捕、起诉工作。要进一步加大查办和预防职务犯罪的工作力度，对于《解释》所规定的人员在代表国家机关行使职权时侵犯公民人身权利、民主权利，构成犯罪的，也应当依照刑法有关规定追究刑事责任。

【注7】 参见第八章【注2】 最高人民法院、最高人民检察院关于办理职务犯罪案件认定自首、立功等量刑情节若干问题的意见（2009年3月12日　法发〔2009〕13号）

【注8】 参见383.5 最高人民法院、最高人民检察院关于办理职务犯罪案件严格适用缓刑、免予刑事处罚若干问题的意见（2012年8月8日　法发〔2012〕17号）

第三百九十七条【滥用职权罪，玩忽职守罪】 国家机关工作人员滥用职权或者玩忽职守，致使公共财产、国家和人民利益遭受重大损失的，处三年以下有期徒刑或者拘役；情节特别严重的，处三年以上七年以下有期徒刑。本法另有规定的，依照规定。

国家机关工作人员徇私舞弊，犯前款罪的，处五年以下有期徒刑或者拘役；情节特别严重的，处五年以上十年以下有期徒刑。本法另有规定的，依照规定。

【说明】 1998年12月29日通过施行的全国人民代表大会常务委员会《关于惩治骗购外汇、逃汇和非法买卖外汇犯罪的决定》第6条对本条罪状作了补充。其内容为：

六、海关、外汇管理部门的工作人员严重不负责任，造成大量外汇被骗购或者逃汇，致使国家利益遭受重大损失的，依照刑法第三百九十七条的规定定罪处罚。

【罪名渊源】 本条第1款的玩忽职守罪由79刑法第187条修改而来。刑法将该罪的犯罪主体由"国家工作人员"改为"国家机关工作人员"；法定最高刑由5年调整为7年；增加"情节特别严重的"量刑档次；增设第2款。高法《罪名规定》、高检《罪名意见》将其解释为玩忽职守罪。本条第1款的滥用职权罪系由79刑法第187条玩忽职守罪分离出来的罪名。高法《罪名规定》、高检《罪名意见》将其解释为滥用职权罪。

本条第2款，高检《罪名意见》曾将其解释为国家机关工作人员徇私舞弊罪，"两

---

① 指全国人民代表大会常务委员会《关于〈中华人民共和国刑法〉第九章渎职罪主体适用问题的解释》，下同。——编者注

高"《罪名补充规定》将本条两款统一解释为滥用职权罪、玩忽职守罪，同时取消国家机关工作人员徇私舞弊罪罪名。全国人民代表大会常务委员会《关于惩治骗购外汇、逃汇和非法买卖外汇犯罪的决定》第6条对本条内容作了补充。

【立法解释】

397.1 参见313.1 全国人民代表大会常务委员会关于《中华人民共和国刑法》第三百一十三条的解释（2002年8月29日）

【立案标准】

397.2 人民检察院直接受理立案侦查的渎职侵权重特大案件标准（试行）（2002年1月1日　高检发〔2001〕13号）（节录）

一、滥用职权案

（一）重大案件

1. 致人死亡二人以上，或者重伤五人以上，或者轻伤十人以上的；

2. 造成直接经济损失五十万元以上的。

（二）特大案件

1. 致人死亡五人以上，或者重伤十人以上，或者轻伤二十人以上的；

2. 造成直接经济损失一百万元以上的。

二、玩忽职守案

（一）重大案件

1. 致人死亡三人以上，或者重伤十人以上，或者轻伤十五人以上的；

2. 造成直接经济损失一百万元以上的。

（二）特大案件

1. 致人死亡七人以上，或者重伤十五人以上，或者轻伤三十人以上的；

2. 造成直接经济损失二百万元以上的。

397.3 最高人民检察院关于渎职侵权犯罪案件立案标准的规定（2006年7月26日　高检发释字〔2006〕2号）（节录）

一、渎职犯罪案件

（一）滥用职权案（第三百九十七条）

滥用职权罪是指国家机关工作人员超越职权，违法决定、处理其无权决定、处理的事项，或者违反规定处理公务，致使公共财产、国家和人民利益遭受重大损失的行为。

涉嫌下列情形之一的，应予立案：

1. 造成死亡1人以上，或者重伤2人以上，或者重伤1人、轻伤3人以上，或者轻伤5人以上的；

2. 导致10人以上严重中毒的；

3. 造成个人财产直接经济损失10万元以上，或者直接经济损失不满10万元，但间接经济损失50万元以上的；

4. 造成公共财产或者法人、其他组织财产直接经济损失20万元以上，或者直接经济损失不满20万元，但间接经济损失100万元以上的；

5. 虽未达到3、4两项数额标准，但3、4两项合计直接经济损失20万元以上，或者合计直接经济损失不满20万元，但合计间接经济损失100万元以上的；

6. 造成公司、企业等单位停业、停产6个月以上，或者破产的；

7. 弄虚作假，不报、缓报、谎报或者授意、指使、强令他人不报、缓报、谎报情况，导致重特大事故危害结果继续、扩大，或者致使抢救、调查、处理工作延误的；

8. 严重损害国家声誉，或者造成恶劣社会影响的；

9. 其他致使公共财产、国家和人民利益遭受重大损失的情形。

国家机关工作人员滥用职权，符合刑法第九章所规定的特殊渎职罪构成要件的，按照该特殊规定追究刑事责任；主体不符合刑法第九章所规定的特殊渎职罪的主体要件，但滥用职权涉嫌前款第1项至第9项规定情形之一的，按照刑法第三百九十七条的规定以滥用职权罪追究刑事责任。

（二）玩忽职守案（第三百九十七条）

玩忽职守罪是指国家机关工作人员严重不负责任，不履行或者不认真履行职责，致使公共财产、国家和人民利益遭受重大损失的行为。

涉嫌下列情形之一的，应予立案：

1. 造成死亡1人以上，或者重伤3人以上，或者重伤2人、轻伤4人以上，或者重伤1人、轻伤7人以上，或者轻伤10人以上的；

2. 导致20人以上严重中毒的；

3. 造成个人财产直接经济损失15万元以上，或者直接经济损失不满15万元，但间接经济损失75万元以上的；

4. 造成公共财产或者法人、其他组织财产直接经济损失30万元以上，或者直接经济损失不满30万元，但间接经济损失150万元以上的；

5. 虽未达到3、4两项数额标准，但3、4两项合计直接经济损失30万元以上，或者合计直接经济损失不满30万元，但合计间接经济损失150万元以上的；

6. 造成公司、企业等单位停业、停产1年以上，或者破产的；

7. 海关、外汇管理部门的工作人员严重不负责任，造成100万美元以上外汇被骗购或者逃汇1000万美元以上的；

8. 严重损害国家声誉，或者造成恶劣社会影响的；

9. 其他致使公共财产、国家和人民利益遭受重大损失的情形。

国家机关工作人员玩忽职守，符合刑法第九章所规定的特殊渎职罪构成要件的，按照该特殊规定追究刑事责任；主体不符合刑法第九章所规定的特殊渎职罪的主体要件，但玩忽职守涉嫌前款第1项至第9项规定情形之一的，按照刑法第三百九十七条的规定以玩忽职守罪追究刑事责任。

（十八）违法发放林木采伐许可证案（第四百零七条）

（第三款）林业主管部门工作人员之外的国家机关工作人员，违反森林法的规定，滥用职权或者玩忽职守，致使林木被滥伐40立方米以上或者幼树被滥伐2000株以上，或者致使防护林、特种用途林被滥伐10立方米以上或者幼树被滥伐400株以上，或者致使珍贵树木被采伐、毁坏4立方米或者4株以上，或者致使国家重点保护的其他植物被采伐、毁坏后果严重的，或者致使国家严禁采伐的林木被采伐、毁坏情节恶劣的，按照刑法第三百九十七条的规定以滥用职权罪或者玩忽职守罪追究刑事责任。

三、附则

（一）本规定中每个罪案名称后所注明的法律条款系《中华人民共和国刑法》的有关条款。

（二）本规定所称"以上"包括本数；有关犯罪数额"不满"，是指已达到该数额百分之八十以上的。

（三）本规定中的"国家机关工作人员"，是指在国家机关中从事公务的人员，包括在各级国家权力机关、行政机关、司法机关和军事机关中从事公务的人员。在依照法律、法规规定行使国家行政管理职权的组织中从事公务的人员，或者在受国家机关委托代表国家行使职权的组织中从事公务的人员，或者虽未列入国家机关人员编制但在国家机关中从事公务的人员，在代表国家机关行使职权时，视为国家机关工作人员。在乡（镇）以上中国共产党机关、人民政协机关中从事公务的人员，视为国家机关工作人员。

（四）本规定中的"直接经济损失"，是指与行为有直接因果关系而造成的财产损毁、减少的实际价值；"间接经济损失"，是指由直接经济损失引起和牵连的其他损失，包括失去的在正常情况下可以获得的利益和为恢复正常的管理活动或者挽回所造成的损失所支付的各种开支、费用等。

有下列情形之一的，虽然有债权存在，但已无法实现债权的，可以认定为已经造成了经济损失：（1）债务人已经法定程序被宣告破产，且无法清偿债务；（2）债务人潜逃，去向不明；（3）因行为人责任，致使超过诉讼时效；（4）有证据证明债权无法实现的其他情况。

直接经济损失和间接经济损失，是指立案时确已造成的经济损失。移送审查起诉前，犯罪嫌疑人及其亲友自行挽回的经济损失，以及由司法机关或者犯罪嫌疑人所在单位及其上级主管部门挽回的经济损失，不予扣减，但可作为对犯罪嫌疑人从轻处理的情节考虑。

（五）本规定中的"徇私舞弊"，是指国家机关工作人员为徇私情、私利，故意违背事实和法律，伪造材料，隐瞒情况，弄虚作假的行为。

（六）本规定自公布之日起施行。本规定发布前有关人民检察院直接受理立案侦查的国家机关工作人员渎职和利用职权实施的侵犯公民人身权利、民主权利犯罪案件的立案标准，与本规定有重复或者不一致的，适用本规定。

对于本规定施行前发生的国家机关工作人员渎职和利用职权实施的侵犯公民人身权利、民主权利犯罪案件，按照《最高人民法院、最高人民检察院关于适用刑事司法解释时间效力问题的规定》办理。

【罪刑标准】

397.4 最高人民法院、最高人民检察院关于办理与盗窃、抢劫、诈骗、抢夺机动车相关刑事案件具体应用法律若干问题的解释（2007年5月11日　法释〔2007〕11号）（节录）

第三条　国家机关工作人员滥用职权，有下列情形之一，致使盗窃、抢劫、诈骗、抢夺的机动车被办理登记手续，数量达到三辆以上或者价值总额达到三十万元以上的，依照刑法第三百九十七条第一款的规定，以滥用职权罪定罪，处三年以下有期徒刑或者拘役：

（一）明知是登记手续不全或者不符合规定的机动车而办理登记手续的；

（二）指使他人为明知是登记手续不全或者不符合规定的机动车办理登记手续的；

（三）违规或者指使他人违规更改、调换车辆档案的；

（四）其他滥用职权的行为。

国家机关工作人员疏于审查或者审查不严，致使盗窃、抢劫、诈骗、抢夺的机动车被办理登记手续，数量达到五辆以上或者价值总额达到五十万元以上的，依照刑法第三百九十七条第一款的规定，以玩忽职守罪定罪，处三年以下有期徒刑或者拘役。

国家机关工作人员实施前两款规定的行为，致使盗窃、抢劫、诈骗、抢夺的机动车被办理登记手续，分别达到前两款规定数量、数额标准五倍以上的，或者明知是盗窃、抢劫、诈骗、抢夺的机动车而办理登记手续的，属于刑法第三百九十七条第一款规定的"情节特别严重"，处三年以上七年以下有期徒刑。

国家机关工作人员徇私舞弊，实施上述行为，构成犯罪的，依照刑法第三百九十七条第二款的规定定罪处罚。

第六条　行为人实施本解释第一条、第三条第三款规定的行为，涉及的机动车有下列情形之一的，应当认定行为人主观上属于上述条款所称"明知"：

（一）没有合法有效的来历凭证；

（二）发动机号、车辆识别代号有明显更改痕迹，没有合法证明的。

397.5 最高人民法院、最高人民检察院关于办理渎职刑事案件适用法律若干问题的解释（一）（2013年1月9日　法释〔2012〕18号）（节录）

第一条　国家机关工作人员滥用职权或者玩忽职守，具有下列情形之一的，应当认定为刑法第三百九十七条规定的"致使公共财产、国家和人民利益遭受重大损失"：

（一）造成死亡1人以上，或者重伤3人以上，或者轻伤9人以上，或者重伤2人、轻伤3人以上，或者重伤1人、轻伤6人以上的；

（二）造成经济损失30万元以上的；

（三）造成恶劣社会影响的；

（四）其他致使公共财产、国家和人民利益遭受重大损失的情形。

具有下列情形之一的，应当认定为刑法第三百九十七条规定的"情节特别严重"：

（一）造成伤亡达到前款第（一）项规定人数3倍以上的；

（二）造成经济损失150万元以上的；

（三）造成前款规定的损失后果，不报、迟报、谎报或者授意、指使、强令他人不报、迟报、谎报事故情况，致使损失后果持续、扩大或者抢救工作延误的；

（四）造成特别恶劣社会影响的；

（五）其他特别严重的情节。

第二条　国家机关工作人员实施滥用职权或者玩忽职守犯罪行为，触犯刑法分则第九章第三百九十八条至第四百一十九条规定的，依照该规定定罪处罚。

国家机关工作人员滥用职权或者玩忽职守，因不具备徇私舞弊等情形，不符合刑法分则第九章第三百九十八条至第四百一十九条的规定，但依法构成第三百九十七条规定的犯罪的，以滥用职权罪或者玩忽职守罪定罪处罚。

第三条　国家机关工作人员实施渎职犯罪并收受贿赂，同时构成受贿罪的，除刑法另有规定外，以渎职犯罪和受贿罪数罪并罚。

第四条　国家机关工作人员实施渎职行为，放纵他人犯罪或者帮助他人逃避刑事处罚，构成犯罪的，依照渎职罪的规定定罪处罚。

国家机关工作人员与他人共谋，利用其职务行为帮助他人实施其他犯罪行为，同时构成渎职犯罪和共谋实施的其他犯罪共犯的，依照处罚较重的规定定罪处罚。

国家机关工作人员与他人共谋，既利用其职务行为帮助他人实施其他犯罪，又以非职务行为与他人共同实施该其他犯罪行为，同时构成渎职犯罪和其他犯罪的共犯的，依照数罪并罚的规定定罪处罚。

第五条　国家机关负责人员违法决定，或者指使、授意、强令其他国家机关工作人员违法履行职务或者不履行职务，构成刑法分则第九章规定的渎职犯罪的，应当依法追究刑事责任。

以"集体研究"形式实施的渎职犯罪，应当依照刑法分则第九章的规定追究国家机关负有责任的人员的刑事责任。对于具体执行人员，应当在综合认定其行为性质、是否提出反对意见、危害结果大小等情节的基础上决定是否追究刑事责任和应当判处的刑罚。

第六条　以危害结果为条件的渎职犯罪的追诉期限，从危害结果发生之日起计算；有数个危害结果的，从最后一个危害结果发生之日起计算。

第七条　依法或者受委托行使国家行政管理职权的公司、企业、事业单位的工作人员，在行使行政管理职权时滥用职权或者玩忽职守，构成犯罪的，应当依照《全国人民代表大会常务委员会关于〈中华人民共和国刑法〉第九章渎职罪主体适用问题的解释》的规定，适用渎职罪的规定追究刑事责任。

第八条　本解释规定的"经济损失"，是指渎职犯罪或者与渎职犯罪相关联的犯罪立案时已经实际造成的财产损失，包括为挽回渎职犯罪所造成损失而支付的各种开支、费用等。立案后至提起公诉前持续发生的经济损失，应一并计入渎职犯罪造成的经济损失。

债务人经法定程序被宣告破产，债务人潜逃、去向不明，或者因行为人的责任超过诉讼时效等，致使债权已经无法实现的，无法实现的债权部分应当认定为渎职犯罪的经济损失。

渎职犯罪或者与渎职犯罪相关联的犯罪立案后，犯罪分子及其亲友自行挽回的经济损失，司法机关或者犯罪分子所在单位及其上级主管部门挽回的经济损失，或者因客观原因减少的经济损失，不予扣减，但可以作为酌定从轻处罚的情节。

第九条　负有监督管理职责的国家机关工作人员滥用职权或者玩忽职守，致使不符合安全标准的食品、有毒有害食品、假药、劣药等流入社会，对人民群众生命、健康造成严重危害后果的，依照渎职罪的规定从严惩处。

第十条　最高人民法院、最高人民检察院此前发布的司法解释与本解释不一致的，以本解释为准。

【司法解释】

397.6 最高人民法院、最高人民检察院、公安部、国家工商行政管理局关于依法查处盗窃、抢劫机动车案件的规定（1998 年 5 月 8 日　公通字〔1998〕31 号）（节录）

九、公安、工商行政管理人员或者其他国家机关工作人员滥用职权或者玩忽职守、徇私舞弊，致使赃车入户、过户、验证的，给予行政处分；致使公共财产、国家和人民利益遭受重大损失的，依照《刑法》第三百九十七条的规定处罚。

397.7 最高人民检察院关于镇财政所所长是否适用国家机关工作人员的批复（2000 年 5 月 4 日　高检发研字〔2000〕9 号）

上海市人民检察院：

你院沪检发〔2000〕30 号文收悉。经研究，批复如下：

对于属行政执法事业单位的镇财政所中按国家机关在编干部管理的工作人员，在履行政府行政公务活动中，滥用职权或玩忽职守构成犯罪的，应以国家机关工作人员论。

397.8 最高人民检察院关于合同制民警能否成为玩忽职守罪主体问题的批复（2000 年 10 月 9 日　高检发研字〔2000〕20 号）

辽宁省人民检察院：

你院辽检发诉字〔1999〕76 号《关于犯罪嫌疑人李海玩忽职守一案的请示》收悉。经研究，批复如下：

根据刑法第 93 条第 2 款的规定，合同制民警在依法执行公务期间，属其他依照法律从事公务的人员，应以国家机关工作人员论。对合同制民警在依法执行公务活动中的玩忽职守行为，符合刑法第 397 条规定的玩忽职守罪构成条件的，依法以玩忽职守罪追究刑事责任。

397.9 最高人民检察院关于属工人编制的乡（镇）工商所所长能否依照刑法第 397 条的规定追究刑事责任问题的批复（2000 年 10 月 31 日　高检发研字〔2000〕23 号）

江西省人民检察院：

你院赣检研发〔2000〕3 号《关于乡（镇）工商所所长（工人编制）是否属于国家机关工作人员的请示》收悉。经研究，批复如下：

根据刑法第 93 条第 2 款的规定，经人事部门任命，但为工人编制的乡（镇）工商所所长，依法履行工商行政管理职责时，属其他依照法律从事公务的人员，应以国家机关工作人员论。如果玩忽职守，致使公共财产、国家和人民利益遭受重大损失，可适用刑法第 397 条的规定，以玩忽职守罪追究刑事责任。

397.10 最高人民法院、最高人民检察院关于办理妨害预防、控制突发传染病疫情等灾害的刑事案件具体应用法律若干问题的解释（2003 年 5 月 15 日　法释〔2003〕8 号）（节录）

第十五条　在预防、控制突发传染病疫情等灾害的工作中，负有组织、协调、指挥、灾害调查、控制、医疗救治、信息传递、交通运输、物资保障等职责的国家机关工作人员，滥用职权或者玩忽职守，致使公共财产、国家和人民利益遭受重大损失的，依照刑法第三百九十七条的规定，以滥用职权罪或者玩忽职守罪定罪处罚。

397.11 最高人民法院、最高人民检察院关于办理非法制造、买卖、运输、储存毒鼠强等禁用剧毒化学品刑事案件具体应用法律若干问题的解释（2003 年 10 月 1 日　法释〔2003〕14 号）（节录）

第四条　对非法制造、买卖、运输、储存毒鼠强等禁用剧毒化学品行为负有查处职责的国家机关工作人员，滥用职权或者玩忽职守，致使公共财产、国家和人民利益遭受重大损失的，依照刑法第三百九十七条的规定，以滥用职权罪或者玩忽职守罪追究刑事责任。

397.12 最高人民法院、最高人民检察院关于办理盗窃油气、破坏油气设备等刑事案件具体应用法律若干问题的解释（2007 年 1 月 19 日　法释〔2007〕3 号）（节录）

第七条　国家机关工作人员滥用职权或者玩忽职守，实施下列行为之一，致使公共财产、国家和人民利益遭受重大损失的，依照刑法第三百九十七条的规定，以滥用职权罪或者玩忽职守罪定罪处罚：

（一）超越职权范围，批准发放石油、天然气勘查、开采、加工、经营等许可证的；

（二）违反国家规定，给不符合法定条件的单位、个人发放石油、天然气勘查、开采、加工、经营等许可证的；

（三）违反《石油天然气管道保护条例》等国家规定，在油气设备安全保护范围内批准建设项目的；

（四）对发现或者经举报查实的未经依法批准、许可擅自从事石油、天然气勘查、开采、加工、经营等违法活动不予查封、取缔的。

397.13 最高人民检察院关于对林业主管部门工作人员在发放林木采伐许可证之外滥用职权玩忽职守致使森林遭受严重破坏的行为适用法律问题的批复（2007 年 5 月 16 日　高检发释字〔2007〕1 号）

福建省人民检察院：

你院《关于林业主管部门工作人员滥用职权、玩忽职守造成森林资源损毁立案标准问题的请示》（闽检〔2007〕14 号）收悉。经研究，批复如下：

林业主管部门工作人员违法发放林木采伐许可证，致使森林遭受严重破坏的，依照刑法第四百零七条的规定，以违法发放林木采伐许可证罪追究刑事责任；以其他方式滥用职权或者玩忽职守，致使森林遭受严重破坏的，依照刑法第三百九十七条的规定，以滥用职权罪或者玩忽职守罪追究刑事责任，立案标准依照《最高人民检察院关于渎职侵权犯罪案件立案标准的规定》第一部分渎职犯罪案件第十八条第三款的规定执行。

397.14 最高人民法院、最高人民检察院关于办理危害生产安全刑事案件适用法律若干问题的解释（2015 年 12 月 16 日　法释〔2015〕22 号）（节录）

第十五条　国家机关工作人员在履行安全监督管理职责时滥用职权、玩忽职守，致使公共财产、国家和人民利益遭受重大损失的，或者徇私舞弊，对发现的刑事案件依法应当移交司法机关追究刑事责任而不移交，情节严重的，分别依照刑法第三百九十七条、第四百零二条的规定，以滥用职权罪、玩忽职守罪或者徇私舞弊不移交刑事案件罪定罪处罚。

公司、企业、事业单位的工作人员在依法或者受委托行使安全监督管理职责时滥用职权或者玩忽职守，构成犯罪的，应当依照《全国人民代表大会常务委员会关于〈中华人民共和国刑法〉第九章渎职主体适用问题的解释》的规定，适用渎职罪的规定追究刑事责任。

397.15 最高人民法院、最高人民检察院关于办理扰乱无线电通讯管理秩序等刑事案件适用法律若干问题的解释（2017 年 7 月 1 日　法释〔2017〕11 号）（节录）

第七条　（第一款）　负有无线电监督管理职责的国家机关工作人员滥用职权或者玩忽职守，致使公共财产、国家和人民利益遭受重大损失的，应当依照刑法第三百九十七条的规定，以滥用职权罪或者玩忽职守罪追究刑事责任。

397.16 最高人民检察院、公安部关于公安机关办理经济犯罪案件的若干规定（2018 年 1 月 1 日　公通字〔2017〕25 号）（节录）

第七十三条　具有下列情形之一的，公安机关应当责令依法纠正，或者直接作出撤销、变更或者纠正决定。对发生执法过错的，应当根据办案人员在办案中各自承担的职责，区分不同情况，分别追究案件审批人、审核人、办案人及其他直接责任人的责任。构成犯罪的，依法追究刑事责任。

（一）越权管辖或者推诿管辖的；

（二）违反规定立案、不予立案或者撤销案件的；

（三）违反规定对犯罪嫌疑人采取强制措施的；

（四）违反规定对财物采取查封、扣押、冻结措施的；

（五）违反规定处置涉案财物的；

（六）拒不履行办案协作职责，或者阻碍异地公安机关依法办案的；

（七）阻碍当事人、辩护人、诉讼代理人依法行使诉讼权利的；

（八）其他应当予以追究责任的。

对于导致国家赔偿的责任人员，应当依据《中华人民共和国国家赔偿法》的有关规定，追偿其部分或者全部赔偿费用。

397.17　参见399.3 最高人民法院、最高人民检察院关于办理虚假诉讼刑事案件适用法律若干问题的解释（2018年10月1日　法释〔2018〕17号）

397.18　最高人民检察院关于人民检察院立案侦查司法工作人员相关职务犯罪案件若干问题的规定（2018年11月24日　高检法研字〔2018〕28号）（节录）

一、案件管辖范围

人民检察院在对诉讼活动实行法律监督中，发现司法工作人员涉嫌利用职权实施的下列侵犯公民权利、损害司法公正的犯罪案件，可以立案侦查：

6. 滥用职权罪（刑法第三百九十七条）（非司法工作人员滥用职权侵犯公民权利、损害司法公正的情形除外）；

7. 玩忽职守罪（刑法第三百九十七条）（非司法工作人员玩忽职守侵犯公民权利、损害司法公正的情形除外）

> 【说明】管辖和侦查部门、线索移送以及办案程序等，参见238.5 本规定。

397.19　最高人民法院、最高人民检察院关于办理破坏野生动物资源刑事案件适用法律若干问题的解释（2022年4月9日　法释〔2022〕12号）（节录）

第十条（第一款）　负有野生动物保护和进出口监督管理职责的国家机关工作人员，滥用职权或者玩忽职守，致使公共财产、国家和人民利益遭受重大损失的，应当依照刑法第三百九十七条的规定，以滥用职权罪或者玩忽职守罪追究刑事责任。

【司法文件】

397.20　最高人民检察院研究室关于买卖尚未加盖印章的空白《边境证》行为如何适用法律问题的答复（2002年9月25日　〔2002〕高检研发第19号）

重庆市人民检察院研究室：

你院《关于对买卖尚未加盖印章的空白〈边境证〉案件适用法律问题的请示》（渝检（研）〔2002〕11号）收悉。经研究，答复如下：

对买卖尚未加盖发证机关的行政印章或者通行专用章印鉴的空白《中华人民共和国边境管理区通行证》的行为，不宜以买卖国家机关证件罪追究刑事责任。国家机关工作人员实施上述行为，构成犯罪的，可以按滥用职权等相关犯罪依法追究刑事责任。

397.21　最高人民检察院法律政策研究室关于对海事局工作人员如何适用法律问题的答复（2003年1月13日　〔2003〕高检研发第1号）

辽宁省人民检察院研究室：

你院《关于辽宁海事局的工作人员是否为国家机关工作人员的主体认定请示》（辽检发渎检字〔2002〕1号）收悉。经研究，答复如下：

根据国办发〔1999〕90号、中编办函〔2000〕184等文件的规定，海事局负责行使国家水上安全监督和防止船舶污染及海上设施检验、航海保障的管理职权，是国家执法监督机构。海事局及其分支机构工作人员在从事上述公务活动中，滥用职权或者玩忽职守，致使公共财产、国家和人民利益遭受重大损失的，应当依照刑法第三百九十七条的规定，以滥用职权罪或者玩忽职守罪追究刑事责任。

397.22　最高人民法院、最高人民检察院、公安部关于严格执行刑事诉讼法，切实纠防超期羁押期限的通知（2003年11月12日　法〔2003〕163号）（节录）

五、严格执行超期羁押责任追究制度。超期羁押侵犯犯罪嫌疑人、被告人的合法权益，损害司法公正，对此必须严肃查处，绝不姑息。本通知发布以后，凡违反刑事诉讼法和本通知的规定，造成犯罪嫌疑人、被告人超期羁押的，对于直接负责的主管人员和其他直接责任人员，由其所在单位或者上级主管机关依照有关规定予以行政或者纪律处分;造成犯罪嫌疑人、被告人超期羁押,情节严重的,对于直接负责的主管人员和其他直接责任人员,依照刑法第三百九十七条的规定,以玩忽职守罪或者滥用职权罪追究刑事责任。

397.23 全国法院审理经济犯罪案件工作座谈会纪要(最高人民法院 2003 年 11 月 13 日印发 法〔2003〕167 号)(节录)

一、关于贪污贿赂犯罪和渎职犯罪的主体

(一)国家机关工作人员的认定

刑法中所称的国家机关工作人员,是指在国家机关中从事公务的人员,包括在各级国家权力机关、行政机关、司法机关和军事机关中从事公务的人员。

根据有关立法解释的规定,在依照法律、法规规定行使国家行政管理职权的组织中从事公务的人员,或者在受国家机关委托代表国家行使职权的组织中从事公务的人员,或者虽未列入国家机关人员编制但在国家机关中从事公务的人员,视为国家机关工作人员。在乡(镇)以上中国共产党机关、人民政协机关中从事公务的人员,司法实践中也应当视为国家机关工作人员。

(二)国家机关、国有公司、企业、事业单位委派到非国有公司、企业、事业单位、社会团体从事公务的人员的认定

所谓委派,即委任、派遣,其形式多种多样,如任命、指派、提名、批准等。不论被委派的人身份如何,只要是接受国家机关、国有公司、企业、事业单位委派,代表国家机关、国有公司、企业、事业单位在非国有公司、企业、事业单位、社会团体中从事组织、领导、监督、管理等工作,都可以认定为国家机关、国有公司、企业、事业单位委派到非国有公司、企业、事业单位、社会团体从事公务的人员。如国家机关、国有公司、企业、事业单位委派在国有控股或者参股的股份有限公司从事组织、领导、监督、管理等工作的人员,应当以国家工作人员论。国有公司、企业改制为股份有限公司后,原国有公司、企业的工作人员和股份有限公司新任命的人员中,除代表国有投资主体行使监督、管理职权的人外,不以国家工作人员论。

(三)"其他依照法律从事公务的人员"的认定

刑法第九十三条第二款规定的"其他依照法律从事公务的人员"应当具有两个特征:一是在特定条件下行使国家管理职能;二是依照法律规定从事公务。具体包括:(1)依法履行职责的各级人民代表大会代表;(2)依法履行审判职责的人民陪审员;(3)协助乡镇人民政府、街道办事处从事行政管理工作的村民委员会、居民委员会等农村和城市基层组织人员;(4)其他由法律授权从事公务的人员。

(四)关于"从事公务"的理解

从事公务,是指代表国家机关、国有公司、企业、事业单位、人民团体等履行组织、领导、监督、管理等职责。公务主要表现为与职权相联系的公共事务以及监督、管理国有财产的职务活动。如国家机关工作人员依法履行职责,国有公司的董事、经理、监事、会计、出纳人员等管理、监督国有财产等活动,属于从事公务。那些不具备职权内容的劳务活动、技术服务工作,如售货员、售票员等所从事的工作,一般不认为是公务。

六、关于渎职罪

(一)渎职犯罪行为造成的公共财产重大损失的认定

根据刑法规定,玩忽职守、滥用职权等渎职犯罪是以致使公共财产、国家和人民利益遭受重大损失为构成要件的。其中,公共财产的重大损失,通常是指渎职行为已经造成的重大经济损失。在司法实践中,有以下情形之一的,虽然公共财产作为债权存在,但已无法实现债权的,可以认定为行为人的渎职行为造成了经济损失:(1)债务人已经法定程序被宣告破产;(2)债务人潜逃,去向不明;(3)因行为人责任,致使超过诉讼时效;(4)有证据证明债权无法实现的其他情况。

(二)玩忽职守罪的追诉时效

玩忽职守行为造成的重大损失当时没有发生,而是玩忽职守行为之后一定时间发生的,应从

危害结果发生之日起计算玩忽职守罪的追诉期限。

（三）国有公司、企业人员渎职犯罪的法律适用

对于1999年12月24日《中华人民共和国刑法修正案》实施以前发生的国有公司、企业人员渎职行为（不包括徇私舞弊行为），尚未处理或者正在处理的，不能按照刑法修正案追究刑事责任。

（四）关于"徇私"的理解

徇私舞弊型渎职犯罪的"徇私"应理解为徇个人私情、私利。国家机关工作人员为了本单位的利益，实施滥用职权、玩忽职守行为，构成犯罪的，依照刑法第三百九十七条第一款的规定定罪处罚。

397.24 最高人民法院、最高人民检察院、公安部关于依法严肃查处拒不执行判决、裁定和暴力抗拒法院执行犯罪行为有关问题的通知（2007年8月30日　法发〔2007〕29号）（节录）

一、对下列拒不执行判决、裁定的行为，依照刑法第三百一十三条的规定，以拒不执行判决、裁定罪论处。

（四）被执行人、担保人、协助执行义务人与国家机关工作人员通谋，利用国家机关工作人员的职权妨害执行，致使判决、裁定无法执行的；

四、国家机关工作人员有本《通知》第一条第四项行为的，以拒不执行判决、裁定罪的共犯追究刑事责任。

国家机关工作人员收受贿赂或者滥用职权，有本《通知》第一条第四项行为的，同时又构成刑法第三百八十五条、第三百九十七条规定罪的，依照处罚较重的规定定罪处罚。

397.25 最高人民法院、最高人民检察院、公安部关于办理非法集资刑事案件适用法律若干问题的意见（2014年3月25日　公通字〔2014〕16号）（节录）

八、关于跨区域案件的处理问题

（第三款）国家机关工作人员违反规定处置涉案财物，构成渎职等犯罪的，应当依法追究刑事责任。

397.26 最高人民法院、最高人民检察院、公安部关于办理非法集资刑事案件若干问题的意见（2019年1月30日　高检会〔2019〕2号）（节录）

十二、关于国家工作人员相关法律责任问题

国家工作人员具有下列行为之一，构成犯罪的，应当依法追究刑事责任：

（二）明知所主管、监管的单位有涉嫌非法集资行为，未依法及时处理或者移送处置非法集资职能部门的；

（三）查处非法集资过程中滥用职权、玩忽职守、徇私舞弊的。

397.27 最高人民法院、最高人民检察院、公安部、农业农村部依法惩治长江流域非法捕捞等违法犯罪的意见（2020年12月17日　公通字〔2020〕17号）（节录）

二、准确适用法律，依法严惩非法捕捞等危害水生生物资源的各类违法犯罪

（五）（第一款）依法严惩危害水生生物资源的渎职犯罪。对长江流域重点水域水生生物资源保护负有监督管理、行政执法职责的国家机关工作人员，滥用职权或者玩忽职守，致使公共财产、国家和人民利益遭受重大损失的，应当依照刑法第三百九十七条的规定，以滥用职权罪或者玩忽职守罪定罪处罚。

【说明】数额计算、从重、证据收集、价值和事实认定等，参见340.3本意见。

397.28 最高人民法院关于深入开展虚假诉讼整治工作的意见（2021年11月10日　法〔2021〕281号）（节录）

二十、加强队伍建设，提升整治能力。……法院工作人员不正确履行职责，玩忽职守，致使虚假诉讼案件进入诉讼程序，导致公共财产、国家和人民利益遭受重大损失，符合刑法规定的犯罪构成要件的，依照玩忽职守罪、执行判决、裁定失职罪等罪名定罪处罚。

第三百九十八条【故意泄露国家秘密罪，过失泄露国家秘密罪】 国家机关工作人员违反保守国家秘密法的规定，故意或者过失泄露国家秘密，情节严重的，处三年以下有期徒刑或者拘役；情节特别严重的，处三年以上七年以下有期徒刑。

非国家机关工作人员犯前款罪的，依照前款的规定酌情处罚。

【罪名渊源】 本条系刑法吸收1989年《保守国家秘密法》第31条内容所增设。79刑法第186条只规定了泄露国家重要机密罪，且未规定犯罪的主观罪过形式。刑法对原条文进行了修改补充。高法《罪名规定》、高检《罪名意见》将其解释为故意泄露国家秘密罪、过失泄露国家秘密罪。

【立案标准】

398.1 人民检察院直接受理立案侦查的渎职侵权重特大案件标准（试行）（2002年1月1日 高检发〔2001〕13号）（节录）

三、故意泄露国家秘密案

（一）重大案件

1. 故意泄露绝密级国家秘密一项以上，或者泄露机密级国家秘密三项以上，或者泄露秘密级国家秘密五项以上的；

2. 故意泄露国家秘密造成直接经济损失五十万元以上的；

3. 故意泄露国家秘密对国家安全构成严重危害的；

4. 故意泄露国家秘密对社会秩序造成严重危害的。

（二）特大案件

1. 故意泄露绝密级国家秘密二项以上，或者泄露机密级国家秘密五项以上，或者泄露秘密级国家秘密七项以上的；

2. 故意泄露国家秘密造成直接经济损失一百万元以上的；

3. 故意泄露国家秘密对国家安全构成特别严重危害的；

4. 故意泄露国家秘密对社会秩序造成特别严重危害的。

四、过失泄露国家秘密案

（一）重大案件

1. 过失泄露绝密级国家秘密一项以上，或者泄露机密级国家秘密五项以上，或者泄露秘密级国家秘密七项以上并造成严重危害后果的；

2. 过失泄露国家秘密造成直接经济损失一百万元以上的；

3. 过失泄露国家秘密对国家安全构成严重危害的；

4. 过失泄露国家秘密对社会秩序造成严重危害的。

（二）特大案件

1. 过失泄露绝密级国家秘密二项以上，或者泄露机密级国家秘密七项以上，或者泄露秘密级国家秘密十项以上的；

2. 过失泄露国家秘密造成直接经济损失二百万元以上的；

3. 过失泄露国家秘密对国家安全构成特别严重危害的；

4. 过失泄露国家秘密对社会秩序造成特别严重危害的。

398.2 最高人民检察院关于渎职侵权犯罪案件立案标准的规定（2006年7月26日 高检发释字〔2006〕2号）（节录）

一、渎职犯罪案件

（三）故意泄露国家秘密案（第三百九十八条）

故意泄露国家秘密罪是指国家机关工作人员或者非国家机关工作人员违反保守国家秘密法，故意使国家秘密被不应知悉者知悉，或者故意使国家秘密超出了限定的接触范围，情节严重的行为。

涉嫌下列情形之一的，应予立案：

1. 泄露绝密级国家秘密1项（件）以上的；

2. 泄露机密级国家秘密2项（件）以上的；

3. 泄露秘密级国家秘密3项（件）以上的；

4. 向非境外机构、组织、人员泄露国家秘密，造成或者可能造成危害社会稳定、经济发展、国防安全或者其他严重危害后果的；

5. 通过口头、书面或者网络等方式向公众散布、传播国家秘密的；

6. 利用职权指使或者强迫他人违反国家保守秘密法的规定泄露国家秘密的；

7. 以牟取私利为目的泄露国家秘密的；

8. 其他情节严重的情形。

（四）过失泄露国家秘密案（第三百九十八条）

过失泄露国家秘密罪是指国家机关工作人员或者非国家机关工作人员违反保守国家秘密法，过失泄露国家秘密，或者遗失国家秘密载体，致使国家秘密被不应知悉者知悉或者超出了限定的接触范围，情节严重的行为。

涉嫌下列情形之一的，应予立案：

1. 泄露绝密级国家秘密1项（件）以上的；

2. 泄露机密级国家秘密3项（件）以上的；

3. 泄露秘密级国家秘密4项（件）以上的；

4. 违反保密规定，将涉及国家秘密的计算机或者计算机信息系统与互联网相连接，泄露国家秘密的；

5. 泄露国家秘密或者遗失国家秘密载体，隐瞒不报、不如实提供有关情况或者不采取补救措施的；

6. 其他情节严重的情形。

> 【说明】"三、附则"参见397.3本规定。

【司法解释】

398.3 最高人民法院关于审理为境外窃取、刺探、收买、非法提供国家秘密、情报案件具体应用法律若干问题的解释（2001年1月22日　法释〔2001〕4号）（节录）

第六条　通过互联网将国家秘密或者情报非法发送给境外的机构、组织、个人的，依照刑法第一百一十一条的规定定罪处罚；将国家秘密通过互联网予以发布，情节严重的，依照刑法第三百九十八条的规定定罪处罚。

第七条　审理为境外窃取、刺探、收买、非法提供国家秘密案件，需要对有关事项是否属于国家秘密以及属于何种密级进行鉴定的，由国家保密工作部门或者省、自治区、直辖市保密工作部门鉴定。

> 【说明】情报的鉴定亦由保密工作部门负责。
>
> 　　附：最高人民法院、国家保密局关于执行《关于审理为境外窃取、刺探、收买、非法提供国家秘密、情报案件具体应用法律若干问题的解释》有关问题的通知（2001年8月22日　法发〔2001〕117号）
>
> 各省、自治区、直辖市高级人民法院，解放军军事法院，新疆维吾尔自治区高级人民法院生产建设兵团分院；各省、自治区、直辖市保密局：
>
> 　　为正确执行最高人民法院法释〔2001〕4号《关于审理为境外窃取、刺探、收买、非法提供国家秘密、情报案件具体应用法律若干问题的解释》，审理好涉及情报的刑事案件，现就有关情报的鉴定问题通知如下：
>
> 　　人民法院审理为境外窃取、刺探、收买、非法提供情报案件，需要对有关事项是否属于情报进行鉴定的，由国家保密工作部门或者省、自治区、直辖市保密工作部门鉴定。

398.4 参见 284 - 1.1 最高人民法院关于《中华人民共和国刑法修正案（九）》时间效力问题的解释（2015 年 11 月 1 日　法释〔2015〕19 号）

【部委规范】

398.5 国家秘密技术出口审查规定（1998 年 10 月 30 日　国科发计字〔1998〕425 号）（节录）

第二条　本规定所称的国家秘密技术，是指经科学技术部、国家保密局审查、确认并在特定范围内发布的《国家秘密技术项目通告》中的项目。

依据《科学技术保密规定》，由产生单位确定为国家秘密技术，并在上报、审查过程中的项目，适用本规定。

第五条　国家秘密技术出口保密审查、审批机构及权限：

（一）绝密级国家秘密技术禁止出口。

（二）机密级国家秘密技术，由申请单位按行政隶属关系经省、自治区、直辖市、计划单列市或国务院各部委、直属机构的科技保密管理机构审查同意后，报科学技术部审批。

（三）秘密级国家秘密技术，由申请单位按行政隶属关系上报省、自治区、直辖市、计划单列市或国务院各部委、直属机构的科技保密管理机构审批，报科学技术部备案。

第十四条　违反本规定，未经批准、许可出口国家秘密技术，或擅自超出批准、许可范围，或在申请出口时弄虚作假，致使国家秘密泄露的，依法追究有关责任人的法律责任。

398.6 涉及恐怖活动资产冻结管理办法（2014 年 1 月 10 日　中国人民银行、公安部、国家安全部令 2014 年第 1 号）（节录）

第八条　金融机构、特定非金融机构及其工作人员对与采取冻结措施有关的工作信息应当保密，不得违反规定向任何单位及个人提供和透露，不得在采取冻结措施前通知资产的所有人、控制人或者管理人。

第十八条　中国人民银行及其分支机构、公安机关、国家安全机关工作人员违反规定，泄露工作秘密导致有关资产被非法转移、隐匿，冻结措施错误造成其他财产损失的，依照有关规定给予处分；涉嫌构成犯罪的，移送司法机关依法追究刑事责任。

398.7 科学技术保密规定（2015 年 11 月 16 日　科学技术部、国家保密局令第 16 号）（节录）

第二条　本规定所称国家科学技术秘密，是指科学技术规划、计划、项目及成果中，关系国家安全和利益，依照法定程序确定，在一定时间内只限一定范围的人员知悉的事项。

第九条　关系国家安全和利益，泄露后可能造成下列后果之一的科学技术事项，应当确定为国家科学技术秘密：

（一）削弱国家防御和治安能力；

（二）降低国家科学技术国际竞争力；

（三）制约国民经济和社会长远发展；

（四）损害国家声誉、权益和对外关系。

国家科学技术秘密及其密级的具体范围（以下简称国家科学技术保密事项范围），由国家保密行政管理部门会同国家科学技术行政管理部门另行制定。

第十条　国家科学技术秘密的密级分为绝密、机密和秘密三级。国家科学技术秘密密级应当根据泄露后可能对国家安全和利益造成的损害程度确定。

除泄露后会给国家安全和利益带来特别严重损害的外，科学技术原则上不确定为绝密级国家科学技术秘密。

第十一条　有下列情形之一的科学技术事项，不得确定为国家科学技术秘密：

（一）国内外已经公开；

（二）难以采取有效措施控制知悉范围；

（三）无国际竞争力且不涉及国家防御和治安能力；

（四）已经流传或者受自然条件制约的传统工艺。

第三十条　机关、单位和个人在下列科学技术合作与交流活动中，不得涉及国家科学技术秘密：

（一）进行公开的科学技术讲学、进修、考察、合作研究等活动；

（二）利用互联网及其他公共信息网络、广播、电影、电视以及公开发行的报刊、书籍、图文资料和声像制品进行宣传、报道或者发表论文；

（三）进行公开的科学技术展览和展示等活动。

第三十一条　机关、单位和个人应当加强国家科学技术秘密信息保密管理，存储、处理国家科学技术秘密信息应当符合国家保密规定。任何机关、单位和个人不得有下列行为：

（一）非法获取、持有、复制、记录、存储国家科学技术秘密信息；

（二）使用非涉密计算机、非涉密存储设备存储、处理国家科学技术秘密；

（三）在互联网及其他公共信息网络或者未采取保密措施的有线和无线通信中传递国家科学技术秘密信息；

（四）通过普通邮政、快递等无保密措施的渠道传递国家科学技术秘密信息；

（五）在私人交往和通信中涉及国家科学技术秘密信息；

（六）其他违反国家保密规定的行为。

第三十二条（第一款）　对外科学技术交流与合作中需要提供国家科学技术秘密的，应当经过批准，并与对方签订保密协议。绝密级国家科学技术秘密原则上不得对外提供，确需提供的，应当经中央国家机关有关主管部门同意后，报国家科学技术行政管理部门批准；机密级国家科学技术秘密对外提供应当报中央国家机关有关主管部门批准；秘密级国家科学技术秘密对外提供应当报中央国家机关有关主管部门或者省、自治区、直辖市人民政府有关主管部门批准。

第四十条　……对于违反科学技术保密规定的，给予批评教育；对于情节严重，给国家安全和利益造成损害的，应当依照有关法律、法规给予有关责任人员处分，构成犯罪的，依法追究刑事责任。

【法律法规】

398.8 中华人民共和国专利法（1985 年 4 月 1 日　2008 年修正）（第 4 条、第 20 条、第 71 条）

398.9 中华人民共和国人民银行法（1995 年 3 月 8 日　2003 年修正）（第 50 条）

398.10 全国人民代表大会常务委员会关于维护互联网安全的决定（2000 年 12 月 28 日　2009 年修正）（第 2 条第 2 项）

398.11 中华人民共和国保守国家秘密法（2010 年 10 月 1 日）（第 2 条、第 9—20 条）

398.12 中华人民共和国反间谍法（2014 年 11 月 1 日）（第 17 条第 2 款、第 23 条、第 31 条）

398.13 中华人民共和国法官法（2019 年 10 月 1 日）（第 46 条）

398.14 中华人民共和国检察官法（2019 年 10 月 1 日）（第 47 条）

第三百九十九条【徇私枉法罪】 司法工作人员徇私枉法、徇情枉法，对明知是无罪的人而使他受追诉、对明知是有罪的人而故意包庇不使他受追诉，或者在刑事审判活动中故意违背事实和法律作枉法裁判的，处五年以下有期徒刑或者拘役；情节严重的，处五年以上十年以下有期徒刑；情节特别严重的，处十年以上有期徒刑。

【民事、行政枉法裁判罪】 在民事、行政审判活动中故意违背事实和法律作枉法裁判，情节严重的，处五年以下有期徒刑或者拘役；情节特别严重的，处五年以上十年以下有期徒刑。

【执行判决、裁定失职罪，执行判决、裁定滥用职权罪】 在执行判决、裁定活动中，严重不负责任或者滥用职权，不依法采取诉讼保全措施、不履行法定执行职责，或者违法采取诉讼保全措施、强制执行措施，致使当事人或者其他人的利益遭受重大损失的，处五年以下有期徒刑或者拘役；致使当事人或者其他人的利益遭受特别重大损失的，处五年以上十年以下有期徒刑。

　　司法工作人员收受贿赂，有前三款行为的，同时又构成本法第三百八十五条规定之罪的，依照处罚较重的规定定罪处罚。

> 　　【刑法修正说明】
> 　　本条为全国人大常委会 2002 年 12 月 28 日通过并公布施行的《刑法修正案（四）》第 8 条所修正。原第 399 条为：
> 　　【徇私枉法罪】司法工作人员徇私枉法、徇情枉法，对明知是无罪的人而使他受追诉、对明知是有罪的人而故意包庇不使他受追诉，或者在刑事审判活动中故意违背事实和法律作枉法裁判的，处五年以下有期徒刑或者拘役；情节严重的，处五年以上十年以下有期徒刑；情节特别严重的，处十年以上有期徒刑。
> 　　【民事、行政枉法裁判罪】在民事、行政审判活动中故意违背事实和法律作枉法裁判，情节严重的，处五年以下有期徒刑。
> 　　司法工作人员贪赃枉法，有前两款行为的，同时又构成本法第三百八十五条规定之罪的，依照处罚较重的规定定罪处罚。

　　【罪名渊源】本条第 1 款由 79 刑法第 188 条徇私舞弊罪修改而来。刑法改原条文中的"徇私舞弊"为"徇私枉法、徇情枉法"，改"故意颠倒黑白作枉法裁判的"为"在刑事审判活动中故意违背事实和法律作枉法裁判的"，删除剥夺政治权利的规定，量刑幅度由两个增至三个，增加"情节严重"这一量刑幅度。高法《罪名规定》将第 1 款解释为徇私枉法罪，高检《罪名意见》将其解释为枉法追诉、裁判罪。"两高"《罪名补充规定》将其统一解释为徇私枉法罪，取消枉法追诉、裁判罪罪名。

　　本条第 2 款系刑法增设，79 刑法、单行刑法均未规定。高法《罪名规定》将其解释为枉法裁判罪，高检《罪名意见》将其解释为民事、行政枉法裁判罪。"两高"《罪名补充规定》将其统一解释为民事、行政枉法裁判罪，取消枉法裁判罪罪名。

　　本条第 3 款系《刑法修正案（四）》第 8 条第 3 款增设。"两高"《罪名补充规定（二）》将其解释为执行判决、裁定失职罪，执行判决、裁定滥用职权罪。

　　【立案标准】
　　399.1 人民检察院直接受理立案侦查的渎职侵权重特大案件标准（试行）（2002 年 1 月 1 日高检发〔2001〕13 号）（节录）
　　五、枉法追诉、裁判案
　　（一）重大案件
　　1. 对依法可能判处三年以上七年以下有期徒刑的犯罪分子，故意包庇不使其受追诉的；
　　2. 致使无罪的人被判处三年以上七年以下有期徒刑的。
　　（二）特大案件
　　1. 对依法可能判处七年以上有期徒刑、无期徒刑、死刑的犯罪分子，故意包庇不使其受追诉的；
　　2. 致使无罪的人被判处七年以上有期徒刑、无期徒刑、死刑的。
　　六、民事、行政枉法裁判案
　　（一）重大案件
　　1. 枉法裁判，致使公民的财产损失十万元以上、法人或者其他组织财产损失五十万元以上的；
　　2. 枉法裁判，引起当事人及其亲属精神失常或者重伤的。
　　（二）特大案件
　　1. 枉法裁判，致使公民的财产损失五十万元以上、法人或者其他组织财产损失一百万元以上的；
　　2. 引起当事人及其亲属自杀死亡的。

399.2 最高人民检察院关于渎职侵权犯罪案件立案标准的规定（2006 年 7 月 26 日　高检发释字〔2006〕2 号）（节录）

一、渎职犯罪案件

（五）徇私枉法案（第三百九十九条第一款）

徇私枉法罪是指司法工作人员徇私枉法、徇情枉法，对明知是无罪的人而使他受追诉、对明知是有罪的人而故意包庇不使他受追诉，或者在刑事审判活动中故意违背事实和法律作枉法裁判的行为。

涉嫌下列情形之一的，应予立案：

1. 对明知是没有犯罪事实或者其他依法不应当追究刑事责任的人，采取伪造、隐匿、毁灭证据或者其他隐瞒事实、违反法律的手段，以追究刑事责任为目的立案、侦查、起诉、审判的；

2. 对明知是有犯罪事实需要追究刑事责任的人，采取伪造、隐匿、毁灭证据或者其他隐瞒事实、违反法律的手段，故意包庇使其不受立案、侦查、起诉、审判的；

3. 采取伪造、隐匿、毁灭证据或者其他隐瞒事实、违反法律的手段，故意使罪重的人受较轻的追诉，或者使罪轻的人受较重的追诉的；

4. 在立案后，采取伪造、隐匿、毁灭证据或者其他隐瞒事实、违反法律的手段，应当采取强制措施而不采取强制措施，或者虽然采取强制措施，但中断侦查或者超过法定期限不采取任何措施，实际放任不管，以及违法撤销、变更强制措施，致使犯罪嫌疑人、被告人实际脱离司法机关侦控的；

5. 在刑事审判活动中故意违背事实和法律，作出枉法判决、裁定，即有罪判无罪、无罪判有罪，或者重罪轻判、轻罪重判的；

6. 其他徇私枉法应予追究刑事责任的情形。

（六）民事、行政枉法裁判案（第三百九十九条第二款）

民事、行政枉法裁判罪是指司法工作人员在民事、行政审判活动中，故意违背事实和法律作枉法裁判，情节严重的行为。

涉嫌下列情形之一的，应予立案：

1. 枉法裁判，致使当事人或者其近亲属自杀、自残造成重伤、死亡，或者精神失常的；

2. 枉法裁判，造成个人财产直接经济损失 10 万元以上，或者直接经济损失不满 10 万元，但间接经济损失 50 万元以上的；

3. 枉法裁判，造成法人或者其他组织财产直接经济损失 20 万元以上，或者直接经济损失不满 20 万元，但间接经济损失 100 万元以上的；

4. 伪造、变造有关材料、证据，制造假案枉法裁判的；

5. 串通当事人制造伪证，毁灭证据或者篡改庭审笔录而枉法裁判的；

6. 徇私情、私利，明知是伪造、变造的证据予以采信，或者故意对应当采信的证据不予采信，或者故意违反法定程序，或者故意错误适用法律而枉法裁判的；

7. 其他情节严重的情形。

（七）执行判决、裁定失职案（第三百九十九条第三款）

执行判决、裁定失职罪是指司法工作人员在执行判决、裁定活动中，严重不负责任，不依法采取诉讼保全措施、不履行法定执行职责，或者违法采取保全措施、强制执行措施，致使当事人或者其他人的利益遭受重大损失的行为。

涉嫌下列情形之一的，应予立案：

1. 致使当事人或者其近亲属自杀、自残造成重伤、死亡，或者精神失常的；

2. 造成个人财产直接经济损失 15 万元以上，或者直接经济损失不满 15 万元，但间接经济损失 75 万元以上的；

3. 造成法人或者其他组织财产直接经济损失 30 万元以上，或者直接经济损失不满 30 万元，但间接经济损失 150 万元以上的；

4. 造成公司、企业等单位停业、停产 1 年以上，或者破产的；

5. 其他致使当事人或者其他人的利益遭受重大损失的情形。

（八）执行判决、裁定滥用职权案（第三百九十九条第三款）

执行判决、裁定滥用职权罪是指司法工作人员在执行判决、裁定活动中，滥用职权，不依法采取诉讼保全措施、不履行法定执行职责，或者违法采取保全措施、强制执行措施，致使当事人或者其他人的利益遭受重大损失的行为。

涉嫌下列情形之一的，应予立案：

1. 致使当事人或者其近亲属自杀、自残造成重伤、死亡，或者精神失常的；

2. 造成个人财产直接经济损失 10 万元以上，或者直接经济损失不满 10 万元，但间接经济损失 50 万元以上的；

3. 造成法人或者其他组织财产直接经济损失 20 万元以上，或者直接经济损失不满 20 万元，但间接经济损失 100 万元以上的；

4. 造成公司、企业等单位停业、停产 6 个月以上，或者破产的；

5. 其他致使当事人或者其他人的利益遭受重大损失的情形。

> 【说明】"三、附则"参见 397.3 本规定。

【司法解释】

399.3 最高人民法院、最高人民检察院关于办理虚假诉讼刑事案件适用法律若干问题的解释（2018 年 10 月 1 日　法释〔2018〕17 号）（节录）

第五条　司法工作人员利用职权，与他人共同实施刑法第三百零七条之一前三款行为的，从重处罚；同时构成滥用职权罪，民事枉法裁判罪，执行判决、裁定滥用职权罪等犯罪的，依照处罚较重的规定定罪从重处罚。

399.4 最高人民检察院关于人民检察院立案侦查司法工作人员相关职务犯罪案件若干问题的规定（2018 年 11 月 24 日　高检法研字〔2018〕28 号）（节录）

一、案件管辖范围

人民检察院在对诉讼活动实行法律监督中，发现司法工作人员涉嫌利用职权实施的下列侵犯公民权利、损害司法公正的犯罪案件，可以立案侦查：

8. 徇私枉法罪（刑法第三百九十九条第一款）；

9. 民事、行政枉法裁判罪（刑法第三百九十九条第二款）；

10. 执行判决、裁定失职罪（刑法第三百九十九条第三款）；

11. 执行判决、裁定滥用职权罪（刑法第三百九十九条第三款）；

> 【说明】管辖和侦查部门、线索移送和互涉案件的处理以及办案程序等，参见 238.5 本规定。

【司法文件】

399.5 最高人民检察院法律政策研究室关于非司法工作人员是否可以构成徇私枉法罪共犯问题的答复（2003 年 4 月 16 日　〔2003〕高检研发第 11 号）

江西省人民检察院法律政策研究室：

你院《关于非国家机关工作人员是否可以构成徇私枉法罪共犯问题的请示》（赣检发研字〔2002〕7 号）收悉。经研究，答复如下：

非司法工作人员与司法工作人员勾结，共同实施徇私枉法行为，构成犯罪的，应当以徇私枉法罪的共犯追究刑事责任。

399.6 参见 397.23 全国法院审理经济犯罪案件工作座谈会纪要（最高人民法院 2003 年 11 月 13 日印发　法〔2003〕167 号）

399.7 最高人民检察院检察人员执法过错责任追究条例（2007 年 9 月 26 日　高检发〔2007〕12 号）（节录）

第四条　追究执法过错责任，应当根据执法过错责任人的过错事实、情节、后果及态度，作出下列处理：

（三）纪律处分和刑事处理。执法过错构成违纪的，应当依照检察纪律的规定给予纪律处分；构成犯罪的，应当依法追究刑事责任。

以上方式可以单独适用，也可以同时适用。

第七条　检察人员在执法办案活动中，故意实施下列行为之一的，应当追究执法过错责任：

（一）包庇、放纵被举报人、犯罪嫌疑人、被告人，或者使无罪的人受到刑事追究的；

399.8 最高人民法院、最高人民检察院、公安部关于办理利用赌博机开设赌场案件适用法律若干问题的意见（2014 年 3 月 26 日　公通字〔2014〕17 号）（节录）

八、关于国家机关工作人员渎职犯罪的处理

（第一款）负有查禁赌博活动职责的国家机关工作人员，徇私枉法，包庇、放纵开设赌场违法犯罪活动，或者为违法犯罪分子通风报信、提供便利、帮助犯罪分子逃避处罚，构成犯罪的，依法追究刑事责任。

399.9 最高人民法院关于深入开展虚假诉讼整治工作的意见（2021 年 11 月 10 日　法〔2021〕281 号）（节录）

二十、加强队伍建设，提升整治能力。……法院工作人员不正确履行职责，玩忽职守，致使虚假诉讼案件进入诉讼程序，导致公共财产、国家和人民利益遭受重大损失，符合刑法规定的犯罪构成要件的，依照玩忽职守罪、执行判决、裁定失职罪等罪名定罪处罚。

【法律法规】

399.10 中华人民共和国法官法（2019 年 10 月 1 日）（第 46 条）

399.11 中华人民共和国检察官法（2019 年 10 月 1 日）（第 47 条）

第三百九十九条之一【枉法仲裁罪】依法承担仲裁职责的人员，在仲裁活动中故意违背事实和法律作枉法裁决，情节严重的，处三年以下有期徒刑或者拘役；情节特别严重的，处三年以上七年以下有期徒刑。

【刑法修正说明】

本条为全国人大常委会 2006 年 6 月 29 日通过并公布施行的《刑法修正案（六）》第 20 条所增设。

【罪名渊源】　本条系《刑法修正案（六）》增设。"两高"《罪名补充规定（三）》将其解释为枉法仲裁罪。

第四百条【私放在押人员罪】司法工作人员私放在押的犯罪嫌疑人、被告人或者罪犯的，处五年以下有期徒刑或者拘役；情节严重的，处五年以上十年以下有期徒刑；情节特别严重的，处十年以上有期徒刑。

【失职致使在押人员脱逃罪】司法工作人员由于严重不负责任，致使在押的犯罪嫌疑人、被告人或者罪犯脱逃，造成严重后果的，处三年以下有期徒刑或者拘役；造成特别严重后果的，处三年以上十年以下有期徒刑。

【罪名渊源】　本条第 1 款由 79 刑法第 190 条私放罪修改而来，刑法增加"犯罪嫌疑人、被告人"两类犯罪对象，量刑幅度由两个增至三个，增设"情节特别严重"的量刑幅度。第 2 款系刑法增设的罪名，79 刑法、单行刑法均未规定。高法《罪名规定》、高检《罪名意见》将本条两款分别解释为私放在押人员罪、失职致使在押人员脱逃罪。

【立案标准】

400.1 人民检察院直接受理立案侦查的渎职侵权重特大案件标准（试行）（2002 年 1 月 1 日高检发〔2001〕13 号）（节录）

七、私放在押人员案

（一）重大案件

1. 私放三人以上的；

2. 私放可能判处有期徒刑十年以上或者余刑在五年以上的重大刑事犯罪分子的；

3. 在押人员被私放后又实施重大犯罪的。

（二）特大案件

1. 私放五人以上的；

2. 私放可能判处无期徒刑以上的重大刑事犯罪分子的；

3. 在押人员被私放后又犯罪致人死亡的。

八、失职致使在押人员脱逃案

（一）重大案件

1. 致使脱逃五人以上的；

2. 致使可能判处无期徒刑或者死刑缓期二年执行的重大刑事犯罪分子脱逃的；

3. 在押人员脱逃后实施重大犯罪致人死亡的。

（二）特大案件

1. 致使脱逃十人以上的；

2. 致使可能判处死刑的重大刑事犯罪分子脱逃的；

3. 在押人员脱逃后实施重大犯罪致人死亡二人以上的。

400.2 最高人民检察院关于渎职侵权犯罪案件立案标准的规定（2006年7月26日　高检发释字〔2006〕2号）（节录）

一、渎职犯罪案件

（九）私放在押人员案（第四百条第一款）

私放在押人员罪是指司法工作人员私放在押（包括在羁押场所和押解途中）的犯罪嫌疑人、被告人或者罪犯的行为。

涉嫌下列情形之一的，应予立案：

1. 私自将在押的犯罪嫌疑人、被告人、罪犯放走，或者授意、指使、强迫他人将在押的犯罪嫌疑人、被告人、罪犯放走的；

2. 伪造、变造有关法律文书、证明材料，以使在押的犯罪嫌疑人、被告人、罪犯逃跑或者被释放的；

3. 为私放在押的犯罪嫌疑人、被告人、罪犯，故意向其通风报信、提供条件，致使该在押的犯罪嫌疑人、被告人、罪犯脱逃的；

4. 其他私放在押的犯罪嫌疑人、被告人、罪犯应予追究刑事责任的情形。

（十）失职致使在押人员脱逃案（第四百条第二款）

失职致使在押人员脱逃罪是指司法工作人员由于严重不负责任，不履行或者不认真履行职责，致使在押（包括在羁押场所和押解途中）的犯罪嫌疑人、被告人、罪犯脱逃，造成严重后果的行为。

涉嫌下列情形之一的，应予立案：

1. 致使依法可能判处或者已经判处10年以上有期徒刑、无期徒刑、死刑的犯罪嫌疑人、被告人、罪犯脱逃的；

2. 致使犯罪嫌疑人、被告人、罪犯脱逃3人次以上的；

3. 犯罪嫌疑人、被告人、罪犯脱逃以后，打击报复报案人、控告人、举报人、被害人、证人和司法工作人员等，或者继续犯罪的；

4. 其他致使在押的犯罪嫌疑人、被告人、罪犯脱逃，造成严重后果的情形。

【说明】"三、附则"参见397.3本规定。

【司法解释】

400.3 最高人民检察院关于工人等非监管机关在编监管人员私放在押人员行为和失职致使在押人员脱逃行为适用法律问题的解释（2001年3月2日　高检发释字〔2001〕2号）

为依法办理私放在押人员犯罪案件和失职致使在押人员脱逃犯罪案件，对工人等非监管机关在编监管人员私放在押人员行为和失职致使在押人员脱逃行为如何适用法律问题解释如下：

工人等非监管机关在编监管人员在被监管机关聘用受委托履行监管职责的过程中私放在押人员的，应当依照刑法第四百条第一款的规定，以私放在押人员罪追究刑事责任；由于严重不负责任，致使在押人员脱逃，造成严重后果的，应当依照刑法第四百条第二款的规定，以失职致使在押人员脱逃罪追究刑事责任。

400.4 最高人民检察院关于人民检察院立案侦查司法工作人员相关职务犯罪案件若干问题的规定（2018 年 11 月 24 日 高检法研字〔2018〕28 号）（节录）

一、案件管辖范围

人民检察院在对诉讼活动实行法律监督中，发现司法工作人员涉嫌利用职权实施的下列侵犯公民权利、损害司法公正的犯罪案件，可以立案侦查：

12. 私放在押人员罪（刑法第四百条第一款）；

13. 失职致使在押人员脱逃罪（刑法第四百条第二款）。

> 【说明】管辖和侦查部门、线索移送和互涉案件的处理以及办案程序等，参见 238.5 本规定。

【法律法规】

400.5 中华人民共和国监狱法（1994 年 12 月 29 日 2012 年修正）（第 14 条第 1 款第 2 项、第 2 款）

第四百零一条【徇私舞弊减刑、假释、暂予监外执行罪】 司法工作人员徇私舞弊，对不符合减刑、假释、暂予监外执行条件的罪犯，予以减刑、假释或者暂予监外执行的，处三年以下有期徒刑或者拘役；情节严重的，处三年以上七年以下有期徒刑。

【罪名渊源】 本条系刑法增设的罪名，79 刑法、单行刑法均未规定。高法《罪名规定》、高检《罪名意见》将其解释为徇私舞弊减刑、假释、暂予监外执行罪。

【立案标准】

401.1 人民检察院直接受理立案侦查的渎职侵权重特大案件标准（试行）（2002 年 1 月 1 日 高检发〔2001〕13 号）（节录）

九、徇私舞弊减刑、假释、暂予监外执行案

（一）重大案件

1. 办理三次以上或者一次办理三人以上的；

2. 为重大刑事犯罪分子办理减刑、假释、暂予监外执行的。

（二）特大案件

1. 办理五次以上或者一次办理五人以上的；

2. 为特别重大刑事犯罪分子办理减刑、假释、暂予监外执行的。

401.2 最高人民检察院关于渎职侵权犯罪案件立案标准的规定（2006 年 7 月 26 日 高检发释字〔2006〕2 号）（节录）

一、渎职犯罪案件

（十一）徇私舞弊减刑、假释、暂予监外执行案（第四百零一条）

徇私舞弊减刑、假释、暂予监外执行罪是指司法工作人员徇私舞弊，对不符合减刑、假释、暂予监外执行条件的罪犯予以减刑、假释、暂予监外执行的行为。

涉嫌下列情形之一的，应予立案：

1. 刑罚执行机关的工作人员对不符合减刑、假释、暂予监外执行条件的罪犯，捏造事实，伪造材料，违法报请减刑、假释、暂予监外执行的；

2. 审判人员对不符合减刑、假释、暂予监外执行条件的罪犯，徇私舞弊，违法裁定减刑、假释或者违法决定暂予监外执行的；

3. 监狱管理机关、公安机关的工作人员对不符合暂予监外执行条件的罪犯，徇私舞弊，违法批准暂予监外执行的；

4. 不具有报请、裁定、决定或者批准减刑、假释、暂予监外执行权的司法工作人员利用职务上的便利，伪造有关材料，导致不符合减刑、假释、暂予监外执行条件的罪犯被减刑、假释、暂予监外执行的；

5. 其他徇私舞弊减刑、假释、暂予监外执行应予追究刑事责任的情形。

【说明】"三、附则"参见397.3本规定。

【司法解释】

401.3 最高人民检察院关于人民检察院立案侦查司法工作人员相关职务犯罪案件若干问题的规定（2018年11月24日 高检法研字〔2018〕28号）（节录）

一、案件管辖范围

人民检察院在对诉讼活动实行法律监督中，发现司法工作人员涉嫌利用职权实施的下列侵犯公民权利、损害司法公正的犯罪案件，可以立案侦查：

14. 徇私舞弊减刑、假释、暂予监外执行罪（刑法第四百零一条）。

【说明】管辖和侦查部门、线索移送和互涉案件的处理以及办案程序等，参见238.5本规定。

【司法文件】

401.4 参见397.23 全国法院审理经济犯罪案件工作座谈会纪要（最高人民法院2003年11月13日印发 法〔2003〕167号）

第四百零二条【徇私舞弊不移交刑事案件罪】 行政执法人员徇私舞弊，对依法应当移交司法机关追究刑事责任的不移交，情节严重的，处三年以下有期徒刑或者拘役；造成严重后果的，处三年以上七年以下有期徒刑。

【罪名渊源】本条系刑法增设的罪名，79刑法、单行刑法均未规定。高法《罪名规定》、高检《罪名意见》将其解释为徇私舞弊不移交刑事案件罪。

【立案标准】

402.1 人民检察院直接受理立案侦查的渎职侵权重特大案件标准（试行）（2002年1月1日 高检发〔2001〕13号）（节录）

十、徇私舞弊不移交刑事案件案

（一）重大案件

1. 对犯罪嫌疑人依法可能判处五年以上十年以下有期徒刑的重大刑事案件不移交的；

2. 五次以上不移交犯罪案件，或者一次不移交犯罪案件涉及五名以上犯罪嫌疑人的；

3. 以罚代刑，放纵犯罪嫌疑人，致使犯罪嫌疑人继续进行刑事犯罪的。

（二）特大案件

1. 对犯罪嫌疑人依法可能判处十年以上有期徒刑、无期徒刑、死刑的特别重大刑事案件不移交的；

2. 七次以上不移交犯罪案件，或者一次不移交犯罪案件涉及七名以上犯罪嫌疑人的；

3. 以罚代刑，放纵犯罪嫌疑人，致使犯罪嫌疑人继续进行严重刑事犯罪的。

402.2 最高人民检察院关于渎职侵权犯罪案件立案标准的规定（2006年7月26日 高检发释字〔2006〕2号）（节录）

一、渎职犯罪案件

（十二）徇私舞弊不移交刑事案件案（第四百零二条）

徇私舞弊不移交刑事案件罪是指工商行政管理、税务、监察等行政执法人员，徇私舞弊，对依法应当移交司法机关追究刑事责任的案件不移交，情节严重的行为。

涉嫌下列情形之一的，应予立案：

1. 对依法可能判处3年以上有期徒刑、无期徒刑、死刑的犯罪案件不移交的；

2. 不移交刑事案件涉及3人次以上的；

3. 司法机关提出意见后，无正当理由仍然不予移交的；

4. 以罚代刑，放纵犯罪嫌疑人，致使犯罪嫌疑人继续进行违法犯罪活动的；

5. 行政执法部门主管领导阻止移交的；

6. 隐瞒、毁灭证据，伪造材料，改变刑事案件性质的；

7. 直接负责的主管人员和其他直接责任人员为谋取本单位私利而不移交刑事案件，情节严重的；

8. 其他情节严重的情形。

【说明】"三、附则"参见397.3本规定。

【司法解释】

402.3 参见397.14 最高人民法院、最高人民检察院关于办理危害生产安全刑事案件适用法律若干问题的解释（2015年12月16日　法释〔2015〕22号）

402.4 参见408-1.1 最高人民法院、最高人民检察院关于办理危害食品安全刑事案件适用法律若干问题的解释（2022年1月1日　法释〔2021〕24号）

【司法文件】

402.5 参见397.23 全国法院审理经济犯罪案件工作座谈会纪要（最高人民法院2003年11月13日印发　法〔2003〕167号）

402.6 最高人民法院、最高人民检察院、公安部关于办理非法集资刑事案件若干问题的意见（2019年1月30日　高检会〔2019〕2号）（节录）

十二、关于国家工作人员相关法律责任问题

国家工作人员具有下列行为之一，构成犯罪的，应当依法追究刑事责任：

（二）明知所主管、监管的单位有涉嫌非法集资行为，未依法及时处理或者移送处置非法集资职能部门的；

（四）徇私舞弊不向司法机关移交非法集资刑事案件的。

【部委规范】

402.7 公安部关于打击拐卖妇女儿童犯罪适用法律和政策有关问题的意见（2000年3月24日公通字〔2000〕25号）（节录）

六、关于不解救或者阻碍解救被拐卖的妇女、儿童等渎职犯罪

（三）行政执法人员徇私情、私利，伪造材料，隐瞒情况，弄虚作假，对依法应当移交司法机关追究刑事责任的拐卖妇女、儿童犯罪案件不移交司法机关处理，构成犯罪的，以徇私舞弊不移交刑事案件罪移送人民检察院追究刑事责任。

【法律法规】

402.8 中华人民共和国行政处罚法（1996年10月1日　2017年修正）（第7条、第22条、第61条）

402.9 行政执法机关移送涉嫌犯罪案件的规定（2001年7月9日）（第2—18条）

402.10 中华人民共和国监察法（2018年3月20日）（第65条第9项、第66条）

第四百零三条【滥用管理公司、证券职权罪】国家有关主管部门的国家机关工作人员，徇私舞弊，滥用职权，对不符合法律规定条件的公司设立、登记申请或者股票、债券发行、上市申请，予以批准或者登记，致使公共财产、国家和人民利益遭受重大损失的，处五年以下有期徒刑或者拘役。

上级部门强令登记机关及其工作人员实施前款行为的，对其直接负责的主管人员，依照前款的规定处罚。

【罪名渊源】 本条79刑法没有规定，系刑法吸收全国人大常委会《关于惩治违反公司法的犯罪的决定》第8条内容增设，此前对该行为按玩忽职守罪处罚。高法《罪名规定》、高检《罪名意见》将其解释为滥用管理公司、证券职权罪。

【立案标准】

403.1 人民检察院直接受理立案侦查的渎职侵权重特大案件标准（试行）（2002 年 1 月 1 日 高检发〔2001〕13 号）（节录）

十一、滥用管理公司、证券职权案

（一）重大案件

1. 造成直接经济损失五十万元以上的；

2. 因违法批准或者登记致使发生刑事犯罪的。

（二）特大案件

1. 造成直接经济损失一百万元以上的；

2. 因违法批准或者登记致使发生重大刑事犯罪的。

403.2 最高人民检察院关于渎职侵权犯罪案件立案标准的规定（2006 年 7 月 26 日 高检发释字〔2006〕2 号）（节录）

一、渎职犯罪案件

（十三）滥用管理公司、证券职权案（第四百零三条）

滥用管理公司、证券职权罪是指工商行政管理、证券管理等国家有关主管部门的工作人员徇私舞弊，滥用职权，对不符合法律规定条件的公司设立、登记申请或者股票、债券发行、上市申请予以批准或者登记，致使公共财产、国家和人民利益遭受重大损失的行为，以及上级部门、当地政府强令登记机关及其工作人员实施上述行为的行为。

涉嫌下列情形之一的，应予立案：

1. 造成直接经济损失 50 万元以上的；

2. 工商管理部门的工作人员对不符合法律规定条件的公司设立、登记申请，违法予以批准、登记，严重扰乱市场秩序的；

3. 金融证券管理机构工作人员对不符合法律规定条件的股票、债券发行、上市申请，违法予以批准，严重损害公众利益，或者严重扰乱金融秩序的；

4. 工商管理部门、金融证券管理机构的工作人员对不符合法律规定条件的公司设立、登记申请或者股票、债券发行、上市申请违法予以批准或者登记，致使犯罪行为得逞的；

5. 上级部门、当地政府直接负责的主管人员强令登记机关及其工作人员，对不符合法律规定条件的公司设立、登记申请或者股票、债券发行、上市申请予以批准或者登记，致使公共财产、国家或者人民利益遭受重大损失的；

6. 其他致使公共财产、国家和人民利益遭受重大损失的情形。

【说明】"三、附则"参见 397.3 本规定。

【司法文件】

403.3 参见 397.23 全国法院审理经济犯罪案件工作座谈会纪要（最高人民法院 2003 年 11 月 13 日印发 法〔2003〕167 号）

【法律法规】

403.4 中华人民共和国公司法（2006 年 1 月 1 日 2018 年修正）（第 208—209 条、第 215 条）

403.5 中华人民共和国保险法（2009 年 10 月 1 日 2015 年修正）（第 178 条、第 179 条）

403.6 中华人民共和国证券投资基金法（2013 年 6 月 1 日 2015 年修正）（第 112 条第 1 项、第 119 条第 1 款、第 149 条）

403.7 中华人民共和国证券法（2020 年 3 月 1 日）（第 216 条第 1 项、第 219 条）

第四百零四条【徇私舞弊不征、少征税款罪】税务机关的工作人员徇私舞弊，不征或者少征应征税款，致使国家税收遭受重大损失的，处五年以下有期徒刑或者拘役；造成特别重大损失的，处五年以上有期徒刑。

【罪名渊源】本条系刑法吸收《税收征收管理法》第 54 条内容增设，79 刑法、单行刑法均未规定。高法《罪名规定》、高检《罪名意见》将其解释为徇私舞弊不征、少征税款罪。

【立案标准】

404.1 人民检察院直接受理立案侦查的渎职侵权重特大案件标准（试行）（2002 年 1 月 1 日高检发〔2001〕13 号）（节录）

十二、徇私舞弊不征、少征税款案

（一）重大案件

造成国家税收损失累计达三十万元以上的。

（二）特大案件

造成国家税收损失累计达五十万元以上的。

404.2 最高人民检察院关于渎职侵权犯罪案件立案标准的规定（2006 年 7 月 26 日　高检发释字〔2006〕2 号）（节录）

一、渎职犯罪案件

（十四）徇私舞弊不征、少征税款案（第四百零四条）

徇私舞弊不征、少征税款罪是指税务机关工作人员徇私舞弊，不征、少征应征税款，致使国家税收遭受重大损失的行为。

涉嫌下列情形之一的，应予立案：

1. 徇私舞弊不征、少征应征税款，致使国家税收损失累计达 10 万元以上的；

2. 上级主管部门工作人员指使税务机关工作人员徇私舞弊不征、少征应征税款，致使国家税收损失累计达 10 万元以上的；

3. 徇私舞弊不征、少征应征税款不满 10 万元，但具有索取或者收受贿赂或者其他恶劣情节的；

4. 其他致使国家税收遭受重大损失的情形。

> 【说明】"三、附则"参见 397.3 本规定。

【司法文件】

404.3 参见 397.23 全国法院审理经济犯罪案件工作座谈会纪要（最高人民法院 2003 年 11 月 13 日印发　法〔2003〕167 号）

【法律法规】

404.4 中华人民共和国税收征收管理法（2001 年 5 月 1 日　2015 年修正）（第 82 条）

第四百零五条【徇私舞弊发售发票、抵扣税款、出口退税罪】税务机关的工作人员违反法律、行政法规的规定，在办理发售发票、抵扣税款、出口退税工作中，徇私舞弊，致使国家利益遭受重大损失的，处五年以下有期徒刑或者拘役；致使国家利益遭受特别重大损失的，处五年以上有期徒刑。

【违法提供出口退税凭证罪】其他国家机关工作人员违反国家规定，在提供出口货物报关单、出口收汇核销单等出口退税凭证的工作中，徇私舞弊，致使国家利益遭受重大损失的，依照前款的规定处罚。

【罪名渊源】本条第 1 款 79 刑法没有规定，系刑法吸收全国人大常委会《关于惩治虚开、伪造和非法出售增值税专用发票犯罪的决定》第 9 条内容增设，此前对该行为按玩忽职守罪处罚。第 2 款系刑法增设，79 刑法、单行刑法均未规定。高法

《罪名规定》、高检《罪名意见》将其分别解释为徇私舞弊发售发票、抵扣税款、出口退税罪，违法提供出口退税凭证罪。

【立案标准】

405.1 人民检察院直接受理立案侦查的渎职侵权重特大案件标准（试行）（2002年1月1日 高检发〔2001〕13号）（节录）

十三、徇私舞弊发售发票、抵扣税款、出口退税案

（一）重大案件

造成国家税收损失累计达三十万元以上的。

（二）特大案件

造成国家税收损失累计达五十万元以上的。

十四、违法提供出口退税凭证案

（一）重大案件

造成国家税收损失累计达三十万元以上的。

（二）特大案件

造成国家税收损失累计达五十万元以上的。

405.2 最高人民检察院关于渎职侵权犯罪案件立案标准的规定（2006年7月26日 高检发释字〔2006〕2号）（节录）

一、渎职犯罪案件

（十五）徇私舞弊发售发票、抵扣税款、出口退税案（第四百零五条第一款）

徇私舞弊发售发票、抵扣税款、出口退税罪是指税务机关工作人员违反法律、行政法规的规定，在办理发售发票、抵扣税款、出口退税工作中徇私舞弊，致使国家利益遭受重大损失的行为。

涉嫌下列情形之一的，应予立案：

1. 徇私舞弊，致使国家税收损失累计达10万元以上的；

2. 徇私舞弊，致使国家税收损失累计不满10万元，但发售增值税专用发票25份以上或者其他发票50份以上或者增值税专用发票与其他发票合计50份以上，或者具有索取、收受贿赂或者其他恶劣情节的；

3. 其他致使国家利益遭受重大损失的情形。

（十六）违法提供出口退税凭证案（第四百零五条第二款）

违法提供出口退税凭证罪是指海关、外汇管理等国家机关工作人员违反国家规定，在提供出口货物报关单、出口收汇核销单等出口退税凭证的工作中徇私舞弊，致使国家利益遭受重大损失的行为。

涉嫌下列情形之一的，应予立案：

1. 徇私舞弊，致使国家税收损失累计达10万元以上的；

2. 徇私舞弊，致使国家税收损失累计不满10万元，但具有索取、收受贿赂或者其他恶劣情节的；

3. 其他致使国家利益遭受重大损失的情形。

> 【说明】"三、附则"参见397.3本规定。

【司法文件】

405.3 最高人民法院关于对《审计署关于咨询虚开增值税专用发票罪问题的函》的复函（2001年10月17日 法函〔2001〕66号）

国家审计署：

你署审函〔2001〕75号《审计署关于咨询虚开增值税专用发票罪问题的函》收悉。经研究，现提出以下意见供参考：

地方税务机关实施"高开低征"或者"开大征小"等违规开具增值税专用发票的行为，不

属于刑法第二百零五条规定的虚开增值税专用发票的犯罪行为，造成国家税款重大损失的，对有关主管部门的国家机关工作人员，应当根据刑法有关渎职罪的规定追究刑事责任。

405.4 最高人民法院研究室关于违反经行政法规授权制定的规范一般纳税人资格的文件应否认定为"违反法律、行政法规的规定"问题的答复（2012年5月3日 法研〔2012〕59号）

宁夏回族自治区高级人民法院：

你院宁高法（2012）33号《关于经行政法规授权以通知形式下发的规范一般纳税人资格的文件是否可以作为行政法规适用的请示》收悉。经研究，答复如下：

国家税务总局《关于加强新办商贸企业增值税征收管理有关问题的紧急通知》（国税发明电〔2004〕37号）和《关于加强新办商贸企业增值税征收管理有关问题的补充通知》（国税发明电〔2004〕62号），是根据1993年制定的《中华人民共和国增值税暂行条例》的规定对一般纳税人资格认定的细化，且2008年修订后的《中华人民共和国增值税暂行条例》第十三条明确规定："小规模纳税人以外的纳税人应当向主管税务机关申请资格认定。具体认定办法由国务院主管部门制定。"因此，违反上述两个通知关于一般纳税人资格的认定标准及相关规定，授予不合格单位一般纳税人资格的，相应违反了《中华人民共和国增值税暂行条例》的有关规定，应当认定为刑法第四百零五条第一款规定的"违反法律、行政法规的规定"。

第四百零六条【国家机关工作人员签订、履行合同失职被骗罪】 国家机关工作人员在签订、履行合同过程中，因严重不负责任被诈骗，致使国家利益遭受重大损失的，处三年以下有期徒刑或者拘役；致使国家利益遭受特别重大损失的，处三年以上七年以下有期徒刑。

【罪名渊源】 本条系由79刑法的玩忽职守罪分解出来的罪名，单行刑法没有规定。高法《罪名规定》将其解释为国家机关工作人员签订、履行合同失职罪，高检《罪名意见》将其解释为国家机关工作人员签订、履行合同失职被骗罪。"两高"《罪名补充规定》将其解释为国家机关工作人员签订、履行合同失职被骗罪，取消国家机关工作人员签订、履行合同失职罪罪名。

【立案标准】

406.1 人民检察院直接受理立案侦查的渎职侵权重特大案件标准（试行）（2002年1月1日 高检发〔2001〕13号）（节录）

十五、国家机关工作人员签订、履行合同失职被骗案

（一）重大案件

造成直接经济损失一百万元以上的。

（二）特大案件

造成直接经济损失二百万元以上的。

406.2 最高人民检察院关于渎职侵权犯罪案件立案标准的规定（2006年7月26日 高检发释字〔2006〕2号）（节录）

一、渎职犯罪案件

（十七）国家机关工作人员签订、履行合同失职被骗案（第四百零六条）

国家机关工作人员签订、履行合同失职被骗罪是指国家机关工作人员在签订、履行合同过程中，因严重不负责任，不履行或者不认真履行职责被诈骗，致使国家利益遭受重大损失的行为。

涉嫌下列情形之一的，应予立案：

1. 造成直接经济损失30万元以上，或者直接经济损失不满30万元，但间接经济损失150万元以上的；

2. 其他致使国家利益遭受重大损失的情形。

【说明】"三、附则"参见397.3本规定。

【司法文件】

406.3 参见397.23全国法院审理经济犯罪案件工作座谈会纪要（最高人民法院2003年11月13日印发　法〔2003〕167号）

第四百零七条【**违法发放林木采伐许可证罪**】 林业主管部门的工作人员违反森林法的规定，超过批准的年采伐限额发放林木采伐许可证或者违反规定滥发林木采伐许可证，情节严重，致使森林遭受严重破坏的，处三年以下有期徒刑或者拘役。

【罪名渊源】 本条系刑法吸收《森林法》第35条内容增设，79刑法、单行刑法均未规定。高法《罪名规定》、高检《罪名意见》将其解释为违法发放林木采伐许可证罪。

【立案标准】

407.1 最高人民法院关于审理破坏森林资源刑事案件具体应用法律若干问题的解释（2000年12月11日　法释〔2000〕36号）（节录）

第十二条　林业主管部门的工作人员违反森林法的规定，超过批准的年采伐限额发放林木采伐许可证或者违反规定滥发林木采伐许可证，具有下列情形之一的，属于刑法第四百零七条规定的"情节严重，致使森林遭受严重破坏"，以违法发放林木采伐许可证罪定罪处罚：

（一）发放林木采伐许可证允许采伐数量累计超过批准的年采伐限额，导致林木被采伐数量在十立方米以上的；

（二）滥发林木采伐许可证，导致林木被滥伐二十立方米以上的；

（三）滥发林木采伐许可证，导致珍贵树木被滥伐的；

（四）批准采伐国家禁止采伐的林木，情节恶劣的；

（五）其他情节严重的情形。

第十七条　本解释规定的林木数量以立木蓄积计算，计算方法为：原木材积除以该树种的出材率。

本解释所称"幼树"，是指胸径五厘米以下的树木。

滥伐林木的数量，应在伐区调查设计允许的误差额以上计算。

407.2 人民检察院直接受理立案侦查的渎职侵权重特大案件标准（试行）（2002年1月1日　高检发〔2001〕13号）（节录）

十六、违法发放林木采伐许可证案

（一）重大案件

1. 发放林木采伐许可证允许采伐数量累计超过批准的年采伐限额，导致林木被采伐数量在二十立方米以上的；

2. 滥发林木采伐许可证，导致林木被滥伐四十立方米以上的；

3. 滥发林木采伐许可证，导致珍贵树木被滥伐二株或者二立方米以上的；

4. 批准采伐国家禁止采伐的林木，情节特别恶劣的。

（二）特大案件

1. 发放林木采伐许可证允许采伐数量累计超过批准的年采伐限额，导致林木被采伐数量超过三十立方米的；

2. 滥发林木采伐许可证，导致林木被滥伐六十立方米以上的；

3. 滥发林木采伐许可证，导致珍贵树木被滥伐五株或者五立方米以上的；

4. 批准采伐国家禁止采伐的林木，造成严重后果的。

407.3 最高人民检察院关于渎职侵权犯罪案件立案标准的规定（2006年7月26日　高检发释字〔2006〕2号）（节录）

一、渎职犯罪案件

（十八）违法发放林木采伐许可证案（第四百零七条）

违法发放林木采伐许可证罪是指林业主管部门的工作人员违反森林法的规定，超过批准的年采伐限额发放林木采伐许可证或者违反规定滥发林木采伐许可证，情节严重，致使森林遭受严重破坏的行为。

涉嫌下列情形之一的，应予立案：

1. 发放林木采伐许可证允许采伐数量累计超过批准的年采伐限额，导致林木被超限额采伐 10 立方米以上的；

2. 滥发林木采伐许可证，导致林木被滥伐 20 立方米以上，或者导致幼树被滥伐 1000 株以上的；

3. 滥发林木采伐许可证，导致防护林、特种用途林被滥伐 5 立方米以上，或者幼树被滥伐 200 株以上的；

4. 滥发林木采伐许可证，导致珍贵树木或者国家重点保护的其他树木被滥伐的；

5. 滥发林木采伐许可证，导致国家禁止采伐的林木被采伐的；

6. 其他情节严重，致使森林遭受严重破坏的情形。

林业主管部门工作人员之外的国家机关工作人员，违反森林法的规定，滥用职权或者玩忽职守，致使林木被滥伐 40 立方米以上或者幼树被滥伐 2000 株以上，或者致使防护林、特种用途林被滥伐 10 立方米以上或者幼树被滥伐 400 株以上，或者致使珍贵树木被采伐、毁坏 4 立方米或者 4 株以上，或者致使国家重点保护的其他植物被采伐、毁坏后果严重的，或者致使国家严禁采伐的林木被采伐、毁坏情节恶劣的，按照刑法第三百九十七条的规定以滥用职权罪或者玩忽职守罪追究刑事责任。

【说明】"三、附则"参见 397.3 本规定。

【法律法规】

407.4 中华人民共和国森林法（2020 年 7 月 1 日）（第 59—60 条）

第四百零八条【环境监管失职罪】负有环境保护监督管理职责的国家机关工作人员严重不负责任，导致发生重大环境污染事故，致使公私财产遭受重大损失或者造成人身伤亡的严重后果的，处三年以下有期徒刑或者拘役。

【罪名渊源】本条系刑法吸收《大气污染防治法》第 48 条内容增设，79 刑法、单行刑法均未规定。高法《罪名规定》、高检《罪名意见》将其解释为环境监管失职罪。

【立案标准】

408.1 人民检察院直接受理立案侦查的渎职侵权重特大案件标准（试行）（2002 年 1 月 1 日 高检发〔2001〕13 号）（节录）

十七、环境监管失职案

（一）重大案件

1. 造成直接经济损失一百万元以上的；

2. 致人死亡二人以上或者重伤五人以上的；

3. 致使一定区域生态环境受到严重危害的。

（二）特大案件

1. 造成直接经济损失三百万元以上的；

2. 致人死亡五人以上或者重伤十人以上的；

3. 致使一定区域生态环境受到严重破坏的。

408.2 最高人民检察院关于渎职侵权犯罪案件立案标准的规定（2006 年 7 月 26 日 高检发释字〔2006〕2 号）（节录）

一、渎职犯罪案件

（十九）环境监管失职案（第四百零八条）

环境监管失职是指负有环境保护监督管理职责的国家机关工作人员严重不负责任，不履行或者不认真履行环境保护监管职责导致发生重大环境污染事故，致使公私财产遭受重大损失或者造成人身伤亡的严重后果的行为。

涉嫌下列情形之一的，应予立案：

1. 造成死亡 1 人以上，或者重伤 3 人以上，或者重伤 2 人、轻伤 4 人以上，或者重伤 1 人、轻伤 7 人以上，或者轻伤 10 人以上的；

2. 导致 30 人以上严重中毒的；

3. 造成个人财产直接经济损失 15 万元以上，或者直接经济损失不满 15 万元，但间接经济损失 75 万元以上的；

4. 造成公共财产、法人或者其他组织财产直接经济损失 30 万元以上，或者直接经济损失不满 30 万元，但间接经济损失 150 万元以上的；

5. 虽未达到 3、4 两项数额标准，但 3、4 两项合计直接经济损失 30 万元以上，或者合计直接经济损失不满 30 万元，但合计间接经济损失 150 万元以上的；

6. 造成基本农田或者防护林地、特种用途林地 10 亩以上，或者基本农田以外的耕地 50 亩以上，或者其他土地 70 亩以上被严重毁坏的；

7. 造成生活饮用水地表水源和地下水源严重污染的；

8. 其他致使公私财产遭受重大损失或者造成人身伤亡严重后果的情形。

> 【说明】"三、附则"参见 397.3 本规定。

【罪刑标准】

408.3 最高人民法院、最高人民检察院关于办理环境污染刑事案件适用法律若干问题的解释 (2017 年 1 月 1 日 法释〔2016〕29 号)（节录）

第一条 实施刑法第三百三十八条规定的行为，具有下列情形之一的，应当认定为"严重污染环境"：

（十）造成生态环境严重损害的；

（十一）致使乡镇以上集中式饮用水水源取水中断十二小时以上的；

（十二）致使基本农田、防护林地、特种用途林地五亩以上，其他农用地十亩以上，其他土地二十亩以上基本功能丧失或者遭受永久性破坏的；

（十三）致使森林或者其他林木死亡五十立方米以上，或者幼树死亡二千五百株以上的；

（十四）致使疏散、转移群众五千人以上的；

（十五）致使三十人以上中毒的；

（十六）致使三人以上轻伤、轻度残疾或者器官组织损伤导致一般功能障碍的；

（十七）致使一人以上重伤、中度残疾或者器官组织损伤导致严重功能障碍的；

（十八）其他严重污染环境的情形。

第二条 实施刑法第三百三十九条、第四百零八条规定的行为，致使公私财产损失三十万元以上，或者具有本解释第一条第十项至第十七项规定情形之一的，应当认定为"致使公私财产遭受重大损失或者严重危害人体健康"或者"致使公私财产遭受重大损失或者造成人身伤亡的严重后果"。

【法律法规】

408.4 中华人民共和国水污染防治法（1984 年 11 月 1 日 2017 年修正）（第 9 条、第 101 条）

408.5 中华人民共和国海洋环境保护法（2000 年 4 月 1 日 2017 年修正）（第 5 条、第 93 条）

408.6 中华人民共和国环境保护法（2015 年 1 月 1 日 2014 年修订）（第 2—3 条、第 10 条、第 69 条）

408.7 中华人民共和国大气污染防治法（2016 年 1 月 1 日 2018 年修正）（第 5 条、第 126—127 条）

408.8 中华人民共和国固体废物污染环境防治法（2020 年 9 月 1 日）（第 9 条）

408.9 中华人民共和国噪声污染防治法（2022 年 6 月 5 日）（第 85 条）

第四百零八条之一【食品、药品监管渎职罪】 负有食品药品安全监督管理职责的国家机关工作人员，滥用职权或者玩忽职守，有下列情形之一，造成严重后果或者有其他严重情节的，处五年以下有期徒刑或者拘役；造成特别严重后果或者有其他特别严重情节的，处五年以上十年以下有期徒刑：

（一）瞒报、谎报食品安全事故、药品安全事件的；

（二）对发现的严重食品药品安全违法行为未按规定查处的；

（三）在药品和特殊食品审批审评过程中，对不符合条件的申请准予许可的；

（四）依法应当移交司法机关追究刑事责任不移交的；

（五）有其他滥用职权或者玩忽职守行为的。

徇私舞弊犯前款罪的，从重处罚。

> **【刑法第一次修正说明】**
>
> 本条为全国人大常委会 2011 年 2 月 25 日通过并公布、同年 5 月 1 日施行的《刑法修正案（八）》第 49 条所增设。
>
> **【刑法第二次修正说明】**
>
> 全国人大常委会 2020 年 12 月 26 日通过并公布、2021 年 3 月 1 日施行的《刑法修正案（十一）》第 45 条对第 1 款作了修正。原第 1 款为：
>
> **【食品监管渎职罪】** 负有食品安全监督管理职责的国家机关工作人员，滥用职权或者玩忽职守，导致发生重大食品安全事故或者造成其他严重后果的，处五年以下有期徒刑或者拘役；造成特别严重后果的，处五年以上十年以下有期徒刑。

【罪名渊源】 本条系《刑法修正案（八）》第 49 条增设。"两高"《罪名补充规定（五）》将其解释为食品监管渎职罪。《刑法修正案（十一）》第 45 条在第 1 款增列 5 种失职情形，第一档刑删除"发生重大食品安全事故"字样，增设"其他严重情节""其他特别严重情节"作为第二、三档刑的构成要件。"两高"《罪名补充规定（七）》将其解释为食品、药品监管渎职罪，取消食品监管渎职罪罪名。

【司法解释】

408 - 1.1 最高人民法院、最高人民检察院关于办理危害食品安全刑事案件适用法律若干问题的解释（2022 年 1 月 1 日　法释〔2021〕24 号）（节录）

第二十条　负有食品安全监督管理职责的国家机关工作人员，滥用职权或者玩忽职守，构成食品监管渎职罪，同时构成徇私舞弊不移交刑事案件罪、商检徇私舞弊罪、动植物检疫徇私舞弊罪、放纵制售伪劣商品犯罪行为罪等其他渎职犯罪的，依照处罚较重的规定定罪处罚。

负有食品安全监督管理职责的国家机关工作人员滥用职权或者玩忽职守，不构成食品监管渎职罪，但构成前款规定的其他渎职犯罪的，依照该其他犯罪定罪处罚。

负有食品安全监督管理职责的国家机关工作人员与他人共谋，利用其职务行为帮助他人实施危害食品安全犯罪行为，同时构成渎职犯罪和危害食品安全犯罪共犯的，依照处罚较重的规定定罪从重处罚。

408 - 1.2 最高人民法院、最高人民检察院关于办理危害药品安全刑事案件适用法律若干问题的解释（2022 年 3 月 6 日　高检发释字〔2022〕1 号）（节录）

第十四条　负有药品安全监督管理职责的国家机关工作人员，滥用职权或者玩忽职守，构成药品监管渎职罪，同时构成商检徇私舞弊罪、商检失职罪等其他渎职犯罪的，依照处罚较重的规定定罪处罚。

负有药品安全监督管理职责的国家机关工作人员滥用职权或者玩忽职守，不构成药品监管渎职罪，但构成前款规定的其他渎职犯罪的，依照该其他犯罪定罪处罚。

负有药品安全监督管理职责的国家机关工作人员与他人共谋，利用其职务便利帮助他人实施危害药品安全犯罪行为，同时构成渎职犯罪和危害药品安全犯罪共犯的，依照处罚较重的规定定罪从重处罚。

【司法文件】

408-1.3 参见 **397.23** 全国法院审理经济犯罪案件工作座谈会纪要（最高人民法院 2003 年 11 月 13 日印发 法〔2003〕167 号）

第四百零九条【传染病防治失职罪】 从事传染病防治的政府卫生行政部门的工作人员严重不负责任，导致传染病传播或者流行，情节严重的，处三年以下有期徒刑或者拘役。

【罪名渊源】 本条系刑法吸收《传染病防治法》第 39 条内容增设，79 刑法、单行刑法均未规定。高法《罪名规定》、高检《罪名意见》将其解释为传染病防治失职罪。

【立案标准】

409.1 人民检察院直接受理立案侦查的渎职侵权重特大案件标准（试行）（2002 年 1 月 1 日高检发〔2001〕13 号）（节录）

十八、传染病防治失职案

（一）重大案件

1. 导致乙类、丙类传染病流行的；

2. 致人死亡二人以上或者残疾五人以上的。

（二）特大案件

1. 导致甲类传染病传播的；

2. 致人死亡五人以上或者残疾十人以上的。

409.2 最高人民检察院关于渎职侵权犯罪案件立案标准的规定（2006 年 7 月 26 日 高检发释字〔2006〕2 号）（节录）

一、渎职犯罪案件

（二十）传染病防治失职案（第四百零九条）

传染病防治失职罪是指从事传染病防治的政府卫生行政部门的工作人员严重不负责任，不履行或者不认真履行传染病防治监管职责，导致传染病传播或者流行，情节严重的行为。

涉嫌下列情形之一的，应予立案：

1. 导致甲类传染病传播的；

2. 导致乙类、丙类传染病流行的；

3. 因传染病传播或者流行，造成人员重伤或者死亡的；

4. 因传染病传播或者流行，严重影响正常的生产、生活秩序的；

5. 在国家对突发传染病疫情等灾害采取预防、控制措施后，对发生突发传染病疫情等灾害的地区或者突发传染病病人、病原携带者、疑似突发传染病病人，未按照预防、控制突发传染病疫情等灾害工作规范的要求做好防疫、检疫、隔离、防护、救治等工作，或者采取的预防、控制措施不当，造成传染范围扩大或者疫情、灾情加重的；

6. 在国家对突发传染病疫情等灾害采取预防、控制措施后，隐瞒、缓报、谎报或者授意、指使、强令他人隐瞒、缓报、谎报疫情、灾情，造成传染范围扩大或者疫情、灾情加重的；

7. 在国家对突发传染病疫情等灾害采取预防、控制措施后，拒不执行突发传染病疫情等灾害应急处理指挥机构的决定、命令，造成传染范围扩大或者疫情、灾情加重的；

8. 其他情节严重的情形。

【说明】"三、附则"参见 **397.3** 本规定。

【罪刑标准】

409.3 最高人民法院、最高人民检察院关于办理妨害预防、控制突发传染病疫情等灾害的刑事案件具体应用法律若干问题的解释（2003 年 5 月 15 日　法释〔2003〕8 号）（节录）

第十六条　在预防、控制突发传染病疫情等灾害期间，从事传染病防治的政府卫生行政部门的工作人员，或者在受政府卫生行政部门委托代表政府卫生行政部门行使职权的组织中从事公务的人员，或者虽未列入政府卫生行政部门人员编制但在政府卫生行政部门从事公务的人员，在代表政府卫生行政部门行使职权时，严重不负责任，导致传染病传播或者流行，情节严重的，依照刑法第四百零九条的规定，以传染病防治失职罪定罪处罚。

在国家对突发传染病疫情等灾害采取预防、控制措施后，具有下列情形之一的，属于刑法第四百零九条规定的"情节严重"：

（一）对发生突发传染病疫情等灾害的地区或者突发传染病病人、病原携带者、疑似突发传染病病人，未按照预防、控制突发传染病疫情等灾害工作规范的要求做好防疫、检疫、隔离、防护、救治等工作，或者采取的预防、控制措施不当，造成传染范围扩大或者疫情、灾情加重的；

（二）隐瞒、缓报、谎报或者授意、指使、强令他人隐瞒、缓报、谎报疫情、灾情，造成传染范围扩大或者疫情、灾情加重的；

（三）拒不执行突发传染病疫情等灾害应急处理指挥机构的决定、命令，造成传染范围扩大或者疫情、灾情加重的；

（四）具有其他严重情节的。

第十八条　本解释所称"突发传染病疫情等灾害"，是指突然发生，造成或者可能造成社会公众健康严重损害的重大传染病疫情、群体性不明原因疾病以及其他严重影响公众健康的灾害。

【法律法规】

409.4 中华人民共和国传染病防治法（2004 年 12 月 1 日　2013 年修正）（第 3 条、第 65—74 条、第 77—78 条）

第四百一十条【非法批准征收、征用、占用土地罪，非法低价出让国有土地使用权罪】国家机关工作人员徇私舞弊，违反土地管理法规，滥用职权，非法批准征收、征用、占用土地，或者非法低价出让国有土地使用权，情节严重的，处三年以下有期徒刑或者拘役；致使国家或者集体利益遭受特别重大损失的，处三年以上七年以下有期徒刑。

> **【刑法修正说明】**
>
> 本条为全国人大常委会 2009 年 8 月 27 日通过并公布施行的《关于修改部分法律的决定》第 2 条所修正。原刑法第 410 条为：
>
> 【非法批准征用、占用土地罪，非法低价出让国有土地使用权罪】国家机关工作人员徇私舞弊，违反土地管理法规，滥用职权，非法批准征用、占用土地，或者非法低价出让国有土地使用权，情节严重的，处三年以下有期徒刑或者拘役；致使国家或者集体利益遭受特别重大损失的，处三年以上七年以下有期徒刑。

【罪名渊源】本条系刑法吸收土地管理法第 79 条的内容增设，79 刑法、单行刑法均未规定。高法《罪名规定》、高检《罪名意见》将其分别解释为非法批准征用、占用土地罪，非法低价出让国有土地使用权罪。全国人大常委会《关于修改部分法律的决定》改原条文中的"征用"为"征收、征用"。据此，"两高"《罪名补充规定（六）》取消非法批准征用、占用土地罪罪名，代之以非法批准征收、征用、占用土地罪。

【立法解释】

410.1 参见 228.1 全国人民代表大会常务委员会关于《中华人民共和国刑法》第二百二十八条、第三百四十二条、第四百一十条的解释（2001 年 8 月 31 日通过　2009 年修正）

【立案标准】

410.2 人民检察院直接受理立案侦查的渎职侵权重特大案件标准（试行）（2002 年 1 月 1 日高检发〔2001〕13 号）（节录）

十九、非法批准征用、占用土地案

（一）重大案件

1. 非法批准征用、占用基本农田二十亩以上的；

2. 非法批准征用、占用基本农田以外的耕地六十亩以上的；

3. 非法批准征用、占用其他土地一百亩以上的；

4. 非法批准征用、占用土地，造成基本农田五亩以上，其他耕地十亩以上严重毁坏的；

5. 非法批准征用、占用土地造成直接经济损失五十万元以上的。

（二）特大案件

1. 非法批准征用、占用基本农田三十亩以上的；

2. 非法批准征用、占用基本农田以外的耕地九十亩以上的；

3. 非法批准征用、占用其他土地一百五十亩以上的；

4. 非法批准征用、占用土地，造成基本农田十亩以上，其他耕地二十亩以上严重毁坏的；

5. 非法批准征用、占用土地造成直接经济损失一百万元以上的。

二十、非法低价出让国有土地使用权案

（一）重大案件

1. 出让国有土地使用权面积在六十亩以上，并且出让价额低于国家规定的最低价额标准的百分之六十的；

2. 造成国有土地资产流失价额在五十万元以上的。

（二）特大案件

1. 出让国有土地使用权面积在九十亩以上，并且出让价额低于国家规定的最低价额标准的百分之四十的；

2. 造成国有土地资产流失价额在一百万元以上的。

410.3 最高人民检察院关于渎职侵权犯罪案件立案标准的规定（2006 年 7 月 26 日　高检发释字〔2006〕2 号）（节录）

一、渎职犯罪案件

（二十一）非法批准征用、占用土地案（第四百一十条）

非法批准征用、占用土地罪是指国家机关工作人员徇私舞弊，违反土地管理法、森林法、草原法等法律以及有关行政法规中关于土地管理的规定，滥用职权，非法批准征用、占用耕地、林地等农用地以及其他土地，情节严重的行为。

涉嫌下列情形之一的，应予立案：

1. 非法批准征用、占用基本农田 10 亩以上的；

2. 非法批准征用、占用基本农田以外的耕地 30 亩以上的；

3. 非法批准征用、占用其他土地 50 亩以上的；

4. 虽未达到上述数量标准，但造成有关单位、个人直接经济损失 30 万元以上，或者造成耕地大量毁坏或者植被遭到严重破坏的；

5. 非法批准征用、占用土地，影响群众生产、生活，引起纠纷，造成恶劣影响或者其他严重后果的；

6. 非法批准征用、占用防护林地、特种用途林地分别或者合计 10 亩以上的；

7. 非法批准征用、占用其他林地 20 亩以上的；

8. 非法批准征用、占用林地造成直接经济损失 30 万元以上，或者造成防护林地、特种用途林地分别或者合计 5 亩以上或者其他林地 10 亩以上毁坏的；

9. 其他情节严重的情形。

（二十二）非法低价出让国有土地使用权案（第四百一十条）

非法低价出让国有土地使用权罪是指国家机关工作人员徇私舞弊，违反土地管理法、森林法、草原法等法律以及有关行政法规中关于土地管理的规定，滥用职权，非法低价出让国有土地使用权，情节严重的行为。

涉嫌下列情形之一的，应予立案：

1. 非法低价出让国有土地30亩以上，并且出让价额低于国家规定的最低价额标准的百分之六十的；

2. 造成国有土地资产流失价额30万元以上的；

3. 非法低价出让国有土地使用权，影响群众生产、生活，引起纠纷，造成恶劣影响或者其他严重后果的；

4. 非法低价出让林地合计30亩以上，并且出让价额低于国家规定的最低价额标准的百分之六十的；

5. 造成国有资产流失30万元以上的；

6. 其他情节严重的情形。

【说明】"三、附则"参见397.3本规定。

【罪刑标准】

410.4 最高人民法院关于审理破坏土地资源刑事案件具体应用法律若干问题的解释（2000年6月22日　法释〔2000〕14号）（节录）

第四条　国家机关工作人员徇私舞弊，违反土地管理法规，滥用职权，非法批准征用、占用土地，具有下列情形之一的，属于非法批准征用、占用土地"情节严重"，依照刑法第四百一十条的规定，以非法批准征用、占用土地罪定罪处罚：

（一）非法批准征用、占用基本农田十亩以上的；

（二）非法批准征用、占用基本农田以外的耕地三十亩以上的；

（三）非法批准征用、占用其他土地五十亩以上的；

（四）虽未达到上述数量标准，但非法批准征用、占用土地造成直接经济损失三十万元以上；造成耕地大量毁坏等恶劣情节的。

第五条　实施第四条规定的行为，具有下列情形之一的，属于非法批准征用、占用土地"致使国家或者集体利益遭受特别重大损失"：

（一）非法批准征用、占用基本农田二十亩以上的；

（二）非法批准征用、占用基本农田以外的耕地六十亩以上的；

（三）非法批准征用、占用其他土地一百亩以上的；

（四）非法批准征用、占用土地，造成基本农田五亩以上，其他耕地十亩以上严重毁坏的；

（五）非法批准征用、占用土地造成直接经济损失五十万元以上等恶劣情节的。

第六条　国家机关工作人员徇私舞弊，违反土地管理法规，非法低价出让国有土地使用权，具有下列情形之一的，属于"情节严重"，依照刑法第四百一十条的规定，以非法低价出让国有土地使用权罪定罪处罚：

（一）出让国有土地使用权面积在三十亩以上，并且出让价额低于国家规定的最低价额标准的百分之六十的；

（二）造成国有土地资产流失价额在三十万元以上的。

第七条　实施第六条规定的行为，具有下列情形之一的，属于非法低价出让国有土地使用权，"致使国家和集体利益遭受特别重大损失"：

（一）非法低价出让国有土地使用权面积在六十亩以上，并且出让价额低于国家规定的最低价额标准的百分之四十的；

（二）造成国有土地资产流失价额在五十万元以上的。

第九条 多次实施本解释规定的行为依法应当追诉的，或者一年内多次实施本解释规定的行为未经处理的，按照累计的数量、数额处罚。

410.5 最高人民法院关于审理破坏林地资源刑事案件具体应用法律若干问题的解释（2005 年 12 月 30 日 法释〔2005〕15 号）（节录）

第二条 国家机关工作人员徇私舞弊，违反土地管理法规，滥用职权，非法批准征用、占用林地，具有下列情形之一的，属于刑法第四百一十条规定的"情节严重"，应当以非法批准征用、占用土地罪判处三年以下有期徒刑或者拘役：

（一）非法批准征用、占用防护林地、特种用途林地数量分别或者合计达到十亩以上；

（二）非法批准征用、占用其他林地数量达到二十亩以上；

（三）非法批准征用、占用林地造成直接经济损失数额达到三十万元以上，或者造成本条第（一）项规定的林地数量分别或者合计达到五亩以上或者本条第（二）项规定的林地数量达到十亩以上毁坏。

第三条 实施本解释第二条规定的行为，具有下列情形之一的，属于刑法第四百一十条规定的"致使国家或者集体利益遭受特别重大损失"，应当以非法批准征用、占用土地罪判处三年以上七年以下有期徒刑：

（一）非法批准征用、占用防护林地、特种用途林地数量分别或者合计达到二十亩以上；

（二）非法批准征用、占用其他林地数量达到四十亩以上；

（三）非法批准征用、占用林地造成直接经济损失数额达到六十万元以上，或者造成本条第（一）项规定的林地数量分别或者合计达到十亩以上或者本条第（二）项规定的林地数量达到二十亩以上毁坏。

第四条 国家机关工作人员徇私舞弊，违反土地管理法规，非法低价出让国有林地使用权，具有下列情形之一的，属于刑法第四百一十条规定的"情节严重"，应当以非法低价出让国有土地使用权罪判处三年以下有期徒刑或者拘役：

（一）林地数量合计达到三十亩以上，并且出让价额低于国家规定的最低价额标准的百分之六十；

（二）造成国有资产流失价额达到三十万元以上。

第五条 实施本解释第四条规定的行为，造成国有资产流失价额达到六十万元以上的，属于刑法第四百一十条规定的"致使国家和集体利益遭受特别重大损失"，应当以非法低价出让国有土地使用权罪判处三年以上七年以下有期徒刑。

第六条 单位实施破坏林地资源犯罪的，依照本解释规定的相关定罪量刑标准执行。

第七条 多次实施本解释规定的行为依法应当追诉且未经处理的，应当按照累计的数量、数额处罚。

410.6 最高人民法院关于审理破坏草原资源刑事案件应用法律若干问题的解释（2012 年 11 月 22 日 法释〔2012〕15 号）（节录）

第三条 国家机关工作人员徇私舞弊，违反草原法等土地管理法规，具有下列情形之一的，应当认定为刑法第四百一十条规定的"情节严重"：

（一）非法批准征收、征用、占用草原四十亩以上的；

（二）非法批准征收、征用、占用草原，造成二十亩以上草原被毁坏的；

（三）非法批准征收、征用、占用草原，造成直接经济损失三十万元以上，或者具有其他恶劣情节的。

具有下列情形之一，应当认定为刑法第四百一十条规定的"致使国家或者集体利益遭受特别重大损失"：

（一）非法批准征收、征用、占用草原八十亩以上的；

（二）非法批准征收、征用、占用草原，造成四十亩以上草原被毁坏的；

（三）非法批准征收、征用、占用草原，造成直接经济损失六十万元以上，或者具有其他特别恶劣情节的。

　　第六条　多次实施破坏草原资源的违法犯罪行为，未经处理，应当依法追究刑事责任的，按照累计的数量、数额定罪处罚。

　　第七条　本解释所称"草原"，是指天然草原和人工草地，天然草原包括草地、草山和草坡，人工草地包括改良草地和退耕还草地，不包括城镇草地。

【司法文件】

　　410.7 参见 397.23 全国法院审理经济犯罪案件工作座谈会纪要（最高人民法院 2003 年 11 月 13 日印发　法发〔2003〕167 号）

　　410.8 最高人民法院关于个人违法建房出售行为如何适用法律问题的答复（2010 年 11 月 1 日　法〔2010〕395 号）（节录）

贵州省高级人民法院：

　　你院《关于个人违法建房出售行为如何适用法律的请示》（〔2010〕黔高法研请字第 2 号）收悉。经研究，并征求相关部门意见，答复如下：

　　三、办理案件中，发现负有监管职责的国家机关工作人员有渎职、受贿等涉嫌违法犯罪的，要依法移交相关部门处理；发现有关部门在履行监管职责方面存在问题的，要结合案件处理，提出司法建议，促进完善社会管理。

【法律法规】

　　410.9 中华人民共和国土地管理法（1999 年 1 月 1 日　2019 年修正）（第 79 条、第 84 条）

　　410.10 中华人民共和国草原法（2003 年 3 月 1 日　2013 年修正）（第 63 条）

第四百一十一条【放纵走私罪】海关工作人员徇私舞弊，放纵走私，情节严重的，处五年以下有期徒刑或者拘役；情节特别严重的，处五年以上有期徒刑。

　　【罪名渊源】　本条系刑法吸收 1987 年《海关法》第 56 条内容增设，79 刑法、单行刑法均未规定。高法《罪名规定》、高检《罪名意见》将其解释为放纵走私罪。

【立案标准】

　　411.1 人民检察院直接受理立案侦查的渎职侵权重特大案件标准（试行）（2002 年 1 月 1 日高检发〔2001〕13 号）（节录）

　　二十一、放纵走私案

　　（一）重大案件

　　造成国家税收损失累计达三十万元以上的。

　　（二）特大案件

　　造成国家税收损失累计达五十万元以上的。

　　411.2 最高人民检察院关于渎职侵权犯罪案件立案标准的规定（2006 年 7 月 26 日　高检发释字〔2006〕2 号）（节录）

　　一、渎职犯罪案件

　　（二十三）放纵走私案（第四百一十一条）

　　放纵走私罪是指海关工作人员徇私舞弊，放纵走私，情节严重的行为。

　　涉嫌下列情形之一的，应予立案：

　　1. 放纵走私犯罪的；

　　2. 因放纵走私致使国家应收税额损失累计达 10 万元以上的；

　　3. 放纵走私行为 3 起次以上的；

　　4. 放纵走私行为，具有索取或者收受贿赂情节的；

　　5. 其他情节严重的情形。

　　【说明】"三、附则"参见 397.3 本规定。

【司法解释】

411.3 最高人民法院、最高人民检察院、海关总署关于办理走私刑事案件适用法律若干问题的意见（2002年7月8日　法〔2002〕139号）（节录）

十六、关于放纵走私罪的认定问题

依照刑法第四百一十一条的规定，负有特定监管义务的海关工作人员徇私舞弊，利用职权，放任、纵容走私犯罪行为，情节严重的，构成放纵走私罪。放纵走私行为，一般是消极的不作为。如果海关工作人员与走私分子通谋，在放纵走私过程中以积极的行为配合走私分子逃避海关监管或者在放纵走私之后分得赃款的，应以共同走私犯罪追究刑事责任。

海关工作人员收受贿赂又放纵走私的，应以受贿罪和放纵走私罪数罪并罚。

【司法文件】

411.4 参见397.23 全国法院审理经济犯罪案件工作座谈会纪要（最高人民法院2003年11月13日印发　法发〔2003〕167号）

【法律法规】

411.5 中华人民共和国海关法（1987年7月1日　2017年修正）（第72条第1项、第96条）

第四百一十二条【商检徇私舞弊罪】 国家商检部门、商检机构的工作人员徇私舞弊，伪造检验结果的，处五年以下有期徒刑或者拘役；造成严重后果的，处五年以上十年以下有期徒刑。

【商检失职罪】 前款所列人员严重不负责任，对应当检验的物品不检验，或者延误检验出证、错误出证，致使国家利益遭受重大损失的，处三年以下有期徒刑或者拘役。

【罪名渊源】 本条系刑法吸收《进出口商品检验法》第29条内容增设，79刑法、单行刑法均未规定。高法《罪名规定》、高检《罪名意见》将本条两款分别解释为商检徇私舞弊罪、商检失职罪。

【立案标准】

412.1 人民检察院直接受理立案侦查的渎职侵权重特大案件标准（试行）（2002年1月1日）（节录）

二十二、商检徇私舞弊案

（一）重大案件

1. 造成直接经济损失五十万元以上的；

2. 徇私舞弊，三次以上伪造检验结果的。

（二）特大案件

1. 造成直接经济损失一百万元以上的；

2. 徇私舞弊，五次以上伪造检验结果的。

二十三、商检失职案

（一）重大案件

1. 造成直接经济损失一百万元以上的；

2. 五次以上不检验或者延误检验出证、错误出证的。

（二）特大案件

1. 造成直接经济损失三百万元以上的；

2. 七次以上不检验或者延误检验出证、错误出证的。

412.2 最高人民检察院关于渎职侵权犯罪案件立案标准的规定（2006年7月26日　高检发释字〔2006〕2号）（节录）

一、渎职犯罪案件

（二十四）商检徇私舞弊案（第四百一十二条第一款）

商检徇私舞弊罪是指出入境检验检疫机关、检验检疫机构工作人员徇私舞弊，伪造检验结果的行为。

涉嫌下列情形之一的，应予立案：

1. 采取伪造、变造的手段对报检的商品的单证、印章、标志、封识、质量认证标志等作虚假的证明或者出具不真实的证明结论的；

2. 将送检的合格商品检验为不合格，或者将不合格商品检验为合格的；

3. 对明知是不合格的商品，不检验而出具合格检验结果的；

4. 其他伪造检验结果应予追究刑事责任的情形。

（二十五）商检失职案（第四百一十二条第二款）

商检失职罪是指出入境检验检疫机关、检验检疫机构工作人员严重不负责任，对应当检验的物品不检验，或者延误检验出证、错误出证，致使国家利益遭受重大损失的行为。

涉嫌下列情形之一的，应予立案：

1. 致使不合格的食品、药品、医疗器械等商品出入境，严重危害生命健康的；

2. 造成个人财产直接经济损失 15 万元以上，或者直接经济损失不满 15 万元，但间接经济损失 75 万元以上的；

3. 造成公共财产、法人或者其他组织财产直接经济损失 30 万元以上，或者直接经济损失不满 30 万元，但间接经济损失 150 万元以上的；

4. 未经检验，出具合格检验结果，致使国家禁止进口的固体废物、液态废物和气态废物等进入境内的；

5. 不检验或者延误检验出证、错误出证，引起国际经济贸易纠纷，严重影响国家对外经贸关系，或者严重损害国家声誉的；

6. 其他致使国家利益遭受重大损失的情形。

【说明】"三、附则"参见 397.3 本规定。

【司法解释】

412.3 参见 408－1.1 最高人民法院、最高人民检察院关于办理危害食品安全刑事案件适用法律若干问题的解释（2022 年 1 月 1 日　法释〔2021〕24 号）

412.4 参见 408－1.2 最高人民法院、最高人民检察院关于办理危害药品安全刑事案件适用法律若干问题的解释（2022 年 3 月 6 日　高检发释字〔2022〕1 号）

【司法文件】

412.5 参见 397.23 全国法院审理经济犯罪案件工作座谈会纪要（最高人民法院 2003 年 11 月 13 日印发　法〔2003〕167 号）

【法律法规】

412.6 中华人民共和国进出口商品检验法（1989 年 8 月 1 日　2018 年修正）（第 38 条）

412.7 中华人民共和国进出口商品检验法实施条例（2005 年 12 月 1 日　2019 年修订）（第 56 条）

第四百一十三条【动植物检疫徇私舞弊罪】动植物检疫机关的检疫人员徇私舞弊，伪造检疫结果的，处五年以下有期徒刑或者拘役；造成严重后果的，处五年以上十年以下有期徒刑。

【动植物检疫失职罪】前款所列人员严重不负责任，对应当检疫的检疫物不检疫，或者延误检疫出证、错误出证，致使国家利益遭受重大损失的，处三年以下有期徒刑或者拘役。

【罪名渊源】本条系刑法吸收进出境动植物检疫法第 45 条内容增设，79 刑法、单行刑法均未规定。高法《罪名规定》、高检《罪名意见》将本条两款分别解释为动植物检疫徇私舞弊罪、动植物检疫失职罪。

【立案标准】

413.1 人民检察院直接受理立案侦查的渎职侵权重特大案件标准（试行）（2002年1月1日 高检发〔2001〕13号）（节录）

二十四、动植物检疫徇私舞弊案

（一）重大案件

1. 徇私舞弊，三次以上伪造检疫结果的；

2. 造成直接经济损失五十万元以上的。

（二）特大案件

1. 徇私舞弊，五次以上伪造检疫结果的；

2. 造成直接经济损失一百万元以上的。

二十五、动植物检疫失职案

（一）重大案件

1. 造成直接经济损失一百万元以上的；

2. 导致疫情发生，造成人员死亡二人以上的；

3. 五次以上不检疫，或者延误检疫出证、错误出证，严重影响国家对外经贸关系和国家声誉的。

（二）特大案件

1. 造成直接经济损失三百万元以上的；

2. 导致疫情发生，造成人员死亡五人以上的；

3. 七次以上不检疫，或者延误检疫出证、错误出证，严重影响国家对外经贸关系和国家声誉的。

413.2 最高人民检察院关于渎职侵权犯罪案件立案标准的规定（2006年7月26日 高检发释字〔2006〕2号）（节录）

一、渎职犯罪案件

（二十六）动植物检疫徇私舞弊案（第四百一十三条第一款）

动植物检疫徇私舞弊罪是指出入境检验检疫机关、检验检疫机构工作人员徇私舞弊，伪造检疫结果的行为。

涉嫌下列情形之一的，应予立案：

1. 采取伪造、变造的手段对检疫的单证、印章、标志、封识等作虚假的证明或者出具不真实的结论的；

2. 将送检的合格动植物检疫为不合格，或者将不合格动植物检疫为合格的；

3. 对明知是不合格的动植物，不检疫而出具合格检疫结果的；

4. 其他伪造检疫结果应予追究刑事责任的情形。

（二十七）动植物检疫失职案（第四百一十三条第二款）

动植物检疫失职罪是指出入境检验检疫机关、检验检疫机构工作人员严重不负责任，对应当检疫的检疫物不检疫，或者延误检疫出证、错误出证，致使国家利益遭受重大损失的行为。

涉嫌下列情形之一的，应予立案：

1. 导致疫情发生，造成人员重伤或者死亡的；

2. 导致重大疫情发生、传播或者流行的；

3. 造成个人财产直接经济损失15万元以上，或者直接经济损失不满15万元，但间接经济损失75万元以上的；

4. 造成公共财产或者法人、其他组织财产直接经济损失30万元以上，或者直接经济损失不满30万元，但间接经济损失150万元以上的；

5. 不检疫或者延误检疫出证、错误出证，引起国际经济贸易纠纷，严重影响国家对外经贸关系，或者严重损害国家声誉的；

6. 其他致使国家利益遭受重大损失的情形。

【说明】"三、附则"参见397.3本规定。

【司法解释】

413.3 参见 408—1.1 最高人民法院、最高人民检察院关于办理危害食品安全刑事案件适用法律若干问题的解释（2022 年 1 月 1 日　法释〔2021〕24 号）

【司法文件】

413.4 参见 397.23 全国法院审理经济犯罪案件工作座谈会纪要（最高人民法院 2003 年 11 月 13 日印发　法〔2003〕167 号）

【法律法规】

413.5 中华人民共和国进出境动植物检疫法（1992 年 4 月 1 日　2009 年修正）（第 45 条）

413.6 中华人民共和国进出境动植物检疫法实施条例（1997 年 1 月 1 日）（第 2—3、第 27—28 条、第 35—36 条、第 38 条、第 44 条、第 50 条、第 64 条第 4 项）

413.7 中华人民共和国动物防疫法（2008 年 1 月 1 日　2015 年修正）（第 71 条、第 84 条第 1 款）

第四百一十四条【放纵制售伪劣商品犯罪行为罪】 对生产、销售伪劣商品犯罪行为负有追究责任的国家机关工作人员，徇私舞弊，不履行法律规定的追究职责，情节严重的，处五年以下有期徒刑或者拘役。

【罪名渊源】 本条 79 刑法没有规定，系刑法吸收全国人大常委会《关于惩治生产、销售伪劣商品犯罪的决定》第 10 条第 2 款内容增设，此前对该行为按玩忽职守罪处罚。高法《罪名规定》、高检《罪名意见》将其解释为放纵制售伪劣商品犯罪行为罪。

【立案标准】

414.1 人民检察院直接受理立案侦查的渎职侵权重特大案件标准（试行）（2002 年 1 月 1 日　高检发〔2001〕13 号）（节录）

二十六、放纵制售伪劣商品犯罪行为案

（一）重大案件

1. 放纵生产、销售假药或者有毒、有害食品犯罪行为，情节恶劣或者后果严重的；

2. 放纵依法可能判处五年以上十年以下有期徒刑刑罚的生产、销售伪劣商品犯罪行为的；

3. 五次以上或者对五个以上有生产、销售伪劣商品犯罪行为的单位或者个人不履行追究职责的。

（二）特大案件

1. 放纵生产、销售假药或者有毒、有害食品犯罪行为，造成人员死亡的；

2. 放纵依法可能判处十年以上刑罚的生产、销售伪劣商品犯罪行为的；

3. 七次以上或者对七个以上有生产、销售伪劣商品犯罪行为的单位或者个人不履行追究职责的。

414.2 最高人民检察院关于渎职侵权犯罪案件立案标准的规定（2006 年 7 月 26 日　高检发释字〔2006〕2 号）（节录）

一、渎职犯罪案件

（二十八）放纵制售伪劣商品犯罪行为案（第四百一十四条）

放纵制售伪劣商品犯罪行为罪是指对生产、销售伪劣商品犯罪行为负有追究责任的国家机关工作人员徇私舞弊，不履行法律规定的追究职责，情节严重的行为。

涉嫌下列情形之一的，应予立案：

1. 放纵生产、销售假药或者有毒、有害食品犯罪行为的；

2. 放纵生产、销售伪劣农药、兽药、化肥、种子犯罪行为的；

3. 放纵依法可能判处 3 年有期徒刑以上刑罚的生产、销售伪劣商品犯罪行为的；

4. 对生产、销售伪劣商品犯罪行为不履行追究职责，致使生产、销售伪劣商品犯罪行为得以继续的；

5. 3 次以上不履行追究职责，或者对 3 个以上有生产、销售伪劣商品犯罪行为的单位或者个人不履行追究职责的；

6. 其他情节严重的情形。

【说明】"三、附则"参见397.3本规定。

【罪刑标准】

414.3 最高人民法院、最高人民检察院关于办理生产、销售伪劣商品刑事案件具体应用法律若干问题的解释（2001年4月10日　法释〔2001〕10号）（节录）

第八条　国家机关工作人员徇私舞弊，对生产、销售伪劣商品犯罪不履行法律规定的查处职责，具有下列情形之一的，属于刑法第四百一十四条规定的"情节严重"：

（一）放纵生产、销售假药或者有毒、有害食品犯罪行为的；

（二）放纵依法可能判处二年有期徒刑以上刑罚的生产、销售伪劣商品犯罪行为的；

（三）对三个以上有生产、销售伪劣商品犯罪行为的单位或者个人不履行追究职责的；

（四）致使国家和人民利益遭受重大损失或者造成恶劣影响的。

【司法解释】

414.4 参见408-1.1 最高人民法院、最高人民检察院关于办理危害食品安全刑事案件适用法律若干问题的解释（2022年1月1日　法释〔2021〕24号）

【司法文件】

414.5 参见397.23 全国法院审理经济犯罪案件工作座谈会纪要（最高人民法院2003年11月13日印发　法〔2003〕167号）

【法律法规】

414.6 中华人民共和国产品质量法（1993年9月1日　2018年修正）（第8条、第65条）

414.7 中华人民共和国消费者权益保护法（1994年1月1日　2013年修正）（第61条）

第四百一十五条【办理偷越国（边）境人员出入境证件罪，放行偷越国（边）境人员罪】 负责办理护照、签证以及其他出入境证件的国家机关工作人员，对明知是企图偷越国（边）境的人员，予以办理出入境证件的，或者边防、海关等国家机关工作人员，对明知是偷越国（边）境的人员，予以放行的，处三年以下有期徒刑或者拘役；情节严重的，处三年以上七年以下有期徒刑。

【罪名渊源】本条79刑法没有规定，系刑法吸收全国人大常委会《关于严惩组织、运送他人偷越国（边）境犯罪的补充规定》第6条第1款内容增设。刑法删除该补充规定中的管制刑种，法定最高刑由10年调整为7年。高法《罪名规定》、高检《罪名意见》将其解释为办理偷越国（边）境人员出入境证件罪、放行偷越国（边）境人员罪。

【立案标准】

415.1 人民检察院直接受理立案侦查的渎职侵权重特大案件标准（试行）（2002年1月1日高检发〔2001〕13号）（节录）

二十七、办理偷越国（边）境人员出入境证件案

（一）重大案件

1. 违法办理三人以上的；

2. 违法办理三次以上的；

3. 违法为刑事犯罪分子办证的。

（二）特大案件

1. 违法办理五人以上的；

2. 违法办理五次以上的；

3. 违法为严重刑事犯罪分子办证的。

二十八、放行偷越国（边）境人员案

（一）重大案件

1. 违法放行三人以上的；

2. 违法放行三次以上的；

3. 违法放行刑事犯罪分子的。

（二）特大案件

1. 违法放行五人以上的；

2. 违法放行五次以上的；

3. 违法放行严重刑事犯罪分子的。

415.2 最高人民检察院关于渎职侵权犯罪案件立案标准的规定（2006年7月26日　高检发释字〔2006〕2号）（节录）

一、渎职犯罪案件

（二十九）办理偷越国（边）境人员出入境证件案（第四百一十五条）

办理偷越国（边）境人员出入境证件罪是指负责办理护照、签证以及其他出入境证件的国家机关工作人员，对明知是企图偷越国（边）境的人员，予以办理出入境证件的行为。

负责办理护照、签证以及其他出入境证件的国家机关工作人员涉嫌在办理护照、签证以及其他出入境证件的过程中，对明知是企图偷越国（边）境的人员而予以办理出入境证件的，应予立案。

（三十）放行偷越国（边）境人员案（第四百一十五条）

放行偷越国（边）境人员罪是指边防、海关等国家机关工作人员，对明知是偷越国（边）境的人员予以放行的行为。

边防、海关等国家机关工作人员涉嫌在履行职务过程中，对明知是偷越国（边）境的人员而予以放行的，应予立案。

> 【说明】"三、附则"参见397.3本规定。

【法律法规】

415.3 中华人民共和国出境入境边防检查条例（1995年9月1日）（第2—4条第1项、第5—6条、第41条、第46条）

415.4 中华人民共和国出境入境管理法（2013年7月1日）（第4条、第11条第1款、第12条、第15—16条、第21条、第25条、第27—28条、第85条、第88条、第89条第1—3款）

第四百一十六条【不解救被拐卖、绑架妇女、儿童罪】 对被拐卖、绑架的妇女、儿童负有解救职责的国家机关工作人员，接到被拐卖、绑架的妇女、儿童及其家属的解救要求或者接到其他人的举报，而对被拐卖、绑架的妇女、儿童不进行解救，造成严重后果的，处五年以下有期徒刑或者拘役。

【阻碍解救被拐卖、绑架妇女、儿童罪】 负有解救职责的国家机关工作人员利用职务阻碍解救的，处二年以上七年以下有期徒刑；情节较轻的，处二年以下有期徒刑或者拘役。

【罪名渊源】 本条.79刑法没有规定，系刑法吸收全国人大常委会《关于严惩拐卖、绑架妇女、儿童的犯罪分子的决定》第5条内容增设，此前对本条第1款中的行为按玩忽职守罪处罚。高法《罪名规定》、高检《罪名意见》将本条两款分别解释为不解救被拐卖、绑架妇女、儿童罪，阻碍解救被拐卖、绑架妇女、儿童罪。

【立案标准】

416.1 人民检察院直接受理立案侦查的渎职侵权重特大案件标准（试行）（2002年1月1日高检发〔2001〕13号）（节录）

二十九、不解救被拐卖、绑架妇女、儿童案

（一）重大案件

1. 五次或者对五名以上被拐卖、绑架的妇女、儿童不进行解救的；

2. 因不解救致人死亡的。

（二）特大案件

1. 七次或者对七名以上被拐卖、绑架的妇女、儿童不进行解救的；

2. 因不解救致人死亡三人以上的。

三十、阻碍解救被拐卖、绑架妇女、儿童案

（一）重大案件

1. 三次或者对三名以上被拐卖、绑架的妇女、儿童阻碍解救的；

2. 阻碍解救致人死亡的。

（二）特大案件

1. 五次或者对五名以上被拐卖、绑架的妇女、儿童阻碍解救的；

2. 阻碍解救致人死亡二人以上的。

416.2 最高人民检察院关于渎职侵权犯罪案件立案标准的规定（2006年7月26日 高检发释字〔2006〕2号）（节录）

一、渎职犯罪案件

（三十一）不解救被拐卖、绑架妇女、儿童案（第四百一十六条第一款）

不解救被拐卖、绑架妇女、儿童罪是指对被拐卖、绑架的妇女、儿童负有解救职责的公安、司法等国家机关工作人员接到被拐卖、绑架的妇女、儿童及其家属的解救要求或者接到其他人的举报，而对被拐卖、绑架的妇女、儿童不进行解救，造成严重后果的行为。

涉嫌下列情形之一的，应予立案：

1. 导致被拐卖、绑架的妇女、儿童或者其家属重伤、死亡或者精神失常的；

2. 导致被拐卖、绑架的妇女、儿童被转移、隐匿、转卖，不能及时进行解救的；

3. 对被拐卖、绑架的妇女、儿童不进行解救3人次以上的；

4. 对被拐卖、绑架的妇女、儿童不进行解救，造成恶劣社会影响的；

5. 其他造成严重后果的情形。

（三十二）阻碍解救被拐卖、绑架妇女、儿童案（第四百一十六条第二款）

阻碍解救被拐卖、绑架妇女、儿童罪是指对被拐卖、绑架的妇女、儿童负有解救职责的公安、司法等国家机关工作人员利用职务阻碍解救被拐卖、绑架的妇女、儿童的行为。

涉嫌下列情形之一的，应予立案：

1. 利用职权，禁止、阻止或者妨碍有关部门、人员解救被拐卖、绑架的妇女、儿童的；

2. 利用职务上的便利，向拐卖、绑架者或者收买者通风报信，妨碍解救工作正常进行的；

3. 其他利用职务阻碍解救被拐卖、绑架的妇女、儿童应予追究刑事责任的情形。

> 【说明】"三、附则"参见397.3本规定。

【部委规范】

416.3 公安部关于打击拐卖妇女儿童犯罪适用法律和政策有关问题的意见（2000年3月24日公通字〔2000〕25号）（节录）

六、关于不解救或者阻碍解救被拐卖的妇女、儿童等渎职犯罪

对被拐卖的妇女、儿童负有解救职责的国家机关工作人员不履行解救职责，或者袒护、纵容甚至支持买卖妇女、儿童，为买卖妇女、儿童人员通风报信，或者以其他方法阻碍解救工作的，要依法处理：

（一）对被拐卖的妇女、儿童负有解救职责的公安、司法等国家机关工作人员接到被拐卖的妇女、儿童及其家属的解救要求或者接到其他人的举报，而对被拐卖的妇女、儿童不进行解救的，要交由其主管部门进行党纪、政纪、警纪处分；构成犯罪的，应当以不解救被拐卖妇女、儿童罪移送人民检察院追究刑事责任。

（二）对被拐卖的妇女、儿童负有解救职责的公安、司法等国家机关工作人员利用职务阻碍解救被拐卖的妇女、儿童，构成犯罪的，应当以阻碍解救被拐卖妇女、儿童罪移送人民检察院追究刑事责任。

　　第四百一十七条【帮助犯罪分子逃避处罚罪】 有查禁犯罪活动职责的国家机关工作人员，向犯罪分子通风报信、提供便利，帮助犯罪分子逃避处罚的，处三年以下有期徒刑或者拘役；情节严重的，处三年以上十年以下有期徒刑。

　　【罪名渊源】 本条 79 刑法没有规定，系刑法吸收全国人大常委会《关于严禁卖淫嫖娼的决定》第 9 条内容增设的罪名，此前对该行为按玩忽职守罪处罚。高法《罪名规定》、高检《罪名意见》将其解释为帮助犯罪分子逃避处罚罪。

　　【立案标准】

　　417.1 人民检察院直接受理立案侦查的渎职侵权重特大案件标准（试行）（2002 年 1 月 1 日高检发〔2001〕13 号）（节录）

　　三十一、帮助犯罪分子逃避处罚案

　　（一）重大案件

　　1. 三次或者使三名以上犯罪分子逃避处罚的；

　　2. 帮助重大刑事犯罪分子逃避处罚的。

　　（二）特大案件

　　1. 五次或者使五名以上犯罪分子逃避处罚的；

　　2. 帮助二名以上重大刑事犯罪分子逃避处罚的。

　　417.2 最高人民检察院关于渎职侵权犯罪案件立案标准的规定（2006 年 7 月 26 日　高检发释字〔2006〕2 号）（节录）

　　一、渎职犯罪案件

　　（三十三）帮助犯罪分子逃避处罚案（第四百一十七条）

　　帮助犯罪分子逃避处罚罪是指有查禁犯罪活动职责的司法及公安、国家安全、海关、税务等国家机关工作人员，向犯罪分子通风报信、提供便利，帮助犯罪分子逃避处罚的行为。

　　涉嫌下列情形之一的，应予立案：

　　1. 向犯罪分子泄露有关部门查禁犯罪活动的部署、人员、措施、时间、地点等情况的；

　　2. 向犯罪分子提供钱物、交通工具、通讯设备、隐藏处所等便利条件的；

　　3. 向犯罪分子泄露案情的；

　　4. 帮助、示意犯罪分子隐匿、毁灭、伪造证据，或者串供、翻供的；

　　5. 其他帮助犯罪分子逃避处罚应予追究刑事责任的情形。

　　【说明】"三、附则"参见 397.3 本规定。

【司法解释】

　　417.3 最高人民法院、最高人民检察院、公安部、国家工商行政管理局关于依法查处盗窃、抢劫机动车案件的规定（1998 年 5 月 8 日　公通字〔1998〕31 号）（节录）

　　十、公安人员对盗窃、抢劫的机动车辆，非法提供机动车牌证或者为其取得机动车牌证提供便利，帮助犯罪分子逃避处罚的，依照《刑法》第四百一十七条规定处罚。

　　417.4 最高人民法院、最高人民检察院关于办理扰乱无线电通讯管理秩序等刑事案件适用法律若干问题的解释（2017 年 7 月 1 日　法释〔2017〕11 号）（节录）

　　第七条（第二款）　有查禁扰乱无线电管理秩序犯罪活动职责的国家机关工作人员，向犯罪分子通风报信、提供便利，帮助犯罪分子逃避处罚的，应当依照刑法第四百一十七条的规定，以帮助犯罪分子逃避处罚罪追究刑事责任；事先通谋的，以共同犯罪论处。

　　417.5 最高人民法院、最高人民检察院关于办理破坏野生动物资源刑事案件适用法律若干问题的解释（2022 年 4 月 9 日　法释〔2022〕12 号）（节录）

　　第十条（第二款）　负有查禁破坏野生动物资源犯罪活动职责的国家机关工作人员，向犯罪分子通风报信、提供便利，帮助犯罪分子逃避处罚的，应当依照刑法第四百一十七条的规定，以帮助犯罪分子逃避处罚罪追究刑事责任。

【司法文件】

417.6 最高人民法院、最高人民检察院、公安部关于办理利用赌博机开设赌场案件适用法律若干问题的意见（2014 年 3 月 26 日　公通字〔2014〕17 号）（节录）

八、关于国家机关工作人员渎职犯罪的处理

（第一款）负有查禁赌博活动职责的国家机关工作人员，徇私枉法，包庇、放纵开设赌场违法犯罪活动，或者为违法犯罪分子通风报信、提供便利、帮助犯罪分子逃避处罚，构成犯罪的，依法追究刑事责任。

417.7 最高人民法院、最高人民检察院、公安部、农业农村部依法惩治长江流域非法捕捞等违法犯罪的意见（2020 年 12 月 17 日　公通字〔2020〕17 号）（节录）

二、准确适用法律，依法严惩非法捕捞等危害水生生物资源的各类违法犯罪

（五）（第二款）负有查禁破坏水生生物资源犯罪活动职责的国家机关工作人员，向犯罪分子通风报信、提供便利，帮助犯罪分子逃避处罚的，应当依照刑法第四百一十七条的规定，以帮助犯罪分子逃避处罚罪定罪处罚。

> 【说明】宽严相济刑事政策、证据收集、价值和事实认定等，参见 340.3 本意见。

【部委规范】

417.8 公安部关于打击拐卖妇女儿童犯罪适用法律和政策有关问题的意见（2000 年 3 月 24 日公通字〔2000〕25 号）（节录）

六、关于不解救或者阻碍解救被拐卖的妇女、儿童等渎职犯罪

（四）有查禁拐卖妇女、儿童犯罪活动职责的国家机关工作人员，向拐卖妇女、儿童的犯罪分子通风报信、提供便利，帮助犯罪分子逃避处罚，构成犯罪的，以帮助犯罪分子逃避处罚罪移送人民检察院追究刑事责任。

第四百一十八条【招收公务员、学生徇私舞弊罪】国家机关工作人员在招收公务员、学生工作中徇私舞弊，情节严重的，处三年以下有期徒刑或者拘役。

【罪名渊源】本条系刑法吸收 1995 年《教育法》第 77 条内容增设，79 刑法、单行刑法均未规定。高法《罪名规定》、高检《罪名意见》将其解释为招收公务员、学生徇私舞弊罪。

【立案标准】

418.1 人民检察院直接受理立案侦查的渎职侵权重特大案件标准（试行）（2002 年 1 月 1 日高检发〔2001〕13 号）（节录）

三十二、招收公务员、学生徇私舞弊案

（一）重大案件

1. 五次以上招收不合格公务员、学生或者一次招收五名以上不合格公务员、学生的；
2. 造成县区范围内招收公务员、学生工作重新进行的；
3. 因招收不合格公务员、学生，导致被排挤的合格人员或者其亲属精神失常。

（二）特大案件

1. 七次以上招收不合格公务员、学生或者一次招收七名以上不合格公务员、学生的；
2. 造成地市范围内招收公务员、学生工作重新进行的；
3. 因招收不合格公务员、学生，导致被排挤的合格人员或者其亲属自杀的。

418.2 最高人民检察院关于渎职侵权犯罪案件立案标准的规定（2006 年 7 月 26 日　高检发释字〔2006〕2 号）（节录）

一、渎职犯罪案件

（三十四）招收公务员、学生徇私舞弊案（第四百一十八条）

招收公务员、学生徇私舞弊罪是指国家机关工作人员在招收公务员、省级以上教育行政部门

组织招收的学生工作中徇私舞弊，情节严重的行为。

涉嫌下列情形之一的，应予立案：

1. 徇私舞弊，利用职务便利，伪造、变造人事、户口档案、考试成绩或者其他影响招收工作的有关资料，或者明知是伪造、变造的上述材料而予以认可的；

2. 徇私舞弊，利用职务便利，帮助5名以上考生作弊的；

3. 徇私舞弊招收不合格的公务员、学生3人次以上的；

4. 因徇私舞弊招收不合格的公务员、学生，导致被排挤的合格人员或者其近亲属自杀、自残造成重伤、死亡，或者精神失常的；

5. 因徇私舞弊招收公务员、学生，导致该项招收工作重新进行的；

6. 其他情节严重的情形。

> **【说明】** "三、附则"参见397.3本规定。

【司法文件】

418.3 参见397.23 全国法院审理经济犯罪案件工作座谈会纪要（最高人民法院2003年11月13日印发　法〔2003〕167号）

第四百一十九条【失职造成珍贵文物损毁、流失罪】 国家机关工作人员严重不负责任，造成珍贵文物损毁或者流失，后果严重的，处三年以下有期徒刑或者拘役。

【罪名渊源】 本条系刑法吸收《文物保护法》第31条内容增设，79刑法、单行刑法均未规定。高法《罪名规定》、高检《罪名意见》将其解释为失职造成珍贵文物损毁、流失罪。

【立案标准】

419.1 人民检察院直接受理立案侦查的渎职侵权重特大案件标准（试行）（2002年1月1日高检发〔2001〕13号）（节录）

三十三、失职造成珍贵文物损毁、流失案

（一）重大案件

1. 导致国家一级文物损毁或者流失一件以上的；

2. 导致国家二级文物损毁或者流失三件以上的；

3. 导致国家三级文物损毁或者流失五件以上的；

4. 导致省级文物保护单位严重损毁的。

（二）特大案件

1. 导致国家一级文物损毁或者流失三件以上的；

2. 导致国家二级文物损毁或者流失五件以上的；

3. 导致国家三级文物损毁或者流失十件以上的；

4. 导致全国重点文物保护单位严重损毁的。

419.2 最高人民检察院关于渎职侵权犯罪案件立案标准的规定（2006年7月26日　高检发释字〔2006〕2号）（节录）

一、渎职犯罪案件

（三十五）失职造成珍贵文物损毁、流失案（第四百一十九条）

失职造成珍贵文物损毁、流失罪是指文物行政部门、公安机关、工商行政管理部门、海关、城乡建设规划部门等国家机关工作人员严重不负责任，造成珍贵文物损毁或者流失，后果严重的行为。

涉嫌下列情形之一的，应予立案：

1. 导致国家一、二、三级珍贵文物损毁或者流失的；

2. 导致全国重点文物保护单位或者省、自治区、直辖市级文物保护单位损毁的；

3. 其他后果严重的情形。

> **【说明】** "三、附则"参见397.3本规定。

【罪刑标准】

419.3 最高人民法院、最高人民检察院关于办理妨害文物管理等刑事案件适用法律若干问题的解释（2016年1月1日 法释〔2015〕23号）（节录）

第十条 国家机关工作人员严重不负责任，造成珍贵文物损毁或者流失，具有下列情形之一的，应当认定为刑法第四百一十九条规定的"后果严重"：

（一）导致二级以上文物或者五件以上三级文物损毁或者流失的；

（二）导致全国重点文物保护单位、省级文物保护单位的本体严重损毁或者灭失的；

（三）其他后果严重的情形。

> **【说明】**文物的等级、鉴定、价值认定等内容，参见324.2本解释第13—18条。

【法律法规】

419.4 中华人民共和国文物保护法（1982年11月19日 2017年修正）（第76条第1款第4项、第78条）

第十章 军人违反职责罪

【司法文件】

【注】中国人民解放军总政治部、军事法院、军事检察院关于《中华人民共和国刑法》第十章所列刑事案件管辖范围的通知（1998年8月12日 〔1998〕军检字第17号）（节录）

一、保卫部负责侦查下列案件：

1. 战时违抗命令案（第421条）；

2. 隐瞒、谎报军情案（第422条）；

3. 拒传、假传军令案（第422条）；

4. 投降案（第423条）；

5. 战时临阵脱逃案（第424条）；

6. 阻碍执行军事职务案（第426条）；

7. 军人叛逃案（第430条）；

8. 非法获取军事秘密案（第431条第1款）；

9. 为境外窃取、刺探、收买、非法提供军事秘密案（第431条第2款）；

10. 故意泄露军事秘密案（第432条）；

11. 战时造谣惑众案（第433条）；

12. 战时自伤案（第434条）；

13. 逃离部队案（第435条）；

14. 武器装备肇事案（第436条）；

15. 盗窃、抢夺武器装备、军用物资案（第438条）；

16. 非法出卖、转让武器装备案（第439条）；

17. 遗弃武器装备案（第440条）；

18. 遗失武器装备案（第441条）；

19. 战时残害居民、掠夺居民财物案（第446条）；

20. 私放俘虏案（第447条）。

二、军事检察院直接受理下列案件：

1. 擅自、玩忽军事职守案（第425条）；

2. 指使部属违反职责案（第427条）；

3. 违令作战消极案（第428条）；

　　4. 拒不救援友邻部队案（第 429 条）；

　　5. 过失泄露军事秘密案（第 432 条）；

　　6. 擅自改变武器装备编配用途案（第 437 条）；

　　7. 擅自出卖、转让军队房地产案（第 442 条）；

　　8. 虐待部属案（第 443 条）；

　　9. 战时拒不救治伤病军人案（第 445 条）；

　　10. 军官、警官、文职干部利用职权实施的其他重大的犯罪案件，需要由军事检察院受理的时候，经解放军军事检察院决定，可以由军事检察院立案侦查。

　　三、军事法院直接受理下列案件：

　　1. 遗弃伤病军人案（第 444 条）；

　　2. 虐待俘虏案（第 448 条）。

　　第四百二十条【军人违反职责罪的概念】 军人违反职责，危害国家军事利益，依照法律应当受刑罚处罚的行为，是军人违反职责罪。

　　【司法文件】

　　420.1 军人违反职责罪案件立案标准的规定（最高人民检察院、解放军总政治部 2013 年 3 月 28 日印发　政检〔2013〕1 号）（节录）

　　第三十四条　本规定中的"违反职责"，是指违反国家法律、法规，军事法规、军事规章所规定的军人职责，包括军人的共同职责，士兵、军官和首长的一般职责，各类主管人员和其他从事专门工作的军人的专业职责等。

　　第四百二十一条【战时违抗命令罪】 战时违抗命令，对作战造成危害的，处三年以上十年以下有期徒刑；致使战斗、战役遭受重大损失的，处十年以上有期徒刑、无期徒刑或者死刑。

　　【罪名渊源】 本条完全沿用全国人大常委会《惩治军人违反职责罪暂行条例》（以下简称《军职罪条例》）第 17 条内容，79 刑法没有规定。高法《罪名规定》、高检《罪名意见》将其解释为战时违抗命令罪。

　　【立案标准】

　　421.1 军人违反职责罪案件立案标准的规定（最高人民检察院、解放军总政治部 2013 年 3 月 28 日印发　政检〔2013〕1 号）（节录）

　　第一条　战时违抗命令案（刑法第四百二十一条）

　　战时违抗命令罪是指战时违抗命令，对作战造成危害的行为。

　　违抗命令，是指主观上出于故意，客观上违背、抗拒首长、上级职权范围内的命令，包括拒绝接受命令、拒不执行命令，或者不按照命令的具体要求行动等。

　　战时涉嫌下列情形之一的，应予立案：

　　（一）扰乱作战部署或者贻误战机的；

　　（二）造成作战任务不能完成或者迟缓完成的；

　　（三）造成我方人员死亡一人以上，或者重伤二人以上，或者轻伤三人以上的；

　　（四）造成武器装备、军事设施、军用物资损毁，直接影响作战任务完成的；

　　（五）对作战造成其他危害的。

　　【说明】 战时、武器装备、军用物资、以上的含义等内容，参见 450.1 本规定。

　　第四百二十二条【隐瞒、谎报军情罪，拒传、假传军令罪】 故意隐瞒、谎报军情或者拒传、假传军令，对作战造成危害的，处三年以上十年以下有期徒刑；致使战斗、战役遭受重大损失的，处十年以上有期徒刑、无期徒刑或者死刑。

　　【罪名渊源】 本条 79 刑法没有规定，系由《军职罪条例》第 18 条修改而来，刑法增加"隐瞒军情、拒传军令"的内容。高法《罪名规定》、高检《罪名意见》将其解释为隐瞒、谎报军情罪，拒传、假传军令罪。

【立案标准】

422.1 军人违反职责罪案件立案标准的规定（最高人民检察院、解放军总政治部 2013 年 3 月 28 日印发　政检〔2013〕1 号）（节录）

第二条　隐瞒、谎报军情案（刑法第四百二十二条）

隐瞒、谎报军情罪是指故意隐瞒、谎报军情，对作战造成危害的行为。

涉嫌下列情形之一的，应予立案：

（一）造成首长、上级决策失误的；

（二）造成作战任务不能完成或者迟缓完成的；

（三）造成我方人员死亡一人以上，或者重伤二人以上，或者轻伤三人以上的；

（四）造成武器装备、军事设施、军用物资损毁，直接影响作战任务完成的；

（五）对作战造成其他危害的。

第三条　拒传、假传军令案（刑法第四百二十二条）

拒传军令罪是指负有传递军令职责的军人，明知是军令而故意拒绝传递或者拖延传递，对作战造成危害的行为。

假传军令罪是指故意伪造、篡改军令，或者明知是伪造、篡改的军令而予以传达或者发布，对作战造成危害的行为。

涉嫌下列情形之一的，应予立案：

（一）造成首长、上级决策失误的；

（二）造成作战任务不能完成或者迟缓完成的；

（三）造成我方人员死亡一人以上，或者重伤二人以上，或者轻伤三人以上的；

（四）造成武器装备、军事设施、军用物资损毁，直接影响作战任务完成的；

（五）对作战造成其他危害的。

【说明】武器装备、军用物资、以上的含义等内容，参见 450.1 本规定。

第四百二十三条【投降罪】在战场上贪生怕死，自动放下武器投降敌人的，处三年以上十年以下有期徒刑；情节严重的，处十年以上有期徒刑或者无期徒刑。

投降后为敌人效劳的，处十年以上有期徒刑、无期徒刑或者死刑。

【罪名渊源】本条 79 刑法没有规定，系完全沿袭《军职罪条例》第 19 条内容。高法《罪名规定》、高检《罪名意见》将其解释为投降罪。

【立案标准】

423.1 军人违反职责罪案件立案标准的规定（最高人民检察院、解放军总政治部 2013 年 3 月 28 日印发　政检〔2013〕1 号）（节录）

第四条　投降案（刑法第四百二十三条）

投降罪是指在战场上贪生怕死，自动放下武器投降敌人的行为。

凡涉嫌投降敌人的，应予立案。

第四百二十四条【战时临阵脱逃罪】战时临阵脱逃的，处三年以下有期徒刑；情节严重的，处三年以上十年以下有期徒刑；致使战斗、战役遭受重大损失的，处十年以上有期徒刑、无期徒刑或者死刑。

【罪名渊源】本条 79 刑法没有规定，系沿袭《军职罪条例》第 16 条内容，刑法改"畏惧战斗，临阵脱逃的"为"战时临阵脱逃的"。高法《罪名规定》、高检《罪名意见》将其解释为战时临阵脱逃罪。

【立案标准】

424.1 军人违反职责罪案件立案标准的规定（最高人民检察院、解放军总政治部 2013 年 3 月 28 日印发　政检〔2013〕1 号）（节录）

第五条　战时临阵脱逃案（刑法第四百二十四条）

战时临阵脱逃罪是指在战斗中或者在接受作战任务后，逃离战斗岗位的行为。

凡战时涉嫌临阵脱逃的，应予立案。

第三十三条　本规定所称"战时"，是指国家宣布进入战争状态、部队受领作战任务或者遭敌突然袭击时。部队执行戒严任务或者处置突发性暴力事件时，以战时论。

第四百二十五条【擅离、玩忽军事职守罪】 指挥人员和值班、值勤人员擅离职守或者玩忽职守，造成严重后果的，处三年以下有期徒刑或者拘役；造成特别严重后果的，处三年以上七年以下有期徒刑。

战时犯前款罪的，处五年以上有期徒刑。

【罪名渊源】 本条 79 刑法没有规定，系沿袭《军职罪条例》第 5 条内容，刑法将量刑幅度由原一档增至两档，增加"情节特别严重"的法定刑。高法《罪名规定》、高检《罪名意见》将其解释为擅离、玩忽军事职守罪。

【立案标准】

425.1 军人违反职责罪案件立案标准的规定（最高人民检察院、解放军总政治部 2013 年 3 月 28 日印发　政检〔2013〕1 号）（节录）

第六条　擅离、玩忽军事职守案（刑法第四百二十五条）

擅离、玩忽军事职守罪是指指挥人员和值班、值勤人员擅自离开正在履行职责的岗位，或者在履行职责的岗位上，严重不负责任，不履行或者不正确履行职责，造成严重后果的行为。

指挥人员，是指对部队或者部属负有组织、领导、管理职责的人员。专业主管人员在其业务管理范围内，视为指挥人员。

值班人员，是指军队各单位、各部门为保持指挥或者履行职责不间断而设立的、负责处理本单位、本部门特定事务的人员。

值勤人员，是指正在担任警卫、巡逻、观察、纠察、押运等勤务，或者作战勤务工作的人员。

涉嫌下列情形之一的，应予立案：

（一）造成重大任务不能完成或者迟缓完成的；

（二）造成死亡一人以上，或者重伤三人以上，或者重伤二人、轻伤四人以上，或者重伤一人、轻伤七人以上，或者轻伤十人以上的；

（三）造成枪支、手榴弹、爆炸装置或者子弹十发、雷管三十枚、导火索或者导爆索三十米、炸药一千克以上丢失、被盗，或者不满规定数量，但后果严重的，或者造成其他重要武器装备、器材丢失、被盗的；

（四）造成武器装备、军事设施、军用物资或者其他财产损毁，直接经济损失三十万元以上，或者直接经济损失、间接经济损失合计一百五十万元以上的；

（五）造成其他严重后果的。

> **【说明】** 直接/间接经济损失、武器装备、军用物资的含义等内容，参见 450.1 本规定。

第四百二十六条【阻碍执行军事职务罪】 以暴力、威胁方法，阻碍指挥人员或者值班、值勤人员执行职务的，处五年以下有期徒刑或者拘役；情节严重的，处五年以上十年以下有期徒刑；情节特别严重的，处十年以上有期徒刑或者无期徒刑。战时从重处罚。

【刑法修正说明】 本条为全国人大常委会 2015 年 8 月 29 日通过并公布、同年 11 月 1 日施行的《刑法修正案（九）》第 50 条所修正。原刑法第 426 条为：

【阻碍执行军事职务罪】以暴力、威胁方法，阻碍指挥人员或者值班、值勤人员执行职务的，处五年以下有期徒刑或者拘役；情节严重的，处五年以上有期徒刑；致人重伤、死亡的，或者有其他特别严重情节的，处无期徒刑或者死刑。战时从重处罚。

【罪名渊源】 本条基本沿袭了《军职罪条例》第 10 条内容，79 刑法没有规定。高法《罪名规定》、高检《罪名意见》将其解释为阻碍执行军事职务罪。《刑法修正案（九）》第 50 条将"情节严重"的法定最高刑从 15 年调整为 10 年，删除"致人重伤、死亡的"字样，即废止该罪死刑，将"情节特别严重"的法定最低刑调整为 10 年。

【立案标准】

426.1 军人违反职责罪案件立案标准的规定（最高人民检察院、解放军总政治部 2013 年 3 月 28 日印发 政检〔2013〕1 号）（节录）

第七条 阻碍执行军事职务案（刑法第四百二十六条）

阻碍执行军事职务罪是指以暴力、威胁方法，阻碍指挥人员或者值班、值勤人员执行职务的行为。

凡涉嫌阻碍执行军事职务的，应予立案。

第四百二十七条【指使部属违反职责罪】 滥用职权，指使部属进行违反职责的活动，造成严重后果的，处五年以下有期徒刑或者拘役；情节特别严重的，处五年以上十年以下有期徒刑。

【罪名渊源】 本条系刑法增设，79 刑法、《军职罪条例》均未规定。高法《罪名规定》、高检《罪名意见》将其解释为指使部属违反职责罪。

【立案标准】

427.1 军人违反职责罪案件立案标准的规定（最高人民检察院、解放军总政治部 2013 年 3 月 28 日印发 政检〔2013〕1 号）（节录）

第八条 指使部属违反职责案（刑法第四百二十七条）

指使部属违反职责罪是指指挥人员滥用职权，指使部属进行违反职责的活动，造成严重后果的行为。

涉嫌下列情形之一的，应予立案：

（一）造成重大任务不能完成或者迟缓完成的；

（二）造成死亡一人以上，或者重伤二人以上，或者重伤一人、轻伤三人以上，或者轻伤五人以上的；

（三）造成武器装备、军事设施、军用物资或者其他财产损毁，直接经济损失二十万元以上，或者直接经济损失、间接经济损失合计一百万元以上的；

（四）造成其他严重后果的。

【说明】 直接/间接经济损失、武器装备、军用物资的含义等内容，参见 450.1 本规定。

第四百二十八条【违令作战消极罪】 指挥人员违抗命令，临阵畏缩，作战消极，造成严重后果的，处五年以下有期徒刑；致使战斗、战役遭受重大损失或者有其他特别严重情节的，处五年以上有期徒刑。

【罪名渊源】 本条系刑法增设，79 刑法、《军职罪条例》均未规定。高法《罪名规定》、高检《罪名意见》将其解释为违令作战消极罪。

【立案标准】

428.1 军人违反职责罪案件立案标准的规定（最高人民检察院、解放军总政治部 2013 年 3 月 28 日印发　政检〔2013〕1 号）（节录）

第九条　违令作战消极案（刑法第四百二十八条）

违令作战消极罪是指指挥人员违抗命令，临阵畏缩，作战消极，造成严重后果的行为。

违抗命令，临阵畏缩，作战消极，是指在作战中故意违背、抗拒执行首长、上级的命令，面临战斗任务而畏难怕险，怯战怠战，行动消极。

涉嫌下列情形之一的，应予立案：

（一）扰乱作战部署或者贻误战机的；

（二）造成作战任务不能完成或者迟缓完成的；

（三）造成我方人员死亡一人以上，或者重伤二人以上，或者轻伤三人以上的；

（四）造成武器装备、军事设施、军用物资或者其他财产损毁，直接经济损失二十万元以上，或者直接经济损失、间接经济损失合计一百万元以上的；

（五）造成其他严重后果的。

> **【说明】** 直接/间接经济损失、武器装备、军用物资的含义等内容，参见 450.1 本规定。

第四百二十九条【拒不救援友邻部队罪】 在战场上明知友邻部队处境危急请求救援，能救援而不救援，致使友邻部队遭受重大损失的，对指挥人员，处五年以下有期徒刑。

【罪名渊源】 本条系刑法增设，79 刑法、《军职罪条例》均未规定。高法《罪名规定》、高检《罪名意见》将其解释为拒不救援友邻部队罪。

【立案标准】

429.1 军人违反职责罪案件立案标准的规定（最高人民检察院、解放军总政治部 2013 年 3 月 28 日印发　政检〔2013〕1 号）（节录）

第十条　拒不救援友邻部队案（刑法第四百二十九条）

拒不救援友邻部队罪是指指挥人员在战场上，明知友邻部队面临被敌人包围、追击或者阵地将被攻陷等危急情况请求救援，能救援而不救援，致使友邻部队遭受重大损失的行为。

能救援而不救援，是指根据当时自己部队（分队）所处的环境、作战能力及所担负的任务，有条件组织救援却没有组织救援。

涉嫌下列情形之一的，应予立案：

（一）造成战斗失利的；

（二）造成阵地失陷的；

（三）造成突围严重受挫的；

（四）造成我方人员死亡三人以上，或者重伤十人以上，或者轻伤十五人以上的；

（五）造成武器装备、军事设施、军用物资损毁，直接经济损失一百万元以上的；

（六）造成其他重大损失的。

> **【说明】** 直接经济损失、武器装备、军用物资的含义等内容，参见 450.1 本规定。

第四百三十条【军人叛逃罪】 在履行公务期间，擅离岗位，叛逃境外或者在境外叛逃，危害国家军事利益的，处五年以下有期徒刑或者拘役；情节严重的，处五年以上有期徒刑。

驾驶航空器、舰船叛逃的，或者有其他特别严重情节的，处十年以上有期徒刑、无期徒刑或者死刑。

【罪名渊源】本条79 刑法没有规定，系由《军职罪条例》第7 条偷越国（边）境外逃罪修改而来，刑法改"偷越国（边）境外逃的"为"在履行公务期间，擅离岗位，叛逃境外或者在境外叛逃，危害国家军事利益的"，法定最高刑由 10 年调整为 15 年，并增加第 2 款内容。高法《罪名规定》、高检《罪名意见》将其解释为军人叛逃罪。

【立案标准】

430.1 军人违反职责罪案件立案标准的规定（最高人民检察院、解放军总政治部 2013 年 3 月 28 日印发　政检〔2013〕1 号）（节录）

第十一条　军人叛逃案（刑法第四百三十条）

军人叛逃罪是指军人在履行公务期间，擅离岗位，叛逃境外或者在境外叛逃，危害国家军事利益的行为。

涉嫌下列情形之一的，应予立案：

（一）因反对国家政权和社会主义制度而出逃的；

（二）掌握、携带军事秘密出境后滞留不归的；

（三）申请政治避难的；

（四）公开发表叛国言论的；

（五）投靠境外反动机构或者组织的；

（六）出逃至交战对方区域的；

（七）进行其他危害国家军事利益活动的。

第四百三十一条【非法获取军事秘密罪】 以窃取、刺探、收买方法，非法获取军事秘密的，处五年以下有期徒刑；情节严重的，处五年以上十年以下有期徒刑；情节特别严重的，处十年以上有期徒刑。

【为境外窃取、刺探、收买、非法提供军事秘密罪】 为境外的机构、组织、人员窃取、刺探、收买、非法提供军事秘密的，处五年以上十年以下有期徒刑；情节严重的，处十年以上有期徒刑、无期徒刑或者死刑。

> **【刑法修正说明】**
> 本条第 2 款为全国人大常委会 2020 年 12 月 26 日通过并公布、2021 年 3 月 1 日施行的《刑法修正案（十一）》第 46 条所修正。原该款为：
> **【为境外窃取、刺探、收买、非法提供军事秘密罪】** 为境外的机构、组织、人员窃取、刺探、收买、非法提供军事秘密的，处十年以上有期徒刑、无期徒刑或者死刑。

【罪名渊源】本条第 1 款系刑法增设，79 刑法、《军职罪条例》均未规定。第 2 款 79 刑法亦未规定，系由《军职罪条例》第 4 条第 3 款的"为敌人或者外国人窃取、刺探、提供军事秘密"修改而来，刑法改"为敌人或者外国人"为"为境外的机构、组织、人员"，增加"收买"的行为方式，改"机密"为"秘密"。高法《罪名规定》、高检《罪名意见》将两款分别解释为非法获取军事秘密罪，为境外窃取、刺探、收买、非法提供军事秘密罪。《刑法修正案（十一）》第 46 条在第 2 款增设一档法定刑。

【立案标准】

431.1 军人违反职责罪案件立案标准的规定（最高人民检察院、解放军总政治部 2013 年 3 月 28 日印发　政检〔2013〕1 号）（节录）

第十二条　非法获取军事秘密案（刑法第四百三十一条第一款）

非法获取军事秘密罪是指违反国家和军队的保密规定，采取窃取、刺探、收买方法，非法获取军事秘密的行为。

军事秘密，是关系国防安全和军事利益，依照规定的权限和程序确定，在一定时间内只限一定范围的人员知悉的事项。内容包括：

（一）国防和武装力量建设规划及其实施情况；

（二）军事部署，作战、训练以及处置突发事件等军事行动中需要控制知悉范围的事项；

（三）军事情报及其来源，军事通信、信息对抗以及其他特种业务的手段、能力，密码以及有关资料；

（四）武装力量的组织编制，部队的任务、实力、状态等情况中需要控制知悉范围的事项，特殊单位以及师级以下部队的番号；

（五）国防动员计划及其实施情况；

（六）武器装备的研制、生产、配备情况和补充、维修能力，特种军事装备的战术技术性能；

（七）军事学术和国防科学技术研究的重要项目、成果及其应用情况中需要控制知悉范围的事项；

（八）军队政治工作中不宜公开的事项；

（九）国防费分配和使用的具体事项，军事物资的筹措、生产、供应和储备等情况中需要控制知悉范围的事项；

（十）军事设施及其保护情况中不宜公开的事项；

（十一）对外军事交流与合作中不宜公开的事项；

（十二）其他需要保密的事项。

凡涉嫌非法获取军事秘密的，应予立案。

第十三条　为境外窃取、刺探、收买、非法提供军事秘密案（刑法第四百三十一条第二款）

为境外窃取、刺探、收买、非法提供军事秘密罪是指违反国家和军队的保密规定，为境外的机构、组织、人员窃取、刺探、收买、非法提供军事秘密的行为。

凡涉嫌为境外窃取、刺探、收买、非法提供军事秘密的，应予立案。

【法律法规】

431.2 中华人民共和国军事设施保护法（1990 年 8 月 1 日　2014 年修正）（第 46 条第 3 项、第 47 条第 1 项）

431.3 中国人民解放军保密条例（2011 年 5 月 1 日）（第 2—3 条，第 8—12 条，第 16—19 条，第 21—23 条，第 25—28 条，第 30—32 条，第 34 条第 1 款第 1—2 项、第 6 项和第 2 款）

第四百三十二条【故意泄露军事秘密罪，过失泄露军事秘密罪】违反保守国家秘密法规，故意或者过失泄露军事秘密，情节严重的，处五年以下有期徒刑或者拘役；情节特别严重的，处五年以上十年以下有期徒刑。

战时犯前款罪的，处五年以上十年以下有期徒刑；情节特别严重的，处十年以上有期徒刑或者无期徒刑。

【罪名渊源】本条 79 刑法没有规定，系由《军职罪条例》第 4 条第 1、2 款修改而来。刑法改"国家军事机密法规"为"国家秘密法规"，改"泄露或者遗失国家重要军事机密"为"故意或者过失泄露军事秘密"，量刑幅度由一档调整为两档，增加"情节特别严重"的量刑档次。高法《罪名规定》、高检《罪名意见》将其解释为故意泄露军事秘密罪、过失泄露军事秘密罪。

【立案标准】

432.1 军人违反职责罪案件立案标准的规定（最高人民检察院、解放军总政治部 2013 年 3 月 28 日印发　政检〔2013〕1 号）（节录）

第十四条　故意泄露军事秘密案（刑法第四百三十二条）

故意泄露军事秘密罪是指违反国家和军队的保密规定，故意使军事秘密被不应知悉者知悉或者超出了限定的接触范围，情节严重的行为。

涉嫌下列情形之一的，应予立案：

（一）泄露绝密级或者机密级军事秘密一项（件）以上的；

（二）泄露秘密级军事秘密三项（件）以上的；

（三）向公众散布、传播军事秘密的；

（四）泄露军事秘密造成严重危害后果的；

（五）利用职权指使或者强迫他人泄露军事秘密的；

（六）负有特殊保密义务的人员泄密的；

（七）以牟取私利为目的泄露军事秘密的；

（八）执行重大任务时泄密的；

（九）有其他情节严重行为的。

第十五条　过失泄露军事秘密案（刑法第四百三十二条）

过失泄露军事秘密罪是指违反国家和军队的保密规定，过失泄露军事秘密，致使军事秘密被不应知悉者知悉或者超出了限定的接触范围，情节严重的行为。

涉嫌下列情形之一的，应予立案：

（一）泄露绝密级军事秘密一项（件）以上的；

（二）泄露机密级军事秘密三项（件）以上的；

（三）泄露秘密级军事秘密四项（件）以上的；

（四）负有特殊保密义务的人员泄密的；

（五）泄露军事秘密或者遗失军事秘密载体，不按照规定报告，或者不如实提供有关情况，或者未及时采取补救措施的；

（六）有其他情节严重行为的。

第三十五条　本规定所称"以上"，包括本数；有关犯罪数额"不满"，是指已达到该数额百分之八十以上。

【法律法规】

432.2 中华人民共和国军事设施保护法（1990 年 8 月 1 日　2014 年修正）（第 46 条第 3 项、第 47 条第 1 项）

432.3 中国人民解放军保密条例（2011 年 5 月 1 日）（第 2—3 条、第 8—12 条、第 16—34 条）

第四百三十三条【战时造谣惑众罪】 战时造谣惑众，动摇军心的，处三年以下有期徒刑；情节严重的，处三年以上十年以下有期徒刑；情节特别严重的，处十年以上有期徒刑或者无期徒刑。

【刑法修正说明】

本条为全国人大常委会 2015 年 8 月 29 日通过并公布、同年 11 月 1 日施行的《刑法修正案（九）》第 51 条所修正。原刑法第 433 条为：

【战时造谣惑众罪】 战时造谣惑众，动摇军心的，处三年以下有期徒刑；情节严重的，处三年以上十年以下有期徒刑。

勾结敌人造谣惑众，动摇军心的，处十年以上有期徒刑或者无期徒刑；情节特别严重的，可以判处死刑。

【罪名渊源】 本条 79 刑法没有规定，系完全沿袭《军职罪条例》第 14 条内容。高法《罪名规定》、高检《罪名意见》将其解释为战时造谣惑众罪。《刑法修正案（九）》第 51 条将原两款合并，删除原第 2 款中"勾结敌人"字样，废止了本罪的死刑。

【立案标准】

433.1 军人违反职责罪案件立案标准的规定（最高人民检察院、解放军总政治部 2013 年 3 月

28 日印发　政检〔2013〕1 号）（节录）

第十六条　战时造谣惑众案（刑法第四百三十三条）

战时造谣惑众罪是指在战时造谣惑众，动摇军心的行为。

造谣惑众，动摇军心，是指故意编造、散布谣言，煽动怯战、厌战或者恐怖情绪，蛊惑官兵，造成或者足以造成部队情绪恐慌、士气不振、军心涣散的行为。

凡战时涉嫌造谣惑众，动摇军心的，应予立案。

第三十三条　本规定所称"战时"，是指国家宣布进入战争状态、部队受领作战任务或者遭敌突然袭击时。部队执行戒严任务或者处置突发性暴力事件时，以战时论。

第四百三十四条【战时自伤罪】 战时自伤身体，逃避军事义务的，处三年以下有期徒刑；情节严重的，处三年以上七年以下有期徒刑。

【罪名渊源】 本条 79 刑法没有规定，系完全沿袭《军职罪条例》第 13 条内容。高法《罪名规定》、高检《罪名意见》将其解释为战时自伤罪。

【立案标准】

434.1 军人违反职责罪案件立案标准的规定（最高人民检察院、解放军总政治部 2013 年 3 月 28 日印发　政检〔2013〕1 号）（节录）

第十七条　战时自伤案（刑法第四百三十四条）

战时自伤罪是指在战时为了逃避军事义务，故意伤害自己身体的行为。

逃避军事义务，是指逃避临战准备、作战行动、战场勤务和其他作战保障任务等与作战有关的义务。

凡战时涉嫌自伤致使不能履行军事义务的，应予立案。

第三十三条　本规定所称"战时"，是指国家宣布进入战争状态、部队受领作战任务或者遭敌突然袭击时。部队执行戒严任务或者处置突发性暴力事件时，以战时论。

第四百三十五条【逃离部队罪】 违反兵役法规，逃离部队，情节严重的，处三年以下有期徒刑或者拘役。

战时犯前款罪的，处三年以上七年以下有期徒刑。

【罪名渊源】 本条 79 刑法没有规定，系完全沿袭《军职罪条例》第 6 条内容。高法《罪名规定》、高检《罪名意见》将其解释为逃离部队罪。

【立案标准】

435.1 军人违反职责罪案件立案标准的规定（最高人民检察院、解放军总政治部 2013 年 3 月 28 日印发　政检〔2013〕1 号）（节录）

第十八条　逃离部队案（刑法第四百三十五条）

逃离部队罪是指违反兵役法规，逃离部队，情节严重的行为。

违反兵役法规，是指违反国防法、兵役法和军队条令条例以及其他有关兵役方面的法律规定。

逃离部队，是指擅自离开部队或者经批准外出逾期拒不归队。

涉嫌下列情形之一的，应予立案：

（一）逃离部队持续时间达三个月以上或者三次以上或者累计时间达六个月以上的；

（二）担负重要职责的人员逃离部队的；

（三）策动三人以上或者胁迫他人逃离部队的；

（四）在执行重大任务期间逃离部队的；

（五）携带武器装备逃离部队的；

（六）有其他情节严重行为的。

【说明】 武器装备、以上的含义等内容，参见 450.1 本规定。

【司法解释】

435.2 最高人民法院、最高人民检察院关于对军人非战时逃离部队的行为能否定罪处罚问题的批复（2000年12月8日 法释〔2000〕39号）

中国人民解放军军事法院、军事检察院：

〔1999〕军法呈字第19号《关于军人非战时逃离部队情节严重的，能否适用刑法定罪处罚问题的请示》收悉。经研究，答复如下：

军人违反兵役法规，在非战时逃离部队，情节严重的，应当依照刑法第四百三十五条第一款的规定定罪处罚。

【法律法规】

435.3 中华人民共和国兵役法（1984年10月1日 2011年修正）（第67条第1款）

第四百三十六条【武器装备肇事罪】 违反武器装备使用规定，情节严重，因而发生责任事故，致人重伤、死亡或者造成其他严重后果的，处三年以下有期徒刑或者拘役；后果特别严重的，处三年以上七年以下有期徒刑。

【罪名渊源】 本条79刑法没有规定，系完全沿袭《军职罪条例》第3条内容。高法《罪名规定》、高检《罪名意见》将其解释为武器装备肇事罪。

【立案标准】

436.1 军人违反职责罪案件立案标准的规定（最高人民检察院、解放军总政治部2013年3月28日印发 政检〔2013〕1号）（节录）

第十九条 武器装备肇事案（刑法第四百三十六条）

武器装备肇事罪是指违反武器装备使用规定，情节严重，因而发生责任事故，致人重伤、死亡或者造成其他严重后果的行为。

情节严重，是指故意违反武器装备使用规定，或者在使用过程中严重不负责任。

涉嫌下列情形之一的，应予立案：

（一）影响重大任务完成的；

（二）造成死亡一人以上，或者重伤二人以上，或者轻伤三人以上的；

（三）造成武器装备、军事设施、军用物资或者其他财产损毁，直接经济损失三十万元以上，或者直接经济损失、间接经济损失合计一百五十万元以上的；

（四）严重损害国家和军队声誉，造成恶劣影响的；

（五）造成其他严重后果的。

> **【说明】** 直接/间接经济损失、武器装备、军用物资的含义等内容，参见450.1本规定。

【司法文件】

436.2 中国人民解放军军事法院关于审理军人违反职责罪案件中几个问题的处理意见（1988年10月19日 〔1988〕军法发字第34号）（节录）

一、关于军职人员玩弄枪支、弹药走火或者爆炸，致人重伤、死亡或者造成其他严重后果的案件，是否一概以武器装备肇事罪论处的问题

军职人员在执勤、训练、作战时使用、操作武器装备，或者在管理、维修、保养武器装备的过程中，违反武器装备使用规定和操作规程，情节严重，因而发生重大责任事故，致人重伤、死亡或者造成其他严重后果的，依照《条例》①第三条的规定，以武器装备肇事罪论处；凡违反枪支、弹药管理使用规定，私自携带枪支、弹药外出，因玩弄而造成走火或者爆炸，致人重伤、死亡或者使公私财产遭受重大损失的，分别依照《刑法》第一百三十五条、第一百三十三条、第一

---

① 指全国人大常委会《惩治军人违反职责罪暂行条例》，现已失效，下同。——编者注

百零六条①的规定，以过失重伤罪、过失杀人罪或者过失爆炸罪论处。

四、关于军职人员驾驶军用装备车辆肇事的，是定交通肇事罪还是定武器装备肇事罪的问题

军职人员驾驶军用装备车辆，违反武器装备使用规定和操作规程，情节严重，因而发生重大责任事故，致人重伤、死亡或者造成其他严重后果的，即使同时违反交通运输规章制度，也应当依照《条例》第三条的规定，以武器装备肇事罪论处；如果仅因违反交通运输规章制度而发生重大事故，致人重伤、死亡或者使公私财产遭受重大损失的，则依照《刑法》第一百一十三条②的规定，以交通肇事罪论处。

第四百三十七条【擅自改变武器装备编配用途罪】违反武器装备管理规定，擅自改变武器装备的编配用途，造成严重后果的，处三年以下有期徒刑或者拘役；造成特别严重后果的，处三年以上七年以下有期徒刑。

【罪名渊源】 本条系刑法增设，79 刑法、《军职罪条例》均未规定。高法《罪名规定》、高检《罪名意见》将其解释为擅自改变武器装备编配用途罪。

【立案标准】

437.1 军人违反职责罪案件立案标准的规定（最高人民检察院、解放军总政治部 2013 年 3 月 28 日印发　政检〔2013〕1 号）（节录）

第二十条　擅自改变武器装备编配用途案（刑法第四百三十七条）

擅自改变武器装备编配用途罪是指违反武器装备管理规定，未经有权机关批准，擅自将编配的武器装备改作其他用途，造成严重后果的行为。

涉嫌下列情形之一的，应予立案：

（一）造成重大任务不能完成或者迟缓完成的；

（二）造成死亡一人以上，或者重伤三人以上，或者重伤二人、轻伤四人以上，或者重伤一人、轻伤七人以上，或者轻伤十人以上的；

（三）造成武器装备、军事设施、军用物资或者其他财产损毁，直接经济损失三十万元以上，或者直接经济损失、间接经济损失合计一百五十万元以上的；

（四）造成其他严重后果的。

> **【说明】** 直接/间接经济损失、武器装备、军用物资的含义等内容，参见 450.1 本规定。

第四百三十八条【盗窃、抢夺武器装备、军用物资罪】盗窃、抢夺武器装备或者军用物资的，处五年以下有期徒刑或者拘役；情节严重的，处五年以上十年以下有期徒刑；情节特别严重的，处十年以上有期徒刑、无期徒刑或者死刑。

【盗窃、抢夺枪支、弹药、爆炸物罪】盗窃、抢夺枪支、弹药、爆炸物的，依照本法第一百二十七条的规定处罚。

【罪名渊源】 本条 79 刑法没有规定，系沿袭《军职罪条例》第 11 条内容，并增加了"抢夺"的行为方式。高法《罪名规定》、高检《罪名意见》将本条第 1 款解释为盗窃、抢夺武器装备、军用物资罪。

【立案标准】

438.1 军人违反职责罪案件立案标准的规定（最高人民检察院、解放军总政治部 2013 年 3 月 28 日印发　政检〔2013〕1 号）（节录）

第二十一条　盗窃、抢夺武器装备、军用物资案（刑法第四百三十八条）

盗窃武器装备罪是指以非法占有为目的，秘密窃取武器装备的行为。

---

① 指 79 刑法条文，分别对应刑法第 235 条、第 233 条、第 115 条。——编者注

② 指 79 刑法条文，对应刑法第 133 条。——编者注

抢夺武器装备罪是指以非法占有为目的，乘人不备，公然夺取武器装备的行为。

凡涉嫌盗窃、抢夺武器装备的，应予立案。

盗窃军用物资罪是指以非法占有为目的，秘密窃取军用物资的行为。

抢夺军用物资罪是指以非法占有为目的，乘人不备，公然夺取军用物资的行为。

凡涉嫌盗窃、抢夺军用物资价值二千元以上，或者不满规定数额，但后果严重的，应予立案。

【说明】武器装备、军用物资、以上、不满的含义等内容，参见 450.1 本规定。

【司法文件】

438.2 中国人民解放军军事法院关于审理军人违反职责罪案件中几个问题的处理意见（1988 年 10 月 19 日 〔1988〕军法发字第 34 号）（节录）

三、关于监守自盗军用物资的行为应如何定罪处罚问题

军职人员利用职务上的便利，盗窃自己经手、管理的军用物资的，符合贪污罪的基本特征，依照《刑法》第一百五十五条①和全国人大常委会《关于惩治贪污罪贿赂罪的补充规定》②，以贪污罪论处，从重处罚。

【法律法规】

438.3 中华人民共和国军事设施保护法（1990 年 8 月 1 日 2014 年修正）（第 46 条第 2 项、第 47 条第 1 项）

第四百三十九条【非法出卖、转让武器装备罪】非法出卖、转让军队武器装备的，处三年以上十年以下有期徒刑；出卖、转让大量武器装备或者有其他特别严重情节的，处十年以上有期徒刑、无期徒刑或者死刑。

【罪名渊源】本条系刑法增设，79 刑法、《军职罪条例》均未规定。高法《罪名规定》、高检《罪名意见》将其解释为非法出卖、转让武器装备罪。

【立案标准】

439.1 军人违反职责罪案件立案标准的规定（最高人民检察院、解放军总政治部 2013 年 3 月 28 日印发 政检〔2013〕1 号）（节录）

第二十二条 非法出卖、转让武器装备案（刑法第四百三十九条）

非法出卖、转让武器装备罪是指非法出卖、转让武器装备的行为。

出卖、转让，是指违反武器装备管理规定，未经有权机关批准，擅自用武器装备换取金钱、财物或者其他利益，或者将武器装备馈赠他人的行为。

涉嫌下列情形之一的，应予立案：

（一）非法出卖、转让枪支、手榴弹、爆炸装置的；

（二）非法出卖、转让子弹十发、雷管三十枚、导火索或者导爆索三十米、炸药一千克以上，或者不满规定数量，但后果严重的；

（三）非法出卖、转让武器装备零部件或者维修器材、设备，致使武器装备报废或者直接经济损失三十万元以上的；

（四）非法出卖、转让其他重要武器装备的。

【说明】直接经济损失、武器装备、以上、不满的含义等内容，参见 450.1 本规定。

第四百四十条【遗弃武器装备罪】违抗命令，遗弃武器装备的，处五年以下有期徒刑或者拘役；遗弃重要或者大量武器装备的，或者有其他严重情节的，处五年以上有期徒刑。

---

① 指 79 刑法条文，对应刑法第 382 条。——编者注

② 该规定已失效，其内容被刑法所吸纳。——编者注

【罪名渊源】本条系刑法增设，79 刑法、《军职罪条例》均未规定。高法《罪名规定》、高检《罪名意见》将其解释为遗弃武器装备罪。

【立案标准】

440.1 军人违反职责罪案件立案标准的规定（最高人民检察院、解放军总政治部 2013 年 3 月 28 日印发　政检〔2013〕1 号）（节录）

第二十三条　遗弃武器装备案（刑法第四百四十条）

遗弃武器装备罪是指负有保管、使用武器装备义务的军人，违抗命令，故意遗弃武器装备的行为。

涉嫌下列情形之一的，应予立案：

（一）遗弃枪支、手榴弹、爆炸装置的；

（二）遗弃子弹十发、雷管三十枚、导火索或者导爆索三十米、炸药一千克以上，或者不满规定数量，但后果严重的；

（三）遗弃武器装备零部件或者维修器材、设备，致使武器装备报废或者直接经济损失三十万元以上的；

（四）遗弃其他重要武器装备的。

> 【说明】直接经济损失、武器装备、以上、不满的含义等内容，参见 450.1 本规定。

第四百四十一条【遗失武器装备罪】**遗失武器装备，不及时报告或者有其他严重情节的，处三年以下有期徒刑或者拘役。**

【罪名渊源】本条系刑法增设，79 刑法、《军职罪条例》均未规定。高法《罪名规定》、高检《罪名意见》将其解释为遗失武器装备罪。

【立案标准】

441.1 军人违反职责罪案件立案标准的规定（最高人民检察院、解放军总政治部 2013 年 3 月 28 日印发　政检〔2013〕1 号）（节录）

第二十四条　遗失武器装备案（刑法第四百四十一条）

遗失武器装备罪是指遗失武器装备，不及时报告或者有其他严重情节的行为。

其他严重情节，是指遗失武器装备严重影响重大任务完成的；给人民群众生命财产安全造成严重危害的；遗失的武器装备被敌人或者境外的机构、组织和人员或者国内恐怖组织和人员利用，造成严重后果或者恶劣影响的；遗失的武器装备数量多、价值高的；战时遗失的；等等。

凡涉嫌遗失武器装备不及时报告或者有其他严重情节的，应予立案。

第三十七条　本规定中的"武器装备"，是实施和保障军事行动的武器、武器系统和军事技术器材的统称。

第四百四十二条【擅自出卖、转让军队房地产罪】**违反规定，擅自出卖、转让军队房地产，情节严重的，对直接责任人员，处三年以下有期徒刑或者拘役；情节特别严重的，处三年以上十年以下有期徒刑。**

【罪名渊源】本条系刑法增设，79 刑法、《军职罪条例》均未规定。高法《罪名规定》、高检《罪名意见》将其解释为擅自出卖、转让军队房地产罪。

【立案标准】

442.1 军人违反职责罪案件立案标准的规定（最高人民检察院、解放军总政治部 2013 年 3 月 28 日印发　政检〔2013〕1 号）（节录）

第二十五条　擅自出卖、转让军队房地产案（刑法第四百四十二条）

擅自出卖、转让军队房地产罪是指违反军队房地产管理和使用规定，未经有权机关批准，擅自出卖、转让军队房地产，情节严重的行为。

军队房地产，是指依法由军队使用管理的土地及其地上地下用于营房保障的建筑物、构筑物、附属设施设备，以及其他附着物。

涉嫌下列情形之一的，应予立案：

（一）擅自出卖、转让军队房地产价值三十万元以上的；

（二）擅自出卖、转让军队房地产给境外的机构、组织、人员的；

（三）擅自出卖、转让军队房地产严重影响部队正常战备、训练、工作、生活和完成军事任务的；

（四）擅自出卖、转让军队房地产给军事设施安全造成严重危害的；

（五）有其他情节严重行为的。

第四百四十三条【虐待部属罪】 滥用职权，虐待部属，情节恶劣，致人重伤或者造成其他严重后果的，处五年以下有期徒刑或者拘役；致人死亡的，处五年以上有期徒刑。

【罪名渊源】 本条 79 刑法没有规定，系由《军职罪条例》第 9 条虐待、迫害部属罪修改而来，刑法删除了"迫害"的行为方式。高法《罪名规定》、高检《罪名意见》将其解释为虐待部属罪。

【立案标准】

443.1 军人违反职责罪案件立案标准的规定（最高人民检察院、解放军总政治部 2013 年 3 月 28 日印发　政检〔2013〕1 号）（节录）

第二十六条　虐待部属案（刑法第四百四十三条）

虐待部属罪是指滥用职权，虐待部属，情节恶劣，致人重伤、死亡或者造成其他严重后果的行为。

虐待部属，是指采取殴打、体罚、冻饿或者其他有损身心健康的手段，折磨、摧残部属的行为。

情节恶劣，是指虐待手段残酷的；虐待三人以上的；虐待部属三次以上的；虐待伤病残部属的，等等。

其他严重后果，是指部属不堪忍受虐待而自杀、自残造成重伤或者精神失常的；诱发其他案件、事故的；导致部属一人逃离部队三次以上，或者二人以上逃离部队的；造成恶劣影响的，等等。

凡涉嫌虐待部属，情节恶劣，致人重伤、死亡或者造成其他严重后果的，应予立案。

第三十五条　本规定所称"以上"，包括本数……

第四百四十四条【遗弃伤病军人罪】 在战场上故意遗弃伤病军人，情节恶劣的，对直接责任人员，处五年以下有期徒刑。

【罪名渊源】 本条 79 刑法没有规定，系沿袭《军职罪条例》第 15 条内容，刑法将法定最高刑由 3 年提高至 5 年。高法《罪名规定》、高检《罪名意见》将其解释为遗弃伤病军人罪。

【立案标准】

444.1 军人违反职责罪案件立案标准的规定（最高人民检察院、解放军总政治部 2013 年 3 月 28 日印发　政检〔2013〕1 号）（节录）

第二十七条　遗弃伤病军人案（刑法第四百四十四条）

遗弃伤病军人罪是指在战场上故意遗弃我方伤病军人，情节恶劣的行为。

涉嫌下列情形之一的，应予立案：

（一）为挟嫌报复而遗弃伤病军人的；

（二）遗弃伤病军人三人以上的；

（三）导致伤病军人死亡、失踪、被俘的；

（四）有其他恶劣情节的。

　　第三十五条　本规定所称"以上"，包括本数……

第四百四十五条【战时拒不救治伤病军人罪】战时在救护治疗职位上，有条件救治而拒不救治危重伤病军人的，处五年以下有期徒刑或者拘役；造成伤病军人重残、死亡或者有其他严重情节的，处五年以上十年以下有期徒刑。

【罪名渊源】本条系刑法增设，79 刑法、《军职罪条例》均未规定。高法《罪名规定》、高检《罪名意见》将其解释为战时拒不救治伤病军人罪。

【立案标准】

445.1 军人违反职责罪案件立案标准的规定（最高人民检察院、解放军总政治部 2013 年 3 月 28 日印发　政检〔2013〕1 号）（节录）

　　第二十八条　战时拒不救治伤病军人案（刑法第四百四十五条）

战时拒不救治伤病军人罪是指战时在救护治疗职位上，有条件救治而拒不救治危重伤病军人的行为。

有条件救治而拒不救治，是指根据伤病军人的伤情或者病情，结合救护人员的技术水平、医疗单位的医疗条件及当时的客观环境等因素，能够给予救治而拒绝抢救、治疗。

凡战时涉嫌拒不救治伤病军人的，应予立案。

　　第三十三条　本规定所称"战时"，是指国家宣布进入战争状态、部队受领作战任务或者遭敌突然袭击时。部队执行戒严任务或者处置突发性暴力事件时，以战时论。

第四百四十六条【战时残害居民、掠夺居民财物罪】战时在军事行动地区，残害无辜居民或者掠夺无辜居民财物的，处五年以下有期徒刑；情节严重的，处五年以上十年以下有期徒刑；情节特别严重的，处十年以上有期徒刑、无期徒刑或者死刑。

【罪名渊源】本条 79 刑法没有规定，系沿袭《军职罪条例》第 20 条内容，刑法增加"战时"字样，改"掠夺、残害无辜居民"为"残害无辜居民或者掠夺无辜居民财物"，并对法定刑作了调整。高法《罪名规定》、高检《罪名意见》将其解释为战时残害居民、掠夺居民财物罪。

【立案标准】

446.1 军人违反职责罪案件立案标准的规定（最高人民检察院、解放军总政治部 2013 年 3 月 28 日印发　政检〔2013〕1 号）（节录）

　　第二十九条　战时残害居民、掠夺居民财物案（刑法第四百四十六条）

战时残害居民罪是指战时在军事行动地区残害无辜居民的行为。

无辜居民，是指对我军无敌对行动的平民。

战时涉嫌下列情形之一的，应予立案：

（一）故意造成无辜居民死亡、重伤或者轻伤三人以上的；

（二）强奸无辜居民的；

（三）故意损毁无辜居民财物价值五千元以上，或者不满规定数额，但手段恶劣、后果严重的。

战时掠夺居民财物罪是指战时在军事行动地区抢劫、抢夺无辜居民财物的行为。

战时涉嫌下列情形之一的，应予立案：

（一）抢劫无辜居民财物的；

（二）抢夺无辜居民财物价值二千元以上，或者不满规定数额，但手段恶劣、后果严重的。

　　第三十五条　本规定所称"以上"，包括本数；有关犯罪数额"不满"，是指已达到该数额百分之八十以上。

第四百四十七条【私放俘虏罪】私放俘虏的，处五年以下有期徒刑；私放重要俘虏、私放俘虏多人或者有其他严重情节的，处五年以上有期徒刑。

【罪名渊源】本条系刑法增设，79 刑法、《军职罪条例》均未规定。高法《罪名规定》、高检《罪名意见》将其解释为私放俘虏罪。

【立案标准】

447.1 军人违反职责罪案件立案标准的规定（最高人民检察院、解放军总政治部 2013 年 3 月 28 日印发　政检〔2013〕1 号）（节录）

第三十条　私放俘虏案（刑法第四百四十七条）

私放俘虏罪是指擅自将俘虏放走的行为。凡涉嫌私放俘虏的，应予立案。

第四百四十八条【虐待俘虏罪】 虐待俘虏，情节恶劣的，处三年以下有期徒刑。

【罪名渊源】本条 79 刑法没有规定，系完全沿袭《军职罪条例》第 21 条内容。高法《罪名规定》、高检《罪名意见》将其解释为虐待俘虏罪。

【立案标准】

448.1 军人违反职责罪案件立案标准的规定（最高人民检察院、解放军总政治部 2013 年 3 月 28 日印发　政检〔2013〕1 号）（节录）

第三十一条　虐待俘虏案（刑法第四百四十八条）

虐待俘虏罪是指虐待俘虏，情节恶劣的行为。

涉嫌下列情形之一的，应予立案：

（一）指挥人员虐待俘虏的；

（二）虐待俘虏三人以上，或者虐待俘虏三次以上的；

（三）虐待俘虏手段特别残忍的；

（四）虐待伤病俘虏的；

（五）导致俘虏自杀、逃跑等严重后果的；

（六）造成恶劣影响的；

（七）有其他恶劣情节的。

第三十五条　本规定所称"以上"，包括本数……

第四百四十九条【战时缓刑制度】 在战时，对被判处三年以下有期徒刑没有现实危险宣告缓刑的犯罪军人，允许其戴罪立功，确有立功表现时，可以撤销原判刑罚，不以犯罪论处。

第四百五十条【本章适用的主体范围】 本章适用于中国人民解放军的现役军官、文职干部、士兵及具有军籍的学员和中国人民武装警察部队的现役警官、文职干部、士兵及具有军籍的学员以及文职人员、执行军事任务的预备役人员和其他人员。

> 【刑法修正说明】
> 本条为全国人大常委会 2020 年 12 月 26 日通过并公布、2021 年 3 月 1 日施行的《刑法修正案（十一）》第 47 条所修正。原刑法第 450 条为：
> 【本章适用的主体范围】本章适用于中国人民解放军的现役军官、文职干部、士兵及具有军籍的学员和中国人民武装警察部队的现役警官、文职干部、士兵及具有军籍的学员以及执行军事任务的预备役人员和其他人员。

【司法解释】

450.1 军人违反职责罪案件立案标准的规定（最高人民检察院、解放军总政治部 2013 年 3 月 28 日印发　政检〔2013〕1 号）（节录）

第三十二条　本规定适用于中国人民解放军的现役军官、文职干部、士兵及具有军籍的学员和中国人民武装警察部队的现役警官、文职干部、士兵及具有军籍的学员以及执行军事任务的预备役人员和其他人员涉嫌军人违反职责犯罪的案件。

　　第三十三条　本规定所称"战时"，是指国家宣布进入战争状态、部队受领作战任务或者遭敌突然袭击时。部队执行戒严任务或者处置突发性暴力事件时，以战时论。

　　第三十四条　本规定中的"违反职责"，是指违反国家法律、法规，军事法规、军事规章所规定的军人职责，包括军人的共同职责，士兵、军官和首长的一般职责，各类主管人员和其他从事专门工作的军人的专业职责等。

　　第三十五条　本规定所称"以上"，包括本数；有关犯罪数额"不满"，是指已达到该数额百分之八十以上。

　　第三十六条　本规定中的"直接经济损失"，是指与行为有直接因果关系而造成的财产损毁、减少的实际价值；"间接经济损失"，是指由直接经济损失引起和牵连的其他损失，包括失去在正常情况下可能获得的利益和为恢复正常管理活动或者为挽回已经造成的损失所支付的各种费用等。

　　第三十七条　本规定中的"武器装备"，是实施和保障军事行动的武器、武器系统和军事技术器材的统称。

　　第三十八条　本规定中的"军用物资"，是除武器装备以外专供武装力量使用的各种物资的统称，包括装备器材、军需物资、医疗物资、油料物资、营房物资等。

　　第三十九条　本规定中财物价值和损失的确定，由部队驻地人民法院、人民检察院和公安机关指定的价格事务机构进行估价。武器装备、军事设施、军用物资的价值和损失，由部队军以上单位的主管部门确定；有条件的，也可以由部队驻地人民法院、人民检察院和公安机关指定的价格事务机构进行估价。

　　第四十条　本规定自 2013 年 3 月 28 日起施行。2002 年 10 月 31 日总政治部发布的《关于军人违反职责罪案件立案标准的规定（试行）》同时废止。

第四百五十一条【战时之界定】　本章所称战时，是指国家宣布进入战争状态、部队受领作战任务或者遭敌突然袭击时。

　　部队执行戒严任务或者处置突发性暴力事件时，以战时论。

附　　则

第四百五十二条【本法施行日期】 本法自 1997 年 10 月 1 日起施行。

【废止之单行刑法】 列于本法附件一的全国人民代表大会常务委员会制定的条例、补充规定和决定，已纳入本法或者已不适用，自本法施行之日起，予以废止。

【保留之单行刑法】 列于本法附件二的全国人民代表大会常务委员会制定的补充规定和决定予以保留。其中，有关行政处罚和行政措施的规定继续有效；有关刑事责任的规定已纳入本法，自本法施行之日起，适用本法规定。

附件一

全国人民代表大会常务委员会制定的下列条例、补充规定和决定，已纳入本法或者已不适用，自本法施行之日起，予以废止：

1. 中华人民共和国惩治军人违反职责罪暂行条例
2. 关于严惩严重破坏经济的罪犯的决定
3. 关于严惩严重危害社会治安的犯罪分子的决定
4. 关于惩治走私罪的补充规定
5. 关于惩治贪污罪贿赂罪的补充规定
6. 关于惩治泄露国家秘密犯罪的补充规定
7. 关于惩治捕杀国家重点保护的珍贵、濒危野生动物犯罪的补充规定
8. 关于惩治侮辱中华人民共和国国旗国徽罪的决定
9. 关于惩治盗掘古文化遗址古墓葬犯罪的补充规定
10. 关于惩治劫持航空器犯罪分子的决定
11. 关于惩治假冒注册商标犯罪的补充规定
12. 关于惩治生产、销售伪劣商品犯罪的决定
13. 关于惩治侵犯著作权的犯罪的决定
14. 关于惩治违反公司法的犯罪的决定
15. 关于处理逃跑或者重新犯罪的劳改犯和劳教人员的决定

附件二

全国人民代表大会常务委员会制定的下列补充规定和决定予以保留，其中，有关行政处罚和行政措施的规定继续有效；有关刑事责任的规定已纳入本法，自本法施行之日起，适用本法规定：

1. 关于禁毒的决定①

---

① 已被《中华人民共和国禁毒法》（2008 年 6 月 1 日施行）废止。——编者注

2. 关于惩治走私、制作、贩卖、传播淫秽物品的犯罪分子的决定①
3. 关于严禁卖淫嫖娼的决定②
4. 关于严惩拐卖、绑架妇女、儿童的犯罪分子的决定③
5. 关于惩治偷税、抗税犯罪的补充规定④
6. 关于严惩组织、运送他人偷越国（边）境犯罪的补充规定⑤
7. 关于惩治破坏金融秩序犯罪的决定
8. 关于惩治虚开、伪造和非法出售增值税专用发票犯罪的决定

---

①②③　全国人民代表大会常务委员会《关于修改部分法律的决定》（2009 年 8 月 27 日公布实施）对其作了修改。——编者注

④⑤　全国人民代表大会常务委员会《关于废止部分法律的决定》（2009 年 6 月 27 日公布实施）已将其废止。——编者注

附　录

附录（一）

中华人民共和国刑法分则罪名索引*

序号	刑法条文	现行罪名	罪名渊源
第一章　危害国家安全罪			
1	第 102 条	背叛国家罪	源自 – 79 刑法 – 91 – 背叛祖国罪
2	第 103 条第 1 款	分裂国家罪	源自 – 79 刑法 – 92 – 阴谋分裂国家罪
3	第 103 条第 2 款	煽动分裂国家罪	源自 – 79 刑法 – 102 – 反革命宣传煽动罪
4	第 104 条	武装叛乱、暴乱罪	源自 – 79 刑法 – 93 – 策动叛变、策动叛乱罪
5	第 105 条第 1 款	颠覆国家政权罪	源自 – 79 刑法 – 92 – 阴谋颠覆政府罪
6	第 105 条第 2 款	煽动颠覆国家政权罪	源自 – 79 刑法 – 102 – 反革命宣传煽动罪
7	第 107 条	资助危害国家安全犯罪活动罪	刑法增设
8	第 108 条	投敌叛变罪	沿用 – 79 刑法 – 94
9	第 109 条	叛逃罪	刑法增设
10	第 110 条	间谍罪	沿用 – 79 刑法 – 97
11	第 111 条	为境外窃取、刺探、收买、非法提供国家秘密、情报罪	沿用 – 《关于惩治泄露国家秘密犯罪的补充规定》
12	第 112 条	资敌罪	沿用 – 79 刑法 – 97
第二章　危害公共安全罪			
13	第 114 条，第 115 条第 1 款	放火罪	沿用 – 79 刑法 – 105、106（1）
14	第 114 条，第 115 条第 1 款	决水罪	沿用 – 79 刑法 – 105、106（1）
15	第 114 条，第 115 条第 1 款	爆炸罪	沿用 – 79 刑法 – 105、106（1）

---

　* 本表系根据最高人民法院《关于执行〈中华人民共和国刑法〉确定罪名的规定》、最高人民检察院《关于适用刑法分则规定的犯罪的罪名的意见》及"两高"《关于执行〈中华人民共和国刑法〉确定罪名的补充规定》等 9 个罪名解释文件，并结合全国人民代表大会常务委员会《关于惩治骗购外汇、逃汇和非法买卖外汇犯罪的决定》、11 个刑法修正案及全国人民代表大会常务委员会《关于修改部分法律的决定》整理而成。

序号	刑法条文	现行罪名	罪名渊源
16	第114条，第115条第1款（《刑法修正案（三）》第1条、第2条）	投放危险物质罪	沿用－79刑法－105、106（1）投毒罪，因《刑法修正案（三）》修改罪状而取消该罪名，代之以现罪名
17	第114条，第115条第1款	以危险方法危害公共安全罪	沿用－79刑法－105、106（1）
18	第115条第2款	失火罪	沿用－79刑法－106（2）
19	第115条第2款	过失决水罪	沿用－79刑法－106（2）
20	第115条第2款	过失爆炸罪	沿用－79刑法－106（2）
21	第115条第2款（《刑法修正案（三）》第2条）	过失投放危险物质罪	沿用－79刑法－106（2）过失投毒罪，因《刑法修正案（三）》修改罪状而取消该罪名，代之以现罪名
22	第115条第2款	过失以危险方法危害公共安全罪	沿用－79刑法－106（2）
23	第116条，第119条第1款	破坏交通工具罪	沿用－79刑法－107、110
24	第117条，第119条第1款	破坏交通设施罪	沿用－79刑法－108、110
25	第118条，第119条第1款	破坏电力设备罪	沿用－79刑法－109、110
26	第118条，第119条第1款	破坏易燃易爆设备罪	沿用－79刑法－109、110
27	第119条第2款	过失损坏交通工具罪	沿用－79刑法－110
28	第119条第2款	过失损坏交通设施罪	沿用－79刑法－110
29	第119条第2款	过失损坏电力设备罪	沿用－79刑法－110
30	第119条第2款	过失损坏易燃易爆设备罪	沿用－79刑法－110
31	第120条	组织、领导、参加恐怖组织罪	刑法增设
32	第120条之一（《刑法修正案（九）》第6条）	帮助恐怖活动罪	《刑法修正案（三）》第4条增设资助恐怖活动罪，因《刑法修正案（九）》修改罪状而取消该罪名，代之以现罪名
33	第120条之二（《刑法修正案（九）》第7条）	准备实施恐怖活动罪	《刑法修正案（九）》增设
34	第120条之三（《刑法修正案（九）》第7条）	宣扬恐怖主义、极端主义、煽动实施恐怖活动罪	《刑法修正案（九）》增设
35	第120条之四（《刑法修正案（九）》第7条）	利用极端主义破坏法律实施罪	《刑法修正案（九）》增设

续表

序号	刑法条文	现行罪名	罪名渊源
36	第120条之五（《刑法修正案（九）》第7条）	强制穿戴宣扬恐怖主义、极端主义服饰、标志罪	《刑法修正案（九）》增设
37	第120条之六（《刑法修正案（九）》第7条）	非法持有宣扬恐怖主义、极端主义物品罪	《刑法修正案（九）》增设
38	第121条	劫持航空器罪	沿用－《关于惩治劫持航空器犯罪分子的决定》
39	第122条	劫持船只、汽车罪	刑法增设
40	第123条	暴力危及飞行安全罪	刑法增设
41	第124条第1款	破坏广播电视设施、公用电信设施罪	源自－79刑法－111（1）－破坏通讯设备罪
42	第124条第2款	过失损坏广播电视设施、公用电信设施罪	源自－79刑法－111（2）－过失破坏通讯设备罪
43	第125条第1款	非法制造、买卖、运输、邮寄、储存枪支、弹药、爆炸物罪	源自－79刑法－112－非法制造、买卖、运输枪支、弹药罪
44	第125条第2款（《刑法修正案（三）》第5条）	非法制造、买卖、运输、储存危险物质罪	刑法增设非法买卖、运输核材料罪，因《刑法修正案（三）》修改罪状而取消该罪名，代之以现罪名
45	第126条	违规制造、销售枪支罪	刑法增设
46	第127条第1款、第2款（《刑法修正案（三）》第6条第1款）	盗窃、抢夺枪支、弹药、爆炸物、危险物质罪	源自－79刑法－112－盗窃、抢夺枪支、弹药、爆炸物罪，因《刑法修正案（三）》修改罪状而增设盗窃、抢夺危险物质罪
47	第127条第2款（《刑法修正案（三）》第6条第2款）	抢劫枪支、弹药、爆炸物、危险物质罪	刑法新增设罪名，因《刑法修正案（三）》修改罪状而增设抢劫危险物质罪
48	第128条第1款	非法持有、私藏枪支、弹药罪	源自－79刑法－163－私藏枪支、弹药罪
49	第128条第2款、第3款	非法出租、出借枪支罪	刑法增设
50	第129条	丢失枪支不报罪	刑法增设
51	第130条	非法携带枪支、弹药、管制刀具、危险物品危及公共安全罪	刑法增设
52	第131条	重大飞行事故罪	刑法增设
53	第132条	铁路运营安全事故罪	刑法增设
54	第133条	交通肇事罪	沿用－79刑法－113

序号	刑法条文	现行罪名	罪名渊源
55	第 133 条之一（《刑法修正案（八）》第 22 条）	危险驾驶罪	《刑法修正案（八）》增设
56	第 133 条之二（《刑法修正案（十一）》第 2 条）	妨害安全驾驶罪	《刑法修正案（十一）》增设
57	第 134 条第 1 款（《刑法修正案（六）》第 1 条第 1 款）	重大责任事故罪	沿用－97 刑法－114，《刑法修正案（六）》对 97 刑法罪状作了修正
58	第 134 条第 2 款（《刑法修正案（十一）》第 3 条）	强令、组织他人违章冒险作业罪	《刑法修正案（六）》第 1 条第 2 款增设强令违章冒险作业罪，因《刑法修正案（十一）》第 3 条修改罪状而取消该罪名，代之以现罪名
59	第 134 条之一（《刑法修正案（十一）》第 4 条）	危险作业罪	《刑法修正案（十一）》增设
60	第 135 条（《刑法修正案（六）》第 2 条）	重大劳动安全事故罪	97 刑法增设罪名，《刑法修正案（六）》对罪状作了修正
61	第 135 条之一（《刑法修正案（六）》第 3 条）	大型群众性活动重大安全事故罪	《刑法修正案（六）》增设
62	第 136 条	危险物品肇事罪	源自－79 刑法－115－违反危险物品管理规定肇事罪
63	第 137 条	工程重大安全事故罪	刑法增设
64	第 138 条	教育设施重大安全事故罪	刑法增设
65	第 139 条	消防责任事故罪	刑法增设
66	第 139 条之一（《刑法修正案（六）》第 4 条）	不报、谎报安全事故罪	《刑法修正案（六）》增设
第三章　破坏社会主义市场经济秩序罪			
第一节　生产、销售伪劣商品罪 （本节罪名均系由 79 刑法第 117 条的投机倒把罪分解而来）			
67	第 140 条	生产、销售伪劣产品罪	沿用－《惩治商品犯罪决定》－1
68	第 141 条（《刑法修正案（十一）》第 5 条）	生产、销售、提供假药罪	源自－79 刑法－164－制造、贩卖假药罪，沿用－《惩治商品犯罪决定》－2（1）生产、销售假药罪，因《刑法修正案（十一）》第 5 条修改罪状而取消该罪名，代之以现罪名

续表

序号	刑法条文	现行罪名	罪名渊源
69	第142条（《刑法修正案（十一）》第6条）	生产、销售、提供劣药罪	沿用－《惩治商品犯罪决定》－2（2）生产、销售劣药罪，因《刑法修正案（十一）》第6条修改罪状而取消该罪名，代之以现罪名
70	第142条之一（《刑法修正案（十一）》第7条）	妨害药品管理罪	《刑法修正案（十一）》增设
71	第143条（《刑法修正案（八）》第24条）	生产、销售不符合安全标准的食品罪	沿用－《惩治商品犯罪决定》－3（1）生产、销售不符合卫生标准的食品罪，因《刑法修正案（八）》修改罪状而取消该罪名，代之以现罪名
72	第144条	生产、销售有毒、有害食品罪	源自－《惩治商品犯罪决定》－3（2）－生产有毒、有害食品罪
73	第145条	生产、销售不符合标准的医用器材罪	沿用－《惩治商品犯罪决定》－4
74	第146条	生产、销售不符合安全标准的产品罪	沿用－《惩治商品犯罪决定》－5
75	第147条	生产、销售伪劣农药、兽药、化肥、种子罪	沿用－《惩治商品犯罪决定》－6
76	第148条	生产、销售不符合卫生标准的化妆品罪	沿用－《惩治商品犯罪决定》－7

第二节　走私罪
（本节罪名均系由79刑法第116条走私罪分解而来）

序号	刑法条文	现行罪名	罪名渊源
77	第151条第1款，第157条1款	走私武器、弹药罪	沿用－《走私罪补充规定》－1
78	第151条第1款，第157条1款	走私核材料罪	源自－《走私罪补充规定》－1－走私武器、弹药罪
79	第151条第1款，第157条1款	走私假币罪	沿用－《走私罪补充规定》－1、《金融犯罪决定》－1
80	第151条第2款	走私文物罪	源自－79刑法－173－盗运珍贵文物出口罪，沿用－《走私罪补充规定》－2
81	第151条第2款	走私贵重金属罪	沿用－《走私罪补充规定》－2
82	第151条第2款	走私珍贵动物、珍贵动物制品罪	沿用－《走私罪补充规定》－2
83	第151条第3款（《刑法修正案（七）》第1条）	走私国家禁止进出口的货物、物品罪	刑法增设走私珍稀植物、珍稀植物制品罪，因《刑法修正案（七）》修改罪状而取消该罪名，代之以现罪名
84	第152条第1款	走私淫秽物品罪	沿用－《走私罪补充规定》－3
85	第152条第2款（《刑法修正案（四）》第2条）	走私废物罪	《刑法修正案（四）》对第152条罪状作了修改，增设第2款走私废物罪，同时取消第155条第3项走私固体废物罪
86	第153条，第154条	走私普通货物、物品罪	沿用－《走私罪补充规定》－4

序号	刑法条文	现行罪名	罪名渊源
第三节 妨害对公司、企业的管理秩序罪			
87	第 158 条	虚报注册资本罪	沿用 –《公司法犯罪决定》–1
88	第 159 条	虚假出资、抽逃出资罪	沿用 –《公司法犯罪决定》–2
89	第 160 条（《刑法修正案（十一）》第 8 条）	欺诈发行证券罪	沿用 –《公司法犯罪决定》–3 欺诈发行股票、债券罪，因《刑法修正案（十一）》第 8 条修改罪状而取消该罪名，代之以现罪名
90	第 161 条（《刑法修正案（六）》第 5 条）	违规披露、不披露重要信息罪	沿用 –《公司法犯罪决定》–4 提供虚假财会报告罪，《刑法修正案（六）》对罪状作了修改，该罪名已取消，代之以现罪名
91	第 162 条	妨害清算罪	沿用 –《公司法犯罪决定》–5
92	第 162 条之一（《刑法修正案》第 1 条）	隐匿、故意销毁会计凭证、会计账簿、财务会计报告罪	《刑法修正案》增设
93	第 162 条之二（《刑法修正案（六）》第 6 条）	虚假破产罪	《刑法修正案（六）》增设
94	第 163 条第 1 款、第 2 款（《刑法修正案（六）》第 7 条第 1 款、第 2 款）	非国家工作人员受贿罪	沿用 –《公司法犯罪决定》–9 公司、企业人员受贿罪，因《刑法修正案（六）》修改罪状而取消该罪名，代之以现罪名
95	第 164 条第 1 款（《刑法修正案（六）》第 8 条第 1 款）	对非国家工作人员行贿罪	刑法增设对公司、企业人员受贿罪，《刑法修正案（六）》对罪状作了修改，该罪名已取消，代之以现罪名
96	第 164 条第 2 款（《刑法修正案（八）》第 29 条第 2 款）	对外国公职人员、国际公共组织官员行贿罪	《刑法修正案（八）》增设
97	第 165 条	非法经营同类营业罪	刑法增设
98	第 166 条	为亲友非法牟利罪	刑法增设
99	第 167 条	签订、履行合同失职被骗罪	刑法增设
100	第 168 条（《刑法修正案》第 2 条）	国有公司、企业、事业单位人员失职罪	刑法增设徇私舞弊造成破产、亏损罪，因《刑法修正案》修改罪状而取消该罪名，代之以现罪名
101	第 168 条（《刑法修正案》第 2 条）	国有公司、企业、事业单位人员滥用职权罪	《刑法修正案》增设
102	第 169 条（《刑法修正案（十二）》第 3 条）	徇私舞弊低价折股、出售公司、企业资产罪	刑法增设徇私舞弊低价折股、出售国有资产罪，因《刑法修正案（十二）》修改罪状而取消该罪名，代之以现罪名

续表

序号	刑法条文	现行罪名	罪名渊源
103	第 169 条之一（《刑法修正案（六）》第 9 条）	背信损害上市公司利益罪	刑法增设徇私舞弊低价折股、出售国有资产罪，因《刑法修正案（十二）》修改罪状而取消该罪名，代之以现罪名
第四节　破坏金融管理秩序罪			
104	第 170 条，第 171 条第 3 款	伪造货币罪	沿用 - 79 刑法 - 122《金融犯罪决定》- 1
105	第 171 条第 1 款	出售、购买、运输假币罪	源自 - 79 刑法 - 122 - 贩运伪造的国家货币罪，沿用 -《金融犯罪决定》- 2（1）
106	第 171 条第 2 款	金融工作人员购买假币、以假币换取货币罪	沿用 -《金融犯罪决定》- 2（2）
107	第 172 条	持有、使用假币罪	沿用 -《金融犯罪决定》- 4
108	第 173 条	变造货币罪	沿用 -《金融犯罪决定》- 5
109	第 174 条第 1 款	擅自设立金融机构罪	沿用 -《金融犯罪决定》- 6（1）
110	第 174 条第 2 款（《刑法修正案》第 3 条第 2 款）	伪造、变造、转让金融机构经营许可证、批准文件罪	沿用 -《金融犯罪决定》- 6（2），因《刑法修正案》修改罪状而增设伪造、变造、转让批准文件罪
111	第 175 条	高利转贷罪	刑法增设
112	第 175 条之一（《刑法修正案（六）》第 10 条）	骗取贷款、票据承兑、金融票证罪	《刑法修正案（六）》增设
113	第 176 条	非法吸收公众存款罪	沿用 -《金融犯罪决定》- 7
114	第 177 条	伪造、变造金融票证罪	沿用 -《金融犯罪决定》- 11
115	第 177 条之一第 1 款（《刑法修正案（五）》第 1 条第 1 款）	妨害信用卡管理罪	《刑法修正案（五）》增设
116	第 177 条之一第 2 款（《刑法修正案（五）》第 1 条第 2 款）	窃取、收买、非法提供信用卡信息罪	《刑法修正案（五）》增设
117	第 178 条第 1 款	伪造、变造国家有价证券罪	源自 - 79 刑法 - 123 - 伪造有价证券罪
118	第 178 条第 2 款	伪造、变造股票、公司、企业债券罪	源自 - 79 刑法 - 123 - 伪造有价证券罪
119	第 179 条	擅自发行股票、公司、企业债券罪	沿用 -《公司法犯罪决定》- 7
120	第 180 条第 1—3 款	内幕交易、泄露内幕信息罪	刑法增设
121	第 180 条第 4 款（《刑法修正案（七）》第 2 条第 2 款）	利用未公开信息交易罪	《刑法修正案（七）》增设

序号	刑法条文	现行罪名	罪名渊源
122	第 181 条第 1 款（《刑法修正案》第 5 条第 1 款）	编造并传播证券、期货交易虚假信息罪	刑法增设诱骗投资者买卖证券罪，因《刑法修正案》修改罪状而增设编造并传播期货交易虚假信息罪
123	第 181 条第 2 款（《刑法修正案》第 5 条第 2 款）	诱骗投资者买卖证券、期货合约罪	刑法增设诱骗投资者买卖证券罪，因《刑法修正案》修改罪状而增设诱骗投资者买卖期货合约罪
124	第 182 条（《刑法修正案（六)》第 11 条）	操纵证券、期货市场罪	刑法增设操纵证券交易价格罪，因《刑法修正案》修改罪状而增设操纵期货交易价格罪，又因《刑法修正案（六）》再次修改罪状而取消操纵证券、期货交易价格罪，代之以现罪名
125	第 185 条之一第 1 款（《刑法修正案（六)》第 12 条第 1 款）	背信运用受托财产罪	《刑法修正案（六）》增设
126	第 185 条之一第 2 款（《刑法修正案（六)》第 12 条第 2 款）	违法运用资金罪	《刑法修正案（六）》增设
127	第 186 条（《刑法修正案（六)》第 13 条）	违法发放贷款罪	刑法第 1 款沿用 -《金融犯罪决定》-9（1）违法向关系人发放贷款罪，第 2 款沿用 -《金融犯罪决定》-9（2）违法发放贷款罪，因《刑法修正案（六）》修改罪状而取消违法向关系人发放贷款罪，仅保留违法发放贷款罪
128	第 187 条（《刑法修正案（六)》第 14 条第 1 款）	吸收客户资金不入账罪	刑法增设用账外客户资金非法拆借、发放贷款罪，因《刑法修正案（六）》修改罪状而取消该罪名，代之以现罪名
129	第 188 条	违规出具金融票证罪	沿用 -《金融犯罪决定》-15
130	第 189 条	对违法票据承兑、付款、保证罪	刑法增设
131	第 190 条	逃汇罪	沿用 -《走私罪补充规定》-9（1）
132	《关于惩治骗购外汇、逃汇和非法买卖外汇犯罪的决定》第 1 条	骗购外汇罪	源自 -《走私罪补充规定》-9（1）- 套汇罪，《外汇犯罪决定》增设
133	第 191 条	洗钱罪	源自 -《关于禁毒的决定》-4 - 掩饰、隐瞒毒赃性质、来源罪
		第五节　金融诈骗罪	
134	第 192 条	集资诈骗罪	沿用 -《金融犯罪决定》-8
135	第 193 条	贷款诈骗罪	沿用 -《金融犯罪决定》-10

续表

序号	刑法条文	现行罪名	罪名渊源
136	第 194 条第 1 款	票据诈骗罪	沿用 –《金融犯罪决定》– 12（1）
137	第 194 条第 2 款	金融凭证诈骗罪	沿用 –《金融犯罪决定》– 12（2）
138	第 195 条	信用证诈骗罪	沿用 –《金融犯罪决定》– 13
139	第 196 条	信用卡诈骗罪	沿用 –《金融犯罪决定》– 14
140	第 197 条	有价证券诈骗罪	刑法增设
141	第 198 条	保险诈骗罪	沿用 –《金融犯罪决定》– 16
第六节　危害税收征管罪			
142	第 201 条（《刑法修正案（七）》第 3 条）	逃税罪	沿用 – 79 刑法 – 121、《偷税、抗税补充规定》– 1 偷税罪，因《刑法修正案（七）》修改罪状而取消该罪名，代之以现罪名
143	第 202 条	抗税罪	沿用 – 79 刑法 – 121、《偷税、抗税补充规定》– 6
144	第 203 条	逃避追缴欠税罪	沿用 –《偷税、抗税补充规定》– 2
145	第 204 条第 1 款	骗取出口退税罪	沿用 –《偷税、抗税补充规定》– 5
146	第 205 条，第 208 条第 2 款	虚开增值税专用发票、用于骗取出口退税、抵扣税款发票罪	沿用 –《惩治发票犯罪决定》– 1、5
147	第 205 条之一（《刑法修正案（八）》第 33 条）	虚开发票罪	《刑法修正案（八）》增设
148	第 206 条，第 208 条第 2 款	伪造、出售伪造的增值税专用发票罪	沿用 –《惩治发票犯罪决定》– 2
149	第 207 条，第 208 条第 2 款	非法出售增值税专用发票罪	沿用 –《惩治发票犯罪决定》– 3
150	第 208 条第 1 款	非法购买增值税专用发票、购买伪造的增值税专用发票罪	沿用 –《惩治发票犯罪决定》– 4
151	第 209 条第 1 款	非法制造、出售非法制造的用于骗取出口退税、抵扣税款发票罪	沿用 –《惩治发票犯罪决定》– 6（1）
152	第 209 条第 2 款	非法制造、出售非法制造的发票罪	沿用 –《惩治发票犯罪决定》– 6（2）
153	第 209 条第 3 款	非法出售用于骗取出口退税、抵扣税款发票罪	沿用 –《惩治发票犯罪决定》– 6（3）
154	第 209 条第 4 款	非法出售发票罪	沿用 –《惩治发票犯罪决定》– 6（4）

序号	刑法条文	现行罪名	罪名渊源
155	第 210 条之一（《刑法修正案（八）》第 35 条）	持有伪造的发票罪	《刑法修正案（八）》增设
第七节　侵犯知识产权罪			
156	第 213 条	假冒注册商标罪	沿用 – 79 刑法 – 127、《商标犯罪补充规定》 – 1（1）
157	第 214 条	销售假冒注册商标的商品罪	沿用 – 《商标犯罪补充规定》 – 1（2）
158	第 215 条	非法制造、销售非法制造的注册商标标识罪	沿用 – 《商标犯罪补充规定》 – 2
159	第 216 条	假冒专利罪	刑法增设
160	第 217 条	侵犯著作权罪	沿用 – 《著作权犯罪决定》 – 1
161	第 218 条	销售侵权复制品罪	沿用 – 《著作权犯罪决定》 – 2
162	第 219 条	侵犯商业秘密罪	刑法增设
163	第 219 条之一（《刑法修正案（十一）》第 23 条）	为境外窃取、刺探、收买、非法提供商业秘密罪	《刑法修正案（十一）》增设
第八节　扰乱市场秩序罪			
164	第 221 条	损害商业信誉、商品声誉罪	刑法增设
165	第 222 条	虚假广告罪	刑法增设
166	第 223 条	串通投标罪	刑法增设
167	第 224 条	合同诈骗罪	源自 – 79 刑法 – 151 – 诈骗罪
168	第 224 条之一（《刑法修正案（七）》第 4 条）	组织、领导传销活动罪	《刑法修正案（七）》增设
169	第 225 条	非法经营罪	源自 – 79 刑法 – 117 – 投机倒把罪
170	第 226 条	强迫交易罪	刑法增设
171	第 227 条第 1 款	伪造、倒卖伪造的有价票证罪	源自 – 79 刑法 – 124 – 伪造有价票证罪
172	第 227 条第 2 款	倒卖车票、船票罪	刑法增设
173	第 228 条	非法转让、倒卖土地使用权罪	刑法增设
174	第 229 条第 1 款、第 2 款	提供虚假证明文件罪	沿用 – 《公司法犯罪决定》 – 6，"两高"曾将其解释为中介组织人员提供虚假证明文件罪，该罪名现已取消
175	第 229 条第 3 款	出具证明文件重大失实罪	刑法增设，"两高"曾解释为中介组织人员出具证明文件失实罪，该罪名现已取消

续表

序号	刑法条文	现行罪名	罪名渊源
176	第 230 条	逃避商检罪	刑法增设
	第四章　侵犯公民人身权利、民主权利罪		
177	第 232 条，第 238 条第 2 款，第 247 条，第 248 条，第 289 条，第 292 条第 2 款	故意杀人罪	沿用 - 79 刑法 - 132
178	第 233 条	过失致人死亡罪	源自 - 79 刑法 - 133 - 过失杀人罪
179	第 234 条	故意伤害罪	沿用 - 79 刑法 - 134
180	第 234 条之一第 1 款（《刑法修正案（八）》第 37 条第 1 款）	组织出卖人体器官罪	《刑法修正案（八）》增设
181	第 235 条	过失致人重伤罪	源自 - 79 刑法 - 135 - 过失重伤罪
182	第 236 条，第 259 条第 2 款，第 300 条第 3 款	强奸罪	刑法第 1 款沿用 - 79 刑法 - 139（1）强奸罪，第 2 款沿用 - 79 刑法 - 139（2）奸淫幼女罪，后"两高"司法解释取消奸淫幼女罪，将本条罪名统一解释为强奸罪
183	第 236 条之一（《刑法修正案（十一）》第 27 条）	负有照护职责人员性侵罪	《刑法修正案（十一）》增设
184	第 237 条第 1 款、第 2 款（《刑法修正案（九）》第 13 条第 1 款、第 2 款）	强制猥亵、侮辱罪	刑法增设强制猥亵、侮辱妇女罪，因《刑法修正案（九）》修改罪状而取消该罪名，代之以现罪名
185	第 237 条第 3 款	猥亵儿童罪	分解 - 79 刑法 - 160 - 流氓罪
186	第 238 条	非法拘禁罪	沿用 - 79 刑法 - 143
187	第 239 条	绑架罪	源自 - 《严惩拐卖、绑架决定》 - 2 - 绑架勒索罪
188	第 240 条	拐卖妇女、儿童罪	源自 - 79 刑法 - 141 - 拐卖人口罪，沿用 - 《严惩拐卖、绑架决定》 - 1（1）、2（1）
189	第 241 条第 1 款	收买被拐卖的妇女、儿童罪	沿用 - 《严惩拐卖、绑架决定》 - 3
190	第 242 条第 2 款	聚众阻碍解救被收买的妇女、儿童罪	沿用 - 《严惩拐卖、绑架决定》 - 4（3）
191	第 243 条	诬告陷害罪	沿用 - 79 刑法 - 138
192	第 244 条（《刑法修正案（八）》第 38 条）	强迫劳动罪	刑法增设强迫职工劳动罪，因《刑法修正案（七）》修改罪状而取消该罪名，代之以现罪名

序号	刑法条文	现行罪名	罪名渊源
193	第 244 条之一（《刑法修正案（四）》第 4 条）	雇用童工从事危重劳动罪	《刑法修正案（四）》增设
194	第 245 条	非法搜查罪	沿用 - 79 刑法 - 144
195	第 245 条	非法侵入住宅罪	源自 - 79 刑法 - 144 - 非法侵入他人住宅罪
196	第 246 条	侮辱罪	沿用 - 79 刑法 - 145
197	第 246 条	诽谤罪	沿用 - 79 刑法 - 145
198	第 247 条	刑讯逼供罪	沿用 - 79 刑法 - 136
199	第 247 条	暴力取证罪	刑法增设
200	第 248 条	虐待被监管人罪	源自 - 79 刑法 - 189 - 体罚虐待被监管人罪
201	第 249 条	煽动民族仇恨、民族歧视罪	分解 - 79 刑法 - 102 - 反革命宣传煽动罪
202	第 250 条	出版歧视、侮辱少数民族作品罪	刑法增设
203	第 251 条	非法剥夺公民宗教信仰自由罪	源自 - 79 刑法 - 147 - 非法剥夺宗教信仰自由罪
204	第 251 条	侵犯少数民族风俗习惯罪	沿用 - 79 刑法 - 147
205	第 252 条	侵犯通信自由罪	源自 - 79 刑法 - 149 - 侵犯公民通信自由罪
206	第 253 条第 1 款	私自开拆、隐匿、毁弃邮件、电报罪	源自 - 79 刑法 - 191 - 妨害邮电通讯罪
207	第 253 条之一（《刑法修正案（九）》第 17 条）	侵犯公民个人信息罪	《刑法修正案（七）》增设出售、非法提供公民个人信息罪和非法获取公民个人信息罪，因《刑法修正案（九）》修改罪状而取消该两罪名，代之以现罪名
208	第 254 条	报复陷害罪	沿用 - 79 刑法 - 146
209	第 255 条	打击报复会计、统计人员罪	刑法增设
210	第 256 条	破坏选举罪	沿用 - 79 刑法 - 142
211	第 257 条	暴力干涉婚姻自由罪	沿用 - 79 刑法 - 179
212	第 258 条	重婚罪	沿用 - 79 刑法 - 180
213	第 259 条第 1 款	破坏军婚罪	源自 - 79 刑法 - 181 - 破坏军人婚姻罪
214	第 260 条	虐待罪	沿用 - 79 刑法 - 182

续表

序号	刑法条文	现行罪名	罪名渊源
215	第 260 条之一 （《刑法修正案（九）》第 19 条）	虐待被监护、看护人罪	《刑法修正案（九）》增设
216	第 261 条	遗弃罪	沿用 - 79 刑法 - 183
217	第 262 条	拐骗儿童罪	沿用 - 79 刑法 - 184
218	第 262 条之一 （《刑法修正案（六）》第 17 条）	组织残疾人、儿童乞讨罪	《刑法修正案（六）》增设
219	第 262 条之二 （《刑法修正案（七）》第 8 条）	组织未成年人进行违反治安管理活动罪	《刑法修正案（七）》增设
第五章　侵犯财产罪			
220	第 263 条，第 267 条第 2 款，第 269 条，第 289 条	抢劫罪	沿用 - 79 刑法 - 150
221	第 264 条，第 196 条第 3 款，第 210 条第 1 款，第 253 条第 2 款，第 265 条	盗窃罪	沿用 - 79 刑法 - 151
222	第 266 条，第 210 条第 2 款，第 300 条第 3 款	诈骗罪	沿用 - 79 刑法 - 151
223	第 267 条第 1 款	抢夺罪	沿用 - 79 刑法 - 151
224	第 268 条	聚众哄抢罪	刑法增设
225	第 270 条	侵占罪	刑法增设
226	第 271 条第 1 款，第 183 条第 1 款	职务侵占罪	源自 - 《公司法犯罪决定》- 10 - 侵占罪
227	第 272 条第 1 款，第 185 条第 1 款	挪用资金罪	源自 - 《公司法犯罪决定》- 11 - 挪用本单位资金罪
228	第 273 条	挪用特定款物罪	沿用 - 79 刑法 - 126
229	第 274 条	敲诈勒索罪	沿用 - 79 刑法 - 154
230	第 275 条	故意毁坏财物罪	沿用 - 79 刑法 - 156
231	第 276 条	破坏生产经营罪	源自 - 79 刑法 - 125 - 破坏集体生产经营罪
232	第 276 条之一 （《刑法修正案（八）》第 41 条）	拒不支付劳动报酬罪	《刑法修正案（八）》增设

续表

序号	刑法条文	现行罪名	罪名渊源
第六章　妨害社会管理秩序罪			
第一节　扰乱公共秩序罪			
233	第 277 条第 1—4 款，第 157 条第 2 款，第 242 条第 1 款	妨害公务罪	沿用－79 刑法－157
234	第 277 条第 5 款（《刑法修正案（十一）》第 31 条）	袭警罪	《刑法修正案（十一）》增设
235	第 278 条	煽动暴力抗拒法律实施罪	分解－79 刑法－102－反革命宣传煽动罪
236	第 279 条	招摇撞骗罪	沿用－79 刑法－166
237	第 280 条第 1 款	伪造、变造、买卖国家机关公文、证件、印章罪	源自－79 刑法－167－伪造、变造公文、证件、印章罪
238	第 280 条第 1 款	盗窃、抢夺、毁灭国家机关公文、证件、印章罪	源自－79 刑法－167－伪造、变造公文、证件、印章罪
239	第 280 条第 2 款	伪造公司、企业、事业单位、人民团体印章罪	源自－79 刑法－167－伪造、变造公文、证件、印章罪
240	第 280 条第 3 款（《刑法修正案（九）》第 22 条第 3 款）	伪造、变造、买卖身份证件罪	刑法增设伪造、变造居民身份证罪，因《刑法修正案（九）》修改罪状而取消该罪名，代之以现罪名
241	第 280 条之一（《刑法修正案（九）》第 23 条）	使用虚假身份证件、盗用身份证件罪	《刑法修正案（九）》增设
242	第 280 条之二（《刑法修正案（十一）》第 32 条）	冒名顶替罪	《刑法修正案（十一）》增设
243	第 281 条	非法生产、买卖警用装备罪	刑法增设
244	第 282 条第 1 款	非法获取国家秘密罪	刑法增设
245	第 282 条第 2 款	非法持有国家绝密、机密文件、资料、物品罪	刑法增设
246	第 283 条（《刑法修正案（九）》第 24 条）	非法生产、销售专用间谍器材、窃听、窃照专用器材罪	刑法增设非法生产、销售间谍专用器材罪，因《刑法修正案（九）》修改罪状而取消该罪名，代之以现罪名

序号	刑法条文	现行罪名	罪名渊源
247	第 284 条	非法使用窃听、窃照专用器材罪	刑法增设
248	第 284 条之一第 1 款、第 2 款（《刑法修正案（九）》第 25 条第 1 款、第 2 款）	组织考试作弊罪	《刑法修正案（九）》增设
249	第 284 条之一第 3 款（《刑法修正案（九）》第 25 条第 3 款）	非法出售、提供试题、答案罪	《刑法修正案（九）》增设
250	第 284 条之一第 4 款（《刑法修正案（九）》第 25 条第 4 款）	代替考试罪	《刑法修正案（九）》增设
251	第 285 条第 1 款	非法侵入计算机信息系统罪	刑法增设
252	第 285 条第 2 款（《刑法修正案（七）》第 9 条第 1 款）	非法获取计算机信息系统数据、非法控制计算机信息系统罪	《刑法修正案（七）》增设
253	第 285 条第 3 款（《刑法修正案（七）》第 9 条第 2 款）	提供侵入、非法控制计算机信息系统程序、工具罪	《刑法修正案（七）》增设
254	第 286 条	破坏计算机信息系统罪	刑法增设
255	第 286 条之一（《刑法修正案（九）》第 28 条）	拒不履行信息网络安全管理义务罪	《刑法修正案（九）》增设
256	第 287 条之一（《刑法修正案（九）》第 29 条）	非法利用信息网络罪	《刑法修正案（九）》增设
257	第 287 条之二（《刑法修正案（九）》第 29 条）	帮助信息网络犯罪活动罪	《刑法修正案（九）》增设
258	第 288 条	扰乱无线电通讯管理秩序罪	刑法增设
259	第 290 条第 1 款	聚众扰乱社会秩序罪	源自 - 79 刑法 - 158 - 扰乱社会秩序罪
260	第 290 条第 2 款	聚众冲击国家机关罪	分解 - 79 刑法 - 158 - 扰乱社会秩序罪

序号	刑法条文	现行罪名	罪名渊源
261	第 290 条第 3 款（《刑法修正案（九）》第 31 条第 2 款）	扰乱国家机关工作秩序罪	《刑法修正案（九）》增设
262	第 290 条第 4 款（《刑法修正案（九）》第 31 条第 3 款）	组织、资助非法聚集罪	《刑法修正案（九）》增设
263	第 291 条	聚众扰乱公共场所秩序、交通秩序罪	沿用 - 79 刑法 - 159
264	第 291 条之一第 1 款（《刑法修正案（三）》第 8 条）	投放虚假危险物质罪	《刑法修正案（三）》增设
265	第 291 条之一第 1 款（《刑法修正案（三）》第 8 条）	编造、故意传播虚假恐怖信息罪	《刑法修正案（三）》增设
266	第 291 条之一第 2 款（《刑法修正案（九）》第 32 条）	编造、故意传播虚假信息罪	《刑法修正案（九）》增设
267	第 291 条之二（《刑法修正案（十一）》第 33 条）	高空抛物罪	《刑法修正案（十一）》增设
268	第 292 条第 1 款	聚众斗殴罪	分解 - 79 刑法 - 160 - 流氓罪
269	第 293 条	寻衅滋事罪	分解 - 79 刑法 - 160 - 流氓罪
270	第 293 条之一（《刑法修正案（十一）》第 34 条）	催收非法债务罪	《刑法修正案（十一）》增设
271	第 294 条第 1 款	组织、领导、参加黑社会性质组织罪	刑法增设
272	第 294 条第 2 款	入境发展黑社会组织罪	刑法增设
273	第 294 条第 3 款	包庇、纵容黑社会性质组织罪	刑法增设
274	第 295 条	传授犯罪方法罪	沿用 -《关于严惩严重危害社会治安的犯罪分子的决定》- 2
275	第 296 条	非法集会、游行、示威罪	刑法增设
276	第 297 条	非法携带武器、管制刀具、爆炸物参加集会、游行、示威罪	刑法增设
277	第 298 条	破坏集会、游行、示威罪	刑法增设

续表

序号	刑法条文	现行罪名	罪名渊源
278	第 299 条（《刑法修正案（十）》）	侮辱国旗、国徽、国歌罪	沿用－《关于惩治侮辱中华人民共和国国旗国徽罪的决定》侮辱国旗、国徽罪，因《刑法修正案（十）》增设第 2 款而取消该罪名，代之以现罪名
279	第 299 条之一（《刑法修正案（十一）》第 35 条）	侵害英雄烈士名誉、荣誉罪	《刑法修正案（十一）》增设
280	第 300 条第 1 款	组织、利用会道门、邪教组织、利用迷信破坏法律实施罪	源自－79 刑法－99－组织利用封建迷信、组织利用反动会道门进行反革命活动罪
281	第 300 条第 2 款（《刑法修正案（九）》第 33 条第 2 款）	组织、利用会道门、邪教组织、利用迷信致人重伤、死亡罪	刑法规定的组织、利用会道门、邪教组织、利用迷信致人死亡罪，源自－79 刑法－99－组织、利用封建迷信、组织利用反动会道门进行反革命活动罪，因《刑法修正案（九）》修改罪状而取消该罪名，代之以现罪名
282	第 301 条第 1 款	聚众淫乱罪	分解－79 刑法－160－流氓罪
283	第 301 条第 2 款	引诱未成年人聚众淫乱罪	分解－79 刑法－160－流氓罪
284	第 302 条（《刑法修正案（九）》第 34 条）	盗窃、侮辱、故意毁坏尸体、尸骨、骨灰罪	刑法增设盗窃、侮辱尸体罪罪名，因《刑法修正案（九）》修改罪状而取消该罪名，代之以现罪名
285	第 303 条第 1 款（《刑法修正案（六）》第 18 条第 1 款）	赌博罪	刑法沿用－79 刑法－168 赌博罪，因《刑法修正案（六）》修改罪状而将开设赌场行为独立成罪
286	第 303 条第 2 款（《刑法修正案（六)》第 18 条第 2 款）	开设赌场罪	《刑法修正案（六）》增设
287	第 303 条第 3 款（《刑法修正案（十一）》第 36 条）	组织参与国（境）外赌博罪	《刑法修正案（十一）》增设
288	第 304 条	故意延误投递邮件罪	刑法增设
第二节　妨害司法罪			
289	第 305 条	伪证罪	沿用－79 刑法－148
290	第 306 条	辩护人、诉讼代理人毁灭证据、伪造证据、妨害作证罪	刑法增设
291	第 307 条第 1 款	妨害作证罪	刑法增设
292	第 307 条第 2 款	帮助毁灭、伪造证据罪	刑法增设

序号	刑法条文	现行罪名	罪名渊源
293	第 307 条之一（《刑法修正案（九）》第 35 条）	虚假诉讼罪	《刑法修正案（九）》增设
294	第 308 条	打击报复证人罪	刑法增设
295	第 308 条之一第 1 款（《刑法修正案（九）》第 36 条第 1 款）	泄露不应公开的案件信息罪	《刑法修正案（九）》增设
296	第 308 条之一第 3 款（《刑法修正案（九）》第 36 条第 3 款）	披露、报道不应公开的案件信息罪	《刑法修正案（九）》增设
297	第 309 条	扰乱法庭秩序罪	刑法增设
298	第 310 条，第 362 条	窝藏、包庇罪	沿用 - 79 刑法 - 162
299	第 311 条（《刑法修正案（九）》第 38 条）	拒绝提供间谍犯罪、恐怖主义犯罪、极端主义犯罪证据罪	刑法增设拒绝提供间谍犯罪证据罪，因《刑法修正案（九）》修改罪状而取消该罪名，代之以现罪名
300	第 312 条（《刑法修正案（六）》第 19 条）	掩饰、隐瞒犯罪所得、犯罪所得收益罪	刑法规定的窝藏、转移、收购、销售赃物罪，源自 - 79 刑法 - 172 - 窝赃、销赃罪，因《刑法修正案（六）》修改罪状而取消该罪名，代之以现罪名
301	第 313 条	拒不执行判决、裁定罪	沿用 - 79 刑法 - 157
302	第 314 条	非法处置查封、扣押、冻结的财产罪	刑法增设
303	第 315 条	破坏监管秩序罪	刑法增设
304	第 316 条第 1 款	脱逃罪	沿用 - 79 刑法 - 161（1）
305	第 316 条第 2 款	劫夺被押解人员罪	分解 - 79 刑法 - 96 - 聚众劫狱罪
306	第 317 条第 1 款	组织越狱罪	沿用 - 79 刑法 - 96
307	第 317 条第 2 款	暴动越狱罪	分解 - 79 刑法 - 96 - 组织越狱罪
308	第 317 条第 2 款	聚众持械劫狱罪	源自 - 79 刑法 - 96 - 聚众劫狱罪
	第三节　妨害国（边）境管理罪		
309	第 318 条	组织他人偷越国（边）境罪	源自 - 79 刑法 - 177 - 组织、运送他人偷越国（边）境罪，沿用 -《国（边）境犯罪补充规定》 - 1
310	第 319 条	骗取出境证件罪	沿用 -《国（边）境犯罪补充规定》 - 2
311	第 320 条	提供伪造、变造的出入境证件罪	沿用 -《国（边）境犯罪补充规定》 - 3
312	第 320 条	出售出入境证件罪	沿用 -《国（边）境犯罪补充规定》 - 3
313	第 321 条	运送他人偷越国（边）境罪	源自 - 79 刑法 - 177 - 组织、运送他人偷越国（边）境罪，沿用 -《国（边）境犯罪补充规定》 - 4

续表

序号	刑法条文	现行罪名	罪名渊源
314	第 322 条	偷越国（边）境罪	沿用 - 79 刑法 - 176、《国（边）境犯罪补充规定》 - 5
315	第 323 条	破坏界碑、界桩罪	沿用 - 79 刑法 - 175
316	第 323 条	破坏永久性测量标志罪	沿用 - 79 刑法 - 175
		第四节　妨害文物管理罪	
317	第 324 条第 1 款	故意损毁文物罪	源自 - 79 刑法 - 174 - 破坏珍贵文物、名胜古迹罪
318	第 324 条第 2 款	故意损毁名胜古迹罪	源自 - 79 刑法 - 174 - 破坏珍贵文物、名胜古迹罪
319	第 324 条第 3 款	过失损毁文物罪	刑法增设
320	第 325 条	非法向外国人出售、赠送珍贵文物罪	刑法增设
321	第 326 条	倒卖文物罪	刑法增设
322	第 327 条	非法出售、私赠文物藏品罪	刑法增设
323	第 328 条第 1 款	盗掘古文化遗址、古墓葬罪	沿用 - 《关于惩治盗掘古文化遗址古墓葬犯罪的补充规定》罪名
324	第 328 条第 2 款	盗掘古人类化石、古脊椎动物化石罪	刑法增设
325	第 329 条第 1 款	抢夺、窃取国有档案罪	分解 - 79 刑法 - 100 - 反革命破坏罪
326	第 329 条第 2 款	擅自出卖、转让国有档案罪	刑法增设
		第五节　危害公共卫生罪	
327	第 330 条	妨害传染病防治罪	刑法增设
328	第 331 条	传染病菌种、毒种扩散罪	刑法增设
329	第 332 条	妨害国境卫生检疫罪	源自 - 79 刑法 - 178 - 违反国境卫生检疫规定罪
330	第 333 条第 1 款	非法组织卖血罪	刑法增设
331	第 333 条第 1 款	强迫卖血罪	刑法增设
332	第 334 条第 1 款	非法采集、供应血液、制作、供应血液制品罪	刑法增设
333	第 334 条第 2 款	采集、供应血液、制作、供应血液制品事故罪	刑法增设
334	第 334 条之一（《刑法修正案（十一）》第 38 条）	非法采集人类遗传资源、走私人类遗传资源材料罪	《刑法修正案（十一）》增设
335	第 335 条	医疗事故罪	刑法增设
336	第 336 条第 1 款	非法行医罪	刑法增设
337	第 336 条第 2 款	非法进行节育手术罪	刑法增设

续表

序号	刑法条文	现行罪名	罪名渊源
338	第336条之一（《刑法修正案（十一）》第39条）	非法植入基因编辑、克隆胚胎罪	《刑法修正案（十一）》增设
339	第337条第1款（《刑法修正案（七）》第11条）	妨害动植物防疫、检疫罪	刑法增设逃避动植物检疫罪，因《刑法修正案（七）》修改罪状而取消该罪名，代之以现罪名
	第六节 破坏环境资源保护罪		
340	第338条（《刑法修正案（八）》第46条）	污染环境罪	刑法增设重大环境污染事故罪，《刑法修正案（八）》对罪状作了修改，该罪名已取消，代之以现罪名
341	第339条第1款	非法处置进口的固体废物罪	刑法增设
342	第339条第2款	擅自进口固体废物罪	刑法增设
343	第340条	非法捕捞水产品罪	沿用－79刑法－129
344	第341条第1款	危害珍贵、濒危野生动物罪	源自－79刑法－130、《关于惩治捕杀国家重点保护的珍贵、濒危野生动物犯罪的补充规定》－非法狩猎罪，"两高"曾将其解释为非法猎捕、杀害珍贵、濒危野生动物罪和非法收购、运输、出售珍贵、濒危野生动物、珍贵、濒危野生动物制品罪，后"两高"司法解释又取消该两罪名，将其统一解释为现罪名
345	第341条第2款	非法狩猎罪	沿用－79刑法－130
346	第341条第3款（《刑法修正案（十一）》第41条）	非法猎捕、收购、运输、出售陆生野生动物罪	《刑法修正案（十一）》增设
347	第342条（《刑法修正案（二）》）	非法占用农用地罪	刑法增设非法占用耕地罪，因《刑法修正案（二）》修改罪状而取消该罪名，代之以现罪名
348	第342条之一（《刑法修正案（十一）》第42条）	破坏自然保护地罪	《刑法修正案（十一）》增设
349	第343条第1款	非法采矿罪	刑法增设
350	第343条第2款	破坏性采矿罪	刑法增设
351	第344条	危害国家重点保护植物罪	刑法增设非法采伐、毁坏珍贵树木罪，《刑法修正案（四）》对罪状作了修改，从而取消该罪名，代之以非法采伐、毁坏国家重点保护植物罪，并增设非法收购、运输、加工、出售国家重点保护植物、国家重点保护植物制品罪，后"两高"司法解释取消该两罪名，将其统一解释为现罪名

续表

序号	刑法条文	现行罪名	罪名渊源
352	第 344 条之一（《刑法修正案（十一）》第 43 条）	非法引进、释放、丢弃外来入侵物种罪	《刑法修正案（十一）》增设
353	第 345 条第 1 款	盗伐林木罪	分解 - 79 刑法 - 128 - 盗伐、滥伐林木罪
354	第 345 条第 2 款	滥伐林木罪	分解 - 79 刑法 - 128 - 盗伐、滥伐林木罪
355	第 345 条第 3 款（《刑法修正案（四）》第 7 条第 3 款）	非法收购、运输盗伐、滥伐的林木罪	刑法增设非法收购盗伐、滥伐的林木罪，因《刑法修正案（四）》修改罪状而增设非法运输盗伐、滥伐的林木罪
		第七节　走私、贩卖、运输、制造毒品罪	
356	第 347 条	走私、贩卖、运输、制造毒品罪	源自 - 79 刑法 - 171 - 制造、贩卖、运输毒品罪，沿用 - 《关于禁毒的决定》 - 2
357	第 348 条	非法持有毒品罪	沿用 - 《关于禁毒的决定》 - 3
358	第 349 条第 1 款、第 2 款	包庇毒品犯罪分子罪	沿用 - 《关于禁毒的决定》 - 4
359	第 349 条第 1 款	窝藏、转移、隐瞒毒品、毒赃罪	沿用 - 《关于禁毒的决定》 - 4
360	第 350 条（《刑法修正案（九）》第 41 条）	非法生产、买卖、运输制毒物品、走私制毒物品罪	走私制毒物品罪 - 沿用 - 《关于禁毒的决定》，非法买卖制毒物品罪系刑法增设罪名，因《刑法修正案（九）》修改罪状而取消该两罪名，代之以现罪名
361	第 351 条	非法种植毒品原植物罪	沿用 - 《关于禁毒的决定》 - 6
362	第 352 条	非法买卖、运输、携带、持有毒品原植物种子、幼苗罪	刑法增设
363	第 353 条第 1 款	引诱、教唆、欺骗他人吸毒罪	沿用 - 《关于禁毒的决定》 - 7（1）
364	第 353 条第 2 款	强迫他人吸毒罪	沿用 - 《关于禁毒的决定》 - 7（2）
365	第 354 条	容留他人吸毒罪	沿用 - 《关于禁毒的决定》 - 9
366	第 355 条	非法提供麻醉药品、精神药品罪	沿用 - 《关于禁毒的决定》 - 10（2）
367	第 355 条之一（《刑法修正案（十一）》第 44 条）	妨害兴奋剂管理罪	《刑法修正案（十一）》增设
		第八节　组织、强迫、引诱、容留、介绍卖淫罪	
368	第 358 条第 1 款，第 361 条	组织卖淫罪	沿用 - 《关于严禁卖淫嫖娼的决定》 - 1（1）

续表

序号	刑法条文	现行罪名	罪名渊源
369	第 358 条第 1 款，第 361 条	强迫卖淫罪	源自－79 刑法－140－强迫妇女卖淫罪，沿用－《关于严禁卖淫嫖娼的决定》－2
370	第 358 条第 4 款，第 361 条	协助组织卖淫罪	沿用－《关于严禁卖淫嫖娼的决定》－1（2）
371	第 359 条第 1 款，第 361 条	引诱、容留、介绍卖淫罪	源自－79 刑法－169－引诱、容留妇女卖淫罪，沿用－《关于严禁卖淫嫖娼的决定》－3（1）
372	第 359 条第 2 款，第 361 条	引诱幼女卖淫罪	沿用－《关于严禁卖淫嫖娼的决定》－3（2）
373	第 360 条	传播性病罪	沿用－《关于严禁卖淫嫖娼的决定》－5（1）
		第九节　制作、贩卖、传播淫秽物品罪	
374	第 363 条第 1 款	制作、复制、出版、贩卖、传播淫秽物品牟利罪	源自－79 刑法－170－制作、贩卖淫书、淫画罪，沿用－《惩治淫秽物品的决定》－2（1）
375	第 363 条第 2 款	为他人提供书号出版淫秽书刊罪	沿用－《惩治淫秽物品的决定》－3（2）
376	第 364 条第 1 款	传播淫秽物品罪	沿用－《惩治淫秽物品的决定》－3（1）
377	第 364 条第 2 款	组织播放淫秽音像制品罪	沿用－《惩治淫秽物品的决定》－3（2）
378	第 365 条	组织淫秽表演罪	刑法增设
		第七章　危害国防利益罪	
379	第 368 条第 1 款	阻碍军人执行职务罪	源自－《军职罪条例》－10－阻碍执行职务罪
380	第 368 条第 2 款	阻碍军事行动罪	刑法增设
381	第 369 条第 1 款	破坏武器装备、军事设施、军事通信罪	沿用－《军职罪条例》－12
382	第369条第2款（《刑法修正案（五）》第3条第2款）	过失损坏武器装备、军事设施、军事通信罪	《刑法修正案（五）》增设
383	第 370 条第 1 款	故意提供不合格武器装备、军事设施罪	刑法增设
384	第 370 条第 2 款	过失提供不合格武器装备、军事设施罪	刑法增设
385	第 371 条第 1 款	聚众冲击军事禁区罪	刑法增设
386	第 371 条第 2 款	聚众扰乱军事管理区秩序罪	刑法增设
387	第 372 条	冒充军人招摇撞骗罪	刑法增设
388	第 373 条	煽动军人逃离部队罪	刑法增设
389	第 373 条	雇用逃离部队军人罪	刑法增设

续表

序号	刑法条文	现行罪名	罪名渊源
390	第 374 条	接送不合格兵员罪	刑法新增设
391	第 375 条第 1 款	伪造、变造、买卖武装部队公文、证件、印章罪	源自 - 79 刑法 - 167 - 伪造、变造、盗窃、抢夺、毁灭国家机关公文、证件、印章罪
392	第 375 条第 1 款	盗窃、抢夺武装部队公文、证件、印章罪	源自 - 79 刑法 - 167 - 伪造、变造、盗窃、抢夺、毁灭国家机关公文、证件、印章罪
393	第 375 条第 2 款（《刑法修正案（七）》第 12 条第 1 款）	非法生产、买卖武装部队制式服装罪	刑法增设非法生产、买卖军用标志罪罪名，因《刑法修正案（七）》修改罪状而取消该罪名，代之以现罪名
394	第 375 条第 3 款（《刑法修正案（七）》第 12 条第 2 款）	伪造、盗窃、买卖、非法提供、非法使用武装部队专用标志罪	《刑法修正案（八）》增设
395	第 376 条第 1 款	战时拒绝、逃避征召、军事训练罪	刑法增设
396	第 376 条第 2 款	战时拒绝、逃避服役罪	刑法增设
397	第 377 条	战时故意提供虚假敌情罪	刑法增设
398	第 378 条	战时造谣扰乱军心罪	刑法增设
399	第 379 条	战时窝藏逃离部队军人罪	刑法增设
400	第 380 条	战时拒绝、故意延误军事订货罪	刑法增设
401	第 381 条（《全国人民代表大会常务委员会关于修改部分法律的决定》第 2 条）	战时拒绝军事征收、征用罪	刑法增设战时拒绝军事征用罪罪名，因全国人民代表大会常务委员会《关于修改部分法律的决定》修改罪状而取消该罪名，代之以现罪名
		第八章　贪污贿赂罪	
402	第 382 条，第 183 条第 2 款，第 271 条第 2 款，第 394 条	贪污罪	沿用 - 79 刑法 - 155、《贪污罪贿赂罪补充规定》 - 1
403	第 384 条，第 185 条第 2 款，第 272 条第 2 款	挪用公款罪	沿用 - 《贪污罪贿赂罪补充规定》 - 3
404	第 385 条，第 163 条第 3 款，第 184 条第 2 款，第 388 条	受贿罪	沿用 - 79 刑法 - 185、《贪污罪贿赂罪补充规定》 - 4
405	第 387 条	单位受贿罪	沿用 - 《贪污罪贿赂罪补充规定》 - 6
406	第 388 条之一（《刑法修正案（七）》第 13 条）	利用影响力受贿罪	《刑法修正案（七）》增设

序号	刑法条文	现行罪名	罪名渊源
407	第 389 条，第 390 条	行贿罪	沿用 –79 刑法 –185（3）、《贪污罪贿赂罪补充规定》 –7
408	第 390 条之一（《刑法修正案（九）》第 46 条）	对有影响力的人行贿罪	《刑法修正案（九）》增设
409	第 391 条	对单位行贿罪	刑法增设
410	第 392 条	介绍贿赂罪	沿用 –79 刑法 –185（3）
411	第 393 条	单位行贿罪	沿用 –《贪污罪贿赂罪补充规定》 –9
412	第 395 条第 1 款	巨额财产来源不明罪	沿用 –《贪污罪贿赂罪补充规定》 –11（1）
413	第 395 条第 2 款	隐瞒境外存款罪	沿用 –《贪污罪贿赂罪补充规定》 –11（2）
414	第 396 条第 1 款	私分国有资产罪	刑法增设
415	第 396 条第 2 款	私分罚没财物罪	刑法增设
第九章　渎职罪 （本章罪名均系由 79 刑法第 187 条玩忽职守罪分解而来）			
416	第 397 条	滥用职权罪	分解 –79 刑法 –187 –玩忽职守罪
417	第 397 条	玩忽职守罪	沿用 –79 刑法 –187，高检曾将第 2 款解释为国家机关工作人员徇私舞弊罪，后被取消，现"两高"将该条统一解释为滥用职权罪、玩忽职守罪
418	第 398 条	故意泄露国家秘密罪	源自 –79 刑法 –186 –泄露国家重要机密罪
419	第 398 条	过失泄露国家秘密罪	源自 –79 刑法 –186 –泄露国家重要机密罪
420	第 399 条第 1 款	徇私枉法罪	源自 –79 刑法 –188 –徇私舞弊罪，高检曾解释为枉法追诉、裁判罪，该罪名现已取消
421	第 399 条第 2 款	民事、行政枉法裁判罪	刑法增设，高法曾解释为枉法裁判罪，该罪名现已取消
422	第 399 条第 3 款（《刑法修正案（四）》第 8 条第3款）	执行判决、裁定失职罪	《刑法修正案（四）》增设
423	第 399 条第 3 款（《刑法修正案（四）》第 8 条第3款）	执行判决、裁定滥用职权罪	《刑法修正案（四）》增设
424	第 399 条之一（《刑法修正案（六）》第 20 条）	枉法仲裁罪	《刑法修正案（六）》增设

续表

序号	刑法条文	现行罪名	罪名渊源
425	第 400 条第 1 款	私放在押人员罪	源自 –79 刑法 –190 – 私放罪犯罪
426	第 400 条第 2 款	失职致使在押人员脱逃罪	刑法增设
427	第 401 条	徇私舞弊减刑、假释、暂予监外执行罪	刑法增设
428	第 402 条	徇私舞弊不移交刑事案件罪	刑法增设
429	第 403 条	滥用管理公司、证券职权罪	刑法增设
430	第 404 条	徇私舞弊不征、少征税款罪	刑法增设
431	第 405 条第 1 款	徇私舞弊发售发票、抵扣税款、出口退税罪	源自 –《惩治发票犯罪决定》 –9 – 税务机关工作人员玩忽职守罪*
432	第 405 条第 2 款	违法提供出口退税凭证罪	刑法增设
433	第 406 条	国家机关工作人员签订、履行合同失职被骗罪	刑法增设，高法曾解释为国家机关工作人员签订、履行合同失职罪，该罪名现已取消
434	第 407 条	违法发放林木采伐许可证罪	刑法增设
435	第 408 条	环境监管失职罪	刑法增设
436	第 408 条之一（《刑法修正案（十一）》第 45 条）	食品、药品监管渎职罪	《刑法修正案（八）》增设食品监管渎职罪，因《刑法修正案（十一）》修改罪状而取消该罪名，代之以现罪名
437	第 409 条	传染病防治失职罪	刑法增设
438	第 410 条（《全国人民代表大会常务委员会关于修改部分法律的决定》第 2 条）	非法批准征收、征用、占用土地罪	刑法增设非法批准征用、占用土地罪罪名，因《全国人民代表大会常务委员会关于修改部分法律的决定》修改罪状而取消该罪名，代之以现罪名
439	第 410 条	非法低价出让国有土地使用权罪	刑法增设
440	第 411 条	放纵走私罪	刑法增设
441	第 412 条第 1 款	商检徇私舞弊罪	刑法增设

---

* 参见陈兴良主编：《刑法疏议》，中国人民公安大学出版社 1997 年版，第 668 页。

续表

序号	刑法条文	现行罪名	罪名渊源
442	第 412 条第 2 款	商检失职罪	刑法增设
443	第 413 条第 1 款	动植物检疫徇私舞弊罪	刑法增设
444	第 413 条第 2 款	动植物检疫失职罪	刑法增设
445	第 414 条	放纵制售伪劣商品犯罪行为罪	刑法增设
446	第 415 条	办理偷越国（边）境人员出入境证件罪	沿用 –《国（边）境犯罪补充规定》–6（1）
447	第 415 条	放行偷越国（边）境人员罪	沿用 –《国（边）境犯罪补充规定》–6（2）
448	第 416 条第 1 款	不解救被拐卖、绑架妇女、儿童罪	刑法增设
449	第 416 条第 2 款	阻碍解救被拐卖、绑架妇女、儿童罪	源自 –《严惩拐卖、绑架决定》–5（2）– 利用职务阻碍解救被拐卖、绑架妇女、儿童罪
450	第 417 条	帮助犯罪分子逃避处罚罪	刑法增设
451	第 418 条	招收公务员、学生徇私舞弊罪	刑法增设
452	第 419 条	失职造成珍贵文物损毁、流失罪	刑法增设
		第十章　军人违反职责罪	
453	第 421 条	战时违抗命令罪	源自 –《军职罪条例》–17– 违抗命令罪
454	第 422 条	隐瞒、谎报军情罪	源自 –《军职罪条例》–18– 谎报军情罪，刑法增设隐瞒军情罪
455	第 422 条	拒传、假传军令罪	源自 –《军职罪条例》–18– 假传军令罪，刑法增设拒传军令罪
456	第 423 条	投降罪	源自 –《军职罪条例》–19– 自动投降罪
457	第 424 条	战时临阵脱逃罪	源自 –《军职罪条例》–16– 临阵脱逃罪
458	第 425 条	擅离、玩忽军事职守罪	沿用 –《军职罪条例》–5
459	第 426 条	阻碍执行军事职务罪	源自 –《军职罪条例》–10– 阻碍执行职务罪
460	第 427 条	指使部属违反职责罪	刑法增设
461	第 428 条	违令作战消极罪	刑法增设
462	第 429 条	拒不救援友邻部队罪	刑法增设
463	第 430 条	军人叛逃罪	源自 –《军职罪条例》–7– 偷越国（边）境外逃罪
464	第 431 条第 1 款	非法获取军事秘密罪	刑法增设
465	第 431 条第 2 款	为境外窃取、刺探、收买、非法提供军事秘密罪	源自 –《军职罪条例》–4（3）– 窃取、刺探、提供军事机密罪
466	第 432 条	故意泄露军事秘密罪	源自 –《军职罪条例》–4– 泄露军事秘密罪

续表

序号	刑法条文	现行罪名	罪名渊源
467	第 432 条	过失泄露军事秘密罪	源自 –《军职罪条例》–4–泄露军事秘密罪
468	第 433 条	战时造谣惑众罪	沿用 –《军职罪条例》–14
469	第 434 条	战时自伤罪	沿用 –《军职罪条例》–13
470	第 435 条	逃离部队罪	沿用 –《军职罪条例》–6
471	第 436 条	武器装备肇事罪	沿用 –《军职罪条例》–3
472	第 437 条	擅自改变武器装备编配用途罪	刑法增设
473	第 438 条第 1 款	盗窃、抢夺武器装备、军用物资罪	源自 –《军职罪条例》–11–盗窃武器装备、军用物资罪，刑法新增设抢夺武器装备、军用物资罪
474	第 439 条	非法出卖、转让武器装备罪	刑法增设
475	第 440 条	遗弃武器装备罪	刑法增设
476	第 441 条	遗失武器装备罪	刑法增设
477	第 442 条	擅自出卖、转让军队房地产罪	刑法增设
478	第 443 条	虐待部属罪	源自 –《军职罪条例》–9–虐待、迫害部属罪
479	第 444 条	遗弃伤病军人罪	源自 –《军职罪条例》–15–遗弃伤员罪
480	第 445 条	战时拒不救治伤病军人罪	刑法增设
481	第 446 条	战时残害居民、掠夺居民财物罪	源自 –《军职罪条例》–20–掠夺、残害战区无辜居民罪
482	第 447 条	私放俘虏罪	刑法增设
483	第 448 条	虐待俘虏罪	沿用 –《军职罪条例》–21

注释：

一、79 刑法指 1979 年刑法，刑法指 1997 年刑法。

二、"罪名渊源"一栏中的排列顺序依次为：关系词 –79 刑法/单行刑法 –条款 –原罪名，表示 1997 年刑法第 × 条第 × 款 × 罪源于/沿用/分解 1979 年刑法或单行刑法第 × 条第 × 款 × 罪。现举例说明：

例 1：（第 102 条）源自 –79 刑法 –91 –背叛祖国罪，表示 1997 年刑法第 102 条背叛国家罪源于 1979 年刑法第 91 条的背叛祖国罪。

例 2：（第 389 条、第 393 条）沿用 –79 刑法 –185（3）、《贪污罪贿赂罪补充规定》–7，表示 1997 年刑法第 389 条、第 393 条的行贿罪沿用 1979 年刑法第 185 条第 3 款和《关于惩治贪污罪贿赂罪的补充规定》第 7 条的罪名。

例 3：（第 347 条）源自 –79 刑法 –171 –制造、贩卖、运输毒品罪，沿用 –《关于禁毒的决定》–2，表示 1997 年刑法第 347 条走私、贩卖、运输、制造毒品罪源于 1979 年刑法第 171 条制造、贩卖、运输毒品罪，沿用了《关于禁毒的决定》第 2 条的罪名。

例 4：（第 293 条）分解 –79 刑法 –160 –流氓罪，表示 1997 年刑法第 293 条寻衅滋事罪系从

1979 年刑法第 160 条的流氓罪分解而来。

三、单行刑法简称对应表：

1.《外汇犯罪决定》全称为《关于惩治骗购外汇、逃汇和非法买卖外汇犯罪的决定》（1998 年 12 月 29 日公布施行）；

2.《军职罪条例》全称为《惩治军人违反职责罪暂行条例》（1981 年 6 月 10 日公布　1982 年 1 月 1 日施行）；

3.《贪污罪贿赂罪补充规定》全称为《关于惩治贪污罪贿赂罪的补充规定》（1988 年 1 月 21 日公布施行）；

4.《走私罪补充规定》全称为《关于惩治走私罪的补充规定》（1988 年 1 月 21 日公布施行）；

5.《惩治淫秽物品的决定》全称为《关于惩治走私、制作、贩卖、传播淫秽物品的犯罪分子的决定》（1990 年 12 月 28 日公布施行）；

6.《严惩拐卖、绑架决定》全称为《关于严惩拐卖、绑架妇女、儿童的犯罪分子的决定》（1991 年 9 月 4 日公布施行）；

7.《偷税、抗税补充规定》全称为《关于惩治偷税、抗税犯罪的补充规定》（1992 年 9 月 4 日公布　1993 年 1 月 1 日施行）；

8.《商标犯罪补充规定》全称为《关于惩治假冒注册商标犯罪的补充规定》（1993 年 2 月 22 日公布施行）；

9.《惩治商品犯罪决定》全称为《关于惩治生产、销售伪劣商品犯罪的决定》（1993 年 7 月 2 日公布　1993 年 9 月 1 日施行）；

10.《国（边）境犯罪补充规定》全称为《关于严惩组织、运送他人偷越国（边）境犯罪的补充规定》（1994 年 3 月 5 日公布施行）；

11.《著作权犯罪决定》全称为《关于惩治侵犯著作权的犯罪的决定》（1994 年 7 月 5 日公布施行）；

12.《公司法犯罪决定》全称为《关于惩治违反公司法的犯罪的决定》（1995 年 2 月 28 日公布施行）；

13.《金融犯罪决定》全称为《关于惩治破坏金融秩序犯罪的决定》（1995 年 6 月 30 日公布施行）；

14.《惩治发票犯罪决定》全称为《关于惩治虚开、伪造和非法出售增值税专用发票犯罪的决定》（1995 年 10 月 30 日公布施行）。

附录（二）

刑法修正案、单行法律新增罪名一览表

序号	刑法条文	罪名	备注
1	《关于惩治骗购外汇、逃汇和非法买卖外汇犯罪的决定》第1条	骗购外汇罪	增设
2	《刑法修正案》第 1 条（第 162 条之一①）	隐匿、故意销毁会计凭证、会计账簿、财务会计报告罪	增设
3	《刑法修正案》第 2 条（第 168 条）	国有公司、企业、事业单位人员失职罪	取代徇私舞弊造成破产、亏损罪
4	《刑法修正案》第 2 条（第 168 条）	国有公司、企业、事业单位人员滥用职权罪	取代徇私舞弊造成破产、亏损罪
5	《刑法修正案》第 3 条（第 174 条第 2 款）	伪造、变造、转让金融机构经营许可证、批准文件罪	增设伪造、变造、转让金融机构批准文件罪
6	《刑法修正案》第 5 条第 1 款（第 181 条第 1 款）	编造并传播证券、期货交易虚假信息罪	增设编造并传播期货交易虚假信息罪
7	《刑法修正案》第 5 条第 2 款（第 181 条第 2 款）	诱骗投资者买卖证券、期货合约罪	增设诱骗投资者买卖期货合约罪
8	《刑法修正案》第 6 条（第 182 条）	操纵证券、期货交易价格罪	增设操纵期货交易价格罪
9	《刑法修正案（二）》（第 342 条）	非法占用农用地罪	取代非法占用耕地罪
10	《刑法修正案（三）》第 1 条、第 2 条（第 114 条、第 115 条第 1 款）	投放危险物质罪	取代投毒罪
11	《刑法修正案（三）》第 2 条（第 115 条第 2 款）	过失投放危险物质罪	取代过失投毒罪
12	《刑法修正案（三）》第 4 条（第 120 条之一）	资助恐怖活动罪	增设
13	《刑法修正案（三）》第 5 条（第 125 条第 2 款）	非法制造、买卖、运输、储存危险物质罪	取代非法买卖、运输核材料罪
14	《刑法修正案（三）》第 6 条第 1 款（第 127 条第 1 款）	盗窃、抢夺枪支、弹药、爆炸物、危险物质罪	增设盗窃、抢夺危险物质罪

---

① 括号中的序号系指刑法条文，下同。

续表

序号	刑法条文	罪名	备注
15	《刑法修正案（三）》第6条第2款（第127条第2款）	抢劫枪支、弹药、爆炸物、危险物质罪	增设抢劫危险物质罪
16	《刑法修正案（三）》第8条（第291条之一）	投放虚假危险物质罪	增设
17	《刑法修正案（三）》第8条（第291条之一）	编造、故意传播虚假恐怖信息罪	增设
18	《刑法修正案（四）》第2条（第152条第2款）	走私废物罪	取代刑法原第155条第3项走私固体废物罪
19	《刑法修正案（四）》第4条（第244条之一）	雇用童工从事危重劳动罪	增设
20	《刑法修正案（四）》第6条（第344条）	非法采伐、毁坏国家重点保护植物罪	取代非法采伐、毁坏珍贵树木罪
21	《刑法修正案（四）》第6条（第344条）	非法收购、运输、加工、出售国家重点保护植物、国家重点保护植物制品罪	增设
22	《刑法修正案（四）》第7条第3款（第345条第3款）	非法收购、运输盗伐、滥伐的林木罪	取代非法收购盗伐、滥伐的林木罪
23	《刑法修正案（四）》第8条第3款（第399条第3款）	执行判决、裁定失职罪	增设
24	《刑法修正案（四）》第8条第3款（第399条第3款）	执行判决、裁定滥用职权罪	增设
25	《刑法修正案（五）》第1条第1款（第177条之一第1款）	妨害信用卡管理罪	增设
26	《刑法修正案（五）》第1条第2款（第177条之一第2款）	窃取、收买、非法提供信用卡信息罪	增设
27	《刑法修正案（五）》第3条第2款（第369条第2款）	过失损坏武器装备、军事设施、军事通信罪	增设
28	《刑法修正案（六）》第1条第2款（第134条第2款）	强令违章冒险作业罪	由97刑法重大责任事故罪分解而来
29	《刑法修正案（六）》第3条（第135条之一）	大型群众性活动重大安全事故罪	增设
30	《刑法修正案（六）》第4条（第139条之一）	不报、谎报安全事故罪	增设
31	《刑法修正案（六）》第5条（第161条）	违规披露、不披露重要信息罪	取代提供虚假财会报告罪
32	《刑法修正案（六）》第6条（第162条之二）	虚假破产罪	增设
33	《刑法修正案（六）》第7条（第163条）	非国家工作人员受贿罪	取代公司、企业人员受贿罪

序号	刑法条文	罪名	备注
34	《刑法修正案（六）》第8条（第164条第1款）	对非国家工作人员行贿罪	取代对公司、企业人员行贿罪
35	《刑法修正案（六）》第9条（第169条之一）	背信损害上市公司利益罪	增设
36	《刑法修正案（六）》第10条（第175条之一）	骗取贷款、票据承兑、金融票证罪	增设
37	《刑法修正案（六）》第11条（第182条）	操纵证券、期货市场罪	取代操纵证券、期货交易价格罪
38	《刑法修正案（六）》第12条第1款（第185条之一第1款）	背信运用受托财产罪	增设
39	《刑法修正案（六）》第12条第2款（第185条之一第2款）	违法运用资金罪	增设
40	《刑法修正案（六）》第14条（第187条）	吸收客户资金不入账罪	取代用账外客户资金非法拆借、发放贷款罪
41	《刑法修正案（六）》第15条（第188条）	违规出具金融票证罪	取代非法出具金融票证罪
42	《刑法修正案（六）》第17条（第262条之一）	组织残疾人、儿童乞讨罪	增设
43	《刑法修正案（六）》第18条第2款（第303条第2款）	开设赌场罪	由97刑法赌博罪分解而来
44	《刑法修正案（六）》第19条（第312条）	掩饰、隐瞒犯罪所得、犯罪所得收益罪	取代窝藏、转移、收购、销售赃物罪
45	《刑法修正案（六）》第20条（第399条之一）	枉法仲裁罪	增设
46	《刑法修正案（七）》第1条（第151条第3款）	走私国家禁止进出口的货物、物品罪	取代走私珍稀植物、珍稀植物制品罪
47	《刑法修正案（七）》第2条第2款（第180条第4款）	利用未公开信息交易罪	增设
48	《刑法修正案（七）》第3条（第201条）	逃税罪	取代偷税罪
49	《刑法修正案（七）》第4条（第224条之一）	组织、领导传销活动罪	增设
50	《刑法修正案（七）》第7条第1款（第253条之一第1款）	出售、非法提供公民个人信息罪	增设
51	《刑法修正案（七）》第7条第2款（第253条之一第2款）	非法获取公民个人信息罪	增设
52	《刑法修正案（七）》第8条（第262条之二）	组织未成年人进行违反治安管理活动罪	增设
53	《刑法修正案（七）》第9条第1款（第285条第2款）	非法获取计算机信息系统数据、非法控制计算机信息系统罪	增设

续表

序号	刑法条文	罪名	备注
54	《刑法修正案（七）》第9条第2款（第285条第3款）	提供侵入、非法控制计算机信息系统程序、工具罪	增设
55	《刑法修正案（七）》第11条（第337条第1款）	妨害动植物防疫、检疫罪	取代逃避动植物检疫罪
56	《刑法修正案（七）》第12条第1款（第375条第2款）	非法生产、买卖武装部队制式服装罪	取代非法生产、买卖军用标志罪
57	《刑法修正案（七）》第12条第2款（第375条第3款）	伪造、盗窃、买卖、非法提供、非法使用武装部队专用标志罪	增设
58	《刑法修正案（七）》第13条（第388条之一）	利用影响力受贿罪	增设
59	《刑法修正案（八）》第22条（第133条之一）	危险驾驶罪	增设
60	《刑法修正案（八）》第24条（第143条）	生产、销售不符合安全标准的食品罪	取代生产、销售不符合卫生标准的食品罪
61	《刑法修正案（八）》第29条第2款（第164条第2款）	对外国公职人员、国际公共组织官员行贿罪	增设
62	《刑法修正案（八）》第33条（第205条之一）	虚开发票罪	增设
63	《刑法修正案（八）》第35条（第210条之一）	持有伪造的发票罪	增设
64	《刑法修正案（八）》第37条第1款（第234条之一第1款）	组织出卖人体器官罪	增设
65	《刑法修正案（八）》第38条（第244条）	强迫劳动罪	取代强迫职工劳动罪
66	《刑法修正案（八）》第41条（第276条之一）	拒不支付劳动报酬罪	增设
67	《刑法修正案（八）》第46条（第338条）	污染环境罪	取代重大环境污染事故罪
68	《刑法修正案（八）》第49条（第408条之一）	食品监管渎职罪	增设
69	《刑法修正案（九）》第6条（第120条之一）	帮助恐怖活动罪	取代《刑法修正案（三）》第4条的资助恐怖活动罪
70	《刑法修正案（九）》第7条（第120条之二）	准备实施恐怖活动罪	增设
71	《刑法修正案（九）》第7条（第120条之三）	宣扬恐怖主义、极端主义、煽动实施恐怖活动罪	增设
72	《刑法修正案（九）》第7条（第120条之四）	利用极端主义破坏法律实施罪	增设

续表

序号	刑法条文	罪名	备注
73	《刑法修正案（九）》第 7 条（第 120 条之五）	强制穿戴宣扬恐怖主义、极端主义服饰、标志罪	增设
74	《刑法修正案（九）》第 7 条（第 120 条之六）	非法持有宣扬恐怖主义、极端主义物品罪	增设
75	《刑法修正案（九）》第 13 条第 1 款、第 2 款（第 237 条第 1 款、第 2 款）	强制猥亵、侮辱罪	取代强制猥亵、侮辱妇女罪
76	《刑法修正案（九）》第 17 条（第 253 条之一）	侵犯公民个人信息罪	取代《刑法修正案（七）》第 7 条增设的出售、非法提供公民个人信息罪和非法获取公民个人信息罪
77	《刑法修正案（九）》第 19 条（第 260 条之一）	虐待被监护、看护人罪	增设
78	《刑法修正案（九）》第 22 条第 3 款（第 280 条第 3 款）	伪造、变造、买卖身份证件罪	取代伪造、变造居民身份证罪
79	《刑法修正案（九）》第 23 条（第 280 条之一）	使用虚假身份证件、盗用身份证件罪	增设
80	《刑法修正案（九）》第 24 条（第 283 条）	非法生产、销售专用间谍器材、窃听、窃照专用器材罪	取代非法生产、销售间谍专用器材罪
81	《刑法修正案（九）》第 25 条第 1 款、第 2 款（第 284 条之一第 1 款、第 2 款）	组织考试作弊罪	增设
82	《刑法修正案（九）》第 25 条第 3 款（第 284 条之一第 3 款）	非法出售、提供试题、答案罪	增设
83	《刑法修正案（九）》第 25 条第 4 款（第 284 条之一第 4 款）	代替考试罪	增设
84	《刑法修正案（九）》第 28 条（第 286 条之一）	拒不履行信息网络安全管理义务罪	增设
85	《刑法修正案（九）》第 29 条（第 287 条之一）	非法利用信息网络罪	增设
86	《刑法修正案（九）》第 29 条（第 287 条之二）	帮助信息网络犯罪活动罪	增设
87	《刑法修正案（九）》第 31 条第 2 款（第 290 条第 3 款）	扰乱国家机关工作秩序罪	增设
88	《刑法修正案（九）》第 31 条第 3 款（第 290 条第 4 款）	组织、资助非法聚集罪	增设
89	《刑法修正案（九）》第 32 条（第 291 条之一第 2 款）	编造、故意传播虚假信息罪	增设
90	《刑法修正案（九）》第 33 条第 2 款（第 300 条第 2 款）	组织、利用会道门、邪教组织、利用迷信致人重伤、死亡罪	取代组织、利用会道门、邪教组织、利用迷信致人死亡罪

续表

序号	刑法条文	罪名	备注
91	《刑法修正案（九）》第34条（第302条）	盗窃、侮辱、故意毁坏尸体、尸骨、骨灰罪	取代盗窃、侮辱尸体罪
92	《刑法修正案（九）》第35条（第307条之一）	虚假诉讼罪	增设
93	《刑法修正案（九）》第36条第1款（第308条之一第1款）	泄露不应公开的案件信息罪	增设
94	《刑法修正案（九）》第36条第3款（第308条之一第3款）	披露、报道不应公开的案件信息罪	增设
95	《刑法修正案（九）》第38条（第311条）	拒绝提供间谍犯罪、恐怖主义犯罪、极端主义犯罪证据罪	取代拒绝提供间谍犯罪证据罪
96	《刑法修正案（九）》第41条（第350条）	非法生产、买卖、运输制毒物品、走私制毒物品罪	取代非法买卖制毒物品罪、走私制毒物品罪
97	《全国人民代表大会常务委员会关于修改部分法律的决定》第2条（第381条）	战时拒绝军事征收、征用罪	取代战时拒绝军事征用罪
98	《刑法修正案（九）》第46条（第390条之一）	对有影响力的人行贿罪	增设
99	《全国人民代表大会常务委员会关于修改部分法律的决定》第2条（第410条）	非法批准征收、征用、占用土地罪	取代非法批准征用、占用土地罪
100	《刑法修正案（十）》（第299条）	侮辱国旗、国徽、国歌罪	取代侮辱国旗、国徽罪
101	《刑法修正案（十一）》第2条（第133条之二）	妨害安全驾驶罪	增设
102	《刑法修正案（十一）》第3条（第134条第2款）	强令、组织他人违章冒险作业罪	取代强令违章冒险作业罪
103	《刑法修正案（十一）》第4条（第134条之一）	危险作业罪	增设
104	《刑法修正案（十一）》第5条（第141条）	提供假药罪	增设
105	《刑法修正案（十一）》第6条（第142条）	提供劣药罪	增设
106	《刑法修正案（十一）》第7条（第142条之一）	妨害药品管理罪	增设

续表

序号	刑法条文	罪名	备注
107	《刑法修正案（十一）》第 8 条（第 160 条）	欺诈发行证券罪	取代欺诈发行股票、债券罪
108	《刑法修正案（十一）》第 23 条（第 219 条之一）	为境外窃取、刺探、收买、非法提供商业秘密罪	增设
109	《刑法修正案（十一）》第 27 条（第 236 条之一）	负有照护职责人员性侵罪	增设
110	《刑法修正案（十一）》第 31 条（第 277 条第 5 款）	袭警罪	增设
111	《刑法修正案（十一）》第 32 条（第 280 条之二）	冒名顶替罪	增设
112	《刑法修正案（十一）》第 33 条（第 291 条之二）	高空抛物罪	增设
113	《刑法修正案（十一）》第 34 条（第 293 条之一）	催收非法债务罪	增设
114	《刑法修正案（十一）》第 35 条（第 299 条之一）	侵害英雄烈士名誉、荣誉罪	增设
115	《刑法修正案（十一）》第 36 条（第 303 条第 3 款）	组织参与国（境）外赌博罪	增设
116	《刑法修正案（十一）》第 38 条（第 334 条之一）	非法采集人类遗传资源、走私人类遗传资源材料罪	增设
117	《刑法修正案（十一）》第 39 条（第 336 条之一）	非法植入基因编辑、克隆胚胎罪	增设
118	（第 341 条第 1 款）	危害珍贵、濒危野生动物罪	取代非法猎捕、杀害珍贵、濒危野生动物罪和非法收购、运输、出售珍贵、濒危野生动物、珍贵、濒危野生动物制品罪
119	《刑法修正案（十一）》第 41 条（第 341 条第 3 款）	非法猎捕、收购、运输、出售陆生野生动物罪	增设

序号	刑法条文	罪名	备注
120	《刑法修正案（十一）》第 42 条（第 342 条之一）	破坏自然保护地罪	增设
121	《刑法修正案（四）》第 6 条（第 344 条）	危害国家重点保护植物罪	取代非法采伐、毁坏国家重点保护植物罪和非法收购、运输、加工、出售国家重点保护植物、国家重点保护植物制品罪
122	《刑法修正案（十一）》第 43 条（第 344 条之一）	非法引进、释放、丢弃外来入侵物种罪	增设
123	《刑法修正案（十一）》第 44 条（第 355 条之一）	妨害兴奋剂管理罪	增设
124	《刑法修正案（十一）》第 45 条（第 408 条之一）	食品、药品监管渎职罪	取代食品监管渎职罪
125	《刑法修正案（十二）》第 3 条（第 169 条）	徇私舞弊低价折股、出售公司、企业资产罪	取代徇私舞弊低价折股、出售国有资产罪

附录（三）

最高人民法院、最高人民检察院
取消罪名一览表（1997 年刑法）^①

序号	取消罪名	刑法条文	新罪名
1	投毒罪	第 114 条、第 115 条第 1 款（《刑法修正案（三）》第 1 条、第 2 条）	投放危险物质罪
2	过失投毒罪	第 115 条第 2 款（《刑法修正案（三）》第 2 条）	过失投放危险物质罪
3	非法买卖、运输核材料罪	第 125 条第 2 款（《刑法修正案（三）》第 5 条）	非法制造、买卖、运输、储存危险物质罪
4	走私固体废物罪	第 155 条第 3 项	走私废物罪（第 152 条第 2 款，《刑法修正案（四）》第 2 条）
5	提供虚假财会报告罪	第 161 条（《刑法修正案（六）》第 5 条）	违规披露、不披露重要信息罪
6	公司、企业人员受贿罪	第 163 条（《刑法修正案（六）》第 7 条）	非国家工作人员受贿罪
7	对公司、企业人员行贿罪	第 164 条（《刑法修正案（六）》第 8 条）	对非国家工作人员行贿罪
8	徇私舞弊造成破产、亏损罪	第 168 条（《刑法修正案》第 2 条）	国有公司、企业、事业单位人员失职罪，国有公司、企业、事业单位人员滥用职权罪
9	操纵证券、期货交易价格罪	第 182 条（《刑法修正案（六）》第 11 条）	操纵证券、期货市场罪
10	违法向关系人发放贷款罪	第 186 条第 1 款（《刑法修正案（六）》第 13 条）	违法发放贷款罪
11	用账外客户资金非法拆借、发放贷款罪	第 187 条（《刑法修正案（六）》第 14 条）	吸收客户资金不入账罪
12	非法出具金融票证罪	第 188 条（《刑法修正案（六）》第 15 条）	违规出具金融票证罪
13	中介组织人员提供虚假证明文件罪	第 229 条第 1 款、第 2 款	"两高"原司法解释确定的罪名，后重新解释为提供虚假证明文件罪

---

　　① 本表根据立法机关颁布的单行法律、各刑法修正案以及"两高"据此作出的有关罪名的司法解释整理。

序号	取消罪名	刑法条文	新罪名
14	中介组织人员出具证明文件重大失实罪	第 229 条第 3 款	"两高"原司法解释确定的罪名，后重新解释为出具证明文件重大失实罪
15	窝藏、转移、收购、销售赃物罪	第 312 条（《刑法修正案（六）》第 19 条）	掩饰、隐瞒犯罪所得、犯罪所得收益罪
16	奸淫幼女罪	第 236 条第 2 款	"两高"原司法解释确定的罪名，后重新解释为强奸罪
17	非法占用耕地罪	第 342 条（《刑法修正案（二）》）	非法占用农用地罪
18	非法采伐、毁坏珍贵树木罪	第 344 条（《刑法修正案（四）》第 6 条）	非法采伐、毁坏国家重点保护植物罪
19	非法收购盗伐、滥伐的林木罪	第 345 条第 3 款（《刑法修正案（四）》第 7 条第 3 款）	非法收购、运输盗伐、滥伐的林木罪
20	国家机关工作人员徇私舞弊罪	第 397 条第 2 款	最高人民检察院原司法解释确定的罪名，后"两高"将其重新解释为滥用职权罪、玩忽职守罪
21	枉法追诉、裁判罪	第 399 条第 1 款	最高人民检察院原司法解释确定的罪名，后"两高"将其重新解释为徇私枉法罪
22	枉法裁判罪	第 399 条第 2 款	最高人民法院原司法解释确定的罪名，后"两高"将其重新解释为民事、行政枉法追诉、裁判罪
23	国家机关工作人员签订、履行合同失职罪	第 406 条	最高人民法院原司法解释确定的罪名，后"两高"将其重新解释为国家机关工作人员签订、履行合同失职被骗罪
24	走私珍稀植物、珍稀植物制品罪	第 151 条第 3 款（《刑法修正案（七）》第 1 条）	走私国家禁止进出口的货物、物品罪
25	偷税罪	第 201 条（《刑法修正案（七）》第 3 条）	逃税罪
26	逃避动植物检疫罪	第 337 条第 1 款（《刑法修正案（七）》第 11 条）	妨害动植物防疫、检疫罪
27	非法生产、买卖军用标志罪	第 375 条第 2 款（《刑法修正案（七）》第 12 条第 1 款）	非法生产、买卖武装部队制式服装罪

续表

序号	取消罪名	刑法条文	新罪名
28	生产、销售不符合卫生标准的食品罪	第 143 条（《刑法修正案（八）》第 24 条）	生产、销售不符合安全标准的食品罪
29	强迫职工劳动罪	第 244 条（《刑法修正案（八）》第 38 条）	强迫劳动罪
30	重大环境污染事故罪	第 338 条（《刑法修正案（八）》第 46 条）	污染环境罪
31	资助恐怖活动罪	第 120 条之一（《刑法修正案（九）》第 6 条）	帮助恐怖活动罪
32	强制猥亵、侮辱妇女罪	第 237 条第 1 款、第 2 款（《刑法修正案（九）》第 13 条第 1 款、第 2 款）	强制猥亵、侮辱罪
33	出售、非法提供公民个人信息罪	第 253 条之一（《刑法修正案（九）》第 17 条）	侵犯公民个人信息罪
34	非法获取公民个人信息罪	第 253 条之一（《刑法修正案（九）》第 17 条）	侵犯公民个人信息罪
35	伪造、变造居民身份证罪	第 280 条第 3 款（《刑法修正案（九）》第 22 条第 3 款）	伪造、变造、买卖身份证件罪
36	非法生产、销售间谍专用器材罪	第 283 条（《刑法修正案（九）》第 24 条）	非法生产、销售专用间谍器材、窃听、窃照专用器材罪
37	组织、利用会道门、邪教组织、利用迷信致人死亡罪	第 300 条第 2 款（《刑法修正案（九）》第 33 条第 2 款）	组织、利用会道门、邪教组织、利用迷信致人重伤、死亡罪
38	盗窃、侮辱尸体罪	第 302 条（《刑法修正案（九）》第 34 条）	盗窃、侮辱、故意毁坏尸体、尸骨、骨灰罪
39	拒绝提供间谍犯罪证据罪	第 311 条（《刑法修正案（九）》第 38 条）	拒绝提供间谍犯罪、恐怖主义犯罪、极端主义犯罪证据罪
40	走私制毒物品罪	第 350 条（《刑法修正案（九）》第 41 条）	非法生产、买卖、运输制毒物品、走私制毒物品罪
41	非法买卖制毒物品罪	第 350 条（《刑法修正案（九）》第 41 条）	非法生产、买卖、运输制毒物品、走私制毒物品罪
42	嫖宿幼女罪	第 360 条第 2 款（《刑法修正案（九）》第 43 条）	该款删除
43	战时拒绝军事征用罪	第 381 条（《全国人民代表大会常务委员会关于修改部分法律的决定》第 2 条）	战时拒绝军事征收、征用罪
44	非法批准征用、占用土地罪	第 410 条（《全国人民代表大会常务委员会关于修改部分法律的决定》第 2 条）	非法批准征收、征用、占用土地罪

序号	取消罪名	刑法条文	新罪名
45	侮辱国旗、国徽罪	第299条（《刑法修正案（十）》）	侮辱国旗、国徽罪、国歌罪
46	强令违章冒险作业罪	第134条第2款（《刑法修正案（十一）》第3条）	强令、组织他人违章冒险作业罪
47	生产、销售假药罪	第141条（《刑法修正案（十一）》第5条）	生产、销售、提供假药罪
48	生产、销售劣药罪	第142条（《刑法修正案（十一）》第6条）	生产、销售、提供劣药罪
49	欺诈发行股票、债券罪	第160条（《刑法修正案（十一）》第8条）	欺诈发行证券罪
50	非法猎捕、杀害珍贵、濒危野生动物罪	第341条第1款	危害珍贵、濒危野生动物罪
51	非法收购、运输、出售珍贵、濒危野生动物、珍贵、濒危野生动物制品罪	第341条第1款	危害珍贵、濒危野生动物罪
52	非法采伐、毁坏国家重点保护植物罪	第344条	危害国家重点保护植物罪
53	非法收购、运输、加工、出售国家重点保护植物、国家重点保护植物制品罪	第344条	危害国家重点保护植物罪
54	食品监管渎职罪	第408条之一（《刑法修正案（十一）》第45条）	食品、药品监管渎职罪
55	徇私舞弊低价折股、出售国有资产罪	第169条（《刑法修正案（十二）》第3条）	徇私舞弊低价折股、出售公司、企业资产罪

附录（四）

废除罪名一览表（1979 年刑法）[①]

序号	废除罪名	1979 刑法条文	与 1997 刑法之关系
1	反革命罪	第 90 条	已删除该条文，修订刑法中的危害国家安全罪不要求有特定目的，具备主观故意即可
2	组织、领导反革命集团罪	第 98 条	分别以分裂国家罪、武装叛乱、暴乱罪、颠覆国家政权罪定性
3	组织、利用封建迷信、会道门进行反革命活动罪	第 99 条	分别以组织、利用会道门、邪教、利用迷信破坏法律实施罪，组织、利用会道门、邪教组织、利用迷信致人死亡罪定性
4	反革命破坏罪	第 100 条	以相关罪名（如劫持航空器罪等）定性
5	反革命杀人、伤人罪	第 101 条	以故意杀人罪、故意伤害罪定性
6	反革命宣传煽动罪	第 102 条	分解为煽动分裂国家罪、煽动颠覆国家政权罪、煽动群众暴力抗拒国家法律实施罪
7	投机倒把罪	第 117 条	分解为非法经营罪、倒卖文物罪、倒卖车票、船票罪等罪名
8	聚众打砸抢罪	第 137 条	分别以故意杀人罪、故意伤害罪、抢劫罪定性
9	拐卖人口罪	第 141 条	拐卖妇女、儿童罪
10	绑架妇女、儿童罪	《决定》[②] 第 2 条第 1 款	作为拐卖妇女、儿童罪的加重情节
11	非法管制罪	第 144 条	已作非犯罪化处理
12	惯窃、惯骗罪	第 152 条	分别作为诈骗罪、盗窃罪的量刑情节考虑
13	流氓罪	第 160 条	分解为强制猥亵、侮辱妇女罪、聚众斗殴罪、寻衅滋事罪、聚众淫乱罪
14	神汉、巫婆借迷信造谣、诈骗财物罪	第 165 条	分别以强奸罪、诈骗罪定性
15	盗运珍贵文物出口罪	第 173 条	以走私文物罪定性

---

　　① 这里的废除包括两种情形：（1）实质上废除，即某一罪名已经被废除，该行为在修订后的刑法中不再作为犯罪处理；（2）形式上废除，即在刑法分则中，取消了某些罪名，也即罪名虽然废除了，但其内容经过分解以后仍然存在于法典中。——参见陈兴良主编：《新旧刑法比较研究——废、改、立》导言部分，中国人民公安大学出版社 1998 年版。

　　② 指全国人民代表大会常务委员会《关于严惩拐卖、绑架妇女、儿童的犯罪分子的决定》。

附录（五）

刑事法律文件分类目录索引[*]

一、单行刑事法律

1. 全国人民代表大会常务委员会关于我国加入《关于防止和惩处侵害应受国际保护人员包括外交代表的罪行的公约》的决定（1987 年 6 月 23 日公布施行）

2. 全国人民代表大会常务委员会关于惩治骗购外汇、逃汇和非法买卖外汇犯罪的决定（1998 年 12 月 29 日公布施行　主席令第十四号）

3. 全国人民代表大会常务委员会关于取缔邪教组织、防范和惩治邪教活动的决定（1999 年 10 月 30 日公布施行）

4. 全国人民代表大会常务委员会关于维护互联网安全的决定（2000 年 12 月 28 日公布施行 2009 年修正）

5. 中华人民共和国主席特赦令（2015 年 8 月 29 日公布施行）

二、刑法修正案

1. 中华人民共和国刑法修正案（1999 年 12 月 25 日公布施行　主席令第二十七号）

2. 中华人民共和国刑法修正案（二）（2001 年 8 月 31 日公布施行　主席令第五十六号）

3. 中华人民共和国刑法修正案（三）（2001 年 12 月 29 日公布施行　主席令第六十四号）

4. 中华人民共和国刑法修正案（四）（2002 年 12 月 28 日公布施行　主席令第八十三号）

5. 中华人民共和国刑法修正案（五）（2005 年 2 月 28 日公布施行　主席令第三十二号）

6. 中华人民共和国刑法修正案（六）（2006 年 6 月 29 日公布施行　主席令第五十一号）

7. 中华人民共和国刑法修正案（七）（2009 年 2 月 28 日公布施行　主席令第十号）

8. 中华人民共和国刑法修正案（八）（2011 年 2 月 25 日公布　2011 年 5 月 1 日施行　主席令第四十一号）

9. 中华人民共和国刑法修正案（九）（2015 年 8 月 29 日公布　2015 年 11 月 1 日施行　主席令第三十号）

10. 中华人民共和国刑法修正案（十）（2017 年 11 月 4 日公布施行　主席令第八十号）

11. 中华人民共和国刑法修正案（十一）（2020 年 12 月 26 日公布　2021 年 3 月 1 日施行　主席令第六十六号）

12. 中华人民共和国刑法修正案（十二）（2023 年 12 月 29 日公布　2024 年 3 月 1 日施行　主席令第十八号）

三、刑法立法文件

（一）立法解释

1. 全国人民代表大会常务委员会关于《中华人民共和国刑法》第九十三条第二款的解释（2000 年 4 月 29 日公布施行　2009 年修正）

2. 全国人民代表大会常务委员会关于《中华人民共和国刑法》第二百二十八条、第三百四十二条、第四百一十条的解释（2001 年 8 月 31 日通过　2009 年修正）

3. 全国人民代表大会常务委员会关于刑法第二百九十四条第一款的解释（2002 年 4 月 28 日公布施行）

4. 全国人民代表大会常务委员会关于刑法第三百八十四条第一款的解释（2002 年 4 月 28 日公布施行）

5. 全国人民代表大会常务委员会关于《中华人民共和国刑法》第三百一十三条的解释（2002 年

---

* 本索引包括本书引用的除法律法规外的所有法律文件，原则上以颁发主体进行分类，并依照各类别法律文件发布日期先后排列。

8 月 29 日公布施行）

6. 全国人民代表大会常务委员会关于《中华人民共和国刑法》第九章渎职罪主体适用问题的解释（2002 年 12 月 28 日公布施行）

7. 全国人民代表大会常务委员会关于《中华人民共和国刑法》有关信用卡规定的解释（2004 年 12 月 29 日公布施行）

8. 全国人民代表大会常务委员会关于《中华人民共和国刑法》有关文物的规定适用于具有科学价值的古脊椎动物化石、古人类化石的解释（2005 年 12 月 29 日公布施行）

9. 全国人民代表大会常务委员会关于《中华人民共和国刑法》有关出口退税、抵扣税款的其他发票规定的解释（2005 年 12 月 29 日公布施行）

10. 全国人民代表大会常务委员会关于《中华人民共和国刑法》第三十条的解释（2014 年 4 月 24 日公布施行）

11. 全国人民代表大会常务委员会关于《中华人民共和国刑法》第一百五十八条、第一百五十九条的解释（2014 年 4 月 24 日公布施行）

12. 全国人民代表大会常务委员会关于《中华人民共和国刑法》第二百六十六条的解释（2014 年 4 月 24 日公布施行）

13. 全国人民代表大会常务委员会关于《中华人民共和国刑法》第三百四十一条、第三百一十二条的解释（2014 年 4 月 24 日公布施行）

（二）立法文件

1. 全国人民代表大会常务委员会法制工作委员会关于对"隐匿、销毁会计凭证、会计账簿、财务会计报告构成犯罪的主体范围"问题的答复意见（2002 年 1 月 14 日公布施行　法工委复字〔2002〕3 号）

2. 全国人民代表大会常务委员会法制工作委员会关于已满十四周岁不满十六周岁的人承担刑事责任范围问题的答复意见（2002 年 7 月 24 日公布施行　法工委复字〔2002〕12 号）

3. 全国人民代表大会常务委员会法制工作委员会刑法室关于挪用资金罪有关问题的答复（2004 年 9 月 8 日公布施行　法工委刑发〔2004〕第 28 号）

4. 全国人大常委会法制工作委员会对关于公司人员利用职务上的便利采取欺骗等手段非法占有股东股权的行为如何定性处理的批复的意见（2005 年 12 月 1 日公布施行　法工委发函〔2005〕105 号）

5. 全国人民代表大会常务委员会法制工作委员会关于对被告人在罚金刑执行完毕前又犯新罪的罚金应否与未执行完毕的罚金适用数罪并罚问题的答复意见（2017 年 11 月 26 日公布施行　法工办复〔2017〕2 号）

四、刑事实体法文件

（一）司法解释

1. 最高人民法院、公安部关于在押未决犯保外就医期间是否折抵刑期问题的联合批复〔1964 年 5 月 3 日公布施行　〔64〕法研字第 38 号、〔64〕公发字第 284 号〕

2. 最高人民法院关于被告人亲属主动为被告人退缴赃款应如何处理的批复〔1987 年 8 月 26 日公布施行　法（研）复〔1987〕32 号〕

3. 最高人民法院关于单位负责人被追究刑事责任后单位应否承担返还其预收货款的责任问题的批复〔1989 年 1 月 3 日公布施行　法（经）复〔1989〕1 号〕

4. 最高人民法院关于判决宣告后又发现被判刑的犯罪分子的同种漏罪是否实行数罪并罚问题的批复（1993 年 4 月 16 日公布施行　法复〔1993〕3 号）

5. 最高人民法院关于滥伐自己所有权的林木其林木应如何处理的问题的批复（1993 年 7 月 24 日公布施行　法复〔1993〕5 号）

6. 最高人民法院关于对设置圈套诱骗他人参赌又向索还钱财的受骗者施以暴力或暴力威胁的行为应如何定罪问题的批复（1995 年 11 月 6 日公布施行　法复〔1995〕8 号）

7. 最高人民法院关于适用刑法时间效力规定若干问题的解释（1997 年 9 月 25 日公布　1997 年 10 月 1 日施行　法释〔1997〕5 号）

8. 最高人民检察院关于挪用国库券如何定性问题的批复（1997 年 10 月 13 日公布施行　高检发释字〔1997〕5 号）

9. 最高人民法院关于执行《中华人民共和国刑法》确定罪名的规定（1997 年 12 月 11 日公布 1997 年 12 月 16 日施行　法释〔1997〕9 号）

10. 最高人民检察院关于适用刑法分则规定的犯罪的罪名的意见（1997 年 12 月 25 日公布施行　高检发释字〔1997〕3 号）

利非法占有本公司财物如何定罪问题的批复（2001 年 5 月 23 日公布　2001 年 5 月 26 日施行　法释〔2001〕17 号）

63. 最高人民法院、最高人民检察院关于办理伪造、贩卖伪造的高等院校学历、学位证明刑事案件如何适用法律问题的解释（2001 年 7 月 3 日公布　2001 年 7 月 5 日施行　法释〔2001〕22 号）

64. 最高人民法院、最高人民检察院关于适用刑事司法解释时间效力问题的规定（2001 年 12 月 7 日公布　2001 年 12 月 17 日施行　高检发释字〔2001〕5 号）

65. 最高人民检察院关于非法经营国际或港澳台地区电信业务行为法律适用问题的批复（2002 年 2 月 6 日公布　2002 年 2 月 11 日施行　高检发释字〔2002〕1 号）

66. 最高人民法院、最高人民检察院关于执行中华人民共和国刑法确定罪名的补充规定（2002 年 3 月 15 日公布　2002 年 3 月 26 日施行　法释〔2002〕7 号）

67. 最高人民法院关于撤销缓刑时罪犯在宣告缓刑前羁押的时间能否折抵刑期问题的批复（2002 年 4 月 10 日公布　2002 年 4 月 18 日施行　法释〔2002〕11 号）

68. 最高人民检察院关于企业事业单位的公安机构在机构改革过程中其工作人员能否构成渎职侵权犯罪主体问题的批复（2002 年 4 月 29 日公布　2002 年 5 月 16 日施行　高检发释字〔2002〕3 号）

69. 最高人民检察院关于涉嫌犯罪单位被撤销、注销、吊销营业执照或者宣告破产的应如何进行追诉问题的批复（2002 年 7 月 9 日公布　2002 年 7 月 15 日施行　高检发释字〔2002〕4 号）

70. 最高人民检察院关于单位有关人员组织实施盗窃行为如何适用法律问题的批复（2002 年 8 月 9 日公布　2002 年 8 月 13 日施行　高检发释字〔2002〕5 号）

71. 最高人民法院、最高人民检察院关于办理非法生产、销售、使用禁止在饲料和动物饮用水中使用的药品等刑事案件具体应用法律若干问题的解释（2002 年 8 月 16 日公布　2002 年 8 月 23 日施行　法释〔2002〕26 号）

72. 最高人民法院关于审理骗取出口退税刑事案件具体应用法律若干问题的解释（2002 年 9 月 17 日公布　2002 年 9 月 23 日施行　法释〔2002〕30 号）

73. 最高人民法院关于审理偷税抗税刑事案件具体应用法律若干问题的解释（2002 年 11 月 5 日公布　2002 年 11 月 7 日施行　法释〔2002〕33 号）

74. 最高人民检察院关于挪用失业保险基金和下岗职工基本生活保障资金的行为适用法律问题的批复（2003 年 1 月 28 日公布　2003 年 1 月 30 日施行　高检发释字〔2003〕1 号）

75. 最高人民法院、最高人民检察院关于办理妨害预防、控制突发传染病疫情等灾害的刑事案件具体应用法律若干问题的解释（2003 年 5 月 14 日公布　2003 年 5 月 15 日施行　法释〔2003〕8 号）

76. 最高人民法院关于审理非法采矿、破坏性采矿刑事案件具体应用法律若干问题的解释（2003 年 5 月 29 日公布　2003 年 6 月 3 日施行　法释〔2003〕9 号）

77. 最高人民法院、最高人民检察院关于执行《中华人民共和国刑法》确定罪名的补充规定（二）（2003 年 8 月 15 日公布　2003 年 8 月 21 日施行　法释〔2003〕2 号）

78. 最高人民法院、最高人民检察院关于办理非法制造、买卖、运输、储存毒鼠强等禁用剧毒化学品刑事案件具体应用法律若干问题的解释（2003 年 9 月 4 日公布　2003 年 10 月 1 日施行　法释〔2003〕14 号）

79. 最高人民法院关于挪用公款犯罪如何计算追诉期限问题的批复（2003 年 9 月 22 日公布　2003 年 10 月 10 日施行　法释〔2003〕16 号）

80. 最高人民法院关于被告人对行为性质的辩解是否影响自首成立问题的批复（2004 年 3 月 26 日公布　2004 年 4 月 1 日施行　法释〔2004〕2 号）

81. 最高人民法院关于在林木采伐许可证规定的地点以外采伐本单位或者本人所有的森林或者其他林木的行为如何适用法律问题的批复（2004 年 3 月 26 日公布　2004 年 4 月 1 日施行　法释〔2004〕3 号）

82. 最高人民法院、最高人民检察院关于办理利用互联网、移动通讯终端、声讯台制作、复制、出版、贩卖、传播淫秽电子信息刑事案件具体应用法律若干问题的解释（2004 年 9 月 3 日公布　2004 年 9 月 6 日施行　法释〔2004〕11 号）

83. 最高人民检察院关于办理侵犯知识产权刑事案件具体应用法律若干问题的解释（2004 年 12 月 8 日公布　2004 年 12 月 22 日施行　法释〔2004〕19 号）

84. 最高人民法院关于审理破坏公用电信设施刑事案件具体应用法律若干问题的解释（2004 年 12 月 30 日公布　2005 年 1 月 11 日施行　法释〔2004〕21 号）

85. 最高人民法院、最高人民检察院关于办理赌博刑事案件具体应用法律若干问题的解释（2005 年 5 月 11 日公布　2005 年 5 月 13 日施行　法释〔2005〕3 号）

86. 最高人民法院关于如何认定国有控股、参股股份有限公司中的国有公司、企业人员的解释

（2005 年 8 月 1 日公布　2005 年 8 月 11 日施行　法释〔2005〕10 号）

87. 最高人民法院、最高人民检察院关于办理侵犯著作权刑事案件中涉及录音录像制品有关问题的批复（2005 年 10 月 13 日公布　2005 年 10 月 18 日施行　法释〔2005〕12 号）

88. 最高人民法院关于审理破坏林地资源刑事案件具体应用法律若干问题的解释（2005 年 12 月 26 日公布　2005 年 12 月 30 日施行　法释〔2005〕15 号）

89. 最高人民法院关于审理未成年人刑事案件具体应用法律若干问题的解释（2006 年 1 月 11 日公布　2006 年 1 月 23 日施行　法释〔2006〕1 号）

90. 最高人民检察院关于渎职侵权犯罪案件立案标准的规定（2006 年 7 月 26 日公布施行　高检发释字〔2006〕2 号）

91. 最高人民法院、最高人民检察院关于办理盗窃油气、破坏油气设备等刑事案件具体应用法律若干问题的解释（2007 年 1 月 15 日公布　2007 年 1 月 19 日施行　法释〔2007〕3 号）

92. 最高人民法院、最高人民检察院关于办理侵犯知识产权刑事案件具体应用法律若干问题的解释（二）（2007 年 4 月 5 日公布施行　法释〔2007〕6 号）

93. 最高人民法院、最高人民检察院关于办理与盗窃、抢劫、诈骗、抢夺机动车相关刑事案件具体应用法律若干问题的解释（2007 年 5 月 9 日公布　2007 年 5 月 11 日施行　法释〔2007〕11 号）

94. 最高人民检察院关于对林业主管部门工作人员在发放林木采伐许可证之外滥用职权玩忽职守致使森林遭受严重破坏的行为适用法律问题的批复（2007 年 5 月 16 日公布施行　高检发释字〔2007〕1 号）

95. 最高人民法院关于审理危害军事通信刑事案件具体应用法律若干问题的解释（2007 年 6 月 26 日公布　2007 年 6 月 29 日施行　法释〔2007〕13 号）

96. 最高人民法院关于审理破坏电力设备刑事案件具体应用法律若干问题的解释（2007 年 8 月 15 日公布　2007 年 8 月 21 日施行　法释〔2007〕15 号）

97. 最高人民法院、最高人民检察院关于执行《中华人民共和国刑法》确定罪名的补充规定（三）（2007 年 10 月 25 日公布　2007 年 11 月 6 日施行　法释〔2007〕16 号）

98. 最高人民检察院关于拾得他人信用卡并在自动柜员机（ATM 机）上使用的行为如何定性问题的批复（2008 年 4 月 18 日公布　2008 年 5 月 7 日施行　高检发释字〔2008〕1 号）

99. 最高人民法院关于审理非法行医刑事案件具体应用法律若干问题的解释（2008 年 4 月 29 日公布　2008 年 5 月 9 日施行　法释〔2008〕5 号　2016 年修正）

100. 最高人民检察院、公安部关于公安机关管辖的刑事案件立案追诉标准的规定（一）（2008 年 6 月 25 日公布施行　公通字〔2008〕36 号）

101. 最高人民法院、最高人民检察院关于办理非法采供血液等刑事案件具体应用法律若干问题的解释（2008 年 9 月 22 日公布　2008 年 9 月 23 日施行　法释〔2008〕12 号）

102. 最高人民检察院关于公证员出具公证书有重大失实行为如何适用法律问题的批复（2009 年 1 月 7 日公布　2009 年 1 月 15 日施行　高检发释字〔2009〕1 号）

103. 最高人民法院关于在执行附加刑剥夺政治权利期间犯新罪应如何处理的批复（2009 年 5 月 25 日公布　2009 年 6 月 10 日施行　法释〔2009〕10 号）

104. 最高人民法院、最高人民检察院关于执行《中华人民共和国刑法》确定罪名的补充规定（四）（2009 年 10 月 14 日公布　2009 年 10 月 16 日施行　法释〔2009〕13 号）

105. 最高人民法院关于裁判文书引用法律、法规等规范性法律文件的规定（2009 年 10 月 26 日公布　2009 年 11 月 4 日施行　法释〔2009〕14 号）

106. 最高人民法院关于审理洗钱等刑事案件具体应用法律若干问题的解释（2009 年 11 月 4 日公布　2009 年 11 月 11 日施行　法释〔2009〕15 号）

107. 最高人民法院、最高人民检察院关于办理妨害信用卡管理刑事案件具体应用法律若干问题的解释（2009 年 12 月 3 日公布　2009 年 12 月 16 日施行　法释〔2009〕19 号　2018 年修正）

108. 最高人民法院、最高人民检察院关于办理利用互联网、移动通讯终端、声讯台制作、复制、出版、贩卖、传播淫秽电子信息刑事案件具体应用法律若干问题的解释（二）（2010 年 2 月 2 日公布　2010 年 2 月 4 日施行　法释〔2010〕3 号）

109. 最高人民法院、最高人民检察院关于办理非法生产、销售烟草专卖品等刑事案件具体应用法律若干问题的解释（2010 年 3 月 2 日公布　2010 年 3 月 26 日施行　法释〔2010〕7 号）

110. 最高人民法院关于审理伪造货币等案件具体应用法律若干问题的解释（二）（2022 年 2 月 3 日公布　2022 年 3 月 1 日施行　法释〔2022〕5 号）

111. 最高人民法院关于审理非法集资刑事案件具体应用法律若干问题的解释（2010 年 12 月 13 日公布　2011 年 1 月 4 日施行　法释〔2010〕18 号）

112. 最高人民法院、最高人民检察院关于办理诈骗刑事案件具体应用法律若干问题的解释（2011年3月1日公布　2011年4月8日施行　法释〔2011〕7号）

113. 最高人民法院关于《中华人民共和国刑法修正案（八）》时间效力问题的解释（2011年4月25日公布　2011年5月1日施行　法释〔2011〕9号）

114. 最高人民法院、最高人民检察院关于执行《中华人民共和国刑法》确定罪名的补充规定（五）（2011年4月27日公布　2011年5月1日施行　法释〔2011〕10号）

115. 最高人民法院、最高人民检察院、公安部、司法部关于对判处管制、宣告缓刑的犯罪分子适用禁止令有关问题的规定（试行）（2011年4月28日公布　2011年5月1日施行　法发〔2011〕9号）

116. 最高人民法院关于被告人李明华非法经营请示一案的批复（2011年5月6日公布施行〔2011〕刑他字第21号）

117. 最高人民法院关于审理破坏广播电视设施等刑事案件具体应用法律若干问题的解释（2011年6月7日公布　2011年6月13日施行　法释〔2011〕13号）

118. 最高人民法院、最高人民检察院关于办理妨害武装部队制式服装、车辆号牌管理秩序等刑事案件具体应用法律若干问题的解释（2011年7月20日公布　2011年8月1日施行　法释〔2011〕16号）

119. 最高人民法院、最高人民检察院关于办理危害计算机信息系统安全刑事案件应用法律若干问题的解释（2011年8月1日公布　2011年9月1日施行　法释〔2011〕19号）

120. 最高人民法院关于被告人何伟光、张勇泉等非法经营案的批复（2012年2月26日公布施行〔2012〕刑他字第136号）

121. 最高人民检察院、公安部关于公安机关管辖的刑事案件立案追诉标准的规定（三）（2012年5月16日公布施行　公通字〔2012〕26号）

122. 最高人民法院、最高人民检察院关于办理内幕交易、泄露内幕信息刑事案件具体应用法律若干问题的解释（2012年3月29日公布　2012年6月1日施行　法释〔2012〕6号）

123. 最高人民法院关于在裁判文书中如何表述修正前后刑法条文的批复（2012年5月15日公布　2012年6月1日施行　法释〔2012〕7号）

124. 最高人民检察院关于办理核准追诉案件若干问题的规定（2012年8月21日公布施行　高检发侦监〔2012〕21号）

125. 最高人民法院关于审理破坏草原资源刑事案件应用法律若干问题的解释（2012年11月2日公布　2012年11月22日施行　法释〔2012〕15号）

126. 最高人民法院、最高人民检察院关于办理妨害国（边）境管理刑事案件应用法律若干问题的解释（2012年12月12日公布　2012年12月20日施行　法释〔2012〕17号）

127. 最高人民法院、最高人民检察院关于办理行贿刑事案件具体应用法律若干问题的解释（2012年12月26日公布　2013年1月1日施行　法释〔2012〕22号）

128. 最高人民法院、最高人民检察院关于办理渎职刑事案件适用法律若干问题的解释（一）（2012年12月7日公布　2013年1月9日施行　法释〔2012〕18号）

129. 最高人民法院关于审理拒不支付劳动报酬刑事案件适用法律若干问题的解释（2013年1月16日公布　2013年1月23日施行　法释〔2013〕3号）

130. 军人违反职责罪案件立案标准的规定（最高人民检察院、解放军总政治部2013年2月26日公布　2013年3月28日施行　政检〔2013〕1号）

131. 最高人民法院、最高人民检察院关于办理盗窃刑事案件适用法律若干问题的解释（2013年4月2日公布　2013年4月4日施行　法释〔2013〕8号）

132. 最高人民法院、最高人民检察院关于办理敲诈勒索刑事案件适用法律若干问题的解释（2013年4月23日公布　2013年4月27日施行　法释〔2013〕10号）

133. 最高人民法院、最高人民检察院关于办理寻衅滋事刑事案件适用法律若干问题的解释（2013年7月15日公布　2013年7月22日施行　法释〔2013〕18号）

134. 最高人民法院、最高人民检察院关于办理利用信息网络实施诽谤等刑事案件适用法律若干问题的解释（2013年9月6日公布　2013年9月10日施行　法释〔2013〕21号）

135. 最高人民法院关于审理编造、故意传播虚假恐怖信息刑事案件适用法律若干问题的解释（2013年9月18日公布　2013年9月30日施行　法释〔2013〕24号）

136. 最高人民法院关于适用刑法第六十四条有关问题的批复（2013年10月21日公布施行　法〔2013〕229号）

137. 最高人民法院、最高人民检察院关于办理抢夺刑事案件适用法律若干问题的解释（2013 年 11 月 11 日公布　2013 年 11 月 18 日施行　法释〔2013〕25 号）

138. 最高人民检察院关于强迫借贷行为适用法律问题的批复（2014 年 4 月 17 日公布施行　高检发释字〔2014〕1 号）

139. 最高人民检察院人民检察院办理减刑、假释案件规定（2014 年 8 月 1 日公布施行　高检发监字〔2014〕8 号）

140. 最高人民法院、最高人民检察院关于办理走私刑事案件适用法律若干问题的解释（2014 年 8 月 12 日公布　2014 年 9 月 10 日施行　法释〔2014〕10 号）

141. 最高人民法院关于刑事裁判涉财产部分执行的若干规定（2014 年 10 月 30 日公布　2014 年 11 月 6 日施行　法释〔2014〕13 号）

142. 最高人民检察院关于强制隔离戒毒所工作人员能否成为虐待被监管人罪主体问题的批复（2015 年 2 月 15 日公布施行　高检发释字〔2015〕2 号）

143. 最高人民检察院人民检察院刑事诉讼涉案财物管理规定（2015 年 3 月 6 日公布施行　高检发〔2015〕6 号）

144. 最高人民法院关于审理掩饰、隐瞒犯罪所得、犯罪所得收益刑事案件适用法律若干问题的解释（2015 年 5 月 29 日公布　2015 年 6 月 1 日施行　法释〔2015〕11 号）

145. 最高人民法院关于审理拒不执行判决、裁定刑事案件适用法律若干问题的解释（2015 年 7 月 20 日公布　2015 年 7 月 22 日施行　法释〔2015〕16 号　2020 年修正）

146. 最高人民法院关于《中华人民共和国刑法修正案（九）》时间效力问题的解释（2015 年 10 月 29 日公布　2015 年 11 月 1 日施行　法释〔2015〕19 号）

147. 最高人民检察院关于地质工程勘测院和其他履行勘测职责的单位及其工作人员能否成为刑法第二百二十九条规定的有关犯罪主体的批复（2015 年 10 月 27 日公布　2015 年 11 月 12 日施行　高检发释字〔2015〕4 号）

148. 最高人民法院、最高人民检察院关于执行《中华人民共和国刑法》确定罪名的补充规定（六）（2015 年 10 月 30 日公布　2015 年 11 月 1 日施行　法释〔2015〕20 号）

149. 最高人民法院、最高人民检察院关于办理危害生产安全刑事案件适用法律若干问题的解释（2015 年 12 月 14 日公布　2015 年 12 月 16 日施行　法释〔2015〕22 号）

150. 最高人民法院、最高人民检察院关于办理妨害文物管理等刑事案件适用法律若干问题的解释（2015 年 12 月 30 日公布　2016 年 1 月 1 日施行　法释〔2015〕23 号）

151. 最高人民法院关于审理毒品犯罪案件适用法律若干问题的解释（2016 年 4 月 6 日公布　2016 年 4 月 11 日施行　法释〔2016〕8 号）

152. 最高人民法院、最高人民检察院关于办理贪污贿赂刑事案件适用法律若干问题的解释（2016 年 4 月 18 日公布施行　法释〔2016〕9 号）

153. 最高人民法院关于审理发生在我国管辖海域相关案件若干问题的规定（一）（2016 年 8 月 1 日公布　2016 年 8 月 2 日施行　法释〔2016〕16 号）

154. 最高人民法院关于审理发生在我国管辖海域相关案件若干问题的规定（二）（2016 年 8 月 1 日公布　2016 年 8 月 2 日施行　法释〔2016〕17 号）

155. 最高人民法院关于办理减刑、假释案件具体应用法律的规定（2016 年 11 月 14 日公布　2017 年 1 月 1 日施行　法释〔2016〕23 号）

156. 最高人民法院、最高人民检察院关于办理非法采矿、破坏性采矿刑事案件适用法律若干问题的解释（2016 年 11 月 28 日公布　2016 年 12 月 1 日施行　法释〔2016〕25 号）

157. 最高人民法院关于审理拐卖妇女儿童犯罪案件具体应用法律若干问题的解释（2016 年 12 月 21 日公布　2017 年 1 月 1 日施行　法释〔2016〕28 号）

158. 最高人民法院、最高人民检察院关于办理环境污染刑事案件适用法律若干问题的解释（2016 年 12 月 23 日公布　2017 年 1 月 1 日施行　法释〔2016〕29 号）

159. 最高人民法院、最高人民检察院关于办理组织、利用邪教组织破坏法律实施等刑事案件适用法律若干问题的解释（2017 年 1 月 25 日公布　2017 年 2 月 1 日施行　法释〔2017〕3 号）

160. 最高人民检察院、公安部关于公安机关管辖的刑事案件立案追诉标准的规定（一）的补充规定（2017 年 4 月 27 日公布施行　公通字〔2017〕12 号）

161. 最高人民法院、最高人民检察院关于办理侵犯公民个人信息刑事案件适用法律若干问题的解释（2017 年 5 月 8 日公布　2017 年 6 月 1 日施行　法释〔2017〕10 号）

162. 最高人民法院、最高人民检察院关于办理扰乱无线电通讯管理秩序等刑事案件适用法律若干

187. 最高人民法院、最高人民检察院关于执行《中华人民共和国刑法》确定罪名的补充规定（八）（2024 年 1 月 30 日公布　2024 年 3 月 1 日施行　法释〔2024〕3 号）

（二）司法文件

1. "两高"颁发

（1）最高人民法院、公安部、司法部关于宣布管制的一般刑事罪犯有无选举权问题的联合通知（1956 年 5 月 10 日公布施行）

（2）最高人民法院关于罪犯在逮捕前被"隔离审查"的日期可否折抵刑期的复函（1979 年 4 月 27 日发布　〔79〕法办研字第 14 号）

（3）全国人民代表大会常务委员会法制工作委员会、最高人民法院、最高人民检察院、公安部、司法部、民政部关于正在服刑的罪犯和被羁押的人的选举权问题的联合通知（1984 年 3 月 24 日公布施行　法工委联字〔84〕1 号）

（4）最高人民法院、最高人民检察院、公安部关于当前办理集团犯罪案件中具体应用法律的若干问题的解答（1984 年 6 月 15 日公布施行　〔1984〕法研字第 9 号）

（5）最高人民法院、最高人民检察院关于不再诉究去台人员在中华人民共和国成立前的犯罪行为的公告（1988 年 3 月 14 日公布施行）

（6）中国人民解放军军事法院关于审理军人违反职责罪案件中几个问题的处理意见（1988 年 10 月 19 日公布施行　〔1988〕军法发字第 34 号）

（7）最高人民法院、最高人民检察院关于不再追诉去台人员在中华人民共和国成立后当地人民政权建立前的犯罪行为的公告〔1989 年 9 月 7 日公布施行　〔89〕高检会（研）字第 12 号〕

（8）公安部、最高人民法院、最高人民检察院、司法部关于办理流窜犯罪案件中一些问题的意见的通知（1989 年 12 月 13 日公布施行　公发〔1989〕27 号）

（9）最高人民法院关于诈骗犯罪的被害人起诉要求诈骗过程中的保证人代偿"借款"应如何处理的复函（1990 年 10 月 13 日公布施行　〔90〕民他字第 38 号）

（10）最高人民检察院关于被判处管制、剥夺政治权利和宣告缓刑、假释的犯罪分子能否担任中外合资合作经营企业领导职务问题的答复（1991 年 9 月 25 日公布施行　高检发研字〔1991〕4 号）

（11）最高人民法院关于认真学习宣传贯彻修订的《中华人民共和国刑法》的通知（1997 年 3 月 25 日公布施行　法发〔1997〕3 号）

（12）最高人民法院、最高人民检察院、公安部、国家计委扣押、追缴、没收物品估价管理办法（1997 年 4 月 22 日公布施行　计办〔1997〕808 号）

（13）最高人民检察院关于检察工作中具体适用修订刑法第十二条若干问题的通知（1997 年 10 月 6 日公布施行　高检发释字〔1997〕4 号）

（14）中国人民解放军总政治部、军事法院、军事检察院关于《中华人民共和国刑法》第十章所列刑事案件管辖范围的通知（1998 年 8 月 12 日公布施行　〔1998〕军检字第 17 号）

（15）最高人民法院、最高人民检察院关于在办理受贿犯罪大要案的同时要严肃查处严重行贿犯罪分子的通知（1999 年 3 月 4 日公布施行　高检会〔1999〕1 号）

（16）最高人民法院、最高人民检察院、公安部办理骗汇、逃汇犯罪案件联席会议纪要（1999 年 3 月 16 日公布　1999 年 6 月 7 日施行　公通字〔1999〕39 号）

（17）全国法院维护农村稳定刑事审判工作座谈会纪要（最高人民法院 1999 年 10 月 27 日印发　法〔1999〕217 号）

（18）最高人民检察院关于认真贯彻执行《关于取缔邪教组织、防范和惩治邪教活动的决定》和有关司法解释的通知（1999 年 10 月 31 日公布施行　高检发研字〔1999〕22 号）

（19）最高人民法院关于贯彻全国人民代表大会常务委员会《关于取缔邪教组织、防范和惩治邪教活动的决定》和"两院"司法解释的通知（1999 年 11 月 5 日公布施行　法发〔1999〕29 号）

（20）最高人民检察院关于严肃查处非法拘禁人大代表犯罪案件的紧急通知（2000 年 2 月 23 日公布施行　高检发字〔2000〕第 4 号）

（21）最高人民法院、最高人民检察院、公安部、民政部、司法部、全国妇联关于打击拐卖妇女儿童犯罪有关问题的通知（2000 年 3 月 20 日公布施行　公通字〔2000〕26 号）

（22）最高人民检察院对《关于中国证监会主体认定的请示》的答复函（2000 年 4 月 30 日公布施行　高检发字〔2000〕7 号）

（23）最高人民检察院关于贯彻执行全国人民代表大会常务委员会关于《中华人民共和国刑法》第九十三条第二款的解释的通知（2000 年 6 月 5 日公布施行　高检发研字〔2000〕12 号）

（24）全国法院审理金融犯罪案件工作座谈会纪要（最高人民法院 2001 年 1 月 21 日印发　法

〔2001〕8 号）

（25）最高人民法院关于非法行医罪犯罪主体条件征询意见函（2001 年 4 月 29 日公布施行　法函〔2001〕23 号）

（26）最高人民法院关于审理生产、销售伪劣商品刑事案件有关鉴定问题的通知（2001 年 5 月 21 日公布施行　法〔2001〕70 号）

（27）最高人民法院、国家保密局关于执行《关于审理为境外窃取、刺探、收买、非法提供国家秘密、情报案件具体应用法律若干问题的解释》有关问题的通知（2001 年 8 月 22 日公布施行　法发〔2001〕117 号）

（28）最高人民检察院人民检察院直接受理立案侦查的渎职侵权重特大案件标准（试行）（2001 年 8 月 24 日公布　2002 年 1 月 1 日施行　高检发〔2001〕13 号）

（29）最高人民检察院关于认真贯彻执行《中华人民共和国刑法修正案（三）》的通知（2002 年 1 月 25 日公布施行　高检发研字〔2002〕2 号）

（30）最高人民检察院关于认真贯彻执行全国人民代表大会常务委员会《关于刑法第二百九十四条第一款的解释》和《关于刑法第三百八十四条第一款的解释》的通知（2002 年 5 月 13 日公布施行　高检发研字〔2002〕11 号）

（31）最高人民法院、最高人民检察院、海关总署关于办理走私刑事案件适用法律若干问题的意见（2002 年 7 月 8 日公布施行　法〔2002〕139 号）

（32）最高人民检察院关于已满十四周岁不满十六周岁的人承担刑事责任范围问题的复函（2002 年 8 月 9 日公布施行　高检发研字〔2002〕17 号）

（33）最高人民检察院关于认真贯彻执行《中华人民共和国刑法修正案（四）》和《全国人民代表大会常务委员会关于中华人民共和国刑法第九章渎职罪主体适用问题的解释》的通知（2003 年 1 月 14 日公布施行　高检发研字〔2003〕1 号）

（34）最高人民法院关于处理涉枪、涉爆申诉案件有关问题的通知（2003 年 1 月 15 日公布施行　法〔2003〕8 号）

（35）最高人民法院、最高人民检察院、公安部办理非法经营国际电信业务犯罪案件联席会议纪要（2003 年 4 月 22 日公布施行　公通字〔2002〕29 号）

（36）最高人民法院关于 97 刑法实施后发生的非法买卖枪支案件，审理时新的司法解释尚未作出，是否可以参照 1995 年 9 月 20 日最高人民法院《关于办理非法制造、买卖、运输非军用枪支、弹药刑事案件适用法律问题的解释》的规定审理案件请示的复函（2003 年 7 月 29 日公布施行　〔2003〕刑立他字第 8 号）

（37）全国法院审理经济犯罪案件工作座谈会纪要（最高人民法院 2003 年 11 月 13 日印发　法发〔2003〕167 号）

（38）最高人民法院、最高人民检察院、公安部、国家烟草专卖局关于办理假冒伪劣烟草制品等刑事案件适用法律问题座谈会纪要（2003 年 12 月 23 日公布施行　高检会〔2003〕4 号）

（39）最高人民法院、最高人民检察院、公安部关于依法开展打击淫秽色情网站专项行动有关工作的通知（2004 年 7 月 16 日公布施行　公通字〔2004〕53 号）

（40）最高人民法院、最高人民检察院、公安部关于开展集中打击赌博违法犯罪活动专项行动有关工作的通知（2005 年 1 月 10 日公布施行　公通字〔2005〕2 号）

（41）最高人民法院关于审理抢劫、抢夺刑事案件适用法律若干问题的意见（2005 年 6 月 8 日公布施行　法发〔2005〕8 号）

（42）最高人民法院关于严格执行有关走私案件涉案财物处理规定的通知（2006 年 4 月 30 日公布施行　法〔2006〕114 号）

（43）最高人民法院、最高人民检察院关于办理受贿刑事案件适用法律若干问题的意见（2007 年 7 月 8 日公布施行　法发〔2007〕22 号）

（44）最高人民法院关于刘文占减刑一案的答复（2007 年 8 月 11 日公布施行　〔2006〕刑监他字第 7 号）

（45）最高人民法院、最高人民检察院、公安部关于依法严肃查处拒不执行判决、裁定和暴力抗拒法院执行犯罪行为有关问题的通知（2007 年 8 月 30 日公布施行　法发〔2007〕29 号）

（46）最高人民法院、最高人民检察院、公安部关于办理海上发生的违法犯罪案件有关问题的通知（2007 年 9 月 17 日公布施行　公通字〔2007〕60 号）

（47）最高人民检察院检察人员执法过错责任追究条例（2007 年 9 月 26 日公布施行　高检发〔2007〕12 号）

（48）最高人民法院、最高人民检察院、公安部办理毒品犯罪案件适用法律若干问题的意见（2007 年 12 月 18 日公布施行　公通字〔2007〕84 号）

（49）最高人民法院、最高人民检察院、公安部、中国证券监督管理委员会关于整治非法证券活动有关问题的通知（2008 年 1 月 2 日公布施行　证监发〔2008〕1 号）

（50）最高人民法院、最高人民检察院关于办理商业贿赂刑事案件适用法律若干问题的意见（2008 年 11 月 20 日公布施行　法发〔2008〕33 号）

（51）全国部分法院审理毒品犯罪案件工作座谈会纪要（最高人民法院 2008 年 12 月 1 日印发　法〔2008〕324 号）

（52）最高人民法院、最高人民检察院关于办理职务犯罪案件认定自首、立功等量刑情节若干问题的意见（2009 年 3 月 12 日公布施行　法发〔2009〕13 号）

（53）最高人民法院、最高人民检察院、公安部关于办理制毒物品犯罪案件适用法律若干问题的意见（2009 年 6 月 23 日公布施行　公通字〔2009〕33 号）

（54）最高人民法院关于印发醉酒驾车犯罪法律适用问题指导意见及相关典型案例的通知（2009 年 9 月 11 日公布施行　法发〔2009〕47 号）

（55）最高人民法院、最高人民检察院、公安部关于严厉打击假币犯罪活动的通知（2009 年 9 月 15 日　公通字〔2009〕45 号）

（56）最高人民法院、最高人民检察院、公安部办理黑社会性质组织犯罪案件座谈会纪要（2009 年 12 月 9 日公布施行　法〔2009〕382 号）

（57）最高人民法院关于贯彻宽严相济刑事政策的若干意见（2010 年 2 月 8 日公布施行　法发〔2010〕9 号）

（58）最高人民法院、最高人民检察院、公安部、司法部关于依法惩治拐卖妇女儿童犯罪的意见（2010 年 3 月 15 日公布施行　法发〔2010〕7 号）

（59）最高人民法院关于审理刑事案件中涉及人体损伤残疾程度鉴定如何适用鉴定标准问题的请示的批复的通知（2010 年 5 月 5 日公布施行　〔2010〕刑他字第 43 号）

（60）最高人民法院、最高人民检察院、公安部关于办理网络赌博犯罪案件适用法律若干问题的意见（2010 年 8 月 31 日公布施行　公通字〔2010〕40 号）

（61）最高人民法院关于个人违法建房出售行为如何适用法律问题的答复（2010 年 11 月 1 日公布施行　法〔2010〕395 号）

（62）最高人民法院、最高人民检察院关于办理国家出资企业中职务犯罪案件具体应用法律若干问题的意见（2010 年 11 月 26 日公布施行　法发〔2010〕49 号）

（63）最高人民法院关于办理自首和立功若干具体问题的意见（2010 年 12 月 22 日公布施行　法发〔2010〕60 号）

（64）最高人民法院、最高人民检察院、公安部、司法部关于限令拐卖妇女儿童犯罪人员投案自首的通告（2011 年 1 月 1 日公布施行）

（65）最高人民法院、最高人民检察院、公安部关于办理侵犯知识产权刑事案件适用法律若干问题的意见（2011 年 1 月 10 日公布施行　法发〔2011〕3 号）

（66）最高人民检察院关于办理当事人达成和解的轻微刑事案件的若干意见（2011 年 1 月 29 日公布施行　高检发研字〔2011〕2 号）

（67）最高人民法院关于准确理解和适用刑法中"国家规定"的有关问题的通知（2011 年 4 月 8 日公布施行　法发〔2011〕155 号）

（68）最高人民法院、最高人民检察院、公安部、中国证监会关于办理证券期货违法犯罪案件工作若干问题的意见（2011 年 4 月 27 日公布施行　证监发〔2011〕30 号）

（69）最高人民法院关于审理走私犯罪案件适用法律有关问题的通知（2011 年 4 月 26 日公布 2011 年 5 月 1 日施行　法释〔2011〕163 号）

（70）最高人民法院、最高人民检察院、公安部关于信用卡诈骗犯罪管辖有关问题的通知（2011 年 8 月 8 日公布施行　公通字〔2011〕29 号）

（71）最高人民法院关于非法集资刑事案件性质认定问题的通知（2011 年 8 月 18 日公布施行　法〔2011〕262 号）

（72）最高人民法院、最高人民检察院、公安部、司法部关于敦促在逃犯罪人员投案自首的通告（2011 年 9 月 21 日公布施行　公法〔2011〕672 号）

（73）最高人民法院关于发布第一批指导性案例的通知（2011 年 12 月 21 日公布施行　法〔2011〕354 号）

（74）最高人民法院关于进一步加强危害生产安全刑事案件审判工作的意见（2011 年 12 月 30 日法发〔2011〕20 号）

（75）最高人民法院、最高人民检察院、公安部关于依法严惩"地沟油"犯罪活动的通知（2012 年 1 月 9 日公布施行　公通字〔2012〕1 号）

（76）最高人民法院、最高人民检察院、人力资源和社会保障部、公安部关于加强对拒不支付劳动报酬案件查处工作的通知（2012 年 1 月 14 日公布施行　人社部发〔2012〕3 号）

（77）最高人民法院关于罪犯因漏罪、新罪数罪并罚时原减刑裁定应如何处理的意见（2012 年 1 月 18 日公布施行　法〔2012〕44 号）

（78）最高人民法院、最高人民检察院关于贯彻执行《关于办理证券期货违法犯罪案件工作若干问题的意见》有关问题的通知（2012 年 3 月 14 日公布施行　法发〔2012〕8 号）

（79）最高人民法院、最高人民检察院、公安部关于办理走私、非法买卖麻黄碱类复方制剂等刑事案件适用法律若干问题的意见（2012 年 6 月 13 日公布　2012 年 6 月 18 日施行　法发〔2012〕12 号）

（80）最高人民法院、最高人民检察院关于办理职务犯罪案件严格适用缓刑、免予刑事处罚若干问题的意见（2012 年 8 月 8 日公布施行　法发〔2012〕17 号）

（81）最高人民法院、最高人民检察院、国家林业局、公安部、海关总署关于破坏野生动物资源刑事案件中涉及的 CITES 附录Ⅰ和附录Ⅱ所列陆生野生动物制品价值核定问题的通知（2012 年 9 月 17 日公布施行　林濒发〔2012〕239 号）

（82）最高人民法院、最高人民检察院、公安部关于依法惩处侵害公民个人信息犯罪活动的通知（2013 年 4 月 23 日公布施行　公通字〔2013〕12 号）

（83）最高人民检察院关于依法严厉打击编造、故意传播虚假恐怖信息威胁民航飞行安全犯罪活动的通知（2013 年 5 月 31 日公布施行　高检发侦监字〔2013〕5 号）

（84）最高人民法院关于执行《关于办理减刑、假释案件具体应用法律若干问题的规定》有关问题的通知（2013 年 9 月 11 日公布施行　法〔2013〕201 号）

（85）最高人民法院、最高人民检察院、公安部、司法部关于依法惩治性侵害未成年人犯罪的意见（2013 年 10 月 23 日公布施行　法发〔2013〕12 号）

（86）最高人民法院、最高人民检察院、公安部关于办理组织领导传销活动刑事案件适用法律若干问题的意见（2013 年 11 月 14 日公布施行　公通字〔2013〕37 号）

（87）最高人民法院、最高人民检察院、公安部关于办理非法集资刑事案件适用法律若干问题的意见（2014 年 3 月 25 日公布施行　公通字〔2014〕16 号）

（88）最高人民法院、最高人民检察院、公安部关于办理利用赌博机开设赌场案件适用法律若干问题的意见（2014 年 3 月 26 日公布施行　公通字〔2014〕17 号）

（89）最高人民法院、最高人民检察院、公安部、司法部、国家卫生和计划生育委员会关于依法惩处涉医违法犯罪维护正常医疗秩序的意见（2014 年 4 月 22 日公布施行　法发〔2014〕5 号）

（90）最高人民检察院、公安部关于严格依法办理虚报注册资本和虚假出资抽逃出资刑事案件的通知（2014 年 5 月 20 日公布施行　公经〔2014〕247 号）

（91）最高人民法院、最高人民检察院、公安部关于规范毒品名称表述若干问题的意见（2014 年 8 月 20 日公布施行　法〔2014〕224 号）

（92）最高人民法院、最高人民检察院、公安部关于办理邻氯苯基环戊酮等三种制毒物品犯罪案件定罪量刑数量标准的通知（2014 年 9 月 5 日公布施行　公通字〔2014〕32 号）

（93）最高人民法院关于进一步发挥职能作用维护国防利益和军人军属合法权益的意见（2014 年 10 月 29 日公布施行　法〔2014〕271 号）

（94）最高人民法院、最高人民检察院、人力资源和社会保障部、公安部关于加强涉嫌拒不支付劳动报酬犯罪案件查处衔接工作的通知（2014 年 12 月 23 日公布施行　人社部发〔2014〕100 号）

（95）最高人民法院、最高人民检察院、公安部、司法部关于依法办理家庭暴力犯罪案件的意见（2015 年 3 月 2 日公布施行　法发〔2015〕4 号）

（96）全国法院毒品犯罪审判工作座谈会纪要（最高人民法院 2015 年 5 月 18 日印发　法〔2015〕129 号）

（97）最高人民法院、最高人民检察院、公安部、国家新闻出版广电总局关于依法严厉打击非法电视网络接收设备违法犯罪活动的通知（2015 年 9 月 18 日公布施行　新广电发〔2015〕229 号）

（98）全国部分法院审理黑社会性质组织犯罪案件工作座谈会纪要（最高人民法院 2015 年 10 月 13 日印发　法〔2015〕291 号）

（99）最高人民检察院、中国残疾人联合会关于在检察工作中切实维护残疾人合法权益的意见（2015 年 11 月 30 日公布施行　高检会〔2015〕11 号）

（100）最高人民法院关于审理抢劫刑事案件适用法律若干问题的指导意见（2016 年 1 月 6 日公布施行　法发〔2016〕2 号）

（101）最高人民法院、最高人民检察院、公安部关于办理电信网络诈骗等刑事案件适用法律若干问题的意见（2016 年 12 月 19 日公布　2016 年 12 月 20 日施行　法发〔2016〕32 号）

（102）最高人民法院、最高人民检察院、公安部、司法部关于对因犯罪在大陆受审的台湾居民依法适用缓刑实行社区矫正有关问题的意见（2016 年 7 月 26 日公布　2017 年 1 月 1 日施行　法发〔2016〕33 号）

（103）最高人民法院关于被告人林少钦受贿请示一案的答复（2017 年 2 月 13 日公布施行〔2016〕最高法刑他 5934 号）

（104）最高人民法院关于常见犯罪的量刑指导意见（2017 年 3 月 9 日公布　2017 年 4 月 1 日施行　法发〔2017〕7 号）

（105）最高人民法院关于常见犯罪的量刑指导意见（二）（试行）（2017 年 5 月 1 日公布施行　法〔2017〕74 号）

（106）最高人民法院关于进一步加强金融审判工作的若干意见（2017 年 8 月 4 日公布施行　法发〔2017〕22 号）

（107）最高人民法院关于为改善营商环境提供司法保障的若干意见（2017 年 8 月 7 日公布施行　法发〔2017〕23 号）

（108）最高人民法院、最高人民检察院、公安部、司法部关于办理黑恶势力犯罪案件若干问题的指导意见（2018 年 1 月 16 日公布施行　法发〔2018〕1 号）

（109）最高人民法院、最高人民检察院、公安部、司法部关于依法严厉打击黑恶势力违法犯罪的通告（2018 年 2 月 2 日公布施行）

（110）最高人民法院、最高人民检察院、公安部、司法部关于办理恐怖活动和极端主义犯罪案件适用法律若干问题的意见（2018 年 3 月 16 日公布施行　高检会〔2018〕1 号）

（111）最高人民法院关于拒不执行判决、裁定罪自诉案件受理工作有关问题的通知（2018 年 5 月 30 日公布施行　法〔2018〕147 号）

（112）最高人民检察院人民检察院公诉人出庭举证质证工作指引（2018 年 7 月 3 日公布施行）

（113）最高人民法院、中国残疾人联合会关于在审判执行工作中切实维护残疾人合法权益的意见（2018 年 7 月 13 日公布施行　法发〔2018〕15 号）

（114）最高人民法院、最高人民检察院、公安部关于办理盗窃油气、破坏油气设备等刑事案件适用法律若干问题的意见（2018 年 9 月 28 日公布施行　法发〔2018〕18 号）

（115）检察机关办理电信网络诈骗案件指引（最高人民检察院 2018 年 11 月 9 日印发　高检发侦监字〔2018〕12 号）

（116）检察机关办理侵犯公民个人信息案件指引（最高人民检察院 2018 年 11 月 9 日印发　高检发侦监字〔2018〕13 号）

（117）最高人民法院、最高人民检察院、公安部关于依法惩治妨害公共交通工具安全驾驶违法犯罪行为的指导意见（2019 年 1 月 8 日公布施行　公通字〔2019〕1 号）

（118）最高人民法院、最高人民检察院、公安部关于办理非法集资刑事案件若干问题的意见（2019 年 1 月 30 日公布施行　高检会〔2019〕2 号）

（119）最高人民法院、最高人民检察院、公安部、司法部、生态环境部关于办理环境污染刑事案件有关问题座谈会纪要（2019 年 2 月 20 日公布施行）

（120）最高人民法院、最高人民检察院、公安部、司法部关于办理实施"软暴力"的刑事案件若

干问题的意见（2019 年 4 月 9 日施行）

（121）最高人民法院、最高人民检察院、公安部、司法部关于办理恶势力刑事案件若干问题的意见（2019 年 2 月 28 日公布　2019 年 4 月 9 日施行　法发〔2019〕10 号）

（122）最高人民法院、最高人民检察院、公安部、司法部关于办理"套路贷"刑事案件若干问题的意见（2019 年 2 月 28 日公布　2019 年 4 月 9 日施行　法发〔2019〕11 号）

（123）最高人民法院、最高人民检察院、公安部、司法部关于办理黑恶势力刑事案件中财产处置若干问题的意见（2019 年 4 月 9 日公布施行）

（124）最高人民法院、最高人民检察院、公安部、司法部关于办理利用信息网络实施黑恶势力犯罪刑事案件若干问题的意见（2019 年 7 月 23 日公布　2019 年 10 月 21 日施行）

（125）最高人民法院、最高人民检察院、公安部、司法部关于办理非法放贷刑事案件若干问题的意见（2019 年 7 月 23 日公布　2019 年 10 月 21 日施行　法发〔2019〕24 号）

（126）最高人民法院、最高人民检察院、中国海警局关于海上刑事案件管辖等有关问题的通知（2020 年 2 月 20 日公布施行　海警〔2020〕1 号）

（127）最高人民法院、最高人民检察院、公安部关于依法适用正当防卫制度的指导意见（2020 年 8 月 28 日公布施行　法发〔2020〕31 号）

（128）最高人民法院、最高人民检察院、公安部关于依法办理"碰瓷"违法犯罪案件的指导意见（2020 年 9 月 22 日公布施行　公通字〔2020〕12 号）

（129）最高人民法院、最高人民检察院、公安部、国家安全部、司法部关于规范量刑程序若干问题的意见（2020 年 11 月 5 日公布　2020 年 11 月 6 日施行　法发〔2020〕38 号）

（130）最高人民法院、最高人民检察院、公安部、农业农村部依法惩治长江流域非法捕捞等违法犯罪的意见（2020 年 12 月 17 日公布施行　公通字〔2020〕12 号）

（131）最高人民法院、最高人民检察院、公安部 、司法部关于依法惩治非法野生动物交易犯罪的指导意见（2020 年 12 月 18 日公布施行　公通字〔2020〕19 号）

（132）最高人民法院、最高人民检察院、公安部关于敦促跨境赌博相关犯罪嫌疑人投案自首的通告（2021 年 1 月 26 日公布施行）

（133）最高人民法院、最高人民检察院、公安部、司法部关于进一步加强虚假诉讼犯罪惩治工作的意见（2021 年 3 月 4 日公布　2021 年 3 月 10 日施行　法发〔2021〕10 号）

（134）最高人民法院、最高人民检察院、公安部关于办理电信网络诈骗等刑事案件适用法律若干问题的意见（二）（2021 年 6 月 17 日公布施行　法发〔2021〕22 号）

（135）最高人民法院关于深入开展虚假诉讼整治工作的意见（2021 年 11 月 4 日公布　2021 年 11 月 10 日施行　法〔2021〕281 号）

（136）最高人民法院、最高人民检察院、公安部、司法部关于加强减刑、假释案件实质化审理的意见（2021 年 12 月 1 日公布施行　法发〔2021〕31 号）

（137）最高人民法院、最高人民检察院、海关总署、公安部、中国海警局关于打击粤港澳海上跨境走私犯罪适用法律若干问题的指导意见（2021 年 12 月 14 日公布施行　署缉发〔2021〕141 号）

（138）最高人民法院、最高人民检察院、公安部、工业和信息化部、住房和城乡建设部、交通运输部、应急管理部、国家铁路局、中国民用航空局、国家邮政局关于依法惩治涉枪支、弹药、爆炸物、易燃易爆危险物品犯罪的意见（2021 年 12 月 28 日公布　2021 年 12 月 31 日施行　法发〔2021〕35 号）

（139）最高人民法院、最高人民检察院、公安部关于依法惩治侵害英雄烈士名誉、荣誉违法犯罪的意见（2022 年 1 月 11 日公布施行　公通字〔2022〕5 号）

（140）最高人民法院关于进一步加强涉种子刑事审判工作的指导意见（2022 年 3 月 2 日公布施行　法〔2022〕66 号）

（141）最高人民法院、最高人民检察院、公安部关于敦促拐卖妇女儿童相关犯罪嫌疑人投案自首的通告（2022 年 4 月 24 日公布施行）

（142）最高人民法院、最高人民检察院、公安部、司法部关于未成年人犯罪记录封存的实施办法（2022 年 5 月 24 日公布　2022 年 5 月 30 日施行）

（143）最高人民法院、最高人民检察院、公安部、国家移民管理局关于依法惩治妨害国（边）境

管理违法犯罪的意见（2022 年 6 月 29 日公布施行　法发〔2022〕18 号）

（144）最高人民法院、最高人民检察院、公安部关于敦促电信网络诈骗犯罪集团头目和骨干自首的通告（2022 年 8 月 1 日公布施行）

（145）最高人民法院、最高人民检察院、公安部、国家文物局关于办理妨害文物管理等刑事案件若干问题的意见（2022 年 8 月 16 日公布施行　公通字〔2022〕18 号）

（146）最高人民法院、最高人民检察院、教育部关于落实从业禁止制度的意见（2022 年 11 月 10 日公布　2022 年 11 月 15 日施行　法发〔2022〕32 号）

（147）最高人民检察院、公安部关于依法妥善办理轻伤害案件的指导意见（2022 年 12 月 22 日公布施行　高检发办字〔2022〕167 号）

（148）最高人民法院、最高人民检察院、公安部、司法部关于办理性侵害未成年人刑事案件的意见（2023 年 5 月 24 日公布　2023 年 6 月 1 日施行）

（149）最高人民法院、最高人民检察院、公安部关于依法收缴非法枪爆等物品严厉打击涉枪涉爆等违法犯罪的通告（2023 年 6 月 13 日公布施行）

（150）最高人民法院、最高人民检察院、公安部关于依法惩治网络暴力违法犯罪的指导意见（2023 年 9 月 20 日公布施行　法发〔2023〕14 号）

（151）最高人民法院、最高人民检察院、司法部、公安部关于办理醉酒危险驾驶刑事案件的意见（2023 年 12 月 13 日公布　2023 年 12 月 28 日施行　高检发办字〔2023〕187 号）

2."两高"内设机构颁发

（1）最高人民法院研究室关于因错判在服刑期"脱逃"后确有犯罪其错判服刑期限可否与后判刑期折抵问题的电话答复（1983 年 8 月 31 日公布施行）

（2）最高人民法院研究室关于刘辉盗窃枪支、盗窃一案管辖问题的电话答复（1988 年 2 月 5 日公布施行）

（3）中国人民解放军军事法院关于审理军人违反职责罪案件中几个问题的处理意见（1988 年 10 月 19 日公布施行　〔1988〕军法发字第 34 号）

（4）最高人民法院研究室关于对再审改判前因犯新罪被加刑的罪犯再审时如何确定执行的刑罚问题的电话答复（1989 年 5 月 24 日公布施行）

（5）最高人民法院研究室关于重婚案件的被告人长期外逃法院能否中止审理和是否受追诉时效限制问题的电话答复（1989 年 8 月 16 日公布施行）

（6）最高人民法院研究室关于申付强诈骗案如何认定诈骗数额问题的电话答复（1991 年 4 月 23 日公布施行）

（7）最高人民法院研究室关于原判无期徒刑的罪犯经减刑后又改判应如何处理减刑问题的电话答复（1992 年 1 月 20 日公布施行）

（8）最高人民法院研究室关于重婚案件中受骗的一方当事人能否作为被害人向法院提起诉讼问题的电话答复（1992 年 11 月 7 日公布施行）

（9）最高人民法院研究室关于罪犯在保外就医期间又犯罪，事隔一段时间后被抓获，对前罪的余刑，应当如何计算的请示的答复（1993 年 1 月 28 日公布施行）

（10）最高人民法院研究室关于对有义务协助执行单位拒不协助予以罚款后又拒不执行应如何处理问题的答复（1993 年 9 月 27 日公布施行）

（11）最高人民法院研究室关于如何理解"直接负责的主管人员"和"直接责任人员"问题的复函（1994 年 1 月 27 日公布施行）

（12）最高人民法院研究室关于对无期徒刑犯减刑后原审法院发现原判决确有错误予以改判，原减刑裁定应如何适用法律条款予以撤销问题的答复（1994 年 11 月 7 日公布施行）

（13）最高人民法院研究室关于对非法占有强迫他人卖血所得款物案件如何定性问题的意见函（1995 年 10 月 23 日公布施行）

（14）最高人民检察院研究室关于数罪并罚决定执行三年以下有期徒刑的犯罪分子能否适用缓刑问题的复函（1998 年 9 月 17 日公布施行　〔1998〕高检研发第 16 号）

（15）最高人民法院研究室关于企业犯罪后被合并应当如何追究刑事责任问题的答复（1998 年 11

月 18 日公布施行）

　　（16）最高人民检察院研究室关于保险诈骗未遂能否按犯罪处理问题的答复（1998 年 11 月 27 日公布施行　〔1998〕高检研发第 20 号）

　　（17）最高人民检察院研究室关于以出卖为目的的倒卖外国妇女的行为是否构成拐卖妇女罪的答复（1998 年 12 月 24 日公布施行　〔1998〕高检研发第 21 号）

　　（18）最高人民检察院研究室关于买卖伪造的国家机关证件行为是否构成犯罪的问题的答复（1999 年 6 月 21 日公布施行　〔1999〕高检研发第 5 号）

　　（19）最高人民法院研究室关于国家工作人员在农村合作基金会兼职从事管理工作如何认定身份问题的答复〔2000 年 6 月 29 日公布施行　法（研）明传〔2000〕12 号〕

　　（20）最高人民法院研究室关于拒不执行人民法院调解书的行为是否构成拒不执行判决、裁定罪的答复（2000 年 12 月 14 日公布施行　法研〔2000〕117 号）

　　（21）最高人民法院刑二庭审判长会议关于签订、履行合同失职被骗犯罪是否以对方当事人的行为构成诈骗罪为要件的意见（2001 年 4 月公布施行）

　　（22）最高人民法院研究室关于对在绑架过程中以暴力、胁迫等手段当场劫取被害人财物的行为如何适用法律问题的答复（2001 年 11 月 8 日公布施行　法函〔2001〕68 号）

　　（23）最高人民法院研究室关于对刑罚已执行完毕，由于发现新的证据，又因同一事实被以新的罪名重新起诉的案件，应适用何种程序进行审理等问题的答复（2002 年 7 月 31 日公布施行）

　　（24）最高人民检察院研究室关于中国农业发展银行及其分支机构的工作人员法律适用问题的答复（2002 年 9 月 23 日公布施行　〔2002〕高检研发第 16 号）

　　（25）最高人民检察院法律政策研究室关于通过伪造证据骗取法院民事裁判占有他人财物的行为如何适用法律问题的答复（2002 年 9 月 25 日公布施行　〔2002〕高检研发第 18 号）

　　（26）最高人民检察院研究室关于买卖尚未加盖印章的空白《边境证》行为如何适用法律问题的答复（2002 年 9 月 25 日公布施行　〔2002〕高检研发第 19 号）

　　（27）最高人民检察院法律政策研究室关于安定注射液是否属于刑法第三百五十五条规定的精神药品问题的答复（2002 年 10 月 24 日公布施行　〔2002〕高检研发第 23 号）

　　（28）最高人民检察院法律政策研究室关于非法经营行为界定有关问题的复函（2002 年 10 月 25 日公布施行　〔2002〕高检研发第 24 号）

　　（29）最高人民检察院研究室关于佛教协会工作人员能否构成受贿罪或者公司、企业人员受贿罪主体问题的答复（2003 年 1 月 13 日公布施行　〔2003〕高检研发第 2 号）

　　（30）最高人民检察院法律政策研究室关于对海事局工作人员如何适用法律问题的答复（2003 年 1 月 13 日公布施行　〔2003〕高检研发第 1 号）

　　（31）最高人民法院研究室关于挪用民族贸易和民族用品生产贷款利息补贴行为如何定性问题的复函（2003 年 2 月 24 日公布施行　法研〔2003〕16 号）

　　（32）最高人民检察院研究室关于 1998 年 4 月 18 日以前的传销或者变相传销行为如何处理的答复（2003 年 3 月 21 日公布施行　〔2003〕高检研发第 7 号）

　　（33）最高人民检察院法律政策研究室关于集体性质的乡镇卫生院院长利用职务之便收受他人财物的行为如何适用法律问题的答复（2003 年 4 月 2 日公布施行　〔2003〕高检研发第 9 号）

　　（34）最高人民检察院研究室关于非法制作、出售、使用 IC 电话卡行为如何适用法律问题的答复（2003 年 4 月 2 日公布施行　〔2003〕高检研发第 10 号）

　　（35）最高人民检察院法律政策研究室关于非司法工作人员是否可以构成徇私枉法罪共犯问题的答复（2003 年 4 月 16 日公布施行　〔2003〕高检研发第 11 号）

　　（36）最高人民检察院法律政策研究室关于相对刑事责任年龄的人承担刑事责任范围有关问题的答复（2003 年 4 月 18 日公布施行　〔2003〕高检研发第 13 号）

　　（37）最高人民检察院法律政策研究室关于伪造、变造、买卖政府设立的临时性机构的公文、证件、印章行为如何适用法律问题的答复（2003 年 6 月 3 日公布施行　〔2003〕高检研发第 17 号）

　　（38）最高人民法院研究室关于外国公司、企业、事业单位在我国领域内犯罪如何适用法律问题的答复（2003 年 10 月 15 日公布施行　法研〔2003〕153 号）

（39）最高人民检察院法律政策研究室关于税务机关工作人员通过企业以"高开低征"的方法代开增值税专用发票的行为如何适用法律问题的答复（2004 年 3 月 17 日公布施行　高检研发〔2004〕6 号）

（40）最高人民法院研究室关于对行为人通过伪造国家机关公文、证件担任国家工作人员职务并利用职务上的便利侵占本单位财物、收受贿赂、挪用本单位资金等行为如何适用法律问题的答复（2004 年 3 月 30 日公布施行　法研〔2004〕48 号）

（41）最高人民法院研究室关于对参加聚众斗殴受重伤或者死亡的人及其家属提出的民事赔偿请求能否予以支持问题的答复（2004 年 11 月 1 日公布施行　法研〔2004〕179 号）

（42）最高人民检察院法律政策研究室关于国家机关、国有公司、企业委派到非国有公司、企业从事公务但尚未依照规定程序获取该单位职务的人员是否适用刑法第九十三条第二款问题的答复（2004 年 11 月 3 日公布施行　〔2004〕高检研发第 17 号）

（43）最高人民法院刑一庭关于审理若干新型毒品案件定罪量刑的指导意见（2006 年 6 月 19 日公布施行）

（44）最高人民检察院法律政策研究室关于国有单位的内设机构能否构成单位受贿罪主体问题的答复（2006 年 9 月 12 日公布施行　〔2006〕高检研发 8 号）

（45）最高人民法院研究室关于伪造、变造、买卖民用机动车号牌行为能否以伪造、变造、买卖国家机关证件罪定罪处罚问题的请示的答复（2009 年 1 月 1 日公布施行　法研〔2009〕68 号）

（46）最高人民法院刑事审判第二庭关于集体商标是否属于我国刑法的保护范围问题的复函（2009 年 4 月 10 日公布施行　〔2009〕刑二函字第 28 号）

（47）最高人民法院研究室关于被告人对不同种毒品实施同一犯罪行为是否按比例折算成一种毒品予以累加后量刑的答复（2009 年 8 月 17 日公布施行　法研〔2009〕146 号）

（48）最高人民法院研究室关于被告人阮某重大劳动安全事故案有关法律适用问题的答复（2009 年 12 月 25 日公布施行　法研〔2009〕228 号）

（49）最高人民法院研究室关于罪犯在刑罚执行期间的发明创造能否按照重大立功表现作为对其漏罪审判时的量刑情节问题的答复（2011 年 6 月 14 日公布施行　法研〔2011〕79 号）

（50）最高人民法院研究室关于违反经行政法规授权制定的规范一般纳税人资格的文件应否认定为"违反法律、行政法规的规定"问题的答复（2012 年 5 月 3 日公布施行　法研〔2012〕59 号）

（51）最高人民法院研究室关于如何理解"在法定刑以下判处刑罚"问题的答复（2012 年 5 月 30 日公布施行　法研〔2012〕67 号）

（52）最高人民法院研究室关于交通肇事刑事案件附带民事赔偿范围问题的答复（2014 年 2 月 24 日公布施行　法研〔2014〕30 号）

（53）最高人民法院研究室关于《最高人民法院、最高人民检察院关于办理与盗窃、抢劫、诈骗、抢夺机动车相关刑事案件具体应用法律若干问题的解释》有关规定如何适用问题的答复（2014 年 7 月 29 日公布施行　法研〔2014〕98 号）

（54）最高人民法院研究室关于如何适用法发〔1996〕30 号司法解释数额标准问题的电话答复（2014 年 11 月 27 日公布施行　法研〔2014〕179 号）

（55）最高人民法院研究室《关于如何认定以"挂靠"有关公司名义实施经营活动并让有关公司为自己虚开增值税专用发票行为的性质》征求意见的复函（2015 年 6 月 11 日公布施行　法研〔2015〕58 号）

（56）最高人民检察院法律政策研究室对关于具有药品经营资质的企业通过非法渠道从私人手中购进药品后销售的如何适用法律问题的请示的答复（2015 年 10 月 26 日公布施行　高检研〔2015〕19 号）

（57）最高人民法院研究室关于收购、运输、出售部分人工驯养繁殖技术成熟的野生动物适用法律问题的复函（2016 年 3 月 2 日公布施行　法研〔2016〕23 号）

五、刑事程序法文件

（一）司法解释

1. 最高人民法院、最高人民检察院、公安部、司法部、卫生部精神疾病司法鉴定暂行规定（1989

年 7 月 11 日公布　1989 年 8 月 1 日施行　卫医字〔89〕第 17 号）

2. 最高人民法院、最高人民检察院、公安部、外交部、司法部、财政部关于强制外国人出境的执行办法的规定（1992 年 7 月 31 日公布施行　公发〔1992〕18 号）

3. 最高人民法院关于在审理经济纠纷案件中涉及经济犯罪嫌疑若干问题的规定（1998 年 4 月 21 日公布　1998 年 4 月 29 日施行　法释〔1998〕7 号）

4. 最高人民法院关于行政机关工作人员执行职务致人伤亡构成犯罪的赔偿诉讼程序问题的批复（2002 年 8 月 23 日公布　2002 年 8 月 30 日施行　法释〔2002〕28 号）

5. 最高人民法院关于刑事案件终审判决和裁定何时发生法律效力问题的批复（2004 年 7 月 26 日公布　2004 年 7 月 29 日施行　法释〔2004〕7 号）

6. 最高人民法院关于新疆生产建设兵团人民法院案件管辖权问题的若干规定（2005 年 5 月 24 日公布　2005 年 6 月 6 日施行　法释〔2005〕4 号）

7. 最高人民法院关于统一行使死刑案件核准权有关问题的决定（2006 年 12 月 28 日公布　2007 年 1 月 1 日施行　法释〔2006〕12 号）

8. 最高人民法院关于对被判处死刑的被告人未提出上诉、共同犯罪的部分被告人或者附带民事诉讼原告人提出上诉的案件应适用何种程序审理的批复（2010 年 3 月 17 日公布　2010 年 4 月 1 日施行　法释〔2010〕6 号）

9. 最高人民检察院关于对涉嫌盗窃的不满 16 周岁未成年人采取刑事拘留强制措施是否违法问题的批复（2011 年 1 月 25 日公布施行　高检发释字〔2011〕1 号）

10. 最高人民法院关于死刑缓期执行限制减刑案件审理程序若干问题的规定（2011 年 4 月 25 日公布　2011 年 5 月 1 日施行　法释〔2011〕8 号）

11. 最高人民法院关于铁路运输法院案件管辖范围的若干规定（2012 年 7 月 17 日公布　2012 年 8 月 1 日施行　法释〔2012〕10 号）

12. 最高人民法院、最高人民检察院、公安部、国家安全部、司法部、全国人民代表大会常务委员会法制工作委员会关于实施刑事诉讼法若干问题的规定（2012 年 12 月 26 日公布　2013 年 1 月 1 日施行）

13. 最高人民检察院人民检察院办理未成年人刑事案件的规定（2013 年 12 月 27 日公布施行　高检发研字〔2013〕7 号）

14. 最高人民法院关于减刑、假释案件审理程序的规定（2014 年 4 月 23 日公布　2014 年 6 月 1 日施行　法释〔2014〕5 号）

15. 最高人民检察院人民检察院刑事诉讼涉案财物管理规定（2015 年 3 月 6 日公布施行　高检发〔2015〕6 号）

16. 最高人民法院关于人民法院办理接收在台湾地区服刑的大陆居民回大陆服刑案件的规定（2016 年 4 月 27 日公布　2016 年 5 月 1 日施行　法释〔2016〕11 号）

17. 最高人民法院、最高人民检察院、公安部办理毒品犯罪案件毒品提取、扣押、称量、取样和送检程序若干问题的规定（2016 年 5 月 24 日公布　2016 年 7 月 1 日施行　公禁毒〔2016〕511 号）

18. 最高人民法院、最高人民检察院、公安部关于办理刑事案件收集提取和审查判断电子数据若干问题的规定（2016 年 9 月 9 日公布　2016 年 10 月 1 日施行　法发〔2016〕22 号）

19. 最高人民法院、最高人民检察院关于适用犯罪嫌疑人、被告人逃匿、死亡案件违法所得没收程序若干问题的规定（2017 年 1 月 4 日公布　2017 年 1 月 5 日施行　法释〔2017〕1 号）

20. 最高人民检察院、公安部关于公安机关办理经济犯罪案件的若干规定（2017 年 11 月 24 日公布　2018 年 1 月 1 日施行　公通字〔2017〕25 号）

21. 最高人民检察院关于指派、聘请有专门知识的人参与办案若干问题的规定（试行）（2018 年 4 月 3 日公布施行）

22. 人民检察院刑事诉讼规则（2019 年 12 月 30 日公布施行　高检发释字〔2019〕4 号）

23. 最高人民法院关于适用《中华人民共和国刑事诉讼法》的解释（2021 年 1 月 26 日公布 2021 年 3 月 1 日施行　法释〔2021〕1 号）

（二）司法文件

1. 最高人民法院、最高人民检察院、公安部、国家计委关于统一赃物估价工作的通知（1994年4月22日公布施行　法发〔1994〕9号）

2. 最高人民法院、最高人民检察院、公安部、国家计委扣押、追缴、没收物品估价管理办法（1997年4月22日公布施行　计办〔1997〕808号）

3. 最高人民检察院关于加强毒品犯罪批捕起诉工作的通知（1997年6月17日公布施行　高检发刑字〔1997〕55号）

4. 最高人民检察院关于对危害国家安全案件批捕起诉和实行备案制度等有关事项的通知（1998年1月12日公布施行　〔1998〕高检办发第4号）

5. 中国人民解放军总政治部、军事法院、军事检察院关于《中华人民共和国刑法》第十章所列刑事案件管辖范围的通知（1998年8月12日公布施行　〔1998〕军检字第17号）

6. 最高人民法院关于审理死刑缓期执行期间故意犯罪的一审案件制作裁判文书的有关问题的通知（1999年11月18日公布施行）

7. 最高人民法院、最高人民检察院、公安部、司法部、新闻出版署关于公安部光盘生产源鉴定中心行使行政、司法鉴定权有关问题的通知（2000年3月9日公布施行　公通字〔2000〕21号）

8. 最高人民法院、最高人民检察院、公安部关于旅客列车上发生的刑事案件管辖问题的通知（2001年8月23日公布施行　公通字〔2001〕70号）

9. 最高人民法院、最高人民检察院、公安部关于严格执行刑事诉讼法，切实纠防超期羁押期限的通知（2003年11月12日公布施行　法〔2003〕163号）

10. 最高人民检察院关于印发部分罪案《审查逮捕证据参考标准（试行）》的通知（2003年11月27日公布施行　高检侦监发〔2003〕107号）

11. 最高人民检察院公诉厅毒品犯罪案件公诉证据标准指导意见（试行）（2005年4月25日公布施行　〔2005〕高检诉发第32号）

12. 最高人民法院、最高人民检察院关于切实保障司法人员依法履行职务的紧急通知（2005年8月25日公布施行　法〔2005〕173号）

13. 最高人民法院、最高人民检察院、公安部、国家安全部、司法部关于对司法工作人员在诉讼活动中的渎职行为加强法律监督的若干规定（试行）（2010年7月26日公布施行　高检会〔2010〕4号）

14. 最高人民法院、最高人民检察院、公安部、司法部社区矫正实施办法（2012年1月10日公布　2012年3月1日施行　司发通〔2012〕12号）

15. 最高人民法院、最高人民检察院、公安部、国家安全部、司法部关于发布《人体损伤程度鉴定标准》的公告（2013年8月30日公布　2014年1月1日施行）

16. 最高人民法院关于执行《人体损伤程度鉴定标准》有关问题的通知（2014年1月2日公布实施　法〔2014〕3号）

17. 人民检察院办理认罪认罚案件开展量刑建议工作的指导意见（2021年12月3日公布施行　高检发办字〔2021〕120号）

18. 最高人民法院、最高人民检察院、公安部关于办理信息网络犯罪案件适用刑事诉讼程序若干问题的意见（2022年8月26日公布　2022年9月1日施行　法发〔2022〕23号）

19. 人民检察院办理知识产权案件工作指引（2023年4月25日公布施行）

六、部委规范

1. 公安部关于印发爆炸物品名称的通知（1984年2月13日公布施行　〔84〕公发（治）23号）

2. 财政部罚没财物和追回赃款赃物管理办法（1986年12月31日公布　1987年1月1日施行〔86〕财预字第228号）

3. 新闻出版署关于认定淫秽及色情出版物的暂行规定（1988年12月27日公布施行　〔88〕新出办字第1512号）

4. 监察部关于离退休干部在经济活动中收受巨款是否属受贿问题的请示的答复（1989 年 7 月 11 日公布施行）

5. 新闻出版署关于部分应取缔出版物认定标准的暂行规定（1989 年 11 月 3 日公布施行）

6. 新闻出版署、公安部关于鉴定淫秽录像带、淫秽图片有关问题的通知（1993 年 1 月 19 日公布施行　新出联〔1993〕第 1 号）

7. 公安部关于对拨打境外色情电话定性处理的批复（1996 年 2 月 14 日公布施行　公复字〔1996〕5 号）

8. 公安部关于淫秽电影鉴定问题的批复（1996 年 12 月 5 日公布施行　公复字〔1996〕11 号）

9. 科学技术部、国家保密局、对外贸易经济合作部国家秘密技术出口审查规定（1998 年 10 月 30 日公布施行　国科发计字〔1998〕425 号）

10. 公安部关于携带、藏匿淫秽 VCD 是否属于传播淫秽物品问题的批复（1998 年 11 月 9 日公布施行　公复字〔1998〕6 号）

11. 公安部关于对破坏未联网的微型计算机信息系统是否适用《刑法》第 286 条的请示的批复（1998 年 11 月 25 日公布施行　公复字〔1998〕7 号）

12. 公安部对《关于鉴定淫秽物品有关问题的请示》的批复（1998 年 11 月 27 日公布施行　公复字〔1998〕8 号）

13. 公安部关于如何处理无法查清身份的外国籍犯罪嫌疑人问题的批复（1999 年 1 月 11 日公布施行　公复字〔1999〕1 号）

14. 中国人民银行关于银行现金缴款单和进账单性质认定的复函（1999 年 3 月 30 日公布施行　银条法〔1999〕27 号）

15. 信息产业部、国家工商行政管理局关于保护航空导航及水上通信安全对无线寻呼台站进行重新登记的通告（1999 年 7 月 27 日公布施行　信部联无〔1999〕627 号）

16. 对外贸易经济合作部、国家经济贸易委员会、财政部、公安部、国家工商行政管理局、海关总署关于执行《关于禁止非法拼（组）装汽车、摩托车的通告》的实施细则（1999 年 10 月 25 日公布　2000 年 1 月 1 日施行　〔1999〕外经贸机电发第 628 号）

17. 劳动和社会保障部、国家保密局劳动和社会保障工作中国家秘密及其密级具体范围的规定（2000 年 1 月 27 日公布施行　劳社部发〔2000〕4 号）

18. 公安部关于打击拐卖妇女儿童犯罪适用法律和政策有关问题的意见（2000 年 3 月 24 日公布施行　公通字〔2000〕25 号）

19. 公安部人民警察警徽使用管理规定（2000 年 3 月 27 日公布施行　公安部令第 48 号）

20. 公安部关于妨害国（边）境管理犯罪案件立案标准及有关问题的通知（2000 年 3 月 31 日公布施行　公通字〔2000〕30 号）

21. 中央机构编制委员会办公室关于中国证券监督管理委员会机构性质问题的复函（2000 年 4 月 14 日公布施行　中编办函〔2000〕84 号）

22. 公安部关于盗窃空白因私护照有关问题的批复（2000 年 5 月 16 日公布施行　公境出〔2000〕881 号）

23. 国家工商局、公安部、中国人民银行关于严厉打击传销和变相传销等非法经营活动的意见（2000 年 7 月 17 日公布施行）

24. 公安部关于公安边防部门在办理跨省、区、市妨害国（边）境管理犯罪案件中加强办案协作的通知〔2000 年 7 月 19 日公布施行　公边（调）〔2000〕161 号〕

25. 公安部关于计算机犯罪案件管辖分工问题的通知（2000 年 7 月 25 日公布施行　公通字〔2000〕63 号）

26. 公安部关于受害人居住地公安机关可否对诈骗犯罪案件立案侦查问题的批复（2000 年 10 月 16 日公布施行　公复字〔2000〕10 号）

27. 公安部关于刑事追诉期限有关问题的批复（2000 年 10 月 25 日公布施行　公复字〔2000〕11 号）

28. 公安部法制局对关于倒卖邀请函的行为如何处理的请示的答复（2001 年 2 月 1 日公布施行　公法〔2001〕21 号）

29. 公安部关于对同性之间以钱财为媒介的性行为定性处理问题的批复（2001 年 2 月 28 日公布施行　公复字〔2001〕4 号）

30. 司法部狱内刑事案件立案标准（2001 年 3 月 9 日公布施行　司法部令第 64 号）

31. 公安部经济犯罪侦查局关于对既涉嫌非法经营又涉嫌偷税的经济犯罪案件如何适用法律的请示的批复（2001 年 3 月 20 日公布施行　公经〔2001〕253 号）

32. 公安部关于村民小组组长以本组资金为他人担保贷款如何定性处理问题的批复（2001 年 4 月 26 日公布施行　公法〔2001〕83 号）

33. 国家林业局、公安部关于森林和陆生野生动物刑事案件管辖及立案标准（2001 年 5 月 9 日公布施行　林安字〔2001〕156 号）

34. 国家林业局关于发布破坏野生动物资源刑事案中涉及走私的象牙及其制品价值标准的通知（2001 年 6 月 13 日公布施行　林濒发〔2001〕234 号）

35. 公安部办公厅关于销售印有本·拉登头像的商品如何处理问题的答复（2001 年 12 月 31 日公布施行　公办〔2001〕162 号）

36. 信息产业部关于依法查处中断电信网间通信行为的通告（2002 年 4 月 18 日公布施行）

37. 中国民用航空总局、国家发展计划委员会、公安部、国家税务总局、国家工商行政管理总局关于坚决打击暗扣销售和非法经营销售国内机票行为规范航空运输市场秩序的通知（2002 年 5 月 20 日公布施行　民航财发〔2002〕101 号）

38. 公安部关于对彩弹枪按照枪支进行管理的通知（2002 年 6 月 7 日公布施行　公治〔2002〕82 号）

39. 公安部关于对伪造学生证及贩卖、使用伪造学生证的行为如何处理问题的批复（2002 年 6 月 26 日公布施行　公刑〔2002〕1046 号）

40. 公安部关于认定海洛因有关问题的批复（2002 年 6 月 28 日公布施行　公禁毒〔2002〕236 号）

41. 公安部经济犯罪侦查局关于打击非法经营销售国内机票有关问题的批复（2002 年 8 月 9 日公布施行　公经〔2002〕928 号）

42. 公安部禁毒局关于非法制造贩卖安钠咖立案问题的答复（2002 年 11 月 5 日公布施行　公禁毒〔2002〕434 号）

43. 公安部经济犯罪侦查局关于对挪用资金罪有关问题请示的答复（2002 年 12 月 24 日公布施行　公经〔2002〕1604 号）

44. 公安部经济犯罪侦查局关于职务侵占案件管辖权问题的批复（2003 年 4 月 21 日公布施行　公经〔2003〕435 号）

45. 公安部经济犯罪侦查局关于对非国家工作人员职务犯罪案件管辖权问题的意见（2003 年 4 月 21 日公布施行　公经〔2003〕436 号）

46. 国家文物局近现代一级文物藏品定级标准（试行）（2003 年 5 月 13 日公布施行）

47. 公安部关于对侵犯著作权案件中尚未印制完成的侵权复制品如何计算非法经营数额问题的批复（2003 年 6 月 20 日公布施行）

48. 公安部关于以钱财为媒介尚未发生性行为或发生性行为尚未给付钱财如何定性问题的批复（2003 年 9 月 24 日公布施行　公复字〔2003〕5 号）

49. 公安部治安局关于将"发票专用章"纳入公章类管理问题的批复（2004 年 1 月 17 日公布施行　公治办〔2004〕40 号）

50. 公安部关于办理赌博违法案件适用法律若干问题的通知（2005 年 5 月 25 日公布施行　公通字〔2005〕30 号）

51. 公安部经侦局关于对非法占有他人股权是否构成职务侵占罪问题的工作意见（2005 年 6 月 24 日公布施行）

52. 公安部、国家工商行政管理总局关于在打击侵犯商标专用权违法犯罪工作中加强衔接配合的

1 日施行　国家体育总局、公安部令第 12 号）

77. 公安机关涉案枪支弹药性能鉴定工作规定（公安部 2010 年 12 月 7 日印发　公通字〔2010〕67 号）

78. 公安部关于仿真枪认定标准有关问题的批复（2011 年 1 月 8 日公布施行　公复字〔2011〕1 号）

79. 公安部关于海关缉私部门认定管制刀具问题的批复（2011 年 9 月 16 日公布施行　公治〔2011〕550 号）

80. 公安部关于公安机关办理醉酒驾驶机动车犯罪案件的指导意见（2011 年 9 月 19 日公布施行　公交管〔2011〕190 号）

81. 公安部关于对空包弹管理有关问题的批复（2011 年 9 月 22 日公布施行　公复字〔2011〕3 号）

82. 公安机关办理刑事案件程序规定（公安部 2012 年 12 月 13 日公布　2013 年 1 月 1 日施行　公安部令第 127 号）

83. 国家食品药品监督管理总局、公安部、国家卫生和计划生育委员会关于公布麻醉药品和精神药品品种目录的通知（2013 年 11 月 11 日公布　2014 年 1 月 1 日施行　食药监药化监〔2013〕230 号）

84. 涉及恐怖活动资产冻结管理办法（中国人民银行、公安部、国家安全部 2014 年 1 月 10 日公布施行　中国人民银行、公安部、国家安全部令 2014 年第 1 号）

85. 公安部、国家卫生和计划生育委员会、国家食品药品监督管理总局、国家禁毒办关于印发《非药用类麻醉药品和精神药品列管办法》的通知（2015 年 9 月 24 日公布　2015 年 10 月 1 日施行　公通字〔2015〕27 号）

86. 科学技术保密规定（国家科学技术部、国家保密局 2015 年 11 月 16 日公布施行　科学技术部、国家保密局令第 16 号）

87. 会计档案管理办法（财政部、国家档案局 2015 年 12 月 11 日公布　2016 年 1 月 1 日施行　财政部、国家档案局令第 79 号）

88. 公安机关缴获毒品管理规定（公安部 2016 年 5 月 19 日印发　2016 年 7 月 1 日施行　公禁毒〔2016〕486 号）

89. 电信网络新型违法犯罪案件冻结资金返还若干规定（中国银监会、公安部 2016 年 9 月 18 日印发　银监发〔2016〕41 号）

90. 金融机构大额交易和可疑交易报告管理办法（中国人民银行 2016 年 12 月 28 日公布　2017 年 7 月 1 日施行　中国人民银行令〔2016〕第 3 号　2018 年修正）

91. 公安部、商务部、卫生计生委、海关总署、国家安全监管总局、国家食品药品监管总局关于将 4－苯胺基－N－苯乙基哌啶、N－苯乙基－4－哌啶酮、N－甲基－1－苯基－1－氯－2－丙胺、溴素、1－苯基－1－丙酮 5 种物质列入易制毒化学品管理的公告（2017 年 12 月 22 日公布　2018 年 2 月 1 日施行）

92. 公安部关于修改《公安机关办理刑事案件程序规定》的决定（2020 年 7 月 20 日发布　2020 年 9 月 1 日施行　公安部令第 159 号）

93. 公安部、国家卫生健康委员会、国家药品监督管理局关于将合成大麻素类物质和氟胺酮等 18 种物质列入《非药用类麻醉药品和精神药品管制品种增补目录》的公告（2021 年 3 月 15 日公布　2021 年 7 月 1 日施行）

94. 公安部、商务部、国家卫生健康委员会、应急管理部、海关总署、国家药品监督管理局关于将 3－氧－2－苯基丁酸甲酯、3－氧－2－苯基丁酰胺、2－甲基－3－〔3，4－（亚甲二氧基）苯基〕缩水甘油酸、2－甲基－3－〔3，4－（亚甲二氧基）苯基〕缩水甘油酸甲酯、苯乙腈和 γ－丁内酯 6 种物质列入易制毒化学品管理的公告（2021 年 8 月 16 日公布　2021 年 9 月 20 日施行）

95. 公安机关办理犯罪记录查询工作规定（2021 年 12 月 3 日公布　2021 年 12 月 31 日施行　公通字〔2021〕19 号）

96. 公安机关反有组织犯罪工作规定（2022 年 8 月 26 日公布　2022 年 10 月 1 日施行　公安部令第 165 号）

附录（六）

中华人民共和国刑法

（1979 年 7 月 1 日第五届全国人民代表大会第二次会议通过
1979 年 7 月 6 日全国人民代表大会常务委员会委员长令
第五号公布　自 1980 年 1 月 1 日起施行）

目　录

第七章　妨害婚姻、家庭罪
第八章　渎职罪

第一编　总　　则

第一章　刑法的指导思想、任务和适用范围

第一条【刑法的指导思想及制定依据】中华人民共和国刑法，以马克思列宁主义毛泽东思想为指针，以宪法为根据，依照惩办与宽大相结合的政策，结合我国各族人民实行无产阶级领导的、工农联盟为基础的人民民主专政即无产阶级专政和进行社会主义革命、社会主义建设的具体经验及实际情况制定。

第二条【刑法的任务】中华人民共和国刑法的任务，是用刑罚同一切反革命和其他刑事犯罪行为作斗争，以保卫无产阶级专政制度，保护社会主义的全民所有的财产和劳动群众集体所有的财产，保护公民私人所有的合法财产，保护公民的人身权利、民主权利和其他权利，维护社会秩序、生产秩序、工作秩序、教学科研秩序和人民群众生活秩序，保障社会主义革命和社会主义建设事业的顺利进行。

第三条【属地管辖权】凡在中华人民共和国领域内犯罪的，除法律有特别规定的以外，都适用本法。

凡在中华人民共和国船舶或者飞机内犯罪的，也适用本法。

犯罪的行为或者结果有一项发生在中华人民共和国领域内的，就认为是在中华人民共和国领域内犯罪。

第四条【属人管辖权】中华人民共和国公民在中华人民共和国领域外犯下列各罪的，适用本法：

（一）反革命罪；

（二）伪造国家货币罪（第一百二十二条），伪造有价证券罪（第一百二十三条）；

（三）贪污罪（第一百五十五条），受贿罪（第一百八十五条），泄露国家机密罪（第一百八十六条）；

（四）冒充国家工作人员招摇撞骗罪（第一百六十六条），伪造公文、证件、印章罪（第一百六十七条）。

第五条【属人管辖权】中华人民共和国公民在中华人民共和国领域外犯前条以外的罪，而按本法规定的最低刑为三年以上有期徒刑的，也适用本法；但是按照犯罪地的法律不受处罚的除外。

第六条【保护管辖权】外国人在中华人民共和国领域外对中华人民共和国国家或者公民犯罪，而按本法规定的最低刑为三年以上有期徒刑的，可以适用本法；但是按照犯罪地的法律不受处罚的除外。

第七条【外国刑事判决的效力】凡在中华人民共和国领域外犯罪、依照本法应当负刑事责任的，虽然经过外国审判，仍然可以依照本法处理；但是在外国已经受过刑罚处罚的，可以免除或者减轻处罚。

第八条【外交豁免】享有外交特权和豁免权的外国人的刑事责任问题，通过外交途径解决。

第九条【刑法的时间效力】本法自一九八〇年一月一日起生效。中华人民共和国成立以后本法施行以前的行为，如果当时的法律、法令、政策不认为是犯罪的，适用当时的法律、法令、政策。如果当时的法律、法令、政策认为是犯罪的，依照本法总则第四章第八节的规定应当追诉的，按照当时的法律、法令、政策追究刑事责任。但是，如果本法不认为是犯罪或者处刑较轻的，适用本法。

第二章　犯　　罪

第一节　犯罪和刑事责任

第十条【犯罪的概念】一切危害国家主权和领土完整，危害无产阶级专政制度，破坏社会主义革命和社会主义建设，破坏社会秩序，侵犯全民所有的财产或者劳动群众集体所有的财产，侵犯公民私

人所有的合法财产，侵犯公民的人身权利、民主权利和其他权利，以及其他危害社会的行为，依照法律应当受刑罚处罚的，都是犯罪；但是情节显著轻微危害不大的，不认为是犯罪。

第十一条【故意犯罪】 明知自己的行为会发生危害社会的结果，并且希望或者放任这种结果发生，因而构成犯罪的，是故意犯罪。

故意犯罪，应当负刑事责任。

第十二条【过失犯罪】 应当预见自己的行为可能发生危害社会的结果，因为疏忽大意而没有预见，或者已经预见而轻信能够避免，以致发生这种结果的，是过失犯罪。

过失犯罪，法律有规定的才负刑事责任。

第十三条【不可抗力及意外事件】 行为在客观上虽然造成了损害结果，但是不是出于故意或者过失，而是由于不能抗拒或者不能预见的原因所引起的，不认为是犯罪。

第十四条【完全刑事责任年龄】 已满十六岁的人犯罪，应当负刑事责任。

【相对刑事责任年龄】 已满十四岁不满十六岁的人，犯杀人、重伤、抢劫、放火、惯窃罪或者其他严重破坏社会秩序罪，应当负刑事责任。

【从宽刑事责任年龄】 已满十四岁不满十八岁的人犯罪，应当从轻或者减轻处罚。

【官教与教养】 因不满十六岁不处罚的，责令他的家长或者监护人加以管教；在必要的时候，也可以由政府收容教养。

第十五条【精神病人的刑事责任能力】 精神病人在不能辨认或者不能控制自己行为的时候造成危害结果的，不负刑事责任；但是应当责令他的家属或者监护人严加看管和医疗。

间歇性的精神病人在精神正常的时候犯罪，应当负刑事责任。

【醉酒人的刑事责任能力】 醉酒的人犯罪，应当负刑事责任。

第十六条【聋哑人及盲人犯罪的处罚】 又聋又哑的人或者盲人犯罪，可以从轻、减轻或者免除处罚。

第十七条【正当防卫】 为了使公共利益、本人或者他人的人身和其他权利免受正在进行的不法侵害，而采取的正当防卫行为，不负刑事责任。

【防卫过当】 正当防卫超过必要限度造成不应有的危害的，应当负刑事责任；但是应当酌情减轻或者免除处罚。

第十八条【紧急避险】 为了使公共利益、本人或者他人的人身和其他权利免受正在发生的危险，不得已采取的紧急避险行为，不负刑事责任。

【避险过当】 紧急避险超过必要限度造成不应有的危害的，应当负刑事责任；但是应当酌情减轻或者免除处罚。

【避险之禁例】 第一款中关于避免本人危险的规定，不适用于职务上、业务上负有特定责任的人。

第二节 犯罪的预备、未遂和中止

第十九条【犯罪预备】 为了犯罪，准备工具、制造条件的，是犯罪预备。

【预备犯的处罚】 对于预备犯，可以比照既遂犯从轻、减轻处罚或者免除处罚。

第二十条【犯罪未遂】 已经着手实行犯罪，由于犯罪分子意志以外的原因而未得逞的，是犯罪未遂。

【未遂犯的处罚】 对于未遂犯，可以比照既遂犯从轻或者减轻处罚。

第二十一条【犯罪中止】 在犯罪过程中，自动中止犯罪或者自动有效地防止犯罪结果发生的，是犯罪中止。

【中止犯的处罚】 对于中止犯，应当免除或者减轻处罚。

第三节 共同犯罪

第二十二条【共同犯罪】 共同犯罪是指二人以上共同故意犯罪。

二人以上共同过失犯罪，不以共同犯罪论处；应当负刑事责任的，按照他们所犯的罪分别处罚。

第二十三条【主犯】 组织、领导犯罪集团进行犯罪活动的或者在共同犯罪中起主要作用的，是主犯。

　　【主犯的处罚】对于主犯，除本法分则已有规定的以外，应当从重处罚。

　　第二十四条【从犯】在共同犯罪中起次要或者辅助作用的，是从犯。

　　【从犯的处罚】对于从犯，应当比照主犯从轻、减轻处罚或者免除处罚。

　　第二十五条【胁从犯】对于被胁迫、被诱骗参加犯罪的，应当按照他的犯罪情节，比照从犯减轻处罚或者免除处罚。

　　第二十六条【教唆犯】教唆他人犯罪的，应当按照他在共同犯罪中所起的作用处罚。教唆不满十八岁的人犯罪的，应当从重处罚。

　　【教唆犯的从宽处罚】如果被教唆的人没有犯被教唆的罪，对于教唆犯，可以从轻或者减轻处罚。

第三章　刑　　罚

第一节　刑罚的种类

　　第二十七条【刑罚的种类】刑罚分为主刑和附加刑。

　　第二十八条【主刑的种类】主刑的种类如下：

　　（一）管制；

　　（二）拘役；

　　（三）有期徒刑；

　　（四）无期徒刑；

　　（五）死刑。

　　第二十九条【附加刑的种类】附加刑的种类如下：

　　（一）罚金；

　　（二）剥夺政治权利；

　　（三）没收财产。

　　【附加刑的适用】附加刑也可以独立适用。

　　第三十条【驱逐出境】对于犯罪的外国人，可以独立适用或者附加适用驱逐出境。

　　第三十一条【赔偿经济损失】由于犯罪行为而使被害人遭受经济损失的，对犯罪分子除依法给予刑事处分外，并应根据情况判处赔偿经济损失。

　　第三十二条【非刑罚处罚措施】对于犯罪情节轻微不需要判处刑罚的，可以免予刑事处分，但可以根据案件的不同情况，予以训诫或者责令具结悔过、赔礼道歉、赔偿损失，或者由主管部门予以行政处分。

第二节　管　　制

　　第三十三条【管制的期限】管制的期限，为三个月以上二年以下。

　　【管制的执行机关】管制由人民法院判决，由公安机关执行。

　　第三十四条【被管制罪犯的义务】被判处管制的犯罪分子，在执行期间，必须遵守下列规定：

　　（一）遵守法律、法令，服从群众监督，积极参加集体劳动生产或者工作；

　　（二）向执行机关定期报告自己的活动情况；

　　（三）迁居或者外出必须报经执行机关批准。

　　【被管制罪犯的权利】对于被判处管制的犯罪分子，在劳动中应当同工同酬。

　　第三十五条【管制的解除】被判处管制的犯罪分子，管制期满，执行机关应即向本人和有关的群众宣布解除管制。

　　第三十六条【管制的刑期起算及折抵】管制的刑期，从判决执行之日起计算；判决执行以前先行羁押的，羁押一日折抵刑期二日。

第三节　拘　　役

　　第三十七条【拘役的期限】拘役的期限，为十五日以上六个月以下。

　　第三十八条【拘役的执行】 被判处拘役的犯罪分子，由公安机关就近执行。

　　【拘役犯的权利】 在执行期间，被判处拘役的犯罪分子每月可以回家一天至两天；参加劳动的，可以酌量发给报酬。

　　第三十九条【拘役的刑期起算及折抵】 拘役的刑期，从判决执行之日起计算；判决以前先行羁押的，羁押一日折抵刑期一日。

第四节　有期徒刑、无期徒刑

　　第四十条【有期徒刑的期限】 有期徒刑的期限，为六个月以上十五年以下。

　　第四十一条【有期徒刑、无期徒刑的执行】 被判处有期徒刑、无期徒刑的犯罪分子，在监狱或者其他劳动改造场所执行；凡有劳动能力的，实行劳动改造。

　　第四十二条【有期徒刑的刑期起算及折抵】 有期徒刑的刑期，从判决执行之日起计算；判决执行以前先行羁押的，羁押一日折抵刑期一日。

第五节　死　刑

　　第四十三条【死刑、死缓的适用】 死刑只适用于罪大恶极的犯罪分子。对于应当判处死刑的犯罪分子，如果不是必须立即执行的，可以判处死刑同时宣告缓期二年执行，实行劳动改造，以观后效。

　　【死刑、死缓的核准程序】 死刑除依法由最高人民法院判决的以外，都应当报请最高人民法院核准。死刑缓期执行的，可以由高级人民法院判决或者核准。

　　第四十四条【死缓的适用对象】 犯罪的时候不满十八岁的人和审判的时候怀孕的妇女，不适用死刑。已满十六岁不满十八岁的，如果所犯罪行特别严重，可以判处死刑缓期二年执行。

　　第四十五条【死刑的执行方式】 死刑用枪决的方法执行。

　　第四十六条【死缓的法律后果】 判处死刑缓期执行的，在死刑缓期执行期间，如果确有悔改，二年期满以后，减为无期徒刑；如果确有悔改并有立功表现，二年期满以后，减为十五年以上二十年以下有期徒刑；如果抗拒改造情节恶劣、查证属实的，由最高人民法院裁定或者核准，执行死刑。

　　第四十七条【死缓期间及死缓犯减刑的刑期起算】 死刑缓期执行的期间，从判决确定之日起计算。死刑缓期执行减为有期徒刑的刑期，从裁定减刑之日起计算。

第六节　罚　金

　　第四十八条【罚金的适用】 判处罚金，应当根据犯罪情节决定罚金数额。

　　第四十九条【罚金的缴纳】 罚金在判决指定的期限内一次或者分期缴纳。期满不缴纳的，强制缴纳。如果由于遭遇不能抗拒的灾祸缴纳确实有困难的，可以酌情减少或者免除。

第七节　剥夺政治权利

　　第五十条【剥夺政治权利的内容】 剥夺政治权利是剥夺下列权利：

　　（一）选举权和被选举权；

　　（二）宪法第四十五条规定的各种权利；

　　（三）担任国家机关职务的权利；

　　（四）担任企业、事业单位和人民团体领导职务的权利。

　　第五十一条【剥夺政治权利的期限】 剥夺政治权利的期限，除本法第五十三条规定外，为一年以上五年以下。

　　判处管制附加剥夺政治权利的，剥夺政治权利的期限与管制的期限相等，同时执行。

　　第五十二条【剥夺政治权利的适用】 对于反革命分子应当附加剥夺政治权利；对于严重破坏社会秩序的犯罪分子，在必要的时候，也可以附加剥夺政治权利。

　　第五十三条【死刑、无期徒刑罪犯剥夺政治权利的适用】 对于被判处死刑、无期徒刑的犯罪分子，应当剥夺政治权利终身。

　　在死刑缓期执行减为有期徒刑或者无期徒刑减为有期徒刑的时候，应当把附加剥夺政治权利的期限改为三年以上十年以下。

第五十四条【剥夺政治权利的刑期起算及效力】附加剥夺政治权利的刑期，从徒刑、拘役执行完毕之日或者从假释之日起计算；剥夺政治权利的效力当然施用于主刑执行期间。

第八节　没收财产

第五十五条【没收财产的范围】没收财产是没收犯罪分子个人所有财产的一部或者全部。

在判处没收财产的时候，不得没收属于犯罪分子家属所有或者应有的财产。

第五十六条【正当债务的偿还】查封财产以前犯罪分子所负的正当债务，需要以没收的财产偿还的，经债权人请求，由人民法院裁定。

第四章　刑罚的具体运用

第一节　量　刑

第五十七条【量刑根据】对于犯罪分子决定刑罚的时候，应当根据犯罪的事实、犯罪的性质、情节和对于社会的危害程度，依照本法的有关规定判处。

第五十八条【从重、从轻处罚】犯罪分子具有本法规定的从重处罚、从轻处罚情节的，应当在法定刑的限度以内判处刑罚。

第五十九条【减轻处罚】犯罪分子具有本法规定的减轻处罚情节的，应当在法定刑以下判处刑罚。

【特殊减轻处罚的程序】犯罪分子虽然不具有本法规定的减轻处罚情节，如果根据案件的具体情况，判处法定刑的最低刑还是过重的，经人民法院审判委员会决定，也可以在法定刑以下判处刑罚。

第六十条【犯罪物品的处理】犯罪分子违法所得的一切财物，应当予以追缴或者责令退赔；违禁品和供犯罪所用的本人财物，应当予以没收。

第二节　累　犯

第六十一条【一般累犯】被判处有期徒刑以上刑罚的犯罪分子，刑罚执行完毕或者赦免以后，在三年以内再犯应当判处有期徒刑以上刑罚之罪的，是累犯，应当从重处罚；但是过失犯罪除外。

前款规定的期限，对于被假释的犯罪分子，从假释期满之日起计算。

第六十二条【特殊累犯】刑罚执行完毕或者赦免以后的反革命分子，在任何时候再犯反革命罪的，都以累犯论处。

第三节　自　首

第六十三条【自首的法律后果】犯罪以后自首的，可以从轻处罚。其中，犯罪较轻的，可以减轻或者免除处罚；犯罪较重的，如果有立功表现，也可以减轻或者免除处罚。

第四节　数罪并罚

第六十四条【数罪并罚】判决宣告以前一人犯数罪的，除判处死刑和无期徒刑的以外，应当在总和刑期以下、数刑中最高刑期以上，酌情决定执行的刑期；但是管制最高不能超过三年，拘役最高不能超过一年，有期徒刑最高不能超过二十年。

如果数罪中有判处附加刑的，附加刑仍须执行。

第六十五条【宣判后发现漏罪的并罚】判决宣告以后，刑罚还没有执行完毕以前，发现被判刑的犯罪分子在判决宣告以前还有其他罪没有判决的，应当对新发现的罪作出判决，把前后两个判决所判处的刑罚，依照本法第六十四条的规定，决定执行的刑罚。已经执行的刑期，应当计算在新判决决定的刑期以内。

第六十六条【宣判后犯新罪的并罚】判决宣告以后，刑罚还没有执行完毕以前，被判刑的犯罪分子又犯罪的，应当对新犯的罪作出判决，把前罪没有执行的刑罚和后罪所判处的刑罚，依照本法第六十四条的规定，决定执行的刑罚。

第五节　缓　刑

第六十七条【缓刑的适用条件】对于被判处拘役、三年以下有期徒刑的犯罪分子，根据犯罪分子的犯罪情节和悔罪表现，认为适用缓刑确实不致再危害社会的，可以宣告缓刑。

【附加刑的执行】被宣告缓刑的犯罪分子，如果被判处附加刑，附加刑仍须执行。

第六十八条【缓刑的考验期限】拘役的缓刑考验期限为原判刑期以上一年以下，但是不能少于一个月。

有期徒刑的缓刑考验期限为原判刑期以上五年以下，但是不能少于一年。

【缓刑考验期限的起算】缓刑考验期限，从判决确定之日起计算。

第六十九条【缓刑适用之禁例】对于反革命犯和累犯，不适用缓刑。

第七十条【缓刑的考验及法律后果】被宣告缓刑的犯罪分子，在缓刑考验期限内，由公安机关交所在单位或者基层组织予以考察，如果没有再犯新罪，缓刑考验期满，原判的刑罚就不再执行；如果再犯新罪，撤销缓刑，把前罪和后罪所判处的刑罚，依照本法第六十四条的规定，决定执行的刑罚。

第六节　减　刑

第七十一条【减刑的适用条件及限制】被判处管制、拘役、有期徒刑、无期徒刑的犯罪分子，在执行期间，如果确有悔改或者立功表现，可以减刑。但是经过一次或者几次减刑以后实际执行的刑期，判处管制、拘役、有期徒刑的，不能少于原判刑期的二分之一；判处无期徒刑的，不能少于十年。

第七十二条【无期徒刑减刑后的刑期起算】无期徒刑减为有期徒刑的刑期，从裁定减刑之日起计算。

第七节　假　释

第七十三条【假释的适用条件】被判处有期徒刑的犯罪分子，执行原判刑期二分之一以上，被判处无期徒刑的犯罪分子，实际执行十年以上，如果确有悔改表现，不致再危害社会，可以假释。如果有特殊情节，可以不受上述执行刑期的限制。

第七十四条【假释的考验期限】有期徒刑的假释考验期限，为没有执行完毕的刑期；无期徒刑的假释考验期限，为十年。

【假释考验期限的起算】假释考验期限，从假释之日起计算。

第七十五条【假释的法律后果】被假释的犯罪分子，在假释考验期限内，由公安机关予以监督，如果没有再犯新罪，就认为原判刑罚已经执行完毕；如果再犯新罪，撤销假释，把前罪没有执行的刑罚和后罪所判处的刑罚，依照本法第六十四条的规定，决定执行的刑罚。

第八节　时　效

第七十六条【追诉时效】犯罪经过下列期限不再追诉：

（一）法定最高刑为不满五年有期徒刑的，经过五年；

（二）法定最高刑为五年以上不满十年有期徒刑的，经过十年；

（三）法定最高刑为十年以上有期徒刑的，经过十五年；

（四）法定最高刑为无期徒刑、死刑的，经过二十年。如果二十年以后认为必须追诉的，须报请最高人民检察院核准。

第七十七条【时效延长】在人民法院、人民检察院、公安机关采取强制措施以后，逃避侦查或者审判的，不受追诉期限的限制。

第七十八条【追诉期限的起算】追诉期限从犯罪之日起计算；犯罪行为有连续或者继续状态的，从犯罪行为终了之日起计算。

【追诉时效中断】在追诉期限以内又犯罪的，前罪追诉的期限从犯后罪之日起计算。

第五章　其他规定

第七十九条【类推】 本法分则没有明文规定的犯罪，可以比照本法分则最相类似的条文定罪判刑，但是应当报请最高人民法院核准。

第八十条【刑法的变通适用】 民族自治地方不能全部适用本法规定的，可以由自治区或者省的国家权力机关根据当地民族的政治、经济、文化的特点和本法规定的基本原则，制定变通或者补充的规定，报请全国人民代表大会常务委员会批准施行。

第八十一条【公共财产之界定】 本法所说的公共财产是指下列财产：

（一）全民所有的财产；

（二）劳动群众集体所有的财产。

在国家、人民公社、合作社、合营企业和人民团体管理、使用或者运输中的私人财产，以公共财产论。

第八十二条【私有财产之界定】 本法所说的公民私人所有的合法财产是指下列财产：

（一）公民的合法收入、储蓄、房屋和其他生活资料；

（二）依法归个人、家庭所有或者使用的自留地、自留畜、自留树等生产资料。

第八十三条【国家工作人员之界定】 本法所说的国家工作人员是指一切国家机关、企业、事业单位和其他依照法律从事公务的人员。

第八十四条【司法工作人员之界定】 本法所说的司法工作人员是指有侦讯、检察、审判、监管人犯职务的人员。

第八十五条【重伤之界定】 本法所说的重伤是指有下列情形之一的伤害：

（一）使人肢体残废或者毁人容貌的；

（二）使人丧失听觉、视觉或者其他器官机能的；

（三）其他对于人身健康有重大伤害的。

第八十六条【首要分子之界定】 本法所说的首要分子是指在犯罪集团或者聚众犯罪中起组织、策划、指挥作用的犯罪分子。

第八十七条【告诉才处理之界定】 本法所说的告诉才处理，是指被害人告诉才处理。如果被害人因受强制、威吓无法告诉的，人民检察院和被害人的近亲属也可以告诉。

第八十八条【以上、以下、以内之界定】 本法所说的以上、以下、以内，都连本数在内。

第八十九条【总则的适用效力】 本法总则适用于其他有刑罚规定的法律、法令，但是其他法律有特别规定的除外。

第二编　分　　则

第一章　反革命罪

第九十条【反革命罪的概念】 以推翻无产阶级专政的政权和社会主义制度为目的的、危害中华人民共和国的行为，都是反革命罪。

第九十一条【背叛祖国罪】 勾结外国，阴谋危害祖国的主权、领土完整和安全的，处无期徒刑或者十年以上有期徒刑。

第九十二条【阴谋颠覆政府罪，阴谋分裂国家罪】 阴谋颠覆政府、分裂国家的，处无期徒刑或者十年以上有期徒刑。

第九十三条【策动叛变罪，策动叛乱罪】 策动、勾引、收买国家工作人员、武装部队、人民警察、民兵投敌叛变或者叛乱的，处无期徒刑或者十年以上有期徒刑。

第九十四条【投敌叛变罪】 投敌叛变的，处三年以上十年以下有期徒刑；情节严重的或者率众投敌叛变的，处十年以上有期徒刑或者无期徒刑。

率领武装部队、人民警察、民兵投敌叛变的，处无期徒刑或者十年以上有期徒刑。

第九十五条【持械聚众叛乱罪】持械聚众叛乱的首要分子或者其他罪恶重大的，处无期徒刑或者十年以上有期徒刑；其他积极参加的，处三年以上十年以下有期徒刑。

第九十六条【聚众劫狱罪，组织越狱罪】聚众劫狱或者组织越狱的首要分子或者其他罪恶重大的，处无期徒刑或者十年以上有期徒刑；其他积极参加的，处三年以上十年以下有期徒刑。

第九十七条【间谍罪，特务罪，资敌罪】进行下列间谍或者资敌行为之一的，处十年以上有期徒刑或者无期徒刑；情节较轻的，处三年以上十年以下有期徒刑：

（一）为敌人窃取、刺探、提供情报的；

（二）供给敌人武器军火或者其他军用物资的；

（三）参加特务、间谍组织或者接受敌人派遣任务的。

第九十八条【组织、领导反革命集团罪，积极参加反革命集团罪】组织、领导反革命集团的，处五年以上有期徒刑；其他积极参加反革命集团的，处五年以下有期徒刑、拘役、管制或者剥夺政治权利。

第九十九条【利用封建迷信进行反革命活动罪，组织、利用反动会道门进行反革命活动罪】组织、利用封建迷信、会道门进行反革命活动的，处五年以上有期徒刑；情节较轻的，处五年以下有期徒刑、拘役、管制或者剥夺政治权利。

第一百条【反革命破坏罪】以反革命为目的，进行下列破坏行为之一的，处无期徒刑或者十年以上有期徒刑；情节较轻的，处三年以上十年以下有期徒刑：

（一）爆炸、放火、决水、利用技术或者以其他方法破坏军事设备、生产设施、通讯交通设备、建筑工程、防险设备或者其他公共建设、公共财物的；

（二）抢劫国家档案、军事物资、工矿企业、银行、商店、仓库或者其他公共财物的；

（三）劫持船舰、飞机、火车、电车、汽车的；

（四）为敌人指示轰击目标的；

（五）制造、抢夺、盗窃枪支、弹药的。

第一百零一条【反革命杀人罪，反革命伤人罪】以反革命为目的，投放毒物、散布病菌或者以其他方法杀人、伤人的，处无期徒刑或者十年以上有期徒刑；情节较轻的，处三年以上十年以下有期徒刑。

第一百零二条【反革命宣传煽动罪】以反革命为目的，进行下列行为之一的，处五年以下有期徒刑、拘役、管制或者剥夺政治权利；首要分子或者其他罪恶重大的，处五年以上有期徒刑：

（一）煽动群众抗拒、破坏国家法律、法令实施的；

（二）以反革命标语、传单或其他方法宣传煽动推翻无产阶级专政的政权的和社会主义制度的。

第一百零三条【适用死刑之特例】本章上述反革命罪行中，除第九十八条、第九十九条、第一百零二条外，对国家和人民危害特别严重、情节特别恶劣的，可以判处死刑。

第一百零四条【本章财产刑之适用】犯本章之罪的，可以并处没收财产。

第二章　危害公共安全罪

第一百零五条【放火罪，决水罪，爆炸罪，投毒罪，以危险方法危害公共安全罪】放火、决水、爆炸或者以其他危险方法破坏工厂、矿场、油田、港口、河流、水源、仓库、住宅、森林、农场、谷场、牧场、重要管道、公共建筑物或者其他公私财产、危害公共安全，尚未造成严重后果的，处三年以上十年以下有期徒刑。

第一百零六条【放火罪，决水罪，爆炸罪，投毒罪，以危险方法危害公共安全罪】放火、决水、爆炸、投毒或者以其他危险方法致人重伤、死亡或者使公私财产遭受重大损失的，处十年以上有期徒刑、无期徒刑或者死刑。

【失火罪，过失决水罪，过失爆炸罪，过失投毒罪，过失以危险方法危害公共安全罪】过失犯前款罪的，处七年以下有期徒刑或者拘役。

第一百零七条【破坏交通工具罪】破坏火车、汽车、电车、船只、飞机，足以使火车、汽车、电车、船只、飞机发生倾覆、毁坏危险，尚未造成严重后果的，处三年以上十年以下有期徒刑。

第一百零八条【破坏交通设备罪】破坏轨道、桥梁、隧道、公路、机场、航道、灯塔、标志或者进行其他破坏活动，足以使火车、汽车、电车、船只、飞机发生倾覆、毁坏危险，尚未造成严重后果的，处三年以上十年以下有期徒刑。

第一百零九条【破坏易燃易爆设备罪】破坏电力、煤气或者其他易燃易爆设备，危害公共安全，尚未造成严重后果的，处三年以上十年以下有期徒刑。

第一百一十条【破坏交通工具罪，破坏交通设施罪，破坏易燃易爆设备罪】破坏交通工具、交通设备、电力煤气设备、易燃易爆设备造成严重后果的，处十年以上有期徒刑、无期徒刑或者死刑。

【过失毁坏交通工具罪，过失毁坏交通设施罪，过失毁坏易燃易爆设备罪】过失犯前款罪的，处七年以下有期徒刑或者拘役。

第一百一十一条【破坏通信设备罪】破坏广播电台、电报、电话或者其他通讯设备，危害公共安全的，处七年以下有期徒刑或者拘役；造成严重后果的，处七年以上有期徒刑。

【过失毁坏通信设备罪】过失犯前款罪的，处七年以下有期徒刑或者拘役。

第一百一十二条【非法制造、买卖、运输枪支、弹药罪，盗窃、抢夺枪支、弹药罪】非法制造、买卖、运输枪支、弹药的，或者盗窃、抢夺国家机关、军警人员、民兵的枪支、弹药的，处七年以下有期徒刑；情节严重的，处七年以上有期徒刑或者无期徒刑。

第一百一十三条【交通肇事罪】从事交通运输的人员违反规章制度，因而发生重大事故，致人重伤、死亡或者使公私财产遭受重大损失的，处三年以下有期徒刑或者拘役；情节特别恶劣的，处三年以上七年以下有期徒刑。

非交通运输人员犯前款罪的，依照前款规定处罚。

第一百一十四条【重大责任事故罪】工厂、矿山、林场、建筑企业或者其他企业、事业单位的职工，由于不服管理、违反规章制度，或者强令工人违章冒险作业，因而发生重大伤亡事故，造成严重后果的，处三年以下有期徒刑或者拘役；情节特别恶劣的，处三年以上七年以下有期徒刑。

第一百一十五条【违反危险物品管理规定肇事罪】违反爆炸性、易燃性、放射性、毒害性、腐蚀性物品的管理规定，在生产、储存、运输、使用中发生重大事故，造成严重后果的，处三年以下有期徒刑或者拘役；后果特别严重的，处三年以上七年以下有期徒刑。

第三章　破坏社会主义经济秩序罪

第一百一十六条【走私罪】违反海关法规，进行走私，情节严重的，除按照海关法规没收走私物品并且可以罚款外，处三年以下有期徒刑或者拘役，可以并处没收财产。

第一百一十七条【投机倒把罪】违反金融、外汇、金银、工商管理法规，投机倒把，情节严重的，处三年以下有期徒刑或者拘役，可以并处、单处罚金或者没收财产。

第一百一十八条【走私罪，投机倒把罪】以走私、投机倒把为常业的，走私、投机倒把数额巨大的或者走私、投机倒把集团的首要分子，处三年以上十年以下有期徒刑，可以并处没收财产。

第一百一十九条【走私罪，投机倒把罪】国家工作人员利用职务上的便利，犯走私、投机倒把罪的，从重处罚。

第一百二十条【伪造、倒卖计划供应票证罪】以营利为目的，伪造或者倒卖计划供应票证，情节严重的，处三年以下有期徒刑或者拘役，可以并处、单处罚金或者没收财产。

犯前款罪的首要分子或者情节特别严重的，处三年以上七年以下有期徒刑，可以并处没收财产。

第一百二十一条【偷税罪，抗税罪】违反税收法规，偷税、抗税，情节严重的，除按照税收法规补税并且可以罚款外，对直接责任人员，处三年以下有期徒刑或者拘役。

第一百二十二条【伪造国家货币罪，贩卖伪造的国家货币罪】伪造国家货币或者贩运伪造的国家货币的，处三年以上七年以下有期徒刑，可以并处罚金或者没收财产。

犯前款罪的首要分子或者情节特别严重的，处七年以上有期徒刑或者无期徒刑，可以并处没收财产。

第一百二十三条【伪造有价证券罪】伪造支票、股票或者其他有价证券的，处七年以下有期徒刑，可以并处罚金。

　　第一百二十四条【伪造有价票证罪】以营利为目的，伪造车票、船票、邮票、税票、货票的，处二年以下有期徒刑、拘役或者罚金；情节严重的，处二年以上七年以下有期徒刑，可以并处罚金。

　　第一百二十五条【破坏集体生产罪】由于泄愤报复或者其他个人目的，毁坏机器设备、残害耕畜或者以其他方法破坏集体生产的，处二年以下有期徒刑或者拘役；情节严重的，处二年以上七年以下有期徒刑。

　　第一百二十六条【挪用特定款物罪】挪用国家救灾、抢险、防汛、优抚、救济款物，情节严重，致使国家和人民群众利益遭受重大损害的，对直接责任人员，处三年以下有期徒刑或者拘役；情节特别严重的，处三年以上七年以下有期徒刑。

　　第一百二十七条【假冒商标罪】违反商标管理法规，工商企业假冒其他企业已经注册的商标的，对直接责任人员，处三年以下有期徒刑、拘役或者罚金。

　　第一百二十八条【盗伐林木罪，滥伐林木罪】违反保护森林法规，盗伐、滥伐森林或者其他林木，情节严重的，处三年以下有期徒刑或者拘役，可以并处或者单处罚金。

　　第一百二十九条【非法捕捞水产品罪】违反保护水产资源法规，在禁渔区、禁渔期或者使用禁用的工具、方法捕捞水产品，情节严重的，处二年以下有期徒刑、拘役或者罚金。

　　第一百三十条【非法狩猎罪】违反狩猎法规，在禁猎区、禁猎期或者使用禁用的工具、方法进行狩猎，破坏珍禽、珍兽或者其他野生动物资源，情节严重的，处二年以下有期徒刑、拘役或者罚金。

第四章　侵犯公民人身权利、民主权利罪

　　第一百三十一条【本章的立法目的】保护公民的人身权利、民主权利和其他权利，不受任何人、任何机关非法侵犯。违法侵犯情节严重的，对直接责任人员予以刑事处分。

　　第一百三十二条【故意杀人罪】故意杀人的，处死刑、无期徒刑或者十年以上有期徒刑；情节较轻的，处三年以上十年以下有期徒刑。

　　第一百三十三条【过失杀人罪】过失杀人的，处五年以下有期徒刑；情节特别恶劣的，处五年以上有期徒刑。本法另有规定的，依照规定。

　　第一百三十四条【故意伤害罪】故意伤害他人身体的，处三年以下有期徒刑或者拘役。

　　犯前款罪，致人重伤的，处三年以上七年以下有期徒刑；致人死亡的，处七年以上有期徒刑或者无期徒刑。本法另有规定的，依照规定。

　　第一百三十五条【过失重伤罪】过失伤害他人致人重伤的，处二年以下有期徒刑或者拘役；情节特别恶劣的，处二年以上七年以下有期徒刑。本法另有规定的，依照规定。

　　第一百三十六条【刑讯逼供罪】严禁刑讯逼供。国家工作人员对人犯实行刑讯逼供的，处三年以下有期徒刑或者拘役。以肉刑致人伤残的，以伤害罪从重论处。

　　第一百三十七条【聚众打砸抢罪，故意杀人罪，故意伤害罪，抢劫罪】严禁聚众"打砸抢"。因"打砸抢"致人伤残、死亡的，以伤害罪、杀人罪论处。毁坏或者抢走公私财物的，除判令退赔外，首要分子以抢劫罪论处。

　　犯前款罪，可以单独判处剥夺政治权利。

　　第一百三十八条【诬告陷害罪】严禁用任何方法、手段诬告陷害干部、群众。凡捏造事实诬告陷害他人（包括犯人）的，参照所诬陷的罪行的性质、情节、后果和量刑标准给予刑事处分。国家工作人员犯诬陷罪的，从重处罚。

　　不是有意诬陷，而是错告，或者检举失实的，不适用前款规定。

　　第一百三十九条【强奸妇女罪】以暴力、胁迫或者其他手段强奸妇女的，处三年以上十年以下有期徒刑。

　　【奸淫幼女罪】奸淫不满十四岁幼女的，以强奸论，从重处罚。

　　犯前两款罪，情节特别严重的或者致人重伤、死亡的，处十年以上有期徒刑、无期徒刑或者死刑。

　　二人以上犯强奸罪而共同轮奸的，从重处罚。

　　第一百四十条【强迫妇女卖淫罪】强迫妇女卖淫的，处三年以上十年以下有期徒刑。

第一百四十一条【拐卖人口罪】拐卖人口的，处五年以下有期徒刑；情节严重的，处五年以上有期徒刑。

第一百四十二条【破坏选举罪】违反选举法的规定，以暴力、威胁、欺骗、贿赂等非法手段破坏选举或者妨害选民自由行使选举权和被选举权的，处三年以下有期徒刑或者拘役。

第一百四十三条【非法拘禁罪】严禁非法拘禁他人，或者以其他方法非法剥夺他人人身自由。违者处三年以下有期徒刑、拘役或者剥夺政治权利。具有殴打、侮辱情节的，从重处罚。

犯前款罪，致人重伤的，处三年以上十年以下有期徒刑；致人死亡的，处七年以上有期徒刑。

第一百四十四条【非法管制罪，非法搜查罪，非法侵入他人住宅罪】非法管制他人，或者非法搜查他人身体、住宅，或者非法侵入他人住宅的，处三年以下有期徒刑或者拘役。

第一百四十五条【侮辱罪，诽谤罪】以暴力或者其他方法，包括用"大字报"、"小字报"，公然侮辱他人或者捏造事实诽谤他人，情节严重的，处三年以下有期徒刑、拘役或者剥夺政治权利。

前款罪，告诉的才处理。但是严重危害社会秩序和国家利益的除外。

第一百四十六条【报复陷害罪】国家工作人员滥用职权、假公济私，对控告人、申诉人、批评人实行报复陷害的，处二年以下有期徒刑或者拘役；情节严重的，处二年以上七年以下有期徒刑。

第一百四十七条【非法剥夺宗教信仰自由罪，侵犯少数民族风俗习惯罪】国家工作人员非法剥夺公民的正当的宗教信仰自由和侵犯少数民族风俗习惯，情节严重的，处二年以下有期徒刑或者拘役。

第一百四十八条【伪证罪】在侦查、审判中，证人、鉴定人、记录人、翻译人对与案件有重要关系的情节，故意作虚假证明、鉴定、记录、翻译，意图陷害他人或者隐匿罪证的，处二年以下有期徒刑或者拘役；情节严重的，处二年以上七年以下有期徒刑。

第一百四十九条【侵犯公民通信自由罪】隐匿、毁弃或者非法开拆他人信件，侵犯公民通信自由权利，情节严重的，处一年以下有期徒刑或者拘役。

第五章　侵犯财产罪

第一百五十条【抢劫罪】以暴力、胁迫或者其他方法抢劫公私财物的，处三年以上十年以下有期徒刑。

犯前款罪，情节严重的或者致人重伤、死亡的，处十年以上有期徒刑、无期徒刑或者死刑，可以并处没收财产。

第一百五十一条【盗窃罪，诈骗罪，抢夺罪】盗窃、诈骗、抢夺公私财物数额较大的，处五年以下有期徒刑、拘役或者管制。

第一百五十二条【惯窃罪，惯骗罪，盗窃罪，诈骗罪，抢夺罪】惯窃、惯骗或者盗窃、诈骗、抢夺公私财物数额巨大的，处五年以上十年以下有期徒刑；情节特别严重的，处十年以上有期徒刑或者无期徒刑，可以并处没收财产。

第一百五十三条【抢劫罪】犯盗窃、诈骗、抢夺罪，为窝藏赃物、抗拒逮捕或者毁灭罪证而当场使用暴力或者以暴力相威胁的，依照本法第一百五十条抢劫罪处罚。

第一百五十四条【敲诈勒索罪】敲诈勒索公私财物的，处三年以下有期徒刑或者拘役；情节严重的，处三年以上七年以下有期徒刑。

第一百五十五条【贪污罪】国家工作人员利用职务上的便利，贪污公共财物的，处五年以下有期徒刑或者拘役；数额巨大、情节严重的，处五年以上有期徒刑；情节特别严重的，处无期徒刑或者死刑。

犯前款罪的，并处没收财产，或者判令退赔。

受国家机关、企业、事业单位、人民团体委托从事公务的人员犯第一款罪的，依照前两款的规定处罚。

第一百五十六条【故意毁坏财物罪】故意毁坏公私财物，情节严重的，处三年以下有期徒刑、拘役或者罚金。

第六章 妨害社会管理秩序罪

第一百五十七条【妨害公务罪，拒不执行判决、裁定罪】 以暴力、威胁方法阻碍国家工作人员依法执行职务的，或者拒不执行人民法院已经发生法律效力的判决、裁定的，处三年以下有期徒刑、拘役、罚金或者剥夺政治权利。

第一百五十八条【扰乱社会秩序罪】 禁止任何人利用任何手段扰乱社会秩序。扰乱社会秩序情节严重，致使工作、生产、营业和教学、科研无法进行，国家和社会遭受严重损失的，对首要分子处五年以下有期徒刑、拘役、管制或者剥夺政治权利。

第一百五十九条【聚众扰乱公共场所秩序、交通秩序罪】 聚众扰乱车站、码头、民用航空站、商场、公园、影剧院、展览会、运动场或者其他公共场所秩序，聚众堵塞交通或者破坏交通秩序，抗拒、阻碍国家治安管理工作人员依法执行职务，情节严重的，对首要分子处五年以下有期徒刑、拘役、管制或者剥夺政治权利。

第一百六十条【流氓罪】 聚众斗殴，寻衅滋事，侮辱妇女或者进行其他流氓活动，破坏公共秩序，情节恶劣的，处七年以下有期徒刑、拘役或者管制。

流氓集团的首要分子，处七年以上有期徒刑。

第一百六十一条【脱逃罪】 依法被逮捕、关押的犯罪分子脱逃的，除按其原犯罪行判处或者按其原判刑期执行外，加处五年以下有期徒刑或者拘役。

以暴力、威胁方法犯前款罪的，处二年以上七年以下有期徒刑。

第一百六十二条【窝藏、包庇罪】 窝藏或者作假证明包庇反革命分子的，处三年以下有期徒刑、拘役或者管制；情节严重的，处三年以上十年以下有期徒刑。

窝藏或者作假证明包庇其他犯罪分子的，处二年以下有期徒刑、拘役或者管制；情节严重的，处二年以上七年以下有期徒刑。

犯前两款罪，事前通谋的，以共同犯罪论处。

第一百六十三条【私藏枪支、弹药罪】 违反枪支管理规定，私藏枪支、弹药，拒不交出的，处二年以下有期徒刑或者拘役。

第一百六十四条【制造、贩卖假药罪】 以营利为目的，制造、贩卖假药危害人民健康的，处二年以下有期徒刑、拘役或者管制，可以并处或者单处罚金；造成严重后果的，处二年以上七年以下有期徒刑，可以并处罚金。

第一百六十五条【神汉、巫婆造谣、诈骗罪】 神汉、巫婆借迷信进行造谣、诈骗财物活动的，处二年以下有期徒刑、拘役或者管制；情节严重的，处二年以上七年以下有期徒刑。

第一百六十六条【招摇撞骗罪】 冒充国家工作人员招摇撞骗的，处三年以下有期徒刑、拘役、管制或者剥夺政治权利；情节严重的，处三年以上十年以下有期徒刑。

第一百六十七条【妨害公文、证件、印章罪】 伪造、变造或者盗窃、抢夺、毁灭国家机关、企业、事业单位、人民团体的公文、证件、印章的，处三年以下有期徒刑、拘役、管制或者剥夺政治权利；情节严重的，处三年以上十年以下有期徒刑。

第一百六十八条【赌博罪】 以营利为目的，聚众赌博或者以赌博为业的，处三年以下有期徒刑、拘役或者管制，可以并处罚金。

第一百六十九条【引诱、容留妇女卖淫罪】 以营利为目的，引诱、容留妇女卖淫的，处五年以下有期徒刑、拘役或者管制；情节严重的，处五年以上有期徒刑，可以并处罚金或者没收财产。

第一百七十条【制作、贩卖淫书、淫画罪】 以营利为目的，制作、贩卖淫书、淫画的，处三年以下有期徒刑、拘役或者管制，可以并处罚金。

第一百七十一条【制造、贩卖、运输毒品罪】 制造、贩卖、运输鸦片、海洛因、吗啡或者其他毒品的，处五年以下有期徒刑或者拘役，可以并处罚金。

一贯或者大量制造、贩卖、运输前款毒品的，处五年以上有期徒刑，可以并处没收财产。

第一百七十二条【窝赃、销赃罪】 明知是犯罪所得的赃物而予以窝藏或者代为销售的，处三年以下有期徒刑、拘役或者管制，可以并处或者单处罚金。

第一百七十三条【盗运珍贵文物出口罪】违反保护文物法规，盗运珍贵文物出口的，处三年以上十年以下有期徒刑，可以并处罚金；情节严重的，处十年以上有期徒刑或者无期徒刑，可以并处没收财产。

第一百七十四条【破坏珍贵文物、名胜古迹罪】故意破坏国家保护的珍贵文物、名胜古迹的，处七年以下有期徒刑或者拘役。

第一百七十五条【破坏界碑、界桩罪，破坏永久性测量标志罪】故意破坏国家边境的界碑、界桩或者永久性测量标志的，处三年以下有期徒刑或者拘役。

【反革命罪】以叛国为目的的，按照反革命罪处罚。

第一百七十六条【偷越国（边）境罪】违反出入国境管理法规，偷越国（边）境，情节严重的，处一年以下有期徒刑、拘役或者管制。

第一百七十七条【组织、运送他人偷越国（边）境罪】以营利为目的，组织、运送他人偷越国（边）境的，处五年以下有期徒刑、拘役或者管制，可以并处罚金。

第一百七十八条【违反国境卫生检疫罪】违反国境卫生检疫规定，引起检疫传染病的传播，或者有引起检疫传染病传播严重危险的，处三年以下有期徒刑或者拘役，可以并处或者单处罚金。

第七章　妨害婚姻、家庭罪

第一百七十九条【暴力干涉婚姻自由罪】以暴力干涉他人婚姻自由的，处二年以下有期徒刑或者拘役。

犯前款罪，引起被害人死亡的，处二年以上七年以下有期徒刑。

第一款罪，告诉的才处理。

第一百八十条【重婚罪】有配偶而重婚的，或者明知他人有配偶而与之结婚的，处二年以下有期徒刑或者拘役。

第一百八十一条【破坏军人婚姻罪】明知是现役军人的配偶而与之同居或者结婚的，处三年以下有期徒刑。

第一百八十二条【虐待罪】虐待家庭成员，情节恶劣的，处二年以下有期徒刑、拘役或者管制。

犯前款罪，引起被害人重伤、死亡的，处二年以上七年以下有期徒刑。

第一款罪，告诉的才处理。

第一百八十三条【遗弃罪】对于年老、年幼、患病或者其他没有独立生活能力的人，负有扶养义务而拒绝扶养，情节恶劣的，处五年以下有期徒刑、拘役或者管制。

第一百八十四条【拐骗儿童罪】拐骗不满十四岁的男、女，脱离家庭或者监护人的，处五年以下有期徒刑或者拘役。

第八章　渎　职　罪

第一百八十五条【受贿罪】国家工作人员利用职务上的便利，收受贿赂的，处五年以下有期徒刑或者拘役。赃款、赃物没收，公款、公物追还。

犯前款罪，致使国家或者公民利益遭受严重损失的，处五年以上有期徒刑。

【行贿罪，介绍贿赂罪】向国家工作人员行贿或者介绍贿赂的，处三年以下有期徒刑或者拘役。

第一百八十六条【泄露国家机密罪】国家工作人员违反国家保密法规，泄露国家重要机密，情节严重的，处七年以下有期徒刑、拘役或者剥夺政治权利。

非国家工作人员犯前款罪的，依照前款的规定酌情处罚。

第一百八十七条【玩忽职守罪】国家工作人员由于玩忽职守，致使公共财产、国家和人民利益遭受重大损失的，处五年以下有期徒刑或者拘役。

第一百八十八条【徇私枉法罪】司法工作人员徇私舞弊，对明知是无罪的人而使他受追诉、对明知是有罪的人而故意包庇不使他受追诉，或者故意颠倒黑白做枉法裁判的，处五年以下有期徒刑、拘役或者剥夺政治权利；情节特别严重的，处五年以上有期徒刑。

第一百八十九条【体罚虐待被监管人罪】司法工作人员违反监管法规，对被监管人实行体罚虐待，情节严重的，处三年以下有期徒刑或者拘役；情节特别严重的，处三年以上十年以下有期徒刑。

第一百九十条【私放罪犯罪】 司法工作人员私放罪犯的，处五年以下有期徒刑或者拘役；情节严重的，处五年以上十年以下有期徒刑。

第一百九十一条【妨害邮电通讯罪】 邮电工作人员私自开拆或者隐匿、毁弃邮件、电报的，处二年以下有期徒刑或者拘役。

【贪污罪】 犯前款罪而窃取财物的，依照第一百五十五条贪污罪从重处罚。

第一百九十二条【非刑罚措施】 国家工作人员犯本章之罪，情节轻微的，可以由主管部门酌情予以行政处分。

后　记（第一版）

一如河姆渡七千年文明耀眼芬芳，古老的中华法系依然光芒闪烁。

自清末以降，中华法系轰然解体，以刑为主、诸法合体之立法体例旋即告别了历史舞台。近代以来，受域外部门法独自成典之影响，我国部门法亦呈各自分野、独自为典之势。刑法亦然。然此情此势毕竟仅限于立法层面。但因社会纷繁复杂，各部门法互呈交叉纠葛之状，刑法尤甚。然于司法实务而言，依旧存在着诸法合体之现实需求。现代刑法，作为现代法学中一门大百科全书式的部门法，因其统领着司法救济领域的最后一块阵地，而对诸部门法充溢依恋难舍之情。刑典中每个行为的罪与罚，莫不与之纠缠不清。现实的需求，催生笔者的创作激情。诸法合体之体例，纵为现今立法所摒弃，然其作为学人自觉而为的编纂活动，又何尝不是一项有益的劳作？

世间万象，本无永恒之道，凡事变幻不居，本属天地固有之定律。法亦然。法，因其固有之社会属性，因事而变，因世而变，以致律典变迁，皆属平常之事。然新令迭出，不可尽储于脑际。故虽有聪颖过人者，纵有律令博熟于胸者，然法海茫茫，亦常令其无所适从。九州大地，万事万物新陈代谢，吐故纳新，催生着律令推陈出新。刑法亦莫能例外。自 20 世纪末刑法典修纂以来，刑法修正（5 件）之景频现，单行刑法（1 件）、立法解释（9 件）、司法解释（104 件，不含司法解释性文件）亦纷至沓来。每每思虑及此，余不禁惊叹：恐吾国之刑法典又有湮没其中之虞啊！每与友叙及此事，亦常现无奈之态。然捍卫刑法典中心地位之信念，催生着笔者对刑法进行一次大梳理的勇气和决心。概览市面刑法用书，或追溯其历史者，或集其司法解释者，或纯作理论解说者，或有简要拆分者，诸如此类，难以尽举。然上述种种，皆有遗憾：或断其首，或掉其尾。置身其中，让人犹生茫茫然。瞬间灵光闪现，盛唐弱宋之刑典跃于脑际。前者，中华法系之至臻至美者；后者，司法实用主义之推崇者。余窃以为，盛唐刑律编排体例中之沿革，之条标，排列于前，宋朝刑统之条法事例，分门别类，附列于后，两者岂非可为今用？若此，古老的中华法系岂非又重现神州？此等漫想，激励吾辈闭门两载，静心思虑，乃成此作。

冥冥思绪中，欲以此书为载体，以律法刑典史记之体例，借助法律汇编之技术，从体系化、实用性之角度，兼采置换、分解、重叙诸方法，将中国刑法典与其他刑事立法文件、司法解释等法律文件重新整合，忠实地记录下我国刑法的历史轨迹。其意旨在于既让人知其形成、发展、变化之踪迹，又为其后增订修改腾挪出空间；同时欲使其不失为一部实用之作。基于此，吾投身于滚滚的法海洪流中，试图以现实主义之手法，记叙下这段刑法变迁的历史。然此等宏伟工程，远非一人之力可以胜任。所幸恩师的谆谆教诲，先学们的指点迷津，编委们的靓丽智慧，激荡起笔者无穷的灵感。其间许多真知灼见，源自他们，源于这些理论界、实务界的精英。本书的形成，实亦是他们智慧的结晶。笔者不过乃一捉笔代刀之人，用自己拙劣的手笔，记录下这些晶莹的思想露珠，并使之汇聚成渠，而成此书之面貌。诚然，本书将规范性法律文件分解得支离破碎，损坏了这些法律文件的完整性。然余窃以为，此既系本书的缺点，也是其特点；既系本书所采用的新技术之局限性之所在，也是其新颖性之所在。这也正是本书有别于其他刑法工具书之特色。

20 世纪 90 年代，余自徘徊于文学神殿之外，浸浴在虚无缥缈而浪漫的无序世界中，欲摘取一片光亮的花瓣。然世纪的变迁，理性的回归，使我归服于法治王国的旌旗下，在法的世界，在情与理的交融中，让自己体验着法治国的苦辣酸甜。诗云：为伊消得人憔悴，衣带渐宽终不悔。然于吾辈，纵使落得缕缕青丝古稀，抑或顷刻碎骨粉身，何有悔憾？若此人生，岂非快意惬然？

在本书的编写过程中，笔者得到了华东政法学院刑法学研究中心苏惠渔、郑伟教授以及吴允锋、王玉珏等老师的关心和指导，得到了宁波市人民检察院刘建国检察长、宁波市人民检察院研究室以及余姚市人民检察院院领导、侦监科、公诉科、办公室等科室的大力支持。张利兆博士、凤丹女士还对本书提出了许多宝贵的修改意见，雷海峰、黄书建、童章遥及宁波市人民检察院研究室谢如程博士、余姚市人民法院民二庭张建军等人为笔者提供了许多宝贵资料，童海康、翁林祥、王孝江、王钢、方黄军、王志胜、纪素华、俞东瑾、沈叶钏等人对本书的写作也给予了大力支持。本书得以顺利出版，更是与时任中国检察出版社编辑室主任庞建兵老师的大力支持分不开的。对他们的倾情相助，在此深表谢忱。囿于自己的水平，加之时间仓促，本书难免存在错漏疏失之处，恳请行家同人不吝赐教。电邮：jianghaichang@163.com。

编者谨识
二○○六年元月